Une société rurale en milieu rhénan :

LA PAYSANNERIE DE LA PLAINE D'ALSACE

(1648-1789)

TOME II

Jean-Michel BOEHLER

1994

PRESSES UNIVERSITAIRES DE STRASBOURG

UNE NOCE EN KOCHERSBERG AU XVIIème SIECLE
(d'après la Chronica de Jean Staedel, XVIIème siècle, t. I, BNUS Ms 5464)

TROISIEME PARTIE

EQUILIBRES ET TENSIONS

CHAPITRE I

L'EQUILIBRE SOCIAL HIERARCHIES ET CLIVAGES

Pour entreprendre l'étude de la société, *il ne suffit pas de décrire, il faut compter* (Georges Lefebvre). Lancée par un grand maître, cette invitation à l'histoire sociale quantitative a été tour à tour entendue, suivie, contestée. Si peu d'historiens doutent aujourd'hui de la nécessité d'une histoire sociale nombrée, proposant une représentation quantitative des phénomènes sociaux, il reste à savoir dans quelle mesure une telle démarche est possible : n'est-ce pas une tentative présomptueuse que de vouloir reconstituer la société par les méthodes de la statistique ? Compter avant tout : nous avons tenté de le faire à l'aide des registres fiscaux et des archives notariales.

I. LES SOURCES : DES REGISTRES FISCAUX AUX ACTES NOTARIES

A) Forces et faiblesses d'une quantification à base fiscale

Nous ne disposons pas, en Alsace, des précieux rôles de taille que Jacques Dupâquier a eu le bonheur d'utiliser pour une quarantaine de paroisses du Vexin français[1] : nous ne pouvons donc pas compenser par la loi des grands nombres les irrégularités qui apparaissent au niveau des paroisses prises séparément.

L'impôt de référence idéal serait celui qui, portant sur la nature et la valeur du bien, et non sur la fortune présumée, les *facultés* ou la qualité des personnes, constituerait une base suffisamment fiable pour échapper à l'arbitraire. Or la subvention, impôt aussi mal réparti que perçu, répond imparfaitement à cette définition, le fisc se préoccupant davantage du rendement de l'impôt que de son équité. Nous savons par ailleurs que la capitation et les vingtièmes, appelés à corriger les distorsions et à réduire les injustices, ont déçu l'attente quant à leur application[2]. Il n'en reste pas moins que, par tâtonnements successifs, l'administration progresse dans l'approche de la *vérité fiscale* : passage d'un impôt de répartition à une taxe de quotité ; base plus fiable portant moins sur le capital foncier lui-même que sur son revenu réel. Mais, quelles qu'elles soient, les sources fiscales subissent une double déformation, selon que l'on se place du côté du redevable ou du percepteur.

---

[1] J. DUPÂQUIER, *art. 572, 574 et 1546.*

[2] Voir *infra* pp. 1225-1234.

1) Des déclarations faussées à la base : fiscalité, fraude et exemption

Les fausses déclarations sont monnaie courante. En 1761, les préposés de Jebsheim se plaignent auprès de l'intendant de ce que *plusieurs ne déclarent pas fidèlement les biens qu'ils possèdent ce qui cause une grande confusion dans la communauté notamment par rapport au vingtième*[3]. Mais on peut légitimement douter qu'une telle requête ouvre la voie à des *déclarations exactes et fidèles* ! D'autre part, peut-on se fier aux indications des préposés eux-mêmes, chargés d'établir l'état des *feux* de leur paroisse ? Certes, s'ils cèdent à la tentation de minimiser le nombre des contribuables, ils s'exposent à de lourdes peines : emprisonnement, destitution, amendes dont la moitié revient aux dénonciateurs[4]. Et, si les collecteurs omettent d'indiquer l'un ou l'autre ménage, la charge retombe - impôt de répartition oblige - sur la collectivité tout entière et sur les collecteurs en particulier ; responsables sur leurs propres deniers de la solvabilité de leurs compatriotes, ces derniers s'exposent en outre à des représailles, puisque chaque chef de ménage est théoriquement appelé à remplir, à tour de rôle, cette tâche ingrate. Le mécanisme même de l'institution entrave toute velléité de surcharge ou de dégrèvement abusifs. Dans le cas précis des corvées, l'encouragement à la délation[5] conforte les communautés voisines, nullement disposées à s'acquitter d'un pensum impopulaire à la place des fraudeurs. Et comme les résultats risquent d'être confrontés au chef-lieu du bailliage, on peut s'imaginer qu'il s'instaure une pratique de surveillance réciproque visant à contester et à corriger les déclarations frauduleuses et incomplètes.

Mais, même en admettant que ces précautions s'avèrent efficaces, la fraude peut revêtir des apparences parfaitement légales par le jeu des exemptions et des regroupements de *feux* sur une même unité imposable[6]. Tandis que tel célibataire peut chercher à s'intégrer à un *feu* déjà constitué, tel père de famille acceptera une charge seigneuriale donnant droit à l'exemption[7]. Car si l'exemption concerne d'abord les privilégiés, elle profite également aux personnes âgées ou seules, incapables de fournir leurs bras et *a fortiori* un attelage, aux Juifs, enfin aux bourgeois dont la fonction ou la profession sont incompatibles avec les tâches de la corvée : prévôt, receveur seigneurial, greffier, procureur fiscal, curé, maître de poste, maître d'école, pâtre de la communauté, forestier seigneurial, sergent du village... Elle est totale ou partielle, réelle ou personnelle. Tel maître d'école ne sera soumis à la corvée que s'il élève des bestiaux ; tel prévôt sera exempté pour une

---

[3] AHR 1 E 83/44.

[4] ABR C 138/165 : ordonnance de Feydeau en date du 30 décembre 1728.

[5] *Ibid.*

[6] ABR C 393 : ... *Des garçons sans père et sans mère, de trente à quarante années... se mettent en pension, trafiquant cependant en grains, vins, bestiaux, terres et... font les fainéants dans l'état civil et la société et... prétendent être exempts* (bailli d'Altenstadt et de Saint-Rémy, 1766).

[7] Ibid. : *Les péagers et autres personnes s'attachent à un modique service du seigneur et prétendent être exempts des gardes et corvées tant personnellement qu'avec leurs bestiaux...*

charrue, un cheval ou deux[8], parfois davantage[9]. Autant de difficultés qui incitent, même après conversion en 1786, de la corvée en nature en impôt en numéraire, à considérer les chiffres obtenus comme des valeurs minimales approximatives[10]. Dans le bailliage de Kutzenhausen, c'est un chef de ménage sur quatre qui bénéficie, entre 1749 et 1789, de l'exemption totale de la corvée[11]. La prise en compte des exemptions partielles (portant sur un certain nombre de chevaux ou de boeufs) élèverait la proportion au tiers des chefs de ménage imposables. Or journaliers et manants bénéficient rarement de telles franchises, ce qui revient à majorer leur importance relative dans le nombre des corvéables et à minimiser celle des laboureurs qui sont de plus en plus nombreux, entre 1749 et 1789, à jouir de l'exemption. Dans ce cas précis, la progression du nombre de franchises ne concerne pas les veuves, ce qui pourrait s'expliquer soit par l'amélioration de leur situation matérielle, soit par un contrôle plus sévère des autorités sur les corvéables. On constate néanmoins, entre 1749 et 1789, une augmentation globale de la proportion des exemptés, dont nous devons tenir compte dans l'analyse des structures sociales.

Mais les exemptions ne constituent pas le seul motif de gauchissement. Le manque d'entrain dans l'élaboration des rôles dont les états de base, nominatifs ceux-là, on disparu, l'absence d'unité de rédaction dans l'espace et le temps, qui rend la comparaison difficile d'un bailliage à l'autre ou entre situations d'un même bailliage à des dates différentes, sont des obstacles supplémentaires à une exploitation rationnelle de ce genre de document. Si les domestiques, considérés comme faisant partie de la famille, ne sont pas imposés personnellement, les veuves et les sexagénaires sont tantôt inclus, tantôt omis. Peut-on, malgré tant de réserves, superposer pyramide fiscale et pyramide sociale ?

2) Pyramide fiscale et pyramide sociale

A la suite des travaux d'Ernest Labrousse[12] et de ses disciples, François Furet et Adeline Daumard, nous avons tenté de chercher dans les tranches fiscales le reflet du niveau des revenus en les confrontant, dans la mesure du possible, avec les professions et les qualités des contribuables. Malgré les réserves précédemment émises, il convient, pour cela, de faire confiance aux asséeurs-collecteurs, en admettant qu'ils échappent aux pressions que peuvent exercer sur eux les plus forts imposables. Intégrés dans la communauté villageoise dont ils font partie, ils connaissent les situations matérielles mieux que quiconque et proposent des estimations corrigées par une longue tradition de surveillance mutuelle : l'opinion du village tient lieu du plus efficace des contrôles. L'immobilité des techniques agraires, la

8 ABR C 393 : dénombrement de 1766.

9 AHR C 1098 : les *maires* jouissent de la franchise de 3 chevaux ou de 4 boeufs (bailliage de Ferrette, 1766).

10 On trouvera la liste des dénombrements et registres fiscaux *infra* (état des sources).

11 ABR E 2179 : *Kirchspiel Kutzenhausen. Fronbare und gefreÿte Unterthanen, Pferd, Ochsen, Schirmer, Juden, junge Manschaft von 16. Jahren und darüber...* (concerne Ober- et Niederkutzenhausen, Feldbach, Merkwiller, Hoelschloch, Lobsann et Mattstall).

12 E. LABROUSSE, *contrib. 1568*.

rigidité du produit tiré de la terre limitent par ailleurs la marge d'erreur dont ils peuvent être rendus responsables. La multiplication de coupes fiscales échelonnées dans le temps permet de déceler le sens de l'évolution au XVIIIème siècle, à condition de considérer les résultats obtenus comme de simples ordres de grandeur ou, pour reprendre les termes utilisés jadis par Pierre de Saint-Jacob, comme des *données relatives ou approchées*. En effet, la hiérarchie fiscale ne peut pas être considérée comme le simple calque de la hiérarchie sociale. Si l'on prend en considération la partie privilégiée de la société, le système fiscal, qui tend à décharger les gros revenus et à surcharger les petits, serait plutôt de nature à réduire les écarts et à atténuer les dénivellations réelles de la société. Par contre, le risque inhérent à la non-proportionnalité de l'impôt se trouve réduit si on limite l'étude aux roturiers qui composent la quasi-totalité de la société rurale. Pour des groupes de contribuables identiques, il se dégage un *profil fiscal* difficilement contestable, à une réserve près : sauf dans le cas des corvées, le fisc d'Ancien Régime frappant davantage les revenus du capital que ceux du travail, est-on assuré de saisir l'ensemble des journaliers ? C'est moins à son sommet qu'à sa base que la pyramide fiscale risque d'être tronquée.

Pour figurer les résultats obtenus, il faut donc rapprocher l'indice fiscal et le niveau économique. Pour cela, nous avons eu recours à la méthode mise au point par Jacques Dupâquier[13] et testée par Régine Robin[14] : des histogrammes permettent de représenter la distribution des cotes fiscales, conçues comme des variables par rapport à la valeur moyenne de l'impôt acquitté à une date donnée. La progression géométrique adoptée est à l'image de la distribution des revenus ou des niveaux de fortune. En prenant ses distances par rapport aux chiffres absolus, qui n'ont aucune signification, cette technique donne une idée approximative des écarts relatifs qui séparent les différents membres de la société, autorise l'approche des dénivellations sociales et rend la comparaison possible d'un échantillon à l'autre.

Une telle méthode comporte néanmoins des inconvénients qui n'ont guère échappé à la perspicacité de ses initiateurs. Elle suppose d'abord que pyramide fiscale et pyramide sociale soient superposables. Or, nous l'avons noté, il arrive fréquemment que, par le jeu des exemptions, l'échelle fiscale déforme la hiérarchie sociale, même à l'intérieur du monde paysan. L'analyse d'une société à travers les documents fiscaux, si l'on veut lui apporter les corrections nécessaires, suppose donc la connaissance parfaite de l'impôt en usage, de son assiette, de son mode de répartition. D'autre part, la quantification risque de déboucher sur une vision trop atomistique de la société[15]. Marc Bloch ne nous mettait-il pas en garde contre une conception mécaniste du monde rural dont les constituants deviendraient d'abstraites figures de géométrie ? L'activité professionnelle et le niveau de fortune, qui sont à la base même des investigations, s'avèrent insuffisants

---

13 J. DUPÂQUIER, *contrib. 925* et *1546*.

14 R. ROBIN, *op. 2429*, pp. 166-168.

15 J-Y. TIRAT, (*art. 1597*, p. 213) et A. DAUMARD/Fr. FURET (*art. 1543*).

pour cerner les groupes sociaux réels. Pour qui veut dégager des types sociologiques, la composition de la fortune importe autant que son niveau : il convient donc de faire appel à l'étude, longue et minutieuse, des actes notariés, compléments indispensables des registres fiscaux. Du reste, autant que les données économiques, ce sont les facteurs psychologiques qui, dans une *société d'ordres*, permettent de situer les groupes et les individus dans une hiérarchie sociale où à la notion de *patrimoine* se mêlent intimement celles, plus subtiles, de statut social, d'*estime* et de *pouvoir*[16]. Dans ces conditions, le rôle fiscal est-il le *document socio-économique par excellence* que recommandait Ernest Labrousse[17] ? Certes, il a l'avantage d'apporter l'information la plus large possible en cernant l'ensemble des chefs de ménage imposables, toutes classes d'âge confondues. Mais tout repose sur la valeur représentative du système fiscal en usage et sur le niveau économique des contribuables. Par ailleurs, la méthode statistique ne saurait être qu'un moyen parmi d'autres pour cerner une réalité complexe, subtile et mouvante, d'autant qu'elle suppose la définition de catégories préétablies et de classements professionnels rigides. L'arbitraire des classifications proposées se trouve aggravé par l'imbrication et la polyvalence des métiers. La double activité, pour ne pas dire la polyactivité, n'est-elle pas chose courante à la campagne ? Le même personnage peut être artisan en hiver et journalier en été, comme l'aubergiste et le meunier font figure de laboureurs par le cheptel qu'ils élèvent, les terres qu'ils exploitent, le train de culture qu'ils conduisent. Et si la société rurale se définit essentiellement par l'activité de ses membres, il y a *laboureur* et *laboureur, journalier* et *journalier, artisan* et *artisan.* Or l'histoire étant avant tout la *science des différences,* on ne saurait affirmer *a priori* qu'un charron ressemble forcément, par son genre de vie et son niveau de fortune, à un autre charron. Voilà qui pose le problème du contenu épistémologique des concepts dont certains apparaissent pourtant évidents. L'étude statistique doit donc s'enrichir constamment par la connaissance concrète et qualitative des *cas sociaux* grâce à des sources qui se croisent et se contrôlent mutuellement. Or, en admettant que le critère du statut social soit préférable à une étroite classification par professions, établie selon des regroupements horizontaux, la démarche n'est pas toujours possible faute de renseignements. Et il est des cas précis pour lesquels l'historien ne gagne pas à voir la fonction remplacer la profession. Le recours aux actes notariés permet-il de relativiser ces gauchissements ?

B) Les actes notariés, source d'histoire sociale : un matériel documentaire d'inégale qualité

Dans quelle mesure sont-ils capables d'étoffer le *squelette social* reconstitué par les listes fiscales ? Nous avons expliqué plus haut les raisons du choix[18] qui nous a conduit à accorder la priorité aux inventaires après décès par rapport aux contrats de mariage : non seulement la modicité des

---

16 On se reportera aux travaux de R. MOUSNIER, en particulier *art. 1583*.

17 E. LABROUSSE, *contrib. cit.*, p. 382.

18 Voir *supra* pp. 37-39.

apports constitués le plus souvent par les parents, ne permet guère de juger de la fortune des ménages en voie de constitution, mais le recours aux contrats de mariage n'a de sens que si, outre le statut socio-professionnel des déclarants, les actes indiquent le montant de ces apports. Or les sondages que nous avons pu effectuer[19] montrent que ces conditions sont très inégalement réalisées : dots et douaires sont indiqués en nature et, en dehors de la reconstitution des familles, il est difficile de situer les conjoints dans la hiérarchie sociale. Il faut donc replacer les contrats de mariage dans l'éventail d'un matériel documentaire diversifié dont il nous appartient, à présent, de dégager les limites et les lacunes.

Si un échantillonnage substantiel s'impose, ne serait-ce qu'en vue de l'établissement de fréquences et de moyennes fiables, il serait souhaitable que la masse archivistique soit suffisamment homogène pour se prêter à des séries de témoignages répétitifs. Or nous nous sommes heurté à la déconcertante diversité du matériel documentaire. La présence de lacunes difficiles à combler, la différence entre types de renseignements d'une étude à l'autre, la diversité des coutumes locales et des pratiques notariales en usage se conjuguent pour compliquer la tâche de l'historien. A l'intérieur du monde notarial européen, dont la complexité se dégage progressivement au rythme des grandes recherches[20], s'inscrivent des régions elles-mêmes fractionnées et sous-fractionnées en *pays*, individualisées par leurs coutumes et leurs spécificités, dont il n'est pas toujours aisé de dégager le dénominateur commun. Chaque fonds apporte ainsi son originalité, plus souvent décevante qu'enthousiasmante[21].

Avant de décrire, d'analyser, de compter, il faut donc passer ce matériel au crible de la critique interne : dévoiler les pièges, déceler et interpréter les silences, dépister les distorsions. Autant de démarches qui supposent une longue familiarité avec le document qui, par ailleurs, présente trois dangers : l'inégale représentativité, la diversité des contours juridiques, enfin le risque permanent de dissimulation.

1) Le problème de la représentativité

a) Représentativité globale

Une enquête préalable s'impose : l'ensemble des successions ne donnant pas lieu à la rédaction d'un inventaire, il importe d'apprécier la valeur des actes par rapport au réel, en entreprenant une étude minutieuse, à la fois de la représentativité globale et de la signification sociale du document. L'appréciation de la première s'obtient par la comparaison du nombre des inventaires avec le flux de la mortalité adulte[22] :

---

19 ABR 6 E 24/185 : Not. Marlenheim (Friedolsheim 1696-1791).
ABR 6 E 22/10 : Not : Lingolsheim (Entzheim 1691-1790).
ABR 6 E 8/216-219 : Not. Brumath (1745-1790).

20 J. MEYER, *contrib. [609]*.

21 Relevons le caractère particulièrement soigné du notariat de Bouxwiller.

22 Nous avons fixé la limite inférieure de la mortalité adulte, de façon conventionnelle, à vingt ans.

Représentativité globale des inventaires après décès

Echantillons	Périodes - test								
	1720-1729			1750-1759			1780-1789		
	(1)	(2)	(3)	(1)	(2)	(3)	(1)	(2)	(3)
Rittershoffen	21	13	62,0%	61	38	62,5%	49	29	59,0%
Schillersdorf	21	10	47,5%	25	24	96,0%	23	21	91,5%
Gimbrett	17	8	47,0%	15	12	80,0%	24	5	21,0%
Reitwiller	21	7	33,5%	23	15	65,0%	22	13	59,0%
Heiteren	54	14	26,0%	109	46	42,2%	92	15	16,5%
Ungersheim	81	25	31,0%	(non relevé)			57	17	30,0%

(1) Mortalité adulte (nombre de décès)
(2) Nombre d'inventaires après décès
(3) % des inventaires enregistrés par rapport au nombre de décès adultes

Il apparaît que les effectifs saisis par les inventaires après décès représentent fréquemment entre le tiers et la moitié, parfois plus de deux tiers, de la population adulte réelle[23]. On peut s'interroger sur les raisons qui incitent les villageois à s'adresser aussi massivement au notaire, démarche qui confère aux inventaires après décès de notre région une confortable représentativité. Faut-il la mettre au compte d'une conservation exceptionnelle en dépit des risques encourus en permanence ? Le transfert des études, accompagné d'un tri volontaire ou forcé des archives, la destruction par violence suite à l'incendie, au pillage, en attendant la *réaction antiféodale* dirigée contre le notaire, qui passe pour être un agent du pouvoir, et l'acte notarié lui-même, qui pourrait malencontreusement servir de preuve, l'accident enfin qui associe aux méfaits du feu ceux de la moisissure et de la dent des souris ne semblent pas avoir eu raison de la plus grande partie des actes. Faut-il invoquer le quadrillage seigneurial aux mailles serrées, dans le cadre duquel la pratique notariale est érigée, en tant que source de revenus et moyen de contrôle, en véritable obligation ? Sur le plan qualitatif, le contraste apparaît entre les terres administrées par les Hanau-Lichtenberg (Schillersdorf, Reitwiller, Gimbrett) et celles qui, en pays du Kochersberg, dans le Ried et le Sundgau, se trouvent aux mains de l'évêque de Strasbourg ou de nobles locaux - les Waldner à Baldenheim, les Montjoie à Heimersdorf - qui ne disposent pas d'une administration aussi perfectionnée et omniprésente. Mais quelle que soit l'efficacité de cet encadrement, la toile d'araignée notariale ne saurait constituer la seule explication à cette exhaustivité. Faut-il avoir recours, pour l'expliquer, aux pratiques juridiques laissant moins de place qu'ailleurs aux actes sous seing privé qui confèrent une moins bonne garantie que les décisions, enregistrées en bonne et due forme devant notaire, à une acculturation à

23 A titre de comparaison, on se référera aux résultats obtenus dans d'autres régions par :
- J. MEYER, *contrib. [608]*, p. 35 : Nantes 8-12% ;
- M. GARDEN, *contrib. 1557* : moins de 15% à Lyon à la fin du XVIIIème siècle ;
- A. DAUMARD/Fr. FURET, *art. 1541*, p. 678 : Paris dans la seconde moitié du XVIIIème siècle, 10-15% ; de même D. ROCHE, *contrib. 3264*, p. 232 : 10% vers 1730, 14-15% à la veille de la Révolution ;
- M. BAULANT, *art. 1808*, p. 505 : l'auteur trouve en tout et pour tout 250 inventaires pour l'ensemble de la région de Meaux entre 1613 et 1785 !

l'écrit relativement forte[24] qui serait de nature à limiter le nombre d'accords verbaux ? Faut-il invoquer enfin la situation même de la paysannerie alsacienne, composée d'une foule de petits propriétaires[25] qui possèdent presque toujours un patrimoine à transmettre, aussi modeste soit-il ?

A l'inverse, l'étendue relative des lacunes une fois cernée, cherchons à définir le *pourquoi* des absences qui concernent au moins entre le tiers et le quart des situations : déficit en partie compensé par les chefs de ménage non résidants venus achever leurs jours chez l'un ou l'autre de leurs enfants établis dans la localité-témoin et par des gens qui, sans être portés sur les actes de sépulture de la paroisse concernée, se trouvent néanmoins mêlés à la clientèle du notaire, compte tenu de leurs attaches familiales avec les habitants du lieu[26]. Au nombre de ceux qui passent au travers du filet notarial, nous distinguerons trois groupes essentiels :

- ceux qui sont absents en raison de leur état civil : certains célibataires, garçons et filles, incapables de léguer quelque héritage que ce soit ; certaines veuves dont les effets fondent au lendemain de la disparition de leur conjoint et, en tout état de cause, davantage de femmes que d'hommes ;
- ceux qui sont absents en raison d'un enracinement insuffisant dans la paroisse : le valet de labour, le berger, le taupier et, bien entendu, toute la population flottante des errants et des mendiants. Davantage encore que les registres paroissiaux, les inventaires après décès se contentent de saisir une population *fermée et stationnaire* composée de possédants. Mais la réciproque n'est peut être pas exacte : la faible représentativité de l'échantillon de Heiteren peut-elle être considérée à elle-seule comme l'indice d'un important brassage de population ?
- Car c'est la situation sociale qui importe en priorité : plus fréquemment que le curé, relativement bien intégré dans la société villageoise, le pasteur, autant pour marquer la différence que pour se prémunir contre toute indiscrétion, se déplace en ville en vue de consulter un notaire différent de celui de ses ouailles. Les relations qu'il entretient avec les sphères sociales urbaines sont de nature à faciliter une telle démarche. Mais dans quelle mesure peut-on identifier les groupes sociaux représentés dans l'étude notariale ?

b) Représentativité sociale

Il ne suffit pas en effet de procéder au simple comptage des actes, démarche indispensable pour la mise en place d'ordres de grandeur. Il importe de se pencher sur la représentativité sociale de la clientèle notariale. Question capitale : nos échantillons opèrent-ils une coupe à travers l'ensemble des strates sociales ou rendent-ils compte d'une représentativité différentielle favorisant certains groupes par rapport à d'autres ? Alors que l'ampleur du déficit a pu être mesurée avec une relative précision dans le

---

24 Voir *infra* pp. 1819 ss.

25 Voir *supra* pp. pp. 511-522.

26 Voir notre *art. 1529* : nous estimons, pour Schillersdorf (1701-1789) que 10% du nombre des inventaires leur sont consacrés.

cadre de la représentativité globale, son approche est beaucoup plus aléatoire dans le domaine de la modulation sociale. Seule une grande familiarité avec les actes et leur confrontation avec d'autres sources - registres paroissiaux et fiscaux par exemple - permettent de mener à bien cette opération. Dans quelle mesure la *population-échantillon* qui s'offre à nous est-elle représentative de la *population-cible* que nous cherchons à atteindre? Une double raison plaide en faveur de la surreprésentation des classes aisées : le degré d'acculturation et le niveau d'aisance matérielle, l'un et l'autre plus élevés, peuvent constituer une incitation à la fréquentation notariale. Le coût du papier timbré et le montant des frais de notaire peuvent opérer une sélection sociale en exerçant sur le menu peuple un effet dissuasif. Or ces débours sont d'autant plus facilement mesurables qu'ils correspondent, dans la moitié des cas environ, à une dette trop fraîchement contractée pour avoir pu être acquittée dès la rédaction de l'acte ; ils se trouvent donc portés au passif de la succession et peuvent être appréhendés de deux manières :

- Leur montant évolue, dans les sociétés les plus aisées et les mieux contrôlées, entre 30 et 40 livres tournois au début et 50 à 60 à la fin du XVIIIème siècle : le prix d'une ou de plusieurs têtes de bétail ou encore l'équivalent d'une quarantaine de journées de travail pour un journalier[27].

Frais de notaire liés à l'établissement d'un inventaire après décès (évolution fin XVIIème - fin XVIIIème siècle)

	1650-1699		1700-1729		1730-1759		1760-1789	
	(1)	(2)	(1)	(2)	(1)	(2)	(1)	(2)
Nombre de cas observés	-	10	17	17	49	26	36	24
Montant moyen des frais de notaire (en livres tournois)	-	18	34	44	61	60	51	72
% du nombre des contractants dépensant :								
moins de 10 livres tournois	-	50	-	-	2	-	5,5	-
10 - 20 livres tournois	-	25	11,5	35,5	16,5	4	11	4
20 - 30 livres tournois	-	-	35,5	17,5	12,5	23	13,5	25
30 - 40 livres tournois	-	-	29,5	11,5	12,5	-	5,5	8,5
40 - 50 livres tournois	-	25	11,5	6	26,5	7,5	27	21
50 - 60 livres tournois	-	-	6	6	8	19,5	13,5	4
60 - 70 livres tournois	-	-	-	-	-	11,5	11	-
70 - 80 livres tournois	-	-	6	11,5	6	7,5	2,5	4
80 - 90 livres tournois	-	-	-	-	6	11,5	2,5	4
90 - 100 livres tournois	-	-	-	-	-	-	-	-
plus de 100 livres tournois	-	-	-	12	10	15,5	8	29,5
% du montant de la fortune globale			3,1%		6,8%		4,3%	
Nombre de cas retenus			16		35		30	

(1) Cas de Reitwiller (2) Cas de Bosselshausen

Le notariat de Bouxwiller reflète sans doute la situation privilégiée des laboureurs du Kochersberg et du pays de Hanau qui font par ailleurs l'objet

[27] J. MEYER (*art. [608]*, p. 34) rappelle le tarif en usage à partir de 1722 : 10 sous par tranche de 100 livres jusqu'à 10 000 livres ; 20 sous par tranche de 100 livres au-delà de 10 000 livres.

d'un contrôle seigneurial incontournable. Dans le reste de la plaine, les prélèvements sont inférieurs de moitié ou des deux tiers. Simple sondage : à Heimersdorf, en Sundgau, les cinq inventaires pour lesquels nous disposons de renseignements, de 1703 à 1705, donnent une moyenne de 9 livres tournois ; sept autres, enregistrés dans la seconde moitié du XVIIIème siècle, portent les valeurs à 20 livres, somme comparable à celle qu'on nous indique à la même époque pour Ungersheim : au total une progression de 120% qui n'a pas grande signification quisqu'elle peut être liée à la hausse du coût de l'acte comme elle peut refléter l'évolution du montant des fortunes ; elle est cependant plus forte qu'à Reitwiller. Au cas où intervient une élection de tuteurs, le montant passe du simple au double comme l'indique l'exemple de la succession de Joseph Fininger d'Ungersheim[28] :

- au procureur fiscal : 6 livres
- au greffier seigneurial : 6 livres
- à l'appariteur : 15 sous
- pour la copie de l'acte : 2 livres 10 sous
- pour l'élection du tuteur : 19 livres 15 sous

total : 35 livres

- Le poids relatif des frais se mesure en rapport avec montant global des fortunes. Le cas de Reitwiller est à cet égard révélateur : la durée de l'enregistrement s'étendant d'une demi-journée à plus d'une semaine, le notaire s'en tient à un barême en prélevant entre 10 et 20 livres tournois par jour - y compris les éventuelles dépenses en fourrage pour sa monture et les frais de bouche pour sa suite -, ce qui pénalise théoriquement les grosses fortunes par rapport aux petites, rapidement enregistrées. Mais, en définitive, par le double jeu de l'endettement et de l'incompressibilité des frais notariés, les fortunes modestes se trouvent plus lourdement grevées que les grandes : les secondes sont amputées de 2 à 5% en moyenne de leur montant ; les premières de 10 à 30%, le cas limite correspondant à la situation désespérée où ces frais outrepassent la faible valeur d'une succession contestée. Ainsi les moyennes perdent toute signification. Voici les résultats obtenus pour Reitwiller[29], où nous avons opéré sur un échantillon de 80 fortunes fiscales, saisies après enregistrement des créances, des dettes et des compensations :

Rapport des frais de notaire au montant de la fortune globale à Reitwiller (1700-1789)

	Tranches de fortunes (en livres-tournois)					
	moins de 250	250 à 500	500 à 1000	1000 à 1500	1500 à 3000	plus de 3000
Nombre de fortunes	17	20	14	3	16	10
% du nombre de fortunes amputées de :						
moins de 5% de leur montant	11,8	5,0	14,3	100	100	100
5 - 10% de leur montant	5,9	70,0	85,7			
10 - 15% de leur montant	17,6	25,0				
15 - 20% de leur montant	17,6					
plus de 20% de leur montant	47,1					
	100%	100%	100%	100%	100%	100%

[28] AHR 4 E Not. Bollwiller, inv. Ungersheim 5 (1787).
[29] ABR 6 E 7 Not. Bouxwiller, inv. 359-364.

Pour Bosselshausen[30], l'analyse de quelques inventaires de la fin du XVIIème et du début du XVIIIème siècle permet de mettre en relation le montant de la fortune, le temps passé à établir l'inventaire et la situation socio-professionnelle du contractant :

Date de l'inventaire, identité des contractants	Montant de la fortune (lt)	Durée des opérations (journées)	Frais d'invent./jour lt	%
Jean-Jacques Zetter, tisserand, 27 mars 1672	264	1	21	7,9
Hans Goetz, journalier, 5 février 1705	297	1	11	3,7
Georges Boos, laboureur, veuf,10-12 juin 1708	3151	6	30	0,9
Georges Jacob, laboureur, 22 juin 1708	828	1/2	11	1,7

Quoi qu'il en soit, l'inventaire après décès est une source qui privilégie ceux qui possèdent, les milieux modestes risquant d'échapper, plus fréquemment que les milieux aisés, au recensement notarial. La forte poussée numérique des petites gens à la fin du XVIIIème siècle rendrait-elle compte du fléchissement relatif de la fréquentation notariale[31] ?

Mais, si l'on connaît les situations socio-professionnelles, on constate que la sous-représentation des groupes qui évoluent à la base de la pyramide des fortunes n'a rien de systématique. A Rittershoffen[32], sans même prendre en compte les inventaires squelettiques, on rencontre la pauvreté, explicitement invoquée, à vingt-huit reprises entre 1660 et 1789, soit dans un acte sur 10. A ces misérables, souvent contraints de vendre leurs effets pour être en mesure de subvenir aux frais de notaire et aux dépenses occasionnées par leurs funérailles[33], s'ajoutent ceux qui, acculés à la faillite, sont conduits à mettre leurs biens à l'encan : une dizaine de cas, un acte sur trente. S'ajoutent enfin tous ceux qui jugent inutile de faire rédiger un inventaire, tant leur dénuement est extrême[34], la faible valeur de la succession ne justifiant pas le recours au notaire. Mais la pauvreté ne peut-elle pas être une raison supplémentaire d'enregistrement dans la mesure où l'inventaire constitue une garantie pour les ayants droit, enfants mineurs et créanciers, habilités à réclamer leur dû ?

---

30 ABR 6 E 7 Not. Bouxwiller, inv. 170.

31 Voir *supra* p. 977.

32. ABR 4 E 40 Not. Soultz-sous-Forêts II, inv. 147-160.

33 ABR 6 E 7 Not. Bouxwiller, inv. Reitwiller 361 (1748) : 3 rézaux de grains sont vendus pour acquitter les frais d'enterrement et de notaire et le peu de vin qui reste est bu le jour de la rédaction de l'acte.

34 ABR 6 E 7 Not. Bouxwiller, inv. Hohatzenheim 288, 20 janvier 1785 : *der Mühe nicht wert* (pour les biens mobiliers).

La représentativité sociale des inventaires après décès

Qualités ou situations socio-professionnelles	% par rapport à l'ensemble des qualités et professions indiquées Rittershoffen 1660-1789	Schillersdorf 1701-1789	Bosselshausen 1655-1787	Hohatzenheim 1700-1789	Reitwiller 1663-1788	Heiteren 1673-1789
Prévôts	-	4,5	-	7,0	8;4	6,5
Echevins	-	15,5	20,5	24,0	13,7	11,0
Huiliers	5	-	-	-	-	2,5
Meuniers	-	-	-	-	-	-
Fermiers	-	-	-	2,5	6,3	2,5
Laboureurs	16,5	37,0	35,5	16,5	23,3	9,0
Journaliers	3,5	4,5	29,0	14,0	11,6	15,5
Valets de ferme	-	-	-	-	1,0	-
Maçons	3,5	-	-	-	-	11,0
Charpentiers	7,5	-	-	-	-	-
Menuisiers	1,5	-	-	-	-	-
Charrons	5,0	6,0	-	-	2,1	6,5
Maréchaux-ferrants	3,5	8,5	2,0	2,5	4,2	4,5
Selliers	-	-	-	5	-	-
Tonneliers	2,5	-	-	-	2,1	-
Cordonniers	6,5	-	-	-	6,3	2,0
Vanniers	1,5	2,5	-	7,0	-	-
Fileurs	-	1,0	-	-	-	-
Tisserands	15,0	2,5	8,5	7,0	11,5	11,0
Tailleurs	7,5	1,0	-	2,5	4,2	6,5
Boulangers	-	-	1,5	-	-	2,5
Bouchers	1,5	-	-	-	-	-
Aubergistes	7,5	3,5	1,5	-	3,1	4,5
Maîtres d'école	5,0	3,5	-	9,5	-	-
Curés/pasteurs	-	-	-	-	-	4,5
Chirurgiens	1,5	-	-	-	-	-
Forestiers	-	4,5	-	-	-	-
Bergers	4,0	3,5	1,5	-	-	-
Coupeurs de paille	-	1,0	-	-	2,1	-
Chasseurs de taupes	1,5	-	-	-	-	-
Musiciens	-	-	-	2,5	-	-
Soldats	-	1,0	-	-	-	-
Total des qualités et professions représentées	**79** = 100%	**86** = 100%	**60** = 100%	**42** = 100%	**95** = 100%	**45** = 100%

Sans prétendre à l'exhaustivité et compte tenu du manque d'homogénéité, le tableau ci-dessus a comme but de mettre en lumière l'éventail socio-professionnel de l'échantillon notarial. Il doit être interprété avec précaution pour trois raisons essentielles :

- Même après recoupement entre registres paroissiaux, documents fiscaux et actes notariés, les états et professions n'ont pas pu être déterminés dans la totalité des cas. A Schillersdorf par exemple, ils ne sont pas mentionnés chez 30% des contractants, sans doute du fait que leur situation socio-professionnelle, bien connue de tous, n'appelle pas à être mentionnée.

- De plus, le relevé des professions est fonction de la palette socio-professionnelle du village même qui nous échappe totalement alors que la comparaison des deux listes, celle des contractants et celle des actifs, eût été éclairante.

- Enfin les actes indiquent parfois la *qualité* des personnes de préférence à leur métier. Mais un *échevin* peut être aubergiste, laboureur, forgeron, charron...

Il n'en ressort pas moins la supériorité écrasante des laboureurs et des échevins, qui peut dépasser leur représentation réelle au sein de la communauté villageoise, et la sous-représentation des journaliers. Sur le plan méthodologique, la constatation est capitale, car elle conforte l'utilisation massive des inventaires après décès dans la mesure où ils couvrent l'éventail social de façon fort inégale. Pour trouver un acte de laboureur, il faut dépouiller entre trois et cinq inventaires ; pour rencontrer un journalier, c'est entre 5 et 25 inventaires qu'il faut consulter ; un acte de coupeur de paille ou de valet de ferme se dissimule dans une masse de 50 à 100 inventaires...

c) Reste le problème de la **signification chronologique** de l'acte qu'il importe de replacer dans la trame de la vie. L'inventaire, comme le testament, est secrété par la mort. Acte spécifique à un stade de l'existence, celui de la dissolution de la communauté familiale par la disparition de l'un des conjoints qui survient en général après dix à vingt ans de vie conjugale, l'inventaire appréhende la fortune à un moment précis dont il est difficile de préjuger la signification : est-elle en phase de maturité ou sur la pente du déclin ? Est-elle aboutissement ou départ ? Le document accuse les traits de l'âge, soit dans le sens d'une réussite au soir de la vie, soit dans le sens d'un échec lié à la misère ou à la maladie. Seules des monographies de familles, appuyées sur plusieurs actes consécutifs, qui représenteraient autant de cas particuliers illustrant des destins individuels, seraient susceptibles de nous éclairer. Par contre, fortunes mûres et fortunes vieilles, situations d'échec ou de réussite risquent de se trouver artificiellement fondues dans les statistiques élaborées par l'historien soucieux, en sacrifiant à l'histoire sérielle, de dépasser le *particulier* pour accéder au *général* : c'est un motif de gauchissement supplémentaire. Du reste, si l'on veut appréhender le montant des fortunes tout en évitant le double emploi, une précaution élémentaire s'impose : elle consiste à ne prendre en considération que l'acte de l'un des conjoints, de préférence celui du prémourant, le patrimoine du survivant subissant tantôt une forte érosion, tantôt - en cas de remariage - un gonflement susceptible de fausser les statistiques les plus sérieuses. Voici, en guise d'illustration, l'exemple fourni par la succession de Hans Claus, échevin à Hohatzenheim[35], qui, en l'espace des neuf années séparant le décès des deux conjoints, se trouve amputée de près des deux tiers de sa valeur, proportion conforme aux règles de succession en usage :

	Inventaire de Hans Claus, échevin 10-12 juillet 1720	Inventaire d'Eve Kapp, la veuve 15 mai 1729	Evolution 1720-1729
	(valeurs en livres tournois)		
Biens immobiliers (terres)	624	114	- 81,7%
Biens immobiliers (bâtiments + cheptel)	1200	-	-
Biens mobiliers	248	84	- 61,1%
Outillage agraire	50	6	- 88,0%
Réserves (grains, vin)	142	104	- 26,8%
Argent liquide	220	54	- 75,4%
Dettes actives	-	254	-
Dettes passives	1124	45	- 96,0%
Total	**1360**	**571**	**- 58%**

[35] ABR 6 E 7 Not. Bouxwiller, inv. Hohatzenheim 286.

Nous nous réservons néanmoins le droit de retenir l'acte du survivant si les coutumes de transmission le justifient, en cas de donation enfre vifs par exemple. Quoi qu'il en soit, il devient parfois nécessaire d'opérer une réduction de plus d'un tiers par rapport à l'échantillon initial : démarche déchirante qui permet cependant de gagner en précision ce que l'on perd en étendue. Après avoir éliminé les patrimoines de certains veufs qui ne sont plus que des épaves, il reste à déterminer si la totalité de la fortune est présente dans l'acte retenu, c'est-à-dire les apports de chacun des deux conjoints ajoutés aux acquêts réalisés en cours de vie commune. C'est à ce stade de notre réflexion que se pose le problème des contours juridiques.

2) le problème de la diversité des contours juridiques

Voici bien longtemps que les historiens du droit tentent de nous clarifier les idées dans le domaine très spécialisé des coutumes successorales et des modes de partage : y a-t-il éclairage plus précieux pour l'approche des inventaires après décès[36] ? Car avant l'unification juridique de l'époque contemporaine, dans l'hypothèse où le Code civil, assimilant les usages anciens, a effectivement été appliqué[37], ces coutumes présentent de nombreuses variantes dont la connaissance s'avère indispensable pour la compréhension des sources. Véritable mosaïque juridique, l'Alsace voit se superposer les strates successives du droit romain, du droit féodal, du droit statutaire des villes englobant leurs territoires ruraux, du droit rural germanique avant même que la juridiction royale ne s'y introduise à partir de 1648, jouant sur l'inégale résistance que lui opposent les droits locaux en usage. Au XVIIIème siècle, la province se situe donc au confluent du droit français et de l'ancien droit des pays d'Empire d'essence romano-germanique. En dépit de l'action unificatrice entreprise par le Conseil Souverain, il semble bien que, dans un tel contexte de métissage juridique, ce soit l'ancien droit coutumier qui l'emporte parce qu'il confère à ses usagers, du fait de son ancienneté même, un double sentiment de continuité et de sécurité.

Nous avons eu l'occasion d'aborder le problème de l'égalité face à l'héritage dans la plaine d'Alsace[38]. Contentons-nous de poser quelques problèmes fondamentaux qui mettent en cause la valeur des inventaires de succession. La famille constituant à la campagne une unité de production et de consommation, c'est la fortune globale du ménage qui sert à déterminer sa position sociale et doit donc être retenue. Par conséquent, l'acte idéal est

---

[36] Sur le plan général, consulter :
- la synthèse d'E. LE ROY LADURIE, *contrib. 2082* ;
- H. KLIMRATH, *op. 370 et 370a* ;
- J. YVER, *op. 2094a* ;
- Congrès de la Société Jean Bodin, Bruxelles, octobre 1984 sur la coutume, *op. 404*.

Sur le plan local, on se reportera aux travaux de R. GANGHOFFER, *op.* et *contrib. 2049, 357-358 et 2009-2009a*.

[37] Chr. FRITZ, *mém. 2508a*, p. 4 : 60% des inventaires étudiés se conforment non à la loi, mais à la coutume qui se trouve sacralisée par son ancienneté même. En fait, Code civil et coutumes d'Alsace ne sont pas antinomiques.

[38] Voir *supra* pp. 586-596.

celui qui indique méticuleusement d'une part, ne serait-ce qu'à titre de rappel, les apports de chacun des deux époux, contrat de mariage à l'appui et avec mention des compensations à verser au cas où les apports auraient été aliénés et, d'autre part, les conquêts et acquêts réalisés en cours d'union : le notariat de Bouxwiller et de Soultz-sous-Forêts fournissent de beaux échantillons d'inventaires *complets*, faisant la distinction entre ce qui entre dans la communauté et ce qui reste propre à chaque conjoint, de façon à garantir son patrimoine. Mais la totalité des biens est-elle réellement transmise ? Malgré les déclarations d'intention[39], il n'est pas toujours possible de l'affirmer. La certitude d'une transmission intégrale, assortie ou non d'égalité successorale, constituerait une garantie documentaire dont l'historien se trouve parfois frustré. Est-il du moins possible de déceler les arrangements préalables à tout partage officiel - donation entre vifs et pratiques préciputaires - qui, en contournant les coutumes adoptées, amputent d'autant le patrimoine à transmettre ? Rien n'est moins sûr. A Schillersdorf[40], nous découvrons, entre 1707 et 1781, soigneusement recopiés en tête des inventaires, sous la dénomination de *Uebergab*, de *Schenkung* ou de *Privatordnung*, une bonne douzaine de donations entre vifs précédant la rédaction de l'inventaire lui-même de quelques mois à plusieurs années. Mais comment s'assurer de pouvoir les cerner dans leur totalité ? Le tiers de ces dispositions concernent des transmissions entre époux ; les deux tiers sont des cessions en faveur de l'un des enfants. Ulrich Mahler, l'échevin, cède, juste avant son décès en décembre 1701[41], la ferme à son fils cadet qui, en vertu d'une disposition du 26 mars 1692, partage déjà l'exploitation avec ses parents depuis sept ans. A charge pour lui d'indemniser ses frères et soeurs et de remplir ses devoirs à l'égard de sa mère, il touche *par avance* les deux meilleurs chevaux, la moitié d'un chariot et une part de charrue, des sacs de grains... De telles dispositions réduisent d'autant le patrimoine partageable.

Parmi les règles qui régissent la transmission des biens, le régime de la communauté universelle semble constituer une garantie pour qui cherche à cerner l'ensemble de la succession, puisque homme et femme constituent une même personne juridique[42]. L'inventaire établi sur ces bases permet de saisir à la fois les apports, les héritages, les donations par un tiers ainsi que les acquêts et conquêts, l'ensemble des biens constituant une *masse commune*[43]. Par contre, en l'absence de toute séparation des biens, il ne

[39] ABR 6 E 26 Not. Molsheim II, inv. Holtzheim 38, 4 juillet 1748 : *nichts davon ausgenommen noch vorbehalten.*
AHR 4 E Not. Hirsingue, inv. Heimersdorf, 23 janvier 1720 : *nichts ausgenommen ; zur Conservierung ihres völligen Vermögen solches zu inventieren...* (*ibid.*, inv. 28 mars 1730).
AHR 4 E Not. Heiteren 9-14(1er janvier 1752 ; 16 avril 1753 ; 21 janvier 1778) : *nichts davon ausgenommen und vorbehalten.*
ABR 6 E 7 Bouxwiller, inv. Reitwiller 363, 17 mars 1767 : *nichts davon ausgenommen.*

[40] ABR 6 E 17 Not. Ingwiller, inv. 68-75.

[41] *Ibid.*, inv. 68 (31 janvier 102).

[42] E. BONVALOT, *op. 2063*, p. 189.
AHR 4 E Not. Bollwiller, inv. Heimsbrunn, 2 septembre 1771 : *sowohl das errungen und gewonnene als das zugebrachte.*

[43] ABR et AHR Not. inv., passim *: unter einer Massa.*

précise pas la nature des apports et passe le plus souvent sous silence les biens propres des conjoints (lit nuptial, effets vestimentaires, *Morgengab*), même si certains échappent à la succession commune. Sans grand intérêt en l'absence d'enfants, puisque l'ensemble des meubles et immeubles retournent au lignage d'origine, la formule est particulièrement indiquée lorsqu'il y a des enfants[44] : le conjoint survivant se contente alors d'exercer un simple droit d'usufruit sur tout ou une partie de l'héritage, soit jusqu'à la fin de ses jours, soit jusqu'à ce que les enfants aient atteint *l'âge de discrétion*[45]. Les tendances communautaires, qui caractérisent ce régime, l'emportent au sud de la province où, selon la coutume de Ferrette, les biens constituent une masse partagée par moitié[46] ou en proportion des deux tiers pour l'époux survivant et d'un tiers pour l'épouse et leurs héritiers[47]. Le *droit de dévolution* ou *Verfangenschaft*, décrit dans le centre de la plaine par Roland Ganghoffer[48] - transmission des biens immeubles aux enfants avec usufruit et non-propriété au survivant qui doit se contenter des biens meubles -, ne se distingue pas foncièrement de la communauté universelle : en impliquant l'idée d'une immobilisation des biens jusqu'à la mort du survivant, il ne fait que renforcer la coutume communautaire et accuse une étroite parenté avec les usages relevés dans le nord de la France, la Belgique et le Brisgau[49]. Son intérêt tombe sous le sens : le pouvoir de disposition qu'obtient le survivant tend à éviter la dilapidation de la fortune. A l'inverse, refuser la dévolution, c'est, pour l'héritier potentiel, affirmer le droit de recueillir en toute propriété une partie des biens dès la dissolution du mariage par le décès de l'un des conjoints, c'est céder aux tentations de l'individualisme qui se font jour dans le régime de la communauté réduite aux acquêts.

Fort répandu dans les campagnes de Basse-Alsace, ce dernier vise à privilégier les biens acquis en cours d'union[50] qui sont seuls à être partagés entre les héritiers, les parties se réservant le droit de reprendre leurs parts respectives, d'en disposer comme ils l'entendent et de les transmettre dans leur propre lignage. De cette façon, les préoccupations lignagères prennent le dessus sur la tradition communautaire. Il arrive que, séparés de la masse commune, les apports incluent les biens hérités, de part et d'autre, en cours d'union : ils sont d'ailleurs plus fréquemment mentionnés que réellement estimés, ce qui rend bien réel le risque d'occultation. Acquêts et conquêts reviennent tantôt par moitié au survivant et par moitié aux héritiers, tantôt - influence de la coutume dite *de Ferrette* ? -, en proportion des deux tiers à l'époux survivant ou à ses héritiers et d'un tiers à l'épouse survivante ou à ses héritiers[51], plus rarement en proportion des deux tiers aux héritiers du

---

44 ABR 6 E 27 Not. Muttersholtz, inv. Baldenheim 18 (1714) et 22 (1726) : on précise que les apports ne sont soustraits à la succession qu'au cas où il n'y a pas d'enfants ; ils restent alors dans le lignage du défunt.

45 24 ans pour les garçons et 20 ans pour les filles à Rouffach, selon A. BILLICH,*art. 2000*, p. 165.

46 Telle est la coutume à Heiteren, en l'absence d'un contrat de mariage explicite.

47 APM T 1045 : *Description de la terre et seigneurie de Ferrette en l'année 1667.*

48 R. GANGHOFFER, *contrib. 2009a*, pp. 270-277 et A. BILLICH, *art. cit.*, p. 165 (exemple de Rouffach).

49 J. IMBERT, *art. 2078.*
J. YVER, *art. 2094.*

50 ABR 6 E 27 Not. Muttersholtz, inv. Baldenheim 23 et 25 : *erringen, gewinnen, erkauffen, ersparen, ererben* : (1772) ; *zusammen bringen, erringen, gewinnen und erben durch Gottes Gnaden...* (1786).

51 Exemples de Reitwiller et de Heiteren en l'absence d'un contrat de mariage explicite.

survivant et d'un tiers aux héritiers du prémourant, en particulier en l'absence d'enfants[52]. Il semble cependant, comme cela a été signalé ailleurs[53], qu'une certaine liberté soit laissée aux contractants qui peuvent faire entrer dans leur communauté une partie de leurs biens propres, quittes à exercer leur droit de reprise et d'édicter divers avantages au profit de l'époux survivant. C'est ainsi que dans la sphère d'influence de Strasbourg, le *Widem* accorde au conjoint survivant l'usufruit de la totalité des biens moyennant l'obligation de fournir aux enfants, lors de leur majorité ou lors de leur établissement, la légitime, sorte de capital de départ pour l'entrée dans la vie active[54]. Clause de garantie essentielle : à Reitwiller, la veuve exerce un droit de jouissance sur les deux tiers du *Hof* et un droit de préemption sur le tiers restant[55].

Dans les deux cas, la recherche de la sécurité est primordiale. Mais, si la communauté des biens témoigne d'une forte cohésion familiale, la séparation des biens, qui n'est concevable que si la fortune atteint quelque importance, joue en faveur du lignage auquel la rupture de l'union rend une certaine autonomie. L'influence française se fait surtout sentir dans la formule de la communauté des biens, assortie, dans le cas du partage par moitié, d'une certaine égalité entre l'homme et la femme ; l'influence germanique perce dans celle de la communauté réduite aux acquêts. Ses exigences cartésiennes pousseraient le chercheur à vouloir cartographier les coutumes de succession. Or, recoupant ceux qu'a effectués André Billich pour Turckheim[56], nos propres sondages débouchent sur une extraordinaire bigarrure du droit successoral, parfois à l'intérieur d'une même communauté : les influences respectives de la *coutume* et du *droit* y expliquent le voisinage du régime de la communauté universelle avec celui de la communauté réduite aux acquêts, les biens propres portant tantôt sur les biens immeubles, tantôt sur l'ensemble des apports, le partage entre le survivant et les héritiers se faisant en parts égales ou inégales... On ne peut s'empêcher d'invoquer les motivations personnelles, impondérables, échappant à toute conscience extérieure au cas lui-même.

Aperçu sur la mosaïque des coutumes successorales

Localité	Nombre d'indications	Communauté universelle 1/2-1/2	2/3-1/3	non spécif.	Communauté réduite aux acquêts 1/2-1/2	2/3-1/3	non spécifié
Rittershoffen				*			
Schillersdorf						*	
Bosselshausen						*	
Reitwiller	46	-	-	-	8,5%	87,0%	4,5%
Holtzheim	24	4,0%	12,5%	-	33,5%	50,0%	-
Baldenheim	41	34,0%	-	-	41,5%	17,0%	-
Heiteren	81	25,0%	27,0%	-	48,0%	-	-
Ungersheim	15	53,5%	6,5%	-	40,0%	-	-
Heimsbrunn		*					
Heimersdorf	11	54,5%	27,5%	-	18,0%	-	-

* régime dominant

% : fréquences par rapport au nombre de cas analysés

[52] Exemples de Baldenheim (ABR 6 E 27 Not. Muttersholtz, *passim*) et de Rouffach au XVIIIème siècle. BNUS Ms. 1713 : apports et héritage en cours d'union réservés ; acquêts partageables dans les proportions des 2/3 - 1/3.

[53] A. DAUMARD/Fr.FURET, *art. 1542*, pp. 10-11.

[54] B. VOGLER, *contrib. 1599*, pp. 199-200.

[55] ABR 6 E 7 Not. Bouxwiller, inv. *passim*.

[56] A. BILLICH, *art. cit.*, pp. 164-169.

A défaut de pouvoir cerner avec davantage de précision les modes de partage susceptibles d'occulter une partie de la succession, peut-on du moins apprécier l'étendue des dissimulations ?

3) Sincérité et dissimulation

Si nous parvenons à aborder un inventaire après décès par ce qu'il exprime implicitement comme par ce qu'explicitement il passe sous silence, le *non-dit* risque de prendre autant d'importance que le *dit*. Se pose en effet le problème des éventuelles dissimulations inhérentes à tout acte notarié, qu'elles soient involontaires ou intentionnelles. Car oublis ou lacunes ne sont pas forcément le fait du hasard. En dehors d'omissions avouées[57] ou d'omissions dûment fondées[58], c'est aux déclarants eux-mêmes qu'il faut s'en prendre. Qui serait suffisamment naïf pour nier l'existence, hier comme aujourd'hui, d'héritiers fraudeurs, crocheteurs, fureteurs qui bénéficient parfois de la complicité du notaire lui-même ? La garantie des scellés apposés sur la succession, la déontologie ou l'intérêt du notaire, dont la commission est proportionnelle à la valeur de l'héritage, l'absence de tout impôt sur les successions, la surveillance mutuelle des ayants droit qui, dans le milieu restreint du village, s'épient les uns les autres et entretiennent au sein des familles des rancunes tenaces, enfin la malveillance de voisins soupçonneux sont autant d'obstacles à la fraude qui aurait pourtant tendance à se développer, compte tenu des délais entre le moment du décès et celui de la saisie des données : quelques jours, des semaines, des mois, voire des années...

Délais entre la date du décès et la rédaction de l'inventaire: l'exemple de Schillersdorf (1701-1789)

	Nb. d'actes	%
Moins d'une semaine	1	0,5
1 - 2 semaines	5	4,0
2 - 3 semaines	7	5,5
3 semaines- 1 mois	5	4,0
1 - 2 mois	41	30,5
2 - 3 mois	29	21,5
3 - 4 mois	17	12,5
4 - 5 mois	10	7,5
5 - 6 mois	2	1,5
6 mois - 1 an	11	8,5
1 - 2 ans	2	1,5
2 - 3 ans	-	-
3 - 4 ans	2	1,5
4 - 5 ans	1	0,5
Plus de 5 ans	1	0,5
	134 cas	100%

Source : ABR 6 E 17, Not. Ingwiller, inv. 68 - 75, *passim*.

[57] AHR 4 E Not. Heiteren 14 : *allerhand vergessen* (1777).

[58] ABR 6 E 40 Not. Soultz-sous-Forêts II, inv. Rittershoffen 160, 20 février 1786 : une veuve qui s'oppose à ce que l'on indique le peu de foin, regain, paille et pommes de terre qu'elle vient d'hériter de sa mère.
Ibid., inv. Rittershoffen 158, 1er avril 1775. *Fahrende Hab : Ein Ehebett. Das übrige in Natura gezogen, weil sie solche nicht aufgeschrieben haben.*
Ibid., inv. Rittershoffen 159, 2 décembre 1783. *Fahrnis : will sie solche nicht aufgeschrieben haben.*
ABR 6 E 46, Not. Woerth, inv. Rittershoffen 114, 11 janvier 1782 : *Die Hemder und Halstücher durch den Verstorbenen langwierigen Krankheiten zerrissen und consommiert worden.*

Mais la fraude étant casuelle et non systématique, est-il possible de chiffrer l'importance de cette dissimulation notariale spécifique ? Que penser de la proportion, quelque peu arbitraire à notre sens, de 10 à 15% de la valeur du patrimoine avancée par certains historiens[59] ? Il est tout aussi aventureux de prétendre - surtout pour la campagne - que la surveillance notariale s'exerce davantage sur les couches populaires que dans les classes supérieures de la société avec lesquelles le notaire pourrait entretenir des relations privilégiées, ce qui conduirait à un degré de fiabilité inversement proportionnel au niveau des fortunes[60]. On en est donc réduit à rechercher les motivations de telles attitudes. L'intérêt y entre pour une bonne part, mais il varie selon les besoins de la cause : on peut être tenté de gonfler la valeur du patrimoine, en surévaluant par exemple une dot par désir de *paraître,* comme on peut chercher à la diminuer quand il s'agit d'une succession pour prévenir la surcharge fiscale ou parafiscale, avantager un enfant par rapport à un autre ou alléger le montant des compensations entre héritiers. Mais, en dehors de la dissimulation, les silences par intérêt dus soit à la simple négligence, soit à la psychologie même des contractants ou du notaire, portent en général sur des objets de faible valeur. N'exagérons rien : les inventaires, quoi qu'on en dise, ne dissimulent apparemment pas plus qu'ils ne révèlent.

Enfin comment faut-il interpréter la prisée, toujours bienvenue mais fort imprécise, des biens à transmettre ? On déplore souvent l'absence partielle ou totale, d'évaluations, ce qui empêche de cerner de façon rigoureuse et précise, le niveau des fortunes et l'échelonnement de ces dernières en fonction de la pyramide sociale. Dans ce domaine, les inventaires du Kochersberg et du Sundgau sont des plus décevants. Ce sont de préférence les biens propres qui échappent à la prisée ou encore les pièces qui sont attribuées sans passer par l'intermédiaire d'une évaluation monétaire, par exemple le mobilier fréquemment partagé en nature par lots de valeur équivalente. Si l'absence d'évaluation est partielle et accidentelle, il est possible de combler le déficit par extrapolation après comparaison avec des actes voisins. Si elle est totale et si elle recouvre des séries entières de biens, toute tentative d'évaluation globale doit être abandonnée. Or, compte tenu du processus d'estimation par le notaire en présence du conseil de famille[61], la notion de *valeur* elle-même est ambiguë. Il ne s'agit pas de la *valeur réelle* de l'objet, de la *valeur marchande* cotée en mercuriale, établie selon des critères économiques indiscutables en fonction de la loi de l'offre et de la demande. Nous sont proposées des *valeurs d'usage* faisant intervenir le subjectif et l'objectif, les facteurs purement économiques composant avec des considérations d'ordre psychologique et affectif : la valeur sentimentale d'une armoire n'a que peu de rapport avec sa valeur réelle ; la qualité d'un chandelier, selon qu'il est en fer ou en étain, selon

---

59 M. BAULANT, *art. 1808,* p. 507.

60 D. ROCHE, *contrib. 3264,* p. 233.

61 BNUS Ms. 1713, p. 57 : *Wann ein Erbschafft eine Hausschatzung begehrt, so geht der gantze Rath daselbige zu besichtigen und in Augenschein zu nemen ; nachgehents komen die Partheÿen vor Rath, und geschickht die Anfrag wegen der Aestimation und wie solches durch die mehrere Stimmen aestimiert würde, dabey solt est bleiben* (Rouffach 1663).

qu'il est plus ou moins travaillé, peut influer sur son évaluation ; enfin l'appréciation du cheptel, en fonction de son âge, de sa force, de son état, aboutit à des différences d'estimation importantes. Rappelons qu'il s'agit fréquemment de prisées minimales permettant d'alléger le poids des estimations réciproques[62]. Faut-il renoncer pour autant à relever les valeurs indiquées ? Il importe au contraire de réaliser l'entreprise chaque fois qu'elle s'avère possible, car confronter des valeurs marquées d'une marge d'erreur comparable conduit à des distorsions qui sont du même ordre de grandeur. L'analyse sérielle d'un nombre suffisant d'actes exposés à un gauchissement identique permet donc de relativiser l'erreur, à défaut de pouvoir l'éliminer, ou de compenser les éventuelles déformations. On constate du reste une grande rigidité dans les valeurs au cours du XVIIIème siècle, l'estimation étant fondée sur la mémoire collective plus que sur la valeur réelle des objets à une époque d'inflation mesurée, ce qui rend les tentatives de déflatage superflues. Même approximatives, les moyennes ne semblent pas déformer de façon sensible la réalité.

Conclusion

Afin de relativiser la portée de nos résultats, il importait de dégager les aléas des inventaires après décès, entachés d'un coefficient d'incertitude difficilement mesurable. Aux difficultés précédemment énoncées, il convient d'ajouter l'erreur, bien humaine, de l'historien, qui peut intervenir à tous les stades de l'opération : dépouillement, classification, interprétation. Aux certitudes mathématiques et aux moyennes trompeuses, on préférera des ordres de grandeur, des *fourchettes* et des probabilités. Plutôt que d'ériger la quantification en panacée, on se contentera de tableaux de fréquence. Si l'ampleur des dépouillements s'avère indispensable pour déboucher sur la *normalité*, elle doit aller de pair avec l'organisation des indications recueillies et la rigueur de leur interprétation. Du reste, vouloir traduire la réalité par une série de tableaux chiffrés reviendrait bien souvent à la mutiler et à se faire une image simplifiée à l'excès de ce contractant qui est un homme de chair et de sang, avec ses attitudes et ses réactions.

Il n'en reste pas moins que, parmi les pistes qui mènent à l'appréciation de la vie rurale, la documentation notariale constitue l'une des approches les plus massives et les plus payantes. Par sa richesse, elle reflète les multiples facettes de la vie quotidienne et gagne toujours à être intégrée dans une recherche croisée avec les autres sources de l'histoire sociale. Par sa massivité, elle l'emporte sur tout autre capital archivistique - à l'exception peut-être des actes judiciaires - et acquiert de ce fait une supériorité indiscutable. Il n'en reste pas moins que l'information diminue, en quantité comme en qualité, à mesure que l'on quitte les strates supérieures de la société.

---

[62] ABR 6 E 17 Not. Ingwiller, inv. 70, Schillersdorf 21 janvier 1734 : *dem billigmässigen Werth nach estimiert.*

II. PREMIERS RESULTATS : UNE PESEE GLOBALE DE LA SOCIETE PAYSANNE

Après avoir défini les difficultés de l'entreprise, cherchons à présent, à travers les registres fiscaux et les inventaires après décès, à prendre la mesure de la société paysanne. Cette pesée globale doit s'inspirer d'une double préoccupation. La première consiste à apprécier, par comparaison, la situation des uns par rapport aux autres, autrement dit à grouper les renseignements, selon le cas, par niveaux de fortune ou d'imposition. Relativement aisée, dès lors qu'il s'agit de niveaux économiques réels, la démarche se complique quand on cherche à tenir compte des hiérarchies d'honneur fondées sur les titres et les qualités : de telles indications sont à la fois trop connues par les contemporains et trop intériorisées par les bénéficiaires pour laisser systématiquement des traces dans les documents officiels. La répartition de la richesse entre les diverses catégories préétablies fera apparaître l'homogénéité ou, au contraire, la diversité économique des groupes socio-professionnels. L'étude montrera la fiabilité ou la fragilité des cadres d'analyse choisis à titre d'hypothèse de travail.

La deuxième préoccupation consiste à prendre conscience des transformations de la constellation socio-économique qui, loin d'être figée, évolue au cours du siècle, en s'inscrivant dans la lente mutation des niveaux économiques et des genres de vie. Dans quelle mesure les documents sélectionnés permettent-ils de connaître la société rurale dans sa profondeur, dans sa diversité, dans son évolution ?

A) La pyramide des fortunes

A défaut de pouvoir cerner les revenus, la hiérarchie des fortunes constitue le moyen d'établir un échelle sociale et, partant, de caractériser un type de société. A en croire les témoins de l'époque, la société villageoise se tiendrait dans une sorte de médiocrité d'ensemble, à égale distance de l'opulence et de la misère : il en est ainsi à Guémar, en 1721[63] et à Schwindratzheim en 1781[64]. La réussite revêt en effet un visage modeste à la campagne : impression globale qui mérite d'être corrigée à la lumière des registres fiscaux et des inventaires après décès.

1) Amélioration d'ensemble et diversité des situations

Ce qui frappe d'abord, si nous examinons les résultats obtenus à partir de l'analyse des registres fiscaux, c'est l'inégale participation des contribuables à la masse fiscale : moins du quart de la population fiscale règle en général la moitié des charges de la communauté. La méthode des cotes cumulées fait apparaître une courbe concave traduisant l'inégalité sociale. Se dégage ensuite un profil fiscal caractéristique : le tiers environ des

[63] AMO B 56 : *Es seien ohngefähr sieben bis acht wohlhabende Bauren in Gemar*... (enquête des Berckheim, 2 octobre 1721).

[64] ABR 17 J 108 : *Die reichen un die armen sind in den meisten Orten nicht so gar viel, die grösste anzahl sind diese, die sich mit mühe durchschlingen*... (le pasteur Rehfeld de Schwindratzheim, 19 mars 1781).

COTES FISCALES ET STRUCTURES SOCIALES

HATTEN en 1668 (ABR E 1841)
Taille seigneuriale
(49 cotes)

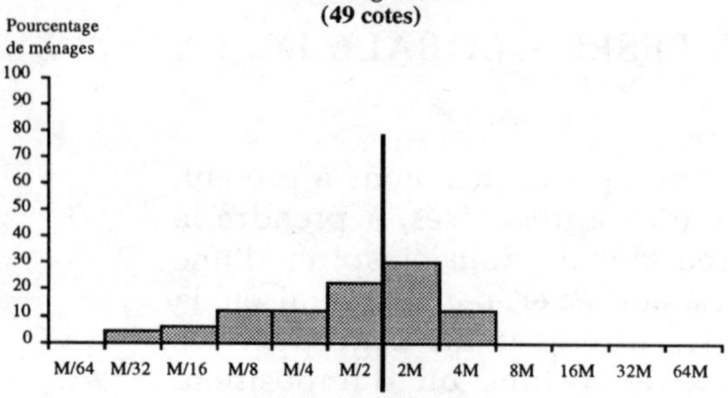

Moyenne = 22 Sous et 6 deniers

OSTHEIM en 1702 (AHR 18 J 591)
Taille seigneuriale
(36 cotes)

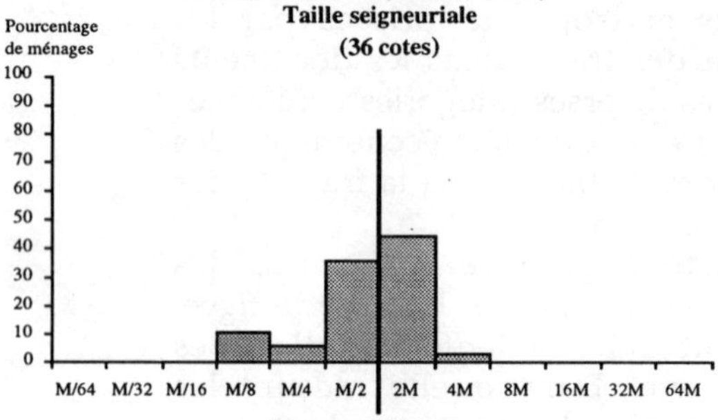

Moyenne = 24 Livres

BOLLWILLER en 1734 (AHR C 1179)
Impositions royales (assiette fiscale)
(65 contribuables)

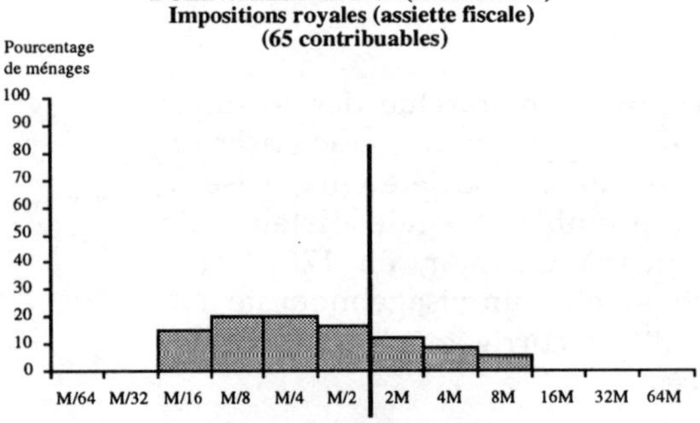

Moyenne = 149 Livres tournois

SCHIRRHEIN en 1760 (AMH CC 53)
Impositions royales (assiette fiscale)
(92 contribuables)

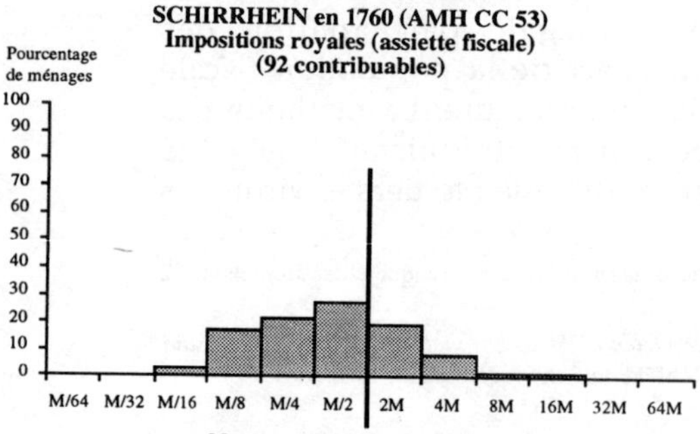

Moyenne = 285 Livres tournois

IMPOTS ROYAUX A ERGERSHEIM **(à l'exclusion des vingtième**
(ABR 8 E 126/23-26)

1733

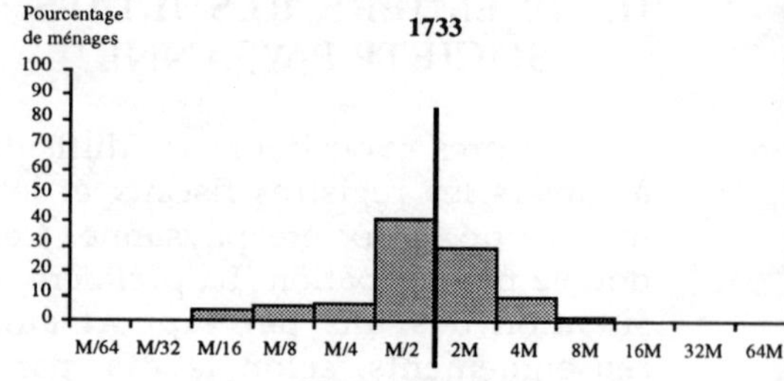

Moyenne = 8 Schilling

1745

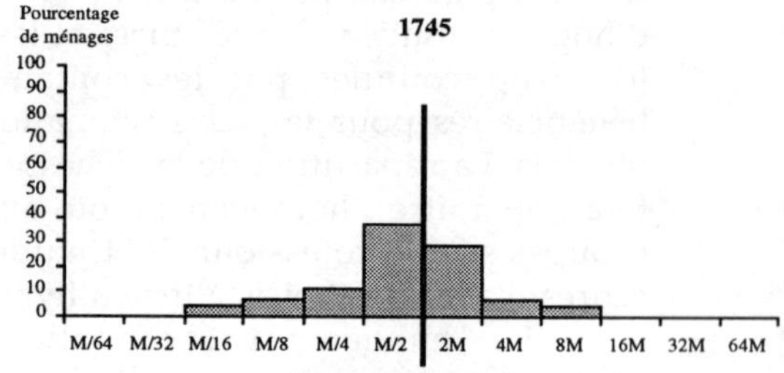

Moyenne = 6 Schilling

1759

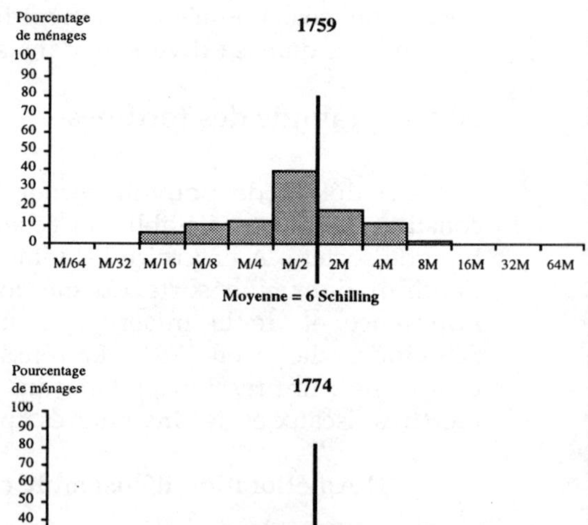

Moyenne = 6 Schilling

1774

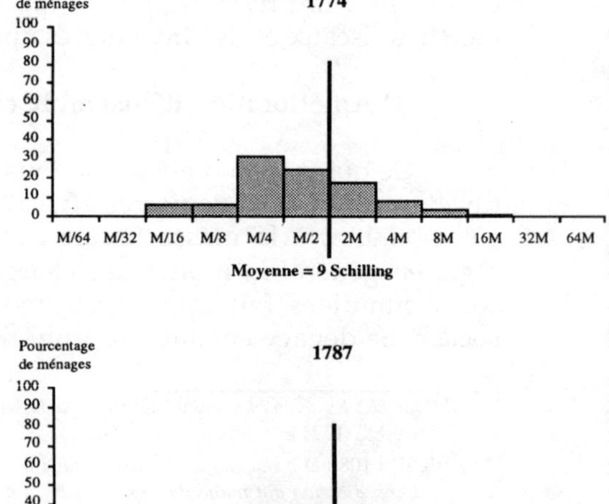

Moyenne = 9 Schilling

1787

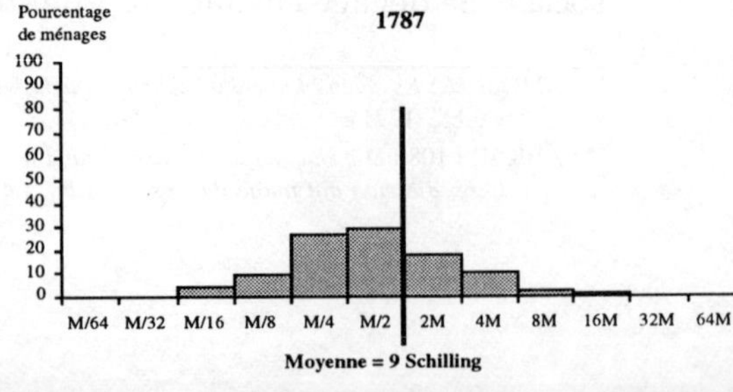

Moyenne = 9 Schilling

A GUNDOLSHEIM (AHR E dépôt 17 CC 2, 4, 7 et 25)

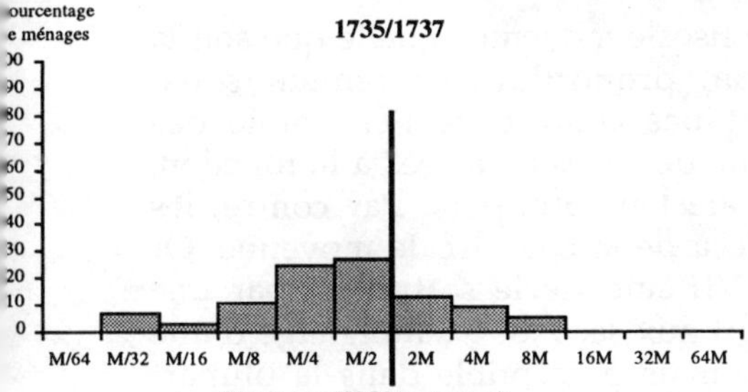

Moyenne = 238 Livres tournois
(assiette fiscale)

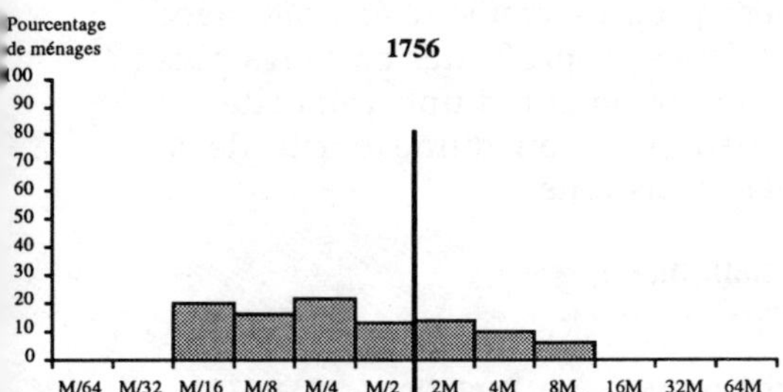

Moyenne = 252 Livres tournois
(assiette fiscale)

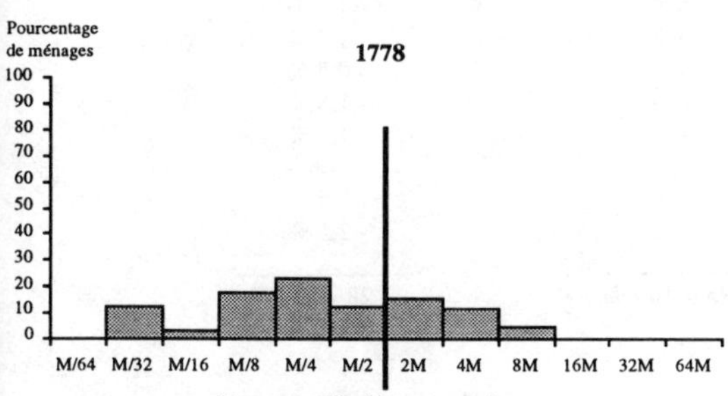

Moyenne = 28 Livres tournois

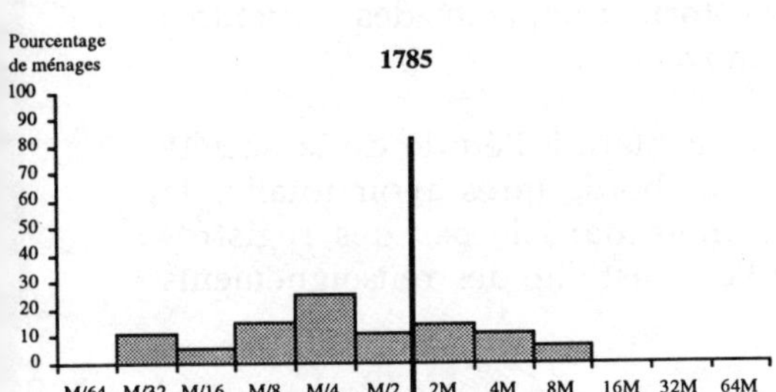

Moyenne = 45 Livres tournois

UNGERSHEIM en 1750 (AHR 1 E 39/37)
Corvées seigneuriales
(112 cotes)

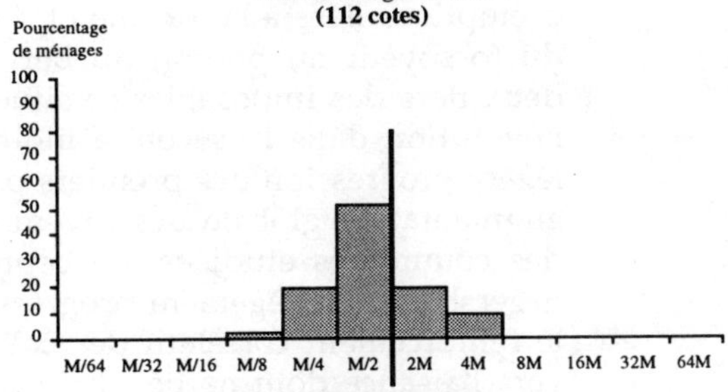

Moyenne = 4 Livres et 8 sous

UNGERSHEIM en 1751 (AHR 1 E 39/37)
Taille seigneuriale en grains
(115 cotes)

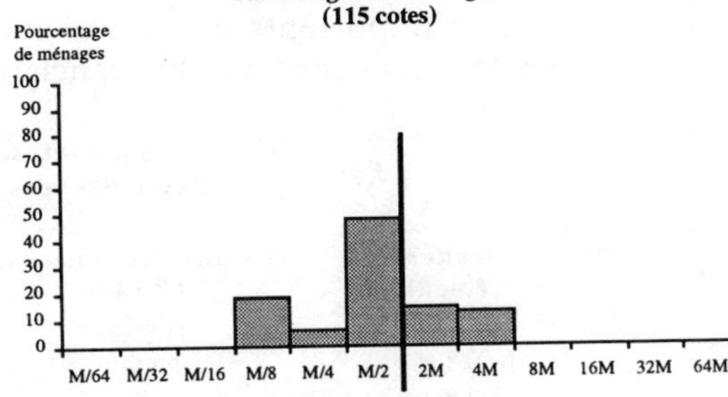

Moyenne = 4 boisseaux

UNGERSHEIM en 1751 (AHR 1 E 39/37)
Deniers royaux et fourrages
(50 cotes)

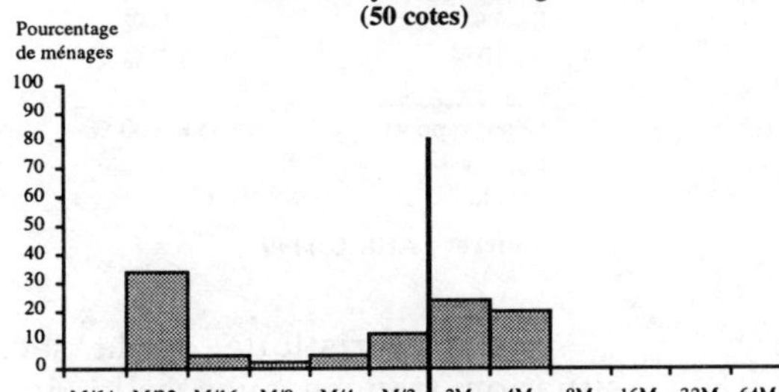

Moyenne = 4 Livres et 8 sous

contribuables se situe au-dessus de la cote fiscale moyenne, quelle que soit la nature de l'impôt pris en considération, proportion légèrement sous-estimée dans la mesure où elle ne tient pas compte de l'ensemble des exemptions liées à la fortune et d'une partie de celles attachées à la fonction, du fossoyeur au prévôt, du berger au collecteur d'impôts. Par contre, les deux tiers des imposables se situent en-deçà de la cote fiscale moyenne. Or l'évolution dans la seconde moitié du XVIIIème siècle se traduit par une légère progression des premiers par rapport aux seconds : témoignage d'une augmentation globale des revenus, légère mais perceptible dans la plupart des communes étudiées, l'exception confirmant la règle étant fournie par Ergersheim. L'allègement progressif de la partie gauche de nos graphiques et le renforcement corrélatif des colonnes de droite révèlent une lente montée vers l'aisance dont ne bénéficie cependant qu'une partie de la paysannerie. Car cette évolution d'ensemble se trouve aussitôt nuancée par une deuxième constatation : l'échelle fiscale est progressivement écrasée, avec parfois un sensible laminage des parts moyennes au profit des cotes les plus fortes, mais aussi des plus faibles : le renforcement d'une minorité de revenus importants s'accompagne de la paupérisation d'une partie de la société rurale et d'une différenciation sociale croissante.

Impôt et société à Bollwiller :
l'exemple des vingtièmes 1734-1742

Tranches fiscales	Contribuables 1734	Contribuables 1742	Evolution 1734-1742
moins de 0,5 %	41,5 %	50 %	8,5 %
0,5 - 1 %	23 %	18 %	- 5 %
1 - 2 %	14 %	18 %	+ 4 %
2 - 3 %	4,5 %	6 %	+ 1,5 %
3 - 4 %	4,5 %	3 %	- 1,5 %
4 - 5 %	1,5 %	1 %	- 0,5 %
5 - 6 %	4,5 %	3 %	- 1,5 %
6 - 7 %	1,5 %	-	- 1,5 %
7 - 8 %	-	-	-
8 - 9 %	1,5 %	-	- 1,5 %
9 - 10 %	3,5 %	1 %	- 2,5 %
% par rapport à la masse fiscale	65 = 100 %	93 = 100 %	+ 28 =+ 44 %

Source : AHR C 1179.

Caractéristique de la seconde moitié du XVIIIème siècle, cette situation tranche avec celle de la *reconstruction* et de ses lendemains immédiats marquée, au contraire, par une forte compacité des structures sociales de part et d'autre de la cote fiscale moyenne[65].

L'analyse des inventaires après décès confère à l'étude de la société une dimension supplémentaire. Il convient d'abord, après avoir totalisé la valeur des biens recensés, d'examiner, comme dans le cas des registres fiscaux, la distribution des fortunes. Mais l'exhaustivité des renseignements

[65] Voir *supra* p. 306.

fournis autorise une approche plus fine de l'évolution et surtout de la composition des patrimoines. Progressivemement, la description qualitative reprend ses droits, apportant un nouvel éclairage à l'étude des structures sociales, humanisant ce que les sources quantifiables, soumises à un traitement statistique, peuvent avoir d'abstrait.

Dans l'ensemble, les inventaires confirment les renseignements fournis par les registres fiscaux : 60 % environ des fortunes se situent en dessous des moyennes établies par séquences trentenaires, 40 % au-dessus, la différence rendant compte de la légère déformation qu'apporte le document fiscal. Or la progression des secondes, si elle se vérifie dans certains cas, apparaît beaucoup moins nettement que dans le contexte fiscal. Pourtant, l'étalement progressif des fortunes moyennes - entre 500 et 1500 livres tournois - se fait moins au profit des petites fortunes, qui atteignent rapidement un seuil incompressible, qu'en faveur des gros patrimoines, encore que ces derniers affichent souvent des bilans négatifs liés à un endettement croissant. Car les patrimoines importants, de plus de 3000, voire de plus de 5000 livres, n'échappent pas à l'endettement[66], sans doute à la suite de l'achat inconsidéré de biens-fonds, à moins qu'ils ne soient laminés par la transmission anticipée d'une partie des biens aux enfants, toujours difficile à déceler. Quoi qu'il en soit, les bilans négatifs apparaissent à Reitwiller uniquement chez les gens cossus : laboureurs, aubergistes, échevins. A Schillersdorf, les fortunes de plus de 3000 livres intéressent moins de 10 % des familles avant 1760, 17 % dans le dernier tiers du XVIIIème siècle ; à Rittershoffen, les proportions s'établissent respectivement à 20 et 27,5 %. La période charnière faisant basculer la société rurale d'un état d'équilibre, issu de la *reconstruction,* à un état de crise, annonçant la Révolution, est sans conteste celle de 1730-1760. A partir de ces années, on s'engage dans un double processus de paupérisation et de différenciation sociale poussée. A la compacité de l'échelle des fortunes, constatée à la fin du XVIIème et au début du XVIIIème siècle, succède l'accentuation des écarts sociaux.

En clair, cela veut dire que les seuls gagnants constituent la minorité qui voit sa fortune moyenne doubler, du début à la fin du siècle, en valeurs déflatées. Pour la plupart des paysans, la hausse de la valeur nominale des fortunes se trouve neutralisée par celles des prix et pour beaucoup d'entre eux la situation se détériore.

Ce schéma d'ensemble souffre quelques exceptions que pourraient illustrer les cas de Heiteren (Hardt) et de Bosselshausen (pays de Hanau). Heiteren, siège de l'administration seigneuriale et carrefour de population, revêt des traits résolument modernes par suite de la diversification précoce des situations : il en résulte au XVIIIème siècle une grande stabilité dans la répartition des fortunes qui n'exclut pas une prolétarisation relativement forte, puisqu'à partir de 1730 82 % d'entre elles sont inférieures à la moyenne. Cette dernière est particulièrement poussée à Bosselshausen où

[66] Voir *infra* pp. 1176 ss.

DISTRIBUTION ET EVOLUTION DES NIVEAUX DE FORTUNE D'APRES LES INVENTAIRES APRES DECES

RITTERSHOFFEN
La distribution des fortunes

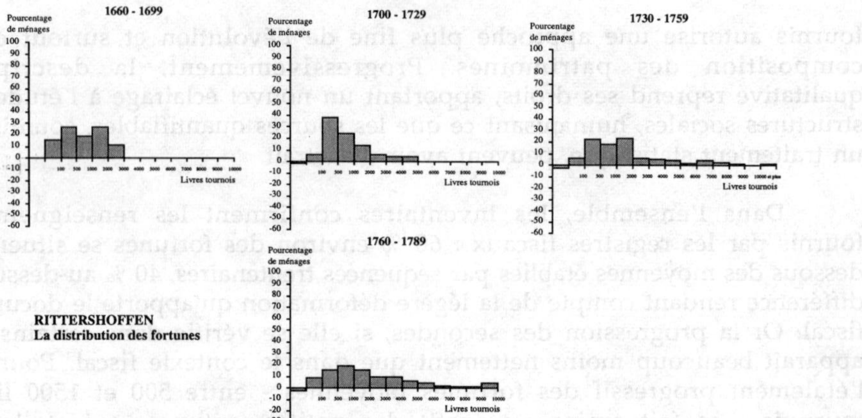

RITTERSHOFFEN
Les niveaux relatifs

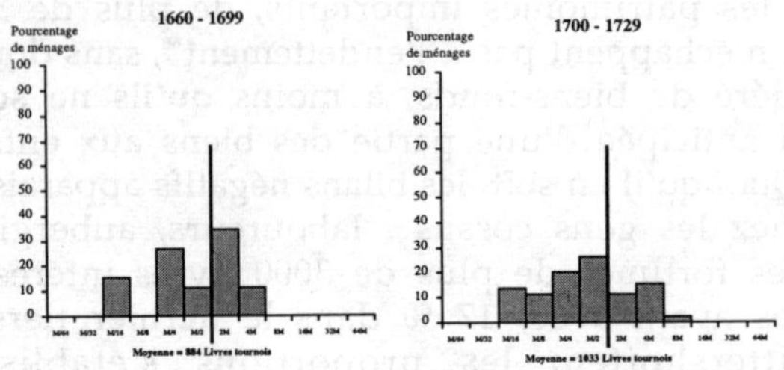

Source : ABR et AHR Not., Inv. après décès (Cf. état des sources)

SCHILLERSDORF
La distribution des fortunes

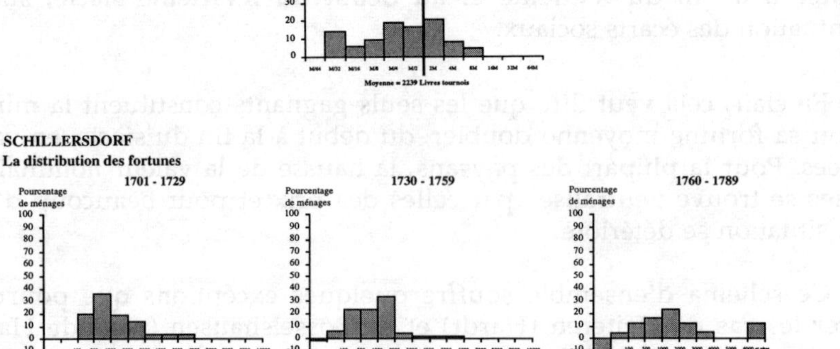

Source : ABR et AHR Not., Inv. après décès (Cf. état des sources)

Les niveaux relatifs

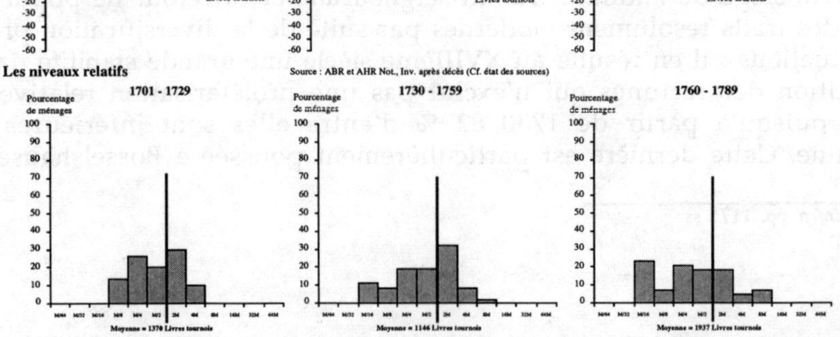

BOSSELSHAUSEN

La distribution des fortunes

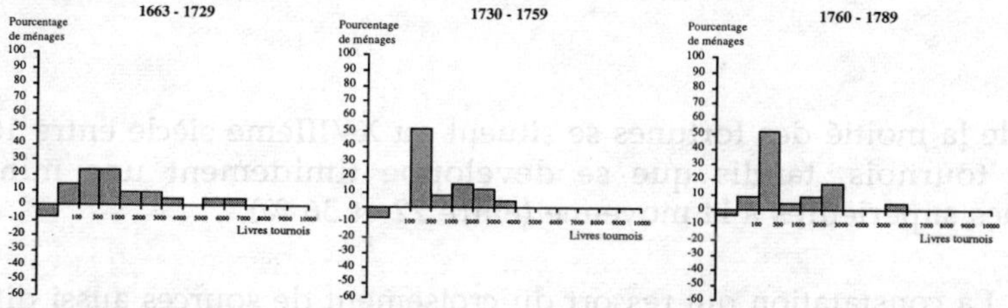

Les niveaux relatifs

Source : ABR et AHR Not., Inv. après décès (Cf. état des sources)

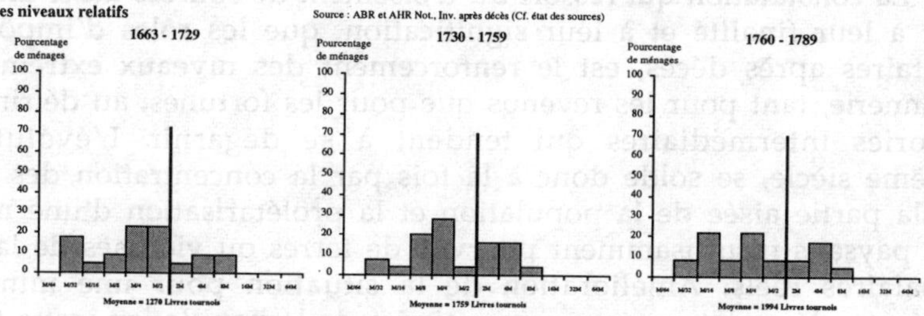

REITWILLER

La distribution des fortunes

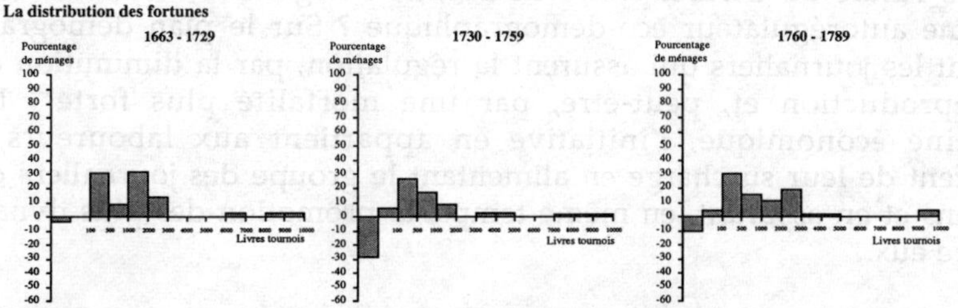

Les niveaux relatifs

Source : ABR et AHR Not., Inv. après décès (Cf. état des sources)

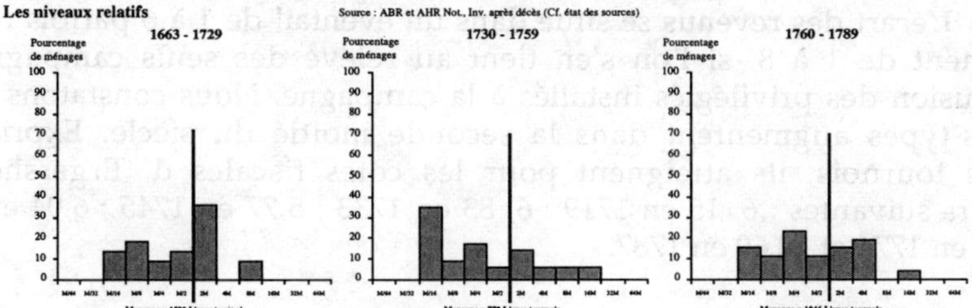

HEITEREN

La distribution des fortunes

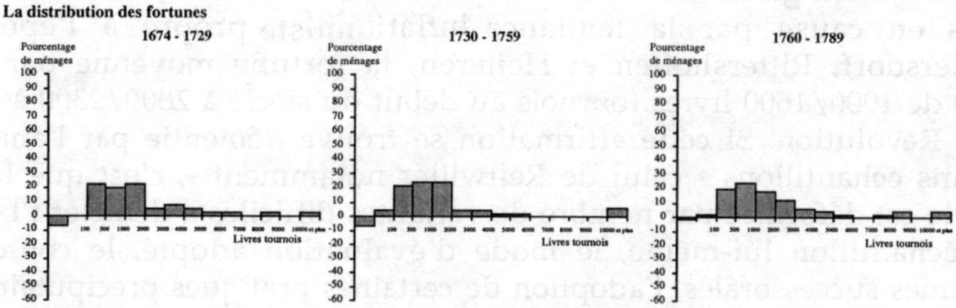

Les niveaux relatifs

Source : ABR et AHR Not., Inv. après décès (Cf. état des sources)

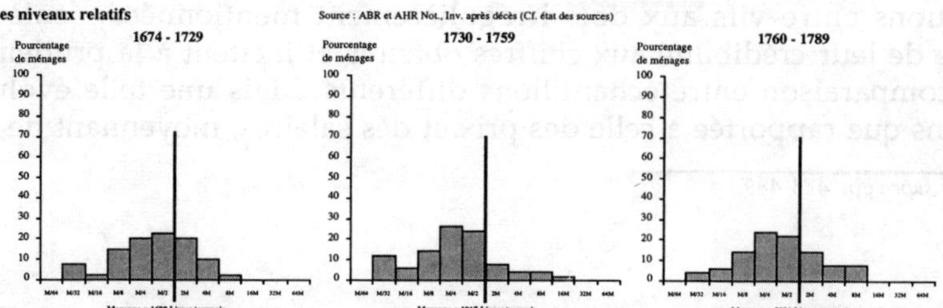

plus de la moitié des fortunes se situent au XVIIIème siècle entre 100 et 500 livres tournois, tandis que se développe timidement une minorité de fortunes supérieures à la moyenne (entre 22 et 36 %).

La constatation qui ressort du croisement de sources aussi différentes, quant à leur finalité et à leur signification, que les rôles d'impôts et les inventaires après décès, est le renforcement des niveaux extrêmes de la paysannerie, tant pour les revenus que pour les fortunes, au détriment des catégories intermédiaires qui tendent à se dégarnir. L'évolution, au XVIIIème siècle, se solde donc à la fois par la concentration des fortunes dans la partie aisée de la population et la prolétarisation d'une masse de petits paysans insuffisamment pourvus de terres ou victimes de la rigidité des salaires réels. Amélioration de la situation pour une minorité de privilégiés, dégradation pour une majorité de la population, cette tendance bipolaire de l'évolution nous semble être une des caractéristiques de la société rurale au dernier siècle de l'Ancien Régime. Faut-il conclure à un système autorégulateur éco-démographique ? Sur le plan démographique, ce sont les journaliers qui assurent la régulation, par la diminution du taux de reproduction et, peut-être, par une mortalité plus forte[67]. Dans le domaine économique, l'initiative en appartient aux laboureurs qui se délestent de leur surcharge en alimentant le groupe des journaliers et petits paysans et en assurant, en même temps, la promotion des plus dynamiques d'entre eux.

L'écart des revenus se situe dans un éventail de 1 à 6 parfois de 1 à 7, rarement de 1 à 8, si l'on s'en tient au relevé des seuls campagnards à l'exclusion des privilégiés installés à la campagne. Nous constatons que les écarts-types augmentent dans la seconde moitié du siècle. Exprimés en livres tournois, ils atteignent pour les cotes fiscales d' Ergersheim les valeurs suivantes : 6, 15 en 1719 ; 6, 83 en 1733 ; 5,77 en 1745 ; 6,04 en 1759 ; 10,56 en 1774 et 10,60 en 1787.

Si l'on accorde quelque signification aux moyennes, sur lesquelles pèse la diversité des situations individuelles, on peut déceler un enrichissement global de la société rurale au XVIIIème siècle, plus ou moins remis en cause par la tendance inflationniste propre à l'époque. A Schillersdorf, Rittershoffen et Heiteren, la fortune moyenne par famille passe de 1000/1600 livres tournois au début du siècle à 2000/2300 à la veille de la Révolution. Si cette affirmation se trouve démentie par l'analyse de certains échantillons - celui de Reitwiller notamment -, c'est que la vision globale est déformée par nombre de variantes difficiles à démêler : la qualité de l'échantillon lui-même, le mode d'évaluation adopté, le contenu des coutumes successorales, l'adoption de certaines pratiques préciputaires - des donations entre vifs aux dots irrégulièrement mentionnées - enlèvent une partie de leur crédibilité aux chiffres obtenus et incitent à la prudence quant à la comparaison entre échantillons différents. Mais une telle évolution n'a de sens que rapportée à celle des prix et des salaires, moyennant de délicates

[67] Voir *supra* pp. 483-489.

EVOLUTION DES FORTUNES MOYENNES
d'après les inventaires après décès
en livres tournois)

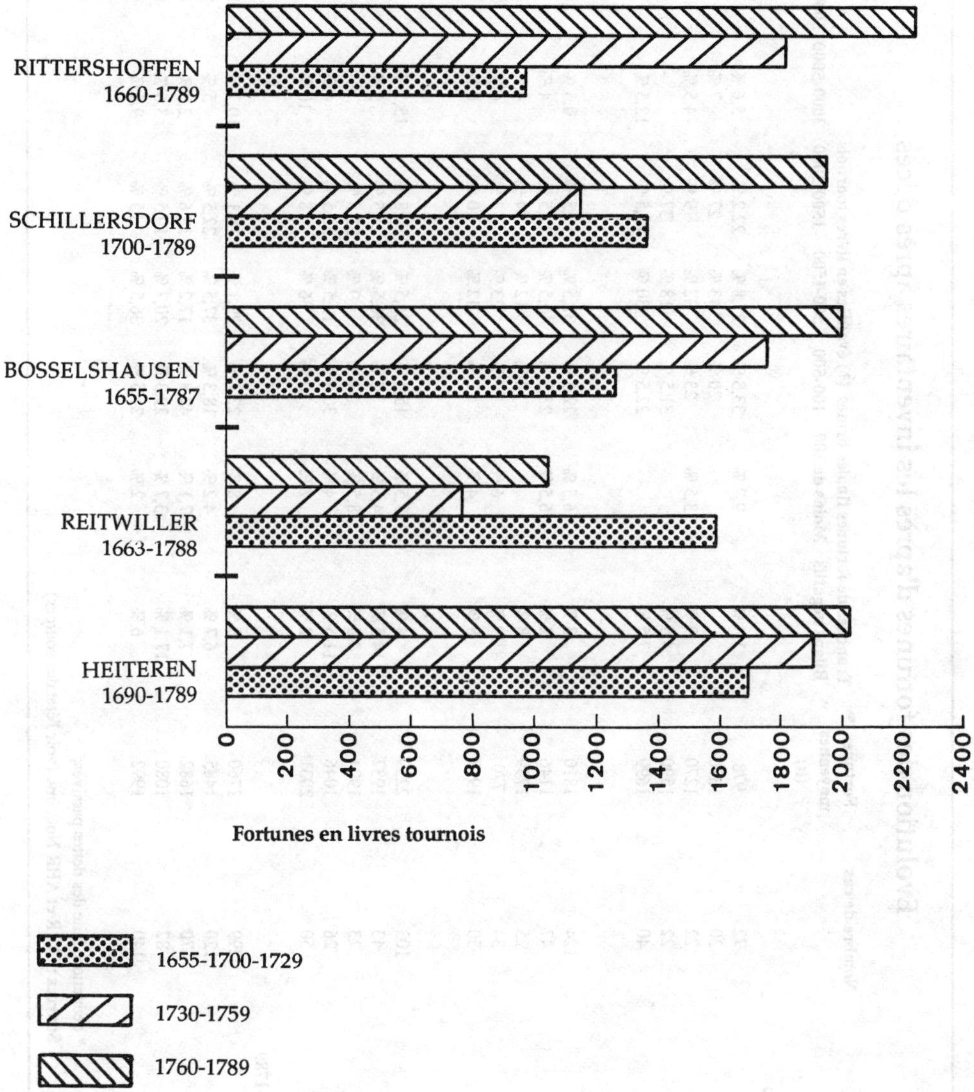

Evolution des fortunes d'après les inventaires après décès

	Nombre de cas	Fortunes moyennes (lt)	Tranches de fortunes finales brutes (*) évaluées en livres tournois							
			Bilans négatifs	Moins de 100	100-500	500-1500	1500-3000	3000-5000	5000-10 000	Plus de 10 000
1660-1700-1729										
Rittershoffen	72	978	1,4 %	9,7 %	33,3 %	27,8 %	22,2 %	5,6 %	-	-
Schillersdorf	30	1370	-	-	20 %	43 %	27 %	7 %	3 %	-
Bosselshausen	22	1270	9 %	13,5 %	23 %	32 %	9 %	4,5 %	9 %	-
Reitwiller	22	1590	4,5 %	-	31,5 %	18 %	37 %	-	9 %	-
Heiteren	40	1699	7,5 %	-	22,5 %	30 %	17,5 %	12,5 %	7,5 %	2,5 %
1730-1759										
Rittershoffen	124	1810	3 %	6,5 %	22,5 %	32,5 %	15,5 %	9,5 %	10,5 %	-
Schillersdorf	47	1146	2 %	6,5 %	23,5 %	40,5 %	21,5 %	4 %	2 %	-
Bosselshausen	25	1759	8 %	-	52 %	12 %	24 %	4 %	-	-
Reitwiller	34	770	29 %	6 %	27 %	23 %	3 %	6 %	6 %	-
Heiteren	50	1917	8 %	4 %	22 %	42 %	10 %	6 %	2 %	6 %
1760-1789										
Rittershoffen	103	2239	4 %	8,5 %	15,5 %	26,5 %	18 %	15,5 %	12 %	-
Schillersdorf	43	1937	14,5 %	4,5 %	12 %	30,5 %	21,5 %	5 %	12 %	-
Bosselshausen	23	1994	4,5 %	8,5 %	52 %	9 %	21,5 %	-	4,5 %	-
Reitwiller	26	1046	11,5 %	4 %	30,5 %	19,5 %	26,5 %	4 %	4 %	-
Heiteren	50	2031	2 %	2 %	20 %	36 %	18 %	10 %	8 %	4 %
Moyenne 1660-1789										
Rittershoffen	299	1760	3 %	8 %	22,7 %	29,1 %	18,1 %	10,7 %	8,4 %	-
Schillersdorf	120	1485	6,7 %	4,2 %	18,3 %	37,5 %	22,5 %	5 %	5,8 %	-
Bosselshausen	70	1682	7,1 %	7,1 %	42,8 %	17,2 %	18,6 %	2,9 %	4,3 %	-
Reitwiller	82	1080	17,1 %	3,7 %	29,3 %	20,7 %	19,5 %	3,6 %	6,1 %	-
Heiteren	140	1992	6 %	2 %	21,5 %	36,5 %	15 %	9,5 %	5 %	4,5 %

* déduction faite des dettes passives.

Sources : ABR et AHR Not., inv. (voir l'état des sources).

opérations de déflatage qui nous conduisent à relativiser l'apparente progression en valeur des patrimoines.

2) Patrimoine, statut social et situation professionnelle

L'éventail des revenus varie en fonction des groupes sociaux eux-mêmes : fort réduit pour les journaliers - dont les cotes évoluent en général en dessous de la moyenne fiscale - et pour les laboureurs - dont les quatre cinquièmes se situent au contraire au-dessus de cette même moyenne -, il a tendance à s'ouvrir pour le groupe fort hétérogène des artisans. Mais le calcul des écarts-types témoigne de la forte diversité des situations du groupe des laboureurs par rapport aux autres groupes sociaux[68] :

	Laboureurs		**Journaliers**		**Artisans**	
	(1)	(2)	(1)	(2)	(1)	(2)
Heimsbrunn 1734	19	0,99	2	0,11	3	0,15
Herrlisheim 1750	26	1,22	6	0,28	10 1/2	0,49

(1) Ecart-type selon le groupe socio-professionnel, exprimé en livres tournois.
(2) Ecart-type selon le groupe socio-professionnel, exprimé en livres tournois et rapporté à l'écart-type de l'ensemble des cotes fiscales.

La répartition des groupes socio-professionnels en fonction de leur participation fiscale est révélée par l'exemple de Herrlisheim en Haute-Alsace[69]. Il faut évidemment admettre comme préalable et la fiabilité des déclarations, à l'occasion de l'établissement du vingtième, et la concordance entre hiérarchie fiscale et hiérarchie sociale :

	Nombre de contribuables	**Cotes**	**fiscales (livres**	**tournois)**		
		Total	**Moyenne**	**Mode**	**Médiane**	**Ecart-type**
Laboureurs	24	1011	42	53-54	36-38	26
Journaliers	16	131	8	4 1/2 - 5	5	6
Vignerons	19	297	16	11-13	14-16	9 1/2
Artisans	28	329	12	15-18	9	10 1/2
Ensemble	**87**	**1768**	**20**			

Entre les laboureurs et les journaliers, les valeurs moyennes varient du simple au quintuple. Quant à leur répartition, autour d'une moyenne de 20 livres tournois, les cotes fiscales font apparaître une concentration des revenus chez les vignerons, qui contraste avec l'étalement de ces revenus pour les autres catégories socio-professionnelles.

Lorsque le notaire précise la situation socio-professionnelle de ses clients, l'étude des inventaires peut être affinée par une ventilation grossière des fortunes par professions. L'expérience a été tentée pour une soixantaine de cas à Reitwiller, autant à Schillersdorf et une centaine à Rittershoffen. Le groupe des journaliers, s'il est suffisamment représenté, se distingue par sa situation matérielle peu reluisante. Ses membres se situent toujours au bas de l'échelle sociale - entre 600 et 700 livres à Rittershoffen – et se différencient ainsi très nettement des laboureurs et de la plupart des artisans. Les premiers détiennent en majorité une fortune supérieure à 1000 livres qui, au fur et à mesure que le siècle avance, évolue vers des montants de plus en plus élevés. Abstraction faite des faillites déjà signalées, ils sont

[68] AHR C1179 (Heimsbrunn 1734, Herrlisheim 1750).
[69] AHR C 1146 (1750).

Fortunes et situations socio-professionnelles

1. D'après les registres fiscaux : l'exemple de Heimsbrunn en 1734 (AHR C 1179)

Valeurs exprimées en livres tournois

		Sans indication de maison	Moins de 50	50 100	100 150	150 200	200 250	250 300	300 350	350 400	400 450	450 500	500 1000	1000 1500	plus de 1500
Veuves	(11)	3	1	3	1	-	-	-	-	-	-	-	-	2	1
Célibataires	(8)	1	4	1	-	-	1	1	-	-	-	-	-	-	-
Manants	(13)	7	5	1	-	-	-	-	-	-	-	-	-	-	-
Charpentiers	(2)	-	2	-	-	-	-	-	-	-	-	-	-	-	-
Couvreurs	(1)	-	-	-	1	-	-	-	-	-	-	-	-	-	-
Maçons	(2)	1	1	-	-	-	-	-	-	-	-	-	-	-	-
Menuisiers	(2)	-	1	1	-	-	-	-	-	-	-	-	-	-	-
Charron	(1)	-	-	-	-	-	1	-	-	-	-	-	-	-	-
Forgeron	(1)	-	-	1	-	-	-	-	-	-	-	-	-	-	-
Tonnelier	(1)	-	1	-	-	-	-	-	-	-	-	-	-	-	-
Tisserands	(5)	-	4	-	-	1	-	-	-	-	-	-	-	-	-
Tailleurs	(4)	1	1	-	1	1	-	-	-	-	-	-	-	-	-
Savetiers	(5)	2	-	2	-	1	-	-	-	-	-	-	-	-	-
Aubergiste	(1)	-	-	-	-	-	-	-	-	-	-	-	-	1	-
Meuniers	(2)	-	-	-	-	-	-	-	-	-	-	-	2	-	-
Huilier	(1)	-	-	1	-	-	-	-	-	-	-	-	-	-	-
Barbier	(1)	1	-	-	-	-	-	-	-	-	-	-	-	-	-
Musicien	(1)	1	-	-	-	-	-	-	-	-	-	-	-	-	-
Berger	(1)	-	-	1	-	-	-	-	-	-	-	-	-	-	-
Journaliers	(18)	-	3	4	9	1	1	-	-	-	-	-	-	-	-
Laboureurs	(30)	-	-	-	1	-	3	-	2	-	7	3	10	4	-
Fermier	(1)	-	-	-	-	-	-	-	-	-	-	-	-	-	1
Nb.	(112)	17	23	15	13	4	6	1	2	-	7	3	12	7	2
%	(100)	15,2	20,5	13,4	11,6	3,6	5,4	0,9	1,8	-	6,2	2,7	10,7	6,2	1,8

Fortunes et situations socio-professionnelles (suite)

2. D'après les inventaires après décès (% des catégories socio-professionnelles)

Situation socio-professionnelle		Nombre de cas	négatives	moins de 100	100-500	500-1500	1500-3000 (livres-tournois)	3000-5000	5000-10000	plus de 10000	Fortune moyenne par groupe (livres-tournois)
Prévôts	(1)	3	66,5				33,5			-	2553
	(2)	-	-	-	-	-	-	-	-	-	-
Echevins	(1)	11	18	-	18	18	28	18	-	-	2074
	(2)	8	-	-	12,5	12,5	12,5	25	37,5	-	4423
Fabriciens	(1)	-	-	-	-	-	-	-	-	-	-
	(2)	3	-	-	-	-	66,5	33,5	-	-	3065
Huiliers	(1)	-	-	-	-	-	-	-	-	-	-
	(2)	4	-	-	-	25	50	25	-	-	1935
Fermiers	(1)	2	-	-	-	-	50	50	-	-	1306
	(2)	-	-	-	-	-	-	-	-	-	-
Laboureurs	(1)	15	27	13,5	6,5	20	26,5	6,5	-	-	341
	(2)	11	9	-	-	9	9	55	9	9	4068
Journaliers	(1)	10	10	-	50	20	20	-	-	-	655
	(2)	8	-	12,5	37,5	37,5	12,5	-	-	-	616
Maçons	(1)	-	-	-	-	-	-	-	-	-	-
	(2)	3	-	33,5	33,5	33	-	-	-	-	340
Charpentiers	(1)	-	-	-	-	-	-	-	-	-	-
	(2)	6	-	-	16,5	33,5	16,5	33,5	-	-	1294
Charrons	(1)	2	-	-	100	-	-	-	-	-	210
	(2)	5	-	40	-	20	-	20	20	-	2236
Forgerons	(1)	4	-	-	100	-	50	-	-	-	387
	(2)	3	-	-	-	-	-	100	-	-	2138
Tonneliers	(1)	-	-	-	-	-	-	-	-	-	-
	(2)	2	-	-	50	50	-	-	-	-	476
Tisserands	(1)	9	-	-	55,5	33,5	11	-	-	-	882
	(2)	13	-	-	31	46	15,5	-	7,5	-	1346
Tailleurs	(1)	4	-	-	75	25	-	-	-	-	381
	(2)	9	-	-	44,5	44,5	11	-	-	-	826
Cordonniers	(1)	3	-	-	33,5	66,5	-	-	-	-	673
	(2)	6	-	33,5	33,5	33	-	-	-	-	542
Aubergistes	(1)	3	33,5	-	-	-	66,5	-	-	-	415
	(2)	7	-	-	14	-	28,5	14,5	14,5	28,5	6540
Maîtres d'école	(1)	-	-	-	-	-	-	-	-	-	-
	(2)	4	-	-	50	25	25	-	-	-	1050
Bergers/chasseurs de	(1)	-	-	-	-	-	-	-	-	-	-
taupes	(2)	8	-	12,5	25	37,5	25	-	-	-	920
Coupeurs de paille	(1)	2	-	-	100	-	-	-	-	-	69
	(2)	-	-	-	-	-	-	-	-	-	-
(1) Reitwiller 1663-1788		68 = 100 %	16	3	35	19	21	3	3	-	-
Total (2) Rittershoffen 1660-1789		100 = 100 %	1	7	22	27	16	17	7	3	

HATTEN en 1668 (ABR E 1841)
Taille seigneuriale
(49 cotes)

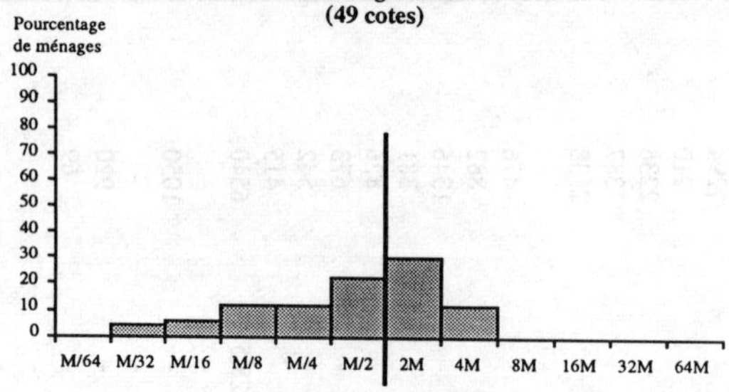

Moyenne = 22 Sous et 6 deniers

OSTHEIM en 1702 (AHR 18 J 591)
Taille seigneuriale
(36 cotes)

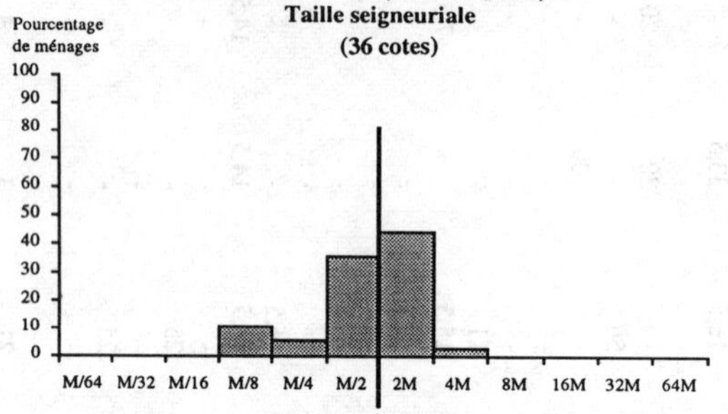

Moyenne = 24 Livres

BOLLWILLER en 1734 (AHR C 1179)
Impositions royales (assiette fiscale)
(65 contribuables)

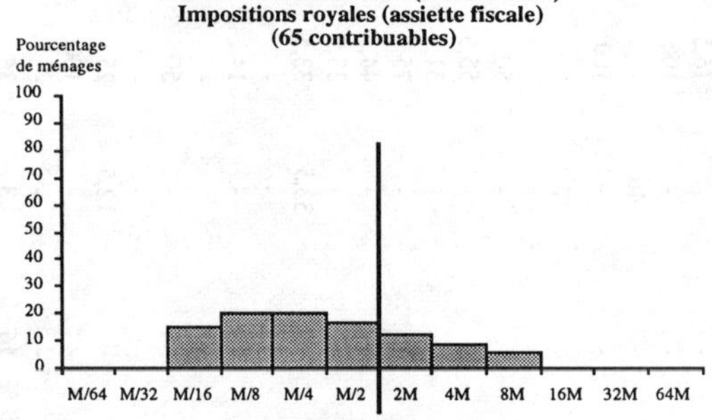

Moyenne = 149 Livres tournois

SCHIRRHEIN en 1760 (AMH CC 53)
Impositions royales (assiette fiscale)
(92 contribuables)

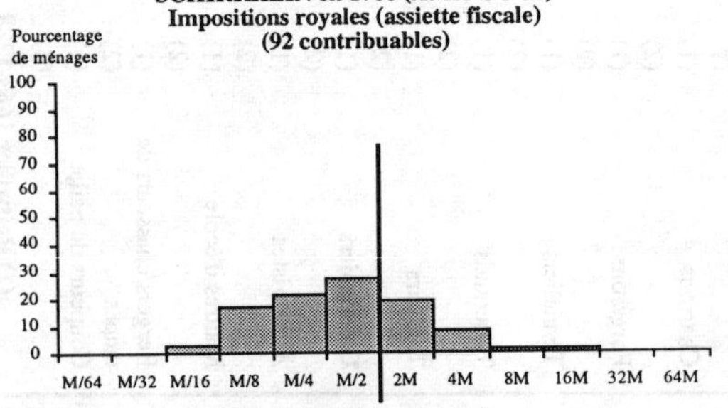

Moyenne = 285 Livres tournois

IMPOTS ROYAUX A ERGERSHEIM (à l'exclusion des vingti
(ABR 8 E 126/23-26)

1733

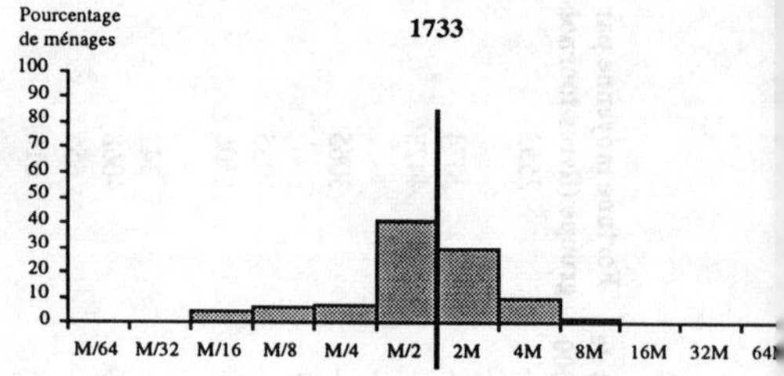

Moyenne = 8 Schilling

1745

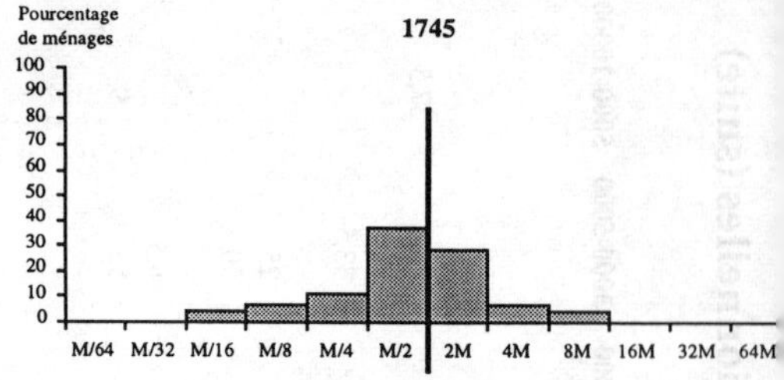

Moyenne = 6 Schilling

1759

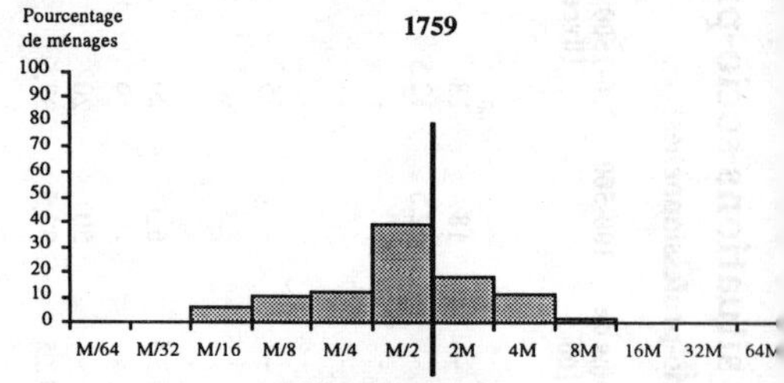

Moyenne = 6 Schilling

1774

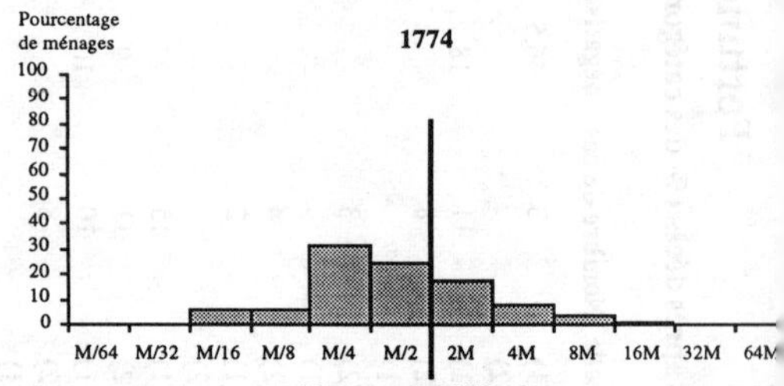

Moyenne = 9 Schilling

1787

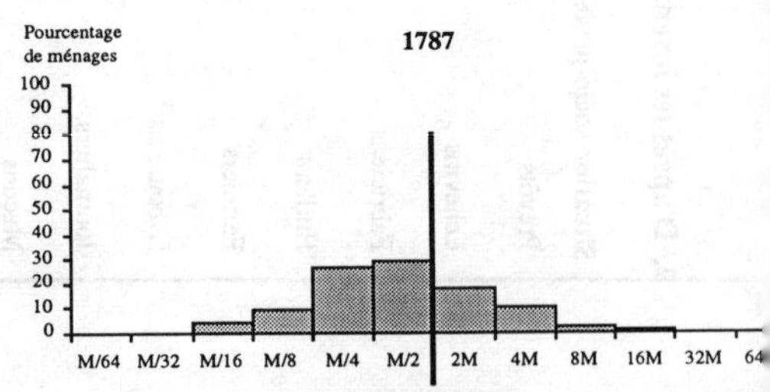

Moyenne = 9 Schilling

COTES FISCALES ET CATEGORIES SOCIO-PROFESSIONNELLES : L'exemple de Herrlisheim en Haute-Alsace (déclarations pour l'établissement du vingtième, 1750)

A) MOYENNES PAR RAPPORT AUX EFFECTIFS GLOBAUX

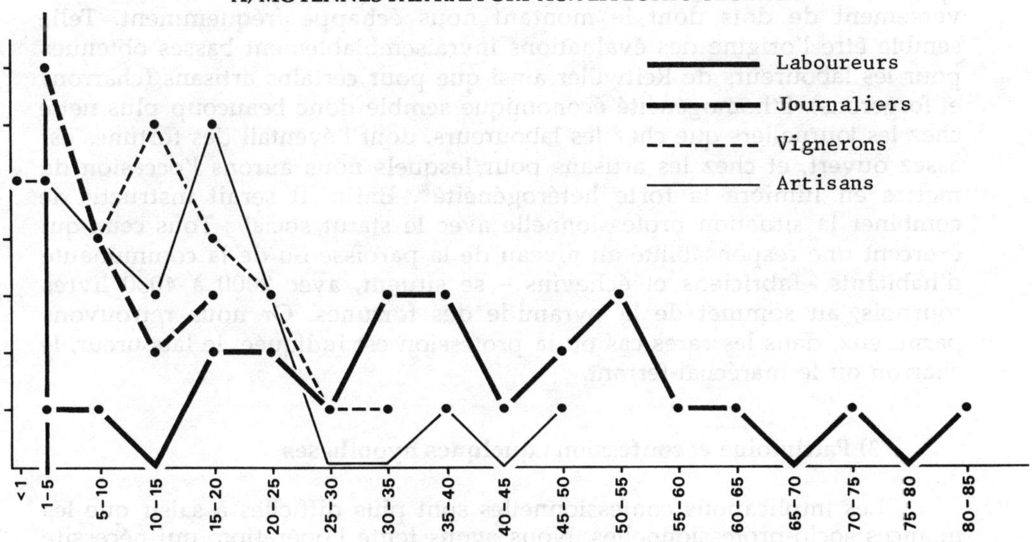

Sources : AHR C 1146

B) VENTILATION PAR CATEGORIES SOCIO-PROFESSIONNELLES

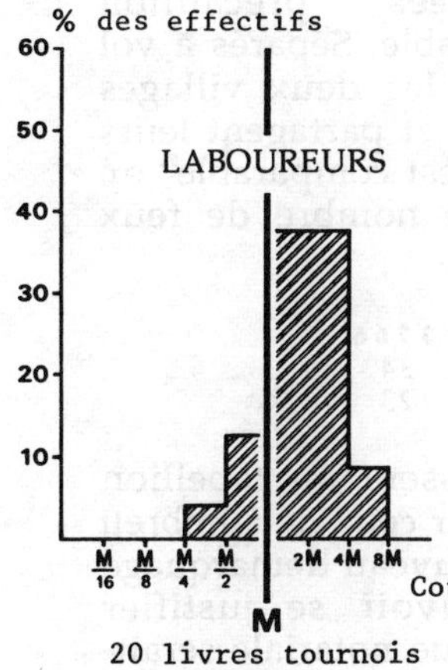

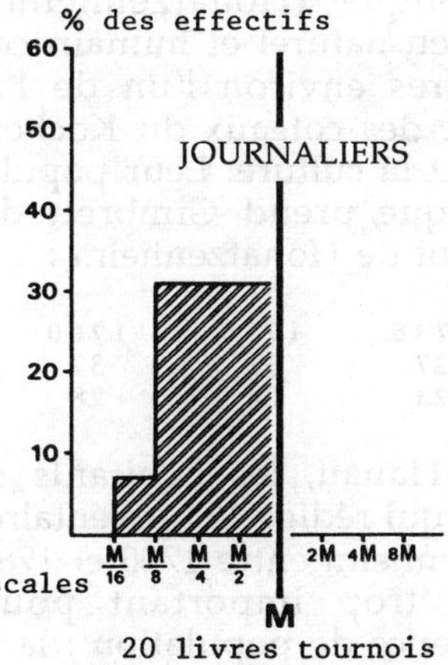

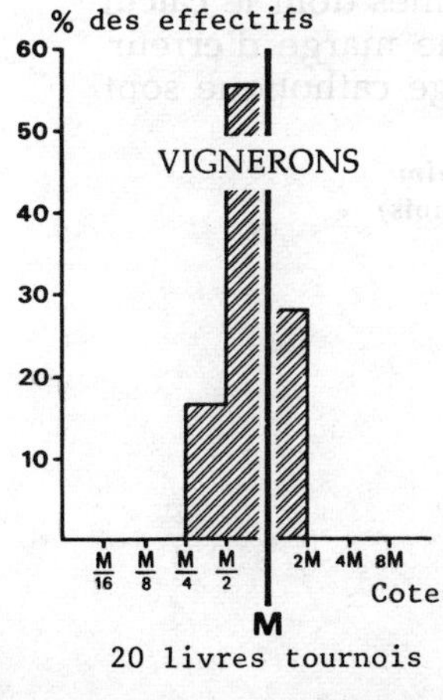

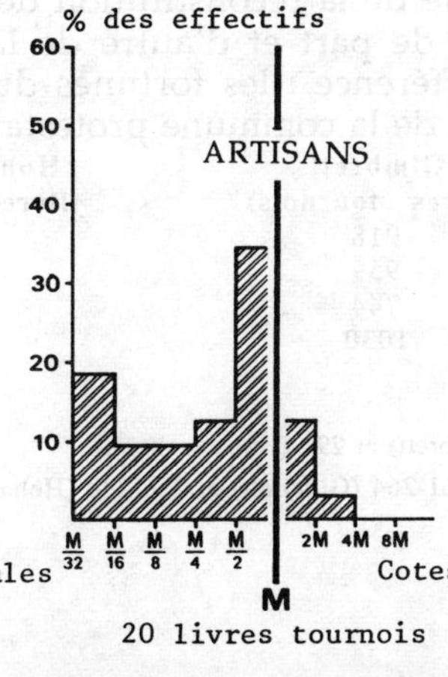

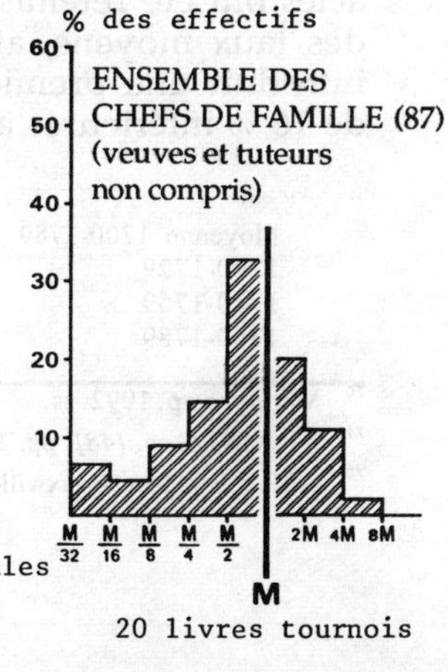

seuls, avec les aubergistes et les meuniers, à être représentés au-delà de 3000 livres, à condition que leur patrimoine ne soit pas déjà obéré par le versement de dots dont le montant nous échappe fréquemment. Telle semble être l'origine des évaluations invraisemblablement basses obtenues pour les laboureurs de Reitwiller ainsi que pour certains artisans (charrons et forgerons). L'homogénéité économique semble donc beaucoup plus nette chez les journaliers que chez les laboureurs, dont l'éventail des fortunes est assez ouvert, et chez les artisans pour lesquels nous aurons l'occasion de mettre en lumière la forte hétérogénéité[70]. Enfin, il serait instructif de combiner la situation professionnelle avec le statut social : Tous ceux qui exercent une responsabilité au niveau de la paroisse ou de la communauté d'habitants –fabriciens et échevins – se situent, avec 2000 à 4000 livres tournois, au sommet de la pyramide des fortunes. Or nous retrouvons parmi eux, dans les rares cas où la profession est indiquée, le laboureur, le charron ou le maréchal-ferrant.

3) Patrimoine et confession : quelques hypothèses

Les implications confessionnelles sont plus difficiles à saisir que les nuances socio-professionnelles. Nous avons tenté l'opération, qui nécessite prudence et minutie, pour un couple de paroisses, l'une protestante (Gimbrett), l'autre catholique (Hohatzenheim), situées - précaution élémentaire - dans un milieu naturel et humain comparable. Séparés à vol d'oiseau de deux kilomètres environ l'un de l'autre, les deux villages viennent se nicher au flanc des coteaux du Kochersberg et partagent leurs activités entre le vignoble et la culture. Leur population est comparable[71] en dépit du léger avantage que prend Gimbrett dont le nombre de feux augmente plus vite que celui de Hohatzenheim :

	1720	1746	1750	1760	1763	1766
Gimbrett	23	27	31	32	31	34
Hohatzenheim	25	23	24	28	24	23

Dépendant du comté de Hanau, les habitants s'adressent au tabellion seigneurial de Bouxwiller[72] qui rédige 124 inventaires pour ceux de Gimbrett et 77 pour ceux de Hohatzenheim entre 1700 et 1789. Nouveau démarquage en faveur de Gimbrett, trop important pour pouvoir se justifier exclusivement par la différence de population : la pratique notariale serait-elle plus courante en milieu protestant qu'en terre catholique ? 75 à 80 % des actes ont été retenus en vue de la reconstitution des fortunes dont le calcul des taux moyens, affectés de part et d'autre de la même marge d'erreur, introduit une première différence : les fortunes du village catholique sont de 16 % inférieures à celles de la commune protestante :

	Gimbrett (livres tournois)	Hohatzenheim (livres tournois)
Moyenne 1700-1789	918	767
1700-1729	959	867
1730-1759	744	834
1760-1789	1030	599

70 Voir *infra* pp. 1092 ss.

71 J-P. KINTZ, *op. [48]*, pp. 102 (Gimbrett) et 291 (Hohatzenheim).

72 ABR 6 E 7, Not. Bouxwiller, inv. 261-264 (Gimbrett) et 286-288 (Hohatzenheim).

NIVEAUX DE FORTUNE ET CONFESSION
L'exemple de Gimbrett et de Hohatzenheim (1700 - 1789)

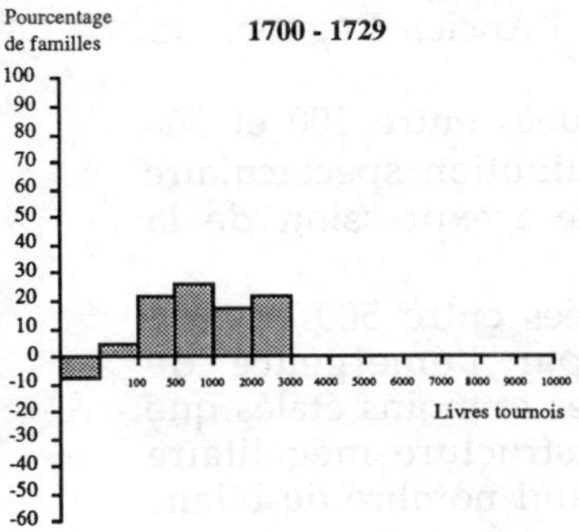

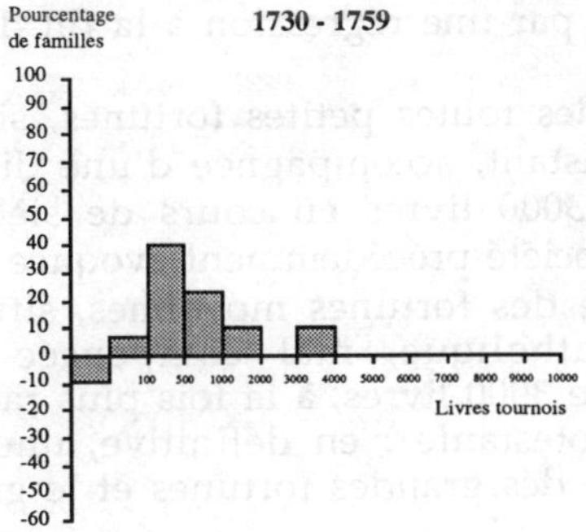

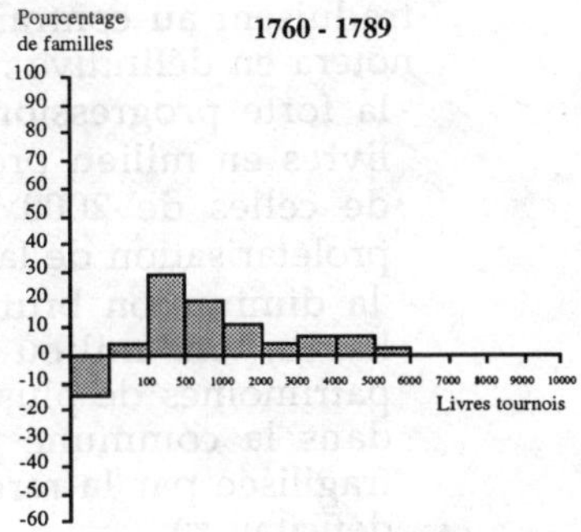

GIMBRETT (Protestant)

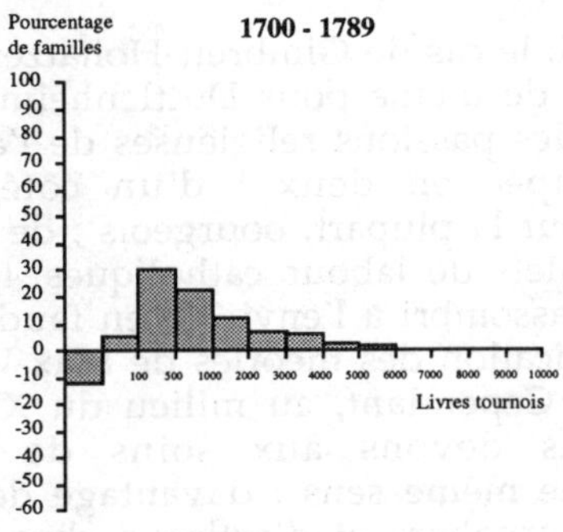

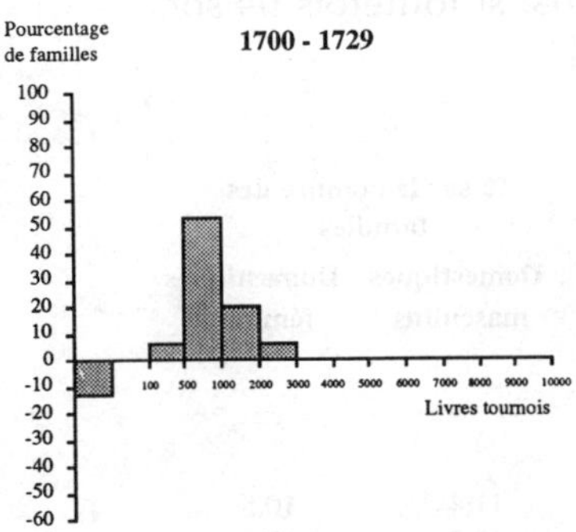

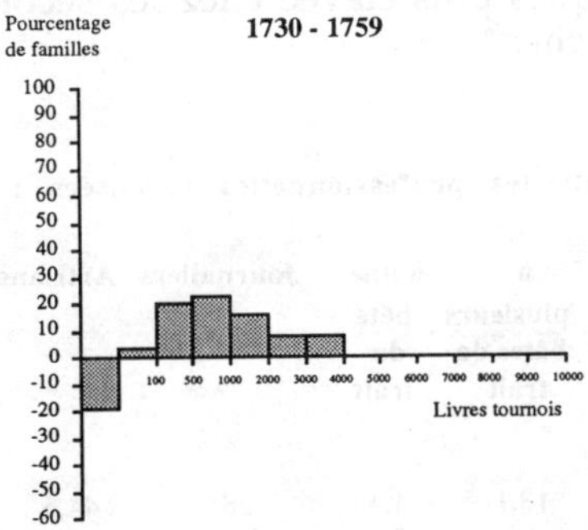

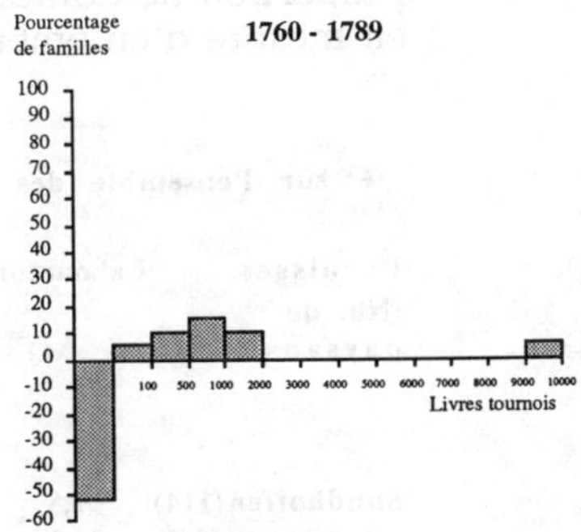

HOHATZENHEIM (Catholique)

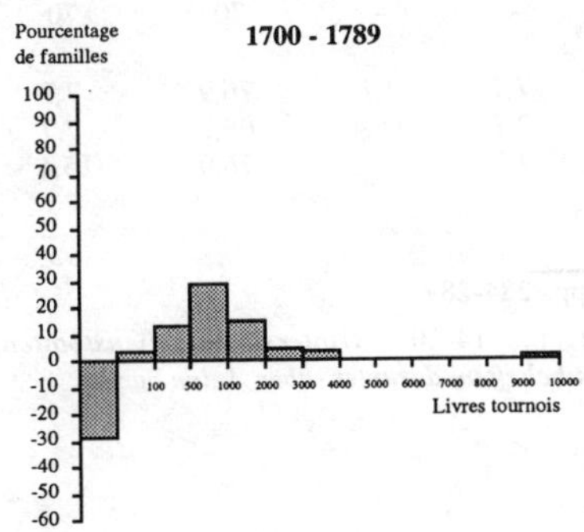

Source : ABR et AHR Not., Inv. après décès (Cf. état des sources)

Or l'écart, en valeurs absolues, se creuse au cours du XVIIIème siècle : la progression constatée à Gimbrett, sauf pendant la période 1730-1759, ne se retrouve pas à Hohatzenheim où de nombreux bilans déficitaires se traduisent au contraire par une régression à la fin de l'Ancien Régime. On notera en définitive :

- la forte progression des toutes petites fortunes, situées entre 100 et 500 livres en milieu protestant, accompagnée d'une diminution spectaculaire de celles de 2000 à 3000 livres en cours de siècle : expression de la prolétarisation de la société précédemment évoquée ;
- la diminution brutale des fortunes moyennes, situées entre 500 et 1000 livres, en milieu catholique, mal compensée par l'émergence de patrimoines de plus de 3000 livres, à la fois plus rares et moins étalés que dans la commune protestante : en définitive, une structure inégalitaire fragilisée par la rareté des grandes fortunes et le grand nombre de bilans déficitaires.

Intéressant en soi, le cas de Gimbrett-Hohatzenheim n'autorise pas la généralisation. Il en va de même pour Duttlenheim[73], où le pasteur Brecht, dans le déchaînement des passions religieuses de l'année 1685, présente la commune comme coupée en deux : d'un côté, l'élite des fermiers protestants qui sont, pour la plupart, bourgeois ; de l'autre, le ramassis des garçons de ferme et valets de labour catholiques, tous manants[74]. Tableau schématisé à l'excès et assombri à l'envi ? Il en faudrait davantage, en tout cas, pour vérifier l'application des théories de Max Weber aux réalités de la campagne alsacienne[75]. Cependant, au milieu du XVIIIème siècle, le petit échantillon, que nous devons aux soins de l'administration des Wurtemberg, va dans le même sens : davantage de laboureurs en milieu protestant ; plus de journaliers et d'artisans chez les Catholiques ; une proportion de domestiques plus élevée chez les seconds, si toutefois ils sont en mesure d'en embaucher[76] :

	% sur l'ensemble des activités professionnelles recensées :					**% sur le nombre des familles**	
Paroisses (Nb. de paysans)	**Laboureurs**	**à plusieurs bêtes de trait**	**à une bête de trait**	**Journaliers**	**Artisans**	**Domestiques masculins**	**Domestiques féminins**
Sundhoffen (114)	17,5	13,1	4,4	38	44,5	11,4	10,5
- protestants (94)	21,2	16	5,2	39,4	39,4	13,8	12,8
- catholiques (20)	-	-	-	30	70	-	-
Appenwihr (26)	15,4	7,7	7,7	76,9	7,7	23,1	19,2
- protestants (13)	23,1	7,7	15,4	69,2	7,7	7,7	7,7
- catholiques (13)	7,7	7,7	-	76,9	15,4	38,4	30,8

73 L. CHÂTELLIER, *op. 3395.*, pp. 284-289.

74 M.J.R. BRECHT, *op. 3581*, pp. 14-20 : *Hintersassen, dienstbotten, hirten, landläuffer, Kinder, so insgesamt auf 40 Personen belieffen, darunter aber keine burger.*

75 M. WEBER, *op. 3602.*

76 AHR 18 J 13 (1748).

Eprouvant de sérieuses difficultés pour trouver un prévôt pour Bischwihr[77], le receveur Flachsland traite les Catholiques en 1750 de *fort pauvres gens qui manquent de capacité nécessaire* et doivent, de ce fait, s'engager comme journaliers chez les laboureurs luthériens.[78] Et pour le village voisin d'Andolsheim, *la communauté catholique n'existe qu'en quatre ou cinq journaliers...*[79]

Il va de soi que, même si l'hypothèse devait se vérifier à grande échelle, on ne saurait considérer l'appartenance religieuse comme l'unique critère de différenciation entre deux communes contiguës. Voici dans l'Outre-Forêt, Hunspach et Ingolsheim, qu'oppose en 1785 le prévôt de Cleebourg et qui sont toutes deux de confession protestante[80] : les laboureurs de Hunspach, qui ne manquent pas une occasion pour s'approprier à des prix exorbitants toute parcelle de terre qui se vend dans la *marche commune*, se caractérisent par leur richesse, leur *suffisance* et leur *insolence* ; ceux d'Ingolsheim[81] sont, sinon dans la misère, du moins dans une gêne constante. La confession n'est assurément qu'une des nombreuses composantes de la différenciation des sociétés rurales alsaciennes. Cependant ces différences mettent en lumière un type de comportement démographique et économique, propre à la minorité protestante[82] et qui trahit une attitude face à la vie, davantage orientée que chez les Catholiques vers la recherche des biens matériels.

B) La composition des fortunes

Pour appréhender la composition des patrimoines ruraux, nous tentons, à travers les trois échantillons de Rittershoffen (Outre-Forêt), Schillersdorf (pays de Hanau) et Heiteren (Hardt), portant sur près de 400 actes échelonnés entre 1660 et 1789, une approche en deux étapes :

- Il importe d'abord de comparer les valeurs des biens mobiliers avec ceux des biens immobiliers. L'omission intentionnelle des réserves et des créances, dont la prise en compte risquerait d'introduire d'importantes distorsions, s'avère dans un premier temps indispensable.

---

77 Voir *infra* p. 1288.

78 AN K 2360 : lettre de Flachsland au seigneur, le 24 décembre 1750.

79 AHR 18 J 475 (receveur Rosé, le 15 janvier 1785).

80 J. VOGT, *D.E.S. 192*, p. 224 b : *Der Wohlstand der Hunspacher ist schon lange solidiert... Die Hunspacher Bauern unterscheiden sich unter allen im Amt durch eine gewisse beleidigende Suffisance..., durch eine gewisse Insolenz welche in der Charakteristik reicher Bauern gewöhnlich hervorleuchtet... Die Ingolsheimer sind noch nicht dem Gott viel anzuvertrauen ; die mehresten von ihnen sind geschwind zu Grunde gerichtet. Es wird noch eine Generation darauf gehen bis sie... gemachte Bauern sind..*

81 Ibid. *: eine arme und schwache Gemeinde* (cote non indiquée).

82 Voir *supra* pp. 489-490.
A. WAHL, *Confession et comportement*, t. I, p. 336.

Répartition des biens mobiliers et immobiliers
(394 patrimoines, 1660-1789)

	Biens immobiliers en % (patrimoine foncier, bâtiments d'habitation et d'exploitation, cheptel vif et mort)	Biens mobiliers (meubles meublants, batterie de cuisine, textiles)	Rapport Biens immobiliers / Biens mobiliers
Rittershoffen			
1660-1699	92,8	7,2	12,9
1700-1729	91,8	8,2	11,2
1730-1759	95,3	4,7	20,4
1760-1789	94,4	5,6	16,9
Moyenne 1660-1789	**94,5**	**5,5**	**17,1**
Schillersdorf			
1700-1729	90,3	9,7	9,3
1730-1759	89,5	10,4	8,6
1760-1789	85,2	14,8	5,7
Moyenne 1700-1789	**88,1**	**11,9**	**7,4**
Heiteren			
1690-1729	92,7	7,3	12,7
1730-1759	82,4	17,5	4,7
1760-1789	91,1	8,9	10,2
Moyenne 1690-1789	**87,8**	**12,2**	**7,2**

- Puis nous relevons, avec leur montant, la nature des différents postes : leur mise en tableau sous forme de pourcentages donne une image précise de la répartition des biens entre les ménages, en valeur absolue comme en valeur relative. Un inventaire contenant plusieurs centaines de données, il est indispensable de procéder par regroupement en distributions-types. Très grossières, puisqu'elles couvrent à la fois des situations et des périodes différentes, les moyennes obtenues méritent d'être affinées en fonction d'un double critère : le critère chronologique permettant de déceler une évolution dans la composition des fortunes de la fin du XVIIème à la fin du XVIIIème siècle ; le critère sociologique autorisant une ventilation des patrimoines en un certain nombre de distributions-types au travers soit des situations socio-professionnelles, soit des niveaux de fortunes.

1) L'éventail des valeurs mobilières et immobilières

Quels sont les éléments constitutifs d'une fortune à la campagne ? La réponse du notaire, perçue à travers la prisée des biens, est sans ambiguïté : les biens immobiliers – patrimoine foncier, habitation et dépendances auxquels vient tout naturellement s'ajouter le cheptel vif et mort – représentent, avec une remarquable constance, les trois quarts, voire les quatre cinquièmes de la valeur totale des patrimoines. Le rapport est de 1 à 7 à Schillersdorf et à Heiteren, de 1 à 17 à Rittershoffen. Les biens à usage professionnel sont donc largement prédominants : nous parlerions, s'il nous était permis de verser quelque peu dans l'anachronisme, de *capital fixe,* constitutif de l'entreprise agricole, par opposition au capital d'exploitation, sorte de *capital circulant* que représentent les récoltes sur pied ou en stock.

L'estimation du train de culture
% des exploitations valant (lt.)

	moins de 250	250 - 500	500 - 1000	1000 - 1500	1500 - 3000	plus 3000	Moyenne (l.t.)
Reitwiller 60 exploitations ABR 6 E 7/359-364	3	18,5	33,5	26,5	13,5	5	419
Schillersdorf 32 exploitations ABR 6 E 17/68-75	-	19	37,5	40,5	3	-	865

Mais aussitôt le constat effectué, surgissent des nuances : pour le laboureur, c'est la terre qui représente la part la plus importante des biens immobiliers ; le journalier et l'artisan, moins bien pourvus en biens-fonds, voient leur habitation, leur bétail et leur outillage gagner en valeur relative. A évaluation égale, une fortune essentiellement foncière est mieux considérée qu'une fortune non foncière.

La terre joue en effet un rôle capital pour le laboureur et l'aubergiste, mais également pour le charron et le charpentier, voire le tisserand et le tailleur. Parmi les moins bien lotis, citons le chirurgien, le tonnelier, le cordonnier, le journalier, pour qui la possession de la maison et de ses dépendances revêt une importance démesurée. Le cheptel constitue une richesse qui est loin d'être le monopole du gros exploitant ; bien au contraire, le menu bétail fait figure de providence pour les foyers les plus humbles. La valeur du bétail, qui ne dépasse guère les 10 % du montant du patrimoine, tranche très nettement avec l'estimation de l'outillage agricole ou professionnel : souvent moins de 1 %, dans le meilleur des cas 3 % de la prisée.

Pour l'ensemble des groupes sociaux, les biens mobiliers, à usage quotidien, ne pèsent pas bien lourd dans les fortunes : le plus souvent entre 10 et 20 % de leur estimation. Seules les réserves de toute nature - en argent liquide, en victuailles, en récoltes sur pied ou en grange - sont susceptibles de gonfler la prisée effectuée par le notaire. Ce dernier attribue en général moins de 1 % de la valeur du patrimoine aux meubles meublants, pas davantage qu'à la batterie de cuisine ou à l'habillement qui, il est vrai, ne fait pas toujours l'objet d'un relevé exhaustif. Là encore, les réserves semblent déterminantes : linge qui s'empile dans les coffres et les armoires, le contenu dépassant souvent le prix du contenant ; draps qui confèrent à la literie une valeur de deux à quatre fois plus élevée que celle du mobilier lui-même. Mais les différences entre les groupes sociaux apparaissent moins sensibles que pour les biens immobiliers. Elles ont parfois tendance à s'inverser : le rapport est d'autant plus élevé que les fortunes globales sont plus modestes. A la limite, les critères de richesse immobilière et mobilière peuvent conduire, si on les sépare, à une représentation différente de la société. Ne cherchons pas pour l'instant d'explication à la part relativement importante que tiennent les biens d'usage quotidien dans les petites fortunes, en attendant que l'analyse des diverses composantes nous suggère une solution[83].

[83] Voir *infra* pp. 1620 ss. et 1663 ss.

Composition des patrimoines par catégories socio-professionnelles (1660-1789) : l'exemple de Rittershoffen (94 cas)

		Biens fonciers	Immeubles	Cheptel	Outillage	Meubles meublants	Batterie de cuisine	Textiles	Réserves	Liquidités	Dettes actives	Divers	Total (moyenne)
10 échevins	(1)	**39,1**	**34,1**	**3,8**	**1**	**0,3**	**0,2**	**1,5**	**3,9**	**5,6**	**10,5**	-	
	(2)	1624	1400	256	44	12	7	60	164	230	434	-	4150
2 fabriciens	(1)	**46,7**	**32,7**	**7,6**	**1,4**	**0,3**	**0,3**	**1,5**	**5,2**	**1**	**3,3**	-	
	(2)	1728	1209	279	52	13	10	57	191	36	123	-	3698
3 huiliers	(1)	**40**	**35,8**	**4,5**	**3,4**	**0,6**	**0,3**	**2,4**	**5**	-	**8**	-	
	(2)	1170	1048	133	101	17	9	70	146	-	235	-	2928
9 laboureurs	(1)	**48,4**	**28,6**	**5,2**	**1,1**	**0,4**	**0,2**	**2**	**3,8**	**2,2**	**8**	**0,1**	
	(2)	2630	1555	284	61	20	11	107	209	118	435	2	5438
9 journaliers	(1)	**27,2**	**55,6**	**5,9**	**1,3**	**1**	**0,8**	**3,7**	**3**	**0,2**	**1,3**	-	
	(2)	195	399	42	9	7	6	26	22	1	9	-	717
2 maçons	(1)	**40,6**	**40,8**	**2,8**	**2,6**	**0,5**	**1,1**	**2,3**	**1,5**	-	**7,8**	-	
	(2)	298	300	22	19	4	8	17	11	-	57	-	734
5 charpentiers	(1)	**42,4**	**37,9**	**4,1**	**0,8**	**0,5**	**0,4**	**2,2**	**0,6**	-	**11,1**	-	
	(2)	546	488	53	10	6	5	28	8	-	144	-	1288
5 charrons	(1)	**44**	**38,4**	**4,9**	**1,5**	**0,7**	**0,5**	**2,2**	**2,7**	-	**5,1**	-	
	(2)	1402	1225	155	49	23	16	72	87	-	162	-	3196
3 forgerons	(1)	**39,9**	**33,4**	**7,1**	**3,5**	**0,4**	**0,3**	**3,5**	**5,3**	**0,7**	**5,9**	-	
	(2)	932	780	166	82	8	7	82	123	16	139	-	2337
2 tonneliers	(1)	**18,6**	**67,3**	**3,7**	**2,3**	**0,2**	**0,9**	**2,1**	**1,9**	-	**3**	-	
	(2)	182	659	36	22	2	8	20	18	-	30	-	978

1 vannier	(1)	-	**63**	**6,9**	**4**	**0,9**	**0,9**	**7,4**	**11,2**	-	**5,7**	-	
	(2)	-	220	24	14	3	3	26	39	-	20	-	349
12 tisserands	(1)	**47**	**35,4**	**3,1**	**2,3**	**0,3**	**0,3**	**2,7**	**1**	**0,7**	**7,2**	-	
	(2)	631	476	41	184	4	4	37	14	9	97	-	1344
9 tailleurs	(1)	**42**	**28,5**	**8,1**	**1,6**	**0,8**	**0,4**	**3,9**	**3,7**	**5,6**	**5,4**	-	
	(2)	450	305	87	17	8	5	42	40	60	58	-	1072
5 cordonniers	(1)	**26,9**	**54,3**	**6,8**	**2,1**	**0,8**	**0,4**	**2,8**	**1**	**1,5**	**3,4**	-	
	(2)	178	359	45	14	5	3	18	7	10	23	-	660
6 aubergistes	(1)	**51,8**	**36,7**	**3,5**	**0,8**	**0,1**	**0,2**	**1,1**	**1,5**	**0,6**	**3,7**	-	
	(2)	3202	2271	214	53	11	13	6,6	95	37	227	-	6188
1 boucher	(1)	**13,2**	**36,2**	**5,4**	**0,1**	**0,2**	**0,1**	**2,6**	**1,9**	-	**40,3**	-	
	(2)	146	400	60	1	2	1	29	21	-	445	-	1105
1 marchand	(1)	**29,8**	**13,9**	**3,3**	**0,5**	**0,5**	**0,4**	**3,8**	**10,5**	-	**37,3**	-	
	(2)	904	420	99	15	15	11	114	320	-	1130	-	3026
4 maîtres	(1)	**26,3**	**30,1**	**4,8**	**0,5**	**1,1**	**1**	**4**	**4,4**	**7,1**	**20,5**	**0,2**	
d'école	(2)	372	425	68	7	16	13	56	63	100	289	2	1411
	(1)	**18,9**	**41**	**9,9**	**1,5**	**2,5**	**2**	**14,7**	**2,8**	**0,7**	**6**	-	
1 chirurgien	(2)	118	272	65	10	16	13	106	19	5	40	-	664
4 bergers	(1)	**44,8**	**36,1**	**5,8**	**3,6**	**0,4**	**0,6**	**3,2**	**1,8**	-	**3,7**	-	
	(2)	440	355	57	35	4	6	31	18	-	36	-	982

(1) % du montant de la fortune
(2) Valeur moyenne exprimée en livres-tournois.

Source : ABR 6 E 40 Not. Soultz-sous-Forêts II, inv. 147-160.

Enfin, pour les couches favorisées de la société, la part des liquidités en numéraire, en créances et en placements joue un rôle important : le boucher, le marchand, l'aubergiste, le laboureur sont, grâce à leurs réserves monétaires, les prêteurs de la campagne[84]. On y ajoutera le maître d'école et le tailleur, sans que l'on sache s'il s'agit effectivement de fonds prêtés ou d'un reliquat de rémunération qui leur reste dû en échange de leur travail. L'interprétation est encore moins facile en ce qui concerne certains artisans - tisserand, maçon, charpentier, charron et forgeron - chez qui la part relativement élevée de l'actif pourrait témoigner des difficultés rencontrées au XVIIIème siècle pour faire rentrer le montant de leurs salaires. Il est normal cependant que, de par leurs activités, ils aient des disponibilités financières plus grandes que la plupart des paysans dont la richesse essentielle réside dans la terre. Mais, avant le triomphe de l'économie monétaire, la quantité de monnaie est un indicateur peu fiable du niveau de vie. Ne nous empressons pas de conclure à un quelconque déterminisme professionnel. En dépit d'une apparente homogénéité, la diversité des situations à l'intérieur d'un même métier justifie une ventilation par niveaux de fortunes.

2) L'évolution des composantes du patrimoine

L'évolution qui se dessine dans la composition des fortunes fait apparaître un certain nombre de constantes : le développement timide et relatif de la fortune mobilière par rapport aux biens immobiliers ne s'explique guère par les gains décisifs des *biens domestiques* : le mobilier n'enregistre qu'une légère valorisation dans l'ensemble des patrimoines, tandis que le matériel de cuisine et le stock textile manifestent une tendance à la rigidité. Le léger déplacement du centre de gravité des fortunes est dû tantôt à l'accroissement des réserves, tantôt au gonflement des créances, accompagné ou non d'une progression des liquidités en numéraire. On ne saurait y voir d'emblée l'indice d'une élévation du niveau de vie, mais à coup sûr celui d'un progrès de la circulation monétaire. A l'intérieur du patrimoine immobilier se dessine une augmentation assez nette des biens fonciers tenus en propriété, tant en valeur réelle qu'en valeur relative. La part des biens rentiers connaît au contraire une croissance moins forte. D'autre part, à la stabilité voire au déclin de la prisée de l'outillage, qui trahit une certaine rigidité des techniques, s'oppose l'évaluation fluctuante du cheptel : sauf dans le cas de Schillersdorf, son rôle, en tant que capital d'exploitation, se confirme dans la seconde moitié du XVIIIème siècle, sans plus jamais retrouver les fortes valeurs relatives de l'époque de la *reconstruction.*

Du fait de la variété des usages et des coutumes de succession, la comparaison dans l'espace ne saurait être adoptée sans réserve. On relèvera néanmoins quelques spécificités communes aux trois échantillons :

– l'importance du patrimoine foncier dans l'Outre-Forêt ne trouve son équivalent ni dans le pays de Hanau, ni dans la Hardt où les terres

[84] Voir *infra* pp. 1176 ss.

Evolution dans la composition des patrimoines (1660-1789)

Echantillons, périodes	Nombre de cas retenus, sommes totales (et moyennes) en livres-tournois		Biens fonciers	Immeubles	Cheptel	Outillage	Total partiel	Meubles meublants	Batterie de cuisine	Textiles	Réserves	Liquidités	Dettes actives	Divers
Rittershoffen														
1660-1699	19	(1)	**31,8**	**40,2**	**12**	**2,5**	**86,5**	**0,4**	**0,4**	**2,8**	**4,4**	**3**	**2,4**	**0,1**
	2218 (117)	(2)	704	892	266	56		8	8	62	98	68	54	2
1700-1729	37	(1)	**30,1**	**47**	**7,2**	**1,7**	**86**	**0,2**	**0,3**	**2,5**	**3,4**	**4,6**	**3**	-
	2992 (81)	(2)	902	1408	214	50		8	10	74	100	138	88	-
1730-1759	112	(1)	**45,4**	**33,8**	**4**	**1,3**	**84,5**	**0,5**	**0,3**	**2**	**3,6**	**1,3**	**7,7**	**0,1**
	4485 (40)	(2)	2042	1516	178	56		22	14	92	162	58	344	1
1760-1789	60	(1)	**50**	**28,1**	**5,5**	**1,5**	**85,1**	**0,7**	**0,3**	**2**	**4,3**	**2**	**5,6**	**négl**
	4943 (82)	(2)	2470	1390	270	76		38	14	98	212	100	274	-
Total 1660-1789	228	(1)	**44,5**	**33,9**	**5,2**	**1,4**	**85**	**0,5**	**0,3**	**2,1**	**3,8**	**2**	**6,2**	**0,1**
	14 638 (64)	(2)	1858	1414	216	60		22	12	88	160	82	260	1
Schillersdorf														
1700-1729	25	(1)	**21,4**	**37,7**	**10,5**	**2,4**	**72**	**0,5**	**0,8**	**5**	**11,7**	**1,3**	**8,6**	**0,1**
	3294 (132)	(2)	704	1242	346	78		18	28	164	384	42	284	4
1730-1759	39	(1)	**27**	**35,8**	**7,9**	**1,8**	**72,5**	**0,6**	**0,6**	**4,4**	**11,3**	**2,7**	**7,8**	**0,1**
	3086 (79)	(2)	834	1104	244	54		20	18	136	350	84	240	2
1760-1789	33	(1)	**28,7**	**25,9**	**4,2**	**1,2**	**60**	**0,6**	**0,5**	**4**	**9**	**5,2**	**20,5**	**0,2**
	4222 (128)	(2)	1214	1092	178	50		24	20	168	382	218	866	10
Total 1700-1789	97	(1)	**26,3**	**32,2**	**7**	**1,7**	**67,2**	**0,6**	**0,6**	**4,4**	**10,5**	**3,3**	**13,2**	**0,2**
	10 602 (109)	(2)	930	1136	248	60		20	22	154	370	118	464	6
Heiteren														
1690-1729	18	(1)	**9,6**	**62,2**	**11,4**	**2,3**	**85,5**	**0,8**	**1,3**	**3,7**	**1,6**	**0,6**	**6,3**	**0,2**
	6506 (361)	(2)	622	4048	742	148		54	84	244	100	38	412	14
1730-1759	18	(1)	**13**	**47,6**	**9**	**3,4**	**73**	**1,3**	**1,3**	**5,9**	**7,8**	**6,4**	**3,6**	**0,7**
	4426 (246)	(2)	576	2110	398	152		58	56	262	346	282	156	30
1760-1789	33	(1)	**26,5**	**45**	**5,9**	**2,8**	**80,2**	**1,5**	**0,7**	**4,6**	**7,7**	**0,4**	**4,4**	**0,5**
	7787 (236)	(2)	2060	3504	454	220		109	50	352	598	26	378	36
Total 1700-1789	69	(1)	**19,3**	**48,6**	**7,6**	**2,7**	**78,2**	**1,2**	**0,9**	**4,5**	**6**	**3,9**	**4,9**	**0,4**
	18 719 (271)	(2)	1298	3282	516	184		82	60	300	402	264	328	28

(1) % du montant de la fortune

(2) Valeur moyenne exprimée en livres-tournois

seigneuriales prises à bail occupent une place de choix ;
- la valeur du cheptel vif et mort l'emporte nettement dans la Hardt ;
- enfin les biens domestiques, mal représentés dans l'Outre-Forêt, prennent quelque importance chez la paysannerie plus contrastée et dont le genre de vie est soumis à l'influence de la ville.

La multiplication et la confrontation d'échantillons choisis dans des milieux de vie différents apporteraient à cette étude un éclairage plus nuancé. Malheureusement l'inégale qualité des renseignements fournis et l'absence d'évaluations rendent l'opération sinon impossible, du moins aléatoire quant aux résultats escomptés.

C) Structures et hiérarchies sociales

Malgré la permanence de la civilisation rurale, il n'est pas toujours évident de trouver l'articulation entre les dénominations sociales de l'Ancien Régime et les classifications socio-professionnelles en usage au XXème siècle. Il est en effet délicat de raisonner en termes de *population active*. Cette dernière, couvrant entre le tiers et la moitié de la population totale, est indifférente au sexe et à l'âge. Dans l'enquête de 1789[85], le groupe des journaliers compte une femme pour trois hommes et les domestiques sont, en nombre sensiblement égal, de sexe masculin et féminin. Seuls les laboureurs sont, aux veuves près, exclusivement des hommes. Or, dans l'économie rurale traditionnelle, la plus grande partie des femmes et des enfants peuvent être considérés comme *actifs*. A partir de quel âge entre-t-on dans le monde du travail ? *On applique communément les garçons au travail des champs à l'âge de dix ans et à la garde des troupeaux à celui de six ans. Les filles aident leurs mères dans le travail du ménage à l'âge de huit ans*[86]... Sur une cinquantaine de communes, la répartition socio-professionnelle, apparemment équilibrée (1547 laboureurs, 2577 journaliers, 1745 domestiques et 1646 artisans) s'établit comme suit :

% de communes comportant en %	moins de 5 %	5-10	10-15	15-20	20-25	25-30	30-35	35-40	40-45	45-50	plus de 50 %
de laboureurs	3,9	11,8	17,6	13,7	15,7	15,7	5,9	2	7,8	5,9	-
de journaliers	-	2	2	5,9	3,9	17,6	25,5	11,8	17,6	5,9	7,8
de domestiques	9,8	11,8	9,8	5,9	21,5	13,7	11,8	7,8	5,9	2	-
d'artisans	7,8	19,6	17,6	15,7	3,9	7,8	9,9	9,9	-	-	7,8

Les trois quarts des localités comptent donc entre 5 et 30 % de laboureurs et entre 25 et 45 % de journaliers ; la moitié des communes comptent de 5 à 20 % d'artisans et de 20 à 40 % de domestiques.

C'est encore l'évaluation de la force de travail qui sert, dans les

[85] AHR 1 M 57.

[86] *Ibid.*

registres de corvées seigneuriales, de base à l'appréciation sociale : dans le comté de Horbourg, de façon relativement stable entre 1720 et 1789, une veuve *vaut* 1 livre et demie, un manouvrier 3, un laboureur à bête de trait unique 4 à 4 et demie, un laboureur à charrue unique 9 livres[87]. Que vaut une telle classification ?

1) Laboureurs et manouvriers

a) De la terminologie fiscale aux réalités sociales

Il faut être citadin pour se forger l'image d'un milieu social uniforme ou d'une campagne calme et heureuse, placée sous le signe d'une harmonie sans heurts. *Le village,* écrivait Fustel de Coulanges, *n'était plus au XVIIIème siècle ce qu'il avait été au Moyen Age, l'inégalité s'y était introduite*[88] et Pierre Goubert de renchérir : *Rien n'était moins égalitaire que le village français*[89]. Autant dire que la communauté villageoise parfaite, la démocratie rurale accomplie appartiennent au domaine du mythe et ne trouvent leurs défenseurs que parmi quelques nostalgiques d'un passé idéalisé à l'excès. Pour se rendre à l'évidence, il suffit de se familiariser avec les sources archivistiques de l'Ancien Régime. Dans les registres paroissiaux le titre, aussi rare que convoité, de *Herr*, de *Dominus* ou le qualificatif d'*honestus vir* contrastent avec les appellations laconiques de *civis* et de *mercenarius,* couramment attribuées aux petites gens. Des inventaires de succession fournis, respirant l'opulence, voisinent avec des actes squelettiques traduisant la modestie, voire la misère. Les états dressés par l'intendant ou le seigneur[90], en distinguant *laboureurs* et *manouvriers* - parfois appelés *pionniers* ou *brassiers* - sont certes des documents fiscaux destinés à faire connaître le nombre exact de corvéables : si les premiers sont censés fournir leur attelage, les seconds n'ont que leurs bras à offrir. Mais derrière ce vocabulaire administratif et fiscal, se profile une réalité économique bien vivante, en même temps que se concrétise un clivage durable entre ceux qui, disposant d'un attelage, exploitent suffisamment de terres pour pouvoir entretenir des bêtes de trait et ceux qui, dépourvus d'attelage[91], sont incapables de mettre en valeur une exploitation autonome propre à assurer l'entretien de leur famille[92]. *La différence est grande entre les journaliers qui ont trop peu ou pas du tout de biens et les laboureurs dont le nombre est trop petit et qui ont une trop lourde tâche*[93].

87 AHR 18 J 462-722 (1718-1721).
AHR E 161 (1752) et 156 (1771-1777).
AN K 2360 (1761/1762).
GLAK 65/88 (1769).

88 Cit. par M. BLOCH, *op.78*, t. I, p. 194.

89 P. GOUBERT, *op. 29*, p. 29.

90 Consulter l'état des sources.Pour le vocabulaire social, voir P. GOUBERT, *art. 1615*.

91 ABR 8 E 286/5 : *Daglöhner oder handtfröner und andere so keine Pferd haben* (Meistratzheim 1746)

92 *Eine zahlreiche Classe von Menschen, welche nichts als ihre Haende besitzen : die Taglohner naemlich, welche von irem Arbeitslohn leben (Société des Amis de la Constitution,* 1791, cit. par Ch. HOFFMANN, *op. 36*, t.I, p. 181, note 2).
Classe des individus médiocres et pauvres mercenaires (AHR C 1580, district de Huningue, 1788).

93 *Zuschrift an die Landleute im Elsass...* (anonyme 1790).

Répartition des corvées et structures sociales

Evaluation en nombre de charrues dans le comté de Horbourg (AHR 18 J 462-702)

		Total des chefs de ménage	Nombre de laboureurs	"Einspännige"	journaliers	Nombre de charrues 3	2 1/2	2	1 1/2	1	2/3	1/2	1/4
Algolsheim	1718	26	12	1	14	-	-	2	1	6	1	1	-
	1720	27	12	1	14	-	-	3	2	6	-	1	-
Horbourg	1718	23	6	-	17	-	-	6	-	-	-	-	-
	1719	23	7	-	16	-	-	6	-	1	-	-	-
	1720	22	7	-	15	-	-	5	-	2	-	-	-
	1721	18	6	-	12	-	-	6	-	-	-	-	-
Volgelsheim	1718	31	10	1	20	2	-	2	1	2	-	3	-
	1719	28	10	1	17	2	-	2	1	3	-	2	-
	1720	32	11	1	20	2	-	1	1	4	-	2	1
Bischwihr	1718	18	8	-	10	-	-	4	-	1	-	3	-
	1719	19	9	-	10	-	-	5	-	1	-	3	-
Andolsheim	1718	54	19	6	29	3	-	6	3	2	-	5	-
	1719	60	20	5	35	2	-	8	1	3	-	6	-
	1720	58	19	6	33	3	-	7	1	3	-	5	-
Muntzenheim	1718	32	14	2	16	-	1	6	2	5	-	-	-
	1720	39	17	2	20	-	1	5	3	2	-	4	-
Sundhoffen	1718	63	20	3	40	-	-	11	2	3	-	3	-
	1720	67	21	3	43	-	-	14	-	4	-	4	-

Evaluation du nombre de bêtes corvéables dans le comté de Horbourg (AHR E 156 et 161)

		Total des corvéables	Nombre de laboureurs	journaliers	Nombre de bêtes corvéables 0	1	2	3	4	5	6	7	8	9	10	11	12
Andolsheim	1752	83	36	47	2	11	5	4	1	-	1	-	5	2	4	-	1
	1772	116	50	66	12	1	16	4	2	-	-	-	-	-	-	-	-
	1775	105	36	69	19	-	11	4	2	-	-	-	-	-	-	-	-
	1777	108	38	70	21	1	13	3	-	-	-	-	-	-	-	-	-
Algolsheim	1772	51	13	38	4	1	2	2	-	2	1	1	-	-	-	-	-
	1775	51	12	39	1	1	3	3	2	1	1	-	-	-	-	-	-
	1777	46	18	28	7	1	4	2	2	1	1	-	-	-	-	-	-
Fortschwihr	1772	44	19	25	2	-	11	5	1	-	-	-	-	-	-	-	-
	1775	44	17	27	4	1	7	4	1	-	-	-	-	-	-	-	-
	1776	47	20	27	5	-	8	6	1	-	-	-	-	-	-	-	-
	1777	46	18	28	5	-	8	4	1	-	-	-	-	-	-	-	-

Evaluation du nombre de chevaux corvéables dans le Kochersberg (AMO B 21, 42 et 67)

		Total des corvéables	Nombre de laboureurs	journaliers	Nombre de chevaux corvéables 1	2	3	4	5	6	7	8	9
Quatzenheim	1760	26	13	13	-	3	3	5	2	-	-	-	-
	1761	28	15	13	-	5	3	5	1	1	-	-	-
	1762	28	15	13	-	5	3	5	2	-	-	-	-
	1763	28	15	13	-	5	2	6	1	1	-	-	-
	1781	30	15	15	1	2	2	4	3	-	1	-	-
	1785	34	17	17	-	2	5	2	3	5	-	2	-
	1786	38	19	19	-	2	4	3	1	7	-	2	-
Furdenheim	1781	70	19	51	-	1	5	3	2	6	-	1	1

Indiscutablement, *manouvrier* devient synonyme de *journalier*[94]. *Bauer* d'un côté, *Handfröhner* de l'autre : les deux termes apparaissent-ils, sous leur enveloppe juridique, comme les révélateurs de la différenciation sociale des campagnes ? *Des divisions de classe assez tranchées* fondées sur la possession ou le manque d'attelage, suggérait Marc Bloch[95]; *des différences de degré, non de nature,* précisait Albert Soboul[96]. En réalité, opposer en classes tranchées les deux catégories sociales reviendrait à trahir la pensée de Marc Bloch. La démarche relèverait à la fois d'un dogmatisme simplificateur et d'une schématisation excessive de la société rurale, par essence très complexe, si l'étude des chiffres bruts, proposés par les statistiques officielles, n'était nuancée grâce à l'analyse fondée sur les terriers et les inventaires après décès, par celle de la nature des exploitations, de leur étendue, de l'importance accordée au cheptel et au train de culture. Car rien ne permet d'affirmer *a priori* que les petits laboureurs sont plus proches, par leur niveau économique et leur genre de vie, des laboureurs aisés que des journaliers dont on cherche à les distinguer. Où placer la frontière entre le laboureur pauvre et le journalier ? Détail révélateur : le dénombrement de 1766[97] propose une distribution des *feux* en *bons, médiocres* et *mauvais*. Nous connaissons mal les critères qui ont présidé à une telle ventilation, mais nous constatons, en comparant le nombre de laboureurs avec celui des feux de catégories différentes, que les laboureurs se rangent majoritairement dans les *bons,* mais aussi dans les *feux* de moindre valeur : autrement dit, le nombre des *bons* feux est toujours inférieur au nombre de foyers de laboureurs, témoignage d'un éventail de conditions assez ouvert.

La possession d'un attelage ou d'une charrue n'est pas forcément un signe d'aisance. Fondée sur la bipolarité, la distribution fiscale, somme toute assez sommaire dans le cas des corvées, ne tient pas compte de la diversité des conditions ni des lignes de fracture qui passent à l'intérieur du groupe des laboureurs présenté de façon trop homogène. Le nombre de charrues ou d'animaux aratoires donne une image plus précise des structures sociales. Il convient d'abord de mettre à part ceux qui possèdent des demi-charrues attelées de deux bêtes de trait. A Zehnacker, vers 1785, il sont au nombre de cinq contre 14 exploitants à charrues entières[98]. A Furdenheim, en 1781, il n'y a que 19 laboureurs pour 32 journaliers qui soient appelés à la corvée, soit 27,1 % contre 72,9 %. Mais, pour les premiers, l'éventail est très ouvert : de 2 à 9 chevaux corvéables par exploitant[99]. En dehors du Kochersberg, l'exemple du comté de Horbourg, entre 1718 et 1777, rend compte du caractère très nuancé de la société paysanne.

---

94 AHR E 1470-1471 : *Handfröhner und Taglöhner* (Jebsheim 1705), *Handfröhner oder Taglöhner* (Jebsheim 1712). Le terme de *Tauner*, très fréquent en Suisse (déformation de *Taglöhner)*, apparaît dans le Sundgau : voir M. MATTMÜLLER, *art 1617* et L. LAPOINTE, *art, 1905*, p. 51 (corvées pour les Besenwald à Brunstatt en 1658).

95 M. BLOCH, *op. cit*, t. I, p. 194.

96 A. SOBOUL : Etudes sur le village d'Imbsheim, 1949, 4 p. et *art. 1824*.

97 ABR C 393.

98 AMS VI 569/5 et 369/8.

99 AMO B 21.

Par ailleurs, c'est la symbiose entre laboureurs et manouvriers, plus que leur opposition, qui constitue la trame de la vie communautaire : une complémentarité fondamentale, un échange de services réciproques, qui se soldent, en définitive, par un équilibre numérique significatif.

b) Une complémentarité fondamentale, un échange de services réciproques

Autant que les rapports de production, c'est la division du travail qui rend compte de la hiérarchie sociale. La singulière complémentarité des intérêts et des activités se traduit par un échange de services proportionnés aux possibilités de chacun des groupes. On connaît le schéma fondamental de l'échange travail-attelage présenté par Etienne Juillard[100]. Privé de charrue et de bêtes de trait, exclu du travail agraire par excellence qu'est le labourage, le manouvrier, pour pouvoir exploiter les quelques lopins qu'il possède, est amené à emprunter l'attelage et la charrue du laboureur : le patrimoine du premier apparaît donc comme une *annexe* de l'exploitation du second[101]. Le laboureur se fait payer et le travail et l'attelage. On peut chiffrer les services rendus comme suit:

	Labourer	Fumer	Ensemencer	Herser	Faire des charrois
Ferme de Hettenschlag (1730-1731) AHR E 1350	5 lt/ha	1/2 lt/jour		10 lt/ha	
Ostheim 1758 AHR 132 J 8	12-15 lt/ha				
Kutzenhausen 1770 ABR E 3518					4-6 sous/jour avec 2 boeufs 15-16 sous/jour avec 3 chevaux
Merxheim 1785 AF livre de comptes Schmidt	5-7/10 lt/ha	4 lt pour boeuf prêté	5-7/10 lt/ha		

En fonction de la lourdeur des terres et de l'importance de la demande, les distorsions peuvent être considérables. Aussi en arrive-t-on à imposer une tarification à Erstein, vers 1760, de façon à éviter les abus : les laboureurs ne pourront exiger plus de 8 sols au kilomètre pour le *voiturage* et 30 sols pour le labourage d'un *Acker* de terre[102]. En contrepartie, n'ayant guère d'argent et disposant de récoltes à peine suffisantes pour l'entretien de sa propre famille, le brassier ne peut rembourser le laboureur autrement qu'en journées de travail : tâches banales, intermittentes, saisonnières qui interviennent occasionnellement lorsque ce dernier a besoin d'un appoint de main-d'oeuvre, en particulier au moment des grands travaux - fenaison, moisson, battage -, époques de pointe où, compte tenu de l'importance de la demande, la traditionnelle domesticité, qui constitue la main-d'oeuvre régulière des fermes, s'avère insuffisante. Sans ce salariat temporaire, fidèle et bon marché, bien des exploitations du Kochersberg auraient du mal à

[100] E. JUILLARD, *op. 140*, pp. 88-90.

[101] Voir aussi *supra* pp. 626-644.

[102] AC Erstein HH 17.

tourner. Le développement des cultures dites *nouvelles* –, des racines fourragères à la garance –, par les opérations de sarclage, de piochage, de ramassage qu'elles nécessitent, rend de plus en plus indispensable la présence d'une *réserve* de journaliers dans laquelle les laboureurs viennent puiser si le besoin s'en fait sentir. Inversement, sans les *journées,* ainsi effectuées, nombre de petites gens auraient quelque difficulté à subsister. Ce qui caractérise la situation du journalier, par rapport à celle du vigneron ou de l'artisan, c'est en effet l'absence de toute qualification professionnelle. Ne trouvant les ressources complémentaires, indispensables pour se mettre à l'abri du besoin, ni dans l'industrie rurale, ni dans la migration saisonnière, ils sont donc voués à des besognes d'exécution et ce sont les laboureurs qui leur en fournissent l'occasion.

Ce schéma, fondé sur des intérêts plus fréquemment complémentaires que contradictoires, peut paraître quelque peu théorique. Il connaît en fait de nombreuses variantes et d'importants développements. Limiter les relations au traditionnel échange travail-attelage revient à mutiler une réalité foisonnante de diversité. Le tableau s'enrichit en couleurs quand on analyse, avec Jean Vogt, la situation des journaliers-métayers de la banlieue strasbourgeoise ou de la moyenne Alsace que nous avons eu l'occasion d'aborder précédemment[103]. Dans la région d'Erstein-Benfeld, le journalier se trouve associé de façon originale aux entreprises du laboureur : ce dernier prépare le champ destiné à la plantation du tabac en lui donnant les labours et les fumures nécessaires ; mais c'est au journalier qu'incombent les travaux de plantation et les soins que requiert une culture exigeante en bras. Au bout du compte, *le produit est partagé par moitié..., le journalier... retire la moitié du bénéfice avec lequel il entretient la famille et paie les contributions. Otez-lui cette ressource, vous le réduirez à la plus affreuse misère*[104]... L'outil de production en échange de la force de travail : même procédé dans la région de Kembs-Ottmarsheim où la culture du maïs, associée à elle du tabac, fait l'objet d'un partage à mi-fruit analogue[105].

Il arrive par ailleurs que l'échange fondamental travail-attelage devienne l'occasion d'une solidarité beaucoup plus étendue qui pousse ses ramifications dans l'existence même de la paysannerie. Le brassier a-t-il besoin d'argent ? Il s'adresse au laboureur qui devient son créancier, les reconnaissances de dettes étant à leur tour honorées en journées de travail. Manque-t-il de semences au printemps ou de céréales au moment de la *soudure* ? C'est encore le laboureur qui, grâce à ses réserves, est en mesure de le sauver de la misère. Dans un appel à l'intendant daté du 27 mai 1771, le subdélégué du grand bailliage de Haguenau dénonce les laboureurs de sa circonscription qui, en pleine crise, avancent des grains aux *pauvres gens* de leur village au lieu de les livrer au marché[106]. Léonard Fix de Dossenheim

---

103 Voir *supra* p. 581.
J. VOGT, *art 1021* et *1384*.

104 BN Sp 4439 (L. Kauffmann, 1791).

105 AEBP A 47/22 et 47/28 (XVIIIème siècle).

106 AC Kuttolsheim : *Die armen Leuthen...sesterweis zu däglicher Nahrung...* (subdélégué Barth, 27 mai 1771 ; traduction allemande à l'usage des habitants).

Les relations d'un laboureur de Haute-Alsace avec ses journaliers et ses domestiques (1784-1789)

	Travaux				Charrois										Gages et avances en espèces	en nature					
	Labourer (*)	Piocher	Semer	Presser le raisin	Bois et fagots	Terre	Fumier	Foin et regain	Gerbes	Raisins	Pommes de terre	Navets	Choux	Navette		Attelage	Grains	Paille	Huile	Vin	Effets
Journaliers																					
Jean-Georges Gross, 1784	.		.		.		.								.		.			.	
Pierre Bach, 1785	.	.	.						.						.		.				
Mathieu Gross, 1785	.	.	.		.		.	.	.	.											
Pantaléon Kimpflen, 1785	.	.	.				.	.	.							.					
Romain Korb, 1786			.		.		.	.	.								.		.		
Joseph Grunenberger, 1786	.			.				.	.	.						.	.	.			.
Mathieu Gross, 1786	.		.		.	.	.	.	.		.		.				.				
Jean Schmitt, 1788	.		.		.		.	.	.	.				.		.	.				
Michel Steimer, 1788	.		.		.			.						.			.				
François Joseph Steinenberger, 1789	.		.		.	.	.	.	.		.	.				.					
	9	3	9	1	7	2	7	8	8	3	2	1	1	2	2	4	7	1	1	1	1
%	90	30	90	10	70	20	70	80	80	30	20	10	10	20	20	40	70	10	10	10	10
Domestiques																					
Etienne Gerstbach, 1785					.										.						.
Joseph Grunenberger, 1785											.						.			.	.
Paul Steinenberger, 1786	.														.						.
Paul Steinenberger, 1787	.						.								.						.
Thérèse Sprech, 1787					.										.						.
	2				2		1				1				4		1			1	5
%	40				40		20				20				80		20			20	100

(*) "Gestürtzt", "gefahren", "gebrocht" Pour les domestiques, les travaux de labour s'effectuent au bénéfice de la mère.

Source : AF Frédéric Guthmann, Mulhouse. Livre de comptes de Michel Schmidt, Merxheim (1784-1835).

prête à *ses* journaliers des grains, du colza, du vin et des pieds de vigne, en même temps qu'il se fait entrepreneur de roulage, dès que s'interrompent les travaux des champs, en effectuant pour eux des charrois de froment, de sable, de pierres et de tuiles, qu'il sème le chanvre à leur intention, qu'il engrange pour leur compte les récoltes de fèves et de grains, qu'il assure les transports au moulin...[107]. Même constatation chez les Schmidt de Merxheim[108] qui, non contents de fournir à leurs journaliers l'attelage et le train de labour, leur *prêtent* gratuitement leur domesticité pour leur permettre de piocher ou fumer leurs terres. Enfin il reste au journalier, quand il manque de fourrage pendant l'hiver, la possibilité de placer sa vache en pension chez le laboureur ou le maquignon[109], alors qu'il l'a peut-être déjà mise en été sur les chaumes. Pour le manouvrier, le laboureur joue donc le double rôle d'employeur et de créancier[110]. Domination ou protection ? Ces solidarités *verticales* conduisent à la constitution de véritables *clientèles*, plus ou moins complexes quant à la nature des services échangés, plus ou moins mouvantes en fonction du choix des uns et des besoins des autres. Il est plus facile de constater la situation de dépendance que de mesurer le *degré de fidélisation* des journaliers à l'égard des laboureurs : il en découle, en tout cas, un équilibre numérique significatif qu'il convient à présent d'analyser sous la double optique du rapport entre les deux groupes et de son évolution au cours du XVIIIème siècle[111].

c) Un équilibre numérique significatif

Il convient d'observer tout d'abord que le relatif équilibre entre laboureurs et manouvriers apparaît comme un phénomène typiquement rural. Dès que l'on franchit les portes du bourg ou de la petite ville, la forte prédominance artisanale fait pencher le taux en faveur des seconds : à Obernai, le registre fiscal dénombre, entre 1741 et 1751, de 139 à 146 laboureurs et de 658 à 741 *pionniers*, soit un rapport de 1 à 5[112]. Le bourg de Hochfelden se détache nettement de son environnement : peu de laboureurs, beaucoup de *pionniers*[113]. Enfin Bischwiller n'affiche, pour 1775, une égalité entre laboureurs et manouvriers que si l'on s'abstient de prendre en compte les 353 artisans qu'abrite la localité[114].

En comparant, pour le milieu du XVIIIème siècle, les données sur l'utilisation du sol avec celles, presque contemporaines, de la distribution entre laboureurs et manouvriers, se dessine d'abord une opposition bien nette entre les localités de la plaine loessique et celles des régions

[107] AP Dossenheim-Kochersberg : livre de comptes 1792-1796.

[108] Voir tableau ci-dessus,p. 1022.

[109] ABR 6 E 16 Not. Haguenau, inv. Kuttolsheim 228 (1771).
ABR 8 E 137/3 : registre des ventes de bétail pour Fessenheim-le-Bas, 1786-1802.

[110] Voir *infra* pp. 1200-1206.

[111] N'ont pas été pris en compte, dans nos calculs, les veuves et les exempts, irrégulièrement indiqués dans les sources.

[112] AMO CC 18 (le village de Bernardswiller inclus).

[113] ABR C 392-393 : rapport de 0,3 à 0,9, entre 1746 et 1766, contre 1 pour les 13 communes avoisinantes.

[114] A. MULLER, *mém. 225*, p. 37.

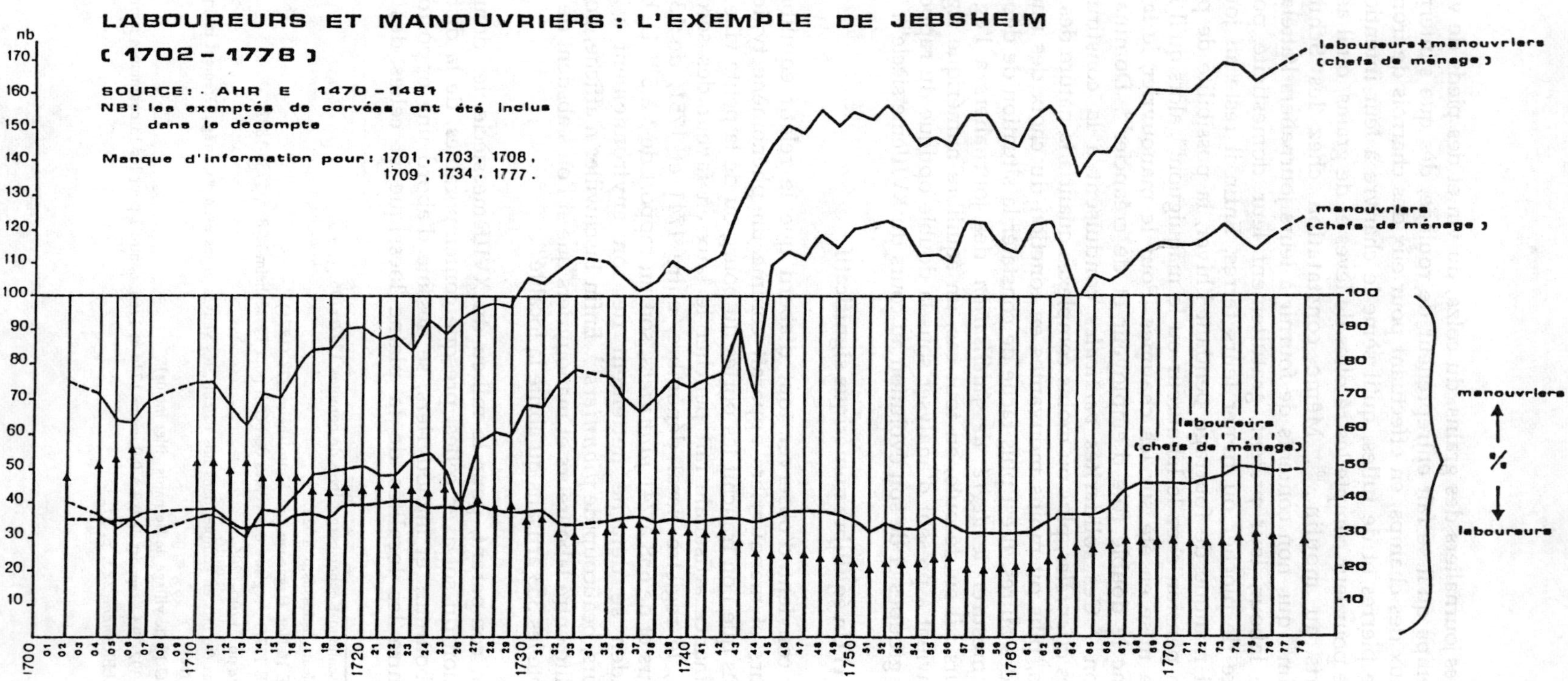
LABOUREURS ET MANOUVRIERS : L'EXEMPLE DE JEBSHEIM
(1702 – 1778)
SOURCE : AHR E 1470 – 1481
NB : les exemptés de corvées ont été inclus dans le décompte
Manque d'information pour : 1701, 1703, 1708, 1709, 1734, 1777.
nb
laboureurs + manouvriers (chefs de ménage)
manouvriers (chefs de ménage)
laboureurs (chefs de ménage)
manouvriers
%
laboureurs
1700
1710
1720
1730
1740
1750
1760
1770

encadrantes[115]. Parmi ces dernières, voici l'exemple du Vignoble de la Mossig entre 1746 et 1766[116].

	Utilisation des terroirs vers 1760			Quotient laboureurs/manouvriers					
	% terres labourables	% vignes	Rapport terres labourables/ vignes	1746 (1)	1746 (2)	1766 (1)	1766 (2)	Bilan 1746-1766 (1)	Bilan 1746-1766 (2)
Balbronn	55,5	19,7	2,8	20,9	0,3	28,6	0,4	+ 7,7	+ 0,1
Flexbourg	66,9	22,5	3	35,7	0,6	47,6	0,9	+ 11,7	+ 0,3
Westhoffen	38,4	13,3	2,9	24,4	0,3	19,4	0,2	- 5-	0,1
Soultz	46,4	30,5	1,5	23,9	0,3	34	0,5	+ 10,1	+ 0,2
Dahlenheim	63,4	18,4	3,4	55	1,2	52,7	1,1	- 2,3	- 0,1
Ergersheim	79,9	11,2	7,1	47	0,9	59	1,4	+ 12	+ 0,5
Marlenheim	70,3	9,5	7,4	45,2	0,8	37,5	0,6	- 8	0,2

(1) % du nombre de laboureurs par rapport au nombre total de chefs de ménage
(2) Rapport laboureurs/manouvriers
Sources : ABR C 392-393.

Ces communes, du fait de leur double appartenance aux terroirs de la plaine et du vignoble, ont valeur de test : chaque fois que la part des terres labourables augmente (Dahlenheim, Ergersheim, Marlenheim, Flexbourg), la proportion des laboureurs s'affirme. Au contraire, les finages davantage centrés sur l'économie viticole (Balbronn, Westhoffen, Soultz-les-Bains) connaissent une proportion de journaliers plus importante. En privilégiant le travail manuel, le Vignoble de Basse-Alsace accorde en effet une place importante aux manouvriers qui, munis de pioches, de houes et de serpettes, sont assurés de trouver du travail une bonne partie de l'année. Pour le vigneron de Westhoffen, comme pour le pêcheur de Muttersholtz et le bûcheron de Birkenwald, l'attelage s'avère moins indispensable que pour le laboureur du Kochersberg[117].

	Nb. de laboureurs	Nb. de manouvriers	Quotient laboureurs/ manouvriers
Berstett 1731	30	24	1,2
Mundolsheim 1731	42	24	1,7
Quatzenheim 1728-1742	16	8	2
Ittlenheim 1728-1742	8	6	1,3

A titre de comparaison, le grand bailliage de Haguenau fournit un exemple intéressant dans la mesure où cette entité administrative recouvre plusieurs unités naturelles et économiques. Le rapport laboureurs/ manouvriers, qui approche ou dépasse l'unité, se situe entre celui du Vignoble de la Mossig et celui du Kochersberg. Néanmoins, dans l'ensemble, ces terroirs de plaine connaissent précocément une saturation propre à limiter la place des laboureurs[118] :

115 On consultera avec intérêt P. WERNER, *D.E.S. 653*, t. I, pp. 83-88 et t. II, documents.

116 Nous empruntons nos chiffres à l'étude de R. MOSER, *D.E.S. 167*, annexe 24 p. 26. Voir également AHR AC dép. Saint-Hippolyte HH 3 (1774-1789) : la proportion des *manoeuvres* oscille entre 75,1 et 89,6 % de l'ensemble des chefs de ménage.

117 ABR E 1360 (Berstett et Mundolsheim, 1731), C 392 et E 5900 (Quatzenheim et Ittlenheim 1728-1737/1742).

118 ABR C 392-393.

	Nb. de laboureurs/manouvriers 1746	1766	Quotient laboureurs/manouvriers 1746	1766
Région de Haguenau (Batzendorf, Berstheim, Wintershouse, Ohlungen, Kesseldorf)	98/65	89/79	1,1	1,1
Collines de Brumath (Rottelsheim, Kriegsheim, Bernolsheim, Hochstett, Wahlenheim, Wittersheim, Niederschaeffolsheim)	98/69	103/131	1,4	0,8
Kochersberg et Arrière-Kochersberg (Bilwisheim, Mittelschaef-folsheim, Rumersheim, Kuttolsheim)	66/76	72/99	0,9	0,7
Pays de Hanau et vallée de la Zorn (La Walck, Uberach, Bitschhoffen, Kindwiller, Ringeldorf, Morschwiller, Grassenforf, Minversheim, Lixhausen, Bossendorf, Scherlenheim, Mutzenhouse, Wingersheim)	242/240	280/311	1	0,9
Outre-Forêt (Eschbach Laubach, Hegeney, Walbourg, Durrenbach, Gunstett, Surbourg, Soufflenheim)	258/359	354/409	0,7	0,9

Un dernier exemple nous conduit en pays du Sundgau où, dès 1751, s'impose la prédominance des journaliers, avec un quotient laboureurs/manouvriers particulièrement faible[119].

	Nb. (%) de laboureurs		Nb. (%) de manouvriers		Quotient laboureurs/manouvriers
Bailliage d'Altkirch	793	(36,7)	1367	(63,3)	0,6
Bailliage de Ferrette	850	(44,2)	1073	(55,8)	0,8
Bailliage de Brunstatt	355	(35,5)	737	(64,5)	0,5

La plaine enregistre donc des contrastes dignes d'être relevés : dans l'ensemble, la proportion des journaliers augmente du centre aux régions périphériques. Dans certains villages du Ried, de la Hardt ou du Sundgau comme dans les communes forestières s'étendant autour de Wasselonne et de Saverne, les laboureurs représentent à peine entre 10 et 30 % du nombre total de corvéables. Par contre, la proportion s'élève dans l'axe central de la plaine[120], l'équilibre le plus parfait se réalisant sur les terres loessiques du pays de Hanau, du Kochersberg, des collines de Brumath et de la plaine d'Erstein, où une proportion située entre un et deux tiers de possesseurs

[119] ATB 21 J 1 (Fonds Noblat, 1751).

[120] AHR C 1179 : 30 laboureurs et 60 manouvriers à Heimsbrunn en 1734 (0,5, les artisans mis à part).
AHR 1 E 39/24 : 16 et 22 à Feldkirch en 1751 (0,7).
AHR 1 E 39/37 : 34 et 25 à Ungersheim en 1751 (1,4).
AHR C 1294 : 29 et 59 à Dessenheim en 1770 (0,4).

d'attelage répond à un groupe de journaliers numériquement comparable. Car la présence de ces derniers, loin d'exprimer une structure sociale égalitaire, reflète au contraire des contrastes sociaux considérables, dans la mesure où un nombre suffisant de grosses exploitations est nécessaire pour fournir du travail à un nombre conséquent de journaliers. Inversement, une forte proportion de laboureurs peut révéler une structure relativement *démocratique*, s'il s'agit de petits et de moyens exploitants incapables d'embaucher une main-d'oeuvre intermittente ou saisonnière. A Dessenheim, en 1770, sur les 29 exploitations de laboureurs qui coexistent avec 59 ménages de journaliers, 8 seulement couvrent des superficies de 20 à 50 hectares et 21 se contentent de 5 à 10 hectares. Si nos communes présentent une allure tantôt *aristocratique*, tantôt *démocratique* (on insistera sur le caractère très relatif de ces termes), elles le doivent donc à l'interférence de facteurs complexes qui finissent par leur conférer la physionomie qui est la leur. Tout essai de simplification cartographique qui proposerait une explication unique reviendrait à déformer la réalité sociale. D'autre part, y-a-t-il eu évolution ? Le tableau ci-dessous permet de déceler une modification du rapport laboureurs/journaliers entre 1746 et 1766 :

Evolution du quotient laboureurs/manouvriers dans quelques bailliages ruraux de Basse-Alsace au milieu du XVIIIème siècle.

	1746/1751		1763/1766		Bilan 1746-1766	
	(1)	(2)	(1)	(2)	(1)	(2)
Lauterbourg	44,5	0,8	48,5	0,9	+ 4	+0,1
Ober-Niederbronn	52,5	1,1	42	0,7	-10,5	- 0,4
Woerth	53	1,1	61,2	1,6	+ 8,2	+0,5
Kutzenhausen	49	0,9	47,8	0,9	- 1,2	-
Hatten	49	0,9	56,7	1,3	+ 7,7	+0,4
Beinheim	41,5	0,7	47,2	0,9	+ 5,7	+0,2
Pfaffenhoffen	44,8	0,8	42	0,7	- 2,8	- 0,1
Haguenau (sans la ville)	45,8	0,8	45,5	0,8	- 0,3	-
Bouxwiller	42,5	0,7	37,7	0,6	- 4,8	- 0,1
Brumath	66,8	2	53,2	1,1	-13,6	- 0,9
Noblesse	46,8	0,9	35,8	0,6	-11	- 0,3
Kochersberg	47	0,9	36,5	0,6	-10,5	- 0,3
Dettwiller	36	0,6	25,3	0,3	-10,7	- 0,3
Marmoutier	30	0,4	25,5	0,3	-14,5	- 0,1
Marlenheim	44,8	0,8	29	0,4	-15,8	- 0,4
Offendorf	67,5	2	57,5	1,3	-10	- 0,7
La Wantzenau	57,5	1,4	55	1,2	- 2,5	- 0,2
Westhoffen	34	0,6	34	0,6	-	-
Dachstein	40,8	0,7	43	0,8	+ 2,2	+0,1
Dorlisheim	44	0,8	36	0,6	- 8	- 0,2
Erstein	47,5	0,9	33,2	0,5	-14,3	- 0,4
Benfeld	31,3	0,5	27	0,4	- 4,3	- 0,1
Marckolsheim	40	0,7	36,3	0,6	- 3,7	- 0,1
	45,9	**0,8**	**41,5**	**0,7**	**- 4,4**	**- 0,1**

(1) % du nombre de laboureurs par rapport au nombre total de chefs de ménage

Sources : ABR C 392-393 et 4 J 3.

(2) Quotient laboureurs-manouvriers

L'unité administrative du bailliage, qui a servi de base à cette reconstitution, n'est sans doute pas le cadre idéal du fait de l'incidence que peut avoir le chef-lieu sur les structures sociales et la non-concordance entre régions naturelles et divisions administratives : le bailliage de Benfeld déborde sur le Ried ; ceux de Marlenheim et de Westhoffen participent à la fois à la plaine et au Vignoble... Nous avons donc sélectionné, dans la mesure où les sources nous y autorisaient, quelques échantillons couvrant des milieux de vie spécifiques : Outre-Forêt, Kochersberg, plaine d'Erstein, grand Ried, Hardt - cadres moins artificiels que les précédents, - ce qui nous permet d'élargir l'étude, à la fois en deçà de 1746 et au-delà de 1766, et de préciser l'évolution du rapport laboureurs/manouvriers. Car la situation, loin de rester figée, se modifie au cours du siècle. La chute de la proportion des laboureurs apparaît plus précoce et plus importante dans les terres loessiques. Le phénomène, déjà perceptible entre 1746 et 1766, se confirme pour le Kochersberg, pour la plaine d'Erstein et même pour l'Outre-Forêt dans la seconde moitié du siècle. Par contre, dans le grand Ried et la Hardt, où la place des laboureurs est plus limitée, la diminution relative apparaît avec moins de netteté et laisse parfois la place à une légère progression.Les résultats[121] peuvent se résumer dans le tableau suivant :

Echantillons	**Nombre de communes retenues**	**Quotient laboureurs/journaliers**		
		1746/1752	**1772/1774**	**1787/1789**
Outre-Forêt	7	1,3	1,2	0,9
Kochersberg	7	1,3	1,1	0,8
Plaine d'Erstein	6	1,2	1	0,9
Grand Ried	7	0,4	0,5	0,5
Hardt	2	0,4	0,5	0,6

On peut ainsi esquisser un schéma d'évolution pour l'ensemble de la période. Des années 1650 jusque vers 1750, le nombre des laboureurs tend à l'emporter sur celui des journaliers : c'est que, dans le sillage de la *reconstruction*, la campagne alsacienne tolère l'installation de nouveaux ménages de laboureurs, moins par immigration que par division des exploitations existantes. Parallèlement, ces laboureurs, d'abord seuls à remettre en valeur les terroirs au lendemain de la crise agraire du XVIIème siècle, favorisent l'installation de journaliers, dont un certain nombre d'immigrants, dans la mesure où ils sont à même de leur fournir du travail. Une telle initiative est soutenue par le seigneur, soucieux de reconstituer ses revenus : à la distinction *laboureurs/journaliers* se superpose donc le clivage *bourgeois/manants*[122]. A Hettenschlag, vers 1730/1735, le nombre de journaliers admis, moyennant un droit d'entrée minime, est cependant limité à douze, de façon à ce qu'il soit proportionné au nombre des employeurs qui gèrent les trois grandes métairies[123]. Dans huit communes de l'Outre-Forêt en 1667, le quotient laboureurs/manouvriers est de 3[124] :

[121] Voir tableau, ann. 42.

[122] Sans qu'il y ait correspondance absolue (APM T 1078, Blotzheim 1717-1721) et avec des glissements révélateurs d'une classication à l'autre : *bourgeois et journaliers* (ABR E 1871, bailliage de Hatten 1667). Voir *supra* p. 306 et *infra* pp. 1373-1378.

[123] AHR E 1267 : *soviel Taglohner als dise Meyer zu ihrer Arbeit benothiget wären in diesem bann etablirt werden.*

[124] ABR E 1871 (bailliage de Hatten). On comparera avec la Hardt vers 1720 (AHR 18 J 526 et 533) : 10 laboureurs et 7 journaliers à Durrenentzen (1,4) ; 12 laboureurs et 10 journaliers à Fortschwihr (1,2).

	Nb. de chefs de ménage du Hattgau		
	laboureurs	journaliers	Quotient laboureurs/journaliers
Hatten	24	15	1,6
Rittershoffen	14	3	4,7
Niederbetschdorf	13	5	2,6
Oberbetschdorf	12	2	6
Schwabwiller	8	2	4
Reimerswiller	5	-	5
Kuhlendorf	3	-	3
Leiterswiller	3	-	3
Ensemble	**82**	**27**	**3**

Or, dès le début du XVIIIème siècle, l'évolution se solde par la diminution relative du nombre des laboureurs par rapport aux effectifs de journaliers. Dans les quarante communautés de la seigneurie de Thann[125], une sorte d'équilibre s'instaure vers 1699/1700 : 595 *manoeuvriers* (52,4 % des chefs de ménage) contre 541 laboureurs (47,6 % des chefs de ménage). Si les premiers n'ont ni chevaux, ni charrues, les seconds ne disposent que de 444 1/2 charrues, moins d'une par exploitation. Dans le bailliage de Kutzenhausen[126] la proportion des laboureurs, plus importante, diminue entre 1725 et 1745 :

	Nb. de chefs de ménage laboureurs du bailliage de Kutzenhausen					
	Laboureurs		Journaliers		Quotient laboureurs / journaliers	
	1725	**1745**	**1725**	**1745**	**1725**	**1745**
Niederkutzenhausen	9	12	8	6	1,1	2
Oberkutzenhausen	21	16	3	9	7	1,8
Feldbach	16	15	4	7	4	2,1
Merkwiller	19	14	1	7	19	2
Hoelschloch	10	11	3	-	3,3	3
Lobsann	6	2	-	-	6	2
Mattstall	13	14	2	3	6,5	4,2
Ensemble	**94**	**84**	**21**	**32**	**4,5**	**2,6**

A partir de 1750/1760, la situation a tendance à s'inverser et la majorité des corvéables bascule du côté des manouvriers bien que leur immigration se tarisse : effet du surpeuplement des campagnes et de la raréfaction des terres. Tout se passe comme si les journaliers amortissaient les effets de l'évolution économique précédemment évoquée[127]. Si, dans les territoires de la noblesse de Basse-Alsace[128], la place des laboureurs semble parfois se renforcer entre 1766 et 1781, c'est que la statistique renvoie une image déformée de la réalité : aux *Bauer, Ackerleute*[129], parfois improprement qualifiés de voituriers ou *Fuhrleute*[130], laboureurs à chevaux multiples, s'ajoutent les *Karcher,* appelés ailleurs *Einspännige* ou

[125] AHR 1 E 32/28.

[126] ABR E 2196.

[127] Voir *supra* pp. 991-1001.

[128] ABR E 1360-1374 (1772-1788).

[129] AHR C 1267.

[130] A la suite d'une mauvaise traduction de l'administration française ? AHR, AC, dép. Saint-Hippolyte HH 3 (1774-1789). ABR E 1384 (noblesse de Basse-Alsace, 1686).
ABR E 2196 et 2179 (bailliage de Kutzenhausen 1727-1728 et 1749-1789).
AHR C 1191 : *Fuhrleute* ou *voituriers* (1735).

Einspänler[131], paysans moyens disposant d'un attelage unique composé le plus souvent de deux boeufs ou d'un cheval associé à un boeuf, plus rarement de deux chevaux[132]. Or cette catégorie intermédiaire, masquée par le terme générique de *laboureurs,* gonfle artificiellement le groupe des possesseurs d'attelage, alors qu'un attelage à boeufs peut refléter une situation sociale fort différente de celle que traduirait un attelage à chevaux.

"Bauer" et "Karcher" dans 66 communautés de la noblesse de Basse-Alsace en 1784
ABR E 1370

Proportion de laboureurs et de "Karcher" par rapport à l'ensemble des exploitants (% du nb. dans 66 communautés)

	0	0-25	25-50	50-75	75-100	100 %
"Bauer"	6,1	7,6	16,7	36,4	18,1	15,1
"Karcher"	13,6	16,7	36,4	18,1	10,6	4,6

Ne nous laissons donc pas abuser par le terme trompeur de *Karcher.* Une forte proportion de *Karcher* peut traduire à la fois :
– une structure par exploitations relativement modestes, telles qu'on les rencontre dans le Vignoble de Basse-Alsace (Irmstett, Traenheim, Osthoffen, Nothalten, Bernardswiller) ;
– une diversification accrue des structures socio-économiques, dans le Kochersberg et la plaine d'Erstein (Quatzenheim, Duppigheim, Kolbsheim, Zellwiller, Niedernai), où cette terminologie désigne une catégorie moins bien pourvue en attelages.

Aux facteurs purement économiques se superposent alors des clivages psychologiques : le *Bauer* ne tient pas à ce qu'on le mette sur le même plan que le *Karcher,* au moment même où ce dernier marque ses distances vis-à-vis du journalier dont il est pourtant, économiquement parlant, assez proche. Emancipation ou déchéance ? Le *Karcher* est-il un journalier qui s'élève ou un laboureur qui échoue ? Quelle que soit la réponse que l'analyse des situations individuelles pourrait apporter à cette interrogation, la multiplication des *Karcher* traduit à coup sûr la surcharge qui pèse sur la campagne et l'amenuisement qui menace une partie des exploitations. Mais ne considérons pas leur présence comme la résultante tardive d'une évolution, puisque, dans la plaine d'Erstein, elle se manifeste dès la seconde moitié du XVIIème siècle. Les *Karcher* y apparaissent dans de fortes proportions, de l'ordre de 2/3 à 3/4 du nombre des laboureurs[133].

	Laboureurs Total	"Bauer"	"Karcher"	Journaliers
Lingolsheim	15			15
	50 %			50 %
Duppigheim	34			19
	64,1			35,9 %
Duttlenheim	45			20
	69,2%			30,8 %
Innenheim	32	8	24	13
	71,1%	(25 %)	(75 %)	28,9 %
Krautergersheim	40	10	30	30
	57,1%	(25 %)-	(75 %)	42,9 %
Niedernai	26	8	18	22
	54,2%	(30,8 %)	(69,2 %)	45,8 %
Zellwiller	18	4	14	22
	45 %	(22,2 %)	(77,8 %)	55 %

131 AHR 25 J 51 (Sainte-Croix-en-Plaine 1758).

132 Voir *supra.* p. 950.

133 ABR E 1384 (noblesse de Basse-Alsace,1683).

La distinction *Bauer/Karcher* recouvre à Ostheim[134] celle qui sépare les 26 *Bauernhöfe* des 7 *Mittelhöfe* (78,8 contre 21,2 %), alors que 28,3 % des exploitations sont qualifiées de *Taglöhnerhöfe*. Mais il est clair que l'évolution, au XVIIIème siècle, renforce la position des *Karcher*. Les enquêtes prérévolutionnaires l'attestent : A Merkwiller, les 17 laboureurs (54 % des chefs de famille) sont à 17,6 % des *Fuhrleute* et à 82,4 % des *Karcher*[135]. Dans le bailliage de Benfeld où, pour une vingtaine de villages, on compte 68,3 % de journaliers (1100) et 31,7 % de laboureurs (511), l'administration répartit ces derniers en *gute Bauern* (267, soit 16,4 %) et en *Karcher* (248, doit 15,3 %)[136]. En réalité, nous avons vu que les régions fertiles de la plaine voient le nombre de laboureurs à chevaux stagner, puis diminuer en valeur relative : l'occupation intensive du sol et la concentration des exploitations au profit des plus importantes d'entre elles limitent la place disponible pour les possesseurs d'attelage. Si, dans certaines localités de l'Outre-Forêt, de la Hardt et du Ried, le nombre des laboureurs poursuit sa courbe ascendante, c'est que des terres sont encore susceptibles d'être mises en culture et que leur concentration est moins poussée qu'ailleurs : l'émiettement en petites exploitations préfigure une nouvelle crise agraire.

A la veille de la Révolution, la situation devient préoccupante. Faut-il voir dans la multiplication des journaliers, qui représentent à présent les deux tiers du nombre[137] des corvéables, l'expression de la déchéance sociale de certains laboureurs, tombés au rang de simples journaliers, et le témoignage d'une prolétarisation de la société paysanne ? A Lampertheim, l'appauvrissement des moins aisés d'entre eux conduit certains laboureurs à grossir la masse des manouvriers ou à glisser à une condition fort voisine de la leur[138] :

	Laboureurs	Manouvriers	Laboureurs tombés au rang de manouvriers	Manouvriers devenus laboureurs
1779	54	49	7	1
1785	52	73	8	1
1786	56	79	4	1
1789	51	76	5 *	3

* dont l'un est qualifié de *bettelarm*.

Seule une analyse cas par cas des inventaires après décès permettrait d'éclairer le problème. Contentons-nous d'établir le constat d'une situation lourde de menaces. En effet assurer la subsistance d'un nombre croissant de paysans non exploitants sur des superficies inélastiques supposerait le

134 AHR 18 J 587 (taille seigneuriale, 1694).

135 ABR E 3656 (1789).

136 ABR C 252/6 (1788).

137 AHR 1 M 57 : entre 42 et 90 % (moyenne 63,4 %) pour un échantillon de 15 communes de la plaine (*Enquête sur la situation des communes sous le rapport de la population, de l'agriculture, de l'industrie et du commerce en l'an IX*, situation de 1789). Voir notre article *81*.

138 ABR G 3360 et 3367.

dégel de la technique agraire accompagné d'importants gains de productivité. Or ces conditions, nous l'avons vu, ne semblent pas réunies dans la campagne alsacienne[139]. En définitive, - le cas de Jebsheim le montre clairement -, tout le gain démographique du XVIIIème siècle, surtout à partir de 1740/1750, se traduit par la multiplication des plus défavorisés. On assiste à l'élargissement de la base de la communauté rurale et au rétrécissement de son sommet car le nombre de laboureurs, dont on voit diminuer la part relative dans la société, manifeste au contraire une certaine rigidité à la hausse : on ne saurait diviser à l'extrême une exploitation susceptible de nourrir une famille et d'entretenir des bêtes d'attelage. Mais est-il besoin de rappeler que le poids social d'un groupe ne correspond pas forcément à son importance numérique ? Au total, on compte, dans la plaine haut-rhinoise en 1789, 170 journaliers et 110 domestiques pour 100 laboureurs, avec des différences parfois importantes d'une commune à l'autre que justifie l'inégale structure des exploitations[140] :

% des communes	Nb. de journaliers et de domestiques pour 100 laboureurs							
	moins de 10	10-50	50-100	100-200	200-300	300-400	400-500	plus de 500
Journaliers	-	4	12	42	22	8	6	6
Domestiques	2	25	12	41	10	6	2	2

Malheureusement, les gens modestes se dérobant à la matière historique, trop souvent le nom du journalier ne parvient à notre connaissance que le jour où le registre paroissial consigne sa disparition. Immanquablement porté sur la liste des corvéables, il est absent des terriers s'il ne possède pas quelques lopins de terre en propre. Reste l'acte notarié, si les héritiers sont capables d'en assumer les frais, seul document susceptible d'apporter des renseignements sur le niveau de vie de notre homme : une maisonnette presque vide, dont il n'est pas toujours propriétaire[141], reléguée à la périphérie de l'agglomération, à moins qu'elle ne soit encastrée entre deux fermes et comme écrasée par elles ; une grange mal garnie d'une faucille, de quelques houes à sarcler ou à piocher, de quelques fourches en bois, d'un tombereau ou d'une charrette à timon court lui permettant de rentrer sa maigre récolte et le fourrage dont il nourrira ses quelques moutons ou sa vache. Car il tient à sa vache, providence pour son modeste foyer auquel elle fournit, outre le lait quotidien, un peu de beurre et de temps à autre un veau. De petits bénéfices sans doute, mais obtenus à moindres frais, puisqu'il a la possibilité de l'envoyer paître sur les terres vaines et les chaumes tandis que sa femme fourrage les talus pour lui assurer un complément de nourriture. Le gros problème réside dans l'alimentation hivernale et c'est pour le résoudre que le brassier se résigne parfois à placer la bête à mi-fruit dans l'étable du laboureur ou du

[139] Voir *supra* pp. 853-927.

[140] AHR 1 M 57 (échantillon de 50 communes de la plaine).

[141] AHR E 1282 : ***So leut haben kein Haus, Mebel und sonsten nichts, so will mann etwas nehmen, der hussier hat den vorjährige zins zu betreiben, er ist aber nicht zu bekommen, weil nichts im Vermögen da ist... Wenn sie sterben, so ist auch nichts von ihnen zu bekomen, sie hinterlassen nichts als frau und kinder, die sich vom betlen ernähren müssen*** (Hettenschlag 1773).

maquignon juif. Telles sont les impressions dominantes qui se dégagent des inventaires après décès. Nous nous réservons de discuter de la situation matérielle du journalier ultérieurement, en essayant de la comparer avec celle du domestique et du laboureur[142].

d) Des rémunérations qui s'essoufflent.

Essayons d'estimer la rémunération qu'empoche le journalier en échange des tâches exécutées : opération délicate dans la mesure où, à côté des quelques pièces d'argent ou du sac de grains qu'il touche, la nourriture absorbée à la ferme est prise en compte pour partie de son salaire. Or on constate un écart du simple au double – voire au triple - entre les gages du journalier, selon qu'il est nourri ou non par son maître : moins de 10 sols par jour dans le premier cas ; de 20 à 25 dans le second[143]. Si l'écart se réduit à peu de choses dans les vallées vosgiennes, c'est *qu'il est d'usage... de fournir aux travailleurs du pain, du vin et de l'eau de cerise* dont la valeur est défalquée du montant des salaires versés[144]. Dans quelle mesure la situation matérielle du journalier a-t-elle évolué au XVIIIème siècle ? Les comptes tenus par la corporation des laboureurs de Colmar[145] nous autorisent, entre autres, à faire le point[146]. Sans même prendre en considération la contrariété cyclique entre le mouvement du salaire nominal et celui des prix céréaliers, force est de constater que les émoluments n'augmentent guère avant la décennie prérévolutionnaire. Nous ne retrouvons pas, dans la plaine d'Alsace, du moins en ce qui concerne les salaires des journaliers, le décrochement à la hausse des années 1765/1770 relevé ailleurs[147]. Au contraire, par suite de la progression de l'offre, les rémunérations, en particulier celles des femmes et des adolescents, ont tendance à se figer dans le dernier tiers du siècle, au moment où les prix prennent leur envol : le rattrapage de la fin du siècle interviendra trop tard[148]. En définitive, la progression des salaires nominaux, si elle est effectivement constatée, ne dépasse guère les 30 % entre 1715 et 1789[149].

---

142 Voir *infra* pp. 1053-1055.

143 Chiffres confirmés par :
AHR E 49 (Colmar 1646) : *Rebmann mit Kost und Nacht*, 1-2 *Schilling* ; *ohne Kost* 5 *Schilling* ; *Weib oder starker Bub ohne Kost*, 1-2 *Schilling* ; *mit Kost*, 1 *Schilling*.
AMO B 67 (Oberkirch à Breuschwickersheim en 1760 : 10 sols par jour) et B 43 (Oberkirch à Ergersheim en 1785 : 24 sols par jour).
Rappelons que Vauban estime à 8-9 sols par jour le salaire du *manoeuvrier*.
A. POITRINEAU (*op. [564]*, t. I, p. 486) : 10 sous sans et 5 sous avec nourriture (en Basse-Auvergne au XVIIIème siècle).

144 AHR 1 M 57 : Soultzbach, Walbach, Zimmerbach (1789).

145 AMC HH 19/10-21 (1714-1788).

146 Voir tableau ann. 45.

147 A. POITRINEAU, *op.cit.*, t. I, pp. 541-547.

148 Il est l'amorce de la progression révolutionnaire, du moins en termes de salaire nominal. A titre de comparaison, voici les gages versés aux journaliers de Riedwihr en 1793 (C. FURSTOS, *mém. 2393*,pp. 37-38) :
- Homme avec nourriture : 20 sous (1ère qualité) et 15 sous (2ème qualité) ;
- homme sans nourriture : 40 sous ;
- femme avec nourriture : 12 sous ;
- femme sans nourriture : 25 sous.

149 Comparer avec les chiffres donnés, pour la France, par E. LABROUSSE, *op. 1251*, t. II, pp. 491-492 : 1726/41-1771/89 : + 17 %.

Il est vrai que l'absence de séries longues nous prive d'informations précises quant au taux des salaires par unité de temps. Plus fragmentaires encore, les salaires à la tâche, en nous renseignant, de façon qualitative, sur la diversité des travaux exigés des journaliers[150], se contentent d'indiquer une tendance :

Rémunération d'une journée de manouvrier
Source : corporation des laboureurs de Colmar (AMC HH 19/10-21)
(salaires exprimés en sous)

	1714		1771		1778/1781		1783		1788	
	+	-	+	-	+	-	+	-	+	-
Homme	13	20	10	20	10	20	10	20	13	26
Femme	9	15	6	11	5	10	6	12	7	14
Adolescent*	9	15	6	11	5	10	6	12	7	14

+ = avec nourriture
- = sans nourriture
* La robustesse est requise (*einen starkhen Buoben*).

Ces salaires s'entendent, le plus souvent, sans les avantages en nature qui les accompagnent : le traditionnel rôti[151], la distribution de *pains ou marcs de pressoir* aux vendangeurs[152].

Mais les moyennes les plus fiables ne sauraient rendre compte d'une réalité fort complexe, dès lors qu'elle reflète la diversité des conditions. Les journaliers ne vivent pas uniquement de prestations de travail et les *journées* qu'ils sont amenés à faire, parfois de façon occasionnelle, ne jouent qu'un rôle d'appoint dans la palette des revenus possibles. Ils ne sont pas, comme les domestiques, des salariés *à l'état pur*, comme le suggère l'appellation de *Taglöhner* qui renvoie à la notion de salaire : compte tenu des nombreuses fêtes chômées et des intempéries, passent-ils 100, 150 jours sur les terres d'autrui ? 180 selon l'estimation de Vauban[153], plus de 200 selon celle de Lavoisier[154]. Il nous est difficile de trancher. De plus, les journées *utiles* ne sont pas des journées d'emploi garanti[155]. Il faut donc distinguer jours ouvrables et jours ouvrés, car les occasions de travail, toujours périodiques, sont mal réparties sur l'ensemble de l'année et le journalier se trouve exposé au chômage chronique, en dehors des grands travaux saisonniers. S'il est embauché pendant la morte-saison agricole - pour faire du bois ou réparer des outils -, il voit son salaire fondre. On ne s'explique pas autrement le niveau relativement bas des gages offerts aux journaliers du Kochersberg[156] et de Sélestat au milieu du XVIIIème siècle. C'est au terme d'une péréquation entre journées d'hiver et d'été qu'on leur offre entre 4 et 6 sous par jour, nourriture en sus, soit moitié moins que les chiffres

150 On se reportera à C. A. HANAUER, *op. [106]*, t. II, pp. 529-555.

151 AMO B 67 (fonds Oberkirch) :*Herbstbraten*,*Tröschbraten*, (Breuschwickersheim 1762).

152 AHR 6 G 8 (Thann 1777).

153 VAUBAN, éd. E. COORNAERT, pp. 79-82, *op. [134]*.

154 A. LAVOISIER, *op. [312a]*, pp. 178-180.

155 E. LABROUSSE, *op. cit.*, t. II, p. 503.

156 ABR 6 E 7 Not. Bouxwiller, inv. Reitwiller 362 (1754).
AM Sélestat HOSP 30/13, 1730-1742.

précédemment relevés. Plus ou moins forte selon les régions, la discordance tendancielle entre l'offre et la demande de travail rend donc le sort du salarié précaire : à moins que n'intervienne, telle une soupage de sûreté, la possession de quelques parcelles de champs ou de vignes. Au même titre que l'artisanat, la micro-propriété joue un rôle amortisseur non négligeable et évite les solutions extrêmes, émigration et mendicité. Sans verser dans le misérabilisme, caractérisons en quelques mots la situation du journalier : une longévité moins assurée ; une perspective d'acquisition foncière improbable ; des épargnes limitées ; une forte mobilité pour la plupart des enfants qui ne trouvent pas dans leur famille les moyens de survivre.

Mais la terminologie tend à niveler la diversité des situations. Est qualifié de *journalier* le petit paysan dont l'exploitation s'avère trop exiguë et qui complète son gagne-pain en allant faner, moissonner, battre en grange chez les autres. Et pourquoi ne s'assurerait-il pas un revenu complémentaire par l'affermage de la dîme ? Un attelage d'un ou de deux vaches ou, au pire, la location d'un attelage lui permettent alors, tant bien que mal, de respecter ses engagements, tandis que le décimateur, par mesure de prudence, exige la caution d'un... laboureur solvable[157]. A l'autre extrémité de l'échelle des journaliers, se situe le type minoritaire du misérable sans terre et sans métier qui, attaché à une relative indépendance, préfère offrir ses bras à la journée plutôt que de se louer à l'année comme valet de labour. La situation de ce dernier est-elle donc si peu enviable ?

2) La domesticité à la campagne : une condition refuge

a) Le domestique, ce méconnu

Transposée à la campagne, la dénomination de *valet* recouvre deux réalités fort différentes. Ne nous intéresse pas ici le *maître-valet* installé pour le compte d'un grand propriétaire absentéiste, aux abords immédiats de la ville, dans le cadre d'une politique d'emprise foncière et de spéculation céréalière. Dans la région colmarienne, ce dernier n'est en fait qu'un fermier déguisé, véritable chef de culture au service du bourgeois ou du noble qui le font passer pour domestique dans l'espoir d'obtenir l'exemption fiscale pour les biens exploités[158]. Sa condition sociale se situe aux antipodes de celle du valet de ferme, beaucoup plus présent dans la plaine d'Alsace, tant au niveau des exploitations paysannes que dans le cadre des fermes seigneuriales[159]. Notre travail, dans ce domaine, ne fait qu'apporter une modeste contribution à l'histoire exploratoire de la domesticité. Car, si les domestiques constituent le groupe le plus difficile à cerner au sein de la paysannerie, ils ne le doivent pas uniquement à leur analphabétisme et au caractère souvent transitoire de leur état, mais au silence des sources. Peu de documents administratifs en effet : actes royaux ou seigneuriaux, concernant la police des gens de service, intéressent davantage la

[157] Exemple du bailliage de Kutzenhausen, 1748 et 1773 (ABR E 2150, 3559-3560 et 3662), cit. par D. PETER, *art. 1589*.

[158] Voir *supra* pp. 524-527.

[159] AHR E 1386 et 1349 (Balgau 1713 et 1715).

domesticité urbaine que le monde des valets de labour[160]. C'est individuellement qu'il faudra chercher à débusquer ces derniers. Or, comme le journalier, le valet de ferme est recruté par simple contrat oral : sa présence laisse donc peu de traces dans les archives. De plus, il échappe à la quasi-totalité des rôles fiscaux, si précieux pour la connaissance des manouvriers, et, compte tenu de son instabilité, les registres paroissiaux perdent à leur tour sa piste. Privé de toute indépendance économique, il n'a que rarement l'occasion de consulter le notaire auquel il n'a du reste pas grand chose à déclarer. Subsistent, pour le dépister, quelques livres de raison – ils se multiplieront au siècle suivant – qui consignent son identité ainsi que les gages qu'il touche au cours de l'année, en vertu du contrat d'engagement[161], et la masse, encore inexploitée, des archives judiciaires : c'est en effet à l'occasion des délits ruraux que valets et servantes se trouvent projetés sur le devant de la scène. En dehors d'une criminalité ancillaire spécifique, caractérisée par le vol domestique et la violence, ils sont mêlés à toutes sortes de délits. Et si d'aventure ils échappent au milieu rural, on les retrouvera en ville, cachant leur grossesse, abandonnant les enfants illégitimes, recherchant un emploi ou s'efforçant de se faire admettre au nombre des indigents.

Mal connu, ce monde n'en est pas pour autant négligeable puisque un habitant sur dix et un actif sur cinq vivent au XVIIIème siècle dans l'état de domesticité[162]. Les dénombrements seigneuriaux s'appuyant sur la reconstitution des familles l'attestent : le nombre des gens de service couvre en Alsace entre 5 et 15 % de la population totale et jusqu'à 20-25 % de la population active[163]. De telles proportions justifient par elles-mêmes l'étude d'une fraction de la société, considérée à tort par les historiens comme négligeable jusqu'aux travaux de Jean-Pierre Gutton[164].

---

160 Ch. HOFFMANN, *op. cit.*, t. I, p. 195.
C. A. HANAUER, *op. cit.*, t. II, pp. 514 et 515 : *Gesindordnungen* et *Polizeiordnungen*.
AHR E 1608 : ordonnance de police de Ribeauvillé (1763).

161 AP Dossenheim-Kochersberg : livret de gages *(Gesindbüchlein)* de Léonard Fix, 1791-1796. Bien des familles paysannes conservent ce genre de document dans leurs archives. Voir entre autres :
AF Martin, Schnersheim (Famille Lux, première moitié du XIXème siècle).
AF Fr. Guthmann, Mulhouse (Famille Schmidt de Merxheim, 1784-1835).
C. FROMAGER-GANGLOFF, *mém.[400]*, pp. 100-103 (les Ostermann à Nordheim).
ABR 8 E 343/9 (livre de comptes Georges Lobstein d'Oberhausbergen,1759-1786).
R. PAULEN, *art. [447]*, pp. 29-32 (Furchhausen, première moitié du XIXème siècle).

162 J. DUPÂQUIER, *art. 682* : s'appuyant sur divers dénombrements, de la fin du XVIIème siècle, l'auteur situe la proportion des domestiques entre 5 et 24 % de la population totale et à 10,3 % pour l'ensemble de l'Alsace (ville et campagne confondues).

163 AHR 1 M 57, enquête 1789 : moins de 7 % de la population totale et 21,5 % de la population active (observations faites sur 50 communes).

164 J-P. GUTTON, *op. 1622*.
Voir également : P. GUIRAL/G. THUILLIER, *op. 1620*.

Localisation et source	Date	Population totale	Domestiques des deux sexes Nb.	%
Haute-Alsace				
Hardt (Weckolsheim, Hettenschlag, Heiteren, Balgau, Rustenhart, Wihr, Houssen) AHR E 1265	1732	1838	173	9,4
Sundgau (Landser) AHR 1 E 44/19)	1766	615	66	11
Moyenne Alsace				
(Guémar, Heidolsheim, Illhaeusern, Mussig, Ohnenheim, Jebsheim) AHR E 1140 et 1448	1732 1774	2028 2829	226 306	11,1 10,8
Bailliage de Benfeld ABR G 1256	1664	6261	694	11,1
Basse-Alsace				
Vignoble de la Mossig (Avolsheim, Ergersheim, Wolxheim, Dahlenheim, Bergbieten, Soultz-les-Bains) ABR G 1064	1664	1523	92	6
Bailliage du Kochersberg ABR G 1256	1664	2236	250	11,2
Illkirch et Graffenstaden ABR 3 E 217/3	1699	662	78	11,8
Bailliage de Kutzenhausen ABR E 2179/1	1744 1775 1785 1789	1177 1165 1285 1229	59 54 81 53	5 4,6 6,3 4,3

Si, dans l'espace, l'importance numérique de la domesticité augmente des pays de petite culture (montagne, Vignoble, zones de contact) à la plaine agricole, elle a cependant tendance à fléchir, de façon relative, du début à la fin du XVIIIème siècle, comme le montre l'exemple de la campagne entre Sélestat et Colmar[165].

Dans l'ensemble, la cohorte des domestiques suit péniblement le flux démographique. C'est que le nombre de ménages n'embauchant aucun personnel de service a tendance à augmenter tandis que le taux de domesticité (rapport du nombre de domestiques des deux sexes au nombre de feux) baisse régulièrement : 0,59 en 1732 et 0,46 en 1776 dans la région de Guémar[166] ; 0,30 en 1789 pour 56 communes de la plaine de Haute-Alsace[167]. Cette constatation n'exclut pas une forte concentration du personnel domestique au niveau des exploitations les plus importantes.

165 AHR E 709/1140 1265 et 1448.

166 AHR E 1140 et 1448 : échantillon des six communes ci-dessus.

167 AHR 1 M 57 : enquête portant sur 1896 domestiques.

	Population totale		Nb. (et %) de domestiques		Répartition par sexe (%)			
	1732	1776	1732	1776	Valets		Servantes	
					1732	1776	1732	1776
Mussig	190	339	12 (6,3)	40 (11,8)	66,7	67,5	33,3	32,5
Heidolsheim	128	223	30 (23,4)	38 (17)	56,7	65,5	43,3	34,5
Ohnenheim	310	484	52 (16,8)	55 (11,4)	65,4	57,3	34,6	42,7
Guémar	619	691	64 (10,3)	74 (10,7)	60,9	48,6	39,1	51,4
Illhaeusern	205	318	4 (1,2)	17 (5,3)	75	52,9	25	47,1
Jebsheim	576	774	64 (11,1)	82 (10,6)	59,4	57,3	40,6	42,7
Total	**2028**	**2829**	**226 (11,1)**	**306 (10,8)**	**61,5**	**58,6**	**38,5**	**41,4**
Progression d'ensemble		**+ 39,5 %**		**+ 35,4 %**				
Houssen	291	450	12 (4,1)	32 (7,1)	66,7	62,5	33,3	37,5
Wihr-en-Plaine	211	299	17 (7,9)	35 (11,7)	47,1	60	52,9	40
Total	**507**	**749**	**29 (5,7)**	**67 (8,9)**	**55,2**	**54,4**	**44,8**	**45,6**
Progression d'ensemble		**+ 47,7 %**		**+ 131 %**				

Nous avons choisi d' isoler le petit échantillon de Houssen-Wihr qui plaide au contraire en faveur d'une progression très forte du nombre de domestiques, sans que nous parvenions à connaître les raisons de ces différences à l'intérieur d'un même milieu géographique : s'agit-il d'un cas atypique ou la fiabilité des estimations démographiques est-elle en cause ?

Dans une société fortement hiérarchisée comme la société rurale, la répartition des domestiques entre les foyers apparaît en effet fort inégale. Presque toujours inférieur à l'unité, le taux de domesticité par ménage recouvre une grande diversité de situations, moins en fonction de la structure de la famille elle-même qu'en proportion de la dimension de l'exploitation agricole. L'insuffisante technicité[168] oblige cette dernière à embaucher une main-d'oeuvre nombreuse : la ferme Fritsch de Zeinheim occupe au début du XVIIIème siècle, pour une quarantaine d'hectares, six valets et trois servantes[169]. C'est en effet au niveau de la plus ou moins grande surface à cultiver que se situe la corrélation fondamentale terre/main-d'oeuvre.

L'exemple de la moyenne Alsace montre que plus de la moitié des foyers occupent des domestiques, sauf dans les villages peuplés de vignerons ou de pêcheurs (Illhaeusern). Il est vrai que les trois quarts d'entre eux se contentent d'engager un ou deux salariés à gages tandis qu'une minorité - de l'ordre de 10 % - en embauchent cinq ou davantage. Un demi-siècle plus tôt, on trouverait assurément moins de domestiques par ménage, comme le suggère l'exemple d'Illkirch-Graffenstaden d'une part[170] et d'Uhlwiller-Niederaltdorf-Dauendorf de l'autre[171] :

---

[168] Voir *supra* pp. 853-873.

[169] Th. FRITSCH, *mém. 1614*, p. 25.

[170] ABR 3 E 217/3 et 22.

[171] AMH JJ 277/19.

Valets et servantes à la campagne : l'exemple de la moyenne Alsace (1732)
Sources : AHR E 1140, 1448 et 1265

1) Importance numérique de la domesticité

	Nombre total de : foyers	Nombre total de : domestiques	% de foyers employant un ou plusieurs : domestiques	domestiques masculins	domestiques féminins	domestiques des deux sexes	Taux de domesticité
Mussig	39	12	41,1	20,5	10,3	10,3	0,3
Heidolsheim	21	30	52,4	42,8	47,6	33,3	1,4
Ohnenheim	59	52	60,9	25,4	18,6	16,9	0,9
Guémar	109	64	65,1	31,2	21,1	12,8	0,6
Illhaeusern	45	4	15,6	6,7	6,7	2,2	0,1
Jebsheim	106	64	56,5	23,6	17,9	15	0,6
Weckolsheim	48	26	41,7	16,7	16,7	8,3	0,5
Hettenschlag	20	18	55	25	15	15	0,9
Heiteren	101	114	54,4	20,8	19,8	13,9	1,1
Balgau	51	52	58,8	21,6	23,5	13,7	1
Rustenhart	61	38	32,8	13,1	11,5	8,2	0,6

2) Distribution de la domesticité

	Nombre total d'employeurs	% de foyers employant Nb. de domestiques : 6	5	4	3	2	1
Mussig	8	-	-	-	-	50	50
Heidolsheim	10	-	20	20	10	30	20
Ohnenheim	16	25	6,3	-	31,2	12,5	25
Guémar	41	-	2,4	-	4,8	26,8	66
Illhaeusern	4	-	-	-	25	-	75
Jebsheim	28	-	10,7	10,7	14,3	25	39,3
Weckolsheim	20	-	-	-	5	20	75
Hettenschlag	11	-	-	-	18,2	27,3	54,5
Heiteren	69	5,8	7,2	7,2	11,6	29	39,2
Balgau	30	-	-	10	10	23,3	56,7
Rustenhart	20	-	-	15	5	35	45
Ensemble Nb.	**257**	8	12	16	28	68	125
%	**100**	**3,1**	**4,7**	**6,2**	**10,9**	**26,5**	**48,6**
Moyenne	**2**						
Mode et médiane	**1**						

3) Combinaisons par sexes

% de foyers employant															
Nb. de domestiques	**6**		**5**		**4**			**3**			**2**			**1**	
Nb. de valets/servantes	**4/2**	**3/3**	**4/1**	**3/2**	**4/-**	**3/1**	**2/2**	**3/-**	**2/1**	**1/2**	**2/-**	**1/1**	**-/2**	**1/-**	**-/1**
Mussig	-	-	-	-	-	-	-	-	-	-	-	50	-	50	-
Heidolsheim	-	-	-	20	-	10	10	-	10	-	-	30	-	10	10
Ohnenheim	12,5	12,5	-	6,3	-	-	-	-	31,2	-	12,5	-	-	18,7	6,3
Guémar	-	-	-	2,4	-	-	-	-	2,4	2,4	2,4	24,4	-	44	22
Illhaeusern	-	-	-	-	-	-	-	-	-	25	-	-	-	50	25
Jebsheim	-	-	-	10,7	-	-	10,7	-	14,3	-	-	21,4	3,6	32,2	7,1

	Nombre de				% de foyers employant								
	foyers	foyers employant des domestiques	Valets	Servantes	Taux de domesticité	Valets			Servantes			1 valet + 1 servante	Plus de 1 valet et 1 servante
						1	2	3	1	2	3		
Illkirch-Graffenstaden													
1685	124	31 (25 %)	21	27	0,4	25,8	-	-	35,5	3,2	-	22,6	12,9
1699	142	50 (35,2%)	22	38	0,4	22	2	2	60	2	-	12	-
Uhlwiller, Niederaltdorf, Dauendorf.													
1709	139	37 (26,6 %)	24	24	0,3	35,1	2,7		45,9	-	-	10,8	5,5

Certes, la domesticité ne constitue pas le monopole des laboureurs, bien au contraire. Pour s'en convaincre, il suffit de quitter le village et d'analyser la situation d'un bourg comme Landser qui, avec ses quelque 650 habitants, fait figure de petite capitale administrative[172]. Moins nombreux que les exploitants agricoles, les non-laboureurs - procureur fiscal, notaire, huissier, sergent, horloger, bourreau et autres *sieurs* - embauchent un personnel plus nombreux, mais essentiellement féminin ; du milieu rural au milieu urbain, la signification même de la domesticité se modifie :

	Non-laboureurs	Laboureurs
Chefs de ménage Nb. (%)	28 (37,8 %)	46 (62,2 %)
Domestiques Nb. (%)	46 (69,7 %)	20 (30,3 %)
Taux de domesticité	1,6	0,4
Répartition par sexes :		
- Masculin Nb. (%)	14 (53,8 %)	12 (46,2 %)
- Féminin Nb. (%)	32 (80 %)	8 (20 %)
- Taux de masculinité	30,4 %	60 %

A la campagne, la distinction par sexe s'impose, puisque les tâches assignées à l'un et à l'autre diffèrent[173]. Le domaine de la servante couvre la maison et la basse-cour, accessoirement l'étable : préparation du lait et du fromage, lavage et soins domestiques, filage de la laine et travail du chanvre. Evoluant entre les champs et les bâtiments d'exploitation, les valets s'occupent au contraire des gros travaux : labours, charrois, soins du bétail... Mais ne déduisons pas trop vite de l'exemple précédent une prédominance masculine dans la domesticité rurale. Au sein des vingt trois villages du bailliage de Landser, elle est simplement plus prononcée que dans le chef-lieu, mais l'élément féminin continue à l'emporter : sur 480 domestiques recensés en 1766, 294 (61,2 %) sont des servantes et 186 seulement (38,8 %) des valets[174]. A Illkirch-Graffenstaden, sur une soixantaine de domestiques, 63,3 % sont des filles et 36,7 % des garçons en 1699[175]. Pourtant, des enquêtes du Grand Chapitre en 1664[176] et de celles que lancent les Ribeaupierre en 1732[177], se dégage une prédominance masculine :

[172] AHR 1 E 44/19a (1766).

[173] Sans pour autant atteindre la spécialisation qui a cours dans les grandes fermes non paysannes. *Kochmagd* et *Viehmagd* dans l'exploitation agricole de l'hospice de Bouxwiller (Ch. WITTENMEYER, *mém. 3041*, p.86).

[174] AHR 1 E 44/11.

[175] ABR 3 E 217/22.

[176] ABR G 1256.

[177] AHR E 1140 et 1448.

	Nombre de domestiques	Répartition par sexe (%) H	F
Bailliage de Benfeld 1664	694	57,9	42,1
Bailliage de Guémar 1732	226	61,5	38,5
Bailliage de Heiteren 1732	144	58,3	41,7

Quoi qu'il en soit, à la veille de la Révolution, l'équilibre semble se rétablir en faveur du sexe fort : 58,6 % d'hommes dans le bailliage de Guémar ; 51 % si l'on en croit l'enquête qui, pour l'année 1789, couvre 56 communes rurales de Haute-Alsace[178]. Si la terre continue à absorber du monde, les travaux domestiques en réclament tout autant. La tendance à la féminisation, qui réapparaît périodiquement, pourrait s'expliquer par des mesures d'économie : en contrevenant à la spécialisation toute relative des activités, l'embauche de servantes, surtout aux échelons inférieurs, est moins onéreuse que celle des valets.

Si l'on se fie à un échantillon d'environ 150 domestiques travaillant, vers 1730, dans la région de Colmar[179], on constate par ailleurs la jeunesse de cette main-d'oeuvre : plus de la moitié d'entre eux ont moins de vingt ans ; 5 % seulement dépassent les 40 ans. L'âge idéal de l'embauche se situe entre 15 et 25 ans, mais un domestique sur sept en a moins de 15 : des fillettes de 7 à 10 ans, des garçons de 10 ou 11 ans sont requis pour le gardiennage des troupeaux, les menus travaux des champs ou du ménage, ce qui ampute d'autant les effectifs scolarisables[180]. Le dénombrement du bailliage de Heiteren[181] indique les âges de 84 domestiques masculins et de 60 domestiques féminins. La moyenne pour les premiers se situe à 21 ans et 7 mois et pour les seconds à 19 ans et 10 mois. Abstraction faite des âges extrêmes (62, 11 et 7 ans), cette moyenne oscille entre 17 et 18 ans.

L'âge des domestiques (144 observations)

	Moins de 15 ans		15-19		20-24		25-29		30-34		35-39		40-44		Plus de 45 ans	
	H	F	H	F	H	F	H	F	H	F	H	F	H	F	H	F
Nb	14	9	29	22	26	20	7	5	2	2	-	-	3	-	3	2
%	16,7	15	34,5	36,7	30,9	33,4	8,3	8,3	2,4	3,3	-	-	3,6	-	3,6	3,3
H+F Nb	23		51		46		12		4		-		3		5	
H+F %	16		35,4		31,9		8,3		2,8		-		2,1		3,5	

	Moyenne ans/mois	Mode (ans)	Médiane (ans)
H (84 observations)	21/7	18	18
F (60 observations)	19/10	18	18

AHR E 1265 : Weckolsheim, Hettenschlag, Heiteren, Balgau et Rustenhart (1732)

178 AHR 1 M 57 et J-M. BOEHLER, *art. 81*. Ces moyennes dissimulent de sensibles différences entre communes quant aux taux de masculinité domestique :

	0,2-0,5	0,6-0,9	Egalité	1-1,5	1,6-2	plus de 2
% des communes concernées (56 = 100 %)	14,3	28,6	7,1	32,1	16,1	1,8

179 AHR E 1265.

180 Voir *infra* pp. 1840 ss.

181 AHR E 1265 (29 mai 1732).

LES DOMESTIQUES, UNE POPULATION JEUNE : L'EXEMPLE DE LA HARDT

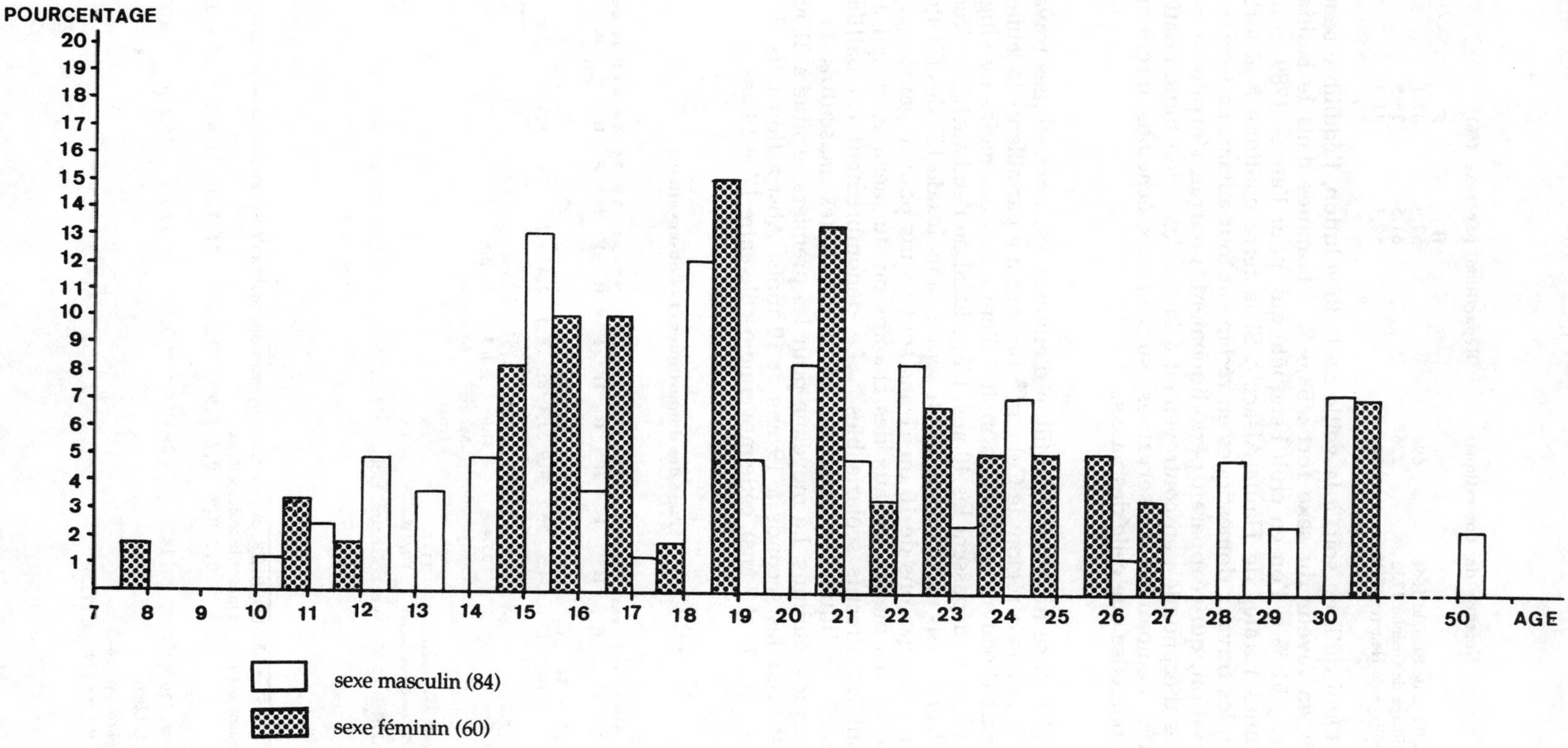

Source : AHR E 1265 : 114 observations (1732)

Mais l'historien ne saurait se satisfaire d'une approche purement quantitative de la domesticité rurale dont le recrutement nous échappe en grande partie, puisqu'en Alsace, région densément peuplée, l'embauche orale se substitue à la traditionnelle louée publique[182], si fréquente dans les autres régions françaises au moment des foires ou des fêtes villageoises[183] : comme si un équilibre avait tendance à s'installer spontanément entre laboureurs-employeurs et domestiques en quête de gagne-pain. Cependant, en l'absence du rite que constitue la louée, en l'absence aussi de la garantie que représente le contrat écrit, l'embauche des valets de ferme ne s'effectue pas en dehors de toute réglementation. Des règles coutumières imposent l'engagement annuel renouvelable à la Saint-Etienne, jour où le domestique, à moins d'être reconduit, se prépare, muni de son ballot, à changer de maître[184]. Une sorte de code moral, tacitement observé, impose au domestique l'obligation de ne pas rompre son engagement avant un an et au maître de ne pas le renvoyer avant terme : mais dans quelle mesure cette règle de bonne conduite a-t-elle été respectée ? Le silence des sources nous invite à la prudence quant à l'instabilité présumée de cette main-d'oeuvre.

D'où viennent les valets de ferme ainsi embauchés ? Nos travaux sur le Kochersberg, région très exigeante en main-d'oeuvre permanente[185], font apparaître une double origine géographique. Jusque vers 1740-1750, période de repeuplement, une majorité d'entre eux arrivent de l'étranger, en se mêlant aux immigrés badois et bavarois : *trans Rhenum* avancent, sans donner davantage de précision, les registres paroissiaux[186]. Dans la seconde moitié du XVIIIème siècle, grossit le contingent des valets originaires du pays même, expression d'une surcharge démographique croissante. Parmi les contrées qui fournissent le Kochersberg, grand consommateur de main-d'oeuvre, nous relevons l'Arrière-Kochersberg, les communes forestières des environs de Saverne ainsi que les coteaux consacrés au vignoble : surpeuplement relatif et difficulté d'embauche semblent donc jouer en faveur de la plaine céréalière. Sans vouloir extrapoler le modèle du Kochersberg à l'ensemble de la plaine d'Alsace, nous retrouvons ailleurs le double recrutement - extérieur et local - de la domesticité. Voici l'exemple d'Illkirch où, en 1699, nous connaissons, avec plus ou moins de précision, l'origine géographique de 39 domestiques sur 79[187] :

	H	F
Strasbourg et environs immédiats	1	3
Localités d' Alsace (Habsheim, Gerstheim, Blaesheim, Elsenheim, Obenheim, Altenheim, Schwindratzheim, Duntzenheim)	8	12
Etranger (Brisgau, pays de Bade, Palatinat essentiellement)	4	11

182 ABR 8 E 343/9 : *wie er sich hat lassen angaschieren* (Oberhausbergen 1765).

183 J-P. GUTTON, *op. cit.*, pp. 103-104.

184 D'où l'emploi du terme de *Bündelestag* (jour du baluchon) encore en usage au XXème siècle. ABR H 1340 : *Festo St. Stephani famuli solvendi veterani et denuo conducendi. Si qui fideliter serviarit non facile dimittendus erit etiam si debeat addere unum vel alterum florenum ultra in mercede* (Chartreuse de Molsheim, 1700).

185 J-M. BOEHLER, th. *80*, pp. 171-172.

186 Fessenheim-le-Bas, AP *passim* et ABR 3 E 137/1-5.

187 ABR 3 E 217/22.

Ce sont essentiellement les femmes qui viennent d'outre-Rhin - Kehl, Kork, Willstätt, etc. - à la faveur, il est vrai, des possibilités de travail qu'offre la conjoncture de la *reconstruction*. Dans la Hardt colmarienne, l'apport extérieur semble même se prolonger jusqu'à la fin du XVIIIème siècle[188]. Reste en tout cas l'impression d'une forte mobilité qui conduit, en 1788, la Commission intermédiaire à proposer un règlement *ad hoc* : les valets, *loués* à l'époque de Noël ne restent souvent que pendant les trois mois d'hiver, *intervalle où ils n'ont presque rien à faire* et *quittent leurs maîtres à l'entrée du printemps*, ce qui conduit ces derniers à *rechercher à grands frais d'autres ouvriers ou laisser une partie des terres incultes*[189]. C'est ainsi que tel domestique change six fois de maître pendant l'année, *instigué ou suborné* par un employeur prêt à lui offrir *des gages plus considérables*[190]. L'offre grandissante de main-d'oeuvre, dans une campagne surpeuplée, aurait donc comme effet d'accroître la mobilité de la domesticité. L'auteur du projet propose que l'on interdise au domestique de quitter son maître sans son consentement et au maître de recevoir *le valet d'une autre maison* sans certificat écrit de son ancien employeur.

b) La hiérarchie des gages, reflet de la hiérarchie des hommes

Compte tenu de sa situation précaire et de sa condition modeste, le domestique trouve-t-il sa place à la base de la pyramide sociale ? La complexité des situations apporte un démenti à toute tentative de schématisation. Nous nous heurtons d'abord à l'imprécision de la notion de *salaire*, le valet de ferme touchant à la fois une rémunération en argent et, *pour son contentement*, des avantages en nature sur lesquels pèse la conjoncture du XVIIIème siècle. Si le mouvement ascendant de la population est peu favorable à une augmentation des gages en espèces, l'octroi d'avantages en nature peut, par contre, présenter quelque intérêt en période de cherté ou de montée des prix. Les valets du Kochersberg touchent vers 1760 entre 60 et 100[191], les garçons de labour entre 40 et 60, les servantes entre 20 et 30 livres tournois par an : données confirmées pour la Haute-Alsace où les valets touchent, vers 1740, une vingtaine de sous par *septaine*, soit entre 50 et 60 livres par an[192]. L'écart entre salaires masculins et féminins

188 AHR E 1140 : *ausländische* (bailliage de Guémar, 1776).
AHR E 1265 (bailliage de Zellenberg, 1732).

189 BMC Ms. 907 : *Projet d'un règlement sur les domestications* (Commission intermédiaire, 1788).

190 BNUS Ms. 3655 : lettre de Mayerhoffen (bailliage du Kochersberg) à M. de Corberon sur *la coutume de débaucher les domestiques d'autrui* (15 janvier 1739).

191 AF Schwartzweber-Luttmann, Fessenheim-le-Bas : livre de comptes de Hans Luttmann (1744-1767) et AP Dossenheim-Kochersberg : livret de gages de Léonard Fix (1791-1796).

192 AHR 3 B 955 (Ingersheim 1737). Voir également :
AHR E 49 : *Oberknecht*, 64 livres tournois ; *Rebknecht*, 28-30 + souliers ; *mittlerer Knecht*, 20-24 ; *Magd/Viehmagd*, 20 + souliers et drap.
AHR E 707 : 25 florins au premier valet et 18 au plus jeune, pour six mois (seigneurie de Riquewihr, 1651).
AHR E 1349 (ferme seigneuriale de Balgau, 1715) : le *Oberknecht*, sorte de chef de culture chargé de diriger l'exploitation, exige 70 florins - valeur de Colmar - pour lui-même, 40 pour le *Grossknecht* , 26 pour le *Mittelknecht*, 18 pour *ein starker Bub*, 24 pour *zwei kleine Buben*, 18 enfin pour la servante, ce qui correspond respectivement à 119, 68, 44, 18, 41 et 18 livres tournois.
AHR 4 E Not. Heiteren, inv. 14 : 12 livres tournois de gages annuels pour une servante de meunier (1782).
AF Fr. Guthmann, Mulhouse : 10-20 livres pour les domestiques des deux sexes, non compris les avantages en nature (famille Schmidt, Merxheim 1784-1789).
AHR 1 M 57, enquête citée : les gages des domestiques mâles s'échelonnent, en 1789, entre 90 et 110 livres tournois par an.
A. STROBEL, *op.[545]*, p. 159 : *Grossknecht*, 30-32 florins, *Grossmagd* 22-24 florins (1770).

est important. Dans le meilleur des cas, les servantes perçoivent les deux tiers du montant des gages proposés aux valets de labour : à Bilzheim, 80 livres pour les *mâles*, 50 pour les *femelles* ; à Horbourg, 90 et 66 ; à Fessenheim en Haute-Alsace, 50 et 40[193]. De tels écarts, qui s'accusent dans le Kochersberg en même temps que la hiérarchie se complique, ne trouvent pas uniquement leur justification dans une discrimination *a priori* des sexes. Ils s'expliquent également par la nature des tâches assignées : aux hommes, les corvées du labour, du fauchage, du charroi, du battage ; aux femmes, les travaux moins pénibles du sarclage, de la cueillette, de la fenaison...

Les gages des domestiques : quelques exemples de rémunérations principales en espèces

	principale (en livres/sous)	**complément** ("denier du bon Dieu")
Servantes		
Merxheim		
Barbe Jodel 1785	14/13	
Agnès Kauffmann 1786	12	
Thérèse Frech 1786 et 1787	18/13	
Anne- Marie Schmid 1787	15	
Marie-Anne Weidenmann1789	18/13	
Dossenheim-Kochersberg		
Marie Riehl de Nordheim, première servante, 1791	20	12 sous
Rose Behr de Nordheim, deuxième servante, 1791	12	6 sous
Valets de ferme		
Merxheim		
Etienne Gerstbach 1785	16	
Paul Sterneberger 1786	10	
Paul Sterneberger 1787	13/12	
Michel Murä 1788	18	
Jean Müllhaubt 1789	14	
Dossenheim-Kochersberg		
Laurent Hartmann de Zehnacker, maître-valet, 1791	112	12 livres
Laurent Kling de Dangolsheim, deuxième valet, 1791	80	6 livres
Laurent N. de Schweinheim, troisième valet, 1791	72	6 livres
Michel Werling de Dossenheim, premier garçon, 1791	54	3 livres
Joseph Spitzer de Fessenheim, deuxième garçon, 1791	40	12 sous
Georges Burg de Kirchheim, deuxième garçon, 1791	36	6 sous

Sources : AF Fr. Guthmann, Mulhouse (famille Schmidt, Merxheim) et AP Dossenheim-Kochersberg (famille Fix).

N.B. : L'importante différence, dans les rémunérations de Merxheim et de Dossenheim, n'est pas seulement liée au milieu géographique différent (Hardt et Kochersberg). Elle s'explique par la non-prise en compte, pour Merxheim, des avantages en nature.

On constate que cette grande sensibilité aux différences de gages reproduit, la hiérarchisation du monde de la domesticité, d'autant plus accusée que les employés sont plus nombreux et leur spécialisation plus poussée[194]. Au-dessus des domestiques du commun[195] et des apprentis[196], se

---

[193] AHR 1 M 57, enquête citée (1789).

[194] ABR 6 E 7 Not. Bouxwiller, inv. Reitwiller 361 (1740) : un cas extrême qui distingue un *erster Rossbub* d'un *zweiter* et d'un *dritter Rossbub*.

[195] *Mittelknecht, Kleinknecht, Magd.*

[196] *Grossbub, Bub, Kleinbub, Kleinmagd.*

LA DOMESTICITE RURALE :
HIERARCHIE SALARIALE ET HIERARCHIE SOCIALE

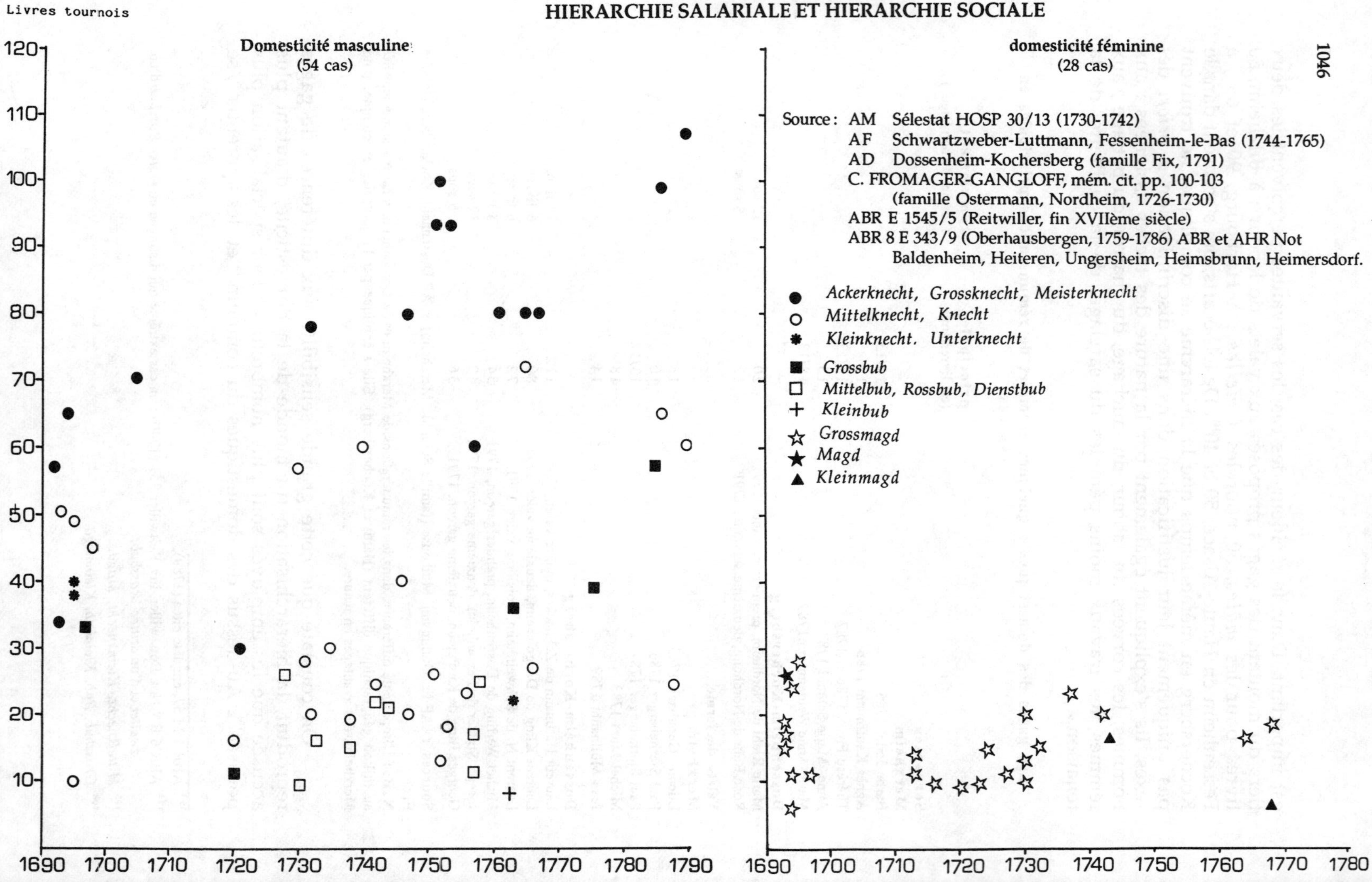

détache l'élite des serviteurs confirmés[197]. Cette hiérarchisation d'un groupe bien structuré s'établit en fonction de trois paramètres : l'âge et l'ancienneté de service, les exigences de qualification et de compétence, enfin la division du travail. Dans une société attachée, jusque dans ses ramifications inférieures, aux notions de *statut* et de *rang*, une telle classification ne saurait nous surprendre. Mais elle n'a rien de figé : en avançant en âge et en savoir-faire, le garçon de labour ne peut-il pas espérer gravir les échelons et devenir à son tour valet ou maître-valet ? Les chances de promotion sociales ne sont pas nulles : elles se font par ascension graduelle et d'un échelon à l'autre. Des 82 observations que nous avons pu réaliser se dégage une triple conclusion :

- D'une part, la très grande rigidité des salaires pour la majorité des domestiques, masculins et féminins, employés à la ferme : après l'âge d'or de la *reconstruction*, période de pénurie de main-d'oeuvre[198], la pression démographique du XVIIIème siècle, qui multiplie les candidats au travail, ne leur est guère favorable, d'autant que le montant des rémunérations est réglé par l'usage. L'emploi stagne ; les salaires réels ont donc du mal à suivre l'évolution du coût de la vie.

- D'autre part, la progression salariale relativement forte - de l'ordre de 60 à 100 % en valeurs nominales - pour les domestiques masculins situés au sommet de la hiérarchie : hommes de confiance du maître, ils assurent la bonne marche de l'exploitation et constituent le chaînon indispensable entre le laboureur et l'ensemble de la domesticité ; de telles responsabilités se monnayent.

- Enfin l'écart entre la rémunération masculine et les gages féminins, qui accusent une relative stabilité, semble se creuser à la fin du XVIIIème siècle.

Au salaire en espèces s'ajoutent des avantages en nature et diverses gratifications qui, bien que difficiles à chiffrer, laissent entrevoir une majoration moyenne des gages de l'ordre de 25 à 35 %[199],proportions bien inférieures à celles que suggère l'abbé Hanauer - 55 à 75 % - qui s'appuie, pour la fin du XVIIIème siècle, sur l'exemple d'une famille paysanne de Heimsbrunn[200]. Valets et servantes sont en partie habillés par leur maître : les hommes touchent exceptionnellement un habit complet, un gilet, un plastron, plus souvent une ou deux chemises, une ou plusieurs culottes ou le coutil servant à les confectionner, une paire de chaussures avec les

---

[197] *Grossknecht, Grossmagd.*

[198] Voir *supra* pp. 194-198.

[199] La coutume a également cours dans les fermes seigneuriales. Voici, à titre d'exemple, ce qui touche en cinq mois, d'août à décembre 1713, le valet de la ferme seigneuriale de Balgau (AHR E 1349) :
- en espèces : 102 livres tournois ;
- en nature : une paire de souliers pour sa femme ; des grains (un rézal de froment, 8 de seigle et 9 d'orge) ; 3 boisseaux de pois, autant de lentilles et de navette ; une mesure de vin ; un quintal de sel ; 200 choux ; 3 porcs gras. Valeur totale : 38 livres tournois (soit 27,1 %).

Salaire total : 140 livres tournois, soit dans l'année 336 livres tournois.

[200] C. A. HANAUER, *op. cit*, t. II, pp. 517-518.

semelles et les clous servant à les garnir. Les femmes ont droit à une robe, un corsage, une coiffe, un foulard, des rubans, quelques chemises, plusieurs paires de bas et de souliers, enfin quelques aunes de toile, de la laine et du fil, matière première indispensable à la confection de leurs vêtements pendant la morte-saison. On précise, à Merxheim, que les frais de tissage chez l'artisan sont à la charge de l'employée. Il arrive que l'employeur choisisse la facilité : remplaçant la fourniture d'effets vestimentaires, le versement de quelques pièces d'argent permettra au domestique de se vêtir selon ses propres goûts. Relevé par Jean-Pierre Gutton[201] le passage de la domesticité *récompensée* en nature à la domesticité *gagée* en argent ne touche pas encore la campagne alsacienne qui n'évoluera vers le salariat qu'au siècle suivant.

A ces avantages en nature s'ajoutent les frais d'entretien. C'est ainsi qu'entre 1759 et 1786 Georges Lobstein, l'aubergiste d'Oberhausbergen, évalue, en moyenne, 4 à 8 sous le prix des repas que prennent ses valets, montant qu'il faudra déduire du décompte final[202] : à l'année, les frais de bouche s'élèveraient de 70 à 150 livres tournois. La nourriture prise à la ferme donne, une nouvelle fois, l'occasion de marquer la différence : les valets sont placés à table et servis selon leur *rang*, le chef d'exploitation présidant la tablée[203]. A cette nourriture prise sur place viennent s'ajouter diverses allocations en grains destinées à l'entretien de la famille du domestique. Car, à partir du moment où il constitue une charge, le garçon, placé par ses parents, n'est pas pour autant rejeté par sa famille d'origine ; on compte sur lui, en retour, pour la faire bénéficier des retombées de la générosité de son maître : bel exemple de solidarité familiale dans les milieux modestes. Comme pour le journalier, il arrive que l'exploitant mette à la disposition des parents du domestique sa charrue, son chariot, son attelage.

Il conviendrait d'ajouter à ces rémunérations en nature l'avantage capital que constitue l'hébergement gratuit dans la maison pour la servante, au-dessus de l'écurie pour le valet avec comme unique mobilier un lit[204], ségrégation qui se fait en fonction de la séparation des sexes, comme l'exigent les règles de la morale, et de la distinction fonctionnelle des espaces de travail, espace domestique pour la première, espace d'exploitation pour le second[205].

En tout état de cause, ce qui rend hasardeux l'appréciation du niveau des rémunérations, c'est la diversité des pratiques en usage et des modalités de versement : salaires mixtes en espèces et en nature ; gages irrégulièrement versés, les retards venant se compenser par des avances occasionnelles, elles-mêmes attestées par des décomptes partiels. La prise en

201 J-P. GUTTON, *op. cit.*, pp. 192-193.

202 ABR 8 E 343/9.

203 A défaut de sources manuscrites, nous avons été amené à puiser dans les témoignages oraux et nos propres souvenirs d'enfance.

204 ABR et AHR Not. inv., passim : *Bett auf dem Stall.*

205 Voir *infra*. p. 1594.

Les gages des domestiques : quelques exemples de rémunérations complémentaires en nature

	Denrées alimentaires		Textiles et effets vestimentaires							Paires de			
	Grains	Vin	Laine	Fil	Tissus	Habits	Culottes	Chemises	Tabliers	Bas	Chaussures	Semelles	Effets Divers
Servantes													
Merxheim													
Barbe Jodel 1785				2 livres	demi-lin			2	2		2	2	pièces d'habillement et pourboire
Agnès Kauffmann 1786			2 livres	x				2	2		1	1	1 foulard
Thérèse Frech 1786			1/2 livre					2	2		2	2	2 livres pour 1 foulard, 1 bonnet, pourboire
Thérèse Frech 1787				2 livres				2	2		2	2	2 livres pour 1 foulard, 2 livres pour 1 bonnet
Anne-Marie Schmid 1787								2	2		2	1	bonnet
Marie-Anne Weidenmann 1789					31 t pour demi-lin			2	2		2	1	{ 1 livre 4 sous pour 1 foulard, 7 sous pour des sabots ; 14 sous pour des rubans
Dossenheim-Kochersberg													
Marie Riehl 1791											2		couteau
Rose Behr 1791		1/2 pot									2	2	soutien-gorge
Valets de ferme													
Merxheim													
Etienne Gerstbach 1785					coutil			1			1	1	
Paul Sterneberger 1786								1			1	1	
Paul Sterneberger 1787								1			1	1	
Michel Murä 1788								1 1			1	1	{ 1 livre 4 sous pour des gants, 3 sous pour des clous à chaussures
Joseph Müllhaubt 1789					coutil						1	1	
Dossenheim-Kochersberg													
Laurent Hartmann 1791							2	2		2	2	2	
Laurent Kling 1791		3 pots			2 aunes de toile de chanvre			1			1	1	
Michel Werling 1791	2 boisseaux méteil	7 pots			1 aune de toile de chanvre			2			1	2	
Joseph Spitzer 1791	1 boisseau froment					2							
Georges Burg 1791	2 boisseaux d'orge						2	1			1		
Laurent N. 1791		12 pots						1			1	1	

Les gages des domestiques : quelques exemples de rémunérations complémentaires en nature (suite)

	Prestations à l'intention des parents	Déplacements/loisirs/santé/dépenses diverses
Servantes		
Merxheim		
Barbe Jodel 1785		
Agnès Kauffmann 1786		
Thérèse Frech 1786	u	
Thérèse Frech 1787	un transport de fagots	
Anne-Marie Schmid 1787	u	
Marie-Anne Weidenmann 1789	1 n	pour un laxatif : 5 sols
Dossenheim-Kochersberg		
Marie Riehl 1791		
Rose Behr 1791		
Valets de ferme		
Merxheim		
Etienne Gerstbach 1785	une charretée de fagots	pour la "Kilb" : 1 livre 10 sols, pour un déplacement à Rouffach à la Saint-Louis : 5 sols
Paul Sterneberger 1786	un labour	
Paul Sterneberger 1787	2 labours, 2 charretées de fumier et 3 livres à la mère	pour la "Kilb" : 1 livre
Michel Murä 1788		12 sous pour un laxatif. Salaire du cordonnier
Joseph Müllhaubt 1789		
Dossenheim-Kochersberg		
Laurent Hartmann 1791		pour un voyage à Strasbourg : 6 livres ; pour aller à la foire de Wasselonne : 6 livres ; pour un voyage à Wasselonne : 12 livres
Laurent Kling 1791		

Source : AF Fr. Guthmann, Mulhouse (famille Schmidt, Merxheim et AP Dossenheim-Kochersberg (famille Fix)

compte de l'ensemble des avantages en nature, qui tiennent autant de la récompense que de la rémunération proprement dite, conduit en définitive à doubler, voire à tripler le montant des gages officiellement attribués.

Mais telle n'est pas la destination première de l'argent avancé : il sert à payer le chirurgien-barbier, qu'il procède à une saignée, qu'il prescrive un laxatif ou qu'il répare les dégâts d'une rixe. Il sert à rembourser les déplacements et les consommations de vin qui les accompagnent : lorsqu'en 1758 Hans de Fessenheim-le-Bas va se confesser à Wasselonne[206] et que son collègue d'Oberhausbergen s'apprête à la première rencontre avec celle qui, peut-être, sera sa femme[207]. A Oberhausbergen, les domestiques empochent couramment un à deux florins pour *aller en ville* et l'un d'eux est attiré par le *Messti* d'Olwisheim[208] ; à Merxheim, ils touchent quelques pièces qui leur permettront de se rendre à la *Kilb* annuelle[209]. L'argent sert enfin à dispenser ces petits pourboires qui entretiennent la fidélité au même titre qu'un couteau tout neuf par ci[210] et un peu de tabac par là[211]... La tradition du *Gottesschilling*est sacrée et, si le domestique est marié, le maître pensera à son épouse le *jour de la femme* [212]. Voici Laurent qui, chez les Luttmann de Fessenheim, accepte en 1744 trois florins à l'occasion des noces du fils du maître et deux autres qui lui permettront de se trouver - quelle chance ! - sur le passage du Roi en visite en Alsace. Quant à Georges, il touche en 1760 quelques *Schilling* à Noël et à Pâques, un florin et demi le Mardi gras, un peu de tabac et d'eau-de-vie le jour du baptême de son neveu, une pincée de poudre pour fêter bruyamment, comme il se doit, le mariage d'un camarade, trois *Schilling* pour se rendre à la fête de la paroisse voisine, douze florins pour aller au *Messti* de Wasselonne : somme considérable qu'il dépensera intégralement[213].

Car c'est là que se situe le véritable problème : le domestique devient dépensier pour peu qu'il ait quelques sous en poche. Aussi l'employeur qui, lui, rêve d'une domesticité docile et épargnante, se garde-t-il, de lui verser son salaire annuel d'une seule traite. Retarder le paiement, ce n'est pas forcément un indice de malhonnêteté ou de roublardise, ni une preuve d'avarice caractérisée, mais une forme d'épargne forcée, qui convient en définitive à une main-d'oeuvre mal habituée à la gestion d'un budget, aussi réduit soit-il. Est-ce à dire que les valets de labour se montrent incapables de faire des économies leur permettant d'accéder à l'indépendance ? En période de pénurie de main-d'oeuvre, on va jusqu'à leur interdire d'accéder au statut de journalier[214], mais tous ne sont pas valets à vie. Certains ne font

---

206 AF Schwartzweber-Luttmann, Fessenheim-le-Bas.

207 ABR 8 E 343/9 : *1 Gulden 6 Schilling 4 1/2 Pfennig vor ein Prautschauch* (1763).

208 *Ibid.* : 3 florins (1760).

209 AF Fr. Guthmann, Mulhouse (famille Schmidt, Merxheim 1785).

210 *Ibid.* Merxheim 1788.

211 *Ibid.* Oberhausbergen 1763.

212 Ibid. *Frauentag* (1763).

213 AF Schartzweber-Luttmann, Fessenheim-le-Bas.

214 AHR E 49 (Colmar 1646).

Les gages des domestiques : quelques exemples d'échelonnement des versements (l/s)

Merxheim 1785-1786	J	F	M	A	Mai	Jn	Jt	At	S	O	N	D
André Schmidt 1785					6 + 3	4/3 + 21				6		décompte
1786		12			6	6 + 12			6		6	décompte
Etienne Gerstbach 1785	6		-/2		-/8	1		-/12		2	1/10	décompte
Dossenheim-Kochersberg 1791												
Laurent Hartmann, maître-valet		24 (1)			18	6 (5)		12 + 6 (6)			12	19 + décompte = 15
Laurent N., 3ème valet	1 pot de vin	3 (2)		5 pots de vin	6 pots de vin + chaussures	2 (4)	2					décompte
Michel Werling, 1er garçon	2 pots de vin	2 (2)		3 pots de vin + 1 aune toile de chanvre	-/5 pour chaussures semelles	1 pot de vin (4)	4 2 boisseaux méteil	1 pot de vin	3	3	3	22 + décompte
Joseph Spitzer, 2ème garçon		- /12 (2)	- /16	1 boisseau de froment (3)								décompte
Georges Burg, 2ème garçon				2 boisseaux d'orge	pantalons	pantalons en cuir						décompte
Marie Riehl, 1ère servante	1 couteau neuf	chaussures	chaussures									décompte

(1) Chandeleur
(2) Carnaval
(3) Pâques
(4) Pentecôte
(5) Déplacement à Strasbourg
(6) Déplacement à Wasselonne

Sources : AF Fr. Guthmann, Mulhouse (famille Schmidt, Merxheim) et AP Dossenheim-Kochersberg (famille Fix)

que passer par l'état de domestiques et prennent la tête de la modeste exploitation familiale que leur ont léguée leurs parents, mais dont la transmission différée a contraint le jeune homme à s'engager provisoirement dans la domesticité. D'autres, grâce aux chances que leur offre une patiente épargne, s'établissent par leurs propres moyens. D'origine wurtembergeoise, Jean Kester se met au service d'un laboureur de Wolfgantzen, à proximité de Colmar. Après avoir amassé un petit pécule et acheté une maison de journalier à Durrenentzen, il épouse à la fin du siècle une fille en service dans la même localité que lui[215]. Pour d'autres enfin, c'est le mariage lui-même qui tient lieu de promotion sociale : Pierre Fournier est originaire de Vieux-Charmont, dans le pays de Montbéliard. Au bout de sept ans de domesticité, il convole avec la fille d'un journalier d'Andolsheim, premier pas vers une relative indépendance[216]. Le monde de la domesticité ne se caractérise pas par une absence totale d'espoir. On parvient parfois à l'enracinement par des méthodes que réprouve la morale officielle : Jacques Bühler, né en Suisse, mais dont les parents habitaient le margraviat de Baden-Durlach, est, en 1755, en situation de domesticité à Fortschwihr, en tant que *garçon-valet*. Il manifeste son intention d'épouser la fille du tisserand après l'avoir engrossée[217]... Mais combien sont-ils à sortir ainsi de leur condition ? Il est difficile de répondre à cette question du fait de la diversité des situations et de la façon très dispersée dont nous appréhendons des cas isolés. Nous avons débusqué, en tout et pour tout, deux domestiques sur plus de 2000 actes notariés consultés : ils se situent dans la seconde moitié du XVIIIème siècle. Sébastien Vogler de Reitwiller possède, à sa mort en 1763, entre 1 1/2 et 2 hectares de terres labourables et une vingtaine d'ares de vignes, au total 17 parcelles estimées à plus de 300 livres tournois. C'est là sa seule fortune acquise, sans doute, par voie d'héritage[218]. Quant à Odile Haumiller de Heimersdorf, elle a bien quelques terres, mais on ne juge pas nécessaire de les détailler. Par contre, elle possède de la literie et 130 pièces d'habillement, dont 33 chemises, 18 tabliers, 39 bonnets en indienne, en gros de Tours, en toile de Damas, une dizaine de foulards, des gants fourrés, un collier-ruban avec un petit coeur en argent, trois livres de prières, le livre de la jeune fille... On lui doit enfin l'argent, près de 22 livres[219]...

c) Sécurité et dépendance

Les valets de ferme sont-ils forcément des malheureux ? N'ont-ils pas en définitive un sort plus enviable que celui qui eût été le leur s'ils étaient restés dans leur milieu d'origine ? que celui qui serait le leur s'ils partageaient la condition des journaliers les plus défavorisés ? Par rapport à ces derniers, ils jouissent d'une situation relativement protégée à laquelle la famille du maître fournit le cadre. En tout cas , ils se trouvent assurés du gîte et du couvert, avantage particulièrement appréciable en période de

---

215 AHR 18 J 528 (1782).

216 AHR 18 J 475 (1759).

217 AN K 2362/2 : *praemature und unehelicher Weisse geschwängert.*

218 ABR 6 E 7 Not. Bouxwiller, inv. Reitwiller 363 (17 février 1763).

219 AHR 4 E Not. Heiteren inv., 14-18 décembre 1778.

cherté[220]. Ils se contenteront de gages médiocres en échange de l'assurance d'être nourri. Admis à la table du maître, partageant ses repas, ils bénéficient sans doute d'une alimentation plus copieuse que bien des manouvriers et le souci du pain quotidien leur est épargné. Ils sont surtout à l'abri des variations brutales du coût des denrées alimentaires. Les impôts, ils ne les connaissent pas : c'est le maître qui règle, entre autres, la capitation et le droit de milice[221].

Voici les résultats que nous donne l'analyse de dix-sept localités situées dans la plaine de Haute-Alsace, dont les moyennes portent, en 1789, sur la situation d'environ 600 domestiques et 900 journaliers[222]. Si l'on compare les gages du journalier et du domestique nourri à la ferme, la différence est peu sensible. L'écart des salaires, en valeur nominale, joue cependant en faveur du premier : il gagne environ 10 sous par jour, tandis que le valet de labour en touche 9 et la servante 7 en moyenne. Mais il faut comparer des choses comparables. Ce qui distingue le journalier du domestique, c'est qu'il peut compter sur le rapport, difficilement chiffrable, d'une petite exploitation. Aussi les rémunérations vont-elles au moins du simple au double entre le domestique nourri à la ferme (100 livres par an) et le journalier vivant de son exploitation (200-300 livres). Mais le second, payé à la journée, connaît une situation fort précaire, du fait d'un triple aléa : celui de la variabilité des récoltes, suite aux conditions météorologiques ; celui des prix qui, en période de crise, rendent les denrées de première nécessité difficilement accessibles ; celui de l'emploi lié à la fois aux conditions météorologiques et au marché du travail qui se rétrécit en période de crise ou de pression démographique. Dans ces conditions, les revenus de 20 à 24 sous par jour de travail effectif sont-ils sufffisants pour subvenir aux frais alimentaires occasionnés par l'entretien de sa famille ? Car c'est là que se situe la différence essentielle avec le domestique. A 10-15 livres tournois le rézal de froment et à 8-12 livres le rézal de seigle, prix pratiqués à la fin du XVIIIème siècle, le journalier devra travailler entre deux et trois semaines, intempéries et fêtes chômées comprises, pour pouvoir acheter un rézal de grains qui suffira à nourrir une famille de cinq personnes pendant une quarantaine de jours, à raison de 7 livres de pain par jour[223]. Revenons à notre statistique de 1789 :

Montant des gages versés	**Montant des frais de nourriture engagés par les journaliers**			
indice100	**50-75**	**75-100**	**100-125**	**125-150**
Nb. (%) de communes	5	6	4	2
17 (100 %)	(29,4 %)	(35,3 %)	23,5 %)	11,8 %)

Ainsi, dans un cas sur trois, les dépenses alimentaires excèdent les revenus du journalier ; pour le valet de ferme, dégagé le plus souvent de toute charge de famille, les gages, quoique inférieurs, peuvent être en totalité

220 J-P. GUTTON, *op. cit.*, p. 175. L'auteur cite Vauban (*Projet de dîme royale,* 1707, éd. 1933, p. 66): *L'une des conditions du bas Peuple la plus heureuse c'est qu'ils n'ont jamais eu soin de leur boire et de leur manger, non plus que de leurs habits, coucher et lever, ce sont les maîtres qui en sont chargez.*

221 ABR 8 E 343/9 : *Kopfgeld, Militzgeld* (Oberhausbergen 1765) et AF Fr. Guthmann, Mulhouse : *Haftgeld* (Merxheim 1784-1789).

222 AHR 1 M 57 (1789).

223 C. A. HANAUER, *op. cit.* t. II, pp. 84-103 E. LABROUSSE, *op. cit.* , p. 590.

économisés puisqu'ils ne sont pas amputés par les dépenses de nourriture. Il se dégage en outre de cette analyse l'impression d'une grande précarité en ce qui concerne, plus précisément, la situation du journalier de la plaine si on la compare à celle de son voisin du Vignoble ou de la vallée[224]. Dans le Vignoble, la pression exercée par une population dense, qui tend à maintenir les gages à un niveau relativement bas, se trouve compensée par de nombreuses possibilités d'emploi. Il en est de même de la vallée où la multiplicité des activités para-agricoles (y compris la cueillette et le braconnage) se conjugue avec des possibilités de compression des dépenses alimentaires. Dans la plaine, le manouvrier, qui trouve à s'employer très épisodiquement, perd la plus grande partie de son indépendance ; il ne peut vivre sans de substantiels avantages en nature et le complément que représente le travail de sa femme, employée comme *journalière* sur les terres des grandes exploitations. Mais, nous l'avons observé[225], le journalier, loin d'être exclusivement un salarié, a heureusement d'autres cordes à son arc... Par contre, l'exemple du Kochersberg le montre, c'est dans la plaine agricole que les chances de promotion du valet de ferme sont les plus grandes. Corollaire de son état de moindre dénuement : il arrive qu'en période difficile le domestique rural avance de l'argent soit à son employeur[226], soit à d'autres habitants du village[227]. Le fait mérite d'être souligné, même si nous ne pouvons guère aller plus loin dans la connaissance des *niveaux de fortune* que seuls les inventaires après décès - quasiment absents - permettraient de connaître.

Pour nombre de ruraux, l'état de domestique devient une condition-refuge en période difficile. Le *feu* dont-ils font partie revêt une dimension nouvelle : d'unité imposable qui confère un statut fiscal, il devient une entité psychologique avec tout ce qu'elle peut comporter de sécurisant[228]. Le valet y trouvera la part de sécurité que la communauté lui refuse : écarté de la possession de la terre, exclu de l'assemblée des habitants, qui est réservée aux possédants et aux natifs du lieu, il peut susciter à la fois mépris et crainte. Ses habitudes d'instabilité et de violence, qui contribuent parfois à l'assimiler au monde dangereux des vagabonds, seraient autant de menaces pour la société. N'allons pas conclure que les valets de ferme se font envier par les journaliers : ce serait mal connaître la mentalité paysanne très sensible aux différences. Dans la psychologie collective, le journalier se situe néanmoins au-dessus du domestique, quel que soit le niveau économique de l'un ou de l'autre : même misérable, il peut se targuer de jouir d'une modeste indépendance.

---

224 Nous nous permettons de renvoyer le lecteur à notre article *81*, pp. 94-95.

225 Voir *supra* p. 1021.

226 AHR 4 E Not. Bollwiller, inv. Ungersheim 5 : prêt d'une somme dont le montant n'est pas spécifié d'une servante à son maître (1783).

227 ABR 6 E 7 Not. Bouxwiller, inv. Reitwiller 360 : prêt de 50 livres tournois d'un valet de labour à un cordonnier de Reitwiller (1726).
ABR 6 E 7 Not. Bouxwiller, inv. Bosselshausen 171 : prêt de 10 livres tournois et 6 sous d'un valet de labour à un journalier de Bosselshausen (1727) et un autre de 2 livres tournois d'un valet de labour à un tisserand (1728).

228 C'est la *Hausgemeinschaft* de A. STROBEL, *op. [545]*, p. 156.

Car le sentiment de sécurité se trouve compensé par des liens d'étroite dépendance, de soumission, d'allégeance que vient renforcer la quasi-contrainte du célibat. Le statut de domestique est-il compatible avec l'état matrimonial ? Pour la servante, on appréhende autant l'autorité d'un éventuel mari que la menace constante que des maternités répétées risqueraient de faire peser sur le travail. En général, le domestique ne fonde donc pas de foyer, porte ouverte à l'indépendance économique ; il fait partie de celui de l'employeur ; il appartient lui-même, sans partage, à l'homme qui lui fournit son gagne-pain. Il n'existe que par et pour le patron, lui obéit au doigt et à l'oeil, prend fait et cause pour lui dans un procès, n'hésite pas à se battre pour lui à l'auberge. Les relations maître-serviteur sont-elles calquées sur les relations père-enfant ? Il s'établit entre eux une sorte de complicité et de familiarité, renforcée par les habitudes de la cohabitation, le maître appelant couramment son protégé par ce prénom qui *sent* le valet : *Sebb* (Joseph), *Peter* (Pierre), *Jockel* (Jacques)...[229] Force des liens de patronage et de clientèle qui ne sont pas exempts d'un certain paternalisme. Le bon maître existe – nous l'avons rencontré plus d'une fois –, même si la formule semble entachée d'une certaine hypocrisie. Jean-Pierre Gutton a mis en lumière l'ambiguïté de la condition des domestiques qui, issus de milieux pauvres (du moins le supposons-nous, car les origines sociales nous sont inconnues), s'en échappent le jour où ils entrent dans la maison d'un patron, et, par mimétisme social, adoptent un certain nombre de valeurs et de comportements du milieu d'accueil[230]. Par manque de sources, nous n'avons guère pu vérifier la dualité de ces deux mondes - celui de l'origine et celui du service - qui s'opposent, se complètent, et peut-être s'enrichissent. Le phénomène nous semble néanmoins plus accusé en milieu urbain qu'en milieu rural dans la mesure où, à la campagne, les conditions de vie apparaissent plus homogènes et que le travail de la terre joue comme élément d'unification des comportements.

Les domestiques sont-ils amenés à aller plus loin dans leur abandon aux caprices de leur maître ? De par leur situation d'infériorité et de dépendance, ils sont mal placés pour résister aux avances du laboureur ou de son fils et doivent parfois céder aux complaisances sexuelles. Les amours ancillaires, dont les traces ont été si souvent relevées par les historiens, sont-elles à mettre au compte de cette dépendance sans bornes qui lie le domestique à son maître ou au compte d'une intimité croissante ? Là encore, le problème a été approfondi pour les villes[231], moins pour les campagnes où de nombreux cas nous échappent : servantes engrossées par leur maître, renvoyées sous peine de ternir l'honneur du lignage, cherchent à se réfugier en ville pour y *celer* leur grossesse. L'infanticide ancillaire apparaît comme une des conséquences de ces pratiques. Si la jurisprudence impose la responsabilité au maître en l'obligeant à verser une pension à la fille-mère, la justice se dispense pourtant de prendre le problème à la racine : d'un côté le sens aigu de la réputation de la famille et la force du *qu'en dira-t-on ?* ; de l'autre, les difficultés inhérentes à la solitude des domestiques. C'est cette même solitude qui expose les valets de ferme, plus que tout autre groupe social, aux pratiques sodomiques[232].

---

[229] AF Schwartzweber-Luttmann, Fessenheim-le-Bas : livre de comptes de Hans Luttmann (1744-1767).

[230] J-P. GUTTON, *op. cit.*, pp. 179 et 201.

[231] A. LOTTIN, *art. 2480.*
P.F. ALEIL, *art. 747.*
J. DEPAUW, *art. 759.*

[232] Voir *infra* pp. 1491-1492.

Conclusion

Les domestiques ne méritent ni l'indifférence, ni le mépris de l'historien. Au contraire, ils se situent au coeur d'une trame psychologique, et d'une histoire-carrefour qui renvoie au geste, à la sexualité, à l'alimentation, à la criminalité. En dépit des apparences, la domesticité rurale ne constitue au XVIIIème siècle ni une société entièrement figée, ni un groupe totalement marginalisé. De moins en moins nombreux par rapport à l'ensemble de la population, valets et servantes se concentrent de plus en plus dans les exploitations importantes. Malgré la loi de l'offre et de la demande, qui joue en faveur de l'employeur, ils coûtent cher : cherté qui est compensée par une forte féminisation et le gonflement des effectifs aux échelons inférieurs. Sans être vraiment intégrés dans la communauté paroissiale, ils sont là par leur présence physique et leurs activités agraires. Ils y rencontrent les journaliers, dont on cherche à les distinguer, mais avec lesquels ils ont des points communs. Ces derniers se caractérisent certes par une présence plus constante, puisqu'ils se trouvent projetés au coeur des conflits d'intérêt : lutte autour de la terre ; compétition pour le pouvoir. Mais la *richesse* qui leur est commune aux uns et aux autres réside dans le travail présenté par la tradition chrétienne comme un service, un devoir d'état, la prière des humbles. Aussi les maîtres n'hésitent-ils pas à les rappeler à l'ordre chaque fois qu'ils font preuve de négligence ; ce sont d'ailleurs plus fréquemment les journaliers que les domestiques qui sont accusés de fainéantise car ils représentent une certaine concurrence sur le marché de la terre qui se resserre[233]. Issus tous deux d'un milieu social modeste[234], ils vivent sous le signe de la dépendance et leur présence à la campagne illustre la force des liens de patronage et de clientèle : dépendance qui se fait plus étroite pour les domestiques, plus lâche pour les journaliers. Le fait qu'ils soient indispensables, les uns et les autres, à la bonne marche des exploitations de quelque envergure (les Schmidt de Merxheim peuvent compter, entre 1784 et 1789, sur un *réservoir* de 17 journaliers auxquels s'ajoutent 11 valets de labour et 6 servantes[235]) ne les met pas à l'abri des aléas de la conjoncture : tassement des salaires, toujours en retard sur les prix et, par conséquent, mauvaise répartition, à leur détriment, des fruits de l'expansion. Leur existence se caractérise d'autre part par l'insécurité du lendemain, sentiment plus accentué chez les journaliers que chez les domestiques, relativement protégés dans le cocon d'une ferme *patronale.* Mais pour combien de temps ? La pression démographique du XVIIIème siècle, en engorgeant le marché du travail, ne comporte-t-elle pas, pour le domestique, le double risque de lui faire perdre son emploi et de voir ses gages plafonner ? Il est certes davantage à l'abri d'une crise céréalière que le journalier, mais ne risque-t-il pas le licenciement en cette période de compression de main-d'oeuvre ? Dans quelle mesure vaut-il mieux être employé permanent que salarié occasionnel ? Les aléas de la condition du valet de ferme expliquent le caractère transitoire et instable de son état[236]. Mais y a-t-il une alternative pour lui ? Peut-il espérer revenir un jour à

---

233 AHR E 1282 : *... weil sie keine leuth zum arbeiten sind sondern meistentheils müssig gehen und nach Vernehmen sich nicht ehrlich und getreu aufführen* (rapport seigneurial, Hettenschlag, 2 juillet 1773).

234 *Ganz armi Litt*, disent avec commisération les laboureurs.

235 AF Fr. Guthmann, Mulhouse.

236 A. STROBEL, *op. cit.*, p. 159 : *Übergangsstadium.*

l'exploitation familiale qui s'est avérée incapable de le nourrir ? Le manque de moyens se conjugue avec le trop-plein démographique : la campagne est saturée, la crise rurale menace. Alors le métier peut constituer un ultime espoir.

3) Le recours aux activités "industrielles"

Le recours aux activités de transformation peut-il être un moyen d'échapper à la misère ? Et d'abord quel type d'activités ? Ce n'est pas par les techniques et les procédés de fabrication, mais par sa capacité à utiliser la main-d'oeuvre et à lui fournir des ressources d'appoint que l'*industrie* s'impose à l'attention de l'historien ruraliste. L'activité industrielle, qui esquisse à peine des formes modernes, reste encore engagée dans l'échope traditionnelle. Situation insoluble : les capitaux disponibles s'investissent dans la terre parce qu'ils ne trouvent guère à s'investir dans un secteur *industriel* digne de ce nom et c'est parce qu'on investit dans la terre qu'on n'investit pas ailleurs ! La révolution énergétique n'est pas opérée et la seule source d'énergie reste le travail des hommes. Nous l'avons noté pour le produit de la terre : il ne s'agit pas de produire davantage avec le secours de la technique, mais avec des effectifs humains plus fournis. Dans un milieu où s'affirme la suprématie de l'économie agraire, la *sous-industrialisation* semble d'ailleurs être la règle[237]. L'industrialisation des campagnes revêt néanmoins des formes variées : du moulin à la forge, des activités textiles à domicile au modeste atelier artisanal.

a) Sur les marges de la plaine : l'attrait des mines et des forges

La plaine se situe certes hors du domaine minier des vallées vosgiennes[238], mais elle ne reste pas à l'écart du mouvement. Le Roi de France, tout en affirmant son droit de souveraineté, concède aux seigneurs, avec la supériorité territoriale, le droit de creuser les mines, droit utile issu de la période des Habsbourg[239] : l'Alsace compte ainsi, au XVIIIème siècle, une centaine de mines de fer (66 en Basse et 39 en Haute-Alsace).

D'autre part, cette industrie, qui est encouragée par le pouvoir moyennant un système de concession, de protection et d'exemption - des mines de Jaegerthal, de Zinswiller et de Niederbronn depuis le début du XVIIème siècle[240] aux armes de Klingenthal à partir de 1730[241] - n'a pas été imposée par des nécessités de base, mais surimposée pour des raisons stratégiques évidentes, des motivations caméralistes (augmentation des rentrée fiscales par une politique de peuplement) ou encore, sous couvert

---

[237] AN Ms. fr. 8152 : *Etat de l'industrie en Alsace vers 1735*, par Peloux, secrétaire de l'intendant Feydeau de Brou (éd. par A. KROEBER, art. [351]).

[238] J-M. SCHMITT, *op. 1735*, p. 12 (vallée de Saint-Amarin, 1732-1751).

[239] G. LIVET, *art. 1711*.

[240] P. F. DE DIETRICH : *Description des gîtes de minerai...* (1789), *op. [346]*.
E. EYDMANN, *contrib. 1680*.
G. RICHARD, *th. 1731*.
N. OLSZAK, *D.E.S. 1726*, *art. 1727* et *1728*.
R. DUFRAISSE, *art. 1678*.

[241] P.A. HELMER, *art. 1688*.
J-M. SCHMITT, *op. cit.*, pp. 33-38.

du bien public, pour la satisfaction d'intérêts particuliers[242]. Pourtant son insertion dans le milieu rural a été réalisée. Les liens entre l'agriculture et l'industrie sont étroits : c'est d'abord, à partir de l'exploitation de la forêt, l'utilisation sur place du bois difficilement transportable. C'est ensuite - raison primordiale ou simple *alibi* ? - l'embauche de la main-d'oeuvre rurale par la création d'emplois et l'offre de ressources complémentaires dans des régions où la pression démographique est particulièrement forte et les revenus de la terre insuffisants. Bûcherons, charbonniers, mineurs, auxquels il faut ajouter de nombreux voituriers occasionnels, composent le monde des ouvriers *externes* des forges de la région de Niederbronn. Ils sont beaucoup plus nombreux que les ouvriers *internes* à l'entreprise : un millier contre 150 chez de Dietrich à la fin du XVIIIème siècle ; environ 150 bûcherons, autant de charbonniers, 300 mineurs et autant de voituriers... Or ils peuvent représenter, comme à Mietesheim[243], jusqu'à 10 et 20 % des chefs d'exploitation, avec une progression relativement forte si on la compare à l'évolution du monde de l'agriculture et de l'artisanat traditionnel :

	Nb. de chefs de ménage	Agriculture (laboureurs + journaliers)	Artisanat	Mines
1736-1745	95	66 %	26 %	8 %
1746-1755	115	70 %	22 %	8 %
1756-1765	116	65 %	23 %	12 %
1677-1775	140	61 %	23 %	16 %
1776-1785	165	58 %	21 %	21 %

Mais il ne s'agit pas de l'intrusion d'un groupe social aux occupations différentes du monde rural. Ce sont au contraire des paysans qui ont recours aux activités industrielles quand les travaux des champs leur fournissent un peu de répit : des ouvriers-paysans occasionnels en somme. A l'égard des entrepreneurs ou des véritables ouvriers, dont certains sont étrangers, l'incompréhension de la paysannerie est souvent totale : les seconds convoitent les terres, usurpent les pâturages[244], bénéficient d'exemptions fiscales jugées scandaleuses ; les premiers détruisent la forêt, endommagent les champs, polluent les rivières et les pâturages infectés de vitriol[245], prélèvent une main-d'oeuvre indispensable à l'agriculture... En 1789, les forges, inséparables de l'exploitation forestière et des droits seigneuriaux, vont canaliser le mécontentement. Les ouvriers-paysans, par contre, font partie des communautés. En signant avec de Dietrich des contrats à court terme, ils s'engagent à fournir le minerai de fer, pour ceux d'entre eux qui ont eu la chance de trouver un filon dans leur champ, à fabriquer telle quantité de charbon de bois, à voiturer du minerai ou du combustible dans des délais convenus à l'avance. John Grieg a été frappé par le nombre de chevaux élevés à Mietesheim[246] qui contraste avec l'exiguïté des exploitations agricoles : ils pourraient bien, comme à Eschbach[247], être utilisés par des voituriers. Tout comme la *source bitumineuse* de

[242] M. THOMANN, *art. 1747*.

[243] J. GRIEG, *art. [407]* (d'après les registres paroissiaux).

[244] ABR E 2848 : accord avec Griesbach (14 août 1694).

[245] N. OLSZAK, *art. 1727* (ABR E 2569 et 2847-2848). Voir *infra* pp. 1532-1533.

[246] J. GRIEG, *art. cit.*

[247] AMH FF 283/8 : *Holtz und Kohlen führen* (1772).

Pechelbronn[248] , l'usine de vitriol de Goersdorf et la saline de Soultz, il s'agit cependant d' installations ponctuelles.

Quittons donc les marges de la plaine, qui bénéficient de la proximité du minerai, pour pénétrer dans les villages où la seule richesse est constituée par une abondante main-d'oeuvre. Dans un souci de classification du monde du travail, il convient de distinguer d'emblée l'industrie à domicile de l'artisanat rural traditionnel.

b) L'industrie à domicile : ni cadre corporatif rigide, ni protoindustrialisation poussée

En dehors du domaine minier, l'industrie se caractérise par l'absence de concentration géographique qui serait susceptible d'éponger le trop-plein démographique des campagnes et fournirait aux ruraux des occasions de travail en ville. Nous avons essayé, à partir de quelques sondages, de faire un rapide tour d'horizon des *installations industrielles*[249] à la campagne même et nous en avons tiré trois conclusions :

"Industries" rurales dans la plaine d'Alsace à la fin de l'Ancien Régime : un simple sondage

	Haute-Alsace (1770) ABR C 404/16 63 localités, 242 mentions		Basse-Alsace (1789) ABR 10 M 61-63 35 localités, 46 mentions	
	Nb	%	Nb	%
Moulins	110	45,4	23	50
Egrugeries	53	21,9	-	-
Huileries	25	10,4	15	32,5
Brasseries	-	-	1	2,2
Distilleries	-	-	5	10,9
Pilons à chanvre	30	12,5	-	-
Fabriques de garance	-	-	1	2,2
Foulons	12	5	-	-
Moulins à écorce ou à tan	3	1,2	1	2,2
Scieries	5	2,1	-	-
Papeteries	3	1,2	-	-
Martinets	1	0,4	-	-
	242	100	46	100

- la prédominance écrasante du moulin dans une économie fondamentalement céréalière : il revient dans la moitié des mentions, le meunier étant toujours classé parmi les gens *occupés d'industrie* ; on estime à plus de 1650 moulins et à plus de 3000 tournants les installations de la province à la fin du XVIIIème siècle ;

- la valorisation des ressources du sol et du sous-sol : on relèvera le rôle des industries alimentaires en Basse-Alsace - le moulin venant en tête devant l'huilerie, la brasserie et la distillerie - tandis que la Haute-Alsace, plus *industrielle,* se spécialise davantage dans les activités de transformation de produits non alimentaires, fondées en particulier sur le travail du textile et

[248] G. LIVET, *art. 1714* : Le Bel est promu *entrepreneur de la mine et manufacture des graisses, huiles et autres matières d'asphalte d'Alsace* (arrêt du Conseil d'Etat du 6 novembre 1768) après un demi-siècle d'implantation minière.

[249] On se reportera également à Ch. HOFFMANN, *op. cit.*, t. I, p. 436 (nombre d'*usines* en Haute-Alsace en 1770, Ponts et Chaussées) .

du bois mais aussi sur le conditionnement du tabac et de la garance ; entre les deux, se situent les opérations des verriers de Mattstall[250], des potiers de Betschdorf et de Soufflenheim, et des tuiliers d'un peu partout, très dépendantes de l'extraction de terre glaise : dans tous les cas de figure, la production locale joue un rôle capital ;

- enfin la faible capacité de cette industrie à la fois à produire et à absorber le trop-plein de main-d'oeuvre : deux brasseurs à Weyersheim, *deux ou trois chaudières à Wittersheim, dans lesquelles on fait tous les deux ou trois ans un peu d'eau de prunes...*, une fabrique de garance à Geudertheim qui traite 250 quintaux par an, un moulin à écorce à Westhoffen qui produit annuellement 600 quintaux de tan et la multitude des moulins qui travaillent au ralenti, tantôt par manque d'eau, tantôt par manque de grain à moudre, avec un personnel fort réduit[251] :

Localisation et nombre de moulins	**Nombre de tournants**	**Période d'activité Heures/jour**	**mois/an**	**Quantités produites par tournant et par jour (quintaux)**	**Nombre d'ouvriers occupés**
Dachstein		7		2	1
Dangolsheim		4		7	1
Dauendorf		24		8	2
Dinsheim	3	24	6	6	
(2 moulins)	2	24	6	6	
Donnenheim	4	24		5	3
Dorlisheim	2	12		9	1
Duppigheim	2			7	2
Duttlenheim	2	12		7 1/2	3
Eckbolsheim	6			7	7
Ernolsheim	2	12		3	2
Eschau		14		6	2
Fegersheim	2	20			2
(2 moulins)	3	21			3
Gambsheim		2	2	1 1/2	
Geispolsheim		36		16	5
(3 moulins)					
Geudertheim		18			4
Gougenheim	2	12	3 et 6		
Griesheim/Souffel		24	6	9	1
Hangenbieten	3			3	3
Hurtigheim		24	6	9	1
Illkirch		24		16	10
Willgottheim		12		6	2
Total : 25	**33**	**350**	**35**	**134**	**55**
Moyenne	**2,5/moulin**	**17,5/moulin**	**5/moulin**	**7/moulin**	**2,9/moulin**
Mode :	**2**	**12-24**	**6**	**6**	**2**
Médiane :	**2**	**12**	**6**	**6**	**2**

On pourrait en dire autant des huileries dont la production est tout aussi irrégulière[252] :

250 A. STENGER, *art. 1742* : carte p. 21 (Mattstall, Wingen sur Moder, Graufthal, mais aussi Wangenbourg, Hang, Ribeauvillé, Wildenstein, Soultz et Walheim).

251 ABR 10 M 61-63 (1783). La même impression se dégage des enquêtes réalisées dans le dernier tiers du XVIIIème siècle, de 1770 à 1773 et en 1784 (AN F^{14} 3187, ABR C 404, AHR 1 E 44/8 et C 1234).

252 *Ibid.*

	Nombre de presses	Périodes d'activité jours par semaine	mois par an	Production annuelle (quintaux)	Nombre d'ouvriers occupés
Dauendorf	2			15	2
Dingsheim *	2				
Dinsheim	2		1	18	
Dorlisheim	1			15	1
Drusenheim	1			6	
Geudertheim	3			23	3
Gimbrett	2	1 à 2			1
Gougenheim	1		(3 hiver)	13	1
Hoerdt	4			18	4
Hurtigheim	2				1
Illkirch	3				2
Weyersheim	4				
Westhoffen	3				2
Willgottheim	1			3	
Total : 14	**32**	**1 à 2**	**4**	**111**	**17**
Moyenne :	**2,3/huilerie**		**2/huilerie**	**13,9/huilerie**	**1,9/huilerie**
Mode :	**2**			**15-18**	**1**
Médiane :	**2**			**15**	**1-2**

* Etant laboureur, l'huilier ne travaille que pour les bourgeois de la commune.

On comprend, dans ces conditions, que l'on cherche à rentabiliser au maximum les installations existantes. En Haute-Alsace, à la fin du XVIIIème siècle, de nombreuses combinaisons permettent à la fois de réduire au minimum l'énergie utilisée et de faire tourner les meules au maximum du temps dont on dispose. Sur 135 installations, près de la moitié font appel à des équipements mixtes permettant à la fois de monder, d'égruger, de presser, de fouler[253] , de piler, de scier :

Types d'associations	Nombre de cas
Moulin + égrugerie	36
Moulin + huilerie	4
Moulin + pilon à chanvre	4
Moulin + huilerie + pilon à chanvre	7
Moulin + égrugerie + pilon à chanvre	6
Moulin + égrugerie + huilerie	6
Moulin + pilon à chanvre + foulon	1
Moulin + pilon à chanvre + scierie	2
Moulin + égrugerie + scierie	1
Foulon + huilerie	1
Foulon + huilerie + pilon à chanvre	1

Dresser la carte des moulins, c'est, compte tenu de leur polyvalence, reconstituer le complexe hydraulique et le tissu industriel de la province. Il serait certes excessif d'utiliser le terme d'*usine* pour caractériser de telles installations, simples cristallisations d'activités qui, moyennant une certaine organisation de l'espace, n'annoncent que de très loin le passage ultérieur à la mécanisation. Mais, ce qui les distingue de l'atelier domestique, c'est la séparation du lieu de fabrication d'avec la maison d'habitation. C'est ainsi que les distilleries relevées ne comprennent pas la distillation de fruits, de lie de vin ou de pommes de terre pratiquée à

[253] AHR C 404/16 (1770). Pour les aspects techniques, voir Fr. REDERSTORFF, *mém. 1729*.

domicile, tout paysan alsacien étant, on le sait, peu ou prou, bouilleur de cru à ses moments perdus.

La concentration industrielle, toute relative, reste en grande partie le privilège de la ville - laine à Strasbourg et à Colmar ; coton à Mulhouse à partir de 1743, en attendant le succès de l'indiennage dans les années 1760[254]– et draine autant des ouvriers qualifiés d'origine étrangère que des autochtones[255]. Il y a, nous dit-on dans les bailliages de Brunstatt et d'Altkirch, quantité de journaliers qui, en 1781, *subsistent des fabriques de Mulhouse ou ils sont occupés par semaine* [256]. Mais ce genre de vie apparaît trop nouveau pour ne pas provoquer les réactions négatives de la part d'une paysannerie qui continue à s'échiner sur ses terres pendant que les journaliers en question dépensent, estime-t-on, un argent trop facilement gagné : *ils pourroient épargner mais ils despensent l'argent qu'ils gagnent dans le luxe et le bien vivre, ce qui les rendent presque incapables des travaux de la campagne lorsqu'ils ne sont plus occupés de ceux des fabriques ou ils apprennent a devenir paresseux* [257].

Cependant à Altkirch, dans de vastes bâtiments, Dollfus s'engage en 1786 à installer 300 métiers *propres à fabriquer des toiles* à imprimer, 100 métiers à produire des mousselines, 200 tambours à broder, tandis que les 100 tables d'impression déjà installées à Didenheim et dans le bailliage de Landser occupent 700 à 800 personnes[258]. Dans la mesure où la ville n'est pas encore capable de fixer sur place une population rurale pléthorique, y-a-t-il de la place pour une industrie rurale autonome ? Dans l'ensemble, la campagne est le domaine d'une relative liberté économique. Face à l'inélasticité et à la sclérose des structures corporatives médiévales propres à la ville, le travail *industriel* y apparaît comme une première étape vers la liberté de fabriquer et d'entreprendre. Il bénéficie à la fois du lent et irrésistible déclin des corporations urbaines et du transfert des activités de la ville à la campagne, ou encore de la grande à la petite ville. Les seules corporations[259] que nous ayons rencontrées à la campagne sont celles qui prennent en charge la main-d'oeuvre de qualité que constituent les artisans du bâtiment affluant depuis les pays étrangers, au lendemain des guerres du XVIIème siècle[260], et celles qui sont liées à la satisfaction des besoins élémentaires, en matière d'alimentation ou d'habillement[261].

---

254 J-M. SCHMITT, *op. cit.*, pp. 183-186.

255 *Ibid.* pp. 344-356 (exemple de Wesserling dans la vallée de Saint-Amarin).

256 AHR C 1115 (le bailli Clavé, 20 septembre 1781).

257 AHR C 1115.

258 AHR C 1123.

259 A-M. IMBS-OBERMULLER, *mém. 1689* et *contrib.1690*.

260 ABR G 1014 et BNUS Ms. 975 : corporation des maçons- charpentiers de Willgottheim, chef-lieu du bailliage épiscopal du Kochersberg en 1673.

261 AC Erstein : corporations des pêcheurs et des laboureurs.
L. SITTLER, *op. (469)*, p. 53 : un tribunal des pêcheurs à Ohnenheim (1660-1725).
AM Turckheim CC 45 (registre des corporations de 1695).
J. PERRIN, *art. 392*, p. 108 : confrérie des tisserands du bailliage d'Altkirch (1653, 1672).
E. WINE, *art. 1657* (corporations du Sundgau).
A. SCHERLEN, *art. 1648* (corporations de Colmar et environs).
F. LANDMANN, *art. 1641* (charpentiers de Haute-Alsace).
X. MOSSMANN, *art. 164* et M. HIGELIN, *art. Els.Monatsschrift* 1913, pp. 19-23 (charrons d'Alsace).
E. WALDNER, *art. 1753* (bonnetiers de Haute-Alsace).

Les corporations, corsetées dans leurs règlements, sont d'abord le fait de la ville, soucieuse de garder le monopole du contrôle de la production. Opéré par quelques novateurs, le transfert d'activités urbaines en milieu rural s'explique d'ailleurs par les fortes résistances de la part des autorités de la ville, prisonnières de leurs réflexes mercantilistes, à Mulhouse[262] mais surtout à Strasbourg[263] : dans ce domaine, elles manquent singulièrement de largeur de vues et d'esprit d'initiative et elles ne parviennent pas pour autant à soumettre les métiers ruraux à l'organisation corporative de la ville. Le tissage domestique est en effet perçu comme une concurrence pour les maîtres des corporations et le divorce éclate au grand jour entre l'esprit individualiste de quelques pionniers et la mentalité corporative de la ville gardienne de ses *libertés*, qui, finit par devenir un frein à ces mêmes libertés. Or, farouchement opposée à toute activité industrielle qui, dans ses murs ou dans son environnement immédiat, apparaîtrait en marge de la corporation, la ville, qui ne parvient plus à répondre à sa propre demande, suscite paradoxalement l'avènement d'une industrie rurale favorisée par la présence de matières premières et les disponibilités en main-d'oeuvre. La manufacture ne tue pas les métiers ruraux ; elle les stimule. S'il est vrai que l'industrie cotonnière adopte souvent l'organisation économique et juridique de celle de la laine, c'est, semble-t-il, le travail du chanvre, activité rurale par excellence, et, paradoxalement, l'impression sur étoffes, activité nouvelle, quoique placée au stade final de la production, qui bénéficient de cette relative liberté : c'est que, dans ce dernier cas, les risques de concurrence pour l'organisation corporative traditionnelle se trouvent limités[264]. L'intervention du pouvoir royal, qui cherche à abaisser les salaires en favorisant l'extension d'une industrie rurale affranchie du contrôle des corporations, n'y est pas étrangère : mais l'arrêt du Conseil d'Etat du 7 septembre 1762, qui octroie aux ruraux le droit de fabriquer des étoffes sans faire partie d'une corporation, ne fait que reconnaître un état de fait[265].

Penchons-nous donc sur le processus de protoindustrialisation tel que le définissent Pierre Jeannin, Franklin Mendels et Pierre Deyon[266],

---

262 R. LEVY, *op. 1709*, pp. 10-12 et 16-17.
A. BRANDT, *art.. 1655*, pp. 18-19.
L. WEBER, *op. 1754*, pp. 52-57.
R. OBERLE, (*contrib.1725)* évoque l'essaimage de l'industrie textile mulhousienne à Illzach, Cernay, Modenheim, Riedisheim, Dornach (initiatives de Hugueny, de Zetter, de Jean Vetter et de Henri Dolfus).

263 AMS AA 2423 : *Mémoire sur les causes qui empêchent le développement des manufactures en Alsace* (anonyme, 1789).
G. SCHMOLLER, *op. 1736*, p. 538.
P. DURR, *mém. 1679*, pp. 49 et 88.
Ailleurs, les structures corporatives paraissent moins paralysantes : voir la corporation des tisserands à Bischwiller (K. DEHIO, *op. 1673*, pp. 10 et 16).

264 P.R. SCHWARTZ, *art. 1738*, pp. 6-10 et 28 : Sierentz compte, dès 1759, quarante tables et passe, en 1766, pour posséder la meilleure cuve froide à indigo.

265 AN F 12 560. On y ajoutera les lettres patentes du 5 mai 1779 proclamant le principe de non-obligation des règlements dans l'industrie textile et celle du 4 juin 1780 atténuant la réglementation dans son ensemble (E. TARLE, *op. 1744*, p. 66).

266 P. JEANNIN, art. *1691*.
Fr. MENDELS, *art. 1719-1722*.
P. DEYON/Fr. MENDELS, *art.. 1677*.

susceptible d'offrir à la campagne, dans le contexte d'une économie d'échanges, des garanties d'écoulement de produits confectionnés à partir des ressources rurales proprement dites[267]. Première phase de la modernisation industrielle ou phénomène de *désindustrialisation* si elle reste sans lendemain[268] ? Il est hors de question de replacer la protoindustrialisation dans la problématique d'ensemble soulevée par Franklin Mendels et de l'intégrer dans la phase de transition entre l'ancienne économie féodalo-seigneuriale et l'économie capitaliste moderne[269]. Contentons-nous d'analyser les aspects purement ruraux du phénomène. Force est de constater qu'une telle forme d'organisation du travail, sans être absente de la campagne alsacienne, entre autres autour de Bischwiller[270] et autour de Mulhouse, où le développement des affaires est une réponse à l'exiguïté du territoire urbain et à la pénurie des subsistances[271], n'y revêt pas une importance comparable à celle qui a pu être décelée dans les campagnes du Nord, de la Normandie, de la Picardie et du Beaujolais ou encore dans certaines contrées suisses. La figure du tisserand, travaillant à domicile par sous-traitance, pour le compte d'un fabricant, se fait plus rare que dans la confection des toiles de chanvre bretonnes et des laines picardes. Plus rare également l'image d'une nébuleuse de villages dominés par le bourg voisin, au prix d'une forte dispersion des forces de travail. *N'y ayant point de manufactures, du moins considérables, dans la province,* les habitants se livrent principalement à l'agriculture et accessoirement aux activités textiles : c'est ce que déclare un bourgeois de Sélestat, dans une correspondance à l'intendant, en 1759[272]. Du reste, à une main-d'oeuvre relativement importante, répondent des procédés de fabrication rudimentaires et une production faible. Couler d'emblée l'activité artisanale de la plaine d'Alsace dans le moule de la protoindustrialisation procéderait donc d'une démarche restrictive *a priori.*

L'économie agraire serait-elle donc si pure qu'elle refuserait d'intégrer des éléments d'industrialisation ? Dans un article fort ancien, Henri Sée[273] fondait l'industrie rurale sur trois facteurs : le degré de développement de l'agriculture, le dynamisme de la ville et l'abondance de la main-d'oeuvre potentielle disponible. A notre sens, les corrélations peuvent être simples

[267] Ce que F. KRIEDTE (*op. 1701)* appelle la *Hausindustrie.*

[268] S. CHASSAGNE, *art..1669.*

[269] Fr. MENDELS, *art. 1722.*

[270] K. DEHIO, *op. cit.*, pp. 10-11.

[271] A. BRANDT, *contrib. cit.*

R. OBERLE, *art. 955*, pp. 91-97 et G. LIVET/R.OBERLE, *op. 221*, pp. 128 et 136 : Dès 1754, les bonnetiers mulhousiens font filer à trente kilomètres à la ronde, tandis que le passementier Daniel Hugueny dispose de huit métiers à Cernay et de douze à Illzach. On retiendra l'exemple de Mathieu Mieg qui emploie 60 à 80 drapiers à Mulhouse et distribue la laine, pour être filée, dans les villages voisins. Il en résulte que l'agriculture ne trouve plus suffisamment de bras, dans la cité même, et qu'il faut faire des concessions aux manants, sous forme d'allègements fiscaux, pour assurer le travail de la terre. Inversement, toute une série de mesures sont prises, entre 1694 et 1767, pour écarter les manants de la propriété foncière, de la pratique de l'élévage, de la vente du chanvre... Ce n'est qu'à partir de 1767 que l'attitude des autorités de la ville à l'égard des non-bourgeois se modifie, grâce au développement des ressources complémentaires qu'assure l'activité des marchands-fabricants.

[272] Ch. HOFFMANN, *op. cit.*, t.I, p. 453 (source : AHR C 1178).

[273] H. SEE, *art. 1739.*

ou multiples, cumulatives ou exclusives. Un certain nombre d'ingrédients sont réunis pour conférer à la plaine d'Alsace une *industrie avant l'industrialisation* : une forte poussée démographique accompagnée, à la fin du XVIIIème siècle, d'une certaine paupérisation ; la tradition historique et la situation géographique dans un espace économique urbanisé et vitalisé par la proximité de la Suisse.

En fait, *la manufacture dispersée,* forme *d'industrie* sans véritable *industrialisation,* n'est pas absente de la plaine d'Alsace. Elle contribue à enraciner la population rurale – y compris les femmes et les enfants –, en fournissant à cette dernière des activités de complément rendues nécessaires par le calendrier cyclique de l'agriculture, le morcellement des terres, les modes de partage issus des coutumes successorales. La réponse au surpeuplement est donc double : création d'emplois nouveaux et apport de ressources supplémentaires. Car la surpopulation relative s'accompagne de paupérisation, elle-même liée à la *faim de terres,* à la crise forestière, à la *réaction seigneuriale* qui marque la fin de l'Ancien Régime. L'industrie est fille de la pauvreté. Ce n'est pas un hasard si cette forme d'industrialisation touche d'abord les vallées vosgiennes caractérisées à la fois par un exceptionnel dynamisme démographique et par la précarité d'une économie de subsistance semi-montagnarde, reposant sur les ressources de la terre, de la forêt et de l'élevage[274].

On file en Alsace beaucoup de chanvre, un peu de lin, de la laine et du coton, écrit en 1759 l'intendant de Lucé, avant d'ajouter : *il y a une grande quantité de fileurs et de fileuses, surtout dans la montagne qui est extremement peuplée* [275]. De Dietrich précise en 1789 : *La culture plus rare dans la montagne que dans la plaine laisse ces bras libres que l'on peut employer avec avantage : en hiver surtout, il n'y a point de travail pour leurs habitants* [276]. La moindre fertilité de la Haute-Alsace pourrait expliquer bien des choses : n'est-il pas normal que ce soient les contrées où le rapport de la terre s'avère insuffisant pour assurer l'existence des habitants qui se dotent ainsi d'activités complémentaires ? Mais la plaine loessique n'y échappe pas complètement. L'impression de concentration est illusoire : sur les 220 tisserands et les 800 fileurs qu'occupent les frères Baumann à Bollwiller à partir de 1785, seule une minorité est retenue sur place[277] ; la plupart travaillent à domicile, dans les villages environnants, sur un métier en bois, installé dans la pièce d'habitation, activé à tour de bras et de jambes ; les filés sont fournis par les quenouilles et rouets familiaux[278]. Le coût de la transformation est faible par rapport au prix de la matière à ouvrer. Depuis 1760, Mathieu Risler occupe, tant dans les vallées vosgiennes que dans le Sundgau, *un nombre considérable de fileurs et de tisserands* [279], puis, à Kingersheim et à Wittenheim, *80 métiers sans compter les fileuses et dévideuses*. En 1786, il est à la tête de *260 métiers dans une circonférence de*

[274] J-M. SCHMITT, *op. cit.*, pp. 13-14 et 329-333.

[275] Ch. HOFFMANN, *op. cit.*, t. I, p. 481.

[276] P. F. DE DIETRICH : *Description des gîtes de minerai...*, 1789, *op. [346]*.

[277] Ch. HOFFMANN, *op. cit.*, t. I, p. 481 : 47 métiers contre 112 dans les villages environnants (1788).

[278] E. HIRSINGER, *op. [422]*, p. 221.

[279] AHR C 1123.

UN ASPECT DE L'ACTIVITE TEXTILE A LA CAMPAGNE :

LA FABRIQUE DISPERSEE EN HAUTE ALSACE

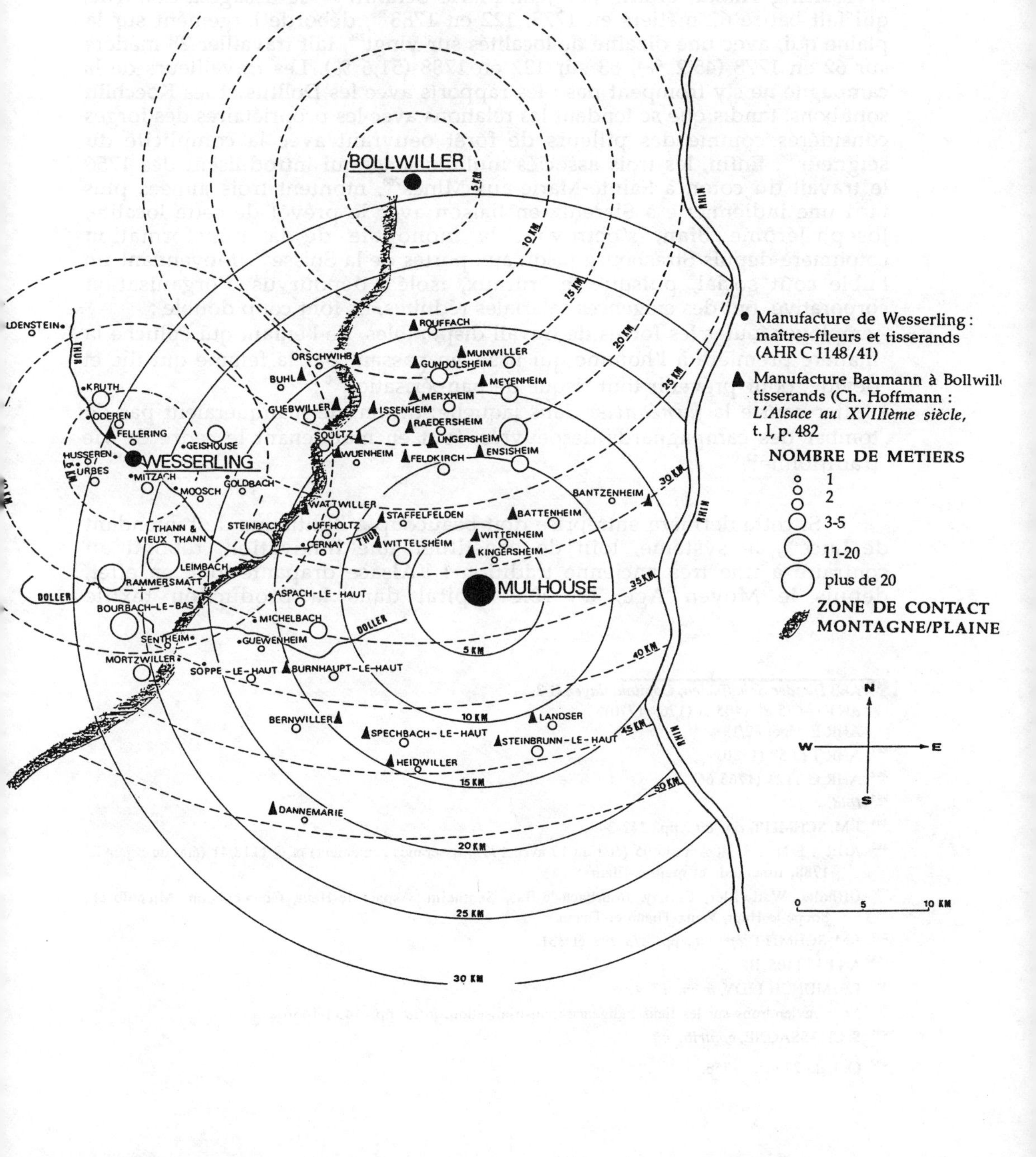

quatre à cinq lieues autour de Mulhouse. Wendling et Blech obtiennent l'autorisation de *former un établissement analogue à Ensisheim.* Rappelons enfin les éphémères manufactures d'indiennes et de faïence de Sierentz[280], la fabrique de draps à Herrlisheim[281], la fabrique de bas au métier de Soultz[282] qui, contrairement à la fabrique d'amidon de Cernay, dévoreuse de grains, sont des *branches d'industrie favorables à la population sans être nuisibles à l'agriculture* [283]. Voici l'exemple du complexe manufacturier de Wesserling-Thann, étudié par Jean-Marie Schmitt[284] : le tissage à domicile, qui fait battre 62 métiers en 1778, 122 en 1788[285], déborde largement sur la plaine qui, avec une dizaine de localités sur vingt[286], fait travailler 28 métiers sur 62 en 1778 (45,2 %), 63 sur 122 en 1788 (51,6 %). Les travailleurs de la campagne ne s'y trompent pas : les rapports avec les Dollfus et les Koechlin sont bons, tandis que se tendent les relations avec les propriétaires des forges considérés comme des pilleurs de forêt oeuvrant avec la complicité du seigneur[287]. Enfin, les trois associés mulhousiens, qui introduisent dès 1756 le travail du coton à Sainte-Marie-aux-Mines[288], montent trois années plus tard une indiennerie à Sierentz en liaison avec le prévôt de cette localité, Joseph Jérôme Bian, s'octroyant le monopole de la transformation cotonnière depuis Strasbourg jusqu'aux portes de la Suisse[289]. Moyennant un faible coût social, puisque les ruraux, isolés, dépourvus d'organisation corporative, ont des exigences salariales réduites, ils font coup double :

- employer toutes les forces de travail disponibles, de l'enfant qui épluche la matière première à l'homme qui tisse, en passant par la femme qui file et dévide, pour prévenir tout risque de paupérisation[290] ;
- lutter contre la *fainéantise* dans laquelle, dit-on, ne manqueraient pas de tomber des campagnards désoeuvrés, tout en maintenant le cadre de vie traditionnel[291].

Si cette dernière entreprise doit beaucoup à l'initiative de l'intendant de Lucé[292], le système, loin de constituer une innovation, répond au contraire à une très ancienne tradition : l'Alsace drapante joue en effet, depuis le Moyen Age, un rôle capital dans la production textile

---

280 AEB *Dir. der Schaffneien, Capitalanlagen* G 2.
AN F 12 675 et 1405 B (1769-1770).
AHR E dépôt 82/1.

281 AHR 1 M 57 (1780).

282 AHR C 1123 (1765-66).

283 *Ibid.*

284 J-M. SCHMITT, *op. cit.*, pp. 342-343.

285 AHR 4 E Not. Saint-Amarin 95 (état du 12 avril 1778, tisserands seulement) et C 1118/41 (état du 8 janvier 1788, tisserands et maîtres-fileurs).

286 Uffholtz, Wattwiller, Cernay, Bourbach-le-Bas, Sentheim, Aspach-le-Haut, Guewenheim, Michelbach, Soppe-le-Haut, Vieux-Thann et Thann.

287 J-M. SCHMITT, *op. cit.*, pp. 273-298 et 331.

288 AN F 12 1405 B.

289 P.B. MUNCH-LIDY, *mém. 1724*.

290 Nous reviendrons sur les liens indigence-industrialisation, *infra*. pp. 1434-1436.

291 S. CHASSAGNE, *contrib. cit.*.

292 Ord. du 29 mars 1756.

européenne[293], Strasbourg faisant travailler, au XVIIème siècle, de petites villes comme Bischwiller et Sainte-Marie-aux-Mines, pour ses propres marchands-drapiers commanditaires[294]. Se trouverait ainsi réalisée l'une des trois conditions de la protoindustrialisation, à savoir la destination de la production finale à des échanges extérieurs au marché local ou son insertion dans un réseau de complémentarité avec les régions voisines[295]. Même s'ils ne s'intègrent pas tous dans le système de la *fabrique*, ils sont environ 25 000 fileurs et fileuses à domicile et quelque 2000 ouvriers à se faire embaucher dans les opérations de tissage en 1786[296]. Comme ailleurs, la double continuité de l'expérience technique et des disponibilités en main-d'oeuvre jouerait donc en faveur de l'industrialisation des campagnes du XVIIIème siècle[297].

On pourrait invoquer enfin l'influence qu'exerce la proximité de la Suisse sur le pôle mulhousien, lui-même à l'origine de la diffusion de l'industrie rurale[298]. En effet la dépendance de Bâle s'affirme moins par le biais du capital fourni[299] que par la contagion de l'exemple, à savoir la prospérité de la rubannerie et de l'indiennage[300] dont la fabrication et la vente en territoire français sont prohibés jusqu'en 1759. Par contre, l'absence de douanes du côté de l'étranger ne peut que faciliter les relations, en créant une vaste zone de libre-échange.

Si, malgré de tels atouts, la plaine d'Alsace a tardivement et incomplètement cédé à l'attrait de la protoindustrialisation, elle le doit à un faisceau de conditions spécifiques. Les mémoires de l'époque[301] ne manquent

293 H. AMMANN, *contrib. 1661*.
H. UCHIDA, *art.1748*(1987), pp. 8-12.

294 G.SCHMOLLER, *op. cit.*, pp. 547 ss.
J-P. KINTZ, *op. 215*, p. 440.
H. UCHIDA, *art. 1748* (1988), pp. 1-3 : la manufacture Herff et Hoser de Strasbourg, tout en participant à la politique royale des manufactures privilégiées, s'expliquerait essentiellement par l'extension de la filature et du tissage dans la campagne environnante (voir P. HERTNER, *op. Stadtwirtschaft*..., Köln-Wien 1973, pp. 343-354 ; B. VOGLER, *contrib.*, in *op.* pp. 236-237; P. DURR, *mém. cit.*, pp. 41-59).

295 P. DEYON /Fr. MENDELS, art. *cit.*
P. DEYON, *art. 1674 et 1675.*
Fr. MENDELS, *art. 1674, 1675 et 1677.*

296 R. LEVY, *op. cit.*, pp. 85 et 91.

297 *Ibid.*, pp. 30-31 et 103-104.

298 H. KELLENBENZ, *art. 1697.*
E. KÜNZLE, *op. 1702*, pp. 7 ss.
Fr. ABPLANALP, *op. 1161*, pp. 63 ss.
J-F. BERGIER, *op. 1662*, pp. 34-75.
Voir aussi les travaux de W.E. RAPPARD.

299 G. LIVET/R.OBERLE, (éd.), *op. cit.*, p. 136. On notera cependant les avantages que constituent l'argent à bas prix et des taux plus rémunérateurs qu'à Mulhouse (P.R. SCHWARTZ, *art. 1738*, p. 23).

300 *Ibid.* pp. 22-28 : l'indiennage bâlois est antérieur de trente ans à celui de Mulhouse qui ne date que de 1746. Or la demande lorraine dépasse la capacité bâloise et Mulhouse est un lieu de passage obligé pour les marchands lorrains allant acheter à Bâle. On compte, vers 1765, une cinquantaine d'ateliers d'impression en Suisse. Voir H. LAUFENBURGER, *op. 46.*

301 ABR 3 J 7 : *Projets de rapports sur les manufactures de toile, de draps et de laine en Alsace* (anonyme, 1716-1736).
AMS AA 2423 : *Mémoire sur les causes qui empêchent le développement des manufactures en Alsace, surtout celui de la fabrication de la toile, et sur les moyens à employer pour remédier à cet état de choses* (anonyme, 1789).

pas de soulever le paradoxe entre les avantages que présente une région bien peuplée, riche en virtualités, géographiquement bien située au carrefour des voies de communication européennes et l'absence de *manufactures telles qu'elles se rencontrent dans la Suisse et dans les Païs bas.* Cette situation est d'autant plus incompréhensible qu'à la veille de la Révolution *cette province abonde en fainéans, en mendians valides et tant d'autres bouches inutiles*, que *le paysan y est presque désoeuvré pendant l'hyver*, tandis que *les femmes, les filles, les enfants s'y trouvent réduits à l'inaction pendant tous les momens que les petits soins du ménage leur laissent vuides*. Pour éclairer ce paradoxe, les contemporains avancent trois séries de raisons. Ces insuffisances s'expliqueraient d'abord par la cherté de la matière première d'origine étrangère. Mais, justement, pourquoi ne pas miser sur la production locale ? Un chanvre *en quantité prodigieuse de la meilleure qualité... sort presqu'entier et toute crue pour la Suisse ou la Hollande où elle est fabriquée et revendue en Alsace et en France avec des bénéfices très considérables* ! Pourquoi ne pas interdire la sortie des chanvres hors de la province, avant qu'ils soient peignés et façonnés ? Car les contraintes commerciales sont réelles : les marchandises *étrangères* se trouvent soumises à des droits exorbitants dès lors qu'elles pénètrent dans les provinces *françaises*. Inversement, le débouché français étant fermé, la France se prive *du secours de la plus fertile des provinces* et seuls les *riches particuliers* en font un *objet de monopole* en achetant des *quantités prodigieuses* de chanvre pour les envoyer à leurs correspondants suisses et hollandais. S'y ajoutent les péages, les formalités paralysantes, la réglementation des marchés : il faudrait libérer le travail du tisserand *en dérogeant à tous les statuts et usages contraires à cette liberté*, distribuer des métiers à ceux qui n'ont pas les moyens de s'en procurer... Sur place, la fabrication à grande échelle pourrait s'effectuer à peu de frais, d'autant plus que la province peut compter sur une main-d'oeuvre abondante et bon marché.Mais cette main-d'oeuvre est d'une *insuffisante habileté* : beaucoup de tisserands, mais peu de toile fine ; de nombreuses fileuses, mais pas de bon fil. Les quenouilles alsaciennes rendant le fil *trop tortu*, il faudrait, comme *en France* et aux Pays-Bas, tordre avec les doigts et non au fuseau ou au rouet. Fileuses et tisserands sont, par ailleurs, insuffisamment rémunérés : *il n'y a personne qui se nourrisse plus pauvrement dans l'Alsace que celles qui sont obligées de gagner leur vie à filer ou à faire de la toile fine*. Il faudrait d'une part leur octroyer des exemptions fiscales, d'autre part leur assurer une formation, à commencer par *les femmes nourries dans les hôpitaux et les filles renfermées dans la Maison de Travail dite Raspelhaus*. Moyennant une bonne formation, le filage rapporterait jusqu'à *50 sols par heure et d'une heure on tireloit en toile 3 aunes de France*, c'est-à-dire de quoi confectionner *une chemise d'homme*. C'est également faute d'expérience que le blanchiment ne supporte pas la comparaison avec celui qui se pratique en Suisse ou aux Pays-Bas.

Ces critiques résistent-elles à l'analyse de l'historien ? Tout d'abord, l'essor démographique, pour important qu'il soit, a été *cassé* par les guerres du XVIIème siècle, alors que ces dernières auraient plutôt tendance à renforcer l'emprise de la ville sur la campagne : tel est le cas de Mulhouse, échappant à la guerre de Trente Ans[302] ou celui de Strasbourg où l'appât du profit stimule, au cours du XVIIIème siècle, l'esprit d'initiative de la

[302] R. OBERLE, *op. 532*, p. 331.

bourgeoisie[303]. Le passage d'une industrie de luxe à la fabrication d'étoffes grossières, type tiretaine,[304] aurait dû mettre le travail industriel à la portée de la main-d'oeuvre nombreuse et non spécialisée des campagnes. Mais, le dépeuplement s'étant substitué au surpeuplement, les effets du trop-plein démographique ont été retardés d'autant. Jusque dans la deuxième moitié du XVIIIème siècle, l'emploi est, tant bien que mal, assuré. Alors qu'un travail artisanal systématiquement contrôlé et coordonné par la ville, répond ailleurs au surpeuplement des campagnes, à une embauche insuffisante, à des ressources agricoles précaires – donc à une *commercialisation forcée* selon Georges Bois -, au morcellement des terres, source de crise sociale selon Pierre Deyon[305], la situation est fort différente en Alsace. L'image de *l'indolence naturelle de l'alsatien, né dans un climat heureux, vivant au sein de l'abondance et pouvant se sustenter sans beaucoup de soins et à très peu de frais* a du mal à s'effacer devant celle d'*hommes robustes, naturellement actifs et endurcis au travail, sensibles aux agrémens de la vie et par conséquent aux moyens de se les procurer.*[306] Ici, la paysannerie *parcellaire* est capable, malgré une pression démographique croissante, de vivre en symbiose avec la constellation des grandes exploitations, en ayant recours tout au plus à un travail artisanal éclaté, à l'abri d'une intervention directe de la ville. Or, toutes les monographies l'attestent, la domination du citadin se fait d'autant plus incontournable que le salaire d'appoint fourni par l'industrie est vital pour les ménages paysans. Aux avantages de la petite propriété, on ajoutera les bénéfices que procurent, à petite échelle, les nombreuses cultures spéculatives, garance et chanvre en tête, qui témoignent d'une agriculture très intensive[307]. Dans ces conditions, il est moins nécessaire de pousser la transformation des produits agricoles, alors même qu'ils sont à la base du développement de l'industrie. Une augmentation du produit agricole peut dispenser de recourir à des sources complémentaires de revenus. Primauté absolue de l'agriculture : la plaine d'Alsace offre l'image d'une activité industrielle née de la production agricole, valorisant les ressources de l'agriculture, ce qui est à la portée de tous et de chacun. Mais si l'agriculture est entraînée dans un mouvement de spécialisation, ne le doit-elle pas davantage à la fourniture qu'à la transformation des produits agricoles ? Seule une analyse fine de la réciprocité permettrait de le déterminer. De ce fait, en dépit d'une forte urbanisation[308], la plaine échappe en partie à l'essaimage d'une industrie d'inspiration urbaine qui viendrait entraver toute vélléité de progrès agraire par les revenus complémentaires qu'elle offrirait. Dans ces conditions, il serait étonnant que la protoindustrialisation se concrétise par des effets démographiques, économiques et sociaux spécifiques : la croissance de la population, accompagnée d'un nouveau comportement démographique, le morcellement des exploitations et la paupérisation nous apparaissent comme les causes, plutôt que comme les

[303] J-P. KINTZ, *contrib. 216*, pp. 18-35 et *1698*, p. 90.

[304] R. REUSS, *op. [508]*, t. I., pp. 628-629 et 716.

[305] P. DEYON, *art. 1676*, pp. 868-881.

[306] AMS AA 2423 (anonyme, 1789).

[307] K. DEHIO *op. cit.*, pp. 15-17.

[308] Voir *supra* p. 152.

conséquences, de la protoindustrialisation[309]. Quant à la structure sociale du village, elle ne semble pas avoir été déstabilisée par les effets de l'industrie domestique. On pourrait même imaginer que l'industrie à domicile parvient à consolider, pour un temps, les petites exploitations paysannes et à améliorer le niveau de vie des ruraux, là où elle revêt une ampleur suffisante[310].

Quelles instances auraient pu encourager la protoindustrialisation sinon le seigneur et la ville elle-même ? La seigneurie rurale, aux réflexes fonciers affirmés, ne fait rien, bien au contraire, pour promouvoir l'industrie naissante. Les initiatives dans ce domaine – celle du conseiller Sandherr à Wesserling[311], celle du baron Christian de Waldner à Sierentz[312], celle enfin de François Joseph de Schauenburg à Herrlisheim[313] – sont relativement rares. Tout au plus, l'éclatement territorial, propre aux pays germaniques, aurait-il pu faciliter l'évolution vers le déploiement de l'industrie rurale[314]. Quant à la ville (encore faudrait-il distinguer Mulhouse la manufacturière et Strasbourg la marchande), elle consacre son dynamisme davantage à des activités commerciales qu'à des entreprises industrielles. Après avoir manifesté des réticences à voir se développer une industrie en marge des règlements corporatifs[315], Strasbourg, avec un *mélange d'immobilisme et de bonne conscience* [316], semble tourner le dos à l'inéluctable transformation des réalités économiques et se réfugie dans une sorte de *médiocrité dorée* [317]. On achètera, dans la campagne alsacienne, des filés de chanvre pour les transformer en Suisse[318] et de la garance séchée pour la transformer en ville : autant de produits semi-finis qui transitent par l'intermédiaire commercial mais qui, au stade final de leur élaboration, échappent à la campagne. Aux ruraux, la filature, le tissage grossier, le foulage ; aux citadins, la finition et la teinture. Marchande et façonnière, la ville se réserve les opérations délicates d'apprêt et de conditionnement qui, juste avant la vente, confèrent au produit une *valeur ajoutée*. Rien de très original certes, puisque ce rôle déterminant de la ville entre dans la définition même de la protoindustrialisation[319] . Il semblerait cependant que le *Kaufsystem*, à savoir le contrôle des débouchés, prime le *Verlagssystem*, c'est-à-dire le contrôle du processus de fabrication dans ses étapes

[309] P. CASPARD, *art. 754*.
Fr. MENDELS, *art. 1722*.

[310] P. DEYON, *art. 1676*, p. 875.

[311] AHR C 1123 : lettre de Sandherr à l'intendant de Lucé (1762).

[312] AN F 12 675 (*Mémoire sur la manufacture d'indiennes créée à Sierentz par le baron de Waldner*, 1771) et F 12 1405 B (lettre de Waldner au contrôleur général, 12 avril 1771).

[313] L. WEBER, *op. 1754*, p. 41 (1780).

[314] F.G. DREYFUS, *contrib.*, in *op. 1194*, p. 36.

[315] Voir *supra* p. 1064

[316] G. LIVET, *art. 1713*.

[317] Voir également H. UCHIDA, *art. cit.* (1988), pp. 9-10.

[318] A. KROEBER, *art. [351]*.
J. DE TURCKHEIM : *Mémoire de droit public...*, op. *[172]*, pp. 94-96.
H. AMANN, *contrib. 1661*.

[319] P. DEYON/Fr. MENDELS, *art. cit.*, p. 13.

préparatoires : le marchand d'abord. Il s'agit certes de *ruralisation* du travail manufacturier[320], mais ce qui apparaît avant tout, c'est que l'activité productrice est étroitement tributaire du capitalisme commercial, la ville se réservant, outre le contrôle de la production, l'écoulement du produit fini.

Elle n'en a pas pour autant le monopole. Les exemples, relevés à partir des années 1740, surtout dans le nord de la province, et qui deviennent de plus en plus nombreux à la charnière des XVIIIème et XIXème siècles, nous mettent en présence de laboureurs vendant à des Juifs des dizaines et des centaines d'aunes de toile de chanvre, s'il s'agit des producteurs eux-mêmes, des milliers s'il s'agit de négociants ruraux, le chanvre étant, par ailleurs, couramment appelé à jouer le rôle de monnaie d'échange dans les transactions[321]. La prédominance du marchand juif s'explique en partie par le fait que les ordonnances lui interdisent de tenir *boutique ouverte*[322].

Dans quelle mesure peut-on néanmoins assimiler le paysan alsacien à un véritable *fabricant* qui, dans le but de se procurer de l'argent frais ou d'augmenter ses revenus, transforme le produit brut pour la vente, en dehors de la toile de ménage, écrue ou *Koelsch* [323], qu'il confectionne pour son propre usage ? L'embauche d'une main-d'oeuvre familiale et l'utilisation d'un outillage de faible coût n'excluent pas une relative division du travail et, à partir d'un certain stade de la fabrication, le recours à des compétences précises. Si le paysan effectue la récolte du chanvre, le rouissage, le séchage, le broyage[324], le *ribage* ou *frottage* se font par contre , le plus souvent, au moulin, tandis que le peignage est parfois le fait de séranciers ambulants qui transforment le chanvre broyé en chanvre peigné ou filasse[325]. Ce dernier intervient après le teillage qui occupe les longues soirées d'hiver à la ferme. Si le filage passe pour être un travail féminin, le

---

320 P. DEYON, *art. 1674*, p. 10.
H. UCHIDA, *art. 1748*, p. 9.

321 ABR E 1128 : procès-verbaux des audiences de Fegersheim 1745/1746, 1756/1757 et 1789.
AMH FF 254 : vente de 100 aunes de toile de chanvre par un habitant de Wingersheim à un Juif du même lieu qui fournit le fil (1757).
AMH JJ 294 : avance de 50 aunes de toile de chanvre par un Juif de Minversheim à un habitant du lieu sur le prix de deux boeufs (1770).
AMH FF 301/96 : avance sur textiles (1789).
ABR 7 E 50, Not. mod. Schiltigheim 105 : Benoît Biry, négociant de Dauendorf, vend 5000 aunes de toile de chanvre telle *qu'on la fait aux alentours de Dauendorf* pour 4500 livres tournois (1791).
ABR 3 Q 144-145, Enregistrement Bouxwiller : cession de 600 aunes de toile de chanvre en échange de deux vaches par un habitant de Minversheim à un Juif de Hochfelden (1792).
ABR 7 E 20, Not. mod. Haguenau I, 17/111 : un habitant de Niederschaeffolsheim vend à Cayem Weil, Juif de Haguenau, 800 aunes de toile de chanvre (vendémiaire an VI).
ABR 7 E 20, Not. mod. Haguenau I, 18/101 et 111 : un laboureur d'Uhlwiller vend à Meyer Löwel, *patentirter Handelsmann* de Pfaffenhoffen, 800 aunes de toile de chanvre (thermidor an VI).
Ibid. I 19/111 : un habitant de Grassendorf vend à Meyer Löwel, Juif de Pfaffenhoffen, 1000 aunes de toile de chanvre écru, etc.

322 Voir *infra* pp. 1405-1418.

323 Toile tissée à carreaux alliant le blanc au rouge ou au bleu.

324 Voir *supra* pp. 773-774.

325 J. VOGT. *art. 1395* et *1404*.

tissage est affaire de spécialiste. S'en chargent soit un tisserand de profession, qui peut être paysan à certains moments de l'année, soit un authentique laboureur ayant un métier à tisser chez lui, ce qui suppose un petit capital d'investissement et de savoir-faire. Ainsi s'articulent le travail domestique et l'intervention du spécialiste. Un triple indice plaide en faveur d'une forte activité textile à la campagne : le nombre impressionnant de tisserands[326], le nombre non négligeable de métiers à tisser dans les fermes et l'importance, dans ces mêmes fermes, des réserves de fil et de toile, véritable capital textile qui dort dans les coffres et les armoires. Il n'en reste pas moins que les fileurs ou fileuses sont cinq, dix, quinze fois plus nombreux que les tisserands, une dizaine de rouets fournissant en général le filé à un seul métier. Enfin, si le blanchissage peut se faire à la campagne, la teinture, processus de finition, se fera le plus souvent en ville. Entre les deux opérations, se place l'importante activité commerciale précédemment évoquée, car l'économie vestimentaire est investie par l'échange. Le monopole commercial revêt son caractère le plus achevé dans le cas de la production garancière[327] : à partir des années 1730, les Hoffmann de Haguenau prennent en charge le traitement des racines, installent à la campagne, pour réduire les coûts de transport, des séchoirs, des meules, des machines à rober...

c) La participation de la campagne à une économie commerciale

La paysannerie participe-t-elle, en définitive, aux activités commerciales de la province ? La question du commerce doit être abordée indirectement puisqu'est soumise à la vente la portion de la production soustraite à l'autoconsommation. L'idéal réside en effet dans l'auto-entretien à partir des céréales cultivées, du lait tiré des animaux domestiques, des fruits récoltés au verger, de la piquette extraite de la vigne familiale, de l'huile pressée à partir des noix et du colza, du miel prélevé dans la ruche, des toiles confectionnées à partir du chanvre local, du mobilier, des objets domestiques, de la maison elle-même, tributaires des disponibilités en bois, osier, paille... Apparaissant aux yeux du paysan comme une activité seconde et secondaire, le commerce peut cependant devenir nécessité (l'argent qu'il rapporte permet de payer les impôts) et source de profit lorsque, dans une économie enfermée dans le cercle de ses propres nécessités mais entrouverte de force, les intermédiaires deviennent indispensables pour écouler les excédents de la production utilisable sur place : le laboureur-voiturier, le Juif rural deviennent alors collecteurs et vendeurs de produits agricoles, ramasseurs d'ouvrages finis ou semi-finis de fabrication artisanale ou domestique. Mais c'est une étroite minorité de laboureurs, de transporteurs, de meuniers, de boulangers qui, de façon occasionnelle et saisonnière, assume ainsi le rôle économique d'intermédiaires. Il s'en suit une spéculation sur les grains, en particulier, qui culmine lors de la crise de 1770 et dont les receveurs seigneuriaux donnent eux-mêmes l'exemple[328].

326 Voir *infra* pp. 1083-1086.

327 Voir *supra* pp. 775-788.

328 AN K 2326/2.

Inséparables de la production agricole, ces activités se hiérarchisent en trois niveaux. Le commerce interrégional ou international, quoique alimenté par la campagne, est organisé par l'administration à partir de la ville qui *en retire tout le profit*[329], moyennant une politique douanière bien réfléchie et une évaluation des besoins spécifiques de la province. Deux conditions semblent présider à une telle activité commerciale : le statut de l'Alsace *réputée province à l'instar de l'étranger effectif*[330] et la configuration géographique de la plaine, enserrée entre Vosges et Rhin, qui tend à imposer le commerce avec les pays du sud et de l'est plutôt que d'encourager les relations avec la France. C'est ce qu'exprime le bailli de Flachslanden, député aux Etats généraux en 1789, lorsque la perspective du *reculement des barrières* sur le Rhin risque de modifier les données d'une situation somme toute avantageuse : *Des montagnes vous séparent de la France, les fleuves et les rivières qui coulent au milieu de vos plaines indiquent la marche de votre commerce. Quels débouchés trouverez-vous pour vos tabacs qui ont besoin d'être mêlés avec celui de l'étranger ? Vos vins, vos chanvres, que vous mêliez avec ceux du Margraviat, trouveront-ils le même débit ? Les prétendus avantages qu'on vous offre peuvent-ils compenser de telles pertes*[331] ? Sans que les paysans ne soient en mesure de connaître la destination de leurs produits, ils contribuent à l'exportation traditionnelle de grains et de vins, de *bois de haute futaye*, de chanvre *noir et blanc... le plus grand, le plus beau et le meilleur qu'on puisse trouver au monde*, de *safran bastard* ou safflor, d'*estouppes pour mettre à des flambeaux ou chandelles*, de *grosses toiles* en échange de laine brute, de toiles fines et draperies, de boeufs gras et de fromages[332]. Or il apparaît, dans les relations commerciales, une contradiction entre l'évidente complémentarité de l'Alsace avec les pays limitrophes et la politique royale qui tend, au contraire, à rompre cette complémentarité au nom de l'intérêt général. Les *avantages mutuels* sont mis en lumière par le prince-évêque de Bâle en 1746 : La Suisse, *pays montueux* auquel le climat *refuse le pain*, a besoin de l'Alsace qui est capable de lui fournir de quoi *se nourrir et se couvrir*. Elle subsiste donc *à l'aide de grain, de vin et de légumes* (une grande place est accordée à la pomme de terre). En échange, n'ayant *d'autre abondance qu'en hommes et en bestiaux*, elle est en mesure de *garnir les*

---

329 APM T 1282 : *Mémoire du commerce qu'on peu* (sic) *faire dans l'Alsace et l'Evêché de Strasbourg avec beaucoup plus d'utilité et de profit que n'en tire aujourd'hui la ville de Strasbourg et mesme avec moins de charge et plus davantage pour les habitans de ce païs* (s.d., deuxième moitié du XVIIIème siècle).

330 Voir ann. 36.

331 AHR 132 J 31, n=° 48, p. 5 : *Compte-rendu que le bailli de Flachslanden, député aux Etats généraux, adresse à toute la province d'Alsace et particulièrement aux bailliages réunis de Haguenau et deWissembourg*, s.d.

332 APM T 1292 (duché de Mazarin, s.d., fin XVIIème siècle). Voir également :
AN G7 82 (mémoire de 1720).
BN Ms. NAF 20 082 : *Mémoire sur le commerce de la province d'Alsace* (1735-1737).
BMC Ms. 907 : la Commission intermédiaire de 1788 indique :
- la destination des produits exportés : grains (Suisse, Forêt Noire), en particulier orge mondée (Allemagne, Hollande), vins (Suisse, Souabe, Bavière, Saxe, Moscovie, Hollande), tabac 120 000 quintaux (Suisse, Allemagne, Hollande, Italie), chanvre et lin (Allemagne, Suisse, Hollande), navette (Allemagne), safran (France, Hollande), garance (Angleterre, Espagne) ;
- l'origine des produits importés : huile, fruits méditerranéens, café, sucre (Hollande), thé (Angleterre), boeufs gras et chevaux (Suisse), dont la plupart ne sont pas destinés à la campagne.

boucheries et de fournir *des chevaux pour le service du Roi et celui de cette province*[333]. Or la politique royale, depuis la seconde moitié du XVIIème siècle, consiste à interdire l'exportation des grains, objet essentiel des échanges, hors d'Alsace. Les raisons en sont claires : *Le Roi en a besoin pour la subsistance des armées*[334], tandis que la hantise permanente de manquer de grains et la crainte de l'accaparement qui pourrait en résulter[335] débouchent sur une politique de rétention céréalière à l'intérieur des limites de la province : de telles interdictions d'exporter sont renouvelées en 1716, 1739/1740, 1748/1749[336] ; le système ne commence à se libéraliser, en théorie, qu'à partir de 1763/1764, puis en 1774 grâce aux principes de libre circulation d'une province à l'autre édictés par Turgot, en réalité pas avant la déclaration du 17 juin 1787 accordant la permission d'exporter à l'étranger. C'est donc tout au long du XVIIIème siècle que les Suisses s'emploient à contester le sort qui leur est fait : depuis 1718, les propriétaires étrangers sont soumis à des droits de sortie sur le produit de leurs propres terres situées en Alsace[337] et contraints de quémander des autorisations d'exporter qui sont délivrées au compte-gouttes[338], tout passeport pouvant être révoqué en vertu de l'ordonnance de Brou du 19 juin 1741. Et c'est à ce stade qu'intervient la paysannerie d'Alsace qui utilise la double technique de la fraude et de la contrebande. Un passeport, cela s'achète, se vend, se monnaye, se falsifie. L'administration est contrainte de rappeler que les permissions doivent être demandées au Roi seul : en 1725 en effet, *un Juif soi-disant polonais* est muni d'une permission du Roi... Stanislas l'autorisant à transporter 1000 sacs de froment à Bâle. Or il s'avère que c'est un faux, fabriqué de toutes pièces par l'un de ses complices[339]. Entre 1725 et 1727, les meuniers de Hesingue et de Bartenheim exportent 600 sacs d'épeautre à Bâle avec un passeport établi par le Grand Chapitre lui-même[340]. Ces meuniers transportent par leurs propres moyens les grains à l'étranger ou les vendent, à l'intérieur de leurs moulins, à des contrebandiers. On en voit sortir trente, en novembre 1745, du moulin de Hegenheim ; ils *s'attroupent, marchent en corps et il n'y a que la force qui puisse les arrêter*[341] : mais peut-on compter sur la maréchaussée pour le faire ? On imagine le rôle que peuvent jouer les îles du Rhin comme

---

333 AEBP A 47/26 (15 novembre 1746).

334 AEBP A 47/24 (22 mars 1727).

335 Pour les mêmes raisons, il est interdit par les intendants successifs (Feydeau, Vanolles, Lucé) de vendre ailleurs que sur les marchés publics.
AHR C 1116 : ordonnance de l'intendant de Vanolles portant obligation aux habitants de Huningue et de Habsheim de porter les grains aux marchés de ces villes (19 décembre 1746).
AN K 2205/2 (Treitlinger à l'intendant, le 31 octobre 1753).

336 AHR C 1116.

337 AEB *Frucht und Brot.*
Ibid. M 2 b (deuxième moitié du XVIIème siècle) et AN G^7 83 (1725) : protestations du gouvernement de Bâle.

338 AHR C 1117 : demandes d'autorisation d'exporter des grains provenant des rentes et dîmes d'Alsace (1750-1789) par le duc de Wurtemberg, le Magistrat de Brisach, les Reinach, des propriétaires de Soleure, de Berne et de Bâle...
AHR C 1586 : les habitants de Saasheim demandent la permission d'exporter (district de Colmar, 5 décembre 1788).

339 ANG^7 83 (1725).

340 AEBP A 47/24 (22 mars 1727).

341 AHR C 1116 (subdélégué d'Altkirch à l'intendant, 20 novembre 1746).

entrepôts[342]. Sont également visés les *transports à col* opérés par de petits paysans sans envergure – ils sont 500 à 600 à se presser à l'ouverture du marché de Bâle en 1746[343] – mais qui, additionnés, finissent par compter. On essaie de les orienter sur Mulhouse, pourtant *ville étrangère*, mais, *sans communication avec aucune Province etrangere*, Mulhouse ne risque pas de faire de ces grains d'autre usage que d'en nourrir sa propre population[344]. Sont particulièrement suspectes les *voitures de transit* qui traversent l'Alsace en provenance du Palatinat ou du pays de Bade : ne sont-elles pas *en partie chargées de grains achetés en Alsace que l'on fait passer en Suisse*[345] ?

Mais, sauf exception, des activités commerciales d'une telle ampleur, qui vont au-delà des horizons familiers de la province, dépassent les possibilités de la paysannerie. Le gros des transactions consiste à satisfaire la demande des villes et ce sont les villes qui en imposent la nature, le volume, le rythme. La proximité des marchés de consommation et l'état des chemins, qui contribuent à rendre le consommateur citadin accessible, d'une part, la structure des exploitations, qui permet de dégager des excédents commercialisables, d'autre part, revêtent une importance capitale pour le commerce des grains[346] et du tabac : destiné au marché strasbourgeois, ce dernier est couramment intercepté en vertu de la pratique du *Fürkauf* ou *Vorkauf* [347] qui s'opère parfois au grand jour[348]. Chanvre et garance font l'objet d'avances sur les récoltes, de contrats de culture, formes élaborées du *Fürkauf* ; il s'agit en effet de *donner et advancer en prenant et recevant d'eux* (les producteurs) *en payement leur chanvre, saffran et autres marchandises à meilleur marché qu'on ne les auroit autrement*[349]. Le tabac est conditionné par les Strasbourgeois eux-mêmes[350], les artisans que sont les *Tabakspinner* ou *Tabakmacher*[351] cédant progressivement la place à des manufacturiers dont certains portent le titre prestigieux de *Meisterfabrikanten*. Il fait parfois l'objet d'un achat dans les campagnes de la part de commerçants strasbourgeois ou italiens[352]. Tout un réseau

---

[342] AHR C 1116 (1740).

[343] *Ibid.* (subdélégué de Ferrette, 8 novembre 1746).

[344] AHR C 1116 (1747).

[345] AHR C 1585 (Commission intermédiaire, procès-verbal du 25 juin 1788).
AN O[1] 243/13 : Profitant de l'abondance de 1786, Cerf-Berr, entrepreneur des fourrages, demande le transit Allemagne-Suisse par l'Alsace pour 15 000 sacs d'épeautre ; Burgraff, négociant strasbourgeois, pour 10 000 et Klinglin pour 2000 sacs de froment.
AN K 2196/1 : transit depuis le Palatinat et le margraviat jusqu'au comté de Montbéliard, sans passer par Strasbourg les frais d'entrepôt (1789).

[346] On se reportera aux travaux de Y. Le MOIGNE, *D.E.S. 1253* et *contrib. 1255* (pour Strasbourg) et de J-P. GRASSER, *D.E.S. 211* et *art. 431*. (pour Haguenau).

[347] Voir *supra* pp. 156-158.

[348] AMS Conseil des XV, 1696, *fol.* 34 et 123 : 1712, *fol. 2612 et 1713, fol.* 94.
J. VOGT, *contrib. 1303*, synthèse de nombreux articles concernant le commerce de la garance *(art. 1387, 1389, 1392, 1398 et 1401)*, des oléagineux *(art. 1388* et *1391)*, du tabac *(art. 1390)*, du safflor *(art. 1385, 1386, 1396, 1397* et *1402)*.

[349] APM T 1282 : *Mémoire du commerce...* (s.d., deuxième moitié du XVIIème siècle).

[350] AMS Conseil des XV, 1696, *fol.* 123 et 1716, *fol.* 23.

[351] ABR 1 B 138 (Westhouse 1720).

[352] AMS Conseil des XV, 1707, *fol.* 153 et 1711, *fol.* 308.

d'acheteurs juifs travaille à leur profit, autour des petits centres d'achat que sont Benfeld[353] ou Bischwiller[354]. Des sociétés apparaissent au XVIIIème siècle[355] ; des contrats d'achat sont établis avec les producteurs[356]. Ce commerce donne lieu à nombre de contestations et conflits entre citadins et ruraux : la campagne se défend en constituant ses propres réseaux de ramassage pour le pavot[357], le safflor ; le Magistrat de Strasbourg impose un label de qualité, menaçant les producteurs de confiscations et d'amendes, et combat la fraude qui se développe d'autant plus facilement que, grâce à la connivence des laboureurs du Kochersberg et des acheteurs de la ville, une partie de la production commercialisable a tendance à échapper aux marchés publics court-circuités par les intercepteurs citadins et ruraux[358]. Mais c'est bien la ville qui tient la campagne à sa merci et lui dicte ses conditions.

Une dernière facette du commerce relève plus directement de l'initiative paysanne : il s'agit des échanges entre régions – ou microrégions – complémentaires : *fertile généralement en tout*, le Sundgau *peut aisément recouvrer... ce qui lui manque de ses voisins*[359]. La plaine *tire les planches, arbres, sapins et autres matériaux des bailliages d'Altkirch, de Ferrette et de Masevaux et peut... par la même occasion vendre du vin*, alors qu'il n'y a dans chaque village que *4 à 5 paÿsants ayant du grain à vendre*[360]. Nous ne reviendrons plus sur le problème de la complémentarité Vignoble-plaine que soulève l'extension de la vigne en plaine au XVIIIème siècle.[361] Les vins de Riquewihr s'exportent vers la Lorraine par Sainte-Marie-aux-Mines en échange des échalas nécessaires[362]. Ce troc par nécessité laisse l'impression d'une superposition d'autarcies partielles, parfois transitoires. Car il n'intervient que lorsque s'avère insuffisant l'échange des fruits du travail à l'échelon de la paroisse ou d'un groupe de paroisses qui, pour ne pas avoir laissé de traces, nous échappe trop souvent.

Sous son triple visage – commerce extra-provincial, relations ville-campagne, complémentarité entre petites régions à vocation différente –, le commerce dans lequel la campagne se trouve impliquée est centré sur les produits agricoles, l'industrie n'étant, en définitive, que le prolongement de l'agriculture.

Conclusion

Peut-on parler en Alsace d'*industrialisation* des campagnes ? Elle se

---

353 ABR 1 B 318 (vers 1700).

354 AMS Conseil des XV, 1668, *fol.* 5 et 1707 *fol.* 153.

355 ABR 6 E 41/107 (1762).

356 ABR 6 E 41/172 (1778).

357 Jean Vogt (*contrib. cit.* p. 265) cite l'exemple de Kibs d'Eckbolsheim, accusé en 1747 d'accumuler des sacs de pavot pour les revendre aux huiliers de Strasbourg.

358 Un exemple : le *Vorkauf* d'orge à Strasbourg en 1771 (ABR C 390).

359 J. FEUVRIER, *art. [205]*, p. 538 (d'après la relation du Père Tiburce, 1785).

360 AHR C 1098-1099 (1751).

361 Voir *supra* pp. 699-710.

362 J-M. ORTLIEB, *op. [318]*, pp. 45-46.

heurte, au XVIIIème siècle, à un double blocage venant à la fois de la ville, plus commerçante que manufacturière, et de la campagne peu disposée à transformer des produits qui sont, par eux-mêmes, de haute valeur marchande. Mais, sans qu'elle soit le résultat d'une exceptionnelle réussite agricole, l'industrie rurale est inséparable des activités agraires qu'elle prolonge tout naturellement par des gestes familiers. Le cachet de l'Alsace va se préciser au siècle suivant : pays à la fois de petite agriculture et de petite industrie, elle accorde une place à la polyculture et à la polyindustrie qui se comportent en soeurs jumelles dans une parfaite complémentarité des occupations, au sein de l'unité économique élémentaire que constitue la famille[363]. L'activité artisanale, par sa diversité et son intensité, renvoie l'image de la polyculture dont elle valorise les richesses. Cette situation permet au paysan de participer à la transformation des produits sans se désengager du travail de la terre, mais sans s'engager trop avant dans celui de l'industrie. Avant le stade de la fabrication achevée, la campagne passe le relais à la ville dont le rôle dans la structuration de l'espace rural est loin d'être tyrannique[364]. Mais l'insuffisant rayonnement économique de la ville en milieu rural, son incapacité apparente à créer une *région fonctionnelle qui, assujettie à son contrôle, serait le prolongement et le complément des activités urbaines* ne sauraient nous conduire à sous-estimer le rôle des nombreux artisans ruraux qui sont en relations directes avec le consommateur, évoluent en semi-autarcie à l'abri de la protoindustrialisation, sans pour autant prendre conscience d'un quelconque échec. A l'attrait du revenu garanti, ils préfèrent l'avantage de l'indépendance : différence de nature, non de degré, à notre sens. Nous nous en tiendrons donc, dans la définition de l'artisanat, aux deux critères retenus par François Perroux[365], à savoir : l'apport des facteurs de la production par un seul et même individu ; l'indépendance de ce même individu dans les opérations de production et de commercialisation.

4) Le monde différencié de l'artisanat rural

a) Les artisans ruraux : importance numérique et nature des activités

Peu pénétré par une industrialisation contrôlée et dirigée, le village peut se concevoir comme une cellule d'autoproduction, dans la mesure où il accorde une place importante aux artisans. Combien sont-ils, ces *Handwerker* qui travaillent de leurs mains pour leur propre compte ? Tout le problème réside dans le comptage de la population active. Une fois de plus, la convergence des sources garantit l'approche d'un groupe longtemps mal apprécié. Aux résultats fournis par les dénombrements et registres fiscaux, s'ils retiennent les mentions professionnelles, nous avons voulu confronter les renseignements obtenus par l'analyse diachronique des actes de mariage. C'est après bien des hésitations que nous utilisons cette

[363] M. HAU, *op. 1686*, p. 389.
N. STOSKOPF, *op. 1743*, pp. 143 et 217.

[364] R. SCHWAB, *op. 445*, p. 238.

[365] Fr. PERROUX, *L'artisanat dans le capitalisme moderne*, Paris 1938, p. 4.

méthode qui comporte un double risque d'erreur. L'indication des métiers n'est pas systématique : oubliant les célibataires, plus fréquente pour le père de l'époux que pour celui de l'épouse, elle est fonction de la rigueur que mettent le curé ou le pasteur à relever les professions de leurs ouailles. D'autre part, une même profession peut donner lieu à des enregistrements répétés en cas de remariage ou lorsque le père marie successivement plusieurs de ses enfants. De telles distorsions n'auraient quelque chance d'être corrigées que par la technique de reconstitution des familles. Par contre, cette méthode des fréquences permet d'élargir l'enquête en dépassant le cadre villageois et en induisant l'étude de l'endogamie géographique et sociale[366]. On n'accordera donc aux résultats obtenus qu'une valeur approchée et indicative.

Présent dans le registre paroissial, le dénombrement des taillables, l'acte notarié ou judiciaire, l'artisan rural apparaît rarement dans l'exercice de ses fonctions : il est exceptionnel qu'il passe marché par écrit avec ses clients ou qu'il tienne comptabilité ; seule une contestation sur la qualité des travaux effectués ou le prix à payer peuvent secréter un document qui ressemblerait à une *facture*[367]. Une difficulté supplémentaire réside dans la division peu achevée du travail et l'incomplète spécialisation des métiers ruraux. L'étrange assemblage des activités artisanales, exercées par un même individu, témoigne à la fois du caractère intermittent des occupations, de la faible ampleur des affaires traitées et de la modestie des marges bénéficiaires. Compte tenu du dualisme, voire du pluralisme artisanal, et du caractère équivoque des désignations, une tentative de catégorisation permettra de saisir, au mieux, la source essentielle, mais pas forcément unique, des revenus d'origine artisanale. Encore faudrait-il que notre homme réside au village : échappe à l'investigation le monde insaisissable des marchands ambulants et des artisans itinérants – le peigneur de chanvre, le chaudronnier, l'étameur, le rémouleur, le vitrier – qui ne font qu'un séjour assez bref à la ferme. Mais, même pour les artisans domiciliés, l'activité se situe le plus souvent en marge des règlements qui pourraient apporter d'utiles informations à l'historien[368] ,puisque la profession échappe tout à la fois à la réglementation contraignante d'un corps de métier et à l'action unificatrice de la ville.

Les artisans de village comptent pour le tiers environ des chefs de ménage : proportion importante si on la compare à celle d'autres régions françaises[369]. Il est vrai que les limites du monde artisanal sont difficiles à fixer en raison de l'aspect saisonnier de cette occupation et du caractère

---

[366] Voir *supra* pp. 135-140 et *infra* pp. 1128-1129.

[367] AHR 4 B 10 : détail des travaux réalisés par Joseph Miesch, le forgeron de Wittelsheim pour Jean Armspach, pendant l'année 1759, pour un montant de 24 livres tournois et 4 sous.

[368] ABR G 1251/1 (bailliage de Benfeld, 1717-1721).

[369] E. MIREAUX, *op. [563]*, p. 186 : 10 % environ pour la Brie à la fin du XVIIème siècle.
B. DEROUET, *art. 912*, p. 4 : moins de 8 % de la population dans le Thimerais au XVIIIème siècle.
S. DONTENWILL, *art. 1637*, p. 35 : pour le Roannais au XVIIIème siècle, l'auteur estime à 5-10 % la proportion des artisans par rapport au nombre des chefs de ménage. A Tourouvre-au-Perche (H. CHARBONNEAU, *op. 563*, pp. 39-40) par contre, la proportion s'élève à 20-30 % (sabotiers non compris).

polyvalent des activités rurales. Si l'enquête de 1789[370] a tendance à sous-évaluer le nombre des artisans, en situant leur place entre 5 et 10 % de l'ensemble des chefs de ménage, c'est qu'elle inclut une partie d'entre eux dans la catégorie des *propriétaires de biens-fonds* et dans celle des habitants *qui ajoutent un travail quelconque à leur revenu ou traitement*. L'imbrication d'activités polymorphes conduit les enquêteurs à une classification arbitraire et ambiguë. Les choix qui président à un tel classement se fondent sur des réalités fiscales et des notions d'utilité économique : propriétaires et non propriétaires, producteurs et non producteurs... Même sous-estimation dans les terres de la noblesse de Basse-Alsace où les artisans représenteraient 7,8 % du nombre total des chefs de ménage en 1775, 8,2 % en 1788 ou dans celles de l'Evêché (10,9 % dans le bailliage de Benfeld si l'on y ajoute les pêcheurs et les bateliers)[371]. Les registres paroissiaux par contre affichent une nette tendance à la surestimation, car, quelle que soit l'importance de la terre, c'est souvent le métier qui permet d'identifier le chef de famille : on ne s'étonnera donc pas de trouver au XVIIIème siècle 36,5 % d'artisans à Geispolsheim, 45 % à Stotzheim, 68 % à Hipsheim et plus de 75 % à La Wantzenau[372] !

Quelle que soit la fiabilité de ces chiffres, c'est en tout cas l'impression d'un développement de l'artisanat rural dans la seconde moitié du XVIIIème siècle qui se dégage, développement sans doute moins important que ne le soupçonnait Etienne Juillard[373] dont les conclusions s'appuient sur les seules listes de corvéables, y compris dans les bourgs et les petites villes, qui échappent à notre enquête, où ils sont assurés de trouver une clientèle nombreuse et diversifiée[374].

Composition socio-professionnelle d'Erstein (1683-1744) d'après les registres de taille[375]

	Chefs de ménage*	Laboureurs	Journaliers	Pêcheurs	Artisans
1683	182	43	38	33	68 (37,5 %)
1688	215	50	43	38	84 (39 %)
1692	214	52	39	42	81 (38 %)
1697	220	55	35	48	82 (37 %)
1703	222	112	33	**	77 (34,5 %)
1744	266	60	54	50***	102 (38,5 %)

* veuves et manants exclus
** non indiqués (sans doute compris avec les laboureurs)
*** bateliers inclus.

370 AHR 1 M 57.
De même, l'état du bailliage de Benfeld en 1788 (ABR C 252/6) portant sur 22 villages de la plaine :
- artisans = 180 (8,3 %)
- pêcheurs et bâteliers = 143 (6,6 %)
- laboureurs = 626 (28,7 %)
- journaliers : 1230 (56,4 %).

371 P. WERNER, *D.E.S.cit. 653*, t. II, pp. 83-88.

372 ABR 3 E 151/7-9 (Geispolsheim), 199/1-5 (Hipsheim), et 519/8 et 9 (La Wantzenau).

373 E. JUILLARD, *op. cit.*, pp. 241-242.

374 Aucune comparaison cependant avec de petites villes comme Bischwiller, dont la population, qui se situe vers 1750 entre 2900 et 3100 habitants, se répartit comme suit : sur 494 foyers (veufs non compris), 71,9 % d'artisans, 13,6 % de laboureurs, 13,3 % de *pionniers*, 1,2 % de bergers (A. MULLER, *mém. cit.*, p. 37).

375 AC Erstein CC 23-25 (1683, 1688, 1692, 1697, 1703).
ABR C 392 (1744)

Mais avant 1750 ils sont sans doute moins absents de la campagne que ne le suggèrent les *états* de laboureurs et de manouvriers, les artisans pouvant être inclus dans l'une ou l'autre de ces catégories : dans ces conditions, l'artisanat de village risque de se trouver sous-représenté. De telles imprécisions ont une contrepartie positive : lorsque les sources fiscales indiquent, de façon précise et invariable, son état professionnel, nous avons toutes les chances de saisir un authentique artisan à l'activité bien déterminée et indispensable à la vie quotidienne de la communauté, n'ayant recours à l'agriculture que d'une façon accessoire et occasionnelle. Voici l'exemple de la communauté d'Issenheim en Haute-Alsace dans laquelle les *gens de mestiers* comptent en 1699 pour 35 % de chefs de ménage, proportion comparable à celle relevée à Erstein, tout en couvrant la totalité de l'éventail des types d'exploitation[376] :

	Nombre d'artisans	Sans bêtes de trait	2 chevaux	1 cheval + 1 boeuf	1 cheval	2 boeufs	1 boeuf
Total	30 (100 %)	21 (70 %)	3	1	3	1	1
Métiers liés aux activités agricoles	8 (26,5 %)						
- Tonneliers		3					
- Maréchaux-ferrants		3					
- Charron		1					
Métiers du bâtiment	4 (13,5 %)						
- Maçon		1					
- Tuilier			1				
- Charpentier		1					
- Menuisier		1					
Métiers de l'habillement	8 (26,5 %)						
- Tisserands		3					
- Tailleurs		3					
- Cordonniers		2					
Métiers de l'alimentation	6 (20 %)						
- Meuniers					2		
- Huilier		1					
- Boulangers					1		1
- Boucher				1			
Services	4 (13,5 %)						
- Merciers			2				
- Chirurgien		1					
- Joueur de violon		1					

Or que constatons-nous un siècle plus tard ? Au sein des trois catégories numériquement équilibrées que constituent les laboureurs, les journaliers et les artisans, c'est incontestablement le groupe des artisans qui s'étoffe, bénéficiant statistiquement, semble-t-il, d'un apport en provenance de celui des journaliers : la raréfaction de la terre, conjuguée avec la pression démographique, fait de l'artisanat une tentation pour les uns, une nécessité pour les autres.

[376] AHR 1 E 22/18 : *Estat des bourgeois, manans et habitans du bourg d'Issenheim tant laboureurs, gens de mestiers que manouvriers* (1699).

Structure socio-professionnelle et propriété foncière à Willgottheim[377]

Dates	Nombre de chefs de ménage	Laboureurs 1.	Laboureurs 2.	Journaliers 1.	Journaliers 2.	Artisans 1.	Artisans 2.
1772	88	23 (26 %)	20 (76,5%)	36 (41 %)	1,4 (8,5%)	29 (33 %)	3,2(15 %)
1775	90	24 (26,5 %)	19,3 (75 %)	34 (38 %)	1,4 (8 %)	32 (35,5 %)	3,2 (17 %)
1780	98	23 (23 %)	19,4 (76 %)	38 (39 %)	1 (7 %)	37(38 %)	2,8 (17 %)
1785	102	26 (26 %)	17 (74 %)	36 (35 %)	1,2 (7 %)	40(39 %)	3 (19 %)

1. Nombre (%) de chefs de ménage
2. Superficies moyennes, exprimées en hectares, tenues en propriété (% de l'ensemble des terres tenues en propriété)

A Willgottheim en Kochersberg, laboureurs et surtout journaliers voient, à la veille de la Révolution, leur position grignotée par les artisans qui, en nombre croissant, sont attirés par la possession de la terre[378]. Encore ces chiffres ne tiennent-ils pas compte de l'importante proportion de femmes employées dans le travail textile, en particulier pour le filage du chanvre.

Le solide maintien, voire le développement de l'artisanat à la campagne, en dépit de la concurrence de la production domestique, ne saurait s'expliquer sans qu'on fasse intervenir la réalité de l'hérédité professionnelle grâce à laquelle se transmet le savoir technique. L'exemple de La Wantzenau, qui situe aux deux tiers la proportion des enfants reprenant la profession de leur père, entre 1723 et 1763[379], inspire les réflexions suivantes :

- Plus un métier requiert une expérience professionnelle, plus il y a de chance qu'il se transmette à l'un ou à plusieurs des enfants ; *a contrario,* les professions liées au travail de la terre s'accommodent à un degré moindre de l'hérédité professionnelle.
- Si l'équipement professionnel joue un rôle capital pour le batelier ou le tisserand, ce facteur est moins contraignant pour d'autres métiers :

	Nb. de cas relevés	Hérédité professionnelle	Non-hérédité
Laboureurs	18	3 (16,7 %)	15 (5 tisserands, 4 cordonniers, 2 tourneurs sur bois, 1 tailleur, 1 maraîcher, 1 boulanger, 1 boucher).
Bateliers	19	12 (63,2 %)	7 (2 tisserands, 1 cordonnier, 1 boulanger, 1 aubergiste, 1 administrateur, 1 divers).
Pêcheurs	15	13 (86,7 %)	2 (1 brasseur, 1 cordonnier)
Tisserands	13	11 (84,6 %)	2 (1 tailleur, 1 soldat)
Cordonniers	11	9 (82,8 %)	2 (laboureurs)
Potiers	6	3 (50 %)	3 (chirurgiens)
Tailleurs	5	3 (60 %)	2 (1 journalier, 1 batelier)
Maçons	3	2 (66,6 %)	1 (tailleur)
Divers	14	8 (57,1 %)	6 (2 tisserands, 1 boulanger, 1 maître d'école, 1 chirurgien, 1 administrateur)
Ensemble	104	64 (61,5 %)	40 (38,5 %)
Laboureurs	18	3 (16,7 %)	15 (83,3 %)
Artisans	86	61 (70,9 %)	25 (29,1 %)

[377] ABR 8 E 532/3 : capitation 1772/1785.

[378] J-M. BOEHLER, *art. 82*.

[379] ABR 3 E 519/ 8 et 9 : reconstitution à partir des actes de mariage.

– Les professions-refuge, pour les enfants rejetés du giron familial et professionnel, sont celles de tisserand (dans 1 cas sur 4 ou 5), de cordonnier (1 sur 6 ou 7), de tailleur et de boulanger (1 sur 13 ou 14). Viennent ensuite la chirurgie, la fonction publique et l'armée, tout dépendant, en dernier ressort, de la plus ou moins grande fréquence des divers métiers.

C'est la fidélité au métier paternel qui assure la continuité d'une profession exercée avec un soin quasi dynastique et transmise comme un *art* de génération en génération. Que l'un des fils reprenne le métier du père, quoi de plus naturel ? Mais c'est la majorité, parfois la totalité des enfants du tisserand, qui restent fidèles à la navette, comme s'ils étaient incapables d'échapper aux horizons textiles et à l'emprise d'une activité dans laquelle ils ont été élevés[380]. Cette *fatalité professionnelle* ne connaît théoriquement pas de limites puisque, contrairement à ce qui se passe dans les familles de laboureurs, on peut imaginer que tous les enfants succèdent professionnellement à leur père : outre l'apprentissage par *voir faire*, il leur suffit de posséder un métier à tisser, de s'assurer une clientèle ou d'entrer par alliance dans une famille de tisserands[381]. Mais qu'est-ce qui incite les enfants du tisserand à reprendre le métier paternel ? Une explication à double entrée, suivant qu'on se place sous l'angle de l'offre ou dans l'optique de la demande. Accompagnant la pression démographique, l'offre se fait de plus en plus forte au XVIIIème siècle, les exploitants les plus modestes tirant de l'artisanat, moyennant un équipement rudimentaire, quelques revenus d'appoint. Encore faudrait-il que ces artisans, de plus en plus nombreux, trouvent à s'employer et qu'à l'offre croissante réponde une demande capable de la satisfaire. C'est donc sur la nature de l'artisanat, plus que sur la quantité d'artisans, que doit porter l'attention de l'historien.

Voici, en 1663, le cas de Benfeld-Ehl[382],où l'administration épiscopale rencense 22 professions exercées par 53 *bourgeois* du lieu, à l'exclusion des *manants* [383], tandis que 7 chefs de ménage seulement s'adonnent, à temps complet, au travail de la terre (5 laboureurs et 2 journaliers). La prédominance du secteur alimentaire, suivi de loin par celui de l'outillage et de l'habillement, s'explique partiellement par l'importance numérique des pêcheurs. On relèvera par contre, paradoxe en cette période de reconstruction, la part modeste des métiers liés au bâtiment :

Outillage agricole et équipement domestique : 9		**Alimentation : 22**	
Charrons	3	Pêcheurs	10
Forgerons	2	Aubergistes	4
Sellier	1	Boulangers	5
Tonneliers	2	Bouchers	3
Bâtiment : 4		**Services : 5**	
Bûcheron	1	Marchands	3
Maçon	1	Mesureur de grains	1
Menuisier	1	Forestier	1
Serrurier	1		
Habillement : 8		**Divers: 5**	
Tisserands	4	Potiers	2
Tailleur	1	Teinturiers	2
Cordonniers	3	Tanneur	1

[380] Un exemple parmi d'autres : André Neumann, originaire de Kienheim, s'installe à Gimbrett où il laisse six enfants à son décès, en janvier 1760. Deux d'entre eux sont en bas âge. Les trois garçons majeurs sont respectivement tisserands à Waltenheim, Eckwersheim et Mundolsheim. Quant à Catherine, la seule fille, elle épouse Hans Vix, le tisserand du lieu (ABR 6 E 7, Not. Bouxwiller, inv. Gimbrett 263, 23 janvier 1760).

[381] Voir *infra* pp. 1133-1136.

[382] ABR G 1256.

[383] Ibid. : *Ausburger und Hintersassen.*

En englobant 75 communautés de Haute-Alsace situées autour de la petite ville de Thann, la grande enquête menée en 1659 par les Mazarin permet de dégager les caractéristiques d'un artisanat typiquement rural, garantie de l'autosuffisance des campagnes, face aux métiers plus spécialisés et plus diversifiés qui font l'originalité de la ville[384] :

L'artisanat dans le Sundgau (1659) : types d'activités
Source : APM T 1092
Nb. de métiers recensés : 109 (Thann)
88 (reste de la seigneurie, 53 paroisses)

Types d'activités	Thann Nb.	(%) de métiers représentés	Reste de la seigneurie Nb.	(%) de métiers représentés	Nb.	(%) de paroisses*
Outillage agricole et équipement domestique						
Charrons	-	(-)	3	(3,4)	3	(4)
Maréchaux-ferrants	3	(2,7)	13	(14,8)	9	(12)
Chaudronnier	1	(0,9)	-	(-)	-	(-)
Cloutier	1	(0,9)	-	(-)	-	(-)
Cordier	1	(0,9)	-	(-)	-	(-)
Sellier	1	(0,9)	-	(-)	-	(-)
Tonneliers	8	(7,4)	2	(2,3)	2	(2,6)
Potiers	3	(2,8)	-	(-)	-	(-)
Tourneurs	2	(1,8)	-	(-)	-	(-)
	20	**(18,3)**	**18**	**(20,5)**	**14**	**(18,6)**
Bâtiment						
Maçons	6	(5,5)	6	(6,8)	5	(6,7)
Charpentiers	1	(0,9)	8	(9,1)	8	(10,7)
Menuisiers	2	(1,8)	2	(2,3)	2	(2,7)
Serruriers	2	(1,8)	-	(-)	-	(-)
	11	**(10)**	**16**	**(18,2)**	**15**	**(20,1)**
Habillement						
Tisserands	5	(4,6)	18	(20,4)	12	(16)
Tailleurs	9	(8,3)	11	(12,5)	10	(13,3)
Couturière	1	(1)	-	(-)	-	(-)
Cordonniers	9	(8,2)	2	(2,3)	2	(2,7)
Chapeliers	3	(2,7)	-	(-)	-	(-)
Bonnetiers	2	(1,8)	-	(-)	-	(-)
Boutonniers	4	(3,7)	-	(-)	-	(-)
Drapiers	4	(3,7)	-	(-)	-	(-)
Tanneurs	3	(2,8)	-	(-)	-	(-)
Teinturiers	2	(1,8)	-	(-)	-	(-)
	42	**(38,5)**	**31**	**(35,2)**	**24**	**(32)**
Alimentation						
Aubergistes	2	(1,8)	11	(12,5)	10	(13,3)
Meuniers	3	(2,8)	6	(6,8)	6	(8)
Boulangers	5	(4,6)	2	(2,3)	2	(2,7)
Pâtissiers	3	(2,8)	-	(-)	-	(-)
Bouchers	5	(4,6)	3	(3,4)	3	(4)
	18	**(16,6)**	**22**	**(25)**	**21**	**(28)**
Divers						
Apothicaire	1	(0,9)	-	(-)	-	(-)
Armuriers	2	(1,8)	-	(-)	-	(-)
Convoyeurs	2	(1,8)	-	(-)	-	(-)
Marchands	3	(2,8)	-	(-)	-	(-)
Merciers	5	(4,6)	-	(-)	-	(-)
Chirurgiens	4	(3,7)	1	(1,1)	1	(1)
Orfèvre	1	(0,9)	-	(-)	-	(-)
	18	**(16,6)**	**1**	**(1,1)**	**1**	**(1,3)**
Total :	**109**	**(100)**	**88**	**(100)**	**75**	**(100)**

* 75 mentions et 53 paroisses = 100 %

Là encore, on s'attendrait à ce que ce soient les métiers liés à l'outillage agricole et au bâtiment qui, en ce temps de reconstruction et de remise en

384 APM T 1092.

valeur, l'emportent à la campagne. Or ces professions, pour importantes qu'elles soient, se trouvent dépassées par les métiers de l'habillement qui, prioritaires à Thann comme dans son arrière-pays rural, représentent à eux seuls le tiers des activités relevées. Enfin, si les professions de l'alimentation semblent occuper proportionnellement plus de monde à la campagne, cette avance trompeuse s'explique uniquement par le nombre impressionnant d'auberges. Mais, dans l'ensemble, l'artisanat rural vise à la satisfaction des besoins élémentaires - habillement, outillage, bâtiment -, tandis que celui de la petite ville s'ouvre à une clientèle plus aisée, plus raffinée, plus exigeante. Pour apprécier le poids réel de la représentativité des différents artisans, nous avons déterminé leur fréquence en fonction du nombre de mentions relevées dans les 53 villages pour lesquels nous disposions de renseignements[385]. La comparaison des deux classements révèle à la fois des similitudes (primauté incontestable des tailleurs et des tisserands) et des divergences (place importance des aubergistes, des maréchaux-ferrants et des charpentiers à la campagne):

L'artisanat dans le Sundgau (1659) : fréquences

Source : APM T 1092 (53 paroisses rurales, 88 indications de professions)

Métiers artisanaux	Nb. de mentions	Rang	Rang	Nb. de paroisses concernées	Métiers artisanaux
Tisserands	18	1	1	12	Tisserands
Maréchaux-ferrants	13	2	2	10	Aubergistes
Aubergistes	11	3	2	10	Tailleurs
Tailleurs	11	3	4	9	Maréchaux-ferrants
Charpentiers	8	5	5	8	Charpentiers
Meuniers	6	6	6	6	Meuniers
Maçons	6	6	7	5	Maçons
Bouchers	3	8	8	3	Bouchers
Charrons	3	8	9	3	Charrons
Boulangers	2	10	10	2	Boulangers
Cordonniers	2	10	10	2	Cordonniers
Menuisiers	2	10	10	2	Menuisiers
Tonneliers	2	10	10	2	Tonneliers
Chirurgien	1	14	14	1	Chirurgien
	Thann			**Seigneurie de Thann**	

Derrière la foule des tisserands et des maréchaux, se profilent dès à présent trois figures dont la notoriété dépasse le cadre du village : celles du meunier, du charpentier et de l'aubergiste. Les meuniers, relativement nombreux n'apparaissent pas dans tous les villages. Leur présence obéit à des contraintes naturelles (proximité de l'eau) et économiques (présence d'une clientèle suffisamment nombreuse pour rentabiliser les frais d'équipement). Le charpentier revêt une certaine importance puisqu'il est le maître d'oeuvre de la maison, essentiellement bâtie en bois[386]. Personnage connu à la ronde pour son savoir-faire, son habileté à façonner et à assembler les poutrages caractéristiques, il fait figure d'ouvrier spécialisé. Néanmoins il reste fort discret et son nom, rarement consigné sur l'ouvrage, ne nous parvient qu'exceptionnellement[387]. Comme pour le meunier, son activité se trouve englobée dans un système socio-économique relativement vaste dépassant le cadre du village. Enfin l'aubergiste se situe au carrefour de la vie communautaire villageoise ou

[385] Dans 19 communes, les professions ne sont pas mentionnées. Nous avons par ailleurs intentionnellement omis de relever les professions indiquées pour la ville de Thann ainsi que pour les bourgs de Cernay, Dannemarie et Masevaux.

[386] Voir *infra* pp. 1565 ss.

[387] ABR G 1014 : Statuts de la corporation des maçons et charpentiers du Kochersberg (1673).

intervillageoise. Or, malgré les destructions consécutives à la guerre de Trente Ans, les auberges restent fort nombreuses vers 1650, trop nombreuses au gré de certains administrateurs[388]. Auraient-elles bénéficié du passage des troupes durant la guerre ? En tout cas, les conflits n'ont pas interrompu la vie de relations.

Telle est la situation vers 1660. Dans quelle mesure a-t-elle évolué au siècle suivant ? Force est de conclure à la timidité des changements intervenus. Alors que l'on s'attendrait à un développement spectaculaire des métiers répondant aux besoins de la vie économique, on constate au contraire une saturation des professions directement liées à l'activité agricole : double témoignage de la timidité des progrès techniques réalisés et de l'inélasticité du nombre des exploitations agricoles requérant un équipement important. C'est à peine si le maréchal-ferrant, qui cumule les travaux de forge, de ferrage et de taillanderie, affirme sa position par rapport au siècle précédent. En témoigne la situation à Turckheim, que le registre des corporations d'une part[389], le rôle des vingtièmes d'autre part[390] permettent de saisir à soixante ans d'intervalle :

	1695	1752	Evolution	
Outillage agricole et équipement domestique				
Charrons	2	3	+ 1	
Maréchaux-ferrants	1	3	+ 2	
Tonneliers-cuvetiers	4	12	+ 8	
Sculpteurs	-	2	+ 2	
	7	20	+ 13	(+ 186 %)
Bâtiment				
Maçons	1	4	+ 3	
Charpentiers	2	6	+ 4	
Menuisiers	6	11	+ 5	
Serruriers	1	4	+ 3	
Cloutiers	-	2	+ 2	
	10	27	+ 17	(+ 170 %)
Habillement				
Tailleurs	4	10	+ 6	
Cordonniers	3	11	+ 8	
	7	21	+ 14	(+ 200 %)
Alimentation				
Boulangers	1	5	+ 4	(+ 400 %)
Total	**25**	**73**	**+ 48**	**(+ 19 %)**

Quantitativement, la progression du nombre d'artisans est plus forte que la croissance démographique comme si cette dernière, nous l'avons noté pour les journaliers, se concentrait dans les couches populaires. Mais, qualitativement, la gamme des métiers ne s'est guère diversifiée et les professions liées à l'outillage agricole, sauf celles des tonneliers et cuvetiers, ne connaissent pas d'augmentation spectaculaire. L'exemple de Willgottheim[391] prouve que la tendance se confirme jusqu'au milieu du XIXème siècle. Par contre se fait jour une nette prolifération des métiers de

388 AHR C 984 : proposition du bailli du Haut-Landser visant à réduire à trois le nombre des cabaretiers de Gros Kembs qui *augmente journellement* (8 septembre 1641).

389 AM Turckheim CC 45.

390 AM Turckheim CC 103. Voir A. BILLICH, *op. 203*, p. 105.

391 J-M. BOEHLER, *art.cit.*
ABR 8 E 532/3 (impositions royales 1740-1785) et 7 M 792 (liste nominative de 1836).

l'habillement, timidement suivis par ceux du bâtiment, phénomène qui pourrait correspondre d'une part à l'accroissement démographique, d'autre part à l'élévation du niveau de vie dans certaines couches de la société[392] et, pour le textile, à la tendance à la baisse du prix des tissus.

La fréquence des différentes professions permet à la fois de mesurer la différenciation croissante des activités et d'apprécier le caractère plus ou moins indispensable de tel ou tel métier à la campagne ainsi que sa capacité à assurer une certaine autonomie au village :

	XVIIème siècle	XVIIIème siècle
	56 échantillons	10 échantillons
	126 tests de présence	168 tests de présence
	% de mentions par rapport au nombre de localités	
Forestiers	2	-
Bûcherons	2	-
Charrons	11	90
Maréchaux-ferrants	23	90
Selliers-cordiers	2	50
Tonneliers-cuvetiers	9	90
Fabricants de râteaux	-	10
Fabricants de corbeilles	-	10
Fabricants de passoires	2	-
Fabricants de chandelles	-	10
Potiers	2	20
Tourneurs sur bois	-	10
Sculpteurs	2	10
Maçons	14	100
Tuiliers	2	-
Charpentiers	18	60
Menuisiers	9	100
Serruriers	4	50
Cloutiers	-	20
Tisserands	25	100
Fileurs	-	10
Teinturiers	2	20
Tailleurs	21	100
Cordonniers	9	90
Savetiers	-	30
Chapeliers	-	10
Aubergistes	20	40
Meuniers	12	40
Huiliers	2	30
Boulangers	9	90
Bouchers	9	70
Pêcheurs	2	70
Distillateurs	-	10
Marchands, merciers	4	40
Mesureurs de grains	2	-
Cochers/postillons	-	20
Chirurgiens-barbiers	4	60
Baigneurs	-	10
Maîtres d'école	-	20
Musiciens	2	20
Tanneurs	2	10
Equarisseurs	-	10
Coupeurs de paille	-	20
Châtreurs de porcs	-	10
Salpêtriers	-	10
Bergers	-	50
Nb. d'activités différentes	**30**	**41**
Sources :	APM T 1092 (seigneurie de Thann, 1659) AM Turckheim CC 45 (Turckheim 1695)	ABR G 1256 Benfeld-Ehl 1663) AHR 1 E 22/18 (Issenheim 1699)

La comparaison des deux situations (XVIIème et XVIIIème siècles) n'a qu'une valeur relative puisqu'elle porte sur des échantillons différents

[392] Voir ann. 43.

quant à leur importance et leur couverture géographique. On peut néanmoins en tirer les conclusions suivantes :

– L'enrichissement de l'artisanat rural s'effectue par son développement numérique et sa constante diversification : l'apparition de douze nouvelles professions entre les deux époques (fabricants de râteaux et de corbeilles, cloutiers, fileurs, savetiers, chapeliers, distillateurs, mesureurs de grains, coupeurs de paille, bergers, châtreurs de porcs, salpêtriers, baigneurs, équarisseurs...) est parfois due au hasard des sources. On remarquera cependant qu'à l'inverse peu de métiers mentionnés au XVIIème siècle ne le sont plus au XVIIIème (forestiers, bûcherons, fabricants de passoires, tuiliers, mesureurs de grains...). Certains services apparaissent ou se développent (chirurgiens-barbiers, maîtres d'école, cochers ou postillons, marchands ou merciers).

– Les plus grandes fréquences concernent, de part et d'autre, les maréchaux, les tisserands et les tailleurs. Par contre, se développent les secteurs liés au bâtiment (maçons, charpentiers, menuisiers), à l'outillage agricole (charrons, tonneliers), à l'alimentation (boulangers, bouchers), à l'habillement (cordonniers, savetiers).

L'exemple précédent peut être recoupé par celui de Geispolsheim, élaboré à partir des actes de mariage :

	Métiers artisanaux	**1686-1733**		**1760-1779**		**Total**	
		Nb.	**(%)**	**Nb.**	**(%)**	**Nb.**	**(%)**
+	Maréchal-ferrant	19	(12,7)	23	(17,5)	42	(14,9
+	Tonnelier-cuvetier	4	(2,7)	6	(4,6)	10	(3,6)
	Outillage	**23**	**(15,4)**	**29**	**(22,1)**	**52**	**(18,5)**
–	Maçon	6	(4)	1	(0,8)	7	(2,5)
–	Charpentier	2	(1,3)	1	(0,8)	3	(1,1)
–	Menuisier	17	(11,3)	5	(3,8)	22	(7,8)
o	Souffleur de verre	3	(2)	-	(-)	3	(1,1)
+	Vitrier	1	(0,7)	4	(3)	5	(1,8)
•	Serrurier	-	(-)	4	(3)	4	(1,4)
	Bâtiment	**29**	**(19,3)**	**15**	**(11,4)**	**44**	**(15,7)**
–	Tisserand	27	(18)	15	(11,5)	42	(14,9)
+	Tailleur	14	(9,3)	17	(13)	31	(11)
o	Teinturier	1	(0,7)	-	(-)	1	(0,4)
+	Cordonnier	12	(8)	14	(10,7)	26	(9,2)
	Habillement	**54**	**(36)**	**46**	**(35,2)**	**100**	**(35,5)**
+	Aubergistes	2	(1,3)	2	(1,5)	4	(1,4)
–	Meunier	6	(4)	4	(3)	10	(3,6)
–	Boulanger	10	(6,7)	8	(6,1)	18	(6,4)
+	Boucher	2	(1,3)	3	(2,3)	5	(1,8)
	Alimentation/Services	**20**	**13,3)**	**17**	**(12,9)**	**37**	**(13,2)**
–	Marchand	5	(3,3)	1	(0,8)	6	(2,1)
–	Chirurgien-barbier	2	(1,4)	1	(0,8)	3	(1,1)
+	Bourreau	2	(1,3)	2	(1,5)	4	(1,4)
o	Sacristain	-	(-)	1	(0,8)	1	(0,4)
+	Administrateur/notable	8	(5,4)	14	(10,7)	22	(7,8)
o	Soldat	2	(1,3)	-	(-)	2	(0,7)
	Musicien	-	(-)	2	(1,5)	2	(0,7)
o	Berger	5	(3,3)	-	(-)	5	(1,8)
	Chasseur	-	(-)	2	(1,5)	2	(0,7)
	Garde-forestier	-	(-)	1	(0,8)	1	(0,4)
	Services	**24**	**(16)**	**24**	**(18,4)**	**48**	**(17,1)**
Total		**150**	**(100)**	**131**	**(100)**	**281**	**(10**

\+ progression relative
– régression relative des activités
• apparition
o disparition

Dans cette bourgade, située à proximité de Strasbourg, on assiste, à l'intérieur de marges très étroites, à la légère progression de certains métiers (maréchal-ferrant, tonnelier, vitrier, aubergiste, boucher). Mais ce sont les fonctions d'encadrement et les professions liées à l'outillage agricole qui connaissent ici le progrès le plus net.

La différenciation des activités, peu sensible dans le cas de Geispolsheim, apparaît plus nettement quand on compare la période de la *reconstruction* avec la seconde moitié du XVIIIème siècle :

Nb. d'activités différentes par localité :

	1-4	5-9	10-14	15-19	20-25	plus de 25
Nb. de villages (%) abritant x activités						
Sundgau 1659 APM T 1092 (31 échantillons)	23 (79)	7 (17)	1 (4)			
Plaine d'Alsace 1753-1789 Source : voir ann. 43. (10 échantillons)		1 (10)	4 (40)	3 (30)	1 (10)	1 (10)

On conclura donc à l'importance numérique des métiers liés à la satisfaction des besoins élémentaires et à la représentation relativement faible des professions directement liées à l'agriculture. Autre spécificité : à la campagne, la boutique brille par son absence, l'artisan cherchant à assurer sa propre distribution. Le commerce de détail, officialisé, institutionnalisé, c'est l'affaire de la ville. L'originalité de la petite ville ne fait pas de doute comme l'indiquent les relevés réalisés par Adolphe Riff à Kaysersberg et à Obernai pour l'année 1752 : [393]

		Kaysersberg		Obernai	
Outillage agricole et viticole, équipement domestique :			**52 (36,7%)**		**119 (47,3%)**
- Travail du bois :	charrons	2		4	
	tonneliers	13		43	
	baquetiers	5		4	
	tourneurs	3		4	
- Travail de la terre et de la pierre :	potiers	4		10	
	tuilier	-		1	
	tailleurs de pierre	-		2	
- Travail du cuir et de la corde :	tanneurs	7		8	
	selliers	2		6	
	cordiers	3		-	
	chamoiseurs	2		8	
- Travail du métal :	forgerons	4		9	
	cloutiers	2		14	
	chaudronniers	2		5	
	ferblantiers	1		1	
	potiers d'étain	2		-	
Bâtiment :			**34 (23,9 %)**		**27 (10,7 %)**
- Maçons :		9		5	
- Charpentiers :		10		3	
- Menuisiers :		8		10	
- Serruriers :		4		4	
- Peintres :		2		2	
- Vitriers :		1		3	
Habillement :			**33 (23,2 %)**		**51 (20,2 %)**
- Tisserands :		2		12	
- Tailleurs :		5		10	
- Drapiers :		-		2	
- Teinturiers :		3		5	
- Cordonniers :		18		3	
- Chapeliers :		1		4	
- Bonnetiers :		3		13	
- Perruquiers :		1		1	
- Gantier :		-		1	
Alimentation :			**23 (16,2 %)**		**55 (21,8 %)**
- Meuniers :		2		13	
- Boulangers :		11		26	
- Pâtissiers :		4		-	
- Bouchers :		6		16	
Total :			**142 (100 %)**		**252 (100 %)**

[393] A.RIFF, *art.1643*.

Avant d'esquisser la comparaison avec la situation rencontrée à la campagne, notons que les deux petites villes se situent sur les marges de la plaine agricole, dans les collines sous-vosgiennes, d'où la présence remarquée des tonneliers et des baquetiers. Par ailleurs, l'absence d'un certain nombre de métiers - aubergistes, marchands, maîtres d'école – risque de peser lourd dans le décompte des professions artisanales. Ces réserves faites, c'est moins la quantité des professions qui diffère (une trentaine de part et d'autre) que leur nature : davantage de métiers liés à l'équipement domestique (potiers et chaudronniers par exemple), moins de métiers liés à l'habillement, mais à l'intérieur des secteurs de l'habillement et de l'alimentation, une spécialisation dans les activités *de luxe* si on les compare à celles de la campagne (le chapelier, le perruquier, le gantier, l'horloger et le pâtissier) qui se cantonne dans un artisanat élémentaire[394]. Le critère réside dans la prestation du service rare, non indispensable à la survie. Même le boucher de ville n'a pas grand chose là voir avec son homologue de la campagne : ce dernier, constamment exposé à la concurrence des Juifs, ne fait pas toujours fortune, tant s'en faut[395]. En 1788/1789, le bourg de Wasselonne, avec une soixantaine de métiers différents et plus de 300 artisans et marchands, accorde une place importante au travail du bois, de la pierre et du métal (37 %), tandis que la distribution des autres activités supporte la comparaison avec celle d'Obernai et de Turckheim : 25 % dans l'habillement, 14 % dans l'alimentation, 12 % dans le bâtiment[396]. Les services (11 marchands, 7 merciers et épiciers, 3 voituriers et 2 convoyeurs, 1 postillon, 4 chirurgiens) représentent environ un métier sur dix. Mais c'est à l'intérieur des catégories professionnelles que se dessine la différence avec le village où on aurait du mal à trouver un vitrier, un horloger, un potier d'étain, un sculpteur, un ferblantier, un fabricant de cribles, un marchand de tabac...

Comparons enfin la situation du bourg de La Wantzenau, situé dans le Ried septentrional à proximité du Rhin et à quelques kilomètres seulement au nord de Strasbourg, avec celle de la commune rurale de Stotzheim, nichée dans les terres loessiques de la plaine d'Erstein au sud de la ville :

	La Wantzenau 1714-1763	**Stotzheim 1690-1712**
Nombre de professions relevées	560	130
Distribution par catégorie de professions (%)		
– Outillage agricole et domestique	4,5 %	8,5 %
– Bâtiment	10 %	9,2 %
– Habillement	38,4 %	16,1 %
– Alimentation	18,7 %*	22,3 %
– Transports et communications	16,1 %**	5,4 %*
– Services	7,5 %	22,3 %
– Divers et indéterminés	4,8 %	16,1 %

Sources : ABR 3 E 519/8 et 9 (La Wantzenau) ; 3 E 481/1,7 et 8 (Stotzheim)
NB. Relevé établi à partir des professions des pères de conjoints
* y compris les pêcheurs et les bâteliers.

394 P. de SAINT-JACOB, *art. 1647*.

395 AC Erstein DD 108 : requête à l'intendant, du 20 janvier 1776, de la part de Michel Weber, boucher à Erstein. Ce dernier doit renoncer à sa profession qui s'avère incapable de nourrir sa nombreuse famille et se tourne vers la culture de la terre (mais le moment est mal choisi).

396 AMS VII 79/70. Voir R. WERL, *op. 235*, pp. 51-57.

Dans le premier cas, l'artisanat très développé (plus de 75 % des professions indiquées) accorde davantage de place à l'habillement (écrasante majorité de tisserands), aux transports, au commerce et aux services qu'aux métiers directement liés à l'agriculture. Par ailleurs, le secteur de l'alimentation se trouve artificiellement gonflé par la présence de 61 pêcheurs. Il ressort de cette analyse une opposition fondamentale entre les contrées situées au coeur de la plaine, vouées à la culture des terres associée à un artisanat classique, et les contrées périphériques où une agriculture plus extensive laisse la place à une foule d'activités complémentaires : des bûcherons et charbonniers qui occupent le pourtour de la forêt de Haguenau aux pêcheurs des *Rieds*[397] qui comptent pour plus de 10 % du nombre des feux de La Wantzenau.

b) Les artisans ruraux : leur place dans la société

Peut-on situer les artisans dans la société qui les accueille ? C'est parce qu'ils sont engagés dans la communauté villageoise et nullement détachés de la terre qu'il est possible d'apprécier, au-delà de leur importance numérique, leur place réelle dans la hiérarchie sociale.

En effet, un groupe professionnel peut difficilement être assimilé à un groupe social et l'indicateur que constitue le métier n'implique pas forcément une supériorité ou une infériorité dans l'échelle de la société. L'analyse du volume et de la composition des fortunes nous aura familiarisé avec la forte différenciation du groupe professionnel des artisans, que les registres fiscaux n'incluent pas uniformément dans la catégorie des petits contribuables[398], et leur position sociale hybride[399]. Pour beaucoup d'entre eux, il est vrai, le métier ne constitue qu'un utile appoint. *Presque tous les individus, ayant quelques pièces de terre qu'ils cultivent ne regardent leurs arts ou métiers que comme un accessoire à l'agriculture qui remplit les moments que cette dernière leur laisse* et l'agriculture reste *le premier objet de leur industrie* [400]. Rares sont ceux qui, à l'image de tel charron ou de tel maréchal-ferrant, sont assurés de trouver du travail toute l'année et peuvent se dégager totalement de toute activité agricole. La plupart d'entre eux quittent leur établi pour aller sarcler, faire les foins ou les moissons la belle saison venue, car ils possèdent quelques arpents de terre ou une pièce de vigne, entretiennent l'une ou l'autre tête de bétail, disposent de droits d'usage sur les communaux et certains louent volontiers

[397] Exemples donnés par E. JUILLARD, *op. cit.*, p. 89, note 127 (source : ABR E 1370) :

Plobsheim :	90 feux ;	16 pêcheurs	=	17,8 %
Schoenau :	61 "	10 "	=	16,4 %
Muttersholtz :	150 "	30 "	=	20 %
Osthouse :	55 "	10 "	=	18,2 %

[398] Voir *supra* pp. 1001-1006.

[399] ABR 17 J 108 : *Leute, die kein Gut haben, aber dagegen ein Handwerck treiben, davon sie sich nähren, wie Schneider, Schuster, sind auf dem Dorf selten zu den wohlhabenden zu zählen, weil ihr Verdienst doch vielleicht besser seÿe mag, als des Tagners, so werden sie mit wenigem Gut oder nicht zu den armen gezählt werden sollen* (pasteur Rehfeld, Schwindratzheim, 25 avril 1781).

[400] ASRM 179/8 : *Topographie médicale du bourg d'Erstein* par M. Chardoillet, médecin à Wasselonne (26 août 1788).

leurs bras comme journaliers. Travail exténuant que cette double activité de paysan et d'artisan, mais combien indispensable si l'on veut décemment nourrir une famille ! En dépit de ces habitudes saisonnières, l'artisan échappe presque toujours à la dénomination de *journalier*, qui est décidément l'une des plus viles qui soient. Mais d'autres, loin d'être des misérables, occupent une position intermédiaire enviable et soutiennent la comparaison avec certains laboureurs avec lesquels ils partagent d'ailleurs les fonctions officielles à la tête de la communauté villageoise. Si le fileur et le tisserand, le tonnelier et le maçon se satisfont de situations comparables à celles de bien des journaliers, il n'en est pas de même du charron ou du maréchal-ferrant participant à une toute relative *aristocratie* des métiers. A Schillersdorf, les Merkling, dont nous appréhendons le patrimoine en 1716, 1746 et 1779[401] se situent, avec une remarquable constance, entre 700 et 1000 livres tournois. A Rittershoffen, forgerons et charrons détiennent un patrimoine de plus de 2000 livres, le double de celui du tisserand ou du tailleur qui ne comptent pourtant pas parmi les plus pauvres, pas davantage que le charpentier au métier prisé et rémunérateur. Mais c'est au niveau des *services* que les contrastes s'accusent : tandis que le berger, le chasseur de taupes, le coupeur de paille et le maître d'école évoluent dans la tranche des 500 à 1500 livres, l'aubergiste par contre voit son patrimoine se consolider tout au long du XVIIIème siècle : toujours supérieure à 1500 livres, sa fortune peut approcher les 10 000 !

Les déclarations de vingtièmes, dont nous proposons ici l'exemple de Herrlisheim en Haute-Alsace, nous donnent l'occasion d'apprécier la hiérarchie fiscale qui situe les artisans les uns par rapport aux autres[402]. L'écart qui sépare le plus faible (un savetier) du plus fort des imposés (un cordonnier) est de 1 à 190 ! Parmi les plus imposés, nous retrouvons l'aubergiste et le meunier, le maréchal-ferrant, le forgeron, le tonnelier et le cordonnier ; parmi les moins imposés, le tisserand, le tailleur, le maçon, le boulanger. Mais la condition sociale ne coïncide pas forcément avec la situation professionnelle : le savetier peut ainsi se situer à n'importe quel niveau de la hiérarchie fiscale. L'estimation fiscale accorde à l'exploitation de la terre une place de plus en plus importante à mesure qu'on entre dans les catégories supérieures : c'est, en définitive, autant la possession de la terre que l'exercice du métier qui confère aux artisans leur place dans la société. Voici, pour un échantillon réduit, concernant Obermodern en 1767[403], la distribution de la propriété foncière entre une quinzaine d'artisans :

	Superficie de la propriété (en ha)					
	moins de 0,5	**0-5-1**	**1-1,5**	**1,5-2**	**2-2,5**	**2,5-5**
Tisserands (4)	2	1	-	-	1	-
Tailleurs (4)	-	2	1	1	-	-
Cordonniers (3)	1	-	-	-	-	2
Tonneliers (3)	1	-	1	-	-	1
Charpentier (1)	1	-	-	-	-	-
Boulanger (1)	-	1	-	-	-	-
	5	4	2	1	1	3

[401] ABR 6 E 17 Not. Ingwiller, inv. Schillersdorf, 68, 71 et 75.

[402] AHR C 1146 (1750).

[403] ABR 8 E 347/1.

ARTISANAT VILLAGEOIS ET HIERARCHIE FISCALE :
La situation à Herrlisheim (Haute-Alsace) d'après les déclarations pour l'établissement du vingtième (1750)

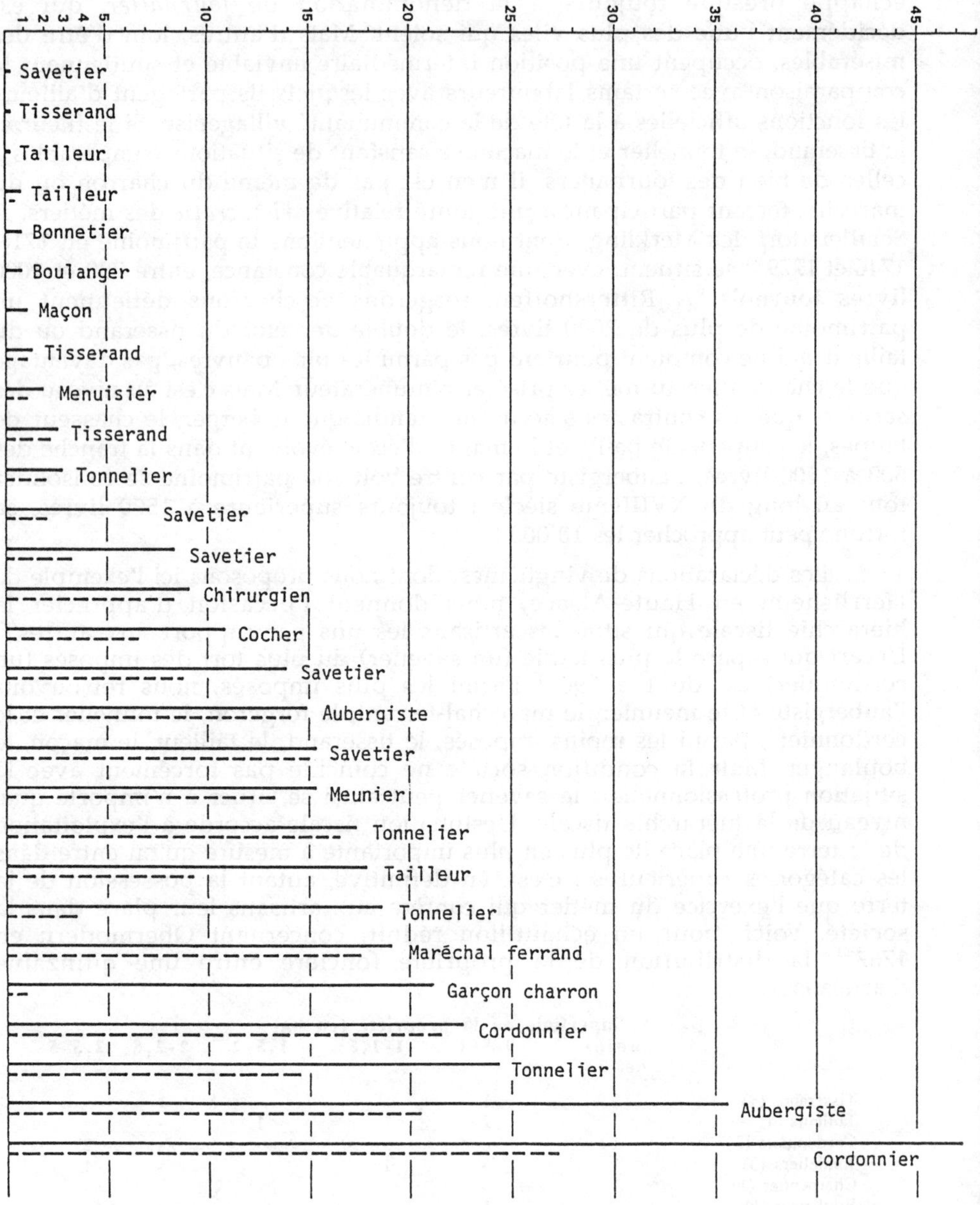

Source: AHR C 1146

– – – – – Part fiscale imputable à la propriété de biens-fonds

——— Part fiscale imputable à l'exercice d'une profession

Pour ceux qui possèdent entre 2 et 5 hectares, se pose la question de savoir quelle est en réalité l'activité complémentaire : la culture ou le métier ? La force des artisans réside dans le fait qu'ils participent aux deux richesses convoitées par la société d'Ancien Régime : la terre, sans laquelle il n'y a pas de considération sociale, et l'argent qu'ils contribuent à faire circuler. Leur double activité les rend moins dépendants des aléas climatiques - malgré une extrême sensibilité à la conjoncture et à l'inconstance de la clientèle - et les distingue de bien des paysans condamnés à travailler inlassablement sans jamais s'enrichir...

La place réelle qu'occupent les artisans dans la hiérarchie sociale se mesure à l'utilité économique, au niveau de leurs salaires et à l'estime : un code de valeurs qui apparaît à travers l'échelle des cotes fiscales fournies, en 1753, par le terrier de Beinheim[404] :

- Sabotier : 10 florins
- Sellier, cordonnier : 20 florins
- Charron, tailleur, boucher : 25 florins
- Tisserand, boulanger : 35 florins
- Brasseur : 40 florins
- Forgeron : 50 florins
- Aubergiste : 55 florins
- Meunier : 100 florins.

La conquête de l'aisance peut-elle s'opérer par le métier ? Ce dernier contribue, en tout cas à préserver de la paupérisation. Il est pour le moins abusif et schématique d'opposer un artisanat lucratif et prospère, qui serait propre aux villages urbanisés du midi méditerranéen, à un artisanat de secours qui serait celui des campagnes septentrionales[405]. Tout compte fait, l'artisan de village s'apparente davantage au petit laboureur qu'au journalier. On en trouvera la confirmation dans les relations matrimoniales[406] : la femme qu'il épouse est souvent issue d'un milieu d'artisans ; si elle sort du milieu des travailleurs de la terre, c'est plus souvent celui des laboureurs que celui des journaliers : situation modeste, pas misérable. A une endogamie géographique relativement forte, répond une homogamie professionnelle faible : mais n'est-il pas difficile à un groupe aussi peu nombreux et aussi diversifié de constituer un milieu matrimonial homogène ?

Cette familiarité qu'entretient l'artisan avec le paysan apparaît à travers les rares livres de comptes dont nous pouvons disposer. Le coupeur de paille et le tisserand, qui participent à un artisanat *de service* plus que *de production*, se font accueillir périodiquement à la ferme. Léonard Fix de Dossenheim-Kochersberg verse, le 20 octobre 1793, à un tisserand prénommé Antoine 3 *Schilling* et 6 *Pfennig* par jour pour trois semaines de travail et 3 *Schilling* par jour pour cinq semaines et quatre jours, moyennant quoi l'artisan travaille exclusivement pour le laboureur par périodes bloquées[407]. Mais, comme pour les journaliers et les domestiques, la rémunération se fait partiellement en nature selon une tradition rurale fort ancienne.

---

404 ABR 12 J 1713.

405 A. COLLOMP, *op. 1957*, p. 259.

406 Voir *infra* pp. 1128-1129.

407 AP Dossenheim-Kochersberg livre de comptes de Léonard Fix (1791-1793).

Un exemple d'échange de services laboureur-artisan

Source : AP Dossenheim-Kochersberg (livre de comptes de Léonard Fix 1791-93)

	Prestations fournies par l'artisan	Prestations fournies par le laboureur
Tisserand (1791)	- Confection de deux pièces de toile de chanvre de 100 et 102 aunes (mars) - Confection d'une pièce de chanvre de 108 aunes et d'une toile de futaine de 102 aunes - Restitution de la charretée de fumier prêtée (juillet) **Solde après décompte** (12 février 1792) : doit 10 florins, 1 Schilling et 10 Pfennig	- Transport de deux charretées de fumier et de deux cordes de bois (mars) - Avance de 3 rézaux d'orge (mars) - Prêt d'un chariot en vue du transport au moulin de Kuttolsheim de 3 sacs de grains (avril) - Prêt d'un chariot en vue du transport de plants de garance depuis Quatzenheim (avril) - Transport d'une charretée de fumier sur un champ et sur une pièce de chanvre (mai) - Rentrée des récoltes : trois charrois de blé, deux d'orge, un de fèves, un de lin, pommes-de-terre et raves (juillet-septembre)
Maréchal-ferrant/ forgeron (1791/92)	- Divers travaux dont ferrage du cheval (janvier 1792)	- Avance d'un sac d'orge blanche - Versement de 6 florins en espèces (mai 1791) - Versement de 6 florins en espèces (août 1791) - Versement de 13 florins pour ferrage du cheval
Berger (1791)	- Fourniture d'une charretée de fumier en mars et, de deux autres en mai, d'une troisième en juin	- Transport de bois (février) - Avance de grains : un boisseau de froment et deux d'orge fourragère (mars) - Avance de 6 florins pour l'achat de porcelets (juin)
Coupeur de paille (1793-1794)	- Coupeur de paille pendant 12 jours - Location du hachoir à paille pour un an	- 6 florins de gages (mai 1793) - 12 florins et un boisseau de méteil pour la location annuelle du hachoir à paille (juin 1794)

Des indications fort disparates nous autorisent à cerner les salaires. L'entreprise n'est pas facile, car les artisans sont payés à la tâche. Il s'en dégage néanmoins deux constantes : avec un revenu annuel de l'ordre de 150 à 300 livres, les registres de taille situent en général les artisans au niveau des petits et moyens laboureurs, mais au-dessus des journaliers ; d'autre part, compte tenu de l'appel de travail qui s'amplifie au cours du XVIIIème siècle, les artisans maintiennent mieux leurs positions, par comparaison avec les manouvriers, et connaissent une stagnation des salaires moindres. Le maçon engagé au moulin de Quatzenheim touche 14 sous par jour en 1763, 16 en 1789[408].

Il y a sans doute de *sots métiers* que les sobriquets de village permettent de déceler[409], mais qui n'apparaissent guère dans nos sources. Au rang des petits métiers, fatigants, aléatoires, peu rémunérés, se situent les multiples *services* dont la paysannerie a besoin. C'est le berger qui rassemble quotidiennement le troupeau communal, le coupeur de paille traînant son hachoir de ferme en ferme, le salpêtrier imposé par l'administration et choyé par elle, mais honni par les paysans parce qu'en râclant les murs des caves et le plancher des étables, il commet d'irréparables dégâts[410]. Viennent ensuite, quand on remonte dans la pyramide sociale, la plupart des tisserands, des tailleurs et des cordonniers. L'Hermine glisse dans ses mémoires de voyage de la fin du XVIIème siècle une observation intéressante à propos des métiers de tailleur et de cordonnier : *J'ai remarqué,* dit-il, *qu'ils sont d'un sentiment contraire à l'estime qu'on en fait vulgairement en France. Ici on regarde un savetier comme le plus vil de tous les métiers et en Allemagne, c'est le tailleur, car on n'en parle jamais sans ajouter "mit gunst", qui veut dire sauf votre grâce* [411].

Nous ne disposons, sur le travail artisanal proprement dit, que des renseignements fragmentaires fournis par les comptes des bâtiments publics et les inventaires après décès. *Ce qui desespère les étrangers* (c'est encore L'Hermine qui parle), *c'est leur lenteur insupportable... Un tailleur sera dix jours à vous faire un habit ordinaire, et un cordonnier au moins trois jours sur une paire de souliers... Il faut pourtant dire à leur louange qu'ils sont inventifs dans les arts et patients dans le travail* [412]. Quant à leur outillage, il nous apparaît très rudimentaire et ne représente en valeur qu'une part infime du montant de la fortune. C'est à partir des inventaires après décès[413] qu'une telle étude pourrait être menée : elle exige des connaissances techniques assez précises.

Tentons de conclure. Le monde très divers des métiers ruraux a

---

[408] AMO B 61 et 67.

[409] H. LIENHART, *op. 2488.*
M. ALLHEILIG, *art. 1836*, pp. 114-116.

[410] ABR 8 E 340/7-17 (Oberbronn 1721, 1746, 1777 et 1788).

[411] J. DE L'HERMINE, *op.[235]*, p. 194.

[412] *Ibid.*

[413] A titre d'exemple : AHR 4 E Not. Merxheim (tisserand 1734, tonnelier 1781, cordonnier 1782) et Sierentz (sellier 1737, maçon 1757). Voir également C. A. HANAUER, *op. cit.*, t. II, pp. 570, 573 et 586.

METIER ET HABITATION : QUELQUES EMBLEMES PROFESSIONNELS

Soc de charrue, coutre, curoir de soc

Fourche (Woellenheim 1784)

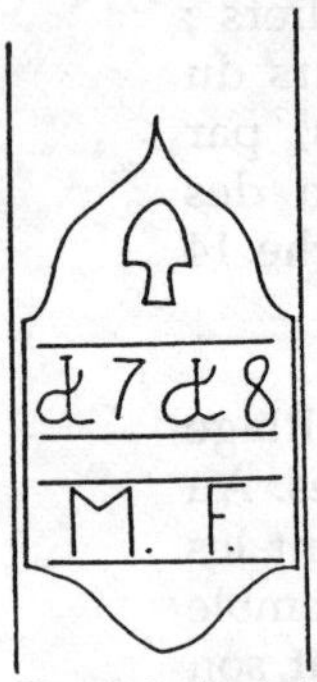

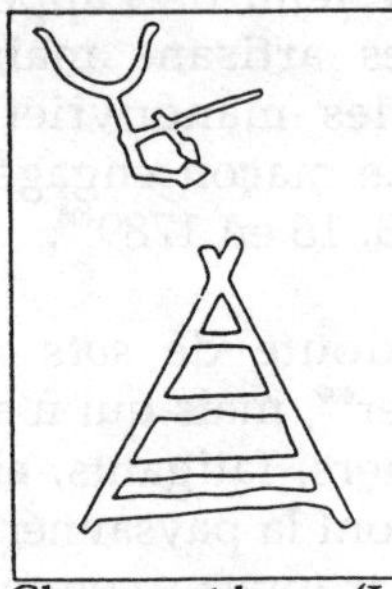

Gambsheim 1718, Kuttolsheim 1722, Duntzenheim 1725

Charrue et herse (Logelheim, s.d.)

Emblême de tonnelier (Gambsheim 1718)

Emblême de maréchal ferrant (Pfaffenheim 1732)

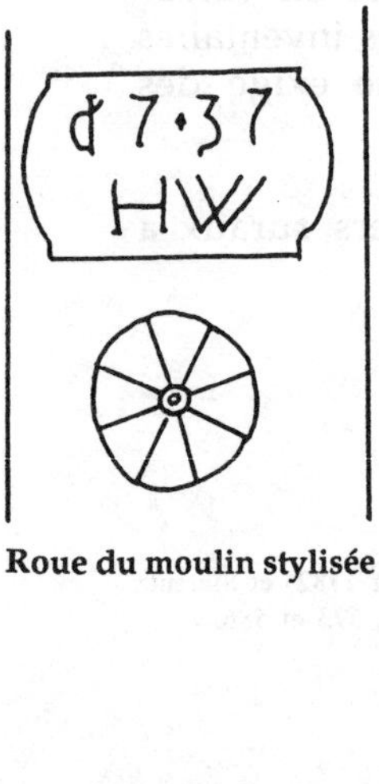

Roue du moulin stylisée (Hindisheim 1737) Emblème de boulanger, (Kuttolsheim, non daté, XVIIème siècle)

d'autant moins obtenu de la part des historiens l'attention qu'il mérite qu'il échappe à toute organisation du travail. Mesurer l'importance des artisans dans la société d'Ancien Régime à leur nombre ou à une quelconque spécialisation relèverait d'un raisonnement parfaitement anachronique. Leurs activités constituent un complément indispensable à l'agriculture à laquelle elles fournissent l'outillage, ou, dans le cas du tisserand ou du meunier, les techniques de transformation. L'extrême imbrication des activités et l'étroite familiarité qu'entretient l'artisan avec le paysan condamnent d'emblée toute tentative d'étude isolée et distincte des gens de métier : l'habitat, le style de vie, l'univers mental sont communs aux uns et aux autres. L'artisan vit dans le village au milieu des paysans, travaille pour eux et, grâce à eux, partage leurs espérances et leurs peines, cultive lui-même la terre, épouse une fille de laboureur ou de journalier... Certes nous avons vu, dans le cas du meunier, de l'aubergiste et du charpentier, que ses préoccupations dépassent parfois le cadre du village et cette ouverture sur des horizons plus vastes est inséparable d'une certaine familiarité avec l'économie monétaire : avantage que lui confère une activité moins liée à la production qu'à la transformation et à la fabrication et qui le démarque de la plupart des paysans. Mais ce qui nous déroute et bouscule nos modes de pensée cartésiens, c'est l'hétérogénéité d'un *milieu social* qui ne saurait être assimilé à un *groupe* et, moins encore, à une *classe*. Les artisans se différencient entre eux non seulement par la nature de leur travail mais par leurs revenus et le niveau de leurs fortunes. C'est dans cette diversité des conditions que réside la richesse du monde des métiers.

CONCLUSION

La réalité sociale s'inscrit dans une diversité régionale dont l'exemple de la Basse-Alsace pourrait servir d'illustration[414]. Une structure très différenciée, mais relativement équilibrée par la présence de la classe moyenne des artisans et des *Karcher*, caractérise le Kochersberg. Rappelons que ces terres loessiques correspondent à la fois aux conditions naturelles les plus favorables et aux exploitations les plus importantes grâce à l'appoint qu'offre le faire-valoir indirect. La perspective de la mise en vente des biens nationaux ne fait qu'aggraver l'appréhension d'une inégalité grandissante : *Les cultivateurs qui n'avaient pas les fonds nécessaires pour acquérir quelques arpens de terre en prenaient en arrentement de leurs seigneurs... La défense d'imposer des cens en cédant ces terres diminuera le nombre des petits possesseurs, ... successivement les villages nombreux se transformeront en fermes ou en forêts. Cette classe moyenne, mais heureuse, qui était entre le riche et le pauvre, sera engloutie et il n'y aura plus en France, d'ici à cinquante ans, que des riches et leurs esclaves*[415] : affirmation certes très exagérée qu'on trouve sous la plume d'un privilégié... Ces caractères ne s'effacent que progressivement dans les régions encadrantes du pays de Hanau, de la plaine d'Erstein en passant par

---

414 E. JUILLARD, *op. cit.*, pp. 241-250.

415 AHR 132 J 31 n=° 49, p. 8 : compte rendu du bailli de Flachslanden, député aux Etats Généraux à toute la province d'Alsace... (s.d.).

les collines de Brumath. Mais, dès la plaine d'Erstein, le paysage social annonce celui du grand Ried : la société rurale y apparaît plus fortement hiérarchisée ; le contraste entre les grosses fortunes et la foule des situations modestes tend à s'accuser. Par contre, les structures sociales s'homogénéisent au pied des monts et dans le Vignoble, dans l'Outre-Forêt et le Ried Nord : l'image dominante y est celle d'une relative démocratie, à caractère plus égalitaire que la société des contrées loessiques. L'exiguïté des exploitations, requérant davantage de bras que d'attelages, se trouve compensée par le recours à de petits métiers fondés sur le travail du bois, la batellerie, la pêche. Sans même évoquer l'originalité du Vignoble, gardons-nous de classer ces contrées parmi les régions irrémédiablement vouées à la misère : c'est la répartition des richesses entre les membres d'une société, autant que leur volume, qui marque de son empreinte les structures sociales. La valeur d'un *bon pays* se mesure à l'aune du plancher, en général très bas, des exigences. Certes, les exploitants cossus y sont moins nombreux, mais le petit paysan y est-il plus misérable que dans le riche Kochersberg ? On ne saurait opposer, de façon arbitraire et systématique, les campagnes dominées par des *paysans-bourgeois* à celles qui seraient occupées par des *paysans-mendiants* ! Les influences combinées du milieu naturel, des contraintes économiques, des appartenances confessionnelles font donc de la société rurale un ensemble d'une extrême complexité qui ne peut se satisfaire de classifications dichotomiques ou d'interprétations sommaires. Nous échappent, en plus, le revenus provenant des activités complémentaires.

L'apparente diversité des conditions n'est d'ailleurs pas transposable d'une région à l'autre. Par rapport aux campagnes de l'Ile-de-France, il manque la figure du *laboureur-fermier* ou du *receveur de seigneurie*, tenant la plus grande partie de ses terres - une centaine d'hectares - de la main d'un grand personnage. Nous ne retrouvons pas ici les potentats seigneuriaux ordinaires des campagnes, ni les *vice-rois* de la Beauce[416]. C'est en son propre sein que la paysannerie alsacienne trouve ses *matadors* : ils s'appellent, Klein, Jung, Ehrmann, Diemer, Fix, des noms bien de chez nous. A l'inverse, il manque également la silhouette du *haricotier*, si familière dans le Beauvaisis de Pierre Goubert : avec quelques lopins de terre, une vache étique, l'une ou l'autre brebis, il se situe entre le journalier et le *Karcher* de la plaine d'Alsace ; il a l'avantage sur la plupart de nos petits paysans de pouvoir pratiquer un métier saisonnier de fileur ou de peigneur.

Apparemment, tout contribue donc à niveler les conditions et à faire de la société paysanne alsacienne une masse peu différenciée : la rareté de la terre et la pléthore d'hommes, les contraintes techniques qui entravent l'innovation et limitent le profit, les traditions communautaires qui paralysent les initiatives individuelles... Pourtant, il est un facteur qui introduit des ferments de dissociation, c'est l'argent. Les heureux possesseurs d'excédents commercialisables comme les artisans, capables de vendre le produit de leur travail, réalisent quelques bénéfices en participant au circuit économique : dans certains cas, gagner de l'argent, ce n'est plus se

[416] Pour l'Ile-de-France, voir J. JACQUART *(art.1604)*, en attendant le résultat des travaux prometteurs de J-M. MORICEAU.

contenter de gagner sa vie. Du coup, l'éventail social a tendance à s'ouvrir ; se met en place une société plus aérée, plus diversifiée. Le fossé s'approfondit entre le distributeur de travail et le salarié qui, malgré la lente augmentation du salaire nominal (l'offre étant plus forte que la demande en période de pression démographique), voit son salaire réel baisser, par suite de la cherté de la vie. Le fossé s'approfondit entre le quémandeur de terres, soumis à l'alourdissement des baux, et le bailleur de biens-fonds qui place plus qu'il n'investit dans la terre. Le fossé s'approfondit entre le vendeur et l'acheteur de grains. En définitive, la place grandissante de l'argent prépare la voie à la société du XIXème siècle.

Si les structures sociales n'ont pas la rigidité qu'on leur a prêtée, les différenciations n'ont rien de tranché : elles se font par dégradations nuancées. Pas de barrières infranchissables, tout au plus des seuils. Sinueuse, la ligne de partage entre laboureurs, journaliers et artisans traverse la communauté villageoise et, bien souvent, la cellule familiale elle-même : parmi les enfants élevés dans un milieu social identique, certains se trouveront à la tête d'une exploitation, si les coutumes de dévolution et les hasards du mariage leur sont favorables. Les autres grossiront la masse des journaliers et des artisans. Certes, on ne peut pas évacuer les rapports de domination économique : la distinction entre laboureurs et manouvriers ne se fonde pas sur une simple division du travail social. Mais ce qui explique cette situation tout en nuances, c'est que les groupes sociaux ne peuvent pas être hiérarchisés exclusivement à partir de la fortune ou du revenu. A la hiérarchie sociale réelle, qui reposerait sur des classements catégoriels et serait calquée sur des rapports économiques ou des facteurs de production bien mesurables, se superpose la hiérarchie de l'estime et de la dignité, plus difficilement saisissable : elle peut reposer sur la fonction, mais la richesse est également susceptible de générer la considération sociale. *Stand und Klasse*, disent nos collègues allemands : facteurs économiques et psychologiques ne s'excluent pas forcément. Pour déterminer la stratification sociale et l'intégrer dans le système de valeurs d'une époque, il est fondamental de savoir quelle est l'idée que se font les contemporains des rôles sociaux. Or le paysan n'aime pas se raconter. L'histoire des mentalités ne peut s'édifier que sur des témoignages indirects.

CHAPITRE II

LA DYNAMIQUE SOCIALE : REUSSITE ET DECHEANCE

I. LES VOIES DE LA REUSSITE : POSSESSION, POUVOIR, ESTIME

Après avoir dégrossi, à grands traits, telle une armature interne, les structures sociales à la campagne, tentons à présent, dans une sorte de galerie de tableaux, de proposer quelques fragments d'existence ou de parcours individuels. En dehors de l'utilisation quantitative, l'inventaire après décès peut en effet être une source monographique susceptible d'éclairer le train de vie, le niveau de vie, la psychologie d'un groupe social. A la description statique, qui laisse une fausse impression d'inertie, se substitue progressivement l'image d'une dynamique sociale faite de réussites et d'échecs, d'équilibres instables, de tensions et de conflits.

A) Quelques types sociaux : une galerie de portraits

1) Les personnages au sommet de la pyramide sociale : richesse et considération

a) Le meunier

Entrepreneur de petite ou moyenne envergure[1], le meunier ne peut être qu'un personnage fortuné, ne serait-ce qu'en raison des garanties matérielles qu'on exige de lui[2]. Etroitement lié au *droit d'eau*, théoriquement monopole régalien, inséparable des droits de banalité de nature seigneuriale, l'établissement d'un moulin n'est pas à la portée de tout le monde. Même si l'archaïque banalité tend à disparaître au profit de l'affermage à bail simple ou de l'emphytéose[3], le meunier bénéficie d'une sorte de *protection seigneuriale* qui, en contrepartie, ne saurait être acceptée sans caution, car la cherté de l'outil de travail contraste avec la relative modicité des sommes exigées :

---

1 Voir *supra* pp. 1060-1062.

2 P.M. MAULBECKER, *mém. 1606*, pp. 70-154.

3 Fr. REDERSTORFF, *mém. 1729*, pp. 212-213.

AHR 1 E 15/1 et 2 : une emphytéose de 99 ans est concédée au meunier de Ligsdorf par la duchesse de Mazarin en échange du traitement de l'épeautre produit sur le territoire de la commune ou acheté à l'extérieur (1708).

AHR E 2511 : *Erblehen und Bannmühle* à Heidolsheim (1769).

AMO B 43 : bail emphytéotique du moulin Oberkirch de Quatzenheim renouvelé tous les 9 (1753-1762 et 1763-1772) ou tous les 18 ans (1709-1727 et 1727-1745) : *seinen Erben und Nachkommen...*

Source	Localité	Date	Valeur du moulin (lt)
AHR 4 E Not. Hirsingue, inv.	Heimersdorf	1689	1250
AHR 4 E Not. Hirsingue, inv.	Heimersdorf	1694	653
ABR 6 E 41/87	Fegersheim	1752	2 000
ABR C 439	Souffelweyersheim	1757	2 200
AMO B 43	Quatzenheim	1764 et 67	10 000
E. KARLESKIND, *art. cit.*	Rhinau	1767	26 872
ABR 1 L 1506	Osthouse	1766	5 000
AHR E 2511	Heidolsheim	1769	4 000
ABR 6 E 36 Not. Saverne II, inv.	Lupstein	1779	23 700
AHR 4 E Not. Hirsingue, inv.	Heimersdorf	1782	12 545
ABR 6 E 36 Not. Saverne II, inv.	Griesheim/Souffel	1785	10 000

La valeur vénale des moulins ne cesse d'augmenter en fonction de leur équipement : un millier de livres en moyenne vers 1700 ; de 2000 à 5000 au milieu du XVIIIème siècle ; plusieurs dizaines de milliers, pour les plus importants d'entre eux, à la veille de la Révolution. Or ce capital, il faut l'entretenir : la clause est expressément rappelée dans les contrats, alors que le bail simple impose ces obligations au propriétaire, les risques encourus - le bois qui pourrit, la roue qui s'immobilise faute d'eau - conduisant plus d'un meunier à la faillite[4]. La mobilité meunière - la *Wanderlust* de la chanson - serait-elle liée à une certaine précarité, en particulier dans le cadre de baux de courte durée autant qu'à l'obligation faite aux néophytes de *rouler* pendant deux ou trois ans ? Se profilent alors, parmi les acheteurs[5], les silhouettes de tel membre de la bourgeoisie administrative - à Rhinau, le Sieur Poirot, conseiller au Conseil Souverain de Colmar - ou de la noblesse d'affaires - le baron de Dietrich à Fegersheim -, mieux armés pour assurer la charge financière que requiert l'entretien du moulin, ou encore celle d'un laboureur qui, comme Nicolas Diemer, le *Stabhalter* de Reitwiller, ne peut cependant acquérir en 1770 que le petit moulin à un tournant de Quatzenheim[6]. Pour l'entretien des bâtiments, le meunier doit se soumettre, dans la décennie 1770-1780, à des obligations allant de 900 à plus de 8000 livres tournois à l'égard de Juifs, de négociants, de receveurs seigneuriaux ou ecclésiastiques[7] :

Date	Créancier	Meunier débiteur	Sommes dues (lt)
1771	Isaac Weyl, Wintzenheim	François Edel, Ernolsheim	8 160
1772	Vve Corhummel receveur du Grand Chapitre Erstein/ Ch. Saum, négociant, Strasbourg	F-X. Albrecht, Sand	2 600
1774	"	"	6 000
1774	Hugard, négociant de tabac, Erstein	François Albrecht, Benfeld	3 000
1777	Isaac Weyl, Wintzenheim	François Sättler, Griesheim	800
1781	Heydt, greffier de la baronnie de Hattstatt, Strasbourg	Jean-Georges Koeberlé, Souffelweyersheim	900

4 ABR E 962 : moulin des Ichtersheim à Hochfelden exploité par Schropp (1752-1761).

5 Voir tableau ci-dessous.

6 AMO B 43 (1770).

7 ABR 6 E 41/146-184 et 1032-1043.

Lorsqu'aux XVIIème et XVIIIème siècles la propriété des moulins passe insensiblement des seigneurs aux particuliers, le moulin *banal*, protégé par le seigneur, devenant le moulin *libre*, soumis à la concurrence, quelques grandes familles monopolisent la meunerie : les Munch, les Ettwiller et les Brant de Heimersdorf, les Engasser de Heiteren, les Ramspacher de Lupstein, les Jung d'Eckbolsheim, les Brassel de Marlenheim et de Rohr, les Hornick de Quatzenheim, les Ulrich de Gumbrechtshoffen et d'Uberach, les Graff d'Eckartswiller... Car le droit emphytéotique apporte avec lui un lot de devoirs : il confère au meunier-fermier le *domaine utile*, simple usufruit, donne la propriété réelle, avec faculté de le transmettre aux héritiers testamentaires, de le céder moyennant un droit d'entrée ou de mutation, voire de l'hypothéquer. La nécessité de son consentement pour l'ensemble de ces opérations montre l'intérêt que porte le propriétaire à la conservation du capital et à la solvabilité du meunier[8]. Mais le canon fort modique, en contrepartie, dans le cas du bail emphytéotique, de la reconnaissance de fait du domaine direct ou, en cas de bail simple, de la jouissance du fonds qui inclut parfois le droit d'eau, ne saurait compromettre la rentabilité du moulin en question. A Quatzenheim, les 28 sacs, mi-froment mi-seigle, sont néanmoins estimés à 300 livres tournois, ce qui représente plus du dixième de la valeur de l'installation[9]. On ne s'étonnera donc pas de voir le seigneur-propriétaire, exiger une caution conséquente[10]. Si les dispositions contractuelles remplacent de plus en plus les obligations banales, la pratique du bail simple semble peu à peu délaissée au profit du système de l'emphytéose qui convient mieux à l'une et l'autre des parties.

Exemples de canons emphytéotiques pour moulins

Source	Localité	Date	Canons Grains(rx)	Argent (lt)	Divers
AHR 1 E 15/1 et 2	Ligsdorf	1708	48 (F)		porc gras
AHR 1 E 15/1 et 2	Ligsdorf	1711		27	
AHR 1 E 15/1 et 2	Ligsdorf	1712-59		27	
AHR 1 E 15/1 et 2	Ligsdorf	177		35	
AHR 1 E 15/1 et 2	Balschwiller	XVIIIème s.		80	4 chapons, 2 porcs
ABR E 1722	Mommenheim	XVIIIème s.	40 (FS)	150	
Fr. REDERSTORFF, *mém. cit.* p. 224	Marckolsheim	XVIIIème s.	31-53 (mouture)		
AHR 1 E 22/8	Ballersdorf	1734	6 (SE)	17	2 chapons
AHR 1 E 22/8	Wittersdorf	1751	50 (SE)	50	6 chapons
ABR E 962	Hochfelden	1751	66 (FSO)		6 quintaux de lard
ABR E 4664	Mertzwiller	1753	11 (M)		12 chapons
ABR E 4676	Gumbrechtshoffen	1758	18 (mouture)		
AMO B 43	Quatzenheim	1770	28 (FO)		

F= froment - S = seigle - M = méteil - E = épeautre - O = orge

Dans la formule de l'emphytéose, le seigneur se trouve, moyennant un revenu régulier, libéré des soucis que lui imposerait l'entretien du moulin

8 AMO B 43 : *unser Müller* (bail Oberkirch à Quatzenheim, 1763-1772).

9 *Ibid.*

10 ABR H 940 : 4000 livres tournois de caution solidaire pour le moulin seigneurial de Hochfelden (1759).

banal et des chemins qui en assurent l'accès. Quant au meunier emphytéote, un bail à long terme, non majorable au bout de 9 ou 18 ans, favorise une gestion efficace que facilite par ailleurs la fossilisation des rentes emphytéotiques en période de hausse conjoncturelle des prix céréaliers[11]. Or les meuniers s'évertuent à se faire exempter des corvées[12] et, jusqu'à l'arrêt du Conseil d'Etat du 30 décembre 1721, échappent aux impositions royales[13].

Cependant, il est extrêmement difficile, voire impossible, d'évaluer le chiffre d'affaires réalisé par le meunier. On peut par contre déceler, à travers les inventaires après décès[14], quelques indices de son activité économique ou de son niveau social. La première impression qui se dégage est celle du cumul d'activités multiples, de nature à la fois para-industrielles et para-agricoles, fondées sur de solides assises terriennes. Les meuniers comptent parmi les plus importants propriétaires du village : tel est le cas des Kraft à Dietwiller qui possèdent en 1710 entre 15 et 20 hectares de biens-fonds[15], tandis qu'à Heimersdorf, les Ettwiller ajoutent 21 pièces de prés et trois chènevières aux 56 parcelles de terres labourables qu'ils cultivent avec onze chevaux et dix bovins. Se dégage une moyenne de cinq à six chevaux, de deux à trois vaches, sans compter les taurillons et les veaux, d'une ou deux dizaines de porcs et de porcelets, d'un troupeau de moutons, d'une basse-cour, de quelques paires de pigeons, de ruchers... On laboure le plus souvent avec une ou deux charrues et trois herses. Dans la ferme sont entreposées d'importantes réserves de fumier, de paille, de foin et de regain et, dans la maison, des stocks de victuailles mettent le meunier à l'abri de tout besoin[16]. Chez Korb à Ungersheim, les réserves sont évaluées, en octobre 1767, à 1240 livres tournois, soit la moitié de la valeur du patrimoine, dettes déduites. Ruprecht Ramspacher, meunier de Lupstein, stocke, en janvier 1779, 340 livres de viande fumée, séchée ou salée et 20 livres de saindoux qui n'ont rien à envier aux 24 livres de lard trouvées chez Ignace Munch, aux 10 livres de lard séché ou aux dix côtes de lard à 250 livres conservées chez Fridolin Ettwiller, d'une valeur de 88 livres tournois. S'entassent également chez Ramspacher 14 quintaux de garance séchée (soit l'équivalent de 504 livres tournois) et 24 quintaux de tabac. Stockant, conditionnant, revendant, le meunier se fait volontiers marchand de grains - et non seulement de farine - et surtout prêteur : environ 80 créances en argent et 10 en grains chez Jean-Thiébaut Lidin, meunier à Heimersdorf en 1786, ce qui ne suffit

[11] On rapprochera ces conditions de celles indiquées à propos de la tenure des terres, voir *supra* pp. 541-553.

[12] En vertu de l'ordonnance royale du 14 juin 1717 rappelée dans l'ensemble des seigneuries de Haute-Alsace.

[13] AHR 1 E 15/1 et 2 : affaire de 1777/1778 à propos du moulin des Mazarin à Ligsdorf.

[14] Inventaires analysés en détail :
- Heimersdorf : AHR 4 E Not. Hirsingue, inv. Pierre Brant (1er août 1689) et Martin Brant (17 juillet 1745).
inv. Georges Munch (18 déc. 1694) et Ignace Munch (25 mai 1782).
inv. Fridolin Ettwiller (23 mars 1744 et 12 - 19 janvier 1760).
inv. Jean-Thiébaut Lidin (14 juillet 1786).
- Heimsbrunn : AHR 4 E Not. Bollwiller, inv. Jean-Pierre Keller (13 février 1715).
- Ungersheim : AHR 4 E Not. Bollwiller, inv. Pierre Korb (12 octobre 1767).
- Lupstein : ABR 6 E 36, Not. Saverne II, inv 197, Ruprecht Ramspacher (11 janvier 1779).

[15] AHR 1 E 44/1-13.

[16] ABR et AHR Not. inv. de meuniers, *passim* : allusion fréquentes à la *Besserung*, au *Mistlachwasser*, au *Misthacken*, aux *Mistdielen*...

pas à rééquilibrer la situation budgétaire de son établissement qui fait apparaître 8416 livres tournois de dettes ! Ce cas n'est pas exceptionnel, compte tenu de la lourde charge que représentent les dépenses d'entretien et d'équipement. Il est de brillantes exceptions, telle la situation de Claire Güredin, *femme riche de plus de soixante mille livres de biens*, veuve d'un meunier-laboureur de Blotzheim à la fin du XVIIème siècle[17] ; elle épousera en secondes noces le *domestique* de l'abbé de Lucelle et, en troisièmes noces, un clerc de greffier d'Ensisheim pour qui elle achète l'office de procureur du Roi à Huningue : c'est l'évasion dans les sphères de la bourgeoisie administrative... Mais, dans l'ensemble, les fortunes finales se situent en moyenne entre 2000 (Georges Munch de Heimersdorf en 1694) et 4000 livres tournois (Pierre Korb d'Ungersheim en 1767), de quoi permettre aux heureux détenteurs quelques *folies* : des liquidités consistantes[18] ; des *Morgengaben* qui atteignent 300 et 400 livres (Fridolin Ettwiller et Ruprecht Ramspacher) ; des frais vestimentaires hors du commun : à Heimersdorf, la femme de Fridolin Ettwiller a une garde-robe estimée à 124 livres tournois ; celle de Jean-Thiébaut Lidin se paie, en 1786, treize coiffes à dentelles et des gants fourrés, tandis qu'à Heimsbrunn, Jean-Pierre Keller lui-même s'habille pour 533 livres tournois et son épouse possède, en 1715, une ceinture garnie de fil de fer[19]. Manufacturier et prestateur de services divers, le meunier est à son aise.

L'importance qu'on attache au *paraître* s'exprime à travers le mobilier. Peu d'indications en effet sur la maison elle-même qui fait partie intégrante des bâtiments d'exploitation, ce qui permet au meunier, nuit et jour, de veiller aux grains et aux... eaux. Mais les intérieurs dénotent à la fois un certain goût pour l'accessoire - une commode en noyer marquetée chez Ramspacher ; des assiettes en étain anglais chez Jean-Thiébaut Lidin ; 36 serviettes de table et 37 nappes chez Fridolin Ettwiller, des tasses de café en faïence chez Ignace Munch ; presque toujours une horloge ou une pendule, parfois un bénitier, une assiette à barbe, un vase de nuit et un *soupçon* de culture : une ardoise pour les comptes chez Lidin ; une étagère à livres chez Ramspacher qui devient inutile pour les deux livres de prières, renforcés avec du fer blanc que possède Jean-Pierre Keller... Le meunier tentera de conserver son prestige jusque dans la mort : après avoir déboursé près de 60 livres auprès du médecin d'Altkirch et du chirurgien local, Ignace Munch en dépense 24 pour achat de viande et 5 pour achat de cierges durant sa maladie, en 1782. Pour après sa disparition, il prévoit 2 livres pour le cercueil, 47 pour la cérémonie funèbre, 18 pour les frais de repas à l'intention de la parenté venue de loin et - question de se donner bonne conscience - 15 pour le *pain des pauvres*, laissant à ses héritiers le soin de régler les douze messes commandées chez les Franciscains pour le repos de son âme... A Heimersdorf toujours, Martin Brant, qui ne débourse que 4 livres pour son enterrement, en 1745, en prévoit 18 *pour une pauvre*

[17] APM T 1078 (il s'agit de livres bâloises).

[18] 561 livres tournois au décès de Fridolin Ettwiller, en janvier 1760, et 2400 au décès de son épouse, le 23 mars 1744 ; 360 livres chez Ignace Munch, tous meuniers à Heimersdorf.

[19] *Girtel mit droht.*

Les Ramspacher : cinq générations de meuniers

(généalogie reconstituée à partir de l'enquête du CGA et P.M. MAULBECKER, *mém. 1606*, annexe 12)

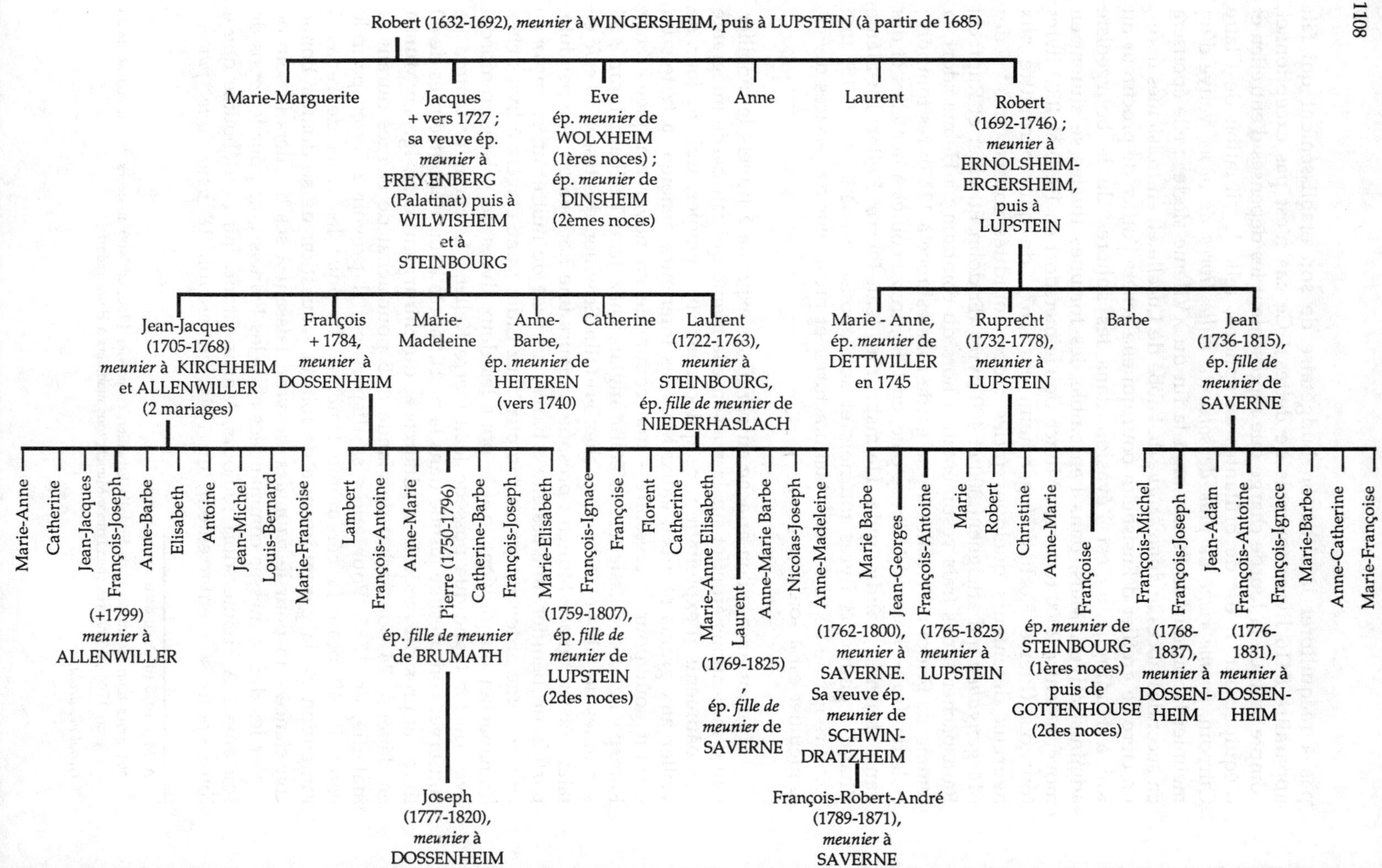

Les Jung : six générations de meuniers
(généalogie simplifiée)

Source : J. JUNG, *mém. 1695.*

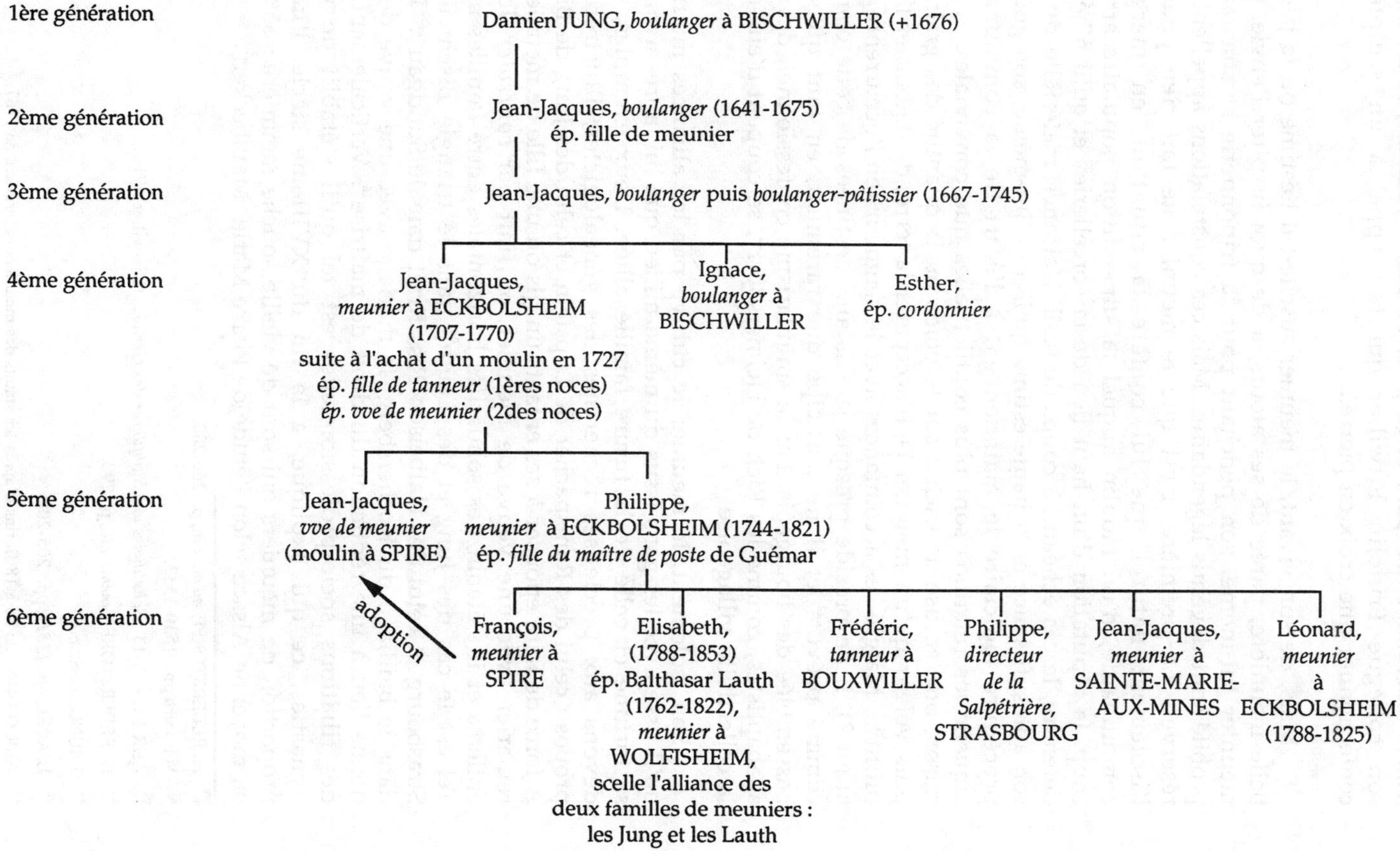

femme manquant de pain et 12 pour sa pierre tombale, souci que partage son collègue Fridolin Ettwiller qui fait appel à un sculpteur pour confectionner une croix en pierre...

Mais, de son vivant, le meunier suscite-t-il l'estime ou la jalousie ? La belle meunière, parée de ses atours, a de quoi inspirer l'envie. Quant au meunier lui-même, son penchant pour la friponnerie et son manque de probité sont devenus légendaires. Mais ces constatations appellent quelques réserves. La première, c'est que le meunier ne fait rien pour rompre l'isolement naturel que lui confère la situation, en marge de la communauté, d'un moulin auquel la superstition populaire attribue, du coup, la réputation d'un haut lieu de la sorcellerie[20] et qu'il n'hésite pas à défendre, le cas échéant, à coups de fusil. L'aisance matérielle du meunier, son autosuffisance et la haute estime qu'il a de lui-même, son goût pour la procédure judiciaire le maintiennent à l'écart de la communauté avec laquelle les relations sont plus conflictuelles que conviviales. A tort ou à raison, on l'accuse de tricher sur le poids ou la quantité des grains (y-a-t-il plus voleur qu'un meunier ?), d'accaparer la terre, de détourner l'eau à son profit[21]... Malgré ses accointances avec le seigneur (en l'occurrence, est-ce un atout ?), il ne préside presque jamais aux destinées de cette communauté comme prévôt[22] et il ne participe que rarement, en tant qu'échevin, à l'assemblée des bourgeois. Par le singularisme confessionnel, des meuniers anabaptistes, comme les Rich de Heimersdorf[23], se coupent d'eux-mêmes de la collectivité villageoise.

Son isolement, le meunier le cultive par les alliances matrimoniales qu'il tisse avec les gens issus du même milieu que lui, après avoir soupesé sa fortune et celle de la future famille alliée. Deux exemples, que nous devons aux précieuses recherches des généalogistes, illustreront notre propos : celui des Ramspacher de Lupstein et celui des Jung de Bischwiller. A force de faire épouser à ses enfants un fils ou une fille de meunier et de se remarier avec une veuve de meunier, on finit par *contrôler* des régions entières et il s'établit des solidarités horizontales entre familles meunières. Tel est le cas des Jung et des Lauth[24] dans le triangle Bischwiller-Spire-Strasbourg et celui des Halbeisen-Riss-Kraft dans le Sundgau[25]. D'ailleurs, dans le bailliage du Kochersberg, le mariage avec une veuve de meunier donne lieu à une réduction du droit de maîtrise[26]. Verticalement, le poids des filiations socio-professionnelles est tel qu'il s'établit de véritables dynasties, ce qui explique, à la fin du XVIIIème siècle, l'importante proportion de meuniers qui sont de vieille souche meunière : 35% environ en moyenne Alsace selon l'étude de Pierre Marie Maulbecker[27].

---

20 Fr. REDERSTORFF, *mém. cit.*, p. 266-280.

21 Voir *infra* pp. 1530-1532.

22 AHR 1 E 44/1-13 : *Schultheiss und Stabführer des Gerichts* (Dietwiller 1710).

23 Fr. REDERSTORFF, *mém. cit.*, p. 293.

24 J. JUNG, *mém. cit.*

25 L. ABEL, *op. [381]*, pp. 205-208.

26 ABR G 6446 : de 36 à 18 florins d'après les statuts des meuniers et fariniers de 1767.

27 P.M. MAULBECKER, *mém. cit*, p. 120.

Par conséquent, compte tenu de la nombreuse progéniture à placer et du petit nombre de moulins disponibles, l'isolement ne saurait être total, même si le meunier tente de doter l'aîné d'une *Obermühl* et le cadet d'une *Untermühl*. Dans les sphères qu'on est amené à explorer, les métiers de l'alimentation - marchands de grains et boulangers entre autres - et ceux de l'agriculture - *épouser une fille de meunier* reste pour le laboureur une sorte de rêve - enlèvent aux établissements une partie de leur étanchéité. On évite l'alliance avec un laboureur besogneux, pas l'union avec une fille d'artisan, pourvu que cette dernière soit confortablement dotée. Mais il ne semble pas que le meunier réalise son intégration par les opérations matrimoniales. On en arrive donc à une constatation paradoxale : le milieu des meuniers, à défaut d'être monolithique, est apparemment très fermé et néanmoins plus ouvert sur l'extérieur que celui de bien des paysans ! Par ailleurs, dans une économie où la farine continue à être la base de la nourriture, la *banalité* reste un véritable monopole. Le meunier est peut-être méprisé ; il est craint, en tout cas. Son prestige est assuré par sa situation économique, en particulier par la possession de la terre, mais surtout par son rôle social : qu'y-a-t-il de plus indispensable qu'un meunier ?

b) Le maître de poste

En 1770, Philippe Jung, meunier à Eckbolsheim, épouse Elisabeth Farny, l'une des filles de François Farny, maître de poste d'origine suisse installé à Guémar, sur la grand' route reliant Bâle à Strasbourg[28] : il accède ainsi au sommet de la hiérarchie sociale. Les noms des maîtres de poste apparaissent fréquemment au XVIIIème siècle : les Heitz de Kembs[29], les Zimmermann d'Issenheim[30], les Kessel d'Ostheim[31], les Walter de Krafft[32], les Stackler de Benfeld[33], les Klein de Stutzheim[34], les Schnoeringer de Gambsheim[35] et bien d'autres... Si la plaine d'Alsace est aussi bien pourvue, elle le doit à l'installation du pouvoir français sur le Rhin par intérêt stratégique d'abord[36], pour des raisons commerciales ensuite : autant que la *ligne de France*, de Bâle à Paris par Belfort[37], la route Huningue-Strasbourg-Fort-Louis-Francfort, *ligne d'Allemagne*, nécessite une chaîne de relais. C'est la fonction publique qui fait le maître de poste, en lui assurant une rémunération garantie de l'ordre de 30 livres par cheval entretenu, qui

---

28 J. JUNG, *mém. cit.*, p. 4.

29 L. ABEL, *art. 2530.*

30 AHR C 1223 et 1300.
Voir M. HAERING, *art. 432.*

31 AHR 18 J 590-591.

32 AC Erstein HH 18.

33 E. MAYER, *art. 1717.*

34 ABR 6 E 36, Not Saverne II, inv. 211.
Voir A. LORENTZ, *art. 442.*

35 R. JUNG, *art. 436.*

36 On rappellera la nouvelle organisation des relais postaux due à Louvois (1681).

37 Neuf relais entre Strasbourg et Belfort.
Voir P. FAUST, *art. 426.*

vient s'ajouter aux 25 sols par cheval déboursé par les voyageurs eux-mêmes[38]. En 1751, Jacques Lienhart de Willgottheim et Antoine Klein de Stutzheim se liguent contre le Sieur Gardelle, maître de poste de Saverne, quand ils cherchent à faire reconnaître par l'intendant l'intérêt que représente la route passant par Stutzheim pour les courriers ordinaires de France qui prennent l'habitude de passer par Hochfelden. En 1780, Antoine Klein, le fils, tente à son tour de conjurer la concurrence de la nouvelle route Strasbourg-Saverne[39]. Le passage du cortège royal à trois reprises, en août 1725[40], en octobre 1744[41] et en mai 1770[42], rehausse le prestige de notre homme qui saisit l'occasion pour revêtir son habit blanc et son gilet rouge aux boutons dorés garni d'une chaîne retenant une montre de poche en argent...

Or la fonction publique secrète le privilège. C'est son statut de privilégié, fait capital dans une société d'ordres où chacun cherche à échapper au sort commun, qui confère au maître de poste prestige et considération. Ce privilège n'est pas injustifié : le maître de poste est propriétaire de son relais et en supporte les charges. En contrepartie des obligations imposées par une sorte de concession de service public, il est normal qu'il bénéficie de privilèges et d'exemptions fiscales. mais le privilège est moins une source de revenus que la reconnaissance d'un statut social : le maître de poste n'est pas riche parce que privilégié, mais privilégié parce que riche. Celui d'Ostheim, à en croire le conseiller Sandherr, est *un richard de premier ordre,* alors qu'il *fait passer ses chevaux comme nécessaires au service de la poste pour être exempté de la corvée*[43]. Celui de Krafft se plaint d'être surchargé de capitation[44], alors qu'il embauche trois domestiques et deux postillons. A Issenheim, les Zimmermann se font exempter de la taille, du logement des gens de guerre et du guet, ainsi que d'une partie de l'*Umgeld* (jusqu'à 100 mesures débitées). De telles exemptions fiscales enveniment ses relations avec la communauté dont les membres se plaignent de devoir payer à sa place.

En 1773, à la faveur d'un procès avec les paysans, nous apprenons que Heitz, le maître de poste de Kembs, exploite entre 80 et 90 hectares avec six chevaux[45]. A Stutzheim, Antoine Klein travaille avec cinq charrues, deux herses et trois chariots[46], sans qu'on sache quelle est la proportion des chevaux affectés à ses propres cultures : ils sont 26 en 1784[47] et représentent,

---

38 G. FORLEN, *art. 427*, pp. 11-12.

39 AHR C 383/18 et 505.

40 A. LORENTZ, *art. cit.* : voyage de noces de Louis XV et de Marie Leczinska (relaté par le chevalier Daudet).

41 *Ibid.*: lors du voyage de Louis XV à Strasbourg.

42 Passage de l'archiduchesse Marie-Antoinette se rendant de Strasbourg à Versailles *via* le Kochersberg pour épouser le dauphin.

43 AHR E 158 (Colmar, le 5 décembre 1788).

44 AC Erstein HH 18 (1762).

45 AHR C 1472.

46 ABR 6 E 36, Not. Saverne II, inv. 211 (11 octobre 1784).

47 *Ibid.*

en valeur, plus de 3000 livres tournois ; beaucoup servent au relais, certains sont loués aux paysans. S'y ajoutent 5 vaches, 9 porcs, 16 brebis, 6 agneaux, 60 poules et 2 coqs, 8 paires de pigeons. Il trouve tout naturellement dans le marché du relais un débouché pour ses produits, dont 440 hectolitres de vin[48]. En 1777, son fils se fait avancer 2400 livres par la Compagnie Geiger, pour livraison de garance, et s'engage à construire un séchoir[49]. L'importance du trafic justifie l'aménagement d'une forge personnelle, avec soufflet, enclume, étau[50] : on y découvre en 1784 26 fers-à-cheval tout neufs, prêts à servir... Les réserves s'accumulent : pour 1500 livres tournois de grains, des centaines de bottes de paille, plusieurs milliers d'aunes de toile...

Signalée en 1708, la *Paraque* des Heitz a cédé la place à une magnifique demeure érigée en 1739, tout-à-fait comparable au *palais curial* de Schlierbach[51] destiné à accueillir, lors de ses déplacements, le seigneur-abbé de Lucelle. Quant à Antoine Klein, il possède, en plus du relais, évalué en 1783 à 14 000 livres tournois avec ses douze chambres et ses lits d'hôtes[52], trois maisons ainsi qu'un moulin à huile à Stutzheim même et la partie indivise d'un appartement situé en ville, rue du Vieux-Marché-aux-Vins. La fortune totale des Klein s'élève, en 1784, à plus de 52 000 livres tournois et se décompose comme suit : immeubles (32%) ; propriétés foncières (43%) ; outillage, bétail, réserves (20%) ; autres biens mobiliers (5%). Guère de créances ; par contre, le patrimoine est obéré par la masse des dettes actives : 56 500 livres ! Une petite bibliothèque de dix titres et treize volumes dénote un *niveau culturel* qui le situe au-dessus de ses voisins... Dans son intérieur de Stutzheim, des éléments de style de vie qui le distinguent des laboureurs du commun : une chambre d'enfants avec trois lits et un berceau ; des armoires en chêne et en noyer à deux battants ; un lit à tombeau, d'autres à ciel avec matelas et rouleau (l'un d'entre eux est évalué à 110 livres tournois !) ; une commode ; des miroirs, dont l'un à cadre doré ; une chaise percée en chêne ; clystère en étain et vase de nuit ; des rideaux en coton ; des plats et pas seulement des marmites ; de l'argenterie et de la porcelaine ; des chemises par dizaines... Son père possédait plusieurs camisoles, l'une en ratine, l'autre en drap d'Elbeuf, 46 boutons dorés, une canne laquée avec poignée en laiton, un fusil et un pistolet...

Transport de voyageurs et transmission de dépêches, échange d'informations et vente de produits du cru, relations avec les autorités : cette forme de sociabilité très large n'empêche pas le maître de poste d'être plus proche des villageois que le meunier au naturel très indépendant. En dehors des pénétrations matrimoniales dans la bonne société, on le voit fréquemment faire épouser à ses enfants des filles d'aubergistes, de laboureurs, parfois de meuniers[53], tandis qu'il lui arrive d'assumer lui-

48 *Ibid.* inv. 211 (20 novembre 1753 et 25 janvier 1754).

49 ABR 6 E 41/165 et J. VOGT, *art. 1387*, pp. 67-68.

50 ABR 6 E 36 Not. Saverne II, inv. 211 (11 octobre 1784).

51 L. ABEL, *art. 2529* et *2530*.

52 ABR 6 E 36 Not. Saverne II, inv. 211 (11 octobre 1784).

53 Barthélémy Stackler de Benfeld épouse la fille du prévôt de Flaxlanden en 1678 (E. MAYER, *art. cit*). Les filles de Jean Schnoeriger de Gambsheim épousent, entre 1714 et 1732, le comte de Forbach, Jean-Frédéric Spon, un commerçant de Fort-Louis, un avocat au Conseil Souverain de Colmar, le bailli de Niederhausbergen (R. JUNG, *art. cit.*). Antoine Klein épouse en secondes noces en 1735, Marie-Salomé Ehrmann, fille de l'ancien prévôt de Wiwersheim (A. LORENTZ, *art. cit.*).

même la charge de prévôt[54]. Il semble mieux accepté que le meunier : ses relations avec les autorités royales génèrent-elles puissance et respectabilité au moment où s'estompent les liens avec les autorités seigneuriales ?

c) L'aubergiste

Certains maîtres de poste sont d'anciens aubergistes : passer du *rang* de cabaretier - *hospes, Würth* - à celui de maître de poste - *postiliarius, Postmeister* - est en effet considéré comme une promotion sociale. Honorable et honoré, l'aubergiste est qualifié de *Herr*[55] ou de *Dominus*[56], titre réservé aux notables de la paroisse. Michel Ehrmann de Wiwersheim est considéré, dès la fin du XVIIème siècle, comme *un des plus puissants habitants du village*[57]. Dans la localité voisine de Stutzheim, Michel Kahn, fils d'aubergiste, épouse en 1718 la fille du prévôt de Truchtersheim et fait graver sur l'une des pierres de sa maison le titre convoité de... de maître de poste. Mais le fait que sa veuve se marie au fils de l'aubergiste de Gougenheim témoigne à son tour du passage très progressif et parfaitement réversible de la situation d'aubergiste à celle de maître de poste[58].

Nombre d'aubergistes deviennent prévôts de leur village[59] ou occupent les fonctions importantes d'échevin, d'*Anwald*, de marguillier[60], preuve d'une parfaite intégration dans la communauté. A Stutzheim, à la fin du XVIIème siècle, Adam Kahn préside le conseil de l'église paroissiale avec tout le prestige qui s'attache à la qualité de *Heiligenmeyer*[61]. C'est également la fonction à la fois économique et sociale qui projette l'auberge au coeur des institutions locales : lieu de rencontre des habitants et des voyageurs, foyer de sociabilité et de rivalité, lieu privilégié de la commercialisation du vin, l'auberge est aussi celui de la transmission de l'information. Du coup, notre homme devient informateur, indicateur, ordonnateur des festivités, conservateur des rites et usages de la collectivité villageoise... Grâce au poste d'observation qu'il occupe, l'aubergiste est le personnage le mieux informé de ce qui se trame au village, le mieux renseigné aussi sur les possibilités de transactions, situation dont il ne manque pas de profiter.

---

54 Jean-Baptiste Stackler de Benfeld descend d'une lignée de prévôts à Battenheim, Ensisheim et Meyenheim (E. MAYER, *art. cit.*) et de baillis (Schoppenwihr) et ouvre la voie, au début du XIXème siècle à une lignée de maires (Rossfeld, Benfeld). Georges Schnoeringer, prévôt de Gambsheim entre 1668 et 1689, épouse une fille de prévôt. Son fils Jean épouse une fille de meunier et d'échevin et devient lui-même prévôt en 1702. Né en 1721, Jean-Baptiste est à son tour prévôt, alors qu'il cumule par ailleurs les fonctions de meunier et de maître de poste ; l'une de ses filles épousera le prévôt de Willgottheim en 1740 (R. JUNG, *art. cit.*). Antoine Klein est *Schultheiss* de Stutzheim à parti de 1745 (A. LORENTZ, *art. cit.*).

55 AHR 4 E Not. Heiteren, inv. 8, Jean-Paul Riss (10 mai 1737).

56 ABR 6 E 36 Not. Saverne II, inv. Klein de Stutzheim, *Pferdepostmeister* (1783 et 1784).

57 ABR E 1384.

58 L. ABEL, *art. 2530* : cabaret au cerf (AHR Not. Kembs 1680).
A. LORENTZ, *art. cit.*, pp. 43-45 : cas des Kahn de Stutzheim, fin XVIIème siècle.

59 AHR 1 E 77/18 et 18 J 590-591 (Melchior Umdenstock, cabaretier d'Ostheim en 1780).
M. BOESCH, *op. [388]*, p. 193 : exemple de Heiteren 1672-1673.

60 R. SCHWENGLER, *op. [466]*, p. 69 : cas de Neewiller.

61 A. LORENTZ, *art. cit.*, p. 44.

Les aubergistes sont relativement riches. Pour une douzaine d'exemples relevés entre 1685 et 1789, les fortunes finales s'étirent entre 600 et 15 000 livres tournois

Groupes de fortunes (lt)	1685-1729	1730-1759	1760-1789
500 - 1000	Schillersdorf (1720 (586)	Schillersdorf 1732 (1364)	
1000 - 1500	-	-	
1500 - 3000	Rittershoffen 1685 (2710) Rittershoffen 1719 (1770)	Reitwiller 1733 (1620)	
3000 - 5000	Reitwiller 1711 (3012) Rittershoffen 1718 (3594) Rittershoffen (1720 (4190)	Heiteren 1750 (4321)	Rittershoffen 1783 (4570)
5000 - 10 000	-	Rittershoffen 1745 (8042)	
plus de 10 000	-	Heiteren 1737 (11 446)	Heiteren 1780 (13 090) Rittershoffen 1789 (15 616)

Sources : ABR 6 E 40 Not. Soultz-sous-Forêts II, inv. Rittershoffen 147-160
6 E 17 Not. Ingwiller, inv. Schillersdorf 68-69
6 E 7 Not. Bouxwiller, inv. Reitwiller 360
AHR 4 E Not. Heiteren, inv. Heiteren.

Certains d'entre eux sont des laboureurs dont l'auberge constitue une source secondaire de revenus ; d'autres sont des cabaretiers fortunés qui placent leurs économies dans la terre. Beaucoup de ces aubergistes ont en effet un comportement de propriétaire foncier et les biens immobiliers jouent un rôle très important dans leurs fortunes. Chez Philippe Schmitt de Heiteren, la ferme avec 43 *Juchert* de labours, vaut à elle seule 10 000 livres tournois en 1780, les terres tenues en propriété presque autant (9630) : il s'agit d'une quarantaine de *Juchert*, près de 20 hectares[62]. Les dots conséquentes, que Jean-Georges Goetzmann de Rittershoffen laisse à ses quatre enfants en 1789, n'ont rien à envier à celles que proposent les plus riches laboureurs. D'une valeur de 150 à 230 livres la part, elles comportent du mobilier, des liquidités, mais aussi du bétail (un mouton, une brebis, une jument, des porcelets et des poules ou éventuellement de l'argent pour acheter une vache), de l'outillage de labour (de la faux à la herse), des sacs de pommes de terre, des gerbes, du foin et du regain, du coutil et du chanvre brut. Le prix des festivités de mariage est évalué entre 30 et 48 livres tournois : l'équivalent de ce qu'un domestique gagne en six mois[63]. Mais ce qui ressort assez clairement de cette esquisse, c'est la différence dans les niveaux de fortune d'un aubergiste à l'autre. Compte tenu du grand nombre des installations, il ne saurait en être autrement. On compte, dans la seconde moitié du XVIIIème siècle, cinq auberges à Geudertheim[64], soit une pour 100 habitants environ[65].

Mais, dans ces conditions, ne sont indiqués comme aubergistes que ceux qui font de ce métier une occupation à part entière. Tel n'est pas le cas

62 AHR 4 E Not. Heiteren, inv. 14 (22 août 1780).

63 ABR 6 E 40 Not. Soultz-sous-Forêts II, inv. Rittershoffen 160.

64 M. KNITTEL, *op. [431]*, p. 183.

65 J-P. KINTZ, *op. [48]*, p. 235.

d'un grand nombre d'entre eux. Celui de Geudertheim tient le moulin[66] ; à Ostheim, Mathias Umdenstock est boulanger[67] ; à Andolsheim, Jean Moser, qui se plaint de ne pas pouvoir nourrir sa famille avec son métier de cordonnier, ouvre un cabaret[68], sans abandonner pour autant sa profession de cordonnier. A Neewiller, les cabaretiers se font fermiers du *Hofgut*, charpentiers, douaniers[69]... Pourtant, les enchères de l'*Umgeld* à Ostheim[70] montrent que ce sont les grandes familles - les Umdenstock, Kessel, Oellert, Danreiter - qui s'intéressent à l'auberge communale qui, apparemment, doit bien rapporter :

Date	Estimation (florins)	Mises (nombre)	Amateurs (nombre)	Prix (florins)	Rapport du prix définitif à l'estimation initiale (%)
1711	500	5	5	532	+ 6,4
1734	500	17	3	697	+ 99,4
1744	500	13	8	921	+ 84,6
1745	500	13	6	1100	+ 120,0
1750	500	16	6	980	+ 96,0
1756	450	11	6	830	+ 84,4
1762	400	9	4	900	+ 125,0
1765	600	15	7	1037	+ 72,8
1771	700	10	4	917	+ 31,0
1774	600	13	4	755	+ 25,8
1780	300	22	4	700	+ 133,3
1785	500	14	3	835	+ 67,0

2) L'aristocratie paysanne et... le reste

North, Lux un Fix
Un alles andere esch nix (dicton du Kochersberg, enquête orale).

Dans une remarquable contribution[71], Francis Rapp à campé le laboureur du Kochersberg à la fin du Moyen Age. Force est de constater qu'aux XVIIème et XVIIIème siècles, même si le volume des affaires brassées a augmenté, les critères permettant de caractériser cette aristocratie de la charrue n'ont guère changé :

- indice de stabilité, la continuité de la lignée qu'un *Hofname*, sorte de surnom héréditaire, permet d'identifier en cas d'homonymie patronymique ;
- une stratégie matrimoniale mûrement réfléchie permettant de tisser des réseaux d'alliances avec les *meilleures* familles du village et des environs ;
- un désir de *paraître* qui s'exprime tantôt à travers un relatif luxe vestimentaire, tantôt par des dots qui n'en finissent plus et que viennent consacrer des charges qui secrètent le respect ;
- un ensemble bâti impressionnant, se dérobant aux regards des passants par un appareil de murs et de portes cochères ;

---

66 M. KNITTEL, *op. cit.*, p. 210 (ABR E 1672/6, 1760-1764).

67 AHR 1 E 77/18 (1783 et 1785).

68 AHR 18 J 476 (1783).

69 R. SCHWENGLER, *op. cit.*, p. 69.

70 AHR 18 J 587 (1734) et 1 E 77/18 (1711-1785).

71 Fr. RAPP, *art. 1607*.

- une solide fortune foncière qui évolue en fonction des destinées individuelles, suivant normalement une courbe ascendante du mariage du chef de ménage à son décès, qui s'appuie sur une part importante de terres affermées et qu'on met à l'abri des partages entre héritiers au moyen de pratiques successorales judicieuses ;

- une main-d'oeuvre nombreuse et hiérarchisée, soumise et fidélisée ;

- une substantielle production autorisant à la fois la commercialisation d'une partie de la récolte et la constitution d'un réseau de créances, en argent ou en nature, assise d'une véritable *clientèle*[72]. Ainsi se signalent dans la Hardt colmarienne les Ritzenthaler et les Steib, les Obrecht, les Ittel et les Zwickert[73], en pays du Kochersberg les Fix, Kapp, Schott[74], Weinling, Quirin, Klein, Fritsch, Diemer, Rohfritsch et Urban[75], dans le pays de Hanau les Mahler, Schweyer, Menchhoffer, Weckerlin, Mehl, Luckel[76], dans l'Outre-Forêt les Hohwald, les Goetzmann[77], pour ne citer que quelques unes de ces grandes familles qui mériteraient que leur soient consacrées des monographies[78]. Plutôt que de tenter une étude globale de la paysannerie, que la diversité des situations rendrait aléatoire, nous avons pris le parti de proposer, à titre d'exemple, les figures d'un gros, d'un moyen et d'un petit paysan.

a) Etre laboureur en Kochersberg : les Diemer, les Weckel et les Fix

Lorsque Thiébaut Diemer de Reitwiller décède au mois de janvier 1735, au même moment que son épouse[79], il laisse quatre enfants vivants qui se sont installés, pour la plupart, dans le Kochersberg protestant. L'aînée des filles est déjà décédée ainsi que son mari, Michel Weber d'Ittenheim ; Odile a épousé Valentin Schott de Hurtigheim ; quant à Anne, elle s'est installée à Strasbourg où son époux, Jean-David Billiger, exerce la profession d'huilier. Restent le jeune Thiébaut qui n'a que 13 ans et Nicolas qui a épousé en 1733 la fille de Valentin Herrmann de Hurtigheim[80] : il est l'aîné des deux garçons, le seul qui soit majeur. C'est à lui que reviendra la ferme, estimée à 3600 livres tournois, à deux conditions cependant :

- la promesse de doter son petit frère Thiébaut le jour ne son mariage : 30 sacs de froment, 30 mesures de vin, 200 florins, un cheval, un peu de mobilier (lits et coffre), une charrette ainsi qu'un *Acker* de terre, un demi-*Acker* de vigne le jour de son quinzième anniversaire ;

- la promesse de veiller à la subsistance de sa mère.

En fait, le père défunt souhaitait, en 1733, rester dix ans encore à la tête

---

[72] Ces aspects ont été évoqués ou seront abordés. Voir *supra* pp. 1020-1023 et *infra* pp. 1190-1204.

[73] J. ALOIRD, *art. 1610.*

[74] ABR 6 E 36 Not. Saverne II, inv. 200-206.

[75] ABR 6 E 7 Not. Bouxwiller et Saverne II, *passim*, inv. 261 et 361.

[76] ABR 6 E 17 Not. Ingwiller, inv. Schillersdorf 72-75 et 6 E 7 Not. Bouxwiller, inv. Bosselshausen 172-174.

[77] ABR 6 E 40 Not. Soult-sous-Forêts II, inv. Rittershoffen 156-157.

[78] Voir Th. FRITSCH, *mém. 1614.*

[79] ABR 6 E 7 Not. Bouxwiller, inv. Reitwiller 361 (3 février 1735).

[80] *Ibid.* CM du 28 novembre 1733.

de l'exploitation ; il promettait donc aux nouveaux mariés, *pour leur travail*, une allocation annuelle de 10 sacs de grains et de 15 mesures de vin, *si les vendanges sont bonnes*, soit environ le cinquième de la récolte, de la filasse, de la laine, du cuir et des chaussures. A partir du jour de la transmission, il est prévu que les jeunes livrent à leurs parents, à titre d'entretien, 30 sacs de froment en contrepartie de la jouissance des terres, qu'ils leur abandonnent, le tiers des moutons et une poule[81], cinq charretées de fumier par an, un veau destiné à la vente et la possibilité d'utiliser deux chevaux, si Thiébaut devait se marier dans le village, moyennant quoi son frère exploitant serait tenu à lui céder 10 *Acker* de terres labourables. Tout est prévu en cas de désaccord entre les jeunes et les vieux, de façon à ce que les deux parties puissent vivre *à feu et à pot*. Dans ce cas, les parents retraités toucheraient, en plus, quatre rézaux de froment, un boisseau de sel et un autre de pois, deux demi-porcs gras, 300 oeufs, du lait, huit mesures de beurre, des choux et des navets, et bénéficieraient de droits dans le potager, la cave et la chambre d'habitation, ainsi que d'un logement dans la *Kammer* au-dessus de la *Stub*. Mais la mort des parents met fin d'office à ce contrat alimentaire.

Voilà donc Nicolas propulsé, deux ans après son mariage, à la tête d'une exploitation assez importante : 64 *Acker* de labours, dont 44 à Gimbrett, Reitwiller, Kleinfrankenheim et 20 à Ittenheim, Handschuheim, Osthoffen ; 3 *Acker* de vignes (2 et 1) et un de pré (1/4 et 3/4). On constatera que, sur les 14 hectares de terre tenus en propriété, plus de quatre, et des meilleurs, sont situés en dehors du finage de Reitwiller et ses environs immédiats : ils proviennent sans doute de l'héritage de son épouse, originaire de Hurtigheim. L'ensemble est évalué à 1260 livres tournois. Nous ne connaissons pas la superficie des terres prises à bail (elles font traditionnellement partie du *noyau* de l'exploitation) qui viennent s'ajouter à ce patrimoine. La famille possède en outre à Strasbourg, dans la *Blindengass*, sept dix-huitièmes d'une maison ainsi qu'une habitation dans le faubourg : leurs valeurs respectives s'élèvent à 150 et 280 livres tournois. Outre une truie avec ses 13 porcelets, 12 moutons, 20 poules et 7 oies, l'exploitation de Reitwiller fonctionne avec 14 chevaux (dont trois poulains et deux étalons aveugles), une herse, trois charrues, autant de charrettes, un chariot et un impressionnant outillage à main. Les réserves (nous sommes au mois de février) s'élèvent à 47 sacs de froment, 3 de seigle, 34 d'orge blanche, 47 d'orge fourragère, 23 de fèves et 18 de pavot, tandis que 13 *Acker* sont ensemencés en froment et en seigle. Les caves sont encore bien remplies : 30 mesures de vin blanc de 1732, 80 de 1733, 18 de 1734 et 5 mesures de vin rouge de la même année. Par contre, il ne reste plus qu'une charretée de foin et de regain. Un peu de lin brut (10 livres), beaucoup de chanvre (165 livres), de fil (25 livres), prêts à être travaillés et 410 aunes de toile. On est quelque peu déçu autant par la quantité que par la qualité du mobilier : quelques coffres, des tables, un lit, une petite armoire, mais il ne semble pas que la déclaration soit complète. Par contre, ce couple de

[81] Ibid. : *eine Huhn zu einer guten Supp.*

laboureurs attache une certaine importance à l'habillement évalué à 46 livres pour la mère et 21 pour le père. Ce dernier possédait quatre habits, en lin et en bombasin, treize chemises (dont 5 à Strasbourg), un plastron et un foulard en soie. Son épouse avait vingt-trois chemises, vingt-cinq mantelettes et quarante voiles, quatre robes et une jupe, vingt-six paires de bas, trois tabliers. On relève par ailleurs la présence d'une cuillère en argent, de deux bagues en argent doré et de deux rubis. Pas de livres, en dehors de deux Bibles de Nuremberg. Avec les créances (environ 150 livres lorsque Nicolas le fils décède à son tour en 1771), la fortune globale s'élèvera à 7534 livres tournois dont on déduira 961 livres de dettes : les frais d'inventaire s'élèvent à eux seuls à 145 livres, car le relevé a duré huit jours, à quoi s'ajoutent 22 livres de frais de bouche pour achat de viande et de morue.

Que va faire le fils Thiébaut de la coquette fortune de 6573 livres qui lui échoit en 1771[82] ? Il est un personnage respectable, gratifié, comme son père, du titre de *Herr.* Alors que ce dernier était échevin à Reitwiller, il deviendra, lui, prévôt, *Stabhalter* de la communauté. Il a, à son décès, neuf enfants vivants, dont quatre sont encore célibataires. Les deux filles ont épousé l'une un laboureur du lieu et l'autre le fermier des Brackenhoffer. Sur les trois garçons, l'un est laboureur à Ingenheim, l'autre meunier à Quatzenheim. Quant à Nicolas, il a déjà pris la succession de son père comme prévôt de Reitwiller après son mariage avec Eve Rohfritsch, elle-même fille d'échevin et de fabricien, le 7 novembre 1765. Le contrat alimentaire établi le 10 mars 1770 reproduit, avec quelques variantes, le modèle de 1733. On en retiendra l'importance croissante et la diversification de la pension destinée aux parents : la livraison de 400 oeufs (et non plus 300), de 30 livres de beurre (et non plus 8 mesures), d'huile, de noix, de crème qui vient s'ajouter au lait ; l'obligation de payer les frais de tailleur et de couturière ; la mise à disposition de deux *Stuben* et d'une *Kammer*... La mère survivante touchera le tiers de cette allocation (le père, s'il avait survécu en aurait touché la moitié). Les dotations aux frères et soeurs célibataires se trouvent consignées avec une grande précision : chemises, souliers, pantoufles, redingotes, camisoles, culottes et un mobilier toujours plus diversifié. La propriété foncière s'est développée : les 96 parcelles de 1735 sont à présent au nombre de 139 qui se répartissent comme suit : 81 *Acker* de labours (au lieu de 64) ; 6 *Acker* de vignes (au lieu de 3) ; 5 *Acker* de prés (au lieu d'un). L'ensemble de la propriété aura passé de 14 à 18 hectares, soit une augmentation approchant les 30%, assortie d'une progression plus forte en ce qui concerne les vignes et les prés. Les réserves sont toujours aussi importantes : 325 livres de lard, 45 de saindoux, 108 quintaux de foin et de regain, 2700 fagots... Le moment (mois de juin) n'est pas propice à l'accumulation des grains, mais il reste 2 sacs de farine et 5 mesures de vin. Les terres tenues en propriété portent du froment (7 *Acker*), de l'orge blanche (11/2) ou fourragère (4), du pavot (41/2), des fèves (31/2) et du chanvre (11/2). L'absence fréquente d'évaluations et la constitution de lots en nature substantiels, destinés aux frères et soeurs, nous empêchent de cerner la

82 ABR 6 E 7 Not. Bouxwiller, inv. Reitwiller 363 (11 juin 1771) et CM du 7 novembre 1765.

valeur totale du patrimoine, mais l'outil de travail dont dispose Nicolas est, à lui seul, estimé à 6000 livres. Il est donc raisonnable de penser que la fortune des Diemer s'élève à la fin du XVIIIème siècle, à plus de 10 000 livres tournois : l'établissement de l'inventaire aura coûté, à lui seul, 234 livres, l'équivalent de la *fortune* d'un petit journalier !

Les Catholiques, en l'occurrence les Fix de Dossenheim et les Weckel de Fessenheim, n'ont rien à envier aux Diemer. Hans Weckel[83] se trouve en 1763 à la tête d'une exploitation de 26 hectares et d'un patrimoine de 14 000 livres tournois. Sur les 15 hectares de terre tenus en propriété, moins de la moitié sont situés dans le finage de Fessenheim, la plus grande partie se répartissant entre dix terroirs du Kochersberg. Quant aux 11 hectares de terres affermées, elles appartiennent à cinq institutions différentes. Il possède deux fermes - l'une héritée de son père en 1743, l'autre acquise depuis cette date -, un quart de moulin à Pfettisheim provenant de la succession maternelle, les deux tiers d'un immeuble situé rue du Vieux-Marché-aux-Vins à Strasbourg qui lui ont été transmis en 1745 par sa première femme... Nous connaissons l'état du cheptel appartenant à Michel Fix à quarante ans d'intervalle[84] :

	1744	1785
Chevaux	8	10 + 1 pouliche
Vaches	3	5 + 1 veau d'un an
Porcs	8 + 1 truie	5 + 1 truie
Moutons	4	12 + 6 agneaux

La ferme, bétail et outillage compris, vaut 3000 livres tournois. Elle comprend 40 *Acker*, soit 8 hectares, de *Gültgüter*, d'une valeur de 3530 livres, et 11 hectares de biens propres. L'exploitation, forte d'une vingtaine d'hectares, est déficitaire : 3600 livres de dettes actives, suite aux compensations à opérer entre héritiers ; plus de 10 000 livres de dettes aux seuls créanciers de Strasbourg : ils sont une dizaine, du notaire et du receveur de l'orphelinat à l'humble servante... Son frère Léonard est *Schultheiss*. Quand il décède en 1788[85], sa ferme vaut 6000 livres tournois (elle en valait 4000 lors de son mariage en 1748) et sa propriété foncière compte environ 18 hectares, superficie qu'il faut sans doute multiplier par deux si on veut y inclure les terres prises à bail. Les dots sont d'autant plus impressionnantes qu'elles doivent être acquittées à sept reprises (quatre garçons et trois filles en dehors de l'héritier de la ferme) : aux garçons, 1200 livres en espèces ; 50 rézaux de froment et 50 mesures de vin ; un cheval équipé ou, à défaut, 400 livres ; un lit ordinaire équipé et un autre à ciel ainsi que 24 livres tournois pour un rideau ; un coffre en sapin ; un habit neuf pour 72 livres ; trois douzaines et demi de chemises en chanvre. Quant aux filles, elles touchent, outre le lit tout préparé, une armoire en noyer, deux coffres en sapin, un buffet de cuisine, une table avec banc et chaises,

83 ABR 6 E 42 Not. Truchtersheim, inv. 5.
Voir notre thèse de 3° Cycle, p. 166.

84 ABR 6 E 36 Not. Saverne II, inv. 203 (18 mai 1785) et CM (12 janvier 1744).

85 *Ibid.*, inv. 206 (26 juin 1788).

trois douzaines de serviettes de table et une douzaine de serviettes de toilette, de l'habillement - 24 mantelettes, 36 chemises, 6 jupes et un jupon, des tabliers, des bas et des souliers -, du fil, du chanvre brut et de la toile, de la vaisselle en étain, en cuivre et en fer, enfin une vache... Resteront à la ferme la vaisselle en porcelaine (une trentaine d'assiettes, une soupière et cinq saladiers), le buffet en noyer à quatre portes, l'armoire en sapin incrusté de noyer... Nous évoquerons, à titre d'exemple, la dot qu'un laboureur de Truchtersheim réserve à ses enfants[86] : elle fait partie de la mise en scène théâtrale des noces paysannes.

b) La moyenne et petite paysannerie

Moins brillante, la situation matérielle des Weber de Baldenheim[87] assure la transition avec le groupe des laboureurs moyens. Ils sont deux frères, Laurent et Caspar, fils de laboureur. Si l'on en croit les contrats de mariage, la fortune du premier provient de ses parents ; celle du second de ses beaux-parents. Entre les deux frères, on a réussi à établir un bel équilibre :

Composition des fortunes	Laurent		Caspar	
	lt.	% de la fortune brute	lt.	% de la fortune brute
Maison, bâtiments d'exploitation, terres prises à bail	3000	46,5	4000	46,0
Biens fonciers en propriété	1896	29,5	1930	22,2
Outillage de labour	54	0,8	148	1,7
Outillage à main	28	0,4	44	0,5
Outillage de cave	18	0,3	7	0,1
Cheptel	514	8,0	546	6,3
Réserves (foin, paille, bois, grains, légumes secs, tabac, fruits)	338 (*)	5,2	642 (*)	7,4
Fumier	28	0,4	8	0,1
Emblaves	96 (*)	1,5	397 (**)	4,6
Lit avec literie	162	2,5	126	1,4
Textile, linge, nappes	134	2,1	246	2,8
Ustensiles de cuisine	60	0,9	72	0,8
Mobilier	56	0,9	58	0,7
Effets vestimentaires	40	0,6	71	0,8
Liquidités	8	0,1	31	0,4
Créances	18	0,3	365	4,2
Fortunes brutes	6450	100	8691	100
Dettes	50	0,8	730 (***)	8,4
Fortunes nettes	6400		7961	

(*) mois de décembre
(**) mois de mars
(***) dont 169 pour le mariage et la dot de sa fille

Comme chez les Diemer et les Fix, nous retrouvons, dans la valeur du patrimoine, la part importante du capital immobilier (environ la moitié) et du capital foncier (entre le cinquième et le quart), ainsi que la place des

86 *Ibid.*, inv. 206 (18 février 1788).
Voir *infra* ann. 50.

87 ABR 6 E 27 Not. Muttersholtz, inv. Baldenheim 24 : Laurent (inv. du 10 décembre 1779 et CM du 10 novembre 1757) ; Caspar (inv. du 20 mars 1782 et CM du 7 avril 1760).

réserves de toutes sortes - des dizaines de livres de viande, des dizaines de sacs de pommes de terres, 24 quintaux de tabac chez Caspar - et des effets vestimentaires, encore que Laurent ne possède que deux chemises, trois culottes, trois redingotes. Le mobilier est assez abondant : de nombreuses armoires, coffres et buffets, un lit à ciel, d'autres à sangles, un lit d'enfant... Ce qui distingue les Weber des Diemer ou des Fix, c'est la moindre extension des terres tenues en propriété (entre 5 et 8 hectares à chacun des frères) qui explique la modestie à la fois du matériel de culture (une à deux charrues et autant de herses, deux charrettes, un rouleau) et du bétail de trait (trois chevaux et deux boeufs chez Laurent, neuf chevaux chez Caspar), l'un et l'autre proportionnels à la superficie de l'exploitation. Par contre, le nombre des rouets et des dévidoirs et le volume des réserves textiles (laine, chanvre brut, fil, toile) nous permettent d'apprécier le rôle de la transformation à domicile de la laine et du chanvre : opération fort répandue dans cette région de contact entre le Ried et la plaine d'Erstein. Mais, par rapport aux Diemer, il manque ce *petit rien* qui élève le laboureur au-dessus du lot de ses concitoyens : le pied-à-terre en ville, un brin de bijou pour la femme, un livre (ne serait-ce qu'un seul) et le capital d'estime que confère la charge officielle de prévôt ou d'échevin...

L'exemple de Georges Kleindienst de Heiteren nous conduit dans le monde des moyens et des petits laboureurs qui, en l'occurrence, vivent de la location des terres[88]. Au décès de sa femme, en septembre 1780, sa fortune dépasse de peu les 3000 livres. Il possède en propre une maison d'une valeur de 900 livres et une demi-*Juchert* de terres de 90 livres, soit au total le tiers du patrimoine. Par contre, les 9 *Juchert* de *Erblehn* sont évalués à 1000 livres tournois. Il laboure avec trois ou quatre chevaux et deux boeufs. Dans sa grange, une charrette, un chariot, deux charrues, dont l'une est en très mauvais état, et trois herses. Dans sa cave, deux tonneaux d'une contenance d'une mesure chacun. Les réserves - nous sommes à quelques mois de la moisson - s'élèvent à 25 quintaux de foin, 282 bottes de paille, une dizaine de sacs de grains. Un peu d'argent liquide (50 livres), un livre (*La clé du paradis*), une partie de la vaisselle en verre (trois bouteilles, un verre et deux cruches), pour sa femme neuf chemises et toute une panoplie de bonnets et de gants en peau. Deux lits dont l'un à l'étable, une armoire en sapin, un buffet, deux coffres, quelques bancs et chaises... Mais ce patrimoine de 3060 livres tournois est littéralement laminé par le montant des dettes : débiteur de 1930 livres, il ne peut compter, si tout va bien, que sur 49 livres de créances. Il doit de l'argent aux Juifs (46,7%), aux bourgeois de Neuf-Brisach et de Colmar (17%), aux artisans qui ont travaillé pour lui (6%), au fisc (3%), au propriétaire (2%)... Ce n'est pas parce que, dans cette contrée d'emprise seigneuriale assez forte, il peut compter sur des terres à louer, que Georges Kleindienst prend place au rang des riches.

Or, en échange d'une relative indépendance, la plupart des petits paysans et des artisans doivent se contenter de quelques hectares qui constituent leur propriété. Retour au quantitatif. De façon à élargir

[88] AHR 4 E Not. Heiteren inv. 14 (27 septembre 1780, décès de son épouse).

Eléments de différenciation socio-économique : l'exemple de Schillersdorf (1712 - 1782) à travers 12 types sociaux

	a) Thiébaut VELTIN Journalier (juin 1718)	b) J-Henri LUFT Cordonnier (juin 1733)	c) J-Henri KARCHER Maître d'Ecole (nov. 1757)	d) Michel SCHAEFFER Journalier (déc. 1757)	e) Jacques PETER Tisserand (mai 1782)	f) Nicolas WOLFF Coupeur de paille (mai 1762)	g) Georges VELTIN Charron (juin 1733)	h) J-Jacques BECK le Vieux Forgeron (mars 1751)	i) J-Georges METZGER le Jeune Laboureur (mai 1756)	j) J-Jacques BECK le Jeune Forgeron (mai 1756)	k) J-Michel KÜHM Laboureur (janvier 1768)	l) Nicolas SCHWEYER Laboureur-aubergiste (oct. 1778)
En livres tournois Fortune globale	**318**	**416**	**446**	**522**	**770**	**820**	**872**	**1360**	**1394**	**1566**	**3202**	**3802**
En %												
Patrimoine foncier	14,60	40,10	36,32	23,94	6,86	21,36	11,25	15,08	36,15	44,18	23,85	42,21
Habitation/ dépendances	46,80	7,21	26,87	53,62	73,05	40,61	68,85	73,55	33,47	29,79	26,92	21,35
Cheptel	5,33	17,21	9,49	5,86	7,25	6,16	-	3,65	12,63	5,13	10,10	0,32
Outillage de labour	-	-	-	-	-	-	-	-	1,96	-	0,94	0,06
Outillage à main	0,63	0,87	1,08	1,30	0,39	1,34	0,34	0,26	0,57	0,54	0,48	0,13
Outillage profess.	-	0,72	-	-	2,61	-	2,71	*	-	-	-	-
Provisions de divers grains	2,69	1,44	5,69	-	-	0,54	0,14	0,47	1,65	0,96	9,10	3,41
Divers légumes	-	-	-	-	-	-	-	-	0,29	0,39	0,75	-
Viande	0,82	-	-	-	-	-	-	-	0,43	0,77	0,99	-
Vin	-	-	0,67	-	0,39	-	-	-	-	2,17	0,50	-
Paille	0,75	-	0,31	-	-	-	-	-	-	0,17	0,86	0,26
Foin/regain	0,75	-	-	-	-	0,12	-	-	-	1,02	1,99	0,40
Bois	-	-	-	-	-	2,92	-	-	0,59	-	0,28	0,62
Fumier	0,12	-	0,22	-	0,52	0,49	-	-	0,43	-	1,19	0,08
Récolte sur pied	4,38	10,10	-	2,49	*	6,14	0,46	-	5,05	5,68	9,65**	1,16
Mobilier	2,70	3,46	1,93	0,88	1,30	0,61	0,90	0,94	0,73	1,07	0,36	0,13*
Lingerie/ habillement	8,96	9,85	10,93	5,48	2,06	8,28	9,93	2,50	3,30	4,35	0,53	négl.
Livres	-	-	0,18	-	-	0,49	-	0,22	0,19	-	0,15	*
Liquidités	-	-	-	-	-	1,09	-	-	-	-	9,41	25,35
Autres postes	11,47	9,04	5,57	6,43	5,57	9,85	5,42	3,33	2,56	3,88	2,95	4,52

Eléments de différenciation socio-économique : l'exemple de Schillersdorf (1712 - 1782) à travers 12 types sociaux (suite)

Chefs de ménage	Chevaux et juments (+ poulains)	Bovins: Boeufs vaches génisses (+ veaux)	Ovins: Moutons (+ agneaux)	Porcins: Porcs (+ porcelets)	Volaille: Poules et coqs	Volaille: Oies	Volaille: Canards
a)	-	1	1 (3)	2	7	4	-
b)	-	3 (2)	6 (4)	1(3)	3	1	-
c)	-	2 (1)	3 (2)	1 (2)	8	4	-
d)	-	- (1)	1	4	4	2	-
e)	-	1	1 (1)	(2)	4	-	-
f)	-	1	3 (1)	4	-	-	-
g)	-	-	-	-	-	-	-
h)	-	2	4 (2)	-	-	-	-
i)	-	2 (1)	1 (2)	1 (5)	10	8	4
j)	5 (1)	2	9	-	14	7	3
k)	-	5 (1)	4 (2)	2 (4)	9	4	2
l)	Cheptel non indiqué (sans doute compris avec la ferme)						

Chefs de ménage	Froment	Seigle	Orge	Méteil	Avoine	Pommes de terre	Divers
a)	0,10	0,10	-	-	0,10	-	-
b)	0,05	0,10	0,20	0,10	0,60	-	-
c)	-	-	-	-	-	-	-
d)	0,10	0,20	-	-	-	-	-
e)	0,10	négl.	0,05	0,10	-	-	garance
f)	-	0,15	-	-	-	0,20	chanvre
g)	0,05	-	-	-	-	-	-
h)	-	-	-	-	-	-	-
i)	0,30	0,25	0,20	0,15	-	0,30	chanvre maïs pavot
j)	4,00	0,70	-	-	-	-	navette
k)	0,80	1,50	-	-	-	-	-
l)	-	-	-	-	-	0,10	garance

(en hectares)

l'éventail des situations possibles, nous avons voulu comparer une douzaine de fortunes à l'intérieur d'un même milieu, celui du village de Schillersdorf au XVIIIème siècle[89]. La valeur des patrimoines s'échelonne entre 300 et 4000 livres tournois. Que constatons-nous ?

- La valeur relative du patrimoine immobilier, limité à l'habitation et aux dépendances, est inversement proportionnelle à celle du patrimoine foncier. Pour le journalier, le petit paysan, le tisserand, c'est la maison qui compte ; le laboureur, quant à lui, attache plus d'importance, en valeur relative, aux terres. La superficie en terres labourables se situe entre 20 ares et 1 hectare pour le journalier, le tisserand, le coupeur de paille. Le cordonnier, le forgeron, le maître d'école possèdent de 1 à 2 hectares, le laboureur entre 3 et 6 ; seul l'aubergiste atteint les 13 hectares. Cette propriété foncière, éclatée en minuscules parcelles, se complète de quelques lopins de vigne ou de pré, d'autant plus nombreux qu'on s'élève dans l'échelle sociale. Les catégories supérieures de la société peuvent en outre compter sur l'affermage de biens-fonds que les inventaires ne nous permettent pas toujours d'évaluer.

- La rareté du cheval, monopole du laboureur, l'absence de bêtes de trait autres que les vaches, le recours fréquent au menu bétail - moutons et porcs - et à une basse-cour bien fournie, enfin la place d'un outillage à main rudimentaire, à défaut d'un équipement de labour, témoignent à la fois d'une faible technicité (la valeur de l'outillage ne dépassant pas les 2% de la valeur du patrimoine) et d'une forte dépendance de la majorité des exploitants à l'égard d'une minorité pourvue de bétail et de charroi.

- Malgré la présence de la pomme de terre et de diverses cultures *industrielles*, les emblaves sont presque exclusivement consacrées aux grains et, en priorité, aux céréales d'hiver panifiables. La valeur de la récolte sur pied se situe, dans les meilleurs des cas, entre 5 et 10% de la valeur des patrimoines. Quelles que soient les distorsions liées aux variations saisonnières (la plupart des inventaires ont été dressés à la fin de l'hiver ou au début du printemps, époque à laquelle les stocks ne sont pas encore reconstitués), les réserves n'apparaissent avec une certaine régularité qu'en ce qui concerne les grains et le fumier ; la présence de foin et de paille est plus rare.

- L'état du mobilier et de l'habillement est inversement proportionnel à la situation sociale du chef de ménage : l'un et l'autre occupent une place plus importante dans les petites fortunes. Par contre, le livre et le bijou sont des objets rarissimes et les liquidités ne concernent que le milieu des laboureurs.

Conclusion : avoir, valoir, pouvoir

La précision des chiffres ne doit pas faire illusion : elle cache des réalités très approximatives. Mais ce choix d'actes autorise une approche multidimensionnelle et différentielle de la société villageoise, dans la mesure où le patrimoine joue le rôle de révélateur d'un comportement

[89] ABR 6 E 17, Not. Ingwiller, inv. 68-75.

matériel, culturel, psychologique, affectif. Mais il n'y a pas que le patrimoine tangible. Est toujours présente la triple référence à la fortune, à la qualité et au pouvoir : *avoir, valoir, pouvoir,* telle est la trilogie qui sert de ressort aux comportements et d'étalon à la considération sociale. Un quatrième critère, celui du *savoir*, s'y ajoutera au XIXème siècle. Mais, dès à présent, la qualité de la signature traduit une maîtrise de la plume qu'autorise l'usage fréquent de l'écriture[90]. Cette domination culturelle se trouve renforcée s'ils manient avec un minimum d'aisance la langue française, ce qui leur assure le contrôle sur les documents écrits et le pouvoir sur le monde des analphabètes. Il existe d'autres fondements à la considération sociale : le fait, par exemple, que les vocations touchent les *meilleures familles* qui donnent leurs fils et leurs filles à l'Eglise[91] ; le fait également qu'on ne soit pas obligé de travailler soi-même la terre mais qu'on en confie le soin à des domestiques vis-à-vis desquels on joue le rôle de protecteur : qu'y-a-t-il de plus honorable qu'un laboureur, juché sur son cheval, parcourant ses terres et surveillant les travaux ? Le *Herrebür* - peut-on traduire par *paysan-seigneur* ? - n'est ni tout-à-fait paysan, puisqu'il évite de travailler la terre de ses mains, ni tout-à-fait bourgeois, ce terme dans son acception psycho-économique étant plus ou moins réservé à la ville, ni tout-à-fait noble puisqu'il ne possède pas de titres. Mais l'aristocratie rurale participe un peu aux trois. Il est un élément difficile à apprécier : c'est celui des relations qu'entretiennent les notables ruraux avec les gens de la ville les plus influents. Ecoutons, à ce sujet le témoignage sur le bourg de Sierentz que laisse, en 1775, le baron de Waldner : *Le cabaretier... est oncle d'un substitut du procureur du Conseil de Colmar, d'autres habitants sont les neveux, les nièces et les cousins germains des précédents, des plus anciens juges de ce tribunal. Le laboureur le moins aisé fait élever ses enfants dans les collèges, aux couvents, en des pensions étrangères. Le métier du père est méprisé, le costume rustique se dénature et est remplacé par les vices de la vanité et de la mauvaise foi*[92]. Mais sans doute la différence est-elle de taille entre le bourg, petite capitale seigneuriale, et le village perdu au fin fond de la campagne : l'existence d'une bourgeoisie mi-urbaine mi-rurale y relève du mythe.

Nous nous contenterons de conclure sur trois manifestations tangibles de cet attachement au *rang* :

- Les lignages les plus prestigieux possèdent des armoiries à l'instar des familles nobles[93] ; ce n'est pas la naissance, mais la fonction qui le justifie. Nous aurons l'occasion de rencontrer, dans l'exercice de leurs pouvoirs, les prévôts de village[94].

- Ces mêmes familles mettent un point d'honneur à faire ériger des croix rurales sur lesquelles elles font graver leur nom. Elles rendent donc témoignage d'une forme de piété fort appréciée, que complètent souvent les

---

[90] Voir *infra* pp. 1819 ss.

[91] Voir *infra* pp. 1137-1143.

[92] AHR C 1114.

[93] D'HOZIER *op. [81]*.

[94] Voir *infra* pp. 1296-1302.

BLASONS DE QUELQUES GRANDES FAMILLES RURALES D'ALSACE

**Jacques Korvemann
prévôt de
Bolsenheim**

**Mathias Wantz
prévôt de
Hessenheim**

**Sébastien La Vigne
prévôt de
Schwobsheim**

**Pierre Meyer
prévôt de
Vendenheim**

**Conrad Heimburger
prévôt de
Lampertheim**

**Pierre Bastien
prévôt de
Neugartheim**

**Mathias Sprauer
prévôt de
Gambsheim**

**Mathias Hansmaennel
aubergiste à
Fegersheim**

**Ignace Parent
curé de
Valff**

**Adam Fromme
curé de
Fessenheim-le-Bas**

**Jean-Conrad Zipper
curé de
Leymen**

Source : BN Ms. fr. 32 228, D'HOZIER : Etat de l'Armorial d'Alsace, in *Armorial général de France* (1696).

fondations pieuses. Elles expriment également une certaine aisance économique et un désir de *paraître*[95].

- Enfin la place dans la société se concrétise souvent dans celle occupée à l'intérieur de l'agglomération villageoise[96] ou à l'église où la répartition des places permet de marquer les différences : théoriquement pour les hommes, c'est l'âge qui compte ; pour les femmes, c'est l'état civil[97]. Mais au respect qu'impose l'âge ou le statut matrimonial vient se superposer la reconnaissance de la dignité : comme le *Stabhalter* et les échevins, la *Stabhalterin* a une place d'honneur dans les premiers bancs de la nef. Le rapport des fortunes ne suffit pas à créer une dénivellation décisive : finement ressenties, les différences de niveau social reposent aussi sur l'ancienneté de l'établissement de la famille et le prestige d'une fonction, tout ce qui concourt en somme à la conquête de l'honorabilité.

B) Destins individuels et comportements matrimoniaux

1) L'hypothèse de départ : une société homogamique

Les relations matrimoniales ne se font pas au hasard, en l'absence totale de choix pour les conjoints qui caractériserait une société panmictique. Le candidat au mariage recherche celui qui, socialement et culturellement, est son semblable. De ce fait, le lien est très étroit entre l'endogamie géographique et l'endogamie sociale. La première, évoquée plus haut[98], s'inscrit dans le réseau des coutumes, des surveillances communautaires, des égoïsmes familiaux : se marier à proximité, c'est la sécurité ; se marier loin, c'est l'aventure. Les horizons sont limités ; des cloisons se dressent sur des courtes distances... Se marier chez soi, c'est connaître la famille avec laquelle l'alliance est projetée, c'est contrôler le destin de son propre patrimoine. Car l'union, si elle n'implique pas forcément déplacement, est à coup sûr établissement. D'un côté, le souci du trousseau bien garni, d'une certaine aisance, que justifie parfois le mariage tardif, ou du bon parti à faire ; de l'autre, la préoccupation de ne pas sortir de sa condition, de ne viser ni trop haut, pour échapper au ridicule ou limiter le coût de l'opération, ni trop bas, pour éviter de se déshonorer. A une époque où l'autorité paternelle pèse de tout son poids, épouser quelqu'un de même qualité et de même condition est une démarche qu'imposent les parents qui règlent au mieux les intérêts des deux familles. Le mariage relève certes de l'initiative individuelle, mais, objet de concertation familiale, il engage la famille tout entière. Et puisque le mariage tardif implique qu'une proportion importante des parents ne sont plus en vie le jour des noces de leurs enfants, c'est le milieu social qui se charge de

---

95 On en trouvera des exemples dans G. FRITSCH, *art. 2073* et L. LAPOINTE, *art. 1879 et 3579*.

96 Voir *infra* pp. 1604-1605.

97 Ces règles semblent scrupuleusement respectées dans les paroisses protestantes :
AN K 2358/1 : le nouvel arrivant occupe la dernière place ; pas d'hérédité ni de transfert possibles en cas d'émigration (règlements du comté de Horbourg, 1631 et 1756).
ABR 2 G 379/6 : *die Weiber nach dem Eintritt in die Ehen, verheuratete Bürgersweiber deren Männer noch leben* (Preuschdorf, 1711-1771).

98 Voir *supra* pp. 135-140.

prendre le relais en tentant d'imposer ses lois, consciemment ou non, par déterminisme économique peut-être, par référence à la psychologie collective surtout. Le consensus social veut qu'on ne s'échappe pas de son état, condition première d'une union bien assortie, au nom d'un ordre quasi immuable. La résignation inculquée par le discours religieux n'y est pas étrangère. Ce dialogue entre l'individu et le groupe[99] permet de déterminer les relations qui se nouent entre groupes sociaux. Mieux que le parrainage, qui implique parfois des rapports verticaux - de protecteur à protégé -, le mariage révèle les solidarités horizontales à l'intérieur de la société : il est un acte social exprimant l'appartenance à un groupe déterminé. Alors que fécondité et mortalité sont réglées par le destin, la nuptialité relève de l'institution, très intériorisée, de la coutume[100].

2) La valeur sociale de l'indicateur

Il ne resterait donc plus qu'à reconstituer les réseaux d'alliance pour cerner les structures et la dynamique d'une société. Les registres paroissiaux de mariage indiquant fréquemment les professions des conjoints et de leurs parents, c'est à défaut de mieux que l'on fera appel à ce genre d'information : mais la référence professionnelle suffit-elle à caractériser le milieu, à déterminer le statut ? Quelle est la réalité économique qui se dissimule derrière ces indications professionnelles ? La nomenclature recouvre en effet des situations différentes et on peut se marier à rang égal sans forcément rencontrer sa future à l'intérieur d'une même profession. Or délimiter des ensembles professionnels équivalents est, pour l'historien, une tâche délicate. Par ailleurs, l'absence d'indications sur le milieu socio-professionnel compromet la représentativité des échantillons : dans 50 à 80% seulement des cas, les professions des conjoints et de leurs parents sont, de part et d'autre, indiquées dans les paroisses de la plaine d'Erstein (Hipsheim et Lipsheim). Nous aurions souhaité recourir, pour combler la lacune, aux contrats de mariage qui, théoriquement, ont l'avantage de corréler l'ampleur de la dot avec le statut professionnel des intéressés. Encore faudrait-il que le montant des dots, le plus souvent exprimé en nature, soit repérable. Par ailleurs, la proportion des indications professionnelles tombe à moins de 20 ou 30% de l'ensemble des actes ! Enfin, dans les registres paroissiaux, seuls les veufs font preuve d'une certaine autonomie, tandis que les veuves déclarent le plus souvent la profession de leur défunt époux. Pour les premiers mariages, force est de retenir l'activité des parents : tel est le cas de la totalité des épouses et d'une grande partie des époux n'ayant pas accédé à l'autonomie économique. Mais, peu importe, puisque nous cherchons à cibler des milieux sociaux,non à reconstituer des monographies individuelles. Enfin, du fait de l'insuffisante spécialisation professionnelle et de la fréquence d'une double activité (laboureur-aubergiste, laboureur-forgeron, laboureur-tisserand, etc.), la délimitation des catégories socio-professionnelles est sujette à caution : il n'y a pas de séparation nette entre le monde du métier et celui de la terre puisque, nous l'avons vu, le laboureur vit à côté de l'artisan, est lui-même

99 *Menschen als Mitsein* (W. ABEL, *art. Oekonomischer Fortschritt, Wiener Studien..*, 1957, p. 32).
100 L. ROUSSEL, *op. 1971.*

artisan, a un fils artisan qui n'abandonne pas, pour autant, la culture. L'artisanat est souvent une occupation complémentaire fortement imbriquée dans les activités agricoles[101].

Après ces réserves de forme, soulevons quelques problèmes quant au fond. Et tout d'abord, dans quelle mesure l'autorité paternelle, en matière de choix du conjoint, est-elle respectée ? Le couple ne peut-il pas se former librement, en dehors des pressions familiales ? Les enfants s'accordent-ils au choix du père ou le rejettent-ils délibérément ? Le chef de famille cherche-t-il à proposer ou à imposer, à interdire ou à ordonner[102] ? Tenter de répondre à ces questions, c'est s'aventurer sur le terrain difficile des mentalités, c'est prendre en compte la place de la personnalité dans l'amour. Mariage d'amour ou mariage de raison ? Mariage arrangé ou mariage librement consenti ? Ne tombons pas dans l'exagération manifeste, dans l'appréciation caricaturale ou dans l'opposition manichéenne entre la tyrannie et l'anarchie[103]. Par simple prudence d'ailleurs : car bien malin quiconque prétendrait pouvoir reconstituer la vie affective, avoir des certitudes sur le sentiment et les échanges spontanés ! L'affection, l'*amitié*, comme on avait coutume de dire, entre deux jeunes gens relève de l'histoire des gestes, domaine qui échappe en grande partie à l'historien. Le bonheur conjugal - ou pré-conjugal - est d'autant plus difficilement saisissable qu'il obéit à un code différent du nôtre, qui repose moins sur la communication orale que sur le signe et la gestuelle, ce qui n'exclut en rien la sincérité du sentiment. On a cru trouver des indices d'une certaine résistance à l'autorité parentale dans les grossesses imprévues qui peuvent en effet contribuer à forcer la main aux parents et à déjouer les plans matrimoniaux, mais dont la lecture n'est pas évidente : trop de facteurs peuvent intervenir dans des comportements considérés comme transgressifs tels que les conceptions prénuptiales suivies ou non de naissances illégitimes. Les considérer comme des preuves indiscutables du triomphe de l'attirance physique des jeunes gens sur la décision unilatérale des parents, ce serait faire une assimilation abusive entre amour et sexualité[104]. En fait, d'autres éléments peuvent entrer en ligne de compte, en dehors de toute stratégie familiale. Si la réserve matrimoniale est limitée, si le déséquilibre des sexes est flagrant, si le voisinage ou le travail multiplient les occasions de rencontre, le choix n'est pas illimité. Refusons en tout cas le juridisme des ethnologues qui se penchent sur la sociologie historique du mariage : autant d'enfants, autant de problèmes différents ; la diversité des pratiques et leur transposition coutumière l'emportent sur l'apparente rigidité des systèmes matrimoniaux qui se voudraient répressifs, unificateurs, intégrateurs. Et pourquoi donc y-aurait-il opposition systématique entre les deux pôles, présentés comme inconciliables, que sont l'amour et le patrimoine, entre un passé où l'on se

[101] Voir *supra* pp. 1079-1098.

[102] Problématique proposée par :
J-M. GOUESSE, *art. 2012-2015*.
M. SEGALEN / A. JACQUARD, *art. 2033*.
M. SEGALEN, *op. 2028 et 2029*.

[103] E. SHORTER, *op. 1974*, pp. 13, 71-78, 153 et 187.

[104] J-L. FLANDRIN, *op. 1988*.

marierait systématiquement par intérêt et un présent où l'on convole exclusivement par amour ? Nos paysans seraient-ils incapables d'aimer et trop rustres pour avoir droit à l'inclination ? Une distinction semble s'imposer : celle qui sépare les familles munies d'un patrimoine et adoptant un système de succession inégalitaire et les familles démunies de fortune foncière. Dans un univers économique caractérisé par la rareté de l'argent et la primauté de la terre, la préférence accordée à l'un des enfants recoupe le primat conféré à l'intégrité du patrimoine[105]. Il y a risque de dissymétrie lorsque l'héritier unique épouse la fille d'une famille nombreuse. C'est donc dans les couches supérieures de la société rurale que l'union a le plus de chance de faire figure de mariage arrangé, de mariage d'affaires, d'opération économique. Les parents, désireux de lui donner une assise matérielle, font alors pression sur le choix du conjoint ; autour de la dot, pivot de l'arrangement, et autour de la jeune fille qui sert d'appât, les convoitises et les complicités familiales se donnent libre cours. Si la manipulation n'est pas ouvertement avouée, les allusions ne manquent pas[106] ; la réalité s'affirme comme incontestable dans les milieux de la bourgeoisie rurale[107] où des considérations d'honneur s'ajoutent aux intérêts matériels. Lorsqu'elle épouse en 1789 Florent Gangloff de Willgottheim, fils de laboureur et d'aubergiste, Marie-Salomé Lorentz de Gougenheim trouve une ferme estimée à 5600 livres tournois et particulièrement bien garnie : des terres en propriété et en location, huit chevaux, trois vaches, une truie avec huit porcelets, six moutons, de la volaille ; deux moulins à vent et un alambic ; pour la domesticité, trois lits au-dessus de l'étable et un autre dans la maison ; cent mesures de tonneaux, tout le matériel de cave et de culture ; un mobilier impressionnant ; vint-quatre assiettes et deux soupières en étain... Juste retour des choses : la ferme qu'elle avait laissée à Gougenheim à sa soeur Anne-Marie est dotée d'un équipement équivalent[108]. Voici l'exemple d'un mariage arrangé qui a failli mal tourner[109]. En 1754, Jean-Frédéric Breu, aubergiste installé à Freistett outre-Rhin, demande à Jean-Philippe Lauth, le meunier de Wolfisheim, la main de sa fille. Lauth lui répond qu'il *examineroit les circonstances de l'un et de l'autre*. La fille, consultée alors qu'elle travaille dans les champs, accepte l'éventualité d'un tel mariage et Breu lui offre, en gage, *une Bague et un ducat*. Or le beau-frère de Jean-Philippe Lauth pousse ce dernier à *revoquer son consentement et à faire annuler toute l'affaire* : c'est qu'il lorgne une partie de l'héritage qui retomberait dans sa famille au cas où les Lauth seraient sans héritiers légitimes. On découvre, à cette occasion, que, parmi les enfants de Lauth, certains *sont morts par la négligence... et les autres sont ou imbéciles ou valétudinaires* : odieuse calomnie ? Sombre machination autour d'un héritage ? La bague et le ducat sont retournés à Breu mais, après comparution devant le tribunal de la Régence de Bouxwiller, le meunier

---

105 Voir *supra* pp. 586-596.

106 AMS Grand Chapitre, *Litigiosa : wegen ihres ziemlichen Vermögens geheyraht ; habe der Stiefvater der dochter nit so viell leinwandt mitgeben als sie umb ihren finger wickeln können, sondern der hochzeiter habe sie gekleidet...* (Neuve-Eglise 1662).

107 Voir *supra* p. 1110 (exemple des meuniers).

108 ABR 6 E 36/207 Not. Saverne II, CM 15 février 1789 et 5 février 1780.

109 ABR 2 G 551/2 (AP Wolfisheim, 30 avril 1754).

doit s'exécuter... Evaluation permanente et réciproque des rapports de forces, le mariage aboutit à l'association, provisoire ou durable, de deux patrimoines. S'agit-il de recentrer les richesses que la politique de succession a tendance à disperser[110] ? A la suite d'une stratégie d'alliances systématique, il peut se constituer des réseaux de parenté que trahit l'endogamie patronymique[111]. Mais il faudrait pousser assez loin les recherches généalogiques pour découvrir ce qui se cache derrière les mariages homochtones, tels que nous les rencontrons, par exemple, à Reichstett.

Certaines de ces familles ne reculent pas devant la pratique de l'endogamie familiale[112]. Certes la consanguinité s'explique par des motifs très différents, allant de l'exiguïté des unités paroissiales à l'attachement au terroir. Mais elle illustre bien le rôle de la parenté comme canal de transmission et l'importance du mariage à la fois comme rouage et levier de la politique familiale : la réaction, en 1757, de Nicolas Diemer de Handschuheim est, à ce sujet, révélatrice[113]. On finit, au village, par être parent de tout le monde, si cela peut aider à la concentration des terres ! La police ecclésiastique a beau augmenter le tarif des amendes : 3 florins pour les cousins issus de germains (3ème degré canonique) en 1674, 6 en 1677, 8 en 1682[114]. Les dispenses d'empêchement ne vont pas au-delà du 4ème degré (trisaïeul commun aux futurs conjoints), ce qui fait remonter l'ascendance à un siècle : en toute bonne foi, les candidats au mariage peuvent ignorer une parenté aussi lointaine ! Mais que valent ces prescriptions face aux motivations économiques ? Notons d'ailleurs que les apports extérieurs à la famille sont suffisamment forts, au regard des mariages consanguins, pour noyer ces derniers dans le réseau complexe des alliances. Le problème ne se pose pas dans les mêmes termes là où les structures sociales sont plus égalitaires et dans lesquelles l'absence d'un patrimoine à partager induit une relative liberté de choix : journaliers et artisans auraient ainsi les mains plus libres que les laboureurs.

3) Les résultats

Par crainte d'un dérèglement du marché matrimonial, c'est l'étroitesse de la marge de manoeuvre qui ressort en définitive de l'analyse de nos échantillons. De même que les princes n'épousent les bergères que dans les contes de fée, de même le laboureur fortuné ne consent guère à épouser une fille de journalier : c'est que le mariage obéit, dans ce cas, à la loi d'airain de l'économie. Si on se marie pour s'aimer et pour subsister, on le fait surtout pour perpétuer la génération et l'exploitation, chaque union étant le fragment d'une stratégie globale visant à faire fructifier le bien. Au centre du jeu social, l'alliance associe deux fermes sans les fusionner. S'inscrivent dans cette stratégie diverses parades de dédommagement ou d'échange : de

[110] Voir *supra* pp. 586-596.

[111] M. SEGALEN, *op. 2030*, p. 83.

[112] J-M. GOUESSE, *art. 737*.

[113] Voir *supra* p. 137.

[114] W. GUGGENBÜHL, *op. [414]*, p. 76.

Croisement des statuts socio-professionnels des conjoints à partir des actes de mariage

	Sur 100 fils de					épousent fils ou filles de (nombre de cas)		Sur 100 filles de			
	laboureurs	journaliers	pêcheurs	tisserands				laboureurs	journaliers	pêcheurs	tisserands
Gunstett	69	-	31	12	<- (65)	laboureurs	(78) ->	69	69	69	69
Reichstett	77	15	-	80	<- (105)		(97) ->	77	77	77	77
Hipsheim	50	30	-	37	<- (46)		(58) ->	50	50	50	50
Artolsheim	87	20	-	43	<- (57)		(66) ->	87	87	87	87
Gunstett	-	66	-	4	<- (2)	journaliers	(2) ->	-	-	-	-
Reichstett	1	86	-	-	<- (8)		(10) ->	1	1	1	1
Hipsheim	-	60	-	5	<- (9)		(6) ->	-	-	-	-
Artolsheim	17	70	-	-	<- (10)		(10) ->	17	17	17	17
Gunstett	7	-	28	32	<- (25)	tisserands	(20) ->	7	7	7	7
Reichstett	5	15	-	20	<- (5)		(7) ->	5	5	5	5
Hipsheim	11	11	-	32	<- (22)		(23) ->	11	11	11	11
Artolsheim	2	-	-	29	<- (7)		(3) ->	2	2	2	2
Hipsheim	22	11	46	5	<- (24)	pêcheurs	(29) ->	22	22	22	22

Source : registres paroissiaux (mariages Gunstett 1697-1789, Reichstett 1687-1789, Hipsheim 1688-1789 et Artolsheim 1730-1787).
Voir l'état des sources.

façon à assurer un certain équilibre entre les deux fortunes qui s'associent, entre autres les alliances croisées - soeur pour soeur, dot pour dot - et les alliances parallèles - mariage de deux frères ou de deux soeurs - qui assurent de la sorte, une espèce de *troc sans débours*[115]. Les éléments du choix, qui sont susceptibles d'intervenir dans la conclusion des alliances peuvent d'ailleurs être la force de travail aussi bien que le patrimoine lui-même. Il s'agit d'abord de soupeser les avoirs, de connaître leur signification symbolique, de négocier les apports. Dans une société différenciée et hiérarchisée, qui a horreur de la mésalliance, l'union risque en effet de devenir une affaire d'intérêt entre deux familles plus qu'une affaire de sentiment entre deux êtres guidés par l'amour mutuel. Les liens entre époux seraient-ils plus économiques qu'affectifs ? Les préoccupations matérielles l'emporteraient-elles sur l'épanouissement individuel, au point de vider le mariage de toute affection ? Le sentiment, étouffé par des normes collectives jouant le rôle de régulateur des comportements individuels, ne tiendrait-il aucune place dans les familles munies d'un patrimoine ? On se marierait d'abord, on s'aimerait ensuite ? L'endogamie sociale serait-elle l'indice d'un mariage d'intérêt et l'exogamie le signe d'un mariage d'amour ? En même temps, la santé et la vigueur physique de la jeune femme doivent être à la mesure du rôle qu'elle est appelée à assumer : l'association de deux forces de travail n'est-elle pas un capital en soi ? Et le labeur partagé, la communauté de travail et de responsabilité pourraient bien, à leur tour, fonder la tendresse et faire du mariage une complicité d'affection autant qu'une coalition d'intérêts.

Le fort taux d'homogamie relevé pour les professions liées à la terre appelle quelques réserves. Dans le milieu des laboureurs, il n'y a guère de place dans la ferme paternelle, sauf pour l'héritier pressenti. Ses frères et soeurs trouveront-ils à se placer dans d'autres fermes ? Rien n'est moins sûr. Plus le niveau socio-économique est élevé, plus le laboureur aura de chances de trouver une fille de laboureur. La solidarité entre laboureurs n'exclut pas, de-ci de-là, la fuite vers le haut lorsque l'égalité de statut des conjoints se trouve transgressée. Les cas d'hypergamie et d'hypogamie s'expliquent-ils par la force des choses (un marché matrimonial trop étroit) ou par la décision mûrement réfléchie des candidats au mariage ? L'aspiration à s'élever dans l'échelle sociale est d'autant plus grande que les chances d'ascension sont plus fortes. Que les laboureurs d'envergure n'aspirent pas à sortir de leur condition, quoi de plus normal ? Mais les strates moyennes donnent lieu à une certaine capillarité sociale. N'oublions pas du reste qu'en cas de mariage déclassant, le déclassement de l'un des conjoints va de pair avec la promotion sociale de l'autre. Les coureurs d'héritières sont néanmoins assez rares, la plupart des laboureurs cherchant, par le mariage, à consolider une modeste aisance, à *cimenter* leur patrimoine, à assurer leur avenir dans une sorte de *niche économique*, réflexe qui relève moins d'une stratégie consciente que d'un simple instinct de conservation.

[115] J-M. GOUESSE, *art. cit.*

Les relations matrimoniales des laboureurs :
quelques exemples d'alliances inter-groupes

		Nb. d'enfants de laboureurs dont la profession du père est indiquée	épousant des enfants de : meunier	aubergiste	échevin	marchand	maître d'école	chirurgien
			(nb. tot.de professions par groupe représenté ds. les actes de mariage)					
Gunstett	Fils	65	-	3 (4)	2 (6)	-	-	-
	Filles	82	3 (3)	2 (4)	4 (24)	-	2 (5)	1 (1)
Reichstett	Fils	105	1 (2)	-	-	1 (1)	-	-
	Filles	101	-	1 (1)	-	-	-	-
Hipsheim	Fils	46	1 (2)	4 (7)	-	-	-	-
	Filles	58	-	5 (6)	-	-	-	-
Artolsheim	Fils	46	-	1 (1)	-	-	-	-
	Filles	66	-	-	-	-	-	-

Notre échantillon porte sur 790 professions paternelles : il fait apparaître la forte homogamie qui caractérise le milieu des laboureurs. Ils sont plus de la moitié, dans certains cas les quatre cinquièmes des enfants de laboureurs, à se marier dans leur propre milieu. Les garçons semblent d'ailleurs moins mobiles dans leur choix que les filles : épouser une fille, de journalier, c'est peut-être déchoir pour un garçon. Pour une fille on ne rencontre pas les mêmes réticences. Elle cherchera certes à se caser dans une ferme car, comme le dit Moheau avec quelque exagération, *le cultivateur a besoin d'une femme comme d'un instrument de culture*[116], mais les places sont chères chez les laboureurs et beaucoup de filles de laboureurs épousent des fils de journaliers ou d'artisans. L'homogamie sociale constitue-t-elle le monopole des laboureurs aisés ? Il arrive que, par nécessité, elle soit tout aussi prononcée chez les enfants de journaliers sans que, pour autant, on puisse en déduire, nous semble-t-il, que le mariage populaire est uniquement placé sous le signe de l'attrait physique[117] et autorise des coutumes de fréquentation plus libres.

La pénétration dans le milieu des artisans semble plus facile à réaliser. Or c'est là un groupe social hybride qui se caractérise par une moindre homogamie, une plus grande mobilité, un brassage socio-professionnel plus important. Les artisans ne dédaignent pas se mêler aux laboureurs, de quoi consolider leur assise foncière : les bateliers de La Wantzenau, en épousant de filles de laboureurs, cèdent-ils à l'attrait de la terre ? Mais il est, dans le groupe très hétérogène des artisans, des métiers individualisés - tisserands, potiers, pêcheurs - dans lesquels l'homogamie s'impose fréquemment : la technique et le savoir-faire tiennent autant de place que la psychologie sociale. Contrairement au gros laboureur, le tisserand n'a que peu de biens à transmettre. Mais son attitude matrimoniale bien caractérisée peut procéder d'un déterminisme socio-économique. Ajouter à son propre métier à tisser celui de son futur beau-père, n'est-ce pas augmenter son potentiel en associant deux forces de travail et deux capacités de production, n'est-ce pas élargir son champ d'activité ? L'homogamie ne repose pas sur un modèle unique : dégager les fonctions de l'alliance, c'est reconstituer le contexte dans lequel elle se noue. Mais en définitive, les tisserands n'épousent pas davantage de filles de tisserands que de filles de paysans. Avec les petits

---

116 A. MOHEAU, *op. [354]*, p. 68.

117 J. SOLE, *op. 1995*, pp. 43-47.

laboureurs,les artisans semblent constituer une *classe-réservoir* au sein de laquelle on peut aussi bien progresser que régresser.

Le milieu fermé que constitue le monde des laboureurs (moins du tiers des journaliers y pénètre) explique en partie les tendances endogamiques très prononcées de celui des journaliers, peu attractif, sauf en cas de nécessité, pour les laboureurs. Cette endogamie est nettement plus élevée chez les garçons que chez les filles qui ont plus de facilité à se marier hors de leur profession. On épouse plus facilement une fille de laboureur quand on est journalier qu'une fille de journalier quand on est laboureur. Par contre, le monde de l'artisanat est beaucoup plus ouvert, si l'on en juge par l'exemple des tisserands qui pénètrent plus facilement, en partie grâce à la double activité, le milieu des laboureurs, mais qui peuvent également conclure des alliances avec les familles de journaliers. Le mariage, indice d'ouverture ou de repli ? L'attitude matrimoniale est fonction de la variable socio-professionnelle, elle-même prise dans un réseau de contraintes : contraintes mentales, à savoir l'affirmation de l'autorité paternelle et les préjugés sociaux ; contraintes structurelles, à savoir la présence ou non d'un patrimoine et le poids des coutumes successorales. S'il n'y a pas de patrimoine à conserver ou à transmettre, qui soit intouchable ou réservé à un héritier unique, l'hétérogamie est plus facile, l'éventail des origines sociales plus ouvert. Seuls sont libres de s'aventurer dans un mariage au hasard des rencontres et des amours ceux qui n'ont aucun bien à mettre en jeu. La liberté matrimoniale gagne donc à mesure qu'on descend dans l'échelle sociale et qu'on s'éloigne des milieux de la terre.

Peut-on dégager une évolution dans les alliances matrimoniales ? Dans une société cloisonnée et repliée sur elle-même, cette dernière ne peut être que lente. Si les mariages préférentiels sont plus courants lors de la *reconstruction* que dans la seconde moitié du XVIIIème siècle (exemple de Gunstett, de Hipsheim, d'Artolsheim), c'est que l'homogénéité sociale est plus grande. Par suite, la diversification croissante des activités rend plus faciles les mariages dans d'autres milieux professionnels. Par ailleurs, une plus grande diversité des destins individuels et la prolétarisation de nombreux fils de paysans explique la relative ouverture qui s'esquisse à la fin de l'Ancien Régime. Les groupes sociaux vivent moins repliés sur eux-mêmes et cherchent moins à contracter mariage à l'intérieur de leur propre milieu professionnel.

Homogamie et hétérogamie socio-professionnelle : l'évolution à Hipsheim (1688-1789)

Fils de :	labouroureurs (22)			journaliers (5)			pêcheurs (10)			artis.+div. (76)		
Filles de :	I	II	III	I	II	III	I	II	III	I	II	III
labouroureurs	63	39	31	20	-	(50)	40	29	38	25	40	28
journaliers	-	8	-	40	-	-	-	-	-	8	5	-
pêcheurs	14	15	38	20	-	-	50	43	38	-	15	13
artisans et divers	14	23	23	-	-	(50)	10	14	12	46	30	31

Sources : ABR 3 E 199/ 4 et 5

I = 1688-1729
II = 1730-1759
III = 1760-1789

Bien que quantitativement limité, l'échantillon de Hipsheim montre le recul des tendances homogamiques : tandis que nombre d'artisans cherchent à pénétrer par mariage le milieu de la terre, de plus en plus de fils de laboureurs trouvent leur compagne dans le milieu de l'artisanat et des services. Epouser une fille de journalier n'a jamais été prisé ; épouser une fille de laboureur n'est peut-être plus la panacée à la fin du XVIIIème siècle. En fait, ce sont les passages insensibles qui s'esquissent, sans mutations brusques, certains entérinant une situation acquise, d'autres ouvrant la voie à une ascension sociale. Certains s'accompagnent de stagnation, d'autres favorisent la réussite sociale. Mais la stabilité n'est jamais assurée, la déchéance toujours possible : l'endettement et la fiscalité en portent leur part de responsabilité.

C) En marge de la société paysanne : curé et maître d'école

A défaut de la richesse, qui souvent leur échappe, ils bénéficient d'une parcelle de pouvoir et d'un capital de considération qui leur confèrent une place privilégiée dans la société rurale.

1) Le curé de campagne et le pasteur au village

Louis Châtellier exposait les difficultés que nous rencontrons à connaître le bas clergé du diocèse de Strasbourg[118] et à le replacer dans son milieu familial. En effet, la rareté des sources statistiques - ni enquêtes diocésaines, ni registres d'ordinations, tout au plus les matricules des universités et les registres de représentation aux bénéfices[119] - conduit à la collecte patiente de renseignements à travers les registres paroissiaux et les actes notariés heureusement complétés, en milieu protestant, par les archives des consistoires et, en milieu catholique surtout, par les épaves des procès-verbaux de visites pastorales ou les comptes de fabrique. Il convient d'y ajouter les procès portés devant l'Officialité qui connaît, en première instance, les affaires de discipline et d'intérêt et quelques rares sources fiscales[120]. Qu'il nous soit permis de relever d'emblée un double paradoxe. Apparence ou réalité : avec l'ampleur des fortunes personnelles, que reflètent d'incontestables *signes extérieurs de richesse*, tranche la médiocrité d'ensemble des revenus du clergé ; avec la renonciation au pouvoir, en droit, contraste une autorité réelle sur la communauté paroissiale. Comment expliquer de telles contradictions ?

a) L'enracinement dans le milieu socio-économique

L'ascendant qu'exerce le curé sur ses ouailles doit beaucoup à son intégration dans le milieu rural. Cet enracinement dans la terre natale se renforce après l'édit de janvier 1681 qui exclut les étrangers des bénéfices en

[118] L. CHÂTELLIER, *op. 3395*, pp. 103-104.

[119] ABR G 1421/22-23 (1670-1720).

[120] Le versement du *don gratuit* n'est pas en vigueur en Alsace avant 1694 (A. GUTH *op. 2219*).

France[121]. Jusque-là, en effet, la moitié des curés n'étaient pas de souche alsacienne ; désormais, ils seront majoritairement du cru[122] et une bonne partie d'entre eux sont des ruraux. La recension effectuée par Louis Kammerer[123] fournit un admirable *corpus* qui nous renseigne, assez fréquemment, sur l'origine sociale des curés de campagne. Sur les 568 cas retenus, nous avons pu relever les professions paternelles, pour les soumettre à une grossière ventilation spatio-chronologique. On constate d'abord que la part du village augmente sans jamais atteindre le tiers du recrutement, l'essentiel étant fourni par les bourgs et petites villes. Par contre, le rôle des deux métropoles, Strasbourg et Colmar, s'affirme dès le second tiers du XVIIIème siècle. Parmi les professions ou les fonctions les mieux représentées, se placent les prévôts et bourgmestres, les échevins et membres des Magistrats, les procureurs fiscaux et les receveurs ecclésiastiques, les maîtres d'école et les chirurgiens, enfin les marchands et certains artisans bien définis (tonneliers, cordonniers, tailleurs). Les métiers liés essentiellement ou exclusivement à la terre ne couvrent en définitive que 6% de l'ensemble des effectifs, avec une majorité de laboureurs (près de 60%, davantage si l'on y ajoute les prévôts et échevins dont la plupart se recrutent parmi eux). Mais, dans la meilleure des hypothèses, le groupe de la terre ne dépasse pas 15% des effectifs totaux. Si les laboureurs, prévôts et maîtres d'école, sont issus du village, chirurgiens, receveurs, marchands et artisans viennent, à raison de 70 à 80%, des petites villes, foyers de la vie économique ou résidences seigneuriales. Un premier indice d'une relative aisance personnelle des curés de campagne réside donc dans leur origine sociale : ils sont, pour beaucoup d'entre eux, fils de laboureurs et d'artisans aisés installés au village ou dans le bourg, à proximité immédiate de leur terroir d'origine. On constate, dans le dernier tiers du XVIIIème siècle, une progression du nombre de boulangers, de marchands et de laboureurs dans les professions paternelles. La plupart des curés de campagne sont donc issus de la moyenne bourgeoisie rurale ou citadine qui se distingue par un certain niveau économique et culturel ; beaucoup d'entre eux ont le sens des affaires. François Joseph Klein, le curé de Saessolsheim[124], n'est autre que le frère d'Antoine, maître de poste à Stutzheim[125]. Pour camper le personnage, indiquons qu'il a cinq autres frères et soeurs, tous bien placés : François a épousé l'aubergiste au lion de Molsheim, Catherine s'est mariée à un assesseur au Grand Sénat de Strasbourg, Cléophée est l'épouse du meunier de Mommenheim, Barbe celle de *Schultheiss* de Stutzheim ; enfin Michel est aubergiste à Saverne...

D'ailleurs la sélection à l'entrée de la carrière ecclésiatique tend à exclure les plus démunis. A la suite des prescriptions du Concile de Trente, l'ordonnance épiscopale de 1669 écarte ceux qui ne peuvent pas justifier

[121] R. METZ, *op. 1773* et *contrib. 1774*, pp. 245-247.

[122] L. CHÂTELLIER, *op. cit.*, pp. 100-103 et *th. 3393*, pp. 863 et 866.
J. PERRIN, *art. 539* (exemple du Sundgau).

[123] L. KAMMERER, *op. 1769*.

[124] ABR 6 E 36 Not. Saverne II, inv. 204 (26 mars 1786).

[125] Voir *supra* pp. 1111-1113.

d'un titre clérical gagé sur le patrimoine des parents[126], le titre clérical étant, selon Louis Châtellier, le *véritable contrat de mariage des candidats à la prêtrise* et correspondant, au XVIIIème siècle, à l'immobilisation d'un capital de plusieurs milliers de livres tournois[127]. En effet, ces rentes viagères, assises sur les biens-fonds, s'élèvent fréquemment à 100/150 livres : au denier vingt, cela correspond à l'affectation d'un capital de 2000 à 3000 livres tournois. Seul un patrimoine important peut souffrir pareille amputation. Le double barrage que constituent le coût de l'acte notarié et le patrimoine de la famille d'origine peut cependant être contourné, dans la mesure où les règlements ne sont pas appliqués dans toute leur rigueur : l'atteste le petit nombre de titres cléricaux retrouvés. L'exclusion fondée sur des critères économiques apparaît donc moins nettement qu'on pourrait le craindre, du moins dans la seconde moitié du XVIIème siècle, où la difficulté de pourvoir les cures à l'abandon incite les autorités à une relative indulgence quant à l'application de la loi.

Si le milieu dont est issu le clergé catholique est assez fréquemment le milieu rural, il n'en est pas de même pour le pastorat, plus marqué à la fois par les origines urbaines[128], la transmission héréditaire de la fonction et de fortes traditions d'endogamie. Sur quelque 400 pasteurs du comté de Hanau-Lichtenberg[129], la moitié sont nés au presbytère[130]. Cet auto-recrutement va en s'accentuant des lendemains de la guerre de Trente Ans (27%) au milieu du XVIIIème siècle (54%) et le mouvement s'amplifie à la veille de la Révolution (jusqu'à 80%). Il arrive souvent que le pasteur en titre s'adjoigne son propre fils qui est ainsi assuré d'entrer en possession du bénéfice à la mort de son père[131]. Les apports extérieurs se font en provenance du milieu de l'artisanat et de la fonction publique. Là où la cohésion du milieu pastoral s'affirme, c'est lorsque plusieurs enfants du même pasteur s'engagent dans le ministère : dans le comté de Hanau, ce sont au total 50 à 60% de fils de pasteur qui, au XVIIIème siècle, deviennent pasteurs eux-mêmes, ces proportions étant sensiblement identiques (40 à 70%) pour les filles de pasteur épousant des pasteurs[132]. La prédilection pour les femmes de leur propre milieu s'accompagne d'un rejet presque total d'alliances avec les paysans : n'étant pas issu du milieu de la terre, le pasteur répugne à donner ses fils et ses filles en mariage à des paysans ou paysannes[133]. Enfin, dans près de la moitié des cas connus, le parrainage, lors des baptêmes pastoraux, est exercé par des théologiens : mais, alors que l'alliance et le choix professionnel laissent une place importante à la fonction publique et à un artisanat plus ou moins spécialisé, le parrainage puise dans le réservoir de la petite noblesse. Au total, les préoccupations de

126 ABR G 6212 (20 novembre 1669).

127 L. CHÂTELLIER, *th. cit.*, pp. 869 et *op. cit.*, pp. 105-106.

128 B. VOGLER, *art. 1789*.

129 G. Ch. SCHILDBERG, *th. 1784*, t. I, pp. 56-74 et t. II-III (fichier bibliographique et *series pastorum*).

130 B. VOGLER, *art. cit.*, p. 55 : 37 sur 87 soit 42,5% (étude portant sur 106 pasteurs de Basse-Alsace).

131 AHR 18 J 472 (Jean-Christophe Rentz d'Andolsheim, 1781).

132 B. VOGLER, *art. cit.* : 21/49, soit 42,9% en 1770.

133 G. Ch. SCHILDBERG, *th. cit.*, t. I, pp. 226-232 et t. II-III.

prestige social ne sont pas absentes de ces choix et le pastorat prend ses distances par rapport à la terre : dans le comté de Hanau-Lichtenberg, un seul fils de pasteur sur 400 s'engage dans l'agriculture, en prenant en charge, en tant que fermier, le *Fleckensteiner Hof* de Kutzenhausen et moins de 3% des pasteurs du comté sont, au XVIIIème siècle, d'origine paysanne.

Par contre, les attaches avec la ville apparaissent plus fréquemment : pour desservir Quatzenheim aux XVIIème et XVIIIème siècles, le pasteur vient de Strasbourg où il réside ; les paroissiens s'engagent à le chercher à tour de rôle moyennant la *Reitpfarre,* service tout-à-fait institutionnalisé[134]. *Pour quitter la ville et les ressources qu'elle offre et aller se confiner dans un village,* un vicaire strasbourgeois demande 500 livres de revenus par an : le pasteur d'Andolsheim, qui tient ces propos révélateurs, préfère en engager un autre, *tiré de Munster au val Saint-Grégoire* qui lui revient à 200 livres seulement[135].

Ce qui rapproche le curé de campagne des paysans, c'est qu'il partage leurs préoccupations par son genre de vie : en effet le presbytère ressemble davantage à une exploitation agricole qu'à une simple résidence, aussi opulente puisse-t-elle paraître. Le clos curial est la réplique du *Hof.* A Altenheim, on met l'accent sur l'importance du *bâtiment oeconomique,* nouvellement édifié au XVIIIème siècle[136]. Les bâtiments curiaux de Schnersheim comportent, en 1728, un puits, une *estable à porcs,* une *estable à vaches,* une *aire pour battre les grains*[137]. En 1789, le presbytère de Heiteren se compose, en dehors de *l'étable à porcs,* d'écuries spécialisées - *à moutons, à chevaux, à vaches* - ce qui est, en soi, un petit luxe, du *canarier* et du *poulailler,* d'un *hangard pour les chariots* et d'un autre *pour le bois de chauffage,* d'une *aire de grange* et d'un *emplacement pour les grains d'hiver*[138]. A Andolsheim, le pasteur Rentz se fait voler des épinards, des têtes de salade et des fruits, groseilles, prunes, raisins, noix : le jardin est une composante essentielle de l'exploitation curiale[139]. Au total, ces vastes presbytères sont flanqués de jardins soigneusement cultivés, d'importantes dépendances et, à mesure que l'on passe de la plaine au Vignoble, de caves profondes : malgré leur caractère stéréotypé, ils sont le reflet d'une situation économique.

L'existence de ces bâtiments se justifie par la nature même des revenus, en grande partie d'origine foncière, provenant soit de biens propres, soit de biens curiaux placés sous le contrôle du conseil de fabrique, sans parler des

[134] ABR 3 E 382, *passim.*

[135] AHR 18 J 472 : supplique de Jean-Christophe Rentz au duc de Wurtemberg (1782).

[136] ABR 8 E 6/9.

[137] ABR G 5438/4.

[138] AHR E 1287 (1789).
Voir également GLAK 75/630 : *Stall für 2 Pferden, Stall für 2 Kühe und etlichen Stück Vieh, Fruchtboden* (Beinheim 1775).
AHR 1 G 55 : *Speckkammer* (1772), *Schweinstall, Pferdestall, Fruchtbihne, Keller, Holtzchopf, Gesindstube* en 1784 (Spechbach-le-Bas).

[139] AHR 18 J 473 (s.d., après 1748).

dîmes en nature qui nécessitent d'importantes aires de stockage, même si elles ne font que transiter par le presbytère[140]. Le capital immobilier révèle des activités agraires qui ne sont pas sans poser problème : manque de temps pour les uns (il faut desservir une ou plusieurs paroisses, faire le catéchisme, préparer les sermons) ; manque de compétences pour les autres, en particulier pour ceux qui ne sont pas d'extraction rurale ; manque d'attelage et de personnel surtout. Le travail de la terre requiert la mobilisation de main-d'oeuvre rurale, le curé faisant appel, pour faire battre ses grains, faire faner ses foins, faire vêler sa vache, aussi bien à la domesticité[141] qu'au bénévolat. Les *corvées* signalées à Andolsheim, entre 1688 et 1741, ne sont pas dues au seigneur, mais au pasteur[142]. Enfin la participation des curés aux droits communautaires fait d'eux des *bourgeois* comme les autres : droit de mettre des bêtes au pâturage[143], part à la glandée parfois à titre gratuit[144], possibilité de mener la vache au taureau banal qu'on lui demande parfois d'entretenir moyennant l'octroi d'un pré communal[145], attribution de paille et de bois communaux[146]. On voit, à Muntzenheim en 1749, le pasteur prendre en charge les 40 journaux - entre 15 et 20 hectares - d'un bien seigneurial pour un canon de 18 sacs de grains[147]. Recteur de Saint-Ludan à Hipsheim, le curé Klipfel déploie une grande activité entre 1775 et 1789[148]. Il est visiblement très absorbé par la rentrée des dîmes. Il a, en outre, un colombier que lui conteste le Sieur Braun, conseiller du Grand Sénat de Strasbourg et coseigneur du lieu. Il est en relations étroites avec la famille des Landsberg, reçoit dans son presbytère Schwendt, le syndic du Directoire de la noblesse de Basse-Alsace, vend du tabac à des marchands de Strasbourg. A la même époque, le pasteur Schroeder de Schillersdorf[149] s'active à échanger des biens emphytéotiques, s'occupe de production de garance, entre en conflit avec le meunier d'Ingwiller pour des droits de banalité... Mais combien de curés, combien de pasteurs témoignent réellement de compétences et de goûts pour les choses de la terre ? Avec ses trois domestiques et ses quatorze têtes de gros bétail, Nicolas Denninger, fils d'un laboureur de Crastatt et curé de Jetterswiller, semble bien réunir ces

140 AHR 6 G 17 : le presbytère d'Eschentzwiller reçoit, en 1737, 3800 gerbes, sans compter les pois, vesces, lentilles, foins et regains et... la grange devient trop petite.

141 Mais il est difficile d'entretenir un domestique à temps plein.
AHR 5 G 26 : un domestique à Wittelsheim (1758).

142 AN K 2356/2.

143 ABR E 91 : une vache, deux génisses, deux veaux, douze oies, quatre à cinq cochons (Keffenach 1766). Le curé est en conséquence, tenu de payer la *Hirtenpfrund* et le *Hirtenlohn* (réponse à la supplique, 12 avril 1766).

144 AHR 18 J 472 (Andolsheim 1748-1779).
A. POSTINA, *op. [449]*, pp. 247-248 (Munchhausen 1740).

145 ABR H 517 : le terme de *Farrgut* a été déformé par le langage populaire en *Pfarrgut* (Ittlenheim, XVIIIème siècle).
ABR G 5438/4 : *La dîme sur le Brachfeld est pour l'entretien des bettes mâles* (Schnersheim, 1720-1721).

146 AHR 18 J 472 (Andolsheim 1748-1779).

147 AHR 18 J 582.

148 ABR 6 E 41/146 (1773) et E 786 (1786).

149 ABR 1 G 171/44 (s.d.) et E 1948 (1776).

qualités[150]. Mais dans quelle mesure ne constitue-t-il pas une exception ? Largement partagée par leurs ouailles, la conscience de leur *rang* les éloigne quelque peu des contraintes du travail physique. Notable, le curé ne doit pas mêler sa sueur à celle du peuple. L'idéal post-tridentin n'est-il pas de promouvoir un clergé capable d'inspirer le respect ? Car le curé tient à sa fierté : *un grossier prévôt de village ne lui a rien à commander*[151] et *ce n'est pas à un chirurgien de village, qui sait tout au plus médiocrement son catéchisme, à s'ériger en censeur sur le compte de son curé*[152] ! Mais, à l'inverse, la perception de la dîme, qui place le desservant en situation de rentier et de complice du seigneur, est de nature à envenimer les rapports qu'il entretient avec les fidèles[153]. A la *rapacité de certains curés ou pasteurs, qui récoltent l'ingratitude en même temps que les sacs de grains*, répond le jeu subtil des fraudes et des dissimulations dans lequel excellent les paroissiens[154]. La dîme n'est-elle pas prélèvement sur leur travail ? Loin de les rapprocher, elle devient la pomme de discorde entre le pasteur des âmes et ses fidèles : ambiguïté d'une situation qu'atteste la poussée des procès dîmiers dans la seconde moitié du XVIIIème siècle. La contestation qui monte des campagnes et qui conduira en 1789 au pillage des abbayes serait-elle teintée d'anticléricalisme ? Mais le paysan ne se trompera pas d'ennemi : malgré l'existence du contentieux dîmier, la révolte paysanne sera dirigée contre l'opulence et l'excès d'autorité et ce n'est pas au village qu'on ira chercher les vrais responsables. Il n'en reste pas moins que les différends entre curé et fidèles tournent autour de questions d'argent : dans ces conditions, les nombreuses contributions en nature ne risquent-elles pas d'être considérées comme de petites *dîmes* ?

S'imaginer un prototype de curé-paysan serait donc parfaitement vain. D'ailleurs le curé se trouve à l'abri des risques que court le laboureur : bénéficiant d'une certaine sécurité, il ne se soucie pas d'acquérir des terres et un train de culture, de reconstituer le troupeau, de payer impôts et fermages. A l'inverse, il ne manifeste pas non plus le même dynamisme que sous-tendrait le profit. A peine voit-on émerger quelques figures de pionniers, plus nombreuses d'ailleurs en milieu protestant qu'en terre catholique. Nous n'évoquerons ici que pour mémoire, au risque de sortir du cadre géographique que nous nous sommes fixé, la silhouette exceptionnelle du pasteur Oberlin qui, dans le terroir ingrat du Ban-de-la-Roche, introduit la culture de la pomme de terre, encourage celle du lin, expérimente un mélange de terre argileuse et sablonneuse, confectionne un fumier par fermentation de feuilles mélangées à de la vase[155]. L'expérience, qui répond à la surcharge démographique du second XVIIIème siècle,

---

150 ABR 6 E 36 Not. Saverne II inv. 182 (29 novembre 1763).

151 ABR G 6328 (Gunstett 1735).

152 AEBP A 19b/6 (Ingersheim 1748).

153 AEBP A 47/22 : *Messieurs les curés allèguent qu'ils ne veuillent point entammer de procès à ce sujet pour se rendre odieux à leurs paroissiens auprès desquels leurs soins pour le spirituel n'auraient plus les effets désirés* (à propos de la dîme de pommes de terre à Koestlach-Moernach, 9 août 1771).

154 ABR G 4255 : onze ans de procès entre le pasteur et les paroissiens (Gries 1737).
AMH FF 274 : troubles causés au curé de Rumersheim dans la perception de la dîme (1765-1771).

155 Voir les travaux sur le pasteur Oberlin de R. PETER.

dépasse d'ailleurs de loin le cadre des innovations agronomiques : elle repose sur la sanctification de la nature et un puissant sentiment de solidarité communautaire. Plus prosaïquement, voici André Muller, le pasteur d'Andolsheim, qui propose en 1775 un procédé nouveau pour fabriquer le *vin de paille*, à l'exemple, dit-il, des vins du marquisat[156]. C'est encore la vigne qui intéresse Gottfried Jacques Schaller, pasteur de Pfaffenhoffen[157] dans la seconde moitié du XVIIIème siècle. A Suarce, le curé préconise le marnage du sol et la clôture des parcelles[158]. Quant à Jean-Michel Weydknecht, vicaire à Offwiller, il se spécialise dans l'élevage, en profitant des vastes biens curiaux dont il a la charge : en 1733, il arrive comme pasteur nouvellement nommé à Sand, dans le Ried, avec ses trois vaches, ses six porcs et sa basse-cour[159]. Dans le pays de Hanau, Christian Philippe Schroeder, s'il n'est pas l'introducteur du trèfle en Alsace, est à coup sûr le vulgarisateur de ce fourrage dont la semence est importée du Hundsrück[160]. Sur l'exploitation agricole d'une quarantaine de hectares qu'il dirige à Schillersdorf, il démontre par l'exemple que la clé du progrès agricole réside dans l'élevage. Il s'intéresse de près à la dîme de la garance, amodiée à un Juif qui la sous-loue au pasteur[161], se débat avec les chanvriers d'Offwiller au sujet du retard pris par le conditionnement du chanvre[162], entre en conflit avec les habitants de Rothbach au sujet d'un bois qu'il vient d'acquérir et qui est visité par 200 moutons du troupeau communal[163]. Apre au gain et quelque peu procédurier, Schroeder fait figure de personnage influent, en particulier en 1788/1789, lors de la constitution des municipalités et de la rédaction des cahiers de doléances. Sa position est inconfortable, prise entre les droits du seigneur et les revendications de ses paroissiens[164]. Les innovations ne tarissent pas avec le déclenchement de la Révolution : le pasteur Ehrenpfort fait , à Oberhoffen, les premiers essais de culture du houblon qui, pratiqué peu de temps avant 1789, connaîtra le succès que l'on sait au XIXème siècle[165]. Ce sera encore un pasteur, Louis Gustave Heyler, qui introduira la culture des asperges dans la région de Hoerdt... Pour expliquer les innovations agronomiques réalisées par ces pasteurs pionniers, faut-il invoquer leur ouverture d'esprit, leurs relations, leurs connaissances théoriques, leur familiarité avec la culture écrite ? En définitive, la supériorité du ministre du culte est-elle de nature morale, culturelle, matérielle ?

156 AN K 2360. Voir *supra* p. 706.

157 G. Ch. SCHILDBERG, *th. cit.*, t. I p. 240.

158 F. TOURNIER, *art. [280]*, pp. 290-291.

159 G. Ch. SCHILDBERG, *th. cit.*, t. I, p. 241 et t. II, p. 475.
O. WILLARETH, *op. [485]*, p. 129.

160 Voir *supra* p. 839.

161 ABR 17 J 50 et AMH JJ 270.

162 ABR 6 E 32/50, Not. Pfaffenhoffen.

163 J. VOGT, *art. 1790.*

164 J. VOGT, *art.* à paraître.

165 Ch. MULL, *th. 54*, t. II, p. 301.

b) Revenu curial et fortune personnelle

L'appréciation des revenus du curé et du pasteur est rendue malaisée par leur caractère dispersé et lacunaire : la compétence en argent se trouve complétée par divers versements en nature sous forme d'additions et il est quasiment impossible de saisir la totalité du casuel, occasionnel par définition. Compliquant le tout, des gratifications de circonstance, en théorie facultatives, finissent par être considérées, dans la pratique, comme de véritables redevances, le jour où elles entrent dans l'usage, sans faire, pour autant, l'objet de conventions écrites. Peut-on, même en totalisant les rubriques, appréhender dans leur ensemble ces multiples combinaisons ? *Autrefois,* nous dit-on à Durmenach en 1788, *des particuliers du lieu pour faire leur cour au curé lui faisaient le cadeau d'un cochon de lait, ces cadeaux ont aujourd'hui tellement dégénéré en abus que les curés les prétendent annuellement par droit sans avoir le moindre droit qui le leur assure si ce n'est peut-être leurs carnets*[166]. A l'inverse, à en croire Jean-Christophe Rentz, le pasteur d'Andolsheim, Horbourg et Wihr, *les modiques libéralités, froment, volailles, oeufs et autres* sont étroitement liées à la conjoncture du moment : il suffit d'une *cherté des denrées,* comme celle de 1782, pour les *faire diminuer*[167]. Comment évaluer, par ailleurs, les repas que les paroissiens de Quatzenheim ont l'habitude d'offrir au pasteur en invitant ce dernier à leur table à tour de rôle[168] ? A Pfulgriesheim, chaque bourgeois paiera, à la Saint-Barthélémy, en guise de *Kostgeld,* 3 livres tournois et le manant deux fois moins[169]. Mais la conversion de ce service en argent n'autorise une évaluation satisfaisante que si l'on connaît le nombre de chefs de ménage. Que dire enfin des pièces de mobilier que les ménages dépourvus d'enfants lèguent au curé, dans l'espoir que ce geste leur assure une messe à perpétuité pour le salut de leur âme ? Or ces dons, qui se situent au-delà des exigences régulières, contribuent à arrondir la fortune du desservant.

Le mode de rétribution n'obéit pas à une règle universelle, d'autant que la portion congrue semble inconnue dans les diocèses alsaciens[170]. La grille des revenus proposée par Louis Châtellier pour le diocèse de Strasbourg, dans la seconde moitié du XVIIIème siècle, situe 15% des curés au-dessus de 400, 55% entre 200 et 400 et 30% en dessous de 200 livres tournois[171]. Les paroisses rurales sont pratiquement absentes de la première tranche qui inclut celles des petites villes et du Vignoble. Mais, pour la majorité des curés ruraux, le pain quotidien se trouve assuré, d'autant plus qu'ils peuvent se nourrir à moindres frais à la campagne sans revendiquer, comme nos journaliers, un régime de travailleurs de force. Ni misère noire, ni opulence, mais une certaine précarité conjoncturelle qui aligne la

[166] AHR C 1585 (Bureau intermédiaire de Huningue, mai 1788).

[167] AHR 18 J 472 : supplique au duc de Wurtemberg (1782).

[168] AHR 3 E 382/1 (1672-1691).

[169] ABR 3 E 375/1.

[170] Ch. HOFFMANN, *op. 36*, t. IV, p. 154.

[171] L. CHÂTELLIER, *op. cit.*, pp. 112-114.

condition du curé de campagne sur celle de la société qui l'entoure, mais qui la différencie de celle du curé de ville pouvant toucher jusqu'à 600 ou 700 livres tournois. De tels montants peuvent-ils être dépassés dans les paroisses rurales protestantes ? Les travaux de Gérard Charles Schildberg[172] nous laissent l'impression que la condition du pasteur se situe légèrement au-dessus de celle du curé : dans le comté de Hanau-Lichtenberg, la plupart des émoluments se situent entre 500 et 1500 livres tournois et tombent à moins de 500 si l'on prend en considération les seules rétributions en argent.

Les sept pasteurs les mieux lotis en 1792[173] - en moyenne 2300 livres tournois - le disputent aux chanoines de l'Eglise catholique ; les sept les moins bien payés - 700 livres tournois en moyenne - touchent des revenus comparables à ceux des curés en ville. Mais toute généralisation doit être proscrite et il n'y a pas à la campagne d'*aristocrates de la chaire*, surtout si l'on s'en tient aux 68 paroisses rurales du comté :

- plus de 3000 livres	:	1,5%
- 2000 à 3000 livres	:	7,5%
- 1000 à 2000 livres	:	51,5%
- 800 à 1000 livres	:	14,5%
- 600 à 800 livres	:	25,0%

La différence est, au demeurant, parfaitement justifiée : si le second recueille occasionnellement des parents au presbytère, le premier doit faire vivre une famille à temps plein ; par ailleurs, le séjour d'un fils étudiant en ville est fort onéreux - environ 250 livres par an - et l'une des grandes préoccupations du pasteur réside dans la constitution d'une caisse de vieillesse pour l'entretien éventuel de sa veuve[174].

Le fait que les versements en espèces ne représentent qu'une partie des émoluments nous conduit à déterminer les composantes salariales. Il est rare que, pour les curés, la compétence en argent excède les 200 et 300 livres tournois, c'est-à-dire l'équivalent d'un salaire annuel de journalier. S'y ajoute la participation à la dîme[175]. S'il est exceptionnel que le curé soit lui-même décimateur, il se voit attribuer une rente annuelle en nature prélevée sur la grosse dîme, le *gros du curé* se situant généralement entre le quart et la moitié du montant de la dîme en grains[176]. Pas de règle générale : c'est l'usage qui fixe la quotité ; mais, en période de montée des prix, les redevances en nature présentent un réel avantage. Par ailleurs, on lui abandonne volontiers tantôt les dîmes de sang sur les volailles et le menu bétail, tantôt les menues dîmes sur les jardins et potagers ou les *novales* sur les terres nouvellement mises en culture : les unes et les autres sont moins intéressantes quant à leur rapport, elles sont surtout plus difficiles à

---

[172] G. Ch. SCHILDBERG, *th. cit.*, t. I, et *art. 1783*.

[173] L.A. KIEFER, *op. 2233*, pp. 49 ss.

[174] H. GERST, *op. [403]*, p. 111 (Hunspach 1721).
ABR 2 G 379/6 (Preuschdorf 1755, 1762/1763).

[175] L. PFLEGER, *art. 3437*.

[176] ABR G 1765 : 24 rézaux de seigle et de froment sur 92 (Pfettisheim 1682).
AHR 5 G 26 : un quart de la dîme à Wittelsheim (1758).

percevoir et exposent le curé aux tracasseries et contestations précédemment évoquées. Mieux vaut, dans ces conditions, laisser à la communauté le soin de gérer les rentrées décimales[177] moyennant la perception d'une somme forfaitaire: le prestige du curé en sortira intact. Justification principale du prélèvement, la dîme ne pourrait pas, à elle seule, assurer la subsistance du curé, d'autant moins qu'il s'agit de fractions de dîmes qui s'additionnent. Le desservant de la paroisse de Munchhausen prélève en 1740 la moitié de la dîme en grains, de la dîme en maïs, de la petite dîme, de la dîme en foin, de la dîme de sang sur le petit bétail... S'ajoutent les revenus de la terre, cette dernière devant être prise dans un sens très large : revenus des biens fonciers de la cure, rentes provenant de fondations pieuses, participation au bois communal (entre 20 et 120 stères dans le comté de Hanau)[178]. La limite entre les biens personnels du curé et les biens appartenant à la paroisse est si peu claire[179], même dans les esprits de l'époque, qu'une rivalité entre le curé et la *fabrique* n'est jamais exclue[180]. Théoriquement les revenus des fondations vont à la *fabrique* qui reverse les indemnités correspondantes au desservant : mais est-ce faire une confiance excessive à l'honnêteté du curé ? Enfin les rentrées liées au casuel ou *droits d'étole*[181] sont pratiquement impossibles à évaluer, puisqu'elles dépendent à la fois du nombre des fidèles[182] et du sérieux que mettent ces derniers à respecter le tarif imposé par les autorités ou par l'usage[183], en général 2 à 3 livres par mariage et autant par sépulture d'adulte, la moitié par baptême et sépulture d'enfant, une douzaine ou une quinzaine de sous par messe à la fin du XVIIème siècle[184], avec un supplément, négociable avec la famille, s'il s'agit d'une messe anniversaire chantée (1 livre et davantage)[185]. La réalité est bien plus complexe. C'est ainsi que dans le diocèse de Bâle la bénédiction nuptiale trouve son prolongement dans deux tâches bien distinctes et dont le coût vient s'ajouter à celui des accordailles elles-mêmes : la bénédiction de l'anneau de l'épouse, qui coûte 3 sols et 6 deniers, et celle du lit nuptial *qui se fait à l'Eglise comme la première : on y apporte seulement des draps que le curé bénit en échange, en guise de présent, d'un petit mouchoir*[186]. Dans le

---

177 M. BARTH, *art. 3447*.

178 A. POSTINA, *op. [449]*, pp. 109-110(Munchhausen), ABR G 2682 (Hindisheim 1677, Huttenheim 1683).

179 M. BARTH, *art. cit.*

180 ABR 1 G 215 (Dangolsheim 1683).

181 L. PFLEGER, *art. cit.*.

182 ABR E 91 : Le curé de Keffenach explique sa condition misérable en 1766 (*wie das Leben beÿ meinem arment stücklein brod und mühsamer Versorgung... und einem ruinosen mir dem tod täglich drohendes hauss*) par le fait qu'il ne dispose que de peu de terres (*6 Morgen* de labours et 3 de prés) et qu'il ne compte, dans cette contrée protestante, que huit paroissiens pour cinq villages (12 avril 1766).

183 AEBP A 19a/1 : *Sans néanmoins par celui* (le règlement) *mettre des bornes à la libéralité des riches, ni forcer les pauvres à des prestations qui seroient au-dessus de leurs forces* (*Observation sur la taxe des honoraires attribués aux curés,* mandement de l'évêque de Bâle du 26 août 1776).

184 AEBP A 19b/1 (Turckheim 1660-1680).

185 AEBP A 19b/1 (évêché de Bâle, réglementation du 1er avril 1776).
Ibid. : 13 sols 4 deniers à 2 livres et demi (évêché de Bâle, 1776).
On trouvera de nombreux exemples à la fois dans les comptes communaux et les comptes des fabriques d'église.

186 AEBP A 19a/1, *source cit.* (Suarce 1776).
AHR 21 H 158 : Etat des revenus du bénéfice de Wittelsheim à la Chambre ecclésiastique du clergé de Haute-Alsace (1756).

diocèse de Spire, le curé double la mise - de sa propre autorité ou avec l'autorisation épiscopale ? - quand il a affaire à une femme enceinte[187]. La bénédiction des relevailles est une autre source de revenus[188].

Revenus casuels des curés et des pasteurs : quelques exemples (en livres tournois)

		Baptême	Mariage publicat. des bans	Mariage béné-diction	Sépulture enfant	Sépulture adulte	messe anniversaire	Interventions publiques diverses
1667-83	Kolbsheim (protestant) ABR 3 E 246/2		1 (+ 1 repas)					
1672	Quatzenheim (protestant) ABR 3 E 382/1	1		2		2		
1698	Lochwiller (catholique) AM Sélestat, fonds Betbur 5				1			
XVIIIème siècle	Flaxlanden (catholique) AHR RP					3		
"	Hurtigheim (protestant) AP (chronique Schneider)	11/2s		3		3		
"	Pfulgriesheim (protestant) ABR 3 E 375/1	11/2		3	11/2			
"	Gries (protestant) G. Ch. SCHILDBERG, *op. cit.*	1		2	1	2		
1756 et 1774	Wittelsheim (catholique) AHR 21 H 158 et 5 G 26	gratuit en échange d'1 petit présent	3 (+ 1 petit mouchoir au curé)					"billets de Pâques" à la charge des paroissiens
1776	Evêché de Bâle (catholique) AEBP A 19a/1 (mandement du 26 août)		3		1	2	1	- bénédiction des fonds baptismaux à la veille de Pâques ou de Pentecôte : 3l/6s/8d - procession : 3 (Rogations)
1788	Oberbronn (cath. + prot.) ABR 8 E 340/23							- messe (catholique) 3 - sermon (protestant) 3

La distinction, mal établie, entre funérailles d'enfants et funérailles d'adultes, laisse la porte ouverte à bien des contestations[189], de même que la forme que doit prendre la messe d'anniversaire : on sait que la messe basse est rétribuée à 20 sols, *mais on ne dit pas... si elle est suivie du Libera avec chant ou sans chant* et il y a une grosse différence selon que le *Libera* et le *De profundis* soient chantés ou non[190]. Certains curés répugnent à se rendre

[187] R. SCHWENGLER, *op. [466]*, p. 44 (exemple de Neewiller).

[188] AEBP A 19 a 1 : mandement de l'évêque de Bâle, le 26 août 1776.

[189] AEBP A 19 a/1 (Suarce 1776).

[190] *Ibid.*

sur la fosse du défunt le jour anniversaire du décès, comme semble l'imposer, non pas le *Rituel du Diocèse ni le missel Romain,* mais l'usage : *rester exposé à toutes les injures de l'air pendant les rigueurs de l'hyver* ne les enthousiasme guère[191]. Pratiques simoniaques ? Pas du tout : les apparences sont sauves, puisque ce qui donne lieu à paiement n'est pas le sacrement lui-même, mais le service, largement dépendant des circonstances qui l'accompagnent ! La rétribution due pour la bénédiction des fonts baptismaux à la veille de Pâques et de la Pentecôte semble disparaître des usages du diocèse de Bâle après 1715, mais il reste à la charge des parents *pour le premier enfant qui étoit baptisé après la bénédiction des fonts, une poule ou 5 sols de Bâle*[192]. Certaines de ces prestations semblent remonter à la nuit des temps : l'*avoine de chrétienté* - un boisseau par chef de ménage et la moitié par veuve - est destiné à indemniser le curé de *la peine qu'il a eue* pour instruire la jeunesse durant le carême, lui faire faire la première confession et communion et *veiller que rien ne se pratique contre la religion et les bons* (sic) *moeurs*[193]. Réaction significative du curé d'Ingersheim qui veut bien accepter de réciter la litanie des saints et le rosaire du samedi et faire la procession des morts, à condition qu'on lui alloue en échange deux cordes de bois[194]. C'est le problème des processions qui vaut parfois au curé une réputation de rapacité ou, du moins, d'attachement excessif aux biens matériels. Car, malgré les tendances à l'unification qui touchent le diocèse de Strasbourg en 1715, celui de Spire en 1742 et celui de Bâle en 1776, les processions sont, plus que jamais payantes. Dans les paroisses du diocèse de Bâle, seules celles qui sont prescrites par l'Eglise doivent être gratuites[195] ; par contre celles qui, sur la demande des fidèles, s'effectuent autour du ban, coûtent 2 livres tournois, sauf dans les temps des calamités publiques pendant lesquels la gratuité s'impose. Le curé n'est pas homme à se faire exploiter[196] ! La *fabrique* paie 3 livres tournois pour les Rogations qui durent trois jours. Dans l'archiprêtré de Betbur, les processions des Rogations et de la Saint-Marc restent gratuites[197], mais toutes les autres sont rémunérées, soit au forfait, soit à raison de 7 *Schilling* par procession[198]. A Kuttolsheim, le curé touche au XVIIIème siècle 6 livres pour la *Bannprozession*[199] et, dans le Sundgau, il engrange *les gerbes d'évangile* pour proclamer journellement, durant l'été, l'évangile de la Saint-Jean *en bénissant la tempeste* et *pour le conservation des fruits de la terre*[200]. Le

---

191 *Ibid.*

192 *Ibid.*

193 AHR 1 G 40 et 42 : la *Christheithaber* est encore perçue entre 1748 et 1753 dans les paroisses du Sundgau lors des années bissextiles.
AHR 1 G 49 : consultation des avocats du Conseil Souverain par la communauté de Lutter (17 juillet et 20 septembre 1770).

194 AEBP A 16b/4 (visite du commissaire épiscopal, 1762).

195 AEBP A 19a/1 : ordonnance épiscopale, 1er avril 1776.

196 AHR RP Flaxlanden (XVIIème siècle - 1750), p. 199 : conflit à propos du tarif des processions.

197 AM Sélestat, fonds Betbur 5 : requête des habitants de Lochwiller (1er septembre 1698).

198 De même à Bettendorf : 5 *Schilling* pour une procession ordinaire, mais 15 à la fête des morts et autant le dimanche suivant la dédicace (A. THUET, *op. [480]*, p. 53).

199 ABR 8 E 252/13-4 : comptes communaux Kuttolsheim, XVIIIème siècle, *passim.*

200 AHR 1 G 49 (Lutter 1770).

mauvais temps et la distance parcourue fournissent des prétextes à la majoration exigée, au même titre que la multiplication des bénédictions *tantôt à droite tantôt à gauche*[201] - jusqu'à 70 au cours de ces mêmes processions - constitue une charge de plus en plus lourde pour le desservant qui risque de perdre le cortège de vue. Ne conviendrait-il pas de séparer processions et bénédictions, en généralisant les bénédictions *privées* sans l'assistance du peuple ? Or, ces dernières, si elle sont demandées par les fidèles, sont... payantes : 2 livres pour la bénédiction d'un champ, 10 sous pour celle d'une maison ou d'une grange. Au total, le poids des droits d'étole est inversement proportionnel au montant de la compétence de base : il est donc plus lourd et plus fréquemment contesté dans les paroisses pauvres où il représente l'essentiel du revenu curial[202]. Mais il faut bien vivre, car les quêtes ne rapportent guère[203]. Malgré l'habitude qui consiste à effectuer deux tours de quête lors des messes d'anniversaire par ci[204], à réveiller les dormeurs avec le *Klingelbeutel* par là[205]... L'exemple de Suarce prouve d'ailleurs que le curé aurait bien du mal à subsister du produit des quêtes et du casuel dont le rapport présente un peu plus de 11% des 1380 livres de revenus qu'il touche à la fin du XVIIIème siècle[206] :

- Emoluments versés par la fabrique (pour 112 messes fondées, la procession des Rogations et l'assistance aux comptes) : 8,6% ;
- Droits d'étole : 2,7% ;
- Rentes foncières et participation aux dîmes de grains : 66,7%
  de chanvre : 1,8%
  de foin et de regain : 9,4%
- Participation au bois bourgeois : 2,9% ;
- Poules de la Saint-Martin : 2,2% ;
- Etang : 2,2%
- Fruits des jardins et chènevières : 3,5%.

En dehors des curés royaux[207] qui, en échange des paroisses qu'ils desservent en territoire protestant, se font verser une modeste pension par le Roi, on assiste au XVIIIème siècle à une substantielle augmentation des compétences. Dans le comté de Hanau-Lichtenberg, si l'on s'en tient aux seules rétributions en espèces, la progression est relativement forte entre le milieu du XVIIème siècle (moyenne : 160 livres tournois) et la fin du XVIIIème siècle (moyenne : 280 livres tournois),soit une augmentation de l'ordre de 70%[208]. Louis Châtellier montre que vers 1660/1670 55% des ecclésiastiques touchent entre 200 et 400 livres tournois de revenus ; en 1770, ils gagnent trois à quatre fois plus : la progression est sans commune mesure

---

201 *Ibid.*

202 ABR 1 G 215 (Souffelweyersheim 1683).

203 AHR E 48/10 : *Opfergeld ist gering* (Wihr-en-Plaine, 1665). Lucien PFLEGER (*art. cit.*, p. 78) rapporte un dicton populaire qui rappelle la révolte des réformateurs à propos de cette pratique : *der Pfaff ist doch riche genuoc, worzu sollen wir opfern* ?

204 AM Turckheim GG 11, p. 372.

205 Voir *infra* p. 1502.

206 F. TOURNIER, *art. cit.*

207 AEBP A 19a/1 : Mémoire des curés royaux du diocèse de Bâle dans *l'impossibilité absolue de subsister* avec 300 à 400 livres par an (s.d., entre 1779 et 1789).
A. MULLER, *th. 1777.*
R. METZ, *art. 1772.*

208 G.Ch. SCHILDBERG, *th. cit.*, t. I, *passim.*

avec celle des salaires en général et l'écart avec les rémunérations des chanoines ne cesse de se réduire[209]. L'augmentation des revenus curiaux explique à la fois la compétition accrue dans la seconde moitié du XVIIIème siècle et l'ambition de *faire carrière* qui anime les curés de campagne. La cure de Holtzwihr voit affluer en 1769 *une troupe armée de compétiteurs* dont chacun exhibe recommandations et protections : l'intendant appuie le candidature d'un régent au collège de Colmar ; le procureur général soutient son propre frère, curé à Bennwihr ; le prince de Furstenberg recommande le curé de Guémar, *frère de son chirurgien* ; le maréchal de Contades propose un professeur d'université de Strasbourg ; enfin *le juif Cerf Beer et le fameux apostre M. de Voltaire* soutiennent de concert l'abbé Dupont, le fils de l'avocat seigneurial[210]. Que les familles les plus honorables ne dédaignent pas une carrière dans un bénéfice à charge d'âmes nous semble lourd de signification. Que le personnel du Conseil Souverain qui opte pour la cléricature n'accède pas tout entier au canonicat et que la noblesse elle-même accepte les cures de campagne[211], cela indique bien l'attrait qu'exercent les bénéfices ecclésiastiques. La tentation qui consiste à *grimper* dans l'échelle des bénéfices s'accompagne inévitablement d'une certaine migration dans l'espace. Empruntons cet exemple parmi d'autres à Louis Châtellier : Martin Uhrich de Dambach-la-Ville devient curé de Scherwiller à l'ombre du toit paternel en 1672, puis enlève le rectorat de Benfeld en 1678 et celui de Hochfelden en 1700, avant de terminer sa carrière comme archiprêtre du Chapitre du Haut-Haguenau[212]. Passer de la modeste cure à la grande paroisse, telle est l'ambition de maint curé de campagne. Accéder au canonicat relève d'une autre carrière, réservée celle-là à des gens mieux situés dans la hiérarchie sociale et qui ne font à la campagne qu'un séjour éphémère[213]. De façon plus modeste en milieu protestant, on *monte* de Balbronn à Westhoffen, de Printzheim à Geudertheim puis à Woerth ou à Brumath, d'Oberbetschdorf à Hatten[214].

Le ministère paroissial, source de richesse ? C'est sans compter, rétorquent les curés, avec les charges qui pèsent sur leurs revenus. Théoriquement le curé est logé par le décimateur, mais un édit royal d'avril 1695 exige des habitants qu'ils fournissent à leur curé un logement convenable. Il arrive cependant, dans les communes à majorité protestante des terres wurtembergeoises, qu'il soit contraint de payer un loyer à la commune chargée de l'héberger : 56 à 80 livres tournois pour Andolsheim-Sundhoffen au XVIIIème siècle, 40 à Muntzenheim[215]... Du moins, si le gros décimateur entretient le choeur, si la communauté prend à sa charge la nef et les bas-côtés de l'église, le curé n'aura-t-il pas à amputer ses revenus

---

[209] L. CHÂTELLIER, *op. cit.*, pp. 113-114 et *th. cit.*, p. 885.

[210] AEBP A 19b/4.

[211] L. CHÂTELLIER (*th. cit.* p. 875) en fournit de nombreux exemples pour les années 1730/1740 : Jacques Benoît d'Andlau, curé de Benfeld ; Frédéric Adolphe de Gail, curé de Monswiller et François Antoine Zaiguelius, curé de Grassendorf ; les Schwendt, frères du syndic de la noblesse de Basse-Alsace, à Rumersheim et à Hipsheim...

[212] *Ibid.*, p. 108 (d'après ABR 3 E 28/5, G 6312-6314 et D 10).

[213] *Ibid.*, pp. 109-110.

[214] G. Ch. SCHILDBERG, *th. cit*, t. I, p. 251.

[215] DE BOUG, *Ord. Als*, t. I, p. 242, *art. XXII*. AHR 18 J 472-473.

personnels pour l'entretien du sanctuaire. Mais, devant les réticences du décimateur, il lui arrive de devoir financer les réparations que nécessite la maison curiale : à Wittelsheim, en 1745, le curé est sommé par le Chapitre de Lautenbach *de rétablir à ses frais granges, écuries, remises, dépendances, à la suite d'un incendie causé par son domestique*[216] : il en a pour 160 livres tournois, en attendant qu'intervienne la construction d'un nouveau presbytère pour 7000 livres... Jean Perrin a mis en lumière, pour le Sundgau, cet éternel conflit entre le décimateur et le desservant au sujet des frais d'entretien[217] : le premier s'appuie sur les *usages d'Allemagne* qui imposent ces répartitions à l'occupant, tandis que le deuxième, refuse, en vertu des *usages du Royaume,* de remplacer une seule tuile, arguant du fait qu'il ne touche pas la grosse dîme. Car les paroissiens requis pour des réparations bénévoles sont plus enclins à débourser pour l'église, bien commun, que pour le presbytère. Autre source de dépense : le revenu rondelet de 1089 livres tournois, compte tenu du produit des terres et de diverses gratifications, que touche le pasteur Jean-Christophe Rentz, tant pour Andolsheim que pour l'annexe de Horbourg-Wihr[218], est sérieusement amputé par l'entretien d'un vicaire. Ce dernier, affirme le pasteur, lui revient à 450 livres par an : 100 livres de salaire, les frais de chauffage et de lessive, les frais de repas à Horbourg le dimanche, soit près de la moitié de ses propres émoluments...

Mais trêve de jérémiades sur la misère généralisée de curés et pasteurs de campagne[219] : le cliché du curé de campagne crotté et famélique ne résiste pas à l'examen et les *cures d'amaigrissement* que constituent certaines paroisses rurales[220] ne sont pas la norme. Bien des curés mènent une vie matérielle confortable, font figure de notables et se situent au-dessus du lot des journaliers et des petits exploitants. D'ailleurs la durée relativement longue des séjours[221], qui dépasse parfois les vingt ans, ne plaide pas en faveur de cette thèse. Trois exemples de paroisses rurales tendent à démontrer que la durée du ministère, relativement courte au XVIIème siècle (souvent moins de 10 ans) s'allonge au XVIIIème pour atteindre des records, entre 30 et 40 ans, bien que la mort vienne parfois l'abréger prématurément[222] :

216 Ch. SAUTER, *op. [457]*, p. 254 (AHR 5 G 26).

217 J. PERRIN, *art. 539*, d'après AEBP A 22,25,26 et 109a (1647-1650).

218 AHR 18 J 472 (1779).

219 J. MEUVRET, *art. 164*.

220 L.A. KIEFER, *op. 1170*, p. 360 : *Hungerkur* (Allenwiller).
O. WILLARETH, *op. cit.*, p. 146 ss. (Sand).
G. Ch. SCHILDBERG, *th. cit.*, t. I, p. 248 : *Hungerposten* (Buhl, Wingen, Climbach, Kutzenhausen, Printzheim).

221 *Ibid.*, t. I, p. 251 : les pasteurs restent 47 ans à Gries, de 1713 à 1760 (ABR G 4255 ; record relevé par W. GUGGENBÜHL, *op. [412]*, pp. 107-108), 21 ans à Pfaffenhoffen, 17 à 18 ans à Wolfisheim et Ingwiller, 7 à Obersoultzbach et 6 à Obermodern.
L. CHÂTELLIER, *art. 1764*, p. 480 : 69 des 98 prêtres du diocèse de Strasbourg restent plus de 20 ans à la tête de leur paroisse vers 1740.

222 D'après les listes de curés fournies par A. THUET, *op. cit.*, pp. 53-81 pour Bettendorf, L. BACHMEYER (*Bull. SHASE* 1953/II pp. 58-59) pour Westhouse-les-Marmoutier et J. SCHWEITZER (*Outre-Forêt* 1976/II-III, p. 66-67) pour Oberseebach.
Voir M. SCHICKELE, *op. 1782* et L. KAMMERER, *op. cit.*
Comparer avec les pasteurs : pour le comté de Hanau-Lichtenberg, les *series pastorum* (L.A. KIEFFER, *op. cit.* et G. Ch. SCHILDBERG, *th. cit.*, t. III).

Durée du ministère pastoral à la campagne
(XVIIème - XVIIIème siècle)

Bettendorf		Westhouse-les-Marmoutier		Oberseebach	
Périodes	Nombre d'années	Périodes	Nombre d'années	Périodes	Nombre d'années
1660-1668	8	1670-1674	4		
1668-1674	6	1674-1678 (?)	4	(?)	
1674-1677	3	1678-1686 (?)	8	(?)	
1677-1694	17	1687-1691	4	1691-1716	25
1694-1715	21	1691-1701	10	1716-1744	28
1715-1749	34	1701-1727	26	1744-1755	11
1749-1769	20	1727-1752	25	1755	1
1769-1792	23	1753-1762	11	1756-1768	12
		1762-1777	15	1768-1770	2
		1777-1823	46	1770-1789	19

Quoi qu'il en soit, ce ne sont pas les revenus qui rendent compte du train de vie des curés. Ces derniers se distinguent d'abord par l'habitation qu'ils occupent. A la fin du XVIIIème siècle, les maisons curiales des territoires des Ribeaupierre[223] sont estimées à 6000 (Jebsheim, Logelheim), 7000 (Wihr-en-Plaine) et 9000 livres tournois (Heiteren). Certes la valeur et l'aspect du presbytère n'ont qu'un lointain rapport avec la situation de son occupant dont les deniers contribuent tout au plus à l'entretien, jamais à la construction. Mais conçue et imposée par le pouvoir, portant au XVIIIème siècle l'empreinte française[224], l'imposante bâtisse traduit le prestige qui s'attache à la fonction. Les travaux de Louis Abel[225] ont dégagé les caractères originaux du presbytère par rapport à la maison paysanne : utilisation de la pierre de taille, agencement original de l'espace avec le sens du grand et le goût du confortable, nombre et différenciation des pièces destinées à la vie domestique. Faisant figure de manoir au milieu des maisons paysannes, le presbytère s'impose dans le paysage villageois par sa forme trapue et son toit à quatre pans : une architecture de prestige et de domination, car la maison curiale n'est pas uniquement un lieu de séjour, mais de réception et de commandement. Elle exprime cependant le style de vie de son occupant :

- présence d'un *étage noble* auquel mène souvent un *escalier à la française* et qui comporte presque toujours un *cabinet* de travail, parfois enfumé[226], permettant au curé de préparer ses sermons et, souvent, une chambre pour les amis de passage ;

- nouvelle conception du chauffage utilisant la cheminée à feu ouvert certes, mais recourant aussi au poêle mobile à feu continu : cette individualisation contraste avec le mode de chauffage adopté dans les fermes paysannes[227] ;

223 AHR 19 J 126 : mémoire du duc de Deux-Ponts (1795).

224 AHR C 1479 : projet de construction des maisons curiales (intendant de Blair) avec descriptif signé par l'inspecteur principal des Ponts et Chaussées (1773).

225 L. ABEL, *art. 2527, 2529, 2530* et *2532*.

226 AHR 18 J 473 : *La fumée qui pendant l'hyver passe dans ma misérable et petite chambre par le tuÿeau du fourneau de fonte... me raccourcit la vüe et... je ne puis étudier que là la grande quantité de mes sermons...* (Jean-Christophe Rentz, pasteur d'Andolsheim, s.d., après 1748).

227 Voir *infra* pp. 1575-1576.

ASPECT EXTERIEUR

Le palais curial de Dossenheim-Kochersberg (1762)
ABR H 529bis/5

Le presbytère protestant de Sessenheim (XVIIIème siècle)
(Croquis de Goethe, musée Goethe de Weimar)

Dossenheim-Kochersberg

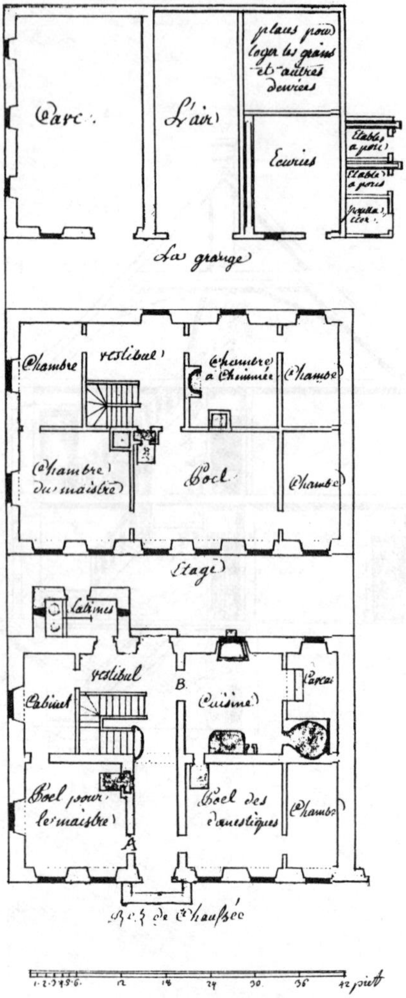

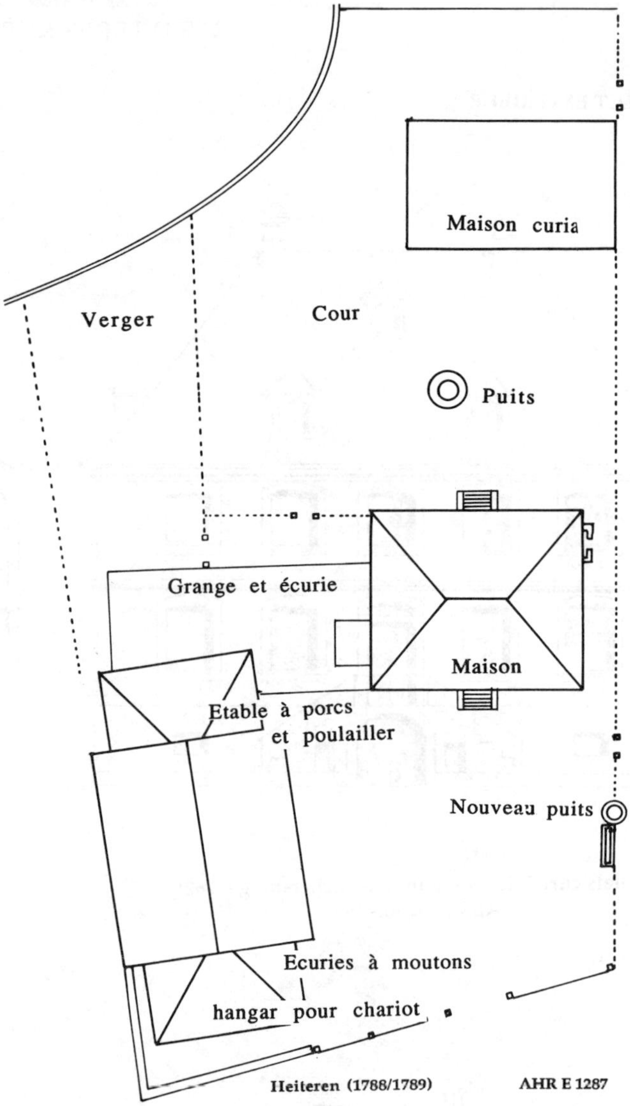

Heiteren (1788/1789) AHR E 1287

Altenstadt (XVIIIème siècle) AHR G 5798

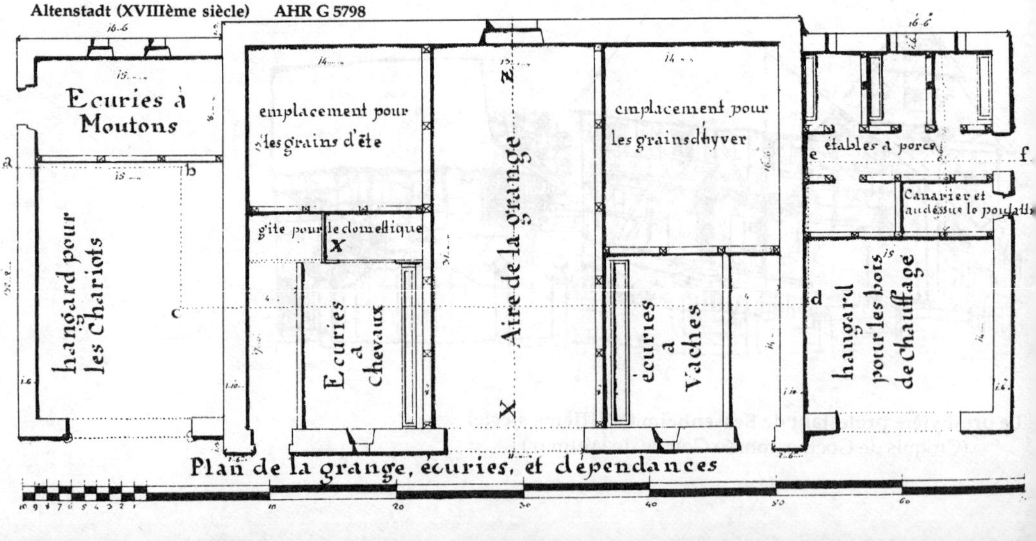

- enfin, début d'équipement sanitaire avec l'apparition d'un *secret* couvert, accessible de l'intérieur de l'habitation et faisant partie intégrante de celle-ci ou presque : une petite *révolution* dans les campagnes... Cette disposition n'a pas que des avantages : la visite du presbytère de Kembs en 1739[228] révèle que *la cave est infectée et se ruine par le dégout des lattrines... ce qui pourrit les fondements, et cause une puanteur dans icelle, qui gaste les vins*[229]. On propose donc de construire les *secrets en les élevant de la hauteur du premier pailler* (sic) *et reculer les dittes lattrines de six pieds des fondements de la Maison avec un dégout du côté de la ruelle... Pour conduire aux lattrines, on sera obligé de percer une porte sur le premier pailler* (sic) *et de construire une gallerie hors de la maison*[230]. Réalisée selon une conception d'ensemble, de telles bâtisses éclipsent souvent les presbytères protestants à la fois plus modestes et plus proches, par leurs aspects, de la maison paysanne[231].

Si le presbytère ne peut en aucune façon être considéré comme la propriété privée de son occupant, par contre la fortune du curé se fonde sur des biens personnels qui, sous réserve des dispositions testamentaires, retournent à la mort du desservant à sa famille, en même temps que les acquêts qu'il aura pu réaliser au cours de sa vie. Nous ne saurions prétendre qu'il n'est dans les campagnes des curés et des pasteurs misérables, mais ils sont de moins en moins nombreux à mesure qu'on s'éloigne de la période de la *reconstruction*[232]. Et il n'est pas bon qu'un pasteur d'âmes soit misérable. Jean-Christophe Rentz qui, à Andolsheim, exagère sans doute sa pauvreté, puisqu'il touche un millier de livres par an, a le souci de ne pas *la laisser appercevoir à ses paroissiens, de peur que le mépris qui la suit de si près ne lui fasse perdre cette portion de considération, si essentielle pour faire germer et prospérer ses soins paroissiaux*[233]... De leur côté, les curés royaux du diocèse de Bâle veillent à ce que *le peuple ait pour leur caractère le respect que la misère fait souvent perdre*[234]. La vénération qui va au sacré risque d'être ternie par l'état de dénuement du curé. Or la *via media* est difficile à trouver. Dans une Eglise où la pauvreté continue à être considérée comme une vertu, il n'est pas bon de paraître trop riche et d'attacher plus d'importance à la laine qu'à la brebis. Mais dans une société dans laquelle la richesse apporte la considération, il n'est pas indiqué d'être pauvre. Si la richesse est enviée et la pauvreté méprisée, la simplicité est toujours appréciée. Dans la société cléricale, en tout état de cause, ce sont les biens patrimoniaux et non les revenus de la cure qui constituent l'élément de différenciation essentiel. Or on n'est jamais à l'abri d'une tentative de dissimulation cherchant à occulter les revenus réels.

---

228 Texte publié par L. ABEL, *art. 2530* (AEB *Dir. Schaffneien* Q 91, 1728-1739).

229 AEB *Dir. Schaffneien* Q 91 (1728-1739).

230 *Ibid.*

231 ABR G 5810 (Hunspach 1713). Cf. le presbytère de Sessenheim qui ressemble à une *vieille et mauvaise maison de paysan* (Goethe, *Dichtung und Wahrheit*, livre X, p. 261).

232 Voir *supra* p. 340.

233 AHR 18 J 472 (1782).

234 AEBP A 19a/1.

La situation matérielle des curés n'est pas aussi misérable qu'on a voulu l'affirmer, d'autant qu'ils bénéficient, eux-aussi, du privilège de non-imposition. Voici Joseph Fullgraff, curé de Kuttolsheim, qui laisse à ses héritiers, en 1750, outre une perruque et de la vaisselle en porcelaine, une bibliothèque de 63 livres et un passif de 3886 livres tournois qu'il a empruntées à des banquiers de Strasbourg, des commerçants et des Juifs[235] : aurait-il donc présenté d'incontestables garanties de solvabilité ? Voilà qui dénote en tout cas une supériorité culturelle et matérielle sur la majorité de ses paroissiens. Sans compter ce qu'a pu coûter la cérémonie des obsèques elle-même, les frais des funérailles font état d'un débours de 50 livres ; plus de la moitié de cette somme (58%) est consacrée aux dépenses alimentaires engagées pour le repas suivant les obsèques : six livres de beurre, du poisson, des oeufs, des épices ; le reste est affecté à l'achat de la cire et de la crèpe ainsi qu'à un don conséquent au profit de la *fabrique*.

Nous avons sélectionné trois patrimoines de curés du Kochersberg, François Antoine Steck, curé de Lupstein-Littenheim[236], Antoine Hugel, curé de Maennolsheim[237] et François-Joseph Klein, curé de Saessolsheim[238], ayant exercé leur ministère à la fin du XVIIIème siècle. Nous sommes en présence de fortunes considérables qu'il n'est pas toujours possible d'évaluer faute de renseignements chiffrés. Steck a 25 000 livres tournois à partager ; il a acquis, entre 1747 et 1764, pour une valeur de 8300 livres, une maison avec grange et pressoir ainsi que deux hectares de terres, prés et vignes. Les liquidités, dont 251 louis d'or, de gros et de petits *Thaler*, représentent 8962 livres tournois ; les créances s'élèvent à 1780 et les dettes à 4840 livres. Klein laisse à ses héritiers 7268 livres dont il faut déduire 2500 livres de dettes ; les frais de succession lui reviendront à 104 livres. On s'endette de plus en plus dans les cures royales : parce que le train de vie est dispendieux ? parce que les débiteurs sont mauvais payeurs ?

En général, ces curés ne disposent pas de charrue, mais de chariots et de charrettes qui nécessitent des bêtes d'attelage : deux chevaux et deux vaches chez Steck, deux vaches et une génisse chez Klein, trois vaches et une génisse chez Hugel. Ils sont donc obligés de faire appel à des laboureurs pour les labours et les charrois, à des journaliers et des domestiques pour la culture. Klein embauche en outre deux servantes et l'une de celles qu'emploie Hugel figure parmi les bénéficiaires de son testament. Le petit bétail est abondant et varié :

	Steck	Klein	Hugel
Moutons, agneaux	6	9	17
Porcs, porcelets	10	5	5
Oies	10	6	11
Dindes	-	5	25
Canards	2	3	4
Poules, coqs	11 (+ 2 chapons)	13	40
Pigeons	18	18	40

[235] AMH FF 226/235.

[236] ABR 6 E 36, Not. Saverne II, inv. 192 (5 avril 1774) et testament (s.d.).

[237] *Ibid.*, inv. 192 (9 août 1774) et testament (26 juillet 1774).

[238] *Ibid.*, inv. 204 (22 mars 1786) et testament (13 mars 1786).

En outre, Antoine Hugel a mis en location chez un de ses paroissiens *trois moutons et un agneau et demi*. Les réserves de toutes sortes sont importantes :

		Steck	Klein	Hugel
Boisseaux	Froment	492	78	47
	Seigle	174	65	6
	Orge blanche	186	36	24
	Orge fourragère	-	-	48
	Avoine	140	-	
	Méteil	-		12
	Colza, pavot	192	96	54
	Pois	2	6	1
	Fèves	459	252	-
	Semence de lin		12	-
	Semence de chanvre	-	6	1
Charretées ou quintaux	Foin/regain	7 qx.	1ch .+ 1ch. (trèfle séché)	4 ch.
Bottes	Paille	450	-	-
Cordes	Bois	-	-	9
Livres	Lard et jambon	104 + 4 jambons	-	40
	Beurre et saindoux	3 pots + 1 1/2 mesure	-	10
Mesures	Vin	833	188	350
	Alcool	3	-	3

Le mobilier présente quelque originalité par rapport à celui qu'on trouve dans les intérieurs paysans[239]. Un rideau à la fenêtre, une nappe sur la table, un matelas à la place de la paillasse font la différence en 1726 chez Michel Jacober, pasteur de Baldenheim[240]. Chez le curé Steck de Lupstein, une horloge en fer sous boîtier en sapin, un *fauteuille*, 22 sièges en chêne et 25 en hêtre, un buffet en chêne garni de fer, une table en érable avec pieds torsadés, un coffre recouvert de cuir de porc, trois lits à ciel dont l'un en chêne, une étagère à livres, un valet muet, plusieurs miroirs avec cadres dorés, peints ou laqués... Chez Hugel, une horloge, 26 sièges tressés en hêtre et un fauteuil, deux lits-tombeau et un autre à ciel, un *canabé*, un dressoir en chêne à deux portes, un pupitre en sapin, un secrétaire, une chaise percée en chêne, un garde-manger et de nombreuses tables de petite dimension : l'une octogonale à pieds de chèvre, l'autre triangulaire, une troisième avec plateau en ardoise... On retrouve le garde-manger chez Klein à côté d'un buffet en chêne à quatre portes, d'une *commote* en noyer à trois tiroirs, d'une table de coin, d'une bibliothèque en chêne, d'une chaise percée en noyer *façon commode*, de trois tables de nuit, d'une armoire en chêne à deux battants, d'une table de jeu...

239 Voir *infra* pp. 1630 ss.

240 ABR 6 E 27 Not. Muttersholtz, inv. Baldenheim 19 (19 août 1726).

L'habillement est composé, entre autres, de caleçons de lin, d'une robe de chambre, de chemises de nuit et de bonnets de nuit, de chemises par dizaines (75 chez Klein), de mouchoirs (61 chez Hugel, 64 chez Klein), de pantoufles et de galoches, de gants en cuir... Seule la comparaison avec l'habillement commun[241] permet de mesurer la distance qui sépare le curé de ses paroissiens. Passons sur les centaines de balles de chanvre et d'aunes de toile, prêtes à être portées chez le teinturier et rappelons, au passage, la place qu'occupe le tailleur dans les travaux effectués[242].

Le curé mange-t-il comme tout le monde ? Sans doute, mais en variant contenant et contenu de son alimentation : bouteilles et verres apparaissent fréquemment, de même que la soupière, le saladier, la salière, la théière et la cuillère à thé, les assiettes à soupe et des assiettes plates par dizaines, les unes en étain, les autres en porcelaine, le panier à pain... Et voici les achats effectués chez le mercier : du fromage (Gruyère et Munster), du poisson (merluche et hareng), du riz, de la moutarde, des câpres, du poivre, de la noix de muscade, des feuilles de laurier, de l'échalotte, du pain de sucre et du sucre de canne, des figues, du citron, des raisins secs, des amandes, des macarons et des *Brettstell*[243]...

Et puis, il y a, dans la vie quotidienne, le petit supplément qui fait la différence : la montre de poche, la tabatière[244], la boucle de chaussures ou les boutons en argent, le parapluie *de taffetas*, la canne jaune à pommeau noir avec garniture en argent (Klein), l'épée ou le fusil avec baïonnette (Hugel). Outre le crucifix en bois ou le bénitier, qu'on trouve rarement dans les intérieurs paysans, les murs sont garnis de tableaux et d'estampes, de peintures et d'herbiers sous verre : une bonne soixantaine tant chez Klein que chez Hugel. Parmi les scènes représentées, la Vierge douloureuse, Saint Jean Népomucène, le pape... Une bibliothèque bien garnie complète ce patrimoine culturel. La lecture et la préparation des sermons obligent le pasteur à avoir à portée de main une paire de lunettes : nécessité et symbole de prééminence intellectuelle, elles doivent apparaître aux yeux des paysans comme un luxe, d'autant plus qu'elles sont à monture d'argent[245] !

---

241 Voir *infra* pp. 1667 ss.

242 ABR 6 E 36 Not. Saverne II, inv. 192: *Rock, Camisol und Hosen gemacht und fourniert 11/2 Ehlen Hanfentuch und... Hosen geflickt, 2 Paar Strumpf gesohlt...* (Steck, 1774).

243 A titre de comparaison, voir *infra* pp. 1691 ss.

244 ABR 6 E 27, Not. Muttersholtz, inv. Baldenheim 19 (Michel Jacober, 19 août 1726).

245 *Ibid.* Pour le livre, voir *infra* pp. 1892 ss.

Enfin le cercle de relations du curé se lit à travers les noms de ses créanciers et débiteurs. Parmi eux, la famille est bien représentée. Comme l'a montré Louis Châtellier[246], la famille contrôle l'accès aux charges ecclésiastiques et favorise les carrières dont elle attend, en échange, quelque avantage. Les rapports entre les bénéficiers et la famille sont placés sous le signe de la réciprocité : frères et soeurs lui empruntent de l'argent, en attendant que neveux et nièces héritent *l'oncle curé* qui s'occupe parfois de leur éducation. Jean-Georges Winterer, curé de Hipsheim, a le sens de la famille très développé[247] : il fait étudier son neveu qui veut devenir greffier, aide à établir sa soeur dans l'auberge de la couronne à Niedernai, paie les dettes de son demi-frère *qui fait beaucoup de déshonneur* à la famille - plus de 12 000 livres *depuis sa jeunesse* ! - donne en dot à sa demi-soeur la maison qu'il possède à Molsheim, se porte caution pour le titre clérical de son petit cousin... Suivant la famille de près, la gouvernante et les servantes bénéficient des largesses du curé. S'esquisse ensuite tout un réseau de relations avec, d'une part, la bourgeoisie citadine, prêteuse d'argent, d'autre part, le milieu paysan, prestateur de services (charrois, labours, petits travaux) et emprunteur d'argent liquide, enfin le monde de l'artisanat et des services : l'aubergiste, le boucher, le mercier, le tonnelier, le serrurier, le cordonnier, le tisserand, le tailleur... Au nombre de ces prestateurs de services, figurent le chirurgien et l'apothicaire, car le curé se soucie beaucoup de la santé du corps, achetant des médicaments, faisant procéder à des saignées et à des purges (Hugel entrepose son clystère dans une petite armoire en chêne prévue à cet effet)...

Mais il faut bien se préoccuper du salut de l'âme. On y pourvoit par des donations, des fondations de messes anniversaires en faveur de la fabrique de l'église, des Capucins ou des Franciscains, autant que par les bonnes oeuvres : la prise en charge d'un frère handicapé[248] et les distributions aux pauvres de la paroisse jusque dans la mort[249]. L'enterrement doit être à la hauteur du personnage ; on en règle les moindres détails. La rémunération des journaliers qui invitent aux funérailles en faisant le tour de la parenté[250], celles des célébrants et l'achat du matériel (cierges, crêpe, rubans) coûte à Steck plusieurs centaines de livres : ce n'est rien en comparaison d'une fortune de 25 000 livres !

---

246 L. CHÂTELLIER, *art. 3422.*

247 ABR 6 E 41/979 (testament 8 août 1724).
Voir L. CHÂTELLIER, *th. cit.*, p. 840.

248 *Er imbecill und sich selbsten Vorzustehen ausserstand* (Steck, 1774). Voir note 242.

249 AHR 4 E Not. Heiteren, inv. 8 (17 juillet 1741) et testament (17 juin 1741) : *will ich haben dass beÿ meinem liechtbegräbnis denen heytteren hausarmen...vier fiertel mehl verbacken und unter selben ausgeteillt werde* (curé Herrmann, Heiteren).

250 Steck, 1774 : *zur leicht zu laden* (voir note 242).

c) L'exercice du pouvoir

Officiellement le curé ne détient pas le pouvoir. Au lendemain des troubles du XVIIème siècle, ce dernier échoit à l'évêque, au seigneur, à la communauté villageoise. Par le biais des visites pastorales, l'évêque n'hésite pas à sonder les paroissiens sur la dignité du comportement de leur curé et la qualité de ses sermons. L'emprise seigneuriale, forte surtout dans les paroisses protestantes, se traduit par la rigueur des ordonnances qui débordent largement du domaine temporel : surveillance de la moralité villageoise et de la sanctification du dimanche[251]. C'est le prévôt qui est chargé d'exécuter les ordonnances seigneuriales, ce qui confère de réels pouvoirs à la communauté villageoise : elle gère les biens paroissiaux par l'intermédiaire des marguilliers, nommés ou élus comme les échevins. Le desservant se contente d'être présent à l'audition des comptes moyennant rétribution[252]. Il arrive que la communauté prenne en charge la perception de la dîme et elle rétribue le curé, nous l'avons vu, pour les processions d'intérêt public[253]. Le cas échéant elle n'hésite pas à dénoncer le curé aux autorités civiles et religieuses, tribunal seigneurial ou officialité ecclésiastique. L'attitude de la municipalité de Turckheim, qui le considère en 1672 comme un employé, suscite de sa part de violentes réactions[254]. De tels actes ne sont parfois que des mesures de rétorsion contre les négligences d'une communauté qui laisse le cimetière sans clôture, ce qui permet la divagation du bétail, ou qui tarde à allouer le bois réglementaire au curé[255]. Dans cette atmosphère conflictuelle, tout se passe comme si le pouvoir s'exerçait sans le curé, parfois contre lui. Ce n'est que progressivement qu'il échappe en partie[256] à cet état de subordination. Comme l'intendant surveille les comptes communaux, l'évêque ou le vicaire général suivent de près la gestion des biens de *fabrique*[257]. Mais, au XVIIIème siècle, grâce à une certaine autonomie du religieux par rapport au profane et au relâchement de la tutelle royale, le curé a les coudées plus franches.

La revalorisation de la fonction curiale, dans le contexte de la Réforme catholique, lui permet d'exercer sur sa paroisse une influence irremplaçable, car il se trouve investi de deux missions essentielles : l'exercice de son propre ministère, doublé d'un magistère, avec contrôle des écoles ; la détention d'une parcelle de pouvoir politique comme représentant institué de la monarchie dont il lit en chaire les arrêts et les règlements, en même temps qu'il seconde la justice et le fisc. L'évolution se précise au XVIIIème

---

[251] Voir *infra* pp. 1500-1502.

[252] Voir *infra* pp. 1262-1263.

[253] ABR G 6312 (Officialité 1665).

[254] AM Turckheim BB 28, p. 66 : *scharfe Predigt gegen die Obrigkeit...*

[255] AEBP A 19 b/54-58 (Turckheim 1762).

[256] L. CHÂTELLIER, *art. 1764*, pp. 477-478.
DE BOUG, *Ord. Als.*, t. I, p. 88 : *Arrêt du règlement pour la Reddition des Comptes des Fabriques* (31 mars 1680).

[257] ABR G 2594 : correspondance du Grand Vicariat (1773-1778).

siècle : le curé, proche du pouvoir, bénéficiaire du régime, devient le représentant officieux de l'autorité royale. C'est ce qui le distingue du pasteur protestant resté davantage lié, lui, à l'autorité seigneuriale. Exerçant, de fait, un pouvoir par délégation, il diffuse les informations officielles, convoque à la rédaction des cahiers de doléances avant de participer, du haut de la chaire, à la propagande pour la vaccination[258]... On le voit faire appel au physicien en cas d'épidémie, forçant, au passage, le chiffre des sépultures, établir des certificats d'incendie ; il lui arrive de plaider en faveur des dégrèvements d'impôts, tout en admonestant au prône les paroissiens réfractaires à la corvée... Par ailleurs, il est présent dans tous les actes importants de la vie quotidienne. Son rôle d'officier de l'état civil n'est plus à démontrer : c'est avec plus ou moins de régularité et de soin qu'il enregistre les baptêmes, les mariages et les sépultures. Or cette charge officielle se double, par ses ramifications mêmes, d'une véritable fonction sociale. Dépositaire du secret de la confession et censeur des moeurs, le curé exercera son autorité sur ses paroissiens de mille et une façons : en luttant contre la prolifération des coutumes profanes et des pratiques superstitieuses, il peut être à la fois un gêneur et un entraîneur dans le domaine très sensible de la religion populaire[259]; en participant, par ailleurs, au recrutement du maître d'école[260] et de la sage-femme et en procédant à leur inspection, en veillant à la sanctification du dimanche et à la fermeture des auberges aux heures des offices, en réprimandant les jeunes gens qui se sont rendus coupables de relations prénuptiales[261], en dénonçant l'adultère et les naissance illégitimes, en jouant le rôle d'entremetteur dans les unions, il est le garant des bonnes moeurs. Le rôle social, discret mais efficace, qu'il exerce est imputable,en partie, à la confession qui place le curé au centre des aveux et fait de l'institution ecclésiale le lieu panoptique du village. Il nous importe peu que le secret de la confession soit respecté : ce qui est certain, c'est que le curé sait tout, se mêle de tout, ce qui lui permet de se comporter en médiateur, d'arbitrer des conflits, d'ébaucher des arrangements à l'amiable.

Suivons ce couple de paroissiens qui se présente au curé en vue du mariage et sollicite une dispense pour raison de parenté. *Il faut alors que le curé leur dresse un arbre généalogique, qu'ils examinent les motifs qu'ils ont de demander une dispense, qu'il vérifie ces motifs*. On trouve normal que *pour faire la recherche des degrés de parenté*, il touche 12 sols[262]. Car, *pour déchiffrer le juste degré de parenté, avec le paysan qui s'explique mal, il faut employer un demi jour et écrire pour obtenir la dispense*[263]. Ce sont ensuite les trois proclamations d'usage qui précèdent la cérémonie du

[258] M. BARTH, *art. 2998.*

[259] Voir *infra* pp. 1914 ss.

[260] Voir *infra* pp. 1853-1854.

[261] Voir *infra* pp. 1486-1500.

[262] AEBP A 19a/1 (Suarce 1776).
AHR 5 G,26 (Wittelsheim 1776, réponse au questionnaire sur le droit d'étole par le Chapitre de Lautenbach).

[263] AHR 5 G 26 (Wittelsheim 1758).

mariage[264] et le devoir de s'assurer si les bans ont bien été publiés dans la paroisse d'origine du conjoint. L'obligation qui lui est faite de s'enquérir sur l'identité des parents de tout nouveau-né avant de le baptiser[265] n'a guère cours dans les paroisses rurales dont il connaît mieux que quiconque chacun des habitants. Et voici que l'officier d'état civil se mue en juge de paix : il règle certains litiges familiaux, tente de réconcilier les familles désunies[266]. Enfin n'est-il pas bien placé pour mettre de l'ordre dans les affaires temporelles des mourants et pour recevoir les testaments avant la généralisation du notariat[267] ? *L'ascendant du curé sur les paysans*[268] pose bien des problèmes au baron d'Oberkirch lorsqu'en 1787 il doit démêler une affaire de dîme à Griesheim-près-Molsheim. Il est à la fois médiateur, informateur, confident des familles, chargé d'affaires du village sur lequel il exerce une influence stabilisatrice.

Que reproche-t-on en définitive au curé ? Les archives judiciaires[269], tout en privilégiant les affaires exceptionnelles, jettent une lumière, parfois crue, sur les rapports complexes entre curé et paroissiens[270]. Pour être pasteur d'âmes, le curé n'en est pas moins homme et l'uniformité de la fonction n'efface pas la diversité des tempéraments. Or il est constamment placé sous le regard des paroissiens qui ne lui pardonnent ni l'attachement aux intérêts matériels, ni le manque de zèle pastoral ou charitable, ni le comportement prétentieux. Le curé le leur rend bien en prenant en charge l'encadrement moral de la communauté. On assiste donc à des conflits d'ordre matériel au sujet de la dîme, du casuel, de l'entretien du presbytère ; à des reproches portant sur des affaires disciplinaires : ivrognerie, violence, aventures sexuelles[271], encore que le voeu de chasteté supporte bien des accommodements, ou habillement par trop extravagant[272] ; enfin à la dénonciation des manquements aux devoirs sacerdotaux : refus d'administrer les sacrements, discussions sur le nombre, le parcours, les haltes des processions, irrévérence à l'église ou abus de pouvoir que confère la chaire, mauvaise qualité des sermons *faits fort à la hâte*, rarement et superficiellement et *dont la communauté ne reçoit aucun fruit*[273]...

Dans l'évêché de Bâle, tel curé ne garde pas la barrette pendant la procession alors qu'il porte le Saint-Sacrement[274] ; tel autre ne préside pas au

---

[264] *Agenda ecclesiae Argentinensis*, Molsheim 1670 (cit. par L. CHÂTELLIER, *op. cit.*, p. 25).

[265] *Ibid.*

[266] ABR G 6312 : ordonnance épiscopale du diocèse de Strasbourg (23 mai 1668).

[267] ABR 3 E 225/1 : allusion aux actes notariés rédigés par le pasteur (Ittenheim 1587/1589).
L. LAPOINTE, *art. 1878* : se fondant sur l'ordonnance royale de 1735, le curé de Wingen reçoit, en 1778, un testament en l'absence du *Amtschreiber*. (ABR 6E 45/102, Not. Wissembourg, janvier 1778).

[268] AMO C 3 (29 avril 1787).

[269] Voir *infra* pp. 1476 ss.

[270] J-P. GUTTON, *art. 3458*.

[271] Nous ne reviendrons plus sur ce problème évoqué *supra* pp. 348-354.

[272] AEBP A 19b/9 : le curé de Wintzenheim ne porte que *des habits de couleur avec cravate blanche* (1771).

[273] ABR G 6194 (Saasenheim 1706).

[274] AEBP A 19 b/6 (Ingersheim1750).

chapelet le samedi, ne récite plus les litanies et néglige les processions pour les défunts[275]... A-t-il le droit de refuser d'admettre au baptême un enfant dont les parents n'ont pas eu recours à la sage-femme agréée, de récuser les parrains et marraines ou les fiancés qui ne répondent pas aux questions du catéchisme[276] ? Les plaintes fusent, les injures également : *Lumpenpfaff*[277], *Hurenpfaff* ou *Hurenvogel*[278]. Mais ce qu'on lui reproche surtout, c'est de se laisser impliquer, par avidité et matérialisme, dans les conflits d'intérêt et les affaires d'argent qui sont le véritable mal du siècle.

Mais l'irrespect envers le curé a ses limites. En 1736, le boulanger de Sermersheim traite Jean-Pierre Lamoureux, son curé, de *simple valet de la communauté*, en le mettant *au degret de porcher*, en jurant de ne jamais faire appel au Saint Viatique *par sa personne* et il récolte... 500 livres d'amende[279] ! Dans 610 procédures analysées par Louis Châtellier[280], qui mènent les clercs diocésains devant le tribunal de l'Officialité entre 1701 et 1760, nous en avons retenu 530 qui indiquent clairement les griefs :

- Affaires de moeurs : 8,7% ;
- Manquements au devoirs qu'impose l'état sacerdotal : 5,5% ;
- Mésentente avec les laïcs : 23,5% ;
- Négligence dans l'accomplissement des fonctions pastorales : 3,2% ;
- Dettes et affaires d'argent : 59,1%.

Or, en ne retenant que les curés, dont beaucoup sont desservants de paroisses de campagne, l'évolution est significative :

	1701-1720	1721-1740	1741-1760
- Affaires de moeurs	15,5%	7,0%	3,3%
- Manquements au devoirs qu'impose l'état sacerdotal	26,8%	6,3%	4,9%
- Mésentente avec les laïcs	19,6%	32,8%	28,7%
- Dettes et affaires d'argent	38,1%	53,9%	63,1%

Ce n'est donc pas tant le prêtre, dont le comportement serait en contradiction avec les exigences de son état, qu'il est mis en cause : selon le modèle tridentin, il maîtrise son latin, connaît le dogme et, par rapport à la situation de la *reconstruction*[281], fait figure d'exemple moral. Au XVIIème siècle, de La Grange rappelait que la qualité morale du clergé ne pouvait être que celle du milieu dont il était issu, puisque les curés menaient une vie matérielle qui les mêlaient à leurs ouailles[282]. Au XVIIIème siècle, le clergé deviendrait-il plus digne en prenant quelque distance par rapport à la société civile ?

---

275 AEBP A 19 b/6 (Ingersheim 1762).

276 L. CHÂTELLIER, *th. cit.*, p. 904.

277 Voir *supra* pp. 346-354.

278 ABR E 3260/270 (bailliage de Brumath, 1779).

279 ABR 2 B 120.

280 L. CHÂTELLIER, *op. cit.*, p. 389, tableau VIII (ABR G 6320-6333).

281 Voir *supra* pp. 346-348.

282 AHR Ms. 255, pp. 137-138 : *Mémoires historiques sur la province d'Alsace* (1697).

Conclusion

Quoi qu'il en soit, le curé est bien intégré dans le village et achève, au fil des années, de s'identifier à la paroisse : de moins en moins étranger au pays, de plus en plus enfant du terroir, de moins en moins marginal, de plus en plus notable, il finit par y occuper une place de premier plan. Encore faut-il faire la part entre deux attitudes, deux cultures : celles d'un pasteur, proche du pouvoir seigneurial et qui prend quelque distance par rapport à la vie quotidienne de ses paroissiens ; celle du curé, plus proche du pouvoir royal et mieux intégré dans la communauté villageoise. Mais le curé a des points communs avec l'aristocratie villageoise : l'autorité morale, l'accès à la culture savante, les activités foncières, le genre de vie. Le maître d'école se rapproche plutôt des gens modestes du village.

2) Le maître d'école, un homme du peuple

Il nous retiendra moins longuement. En effet, c'est en évoquant ses multiples activités à l'école comme à l'église, que nous aurons l'occasion de le replacer dans la société rurale, car sa modeste rétribution et son prestige tout relatif sont étroitement liés aux services qu'il rend à la communauté[283]. Comme pour le curé et le pasteur, le problème consiste à totaliser l'ensemble des rémunérations d'origine diverse : tâche délicate, car on se trouve en présence d'une profession *éclatée* et, par voie de conséquence, de gages dispersés quant à leur origine, leur nature et leurs modalités de paiement.

a) Misère ou modeste aisance ?

Nous connaissons, pour le grand bailliage de Haguenau, la rétribution de base offerte par la commune, en dehors des gratifications en grains et en bois[284]. En 1730, sur trente huit communes recensées, douze n'ont rien d'autre à offrir que des grains et du bois ; sur les vingt-six qui restent, quinze versent moins de 25, cinq de 25 à 30, trois de 50 à 100 et trois autres de 100 à 150 livres tournois. La rétribution en bois varie de une à cinq cordes ; la prestation de grains se situe entre 6 et 20 rézaux. Mais gardons-nous d'établir une distinction systématique entre les revenus d'origine communale, paroissiale et privée : car, en fixant la compétence globale, la commune prend en considération la diversité des ressources potentielles. Une somme annuelle de 500 à 600 livres est considérée comme un *gage fort honnête*[285] à la fin du XVIIIème siècle. En réalité, on ne parvient à de tels montantsque dans les paroisses de quelque importance, regroupant plusieurs localités, ou si l'on prend en considération les exemptions d'impôts et les avantages en nature - gratuité de logement, participation aux terres communales - dont les maîtres sont censés bénéficier. Encore faudrait-il que les renseignements dont nous disposons soient complets : or, bien souvent, le montant du

---

283 Voir *infra* pp. 1852 ss.

284 ABR C 231 (1730). Voir aussi, au musée de Bouxwiller, le *Hanawisches Kirchen und schuldiener Buch* (XVIIIème siècle).

285 ABR C 1286 (Steinbrunn-le-Bas 1784, cit. par Ch. HOFFMANN, *op. cit.*, t. II, p. 39) et AHR C 1588 (Reguisheim 1788).

casuel, attaché aux fonctions ecclésiales du maître et celui de l'écolage nous échappent. A l'inverse, le versement d'un écolage officiel n'empêche pas les familles de ravitailler le maître en viande, lait et oeufs ; ils mettent même un point d'honneur à perpétuer, jusqu'à une époque récente, un usage qui échappe à toute contrainte comme à tout contrôle, ce qui explique que les archives soient délibérément muettes sur ce genre de pratique. Dans certaines contrées, l'usage veut que l'on verse au maître-sacristain le *blé de la fête patronale* à raison d'un demi-boisseau par bourgeois ou manant et d'une gerbe par producteur de blé[286]. Pour cerner de plus près la condition des maîtres, s'offrent à nous deux exemples dont l'analyse est pleine d'enseignements : ils traduisent, mieux que tout discours, non seulement le niveau des rémunérations, mais leur nature qui, elle-même, reflète la diversité des occupations et des sources de revenus (voir tableau p. 1166).

Mais le maître de Beinheim voit son revenu fondre rapidement : des 350 livres tournois, il convient en effet de soustraire les frais de culture, de moisson, de battage et de charroi soit 195 livres. Il resterait donc en définitive 155 livres de revenu annuel net. Il est vrai que les quatre cordes de bois, du fait des réserves accumulées d'année en année, sont susceptibles d'être vendues[287] ; le logement est gratuit, les exemptions fiscales appréciables.

Misère feinte ou réelle ? Modeste aisance ? Il est difficile de tirer un bilan global d'indications aussi contradictoires. Les inventaires après décès[288] placent généralement le maître d'école au-dessus des besogneux du village en lui conférant une situation plus enviable que celle de bien des journaliers, d'autant plus que l'exemption d'un certain nombre d'impositions constitue un avantage non négligeable. Il bénéficie de réels privilèges, dans la mesure où il est dispensé du logement des gens de guerre, de la milice et surtout de la corvée, puisque ses fonctions ne sont guère compatibles avec un travail prolongé sur les routes[289]. Il échappe également à la charge de collecteur : c'est appréciable pour le malheureux qui a déjà bien du mal à collecter son propre dû... Quant aux autres impôts, la cotisation du maître d'école semble être soumise à une assiette fort incertaine : la rumeur publique le classant parmi les habitants les plus *pauvres*, du seul fait qu'il est dépourvu de biens fonciers et de train d'attelage, sa quote part s'en trouve minorée. C'est lorsque la Révolution aura aboli l'ensemble des privilèges et jeté un voile de mépris sur tout homme d'Eglise, que le maître réalisera sans doute qu'il était... un *privilégié* ! Et quand il participe aux biens communaux, il est traité tantôt comme un manant, tantôt comme un *bourgeois de fortune moyenne*[290]. A Suarce, le maître gagnerait bon an mal an - c'est énorme - 800 livres, si l'on

[286] Chronique Wührlin (A. GASSER/J. LIBLIN, *art. [207]*, p. 203, Hartmannswiller, XVIIIème siècle).

[287] GLAK *Baden Generalia, Ausland* 75/686.

[288] Voir *supra* pp. 890-1005.

[289] A titre d'exemple, AHR 18 J 527 (Durrenentzen 1750-1752 et 1785).

[290] Ch. HOFFMANN, *op. cit.*, t. II, p. 28 : Andolsheim 1758 (*mittelmässig vermögend*) ; Bolsenheim 1765 (part de *manant*).
Voir aussi AHR 1 E 77/10 (Appenwihr 1778).

Revenu en livres tournois de deux maîtres d'école à la fin du XVIIIème siècle

Beinheim 1785 (GLAK, Baden-Generalia, Ausland 75/685)
160 ménages

Origine	et nature de la rémunération en espèces	en nature	Services correspondants
Commune	66 l.	- 4 cordes de bois - un pré ("Schulmatt") - deux pièces de terre - un verger (que la commune a dû transformer en cimetière)	Ecole
Seigneur	14 l. 10s.	2,5 maldres de seigle	Eglise
Paroisse	4 l.	180 "gerbes de sonneur"	pour sonner la nouvelle cloche
	12 l. 10 s.	....	pour sonner le glas
	4 l.	....	pour remonter l'horloge
	10 s.	....	pour ravitailler l'église en sel
	12 l.	....	pour toucher les orgues
	20 l. 18 s.	....	pour chanter les messes anniversaires
	18 l.	....	pour dîme du ban de Roppenheim
Parents	80 l.	droits d'écolage annuels	Ecole
	232 livres et 8 sous	évaluée à 116 livres et 10 sous	

Total : 348 livres et 18 sous
+ logement et exemptions

Steinbrunn-le-Haut 1784 (AHR C 1286)
120 ménages

Origine	et nature de la rémunération en espèces	en nature	Services correspondants
Commune		- Champ d'un produit de 12 l. - 2 prés d'un produit de 10 l. - Rente annuelle (5 rézaux de seigle et 2 rézaux d'épeautre en paille). Valeur 50 l. - Logement, participation aux biens communaux et exemption des corvées Valeur : 60 l. - 100 fagots (non estimés)	Ecole + église
Paroisse	- Casuel : 34 l. - Entretien de l'horloge : 7 l. 6 s.		Eglise
Particuliers		- Une miche de pain par ménage Valeur : 60 l. - 1/2 boisseau de méteil par ménage Valeur : 100 l. - 2 gerbes par laboureur Valeur : 110 l. - Ecolage (1s. 4d. par enfant scolarisé et par jour) = 90 l.	Ecole + église
	41 l. 6 s.	492 l. 1 s. 4 d.	
Total :	**533 l. 1 s. 4 d. + 100 fagots**		

tient compte des avantages matériels dont il bénéficie[291] et si l'on additionne le fixe et le casuel. C'est donc à tort que le curé prétend que *son gage était presque la moitié moindre que celui du berger de porcs*[292]. Par contre à Bettendorf en 1788, il ne peut prétendre qu'au modique salaire de 150 livres par an, moins que le gardien d'oies (167), le vacher ou le porcher (191)[293]. A Oberbronn, la réponse à l'enquête de la Commission intermédiaire permet de fixer le salaire du maître à 300 livres environ, non compris le rapport d'un *Acker* de terre : un peu plus du tiers de la rétribution d'un curé (400 livres), quatre à cinq fois plus que celle du sergent communal (64 livres). Mais les rémunérations en nature ne semblent pas avoir été comptabilisées[294].

Ce n'est peut-être pas la misère noire, ce n'est pas non plus l'opulence, en particulier dans de nombreuses paroisses catholiques dont les revenus de la *fabrique* et les ressources des fondations sont limitées. Dans quelle mesure, la déclaration royale du 14 mai 1724 qui fixe, après celles de 1674 et de 1698, dans un but d'uniformisation, le traitement des maîtres à 150 livres par an, a-t-elle été appliquée[295] ? A partir de là, on comprend l'intérêt porté par l'administration au sort des maîtres à la veille de la Révolution : la Commission intermédiaire cherche en 1788 à *mettre au-dessus de l'indigence* des hommes dont certains continuent à exercer un métier complémentaire pour pouvoir vivre[296]. Le Conseil général du district d'Altkirch, dans ses voeux du 25 septembre 1790, fixe à 400-500 livres le salaire minimum que devrait toucher un maître d'école à la campagne[297], car rendre sa situation plus lucrative revient à la rendre plus honorable.

Les compétences du maître d'école : essai de bilan

Localités	Date	Sources	l.t./ sous	divers
Ebersmunster	s.d. XVIII° s.	ABR H 174/49	155/2	+ foin
Niederlauterbach	1763	ABR G 5819/3	800	
Ensisheim	1775	AHR C 1286	250	+ fagots et 2 cordes de bois
Husseren	1778	AHR C 1286	180	
Kunheim	1779	Ch. HOFFMANN, *op. cit.* t. II, p. 40	142/10	
Steinbrunn-le-Bas	1784	ABR C 1286	401	+ 100 fagots
Beinheim	1785	GLAK *Baden Generalia Ausland* 75/686	283	
Bettendorf	1788	M. GLOTZ, *art. cit.*	149	
Hombourg	1788	Ch. HOFFMANN, *op. cit.* t. II, p. 40	135	
Landau	1788	Ch. HOFFMANN, *ibid.*	194	
Oberbronn	1788	ABR 8 E 340/23	294	

N.B.: Ces rémunérations s'entendent sans le logement et le revenu des terres.

291 F. TOURNIER, *art. cit.*

292 *Ibid.*, p. 159 (1789).

293 M. GLOTZ, *art. 3092.*

294 ABR 8 E 340/23 (1788).

295 Ch. HOFFMANN, *op. cit., t.* II, p. 38.

296 *Ibid.* p. 48 : délibération du Bureau de Colmar.

297 *Ibid.* p. 54.

Plus d'une fois en effet la misère menace. Elle se dégage des sources littéraires. Car voici longtemps que le pauvre diable qu'est le maître d'école - *das arme Schulmeisterlein* de la chanson - s'est emparé de la mémoire collective. Pas davantage que le maître de Salmbach, qui porte le nom symptomatique de *Sparbrod*[298], celui de Cleebourg n'est à l'aise : il prétend en 1763 qu'il n'a *rien à croquer ni à grignoter*[299]. Celui de Keffenach n'est guère mieux loti puisqu'après la moisson, si ses terres rendent bien, il a de quoi nourrir sa nombreuse famille pendant quelques mois seulement, mais il assume son sort avec beaucoup de philosophie[300]. Son collègue d'Ingolsheim, bien trop âgé pour pouvoir gagner sa vie par le travail de ses mains, demande l'aumône au Grand Chapitre de Spire[301]. Les raisons de cette misère relative sont de deux ordres. Elles tiennent d'abord à la rentrée irrégulière des revenus : les salaires dérisoires versés par la commune, l'écolage consenti, avec un mélange de pitié et de condescendance, par des parents réticents font du maître d'école un véritable *assisté* de la société villageoise. Très aléatoire, puisque laissé à la discrétion du conseil de communauté et étroitement dépendant du nombre des habitants ainsi que de leur situation économique, le traitement du maître d'école peut varier sensiblement d'une localité à l'autre. Villages convoités et villages *crottés* se partagent ainsi la campagne alsacienne avant l'instauration d'une rémunération fixe et la fonctionnarisation des instituteurs.

En tout cas, c'est bien pour échapper à sa condition qu'au XVIIIème siècle notre homme est conduit à cumuler des fonctions diverses assurant des gages multiples : écolage payé par les élèves, logement attribué, en plus d'un salaire fixe, par la communauté, indemnité allouée par la *fabrique* de l'église et complétée par des portions de casuel et de dîme[302]. Considérés séparément, ces revenus n'ont rien de reluisant ; cumulés, ils permettent, en temps normal, de mener une vie décente, sans mettre notre homme à l'abri des risques d'endettement : Joseph Krautz à Wittelsheim traîne, en 1780, une dette de 1745 livres tournois qui lui vaut poursuites et saisies de la part de Juifs, d'aubergistes qui attendent leur dû depuis 1749[303].

Par ailleurs, il suffit d'une période de crise pour fragiliser la situation précaire du maître d'école qui se trouve alors acculé à la misère. Dans le comté de Horbourg, en 1653, les maîtres se plaignent de leur salaire de misère quand on leur reproche leur manque de zèle[304]. A Marlenheim, en 1684, Jean-Bartholomé Kham vient de perdre, pour la deuxième fois, en peu de temps, tout son avoir : le voilà dépouillé *jusqu'à la culotte et à la*

298 ABR G 5828/4 (1724 et 1734).

299 ABR E 5800 : *hat nichts zu beissen und zu nagen... J'ai du pain à manger pour trois mois et je ne puis me payer un morceau de viande toute l'année.*

300 ABR G 5808 : *mit Hunger und Humor* (1746).

301 ABR G 5811 (1768). Autre exemple à Gundershoffen : *Armer Schuldiener... mit einem so schweren Hauscreuz beladen... dass ich mich schier nicht weis bey dem rest der besoldung jährlich mit meinem armen weib und kind in meinem dienst zu erhalten* (ABR E 4310/1, s.d., XVIIIème siècle).

302 AHR 18 J 527 (Durrenentzen 1748-1749).

303 AHR 4 B 11.

304 AHR E 466.

chemise[305]. De façon plus rigoureuse, la paroisse d'Altenstadt fait, en 1685, le relevé des arriérés de compétences dues au maître entre 1674 et 1679 : si les quantités de vin et les sommes en argent continuent, dans un premier temps, à être acquittées régulièrement, la rémunération en grains fait l'objet de sensibles retards et de changements significatifs dans les espèces livrées :

La compétence annuelle du maître d'école d'Altenstadt en période de crise (1673-1679)

	Grains (en boisseaux)		**Vin** (en mesures)		**Espèces** (en florins)	
	+	-	+	-	+	-
1673	48 seigle (100%)	-	6 (100%)	-	15 (100%)	-
1674	4 seigle et froment (8,3%)	44 seigle (91,7%)	6 (100%)	-	15 (100%)	-
1675	16 orge (33,3%)	32 seigle (67,7%)	3 (50%)	3 (50%)	15 (100%)	-
1676	-	48 seigle (100%)	6 (100%)	-	15 (100%)	-
1677	12 seigle (25%)	36 seigle (75%)	9 (150%) rattrapage 1676	-	5 (33,3%) 8 boisseaux de pois	10 (66,7%)
1678	24 seigle (50%)	24 seigle (50%)	6 (100%)	-	-	15 (100%)
1679	48 seigle (100%)	-	6 (100%)	-	-	15 (100%)
Bilan des arriérés en 1680 :		**184 boisseaux**				**40 florins**

Source : ABR G 5797 (1685)
+ Quantités ou sommes versées
- Quantités ou sommes versées non acquittées

Un siècle plus tard, la crise frappe encore : pour le maître de Durrenentzen, les temps sont durs et, si le seigneur ne se décide à venir à son secours, la disette, dit-il, l'obligera à ramasser du bois dans la forêt communale *comme les autres pauvres*[306]. D'ailleurs, les gages du maître d'école se trouvent rarement réajustés à la courbe des prix : en période de hausse, il en résulte des gains réduits lorsque le maître est payé en nature, des pertes lorsqu'il est rémunéré en espèces. L'exemple des Schmitt de Kuttolsheim montre clairement la rigidité de la compétence pendant des décennies, puisque pendant plus d'un siècle, de 1710 à 1816, les émoluments n'ont pas varié[307] ! Que d'efforts n'a-t-il pas coûté au maître d'école de Durrenentzen pour obtenir une augmentation de ses gages[308] ! En 1748-1749, il réclame au seigneur six sacs de grains, moitié froment moitié seigle, en se référant à un usage ancien. En 1753-1754, on lui accorde chichement trois sacs et, en 1775-1776, cinq sacs... de seigle. A Muntzenheim, entre 1773 et 1785, un simple changement d'espèces tient lieu de rétribution paroissiale : les sept sacs et demi de seigle se transforment en sept sacs de froment ; les

305 AMS VI 103 : *ausgezogen worden bis auff die Hosen und Hemd* (supplique au seigneur du 23 mai 1684).

306 AHR 18 J 527 (avril 1774).

307 AC Kuttolsheim : délibération du conseil municipal du 5 juillet 1816.

308 AHR 18 J 527.

trois rézaux de froment deviennent trois rézaux d'orge[309]. Voici enfin deux contrats concernant Gerstheim et Fegersheim, dans lesquels on mesurera la rigidité des engagements à un siècle d'intervalle :

	Gerstheim paroisse protestante ABR 2 G 153/7		Fegersheim-Ohnheim paroisse catholique L. EHRHARD, *art. 1793*	
	1720	**1778**	**1735**	**1782**
Rétribution communale				
- en espèces (florins)	8	id.	15	id.
- en grains (sacs)	11 (9F, 1M, 1S)	12 (6F, 6S)	20	id.
- en bois (fagots)	600	-	500	id.
- en biens-fonds	pré	terre+pré	-	-
- en exemption de droit de pâturage	pour 2 bêtes	pour 2 vaches 2 moutons et 2 porcs	-	-
Rétribution paroissiale[310]				
- en espèces (florins)	5	id.	-	-
- en grains (sacs)	2 (1M, 1S)	6 (3F, 3O)	-	-
- salaire du sonneur (gerbes)	-	-	2 par laboureur 1/2 par journalier	id. 1 par journalier
Casuel en espèces *(Schilling/Pfennig)*				
- par baptême	1	id.		
- par mariage	2	id.		
- par enterrement	1	id. majoré à 1 florin 1 denier ou 1 florin 5 deniers, pour une messe chantée ou pour l'accompagnement (maison mortuaire cimetière), réduit à 6 *Schilling* par enterrement chanté pour les pauvres	10 pour les 3 messes	
- par messe anniversaire			1	1 *(Seelenmess)* 2 *(Seelenamt)*

Dans ces conditions, ce qui fait vivre le maître, c'est autant le métier ou la terre que l'école.

b) Le métier, la terre et l'école

C'est en effet cette situation qui, au XVIIème siècle, contraint de pauvres gens à assumer la fonction de maître d'école à côté d'une occupation professionnelle saisonnière : ils exercent alors une profession principale relativement absorbante - boulanger, charbonnier entre autres - laissant peu de place à la fonction enseignante qui, de ce fait, se trouve délibérément sacrifiée[311]. Ou, gens sans métier et soldats de passage se font

[309] AHR 18 J 582.

[310] Nous reviendrons par la suite sur les activités de sacristain du maître d'école. Voir *infra* pp. 1858-1861.

[311] R. REUSS, *op. [508]*, t. II, pp. 375 et 376.
M. LEONE-DUTT (*art. 1796*, p. 22) cite l'exemple de Jean-Georges Siegfried (Schwindratzheim), fils de charpentier et qualifié successivement de compagnon charpentier (1696), de maître d'école (1712-1714) et de forestier seigneurial (1724).
ABR 3 E 180/1 : un forgeron de Nuremberg, maître d'école à Handschuheim en 1681.

embaucher comme maîtres pour gagner leur vie[312] : la profession de maître d'école est alors *la profession de ceux qui n'en ont pas*[313]. Pourtant ces maîtres improvisés disparaissent peu à peu ; à la génération suivante, ils seraient plutôt tentés de s'accrocher à un métier annexe pour échapper à la misère inhérente à la fonction de maître d'école ! Ce second métier n'a rien d'illicite pour des raisons évidentes. Instruire et éduquer les enfants n'est pas une activité à plein temps : le caractère aléatoire et saisonnier que revêt la scolarisation[314] contraint le maître à conserver sa profession d'origine, du moins jusque vers 1750, ou à s'adonner une activité relativement souple lui permettant de travailler de façon intermittente le textile (tisserand, tailleur, chaussetier, tricoteur de bas), le bois (menuisier et tourneur) ou le cuir (cordonnier), sans exiger pour autant d'importants investissements ou un équipement encombrant. Le régent de Quatzenheim exerce le métier de tonnelier dans l'atelier situé derrière l'école[315]. Celui de Sessenheim pratique en 1780 *l'art de la chirurgie,* qu'il a appris à l'armée tandis que sa femme tient une boutique de mercerie[316].

Situation professionnelle des maîtres d'école (77 et 20 cas)

	Profession du maître d'école				**Profession du père du maître d'école**			
	(1)	(2)	(3)	Total (%)	(1)	(2)	(3)	Total (%)
Tisserand	3	5	8	20,8	-	2	1	15
Tailleur	-	3	7	13,0	-	-	-	-
Chaussetier	-	1	-	1,3	-	-	-	-
Tricoteur de bas	2	1	3	7,7	-	-	-	-
Bonnetier	1	-	-	1,3	-	-	-	-
Cordonnier	4	2	7	16,9	1	-	-	5
Tonnelier	2	-	2	5,2	2	-	-	10
Tourneur	-	-	1	1,3	-	-	-	-
Menuisier	-	2	1	3,9	-	-	-	-
Sellier	-	-	1	1,3	-	-	-	-
Forgeron	-	1	-	1,3	-	-	-	-
Charron	-	-	1	1,3	-	-	-	-
Boucher	1	-	-	1,3	-	-	-	-
Boulanger	2	-	-	2,6	-	-	-	-
Farinier	-	-	1	1,3	1	-	-	5
Laboureur	-	-	1	1,3	-	-	-	-
Forestier	-	-	1	1,3	-	-	-	-
Charbonnier	1	-	-	1,3	-	-	-	-
Potier d'étain	-	1	-	1,3	-	-	-	-
Verrier	-	-	1	1,3	-	-	-	-
Peintre	-	1	-	1,3	-	-	-	-
Secrétaire	1	-	-	1,3	-	-	-	-
Maître d'école	1	-	-	1,3	-	6	7	65
Théologien	2	2	-	5,2	-	-	-	-
Chirurgien	-	-	3	3,9	-	-	-	-
	20	19	38	100	4	8	8	100

(1) Deuxième moitié du XVIIème siècle
(2) Première moitié du XVIIIème siècle
(3) Deuxième moitié du XVIIIème siècle

Sources : archives seigneuriales, ecclésiastiques, paroissiales et notariales, *passim.*

[312] R. REUSS, *op. cit.* t. II, p. 373 (*Visitationsbericht* 1663) un soldat quand il n'est pas de garde (Graffenstaden) ; un vétéran, ex-mouquetaire démobilisé après la paix de Nimègue (Furdenheim).

[313] P. GIOLITTO, *op. 3091*, p. 60.

[314] Voir *infra* pp. 1842-1843.

[315] AP Hurtigheim (1785, chronique du pasteur Schneider, XIXème siècle).

[316] ABR C 185/59.

Le recours à une activité professionnelle n'est pas sans poser problème, en particulier aux autorités religieuses : certains contrats autorisent expressément notre homme à travailler de son métier pourvu que l'école n'en pâtisse pas[317]. Surgissent alors certaines incompatibilités comme le cumul des fonctions de maître d'école et de cabaretier : il faudra que le maître opte entre le bouchon et l'école[318]. Inversement, un artisan risque de perdre sa clientèle par suite de nouvelles occupations[319], tel ce tailleur d'habits de Horbourg appelé à suppléer son père vieillissant dans la fonction de maître d'école. Il faut bien vivre en occupant les longs mois d'été, durant lesquels les travaux des champs vident les classes. Une telle pratique est rendue indispensable par la modicité des gages attachés à la fonction de maître d'école et l'argent ainsi gagné libère les municipalités de bien des soucis.

Issu du peuple, le maître d'école retourne volontiers dans le monde rural soit par son mariage, soit par ses activités agraires. En effet, la grande hantise qui émane des inspections, c'est que le maître néglige ses fonctions au profit du travail de la terre : *les chevaux, les vaches et les veaux sont soignés avec plus de fidélité que le trésor précieux des âmes enfantines*[320]. Le souci que porte le maître *aux étables et aux cochons*, explique le curé de Turckheim en 1686, nuit à l'intérêt qu'il porte à ses élèves[321] : réflexion reprise avec une belle constance en 1759 dans le comté de Horbourg[322]. Lorsqu'en 1761, la communauté de Sundhoffen engage un régent, tailleur de profession, elle lui interdit de *vagabonder à travers champs ou de manquer l'école par quelque autre moyen*[323]. Episode révélateur : sommés de choisir en 1776 entre la condition de régents et celle de bourgeois qui leur donnerait droit au partage des biens communaux, les maîtres d'école, catholique et protestant, de Buhl optent pour la deuxième solution et désertent leurs postes[324]. Le droit expressément stipulé de mettre un porc à la glandée[325], la participation aux communaux et *aux gobes à l'instar d'un bourgeois*[326] ou l'octroi d'une parcelle de pré[327] témoignent par ailleurs d'une réelle intégration dans l'économie agraire[328].

---

[317] ABR G 6194 : *a plusieurs petits employs qui l'empêchent de faire son devoir* (Schoenau) ; *fait plutost le métier de tisserand que celui de maître d'Escole* (Eschau), d'après la visite pastorale de 1706.
Ch. HOFFMANN, *op. cit.*, t. II, p. 49 (Durrenentzen, 24 août 1749, art. 5).

[318] *Ibid.*, p. 50 et DE BOUG, *Ord. Als.*, t. II, p. 148 (Andolsheim 1736).
ABR C 610 : le maître de Durrenbach est remplacé en 1780 parce que *l'entreprise qu'il fait tenir bouchon à Bierre* lui fait négliger l'école.

[319] Ch. HOFFMANN, *op. cit.*, t. II, p. 50 (Horbourg 1784).

[320] R. REUSS, *op. cit.*, t. II, p. 374 (*Visitationsbericht* 1663).

[321] AEBP A 16b/9.

[322] AN K 2315/1.

[323] AHR 1 E 77/10.

[324] ABR C 153.

[325] AHR 18 J 527 (Durrenentzen 1750-1752).

[326] AHR C 1286 (Wolschwiller 1774).

[327] ABR G 1769/2 : *damit der Schuolmeister auch eine Kuohe haben möge* (Truchtersheim).

[328] ABR G 5808/2 : *41/2 Acker Heuwachs für ein Stücklein Rindvieh* (Keffenach 1746).

C'est un fait que toute édification d'école s'accompagne de la contruction de bâtiments d'exploitation[329]. *A l'exemple de leurs curés,* note l'agent seigneurial des Wurtemberg, *ils veulent être logés comodement... Il est certain qu'ils se contenteroient d'une chambre médiocre pour les enfants, pourvu qu'ils ayent des granges et des écuries dont la majeure partie ils ne peuvent pas employer, mais qu'ils ne laissent pas de leur beaucoup rapporter en les louant ensuite aux Paysans*[330]. C'est ainsi que le régent d'Andolsheim se fait construire... pour 1000 écus de bâtiments d'exploitation : or *il n'a pas un chat, il ne peut en profiter que par le louage qu'il en tire*[331].

Dans ces conditions, la tentation est forte pour le maître d'utiliser les élèves comme main-d'oeuvre gratuite dans les travaux du ménage et des champs. A Fortschwihr, on les voit trier les légumes secs[332] ; à Jebsheim, ils sont chargés de rentrer les récoltes et de curer les étables[333]...

L'intégration dans la société villageoise se mesure également aux alliances conclues dont voici quelques exemples glanés dans les registres paroissiaux :

le maître d'école de	**épouse**
Furdenheim (en 1666)	la veuve d'un cordonnier du lieu
Sundhouse (en 1705)	la veuve d'un cocher de Strasbourg
Geudertheim (en 1788)	la fille du chirurgien de Hoerdt
Oberhausbergen (en 1779)	la fille de l'ancien maître d'école du lieu
Dossenheim/Zinsel (1761-1829)	la fille du *Stabhalter* et charron du lieu
Pfaffenhoffen (né en 1773)	la fille d'un tisserand du lieu
Waltenheim (1779-1730)	la fille d'un cordonnier du lieu

La destinée matrimoniale des enfants du maître d'école s'opère de façon très éclectique :

	Auber-giste	Eche-vin	Mar-chand	Notaire	Maître d'école	Labou-reur	Tonne-lier	Forge-ron	Menui-sier	Van-nier	Tisse-rand	Bate-lier
Gunstett G		1			2		1					
1697-1789 F		1				1		1	3		1	
Reichstett G												1
1687-1789 F						2						
Hipsheim G					1					1		
1688-1789 F			1	1	1							
Artolsheim G	1											
1730-1787 F						2						

Sources : ABR RP, M, *passim* (voir l'état des sources).

Ce qui importe en définitive, c'est que, par les occupations agraires qu'il assume et les liens de parenté qu'il est amené à établir, le maître s'intègre dans le milieu villageois. Et il arrive que, confrontée au choix de deux

---

329 A titre d'exemple : ABR G 5828/10 (Salmbach 1750).

330 AN K 2315/1 (Jeanmaire à Treitlinger, 29 janvier 1759).

331 Ch. HOFFMANN, *op. cit.*

332 *Dürres Gemüs reinen* (Ch. HOFFMANN, *op. cit.*, t. II, p. 50, Fortschwihr 1787).

333 Ibid. : *sie haben müssen die Stähl misten* (AHR E 1442, Jebsheim 1762).

candidats, la communauté préfère celui dont *la façon de vivre paroit être plus analogue aux manières villageoises* au citadin *sans expérience et sans capacité*[334]... Le maître est tellement proche du peuple qu'il est tenté de céder à la familiarité ou de se mêler des affaires du village au détriment, parfois, de la paix publique[335]. Un long séjour au village - avec des records de trente ou de quarante ans - n'est pas sans risque pour quelqu'un que le prestige doit situer au-dessus de la mêlée : le maître connaît, trop bien sans doute, les générations qui ont passé entre ses mains.

c) Niveau et style de vie

Quel prestige le maître pourrait-il en effet tirer de sa situation ? Non seulement le savoir ne nourrit pas son homme, mais la médiocrité de la condition ne peut générer l'admiration. Ne nous laissons pas abuser par la dénomination de *maître* qui, dans le langage populaire, contraste avec celle de *serviteur* employée couramment par les autorités religieuses[336]. Si le titre de *maître*, sous toutes ses variantes - *ludimagister, régent, maître d'escaule* ou *madre de cole, Schulmeister* ou *Schuolmeister* - comporte un capital de dignité et de prestige[337], on le doit souvent à l'homme qui s'impose par ses talents personnels, accessoirement à ses qualités d'éducateur dans le sillage du curé, aucunement à la fonction enseignante elle-même qui n'obtiendra ses lettres de noblesse qu'au siècle suivant : la transmission des connaissances par le canal héréditaire y a sans doute contribué, en l'absence de toute formation spécifique[338].

Voici, à partir de quelques exemples, les éléments du niveau de vie des maîtres. Toutes dettes déduites, la fortune de Jean-Henri Karcher de Schillersdorf dépasse de peu les 400 livres tournois[339] et celle de Jean-Wolfgang Niss de Heiteren atteint 570 livres[340]. A Rittershoffen, les fortunes se situent à 136, 205, 234, 1014 et 1600 livres[341]. L'exploitation de Jean-Michel Weber se compose d'une maison, avec cour, grange, étable estimées à 900 livres et de biens-fonds d'une valeur de 540 livres[342] ; les réserves n'y sont pas inexistantes : 4 rézaux d'épeautre, 10 de seigle, un peu de maïs, des pois, de la semence de chènevis, 12 quintaux de foin, 6 de regain, de la paille pour nourrir deux vaches et une charretée de fumier. Le terrier d'Osthoffen

---

[334] AHR E 1442 (Jebsheim 1762).

[335] L. EHRHARD, *art. cit.*, p. 47 : *nicht in das gemein Weszen sich vermischen und die burgerschaft auch nicht untereinandter wickhlen, wodurch grosze händel endstehen möchte, sondern friedsam und einig mit der bürgerschaft leben, wie es einem ehrbaren man zusteht* (contrat avec Ignace Kern, Fegersheim, 1er mars 1785).

[336] Voir *infra* pp. 1852 ss.

[337] De même que la dénomination de *Herr* dont bénéficie Simon Munch, maître d'école à Lampertheim (ABR 3 E 256, S. 7 avril 1755).

[338] Voir *infra* pp. 1852 ss.

[339] ABR 6 E 17, Not. Ingwiller, inv. 72 (28 novembre 1757).

[340] AHR 4 E Not. Heiteren, inv. 13 (5 mars 1768).

[341] ABR 6 E 40, Not. Soultz-sous-Forêts II, inv. 148 (24 novembre 1712), 149 (18 mars 1733 et 22 mai 1722), 154 (1er décembre 1756) et 155 (12 janvier 1761).

[342] ABR 6 E 40, Not. Soultz-sous-Forêts II, inv. Rittershoffen 153 (1er décembre 1756).

attribue au maître d'école une propriété de 20 ares; à titre de comparaison, le berger communal en possède 25, le forgeron 39, tandis que le tonnelier et le prévôt s'octroient respectivement 6,7 et 10 hectares[343].

La propriété du maître d'école de Niedermodern atteint, en 1760, 40 ares à peine, celle du maître catholique 67 ares[344], ce qui tranche nettement avec le patrimoine foncier de Weber : pas moins de 3 hectares exploités à l'aide de deux à trois vaches, un chariot et l'outillage à main traditionnel. Sur ses six enfants, trois garçons deviennent journaliers et deux des trois filles épousent des artisans de village, un forgeron et un tonnelier. A Holtzheim, Jean Mohr indique ses emblaves en juillet 1763 : sur un peu plus d'un demi-hectare, 25 ares de froment, 10 d'orge, 10 de chanvre, 10 de lin, 5 ares de pommes de terre et de lentilles[345]. Jean Schävery de Rittershoffen utilise charrue et herse, entretient deux chevaux, une vache et deux génisses. Ses réserves au grenier se présentent comme suit : quatre rézaux d'épeautre, un de seigle, un de maïs, un sac de farine de méteil, de faibles quantités de semence de chènevis, de pavot et de quetsches séchées, 60 livres de viande de porc séchée[346]... Dominique Roman d'Ungersheim entrepose chez lui, en décembre 1774, de l'orge, du seigle, du méteil, de la semence de chènevis, des navets, des haricots secs, du saindoux et 54 livres de lard[347]... Jean Kick de Rittershoffen élève une vache, une chèvre, un porc et cinq poules et dispose, en mars 1733, de huit quintaux de foin et de trois charretées de fumier[348]...

Ce qui, par contre, distingue les maître du commun des paysans, ce sont les composantes d'un modeste bagage *culturel* que leur profession rend parfois indispensable : la Bible chez Henri Karcher ; chez Michel Weber, une Bible de Tübingen, trois livres de cantiques et le *Véritable Christianisme* de Jean Arndt ; chez Jean-Etienne Kick, deux livres de cantiques et un Nouveau Testament. Mais ces *bibliothèques* sont évaluées à quelques livres tournois seulement. Jean-Wolfgang Niss possède des livres de prières et un sermonnaire, mais également dix-sept tableaux, dont l'un représente la Nativité, et deux violons.. Au violon, Dominique Roman ajoute un siège pour piano. L'énumération des meubles apporte une note de variété par rapport au mobilier courant : un pupitre, un berceau et un siège d'enfant, une table de jeu (Niss), des tables et des bancs en noyer (Roman). Pointent enfin quelques éléments d'un confort tout relatif : la balayette, la brosse à habits, le poivrier, des verres et des bouteilles, les gants de cuir, les pantoufles, le chapeau de paille (chez les Niss), la salière en verre, les assiettes en faïence, le manchon, le mouchoir, les coiffes en dentelle, le jupon (chez les Roman)... Il n'empêche que le maître d'école se situe plus près du dénuement que de l'opulence.

---

[343] ABR 8 E 363/1.

[344] ABR 8 E 328/2 (registre d'impositions, 1760).

[345] ABR 6 E 26, Not. Molsheim I, inv. 38 (2 juillet 1763).

[346] ABR 6 E 40, Not. Soultz-sous-Forêts II, inv. 149 (22 mai 1722).

[347] AHR 4 E Not. Bollwiller, inv. Ungersheim (30 décembre 1774).

[348] ABR 6 E 40 Not. Soultz-sous-Forêts II, inv. 143 (18 mars 1733).

II. LES VOIES DU DENUEMENT : FISCALITE ET ENDETTEMENT

A) Famine monétaire et endettement

L'endettement, disait Pierre de Saint-Jacob, pourrait être *l'élément majeur de l'histoire sociale*[349]. A travers le témoignage des sources se dégage l'impression de la pénurie de numéraire, maintes fois dénoncée[350], et de la lenteur de la circulation monétaire liée à l'habitude invétérée de la thésaurisation. Dans la Hardt colmarienne, les spéculateurs seigneuriaux, qui cherchent à vendre les grains au meilleur prix, se trouvent plus d'une fois pris au piège : *la rareté de l'argent est cause que le peuple n'achète que ce qu'il luy faut semaine après semaine*[351]. Alors qu'on a *différé de vendre dans la croyance que les grains augmenteront..., la rareté de l'argent empêchera le grand débit*. C'est curieusement au moment où *le pain est rare* que l'on se rend compte que *l'argent est rare*[352]. Nos inventaires après décès nous ont permis de situer le montant des liquidités entre 2 et 6% de la valeur des patrimoines[353], proportions moyennes qui dissimulent de fortes inégalités : en fait, le *bas de laine* n'existe que dans les intérieurs de quelques nantis et dans l'esprit des envieux. Là où il échappe à la dissimulation ou au détournement, opérés par les héritiers, il revêt la forme d'un petit trésor numismatique. Mais doublons, ducats, couronnes et louis d'or qui illustrent la situation de la province, carrefour monétaire entre la France et l'Empire, les Pays-Bas, l'Italie, ne doivent pas faire illusion : ces pièces sont souvent de mauvais aloi, à l'effigie effacée, aux contours rognés ; elles dénotent à la fois une capacité d'épargne limitée et une forme fruste et stérile de capitalisation. La faiblesse de l'épargne et la rareté des opérations de *subrogation*, c'est-à-dire de cession sur un tiers, laissent supposer un recours tout-à-fait occasionnel au numéraire, comme si le laboureur ne se risquait à acheter un bien que lorsqu'il était assuré de disposer des sommes nécessaires, sans avoir à anticiper sur les revenus à venir. L'intérêt de ces sommes *gelées* réside dans le fait qu'elles sont d'un recours facile en cas de besoin, quand il faut faire face à un remboursement imprévisible : caser un fils, doter une fille, se prémunir contre une récolte catastrophique... Il s'agit moins d'une obsession de l'argent (on n'entasse pas les écus pour les contempler à la manière d'Harpagon) que d'une répugnance à se démunir. Mais le fait que les inventaires ne fassent pas état de numéraire ne doit pas faire illusion : quoi de plus facile à camoufler, pour tromper les exigences du fisc, qu'un sac d'écus ? La pénurie du numéraire et la lenteur de sa circulation semblent s'accorder parfaitement avec une économie agricole peu spéculative, de faible technicité et un appareil de production archaïque. Dans un contexte d'autarcie et d'autoconsommation, les *fonds de*

[349] P. de SAINT-JACOB, *art. 2111*, p. 10.

[350] AMS Chambre des contrats 1679 : un secrétaire du Conseil des XIII prête à un laboureur de Willgottheim (*grosser Geld Mangelt...*).

[351] AN K 2326/2 (Gottekien, Ostheim 13 avril 1750).

[352] AN K 2322/1 (Gottekien, 22 juin 1749).

[353] Voir *supra* pp. 1012-1013 et 1015.

roulement seront fort modestes et le recours au crédit peut paraître superflu. Mais, en dépit de la modestie des besoins, la plupart des habitants sont en compte les uns avec les autres et même les campagnes reculées sont animées par un marché monétarisé. La multiplicité des liens d'argent et la variété des opérations relevées infirment la théorie selon laquelle la paysannerie continuerait à vivre dans un système quasi autarcique, au sein duquel le traditionnel troc constituerait la seule forme d'échange possible. Il n'en est rien : les reconnaissances de dettes servent même de monnaie d'échange à la manière d'un papier-monnaie, puisqu'elles peuvent faire l'objet, de la part du débiteur, soit de compensations, soit, plus rarement, de cessions sur un tiers. En tout cas le paiement comptant n'est pas la règle.

Et on n'arrête pas d'emprunter : d'incessantes opérations, s'échelonnant entre la formation du couple et sa dissolution, constituent une dette flottante que l'on cherche de temps en temps à consolider. On finit par être pris dans l'engrenage d'un étau permanent d'obligations où chacun vit dans l'attente de la prochaine échéance pour laquelle il faudra peut-être faire... de nouveaux emprunts : véritable fuite en avant ! Le réseau des dettes apparaît d'autant plus inextricable que l'apurement des situations débitrices se trouve sans cesse reporté. L'issue en est parfois la saisie, suivie de la vente forcée des biens et effets[354]. Ne reste alors que la solution, si le propriétaire veut bien y consentir, de prendre en location des terres cultivées jusque-là en propriété. La procédure introduite par le créancier, dont elle illustre la puissance, nous conduit alors de l'espace notarial au domaine judiciaire[355]. L'endettement serait-il lié au dénuement plus qu'aux besoins d'équipement ? Un mémoire de 1779 rattache l'endettement à la misère qui s'éclaire elle-même par l'imprudence et le goût du procès : *Notre Alsace doit offrir des causes particulières de sa misère : sa facilité d'acquérir des Biens-fonds ; la facilité de trouver de l'argent sous des Engagements onéreux, des hypothèques qui n'inquiètent qu'au moment de la discussion ; la légèreté avec laquelle le Paysan se rend caution et arrière caution ; la multitude des procès de propriété, de cens et de dixmes occasionnés par des arrets contradictoires issus de principes vacillans*[356]. L'endettement est volontiers comparé à une fièvre non maîtrisable qui, le jour où elle est diagnostiquée, conduit inéluctablement à la mort[357]... Les preuves de cet endettement permanent sont à chercher dans les actes notariés, auxquels échappent cependant les billets sous seing privé et les créances verbales de voisinage. Les contrats publics, rédigés au niveau de la

---

354 S. CHASSAGNE, "Faillis en Anjou...", *AESC* 1970, pp. 477-497.

355 Les saisies mériteraient une étude approfondie, au même titre que les *Gantungen* ou ventes aux enchères, si fréquentes dans les archives notariales de Haute-Alsace. Contentons-nous de présenter, à titre d'exemple, le cas de Georges Haus de Willgottheim (ABR 6 E 36, Not. Saverne II, inv. 191 du 31 août 1773). Incapable d'honorer l'obligation à l'égard du Sieur Sold, négociant de Strasbourg, il se fait saisir 15 *Acker* de terres labourables qui sont vendues aux enchères. Finalement c'est Goetz, l'ancien prévôt, qui se substitue au débiteur par le simple fait qu'il s'était porté caution. Il devra payer 3200 livres de capital, 180 d'intérêts et 50 de frais de procès, au total, 3430 livres tournois, une fortune.

356 BMC Ms. 907, *Mémoire sur l'Etat des laboureurs de la Province d'Alsace*, communication à la Société de lecture de Colmar, 17 octobre 1779, et BNUS Ms. 1724, *Verabschrift du Handschrift*...

357 BNUS Ms. 1724 : *Sein Verderben gleicht dem zehrenden Fieber, sobald mann es erkennt, so kömt auch der Tod* (1779).

LE PARALLELISME ENTRE OBLIGATIONS ET VENTES, REFLET DE LA CONJONCTURE

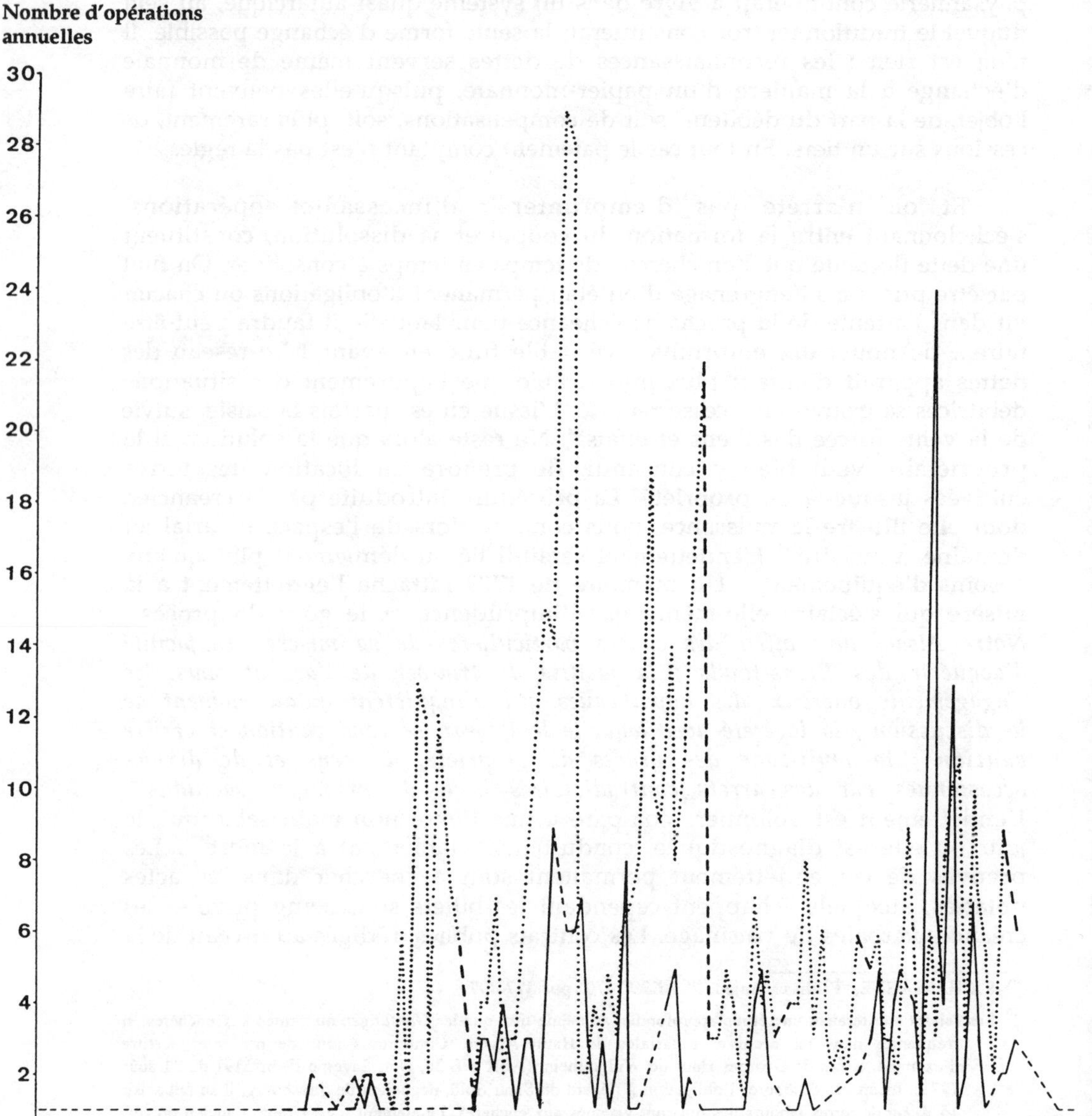

Source : AN T 570/1 Baronnie de Grand Huningue et de Roggenhouse (1640-1786).

.... Obligations

——— Ventes

bourgade ou de la ville, mettent le rural en contact avec d'autres ruraux, mais aussi avec nombre de citadins, de Juifs, d'institutions. Les registres strasbourgeois de la Chambre des contrats[358], si précieux pour le XVIIème siècle, accordent néanmoins, au siècle suivant, une importance disproportionnée à la clientèle urbaine : la disparition quasi complète des contractants non strasbourgeois nous conduit alors à accorder la préférence aux actes rédigés par les notaires royaux, institution qui se met progressivement en place entre 1682 et 1722 et qui constitue sans doute une concurrence pour l'organisme municipal qu'est la Chambre des contrats. Si les Laquiante ont attiré notre attention[359], c'est qu'ils s'adressent à une clientèle essentiellement rurale, à la fois chrétienne et juive. Ce double *corpus* nous aura permis, en retenant une année par décennie, de saisir au total 1586 opérations, soit 846 pour la période 1649-1699 et 740 pour la période 1739-1789. Les deux séries ne sont pas forcément comparables quant à la composition de la clientèle et à la nature des renseignements fournis. Mais elles s'organisent, chacune de son côté, autour des temps forts de la conjoncture : la *reconstruction* pour les registres de la Chambre des contrats ; la conjoncture plus apaisée du XVIIIème siècle, coupée par les crises de 1770 et de 1788/89, pour les minutiers des notaires royaux. Pour des raisons de commodité, notre enquête privilégie une analyse par opérations et non par opérants : des fiches individuelles par contractant permettraient d'affiner cette étude, sans en compromettre les résultats. La méthode utilisée - une coupe tous les dix ans - explique en effet pourquoi la plupart des intervenants n'ont qu'une ou deux opérations à leur actif[360]. Nous sommes conscients que la méthode adoptée déforme quelque peu la réalité : l'enquête portant sur un groupe d'annéesconsécutivesaurait-elle été plus indiquée que le choix d'années de référence ? Elle limitait le champ d'observation et pouvait être difficilement envisagée, en raison de l'abondance de la documentation. Par ailleurs, nous passons intentionnellement sous silence l'infime partie des échanges qui échappe au circuit monétaire : les opérations stipulées, partiellement ou totalement, en grains ne sont pas prises en considération. Compte tenu d'un fort degré de monétarisation, leur importance est sans commune mesure avec la proportion écrasante des prêts en numéraire. Se pose enfin le problème, difficilement vérifiable, de la représentativité sociale des sources. Il est possible que la pratique des opérations sous seing privé, dont nous ne pouvons que soupçonner l'importance[361], intéresse en priorité les petites gens, plus réticents à engager les frais qu'exige le notaire d'une clientèle relativement aisée.

A la campagne même, le tabellion seigneurial enregistre lui-aussi des

358 AMS Chambre des contrats, *passim.*

359 ABR 6 E 41 : Et. Jean Laquiante (registres 993 et 998 pour 1739 et 1749) et Jean-Thomas Laquiante (registres 1008-1115 pour 1759, 1769, 1770, 1771, 1772, 1779, 1788 et 1789).

360 Cas exceptionnel cité par J. DALTROFF, *mém. 2101*, p. 50 : dans la même année 1781, Jean-Frédéric Dannenberger, charron de Strasbourg, honore 14 créances d'un montant de 9082 livres à l'égard de treize laboureurs.

361 DE BOUG, *Ord. Als.*, t. II, pp. 50-51 : *Déclaration concernant les billets, promesses et quittances sous seing privé* (30 juillet 1739).

contrats mais en nombre insuffisant, nous semble-t-il, pour autoriser la généralisation et dont l'exploitation ne deviendrait intéressante que si elle se fondait sur la parfaite connaissance du milieu sociologique villageois[362]. Nous avons par contre interrogé les inventaires après décès, actes à caractère privé ou semi-public qui, en accordant une place aux *dettes passives et actives*, à la mort de l'un des deux conjoints, nous fournissent une image quasi instantanée de l'endettement rural dans un milieu suffisamment homogène. Les dettes passives, dont personne ne tient vraiment à hériter, ont plus de chance d'être signalées que les dettes actives qui constituent au contraire des revenus potentiels. L'exhaustivité est garantie par le fait qu'ont pu être pris en compte la plupart des prêts en nature, fréquemment évalués en argent, ne serait-ce que pour faciliter le décompte entre héritiers. L'imbrication des dépenses portées en débit nécessiterait que l'on dégage la part de l'argent prêté ou emprunté dans l'ensemble de l'endettement : elle représente, selon nos sondages, entre 50 et 80% des sommes mises en jeu, composant avec une part importante de dettes de succession, de service et de prélèvement fiscal. On reprochera à la source le caractère ponctuel du renseignement fourni ainsi que l'aspect souvent partiel et résiduel des montants stipulés. Néanmoins, l'analyse de quelques centaines d'actes, portant sur des sommes de plusieurs dizaines de milliers de livres tournois, enlève au document tout caractère *accidentel* pour déboucher sur la *normalité*. Cette approche, très différente, mais complémentaire de la précédente, autorise, grâce au croisement des données, quelques hypothèses sur l'endettement rural.

1) Un endettement généralisé et croissant

Ce qui apparaît d'abord, c'est l'importance des arrérages et des dettes cumulées. Mais peut-on évaluer le volume des capitaux mis en jeu et cerner les motivations des individus ? Remarquons d'abord que, du fait des règlements différés, c'est la majeure partie de la population rurale qui se trouve engagée dans le processus de l'endettement. La distinction systématique entre créanciers et débiteurs perd une partie de sa signification dès lors que le même personnage peut être amené tour à tour à emprunter et à prêter. Dans les bilans d'exploitations, les dettes actives restent cependant le monopole d'une moitié de la population, tandis que les dettes passives intéressent la quasi-totalité des ménages[363] :

Echantillons		Nombre d'observations	% d'inventaires faisant état de dettes actives	dettes passives
1680-1729	Heimsbrunn	43	55,8	69,8
1770-1789		23	26,1	100,0
1655-1729	Ungersheim	62	67,7	72,2
1760-1789		66	62,1	83,3
1660-1699	Heimersdorf	23	60,9	82,6
1700-1729		27	44,4	96,3
1730-1759		46	43,5	95,7
1760-1789		73	57,5	94,5
1655-1789	**Ensemble**	**169**	**52,1**	**93,5**

362 AHR 25 J 102 et 133 (Sainte-Croix-en-Plaine, 1698-1789).

363 AHR Not., inv. (voir l'état des sources).

Cette tendance se confirme pour l'ensemble de la plaine : il en résulte que, dans une proportion se situant entre un inventaire sur trois et un sur dix seulement, le solde dettes actives-dettes passives est positif. Par contre, dans 70 à 85% des observations, le bilan devient négatif[364] :

Echantillons		Nombre d'observations	% d'inventaires faisant état de dettes actives	passives	% d'inventaires dont le bilan dettes act./pass. est positif	négatif
1670-1699	Holtzheim	34	67,6	88,2	32,3	67,7
1700-1729		29	48,3	96,6	6,9	93,1
1730-1759		26	43,5	91,3	13,0	87,0
1760-1789		35	37,1	94,3	8,6	91,4
1670-1789	**Ensemble**	**124**	**49,6**	**92,6**	**15,7**	**84,3**
1700-1729	Schillersdorf	37	45,9	100,0	35,1	64,9
1730-1759		73	34,2	98,6	24,6	75,3
1760-1789		70	52,8	98,6	32,9	67,1
1700-1789	**Ensemble**	**180**	**43,9**	**98,9**	**30,0**	**70,0**

Considérons à présent l'évolution de la situation entre la seconde moitié du XVIIème et la fin du XVIIIème siècle. La proportion des inventaires mentionnant un passif reste étonnamment stable avec, dans la plupart des cas, une légère tendance à l'augmentation dans les décennies prérévolutionnaires. En ce qui concerne les créances, la situation apparaît plus diversifiée : à Holtzheim et à Heimsbrunn, la très nette diminution semble traduire, sinon un appauvrissement, du moins une pénurie monétaire accrue. Ailleurs la baisse, moins sensible, se trouve compensée par une légère remontée à la fin du XVIIIème siècle. Dans tous les cas de figure, les moyennes, qui font l'amalgame de situations très différentes, pèsent sur le bilan final qui a de plus en plus de difficultés à rester positif.

Le rapport des dettes passives aux dettes actives penche donc en faveur des premières, si l'on prend en considération la totalité des sommes engagées[365] :

	Holtzheim	Schillersdorf
1670-1699	1,8	?
1700-1729	5,7	1,9
1730-1759	2,6	3,4
1760-1789	3,2	2,1

Globalement, on emprunte deux à trois fois plus d'argent qu'on n'en prête et le volume des sommes mises en circulation ne fait qu'augmenter entre la période de la *reconstruction* et l'aube de la Révolution. De la fin du XVIIème à la fin du XVIIIème siècle, on voit en effet l'endettement gonfler : que l'on considère la masse monétaire déplacée, la somme moyenne réclamée par le créancier ou exigible du débiteur, les montants triplent ou quadruplent. A mesure que l'on se rapproche de l'ère industrielle, les besoins monétaires de la campagne se font de plus en plus pressants et

[364] ABR Not., inv. (voir l'état des sources).

[365] *Ibid.*

l'appel au crédit cesse d'être une aventure pour une partie de la population paysanne[366].

Dette globale évaluée en lt.	Holtzheim		Schillersdorf	
1670-1699	6 096		-	
1700-1729	15 692	(+ 157,4%)	13 460	
1730-1759	12 856	(- 18,4%)	28 822	(+ 114,1%)
1760-1789	25 190	(+ 95,9%)	51 450	(+ 78,5%)
Total 1670-1700-1789		**(+ 313,2%)**		**(+ 282,2%)**

Montant de l'endettement moyen (somme moyenne théorique par débiteur évaluée en lt.)	Holtzheim		Schillersdorf	
1670-1699	180		-	
1700-1729	490	(+ 172,2%)	464	
1730-1759	558	(+ 13,9%)	600	(+ 29,9%)
1760-1789	720	(+ 29,0%)	1050	(+ 75,0%)
Total 1670-1789		**(+ 300%)**	**1700-1789**	**(+ 126,3%)**

Même en essayant de déflater ces chiffres pour les traduire en valeurs constantes, compte tenu de la tendance inflationniste du XVIIIème siècle, les progressions restent importantes : on les comparera d'une part avec la modestie de la hausse des prix, d'autre part avec le doublement de la valeur globale des fortunes[367].

Une telle évolution se trouve confirmée par les minutiers des notaires strasbourgeois : si on considère que transactions et obligations constituent l'essentiel des enregistrements, on constatera qu'elles évoluent souvent en sens inverse et que les secondes, plus nombreuses que les premières dès le XVIIème siècle, creusent l'écart à leur profit dans la seconde moitié du siècle suivant[368] :

	Nombre total d'actes	Obligations	Transactions
Chambre des contrats 1649-1699	846	472 (55,8 %)	374 (44,2%)
Notariat Laquiante 1739-1789	740	473 (63,9 %)	267 (36,1 %)

Le succès croissant que rencontrent les prêts d'argent se précise quand on limite l'analyse au monde des ruraux venus emprunter par le truchement du notaire de la ville. On constate que les emprunteurs ruraux, qui constituent près de deux tiers des comparants[369], ont une part de plus en plus importante dans le montant des sommes distribuées :

---

366 *Ibid.*

367 Voir *supra* pp. 991-1001.

368 AMS Chambre des contrats et ABR 6 E 993-1115, Et. Laquiante.

369 A titre d'exemple ABR 6 E 41 1034-1041, Et. Laquiante : en 1770, 151 ruraux (64%) et 85 citadins (36%) ; en 1771, 152 ruraux (64,7%) et 83 citadins (35,3%).

	Dette globale évaluée en lt.	Part des obligations rurales dans le montant total des obligations (%)	Montant de l'endettement moyen (somme moyenne théorique par débiteur, évaluée en lt.)
1649	7 904	24,5	160
1659	12 052	16,3	224
1669	7 992	28,3	468
1679	18 724	34,6	156
1689	3 384	49,7	200
1699	4 600	41,7	184
1739	12 818	71,5	754
1749	18 714	76,8	382
1759	26 517	85,5	603
1769	58 807	50,1	661
1779	82 447	58,5	743
1789	85 890	94,7	734

2) les formes du crédit : de la rente constituée au prêt hypothécaire

A mesure que le crédit se développe, il s'organise. Très nombreux, si l'on se fie aux sondages réalisés dans les archives familiales, les billets sous seing privé ne reçoivent pas la caution notariale, tandis que les conventions orales n'offrent d'autres garanties que celles de la bonne foi. Il est donc normal qu'on cherche à fonder toute dette sur l'écrit et, de préférence, sur l'écrit enregistré. Cette procédure autorise-t-elle l'approche de la personnalité du créancier et du débiteur ainsi que celle des motivations et des modalités du prêt consenti ?

C'est surtout dans le cadre des institutions ecclésiatiques que subsiste la forme archaïque de la rente constituée[370]. Mûrie par une pratique séculaire, elle est le résultat d'un double compromis :

- compromis entre les exigences contradictoires de l'économie et de la morale chrétienne, puisque le prêt à intérêt, maquillé en contrat de vente, se dissimule sous l'apparence d'une transaction[371] ;
- trait d'union entre l'emprise financière et la mainmise foncière, puisque le débiteur, lorsqu'il touche la somme, engage une partie de ses biens jusqu'au moment où il aura remboursé le capital et, de ce fait, racheté la rente.

Elle constitue donc la forme la plus complète et la plus sûre de la créance, revêtant un caractère à la fois *annuel* pour l'acquittement des intérêts et *perpétuel* pour le remboursement du capital dont les termes ne sont pas fixés. Jamais exigible, ce dernier est laissé à la discrétion du débiteur qui a la possibilité de transmettre la charge à ses héritiers, tout en offrant au créancier de solides garanties gagées sur la terre. En cas de défaillance du

[370] AEB Q 261 : Exposé juridique sur la rente foncière et la rente constituée à propos du procès entre l'abbaye de Lucelle et le couvent de Klingenthal (s.d., après 1729).
BNUS Ms. 594 (Conseil Souverain 1716, 1720, 1724 et 1770).
DE BOUG, *Ord. Als.*, t. II, pp. 728 (17 juillet 1766) et 858-859 (février 1770).

[371] B. SCHNAPPER, *op. 2111a*.
P. GOUBERT, *op. 1558*, t. I, p. 122.

débirentier, la rente constituée ouvre la voie à l'aliénation foncière : car rachetable en théorie, elle est rarement rachetée en fait. Le propriétaire, temporairement dépossédé, conserve le droit de recouvrer la terre quand il le voudra et pourra, le créancier perdant alors ses droits sur elle. Mais il use exceptionnellement de ce droit. La rente constituée autorise en tout cas le prélèvement d'une partie du revenu de la terre. Encore fréquente dans la seconde moitié du XVIIème siècle[372], cette forme de prêt perd cependant de son importance par la suite. Nous savons que l'édit de mai 1771 se solde par un alourdissement des frais sur les rentes constituées. Selon Charles Hoffmann[373], ce serait la moindre rigueur du droit canonique qui, en autorisant le prêt à intérêt, expliquerait la relative rareté de la rente constituée, perçue en effet par les historiens comme un emprunt déguisé permettant d'échapper à la condamnation canonique. Nous y ajouterons des raisons plus pratiques : la constitution de la rente qui n'exige pas de paiement en numéraire, puisque le créancier touche le fruit de la terre comme intérêt du capital prêté, est liée à un type d'économie caractérisée par une relative pénurie et une faible fluidité du numéraire. Par ailleurs, elle correspond à un endettement à long terme qui est peut-être moins adapté à la conjoncture du XVIIIème siècle que les formes de crédit occasionnelles à plus courte échéance et portant sur des montants réduits.

Le seul facteur susceptible de ramener à de justes proportions un endettement qui paraît considérable, c'est le montant relativement faible des sommes empruntées. Les 350 obligations qui s'échelonnent à Sainte-Croix-en-Plaine, entre 1698 et 1789[374] portent sur une somme moyenne de 236 livres. Or, au cours du XVIIIème siècle, l'évolution est à peine perceptible, différence essentielle avec les notaires strasbourgeois :

1700 - 1709 : 288 livres tournois	1750 - 1759 : 228 livres tournois
1710 - 1719 : 733 "	1760 - 1769 : 221 "
1720 - 1729 : 254 "	1770 - 1779 : 202 "
1730 - 1739 : 196 "	1780 - 1789 : 259 "
1740 - 1749 : 200 "	

La monotonie de la courbe, compromise par quelques grosses créances, enregistre à peine les mutations monétaires. Sauf dans la décennie prérévolutionnaire, la tendance serait plutôt à la diminution du volume moyen par opération, surtout si l'on tient compte de l'inflation qui a cours au XVIIIème siècle. Par ailleurs, le montant des sommes engagées est presque toujours inversement proportionnel au nombre des opérations souscrites. Les échanges monétaires entre ruraux, à l'exclusion des citadins, se caractérisent donc par le *capitalisme du denier*, c'est-à-dire par la multiplication d'une masse de menues dettes, appelées *Klitterschulden*.

372 BNUS Ms. 726 : cartulaire de l'abbaye de Seltz (fin du XVIème - début du XVIIème siècle).
AN K 2350/3 : recette ecclésiastique du comté de Horbourg et de la seigneurie de Riquewihr (1573-1657).
AHR E 5 : rentes constituées au profit de l'église de Muntzenheim et Fortschwihr (1614, 1648, 1650, 1672, etc.).
AC Erstein BB 1 : rente constituée de 11 livres 2 sols souscrite le 3 février 1694 (Joseph Herrmann le tuilier, crédirentier et Christian Andrès, débirentier).

373 Ch. HOFFMANN, *op. cit.*, t. I, pp. 241-242.

374 AHR 25 J 102 et 133.

Le versement d'une *rente annuelle et perpétuelle* s'efface le plus souvent devant le remboursement du capital et des intérêts selon la formule du prêt à intérêt classique assorti de modalités plus ou moins contraignantes. L'étude des taux d'intérêt eux-mêmes ne mérite guère attention. Ils oscillent entre 4 et 5%[375], respectant ainsi le taux légal fixé successivement au denier vingt en 1665 et au denier trente en 1724, ramené au denier vingt en 1725, abaissé au denier vingt-cinq en 1766, stabilisé au denier vingt en 1770. Dans l'ensemble, le *taux de l'ordonnance* est respecté, du moins dans la forme, car cette constatation appelle aussitôt deux réserves : l'alourdissement du poids relatif du taux d'intérêt en période de crise et les possibilités de fraude, sur lesquelles nous reviendrons, à l'occasion de ce qu'il est convenu, à tort ou à raison, d'appeler l'*usure juive*[376]. Si l'on compare le taux moyen de l'intérêt avec le taux moyen de la rente foncière - 4 à 5% contre 2 à 3% -, on constate que le rendement de l'argent est supérieur à celui de la terre. Mais ce sont les rapports cumulés des deux opérations qui assurent au propriétaire-prêteur des profits substantiels. Par ailleurs, en ce qui concerne les opérations en nature, le fait de devoir rembourser 7 boisseaux du sac, qui en contient 6 - telle semble être la règle à Hurtigheim/Quatzenheim[377] – porte effectivement l'intérêt à plus de 15% !

Par contre, la fixation des délais de remboursement rend compte des exigences du créancier et des possibilités du débiteur. Nous avons tenté d'étudier son évolution, en corrélant le nombre de remboursements avec le montant moyen des débits entre la seconde moitié du XVIIème et la seconde moitié du XVIIIème siècle. Qu'observons-nous ? Malgré une très grande irrégularité d'une période à l'autre, du fait des incidences d'une conjoncture fluctuante, les délais de remboursement s'allongent en dehors du cadre de la rente constituée. Au XVIIème siècle, on emprunte pour peu de temps, la vigilance du prêteur se conjuguant avec la pression de la nécessité qui tenaille l'emprunteur. Ce dernier, compte tenu de la période déflationniste, a tout intérêt à rembourser le plus vite possible. Au XVIIIème siècle, par contre, la tendance inflationniste encourage les emprunts à plus long terme, sauf en période de crise : en 1789 par exemple, comme en 1679, on assiste à une recrudescence des petits emprunts rapidement remboursés. Mais, dans l'ensemble, les tranches les mieux représentées sont celles qui se situent entre un et cinq ans : elles passent du tiers à la moitié des opérations et du volume monétaire mis en circulation. S'esquisse une tendance à la stabilisation, essentiellement pour les emprunteurs ruraux, autour de prêts à moyen terme. Au-delà de cinq ans, on note une diminution des opérations, alors que la masse monétaire engagée est de plus en plus importante. En effet, la concordance entre la part relative des montants et le nombre des emprunteurs est souvent inversée : pour la tranche comprise entre six mois et un an, près de 35% des emprunteurs ne disposent que de 17% des sommes mises en circulation en 1779. Cette disparité, qui tend à s'accuser au XVIIIème siècle pour les ruraux, est à double sens :

375 AHR AC dép. Gundolsheim HH 1 : l'évêque de Strasbourg fixe en 1766 le taux d'intérêt à 4% pour l'ensemble des opérations de prêt.

376 Voir *infra* pp. 1412-1418.

377 AP Hurtigheim : chronique du pasteur Schneider (XIXème siècle).

L'EMPRUNT CONTRACTE DANS LES ETUDES DES NOTAIRES STRASBOURGEOIS (XVIIème - XVIIIème siècles)

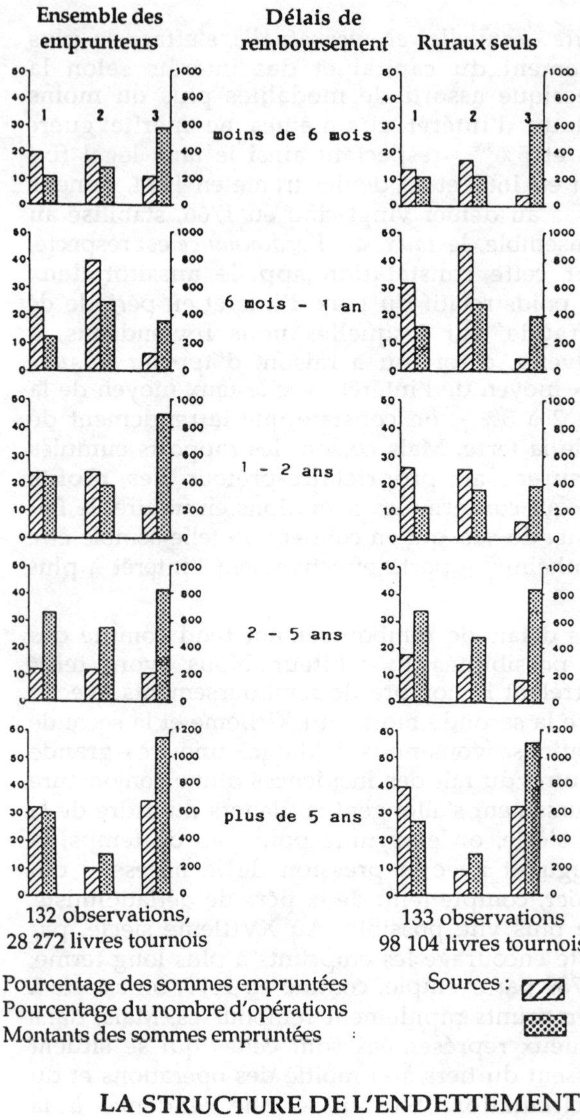

132 observations, 28 272 livres tournois

133 observations 98 104 livres tournois

1 Pourcentage des sommes empruntées
2 Pourcentage du nombre d'opérations
3 Montants des sommes empruntées

Sources : AMS Chambre des contrats (1649-1679)
ABR 6 E 993-1115, Et. Laquiante (1739-1789)

LA STRUCTURE DE L'ENDETTEMENT RURAL

L'exemple des obligations passées devant notaire royal (ABR 6 E 41/1029-1033, Et. Laquiante, 1769).

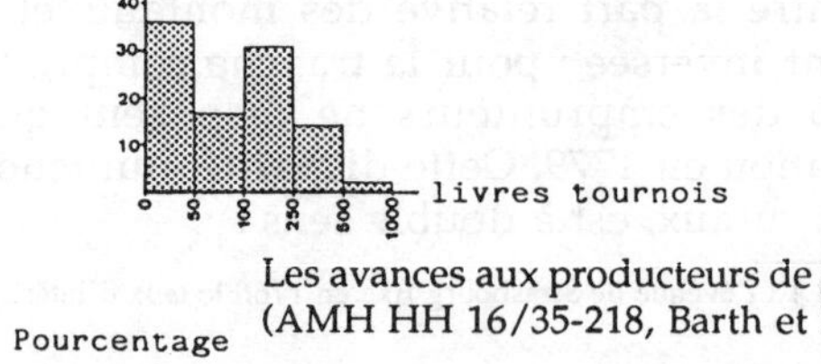

Les avances aux producteurs de garance de la région haguenovienne (AMH HH 16/35-218, Barth et Hager/Ignace Schwendt, 1776-1789).

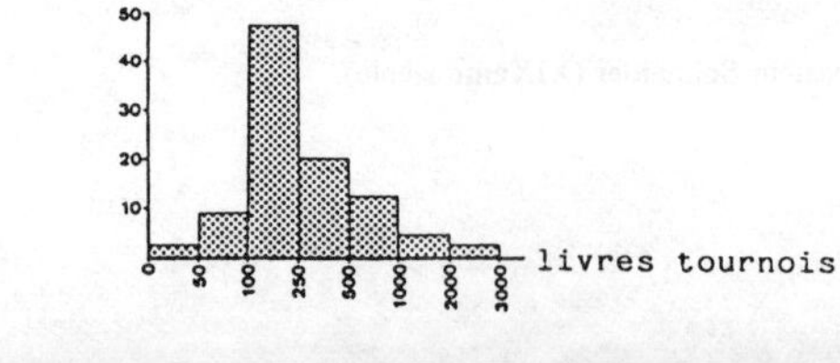

- beaucoup d'emprunteurs par rapport au volume emprunté dans la tranche des 1 à 2 ans ;

- relativement peu d'emprunteurs, mais des sommes importantes pour les tranches supérieures (2 à 5 et plus de 5 ans).

Théoriquement ce sont les montants les plus faibles, de l'ordre de quelques dizaines de livres tournois, qui justifient d'un remboursement rapide, tandis que les délais s'allongent avec l'importance des sommes prêtées. Néanmoins les ruraux ont un comportement original : ils empruntent des sommes relativement importantes pour des délais relativement brefs (moins de six mois et moins d'un an) et la tendance semble d'accuser au XVIIIème siècle malgré l'allongement d'ensemble des délais de remboursement[378]. La comparaison des montants moyens réels entre le XVIIème siècle et le XVIIIème n'a pas grande signification, puisque, entre temps, la monnaie s'est légèrement dépréciée. Au total, les campagnards s'engagent, sauf en temps de crise caractérisée, pour des périodes de plus en plus longues. Autant que les risques climatiques, c'est la lenteur de la reconstitution du capital et sa rotation (il faut sept à dix mois pour les céréales) qui en porte la responsabilité. Mais seule une minorité est capable de faire face à des remboursements importants susceptibles d'hypothéquer l'avenir sur cinq, dix ou quinze ans. Or les débiteurs y trouveraient tout intérêt puisque l'inflation allège la dette. Cependant ces délais sont purement indicatifs[379]. Une mauvaise récolte, une épizootie, un veuvage peuvent mettre un terme aux meilleures intentions. Et, en filigrane, ce trait de mentalité propre au paysan emprunteur qui ne comprend pas qu'un retard de quelques semaines puisse nuire au créancier ! Il faut donc soigneusement distinguer entre les délais officiellement autorisés et ceux qui sont simplement tolérés. Sur les 259 obligations recueillies par Bernard Vogler pour l'année 1751, dont une partie seulement concerne l'endettement rural, 154 indiquent les dates effectives du remboursement : 29,2% des obligations sont remboursées dans les cinq ans ; 23,4% dans les dix ans ; 29,2% entre dix et vingt ans ; 18,2% entre vingt et trente ans[380]... Et l'auteur soupçonne les 105 dettes non quittancées (soit plus de 40% de l'ensemble) de n'avoir jamais été remboursées. Mais c'est sans doute dans la seconde moitié du XVIIème siècle que la situation est la plus cruciale : profitant du relâchement du contrôle, des particuliers et des communes traînent leurs dettes trente, quarante, cinquante ans durant[381]. Cas nullement exceptionnel : la communauté d'Illkirch remboursera en 1721 une somme de 400 livres tournois empruntée le 11 avril 1679 ! Pour

[378] J. DALTROFF, *th. 2101*, t. I, p. 56. L'auteur relève, pour les emprunts aux prêteurs juifs comparus devant Maître Laquiante (clientèle essentiellement rurale), une proportion décroissante d'emprunts pour une durée supérieure à un an :

de 1 à 6 mois		plus d'un an
6,2%	1736	68,7%
7,4%	1751	50,0%
3,7%	1766	51,8%
28,6%	1781	55,7%

[379] J. DALTROFF, *th. cit.*, t. I, p. 38 : parmi les 33 débiteurs des Juifs qui comparaissent devant Maître Laquiante, 10 seulement respectent leurs engagements en 1766.

[380] B. VOGLER, *art. 2113* p. 338.

[381] Voir *supra* pp. 208-219.

mesurer le retard des paiements effectués entre 1649 et 1699, nous avons établi un coefficient multiplicateur des délais effectifs de remboursement[382] :

Coefficients (délais respectés = coefficient 1)	1	1-2	2-5	5-10	10-20	20-50	+ de 50
Sur 62 cas connus (%)	12,9	24,2	21,0	24,2	11,3	3,2	3,2

Les délais de remboursement ont été tenus dans le cas d'une obligation sur dix environ, ce qui veut dire que neuf débiteurs sur dix ne respecteraient pas leurs engagements. Le dépassement est peu important dans un quart des cas puisqu'il n'atteint pas, en durée, le double du temps imposé. Mais certains emprunteurs mettent dix, vingt, cinquante fois plus longtemps à s'acquitter de leur dette par rapport aux engagements pris lors de la signature du contrat.

Pour peu qu'il sacrifie à un certain professionnalisme - tel est le cas parfois du Juif -, le créancier a intérêt lui-même à proroger les délais, ce qui lui permet de placer ses capitaux sans avoir à se mettre en quête de nouveaux clients. Mais l'existence d'un nombre donné d'opérations quittancées ne nous permet pas d'affirmer ni d'infirmer que les dettes ont été effectivement remboursées, ni de dégager les conditions exactes d'un éventuel remboursement. Il est possible, comme pour les dots, que de nombreux remboursements aient été échelonnés et que la plupart des dettes aient été soldées en plusieurs fois. Nous reviendrons, à l'occasion de l'étude des opérations juives, sur la facilité trompeuse des longues échéances[383]. Le fait que ce soit les fêtes religieuses qui constituent les termes du remboursement ne doit pas induire en erreur. Si certaines, telle la Saint-Michel, la Saint-Martin ou la Nativité, apparaissent avec une fréquence supérieure aux autres[384], c'est qu'elles correspondent à des moments importants du calendrier agricole, époques de l'année où la rentrée des récoltes assure quelques revenus. Le lien avec les facteurs économiques se trouve renforcé lorsque le créancier fixe l'échéance, sans autre précision, *à la récolte à venir* : en juillet 1781, Jean Grasser, laboureur de Pfettisheim, s'engage envers Sisel, Juif de Quatzenheim, à engranger et battre froment, seigle, orge, fèves et pavot, à acquitter impositions, canons et gages des domestiques et à réserver le surplus de la récolte au Juif pour couvrir une dette de 480 livres[385].

Voilà qui pose clairement le problème des garanties offertes par le débiteur ou exigées par le créancier. Les créances chirographaires sont nombreuses, alors qu'elles ne sont assorties d'aucune garantie réelle : trahissent-elles de la part du prêteur bienveillance ou naïveté, excès de

[382] AMS Chambre des contrats.

[383] Voir *infra* p. 1414.
ABR 6 E 41, *passim : quand bon lui semblera, après avertissement de trois mois.*

[384] La Saint-Jean-Baptiste, le 24 juin, la Saint-Adelphe, le 29 août, Pâques et Pentecôte.

[385] ABR 6 E 41/183 Et. Lacombe (2 juillet 1781).

confiance ou inconscience notoire ? Se fondent-elles, dans un micro-milieu, sur une parfaite connaissance mutuelle de la solvabilité du voisin ? Par contre, l'obligation hypothécaire établit le pouvoir du créancier, en lui conférant un droit sur les immeubles du débiteur, prélude à une saisie éventuelle. Se pose en effet le problème de la solvabilité qui n'est mesurable que si l'on rapporte le montant de la dette à celui de la fortune[386] Une proportion croissante de prêts implique une *hypothèque générale de tous les biens meubles et immeubles présents et futurs,* de quoi offrir des gages crédibles, du moins en théorie. Une partie importante des créances hypothécaires préfèrent préciser la nature *particulière* de l'hypothèque : une maison, un lopin de terre, une pièce de vigne ou de pré dont la valeur est appelée à couvrir, en cas de défaillance, le montant du prêt consenti. D'ailleurs la valeur des hypothèques particulières excède fréquemment, et de loin, le montant de la somme empruntée[387]. C'est néanmoins sa précision qui explique le relatif succès de la formule lors des périodes de crise du XVIIème siècle à 1789. En effet, l'hypothèque générale porte sur des biens qui évoluent et qui peuvent évoluer dans le mauvais sens. Nous avons vu, à propos de l'emprise foncière citadine à l'époque de la *reconstruction,* que l'emprunt était souvent l'antichambre de la cession[388]. Mais au départ, le prêt semble plus important que la possession en milieu rhénan, alors que la bourgeoisie française table d'emblée sur l'office et la propriété foncière.

Entre la deuxième moitié du XVIIème et la seconde moitié du XVIIIème siècle, la répartition des types de garanties évolue donc, sans qu'il soit possible de faire la part des pratiques réelles et des contraintes imposées par les créanciers[389] :

Période	**Nombre de cas**	**Hypothèque particulière (%)**	**Hypothèque générale (%)**	**Sans indication d'hypothèque (%)**
1649-1679	452	37,2	1,8	61,0
1739-1789	479	10,0	54,5	35,5

Pour un nombre de cas comparable de part et d'autre, on constate une diminution de la proportion des hypothèques particulières au profit de la formule de l'hypothèque générale, évolution qui se trouve confirmée pour la seconde moitié du XVIIIème siècle :

Année	**Nombre**	**Hypothèque particulière**	**Hypothèque générale**	**Rapport du nombre d'hypothèques générales au nombre d'hypothèques particulières**
1739	23	17,4	56,5	3,3
1749	53	18,9	52,8	2,8
1759	52	9,6	57,7	6,0
1769	108	6,5	49,1	7,6
1779	122	8,2	63,1	7,7
1789	121	9,9	49,6	5,0

386 Voir *supra* pp.1012-1013 et 1015.

387 Exemple : un habitant d'Eckbolsheim emprunte à un pâtissier de Strasbourg 100 livres tournois et met en gage des biens pour une valeur de 150 livres (AMS Chambre des contrats, 1649).

388 Voir *supra* pp. 210-219.

389 AMS Chambre des contrats et ABR 6 E 41/993-1115, Et. Laquiante.

Les raisons qui ont pu prévaloir sont davantage celles de la commodité que celles d'un illusoire supplément de garantie. On conjure parfois les risques encourus par le recours à la double garantie : tel laboureur engage *tous les biens*, meubles et immeubles, présents et futurs et *spécialement* telle parcelle de terre labourable qu'on identifie avec le maximum de précision. Le nombre d'actes rédigés sans indication d'hypothèque diminue de moitié : s'agit-il d'une régression des créances chirographaires, autrement dit d'un refus de prêter à quiconque n'offrirait pas des garanties de propriété suffisantes ? S'agit-il d'un simple sous-entendu, l'hypothèque portant, dans ce cas, sur l'objet qui nécessite le recours au créancier ? Voilà un problème qui en génère un autre, celui de l'utilisation des fonds empruntés et, par voie de conséquence, de la situation sociale de l'emprunteur.

3) Endettement et structures sociales : créanciers et débiteurs

Pour comprendre la genèse de l'endettement rural, la démarche la plus éclairante consisterait à dégager ses motivations profondes. Or les sources, tant les contrats que les inventaires, n'indiquent qu'accidentellement les raisons de la démarche : 66 sur les 1586 actes enregistrés par les notaires de Strasbourg entre 1649 et 1789, soit 4,2% ! Jean Daltroff, qui circonscrit son étude aux opérations juives passées dans quelques études strasbourgeoises entre 1736 et 1781, a eu plus de chance, puisque dans un cas sur cinq (36 sur 195), l'affectation de la somme empruntée est précisée : il n'en reste pas moins que plus de 80% des actes la passent sous silence[390]. Or ces silences sont aussi préjudiciables à notre enquête que l'imprécision des formules à laquelle nous habitue la terminologie notariale : les uns empruntent *pour affaires particulières*, les autres pour leurs *besoins et nécessités*. On se trouve donc réduit à relever, au hasard des actes, les motivations les plus courantes : le règlement d'une succession ou le remboursement d'une dette plus ancienne, l'acquittement d'un impôt, l'achat de biens-fonds ou la reconstruction de la maison et des bâtiments d'exploitation, les indemnités de défloration réclamées par une fille-mère ou les frais d'entretien d'un enfant illégitime, le versement, en cas de remplacement, de la solde de milicien[391]... Les inventaires après décès nous rendent attentifs aux dettes de succession, ultimes aspects de l'endettement, qui sont liées à la maladie (débours pour médicaments, frais de chirurgien ou de garde) et à la mort (confection de la bière par le menuisier, salaire du fossoyeur, casuel versé au curé, gages du maître d'école-sacristain et des chantres, frais occasionnés par le repas des funérailles) ou à l'établissement de l'acte lui-même qui requiert l'intervention notariale et ouvre parfois la voie à l'intervention judiciaire : reflet fidèle de la réalité sans doute, mais qui ne renvoie pas pour autant l'image de l'endettement au quotidien, puisqu'il s'agit de dettes trop fraîchement contractées pour avoir pu être acquittées. En dehors des frais de notaire[392], leur part dans le montant global des dettes est infime comme le montre l'exemple de Schillersdorf[393] :

390 J. DALTROFF, *th. cit.*, pp. 18, 28, 39 et 48.

391 AMS Chambre des contrats, 1679 et 1689.
ABR 6 E 993-1115, Et. Laquiante (1749, 1759, 1769, 1779 et 1789).

392 Voir *supra* pp. 978-983.

393 J-M. BOEHLER, *art. 1529*, p. 18 (ABR 6 E 17, Not. Ingwiller, inv. Schillersdorf 68-75).

	1701-1729	1730-1759	1760-1789
Nombre total de débiteurs	29	48	49
Volume de la dette globale (lt)*	13 460	28 882	51 450
% du montant des sommes dues (% du nombre de cas étudiés)			
- Frais de notaire	12,3 (19,4)	17,8 (20,3)	11,6
- Frais de santé	0,3 (2,9)	0,2 (0,9)	0,3 (1,9)
- Frais de funérailles	0,05 (1,4)	0,2 (3,2)	0,3 (1,9)

* y compris la valeur des transactions (difficiles à distinguer des obligations elles-mêmes)

S'y ajoutent les dettes de service, portant sur des achats non réglés au moment de la mort (biens immobiliers, matériel, cheptel) ou de services non encore rétribués, en particulier auprès des artisans. Enfin les dettes de succession se traduisent par des versements échelonnés de la part de l'héritier *institué* au profit de ses frères et soeurs constitués[394]. Si elle donne un aperçu global, la démarche n'est guère satisfaisante pour l'esprit. Il se dégage tout au plus l'image de deux générations successives d'emprunts, si l'on compare les années 1679 et 1779 :

	1679		1779	
	1	2	1	2
Achat de biens fonciers	1 (3,1)	132 (0,4)	3 (42,9)	3220 (12,1)
Achat ou réparation de biens immobiliers	5 (15,6)	3020 (9,0)	3 (42,9)	22949 (86,5)
Achat ou frais de réinstallation de cheptel	18 (56,3)	1500 (4,5)		
Installation des enfants	1 (3,1)	160 (0,5)		
Réparation de l'église (commune)	1 (3,1)	400 (1,2)		
Contribution de guerre, entretien des troupes, quartiers d'hiver (commune)	6 (18,8)	28200 (84,4)		
Divers			1 (14,2)	372 (1,4)
Ensemble	32 (100)	33 412 (100)	7 (100)	26 541 (100)
Somme moyenne par contractant (lt)	1044		3792	

1 - Nb. de débiteurs (%)
2 - Sommes empruntées (%)

Entre les deux dates, les aspects de l'endettement se sont modifiés. Portant sur des sommes globalement comparables (encore faudrait-il tenir compte de la tendance inflationniste), les montants moyens empruntés par contractant ont considérablement augmenté, du moins si le prêteur est un citadin. Mais c'est surtout l'affectation qui a changé : aux dépenses conjoncturelles liées à la réinstallation au lendemain des guerres (impositions de guerre, achat de bétail - prédominant en 1679 -, réparation des bâtiments, équipement des ménages), succèdent des investissements structurels dans le patrimoine foncier et mobilier[395]. En 1779, on achète des terres ; on construit des maisons et des granges plus qu'on en répare. En même temps que les particuliers se substituent aux collectivités pour la demande de fonds, l'inégalité apparaît au grand jour. Ainsi les moyennes se trouvent faussées par l'opération, aussi énorme qu'exceptionnelle, que souscrit Jacques Jung, le prévôt de Schwindratzheim, en novembre 1779[396].

[394] Voir *supra* pp. 592-595.

[395] Voir *supra* pp. 1010-1016.

[396] ABR 6 E 41/1073, Et. Laquiante (26 novembre 1779).

Manquant des fonds nécessaires pour construire une maison avec dépendances, il s'adresse à la compagnie Hoffmann de Haguenau, bien connue pour ses spéculations garancières : l'emprunt de 13 800 livres, devant couvrir le prix des matériaux et le coût de la main-d'oeuvre, se trouve cumulé avec la somme de 6748 livres déjà due à Hoffmann pour des avances sur la culture.

C'est indirectement, par la double étude de l'identité des emprunteurs et le mouvement saisonnier de leurs opérations, qu'on parviendra à suivre les canaux de l'endettement. Qui, parmi eux, emprunte et à quel moment de l'année ? Précédemment évoquée, la forte prédominance des ruraux parmi les emprunteurs confère à l'ensemble des 1586 obligations une précieuse valeur indicative quant à la fréquence saisonnière des opérations. La circulation de l'argent s'organise autour de deux temps forts, le premier maximum correspondant à la période février-mai, le second, moins marqué, se situant en octobre-novembre. Ce rythme reflète trois réalités fondamentales :

- Les pesanteurs et les cadences du calendrier agricole : c'est en automne et au printemps que les ruraux, libérés des travaux des champs, ont tout loisir de se rendre en ville ; intempéries et inondations peuvent tout au plus ajourner la démarche, sans aller jusqu'à l'entraver.

- Les contraintes financières : le besoin d'argent se fait sentir au printemps, quand on est acculé aux dépenses des semailles et au versement des impositions et en automne, quand arrivent les échéances de la Saint-Michel ou de la Saint-Martin pour l'acquittement des fermages : la demande de numéraire correspondrait donc, mais ce n'est pour l'instant qu'une hypothèse, à des *prêts de subsistance* qui se situent aux deux moments critiques de l'année. En dépit du faible impact de la *soudure* sur le mouvement des capitaux ainsi distribués, le crédit correspondrait à une *aide à vivre,* à un complément de ressources pour un emprunteur gêné en tant que consommateur, taillable ou locataire. A l'inverse, en été ou au début de l'automne, les ruraux, par ailleurs fort occupés, commencent à récolter le fruit de leur labeur : les rentrées de récoltes et d'argent rendent le recours au notaire moins indispensable. Par contre, les créanciers savent que c'est à ce moment-là qu'il faut faire rentrer leur dû.

- Les impératifs économiques enfin : certains paysans, peu importants en nombre mais relativement voraces quant aux sommes empruntées, mettent-ils à profit la morte-saison agricole pour renouveler leur capital foncier, leur matériel et leur cheptel, de façon à préparer la campagne agricole suivante ? La période la plus propice se situerait entre la fin de l'été et le début de l'automne, moment où la terre est libre de récoltes et le bétail dégagé de toute obligation trahante. Mais, même en admettant une telle hypothèse, rien ne prouve qu'il s'agit d'un crédit à la production ou à l'équipement, autrement dit d'un investissement dans le potentiel d'exploitation. L'archaïsme de l'appareil de production n'incite guère à faire fructifier le capital, ni à assurer des fonds de roulement importants. L'argent emprunté pourrait bien être détourné au profit de la consommation immédiate, soit sous la pression des difficultés du moment - la catastrophe

PERIODE 1649-1679
AMS Chambre des contrats

Débiteurs et obligations toutes catégories confondues

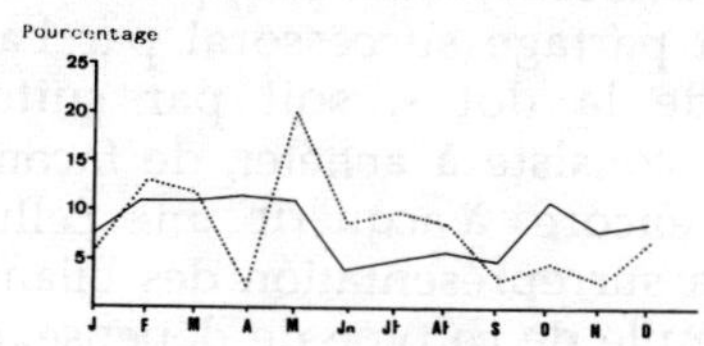

— Nombre de débiteurs (754)
······ Sommes empruntées (54 354 livres)

Ruraux et non ruraux

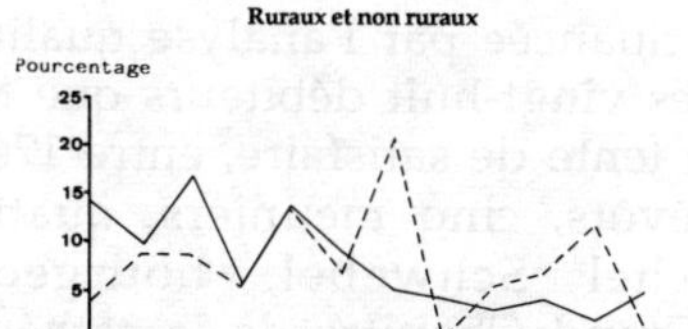

— Nombre de débiteurs ruraux identifiés (331)
- - - Nombre de débiteurs non ruraux identifiés (82)

PERIODE 1739-1789
ABR Et. Laquiante 6 E 41/993-1115

Débiteurs et obligations toutes catégories confondues

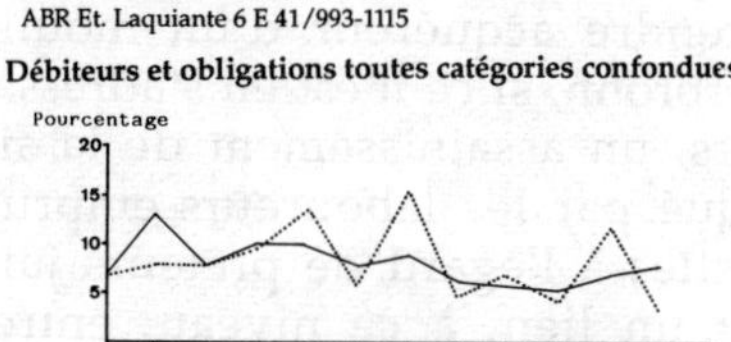

— Nombre de débiteurs (740)
······ Sommes empruntées (273 998 livres)

Laboureurs
(identifiés en tant que tels)

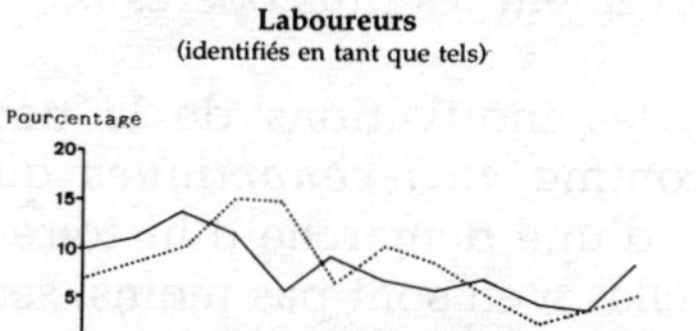

— Nombre de laboureurs (190)
······ Sommes empruntées (139 870 livres)

Journaliers
(identifiés en tant que tels)

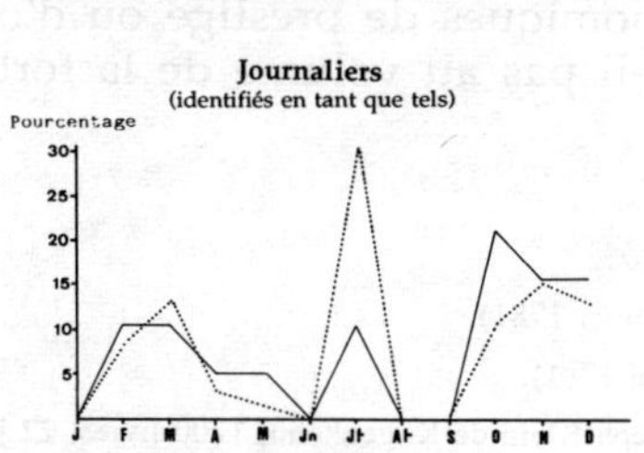

— Nombre de journaliers (20)
······ Sommes empruntées (4480 livres)

Artisans
(identifiés en tant que tels)

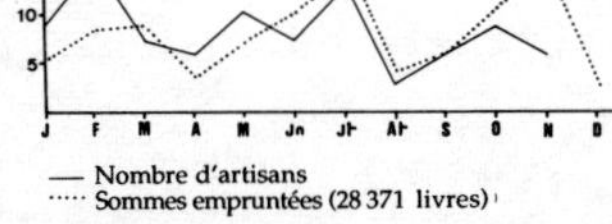

— Nombre d'artisans
······ Sommes empruntées (28 371 livres)

naturelle ou la maladie, le remboursement précipité d'une dette antérieure, la nécessité de résoudre un partage successoral par l'acquittement de la légitime ou le paiement de la dot -, soit par suite de la manie si fréquemment dénoncée, qui consiste à acheter, de façon inconsidérée, des terres ou des chevaux ou encore à acquérir une cellule d'exploitation. Evoquée précédemment[397], la surreprésentation des bilans négatifs dans les grosses fortunes rendrait compte de ce type de dépense, en particulier dans les exploitations du Kochersberg, où apparaît souvent une proportionnalité entre le montant de l'endettement et la taille de l'exploitation. Mais l'étude quantitative gagnerait à être nuancée par l'analyse qualitative reposant sur des exemples précis. Parmi les vingt-huit débiteurs que Mathias Isaac Weyl de Wintzenheim-Kochersberg tente de satisfaire, entre 1761 et 1784, figurent quinze laboureurs, trois prévôts, cinq meuniers, quatre artisans, aucun journalier[398]. Lorsque Michel Schwebel, bourgeois-laboureur de Lampertheim, s'adresse au Grand Chapitre de la cathédrale, le 31 janvier 1781, pour que ce dernier lui avance la somme, assez rondelette, de 1100 livres tournois, c'est après avoir acquis aux enchères une maison avec cour et dépendances, qu'il est incapable de payer sur ses propres fonds[399]. A plus forte raison, comment se rendre acquéreur d'un moulin de 4400 livres, quand on est meunier à Oberbronn, si ce n'est en s'adressant à un bourgeois de Strasbourg[400] ? Par ailleurs, un assainissement de la situation financière antérieure est souvent évoqué par les laboureurs-emprunteurs[401], soucieux de se libérer d'anciennes dettes à l'égard de prêteurs juifs ou chrétiens. Il semblerait donc qu'il y ait un lien, à ce niveau, entre l'importance de l'endettement et la mobilité des fortunes et que, contrairement à une idée reçue, comme si la misère était la seule pourvoyeuse de dettes, les petits propriétaires ne soient pas forcément les plus obérés.

En tout état de cause, les motivations de la population rurale ne peuvent être considérées comme *antiéconomiques* que si l'on se place anachroniquement, à la suite d'une démarche d'histoire régressive, dans le contexte du XXème siècle[402] : elles n'en sont pas moins, semble-t-il, à l'abri de toute rationalité économique, telle que nous l'entendons de nos jours, et de tout investissement productif. Si l'on achète des terres, c'est souvent pour des considérations non économiques de prestige ou d'orgueil lignager : le statut social ne se mesure-t-il pas au volume de la fortune familiale ou à

---

397 Voir *supra* pp. 991 ss.

398 J. DALTROFF, *th. cit.*, p. 84 et *art. 2102*.

399 ABR 6 E 41/181, Et. Lacombe (31 janvier 1781).

400 ABR 6 E 41/182, Et. Lacombe (30 mai 1781).

401 ABR 6 E 41/1081, Et. Laquiante (Joseph Klein de Kogenheim, 1200 livres, 22 juin 1781).
Ibid. (André Gries, laboureur de Rumersheim, 1200 livres pour convrir une dette à l'égard d'un Juif datant du 10 février 1777, 25 mai 1781).
Ibid. 1082 (Pierre et Michel Kieffer de Rumersheim, 200 livres pour rembourser une obligation de 264 livres contractée quinze mois auparavant, 2 août 1781).
ABR 6 E 41/182 Et. Lacombe (Jean-Michel Noé, Herrlisheim, 1400 livres, 1er juin 1781).
Ibid. (Michel Kieffer de Rumersheim, 600 livres pour rembourser deux dettes antérieures de 260 et 340 livres, 1er juin 1781).

402 A. GUESLIN, *op. 2103*, pp. 33-36.

l'importance de la dot ? Dénoncer cet *esprit de propriété*[403], qui peut s'accorder avec l'*esprit d'amélioration*, fournira à certains historiens du XIXème des arguments antisémites[404]. Affirmer, au vu de dizaines de milliers d'obligations, que le paysan est, dans l'ensemble, fondamentalement hostile au crédit ne relève guère du paradoxe : pour la plus grande partie des débiteurs, l'emprunt serait moins assumé que subi ; l'endettement chronique répondrait moins au libre choix qu'à la nécessité, voire à la dernière extrémité de l'emprunteur. Une fois de plus, des phénomènes de mentalité, difficilement saisissables, pourraient bien interférer avec de solides raisons économiques.

La comparaison des deux périodes retenues (1649-1699 et 1739-1789) inspire un certain nombre de réflexions. De la première à la deuxième, le contraste saisonnier entre la période froide, favorable à l'emprunt, et la saison estivale s'estompe. Une meilleure répartition des opérations au courant de l'année n'est pas uniquement le reflet d'une diversification dans la composition sociale du groupe des emprunteurs, puisqu'elle se retrouve dans les échantillons, soigneusement isolés, des ruraux, voire des laboureurs. Elle peut traduire globalement avec, en particulier, l'atténuation du *clocher* correspondant à la *soudure*, soit la permanence des besoins d'argent, soit l'aspiration à un *mieux-être*. Marquerait-elle le passage d'un mode d'emprunt à un autre ? Seule l'analyse d'un comportement différentiel par catégories socio-professionnelles permettrait d'apporter une réponse à cette question. Les laboureurs, tout en les ralentissant durant l'été, étalent leurs emprunts sur toute l'année. Les emprunts d'équipement se prêtent plus facilement que les emprunts de consommation à pareil étalement. Les non-laboureurs au contraire continueraient à manifester une préférence pour la dominante du mois de juillet, comme s'ils manquaient de grains ou de disponibilités à une période cruciale de l'année. Malgré le nombre réduit des opérations qu'ils souscrivent, les journaliers empruntent de façon relativement massive en automne, ayant épuisé très rapidement leurs réserves. Le comportement des laboureurs ne connaît pas les maxima de mars, juillet et octobre, propres aux journaliers.

En réalité la catégorie des non-laboureurs recouvre des situations très différentes. Pour les artisans, les emprunts sont mieux étalés au courant de l'année, leurs activités d'appoint constituant une garantie contre l'endettement. Enfin, certains privilégiés mériteraient une étude particulière : il s'agit des meuniers, fariniers et huiliers, des bouchers et cabaretiers, des maîtres de poste et marchands que leurs revenus mettent à l'abri d'une répartition saisonnière marquée. Le fait de les assimiler à divers *habitants* et *bourgeois* de la campagne, au nombre desquels le curé et le pasteur, le chirurgien et le maître d'école, ne permet pas de tirer des conclusions valables quant à leur comportement. Se dessine par ailleurs une correspondance entre la répartition des montants empruntés et la ventilation numérique des emprunteurs.

---

403 Voir *supra* pp. 503 ss.

404 A. HEILMANN, *op. 2105*, p. 22.

De quoi la dette est-elle l'indice ? D'un besoin de liquidités ? De difficultés financières passagères ? D'un esprit d'investissement ? Il apparaît que le maximum printanier, qui se confirme d'ailleurs au moment des crises (1770/1771 et 1789) reflète les temps difficiles et réveille une misère latente. Son effacement progressif traduit tantôt un mieux-être, qui est loin d'être partagé par l'ensemble des groupes sociaux, tantôt, chez les plus favorisés, un glissement des prêts de consommation aux prêts d'équipement. Mais la confusion entre la cellule de production et la cellule de consommation, qu'est la famille rurale, interdit toute classification. Et la forte imbrication des raisons expliquant l'endettement ne permet pas de délimiter des groupes en difficulté et des groupes en expansion : des ruraux endettés ne peuvent-ils pas être économiquement actifs ?

Il est temps à présent de prendre en considération l'identité du prêteur et de l'emprunteur. Ils nous apparaissent, l'un et l'autre, comme des privilégiés. Privilégié, le créancier qui dispose d'un capital, aussi faible soit-il, qu'il est prêt à investir et à faire fructifier. Privilégié, l'emprunteur, car - condition nécessaire pour réaliser un emprunt hypothécaire - il fait partie des propriétaires de biens immobiliers : malheur à qui ne peut plus emprunter, par manque de gages suffisants. On ne prête qu'aux riches... Le choix du prêteur par l'emprunteur trouve sa réplique dans le choix de l'emprunteur par le prêteur : ce n'est que dans la mesure où il peut prouver sa solvabilité que le candidat débiteur inspire confiance. Nous avons tenté de cerner de plus près le couple créancier-débiteur et son évolution de 1649 à 1789, en relevant les plus fortes fréquences de dix ans en dix ans. Malgré le double obstacle - difficile comparabilité d'échantillons d'inégale importance et alternance d'années *normales* et d'années de crise -, il se dégage de cette enquête quelques tendances majeures.

Apparemment entre citadins et ruraux, il s'agit d'un mouvement à sens unique : tout se passe comme si la ville était créancière et la campagne débitrice, phénomène qui se précise au moment des crises. En 1771, soixante-deux villageois se rendent chez Maître Laquiante pour y contracter des emprunts auprès des citadins, contre trois citadins qui font le chemin inverse en allant emprunter chez les campagnards[405]. La grande période d'emprise citadine correspond, comme pour la mainmise sur la terre, à l'époque des difficultés paysannes, en particulier la décennie 1670-1680. Mais, dans l'ensemble, la part de la ville en tant que distributrice d'argent, diminue en valeur relative au profit de la banlieue maraîchère d'abord, de la proche campagne ensuite. Quittes à s'endetter auprès des familles seigneuriales, les maraîchers se substituent en partie aux citadins pour prêter aux villageois. De leur côté, ces derniers subviennent de plus en plus à leurs propres besoins financiers.

L'autonomie croissante de la campagne est illustrée par l'exemple de Holtzheim[406] : la ville draine près du tiers de l'argent prêté à la fin du

[405] ABR 6 E 41/1034-1037 Et. Laquiante.

[406] J-M. BOEHLER, *art. 2100* (ABR 6 E 26 Not. Molsheim II, inv. Holtzheim 36-39, 1670-1789).

L'endettement rural d'après les inventaires de succession de Holtzheim
(1670 - 1781)

	Citadins de Strasbourg	Particuliers du village	Particuliers des localités environnantes	Membres de la famille	Juifs	Institutions ecclésiastiques et hospitalières urbaines	Institutions ecclésiastiques et hospitalières rurales	Autres
1670 - 1699								
(1) 6096 (269)	30,4%	8,3%	19,1%	12,1%	6,3%	3,7%	5,3%	14,8%
(2) 180	84	28	56	40	34	18	54	
(3) 34	64,7%	52,9%	61,7%	46,1%	32,3%	35,3%	23,5%	
1700 - 1729								
(1) 15 692 (214)	26,2%	14,6%	3,8%	12,6%	4,7%	7,8%	5,5%	24,8%
(2) 490	172	114	44	132	54	152	78	
(3) 32	75%	62,5%	43,8%	46,9%	43,8%	25%	34,4%	
1730 - 1759								
(1) 12 856 (152)	28,3%	9,5%	9,2%	16,4%	11%	11,7%	7%	6,9%
(2) 558	330	88	132	234	236	376	100	
(3) 23	47,8%	60,9%	39,1%	39,1%	26,1%	17,4%	39,1%	
1760 - 1789								
(1) 25 190 (267)	18,9%	6%	5,1%	27,9%	14,2%	10,6	7%	10,3%
(2) 720	318	90	98	270	324	446	126	
(3) 35	42,9%	48,6%	37,1%	72,3%	31,4%	17,1%	40%	

(1) Somme globale engagée, exprimée en livres tournois (nb. de créances), et % de cette somme à verser aux diverses catégories de créanciers
(2) Somme moyenne théorique par débiteur exprimée en livres tournois et due aux diverses catégories de créanciers
(3) Nb. de débiteurs et % de ces débiteurs s'adressant aux diverses catégories de créanciers

Source : ABR 6 E 26 Not. Molsheim II, inv. 36-39.

XVIIème, moins du cinquième à la fin du XVIIIème siècle. Il faudrait certes tenir compte du risque de gauchissement dû à l'incertitude qui pèse sur la nature même des créances. Les inventaires après décès ne discernent pas, au sein du groupe des créanciers, la part qui leur est due pour les services qu'ils offrent et celle qu'ils exigent pour l'argent qu'ils avancent. Un cordonnier strasbourgeois, aussi modeste soit-il, peut disposer de quelques liquidités qu'il avancera au paysan ; il peut également confectionner une paire de chaussures que ce dernier emportera chez lui un jour de marché et qu'il paiera plus tard. L'aubergiste et le boulanger sont-ils prêteurs ou prestataires de services ? Le notaire ne le dit pas et pour cause : la seule chose qui intéresse son client est le montant de la somme réclamée. La distinction est d'autant plus difficile à établir que des avances peuvent accompagner des opérations complexes inséparables du prêt lui-même : ventes ou locations de terres, baux à cheptel, etc. Lorsque la distinction entre prestation de services et prêt d'argent est possible, on constate qu'à partir de 1730 la ville se fait plus prêteuse que pourvoyeuse de marchandises :

Evolution dans la nature des services urbains proposés aux habitants de Holtzheim
(% des sommes dues)

	pour les services et l'artisanat	pour les transactions (grains, bétail, marchandises, biens-fonds)	pour les prêts d'argent
1670-1679	32,9	26,0	41,1
1700-1729	5,2	44,2	50,6
1730-1759	-	2,6	97,4
1760-1789	-	19,0	81,0

Amorcée par la reconstruction des campagnes, le prêt urbain est définitivement entré dans les moeurs. Or au lendemain de la période de *reconstruction*, l'emprise de la ville se stabilise, les citadins préférant d'ailleurs prêter aux laboureurs et aux artisans plutôt qu'aux journaliers qui ne présentent pas de garanties suffisantes : à peine une obligation sur trois ou quatre fait tomber le rural sous la coupe financière de la ville. Mais si la part relative de la ville diminue, le montant moyen des créances passe, au cours du XVIIIème siècle, de 22 à 94 livres tournois. L'inflation aidant, les débiteurs auront donc à faire face à des traites de plus en plus importantes et les avances seront consenties par des prêteurs de plus en plus cossus. Si la ville affirme sa présence dans l'existence quotidienne de la campagne, elle n'est pourtant plus seule à conditionner cette existence. Par ailleurs, le rôle des Juifs ruraux fréquentant les notaires royaux ne fait que s'amenuiser : ils réalisent plus de la moitié des opérations en 1749, un tiers seulement en 1769, moins de 15% en 1779 et 5% en 1789. Leur place est prise moins par les citadins que par les exploitants aisés de la campagne - laboureurs, meuniers, aubergistes - qui se font leur propre clientèle sur place, essentiellement à la fin du siècle, en particulier au cours de l'année 1789. Cette impression d'ensemble mérite d'être affinée par une analyse plus serrée. En retenant les sommes moyennes engagées, nous avons tenté d'analyser le rapport créances/dettes pour quelques groupes socio-professionnels de la campagne :

	Laboureurs	Artisans	Services
1739	0,3		
1749	1,4		
1759	2,4	0,2	1,5
1769	1,3	1,6	0,3
1779	0,5	1,2	0,7
1789	0,6	0,4	0,6

Il en ressort que, pour les uns et les autres, la plus grande fréquence des créances rurales se situe entre 1760 et 1770. Avant 1750 et après 1780, il arrive fréquemment que le volume des dettes endossées l'emporte sur celui des prêts consentis. L'endettement de la campagne répondrait ainsi à un double maximum : le premier lié à la lente remise en valeur des exploitations, le second aux besoins grandissants des décennies prérévolutionnaires. La belle époque aura été de courte durée. Si la campagne ne peut pas se passer de l'aide financière de la ville, elle puise en son sein une partie de plus en plus importante de sa substance, grâce à la présence d'une élite de grands propriétaires-prêteurs dont l'influence financière est inversement proportionnelle à leur importance numérique. Les habitants de Holtzheim contractent de moins en moins de dettes extérieures - urbaines et intervillageoises - et trouvent de plus en plus leurs ressources au sein de leurs propres familles - signe d'un enrichissement global de la société rurale, assorti d'importantes inégalités - et auprès des institutions ecclésiastiques et hospitalières, urbaines ou rurales, qui s'imposent par le jeu des legs et donations. Relevons cependant, dans les affaires traitées par le notaire royal, la très faible part des institutions ecclésiastiques : soit que le paysan s'adresse directement à tel couvent auquel le rattachent des rapports privilégiés de propriétaire à locataire ; soit qu'il préfère prendre contact avec la *fabrique* paroissiale qui lui est plus proche et plus familière.

L'échantillon de Holtzheim nous autorise à mesurer l'évolution sous deux angles différents : celui du volume monétaire déplacé et celui de l'identité du créancier. On assiste à un gonflement en valeur des sommes dues entre 1670 et 1789, quelle que soit la personnalité du créancier. La progression se révèle néanmoins plus forte en ce qui concerne la famille, les prêteurs juifs, relativement rares jusqu'au dernier tiers du XVIIIème siècle, et surtout les institutions ecclésiastiques de la ville. En valeurs relatives, les sommes remboursées aux citadins tendent à diminuer, de même que celles qui sont versées aux villageois. Les débiteurs s'adressent de plus en plus aux membres de leur propre famille et aux institutions ecclésiastiques rurales, de moins en moins aux citadins de Strasbourg et aux institutions ecclésiastiques urbaines, tandis que Juifs et villageois continuent à remplir leur rôle de prêteurs avec une remarquable constance.

En multipliant les exemples, on déboucherait sans doute sur des situations fort diverses en fonction de l'imbrication de nombreux facteurs, difficilement identifiables et mesurables. Nous avons voulu prendre du champ par rapport à la grande ville et analyser la situation dans le pays de Hanau, à travers le cas de Schillersdorf[407]. Nos calculs risquent de se trouver faussés par le montant, fort important, des compensations familiales et celui, pas toujours évalué, des dots. Aussi avons-nous pris le parti de les écarter provisoirement de notre enquête. Un tiers des opérations effectuées -

407 J-M. BOEHLER, *art. 1529* (ABR 6 E 17, inv. Schillersdorf 68-75, 1701-1789).

plus de la moitié de la masse monétaire déplacée-portent sur des emprunts en espèces ou en nature (grains, vin, fourrages), ces derniers ayant été inclus chaque fois qu'ils sont stipulés en argent.

	1701-1729	1730-1759	1760-1789
Volume de la dette (lt.)	13 460	28 822	51 460
Nombre d'opérations	37	48	49
% du montant des sommes dues (% du nb. de cas étudiés)			
- dettes intrafamiliales	3,2 (2,1)	9 (3,7)	4,5 (3,8)
- dettes intravillageoises	7,3 (11,5)	12,3 (12)	15,1 (14,7)
- dettes intervillageoises	11,6 (4,3)	13,6 (7,8)	8,2 (4,5)
- dettes envers les habitants des bourgs et des villes	30 (5,8)	12,6 (4,6)	20,3 (6,4)
- dettes envers les institutions ecclésiastiques	6,8 (3,5)	4,5 (1,4)	5,1 (2,6)
- dettes à l'égard des Juifs	5,5 (2,2)	17,7 (6,9)	26,2 (6,4)

L'éloignement de la grand'ville est-il déterminant ? Les relations avec de petites cités comme Bouxwiller, Ingwiller, Pfaffenhoffen rendent compte d'une partie des opérations - entre le cinquième et le quart des sommes déplacées au profit d'une minorité d'emprunteurs - et permettent d'éviter le recours, rarissime, aux bourgeois de Haguenau et de Strasbourg. Indispensables au moment de la *reconstruction* jusque vers les années 1730, les créances urbaines connaissent un fléchissement au milieu du siècle pour reprendre à l'approche de la Révolution. Comme pour Holtzheim, la part de la ville, quoique importante, tend donc à diminuer, que l'on considère le volume des sommes déplacées ou le nombre d'opérations souscrites. Soulignons le rôle écrasant de Bouxwiller, siège de l'administration seigneuriale et lieu de résidence d'une bourgeoisie relativement aisée.

Mais là s'arrête la comparaison avec l'échantillon précédent. Il apparaît clairement que, le cercle familial s'avérant trop étroit, les habitants de Schillersdorf s'adressent à leurs concitoyens de préférence aux *étrangers* des communes environnantes avec lesquels ils ont été amenés à tisser un réseau de relations. Plus marqué qu'à Holtzheim, le sentiment d'appartenir à une même communauté se renforce au cours du siècle. Les prêteurs villageois sont pourtant peu nombreux et ils appartiennent tous au groupe dominant de la société villageoise. Au nombre des rares états et professions indiqués par les actes, signalons ceux de prévôt seigneurial, d'échevin-laboureur, de forgeron-échevin, d'aubergiste. Richesse, pouvoir et considération sociale vont de pair et la situation de créancier confère, à son tour, un supplément d'autorité. Les Mahler, les Schweyer, les Mehl, les Luckel, capables de prêter jusqu'à 2000 livres tournois, établissent des relations financières avec les localités environnantes : le vitrier et le teinturier d'Ingwiller, le barbier de Woerth, le meunier d'Obermodern, le tuilier de Mulhausen comptent parmi leurs *clients* et certains Juifs de Bouxwiller ou d'Ingwiller n'hésitent pas à leur emprunter de l'argent et à faire appel à leurs attelages. Profitant de ces relations d'affaires, nos prêteurs achètent un champ par ci, louent un pré par là. Beaucoup plus rares à la campagne (il faut avoir le flair de Jean Vogt pour les dépister), ces *capitalistes* au petit pied, comme Jean-Jacques Knoderer à Ittenheim, propriétaire foncier (16 hectares), négociant, prêteur d'argent et de bêtes, boucher et négociant en viande, qui se trouve à la tête d'une fortune de 10 000 livres tournois[408]...

[408] J. VOGT, *art. 1751*.

La complexité des relations d'argent : l'exemple de Schillersdorf (1701 - 1789)

	1701 - 1729		1730 - 1759		1760 - 1789	
Les emprunts en numéraire et en nature *						
- famille	3,21	(2)	9,00	(4)	4,53	(4)
- village	7,30	(12)	12,26	(12)	15,65	(15)
- inter-villages	12,59	(4)	13,58	(8)	8,15	(5)
- bourgs et villes	29,98	(6)	12,62	(5)	26,86	(7)
- institutions religieuses	6,83	(4)	4,48	(2)	5,11	(3)
	59,91	(28)	51,94	(31)	53,20	(34)
Les échanges de services						
- village	13,07	(21)	5,23	(15)	2,27	(12)
- inter-villages	2,18	(6)	1,70	(8)	0,05	(2)
- bourgs et villes	1,55	(8)	0,24	(3)	0,87	(2)
	16,80	(35)	7,17	(26)	3,19	(14)
Les opérations juives						
(créances et transactions)	5,45	(2)	17,66	(7)	26,39	(7)
Les prélèvements	2,33	(3)	0,44	(3)	0,30	(2)
- rentes	2,78	(8)	4,15	(6)	3,35	(13)
- impôts	5,11	(11)	4,59	(9)	3,65	(15)
Les frais	0,08	(1)	0,33	(2)	0,41	(2)
- de justice	12,30	(19)	17,83	(21)	12,96	(24)
- de notaire	0,30	(3)	0,23	(1)	0,29	(2)
- de maladie	0,05	(1)	0,25	(3)	0,31	(2)
- de décès	12,73	(24)	18,64	(27)	13,57	(30)
Nb. de situations	29		48		49	
Volume de la dette globale (lt)	**13 460**		**28 822**		**51 450**	

% des sommes empruntées (nb. de cas).

* Les emprunts effectués en nature sont exprimés en numéraire dans les inventaires.
Source : ABR 6 E 17, Not. Ingwiller, inv. Schillersdorf 68-75.

Ce premier sondage, fort éclairant sur les relations ville-campagne, ne nous aura pas permis d'identifier les catégories sociales de prêteurs. L'analyse de la période 1749-1789 permet de combler cette lacune dans une conjoncture, il est vrai, totalement différente. Nos documents chiffrés ou figurés proposent une ventilation par catégories socio-professionnelles et permettent de dégager les principaux couples créanciers-débiteurs.

L'identité des créanciers de la ville apporte un nouvel éclairage quant aux opérations effectuées. Qui sont-ils ? Pour la tranche chronologique de 1649 à 1699 et celle de 1749 à 1789[409], on constate une grande ressemblance quant à la composition sociale du groupe des créanciers. Entre les deux périodes, seul l'artisanat proprement urbain occupe une place grandissante, peut-être parce qu'il s'est progressivement développé et diversifié, tandis que le monde de la marchandise et du négoce, sans doute tenté par d'autres investissements, voit sa part se réduire. L'importance numérique d'une bourgeoisie administrative et robine au petit pied s'affirme puisque, avec l'appoint de l'Université et de l'Eglise, elle représente la moitié des créanciers et trahit une accumulation de petits capitaux disponibles pour de petits placements. En effet qu'il s'agisse de l'administration, des services ou de l'artisanat, on relève l'origine sociale modeste des prêteurs[410] : un seul banquier, quelques rares meuniers, brasseurs, fariniers, un nombre impressionnant de boulangers et, au XVIIème siècle, d'aubergistes ; une foule de pelletiers, gantiers, boutonniers, chapeliers, chaudronniers, couteliers, serruriers, tonneliers. Si le notaire, le marchand de grains, le meunier ou le farinier peuvent être considérés, de par leurs activités, comme de bons connaisseurs de la campagne, il n'en est pas de même du petit artisan qui est amené à prêter au hasard des opportunités. Il semblerait donc que la dispersion l'emporte sur la concentration des créances et que le milieu financier ne soit pas aussi fermé qu'on pourrait le croire *a priori*. Les placements à la campagne, contrastant avec la faiblesse des possibilités en ville même, concernent une grande partie des catégories socio-professionnelles de Strasbourg : la constatation n'est pas sans rappeler celle que nous avons faite à propos de l'emprise foncière citadine[411]. L'origine géographique des contractants, transactions et obligations confondues, fait apparaître la forte prédominance des opérations réalisées sur place, entre contractants de la même localité, et une aire resserrée dans un rayon de moins de 30 kilomètres. Voici, à titre d'exemple, la répartition géographique des contractants venus se présenter, en 1772, à l'étude de Maître Laquiante[412] :

Contractants originaires de la même localité	56,6 %
Distances de moins de 10 km	14,9 %
de 10 à 30 km	19,4 %
de 30 à 100 km	6,6 %
de plus de100 km	2,3 %
indéterminé	0,2 %
	100,0 %

[409] AMS Chambre des contrats et ABR 6 E 41/998-1115, Et. Laquiante. Pour l'année 1739, les indications ne sont pas suffisamment nombreuses.

[410] Même constatation pour Amiens : P. DEYON, *op. 207*, p. 313.

[411] Voir *supra* pp. 323-334 et 528-531.

[412] ABR 6 E 41/1042-1045.

Mais la dénivellation sociale ne joue pas forcément le rôle de repoussoir. Certes, dans les minutiers strasbourgeois, les prêts octroyés par les nobles ou la domesticité des grandes maisons sont rarement destinés aux paysans et la noblesse se trouve fréquemment endettée à l'égard de son propre personnel administratif[413]. On voit cependant, au XVIIIème siècle, les Oberkirch prêter au taux de 5% à des communes[414] ou des particuliers du Kochersberg et du pays de Hanau, avancer de l'argent à des habitants du Hattgau, de la Hardt et du Vignoble à des conditions tout à fait comparables à celles que nous avons relevées par ailleurs[415]. Prenons une gerbe de 60 créances concernant essentiellement les paysans du Kochersberg :

50 - 100 livres tournois :	8,3 % des opérations	500 - 1000 livres tournois :	18,3 % des opérations
100 - 200 livres tournois :	23,4 % des opérations	1000 livres tournois et plus :	5,0 % des opérations
200 - 500 livres tournois :	45,0 % des opérations		

Pas de petites sommes en dessous de 50 livres tournois ; néanmoins les quatre cinquièmes des opérations concernent des créances de moins de 500 et une infime minorité d'entre elles dépasse les 1000 livres tournois. Partout de grands personnages et des institutions vénérables se détachent au nombre des créanciers : la commune d'Ernolsheim-sur-Bruche, se proposant en 1748/1750 de transformer le *Breuschwald*, fraîchement acquis, en nature de prairie, s'adresse à Jean-Daniel Friderici qui lui avance 7000 livres tournois[416]. Jean-André Golbéry, membre du Conseil Souverain de Colmar, réclame 400 livres d'un laboureur de Heiteren, reliquat d'une obligation souscrite en 1752[417]. C'est une somme de la même importance que doit Martin Beiner de Bourgheim, en 1749, au receveur de la Tour aux Pfennig de Strasbourg[418].

Par ailleurs, en dépit des apparences, rien ne nous autorise à minimiser le rôle des institutions religieuses, car beaucoup d'entre elles ne passent pas par le canal du notariat royal[419], mais prêtent directement à leurs fermiers : le Chapitre Saint-Thiébaut de Thann[420], la congrégation Notre-

---

413 BNUS Ms. 4965 : Jean-Guillaume Chasseur, bailli de la noblesse de Basse-Alsace (inv. 1750-1751) prête au Dettlingen et aux Falkenhayn.
Bernard VOGLER (*art. cit.*, pp. 339 et 342) montre que leur train de vie entraîne les nobles strasbourgeois à emprunter globalement autant qu'ils prêtent ; c'est ainsi qu'en 1751, le préteur royal Klinglin, cas exceptionnel, emprunte 150 000 livres tournois.

414 AMO B 6 : une dette de 1000 livres tournois, contractée par la communauté de Quatzenheim en 1717, n'est toujours pas remboursée en 1789.

415 AMO B 44/5, 6, 7, 57 et 68 (Quatzenheim et Furdenheim 1700-1789), 61 (Westhoffen (1737-1747).
AHR 132 J 6 (Hardt et Vignoble, 1715-1736).

416 ABR 8 E 127/2.

417 AHR E 2590.

418 ABR 6 E 41/85 (21 juillet 1749).

419 A titre d'exemples :
ABR 6 E 41/1081, Et. Laquiante : Joseph Klein de Kogenheim emprunte 1200 livres au Grand Choeur de la cathédrale (22 juin 1781).
Ibid. : Michel Schwebel de Lampertheim emprunte 1100 livres au Grand Chapitre de la cathédrale (31 janvier 1781).

420 AHR 6 G 13-28 (1676-1786).

Dame de Saverne[421], le Chapitre de Surbourg[422], pour n'en citer que quelques uns, engagent des capitaux d'un montant de plusieurs centaines de milliers de livres. L'abbaye de Marmoutier, justifie en 1774 les prêts - au total 98 850 livres - accordés aux paysans des environs jusqu'en 1750 : *Ces prêts ont été d'un grand secours aux habitans du village qui dépendent de cette abbaye..., s'ils en sont privés, ils seront forcés de s'adresser aux Juifs qui les auront bientôt ruinés.* Cette opération *procurera aux débiteurs le rétablissement de leurs affaires, les préservera de l'usure des Juifs... et fit revivre dans le canton l'agriculture et le commerce*[423]. Il en va de même des établissements hospitaliers qui irriguent les campagnes environnantes[424]. Situant leurs opérations à un niveau supérieur, les institutions sécularisées de Bâle[425] visent l'élite sociale : le prévôt de Sierentz, le cabaretier de Habsheim, le maître de poste de Kembs côtoient, parmi les débiteurs, des personnages comme Hell, le bailli de Landser, Salomon, membre du Conseil Souverain et Noblat, subdélégué de Haute-Alsace. A l'autre extrémité de l'échelle, les *fabriques* d'église jouent le rôle de banques de petit crédit, ancêtres des futures caisses de dépôts et de prêts[426], accessibles à la grande majorité de la population, compte tenu à la fois du niveau relativement bas des montants et de conditions de remboursement très libérales[427]. Voici l'exemple des créances consenties par la paroisse de Guémar entre 1697 et 1773 ; on en comparera la structure à celle des obligations signées en faveur d'Oberkirch et des prêteurs juifs[428] :

moins de 50 livres tournois :	14,9 % des obligations	100 - 200 livres tournois :	34,3 % des obligations
50 - 100 livres tournois :	43,3 %des obligations	200 - 500 livres tournois :	7,5 % des obligations

Une seule frôle les 500, près de 60% d'entre elles se situent en dessous de 100 livres tournois.

Conclusion

L'interprétation des opérations de crédit n'est pas chose aisée, mais elle est de première importance, car elle nous conduit au problème de la signification même de l'argent. Faut-il voir dans l'aggravation d'un endettement par nécessité le témoignage de cette pénurie d'argent à la campagne que les contemporains sont unanimes à dénoncer à la fin du

---

421 ANQ1 970 : 8870 livres tournois distribués dans douze localités autour de Saverne entre 1710 et 1747, au total 94 250 livres jusqu'en 1789.

422 G. STEPHAN, *mém. 1007*, pp. 119-120 : 1 467 640 livres de 1740 à 1789.

423 ANQ1 970 (12 septembre 1774).

424 ABR Ca 14 (hospices de Bouxwiller) : 16 780 livres tournois avec les intérêts d'après le budget de 1700. AHR C 1287 (hôpital d'Altkirch, 1723).

425 AEB *Dir. der Schaffneien* F 2 (1752-1778).

426 A titre d'exemples :
ABR 2 G 61/643, Consistoire de Bouxwiller, fabrique d'Ingwiller (1756-1774) et 651, fabrique de Kindwiller (1722-1783) : prêts, après enquête sur chaque débiteur, dont beaucoup sont destinés à rembourser des créanciers juifs.
AHR E dépôt 30 GG 14 (AC Guémar 1697-1773).

427 *Ibid* : *solang... bis der debitor besagtes Capital Samt des Zins... wiederumben ablösen und abstatten werde* (formule usitée).

428 Voir *supra* p. 1203 et J. DALTROFF, *th. cit.*

XVIIIème siècle ? Faut-il au contraire conclure à l'enrichissement d'une minorité capable de fournir des sommes de plus en plus fortes et répondant à des besoins accrus ? La coexistence de ces deux raisons, qui ne s'excluent pas l'une l'autre, confirme l'image d'une société rurale de plus en plus gênée dans ses couches inférieures, mais également de plus en plus inégalitaire. Dans son double rapport avec la pauvreté et la richesse, sous sa double signification psychologique et sociale, l'endettement est tout à la fois miroir des difficultés paysannes et thérapeutique incontournable face à ces difficultés, mécanisme de domination, voire de colonisation, par l'appropriation de la terre et l'urbanisation des revenus ruraux, le plus souvent sans ristourne, enfin élément de dissociation de la société rurale.

Le fait que l'argent circule, tant bien que mal, ne signifie pas qu'il trouve le temps ou l'occasion de s'investir durablement. Les transactions monétaires n'ont pas forcément leur contre-partie économique. Il y aurait d'ailleurs quelque danger à vouloir étudier la circulation monétaire en dehors de *l'environnement mental* de l'époque : on ne raisonne pas en termes de profit, d'investissement, d'épargne ; on vit au jour le jour, on se soucie davantage des nécessités de la survie que d'anticipations économiques ; l'argent n'est pas utilisé, avant tout, à des fins productives. Et ce circuit monétaire, indépendant du circuit économique, laisse souvent percer, sinon la misère, du moins la gêne qui, du reste, n'est pas incompatible avec la thésaurisation : une étude au cas par cas montrerait que le manque d'argent ne se situe pas forcément aux niveaux sociaux inférieurs. La gêne se traduit autant par le recours à la vente ou à l'engagement des terres, pour éteindre une dette, que par le fractionnement des remboursements. Loin de faire complètement défaut, l'argent joue donc, en dépit de la relative modestie des besoins, un rôle non négligeable et contribue, au sein même de la communauté rurale, à la mise en place d'un réseau de relations reposant sur la clientèle, le voisinage ou l'alliance. Quels sont les principaux bénéficiaires du commerce de l'argent ? L'endettement a été attribué un peu hâtivement aux *manoeuvres* des Juifs. Or les Juifs[429], davantage spécialisés dans le commerce du bétail, ne détiennent pas un quelconque monopole, sauf dans les contrées paysannes appauvries et éloignées de la ville dont le Sundgau constitue sans doute l'illustration. Les prêts de grains et d'argent leur échappent en grande partie. Il est vrai que le commerce du bétail lui-même peut fort bien dissimuler une opération de crédit : dans la région de Haguenau, de nombreux contrats stipulent que le paysan achèvera de payer le boeuf, qui lui a été confié pour engraissement, après revente de la bête[430]. L'étude comparée des créances passées au profit de prêteurs juifs et chrétiens fait apparaître, au cours du XVIIIème siècle, une diminution des opérations juives - nombre de créances, montant global des prêts et, sauf en 1789, montant des sommes moyennes déplacées -, de plus en plus concurrencées par les opérations chrétiennes : pour ces dernières, les sommes moyennes, le nombre relatif des créances et le montant des sommes prêtées augmentent souvent ou se stabilisent dans la seconde moitié du siècle.

[429] Voir *infra* pp. 1408-1410.

[430] AMH HH 97 (1757) et HH 9-11 (registres des protocoles du marché du bétail, 1775-1789). Nous reviendrons sur le problème de la polyactivité des Juifs, *infra* pp. 1405-1420.

Tableau comparé des créances passées au profit de prêteurs juifs ou chrétiens
(ABR 6 E 41/993-1115, Et. Laquiante)

	Nombre d'opérations	Sommes tot. prêtées	au profit de prêteurs juifs % Nb.	% somme	somme moyenne (lt)	au profit des prêteurs chrétiens % Nb.	% somme	somme moyenne (lt)
1739	24	17 927	70,8	73,8	778	29,2	26,2	872
1749	53	10 860	58,5	52,5	413	41,5	47,5	526
1759	52	30 981	28,9	24,8	512	71,1	75,2	630
1769	108	117 322	25,0	30,7	687	75,0	69,3	1003
1779	122	140 841	14,8	6,3	496	85,2	93,7	1268
1789	121	90 740	4,1	5,8	1061	95,9	94,2	736

Les petites et moyennes obligations (moins de 500 livres tournois) confirment leur prédominance au cours du XVIIIème siècle[431] :

Lt.	moins de 100	100-200	200-500	500-1000	1000-2000	plus de 2000
% Nb. d'opérations						
1736	-	5,2	31,5	38,8	17,0	7,5
1751	1,5	12,3	41,6	29,2	10,8	4,6
1766	3,1	9,4	28,1	28,1	18,8	12,5
1781	20,6	38,5	17,9	12,8	5,1	5,1

Par ailleurs, la ville elle-même, malgré l'influence constante et discrète qu'elle exerce sur la campagne, n'est pas seule à arroser le plat pays de ses capitaux. Certes le prêt d'argent n'est qu'une des formes de l'emprise citadine : le recours de la paysannerie à ses services et à ses produits, l'emprise des citadins sur les biens-fonds ruraux ne sont pas négligeables et se trouvent parfois étroitement imbriqués dans les opérations de crédit. Mais, dans tous les cas de figure, les relations économiques l'emportent sur les relations humaines : rareté des échanges matrimoniaux[432], timidité des influences culturelles. Les contacts se multiplieront au XIXème siècle avec le développement des mouvements migratoires, encouragés par le trop-plein démographique des campagnes et les sollicitations de l'industrie naissante.

Il ne s'agit en aucune façon d'enfermer l'endettement rural dans le cercle rigide des prêts juifs ou citadins. Il nous apparaît au contraire comme extrêmement différencié, diffus et peut-être (mais cette impression mériterait confirmation) organisé autour de quelques auréoles concentriques : le petit paysan commencerait par s'adresser au laboureur qu'il connaît et auquel le lient des obligations de travail. Parallèlement, il pourrait avoir recours à la *fabrique* de l'église paroissiale avec laquelle il entretient une certaine familiarité et qui se spécialise dans de petits prêts, parfois les seuls qui soient à sa portée. L'appel au Juif est encore dans ses possibilités, d'autant qu'il s'intègre dans une foule d'opérations - vente de terres ou de bétail, avance de grains - dont il est parfois difficile de démêler la complexité. Mais les créances juives se font-elles plus nombreuses à

[431] Chiffres empruntés à J. DALTROFF, *th. cit.*, pp. 13, 24, 32 et 43, d'après ABR 6 E 41/56, Et. Humbourg, et 991, Et. Lanneur de Chantelon (1736) ; *ibid.* 85-86, Et. Humbourg et 1000, Et. Laquiante (1751) ; *ibid.* 121-124, Et. Humbourg et 1020-1022, Et. Laquiante (1766) ; *ibid.* 181-184, Et. Lacombe et 1080-1082, Et. Laquiante (1781).

[432] Voir *supra* pp. 152-160.

mesure qu'on descend dans l'échelle sociale ? Rien ne permet de l'affirmer. Les laboureurs offrent au prêteur juif des garanties autrement plus solides, ce qui ne les empêche nullement, en jouant sur les relations et leur honorabilité, de s'adresser au monde hétérogène des créanciers citadins et de faire appel à leur propre famille, généralement mieux pourvue que celle du journalier. L'apport familial présente en outre l'avantage de la discrétion, car *le paysan aimera mieux avoir beaucoup de dettes ignorées qu'une seule dette connue*[433]. La mise en place d'un réseau de relations ne fait donc que se juxtaposer à la constellation déjà existante des alliances. Se dégage en définitive le sentiment d'une très grande prudence, voire d'une méfiance instinctive, à l'égard de tout de qui est extérieur au monde paysan : un tel comportement jouera le rôle de frein lors de la mise en place d'un crédit public[434] qui tentera justement de rompre l'isolement relatif des campagnes.

Mais, quelle que soit l'identité des contractants, l'endettement apparaît comme une forme de dépendance et de subordination à l'égard d'une minorité de possédants ou de détenteurs de capitaux faisant partie d'une bourgeoisie, rurale ou citadine, avide de gains. Pour les plus importants d'entre eux, il serait artificiel de vouloir distinguer l'investissement d'un capital de la mainmise sur la terre, tant ces deux opérations, qu'elles soient simultanées, alternatives ou consécutives, se trouvent imbriquées l'une dans l'autre : la créance ouvre une brèche dans la possession, la propriété sert de garantie à la créance. Spirale de la puissance : la situation de créancier est de nature à conférer à son titulaire un supplément d'autorité et de considération sociale que lui valent déjà la richesse et le pouvoir.

Cette étude nous aura donc permis de dégager les liens étroits qui s'établissent entre la rente de l'argent et la rente du sol : une minorité de citadins et de ruraux puisent une partie de leurs revenus aux sources du travail productif du plus grand nombre. Voici l'exemple de Jean Flesch, un journalier de Heiteren, auquel nous dénions, par ailleurs, toute valeur de représentativité mais qui a l'avantage de nous présenter une situation, parmi des milliers d'autres, au mois de mai 1772, c'est-à-dire à un moment de l'année où les charges atteignent leur point culminant[435] :

		Somme (livres/sols)	%
Dettes (22%)	à l'aubergiste et au laboureur (argent et grains)	10/10	10,5
	frais d'enterrement	11/10	11,5
Rentes (46%)	loyer de la maison	21	21
	loyer des terres	25	25
Services (10%)	labours	6	6
	semailles	2	2
	charrois	2	2
Artisanat (3,5%)	au cordonnier pour une paire de souliers	3/10	3,5
Impôts (18,5%)	royaux	10/9	10,4
	seigneuriaux	8/3	8,1
		100/2	100%

[433] A. HEILMANN, *op. cit.*, p. 22.

[434] A. GUESLIN, *op. cit.*, p. 36.

[435] AHR 4 E Not. Heiteren, inv. 13 (20 mai 1772).

Si les prestations des artisans semblent avoir été honorées, à une exception près, il n'en est pas de même des services - labours, semailles et charrois - qui, pour avoir été effectués peu de temps avant le décès, n'ont pas encore été acquittés. Mais c'est la rente foncière et immobilière qui représente près de la moitié du volume de l'endettement : le fait de ne pas être propriétaire de sa maison et de ses terres grève lourdement le budget de notre homme. Des emprunts, en nature et en espèces, ont été contractés exclusivement auprès d'habitants de la localité ou des environs, dont l'aubergiste de Hirtzfelden et Antoine Engasser, le laboureur, qui lui avait retourné les terres et qui, par conséquent, endosse le double rôle de prestateur de services et de prêteur : 12% du passif lui reviennent. A la rente et à la dette s'ajoute enfin une troisième forme de prélèvement : l'impôt représente à lui seul près d'un cinquième des sommes à débourser.

B) Le poids de la fiscalité

1) Le prélèvement seigneurial

a) De la souveraineté "féodale" à l'exploitation "seigneuriale"

L'analyse de la seigneurie alsacienne - telle n'est pas notre prétention - est un sujet trop immense pour ne pas le laisser à des chercheurs spécialisés ou chevronnés[436]. Il y a lieu de distinguer *grosso modo* la Basse-Alsace où les droits régaliens, attachés à la supériorité territoriale, sont concédés à de nombreux seigneurs et la Haute-Alsace, où le Roi affirme sa souveraineté sur d'importants fiefs hérités des Habsbourg. Mais le seigneur détient-il encore le *pouvoir* au XVIIIème siècle et, dans l'affirmative, quel *pouvoir* ? Des siècles durant en effet, le château dominait le village, concurremment avec l'église. Or, progressivement, ce château se transforme : de forteresse, il devient maison de campagne, gagnant en agrément ce qu'il perd en utilité stratégique. Les transformations de l'art de la guerre et l'avènement de la *paix française* au XVIIIème siècle, le renforcement de l'autorité royale, par intendant interposé, enlèvent au seigneur une part de sa raison d'être et entament ce capital d'estime dont il était le seul bénéficiaire. L'évolution se fait de façon lente et sournoise, puisque le monarque, lors des traités, promet de respecter les *droits régaliens dont les seigneurs d'Alsace ont été dans l'usage avant de la réunir à la France... comme souverains eux-mêmes chez eux sous la protection de l'Empereur*[437]. Mais elle est inéluctable. La paysannerie, se sentant soutenue par l'administration royale, ose résister ouvertement à un seigneur[438] dont la situation, entre le bon vouloir du Roi et la progressive émancipation des sujets, est de plus en plus inconfortable. La souveraineté ne peut s'exercer que par délégation et la supériorité territoriale elle-même se trouve limitée. Un certain nombre de droits qu'on pourrait qualifier de *régaliens* doivent parfois leur maintien

[436] Ph. DATTLER, *th. 1911*.
E. PELZER, *op. 2127*.

[437] BN Lb 39/2134 : *Réflexions sommaires et impartiales...*

[438] Voir *infra* pp.1305-1312 et 1320-1330.

aux bonnes dispositions du Roi à l'égard des seigneurs alsaciens[439]. C'est ainsi que le droit de péage et de pontenage est perçu comme une faveur royale qui met à la discrétion du seigneur le contrôle de son territoire[440]. Or ce droit est non seulement vigoureusement contesté par les communautés, mais de plus en plus limité par le souverain lui-même qui le considère comme une concession royale aux seigneurs[441] desquels on exige des titres s'ils ne sont pas purement et simplement dépossédés. Le droit de réception dans la seigneurie, modulé suivant qu'il s'agit d'un *manant*, d'un Juif ou d'un Anabaptiste, trouve sa contrepartie dans le droit d'émigration ou de transmigration destiné à indemniser le seigneur du manque à gagner causé par le départ de l'un de ses justiciables changeant de souveraineté[442]. Les droits de chasse et de pêche sont de plus en plus contestés[443] et se limitent à de simples prétextes à rentrée d'argent. Le droit de justice, dernier attribut de la souveraineté, s'effiloche : jugeant de plus en plus rarement en personne, le seigneur se contente de se faire représenter par le bailli ou le prévôt, ce qui n'empêche pas les Ribeaupierre sur leurs territoires alsaciens, d'encaisser, dans la décennie 1779-1788, une moyenne de 11 000 livres d'amendes par an[444]...

Avant qu'elle ne soit officialisée par les juristes de la Révolution[445], la confusion des termes de *féodalité* et de *seigneurie* est totale dans la réalité comme dans les esprits : la première est née de l'exercice de la puissance politique, la seconde reflète une emprise économique[446]. Mais la ponction économique tend à l'emporter sur la domination politique. Pour reprendre la terminologie de Merlin de Douai, la seigneurie serait-elle de moins en moins *dominante* et de plus en plus *contractante* ? Avec le perfectionnement de l'Etat - monarchie française ou *Landherrschaft* allemande -, la puissance seigneuriale se réduit souvent à la perception de rentes. En milieu rhénan, en dehors de la sphère d'influence française, la levée d'une rente privatisée, aux mains du *Grundherr*, peut d'ailleurs être distincte de

---

439 AN K 2318/2 : la juridiction féodale, avec droit de souveraineté est accordée par le Roi au comte de Hanau (1749) et au duc de Wurtemberg (confirmation en 1774/1775).

440 Ch. HOFFMANN, *op. cit.*, t. III, pp. 425-434 (arrêt du Conseil du 3 octobre 1680).
AN T 570/1 : péage au pont de Bartenheim (seigneurie de Landser 1734, 1750).

441 DE BOUG, *Ord. Als.*, t. I, p. 95 (arrêt du Conseil d'Etat qui supprime des droits de péage établis dans le plat pays d'Alsace (3 octobre 1680) et t. II, p. 23 (arrêt du Conseil d'Etat du 24 juin 1727 maintenant la communauté de Meyenheim dans le droit de pontenage). Un arrêt du 3 mars 1744 s'intéresse aux péages de Guémar et d'Illhaeusern (Ribeaupierre), tandis que ceux d'Illfurth et de Manspach (Mazarin), supprimés par l'arrêt du Conseil d'Etat du 11 février 1750, sont rétablis par l'arrêt du 13 juillet 1755.

442 DE BOUG, *Ord. Als.*, t. II, pp. 532 et 538.
Ch. HOFFMANN, *op. cit.*, t. III, pp. 2-10 et 377-394. Voir *infra* p. 1221.
AHR 1 J 30/1 : *Lorsqu'un habitant... veut sortir du lieu pour aller sous un ciel étranger, alors le seigneur lui demande un droit de sortie pour sa propre personne, droit qui indemnise le seigneur du Todfall ; il lève ce droit sur un home qui meurt à l'Etat et qui méprise son souverain et son seigneur naturels pour s'en choisir d'autre...* (Offwiller, comté de Hanau, 1741).

443 AHR E 269 : exemple des Wurtemberg à Fortschwihr et Andolsheim (1749-1757).
Ch. HOFFMANN, *op. cit.*, t. III, pp. 119-137 et 434-437.

444 AHR 19 J 126 : mémoire du duc de Deux-Ponts (1795).

445 Ph. MERLIN DE DOUAI : rapports à l'Assemblée Constituante du 4 septembre 1789 et du 8 février 1790.

446 AHR C 1098 : sont spécifiés les impôts seigneuriaux proprement dits ainsi que les cens et rentes (1751).

l'exercice de la souveraineté politique - *Landeshoheit* - qui est du ressort du *Landesherr*[447] : la distribution des rôles semble plus nette qu'en France, encore que le *Landesherr* puisse exercer des droits économiques, alors que le *Grundherr*, en tant que *Obereigentümer*, se voit privé de tout pouvoir politique. Ce qui rend la perception des droits seigneuriaux impopulaire, c'est la distorsion entre la réalité des redevances et la disparition de leur contrepartie, à savoir le devoir de protection qui incombait traditionnellement au seigneur et qui se trouve à présent vidé de son contenu. Rééditées au XVIIème et au XVIIIème siècles, les *Landesordnungen*, expression de l'ancien pouvoir féodal, témoignent d'un combat d'arrière-garde[448]. Le seigneur ne rend plus guère de service, n'entretient même plus les chemins. Serait-il devenu un parasite ? Souvent absent, il amodie tel droit à un individu qui, fut-il M. de Voltaire[449], finit par transformer la seigneurie en réservoir à revenus. Rappelons que, d'une part, le produit de la terre constitue une composante essentielle du revenu seigneurial et que, d'autre part, l'exercice des droits seigneuriaux contribue à élargir la place modeste que confère à la noblesse la propriété foncière[450]. Le seigneur deviendrait-il essentiellement rentier ? En fait, il y a *rente* et *rente*, ce qui explique d'ailleurs les hésitations du législateur révolutionnaire lorsque, entre le 4 août 1789 et le 27 juillet 1793, il est amené à la suppression intégrale des redevances seigneuriales. La mollesse des récriminations paysannes devant leur perception et le peu d'ardeur que met la noblesse à en assurer la défense au début de la Révolution montrent que les cens ou rentes féodales constituent un prélèvement minime (2 à 3% des revenus) que le propriétaire - aussi bien bourgeois que noble d'ailleurs - tire de sa terre , une charge insignifiante et de perception difficile par surcroît. La rente foncière, de droit commun, contrepartie à la possession temporaire ou héréditaire d'un bien foncier, est autrement plus intéressante, surtout si elle suit la hausse des cours céréaliers. Au moment où s'effiloche la seigneurie censuelle, dérivant d'une possession primitive et lointaine du sol, le seigneur vit de ses droits *utiles* faisant partie intégrante de ce que le juriste Dumoulin appelait au XVIème siècle le *complexum feudale*. En fait, ce qui est proprement féodal se démode, ce qui est seigneurial survit et se renforce. C'est ainsi que la colonge, en dépit de son caractère archaïque survit en tant que réceptacle à rentes foncières[451]. Selon l'expression de François Furet[452], le capitalisme, fondé avant tout sur la rentabilité et l'individualisme agraire, s'installe dans les pores de la féodalité et, entre les droits seigneuriaux réels et la rente foncière telle que l'entendent les physiocrates, il n'y a guère de différence de nature. *Je connais des seigneurs de cette province*, écrit le

---

447 Th. LUDWIG, *op. 382*, pp. 14-63.
A. STROBEL, *op. [545]*, pp. 39-59.

448 AHR E 39-42 : édits des ducs de Wurtemberg (1567, 1583-1591, 1627) sur le respect des règlements de police, la taxation des salaires, la fixation des poids et mesures...

449 AHR E 141 (correspondance 1753-1755).

450 Voir *supra* pp. 524-527.

451 Exemple de Waldner de Freundstein à Sierentz, 1722 et 1760-1763 (P. WIRTH, *art. 2216*, pp. 152-153 et 156-157).
APM T 570/1 (seigneurie de Landser, 1746).

452 Fr. FURET, *art. 2391*.

receveur de la seigneurie de Landser en 1771, *qui retirent jusqu'à trente mille livres d'un seul village : la raison est qu'ils réunissent la propriété des fonds aux droits seigneuriaux, au lieu que la seigneurie de Landser est réduit aux droits seigneuriaux sans dixmes et sans autres fonds, excepté trois ou quatre emphytéoses... Il sera facile de faire annuller ces concessions et d'en assurer la pleine propriété au seigneur*[453]... Parallèlement à la rentrée des droits seigneuriaux proprement dits - dont beaucoup d'impôts indirects tels que l'accise, les lods et ventes, le débit de sel, l'*Umgeld*, l'*Atzgeld* -, les Ribeaupierre s'intéressent au rendement de leurs bergeries[454] et les Wurtemberg au prix des grains[455]. *Les grains ont augmenté de prix*, écrit Flachsland le 12 juin 1752... *Je profiterai de ce tems autant que je pourrai pour me défaire de 500 à 600 rézaux de grains seigneuriaux qui me restent encore dans les greniers*[456]. L'année d'après, il faudra même louer des greniers à Colmar pour loger le produit d'une récolte pléthorique[457]. La *réaction seigneuriale* de la fin du XVIIIème s'inscrit dans un tel contexte. Les anciens féodaux seraient-ils en voie de devenir des *entrepreneurs de fiefs*[458], même en dehors de l'exploitation de réserves importantes ? La seigneurie deviendrait-elle le véhicule du capitalisme auquel la *Grundherrschaft* ouvrirait la voie ? Cela signifierait qu'en 1789 les paysans mettraient en cause le capitalisme foncier plus que le prélèvement féodal. En fait, l'imputation aux hommes, et à leur instinct de domination, de droits le plus souvent quérables et non portables, fussent-ils résiduels, ce qui constitue une vexation supplémentaire, a pu avoir son importance. On assiste en tout cas à une évolution *capitaliste* de l'économie seigneuriale sous couvert des droits féodaux et, selon l'expression d'A. Cobban, à un *embourgeoisement* de la seigneurie[459], partie prenante d'une économie de marché. A défaut d'anoblir, la terre peut enrichir, mais c'est souvent pour soutenir le rang et le mode de vie du gentilhomme campagnard et conférer à ce dernier une parcelle de pouvoir, sans concurrencer le pouvoir du souverain. Bien plus, le seigneur, sauf à déchoir, n'est-il pas contraint de puiser de plus en plus dans le produit paysan, ce qui limite les possibilités de l'exploitation paysanne ? Cependant ce prélèvement, d'allure parfois parasitaire, ne suffirait pas, par lui-même, à expliquer la paupérisation des campagnes et l'explosion révolutionnaire.

Les historiens ont fait beaucoup de cas de la *réaction seigneuriale*, suite à une recherche obsessionnelle des droits, qui s'amplifie à l'approche de la Révolution. Mais le concept même de *réaction seigneuriale* doit être relativisé à la lumière de deux constatations :

[453] AHR 1 E 44/16 (Schott, juillet 1771).

[454] AHR E 1341 (1737-1743).

[455] AHR E 172 : *Extractus aus dem Fruchtregister* (1749-1757). *Etat des grains vendus* (1737-1743), *Manuel de la recette et dépense tant en grains qu'en argent* (1751-1752), *Carnets des grains et vins vendus des greniers et caves seigneuriales* (1777-1791).

[456] AHR 18 J 464 : situation analogue dans le bailliage de Ribeauvillé où toutes les terres doivent au seigneur un boisseau par arpent (AHR C 1118/92-106, 1752, et 19 J 126, 1791).

[457] AHR 17 J 9/6 (1753).

[458] P. DE SAINT-JACOB, *op. [566]*, p. 431.

[459] A. COBBAN, *op. 2387*, p. 47.

Elle n'est pas un fait unique, inséparable de la Révolution. Nous avons eu l'occasion de le constater : elle intervient en Alsace après les guerres du XVIIème siècle, à la suite d'une période de négligence ou d'indulgence plus ou moins forcée[460] : remise en culture des terres abandonnées, remise en marche des institutions paralysées par la crise, remise en ordre des affaires mal suivies par des seigneurs routiniers et négligents, remise en vigueur des droits tombés dans l'oubli... La paysannerie, dès cette époque, met en oeuvre ses capacités d'oubli et de passivité, armes efficaces face à l'agressivité seigneuriale. Dans le comté de Horbourg-Riquewihr, se dessine après 1748 une seconde *réaction seigneuriale* imputable à des facteurs politiques. Après la mise sous séquestre de sa seigneurie au profit de la France, le duc de Wurtemberg, mécontent à la fois de l'administration française, qui lui avait fait perdre une partie de ses droits, et des négligences de son propre personnel, rentre en possession de ses biens. La levée du séquestre s'accompagne donc d'une puissante *réaction seigneuriale* qui tourne court dans la mesure où le Roi soutient les paysans contre le seigneur[461]. On y voit Rosé, receveur des Wurtemberg, faire rentrer des arriérés dont il juge le nombre *exorbitant* et faire acheter des pierres bornes[462] - gestes qui symbolisent une volonté incontestable de reprise en mains -, tandis que Gottekien, commissaire au séquestre, déclare : *Il seroit souhaitable que les droits de la seigneurie qui ont été négligés depuis un siècle fussent remis en état et qu'elle puisse affermer à nouveau tous ses biens situés dans le dit comté d'Horbourg moyennant un canon annuel, elle en tireroit actuellement au-dela du double en revenus, ainsi qu'on fait depuis plusieurs années la pluspart des seigneurs voisins*[463]. Le Haut-Mundat fournit l'exemple d'une réaction seigneuriale qui se prolonge sur des dizaines d'années[464]. Certaines communes sont en procès, dès 1687, avec leur seigneur, l'évêque de Strasbourg, qui cherche à majorer le droit de corvée. En 1758, on veut imposer à Gundolsheim 700 livres par an au lieu des 420 payés depuis 1682 : c'est *astreindre les habitants à payer en un seul quartier plus qu'ils n'avaient payé jusque là toute l'année.* Déboutée en 1758, l'administration épiscopale revient à la charge en 1773, sans plus de succès car le Conseil Souverain, appuyant la communauté, s'insurge contre la *nouveauté que l'on cherche à introduire,* en alignant Gundolsheim sur les autres communes du Mundat.

La *réaction seigneuriale* prérévolutionnaire s'inscrit donc dans la continuité. Elle procède d'abord, comme dans le bailliage d'Oberbronn, à la prise de conscience d'une stagnation, voire d'une chute des revenus seigneuriaux[465] :

---

[460] Voir *supra* pp. 246-255.

[461] AN K 2324 (s.d., XVIIIème siècle).
O. MISCHLICH, *th. 388*, pp. 174-182.

[462] AHR E 279 (1757-1760).

[463] AHR 18 J 582 (1749).

[464] AHR E dépôt 17, CC 18.

[465] ABR E 4571, 4623 et 4644.

	1718	1740		1761	
		en Schilling	%	en Schilling	%
Taille	2636	3397	+ 28,9	3508	+ 3,3
Corvée	6628	10202	+ 54,0	5350	- 47,6
Capitation	2970	3729	+ 25,6	179	- 95,2
Protection (manants)	650	635	- 02,3	320	- 49,6
Protection (Juifs)	952	2546	+ 167,4	2736	+ 7,5

Il en va de même chez les Mazarin[466] où la marge entre recettes et dépenses, après collecte des rentes foncières, ne cesse de s'amenuiser :

1621	1660	1705	1782
+ 34%	+ 28%	- 0,1%	+ 3,2%

D'ailleurs, une augmentation globale du revenu fiscal peut, compte tenu de l'augmentation de la population, cacher une diminution relative de ces revenus et un allègement *per capita* pour les contribuables. C'est ce que tend à montrer l'exemple de la taille seigneuriale perçue dans onze communautés du comté de Horbourg dans la première moitié du XVIIIème siècle[467] :

	Nombre de contribuables			Volume de la contribution	
	Laboureurs	Manants	Total	Total/an en sacs	par contribuable
1705 - 1712	107	242	349	498	2
1715 - 1725	108	203	311	461	1 1/2
1728 - 1736	122	286	408	353	3/4
1737 - 1745	113	376	489	385	3/4
1749 - 1751	115	497	612	593	1
1752 -1 754	115	493	608	658	1 1/3

Si les effets de l'augmentation de la population (+ 74,2%), suivie avec retard par celle de la masse fiscale (+ 32,1%) ne se traduit pas par une charge accrue par tête de contribuable, c'est qu'un nombre important de manants sont imposés,ce qui gonfle les effectifs des redevables. Il faut donc redresser la situation. La *réaction seigneuriale* tient à la fois d'une volonté d'offensive parfaitement consciente et d'une tentative de rationalisation d'un domaine : au moment où la seigneurie entre dans le circuit des affaires, l'offensive physiocratique lui confère un regain de vigueur. D'unité administrative, elle devient, avec plus ou moins de succès, unité économique[468]. L'apparence, sinon spéculative du moins rentière, et l'absentéisme seraient plutôt les caractères d'une seigneurie forte, ayant réussi à s'adapter à l'évolution économique. Par contre, l'image du seigneur vivant au milieu de ses paysans, auxquels il continuerait à offrir un semblant de protection, en serait la forme la plus archaïque. Dès les années 1750/1770, la seigneurie

[466] D'après les renseignements de J.R. GROSSMANN, *art. 2231*, p. 339.

[467] AHR E 159.

[468] Voir la comptabilité de la ferme des Berckheim à Schoppenwihr, 1665-1765 et à Innenheim, 1755-1786 (AHR 132 J 22-23).

de Landser[469] renvoie l'image d'une réaction assez vigoureuse : reprise des terres *caduques*, remise en question des emphytéoses et renouvellement de rentes, rétablissement de droits négligés, tel que le débit de sel, ou usurpés par les communautés, comme le droit d'*Umgeld*, projet de transformation des corvées en prestations en argent, répression de nombre de *friponneries*[470]. Le receveur Schott affirme à son seigneur, en mars 1776, qu'il y a plus d'une paroisse dans la seigneurie *où les habitants sont chargés de dettes*. Et d'ajouter avec une pointe de cynisme : *c'est là une occasion d'avoir leurs héritages à bon prix*[471]. Après avoir débattu sur le mérite respectif de la ferme et de la régie, il soutient que *la superbe terre de Landser* devrait pouvoir passer de 25-30 000 livres à plus de 50 000 et la seigneurie, avec ses trente-quatre bourgs et villages, pourrait se revendre avec 500 000 livres de bénéfice, si *les projets d'amélioration* réussissaient : *alors le marché que vous auriez fait seroit un marché d'or et le produit de la terre seroit porté au double de ce qu'il est actuellement*[472]. Dans le comté de Ferrette, la réaction seigneuriale revêt une apparence d'inquisition[473]. Le receveur doit *prendre garde que souvent plusieurs ménages habitent dans la même maison que le pere vit quelquefois avec son fils quoique marié. L'assemblée de plusieurs familles, sous un mesme toit, n'empêchent point qu'il ne soit du autant de poulles qu'il y a de chefs particuliers*. Quant au *Burgkorn, un des droits les plus intéressants*, il sera acquitté en *gerbes bien conditionnées d'une grosseur raisonnable et que le grain n'en soit point secoué*... Enfin l'installation de notaires seigneuriaux et l'affirmation du droit de tabellionnage procèdent d'une volonté très claire, de la part du seigneur, de suivre de près ses droits[474]. Cette nouvelle réaction n'en revêt pas moins une originalité certaine pour deux raisons essentielles. Elle s'inscrit d'abord dans un nouveau climat socio-économique. Voyant ses revenus baisser et ses dépenses augmenter[475], le seigneur se met en quête de compensations. S'il s'efforce d'accroître ses rentrées en nature, d'exhumer des droits tombés en désuétude ou d'en créer de nouveaux, c'est que, pour arrondir son profit, il peut tabler à présent sur une conjoncture stimulante, marquée par

---

469 Nous renvoyons le lecteur à un volumineux dossier contenant la liste détaillée des *droits actuellement perçus, des droits négligés que l'on peut faire revivre, des droits accordés aux autres seigneurs de la province pour lesquels le seigneur de Landser n'a aucun titre* (AN T 570/1, 1746 et 1757). En prenant en compte les augmentations (9,4%), les droits négligés (55,1%) et nouveaux (35,5%), la seigneurie de Landser devrait pouvoir faire passer ses revenus de 25 599 à 81 376 livres tournois, soit une augmentation de 218%.

470 AHR 1 E 44/16 (Schott, 8 septembre 1771 ; Hell au comte de Sénozan, 7 et 30 août 1776, 24 juin 1777).

471 *Ibid.* (mars 1776).

472 *Ibid.* (5 juillet 1771, 18 octobre 1771 et 29 avril 1777).

473 AHR 1 E 15/20 (1765-1787).
APM T 1045 : *Etat du dénombrement de la ville et revenus du comté de Ferrette appartenant à Mgr. le Duc de Mazarin*, s.d., et *Mémoire des droits de la seigneurie de Ferrette... négligés depuis 1683*, s.d.

474 AHR 1 E 44/16 : des notaires seigneuriaux à Landser et à Niederbronn, un droit de tabellionnage perçu dans les territoires des Deux-Ponts, des Wurtemberg, des Mazarin, des Hanau, des évêques de Strasbourg *et une infinité d'autres seigneurs* (1773).

475 R. MARX, *op. 2422*, p. 68.

l'augmentation de la population[476], l'extension des surfaces cultivées, l'accroissement de la production agricole, la tentation du haut prix des grains et la hausse de la rente foncière[477]. La démarche n'est plus liée, dans un contexte de stagnation, à une reconstruction d'après crise, mais elle s'inscrit dans une dynamique *précapitaliste* et des structure mentales individualistes. Mais cette seigneurie, plus agressive et plus *commercialisée,* va se heurter à une paysannerie aguerrie qui a pris conscience, au fil des ans, de sa force. Seule la vigueur de la contestation est à la mesure de la virulence seigneuriale. Or ce n'est pas un conflit à armes égales qui s'engage entre seigneurs et paysans. Mais, pour que les premiers bénéficient du perfectionnement de l'arpentage et d'une gestion plus rationnelle, il faut qu'ils fassent partie de cette élite d'officiers qui considèrent la seigneurie comme une entreprise et non comme une sinécure. La valorisation économique de la seigneurie s'opère par des intermédiaires âpres au gain. Cette virulence est fort variable d'une seigneurie à l'autre. Michel Drouot conclut, en définitive, au caractère peu oppressif de l'administration mazarine en Haute-Alsace[478], où les déplacements du duc ressembleraient davantage, affirme-t-il, à des voyages d'agrément qu'à de véritables inspections. Ce serait par contre le bailli seigneurial, en l'occurrence Christophe Antoine de Clebsattel, qui, en exploitant à fond les droits dépendant de sa charge, ferait figure de tyran au petit pied à l'égard des habitants de la prévôté de Traubach[479]. Il s'en suivrait une charge seigneuriale relativement légère si on la compare à celle que connaissent les sujets de l'abbaye de Murbach ou de l'évêque de Strasbourg. Dans le dernier tiers du XVIIIème siècle, les Mazarin tirent de leurs 200 communautés 112 400 livres, tandis que l'évêque de Strasbourg encaisse 471 566 livres pour 125 communautés et les Ribeaupierre 167 215 pour 40 communautés[480]. La comparaison est parlante, même en admettant que le niveau des revenus ne soit pas comparable : 562 livres par communauté d'un côté contre 3772 et 4180 de l'autre ! Il n'en reste pas moins que le montant du bail passe de 60 000 livres tournois en 1705 à 122 000 en 1774, soit une augmentation du simple au double. Voici, plus précisément, l'évolution du rapport des poules de carnaval (*Rauchhühner*) perçues par les Mazarin du XVIIème au XVIIIème siècle :

1620/1621 :	216 livres tournois	1720 :	314 livres tournois
1658/1662 :	165-186 livres tournois	1782 :	1207 livres tournois

[476] AHR 18 J 475 : *Faciliter la population dans une terre quelconque, c'est assurer et augmenter les revenus du seigneur* (Sandherr, conseiller du duc de Wurtemberg, appuyant la demande de la sage-femme qui sollicite une gratification annuelle de bois, 20 mai 1785).

[477] AHR 1 E 44/16 : *Je mets le produit actuel de la terre à trente mille livres seulement, attendu que le prix des grains a considérablement baissé ; mais j'ai toujours bonne opinion, de le voir augmenter dans la suite par le rétablissement des droits négligés, c'est à quoi je travaillerai plus particulièrement... en attendant j'ai toujours un oeil vigilant, sur tout ce qui pourrait y contribuer* (lettre de Schott au seigneur de Landser, 7 septembre 1774).

[478] M. DROUOT, *op. 350*, pp. 48-49 et 115.

[479] AHR E 2930 (1753).

[480] J.R. GROSSMANN, *art. cit.*, pp. 195 et 342.

Sur la lancée de la levée du séquestre, les Wurtemberg, se livrant à une réaction musclée, n'hésitent pas à rechercher dans les greffes, tant à Riquewihr qu'à Montbéliard, des renouvellements de droits seigneuriaux remontant à la fin du XVème et au début du XVIème siècles[481]. Rien ne leur échappe, pas même telle portion de forêt seigneuriale sur laquelle le curé avait réussi à mettre la main[482]. L'évolution de la taille seigneuriale de Fortschwihr, tout en enregistrant les progrès dans le peuplement et la mise en valeur, illustre la rentabilité croissante du sol[483] :

1540 :	7 rézaux d'orge	1718 :	19 1/3 rézaux d'orge
1620 :	8 1/2 rézaux d'orge	1737 :	20 1/2 rézaux d'orge
1634 :	3 1/3 rézaux d'orge	1751 :	22 2/3 rézaux d'orge
1695 :	14 1/3 rézaux d'orge	1788 :	41 rézaux de grains en équivalent argent

Par arrêt du Conseil Souverain, en date du 26 mars 1789, la commune est condamnée à verser les arriérés de 1712 à 1789 ! Simple rattrapage, car, écrit en 1741 Oberrieder, le fermier des droits seigneuriaux, *dans toutte la province d'Alsace il n'y a point de sujets si heureux que ceux du comté d'Horbourg, car un laboureur ne paie que neuf livres par an pour droit de corvée à la seigneurie et une poule de carnale à 12 sous*[484]. Déroutante, cette variabilité de la fiscalité seigneuriale dans l'espace. Voici enfin la situation du bailliage de Guémar, où les Ribeaupierre voient leurs rentes foncières grimper de près de 20% en moins de 10 ans (en livres/sols/deniers) :

1779 :	176/13/5	1787 :	263/12/8
1780 :	181/13/5	1788 :	210/2/5
1781-86 :	191/2/5	1791 :	197/7/8 [485]

Si les renseignements qui nous sont parvenus couvrent prioritairement la Haute-Alsace, est-ce parce qu'elle connaît la réaction seigneuriale la plus vigoureuse ? Nous ne saurions l'affirmer. Roland Marx multiplie les exemples pour la Basse-Alsace[486] : ici, le seigneur prive les habitants de leurs droits d'usage sur les forêts, invoquant des *abus séculaires* (l'évêque de Strasbourg, l'abbaye d'Andlau et divers membres de la noblesse immédiate[487]) ; là, c'est la reprise de possessions perdues, de droits tombés dans l'oubli lors... des troubles du XVIIème siècle (le Grand Chapitre à Erstein) ; là encore, c'est la majoration d'impôts existants, la modification de l'assiette fiscale (Jean de Dietrich et la taxe représentative de la corvée à Reichshoffen en 1788), l'extension aux cultures dites nouvelles de la matière

---

[481] AN K 2311/2 (1782). Attitude identique pour les Berckheim à Jebsheim en 1781 (AHR E 2609).

[482] A. St. 74/153 : la *Pfarrhurst* de Bischwihr dont la valeur en bois s'élève à plus de mille écus (Sandherr, 19 septembre 1777).

[483] AHR E 159.

[484] AN K 2324/3 (31 août 1741).

[485] AHR 19 J 126.

[486] R. MARX, *op. cit.*, pp. 120-126.

[487] Les recettes des bailliages épiscopaux passent, entre 1766 et 1789, de 298 576 à 537 502 livres, soit une progression de 80% (D. FISCHER, *art. 2228*).

La *Ritteranlag* d'Oberhausbergen fait un bond de 200 livres tournois (+58%) entre 1771 et 1788 (ABR 8 E 343/1).

décimable[488]. La seigneurie d'Oberbronn enregistre une nette progression de ses revenus entre 1776 et 1789[489] : 19 624 livres tournois en 1776 ; 30 100 en 1780 (+53,4%) ; 35 950 en 1785 (+19,4%) et 49 212 en 1789 (+36,9%). Au total, les revenus de la seigneurie auront augmenté de plus de 150% en vingt ans ! A Furdenheim la progression est nette tant pour la taxe représentative des corvées que pour l'*Umgeld* qu'encaissent les Oberkirch entre 1747 et 1783[490]

	"Frongeld" l/s/d	"Umgeld"
1747	78	10
1748-49	?	11
1750	?	11
1751	82	11
1752	162	23
1753	?	31
1754-55	172	32
1756-58	?	26
1759-62	172	22
1763	174	22
1764	170	22
1765-67	?	26
1768-70	?	37
1771	174	40
———		———
		1747-1771 : +300%
1772	170	
1773-74	168	
1775-76	172	
1777	174	
1778	183	
1779	184	
1780	186	
1781	183	
1782	182	
1783	186	
	———	
	1747-1783 : + 138,5%	

L'augmentation de la population n'explique pas à elle seule une poussée fiscale de 140 à 300%. Mais il serait parfaitement illusoire de vouloir enfermer la plaine d'Alsace, prise dans son ensemble, dans le schéma, en noir et blanc, des hautes ou basses pressions seigneuriales. Elle est sans doute plus *féodalisée* que le Languedoc[491], le midi en général[492] et les pays vendéens[493] ; elle l'est moins que la Bourgogne[494] et la Bretagne aux lourds

488 De nombreux exemples sont fournis à l'occasion des émeutes de juillet-août 1789 (ABR C 671/36-67).

489 ABR 25 J 818 : Mémoire du Prince de Hohenlohe à la diète de Ratisbonne (septembre 1795).

490 AMO B4 et B5.

491 E. LE ROY LADURIE, *op. 150*, t. I, pp. 291-292.

492 R. BAEHREL, *op. [557]*.
G. FRECHE, *op. [559]*.

493 P. BOIS, *op. 2357*, pp. 382 ss.

494 P. de SAINT-JACOB, *op. [566]*.
R. ROBIN, *op. 2429*.

prélèvements et aux seigneuries puissantes et tracassières[495], voire l'Auvergne qui connaît au XVIIIème siècle une nette tendance à la hausse des impositions seigneuriales[496]. Ce sont là des régions où une autorité seigneuriale tyrannique, aux mains de gentilhommes campagnards, est mal surveillée par une autorité royale lointaine. La situation de l'Alsace se rapproche de celle de l'Ile-de France[497], moins par son caractère progressiste et semi-capitaliste que favorise la présence de grosses exploitations seigneuriales - tel n'est pas le cas en Alsace -, que par la prédominance de l'aspect économique des prélèvements. La prise en compte de la dîme, rente foncière plus importante que les autres, qui frappe le produit brut de la terre avant déduction des semences, confirme une telle impression. Néanmoins, de part et d'autre de la Porte de Bourgogne, la situation n'est pas radicalement différente : la réaction seigneuriale relevée dans le Sundgau, ne rappelle-t-elle pas celle décrite par Pierre de Saint-Jacob et Régine Robin dans les pays bourguignons voisins ? En définitive, la féodalité survit dans la symbolique. Mais derrière le féodal, c'est le seigneur qui apparaît, prêt à exiger son dû avec une certaine âpreté. Circonstance aggravante : la multiplicité même des impositions.

b) La diversité du "complexe féodal"

S'il est difficile de quantifier les effets de cette *réaction seigneuriale*, c'est que les droits perçus sont incroyablement divers, tant et si bien qu'on n'est jamais sûr que les sources, éparses, permettent de les saisir dans leur totalité, d'autant que se pose le problème de la synchronie des prélèvements[498]. Or, psychologiquement parlant, la diversité des impositions seigneuriales a un impact aussi important que la charge qu'elles représentent : elles obligent le contribuable à mettre sans arrêt la main à la bourse et l'image du paysan écrasé de redevances et de corvées revient comme un cliché dans les descriptions d'Ancien Régime. Dans la recension des impôts seigneuriaux, il est capital de faire le tri des sources : aux archives judiciaires, qui ne mentionnent que les droits contestés, il convient de substituer les états de revenus établis par le seigneur lui-même, car ils apportent une garantie d'exhaustivité. Pour le grand bonheur de l'historien, les décisions prises dans la nuit du 4 août 1789 conduisent fréquemment le seigneur à effectuer une telle démarche[499], tandis que tout au long du XVIIIème siècle, les *aveux et dénombrements* constituent une source d'information essentielle. Rappelons cependant que les impôts nous intéressent moins au niveau du revenu seigneurial qu'au niveau de la charge subie par les paysans.

---

[495] J. MEYER, *op. 2125*, t. II.

[496] A. POITRINEAU, *op. [564]*, t. I, pp. 342 ss.

[497] J. JACQUART, *op. 135*.

[498] P. BOIS, *op. cit.*, p. 381.

[499] HSD D 21 Konv. 27, fasc. 5 (Hanau-Lichtenberg, 1790) et GLAK S *Kremer-Lamey 78* (1791). AHR 19 J 126 : mémoire du duc de Deux-Ponts (1795).

De la multiplicité des droits seigneuriaux[500] (nous en avons dénombré une centaine qui, heureusement, n'affectent pas simultanément toutes les paroisses, ni tous les habitants d'une même paroisse), nous dégageons deux conclusions. La première, c'est que ces impositions sont déterminées par l'usage. Or l'Alsace participe au droit germanique, dont l'inspiration est différente de celle du droit français : on constatera, en particulier, une plus forte *territorialisation* des droits seigneuriaux - péage et pontenage, chasse et pêche, transmigration -, le seigneur disposant non de la souveraineté, mais de la supériorité territoriale. Or, au lendemain du rattachement à la France, le Roi confirme ces droits territoriaux par lettres patentes, ou, au contraire cherche à les limiter parce qu'ils entravent ses propres rentrées ou qu'ils gênent les communautés qu'il défend contre le seigneur. La deuxième conclusion est que tout est matière à contribution[501]. Davantage que les droits réels permanents, comme le cens féodal, ce sont les droits réels casuels qui indisposent ainsi que le nombre de droits personnels : le caractère souvent archaïque des uns et des autres donnent à la charge économique de ces redevances une allure vexatoire.

Passons sur la taille - *Gewerf* - réelle ou personnelle, fixe ou variable[502] qui, accompagnée de ses accessoires[503] sous les noms les plus divers - *Gewerf, Schatzung, Steyer* -, pèse lourdement sur la paysannerie. Ces droits apparaissent anachroniques aux yeux des juristes, en particulier en Haute-Alsace où ils dérivent d'une domination d'origine féodale : poules de carnaval et de moisson ; veaux et agneaux de Pâques, droit de châtrage, droit de la fouille des truffes. Passons sur les *banalités* de four, de moulin, de pressoir pour nous attacher à des droits qui, pour être occasionnels, n'en sont pas moins révélateurs. Jusqu'en 1780, les Ribeaupierre continuent à lever le *droit d'épave* qui, découlant probablement du droit de deshérence, s'applique autant aux bovins égarés dans les forêts seigneuriales ou aux brebis capturées sur les biens particuliers et non réclamées par leurs propriétaires qu'aux meubles vendus aux enchères dont le propriétaire finit par ne plus être identifié[504] : seuls échappent à ce droit... les enfants trouvés[505]. Le *droit de trésor caché* attribue au seigneur haut justicier le tiers du produit de la découverte d'un trésor, les deux tiers restants étant partagés entre l'heureux découvreur et le propriétaire des lieux de la découverte. Ce droit finit par ne plus rien rapporter, tant il est difficile de lutter *contre les ruses de ceux qui rencontrent des fortunes sous leurs pieds*[506] : on ne l'abolit pas pour autant. On ne connaît plus, au XVIIIème siècle, l'origine des

---

500 A titre d'exemple, AN 154 AP III 53, Fonds Sénozan (seigneurie de Landser, 1776-1784), voir *infra* ann. 46.

501 On se reportera à l'ouvrage de Ch. HOFFMANN, *op. cit.*, t. III, pp. 143-193 (corvées), 293-294 (droit d'épave), 483-502 (taille et accessoires), 504-507 (droit de trésor caché).

502 AN K 2324/3 : 12 boisseaux pour un laboureur à charrue, 4 pour un *manant* avec chevaux et terres, 2 pour un *manant* sans terre (Andolsheim 1741).

503 AHR E 159 : *Hornung- und Erndschilling* à raison de 2 sols et 8 deniers par rézal de taille de grains (Fortschwihr 1784).
AN K 2324 : 1 *Schilling* par rézal de taille en février et autant à la moisson (Muntzenheim, Fortschwihr, Bischwihr, s.d., XVIIIème siècle).

504 DE BOUG, *Ord. Als.*, t. II, pp. 320-328 : arrêt du Conseil d'Etat du 2 décembre 1748.

505 AHR 19 J 126, *mémoire cit.*

506 GLAK S *Kremer-Lamey 78 : Etat des revenus, rentes et droits...* (Deux-Ponts / Ribeaupierre, 1791).

poules de carnaval ou *de fumée, de caresme* ou *de jardin*[507] - reconnaissance d'une ancienne servitude, d'un simple droit de juridiction ou de la propriété d'une terre ? - auxquelles *la loi universelle de la prescription immémoriale a imprimé le sceau de la légitimité.* On continue à ne pas verser ce droit *l'année où la femme est en couches,* sans que l'on sache pourquoi[508]. Le droit de chasse est complété par *le droit de fouillage des truffes,* car *on se sert de chiens pour trouver des truffes tout ainsi que pour trouver du gibier*[509]. Les nombreuses redevances en avoine, perçues à une époque où l'avoine ne constitue plus une production essentielle, témoignent du caractère anachronique et figé de bon nombre de livraisons dont certaines, comme celle de *vaux et d'agneaux de Pâques* dans la seigneurie de Landser, ne relèvent que du seul *usage*[510]. Dans le bailliage de Bischwiller, dépendant du duché de Deux-Ponts, les sujets sont soumis à une avalanche de droits : *droit de ramoner les cheminées, d'établir des moulins à huile dans les maisons..., de tenir des bains, d'aiguiser couteaux, razoirs, ciseaux..., de chatrer des bestiaux, de ramasser le vieux linge propre à faire du papier*[511]... Tout peut devenir objet d'imposition. Nombreux et variés, ces droits additionnés les uns aux autres, ont sans aucun doute une incidence matérielle et psychologique sur la vie quotidienne du paysan. Ils sont en outre tellement chargés de pérennité et de symbolisme qu'ils justifieraient une lecture anthropologique. Il est vrai qu'au nombre de ces droits multiples, certains connaissent la décadence : tel est le cas des banalités ou encore de la mainmorte qui s'en va lambeau par lambeau sous l'offensive du droit naturel.

c) Servage, mainmorte et corvée : le paysan et la liberté

Pourtant l'Alsace n'est ni la Bourgogne, ni le Wurtemberg[512] et une charge seigneuriale réelle n'est pas incompatible avec la liberté physique du paysan : *Vos personnes, vos femmes, vos enfants appartenaient à mes ancêtres,* déclare le comte de Montjoie-Vaufrey dans la nuit du 4 août 1789, *ils avaient droit de vie et de mort sur vous ; par conséquent, vos biens qui ne sont qu'un accessoire de la personne leur appartenaient, mais les lois de douceur que prescrit le Christianisme, ayant empêché le droit de vie ou de mort, n'a point empêché l'exercice de ce qui n'était qu'accessoire*[513]. En fait, les droits sur la personne du tenancier tendent à s'effacer, presque partout, devant les droits sur la terre. C'est aux deux extrémités de la province, dans l'Outre-Forêt et le Sundgau, qu'ils semblent s'être maintenus le plus longtemps[514].

---

507 Ch. HOFFMANN, *op. cit.*, t. III, pp. 317-325.

508 *Ibid.* et AHR 2 E 18/8 : *Jebsheimer Fastnachtshünerregister* (1763).

509 Ch. HOFFMANN, *op. cit*, t. III, p. 507.

510 AHR 1 E 44/16 (1773).

511 AN K 1032 : lettre patente du Roi confirmant au duc de Deux-Ponts ses droits dans les bailliages de Bischwiller, La Petite-Pierre, Guttenberg et d'autres (juin 1780).

512 O. HERDING, *art. 2232.*

513 P. KESSEL, *op. 2408*, pp. 144-145.

514 Pour la seigneurie de Fleckenstein, voir R. REUSS, *op. [508]*, t. II, p. 77, note 2. Pour les possessions autrichiennes en Haute-Alsace, voir F. BLANC, *art. 2244*, et O. STOLZ, *op. 402*.

Avec les progrès de la centralisation politique, le recul du servage dans l'Europe rhénane[515] est tel qu'il n'existe plus de corrélation entre la condition de serf et certains cens recognitifs rappelant son existence (*Leibhuhn, Leibschilling, Leibfall*). Les séquelles que le servage laisse derrière lui se traduisent tout au plus par des incidences pécuniaires. La dépendance personnelle (*Leibherrschaft*) s'efface devant la dépendance économique (*Grundherrschaft*). Seules les entraves à la libre circulation, par la perception d'un droit de migration, limitent la liberté individuelle du sujet qui, par ailleurs, peut disposer de ses biens comme bon lui semble[516], à condition d'acquitter les droits de mutation (*Ehrschatz* ou *laudème*). Il subsiste certes le *mortuaire* ou droit de *mainmorte* (*Fall* ou *Todfall*) et il semble bien que ce soit un droit personnel s'exerçant à l'origine sur les non libres, indépendant de la terre, bien qu'il soit fréquemment d'origine colongère et assimilé à une rente foncière[517]. C'est moins le droit mortuaire lui-même qui est contesté que son alourdissement et son extension aux veuves par de petits nobles désireux d'accroître leurs revenus[518].

Mais ce droit est relativement léger - 2% dans les terres alsaciennes du duché de Deux-Ponts contre 10% outre-Rhin[519] - et ne s'exerce pas nécessairement avec *l'inhumanité* que dénoncent, dans leurs doléances, les sujets de la seigneurie de Montjoie-Vaufrey[520] où *le seigneur s'empare de tout en cas de mort sans héritier*... Ce territoire, aux confins méridionaux de l'Alsace, annonce la Bourgogne et fait figure d'îlot d'archaïsme, comme l'Auxois, étudié par Régine Robin, où la mainmorte est même susceptible de protéger la propriété paysanne contre les tentatives d'accaparement foncier de la bourgeoisie[521]. Traditionnellement, c'est la deuxième meilleure pièce de bétail ou de mobilier qui échoit au seigneur[522] : les indices d'archaïsme se lisent dans le maintien de redevances en nature. Mais les

---

515 K.S. BADER, *op. 2242*.
A. STROBEL, *op. cit.*, pp. 33-38.

516 Ch. HOFFMANN, *op. cit.*, t. III, pp. 2-10.

517 *Ibid.*, t. III, pp. 295-302 et 375-376.
BNUS Ms. 3824 : Observations du Conseil Souverain (10 septembre 1762) concernant l'édit du Roi de 1749 sur les acquisitions des gens de mainmorte.
P. WIRTH, *D.E.S. 2217*, p. 29 et *art. 2216*, p. 157 (Waldner de Freundstein, 1722).
APM T 967 : *le droit de wal est une espèce de servitude personnelle, les possesseurs n'en peuvent disposer et même les héritiers doivent faire reprises à chaque mutation, promettre fidélité et obéissance au seigneur* (comté de Ferrette, 1736).

518 ABR C 163 et 164.
J-C. STREICHER, *art. 2241*.
D. PETER, *art.2234*.

519 Th. LUDWIG, *op. cit.*, pp. 41-45 (seulement 2 à 3% en pays de Bade).
AHR 1 J 30 (Offwiller 1741).
H. GERST, *op. [403]*, p. 155 (Hunspach, vers 1770).

520 P. KESSEL, *op. cit.*, p. 309 (annexe 2).

521 R. ROBIN, *op. cit.*, pp. 120 et 155.

522 AHR 1 E 15/20 (comté de Ferrette, 1765).
A. POSTINA, *op. [449]*, pp. 100-111 (Ried Nord, XVIIIème siècle : le *Hauptrecht* de Munchhausen).

modalités en sont fort variées[523] et la réalité de la mainmorte s'en trouve souvent atténuée : l'ancienne servitude, qui lui servait de support, n'est plus qu'un souvenir au XVIIIème siècle et la mainmorte devient un impôt comme un autre. Le fait qu'elle ait la vie dure[524] montre que ce n'est pas son existence qui est mise en cause, mais les abus auxquels elle donne lieu. En 1780, les communautés du Ried contestent son élargissement aux veuves par de petits seigneurs dont le seul souci est d'augmenter leurs revenus : les femmes qui, par leur viduité, sont devenues chefs de famille, en paient une seconde fois le tribut à leur décès[525].

On ne saurait considérer la corvée comme la preuve d'une privation de liberté personnelle : elle est avant tout prestation de service en nature et trouve parfois son origine dans la concession de terre à un membre de la colonge[526]. Pourtant, avant d'être *réelle*, elle est *personnelle* et suppose donc une servitude originelle : faucher les prés autour du château, rentrer les foins et les regains seigneuriaux, nettoyer l'étang une fois par an, voiturer des pierres ou du bois sont, au début du XVIIIème siècle encore, les tâches assignées aux corvéables de la seigneurie d'Issenheim[527]. Bien que ces travaux n'aient *rien de méprisable ou d'abject*, ni d'avilissant pour ceux qui s'y adonnent, ils portent la marque de l'ancienne servitude, avant de se transformer en un banal droit seigneurial en échange de la *juridiction et protection que le seigneur doit à ses justiciables*[528]. De ce fait, la corvée pèse sur l'ensemble des chefs de famille qui ont une *oeconomie particulière*, c'est-à-dire *une femme, des enfants et des biens propres*, y compris le fils marié s'il est chef de famille *quoiqu'il restat à la table de son père par convenance*[529]. La journée se déroule *d'un soleil à l'autre* moyennant deux heures de repos, dans un rayon de six à sept lieues en été et de trois lieues en hiver, de façon à ce que le corvéable puisse être de retour dans son foyer avant la tombée de la nuit[530]. Théoriquement, en vertu du droit romain, les corvées sont gratuites et le seigneur, sauf si ses titres l'y obligent

523 AHR 19 J 126 : *il était d'usage dans plusieurs seigneuries d'Alsace de recevoir un florin de chaque succession tombée à des personnes qui habitaient dans d'autres seigneuries alsatiennes* (Ribeaupierre 1790).

524 AHR 1 B 565, p. 80 : arrêt du Conseil Souverain du 19 juin 1780 à la suite d'une pétition (4 décembre 1773) des communes de la prévôté de Niederroedern.

525 ABR C 163 (Geiger, bailli de la baronnie de Fleckenstein, 16 octobre 1780). Voir J-C. STREICHER, *art.cit.*

526 AHR E 2419 (Chauffour l'Aîné, 9 décembre 1788).
P. WIRTH, *D.E.S. cit.*, p. 152.

527 APM T 1219.
DE BOUG, *Ord. Als.*, pp. 318-320 : arrêt du 23 avril 1701 (bailliage de Landser).
P. WIRTH, *D.E.S. cit*, p. 9 : mémoire de la communauté de Sierentz consultation des avocats Laugel et Reichstetter, avec réponses (1779, AC Sierentz).
ABR G 712 : corvées imposées par les Landsberg aux laboureurs et journaliers de Niedernai, Zellwiller, Meistratzheim (1653).

528 AHR 18 J 702 (Chauffour l'Aîné, 9 décembre 1788 et 15 juillet 1789).

529 *Ibid.*

530 DE BOUG, *Ord. Als.*, t. II, pp. 578-586 : rappel des arrêts des 16 juin 1691, 10 février et 7 septembre 1694, 28 juin 1702, 15 septembre 1716, 4 septembre 1720, 19 septembre 1721, 8 juin 1728 et 27 novembre 1758.
ABR B 126 (prince-évêque de Spire dans le bailliage de Lauterbourg, 1724).

expressément, n'est pas tenu de fournir la nourriture aux corvéables. Il lui est interdit d'exiger les corvées pendant cinq jours consécutifs, de monopoliser le même jour l'ensemble des bêtes de trait du laboureur, d'exiger plus d'un ou de deux hommes par chariot selon les cas, de déduire les journées de mauvais temps empêchant de mener à bien le travail requis. En fait, la corvée est souvent rémunérée, du moins symboliquement[531], et la nourriture est fournie par le seigneur : deux miches de pain et une demi-mesure de vin ordinaire à Wihr-en-Plaine en 1689[532]. C'est cette obligation qui amène certains seigneurs à la considérer comme peu rentable : *la nourriture qu'il falloit donner aux convoyeurs excédoit la valeur de leur travail*, affirme-t-on dans la prévôté de Traubach[533]. En définitive, la corvée seigneuriale pèse moins lourd que dans le margraviat de Bade où, vers 1765, le laboureur doit seize jours de travail par bête de trait et le manouvrier quatorze jours et un tiers par an[534].

La corvée finit, dans la plupart des seigneuries, par être convertie en argent : sa surveillance s'en trouvera facilitée pour un seigneur absent du village ou soucieux d'accroître ses ressources ; il en va également de l'intérêt des corvéables qui ne risquent plus d'être gênés dans leurs propres travaux[535] : lorsqu'à Sierentz le seigneur décide en 1775 de revenir à la corvée en nature, acquittée en espèces depuis 1724, il se heurte à l'opposition de la communauté[536]. Elle souffre enfin de nombreuses exceptions : prévôts et officiers seigneuriaux, curés et pasteurs, bedeaux, bangardes et chasseurs seigneuriaux, chirurgiens et sages-femmes, meuniers et maîtres de poste bénéficient d'exemptions, partielles ou totales, soit en raison de leur qualité ou de leur fonction, soit en vertu du *service public* qu'ils assurent. On ajoutera, pour cause de faiblesse physique présumée, les *hommes et femmes plus que septuagénaires parce que leurs forces doivent avoir diminué avec l'âge*[537] ainsi que les veuves qui, pour raison économique, doivent en général la moitié du montant de la corvée[538]. Mais lorsque les corvées ne sont pas personnelles ou lorsqu'elles sont converties en argent, beaucoup de ces exemptions deviennent caduques. C'est ainsi qu'en ce qui concerne les maîtres de poste, l'exemption est théoriquement valable pour les bêtes utilisées pour le service, non pour le labourage : distinction subtile qui laisse la porte ouverte à bien des contestations. Sont exemptés également les *chevaux non faits*, en dessous de deux ans, et ceux qui sont

---

531 AHR 132 J 28 (Ribeaupierre et Berckheim à Jebsheim, XVIIIème siècle).

532 AHR E 2259 (5 janvier 1689).

533 M. DROUOT, *op. cit.*, p. 87 : mémoire de la prévôté de Traubach (AHR II E 42/3).

534 Th. LUDWIG, *op. cit.*, p. 24.

535 AHR E dépôt 17, CC 18 : abonnement à Gundolsheim depuis 1682 (Haut-Mundat, évêque de Strasbourg).
AMO B 4 et 5 : corvée perçue en argent à Furdenheim dès 1747.
AN K 2321/1 : 2 livres et 15 sols par manouvrier dans la seigneurie d'Issenheim et 3 livres dans le duché de Wurtemberg (1757).

536 P. WIRTH, *art. cit.*, p. 152 et *D.E.S. cit*, pp. 9-11 (Waldner de Freundstein).

537 AHR 18 J 587 (9 décembre 1788).

538 DE BOUG, *Ord. Als.*, t. II, pp. 232 et 282 (31 janvier 1747) et 590 (29 mars 1732).
AHR 18 J 587 : réglementation en usage d'après Chauffour l'Aîné (9 décembre 1788).
AHR E 158 (Sandherr pour la seigneurie d'Ostheim - Aubure, 9 décembre 1788).

vendus dans un laps de temps inférieur à six mois. La solution de facilité que représente pour le seigneur l'abonnement est également la plus rentable : elle permet d'assujettir à la corvée un certain nombre d'exempts, à condition que l'autorise... l'usage.

Car, en définitive, c'est l'usage local qui sert de référence et il varie d'une seigneurie à l'autre. Le nombre annuel des corvées étant théoriquement illimité, selon l'ancien droit germanique[539], il se trouve réduit, dès la fin du XVIIème siècle, à la suite des concessions forcées du seigneur[540] ou par décision royale au lendemain du rattachement de la province auRoyaume[541]. Désormais elles seront limitées à cinq journées par an[542] pour la Haute-Alsace[543] et à 10 ou douze journées pour la Basse avec, si le seigneur y consent, possibilité de les acquitter en argent[544]. Même en y ajoutant les corvées royales, elles sont infiniment plus légères qu'outre-Rhin[545]. Les corvées seigneuriales, et le droit français y insiste, sont en réalité différentes, de par leur nature, des corvées royales, car elles n'émanent pas de l'exercice d'une quelconque souveraineté, qui appartient au Roi seul, mais revêtent la forme de prestations conventionnelles. Limitées dans le temps, elles sont supportables, mais leur conversion en argent risque de leur faire perdre ce caractère relativement modéré, pour peu que le seigneur exige une somme d'argent correspondant à un nombre annuel de jours de corvées dépassant ses besoins réels : c'est la raison pour laquelle les lettres patentes du Roi stipulent toujours et le nombre de journées à effectuer par an et la somme d'argent correspondante. Mais, multiforme, le prélèvement *féodal*, gaspillé en outre en dépenses improductives, est-il seul à expliquer la précarité de l'existence paysanne ?

2) Les impôts royaux

Il s'agit moins d'opposer impôts seigneuriaux et impôts royaux que de les additionner. Les seconds sont lourdement ressentis par leur poids, par leur forte progression, par leur injuste répartition.

---

539 Mémoire de l'intendant de La Houssaye, 1701 : *Droit de corvées* (H. WEISGERBER, *art. [174]*, p. 80). AHR E 2259 : droits seigneuriaux de Houssen et Wihr, 5 janvier 1689, art. 13.

540 Voir *supra* pp. 255-261. Exemple de Besenwald à Brunstatt qui, en 1658, réduit le nombre des corvées à cinq par an (L. LAPOINTE, *art. 1905*, p. 49).

541 BN Ms. NAF 20 044 : *Mémoire sur la province d'Alsace* (1703).

542 DE BOUG, *Ord. Als.*, t. I, pp. 125-126 (arrêt du Conseil d'Etat du 4 avril 1683).

543 *Ibid.*, t. I, pp. 282-283 : arrêt du Conseil d'Etat concernant les terres des Mazarin (29 décembre 1698 et 14-23 avril 1701), 318-321 et 490 (arrêt du 8 mars 1717) ainsi que celles des Ribeaupierre (p. 404, janvier 1712).

544 DE BOUG, *Ord. Als.*, t. I, pp. 125-126 (règlement pour la Basse-Alsace, 4 avril 1683), 136-137 (Directoire de la noblesse de Basse-Alsace, 24 décembre 1683), 138-139 (Grand Chapitre de la cathédrale de Strasbourg, 6 mars 1684) ; t. II, pp. 153-155 (duc de Deux-Ponts, octobre 1736), 390-392 (évêque de Spire, août 1751).

545 Th. LUDWIG, *op. cit.*, pp. 24 et 86 : en 1765, elles se situent par journalier entre 14 (margraviat moyen) et 81 jours (*Oberamt* Baden) par an ; par bête de trait 16 (margraviat moyen), 32 (région de Rastatt) et 65 jours (*Oberamt* Baden) par an.

a) Les trois grandes contributions et leurs "accessoires"

La subvention, taille royale prélevée sur la province d'Alsace, tire son importance de ce qu'elle sert de pied aux autres impositions[546]. Elle n'est pas, en soi, particulièrement lourde. Le Roi commence par ménager une Alsace récemment rattachée au royaume et durement éprouvée par les guerres[547] : 60 000 livres en 1661, 50 000 en 1679. Elle n'en est pas moins durement ressentie en cette période de difficultés[548]. Et, surtout, de 99 000 livres selon l'arrêt du 20 septembre 1685, elle grimpe à 600 000 lors des périodes de guerre, qui correspondent aux besoins accrus de la monarchie, pour se stabiliser, tout au long du XVIIIème siècle, à 300 000 livres tournois[549]. Si, à Sierentz, elle passe de 1980 à 3410 livres tournois, entre 1696 et 1734 (+72,2%), elle ne fait, somme toute, que refléter les effets bénéfiques de la *reconstruction* : croissance démographique et reconstitution du terroir[550]. On peut donc la considérer comme relativement fixe par rapport aux autres impôts royaux[551]. Ce sont néanmoins les ruraux qui en supportent la part la plus importante, puisque les deux tiers de l'impôt portent sur la terre et le tiers seulement sur l'*industrie* : la subvention pèse d'autant plus lourd par tête que le finage est étendu et le nombre de feux réduit. Ce qui alourdit son poids, ce sont les *accessoires* qui viennent la compléter : à sa suite s'égrènent en effet nombre d'impôts indirects, en particulier, en ces temps procéduriers, les impopulaires frais d'administration et de justice. La paysannerie se sent si peu concernée par les dépenses administratives du bailliage, le supplément des gages des officiers du Conseil Souverain et la solde de la milice ! L'abonnement des droits de courtiers, jaujeurs, inspecteurs aux boucheries et aux boissons, qui font partie des *impositions ordinaires*, lui est complètement étranger[552]. C'est à peine si elle se sent concernée par les *épis du Rhin*, les taxes pour l'entretien de la maréchaussée en 1768 et par la lutte contre la mendicité en 1776[553], les *frais communs généraux* qui viennent alourdir la charge fiscale : *dédommagements aux propriétaires des îles du Rhin dans lesquelles les fascines, piquets et clayons... employés aux... réparations des épis de barrage et bordage* ont été emportés, *dédommagements de pertes de bestiaux occasionnés par des épizooties, indemnités pour cause d'incendie, inondation*, etc[554]... Notion étrangère aux mentalités, la solidarité, au niveau de la province, a du mal à s'imposer.

Etablie pour l'ensemble du royaume par la déclaration du 18 janvier

546 Etablis au marc la livre de la subvention.

547 G. LIVET, *op. [502]*, p. 482.

548 APM T 1129 : plaintes des communautés d'Illfurth et de Hochstatt (bailliage d'Altkirch) en 1671.

549 Procès verbaux de l'Assemblée provinciale d'Alsace, p. 24 : rapport de Schwendt (21 novembre 1787).

550 P. WIRTH, *D.E.S. cit.*, p. 43.

551 Ch. HOFFMANN, *op. cit.*, t. II, pp. 402-416 et 470-478.

552 AHR 1 E 77/3 (Muntzenheim 1758-1759, impr.).
AHR 1 E 44/6 : relevé, commune par commune, des impositions du bailliage du Haut-Landser en 1768/1769.

553 AHR C 1135 (bailliages de Haute-Alsace, 1769-1788).
Procès-verbaux de l'Assemblée provinciale, pp. 79-80 (Schwendt).

554 *Ibid.*, p. 42 (Schwendt).

1695, pour les besoins de la guerre, et devenue *ordinaire* par la déclaration du 9 juillet 1715[555], la capitation connaît une belle fortune au XVIIIème siècle[556], même si elle échoue dans sa destination première, celle de l'égalité fiscale, par suite du jeu subtil des abonnements, véritables exemptions déguisées. Elle finit par devenir une taxe additionnelle à la taille. Si on en croit les remontrances du Conseil Souverain[557], elle progresse jusqu'en 1764 pour plafonner dans le dernier tiers du XVIIIème siècle. Entre 1765 et 1783, elle passe de 590 000 à 639 128 livres, soit une progression d'un peu plus de 8% pour l'ensemble de la province. Si elle correspond, en gros, au *doublement de la taille*[558], elle ne peut être considérée par elle-même comme responsable de l'oppression fiscale, même si elle s'accompagne, elle aussi, d'accessoires répartis *au marc la livre de la capitation* : gages du Conseil Souverain, droits sur l'amidon, la poudre, les papiers...

Les impôts traditionnels - subvention et capitation - présentent l'avantage d'être mixtes, c'est-à-dire à la fois personnels et réels[559], dans une proportion invariable d'un tiers pour les revenus de l'*industrie* et deux tiers pour ceux des biens-fonds : les ordonnances des intendants successifs, de Brou en 1733 et Lucé en 1759, le précisent très clairement[560]. Seuls les vingtièmes, établis en 1749 par suppression des dixièmes, constituent une contribution réelle[561] puisqu'ils portent sur les fonds en terres et immeubles, tant nobles que roturiers[562], la part personnelle ne concernant que les artisans et les gens de métier[563]. Ils rapportent 616 000 livres en 1757, 730 000 en 1771, 764 461 en 1782, frais de recouvrement inclus, soit une progression de 24 à 25% dans la seconde moitié du XVIIIème siècle. Ce qui nous paraît plus grave que l'augmentation elle-même, c'est l'assiette de ce nouvel impôt qui est à base exclusivement foncière et qui par conséquent pénalise, plus que jamais, les campagnes.

b) De la contestation à la réforme fiscales

Les doléances de 1789 l'attestent : aux yeux des contribuables, l'impôt idéal, en admettant qu'il puisse existen, devrait reposer sur quatre principes fondamentaux :

- Le principe de l'*immuabilité* et celui de la non-révisibilité consistent à

555 DE BOUG, *Ord. Als.*, t. I, pp. 228-239 et 457-458.

556 Procès verbaux de l'Assemblée provinciale, pp. 35-37 (Schwendt).

557 O. MISCHLICH, *th. cit.*, pp. 216-227.

558 CHAUFFOUR LE SYNDIC ; voir BMC, bibliothèque Chauffour.

559 La subvention a cependant commencé par être personnelle en Alsace : cf. la lettre circulaire de l'intendant de La Houssaye du 19 mars 1704 (cit. par Ch. HOFFMANN, *op. cit.*, t. II, p. 421, note 1).

560 DE BOUG, *Ord. Als*, t. II, pp. 98-101 (15 août 1733) et 554-556 (30 décembre 1759).

561 AHR C 1126 : mémoire du Conseil Souverain (s.d.) consécutif aux arrêts du Conseil d'Etat du 31 décembre 1721 et du 22 septembre 1722 : *le vingtième est un impôt purement réel qui affecte les fonds à raison de leur produit.*
AHR C 1118 : méthode d'évaluation d'après enquête de l'intendant (1752).

562 AHR C 1130 (bailliage de Bollwiller, 1753).
Procès-verbaux de l'Assemblée provinciale, pp. 33-35 (rapport de Schwendt).

563 AHR C 1126 : ordonnances de l'intendant du 26 octobre 1749 et du 20 février 1750.

rendre le prélèvement fiscal autonome par rapport aux besoins de l'Etat. Les exigences du percepteur devraient au contraire être confrontées avec les *facultés contributives* des paysans, particulièrement difficiles à connaître. Seuls les *malheurs* doivent être pris en considération[564].

- Le principe de l'*utilité* de l'impôt doit répondre aux nécessités locales, plus clairement perçues que l'*intérêt national.*

- Le principe de la *réalité* de l'impôt a reçu un début d'application dans la théorie - *Dîme royale* de Vauban, *impôt territorial* de Law, *subvention territoriale* de Calonne -, avant d'être timidement appliqué dans les faits, comme le prouve l'établissement du vingtième. L'évolution inéluctable vers l'impôt réel va dans le sens d'une plus grande équité : moins d'exemption, moins de fraude, une assise fiscale plus claire, car les possessions immobilières sont difficiles à dissimuler...

En fait, l'impôt personnel, expression d'un ancien service, sinon d'une servitude archaïque, survit dans les réalités - corvée, taille personnelle, auxquelles il conviendrait d'ajouter la mainmorte seigneuriale - comme dans les mentalités : l'attachement au privilège d'une part, le défaut d'encadastrement d'autre part ne sont pas étrangers à des réformes aussi timides.

- Cette absence d'arpentage explique que le principe de la *quotité* a autant de mal à l'emporter sur celui de la *répartition,* aussi commode pour le percepteur qu'injuste pour le contribuable.

L'impôt royal répond-il à ces normes ? Que lui repproche-t-on en définitive[565] ? D'être trop lourd ? Trop diversifié ? Trop mal perçu ? *Il s'y trouveroit des paysans assez riches,* explique L'Hermine à la fin du XVIIème siècle[566], *car on ne paie pas de taille, si les guerres fréquentes malheurs ordinaires des frontières ne les ruineroient souvent de fond en comble.* La surcharge n'est en effet excessive que si on la rapporte à la conjoncture du moment : la guerre et la crise. Dans le premier cas, une province-frontière comme l'Alsace paie un tribut important : des *épis du Rhin* aux *fourrages*[567], en passant par les multiples réquisitions et le logement des gens de guerre[568]. Or, l'exemple des fourrages, théoriquement destinés à l'entretien de la cavalerie, le montre : ces impôts d'origine militaire, particuliers à l'Alsace, deviennent insupportables en temps de paix. Il en va de même des corvées, acceptées tant bien que mal en temps de guerre, contestées en temps de paix. *L'Alsace,* dit ce bourgeois de Haguenau en 1743, *est une Province frontière qui a toujours eu le malheur d'être le théâtre de la guerre et d'estre ravagée tant par les troupes ennemies que par celles du Roy. Voisine du Rhin et de l'Allemagne, elle a fourni des corvées innombrables, sans pour cela avoir été exempte des... contributions ordinaires et extraordinaires*[569]... Rappelons que, lors de la guerre de Succession d'Espagne, plus de 2000 *pionniers* sont

---

564 H. WEISGERBER, *art. [175],* p. 379.

565 Voir *infra* p. 1238.

566 J. DE L'HERMINE, *op. [235].*

567 Procès-verbal de l'Assemblée provinciale d'Alsace, pp. 78-79 (rapport de Schwendt, 21 novembre 1787).

568 Voir *supra* pp. 224-232.
AHR 1 E 44/6 : logement de gens de guerre à Habsheim et à Rixheim (1771-1775) : il s'agit tantôt de miliciens, tantôt de soldats du *cordon contre la désertion* (comptes du bailliage du Haut-Landser).

569 AMH BB 127/121 (1er juillet 1743).

réquisitionnés pour la défense des lignes de la Lauter : les civils remplacent les militaires dans la construction des ouvrages de fortification. Le siège de Neuf-Brisach, en août 1703, nécessite 1500 chariots et plus de 10 000 *pionniers,* celui de Landau 3000 chariots attelés de six chevaux et 12 000 *pionniers.* Selon l'intendant de La Houssaye, 5000 paysans et 150 chariots attelés de quatre chevaux auraient été mobilisés par jour, entre 1702 et 1707. Pendant la guerre de Succession d'Autriche, redoutes, retranchements, fortifications occupent, entre 1740 et 1748, jusqu'à 6000 paysans sur les bords du Rhin : il s'agit de transporter, entre autres, 20 000 sacs de blé et 9 millions de rations de foin par an[570]. Confier la garde des redoutes aux paysans, entre Huningue et la frontière palatine, constitue une innovation et l'organisation est réglée jusque dans les moindres détails[571] : âges des intéressés, jours et heures de garde, armement (le fusil, la poudre, les pierres à fusil, les balles, le tout permettant de tirer douze coups)... Cette politique de défense du sol natal fait partie de la conquête morale de l'Alsace par la France. Comme le notera plus tard François de Hell, les défenseurs de la patrie de 1792 seront les *fils des valeureux Sundgoviens qui, en 1743, ont repoussé Charles de Lorraine,... animés du même courage que nos pères et, par-dessus tout, de l'amour de la liberté* : une sorte de service militaire qui a pourtant bien du mal à entrer dans les moeurs[572]. La milice, recrutée par tirage au sort depuis 1691 parmi les célibataires et les veufs de 19 à 24 ans, n'a jamais soulevé d'enthousiasme[573], si l'on en croit les exemptions et désertions en grand nombre[574] que l'époque révolutionnaire va multiplier. Permanente à partir de 1726, mobilisant plusieurs semaines par an et des années durant, pour la garde des places-fortes et l'escorte des convois, les célibataires et les veufs entre 16 et 40 ans, mais également les hommes sans enfants[575], pourvu qu'ils aient une taille convenable de 5 pieds au moins, elle n'obtient qu'un accueil réservé. Si la milice est honnie, ce n'est pas parce qu'elle est particulièrement lourde : mais elle ressemble à une servitude personnelle ; elle est relativement nouvelle et elle se heurte à l'étroitesse de l'horizon rural. Il en est de même des corvées en temps de paix qui perturbent le déroulement du travail agricole et constituent une humiliation. En effet, la paix revenue, ce n'est que succession de charrois de bois, de foin, de paille, de vivres à destination des places-fortes de Huningue, de Neuf-Brisach, de Fort-Louis, de Landau[576]. L'intendant

570 E. LEHR, *art. 524*, pp. 19-30.

571 AHR C 1183 et 1188.

572 P. SCHMITT, *art. 2225.*
AHR C 1189 (bailliages de Haute-Alsace, 1743).

573 Ch. HOFFMANN, *op. cit.*, t. II, pp. 473-474.
AHR E dépôt 17 EE 1: *melissen spielen* (exercices de tir à la cible, Gundolsheim 1789).
ABR 8 E 343/1 : *Militzenspielen* (Oberhausbergen 1789).

574 *Ibid.* (fin XVIIIème siècle) : exemptions (*zu jung, verheirathet*) désertions (*fort, vor dem abmessen fort*). En définitive, il reste 17 ou 18 mobilisables sur 43...
ABR C 373 : en 1774, sur 638 miliciables du grand bailliage de Haguenau, 77, soit 12% des effectifs, prétendent à l'exemption.

575 Ch. HOFFMANN, *op. cit.*, t. II, pp. 473-474.

576 AHR E dépôt 17 EE 1 : transport de sacs d'orge, de fourrage, de paille, de pierre de taille depuis Gundolsheim à la place-forte de Neuf-Brisach (fin XVIIIème siècle).
AHR C 1585 : pour l'entretien de la fortification de Neuf-Brisach, les communautés voisines sont appelées à chercher pierres de taille et moellons dans *les carrières près de la Lorraine* (procès-verbal de la Commission intermédiaire du district de Huningue, 1er octobre 1787).
AHR C 1586 : *Corvée de conduire le pain de munition aux Invalides de Fort-Mortier* (Volgelsheim 1788).

d'Angervilliers avait pourtant insisté, en 1722 encore, sur la nécessité de décharger en temps de paix une province si lourdement mise à contribution en temps de guerre. Un quart de siècle plus tard, c'est au tour de l'intendant Mégret de Sérilly de le déplorer : *Il semblerait qu'en temps de paix, l'Alsace devrait jouir d'autant de tranquillité qu'elle a de fatigue pendant la guerre. Il en est cependant autrement. Le seul entretien des chaussées et les réparations qu'elles exigent fréquemment occupent toutes les communautés une grande partie de l'année. Cet article ne lui donne point de répit et il n'y a que durant les semailles et les moissons qu'ils n'y sont point occupés. Il leur faut joindre à cela les transports de matériaux pour les fortifications des places, constructions et réparation de ponts... Pour voiturer une toise cube de moellon, il faut au moins douze chariots attelés de quatre chevaux et vingt pour une toise cube de blocs de pierres de taille. Ce service mine les communautés, qui préfèrent de le faire faire par d'autres en payant à un prix exorbitant. Les dégradations que font annuellement les rivières et les torrents de la province par leur crues est ce qui fatigue le plus les communautés : à peine ont-elles achevé d'un côté que le mal se renouvelle d'un autre ; et il est quelquefois si grand qu'il faut non seulement joindre plusieurs communautés pour en aider une seule, mais encore des bailliages entiers, surtout en Haute-Alsace, où, dans le moment présent, les départements de Thann, Guebwiller et Rouffach sont employés à réparer les dommages que la rivière de Lauch a faits sur le territoire de la communauté d'Isenheim. Le Rhin occupe presque continuellement les villages qui sont sur ses bords. Pour se garantir de ses irruptions, ce sont des épis et des digues à construire, et des bras entiers de ce fleuve à barrer, travaux pénibles et dispendieux qui ne donnent point de relâche aux habitants*[577]... De cette longue déclaration, nous tirons deux renseignements. Le premier, c'est que les corvées restent une des manifestations de la souveraineté royale sur l'Alsace[578]. Le deuxième, c'est que, théoriquement indissociables de l'entretien des places-fortes et du ravitaillement de l'armée, elles connaissent une reconversion pour l'entretien des routes en même temps que, par décision du contrôleur général Orry, elles sont étendues à l'ensemble du territoire[579] français en 1738. Se donner les moyens d'une politique routière débordant les frontières de la seigneurie, alors que jusque là la voirie était censée être l'affaire du seigneur, constitue certes une innovation pour l'Etat monarchique. En réalité, la corvée royale puise à deux sources : celle du précédent de la corvée seigneuriale, véritable *impôt-travail*, exploitant l'important potentiel de main-d'oeuvre rurale ; celle de la tradition provinciale d'une imposition trop longtemps acquittée, en Alsace, pour pouvoir être considérée comme nouvelle. Telle est sans doute la raison pour laquelle c'est en Alsace que la résistance à la corvée semble avoir été la plus faible. Mais tout est relatif, car la paysannerie ne cesse de protester contre ces *travaux forcés* qui immobilisent main-d'oeuvre et attelages au moment des grands travaux agricoles, en plein milieu de la belle saison[580], compromettant la récolte ou

[577] Cit. par E. LEHR, *art. cit.*, p. 32.

[578] Ch. HOFFMANN, *op. cit.*, t. II, pp. 495-497 et t. III, pp. 143-144.

[579] ABR C 453 : *Mémoire sur la conduite des travaux par corvées, envoyé par M. Orry, Contrôleur général à tous les ingénieurs des Ponts et Chaussées en 1737.*

[580] Et cela malgré la répétition des déclarations d'intention (ABR C 453, mémoire du 26 juin 1737, et C 145, ordonnance de l'intendant de Lucé du 3 mars 1759) : théoriquement entre le 1er mars ou le 1er avril et le 1er septembre ou le 1er novembre.

diminuant sa valeur, occasionnant des pertes de chevaux[581]. Tous les hommes valides sont réquisitionnés : les laboureurs, chargés du transport, avec leurs chevaux au-delà de deux ans et demi ; les manouvriers avec leurs pelles - on estime que chacun d'entre eux peut déplacer une toise et demie de terre légère par jour - et jusqu'aux enfants de plus de douze ans appelés à porter des cailloux et du sable. Se pose le problème de la révision périodique du *cadastre des corvéables*[582] pour rendre la corvée plus supportable. Elle est d'ailleurs rendue plus impopulaire par les abus et les exemptions que par l'effort imposé. Par le jeu des exemptions en effet, l'ensemble repose sur les épaules des paysans dont certains viennent de loin : on fait de préférence appel aux paroisses situées à trois ou quatre lieues de la route à construire, car on estime que celles qui doivent faire un travail qui ne leur sera d'aucune utilité le font très mal[583]. On impose donc le maximum de travail à la paroisse la plus proche[584]. Les corvéables ne doivent pas être retenus plus d'une semaine d'affilée mais, en dehors des *quatre mois francs de travail*, aucune limite n'est fixée pour le nombre de journées à effectuer : selon les besoins, un à deux mois de travail peuvent être exigés par corvéable... Rappelons par ailleurs, que la corvée ne bénéficie qu'aux *grands chemins* peu familiers aux villageois, qui ne cachent pas leur défiance à l'égard de la route.

La question de la conversion de la corvée en impôt, qui domine la vie politique pendant des dizaines d'années, pose le problème du privilège. Mobilisant sur les routes des convois de paysans, la corvée devient le symbole du non-privilège : on accepte plus facilement l'exemption de travail que l'exemption d'impôt. Mais, pour le monde paysan, la perspective n'est pas la même. Transformer une marque de servitude en imposition banalisée devrait recueillir l'approbation des gens de la terre. Et pourtant, la tentative de Turgot visant, en 1776, à convertir la corvée en nature en prestation pécunière est mal accueillie[585], le paysan préférant, en fin de compte, donner de son temps plutôt que de son argent : c'est que, à une époque où le numéraire fait défaut, le montant de la contribution représentative de la corvée vient s'ajouter à ceux de la taille et des vingtièmes et rend la charge fiscale insupportable. *Une grande partie de l'Alsace qui, dans la saison morte, faisoit la corvée sans murmurer... en demandoit le rétablissement pour échapper à un impôt désastreux et hors de proportion*[586]. En 1780, lorsque l'intendant accorde aux communautés le choix ou de fournir les corvées en nature ou de traiter avec des entrepreneurs[587], il est bien obligé de constater le peu d'empressement

[581] AHR 1 E 77/17 : *...das wegen dem... frohnen die acker im Velt gahr schlecht gebauen wordten und gantze fürch geben* (Ostheim 1744).

[582] R. WERNER, *op. 449*, pp. 67-81 (ABR C 138, 452-453, 471 pour la période 1728-1778).

[583] ABR C 141 (intendant de Brou, 20 novembre 1740) et C 145 (intendant de Lucé, 29 novembre 1755).

[584] ABR C 452 : mémoire concernant l'entretien des routes (17 juillet 1778).

[585] Ch. HOFFMANN, *op. cit.*, t. I, pp. 516-517.

[586] Procès-verbal de l'Assemblée provinciale d'Alsace, p. 93 (rapport du 26 novembre 1787, par M. de Turckheim).
AHR C 1190 : protestations des communes du bailliage de Ferrette au sujet des corvées royales (1er octobre 1787). Tableau visant à démontrer que la somme de l'impôt représentatif des corvées est bien supérieure au montant de l'impôt en nature. De même, motion de l'assemblée du district de Huningue (1787-1789).

[587] Ch. HOFFMANN, *op. cit.*, t. I, p. 521 (ordonnance du 15 février 1780).

qu'elles mettent à profiter des nouvelles dispositions ! A la suite de ces échecs, l'impôt représentatif est rétabli en 1787, après des discussions animées au sein de l'Assemblée provinciale[588] : on y prend l'engagement - déjà pris par le Roi - de ne pas dépasser le sixième du montant de la subvention. Mais c'est, comme le constate le bailli Hell, *pour éviter la perte de leurs denrées* que les paysans *étoient forcés de s'abonner à prix d'argent*[589]. Circonstance aggravante : les crises frumentaires qui rythment la seconde moitié du XVIIIème siècle rendent, par ailleurs, cet impôt accablant. *C'est moins la charge fiscale qui grandit*, écrit Ernest Labrousse, *que le porteur qui faiblit... ; il lui a suffi de rester immobile, invariable, pour devenir formidable*[590].

Mal perçu de surcroît, mal réparti surtout, cet impôt royal. La contribution étant quérable par quartiers trimestriels et non portable, la charge annuelle de collecteur - *Heimburger* ou *Bürgermeister*[591] - n'est guère enviée : elle relève du devoir civique, auquel on ne peut se soustraire, plus que du bénévolat[592]. Cette charge qui aurait pu être recherchée comme un honneur, est en fait onéreuse et redoutée. Mais c'est l'arrivée du porteur de contrainte, étranger au village, qui soulève l'animosité, car elle laisse présager les désagréments de la saisie toujours accompagnée de débours importants[593]. Par ailleurs, l'irruption d'une nuée de régisseurs et de contrôleurs, la plupart *étrangers à la province,* qui taxent *arbitrairement et sans règle*[594], ne contribue pas à rendre cet impôt populaire, à moins qu'il ne porte la marque sacrée de la coutume[595].

De la subvention à la capitation, un grand pas a été franchi, puisque l'équité fiscale a été inscrite dans les textes. Or les plaintes en surtaux se multiplient à la fin du XVIIIème siècle ; l'assiette entre les particuliers, les paroisses, les seigneuries est sujette à contestation. Ce sont d'abord les campagnes qui s'estiment lésées par rapport aux villes, en raison de la dominante foncière des impôts. C'est ensuite la Haute-Alsace qui se plaint d'être surchargée par rapport à la Basse, *quoique les terres y soient d'une qualité bien supérieure*[596]. L'intégration plus précoce de la Haute-Alsace dans la souveraineté française peut-elle rendre compte de ces injustices ? En Basse-Alsace, la persistance de l'immédiateté de bon nombre de seigneurs serait un obstacle à la souveraineté royale en matière de fiscalité. A moins

588 Procès-verbal de l'Assemblée provinciale d'Alsace, p. 49 (rapport Schwendt, 21 novembre 1787).

589 AHR C 1567 (Hell à l'intendant, juin 1766).

590 C. E. LABROUSSE, *op. 2410*, p. XLIV.

591 Voir *infra* p. 1261.

592 DE BOUG, *Ord. Als.*, t. II, p. 768 (24 octobre 1767).
Procès-verbal de l'Assemblée provinciale d'Alsace, pp. 54-56 (rapport Schwendt, 21 novembre 1787).

593 Pour le recouvrement, voir Ch. HOFFMANN, *op. cit.*, t. I, pp. 426-447.

594 AN K 2316 (1742).

595 AHR 1 E 44/5 : on trouvera, à titre d'exemple, le relevé des vingtièmes du bailliage de Landser (1771-1783).

596 AHR 1 E 44/8 : mémoire (s.d., vers 1704).
Procès-verbal de l'Assemblée provinciale d'Alsace, pp. 50 et 56-58 (rapport Schwendt, 13 novembre 1787).
Mémoire du Conseil général du département du Haut-Rhin, 18 novembre 1790 (reproduit par Ch. HOFFMANN, *op. cit.*, t. II, pp. 544-562).

que la Basse-Alsace, devenue plus fréquemment le théâtre des guerres, ait bénéficié d'une série de ménagements et de décharges ? Dans les territoires de la noblesse et dans le comté de Hanau, *on voit une différence sensible entre leurs contributions et celles de l'Evêché, la seigneurie de Fleckenstein, etc., tandis que le sol en est au moins aussi bon, s'il n'est meilleur*[597]. En Haute-Alsace, les habitants du comté de Ferrette, des bailliages d'Altkirch et de Landser se plaignent d'être surchargés d'impôts par rapport à ceux de Hirsingue, d'Ensisheim et de Sainte-Croix[598]. On tente de l'expliquer par une série d'inondations qui, dans les années 1750, aurait permis à ces derniers de se décharger d'une partie des impositions dont le montant aurait été rejeté sur les trois bailliages surchargés. L'équilibre, momentanément rompu, n'aurait jamais été rétabli par la suite. *Pour mettre tout le monde d'accord,* avance sur le ton de la plaisanterie le bailli Hell, *il n'y avoit qu'à porter sur ses Sundgoyains, qui avoient de bonnes épaules, ce que les autres avoient de trop*[599]. A la suite de ces plaintes, l'intendant réagit[600], mais il faudra attendre la Révolution pour que le problème trouve une solution définitive. En 1790, le Conseil général du district d'Altkirch estime au tiers la surcharge par rapport aux autres districts haut-rhinois[601].

Enfin les retouches successives apportées au système fiscal n'ont pas fait disparaître les exemptions : *Les gentils hommes, par leur crédit, avoient trouvé moyen de se soustraire aux charges pour les biens de roture qu'ils avoient acquis des paysans..., par le même principe, ils avoient fait exempter leurs principaux officiers et même, en quelques endroits, leurs prévôts et leurs fermiers et jusqu'à leurs chasseurs*[602]. Par un arrêt du Conseil, en date du 12 novembre 1721, les fermiers des biens exempts se contentent d'acquitter la portion colonique, c'est-à-dire la moitié du montant qu'ils devraient verser pour des terres tenues en propriété[603]. Aux exemptions *réelles* dérivant de la qualité du fonds, viennent s'ajouter les exemptions *personnelles,* justifiées par la dignité des hommes : le fait d'être secrétaire du Roi ou membre du Conseil Souverain n'est critiqué par la paysannerie que dans la mesure où ces privilèges s'accompagnent de faveurs fiscales aux dépens des communautés villageoises, car la part contributive des exempts retombe sur les taillables. Reste le problème des forains. A partir de l'ordonnance de d'Angervilliers, ils paieront l'impôt réel au lieu de la situation des biens-fonds et non plus, moyennant des transactions entre communes, au lieu de leur domicile. De la capitation aux vingtièmes, s'esquisse le passage d'un impôt de répartition à un impôt de quotité. Il n'est pas facile, en vérité, de répartir entre les habitants de la

---

597 Procès verbal de l'Assemblée provinciale d'Alsace, p. 51 (rapport Schwendt).

598 AHR 1 E 44/8 :mémoire cit. et C 1180 (s.d., vers 1785).

599 AHR 1 E 44/8 (s.d., vers 1785).

600 *Ibid.* : *Instruction que M. l'Intendant a ordonné être adressée à chaque communauté pour parvenir à une répartition exacte des impositions* (10 février 1785).

601 Ch. HOFFMANN, *op. cit.*, p. 452.

602 Mémoire sur l'Alsace du conseiller Goezmann (1767) publié par H. WEISGERBER, *art. [175]*, p. 143.

603 *Ibid.*, p. 257.

campagne des impositions mixtes dans la proportion de deux tiers sur les immeubles et d'un tiers sur l'industrie. En l'absence de *commerce* ou d'*industrie*, on se réfère aux *facultés* des contribuables : petits paysans et journaliers se trouvent surchargés au point qu'on est amené, de façon non officielle, à majorer la part *réelle* de l'impôt et à en réduire la part *personnelle*[604]. Par ailleurs, un territoire étendu, cultivé par des propriétaires étrangers, risque de devoir supporter une *cote d'industrie* très lourde[605]. La part prélevée sur les biens-fonds pose d'autres problèmes : peut-on imposer les villageois en proportion des profits qu'ils tirent des biens communaux ?

Pour résoudre ces difficultés, il manque ce *registre dans lequel la quantité et la qualité des biens-fonds sont marqués en détail* : Hell et Schwendt appellent de leurs voeux la confection d'un cadastre[606]. Ils ne sont pas les premiers à le faire. L'intendant de Lucé, qui avait retenu la superficie comme base fiscale, avait échoué dans cette entreprise, en partie du fait de l'absence d'une infrastructure indispensable à une telle opération[607]. Pour *établir cette égalité relative entre l'homme puissant et riche, le laboureur et le journalier* que souhaite l'Assemblée provinciale, de La Galaizière, épaulé par le bailli Hell, avait déjà proposé qu'un cadastre fût établi sur déclaration volontaire et contradictoire des imposables eux-mêmes. Ce plan est appliqué dans le bailliage du Haut-Landser à la veille de la Révolution. Dans les terres de la noblesse de Basse-Alsace, chaque communauté, après la récolte, remet une déclaration au bailli, tandis que les experts, visitant le finage, répartissent les terres en trois classes en fonction de la valeur du sol, de son degré de fertilité. L'idée d'une tarification est bonne, à condition que la réalisation soit confiée à des enquêteurs impartiaux s'appuyant eux-mêmes sur une sérieuse connaissance des terroirs ou sur les données exactes fournies par des informateurs locaux : sinon, c'est la porte ouverte, par l'intermédiaire de déclassements ou de surclassements de terres, à l'arbitraire et à l'évasion fiscale qu'on voulait justement empêcher. D'ailleurs le produit est-il forcément proportionnel à la valeur du sol ? Le bailli Hell défend en 1788 l'idée de l'estimation des terres - sur déclaration et expertise ou au vu des contrats notariés -, de façon à mieux cerner le produit lui-même plutôt que la valeur du fonds, sujet par ailleurs à des distorsions de contenance pour les mêmes unités de surface. Mais le prix de vente de la terre, nouvel étalon adopté par la Commission intermédiaire, est également sujet à caution ; les géomètres, les enquêteurs manquent d'indépendance et de compétence ; les déclarations, faites dans une atmosphère de complicité, sont suspectes. Bref, la Commission intermédiaire n'a pas été plus heureuse que les intendants. Faut-il croire qu'aucune innovation ne permet de sortir du cercle vicieux de la subvention qui sert de pied à tout nouvel impôt, compte tenu de la rigidité du système fiscal ? Sauf pour la dîme, seul impôt de quotité, la croissance de la fiscalité n'est pas proportionnelle à celle du

---

604 AHR E 1433 : lettre du greffier au seigneur (Rustenhart, 29 novembre 1786).

605 ABR C 733 (la Commission intermédiaire au président de l'Assemblée Nationale, le 25 février 1790).

606 AHR 2 E 71 : mémoire du bailli Hell (1er mars 1788).
Procès-verbal de l'Assemblée provinciale d'Alsace, pp. 51 (Schwendt, 13 novembre 1787) et 135-141 (Schwendt, 3 décembre 1787).

607 Ch. HOFFMANN, *op. cit.*, t. II, pp. 453-455.

produit brut. Du moins, lorsque éclate la Révolution, les travaux préparatoires pour la confection d'un cadastre sont-ils en cours.

3) Ebauche d'un bilan fiscal

Ne tablons pas, pour l'établir, sur l'exhaustivité des déclarations, car la curiosité administrative n'annonce rien de bon et l'esprit du temps est hostile à toute inquisition fiscale[608]. D'ailleurs l'impôt indirect, moins douloureux peut-être, moins visible aussi, progresse aux dépens de l'impôt direct. Il n'en reste pas moins que l'impact de la fiscalité sur la condition paysanne ressort confusément de nos sources. Tel petit paysan de Reitwiller se voit contraint, en 1716, à vendre sa vache pour pouvoir acquitter les impositions royales[609]. Dans la région de Haguenau, on s'échine à gratter la terre pendant que l'impôt *mange* le patrimoine, oblige le paysan à vendre un champ tous les deux ans, conduit à l'endettement et à l'émigration[610]. Dans la Hardt, la relation apparaît clairement, en 1785, entre les mauvaises conditions météorologiques, la pression fiscale et la perception impitoyable des droits seigneuriaux : *Depuis quatre ans les récoltes y manquent par le défaut de la pluye. La rigueur extraordinaire de deux hyvers et la masse énorme des impositions royales qui se lèvent avec la dureté la plus rigoureuse menacent de les achever. Dans cette calamité générale, la perception des droits et revenus seigneuriaux devient impossible chez une grande partie des habitans*[611]. Si, en 1787, le battage suit la moisson de si près, c'est, aux dires du procureur-syndic du district de Belfort, pour permettre à l'exploitant de payer ses impositions[612]. Alors que les fermages sont susceptibles de s'adapter au volume et à la valeur des récoltes, l'impôt fait preuve d'une extrême rigidité. Les travaux de Jean-Marie Schmitt sur Guebwiller font apparaître, entre 1760 et 1790, une corrélation significative entre les pointes de la mortalité et les poussées de la fiscalité royale[613]. Simple coïncidence ? N'en déduisons pas un effet mécanique de la fiscalité sur les subsistances, mais l'interaction de facteurs complexes et, à coup sûr, l'alourdissement relatif de la charge fiscale en période de difficultés. L'Assemblée provinciale d'Alsace dénonce les impositions auxquelles les habitants ne peuvent plus faire face et les méthodes de recouvrement - frais de contrainte et procédure de saisie - qui les accompagnent : *plus on laissera accumuler les termes, plus les paiemens seront considérables et par conséquent onéreux*[614]. Dénoncée par nombre de cahiers de doléances, la situation serait-elle noircie à l'excès et liée à la conjonture prérévolutionnaire ? Sans tomber dans un misérabilisme de mauvais aloi,

---

608 Voir *supra* p. 972.

609 ABR 6 E 7 Not. Bouxwiller, inv. Reitwiller 360 : *Kuh zu Bezahlung königlicher Beschwerden* (1716)...

610 AMH HH 283/8 : *die Auflagen... welche ihnen bisher das Eigentum hinweggeräumet und zu lauter Lehnsleut gemacht* (Durrenbach 1772) ; *...alle zwei Jahr ein Acker verkaufen, die Auflage zu bestriten* (Eschbach 1772). De même Forstheim, Gunstett et Surbourg (*in frempte landen*).

611 AHR E 1308 (chancellerie de Ribeauvillé, situation du bailliage de Heiteren).

612 Ch. HOFFMANN, *op. cit.*, t. I, p. 264.

613 J-M. SCHMITT, *mém. 232*, p. 72 (AHR RP Guebwiller, C 1132 et 1417 et AM Guebwiller CC 18 et 86b).

614 Procès-verbal de l'Assemblée provinciale d'Alsace : tableau des impositions (rapport Schwendt, 12 novembre 1787).

et en faisant la part des exagérations intentionnelles, reconnaissons la permanence et la lourdeur de ces charges qui amènent plus d'une fois la communauté à se substituer aux redevables défaillants en engageant les biens communaux. Le prélèvement lamine le revenu familial, casse les ressorts de l'expansion, sans que ses bénéficiaires ne réinjectent le profit réalisé dans la terre. Le fait que 90% des terres soient, d'une façon ou d'une autre, entre les mains des paysans, de l'Elbe au Rhin, ne préserve pas de la paupérisation, souvent imputable à la ponction fiscale.

Si les impositions royales nous paraissent exorbitantes, est-il possible d'en apprécier la charge réelle ? Les résultats des recherches sont décevants, du fait de la disparité des sources. L'affirmation d'une surfiscalisation de l'Alsace[615] relève probablement d'une tentative visant à obtenir, pour la province, une situation privilégiée dans l'espace français. On discute dans les instances provinciales, à la veille de la Révolution, de la proportion qu'occupe l'Alsace dans la superficie du territoire national, en prenant soin de passer sous silence la qualité des terres imposables et leur produit. Le point de vue de l'administration est évidemment différent : la généralité de Strasbourg donnerait au Roi 6 684 314 livres, à raison de 10 livres 18 sols et 7 deniers par individu[616], ce qui la placerait à l'avant dernier rang des 33 généralités françaises, loin derrière Paris[617] et Rouen[618], à égalité avec Besançon[619]. Si l'on calcule l'impôt par superficie, la généralité de Strasbourg se tiendrait à la dix-neuvième place avec 12 635 livres et 5 deniers à la lieue carrée[620]. Si la fiscalité se montre relativement oppressive pendant les périodes de guerre - dans la seconde moitié du XVIIème siècle et dans les années 1741 à 1743 -, les levées diminuent sensiblement sous l'action bénéfique des premiers intendants, soucieux de ne pas épuiser la province à peine rattachée auRoyaume[621] : il n'y a donc pas eu, pour des raisons essentiellement politiques, l'équivalent de la *réaction seigneuriale.* Les bénéficiaires d'un tel allègement semblent être moins les particuliers eux-mêmes que les communes qui, par leurs mandements, situent régulièrement le montant des levées effectives au-dessus de celui des impositions exigées par le Roi, ce qui, malgré les mises en garde de l'intendant, permet de réaliser un excédent dans les caisses communales[622]. Ce n'est que dans le dernier tiers du XVIIIème siècle que l'on assiste à une

---

615 AHR 3 B 3932: *Remontrances au Roi sur les impositions de la province d'Alsace* (Conseil Souverain, 1764). AHR C 1126 : mémoire anonyme soumis à la Commission intermédiaire (s.d.). Ch. HOFFMANN, *op. cit.*, t. II, pp. 448-450.

616 AN H 1588/47 : *Détail de ce que l'on paye par voie d'imposition de toute espèce dans chaque généralité et dans chaque pays d'Etats, pays conquis...*

617 *Ibid.*, pp. 155 ss., 177, 179 : *Etat de ce que chaque généralité paye par individu par lieue carrée et par mille livres de vingtièmes*: 49 livres 18 sols et 5 deniers.

618 *Ibid.*: 32 livres 18 sols 5 deniers.

619 *Ibid.*: 11 livres 7 deniers.

620 *Ibid.*. A titre de comparaison, Paris : 75 042 livres 8 sols 5 1/2 deniers. Lille : 32 555 livres 13 sols et 2 deniers. Rouen : 40 556 livres 10 sols et 5 deniers. Besançon : 8 391 livres 3 sols et 4 deniers.

621 G. LIVET, *op. cit.*, p. 220.

622 M. DROUOT, *op. cit.*, p. 103 (exemple de Thann).

flambée des impositions royales[623] qui explique, dans un climat de crise, les prises de position dont les cahiers de doléances se font l'écho. D'après les travaux de Roland Marx[624] l'ensemble des impôts royaux aurait passé de 3,5 à 4,5 millions de livres entre 1778 et 1787, soit une progression de 28,6% en moins de dix ans. Or cette progression est en grande partie imputable à l'augmentation des *accessoires* qui, entre 1775 et 1785, font un bond de 41,6%[625]. Dans le comté de Horbourg, les impôts royaux passent entre 1718 et 1787 de 8035 à 19 634 livres tournois, soit une augmentation de 144%, en grande partie concentrée sur les dernières décennies de l'Ancien Régime[626]. Cette surcharge fiscale, assez tardive, expliquerait pourquoi le cens électoral n'écartera que bien de peu de citoyens de la fréquentation des urnes comme de la rédaction des cahiers de doléances qui accordent une place privilégiée aux problèmes fiscaux[627]. Théoriquement il faut payer 10 livres d'impositions royales pour être électeur et 30 pour être éligible. Cependant dans certaines contrées, comme dans celle de Lauterbourg, le seuil a dû être abaissé respectivement à 3 et 10 livres[628] aux élections municipales d'avril 1788 :

	Nb. de feux	% de contribuables moins de 3	plus de 3 livres tournois
Salmbach	195	59,0	41,0
Mothern	182	87,9	12,1
Niederlauterbach	154	77,9	22,1
Neewiller	98	75,5	24,5
Scheibenhard	85	76,5	23,5
	714	74,8	25,2

Même à ce compte-là, les trois quarts de la population n'accèdent pas aux urnes ! On doit annuler les élections et les reporter au mois d'août après avoit adopté des critères plus souples.

Mais toute tentative qui consisterait à suivre l'évolution de la fiscalité royale au XVIIIème siècle se heurte à trois séries de problèmes : à celui de la valeur de la monnaie s'ajoute celui de la nature des impôts royaux dont l'augmentation reflète parfois l'adjonction d'une imposition nouvelle, en particulier les vingtièmes et divers *accessoires*. Enfin l'augmentation de la population peut expliquer l'accroissement de la charge globale sans entraîner obligatoirement l'alourdissement de la charge relative. C'est donc

623 Contrairement à ce qui se passe en Auvergne : augmentation des impôts royaux entre 1730/1739 et 1770/1779 de 48% et entre 1770/1779 et 1780/1789 de 8,1% seulement A. POITRINEAU, *op. cit.*, t. I, p. 377.

624 R. MARX, *op. cit.*

625 Evolution du montant des *accessoires* réclamés à la province d'Alsace (en milliers de livres tournois) :

1760 :	540,7	1775 :	1059,3 (- 1,7%)
1765 :	675,6 (+ 24,9%)	1780 :	1119,5 (+ 5,7%)
1770 :	1077,3 (+ 59,5%)	1785 :	1500,0 (+ 34%)

626 Chr. PFISTER, *art. 394*, pp. 369-370.

627 Voir *infra* pp. 1337-1339.

628 R. SCHWENGLER, *art. 1885* (ABR B 235 et C 771-775).

avec une extrême prudence qu'il convient d'aborder les chiffres de progression recueillis ci-dessous. Ces derniers suggèrent néanmoins une accélération de la pression fiscale dans la seconde moitié du XVIIIème siècle, plus particulièrement en Haute-Alsace :

Dates	Commune	Source	Progression au XVIIIème siècle 1ère moitié	2ème moitié	ensemble
1718-1788	Oberhausbergen	ABR 8 E 343/1	37,0%	93,3%	165,1%
1720-1789	Guémar	AHR E dépôt 30, CC 33-36		163,6%	89,3%
1762-1788	Bollwiller	AHR C 1130		80,0%	
1701-1789	Thann	M. DROUOT, *op. cit.*, pp. 102-107	37,4%	75,8%	141,5%
1757-1788	Aspach-le-Haut	M. DROUOT, *op. cit.*, p. 105		172,2%	
1762-1788	Heimsbrunn	AHR C 1132		75,7%	
1762-1788	Flaxlanden	AHR C 1131		79,0%	

Par-delà les chiffres par paroisses, facilement accessibles, il convient donc, pour cerner la réalité du poids fiscal, de déterminer les sommes versées par tête ou par superficie cultivée : combien l'impôt, royal ou seigneurial, enlève-t-il à chaque feu, à chaque hectare ?

l/s/d	Impôts seigneuriaux par feu	Impôts royaux par feu	Impôts royaux par ha	Total par feu
Schillersdorf 1753 ABR E 3480				52
Marlenheim XVIIIème s. L. KLOCK, *op. [430]*, p. 46	30 (1739) sans la dîme	36 (1769) 50 (1786)		66 - 80
Traenheim 1778 *Göcking's Journal*, t. I/2 pp. 370-371		24		
Oberhausbergen 1789 ABR 8 E 343/1	6 (%)	87	6	
Eschau 1766 AC Erstein CC 43			3	
Urschenheim 1789 AHR C 1598/30	31 - 32	50		81 - 82
Hartmannswiller 1784 A. GASSER/J. LIBLIN, *art. [207]*, p. 200 et ABR E 1370		42		
Issenheim 1787 AHR C 1598/30			7	
Merxheim 1787 AHR C 1598/30			4 1/2	
Dietwiller 1766/1768 AHR 1 E 44/20		63 - 85	5 1/2 - 8	
Schlierbach 1768 *Ibid.*				
Sierentz 1787 AC (P. WIRTH, *op. cit.*)			8	
Blotzheim 1789 AHR C Suppl. 5/12			11	
Hegenheim 1789 *Ibid.*			14	

Tandis que les impositions seigneuriales, difficilement saisissables dans leur totalité, se caractérisent par leur diversité dans l'espace, les impositions royales tournent autour de 50 à 90 livres tournois par feu et 5 à 10 par hectare : des sommes en tout cas plus fortes que celles que réclament les seigneurs. L'écart se réduit si l'on prend en considération droits seigneuriaux - dîmes et rentes comprises - et féodaux : les seconds ne prélèvent guère plus de 10%, mais les deux réunis pourraient bien enlever entre 20 et 30 % du produit brut[629] et la prise en compte des impositions royales reviendrait alors à doubler le poids du prélèvement. Charge supportable ? Peut-être, mais elle est soumise à une répartition injuste qui accable les uns et ménage les autres : cette inégalité est relevée dès 1741 pour les impôts seigneuriaux à Andolsheim où *les riches laboureurs ne contribuent pas le tiers de ce qu'ils devroient et le fardeau reste sur les pauvres*[630]. Pour les impôts royaux, la situation n'est guère meilleure : *La répartition des taxes se fait de manière que le plus grand fardeau tombe sur les pauvres au moyen de quoi les riches ne sont jamais cottisés à proportion de leurs facultés parce qu'ils sont les maîtres tandis que les pauvres n'osent grouiller*[631]. Or la charge fiscale est inversement proportionnelle à la taille des exploitations et elle est en outre fonction des ressources du moment qui s'amenuisent en période de crise ; enfin, elle est sujette à augmentation dans les dernières décennies de l'Ancien Régime. En effet, les exemples de Nordheim[632] et d'Oberhausbergen[633] montrent que le montant des impositions royales augmente considérablement. A Nordheim, on paie 36 livres par feu en 1766, 55 en 1788, soit une augmentation de 77,5% en un peu plus de vingt ans. A Oberhausbergen, l'évolution se présente comme suit :

	Montant total lt.	**Montant par feu**
1718	1960	29
1749	2630	25 - 30
1762	2688	27 - 28
1778	3756	34
1788	5196	43
1718-1788	**+ 165,1%**	**+ 48,3%**

Le cahier de doléances de Pfetterhouse - document à utiliser avec la précaution qui s'impose - indique un triplement de la charge fiscale globale

629 Voir *supra* pp. 901-927.
Comparer avec le Beauvaisis : 20% dont 12% pour la dîme et 8% pour les autres droits (P. GOUBERT, *op.[560]*, p. 151). D'une façon générale, les chiffres français (21% pour l'Auvergne d'Abel POITRINEAU, entre 1770 et 1789, 25 à 30% pour les campagnes du Nord de Georges LEFEBVRE) que ceux que nous proposent les historiens allemands (30 à 40% pour H. AUBIN/W. ZORN ; 32 à 53% pour Wilhelm Abel qui s'appuie sur deux villages du Brunswick, tout en dégageant la bigarrure - *chaotische Vielfalt* - de la fiscalité seigneuriale).

630 AN K 2324/3 (Oberrieder, 31 août 1741).
Les *Wochentliche Nachrichten* du 30 décembre 1791 estiment qu'un propriétaire de 6 hectares, rapportant 720 livres par an, paie en 1788, au titre des impôts royaux et des droits seigneuriaux 350 livres, soit 48,6%.

631 AHR 18 J 510 (Gottekien, receveur du comté de Horbourg, 1748).

632 Chr. FROMAGER-GANGLOFF, *mém. [400]*, pp. 27-28.

633 ABR 8 E 343/1.

entre 1761 (3821 livres) et 1789 (10 000 livres)[634]. Quelle que soit la part de l'exagération, il est un fait d'expérience courante, c'est que le poids de l'impôt est moins ressenti que sa progression. Peut-on situer les contribuables sur l'échelle de taxation ? Il faudrait, pour ce faire, pouvoir pousser plus loin la recherche en dégageant la part que l'impôt prend à chaque type d'exploitation : l'opération dépasse le cadre de cette étude, car elle supposerait de véritables monographies. L'analyse des structures sociales[635] - mais sont-elles le reflet des réalités fiscales ?- nous a mis en présence des courbes au profil très concave traduisant une forte différenciation sociale au sein de la paysannerie.

Mais, malgré l'impact de la fiscalité royale, il s'instaure entre le souverain et la communauté une complicité qui revêt deux formes. Le Roi défend la commune contre les prétentions seigneuriales : la tactique n'est pas totalement désintéressée, dans la mesure où fiscalité royale et fiscalité seigneuriale sont concurrentes. Jaloux de son autorité, soucieux de la rentrée de ses impôts, désireux de réduire toute dépense qui pourrait tarir ses propres ressources, le Roi a quelque intérêt à contenir les appétits seigneuriaux[636]. Le contrôle du budget de la communauté par l'intendant[637], la vérification et la liquidation régulière des dettes communales[638] s'inspirent de cette préoccupation majeure. A l'inverse, la communauté, souvent arrogante à l'égard du seigneur, se fait obséquieuse quand Sa Majesté ordonne[639]... Pourtant l'Etat a la main lourde et la créance royale bénéficie d'une priorité absolue : elle doit être promptement honorée, et en argent (alors que bien des redevances seigneuriales sont stipulées en nature), sous peine de saisies qui sanctionnent d'éventuels arrérages. Aussi, dès 1749, Gottekien relève-t-il le paradoxe : *on les force à payer les impositions royales avant les échéances, on transporte les meubles des sujets et si l'on n'a égard que pour les paysans aisés et les jurés des lieux afin de se conformer leur bienveillance, cela ne se fait pas de même dans les autres bailliages où l'on attend du moins jusqu'à la moisson, temps auquel un petit nombre se trouve mieux en état de payer une pistole que présentement un sol. D'un côté, l'on abîme les sujets, et d'un autre on voudroit leur faire des largesses et les décharger des droits seigneuriaux aux dépens du seigneur*[640]. Mais les cahiers de doléances mettent-ils en question la fiscalité royale ou seigneuriale ? On constate que, paradoxalement, ce n'est pas le seigneur, mais bien le Roi, qui devient la cible du mécontentement : on ose lui tenir front, respectueusement mais fermement. Sur les 26 articles du cahier de doléances de Sierentz[641], 5 s'en prennent au seigneur et 21 aux droits fiscaux et aux compétences administratives de la monarchie. Sont

---

634 AC Pfetterhouse, reg. délib. (AHR 1 Mi 614).

635 Voir *supra* pp. 971-1006.

636 AHR E 1282 : corvées seigneuriales et corvées royales dans la cense de Hettenschlag (1761).

637 Voir *infra* pp. 1294-1295.

638 Par les arrêts du Conseil d'Etat du 26 juin 1717 (DE BOUG, *Ord. Als.*, t. I, p. 502) et du 31 janvier 1719.

639 P. WIRTH, *D.E.S. cit.*, p. 47 : exemple de Sierentz en conflit incessant avec Waldner de Freundstein.

640 AN K 2322/1 (22 juin 1749).

641 *Ibid.*, pp. 52-56. Nous reviendrons sur le contenu des cahiers de doléances, *infra* pp. 1336-1340.

incriminés surtout les impôts indirects, jugés arbitraires dans leur établissement et injustes dans leur répartition, les *accessoires*, les fourrages et les prestations militaires. Est mise en cause la multiplicité des impositions. On égratigne l'arbitraire royal, on ménage les droits seigneuriaux[642] !

Or - tissu de contradictions -, pendant tout le XVIIIème siècle, les archives retentissent de récriminations à l'égard du seigneur. Les droits seigneuriaux paraissent d'autant plus exorbitants que leur bénéficiaire n'est plus le premier habitant du village et qu'il ne protège plus. La pratique de la rénovation des terriers, dans le cadre d'une nouvelle *réaction seigneuriale*, accroît davantage encore le ressentiment contre le prélèvement *féodal* de la part des paysans impatients, convaincus qu'il ne peut y avoir de *seigneur sans titre*. Ces redevances seigneuriales, qui pèsent moins lourd que les impôts royaux, sont pourtant moins tolérables et moins bien acceptées, semble-t-il[643]. Pourtant, quand il s'agit de passer aux actes, au printemps de 1789, la situation se renverse : les cahiers de doléances en veulent moins au seigneur qu'au Roi. Or le second n'a cessé d'affaiblir le premier et de soutenir les communautés rurales contre ses prétentions, sapant ainsi l'arbitraire seigneurial. Ingratitude ou au contraire confiance dans le Roi libérateur ? A l'inverse, les impôts seigneuriaux, de toute façon moins lourds, seraient-ils légitimés par l'usage ? Sans doute la communauté de Sierentz ne se trompe-t-elle pas de cible : le seigneur, plus ou moins appauvri, abandonné par le pouvoir royal, sort affaibli bien avant 1789, des attaques redoublées de la communauté. La crise du féodalisme, qu'évoquent les historiens allemands[644], est bien engagée lorsque éclate la Révolution. Cette dernière placera le problème fiscal au centre de ses préoccupations. Ce n'est pas un hasard si la propagande révolutionnaire de 1790[645] fait de l'impôt le sujet de discussion privilégié entre deux paysans du Kochersberg, bien différents l'un de l'autre, qui expriment les craintes et les espoirs de l'ensemble de la paysannerie alsacienne.

Conclusion

Le système fiscal ne peut pas s'analyser de façon autonome. Il s'intègre dans un ensemble de facteurs : prélèvements en cascade et effort systématique pour faire revivre des droits tombés en désuétude ; situations individuelles ou collectives fragilisées par la maladie, la guerre, la crise ; caractère à la fois onéreux et vexatoire des prélèvements... L'impôt contribue à accuser les contrastes matériels et psychologiques de la société rurale que la commotion révolutionnaire fera apparaître au grand jour. Mais, au milieu de ces constantes sollicitations, famille et communauté continuent à jouer un irremplaçable rôle stabilisateur.

---

[642] *Ibid.*: à Sierentz, 3 articles sur 26 suggèrent de convertir la dîme en nature, d'abolir les péages, de faire participer le seigneur à l'entretien des chemins.

[643] Voir *infra* pp. 1320 ss.

[644] H. MOTTEK, *op. 52*, pp. 280-305.

[645] *Wochentliche Nachrichten...*, 3 décembre 1790. Voir ann. 48.

CHAPITRE III
INTEGRATION ET EXCLUSION

Le phénomène communautaire témoigne d'une attitude devant la vie et d'un besoin de protection contre l'isolement. En attendant l'époque de l'individualisme triomphant, du *chacun pour soi*, la société d'Ancien Régime prend conscience de ses devoirs envers la collectivité. Cette dernière le lui rend bien : constituant les deux atomes de base, famille et communauté sont les moules de la solidarité, de la stabilité, de la sécurité. La société est avant tout agrégat de familles.

I. LA CELLULE FAMILIALE, CREUSET DE LA VIE PAYSANNE

A) Sa signification : continuité, stabilité, sécurité

1) La famille : une triple mission

La famille d'abord, l'individu ensuite. L'état de nos sources nous conduit à considérer la famille comme l'instrument d'une triple continuité :

- Continuité de l'espèce : lieu des relations affectives, elle est surtout unité de reproduction, mobilisée pour la survie collective[1]. L'instinct de conservation, que l'espèce humaine partage avec les autres espèces animales, est un véritable défi à la précarité biologique et à la sélection naturelle[2]. N'exagérons pas cette dimension, qui n'apparaît guère en dehors du discours de l'Eglise : on ne se marie pas d'abord pour avoir des enfants, mais pour éviter de vivre seul. En tout cas, la famille protège : bien souvent, compte tenu de la carence de l'autorité publique, c'est sur elle seule que peut compter l'individu.
- Continuité d'un patrimoine matériel : jouant un rôle essentiellement fonctionnel, la famille est à la fois cadre de la production et de la consommation, théâtre d'une communauté de travail et espace de convivialité. Elle mobilise donc l'ensemble de ses membres pour la protection de ce patrimoine et les enferme dans la possession, l'usage et la transmission de biens sans lesquels il est impossible de vivre : importance du *Hof*, prééminence du lignage sur l'individu, stratégie matrimoniale... L'égoïsme familial se referme sur les membres de la famille. Mais, outre la possession ou non d'un patrimoine, sa vocation réside dans la défense de la réputation : l'honneur étant la sauvegarde de l'ordre familial, on s'efforce d'édifier autour de la famille une façade de respectabilité.
- Continuité enfin d'un patrimoine moral, de la culture populaire : la famille est le réceptacle d'un ensemble complexe de valeurs, de savoirs et

---

[1] Voir *supra* pp. 416-448.

[2] L. ROUSSEL, *op. 1971*.

de techniques venus des générations précédentes. L'école, de par sa finalité même, n'est pas de nature à confisquer à son profit cette importante mission qui concerne parfois l'ensemble de la maisonnée, domestiques compris[3]. Le foyer est l'asile des vertus chrétiennes et l'école de la foi[4].

En effet ces fonctions, aucune autre institution ne peut les remplir. Le caractère indispensable de la famille se trouve renforcé par le taux fort élevé du remariage[5] et par le principe de l'indissolubilité de l'union : la séparation de corps existe, elle est cependant rare. Les tensions aboutissent exceptionnellement à la rupture que seule l'adultère peut justifier. La famille est protégée par l'Eglise. Dans ces conditions, y entrer ou en sortir revêt une importance capitale. En sortir est signe de déchéance : celui qui rechercherait l'indépendance que procure l'aventure isolée en dehors du cercle familial ferait fausse route. Certains inventaires après décès affichent une ignorance ou une indifférence totales quant au destin d'un fils absent. Entrer dans le cercle familial c'est, en dehors de toute possibilité de promotion, un véritable rite de passage : passage d'une maison ou d'un village à l'autre ; passage d'un état à l'autre, de la société adolescente à la société adulte ; passage d'une autorité à l'autre, de celle du père à celle de l'époux : tel est le cas de la jeune fille qui sort de la communauté familiale d'origine pour en créer une nouvelle. Or gendres et brus sont des étrangers. Il y a pire que d'être un étranger : c'est d'être un inconnu. Car l'étranger a quelque chance de s'intégrer.

2) Tendances préciputaires et pratiques de cohabitation

Le système germanique occupe une position intermédiaire entre le mariage-établissement de tous les enfants et l'exclusion de ces enfants, à l'exception d'un seul qui restera vivre avec les parents et sous leur autorité.

a) Rituel dynastique de la transmission : l'institution de l'héritier

Nous avons eu l'occasion de le relever à plusieurs reprises : le régime successoral de la plaine d'Alsace se fonde sur une inégalité de fait. Le système préciputaire en apporte une preuve de plus : il y a des élus et des exclus, des favorisés et des déshérités. Les premiers sont ceux qui restent, les seconds ceux qui partent. La coutume est sévère pour la progéniture qui s'envole du nid familial, indulgente pour celle qui fait souche. Le préciput permet à l'héritier présomptif de prélever, avant tout partage avec ses frères et soeurs, une partie de ce qui est à partager. Les donations entre vifs, contravention flagrante à la transmission intégrale, font partie d'une stratégie familiale consciente, de nature patriarcale et antiégalitaire, mais ne

[3] Nous empruntons cet exemple à la paroisse de Neuve-Eglise, située en dehors de la plaine : *meine Hausfrau...beÿ gemeltem... als eine Magdt gedient, niemahlen kein Lohn empfangen, und sie weder das Vater unser, noch Ave Maria betten lehrnen...* (AMS Grand Chapitre, *Litigiosa,* 1662).

[4] H. CETTY, *op. 1953.*

[5] Voir *supra* pp. 425-432.

laissent pas forcément de traces écrites[6]. Mais lorsque l'héritier prend une option sur l'exploitation, du vivant de ses parents, nous sommes renseignés par son contrat de mariage. Il s'agit de favoriser l'établissement d'un enfant en échange, pour ce dernier, de l'obligation de résider avec ses parents. Il semblerait donc que la filiation unilinéaire à partir d'un ancêtre commun, l'emporte sur la filiation bilinéaire, tout comme la patrilinéarité l'emporte sur la matrilinéarité : c'est en effet de préférence le garçon qui reste sur la place et le couple s'installe dans la maison du père. Opposons d'emblée à l'apparente rigidité de ce système trois réserves :

- Pour qu'il puisse s'exercer, ce choix raisonné d'attribution préférentielle suppose que les parents, ou l'un des deux parents, soient encore en vie le jour du mariage de l'héritier désigné : situation qui n'est réalisée que dans 30 à 40 % des cas, surtout si c'est le cadet qui reprend la ferme et qu'il se marie tard. Du côté des enfants également, la mort a eu le temps de résoudre une partie des problèmes, dans la mesure où une proportion importante d'entre eux a disparu.
- Une telle pratique est, par essence, très rurale, puisqu'elle suppose l'existence d'un patrimoine et donne la priorité à ce qui est transmis sur ce qui est acquis par le travail[7]. Cet enracinement suppose un minimum de fortune immobilière. Le lien est évident, mais pas forcément simple, entre le régime juridique des successions et la structure de la propriété et de l'exploitation.
- Enfin, ce droit de préférence n'est pas gratuit, puisque l'héritier se charge de la responsabilité des parents qui consiste, en guise de dédommagement, à doter les frères et soeurs qui ne bénéficient pas de cet avantage (et l'établissement d'un enfant fait fonction de dot), de même que l'entretien des éventuels enfants mineurs. Il y a des dots opulentes, apanage des familles les plus fortunées ; il y en a d'autres qui sont modestes[8]. Quand on la reçoit, la dot peut paraître insuffisante ; quand il faudra la rembourser, elle paraîtra excessive. Pour les garçons, c'est généralement un chariot attelé d'un cheval, quelques dizaines de rézaux de grains avec les sacs et de mesures de vin avec les tonneaux ; quelques dizaines, exceptionnellement quelques centaines de florins en numéraire. Pour les filles, c'est une vache, un peu de mobilier (le lit, le coffre, l'armoire, des chaises), parfois plusieurs douzaines de nappes et de draps... Peu importent les situations individuelles qui sont fonction des circonstances, de la fortune disponible et du nombre d'héritiers à doter. L'essentiel, c'est que, une fois de plus, les apparences soient sauves : on réussit à concilier l'inconciliable, l'intégrité et l'équité[9]. Le choix de l'héritier unique s'accommode donc de dispositions tant soit peu niveleuses ; il va de pair avec le secret espoir que les exclus ne réclameront pas leur part d'héritage ou se contenteront de la légitime !

Quel est, en cas de partage anticipé de l'héritage, le statut de l'héritier

[6] Les partages *in antecessum* sont nombreux à Ungersheim, Heimsbrunn et Heimersdorf ; les donations très répandues à Reitwiller et Rittershoffen.
ABR 6 E 27 Not. Muttersholtz, inv. Baldenheim 24 : "*...die fahrende Hab... die Erben miteinander in frieden schon vor dieser Inventation vertheilet zu haben...*", 23 août 1777.
ABR 6 E 7 Not. Bouxwiller, inv. Hohatzenheim 288 : *Je veux et ordonne que ceux de mes autres enfans qui ont reçu déjà quelque chose le rapportent à ma succession* ,10 décembre 1783.

[7] Ch. AUGUSTINS, *op. 2060*.

[8] A distinguer des soultes. Voir *supra* pp. 594-595.

[9] Voir *supra*. pp. 586-596.

qui n'aura pas eu besoin d'attendre que la place se libère ? En prenant la direction effective de la ferme, il n'est pas tout-à-fait propriétaire et s'engage à verser une rente aux parents qui peuvent garder, en plus d'un lopin personnel, l'usufruit de l'ensemble des terres jusqu'à leur mort. Transmission partielle, la donation en nue propriété moyennant une rente viagère revêt une double signification : elle constitue, autant qu'une parade contre le mauvais sort, une clause de garantie issue d'un élémentaire réflexe de défense, surtout en cas de veuvage, contre une éventuelle avidité des héritiers en titre ; elle implique, d'autre part, qu'il n'y ait pas soumission totale des parents à leurs successeurs, mais une relative indépendance à leur égard. Si la fortune l'autorise, il arrive que la vieillesse ne soit ni détresse morale (puisqu'on contourne le problème de la solitude, toujours difficile à supporter), ni misère matérielle (puisqu'on ne se laisse pas démunir). Mais rien n'est réglé pour autant : de façon à faciliter la corésidence et à se supporter, les deux parties doivent bénéficier d'une certaine autonomie.

b) Sécurité et survie : les précautions de la cohabitation

Patrimoine, autorité, promiscuité : telles sont les caractéristiques de la corésidence. La famille est soudée autour du patrimoine et du travail en commun : la propriété restant individuelle mais l'exploitation étant collective, le travail, qui occupe l'ensemble de la main-d'oeuvre familiale, se fait sous la haute autorité du père.

C'est pour assurer la bonne entente entre les générations que le contrat de mariage établit des règles de conduite tant soit peu contraignantes[10]. Le problème se pose surtout à partir du moment où le père accepte de céder la maîtrise au fils qu'il a désigné pour lui succéder et qui est *en communion avec lui*[11]. Les délais entre le jour du mariage et la date effective de la cession sont variables (ils peuvent atteindre dix ans, si telle est la volonté du père). Pendant ce laps de temps plus ou moins long, le jeune couple reste à la charge des parents qui, en échange de l'aide apportée dans les travaux des champs et du ménage, lui concèdent quelques lopins de terre ensemencés à leurs frais[12], un *salaire* en argent ou en nature composé de quelques dizaines de florins par an ou d'une *rente* en grains[13], un peu de chanvre que la jeune femme s'engage à filer entre Noël et Pâques[14], tout en

[10] ABR 6 E 26, Not. Molsheim I 38, CM Holtzheim : *zu erhaltung guter Freundschaft und Vermeydung aller Streit und uneinigkeiten des zeitlichen halber...*(10 janvier 1746).

[11] AHR 18J 544 (Horbourg1770).

[12] ABR 6 E 27 Not. Muttersholtz, inv. Baldenheim 18 : *im helfen haushalten, 4 Acker Frucht mit seinem Saam* (CM du 9 juin 1707).

Ibid. inv. Baldenheim 24 : *das die beide ihro arbeithen und schuldige diensten leisten sollen* (CM du 10 novembre 1757).

Ibid. 6 E 7 Not. Bouxwiller, inv. Reitwiller 364 : les parents s'engagent à fumer et à cultiver un demi-*Acker* de chanvre dont les jeunes doivent procurer la semence, à cultiver un demi arpent de froment et d'orge, à les nourrir et à leur offrir du vin à discrétion (CM du 16 mai 1765).

[13] Le premier est désigné du terme de *Lohngeld* (ABR 6 E 27 Not. Muttersholtz, inv. Baldenheim 25, CM. du 3 janvier 1782 : 40 florins par an) ou par celui de *Littlohn (Ibid.* inv. Baldenheim 25, CM du 15 novembre 1782). La deuxième porte le nom de *Gült* (ABR 6 E 7, Not. Bouxwiller, inv. Reitwiller 361, CM 23 mars 1747 : 2 rézaux d'orge et autant de froment par an).

[14] ABR 6 E 27, Not. Muttersholtz, inv. et CM cit.

Engagements pris par le jeune couple à l'égard des parents

		Logis en général (feu, lumière, chaleur)	Bois de chauffage	Huile d'éclairage	Alimentation	Habillement (toile, lin, laine, filasse)	Argent	Stockage des réserves dans les communs	Fourniture de la paille	Exploitation des terres Labours ou semailles	Exploitation des terres Fumure	Elevage
Baldenheim	(1)	4	1	1	3	2	2	1	-	2	1	2
5 cas	(2)	80 %	20 %	20 %	60 %	40 %	40 %	20 %		40 %	20 %	40 %
Holtzheim	(1)	12	-	-	15	7	-	5	3	11	3	3
20 cas	(2)	60 %	-	-	75 %	35 %	-	25 %	15 %	55 %	15 %	15 %
Reitwiller	(1)	27	7	-	27	22	2	17	-	11	-	14
34 cas	(2)	79,4 %	20,6 %	-	79,4 %	64,7 %	5,9 %	50 %	-	32,3 %	-	41,2 %
Total		**43**	**8**		**45**	**31**	**4**	**23**	**1**	**24**	**4**	**19**
59 cas		**72,9 %**	**13,6 %**		**76,3 %**	**52,5 %**	**6,8 %**	**39 %**	**1,7 %**	**40,7 %**	**6,8 %**	**32,2 %**

(1) Nombre de cas relevés
(2) % des stipulations

Sources : ABR 6 E 27, 6 E 26 et 6 E 7, *passim*.

lui assurant le logis et la nourriture. Les dispositions peuvent varier à l'infini, en fonction de la volonté des parents[15]. Tout se passe donc comme si l'héritier marié, même passé vingt cinq ans, restait mineur[16]. Au terme du délai convenu, les rôles se renversent et ce sont les parents qui, à leur tour, font figure d'assistés. En vertu de ce contrat, les responsabilités les plus lourdes pèsent sur les épaules du jeune couple auquel les parents viennent de céder la maîtrise. En se retirant de l'exploitation et en abandonnant la direction des opérations, ces derniers ne manquent pas de tomber dans une situation de dépendance à l'égard de leurs enfants. Voici, à Baldenheim, les devoirs de Caspar Weber à l'égard de sa mère : cultiver son bien propre, y conduire par an trois, puis quatre charretées de fumier ; livrer annuellement deux rézaux de froment, deux d'orge, un demi-quintal de viande de porc, douze livres de beurre, un demi-boisseau de pois, autant de lentilles, autant de fèves, un picotin d'orge mondée, un demi-boisseau de sel ; entretenir deux moutons et deux poules ; fournir le quart d'un quintal de chanvre[17].

Un petit échantillon portant sur une soixantaine de cas[18] nous permet d'apprécier la diversité des engagements que prend le jeune couple à l'égard des parents, le jour de son mariage, au prix de conventions subtiles et complexes. Deux priorités s'en dégagent, à savoir l'assurance du toit et l'octroi de la pension alimentaire.

Outre le *droit d'aller et de venir* [19], on accorde aux parents des droits d'usage : généralement l'une ou l'autre pièce dans la maison. Le principe d'abord : dans le cadre de la famille-souche, la cession de la direction de l'exploitation s'accompagne de la prise de possession de la meilleure place pour dormir. L'héritier présomptif et sa jeune épouse occupent, dès la nuit de noces, la couche installée dans la *Stub* ou à proximité immédiate et réservée jusque là aux parents. Ce comportement quasi ritualisé entraîne un mouvement de rotation à l'intérieur de la maison, dans certaines limites cependant, car serrées les unes contre les autres, les maisons ne souffrent guère d'agrandissement. Trois cas de figure peuvent se présenter :

– Les parents sont invités à occuper une chambre à coucher à proximité de la salle de séjour *(Stubkammer, Hinterkammer, Hinterstübel)* et, si la maison est suffisamment spacieuse, une seconde pièce située à l'étage au-

---

15 ABR 6 E 7, Not. Bouxwiller, inv. Reitwiller 361, CM du 8 mai 1701 : trois rézaux de froment et un de seigle ; un quart du vin et un tiers de la filasse.

Ibid., inv. Reitwiller 360, CM du 28 novembre 1733 : 10 rézaux de grains, 4 livres de filasse, de la laine, du cuir et des chaussures.

Ibid., inv. Reitwiller 363, CM du 28 décembre 1733 : un *Acker* de labours et, en échange du travail fourni sur l'exploitation : 4 rézaux de froment, 3 d'orge, 30 livres de chanvre et 30 de lin, de la fumure pour 1 *Acker* et demi et du fourrage pour les quatre moutons que les jeunes devront entretenir pour les parents.

16 AHR 18 J 467 : *parce qu'il est au pain de son père ou valet de son père* (affaire d'exemption de corvée, Andolsheim, 20 août 1789).

17 ABR 6 E 27, Not. Muttersholtz, inv. Baldenheim 25, CM 7 mai 1761.

18 ABR 6 E 7, 26 et 27, Not. Muttersholtz, Molsheim I et Bouxwiller, *passim* : inv. et CM (1670-1789).

19 ABR 6 E 7, Not. Bouxwiller, inv. Reitwiller 361, CM 23 mars 1747 *(Aus und Eingang)*.

dessus de la première *(Oberkammer)* est destinée à entreposer leurs effets[20].

- Le plus souvent, surtout en cas de veuvage, ils doivent se contenter d'une ou, plus rarement, de deux pièces à l'étage[21]. Dans les fermes de quelque importance, comme à Reitwiller, ils ont le choix entre plusieurs de ces *Kammer*[22].
- De cette promiscuité naît parfois la mésentente. Aussi, pour la prévenir, les parents préfèrent-ils quitter l'habitation principale pour aller occuper une chambre *sous le hangar*[23], que le nouvel exploitant est tenu d'aménager à ses frais, ou dans un bâtiment annexe prévu à cet effet[24].

Les retraités ne sont pas pour autant évincés du foyer. Vivant à feu et à pot avec leurs enfants émancipés, ils continuent à bénéficier de la lumière de la chandelle, du feu de l'âtre, de la chaleur du poêle familial[25] et se voient attribuer un lot de bois de chauffage[26], de façon à pouvoir *chauffer leur soupe chez les jeunes* [27] ou faire leur propre gnole[28], tout en conservant une certaine indépendance. Leur droit de séjour à la *Stub* se trouve constamment réaffirmé[29]. Non seulement une place leur est réservée tant à table qu'auprès du feu[30], mais, si la maison est trop exiguë ou s'ils viennent à tomber malades, on les autorise à y installer leur lit pour profiter du foyer familial[31]. Se trouve ainsi scellée l'alliance des générations et confirmée

[20] ABR 6 E 26 Not. Molsheim I, inv. Holtzheim 38 : *Stubencammer unten im Haus um ihr Bett darinnen aufzuschlagen, Kammer über der Stuben... umb habende Sachen darinnen aufzubehalten* (CM du 17 janvier 1742).

[21] ABR 6 E 7 Not. Bouxwiller, inv. Reitwiller 360, CM du 30 septembre 1710 *(Kammer über der Stub)* et CM du 16 février 1714 *(hinderste Cammer über der Stuben)*.
Ibid, inv. Reitwiller 363 : *zwei oberste Kammer über der Stub* (1766-1775, *passim)*.
ABR 6 E 26, Not. Molsheim I, inv. Holtzheim 38, CM 29 juillet 1735 *(vorderste Kammer oben im Haus)* et CM 10 janvier 1746 *(hinderste Cammer)*.
ABR 2 G 551/3 : *in der oberstube und oberkammer* (Wolfisheim, donation du 1er février 1779).

[22] ABR 6 E 7, Not. Bouxwiller, inv. Reitwiller 359 : *welche denen Eltern gefallen wird* (CM du 21 octobre 1694).
ABR 6 E 7, Not. Bouxwiller, inv. Reitwiller 361 : *Ein Cammer welche sie will* (CM du 7 juillet 1739).

[23] ABR 6 E 26, Not. Molsheim I, inv. Holtzheim 38, CM du 19 août 1737.

[24] ABR 6 E 7, Not. Bouxwiller inv. Reitwiller 360, CM du 13 février 1714 *(klein Kämmerchen an dem Sommerhaus)* et disposition du 20 novembre 1727 *(Stübel im neuen Haus)*.
ABR 6 E 26, Not. Molsheim I, inv. Holtzheim 38 : *Bett aufgeschlagen im Sommerhaus* (CM du 9 janvier 1743).

[25] ABR 6 E 26, Not. Molsheim I, inv. Holtzheim 38 : *Kochen, wärmen, bey ihrnem Licht zu sitzen* (CM du 6 février 1745).

[26] ABR 6 E 27, Not. Muttersholtz, inv. Baldenheim 25 : attribution d'une corde de chêne et de 100 fagots par an (CM du 15 novembre 1782).

[27] ABR 6 E 7, Not. Bouxwiller, inv. Reitwiller 360, CM du 13 février 1714.

[28] *Ibid*, inv. Reitwiller 362, CM du 11 février 1744.

[29] ABR 6 E 27, Not. Muttersholtz, inv. Baldenheim 25, CM du 18 juillet 1754 (*Wohnung in der Stubcammer, Wärme und Aufenthalt in der Stube, Liecht, Holtz zum kochen und dessen Unterhalt)* et 18, CM 20 mai 1709 (*in der Stuben dulden, Holtz verschaffen)*.

[30] ABR 6 E 7, Not. Bouxwiller, inv. Reitwiller 362 : *Bey dem Feuer und dem Ofenwinkel in der Stuben* (CM du 23 novembre 1719).
AHR 4 E Not. Richart, Colmar : *la chambre d'en bas proche du poil et qu'elle ait la plasse au poille pour son ouvrage et plasse a l'adre du feu pour faire la pettitte cuisine* (CM François Sanner, chirurgien, et Catherine Sick, Oberhergheim, 4 septembre 1760).

[31] ABR 6 E 7, Not. Bouxwiller, inv. Reitwiller 364, CM du 23 mars 1747 et du 19 novembre 1750.
Ibid., inv. Reitwiller 363, CM du 21 mai 1763 (*in der Stub zu sitzen und zu liegen, nach ihrem belieben)* et CM du 5 août 1765 (*behalten sich der Vatter und Mutter blatz in der Wohnstube am Tisch und ihre Bettlage hinter dem Ofen)*.

l'institution sacro-sainte de la jouissance à vie fondée sur un profond besoin de sécurité[32] : c'est le *Sitz* de Holtzheim et de Heiteren, le *Wohnsitz* de Willgottheim, le *Besitz* de Baldenheim, le *Verbleiben* de Reitwiller...

Une fois le logis assuré, il importe de pourvoir à l'entretien des vieux parents (*Kosten, Ausstand*). A la livraison de diverses denrées de consommation - viande, beurre, oeufs, grains, légumes, fruits, sel -, à la jouissance d'un coin de potager ou d'une minuscule choutière, s'ajoute parfois la fourniture d'une pièce de toile, d'un peu de laine ou de chanvre - entre 10 et 25 livres par an en moyenne - destinés à la confection des vêtements et que la jeune femme s'engage à filer elle-même[33], enfin la fourniture de divers effets tels que souliers ou semelles, à raison d'une ou de deux paires par an[34].

Les jeunes sont tenus, nous précise-t-on à Reitwiller, d'entretenir la couturière ou le tailleur auxquels les parents pourraient faire appel[35]. Les versements en argent sont plus rares, sauf dans le cas d'acquittement de soultes échelonnées en échange de la transmission de la ferme[36], mais il arrive que les jeunes prennent à leur charge les impôts royaux et seigneuriaux à la place des parents[37]. Sortant des normes traditionnellement adoptées, certaines livraisons traduisent quelque originalité. C'est ainsi que Thiébaut Diemer, échevin à Reitwiller, tout en se faisant livrer trente rézaux de froment par an et en disposant du tiers des moutons, exige qu'on lui prépare une poule *pour une bonne soupe* en cas de maladie[38]. Ce sont en effet les soins de la santé qui mettent en lumière l'importance éminente des enfants en tant qu'investissement pour la vieillesse.

Les parents peuvent en outre compter, pour abriter leurs réserves, sur une place délimitée au grenier, à la grange et à la cave, sur le libre accès à la buanderie[39], au poulailler, de quoi nourrir deux ou trois poules, ou à l'étable où ils placent une vache, un veau, quelques moutons. Dans les régions de labours, ils ne peuvent se résigner à se séparer de leur cheval, utile pour les déplacements, que le fils ou le gendre promettent d'entretenir[40], si ce n'est un couple de chevaux accompagnés d'une charrue ou d'une charrette[41].

Reste l'important problème de la terre. Les parents retraités

---

32 ABR 6 E 7, Not. Bouxwiller, inv. Reitwiller 362 : *lebtägige Sitz und Wohnung* (CM du 6 janvier 1714) .

33 ABR 6 E 26, Not. Molsheim I, inv. Holtzheim 38, CM du 25 mars 1754.

34 *Ibid.*, inv. Holtzheim 37, CM du 7 janvier 1706.
ABR 6 E 7, Not. Bouxwiller, inv. Reitwiller 360, disposition du 20 novembre 1727.
Ibid., inv. Reitwiller 359, CM du 31 mars 1728.

35 *Ibid.* inv. Reitwiller 362, CM du 11 février 1744.

36 ABR 6 E 26, Not. Molsheim I, inv. Holtzheim 39, (CM du 14 novembre 1746): 14 florins par an jusqu'au remboursement intégral des 110 florins dus.

37 *Ibid.*, inv. Holtzheim 38, CM du 27 mars 1754.

38 ABR 6 E 7, Not. Bouxwiller, inv. Reitwiller 261 (CM du 28 novembre 1733).

39 ABR 6 E 27, Not. Muttersholtz, inv. Baldenheim 25 : *ihr blunder zu waschen* (CM du 31 mars 1784).

40 ABR 6 E 26, Not. Molsheim I, inv. Holtzheim 38, CM du 9 janvier 1743.

41 ABR 6 E 27, Not. Muttersholtz, inv. Baldenheim 18, CM du 12 novembre 1704 et CM du 9 juin 1707.
ABR 6 E 7, Not. Bouxwiller, inv. Reitwiller 36 : *zwei Pferd zum reiten und fahren* (CM du 28 décembre 1733).

continuent à garder la propriété de quelques lopins mais, comme ils sont privés le plus souvent du train de culture, ils deviennent tributaires du bon vouloir des jeunes qui doivent s'engager expressément à cultiver, ensemencer et fumer les biens propres leur appartenant : une pièce de vigne[42] ou une chènevière, à charge pour les parents d'en fournir la semence, plus fréquemment des terres à grains. Ces terres représentent une fraction infime de l'exploitation et couvrent le plus souvent moins de 10 ares. Si elles s'étendent sur des superficies plus vastes, elles nécessitent des travaux de moisson, de battage, de transport, exigeant l'embauche de journaliers que les parents s'engagent à entretenir[43]. Il arrive enfin que ces derniers gardent le droit d'affermage des biens-fonds concédés à bail par telle ou telle institution religieuse[44], voire l'usufruit de l'ensemble du patrimoine foncier[45].

Tels sont les droits que revendiquent les anciens après avoir abandonné la direction de l'exploitation. Leurs devoirs tiennent en contrepartie dans la participation aux travaux de la ferme : un paysan, pour peu qu'il ne soit pas grabataire, ne se résigne pas à une retraite totale et définitive le jour où il se retire en tant que chef d'exploitation. Il continue à rendre les menus services que son état physiologique lui permet d'accomplir : sarcler, ratisser les foins, faire du bois... Ce type de cohabitation s'explique à la fois par des raisons économiques, à savoir le refus de toute division du patrimoine, matérielles, c'est-à-dire l'association pour l'entraide des forces de travail, et psychologiques : malgré l'inévitable conflit des générations, le père n'est-il pas pour le fils le modèle vivant de son devenir ? Une rupture entre générations est aussi impensable que l'absence d'une hiérarchie familiale.

Quels sont les enseignements qu'on peut tirer de ces règles de la cohabitation ? D'abord, de part et d'autre, une certaine autonomie : espace d'habitation et budget séparés ; propriété individuelle. Ensuite, par voie de conséquence, l'absence de soumission totale des vieux aux jeunes : il arrive d'ailleurs que le contrat soit assorti d'une clause de sauvegarde en cas d'incompatibilité[46]. Ce que ces dispositions ne dévoilent pas, ce sont les relations réelles entre les deux couples. Y-a-t-il conflit de générations auquel l'exiguïté de l'espace pourrait conférer une acuité particulière ? Le père se trouve-t-il relégué au coin du feu et cantonné dans des travaux subalternes[47] ? En un mot, est-il de trop ? Un père, dit le dicton populaire, peut entretenir sept enfants, mais sept enfants ne peuvent pas nourrir un père ! La tendance des rapports sociaux est-elle, au contraire, à la paix ? Il est

42 *Ibid.*, inv. Reitwiller 361 : *zwei Stück Reben zu seinem aparten Tranck* (CM du 5 mars 1722).

43 ABR 6 E 26, Not. Molsheim, inv. Holtzheim 38, CM du 14 décembre 1733 : 18 *Acker*, soit près d'un hectare.

44 *Ibid.*, inv. Holtzheim 38, CM du 10 janvier 1746.

45 Voir *supra* p. 1244.

46 ABR 6 E 7 Not. Bouxwiller, inv. Reitwiller 362 : le père peut reprendre ses biens s'il n'est pas satisfait du couvert (1751, d'après le contrat de mariage joint à l'acte).

47 AHR 18 J 544 : Georges Hirtz, laboureur, 67 ans, demeure chez son fils avec sa femme, *mangent avec le suppliant à la même table, n'a absolument aucun ouvrage en faisant précisément que les fonctions de valet de tout son ouvrage* (demande d'exemption de corvée, Horbourg, 21 février 1770).

difficile de répondre à ces questions, même à la lumière des archives judiciaires : car la famille est souvent le champ clos de disputes dont rien ne doit filtrer à l'extérieur... L'honneur exige que les conflits restent cachés : en fait, dans le milieu villageois, ils sont connus de tous, objet d'une intense et perspicace curiosité. Rien ne doit se savoir et tout se sait, car tout est observé, rapporté, colporté. L'accumulation des précautions et des considérations moralisantes[48] laisse soupçonner la fréquence des tensions au sein des ménages. Mais le sens de la solidarité familiale, l'obsession de la honte ou de l'outrage finissent par l'emporter : la famille ne doit jamais sombrer en dessous du seuil de respectabilité qu'elle s'est fixé et la conscience familiale est très forte contre toute intrusion extérieure. Tant que le père est en vie, ces tensions ont toutes les chances de se trouver réprimées ou contenues. Sur près de 4000 affaires judiciaires dépouillées dans le bailliage de Haguenau, pour la période 1700-1726[49], un peu plus de 300 (7,5 % environ) relèvent de la criminalité familiale. L'affaire qui, en 1761, oppose à Mittelschaeffolsheim Michel Gins à son fils, est tout-à-fait typique : le père réclame la pension alimentaire ; le fils refuse d'obtempérer s'il n'obtient pas la maîtrise de la jouissance des terres[50]. Mais quelle est la fréquence réelle de ce genre d'affaires ? Il existe une sorte de juridiction familiale qui empêche ces conflits d'affleurer au niveau des instances seigneuriales. Les mésententes conjugales semblent passer au second plan, derrière les conflits entre père et fils, entre parents et gendre : la position du gendre, cet étranger à la famille, est délicate entre des beaux-parents qui ont tendance à lui infliger des rapports de subordination et son épouse, l'héritière en titre, qui risque d'être une maîtresse femme... D'autre part, l'habitude de la corésidence implique la quasi-absence d'intimité conjugale, d'autant que la famille-souche doit se contenter d'un espace restreint[51]. Reste à savoir si le besoin de s'isoler est ressenti comme une nécessité pour des gens qui ont pris l'habitude d'évoluer dans un espace surpeuplé...

B) Ses structures : la famille-souche

1) Famille patriarcale ou famille conjugale ?

Les ethnologues ont tenté de faire entrer les structures familiales dans des archétypes rigides et immuables[52]. L'historien, quant à lui, est amené à rejeter toute simplification excessive qui reposerait sur une bipolarisation famille conjugale/famille élargie et sur une bipartition dans l'espace de part et d'autre d'une ligne Genève-Nantes : famille restreinte et conjugale au

[48] AHR 4 E Not. Heiteren, inv. 9 : *Sowohl gesund als kranck, in Speiss und Tranck, Kleydung und aller Notwendigkeit wie es braven ehrliebenden Kindern ansteht zu erhalten schuldig und verbunden seÿn solle... wie christlichen und frommen Kinderen gebühret bis ahn der Ende verpflegen sollen* (CM du 30 décembre 1753).

[49] G. LEYTE, *D.E.A. 2466* (AMH FF 203-213).

[50] AMH FF 241 : sentence du 23 février 1761.

[51] Voir *infra* pp. 1570-1575.

[52] M. SEGALEN, *op. 1973*.

nord, famille élargie et partiarcale au sud[53]. Ce clivage recouperait celui des régimes successoraux eux-mêmes : le midi serait le pôle ménager et préciputaire par excellence, favorable à l'indivisibilité ; l'Ouest et le Nord seraient caractérisés par des tendances niveleuses porteuses de modernité. Pour l'Alsace, province imprégnée de romanité, la réalité est à la fois plus complexe et plus mouvante car, s'inscrivant dans des règles juridiques fort variées, la cellule familiale est en perpétuelle transformation. La famille *patriarcale* n'y répond pas à la réalité : tous les fils ne restent pas au foyer paternel et la règle de la cohabitation ne signifie pas qu'il y ait fusion entre les générations. Rappelons le caractère transitoire de telles dispositions : la durée de communication entre générations se trouve raccourcie, ne serait-ce que par le mariage tardif et, de ce fait, la concurrence entre jeunes et vieux limitée dans le temps. L'opposition entre famille *nucléaire et élargie,* entre ménage *simple et multiple* est donc moins tranchée dans la réalité : un ménage peut être *simple* jusqu'au mariage du fils, devenir *multiple* pendant la période de la cohabitation, *s'élargir* à la suite du décès du père pour redevenir *nucléaire* quand la mère décède à son tour, en attendant que le fils de la troisième génération contracte mariage et s'installe dans la maison. A la lecture horizontale doit donc se substituer une lecture verticale. S'intercale, par ailleurs, entre la famille nucléaire et la famille élargie, un troisième type de famille, fort instable et aux contours flous, chargée d'orphelins et de demi-orphelins, de demi-frères et de demi-soeurs... Tout classement typologique risque de sous-estimer cette dimension temporelle et de figer des structures familiales qui sont, par essence, évolutives. Ne nous laissons pas abuser par les contrats de mariage qui donnent une vue instantanée des situations familiales.... S'impose donc la réalité d'une juxtaposition de ménages distincts et non la présence de *ménages étendus* à disposition ascendante ou descendante, pour reprendre la terminologie de Peter Laslett[54]. Pas davantage de familles élargies latéralement, à plusieurs unités conjugales, telles les frérêches du Sud-Ouest qui constituent le modèle des *ménages multiples.* Tout au plus l'esprit d'alliance, associé à l'esprit d'entreprise, mène-t-il à la constitution de réseaux de parenté entre familles alliées par la *Freundschaft,* parfois à des mariages croisés et parallèles. Mais la parenté horizontale, principe actif en milieu rural dans la mesure où elle permet de tisser des liens entre exploitations, ne conduit pas à l'extension du groupe familial. Par contre, on est plus près de la famille *conjugale, nucléaire* (et non *polynucléaire)* , du *ménage simple* (et non *multiple*) dans lequel chaque couple mène une existence autonome, fondée sur le lien conjugal, et qui ne compte pas plus de quatre personnes en moyenne par unité. Car tout conspire contre les familles nombreuses : l'âge élevé au mariage, l'impressionnante mortalité infantile, celle des femmes en couches qui peut briser la cellule familiale, ou encore la brièveté de la période féconde par décès de l'un des deux conjoints[55], enfin les veuvages et remariages qui, par une forme de

---

53 A. COLLOMP, *art. 1955.*

54 P. LASLETT, *art. 1965.*

55 Voir *supra* pp. 425 et 444-447.

polygamie successive, sont responsables des *familles en miettes*[56], contribuent à défaire ou à dégarnir la famille paysanne : autant de facteurs qui rendent compte de la vulnérabilité de la famille. La famille-souche ne réunit donc pas plus de deux ménages, celui des parents s'effaçant progressivement devant celui des jeunes : ces derniers n'auraient pas pu se marier s'ils n'avaient pas eu l'assurance de trouver une exploitation susceptible de les faire vivre. Le mariage est sacrement sans doute ; il est surtout contrat. On en retardera la date, de façon à ne pas faire entrer dans la maison une belle-fille avant que ne soient sortis, c'est-à-dire casés, le plus grand nombre de frères et soeurs. Pôles de stabilité, la *Stammfamilie* résistera aux tendances individualistes et égalitaristes[57].

2) Lignage ou maisonnée ?

Comme les coutumes successorales, la cohabitation, qui se résout en un échange de services entre générations, a montré la solidité du *lignage*. Mais, dans la réalité quotidienne, c'est la *maisonnée* qui s'impose, quitte à redresser l'image théorique de la *nucléarisation* familiale. Gardons-nous cependant d'opposer *l'esprit de maison* à *l'esprit de lignage* qui ne sont pas antinomiques, puisqu'ils concourent tous deux à la conservation du patrimoine ancestral. La maisonnée est *un groupe de personnes unies, ou non, par des liens de consanguinité ou d'alliance qui vivent sous un même toit et travaillent à une même entreprise* [58] . Elle comprend donc, outre les parents et les enfants, les frères et soeurs restés célibataires et les enfants issus d'une union antérieure. Eventuellement la force de travail des enfants se trouve complétée par celle des domestiques : la taille du groupe domestique est alors proportionnelle à son importance économique[59]. Ce groupe de co-résidents s'identifie à une maison parfaitement individualisée par un *Hofnamen*, sorte de surnom qui reste attaché à la ferme, quel que soit le nom d'état civil des occupants successifs. C'est délibérément que nous renonçons à en faire l'analyse, car la matière archivistique ne permet pas de les cerner aussi bien que les données de la mémoire collective. L'historien est donc tributaire d'une approche ethnographique[60]. Le nom attribué à l'exploitation ne fait pas référence à un couple ou à des individus identifiés par un patronyme, mais confère une importance de premier plan à la succession des générations et à l'établissement de l'héritier. Ce sobriquet héréditaire, à la remarquable pérennité, rattache la maisonnée à la lignée, avec tout ce que cela comporte comme capital matériel et symbolique, à la *domus* qui emprunte le cadre de la *domos*, maison-édifice[61] : il n'est pas bon que cette dernière devienne objet de spéculation, qu'elle soit vendue au plus offrant, qu'elle passe entre des mains étrangères...

56 M. BAULANT, *op. 910*.

57 Voir *supra* pp. 586-596.

58 M. SEGALEN, *op. 2030* , p. 62.

59 Voir *supra* pp. 480-483.

60 De nombreuses études ont paru dans la revue *Kocherschbari*. Voir également *infra* pp. 1617-1618 et la chronique du pasteur Schneider (Hurtigheim-Quatzenheim).

61 Voir *infra* pp. 1560 ss.

Pour apprécier le poids numérique de ces maisonnées, nous proposons quelques exemples qui, portant sur la seconde moitié du XVIIème siècle, ne sont pas extrapolables à l'ensemble de la période :

Nb. de personnes par maisonnée

Echantillons (Nb. de ménages, de personnes)	**Moyenne**	**Médiane**	**Mode**
Dorlisheim 1653			
(136, 569)	4,2	5	4
Illkirch 1685			
(61, 238))	3,9	4-5	2
Graffenstaden 1685			
(62, 176)	2,8	3-4	2

Sources : ABR 2 G 100/4 (Dorlisheim) et 3 E 217/3 (Illkirch-Graffenstaden).

Ainsi conçu, le ménage, véritable communauté familiale fondée sur la séparation des tâches, peut revêtir une grande homogénéité comme il peut être soumis à un extraordinaire émiettement.

C) Les rapports hiérarchiques

1) Une monarchie domestique ?

La famille-souche participe, selon Alain Collomp, à un modèle autoritaire, proche du modèle aristocratique, le père-patriarche d'un côté, l'héritier présomptif de l'autre vivant sous le même toit[62]. Cette autorité tutélaire du chef de famille gagne les maisons roturières, où c'est souvent le cadet, plus rarement que l'aîné, qui obtient le droit de succession[63]. Imposer un successeur qu'on mariera le plus tard possible et établir un célibat *institutionnel,* n'est-ce pas, en soi, faire acte d'autorité ?

Pour peu que les sources nous permettent d'en juger, la paysannerie d'Alsace connaît, en tout cas dans ses franges supérieures, un type familial vertical, autoritaire, parfois inégalitaire. Résurgence du droit romain, le gouvernement de la famille, visant à protéger, surveiller, corriger, ne fait que refléter la conception autoritaire et hiérarchisée de la société tout entière, la famille étant la plus petite cellule et un des lieux d'apprentissage privilégiés du conformisme social. Pierre angulaire du système, le père gère les biens, teste, agit en justice, représente la famille à l'extérieur[64]. La puissance de celui qui se situe à la tête d'une sorte de monarchie domestique s'exprime dans le choix des professions et des conjoints comme dans la relative liberté d'interprétation des règles successorales, à mi-chemin entre le souci d'égalité et la volonté de préserver l'intégrité du patrimoine[65]. Rien ne permet d'envisager l'évolution, décelée ailleurs dans la seconde moitié

---

62 A. COLLOMP, *op. 1957.*

63 Voir *supra* pp. 586-596.

64 Y. KNIBIEHLER, *op. 2053.*

65 Voir *supra* pp. 586-596.

du XVIIIème siècle, d'un concept de la famille établi par la nature vers des relations reposant sur un contrat : le père continue à affirmer son droit éminent sur la maisonnée.

2) La femme dans la société rurale : ambiguïté d'une image

Pas de place apparemment, dans ce système, pour le matriarcat. Le droit privé soumet la femme à un régime d'incapacité ou de capacité restreinte[66]. Elle opère sous la tutelle de son mari et cette tutelle doit être déléguée à un tiers, en l'absence de l'homme, sous peine de nullité des engagements[67] ; si elle contracte avec son mari, elle doit se faire donner un tuteur *ad hoc*. Dans un monde d'hommes, comme celui du village, elle n'occupe jamais le devant de la scène. Elle n'a pas de statut en dehors du mariage qui la *socialise*. Mineure, qu'elle soit jeune fille ou femme mariée, elle n'accède en fait à la majorité qu'en cas de veuvage et perd les droits afférents à ce veuvage le jour de son remariage. Juridiquement, c'est une amélioration, puisque la veuve, devenue chef de famille, assume l'autorité paternelle, même si elle est assistée par un conseil de tuteurs. Matériellement, le veuvage signifie souvent la dégradation qu'une série de dispositions, destinées à lui assurer une fin de vie décente, viennent corriger. La masse successorale est partagée à raison des deux tiers pour le mari et ses héritiers et d'un tiers seulement pour la femme survivante et ses héritiers[68] : en d'autres termes, la femme touche donc la moitié de la part de l'homme. De fait, elle n'est que gardienne des biens de son mari dont elle assure la gestion : la production des biens revient à l'homme comme la production de la vie est du domaine féminin. Elle ne possède souvent que l'usufruit des immeubles de la succession[69].

Dans le domaine judiciaire, il est des délits typiquement féminins - adultère, avortement, sorcellerie - qui lui valent des peines particulièrement lourdes. Mais la petite délinquance féminine, toujours minoritaire, est sanctionnée plus légèrement. La pratique n'est pas innocente : du fait qu'on hésite à l'éloigner du foyer dont elle doit assurer la continuité, la femme mariée encourt une responsabilité pénale atténuée qui débouche souvent sur l'acquittement. Aussi l'homme, qui risquerait des peines plus lourdes, a-t-il tendance à jouer de cette irresponsabilité partielle, en particulier en ce qui concerne le maraudage et les délits ruraux. Les filles célibataires ne bénéficient pas d'une telle protection. Elles participent plus souvent au *grand criminel* et si, déshonorées, elles sont chassées du village, elles se trouvent privées des solidarités fondamentales dans le milieu de la ville, synonyme de déracinement. Pour la femme surtout, la solidarité conjugale protège, l'absence de cette solidarité rend vulnérable[70]. La civilisation rhénane, qui puise dans le droit romain, impose donc à la

[66] On se reportera aux conclusions des deux colloques sur la femme, *op. 2020 et 2040*. Voir aussi G. LIVET, *art. 2021*.

[67] L. BONVALOT, *op. 2063*.

[68] Voir *supra* pp. 984-988.

[69] Voir *supra* pp. 985-987.

[70] N. CASTAN, *op. 2452*, pp. 25-30.

femme un statut de dépendance, prix à payer pour sa sécurité et l'on ne perçoit guère, au XVIIIème siècle, d'indices permettant de conclure à une quelconque émancipation féminine.

Néanmoins l'écrasement statutaire de la femme a des limites. Tout d'abord le fait qu'elle soit entretenue par son mari correspond tout-à-fait aux mentalités de l'époque : jamais une telle situation n'est présentée comme humiliante, pourvu que l'épouse *ne manque de rien* et soit dégagée de toute préoccupation matérielle. Par ailleurs, on a beaucoup exagéré le manque d'autonomie et l'incapacité inhérente à la condition féminine que viennent infirmer la pratique testamentaire et le contenu des contrats de mariage. La femme joue le rôle de vecteur dans la transmission du patrimoine : elle se situe au coeur de la stratégie matrimoniale ; elle hérite et n'est pas systématiquement écartée de la masse successorale : rien que la fréquence de la communauté des biens le prouve. Mais il y a plus : dans un système successoral bilinéaire, ses apports personnels peuvent jouer un rôle non négligeable dans la genèse de la fortune paysanne ; par ses biens propres, elle est souvent *l'avenir de l'homme* et ce dernier serait fort en peine si elle se retirait avec son apport. Aussi, devant notaire, sa caution a-t-elle du poids[71]. Une série de transmissions secondaires, qui prennent toute leur importance en cas de veuvage et qui portent sur des biens dotaux grevés d'un droit de retour au cas où s'éteindrait la descendance directe, constituent autant d'entorses à la communauté des biens. L'institution du bien matinal ou *Morgengab*, sorte de douaire que lui offre son mari le matin suivant la nuit de noces (en guise de compensation pour la virginité perdue ?), et dont elle peut disposer comme d'un bien propre en vertu d'une coutume germanique, serait-elle une survivance du régime matriarcal ? Pour remédier à l'inconvénient de la privation des immeubles, elle a la possibilité de prélever, avant tout partage, une somme pouvant atteindre plusieurs centaines de livres tournois. En ce qui concerne la dot, considérée comme un apport personnel destiné à protéger l'individu face à la société, elle la garantit contre une éventuelle défaillance conjugale et la met à l'abri du besoin. Le mari en devient le simple administrateur au décès de son épouse, et, en l'absence d'enfants, elle rejoint la ligne ascendante ou descendante de l'épouse. Quant à l'usufruit mutuel –*Widum* –, il se trouve limité au temps de la viduité ou à la vie du survivant[72] : il s'agit d'un douaire, véritable don de survie, lui permettant – gage de sécurité – de subsister en cas de disparition de son mari, hors du carcan des partages successoraux. L'affaire devient particulièrement intéressante lorsque l'usufruit se fait promesse de propriété sur les biens meubles et immeubles de l'époux et porte sur l'exploitation elle-même, en vertu d'une clause particulière du contrat de mariage, ce qui épargne à la veuve de s'en trouver évincée par les enfants. Dans le Kochersberg, on constitue à cet effet le tiers

[71] AHR E 1308 : *Nous joindrons dans les contrats les femmes aux maris. Nous tacherons s'il est possible de cimenter les obligations par des cautionnements* (chancellerie de la seigneurie de Ribeaupierre, bailliage de Heiteren, 11 juin 1785).

[72] BNUS Ms. 1713 : *Es ist erlaubt, zugelassen und vermag das Recht allhier, das zwey Ehemenschen, seÿe haben gleich Kindter oder nicht, einander alle ihre liegendte und fahrende haab, und Güetter, sie seÿen gleich zusammengebracht, gewunen, ererbt oder erkaufft, wittumbsweis verschaffen und vermachen megen...und lebeslang Nutzen und Nüessen* (Rouffach, s.d., XVIIIème siècle).

de la ferme au bénéfice de la veuve, avec faculté de rachat de la part de succession de l'époux disparu. Néanmoins, le régime de la dévolution, évoqué plus haut[73] l'empêche, en cas de remariage, d'avantager son nouvel époux au détriment des enfants du lit précédent : la sécurité de la veuve s'arrête là où commence celle des enfants. On rétorquera que de telles faveurs, véritables assurances-décès, sont réversibles de la femme au mari survivant. Soit, mais le fait que la femme puisse en bénéficier et reprendre par préciput ses biens personnels, rigoureusement séparés, lui confère, en pays de forte influence du droit romain, une place inhabituelle dans la propriété des biens-fonds. C'est cette situation qui lui permet de signer devant notaire, en apportant la garantie de ses biens propres. Les archives judiciaires nous mènent parfois à la rencontre de ces femmes fortes, veuves redoutables, actives tutrices et créancières intraitables, qui poursuivent assidûment leurs débiteurs jusqu'au jour où elles se remarient et abdiquent leurs droits entre les mains de leur nouvel époux. Peut-on invoquer, dans ces conditions, l'irresponsabilité féminine[74] ? La femme n'est pas dépourvue de pouvoir juridique. D'ailleurs, en cas de mésentente conjugale, elle a la possibilité de demander la séparation de corps d'avec son mari[75]. Sa valeur essentielle réside dans l'honneur. Or cette valeur, qui recouvre un certain conformisme sexuel, est susceptible de transmettre l'honorabilité à l'ensemble de la famille.

La séparation des tâches a donné lieu à bien des jugements dépréciatifs quant au travail féminin. En réalité la ségrégation sexuelle est bien plus marquée dès lors qu'on quitte l'espace domestique, à l'école et à l'église par exemple. Librement consentie, la distribution des rôles tend théoriquement à faire de la maison et de ses prolongements et alentours immédiats – potager et poulailler, buanderie, four et lavoir – le domaine réservé de l'épouse[76] : en ces lieux de souveraineté et d'autonomie, le travail patient et incessant, nécessitant une charge de temps considérable, contraste avec le travail épuisant et discontinu de l'homme à la ferme ou aux champs. Gardienne du foyer dont il importe d'éloigner les enfants, elle s'occupe des repas et de la lessive, manie l'aiguille, met un point d'honneur à broder, distribue la laine à filer, porte tout au plus, comme Perrette, les produits de l'étable ou de la basse-cour au marché. Le jardin, dans lequel les ethnologues croient pouvoir découvrir une valeur symbolique, fécondante[77], est bien son petit royaume, pendant que l'homme régit les travaux des champs dont il choisit le calendrier, commande aux attelages et à la domesticité, distribue les tâches, décide de la vente des bêtes et des récoltes : l'espace domestique à la femme, la vie publique à l'homme ? Bien sûr, la femme ne participe guère à l'économie de marché, mais elle joue un

[73] Voir *supra* p. 986.

[74] E. SHORTER, *op.1974*, p. 90.

[75] ABR 2 G 551/3 : *Nicht weiter bei und mit ihrem Ehemann, weile er seinem straffbaren Umgang mit ihrer gewesener Dienstmagd fortsetzet... von demselben geschieden seÿn wolle...* (AP Wolfisheim, épouse de Jacques Heimburger, 10 octobre 1787).

[76] AN K 1142/4 *(Mémoire concernant la province d'Alsace*, 1701) et BN NAF 2044 : *Elles se renferment entièrement dans leur domestique* .

[77] J. BONNET, *op. 2001*, pp. 133-138. Mais la paysanne songeait-elle aux neuf mois de gestation des choux ?

rôle important dans la circulation de la rumeur publique et dans l'exercice du contrôle social : ces femmes, qui n'arrivent pas à garder le moindre secret, sont capables d'ameuter l'opinion en dévoilant un scandale privé.

Par ailleurs, il ne s'agit pas de considérer le travail masculin comme productif et le travail féminin comme improductif, comme si l'un remplissait le grenier tandis que l'autre se contenterait de le vider. Il ne s'agit pas davantage de considérer le travail de l'homme comme primordial et celui de la femme comme secondaire : sans elle, pas de lait ni de beurre, ni de fromage, pas de cuisine, pas d'aide aux champs. La distinction entre ménage et exploitation est quelque peu arbitraire, puisque la femme est tour à tour ménagère et aide agricole. L'apparente bisexualisation de l'espace et la séparation des tâches se doublent donc d'une complémentarité remarquable : la fabrication du pain (faire la pâte/pétrir, enfourner), l'élevage (la litière et la traite) sont des travaux qui se font à deux, tandis que la moisson requiert la participation de l'homme, qui fauche, et de la femme qui ramasse et lie les gerbes avec la faucille : avec la quenouille, cette dernière pourrait bien être l'outil féminin, par excellence. Il n'est pas le seul : la femme sait manier, à l'occasion, le râteau, la fourche et la houe. Ces tâches, qui exigent la mobilisation d'une nombreuse main-d'oeuvre, nécessitent en fait l'intégration de tous les membres de la maisonnée. Ne cantonnons pas trop vite, au nom d'une prétendue appropriation des espaces, l'homme aux champs et la femme à la maison[78]. Il y a complémentarité, non opposition, parfois même imbrication, voire interchangeabilité des rôles. N'occultons pas la participation des femmes aux travaux agricoles qui ne sont pas, pour la plupart d'entre eux, sexuellement typés : semer, planter, biner, sarcler sont de leur ressort. Leur sphère d'activité recouvre donc largement celle de l'homme, sans que la réciproque ne se vérifie. La femme sait tout faire ou presque, tandis que l'homme se rendrait ridicule à vouloir s'adonner aux travaux domestiques impartis à sa compagne ! La protoindustrialisation, là où elle existe, ne fera que renforcer son rôle dans un genre de travail éminemment familial. Associer de façon harmonieuse le rôle de mère et celui de travailleuse, mener de front les travaux des champs et du ménage avec les grossesses, les accouchements, les allaitements, suggèrent la pénibilité de la condition féminine et le raccourcissement de son espérance de vie. Mais répandu par la culture des élites, le mythe de la femme emmaisonnée, infériorisée[79] doit être abandonné tout comme celui de la femme dénuée de personnalité : l'antiféminisme n'est pas rural par essence. Mais la marge est étroite entre la bonne ménagère, soucieuse du travail bien fait et la sorcière qui, à force de vouloir protéger la maison par des recettes magico-religieuses, se trouve rejetée dans l'univers démoniaque. Or - ambivalence d'une image -, on peut être bonne ménagère et méchante femme, susciter à la fois le respect et la crainte, être à la fois source du bien et du mal... A la campagne, la femme qui évolue sans cesse entre espace domestique, maison et basse-cour, champ et pâturage, est à la fois protectrice et destructrice, mère et ménagère.

---

78 M. SEGALEN, *op. 2030.*

79 R. MUCHEMBLED, *Revue du Nord*, 1981, pp. 585-593.

3) L'enfant, charge ou richesse ?

Au bas de la pyramide domestique, se situe l'enfant. L'enfant, chaînon des générations qui s'emboîtent, c'est la permanence assurée : on lui donne souvent le prénom du père ou du grand-père, prénom dynastique que reprendra son petit frère s'il vient à mourir. Nous connaissons, en particulier grâce au discours tenu par l'Eglise, l'idée que s'en font les élites : l'enfance est un terrain vierge pour Satan ; l'obsession du péché originel et du salut éternel contribue à répandre l'image dévalorisante et pessimiste d'un homme inachevé, imparfait, irresponsable qui, en conséquence, sera porté sur les fonts baptismaux le plus vite possible. A partir des témoignages de la ville, les historiens se sont forgés une image très dévalorisée de l'enfance[80]. Les arguments ne manquent pas du moins jusque vers les années 1760 : la fréquence des étouffements, souvent assimilés à des infanticides déguisés ; le grand nombre d'abandons et de mises en nourrice ; l'apparente indifférence face à la disparition d'un enfant, souvent mise au compte de la négligence ; l'absence de marques d'affection à l'égard de l'enfant et, en attendant la *révolution maternelle* de la seconde moitié du XVIIIème siècle, la difficulté à discerner des preuves d'amour maternel ; l'insouciance quant à l'avenir de l'enfant dont la seule prise de conscience aurait pu avoir une incidence sur la procréation... Nous connaissons beaucoup plus mal, par manque de sources, l'image que s'en font les paysans. Peu de descriptions en effet : l'enfant n'apparaît dans le récit historique qu'en de rares occasions. Graffenauer dénoncera en 1816 *la mauvaise habitude assez répandue dans les campagnes de soulever les enfants, en les saisissant par la tête avec les deux mains pour leur faire voir, comme on dit vulgairement, leur grand père,* ce qui peut occasionner, ajoute-t-il, des déplacements de vertèbres. Il s'en prend aussi au maillot rigide *(rien n'est plus préjudiciable aux enfants que les vêtements étroits)*, responsable d'une mauvaise conformation de la poitrine, proscrit au profit du *corset à rubans qu'on lie par le devant*[81]. Ce sont, par ailleurs, les expositions d'enfants qui nous permettent de connaître leur accoutrement. Voici à Ingersheim, en 1777 et en 1785, *une petite fille emmaliottée* (sic) *d'une mauvaise lange et d'une bande de toille blanche couverte d'une pièce de halbline jaunâtre... ayant un petit bonnet de garçon de damas bleu avec une fausse dentelle et une houppe d'argent*[82] ; *un garçon avec une lange de toile blanche pour emmailloter les bras, une bande de siamoise à fond blanc et raies bleues, un bonnet d'indienne à fond rouge et fleurs blanches garni d'un ruban de soie bleue*[83]. L'attitude à l'égard de l'enfant ressort de quelques attitudes fondamentales :

- La soumission, si nécessaire par dressage, à l'autorité paternelle dans un monde empreint de rudesse ;

---

80 Ph. ARIES, *op. 2044*.
E. BADINTER, *op. 2045*, pp. 52-129.

81 J-P. GRAFFENAUER, *op. [348]*, pp. 65-69.

82 AHR 3 B 1063 (22 juillet 1777).

83 AHR 3 B 936 (15 janvier 1785).

- Le fatalisme : les parents n'ont guère de responsabilité dans le destin de leur progéniture. Dieu envoie les enfants à qui il veut, quand il veut et en aussi grand nombre qu'il veut. C'est Dieu qui donne les enfants, c'est lui qui les reprend. Accident douloureux plus que tragédie, la mort de l'enfant suscite certainement des déchirements que l'historien, trop enclin à parler d'indifférence, est incapable de discerner. On a voulu voir dans l'habitude du père de famille de ne plus assister à l'enterrement des tout petits une preuve de l'absence d'investissement affectif. Il est possible qu'un tel investissement soit différé au-delà du seuil fatidique de la première année comme si l'enfant n'était pas définitivement admis dans le monde des vivants avant son premier anniversaire... Il s'en dégage une certaine banalisation parce que l'on sait d'avance que tout enfant est un pari sur la vie. Mais, au lieu d'enfermer les parents dans une tristesse inconsolable, la mort de l'enfant les incite à en assurer le remplacement au plus vite[84]. Le rattrapage des naissances après une crise de mortalité illustre bien ce culte du nombre : au-delà de ce réflexe qui consiste à compenser la perte des enfants, les réactions que suscite cette dernière relèvent-elles du fatalisme ou du détachement, d'une stratégie de banalisation de la mort enfantine, d'un masque social permettant de l'exorciser, d'une sorte de ruse collective à son égard, de la résignation ou de l'indifférence ? L'enfant serait-il, plus particulièrement en milieu rural, moins intéressant en lui-même que par l'espérance qu'il projette comme futur adulte ?

- L'utilitarisme enfin : l'enfant est-il avant tout une *bouche* qu'il faut nourrir ou des *bras* qu'on peut utiliser ? Est-il charge, source de tracas, ou richesse ? En période de difficultés alimentaires, l'enfant est incontestablement une charge. Le flot montant des infanticides, abandons, chapardages prouverait que, pour des raisons purement économiques, on n'a pas les moyens de les laisser ou de les faire vivre. Mais, pour les familles vivant de leur travail, l'enfant pourrait bien représenter un gain potentiel. Comme le dit Eugen Weber, venir au monde avec deux bras, se marier pour en avoir quatre et faire des enfants qui en ajoutent chacun deux de plus[85] peut être intéressant : d'où la réticence à leur faire perdre un temps précieux, durant la période estivale, sur les bancs de l'école[86] ... Enfin n'oublions pas qu'à long terme l'enfant, adulte en puissance, peut devenir un bâton de vieillesse pour ses parents.

Dans ces conditions, l'amour parental risque-t-il d'être sélectif ? La rage de faire des mâles n'est pas une formule vaine ; un garçon est plus intéressant qu'une fille dont il faut surveiller la vertu, pour éviter le déshonneur de la famille, et qui risque, en se mariant, d'emporter une partie du patrimoine au profit d'un étranger !

Nous ne saisissons pas non plus la progressive valorisation de l'enfant, qui bénéficierait d'un investissement sentimental et matériel de

84 Voir *supra* pp. 433 ss.

85 E. WEBER, *op. 195*, p. 261.

86 Voir *infra* pp. 1842-1848.

plus en plus important dans la seconde moitié du XVIIIème siècle, parallèlement au tassement de la fécondité et à l'avènement d'une société contraceptive. Nous nous garderons d'appliquer aux populations rurales le schéma que Philippe Ariès a cru découvrir chez les élites sociales[87]. La formation des sages-femmes et la limitation des naissances, c'est surtout l'affaire de la ville. La rareté des servantes spécialisées dans l'éducation[88], la lente émergence d'un mobilier spécifique aux enfants[89] sont-ils les indices fiables d'une plus grande sollicitude à leur égard ? Quant à l'amour maternel[90], qui donc peut se targuer de le mesurer ? Une grande opacité recouvrant l'histoire du sentiment, il serait téméraire de confondre le sentiment lui-même avec son expression. Il est certain que des maternités moins nombreuses auraient permis aux mères d'être plus attentives à la survie de leur progéniture. Par contre, restons prudents face à l'indice que pourraient fournir les sanctuaires à répit[91] qui, en réalité, ne sont pas spécialisés dans la guérison des enfants : il s'agit moins de sauver le nouveau-né que de lui administrer le baptême avant sa mort. Comment interpréter enfin la légitime fixant la part des enfants à la succession lors de leur majorité, les précautions que déploient les actes de tutelle pour protéger les orphelins, assurer leur entretien et leur éducation, les mesures que prennent les contrats de mariage en faveur des enfants mineurs ? Ce sont, en tout cas, les constantes qui l'emportent. L'enfant participe à la morphologie de l'adulte dont il ne se distingue que par la taille. Il reste dans la seconde moitié du XVIIIème siècle ce qu'il a été précédemment, un petit homme habillé à la manière des grands et éduqué sur le modèle des grands, un adulte potentiel, en réduction. A mesure qu'il grandit et qu'il s'apprête à entrer dans la société des adultes, il est *socialisé* à la fois par le milieu familial et par la communauté villageoise. D'ailleurs l'apprentissage – de l'espace, du geste, du jeu, des choses de la vie – se fait souvent par l'intermédiaire et sous le contrôle de la société tout entière. La famille a le sens de la communauté ; la communauté investit la famille : la frontière entre les deux connaît une certaine perméabilité. Le contrôle public prolonge en effet la surveillance privée qui s'exerce à l'intérieur de la famille. Il commence par l'intrusion du voisinage, qui joue un rôle capital dans la répression ; il s'étend à l'ensemble de la communauté qui relève aussi bien les irrégularités dans la formation du couple que les écarts de conduite des époux. Après la famille, la communauté rurale est le principal pôle de la sociabilité.

II. LA COMMUNAUTE VILLAGEOISE

Au village, plus encore que dans la famille, les décisions échappent souvent à l'individu et incombent à la collectivité. Sous les projecteurs des historiens allemands et français, la communauté rurale rhénane livre ses

---

87 Ph. ARIES, *op. cit.*

88 *Kindermagd* (AHR 4 E Not. Heiteren, inv. 5, 1691).

89 Voir *infra* pp. 1639 ss.

90 E. BADINTER, *op. cit.*

91 Voir *infra* pp. 1933-1934.

secrets. En tant qu'institution solidement organisée et rodée depuis des siècles, elle nous fournit davantage de renseignements que le milieu familial. Mais qu'est-ce que la communauté ? Pour l'appréhender de façon objective, sans nostalgie archaïsante ni tentation anticipatrice, risquons une définition. Elle nous apparaît d'abord comme un cadre fonctionnel - pour le prélèvement de l'impôt - et une entité socio-culturelle dans laquelle s'inscrit la sociabilité villageoise. Forme d'organisation du travail, elle a également un contenu spatio-économique et n'échappe pas, de ce fait, au heurt d'intérêts divergents. En admettant qu'elle résiste aux forces de désintégration qui la menacent de l'intérieur, elle devient enfin l'enjeu du pouvoir entre l'autorité extérieure - le seigneur ou l'intendant - et ses propres membres qui aspirent à une certaine autonomie.

A) La communauté des habitants, parcelle fiscale et institution de droit commun

1) La communauté, parcelle fiscale

La communauté est d'abord celle des *résidants* et joue le rôle de *parcelle fiscale,* lieu de rencontre entre les initiatives du pouvoir qui définit le volume de l'impôt et les opérations de répartition-collecte exécutées par les responsables de la cellule communale qui en établissent l'assiette. Le receveur Gottekien se plaint, en 1749, de ce que *les sujets des villages qui font les visites, déclarent toujours la récolte moindre de moitié*[92]. Il arrive d'ailleurs que prévôts et échevins émettent la prétention de procéder seuls, à l'exclusion des officiers de justice seigneuriale, à la répartition de la taille[93].

Selon le principe de la coresponsabilité, c'est la communauté, et non l'individu, qui est seule débitrice à l'égard du Roi. Confiné dans un rôle technique, puisqu'il tient la comptabilité communale et assume la lourde responsabilité de la collecte des impôts, le *Bürgermeister* ou *Heimburger* est élu par la population pour un an. C'est une *corvée des plus désagréables que l'on puisse imaginer,* souligne Boisguilbert[94]. En effet, ce poste à responsabilité, souvent générateur d'ennuis, n'est guère prisé. Il fait d'ailleurs l'objet d'appointements modestes - de l'ordre de quelques dizaines de livres par an - et il arrive qu'il soit mis en adjudication au rabais[95]. En général, une rotation rapide permet à une grande partie des chefs de ménage de s'en acquitter, à condition d'être solvables, à tour de rôle, une fois dans leur vie[96]. Il arrive que deux *Bürgermeister* se partagent simultanément les responsabilités : ils sont alors élus pour deux ans et renouvelés par moitié tous les ans[97]. Nous avons finalement renoncé à l'analyse des budgets communaux qui, n'entrant pas dans l'optique de notre propos, pourraient

[92] AN K 2322/1 (22 juin 1749).

[93] AHR E 159 (Algolsheim 1782).

[94] P. LE PESANT DE BOISGUILBERT, *op. [152]*, p. 23.

[95] Ch. HOFFMANN, *op. cit.*, t. II, pp. 437-439.

[96] AHR C 1096 : admission de Nicolas Simon, sous caution de cent écus *pour la sûreté des deniers publics, à la collecte desquels il sera proposé à son tour* (Gildwiller 1780).

[97] Chr. FROMAGER-GANGLOFF, *mém. [400]*, pp. 23-24 (exemple de Nordheim).

faire l'objet d'une étude spécifique, d'autant plus qu'il en existe des séries longues[98]. La comptabilité communale cependant, pour l'historien, a un double intérêt :

- elle autorise l'étude de la fiscalité communale qui évolue indépendamment des prélèvements royaux et seigneuriaux, comme l'exige la gestion de biens propres.

- elle permet de prendre le pouls de la vie quotidienne : surveillance des pratiques communautaires ; engagement du garde-champêtre, du berger communal, du maître d'école ; entretien des bâtiments communaux... Car le cadre institutionnel sert de matrice à la vie sociale.

2) La communauté, institution de droit commun

La communauté ne se satisfait pas d'un simple rôle de support fiscal. Elle est le creuset des activités agricoles que Marc Bloch, dans une optique socio-économique, s'est attaché à mettre en lumière. Nul doute que l'habitat groupé facilite la territorialisation de la communauté, les contacts sociaux de ses membres et renforce la tradition du communalisme. Tandis que l'auberge polarise la sociabilité masculine, le puits, le lavoir, la forge, le moulin sont autant de points de rencontre et d'échange à l'intérieur de ce microcosme. Les paysans sont prompts à se reconnaître comme faisant partie d'un même *pays* et à se démarquer des *étrangers* des communes avoisinantes.

La communauté villageoise a sa personnalité propre et ses institutions sont consacrées par l'usage. En tant que personne morale, elle se distingue de la communauté urbaine, privilégiée par ses franchises et ses exemptions, par le fait qu'elle n'a besoin ni de titres, ni de privilèges, ni de lois écrites pour être reconnue : elle est une association de droit naturel reposant sur la coutume. Contrairement à l'exemple de l'Ile-de-France, qu'a analysé Jean Jacquart[99] et qu'Emmanuel Le Roy Ladurie assimile au *modèle septentrional*[100], elle ne se confond que partiellement avec la *communauté des fidèles* que constitue la *paroisse* d'Ancien Régime : confusion territoriale, mais distinction progressive quant aux organes administratifs - le *conseil de communauté* et ses échevins, le *conseil de fabrique* et ses marguilliers - qui régissent l'une et l'autre, malgré de nombreuses interférences dans les intérêts et les préoccupations[101].

En milieu rhénan, le terme de *Pfarrei*, dans le sens de l'unité humaine et fiscale, n'est guère utilisé à l'instar de celui de *paroisse* outre-Vosges : on préfère la dénomination de *Gemeinde*, comme si paroisse et communauté étaient deux aspects distincts d'une même réalité. Attributions et démarcations se trouvent en effet mal définies : entre le pouvoir civil et le pouvoir religieux, les empiètements sont fréquents ; entre le sacré et le

[98] A titre d'exemples, Vendenheim 1702-1789 (ABR E 5905-5909), Ergersheim 1617-1791 (ABR 8 E 126/16-21), Buethwiller 1717-1789 (AHR 1 E 32/6), etc.

[99] J. JACQUART, *op. 135*, pp. 556-581.

[100] E. LE ROY LADURIE, *AESC*, 1975, pp. 1397-1413.

[101] Le problème a été amplement étudié par L. CHÂTELLIER, *op. 3395*, pp. 48-74.

profane, la limite est incertaine. *Le village appelle l'église ; l'église fait naître le village*[102]. Si la *fabrique* se charge des frais du culte - luminaires, linges, vases et livres sacrés -, la rémunération du curé pour certaines processions incombe à la communauté dont les comptes révèlent le côtoiement du berger avec le bedeau et les porteurs de croix ou de bannières[103]. La communauté désigne ses agents, bangarde, berger et maître d'école. Mais pour le choix de ce dernier, comme pour celui de la sage-femme, le curé, qui, il est vrai, ne s'identifie pas à la paroisse, a son mot à dire. Quant aux charges de l'assistance, elles sont partagées entre les caisses communale et paroissiale. Comme le conseil de la communauté, le conseil de la *fabrique*, qui est l'affaire des villageois et non celle du curé, administre des biens fonciers ; de plus, il gère l'argent des fondations et se transforme en organisme de crédit mutuel. Le clocher, servant de beffroi et de tour de garde, rythme les heures de travail et de repos, marque le temps de l'alarme et celui de la prière, appelle aux délibérations qui se déroulent parfois à l'ombre du sanctuaire... La communauté se préoccupe du mur du cimetière, du logement du curé et de la nef de l'église, voire du clocher, s'il est bâti sur la nef[104] : or on utilise parfois le reliquat de la *fabrique* pour contribuer à financer l'entretien de la nef[105]. Le curé prête sa voix aux informations profanes : traités de paix, victoires des armées, visites de personnages importants, heurs et malheurs survenus à la famille royale. Mais il se trouve sous la surveillance du conseil de communauté qui n'hésite pas à dénoncer sa conduite ou à demander son remplacement[106]. Ce sont souvent les mêmes hommes qui administrent la paroisse et la communauté[107], mais il arrive que le curé, en général toléré au conseil de *fabrique*, ne soit pas admis à assister à ses délibérations[108], tandis que les marguilliers peuvent être désignés par le conseil de la communauté. La vie quotidienne est ainsi construite, selon Louis Châtellier, sur les bases d'un Christianisme qui contribue à la sacraliser. La paroisse échappe dans une certaine mesure à la hiérarchie cléricale pour se fondre dans une communauté. Pourtant au XVIIIème siècle, paroisse et communauté conquièrent peu à peu leur autonomie et le pouvoir royal, en dispensant les curés d'annoncer la convocation des habitants au prône, encourage la séparation des pouvoirs. L'arrêt du Conseil Souverain du 31 mars 1680[109] sépare très nettement les deux instances, en distinguant leurs fonctions, leurs biens, leur budget[110]. En tout cas, la communauté d'habitants est autre chose, et le paysan le sent bien, que la forme laïcisée de la communauté des fidèles.

---

102 G. LE BRAS, *op. 3406*, p. 27.

103 ABR 8 E 335/1 et 2 (Nordheim 1673 et 1784).

104 ABR G 6312 : règlement de l'évêque de Strasbourg (1669).

105 ABR G 2681 (Otterswiller 1661).

106 ABR G 6314 (Dambach-la-Ville, 10 juillet 1681). Voir *supra* pp. 1162-1163.

107 AEBP A 19 b/7 : à Mittelwihr, en 1706/1707, prévôt et bourgmestre font d'office partie du conseil de fabrique.
L. CHÂTELLIER, *op. cit.*, pp. 128-129 : à Dingsheim, les Quirin et les Brun font partie des deux instances (XVIIème/XVIIIème siècle).

108 ABR G 2681 (Otterswiller 1663).

109 DE BOUG, *Ord. Als.*, t. I, p. 88.

110 Voir également H. BABEAU, *op. 1838*, p. 176.

Communauté de résidants, mais aussi communauté d'exploitants. L'existence villageoise évolue entre deux pôles - le village et le finage - que souligne le permanent va-et-vient de la maison aux champs : l'enracinement terrien de la communauté est inscrite dans le sol.

B) La communauté des exploitants, forme d'organisation du travail

Une communauté de labeur inscrite dans une aire territoriale définie : c'est ainsi que Pierre de Saint-Jacob définit la communauté rurale[111]. Cette dernière n'est pas, en soi, un mode de production, ni une forme collective, car les initiatives individuelles l'emportent de plus en plus sur l'organisation communautaire. Elle est cependant née de la défense des intérêts communs et de la volonté de conservation des usages, de l'attachement aux pratiques communautaires et aux mentalités qui les sous-tendent.

1) Autour des usages communautaires

Cadre de vie pour une communauté d'exploitants, l'institution a la responsabilité de la mise en valeur du terroir et du respect des règlements communautaires[112], puissants fédérateurs de la communauté villageoise. Un exemple parmi d'autres : à Guémar, les foins doivent être impérativement enlevés à la Saint-Jean (24 juin), les regains à la Saint-Barthélémy (24 août), de façon à autoriser la dépaissance collective et, pour la garde du bétail, les habitants sont tenus à fournir à tour de rôle des *garçons* en proportion des bêtes qu'ils élèvent[113].*Realgemeinde* pour les historiens allemands, la communauté de la terre précède la communauté des habitants ou *Dorfgemeinde*[114]. Nous avons vu combien les pratiques communautaires étaient marquées du sceau de la tradition et combien la vaine pâture, en particulier, était consacrée par une législation coutumière. Il ne s'agit pas de démêler une fois de plus l'écheveau des usages. Nous nous contenterons d'en dégager les deux caractéristiques essentielles :

- L'existence même des usages communautaires suppose l'agencement des terroirs et le respect de certaines règles communes en matière de localisation des fonds et de calendrier des travaux : ce sont des *pratiques* entrées dans l'usage, qui ne sont perçues comme des *contraintes* que le jour où elles doivent composer avec les progrès de l'individualisme agraire. Tel est le cas de l'assolement obligatoire, de la mise en défens des terres emblavées et des prés en attente de fauchaison, du droit collectif de dépaissance sur les jachères et les chaumes, de la vaine pâture sur les communaux, du droit de *marchage* ou de parcours entre deux communautés limitrophes.

- Ces usages conduisent à l'exclusion des forains au profit des bourgeois du lieu et renforcent donc théoriquement la conscience collective.

---

[111] P. de SAINT-JACOB, *op. [566]*, p. 75. Voir aussi *op. 1830* (Recueil de la Société Jean Bodin, 1984) et *1831* (centre culturel de l'abbaye de Flaran, 1984).

[112] Voir *supra* pp. 645 ss. et G. LIVET, *art. 1900*.

[113] AHR E dépôt 30 BB2 (Guémar 1720 et 1740).

[114] R. ENDRES, *art. 1552*, p. 165.
H. WUNDER, *op. 1829*, p. 113 : *Realgemeinde der Grundbesitzer*.

- Ils s'inspirent d'un souci d'équité sociale qu'illustrent, s'ils ne sont pas tournés dans la pratique, la répartition plus ou moins égalitaire des communaux et l'affirmation du droit de glanage pour tous.

2) Les risques de désintégration communautaire : la guerre des communaux

Les communaux cristallisent l'esprit communautaire et les problèmes qu'ils soulèvent sont les révélateurs des tensions sociales qui risquent de désagréger la communauté. Pâturage, ramassage de feuilles mortes et de bois, affouage et glandée : secours pour les plus humbles, le communal est à la base d'une économie prédatrice, d'une *Raubwirtschaft*. Et voici que ce patrimoine commun, longtemps exploité selon une discipline librement consentie, tend à s'amenuiser. Aussi longtemps que, faute d'occupants, la terre ne manque pas, personne n'est tenté d'usurper des lopins de médiocre qualité qui, théoriquement reviennent au premier occupant à la suite d'un défrichement. Le communal est alors une sorte de semi-propriété acquise par le travail. Ce n'est que peu à peu que se précise l'opposition entre le *propre* et le *commun*, distinction difficile à établir dans les parties de la plaine où aucune opposition d'ordre topographique ou pédologique ne vient souligner la différence. Le conflit éclate le jour où de nouvelles conditions s'imposent. Lorsque la pression démographique raréfie les terres disponibles, le communal devient l'enjeu autour duquel se nouent des intérêts divergents en cas d'indivision comme en cas de lotissement. Lorsqu'une seigneurie appauvrie ou exigeante dispute le communal à une paysannerie imbue de ses droits, il devient objet de litige. Lorsque l'individualisme agraire passe des biens privés au domaine collectif, il devient pomme de discorde. Le problème qui se pose est donc double. Cerner l'étendue et la nature des communaux revient à évaluer les réserves de terre disponibles. Envisager l'opportunité d'un partage n'est plus d'actualité au XVIIIème siècle, tant il est vrai que le processus est largement entamé. Mais dégager les modalités du partage, c'est éclairer le débat qui contribue à mettre la solidarité communautaire à rude épreuve.

a) Etendue et nature du patrimoine communautaire[115]

Etienne Juillard l'avait constaté : l'extension des biens communaux, commune à l'ensemble du fossé rhénan[116], est inversement proportionnelle à la valeur des terres[117]. Les terroirs loessiques du Kochersberg se contentent de sacrifier aux communaux quelques pâturages de médiocre valeur et des emplacements à l'intérieur de l'agglomération. Ittenheim dispose au XVIIIème siècle d'une réserve de biens communaux fort réduite qui, jusqu'au XIXème, va en s'amenuisant des trois quarts[118] :

1746-1787	:	- 32,5%
1787-1822	:	- 66,8%
1746-1822	:	-77,6 %

---

115 Voir *supra* pp. 812-817.

116 A. HERRMANN, *op. 1889* (Alsace).
Voir les travaux de K. REGULA sur le Palatinat et de G. SCHERRER sur le pays de Bade.

117 E. JUILLARD, *op. 140*, pp. 71-73, 222 et 227, fig. 35.

118 A. METZGER-NIED, *D.E.S. 938*, p. 40.

Par contre, la plaine d'Erstein, encadrée de *Rieds*, partage avec les bordures des *Harts* et les piémonts le privilège d'offrir aux habitants des espaces communs échappant à la culture. La commune de Meyenheim propose son communal en 1729, à l'exception d'une quinzaine d'hectares, aux *habitans qui batiroient dans la suite des maisons* et, en 1768, cette réserve a fondu de 80 à 85%. A Dessenheim, le bien communal s'étend, en 1771 encore, sur 400 hectares[119]. Parcours intercommunal, le *Bruch* de l'Andlau continue à offrir, sous la dénomination de *Siebendörferallmend*, environ 1100 hectares à sept communautés limitophes[120]. La commune d'Erstein peut mettre à la disposition de son cheptel environ 500 hectares de pâturages communaux qui s'ajoutent à une superficie forestière équivalente[121].La proportion des communaux se situe ainsi dans un large éventail : de moins de 1% à plus de 40% de la superficie exploitée. Peu étendus dans la plaine loessique, de médiocre valeur dans les terroirs forestiers, ils sont au contraire susceptibles d'être mis en valeur sur d'importantes surfaces dans les *Rieds* rhénans. Le problème du partage ne revêtira donc pas la même acuité partout, mais la pénurie de tels espaces pèsera lourd dans la crise agraire de la fin du XVIIIème siècle. Seront-ils ouverts au pâturage ou mis en culture ? La compascuité présente un avantage incontestable pour de petits paysans ou des propriétaires-vignerons qui ne peuvent pas compter sur leurs biens propres pour entretenir *à peu de frais une vache qui leur donne tous les jours du lait à vendre et un veau ã la fin de l'automne*[122]. On mesure par là combien la présence d'un communal étendu, ressource d'appoint non négligeable, est liée à une structure sociale de petits propriétaires chez qui la possession de biens propres se complète par la jouissance de biens collectifs sur lesquels ils se contentent d'exercer un droit d'usage : système fort ancien, mûri au cours des siècles. Or nous verrons que ce communal n'est pas dépourvu d'intérêt pour les laboureurs importants[123]. Aussi en défend-on jalousement la moindre parcelle contre toute tentative de mainmise extérieure[124]. L'endettement des communautés, pour faire face aux besoins de la *reconstruction*, les procès engagés contre leurs seigneurs, en particulier à l'occasion des triages, ne sont pas étrangers à l'aliénation définitive des communs qui risquent de ne plus pouvoir jouer leur rôle amortisseur en faveur d'un menu peuple pourtant de plus en plus nombreux. En 1736, la commune de Muntzenheim a recours à cette solution extrême pour pouvoir rembourser une dette de 1600 livres à un Juif de Ribeauvillé et une

---

119 AHR 1 E 44/16.

120 ABR 8 E 21/79a : il s'agit d'Andlau, de Mittelbergheim, de Heiligenstein, de Barr, de Gertwiller, de Goxwiller et de Bourgheim (XVIIIème siècle - 1820).

121 AC Erstein DD 116 : *ohngefähr 2500 Acker, aus welchen kein nutzen gezogen, sondern von dem Viehe jährlichen ausgezehrt wird* (1730).

122 I. CHAUFFOUR (cit. par R. MOSER, *D.E.S. 167*, p. 59).

123 Voir *infra* pp. 1271-1275.

124 AN K 2361/3, n° 67 : compte-rendu de Treitlinger (31 mars 1751) de sa tournée à Horbourg, communauté qui s'est vue dépouillée d'un arpent de son communal au profit d'un tuilier de Wihr-en-Plaine avec la complicité du seigneur.

AHR C 1598 : dans ses doléances, la communauté de Nambsheim reproche en 1789 au seigneur d'avoir loué par lots des portions du pâturage communal.

autre de 3000 à un bourgeois de Colmar[125]. De même, c'est pour pouvoir construire son église en 1786 que la commune de Traubach-le-Haut est amenée à mettre ses communaux en vente[126].

Il est probable que les communaux aient été beaucoup plus étendus aux époques antérieures : au XVIIIème siècle, nous ne saisissons que les vestiges de la propriété communautaire comme le montrent les exemples de Meyenheim et d'Ittenheim précédemment évoqués :

	Anciennement	1729	1746	1768	1787	1822	
Meyenheim AHR C 1295	320-450	14-18		2,5-3,5			ha
Ittenheim ABR 8 E 225/35-37 et 3 P 287/2			6,52		4,40	1,46	ha

Mais importe, autant que la superficie qu'occupent les communaux, l'utilisation qui en est faite. Si les communautés du Sundgau se plaignent du manque de *paquis communs*, en utilisant à cet effet leurs forêts[127], c'est qu'elles louent aux habitants individuellement, des pièces de pré ou de terre à raison de 8 à 20 livres la fauchée de pré et 8 à 12 livres le journal de terre. De même, c'est *de mémoire d'homme* que les communaux de Fortschwihr ont été convertis en terres labourables[128], ce qui n'empêche pas qu'en 1774 il y ait encore *beaucoup de communaux ou pâturage appelé Nachtweyd dont la communauté jouit pour pâture et que vraisemblablement elle fera convertir peu à peu en terres*. Plusieurs enquêtes, échelonnées de 1730 à 1789, distinguent clairement les divers types de propriétés communales.

En superficie, la part est très inégale entre les biens *patrimoniaux* (*Gemeindegüter*) et les biens *communaux* restés indivis et incultes (*Allmende*), en revenu net sans doute moins : la commune tire une partie substantielle de ses ressources de la location de pièces de terre, de pré ou de vigne et le Vignoble de la Mossig fait, au milieu du XVIIIème siècle, l'objet d'un affermage à des particuliers[129] : cette prise en charge individuelle, moyennant un *Bergweinzins*, se substitue à l'ancienne exploitation collective du vignoble communal par corvées. Dans les deux cas, le produit sert à alimenter la caisse de la communauté et à rétribuer garde-champêtre et maître d'école. A côté de ses 500 hectares de pâturage communal, le bourg d'Erstein est capable d'affermer, dès 1730, une cinquantaine d'hectares à 33 particuliers. Les baux couvrent 18 ans au début (1700, 1717), 9 ans à la fin du siècle (1778, 1787) ; le revenu en grains s'élève à 11 rézaux de froment, 99 de seigle et autant d'orge. S'y ajoutent une centaine de journaux de prés loués à dix sept particuliers pour trois ans, sans compter ceux qui servent de

[125] AHR 18 J 583.

[126] AHR C 1300 et 1301.

[127] AHR C 1098 (1751) et 1 E 44/10a et b (1777).

[128] AHR E 149 (1774 et 1780).

[129] R. MOSER, *D.E.S. cit.*, pp. 60-63.

rémunération aux employés municipaux[130]. Il arrive qu'au moment des guerres les communautés se voient interdire l'affermage des prairies communales, de façon à pouvoir acquitter leur contingent de fourrage[131].

C'est donc de façon très progressive que peuvent s'effectuer le partage et la conversion des communaux et, en 1790, le Bureau intermédiaire du district de Colmar[132] définit clairement les *trois sortes de communaux : les uns sont des terres attachées aux maisons ou affectées aux habitans, les autres sont des corps de biens loués au profit des Communautés ; d'autres enfin sont des terres abandonnées jusqu'ici à la pâture des chevaux et des bêtes à cornes.* Datée du 17 août 1790, la lettre du Directoire du département du Haut-Rhin à l'Assemblée Nationale[133] précise l'utilisation souhaitée pour chacune des *trois classes* de communaux : les *fonds de la première espèce* doivent être ajoutés au *clos des habitations* moyennant une *rente stipulée au profit de la Communauté et proportionnée à l'étendue et à la valeur du terrain concédé.* Les *terrains conversibles à peu de frais en terres labourables, prés, vignes ou forêts,* doivent être *divisés entre les citoyens.* Seuls les *terrains de la troisième espèce - sites escarpés, pierreux, marécageux dont le défrichement ou la culture est impossible ou trop dispendieuse* - seraient abandonnés au *parcours habituel du bétail que les propriétaires peu aisés nourrissent avec peine, dans les saisons où les campagnes sont en valeur.* De plus en plus rares, les communaux inclus dans l'agglomération ne nous intéressent pas ici : ils ont autorisé, nous l'avons vu[134], la densification du tissu villageois. Nous ne nous arrêtons pas non plus aux chemins et à leurs abords liés à l'habitat groupé. C'est visiblement de l'usage des biens *de la seconde et de la troisième espèce* - pacages traditionnels et communaux baillés - que résultent les *schismes* et les *divisions,* d'autant qu'on n'a pas attendu les décisions de la Constituante pour procéder à leur partage. Car, au-delà de sa vocation pastorale, le communal est une réserve de terres de culture, ce qui n'est pas dépourvu d'intérêt en période de croissance démographique intense. Faut-il donc le partager ? Toucher au communal, n'est-ce pas affaiblir l'esprit communautaire, déchaîner les menées individualistes, accentuer les clivages sociaux ? Inversement, l'usage individuel n'est-il pas incompatible avec les droits collectifs ?

b) Pour ou contre l'appropriation : les communautés divisées

Le débat autour des biens communaux a donné lieu à un certain nombre de clichés qu'il convient de rectifier. Pour les uns, leur appropriation, synonyme de progrès agricole, aurait été imposée par les

---

[130] AC Erstein DD 116.

[131] AN K 2360 (1743).

[132] AHR 132 J 31/13 : *Mémoire concenant l'administration du District de Colmar présenté à MM. les nouveaux Administrateurs de ce district au nom du Bureau intermédiaire par M. Metzger, membre dudit Bureau, le Baron de Berckheim et Mueg , procureurs-syndics,* Colmar, imprimerie royale, 1790, 48 p. impr. français., trad. allemande.

[133] Ch. HOFFMANN, *op. cit.*, t. I, pp. 359-361.

[134] Voir *supra* pp. 383-386.

esprits éclairés de l'époque et aurait obtenu d'emblée l'appui des autorités. Pour les autres, leur partage aurait scindé la société rurale en deux blocs : les partisans du partage, issus essentiellement du milieu des laboureurs, découvrant l'intérêt d'une réserve foncière grâce à un réflexe quasiment inné de la possession, du profit et de la rentabilité ; les adversaires du partage, qui se recrutent parmi les petites gens et comptent dans leurs rangs de nombreux journaliers, essayant de freiner un processus qui menace l'intégrité du pâturage dont ils sont les principaux bénéficiaires. En fait, avec ses hésitations, ses controverses, ses avancées et ses retours en arrière, la mise en valeur des communaux ne procède pas d'une opération monolithique : diversité et nuance en sont les principales caractéristiques.

Avant d'opérer le partage, il importe de savoir à qui appartient le communal : du fait de l'ambiguïté de son statut, c'est la redoutable question de l'usurpation dont le seigneur et la communauté se rejettent la responsabilité. Le malentendu repose sur le contenu des mots : *propriété* ou *possession* ? *possession* ou simple *usage* ?

Le seigneur prétend que la communauté n'est qu'usufuitière de terrains qu'elle a tendance à considérer comme un alleu : n'a-t-il pas occupé jadis le communal pour son propre compte, comme premier habitant du village, avant d'en faire la concession aux habitants[135] ? Or, au XVIIIème siècle, les positions ont tendance à se figer. Révolue, la période des largesses marquée par la concession des terrains seigneuriaux aux communes. Finie également l'époque de la spoliation aux dépens des communautés, réalisée dans un contexte de réaction seigneuriale agressive, à la faveur de la guerre et de l'endettement. Terminée enfin l'époque où les communautés pouvaient se permettre la récupération de droits tombés dans le désordre[136]. Le seigneur se fait confirmer la reconnaissance de sa part par l'ordonnance des Eaux et Forêts de 1669. Le partage entre la communauté et le seigneur, s'il n'est pas toujours un chef-d'oeuvre de clarté au point d'alimenter les conflits incessants du XVIIIème siècle et les doléances de 1789, est opéré en vertu du droit de triage : ultime moyen de dépossession selon la première, coup d'arrêt porté aux empiètements selon le deuxième. Tant que le seigneur s'obstine, dit-on dans le comté de Ferrette, à s'appuyer sur la maxime, non admise en Alsace, de *nulle terre sans seigneur,* il *erre dans le droit*[137], car les communaux appartiennent aux communautés qui n'ont pas à prouver leurs titres. En tout état de cause, si le partage est effectivement opéré, le seigneur se désintéresse de l'usage que fait la communauté de la partie qui lui revient. Seuls les empiètements flagrants du troupeau commun le feront sortir de son indifférence. La juridiction française,

---

135 AHR C 1295 : *Les seigneurs des lieux peuvent aussi être propriétaires des biens communaux, parce qu'ils sont censés les avoir concédés aux habitants... L'intention présumée des seigneurs en les concédant à des communautés, a été d'attirer des habitans dans leurs terres* (arrêté de la Commission intermédiaire de la province d'Alsace sur le mode de partage de la jouissance des biens communaux, 25 juin 1788).

136 AHR 1 E 44/16 : *Il y a lieu de croire que les terres ont été abandonnées dans les guerres passées, et que les communautés s'en sont emparé, faute par le seigneur de les avoir réclamées, comme à lui appartenant, par droit d'épave : cette perte est une suite naturelle du genre d'administration qui a eu lieu jusqu'à présent : le renouvellement des bans pourra être un moyen de rentrer dans les dits biens, peut etre trouvera-t-on aussi du secours dans les titres de la seigneurie* (Schott au seigneur de Landser, 7 août 1771).

137 AHR 1 E 15/2 (1758-1768).

imposée par l'Intendance, permet au seigneur d'effectuer le triage à trois conditions : que le communal ait été concédé aux habitants gratuitement ; qu'il excède la superficie de 50 arpents, ce qui correspond à 20-25 hectares ; enfin, qu'il suffise aux besoins de la communauté[138]. Selon l'affirmation d'un officier seigneurial du bailliage de Landser, *il est sans exemple dans cette province qu'un seigneur ait demandé le triage des biens communaux*[139]. Il peut cependant y être amené, puisque la duchesse de Mazarin ne cesse d'en faire la demande entre 1749 et 1758, et obtient l'accord de l'intendant le 8 février 1760. L'affaire est de taille, puisqu'il s'agit de 4000 à 4500 hectares de forêts réparties sur l'ensemble du comté de Ferrette. La demande est présentée comme nécessaire face aux prétentions des habitants à l'usage des forêts et comme peu favorable au seigneur lui-même (du moins la duchesse l'affirme-t-elle) qui, au lieu de la moitié d'une forêt indivise, ne bénéficiera plus que du tiers d'une forêt partagée. Après une longue période de contestation de la part des dix-sept communautés concernées, c'est l'arrêt du Conseil d'Etat du 29 octobre 1768 qui tranche en imposant le cantonnement. Or, tandis que le triage peut apparaître comme une concession des deux tiers à titre gracieux, le cantonnement ressemble fort à l'abandon d'une partie de la forêt - en général un tiers - aux usagers. Il permet néanmoins au seigneur de rappeler que la communauté n'est pas propriétaire de la forêt et que ses droits d'usage sont limités. Il est difficile d'affirmer que la deuxième formule est plus favorable que la première à l'une ou l'autre des parties, car la lecture est différente selon qu'on se place du côté du concessionnaire ou de celui du bénéficiaire : il nous semble néanmoins que le cantonnement, plus favorable en définitive au seigneur, marque davantage la sujétion de la communauté que le triage, simple réduction des usages communautaires.

Plutôt favorable aux communautés, l'intendant s'abstient d'intervenir dans le partage lui-même, sauf si ce dernier ne peut se faire qu'à la suite de coûteuses opérations de drainage : tels est le cas du *Bruch* de l'Andlau et de la *Hardt* de Molsheim[140]. Pour le reste, partagé entre le souci de rentabiliser l'agriculture et celui de satisfaire aux revendications légitimes des petites gens, il transfère prudemment les responsabilités aux assemblées d'habitants : l'offensive viendra du côté des communautés , non de Versailles qui, malgré quelques règlements anodins, se contentera, entre 1769 et 1779, de lancer des enquêtes et de sanctionner les décisions locales. Voilà à quoi se limite, en l'occurrence, le rôle de l'intendant. Tout le poids des décisions repose donc sur la communauté qui fait preuve, là encore, d'une grande autonomie. C'est au niveau des assemblées d'habitants que fusent les arguments au sujet de l'opportunité d'un partage et, une fois le principe adopté, c'est là que les discussions s'animent quant aux modalités du partage : un enjeu soumis au rapport de forces fluctuant qui régit les communautés.

138 AN K 2361/3, n° 67 : rapport de Treitlinger du 31 mars 1751, à propos de l'aliénation d'une partie du communal de Horbourg.
BNUS Ms. 5451 : droit de triage au XVIIIème siècle.

139 AHR 1 E 44/16 (Schott au bailli de Landser, 8 septembre 1771).

140 Voir *supra* pp. 111-112.
ABR C 194, 361/26-63, 669 et 671.

L'opportunité d'un partage divise les villageois, mais pas forcément selon un clivage qui séparerait laboureurs et journaliers. En dépit de l'ancienneté des opérations de partage, c'est dans la seconde moitié du XVIIIème siècle que le démembrement du communal pose véritablement problème. Avant même son amputation suite aux opérations de triage, c'est la saturation progressive des campagnes qui accentue l'esprit de compétition autour du patrimoine commun qui, de lien, devient objet de discorde. Est-il nécessaire, est-il souhaitable de partager le communal ou ce qui en reste ? Cette question ne fait pas, tant s'en faut, l'unanimité du groupe villageois.

Dans le contexte de l'individualisme physiocratique du XVIIIème siècle, la solution de l'appropriation recueille l'adhésion de tous ceux qui, peu ou prou, sont sensibles aux arguments d'ordre économique et qui, par ailleurs, maniant volontiers l'intimidation et la dissuasion, sont influents au conseil de la communauté[141] : à Oberentzen, affirment-ils en 1789, 600 arpents de communaux ne valent guère plus que 30 arpents de labour, soit vingt fois moins[142]. Leurs porte-parole siègent en 1788 à la Commission intermédiaire provinciale : *un terrain cultivé rapporte au moins six fois plus que s'il restoit en pâturage* et *il est connû que plus le nombre des cultivateurs entre lesquels un terrain est divisé est grand, mieux il est cultivé et plus il produit.* Et encore : *L'angleterre doit à ce partage les succès brillans de son agriculture et le progrès rapide de sa population en hommes et en bestiaux*[143]. Produisant des *herbes aigres et malsaines* qui exposent le bétail à des *épizooties fréquentes*, les pâturages des *Rieds* ne fournissent de toute façon que six mois de fourrage[144] et une bête de trait mise au pâturage a besoin de trois fois plus de terrain que si elle était nourrie à partir de prés[145]. C'est l'écho des déclarations des physiocrates pour lesquels les communaux, souvent associés à la vaine pâture, présentent plus d'inconvénients que d'avantages. Ils y voient essentiellement une réserve de terres qui n'a de valeur que si, emblavée, elle permet d'accroître la production[146]. Tant qu'ils ne sont pas partagés, ils donnent lieu à un gaspillage insensé du potentiel fourrager, d'autant que leur maintien est incompatible avec le développement des prairies artificielles. Il faut donc, affirment-ils, privatiser les biens et les droits collectifs, alors que toute la tradition rurale tend au contraire à collectiviser, dans des conditions temporelles et spatiales rigoureusement définies, les biens particuliers. Le progrès agricole justifie tous les accaparements..

Or tous les laboureurs ne partagent pas cette manière de voir les choses. Beaucoup d'entre eux, après avoir bénéficié de l'octroi de communaux dès la fin du XVIIème siècle, ne souhaitent pas qu'intervienne

141 ABR B 258 : *wie die Bürgern, Gericht und Rat, die gemeinen Allmenden und Weidstrich zu ihrem besonderen Vorteil entziehen und schmälern wollten* (Lauterbourg 1765).

142 ABR C 671/83.

143 ABR C 671 et AHR 1295 et 1585, fol. 236-240 : extrait des procès-verbaux des séances de la Commission intermédiaire de la province d'Alsace (bailli Hell, Strasbourg le 25 juin 1788).

144 *Ibid.* Mémoire du procureur syndic Larcher (1788).

145 ABR C 671/31 (*Bureau du Bien Public*, 1787 ou 1789).

146 G. WEULERSSE, *op. 1185-1188* et C. BEUTLER, *op. 1188a*.

un nouveau partage qui pourrait se faire à leurs dépens[147]. On opte donc pour la défense du bien collectif pour mieux s'en assurer l'usage. Deux cas de figure sont à envisager. Dans les régions comme le Kochersberg, où l'étendue des communaux est peu importante, un gain de quelques arpents de mauvaise terre serait dérisoire et risquerait de compromettre l'alimentation des bêtes de trait, d'autant que les prés naturels sont rares et que les prairies artificielles ne se répandent que timidement. Inversement dans les *Rieds*, où les terres de culture sont plus limitées et les terrains de parcours plus étendus, on pourrait s'attendre à ce qu'une nouvelle poussée des défrichements recueille l'adhésion des laboureurs. S'il n'en est rien[148], c'est que, prisonniers d'une technique agraire traditionnelle, ces derniers cherchent à sauvegarder le pâturage qui assure la subsistance de leur cheptel. Car la vaine pâture ne constitue pas le monopole des pauvres. Rappelons que l'accès au pâturage est réglé sur les cotes fiscales, le nombre de bêtes admises accordant un avantage au plus fortuné[149]. L'image du boucher qui cherche à joindre ses bêtes au troupeau commun sans contribuer aux charges dans des proportions équivalentes, est tout-à-fait classique, de même que celle du laboureur qui essaie non pas de détruire les droits traditionnels, mais de les détourner à son profit exclusif[150]. On en arrive donc à la situation paradoxale où les laboureurs défendent, de façon quelque peu inattendue, le maintien du pâturage communal. A cette prise de position, pour le moins anti-économique, on peut trouver une double explication. Il faut d'abord nourrir le bétail à une époque où les prairies artificielles ne connaissent pas une extension suffisante. Nous avons déjà évoqué, ce mouvement de retour, apparemment surprenant, vers le pâturage à la fin du XVIIIème siècle[151]. C'est par peur de manquer de pâture que les laboureurs de Reguisheim proposent le *gel* du communal *à l'état de pâturage*[152]. On cherche ensuite à bénéficier, de façon exclusive, des avantages acquis. Devenus des *propriétés particulières acquises par prescription*, passant *de génération en génération comme des biens propres, sujets à une simple redevance envers les communautés*, les biens communaux ont, en partie, déjà été partagés entre une minorité de laboureurs et ont perdu, de ce fait, leur vocation première qui était d'encourager le peuplement. Se prévalant d'une *possession immémoriale*, certains laboureurs d'envergure affirment qu'il y a belle lurette que ces biens

---

[147] AHR C 1119/14 (baron de Rathsamhausen, fin XVIIIème siècle).

[148] ABR C 663 (Marckolsheim 1789).

[149] AC Erstein HH 20 :

	Taille en florins/Schillings plus de 6	moins de 5	moins de 4	moins de 3	moins de 1/5
Nb. de vaches admises					
par laboureur	4	3	2		
par pêcheur ou artisan				3	
par journalier					2
par veuve					1

[150] Voir *supra* pp. 813-816.

[151] Voir *supra* p. 852.

[152] AHR C 1295 (1742).

ont été *annexés à leur cour*[153] et transmis, à la manière d'un *Hoflehn,* de père en fils avec le corps de la ferme, à la suite de défrichements et de bonifications que leurs ancêtres auraient entrepris à grand frais[154]. On ne peut pas, ajoutent les laboureurs, *retirer ces biens aux possesseurs actuels... sans bonifier les impenses et les améliorations*[155]. En conséquence, ils ont *toujours regardé les biens dont il s'agit comme propres*[156]. Au nom de la rentabilité, derrière laquelle se profile l'intérêt personnel, un poignée de *cultivateurs aisés... regarde tout le ban comme un bien propre leur appartenant*[157], souvent sans acquitter d'impôts autres qu'une modique rente versée à la commune[158]. L'assemblée du district de Colmar abondera dans ce sens : *l'Assemblée a pensé unanimement que, dans les endroits où il y des communaux attachés à de certaines maisons et où les communaux sont transmissibles dans les familles et aliénables avec les cours, on ne peut point toucher à cet usage sans bouleverser les fortunes et faire naître quantité de procès ; que l'on laisse subsister l'usage tel qu'il a été observé comme formant une espèce de droit de propriété dont on ne peut pas évincer les propriétaires des cours avec cette réserve néanmoins que ces biens communaux ne doivent jamais pouvoir être vendus ni même transmis en famille séparément de la cour ou du chezal*[159]. Elle suggère donc *que l'on affecte à l'avenir aucuns communaux aux maisons qui seront nouvellement bâties ni aux maisons déjà bâties auxquelles il n'y avoit point de communaux attâchés jusqu'à présent...* On ne peut empêcher cette manière arbitraire de procéder, puisque ce sont justement les plus anciens laboureurs qui tiennent en mains les leviers de l'administration municipale[160] et qui, par conséquent, excluent de la jouissance des communaux les manants, nouvellement arrivés, considérés comme *une foule de gens obérés et insolvables*[161]. Pour éviter d'hypothéquer l'avenir, on leur mesure chichement la participation aux communaux[162], la jouissance

---

153 Ibid. : *zu den Höffen des Ortes vertheilt* (Reguisheim 1742).
ABR C 663 : *... depuis un temps immémorial, il n'y a eu que les possesseurs anciens qui aient participé comme droit du bourgeois dans les bons communaux* (Kogenheim 1789).
AHR 18 J 475 (Andolsheim 1764-1765) et AHR E 1293 : *depuis passé deux siècles* (Grussenheim 1778 et 1784 ; Bilzheim 1769).

154 ABR C 192/46 : *Ont emploié leurs travaux pour convertir les terres arides en terres cultivables, en en retirant les pierres et en aplanissant la terre autant qu'il étoit possible et la mettre en culture et les autres pour avoir convertis ces terres en vignes même à grands frais* (Willgottheim 1787).

155 *Ibid.* : (Willgottheim 1787).

156 AHR E 1293 (Grussenheim 1784).

157 AHR C 1119/14 (baron de Rathsamhausen, fin XVIIIème siècle).

158 AHR C 1585 : d'après le Bureau intermédiaire de Huningue, 23 arpents de biens communaux et 15 de prés ne sont pas compris, à Battenheim, dans les rôles d'imposition, ce qui accroît la quote-part de chaque contribuable (3 juin 1788).

159 AHR C 1586 : procès-verbaux des séances de l'assemblée du district de Colmar, 29 octobre 1788.

160 ABR B 238 : *nach Gunst und parteiisch* (Lauterbourg 1769).

161 AHR C 1295 (Fortschwihr 1778 et 1785).

162 AHR E 1293 : la moitié ou le tiers d'une part est attribuée aux journaliers (Clebsattel, bailli de Thann, 13 décembre 1759).
ABR C 671/32 : un demi-lot par journalier ; un lot par laboureur à 2-3 bêtes ; 1 lot et demi par laboureur à 4 chevaux ou boeufs (procès-verbal de l'assemblée du district de Haguenau, 28 octobre 1788).

du pâturage[163], l'accès à la forêt[164] la distribution des gobes de bois de chauffage et d'échalas[165], la participation à la glandée[166] et, bien entendu, l'affermage des terres communales[167]. On jugera mieux, dès lors, du caractère fallacieux de ce mémoire, que nous avons daté des années 1787/1789 sans avoir pu en identifier l'auteur[168]. Ce dernier semble pourtant faire partie de ce milieu de *laboureurs éclairés*, proches des physiocrates, puisqu'il fait, parallèlement, l'apologie du trèfle et du ver à soie. Or le mémoire plaide en faveur du maintien de l'exploitation collective des communaux. En Alsace, nous dit-on, les communaux sont tantôt arides, tantôt marécageux. Dans le premier cas, ils nécessitent des travaux d'irrigation, dans le second des opérations de drainage qui ne sont, ni les uns ni les autres, à la portée des particuliers. Or seules les communautés peuvent se lancer dans des opérations aussi dispendieuses. En veut-on un exemple ? A Niedernai, la moitié du communal appartient au seigneur qui, après assèchement et conversion en prés, loue sa part à la communauté et en retire un bénéfice incomparablement plus important que la communauté *qui persiste à laisser sa part en pâturage*. Le village voisin de Meistratzheim fait sur ses communaux 600 chariots de foin que la communauté partage entre 180 bourgeois. Enfin dans le Kochersberg, *qui est sans doute la partie de l'Alsace la mieux cultivée, presque généralement tous les communaux sont exploités en commun*. La leçon est claire : conversion oui, appropriation non. Partager les communaux, c'est *les exposer à être divertis par l'insurveillance des prévôts..., la mauvaise foi des particuliers..., le malheur des guerres*[169]...

L'importance des avantages acquis exige donc le maintien du *statu quo*. Mais ces arguments pseudo-économiques dissimulent, d'après le baron de Rathsamhausen, des rancoeurs sociales : *Les riches... aiment mieux de laisser leurs terres en friches que de les louer aux manouvriers, qu'ils ne veulent pas laisser sortir de l'esclavage dans lequel ils les tiennent*[170].

---

163 AHR 1 E 46/3 (Oberhergheim 1745).

164 Ibid.: *Cette forêt est une forêt bourgeoise* (Hochstatt, bailliage d'Altkirch, 1776).
AHR C 1294 : *La forêt appartient à la bourgeoisie... Jamais les manants n'ont participé aux avantages qu'ils en retirent qu'autant qu'ils ont bien voulu leur accorder quelques restes après les partages faits* (Ungersheim, 8 mars 1785). *Il résulte des informations que j'ai prises de plusieurs communautés de cette contrée que... les manants n'ont rien du tout et que les autres ils n'ont que ce que la bourgeoisie veut bien leur accorder* (bailli Jacquot, 22 novembre 1786).

165 AHR E 1294 (Turckheim 1788).
AN K 2324/3 : dans le comté de Horbourg, ils ont droit à une demi-gobe de laboureur, soit environ 300 fagots d'une valeur de 20 livres, contre 30 à 50 laboureurs (1791).

166 AHR E 1293 : les seize laboureurs de Hausgauen accordent aux dix-sept journaliers *la moitié des porcs qu'ils envoient eux-mêmes*. Ils sont condamnés par l'intendant le 23 mars 1763. De même à Tagolsheim en 1772 : *les riches ont une fois plus que les pauvres bourgeois*.

167 AHR C 1295 (bail de 9 ans pour 5 livres par arpent et par an) *une portion entière pour chaque cour et maison de laboureur, une demi portion pour chaque maison de journaliers* (Andolsheim 1781).
AHR E 1294 (Walheim 1786, Wihr-en-Plaine 1787, Wittelsheim et Turckheim 1788).

168 AHR C 1119/7 : *Mémoire sur la culture des communaux en commun* (s.d., 1787 ou 1789).

169 *Ibid.*

170 AHR C 1119/14 (fin XVIIIème siècle).
GLAK 75/656 : *dass die gantze hiesiege Burgerschaft sich auf die betrachtliche allmend verlasset, dadurch wird der mussiggang gepflanzet... dass man keine taglöhner um gute zahlung mehr haben könne* (Beinheim 1773).

Auraient-ils peur de manquer de main-d'oeuvre et de voir le marché de la terre se rétrécir ? Faire accéder les journaliers à la possession de communaux, ce serait rompre *l'harmonie sociale,* ce serait encourager *la vie fainéante et vagabonde* du journalier qui quitterait *sa hache et sa pioche pour suivre nonchalamment une paire de boeufs ou de mauvaises vaches, qu'il aurait achetées d'un Juif*[171]. Devenu paresseux, le journalier *ne voudra plus se servir de la hache devenue trop lourde pour lui* et préférera *mener une vie fainéante et vagabonde*[172]... Le maintien des communaux retarde l'émancipation des journaliers. Le baron considère au contraire l'appropriation individuelle comme une source de progrès pour nombre de petits paysans n'ayant pas suffisamment de terres à eux et qui se verraient élevés à la dignité de propriétaires. Et de citer en modèle le Kochersberg, *canton de l'Alsace le plus riche et le mieux cultivé où les hommes, beaux, forts et nerveux, n'ont absolument nulle pâture, et cependant... les plus beaux chevaux... parce qu'ils les nourrissent à l'écurie et qu'ils sont soignés, nourris et pensés* (sic), *au lieu que ceux qui n'ont que le paturage sont toujours misérables, ont de la peine à se soutenir,... naïant pas la force de traîner la charrue... Après s'être rempli le ventre pendant la nuit, ils doivent travailler les entrailles vides à la généreuse promesse d'oser pâturer après.* Passons sur le modèle du Kochersberg, utilisé, pour les besoins de la cause, de façon quelque peu perverse : le Kochersberg n'est-il pas un cas particulier ? Les possesseurs de chevaux ne sont-ils pas des privilégiés ?

Retenons qu'il faut, selon Rathsamhausen, poursuivre le partage des communaux. Tel est bien l'avis de tous les exclus - journaliers et manants de fraîche date -, longtemps écartés des partages, qui considèrent l'ancienne répartition comme entachée d'injustice[173]. *Les demandes en partage... étaient... faites et poursuivies avec la plus grande chaleur par la classe des habitants les moins aisés*[174]. A Reguisheim, ils s'opposent, dès les années 1740, aux laboureurs du lieu[175] qui monopolisent les communaux pour réclamer une nouvelle répartition *entre tous les bourgeois*[176]. A Muntzenheim, ce sont bien trois journaliers qui exigent qu'on défriche un pâturage communal et qu'on le divise en lots[177]. Et lorsqu'en 1788 la commune de Dessenheim adopte le principe du partage, c'est parce qu'*il assure aux journaliers une subsistance proportionnée à leurs besoins en même temps qu'il borne le nombre de cultivateurs toujours circonscrits par l'étendue du ban, la fertilité du sol et les débouchés... relatifs à la distance des villes*[178]. Il n'est pas sûr pour autant, et les laboureurs ne

171 ABR C 671/14 (district de Haguenau, 2 mai 1789).

172 ABR C 671/24 (1769).

173 AHR C 1294 (assemblée de la communauté d'Ungersheim, 8 mars 1785) et 1096 (Durrenentzen, 3 février 1786).

174 ABR C 671 (assemblée du district de Haguenau, 28 octobre 1788).

175 AHR C 1295 : *die vornehmsten bauren des Orths.*

176 *Ibid.* (1766 et 1788).

177 AHR 18 J 579 (1750-1751).

178 AHR C 1586 (1er juillet 1788). De même pour Oberhergheim (AHR 1 E 46/3, 1784).

manquent pas de le faire remarquer, qu'ils soient en mesure, de *supporter les frais d'une bonne cultivation*[179], de défricher et d'exploiter des terres qui, d'ailleurs, ne justifient peut-être pas les frais de culture et l'acquittement de la rente[180]. Il arrive en effet que, comme à Blodelsheim, des habitants, *et des plus notables*, se dérobent en menaçant de ne pas prendre part au partage puisque *le produit des terres... ne suffiroit pas pour faire face aux frais de culture encore moins pour l'acquittement d'une rente et des deniers royaux*[181]. Dans ces conditions, le baron de Rathsamhausen ne se fait-il pas quelque illusion en préconisant l'attribution aux journaliers, moyennant un partage égal, de communaux qu'ils transformeraient aussitôt en prairies artificielles ? Pour l'instant la difficile extension des surfaces pourrait bien compenser l'impossible accroissement des rendements. La *faim de la terre*, conséquence de la pression démographique, achèvera-t-elle de l'emporter sur la nécessité d'un pâturage communal ? Les petits paysans sont eux-mêmes divisés à ce sujet. A Eckbolsheim, ils s'opposent aux laboureurs qui, vers 1782, s'avisent de défricher et de creuser des fossés qui sont autant d'entraves au pâturage commun[182]. Pour les raisons précédemment évoquées, certains d'entre eux cherchent à sauvegarder le pacage naturel que constitue l'*Allmend*, le jour où le champ menace de chasser la pâture. La dépaissance collective ne fait-elle pas partie de ce que Florence Gauthier appelle les *droits des pauvres*[183], au même titre que les droits de glanage et de grapillage ? Ils permettent aux paysans privés de terre de subsister sans être contraints de recourir exclusivement à la ressource que leur procure la vente de leur force de travail.

On est en droit de s'interroger sur la résultante de forces aussi opposées : souvent les discussions s'enlisent et débouchent sur... l'immobilisme. Après plus d'un quart de siècle d'altermoiements (1775-1811), le partage des quelque 500 hectares de la *Hardt* de Molsheim interviendra enfin sous l'Empire : les initiatives du subdélégué Schwendt, les travaux de l'.inspecteur des Ponts et Chaussées , entre 1775 et 1777, se sont heurtés au refus obstiné des onze communauté riveraines qui n'a pas été ébranlé par la loi du 10 juin 1793[184] ! Les mentalités n'ont pas été préparées à de tels bouleversements. Mais le débat sur l'opportunité du partage des communaux ne se laisse pas enfermer dans la dichotomie riches/pauvres dont les intérêts seraient opposés. En aucune façon, l'offensive ne vient unilatéralement des groupes les plus défavorisés de la société villageoise. Les plus aisés y ont leur part, d'autant qu'ils dirigent les destinées d'une commune pour laquelle l'aliénation des biens peut

179 ABR C 671/83 (Dessenheim 1769).

180 AHR C 1119/7 : *Si l'on persiste à vouloir partager les communaux, ou ils seront mal cultivés par le pauvre,ou le pauvre faute de pouvoir en tirer parti louera au riche sa part... celui cy ayant trop de terres à cultiver, il ne pourra les fumer... Ce ne sont pas les anciens bourgeois qui sont pauvres, ce sont les nouveaux venus... Cette classe de citoyens sera-t-elle réduite à l'affreuse alternative de voler ou de mourir de faim ?* (*Mémoire sur la culture des communaux en commun*, s.d., 1787 ou 1789).

181 AHR C 1295 (18 mars 1788).

182 ABR E 853.

183 Fl. GAUTHIER, *op. 2394*.

184 J-L. HUCK, *art. 1891* (source : ABR C 194, 669 et 671).

apparaître comme une solution à l'endettement : la fonction sociale des communaux risque alors de passer au second plan.

Finalement, les exemples de partages sont assez fréquents : 250 hectares à Oberentzen dès 1769, 600 à Ober- et Niederhergheim en 1784[185]... Mais de quelle manière partage-t-on ? Une fois le principe du partage admis, grands et petits paysans s'opposent sur les modalités qui doivent présider à la répartition des communaux : la ligne de partage est beaucoup plus nette que précédemment entre les anciens et les gros propriétaires d'une part, les petits paysans et ceux qui sont plus récemment installés d'autre part. Pour les premiers, s'impose le principe de l'inégalité des droits. Partage par tête ou en proportion des cotes d'impôts ? Jusqu'au règlement publié par l'intendant, le 20 mars 1783, qui ordonne le partage égal entre tous les contribuables, la distribution du bois d'affouage distingue bourgeois et manants, mais également laboureurs et journaliers, puisqu'elle est subordonnée au montant de la subvention. Le pâturage, tout commun qu'il est, est réservé par endroits aux seuls bourgeois, tandis que les biens affermés sont parfois attachés, nous l'avons vu, aux cours des laboureurs les plus anciens. L'Assemblée provinciale et les assemblées de district, tout en admettant le principe du système de partage égal entre les habitants, ne touchent pas aux distributions déjà effectuées et parviennent ainsi à un compromis plus ou moins fragile. La Commission intermédiaire s'interroge, un an avant le déclenchement de la Révolution, sur *la forme du partage la plus équitable et la plus avantageuse*[186]. Concéder, moyennant une somme, des biens communaux aux *pauvres*, ce serait encourager *les mauvais économes et les paresseux... L'une ou l'autre démarche serait contraire à notre droit commun, en ce que les descendans des Bourgeois ont un droit acquis aux bons communaux*. Il faudrait donc procéder à un partage par tirage au sort *en portions égales entre tous les chefs de famille*, à condition de transmettre le lot aux enfants ou, à défaut, de l'accorder pendant *neuf années ou pendant un tems indéterminé aux nouveaux habitans à mesure qu'ils s'établissent*. Et l'assemblée du district de Colmar de préciser en novembre 1788 : *la manière la plus juste de faire le partage des communaux pour concilier toutes ces considérations seroit d'en faire deux parts égales et distinctes, de répartir la moitié par têtes et l'autre moitié entre les habitans sur le pié de la subvention... La part distribuée par tête restera à chaque habitant sa vie durant, et passera à sa mort au plus ancien des bourgeois, qui n'auront point encore été compris dans la distribution. La moitié des communaux répartie sur le pié de la subvention sera partagée de nouveau tous les neuf ans. Dans les distributions à faire par tête ez endroits où il est d'usage d'y comprendre des manants, leur part ne sera que du tiers de celle d'un bourgeois*[187]. On imagine ce qu'il a fallu de souplesse et d'habileté pour poser les fondations d'un *règlement général lequel balancera les intérêts opposés qui divisent les laboureurs et les*

[185] ABR C 671.

[186] AHR C 1295 (25 juin 1788).

[187] *Ibid.*

journaliers[188]. Toute décision d'ensemble masque donc d'âpres débats entre les parties prenantes qui tournent autour de trois questions essentielles : la périodicité des répartitions ; l'établissement des parts ; les modalités de l'affermage.

La périodicité des répartitions : voilà un problème que bien des laboureurs auraient préféré éluder puisque, pour eux, la remise à jour d'un ancien partage n'est pas opportune. C'est sous la pression des journaliers et surtout des manants qu'est réclamée une redistribution périodique des *bons communaux*. Sur ce plan, il arrive qu'ils soient écoutés, avec l'appui de l'intendant. Dès la première moitié du XVIIIème siècle, la répartition des communaux est remise à jour, dans la Hardt de Haute-Alsace, tous les dix-huit ans. Dans la seconde moitié du siècle, on propose une nouvelle répartition tous les neuf, voire tous les quatre ans ; il arrive même que le partage soit contesté un an après sa réalisation :

La périodicité des partages

Source	Commune	Périodicité théorique (réelle) (années)
AHR C 1295	Reguisheim	**1743** : 18 (23) - 1766 : 18 (20)
"	Meyenheim	**1729** : 18 (24) - 1753 : 18 (15)
AHR C 1293	Bilzheim	**1742** : 18
AHR 1 E 46/3	Oberhergheim	**1749** : 18
AHR C 1586	Fessenheim	**1769** : 18 (19) - 1788 (9)
AHR C 1295	Dessenheim	**1765** : 18 - contestée en 1770
AHR C 1295	Fortschwihr	**1774** : (10) - contestée en 1778
AHR E 1293	Grussenheim	**1778** : (4)
AHR C 1295	Blodelsheim	**1787** : contestée en 1788

Le partage se fera-t-il de façon égalitaire ? Avec une apparente mauvaise foi, les bourgeois-laboureurs de Sainte-Croix-en-Plaine n'y voient pas d'inconvénient à condition... d'en exclure les manants : le droit de bourgeoisie étant payant, il leur confère, affirment-ils, la jouissance exclusive des biens communaux[189]. Or c'est justement pour éviter que la situation ne se fige de façon anachronique, au profit des anciens habitants, que les journaliers s'insurgent contre le fait que les communaux restent *annexés invariablement* aux *anciennes cours et maisons* appartenant aux *meilleurs habitants du lieu*[190]. Ajoutent leurs voix au concert des revendications les bourgeois fraîchement installés *en égard à leurs facultés et aux charges qu'ils supportent*[191] : les propriétaires des maisons nouvellement bâties ne participent-ils pas aux impositions[192] ? Or, dans le meilleur des cas, ils se voient condamnés à attendre, parfois pendant trente ou cinquante ans, un éventuel partage pour se faire servir[193]... Nous aurons

---

188 ABR C 1586 : procès-verbaux des séances de l'assemblée du district de Colmar (14 novembre 1788).

189 AHR 25 J 165 (Sainte-Croix-en-Plaine, s.d.).

190 AHR C 1295 (Fortschwihr 1778 et 1785) et E 1293 (Grussenheim 1778).

191 AHR C 1293 (Bilzheim 1767) et E 1293 (Ammertzwiller 1759).

192 AHR E 1294 : *alors qu'ils font gardes et corvées* (Turckheim 1788).

193 AHR E 1293 (Grussenheim 1778) et C 1119/7 (mém. cit., 1787 ou 1789).

l'occasion de revenir sur le statut d'attente des manants[194]. Sans même remettre en cause les situations acquises, les nouveaux installés lorgnent les terres nouvellement défrichées qu'ils souhaiteraient à leur tour *attacher à leurs maisons à la manière des laboureurs et à égalité avec eux*[195]. Si les espoirs se portent d'abord sur le patrimoine communal non encore affecté[196], les anciennes répartitions finissent par être remises en cause : il faut détacher des cours et maisons *les terres anciennement distribuées et les redistribuer entre tous les habitants suivant leur force et faculté*[197] ou encore *en portions égales sans égard à leur qualité de laboureurs ou journaliers*[198]. A ces revendications de nature sociale, les préposés, qui sont en même temps les laboureurs anciennement installés, opposent des arguments économiques savamment agencés : il ne faudrait surtout pas, *si le nombre de bourgeois augmente,* que *les portions diminuent et s'amoindrissent*[199]. C'est ainsi qu'à Reguisheim, les parts seraient amputées, entre 1766 et 1786, de 4 à 7% de leur superficie d'origine[200]. Les laboureurs flairent le danger d'une remise en question des partages anciens : outre la nécessité de prendre en considération *les améliorations faites*[201], les biens communaux, quoique théoriquement attachés aux maisons, ont subi en quelques décennies partages, ventes et échanges. Et *quel est le possesseur qui se donnera autant de peines pour améliorer un fond dont il n'a qu'une jouissance incertaine et momentanée* ? La *production des terres* s'en ressentirait. Les laboureurs sont habitués à ce genre de raisonnement, largement utilisé dans la discussion sur les modalités d'affermage[202]. On peut donc imaginer que la diminution des parts, consécutive à tout nouveau partage, touche les journaliers *et laisse intactes les portions que les laboureurs prennent par préciput.* L'inégalité des parts se justifie, car *les laboureurs tenant chevaux et voitures sont tenus à des charges beaucoup plus onéreuses*[203], tout comme se justifie l'inviolabilité de la partie indivise du terroir réservée à la saillie des bestiaux ou au pâturage indispensable aux pauvres gens[204] : peut-on camoufler de façon plus habile des intérêts personnels derrière des considérations faussement altruistes ? Il faut donc *régler les portions* soit en fonction de la *contribution aux charges publiques*[205], soit *sur le nombre d'arpents de terre, le nombre de bêtes qu'ils envoient au pâturage ou sur*

194 Voir *infra* pp. 1373-1377.
ABR C 671/83 (Oberhergheim 1769).

195 AHR C 1293 et 1295.
AHR C 1586 (Oberhergheim 1788).

196 AHR 1 E 46/3 (Oberhergheim 1737).

197 *Ibid.* (Oberhergheim 1784).

198 AHR E 1292 (Wittelsheim 1789).

199 AHR E 1293 (Ohnenheim 1766).

200 AHR C 1295 : rapport du bailli de Bollwiller (23 septembre 1786).

201 *Ibid.* (Meyenheim, 10 mars 1753).

202 Voir *supra* pp. 547 ss.
Voir également sur l'opportunité d'un partage, *supra* pp. 1268 ss.

203 AHR E 1293 (Grussenheim 1778).
AHR 25 J 165 : requête des bourgeois de Sainte-Croix-en-Plaine (s.d., XVIIIème siècle).

204 AHR E 1293 (Grussenheim 1784).

205 AHR 1 E 44/20 : *sur le pied de la subvention... selon la faculté de chacun* (Kembs 1786).

celui qu'ils peuvent hiverner[206]. Toute idée d'égalité se trouve ainsi écartée.

L'ordonnance de l'intendant, en date du 3 septembre 1774, prévoit une répartition en trois *classes* : trois *portions* aux grands laboureurs, deux aux journaliers, une seule aux veuves et aux manants. Mais, dans la pratique, les communautés accordent parfois la préférence au principe des deux *classes*[207], renforçant ainsi le double clivage entre anciens et nouveaux, possesseurs d'attelage et journaliers. La différenciation sociale qui s'accuse au XVIIIème siècle n'arrange rien : dans la seigneurie d'Oberhergheim, on décide que les *laboureurs à deux chevaux, parce qu'ils sont plus lourdement imposés,* bénéficieront d'une participation au communal supérieure d'un sixième environ à celle des laboureurs à une charrue[208]. Les assemblées prérévolutionnaires, en adoptant le système des *classes,* abondent dans ce sens : sept classes à Oberhergheim[209], trois à Niederhergheim, trois également dans le district de Haguenau, à raison d'un demi-lot aux journaliers, d'un lot aux laboureurs moyens, d'un lot et demi aux gros laboureurs cultivant avec quatre chevaux ou quatre boeufs[210]. Ainsi se précise le caractère censitaire de l'utilisation des communaux : *les grands propriétaires se croient fondés à réclamer des portions proportionnées à leurs cotes. Ils y ont plus de droits que ceux qui paient moins... le partage doit se faire en raison de la contribution aux charges publiques*[211], *selon la force et faculté des habitans*[212]. Les journaliers rejettent cette façon de voir les choses en renversant l'équation : les laboureurs, affirment-ils, paient plus d'impôts parce qu'ils font pâturer davantage de bêtes sur le communal[213] ! A Wittelsheim, pour pouvoir bénéficier de parts égales à celles qui sont attribuées aux laboureurs, les journaliers se tiennent prêts à accepter l'égalité fiscale avec ces derniers, ce qui est contraire à *l'usage immémorial*[214]. Question subsidiaire mais qui n'est pas dépourvue d'intérêt : faut-il inclure le curé et le pasteur parmi les bénéficiaires du partage ? *Les communaux sont destinés à soulager les habitants dans le paiement des impositions royales et seigneuriales et dans les charges de la communauté telles que les corvées et autres auxquelles le curé n'est pas*

---

206 AHR C 1295 : arrêté de la Commission intermédiaire provinciale d'Alsace sur le mode de partage et de jouissance des biens communaux (25 juin 1788).
AHR C 1093 : 1 livre 13 sous et 4 deniers pour pâturage d'une *grosse pièce de bétail*, 13 sous et 4 deniers pour une *petite pièce de bétail* (Clavé, bailli d'Altkirch, 1771).
AHR E 1292 : une vache 30 sols, un porc 20 sols, une chèvre 15 sols et un mouton 10 sols (Hindlingen 1780).

207 AHR C 1295 (Blodelsheim, 1787-1788).

208 AHR 1 E 46/3 (1745-1748).

209 ABR C 671/83.

210 ABR C 671/32 (1788).
Voir *supra* p. 1274.

211 AHR C 1295 (Commission intermédiaire, 25 juin 1788).

212 AHR 1 E 46/3 (Oberhergheim 1784).

213 *Ibid.*

214 AHR C 1294 (1783-1788).

tenu[215], nous dit-on à Jebsheim, tandis qu'à Oberhergheim, il se voit attribuer trois portions, c'est-à-dire 18 arpents, ce qui le met à égalité avec le prévôt et les laboureurs à deux charrues[216].

A défaut de pouvoir empêcher un nouveau partage entre la totalité des chefs de ménage, les laboureurs de Reguisheim proposent que tout nouveau bourgeois soit tenu d'acquitter à la communauté, en même temps qu'au seigneur, une certaine somme *pour le dédommagement de la diminution que l'augmentation du nombre des bourgeois occasionne dans les parts des anciens*, car *communément les nouveaux reçus sont gens aisés et en état de supporter les charges communales comme ils participent aussi aux avantages*[217]. Le refus du droit de bourgeoisie est souvent justifié par la crainte de voir l'augmentation des parties prenantes rogner les parts de biens communaux disponibles[218]. Une telle inégalité se trouve compensée, en d'autres contrées, par une répartition des lots à périodicité régulière, par tirage au sort[219]. Ce système démocratique fonctionne dès le milieu du XVIIIème siècle dans le Vignoble de la Mossig : à l'extinction ou à l'émigration d'une famille, le lot de terre communale, qui lui a été concédé, retourne à la commune en vue d'une nouvelle distribution[220]. Dans la Hardt également : à Oberentzen, une veuve quitte-t-elle le lieu ? *Il est d'usage en pareil cas de délivrer les terres communales aux plus anciens des bourgeois nouvellement reçus*[221]. A Oberhergheim, les portions vacantes par décès d'un ancien bourgeois reviennent de plein droit aux nouveaux, mais en fonction des cotes fiscales[222]. C'est au nord de la plaine qu'on se rapproche le plus, liste de priorité à l'appui, d'un partage égalitaire[223]. A Munchhausen, les biens sont lotis tous les six ans par tirage au sort, entre les bourgeois et les fils de bourgeois qui se marient. Les enchères n'interviennent qu'en cas de décès d'un bourgeois, auquel cas les héritiers doivent se contenter d'une indemnisation[224]. A Beinheim, on précise, par ailleurs, que ceux qui vendent leur habitation perdent tout droit à leur part de communal qui est remis

[215] AHR E 1293 : exemple de Jebsheim (1781) et rappel du cas de Grassendorf (arrêt du Conseil Souverain du 8 juillet 1740).

[216] AHR 1 E 46/3 (1784).

[217] AHR C 1096 (Jacquot, bailli de Bollwiller, 23 novembre 1786).

[218] Ch. SAUTER, *op. [457]*, p. 318 : exemple de Keller de Wittelsheim qui se voit refuser le droit de bourgeoisie en 1778 parce qu'il est *chargé de cinq enfants mâles qui en leur temps augmenteraient trop en une seule personne une bourgeoisie déjà très nombreuse dont les bons par cette augmentation diminuent...*
AHR C 1096 : *La rareté du bois se fait sentir... L'augmentation que causera l'admission des fils de bourgeois aux droits de leurs pères* pose des problèmes (Durmenach, 1785-1786).

[219] R. OURY, *art. 1893*, p. 79 : tirage au sort d'un lot par habitant-bourgeois (Geispolsheim 1780).
AHR C 1586 (Sundhoffen et Fessenheim, 1789).

[220] R. MOSER, *D.E.S. cit.*, pp. 99-100 (exemple de Balbronn en 1747).

[221] AHR C 1294 (1784).

[222] AHR 1 E 46/3 (1784).

[223] R. MARX, *op. 2422*, p. 128, cite, pour 1788/89 les exemples de Lembach et d'Obermodern (100 lots moyennant une redevance annuelle à la commune, avec interdiction de division et de vente).
ABR B 112 : système de lots assorti de clauses d'ancienneté et d'indemnisation pour les améliorations apportées (règlement de Lauterbourg, 1789).

[224] A. POSTINA, *op. [449]*, pp. 191-202, d'après les *Münchhauser Manual über die Allimenden Versteigerungen und Verteilungen so angefangen den 20. Oktober 1773*.

dans le lot commun[225]. Le fait que l'intendant opte, en 1783, pour le partage égal pèsera lourd dans la balance au moment des discussions sur la répartition des communaux. Cette manière de faire trouvera de brillants défenseurs au sein des assemblées prérévolutionnaires, soucieuses d'éviter l'accaparement des terres et d'étouffer la *prétention des riches*[226].

Sans pouvoir l'inscrire de façon précise dans l'espace, à la manière d'Etienne Juillard[227], qui oppose la partie septentrionale de la Basse-Alsace, densément peuplée et de mentalité *démocratique*, à sa partie méridionale, de tendance plus *aristocratique* et moins chargée de monde, nous retrouvons les deux systèmes de partage. *Usage d'Allemagne*[228], le partage égal[229] confère, à la manière des *portions ménagères* flamandes, un sentiment de propriété à la paysannerie des régions périphériques, *Harts* et *Rieds* : des lots égaux et inaliénables se constituent au moment de la fondation du ménage pour se défaire lors de sa dissolution. Une liste d'attente, établie en fonction de l'ancienneté, évite les redistributions périodiques par tirage au sort, qui ne sont cependant pas incompatibles avec le système. L'administration révolutionnaire n'aura aucune difficulté à se reconnaître dans ces pratiques. Mais, même là où le partage égalitaire semble l'emporter, les laboureurs, qui président aux destinées de la communauté, prennent leur revanche en imposant l'adjudication des terres affermées au plus offrant : le procédé s'installe plus facilement dans les sociétés villageoises relativement hiérarchisées, comme celles qui occupent la partie centrale de la plaine. Théoriquement l'allocation d'un lot suppose le versement d'une rente au profit de la commune : en période de forte demande foncière, la vente aux enchères connaît un franc succès[230], d'autant qu'elle alimente la caisse communale et permet de subvenir aux *charges qui affectent la communauté*[231]. Certaines communautés en abusent, en exposant *annuellement aux enchères les regains des prairies* qui ne leur appartiennent pas[232]. La procédure, qui rappelle le système du fermage spéculatif[233], apparaît comme un moyen élégant de masquer les intérêts privés des laboureurs derrière l'intérêt général de la communauté. A défaut de pouvoir défendre le principe suivant lequel les communaux doivent être *rattachés aux fermes*, les laboureurs font prévaloir, à la veille de la Révolution, le système de la location assorti d'une adjudication au plus offrant : c'est une magnifique revanche et la voie ouverte à l'accaparement. Telle est également la menace que brandissent certains baillis seigneuriaux au cas où laboureurs et non-laboureurs n'arrivent pas à tomber d'accord sur

[225] GLAK 75/666 : pétition de la municipalité, adoptée par 83 voix pour et 22 contre (février 1776).

[226] AHR C 1295 (Commission intermédiaire, 25 juin 1788).

[227] E. JUILLARD, *op. cit.*, p. 222.

[228] ABR C 671/31 (*Bureau du Bien Public*, 1788/1789).

[229] A. KOCHER, *op. [437]*, p. 78 (Kesseldorf 1734).
ABR C 171-737 (Beinheim 1745, Lauterbourg 1759, Schwabwiller 1780, Leutenheim 1789, etc.).

[230] Voir *supra* pp. 561-565.
A titre d'exemple, ABR 8 E 328/1 : 2 registres de locations pour Niedermodern (1736-1761 et 1763-1789).

[231] AHR E 1293 (Jebsheim 1781).

[232] ABR 8 E 114/5 (intendant de Lucé, Ebersheim 19 novembre 1759).

[233] Voir *supra* pp. 559 ss.

l'étendue de leurs lots[234]. A mesure que les périodes d'affermage se réduisent en durée - de douze à neuf et à trois ans -, les enchères font grimper le produit qu'en retire la commune dirigée par ces mêmes *coqs de village.* Certes, le principe de ces locations est condamné par les agronomes et les exploitants, qui perdent *l'émulation d'agriculture et d'amélioration par l'assurance ou ils etoient de pouvoir transmettre les possessions avec leurs maisons et cours à leurs héritiers*[235]. Mais, la commune, à court de ressources, n'est pas insensible à la rentabilité que procurent les baux courts dans un contexte de concurrence foncière serrée. Aucune aliénation n'est d'ailleurs présentée comme définitive[236]. Théoriquement l'exploitant n'a pas le droit d'aliéner sa part, comme il le ferait d'une terre tenue en propriété : retournée dans le lot commun, elle peut faire l'objet d'une nouvelle mise aux enchères avec prix d'affermage et loyer réajustés. Une telle procédure peut aller de pair avec le maintien d'un pâturage communal relativement important jouant le rôle de réserve foncière.

Conclusion

La politique adoptée à l'égard du partage des communaux peut se résumer dans l'exemple de Fessenheim-le-Bas[237]. En 1782, les habitants se plaignent de ce que les terres communales n'aient plus été partagées depuis quarante ans, *laissant ainsi en souffrance les bourgeois nouveaux*, en particulier les quatorze chefs de ménage nouvellement arrivés. Le problème est donc soulevé par les habitants eux-mêmes, qui éprouvent un sentiment d'injustice. Or, lorsque la discussion s'engage au sein de la communauté assemblée, les laboureurs imposent leur décision : *pouvant difficilement diviser les vingt-quatre places communales en portions plus petites*, ils décident de les mettre aux enchères : elles appartiendront au dernier et plus offrant enchérisseur pendant neuf ans, moyennant un canon annuel en grains et en argent. Deux gagnants dans cette nouvelle répartition : la commune qui, tout en restant juridiquement propriétaire, pourra utiliser le montant du fermage pour couvrir les dépenses locales dont les contribuables se trouvent partiellement libérés et pour renflouer un budget en déséquilibre constant. Mais contrairement à ce qui se passe en Bourgogne[238], le communal n'est pas simplement transformé en propriété patrimoniale à usage individuel et à des fins budgétaires. L'individualisation va parfois jusqu'au partage que quelques *coqs de village* ont su opérer en leur faveur. Les assauts successifs de l'individualisme se sont

[234] AHR C 1294 (bailli Melsheim à Wihr-en-Plaine, 14 décembre 1787).

[235] AHR C 1295 (Meyenheim, 10 mars 1788).
Pour le passage des baux de courte durée aux baux emphytéotiques, voir *supra* pp. 547-559.

[236] ABR 8 E 256/11 : la commune accepte de louer soit à temps, soit héréditairement, à condition de pouvoir en disposer en temps de guerre ou de crise (Lampertheim 1701 et 1712).
AHR E dépôt 30 BB 2 : *Rietmatt... auf di Höff und Häusser der Burgerschafft solle ausgetheilt werden als nach proportion... mit diesem reservat dass kein buerger solchen seinen ahntheil künftighin für ein Eigenthumb ahnsprechen, solchen versetzen, noch viel weniger verkauffen solle oder möge* (Guémar, 23 septembre 1740).

[237] ABR C 189/22 (1782).

[238] P. de SAINT-JACOB, *op. cit.*, pp. 447-452.

révélés payants. Une perdante : la petite paysannerie. Elle est doublement lésée : n'ayant pas réussi à préserver la propriété collective et se trouvant dans l'incapacité de semer du trèfle, elle aura donc du mal à nourrir son bétail ; n'ayant pas réussi à imposer le partage égal, elle se sentira trop démunie pour participer aux enchères.

Ainsi, dans les contrées riches en labours, mais pauvres en communaux, ce sont les possesseurs d'attelages qui imposent leur volonté. Jaloux de leur prééminence, ils réussissent tantôt à monopoliser le sol, tantôt à sauvegarder une réserve de terres communales pour faire face aux impositions et renflouer le budget de la communauté. Par contre, dans les terroirs plus médiocres et mieux dotés en communaux, on parvient parfois à un compromis entre le souci d'équité mis en avant par la petite paysannerie et la situation de monopole réclamée par les laboureurs : constitution de lots de dimension variable en fonction de la situation économique et des possibilités fiscales de chacun. Si l'on veut esquisser un bilan à l'échelle de la province, on s'en tiendra à une double constatation. L'aspiration croissante à l'égalité préfigure le mouvement d'opinion de la période prérévolutionnaire et révolutionnaire : *le but principal des partages... est d'assurer la subsistance aux pauvres et de les attacher au sol*[239]. Mais le triomphe de l'inégalité s'inscrit dans la tradition et dans les faits : la lutte autour du communal n'est qu'un épisode de la compétition pour le sol dans la deuxième moitié du XVIIIème siècle, elle-même consécutive à la *faim de terres*. Unies pour la défense de leur pâturage contre un personnage extérieur, les communautés s'entredéchirent quand il s'agit de répartir les communaux entre leurs membres : les journaliers cherchent à s'assurer leur part face aux laboureurs qui, avides de terres, jouent les accapareurs. Peut-on parler de *lutte des classes* ? L'expression peut paraître galvaudée, mais le terme de *classe* apparaît fréquemment dans les textes... Il est accompagné de formules non moins révélatrices : on s'en prend à la *cupidité* et à la *prétention des riches* et on qualifie certains laboureurs de *monstres qui veulent tout dévorer*[240]... L'administration révolutionnaire, prise entre ses aspirations égalitaires et une tradition d'inégalité, héritera d'un problème délicat[241]. On s'achemine, quels que soient les principes, vers une concentration accrue, entre les mains d'une minorité, de la propriété individuelle et de la propriété collective. L'individualisation du système socio-économique marque des points.

C) La communauté, enjeu du pouvoir

1) Entre les exigences de la seigneurie traditionnelle et l'ingérence de l'Etat moderne

Cette double personnalité d'une association d'*exploitants* et d'*habitants* pose le problème de l'autonomie, réelle ou trompeuse, de la

---

[239] AHR C 1295 (Commission intermédiaire, 25 juin 1788).

[240] ABR C 671/22 (1769).

[241] R. MARX, *op. cit.*

communauté. Trois types de sources nous permettent l'approche de la question : les règlements de village, les comptes-rendus de l'administration municipale, enfin les comptes communaux.

Les règlements de village manquent d'originalité. Fort anciens, puisque certains d'entre eux remontent au XVème siècle, ils sont périodiquement retranscrits sans véritablement s'adapter aux circonstances nouvelles qui font l'environnement de la communauté. C'est cette ancienneté même qui leur confère un cachet seigneurial très marqué, peut-être anachroniquement figé[242]. Le seigneur s'affirme par l'intermédiaire de son appareil judiciaire - police agraire et civile, contrôle de l'ordre public -, ce qui a forcément quelques incidences sur le plan économique et social. Nos exemples, choisis au hasard de la documentation disponible dans des communautés toutes luthériennes[243], témoignent, de la part des autorités seigneuriales, d'une apparente sévérité et d'une constante ingérence dans la vie matérielle, morale et religieuse de la population. Même si elle est absente des décisions prises, la seigneurie, qui, selon l'expression de Pierre de Saint-Jacob, s'est *extériorisée*, se préoccupe de les faire appliquer et de rendre les assemblées obligatoires[244] : au son de la cloche, tous les habitants sont priés de se présenter à la *Laube*, rappelle-t-on à Vendenheim tout au long du XVIIIème siècle[245]. Mais si l'on compare la situation à celle que connaissent la Bourgogne, l'Artois et la Flandre, il faut bien reconnaître que la tutelle seigneuriale sur l'assemblée est relativement légère. L'autonomie communale commencerait-elle à ce stade ? En tout cas, c'est bien la seigneurie qui, en proclamant ses propres droits, invite la communauté à s'affirmer. Et, à la fin du compte, la communauté villageoise sera d'autant plus forte que la seigneurie sera plus faible.

Les historiens, attirés par l'histoire institutionnelle des villes, ont longtemps négligé l'étude du régime municipal des campagnes qui laisse moins de traces dans les archives. Nous disposons de peu de renseignements sur ces assemblées d'habitants s'administrant comme une grande famille[246] : pas ou peu de procès-verbaux de délibérations... La démarche ne manque pourtant pas d'intérêt car, par rapport au régime oligarchique de la ville, elles sont le fait d'une relative démocratie. Accessibles en principe à tous, elles reposent sur la publicité des débats[247]. En fait, les plus pauvres s'excluent d'eux-mêmes. Seuls y participent ceux qui ont quelque chose à défendre et qui constituent le groupe médian des propriétaires et des artisans, en somme la *sanior pars* de la population

---

242 K.H. QUIRIN, *op. 1862*.

243 Sauf Habsheim : E. WACKER, *op. 274*.

244 P. DE SAINT-JACOB, *op. cit.*, p. 86.

245 ABR E 5909/3 : *Wann man die glockhen klüpfet (Dorfordnung* de Vendenheim, retranscrite en 1720 et en 1776).
Voir également le règlement de Berstett (R. REUSS, *op. [508]*, t. I, pp. 285-290).

246 H. BABEAU, *op. cit.*

247 Voir l'exemple de l'Ile-de-France : J. JACQUART, *op. cit.*, pp. 558-561.

villageoise[248]. Il ne s'agit donc pas d'idéaliser la république villageoise, marquée du sceau de l'inégalité : ni véritable démocratie, ni représentativité authentique. En attendant la *républicanisation*, évoquée pour le XIXème siècle par Maurice Agulhon[249], les assemblées communales sont à potentialité démocratique, sans plus. Les réunions plénières se font rares au XVIIIème siècle : celles qui sont convoquées au printemps 1789 pour la préparation des Etats Généraux font figure d'exception. D'ailleurs la politique royale joue dans le sens de l'exclusion : les intendants multiplient les efforts, dans la seconde moitié du siècle[250], pour transformer la démocratie directe en un régime représentatif avec des attributions plus limitées : peut-être parce que les assemblées générales sont liées aux initiatives seigneuriales ; sans doute dans l'espoir, pour la monarchie centralisatrice, d'exercer son influence sur les notables réunis en conseil. Le règlement du 25 juin 1787[251] couronne une évolution engagée depuis des décennies et qui sera consacrée par la loi municipale, uniformatrice et censitaire, du 14 décembre 1789. Mais un corps d'officiers municipaux, du fait de ses tendances oligarchiques, représente-t-il les intérêts de la communauté avec autant de fidélité qu'une assemblée d'habitants ? Au départ, certes non, puisqu'il est dérivé du *Gericht* seigneurial. Mais cette institution ne tarde pas à être phagocytée par une communauté dont les membres ont acquis jadis une forte expérience dans l'administration de la justice, au sein des assemblées colongères[252]. Peu à peu le *Gericht* seigneurial devient communal ; le tribunal de simple police se mue en conseil municipal ; les officiers du seigneur, maître en titre, deviennent les officiers de la communauté, maîtresse de fait...

Le problème de la représentativité, comme celui de l'autonomie, est inséparable du choix des hommes : le prévôt est l'homme du seigneur, le receveur celui de la communauté. Le seigneur tient à désigner lui-même le principal responsable de la communauté. Présidant le conseil et rendant les décisions exécutoires, le *Schultheiss* ou *Stabhalter* est un officier, choisi le plus souvent à vie parmi les habitants et révocable par le seigneur en personne, préposé en tout cas à la défense des intérêts seigneuriaux. L'énumération de ses devoirs ne laisse aucun doute à ce sujet : la majorité des douze articles qui accompagnent la nomination de Balthasar Riesch, nommé *Stabhalter* de Wittelsheim en 1714[253], insistent sur ses devoirs à l'égard du seigneur, le comte de Ferrette - fidélité, dénonciation de toute cabale antiseigneuriale, défense des intérêts seigneuriaux sur le plan fiscal et judiciaire - et deux seulement se réfèrent explicitement à la communauté. La prestation du serment est lourde de signification. Dans le même ordre d'idées, le mode de recrutement du prévôt revêt une grande importance.

248 ABR 2 G 61/49 : *eine Gemeind wie diese, wo die Bauern den Meister spielen und keine der dasigen Taglöhner sich daran wagen dürfte* (Wickersheim, 4 mai 1785).

249 M. AGULHON, *op. 1384*.

250 Le point de départ de l'ordonnance de Vanolles *qui défend de tenir aucune assemblée sans permission* (DE BOUG, *Ord. Als.*, t. II, pp. 352-353, 25 janvier 1750).

251 ISAMBERT, *op. [150]*, t. XXVIII, pp. 366 et 369.

252 Voir *supra* pp. 575-579.

253 Ch. SAUTER, *op. cit.*, pp. 115-116.

Les dénominations de *Schultheiss* et de *Stabhalter* finissent, à la fin du XVIIIème siècle, par devenir synonymes[254]. En réalité, l'exemple d'Ittlenheim, en pays du Kochersberg, montre que si les Elbel (*'s Schulze*) alternent à la tête de la communauté avec les Lehmann (*'s Stowalders*), c'est parce que deux seigneurs se partagent le village : les premiers sont les représentants de l'évêque, les seconds, tout en étant catholiques, défendent les intérêts de la Ville de Strasbourg[255]. Le principe d'indivision est sauf. Lorsque les ordonnances de Louis XIV écartent les Protestants de cette fonction, les seigneurs luthériens tournent la difficulté en se faisant représenter par un *Stabhalter* dont les fonctions ne diffèrent en rien de celles du *Schultheiss* catholique[256]. En dehors de quelques indemnités pour ses déplacements et d'une rétribution en nature - terre ou bois -, les prévôts ne sont pas rémunérés. Mais ils *ont le pas et le rang avant toute la bourgeoisie et suivent immédiatement les trois premiers officiers de justice*[257]. Quels sont les critères qui président à leur choix ?

Le choix d'un bon prévôt : les critères
(19 occurrences)

Richesse	Culture	Moralité	Résidence	Prestance
21,1%	36,8%	15,8%	21%	5,3%

Culture :

lire et écrire	connaître les deux langues
10,5%	26,3%

Un certain *état d'aisance* confère au prévôt *crédit et autorité*[258]. De façon plus prosaïque, lorsque Jean Bernard, le prévôt de Horbourg, se fait révoquer en 1752, c'est qu'il *est tombé dans un tel état de pauvreté qu'il est hors d'état d'entretenir le taureau et le verrat malgré la jouissance des terres et fonds destinés à cet entretien*[259]. Le *pauvre journalier qui a beaucoup de peine de s'entretenir avec sa famille* n'a guère de chance, à Ostheim, de pouvoir accéder à ce poste[260], pas davantage que ce valet d'écurie qui sollicite l'emploi de prévôt d'Andolsheim[261] : *Cet employ ne produit pas de quoy vivotter, puisqu'il n'y a que quatre arpents de terres dont la jouissance appartient au Prévost qui par contre est obligé de fournir et d'entretenir le verrat de la communauté...* On choisit donc de préférence un bourgeois *assez moyenné* (sic) ou *convenablement possessionné*, si possible

---

254 Règlement de village de Mundolsheim (AC Mundolsheim, texte aimablement communiqué par Mme L. CHÂTELET-LANGE), art. 10 : *Schultheiss oder Stabhalter* ; art. 11 : *Schultheiss und Stabhalter*.

255 J-M. BOEHLER, *D.E.S. 79*, p. 8.

256 D. FISCHER, *art. 354*.

257 AHR C 1585 (baron de Reichenstein, procureur-syndic du district de Huningue, 11 juin 1788).

258 AHR 1 E 44/9 (Habsheim 1785).
AHR E 1137 : *bei gutem Vermögen* (Heidolsheim 1755).

259 AHR 18 J 552 (receveur Flachsland, 17 février 1752).

260 AHR 18 J 591 (Ostheim, 31 mars 1773).

261 AHR 18 J 475 : rapport de Gottekien au Conseil Souverain, le 25 juin 1751.

propriétaire d'une maison[262]. Les Goetz qui, à Willgottheim-Woellenheim, s'inscrivent dans une dynastie de *Schultheissen*, disposent, au XVIIIème siècle, d'une fortune de l'ordre de 15 000 livres tournois, sous déduction des dettes passives, dont 3600 de liquidités et pour plus de 5000 de biens-fonds qu'ils exploitent avec onze chevaux. Une cave bien garnie (153 hectolitres de vin), une étable occupée par six vaches, neuf moutons, seize porcs sont des signes qui ne trompent pas[263]. Ce n'est qu'en cas de nécessité que l'on fait appel à de *pauvres gens* : ainsi les Catholiques, minoritaires dans le comté de Horbourg, *qui sont obligés de gagner leur vie auprès de ceux de la Confession d'Augsbourg en travaillant à la journée, ce qui ne laisse que de faire un très mauvais effet*[264], ne fournissent pas suffisamment de gens capables d'exercer la fonction : *les Catholiques sont en si petit nombre et si peu possessionnés que c'est dans la classe des journaliers qu'il faut communément choisir ces chefs de petite police*[265]. L'argumentation est donc à double sens. Si on n'est pas relativement fortuné, on n'a guère de chance de pouvoir présider aux destinées de la communauté : pour les ruraux, la fortune secrète l'estime ; pour le seigneur, elle est une garantie en regard des prestations exigées du prévôt. Mais, inversement, la fonction ne menant pas à la richesse, il vaut mieux qu'il soit aisé au départ. Néanmoins la position économique n'est pas toujours déterminante. Lorsqu'en 1769 les Oberkirch nomment comme *Stabhalter* de Furdenheim Michel Diemer, sergent seigneurial (*Dorfbott*) quarante ans durant, coupeur de paille et journalier de son métier, et récidivent en 1773 en choisissant son fils[266], ils se justifient en invoquant le renoncement à ses tâches de journalier[267], l'honnêteté et le dévouement du bénéficiaire[268]. Le seigneur aurait-il intérêt à choisir un homme qui n'a pas trop de carrure ? Il est curieux de constater que cette plaidoirie ne s'adresse pas aux villageois, qui lancent au contraire une pétition en faveur de Michel Diemer le père, mais à Jean-Daniel Reisseisen, coseigneur de Furdenheim...

Cas particulier ? On accorde davantage d'importance à la situation économique du prévôt qu'à son niveau intellectuel. Il est certes souhaitable qu'il soit *versé dans l'usage des deux langues*[269] *puisqu'il faut publier et interpréter tous les ordres royaux qui sont en françois*[270]. C'est d'autant plus indiqué si les communes sont, comme Ostheim, situées sur la grand' route. Mais si l'ignorance du français *étoit un obstacle aux emplois de prévôts, il*

---

262 AHR 18 J 591 : *dass gedachter Armbruster kein Bettler ist und seine Kinder auch nicht, aber gar reich, sonst zu leben hat, ein eigenes haus, garten und etliche Acker* (réponse des jurés d'Ostheim, le 8 mai 1773).

263 L. LAPOINTE, *art. 1879*, pp. 65-66 (d'après ABR 6 E 7, Not. Bouxwiller 392 et 72, inv. du 29 avril 1722 et du 4 avril 1747).

264 AN K 2360 : rapport du receveur Flachsland, Andolsheim, le 24 décembre 1750.

265 AHR 18 J 591 (Ostheim 1773).

266 AMO B 20 : ... *Weil er vor diesem ein taglöhner gewesen, er auch kein grosses noch anseheliches haus und Hof besitzet, sondern am Ende des Dorfs in einem kleinen aber doch eigenen haus wohnt.*

267 Ibid.: *seitdem et Stabhalter ist, arbeitet et auch nicht mehr im taglohn.*

268 Ibid.: *ehrlicher und praffer mann welcher auch im Dienste eines Dorfbotten drey gantze mit lob un Ruhm gethan hatte.*

269 AHR 1 E 44/9 (Habsheim 1785).

270 AHR 18 J 591 (Ostheim 1767).

faudroit révoquer les trois quarts des prévôts de la province, affirme en 1785 le seigneur de Landser[271]. Le candidat proposé pour Andolsheim en 1760 *sait assés bien écrire en allemand. Quant au français, il ne comprend que par ci par là quelques mots*[272]. Mais c'est ce qu'on a trouvé de mieux[273]. Algolsheim résout le problème en choisissant successivement deux maîtres d'école au poste de prévôt : les préposés à la communauté sauront au moins lire et écrire[274].

On s'étonnera de la rareté des allusions aux qualités morales requises et on relèvera l'importance attachée à la résidence. Il suffit que le candidat soit reconnu comme *honnête et loyal, de bonne conduite* ou *de probité* et, en cas d'égalité, c'est la prestance qui fait la différence. A Waltenheim, Nicolas Bernhard n'a qu'une voix de moins que son concurrent *et n'a pas moins de capacité, mais il a une loupe à la joue de la grosseur d'un oeuf qui lui rend le visage un peu difforme*[275]. C'est un handicap, mais ce qui semble jouer bien davantage, c'est l'appartenance même à la communauté à la fois civile et religieuse. L'idéal, c'est d'être natif du lieu, fils de bourgeois et *marié d'une fort honnête personne*[276]. Les habitants de Blotzheim supportent mal le procureur du Roi de Huningue qu'on leur impose comme prévôt ; ils réclament au contraire *un bon bourgeois du village qui entend bien les affaires de la communauté* et qui ne compromette pas l'exercice de sa charge par de trop nombreuses absences. Mais le fait de ne pas être *bourgeois* n'est pas rédhibitoire en soi : ce maître d'école d'Algolsheim prêtera au préalable serment entre les mains du bailli et versera un droit de bourgeoisie de 24 livres, moyennant quoi il pourra occuper son poste de prévôt[277]. Si à Andolsheim un premier candidat est écarté en 1751, est-ce parce que, tout en habitant depuis vingt-trois ans sur place, il est natif du village voisin de Sundhoffen ? La raison en est tout autre : il est écarté, *scachant à peine écrire son nom et étant d'ailleurs un petit sujet... peu propre à faire les fonctions d'un prévôt*[278]. On lui préfère un habitant de Sainte-Croix qu'on reçoit bourgeois à Andolsheim pour 33 livres de droit d'entrée. En 1785, c'est un *manant*, reçu *bourgeois* pour la circonstance moyennant serment et versement d'un droit de 20 livres, qui est retenu[279]. Par contre, le critère confessionnel est incontournable. Dans les terres des Wurtemberg, le *Stabhalter* ou *prévost-lieutenant* est *établi de la part du Prince de Montbéliard et qui est de religion protestante* tandis que *le Prévost de la*

[271] AHR 1 E 44/9 (Habsheim 1785).
AHR E 1286 : *Kann teutsch lesen und schreiben* (Issenheim 1789).

[272] AHR E 279 (Rosé à Jeanmaire, 20 mars 1760).

[273] AHR 18 J 475 : *ist keiner capabel nur einige Zeillen zu schreiben... nicht ein mahe im nahmen der Gemein an einen orth verschicket werden kente* (2 juin 1751).

[274] AHR 18 J 463 (1769).

[275] ABR E 1725 (1707).

[276] AHR E 279 (Rosé à Jeanmaire à propos d'Andolsheim, 20 mars 1760).

[277] AHR 18 J 463 (Algolsheim 1769). De même AHR 1 E 56/1 : Jean-Michel Leibel, chasseur natif de Willgottheim, est reçu comme le bourgeois de Niederentzen en 1766 avant d'en devenir le prévôt en 1722.

[278] AHR 18 J 475 (receveur Flachsland, 28 juillet 1751).

[279] *Ibid.* (receveur Rosé, 26 janvier 1785).

Religion catholique veille à *l'exécution des ordres du Roy*[280]. Il en va de même à Ittlenheim, en Kochersberg, où l'on adopte le principe de l'alternative pour assurer la défense des intérêts du seigneur catholique et du seigneur luthérien qui se partagent le village[281]. C'est donc apparemment la puissance seigneuriale qui s'affirme au détriment de celle de la communauté. Cette première impression se trouve nuancée par deux constatations :

- Dans le nord de la province, il arrive que la communauté se fasse représenter par un avocat - *Anwald*[282] ou *Fürsprech*[283] -, défenseur attitré choisi parmi la population, ayant une certaine connaissance du droit et l'expérience de la parole. Sa seule existence est une petite conquête à mettre à l'actif de la communauté, surtout si le *Anwald* se substitue au *Schultheiss*, dans les communautés qui n'en sont pas pourvues.

- Par ailleurs, le *Schultheiss* n'est-il pas tenté lui-même de prendre fait et cause pour la population dont il se sent si proche ? Les exemples de ce type de comportement ne sont pas rares. Homme de la communauté et homme du seigneur, le prévôt est, du fait de cette double appartenance, tantôt nommé par le second, tantôt élu par la première.

C'est le seigneur qui le désigne, parfois sur présentation de candidats choisis par les échevins, et qui le révoque sur requête de la communauté[284]. Quoi de plus normal puisque c'est ce même seigneur qui verse ses émoluments ? Ils consistent en 8 cordes de bois et 400 fagots à Erstein[285], deux journaux de terre labourable à Horbourg, Andolsheim et Sundhoffen[286], un journal et demi prélevé *par préciput* dans les biens communaux à Reguisheim[287], 22 florins par an pour *ses allées et venues* à Waltenheim[288] : donc *des gages en argent, bois ou jouissance de quelques pièces de terre*[289]. Mais *bien que des seigneurs affirment avoir le droit de nommer le prévôt*, l'intendant est amené à trancher en cas de conflit avec la communauté et à donner satisfaction à cette dernière, en passant outre à l'opposition seigneuriale[290]. Il arrive aussi que le prévôt, passant par l'épreuve de l'élection, soit désigné *à la pluralité des voix* par l'ensemble de la communauté avec l'accord tacite du seigneur : est-ce le signe d'un

---

280 *Ibid.*: supplique des Catholiques d'Andolsheim et réponse du subdélégué (27 janvier 1709).

281 Voir *supra* pp. 130 et 264-266.

282 R. SCHWENGLER, *op. [466]*, p. 25 (Neewiller, XVIIIème siècle).
SP D 2/511 et ABR 12 J 1451 (Mothern 1728 et 1779).

283 L. SITTLER, *op. [469]*, p. 48 (exemple de Fegersheim, XVIIIème siècle).

284 AHR 18 J 591 (Ostheim 1708, 1767, 1773).
AN K 2360 (Sundhoffen 1750).
AHR 1 E 44/9 (Habsheim 1783).
AHR C 1585 (Leymen 1788).

285 AC Erstein BB 6, d'après une ordonnance de l'intendant du 1er juin 1785.

286 AN K 2360 (1750).

287 AHR C 1295 (1786).

288 ABR E 1725 : *Ritt und Gäng* (1711-1712).

289 AHR 18 J 475 (Andolsheim 1751).

290 AHR 1 E 44/9 (Habsheim, 22 août 1783).

phagocytage du prévôt par la communauté[291] ? Le principe électif triomphera avec l'apparition des syndics révolutionnaires.

Le cas semble néanmoins plus exceptionnel que pour les échevins[292], choisis à tour de rôle tous les ans par les habitants[293]. A l'Assemblée provinciale de 1787, Antoine-de-Cointoux distingue en effet les communautés où les échevins *s'élisent par les habitants* et celles où le *Gericht,* à la nomination du seigneur, *se régénère par lui-même* par cooptation[294]. Ainsi le mode de désignation n'est pas uniformisé mais, si l'élection semble l'emporter, l'avis de Flachsland est à ce sujet fort nuancé : *Il est de l'intérêt de la seigneurie que ces jurés de justice ne soyent pas simplement élus par la bourgeoisie à la pluralité des voix sous la seule authorité du bailly, puisque cette élection priveroit la seigneurie de son droit... Il est essentiel que ces charges soyent confiées à des gens qui ayent de la capacité, qui soyent zélés pour les intérêts de la seigneurie et qui n'ayent pas l'esprit processif... Les communautés se croyeront les maîtresses de regler ces sortes de choses selon qu'elles trouveront convenables pour elles de regarder la seigneurie en rien... L'élection de ces jurés de justice à la pluralité des voix a son utilité en ce qu'elle fait connoître le penchant et la confiance que peuvent avoir les habitans pour certains gens... Il ne seroit pas mal fait de se servir pour l'avenir de cette méthode quoy qu'elle n'ait pas été en usage dans ces seigneuries jusqu'ici, mais... je trouve qu'il seroit dangereux de laisser les communautés les maîtresses de cela*[295]. Quoi qu'il en soit, l'infrastructure administrative est bien légère[296]. Au nombre de quatre, de six ou de sept[297], de huit ou de neuf ou davantage[298] selon qu'on y inclut le receveur, les échevins se réunissent dans la *Laube,* halle ouverte aux quatre vents et située en général au coeur du village qui, au XVIIIème siècle, fait

291 ABR G 6366 (élection du *Schultheiss* à Knoersheim, 13 mars 1684) et G 6371 (projet d'élection à Herbsheim, 1er juillet 1693).
ABR E 1686/3 : élection à Geudertheim, le 27 décembre 1705, par 64 bourgeois.
ABR E 1725 : copie du scrutin public en date du 17 juin 1707, à Waltenheim.
ABR 1 B 514 : élection à Heiligenstein (1713).
Th. SCHOELL, *art. [464]*, p. 249. Mathias Steib, prévôt de Wihr-en-Plaine pendant quarante ans, écrit dans son autobiographie : *Je suis élu maire en 1770.*

292 *Schöffen, Gerichtsschöffen, Gerichtsleute.*

293 AHR 1 E 15/5 et 9 (comté de Ferrette, 1689).
AHR 18 J 475 (Andolsheim 1785).
Chr. FROMAGER-GANGLOFF, *mém. cit.*, pp. 23-24 : sept échevins renouvelés par moitié tous les ans (Nordheim, XVIIIème siècle).

294 Procès-verbaux de l'Assemblée provinciale, p. 158.
ABR C 671/23 : *Institution touchant la formation à la fonction des assemblées municipales* (avril 1788).

295 AN K 2360 (24 décembre 1750).

296 Sauf exception. Cf. ABR 8 E 286/1 (livre de la communauté de Meistratzheim, 1733-1781 : *Schultheiss,* 3-4 échevins (*Gerichtsschöffen*), 3 jurés (*Geschworene*), 4-5 *Fünfzehner,* 4-5 *Siebzehner,* 2 *Fürsprech...*

297 R. SCHWENGLER, *op. cit.*, p. 25 (Neewiller).
D. PETER, *mém. 168*, p. 104 (seigneurie d'Oberbronn).
Chr. FROMAGER-GANGLOFF, *mém. cit.*, pp. 23-24.

298 HSD D 21, *Saalbücher* 3. *Abt.* C 20b : huit à Durningen, cinq seulement à Allenwiller en 1703/1704.
L. SITTLER, *op. cit.*, pp. 47-49 : neuf à Fegersheim en 1710.
ABR E 5909/3 : douze à Vendenheim (*Dorfordnung* 1720 et 1776).
AHR E 1137 : 10 à Heidolsheim en 1780.

place à une maison communale, la *Stube*, mettant les échevins à l'abri des intempéries, et qui se trouve parfois sous le même toit que l'école. Certaines communautés n'arrivant pas à subvenir aux frais de construction d'une maison commune, c'est l'auberge qui en fait fonction d'*auditoire*[299]. En tout état de cause, un conseil plus laïcisé prend, au XVIIIème siècle, ses distances par rapport à l'église qui a été la première à accueillir les assemblées d'habitants. Mais, jusqu'à la création des municipalités en 1787, rien ne permet de conclure à une organistation rationnelle de ces assemblées : absence de périodicité régulière ; imprécision quant aux notions de *quorum* et de majorité (la notion de majorité, même relative, semble être un concept moderne étranger aux mentalités de l'époque, les décisions étant le plus souvent prises à l'unanimité des présents) ; irrégularité de l'assiduité, le nombre de présents étant lui-même lié à l'importance des problèmes à débattre (aliénation de biens communs, répartition des impôts). Pourtant la solution à apporter aux problèmes quotidiens rend irremplaçable le rôle des échevins dont les fonctions exigent une *connoissance parfaite de tout le ban... et de toutes les règles de culture... Ce sont les jurés de justice qui jugent les mesures des cantons et des traversaux et sont requis journellement de procéder à des descentes et vues des lieux*, d'où l'intérêt de ne pas choisir des gens *ineptes* (sic) à cette fonction[300]. Il arrive que, parmi eux, un ou deux *Ackermeister* soient chargés de l'organisation de l'espace agricole[301]. Dépend de ce conseil tout un personnel municipal plus ou moins spécialisé, dont le bangarde et le sergent communal, fonctions cumulées dans les petites localités[302] et qui donnent lieu à une rétribution sur les deniers publics[303].

En définitive, deux influences contradictoires s'exercent sur l'administration villageoise : celle du seigneur s'imposant de toute ancienneté, celle d'une communauté défendant de plus en plus vigoureusement son autonomie et faisant les premiers essais de démocratie locale. Pari difficile à tenir, car la communauté, si elle échappe à l'emprise seigneuriale, risque de tomber dans la dépendance d'un intendant centralisateur et omniprésent : au-dessus des prétentions seigneuriales, se mettent progressivement en place les rouages de la juridiction royale. Comme au moment de la *reconstruction*, c'est souvent par le biais d'une situation financière délicate que la communauté se trouve amenée à renoncer à une partie de son autonomie.

Absent lors de la tenue de l'assemblée communale, sauf par prévôt interposé, le seigneur refait surface à l'occasion de l'audition annuelle des

---

299 AHR C 1586 (district de Colmar, 1788).

300 AHR 18 J 591 : requête des habitants d'Ostheim, 29 mars 1787.

301 Chr. FROMAGER-GANGLOFF, *mém. cit.*, pp. 23-24 (Nordheim, XVIIIème siècle).

302 AHR 18 J 591 : *La première qualité exigeoit une présence journalière à la campagne et la seconde une présence continuelle dans le village*, ce qui rend compte de l'incompatibilité des deux fonctions dont on demande le dédoublement en 1774 (Ostheim 1774).

303 AHR C 1119/27 : Après avoir longtemps touché une gerbe de grains d'été, une autre de grains d'hiver et une miche de pain, celui d'Altenach se fait octroyer, en 1775, 30 livres tournois en espèces.

Les dépenses de personnel, reflet des préoccupations communales : une requête en pays du Sundgau (1777)

AHR 1 E 44/10a et b

En livres/sols/deniers

	Waltenheim	Magstatt le Haut	Uffheim	Stetten	Michelbach le Haut	Rantzwiller	Sierentz	Schlierbach	Ranspach le Haut
Prévôt pour gages et journées	44		40	45	48	60	60	44/16	48
Receveur et jurés pour voyages					22	20	90	46	24
Bangarde	15/10		90	67/10	48	54		60	
Gardes de la Hardt (délimitation du pâturage)	9		12				18/18	24	
Garde-vignes	13/6/8	13/6/8	30	18		18	78-90		
Visitateurs de vignes (avant les vendanges)							15/8		
Berger/porcher			32/12			6	7 et 80		
Taupier	15/10	25/2	34	28	21	36			
Ramoneur et visitateurs de cheminées									
Fontainier et nettoyage de ruisseaux		18/10	22		16/5	17	18-40	25-36	40
Matrone		6	32/14		32/14	34/18	20	24	13
Maître d'école		66/13/14	308	76/13	13/4	42/13/4	460	190	4
Curé pour processions	5/6	74	9	28			16	13/6	49
Marguillier				62					
Vin de messe			22		20	3/10			
Poudre pour Fête-Dieu et peine des tireurs	6		12	2/8	8	8		12	13/4
Fête-Dieu pour dresser les autels dans les rues							50/10		
Huile du Saint-Sépulcre							6	4	
Soins (+ huile) de l'horloge	4/6/6						26	9	
Divers (aumônes, incendies, extermination des loups)									

comptes. Malgré l'intervention répétée du Roi[304] c'est à la fin du XVIIIème siècle que l'endettement des communes prend des proportions inquiétantes si l'on en croit, à partir de 1787, les dénonciations des syndics et les interventions de la Commission intermédiaire[305]. L'ampleur des charges des communautés dépasse de loin leurs revenus. Les raisons de cet endettement sont à chercher dans les dépenses de construction des bâtiments communaux, écoles[306] et églises[307]. Gagé sur les biens communaux, l'emprunt n'est une solution que s'il peut être couvert dans des délais raisonnables : la dette de 15 000 livres que Jebsheim traîne pendant dix ans, de 1779 à 1788, ne peut être remboursée qu'à la suite de la mise aux enchères des fermes les plus importantes du village : la responsabilité des laboureurs se confond ainsi avec les destinées de la communauté. La collecte organisée de part et d'autre du Rhin, en 1781, ne semble pas avoir obtenu les résultats escomptés. L'amodiation, voire l'aliénation des biens communaux, ou de ce qu'il en reste, la vente des coupes de bois s'avèrent insuffisantes et hypothèquent l'avenir[308]. Le plus souvent, c'est le système de l'auto-imposition qui est adopté. Il requiert l'aval de l'intendant[309] et permet de répartir des sommes importantes sur plusieurs années[310]. La liquidation des dettes, comme le recouvrement des biens aliénés, n'est sans doute pas exempte d'arrière-pensées fiscales. L'endettement devient donc un motif d'intervention du pouvoir royal ; limitée au départ à un contrôle financier , cette procédure cherche à sauver la communauté de ses propres faiblesses. Apparemment l'autonomie de la communauté d'habitants, rouage essentiel de la collecte fiscale, s'efface devant l'ingérence de l'Etat[311] et ne s'exprime qu'au stade très technique de la répartition des charges. De la tutelle fiscale au contrôle administratif sur les actes de la communauté, il n'y a qu'un pas. Avec l'émergence de l'Etat moderne apparaît une nouvelle forme de dépendance qui se manifeste cependant de façon beaucoup plus nette dans l'Etat territorial allemand[312]. L'Alsace ne connaît pas une telle *territorialisation féodale*, et, malgré les efforts d'unification et de centralisation de la monarchie, le passage du patriotisme local à la fidélité

---

304 L'édit du 19 juillet 1667 impose la vérification des dettes sous l'autorité de l'intendant et impose un plan de remboursement. L'arrêt du Conseil d'Etat du 26 décembre 1683 impose les conditions de la réalisation des emprunts et fixe les délais d'amortissement (DE BOUG, *Ord. Als.*, t. I, p. 137). Celui du 26 juin 1717 ordonne la liquidation des dettes des communautés (*Ibid.*, t. I, pp. 502-503). Après celui du 31 janvier 1719, l'arrêt du Conseil d'Etat du 11 juillet 1724 concerne la liquidation des dettes des villages d'Alsace (ABR Série C, *passim*)
Voir *supra* pp. 218-219 et J-P. GUTTON, *op. 1850*, pp. 51-52.

305 Ch. HOFFMANN, *RA* 1901, pp. 267-289 ; *op. 2405*.

306 AHR E 1480 : *seit anno 1779... misslichen Umständen zum Verderben der Gemeind* (Jebsheim 1779-1781).

307 AHR 1 E 44/4 : désordre financier de 1753 à 1785 (Bartenheim 1767).
Ch. HOFFMANN, *art. cit.*, p. 269 (Hirsingue 1774).

308 AHR 18 J 582 (Muntzenheim 1748).
ABR C 159 (Forstheim 1772).

309 Ordonnance du 9 février 1774 (Hirsingue). Voir Ch. HOFFMANN, *art. cit.*.

310 AHR 1 E 44/4 : 12 000 livres sur huit ans à Bartenheim (1767).

311 A. STROBEL, *op. [545]*, p. 178.

312 De façon judicieuse, Heide WUNDER (*op. 1829*, pp. 80-89) pose le problème en ces termes : *Herrschaft mit Bauern oder Herrschaft über Bauern ?* Avec le passage à l'Etat moderne, s'opère une sorte de *territorialisation* de la tutelle royale.

étatique ne sera vraiment réalisé qu'après la création des municipalités par règlement royal du 12 juillet 1787. Seuls l'éloignement de l'autorité royale et la concurrence, finement exploitée, entre la seigneurie traditionnelle et l'Etat moderne, permettent à la communauté de tirer son épingle du jeu. Car le Roi et le seigneur faisant figure de concurrents fiscaux, l'intendant, pour préserver la capacité contributive de la communauté, la soutient souvent contre son seigneur[313], surtout lorsque la pression fiscale de ce dernier tend à augmenter dans la seconde moitié du XVIIIème siècle[314]. Voici l'exemple de Sierentz où, en 1724, les jurés comptables, rappelés à l'ordre par leur seigneur, Waldner de Freundstein, pour ne pas lui avoir présenté les comptes de la communauté, osent prétendre que ces comptes doivent être présentés devant le bailli de Landser et le Conseil Souverain leur donne raison[315] ! Ainsi de façon quelque peu paradoxale, l'autonomie locale qui n'est pas, *a priori*, dans la tradition de la monarchie, peut être encouragée par l'Etat quand il s'agit de faire pièce à la tutelle seigneuriale. Mais cette émancipation toute relative signifie-t-elle transfert d'attributions du pouvoir seigneurial au pouvoir royal ? Nous ne le pensons pas, tant est forte la volonté d'émancipation de la communauté rurale. Officiellement abolies pour manque de compétences[316], les justices villageoises ou *Dorfgerichte* continuent à subsister de fait au XVIIIème siècle. Logiquement elles auraient dû tomber en désuétude. Or, au lieu de juger au civil et au criminel comme jadis, elles s'occupent des affaires dites *mineures* mais qui concernent la vie quotidienne de la communauté. Ainsi, la plaine d'Alsace entre difficilement dans le schéma classique opposant la vigueur des communautés méditerranéennes, aux structures légères, des communautés du nord[317]. Alors que dans la région du Nord - Flandre, Artois, Hainaut - la forte vitalité du régime seigneurial s'exerce aux dépens du pouvoir villageois, la situation s'inverse en Alsace. La communauté s'affirme avec d'autant plus de fermeté que la seigneurie manifeste des signes de faiblesse : les administrateurs du village, même dans les cas où ils sont nommés et révoqués par le seigneur, ne sont en aucune façon *inféodés* au pouvoir seigneurial, même si les apparences sont sauves. Par contre, la communauté pourrait bien devenir la cellule de base d'un Etat qui se territorialise[318] à son tour et que la monarchie a intérêt à revitaliser pour assurer des points d'ancrage à l'administration centrale. Mais la volonté centralisatrice de cet Etat se heurte aux lenteurs de la transmission et à la vigueur même de la communauté territoriale.

---

313 Ch. HOFFMANN, *art. cit.*: l'intendant doit approuver toute décision prise par la communauté de s'engager dans un procès (1683, 1687, 1703).
ABR C 150-193 : L'intendant, puis la Commission intermédiaire autorisent les communes à plaider contre leurs seigneurs.

314 Voir *supra* pp. 1208 ss.

315 P. WIRTH, *D.E.S. 2217*, p. 21.

316 DE BOUG, *Ord. Als.*, t. I, pp. 424-425 : abolition du *Gericht* de Hegenheim.

317 M. DERLANGE, *op. 1843*.
P. GUTTON, *op. cit.*, pp. 19 et 87 et *art. 1851*.
M. BORDES, *op. 1817*, pp. 183-191.

318 H.H. HOFMANN, *art. 1920*, : *Territorialstaatlichkeit*.

Tout compte fait, les communautés au XVIIIème siècle font preuve d'initiative et d'autonomie : établissement d'un *budget*, gestion de biens communs, réglementations diverses concernant la vie quotidienne des habitants. L'émancipation par rapport au seigneur est réelle. Elle s'inscrit d'ailleurs dans le passage des *Weisthümer*, règlements seigneuriaux, aux *Dorfordnungen*, règlements de village. Ce qui est à craindre, par contre, c'est d'une part leur mise en tutelle par l'autorité royale, par l'intermédiaire de l'intendant et de l'église, vecteur de la propagande monarchique, et d'autre part la désintégration de la communauté villageoise minée, à l'intérieur, par les intérêts divergents de ses membres et par la montée de l'individualisme. N'exagérons pas pour autant leurs pouvoirs : leur rôle se réduit à faire respecter les règlements et les droits collectifs, à engager le berger et le bangarde, à entretenir les bâtiments communaux. L'indigence de leurs revenus s'explique par la minceur des ressources patrimoniales que l'aliénation des biens communaux achève de laminer. Alors qu'elles collectent l'impôt pour le compte du Roi, elles n'ont la liberté de s'imposer elles-mêmes que sous réserve de l'autorisation de l'intendant : l'impôt communal s'exécute essentiellement par voie de corvées. La vitalité des communautés se manifeste davantage par une solidarité de fait face au seigneur et à l'étranger que par l'extension de leurs pouvoirs.

2) La contestation du pouvoir communal : les autorités villageoises, une cible privilégiée

Il n'y a pas de sources plus éloquentes, pour sentir vibrer le coeur des communautés rurales, que celles que nous livrent les archives judiciaires[319] : elles nous éclairent sur les constantes contraventions aux règlements communautaires et sur la permanente contestation de l'autorité. On les complétera par les requêtes des communautés qui mettent en cause le prévôt[320].

Pris en porte-à-faux entre la population et le seigneur, le prévôt n'a pas la tâche facile. Il est le symbole de la lutte d'influence entre les deux parties et se trouve parfois en opposition avec ses commettants. Voici, à Niederentzen, un prévôt *parachuté* par le seigneur, Truchsess de Rheinfelden, qui espère ainsi imposer ses vues. Or la communauté n'en veut pas, s'oppose à sa réception comme bourgeois[321], lui refuse l'accès aux biens communaux, lui préfère le receveur bien intégré dans la collectivité... Comme *la plupart des prévosts... sont contraires aux intérêts de la seigneurie*[322], il est indispensable pour le seigneur de *procurer de petits bénéfices aux Prévosts pour se les attacher*[323]. Mais, inversement, *les jurés et laboureurs de la communauté d'Andolsheim voudroient avoir un prévôt*

319 Voir *infra* pp. 1476 ss.

320 ABR C 603-627 (1770-1788).

321 AHR 1 E 56/1 : *attendu qu'elle a été faite contre le seigneur, tandis que la réception des bourgeois appartenait à la communauté qui n'était pas astreinte à d'autres formalités qu'à avertir le seigneur quand elle voudra recevoir ou qu'elle aura reçu des bourgeois* (1766-1772).

322 AHR 18 J 475 (receveur Gottekien au Conseil Souverain, 14 février 1751).

323 AHR 18 J 552 (receveur Flachsland, comté de Horbourg, 17 septembre 1752).

à leur dévotion, écrit le 14 juin 1751 Gottekien au nom de l'administration wurtembergeoise, ... *afin de pouvoir le mener com* (sic) *il leur plait ainsi que cela se pratique abusivement dans presque tout le comté au grand préjudice de la seigneurie*, avant d'ajouter : *Il est important à la seigneurie de remplacer incessament cet emploi par un sujet capable et zélé pour la seigneurie et qui ne soit pas attaché aux Paysans pour faire ce qu'ils veullent*[324]. En réalité le prévôt, à la fois représentant du seigneur et garant des intérêts de la communauté, doit jouer sur les deux tableaux et il n'est pas toujours, tant s'en faut, en parfaite harmonie avec cette dernière. La communauté de Rustenhart, par exemple, est en conflit avec ses prévôts successifs de 1710 à 1789[325] ! Les raisons d'une telle mésentente sont multiples.

Passons rapidement sur les traits de caractère ou le comportement qui le rendent insupportable à ses concitoyens : ce ne sont parfois que des prétextes. Celui de Muntzenheim passe pour être *sanguin et colérique*[326] ; celui de Blotzheim est *fier et hautin depuis qu'il a épousé une riche veuve du village*[327]. Au contraire, *pauvre journalier qui a beaucoup de peine à s'entretenir avec sa famille*, celui d'Ostheim est considéré en 1773 comme *le premier voleur de la communauté*[328] et condamné à diverses reprises pour délits forestiers ! A Heidolsheim, il tient l'auberge du village où il autorise beuveries et jeux sans jamais infliger d'amendes[329]. Enfin, à Sundhoffen, il ne se gêne pas pour traiter, à l'auberge, ses administrés de *fripons* et de *vagabonds* et de qualifier le pasteur de la paroisse de *Jean-Foutre*[330].

Les griefs à l'égard des prévôts

	Nb. d'occurrences	%
Comportement, traits de caractère	5	10,4
Prétention à l'exemption d'impôts	9	18,8
Parentèles et alliances municipales	4	8,3
Cumul des fonctions	6	12,5
Détournement de fonds publics	10	20,8
Appropriation de biens communaux	5	10,4
Abus de pouvoir et autoritarisme	6	12,5
Divers	3	6,3
	48	100

Sources : archives seigneuriales (références dans le texte).

[324] AHR 18 J 475 (14 avril 1751).

[325] AHR E 1266 et 1 E 83/45.

[326] AHR 18 J 583 (1787).

[327] APM T 1078 : supplique des habitants du bailliage de Ferrette à Mazarin (1717).

[328] AHR 18 J 591 (administration seigneuriale, 31 mars et 1er mai 1773).

[329] AHR E 1137 : *den Leuthen die ganze Nacht zu sauffen und spielen vergönnet... morgens früh besoffen... in die Kirch geloffen... seinem Nachbach die Kleider besudelt* (plainte contre Joseph Sittler, 9 novembre 1768).

[330] AHR 18 J 712 (1763).

Là n'est cependant pas l'essentiel. Le prévôt suscite bien des jalousies en vertu des exemptions fiscales que lui procure son office : il est exempt de guet et de garde, du logement des gens de guerre, parfois de la capitation[331], des corvées personnelles et de la corvée réelle à concurrence d'un couple de bêtes de trait[332], de la taille seigneuriale[333]. Les habitants de Blotzheim se plaignent de devoir supporter seuls le fardeau des impositions royales, alors que le prévôt, grâce à son mariage avec une veuve fortunée, cultive jusqu'au tiers du terroir[334]. A Guémar, c'est encore l'attitude du *Stettmeister* qui cristallise les oppositions : il est accusé en 1776 de se faire exempter des corvées, alors qu'il nourrit dix chevaux, de s'affranchir des impositions réelles et personnelles, d'accaparer les biens à rente seigneuriaux, ce qui lui vaut le surnom de *Herrschaftskrämer*[335] : malgré la démission de l'intéressé en 1777, l'affaire fera des vagues jusqu'en 1789. Il faudra attendre les années 1780 pour que l'on envisage sérieusement d'assujettir le prévôt à la totalité des impositions personnelles et réelles, à l'instar des autres sujets, Mais bien plus : présidant à la confection des rôles de la capitation, il en profite pour procéder à un odieux favoritisme[336]. Quoi de plus tentant que de faire profiter sa parentèle et sa clientèle des privilèges fiscaux[337] ? A Balgau, par la faute du prévôt, les corvées ne sont pas proportionnées aux *facultés* de chacun[338], tandis que la communauté de Kembs s'avise, dans une requête à l'intendant de 1786, *à faire voire combien le Prévot favorise ses amis, ses parents et ses aliés : gendre du cousin germain du prévôt,* Jean Ehret ne supporte pas les mêmes charges que ses concitoyens, à la suite d'une *altération dans les rolles*[339]. Tous les jurés de Weckolsheim seraient parents et alliés et, en 1784, le receveur seigneurial reçoit l'ordre de ne présenter à ces charges que ceux qui ne sont pas parents entre eux *jusqu'au quatrième degré*[340]. Même son de cloche à Heidolsheim[341] et à Erstein où les jurés se sentent obligés d'acheter leur viande chez le fils du prévôt, lui-même

---

331 ABR 8 E/1 (Commission intermédiaire, 29 avril 1780 et requête d'avril 1789).

332 AHR 1 E 15 : le prévôt *étend jusqu'à huit bestiaux l'exemption qui lui est accordée pour cheveaux seulement* (Ligsdorf, requête à l'intendant du 11 janvier 1769).
AHR C 1585 (Battenheim et Leymen, 1788).

333 AN K 2360 : rapport du receveur Flachsland sur Bischwihr, 24 décembre 1750.
AHR 18 J 583 : jusqu'à concurrence de 70 journaux de labours et de prés (Muntzenheim 1787).
ABR E 1725 : *weder herrschaftlichen noch Kriegsfrohnden zu thun* (Waltenheim, 1711-1712).

334 APM T 1078 : supplique à l'intendant (24 décembre 1717).

335 AHR E 1152 (1776/1777).

336 AHR C 1585 : *Le Sieur Sackler... préside à la confection des rolles, il n'a que ses semblables à craindre dans ses prétentions, mais se les conciliant parce qu'eux de leur côté ne sont point non plus imposé comme ils devroient l'être* (Battenheim, le 3 juin 1788).

337 ABR E 1725 : *Kaufft er mithin Güther, bezahlt sie eine Weil, und gibt sie hernach seinen grossen Stiefkindern, davon nur die Helfte Beschwerden gegeben wirdt, geniessen also ihres Vatters halbe freÿheit* (Waltenheim 1708 ss.).

338 AHR E 1357 (Conseil Souverain, 5 juin 1751).

339 AHR 1 E 44/20.

340 AHR E 1260 : rapport du conseiller Radius (1774) et énumération des droits du *Schultheiss* (1784-1786).

341 AHR E 1137 : *mit denen beiden Gerichtsleuthen in allzunaher Verwand und freundschaft fünden* (receveur Steinheil, 9 novembre 1768).

pressenti pour la succession[342]. Des recherches généalogiques pointues devraient pouvoir déterminer ces réseaux de parenté, de même que les liens dynastiques entre prévôts successifs. A Rothbach, ils se recrutent au XVIIème siècle chez les Gutbub ; au XVIIIème chez les Moser[343]. A Schillersdorf, ce sont les Mahler qui succèdent aux Spiess dans cette fonction ; à la faveur du décès de son beau-père, Michel Kieffer ajoute la charge de prévôt de Bilwisheim à celle de Rumersheim (1752-1775)[344]. A Lingolsheim, au XVIIème siècle, les Dennier s'effacent devant les Schott mais leur donnent leurs filles en mariage ; dans la seconde moitié du XVIIIème siècle, ce sont les Oertel qui prennent le relais[345]. Heidolsheim voit alterner les Bäumer et les Sittler : Jean Bäumer paie au seigneur, en 1708, une caution de 300 livres pour pouvoir occuper la fonction à vie et la transmettre à l'un de ses descendants. C'est ce qu'il fera en 1728. Jean Bäumer, le fils, après avoir suppléé son père malade pendant une dizaine d'années à la tête de la communauté, sera prévôt à son tour pendant seize ans, de 1738 à 1754. Joseph Sittler, qui le remplacera en 1755, est lui-même petit-fils de *Stabhalter*[346]. Et lorsqu'en 1786, Ignace Sittler devient prévôt, c'est un certain Benoît Bäumer qui se porte caution... A Wittelsheim, les Miesch se succèdent de père en fils[347]. A Dietwiller, en Sundgau, les Riss et les Busch assument les destinées de la communauté au XVIIème siècle ; les Kalt prennent le relais au siècle suivant avant de céder le flambeau aux Klenck et aux Karm[348]. C'est que, nous dit-on à Habsheim, *dans le fils les seigneurs* trouvent l'occasion de récompenser *trente années de service du Père*[349].

Le fait de s'inscrire dans une dynastie de prévôts peut en effet constituer un atout pour tout nouveau candidat, auquel on reprochera, par contre, le cumul de fonctions incompatibles entre elles, sinon de droit, du moins de fait. A Meistratzheim, le cahier de doléances de mars 1789 reprochera au prévôt de cumuler les fonctions de fermier seigneurial et d'écoutète[350]. A Erstein, il touche des doubles gages et se fait délivrer une double portion de *bois de compétence* comme prévôt et comme greffier de la communauté. D'ailleurs, comment être à la fois *dépositaire du secret des*

---

342 AC Erstein FF 24 : *dieweilen schier alle so Rathsverwannte seind in nechster blutfreundschafft begriffen und also von gedachter freundschafft keiner beÿ einem anderen Metzgerfleisch darf holen als beÿ HH. Schultheissen sohn, und andere bürger förchten sich, weil er soll Schultheiss werden, wann sie kein Fleisch bey ihm hohlen* (plainte du 19 juin 1730).

343 Fr. GUTBUB, *art. 363*, p. 17.

344 Liste établie par Marguerite METZGER pour Schillersdorf, *Bull. SHASE* 1986/II-III ; J-M. QUELQUEGER, *art. 1883, pour Rumersheim.*

345 A. PEINE, *art. 1882.*

346 AHR E 1137 : nommé le 20 décembre 1755, Joseph Sittler, *der Gerichtsmann und Wirth allhier... dessen grossvatter ehedem auch in dem Orth Schultheiss gewesen.*

347 Ch. SAUTER, *op. [457]*, p. 115.

348 L. ABEL, *op. [381]*, pp. 169-174.

349 AHR 1 E 44/9 : mémoire du 24 décembre 1785. Les exemples abondent.
AHR 18 J 712 : En 1763, Michel Schmid succède, à Sundhoffen, à Martin Wagner, démissionnaire. Le père du premier a été prévôt durant trente cinq ans.
AHR 18 J 583 : Nicolas Tubinger, prévôt depuis 1770 à Muntzenheim où son père a déjà occupé la charge (1787).

350 ABR 8 E 286/2.

familles comme greffier et *de l'authorité comme prévôt ? Le prévôt savait parfaitement protéger les exactions du greffier et il savait faire servir le greffe à augmenter le despotisme du pouvoir*[351] ! Le prévôt assume très souvent la charge d'aubergiste, donnant ainsi *occasion à beaucoup de dépense de bouche qui tombent à la charge de la communauté*[352], obligeant ses administrés à *faire les dépenses chez lui*[353]. A Habsheim, François Antoine Kolb, qui associe les activités de cabaretier et d'arpenteur, *a été élevé au cabaret du village* dont il *a pris toutes les habitudes ; accoutumé à traiter avec des maquignons juifs, il a adopté leurs principes ; tout est ruse, artifice chez lui, c'est toujours au plus fin... Cet esprit ne convient pas à un chef de communauté*[354]...

Mais le principal reproche, le plus grave qu'on puisse adresser à un prévôt, est de confondre les deniers publics avec la cassette privée :

- détournement de fonds[355] ;
- établissement de *fausses dépenses*[356], liées pour la plupart à des voyages particuliers maquillés sous les apparences de déplacements officiels[357], à des *travaux fantômes*[358] dont on attend en vain l'exécution... ;
- utilisation, à son profit personnel, du produit des impôts seigneuriaux[359] et celui d'amendes délibérément provoquées[360] ;
- détournement des corvées à son propre profit[361] ;
- utilisation abusive ou appropriation de communaux[362]...

351 AC Erstein BB 6 : rapport du conseil de la communauté du 6 - 10 septembre 1789 (situation de 1784-1785).

352 AHR 1 E 15/5 : requête des habitants de Ligsdorf à l'intendant (11 janvier 1769).

353 AN K 2315/1 (receveur Jeanmaire, Sundhoffen, 4 juillet 1760).

354 AHR 1 E 44/9 : mémoire du 24 novembre 1785 et requête du seigneur à l'intendant.

355 AHR 1 E 15/5 : requête de la communauté de Ligsdorf à l'intendant (11 janvier 1769).

356 *Ibid.*.

357 *Ibid.: trop de journées.*
ABR E 1725 : les 22 florins que touche le prévôt de Waltenheim par an, en 1711/1712, (*für Ritt und Gäng*), ne suffisent pas à couvrir les frais de vacations extraordinaires.
AN K 2315/1 (receveur Jeanmaire, Sundhoffen, 4 juillet 1760).
AHR 18 J 583 : *voyages inutiles* (Muntzenheim 1787).

358 AHR 18 J 712 : travaux suspects à l'école protestante de Sundhoffen (1763).

359 AHR E 1137 (receveur Steinheil, Heidolsheim, 18 novembre 1768).

360 AN K 2315/1 et AHR 18 J 712 : *Les habitans de Sainte-Croix ayant vu quelques bêtes paturer sur le finage de Sundhoffen, ledit prevot les avoit fait enlever et ne les avoit rendû qu'en lui payant 12 livres et au bangard 6 livres qu'il avoit empoché le tout. Qu'un particulier de Logelnheim ayant perdu un essaim de mouches à miel qui s'étoit jetté sur un Poirier du ban de Sundhoffen, ledit Prevot l'avoit mis à l'amende de 6 livres à son profit. Que 7 à 8 garçons du village ayant été attrapé dans un jardin, volant les raisins, le Prevot ne les avoit exempté de la prison qu'en lui payant chacun 24 sols* (receveur Jeanmaire, Sundhoffen, 4 juillet 1760).

361 AHR 18 J 712 : le prévôt de Sundhoffen fait ensemencer, en 1760, ses propres champs par corvées.

362 AHR 18 J 718 et AN 2315/1 (Sundhoffen 1760).
AHR 18 J 712 : Appropriation de deux parts lors de la répartition des communaux (Sundhoffen 1763).
AN K 2315/1 : récupération de *vieux bois*, en provenance de bâtiments communaux en voie de démolition, *qui auroient dû être vendus au profit commun* (Muntzenheim 1760).
AHR E 1137 : vente de *places communales* au nez de la seigneurie (Heidolsheim, 9 novembre 1768).
AHR 1 E 15/5 : appropriation d'un sentier communal que le prévôt ferme par un mur du côté de son verger (requête à l'intendant, Ligsdorf, 11 janvier 1769).
AC Erstein BB 6 (affaire de pêche à Erstein, 1784-1789).

Le prévôt de Balgau se fait rappeler à l'ordre en 1751 par le Conseil Souverain : il se serait permis d'*enfermer ses terres* pour les soustraire au pâturage commun, de les entourer *de canaux et de fossés,* de *s'approprier le fumier... qui se trouve dans le village dans un cloaque appelé in der Lach qui doit être réservé pour fumer les terres communales,* enfin de donner les terres seigneuriales *à qui bon luÿ semble*[363]...

Quoi qu'il en soit, le prévôt coûte toujours cher à la communauté : celui de Blotzheim est accusé de causer *des frais très considérables par la grande dépense qu'il fait lorsqu'il fait des voyages pour la communauté, n'allant qu'en pompe et faisant des excès et des présents de touttes parts aux dépens de la communauté comme sy cela venoit de sa poche pour s'acquérir des protections* : la plaisanterie se chiffre à 800 livres par an *pour des prétendus voyages*[364]. D'ailleurs, *il iroit à pied au lieu d'aller en pompe* et on réaliserait des économies substantielles. Il est vrai que le Sieur Noël n'est pas n'importe qui puisque, grâce à sa femme dont la fortune s'élève à 60 000 livres, il réussit à acheter l'office de procureur du Roi à Huningue !

Enfin, les abus de pouvoir sont fréquents : tantôt le prévôt fait entreprendre des travaux sans le consentement de la communauté en utilisant l'intimidation pour extorquer des signatures et en tenant le devis secret[365] ; tantôt il procède à des emprisonnements arbitraires sous prétexte de manquements à la corvée, au sujet de laquelle il *ne prend pas d'arrangement* avec ses administrés[366]. A Rixheim, *il fait le petit maître* et empêche l'adjudication de la dîme, sur laquelle il prélève d'ailleurs une commission[367]. A Wingersheim, le curé et le prévôt, son frère, sont *la terreur du village*[368]. Le 5 juin 1751, le Conseil Souverain est amené à rappeler à l'ordre celui de Balgau : à l'avenir, il est prié de *ne rien faire ny ordonner dans la communauté de son autorité privée sans la participation des jurés de justice et même des principaux bourgeois si le cas l'exige*[369]. A Blotzheim, *personne n'ose parler que luy* et *lorsque les plus anciens bourgeois le contredisent en la moindre chose en soutenant les interests de la communauté, il les menaces* (sic) *de les faire pourir au cachot, leur dit des injures atroces, mesme jusqu'à les frapper*[370]. A Ostheim, il mène *toutes les affaires publiques d'une façon despotique par soy mesme et sans la participation des jurés*[371] et c'est de façon non moins *despotique* qu'il engage à Muntzenheim les employés de la communauté[372]. Finalement le problème

[363] AHR E 1357 (5 juin 1751).

[364] APM T 1078 : supplique des habitants à Mazarin (1717/1718).

[365] AHR 1 E 15/5 : construction d'une nouvelle église, mal située de surcroît, à Ligsdorf (requête à l'intendant du 11 janvier 1769).

[366] *Ibid.*

[367] AHR 1 G 61 (1709).

[368] BNUS Ms. 848 (1761-1762).

[369] AHR E 1357.

[370] APM T 1078 (1717/1718).

[371] AHR 18 J 591 (bailliage seigneurial, 31 mars 1773).

[372] AHR 18 J 583 (1787).

se résout en termes de pouvoir : comment la *classe des individus médiocres et autres mercenaires* oserait-elle *se roidir contre un préposé absolu entouré de ses semblables*[373] ?

Parmi ces plaintes, certaines proviennent de l'administration seigneuriale elle-même, chargée de surveiller les faits et gestes du prévôt. Mais la plupart émanent des habitants : expression de la jalousie, effets de la médisance ? Peut-être, mais aussi explosion des rancoeurs qui s'accumulent à l'égard de l'autorité que symbolise le *Schultheiss* : en attaquant les autorités communales, c'est le seigneur lui-même que l'on vise[374]. La contestation atteint son paroxysme lorsqu'en 1789 le prévôt se fait doubler par le syndic, l'un et l'autre se considérant mutuellement comme des gêneurs. A Schillersdorf, on reproche alors au *Stabhalter,* furieux d'avoir été dépouillé d'une partie de son autorité, de s'immiscer dans des affaires qui sont du ressort de la municipalité et, du fait des soupçons qui pèsent sur sa gestion, on lui réclame comptes et pièces justificatives[375].

Conclusion

Il n'y a que la Provence, pays de tradition latine, où les communautés rurales, très proches de celles de la ville, font figure de modèle à la veille de la Révolution[376]. Ailleurs, les historiens ont tendance à porter un verdict sans complaisance sur les communautés rurales de la fin de l'Ancien Régime. Minées par l'endettement, mises en tutelle par l'autorité monarchique, elles risquent de perdre une bonne partie de leur indépendance conquise aux dépens du seigneur[377]. A ces coups portés de l'extérieur s'ajoutent, en leur sein même, le lent effritement de la solidarité collective et l'irrésistible montée de l'individualisme, même si ce dernier doit composer avec des tendances égalitaristes : le partage des communaux est, à cet égard, révélateur.

Or considérée comme une moribonde à la fin de l'Ancien Régime, la communauté rurale survit au XIXème siècle, comme si elle avait puisé de nouvelles énergies dans le combat pour son existence et son autonomie. Nous ne saurions souscrire à la thèse, défendue par Albert Soboul, d'une désintégration de la communauté rurale que la Révolution aurait précipitée. Ce n'est pas que la vigueur de la communauté n'ait pas été entamée par la réaction seigneuriale d'une part, la tutelle administrative des intendants de l'autre. Mais nous avons pu tester la communauté de la plaine d'Alsace au XVIIIème siècle sous deux angles : celui de la cohésion interne, celui de la résistance à l'autorité extérieure. Nous en avons déduit

---

373 AHR C 1585 (Battenheim, 3 juin 1788).

374 Voir *infra* pp. 1303 ss.

375 ABR E 2069 : correspondance du pasteur Schroeder avec l'administration de Bouxwiller, 1774-1789.
Voir J. VOGT, *art. 1790*.
Voir aussi Chr. HOFFMANN, *op. 2405*, t. IV p. 18.

376 M. AGULHON, *op. cit.*
M. DERLANGE, *op. cit.*

377 J. JACQUART pour la période 1560-1690 in *op. 138*, t. II, pp. 294-298.

qu'elle fait preuve d'une vitalité digne de celle qui se manifeste dans les pays d'Etats. Les historiens allemands ont montré que cette vigueur communautaire - influence du droit romain ?- caractérisait, de façon fort précoce, l'ensemble de l'espace rhénan[378]. Tout se passe comme si au contrat vertical médiéval, entre protecteur et protégé, se substituait un contrat horizontal entre deux parties également fortes. L'agressivité à l'égard de l'autorité la plus proche, la plus tangible - celle du seigneur ou de son représentant, le prévôt - est à elle seule un indice de vitalité : le régime féodal mobilise les solidarités. *Les communautés*, affirme en 1786 le porte-parole de la chancellerie du duc de Deux-Ponts à Ribeauvillé, *sont les ennemies nées de leurs seigneurs en Alsace... Il est de l'intérêt de les nourrir, mais il est dangereux de les engraisser*[379]...

La monarchie porte une part de responsabilité dans cette attitude anti-seigneuriale. Le progrès de l'institutionnalisation des communautés ne s'accompagne cependant pas d'une véritable mise en tutelle : la communauté joue le rôle de relais du pouvoir, mais, en contrepartie, elle s'assure une grande liberté d'action et se trouve, de ce fait, revalorisée. Organe de décision, délibérant et agissant en corps, elle devient une sorte de mini-gouvernement, de corps auto-gestionnaire, sans pouvoir excessif, mais capable de cristalliser la conscience collective et de faire contrepoids aux autorités de tutelle. La Révolution, en détruisant le système féodalo-monarchique, ne dissout pas la communauté. En prenant ses distances vis-à-vis du seigneur, cette dernière n'assume pas le risque de la désintégration. Certes le partage des pouvoirs n'y est pas plus équitable qu'au sein de la famille : le mythe égalitaire et réducteur d'une démocratie de petits propriétaires assurant l'administration communale sur un pied d'égalité, doit être abandonné au profit de la réalité oligarchique. Mais si la communauté est dominée par les plus aisés, les apparences sont sauves, puisque ces derniers oeuvrent, en théorie, dans l'intérêt général et que, malgré de fortes tensions, la dislocation interne s'en trouve évitée. Enfin elle affirme sa personnalité face à tous ceux qui menacent ses propres équilibres : par l'habitude de l'endogamie, par une politique d'intégration restrictive à l'égard des éléments hors communauté, par la réaction, parfois violente, face à tout ce qui lui est étranger. L'étranger, c'est autant le vagabond rejeté hors du cercle sécurisant de la communauté que le horsain et le manant, ces inconnus venus *d'ailleurs*...

III. LA CONTESTATION DE L'AUTORITE

Les soulèvements populaires ont fait l'objet de vastes et fructueux débats. Depuis la polémique entre Boris Porchnev[380] et Roland Mousnier[381], bien des historiens relèvent le hiatus entre un XVIIème siècle agité, surtout dans sa première moitié, et un XVIIIème siècle fort calme, au cours duquel

378 W. GRUBE, *art. 1877* et G. FRANZ, *op. 106*, pp. 63-64.

379 Cit. par Ch. HOFFMANN, *art. RA* 1902, p. 78, et reprise par G. LEFEBVRE, *op. 2415*, p. 42.

380 B. PORCHNEV, *op. 2345 et 2346*.

381 R. MOUSNIER, *op. 2342*.

le *silence populaire du temps long* [382] annonce l'orage de l'été 1789. En préparation à la commémoration du bicentenaire de la Révolution, l'enquête de Jean Nicolas, couronnée par un colloque, n'a pas réussi à effacer complètement cette impression, que ce soit dans l'espace français ou dans le monde germanique[383]. Et pourtant, entre 1650 et 1789, les paysans ne cessent de contester l'ordre établi. La notion d'*ordre public* est, du reste, fort ambiguë : compte tenu du progrès de la centralisation monarchique, il pourrait s'agir d'une mise en conformité des habitudes avec la législation royale. Or le monde rhénan se caractérise par une moindre centralisation, du fait de la nature fédérative de l'Empire divisé en *Staaten*. Si l'Alsace échappe à un tel émiettement en souverainetés, ce n'est pas pour tomber dans une centralisation poussée à l'extrême : en l'absence de la *Landeshoheit*, les seigneurs, par la volonté du Roi, conservent une certaine marge de manoeuvre, mais par ailleurs, nous l'avons noté, le Roi a tendance à défendre les intérêts de la paysannerie contre les prétentions seigneuriales. Le rapport de forces triangulaire Roi-seigneur-paysans est largement exploité, dans son propre intérêt, par une communauté rurale revigorée. Pas question, dans ces conditions, d'une remise en cause de l'autorité royale centralisatrice, ni même du système fiscal imposé par la monarchie, du moins jusqu'au printemps de 1789.

L'ordre public, en tant que respect de la réglementation seigneuriale, qui date d'une époque où le seigneur était encore au centre de la vie politique, est par contre largement contesté à la suite des progrès de l'autonomie locale face à la pression seigneuriale. Enfin, antérieure à la double codification royale et seigneuriale, une législation coutumière sous-jacente constitue la base la plus solide de l'ordre public : non écrite, elle est sacro-sainte parce qu'elle jouit du prestige qui s'attache au passé ; ancienne, elle date d'une époque où la communauté réglait sa vie quotidienne selon les habitudes héritées des ancêtres. L'attachement à cet *ordre ancien*, que nous avons relevé à plus d'une reprise lors de la *reconstruction*, explique pourquoi toute tentative d'instauration d'un *ordre nouveau* est considérée comme une violation du droit. La paysannerie, au nom de l'ordre public, dénué de connotation *politique*, récuse tout changement, se raidit contre toute réforme, fait le procès de toute innovation. C'est au nom de la stabilisation d'un acquis et l'interprétation du *droit ancien* que tout contre-modèle d'organisation sociale se trouve rejeté.

A) Les méthodes : soulèvement ou résistance passive ?

Or c'est moins la filiation idéologique qu'un corps de croyances et de traditions, facteurs mobilisants par excellence, qui fonde la contestation paysanne. La *longue mémoire* populaire, son extraordinaire capacité à

[382] Fr. FURET, art. 1555, p. 467. Voir également :
E. LE ROY LADURIE, *art. 2336* ;
Y.M. BERCE, *op. 2315, 2316 et 2318.*

[383] J. NICOLAS (éd.), *op. 2343*. Pour le monde germanique, voir les contributions de P. BLICKLE/Cl. ULBRICHT/P. BIERBRAUER, *contrib. 2325*, ainsi que les travaux de P. BLICKLE, *op. 2322-2323*, W. SCHULZE, *op.* et *art. 2347-2350*, G. HEITZ/G. VOGLER, *art.2331* et A. SUTER, *op. 2353*.

idéaliser le passé et à stocker les informations, en attendant de les réinvestir, prennent appui sur un environnement à la fois temporel et spatial. C'est donc de la rencontre d'un certain nombre de mythes provocateurs, puisés dans un lointain passé, avec les circonstances provocantes du moment, que, dans un cadre bien défini - le village ou le terroir, la pâture ou la forêt -, naissent des formes de contestation plus ou moins ritualisées : rôle capital des structures spatio-temporelles englobantes. En 1789, c'est bien sûr le sentiment de l'injustice et de la frustration qui mobilisent et donnent courage. Mais on ne saurait comprendre l'événement sans faire appel aux mythes fondateurs du soulèvement et aux réflexes traditionnels. Mythes fondateurs, chevillés à l'âme paysanne, comme la nostalgie d'un âge d'or et d'une perfection perdue, les représentations d'un souverain juste trompé par son entourage et d'un peuple misérable écrasé d'impôts. Gestes traditionnels comme ceux de l'attroupement, destiné à intimider l'adversaire, du bûcher détruisant les titres, de la fête couronnant une victoire chèrement acquise[384]. Réflexes intemporels enfin qui prouvent l'enracinement dans le temps de problèmes anciens auxquels la Révolution servira de catalyseur : celui des *biens caducs* confondus avec les biens communaux[385] avant d'être assimilés aux biens nationaux[386], celui de la *Gült* et de l'emphytéose[387]. La violence, force des faibles, c'est le mécontentement exprimé de façon non institutionnelle. Or, jusque là, la contestation de l'autorité a rarement été violente, malgré la succession des *réactions seigneuriales*[388] . En mars 1788 , l'incendie de la bergerie du baron de Cointet, qui occasionne la perte de 187 moutons, semble être un événement exceptionnel[389]. Quant à la destruction de la canardière de Guémar qui *n'incommodait personne... a cependant essuyé comme beaucoup d'autres tout ce que la mauvaise volonté et la haine peuvent dicter à des sujets réduits ou conduits dans le chemin de l'erreur*. Elle s'inscrit dans les troubles de 1789 : clôture arrachée, maison du *preneur* de *canards* démolie, canards épouvantés et dispersés[390]... Les opérations spectaculaires, les actions démonstratives seraient-elles davantage le fait de régions - de la Flandre à l'Ile-de-France - marquées par un certain égalitarisme social ? En réalité, la rareté des émeutes fortes cache des formes classiques de désobéissance fondées sur le refus : insolence caractérisée, mauvaise volonté à se soumettre aux corvées, retard à s'acquitter des impôts, fraudes et *chicanes*, pour gagner du temps,[391] reflètent une résistance, à la fois pacifique et passive, qui n'accède pas, comme le constate Jean Jacquart[392], à la *dignité contestataire* :

---

384 Y.M. BERCE, *op. 2317*.

385 ABR Q 3890 (Surbourg) et 1 L 1205 (Mietesheim).

386 AN K 2311/1 (Durrenentzen, 27 octobre 1791).

387 Pour éclairer cette continuité des revendications, on se référera à la contribution de Jean VOGT *art. 1033* et *2443*, (en particulier en ce qui concerne le conflit entre les Jésuites et la communauté de Durrenbach).

388 Voir *supra* pp. 1208 ss.

389 AHR C 1586.

390 GLAK *Kremer-Lamey* 78 : *Etat des revenus, rentes et droits appartenant à la S.M. palatine de Deux-Ponts dans le comté de Ribeaupierre en haute-Alsace voués à la supression de l'Assemblée Nationale* (1791).
GLAK 105/53 : *die unruhigen dangolsheimer... so thum und so frech* (abbaye de Schwarzach, 1773).

391 AHR 3 B 10.000 : *beschissen und betrogen* (à propos des quartiers d'hiver de Froeningue, 1689).

392 J. JACQUART, *contrib. 2335*, p. 737.

La contestation de l'autorité seigneuriale
(1650-1789)

Types de délits	Périodes				Ensemble
	1650-1699	1700-1729	1730-1759	1760-1789	1650-1789
Nb. de cas	22	121	133	72	348
% non-comparution	-	20,3	7,5	22,2	14,5
insoumission, désobéissance	-	33,1	25,6	13,9	24,1
irrespect, insultes, calomnies	13,6	38,2	55,6	52,8	46,4
rébellion, sédition, bris de prison	-	0,8	3,0	1,4	1,7
vandalisme	-	0,8	-	-	0,3
divers et non spécifiés	86,4	6,8	8,3	9,7	13,0
	100	100	100	100	100

Sources : AHR 3 B Boofzheim-Witternheim, Jebsheim, Herrlisheim, Nambsheim, Froeningue.

Les 348 affaires judiciaires dépouillées gagnent en représentativité du fait de leur répartition spatiale de la moyenne à la haute Alsace[393]. La contestation de l'autorité seigneuriale, plus rarement royale, représente le tiers environ des cas évoqués, tandis que les deux tiers sanctionnent les atteintes à la réglementation communale. Outre la violation de la propriété seigneuriale, sont incriminées les atteintes au seigneur justicier et percepteur de droits ainsi que les outrages à l'autorité : mais ces derniers ne dépassent pas, en général, le stade de l'injure, de la désobéissance, de la fraude, de la non-comparution. Passivité et violence verbale l'emportent nettement sur les voies de fait (rébellion, bris de prison, évasion). Le seigneur en est le plus souvent conscient : dans la seigneurie de Landser, il préfère convertir le *droit de poules* en argent, sans quoi *les paysans livreroient les plus maigres et les plus vieilles qu'il pourroient* [394]. La résistance revêt donc des formes individuelles et insidieuses. Mais n'est-ce pas plus astucieux que de s'engager dans un procès qui risque d'être perdu d'avance ou de bastonner le valet dîmier, pratique qui pourrait bien mener son auteur en prison ? Et - chantage ? -, voici notre homme qui menace de *s'en aller*, moyennant quoi *les villages deviendroient infailliblement des déserts* au grand préjudice du seigneur[395] : ce qui veut dire que le paysan prend conscience qu'il n'a plus besoin du seigneur, alors que la réciproque ne se vérifie pas ! Parallèlement, les formes d'irrespect par le verbe s'amplifient jusqu'à représenter la majorité des cas évoqués. A Herrlisheim, le procureur fiscal n'accepte pas d'être *dutoyé comme un petit garçon*[396]. A l'inverse, cette femme se plaint d'avoir été insultée par un échevin du lieu *la porte ouverte*, circonstance aggravante[397]. A Froeningue, le greffier seigneurial se heurte à l'obstination d'*un pauvre sujet qui devroit lui baizer le derrier*[398]...

De leur côté, les archives seigneuriales se font l'écho, tout au long du XVIIIème siècle, des rapports conflictuels entre l'autorité et la paysannerie.

[393] Voir *infra*, état des sources pp. 2003 ss.

[394] AN T 570/11 (1746).

[395] AMS VII 64/1 : requête d'Ittenheim-Handschuheim au Conseil Souverain (1774).

[396] AHR 3 B 3365 (1749).

[397] AHR 3 B 454 (Herrlisheim 1736).

[398] AHR 3 B 5425 (1784).

Ce n'est que peu à peu, écrit le baron de Gemingen le 28 avril 1751, *en usant de bonnes manières et de douceur qu'on en viendra à bout ; il est difficile de gagner la confiance des gens du commun... L'esprit de chicane et des procès s'augmente beaucoup en Alsace, les habitants... à cause de la proximité de Colmar, de la facilité qu'ils ont de faire des connaissances avec des avocats et processeurs, y prennent aussi gout et ne se font aucune difficultté de plaider avec leur seigneur*[399]. Les exemples abondent de collectivités, chicanant et plaidant, intransigeantes et arrogantes à l'égard du seigneur, toujours prêtes à faire appel au Conseil Souverain qui représente justement la bienfaisante autorité royale face à l'oppression seigneuriale. En 1777, Guémar s'en prend à son seigneur, le duc de Deux-Ponts, avec *un acharnement qui tenoit de la fureur* [400]. Au prix d'un procès qui traîne deux ans durant, les préposés cherchent *à faire sinon abolir, du moins réduire à peu de choses, tous les droits seigneuriaux. Leurs mémoires et leurs requêtes sont fouillés d'imputations odieuses. Ils se sont déchaînés de bouche contre les officiers du seigneur ; enfin ils ont épuisé toutes les rubriques inventées par la chicane pour assouvir leur haine contre le seigneur qu'ils auroient du respecter.* Le développement de l'esprit de corps et l'attachement aux droits acquis conduisent à l'établissement d'un véritable contrat tacite entre les parties prenantes, qui laisse autant de place aux vertus de l'habileté et de la ruse qu'à la valeur des titres sans cesse exhibés. Il n'est pas facile de *faire mettre à la raison par voie de justice* cette *cohorte rustique et impudente* qui multiplie *chicanes* et *tracasseries* [401]. A l'arrière-plan, se profile souvent la hantise d'une éventuelle contagion : la *hardiesse des mutineries,* dont se rend coupable la communauté d'Ostheim entre 1774 et 1777, est poussée à un point où *son exemple, s'il n'eut été réprimé, auroit dégénéré dans de très funestes abus et n'auroit manqué d'entraîner les autres communautés du comté de Horbourg et de la seigneurie de Riquewihr* [402].

Les manifestations d'opposition de petite envergure relèvent pourtant d'un harcèlement continu dont Raymond Huard dégage les caractéristiques spatio-temporelles : quotidienneté, immédiateté, proximité[403]. On peut tenter d'expliquer la nature de la contestation paysanne : allègement temporaire du poids relatif de la fiscalité seigneuriale, résultat, à la fois, de la protection royale, donc du renforcement de l'Etat, des nécessités de la *reconstruction* et des effets d'une conjoncture bénéfique ? Fidélité de la mémoire collective des siècles après le traumatisme qu'a constitué l'épouvantable répression consécutive aux événements de 1525 ? Rigidité des structures traditionnelles, à peine transformées par quelques innovations physiocratiques ou, au contraire, amélioration du sort des

[399] AN K 2361/3 (le baron de Gemingen, gouverneur de la Régence de Montbéliard au conseiller Treitlinger, 28 avril 1751).

AN K 2314 : doléances des députés, le 29 juillet 1789 (allusion aux nombreux procès et aux frais qu'ils occasionnent).

AHR C 1494-1496 : procès des communautés au XVIIIème siècle (corvées, dîmes, etc.).

[400] AHR E 1152 (conseiller Radius, 16 avril 1777).

[401] AMO B 23 : conflit entre Griesheim-près-Molsheim et le baron d'Andlau, au sujet d'une terre (s.d.).

[402] A. St. 74/154 (Sandherr, 2 avril 1778).

[403] R. HUARD, *contrib. 2334.*

paysans influents et percée de la bourgeoisie rurale ? Moralisation des masses paysannes par quadrillage seigneurial et ecclésiastique, grâce à un clergé mieux formé et fidèle au Roi ? Quoi qu'il en soit, les violences collectives se trouvent transférées sur le terrain judiciaire. Nous n'avons guère trouvé, chez les foules anté-révolutionnaires, de révolte sauvage de la part de paysans en délire, vociférant et hurlant. Nous avons cru percevoir, par contre, à travers une opposition pacifique, chargée d'une forte émotivité, une réelle conscience d'humiliation : comme si nos paysans voulaient se prouver à eux-mêmes leur dignité et rejeter le mépris dont ils sont l'objet. Cette *juridictionalisation* des conflits agraires enlève à la violence son caractère de baromètre de la contestation sociale. Voici ce qu'affirme, en 1768, avec un sens très poussé de l'évolution historique, la duchesse Mazarin à l'occasion d'un conflit qui l'oppose à la communauté de Walheim, près d'Altkirch : *On a vü dans le 16ème siècle les paysans s'armer et faire la guerre aux titres et à leurs seigneurs, sous la conduite d'Erasme Gerber... Il en resta vingt huit mille sur la place. Ceux qui échapèrent malgré leur défaitte ont conservé et transmis à leur postérité leur haine contre tous les droits seigneuriaux. Véritablement ils ne font plus la guerre en rase campagne, mais ils se contentent de la faire au Palais...*[404]. La contestation n'a pas disparu ; elle a changé de forme d'action. Les seules violences, dignes de ce nom, sont celles du printemps 1789 qui, à la suite d'une extraordinaire convergence de facteurs - croissance démographique, cherté, réaction fiscale, vide politique -, confèrent à la contestation un caractère plus brutal que de coutume. Aurait-on passé, d'un jour à l'autre, du tolérable à l'intolérable, ou s'agit-il du couronnement du long *crescendo* des plaintes, de l'explosion subite des haines accumulées depuis des dizaines d'années ? Rien de tel, en tout cas, avant 1789. Il est d'ailleurs difficile de faire la part entre la violence individuelle et la violence collective - à partir de combien de participants est-il légitime d'invoquer le soulèvement ? -, comme il est délicat de faire la part entre la simple délinquance et la contestation de l'autorité à propos d'un délit forestier ou de l'usurpation du pâturage communal.

Quoiqu'il en soit, même si à Durrenbach, en 1789, on projette le partage des terres et la proclamation de la république[405], aucune manifestation ne met en cause la forme monarchique du pouvoir ni, au nom d'une idéologie révolutionnaire, l'ordre social établi. C'est bien le seigneur, et non l'intendant, qui est la cible de la contestation[406] et, si l'on s'attaque à l'intendant, ce ne sont jamais les rouages suprêmes de l'Etat, incarné par le monarque, qui sont en cause, mais les excès de la fiscalité royale. Au XVIIIème siècle, les grandes révoltes fiscales appartiennent au passé. L'alliance du village et de l'Intendance passe le plus souvent par la collaboration du curé, instrument de la fidélité et du loyalisme[407]. C'est donc

[404] APM T 1119.

[405] J. VOGT, *art. 1048 et 2443*.

[406] A quelques exceptions près : procès au sujet du montant de la taille royale à Sierentz (1738-1741) où l'intendant se plaint d'avoir à faire à des *cabales et mutineries*, à la suite d'une requête dont les signatures auraient été *mandiées de porte en porte et apposées au cabaret*. Voir P. WIRTH, *D.E.S. 2217* et *art. 2216*.

[407] Voir *supra* pp. 1160-1163.

le seigneur qui joue le rôle de bouc émissaire. Nous avons eu l'occasion d'évoquer quelques conflits au temps de la *reconstruction*[408]. Qu'il nous soit permis de faire revivre une révolte particulièrement importante puisqu'elle ligue, en 1668-1671, les deux communautés de Meistratzheim et de Niedernai contre leur seigneur, Jean-Samuel de Landsberg[409]. Au départ, c'est une situation de crise, à laquelle la guerre n'est pas étrangère, qui rend compte de la misère des habitants entre 1653 et 1666[410]. Meistratzheim aurait 10 000 florins de dettes en 1670 ! Après une requête fort respectueuse aux Landsberg, seigneurs de Meistratzheim, Niedernai et Zellwiller, et un véritable cahier de doléances, non daté, portant dix plaintes, la tension monte d'un cran dans la supplique à l'évêque du 19 octobre 1670 qui traduit bien l'exaspération antiseigneuriale. Que reproche-t-on aux Landsberg ? Bien entendu, le poids des impôts : après le logement des troupes - 170 soldats français en 1670 à Meistratzheim -, c'est la surcharge en corvées qui est dénoncée. Niedernai est redevable de 526 florins pour 54 sujets, tandis que Meistratzheim débourse 1260 florins pour une centaine de chefs de ménage. A ces corvées en argent s'ajoutent les prestations en nature : trente jours dans l'année par manouvrier à Meistratzheim[411], ce qui représente, en espèces, une somme de 300 florins. Or très extensibles, ces corvées en nature peuvent atteindre soixante-dix journées annuelles ! Pour les laboureurs, il faut compter avec les corvées extraordinaires : deux bourgeois et six chevaux, lorsque Christophe de Landsberg veut se rendre, en 1661, en Haute-Alsace (le séjour dure trente-six jours !) ; deux bourgeois et six chevaux pour le déplacement dans le *Westrich* (six jours) et à Fribourg (neuf jours) ; quatre chevaux et un cocher pour tirer la calèche qui conduit Jean-Samuel à Montbéliard en 1667 (neuf jours)... S'y ajoutent les transports de vin à Strasbourg, les missions de garde et de courrier (à raison de quatre à cinq journées de marche). Si l'on prend en compte la taille seigneuriale, les banalités, les droits pour reconstruction de maisons, on arrive, à Meistratzheim, à une somme de 2500 florins, sans compter les dîmes et les rentes foncières en nature. Les rentes foncières d'un *Gültgut*, que le seigneur a acquis à Meistratzheim, en faisant valoir son droit de retrait[412], passent de 3 1/2 à 5-5 1/2 boisseaux par *Acker*, quelle que soit l'utilisation et la qualité des terres[413]. Or certaines terres ne rendent pas plus de 6 boisseaux l'*Acker* ! Les habitants de Niedernai sont choqués de voir le seigneur faire travailler ses domestiques aux champs les jours de fête. On lui reproche en outre d'accaparer la meilleure partie du Ried, d'y envoyer 50 bovins et 400 moutons et de les faire pâturer la nuit, ce qui est interdit par tous les règlements. On en veut en particulier au *Schultheiss*, auquel on reproche d'avoir usurpé le communal qui devrait revenir dans son intégralité aux habitants, en échange des impôts acquittés. Au gré des sujets, le nombre

---

[408] Voir *supra* pp. 252 et 261-264.

[409] ABR G 712-715 : en fait, l'incompréhension remonte à 1653.

[410] Ibid. *Wir arm bedrängte burger des Dorffs Meisterzheim ; bedrängt und ruiniert ; wir arme verlassene leuth : dass wir das hembd nicht uffm leibe behalten können ; ausserst dringende Noth...*

[411] Ibid. *diejenige Bürger aber, so kein Pferd aus armut halten oder halten können, die man taglöhner zu nennen pfleget ; unerhörte Frondienst.*

[412] Ibid *: und ist ermelt Gültgut unter der Bürgerschaft gewesen.*

[413] Ibid. *: geblümt oder brach, gut oder böss.*

d'admissions à la bourgeoisie est insuffisant (douze chefs de ménage en deux ans à Meistratzheim), alors que sont acceptées à Niedernai trois familles juives qui font plus de mal que de bien, puisqu'elles n'arrêtent pas d'envoyer des bêtes malades au pâturage. Par contre, les habitants se voient interdire toute sortie du village et, à la suite d'un conflit avec laVille, les relations avec Strasbourg sont interrompues : ceux qui contreviennent à ces dispositions risquent la confiscation de leurs attelages. Lorsque la contagion menace, de pauvres gens sont purement et simplement expulsés de la localité. Suit la liste des injures et des mauvais traitements infligés aux habitants. Les violences seigneuriales sont d'abord verbales[414], puis physiques[415] et l'utilisation du cachot, sans air ni lumière, hanté par les crapauds et les serpents, est le sort des récalcitrants[416]. Telle est la situation quand éclate la révolte de 1668. D'emblée, Jean-Samuel de Landsberg présente les paysans comme des désoeuvrés, des insoumis, des brutes dangereuses parce que armées : les termes de *rébellion* et de *conjuration* apparaissent sans cesse[417]...

Qu'ont-ils donc commis pour mériter ces appellations dépréciatives ? Les armes qu'ils utilisent font partie de la logique de la contestation. On commence par insulter copieusement le *Schultheiss* qui assume la responsabilité de la politique seigneuriale, en lui rendant presque mot pour mot les injures qu'il avait lui-même proférées[418], puis le seigneur en personne qu'on traite comme un porcher ou un palefrenier[419]. Ce langage, qui mêle invocations et blasphèmes, est émaillé de constantes références à Dieu[420] comme au diable : que le tonnerre et la foudre tombent sur le moulin seigneurial... au *nom de mille diables !* Le *Schultheiss* de Meistratzheim est accusé de détournement d'argent et de vol de pierres qui lui auraient servi à reconstruire sa grange[421], tout comme les sept fermiers restés fidèles aux Landsberg et accusés de trahison sont appelés *les sept voleurs*. Les attroupements se multiplient ; on se retrouve de préférence la nuit, dans la rue, à lame nue, ou encore dans les champs[422] : à Niedernai, les attroupements[423] rassemblent jusqu'à 170 personnes. Puis on passe aux actes,

---

[414] Ibid. *: du bis ein dieb und Schelm, deine Frau eine offentliche Hex, du ein Hexenmeister, ein leichtfertiger Schelm und Dieb ; ich weis schon wass ihr vor Vögel seydt.*

[415] Ibid. *: geschlagen, in die Murr geworfen, barbarischer weis tractiert.*

[416] Ibid. *: voller Schlam und allerhandt Ungeziffer als Krötten, Schlangen und andern Gespenst... das kein Luft dahrin kan komen weder Son noch Mondschein...*

[417] Ibid. *: als Rebellen gescholten ;Rebellion ; Uffbruch ; conjurantes ; rebelerische bauern ; Aufstand der Meisterzheimbischen und Niederehnheimischen Unterthann ; ein solches üppiges leben mit fressen und sauffen, fluchen und schwören... dass es von Gott und der Ehrbare Welt ein Greuel und Scheüsal ; die nacht über mit ärgerlichen fluchen, schweren, blossen gewehren und übel schelten... im dag herumb schwermen..*

[418] Ibid. *gegen den Schultheiss viel verächtliche Worthen ausgestossen : Schelm und Dieb, Hexenmeister ; seyen also in reden miteinander so hitzig geworden.*

[419] Ibid. *man rede mir nicht wie zu Obrigkeit sondern wie Rossbuben und Schweinhirten.*

[420] Ibid. *: der Barmherzige Gott wird endlich den armen Leuth seuffzen erhören und ihre Unschuld an Tag bringen.*

[421] Ibid. *: Gelddieb ; Steindieb ; du hast Stein und Bruck gestohlen wie der Schultheiss von Niederehnheim.*

[422] Ibid. *: auf der Gassen hauffenweis ; mit blosen wehren, büchsen und hubele, schmähen und lästern.*

[423] Ibid. *: im Knobloch, im Mittelpfad, auf dem Sand.*

tantôt spontanément, tantôt après concertation, car le mouvement participe à la fois de la poussée d'irrationalité et de l'action planifiée ; on tape des pieds contre le portail du prévôt[424] ; on le menace de l'épée avec laquelle on casse les carreaux[425] ; il est physiquement agressé à l'auberge, en pleine rue, à son domicile[426] ou dans l'exercice de ses fonctions[427], tandis que l'un de ses domestiques est abattu. La parole accompagne l'acte : *Tu es un vrai oiseau, nous allons faire en sorte que tu sois plumé, car tu as bien trop de plumes* ! Pour libérer les prisonniers, on menace de bris de prison et, à Niedernai, on passe à l'action[428]. Suit l'enchaînement des refus. C'est d'abord le refus de loger les troupes que le *Schultheiss* est accusé d'attirer dans le village[429] : le régiment royal doit continuer sa route ; il sera hébergé à Barr. C'est ensuite le refus de prêter le serment annuel d'allégeance, de comparaître, sous prétexte que les ordres sont arrivés trop tard, en un mot, la désobéissance caractérisée[430]. C'est enfin le refus de payer les amendes - sous prétexte qu'on n'a pas le temps ! -, de se procurer le sel au grenier seigneurial, et la menace de ne plus atteler un seul cheval pour la corvée : bref, une manifestation du *ras-le-bol* qui se déroule dans une atmosphère de bravade et de surenchère[431]. Les meneurs sont difficiles à identifier : un forgeron à Niedernai, un charron à Meistratzheim et quatre autres personnages dont le statut socio-professionnel n'est pas indiqué, des laboureurs sans doute. Or cette aristocratie paysanne trouve d'habiles défenseurs dans les Strasbourgeois : le Docteur Stoesser, le Docteur Ehrenfried, le Docteur Longitsch que le seigneur surnomme *l'avocat menteur des paysans* [432]. Voilà qui pose un double problème : spontanéité et autonomie des mouvements paysans ? révolte de la misère ou révolte de l'injustice ?

Comment se termine cette affaire ? La répression s'engage. Jean-Samuel de Landsberg, en personne, parcourt le finage, à la recherche des meneurs. Il fait arrêter la délégation des vingt-deux paysans à leur retour de Strasbourg : sabre au clair et pistolet au poing, ses hommes immobilisent le convoi, confisquent le chariot et les quatre chevaux. Le seigneur use et abuse du cachot, en mettant les délinquants *au pain et à l'eau*. C'est la population qui doit payer les frais d'avocat, d'enquête, de bouche - au total 1230 florins -, en même temps que les arriérés d'impôts. Mais les villageois retirent quelque profit de leur audace : le prévôt est mis à l'amende et, désormais, la communauté contrôlera les finances communales ; les meneurs bénéficient

424 Ibid. : *träpelt mit seinen Füssen gegen das Tor.*

425 Ibid : *Komst heraus du alter Dieb... durch das Fenster gestochen.*

426 Ibid. : à Meistratzheim, agression à trois reprises par quarante hommes qui lui déchirent la chemise, battent sa femme et lui arrachent le bonnet.

427 Ibid. *bey klöpfender Glocken angegriffen.*

428 Ibid. : *carcerus violiret.*

429 Ibid. : *die Soldaten aufgelockt.*

430 Ibid. : *Niemandem parieren ; wan ein Schultheiss etwas sagen solle man ihn niederschlagen wie einen Hundt.*

431 Ibid. : *Nachdem er sich berühmbt, wollte mit einem umb ein Mass wein wetten, den deller vom Würtsmeyen herunter zu schiessen.*

432 Ibid. : *An verlogene Bauernadvokat Doctorandus Longitsch.*

d'une amnistie totale ; surtout, les corvées sont ramenées[433] de 1260 à 900 florins et ne seront acquittées à l'avenir qu'en espèces.

Nous n'avons pas trouvé - ce qui ne veut pas dire qu'elles n'aient pas existé - de révolte semblable au XVIIIème siècle, à l'image de celle que décrit Andreas Suter dans l'évêché de Bâle, dans les années 1730/1740, où la faiblesse du pouvoir princier se conjugue avec le renforcement de la fiscalité pour alimenter le soulèvement[434]. La contestation des Hanau-Lichtenberg en 1760/1769[435], celle des Rathsamhausen à Bootzheim en 1780[436] prennent une allure plus juridique qu'insurrectionnelle : le Conseil Souverain évoque, la propriété de la forêt et des communaux, récapitule les droits seigneuriaux, rappelle un conflit de ... 1629 et se répand en descriptions imagées : *Il est des seigneurs, comme des torrens, qui ne peuvent être contenus par leurs bords, ni par leurs digues, et qui bientôt les renversent en inondant et submergeant tout ce qui les environne : les Communautés de la Campagne, ces corps presque toujours passifs par la faiblesse de leur constitution politique, peuvent rarement balancer la puissance du Noble qui dans les soixante et douze quartiers voit autant de degrés qui l'élevèrent au-dessus d'une condition ordinaire... Aussi, la communauté répond-t-elle par la prudence du castor qui, poursuivi par les chasseurs, ne se soustrait, dit-on, à leur avidité qu'en leur sacrifiant une partie de lui-même ; c'est ainsi que la communauté a mieux aimé abandonner aux seigneurs un tiers du prix des ventes de la glandée surabondante, que de s'exposer à perdre le tout...*[437]

B) Les terrains d'affrontement

Tentons à présent de délimiter le champ de la contestation. Trois éléments perturbateurs révèlent la rupture des équilibres vitaux : le problème du pain quotidien, la défense des droits collectifs et l'innovation fiscale.

1) La lutte pour les subsistances

De façon quelque peu simpliste, on a mis en exergue le couple misère-révolte ou encore la trilogie disette-faim-émeute. En fait, les causes accidentelles, en l'occurrence la mauvaise récolte aggravée par l'irruption intempestive de l'agent fiscal, cèdent souvent le pas à un mécontentement prolongé qui trouve dans les circonstances exceptionnelles le moyen de s'exprimer.

---

433 *Ibid. : modiciert.*

434 A. SUTER, *op. cit.*

435 ABR 17 J 138 : refus de payer les droits seigneuriaux ; falsification des bordereaux d'acquittement de la gabelle ; irrégularité dans le règlement du débit de vin ; abus du droit de pâture.

436 BNUS M 15 403 : *Mémoire pour les préposés, bourgeois, habitans et communauté de Bootzheim... contre les Sieurs Barons de Rathsamhausen, seigneurs dudit Bootzheim et autres lieux*, impr. 74 p., Conseil Souverain, 1780.

437 *Ibid.*

Paradoxalement, autant que les sources permettent d'en juger, le problème des subsistances ne donne qu'exceptionnellement lieu à la contestation, du moins à la campagne. Contrairement aux manifestations paysannes actuelles, qui traduisent le mécontentement des producteurs, les mouvements d'avant 1789 sont des émeutes de consommateurs : il est donc normal que le centre de gravité se déplace de la campagne à la ville. En effet, quelle émeute ? S'agit-il d'une émeute de marché, version urbaine, qui prendrait comme cibles les spéculateurs et les autorités jugées incapables de remplir leur mission de ravitaillement ? Il y aurait, dans ce cas, politisation du problème économique[438], ce qui dépasse, nous semble-t-il, l'horizon des préoccupations paysannes. S'agit-il, au contraire, de *l'entrave,* forme rurale des révoltes céréalières, qui consiste à bloquer sur place la production locale en interceptant les convois ? Or cette forme de contestation nous échappe, comme nous échappent les *Baccanals,* ou grèves de moissonneurs que Jean-Marc Moriceau a étudiées dans l'Ile-de-France, avec leurs revendications salariales et leurs pratiques de débauchage, et qui tiennent autant du brigandage rural que de la révolte populaire[439]. Elles s'expliquent sans doute par la précocité de l'évolution de type capitaliste des campagnes situées au nord de Paris et traduisent l'emprise des gros fermiers, influencés par le libéralisme économique, sur la petite paysannerie. Rien de semblable, sauf découverte ultérieure, dans la plaine d'Alsace dont le gros fermier est quasiment absent. Du reste, le couple cherté-révolte doit être démystifié, car il n'existe pas de relation mécaniste entre la conjoncture économique et la révolte paysanne qui, obéissant à une dynamique propre, relève davantage de facteurs culturels que d'un déterminisme économique. L'inexistence de révoltes frumentaires ne signifie pas, cependant, indifférence au problème des subsistances : il y a à Strasbourg, lors de la cherté d'août 1744, *affluence innombrable de réfugiés du plat pays qui occupèrent et courrurent pendant quelques temps jusqu'au pavé de la ville nuits et jours*[440]. Les rues et les places grouillent alors de monde en provenance de la proche campagne[441]. Mais ces attroupements ne dégénèrent pas en révolte. S'il y avait eu soulèvement, nous le saurions grâce aux sources administratives du Magistrat[442], celles-là même qui nous décrivent cette animation exceptionnelle. L'extrême sensibilité à la rareté des grains conduit à l'observation d'un fait courant, mais uniquement perceptible en période de cherté, en 1744 et en 1770/1771 :*Par une grande chaleur de l'été, on signale qu'un grenier s'envole en papillons, le peuple dit que c'était une punition due à un monopoleur* [443]. On ne recherche pas d'autre explication et la psychose de la pénurie ne débouche pas sur le soulèvement...

---

438 L.A. TILLY, *art. 2354.*

439 J-M. MORICEAU, *contrib. 2341.*

440 AMS AA 2300/16.

441 J. FRIESE, *op. [493],* t. IV, p. 31 : *Auf zehn Meillen rings um die Stadt waren alle Wegen und Strassen mit Wagen, Vieh und Menschen ganz wol* (sic) *gestopft. In der Stadt selbst waren nach wenig tagen alle Gasse, Märkte und Plätze mit Menschen und Vieh ausgefüllt.*

442 Voir Y. LE MOIGNE, *D.E.S. 1253,* p. 307.

443 AMS AA 2244 : rapport du 11 Avril 1775. Voir *supra* pp. 471-480.

2) La défense des droits collectifs

Par contre, nos paysans se mobilisent plus volontiers quand il s'agit de défendre un morceau de forêt usurpé ou un pâturage confisqué par le seigneur. Les appétits forestiers des villageois sont une des constantes de la vie des campagnes, mais il est souvent difficile de faire la part entre le non respect des usages cautionnés par le seigneur et la violation de la propriété seigneuriale elle-même[444], comme il est difficile de faire la part entre l'aspect individuel (vol de bois, coupes sauvages) et l'aspect public (conflits d'usage) de la contestation forestière[445] : le délinquant agit-il à son propre compte, par nécessité, ou au nom d'une communauté dont il traduit les préoccupations ? Or les délinquances individuelles font figure de péchés véniels en regard des rages collectives. Elément perturbateur de l'ordre social, la forêt se trouve fréquemment propulsée au coeur du conflit ; elle suscite des procès qui s'éternisent[446]. Se pose le problème de la concession primitive du seigneur à la communauté, cette dernière faisant volontiers l'amalgame entre *usage* et *propriété*[447]. Les décisions de triage ou de cantonnement, que prend la duchesse de Mazarin, sont aussitôt contestées par dix-sept communautés du comté de Ferrette, convaincues, entre 1748 et 1754, que le seigneur demande *le partage du patrimoine communal*[448]. Les communes usagères prétendent à la propriété et accusent le seigneur de les avoir dépouillées en profitant des difficultés paysannes[449] : *nul seigneur sans titre*, mais il est difficile, voire impossible, de retrouver les preuves qui fondent une possession parfois appuyée sur la présentation du marteau forestal frappé aux initiales de la communauté[450]. Face à l'affirmation d'une *possession immémoriale*, avancée par les paysans, les seigneurs se gardent bien de céder pour ne pas créer de précédent et se posent parfois en protecteurs de la forêt dont l'exploitation est devenue abusive[451]. Selon eux, les communes ne seraient qu'usufruitières et l'existence de *bois prétendus communaux* se heurte au principe de l'antériorité de la seigneurie par rapport à la communauté qui, de son côté, ne peut accepter ces *dogmes absurdes de la féodalité*[452].

---

[444] Voir *infra* pp. 1526-1527.

[445] Voir *infra* pp. 1527-1528.

[446] AHR 18 J 469 et 470 : contestation d'une forêt entre l'abbaye de Pairis et la communauté de Widensohlen (1732-1744).
BNUS M 15 403 : *mém. cit.* (Bootzheim 1780).

[447] AHR 18 J 592 : dégradations commises dans les forêts d'Ostheim (1700-1708).
AHR 132 J 28 : rapport du 22 prairial an IV concernant la forêt seigneuriale de Jebsheim revendiquée par la commune et les seigneurs (Berckheim et Deux-Ponts) ; étude rétrospective avec transactions de 1513, 1572 et 1584, partages de 1663, comptes communaux de 1605, 1618, 1715, 1722, 1724.
AHR 18 J 712 (Sundhoffen 1750).
AHR C 1490 (Soultz 1773, Kunheim 1780).
BNUS Ms. 5166/6 : démêlés forestiers entre les Reichenstein et la communauté de Leymen (XVIIIème siècle).
AN K 2314 : doléances des députés, seigneurie de Wurtemberg, le 29 juillet 1789 : des forêts auraient été retirées aux collectivités depuis une vingtaine d'années.

[448] AHR 1 E 15/5 et 11.

[449] AHR E 246 : exemple de conflit entre le duc de Wurtemberg et la communauté de Fortschwihr (1762-1764).

[450] BNUS M 15 403 : *mém. cit.*, Bootzheim 1780.

[451] Voir *supra* pp. 656-681.

[452] BNUS M 14 593 : Mémoire de Barr, Heiligenstein, Gertwiller, Goxwiller contre la Ville de Strasbourg (Colmar 1832, rétrospective 1730-1775).

Pour la forêt, comme pour le pâturage[453] d'ailleurs, c'est la psychose de la dépossession qui met les paysans en alerte. Le problème est vital pour les communautés qui voient, si elles n'y prennent garde, leurs droits d'usage se réduire au fil des ans. Dans cette levée de boucliers, peuvent-elles compter sur l'aide du Roi pour faire pièce aux prétentions seigneuriales ? Sans doute, mais on supporte mal l'ingérence et la tyrannie administratives qui s'ajoutent à l'outrecuidance seigneuriale et l'on est persuadé que les choses allaient mieux avant que les services du Roi ne s'en mêlassent[454]. Une fois tranché le problème de la propriété des bois, se pose celui de la rentabilisation de la forêt, entreprise par le seigneur et débouchant, aux yeux des paysans, sur une nouvelle spoliation. Or, dans l'euphorie physiocratique du second XVIIIème siècle, s'ajoute au problème délicat de la possession celui de l'exploitation forestière. Voulant tirer profit de la hausse record enregistrée par les prix du bois, le seigneur cherche à accélérer le rythme des coupes, aggravant ainsi la pénurie et la cherté du bois. La communauté, quant à elle, vise tantôt à sauvegarder le pâturage forestier, tantôt à couvrir ses frais par des ventes de bois : bien que très traditionnaliste, elle ne se tient pas complètement à l'écart de la fièvre spéculative qui s'empare de la forêt. A Eschau, les paysans, accusés d'effaroucher le gibier avec les bêtes pâturantes[455], insistent sur l'intérêt que présente la commercialisation du bois pour l'acquittement des charges de la communauté et s'opposent à toute mise en culture de l'espace forestier[456]. *Le plus important, c'est le bois* [457]... Pour le seigneur aussi. La forêt de Neuf-Brisach s'étend sur une centaine d'hectares et rapporte au seigneur la somme dérisoire de 150 livres entre 1750 et 1770, alors que les frais de garde s'élèvent à 60 livres et 400 fagots par an[458], soit 1500 livres de pertes en vingt ans. Soucieux d'en tirer quelque rapport, le conseiller Sandherr se lance dans des estimations alléchantes :

- en cas de défrichement, la vente de bois rapporterait, une fois pour toutes, 6000 livres ;
- en cas de conversion en champs labourables, on en retirerait annuellement 1900 à 2000 livres, soit 40 000 livres en vingt ans...

Si elle reste à l'état naturel, cette forêt restera improductive et continuera de servir de *refuge aux déserteurs* : cette argumentation se heurte à celle de l'intendant, préoccupé par le renchérissement du bois, à celle de la communauté d'Algolsheim, attachée à son pâturage, à celle enfin du gouverneur de Neuf-Brisach, soucieux de préserver son terrain de chasse... Sandherr s'évertue donc à *ramasser et à préparer des armes pour combattre l'audace de la communauté d'Algolsheim*, en même temps qu'il propose de faire *une petite galanterie* au premier président du Conseil Souverain : *un perroquet admirable pourroit luy faire plaisir... C'est la seule chose qui manque dans son hôtel* [459]. En réalité, c'est morceau après

[453] Un beau conflit de pâturage oppose la communauté de Lauterbourg au margrave de Baden - Durlach à propos du *Rückenacker* (1731-1778). Après 1778, l'affaire passe entre les mains du Conseil Souverain (GLAK 75/852-853).

[454] Voir *supra* pp. 671-672.

[455] ABR 8 E 130/6 : *damit sie das Vieh vertreiben* (11 mars 1766).

[456] De même AN K 2314 : doléances des députés du comté de Horbourg et procès (*wegen umgebrochenen Weiden*), 29 juillet 1789.

[457] M. AGULHON, *op. cit.*, p. 42.

[458] A. St. 74/151 (Sandherr, juin 1772).

[459] *Ibid.* (14 novembre 1772 et 6 janvier 1773).

morceau que, depuis 1768, la forêt est affermée à des particuliers, moyennant des baux de neuf à douze ans, la première année étant gratuite pour indemniser des frais occasionnés par le défrichement et le creusement des fossés destinés à empêcher le passage des bêtes ; l'exemption de la dîme s'inscrit dans la tradition de l'ordonnance royale de... 1687[460], mais, dès 1778, il est question de *dîmes novales*. En 1788, la communauté d'Algolsheim, forte de l'appui du Conseil Souverain, fait arrêter les opérations de défrichement en vertu d'une prescription d'usage quadragénaire qui tient lieu de possession immémoriale : *La continuité des guerres du siècle précédent avoit couvert la province de plus de ronces et d'épines que d'Habitans, mais l'augmentation de la population, les établissements d'usines à feu ont depuis tellement éclairci les forêts que bien loin qu'on doive aujourd'hui autoriser aucun défrichement aux dépens des forêts, il seroit au contraire du bien public que l'on forçat tous les propriétaires de cy-devants forêts de les repiquer et de les refermer.* C'est ainsi que s'expriment les avocats du Conseil Souverain qui opposent *l'intérêt public* aux *motifs oeconomiques* des seigneurs[461]. Il est plus rare que ce dernier affirme son intention de mettre le communal en culture, faisant passer ses intérêts d'exploitant agricole avant son droit de propriétaire éminent[462]. Ce sont une fois de plus les terres *caduques*, de moins en moins étendues d'ailleurs, qui font l'objet de contestations entre le seigneur et la communauté[463]. Elles sont considérées comme des terres communales, défrichées à grands frais par les habitants à la suite d'une concession seigneuriale dont le souvenir n'existe plus que dans la mémoire collective[464]. Le conflit autour des terres *caduques* dépasse largement le cadre de l'Ancien Régime puisque les différends éclatent jusqu'en 1799 et au-delà[465] : et nous voilà renvoyés à l'éternelle question de la possession...

Aussi le problème de l'utilisation de la forêt tiendra-t-il une place de premier plan dans les doléances prérévolutionnaires et révolutionnaires[466]. Le droit de triage[467] ou la perception du tiers denier pour toute vente de

---

460 AHR 18 J 462.

461 *Ibid.*

462 ABR 8 E 130/7 : *in veldt zu verwandlen... umb eine järliche Gülth zu verlehnen... ihrer bisheriger Weÿd genossen...* (60 hectares de *Hart* à Eschau en 1728).

463 AHR 18 J 700 (Sandherr à Sundhoffen, 19 juillet 1791).

464 AHR E 1349 : *Allmenden ausgestockt und in ackerfeld verwandelt worden... mit der Zeit auch die besitzer dieser güter, selbige als ein eigenthum praetendieren dörffen* ((Balgau, XVIIIème siècle).

465 AMO B 44 : *complot* des habitants de Quatzenheim, en 1799, pour extorquer à Charles Siegfried d'Oberkirch *l'abandon et désistement* de *pièces de terre qui ont été déclarées caduc lors du renouvellement fait en 1664.*

466 Voir *infra*.pp. 1331 ss.
Ch. HOFFMANN, *op. 36*, t. I, pp. 704-742.
AHR C 1585 (Bureau intermédiaire de Huningue, Raedersdorf, 26 février 1788).

467 BNUS Ms. 5451 : exposé juridique de Mathieu-Faviers, maire de Strasbourg et conseiller à la Cour royale de Colmar, (1753-1841), 20 p., s.d.
ABR E 671 (Niedernai 1693-1696).
ABR 1 E 15/ 2,5,11 et 20 : conflits forestiers dans le comté de Ferrette entre dix-sept communautés qui s'estiment spoliées et la duchesse de Mazarin qui affirme ses prétentions à la propriété et fait procéder au cantonnement de la forêt contestée (1754-1768).
ABR E 1360 (Sundhouse 1772) et 1374 (Vendenheim 1788).
BNUS M 15 403 *Mém. cit.* (Bootzheim 1780).

bois[468] ne sont pas toujours de nature à calmer le jeu. De quelle réalité la forte augmentation de la délinquance forestière, à la fin de l'Ancien Régime, est-elle le reflet[469] ? De l'échec des plans d'aménagement forestier[470] qui n'ont pas réussi, par l'affouage, à satisfaire les besoins, ce qui expliquerait le comportement des exclus ? De l'efficacité accrue des moyens de coercition et, par conséquent, de l'amélioration du système répressif ? De l'atténuation des comportements violents, la répression cédant progressivement la place à la verbalisation ? La crue verbalisatrice, mise en lumière par Andrée Corvol, est ambiguë dans sa signification même, puisqu'elle peut refléter à la fois la poussée de la délinquance et un renforcement du pouvoir répressif[471].

Nous n'évoquerons que pour mémoire les vols de bois et d'échalas[472]. Les principaux conflits éclatent au sujet du bois de fagotage théoriquement composé d'*épines et de broussailles,* de façon à *nettoyer la forêt et à donner de l'air au bois propre à fournir avec le tems le chauffage* [473]. Or les paysans n'épargnent ni le hêtre, ni le chêne, ni le charme, confondant volontiers droit de fagotage et droit de chauffage et assumant, de ce fait, les tracas de procès à rebondissements. Dans le *Bienwald,* au nord de la province, le droit de ramasser le bois mort, en échange d'une redevance appelée *Rauchkorn,* donne lieu à divers mises au point et contestations[474].

On reproche également aux villageois de ne pas respecter les *cantons défensables* où l'exercice du droit de pâturage ne peut se faire que dans la mesure où il ne nuit pas au seigneur[475]. A l'inverse, on accuse le seigneur de surcharger la pâture par ses troupeaux de moutons, responsables d'une progressive détérioration. Les communautés de Goersdorf, Preuschdorf, Lampertsloch et Dieffenbach parviennent à arracher à l'intendant l'interdiction, pour les bergeries seigneuriales, de faire paître leurs moutons dans les forêts : *Moutons, boucs chèvres, chévreaux et cabrins* sont accusés

---

468 *Ibid.*

469 Voir *infra* pp. 1527-1528.
AHR E 193 : délits forestiers sur le terroir de Fortschwihr (1689-1792).
On se reportera, à titre de comparaison à la solide étude de Ph. JEHIN (*mém. 1141*) sur les forêts du val d'Orbey, en particulier en ce qui concerne les conflits seigneur/communauté (pp. 124-158), les délits forestiers (pp. 179-248), la contestation des cantonnements (pp. 249-311) et le rôle de la forêt au cours de la Révolution (pp. 312-318). On y ajoutera Ch. HOFFMANN, *op. cit.*, t. I, pp. 658-661 (conflits forestiers).

470 Voir *supra* pp. 666-681.

471 A. CORVOL, *art. 2502*.

472 Voir *supra* pp. 673-674.

473 AHR 1 E 36/1-3 : conflit entre la duchesse de Mazarin au sujet des forêts seigneuriales d'Issenheim et de Merxheim (mémoires et rapports des garde-forestiers, 1767-1789).
Voir également AHR 17 J 12 : procès intenté par Wolfgantzen, Sundhoffen et Andolsheim au duc de Wurtemberg au sujet des fagots à prélever dans la forêt (2 septembre 1752).
AHR 18 J 703-705 : règlements et procès entre le couvent des Ursulines et les bourgeois de Colmar (1631, 1693-1713, 1730-1769).

474 SP D 2/213 et D 5/87 ; ABR G 5045 (prince-évêque de Spire, 1767-1769).

475 AHR 1 E 36/1 : rappel de la duchesse de Mazarin à l'intention des communautés d'Issenheim et de Merxheim (1775).
AHR C 1585 (Bureau intermédiaire de Huningue, mai 1788).

de s'attaquer aux *hayes, clôtures d'héritages et arbres fruitiers* [476]. La mesure, en contradiction formelle avec *un droit si ancien et si légitime* , est mal acceptée par le seigneur. La critique est-elle fondée ? *Le mouton n'est pas pernicieux aux jeunes arbres,* répond l'administration du comté de Hanau-Lichtenberg, *dès qu'ils ont pris cinq à six piez de hauteur, parce qu'il ne grimpe pas et qu'il ne fait que brouter à la hauteur de sa tête, qui n'est pas de deux piés de terre ; il n'en est pas ainsi de la chèvre qui se dresse contre les arbres, qui plie les branches et dont la morsure est véneneuse* [477]. En 1750, le duc de Deux-Ponts répond aux accusations de la commune de Heiteren : ses moutons, prétend-il, n'occasionnent pas plus de dégâts que ceux du troupeau communal au sein duquel les moutons le disputent aux oies prédatrices. Las des attaques répétées, il finit, en juillet 1776, par louer la bergerie à la commune moyennant un canon annuel de 400 livres[478].

En dehors des forêts litigieuses, c'est le pâturage qui cristallise mécontentements et conflits. On reproche au seigneur de vouloir y participer sans contribuer aux dépenses communes[479], d'accaparer la pâture à son profit[480] ou de la surcharger par ses troupeaux de moutons[481]. Les *rebelles sujets de Fessenheim* envoient, en 1769/1770, leurs troupeaux *prendre le verd* sur la rive droite du Rhin, en Brisgau, dans le canton appelé le *Mastgrien* dans lequel ils prétendent avoir le droit de pâture. Ils se heurtent à la Commanderie de l'Ordre Teutonique de Rixheim qui met une trentaine de pièces en fourrière pour les vendre au plus offrant pour 1492 livres tournois et, dès lors qu'il y a récidive, distribue des amendes (10 livres par bête). Plutôt que de se soumettre, les paysans se rendent à *Neuhaus, munis de serpes et de haches pour accabler le suppliant d'injures* [482].

Le communal fait l'objet de nombreuses contestations[483]. Le plus souvent, c'est le droit de pâture lui-même qui est disputé. A Sierentz, les habitants arrachent, en 1779, les poteaux frappés aux armes seigneuriales que le seigneur avait fait planter autour de la *place communale* [484]. Ailleurs, c'est sous des prétextes divers - gêne pour la chasse[485] ou pour l'extraction de terre glaise[486], menace de conversion en prés[487] - que le seigneur cherche à

---

476 AHR 7 J 109/1 (17 janvier 1748).

477 AHR 1 J 19/46, fonds Bruges (*Hochwald* à Goersdorf, Lampertsloch, Preuschdorf et Dieffenbach, 1739-1747).
Voir également *supra* pp. 679-685.

478 AHR E 1341 (Besserer à Heiteren, le 25 juin 1750).

479 J. VOGT, *art. 1050* (Erstein, 1675, face au Grand Chapitre).
P. WIRTH, *D.E.S. 2217*, p. 17 (Sierentz 1721).

480 AHR 1 E 46/3 (le baron de Klinglin dans la seigneurie de Hattstatt, 1776-1789).

481 Voir *supra* p. 815.

482 AHR 15 J 1856 (Conseil Souverain, Colmar 1769).

483 AHR 18 J 583 (Muntzenheim 1738-1782/1785).

484 WIRTH, *D.E.S. cit.*, p. 26.
AN K 2314 : *Weydungen... fast überall entweder denen Gemeinden entzogen oder doch sehr geschmähet worden* (doléances des députés du comté de Horbourg, 29 juillet 1789).

485 ABR 8 E 130/6 (Eschau, 11 mars 1766).

486 AHR 18 J 416 (Volgelsheim 1744-1788).

487 AHR 1 J 24/3 (Ernolsheim-sur-Bruche 1720).

limiter, voire à interdire le pâturage qui est pourtant considéré par la communauté comme un droit imprescriptible[488]. L'affirmation du droit de troupeau à part[489], du droit exclusif à la glandée et à la pêche[490] achèvent d'envenimer les relations entre seigneur et villageois. Ce qui ressort de ces conflits, c'est le heurt entre les réflexes communautaires et le comportement individualiste du seigneur qui use et abuse de la clôture : des pierres bornes frappées aux armes de la baronne de Klinglin - *ce qui manifestoit trop ses vues sans que la communauté ait pû se tenir tranquille-* surgissent en 1775 dans le pâturage communal d'Oberhergheim[491] et la communauté de Nambsheim, dans ses doléances, accuse le seigneur d'avoir fermé le *Schwalmengässlein* qui dessert son jardin et... des champs de particuliers[492]. C'est donc toute l'organisation du système agraire qui risque de se trouver compromise. C'est ainsi qu'au XVIIIème siècle la mise en culture de la sole de jachère par les villageois gêne non seulement le décimateur, mais, comme à Logelheim et à Heiteren, le parcours du troupeau seigneurial[493]. En 1675, la situation inverse s'était présentée à Erstein[494], où la communauté reprochait à Junker Jakob Bock la mise en culture anarchique de la sole de jachère, ce qui compromet l'organisation du parcours commun : entre les deux périodes, la signification même de la jachère a changé, mais, dans les deux cas, l'individualisme seigneurial vient buter sur les usages de la communauté. Ce genre de conflit apparaît beaucoup plus fréquemment que les querelles au sujet de la chasse seigneuriale.

Il arrive que le différend se déplace du terroir à l'agglomération. A qui appartiennent les bâtiments communaux ? A Sierentz, le seigneur prétend que la communauté en jouit de façon *précaire* [495]. A Hettenschlag, le seigneur dénonce ceux des habitants qui ont anticipé sur les terrains à bâtir : ils sont 7 sur 13 à devoir payer des arriérés remontant jusqu'à 32 ans[496] ! Inversement, en juillet 1789, les villageois reprocheront au duc de Wurtemberg d'avoir *annexé* des places communales[497]... Les historiens se sont interrogés sur les dessous politiques de ces manifestations d'opposition[498]. En effet, même s'il n'y a pas désir conscient de mettre en cause le régime politique, la défense des droits collectifs soulève bien, à l'échelle du village, la question du pouvoir. Tout comme le fisc d'ailleurs.

488 AHR 4 E Not. Wendling : *le seigneur voudroit empêcher de faire paturer leurs brebis sur le ban de la communauté* (requête des habitants de Morschwiller-le-Bas au bailli Clavé, 1746).

489 AHR 1 J 24/3 (Ernolsheim-sur-Bruche 1720).
AHR C 1598 : doléances de Niederhergheim (1789).

490 AHR 18 J 712 (Sundhoffen 1709 et 1752).

491 AHR 1 E 46/3.

492 AHR C 1598.

493 Voir *supra* p. 745.

494 J. VOGT, *art. 1050* (AMS Grand Chapitre).

495 P. WIRTH, *mém. cit.*, p. 27 (AC Sierentz, 1772).

496 AHR 1 E 1272 (10 février 1759).

497 AN K 2314 : *hat die herrschaft an sich gezogen* (29 juillet 1789).
AHR 18 J 544 : le seigneur se permet de concéder des places constructibles dans l'agglomération moyennant une rente qui devrait revenir à la commune (cahier de doléances de Horbourg, mars 1789).

498 On se reportera aux publications des *Recueils de la Société Jean Bodin* sur '*Gouvernants et gouvernés* et *L'individu face au pouvoir* (1939 et 1941). Voir également R. MOUSNIER, *contrib. 1929*, W. SCHULZE, *op. 2347* et R. HUARD, *contrib. 2334*.

3) le problème fiscal

Sur plus de 3000 affaires judiciaires retenues dans le bailliage de Haguenau, pour la période 1700-1726, 350, soit 11 %, tiennent à des problèmes de dîme, de rente ou d'impôt[499]. On relèvera le caractère éminemment économique de cette confrontation : les droits féodaux eux-mêmes sont davantage contestés par la haute bourgeoisie (du fait de l'origine de ces droits et de l'état d'esprit des contestants) que par la paysannerie qui aurait plutôt tendance à dénoncer la forme économique et psychologique du prélèvement seigneurial assimilé à un véritable parasitisme[500]. C'est en effet moins en tant que dépositaire d'une autorité que comme percepteur de droits que le seigneur s'oppose à la communauté. *La féodalité physiocratique*, rajeunie par l'attrait du profit, se fera plus exigeante à mesure que ces droits sont plus contestés et plus productifs. Or pas plus la réaction seigneuriale que l'opposition qu'elle suscite ne sont susceptibles de stimuler le progrès. Une seigneurie très rétrograde, de mentalité rentière et d'esprit peu spéculatif, quant à d'éventuelles transformations agraires, trouve sa contrepartie dans une paysannerie traditionnaliste qui défend ses droits par le refus systématique de toute innovation. Or l'incidence d'une fiscalité ne se mesure pas uniquement à son poids économique, mais à des facteurs plus subjectifs. L'utilisation qui est faite du produit de la dîme est capitale pour qui veut comprendre l'impopularité de cet impôt, exporté hors du circuit de l'économie villageoise, alors qu'on souhaiterait l'utiliser sur place, dépensé, sans retour possible, dans un cadre urbain et laïque. Voilà qui pose le problème, plus général, du détournement des droits seigneuriaux qui ne répondent plus à leur contrepartie de protection.

La principale pomme de discorde entre seigneur et communauté touche aux impôts : la taille seigneuriale est considérée comme trop élevée[501] ; les exemptions sont contestées[502], tandis que l'institution même de la corvée est mise en question. Les droits de moulin donnent lieu à d'interminables discussions : Gunstett en 1772, Oberbronn en 1784 font moudre leurs grains hors de la juridiction seigneuriale, contrevenant ainsi au droit de banalité[503] dont les habitants de Niederhergheim[504], de Volgelsheim et d'Algolsheim[505] contestent expressément le bien - fondé. A Fortschwihr, en 1787, on refuse de payer l'*Atz* sur les champs ensemencés

499 G. LEYTE, *D.E.A. 2466*.

500 Voir *supra* pp. 1208 ss.

501 AN K 2314 : doléances des députés du comté de Horbourg (29 juillet 1789).
A. POSTINA, *op. [449]*, p. 103 : contestation avec les Fleckenstein dans le Ried Nord dès 1699 et 1727.

502 AHR C 1141 : les Reinach et les Besenwald à Zillisheim (1760-1766). Le comte de Montjoie à Heimersdorf : *le noble comme le reste des sujets du Roy doivent aider à supporté les charges... car dans l'ordre naturel, tout le monde doit contribuer à supporter les charges de l'Etat* (la communauté au subdélégué de Ferrette, les 5 avril et 16 août 1786).

503 ABR C 607 (Gunstett) et 193 (Oberbronn).

504 AHR C 1598 : doléances du printemps 1789.

505 AHR 18 J 462 (1779-1791).

longeant les chemins communaux que le seigneur doit tenir en état[506]... L'exemple de Sierentz rend compte de cette frénésie de contestation fiscale qui s'empare de la communauté au XVIIIème siècle[507] : on conteste les lods et ventes[508], le droit de vente du sel dont le seigneur cherche à tirer le profit maximum, le droit de pêche, le droit d'étal instauré en 1769... Il est banal de rappeler que les paysans *n'aiment guère ceux auxquels ils sont obligés de payer des redevances* et *qu'ils voudroient s'exempter de toutes les charges*[509].

La réaction est particulièrement violente en ce qui concerne les corvées et les dîmes. Dès 1668, nous l'avons vu[510], et à plusieurs reprises au XVIIIème siècle[511], les habitants de Meistratzheim refusent de transporter les grains à Strasbourg au profit des nobles de Basse-Alsace. Dans leurs doléances du printemps 1789, les laboureurs de Niederhergheim se plaignent de devoir *chercher deux fois du bois, de livrer deux coqs et une poule* et les journaliers leur emboîtent le pas[512]. L'impôt de la corvée est particulièrement honni, non seulement parce qu'il enlève un temps précieux au paysan[513] et qu'il épargne les gens les mieux placés dans la société rurale[514], mais parce qu'il est arbitraire et théoriquement illimité[515]. L'impopularité de cet impôt se mesure en effet à la fréquence des grèves fiscales du Sundgau[516] à l'Outre-Forêt[517] en passant par la plaine d'Erstein[518], et à *l'état languissant* des procès de corvées[519]...

Enfin *il est constant que les corvéables qui arrivent tard s'en vont de bonne heure*, écrit le prévôt d'Offendorf à l'intendant vers 1780, *et... ne font pas la moitié du travail d'un homme payé à la journée*[520]. On s'insurge avant tout contre le nombre de journées à effectuer par an, qui est sujet à de fortes variations avant la réglementation officielle précédemment

506 AHR E 162.
507 P. WIRTH, *mém. cit.*, pp. 17-25.
508 *Gantkreuzer* (AC Sierentz, 1750-1770).
509 AN K 2361/3 (le gouverneur Gemingen au conseiller Treitlinger, le 28 avril 1751).
510 Voir *supra* pp. 1309-1312.
511 ABR 8 E 286/48 (Meistratzheim, 1714-1755).
512 AHR C 1598.
513 Malgré la répétition des déclarations d'intention : *L'on choisit le temps où les gens de la campagne ont le moins d'occupation* (AN K 1142, mémoire de 1702, comté de Horbourg).
514 R. SCHWENGLER, *op. [466]*, p. 36 : 24 exempts sur 95 feux à Neewiller en 1766, soit plus de 25 %.
515 Voir *supra* pp. 1222-1224.
516 AHR 1 E 22/18 (seigneurie d'Altkirch, 1664).
517 ABR B 126 (cit. par R. SCHWENGLER, *op. cit.*, p. 34 : Stundwiller ; Aschbach, Oberroedern en 1724).
518 ABR E 1123-1128 et 1325 (Fegersheim 1719-1720).
Les problèmes concernant les corvées sont nombreux :
AN K 2321/1 (comté de Horbourg, 1685-1688 et 1770-1774) ;
AHR E 156 (comté de Horbourg, 1768-1785) ;
AHR 1 E 44/19a (Landser 1773) ;
AN Q[1] 970-971 (Reichshoffen 1783/1784-1788) ;
AHR 1 E 44/20 (Bartenheim 1787), etc.
519 AN K 2321/2 (1774).
520 ABR C 522. Rappelons que, dans le langage populaire, le terme de *frohnen* est synonyme de *frauder*. Pour les corvées royales, voir *supra* pp. 1228-1231.

évoquée[521]. Mais la réglementation elle-même produit souvent l'effet inverse. Lorsque, par souci de clarification, on concède en 1768 douze corvées par an en remplacement des corvées illimitées qui avaient cours dans le duché de Wurtemberg, le comte de Horbourg proteste en exhibant une lettre du duc Georges qui aurait accordé, en 1662, dix corvées par an[522] ! Dans les terres des Ribeaupierre, on prétend que les lettres patentes de janvier 1712[523] aggravent les charges des corvéables et, dans celles des Mazarin, l'arrêt du Conseil d'Etat du 29 décembre 1698[524], accordant cinq journées par an, est présenté comme l'expression d'un abus de pouvoir du seigneur : jamais on n'a porté un fardeau aussi lourd, prétend-on, avant de réclamer le maintien des anciens privilèges. En vain[525], mais la contestation traîne jusqu'en... 1769, occasionnant de nombreux procès au seigneur[526] ! Les cinq journées exigées en Haute-Alsace sont mal respectées[527] : elles peuvent tomber à deux et demi[528], à trois[529] ou quatre[530]. Mais le paysan veille en tout cas à ce qu'elles n'excèdent pas cinq. Les dix à douze journées de Basse-Alsace font l'objet de divers aménagements[531]. Un même seigneur dont les possessions seraient à cheval sur la Basse et la Haute-Alsace -tel le duc de Deux-Ponts dans le bailliage de Bischwiller et la seigneurie de Ribeaupierre - pourra donc exiger douze journées de travail d'un côté, mais devra se contenter de cinq de l'autre. La corvée étant perçue plus souvent en fonction du nombre de *charrues*, c'est-à-dire d'attelages, qu'en proportion du nombre de bêtes d'attelage, il importe de savoir combien il faut de bêtes *pour former une charrue,* surtout lorsque l'impôt s'acquitte en argent. Les ordonnances de l'intendant du 4 avril[532] et du 24 décembre 1683[533] qui fixent, pour les seigneuries de Basse-Alsace, les dix corvées annuelles à 30 sols par jour et par charrue et à 10 sols par journée de manouvrier – soit respectivement 15 et 5 livres – peut être diversement interprétée : une charrue peut être attelée de deux à quatre chevaux ou boeufs selon l'usage du pays et la lourdeur des terres. On est donc amené à accorder une réduction pour les laboureurs qui n'utilisent qu'un cheval et à exiger une majoration proportionnelle au nombre de chevaux pour ceux qui en élèvent plus de deux. Il n'en faut pas davantage pour soulever une tempête

---

521 Voir *supra* pp. 1228-1231.

522 DE BOUG, *Ord. Als.*, t. II, pp. 808-811 : lettres patentes de juin 1768.
AHR E 306 : lettre de Rosé (18 octobre 1785).

523 *Ibid., Ord. Als.*,t. I, p. 404.

524 Ibid., *Ord. Als.*, t. I, pp. 282-283.

525 Ibid., *Ord. Als.*, t. I, pp. 318-320 : arrêt du Conseil d'Etat du 14 avril 1701.

526 Ch. HOFFMANN, *op. cit.*, t. III, pp. 157-166 et 190-192.

527 AHR 2 E 11 (d'Anthès à Nambsheim, 1657-1658).
AN T 510/1 (seigneurie de Landser, 1746).
AHR C 1008 (Dornach, Pfastatt, Lautenbach, Heidwiller, 1751).

528 ABR C 1008 (Morschwiller-le-Bas 1751).

529 *Ibid.* (Didenheim, Luemschwiller, Steinbrunn-le-Haut).

530 P. WIRTH, *art. 2216* (Waldner de Freundstein à Sierentz).

531 AHR C 1598 : dans les terres de l'évêché de Strasbourg, sept par tête de bétail, douze par manouvrier, en vertu des lettres patentes du 6 mars 1784 (cahier de doléances d'Urschenheim, 11 août 1769).

532 DE BOUG, *Ord. Als.*, t. I, pp. 125-126.

533 *Ibid.* , pp. 136-137 (noblesse de Basse-Alsace).

de protestations : si l'évaluation se fait en *charrues,* les contrées à terres lourdes, qui nécessitent trois ou quatre bêtes d'attelage, sont favorisées. En 1719/1720, les Rathsamhausen ont à faire à forte partie dans la paroisse de Fegersheim, où les paysans prétendent qu'il faut quatre chevaux, et non deux, pour tirer une charrue[534]. Dans le comté de Hanau-Lichtenberg, où la corvée se règle au nombre de bêtes trahantes, les paysans exigent l'acquittement par charrue à raison de 18 livres par unité, mais sans assimiler les boeufs aux chevaux : en effet, on y laboure indifféremment avec trois chevaux ou quatre boeufs[535]. On fait admettre qu'un boeuf ne vaut que les trois quarts, en force de traction, d'un cheval[536]. Dans les anciens territoires des Habsbourg, *où on laboure ordinairement la terre avec deux chevaux ou quatre boeufs,* les journaliers paient 10 sous et la charrue attelée 30 sous par jour ; on admet que ceux qui n'ont qu'un cheval verseront 15 sous *et ainsi des autres qui en auront davantage en proportion* [537]. Mais, dans les terres lourdes, il faut au moins trois chevaux, parfois quatre chevaux ou boeufs, et on ne verse néanmoins que 30 sous par corvée (10 sous ou 7 sous six deniers par cheval selon le cas). Se superpose à la mauvaise volonté devant la prestation des corvées, la contestation des exemptions, jugées abusives, accordées à certains villageois ou forains privilégiés[538], mais ceci est une autre histoire. Comment, dans ces conditions, la juxtaposition d'intérêts particuliers permettrait-elle d'offrir un front uni à l'offensive fiscale ?

Changeons de registre et entr'ouvrons un instant l'impressionnant dossier du contentieux dîmier : à l'abus de pouvoir des décimateurs, accusés d'avidité ou de cupidité, répond la forte propension des décimables à la fraude[539] d'où le chapelet d'interdictions qui ponctuent les règlements dîmiers : ne pas vendanger avant l'ouverture des bans ni après la tombée de la nuit ; ne pas écraser le raisin ; ne pas mélanger le vin rouge au vin blanc ; faire homologuer les récipients[540]... La dîme, indice traditionnel de la production, devient alors le témoin de la psychologie collective et l'indicateur à la fois de l'exercice d'un pouvoir et d'un rapport de forces. L'historien a donc intérêt à passer, dans l'exploitation de la documentation décimale, du premier au deuxième niveau. C'est d'abord la fraude classique, banale. Elle se fonde sur deux principes : la prescription quadragénaire et la limitation de la matière décimable. Selon le droit local, c'est le *fruit* qui dîme, non la terre. Or il y a deux sortes de dîmes dont on n'accepte pas le bien-fondé parce que leur prélèvement n'est pas coutumier : les dîmes *novales* – *Neubruchzehenden* ou *Rodkorn* – et les dîmes *insolites,* en particulier celles qui portent sur la jachère nouvellement cultivée. Les

534 ABR E 1123-1128. Voir *supra* p. 262.

535 AHR 1 J 30 (Mietesheim 1735).

536 AC Erstein CC 44.

537 DE BOUG, *Ord. Als.,* t. I, pp. 282-283 (29 décembre 1698).

538 Voir *supra* pp. 972-975.
AMC HH 19/43b : *souvent les plus riches s'exemptoient en affectant de n'avoir point de chevaux* (XVIIIème siècle).

539 J. VOGT, *contrib. 2250.*

540 AHR E 2754 : *Weinzehntordnung* du bailliage de Woerth (24 septembre 1748).

premières se lèvent sur les terres défrichées et opposent fréquemment les communautés aux curés : si on ne peut cacher l'opération de défrichement elle-même, on prétexte que la terre, trop récemment mise en culture, mettra des années à produire[541]. Les dîmes novales portent sur la plupart des productions non céréalières : le conflit menace donc d'éclater à l'occasion de tout changement de culture, lors d'une conversion qui affecte le produit du sol. D'après les conseillers auprès du Conseil Souverain, tout ce qui exige *renversement de la terre*, c'est-à-dire labour, donne lieu à la dîme, et tout *ce qui est d'usage journalier* et *ne se lève pas par voye de récolte* - le produit des prés et des jardins, les fruits des arbres - devrait en être exempt[542]. Or la réalité est tout autre, puisque la dîme porte, sous l'appellation d'*Etterzehend*, sur les *enclos*[543], donc sur les choux, navets et fruits (qu'arrivera-t-il le jour où les légumes envahissent les champs ?), mais aussi sur la navette et le chanvre[544], le maïs, la pomme de terre[545] et le tabac[546]. L'extension continuelle de la matière décimable risque d'entraver l'introduction des cultures *nouvelles* et les progrès de l'élevage. Si les foins ne dîment pas systématiquement[547], ce qui pose le problème des prés convertis en labours[548], le croît du bétail est taxé par la *dîme de charnage* [549]. Se pose surtout le problème des prairies artificielles qui diminuent le produit des grosses dîmes, si elles ne sont pas cultivées dans les terres de repos[550]. Les habitants de Reguisheim se plaignent de devoir payer deux fois

541 AHR 1 J 18/28 (îles du Rhin, 1687-1705).
AHR 17 J 9/15 : réglementation demandée par les curés (comté de Horbourg, 5 décembre 1761).
AHR 1 E 44/4 et 15 : conflit avec les curés de Kembs (1717) et de Village-Neuf (1765).
AHR E 1287 (Logelheim 1767).
AHR C 1494 : part du curé dans la dîme novale après l'édit de 1768.
A. St. 74/154 (Hatten 1770).
AHR 18 J 467 (Andolsheim, 1750-1787).
AHR E 144 (Sundhoffen 1787).

542 AHR 18 J 529 (Reichstetter et Chauffour l'Aîné, le 24 février 1789).

543 AHR 18 J 617 et 716 (Neuf-Brisach et Andolsheim, 1709-1721 et 1720-1766), 582 (Muntzenheim 1731) et 724 (Wolfgantzen, vers 1750).
AHR 19 J 126 (Jebsheim et Rustenhart, 1779-1788).
AHR C 1494 (bailliage de Ferrette, 1786-1787).

544 AHR 19 J 126 (Guémar, Jebsheim, Andolsheim, Bischwihr, Wihr-en-Plaine, 1779-1788).

545 AHR 1 J 18 Fonds Bruges (Ensisheim 1758).
AMO DD 61 (Obernai, 1771-1778);
AEBP A 47/22 (Koestlach et Moernach, 1776).
AHR 19 J 126 (Heiteren et Rustenhart, 1781).
AHR 18 J 587 (Ostheim 1787).
AN K 2329 (Ostheim 1786-1788) et 2322/1 (Ostheim 1789).

546 AHR 1 E 44/9 (Landser 1718).

547 AHR 1 E 143 (Andolsheim, Fortschwihr et Muntzenheim, 1749-1759).
AHR 1 E 39/29 (seigneurie de Bollwiller, 1775-1782).
AHR 19 J 126 (Andolsheim, Wihr et Ostheim, 1779-1788).

548 AN K 2322/1 (Muntzenheim, Andolsheim et Sundhoffen, 1773).

549 AHR E 151 (*charnage et poule de jardin* à Wihr-en-Plaine, 1703-1788) et 147 (Muntzenheim 1788).
AHR 18 J 578 (Muntzenheim 1788).

550 ABR 2 G 61/49 (trèfle et garance, 1779).
AHR 18 J 467 (Andolsheim, 1763-1782).
AHR E 151 (Wihr-en-Plaine 1781).
AHR 19 J 126 (Guémar, Jebsheim, Andolsheim, Rustenhart, 1782).
AHR 1 G 61 : le trèfle est *un fruit décimable par sa nature* (Reguisheim 1785).

la dîme sur la même parcelle : en 1754, après avoir fourni du froment et du seigle, ils doivent livrer du sarrasin[551].

Mais l'incertitude qui plane sur les parcelles décimables fournit des armes aux paysans frondeurs. En effet, à la querelle entre gros et petit décimateur se superpose le conflit entre décimateur et décimable. Le paysan triche sur la quantité et la qualité du produit dîmier. Il néglige de laisser sur le champ le nombre de gerbes réglementaire, une sur dix théoriquement. Le Chapitre de Saint-Léonard constate qu'à côté des dizeaux ont été entassés, au râteau, des tas d'orge non liés, l'équivalent de une à deux gerbes, ce qui porte le rapport de 1 à 12 au lieu de 1 à 10[552]. Il en est de même à Huningue[553] et dans la région de Lauterbourg où la dixième gerbe, complétant des tas de neuf ou *Nailing*, revient théoriquement au valet dîmier[554]. Le problème des gerbes surnuméraires est finement exploité : si leur nombre excède sept ou dix, selon les contrées[555] elles ne sont pas soumises à la dîme, mais le seigneur a tendance à regrouper les gerbes surnuméraires de plusieurs parcelles appartenant au même exploitant[556]. Pour camoufler ces opérations peu avouables, les paysans se gardent parfois d'attendre le passage du collecteur[557] ou d'avertir le valet dîmier[558] ou encore *ils ne crient de chercher la dîme que lorsqu'ils voïent les valets dîmiers bien éloignés* [559]. A Meistratzheim, on ne veut rien savoir d'une dîme en nature pour les oignons : on préfère l'abonnement traditionnel des 10 sols par quart d'arpent[560]. Rien de plus facile que d'avancer la date de la fenaison de façon à reporter le profit sur les regains, théoriquement exempts de dîme ou de laisser, en guise de dîme de foin, quelques herbes chétives qui ont poussé à l'ombre des arbres, *par esprit de chicane et de mutinerie*[561]. Pour le reste, ce sont les enlèvements nocturnes, avant l'Angélus du matin, après celui du soir[562]. On s'ingénie à déposer à portée de main du valet dîmier des *gerbes moins fortes*[563] ou de moindre qualité[564]. Quant au raisin, il est de bonne

551 AHR 1 G 61.

552 ABR 2 G 52/9 (Kintzheim 1751).

553 AHR 1 E 44/9 : *dass er eine Zehent-garben zu wenig liegen lassen* (1710), délit qui est passible d'une amende de 5 livres.

554 R. SCHWENGLER, *op. cit.*, p. 38.

555 AHR 18 J 716 (dix à Volgelsheim en 1750).
Ch. SAUTER, *op. [457]*, p. 263 (dix à Wittelsheim au XVIIIème siècle).

556 AHR 1 G 54 (le Grand Chapitre de Bâle à Magstatt-le-Bas, 1771).

557 ABR 2 G 221 (Ingwiller 1688-1737).
AHR 1 J 20/38 (l'abbaye de Lucelle à Folgensbourg, 1743).

558 AHR 18 J 531 (Fessenheim 1786).

559 ABR 2 G 52/9 (Chapitre de Saint-Léonard, affaire de Kintzheim, 1751).

560 ABR 8 E 286/51 (1777-1784).

561 AMO C 3, fonds Oberkirch (Griesheim-près-Molsheim, 1766-1787).

562 AHR 18 J 531 (Fessenheim 1786).

563 ABR 1 B 126 : *Ein Zehendgarb zu klein gemacht* (Bolsenheim 1728).
ABR 1 B 271 (Niedernai 1759).
AHR E 147 (Beblenheim et Zellenberg, 1759).
AHR 18 J 531 (Fessenheim 1788).

564 AN K 2322/1 : *échanger les bonnes espèces contre les mauvaises* (Flachsland pour Muntzenheim, 27 juillet 1750).
AHR E 1481 (Jebsheim 1779).

guerre d'en augmenter la quantité et de lésiner sur la qualité. A Durningen, pour faire du volume, tout l'art consiste à ne pas tasser les grappes dans la cuve, mais à les déposer avec précaution *comme des oeufs*[565]. Ailleurs, on triche sur les récipients destinés à recueillir les raisins : à Griesheim, on opère un tri entre les raisins verts ou à moitié pourris, juste bons pour le décimateur, et les raisins d'une belle qualité et d'une parfaite maturité, qu'on se réserve[566]. A la fraude sur la contenance des récipients destinés à recevoir le vin,[567] le décimateur répond par l'ordre d'utiliser des cuves dîmières, régulièrement jaugées, à la place des cuves des particuliers.

Les formes de la contestation ? Plus que les violences physiques, le décimateur dénonce les *manoeuvres et ruses*[568], les *tours et ruses*[569], les *collusions et complots*[570], l'*esprit de chicane et de mutinerie* [571] dont se rendent coupables les paysans. Certes, il arrive que l'on attende le valet dîmier de pied ferme, avec fourches et gourdins[572] et qu'on l'attaque *à grands coups de manche de rateau* qu'on *casse sur son dos...en le traittant de voleur et de frippon*[573]. A Eschentzwiller, les paysans *se seroient émancippé...contre le receveur du chapitre* (de Thann), *produisant mil injures, impertinences et invectives, et fracassant les tonneaux*[574]. Et quand les femmes s'en mêlent, elles sortent les tisonniers et les faucilles[575]. Résultat : à Ostheim[576], le décimateur procède à son tour à l'enlèvement frauduleux de la dîme des raisins, tandis qu'à Ingersheim, *cela ressembloit davantage à un vol clandestin qu'à une levée de dîme*[577]. Mais pour bruyantes qu'elles soient, ces manifestations ne sont pas toujours les plus efficaces. A Eschentzwiller encore, *quatre perturbateurs ou troubleurs* choisissent de faire *signer une pétition contre la dixme des fruits d'arbre*, avec insolence car *la politesse est peu ordinaire à cette race*[578]. Ailleurs, c'est le refus pur et simple de livrer la dîme : onze particuliers de Horbourg s'y dérobent en 1777, sous prétexte que les cantons théoriquement décimables en sont exemptés[579]. Tantôt on récuse la dîme de la garance, tantôt celle du

---

565 G. STEPHAN, *mém. 1007*, pp. 121-128.

566 AMO C 3, fonds Oberkirch (1766-1787).

567 AHR 1 G 62 (Riedisheim 1702).

568 AN K 2363/2 (Gottekien au Conseil Souverain, 25 juin 1751).

569 AN K 2322/1 (Muntzenheim 1750) et K 2360 (comté de Horbourg, 1783-1789).

570 *Ibid.*

571 AMO C 3, fonds Oberkirch (Griesheim-près-Molsheim, 1766-1787).

572 ABR 8 E 6/9 : *mit gablen und höbeln* (Altenheim 1789). De telles pratiques sont la conséquence de réflexes invétérés : *würden sie verursachet werden... ihre Heugablen zu gebrauchen* (AMS VI 106/1 : Chapitre de Haslach à Marlenheim, 1582).

573 AHR E 147 (Zellenberg et Beblenheim 1759).

574 AHR 6 G 18 (1754).

575 AHR 1 E 83/44 : *kommen die sämtliche Weckolsheimer Weiber teils mit Schuss und Ofengabeln und theils mit sicheln...in vollem Geschrei herbei zu laufen und sagen, was machst du allda, du Hungersleuter, du Schelm und so weiter... Packt euch gleich aus unserem Bann oder wir hauen und stechen alles nieder* (à propos de la levée de la dîme de pommes de terre, Weckolsheim 1769).

576 AHR 18 J 593 (Ostheim 1716) et AEBP A 47/22 (impr., Conseil Souverain, 23 septembre 1777).

577 AHR C 1494 (Chapitre de Saint-Dié à Ingersheim, 1771).

578 AHR 6 G 18 (1736).

579 AHR 18 J 544.

trèfle ou du tabac. Dans les terres de l'évêché de Bâle, les adjudicataires préfèrent livrer quelques sacs de pommes de terre à eux *plutôt que de s'attirer la haine de toute leur communauté*[580].

A mesure que la dîme, transformée en rente foncière, se commercialise et devient objet de spéculation, on en conteste le taux et la destination. En effet, l'Eglise ne réussissant pas à s'en assurer le monopole, une grande partie des dîmes se trouve inféodée au XVIIIème siècle. A partir du moment où elle passe entre les mains de citadins - les Strasbourgeois dans le Kochersberg[581] et les Colmariens, *grands chicaneurs*, à Horbourg[582] -, est-elle toujours utilisée pour la réfection du clocher et du choeur de l'église ?[583] Il est permis d'en douter. Un tel transfert se fait aux dépens du curé ou de la communauté qui se lance dans une patiente mais active opération de reprise des dîmes[584] dont elle finit par revendiquer la *possession*, en utilisant parfois des méthodes analogues à celles qu'elle avait préalablement dénoncées.

En effet, les modes de perception de la dîme sont mis en question. Pour le décimateur, la levée directe est une source de débours, de perte de temps et de tracas[585] ; elle bute, par ailleurs, sur la difficulté à trouver des valets dîmiers du cru[586]. Elle est irritante pour le producteur qui se voit toujours enlever la part la plus belle de sa récolte. La perception directe finit par devenir, sinon impossible, du moins insupportable : le valet dîmier n'emporte que ce que le paysan veut bien lui laisser... Elle n'est maintenue que pour les cultures particulièrement précieuses : le chanvre[587], le colza[588] ou les grains si leur prix est élevé[589]. On y a recours occasionnellement comme moyen de pression sur des fermiers récalcitrants[590]. Mais on ne peut faire confiance ni au marquage *à la dixième perche*, effectué par le dîmeur, ni à d'honnêtes livraisons de la part du dîmé. Les paysans roublards n'hésitent pas à tout engranger, quitte à proposer quelque arrangement au décimateur par la suite. De toute façon, le pavot, le chou, le lin, la navette ne sont pas quérables sur le champ, mais portables : dans ces conditions, il vaut mieux que le collecteur dispose d'une grange sur place, pour ne pas

---

580 AEBP A 47/22 (1776).

581 J. VOGT, *art. 978*: de Jean-Daniel Braun, un banquier strasbourgeois à Burger, greffier d'Erstein (Kuttolsheim 1683 et 1785).

582 AHR 18 J 587 (1762).

583 AEBP A 19 b/4 (Holtzwihr 1760).

584 J. VOGT, *contrib. 2250*: exemples des communautés de Marlenheim et de Kirchheim opposées au Chapitre de Haslach, aux notables ruraux et aux bourgeois de Strasbourg pour la sauvegarde de la dîme communautaire.

585 GLAK 61/5815 (Imbsheim 1673).
AMS Conseil des XV, fol. 262 (Dorlisheim 1697).
ABR 2 G 61/49 (Duntzenheim 1788).

586 AN K 2322/1 (Muntzenheim et Sundhoffen, 1773).

587 ABR E 919 (Wilwisheim 1651).

588 AN K 2322 (Muntzenheim, XVIIIème siècle).

589 ABR H 537 (abbaye de Schwarzach à Quatzenheim, 1709).

590 GLAK 75/861 (le curé de Lauterbourg, 1740).

avoir à la louer[591] et pour éviter de voiturer la récolte en ville à grands frais. Or il arrive que les *mutins* refusent de céder une grange à tout étranger au village ou décident de la louer à des prix exorbitants[592].

La meilleure solution ne réside-t-elle pas dans l'affermage de la dîme pour trois, six, neuf ou dix-huit ans *par voie d'échûte* ? Encore faut-il que l'adjudicataire soit solvable. Or les décimateurs passent leur temps à l'*actionner* pour qu'il règle son dû[593] : à Sausheim, *toutes ses actions ne sont qu'une chanson perpétuelle qui dit he va comme il pourra la rirette et va comme il pourra la viva*[594].

Restent deux solutions qui répondent chacune aux intérêts des uns ou des autres : fermage de gré à gré ou emphytéose ? abonnement ou mise aux enchères ? Les communautés ont tendance à considérer la dîme *comme une espèce d'emphytéose* individuelle ou collective[595] ou comme une *rente fixe et perpétuelle*[596], tout en se réservant le droit de payer en argent si le grain est rare[597]. Le scénario est donc le même que pour la propriété. Comme toute rente foncière, la dîme, calculée sur le produit moyen, serait alors figée[598] et finit par grever la terre plutôt que le produit de cette terre. Pour le paysan, tout le problème consiste à pouvoir prouver l'uniformité du montant sur une longue période[599] : comme dans le cas de la *Gült*, une réduction du montant, à un moment ou à un autre, serait fatale. Pour le Chapitre de Saint-Léonard ou pour celui de Saint-Pierre-le-Jeune, à Gunstett en 1730 et à Entzheim en 1738, où le pasteur lui-même est accusé d'encourager la résistance[600], il n'y a que les Luthériens pour frauder ! L'abonnement consacre en tout cas la victoire des communautés rurales et l'abdication de fait des décimateurs.

Le décimateur a tout intérêt à ce que la courbe dîmière suive la courbe des prix : il faut donc éviter l'abonnement et généraliser les enchères. La méthode a l'avantage d'être sélective : sur des périodes très courtes –

---

591 AHR 18 J 578 (Muntzenheim 1749).
AEBP A 47/22 (Koestlach et Moernach, 1776).

592 AHR E 280 (Horbourg 1749) et AN K 2322/1 (Muntzenheim 1750).

593 AHR 18 J 587 (Horbourg 1762) et 702 (Sundhoffen 1775).

594 AHR 1 G 59 (curé de Sausheim, 23 mai 1753).

595 ABR 2 G 61 (Gimbrett 1730). Voir également : AN K 2321 (Muntzenheim, XVIIIème siècle).
AHR 1 J 23, fonds Corberon (1724).
St. A 74/154 (Hatten 1742).
AMS VII 64/1 (Ittenheim, XVIIIème siècle).

596 AHR 1 J 24/52-55 (Ebersheim 1749).

597 AHR 18 J 533 (Fortschwihr 1749) et 544 (Horbourg 1757).
AN K 2322/1 (comté de Horbourg, 1759).

598 *Stählerne Zehnt, Stahlzehnt, beständige Zehnt, beständige Lehnung.*
AMS Conseil des XV, fol. 233 (Ostwald 1689).
AHR 1 J 19/49 et 61-62, fonds Bruges (Achenheim 1738 et Ittenheim 1739).

599 ABR 2 G 52/10 : Chapitre de Saint-Léonard à Entzheim (1640-1752) et Blaesheim (1724-1790).

600 AMS HOSP 3162 (1744).

douze[601], six[602] et parfois un an[603] – on retire le maximum de profit tout en *harponnant* les notables ruraux qui sont, par définition, solvables. A Muntzenheim, les mêmes noms reviennent ; ce sont, au XVIIIème siècle, les Walter, les Baltzinger, les Obrecht, les Hanhart[604]. Mais croire dans les enchères, c'est oublier *l'animosité ordinaire des parties*[605] : il importe d'amadouer les paysans en leur versant à boire, pratique tout-à-fait courante au XVIIIème siècle. *Si on veut bien amodier les dixmes, il faut absolument donner à boire aux enchérisseurs,* écrit Gemingen à Flachsland le 12 juillet 1749, et Gottekien d'enchaîner le 12 mai 1750 : *Le paysan a son entetement et ne veut pas de nouveauté. Il lui faut donc de bonnes paroles et à boire pour l'engager à faire des mises et à enchérir* [606]. A Fortschwihr, en 1749, on fait *distribuer une vingtaine de pots de vin aux enchérisseurs de la dîme des foins*[607], de même qu'à Niedernai en 1759[608]. *Les femmes et les enfants...non contents de boire et de manger plus que les autres, emportoient le plus souvent chez eux ce qu'ils pouvoient accrocher*[609]. *Car les paysans ont tendance à bouder les mises dès que les montants dépassent un certain niveau*[610] : pour freiner la hausse des fermages, *il arrive souvent que dans les adjudications publiques les enchérisseurs s'entendent et ne portent les choses que bien au-dessous de leur valeur. C'est à un receveur intelligent de déranger leurs complots, soit en ayant à lui des gens affidés qui enchérissent, soit en passant des fermes particulières*[611]. La solution, pour le receveur, consiste à se réserver la dernière mise, pour l'attribuer, hors enchère, au *traître* à la communauté qui, en cachette, accepte de donner davantage que les *conjurés* [612]. A la suite d'un complot regroupant, à Eguisheim, en 1754, *quinze les plus notables bourgeois du lieu*, l'un d'entre eux s'est *débandé* et vient offrir six sacs de plus à Flachsland[613]. Il faut surveiller de près les assemblées d'adjudication, y empêcher tout signe de ralliement[614]. Pour vaincre les réticences de la communauté et miner sa cohésion interne, on utilise un moyen particulièrement efficace : celui d'attirer des spéculateurs du voisinage[615] et de faire participer aux enchères des étrangers, surtout des citadins[616]. La communauté se sent alors spoliée et c'est en vain qu'elle invoque un droit de préférence. Mais les paysans, avec une rare ingéniosité, soudoient les amateurs de la ville qui

601 AEBP A 47/28 (Kembs 1749).
602 AHR 18 J 533 (Fortschwihr 1763-1769).
603 AHR 18 J 471 (Sundhoffen 1722) et 702 (Sundhoffen 1749-1775).
604 AHR 18 J 581.
605 AN K 2322/1 (Muntzenheim 1750).
606 AN K 2326/2.
607 AN K 2315/1.
608 ABR 1 B 271.
609 AN K 2315/1 (Jeanmaire, 19 janvier 1756).
610 AHR 18 J 529 (Eguisheim 1759), 544 (Horbourg 1767) et 578 (Muntzenheim 1769). AMS HOSP 458 (Ingenheim et Schaffhouse 1778).
611 AHR 1 E 15/20 (subdélégation de Ferrette, 1765-1787).
612 AN K 2321/4 (Flachsland à Gemingen, le 10 juin 1749).
613 AHR 18 J 578.
614 AEBP A 47/1 : *deuten oder winken verbotten* (Ottmarsheim et Rumersheim, XVIIIème siècle).
615 ABR 2 G 61/49 (Wittersheim 1789).
616 ABR G 5931 (abbaye de Wissembourg dans sa recette haguenovienne, 1722).

n'interviendront finalement que pour la forme[617]. La division en tout petits lots permet alors au décimateur - ultime manoeuvre - de multiplier les offres et, en exploitant la conjoncture démographique et sociale, d'introduire la zizanie à l'intérieur des communautés[618]. Une meilleure information s'impose : elle repose sur des enquêtes et des relevés de plus en plus minutieux.

L'abonnement, c'est le triomphe de la paysannerie ; l'enchère, celui du décimateur. Or il se dessine une évolution dans l'amodiation de la dîme[619] : au XVIIème siècle, l'indulgence du décimateur, cédant à la mentalité emphytéotique, conduit au fermage de gré à gré, de préférence conclu avec une communauté, avec reconduction régulière des baux sur des périodes assez longues[620]. Au XVIIIème siècle, la continuité des anciens baux est rappelée par les campagnards avec une pointe de nostalgie. Dès la fin du XVIIème siècle, on assiste à une recrudescence de la perception directe, au raccourcissement des termes, à une dépossession des communautés éconduites au profit de particuliers, à des tentatives de reprise de dîmes abonnées, à l'adaptation des fermages à l'évolution culturale, encore que bien des décimateurs routiniers prennent conscience avec un notable retard des possibilités de gains qui découlent de la conversion de l'avoine et du seigle en orge et en froment : autant de moyens pour exploiter une situation d'après-crise qui caractérise la *reconstruction*[621]. Des décimateurs virulents cherchent à profiter de la moindre faille pour reprendre le contrôle de la situation qu'ils avaient perdu. Ce sont, dit un témoin de la fin du XVIIIème siècle, des *manières bien juives pour des prêtres*[622]. C'est alors qu'éclatent les conflits les plus mémorables. Le XVIIIème siècle se place sous le signe des enchères : le parallélisme est flagrant entre le développement du fermage spéculatif des terres[623] et celui de la dîme. Le souci des paysans est double : il s'agit, d'une part, de se protéger contre les pratiques spéculatives ; il importe, d'autre part, de brouiller les cartes, si bien que les juristes colmariens en perdent leur latin : *leur manière de dîmer... est si extraordinaire* qu'elle n'est *parfaitement connue que d'eux-mêmes*[624].

Conclusion

Dans ces rapports de forces mouvants, la contestation de l'autorité se mêle à la défense des intérêts particuliers, mais les révoltes paysannes

[617] ABR H 1110 (Durrenbach 1753).
ABR 2 G 61/9 (Gimbrett 1761).

[618] ABR 2 G 61/50-57 (Bischholtz 1736).
ABR E 890 (Uttenhoffen 1742).

[619] J. VOGT, *contrib.2250*.

[620] GLAK 105/136 (abbaye de Schwarzach à Quatzenheim et Dossenheim, 1701).

[621] AN K 2322 (comté de Horbourg, seconde moitié du XVIIIème siècle).

[622] *Göcking's Journal...*, t. I/2, p. 370 : *dass sie mehr jüdisch von den Priestern dauchen* (1784).

[623] Voir *supra* pp. 559-570.

[624] ABR 8 E 225/23 (à propos d'une affaire de dîme perçue par le Grand Chapitre de la cathédrale, Ittenheim, 1741-1743).

proprement dites se font rares au XVIIIème siècle. Celles qui éclatent obéissent à un modèle archaïque, plus proche de celui que décrivait Pierre de Saint-Jacob pour la Bourgogne[625] que de celui que présente Yves-Marie Bercé pour le Sud-Ouest français[626]. Malgré le renforcement de l'Etat et la mise en tutelle de la noblesse après 1650, elles sont moins dirigées contre le Roi ou l'Etat moderne que contre le seigneur, adversaire de toujours, qui personnifie le vieux système de domination. Et, dans le cadre de la *Grundherrschaft*, la cible c'est moins le *féodal*, au sens juridique du terme, que le gentilhomme, exploitant foncier et percepteur de droits, ressenti de plus en plus comme un étranger, parce que fréquemment absent du village : une seigneurie rentière à peine rajeunie par la physiocratie, stimulée par l'appât du profit, mais démunie d'esprit capitaliste. Les événements de 1789 le montreront : cette *féodalité* devient, sous une terminologie trompeuse, une réalité concrète. On lui reproche, au nom de la mythologie antifiscale propre aux sociétés d'Ancien Régime, son agressivité en matière d'impôts, tant pour ce qui est du poids des impositions que de leurs modalités de perception. Par contre, la contestation n'est pas dirigée contre la ville qui n'est guère considérée, semble-t-il, comme responsable de cette agression fiscale. Les révoltes proprement dites sont supplantées par un harcèlement constant, auquel l'idéal conservateur de la paysannerie confère une certaine légitimité : dans une société coutumière, on se rattache à un passé mémorable pour préserver l'ordre ancien ou rétablir le bon droit. La structure fort ancienne de la communauté rurale est tout-à-fait indiquée pour prêter son cadre institutionnel à cette contestation qui permet, à son tour, de mesurer le degré de sensibilité et de cohésion de la communauté : par suite d'un transfert de compétences, le paysan prend part à la vie publique au sein de la communauté rurale. La rédaction des cahiers de doléances en apporte une preuve supplémentaire.

C) Des cahiers de doléances à l'agitation paysanne de l'été 1789

Feutrée tout au long du XVIIIème siècle, la contestation va-t-elle pouvoir éclater au printemps 1789, dans la mesure où les paysans *ont la parole* ? En fait, la campagne n'est pas ce *monde du silence* qui se serait brusquement animé : les préoccupations qui apparaissent dans les cahiers renouent avec une longue tradition de contestation. Cependant la nouveauté de l'expérience est renforcée, en Alsace, par le fait que la province, située longtemps hors du royaume, n'avait pas été concernée par la réunion des derniers Etats Généraux en 1614. En vertu du droit de requête, qui ouvre la porte aux espérances, le peuple bénéficie de l'avantage insigne d'un recours direct au monarque[627]. Tout en inscrivant dans leur titre le terme de *plaintes*[628], les cahiers de doléances[629] manifestent à l'égard

---

[625] P. de SAINT-JACOB, *op. [566]*, pp. 48, 328, 462.

[626] Y. M. BERCE, *op. 2315-2316.*

[627] Y. M. BERCE, *op. 2318.*

[628] *Klagregister, Klagpunkten.*

[629] Voir l'état des sources pp. 2003 ss.

du Roi une très grande déférence[630]. La démarche n'est nullement séditieuse et les paysans n'ont guère l'impression *d'entrer en révolution*.. Mais, comme en 1525, dans les articles du manifeste de Neubourg[631], c'est le jour où les plaintes sont codifiées qu'elles doivent être prises au sérieux. D'autre part, les cahiers se caractérisent par leur teinte fort modérée, le rejet de toute innovation, l'aspiration au retour à l'état de choses ancien : opposition viscérale à toute tentative de réaction seigneuriale ou fiscale. On ne peut pas séparer leur analyse de leur genèse, car les conditions d'élaboration posent trois séries de problèmes.

1) Elaboration et contenu des cahiers : trois problèmes

a) Un problème de conservation et de recension

L'Alsace est une des provinces les plus pauvres en cahiers de doléances. Depuis les travaux de la *Kommission zur Herausgabe elsässischer Geschichtsquellen* qui, en 1906, constitue le pendant de la commission chargée de rechercher les cahiers de doléances de vieille France, sous l'impulsion de Jean Jaurès, jusqu'aux investigations des historiens contemporains[632] peu de progrès ont pu être réalisés. Un premier sondage donne, pour le printemps 1789, 44 cahiers retrouvés pour les 254 paroisses de la circonscription de Colmar-Sélestat, particulièrement favorisée, soit un peu plus de 17 % : 29 pour les 140 paroisses du district de Sélestat (20,7 %) et 15 pour les 114 paroisses du district de Colmar (13,2 %). Or les proportions chutent si l'on considère la situation de l'ensemble de la province :

	Nb. de cahiers existants		
	ruraux	urbains	total
Haute-Alsace	22	3	25
Basse-Alsace	21	12	33 *
	43	15	58

* Non compris le cahier des dix villes de la Décapole (doléances générales)

Au total, une maigre pâture qui consiste en une soixantaine de cahiers de communautés sur les mille paroisses que compte l'Alsace. Nous voilà bien loin des richesses de la Bourgogne[633] ou de la Sarthe[634]. Ainsi 5 à 6 % des cahiers rédigés par les communautés paroissiales nous seraient parvenus, contre 50 à 60 % en moyenne pour la France *de l'intérieur.* Comment expliquer cette pénurie préjudiciable à toute opération d'analyse et de quantification ? Nous avons peine à croire à une sélection impitoyable par la main de l'homme. Par contre, l'extraordinaire dispersion de ce genre

630 *Die geheiligten persohn des besten Königs* (Sierentz, art. 22).
Les bourgeois et habitants de la communauté pleins d'une respectueuse confiance en la bonté paternelle du souverain... (Wittenheim).

631 AMS AA 380.

632 P. BURY, *art. 2365* ; Y. TYL, *op. 2379* ; R. STEEGMANN, *op. 2438* ; E. PELZER/J-L. EICHENLAUB, *op. 2375*.

633 R. ROBIN, *op. 2429 :* 133 dans le bailliage de Semur-en-Auxois sur 8000 feux, donc autant que pour l'ensemble de l'Alsace, cahiers des bailliages et des corporations compris.

634 P. BOIS, *op. 2357* : 306 cahiers retrouvés, soit les trois quarts des cahiers rédigés.

de documents entre de multiples fonds d'archives en est partiellement responsable[635]. Autant dire que la liste n'est sans doute pas close et qu'il reste possible d'en exhumer d'autres, au détour d'une recherche, sans que le fonds en question ait forcément un rapport avec les cahiers eux-mêmes. On déplore donc une mauvaise conservation : comment en serait-il autrement, puisque ces cahiers ont été rassemblés au chef-lieu de circonscriptions électorales occasionnelles, conçues à cette seule fin, sans tradition administrative et sans avenir ? Quelle est l'instance qui aurait bien pu se sentir responsable de leur conservation ? On impute également la responsabilité des pertes à l'événement : destructions à mettre au compte soit à la Révolution elle-même, soit de l'incendie du tribunal de Strasbourg en 1870. Enfin certains députés les auraient emportés à Versailles, les communautés s'imaginant, dans leur naïveté, que le bon Roi Louis XVI allait les lire : c'est ainsi que Reubell, député de Colmar-Sélestat, en aurait emporté 140[636], mais les investigations dans les archives de l'Assemblée nationale n'ont donné aucun résultat, pas davantage que l'analyse des papiers de Reubell lui-même...

b) Un problème de sincérité et d'authenticité

Le premier obstacle, qui consiste à réunir le matériel, n'a donc pas été franchi dans des conditions satisfaisantes. S'en pose immédiatement un deuxième : celui de l'authenticité et de la sincérité de la documentation. De Tocqueville à Philippe Sagnac, on avait tendance à considérer les cahiers comme *le testament de l'ancienne société française, l'expression suprême de ses désirs, la manifestation authentique de ses volontés,* l'expression de *l'état d'esprit de nos pères*[637]. Or les vives querelles sur les modalités de rédaction, prolongements des rivalités au village, posent problème. Certes, les cahiers de paroisse, plus concrets que ceux du bailliage, permettent de prendre le pouls de la vie quotidienne : on y parle de dîmes et de corvées, de chemins en piteux état, de trèfle et de pommes de terre, de clôtures, de pigeons ravageurs. C'est souvent au milieu d'un sympathique fatras, le catalogue des besoins du temps, plus que l'état de l'opinion d'une bourgeoisie éclairée. L'abstraction et la conceptualisation se feront jour au niveau du bailliage, compte tenu de la conception pyramidale de la procédure qui, de synthèse en synthèse, conduit à un filtrage et à un écrémage des idées émanant de la base. Mais il y a plus concret encore : aux mois de juillet/août 1789, apparaît une deuxième génération de cahiers rédigés après l'*événement*, la prise de la Bastille, les troubles agraires, la nuit du 4 août... Parfois plus nombreux que les premiers (31 contre 24 dans le district de Colmar, donc 27,2 % des paroisses représentées), ces cahiers de la deuxième heure auront une coloration plus franchement antiseigneuriale :

[635] Archives communales (série BB des archives municipales et 8 E des archives départementales), judiciaires (série B des archives départementales), administratives (séries E, seigneurs ; C, Intendance ; L et Q, administration révolutionnaire des Archives départementales ; séries Ba et B III, assemblées électorales, des Archives nationales).

[636] R. GUYOT, *art. 2371*, p. 645 : d'après une lettre de son collègue Chauffour (BMC Ms. 605, Ignace Chauffour 26, pièce 25. BN NAF/23 641-23 642 et 23 654, papiers du Directeur Reubell).

[637] A. de TOCQUEVILLE, *op. 63*, p. 45 et Ph. SAGNAC, *art. 2376*.

les langues se délient ; on a les coudées plus franches. Les *doléances* se muent en *revendications,* au moment où des abbayes sont assaillies par les paysans. il ne s'agit donc pas de cahiers complémentaires aux premiers, mais, comme l'exprime le Sire de Ribeaupierre en évoquant ceux de Sainte-Marie-aux-Mines, de véritables *cahiers de revendications*[638].

Il n'est pas question de retenir cette définition élargie des cahiers de doléances. Nous nous limiterons à ceux qui ont été rédigés au printemps : ils témoignent d'un mélange de spontanéité, de rusticité et de préciosité, voire de prétention littéraire, à tel point qu'on peut se demander s'ils ont bien été rédigés par nos paysans. Qui tient la plume, qui dirige les débats ? Question capitale, car c'est le président de séance qui peut orienter ou infléchir la discussion. Avant de procéder à cette recherche de paternité, posons-nous la question de la participation aux assemblées de rédaction. Si l'on peut comparer – heureux hasard – la liste des signatures avec celle des contribuables, on aboutit à une forte représentation de la population, avec surreprésentation des plus imposés, le suffrage censitaire plaçant, en Alsace, la barre assez haut : 10 livres pour être électeur, 30 pour être éligible.

La participation aux assemblées de paroisse : quelques exemples

	Nombre approximatif de feux	Nombre de chefs de ménage convoqués	Nombre de signatures recueillies
Blotzheim	220		104 (47 %)
Sierentz	200		116 (58 %)
Dornach	90		47 (32 %)
Wittenheim	120		95 (79 %)
Raedersheim	33	33 (100 %)	32 (99 %)
Issenheim	100		99 (99 %)
Merxheim	80		67 (84 %)
Gerstheim	120		79 (66 %)
Uttenheim	55		47 (85 %)
Meistratzheim	220		101 (46 %)
Blaesheim	145	127 (87 %)	124 (85 %)
Heiligenstein	110		97 (88 %)
Breuschwickersheim	60	57 (95 %)	45 (75 %)
Westhoffen	470		259 (55 %)
Behlenheim	18	15 (83 %)	7 (39 %)
Schwindratzheim	100	62 (62 %)	44 (44 %)

Sources : - Cahiers de doléances (voir état des sources).
- Démographie : J-P. KINTZ, *op. [48]* (Basse-Alsace) et, pour la Haute-Alsace (en préparation), renseignements aimablement communiqués par l'auteur.

La participation est donc très forte : elle tranche avec celle qu'indique Jacques Dupâquier[639] pour le Vexin français (22,5 %). Il est vrai que les moyennes arasent les écarts dans les petites paroisses où la fréquentation risque d'être bien plus forte que dans les grandes.

[638] AHR C 1597 (26 juillet 1789).

[639] J. DUPÂQUIER, *art. 2369*. Voir également Fl. GAUTHIER, *op. 2394*, p. 131 : 20-35 %.

Le président de séance est fréquemment un officier public, parfois seigneurial d'ailleurs : bailli, prévôt, procureur fiscal. N'a-t-il pas intérêt, dans ces conditions, à la survie d'un régime qui le fait vivre ? Au mieux, il se tait, mais on peut imaginer qu'il soit enclin à ménager dîmes et droits seigneuriaux et que, par sa seule présence, il entrave la spontanéité des débats : or, il est important de savoir ce qui se dit, ce qui se tait et pourquoi on le tait. Le président peut être le curé ou le notaire, dans la mesure où ces personnages détiennent une parcelle d'autorité et de considération ainsi que le privilège de la culture écrite ou la connaissance du droit. A Schillersdorf, le pasteur Schroeder recherche la conciliation entre le *Stabhalter*, défenseur des droits seigneuriaux, et la communauté : à la demande de cette dernière, il se limite, affirme-t-il, à la mise en forme des doléances exprimées par les villageois sans les prendre à son compte[640] ; se glorifie aux yeux du comte de Hanau d'avoir écarté les plaintes jugées trop audacieuses sur les banalités et les accises, les droits de maîtrise et la dîme du trèfle ; se refuse à inciter les sujets du seigneur à la désobéissance ; rejette l'égalité fiscale ; affirme avoir joué un rôle de médiateur en défendant l'autorité en place. Se pose donc le problème de la fidélité dans la traduction de doléances filtrées à travers le prisme d'une *bourgeoisie pelliculaire*, pour reprendre l'expression d'Albert Dupront[641], ou d'*intellectuels ruraux*, comme aime à le dire Georges Lefebvre[642] : en fait, le problème de l'emprise économique, juridique, culturelle des *dominants* sur les *dominés*. L'identité de ces meneurs nous échappe souvent, mais nous connaissons parfois celle des députés du Tiers-Etat au chef-lieu de bailliage. La communauté de Lochwiller envoie à Haguenau Jacques Schaffner, 62 ans, issu d'une ancienne famille d'artisans - tonneliers et cordonniers -, installée dans le village depuis 1650 et dont le père occupait la fonction de prévôt. Joseph Lux, 64 ans, fait partie d'une famille d'échevins-laboureurs et d'huiliers installés depuis 1604[643] : au total, des hommes relativement âgés, laboureurs de profession ou exerçant un métier artisanal, et dont les ancêtres ont occupé des fonctions officielles. Or ce sont souvent ces mêmes personnages qui s'imposent dans les assemblées de paroisse. Dans ces conditions, les cahiers ont-ils vraiment été rédigés par les *communautés d'habitants* ou s'agit-il là d'une clause de style ? Michelet le croit, Taine le réfute en présentant la séance de rédaction comme une pièce de théâtre réglée à l'avance. Le problème de la médiation entre la doléance réellement exprimée et sa traduction au travers de la personnalité du rédacteur, qui cherche à obtenir l'adhésion collective, sans toutefois parvenir à échapper à un certain contrôle de la base, reste entier. Mais le style édulcoré et châtié, le caractère modéré et *philosophique* de certaines revendications – parmi lesquelles les concepts fondamentaux de représentation nationale et d'égalité des droits –, nous renvoient à l'influence d'une élite éclairée dont les membres, qui maîtrisent le droit et dont certains ont fréquenté les sociétés de lecture, jouent le rôle d'intermédiaires, de *meneurs d'opinion*.

640 J. VOGT, *art. 1790* et ABR 1 G 171/44 : *ich habe ihn nur verfasst, aber nicht unterschrieben* (15 mai et 30 octobre 1789).

641 A. DUPRONT, *art.2370*.

642 G. LEFEBVRE, *op. 2412*, p. 335.

643 D. LERCH, *art. 2417*, p. 21.

Les paysans eux-mêmes auraient-ils été incapables d'exprimer clairement leurs propres revendications ? Certes, l'utilisation de *cahiers modèles* leur facilite la tâche. Théoriquement interdits par un arrêt du Conseil d'Etat, ils sont rédigés par la Commission intermédiaire de l'Assemblée provinciale pour *éclairer les habitants des campagnes* : un modèle, sous l'inspiration du procureur-syndic François Joseph Antoine de Hell, en est transmis à Necker, visiblement excédé[644], tandis qu'un *Avis adressé aux communautés d'Alsace par la Commission intermédiaire provinciale* est expédié aux curés[645]. Il contient des conseils de sagesse et de modération et propose un certain nombre de réflexions sur des sujets aussi vastes que le recul des barrières douanières, l'exploitation des forêts et des communaux, le statut des Juifs et les remèdes à la mendicité : revendications plus générales que locales, dont certaines émanent de la bourgeoisie éclairée ; préoccupations réformistes, conformes au *credo* révolutionnaire d'une élite capable de capter un état d'esprit pour le transposer au niveau d'un programme politique. Y-aurait-il donc risque d'uniformisation, voire de dénaturation des cahiers de doléances qui, stéréotypés, perdraient, du fait même, une partie de leur spontanéité ? Le degré de concordance ou de non-concordance[646] devrait être analysé de plus près, certains cahiers modèles ayant été ignorés, d'autres servilement recopiés, d'autres enfin interprétés à la lumière des revendications locales. Outre le cahier modèle de Hell, il convient de signaler celui de Jean-Adam Pflieger – *Doléances du Tiers-Etat en Alsace* –, diffusé depuis Altkirch, et celui de Claude Mengaud, le magistrat belfortain –*Cahier de doléances* – transmis, en avril-mai 1789, au garde des Sceaux Barentin lui-même[647].

c) Un problème de lecture et d'interprétation

Derrière les linéaments d'une idéologie sous-jacente, derrière le langage administratif, notarial et philosophique des *Lumières*, percent néanmoins les revendications paysannes, plus économiques que politiques, mais dont la valeur objective pose un problème d'interprétation. Par l'exploration de l'univers sémantique, Régine Robin et Robert Chartier[648] proposent une grille de lecture commode. Faut-il préserver l'originalité du document[649] ou privilégier, à des fins pédagogiques, sa transcription sous forme de traduction[650] ? Les résultats, quelle que soit la méthode utilisée, ne divergent guère : la concordance se manifeste entre le nombre d'articles et la place qu'ils occupent dans le cahier, c'est-à-dire la longueur des développements qui sont consacrés à chacun des chefs d'accusation. Nous avons donc classé les doléances en fonction de ce critère, tout en reconnaissant qu'il n'est pas suffisant, puisque le ton sur lequel se font les dénonciations est tout aussi important que le contenu.

[644] ABR C 671/22 (10 février 1789).
[645] BNUS M 6796 : *Vermahnung zur Vorsicht...* (25 février 1789).
[646] E. PELZER, *op. 2127*, p. 273, tableau 23.
[647] AN Ba 20/29.
[648] R. ROBIN, *op. cit.*
R. CHARTIER, *art. 2366*.
[649] E. PELZER/J-L. EICHENLAUB, *op. cit.*
[650] R. STEEGMANN, *op. cit.*

Les doléances : essai de typologie

	Types de doléances																							
	1	2	3	4	5	6	7	8	9	10	11	12	13	14	15	16	17	18	19	20	21	Divers	Nb	% sur 21
Pfetterhouse	•	•			•	•		•			•	•				•				•	•		10	47,6
Hegenheim	•	•	•		•				•		•		•		•	•	•	•	•				12	57,1
Blotzheim	•	•			•	•		•			•	•			•	•				•		•	10	47,6
Sierentz	•	•			•	•		•			•				•		•						8	38,1
Hagenbach			•		•			•	•		•				•				•				7	33,3
Dornach	•	•	•		•	•		•		•							•	•		•	•		11	52,4
Wittenheim	•	•			•	•		•	•		•				•				•			•	10	47,6
Issenheim	•	•		•	•										•								5	23,8
Heiligenstein	•	•			•						•		•		•				•				7	33,3
Gerstheim	•	•			•		•	•			•				•				•		•		9	42,9
Bourgheim	•	•			•					•	•				•				•				7	33,3
Uttenheim	•	•			•			•					•		•								6	28,6
Meistratzheim					•	•																	2	9,5
Blaesheim	•	•			•	•				•	•			•	•				•				9	42,9
Entzheim	•	•			•	•		•						•					•				7	33,3
Breuschwickersh.	•	•			•	•					•				•				•				7	33,3
Westhoffen	•				•			•		•	•			•					•				6	28,6
Oberhausbergen					•	•	•			•				•									5	23,8
Behlenheim	•	•			•	•				•	•			•	•				•				9	42,9
Wilwisheim					•	•	•	•															4	19,0
Reimerswiller					•	•								•	•				•		•		6	28,6
Mattstall	•	•			•	•		•			•				•				•		•		9	42,9
Nb.	17	16	3	1	22	14	3	12	3	6	14	2	3	6	15	3	3	2	13	3	5	2		
%	77,3	72,7	13,6	4,5	100	63,6	13,6	54,5	13,6	27,3	63,6	9,1	13,6	27,3	68,2	13,6	13,6	9,1	59,1	13,6	22,7	9,1		

1. Réprésentation nationale ou provinciale
2. Administration locale
3. Revenus et dettes des communautés
4. Fiscalité en général
5. Impôts royaux
6. Impôts seigneuriaux et dîme
7. Chasse et pêche
8. Forêts, biens communaux et caducs, friches
9. Propriété seigneuriale
10. Propriété individuelle et modalités de location
11. Commerce, routes, péages
12. Poids et mesures
13. Agriculture et viticulture (production)
14. Elevage de chevaux
15. Sécurité : justice et police
16. Assistance, mendicité
17. Juifs
18. Réception de bourgeois ou d'étrangers
19. Offices, vénalité des charges, pensions
20. Curé et maître d'école
21. Langue

Sources : Voir l'état des sources.

On dégagera la primauté de la surfiscalisation, si l'on en croit la place que tiennent les doléances de nature fiscale, tant pour les impôts seigneuriaux que royaux, puisque les deux tiers des cahiers y font allusion[651]. La dénonciation de la surcharge et de la diversité fiscales ainsi que de la mauvaise répartition des impôts, le refus de toute innovation en la matière n'impliquent pas forcément hostilité ou invective à l'égard du seigneur : on se contente de dénoncer froidement les abus. La violence affleure dans le comté de Montjoie-Vaufrey, aux confins du Sundgau[652],où on prend la défense de *près de 1000 individus que le Seigneur de Montjoie foulle de mille manières, sur lesquels il exerce tout le poid du régime féodal le plus inhumain et le plus détestable* : appropriation illégale des forêts communales et usurpation des communaux, exercice abusif du droit de chasse, lourdeur du *joug seigneurial* qui présente quelque affinité avec l'antique servage... Un ton assez violent est employé à Illkirch-Graffenstaden[653], mais ce n'est qu'après les événements de juillet/août qu'on ose parler d'*esclavage : Gouvernés depuis des siècles par une administration despotique et arbitraire, les habitans d'Illkirch et de Graffenstaden gémissoient sous le poids de leurs chaînes, et n'osoient se plaindre de la dureté de leur esclavage ; la seule pensée leur en étoit interdite, et c'eût été se rendre coupable du plus grand crime que d'oser la manifester... le glaive terrible du despotisme toujours suspendu sur leur tête et prêt à les frapper.* Des cas exceptionnels cependant, puisqu'on ne retrouve pas ailleurs la virulence des attaques antiseigneuriales. La noblesse n'inspire pas d'hostilité particulière au monde paysan : c'est le régime seigneurial qui est visé, pas forcément les hommes, et on propose l'aménagement de ce régime, non son abolition. Si la réaction seigneuriale ne passe pas inaperçue, c'est qu'elle se trouve aggravée par la conjoncture de 1788/1789 : rappelons, avec Erich Pelzer[654], que 90 % des cahiers conservés de Haute-Alsace ont été rédigés – est-ce un hasard ? – dans la contrée viticole de Colmar qui, depuis 1787, est frappée de plein fouet par la crise. On relèvera, par ailleurs, la place réduite qu'accordent les cahiers à la dîme, ponction ecclésiastique sur le revenu populaire, au moment où le clergé a tendance à négliger ses devoirs d'assistance ; rares sont les cahiers qui proposent la suppression de la dîme, tant le lien est étroit entre la paroisse et son curé : ni anticléricalisme, ni irréligion. Et pourtant, elle est fortement contestée, nous l'avons vu[655], dans la pratique. Les impôts royaux occupent une place comparable – lourdeur des corvées de route, de la milice, du logement des troupes –, sans soulever davantage d'animosité. On en profite certes pour dénoncer le mauvais état

651 J. DUPÂQUIER, *art. cit.* : sur 24 communes du Vexin, la taille est invoquée dans 60 % des cas ; la fréquence pour les autres impôts est la suivante : gabelle (65 %), aides (47 %) ; 53 % des cahiers souhaitent l'instauration d'un impôt unique en nature.
G.V. TAYLOR, *art. 2377*, p. 1509 : 88 % pour les droits seigneuriaux, 89 % pour la mainmorte et 84 % pour les banalités.

652 *Mémoire concernant les droits injustes, onéreux et vexatoires et autres charges onoies que fait supporter aux habitants de la seigneurie dit Monjoie-Vaufrey* (AN Ba 20/29 : doléances de 16 paroisses à Necker, mai 1789).

653 BNUS M 16 827 : *Soumission et doléances des communautés d'Illkirch et de Graffenstaden, juridiction de Strasbourg adressées à l'auguste Assemblée Nationale de France*, impr. Paris 1789.

654 E. PELZER, *op. cit.*, p. 268.

655 Voir *supra* pp. 1323-1330.

du réseau routier, mais la contestation fiscale se fait sur le ton du constat, de l'état de fait : pas d'écart de langage, un long et timide gémissement plus qu'un ton âpre et revendicatif. Ce sont les corvées, qu'elles soient seigneuriales ou royales, qui semblent retenir l'attention : elles tombent au mauvais moment ; transformées en argent, elles mettent le paysan dans l'embarras dans la mesure où le numéraire fait défaut. La fiscalité occupe près de la moitié de la place consacrée à l'ensemble des doléances, le tiers pour les impôts royaux, mieux représentés que les impositions seigneuriales (dans 100% des cahiers contre 63,6%). On y verra moins une critique qu'une marque de confiance dans le Roi qui, dans sa grande bonté, soulagera le peuple...

C'est ensuite la forêt qui, menacée de dévastation, inspire la protestation (la moitié des cahiers, moins de 5% du contenu), tandis que les problèmes de propriété (lourdeur des fermages, usurpation des biens communaux et *caducs*) ou de production semblent peser moins lourd, sauf en ce qui concerne le commerce du tabac, des grains, du vin, pour lequel on réclame la taxation des produits étrangers. Pas d'allusion à la misère proprement dite, sauf à Uttenheim. Le problème des relations avec les Juifs et celui de l'admission des étrangers dans les communautés sont à peine évoqués (en Haute-Alsace seulement), de même que ceux de la mendicité et de l'assistance. Pourtant les questions de sécurité sont présentes dans les deux tiers des cahiers et représentent globalement entre 6 et 9% du texte.

Restent les sujets de réflexion d'ordre politique - composition, périodicité et compétence des Etats Généraux, revendications d'Etats provinciaux ; défense du particularisme linguistique, politique douanière de la province - qui trahissent les préoccupations de la bourgeoisie dominante. Il en est de même des problèmes liés à la justice, qui occupent une place importante, tant dans leurs principes (libertés individuelles et privilèges provinciaux) que dans leur application (suppression de la vénalité des charges, autorisation de comparaître devant les juges naturels). Au total, ce sont les deux tiers, voire les trois quarts des cahiers à soulever ce genre de problème qui occupe 25% de la place attribuée aux doléances. Cette prééminence est surtout marquée pour la Haute-Alsace : influence du Conseil Souverain ? du cahier-modèle de Hell ? L'administration locale, à laquelle nous ajouterons le problème de l'endettement des communautés rurales, est évoqué dans près de trois quarts des cahiers mais n'occupe qu'entre 5 et 7% du texte.

Après bien des regroupements et une schématisation systématique, nous avons réparti nos résultats en vingt et une rubriques qui reviennent dans la plupart des cahiers. Il s'en dégage l'impression de revendications modérées quant au fond et édulcorées quant au ton adopté.

Place occupée par les diverses doléances dans les cahiers (22 paroisses)

	Articles ou portions d'articles	Lignes à 10 mots
Total Nb (%)	405 (100%)	1879 (100%)
Types de doléances (%)		
- Représentation nationale	7,0	7,1
- Représentation provinciale	7,2	8,5
- Administration locale	4,7	5,3
- Revenus et dettes des communautés	0,7	0,8
- Fiscalité en général	0,2	0,3
- Impôts royaux	36,3	33,3
- Impôts seigneuriaux/dîmes	7,9	8,1
- Chasse et pêche	0,7	0,6
- Forêts, communaux, caducs	3,9	4,5
- Propriété seigneuriale	0,5	0,4
- Propriété individuelle/location	2,2	2,8
- Commerce, routes, péages	6,0	5,8
- Poids et mesures	0,5	0,3
- Agriculture/viticulture	0,7	1,0
- Elevage de chevaux	1,7	1,1
- Sécurité (justice et police)	8,7	6,1
- Assistance/mendicité	1,0	1,9
- Juifs	1,0	1,7
- Réception de bourgeois et d'étrangers	0,5	0,8
- Offices/pensions	5,4	4,1
- Curé et maître d'école	1,0	4,4
- Langue	2,2	1,1

Sources : voir l'état des sources.

Au total, un programme plus réformiste que véritablement révolutionnaire.

2) Violences révolutionnaires

La modération et l'absence d'agressivité, qui caractérisent les cahiers de doléances, jurent avec la violence des premiers actes révolutionnaires, *manifestations plébéiennes* d'après le chroniqueur colmarien qu'est Dominique Schmutz[656]. L'éloignement de Paris, d'une part, la proximité de la frontière, d'autre part, confèrent aux événements une acuité particulière. Davantage que l'impulsion venue d'un centre de décision ou, au contraire, la lenteur avec laquelle l'information se répand, ce sont les liens que la province entretient avec l'Empire et, en particulier, l'affaire des princes possessionnés, qui enveniment une situation brusquement aggravée par la crise de 1788/1789 frappant cette région à vocation agricole. La campagne d'Alsace a vu sa population doubler, voire tripler, en moins d'un siècle. Engorgée d'hommes, elle a du mal à fournir des terres et du travail à un nombre croissant d'habitants. Partout, on dénonce la *faim de terres*, la pénurie de l'emploi, le fléau de la mendicité... La conjoncture prérévolutionnaire est particulièrement difficile, du fait des brusques

[656] J. LIBLIN, *art. [242]* (chronique de Dominique Schmutz).

variations climatiques qui pèsent sur la production. Le schéma d'Ernest Labrousse se vérifie ici comme ailleurs[657]. Nous nous abstiendrons d'épiloguer sur la houle trentenaire de la rente foncière qui viendrait hacher la *cime physiocratique* des années 1770 et sur *l'explosion prérévolutionnaire*[658]. Rappelons simplement qu'en 1778, les prix baissent, à la suite d'une récolte excédentaire, alors que depuis 1730 ils n'ont cessé de monter et d'alimenter la hausse du profit : incident passager, mais douloureux, pour le producteur-vendeur. Tout en acquittant la même quantité de grains au seigneur-propriétaire pendant la durée de son bail - car, à l'opposé de son collègue français il garde l'habitude de payer en nature -, le fermier vendra moins cher et verra donc son profit s'effondrer. Il suffit d'une remontée brutale des prix pour mettre le feu aux poudres : c'est ce qui va arriver en 1788. L'été ayant été trop sec, la moisson s'avère médiocre. L'hiver, un des plus rudes depuis celui de 1709, compromet à son tour la récolte de vin et de céréales. La soudure est difficile. Après le prélèvement de la semence, de la dîme, des droits seigneuriaux, le laboureur voit ses possibilités de vente compromises. Mais la conjoncture est surtout rude pour les petites gens : le journalier, que la maigre récolte contraint à d'onéreux achats de grains, souffre plus que jamais de la cherté. Les prélèvements - impôts et, éventuellement, loyer de la terre - absorbent jusqu'à la moitié, voire les deux tiers, du profit. La *réaction seigneuriale* de la fin du siècle, en réactualisant des impôts tombés en désuétude et leurs arriérés, ainsi qu'un endettement de plus en plus lourd à porter, constituent des circonstances aggravantes. Déjà la campagne jette sur les chemins une partie de ses enfants privés de ressources et d'espoir. De façon significative, cette situation se retrouve en territoire allemand. En septembre 1789, certaines communautés, faisant partie du bailliage bipontin de Schoenau et proches de la frontière française, évoquent l'éventualité d'une émigration massive vers les pays danubiens[659]. Les raisons alléguées ? L'ingrat *Hinterland* gréseux de Wissembourg ne nourrit plus ses hommes ; le bailliage, coupé de la plaine par le territoire français, voit le transit des grains compromis ; les soudures deviennent de plus en plus problématiques ; l'endettement s'accroît (14% seulement des charges de l'année 1789 auraient été acquittées) ; l'élevage traditionnel, pourvoyeur d'argent, est décimé par une épizootie et la restriction du pâturage forestier. Le fragile équilibre est compromis : la communauté rurale le fait savoir de façon déférente en 1789, impérative en 1790. Ce sont les régions qui connaissent à la fois les sols les plus médiocres, la surcharge démographique la plus forte et la pression seigneuriale la plus lourde - zones forestières et vallées vosgiennes -, qui semblent les plus touchées : elles seront le point de départ des révoltes paysannes. Mais la forte concentration de la terre et l'absence conjoncturelle de travail pèsent sur la plaine elle-même. Quels remèdes convient-il d'apporter à la situation ? Faut-il agir sur les conséquences ou sur les causes de la misère ? Réorganiser les institutions de charité et

---

657 E. LABROUSSE, *op. 1251* et *2410*.

658 F. BRAUDEL / E. LABROUSSE, *op. 15*, t. II, p. 530.

659 J. VOGT, *art. 2441* (d'après les archives de Deux-Ponts à Spire).
Voir également H. HIRSCHINGER, *art. 2403*.

multiplier les autorisations de quêter sont des mesures à courte vue. Mieux vaut appliquer des remèdes à long terme : employer des bras sur les chemins, à l'atelier, à la manufacture, dans les travaux de défrichement ; éviter l'inflation de population - par le mariage tardif et la limitation du nombre de foyers -, augmenter la masse des terres disponibles par le partage des communaux ou celle des subsistances par la vulgarisation de la pomme de terre...Munie d'une certaine capacité d'adaptation, la paysannerie n'a pas attendu la Révolution pour faire appel à ces remèdes. Il n'en reste pas moins qu'une récolte particulièrement mauvaise et un été exceptionnellement chaud ont servi de révélateurs et de catalyseurs à une crise latente.

Il faudra néanmoins attendre les événements de l'été 1789 pour assister à l'irruption des paysans sur la scène révolutionnaire[660] : 300 émeutes en France, si l'on en croit Taine, dans les quatre mois précédant la prise de la Bastille ! Or l'Alsace présente la particularité d'être épargnée, au printemps 1789, des violences qui touchent l'Ile-de-France, la Picardie et le Cambrésis[661]. Même si les manifestations semblent plus tardives et plus localisées qu'en *vieille France*, même si les *grandes peurs*, qui se propagent autour de quelques noyaux, sont moins fréquentes qu'ailleurs, il règne une véritable effervescence pendant l'été chaud de 1789, à tel point que dans la soirée du 8 août l'Assemblée Nationale consacre sa séance aux troubles qui viennent d'éclater en Haute-Alsace à la fin du mois précédent, ce qui donne la mesure de la gravité de la situation. *Gigantesque fausse nouvelle* - l'expression est de Georges Lefebvre -, la Grande peur est un ensemble de jacqueries réelles qui se mêlent à des paniques imaginaires. Cet épisode, en donnant aux paysans conscience de leur force, leur fournit l'occasion de répudier les charges écrasantes et de se venger des injustices du passé. Voici le témoignage de Karamzine, un historien russe de passage en Alsace : *Des villages entiers prennent les armes, les paysans cousent des cocardes à leurs chapeaux. Le maître de poste, les postillons, les femmes du peuple parlent de la Révolution... Dans les environs mêmes de Strasbourg, des bandes de brigands pillent les monastères. On raconte que dans les villages il est venu un individu qui s'est donné pour le comte d'Artois et qui a excité les paysans au désordre en prétendant que le roi donne au peuple pleine liberté jusqu'au 15 août et que, jusqu'à cette date chacun peut faire ce qu'il veut*[662]. Huit jours auparavant, le directeur des fermes de Thann avouait qu'il était dans des *transes terribles : il y a une troupe de brigands de la Vôge de, dit-on , neuf cents hommes, qui pillent, volent, mettent le feu et attaquent tout ce qui est couvent et employés de ferme, les assassine*[663]. On ne peut comprendre les peurs sans reconstituer le climat psychologique dans lequel elles naissent : une grande réceptivité aux fausses nouvelles, une crédulité sans bornes, une absence totale d'esprit critique... Et à mesure que les esprits s'échauffent, les cibles se précisent.

---

660 Nombreux renseignements dans ABR C 671/25-65.

661 G. LEFEBVRE, *op. 2415*.

662 Ed. par A. LEGRELLE : *Voyages en France, 1789-1790* in *Revue de la Révolution*, 1883/2, p. 426. Il s'agit d'une bande d'aventuriers, affublés du cordon bleu, avec à leur tête un ouvrier tisserand, qui se réclament du comte d'Artois.

663 Cit. par G. LEFEBVRE, *op. cit.*, p. 129.

La révolte sera justicière, au nom du droit coutumier antérieur à toute loi étatique ou seigneuriale ; elle sera aussi purificatrice et festive : croquer les pigeons du colombier et boire le vin de la cave du seigneur font partie du scénario. Au risque de schématiser, distinguons, dans le déroulement des opérations, deux pôles essentiels et trois cibles privilégiées. Les pôles sont les *bouts du monde* que constituent le Sundgau[664] et les vallées vosgiennes d'une part, l'Outre-Forêt de l'autre. Un des premiers mouvements insurrectionnels se constitue dans la vallée de Masevaux, se dirige vers Thann, réalise sa jonction avec un deuxième en provenance de la vallée de Saint-Amarin et se dirigeant vers Guebwiller, gagne Orbey, Ribeauvillé, Sainte-Marie-aux-Mines avant de s'étendre à la plaine[665]. A ce mouvement sud-nord, se superpose un mouvement nord-sud dont l'épicentre se trouve dans l'Outre-Forêt, où une quarantaine de localités sont concernées par les mouvements insurrectionnels sur les 161 qui font partie du district de Wissembourg[666]. *La communauté de Surbourg a la dangereuse réputation de donner le ton à toutes celles de sous la forest*[667].

Les cibles ? C'est d'abord le château et tout ce qui tourne autour du château, greffes, sièges des chancelleries, recettes bailliagères, résidences du bailli ou du garde général des forêts. C'est ensuite l'abbaye et enfin - trait original du soulèvement en Alsace -, ce sont les maisons habitées par les Juifs. Des châteaux sont attaqués, ceux du baron de Reinach à Carspach et Hirtzbach[668], celui du comte de Montjoie à Hirsingue. A Hirsingue, le comte, surpris *en mulles et robe de chambre*, a du mal à contenir l'assaut des paysans qui jettent des cailloux contre les volets, abîment des armoires, battent le chasseur seigneurial[669]... La troupe arrive à temps pour sauver les châteaux d'Ollwiller et de Wattwiller. Début août, 270 hommes du régiment d'Alsace affluent de Strasbourg à Oberbronn : pour tenir tête à 1500 paysans, ils resteront six semaines sur place, de même que les 30 hussards du régiment de Saxe accourus depuis Haguenau. Au même moment, le commandant de la place forte de Wissembourg envoie 50 hommes à Hatten pour tenter de contenir les 600 paysans de Hatten, Betschdorf et Schwabwiller qui attaquent le château et emmènent le receveur seigneurial en otage[670]... A Reichshoffen, le château de Dietrich, nouvellement construit,

---

664 Ce qui n'est pas sans inquiéter la Suisse. Voir E. BAUMANN, *art 2382*, et A. GERTHOFFER, *art. 2395*.

665 AHR C 1597.
J. LIBLIN, *art. cit.* (chronique de D. Schmutz).

666 Voici les publications qui ont servi de base à notre réflexion et à l'interprétation que nous donnons des événements :
J. LIBLIN, *art. cit.* (chronique de D. Schmutz) ;
A.A. VERON-REVILLE, *op. 2439* ;
Ch. HOFFMANN, *op. 2405*, *art. 2406*- 2407 ;
D. PETER, *art. 2426* et *2375a* ;
E. PELZER, *op. cit.*
Une rapide synthèse a été proposée à l'occasion du bicentenaire de la Révolution française (J-M. BOEHLER, *art. 2384*).

667 ABR C 671/37

668 AHR 13 J 50.

669 AHR 2 E 73/19 (29 juillet, 10 heures et demie).

670 HSD D 21A/18,2.

est détruit le 1er août[671]. Or c'est moins le château lui-même qui attire la vindicte populaire que l'administration seigneuriale qui gravite autour du château : le greffe de Landser, le siège de la chancellerie des Deux-Ponts à Ribeauvillé, les recettes de Hatten, Surbourg, Woerth, la résidence du prévôt, comme à Meistratzheim, Niedernai, Riedseltz[672], ou celle du bailli. Celui de Bollwiller voit sa maison pillée, celui de Ferrette se réfugie à Soleure pendant que la foule s'acharne sur son logis. Le maître des Eaux et Forêts d'Ensisheim est pris à partie et, à Thann, c'est l'habitation du garde général des forêts qui est saccagée le 10 août (on trouve chez lui 1800 échalas coupés sur ses ordres), alors que 3 à 4000 paysans menacent Soultz[673]. Car une fois de plus, c'est la forêt qui mobilise les énergies : l'administration des Ribeaupierre évoque, en août 1789, *les haches portées dans toutes les forêts seigneuriales, quelques milliers de cordes accordées pour faire cesser les hostilités*[674]. En dernier recours, le seigneur, le bailli et le prévôt étant invisibles, ce sont les échevins qui se font injurier[675]. Et puis, la colère se tourne contre les propriétaires forains[676] et il arrive que le conflit entre Catholiques et Protestants se trouve ranimé[677]...

En même temps que les châteaux, ce sont les couvents qui attirent les insurgés. Le mouvement insurrectionnel, constitué dans la vallée de Masevaux, après avoir fait fuir les *Dames du Noble Chapitre*[678] et réalisé sa jonction avec le mouvement parti de la vallée de Saint-Amarin, menace Guebwiller : pas moins de 4000 individus (8000, affirment certains témoins effarouchés !), armés de fourches, de faux, de pioches, saccagent à Guebwiller, le 27 juillet, la résidence du Chapitre et celle du prince-abbé de Murbach. Ils sont déjà passablement échauffés : ils ont traversé Cernay, Uffholtz, Wattwiller, Ollwiller, faisant de copieuses libations au passage et saccageant les maisons juives. Comme aux heures les plus excitantes de la Guerre des Paysans, on brûle les titres, on s'acharne sur le carrosse, on défonce les tonneaux et on fait ripaille, on emporte l'argenterie et le linge... Dans cette atmosphère de défoulement collectif, vandalisme et fête font bon ménage. Voici comment Mathieu Mieg, un témoin oculaire, décrit la scène : *Ils demandèrent livraison des archives, et comme on ne peut les satisfaire, ils forcèrent le château seigneurial, saccagèrent toutes les chambres, jetèrent les meubles dans la cour, ouvrirent par effraction la grande cave, burent jusqu'à ne plus pouvoir se tenir debout et laissèrent couler le reste de vin, pillèrent la maison du doyen... Les habitants du lieu ne virent pas précisément la chose d'un mauvais oeil...*[679] Même scénario lors du

671 *Ibid.*, ABR C 771 et SP B2 4862 et 4867.

672 ABR 19 J 390 (Riedseltz).
ABR C 671/42 (Meistratzheim et Niedernai).

673 AHR C 1597 (le syndic de la municipalité de Soultz à la Commission intermédiaire, 10 août 1789).

674 AHR 19 J 126.

675 ABR C 671/47 (Neubourg, 7/8 août 1789).

676 ABR C 671/53-61 (Arth à Hochfelden).

677 ABR C 671/47.

678 *Ibid.*

679 Ch. HOFFMANN, *art. 2406*, pp. 215 ss. et Y.M. BERCE, *op. 2317*.

soulèvement paysan contre le Chapitre de Lautenbach et l'abbaye de Marmoutier. Tandis que les paysans des villages environnants imposent leurs volontés à l'abbaye, les religieuses de Saint-Jean-des-Choux sont assaillies du 26 au 28 juillet : *Madame l'Abesse toute tremblante de frayeur devra accorder par écrit tout ce qu'ils ont demandé pour se soustraire à leurs menaces et leurs emportements*[680]. On voit un vigoureux charpentier brandir sa hache, les paysans violer... la clôture, les religieuses escalader les murs et se réfugier à Saverne. Le 3 août, l'abbaye d'Andlau subit le même sort et les bâtiments conventuels ou capitulaires de Neubourg, de Koenigsbruck, de Surbourg, sont autant de petites *bastilles* à prendre... Le 1er août 1789, 150 bourgeois de Bischoffsheim, armés de haches et de piques, assiègent le Chapitre de Saint-Léonard jusqu'au moment où il renonce par écrit aux dîmes. L'exemple fait tache d'huile : le lendemain, ce sont les habitants d'Innenheim qui arrivent, munis de bâtons et d'instruments de labour, et, les jours suivants, ceux de Blaesheim, d'Entzheim et de Duppigheim. La tactique est toujours la même : une délégation d'une dizaine d'hommes peut compter sur le renfort d'une centaine d'autres, maintenus à distance, mais prêts à intervenir si les négociations devaient tourner court[681].

Les notaires strasbourgeois ont soigneusement conservé les actes de protestation sous forme, pour l'abbaye de Marmoutier par exemple, d'un *cahier cousu d'un fil bleu blanc et muni d'un cachet en cire rouge*[682]. Fort intéressants, ces dépôts de protestation constituent une sorte de revanche sur l'événement :

- Ils sanctionnent le refus de reconnaître le fait accompli, imposé par la force, et la signature extorquée *sous la menace du tumulte* (Ebersmunster). *Toutes les concessions extorquées par violence dans un temps de révolte générales seroient regardées comme de non valeur* (Neubourg). Ils confirment, par contre, *une propriété* qui *remonte à la fondation* de l'institution (Ebersmunster).

- Ils affichent un certain mépris à l'égard des *brigands* dont le comportement est décrit avec précision : insolences, menaces, voies de fait. Ceux de Romanswiller et de Cosswiller, *la fureur peinte sur la figure,* traitent leurs seigneurs de *coquins, fripons, voleurs.* A Ebersmunster, ce 28 juillet 1789, les paysans *s'échauffent et commencent à remuer et à battre avec impétuosité la table de la sale* et retiennent les religieux captifs *de 7 heures du soir jusqu'à 11 heures et demi de la nuit,* jusqu'au moment où ils obtiennent la signature : ils ont préparé à cet effet *un acte qu'ils font écrire par leur maître d'école.* A Neubourg, ils obligent les moines à écrire en allemand et à cacheter l'acte en question. La violence affleure fréquemment : les habitants d'Uttenheim traînent le procureur fiscal dans sa maison ; ceux d'Obernai arrachent à leur bourgmestre tous ses cheveux,

---

680 ABR H 2887.

681 M. BARTH, *art. 3416*, p. 345.

682 ABR 6 E 41/1114 : Et. Laquiante, 2 août (abbaye de Neubourg) ; 3 août (le baron de Reinach et son procureur fiscal protestant contre la communauté d'Uttenheim) ; 10 août (abbaye d'Ebersmunster) ; 14 août (ville d'Obernai) ; 20 août (abbaye de Marmoutier) ; 1er septembre (Zorn de Bulach protestant contre Gerstheim) ; 24 septembre (le baron d'Oberkirch protestant contre Quatzenheim), etc.

déchirent ses vêtements, brisent les portes et volets de sa maison, volent 80 mesures de vin et du mobilier, jettent des armoires contenant les documents dans la rue. Le malheureux s'en tire avec *le visage tout en sang, les yeux enflammés, du sang extraversé,* les côtes enfoncées à coups de pied...

- Or les paysans sont nombreux : ceux de Muttersholtz et d'Ehnwihr sont plus de cent, avec, à leur tête, le prévôt et le syndic. Ils sont surtout armés - de bâtons, de tricots, de haches, de pistolets, de fusils - ce qui les met en position de force pour réclamer leurs *anciens droits* : rétrocession d'une forêt (Marmoutier), d'un communal (Ebersmunster), renonciation à la dîme du trèfle (cure de Schnersheim)...

La troisième cible, c'est l'habitation juive. L'Alsace peut se targuer de ce triste privilège. Dans le Sundgau, à Uffholtz, Rixheim, Habsheim, Zittersheim, Froeningue, Luemschwiller, Steinbrunn-le-Haut, Kembs, Sierentz, Blotzheim, Hegenheim, Buschwiller, Durmenach, Hagenthal, les demeures juives sont dévastées et leurs occupants - plusieurs centaines *qui errent sans domicile et sans revenus*[683] - contraints à se réfugier à Mulhouse et à Bâle, tandis que d'autres se résignent à camper à proximité des villages. *Les révoltés abimèrent leurs maisons et arrachèrent jusqu'aux planchers des chambres, enlevèrent leurs titres et leurs obligations qu'ils déchirèrent et brûlèrent ; ils laissèrent couler dans les caves les meilleurs vins qu'ils n'avaient pu boire, s'emparèrent de l'argent qui leur tombaient sous la main et le partageaient entre eux*[684]. Le Bâlois Ochs, dans une correspondance à son beau-frère, le baron de Dietrich, le 4 août 1789, avance le terme de ... *croisade*[685]. En fait, ce sont les activités liées au maniement de l'argent qui inspirent jalousie et colère[686] : *Le mécontentement excité par ce fléau fournit dans l'Alsace aux artisans de la révolution le premier levier pour y ébranler l'ancien ordre des choses. La populace, ameutée en un lieu contre les juifs, ne met point bas les armes après s'être vengée ; aguerrie à la révolte, elle les tournera contre le clergé et la noblesse*[687]... L'insurrection fait tache d'huile : des actes analogues se reproduisent à Bergheim où, nous dit-on, *tout est combustion* et à Scherwiller où la *canaille* s'en prend aux maisons juives. Mais les émeutes perdent en intensité à mesure qu'on s'éloigne du foyer de la Haute-Alsace.

Interrogeons-nous sur les motivations et les réactions des parties en présence. C'est moins la richesse des privilégiés que les pièces à conviction qu'ils sont censés détenir qui attirent les convoitises : ce que réclament les insurgés, dans *l'anarchie destructrice de toutes les passions*[688], c'est la renonciation aux droits seigneuriaux et à la dîme, ainsi que la production de tout titre pouvant fonder une quelconque prétention. C'est pour détruire les

683 ABR C 671/65.

684 J. LIBLIN, *art. cit.*, pp. 285 (chronique de D. Schmutz).

685 G. STEINER : *Korrespondenz* Peter Ochs, Bâle 1927, t. I, p. 212, cit par P. MADENSPACHER, *art. 2418*, pp. 62-63.

686 Voir *infra* p. 1420.

687 AHR V 611 : Enquêtes... (1806-1812) situation dans l'arrondissement d'Altkirch.

688 AHR 19 J 126 (Ribeaupierre, août 1789).

titres qu'on attaque la maîtrise des Eaux et Forêts d'Ensisheim, qu'on pille la maison du bailli Jacquot à Bollwiller et qu'on maltraite, à Eguisheim, en cette fin de juillet 1789, le receveur du prince de Broglie. C'est pour retrouver les obligations qu'on arrache le plancher des maisons juives du Sundgau. Le moyen le plus sûr d'abolir les droits seigneuriaux n'est-il pas de réduire à néant les archives qui en consignent la preuve écrite ? C'est pour faire disparaître les traces des droits qu'à Saint-Jean-des-Choux les paysans recherchent fébrilement le terrier convoité et que les parchemins de l'abbaye de Murbach seront transférés à Guebwiller : une partie y sera brûlé dans la nuit du 27 au 28 juillet ; une autre servira aux ménagères, dit-on, à couvrir leurs pots de confiture ! A Oberbronn, en juillet 1789, *une horde hurlante et possédée de liberté et de droit des peuples, 1500 individus armés les uns de fusils, les autres de fourches, s'emparent de force des archives seigneuriales... sous les menaces les plus effrayantes et... exigent la restitution de 5000 livres de droits seigneuriaux*[689]. L'importance que revêtent les *papiers* explique, en partie, pourquoi la plaine n'a pas été épargnée : non seulement elle abrite une importante population juive, mais, à défaut de châteaux dignes de ce nom, elle recèle des recettes et des greffes seigneuriaux. Elle accueille donc des caisses et des caisses d'archives que les seigneurs et religieux tentent de mettre en sécurité : tel est le cas à Huningue (papiers du bailliage de Hirsingue et de la famille de Montjoie) et à Brisach (titres du Chapitre de Murbach : vingt-deux caisses chargées dans la nuit du 26 au 27 juillet entre 11 heures et minuit)... Opération risquée qui, dans un climat de peur et de tension extrême, peut donner lieu à bien des malentendus. Que peuvent bien contenir les malles qu'on voit passer ? Peut-être des armes destinées aux brigands qui s'apprêtent à attaquer la campagne ? La foule en délire se déchaîne contre les dépositaires de ces archives que sont les greffiers : le 21 juillet, Hell le jeune, frère du bailli de Huningue et greffier du comté de Montjoie - Hirsingue, est lié, garotté *pour son coquin de frère, percepteur infidèle des impositions*... Jean-Claude Gérard, bailli et subdélégué de Ferrette, est obligé de quitter son domicile, tandis que la foule incendie sa demeure dans la nuit du 21 au 22 juillet[690]. Et dans la forêt,les pierres bornes, que l'on fracasse avec fureur[691], sont-elles autre chose que des preuves de propriété, tout comme les archives ? Parallèlement, toute clôture se charge de symbolisme : celle que Waldner de Freundstein établit autour de l'*Etter*, à Sierentz[692], celle qu'Arth édifie à Hochfelden[693]...

Quelle est l'analyse que font les victimes de ces événements ? Dans une province aussi pacifique que l'Alsace, le mal ne peut venir que de l'extérieur : des pamphlets insidieux, les lettres incendiaires des députés du Tiers-Etat à leurs commettants et, surtout, le mauvais exemple des provinces voisines. Taine constate que la *première colonne de flammes* des

689 Cit. par R. MARX, *contrib. 2424*, t. I, p. 366.

690 Ch. HOFFMANN, *art.2406*, pp. 210-211.
E. FROTE, *art. 2390*.
P. MADENSPACHER, *art. cit.*

691 ABR 1 L 1267 (prince évêque de Spire à Neewiller).

692 P. WIRTH, *art. cit.*, p. 156.

693 ABR C 671/53-61.

soulèvements est apparue à Belfort et dans ses environs[694], avant d'embraser la Haute-Alsace, et il ne manque pas de contemporains pour montrer du doigt les *brigands de Lorraine*. L'incendie, la contagion se seraient répandus de proche en proche. Surpris, atterrés, certains nobles de Basse-Alsace invoquent des manoeuvres extérieures : sans elles, *l'agriculteur jusqu'alors paisible... n'eût seulement imaginé de porter ses prétentions au point auquel on les a fixés aujourd'hui. Il auroit demandé du soulagement, mais il eut respecté les propriétés de la justice. Le peuple auroit-il été allumé par une poignée de mutins, pillards, vanniers et gens sans aveu ?* Le comte de Ribeaupierre s'inquiète de *la contagion qui commence à gagner la province jusqu'ici si pacifique*[695] et les administrateurs du district de Belfort estiment qu'il s'agit de l'écho des *brigandages qui se sont commis dans la Franche-Comté.* Mais il faut se rendre à l'évidence : les insurrections ne perdent rien de leur violence à mesure qu'on s'éloigne des frontières franc-comtoises. L'Outre-Forêt n'a rien à envier au Sundgau quant à la brutalité des manifestations que trahit le choix des termes utilisés dans les rapports officiels : *Aufstände, Empörung, Aufruhr, Mutineries, Revoltes*... On n'en est plus aux *fermentations*[696], ni même aux *convulsions*[697] : c'est tout bonnement le *tumulte*[698]. Et il n'y aura bientôt plus que les Wurtemberg pour se féliciter de pouvoir bénéficier, dans leurs possessions de Haute-Alsace, d'une certaine modération, *bonheur unique en ce moment*[699]. Cet étonnement naïf tranche avec la perspicacité de ceux qui cherchent à identifier les meneurs - en réalité des paysans moyens, voire aisés, qui ont intérêt à voir disparaître les charges féodales - et à replacer ces mouvements dans la longue durée. Si la Révolution de 1789 n'en finit pas de se prolonger, c'est qu'elle ne se réduit pas à l'effervescence passagère d'un été particulièrement agité. Elle plonge ses racines dans un lointain passé et s'appuie sur une solide tradition de contestation : c'est ce que pense la duchesse de Mazarin lorsque, en 1768, elle tente d'expliquer ses difficultés avec la communauté de Walheim[700]. La réaction, à la fois antiseigneuriale et antifiscale, qui éclate à Oberbronn fin juillet 1789, renoue avec la tradition contestataire du Hattgau que d'aucuns font remonter à la Guerre des Paysans : règlements de comptes séculaires... La Révolution est donc un catalyseur faisant apparaître au grand jour des conflits latents, accumulés au fil des siècles, portant sur la dîme, la forêt, l'impôt... Un dense réseau de motivations vient couronner l'édifice de la traditionnelle contestation. La situation se complique par l'entêtement des princes possessionnés - évêque de Spire, duc de Deux-Ponts, comte de Hanau-Lichtenberg - qui, ne se sentant nullement concernés, en tant qu'étrangers, par les décrets de l'Assemblée Nationale, ne cessent d'invoquer les conditions particulières

---

694 G. LEFEBVRE, *op. cit.*, p. 129 : troubles à Montbéliard et Belfort qui précèdent l'occupation, à Schweighouse , du château des Waldner.

695 AHR C 1597 (Bureau du Bien public du comte de Ribeaupierre, 26 juillet 1789).

696 ABR C 641/47 et E 2979 (pasteur Schroeder à Schillersdorf).

697 ABR C 641/47 (Surbourg).

698 J. LIBLIN, *art. cit.* (chronique de D. Schmutz, p. 284).

699 AN K 2314 (6 août 1789).

700 Voir *supra* p. 1308 (APM T 1119).

que leur ont octroyé les traités de Münster et de Ryswick. Ils finiront par être expropriés en octobre 1790 mais force est de constater que, dans la poursuite de leurs intérêts, ils ont la mémoire aussi fidèle que ceux qui, dans le camp adverse, contestent leurs droits ! Rares sont ceux qui gardent leur calme : on relève la tranquillité relative de Colmar, rassurée par sa milice bourgeoise, et l'hospitalité de Mulhouse qui accueille les réfugiés. Quant aux Wurtemberg, devant le *commencement de désordre*, ils prennent parti de *traiter avec les communautés* pour tenter de *propager cet état heureux*, de *régler à l'amiable des doléances des sujets, d'apaiser les esprits* qui *estoient échauffés*, ce qui suppose *des sacrifices considérables* et un juste milieu entre *tout concéder* et *tout refuser*[701]...

Ni les appels au calme de la Commission intermédiaire provinciale, ni la répression militaire ou judiciaire[702], ni l'abolition théorique de la féodalité dans la nuit du 4 août ne mettent un terme à ces entreprises antiseigneuriales. Trop de rumeurs circulent : parmi elles, les déclarations maladroites de la Commission intermédiaire qui ont pu être interprétées comme un appel à la sédition. Le Roi aurait permis aux paysans de conquérir leurs droits par la violence[703] (mais de quelle manière ? par le truchement des députés aux Etats Généraux ? par l'action directe ?) ; l'Assemblée Nationale aurait aboli sans appel les droits de chasse, la mainmorte et la dîme... A partir de la deuxième quinzaine du mois d'août, on peut considérer l'insurrection comme contenue, mais non étouffée : elle se solde par le refus d'acquitter la dîme[704], par la multiplication des délits forestiers, par des menaces à l'encontre des gardes-chasse, par l'opposition au retour éventuel des Juifs. *Il est dangereux à un receveur de voyager dans la nuit, même de découcher dans les villages... Personne ne paie plus ni corvée, ni poules, ni manance, ni rentes foncières en argent, ni dîme de charnage ; l'on s'exposeroit très fort même à la vie, si on vouloit les contraindre*, affirme Rosé, le receveur du comté de Horbourg[705]. Il est vrai que les paysans affectent de ne pas saisir la différence entre droits seigneuriaux *personnels*, abolis sans indemnité dans la nuit du 4 août, et

701 AN K 2314 : rapports des conseillers Sandherr (9 - 13 août 1789) et Jeanmaire (23 août 1789).

702 AHR 2 E 71 : *Etat contenant les noms des prisonniers d'Altkirch qui ont dévasté les maisons juives... et les châteaux de Hirsingue, Hirtzbach et Carspach* (8 septembre 1789). Cet état porte les noms de 107 *brigands*, accusés d'attroupements, de port d'armes, de vols et d'incendies, qui auraient participé aux opérations (44 pour les maisons juives, 31 pour le château de Hirtzbach, 9 pour celui de Hirsingue et 23 pour celui de Carspach) les sentences sont les suivantes :

- Non jugés : 7
- Jugés par contumace : 47
- Remis en liberté : 38 (avec ou sans caution)
- Condamnés à la prison : 7
- Condamnés aux galères (3, 15 ans et à perpétuité) : 5
- Condamnés à être pendus : 3

De façon à leur conférer une valeur dissuasive, les jugements prévôtaux de Huningue et d'Altkirch sont diffusés jusque dans le nord de la province (ABR 8 E 284/3, commune de Mattstall, impr. 20 août 1789) : il s'agit d'un habitant de Sierentz condamné à vingt-cinq ans de galères, pour avoir saccagé des maisons juives et forcé le greffe le 28 juillet 1789 et de deux autres, condamnés l'un à la pendaison, l'autre aux galères à vie pour avoir participé à l'attaque du château de Hirsingue et d'une maison juive, les 29 et 30 juillet 1789.

703 Ch. HOFFMANN, *op. 2405*, t. IV, p. 91.

704 AMO C 4, fonds Oberkirch (exemple de Bischoffsheim en 1789 et 1790).

705 AN K 2311/1 (8 octobre 1789 et 26 janvier 1790).

droits *réels* déclarés rachetables, puisqu'ils ont été établis sur la base d'un contrat. Le langage abstrait des juristes faisant la distinction entre une *féodalité dominante* et une *féodalité contractante*, ne trouve pas grand écho à la campagne. Même si le taux de rachat - fixé au denier vingt - est réduit de moitié par rapport à celui qu'imposait l'Ancien Régime, la jacquerie débouchera, entre juin 1792 et juillet 1793, sur l'abolition sans rachat de l'ensemble des droits réels et le *brûlement des terriers*, geste aussi spectaculaire que symbolique. Le fait est que bien des seigneurs *s'accrochent* à des prérogatives, que les paysans considèrent comme caduques, n'arrange pas les choses et l'esprit d'insurrection se prolongera bien au-delà d'août 1789.

Quelques gestes significatifs sont à mettre au compte de l'enthousiasme déchaîné par les premières mesures révolutionnaires. Voici qu'apparaît, après la série officielle du printemps 1789, la deuxième génération des cahiers de doléances, rédigés fin juillet-début août, c'est-à-dire pendant ou immédiatement après les troubles. Ces documents, avec leur connotation nettement antiseigneuriale, expriment une certaine spontanéité et une grande liberté d'expression. Dépassant le stade de simples doléances, ils revêtent, par leur agressivité, l'allure de *cahiers de revendications* ou de *prétentions*[706] : l'expression est utilisée par le comte de Ribeaupierre à l'encontre des habitants de Sainte-Marie-aux-Mines. Il s'agit d'obtenir du seigneur, individuellement et solennellement, la renonciation aux droits, officiellement acquise dans la nuit du 4 août... Mais ce n'est qu'en octobre 1791 que l'on se met à marteler, tant sur le mur clôturant le château de Horbourg que sur les bornes plantées à la limite des finages, les armoiries des Wurtemberg *au moyen de ciseaux de tailleurs de pierre*[707]...

3) Des doléances aux revendications : les cahiers de la deuxième génération

La seconde génération de cahiers de doléances a été étudiée par Robert Steegmann pour la Basse-Alsace[708] et Erich Pelzer pour la Haute[709]. Nous n'y reviendrons pas, d'autant que la comparaison du contenu de ces cahiers avec ceux du printemps 1789 n'est possible que pour les communes du piémont et des vallées vosgiennes (Riquewihr, Ribeauvillé, Zellenberg, Griesbach, Rodern). Plutôt que d'en proposer un état analytique, retenons, dans le contentieux des campagnes, trois dossiers explosifs : celui de la forêt, celui du fisc et celui de l'*usure juive*. Après avoir joué le rôle de détonateur, la forêt se trouve projetée au coeur du débat. Ne serait-il pas possible de cartographier les troubles agraires en prenant appui sur la répartition

[706] AHR C 1597 (26 juillet 1789).

[707] AHR 18 J 463 et 543 (Sandherr, 16 octobre 1791).

[708] R. STEEGMANN, *op. cit.*, pp. 425-451.

[709] E. PELZER/J-L. EICHENLAUB, *op. cit.*, pp. 381-538. On retrouvera la liste des cahiers retenus concernant la plaine d'Alsace dans l'état des sources. Nous y ajouterons la réponse aux doléances du bailliage de Barr (ABR 8 E 21/18, 13 juillet 1789) et la *Convention mit den Gemeinden der Grafschaft Rappolstein und Herrschaft Bergheim* de juillet-août 1789 (GLAK fonds *Kremer-Lamey*, 88), concernant, entre autres, Wihr, Horbourg, Houssen, Heiteren, Balgau, Weckolsheim Rustenhart, Guémar et Jebsheim.

géographique des forêts et des couvents ? Le 27 juillet 1789, les communautés situées dans la mouvance de l'abbaye de Saint-Jean-des-Choux, après s'être fait remettre le marteau forestier en dépôt à l'abbaye, font procéder à un martelage en règle à leur seul profit[710]. Ce geste n'est que le dernier d'un long conflit entre l'abbaye et les communautés d'Eckartswiller et de Saint-Jean dans la seconde moitié du XVIIIème siècle : partage, toujours contesté, des coupes et du pâturage forestier ; affirmation, non moins contestée, du droit de propriété sur le *Frauenwald* qui serait réservé à l'usage exclusif des Bénédictines... Enhardie par les événements du mois de juillet, la communauté de Heiteren s'approprie, à la fin du mois, la forêt du comte de Ribeaupierre et menace de tuer les officiers de justice qui se présenteraient pour exercer leurs fonctions. Le régisseur, sous la menace d'incendie et de mauvais traitements, est contraint à se réfugier à Neuf-Brisach... Mais les troubles continuent jusqu'au mois d'octobre, les habitants occupant et dévastant tour à tour l'ancienne forêt seigneuriale[711]. Le contentieux forestier ne peut être reconstitué parce qu'il est inépuisable[712]. La surexploitation flagrante de la forêt, dénoncée par les cahiers de doléances, ne date pas de 1789[713]. Pas davantage que la *réaction seigneuriale* qui, tout en s'inscrivant dans une conjoncture particulièrement défavorable, n'est pas la première en date : on a vu que le seigneur renforçait ses exigences chaque fois que l'équilibre se trouvait rétabli entre population et subsistances[714]. Les Jésuites de Strasbourg, après avoir pris possession de l'abbaye de Walbourg en 1685, n'ont-ils pas cherché, par tous les moyens, à alourdir leurs droits ? Enfin, principal bouc émissaire de l'été 1789, le Juif paie le prix de son omniprésence et de la polyvalence de ses activités. C'est sans doute le caractère inextricable des opérations, enserrant comme dans un étau la vie quotidienne des paysans, qui rend compte, au même titre que l'engrenage des dettes, de l'explosion de 1777 - liée à l'affaire des fausses quittances[715] - et à son rebondissement en 1789, dans le Sundgau particulièrement sensible à l'*usure juive*... Nous avons affaire à une protestation antijuive, non à un mouvement antisémite. Si nous avons repris ces trois dossiers, c'est pour mieux mesurer le poids des permanences qui sous-tendent la psychologie rurale et pour cerner le monde différencié des étrangers à la communauté rurale.

710 ABR 8 E 425/5.

711 Ch. HOFFMANN, *art. 2407*, pp. 42-43.

712 Rappelons quelques affaires. ABR E 2658-2661 (*Cleeburger Kopf*, 1755-1789).
Fr. KIENER, *art. 1143* (forêt du *Kirchspiel* de Soultz-sous-Forêts, 1787).
L. KIECHEL, *art. 2409* : incendie du *Leimenwald* à Huningue, le 28 juillet 1789.

713 Voir *supra* pp. 657-666.

714 Voir *supra* pp. 246-255 et pp. 1208-1224.

715 Voir *infra* pp. 1416-1418.

CHAPITRE IV

HORS COMMUNAUTE ET MARGINAUX

I. DES INTRUS AUX EXCLUS

A) Les privilégiés à la campagne

Il est des personnages qui, installés au village dans leur résidence campagnarde ou leur château, se détachent nettement de l'ensemble de la population, à la fois par le montant et la composition de leurs fortunes, par l'autorité qu'ils exercent et par le respect qu'ils entendent inspirer. Nobles ou bourgeois, peu importe : la ligne de démarcation qui passe par l'anoblissement peut être transgressée, dans un sens ou dans l'autre. Le *bourgeois-seigneur* existe : nous l'avons rencontré sous les traits de citadins qui, en se portant acquéreur de fiefs et de seigneuries, s'assurent à la fois de substantiels revenus et une part non négligeable de considération sociale. Parmi ces personnages, nous avons sélectionné, à côté des nobles de vieille souche que sont les Montjoie et les Berckheim, des bourgeois qui, tout en étant d'extraction roturière, bénéficient du même capital d'estime que les premiers.

1) La noblesse rurale, modèle de la différence

Le cas de Jean-Philippe d'Anthès illustre bien la montée, au cours du XVIIIème siècle, de la bourgeoisie anoblie aux dépens de l'aristocratie rurale traditionnelle. Lorsque Elisabeth, comtesse de Schauenburg, se trouve acculée à la vente de la seigneurie de Nambsheim pour faire face à ses dettes, c'est lui qui s'en porte acquéreur pour plus de 100 000 livres tournois, de quoi rembourser le banquier bâlois qui avait pris en gage les bijoux de la comtesse[1]. L'acquéreur commencera par rembourser l'abbesse d'Andlau qui, contre hypothèque de la seigneurie de Nambsheim, venait d'avancer 10 000 livres. Or Henri d'Anthès, le père de Jean-Philippe, domicilié à Oberbruck près de Masevaux et propriétaire du château de Soultz, avait déjà acheté la seigneurie de Blotzheim, en pays du Sundgau, pour 40 000 livres tournois[2]. Rien que la construction du château de Blotzheim, en mai 1723, coûte 50 000 livres. On apprend, à l'occasion de la transaction de 1738, la composition de la ferme des Schauenburg à Nambsheim[3] : un château ; une maison

[1] AHR 2 E 10 : acte de vente du 23 février 1737, du 9 juin et du 6 décembre 1738. Voir également, M. GUTH, *op. [415]*, pp. 75-79.

[2] AHR 2 E 12/20 et 21 (7-10 septembre 1733).

[3] AHR 2 E 10. Voir également AHR E 1266 et 1296, 1 B 473 et 795.

Quelques patrimoines nobles ou bourgeois dans la plaine d'Alsace au XVIIIème siècle : évaluation (exprimée en livres tournois) et composition des fortunes

	Fortune immobilière			Fortune foncière			Droits seigneuriaux	Fortune mobilière								
	Propriétés bâties	Réserves et outillage	Cheptel	Biens-fonds	Rentes en argent ou en nature	Dîmes		Mobilier	Hardes	Tableaux et livres	Armes, argenterie, vaisselle	Tissus et literie	Bijoux	Argent liquide	Créances	Divers
Charles Magnus, comte de Montjoie et seigneur de Hirsingue, Inv. 29-31 mars 1758 (BNUS Ms. 585)	- Maison et bâtiments d'exploitation à Hirsingue et Bruebach = 9874 - Nouveau château en contruction à Hirsingue = 5421 - Scierie, huilerie, bergerie = 3085 - 3 censes = 2770	- voitures et harnais = 1402 - tonneaux et futaille = 2461 - vins et grains = 1899 et 2425	3085	Labours, prés, vignes et 9 étangs (Hirsingue, Heimersdorf, Bruebach) = 30 742	?	à Hirsingue, Heimersdorf, Bruebach = 7600	?	9528	?	3015	- Argenterie = 14 370 - Divers = 1479	?	?	408	650	-
	21 150	8187	3085	30 742	?	7600	?	9528	?	3015	15 849	?	?	408	650	-
% propriété immobilière et foncière 70 764 = 100%	29,9%	11,6%	4,4%	43,4%	?	10,7%										
% de la fortune totale : 100 214			[illegible]	[illegible]	?	7,6%	?	9,5%	?	3%	15,8%	?	?	0,4%	0,6%	-

Daniel Luc Weinemer, inv. 18 avril 1749 (AHR 4 E Not. Colmar, fonds Richart)	- Château à Landersheim = 7673 - Maisons à Sélestat et à Colmar = 23 250 - Moulin à Châtenois = 1020	Tonneaux et futaille = 2350	?	Labours, prés, vignes dans 39 finages alsaciens = 108 940	en nature (non évaluées en argent)	-	Les 3/4 des droits seigneuriaux de Landersheim = 10 200	Bailli royal de Saint-Hippolyte = 3000	?	?	?	- Argenterie = 3071	?	302	?	3256	-
	31 943	2350	?	108 940	?	-	10 200	3000	?	?	?	3071	?	302	?	3256	-
% propriété immobilière et foncière 153 433 = 100 %	20,8%	1,5%	?	71%	?	-	6,7%										
François Reinhard Haffner de Wasselonne Noblesse de Basse-Alsace, inv. 1738 (BNUS Ms. 787)	- Maison à Westhoffen = 3394 - Résidence à Strasbourg = 12 000 - Parts propr. immobilière à Strasbourg = 250	- Outillage = 148 - Grains et farine = 1332 - Vin avec tonneaux = 1062	?	Colonge de Zellwiller = 2426	19 118	-	-	-	838	321	- Ta-bleaux = 276 - Livres = 40	- Batterie de cuisine = 416 - Argenterie = 1440 - Armes = 234	Tissus = 1188 Fil, chanvre = 46 Literie = 240	1066	10 934	4186	3102
	15 644	2542	?	2426	19 118	-	-	-	838	321	316	2090	1474	1066	10 934	4186	3102
% propriété immobilière et foncière 39 730 = 100%	39,4%	6,4%	?	6,1%	48,1%												
% de la fortune totale 64 057 = 100%	24,4%	4%	?	3,8%	29,8%				1,3%	0,5%	0,5%	3,3%	2,3%	1,7%	17,1%	6,5%	4,8%

d'habitation logeant le fermier avec grange et plusieurs étables ou bergeries pouvant abriter une soixantaine de têtes de gros bétail et quelque 700 à 800 moutons ; un colombier pour 300 paires de pigeons ; un moulin et une huilerie ; 263 arbres, dont 54 fruitiers, et 153 espaliers ; plus de 400 hectares de terres labourables exploitées pour un tiers en faire-valoir direct et pour deux tiers en location et rapportant 500 sacs de grains ; 36 hectares de prés ; près de 300 hectares de forêts et broussailles, des vignes à Heimsbrunn, dont est originaire Madame d'Anthès, sans compter les îles du Rhin... A une fortune foncière et immobilière de 41 000 livres tournois, s'ajoutent 8380 livres de rentes foncières, 165 créances de 210 055 livres et 40 000 livres de droits seigneuriaux : au total une fortune de 300 000 livres tournois[4] ! Le profil du personnage n'en reste pas moins exceptionnel : fermiers généraux des Mazarin en Alsace, seigneurs de Brinckheim et de Blotzheim avant d'acheter la seigneurie de Nambsheim *et autres lieux*, les d'Anthès ont plus d'une corde à leur arc. On les voit, au sein du Conseil Souverain, tisser des relations avec les membres les plus influents de la haute société ; on les voit surtout déployer une intense activité comme maîtres de forges à Masevaux, au Ban-de-la-Roche, à Rothau, à Klingenthal, à Saint-Amarin... L'anoblissement, intervenu en 1731, était assuré[5]. Resterait à savoir si les profits tirés de la terre ont bien alimenté l'industrie naissante ou si, au contraire, les bénéfices secrétés par les forges se sont investis dans l'agriculture. Cette question, qui rejoint une problématique plus large, mériterait une étude approfondie. D'après les travaux de Roger Boigeol[6], ce seraient les bénéfices réalisés dans l'industrie qui auraient été réinvestis dans l'achat de terres et de droits seigneuriaux en attendant qu'au XIXème siècle les profits tirés de la terre soient placés dans l'industrie. Tout ce que nous pouvons affirmer, c'est que les d'Anthès, ne figurent pas parmi les pionniers de la *révolution agricole*. Pas davantage que les de Dietrich d'ailleurs, dont le capital, constitué de biens immobiliers et de rentes, atteint, à la fin XVIIIème siècle, 2 220 000 livres tournois[7] : un château et deux hectares de forêts, 1800 livres de rentes féodales et 228 de rentes foncières, des droits de chasse et de justice qui rapportent 100 000 livres...

A l'autre extrémité de l'éventail nobiliaire, la fortune des Weinemer est moins diversifiée, puisqu'elle se focalise sur les revenus fonciers et immobiliers. La famille ne nous est pas inconnue, puisque Luc Weinemer, receveur du Grand Chapitre de la cathédrale de Strasbourg, nous est apparu, dès la fin du XVIIème siècle, sous les traits d'un dynamique entrepreneur de reconstruction en pays du Kochersberg[8] : Daniel Luc n'est autre que son fils. Sa fortune nous est connue grâce à l'inventaire, établi en 1749, pour Marie-Elisabeth, son épouse[9]. Les Weinemer laissent un moulin à Châtenois et un

[4] R. BOIGEOL, *art. 2120*.

[5] J-M. SCHMITT, *op. 1735*, pp. 35, 39, 160-161, 215 et 486. Du même auteur, *contrib.* NDBA 1, pp. 54-55.

[6] R. BOIGEOL, *art. 2119* et *2120*.

[7] ABR 25 J 818, E 2879, C 699 et HSD D 21 A/22. Voir aussi les travaux de G. RICHARD *art.* et *op. 1730-1731*.

[8] Voir *supra* pp. 264-266.

[9] AHR 4 E Not. Colmar, fonds Richart, inv. du 18 avril 1749.

Les Weinemer : une généalogie prestigieuse

Georges Bourst, conseiller du Roi, bailli de Saint-Hippolyte, seigneur de Hohenkoenigsberg
x (1659) **Marie Engel,** fille de Valentin, le bourgmestre de Saint-Hippolyte

- **Marie-Françoise** x (1676) **Luc Weinemer,** seigneur de Landersheim, receveur du Grand Chapitre de la cathédrale de Strasbourg
  - **Catherine** x (1697) Mathieu Muller, membre du Conseil Souverain et préteur royal de Colmar
  - **Marie-Elisabeth** x (1702) Herrmann de Halweren, syndic du Grand Chapitre de la cathédrale de Strasbourg; x François-Jean Ries, conseiller du Roi; x Valentin Scheer, conseiller du Roi
  - **Daniel -Luc** + 1723, x Marie-Elisabeth Maulnant, fille d'un ingénieur en chef de Sélestat (+ 1749)
    - **Georges-Daniel** ° 1708, avocat au Conseil Souverain de Colmar, bailli de Châtenois
    - **Frçs-Gabriel-Luc** ° 1709, chanoine de l'église collégiale de Lautenbach
    - **Marie-Françoise** ° 1710, x Jean-Georges Kieffer, avocat au Conseil Souv. de Colmar, bailli du comté de Montjoie-Hirsingue
    - **Jean-Baptiste Herrmann** ° 1711, recteur de la paroisse de Neuve-Eglise
    - **Marie-Elisabeth** ° 1713, x Barthélémy Schaub, Substitut du procureur général et conseiller du Roi
    - **Mathieu-Antoine** ° 1714, bailli de Ober- et Niederbronn
    - **J-F Charles** ° 1714, bailli de Wattwiller
    - **Marie-Anne** ° 1717
    - **Jacques-Léonard** 1718-1726
    - **Ignace** 1720-1732
    - **Catherine** 1721-1725
    - **Luc** 1723-1726
  - **Anne-Françoise** x Jean-Baptiste de Klinglin, avocat général et préteur royal de Strasbourg
- **Jeanne-Catherine** x Jean-Antoine de Boisgauthier
  - **Marie-Anne** x de Farget, lieutenant à Neuf-Brisach
  - **François-Joseph** Chanoine au Chapitre de Saint-Pierre-le-Vieux, Strasbourg

x épouse
° né en
+ décédé en

château à Landersheim avec les trois quarts des revenus seigneuriaux en dépendant, des terres couvrant jusqu'à 200 hectares et réparties entre trente-neuf finages, tant dans la plaine d'Erstein qu'au Kochersberg et dans la région de Saverne : une fortune immobilière dépassant les 150 000 livres tournois et à côté de laquelle la charge de bailli royal de Saint-Hippolyte, achetée pour 3000 livres en 1694 et transmise par héritage maternel, ne pèse pas bien lourd. Cette charge revêt cependant une importance capitale, car elle fait rejaillir la considération sociale sur une famille qui établit des relations avec des membres du Conseil Souverain, des préteurs royaux, des conseillers et des ingénieurs du Roi et qui place ses enfants dans l'Eglise, le barreau et l'administration bailliagère.

Encore plus proche de la société paysanne, François Reinhard Haffner de Wasselonne est l'un de ces nombreux hobereaux de Basse-Alsace qui font partie du corps de la noblesse immédiate[10]. La famille, dont le patrimoine se chiffre à près de 80 000 livres tournois[11], possède une maison à Westhoffen, d'une valeur de 3396 livres, une résidence à Strasbourg estimée à 12 000 livres et les parts aux *douze maisonnettes des Prechter sous le même toit*, tenues en indivis par diverses familles de la haute société strasbourgeoise, sont évaluées à 250 livres. Mais elle tire surtout ses bénéfices de la terre : une colonge à Zellwiller et une poussière de rentes foncières en grains ou en vins, en nature ou en argent, qui, loin de se limiter à la région de Wasselonne, se trouvent disséminées du Kochersberg, de l'Arrière-Kochersberg et du pays de Hanau (Altenheim, Ingenheim) au Vignoble (Osthoffen et Epfig) en passant par la plaine d'Erstein (Meistratzheim, Lipsheim). La valeur de ces biens fonciers dépasse celle du capital immobilier proprement dit, même si on inclut dans ce dernier l'estimation de l'outillage et du cheptel.

Le souci de *paraître* s'exprime davantage chez la noblesse traditionnelle qui, avec ses réflexes de rentiers, n'a pas le dynamisme qui distingue les investisseurs. Waldner de Freundstein, que nous avons rencontré à plusieurs reprises[12], ne s'occupe pas uniquement, de façon désintéressée, de son *orangerie* et de sa bibliothèque d'une valeur de 2400 livres ! Jean Eberhard Berckheim réunit sur sa tête l'héritage paternel - il est coseigneur de Jebsheim, de Krautergersheim et d'Innenheim - et la part maternelle qui, venant des Oberkirch, lui confère des droits dans le Kochersberg et la plaine d'Erstein et lui attribue le château de Bischoffsheim avec les biens qui en dépendent[13]. En définitive, la solide position acquise en moyenne Alsace constitue le trait d'union entre les rentes et dîmes qu'il tire du Sundgau et les droits qu'il possède dans le Hattgau[14]. A titre d'exemple, voici les biens et

---

[10] R. CATTIN, *D.E.S. 346*.
Voir également la fortune des Berstett (ABR E 812, 1779) et E. JUILLARD, *op. 140*, p. 511.

[11] BNUS Ms. 587, inv. 8 janvier 1738.

[12] AHR 4 E Not. Sierentz 5294 (inv. Christian Frédéric Philippe Waldner de Freundstein, 23-28 août 1758).

[13] AHR 132 J 10 : inventaire de 1764.

[14] AMO B 61-68 (comptes Oberkirch 1736-1764).

les droits de la famille des Berckheim à Jebsheim vers 1730[15] : une grande partie de la juridiction haute et basse du village, la moitié des droits colongers, des parts de dîme (un huitième et un dixième), la moitié de la collature de la paroisse d'Artzenheim qui rapporte un agneau à Pâques, sept chapons à Grussenheim, deux fermes à Jebsheim même, des potagers et des vergers, des prés et des bois qu'il fait défricher dans les années 1730 et surtout entre 80 et 90 hectares de terres à Jebsheim, Durrenentzen, Muntzenheim et Grussenheim, sans parler des possessions foncières à Colmar même. Ces terres sont réparties entre deux métairies. Sans ces biens fonciers, la fortune s'élève à 24 436 livres tournois.

Mais, dominant nombre de ses pairs par sa richesse et par sa puissance, voici le comte de Montjoie, seigneur de Hirsingue. Au moment de son décès, en 1758, il est à la tête d'une fortune de plus de 100 000 livres tournois dont la moitié consiste en revenus immobiliers : terres, prés et vignes, étangs et chènevières sont regroupés à l'ombre du château de Hirsingue, avec volière et glacière, et autour des trois censes du *Stockacker,* du *Vogelgesang* et du *Bürckenhof*[16]. Les bâtiments d'exploitation traditionnels sont complétés par une huilerie et une scierie. Tandis que le gros bétail se limite à cinq paires de boeufs, sept vaches, auxquelles il convient d'ajouter deux génisses et trois veaux, l'essentiel des investissements porte sur la bergerie : au total, 447 moutons et brebis et 90 agneaux. Greniers et granges recèlent plus de 500 sacs de grains de toute sorte, 550 quintaux de foin et 1000 bottes de paille ; la cave abrite pour 2461 livres tournois de tonneaux, douves et baquets, avec un contenu en blanc, en rouge, en *vin de table* et en *vin de domestique* estimé à 2000 livres. La dîme, perçue à Hirsingue, Heimersdorf et Ruederbach, rapporte l'équivalent de 7600 livres. Quant à la fortune mobilière, elle suggère un train de vie exceptionnel : voitures et harnais ; argenterie (la vaisselle d'argent représente, en valeur, 90% de l'ensemble de la batterie de cuisine) ; armes (fusils, carabines et pistolets) ; estampes, peintures, sculptures et statuettes ; pièces sonnantes et trébuchantes (écus et louis d'or), enfin un *cabinet de curiosité* qui fait rêver... Ce dernier n'est pas estimé (parce qu'inestimable). Ne sont pas évaluées non plus les hardes léguées aux domestiques pour avoir veillé le mourant au cours de sa maladie. L'aisance du personnage se révèle jusque dans la nature des dettes contractées : dépenses auprès de l'apothicaire, du chirurgien, du médecin, du marchand drapier qui fournit les crêpes et les robes de deuil... Au total, une fortune de nature à faire pâlir d'envie le plus riche des curés de campagne, le plus aisé des aubergistes, le plus cossu des laboureurs...

Un projet de vente de la seigneurie de Herrenstein, en 1778, nous fait accéder aux sommets de la richesse nobiliaire. La valeur brute de la seigneurie, qui est alors supérieure à un million de livres, se décompose comme suit[17] :

---

[15] AHR 132 J 25 (après 1733).

[16] BNUS Ms. 585, inv. du 29 mars - 1er avril 1758.

[17] P. GERBER, *art. 359*, p. 42 et ABR E 1458.

en livres tournois

	Dettwiller et Rosenwiller	Dossenheim	Herrenstein	Hors seigneurie (Graufthal, Lupstein, Hattmatt, Offwiller, Ernolsheim)
Divers			30737 (forêts, étangs, château en ruines, rentes)	
Droits seigneuriaux	326612	92545		
Château	18 700	—		
Fermes emphytéotiques	50750	—		
Biens fonciers	475235	38727		16805
	871297	131272	30737	16805

En regard, les charges s'élèvent à 74 240 livres. Qui va pouvoir acquérir les biens de la famille de Rosen ? Seul le comte de Hanau-Lichtenberg pourrait s'y risquer, moyennant de gros emprunts à la *Banque de Hollande*, aux Magistrats de Zurich et de Berne, à la société mulhousienne Hofer et Dollfus. Les créanciers potentiels se dérobent et l'affaire en reste là.

Elle nous aura permis de cerner l'ampleur de l'une des plus grosses fortunes nobiliaires d'Alsace, aussi exceptionnelle qu'elle soit, puisqu'elle comporte des droits de souveraineté territoriale. On ne saurait affirmer que ce genre de situation suscite la jalousie, tant la distance est grande avec la paysannerie. Situées en moyenne entre 50 000 et 150 000 livres tournois, ces fortunes accusent un contraste très net avec les patrimoines des paysans les mieux lotis : l'écart est de 1 à 10 ou à 20[18], si toutes les composantes de la fortune sont connues. Or une réserve vient aussitôt nuancer cette constatation. Qu'ils soient aux mains de nobles de vieille souche ou de bourgeois en attente ou en voie d'anoblissement, les avoirs que nous venons d'analyser succintement, sont des fortunes brutes desquelles il convient de déduire les dettes passives pour obtenir les fortunes finales ou réelles. Or ces patrimoines fonciers sont obérés par un endettement considérable. Il n'est pas dans nos intentions d'analyser l'actif et le passif des fortunes nobiliaires. Nous nous contenterons de constater que leur effritement pourra servir de base de départ à la consolidation de fortunes bourgeoises à la fois plus modestes, plus proches des fortunes paysannes et, par conséquent, plus exposées à la contestation.

Qui sont, en définitive, ces gentilshommes campagnards ? Sauf quelques brillantes exceptions, la seigneurie en Alsace n'est pas, comme en terre d'Empire, un cadre administratif reposant sur la souveraineté princière : elle devient de plus en plus cadre d'exploitation. Si l'on se place sur le plan strictement institutionnel, elle n'est plus au XVIIIème siècle, comme dans la Bourgogne de Pierre de Saint-Jacob, l'armature essentielle de la vie rurale. L'érosion de la structure seigneuriale va de pair avec le

18 Voir *supra* pp. 991 ss.

mouvement d'émancipation de la communauté[19]. S'évanouit ainsi l'image du seigneur à la fois tout-puissant et brutal, abusant de ses droits et, assurant, sous couvert de paternalisme, sa protection au village. Le personnage, de plus en plus absent et de plus en plus indifférent, sauf si ses intérêts sont en jeu, achève de se ruiner pour le service du Roi et la réputation de sa maison. Il reste, bien sûr, le poids moral du régime seigneurial (le banc à l'église, la prééminence pour l'encens et la place d'honneur à la procession) ainsi qu'un code de rapports avec les villageois qui reflète le prestige de la fonction. Mais l'absentéisme aidant (ce qui provoquera la réprobation d'Arthur Young), les liens se distendent entre l'ancien maître et ses sujets. D'ailleurs, une seigneurie, cela se vend et le vide sera rapidement comblé : l'institution de droit revêt la forme d'une exploitation de type capitaliste, sans que le nouveau maître fasse appel, comme en Ile-de-France, à la caste des grands fermiers. Une nouvelle noblesse d'origine bourgeoise, bien éloignée de celle qui a les yeux tournés vers Versailles, vitrine des élites françaises, se compose de *parvenus* issus de l'office et du commerce. Effacement progressif d'une noblesse ancienne, prestigieuse, et ascension sociale de la bourgeoisie anoblie que les paysans distinguent fort bien des vieux maîtres : les résidences des Anthès à Nambsheim, des Salomon à Plobsheim seront épargnées par les événements de 1789. Cette nouvelle noblesse met l'accent sur l'utilité économique, tandis que l'ancienne perd son rôle militaire et politique. Mais n'est-ce pas dans les pores de la seigneurie traditionnelle que s'installe cette élite *capitaliste* ?

Car au dynamisme économique, cette noblesse associe l'immobilisme juridique : elle adopte les titres et les genres de vie de l'ancienne noblesse, persuadée que le fait de *vivre noblement* confère le prestige. Elle adopte surtout le cadre de vie traditionnel au château. Certes, l'hiver se passe souvent à Strasbourg, centre des mondanités. Mais dès que les beaux jours reviennent, on se retrouve en joyeuse compagnie à la campagne : à Wingersheim, chez Madame Oberkirch, née Christiane de Wangen ; à Oberschaeffolsheim et Wilwisheim (Wangen) ; à Kolbsheim (Falkenhayn) ; à Fegersheim (Mackau), à Gerstheim (Dettlingen), à Osthoffen (Zuckmantel) ; à Krautergersheim (Turckheim) ; à Muttersholtz (Rathsamhausen) ; à Schweighouse et Ollwiller (Waldner de Freundstein) ; à Schoppenwihr (Berckheim) ; à Zillisheim (Klinglin) ; à Reichshoffen (de Dietrich)... La baronne d'Oberkirch mentionne, dans ses *Mémoires*[20], un réseau d'une quarantaine de châteaux dont, souvent, la construction ou la restauration sont récentes : le château de Blotzheim date de 1723, celui d'Ollwiller date de 1752, celui de Reichshoffen a été construit en 1769, celui de Sierentz est restauré en 1754... Ils sont en général dotés d'un colombier, symbole seigneurial par excellence : la baronne d'Oberkirch évoque, pour Schweighouse, *la sortie bruyante de 400 pigeons...* qui formaient... *un nuage au-dessus de la cour du château qui s'en trouvait obscurcie*[21]. Cette *aristocratisation* d'une noblesse roturière par ses origines se fait donc par

---

19 Voir *supra* pp. 1208 et 1284 ss.

20 D. HAUSS, *mém. [219]*, pp. 29, 56-62, 491 et 497.

21 Baronne d'OBERKIRCH, *Mémoires* p. 62.

mimétisme et grâce à d'importants moyens financiers. Nous retiendrons qu'en plein XVIIIème siècle, l'Alsace se couvre de châteaux et la partie la plus dynamique de la noblesse prend l'habitude de *vivre aux champs* réussissant ainsi son intégration économique et sociale, accaparant aussi bien la terre que la dîme[22]. S'impose néanmoins, du fait de la dualité du cadre de vie et du va-et-vient rythmé par les saisons, une vision très urbaine des réalités champêtres. A la faveur de ce semi-absentéisme, la propriété à la campagne ne risque-t-telle pas de devenir une source de revenus qui se dépensent en ville ? Est-il plus important d'entretenir le manoir, qui sert à loger les gens du seigneur, que d'éblouir les hôtes dans la résidence urbaine ?

Cette nouvelle noblesse profiterait-elle de l'appauvrissement de l'ancienne ? Au coeur du débat autour du renoncement aux droits féodaux, Schauenbourg prétend qu'il n'est *pas en situation de faire des sacrifices volontaires,* vu qu'il n'a *rien en reste* et qu'il lui faut nourrir *femme et enfants*[23]. Et le baron de Weitersheim déclare : *J'ai acheté un neuvième de ma seigneurie pour la somme de trente mille livres. Sans les exemptions, cette portion n'eût certainement pas valu la moitié. Me l'ôter... c'est me ravir et à mes enfants 15 000 livres*[24]. Cependant la légende de l'appauvrissement généralisé de la noblesse rurale a été largement redressée, pour la Bretagne, par Jean Meyer[25]. Les héritiers de François Reinhard Haffner vivent sur un acquis - les biens propres que le défunt possédait au moment de son mariage - sans qu'on ait réellement pu faire fructifier ce capital de départ : les biens propres de François Reinhard s'évaluent à 71 500 livres, ceux qui reviennent à ses héritiers à 8000 livres, mais l'endettement se chiffre à 18 500 livres soit 15% de moins que le capital de départ : une fortune qui s'essouffle. Pour illustrer cet endettement, il faudrait puiser dans les couches inférieures de la noblesse immédiate de Basse-Alsace[26]. Or, que constatons-nous ? L'exploitation directe, effectuée par des gentilhommes besogneux, dissimule un train de vie très prodigue accentué, au XVIIIème siècle, par le goût du luxe et la constante nécessité de partager les revenus entre héritiers mâles. François César Albertini Ichtersheim fait partie de ces cadets de famille aux moyens limités[27]. Cela ne l'empêche nullement d'acheter perruque, bas de soie et toile de baptiste, eau minérale et Porto... En 1721, il a 1724 livres de recettes et 1893 de dépenses. Mais les revenus en grains ne sont pas comptabilisés. En 1731, il reste à partager, tous frais déduits, 4188 livres et 4687 en 1750. Dans la seconde moitié du XVIIIème siècle, ses revenus triplent... L'exemple de Frédéric François Charles de Haindel, qui *mange son revenu,* doit être considéré comme un cas extrême, tant est retentissante sa faillite, puisqu'en 1784 les seigneuries de Romanswiller et de Cosswiller sont saisies pour liquider les dettes : pas moins de 17 000 livres[28]... Enfin, Chrétien Louis de Wurmser,

[22] J. VOGT, *contrib. 2250.*

[23] AHR C 1598.

[24] Cit. par E. HARTMANN, *op. 2400.*

[25] J. MEYER, *art. 2124.*

[26] R. CATTIN, *D.E.S. cit.*, pp. 126-140.

[27] ABR E 952-992.

[28] ABR E 925-930.

baron de Vendenheim, est à la tête d'une fortune de 12 000 livres, vers 1750, et fait une belle carrière dans l'armée qui lui rapporte 56 000 livres de revenus vers 1775. Il en dépense plus de 68 000 : gages des gens de maison, plaisirs de la table, dépenses vestimentaires (il fait venir deux vestes de Lyon), voyages à Paris et à Lausanne, prêts et contribution à la caisse des pauvres[29], au total, une honnête aisance... Additionnés, les revenus de cette noblesse se chiffrent en milliers de livres.

Or, plus la distance sociale se réduit, plus le propriétaire étranger au village est considéré comme un intrus. L'émergence d'une nouvelle aristocratie, d'extraction relativement modeste (puisque, face à une noblesse rancie, il s'agit de la promotion sociale des marchands et des magistrats), rapproche sans doute monarchie et paysannerie. Cette dernière, nous l'avons vu[30], ose tenir tête à ses maîtres : à Erstein, on reproche à Jakob Bock, dès les années 1675, de ne pas respecter le déroulement normal de l'assolement[31]. On ne compte plus les conflits au sujet du recouvrement des rentes et des impositions[32] ou de la surcharge en corvées[33], au sujet de la propriété, toujours contestée, des biens *caducs*[34], au sujet des dégâts occasionnés par les chasseurs et les bergers seigneuriaux[35], au sujet de la concurrence déloyale qu'entretient le troupeau à part des seigneurs[36]. A Geudertheim, c'est le pasteur qui tente de dresser la communauté et le comte de Hanau-Lichtenberg, coseigneur du lieu, contre le baron de Gottesheim, auquel il refuse la préséance parce qu'il a une femme de mauvaise vie, qu'il rosse le maître d'école, qu'il fait démolir les chaises de l'église pour en faire du petit bois[37]... L'image du paysan plaidant contre son seigneur se précise au XVIIIème siècle. A Sierentz, le château des Waldner, restauré en 1754, n'est-il pas délaissé, en 1773, pour Baldenheim, à cause des *chicanes de la communauté*[38] ? En réalité, c'est souvent le personnel subalterne des seigneuries, plus présent et plus proche, qui est visé. Ce sont les fermiers et les receveurs qui essuient les vexations destinées au seigneur[39]. La véritable aliénation serait-elle le fait de la ville ? L'opposition seigneur/paysan masquerait-elle le conflit latent ville/campagne ?

29 ABR E 1250, 1257, 1266-1267 et 1279.

30 Nous renvoyons le lecteur au problème de la contestation de l'autorité, *supra* pp. 1303 ss.

31 J. VOGT, *art. 1050.*

32 AHR E 135 (les Wurtemberg en Haute-Alsace, 1757-1789).

33 APM T 1128 (Clebsattel à Traubach, 1736).

34 AHR E 1353 (les Wurtemberg à Balgau, 1757).

35 APM T 1128 (Clebsattel à Traubach, 1736).

36 *Ibid.*

37 ABR E 1682/6 (1704-1705).

38 P.B. MUNCH-LIDY, *mém. 1724*, p. 25.

39 A titre d'exemple, ABR 6 E 7, Not. Bouxwiller 410 (noblesse de Basse-Alsace et évêque de Strasbourg dans la seigneurie de Mulhausen, 1777).
J. VOGT, *art. 1444 : Heitzhofer... der sich bereits dreissig Jahr von denen Altstater Amtsuntertanen so schlechthaft und so nützlich ernährt und prächtig gekleidet... bis zum Capitalisten aus dessen Leuten Schweiss und Arbeit reich gemacht hat...* (Chapitre de Wissembourg à Altenstadt, à propos d'un conflit dîmier, 1783).
AHR C 1580 et 1583 et ATB 21 J 2 : Clavé, le bailli de Brunstatt est la bête noire du subdélégué Noblat, entre 1763 et 1766, car *il traite les paysans durement et avec un peu trop d'autorité.* Situation comparable à Haguenau où le préteur royal Antoine-de-Cointoux engage un procès contre le bailli Hatzel entre 1743 et 1746 (voir *supra* p. 622).

2) Citadins et villageois : incompatibilité d'humeur et conflits d'intérêt

Nous avons assisté, dès la période de la *reconstruction*, à une mainmise, discrète et patiente, des citadins sur la campagne[40]. Renouant avec une très ancienne tradition, elle s'effectue par le biais de l'endettement et moyennant l'acquisition d'une poussière de parcelles et de rentes fractionnées. Au XVIIIème siècle, les conditions se modifient : la conjoncture de crise n'apparaît plus qu'épisodiquement, par exemple dans les années 1760/1770 ; la bourgeoisie, soucieuse de consolider ses positions, profite autant du repli foncier de la noblesse[41] que des difficultés paysannes[42]. Il est vrai que, dans l'ensemble, la paysannerie continue à offrir à l'impérialisme citadin une résistance inégale. Lorsqu'en septembre 1749, Dame Marie-Cécile, douairière de Burckenwald, fait procéder à l'adjudication de ses biens à Kuttolsheim - un *Hof*, quelques arpents de vignes et de labours, le tout estimé à 3400 livres tournois -, il ne se trouve, dans la communauté, aucun paysan capable de résister, par la surenchère, à l'implantation bourgeoise : Jean-Daniel Goll, marchand cafetier de Strasbourg, emportera facilement l'affaire[43] de même que, l'année suivante, la propriété Zoller - deux hectares et demi de vignes - passera aux mains de Sieur Tousseaut, brigadier de la maréchaussée de Strasbourg[44]. La bourgeoisie citadine profitera de cette moindre résistance pour diversifier les formes d'implantation : la terre sans doute, et surtout la rente qu'elle procure, mais aussi les bénéfices tirés de la chasse[45], la jouissance de la dîme[46], etc.

Diversité des opérations et mosaïque des revenus bourgeois

	Le Sieur Braun conseiller au Grand Sénat de Strasbourg AMH FF 214	Antoine-Joseph Madamé de Colmar AHR 18 J 533 et 469	François Antoine Chauffour, Conseil Souverain de Colmar AHR C 1142
Biens-fonds	à Kuttolsheim	Bien de campagne à Fortschwihr (1713/1714) et deux cours (1728)	Bien emphytéotique d'Obersaasheim (1750) : rapport en grains de 50 livres par an ; 1/3 du bien emphytéotique de Geiswasser d'un rapport de 80 livres par an
Chasse		Confirmation du 11 mai 1749	
Forêt, pâture, glandée		En contestation avec la communauté	
Auberge		Cabaret au cerf à Andolsheim	
Créances	Avance de 2000 l.t. avec engagement des cloches de la communauté (fin XVIIème siècle)		
Dîme	Dîme en vin depuis 1684		Dîme à Wintzenheim (bail de 6 ans) d'un rapport de 250 livres par an

40 Voir *supra* pp. 323-334 et les travaux de J. VOGT.

41 J. VOGT, *art. 957*, pp. 121-130.

42 Voir *supra* pp. 609-614.

43 AC Kuttolsheim : correspondance entre la communauté et la préfecture de Haguenau (1749-1750).

44 AMH FF 246 : registre d'audiences du grand bailliage de Haguenau (1750).

45 AHR 18 J 533 (Madamé dans la région de Colmar, 1749).

46 ABR E 3003 (Merkelbach, négociant à Strasbourg, dans le finage de Duntzenheim jusqu'en 1748).

Autour de Mulhouse, l'exiguïté des finages et la cherté des terres fait basculer les fortunes bourgeoises dans les valeurs immobilières : le Sieur Thierry, qui a épousé une fille d'Anthès, possède certes des terres (4,5 hectares de labours, 3 de vignes et une trentaine d'ares de prés) et s'associe à son beau-frère, Philippe Michel Anthès pour exploiter la ferme des Mazarin dans la vallée de Thann. Mais il détient surtout des titres de créances - quelque 135 000 livres tournois - qui représentent 75% de sa fortune et qu'il place aussi bien en Alsace (35 obligations dans 18 communes) qu'en Suisse (46 obligations). Il pratique le commerce des grains et du vin (près de 950 hectolitres à son décès) et construit une manufacture de tabac : il amasse au total une fortune de 353 000 livres qui jouera un rôle considérable dans l'industrie naissante[47]. Or, à la campagne, la nouvelle conjoncture - poussée démographique, raréfaction des terres, insuffisance de la pâture - confère à ces installations un caractère nettement conflictuel, expression à la fois de la dureté des temps et de la vitalité des communautés villageoises. Ce qui est en cause, c'est d'ailleurs autant l'installation à demeure dans le village[48] que la mainmise sur le sol. Deux exemples permettront de prendre la mesure de ces tensions, l'un à Kuttolsheim (Kochersberg), l'autre à Rantzwiller (Sundgau).

Un siècle et demi d'emprise foncière de la bourgeoisie de Strasbourg dans le Kochersberg : la dynastie Ursinus-Walther-Hummel à Kuttolsheim (1621-1765)

Frédéric Riehl, marchand de papier et bourgeois de Strasbourg
acquiert :
- en 1621, une maison avec écurie, puits et verger ;
- en 1628, un *Acker* de labours ;
- en 1642, un *Acker* 1/8 de prés ;
- en 1650, un quart, un *Acker* et 2 *Acker* 1/2 de labours.

Sare Riehl x Jean-Philippe Ursinus, receveur de la ville de Strasbourg, secrétaire-en-chef du Trésor ou *Pfennigturm*

hérite de la maison et de 2 *Acker* de labours	**possède** à Kuttolsheim une ferme avec 40 *Acker*, le tout affermé à un habitant du lieu pour une dizaine de sacs de grains (1687). **épouse** en secondes noces Marie-Madeleine Stirn (+ 1695) qui, en tant que veuve de Jean-Philippe Ursinus, possède une maison avec dépendances et 11/2 *Acker* de vignes, achète des fractions de *Gülten* dans les terroirs de Fessenheim et de Kuttolsheim.

Dorothée Ursinus x Gérard Walther, bourgeois-verrier de Strasbourg, échevin de la tribu de l'Echasse, receveur de la Fabrique de Saint-Pierre-le Vieux

hérite la maison avec grange, écurie, pressoir, verger sont	**ne possède** plus que 10 *Acker*, la propriété Ursinus ayant été partagée entre ses héritiers (dont Philippe Charles) qui sont propriétaires de parcelles de vignes ou de labours, de fractions de *Gülten*, de parts de fermes à Kuttolsheim et Ittlenheim.

Une fille de Gérard Walther x Jean-Henri Hummel, marchand de vin à Strasbourg

hérite de la maison avec dépendances, 4 chevaux, 3 vaches, 3 porcs, 6 brebis et agneaux	**s'installe** dans le village avec sa domesticité (censier, maître-valet, petit-valet, garçon, cuisinière, deux servantes) pratique une politique d'**acquisitions** (1748, 1750 1754, 1755, 1758, 1759) de propriétés tant paysannes que bourgeoises et **d'échanges** (avec des paysans de Marlenheim en 1743, avec le seigneur de Hurtigheim, etc.) Le bien consiste en 55 *Acker* 1/8 de labours, 21 1/2 *Acker* de vignes, le quart d'un moulin (en indivis avec le prévôt Joseph Riehl) ; en 1760, au total, 80 *Acker* 7/8 (soit pour plus de 24 000 livres de biens-fonds). Après l'éviction de Hummel, ce bien sera vendu en 1765 à Hoffmann, *Stettmeister* de Haguenau.

---

[47] R. OBERLE, *art. 954*.

[48] AHR 18 J 545 : les environs immédiats de Colmar (Horbourg) sont, au XVIIIème siècle, une *contrée recherchée par tout plein de gens comme il faut de la ville.*

A Kuttolsheim, Jean-Henri Hummel marchand de vin strasbourgeois, n'est pas un inconnu lorsque, le 20 avril 1765, il est sommé par le Conseil Souverain de quitter la commune, au grand soulagement des habitants. Il est le descendant d'une lignée de bourgeois strasbourgeois : les Riehl, marchands de papier ; les Ursinus, secrétaires du Trésor de la ville ; les Walther, verriers et receveurs de Saint-Pierre-le-Jeune s'incrustent progressivement, au prix d'une politique foncière patiente qui couvre un siècle et demi et qu'une exceptionnelle gerbe de documents permet d'appréhender[49]. Apparemment donc, rien de bien nouveau puisque, depuis 1621, la famille est fixée sans que cette installation n'ait jamais été menacée. On peut s'interroger sur les motifs de la brusque animosité qui s'empare des autorités municipales dans les années 1760. Les raisons officiellement alléguées sont d'ordre confessionnel. Hummel est luthérien, c'est là son principal défaut au regard d'une communauté catholique dont Joseph Riehl, le prévôt, se fait l'interprète dans sa requête à l'intendant du 10 mars 1761 : *Cy-devant, le Sieur Hummel faisait cultiver ses biens par des censiers catholiques, bourgeois du lieu ou d'autres endroits ; maintenant il a pris dans sa maison un luthérien qui a femme, valets et servantes aussi luthériens... Il y demeure lui-même depuis quelques mois et il est intentionné d'y rester à demeure, ayant abandonné son commerce à son gendre : de sorte que la maison aura deux chefs de famille et 7 à 8 personnes, tous luthériens.* Aucun doute que le Sieur Hummel ne veuille s'installer définitivement dans le village *puisqu'il a fait l'acquisition d'un banc à l'église de Wintzenheim.* Ce que craint le prévôt, c'est la contagion par l'exemple : *Dans peu d'années, un village tout catholique se verra rempli de luthériens... et lorsque le Sieur Hummel et quelques de sa famille se trouveront dans des maladies dangereuses, ce sera sans doute un ministre luthérien qui s'ingérera de venir lui donner les services et les soulagements nécessaires à leur état,* renchérit l'intendant, *ce qui ne pourra se faire sans grand scandale...* On voit déjà *en cas de maladie ou de mort, le ministre d'un lieu voisin... exhorter le malade et lui administrer la dernière cène... ou se mettre en tête du convoi funèbre ! ... Si cette*

---

[49] AC Kuttolsheim : contrats de 1621, 1628, 1642 et 1650 ; requête du prévôt Joseph Riehl à l'intendant (10 mars 1761) ; inventaires après décès ou extraits des inventaires de Sare Riehl (1670), de Jean-Philippe Ursinus (1675), de Marie-Madeleine Ursinus (1709, copie 1762), de Dorothée Walther (1732) ; extraits des registres de sépultures de Saint-Thomas et de Saint-Pierre-le-Vieux (1734 et 1754) ; terrier 1687 et 1724.

AMH FF 241 (décomptes entre Jean-Frédéric Hummel / Joseph Heim, 1754-1755, et Joseph Riehl, 1756), 251 (copropriété d'un moulin avec le prévôt, 1753-1754) et JJ 297 (déclaration du Conseil Souverain du 6 décembre 1761).

AMS Not. 538 (1670) et 658 (1721) et VIII 197/33 (1709).

ABR 6 E 41/69, 80, 82, 83, 92 et 93 (acquisitions foncières 1748-1755), 1007 (échange avec les Gayling, possessionnés à Hurtigheim, vers 1760) et 1018 (vente de biens 1760).

Ibid. 12 J 1622 : saisie du 21 décembre 1764.

BNUS Ms. 848 : requête de la communauté de Kuttolsheim à l'intendant (10 mars 1761) ; correspondance entre le bailli de Haguenau et l'intendant (23 juin et 29 décembre 1761) ; arrêt du Conseil Souverain du 20 avril 1765.

Ibid. Ms. 1011 : acquisitions de biens, 1758-1759.

AM Fribourg/Brisgau, fonds Gayling (1758).

DE BOUG, *Ord. Als.*, t. II, p. 615 (éviction du 8 mars 1762).

Voir des éléments de synthèse, pour cette affaire, dans J. VOGT, *art. 2145*, p. 45 et J-M. BOEHLER, *th. 80*, pp. 355-357 et docts. LXXIII et LXXIV.

entreprise téméraire reste impunie, en moins de 10 ans Kuttolsheim sera mi-partie. En conséquence, la communauté demande à l'intendant l'éviction de l'intrus *sous peine d'éjection de ses meubles sur le carreau et 500 livres d'amende applicables à la décoration intérieure de l'église catholique... à moins qu'il n'aime mieux embrasser le religion catholique !* Le fait que, après l'éviction du *sectaire* et de sa *colonie*, le *bien de campagne* de Kuttolsheim soit vendu à Hoffmann, *Stettmeister* de Haguenau, qui représente l'avantage de faire partie d'une famille catholique évoluant dans l'orbite de la bourgeoisie administrative du grand bailliage, renforce la thèse de la rivalité confessionnelle.

Mais cette dernière n'exclut pas des préoccupations très matérielles : les raisons agraires et religieuses sont inextricablement mêlées. Les *démarches téméraires du Sieur Hummel* sont d'abord celles d'un forain qui, non content de posséder des biens à la campagne, a l'audace de venir s'y installer, renonçant à son ménage et à son commerce strasbourgeois : *il y demeure la plupart de l'année lui-même avec une gouvernante.* La situation géographique de Kuttolsheim *à portée de Strasbourg* - c'est le Conseil Souverain qui le relève - *a donné lieu à des familles luthériennes de cette ville d'y acquérir des biens, mais elles les ont toujours fait valoir par des fermiers ou domestiques catholiques et on n'a jamais souffert qu'elles y forment des établissements fixes.* A une époque où les places sont chères, peut-on tolérer l'installation à demeure de forains ? Tant que le citadin s'en tient au régime traditionnel de la *Gült* qui assure aux paysans la possession de fait de leurs terres, il n'est guère inquiété. C'est par contre l'exploitation directe qui est honnie, car elle est ressentie comme une intrusion dans la vie de la communauté villageoise. Et si les motifs religieux, faciles à faire partager, cachaient des intérêts matériels propres à quelques laboureurs d'envergure ? Tandis que Hummel cherche à se dérober aux impôts - problème important sur lequel nous reviendrons -, il a le sentiment d'être la victime de *quelques envieux.* Parmi eux, sans doute, le prévôt lui-même, toujours violent dans ses accusations : Joseph Riehl n'est-il pas en désaccord avec Hummel au sujet d'un moulin tenu en indivision ?

Les saisies effectuées en 1763 et 1764 nous donnent une idée du niveau économique et du style de vie de notre homme : aux terres - 16 hectares environ d'une valeur de 24 000 livres -, au cheptel - cinq chevaux, deux vaches, une génisse, quelques veaux et six brebis -, aux réserves - grains, fèves, paille, foin -, aux nombreux tonneaux *cerclés de fer* et au pressoir en chêne, s'ajoutent les éléments d'un indiscutable standing : *des rideaux de fenêtres de toille peint en fleur jaune*, un *miroir à cadre doré de la hauteur d'environ deux pieds*, un *bois de lit de sapin à la duchesse... avec les rideaux, contours et ciel*, un *lit à tombeau en sapin* et un autre en chêne, une *table de chêne avec tapis de toille sirée* (sic), des *chaises empaillées en bois de merisier*, un *buffet de noyer garni de cuivre jaune* ; une fortune foncière et mobilière que se chiffre à 36 000 livres tournois. Or parallèlement, Hummel s'apprête à dépenser 4066 livres tournois pour les réparations à faire dans sa résidence strasbourgeoise avec ses *escaliers de quatre étages en pierre de taille... et balustres travaillés à la mosaïque...*

L'affaire Hummel : illustration de l'intolérance religieuse en ce *siècle des Lumières* ? Accumulation des haines catholiques contre le *Luthérien* ? Certes, mais il est significatif que les haines trouvent l'occasion d'exploser dans une conjoncture difficile : croissance démographique, pénurie de terres, montée de l'individualisme. Hummel est-il indésirable parce que luthérien ? Le contentieux religieux, toujours mis en exergue, a sans doute servi de catalyseur à une situation matérielle explosive.

Le facteur confessionnel est absent dans le très catholique Sundgau où éclate une affaire analogue à la fin du XVIIIème siècle. Jean-Michel Wendling, notaire royal à Landser, possède à Rantzwiller, en 1786, un corps de biens dont on connaît mieux l'origine que la composition[50]. La proximité de la ville - Mulhouse est à moins de dix kilomètres - et la médiocrité du sol incitent les citadins à acquérir des terres à bon marché. C'est pour *s'épargner une poursuite ruineuse*... qu'un particulier du lieu, Georges Fenenberger, vend ses terres à Wendling pour les reprendre aussitôt à titre de bail, selon une pratique fort courante : environ vingt hectares de labours, et trois de prés, une pièce de vigne et de broussailles sont ainsi cédés en jouissance viagère moyennant avance, par le propriétaire, des *bestiaux et ustanciles* (sic). A la mort du fermier, le notaire ne trouve ni acheteur, ni locataire et opte donc pour le faire-valoir direct : une famille de domestiques - un couple et quatre enfants - est aussitôt installée dans l'une des deux baraques construites sur l'ordre de Wendling, avec mission de cultiver les champs et de soigner le troupeau - une vache, une génisse, deux veaux et quatre-vingt moutons -, avec l'aide occasionnelle de journaliers de la localité. Or les habitants de Rantzwiller, non contents de bouder l'affermage des terres de Wendling, lui contestent, sous prétexte qu'il n'est pas *bourgeois*, le droit à la pâture communale qu'ils voudraient réserver aux cent vingt moutons de la communauté. Et voici qu'ils passent aux actes : ils dévastent ses forêts et broussailles, enlèvent de nuit les jeunes chênes, coupent les épis dans les champs, *faucillent les trèfles et les prés*, lui enfoncent les portes de la grange pour voler plus de deux cents gerbes...

A l'inverse du cas Hummel, on ne peut l'accuser de vouloir s'installer dans le village : Wendling continue à résider à Landser. Par ailleurs, jouant volontiers à l'employeur philanthrope, il rappelle qu'il fournit du travail à bon nombre de villageois : non seulement à la pauvre famille de domestiques qui, sans son secours, *tomberait à la charge de la communauté*, mais aux journaliers - deux en permanence et davantage au moment de la moisson et du battage - qui échappent ainsi à la misère. Sans lui, *le quart du ban resterait inculte*. D'ailleurs, ajoute-t-il, tous *les grains et denrées* restent sur place, alors que la plupart des propriétaires absentéistes les transfèrent à leur domicile urbain. On lui reproche de ne pas payer suffisamment d'impôts ? Or il acquitte sa part de subvention, de capitation et de vingtièmes à Rantzwiller et sa part d'industrie à Landser. On lui reproche de ne pas contribuer aux dépenses de la communauté en proportion de sa participation aux communaux ? Or *il n'abreuve pas son*

---

[50] AHR C 1140 : requête de Jean-Michel Wendling à l'intendant (15 novembre 1786).

bétail à la fontaine de Rantzwiller. C'est à Landser qu'il entretient ses bêtes de trait qui sont élevées à l'étable de Rantzwiller le temps des labours. Il *chasse* bien *parmi le troupeau du village* ses 80 moutons, mais ces derniers font plus de bien que de mal, puisqu'ils contribuent à brouter les mauvaises herbes et à nettoyer un finage qui supporterait un troupeau de 400 à 500 bêtes. Comment la communauté, privée de l'appoint du troupeau de Wendling, payerait-elle le berger communal à raison de deux sols en espèces et un picotin de méteil par tête et par an ? Le berger pourrait-il vivre avec des gages annuels de 12 livres ? Enfin il ne touche pas un seul fagot des gobes de bois communal...

Quels que soient les arguments des uns et des autres, une constatation s'impose. Avec moins de virulence dans le Sundgau que dans le Kochersberg, une communauté parvient à acculer un forain à la défensive. Décidément, on ne peut pas empêcher l'installation d'un bourgeois, mais on ne l'aime guère, même s'il se fait passer pour le bienfaiteur d'un village misérable. A Horbourg, on lui reproche au contraire, de faire flamber à la fois les prix et les loyers des immeubles[51]. La seule installation qui soit tolérée est l'établissement dans les maisons de campagne où certains citadins passent l'automne[52] ! *La plupart des étrangers,* prétend-on à Strasbourg dans la seconde moitié du XVIIIème siècle, ne se font recevoir *bourgeois ou manants dans les communautés que pour y acquérir un domicile, s'entretenir aux dépens d'autrui, de maraudes et de rapines*[53]. Aux effets de la crise structurelle du XVIIIème siècle, évoquée précédemment, s'ajoutent ceux de la crise conjoncturelle des années 1786-1789 : de quoi galvaniser le réflexe de défense communautaire contre les menées individualistes d'un étranger, parasite et accapareur.

L'exemple de Rantzwiller n'est pas unique, tant s'en faut. Le contentieux, qui oppose les communautés aux forains tourne moins autour de la terre qu'autour de l'impôt et du pâturage. Ainsi à Gottenhouse, le Sieur Jean-Georges-Joseph de Mayerhoffen, bailli du Kochersberg, est certes mal vu parce que, sur les 225 arpents du finage, il en accapare 115, dans une cense qu'il tient en emphytéose de l'évêque de Strasbourg. Mais on lui reproche surtout son obstination à ne pas vouloir *payer à la communauté les impositions sur le pied des autres forains*[54]. A Kuttolsheim, c'est la perception du *Ladtgeld* sur la dîme en vin qui, à l'automne 1727, oppose la communauté au Sieur Braun, conseiller au Grand Sénat de Strasbourg[55]. C'est encore la dîme qui pose problème à Fortschwihr : Monsieur de Langenhagen étant plus solvable que n'importe quel habitant du lieu, c'est

---

51 AHR 18 J 545 : lettre de Sandherr en date du 16 mai 1773.

52 F. R. SALTZMANN, *op. [269]*, p. 79, à propos de Dorlisheim.
ABR 2 G 181/5 : *Herrenhaus* du colonel Schott à Hangenbieten en 1780.
J. LIBLIN, *art. [242]*, pp. 241-288 : le président Salomon fait construire une grande maison à Ingersheim en 1757 (chronique de D. Schmutz).

53 AMS AA 2071.
Voir G. LIVET, *art. 439*.

54 ABR 8 E 160/1 (1755-1759).

55 AMH FF 214 (registre d'audiences du grand bailliage de Haguenau, octobre 1727 - août 1728).

lui qui trouve grâce aux yeux du seigneur décimateur en 1758/1759[56]. L'affaire se corse en effet lorsque bourgeois des villes et bourgeois de la campagne se trouvent en situation de concurrence pour l'amodiation de la dîme : on découvre alors le monde des affaires, grandes ou petites, du négoce à la boutique, ainsi que la faune des économes d'institutions ecclésiastiques et hospitalières[57]. Parfois ce sont des droits seigneuriaux qui sont acquis par des spéculateurs bourgeois : par lettre d'investiture du prince deBirkenfeld, Klinglin, premier président du Conseil Souverain, prend, en 1698, à titre de fief, la chasse et la pêche de Jebsheim. Son successeur en 1769 : de Boug[58]. A Illhaeusern, André Uhl s'octroie, par voie d'enchères, *l'Umgeld* et le droit de péage sur l'Ill en 1789, mais c'est au nom d'André Edel, bourgeois de Colmar[59]. Ce qui ressort de ces conflits, c'est l'âpreté avec laquelle les citadins cherchent à se dérober aux charges[60] : les Reichart achètent des terres exemptes de taille et de dîme[61] et font figure de meneurs dans le Ried Nord, en encourageant les autres Strasbourgeois à refuser tout prélèvement[62]. A Niederroedern, les Hatzel soutiennent les Anabaptistes dans leur refus de régler leur part d'impôts[63]. Or l'exemption fiscale, si elle est considérée par le bourgeois comme une condition de la réussite[64], est perçue par la communauté comme un manque à gagner : en effet, dans le système de l'impôt par répartition, la quote-part des mauvais payeurs retombe sur la tête de l'ensemble des contribuables. Or *la ruine des habitants débiteurs est... inséparable des droits du seigneur* : c'est l'argument essentiel qu'avance la communauté de Fortschwihr[65] occupée à se battre, de 1710 à 1787, contre les prétentions de la noblesse de robe colmarienne[66]. Les sieurs Scheppelin, Brunck et Madamé, membres du Conseil Souverain de Colmar, tout en accaparant à eux trois entre le quart et la moitié du finage, ne contribuent pas à la taille *à proportion de leurs biens... On ne peut empêcher personne d'acquérir des cours et biens... et... des terres libres dans le Comté... situé entre Colmar, Sélestat et Neuf Brisac à une distance si peu éloignée de ces trois villes qu'il s'y trouvera toujours des personnes aisées et riches qui cherchent à s'y procurer des campagnes lucratives*[67]. Mais qu'au moins *ces prétendus privilégiés* acquittent leurs charges au seigneur et à la communauté comme tous les autres *possesseurs de cours*. Il s'installe en effet une dangereuse confusion entre une taille réelle pesant sur les biens, y

---

56 AHR 18 J 533.

57 On en trouvera de nombreux exemples dans J. VOGT, *contrib. 2250*.

58 AHR E 2608.

59 AHR E 1145.

60 ABR E 2309 : *als wann sie die Freiheiten erkauft hätten* (1642).

61 ABR E 2289 (Offendorf vers 1640).

62 ABR E 2284.

63 ABR 8 E 330/3 (1726-1747).

64 Voir *supra* p. 621.

65 AHR E 519 (prévôt et préposés contre Madamé, 11 juin 1787).

66 Fr. BURCKHARD, *th. 344*.
AHR 18 J 532-533 (rapport de Treitlinger, 2 décembre 1756 et 8 avril 1760) et 649 (correspondance des 4 octobre 1764 et 10 janvier 1769).

67 AHR E 159 (11 juin 1787).

compris sur ceux des forains, et la taille personnelle dont ces derniers se prétendent exempts en raison de leur *qualité* : l'arrêt du Conseil d'Etat du 30 décembre 1721 définit pourtant clairement la limite de ces exemptions[68]. Un pas de plus est franchi par Christian Frédéric Pfeffel, jurisconsulte du Roi aux affaires étrangères, qui revendique à son tour l'exemption sous prétexte que le bien acquis en 1780 à Fortschwihr - un *enclos* avec une vingtaine d'hectares -, issu de la succession noble de Langenhagen, doit être *exempt et franc* de toute charge. Les motifs avancés font passer le profit d'une *malheureuse glèbe* qu'il *regrette mille fois d'avoir acquise* et *qu'il ne demande pas mieux de vendre au premier acheteur* après la considération sociale : *Mon seul objet étoit d'affranchir ce petit domaine et de me procurer le chétif avantage de n'être pas confondu avec maître Kopp et maître Ritzenhalter mes voisins... On exige de moi le Gewerf, la taille des laboureurs... Il est juste que je paie l'amende pour la sottise que j'ai faite d'acheter une pareille possession ; mais je ne voudrais pas que cette misérable glèbe me réduise absolument à la qualité servile, pour laquelle je ne suis pas né... Il n'y a qu'un pas de la taille aux corvées*[69]... Même situation à Hunawihr où le Sieur Durandon, un Colmarien d'origine parisienne, demande l'exemption des impositions sous prétexte qu'il *fait gagner le pain à beaucoup de ses habitants.* Or la communauté lui mène la vie dure : *un françois établi en Alsace est un titre odieux dans la province et un sujet d'envie de la part des gens du paÿs*[70]... Belle preuve de xénophobie ! Un dernier exemple nous mène à Landser, petite capitale seigneuriale qui sert de résidence aux officiers royaux, notaires, procureurs sergents, huissiers qui y tiennent le haut du pavé et cherchent en vain à se faire exempter de corvées[71]. Conscients de leur force, certains bourgeois accaparent fermes et rentes foncières. C'est ainsi qu'à Weckolsheim les Ribeaupierre louent, à partir de 1699, deux *cours* et une soixantaine d'hectares aux entrepreneurs des fortifications Jean-Baptiste de Regemorte et Gilbert Castillon. Les paysans du lieu, Kolb, Stippich et Haas, sont incapables d'en assumer l'exploitation moyennant un canon annuel de quelque 40 sacs de grains. Le Sieur Jean Breck, lui aussi entrepreneur des fortifications, propose, en prenant la relève en 1779, de racheter les rentes foncières pour 20 000 livres : *J'ai envie de les cultiver moi-même, les améliorer et me préparer par là une occupation agréable si je viens un jour à me retirer des affaires et borner ma perspective à cultiver mes champs*[72]. Les Ribeaupierre se laissent tenter par l'offre. Voilà en effet trois quarts de siècle que Castillon leur donne du fil à retordre : en refusant de payer certaines impositions et en se plaignant constamment d'être surchargé, il accumule les arriérés, entrave l'irrigation des prés, livre des foins de mauvaise qualité dont le poids est

---

[68] DE BOUG, *Ord. Als.*, t. I, pp. 563-565.
BNUS Ms. 1235, pp. 7-10 et 20-25.
BMS Ms. 811, pp. 69-71, 293-299.

[69] AHR 17 J 13 : correspondance de Pfeffel à Sandherr (11 février 1783) ; rapport du receveur Jeanmaire (14 juin 1787).

[70] AHR C 1141 (1752-1760).

[71] AHR 1 E 44/19a (1745 et 1773).

[72] AHR E 1291 (1779-1785).

intentionnellement augmenté par *la pluye qui les mouillat* et *l'agrandissement des monceaux*[73]...

Qu'elle porte sur une terre réputée *noble* ou qu'elle procède d'un *office* attaché à la personne du propriétaire, l'exemption fiscale devient la principale pomme de discorde entre citadins et communautés rurales. Un autre type de conflit éclate à l'occasion de l'utilisation de la forêt ou du pâturage. Jean-Jacques Riegert, bourgeois-marchand de Colmar, se permet de faire couper à Andolsheim 710 chênes ; l'opération est menée sous la surveillance de *cinq hommes armés de fusil et d'allebardes.* Il se fait condamner à la restitution de 875 fagots, pour avoir écorcé les arbres, et 1100 autres pour les avoir ébranchés[74]. Jean-Michel Wendling se voit contester à Rantzwiller, vers 1785, son droit à la pâture communale[75]. Jean-Ulrich Goll, marchand-bourgeois de Colmar et fermier des Mazarin, se heurte aux communautés de Hirtzbach et de Ballersdorf au sujet de la glandée[76]. La solution réside dans le troupeau à part : encore faut-il que les bois privés ne limitent pas excessivement la place des forêts communales, que les empiètements réciproques soient réduits au minimum et que la commune elle-même puisse se passer de la participation financière du bourgeois. Dans ce contexte, le forain apparaît parfois comme un concurrent sérieux pour le meunier qui dissimule ses prétentions de troupeau à part derrière la défense hypocrite des petites gens[77]. Et voici qu'ils monopolisent le commerce des denrées agricoles[78], enchérissent l'auberge communale[79], et ainsi de suite...

Les fortunes bourgeoises sont d'une grande diversité. Elles tranchent parfois avec celles des paysans les plus cossus, moins par leur volume que par leur composition. Benjamin Gloxin, docteur en médecine à Colmar, possède, entre Wettolsheim et Horbourg, une fortune d'une valeur de 8500 livres[80]. Isaac Jundt, maître-tonnelier et marchand de vin à Strasbourg, a, le jour de sa mort, le 29 novembre 1773, une fortune approchant les 8000 livres tournois. Or ce qui frappe, c'est la présence d'estampes, de tableaux, d'une collection de papillons, de miroirs, d'une commode et d'un secrétaire, de lingerie fine, de vin de Bourgogne, de bijoux et d'argenterie, sans oublier les présents de parrains et marraines (pièces, jarretières en argent, chaîne de montre, bague...). Il place plusieurs milliers de livres à 4 ou 5%, ajoute à la propriété d'une part de maison, près de la cathédrale (464 sur 3250 livres), celle de plusieurs *Gülten* ou fractions de *Gülten* (environ 32 sacs de froment et de seigle) à Fessenheim, Furdenheim, Mommenheim. Cette fortune est

---

73 AHR E 1365 (1699-1763).

74 AHR 18 J 469 (1723).

75 Voir *supra* p. 1368.

76 AHR 1 E 22/5 (1709-1721).

77 AHR E 1456 : *dass sie die Weid ganz allein vor sich haben möchten und nicht dultten können, dass arme Leuth auch davon geniessen sollen* (c'est Steinheil qui rapporte les propos du meunier de Jebsheim, 27 février 1778).

78 Voir *supra* pp. 774-775 (huile de pavot).

79 AHR E 1479 (Mathieu Doll, pâtissier de Colmar à Jebsheim, 1769).

80 AHR 132 J 32 (succession 1786).

amputée de 3664 livres de dettes payables par les héritiers[81]. C'est une toute petite fortune à côté de celles que détiennent les membres du personnel administratif des seigneuries : le bailli Hatzel à Haguenau ou le bailli Hoffmann, percepteurs des deniers royaux à Benfeld[82] ; les receveurs seigneuriaux du bailliage de Dachstein[83]... Ces derniers possèdent, à la fin du XVIIème et au début du XVIIIème siècle, des tapisseries et des miroirs, une bibliothèque et un bureau, une table de jeux et des guéridons, un crucifix et des tableaux (natures mortes, Sainte-Cène), de l'argenterie et des armes, une calèche et une valise habillée de veau. Avec les biens-fonds, les rentes et les créances, la fortune de Jaeger dépasse les 26 000 livres. Quant à Hoffmann le bailli, il se lance dans la fabrication de la garance, le prêt d'argent, le commerce des indiennes, la location de terres à Neewiller, Elsasshausen, Froeschwiller, Griesbach, Schirrhein, Schwabwiller, Wittersheim, Mittelhausen, Duntzenheim, Kleinfrankenheim, ce qui lui permet d'assurer une fortune de... 1 900 000 livres qui ne le met pas à l'abri de la faillite.

Conclusion

Au terme de cette rapide analyse des relations entre communauté villageoise et bourgeoisie citadine, avançons deux constatations : si la bourgeoisie se laisse éblouir par le mirage des revenus ruraux, elle s'engage dans un processus d'affrontements dont elle n'est pas assurée de sortir victorieuse. Cette atmosphère conflictuelle répond à une tradition multiséculaire : dès le XVIème siècle, les événements accompagnant la Réforme ont permis aux Strasbourgeois de prendre pied à la campagne[84] ; la crise du XVIIème siècle facilite leur implantation, en réduisant les réactions de défense de la paysannerie ; la conjoncture du XVIIIème siècle provoque au contraire une certaine résistance de la part des ruraux ; enfin la vente des biens nationaux[85], loin de constituer un phénomène autonome, consolide les positions acquises et prépare de nouvelles conquêtes bourgeoises pour le XIXème siècle.

B) Les anciens et les nouveaux : "bourgeois" et "manants"

La distinction surgit à tout moment : lors de l'admission de nouveaux habitants, de l'accensement de places constructibles, du partage des communaux[86]. Dans tous les cas de figure, l'opposition se traduit, dans la seconde moitié du XVIIIème siècle, en termes de concurrence. Dès les années 1764/1765, la communauté d'Andolsheim, affrontée à ce problème,

---

[81] BNUS Ms. 5153 : inventaires après décès de Jean-Jacques Jundt (29 novembre 1773) et de son épouse, Suzanne-Marie Jundt, née Roederer (18 juin 1776).

[82] AN V^7 207 : extrait du registre du Conseil d'Etat (1765-1771).

[83] ABR 1 G 94/22, 24 et 27 : inv. de Jean Willem, 1697 ; d'André Jaeger, 1699 ; de Jean-Christophe Willem, 1709.

[84] J. VOGT, *contrib.* 1029.

[85] R. MARX, *op.* 2422.

[86] Voir *supra* pp. 271-306, 387-395 et 1262 ss.

expose, de façon claire et concise, la nature de l'enjeu[87], tandis qu'à Soultz, en Haute-Alsace, les conditions d'accès à la manance comme à la bourgeoisie sont rigoureusement édictées[88]. Pour devenir manant, il faut pouvoir justifier d'un certificat de bonne vie et moeurs, de preuves de catholicité, de solvabilité, d'une caution de 400 livres, à quoi s'ajoutent un droit de réception de 33 sols et 6 deniers ainsi qu'une taxe d'une livre et 13 sols pour la jouissance des communaux... Si ces conditions sont réalisées, le nouveau venu pourra mêler au troupeau communal une vache, un ou deux porcs (mais moyennant frais de garde) et bénéficier de bois mort et de bois de construction. Le statut sera renouvelé annuellement et ce n'est qu'au bout de trois ans qu'il pourra prétendre au droit de bourgeoisie, s'il dispose de biens-fonds d'une valeur d'au moins 500 livres. La communauté de Ferrette réagit à son tour, lorsqu'elle voit s'amenuiser ses réserves de bois et les villages voisins lui contester le droit de parcours sur leurs terres. C'est précisément à ce moment-là qu'elle est saisie par une requête de Mathieu Goepfert, procureur au bailliage et à la ville. *Manant* depuis 1769, l'intéressé demande à être reçu *bourgeois* en mai 1774[89]. La caution réclamée et aussitôt contestée (elle s'élève à 300 livres tournois) est, selon les responsables communaux, sans commune mesure avec les avantages qu'offre le droit de participation aux communaux. Le procureur, dépourvu de biens et *d'aucune utilité à la ville qui fourmille de praticiens*, se fait éconduire.

La place des "manants" dans les communautés rurales

Sources (dates)	Communes	Nb. total de feux	% de feux non bourgeois
GLAK 75/1100 (1669)	Mattstall	8	12,5
	Niederkutzenhausen	15	26,7
	Oberkutzenhausen	7	14,3
	Hoelschloch	6	-
	Merkwiller	7	28,6
HSD D 21, Saalbücher 3 Abt. C 20b (1703-1704)	Allenwiller	45	8,9
	Reinhardsmunster	28	10,7
	Durningen	28	7,1
AHR E dépôt 32/5	Dietwiller	87	14,9
AHR 1 E 44/23 (1718)	Geispitzen	45	11,1
	Waltenheim	35	14,3
	Stetten	34	14,7
	Helfrantzkirch	53	13,2
	Michelbach-le-Haut	62	8,1
	Ranspach-le-Haut	50	16,0
	Rantzwiller	57	5,3
	Bartenheim	52	40,4
	Battenheim	61	37,7
	Hirtzfelden	49	26,5
	Bantzenheim	62	35,5
AHR E 1265 (1732)	Houssen	53	22,6
	Wihr-en-Plaine	42	28,6
AHR E 1448 (1732)	Jebsheim	104	19,2
AHR E 1140 (1732)	Illhaeusern	41	34,1
	Mussig	51	19,6
	Ohnenheim	59	45,8
AMS VI 192/15 et 357/9 (1736-1740)	Ittenheim	119	4,2
	Handschuheim	19	10,5
	Zehnacker	21	9,5
AMH JJ 267 (1736)	Bailliage d'Offendorf	581	7,2
AHR 25 J 51 (1758)	Sainte-Croix-en-Plaine	188	22,9

87 AHR 18 J 475. Voir ann. 12.

88 A. GASSER, *art. [401]*, pp. 270-272.

89 AHR C 1096 : délibération du conseil de la communauté (29 décembre 1775).

Ces *manants* qui menacent la position des *bourgeois* anciennement installés représentent en moyenne entre 10 et 20% du nombre des ménages dans la première moitié du XVIIIème siècle. Arrivés tardivement, après la répartition complète du terroir[90], ils se confondent souvent avec les journaliers privés de terres, la distinction juridique cédant progressivement le pas à une opposition socio-économique[91]. Tel est le cas de la Hardt colmarienne qui exerce une attraction assez forte sur les nouveaux arrivants[92] :

	Nombre de					
	Feux bourgeois	Feux manants	Laboureurs bourgeois	Laboureurs manants	Journaliers devenus bourgeois	Journaliers restés manants
Balgau	17	10	7	-	10	10
Weckolsheim	10	8	10	1	-	7
Heiteren	35	31	?	?	?	?

Sans revenir sur les sentiments xénophobes qui accompagnent l'admission, très contrôlée, des étrangers à la communauté[93], constatons que les *manants* continuent, une fois installés, à être considérés comme une population de seconde zone. Seule l'accession à la bourgeoisie leur permet *d'être tirés de cette dernière classe du peuple*[94]. *Il y a une espèce de point d'honneur attaché au titre de Bourgeois de sorte que tous les manants ambitionnent de le devenir*[95]... Les termes mêmes de *Hintersassen* ou de *Beysitzer*[96] trahissent une situation d'infériorité que renforce une participation réduite aux biens communaux[97]. Ils suscitent la méfiance. A peine ont-ils touché leur portion de bois, murmure-t-on à Kappelen, qu'ils la revendent, quittes à saccager les forêts pour satisfaire à leurs propres besoins[98]. A Ungersheim, on les considère *ou comme de nouveaux intrus ou comme des gens qui ne se sont pas encore comportés de manière à mériter la bourgeoisie* et, ajoute-t-on, *il faut tenir une conduite à l'abri de tous reproches pour parvenir par ce moyen à être assimilé aux habitants du lieu*[99]. Le droit de bourgeoisie se mérite. Il existe une réciprocité entre

[90] Voir *supra* pp. 272-279 et 306.
A Herrlisheim, les *Inwohner* apparaissent vers 1730 (AHR 3 B 454-3404).

[91] RP *passim* : *cives et incolae, cives et agricolae, incolae et mercenarii, Inwohner, Schirmer und Taglöhner*.

[92] AHR E 1265 : *Verzeichnis aller underthanen des Ampts Heÿteren, Bürger und hintersassen, Bauren und Taglöhner* (1720).

[93] Voir *supra* pp. 387-395.

[94] AHR 18 J 475 (Andolsheim 1779).
AHR 1 E 44/5 : *die Hintersäss und andere geringe Bürger* (Kappelen 1766).

[95] AN T 570/1 (seigneurie de Landser, 1746).

[96] AHR E 46 (Durrenentzen 1766).

[97] Voir *supra* pp. 1268-1284.
Même en cas d'égalité des droits, l'inégalité de fait est la règle en pays germanique : les *Rechtler* se répartissent, selon l'importance de l'exploitation, en *Vollberechtigten* et *Teilberechtigten* par opposition aux *Nichtberechtigten* que sont les *manants* (R. ENDRES, *contrib. 1552*, pp. 166-170).

[98] AHR 1 E 44/5 (1766).

[99] AHR C 1244 (1785/1786).

devoirs et droits, car l'appartenance à une communauté procure à la fois des avantages et des servitudes : on ne participe aux droits d'une collectivité que si on est en mesure de contribuer à ses charges. Les *manants*, candidats à la bourgeoisie doivent donc d'abord faire leurs preuves en se soumettant à une période d'attente dont la durée est laissée à l'appréciation de la communauté. *Faire jeûner les nouveaux venus*[100] est de bonne guerre, le temps de *purgatoire* ou de *décrassage* des *Hergeloffene*[101].

Le fait d'avoir un ascendant ou un conjoint *bourgeois* ne donne pas accès au droit de bourgeoisie qui obéit à deux critères : celui de la masculinité et celui de l'autonomie domestique. Le droit de bourgeoisie se transmet par les hommes : c'est ainsi que la veuve d'un *manant* n'acquitte pas le droit de manance[102] si elle est fille de *bourgeois*. Par contre, une veuve de *bourgeois* sera tenue de verser le droit de manance, son défunt mari bénéficiant de l'exclusivité de la transmission du droit de bourgeoisie à ses enfants[103]. Elle n'a aucune chance de pouvoir bénéficier d'une portion entière de bois communal si elle ne fait pas ménage à part : il ne suffit pas qu'elle fasse *son tripotage et sa cuisine pour son entretien*[104]. Le *feu* n'acquiert son statut juridique que si son autonomie est reconnue par la collectivité, ce qui pénalise les individus isolés qui sont, par définition même, mal intégrés à la collectivité. La priorité est accordée au producteur, contribuable en puissance. Un fils de *bourgeois* n'est considéré comme *bourgeois* lui-même que s'il fait ménage à part. Cependant le mariage avec une fille de *bourgeois* est susceptible de réduire considérablement la période d'attente[105] et peut donc être considéré, comme nous l'avons relevé pour la période de la *reconstruction*[106], comme un facteur d'intégration. La caution n'est d'ailleurs pas la même selon que le manant épouse une fille de bourgeois ou une étrangère : à Hirtzbach, c'est 300 livres dans le premier cas, 400 dans le deuxième. Montants considérables qui sont réduits à 200 livres à Ballersdorf, caution à laquelle s'ajoutent 100 livres de droit de bourgeoisie et la fourniture des agrès d'incendie, seau, crochet, échelle[107].

Le clivage qui s'établit, au moment de l'admission, entre les anciens et les nouveaux, a donc toutes les chances de se perpétuer avec la multiplication des hommes et la raréfaction des terres dans la seconde moitié du XVIIIème siècle. Quel est le *Zorner*[108] qui prétendrait se faire adopter d'emblée dans un village du Kochersberg ? C'est impensable. Et pourtant les espoirs d'intégration à long terme sont réels. La diminution

[100] E. POIX DE FREMINVILLE, *op. [358]*, t. III, pp. 287 ss..

[101] Le terme est effectivement employé à Jebsheim, entre 1775 et 1783, pour désigner des compagnons-charpentiers catholiques : il a donc une connotation péjorative (AHR E 1482).

[102] *Schirmgeld* ou *Schirmgulden.*

[103] AHR E 1478 (Jebsheim et Wihr-en-Plaine, 1762-1764).

[104] AHR E 1292 (Ballersdorf 1777).

[105] AHR 1 E 83 (Ribeaupierre à Bergheim, XVIIIème siècle).

[106] Voir *supra* p. 292.

[107] AHR C 1093 (1760).

[108] E. JUILLARD, *op.cit.*, p. 69 : personnage originaire de la vallée de la Zorn.

progressive du nombre de manants au cours du XVIIIème siècle traduit une double réalité : d'une part la limitation des entrées, compte tenu de la suroccupation progressive des habitats et des terroirs[109] ; d'autre part, l'intégration des plus anciennement installés dans leur communauté d'adoption au bout de la deuxième ou de la troisième génération : du coup, mal renouvelé, le *stock des manants* a tendance à s'épuiser. On constate dans le Kochersberg que l'accès à la bourgeoisie continue à s'opérer dans la seconde moitié du XVIIIème siècle, tandis que se tarit le recrutement des *forains*[110] :

	1763	1764	1765	1766	1767	1768	1769	1770	1771	1772
Nouveaux bourgeois (43)	5	-	8	8	-	5	5	6	5	1
Forains (10)	-	-	-	2	3	3	-	-	1	1

Pour l'Outre-Forêt, nous empruntons à Daniel Peter la proportion des manants recensés dans la seigneurie d'Oberbronn et son évolution entre 1704 et 1780[111] :

	1704		1718		1740		1760		1780	
	(1)	(2)	(1)	(2)	(1)	(2)	(1)	(2)	(1)	(2)
Bailliage de Rauschenbourg	?	?	29	10,4	31	6,8	19	4,3	16	3
Bailliage de Niederbronn	22	19,5	53	34	16	6,6	19	5,6	?	?

(1) : Nb. (2) : %

Bailliage de Rauschenbourg : Oberbronn, Gumbrechtshoffen-Oberbronn, Mertzwiller, Uhrwiller, Zinswiller, Rothbach, Weinbourg, Zittersheim, Erckartswiller, Sparsbach.

Bailliage de Niederbronn : Niederbronn, Griesbach, Gumbrechtshoffen-Niederbronn, Gundershoffen, Uttenhoffen.

Le droit de bourgeoisie finit par devenir symbolique : de 24 livres pour les hommes et de 12 pour les femmes, il passe à Furdenheim à 6 livres tournois en 1784[112], tandis qu'à Wintzenheim, en Haute-Alsace, la communauté réclame aux nouveaux bourgeois, en 1788, *une pièce de 3 livres, du vin, du pain et du fromage*[113]. Mais la persistance de deux statuts différents - celui de *bourgeois* et celui de *manant* - témoigne à la fois de l'attachement au privilège, propre à toute société d'Ancien Régime, et de la force des communautés qui se défendent contre toute forme d'intrusion.

Conclusion

Ainsi l'attitude de la communauté rurale, face à ce qui lui est étranger, oscille entre deux attitudes, celle de l'hospitalité et celle de la xénophobie. Ce

---

[109] Voir *supra* pp. 386-394.

[110] AMH FF 261/2 : registres d'audiences du grand bailliage de Haguenau (1763-1772). Concerne les villages de Bilwisheim, Mittelschaeffolsheim, Rumersheim et Kuttolsheim. Voir notre thèse de 3ème Cycle, *op. 80*, p. 236.

[111] D. PETER, *mém. 168*, pp. 106-107.

[112] AMO B 4.

[113] AHR C 1097/40-41.

splendide isolement se concrétise par la redistribution périodique de droits jalousement réservés. Un rapprochement s'impose entre l'inégalité communautaire et l'inégalité lignagère. Ce qui, en définitive, consacre l'appartenance à une communauté, c'est la participation au bois commun : l'affouage est une sorte de reconnaissance du droit de cité[114], même si le bourgeois touche une portion double ou triple de celle qui est allouée au manant[115]. Quiconque a reçu du bois bourgeois n'est plus un étranger, quels que soient les avantages économiques, le plus souvent insignifiants, procurés par l'affouage. L'étranger se définit, de façon négative, comme celui qui n'est pas admis à participer aux *droits du sol*[116].

Mais il y a des degrés dans le statut d'*étranger* : qu'y a-t-il de commun entre l'étranger vagabond, l'étranger de passage, l'étranger établi ? Ceux qui n'ont pas la chance d'être admis comme *manants*, première étape vers la bourgeoisie, sont considérés comme des *oiseaux de passage : peregrini*, les appelle ce registre de confirmants d'Ohnenheim en 1732[117]. Ils viennent des villages environnants - Hessenheim, Mackenheim, Hilsenheim, Elsenheim -, font les métiers de meunier, de laboureur, de journalier, sont parfois pères d'enfants illégitimes (2 cas sur 15), mais tiennent à être distingués des *vagabundi*, gens suspects et insolvables qui, eux, se trouvent exclus... En tout cas, personne ne s'avise de s'installer à l'intérieur de l'agglomération, entourée de sa cloison de haies, sans être soumis, au préalable, à un contrat légal limitant son espace et réglant son activité. Toute intégration doit être sanctionnée par une admission en bonne et due forme, à la fois juridique et sociale. Si l'on pousse un peu plus loin la discrimination entre les habitants, on découvre les Anabaptistes et les Juifs, étrangers établis.

II. AUX FRONTIERES DE LA COMMUNAUTE : ANABAPTISTES ET JUIFS

A) Fermiers anabaptistes

La société rurale, très méfiante à l'égard de ce qui vient de l'extérieur, ne manque pas de s'opposer aux Anabaptistes. En effet, contrairement à une idée reçue, entre les deux communautés les contacts ne sont pas inexistants. L'enquête de 1780[118] suggère d'une part que l'isolement des Mennonites a été exagéré et d'autre part que leurs activités, essentiellement rurales, les mettent en relations, parfois conflictuelles, avec les communautés chrétiennes[119] :

---

114 A. CORVOL, *art. 1898*.

115 AN T 570/1 (seigneurie de Landser, 1746).

116 Voir le *Recueil de la Société Jean Bodin* consacré à l'étranger , *op. 2117*.

117 ABR 3 E 360/2.

118 ABR C 338 et AHR C 1284.

119 Voir M-N. DENIS, *art. 2198*.

% des familles anabaptistes

Nb. de familles prises en compte	Vivant dans des hameaux et fermes isolées	Vivant à proximité des villages	Nb. de familles prises en compte	Vivant de l'artisanat	Vivant du travail de la terre	Détail
83	42,2%	57,8%	64	12,5%	87,5%	Fermiers : 75% Domestiques : 7,8% Pâtres-marcaires : 3,1% Journaliers : 1,6%

La plupart d'entre eux s'installent donc à l'écart par tempérament individualiste certes, par nécessité aussi de trouver des terres susceptibles d'être soustraites aux pratiques communautaires.

L'histoire des relations entre les autochtones et les étrangers que sont les Anabaptistes s'articule autour de trois séquences. La nécessité de remettre les terres en culture explique la politique d'hospitalité que mènent les seigneurs à leur égard au moment de la *reconstruction*[120]. Expulsés de Berne en 1671[121], à la suite d'une persécution méthodique, ils trouvent leur place moins dans la plaine elle-même que dans les vallées vosgiennes, où d'importantes fermes leur sont confiées en location, en particulier grâce à la bienveillance des Ribeaupierre et des Wurtemberg-Montbéliard.

Cette politique d'accueil devrait théoriquement prendre fin en 1712, lorsque le Roi réclame à son tour leur expulsion de France, les Anabaptistes *n'étant point compris dans les traités de Münster et d'Osnabrück*[122]. En réalité, les interdictions royales, renouvelées en 1717, 1727 et 1767, ne sont guère respectées, les seigneurs continuant à manifester à l'égard des Anabaptistes une indulgente complaisance en ajournant les décrets d'application des édits royaux. Le fait que les structures féodales sont mal intégrées au système centralisateur français leur vaut la protection des seigneurs qui bénéficient d'une grande indépendance d'action, allant jusqu'à leur reconnaître implicitement l'exemption des charges fiscales et militaires. Les raisons qui fondent ces entorses aux règlements ne sont pas clairement énoncées. Mais elles sont à chercher à la fois dans l'utilité économique des

---

120 Voir *supra* pp. 271 ss.

121 E.H. CORRELL, *op. 2197.*

122 DE BOUG, *Ord. Als.*, t. I, pp. 414-416 : lettre circulaire de l'intendant de La Houssaye sur l'obligation de prêter serment (9 septembre 1712) ; lettre de l'intendant de Harlay aux baillis (13 octobre 1727) ; lettre d'Angervilliers, au maréchal du Bourg, commandant en chef de la province (7 juin 1728) ; lettre de Choiseul à l'intendant de Blair (6 avril 1766). On consultera également pour les territoires des Wurtemberg AN K 2178 et 2358 et AHR E 2808 et C 1284 ; pour les territoires de la noblesse de Basse Alsace ABR E 1386 (1717) et pour la Ville de Strasbourg AMS AA 2574. Nous reproduisons ce dernier mémoire, rédigé en 1727 par un fonctionnaire municipal de Strasbourg qui défend les positions du Roi : *Je n'admettrois aucun de ces gens, qui sous des dehors d'une vraie hypocrisie sont très pernicieux et ont la méthode dès qu'ils ont ramassé une petite somme de l'envoyer hors du Royaume, ce qui n'en laisse pas de porter préjudice à l'Etat. Au pis allé, je ne tolérerois que ceux qui habitent les montagnes et les confins d'Alsace, parce que personne ne voullant se condamner soy même à une vie aussi sauvage, ils n'ôtent point à d'autres paysans les habitations que ces derniers peuvent espérer. Mais pour ce qui est du plat Pays je les exterminerois tous.*

Anabaptistes[123], fermiers de qualité, bons laboureurs et éleveurs chevronnés et dans les gages de bonne conduite qu'ils donnent : ils vivent en paix, paient régulièrement leurs canons et leurs impôts, ont une certaine ouverture d'esprit, pratiquent une religion qui ne sacrifie pas au dogmatisme, ce qui n'est pas sans déplaire aux esprits éclairés de l'époque. D'ailleurs, leur bonne réputation les précède, puisqu'ils sont connus en Alsace depuis le XVIème siècle. Bénéficiant de ces mesures de protection et de ces échappatoires pseudo-légales, ils font souche autour des noyaux de Sainte-Marie-aux-Mines, où le prince de Birkenfeld se montre particulièrement tolérant, de la Hardt et du Ried méridional - Durrenentzen, Kunheim, Jebsheim, Heidolsheim, Ohnenheim, Mackenheim, Sélestat[124] - et de l'Outre-Forêt[125]. Si elle est loin d'être massive, l'immigration ne se trouve jamais totalement interrompue dans la seconde moitié du XVIIIème siècle[126]. La relative dispersion des installations est sans doute la meilleure protection contre les indiscrétions de l'administration. En dehors de quelques dénonciations, parfois motivées par la jalousie, nous n'avons pas réellement de preuves quant à l'hostilité des autochtones : il semblerait que la précarité de leur situation dissimule une tolérance de fait fondée sur les habitudes de la cohabitation.

Sans doute pour faire oublier la violation formelle des ordonnances royales, l'enquête de 1780[127] en brosse un tableau plutôt flatteur : *L'on a jamais de procès avec eux : il est très rare de les voir mécontenter les propriétaires* (subdélégation de Belfort) ; *industrieux et laborieux pour l'amélioration de la culture des terres, ils acquittent exactement leurs canons* (subdélégation de Ferrette) et *depuis quelques années leur émigration a causé un tort considérable à l'agriculture*[128]. *Peu adonnés aux métiers, ils ont par conséquence excellé dans l'art de cultiver la terre et leur probité, frugalité et bonnes moeurs et surtout leur industrie les font aimer partout où ils s'établissent*[129]. En 1795 encore, un mémoire des Deux-Ponts les qualifie de *gens aussi laborieux que paisibles*[130] : même son de cloche que dans les années suivant leur expulsion officielle en 1712, à la différence près

123 Mémoire sur l'Alsace du conseiller Goezmann : *Comme les seigneurs fonciers en Allemagne ont remarqué qu'il n'y a pas de meilleurs cultivateurs, pas de meilleurs fermiers, pas de meilleurs paysans...., il les ont recherchés pour leur confier leurs fermiers* (H. WEISGERBER, *art. [175]*, 1932, p. 209).

124 AHR E 2808 (1696) et 2014(1703-1708).
AHR 1 E 83/203 (1715-1718).
AHR E 2544 (Ohnenheim 1674), 1438 et 2544 (Mackenheim).
AHR E 1470 et RP Jebsheim, chronique paroissiale (1712).
AHR 1 E 77/10 (Ostheim 1787).
J. GENY, *op. [208]*, t. I, pp. 233-286 (Sélestat).

125 J. VOGT, *art. 2208*.
ABR E 643 (Niederroedern 1723).

126 J. SEGUY, *op. 2205*, p. 151 : état des entrées des Mennonites en Alsace par nombre de familles (1700-1780).

127 ABR C 338 et AHR C 1284.

128 A la même époque, le *Göcking's Journal* t. I/2, pp. 240-241 (1784) leur reconnaît bien des qualités : le sens de l'ordre et de l'économie, la sobriété, le zèle.

129 GLAK *Kremer Lamey* 78 (1791).

130 AHR 19 J 126.

que l'enquête, à la fin du siècle, est menée par les soins de l'Intendance. Les mesures préconisées, dont beaucoup sont renouvelées quatre ans plus tard à l'égard des Juifs[131], soulèvent peu d'enthousiasme : autorisation préalable pour l'affermage des terres[132], interdictions d'entrée, retardement de l'âge au mariage. La seule solution efficace, à savoir l'exclusion, n'a jamais été adoptée, même si la tolérance de fait de ces passe-droits ne va pas jusqu'à l'octroi d'un statut légal. Si l'on observe néanmoins un certain durcissement, c'est que les temps ont changé. Alors que la terre se fait rare et que la population augmente, les Anabaptistes se multiplient : 500 individus à peine au début du XVIIIème siècle, un peu moins d'un millier à la veille de la Révolution. Les velléités d'expulsion, même non suivies d'effet, justifient la mise en oeuvre de dénombrements qu'il convient d'exploiter avec prudence. Car les Anabaptistes ont tout intérêt à ne pas se manifester[133], d'où le caractère aléatoire des résultats obtenus :

	Nombre de familles	Nombre d'individus
Milieu du XVIIIème siècle	62	496
1780	179	695

En fait, les Mennonites ne sont pas très nombreux, mais on leur reproche leur forte natalité, caractéristique d'une communauté marginalisée au comportement éthique particulier : l'enfant est une bénédiction de Dieu ; c'est aussi un gage de survie pour une minorité. *Ils se multiplient comme les Juifs,* note le bailli d'Altkirch[134], en s'appuyant sur l'exemple - exceptionnel - des Klopfenstein qui ont 14 enfants : 5 personnes en moyenne chez les Juifs[135], 6 à peine chez les Anabaptistes, d'après le dénombrement de 1780. Encore faut-il rapprocher ces résultats de la structure domestique de type patriarcal qui caractérise les familles anabaptistes : le *feu,* famille étendue, comporte les ascendants, les collatéraux, les enfants célibataires vivant au foyer et les domestiques (10% des familles en emploient un). Les travaux de Marie-Noëlle Denis (réalisés à partir de l'enquête de 1780)[136], font apparaître le nombre réel d'enfants par famille :

	Enfants vivants au foyer	Enfants nés dans le foyer
Total des familles	3,33	4,90
Familles achevées	5,38	6,40
Familles complètes	7,33	8,73

131 G. HEMERDINGER, *op. 2157*, pp. 2-5.

132 AN K 2195 (principauté de Montbéliard, 8 août 1727).

133 Le dénombrement de 1717 (limité aux terres de la noblesse de Basse-Alsace), un autre du milieu du XVIIIème siècle (*Estat des anabaptistes demeurant en Alsace, de l'origine, croiance, lieux et demeure et nombre des anabaptistes*) et un troisième opéré en 1780 par subdélégation, par les soins de l'Intendance (ABR C 338 et AHR C 1284) ont été exploités par Ph. A. GRANDIDIER, *op. [212]*, t. V, pp. 161-166 et *art. [349]*, pp. 215-220. Voir J. SEGUY, *op. cit.*, pp. 143-150.

134 AHR C 338 (fin XVIIIème siècle).

135 G. HEMERDINGER, *op. cit.*, pp. 11-12.

136 M-N. DENIS, *art. cit.*

Sur 63 familles recensées, le nombre d'enfants vivants par famille s'établit comme suit :

	0	1	2	3	4	5	6	7	8	9	10 et plus
%	20,6	4,8	14,3	11,1	19	11,1	9,5	4,8	1,6	1,6	1,6

Comparée à celle de la population environnante[137], la fécondité des Mennonites apparaît relativement forte, surtout si l'on tient compte de l'habitude du mariage tardif et du taux de célibat particulièrement important. Il est beaucoup plus difficile, par contre, de conclure à des taux de mortalité bas qu'on serait tenté de mettre au compte d'un certain isolement à l'écart de la contagion ou encore d'un style de vie alliant l'aisance et la sobriété. L'absence de sources fiables et le sous-enregistrement, en particulier pour la mortalité infantile, nous incitent à la prudence.

Mais ce qui compte, pour les contemporains, c'est l'impression d'une forte croissance des communautés mennonites. Du coup, on leur découvre des défauts qui, jusque là, passaient inaperçus ou étaient considérés comme véniels : ils ne paient pas d'impôts[138], refusent de servir par les armes[139], se dérobent à toute prestation de serment[140], esquivent toute responsabilité civique[141]. Mais surtout ils ont le double tort de se comporter en *étrangers* et en *concurrents* à l'égard des autochtones. La belle époque de la *reconstruction* est révolue et, en période de crise agraire, tout accaparement de terres ou de parcours devient insupportable, d'autant plus que l'Anabaptiste cumule les défauts : étranger, hérétique, il est le symbole de la grande propriété, le parasite jouissant de privilèges fiscaux et, de surcroît, l'homme du seigneur dont il est le fermier[142]. Recherchée ou imposée du fait de leur installation tardive, leur prédilection pour les sites montagneux et l'isolement qui en découle ne facilitent guère leur intégration. Enfin ils ont le tort de se singulariser dans une province où seuls les Catholiques et les Luthériens ont acquis droit de cité : tantôt les *sectaires* doivent se retrancher derrière la *Religion Prétendue Réformée,* tantôt ils se font passer pour Calvinistes[143] ? En tout cas, ils mettent en veilleuse le prosélytisme dont le clergé les accusait jadis[144], mais ils continuent à travailler le dimanche au grand scandale des bien pensants et à enterrer leurs morts à proximité de leurs fermes[145].

137 Voir *supra* pp. 433 ss.

138 AHR E 2808 : supplique au prince de Birkenfeld, le 31 janvier 1708.

139 ABR C 338 (subdélégation de Saverne, 1780).

140 AN K 2358 : la dispense de prêter serment est rejetée par le Roi, le 2 mai 1771.

141 AHR 2808 : décharge, dès les années 1696-1701, moyennant finance, de la charge de *Heimburger* à Sainte-Marie-aux-Mines.

142 J. VOGT, *art. 2208*, p. 61 : Bellecroix (ferme de l'Ordre Teutonique dans la région de Wissembourg) prend sa défense.

143 J. SEGUY, *op. cit.*, p. 141.

144 AHR E 2544 : Les Anabaptistes d'Ohnenheim *tiennent assemblée publique dans le moulin..., mais aussi encor pis ils corrompent la jeunesse et les enfants du bourg d'Ohnenheim catholique et les attirent dans leurs sectes et lieux d'assemblée où ils les infectent de leurs propres dogmes* (abbé de Munster, août 1674).

145 On trouvera des renseignements sur la vie sociale des Anabaptistes dans J. SEGUY, *op. cit.*, pp. 515-523 : dialecte, costume, habitation, coutumes (patriarcat et cohésion familiale, mobilité, ascétisme, hospitalité).

Mais, plus que leur conservatisme religieux, ce qui choque, c'est leur modernisme professionnel : ils se font jalouser à cause de leurs réussites dans l'agriculture et l'élevage. Témoin, ce réquisitoire contre les Anabaptistes de la fin du XVIIIème siècle : *L'on dit que les Anabaptistes cultivent mieux et payent plus. C'est un préjugé qui est très faux de croire qu'ils sont bons cultivateurs. Il y a aussi d'autres bons et de meilleurs cultivateurs qu'eux parmis les habitants du pays. En sortant de Suisse, ils ne scavent que soigner le Bétail. C'est des gens du pays qu'ils apprennent la culture des terres. Et eux-mêmes réfutent la bonne opinion qu'on a d'eux en prenant des catholiques pour domestiques laboureurs*[146]...Edmond Gérard, le curé de Suarce, se plaint en 1779 de ce que les renouvellements de baux se font en cachette, sans la moindre publication, pour favoriser les fermiers anabaptistes. L'un d'entre eux supplante en 1773 un brave laboureur du cru à la tête d'une ferme de 90 journaux : *on lui a préféré un étranger, un intrus, un homme proscrit par les lois, un homme d'un caractère inquiet, qui désole la Communauté par les procès qu'il lui suscite, un homme vain, qui, se prévalant de l'injuste préférence qu'on lui accorde, affecte des airs de suffisance et de supériorité, porte le trouble dans la localité par les nouveautés qu'il veut y introduire. Il fait ses assemblées religieuses dans une ferme appelée au Chésal auprès de Montreux-Château. Depuis six ans il a eu trois servantes enceintes, y compris la première qu'il a amenée à Chavannatte et qui était accouchée quelque temps auparavant qu'il n'y fut. Il n'y a jamais eu d'Anabaptiste dans cette ferme. Il y a quarante à cinquante ans qu'il n'y avait aucun Anabaptiste dans la forêt de Normanvillars ; c'étaient tous des catholiques ; il y a douze fermes qui sont entre les mains d'autant d'Anabaptistes... Ce ban était autrefois cultivé par des catholiques seuls. Aujourd'hui il n'y a plus qu'un seul catholique, qui n'est point laboureur. Ce qu'il y a de singulier et d'étonnant, c'est que les Anabaptistes qui cultivent ce ban ne supportent absolument aucune charge publique. Ils ne donnent pas un denier à l'Etat. Ils ne payent point la portion colonique : ils ne travaillent pas sur les routes ; ils ne contribuent ni en hommes ni en argent au Régiment Provincial ; ils sont au milieu du Royaume comme une petite République tout à fait isolée et détachée ; ils profitent de tous les avantages des citoyens, sans en avoir aucune charge, et rongent la subsistance des pauvres sujets, tandis que ceux-ci portent tout le poids du jour et de la chaleur. Il y a plus ; il y a sept à huit ans qu'ils ont eu l'impudence de vouloir se soustraire aux charges paroissiales ; il a fallu une condamnation de M. l'Intendant pour les y assujettir*[147]. Les communautés à l'étroit peuvent se prévaloir de la lutte contre l'hérésie, en enrobant les réflexes agraires d'arguments religieux, le but recherché étant de faire déguerpir les Anabaptistes au nom de l'*intérêt public*[148] ! Partout on proteste contre le nombre excessif de bêtes qu'ils mettent à la pâture au détriment des communautés. Dans l'Outre-Forêt,

---

[146] AMS Grand Chapitre, *Generalia : Mémoire sur l'établissement des Anabaptistes en Haute Alsace* (1779).

[147] F. TOURNIER, *art. [280]* pp. 295-296 (*Observations concernant les Anabaptistes jointes à un Mémoire présenté à la Cour en 1779*, 7 août 1779).

[148] ABR G 5950 et 5951 : exemple de la ferme du *Haftelhof*, aux portes de Wissembourg, dont le village d'Altenstadt cherche à s'assurer le contrôle tout au long du XVIIIème siècle.

c'est la guerre déclarée[149] : à Niederkutzenhausen, un certain Gingerich refuse le parcours sur ses propres prés aux villageois, mais ne se gêne pas pour faire pâturer ses moutons dans les prairies particulières ou communales[150] ; les Anabaptistes du *Geisberg* exercent leur droit de parcours sans égard aux trèfles, même mis en défens ; les paysans de Riedseltz envoient dans le sainfoin du *Dieffenbacherhof* des chevaux qui sont immédiatement saisis par les Anabaptistes, provocation à laquelle les jeunes gens du village répondent en arrachant les haies de la ferme et en dévastant le verger[151]...

Il y a beaucoup de jalousie qui se dissimule derrière de telles manoeuvres, car, en regard du système traditionnel, les Anabaptistes passent pour des gêneurs. Les voyageurs les remarquent[152] : Masson de Pezay écrit dans ses *Soirées helvétiennes* : *Je regardais les collines avant d'entrer dans les cabanes ; et quand les collines étaient mieux cultivées, avant d'avoir vu des souliers sans boucles et des habits sans boutons, je me disais : il y a ici des anabaptistes*[153]. Caméralistes et agronomes les repèrent[154]. Les Anabaptistes recueillent en effet les éloges des novateurs. Tout en étant écartés de la propriété avant la mise en vente des biens nationaux, ils sont capables, dit-on, de rentabiliser les grandes exploitations dont ils sont les fermiers grâce au recours à des baux renouvelables qui s'inscrivent parfois dans la continuité dynastique. Leurs qualités - zèle, sobriété, sens de l'ordre et de l'économie[155] - font le reste. *Il n'y a tel seigneur d'un corps de biens considérable qui ne souhaite d'avoir pour fermiers des anabaptistes auxquels il donneroit bien volontiers la préférence pour une rétribution plus modique*[156] : s'agirait-il, à la limite, d'un monopole de fait sur les terres seigneuriales ? Le fermier du *Schlossgut* de Bischoffsheim déduit la moitié de la *Gült* qu'il verse, entre 1765 et 1779, au titre des frais engagés dans l'exploitation[157] : charge relativement lourde de près de 200 livres tournois. Les censes ont une taille respectable : 185 journaux pour le *Dieffenbacherhof*, près de Riedseltz, 110 pour le *Haftelhof* près d'Altenstadt[158]. Bénéficiant d'un certain isolement et d'une relative autonomie par rapport aux communautés rurales, les fermes anabaptistes se rapprochent le plus de ce que les physiocrates appellent la *grande agriculture*. Domaines d'un seul tenant, le *Birkenhof* et le *Schweighof* dans le Sundgau, le *Rheinfelderhof* près de Colmar, l'*Altheimerhof* près de Strasbourg, le *Geisberg* près de

149 J. VOGT, *art. cit.*, pp. 62-63 et *th. 193*, pp. 74-77.

150 ABR C 175/23 (1782).

151 J. VOGT, *DES 192*, p. 92 (fin XVIIIème siècle).

152 J-C . SCHMOHL, *op. [271]*, pp. 33 et 44 (1777-1778).
Göckings Journal, t. I/2, pp. 240-241 et 368 (1784).

153 A.F. MASSON DE PEZAY, *op. [250]*, p. 41.

154 J. MAYER, *op. [315]* et J. BECKMANN, *op. [292]*.

155 J. SEGUY, *art. 2204*.
Cl. JERÔME, *art.* et *contrib. 2200*.

156 ABR C 338 : enquête de 1780 (subdélégation de Belfort).

157 AMO B 7.

158 J. VOGT, *art. 2208* et *2442a*.

Wissembourg sont le plus souvent des fermes préexistantes dans lesquelles viennent se loger les initiatives des Mennonites. Dans la subdélégation de Belfort, ils sont considérés comme *des cultivateurs nécessaires ; on n'en trouve pas parmi les habitants de la campagne pour affermer des corps de bien d'une certaine importance ; on ne peut en charger que les Anabaptistes ; on les préférerait à tous autres s'ils avaient des concurrents parce qu'ils sont plus exacts à remplir leurs engagements*[159]. Bons laboureurs, ils font preuve d'une honnêteté scrupuleuse et de réelles qualités professionnelles. On peut s'interroger sur les secrets de leur succès : est-ce parce qu'ils échappent à l'engrenage du fermage spéculatif qu'ils peuvent rentabiliser les domaines ? Est-ce parce qu'on leur interdit d'acheter des terres qu'ils sont amenés à investir leurs économies dans les *vacheries*, à employer leurs liquidités à l'achat de bestiaux et à l'expérimentation agricole[160] ? Faut-il chercher la raison de leur succès dans leurs familles nombreuses, la cohabitation des générations, en un mot l'abondance de la main-d'oeuvre ? Est-ce parce qu'ils dirigent des domaines autonomes, situés hors terroir, à l'abri des servitudes communautaires ? Est-ce enfin parce que leurs domaines sont partiellement déchargés d'impôts ?

On leur reconnaît d'abord le mérite de *mettre en culture les terres stériles et arides* à la suite d'importants défrichements[161]. Arrivés, pour bon nombre d'entre eux, aux XVIIème et XVIIIème siècles, au moment où les meilleures terres sont déjà occupées, ils se mettent à défricher *tant dans les plaines que dans les montagnes une très grande quantité de terres et d'endroits qui auparavant n'avaient jamais été cultivés ni habités et ne l'auraient pas esté sans eux*[162]. Sur une réserve de 800 journaux que comporte le *Dieffenbacherhof*, une centaine sont défrichés à la fin du XVIIème siècle, 200 au siècle suivant[163]. A l'habileté à défricher, soutenue par la nécessité de survivre, ils combinent les avantages du drainage, de l'irrigation, de la clôture[164] : 3000 tuyaux sont utilisés dans la ferme du *Nickishof* à la fin du XVIIIème siècle[165] et ailleurs ils utilisent une sorte de hache à creuser des fossés d'irrigation dont *la construction ingénieuse... ajoute encore à leur adresse... et hâte singulièrement la besogne*[166].

Grâce à leurs origines suisses et à une longue expérience pastorale, ils déploient un *talent extraordinaire dans l'art de nourrir, de soigner et de*

---

159 ABR C 338/62-63 (enquête de 1780) et AHR C 1284 (lettre du subdélégué de Belfort à l'intendant, le 30 juin 1780).
J. VOGT, *art. 2208* : les fermiers catholiques du *Haftelhof* ne donnent pas satisfaction au XVIIIème siècle.

160 J. SEGUY, *op. cit.*, p. 493.

161 AHR Extr. Munich 133 : *Mémoire touchant les Anabaptistes* (XVIIIème siècle).
AHR E 2808 : *Mémoire concernant les Anabaptistes de Sainte-Marie-aux-Mines* (1716).

162 AHR E 2808 : *mém. cit.*

163 J. VOGT, *art. cit.*

164 A.F. MASSON DE PEZAY, *op. cit.*, pp. 42-49.

165 Cl. JERÔME, *art. cit.*, p. 41 (d'après AC Rosheim, 1799).

166 A.F. MASSON DE PEZAY, *op. cit.*

négocier le bétail[167]*. Ils savent faire pousser de l'herbe là où d'autres laissent perdre du terrain en utilisant... les fossés contournant les champs*[168] et c'est leur relatif isolement qui protège leurs prairies naturelles contre les déprédations du bétail de la communauté. Près de Westhoffen, l'Anabaptiste du *Münchhof*, spécialisé dans les cultures fourragères, confectionne des fromages que les aubergistes du voisinage font passer pour des denrées suisses[169]. Ce fromage est fabriqué d'après la méthode de l'Emmenthal bernois, invention que la rumeur publique met au compte des Mennonites. C'est par l'adoption et la vulgarisation du trèfle[170] que passent le développement de l'élevage et l'amélioration de l'agriculture[171] : 200 charretées de fumier sont maniées par Chrétien Maurer dans la ferme du *Nickishof*, près de Rosheim[172]. Adam Lösle de Lingolsheim utilise 24 tombereaux de fumier pour une pièce de trèfle et de légumes sur le domaine de la Canardière[173]. *Seuls les fermiers anabaptistes prospèrent et ne détériorent pas les fonds comme les autres parce qu'ils ont du bétail en quantité*, note en 1764 Jeanmaire, le receveur et le conseiller de la Régence de Montbéliard[174] et *ce n'est qu'à une culture plus soignée et mieux entendue* que Masson de Pezay reconnaît, en Alsace, les fermes anabaptistes[175]. En 1780, on considère les Mennonites tantôt comme *des cultivateurs très intelligents et très industrieux*, tantôt comme ceux qui, *les plus instruits dans l'agriculture..., éclairent et donnent l'exemple au laboureur*[176]. On va jusqu'à porter à leur actif - ce qui est à reléguer au rang des légendes - l'introduction de la pomme de terre dans l'Est de la France[177]. Producteur de fumier, le bétail requiert des soins attentionnés : on gave les boeufs de déchets provenant de la distillation des grains et de la pomme de terre ; on soigne le bétail à base de plantes de la même façon qu'on traite les hommes[178]. Leur habileté médicale ou paramédicale, reposant sur des procédés plus ou moins magiques, leur vaut une réelle réputation : *ils ont composé des remèdes qui ont préservé un grand nombre de troupeaux de la contagion...*

Ajoutons que l'arboriculture est pratiquée, parfois à grande échelle : c'est ainsi que 150 jeunes arbres sont plantés au *Nickishof* à la fin du

---

[167] AHR E 2808 : *mém. cit*. Cf. les réactions après l'édit de 1712 et l'enquête de 1780.

[168] A.F. MASSON DE PEZAY, *op. cit*., pp. 48-49.

[169] *Göcking's Journal*, t. I/2, p.368 (1784).

[170] J. VOGT, *D.E.S. cit*., pp. 74-77 : 2 hectares de trèfle au *Haftelhof* en 1771, plus que n'importe quelle communauté du voisinage.

[171] Voir *supra* pp. 797-853.

[172] Cl. JERÔME, *art. cit*., p. 41 (d'après AC Rosheim : expertise du 30 juin 1799).

[173] ABR 6 E 41/1075 (1780).

[174] Cit. par A. GIBERT, *op. [528]*, p. 388.

[175] J. SEGUY, *op. cit*., p. 490.

[176] ABR C 338 (subdélégation de Wissembourg).

[177] Ch. MATHIOT/R. BOIGEOL, *op. 2202*, pp. 8 et 24, note 17.

[178] AMS VI 435/1: recettes d'un certain Christel de Strasbourg (1742).
M-N. DENIS, *art. cit*., p. 126 : la bibliothèque de Nicolas Augsburger (1856) contient des traités d'histoire naturelle et de médecine de 1696 et 1703 (cit. par A. MICHIELS : *Les Anabaptistes des Vosges*, Paris 1860).

XVIIIème siècle[179]. Enfin certains d'entre eux - on les appelle les *Anabaptistes aux toiles* - joignent à leurs activités agraires le métier de tisserand[180] et vendent leurs produits sur les marchés. Mais une telle occupation n'est ni très originale ni très utile à l'économie : *si le gouvernement jugeait à propos de restreindre les sectaires en Alsace, c'est par ceux-cy que l'on pourrait commencer parce qu'ils sont moins actifs*[181].

Au total, face aux indigènes plus ou moins récalcitrants, les Anabaptistes comptent parmi les artisans de la *révolution agricole*, rationalisant les procédés de production. Dans une perspective weberienne, on pourrait s'évertuer à rechercher les liens entre les croyances et la réussite socio-professionnelle[182]. Nous préférons invoquer des facteurs relevant de la nécessité (défricher et produire, réussir ou disparaître), de la puissance d'adaptation (aux circonstances comme au milieu naturel) et à des qualités d'économie, d'ascèse, de travail, d'ouverture au progrès. La rupture avec une société officielle et la création de solidarités en marge de cette société fondent probablement leur réussite et leur vaut l'inimitié des villageois : ce sont bien les différends de nature économique, et jamais l'opposition confessionnelle, qui rendent compte de ces conflits. Il en est de même des Juifs.

B) Les Juifs ruraux, une population mal aimée ?

L'histoire des Juifs d'Alsace s'est progressivement dégagée de la gangue d'antisémitisme quasi systématique qui a marqué l'historiographie du XIXème et d'une partie du XXème siècle. De fait, pour l'historien pressé, il est relativement facile de retrouver, dans les témoignages du passé, l'image du Juif *rapace*, qui *s' engraisse* aux dépens de la population chrétienne par sa *paresse*, sa *fourberie* , ses *fraudes*, sa *mauvaise foi* [183], d' autant que l' attitude des autorités tend à rejoindre la perception qu' a la population rurale de *cette maudite race*[184] responsable de tous les maux. Les archives judiciaires se font l'écho des conflits entre les deux communautés[185]. Les ethnologues relèveront que, par un curieux écart de langage, l'*éternel Judas*, qui se consume dans les flammes du bûcher pascal à l'aube du Samedi Saint, devient, dans la bouche des villageois... *l'éternel*

---

179 Cl. JERÔME, *contrib. cit.* p. 430 (d'après AC Rosheim, 1799).

180 AHR C 1284 (lettre du subdélégué de Belfort, 30 juin 1780).
P. MARTHELOT, *art. 2201*, p. 483.
Ch. MATHIOT/R. BOIGEOL, *op. cit.*, pp. 124-125.
J. SEGUY, *op. cit*, p. 508.

181 AHR C 1284 (lettre cit.).

182 E.H. CORRELL, *op.cit.* et J. SEGUY, *art. cit.*.

183 ABR C 336 (bailli de Haguenau, 6 septembre 1780).

184 AN K 2362/2 : pétition des habitants de Horbourg , 1751

185 Voir *infra* pp. 1469 ss. La criminalité juive mériterait un développement spécial. Les délits qui apparaissent le plus fréquemment sont les injures et les voies de fait, les ventes sans autorisation, le trafic irrégulier de bétail (enlèvement de bestiaux, maladie ou mutilation de bêtes), le non-remboursement de dettes et la subtilisation de pièces à conviction, le travail dominical, etc.

Juif [186] ! Mais notre propos n'est pas de constater, une nouvelle fois, que l'animosité à l'égard des Juifs fait partie du bagage mental du campagnard. Notre démarche consiste d'une part à fournir une explication à cette attitude en la replaçant dans un contexte conjoncturel – celui de la crise agraire de la fin de l'Ancien Régime –, d'autre part à relativiser – par une démarche aussi scientifique que possible – ce que les représentations collectives pourraient avoir d'excessif[187].

1) L'intégration d'une minorité ethnique

Pour des raisons d'ethnie et de religion, les Juifs apparaissent *différents*, échappant ainsi aux normes communément admises. Ils ont leurs propres autorités (rabbins et préposés), leur propre juridiction, leurs propres coutumes (Sabbat et fêtes, circoncision[188]), leur propre façon de s'exprimer, de s'habiller (yiddisch et bonnet pointu)[189], de se nourrir (viande et vin cachères, pain azyme) : en définitive, ils ne sont guère inquiétés pour leurs opinions religieuses en Alsace et sont considérés moins comme les adeptes d'une *religion, soufferte et tolérée*, selon l'expression de l'intendant Poncet de la Rivière en 1672[190], que comme les membres d'une *nation*. Le terme, couramment utilisé par les autorités au XVIIIème siècle, implique la reconnaissance d'une spécificité ethnique. Les Juifs constituent *a priori*, dans les communautés villageoises, un corps étranger, une minorité inassimilable. Les antagonismes qui séparent les communautés juive et chrétienne ne nous sont pas apparus comme reposant sur un quelconque fanatisme religieux. Véhiculé par l'Eglise, l'antisémitisme, faisant du Juif le mal absolu, l'ennemi du Christ, *l'agent de Satan* et cherchant à l'isoler, à le chasser ou à le convertir, ne semble pas réellement partagé par le peuple. Les manifestations antijudaïques ne se prévalent guère de justifications théoriques ou idéologiques. Lorsque, en mai 1760, Jean Adam, laboureur à Kuttolsheim, propose sa personne et son attelage pour le transport de la dépouille mortelle de l'épouse de Borach au cimetière de Rosenwiller[191], la démarche s'intègre sans doute dans un échange de bons procédés. Elle ne suppose pas moins, de la part du Catholique, de bonnes dispositions et une réelle ouverture d'esprit à l'égard des Juifs. Par contre, les autorités sont largement responsables de la constitution d'une *nation juive*, dans la

---

186 *Der ewi Jud'verbranne* (assimilation *Judas-Jud)*. La pratique est attestée à Turckheim en 1673, 1681 et 1682 (AM Turckheim GG 5).

187 On trouvera de nombreux renseignements dans AHR C 1284 : Lettres Patentes et arrêts du Conseil Souverain, 1772-1788 (1) ; impositions (10-18) ; réception (19-36) ; coutumes (2), exactions, dénombrements (37-40).

188 J. ROTH, *op. 543*, pp. 104-110 (*Neue Judten-Ordnung für das Amt Bennfelden*, 26 avril 1643) d'après ABR G 492.

ABR G 492 : *... Für das Fünfte... so hette man zwar Ursach, über die... grausame Judten Schneiderey weitter zu inquirieren...* (Dambach-la-Ville, 26 avril 1643).

189 AHR 4 B 11 : *vetu d'un habit de ratine grise doublé... d'une veste de meme drap et couleur, d'un chillet d'indienne rayé en fond brun, d'un morceau de rase blanc annonçant la Loix judaïque et d'une chemise de toille a demy neuf, des bas de laine blancs avec des guedres rayés de trilis, des culotes de peau ventre de biche et des souliés assés bons et garnis de cloux et liés avec des boucles de fer* (levée de corps de Jonas, Juif de Hartmannswiller, le 24 avril 1784).

190 DE BOUG, *Ord. Als.*, t. I, p. 41.

191 AMH FF 249.

mesure où, faute de pouvoir ou de vouloir les expulser, elle cantonne ses coréligionnaires dans un statut pour mieux les surveiller. A la concentration du pouvoir entre les mains d'un petit nombre d'hommes – rabbin et prévôt –*pour observer le bon ordre et la tranquillité*[192]–, s'ajoute l'interdiction d'établir des synagogues[193] et le souci de cloîtrer les Juifs chez eux[194], de façon à réduire au minimum les contacts qu'ils pourraient avoir avec les Chrétiens[195].

Cette volonté d'exclusion rejoint d'ailleurs le désir qu'ont les Juifs eux-mêmes de se singulariser. Si, en 1776, Waldner de Freundstein cède à la demande de la communauté juive de Sierentz d'établir des barrières aux extrémités des rues où habitent les Juifs, ce n'est pas avec l'approbation des habitants du lieu : l'initiative des Juifs eux-mêmes, désireux d'afficher leur singularité et de satisfaire à leurs exigences rituelles, rejoint les intérêts matériels du seigneur qui encaisse, en contrepartie, 120 livres et une rente annuelle de 18 livres[196]. La hantise des Chrétiens, c'est que les Juifs pourraient les gêner dans leur vie quotidienne[197] ou dans l'exercice de leur propre religion[198].

192 AN K 2362 (receveur Rosé, comté de Horbourg, 19 novembre 1767).

193 Règlements édictés par l'évêque de Strasbourg, cit. par E. SCHEID, *op. 2177*, pp. 138-147. art. 3 (1700).
DE BOUG, *Ord. Als.*, t. II, pp. 2 et 3 : extraits du registre du Conseil Souverain (20 janvier, 1er et 11 février 1726) au sujet de la démolition des synagogues de Wintzenheim, Hagenthal et Biesheim. *Ils ne sauront avoir de Synagogue publique, les parents doivent donner l'instruction à leurs enfants chez eux.*
E. SCHEID, *op. cit.*, pp. 138-147. art. 3 (1706) : *Ils n'auront pas de Synagogue. Ils pourront faire la prière chez eux et y donner l'instruction à leurs enfants.*
ABR 8 E 177/15 : requête à l'intendant de la communauté chrétienne de Gunstett contre la communauté juive qui projette de construire une synagogue à côté de l'église catholique (1754).

194 E. SCHEID, *op. cit.*, pp. 138-147, art. 3 (1700) : ..*Lorsqu'arrivera leur fête des Tabernacles, ils feront leur tente dans l'intérieur de leur maison.*
AHR 18 J 544 (administration des Wurtemberg, comté de Horbourg, 1773).

195 *Ibid.*, art. 4 (1700) : *S'ils permettent à un Chrétien d'assister à un de leurs mariages, ou d'y danser, ils seront passibles d'une amende d'un florin.*
Art. 5 (1700) : *S'ils ont un enfant à circoncire, ils doivent faire l'opération chez eux et ne pas inviter de Chrétien ou de l'inviter à un festin, sous peine de cinq livres d'amende.*
Art. 8 (1700) : *Les Juifs ne devront pas entamer avec les Chrétiens de discussion religieuse.*
Art. 8 (1706) : *Ils n'entameront pas de discussion religieuse avec un chrétien.*
Art. 3 (1706) : *Pendant la fête des Tabernacles, ils feront leurs tentes dans l'intérieur de leurs maisons ou bien dans leurs cours fermées et n'inviteront pas de Chrétien à venir les voir.*
Art. 6 (1706) : *Quand les femmes voudront prendre un bain, elles devront le faire en cachette, le soir ou le matin de très bonne heure.*

196 P. B. MUNCH-LIDY, *mém. 1724*, p. 38.

197 E. SCHEID, *op. cit.*, pp. 138-147, art. 2 bis (1700) : *Ils ne feront pas de bruit dans leurs maisons, afin que les chrétiens n'aient pas à s'en plaindre.*

198 Ibid. *: Ils ne pourront rien vendre les dimanches et les jours de fête pendant le service et ne devront pas attendre le monde devant l'Eglise, pour offrir un cheval ou autre chose en vente... Ils se laisseront voir le moins possible pendant la semaine sainte.*
Art. 9 (1700) : *Leurs morts ne peuvent pas être enterrés les dimanches ou jours fériés.*
Art. 10 (1700) : *Nous leur défendons d'employer un chrétien pour le faire travailler les dimanches et jours fériés, sous peine d'une amende de trois livres.*
Art. 3 (1706) : *Autant que possible, ils resteront chez eux pendant la semaine sainte.*
DE BOUG, *Ord. Als.*, t. II, pp. 495-496 : arrêt du Conseil Souverain du 27 avril 1757 leur interdisant *de pressurer des raisins sur les pressoirs des Chrétiens et d'en faire et composer du vin à leur façon superstitieuse* (à propos d'une affaire à Rechtenbach en 1747). Il leur est de même interdit de porter leur pain au four banal de la communauté.
Voir *infra* p. 1500.

Il leur est donc défendu, non seulement d'avoir une domesticité chrétienne[199] et d'entrer en apprentissage chez les Chrétiens mais de loger sous un toit commun avec eux.[200] Scandale suprême : le *commerce* d'un Juif avec une Chrétienne est, bien entendu, formellement prohibé. Dans le bailliage de Ferrette, Samuel Navé et une fille de Hagenthal en font la douloureuse expérience en 1680. Tandis que le Juif est condamné à être *pendu et étranglé,* la Chrétienne se voit, au lendemain de l'accouchement, *fustigée et flétrie* de deux fleurs de lys, *l'une sur l'épaule dextre, l'autre sur l'épaule sinistre,* avant d'être bannie hors de la seigneurie pour une durée de trois ans. Saisis, les biens de Samuel sont employés à l'entretien de l'enfant né de ces relations coupables[201]. Mais force est de constater que les rivalités reposent moins sur ce genre de préjugés que sur des antagonismes économiques auxquels la conjoncture du XVIIIème siècle confère une particulière acuité.

Les griefs que nous relevons sont parfois d'origine purement conjoncturelle : les Juifs sont trop nombreux à la campagne. Protégés, dit-on, par une certaine immunité fiscale, ils aggravent les charges de la communauté. On leur reproche leur *pullulation,* conséquence d'une maturité et d'une nuptialité précoces et fruit d'une natalité exceptionnelle[202]. Ce comportement démographique est conforme à la fois aux préceptes bibliques et aux réflexes de toute minorité, campée sur la défensive et soucieuse de faire souche[203]. Le problème se trouve aggravé en raison d'un mouvement migratoire en provenance de l'Empire et de l'Europe centrale où les Juifs rencontrent une hostilité qui est sans commune mesure avec l'accueil sur lequel ils peuvent compter en Alsace. A la fin du XVIIIème siècle, ils représentent en moyenne entre 10 et 20 % de la population totale des villages[204], certaines communautés de Haute-Alsace détenant le record :

Date	Lieu	Source	Nb. de ménages juifs (et %)	Nb. d'habitants juifs (et %)
1745	Reguisheim	AHR 1 J 22/28	11 (8,8)	
1781	Oberdorf	AHR C 1558-1559		125 (31,2)
"	Uffheim	"		104 (23,5)
"	Sierentz	"		210 (21,9)
"	Rixheim	"		217 (12,2)
"	Uffholtz	Ch. HOFFMANN *op. cit.*, t. IV, p. 433		187 (18,4)

Or la croissance démographique de la population juive constitue un réel danger à une époque où la campagne est intensément peuplée : que la

[199] DE BOUG, *Ord., Als.* t. I, pp. 487-488 (arrêt du 19 janvier 1717).

[200] *Ibid.*, t. II, p. 224 (arrêt du 23 décembre 1740).

[201] AHR 1 J 9, fonds Corberon, p. 239.

[202] ABR C 336 : *vu l'usage dans lequel ils sont de marier les filles à 13 et les garçons à 14 et 15 ans* (subdélégué Lanfrey, 1766).

[203] B. ROTH, *mém. 2175*, pp. 39-73.

[204] D. PETER, *art. 2165*, p. 23 : 5 % en 1720, 9 % en 1784 (seigneurie d'Oberbronn).

place vienne à manquer au village même, où la concurrence est féroce[205], et la population d'agiter, non sans exagération, le spectre de l'émigration forcée[206]. Et si l'Intendance lance, à leur intention, les dénombrements de 1751 et de 1784[207], c'est qu'elle est préoccupée par la fécondité des enfants d'Israël[208]. On évalue, au milieu du XVIIème siècle, la population juive en Alsace à environ 300-400 familles, soit 1500 à 2000 âmes. D'après l'estimation réalisée en 1716, les Juifs seraient passés de 587 (1689) à 1348 familles (1716), soit environ 6800 âmes. Les dénombrements entrepris par l'Intendance au XVIIIème siècle nous permettent de suivre l'évolution :

	Nb. de familles	Nb. approximatif d'habitants
1732	1675	10000
1744	2125	12000
1754	2565	13000
1766	2721	13600
1780/81	3600	18330
1784	3940	19630

On assiste donc à un doublement de la population juive en un demi-siècle, ville et campagne confondues[209]. En 1784, on dénombre 4000 familles juives – au total 20 000 personnes environ – qui sont installées dans 182 localités alsaciennes, villes comprises[210]. L'Alsace compte ainsi, à la veille de la Révolution, plus de la moitié des 40 000 Juifs vivant en France.

Nous attachons une certaine importance à ces chiffres qui, quoique approximatifs, reflètent la situation des campagnes, dans la mesure où les Juifs ruraux constituent l'écrasante majorité de la population juive totale. Constatons que les installations boudent les vallées vosgiennes au profit du Vignoble et surtout de la plaine céréalière. Deux conditions nous semblent déterminantes pour expliquer l'inégale répartition : les axes de commerce, soit le long de la frontière suisse, soit autour des villes, qui autorisent un active circulation de l'argent ; les activités marchandes, propres à une économie monétaire, qui rendent la présence juive indispensable. Nous

[205] AHR C 1585 : *La population des Juifs s'est tellement accruë depuis 25 ou 30 ans à Durmenach que le nombre de familles excède celui des chrétiens, ce qui met ces derniers dans l'impuissance de se procurer des habitations ou des chezeaux pour en construire* (Bureau de l'Intendance, Huningue, mai 1788).

[206] AN K 2362/2 : *De jour en jour les habitans chrétiens se trouvent dans la dure nécessité de sortir du lieu et de s'établir ailleurs, parce que le grand nombre des Juifs font tellement augmenter les loyers des maisons que les chrétiens sont hors d'état de payer, moÿennant quoÿ les charges publiques, soit en impositions, gardes et corvées, tombe sur le petit nombre de chrestiens qui restent dans le lieu... Dans deux années de tems la communauté de Horbourg ne seroit composée que de Juifs et les chrétiens se verroient dans la nécessité de s'établir ailleurs (Requête des habitants de Horbourg pour qu'on n'accorde plus la permission de s'établir aux Juifs,* 1765).

[207] ABR C 334 (1751) et C 143/170, 144/17, 336-337 (1780-1784). *Dénombrement général des Juifs qui sont tolérés en la province d'Alsace* en exécution des Lettres Patentes de sa Majesté en forme de réglement du 10 juillet 1784, 390 p., rééd. en 1975.
AMH GG 67 (copie).

[208] Ph. HORRER, *op. [223]*, p. 30 et G. WEILL, *art. 2186*, pp. 164-167.

[209] ABR C 336 : doublement entre 1740 et 1780.

[210] Progression confirmée par les *Mémoires et documents sur les Juifs en Alsace et en Lorraine*, 1743-1784 : 2000 familles dans les années 1740, 18 000 individus en 1780 (AN K 1641).
ABR C 337 : *Dénombrement général des Juifs qui sont autorisés en la Province d'Alsace* ...

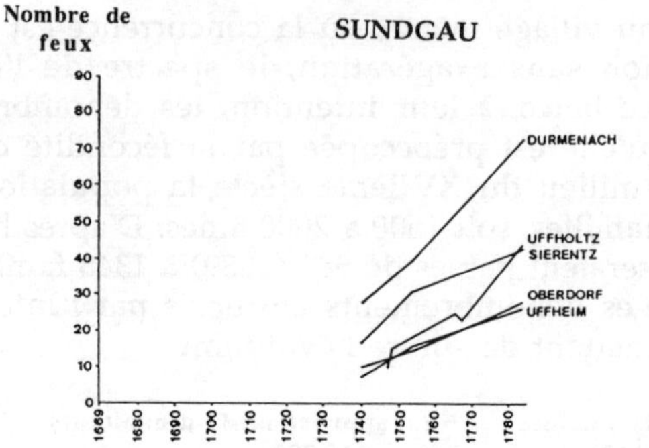

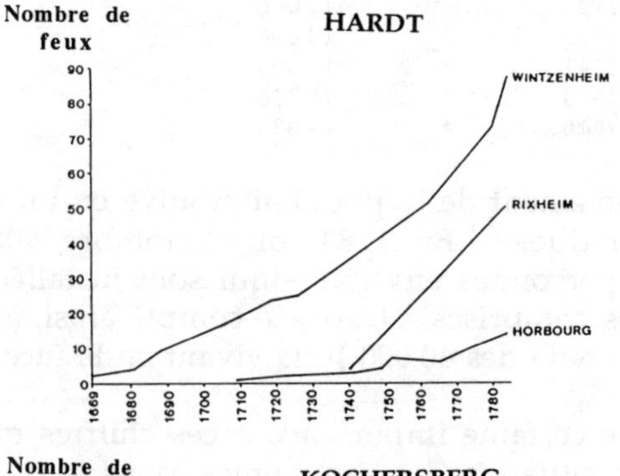

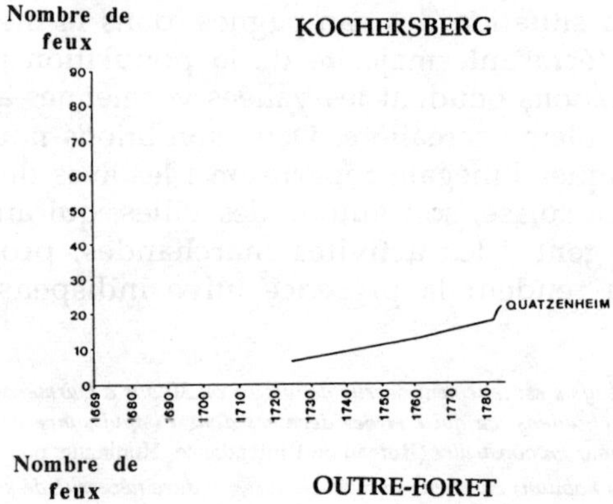

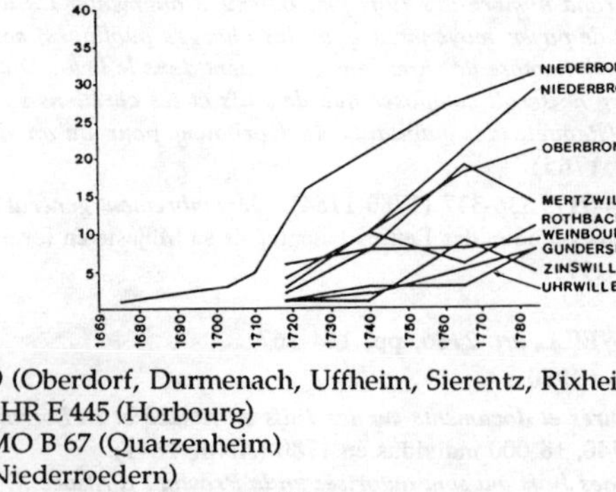

Sources : AHR C 1558-1559 (Oberdorf, Durmenach, Uffheim, Sierentz, Rixheim, Wintzenheim)
AN K 2362/2 et AHR E 445 (Horbourg)
ABR E 1386 et AMO B 67 (Quatzenheim)
ABR 8 E 330/11 (Niederroedern)
Ch. HOFFMANN, op. cit., t. IV, p. 432 (Uffholtz)
D. PETER, D.E.S. cit., p. 68 (Oberbronn, Mertzwiller, Zinswiller, Uhrwiller, Rothbach, Weinbourg, Niederbronn Gundershoffen)
Dénombrement général des Juifs... 1785 (pour l'ensemble des localités)

avons voulu étudier l'évolution de la population juive entre 1716 et 1784[211] dans les communes pour lesquelles la comparaison est possible. Entre les deux dates, les 87 villages retenus passent de 787 à 1962 habitants, soit une progression globale de 150 %. Les effectifs baissent dans moins de 8 % des communes et jamais de plus de 40 %. Une augmentation se dessine dans plus des trois quarts des villages. Elle est très forte dans le Sundgau et l'Outre-Forêt (de 200 à 800 %) et autour des villes (Oberschaeffolsheim + 700 %, Horbourg + 1700 %). Les plus grandes fréquences se situent entre le doublement et le triplement de la population juive :

	Nb. de communes	%		Nb. de communes	%
- 30 à - 40 %	1	1,1	+ 300 à + 400 %	8	9,2
– 20 à - 30 %	1	1,1	+ 400 à + 500 %	6	6,9
– 10 à - 20 %	3	3,4	+ 500 à + 600 %	2	2,3
– 0 à - 10 %	2	2,3	+ 600 à + 700 %	-	-
+ 0 à + 50 %	6	6,9	+ 700 à + 800 %	2	2,3
+ 50 à + 100 %	12	13,9	+ 800 à + 900 %	1	1,1
+ 100 à + 200 %	28	32,3	+ 900 à + 1000 %	-	-
+ 200 à + 300 %	14	16,1	plus de 1000 %	1	1,1

La progression est particulièrement forte dans l'Outre-Forêt qui accueille une famille sur sept si l'on se place à l'échelle de la province, une sur cinq si l'on tient compte de la seule Basse-Alsace. Or, entre 1689 et 1789, le nombre de familles juives y fait plus que décupler[212]. En fait, la population juive est trop peu nombreuse en 1689 pour que cette date puisse servir de repère valable. Entre 1716 et 1784, la population juive de l'Outre-Forêt triple ou quadruple ses effectifs : 140 à 160 familles en 1716, 352 à 414 en 1766, 530 en 1784.

	1689	1716	1754	1766	1780	1784
Nb. de villages accueillant des Juifs	14	21		38		36
Nb. approximatif de familles	100	280	660	700	1050	1060
(indices)[213]		100	235	250	375	380

Or nous savons qu'entre ces deux dates la population rurale de la région connaît, en gros, le doublement. C'est en apparence que l'augmentation la plus forte se situe dans la première moitié du siècle, compte tenu d'un niveau fort bas au départ, mais, de 1760 à 1789, c'est-à-dire à l'époque des densités maximales, elle dépasse encore les 50 % malgré le ralentissement observé à la veille de la Révolution. Voilà ce qui donne l'impression de la *pullulation* : Reguisheim, nous dit-on, est *farci de Juifs*

[211] D'après les données de E. NEYREMAND, *art.2163* (1716) et celles du dénombrement de 1784. Pour plus de détails, voir G. WEILL, *art. cit.*

[212] B. ROTH, *mém. cit.*, pp. 30-38.

[213] Les chiffres relevés par D. PETER (*art. cit.*, p. 23) à partir des dénombrements de la seigneurie d'Oberbronn confirment ces résultats :

	Nb. de chefs de famille	Nb. de personnes
1718	22	
1740	52	
1751		304
1766	89	
1784		518

dès 1745[214] et, à Sierentz, on n'hésite pas à évoquer, à leur sujet, l'image de la *fourmilière*[215]. L'analyse de la structure des familles israélites laisse apparaître, en dépit de sensibles différences, une forte concentration au niveau des ménages de 5 à 7 personnes et de 3 à 5 enfants vivants ; la moyenne approche les 5 individus et les 4 enfants par foyer.

Les baillis seigneuriaux rivalisent d'imagination pour entraver cette prolifération. Les solutions préconisées vont dans deux directions :

- Enrayer l'augmentation numérique des Juifs, en agissant sur les conditions d'installation jugées trop libérales[216]. Sont d'abord concernés les étrangers dont on exige un passeport visé par les autorités à la place des billets d'étape ou de logement délivrés par les rabbins. Un arrêt du Conseil Souverain interdit d'en recevoir à Wintzenheim, en Haute-Alsace, à partir de 1733[217]. Certaines communautés proposent qu'on limite le nombre de familles à deux ou trois pour cent ménages chrétiens[218] et le bailli Danzas suggère que l'on ne reçoive que l'aîné de chaque famille, qu'on utilise largement de la faculté d'expulser à l'égard de ceux qui tarderaient à acquitter leur droit de protection. Dans ses doléances de 1789, la communauté de Horbourg demande à ce qu'on réduise à six le nombre de ménages juifs[219]. D'autres vont plus loin en proposant de retarder, voire d'interdire provisoirement les mariages. A Reichshoffen, il faut faire preuve au greffe de la juridiction d'une solide assise économique – 1000 livres de revenus – avant de se mettre en ménage[220].
- Leur trouver des moyens d'existence honorables : *les faire subsister d'une manière qui ne soit ni onéreuse, ni préjudiciable au peuple, de* (les) *rendre aussi utiles que possible, de les faire contribuer dans une juste proportion aux charges publiques, de leur donner une existence légale conciliable avec l'intérêt des Seigneurs*[221]. Pour le bailli d'Oberbronn, la meilleure solution consisterait à leur permettre d'acquérir des terres, *ce qui les accoutumerait au travail,* et de leur défendre de céder ces terres en ferme aux Chrétiens. Car, déclare le bailli Hoffmann de Benfeld, *une nation à laquelle nos loix interdisent toute manière honnête de pourvoir à sa subsistance doit devenir vile à force d'être avilie et malhonnête par nécessité*[222]..

Dans les années 1780, les propositions de l'intendant de La Galaizière puisent à cette double source : limiter le nombre de mariages et rendre les Juifs honnêtes en leur offrant les *travaux de l'agriculture, l'exercice des arts* et la *liberté commerciale.* Nous y reviendrons.

214 AHR 1 J 22/28.

215 P. WIRTH, *D.E.S. 2217*, p. 9 (1759).

216 Ch. HOFFMANN, *op. 36*, t. IV, p. 435.

217 DE BOUG, *Ord. Als.*, t. II, pp. 90-94 : arrêt du 19 décembre 1732.

218 ABR C 336 : réponse à l'enquête de La Galaizière, le 29 juillet 1780.

219 AHR 18 J 544 : *das dorf raümen...*

220 ABR C 336, document cité (29 juillet 1780).

221 *Ibid.*, circulaire de La Galaizière du 29 juillet 1780.

222 *Ibid.*, réponse à l'enquête de La Galaizière, le 29 juillet 1780.

Se pose avant tout le problème de l'installation de ces Juifs. Il leur faudra attendre les Lettres Patentes de 1784 pour pouvoir bénéficier d'une législation d'ensemble. En attendant, c'est la diversité des situations qui l'emporte. Les intendants, très au courant des réalités, combattent la tendance au dogmatisme visant à exclure tout groupe dissident[223]. D'ailleurs le Roi, respectueux des traités de 1648/1681 qui confèrent une grande autonomie aux princes dans les terres de statut germanique, ne souhaite pas l'expulsion : les mesures, édictées, dont le renouvellement à dix reprises entre 1720 et 1784 prouve le peu d'efficacité, se soldent en définitive par une application fort libérale dans les pays d'*ancienne domination* (terres de la Maison d'Autriche en Haute et préfecture de Haguenau en Basse-Alsace) où la France, héritière des Habsbourg, mène une politique très tolérante : après la période s'étendant entre le décret d'expulsion officiel du 26 février 1651 et les Lettres Patentes du 25 septembre 1657, les Juifs y bénéficient de la protection royale ; les velléités d'expulsion du duc Mazarin en 1671, du maréchal d'Huxelles en 1701 et du maréchal du Bourg en 1738 n'y changeront rien. Le Roi se contente donc de ratifier le *statu quo ante* en dérogeant au principe d'intégration législative de l'Alsace au Royaume. C'est ce qui permettra à l'intendant d'Angervilliers de déclarer, dans un mémoire au Roi de 1716 : *les Juifs qui ne trouvaient pas de quoi vivre en Allemagne et même en Pologne sont venus s'établir en Alsace depuis vingt ans parce qu'ils y sont traités avec beaucoup plus de douceur que partout ailleurs.*

Expulsion constamment décidée, jamais exécutée : inspirée par des raisons d'opportunité, la *Realpolitik* royale mérite explication. Sans doute ne faut-il pas sous-estimer les préoccupations fiscales, car le problème de l'unification religieuse de la province ne se pose pas dans les mêmes termes qu'à l'égard des Protestants. Mais ce sont d'abord les besoins de la défense et de l'économie qui expliquent le libéralisme royal. S'impose la nécessité d'approvisionner les armées en fourrage et de trouver des chevaux pour compenser les pertes de la cavalerie consécutives aux guerres du XVIIème siècle : c'est l'intendant de La Grange lui-même qui l'affirme[224]. Puis, le relais est pris par les besoins de la paysannerie en argent, en grains, en cheptel, en terres qui se font sentir, sous la pression de la nécessité, au moment de la *reconstruction*[225], et deviennent de plus en plus pressants dans la seconde moitié du XVIIIème siècle[226] : après avoir joué le rôle de fournisseurs aux armées, les Juifs profitent du retour à la paix en devenant les intermédiaires indispensables de la campagne. Politique qui peut s'avérer contradictoire dans ses effets : en même temps qu'il accorde des garanties de sécurité aux Juifs, le souverain cède aux seigneurs, en vertu des privilèges attachés à

223 G. LIVET, *op. [502]*, p. 787.

224 *Jusqu'à présent on n'a guère vu de bons chevaux en Alsace que par le moyen des Juifs qui trafiquent avec les Suisses, et quoique le commerce fasse sortir de l'argent du pays..., il n'a pas été possible jusqu'à présent de l'éviter et de s'en passer* (cit. par Fr. RAPHAEL et R. WEYL, *art. 2170*, p. 74 et *op. 2171*, p. 18).

225 *S'ils sont fourragés, s'ils ont perdu leurs bestiaux dans les corvées, les Juifs leur font des avances qui les mettent en état d'acheter des grains et des bestiaux. Ces prêts ne se font pas à bon marché ; mais dans l'extrême nécessité, il vaut mieux passer par les mains des usuriers que de périr tout-à-fait...* (mémoire de d'Angervilliers 1716, cit. par Ch. HOFFMANN, *op. cit.*, t. IV, p. 371).

226 Voir *supra* pp. 210-219 et 1176 ss.

leurs terres, l'ensemble des droits sur les Juifs. C'est à la fois la confirmation des anciens privilèges germaniques et l'assimilation à la législation déjà en vigueur dans le pays messin. Conscient de leur utilité, le Roi laisse aux seigneurs alsaciens une grande marge de manoeuvre quant à la procédure de réception. Dans les pays de *nouvelle domination*, où ce sont les seigneurs qui possèdent les droits régaliens sur les Juifs (comté de Horbourg, terres des Ribeaupierre, Haut-Mundat, comté de Hanau-Lichtenberg, terres de la noblesse de Basse-Alsace), tout repose en définitive sur les épaules de chacun des seigneurs territoriaux dont les décisions doivent tout au plus composer avec le bon vouloir des communautés[227].

Or certains seigneurs usent de leurs droits de façon très restrictive. Il est des communautés qui ont *le privilège de ne supporter aucun Juif*[228]. Tel est le cas, en 1748 encore, dans les localités du comté de Horbourg, à l'exception de Horbourg même[229] ; or, en 1789, on y compte *dix neuf familles nombreuses qui en accueillent d'autres*[230] dans la seule localité de Horbourg. En 1780, il n'y a pas de Juifs qui soient domiciliés dans le bailliage du Kochersberg, alors qu'ailleurs l'évêque de Strasbourg les prend sous sa protection tout en se réservant le droit de les congédier[231]. C'est ainsi que quelques maisons seulement, regroupées dans un ghetto, leur sont attribuées à Dambach au début du siècle[232]. *La ville de Strasbourg n'en souffre aucun dans l'étendue de sa juridiction*[233]. Par contre, en ce qui concerne les communautés de la noblesse de Basse-Alsace, 35 sur 84 reçoivent les Israélites[234]. Le Roi, en tant que seigneur territorial, leur ouvre les villages de la préfecture de Haguenau. En même temps, l'Outre-Forêt et le Sundgau les accueillent généreusement, sauf sur les terres du margrave de Bade[235] : simple esquisse d'une double répartition, chronologique et géographique, dont découlent deux constatations. Hormis quelques installations individuelles à la fin du XVIIème siècle, la vague d'arrivée, qui n'implique pas une immigration massive, s'amplifie à partir de 1730 et, après le maximum de 1750-1780, connaît un ralentissement dans la dernière décennie du XVIIIème siècle. Par ailleurs, le nombre d'étrangers à la province (Suisse et Empire) est négligeable.

---

[227] Un certain nombre de règlements analysés ou publiés, traitent des conditions d'admission :
- pour la Régence de Saverne, D. FISCHER, *art. 2154* (1663, 1672, 1682, 1700, 1706, 1736, 1759).
- pour le comté de Hanau-Lichtenberg, A. KIEFFER, *art. 2159* (1733, 1748, 1769).

[228] AN K 2314 : doléances de Horbourg à son seigneur (29 juillet 1789).

[229] AN K 2362/2 : *Il n'y a aucun Juif en résidence* (1748).

[230] AN K 2314. Voir M. GINSBURGER, *art. 2155*.

[231] E. SCHEID, *op. cit.*, pp. 138-142 : règlements de 1700 (art. 1) et de 1706 (art. 1 et 24) : *Les Juifs pourront rester où ils sont.*
D. FISCHER, *art. cit.* : 10 écus d'amende pour quiconque les insulterait ou les molesterait (1736).

[232] J. ROTH, *op. cit.*, pp. 105-106 (évêque de Strasbourg, 1700).

[233] ABR C 336 : lettre du bailli à l'intendant (9 et 12 août 1780).

[234] ABR E 1386 (*Etat des familles juives...*,1725).

[235] ABR C 336 (enquête de 1780).

Nombre, date d'installation et origine des Juifs reçus à Rixheim : un exemple
(état de 1784, AHR 1 E 44/9)

Installation (chefs de ménage)		Origine	chefs de ménage Nb.	(%)	individus Nb.	(%)
Non reçus :	**8**					
Reçus :	**47**					
- Avant 1730 :	2	de Rixheim	32	(64)	172	(73,2)
- 1730-1739 :	3	de la province	14	(28)	52	(22,1)
- 1740-1749 :	5	de l'étranger	4	(8)	11	(4,7)
- 1750-1759 :	8					
- 1760-1769 :	5		**50**	**(100)**	**235**	**(100)**
- 1770-1779 :	18					
- 1780-1784 :	6					

Peu à peu, la politique seigneuriale s'assouplit, au point de mécontenter la population chrétienne, inquiète de voir les Juifs bénéficier de relations privilégiées avec les autorités au moment même où la place manque dans les villages. L'équilibre reposera donc sur un compromis entre le seigneur et ses sujets. Car c'est le seigneur, et lui seul, qui est habilité à recevoir les Juifs. Les autorisations de séjour sont personnelles et révocables : dès qu'ils constituent un ménage séparé, les enfants sont tenus de solliciter une nouvelle permission[236].

Périodes d'installation des Juifs à Rixheim et à Westhoffen
%

	Avant 1730	1730-1739	1740-1749	1750-1759	1760-1769	1770-1779	1780-1789
Rixheim AHR 1 E 44/9 Situation de 1784 45 = 100 %	4,4	6,7	11,1	17,8	11,1	35,6	13,3
Westhoffen ABR 8 E 525/7 Situation de 1788 53 = 100 %	-	3,8	15,1	9,4	30,1	20,8	20,8

Enfin, on fait la chasse au Juif qui, sans autorisation, *donne retraite* à des coreligionnaires, fussent-ils parents, *sauf son père et sa mère s'ils sont pauvres, vieux et sans trafic* [237]. Mais, si le seigneur se refuse d'aller trop loin dans ces limitations, en même temps qu'il répugne aux expulsions, c'est que

[236] DE BOUG, *Ord. Als.*, t. II, pp. 461-463 : arrêt du Conseil Souverain, du 9 décembre 1755, à propos d'un conflit entre Meyer Wolf de Lingolsheim et la noblesse de Basse-Alsace.
AN K 2362/2 (comté de Horbourg, 1779).
AHR 18 J 551 : Salomon Israël, un tapissier juif de Bolsenheim, demande l'autorisation de s'établir à Horbourg avec ses deux enfants et d'y acheter une maison dans laquelle s'installeraient, en définitive, trois ménages. L'autorisation est accordée de justesse, dans la mesure où *les suppliants se proposent de demeurer tous ensemble dans une maison et qu'ils seront les trois quarts du temps dehors pour travailler à leur métier...* (rapport de Flachsland, le 21 septembre 1749).

[237] AN K 2362/2 : Süssel Weyl s'est *glissé* pendant six mois chez son frère, tandis que *sa femme s'est logée dans une maison d'un autre juif* ; la veuve Jost Bollack donne retraite à une femme enceinte qui a déjà deux enfants et dont le mari s'est engagé comme domestique chez Nathan Braunschweig... (Horbourg 1723 et 1785).
AN K 2362/2 : *Ils se glissent quelques fois des Juifs à Horbourg non reçus de la seigneurie sous prétexte d'être valets de l'un ou de l'autre des Juifs du dit lieu* (receveur Rosé, 19 novembre 1767).

le Juif est source de revenus, *objet de finance* [238]. La population chrétienne ne l'entend pas de cette oreille et il arrive que, comme à Horbourg[239], le divorce éclate au grand jour : c'est prudemment que les Wurtemberg accueillent, en 1723, un Juif dénommé Paul Bickert, moyennant *10 florins de rappes et une oye grasse* et s'opposent, en 1725, à l'expulsion de deux autres : *les bourgeois et habitans de cet endroit... ne peuvent point s'opposer légitimement à de pareilles permissions...* A l'occasion d'une nouvelle admission, en 1748, avec possibilité de prorogation, on apprend que *l'on n'est... plus si stricte sur la réception des Juifs puisque plusieurs seigneurs les reçoivent à bras ouverts, notamment M. de Valcourt, conseiller au Conseil Souverain, qui a une maison ample au village de Wettelsheim dans laquelle il loge jusqu'à huit et dix ménages hébreux qui ne lui sont pas infructueux.* En 1749, Borach Bickert est autorisé à fonder son propre ménage à Horbourg. Il n'est autre que le fils de Paul qui, deux années plus tard, obtient la permission d'y acheter une maison pour 1500 livres : dangereux précédent que la communauté tente en vain d'empêcher, compte tenu, dit-elle, de la cherté des maisons. Les places commencent à *devenir extrêmement rares et il y a des bourgeois ou fils de bourgeois qui en ont et en auront besoin dans la suite.* La vente d'immeubles à des Juifs est plus intolérable encore que leur location et les *bourgeois ont fait un complot à ne louer aucune maison aux Juifs.* L'admission, en 1756, de Joseph Bickert, le frère de Paul, soulève autant de protestations que celle d'Isaac, son fils, qui, en 1760, obtient *une partie de la maison mortuaire.* A partir de 1760, les acquisitions de maisons se multiplient à Horbourg, mais la communauté exerce une double pression : le droit de retrait, limité à un an, au profit d'un Chrétien, de toute maison mise en vente par un autre Chrétien ; la recommandation instante de n'accepter de nouveaux ménages juifs que dans la limite des places disponibles (départ ou décès d'un Juif résidant). La communauté a-t-elle été entendue ? Le bilan établi à la veille de la Révolution prouve que non :

Nombre de ménages juifs installés
(compte tenu des installations et des départs)

Dates	à Horbourg	Dates	à Niederroedern
1709	1	1765	6
1723	2	1774	10
1742	3	1784	14
1751-1756	7	1786	17

Sources : AN K 2362/2 et AHR E 445
ABR 8 E 330 et E 644-653.

La communauté de Horbourg n'a jamais eu recours à l'arme suprême qui consiste à faire *fixer le nombre de Juifs au Conseil Souverain, ainsi,* affirme le receveur Rosé en 1786, *qu'il est déjà arrivé dans les communautés voisines.* C'est que les arguments qu'avancent les candidats sont péremptoires :

- la filiation, c'est-à-dire le désir de partager la maison d'un père anciennement installé et ayant donné toute satisfaction ;

---

[238] AN K 1641 : *Mémoires et documents sur les Juifs en Alsace et en Lorraine* (1743-1784).

[239] AN K 2362/2 et AHR E 445. Voir également M. GINSBURGER, *art. cit.*

- l'alliance, à savoir le désir, clairement exprimé, d'épouser la fille d'un coreligionnaire déjà établi dans la localité ;
- l'utilité économique dans une agglomération magnifiquement située entre la ville de Colmar et sa campagne et où le maquignon, le marchand de grains, le *médecin pour chevaux,* le fournisseur de sel sont accueillis sans trop de réticences[240].

Il n'en reste pas moins que deux politiques s'affrontent : celle du seigneur, percepteur de droits ; celle de la communauté chrétienne appelée à vivre quotidiennement avec les Juifs.[241] Si la première a tendance à l'emporter, n'est-ce pas pour des raisons fiscales ? *La Maison de Wurtemberg a tout intérêt à conserver les Juifs, puisqu'un seul Juif paie plus que six autres* (sujets) *et qu'il ne faut pas les appeler sangsues du peuple*[242]. A Issenheim, Madame la duchesse de Mazarin se déclare *intéressée à conserver les Juifs et même à les augmenter puisqu'ils lui payent un droit de protection tous les ans de 17 livres par famille. Et comme Madame la Duchesse a dans les avant cours de son château de vieilles habitations et mazures, partie ruinée et partie preste à l'estre, elle peut profiter de l'occasion et les reconstruire en les abandonnant aux Juifs pour y placer huit à dix familles... Par ce moyen, les batiments seront retablis... et les revenus de la seigneurie seront augmentés non seulement du droit de protection mais des locations de terrains incultes aux alentours de ces habitations...* [243] Nous ne savons pas si cette proposition a trouvé quelque audience auprès de la duchesse et si aux quatorze familles déjà existantes à Issenheim s'en sont ajoutées d'autres. En tout cas, le problème est clairement posé : les droits acquittés par les Juifs grossissent les revenus seigneuriaux.

2) La population juive, source de revenus ou de tracas ?

Quels sont ces droits ? Le système ne se distingue ni par son équité, compte tenu de l'incertitude de l'assiette fiscale, ni par sa clarté, du fait de

[240] AN K 2362/2 : Joseph Bickert voit en 1776 son droit de protection tomber de 36 à 24 livres par an *parce qu'il a fait gagner à la seigneurie 4000 livres par l'entremise du sel* (dépôt et *fourniture à un prix raisonnable).*

[241] ABR 8 E 330/11 :*Les habitants, réunis en assemblée, accusent les seigneurs... de Fleckenstein de trouver leur compte et leur profit à la réception et à l'installation des Juifs à Niederroedern quoique ce droit parût appartenir seul à sa majesté... Jadis il n'y avait que deux familles juives à l'endroit, contre seize maintenant, qui par toutes sortes d'intrigues et moyens usuriers sont néfastes à la population de Niederroedern et des environs. Dès qu'une maison ou ferme est à vendre, les juifs aussitôt offrent un tel prix que personne ne peut acheter. Maintenant déjà ils possèdent les plus belles maisons et bientôt ils seront propriétaires de la moitié du village... avec cela ils ne paient pour leurs maisons et autres biens aucun impôt, vu qu'ils paient en remplacement à la seigneurie le droit de tolérance. Ainsi le seigneur y trouve son profit, mais pas les habitants, ni le Roy.* (Niederroedern 1724).

AHR 1 J 22/28 : la communauté de Wintzenheim en Haute-Alsace est déboutée d'avoir voulu réduire le nombre des trente familles juives installées, en 1745, dans la localité.

AN K 2362/2. On rappellera ici la curieuse observation du receveur Flachsland au sujet des admissions, à Horbourg, de Salomon Israël et de ses deux gendres, tapissiers de leur métier, en 1749 : *Comme les suppliants... seront les trois quarts du tems dehors pour travailler à leur métier, je ne crois pas qu'ils seront à charge des habitans du village...*

[242] AHR E 445 (1756).

[243] APM T 1227 (mémoire anonyme, 1768).

l'enchevêtrement des impositions. Tout, à tout moment, peut être matière à imposition : les Juifs de Sierentz veulent ériger des barrières à l'intérieur ou aux limites de leur ghetto ? C'est payant[244] ! Ceux de Jungholtz veulent inhumer leurs morts sur place ? Les Schauenburg leur proposent, en 1789, les fossés du château contre le versement de 400 livres par an[245]. Deux grands principes, pas toujours respectés, sont censés régir le droit : d'une part la distinction entre Juifs domiciliés qui méritent la protection et Juifs errants qui inspirent la méfiance ; d'autre part, le double prélèvement opéré par le Roi et les seigneurs, surtout en fonction de l'installation en pays *d'ancienne* ou de *nouvelle domination*. Théoriquement, seul le Roi peut exiger un droit de protection, fixé, à la fin du XVIIème siècle,à 21 livres par famille[246]. Or, dans les pays de *nouvelle domination,* où ils possèdent les droits régaliens sur les Juifs, les seigneurs, par leur *cupidité, écrasent ces malheureux par des droits de protection exorbitants* [247] : le *Schirmgeld* ou *Judenschirmgeld* est en fait considéré comme un droit de *réception,* réplique de ce qu'est le droit de manance pour les non Juifs, et non de *protection, attendu que la Religion desdits Juifs n'est soufferte et tolérée dans ce Pays que par autorité royale* [248]. Il n'en reste pas moins que cette *espèce de taille* atteint souvent entre 20 et 30 livres[249] et jusqu'à 36 livres par famille[250]. Or il s'y ajoute souvent, au profit du seigneur, un droit d'habitation de 20 livres, considéré comme parfaitement légal[251]. De plus, jusqu'en 1784, les Juifs sont tenus à verser une taxe, en échange de la permission qui leur est accordée de posséder leur maison. Cette taxe est fort contestée : tandis que les communautés lui reprochent son imparfaite réactualisation[252], le Conseil Souverain la trouve contraire à la volonté royale[253]. En 1784, les acquisitions d'immeubles sont rendues possibles, sans qu'il soit nécessaire de passer par l'autorisation seigneuriale : pour pouvoir en bénéficier, il suffira dorénavant d'être titulaire du droit d'habitation. Mais c'est le péage corporel, taxe de séjour hebdomadaire acquittée à l'entrée et à la sortie de la province, qui constitue le droit le plus vexatoire et le plus humiliant. Marque ignominieuse datant de la période impériale, reconduit en 1652, il met les Juifs, qu'ils soient du pays ou non, à égalité avec les

---

244 Voir *supra* pp. 1234 ss.

245 A. GASSER, *art. [401]*, p. 286.

246 DE BOUG, *Ord. Als.*, t. I, pp. 41-42 (ordonnance de Poncet de la Rivière, 19 août 1672), 46-47 (ordonnance de La Grange, 2 mars 1674) et 88-89 (ordonnance de La Grange, 8 mai 1680).

247 ABR C 336 (bailliage d'Altenstadt et de Saint-Rémy, 1780).

248 DE BOUG, *Ord. Als.*, t. I, p. 41 (Poncet de la Rivière, 19 août 1672).

249 AHR C 336 ; enquête de 1780.

250 D. FISCHER, *art. cit.*, p. 18 : 12 écus, soit 36 livres par an, dans les terres de l'évêché de Strasbourg (auxquels s'ajoutent à Soultz 11 écus de droit de protection, d'après A. GASSER, *art. cit.*, p. 287, 1682). De même que dans le comté de Horbourg (Chr. PFISTER, *art. 394*, p. 68).

251 DE BOUG, *Ord. Als.*, t. I, pp. 46-47 (de la Grange, 2 mars 1674).
Voir M. GINSBURGER, *art. cit.*, p. 114 : 16 livres, 13 sols et 4 deniers et 3 livres pour une oie grasse, dans le comté de Horbourg.

252 Cf. l'exemple d'Uffholtz (Ch. HOFFMANN, *op. cit.*, t. IV, p. 432) : 5 livres par acquéreur de maison en 1748 ; 3 livres en 1765. Or, entre temps, le nombre de Juifs a augmenté (de 15 à 25 familles) tandis que le droit d'habitation, réclamé à la communauté juive, est resté stable. Même problème à Bollwiller en 1779 (ABR C 336).

253 AHR E 445 (16 mars 1685).

étrangers ou, comme l'affirment leur préposés au même niveau que le gros bétail destiné à la boucherie[254]. A partir de 1674, les Juifs sont exemptés du péage, mais uniquement dans les terres d'*ancienne domination* [255], en attendant les Lettres Patentes du 17 janvier 1784[256] qui abolissent le péage corporel dans l'ensemble de la province. Le simple paiement du droit de protection royale constitue une sorte d'abonnement au péage corporel.

La complexité de cette fiscalité supposerait que ces impositions spéciales tiennent lieu de toute autre contribution et qu'en conséquence les Juifs soient exempts des charges communes. Or ils versent le montant de la capitation - 10 sols et 10 deniers et demi par tête -, du vingtième d'industrie - 7 sols 7 deniers par tête -, de l'impôt représentatif de la corvée, 6 sols 6 deniers par tête. L'ordonnance de Vanolles, du 15 mai 1744[257], tout en cherchant à remédier aux impôts qui font double emploi et à apporter aux Juifs un allégement fiscal, les soumet à la fiscalité ordinaire : la capitation[258], doublée d'une imposition spéciale destinée aux communautés et représentant le cinquième (en temps de paix) et la moitié (en temps de guerre) de la dite capitation[259]. C'est l'illustration du renforcement de la centralisation royale. En échange, les Juifs se voient confirmer leurs privilèges fiscaux : ils sont exemptés des corvées personnelles, en particulier en ce qui concerne la construction des routes, de la milice, garde et logement des troupes[260], des droits de pâturage.

De telles exemptions suffisent-elles à classer les Juifs au nombre des privilégiés ? Il est d'autant plus difficile de répondre à cette question que les impôts auxquels ils sont soumis, établis dans l'arbitraire le plus total, n'ont rien d'immuable ni dans le temps, ni dans l'espace. Le droit de réception peut *être augmenté ou diminué selon les facultés et circonstances de ceux qui y sont sujets*[261]. La taxe d'acquisition d'une maison est *proportionnée au prix de la maison*[262]. D'ailleurs *il n'est pas d'usage de faire mention aux lettres de réception... ni des sommes qu'ils ont à acquitter pour le droit d'entrée ni de celles qu'ils promettent de payer pour le consentement d'oser acheter une maison afin que d'autres ne puissent pas s'en prévaloir et que cela ne tire pas à conséquence*[263]. Variété et souplesse, en fonction des

---

254 Le tarif de l'intendant Colbert (12 janvier 1652) s'établit comme suit : 40 sous par personne à cheval, 20 par personne à pied et une taxe sur les marchandises en sus.

255 DE BOUG, *Ord. Als*, t. I, pp. 46-47 (2 mars 1674).

256 G. WEILL, *art. 2189*.
D. FEUERWERKER, *art.2152*, p. 859.

257 DE BOUG, *Ord. Als.*, t. II, pp. 283-285 : confirmation par arrêt du Conseil Souverain du 4 mars 1747.

258 ABR C 335 rôles de 1749-1764 et 1775) et Ch. HOFFMANN, *op. cit.*, t. IV, p. 387 (rôle de 1788).

259 G. WEILL, *contrib. 2186* et *2187*.

260 Ce qui a nécessité l'exemption octroyée à Brisach par l'intendant de La Grange (2 mars 1674).
DE BOUG, *Ord. Als.*, t. II, pp. 203-285 (arrêt du Conseil d'Etat du 4 mars 1747).

261 AN K 2362/2 (receveur Flachsland, 21 septembre 1749). L'auteur ajoute : *J'estime... qu'on pourra demander cinquante jusqu'à soixante livres de chaque chef de ménage au lieu de dix écus ou bien trente livres que ceux que l'on a cy devant receu à Horbourg ont payé ; le droit pouvant être augmenté et diminué selon les facultés et circonstances de ceux qui y sont sujets.*

262 *Ibid.*

263 *Ibid.* (27 octobre 1749).

circonstances, président donc à l'exigence des impositions. Dans les pays de *nouvelle domination*, les charges seigneuriales semblent l'emporter, encore que le comté de Ribeaupierre se caractérise par la modération des impôts seigneuriaux[264]. Dans les pays *d'ancienne domination*, Sundgau et grand bailliage de Haguenau, les exigences royales se font, en apparence, plus contraignantes.

Or les contemporains ont tendance à relever ce que les Juifs ne paient pas, en feignant de ne pas voir ce qu'ils déboursent. Le principal reproche qui leur est adressé est celui de ne pas contribuer aux charges publiques en rapport avec leurs *facultés*. Sont mises en cause les fausses déclarations quant aux immeubles et les créances passées sous silence, sous prétexte qu'elles ne sont pas stipulées en argent liquide. Certes, la fortune des Juifs est, de par leur nature, plus difficile à contrôler que celle des paysans : leurs richesses, *consistantes en mobilier, sont cachées dans leurs portefeuilles, sans être fidèlement déclarées dans des rôles de la capitation*, constate Barth, le bailli de Haguenau, en 1780[265]. Ce sont surtout les communautés qui protestent et pour cause. En analysant la destination du produit fiscal, on constate que le Roi et le seigneur territorial se partagent, à parts grossièrement égales, l'essentiel du produit fiscal perçu sur les Juifs ruraux, la commune se contentant de 5 à 15 % de ces versements : situation parfaitement anormale, dans la mesure où c'est la commune qui supporte la charge de l'entretien des Juifs. Ces derniers utilisent les chemins, les pâturages[266], les fontaines, dont le coût retombe sur les Chrétiens : c'est sans doute là une des clés des heurts et contestations qui s'élèvent entre Juifs et Chrétiens dans les villages de la plaine d'Alsace, au moment où les charges communales ont tendance à s'alourdir. A Oberdorf, nous dit-on en 1781[267], les Juifs ne paient même pas le prix de la garde du bétail et font pâturer leurs bêtes, à partir de 1744, sans verser la moindre indemnité. Les fontaines, nous assure-t-on à Rixheim, ne coûtent pas moins de 500 livres et il faut compter 300 livres pour construire le puits communal. Aussi est-il tout-à-fait logique qu'on les soumette au *Wassergeld* en échange de l'utilisation du puits[268]. Car on ne peut pas compter sur les Juifs pour participer à la dépense de construction, pas davantage qu'ils ne se soumettent aux corvées qui enlèvent aux Chrétiens trois à cinq journées par an[269]. A Durmenach, Uffheim, Sierentz, le système de l'abonnement, ne tient pas compte, en quelques décennies d'intervalle, des maisons nouvellement construites : les accessoires à la capitation, versés au profit de la communauté, passent ainsi de 4-6 à 2-3 livres par famille entre 1720/1730 et 1740/1750[270]. Puis, c'est l'ensemble des impôts qui est mis en cause. Le montant de la capitation, relativement fixe, ne correspondrait pas à l'importance des familles ; les Juifs paieraient 3 livres d'industrie à Durmenach, alors que le manouvrier en paie 10 ou 11[271] !

---

264 Ch. HOFFMANN, *op. cit.*, t. IV, pp. 399-400.

265 ABR C 335.

266 AM Turckheim AA 19 bis : *dadurch den Weidgang geschwächt* (1740).

267 AHR C 1558-1559.

268 Fr. RUHLMANN, *art. 2176* (Niederroedern, milieu du XVIIIème siècle).

269 *Ibid.*

270 *Ibid.*

271 *Ibid.*

Le tableau ci-dessous est destiné à illustrer l'inégalité qui se creuse entre contribuables chrétiens et contribuables juifs[272] :

Date	Statut des contribuables	Nature de l'impôt	Montant de l'impôt (lt/s/d)	Nb. de familles	Part fiscale par famille (lt/s/d)
1744	**Juifs** (Alsace)	Capitation			2/18/5
		Autres			3/8/5
		Protection royale			6/6/10
		Total			**13**
1754	**Juifs** (Alsace)	Capitation	7 496/8	2600 environ	2/14
		Autres (sans les vingtièmes)	9 370/10	"	3/13
		Protection	16 867	"	6/7/6
		Total	**33733/18**		**12/14/6**
	Chrétiens (Alsace)	Capitation	512 604	69 675	7/16/5
		Autres (sans les vingtièmes)	1 191 697	"	
		Total	**1704301**	"	**24/19/11**
1780	**Juifs** (bailliage d'Ensisheim)	au Roi	5 522/10	212	26
		au seigneur	3 451	"	16/6
		à la communauté	643/10	"	3
		droit de cheminée	27/1/10	"	-/3
		Total	**9644/1/10**	"	**45/9**
	Juifs (Bas-Landser et Habsheim)	au Roi	1 862	80	23
		au seigneur	1 273/10	"	16
		à la communauté	152	"	2
		Total	**3287/10**	"	**41**

Les Chrétiens payeraient donc au moins deux fois plus d'impôts que les Juifs. Mais peut-on, à partir des pamphlets chrétiens, exploités par les historiens du XIXème siècle, et des contre-pamphlets juifs[273], invoquer une telle distorsion entre la fiscalisation juive et la fiscalisation chrétienne ? Rappelons que, dans les terres des Wurtemberg, l'administration seigneuriale signale qu'un Juif paie autant d'impôts que six Chrétiens[274] ! Or, au plus fort de la campagne antijuive de 1779[275], on réduit la part du Juif au tiers, voire au quart des subsides qu'acquitte le Chrétien pour ses biens-fonds et, par-dessus le marché, il *agiote de 30, 40 et 50 %* [276]. Nous n'avons pas pu vérifier de telles assertions. Mais, par simple addition des impôts royaux, seigneuriaux et communaux, nous avons pu chiffrer les impositions juives, qui se situent entre 40 et 80 livres tournois au milieu du XVIIIème siècle[277]. Moyennant de tels montants, un paysan doit posséder

[272] *Ibid.* et Ch. HOFFMANN, *op. cit.*, t. IV, p. 437, note 2 (bailliages d'Ensisheim et du Bas-Landser, Habsheim).

[273] AHR C 1558-1559 : *Réponse au Mémoire sur l'article de l'imposition habituelle à payer par les Juifs d'Alsace* (1754) et *Mémoires des communautés sur la disproportion des impôts entre Juifs et Chrétiens* (1781).

[274] AHR E 445 (1756).

[275] *Observations sur l'affaire des Juifs d'Alsace*, 1779, p. 95 (cit. par Ch. HOFFMANN, *op. cit.*, t. IV, p. 421).

[276] *Réponse au mémoire sur l'article de l'imposition en argent à payer par les Juifs d'Alsace,* 1754 (cit. par Ch. HOFFMANN, *op. cit.*, t. IV, p. 421).

[277] Des chiffres particulièrement faibles sont fournis pour la campagne mulhousienne au milieu du XVIIIème siècle (mais sont-ils complets ?) : 6 livres par famille à la communauté, 2 au Roi et 2 au seigneur (Dornach 1751) ; 2 livres par famille à la communauté, 2 au Roi et 2 au seigneur (Pfastatt 1751). De même chez Ch. HOFFMANN,(*op. cit.*, t. IV, pp. 399-400) : chaque Juif (individu ou chef de ménage ?) du comté de Horbourg acquitterait, au XVIIIème siècle, 6 livres d'impositions seigneuriales et 15 livres d'impositions royales. D. PETER, *art. 2165*, p. 22 : les Juifs de l'Outre-Forêt paient au XVIIIème siècle au Roi, outre la capitation et le vingtième d'industrie, un droit de protection d'une vingtaine de livres, un péage corporel de deux livres pour un Juif à cheval et d'une livre pour un Juif à pied, et au seigneur 30 livres de droit de réception et 12 à 14 livres de droit de protection.

2500 à 6000 livres de biens-fonds[278]. Si distorsion il y a, elle risque de s'aggraver à la suite de l'accroissement démographique qui rend toute inégalité fiscale plus injuste[279].

Or il est établi aujourd'hui qu'au XVIIIème siècle les Juifs ruraux ne sont pas bien riches[280] et c'est souvent leur insolvabilité - réelle ou feinte - qui les met à abri des poursuites judiciaires. En dehors de l'allusion aux Juifs *chargés d'enfants et de guenilles* que nous devons à un rapport sur la mendicité de la fin du XVIIIème siècle[281], les témoignages concordent : *Il n'y en a que très peu qui soient à leur aise et aucun que l'on puisse dire riche,* affirme l'intendant de La Grange à la fin du XVIIème siècle. Et d'Angervilliers de répéter en 1716 : *Il y a très peu de Juifs en Alsace qui soient riches* [282]. *Ils ne sont pas riches* , nous dit-on dans le Sundgau en 1751[283]. A Sélestat, à la fin du XVIIIème siècle, les trois quarts de la population juive *ont juste de quoi ne pas mourir de faim* [284], tandis qu'à Benfeld, à une dizaine près, ils sont tous pauvres[285]. Et, nous dit-on en 1777/1778, lors de l'affaire des fausses quittances, *les Juifs médiocres auront de la peine à subsister* [286]. C'est une des raisons pour lesquelles on exige à Horbourg une caution de 500 livres pour tout Juif désirant s'y établir : on écartera, de ce fait, les plus démunis. Il reste qu'*on a beaucoup de peine à faire rentrer ce qu'ils doivent,* car *ils ont très peu de facultés* [287]. Il serait tentant d'opérer une typologie des marchands et prêteurs juifs : l'opération ne peut être réalisée que moyennant une étude approfondie et scientifique qui dépasse le cadre de ce travail. Contentons-nous donc de trois témoignages de l'époque. *Le plus aisé,* selon un rapport de la fin du XVIIIème siècle, a 5000 livres, *le médiocre* 2 à 3000, *le moindre* (et il s'agit des trois quarts de la population juive et de la quasi-totalité des Juifs ruraux) *n' a pas de quoi subsister pour ne pas périr de misère* [288]. Et voici que le bailli de Dachstein, répartit, à la même époque, les Juifs de son bailliage en trois classes : *ceux de la première classe, qui sont les riches, les banquiers, changeurs, admodiateurs, entrepreneurs et commerçants* en denrées, chevaux, bijoux, argenterie et autres marchandises de prix et mercerie fine échappent, à notre avis, au milieu rural. *Ceux de la seconde trafiquent en chevaux, boeufs, vaches, peaux, différentes marchandises de médiocre espèce, prêtent de l'argent sur intérêts... Ceux de la troisième, supports des deux premières classes, trafiquent moyennant des avances que ceux-ci leur font, en petit bétail, petite batterie de cuisine, vieux fer, friperie, nippes et meubles usés.* Apparaît derrière ces lignes la figure du marchand juif

[278] D'après les indications fournies par Ch. HOFFMANN, *op. cit.*, t. IV, p. 421.
[279] Exemple d'Uffholtz (cit. par Ch. HOFFMANN, *op. cit.*, t. IV, p. 432).
[280] G. WEILL, *contrib. 2186*, pp. 178 ss. (fortunes juives).
[281] R. MARX, *op. 2422*, pp. 116-117.
[282] Cit. par Ch. HOFFMANN, *op.cit.*, t. IV, p. 440.
[283] AHR C 1098 (Steinbrunn-le-Haut, 1751).
[284] Cit. par Ch. HOFFMANN, *op. cit.*, t. IV, p. 441 (d'après le subdélégué, en 1780).
[285] ABR C 336 (bailli Hoffmann, 1780).
[286] AHR 2 E 71.
[287] AN K 2362/2 (receveur Jeanmaire, 28 octobre 1770).
[288] ABR C 336 (1780).

détaillant, pauvre, dépendant de l'usurier cossu, mais qui deviendra le bouc émissaire de la vindicte populaire[289]. Tournons-nous vers le bailli d'Altkirch qui divise, lui, la population juive en cinq classes. Son analyse porte sur 179 chefs de famille[290] :

- les six familles étrangères *trafiquantes* (3,3 %) échappent à l'horizon étroit du village, puisqu'elles s'occupent du commerce lointain ;
- 39,7 % prêtent de l'argent et font le commerce du gros bétail ; mais la moitié seulement sont à l'aise : ils constituent les Juifs ruraux à proprement parler ;
- 32,4 % se livrent au commerce des étoffes, des toiles indiennes, de l'argenterie, de l'épicerie, de l'encre, du fer, des vieux habits : ils assurent la liaison ville-campagne et fournissent aux ruraux des objets à la mode autant que des produits de première nécessité.
- On y ajoutera (8,4 %) le boulanger, les huit maîtres d'école et les six bouchers qui ont de quoi subsister.
- Restent vingt-neuf familles pauvres (16,2 %) vivant de tricot, couture, filage et qui sont souvent à la charge de la caisse des pauvres. Ce qui permet au bailli de conclure : *La nation juive généralement parlant, vit fort mal. Un grand nombre d'entre eux se contente pendant toute une journée... d'un morceau de pain ou de quelques pommes, poires et autres fruits selon la saison...*

L'exemple de Westhoffen[291] indique, pour 1788, le montant des fortunes pour les 57 ménages :

sans fortune	:	42 (73,7 %)			
200 livres tournois	:	4	800 livres tournois	:	2
400 " "	:	1	1000 " "	:	2
600 " "	:	2	1200 " "	:	1
700 " "	:	1	1400 " "	:	1
			2400 " "	:	1

La valeur des maisons , n'est pas comprise dans ces chiffres. Or la plupart n'en ont pas ou la partagent avec des corelégionnaires : une demi-maison est en général estimée à 200 livres tournois :

N'ont pas de maison	:	12	(21,2 % des chefs de ménage)	
Ont 1/4 maison	:	6	(10,5 %)	"
Ont 1/3 maison	:	1	(1,7 %)	"
Ont 1/2 maison	:	15	(26,3 %)	"
Ont une maison entière	:	22	(38,6 %)	"
Ont 2 maisons	:	1	(1,7 %)	"

3) De l'antagonisme économique à l'antijudaïsme

Il se dégage de notre étude un double contraste : entre l'importance numérique, relativement faible, des Juifs et leur rôle économique irremplaçable ; entre leur présence indispensable et les attaques dont ils sont

289 *Ibid.*

290 ABR C 336 et Ch. HOFFMANN, *op. cit.*, t. IV, p. 370.

291 ABR 8 E 525/7.

l'objet. C'est en effet sur le plan des activités[292]que se forment les clivages et que se cristallisent les ressentiments. Il se trouve que, jusqu'au XIXème siècle, le judaïsme est essentiellement rural[293], tant par sa résidence que par ses activités : la législation d'exclusion, propre aux villes, et l'interdiction, pour les Juifs, d'entrer dans une corporation, de pratiquer un métier, du moins avant l'édit du 10 juillet 1784, contribuent à expliquer cette nécessaire adaptation au milieu de la campagne. Or, par la *politique du domaine réservé,* on prend toutes les précautions pour que les rôles économiques des deux communautés - chrétienne et juive - soient séparés. Les Juifs se trouvent en effet enserrés dans un réseau d'incapacités légales qui les écartent d'un grand nombre d'occupations, réservées de ce fait aux Chrétiens[294]. Il leur est interdit d'acquérir un bien immobilier, en dehors de leur habitation personnelle.[295] Pour tout achat de maison, les Chrétiens sont en droit d'exercer un droit de préemption ou de faire valoir leur droit de retrait[296], ce qui incite les Juifs à déclarer des prix exorbitants, mais fictifs, pour écarter les éventuels amateurs chrétiens. Quant aux terres acquises, ils sont tenus de les revendre dans l'année[297]. Les Juifs ne profitent guère, par ailleurs, de la possibilité qui leur est offerte par les Lettres Patentes de 1784 de prendre des terres à bail, à condition de les exploiter eux-mêmes et de s'abstenir d'employer des domestiques chrétiens[298] : faut-il y voir une certaine répugnance pour le travail de la terre ou l'effet de la contrainte qu'impose le grand nombre de jours chômés[299] ? *On ne vit jamais un individu de cette nation manier la bêche ou le boyau. La culture des terres, la vendange, tous les travaux rustiques se fait par des Chrétiens affidés et chèrement payés.* Les Juifs sont *ineptes* (sic) *à ce genre d'occupations et peu utiles à la nation dans ce domaine* [300]. Par contre, par leur sens du contact humain et leur habileté à convaincre, ils excellent dans le commerce des biens fonciers. Deux Juifs de Bouxwiller et un troisième d'Ingolsheim parviennent ainsi, en 1787, à extorquer à une veuve de Meistratzheim un contrat de vente pour la totalité de ses biens, à une valeur de 2960 livres

---

[292] Voir AN K 1641 : Mémoires et documents sur les Juifs en Alsace et en Lorraine (1743-1784).

[293] Voir A. SCHAER, *art. 3467a*, pour les difficultés d'intégration dans les villes de Haute-Alsace.

[294] Il en va de même dans les pays voisins. Ainsi, dans le canton de Bâle, des mesures sont prises depuis 1769, pour annuler des reconnaissances de dettes et des hypothèques consenties à des Juifs qui utilisent souvent des prête-nom à cet effet. Dans le canton de Berne, on cherche, en 1777, à restreindre l'activité commerciale des Juifs dont la présence n'est tolérée que sur les foires et marchés (AEB *Kirchenakten* Q1, 1771-1777).

[295] DE BOUG, *Ord. Als.*, t. II, pp. 90-94 (Wintzenheim, 19 décembre 1732).

[296] DE BOUG, *Ord. Als.*, t. II, p. 287 (31 mai 1747) ; ABR 6 E 36, Not. Saverne II, inv. 195, 13 novembre 1777 : Jean Goetz de Zeinheim invoque le droit de retrait contre Daniel Levy, négociant de Mutzig, au sujet des bien vendus par M. Scheidel, prêtre du diocèse de Strasbourg, le 19 mai 1777, pour une valeur de 1650 livres tournois.

[297] ABR 6 E 36, Not. Saverne II, inv., 193 du 8 juin 1775 : Hirtzel de Mommenheim et Hirtzel de Schwindratzheim achètent 4 *Acker* de terres dans le ban de Pfettisheim pour 600 livres tournois.

[298] DE BOUG *Ord. Als.*, t. I, pp. 487-488 (17 janvier 1717).

[299] AHR 2 E 71 : *Cinquante six fêtes de sabat et autres en sus des notres feroient toujours de mauvais cultivateurs, journaliers ou artisans* (réponse au sous-préfet de l'arrondissement d'Altkirch, le 8 juillet 1806. *Réflexion sur la question suivante : quelles peuvent etre les causes, qui ont amené nos cultivateurs à contracter des dettes considérables envers les Juifs, soit avant, soit après 1789).*

[300] AN K 1641.

tournois[301]. On imagine, en période de pénurie de terres, le scandale qu'ont pu soulever de telles manoeuvres. Le fait qu'on accompagne ces ventes de libations[302] n'est pas une pratique spécifiquement juive. C'est la spéculation qui est mise en cause. Voici ce qu'en pensent les administrateurs de l'hôpital de Marckolsheim en 1776 : *Ce commerce, très ruineux pour les Chrétiens, est devenu si familier aux Juifs, qu'ils se persuadent que la préférence leur est due pour tous les corps de biens à vendre en gros ; et, après les avoir acquis à bon marché, ils ont le privilège exclusif de les vendre en détail, au plus haut prix. C'est ce que les Juifs appellent mettre les biens en valeur... Le particulier, qui a acheté bien cher, étant hors d'état de payer, est discuté non seulement dans les biens achetés, mais encore dans ceux qu'il possédait déjà, que les Juifs achètent encore à bas prix, pour les vendre plus cher à d'autres* [303]. La vente au détail et aux enchères procure de substantiels revenus aux uns[304], tandis qu'elle contribue, pour les autres, au morcellement de la propriété foncière. Mais nous verrons que de telles transactions ne servent souvent que de support à des opérations de crédit. Il arrive même que les Juifs se rendent acquéreurs des biens des grandes familles : en 1766, ce sont plus de 17 hectares, d'une valeur de 5500 livres, que Gilles François Bartholdi engage provisoirement à Jacques Wormser de Grussenheim[305] et ce même Wormser prend en charge les biens du baron d'Andlau en 1780. *Son absence ne lui permettant pas d'avoir l'oeil sur cette partie d'immeuble, il s'est déterminé à vendre cette portion de biens,* en transmettant *ses droits au nommé Jacques Wurmser, Juif de Grussenheim*[306]. Et voilà qu'à Kuttolsheim, Daniel Goll, un négociant de Strasbourg, achète, par l'intermédiaire d'un Juif, un *très fond* consistant en un demi-arpent de terres labourables et provenant de la propriété de Simon Adam : entre mars et mai 1752, ce sont en effet Seligmann Bloch et son père Salomon qui en sont propriétaires[307]. Les Lettres Patentes de 1784 apportent de nouvelles restrictions, en interdisant aux Juifs toute acquisition de biens immobiliers, même sous condition de les revendre dans l'année, et en prohibant tout achat par personne interposée. Cette réglementation ne semble pas avoir été respectée et les Juifs resteront vendeurs de parcelles, flattant, selon les officiers du duc de Wurtemberg, la vanité de l'acquéreur, sensible à l'attrait de la propriété, et lui présentant des conditions de

301 AHR 1 B 500/5.

302 Ch. HOFFMANN (*op. cit.*, t. I, p. 183, note 3) rapporte les propos du bailli Jacquot de Bollwiller à l'intendant : *On devrait proscrire la méthode qu'ont les Juifs, en revendant en détail, de saouler les sujets pour en tirer un meilleur parti. Il serait très sage de leur défendre de donner à boire dans ces occasions. Je ne puis pas assez dire combien il en résulte d'abus* (ABR C 336, 1770).

303 Ch. HOFFMANN, *op. cit.*, t. I, p. 186 : *Mémoire pour la fabrique de l'hôpital de Marckolsheim contre les Juifs Leib et David Levy, etc.* (AMC, bibliothèque Chauffour, 1776).

304 AHR 4 E Not. Heiteren inv. 13 : vente aux enchères du 20 janvier 1766 par Jacques Wormser, Juif de Grussenheim, de 11 *Juchert* de terres, acquises par des habitants de Heiteren pour 1765 livres tournois remboursables en quatre ans.

AHR E 1285 : Abraham Liebmann veut acheter le *Hoflehn* de Weckolsheim, pour le mettre aux enchères morceau par morceau ; il essuie un refus de la part du comte de Ribeaupierre (22 janvier 1778).

305 AHR E 1270.

306 ABR 2 G 171/2 (Griesheim-près-Molsheim).

307 ABR 6 E 41/87.

libération alléchantes[308]. Résultat : *le cultivateur se trouve toujours dupé par le Juif qui se trouve toujours plus rusé que lui*[309]. On voit aussi les Juifs acheter des haricots par ci[310], de la garance sur pied par là[311], ou encore de l'huile de navette, de pavot, de noix, sans oublier l'huile d'olive rapportée des marchés de Strasbourg[312]. Nathan Braunschweig installe même à Horbourg *un attelier pour faire du savon* en 1782 et *ose se flatter de la réussite de son entreprise*[313]... En période de crise des fourrages, voici qu'ils achètent des foins pour les revendre plus cher peu de temps après[314].

En effet, quel commerce, en dehors de celui des terres et de leur produit, peut bien convenir aux Juifs ? Celui du bétail, sans aucun doute, domaine pratiquement réservé. Le trafic des bestiaux s'est d'abord effectué au bénéfice du pouvoir : l'Alsace n'étant pas un pays d'élevage, il importait, en temps de guerre, de fournir les armées tant en chevaux qu'en fourrage et d'assurer la remonte de la cavalerie. Les Juifs se sont toujours acquittés de cette tâche avec beaucoup de compétence[315]. Au XVIIIème siècle, ce commerce s'effectue au profit de la paysannerie elle-même. Les archives judiciaires fourmillent de contestations portant sur les ventes, les échanges, les baux à cheptel : on reproche au maquignon juif de tricher sur l'âge et la qualité du bétail[316], d'échanger un bon cheval contre deux mauvaises vaches qui crèvent dès qu'il a le dos tourné... Le troc est en effet largement utilisé[317] mais ne se borne pas à un simple échange:l'objet vendu par le Juif ayant toujours une valeur supérieure au produit cédé en échange par le paysan, le débiteur doit verser, en plus, au terme de constants marchandages, une somme d'argent, de façon à *égaliser* la transaction. Le cheval, *rajeuni* de quelques années, pour les besoins de la vente, ou désespérément aveugle,

308 Ch. HOFFMANN, *op. cit.*, t. I, pp. 185-186 (note de l'administration des Wurtemberg du 24 juillet 1779).
AHR 2 E 71 : *l'avidité de s'arrondir, des espérances mal calculées, un certain point d'honneur de conserver ses acquisitions, la crainte de s'en voir exproprié, le peu de crédit qu'il trouve chez ses semblables plus fortunés que lui mais effrayés par les ravages du papier monnaie..., la trop grande facilité de trouver chez le Juif un crédit ruineux feront toujours entourer le fauteuil des Juifs usuriers de supplians empressés..., le désir insurmontable du cultivateur d'augmenter les propriétés par des acquisitions inconsidérées..., l'usage... d'envoyer les cultivateurs lors des ventes par enchères publiques en leur présentant l'amorce du vin qu'on prodigue a gorge déployée et leur fait souscrire des acquisitions dont ils se repentent communément le lendemain, lorsqu'ils se voient hors d'état de payer les droits d'enregistrement à plus forte raison les prix d'acquisition... le luxe de la parure qui s'introduit jusque dans les campagnes et les chaumières...* (réponse au sous-préfet de l'arrondissement d'Altkirch, 8 juillet 1806).

309 *Ibid.*

310 ABR E 3585 (Kutzenhausen 1758).

311 ABR 6 E 7, Not. Bouxwiller, inv. Gimbrett 264 (23 novembre 1775).

312 AMH AA 170/119 (Haguenau 1716).

313 AHR 18 J 544.

314 Ch. HOFFMANN *op. cit.*, t. IV, p. 374.

315 L. V. GOETSMANN : *Ils intriguent pour faire venir des chevaux des pays étrangers et l'on ne peut disconvenir que, pendant toutes les guerres passées, ils n'ayent rendu des services en ce genre (Traité du droit commun...*, p. 318).

316 AHR 4 B 11 : contrat entre Jean Miesch de Wittelsheim et Jacques, Juif d'Uffholtz : *ein unter schwarzen haaren ihm fur frisch und gesund nebst garantie... verkaufftes Pferd* (26 avril 1780).

317 AHR 4 E Not. Colmar, fonds Richard : Gabriel Bloch de Herrlisheim troque un cheval contre deux chèvres laitières que lui cède Joseph Lorentz de Rustenhart, avec, en sus, un sac d'orge et 15 livres tournois (12 mai 1740).

poussif, morveux, ladre, pulmonique, la vache qui ne vèle pas à la date prévue se trouvent à l'arrière-plan de ces procès. Le marché du bétail est florissant tant à Obernai qu'à Haguenau[318], plaques tournantes pour un petit commerce aux mains des maquignons juifs, portant souvent sur des bêtes d'origine fort lointaine. Entre juillet 1784 et décembre 1786, on dénombre à Haguenau plus de 400 opérations de vente, soit environ 170 par an. Mais les 106 protocoles du second semestre 1789 couvrent en réalité 2900 opérations commerciales. A proximité de la frontière suisse, l'activité se fait encore plus intense[319], animant les centres de Mulhouse, Thann, Colmar, mais aussi les petits marchés de Bendorf, Bretten, Habsheim, Sierentz, Seppois-le-Bas, Ferrette : prêts et placements de bêtes, ventes par nécessité ou à crédit[320] s'accompagnent d'un certain nombre de précautions élémentaires, en particulier la garantie d'un délai de six semaines susceptible de faire apparaître éventuellement les maladies cachées[321]. Les marges bénéficiaires sont intéressantes : le loyer atteint parfois le cinquième du prix de la bête, tandis que la vente à crédit rapporte 5 à 6 % d'intérêt sur des périodes de trois à six mois. A Herrlisheim[322], une paire de boeufs à 6 louis d'or vaut 7 à la revente : le bénéfice se chiffre à 16,7 % et l'acheteur est tenu de livrer, en outre, un rézal de seigle et un rézal d'orge. Il est vrai qu'entre l'achat et la revente des bêtes s'intercale une période d'hébergement, plus ou moins longue et lourde de risques, qui est entièrement à la charge du Juif. Se pose alors le problème du fourrage : comment nourrir ce bétail en attente ? Les conflits ne manquent pas d'éclater au sujet de l'utilisation du communal : *Les Juifs du dit lieu de Gunstett font un commerce si grand en bestiaux qu'ils détruisent tout le paturage... Il arrive le plus souvent que les suplians revenans du labourage ou de la corvée, leurs bestiaux ne trouvent plus rien parce que ceux du commerce des Juifs ont tout paturé* [323]. On prétexte que ces derniers *ne présentent point les certificats de santé des bestiaux qu'ils ammenent... et qui fait craindre aux suplians une maladie contagieuse* [324]. Les ordonnances de 1768 et 1779 pour l'évêché de Bâle sont

---

318 AMO FF 25 (Dorlisheim 1679).
ABR 1 B 709 (Obernai 1762-1790).
Voir J. VOGT, *art. 1471, 1472 et 1475.*
AMH BB 155/5, 19 (juin et septembre 1713) et 20 (règlement du Magistrat du 18 novembre 1748), 125/5 et 20/32 (règlement pour les bouchers, 1715 et 1744).
AMH HH 9-11 : registre des protocoles du marché du bétail (ventes et échanges, 1775-1789).
H. GERST, *op. [403]*, p. 149 : une vache vendue par un Juif de Hunspach a la vessie biliaire pourrie ; l'acheteur, bénéficiant d'une garantie après-vente de quinze jours, demande la restitution des 24 livres tournois (20 décembre 1762).

319 R.U. KAUFMANN, *op. 1464.*

320 *Ibid.*, pp. 38-42 : *Notverkauf, Kreditverkauf.*

321 *Ibid.* p. 102 : *Währschaftsfrist.*

322 AHR 3 B 470 (1768).

323 ABR 8 E 177/15 : requête de la communauté de Gunstett à l'intendant, suivie d'une interdiction de pâturer et de l'exigence de certificats de santé (13 octobre 1765).
ABR 1 B 126 (Bolsenheim 1716-1717).
P. WIRTH, *mém. cit.* p. 35 : à Sierentz, on leur conteste en 1735 le droit d'user de l'eau des puits communs (AC Sierentz).
Voir également l'affaire de Foussemagne (1777), évoquée par Ch. HOFFMANN, *op. cit.*, t. IV, p. 426.

324 ABR 8 E 177/15 (Gunstett 1745).
AMH FF 203, *fol.* 46 et 50 (on les empêche de profiter du pâturage commun à Surbourg, 11 et 25 juin 1700) ; FF 209/78 (de même à Dangolsheim, le 21 avril 1721, sauf contribution spéciale).

d'une parfaite clarté : elles imposent à la fois le troupeau à part et les billets de santé[325]. Dans l'Outre-Forêt, les Juifs ont leur propre pâturage moyennant un droit de pâture annuel de 45 à 50 livres[326]. Dans le bailliage de Benfeld, ils auront leur propre puits[327] et on reconnaît, dans la Hardt haut-rhinoise qu'ils *paturent presque partout parce qu'ils sont soutenus par le seigneur*[328]. Une fois les bêtes engraissées, les Juifs se heurtent à une série d'interdictions quant à la commercialisation de la viande, officiellement réservée aux bouchers chrétiens. Dans le grand bailliage de Haguenau comme dans les terres de l'évêché[329], on leur fait défense de vendre au détail *sauf de débiter les quartiers de derrière en gros des bestiaux qu'ils tueront pour la subsistance de leur famille...*

Le commerce du bétail implique le trafic des produits de l'élevage, en particulier les peaux et les cuirs[330]. En vertu de la réglementation de 1686 et 1700, il est par contre interdit aux Juifs d'exercer, en dehors des foires et des marchés, un commerce d'objets neufs : il ne leur reste donc que la vieille friperie, la brocante ou le ferraillage[331]. A défaut de pouvoir tenir boutique ouverte et cabaret[332], ils assument le colportage, d'autant plus volontiers que leur mobilité initiale les a préparés à de constants déplacements. Or, à une époque où l'artisanat rural ne saurait répondre à tous les besoins, c'est là un rôle d'intermédiaires tout-à-fait irremplaçable. Un témoignage accablant, celui du bailli de Molsheim en 1780[333], les décrit comme s'infiltrant dans les maisons, trompant la femme en lui vendant un objet de mauvaise étoffe, en échange de quoi ils emportent, à l'insu du mari, un meuble ou un produit quelconque qui vaut trois fois plus cher, engageant les enfants à voler à leurs parents des objets aussitôt revendus à vil prix... Et, avec une grande lucidité, Hoffmann, le bailli de Benfeld, invite les Chrétiens à faire leur autocritique au lieu d'accuser sans arrêt les Juifs : *Au lieu de (les) réduire au petit commerce des bestiaux, à celuy des colporteurs, permettez-leur l'exercice des professions honnêtes* [334]... Mais, comme le remarque un mémoire du prince de Birkenfeld en 1716, *toutes ces sortes de trafics ne sont en aucune façon nuisibles au commerce des marchands de la province. Elles sont au contraire d'une grande utilité et commodité au*

---

325 E. SCHEID, *op. cit.*, pp. 228-231.

326 B. ROTH, *mém. cit.*, pp. 87-132 : pâturage du *Rennfeld* à Wissembourg et de l'*Eussert* à Lauterbourg, droit de pâture de 50 livres à Lauterbourg, 45 à Niederroedern au milieu du XVIIIème siècle.

327 ABR G 492 : *Neue Judten Ordtnung für das Amt Bennfelden*, art. 4 (26 avril 1643). Voir aussi l'ordonnance épiscopale du 28 septembre 1706, art. 22 (E. SCHEID, *op. cit.*, p. 146).

328 AHR C 1098 (1751).

329 D. FISCHER, *art.cit.*, p. 21 (règlement du 21 janvier 1696).
AMH FF 203-209 (Mommenheim 1702, Kuttolsheim 1705 et 1721).

330 AHR E 5/5 : saisie d'un cuir de vache, de 13 peaux de veaux et de 2 peaux de moutons (Uffheim s.d., XVIIIème siècle) sur la route de Berentzwiller à Bâle.

331 Ord. de l'évêque de Strasbourg, 12 novembre 1700, art. 25 : Les Juifs ne pourront colporter ni vendre de culottes neuves ou autres marchandises de ce genre n'ayant jamais servi (E. SCHEID, *op. cit.*, p. 142).
ABR C 334 (ordonnance de 1723).

332 DE BOUG, *Ord. Als.*, t. I, p. 487 (19 janvier 1717).

333 ABR C 336.
Voir M. GINSBURGER, (éd.) *art. cit.*, pp. 9-11.

334 ABR C 336 (1780).

public... qui étant dépourvus de tout commerce... parce que les habitants s'appliquent uniquement à la culture des vignes et au labourage, ont par le moyen desdits Juifs la facilité de trouver chez eux bien des choses nécessaires à leur ménage qu'autrement ils seraient obligés de chercher ailleurs fort loin et à beaucoup de frais [335]. Les Juifs apparaissent donc comme des intermédiaires indispensables pour les denrées de première nécessité et comme des médiateurs irremplaçables entre la société villageoise et la société englobante.

La fortune des Juifs est le négoce [336], mais leurs activités ne se limitent pas au commerce : l'adjudication des dîmes[337] et la collecte des impôts seigneuriaux[338] leur confèrent une place de premier plan dans la vie économique des campagnes. C'est ce qui fait dire à une brochure de 1789[339] *qu'ils sont un des moyens tyranniques dont se servent les seigneurs de ce pays pour vexer les peuples* ; ils auraient donc partie liée avec le régime seigneurial dont ils seraient les auxiliaires. Leur familiarité avec le maniement de l'argent les rend aptes à ce genre d'opérations. Certes, à l'opposé de la Lorraine et du Comtat-Venaissin qui connaissent un commerce d'argent à grande échelle, les banquiers juifs, au sens propre du terme, ne hantent guère les villages, car une telle activité supposerait à la fois une forte demande de numéraire de la part des paysans et des disponibilités monétaires qui sont loin d'être à la portée de tous les Juifs dont la plupart sont modestes, voire pauvres[340]. Samuel Bloch d'Obernai est certes qualifié de *changeur* ; l'une de ses activités essentielles, c'est néanmoins le commerce de la pierre de vin pour le blanchiment des toiles, en relations avec les milieux *industriels* de Strasbourg, mais cela n'exclut pas une activité de prêteur à la campagne. En effet, la rareté du numéraire et l'inorganisation du crédit font des Juifs des prêteurs d'argent fort utiles. Les historiens du XIXème siècle, dans un climat d'antisémitisme caractérisé, ont accordé une créance sans faille aux témoignages de ceux qui se présentaient comme les victimes des Juifs[341], trop rapidement assimilés à des usuriers sans scrupules. Dans une adresse à l'Assemblée Nationale du 31 décembre 1790, les administrateurs du département du Haut-Rhin reprochent aux Juifs de *faire acheter au laboureur et à l'artisan le secours du moment au triple et au quadruple du réel qu'il a reçu* [342]. Excès de quelques-uns qui rejaillissent sur la *nation* tout entière ?

---

335 Cit. par Ch. HOFFMANN, *op. cit.*, t. IV, pp. 370-371.

336 AN K 2362/2 (receveur Jeanmaire, 1773).

337 ABR E 2177 (Kutzenhausen 1750-1786).

338 AHR 2 E 223 (Zorn de Plobsheim à Scherwiller et Jebsheim, 1749-1751 ; montant de la somme à verser : 1268 livres tournois).

339 *Révolutions d'Alsace*, cit. par Ch. HOFFMANN, *op. 2405 t.* IV, p. 43.

340 Voir *supra* pp. 1168 ss. On trouvera une typologie des créanciers juifs dans J. DALTROFF, *th. 2101*, pp. 59-103. Se dégagent quelques grandes figures, Moïse Blien à Mutzig, Samuel Levy à Balbronn. Nous y ajouterons les Wormser dans le Ried Sud, Samuel Bloch d'Obernai (AMS AA 50, 1725), Abraham Moch, le *banquier de Haguenau,* qui opère à Wahlenheim, Minversheim, Soufflenheim, etc. en 1772 (AMH GG 68 ter).

341 Ch. HOFFMANN, *op. 36*, t. IV, pp. 313-530.

342 Cit. par Ch. HOFFMANN, *op. 2405*, t. IV, p. 44.
A. HEILMANN, *op. 2105*.

Les historiens contemporains, de Zazko Szajkowski à Jean Daltroff, ont quelque peu redressé, par une démarche scientifique, l'image de l'usure juive malhonnête par définition[343]. La source essentielle réside dans les contrats de vente et obligations passés devant notaire : source partielle certes, du fait de l'existence d'actes sous seing privé qui échappent au chercheur[344] ; source éclairante cependant à bien des égards. La multiplicité des petits prêts (rarement moins de 100 ni plus de 1000 livres tournois, mais 40 % entre 200 et 500 livres) et la tendance à la pulvérisation des sommes prêtées, à mesure qu'on se rapproche de la Révolution, militent en faveur de la modestie des prêteurs[345]. Beaucoup d'entre eux jouent ainsi le rôle de détaillants, en travaillant par sous-traitance, pour le compte de quelques gros prêteurs qui restent dans l'ombre, mais en assumant la totalité des risques du métier[346]. La structure de la créance se module donc sur la demande du monde paysan. Mais nous avons vu que les Juifs n'ont pas le monopole de la clientèle rurale qu'ils se partagent avec les non Juifs, citadins et coqs de village, au prix d'une concurrence accrue, semble-t-il, à l'approche de 1789[347]. On a eu trop souvent tendance à oublier ces *Juifs chrétiens* qui utilisent les mêmes méthodes que les précédents : d'où la difficulté d'établir, de façon scientifique, un *seuil d'usure*, tâche rendue plus délicate encore par l'incertitude des preuves. Mais on relèvera la rareté des procès pour usure. D'ailleurs, dans certaines seigneuries, les conditions d'accès au commerce de l'argent sont tellement réglementées qu'on se demande quel est le *créneau* qui reste aux Juifs : c'est ainsi que, dans l'évêché de Strasbourg, ces derniers ne devront prêter, en 1700, ni *sur biens*, ni *sur gages*, mesure abandonnée six ans plus tard. En 1706, on leur interdit d'avoir *une hypothèque sur un Chrétien* et les créances ne devront pas dépasser 30 florins[348]. Ce qui est en cause, ce sont moins les taux d'intérêt pratiqués qui tournent autour de 4 à 5 %[349] et qui correspondent à ce que

---

[343] Z. SZAJKOWSKI, *art. 2182* et *op. 2181*.

J. DALTROFF, *th. cit.*. L'auteur décrit l'activité de 452 Juifs opérant dans 56 localités à l'intérieur d' un rayon de 15 à 20 kilomètres essentiellement autour de Strasbourg, en majorité dans la zone rurale comprise entre Zorn et Bruche, dont le coeur est le Kochersberg. Les études des notaires strasbourgeois Humbourg, Lhanneur de Chantelon et Laquiante (1736, 1751, 1766 et 1781) lui fournissent 2500 actes environ (ABR 6 E 41/54-1004).

[344] Distinction entre *Obligation* et *Handschrift*, cette dernière étant parfois *extorquée* par le débiteur (ABR 8 E 532/3, Willgottheim 1742 et 6 E 36, Not. Saverne II, inv. 192, Lupstein 1774).

[345] D'après une pétition à l'Assemblée législative, en 1792, la fortune de l'ensemble des créanciers juifs d'Alsace s'éleverait, en 1785, à 10 millions de livres, c'est-à-dire moins que les sommes brassées par les dix ou douze grands *capitalistes* chrétiens.

[346] AHR V 611 : *Les Juifs pauvres sont les procanteurs, les pourvoyeurs et les chiens de chasse des riches ou de ceux qui font des affaires et ceux-ci se livrent entièrement à l'usure* (canton de Soultz, 1823. *Enquêtes sur les activités usuraires imputées aux Juifs et sur l'hostilité des populations à leur égard. Mesures adoptées et envisagées*, 1806-1829).

Voir J. VOGT, *contrib. 448*, pp. 262-263.

[347] D'après Z. SZAJKOWSKI *(art. cit.)*, la part revenant aux Juifs représente 14,7 % du nombre des comparants et 6,4 % du montant des inscriptions hypothécaires (analyse de l'inventaire des créances établi dans le Sundgau, lors de l'affaire des fausses quittances, en 1777/1778, et les registres d'inscription des hypothèques).

R. MARX, *op. cit.*, pp. 141-147 : dans le ressort de l'Enregistrement de Strasbourg, seulement 18,1 % du nombre des obligations et 13,8 % de celui des montants sont imputables aux prêteurs juifs.

[348] Cit. par E. SCHEID, *op. cit.*, pp. 140-145 : règlements de 1700 (art. 12 et 17) et de 1706 (art. 12, 13 et 17).

[349] J. DALTROFF, *th. cit.*, pp. 109-110 : sur 608 obligations (1750-1753, 1763-1766, 1778-1781), le dépassement du taux légal concerne 11 actes, soit moins de 2 % des opérations enregistrées.

notaires et receveurs seigneuriaux appellent les *intérêts chrétiens*[350], que la pratique usuraire elle-même, qui par ailleurs s'exerce souvent en dehors du notariat, à savoir les mille et une façons de contourner le taux officiel - un taux modéré, compte tenu de la médiocrité des garanties offertes en retour - contre lesquelles s'élèvent les arrêts du Conseil Souverain et les réglementations seigneuriales[351]. Il est interdit, en 1733 et 1735[352], de rédiger, puis de signer le contrat en lettres hébraïques, pour ne pas exploiter l'ignorance des paysans dans ce domaine, de substituer un papier à l'autre, d'établir des contrats en dehors de certains lieux officiels, maison commune ou étude notariale[353], en particulier au domicile de l'un des deux contractants en l'absence d'un officier public[354], d'antidater et de recourir à des prête-noms parfois, d'ailleurs, avec la complicité du notaire lui-même[355], alors que le notaire devrait être le protecteur des paysans contre *les ruses et les chicanes des Juifs*[356]. La pratique des dessous de table, avec majoration sur le papier des montants effectivement versés ou restitution en privé d'une partie de la somme comptée devant notaire[357], ainsi que le fait de retenir les intérêts par avance ou de les inclure dans la somme globale, pouvant faire passer le taux d'intérêt légal de 5 à 20 ou 30 %[358], sont pratiques courantes[359]. Il est fréquent également de stipuler, dans les remboursements, des fournitures en nature qui majorent, de ce fait, le taux légal, sans que leur valeur ne soit clairement définie et quitte à ce que le créancier les rachète par la suite à moitié prix[360].

---

350 ABR G 492 : *des doppelten Christlichen Zinss* (réglementation juive du bailliage de Benfeld, 26 avril 1643)
AHR 25 J 133 : *80 Gulden samt dem christlichen Zins* (Sainte-Croix-en-Plaine, 13 mai 1753).

351 ABR G 492 : *wücherlichen Uberzinnss des doppelten christlichen Zinss (Neue Judten Odtnung für das Amt Bennfelden*, art. 1 et 5).
ABR 8 E 358/6 : *Hanauische Judenordnungen* du 6 mai 1733 et du 2 juin 1769 (Offwiller).
H. WEISGERBER, *art. [175]*, 1932, pp. 229-250 (Mémoire sur l'Alsace du Conseiller Goezmann, 1767).

352 DE BOUG, *Ord. Als.*, t. II, pp. 94-95 et 116-117 : arrêts du Conseil Souverain des 24 mars 1733 et 19 février 1735. L'interdiction est renouvelée par les Lettres Patentes du 27 mai 1780 (*Lettres patentes du Roi, portant règlement pour l'instruction des affaires d'entre les Juifs d'Alsace et leurs débiteurs chrétiens de la classe du Peuple concernant l'usure et autres)* et du 10 juillet 1784.

353 DE BOUG, *Ord. Als.*, t. II, pp. 94-95 : l'interdiction des opérations sous seing privé (24 mars 1733) ne semble pas avoir été respectée.
ABR C 335 : On dénonce, le 1er décembre 1724, les *friponneries* de Meyer Rottenburg à l'égard de divers habitants de Bischheim. Il profite de l'état d'ébriété d'un débiteur pour le traîner devant notaire, de l'handicap d'une veuve qui, *a cause de son grand age ne voiait pas bien clair* pour procéder à une substitution de billets ou à une *altération des sommes y contenues...* (cit. par J. DALTROFF, *th. cit.*, pp. 181-185).

354 Ch. HOFFMANN, *op. 36*, t. IV, pp. 446-454 : arrêts du Conseil Souverain du 19 janvier 1717, du 23 décembre 1772, etc.

355 E. SCHEID, *op. cit.*, p. 145 : règlement de l'Evêché de Strasbourg de 1706, art. 15.

356 AHR 1 E 44/11 (1759).

357 AHR 1 J 9, fonds Corberon, pp. 787-793 : *reconnoissance de sommes plus fortes que le reçeu, cumulation d'usure jusqu'au triple, ou quadruple de la dette* (entre Moyse Dreyfuess, Juif d'Eguisheim, et Jean Haller, bourgeois d'Eguisheim, 26 août 1718).

358 ABR G 492 : le seuil de tolérance est fixé à 10 % (règlement de Benfeld, 1743).
AHR 2 J 45 III/7-8, fonds Heitz : à Bergheim, Abraham Sée est accusé d'*extorquer cent pour cent et même au-delà* (1744).
Ch. HOFFMANN, *op. cit.*, t. IV, p. 455 : déclaration du gouvernement en date du 24 mars 1733 et correspondance de 1780 entre le Magistrat de Haguenau et l'intendant.

359 Ces manoeuvres sont encore dénoncées en 1869 par E. TISSERAND et L. LEFEBURE, *op. 190*, pp. 213-232.

360 Lettres Patentes du 10 juillet 1784.
AHR 1 J 17 : prêt de 42 000 livres tournois par trois Juifs de Strasbourg, dont Abraham Minville au prince palatin de Birkenfeld. Ils exigent le vin et les tonneaux en sus, ce qui fait que les intérêts que portent *chrétiennement* les 42 000 tournois, à savoir 2 100 tournois, grimpent à 30 ou 40 %.

Circonstance aggravante : le lien entre une opération de crédit et une transaction. Prêter quatre sacs de grains revient à en récupérer huit à la récolte. Un troc de bestiaux peut s'accompagner d'un prêt d'argent[361]. Par la pratique de la vente *a remere* [362], le Juif déclare ne pas vouloir être remboursé, mais oblige le débiteur à acheter une terre au prix fort, terre qu'il a lui-même acquise à bon prix, suite à une saisie sur un autre débiteur : car il arrive couramment qu'un débiteur soit obligé de vendre ses biens dans les délais les plus brefs, de façon à satisfaire les exigences d'un créancier pressé. Les travaux de Jean Daltroff montrent d'ailleurs que l'essentiel de la clientèle se compose de laboureurs et d'artisans, secondairement de journaliers.

L'usure se dissimule alors derrière des transactions commerciales honorables en apparence. Enfin, on joue habilement des échéances : la date des remboursements est judicieusement choisie, car on spécule sur les difficultés financières du débiteur à tel moment de l'année et sur ses besoins en argent à la suite d'un embarras passager[363]. En appréciant avec soin la solvabilité du débiteur, le créancier ajuste ses exigences ou sa générosité, tantôt en réclamant un remboursement d'urgence, tantôt en feignant de ne pas être pressé. De nouveaux délais de remboursement sont parfois accordés, à condition que le débiteur souscrive une nouvelle obligation auprès du prêteur[364]. On ajoutera à ces pratiques l'opération qui consiste à antidater les billets. C'est dans cette optique qu'on peut affirmer, avec l'intendant de La Grange, que les Juifs *prêtent d'usure* et le phénomène s'inscrit dans la longue durée[365] : ce *qui n'est pas un crime dans les principes des Juifs... mais un métier, une sorte de passion*.

Nul doute que la paysannerie, davantage hantée par l'obsession de la propriété que par l'amélioration de l'agriculture, se soit laissée abuser par la facilité trompeuse des conditions offertes et des échéances proposées. Résultat : dans le Sundgau, *les paysans doivent aux Juifs des sommes dont la masse excède la valeur de leurs biens* [366] et, du sud au nord de la plaine, s'esquisse l'image de la *sangsue judaïque* : elle hante l'esprit des fermiers du *Oberhof* de Hettenschlag qui se voient contraints d'emprunter, dans les années 1730, bétail et outillage[367] ; elle est présente chez les laboureurs de la

---

[361] AHR 4 E Not. Richard, Colmar (Samuel Weil de Biesheim et Michel Herrscher de Volgelsheim, 17 avril 1760).

[362] AHR V 611 : enquête cit.

[363] AHR E 1308 : *Vom frühjahr an bis fast mitten in die Ernd hinein, in der Zeit, da der bauersman am ärmsten und im wenigsten im stand ist etwas zu bezahlen, trohten sie ihre List und gewaltigkeiten ins werk zu richten, mittels des erlangten Urthel gebrauchen des Huissiers und verursachender grosser Köstens, dass... der ermittelste Mann übern haufen geworffen seÿn... oder aber sich gar ruinieren zu lassen* (bailliage de Heiteren, requête au seigneur du 30 avril 1750).

[364] *Ibid.*

[365] Voir, pour le XIXème siècle, F. L'HUILLIER, *op. [500]*, pp. 519-535, P. LEUILLIOT, "L'usure judaïque"..., *AHRF* 1938, pp. 231-251 et F. PONTEIL, *La situation économique du Bas-Rhin...*, Strasbourg 1927, pp. 93-96.

[366] *Ibid.*

[367] AHR E 1267 : *Vieh, geschiff und geschirr bei den Juden auf barg zu nehmen welches hernachmals nach der Ern denselben wiederum doppelt ersetzt werden muss, ja diese Juden den ehemaligen Meyern das Blut aus dem Leib gesogen und das einige verderben dieser Leuth gewesen* (conseiller Radius, 31 août 1730)...

région de Haguenau. Un mémoire du Magistrat de la Ville à l'intendant, daté de 1780, résume l'ensemble des pratiques usuraires en dénonçant *3965 sangsues qui sucent l'argent des chrétiens et surtout des gens du peuple, dans les villes et plus encore dans les campagnes.* Et de préciser : *Cest là qu'ils exercent leur savoir faire. Personne n'ignore qu'il n'est sorte de tromperie qu'ils n'inventent pour duper les pauvres malheureux, soit dans les marchés qu'ils contractent avec eux, soit dans les prêts qu'ils leur font. Les choses sont poussées à tel point, sur ce dernier article, que le moins usurier des Juifs ne passe point d'obligation avec ces sortes de gens sans se faire rendre, au sortir de chez le notaire qui le rédige, au moins le dixième de la somme prêtée, et sans se faire payer 15 % d'intérêt de la totalité, et ce non compris quelques boisseaux de grains ou autres denrées, pour gratification ! Et le plus grand nombre vont plus loin encore, en extorquant aux infortunés qui ont recours à eux 20 et jusqu'à 30 %*[368]. C'est l'issue de l'endettement qui est insupportable, car l'affaire se termine souvent par la saisie[369] qui peut aussi bien porter sur des terres, des charretées de paille ou de gerbes, que sur des meubles et effets ou des vaches et des veaux... Car, malgré l'octroi des délais supplémentaires, parfois moyennant des arrangements à l'amiable, le Juif éprouve bien des difficultés à récupérer son argent, surtout lorsque les dettes s'accumulent. Pour éviter l'issue fatale, on impose au débiteur de souscrire une nouvelle reconnaissance de dette ou encore on invite la femme du débiteur à se porter caution solidaire de son époux, ce qui empêche, ou du moins ajourne la mise en vente des biens. Sur près de 4000 affaires traitées, entre 1700 et 1726, par le tribunal du grand bailliage de Haguenau[370], les Juifs interviennent dans le tiers des cas, essentiellement d'ailleurs pour des problèmes de créances, mais ils font l'objet de plaintes dans moins de 13 % des litiges dans lesquels ils se trouvent impliqués. Sur 2500 actes faisant intervenir un Juif auprès des notaires royaux de Strasbourg, Jean Daltroff en dénombre 105 qui mentionnent des sentences judiciaires, soit 4,2 % : proportion relativement faible. Mais, sur les 190 obligations établies en faveur de Samuel Levy, 35, 3 % seulement, se trouvent quittancées après être restées impayées des années, voire des dizaines d'années ; 27 d'entre elles enregistrent un retard allant de 8 à 37 ans[371]. Ce qui rend la situation insupportable, ce sont les processus en chaîne, en particulier les emprunts effectués auprès d'un Juif pour pouvoir en rembourser un autre : en 1769, Jean Matzinger, laboureur à Truchtersheim, emprunte 3200 livres à la veuve de Kailé Levy d'Odratzheim, dans le but avoué de régler une dette contractée, trente-six ans auparavant, le 1er juin 1733, auprès de Raphaël Levy de Bischheim[372] ;

[368] Cit. par Ch. HOFFMANN, *op. cit.*, t. IV, p. 455 (ABR C 336).

[369] A titre d'exemples, AHR 1 E 77/1 : saisie d'un et demi *Acker* de labours et d'un quart et demi de pré par un Juif de Ribeauvillé sur un habitant d'Ostheim, en 1740, pour une créance de 432 livres.
AHR 18 J 476 (Wihr-en-Plaine 1754), E 2590 (saisie opérée en 1767 par Abraham Lippmann de Ribeauvillé sur des habitants de Rustenhart), 1 E 44/21 (Juifs de Habsheim/habitants d'Ottmarsheim et de Rumersheim, 1769), E 1589 (Juif de Reguisheim/cabaretier de Rustenhart, 18 août 1786), etc.

[370] G. LEYTE, *D.E.A. 2466*, pp. 32-35.

[371] J. DALTROFF, *th. cit.* pp. 120-121, 79-80 et 12 : sur 594 obligations (1750-1753, 1763-1766, 1778-1783), 154 seulement, soit 26 %, ont été quittancées dans les délais impartis. Voir à ce sujet, *supra* pp.1176 ss.

[372] ABR 6 E 41/1032 (Et. Laquiante, 13 juillet 1769).

en 1778, André Ernwein, laboureur de Furdenheim, doit 860 livres à Samuel Levy qui lui ont servi à rembourser Leyser Levy[373]. Il en est de même des circuits triangulaires faisant intervenir une tierce personne susceptible de tirer d'embarras le paysan surendetté : ces cessions de créance sur des individus plus fiables sont assez fréquents dans la seconde moitié du XVIIIème siècle[374].

Sans de telles pratiques, on comprendrait mal la vague d'antijudaïsme qui déferle sur les campagnes à l'approche de 1789. Par une identification abusive Juif-usurier, les Juifs cristallisent un mécontentement dont ils ne sont pas seuls responsables. Le défoulement anti-juif qui précède la Révolution[375] ne peut pas se comprendre sans référence au contexte socio-économique de l'époque, aux activités multiformes et entrecroisées et à la présomption d'opulence qui *colle à la peau* des Juifs ruraux. C'est parce qu'il est à la fois prêteur d'argent et de grains, vendeur et acheteur de terres, maquignon et marchand ambulant, que le Juif, omniprésent,[376] essuie la vindicte populaire. La dispersion des créances entre un nombre élevé de débiteurs renforce encore cette impression de monopole. L'historiographie du XIXème siècle fera le reste, en voulant *moraliser* l'usure juive. N'avons-nous pas vu l'abbaye de Marmoutier opposer, en 1774, sa propre activité créancière à celle du Juif, alors que l'un et l'autre prêtent *au denier vingt*[377] ? En réalité, ni capitalistes, ni usuriers, les Juifs prêtent à la petite semaine, mais le fait de focaliser l'attention sur l'usure judaïque dispense les observateurs de déceler l'existence d'une usure chrétienne. Minorité ethnique mal assimilée, les Juifs deviennent les boucs émissaires et les responsables tout désignés de la misère paysanne. L'Eglise, par sa condamnation sans appel du prêt à intérêt en porte une grande part de responsabilité. Voir le problème exclusivement sous cet angle, c'est oublier que les Juifs constituent l'un des rouages essentiels, voire indispensables, de la vie économique à laquelle ils impriment une certaine dynamique en distribuant le crédit et en se faisant les intermédiaires entre la ville et la campagne. Comme l'affirme le maréchal de Coigny, dans une lettre à l'intendant datée du 9 août 1756, le Juif *entretient des ressorts qu'il serait dangereux de détruire*[378].

L'usure juive est dénoncée avec une véhémence particulière[379] à l'occasion de l'affaire des fausses quittances, gigantesque machination anti-juive qui secoue le Sundgau en 1777/1778. L'affaire est d'importance, puisque la dette, pour 88 communautés de la subdélégation de Ferrette, s'élève à plus de 300 000 livres. Poussés par des escrocs, les paysans présentent à leurs créanciers des quittances fabriquées de toutes pièces,

[373] ABR 6 E 41/169 (Et. Lacombe, 13 décembre 1776).

[374] J. DALTROFF, *th. cit.* p. 80.

[375] Voir *supra* p. 1346.

[376] Voir l'exemple de Judel Ullmann de Sierentz : protocoles enregistrés au greffe du bailliage 1761-1766 (AHR 4 E Not. Sierentz).

[377] ANQ[1] 970. Voir *supra* p. 1185.

[378] Cit. par Ch. HOFFMANN, *op. cit.*, t. IV, pp. 371-372.

[379] A. VERON-REVILLE, *op. 2183*.
E. SCHEID, *op. cit.* (évêque de Bâle et Commission intermédiaire).

parfaitement imitées jusque dans les caractères hébreux qu'elles adoptent et les signatures qu'elles reproduisent, dans le but de se libérer de leurs dettes en apportant les preuves du remboursement. Comment douter de ces papiers qui présentent toutes les garanties d'authenticité ? Assailli par les plaintes des Juifs d'Alsace, le Conseil du Roi renvoie l'affaire, par Lettres Patentes du 19 septembre 1778, au Conseil Souverain de Colmar qui charge des commissaires à enquêter dans les subdélégations de Colmar, de Ferrette et de Belfort. On finit par arrêter le chef présumé de la machination, encore qu'aucune preuve n'ait pu être apportée à sa culpabilité : il n'est autre que François Antoine Hell, le bailli de Landser, qui, profitant de sa situation de juge et de tabellion seigneurial, aurait perpétré ce *crime nécessaire pour sauver les paysans de la rapacité des juifs*. Il sera arrêté en 1780, incarcéré à la citadelle de Strasbourg, exilé à Valence, guillotiné en 1793. L'examen des quittances, les résultats d'une minutieuse enquête après perquisitions, l'obligation, sur ordre du Roi[380], faite aux Chrétiens d'aller déposer aux greffes des tribunaux tous les reçus portant une signature juive et aux Juifs de déposer dans les six mois les titres sur lesquels ils appuient leurs prétentions démasquent, en tout cas, des milliers de suspects dont beaucoup reconnaissent avoir établi des faux[381]. Une trentaine de *falsificateurs* sont particulièrement compromis : à la suite du verdict, en date du 6 septembre 1779, François Joseph Fenderich, marchand de porcs à Hirtzfelden et Bernard Grossgueth, laboureur de Waldighofen, font amende honorable sur la place Saint-Martin de Colmar avant d'être pendus pour l'exemple. Au total, ont été prononcées cinq condamnations à mort, et sept peines de galères, dont cinq à perpétuité. De nombreux pamphlets, dont celui de Hell lui-même - *Observations d'un Alsacien sur l'affaire présente des Juifs* (1779) - attisent le feu de l'antisémitisme, *libelles egalement ridicules et fanatiques dont le but n'étoit rien moins que d'armer les Chrétiens contre les juifs* [382]. Un débat particulièrement violent oppose Hell à Salomon Ullmann, Juif de Durmenach[383] qui, aux dires du premier, *sous les couleurs de l'innocence opprimée* se met à *nourrir les plus noires calomnies*. Se décidant à *soutenir les paysans opprimés contre des adversaires puissans*, il dénonce *la voracité des Juifs, essaim d'insectes voraces, ennemis dangereux sous les dehors de la candeur et de la bonhomie*. Le procès entre Hell et Ullmann fait apparaître la rédaction de *prétendues obligations*, la contestation d'un testament de laboureur prétendument falsifié, une accusation d'homicide[384], débouchant sur un supplice par pendaison et deux condamnations aux galères : des paysans du Sundgau auraient été payés

380 A. VERON-REVILLE et E. SCHEID, *op. cit.* : Lettres Patentes du 19 septembre et 6 novembre 1778, du 7 avril 1779 et du 27 mai 1780 ; arrêts du Conseil Souverain du 11 juillet 1777, du 12 décembre 1778 et du 25 juin 1779.

381 AN KK 1238-1243 et AHR 1 B 1076-1104.

382 AN K 1142/44 : *Projet de règlement général par une commission chargée de préparer le statut de la communauté juive en Alsace* (octobre 1783).

383 AHR 2 E 72 : *Mémoire à consulter et consultation pour Salomon Ullmann.*

384 *Ibid.* : Joseph Stempfel aurait été maltraité, le 13 juillet 1762 à Durmenach, par Nathan et Meyer Ullmann et Aron Hanssen : *il l'a poussé, avec violence contre l'essieu d'un charriot, qui lui a donné dans le flanc...*

pour l'abattre[385], à moins qu'on parvienne à le faire pendre[386] ou à le brûler vif[387]. Le degré de violence se mesure au fait que l'affaire a tendance à glisser sur le plan religieux : Blum et Meyer Ullmann de Durmenach ne souhaitent-ils pas que Hell soit crucifié et pendu ? A quoi, ses coreligionnaires ajoutent : *Il arrivera au Sieur Hell ainsi qu'à ce grand Prophète que vous tenez pour votre Dieu ; il sera pendu et son faux écrit est encore au-dessus de lui*[388]. Pendant ce temps, des troubles éclatent à Durmenach, à Hagenthal, à Thann, et l'évêque de Bâle envoie une lettre circulaire aux curés, le 25 septembre 1778[389] pour les inviter à apaiser cette *fermentation.* Nouvelles flambées de violence à Oberhergheim en 1784[390]...

L'affaire des fausses quittances marque un tournant dangereux dans l'évolution des mentalités de l'antijudaïsme à l'antisémitisme. Elle n'a pas que des conséquences négatives : elle est largement responsable de la rédaction des Lettres Patentes de 1784. Avec les nombreuses restrictions qu'elles comportent, ces dernières ne méritent pas le brevet de libéralisme qu'on a voulu leur délivrer : il est interdit de loger les Juifs étrangers dont le séjour est limité à quatre mois et demi ; ceux qui n'ont pas de domicile fixe et ne paient pas leurs impôts ont trois mois pour sortir de la province ou se mettre en règle (d'où le dénombrement de 1784) ; tout mariage sans autorisation royale est défendu ; sont surveillées la nature des biens immobiliers, la forme des contrats et celle des intérêts ; sont clairement spécifiées l'interdiction d'acquérir des immeubles qui ne soient pas à usage personnel et celle d'exiger des intérêts en nature[391].

Arrêtons notre récit au défoulement anti-juif des années 1788/1789[392]. Ce dernier a des racines bien profondes, puisque le Conseil Souverain lui-même avance, le 3 juin 1747, que *les Juifs sont autorisés par leur religion à duper au moins ceux qui n'en sont pas*[393]. Et lorsqu'en 1766 on demande aux habitants d'Uffheim de dénoncer le plus grand fléau dont ils estiment être les victimes, ils répondent d'une seule voix : les Juifs[394]. Rien de bien

385 AHR 2 E 72 : Elie et Isaac Katz d'Oberdorf achètent de la poudre et du plomb. Georges Häll de Grentzingen propose *100 louis pour tirer sur Hell et chaque jour 6 livres jusqu'à ce qu'il l'aura tiré* ; Nicolas Schueler et Jean Rosburger *100 louis pour tirer sur Hell* et *chercher les fausses quittances chez lui*; Abraham Hausser et Meyer Meyer de Durmenach offrent 1000 livres à quiconque s'*introduirait dans sa cuisine pour mettre du poison dans un baquet, un peu de poudre dans le manger* (réponse au sous-préfet de l'arrondissement d'Altkirch, 8 juillet 1806, au total 86 accusations).

386 *Ibid* : Salomon Wahl de Durmenach offre 60 louis *pour qu'il soit pendu sans miséricorde, qu'il l'avait déjà mérité plusieurs fois* ; Meyer, Juif de Hagenthal, propose un *tonnelet de vin* pour le faire pendre...

387 *Ibid.* Salomon Dreyfus et Léopold Samuel de Hagenthal suggèrent *qu'on le brûle sur un bucher et le Roi à coté.*

388 *Ibid.*

389 J. ROCHETTE, *op. 2173*, pp. 118-120 (d'après les AEBP).

390 AHR E 1070 et 1284.

391 G. WEILL, *contrib. cit.* On comparera le *mémoire pour la nation juive établie en Alsace, sur son état actuel et la nécessité d'y apporter un remède* (AN F^{12} 854) et le *mémoire des Juifs d'Alsace* (AN K 1142/25), réponse aux Lettres Patentes.

392 Voir *supra* p. 1346.

393 DE BOUG, *Ord. Als.*, t. II, p. 289.

394 AHR 1 E 44/5 : *Item was der gemein der grössten Schaden ist nemlich die Juden, das ist der grösste Schadten !*

nouveau en effet, ni dans les causes du mal, ni dans les réactions de la population. *La masse des dettes que le peuple a contractées vis-à-vis d'eux est si considérable,* écrit le Sieur de Muller à l'intendant le 20 novembre 1780, qu'*elle ne pourra jamais être acquittée : car il est constaté que les Juifs ont dans leur porte-feuille au-delà de la valeur des biens-fonds d'une grande partie de la Haute-Alsace*[395]. D'aucuns prétendent que le tiers de la province est hypothéquée aux Juifs[396]. Or, dans les années 1780, *la grêle et la stérilité presque générale ont causé une telle misère dans les campagnes que les cultivateurs et autres gens de la classe du peuple ne peuvent pas, même en épuisant toutes leurs ressources, faire face au besoin de leurs sustentations et à l'acquittement des charges... Les débiteurs des Juifs se trouvent dans l'impossibilité d'acquitter... les capitaux actuellement échus et... les poursuites rigoureuses que les créanciers juifs forment dans ce temps de calamité... consumerait... la ruine d'une partie considérable... des habitans de cette Province* [397]. Les événements de 1789, intervenant après des décennies de haines accumulées, réveillent le vieux démon de l'usure juive, car *les Juifs,* dit le bailli de Benfeld, *usurent depuis des siècles* [398]. Au nombre des 307 cahiers de doléances abordant le problème juif, David Feuerwerker découvre 19 cahiers de bailliage ou de district alsaciens[399]. Leur analyse révèle l'importance de la question de l'usure :

	% des	
	19 cahiers de district alsaciens concernés par les griefs suivants :	**307 cahiers de bailliage français** (à titre de comparaison)
Intégration ou expulsion		
- Intégration des Juifs	21,1	3,6
- Egalité devant l'impôt	47,4	7,8
- Attribution de droits civiques	-	2,6
- Limitation du nombre de Juifs	31,6	17,6
- Etablissement d'un ghetto	-	3,9
- Dispersion des Juifs dans le royaume	10,5	4,6
- Expulsion des Juifs du royaume	5,3	8,8
- Stricte application des Lettres Patentes de 1784	21,1	4,9
- Haine religieuse	-	4,2
Utilité économique		
- Utilité des Juifs en général	10,5	9,1
- Activités commerciales	26,3	9,4
- Concurrence commerciale	15,8	26,4
- Activités agricoles	10,5	6,2
- Arts et métiers	15,8	10,4
- Arts libéraux	10,5	3,9
- Manque de numéraire	5,3	17,9
- Nécessité d'organiser le crédit	63,2	53,7
- Usure juive	21,1	67,4
- Usure chrétienne	-	6,2

Les questions soulevées peuvent se résumer en deux grands problèmes - celui de l'intégration des Juifs, celui de leur utilité économique -, tandis que la haine religieuse ne trouve pas de place dans les cahiers : jamais il n'est question d'une éventuelle destruction des lieux de culte. Le verdict est sans appel : on ne souhaite pas l'expulsion des Juifs, mais leur intégration dans

395 ABR C 336.

396 *Juifs d'Alsace,* 1790, pp. 119-122.

397 AN K 1142/44 : *Projet de règlement général...* (octobre 1783).

398 ABR C 336 (1780).

399 D. FEUERWERKER, *art. 2153.*

les communautés d'Alsace, moyennant leur alignement sur la fiscalité générale et l'attribution de moyens d'existence décents.

Quant aux moyens d'action, ils plongent leurs racines dans un lointain passé et les acteurs renouent avec leur propre expérience. C'est dès 1723, à la suite du non-paiement des impositions à la communauté, que les bourgeois de Sierentz molestent les Juifs, s'en prennent à leurs maisons, leur interdisent l'accès aux fontaines et aux pâtures[400]. L'affaire des fausses quittances[401] aura joué le rôle de répétition générale. Les Juifs deviennent les cibles des soulèvements populaires de l'été 1789[402], même si ces soulèvements ne se soldent pas par l'effusion de sang ou le massacre. La situation est telle que, le 28 août 1789, la Commission intermédiaire s'émeut, en termes pathétiques, de leur sort : *La commission intermédiaire a vu avec douleur les excès commis dans plusieurs communautés de la province contre les familles juives qui y sont établies, et les mauvais traitements avec lesquels on les a expulsés de leurs foyers, après avoir pillé et dévasté leurs propriétés. Toutes les âmes honnêtes ont frémi de voir des chrétiens agir avec autant de barbarie contre des hommes, contre des concitoyens qui ont un droit égal à la protection que les loix accordent à tous les citoyens sans distinction : ceux mêmes qu'un sentiment d'effervescence ou de vengeance a éblouis un instant, ont eu le temps de rougir de leur conduite, et regrettent actuellement leur erreur. Mais le mal n'en est pas moins fait, des familles entières, vieillards, femmes, enfants sont dispersés ; ils errent sans domicile et sans secours : il est temps de leur accorder l'un et l'autre et de veiller à ce que, rentrés dans leurs foyers, ils soient à l'abri des vexations qu'ils ont éprouvées* [403]... Nous avons eu l'occasion d'évoquer les actes qui justifient de tels propos imprégnés, par ailleurs, de la philosophie des *Lumières*. La Révolution sera libératrice, mais cette libération n'est pas sans risques : les députés qui se succèderont à la tribune de l'Assemblée Nationale, en décembre 1789, tout en dénonçant l'usure juive et ses effets, expriment leurs réticences à accorder aux Juifs les droits civiques. Telle est la position de l'abbé Maury : *Ils possèdent en Alsace*, dit-il, *douze millions d'hypothèques sur les terres. Dans un mois, ils seraient propriétaires de la moitié de cette province ; dans dix ans, ils l'auraient entièrement conquise ; elle ne serait plus qu'une colonie juive...* Monseigneur de La Fare, évêque de Nancy craint qu'un décret qui donnerait aux Juifs les droits de citoyens *pourrait allumer un grand incendie compte tenu du ressentiment de la population chrétienne à leur égard*[404]. Emancipation, oui ; assimilation, non ? Quoiqu'il en soit, la leçon des événements ne sera pas perdue. A plus long terme, l'image du Juif usurier, que véhicule la fureur populaire, n'est-elle pas présente à l'esprit des hommes qui créeront, un siècle plus tard, les *Raiffeisenkassen* [405] ? Une fois de plus, la solution viendra d'outre-Rhin à une époque, il est vrai, où l'Alsace aura le statut de *Reichsland*.

400 P. WIRTH, *D.E.S. 2217*, pp. 47-58.

401 Voir *supra* pp. 1416-1418.

402 Voir *supra* p. 1346 et ann. 52.

403 E. SCHEID, *op. cit.*, pp. 254-255 (Hoffmann, secrétaire général adjoint, 28 août 1789).

404 *Moniteur* du 24 décembre 1789 (discours à l'Assemblée Nationale des 22 et 23 décembre 1789).

405 A. GUESLIN, *op. 2104*, p. 31.

Conclusion

L'étude des Juifs d'Alsace, aux XVIIème et XVIIIème siècles, nous aura permis d'appréhender une forme d'exclusion sociale originale, toute relative d'ailleurs : rouages utiles, voire irremplaçables, de la vie économique, les Juifs ne sont-ils pas au contraire, en dépit des apparences, intégrés dans la société rurale ? Ils ne sont pas considérés comme le seigneur ou le citadin, installés au village, comme des étrangers ou des intrus. Faisant oeuvre autant d'historien que de sociologue[406], Freddy Raphaël qui connaît bien le problème pour l'avoir vécu, se plaît à rappeler que, jusqu'au XXème siècle, les paysans prennent l'habitude de parler de *leurs* Juifs, ce qui confère un certain degré d'intimité aux relations entre les deux communautés. Le principal critère qui fonde l'adoption d'une minorité par la collectivité réside dans l'installation dans la paroisse. De la même façon, les pauvres ne sont considérés comme des corps étrangers que dans la mesure où ils n'habitent pas le village.

III. LES MARGINAUX : PAUVRETE, MENDICITE, VAGABONDAGE

Si la communauté rurale accepte, tant bien que mal, des éléments en provenance de l'extérieur, elle marginalise aussi certaines de ses composantes jusqu'à les exclure. Ces dernières, Jean-Pierre Gutton l'a montré avec force[407], ne doivent pas pour autant être éliminées du champ historique. Les laissés pour compte de la société ont droit à l'Histoire à un double titre : soit que, évoluant en marge de la société rurale elle-même, ils autorisent une vision périphérique de cette même société ; soit que, faisant l'objet d'une exclusion, ils éclairent les représentations collectives à leur égard et contribuent à l'histoire des mentalités.

A) Assistance et répression : une double voie d'approche

Il n'est pas de groupe social aussi muet que celui des pauvres qui ne veulent ni ne savent se raconter. Objet et non auteur d'un discours, l'errant en particulier n'existe dans les documents qu'à partir du moment où il s'arrête ou se fait arrêter : c'est cette occasion fortuite - quand il est immobilisé par le délit ou la mort - qui nous permet d'appréhender l'un des visages de la mendicité. Nous n'arrivons donc à saisir la pauvreté qu'à travers les discours des dominants, grâce aux sources de la répression ou de l'assistance, déformées par des préoccupations de charité ou d'ordre public, et émanant, pour la plupart, de la ville.

1) La grande misère des hôpitaux ruraux

Au village, l'aide aux déshérités échappe à l'organisation rationnelle de

---

[406] On se référera aux travaux de Fr. RAPHAEL et R. WEYL, *op. et art. 2169-2171.*

[407] J-P. GUTTON, *op. 2258* et *2260.*

Quelques hôpitaux ruraux et urbains : des revenus insuffisants en progression lente

1) Revenus annuels en espèces estimés en livres tournois :

	Moins de 100	100 - 250	250 - 500	500 - 1000	1000 - 2000	2000 - 3000	3000 - 4000	4000 - 5000	Plus de 5000
Wattwiller	6								
Soultz	1								
Rouffach				1	8				
Pfaffenheim	1								
Gueberschwihr			1						
Eguisheim		1							
Turckheim		6							
Munster	6								
Riquewihr				6	8				
Bergheim		6							
Dambach		1		11	12				
Marckolsheim		1	11						12
Sélestat						9			
Saint-Hippolyte			11						
Rhinau				1			12		12
Benfeld				1, 11		12			
Erstein		11	12						
Andlau				11					12
Obernai							11		3, 12
Rosheim				11, 12					
Molsheim				1	11, 12				
Saverne							11, 12		
Brumath									12
Bouxwiller									5
Haguenau									11
Fort-Louis		11		12					
Seltz				11	12				
Lauterbourg		2		12					
Wissembourg									12

N.B. Nous n'avons retenu que les établissements pour lesquels nous disposions de renseignements précis.

Sources :
1. ABR G 1732 (début XVIIIème s.)
2. ABR 8 E 261/193 (1700)
3. AMO GG 75 (1708)
4. ABR G 209 (1704-1710)
5. ABR Ca 43 (1721)
6. ABR C 1287 (1723)
7. AM Saverne HOSP 53 (1744-1746)
8. AHR C 1287 (1752)
9. ABR C 228 (1752)
10. ABR G 1009 (1755)
11. ABR G 2622 (s.d., 1663 - XVIIIème siècle)
12. AN F[16] 972 (1791)

2) Revenus annuels en nature

	Grains (rézaux)								Vins (mesures)					
	Moins de 1	1 - 5	5 - 10	5 - 10	20 - 50	50 - 100	100 - 150	Plus de 150	Moins de 1	1 - 5	5 - 10	10 - 15	15 - 20	Plus de 20
Soultz	1										1			
Rouffach					1						1			4
Pfaffenheim			1							1				
Gueberschwihr			1							1				
Eguisheim		1									1			
Turckheim										1				
Riquewihr												2		
Bergheim					2						2			
Dambach		1, 6												
Marckolsheim					1, 6									
Sélestat								5						5
Rhinau								1		1				
Erstein				6										
Benfeld						1	6							
Obernai							6							
Molsheim		1												
Saverne							3	6						

Sources :

1. ABR G 1732 (début XVIIIème siècle)
2. AHR C 1287 (1723)
3. ABR C 209 (fin XVIIème siècle)
4. AHR C 1287 (1752)
5. ABR C 228 (1752)
6. ABR G 2622 (s.d., 1663 - XVIIIème siècle)

l'assistance que connaît peu à peu la ville : quelques rares hôpitaux pour recueillir les indigents, mais ni dépôts de mendicité pour les abriter, ni ateliers de charité pour les occuper, ni couvents pour les recevoir[408]. C'est en partie la situation déplorable des fondations charitables qui impose l'intervention des autorités françaises dans les années 1696-1703[409]. On s'attache, dans un souci de centralisation et de contrôle, à regrouper les hôpitaux de campagne sans réussir à les sauver du délabrement : en 1723, celui de Kientzheim *est soutenu par des poteaux, les murs du rez de chaussée fendus et lézardés font bosse de tous côtés. L'étage en surplomb est prêt à tomber*, tandis que, inoccupée, l'ancienne maladrerie de Soultz *sert de retraite aux voleurs*[410]... Dans le ressort du diocèse de Strasbourg, la mise au point épiscopale se solde par un constat désabusé au début du XVIIIème siècle : à cette époque, l'ensemble des revenus hospitaliers sous contrôle de l'Evêché n'excède guère les 6000 livres, rentes en nature comprises[411]. Parmi les onze établissements, celui de Saverne est le plus riche, avec des rentrées annuelles tournant autour de 1500 livres en espèces, une centaine de sacs de grains et moins de dix mesures de vin[412]. Seuls ceux de Bouxwiller[413] et d'Obernai[414] émergent de la misère générale qui frappe les hôpitaux ruraux, vivant tant bien que mal de fondations, de rentes constituées sur des particuliers[415] et de quêtes hebdomadaires auprès de bourgeois aisés[416]. On comparera une telle situation avec la prospérité toute relative des établissements urbains[417].

---

408 AN Q 1 970-971 : Les Franciscaines de Sainte-Claire de Haguenau (1767) dépensent 700 livres par an pour secourir les pauvres, ce qui représente plus que les frais de chauffage et d'habillement (les uns et les autres sont estimés à 500-600 livres), près des trois quarts des dépenses alimentaires (1000 livres).

409 E. SABLAYROLLES, *th. 2264*, pp. 211-214.

410 AHR C 1287 (1723).

411 ABR G 1732.

412 Avec, il est vrai, une progression assez forte au XVIIIème siècle, d'après E. SABLAYROLLES, *th. cit.*, pp. 325 et 333 :
- en 1752, 2054 livres, 300 sacs de grains et 400 mesures de vin ;
- en 1764, 4600 livres de revenus (AM Saverne HOSP 23).

Pour une date indéterminée (XVIIIème siècle) : 3245 livres et 214 sacs de grains (ABR G 2622 : *Etat des hôpitaux et fondations pieuses pour les pauvres dans l'étendue du diocèse de Strasbourg en Alsace, tiré des registres de visites suivant l'ordre des chapitres ruraux*).

413 ABR Ca 43 : 1584 livres de recettes en 1711 ; 8938 livres de revenus en 1721.

414 AMO GG 75 : 9517 livres, 175 sacs de grains et 100 mesures de vin en 1708.

415 AHR C 1287 (Altkirch 1752) : 34 livres tournois et 4 sous sur cinq habitants de la ville et neuf villageois.

416 ABR Ca 43 : le *Bettelvogt* ramasse dans sa *boîte aux pauvres* 1294 livres lors de ses quêtes hebdomadaires du jeudi (Bouxwiller 1711).

417 E. SABLAYROLLES, *th. cit.*, pp. 231, 296,339, 736-737 :
- Strasbourg fin XVIIème - début XVIIIème siècle : 12 476 livres de rentes en espèces, 3820 sacs de grains et 1200 mesures de vin. En 1791 : 149 795 livres de revenus, dont 37 484 en espèces, 49 033 en nature auxquelles s'ajoutent 63 278 livres en provenance de fondations (AN F16 972).
- Haguenau 1750 : les revenus en argent (rentes foncières et intérêts des capitaux) s'élèvent à 3240 livres 10 sous ; les rentes en nature (1325 sacs de grains) sont estimées à 6824 livres ; donc au total, un peu plus de 10 000 livres de revenus (AMH BB 134/102), 14 000 en espèces au XVIIIème siècle (ABR G 2622) et 35 000 en 1791 (AN F16 972).
- Sélestat pâtit de la crise du XVIIème siècle (AM Sélestat HOSP 42 et P. ADAM, *op. 2295*, pp. 48-49) ; les compressions de personnel et la vente des bestiaux, dans les années 1740, reflètent une crise de structure doublée d'une mauvaise gestion (P. ADAM, *op. cit.*, pp. 98-110).
- L'hôpital de Colmar entretient en 1755 plus de 170 pauvres par jour et dépense, pour son administration, six fois plus d'argent qu'en 1698 (Chr. AGNEL, *mém. 2253*, p. 83).

La misère matérielle des hôpitaux contraste avec l'ampleur de leur mission sociale. Aux secours occasionnels et à l'accueil des paysans, s'ajoute une activité extérieure. A Bouxwiller, la caisse des aumônes prête de l'argent, souvent sans intérêts, à des pasteurs ou des fabriques d'église et participe aux réparations des presbytères[418]. Mais la faillite des hôpitaux ruraux, dont la plupart se trouvent sous gestion municipale, compromet leur capacité à assumer leur mission d'assistance. En effet, comme le montre l'exemple de Rouffach en 1752[419], les dépenses en argent absorbent facilement les faibles recettes, alors que la distribution de l'aumône ne représente qu'une partie infime de l'argent déboursé[420] :

	Recettes	Dépenses	Solde
En espèces	1783/16/6	1258/8/2	417/4/8
(livres/sols/deniers)	(1152/4/8)	(735/4/8	(417/4/8)
En nature			
Grains	108/4	72/1	36/3
(rézaux/boisseaux)	(-)	(-)	(-)
Vin	23/27	9/17	14/10
(mesures/pots)	(13/12)	(-)	(-)

Le détail des dépenses s'établit comme suit (en livres/sols/deniers)[421] :

- Distribution d'aumônes aux pauvres (alimentation, habillement, espèces) : 128 en 17 interventions (75 aux passants).
- Secours aux malades et aux blessés : 1/2 en deux interventions (70 livres de frais médicaux et 256/13/4 aux pauvres honteux de la ville).
- Confection de cercueils pour les défunts et frais d'enterrement : 15 en neuf interventions (33/6/8).
- Acquisition d'une clochette pour la quête : 2.
- Farine pour cuisson et aumône : 78

224/2

- Rentes, gages des artisans, frais de fonctionnement : 1034 (265/19/4).
- Grains pour la cuisson du pain et les aumônes : 58/1 (34/5/4).
- Grains destinés à la vente : 14.
- Vin distribué aux pauvres : 9/17

1115/18

A Barr, *une maison appelée vulgairement l'hopital* accueille les mendiants ; celui de Marckolsheim devrait se contenter de 1000 livres par an, s'il n'était soutenu par des capitaux extérieurs, en particulier ceux qu'investissent les chanoines de Saint-Pierre de Strasbourg[422]. Voici la situation matérielle des établissements de Haute-Alsace :

418 Ch. WITTENMEYER, *mém. 3041*, pp. 119-123.

419 AHR C 1287.

420 Les chiffres indiqués entre parenthèses donnent la situation en 1723 et permettent donc de cerner l'évolution.

421 Entre parenthèses, les chiffres de 1723.

422 AN F^{16} 972 (Comité de mendicité, 1791).

Hôpitaux ruraux de Haute-Alsace : situation matérielle et capacité d'accueil (AHR C 1287, enquête de 1723)

	Etat	Hébergement de pensionnaires	Accueil de pauvres domiciliés	passants	Observations concernant les passants
Landser		-	-	x	- maisons communales (dans le village)
Cernay	hors d'état		-	-	
Thann			30		
Wattwiller		-	1	x	- on leur propose une petite grange
Ensisheim		-	10 - 20	x	- capacité d'accueil : 30 personnes
Soultz		-	4 femmes	-	- demandant l'aumône aux bourgeois du lieu
Guebwiller		2	3	-	
Rouffach		-	4 femmes 6 enfants, 2 fossoyeurs et des pauvres malades	x	
Pfaffenheim	hors d'état	-	-	-	
Gueberschwihr		-	-	x	- une chambre à cet effet
Eguisheim		-	1	x	- un bourgeois logé accueille les passants
Turckheim		-	35	x	- pour une nuit ; doivent mendier en ville
Munster		-	3 - 4	-	
Kientzheim	à abattre	-	plusieurs familles	x	- 4 "appartements"
Ammerschwihr		-	5 - 6	-	
Kaysersberg		-	20	-	
Riquewihr		-	5	x	- sous-utilisé (2 étages)
Ribeauvillé		-	5 - 6	-	- pas de bâtiment

Mais les hôpitaux ruraux, qui assurent l'aumônerie tant bien que mal, ne pourront jamais concurrencer, par leurs largesses toutes relatives, ceux des villes les moins bien loties. Tandis que celui de Wissembourg propose en un an 74 aumônes aux seuls pauvres domiciliés, que celui de Saverne distribue du blé à 408 personnes et accorde des aumônes à 324 autres, que celui de Sélestat prend l'habitude de dépenser vingt livres, le jour des morts, au titre de la passade[423], le petit hôpital de Riquewihr[424] se contente de décaisser annuellement 24 livres *pour faire les soupes aux pauvres* et 18 livres 5 sous pour leur assurer le pain de l'année. De toute façon, la part réservée aux passants est infime, en regard de ce qu'on offre aux vieillards, veuves et infirmes domiciliés . La double fonction de l'hôpital joue en faveur des malades et des pauvres intégrés dans la société :

[423] *Ibid.*, pp. 244-343 : AM Wissembourg : 1 H 544/34 (1730) ; ABR G 1009 (Saverne 1755); AHR C 1287 (Sélestat 1723).

[424] AHR C 1287 (1723).

% des sommes allouées aux pauvres par rapport au total des dépenses

	aux pauvres passants	aux domiciliés	aux passants et aux domiciliés
Riquewihr 1723 AHR C 1287	109 (14,8%)	257 (35%)	366 (49,8%)
Saverne 1755 ABR G 1009	30 (1%)	1087 (35,1%)	1117 (36,1%)

Le problème est de savoir si ce genre d'assistance, frileuse et restrictive, se trouve bien adapté aux nouvelles formes de la misère qui se traduit par le chômage et la migration !

Face à cette carence, il apparaît certes d'autres formes d'assistance, plus décentralisées et plus spontanées. Mais les fondations ne font pas meilleure impression que les hôpitaux ruraux. Une enquête, qui porte au XVIIIème siècle sur le diocèse de Strasbourg[425], dénombre 19 fondations[426], dont la plupart (13) sont laissées à l'initiative conjointe du curé de la paroisse et des préposés de la communauté. Le rapport total est de 173 sacs et demi de grains et de 4293 livres en espèces qui s'ajoutent aux 416 sacs et aux 27 969 livres tournois des fondations hospitalières. Les moyennes (9 sacs et 226 livres) cachent des différences énormes. Si l'on en croit l'enquête menée par le Comité de mendicité en 1790-1791[427], elles concernent une commune sur 10 environ et, dans le nord de la province, en dehors des villes de Lauterbourg, Wissembourg et Haguenau, c'est le vide complet.

Les fondations de charité de Basse-Alsace en 1791
(AN F16 972)

Cantons	Total des revenus (livres tournois)	Nombre de fondations communales	autres
Wissembourg	434	6	-
Lauterbourg	589	5	-
Niederbronn	2980	5	-
Soultz-sous-Forêts	115	3	-
Ingwiller	-	-	-
Haguenau	-	-	-
Fort-Louis	-	-	-
Bouxwiller	-	-	-
Bischwiller	-	-	-
Hochfelden	-	-	-
Saverne	-	-	-
Marmoutier	30	-	1 (abbaye)
Wasselonne	12	3	-
Brumath	-	-	-
Truchtersheim	-	-	-
Oberhausbergen	-	-	-
Molsheim	2090	9	-
Geispolsheim	-	-	-
Rosheim	125	3	-
Obernai	521	1	-
Barr	5958	2	1 (abbaye)
Erstein	931	5	-
Benfeld	1643	8	-
Sélestat	288	4	1 (fabrique Saint-Léonard)
Villé	750	3	-
Marckolsheim	102	2	1 (famille Flachslanden)
	19 275	59	4

425 ABR G 2622 (s.d.).

426 Plus celle de la famille Hoffmann à Haguenau.

427 AN F16 972 (Comité de mendicité, 1791)

Le revenu moyen de ces fondations n'atteint pas 300 livres. En 1791, le Comité de mendicité[428] mettra à nu les carences du système : état des sommes dérisoires consacrées à l'assistance, baisse constante des ressources charitables due aux difficultés économiques de la fin du siècle, niveau très bas des revenus hospitaliers dont une minorité dépasse le millier de livres, déficience des structures administratives... On peut d'ailleurs se demander si le système n'est pas de nature à encourager le vagabondage plutôt que d'y remédier, en offrant aux errants des possibilités d'hébergement. Même si le *Bettelvogt* les reconduit le lendemain matin à la porte de la ville, cette pauvre femme se rendant en pèlerinage à Einsiedeln en 1684, ce réfugié hongrois, cet émigré autrichien auront bénéficié de l'hospitalité de Sélestat en attendant de trouver ailleurs. Il en est de même en 1735 de ce pauvre de Bohême, de cette famille misérable du Palatinat, de ce musicien fou[429]...

Mais la cartographie du tissu hospitalier laisse apparaître des vides inquiétants, surtout dans la plaine, moins bien desservie que le piémont vosgien, en particulier dans sa partie septentrionale. La faible capacité d'accueil de ces institutions décourage d'ailleurs les meilleures intentions : pour une vingtaine d'entre elles, toutes situées en Haute-Alsace[430], elle ne dépasse pas en 1723 un total de 150 individus, soit en moyenne sept à huit personnes par hôpital. A Landser, ce sont des maisons du village, léguées par des particuliers, qui en assument la fonction. Les hôpitaux de Cernay et de Pfaffenheim sont hors d'état de servir. La plupart sont destinés en priorité aux *pauvres du lieu* et se contentent d'accueillir les passants de façon épisodique, en fonction de la place encore disponible. Ceux de Riquewihr et de Turckheim veulent bien leur offrir le gîte, à condition qu'ils aillent mendier dans la localité même et, à Soultz, il n'y a pas d'autre solution envisageable. La concurrence entre *bourgeois* et *passants* s'aggrave au moment des difficultés économiques. En effet, l'entretien d'un mendiant revient à peine moins cher que celui d'un pensionnaire[431] : de 3 à 5 sols (Colmar et Turckheim) pour les passants ; de 4 à 5 sols pour les pauvres du lieu (Colmar, Guebwiller, Ammerschwihr) ; de 5 à 6 sols et demi pour les pensionnaires (Thann, Guebwiller, Ensisheim, Kaysersberg, Riquewihr et Colmar). Si pour 5 sols, on touche une livre et demie de pain, une demi-livre de viande et une chopine de vin (Guebwiller), on peut supposer que le montant de la passade ne s'écarte pas sensiblement de ces rations. C'est du moins ce que semble suggérer la situation relevée dans les hôpitaux des villes : évaluée à 4 sols à Saverne[432], la ration se compose à Colmar d'une demi-livre de pain, d'une portion de soupe pour se sustenter, d'une botte de paille fraîche pour *gîter* à l'hôpital qui propose à nouveau, avant le départ du lendemain matin, une demi-livre de pain et une louchée de soupe[433].

---

428 *Ibid.*

429 AM Sélestat HOSP 30/13 et 14. Voir P. ADAM, *op. cit.*, pp. 33 et 140.

430 AHR C 1287 : enquête du subdélégué de Colmar (1723).

431 *Ibid.*

432 E. SABLAYROLLES, *th. cit.*, p. 324 (AM Saverne, HOSP 53).

433 Chr. AGNEL, *mém. cit.*, pp. 83-89.

2) Charité privée : la dispersion des efforts

Avant d'être organisée, la charité est donc affaire privée. L'assistance s'impose, de façon moins structurée, lorsque les indigents tombent à la charge de la communauté[434] ou lorsque, par les hasards de leur pérégrinations, ils viennent à s'arrêter dans la paroisse. Il est assez rare de trouver des curés ou des pasteurs tenant le décompte exact des secours distribués aux quémandeurs[435]. Le plus souvent, c'est la caisse des aumônes qui, régulièrement alimentée par les quêtes et les amendes[436], est utilisée à cet effet, mais non en totalité, car on y puise également pour couvrir les menues réparations à effectuer à l'église, acheter les objets du culte, les chaises et les livres de cantiques, le vin et les hosties, financer éventuellement l'installation d'une cloche[437] ou l'achat d'un berceau de baptême[438], accorder un prêt à l'un ou l'autre des paroissiens qui se trouve dans le besoin[439]. A la suite d'un véritable détournement de fonds au profit d'opérations qui n'ont guère de rapport avec l'assistance, il pèse donc sur la caisse des aumônes une constante ambiguïté que seule une analyse méticuleuse des comptes est susceptible de lever. Par ailleurs, il est souvent difficile de savoir quelle est la part réservée aux pauvres domiciliés et celle qui est distribuée aux mendiants de passage, sauf dans quelques cas particuliers où c'est le jour du mariage que s'effectuent les distributions[440]. C'est en tout cas le poste des dépenses, et non celui des recettes, qui permet de saisir la destination des sommes patiemment encaissées. L'exemple de Muttersholtz[441] montre à la fois le gonflement des sommes consacrées par la paroisse à l'assistance et leurs fluctuations en fonction de la demande et de l'offre étroitement liées à la conjoncture.

---

[434] ABR 8 E 286/62 : *Rechnung der Spendt zur Meistertzheim...* (Meistratzheim, 1672-1701).

[435] AP Goxwiller, 13 juin 1686 - 15 septembre 1687 ; 21 juin 1689 - 9 janvier 1691 (pasteur Philippe Oertel). Voir J. PREISS, *art. 2281*, pp. 149-158.
ABR 3 E 311/3 : *Allmosenzettel* de Muttersholtz (1743-1777).

[436] *Allmosenkass* ou *Allmosenpix* (*ibid.*, Goxwiller) ; *Allmosensäckel* (AMS Ms. 274, Mémoire Reisseisen pour Furdenheim, 1697 : *Das Allmosensäcklein sollte umgetragen werden von den in Bettel herumgehenden armen...* ; ABR 3 E 267/1, Lingolsheim 1735) ; *Allmosenstock* (*ibid.*, Lingolsheim 1700 et 1736 ; ABR 3 E 217/23, Illkirch 1727-1748).
Klingelsäckel (ABR 3 E 371/1, Pfulgriesheim 1721).
Klingelbeutel (ABR 2 G 379/6, Preuschdorf 1752, 1762, 1763).

[437] ABR 3 E 267/1, Lingolsheim, 25 mars 1725).

[438] ABR 3 E 5/1 : *Kinderwiege zur Tauf* (Alteckendorf 1690).

[439] ABR 3 E 219/23 (Illkirch-Graffenstaden 1731).
Voici quelques exemples d'utilisations de la *caisse aux aumônes* :
- ABR 3 E 5/1 (Alteckendorf) : deux pendules (1683), une chaire (1684), des bancs pour le choeur (1686), un catafalque (1687 et 1689), les frais de teinturier pour les ornements et trois tableaux en bois à fixer à la porte de l'église (1688), un berceau de baptême (1690), un récipient (1695), la confection de fenêtres pour l'église (1697)...
- ABR 3 E 267/1 (Lingolsheim) : un sablier (1652, 1654 et 1683, 1705), une nouvelle cloche (1725), des chaises pour les femmes (1724 et 1735)...
- ABR 3 E 263/5 (Lembach) : *Anno 1739 ist ein Himmel in die Kirche gemacht worden aus der gesambten Allmosen.*

[440] ABR 3 E 232 (Kertzfeld 1650).

[441] ABR 3 E 311/3 (1743-1777).

Mais l'intérêt de ce type de sources dépasse sa simple valeur quantitative. Les renseignements fournis par le pasteur de Goxwiller à la fin du XVIIème siècle - professions, origines, état physique - nous dévoilent la misère matérielle et morale de ces hommes, femmes et enfants jetés sur les routes par la conjoncture et suggèrent parfois la raison même de leur déracinement : phénomènes accidentels au lendemain d'une crise de subsistances, génératrice d'endettement et de vente de terres ; phénomènes structurels liés à un manque chronique de terre ou de travail que guerre ou crise peuvent à leur tour exacerber... Source remarquable en effet, malheureusement trop exceptionnelle et trop limitée dans le temps. Les aumônes distribuées portent sur des sommes minimes, mais elles s'accompagnent souvent de ce geste de fraternité irremplaçable qui consiste à servir aux mendiants une écuelle de soupe ou de bouillie[442]. Les rares paroisses qui pratiquent cette forme d'assistance, de façon suffisamment organisée pour que nous puissions la saisir, sont luthériennes au même titre que les consistoires[443]. Faut-il invoquer, pour l'expliquer, une meilleure organisation de l'assistance qu'en milieu catholique ou une perception de la pauvreté empreinte de plus de générosité, de solidarité, de responsabilité ?

L'assistance n'est d'ailleurs pas le monopole de la paroisse. Il arrive que la commune s'en charge, comme en témoignent ses comptes[444]. L'exercice de la charité fait partie de l'organisation communale au même titre que la répartition de la taille. A Ittenheim, le *Bettelacker*, pièce de terre louée par la communauté à un particulier, qui en contrepartie s'engage à héberger et à soulager les mendiants de passage, est utilisé à cet effet[445]. D'après l'enquête de 1791[446], les fonds de charité des communautés rurales semblent bien dégarnis : rien n'est prévu dans les cantons d'Oberhausbergen, de Geispolsheim, d'Erstein, de Haguenau, de Bischwiller. Ailleurs, quelques livres, parfois quelques dizaines de livres sont consacrées à l'assistance : 5 dans le canton de Hochfelden, 64 dans celui de Brumath, 114 dans celui de Marmoutier, 170 dans celui de Bouxwiller 363 dans celui de Saverne. La communauté d'Epfig partage quatre rézaux de froment par an entre les pauvres, tout comme celle de Stotzheim... La plupart des communes leur consacrent moins de 100 livres : 55 à Breuschwickersheim, 52 à Achenheim, 50 à Marckolsheim, 42 à Ernolsheim, 26 à Sermersheim, 24 à Wolxheim, 9 à Eckbolsheim, 4 à Dahlenheim... De quoi mettre en lumière les chiffres étonnants relevés dans le canton de Benfeld (3200 livres à Kertzfeld, 2800 à Kogenheim, 2000 à Rhinau, 1200 à Ebersmunster)... Les méthodes d'appréciation sont-elles les mêmes ?

En raison de l'indigence de cette documentation, force est de recourir

---

442 J. PREISS, *art. cit.*, pp. 149-150.

443 ABR 2 G 66/264-269 (1725-1738).

444 AMS VII 79/32 : aumône à 68 pauvres par la communauté de Wasselonne (1779).

445 ABR 8 E 225/26-27 : *dass er drei Betteleute von der Nachbarschaft die öfters auf dem Karch gebracht werden zu beherbergen* (1737) ; *wann aber im Fall sollten arme geschickt werden so soll er Bassler sie übernacht behalten* (1750).

446 AN F[1 6] 972 (Comité de mendicité, 1791).

aux archives de la ville[447] qui, grâce aux *Elendherbergen* et aux *Bettelstuben* annexées aux hôpitaux, accordent une place importante aux mendiants d'origine rurale. C'est un fait que les campagnards ne profitent pas toujours de tels établissements dont certains sont réservés aux natifs de la ville : tel est le cas, à Strasbourg, de la Maison des pauvres qui date de 1767. Mais raisons de sécurité et motifs humanitaires se mêlent dans la prise en charge de passants et de pauvres, quelle que soit leur origine : la fondation Saint-Marc est ouverte aux ruraux[448] et la Maison de force, établie en 1781, compte bon nombre de campagnards parmi les 300 *renfermés*[449]. La ville peut aussi accueillir les ruraux de façon occasionnelle : nous apprenons, grâce aux recommandations faites en 1781 par le bailli Hell aux prévôts, que les Sundgoviens se rendent à Bâle les jours de fête pour y mendier[450]. Malheureusement ces mendiants de passage échappent, plus que les autres, à tout repérage systématique.

3) Surveillance et répression

Mais, à défaut de pouvoir réglementer et contenir la mendicité par l'assistance, on cherche à la proscrire par la répression : tel est l'objet des déclarations royales, relayées par les ordonnances de l'intendant, sur la définition et la répression de la mendicité[451]... La simultanéité des deux attitudes ne va pas sans contradiction pour des autorités soucieuses à la fois de tolérer et d'interdire. A l'idéal médiéval de la pauvreté sublimée par le Christ et qui appelle la charité se substitue une certaine férocité bourgeoise à l'égard de la pauvreté, assimilée à la fainéantise (suprême humiliation pour des gens qui n'ont pas de travail). On insiste sur la nécessité d'endiguer le flot des errants, de procéder à leur arrestation et à leur *enfermement*. Pour l'historien, c'est une petite aubaine : aux rares comptabilités secrétées par la charité, s'ajoutent les dossiers de la maréchaussée qui cherchent à cerner ce qu'il est convenu d'appeler, depuis Louis Chevalier, les *classes dangereuses* : dangereuses parce qu'elles propagent les contagions[452], dangereuses parce qu'elles ébranlent l'ordre public, menacent la propriété avec leurs torches vengeresses et se tiennent prêtes à participer aux agitations endémiques lorsque les chertés deviennent insupportables. *Les pauvres croupis dans l'indolence*, écrit en 1780 le subdélégué de Haguenau, *sont de toutes les bandes qui pillent, violent et assassinent les campagnes aisées*[453]. Le lien supposé ou réel, entre la pauvreté et la délinquance entretient un sentiment

---

447 E. SABLAYROLLES, *th. cit.*, p. 247 : à Colmar, l'hôpital enregistre 15 189 passades pour la seule année 1713 et jamais moins de 11 000 admissions par an.

448 AMS VI 362 : beaucoup de ressortissants des bailliages ruraux (analyse des 65 demandes d'admission en 1782).

449 AN F^{15} 231 : Etat des dépôts de mendicité de Strasbourg en 1789.

450 L. ABEL, *op. [381]*, p. 242.

451 E. SABLAYROLLES, *art. 2282* : l'auteur retrace les principales phases de la répression du vagabondage en Haute-Alsace entre 1680 et 1789.

452 AHR C 1096 : *Deux malheureux, dont l'un est ici avec femme et enfants, sont dans la plus grande misère et rongés de la teigne, nous serions exposés de voir communiquer cette maladie à toute notre ville* (Magistrat de Huningue, le 12 juin 1778).

453 ABR C 336.

d'insécurité chez les classes possédantes. L'indigence porterait-elle un masque à une époque où les délits contre les biens se multiplient[454] ? On s'achemine en tout cas vers une mendicité de plus en plus mal acceptée. Les travaux de Jean-Pierre Gutton ont montré combien la pauvreté, sous l'effet de la misère obsessionnelle et du pessimisme ambiant, perdait progressivement sa vertu sanctifiante et l'auréole mystique qui, au Moyen Age, en faisaient un signe d'élection[455]. Or, parallèlement, la philanthropie laïcisée, reflet de l'optimisme éclairé du siècle, ne connaît qu'un début de réalisation. L'*enfermement* reste donc à l'ordre du jour et l'état de pauvreté, au lieu d'être valorisé, est à présent culpabilisé. Mais auparavant, on cherche à endiguer - ainsi s'exprime le Magistrat de Huningue en 1778[456] -, le flot de *cette bande de vagabonds dont nous sommes inondés* et qui causerait *une augmentation dans les misérables et mendians dont le nombre n'est déjà que trop considérable.* L'admission des *gens sans aveu, sans proffession, sans facultés..., sans moeurs... seroit certainement dangereuse par le mauvais exemple d'une part et par la surcharge de misérables qui pressés par le besoin... se portent à des expédiens aussi contraires a la santé publique qu'aux bonnes moeurs et à la fidélité*[457]. Insécurité et peur se conjuguent. C'est au nom de la sécurité, que l'ordonnance des Eaux et Forêts de 1669 et l'arrêt du Conseil d'Etat du 3 mai 1720[458] ordonnent d'abattre les arbres sur soixante pieds de profondeur en lisière de forêts, le long des routes. C'est donc le concept de dangerosité qui tend à supplanter le sentiment de compassion. Il va de soi que la proximité de la frontière, avec sa faune de contrebandiers, de déserteurs et d'embaucheurs, ne fait qu'aggraver le problème auquel on cherche à répondre par une surveillance renforcée[459]. Le laissez-passer délivré jadis par les autorités seigneuriales[460] est à présent signé par l'intendant lui-même[461]. Mais il y a un monde entre cette prise de conscience et la réalité de la répression. On prend de plus en plus conscience du fait que la pauvreté est l'affaire de l'Etat[462]. Les progrès de l'inflexibilité du pouvoir central ne font pas de doute : l'oisiveté, la mendicité, le vagabondage sont des crimes ; la charité privée est théoriquement interdite. L'ordre d'expulsion de la province des gens *sans*

454 Voir *infra* pp. 1535 ss.

455 J-P. GUTTON, *op. 2260*, pp. 93-171.

456 AHR C 1096, 12 juin 1778.

457 *Ibid.*

458 ABR A 7 et C 491.

459 AHR C 1096.
AHR C 1504 : lettre circulaire adressée aux *Schutheissen* de Bollwiller, Feldkirch, Ungersheim, Reguisheim, Heimsbrunn et Flaxlanden (9 août 1736) et rappelant un accord entre la France et le Palatinat au sujet des déserteurs palatins ayant passé en France. Ils seraient passibles d'une amende de 30 livres qui est doublée s'ils sont à cheval ; on refusera de les loger, de les habiller, de les assister, de les armer ; ils seront extradés dès leur arrestation.
AMS VI 651 : lettre de Ségur au préteur royal Gérard, lui demandant de trouver un dépôt pour y interner 400 à 500 déserteurs (3 mai 1783).
ABR C 397 : Mémoire adressé à Versailles, en 1789, par le prévôt général de la maréchaussée de Haute et Basse-Alsace.

460 J. PREISS, *art. cit.*, p. 149 : *mit einem öffentlichen Schein* (Goxwiller, AP 1686-1690).

461 AHR 3 B 156 : laisser-passer pour Barbe Meyland, originaire de la région de Landau (28 avril 1787). Ann. 55/2.

462 BNUS Ms. 1724 : *fällt dem Staat als Bettler zu last* (*Verabschrift der Handschrift...*, fin XVIIIème siècle).

aveu ni domicile, enregistré par le Conseil Souverain dès 1693[463], n'est que le reflet de la législation répressive dont les mesures s'égrènent, à partir de 1682, tout au long du XVIIIème siècle [464]. La grande déclaration du 18 juillet 1724 confie à la maréchaussée la responsabilité de la capture des vagabonds et des mendiants[465]. Mais, alors que, jusqu'en 1724, on refuse de considérer le mendiant valide comme un pauvre mendiant pour l'assimiler au vagabond, la déclaration du 2 août et la lettre circulaire du 5 septembre 1764 s'en prennent aux seuls vagabonds[466] : ils prévoient d'envoyer dans les dépôts de mendicité quiconque serait pris à six lieues de son domicile et de le faire condamner par le tribunal de la maréchaussée à une peine de galères plus ou moins longue[467]. Même s'il s'agit souvent d'une détention provisoire, les registres d'entrée au dépôt d'Ensisheim, ouvert en 1767, constituent une source capitale pour l'étude de la mendicité[468]. Dans cet ancien collège de Jésuites, l'intendant de Blair installe *des pensionnaires d'une autre espèce*, mélangeant les âges et les sexes : des enfants de cinq à sept ans y côtoient des *filles libertines*, des soldats, des mendiants. Ces derniers représentent les deux tiers des 180 détenus d'Ensisheim. Le mendiant y décline son identité, y déclare sa dernière profession et les raisons de son forfait, les ressources dont il dispose, le lieu où il compte s'installer et s'engage à signer une *soumission de ne pas mendier*. Une telle réglementation trouve sa réplique dans l'ensemble des territoires du Rhin supérieur[469]. Mais ne nous y trompons pas : l'activité de la maréchaussée, incapable du reste d'assurer efficacement la police des routes, ne peut se déployer que si le vagabond est pris en flagrant délit de mendicité ou de vol. Une fois de plus, nous n'avons donc qu'une vision partielle du phénomène[470].

D'ailleurs les paysans ont-ils suivi le mouvement ? Si les réglements de police urbaine revêtent une certaine efficacité, il n'en est pas de même à la campagne. Sur l'insistance de l'autorité seigneuriale, les municipalités se contentent d'interdire l'hébergement d'un mendiant pendant plus d'une

---

463 DE BOUG, *Ord. Als.*, t. I, pp. 215-217 : *Arrêt portant règlement touchant les Mendians* (14 novembre 1693).

464 DE BOUG, *Ord. Als.*, t. I, p. 116 (11 juillet 1682), pp. 162-163 (12 octobre 1686) ; pp. 164-165 (28 janvier 1687) ; pp. 300-302 (25 juillet 1700) ; pp. 615-620 (18 juillet 1724) ; t. II, pp. 364-365 (20 octobre 1750) ; pp. 627-632 (4 novembre 1762) ; pp. 672-673 (3 août 1764).

Voir E. SABLAYROLLES, *th. cit.*, pp. 190-204 et *art. cit.*

465 Reproduite dans ABR 8 E 481/21 (Stotzheim 21) : *Déclaration du Roi au sujet des mendiants et voleurs de Chantilly* (18 juillet 1724).

466 AN F15 138. Sur la constitution des dépôts de mendicité, voir ABR C 146/72 et : DE BOUG, *Ord. Als*, t. II, p. 672 (12 septembre 1764).

467 Nous ne nous arrêtons pas sur les peines infligées : voir ABR C 396 (1753-1772).

468 AHR C 1233, 1237, 1289.
AN K 1142/77 (1783).

469 GLAK 215/298 : *Chur- und ober-Rheinische gemeinsame poenal-sanction und Verordnung wieder das schädliche Dieb- Raub- und Zigeuner- sodann Herrlose Jauner-Wildschützen- auch müssig und liederliche Bettelgesindel* (impr., 4 septembre 1748).

470 Voir *infra* pp. 1476 ss.

nuit[471]. Peu enclins à prêter main-forte à la tâche risquée de la maréchaussée, avares du temps qu'ils risqueraient de perdre loin de leurs champs, les paysans se contentent parfois d'une garde factice et inopérante[472]. Ils préfèrent s'en remettre aux officiers seigneuriaux. Deux *visitatores* assument la responsabilité de la chasse aux mendiants pour l'ensemble du bailliage de Cleebourg : ils font des rondes de jour et de nuit, assistent à l'occasion les gardes champêtres en difficulté, réclament les laissez-passer aux voyageurs étrangers et aux Juifs, contrôlent dans les villages l'activité des gardes de nuit qu'ils surprennent parfois... dans leur lit[473]. Mais cet apparent relâchement n'empêche pas, le cas échéant, la collectivité tout entière de dénoncer les éléments suspects et d'applaudir à leur arrestation[474]. La commune de Guémar embauche un chasse-gueux qui, moyennant 100 livres par an et des exemptions d'impôts, est tenu d'emmener sur sa charrette, à destination du village voisin, les mendiants qu'il aura embarqués dans les limites de l'agglomération[475]. Il s'agit en somme, à défaut de pouvoir fixer la mobilité, toujours considérée comme dangereuse, de détourner le danger vers le voisin... En réalité, les réactions dépendent de la conception que l'on se fait de l'errance, selon qu'elle est considérée comme une valeur reconnue, tolérée ou refusée[476].

Conclusion : Vaincre la mendicité, un objectif illusoire

Une situation aussi grave appelle des réformes de fond[477]. Le seul fait de les envisager constitue déjà un progrès, compte tenu du conditionnement culturel face au problème de la pauvreté. A partir du moment où l'on considère que la pauvreté n'est pas forcément voulue par Dieu, mais secrétée par les hommes, c'est aux hommes eux-mêmes de trouver des solutions pour la combattre. Or, par leur caractère ponctuel, malthusien et quelque peu passéiste, les remèdes traditionnels manquent d'envergure : il ne suffit pas de prohiber la mendicité, réorganiser les institutions de charité, fixer l'âge et le montant de la fortune au mariage, exclure les indésirables, surveiller les moeurs... Le couple alternatif assistance-répression n'est pas d'une efficacité satisfaisante. Aussi, plus de 80% des solutions proposées tournent-elles, à la fin du XVIIIème siècle, autour du droit au travail. Le vagabond, c'est d'abord le malheureux en quête d'embauche ou en proie au désespoir, parce qu'il ne trouve que des emplois instables et mal rémunérés. Pour échapper au vagabondage, la campagne, surchargée de monde, réclame

---

[471] ABR B 367 : mesures prises à Hunspach en 1763-1767, sur ordre du duc de Deux-Ponts Christian IV, contre la canaille vagabonde (*vagabundierendes Gesindel*).

[472] ABR C 365, 396-398.

[473] H. GERST, *op. [403]*, p. 128 (source : ABR B 368-376).

[474] AHR C 1563.

[475] AHR E dépôt 30 BB 1 : *Solle er Steymer verbundten sein alle Bettler so von anderen Orthen hirhero geführt werden ohne ausnahm mit seiner fuhr und vieh in das nächst orth oder dorf... fort zu führen, ohne das die burgerschaft dessentwegen könne incomodirt oder belästiget werden* (organisation de la *Bettelfuhr*, Guémar 7 décembre 1730).

[476] Voir *infra* pp. 1437 ss.

[477] AN F[15] 138 : correspondance entre le Ministère de l'intérieur et les provinces (an II - an XIII), avec une rétrospective remontant jusqu'en 1670.

des emplois à la fois plus nombreux et plus diversifiés et la société n'est pas en mesure de répondre à cette demande croissante. Que l'on relance les opérations de défrichement et la construction de chemins, soit. Mais c'est de l'industrie que peut venir la solution : de Dietrich, dans la région peu fertile et très peuplée de Niederbronn, donne du travail à plus d'un millier de familles ; à Klingenthal, par contre, les paysans du cru ne profitent guère des créations d'emplois, dit-on avec quelque exagération puisque la main-d'oeuvre est presque entièrement *importée*[478]. Mais c'est surtout l'atelier ou la manufacture textiles qui ont pour mission d'absorber le trop-plein des campagnes : ils permettent de rester au village en exerçant une activité d'appoint, sans exiger de qualification professionnelle particulière. On confectionnera des draps et des toiles peintes ; on fabriquera des chapeaux de paille, des bonnets, des bas, des boutons et des rubans... Les mémoires à l'Assemblée provinciale avaient déjà multiplié les recommandations à ce sujet : *les fabriques sont le moyen le plus sûr de nourrir les pauvres et de détruire la mendicité*[479] ; *dans les manufactures de toiles peintes, ... leurs journées seront payées au poids de l'or*[480]. En 1789, la communauté de Kingersheim, consultée par l'intendant sur les projets de Risler, émettait à l'unanimité un avis favorable quant à l'établissement d'une manufacture qui procurerait du *travail aux habitants en général, et en particulier à la classe indigente, dont les enfants, à bas âge, de l'un et de l'autre sexe, pourront gagner leur subsistance quotidienne et dont la plupart, sans cette ressource, serait nécessité de mendier leur pain*[481]. La campagne est-elle prête à accueillir ou à développer ces activités vivifiantes ? Les plus optimistes font remarquer que les anciens hôpitaux, en partie transformés en ateliers de charité, pourraient prêter leurs bâtiments. A Strasbourg, on projette de créer des manufactures dans la Maison de Force et l'Hospice des Pauvres, tandis que la Maison des Enfants Trouvés a, depuis 1782, sa manufacture de laine[482].

En dehors des solutions spécifiques, il reste un problème de fond : comment faire du paysan un *ouvrier* ? Il n'a aucune expérience et il faudra des décennies pour qu'il abandonne ses réflexes de terrien. Le XIXème siècle héritera d'un redoutable problème. Pour venir à bout de *l'hydre toujours renaissante* qu'est la mendicité[483], la Commission intermédiaire avait proposé de réformer l'assistance, entre autres par la contribution des habitants à un dépôt commun, sorte de caisse de solidarité qui remplacerait l'aumône effectuée, de façon dispersée, par les communautés religieuses[484]. L'enquête de 1791 n'y revient plus, puisque la Révolution vient d'engager ce processus de sécularisation. Mais force est de constater que, sous l'Ancien

[478] Voir *supra* pp. 1058-1059.

[479] AHR C 669 (cit. par Ch. HOFFMANN, *op. cit.*, t. I, p. 483, note 1) : mémoire de Zaiguelius, Reiset et Salzmann.

[480] *Ibid.*, Mémoire de Sandherr.

[481] *Ibid.* (3 juillet 1789).
Voir également AN K 1142/77 (à propos d'Ensisheim, 1783).

[482] E. SABLAYROLLES, *th. cit.*, p. 554.

[483] Procès-verbal de la Commission intermédiaire, pp. 166-167 : rapport Horrer (8 décembre 1788) et *Essai sur la mendicité en Alsace* du comte de Waldner.

[484] *Essai sur la mendicité* par le comte de Waldner (pp. 167-168).

Régime, l'Etat ne réussit pas dans sa politique d'extinction de la mendicité et d'endiguement du vagabondage et qu'en l'absence de toute législation sociale, ou en revient toujours à... la charité privée. C'est dire que vouloir vaincre la mendicité reste un objectif illusoire, sauf recours à l'émigration ou à la transformation des techniques de culture.

Les remèdes à l'indigence d'après l'enquête de 1791 (AN F^{16} 972)

	Nb. d'occurrences	%	
Donner du travail aux habitants	48	84,2	- Ateliers pour les femmes (filage du chanvre, du lin, de la laine, du coton ; tricotage de gants ; fabrication de bas à l'aiguille, de bonnets, de chapeaux de paille) : 10 (17,6%) - Manufactures (blanchisserie ; filature ; tissage de toiles peintes, de draps grossiers ; fabriques de rubans et de boutons ; reconversion des hôpitaux) : 21 (36,8%) - Fabriques de tabac (reconversion des hôpitaux) : 5 (8,8%) - Ateliers de charité (utilisation des hôpitaux) : 2 (3,5%) - Travaux publics (chemins et digues) : 4 (7%) - Défrichement, conversion des terres, culture du mûrier: 4 (7%) - Développement du commerce : 2 (3,5%)
Réorganiser les institutions de charité	5	8,8	Caisse de solidarité, administration des biens nationaux par les communes, établissement d'impôts nouveaux
Mesures d'admission et d'exclusion	3	5,3	Réduction du nombre de Juifs (1), contrôle des entrées avec surveillance des cautions et fixation de l'âge du mariage (2)
Surveillance des moeurs	1	1,7	Interdiction de l'organisation de fêtes du village et de la fréquentation des cabarets
	57	100	

B) Définition et typologie de la pauvreté rurale

Esquisser une typologie des pauvres, c'est tenter de proposer des modèles explicatifs de la pauvreté dont l'errance est l'expression la plus achevée. On définit le pauvre par rapport à celui qui ne l'est pas : il est toujours sans fortune, le plus souvent sans travail, parfois sans domicile. Or se retrouvent dans l'état de pauvreté des éléments trop hétérogènes pour constituer une véritable société en marge de la société. Pour les autorités, nous l'avons vu, mendicité et vagabondage, deux aspects d'un même état, sont considérés comme des délits en soi, en violation des normes établies : les brigades de la maréchaussée repèrent ceux qui ont un comportement suspect ou qui présentent quelque signe d'étrangeté. N'y aurait-il donc pas de vagabondage inoffensif ? En fait, il y a des vagabonds qui ne sont pas mendiants et des mendiants qui ne sont pas vagabonds. Les premiers ne commettent pas le crime de mendicité ; les seconds, domiciliés dans la paroisse, ont souvent un métier comme activité essentielle et la mendicité comme ressource d'appoint. Cette dernière, loin d'être considérée par les villageois comme un délit en soi, n'est pas perçue de façon négative : sanction de l'échec professionnel, le déracinement, c'est-à-dire le passage de l'activité d'origine à l'errance, suscite la compassion et la charité. D'ailleurs, ces mendiants eux-mêmes ont-ils conscience d'exercer une activité coupable ? Tout au plus l'état de mendicité, stade ultime de la misère, est-il perçu comme une déchéance sociale qu'on n'accepte qu'avec résignation après avoir épuisé les délais autorisés par les privations, l'endettement, la liquidation des biens. Laurent Kientzle, tisserand natif de Turckheim mais hors d'état de travailler, *se voyant réduit à mourir de misère...*, plutôt que de céder *au métier odieux et criminel d'aller voler*, se décide, en 1785, *pour sauver sa vie, celle de sa femme et de ses enfants, de se traîner à l'appui de son bâton du dit Turckheim... pour couvrir sa honte en la ville de Colmar... aussi caché qu'il pût*[485]. Mais ces fils de malheur se distinguent eux-mêmes des mendiants de profession et des faux mendiants. Seul un climat d'insécurité, contribuant à l'amalgame, peut rendre inopérantes les anciennes structures d'accueil et de charité. Mais la misère tient à ses degrés et c'est à la suite des circonstances de la vie que l'on glisse insensiblement d'un stade à l'autre. Entre ces deux formes de l'indigence, des points communs subsistent : ce sont l'insécurité du lendemain et la dépendance de la générosité d'autrui.

1) Une double réalité : vagabonds et pauvres domiciliés

Le postulat qui fonde le vagabondage est donc l'absence d'enracinement. A l'occasion de la création des dépôts de mendicité, en 1764, la législation en propose une double définition : sont considérés comme vagabonds ceux qui sont pris, pour la seconde fois et en flagrant délit de mendicité, à six lieues de leur domicile[486] et *ceux qui depuis six mois révolus n'auraient exercé ni profession ni métier et qui n'ayant aucun bien pour subsister ne peuvent être avouer ou faire certifier leur bonne vie et moeurs par personnes dignes de foi*[487]. Les vagabonds sont définis comme des gens sans aveu dont personne n'est prêt à se porter garant : ni le seigneur qui leur refuse toute protection puisque, du fait de leurs déplacements, ils ne sont pas rattachés à une seigneurie précise ; ni la communauté qui, pour les mêmes raisons, ne les accepte pas en son sein. *Nullum domicilium fixum habentem ; in nullo loco stabiliter*[488] : les registres paroissiaux comme les règlements seigneuriaux[489] en proposent une définition négative fondée sur l'absence d'attaches, péché capital dans une société d'ordre et de stabilité. Etre sans aveu, c'est être sans statut et sans droits ; c'est se trouver relégué dans le *quatrième état*. C'est tomber non seulement en deçà du seuil de dépendance, mais plus bas que le seuil de résidence.

---

485 AHR C 1564.

486 AN F15 138.

487 DE BOUG, *Ord. Als.*, t. II, p. 672.

488 ABR 3 E 177/6 (Gunstett M 1742 et 1744).

489 AC Mundolsheim : *einen fremden Landläufer, faule Bettler* (*Policeÿ-Ordnung der Herrschaft Mundolsheim und Mittelhausbergen*, 1778).

Mais, dans ce domaine, toute classification systématique doit être proscrite. La marge est étroite entre la mendicité occasionnelle et la vie vagabonde, de même que la limite n'est pas très tranchée entre les errants et les nécessiteux. Comme le constate Jean-Pierre Gutton[490], il s'établit entre la pauvreté et la mendicité une différence de degré, non de nature. Une différence de statut aussi : la pauvreté, synonyme de médiocrité, n'est pas très prisée par une société dans laquelle la réussite secrète l'estime, tandis que l'échec sanctionne la paresse[491]. Pas moins de trente communes alsaciennes portent aujourd'hui encore des sobriquets, à connotation dépréciative et ironique, qui rappellent leur légendaire pauvreté[492] souvent désignée par de savoureuses métaphores[493]. On n'aime pas les ramasseurs de miettes, on tourne en dérision la misère des autres. Mais quand la misère frappe l'individu ou la famille, quand elle devient indigence, elle cesse d'être répréhensible ; quand elle conduit réellement à la mendicité elle se charge, dans l'imaginaire paysan, de valeurs plus positives.

C'est malgré tout le vagabond, véritable déchet social, qui est le plus mal perçu par une société de sédentaires, puisqu'il refuse les règles admises par le groupe : tant qu'il voyage, il renonce à toute intégration et se coupe de toute possibilité d'ascension sociale[494]. Il n'en faut pas davantage pour être considéré comme *un homme de peu de renomé duquel on fait peu de cas... qui ne vaut pas grand chose...* Dans une société très croyante, il est classé parmi les mécréants, car la vie nomade ne lui permet pas de faire ses Pâques[495]. Son tort premier est d'être étranger à la paroisse. Une puissante réaction de xénophobie détourne donc l'agressivité vers l'étranger ou le voisin immédiat, bouc émissaire tout désigné. Au contraire, le seul fait d'être installé constitue une prime et, sauf en période de guerre où la campagne est submergée d'étrangers[496], l'assistance paroissiale donne toujours la préférence aux pauvres domiciliés[497]. Ils font partie des *bons pauvres* qui apportent l'apaisement à la conscience de ceux qui les aident, tandis que la marginalité est considérée comme suspecte et malfaisante. En 1791, les habitants de Dossenheim-Kochersberg *offrent à soigner leurs pauvres pourvu qu'ils ne soient plus importunés par des étrangers*[498]. Quant à la municipalité de Benfeld, elle déclare n'avoir *d'autres moiens pour*

---

[490] J-P. GUTTON, *op. cit.*, p. 79.

[491] H. GERST, *op. cit.*, p. 120 : *car nombreux sont les paresseux préférant vivre d'aumônes* (lois somptuaires du duché de Deux-Ponts, *Protocoll-Buch* 1769).

[492] M. ALLHEILIG, *art. 1836*, pp. 112-113 : *Bettelsack, Barfüssler, Zinsler, Bankrotbürger.*

[493] Ibid. *: arm wie e Kerichemüs ; do verecke d'Spatze in de Arn...*

[494] A. VEXLIARD, *op. 2287.*

[495] AEBP A 47/29 : *Maurice Dietrich et Henry Chappuis..., joueur de violon qui roule de village en village... En un mot, ce sont deux vaurien qui n'ont pas de parens dans les deux seppois* (charges suffisantes pour se faire récuser dans un procès de dîme de pommes de terre, Seppois, 1778).

[496] J. PREISS, *art. cit.*, p. 155 : à Goxwiller, entre 1686 et 1690, sur 296 personnes secourues, 132 sont des pauvres domiciliés (44,6%) et 164 (55,4%) sont *chassés par la guerre* (AP Goxwiller).

[497] A propos des pauvres domicilés (*Hausarme*), souvent assimilés aux *Pauvres malades des Paroisses*, voir BNUS Ms. 3824 (discussion sur le fait de savoir s'il faut les considérer comme des gens de mainmorte, après la déclaration du Roi d'août 1749).

[498] AN F^{16} 972 (Comité de mendicité, 1791).

remédier à la mendicité des vagabonds et étrangers des autres communautés parce que l'on ne connoît point le sujet de leur pauvreté ou oisiveté, mais à l'égard de tous les pauvres de la commune de Benfeld, la communauté se charge de les soigner, secourir et prévenir la Mendicité de leur part à l'avenir moiennant le secours de fondations et de fabriques de cette commune[499]. La société sera donc tolérante pour les *pauvres domiciliés*, à condition que ces derniers puissent faire état d'une incapacité évidente ou de l'adversité d'un sort qu'ils n'ont pas choisi ; sinon ils sont récusés au nom d'un existence parasitaire. Et gare aux fraudeurs ! Cette même société sera par contre peu accueillante aux *pauvres étrangers* dont le déracinement est synonyme de marginalité, d'anormalité et de criminalité. Le drame, c'est que la conjoncture multiplie non seulement les déclassés, mais aussi les délocalisés !

a) Les pauvres au village

Penchons-nous un instant sur la frange paupérisable : nous prendrons quelque distance par rapport aux *pauvres gens* pour découvrir, derrière cette clause de style, les villageois réellement pauvres. Pour cerner le seuil de pauvreté, il nous faut interroger les victimes potentielles, c'est-à-dire le menu peuple des gagne-deniers, anonyme et silencieux, ignoré par l'histoire officielle qui privilégie ceux qui monopolisent la richesse, l'influence et le prestige, et dont les traces se perdent dans la masse documentaire de l'histoire démographique et sociologique. Ce monde des paupérisables est difficile à cerner : il comporte des domestiques, des journaliers (mais pas tous), également des artisans et des laboureurs. Il est des laboureurs qui épisodiquement mendient leur pain[500] ou qui se font embaucher comme valets de ferme[501]. Nos constatations sur les hiérarchies sociales[502] nous ont éloigné de la perception uniformatrice de la société rurale que propose Paul Bois pour l'Ouest français[503], où l'ensemble de la population vivrait à mi-chemin entre le luxe et le dénuement complet : même la communauté d'habitat ne secrète pas en Alsace pareille homogénéisation. La société rurale est bien contrastée. Par ailleurs, une lecture unidimensionnelle, réductrice et négative de la pauvreté ferait du *peuple* - terme souvent employé par les physiocrates - le véritable gisement de la misère dans lequel l'historien n'aurait plus qu'à puiser. Pour l'élite sociale, seul un propriétaire peut être riche, tandis que les droits communautaires - glanage, vaine pâture -, qui *sentent le peuple*, seraient des indices indiscutables de la pauvreté et de la... paresse. La réalité est à la fois plus complexe et plus mouvante, car la pauvreté n'est pas une situation de caste. On peut ne pas être pauvre, mais le devenir, à la suite de circonstances individuelles (incendie, maladie, invalidité, disparition prématurée du chef de ménage) ou collectives (guerre, série de mauvaises récoltes, épizooties).

---

499 *Ibid.*

500 ABR E 1384 : *Bauern die die halbe Zeit das brodt heischen* (Innenheim 1683) ; *10 arme brotheischende Bürger* (Krautergersheim 1683).

501 AHR E 156 : *dient als Knecht* (Fortschwihr 1772).

502 Voir *supra* pp. 991 ss.

503 P. BOIS, *op. 2357*, pp. 442-448.

Tout au plus y-a-t-il des strates sociales plus exposées que d'autres, parce que plus proches d'un seuil de pauvreté, lui-même fort variable. Cas tout-à-fait classique : voici une veuve de Reitwiller qui possède une maisonnette d'une valeur de 80 livres, avec comme seul mobilier un mauvais lit[504], dont les enfants vont mendier et qui se trouve constamment sous la menace des enchères qu'agite Löwel, le Juif de Wintzenheim. Voici, en 1752, le porcher d'Andolsheim[505] ou le berger communal[506] de Schaeffersheim, porcher ou vacher, rémunéré en nature et à la pièce, à raison de 14 picotinspar cheval, 6 par vache, 4 par génisse, et tout heureux de pouvoir ramasser le fumier perdu : au total un revenu d'une vingtaine de rézaux par an, ce qui représente en seigle, entre 160 et 200 livres tournois[507]. C'est un salaire de misère, sans commune mesure avec l'importance sociale du pâtre : n'est-il pas un des seuls à posséder l'art vétérinaire et à connaître les herbes qui guérissent ? Il est d'autres petits métiers qui ne paient pas, celui du taupier par exemple...

Le journalier n'est pas à l'abri de l'indigence. Imaginons que son salaire fournisse, à une famille composée d'un couple et de trois enfants, entre 200 et 300 livres tournois par an, à la fin du XVIIIème siècle. Une miche de pain de 6 livres, ration journalière normale, coûtant 10 sols, il consacrera au pain 182 livres tournois par an, soit, selon le cas, 91% ou 61% de son salaire. S'il est célibataire, la situation est moins hasardeuse (environ 60 livres tournois par an, soit respectivement 20 et 30% du salaire, sont consacrées au pain). Le chef d'une famille de trois enfants n'échappera donc à la mendicité[508] – dont le seuil peut-être fixé à 200 livres tournois[509] – qu'à deux conditions :

- s'il peut compter sur l'appoint du travail de son épouse ou de l'un ou de l'autre de ses enfants ;
- s'il joint à ce *salaire-subsistance* la garantie d'un *salaire monétaire*[510] qui procéderait d'activités complémentaires : bûcheronnage, charrois, batellerie, pêche[511], garde du bétail...

Par chance, ce sont les régions les plus pauvres, situées à proximité du Rhin ou de la forêt qui offrent ce genre d'activités. Si ces conditions se

[504] ABR 6 E 7, Not. Bouxwiller, P.V. d'inventaire 363 (1767).

[505] AHR E 161 : *geht in Allmosen.*

[506] E. HAUG, *op. 1805*, p. 79 : à Oberbronn (1641-1775), le vacher touche, en 1690, 29 et le porcher 34 sacs de grains par an.
AHR E dépôt 30 BB 1 et 2 (Guémar, salaires XVIIIème siècle).

[507] ABR 8 E 438/2 : *Hirtenbuch* Schaeffersheim (1781-1789).

[508] Le terme de *bettelarm* revient constamment dans les demandes d'exemption d'impôts.

[509] Un rapport strasbourgeois anonyme sur la mendicité, daté de 1787, le fixe, pour trois personnes, à 303 livres (ABR G 2622).

[510] Fr. FURET, *art. 1555*.

[511] A. POSTINA, *op. [449]*, pp. 112-143 : batellerie, orpaillage, commerce du bois, passage du Rhin (Munchhausen, XVIIIème siècle).
AMH FF 283/8 : *Wenn diese Leute nicht durch Fahren und Handarbeit in umligender Orten etwas zu verdienen suchten, wären sie weit ausserstand sich zu behalten... Holtz machen, Holtz und Kohlen führen... Die Einwohner erhalten sich zum theil mit fahren auf den Straassen, arbeiten am Rhein und in den Waldungen* (Forstheim, Gunstett, Surbourg, Eschbach, Soufflenheim 1772).
ABR 3 E 150, *passim* : coupe de bois, pêche dans le Rhin, etc. (Gambsheim, XVIIIème siècle).

trouvent réalisées, il bénéficiera d'une situation précaire, non désespérée, en dialogue constant avec le mouvement des prix et de l'emploi, et se trouvera dans l'impossibilité de réaliser la moindre épargne. Mais du moins aura-t-il échappé à la misère... On comprend, dans ces conditions l'attrait exercé par le travail à la mine[512], grassement payé, à raison d'une livre tournois par jour en moyenne !

Penchons-nous sur la genèse de la pauvreté dont il n'est pas bien difficile de recueillir les témoignages, généralement précédés de descriptions alarmistes. Le Conseil Souverain dénonce en 1764 *l'agriculture foulée, opprimée* qui *n'offre presque plus que le triste spectacle de l'accablement, le laboureur gémissant sous le faix des impositions, des corvées, des charges de toutes espèces qui l'écrasent* et qui, par manque d'attelage, est conduit à laisser *une partie des terres en friches*[513]... La profondeur du malaise se dégage de cette communication à la Société de lecture de Colmar, le 17 octobre 1779 : *Cette province ci-devant fertile et heureuse fournit aujourd'hui des récoltes au dessous du médiocre, gemit dans la misère, se trouve ruinée sous le gouvernement le plus sage et sous le meilleur des Rois... Vous me suivrez, Messieurs, à travers les champs déserts ; vous observerés avec moi les Bestiaux chancelans qui ne peuvent plus labourer une terre exténuée ; le paysan pale et livide entouré d'enfans dessechés par la famine et couverts de haillons... La misère et le chagrin ont fait taire le sein de la mere, maudissant ses jours et ceux de son enfant né pour la misère... cette hydre à têtes renaissantes... les impositions si accablantes par l'inégalité et la répartition, par la facilité inconcevable qui se présente au Riche, pour s'en exemter, charge qui rejaillit sur le pauvre trop écrasé... Mais les raisons sont générales, elles se trouvent dans toutes les contrées de l'Europe. Notre Alsace doit offrir des causes particulières à la misère. La facilité d'acquérir les Biens-fonds, la facilité de trouver de l'argent sous des Engagements onéreux..., la multitude de procès de propriété, de cens, de dixmes occasionnés par des arrêts contradictoires,... les cantons... parcelés..., les préjugés héréditaires des alsaciens* (qui) *se bornent à suivre les sillons tracés par leurs ayeux..., l'envie démesurée d'agrandir son domaine..., les biens exploités par bail..., les emphitéotes destitués des titres*[514]. A son tour, le Conseil général du Haut-Rhin prétend qu'en dehors de ceux qui *ont pris le parti de chercher une existence plus supportable au fond de la Hongrie et de la Pologne,* il y a *de tous ceux qui nous restent... les deux tiers qui sont ruinés, réduits à la misère*[515]. Un rapport du pasteur Rehfeld nous permet de saisir sur le vif la situation de Schwindratzheim où 14 ménages sur 110 à 130 (donc entre 11 et 13%) sont considérés comme pauvres vers 1780[516] :

512 P. F. de DIETRICH, *op. [346]* 1789, pp. 312-319 et 354.

513 Cit. par R. OBERLE, *contrib. 2302* , pp. 134-135.

514 BMC Ms. 907 : *Mémoire sur l'Etat des laboureurs dans la Province d'Alsace* (17 octobre 1779).

515 Cit. par R. OBERLE, *contrib. cit.*, pp. 134-135.

On trouve de même une allusion à l'émigration forcée en 1772 dans la région de Haguenau, à Forstheim, Gunstett, Surbourg (AMH FF 283/8).

En 1786, l'administration du duché de Deux-Ponts fait un parallèle intéressant entre la misère de cinq à six journaliers de Rustenhart, *propriétaires de mauvaises Barraques*, l'épidémie qui sévit, l'émigration qu'il convient d'empêcher et l'impossibilité qu'il y a de *saisir et vendre des immeubles pour des créances au dessous de 100 livres* (AHR E 1361).

516 ABR 17 J 108 (22 décembre 1780 - 19 mars 1781).

Noms	Professions	Superficies (ha) en propriété	en location	total	Dettes (lt.)
Claus Bernhard		-	1,0	1,0	800
Christian Schwebel		2,6		2,6	400
Hans Tugend	tailleur	2,2	-	2,2	900
Hans Bechtold	cordonnier	3,0	-	3,0	2000
Adam Léonard	laboureur	2,6	6,0	8,6	1000
Jacques Riz	laboureur		4,8	4,8	2000
Thiébaut Wolf		0,8	14,0	14,8	2320
Georges Muller		0,8	10,0	10,8	2800
Jacques Brumter		1,8	8,0	9,8	2000
Hans Gross		1,6	3,4	5,0	1800
Jean-Georges Gross		2,0	8,0	10,0	2000
Martin Muller		2,4	10,0	12,4	1200
Jean-Georges Riedinger		1,1	-	1,1	-
Hans Schöpf		1,2	0,6	1,8	-

Notre pasteur insiste certes sur la difficulté qu'il y a d'évaluer les patrimoines[517], mais sa présentation nous autorise à fixer le seuil de pauvreté théorique à 1-1,2 hectare par famille. En réalité, l'endettement situe ce seuil à un niveau beaucoup plus élevé. Sont ainsi touchés par la pauvreté :

- ceux qui n'ont aucun patrimoine ;
- ceux qui ont un patrimoine insuffisant : descendre en dessous d'un hectare n'assure plus la sécurité du lendemain ;
- ceux dont le patrimoine est consistant, mais *mangé* par les impôts et les dettes. C'est ainsi que laboureurs et artisans ne sont pas à l'abri de la pauvreté, puisque le poids de l'endettement semble jouer un rôle aussi important que la possession du sol. Constatons enfin le rôle déterminant des terres prises en location qui amputent le revenu de la rente foncière. En dehors d'une *pauvreté structurelle,* situation sans espoir, deux circonstances finissent par l'emporter dans la genèse de la *pauvreté conjoncturelle* : l'infirmité physique et l'amputation de la cellule familiale à la suite de la disparition du chef de famille. A partir d'une trentaine d'occurrences, il est possible d'établir une typologie des raisons invoquées par le pasteur Rehfeld, qui ont conduit les paysans à de telles extrémités :

- endettement excessif conduisant à l'aliénation des terres : 36,7% ;
- aide économique aux enfants (noce, dots, soultes, prêts) : 20% ;
- problèmes de santé dans la famille : 20% ;
- fermage excessif (non paiement, procès) : 13,3% ;
- dépenses imprévues (construction d'une nouvelle maison, rachat d'un bien rentier risquant d'échapper à la famille) : 6,7% ;
- malheurs survenus à l'étable (épizootie, perte d'une vache ou d'un cheval) : 3,3%...

On allègue la plupart du temps, parmi les raisons de la pauvreté, l'insolvabilité qui conduit, pour les plus riches, à la nécessité d'aliéner[518] et,

[517] Ibid. *: dass einen genau Abgemessen und bestimmung des Vermögens für mich nicht möglich sei, da ich meistens nur den ausren Anschein und das Hörsagen nach urteilen kan, dabei aber den Neid oder eine Besondere Zuneigung des Aussagen den, mancher davon oder dazu thuet.*

[518] AN K 2328/1 : affaire évoquée par Reichstetter et Gottekien (1762).

pour les plus démunis, au non-paiement des impositions[519]. L'impôt est rendu responsable de la misère ; la misère entrave l'acquittement de l'impôt : *dans les années 1750 et 1751*, avance l'administration du bailliage de Landser en 1771[520], *il se débiterait chaque jour de fête et de dimanche au moins 2 mesures de vin dans les cabarets de chaque village. Aujourd'hui à peine un quart de mesure... Le peuple est plongé dans l'indigence... C'est un fléau qui diminue les revenus de la terre. On assiste à un afflux de requêtes de contribuables désireux d'être déchargés*[521].

Les demandes de remise d'impôts permettent de reconstituer les origines, réelles ou supposées, de la pauvreté. Passons sur le lot coutumier des communautés victimes de la grêle, de l'inondation ou de l'incendie. Nous avons relevé à Sundhoffen, entre 1758 et 1782[522], treize cas de pauvreté caractérisée. Ce sont d'abord des veuves, démunies et chargées d'enfants. Si la veuve de Hans Staub, à laquelle le mari n'a laissé aucun héritage, demande la remise de 18 livres de redevances seigneuriales, c'est qu'elle doit élever quatre petits enfants et qu'elle se trouve surchargée d'impôts. Elle est déboutée, car le receveur Rosé craint de créer un précédent : *c'est de cette nature qu'il y a encore beaucoup de sujets dans le comté d'Horbourg qui ne tarderoient pas de se présenter avec des requêtes pour solliciter des décharges de leurs redevances*. La veuve de Michel Reichenbach a davantage de chance : elle fait valoir qu'elle ne possède rien et que ses enfants doivent *chercher leurs croûtes de pain devant la porte des autres*. La veuve Fehlmann n'a *ni bien fond, ni bestiaux, ni volaille et aucune jouissance de la communauté* et *on la fera sortir du village au cas qu'elle refuse* les 40 sols pour droit de corvée. Chez la veuve de Michel Stumpf, *touts les meubles et effets ont été consumés par la longue maladie* - quatorze ans - de son mari. On relève la réponse, empreinte de cynisme, du receveur Jeanmaire, le 16 septembre 1756 : *Si l'on exempte une, toutes les autres viendront à la charge... Il vaudroit mieux tacher de tirer tout ce que l'on pourra d'elles... rapporter en extances leurs dettes jusqu'à leurs morts...* En effet, la veuve de Jean Salmon ne paie ni corvées ni poules, mais, *l'huissier* (qui) *est chargé de faire entrer ces aréages... ne trouve pas de meubles en suffisances pour être saisi... en poursuites qu'on lui fait sans effet*. Ce sont ensuite les estropiés : Sigismond Weiss a le pied cassé, suite à un accident à la corvée, et se déplace avec des béquilles. Il ne peut faire vivre sa femme et ses trois petits enfants sans *la charité des chrétiens charitables*. Antoine Schenk est *presque aveugle*, la veuve de Michel Meyer estropiée, Mathieu Veniger *infirme et malade...*

---

519 AHR 18 J 510 (comté de Horbourg, 1748) et AN K 2322/1 (*idem*, 1749).
AHR 18 J 462 et 510 (comté de Horbourg 1748, 1758-1759, 1770-1779) et AN K 2322/1 (*idem*, 1749).
AMH FF 283/8 (1772) : *alle zwei Jahr ein Acker verkaufen, die Auflagen zu bestreiten ; ... hat derselbe das ganze Jahr hindurch umsonst gearbeitet, woher auch die vielen Fallimenten entstehen* (Eschbach) ; *die Auflagen... welche ihnen bisher ihr eingentum hinweggeräumt und zu lauter Lehnleut gemacht* (Durrenbach).

520 AHR 1 E 44/16 (Schott, le 8 septembre 1771).

521 AHR C 1124 (Commission intermédiaire, juillet 1788).

522 AHR 18 J 702.

Dans ces conditions, il n'y a plus qu'à *faire travailler ceux qui ne pourroient pas payer soit au profit du seigneur, soit à celui du Prévôt qui retiendroit la moitié des journées en déductions des dettes*[523]. En effet, leur état de *déconfiture*[524] les a déjà privés de leur habitation et de leurs champs au profit d'un *home ou plus diligent ou plus solvable*, car le seigneur ne demande pas mieux que de *transporter en de meilleures mains les rentes foncières... Un habitant réduit à la misère est à charge à l'état et à la communauté parmi laquelle il végètera. Il emprunte et ne paie pas, il pille le seigneur et les cobourgeois, bien loin d'acquitter ses droits. La cotte part* (sic) *des impositions tombe à la charge du surplus des habitans. Si le nombre de ces cas insolvables augmente, il entraine la ruine des bourgeois de médiocre fortune. L'épidémie gagne de proche en proche. L'on nous opposera peut-être des lois de l'humanité qui exigent de la compassion avec ses semblables et des efforts à les soulager au lieu de les écraser. Nous ne pensons pas heurter ces principes en élaguant seulement les membres qui... sont inutiles à la société, en mettant sur les epaules des gens du médiocre état une charge qui détruit leur peu de fortune et les fait tomber dans le même goufre d'indigence ou ceux de la derniere classe malheureuse sont précipités. Que ces insolvables descendent dans le rang des simples journaliers, vivant du produit de leur main d'oeuvre, qu'ils envoyent même s'il le faut leurs enfants collecter l'aumône, qu'ils n'acquittent pas les droits personnels. Tout ceci est dans la nature de la variété de conditions humaines. Mais au moins qu'ils ne continuent pas de jouir de la propriété des biens fonds, dont ils n'acquittent rien, et dont les impositions doivent être payées par les autres. S'il y a de l'humanité à soutenir les pauvres, ils n'est pas moins du devoir des chefs de soutenir ceux qui supportent toutes les charges et d'écarter les motifs de leur anéantissement*[525]. La communauté, déjà sollicitée par le biais de l'assistance, risque en effet d'être mise une deuxième fois à contribution pour suppléer aux défaillances des mauvais payeurs. Mais, avant d'en arriver là, c'est la venue du porteur de contrainte, les frais d'huissier, l'opération, pénible et déshonorante, de la saisie.

[523] AHR E 1364 : correspondance entre les officiers seigneuriaux au sujet des habitants de Rustenhart qui se trouvent dans l'impossibilité de payer leurs droits et rentes dus à la seigneurie (Süffert, 17 février et 7 mars 1787, avec état des arrérages depuis 1772).

[524] *Ibid.*: Sébastien Engasser n'acquitte plus le droit de corvée *weil er bettelarm ist* ; Michel Zieger est contraint de vendre ses terres (3 *Juchert*) et de mettre sa maison aux enchères ; Adam Ursprung refuse de payer l'huissier et se voit saisir les récoltes dans le champs : *wan aber die huissierkosten davon abgezogen werden, so bleibt sehr wenig übrig... hat gar nichts im Vermögen... und wan mann ihn absolut fortjagen will, so hat mann ein unglück zu beförchten.*

[525] *Ibid.*

Le dénuement à la mort d'après le témoignage des inventaires

Lieu et date	Sexe	Situation au au moment décès	Montant des apports	Reliquat de succession	Engagement ou vente pour remboursement de maladie	pour frais de funérailles	pour remboursement de dettes
Heimersdorf 1692	H						tonneau à choux et entonnoir
Heimersdorf 1695	H						verrat
Rittershoffen s.d.	F			hardes, hache		petit outillage	
Rittershoffen 1733	H		néant (ses parents ont tout gaspillé)				
Rittershoffen 1753	F	veuve enfant naturel		hardes			
Heimersdorf 1754	H						paire de boeufs
Rittershoffen 1757	F			néant			
Rittershoffen 1757	F	mendie avec son enfant" sous les fenêtres de personnes compatissantes"		néant			
Rittershoffen 1757	H			hardes, lit médiocre			
Rittershoffen 1757	H			hardes qu'il porte sur lui	x	x	
Rittershoffen 1759	F				x 4 rézaux d'épeautre	x	
Heimersdorf 1760	H						vache
Heimersdorf 1760	F						2 poules (pour impôt)
Rittershoffen 1761	H	mendie depuis quelques années		néant			
Rittershoffen 1761	F			néant			
Rittershoffen 1763	H			néant			
Heimersdorf 1763	H						vache
Rittershoffen 1767	H				veau		
Rittershoffen 1769	F			néant (faillite)			
Rittershoffen 1769	F			mauvais lit			
Rittershoffen 1774	H				x	x	
Rittershoffen 1774	F					hardes qu'elle porte sur elle, lit médiocre	
Rittershoffen 1776	H			néant			
Rittershoffen 1776	F		hardes + 50 florins gagnés comme domestique				
Rittershoffen 1777	F						maison avec lit et hardes de peu de valeur
Rittershoffen 1777	F	mendie son pain depuis six ans			x		
Heimersdorf 1779	H				hardes		
Heimersdorf 1782	H						hardes
Heimersdorf 1784	H				x (avec cercueil et messe)		
Rittershoffen 1786	H	exempt de toute imposition ; mendie depuis six ans son pain "devant la porte de personnes compatissantes."		néant			
Rittershoffen 1786	H	qualifié de "bettelarm", se fait entretenir "par des gens compatissants"					
Heimersdorf 1788	F						armoire en sapin

Sources : AHR et ABR, Not. inv. *passim* (voir l'état des sources).

De-ci de-là, on esquisse des solutions à court terme : dans les terres septentrionales du duc de Deux-Ponts, c'est, en 1775, la réglementation des saisies qui laisserait au paysan une vache avec le fourrage, un lit et un train de culture minimal[526] ; dans le sud de la plaine, ce sont les autorisations de quêter que multiplient les assemblées prérévolutionnaires[527].

Quoique chronologiquement excentrée, c'est l'enquête réalisée par le Comité de mendicité de l'Assemblée constituante[528] qui peut servir de base à l'analyse de la pauvreté[529]. Jamais, jusque là, aucune étude systématique n'avait été menée à l'échelle du royaume. Nous n'avons malheureusement pas pu retrouver les résultats pour la Haute-Alsace, mais le Bas-Rhin, subdivisé en cantons et en communes, fait partie des quarante-trois départements français couverts par l'enquête. Nous ne prétendons pas résoudre les difficultés d'ordre conjoncturel et structurel auxquelles nous nous sommes heurté :

- d'ordre conjoncturel d'abord : les années 1790-1791 sont-elles représentatives de la situation prérévolutionnaire ou enregistrent-elles déjà les effets des circonstances liées au déclenchement de la Révolution française ? Les autorités du canton de Truchtersheim reconnaissent avoir *gonflé* le nombre des vagabonds *dans la croyance où elles étaient que les biens nationaux devaient être partagés dans la classe des nécessiteux !*

- d'ordre structurel ensuite : les généralisations imputables à la centralisation parisienne, les erreurs liées à l'inexpérience qui sous-tend toute opération statistique introduisent des distorsions non négligeables dans les résultats obtenus. Ainsi la fixation du seuil de pauvreté à l'acquittement d'un impôt inférieur au salaire de deux journées de travail et celui de la mendicité à une source annuelle de 435 livres pour une famille de cinq enfants apparaissent comme des décisions parisiennes théoriques, peut-être dénuées de tout lien avec les réalités économiques locales. Comme le suggère Elisabeth Sablayrolles[530], il n'est pas exclu que cette décision soit entachée d'arrière-pensées politiques, puisque ce sont ces mêmes ménages qui se trouvent privés du droit de vote. Quant aux chiffres fournis par les communes, ils ne sauraient être à l'abri de la critique : les *individus qui ont besoin d'assistance* regroupent les non imposés, les vieillards, les infirmes, les enfants de pauvres *hors d'état de gagner leur vie* ; les *pauvres malades*, pourtant à la charge de la communauté, en sont théoriquement exclus ; par contre, les ménages faiblement imposés, selon qu'ils arrivent ou non à subsister par leurs propres moyens et sans aide officielle, se trouvent, selon le cas, partiellement inclus ou exclus de cette catégorie. L'imprécision plane d'ailleurs sur le terme d'*individu* fréquemment utilisé : s'agit-il des chefs de ménage ou des habitants composant les *feux* ? Seules les limites de la vraisemblance nous autorisent à trancher.

---

[526] H. GERST, *op. cit.*, p. 123.

[527] AHR C 1585-1586 : délibérations et procès verbaux des Commissions intermédiaires des districts de Colmar, Huningue et Belfort (1787-1789).

[528] AN F^{16} 972 (Comité de mendicité 1791).

[529] R. MARX, *op. cit.*, pp. 118-119 et 151.
E. SABLAYROLLES, *th. cit.*, pp. 708-739.

[530] E. SABLAYROLLES, *th. cit.*, p. 710.

Pauvreté et mendicité d'après l'enquête de 1791
(AN F[16] 972)

Cantons	Population Nb. feux	Nb. habitants	Impositions Nb. (%) de feux non, peu ou faiblement imposables (0 - 2 journées de travail)	Emploi Nb. d'habit. (% de la population) hors d'état de travailler (vieillards, infirmes enfants, malades)	Assistance Nb. (%) de feux ayant besoin d'assistance	Mendicité et vagabondage Nb. (% de la population)
Wissembourg	3036	17499	977 (32,2%)	1720 (9,8%)	1110 (36,6%)	368 (2,1%)
Lauterbourg	2649	14 056	321 (12,1%)	985 (7%)	590 (22,3%)	763 (5,4%)
Niederbronn	3287	17988	480 (14,6%)	1073 (6%)	1089 (13,1%)	199 (1,1%)
Soultz/Forêts	3387	17962	680 (20,1%)	956 (5,3%)	887 (26,2%)	61 (0,3%)
Ingwiller	3214	16327	950 (29,6%)	730 (4,5%)	672 (20,9%)	503 (3,1%)
Haguenau	2450	13951	592 (24,2%)	1337 (9,6%)	795 (32,4%)	311 (2,2%)
Fort-Louis	1528	7343	107 (7%)	396 (5,4%)	690 (45,1%)	néant
Bouxwiller	2252	10939	337 (15%)	1200 (11%)	618 (27,4%)	163 (1,5%)
Bischwiller	3425	16717	482 (14,1%)	874 (5,2%)	792 (23,1%)	127 (0,8%)
Hochfelden	1609	9462	103 (6,4%)	326 (3,4%)	299 (18,6%)	non indiqué
Saverne	2413	14669	333 (13,8%)	1383 (9,4%)	579 (24%)	215 (1,5%)
Marmoutier	1387	7669	120 (8,7%)	1026 (13,4%	renseignements non	fiables
Wasselonne	2894	14395	448 (15,5%)	1050 (7,3%)	1039 (35,9%)	96 (0,7%)
Brumath	1827	9451	133 (7,3%)	354 (3,7%)	379 (20,7%)	néant
Truchtersheim	927	6111	66 (7,1%)	608 (9,9%)	201 (21,7%)	1202 (20,6%!)
Oberhausbergen	1692	8418	462 (27,3%)	589 (7%)	374 (22,1%)	75 (0,9%)
Molsheim	4202	20411	914 (21,8%)	1786 (8,7%)	1386 (33%)	220 (1,1%)
Geispolsheim	1879	11035	256 (13,6%)	469 (4,2%)	661 (35,2%)	35 (0,3%)
Rosheim	2687	14374	863 (32,1%)	1667 (11,6%)	658 (24,5%)	3 (0,02%)
Obernai	2657	14842	522 (19,6%)	1291 (8,7%)	1650 (62,1%)	150-200 (01-1,3%)
Barr	5494	15568	422 (7,7%)	1233 (7,9%) (pauvres malades non indiqués)	1675 (30,5%)	non indiqué
Erstein	1299	8329	111 (8,5%)	578 (6,9%)	507 (39,1%)	non indiqué
Benfeld	1713	9771	212 (12,4%)	1473 (15,1%)	893 (52,1%)	56 (0,6%)
Sélestat	4300	21233	714 (16,6%)	2039 (9,6%)	1710 (39,8%)	37 (0,2%)
Villé	1764	9727	302 (17,1%)	715 (7,3%) (pauvres malades non indiqués)	891 (50,5%)	"nombre très considérable"
Marckolsheim	1659	4232	203 (12,2%)	417 (9,8%)	327 (19,7%)	non indiqué

L'ensemble du département compterait 32 940 indigents, soit un peu plus de 8% de la population totale[531]. Plutôt que d'additionner globalement des chiffres, nous avons préféré considérer le problème sous trois angles différents : celui de l'estimation fiscale, toujours sujette à caution ; celui de l'évaluation du sous-emploi, cause essentielle de la mendicité ; enfin celui des secours proposés.

Ce sont les régions déshéritées, empiétant sur les zones forestières,les massifs montagneux ou les vallées, qui font apparaître un nombre de foyers important situés en deçà de la barre fiscale de deux journées de travail : entre 15 et 25% des ménages se trouvent dans cette situation dans des contrées peu favorisées par la nature (cantons de Wissembourg, Haguenau, Ingwiller, Bouxwiller, Rosheim, Molsheim, Villé, Sélestat) qui connaissent une surcharge démographique consécutive au triplement, voire au

531 St. MUCKENSTURM, *mém. 2268*.

quadruplement de leur population au XVIIIème siècle[532]. L'augmentation de la population dans des proportions aussi importantes a de toute évidence multiplié le nombre des déshérités et fragilisé la situation d'une frange importante de la paysannerie. Les solutions - extension de la pomme de terre, défrichements ou exploitation de la forêt - n'ont pas été suffisantes pour résoudre la crise agraire. Les troubles de 1789-1790 risquent de toucher ces zones en priorité. Le fait que ces cantons englobent une partie du Vignoble n'a rien de surprenant : là aussi, les fortes densités grossissent le prolétariat rural. Il n'en est pas de même des riches terroirs de la plaine proprement dite (collines de Brumath, Kochersberg, plaine d'Erstein), aux structures sociales à la fois plus différenciées et plus équilibrées, menacées par une charge démographique réelle, mais néanmoins plus légère que dans les régions périphériques : 6 à 10% des ménages seulement y sont considérés comme payant moins que l'équivalent de deux journées de travail. La seule fausse note vient du canton d'Oberhausbergen qui, contre toute attente, recèle une forte proportion de pauvres : est-ce dû à la proximité de la ville ? Les *Rieds* enfin, de Bischwiller à Marckolsheim, occupent une situation intermédiaire entre les deux types précédents, Fort-Louis continuant, malgré la suppression de la garnison, à constituer un cas particulier.

Parmi les habitants qui se situent en deçà du seuil officiel de pauvreté ou de mendicité (prélèvement fiscal respectivement inférieur à l'équivalent de deux et d'une journée de travail), la plupart ne sont pas en mesure de travailler pour raison de vieillesse, d'infirmité ou de maladie. Ils sont fréquemment chargés d'enfants hors d'état de gagner leur vie. Or les différences dans l'espace apparaissent beaucoup plus resserrées à quiconque se penche sur le problème du sous-emploi. Infirmité et vieillesse masquent, par leur caractère uniformisateur, des raisons structurelles. Mais la forte concentration des terres et l'absence conjoncturelle de travail touchent surtout la plaine. S'y ajoute, comme précédemment, la concurrence sur le marché de l'emploi entretenue par une population pléthorique. Si l'on dénombre moins de 5% de mendiants proprement dits, il s'agit en définitive de 5 à 15% des habitants qui, privés de leur gagne-pain, tombent à la charge de la société. Les chiffres n'ont rien d'excessif : ils se rapprochent de ceux que nous fournit une enquête réalisée, en 1780, dans la seigneurie d'Issenheim (4,9% des chefs de ménage à Issenheim ; 8,3% à Raedersheim ; 9,9% à Merxheim[533]).Si l'on y ajoute ceux qui évoluent au bas de l'échelle fiscale, c'est entre le quart et la moitié de la population qui aurait besoin d'assistance. Certes, nous touchons la partie la plus subjective de l'enquête, les communautés cherchant, par des exagérations manifestes[534], à éveiller la commisération de l'Etat : c'est ce qui explique sans doute les chiffres aussi élevés qu'inattendus fournis par les cantons de Geispolsheim, d'Erstein et

[532] Voir *supra* pp. 368-377.

[533] AHR 2 J 76.
On comparera avec les chiffres fournis par Rodolphe Reuss pour la fin du XVIIème siècle, établis à partir des rôles de capitation de 1695 : la province aurait compté 23 343 miséreux, soit 9,4% de la population (R.REUSS, *op. [508]*, t. I, p. 25).

[534] AHR 1 E 22/12 : *les deux tiers de notre communauté sont dans la mendicité* (requête à l'intendant de la communauté de Ballersdorf, 30 novembre 1729).

de Benfeld. Mais, dans l'ensemble, nous retrouvons l'opposition plaine centrale/régions périphériques : dans le premier cas, c'est un habitant sur cinq, dans le deuxième, un habitant sur deux ou sur trois qui est susceptible de se faire assister. Une double corrélation peut expliquer les taux d'indigence élevés : celle qui s'établit entre l'état de pauvreté et les conditions naturelles d'une part, la surcharge ou la croissance démographiques d'autre part. C'est ainsi que les cantons les plus touchés correspondent, à quelques exceptions près (dont Ingwiller) aux contrées montagneuses, forestières et viticoles, tandis que les cantons essentiellement ruraux (Hochfelden, Brumath) enregistrent des taux plus faibles. Mais un deuxième facteur vient brouiller la ligne de clivage entre régions fertiles et modérément peuplées/régions pauvres et surpeuplées : c'est celui de l'inégalité face aux conditions d'embauche et aux chances d'indépendance économique. C'est ainsi que le Kochersberg (cantons d'Oberhausbergen et de Truchtersheim) connaît, suite à des structures sociales inégalitaires, des taux d'indigence relativement élevés. Le canton n'est certes pas le cadre idéal pour une étude sociale de genre : parce qu'il manque d'homogénéité en intégrant, comme ceux de Molsheim et de Rosheim, une portion de plaine, un morceau de vignoble, un bout de vallée ; parce que les résultats sont faussés par la prise en compte éventuelle de la ville.

La cause de l'indigence d'après l'enquête de 1791
(AN F[16] 972)

Causes invoquées	Nb. d'occurrences	%	Observations
- Stérilité des sols	12	12,6	
- Irrégularité de la production (agricole, viticole, pastorale)	5	5,3	Extension du vignoble aux dépens des labours, irrégularité des vendanges, manque de pâturages et épizooties ;
- Surpeuplement réel ou relatif	14	14,7	dont un cas par surcharge d'enfants et trois cas par excès de libéralisme dans la réception de manants ou de bourgeois ;
- Difficultés d'emploi	19	20	pour les domestiques et les journaliers, par insuffisance de commerce ou d'industrie, par suite du départ de la garnison (cas particulier de Fort-Louis) ;
- Manque de ressources	10	10,5	installation de domestiques sans fortune, cherté des denrées ou prix insuffisamment rémunérateurs pour les produits destinés à la vente ;
- Insuffisance de la propriété	3	3,2	
- Excès des charges	10	10,5	mauvaise répartition des impôts et surcharge fiscale (6 cas) ; rareté du numéraire, endettement et usure juive (4 cas) ;
- Infirmité et vieillesse	6	6,3	
- Mauvaises moeurs	11	11,6	fainéantise, accoutumance à la paresse, goût pour la fête et le cabaret.
- Mise en cause des institutions de bienfaisance (fondations et hôpitaux)	5	5,3	
	95	100	

Particulièrement éclairantes, les observations accompagnant l'enquête rappellent les raisons de la pauvreté. Les phénomènes naturels - stérilité du sol et irrégularité de la production -, invoqués dans 19% des cas, n'ont qu'une valeur relative : c'est en effet le surpeuplement, générateur de difficultés d'emploi, qui est incriminé dans un cas sur trois[535]. Des explications de nature plus économique - insuffisance de la propriété, manque de ressources ou excès des charges - apparaissent dans 24% des cas[536]. Puis, place aux rancoeurs : les observations moralisantes, teintées de paternalisme, sur la mauvaise conduite des journaliers et des manants, leur fainéantise et leur insouciance, traduisent la méfiance des notables ruraux du Kochersberg et du Ried à leur égard[537]. Heureux pays que le canton de Truchtersheim qui indique comme source unique de la pauvreté *la fréquentation des cabarets, du jeu et des fetes du Saint de la Paroisse*[538] ! La mendicité engendre à son tour la paresse, nous dit-on dans le nord de la province[539]. Au total, si l'on est pauvre, ce n'est pas parce qu'on n'a rien, mais parce qu'on ne peut ou ne veut travailler[540] : la crise prérévolutionnaire est ainsi présentée par les autorités autant comme une crise de l'emploi, réelle ou apparente, que comme une crise de subsistances. Enfin le simple constat des ravages opérés par la vieillesse et l'infirmité conduit à mettre en question les institutions de bienfaisance.

Derrière ces remarques, se profilent les paradoxes de la fin du XVIIIème siècle que les premières années révolutionnaires ne réussissent pas à dissiper : une campagne surchargée d'hommes qui continue néanmoins à recevoir des étrangers et des manants ; une économie presque exclusivement agraire qui, de ce fait, n'offre pas suffisamment d'emplois dans l'industrie et le commerce ; un espace agro-pastoral parvenu à la limite de son extension et qui néanmoins accepte de sacrifier une partie de ses terres au vignoble ; l'endettement, la surcharge fiscale ou la mauvaise répartition des impôts qui laminent les revenus de la paysannerie déjà compromis par l'insuffisance des débouchés et le haut niveau du coût de la vie... Lorsque le champ se dégarnit de ses récoltes, lorsque la maison se vide de ses ustensiles et que les vêtements sont mis en gage, lorsque le travail ne garantit plus le minimum vital parce qu'il faut régler dettes et impôts, alors le vagabondage devient l'ultime solution. La brigade de la maréchaussée de Haguenau arrête deux vagabonds par an entre 1766 et 1769, mais 47 en 1770 (24 hommes, 10 femmes et deux couples avec enfants), 62 entre janvier et

---

535 AN F^{16} 972 : on n'a guère besoin de journaliers dans le Ried, les domestiques étant en nombre suffisant.

536 *Ibid.*: les journaliers du canton de Benfeld *gagnent leur pain à peu près sept mois de l'année.*

537 Ibid.: *La mendicité ne provient le plus souvent que d'une vie oisive et désoeuvrée à laquelle s'adonnent ces sortes de manants qui au lieu de chercher à gagner leur pain pour leur subsistance et celle de leur famille par le travail préfèrent d'avoir recours à l'aumône et transmettent ainsi par leur exemple de génération en génération les mêmes sentiments à leurs enfans et descendans* (canton de Marckolsheim).

538 *Ibid.*

539 Ibid.: *L'homme sans occupation s'énerve, se livre à la paresse, se rend inepte* (sic) *à toute espèce de travail et finit par devenir un membre inutile à la société... Le métier de mendiant est sa dernière ressource ; et une fois accoutumé à ce genre de vie, il le trouve tellement à son gré que rarement il en fait apprendre un autre à ses enfans* (canton de Wissembourg). *Mendians par habitude et par paresse* (canton de Soultz-sous-Forêts).

540 ABR 8 E 340/23 : *Arbeit ist für diejenige, die etwas thun wollen genug vorhanden* (Oberbronn, enquête 1788).

août 1771[541]. Les périodes de crise caractérisée (en particulier 1770/1771 et 1788/1789) sont également les périodes de forte émigration[542] au cours desquelles la campagne se décharge des *bouches inutiles*...

b) L'appel de la route : le vagabond, cet étranger

Grâce au ratissage effectué dans les dépôts de nature diverse, les archives de l'assistance et de la répression nous auront permis, pour l'instant, de dénombrer quelque 2000 vagabonds ruraux : volume insuffisant qui gagnerait à être étoffé par des recherches ultérieures. Il conviendrait d'y ajouter, parmi les 5000 gens de passage que Raymond Oberlé dénombre à Mulhouse entre 1760 et 1797[543], ceux qui sont de souche rurale : ils sont nombreux, puisqu'une trentaine de villages, dans un rayon de quinze kilomètres autour de la ville, viennent grossir les contingents de la mendicité. Nous avons reculé devant l'ampleur de la tâche qui consisterait à procéder à leur identification : elle pourrait faire l'objet d'une étude en soi. On aurait effectué ainsi, dans la province d'Alsace entre 1764 et 1775, 1594 arrestations de vagabonds, soit en moyenne 177 par an, ville et campagne, plaine et montagne confondues[544]. Ils risquent trois ans de galères et les travaux forcés à perpétuité, selon la gravité du délit qui accompagne le vagabondage. Mais le vagabondage, malgré la terreur qu'il inspire, ne constitue pas la seule, ni la plus importante forme de pauvreté. Les travaux entrepris par le Comité de mendicité[545] nous conduisent à relativiser le nombre de mendiants ayant perdu leurs attaches. Sur douze indications, plus de la moitié situe leur nombre à moins de 1% de la population totale ; c'est exceptionnellement qu'ils représentent plus de 2% des effectifs ruraux[546].

Les pauvres domiciliés, acceptés à la fois par l'autorité et la communauté, sont intégrés dans la société du moment qu'ils sont censés participer à la charge fiscale. S'ils partagent bien souvent avec les précédents le manque de ressources et de réserves, ils sont par contre pourvus d'un domicile et d'une profession officiellement reconnus. Ce qui leur manque le plus, c'est le travail. Or tout, plutôt que de manquer de travail : valeur pourtant peu appréciée si l'on en croit son faible coût en cette période de pression démographique, le travail est la seule *richesse* pour des gens qui n'ont que leurs bras pour vivre. Qu'il vienne à manquer à la suite d'une infortune individuelle ou générale - la vieillesse, la maladie, la crise économique - et c'est l'indigence, c'est-à-dire la perte d'autonomie, le besoin de secours pour survivre. On commence par manquer de grains, comme

---

541 AMH FF 169.

542 Voir *supra* pp. 395 ss.

543 R. OBERLE, *contrib. cit.*, pp. 123-124.

544 AN F4 1026.

545 AN F16 972.

546 Chiffres confirmés par l'enquête de 1789 pour 56 localités de la Hardt (AHR 1 M 57) : 56 hommes et 193 femmes, soit 1,2% des chefs de ménage. Un échantillon de 25 communes fait apparaître une différence assez nette entre les vallées vosgiennes(1,7%), la plaine (0,9%) et le Vignoble (0,3%).

dans la subdélégation de Ferrette, où un certain nombre d'habitants *se nourrissent d'herbage des prez et cuisent du foin* au printemps 1771, et de travail : *la force des impositions les pousse à faire la contrebande pour les riches et à mettre leur vie en risque*[547]... Alors la mendicité devient un moyen de subsistance ordinaire et les victimes se situent à la frontière des sources officielles, registres fiscaux et actes notariés, dont ils peuvent disparaître s'ils tombent en dessous d'un *seuil de pauvreté* difficile à établir, du fait de ses variations dans le temps et dans l'espace : il dépend autant de ce nombre de bouches à nourrir, de la part du budget consacré à l'alimentation, que du salaire lui-même et du nombre de jours ouvrables par an. Quoi qu'il en soit, comme le mendiant vagabond se distingue par le déracinement, l'indigent domicilié se caractérise par la précarité de sa condition qui, à son tour, peut le faire basculer dans la mendicité. Le premier se définit par sa mobilité par rapport à un noyau statique ; le second par sa marginalité en regard des normes sociales établies. Dans le comté de Horbourg, on fait bien la différence entre les deux formes de pauvreté. Faisant écho à la déclaration du maréchal de Contades qui, en 1767, se plaint de *la quantité de vagabonds et gens sans avoir dont la province est infestée* et propose de *mettre les habitans à l'abri de leur rapine*, le bailli Demougé dénonce *les gens sans aveu nÿ domicile dont la province est inondée*[548]. De son côté, le bailli Sandherr incrimine en 1784 les *calamités extraordinaires et publiques* qui, suite au *froid excessif et très long accompagné d'une neige épouvantable* font *gémir les pauvres de la province d'Alsace*[549] et risquent de les pousser à l'errance.

2) Les multiples visages de l'errance

Il est difficile de faire le portrait-robot du mendiant, tant la diversité des situations est grande. Nous ne reviendrons donc pas ici sur les professionnels de l'errance, dont le métier est de courir le monde, et nous n'évoquerons que pour mémoire la silhouette de ces Savoyards aux pieds poudreux, dont la situation est proche du vagabondage, mais pas forcément de la misère puisqu'ils ont le privilège d'avoir du travail[550]. Il en est de même des joueurs de vielle, des montreurs d'ours et des *garçons de métier roulans*[551].

En dehors d'une mendicité quasi professionnelle, avec ses codes, ses rites et ses rythmes, penchons nous sur l'errant occasionnel dont il serait tentant de retracer la *carrière* : la mendicité est-elle état, le passage à la mendicité est-elle un changement d'état ? Sous l'effet de quel processus devient-on mendiant ? Risquons une typologie fondée sur un certain nombre de traits communs. Nos sources, du fait même de leur différence de

---

547 AHR C 1115. (29 juin 1771).

548 AN K 2360 (1er et 6 septembre 1767).

549 *Ibid.*, 5 février 1784.

550 Voir *supra* p. 298.
Nous renvoyons aux travaux de D. LERCH, en particulier *art. 2278*.

551 AN F[16] 972 (Comité de mendicité, canton de Brumath, 1791).

nature - archives de l'assistance ou de la répression -, confortent cette démarche. Le vagabond, tel que nous l'avons rencontré, semble répondre à trois caractéristiques essentielles :

- c'est fréquemment un rural qui, déraciné par l'infortune, se fait arrêter en ville ou sur la route ;
- c'est le plus souvent un isolé, chargé d'enfants, de sexe masculin s'il est pris sur une route, de sexe féminin s'il trouve refuge dans une institution urbaine ;
- enfin c'est un asocial qui s'exclut lui-même de la société, de façon délibérée ou non, tantôt par une tare physique ou mentale, tantôt par un comportement de délinquant.

Si la mendicité est un phénomène essentiellement urbain (encore conviendrait-il de distinguer la *mendicité d'occasion* qui intéresse épisodiquement une fraction importante de la société et la *mendicité par habitude* qui est un phénomène socialement limité), l'errance est bien un fait rural. L'errant, même s'il se fait arrêter en ville, c'est d'abord le rural déraciné[552]. Du fait de ce mécanisme de déracinement, les sources sont citadines. La ville attire par ses réserves de grains et sa politique frumentaire, en un mot par ses aptitudes à assister[553], mais, en même temps, elle réprime grâce à l'organisation de la maréchaussée, à la surveillance exercée par les *chasse-coquins*. Dès que l'on se penche sur les origines du mal, on retrouve la campagne. Sur les 118 vagabonds identifiables que recueille l'Aumônerie Saint-Marc au XVIIIème siècle à Strasbourg[554], 76 (soient 64,4%) sont des provinciaux et 42 (35,6%) des étrangers à l'Alsace, la plupart en provenance de l'Empire[555]. Or la campagne fournit 71 vagabonds et la ville 5 seulement (93,4% contre 6,6%), ce qui est loin de rendre compte de la répartition réelle de la population citadine et rurale. La proche banlieue - d'Illkirch à la Robertsau, de Neudorf à Bischheim - entre pour 43,7% (31 sur 71) dans le décompte et la fréquence des origines décroît avec la distance. On relèvera la primauté de la plaine, peut-être pour une simple raison de proximité géographique, compensée par la représentation, à côté du Kochersberg, de la plaine d'Erstein et des *Rieds,* de régions plus éloignées telles que la Hardt, le Sundgau et l'Outre-Forêt :

	Nb. d'origines	%
Plaine	49	69
Collines de Basse-Alsace et Vignoble	19	26,8
Vallée et montagne	3	4,2

Le Vignoble de la Mossig et celui de la Haute-Alsace semblent se décharger de leurs fortes densités. Seules la montagne et ses vallées manifestent un isolement relatif.

552 AHR C 1563 : sur 44 indications, la ville est signalée dans 38,6% des cas, en ce qui concerne les lieux d'arrestation, le complément étant fourni par la campagne et la route (dépôt d'Ensisheim, 1784/1785).

553 Voir R. OBERLE, *contrib. cit.* (exemple de Mulhouse).

554 AMS VI 100 : *Etat des manants encore en état de travailler qui ont perçu des aumônes, qui devroient être unis à l'hôpital des Pauvres, si mieux n'aiment les étrangers retourner dans leur pays (* Aumônerie Saint-Marc, s.d., XVIIIème siècle).

555 *Ibid.*: Empire 25, Suisse 5, Italie 2, Outre-Vosges 10.

Ces résultats sont à rapprocher de ceux que nous fournissent, à un siècle d'intervalle, les registres d'assistance de Goxwiller d'une part[556], les registres d'internement au dépôt d'Ensisheim d'autre part, dans un cadre documentaire et un contexte conjoncturel, il est vrai, totalement différents. C'est le registre d'admission à Ensisheim[557] qui rappelle le plus l'exemple strasbourgeois ; 56 indications de domiciliation permettent d'établir la ventilation suivante :

	Nombre de cas	%
Total ville	**2**	**3,6**
Total campagne alsacienne	**42**	**75,0**
- Plaine	18	32,1
- Vignoble	9	16,1
- Montagne-vallée	15	26,8
Total étrangers à la province	**12**	**21,4**
- Empire	6	10,7
- Vieille France (Lorraine, Franche-Comté)	6	10,7
	56	100

Les crises de la fin du XVIIIème siècle tendent à gonfler le contingent des autochtones au détriment de celui des étrangers à la province, dont la moitié viennent à présent des régions francophones voisines de l'Alsace. Si la ville confirme sa part minoritaire dans le recensement des vagabonds, la plaine perd cependant sa supériorité au profit de contrées plus lointaines et plus déshéritées de la montagne vosgienne au moment où les déplacements s'allongent.

Autres temps, autres formes de mendicité. Sur 441 origines, le pasteur de Goxwiller enregistre, entre 1686 et 1690, 307 étrangers, soient 69,6%. Aux migrants traditionnels que sont les Suisses (35 sur 307), s'ajoutent 272 ressortissants d'autres pays européens : 223 sont originaires de Rhénanie-Wurtemberg, du pays de Bade, du Palatinat, accessoirement des Pays-Bas ; une bonne quarantaine viennent d'Europe centrale ou orientale - Roumanie, Hongrie, Dalmatie, Constantinople -, quelques isolés de Lorraine... L'écrasante majorité des 134 provinciaux sont d'ailleurs des pauvres domiciliés de Goxwiller même ou des mendiants en provenance des environs immédiats de la paroisse (46). Les rares origines de la région de Seltz-Wissembourg trahissent une instabilité liée à la proximité de la frontière. A la différence des échantillons précédents, la population d'origine locale est minoritaire : c'est le hasard qui conduit à Goxwiller, le village étant loin de présenter les mêmes garanties d'assistance que la Ville de Strasbourg à laquelle le rattachent cependant des liens de souveraineté territoriale. Les étrangers, dont certains suivent apparemment l'armée, sont par contre beaucoup plus nombreux en cette période de guerre, alors qu'en période de paix ils ne représentent qu'entre le quart et le tiers des assistés. En

556 J. PREISS, *art. cit.* (années 1686-1690).

557 AHR C 1563 (1784/1785).

définitive, en temps de paix, le vagabondage touche essentiellement les ruraux autochtones. En temps de conflit armé, la situation-frontière de la province joue pleinement son rôle et les étrangers à l'Alsace l'emportent. La proportion variable des vagabonds issus de la plaine, du Vignoble et de la montagne ne fait que refléter la précarité des régions rurales alsaciennes par rapport à la ville, mieux protégée et mieux équipée face à la mendicité.

L'image du vagabondage rural devrait pouvoir se préciser grâce au double éclairage fourni par sa répartition saisonnière au courant de l'année et la situation socio-professionnelle de ses auteurs. De toute évidence, comme le montre l'exemple de Goxwiller, nous sommes en présence d'un phénomène de saison froide, à peine interrompu par le court répit du mois de novembre. Le printemps et l'été sont susceptibles de fixer la population grâce au travail qu'offre la campagne aux adultes. Mais, dès le mois d'août et jusqu'en février, la mobilité reprend ses droits. Le maximum automnal et hivernal s'accuse pour les enfants qu'on envoie mendier faute de pouvoir les nourrir. Pour ces mêmes enfants, la décrue estivale est moins prononcée, car le marché du travail est moins ouvert que pour les adultes s'ils ne sont pas soumis à une conjoncture de guerre. Dans ces conditions le vagabondage ne risque-t-il pas de se trouver alimenté par les domestiques en quête de travail ? Il se trouve qu'en Alsace, les valets de ferme sont congédiés en plein hiver, à la Saint-Etienne, période de sous-emploi[558]. Il semblerait que dans d'autres régions la relève se fasse au contraire à la Saint-Jean d'été[559], époque de l'année où on a toutes les chances de retrouver rapidement du travail.

Mais, contrairement à une idée reçue, tous ces vagabonds ne sont pas totalement dépourvus de ressources. Sur 62 internés à Ensisheim en 1784-1785[560], 15, soit une proportion approchant le quart, déclarent avoir un revenu sur lequel ils ne peuvent pas compter dans l'immédiat : soit une pension pouvant atteindre 150 livres, soit une maisonnette parfois possédée en indivis avec un autre membre de la famille, soit un minuscule patrimoine foncier constitué d'une pièce de vigne, d'un jardinet, d'un lopin de terre cédé en location :

Espèces (rente, pension, appointements du conjoint)	**Immobilier** (maisonnette avec jardin)	**Foncier** (terre, jardins, vigne, pré)
5 (33,3%)	3 (20%)	7 (46,7%)

Ces chiffres risquent d'être surévalués : pour échapper à l'internement, ne cherche-t-on pas à apporter la preuve du revenu minimal permettant de survivre ? Néanmoins, pour certains, la situation se révèle particulièrement précaire : Marie-Anne Ziegler, *fille ancienne* de 62 ans, se fait arrêter à Rouffach en juillet 1785 pour avoir mendié *parce qu'elle avoit*

558 *Ibid.*

559 M. BAULANT, *art. 2272*, pp. 103-106 (région de Meaux).

560 AHR C 1563.

VISAGES DE LA MENDICITE

Les pauvres assistés à Goxwiller : répartition saisonnière (Source : AP Goxwiller)

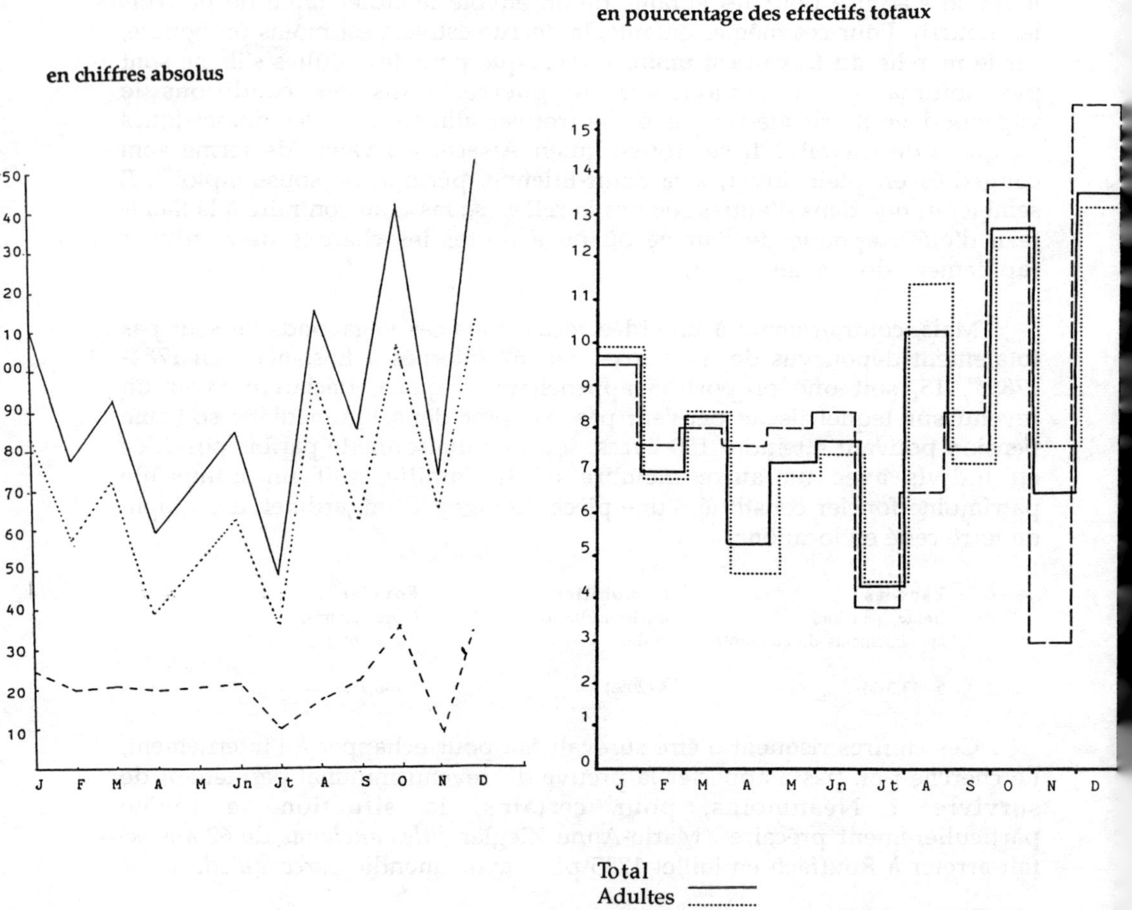

faim et n'avoit plus de quoi acheter du pain. En fait, elle mendie de façon épisodique depuis quatre ans, *lorsqu'elle ne trouve plus personne qui lui donne à filer*. Son frère, auquel elle avait remis 100 livres à charge de l'entretenir sa vie durant, *ne lui donne à manger qu'autant qu'elle peut travailler*. Or elle ne trouve pas de travail et son infirmité (elle est borgne à l'oeil gauche) n'est pas faite pour arranger les choses : un cercle vicieux[561]... La principale richesse réside donc dans le travail qui revêt une valeur considérable le jour où on le perd. Chez les vagabonds, la perte du gagne-pain n'est cependant pas toujours totale ni définitive : des tâches intermittentes permettent de survivre. Les hommes parviennent épisodiquement à trouver du travail en vaquant *à toutes sortes d'ouvrages* dans l'agriculture (soigner les vignes, battre en grange, fendre du bois), dans l'artisanat (travailler chez un tisserand ou un maçon) ou dans le petit commerce (vendre des cercles de tonneaux). Quant aux femmes, elles filent ou tricotent, vendent des fruits ou des écuelles de terre, activités susceptibles de masquer la mendicité. En novembre-décembre 1784, Anne-Marie Stempfer de Hirsingue *s'entretient en trafiquant avec de la poterie de terre qu'elle porte dans les campagnes en la vendant, lorsque les gens ne luy en offrent pas assez, elle y met la condition qu'ils luy donneroient encore par dessus le marché du pain, de la farine, pomme de terre ou autre denrée qu'elle n'a pas mendié*[562]. Ainsi, la frontière entre le travail et la mendicité est étroite et perméable. L'accès occasionnel à de petits travaux temporaires nous interdit de considérer ces vagabonds, en quête d'ouvrage, comme des chômeurs à temps plein : ils sont à la fois des semi-chômeurs et des semi-errants. Passant par des phases successives de travail et d'oisiveté, ils peuvent se fixer pour quelques semaines, puis reprendre la route en faisant appel à la mendicité comme moyen de subsistance. C'est cependant la perte de la profession anciennement pratiquée qui est cause de précarité. Sans préjuger de la répartition socio-professionnelle globale de la population concernée, qui nous échappe le plus souvent, certaines professions paraissent particulièrement fragiles au XVIIIème siècle :

- celle des tisserands, trop nombreux et exposés par leur métier à la mobilité ; on ajoutera, pour les femmes, l'emploi de fileuse ou de tricoteuse : les uns et les autres louent leurs bras au gré des occasions[563] ;
- celle des journaliers agricoles, mal protégés face aux crises de sous-emploi chroniques, à laquelle on opposera la situation, relativement enviable, des laboureurs. Deux échantillons permettront d'illustrer la situation. Le premier, qui concerne les 201 personnes de sexe masculin qui déclarent leur profession quand ils sont accueillis au presbytère de Goxwiller, est à replacer dans la conjoncture de la fin du XVIIème siècle[564]. Voici les métiers les plus fréquemment cités : tisserands (21,4%) ; tailleurs (10,4%) ; soldats (5,9%) ; maçons (5,5%) ; forgerons (5,5%) ; cordiers (5%) ; charpentiers (5%) ; cordonniers (3,5%) ; étudiants (3,5%). S'y ajoutent 69 autres dont la profession est plus rare ou mal définie (34,3%) : peut-être des

561 *Ibid.*

562 *Ibid.*

563 *Ibid.*: cas de Marie-Eve Lieby de Schlierbach (1785), voir ann. 55/1.

564 J. PREISS, *art. cit.*

journaliers ou des valets de ferme qui trouvent à s'embaucher occasionnellement. L'exemple des internés au dépôt d'Ensisheim fait apparaître la fragilité du sort des journaliers et des petits artisans :

La situation socio-professionnelle des vagabonds et de leurs parents
(AHR C 1563, dépôt d'Ensisheim, 1784-1785)

	Profession indiquée			
	actuelle des parents	**ancienne des vagabonds**		
		Hommes	**Femmes**	**Total**
- **Domestiques**	-	2 (5,7%)	1 (7,1%)	3 (6,1%)
- **Journaliers**	9 (25%)	7 (20%)	2 (14,3%).	9 (18,4%)
- **Jardiniers**	-	1 (2,9%)	-	1 (2%)
- **Vignerons**	4 (11,1%)	5 (14,3%)	-	5 (10,2%)
- **Laboureurs**	6 (16,7%)	-	-	-
- **Artisans** (pêcheurs, boulangers, tailleurs, tisserands, cordonniers, fileuses, tricoteuses, faiseuses de bas, cordiers, cloutiers, armuriers, faiseurs de boucles, faiseurs de paniers, fabricants de moules,de boutons, scieurs, tonneliers, menuisiers, maçons)	14 (38,9%)	14 (40%)	10 (71,5%)	24 (49%)
- **Services** (cabaretiers, barbier, bourreau, garçon-proviseur, infirmier à l'hôpital, marchand-roulant, vendeuse de poterie)	3 (8,3%)	3 (8,6%)	1 (7,1%)	4 (8,2%)
- **Divers** (dont quelques déserteurs)	-	3 (8,6%)	-	3 (6,1%)
	36 (100%)	35 (100%)	14 (100%)	49 (100%)

Parmi les destinées des nombreux vagabonds qui sillonnent routes et chemins ruraux au XVIIIème siècle, nous avons sélectionné celle de Catherine Boeglin, née à Helfrantzkirch dans le Sundgau en 1732, mère de six enfants dont un seul survit[565]. Elle parcourt en quatre ans (1761-1765), à la suite de la mort de son mari, journalier de profession, entre 320 et 350 kilomètres à l'intérieur des limites de la Haute-Alsace, sans compter le bref séjour qu'elle effectue en Souabe. *Sans aucun domicile fixe,* allant *d'endroit en endroit pour gagner sa vie tantôt en travaillant tantôt en demandant l'aumône,* elle revient sur ses pas, en espérant retrouver le pays de ses rêves, c'est-à-dire celui de sa jeunesse. Elle évite soigneusement la ville, foyer d'assistance mais aussi de répression. On la voit occuper successivement tous les emplois qui lui tombent sous la main, ne s'attardant que *quelque temps* ou *quelques semaines* dans la même localité : elle fait les vendanges à Orschwihr, file la laine à Aspach, participe à la moisson à Reguisheim et Widensohlen... En mai 1765, elle se fait embaucher comme servante chez le

[565] AHR 4 B 10, procès du 18 septembre 1765.

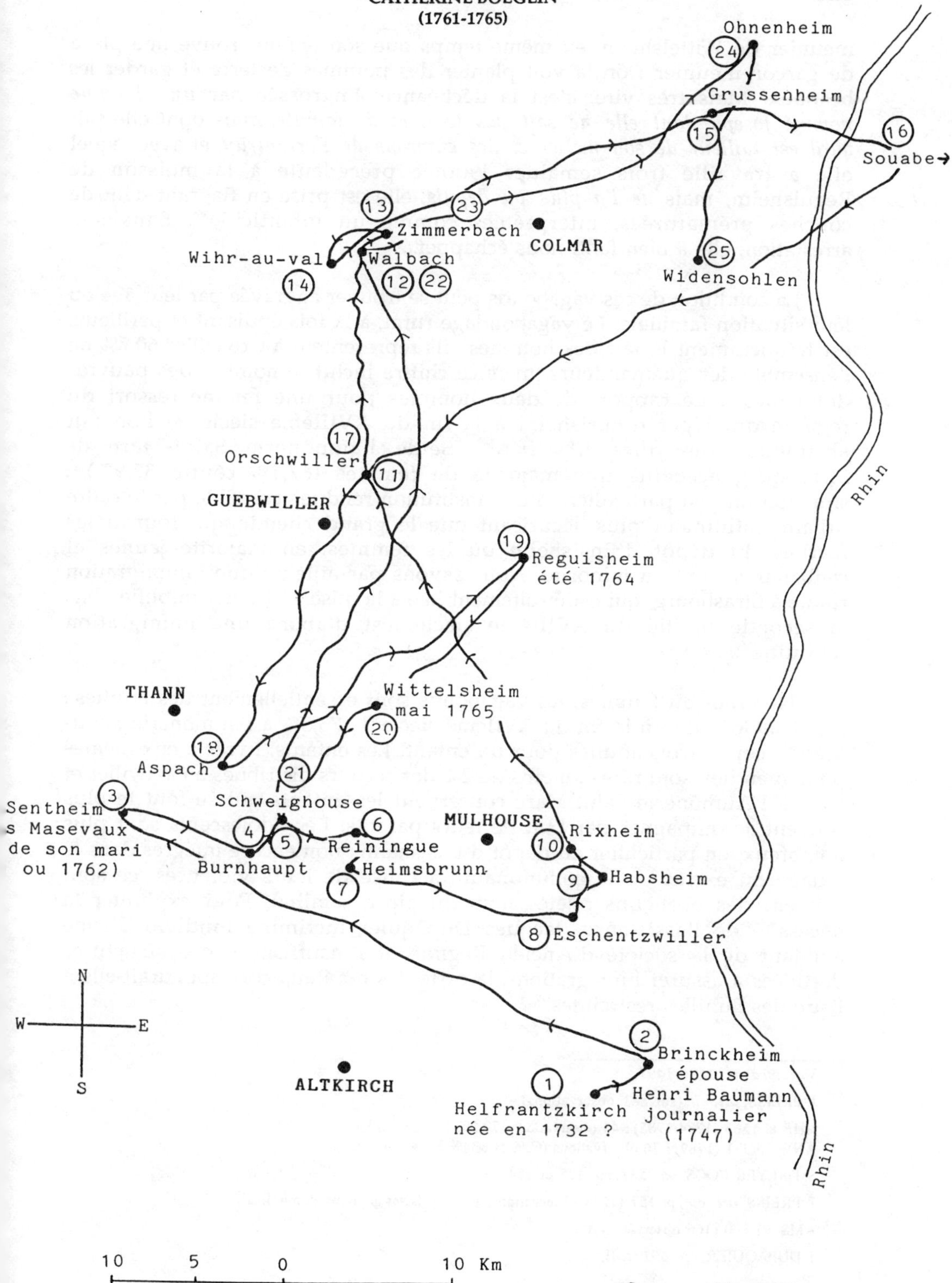

Source : AHR 4 B 10
procès n° 2594
(18 septembre 1765)

meunier de Wittelsheim, en même temps que son enfant trouve une place de garçon-meunier : on la voit planter des pommes de terre et garder les bestiaux. Mais très vite, c'est la déchéance. Engrossée par *un homme nommé Joseph dont elle ne sait pas le nom de famille,* mais dont elle sait *qu'il est tailleur de son métier et des environs de Porrentruy,* et avec lequel elle a travaillé trois semaines l'année précédente à la moisson de Reguisheim, mais *ne l'a plus vu depuis,* elle est prise en flagrant délit de couches prématurées, interprétées comme un infanticide[566]. Sans son arrestation, elle a bien failli nous échapper...

La condition de ces vagabonds peut se trouver aggravée par leur âge ou leur situation familiale. Le vagabondage rural, à la fois épuisant et périlleux, est fréquemment le fait des hommes : ils représentent à Goxwiller 60,7% de l'ensemble des quémandeurs, mais ce chiffre inclut le nombre des pauvres domiciliés[567]. Le rapport de deux hommes pour une femme ressort du registre du dépôt d'Ensisheim à la fin du XVIIIème siècle, si l'on fait abstraction des *filles libertines*[568]. Seule l'aumônerie Saint-Marc de Strasbourg accueille une majorité de femmes (67,1% contre 32,9%) : situation un peu particulière d'une institution rendue accessible par le cadre urbain, infiniment plus sécurisant que le grand chemin qui fournit les recrues du dépôt d'Ensisheim où les femmes, en majorité jeunes et célibataires, sont en minorité. Nous savons par ailleurs que l'immigration rurale à Strasbourg, qui est étroitement liée à la misère et qui s'amplifie dans la seconde moitié du XVIIIème siècle, est d'abord une immigration féminine[569].

Hommes ou femmes, les vagabonds sont essentiellement des adultes : 73,2% à Goxwiller à la fin du XVIIème siècle[570] ; 73,5% à l'aumônerie Saint-Marc[571], soit trois adultes pour un enfant. Les enfants, livrés à eux-mêmes pour mendier, sont rares : moins de 2% des secours distribués à Goxwiller et 4,2% à l'Aumônerie Saint-Marc concernent les enfants qui se font le plus souvent accompagner par l'un de leurs parents. Les adolescents sont plus nombreux, en particulier au dépôt d'Ensisheim : non encore intégrés dans le village ou exclus de la communauté à cause de leurs violences, ce sont souvent des orphelins rejetés hors du giron familial. Pour expliquer la nécessité de l'assistance, Jacques Dupâquier incrimine l'individualisme ambiant de la société d'Ancien Régime et l'insuffisance des structures destinées à assurer l'intégration : la carte des hôpitaux correspondrait-elle à l'aire des familles restreintes[572] ?

---

566 Voir *infra* pp. 1496-1497.

567 J. PREISS, *art. cit.* (sur 881 observations).

568 AHR C 1563 (1784/1785) : 44 observations (70,5% H ; 29,5% F).
AN F 15/231 (1789) : 76 observations (62% H ; 34% F ; 4% enfants).

569 S. DREYER-ROOS, *op. 571*, pp. 135 et 154.

570 J. PREISS, *art. cit.*, p. 157 (1233 observations, y compris les pauvres domiciliés).

571 AMS VI 100 (166 observations).

572 J. DUPÂQUIER, *op. 693*, t. II, p. 321.

Voici de quelle manière on se présente à la porte du presbytère de Goxwiller entre 1686 et 1690 :

		Nombre de cas	%
Isolés	hommes	417	33,8
	femmes	217	17,6
Ménages	(hommes + femmes)	247	20,1
Enfants		332	26,9
	(dont isolés	21)	
Sans indication		20	1,6
		1233	100

Le caractère individuel de l'indigence ne saurait nous surprendre, car il est souvent le fait de veufs et de veuves plus ou moins chargés d'enfants : à elles seules, les veuves représentent entre 25 et 40% des femmes indigentes de Goxwiller, de 1686 à 1690, y compris celles qui sont domiciliées dans la paroisse même. Si on y ajoute les veufs, on obtient les proportions suivantes :

- Goxwiller 1689/1690 : 118 sur 577 adultes secourus (20,4%) ;
- Dépôt d'Ensisheim 1784/1785 : 8 sur 31 adultes arrêtés (25,8%), contre 29% de célibataires et 45,2% de gens mariés.

Il se trouve que le veuvage devient une charge d'autant plus lourde qu'il s'accompagne d'enfants en bas âge. Si l'on ajoute au veuvage par décès de l'un des conjoints la dissociation des foyers par nécessité économique, on constate que la moitié des couples ainsi défaits ont un ou deux enfants à charge, charge qui devient insupportable en temps de crise :

		Sans enfant	1	2	3	4	5 enfants
Goxwiller 1689/90							
Veufs		-	4	6	-	-	-
Veuves		34	31	23	10	5	5
Total	118	34	35	29	10	5	5
	(100%)	(28,8%)	(29,7%)	(24,6%)	(8,5%)	(4,2%)	(4,2%)
Dépôt d'Ensisheim 1784/1785							
Veufs		2	-	1	2	-	1
Veuves		-	-	-	1	1	-
Hommes mariés		2	6	3	1	-	-
Femmes mariées		-	1	-	-	1	-
Total	22	4	7	4	4	2	1
	(100%)	(18,2%)	(31,8%)	(18,2%)	(18,2%)	(9,1%)	(4,5%)

Le registre de l'Aumônerie Saint-Marc laisse la double impression de l'importance numérique de couples dissociés par les impératifs de la mort ou de la misère[573] (puisque les indigents isolés représentent 67,8% des cas enregistrés) et de leur forte féminisation (78,7% des personnes isolées sont de sexe féminin) :

	Isolés	Sexe fém. (63=78,8%)			Sexe masc. (17=21,2%)		Accompagnés (38=32,2%)		Total
		Veuves	Femmes séparées	Filles	Garçons	Hommes veufs ou séparés	d'enfants	du conjoint	
Nb.	80	48	12	3	2	15	25	7	118
%	67,8	60	15	3,8	2,5	18,7	65,8	18,4	100

Une telle structure de la mendicité et du vagabondage se répercute sur la répartition par âges :

		Moins de 15	15 - 25	25 - 50	Plus de 50 ans
Dépôt d'Ensisheim 1784/1785					
Masc.	= 31 = 100%	-	6 (19,4%)	5 (16,1%)	20 (64,5%)
Fém.	= 13 = 100%	1 (7,7%)	3 (23,1%)	7 (53,8%)	2 (15,4%)
Total	= 44 = 100%	1 (2,3%)	9 (20,4%)	12 (27,3%)	22 (50%)
Aumônerie Saint-Marc XVIIIème siècle					
Masc.	= 55 = 100%	21 (38,2%)	7 (12,7%)	3 (5,5%)	24 (43,6%)
Fém.	= 112 = 100%	10 (8,9%)	7 (6,3%)	30 (26,8%)	65 (58%)
Total	= 167 = 100%	31 (18,5%)	14 (8,4%)	33 (19,8%)	89 (53,3%)

Plus de la moitié des indigents assistés ou arrêtés dépassent la cinquantaine ; les septuagénaires et octogénaires occupent une place non négligeable : respectivement 18 et 14% des hommes et des femmes reçus à l'Aumônerie Saint-Marc ; 13% des hommes transférés au dépôt d'Ensisheim. La comparaison des sexes laisse apparaître des différences assez sensibles : l'âge moyen est de 55 pour les hommes qui se présentent à l'Aumônerie Saint-Marc et de 49 ans pour les femmes. Le registre du dépôt d'Ensisheim indique un renflement aux deux extrêmes de la vie pour les hommes, une concentration aux âges moyens pour les femmes. Le contraste est moins net pour l'Aumônerie Saint-Marc, l'âge avancé de certaines femmes étant compensé par la relative jeunesse des veuves. Plus que les institutions charitables des villes, les routes sont donc encombrées :

- d'enfants, les garçons étant plus nombreux que les filles ;

- de vieillards plus ou moins impotents, la vieillesse et l'infirmité pouvant se trouver à l'origine du vagabondage.

Mais en dehors de ces malheurs - la guerre et l'incendie qui paupérisent, la maladie qui conduit à l'inactivité -, deux causes essentielles souvent liées entre elles, peuvent expliquer le vagabondage rural : la fin de l'intégration dans le milieu, sécurisant, de la communauté et de la famille ; une situation économique dramatique. Toutes nos conclusions plaident en faveur d'une indigence autant conjoncturelle que structurelle[574] : le maximum prononcé de saison froide, la supériorité numérique des

[573] Avec la mention : *s'est séparé volontairement de sa femme.*

[574] Comparer avec St. MUCKENSTURM, *mém. cit.* et *art. 2269.*

hommes par rapport aux femmes, des adultes par rapport aux enfants dénotent une hypersensibilité à la conjoncture du *cher-vivre*. Tout en révélant les faiblesses chroniques de la société rurale - surpeuplement, faim de terres, inégalité sociale -, elle traduit les accidents d'une conjoncture ponctuée de guerres et de crises qui sont les principaux facteurs de paupérisation à la campagne.

L'errant vit en marge de la société dont il s'exclut lui-même, soit à la suite d'une tare physique rédhibitoire, soit par son incorrigible comportement de délinquant, car la masse de ces déracinés constitue un bouillon de culture criminogène[575]... Le processus est d'une logique implacable : la maladie, l'infirmité ou la vieillesse entraînent la perte de l'emploi et des moyens de subsistance qu'il procurait. L'infortune individuelle et accidentelle vient alors alimenter une pauvreté massive liée aux structures ou aux aléas d'une époque ou d'un type d'économie. Vraie ou fausse - car on ne peut exclure la surenchère -, elle est susceptible d'apitoyer. La proportion des mendiants et vagabonds n'ayant pas leur intégrité physique ou mentale s'élève à 13% pour Goxwiller entre 1686 et 1690, à 9% pour les admis à l'Aumônerie Saint-Marc au XVIIIème siècle, à plus de 27% pour les internés au dépôt de mendicité d'Ensisheim. A la lecture du catalogue des misères physiques empêchant les mendiants de travailler, nous avons été frappé par le nombre de femmes ayant perdu un oeil ou un bras :

	Goxwiller 1686-1690		Aumônerie Saint-Marc XVIIIème siècle		Dépôt d'Ensisheim 1784/1785	
	Nb	%	Nb	%	Nb	%
Infirmité ou vieillesse	34	21,4%	1	6,7%	4	23,5%
Estropiés, paralysés, manchots	50	31,5%	3	20,0%	1	5,9%
Aveugles, borgnes	7	4,4%	3	20,0%	3	17,6%
Muets ou sourds	1	0,6%	2	13,3%	1	5,9%
Sujets à l'apoplexie	-	-	1	6,7%	-	-
Poitrinaires	-	-	2	13,3%	1	5,9%
Petite vérole	-	-	-	-	3	17,6%
Fièvres diverses	53	33,3%	-	-	2	11,8%
Débilité ou folie	10	6,3%	3	20,0%	2	11,8%
Divers	4	2,5%	-	-	-	-
	159	100%	15	100%	17	100%

L'infirmité physique ou mentale s'accompagne souvent d'une sous-alphabétisation propre aux populations déracinées : moins de la moitié des 39 internés au dépôt de mendicité d'Ensisheim, pour lesquels nous disposons de renseignements précis, déclarent savoir signer :

	Savent signer	Ne savent pas signer	Total
Hommes	15 (62,5%)	9 (37,5%)	24 (100%)
Femmes	2 (13,3%)	13 (86,7%)	15 (100%)
Ensemble	17 (43,6%)	22 (56,4%)	39 (100%)

575 On se raportera aux travaux d'E. SABLAYROLLES (*th. cit.*, pp. 404-511) qui a utilisé les appels au Conseil Souverain et les archives de la Préfecture de police.

Nous retrouvons donc la différence classique selon les sexes commune aux sociétés d'Ancien Régime, avec une confortable avance du contingent masculin. Mais les taux se révèlent bien inférieurs à ceux que nous constatons pour la population *installée*, pourvue d'une profession requérant un certain niveau d'alphabétisation et capable de bénéficier des services de l'école et de l'église[576]. Le seul fait de pouvoir formuler le nom de son conjoint ou de sa mère relève parfois de l'exploit[577] !

Ce qui aggrave le cas du mendiant, c'est qu'il passe pour être un délinquant en puissance. Cesserait-il de l'être dans les faits, l'opinion publique ne serait pas prête à réviser ses jugements à son égard[578]. Inquiétant, ce journalier de Bollwiller, nommé Martin Brunner, âgé de 17 ans seulement, *suspect de vie errante et fainéante, sans domicile fixe*, ne faisant *nulle part un long séjour*. Il a longtemps travaillé dans les manufactures de Mulhouse. En 1785, on le retrouve à Bollwiller comme tisserand. *Rodeur de nuit et de jardins, carillonneur toujours muni de quelques armes, craint et redouté d'un chacun, il se révolte contre le garde, brise les prisons et... menace d'incendie ceux qui l'y ont fait mettre*[579]. A plus forte raison, on ne pardonne pas la moindre peccadille à celui qu'on ne connaît pas et qui ne se soumet pas à la norme de l'intégration : l'asocial est assimilé à un antisocial. On donnera finalement plus par peur que par charité, car la mendicité, si elle est contrariée, peut tourner à la vengeance sur les bêtes et les récoltes : c'est dans ce climat d'insécurité que naîtra la Grande Peur de 1789. Aurait-on exagéré le rôle des vagabonds dans la criminalité ? Quelques sondages dans les registres de la maréchaussée[580] nous incitent à la prudence :

Période	**Nb. total**	**Nature du délit**			**Total (%)**
		petit délit	**vol**	**crime**	
1752 - 1759	102				
Vagabonds caractérisés	4	-	3	1	3,9
Professions inconnues	47	5	24	18	46,1
1763 - 1771	93				
Vagabonds caractérisés	8	6	2	-	8,6
Professions inconnues	23	3	11	9	24,7
1772 - 1789	253				
Vagabonds caractérisés	16	12	4	-	6,3
Professions inconnues	105	27	47	31	41,5

Les vagabonds, identifiés comme tels, ont moins de 10% des délits à leur actif, mais il reste la masse incertaine de ceux dont la profession n'est pas indiquée... Sur les 76 délits relevés dans les archives du Conseil

576 Voir *infra* pp. 1825 ss.

577 AHR C 1563 (Marie-Eve Lieby, avril 1785, voir ann. 55/1).

578 Simple hypothèse : le terme dialectal de *Wagges* serait -il dérivé de celui de *vagabond* ou de *vagans* si fréquemment employé par les curés dans les registres paroissiaux ?

579 AHR C 1564 (août - octobre 1785).

580 ABR C 396-398 (1752-1789).

Souverain et concernant la période 1698 - 1772[581], 42, soit plus de la moitié concernent des vagabonds : ils mettent en cause 59 délinquants dont 64% sont des hommes et 36% des femmes ; dans 76% des situations, ils opèrent de façon isolée ; dans 24% des cas, ils agissent en groupes de deux à cinq personnes : il s'agit de petites bandes, le plus souvent composées de Bohémiens. Au nombre des griefs qui leur sont faits, une forte majorité concerne les vols : de grand chemin, aux champs, au village, mais aussi en ville, à la foire. Le vol serait-il le complément obligé de la mendicité ?

- Vol simple	:	73,3%	- Vol + prostitution	:	2,4%
- Vol + escroquerie	:	7,3%	- Vol + menace d'incendie	:	2,4%
- Vol + assassinat	:	4,9%	- Délits divers (vagabondage, complicité avec Bohémiens, désertion)	:	7,3%
- Vol + infanticide	:	2,4%			

Entre la délinquance occasionnelle et la délinquance structurelle, le vol-nécessité et le vol-insolence, le larcin occasionnel et le vol prémédité, le crime accidentel et l'homicide délibéré, la marge est bien étroite. Lorsque la maréchaussée arrête les vagabonds, elle cherche à connaître le mobile du crime. Elle n'y parvient que très imparfaitement à partir des déclarations des délinquants[582] :

	Hommes	Femmes	Ensemble
Faim	3	1	4
Misère	1	-	1
Maladie	1	-	1
Vieillesse	2	-	2
Perte d'emploi	2	-	2
Mauvaise économie	1	-	1
Pèlerinage	2	1	3
Total	**12**	**2**	**14**

Au moment des difficultés économiques, la mendicité se fait plus exigeante et plus âpre. L'aumône est parfois exigée *bâton levé*. Mais le délit par excellence des vagabonds, c'est bien le vol[583]. Le vagabond au ventre creux est un voleur en puissance et, entre la rapine et le colportage, la limite est bien indécise, car tout se vend... Jean Higel, natif de Ribeauvillé, journalier de profession, puis enrôlé dans le régiment d'Alsace, se trouve le 31 août 1722, jour de son arrestation, *sans feu ni lieu ni domicile*. Il se fait surprendre alors qu'à Ungersheim il tire un lit à travers les barreaux d'une fenêtre[584]. Le ballot qu'il traîne avec lui recèle un véritable attirail de colporteur : des cordons de *cuire* avec deux pièces de 3 sols ; une vieille paire de bas de femme dans un filet de chanvre et une vieille chemise ; un couteau à manche en bois noir ; *des couleurs de fer blanc* ; une pipe à tabac, une *morceau de la madouë* et un briquet à faire du feu ; du sel dans un vieux linge, un sac à grains marqué aux initiales N.B. ; deux cordes, quatre

[581] AHR 1 B 360-694.

[582] AHR C 1563 (Ensisheim 1784-1785).

[583] Voir *infra* pp. 1535 ss.

[584] AHR 3 B 5851.

chiffons, un crochet de fer... S'agit-il d'un vagabond vivant du vol ? D'un voleur devenu colporteur ? D'un faux colporteur ou d'un faux mendiant ? Voici un chapelier de profession, natif de Constance, qui, dans la nuit du 17 février 1774, dérobe au Sieur Neef de Berrwiller une culotte de peau noire et, huit jours plus tard, au cabaretier de Wittelsheim un drap de lit d'étoupe, deux taies, un lit de plumes, un traversin. Il n'a que 18 ans, mais se fait accompagner d'une *marchande ambulante* native de Suisse, de douze ans son aînée, qui transporte sur sa charrette *de la marchandise de poche indienne et des rubans* que son mari se procure auprès de forains de Berne, Zurzach et Strasbourg. Or, en fouillant la charrette en question, la maréchaussée découvre les objets les plus inattendus : un crochet de volet, quatre bandes de lard, un boisseau de farine, trois pots en étain, trois livres de beurre fondu, deux miches de pain, de quoi se sustenter pendant quelque temps[585]... Des comportements de ce genre renforcent, bien entendu, la méfiance : ces vagabonds, auxquels on concède une nuitée, ne viennent-ils pas repérer les lieux qu'ils visiteront le lendemain et les effets qu'ils pourront emporter ?

Le vol, en rapport avec le vagabondage, nous conduit tout naturellement à l'évocation des Tsiganes que nous avons déjà rencontrés au moment de la *reconstruction*[586]. Méfait réel ou imaginaire, le vol est considéré comme leur activité essentielle : vols alimentaires, vol *à la détourne* ou *au rendez-moi*, parfois camouflé derrière le trafic des chevaux[587]. Outre les crimes spécifiques et quasiment ataviques qu'on leur attribue, l'attitude collective d'exclusion à leur égard s'explique par la dénonciation des trois tares fondamentales : celle d'être étrangers, celle d'être errants et celle d'avoir des moeurs bizarres. L'animosité à leur égard est donc alimentée :

- par la grande mobilité des *Egyptiens,* leur origine étrangère que trahit une langue particulière ;
- par le statut spécifique d'un groupe compact et structuré, d'une *nation* irréductible d'allogènes impossibles à assimiler et à aligner sur les normes, les valeurs, les exigences fondamentales d'une société de sédentaires.

De puissantes solidarités liguent les autochtones contre les *Bohémiens,* terme péjoratif qui qualifie un genre de vie répréhensible : ne reproche-t-on pas à ces mal-vivants d'être maléfiques en jetant un mauvais sort, de pratiquer l'enlèvement d'enfants et l'anthropophagie ? C'est l'opposition fondamentale entre l'établi et l'intrus, le sédentaire et l'errant, le productif et l'oisif : choc de ceux civilisations. On les exclut de prime abord, en rejetant sur eux la responsabilité de leur exclusion[588]... L'attrait qu'exerce sur eux la province s'explique à la fois par l'extension des franges montagneuses et forestières de la plaine (pays de Bitche, environs de

---

[585] AHR 4 B 10 (Wittelsheim 1774).

[586] Voir *supra* p. 293.

[587] Fr. VAUX DE FOLETIER , *op.* et *art. 2283-2286.*

[588] H. ASSEO, *op. 2296.*

Baerenthal et de Philippsbourg) et par la proximité de la frontière. Les incursions se multiplient à partir de 1779 dans la région de Niederbronn (le commandement militaire s'en émeut[589]), et c'est depuis Pirmasens, résidence du landgrave de Hesse-Darmstadt, que Hannikel et Wenzel préparent leurs raids sur l'Alsace dans les années 1786/1787... Ces derniers s'accompagnent d'une mendicité un peu particulière : on donne moins par pitié, semble-t-il que par crainte d'une vengeance ou d'un mauvais sort... La répression du nomadisme par les pouvoirs publics passe par l'alternative de l'expulsion ou de la sédentarisation forcée. Mais a-t-on jamais vu un nomade accepter la sédentarisation ?

Après la dispersion de la bande de Hannikel, le bailli de Soultz fait établir une liste d'environ 400 Tsiganes, considérés comme dangereux, avec leur signalement : elle sera tirée à cinquante exemplaires et accompagnée d'une traduction. Or rejetés par la société, les Tsiganes se trouvent réduits à la mendicité et au pillage : cercle vicieux. Nous touchons là à un problème beaucoup plus large qui est celui du banditisme et qui repose sur un vagabondage structurel, institutionnalisé, codifié, ritualisé qui n'inspire ni mépris, ni horreur[590]. Ces gueux organisés ne naissent pas vagabonds : ils le deviennent. *Primitifs de la révolte,* plus réformistes que révolutionnaires, dépourvus de tout programme politique, ils finissent par passer pour des redresseurs de torts et les défenseurs des opprimés. Alors que leurs activités pourraient être considérées comme autant d'agressions contre la société, l'imagination populaire transcende la réalité en conférant une dimension grandiose à leurs méfaits. L'opinion publique qui leur reconnaît des vertus d'équité, de générosité, de courage, aura tendance à voir dans cette forme de protestation sociale, combattue par les autorités qui l'assimile au brigandage, le combat des riches contre les pauvres. Avant l'émergence du *Schinderhannes* rhénan fin 1790, nous manquons de renseignements sur l'existence éventuelle d'un Mandrin local, mais l'administration royale attire l'attention sur des troupes de brigands opérant aux confins de l'Alsace et de la Lorraine : *une troupe assés considérable de brigands, qu'on m'assure se grossir de jour à autre, s'est répanduë dans la province d'Alsace, de la Lorraine et des Trois Evêchés ; ...qu'elle y commet les crimes les plus affreux et y cause les plus cruelles alarmes. Comme il y a lieu de croire, que cette bande est la même qui désola, il y quelques années, les mêmes provinces et qu'on ne put alors parvenir à la détruire quelques précautions que l'on prit.* Cette *troupe de malfaiteurs* restera dangereuse, *tant qu'elle aura la ressource de se retirer dans les états des princes voisins,* en particulier par *les incendies dont elle menace des villages entiers*[591]... La maréchaussée est sans doute plus efficace contre ces bandes organisées, dans lesquelles se mêlent Bohémiens, pseudo-colporteurs, déserteurs et pauvres du cru, que face au vagabondage individuel. Mais l'armée elle-même contribue au développement d'une société marginale[592] et la désertion, qui

[589] Fr. VAUX DE FOLETIER, *art. 2285*, p. 14 et H. HAUG, *art. 2277.*

[590] E.J. HOBSBAWM, *op. 2292.*

[591] ADM C 23 (Versailles le 7 mai 1773, Monteynard d'Armentières à Metz).

[592] AMS VI 141/1 et 5 (bailliages ruraux de Strasbourg, 1704-1709).

alimente le banditisme, trouve des complices parmi la population rurale. Le contexte prérévolutionnaire se caractérise par la recrudescence de ce banditisme à facettes multiples. Le témoignage du prévôt général de la maréchaussée de Haute et Basse-Alsace est, à cet égard révélateur : *La situation de cette province... donne une grande facilité aux mendiants étrangers et aux vagabonds de s'y transporter et de se joindre à ceux du pays, de commettre des crimes aux conséquences malfaisantes. Il en résulte aussi des incursions fréquentes par des brigands qui se réunissent et qui volent avec effraction dans les villes, bourgs et villages. En 1783 et en 1784, les prisons ont été remplies de brigands, voleurs d'églises qui avaient semé l'épouvante dans les campagnes. En outre depuis un temps immémorial les Bohémiens menacent la Basse-Alsace et y font des ravages. Il n'est pas de province où la désertion soit plus aisée, plus fréquente. Le soldat qui veut déserter ou qui déserte est favorisé. Il trouve bien facilement une retraite, il se déguise, vend en échange ses effets militaires sans beaucoup de peine*[593]*...*

Conclusion

L'analyse de la pauvreté rurale nous conduit à rejeter tout jugement tranché. La mendicité n'est pas un phénomène exlusivement urbain, comme le vagabondage n'est pas un phénomène exclusivement rural. Les vagabonds ne sont pas tous des hommes jeunes et, parmi les mendiants, on ne trouve pas que des femmes et des vieillards. A l'égard des uns et des autres, la société porte une lourde responsabilité : autant dans la genèse de la pauvreté, par suite de la discordance entre développement économique et croissance démographique que dans la plus ou moins grande efficacité des remèdes proposés. La charité privée, individuelle ou collective, l'emporte toujours sur les formes organisées de la bienfaisance et de l'assistance. Quant à la répression, elle vise surtout ceux qui ont coupé toutes les amarres avec la société, c'est-à-dire les vagabonds. Or on passe, du XVIIème au XVIIIème siècle, d'un type de vagabondage à l'autre. Les migrations au temps des guerres, liées à la fuite et à l'insécurité, sont essentiellement masculines et concernent une part importante d'étrangers à la province. Un siècle plus tard, le taux de masculinité, qui reste fort sur les routes elles-mêmes, se stabilise dès que l'on concentre l'observation sur les institutions de charité urbaine. Par ailleurs, c'est le milieu local qui fournit à présent l'essentiel des recrues : la province n'est-elle pas surpeuplée par rapport aux ressources qu'elle peut offrir ? De la pauvreté à la criminalité, le pas est facilement franchi.

[593] ABR C 397 : état général statistique des procès criminels, 1763-1771 (prévôt de la maréchaussée).

CHAPITRE V

LES PULSATIONS DU QUOTIDIEN

La violence qui, à la campagne, fait partie intégrante des comportements quotidiens, se traduit par des affrontements répétés. La sensibilité paysanne est prompte à s'échauffer et, compte tenu de la rudesse dont les rapports humains sont empreints, on échange injures et coups pour des motifs en apparence futiles.

I. L'ESPRIT ET LA LOI

A) Un état d'esprit : austérité ambiante et instauration d'un ordre moral

L'approche même de la criminalité nous projette au coeur du débat entre juristes et historiens. Les premiers, très respectueux des traités de jurisprudence et des mesures réglementaires, reprochent aux seconds de vouloir retrouver, dans le relevé systématique des litiges, les structures de la normalité. Il est vrai que la réglementation se fait globalisante et qu'elle dévoile, au nom de la sûreté des hommes et de la sécurité des biens, les points sensibles d'une société. Rédigé en 1776, le règlement de police du duché de Deux-Ponts[1] embrasse l'ensemble de la vie quotidienne. Il vise à surveiller et à réglementer : surveiller les vagabonds et les étrangers sans

[1] ABR 2 G 73 A/1.

occupation, les ivrognes et les joueurs, les femmes de mauvaise vie, les domestiques dépravés, les jeunes dévergondés, les paresseux et les mauvais pères de famille... ; réglementer le pesage et le prix des grains sur les marchés, la qualité du pain et de la viande, la salubrité des puits et fontaines, la propreté des voies publiques, le montant des gages des domestiques... Mais ne s'agit-il pas de normes de comportement imposés, de codes accompagnés des moyens de les faire appliquer, sans qu'on sache s'ils ont été respectés ou violés ? Un dépouillement systématique des actes judiciaires suffirait à prouver que ces prescriptions n'ont pas toujours été suivies d'effet. S'installe une ambiance de criminalité dans laquelle on vit et qui entretient un sentiment d'insécurité permanent. L'octroi d'une gratification aux dénonciateurs, auxquels on garantit l'anonymat, en constituerait une preuve supplémentaire. D'autre part, quelle foi convient-il d'accorder à des règlements systématiquement renouvelés d'une époque à l'autre et risquant, de ce fait, de se trouver anachroniquement figés[2] ? Rares sont ceux qui sont constamment enrichis et adaptés à des situations nouvelles[3] et, pour assurer une certaine souplesse, le seigneur préfère, dans le bailliage de Hatten, multiplier les *mandements* au fil des ans[4]. On retrouverait le même problème à l'échelle du village, lorsque les règlements de police, qui abordent les sujets les plus divers, en reprennent d'autres, plus anciens et souvent non datés[5]. Les règlements de village[6] n'expriment parfois pas autre chose que la répression conjuguée des autorités civiles et religieuses, dans une lourde atmosphère d'austérité.

A Vendenheim comme à Hunspach, fiefs de l'austérité protestante, les jeunes ne pourront s'adonner à la danse que munis d'une autorisation seigneuriale[7], danse qui, par ailleurs, est interdite le dimanche et les jours de fête[8] ainsi que pendant l'Avent et le Carême[9]. Et que dire des *Kunkelstuben*

---

2 AHR E 707 : le règlement des Ribeaupierre, daté de 1561, est traduit en français pour être utilisé au XVIIIème siècle.
J. BECKER, *art. 1786* : le règlement du grand bailliage de Haguenau date de 1616 (AMH AA 150/15-19) et sera constamment repris par la suite.

3 A titre d'exemple, AM Turckheim BB 1, pp. 21-77: règlement municipal de Turckheim rédigé en 1621 (12 articles), complété en 1665 (77 articles) et amendé au cours du XVIIIème siècle par les procès-verbaux du conseil de la communauté.

4 ABR 3 E 183/1 (1700-1725, 39 articles). Ces mandements portent sur les sujets les plus divers : mendicité (1700) ; salaires (1702) ; réglementation des danses (1709, 1716, 1719, 1724) ; infanticides (1712) ; célébration de la paix (1714) ; sanctification du dimanche (1720) ; concubinage (1722) ; pénitence publique d'un particulier (1723) ; engagement d'une sage-femme (1711) ou d'un maître d'école (1723) ; police des *copulations* (1703, 1715, 1725) ; rapports avec les Piétistes (1717) et les Luthériens (1721) ; substance des sermons (1704, 1709, 1717, 1719), etc...

5 Tel est le cas de la *Dorf- und Polycey-Ordnung der Herrschaft Mundolsheim und Mittelhausbergen erneuert im Jahr 1778* (AC Mundolsheim, document aimablement mis à notre disposition par Madame L. CHÂTELET-LANGE).

6 ABR E 5909/3 (*Dorfordnung* Vendenheim, 1720 et 1736).

7 Ibid. : *Zum fünften dieweil man bishero den Tanz vergunt hat dem jungen Volckh, der soll auff diessmahl auch verbotten seyn und immer ohn Erlaubnuss der Oberheit tantzen.*

8 AHR E 2195 : règlement du 26 janvier 1720 (*Kirchspiel* Kutzenhausen).

9 ABR 3 E 241/2 : le *tempus devotionis et poenitentia* s'étend du premier dimanche de l'Avent aux Trois Rois et du dimanche *Reminiscere* à Pâques (*Kirchenordnung* Kirrwiller-Bosselshausen, 23 mars 1717).
ABR 3 E 219/1 : *Kirchenordnung* Ingenheim, 24 avril 1717.

dénoncées par le *Schultheiss* de Gunstett, *Kunkelstuben* qui se terminent dans les venelles et les granges[10] ? Noces et funérailles se trouvent réglementées par une série de lois somptuaires[11]. La *Kilbe,* qui théoriquement tient lieu de fête patronale, risque de dégénérer en beuveries, danses et impudicités[12] ? Dans la seconde moitié du XVIIIème siècle, le duc de Deux-Ponts interdit qu'elle dure au-delà d'un jour. Des listes de contrôle sont établies tous les six mois dans le but de débusquer les ivrognes, les joueurs, les gaspilleurs, les fainéants, les dissolus, les infidèles : il s'agit, selon le pasteur de Hunspach, *d'extirper les vices et de planter la vertu*[13]. Entre *Dorfordnungen* et *Kirchenordnungen*[14], l'accord est parfait et les ordonnances du duc de Wurtemberg en matière ecclésiastique sont un modèle d'intervention du pouvoir dans la vie religieuse et morale ; il y est question de profanation du dimanche, de livres de cantiques et de sermons circulaires, d'administration des sacrements (âge de la confirmation ; dispense, célébration et consommation des mariages, mariages mixtes) ; d'expulsion d'Anabaptistes ; de distribution de places à l'église et du fonctionnement de l'école ; de recrutement des sages-femmes ; de corrections à administrer aux *fornicateurs*[15]...

Mais, à la lettre nous préférons l'esprit. Les affaires judiciaires portent la quotidienneté et constituent la trame ordinaire des relations humaines. Les règlements traduisent l'irruption de l'autorité dans le déroulement de la vie quotidienne, avec une volonté évidente de contrôle social et de moralisation des rapports humains. Il en est de même de la répression.

---

[10] AMH AA 150/15-19 (1616).

[11] Règlement de Mundolsheim et Mittelhausbergen, 1778 : *Zum siben... so soll keiner mehr dass zwehn Tisch mit Weiber, und zwehn Tisch mit Mannspersohn haben...*

H. GERST, *op. [403]*, pp. 119-120 : pas plus de vingt invités et un seul plat, midi ou soir (d'après le *Protocollbuch* de 1717 du duché de Deux-Ponts). En 1769, le deuxième et le troisième jour de noces sont taxés.

ABR 3 E 241/2 : réglementation des noces par les Hanau-Lichtenberg (Kirrwiller-Bosselshausen, 27 janvier 1716).

AMH AA 150/15-19 : au début du XVIIème siècle, dans le bailliage de Haguenau, se développe l'habitude du *Hirschessen,* la veille de la noce *(liederlicher Anfang einer glücklichen Ehe... riefen statt der Benediktion eine Malediktion auf sie herab)* et celui du *Brotauswerfen* le jour même du mariage, suivi d'une collation pour les jeunes du village (on se jette dessus *wie ungezogenes Vieh).* Aux baptêmes, les *Taufsuppen* ou *Kindschenken* durent trois jours, avec distribution de vin, de bière, de pain, de fromage, sans parler du *Gefräss* lui-même. On digérera pendant trois, voire six mois, des dépenses qui seraient mieux utilisées à payer la dot de la mariée ou à soutenir les pauvres.

ABR E 5909/3 : *mit köstlichem essen, auch vielen Leuthen, dass sich etwann mancher in kosten hat geworffen, dass er ein Jahr hernacher noch zu bezahlen gehabt und von dem Morgen ahn biss uff die nacht beÿ einander gesessen, überflüssig gessen und getrunckhen, dass soll niemals sein... Welcher ein Kindschenk will halten mag wohl gewattern und Göttlen samt ihren Weibern laden... (Dorfordnung* Vendenheim, 1720 et 1736).

H. GERST, *op. cit.*, pp. 119-120 : les morts seront veillés par quatre personnes au maximum ; les repas de funérailles doivent être remplacés par des *collations pour les parents venus de loin* ; les cercueils seront confectionnés en bois de sapin et devront coûter moins de quatre florins pièce ; il est interdit de porter le deuil *et autres futilités*...(duché de Deux-Ponts, 1717).

[12] ABR 2 G 73 A/1 : *anlassen zum Sauffen... Zorn Gottes... Tantzen, Springen und anderen Üppigkeiten* (Deux-Ponts, 1776).

[13] AMH AA 150/15-19 (1616).

[14] Exemple : celle du pays de Hanau de 1659, complétée en 1736 (G. Ch . SCHILDBERG, *th. 1784*, t. I, pp. 35-38).

[15] AN K 2358/1, 2 et 3 (ordonnances ecclésiastiques (1546-1787).

B) Les cadres répressifs et l'arsenal des peines

Surveiller, punir, protéger : la justice parvient-elle à remplir sa triple mission ? La campagne connaît certes une criminalisation plus imparfaite que la ville, du fait de l'insuffisante pénétration de la justice royale. Les paysans, aussi près de leurs sous qu'habitués à régler eux-mêmes leurs problèmes, fut-ce par la violence, opposent quelque résistance à l'intervention d'agents extérieurs. La méfiance est grande face à un Etat en voie de modernisation dont l'appareil judiciaire est un des leviers du pouvoir. Devant des attitudes aussi conservatrices, la justice du Roi, avec ses principes organisateurs et unificateurs, doit se plier au *Landrecht*, droit commun provincial, car, contrairement à l'affirmation de Louis René Le Laboureur, membre éminent du Conseil Souverain de Colmar, on ne plaide pas *à Brisack sur les bords du Rhin* comme on plaide *à Paris sur les bords de la Seine*. Elle doit surtout s'adapter aux réalités de la campagne où elle s'efface devant la justice seigneuriale ou villageoise. Mais ne nous y trompons pas : au nom de la supériorité territoriale, la justice bailliagère ou seigneuriale sert souvent d'auxiliaire et de relais à la justice royale et, dans son ordonnance de 1686[16], la monarchie, après avoir établi le constat des abus, impose le recrutement de baillis qualifiés, fussent-ils seigneuriaux comme en Alsace. L'étude sémantique des cahiers de doléances fait apparaître le rapprochement entre le terme de *seigneur* et celui de *justice*. La justice seigneuriale fonctionne au bénéfice d'une petite et moyenne bourgeoisie rurale soucieuse d'asseoir son autorité et son influence sur la paysannerie. Ce sont néanmoins la carence de l'autorité et la déficience de l'appareil seigneurial qui transfèrent la gestion de la petite criminalité, c'est-à-dire la délinquance au quotidien, aux mains des villageois eux-mêmes. Les compétences peuvent nous paraître mesquines ; mais l'important, c'est que les paysans, en vertu d'une vieille tradition de justice populaire, aient une réelle emprise sur leur sort. Il en va de l'autodéfense d'une société qui s'avère d'autant plus indispensable que l'encadrement du pouvoir officiel est insuffisant. Alors que la litigiosité augmente, l'autorégulation se développe de moins en moins par violence privée, de plus en plus par voie légale. La tradition germanique du droit communautaire supplante les droits étatiques. La communauté villageoise, grâce à son *Gericht*, se trouve une nouvelle fois projetée au centre de la vie, avec ou sans participation de l'autorité seigneuriale. L'analogie avec les échevinages de Flandre est frappante. Par contre, en l'absence de tribunaux intermédiaires – les traditionnels tribunaux de bailliages royaux –, les appels des justices inférieures au Conseil Souverain de Colmar sont fréquents : au-delà de 250 livres dans les terres de la noblesse de Basse-Alsace, à partir de 500 livres pour la Régence de Saverne. Ainsi le principe du recours au Roi, haut justicier, est sauf.

Pour faire régner l'ordre, le pouvoir dispose d'un arsenal de peines de plus en plus développé. Notre étude ne portant pas sur la répression judiciaire elle-même, on nous dispensera d'entrer dans la subtile casuistique

[16] DE BOUG, *Ord. Als.*, t, I. p. 163 : arrêt du Conseil d'Etat du 17 octobre 1686.

Le barème des amendes dans les bailliages de Marlenheim et de Wasselonne (fin XVIIème siècle) : Source : AMS VII 78/2 (en livres tournois).

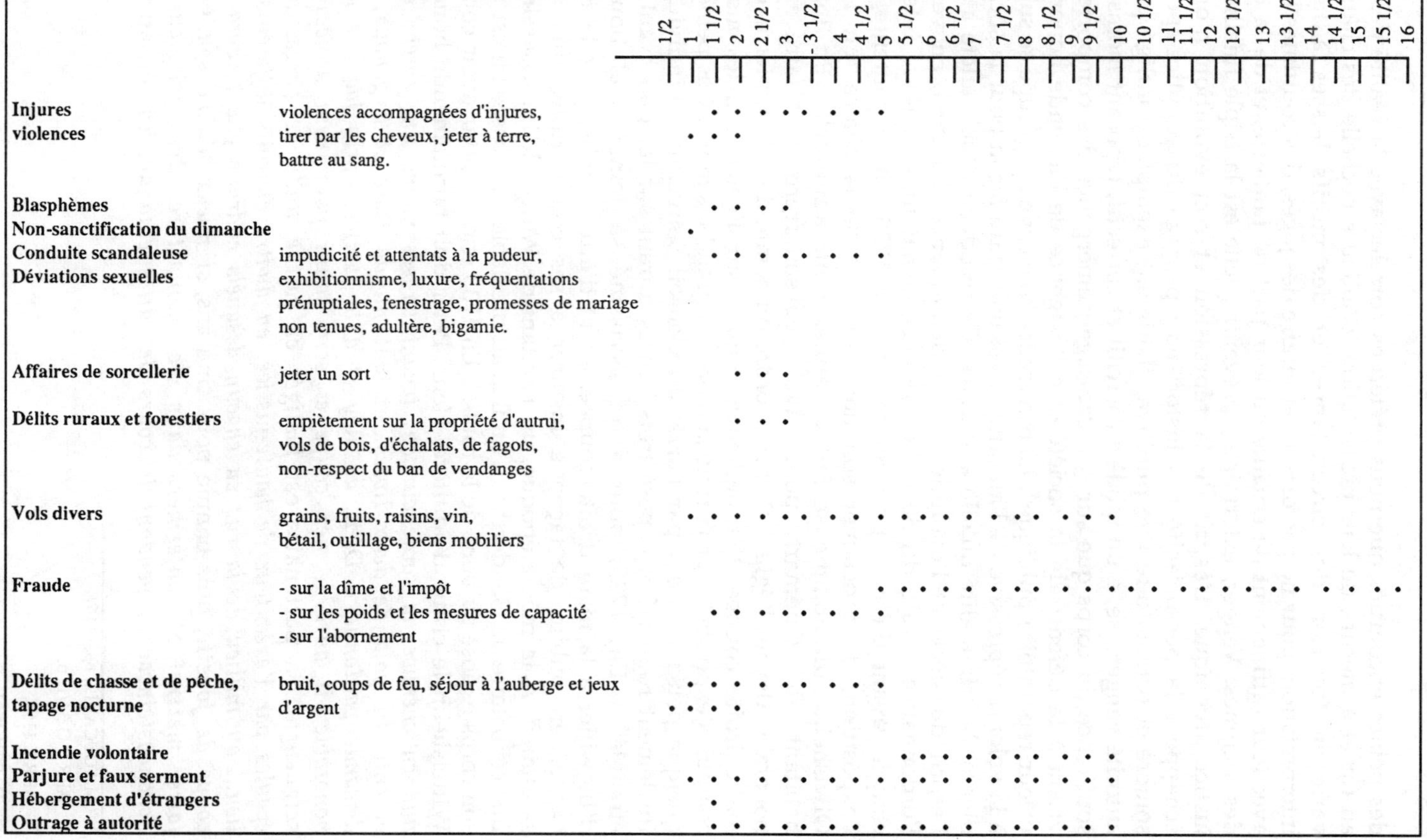

des peines encourues que nous préférons correler avec la réalité des délits au fur et à mesure de leur présentation. D'ailleurs l'échelle des châtiments varie en fonction des circonstances et des motifs laissés à la libre interprétation, pour ne pas dire à l'arbitraire des juges, des coutumes locales, avec leur raffinement de cruauté ou leur part de fantaisie, et de la qualité des victimes. Venger, exterminer, prévenir : telle est la triple finalité de la justice archaïque. L'esprit de la répression et son évolution n'ont pas échappé à la perspicacité des historiens : passage du supplice-spectacle, sombre et ostentatoire fête punitive, châtiment exemplaire infligé par une autorité vengeresse, à un modèle coercitif et correctif, reposant moins sur la souffrance du corps que sur son dressage ; émergence des comportements visant à la défense de la société et à l'exigence de l'amende honorable à valeur réparatoire publique[17]. La conscience collective du groupe se substitue à la volonté répressive de l'autorité : c'est une autre façon pour la société de digérer la criminalité qu'elle a secrétée. Ce recodage rituel reflète à la fois l'esprit du siècle et l'évolution de la délinquance. En 1666, en vertu de l'ordonnance royale du 30 juillet, le blasphémateur a la lèvre inférieure coupée, avant d'être exposé au carcan ; en 1720, on se contente, avant l'exposition, de proclamer son nom du haut de la chaire. En 1668, à Olwisheim, un homme se fait décapiter pour adultère[18]. En 1685, tel habitant de Guémar, pour avoir tué son frère, doit faire amende honorable devant l'église. Puis, sur ordre du comte de Ribeaupierre, c'est la main droite coupée, l'étranglement public sur l'échafaud, les membres rompus, l'exposition sur la roue au bord du grand chemin... Ces peines sont quelque peu modifiées par l'arrêt du Conseil Souverain : l'individu sera finalement roué vif et exposé trois heures durant sur la roue avant d'être étranglé[19]... En, 1725, pour avoir assassiné sa femme, tel bourgeois d'Ingwiller a la main droite coupée, avant d'être supplicié sur la roue et exposé en public, de façon à inspirer à ses compatriotes une crainte salutaire[20]. A la même époque, un habitant de Wingersheim assassine une fille célibataire de Geudertheim qu'il a, au préalable, engrossée : il est roué et son corps exposé au bord de la route[21]. En 1733 encore, pour avoir commis à Wittelsheim le crime d'adultère, Henri Peter doit faire amende honorable, *nud en chemise, la corde au cou, tenant en ses mains une torche de cire ardente du poid de deux livres... estant nu de teste et a genoux, ... en demande pardonne à Dieu, au Roy et à la justice, après laquelle amende honorable, il aura le nez coupé et sera banni pour neuf années de la seigneurie.* Sa partenaire est *fustigée et battuë nude de verges sur les épaules par l'exécuteur de haute-justice, en quatre endroits différents de ce lieu... au millieu de la rue en chacun desquels endroits elle recevra quinze coups de fouette,* puis bannie pour cinq ans, *si mieux n'aime son mary la faire mettre et enfermer dans le monastère des religieuses de Schönensteinbach... pendant le cours des dites cinq années.* En attendant,

[17] M. FOUCAULT, *op. 2461.*

[18] ABR 2 G 34/1, p. 71.

[19] AHR E 1154.

[20] Th. SCHOELL, *art. [465].*

[21] ABR 3 E 155/2.

elle est privée de sa dot et subit les accessoires religieux de la peine : avec son compagnon, elle est conduite *au milieu de l'église paroissiale au-dessous du grand crucifix au premier dimanche à l'entrée de l'église paroissiale... à genoux... une torche à la main, et ayant chacun un écriteau en gros caractères portant adultères publiques en langue françoise et allemande...*[22]. Une telle peine est-elle encore concevable dans les années 1780 ? Sauf pour les cas graves – le crime de bestialité relève du bûcher ; le viol d'enfant réclame la peine de mort, parfois commuée en galères à perpétuité[23] –, la sévérité de la justice semble se relâcher : nous le constaterons, en particulier, dans les affaires de moeurs[24]. La peine reste néanmoins disproportionnée par rapport au délit, car son exemplarité continue à servir de substitut à la déficience de l'appareil judiciaire : la sévérité de la justice ne joue-t-elle pas en raison inverse de son efficacité ? Un vol d'objets domestiques vaut à son auteur les galères à perpétuité et, signe d'infamie, la flétrissure ou *marquage* aux lettres *GAL*[25]. Enfin, n'oublions pas la dimension économique de la peine. Outre le supplice du bûcher, le crime de bestialité coûte cher à la famille : 200 livres d'amende, 222 livres de frais de procès et autres, 78 livres pour salaires et vacations du procureur fiscal, 25 livres pour le maître des hautes oeuvres, 3 livres pour l'écriteau, 2 pour la consommation de vin au cabaret, le jour du supplice, 16 pour avoir à nourrir la jument pendant quinze jours[26] et 6 livres pour l'enterrer[27] : une petite fortune ! Quelle que soit l'évolution, le droit pénal continue à reposer sur l'intimidation, la dissuasion, l'édification ; il correspond, à l'époque des *Lumières*, à un système judiciaire d'un autre âge, qui aboutit à retrancher de la société, d'une façon ou d'une autre, une grande partie des réprouvés. On notera cependant que les condamnations prononcées par le Conseil Souverain, – 1568 cas entre 1767 et 1786 – sont de plus en plus fréquemment sanctionnées par la peine des galères : en moyenne moins de 30 % des condamnations (contre 23 % pour le bannissement, 17 % pour l'incarcération et 16 % pour la peine de mort). A partir de 1774/1775, la condamnation aux galères compte pour 40 à 50 % des peines infligées[28]. Avec son extraordinaire souplesse (dans le choix de la durée et de l'espace interdit), elle équivaut à une forme douce de mise à mort, à la mort sociale et à la privation de liberté.

Si l'objet de cette étude n'est pas d'analyser les formes de répression en tant que telles, ces dernières n'en traduisent pas moins, à la fois par leurs insuffisances et leurs excès, les multiples facettes d'une société qui apparaît avec ses refus, ses angoisses, ses exigences de sécurité. Le rapport entre crime et châtiment peut être éclairant pour qui veut cerner la psychologie sociale. Malgré l'évolution en cours, le recours à la peine capitale reste relativement fréquent. Pour l'expliquer, on aura tout dit sur la publicité donnée aux

[22] AHR 4 B 7.

[23] ABR C 396 (Lixhausen 1771).

[24] Voir *infra* pp. 1483 ss.

[25] AHR 4 B 10 (Wittelsheim 1774).

[26] AHR 1 E 83/44 (Logelheim 1747).

[27] Ibid. : *ermeltes Pferd mit haut und haar verdelben.*

[28] E. SABLAYROLLES, *th. 2264*, pp. 415-416.

exécutions à grand renfort de mise en scène, la familiarité avec la mort constamment entretenue par l'Eglise, l'aspect didactique de l'opération, le caractère exemplaire, à la fois dissuasif et édifiant, de la mort d'autrui[29], les manoeuvres d'une collectivité pour se débarrasser d'un individu encombrant[30]. Dans ce domaine, perspective sociale et perspective chrétienne se rejoignent : la mise à mort, c'est à la fois le prix de la transgression sociale (l'autorité bafouée, l'équilibre social menacé) et l'occasion d'accéder au repentir. Cette recherche de l'exemplarité apparaît sans cesse : dans l'exécution certes, mais aussi dans d'autres peines corporelles (pilori, fustigation) et dans le recours à la pénitence publique ou l'exposition sur la place du village.

Conclusion

En définitive se détachent deux attitudes de la part des dominants :

- La première consiste à *civiliser les moeurs*[31], à imposer des valeurs moins rudes, à soumettre les corps et les âmes, à définir le juste et l'injuste, le bien et le mal. Par la persuasion ou la dissuasion, il s'agit, pour assurer la cohésion sociale et établir le monde ordonné dont on rêve, d'inculquer des mesures de conduite et d'aligner les comportements sur des modèles. Mais ne concluons pas trop vite à la force d'intégration des idéologies diffusées par l'autorité civile ou religieuse : nous verrons que, face à ce processus de conquête culturelle et judiciaire, la réaction des villageois est faite d'un dosage de résistance et d'adaptation. Car aucune loi, qu'elle soit d'essence royale ou seigneuriale, ne peut prétendre être la source législative unique : la jurisprudence française devra compter avec la coutume et les usages antérieurs à toute loi. Or ces règles reposent sur l'oralité et le droit du peuple à se faire justice soi-même, en raison d'une vieille conceptionde la justice populaire.
- Mais la répression ne peut se faire sans nuances. L'appareil judiciaire n'est pas, en dépit des apparences, une machine à broyer les coupables ou à niveler les différences. Par une tolérance et une permissivité accrues, allant de pair avec le fléchissement de la sévérité judiciaire, le pouvoir s'adapte à son tour au comportement populaire. Le rapprochement de la culture des élites et de la culture des masses mène-t-il, pour autant, à une *synchronisation culturelle*[32] ? A long terme, sans doute ; mais l'évolution est à peine sensible dans les deux derniers siècles de l'Ancien régime : c'est du moins ce qui ressort de l'analyse des archives judiciaires.

C) Les archives judiciaires : richesse et ambiguïté d'une source

Le principal problème réside dans la surabondance du matériau et la complexité des structures judiciaires. La progressive familiarité qui

[29] Fr. LEBRUN, *op. 798*, pp. 300-301.
[30] Y. CASTAN, *op. 2454*, p. 149.
[31] N. ELIAS, *op. 1915*.
[32] R. MUCHEMBLED, *op. 3258*.

s'instaure entre les archives judiciaires et l'historien, qui a plongé dans l'océan des témoignages[33], laisse à ce dernier l'impression d'une double discordance : entre la rigueur des règlements officiels et leur application réelle dans les faits ; entre la banalisation du délit et la brutalité de la répression. Les procédures judiciaires présentent un autre intérêt : elles enregistrent les pulsations du quotidien et articulent une vie de tous les jours que, trop souvent, les actes notariés ont pu nous présenter comme terne et quasi immobile ; elles révèlent les déséquilibres et les points critiques d'une société. Le crime est, à la fois fait social et révélateur des comportements et des tensions. Sortie depuis une vingtaine d'années d'une longue période artisanale pour faire irruption dans le circuit de la documentation historique, cessant de faire la part belle aux faits divers et aux événements exceptionnels pour autoriser une histoire sérielle[34], l'exploitation des archives judiciaires est devenue l'une des bases de l'histoire sociale : en tant que telle, elle permet d'établir des proportions et des fréquences, de cerner des variations. Mais cette évolution, menant du particulier au général, soulève bien des interrogations et recouvre bien des ambiguïtés.

1) Marginalité ou globalité ?

A priori, le délinquant fait figure de marginal puisqu'il participe à cette minorité qui, par ses attitudes, conteste l'ordre social établi : la criminalité ne retiendrait donc, selon l'expression évocatrice de Nicole Castan, que *l'écume visible de la société* [35]. Mais cette même société, en criminalisant des griefs apparemment mineurs, confère à l'acte judiciaire une valeur globalisante qui permet à l'historien d'échapper à l'exceptionnel : du larcin domestique et du chapardage rural à la contestation de l'autorité, de l'injure au blasphème, des amours illicites à l'infanticide, de la violence verbale et gestuelle au meurtre... Une délinquance de type quotidien peut fort bien refléter la réalité de tous les jours. Reflétant l'esprit procédurier d'une époque, la propension des individus à porter en justice le moindre différend n'a de limite, pour éviter les tracas et les dépenses d'un procès, que celle qui consiste à régler soi-même, soit par un arbitrage spontané, à l'amiable, soit à coups de poing ou de *tricot*, les problèmes rencontrés. Mais cette dernière démarche ne risque-t-elle pas, tôt ou tard, d'entraîner le recours à la première ? Le procès devient alors le révélateur d'une société surgissant avec ses habitudes, ses préjugés, sa morale sexuelle et peut restituer, grâce aux témoignages, le contexte du vécu quotidien. Pour nombre de ruraux qui n'ont jamais la possibilité de le faire, il devient l'occasion de s'exprimer. Il est en effet des situations banales auxquelles tout un chacun peut participer ou sur lesquelles tout un chacun peut apporter son point de vue à travers des témoignages dont il appartient à l'historien de dégager les lignes de convergence. Pour éviter de mutiler ce que Yves Marie Bercé appelle un *phénomène social total* [36], nous avons pris

[33] P. GOUBERT, *op. 1558*, t. I, p. 220.
[34] M. PERROT, *contrib. 2468*, pp. 125-137.
[35] N. CASTAN, *op. 2452*.
[36] Y.M. BERCE, *art.2447*, p. 34.

le parti de ne pas limiter notre enquête à la procédure d'appel, aussi fréquente soit-elle, mais de descendre au niveau de la justice seigneuriale qui s'exerce à l'échelle du bailliage, voire de la paroisse. Pour le plus grand bonheur de l'historien, ces tribunaux n'ont pas été totalement dessaisis, en dépit des déclarations royales répétées. Le 8 mai 1696, un arrêt du Conseil d'Etat reconnaît que *la justice s'exerce pour les causes de peu d'importance par les Prévots et Bourgmaîtres des lieux, gens non lettrés, qui ne savent point la langue française, ni aucune formalité de Justice, et les affaires de plus grande importance sont jugées par les Baillis établis en différens Cantons sans sièges fixes, qui vont rendre la Justice de Village en Village*[37] et il en va ainsi tout au long du XVIIIème siècle. C'est dans ce terreau d'*infra-justice* que nous puiserons nos exemples. L'opération ne va pas sans risques : chaque tribunal n'a-t-il pas sa personnalité institutionnelle, sa propre jurisprudence, sa compétence particulière ?

2) Criminalité apparente ou criminalité réelle ?

Le problème de l'écart entre la délinquance réelle et la délinquance apparente a été maintes fois soulevé[38]. Bien des plaintes ne débouchent pas sur des sentences, l'affaire étant renvoyée pour manque d'information ou supplément d'enquête, pour insuffisance de preuves ou de charges. On risque donc de voir reparaître les mêmes inculpés, à plusieurs reprises, devant leurs juges. Et la criminalité effectivement réprimée, érodée en outre par l'état de carence dans lequel se trouve la police et la relative inefficacité des poursuites, ne représente que la partie visible de l'iceberg au point qu'on peut se demander si les tribunaux ne se contentent pas de s'occuper d'une poignée de criminels particulièrement malchanceux. La justice intervient parfois trop tard, ce qui explique le nombre important de jugements exécutés en effigie, procédure d'exorcisme indispensable, mais aveu de faiblesse aussi. On ne peut pas compter non plus sur l'efficacité de la dénonciation qui n'intervient qu'au-delà d'un certain seuil, variable en fonction de la gravité de l'acte et des valeurs de la société. Les réactions de la population oscillent entre la dissimulation, la complicité, la méfiance, la peur... La campagne alsacienne se caractérise donc par un type de société où le contrôle des individus est difficile en raison des solidarités et où l'encadrement administratif est rudimentaire. Il en résulte qu'il est aussi difficile à l'historien moderniste de calculer un taux global de litigiosité[39] que de reconstituer la criminalité dans son intégralité, à moins d'être en possession de l'ensemble du dossier, depuis l'information jusqu'à la sentence : plaintes, pièces d'instruction, interrogatoire des accusés, déposition et confrontation des témoins, réquisitoire et sentence, procès-verbal d'exécution... Les registres d'audience, en privilégiant la criminalité apparente, constatée, dénoncée, permettent de restituer la tension sociale qui constitue l'humus du délit, mais prennent également en compte les

[37] DE BOUG, *Ord. Als.*, t. I, pp. 249-250.

[38] Y.M. BERCE, *art. cit.*, p. 37.
P. DEYON, *op. 2458* p. 68.
Y. BONGERT, *contrib. 2449*.

[39] B. SCHNAPPER, *art. AESC* 1979, pp. 399-419.

dénonciations imputables à la diffamation. Par contre, l'absence de plaintes ne peut pas forcément être considérée comme un élément positif à mettre à l'actif d'une population sage et disciplinée...

3) Les dangers d'une classification

Ne nous laissons pas abuser par les normes juridiques auxquelles se réfèrent parfois les autorités d'Ancien Régime, quand elles se contentent de reproduire des catalogues méthodiques révolus. C'est bien le dépouillement des sentences, et non l'analyse de tels codes, qui révèle les valeurs qu'une société s'attache à défendre. Même stéréotypés, les délits, du fait de leur réelle complexité , se laissent difficilement enfermer dans une typologie incontestable. Toute classification comporte des incertitudes et des chevauchements, dans la mesure où de nombreuses affaires revêtent plusieurs significations ou dérivent de causalités multiples. Un vol sera interprété différemment suivant qu'il s'agit d'un banal maraudage né du besoin, d'un ramassage de bois fondé sur un droit d'usage contesté, de l'enlèvement d'arbres à des fins lucratives ou avec le désir délibéré de nuire, dépourvu de tout caractère acquisitif. Une non-comparution au tribunal seigneurial, un refus de corvée doivent-ils être assimilés à une contestation de l'autorité ? Quels sont les mobiles d'un échange de coups ou d'une volée d'injures ? Des haines familiales, des conflits de voisinage, une violation de propriété ? Le recouvrement des dettes peut aussi bien dissimuler des problèmes de succession ou le non-respect d'un contrat que refléter un harcèlement fiscal ou un manque à gagner. La voie reste constamment ouverte à l'interprétation. Certains délits sont complexes et cumulatifs : injures et blasphèmes font bon ménage et l'on passe facilement de l'agression verbale aux voies de fait. Inversement, on n'imagine pas qu'on puisse en venir aux mains sans proférer de menaces... Vol et dégradation sont parfois inséparables, tandis que le privé et le public se trouvent imbriqués dans les querelles de voisinage, les questions de salubrité publique, les contestations de propriété. Tout en adoptant la distribution pertinente proposée par Pierre Deyon[40], il nous a paru nécessaire de l'adapter aux réalités rurales en la nuançant et en la soumettant à la fois à des subdivisions et des regroupements. Selon une double présomption d'antériorité et de hiérarchie, nous avons été amené à admettre que les voies de fait l'emportaient sur les violences verbales, le vol et l'homicide sur les coups... Toute classification, quelle qu'elle soit, doit être relativisée en fonction de deux séries de facteurs :

- la plus ou moins grande activité judiciaire - du laxisme caractérisé à la reprise en mains énergique - qui sont le propre de l'époque et de l'espace judiciaire choisis ;
- la plus ou moins grande sensibilité des autorités judiciaires à tel ou tel méfait. Ne voit-on pas défiler, dans les registres, des délits du même type soudain redécouverts, alors qu'on n'y avait plus prêté attention depuis des décennies ?

[40] P. DEYON, *op. cit.*, p. 69.

Les types de délits : typologie et fréquence

	Witternheim-Boofzheim ABR 1 B 139-143					Jebsheim AHR E 1470-1482					Herrlisheim (Haute-Alsace) AHR 3 B 454-3404				
	T	I	II	III	IV	T	I	II	III	IV	T	I	II	III	IV
Crimes contre les biens															
Nb. de cas	789	-	196	288	305	38	-	19	7	12	1797	237	570	637	353
%	**30,4**	**-**	**27,9**	**32,8**	**29,9**	**4,9**	**-**	**8,8**	**2,4**	**4,5**	**68,2**	**64,7**	**65,3**	**69,4**	**73,7**
Crimes contre les personnes															
Nb. de cas	788	-	282	261	245	155	-	113	34	8	388	72	150	107	59
%	**30,3**	**-**	**40,2**	**29,7**	**24,1**	**20**	**-**	**52,6**	**11,5**	**3**	**14,8**	**19,7**	**17,2**	**11,7**	**12,3**
Crimes contre les moeurs															
Nb. de cas	125	-	43	29	53	41	-	26	9	6	25	1	12	11	1
%	**4,8**	**-**	**6,1**	**3,3**	**5,2**	**5,3**	**-**	**12,1**	**3,1**	**2,3**	**0,9**	**0,3**	**1,4**	**1,2**	**0,2**
Crimes contre la religion															
Nb. de cas	79	-	9	23	47	5	-	4	-	1	26	3	6	10	7
%	**3**	**-**	**1,3**	**2,6**	**4,6**	**0,7**	**-**	**1,9**	**-**	**0,4**	**1**	**0,8**	**0,7**	**1,1**	**1,5**
Crimes contre l'autorité, l'ordre public, les règlements et les usages															
Nb. de cas	819	-	172	278	369	535	-	53	245	237	398	53	134	152	59
%	**31,5**	**-**	**24,5**	**31,6**	**36,2**	**69,1**	**-**	**24,6**	**83**	**89,8**	**15,1**	**14,5**	**15,4**	**16,6**	**12,3**
Total															
Nb. de cas	2600	-	702	879	1019	774	-	215	295	264	2634	366	872	917	479
%	**100**	**-**	**100**	**100**	**100**	**100**	**-**	**100**	**100**	**100**	**100**	**100**	**100**	**100**	**100**

	Nambsheim AHR 3 B Nambsheim					Froeningue AHR 3 B 5006-5427 et 10 000					Appels au Conseil Souverain AHR 3 B 1-10012 et 1 B 585 - 959				
	T	I	II	III	IV	T	I	II	III	IV	T	I	II	III	IV
Crimes contre les biens															
Nb. de cas	405	-	147	188	70	595	102	112	170	211	173	-	33	50	90
%	**48,4**	**-**	**40,1**	**56,8**	**50**	**63,9**	**49**	**53,6**	**69,4**	**78,5**	**39**	**-**	**27,3**	**34,7**	**50,3**
Crimes contre les personnes															
Nb. de cas	122	-	63	46	13	181	61	48	44	28	148	-	56	47	45
%	**14,6**	**-**	**17,2**	**13,9**	**9,3**	**19,4**	**29,3**	**22,9**	**18**	**10,4**	**33,3**	**-**	**46,3**	**32,7**	**25,1**
Crimes contre les moeurs															
Nb. de cas	-	-	-	-	-	11	5	5	1	-	40	-	12	17	11
%	**-**	**-**	**-**	**-**	**-**	**1,2**	**2,4**	**2,4**	**0,4**	**-**	**9**	**-**	**9,9**	**11,8**	**6,2**
Crimes contre la religion															
Nb. de cas	15	-	14	1	-	9	2	2	3	2	27	-	8	12	7
%	**1,8**	**-**	**3,8**	**0,3**	**-**	**1**	**1**	**1**	**1,2**	**0,7**	**6,1**	**-**	**6,6**	**8,3**	**3,9**
Crimes contre l'autorité, l'ordre public, les règlements et les usages															
Nb. de cas	295	-	142	96	57	135	38	42	27	28	56	-	12	18	26
%	**35,2**	**-**	**38,9**	**29**	**40,7**	**14,5**	**18,3**	**20,1**	**11**	**10,4**	**12,6**	**-**	**9,9**	**12,5**	**14,5**
Total															
Nb. de cas	837	-	366	331	140	931	208	209	245	269	444	-	121	144	179
%	**100**	**-**	**100**	**100**	**100**	**100**	**100**	**100**	**100**	**100**	**100**	**-**	**100**	**100**	**100**

T = Total (1650-1789)
I = 1650-1699
II = 1700-1729
III = 1730-1759
IV = 1760-1789

Nos investigations portent sur plus de 8000 cas mettant en cause une dizaine de milliers d'accusés, concentrés, par les hasards de la documentation, dans les campagnes de l'Alsace moyenne et méridionale et échelonnés entre 1650 et 1789. A supposer qu'il ne s'agisse que d'un reliquat de situations particulières qui rend la classification aléatoire, le retour monotone des mêmes affaires et la variété d'espèces donnent une impression de familiarité et rejoignent, pour quiconque a vécu à la campagne, la résonance de la mémoire immédiate. Même si l'on n'en découvre pas toujours les motivations profondes, les sentences font apparaître les objets privilégiés des querelles paysannes, les diverses circonstances de la vie quotidienne qui les ont vu naître et l'évolution qui les commande.

Une première opposition apparaît - mais n'est-ce pas une distinction artificielle ? - entre ce qui est du ressort du domaine public et ce qui touche au for intérieur. Alors que les outrages à la religion et aux moeurs ne concernent qu'une infime minorité de délits - généralement moins de 5 % de l'ensemble -, l'essentiel du contingent porte sur l'attentat aux biens (un cas sur deux) ou aux personnes (un cas sur cinq), enfin sur la contestation de l'autorité ou de l'ordre public (un cas sur trois). Or l'évolution, au fil du XVIIIème siècle, est significative : diminution des crimes contre les personnes, stabilité des crimes contre les biens, aggravation des abus d'usage accompagnés d'une contestation de l'autorité ou d'une mise en cause de l'ordre public. Ainsi la criminalité semble traduire les maladies d'une société : progressivement la violence cède un peu de place aux atteintes à la propriété qui reposent d'une part sur le vol et ses dérivés - malversation, escroquerie -, d'autre part sur l'affirmation du droit à l'existence s'exprimant par la contestation de l'ordre social traditionnel[41]. Dans l'impossibilité de calculer un taux de criminalité, nous pouvons difficilement tirer des conclusions à partir du volume croissant des affaires traitées après 1750. Ce dernier reflète-t-il la croissance numérique de la population accompagnée d'un afflux d'étrangers, l'accentuation du caractère criminogène de la société, l'amélioration des moyens dont dispose la répression ? Compte tenu des faiblesses inhérentes à un système quasi immobile qui n'invente pas de nouvelles techniques de répression, nous serions tentés de privilégier les deux premières hypothèses par rapport à la dernière. Pour une population de plus en plus nombreuse, la conjoncture de la fin du XVIIIème siècle a pu se traduire par la montée d'une réelle angoisse sociale. Cependant l'exaspération des conflits, le déferlement des agressivités ne trouvent-ils, pour s'exprimer, d'autres voies que la violence physique ? Même s'il est abusif de conclure à une victoire de la maîtrise de soi-même, force est de constater que la mutation des structures socio-économiques et mentales sous-tend une telle évolution.

---

41 Nous rejoignons les conclusions : B. BOUTELET, *contrib. 2450* (Normandie, XVIIème – XVIIIème siècles).

EVOLUTION DE LA CRIMINALITE DANS LA PLAINE D'ALSACE

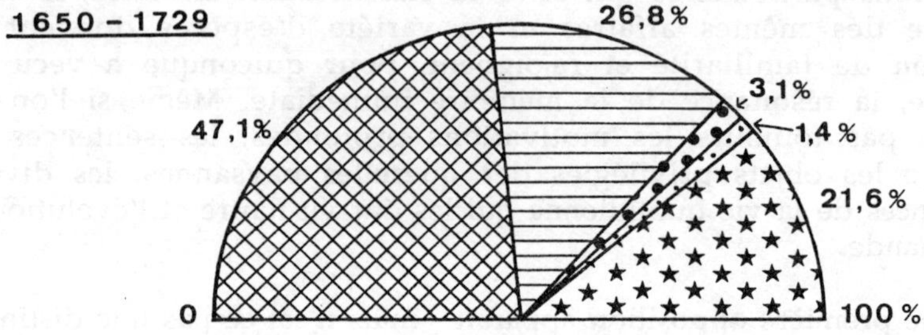

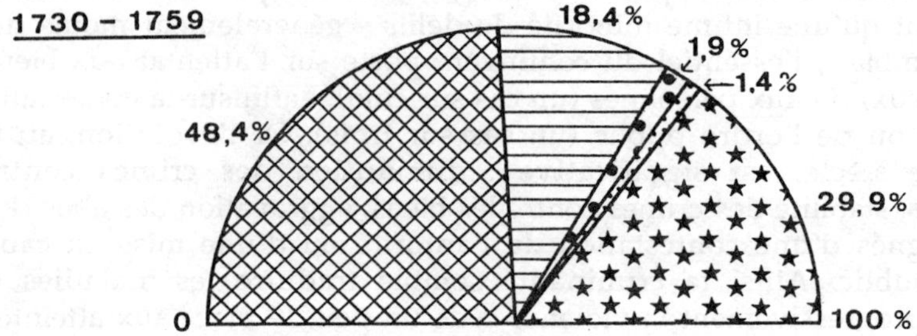

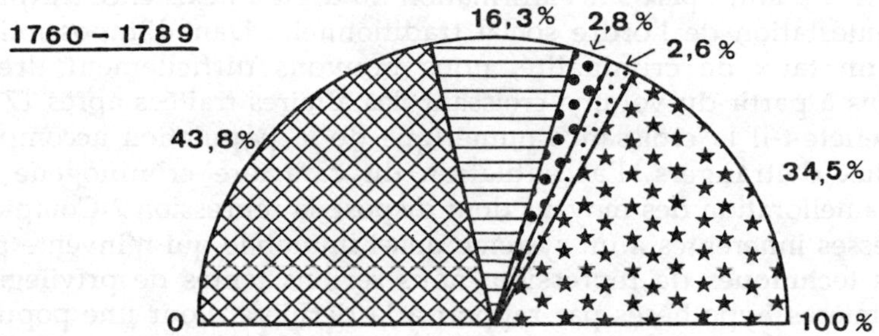

	1650-1729	1730-1759	1760-1789
Crimes contre les biens	47,1%	48,1%	43,8%
Crimes contre les personnes	26,8%	18,4%	16,3%
Crimes contre les moeurs	3,1%	1,9%	2,8%
Crimes contre la religion	1,4%	1,4%	2,6%
Crime contre l'autorité et les usages	21,6%	29,9%	34,5%
	100,0%	100,0%	100,0%

Sources : ensemble des échantillons sauf les appels au Conseil Souverain.

II. ESSAI D'UNE TYPOLOGIE DE LA CRIMINALITE RURALE

A) Les pulsions du corps et les exigences de l'âme

L'enfer, c'est les autres, toujours différents, parfois dangereux. Mais l'ennemi, c'est d'abord soi-même, son propre corps avec ses faiblesses et ses pulsions. La chair est faible, le corps est violent. Tel est le langage de l'Eglise. Mais comment refouler les mauvais instincts et déclencher des automatismes d'autocontrainte ?

1) Moeurs et religion : la bonne conscience d'une société

Il nous appartient de dégager le contraste qui se fait jour, dans la vie quotidienne, entre les manifestations d'une certaine licence individuelle et les contraintes de la censure sociale : deux sphères bien distinctes, l'une interne et secrète, l'autre externe et publique. La censure ne se déploie que lorsque l'affaire privée, jusque là occultée, entre dans le domaine public : il importe alors de défendre la société contre elle-même.

a) Les crimes contre les moeurs

S'aventurer sur le terrain des moeurs relève à la fois de la gageure et de la provocation. De la gageure, car ce que nous livrent les archives ne représente jamais qu'une petite partie de la réalité. De la provocation, car nous touchons à un sujet tabou, longtemps dédaigné ou occulté par les historiens. Il est des thèmes qu'on n'aborde qu'en maniant la litote et l'euphémisme. Or la vie sexuelle, par ses normes et ses écarts, rend le son de la réalité quotidienne au même titre que le bris d'une clôture ou une volée de coups de poing. Il ne saurait être question, par crainte de transgresser le seuil de la pudeur que nous imposent les normes de la bienséance, de censurer ou d'édulcorer toute une partie de l'histoire des hommes.

Mais, pas davantage que l'érudition gaillarde des juges, les évocations gauloises des témoins ne doivent faire illusion[42]. La part infime qu'occupent les questions touchant à la moralité dans les affaires traitées en justice peut s'expliquer de façon diverse et contradictoire. Faut-il y voir les fruits de l'effort d'austérité patiemment entrepris par la Contre-Réforme ou, au contraire, les effets d'un laxisme qui, dans une société permissive, serait couvert par la double complicité du juge et du curé ? Si la justice officielle relâche son contrôle sur la vie privée, est-ce parce qu'elle se trouve relayée par celui de l'Eglise[43] ? Faut-il rattacher la sexualité et ses déviations à l'idée de péché ou à la conception d'un certain conformisme social ?

C'est dans le contexte d'un ascétisme ambiant, d'un jansénisme

[42] AMH FF 203-213 : 160 cas sur 3163 affaires jugées dans le grand bailliage de Haguenau, entre 1700 et 1709, soit 5,6 %. Voir G. LEYTE, *D.E.A. 2466*. Consulter également les registres de l'Officialité de l'évêché de Strasbourg (ABR G 6309-6343, 1652-1785).

[43] Voir *supra* p. 1471.

diffus et d'une théologie morale néo-augustinienne, qui n'accède que rarement au stade de la formulation, que se situent les réactions du commun. Car il s'établit un large consensus entre l'Eglise, les autorités civiles et les couches dirigeantes de la société : maîtriser le corps dans le cadre de normes officiellement établies semble être une préoccupation permanente. Aussi la surveillance populaire est-elle constamment sollicitée.

Il est des cas, très rares, de prostitution rurale qui soulèvent l'indignation populaire[44]. Au nombre des filles de joie offrant leurs charmes dans les villages, le record semble être détenu par Barbe Baumann, Suissesse célibataire, qui, dans la région de Traenheim, aurait connu, au sens biblique du terme, 71 célibataires et 6 hommes mariés[45] ! Mais peu de renseignements par ailleurs, à part quelques allusions voilées[46]. Entre 1785 et 1789, on arrête 218 prostituées entre Lauterbourg et Huningue pour les enfermer au dépôt d'Ensisheim[47]. Environ la moitié d'entre elles sont d'origine rurale, mais une sur deux vient de l'extérieur de la province, en ce mois de janvier qui détient les records d'affluence :

	Nb. total de détenues	Détenues de souche rurale				
		Total	Alsace	France	Suisse	Empire
Janvier 1785	50	24	10	8	-	6
Janvier 1787	46	21	11	4	2	4
Janvier 1789	45	24	16	3	1	4

Mais c'est en ville[48] qu'on trouve, le plus souvent, les filles légères, qui *abandonnent leurs pantoufles sous le lit*[49] ..., ce qui ne veut pas dire qu'elles ne soient pas d'origine rurale : *Toutes les villageoises qui s'établissent dans les villes,* nous dit-on à Haguenau en 1737, *sont sujettes et obligées de se donner aux débauches..., sont des putins*[50]. Nous touchons là aux fondements mêmes de la morale inculquée par l'Eglise qui établit une incompatibilité totale entre les deux archétypes du comportement sexuel : l'union à fin de procréation et la passion amoureuse pour la recherche du plaisir qui se caractérise, au contraire, par l'infécondité[51] . Or le transfert de ce type de comportement extra-conjugal, d'origine aristocratique, à ce que l'on dit[52], dans les rapports conjugaux normaux est impensable, ce qui condamne

[44] AHR 1 B 1287 : *das Land bald ausgehurt* (Eschbach 1737).

[45] ABR E 2517 (1661-1662).

[46] ABR 1 B 139 : *liederliches Meidel dass sie nackend zu Kerlen schlafen thue* (Witternheim-Boofzheim 1721).

[47] ABR C 1289.

[48] E. SABLAYROLLES, *th. cit.*, pp. 470-478.
D. LERCH, *art. 2479*. On consultera avec intérêt E.M. BENABOU, *op. 2475*.

[49] ABR 1 B 904 (Sélestat vers 1775).

[50] AMH FF 177/44 : Michel Wolf se vante d'avoir connu la femme d'Antoine Barth, originaire de Kindwiller, *plus de cinq cent fois charnellement* (enquêtes instruites par le Magistrat de Haguenau, 16 mai 1737).

[51] J-L. FLANDRIN, *art. 1985*.
ABR 2 G 34/1 : *Bei einer Magd im Hurenbett..; quod fecerunt non ex amore puritatis, sed ex amore virum lucrandis* (Berstett 1749).

[52] Ibid. *Unzucht des hiesigen jungen Leute nach dem Exempel der grossen der Welt...* (1765).

sans appel toute forme de contraception, rejetée dans la sphère de la prostitution. C'est dans ce contexte psychologique qu'il convient de replacer le terme de *putain*, si fréquemment présent dans le catalogue des injures[53] : il est étroitement lié, à ses origines, à la recherche du plaisir stérile, même si, par la suite, il est employé de façon quasi routinière ; en aucun cas, il n'a la même signification que de nos jours. Tout acte sexuel amputé de sa vertu procréatrice doit donc être prohibé ! Le péché de la chair se confond avec le péché tout court. Il semble pourtant que l'Alsace se situe au contact de deux aires culturelles : l'une reposant sur le contrôle rigoureux des fréquentations avant mariage ; l'autre caractérisée par des moeurs plus libérales, responsables d'un nombre de naissances hors mariage plus important. Avec une illégitimité relativement forte, l'Alsace se rapproche-t-elle davantage du dernier modèle[54] ?

Ce jugement doit être sérieusement nuancé dans la mesure où on a tendance à opposer au laxisme catholique, tout relatif, la rigueur protestante[55]... Le curé joue néanmoins un rôle capital en tant qu'interlocuteur privilégié du pouvoir civil et religieux et en tant que vecteur d'une information et d'une éducation codifiées. Mais ne confondons pas pression religieuse et pression sociale : hantise des théologiens et des moralistes, la culpabilisation de la chair ne répond pas aux réalités de la campagne. On s'accommode fort bien des transgressions sexuelles qui relèvent de l'ordre familial et de la responsabilité civile avant qu'elles n'affleurent à la surface de la marée sociale. Cachées, celles-ci ne se chargent pas d'un sentiment de honte ou de malaise. Ce n'est que le jour où la sexualité dégénère en scandale public - liaisons illicites ouvertement affichées, abandons d'enfants et infanticides, cas de sodomie dûment constatés - qu'elle se trouve criminalisée et réprimée : alors seulement la désapprobation collective a valeur de sanction. Une conduite déviante, pour être scandaleuse, doit se solder par un attentat à la pudeur ou une atteinte à la morale et à l'ordre familial. Cas extrême sans doute, mais révélateur : le scandale éclate lorsque le mariage doit être ajourné parce que la jeune fille est saisie par les douleurs de l'enfantement au moment des préparatifs[56]... Et les autorités judiciaires, garantes de l'ordre social, ne sont pas seules à afficher une certaine indifférence pour les affaires de moeurs : privatisées, isolées dans leur propre sphère, écartées du champ visuel de la société, ces dernières ne suscitent guère, au sein de la population rurale, la réprobation spontanée et immédiate que nous serions tentés de soupçonner. Tout au plus font-elles les gorges chaudes et nourrissent-elles les ragots au village. Mais sont-elles plus scandaleuses pour autant que les séjours prolongés à l'auberge qui s'accompagnent de jeux ruineux ou débouchent sur l'ivrognerie et la querelle ?

53 Voir *infra* pp. 1506 et 1509.

54 P. CHAUNU, *op. [576]*, p. 326.

55 ABR 3 E 66/1 (chronique paroissiale de Brumath, 1720).

56 AM Turckheim GG 8 et AHR RP Turckheim (29 juin 1677).

Dans ces conditions, les fréquentations prénuptiales et les liaisons extra-conjugales peuvent fort bien passer inaperçues, tant qu'elles ne se soldent pas par une grossesse scandaleuse[57]. Si les premières sont apparemment plus fréquentes que les secondes[58], c'est que l'attachement à la réputation joue un rôle primordial. Voici l'exemple de Turckheim entre 1664 et 1732, analysé par André Schaer[59] : sur 3350 naissances, l'auteur dénombre 45 naissances hors mariage (enfants naturels ou adultérins), soit une proportion de 1,3 %. Quels en sont les responsables ? Les mères sont pour la plupart des femmes venues du dehors, des servantes principalement ; elles sont toutes célibataires ou veuves. Parmi les pères, outre les domestiques et les soldats de passage, ce sont bien les hommes mariés qui abusent de leur servante ou succombent aux charmes d'une veuve. Dans 4 cas sur 45, le père est inconnu, les recherches de paternité, réalisées pourtant avec un soin inquisitoire, s'étant révélées inefficaces ; dans 6 autres cas, il plane un doute sur l'identité du père. Ce dernier est connu dans 78 % des situations. Sur 27 naissances illégitimes, 8 pères sont des étrangers, Suisses, Brisgoviens ou Savoyards. Les soldats (10) l'emportent en nombre sur les domestiques (9) et voisinent avec le boucher, le maréchal-ferrant et le jardinier. A Bosselshausen, en pays de Hanau[60], c'est le milieu des journaliers qui, au XVIIIème siècle, produit près de la moitié des cas d'illégitimité. il s'agit donc toujours de classes populaires, le plus souvent d'une population peu stable, mal sédentarisée, et qui ne remplit pas les conditions nécessaires à l'établissement que requiert le mariage.

Ainsi la plupart des naissances illégitimes se produisent-elles dans un milieu bien défini, celui des hôtes de passage, et hors des normes sociales et religieuses : tantôt la mère est servante et le père inconnu[61], tantôt le père est

---

57 On notera les nombreuses expressions utilisées pour les désigner : *ein Hurenkind getauft* (ABR 3 E 225/2 Ittenheim, 1668-1688).
ABR 3 E 180/1 : *Unkeusch leben* (Handschuheim 1681).
AP Hurtigheim : *Unzucht* (chronique du pasteur Schneider).
ABR 1 B 126 : *weilen er seine jetzmalige Frau vor der Zeit der Ehe geschwängert* (Bolsenheim 1717).
ABR 3 E 155/2 : *hurrig sünde* (Geudertheim 1732).
ABR 3 E 382/1 : *fleischlich miteinander vermischt... Casus impudicitae* (Quatzenheim 1734).
ABR 2 G 34/1 : *... ist ein kerl beÿ einer Magd im Hurenbett aufgehoben worden* (Berstett 1748).
G. Ch. SCHILDBERG, *th. 1784*, t. I, p. 193 : *in fleischlichen Lüsten zusammen gekrochen* (s.d.) ou *Wollüsten* (pasteur Süss).
AHR 1 B 139-143, Witternheim-Boofzheim, XVIIIème siècle : *Unzucht miteinander getrieben und geschwängert worden* (1711) ; *sich fleissig* (sic) *vermischt mit einem Maulesseltreiber im Winterquartier* (1711) : *mit einander Hurerey getrieben* (1719) ; *frühzeitiges Beischlafen* (1722) ; *fleischliche Vermischung und Beyschlafung* (1722) ; *unehlich aufgeführt* (1722) ; *vor der Copulation fleisch-Beyhaltung* (1722) ; *Unehebarkeit* (1724) ; *zu früh Kindbetterin worden* (1724) ; *vor der Hochzeit Kindbett* (1731) ; *zu früh miteinander gehaltenen Beyschlaf* (1735) ; *hat sich schwängern lassen* (1744), etc.

58 Voir *supra* pp. 412-416.

59 A. SCHAER. *art. 840*, pp. 144-145 et 167-171.

60 M- N. DENIS, *art. 757*, p. 116 et *art. 758*, p. 60.
Voir à ce sujet, la réglementation répétitive (1682, 1738/1739, 1763) : DE BOUG, *Ord. Als.*, t. II, pp. 643-646 (18 mai 1763).

61 ABR 3 E 137/2 (Fessenheim-le-Bas, B 1758 et 1782).

soldat[62] ou valet de labour[63]. Enfants issus au hasard de passagères amours...Gens du peuple, difficiles à surveiller, difficiles à marier...

Déclarations de grossesses illégitimes

	Nb. total	% du nombre de naissances	Situation socio-professionnelle du père				Origine géographique du père		
			Laboureur huilier, aubergiste	Journalier	Valet, cocher, apprenti-meunier	Soldat	Non définie	du village	extérieur au village
Quatzenheim 1653-1714 ABR 3 E 382/1	6	1,5 %	3	-	2	-	1	2	4
Ittenheim 1668-1688 ABR 3 E 225/2	8	2,1 %	1	1	5	-	1	1	7
Morschwiller 1759-1769 ABR 3 E 304/3	7	4,2 %	4	-	1	2	-	3	4

Or, contrairement aux précédentes, les conceptions irrégulières se produisent dans les *meilleures* familles[64]. Il n'est pas toujours possible de faire confiance aux déclarations de la sage-femme qui sert souvent de confidente à la jeune mère[65] et qui semble peu empressée à dénoncer les naissances illégitimes[66], ni à celles des ministres du culte, soucieux d'étouffer le scandale ou de ménager la susceptibilité des familles respectables. Y-aurait-il une justice de classe protégeant les familles de qualité ? D'ailleurs le doute plane parfois sur les formules utilisées[67], car, en définitive, curés et pasteurs se considèrent comme seuls *propriétaires* de *leurs* registres. Les démographes affirment pourtant qu'en dehors de toute pratique contraceptive un rapport unique n'a que huit chances sur cent d'être fertile. Si tout comportement extraconjugal ne se solde pas par la fécondité, nombreuses sont néanmoins les grossesses accidentelles, fruits des liaisons occasionnelles entre une fille célibataire et un habitant du lieu dont l'identité n'est pas toujours révélée. Le fait que l'un des partenaires soit marié est-il susceptible de modifier les réactions ? De façon générale, ces amours de rencontre sont accueillies avec quelque indulgence si elles sont le fait de l'homme marié, coupable d'une simple passade assimilée à une espièglerie. Chasteté et fidélité ne sont pas des vertus viriles. Au contraire,

62 ABR 3 E 252/1 : Père = Jean Muller, *eques ex Regimento royal p.t. in Wintzenheim pago lutherano hybernante*. Mère = Salomé Metzger, fille d'un maître d'école de Bollwiller et servante à Kuttolsheim. Les parents sont originaires de Lucerne (Kuttolsheim 1709).
ABR 3 E 213/4 : Père = grenadier du régiment royal (Hurtigheim 1771).

63 AHR RP Sainte-Croix-en-Plaine, B 1765.
ABR 3 E 213/4 (Hurtigheim, B 1772). Voir AP Hurtigheim, chronique du pasteur Schneider.
ABR 3 E 137/2 (Fessenheim-le-Bas, B 1769 et 1772).

64 ABR 3 E 213 : Hurtigheim 1757 (Eyerich, chirurgien), 1718 et 1768 (North et Schott, laboureurs).
ABR 2 G 34/1 : *Zu Berstett haben zweÿ Brüder zu einer Zeit zwey Bauerndochter geschwängert, ohngeahtet die eine des Stabhalters dochter gewesen* ((1746).

65 ABR 3 E 252/1 : *confessa est in partu et ante partum obstetrici*... (Kuttolsheim, B 1717).

66 ABR 2 G 34/1 (Berstett 1762).

67 ABR 3 E 137/1 : *patrem esse non quidem confessus, sed convictus* (Fessenheim-le-Bas, B 1725).

l'abstinence masculine est tellement suspecte que le curé éprouve quelque difficulté à échapper à l'accusation de *putassier...*[68] et, à Brumath, on chuchote qu'il chercherait à initier ses jeunes paroissiens aux pratiques de la sodomie[69]... Subi, l'adultère ridiculise l'homme ; pratiqué, il déshonore la femme qui risque d'être accusée de dévergondage, car la moralité est une des composantes essentielles de l'honneur féminin. Si l'on manifeste plus d'intransigeance à son égard, c'est que, pour elle, l'honneur essentiel réside dans la chasteté : enceinte, elle se verra donc contrainte soit d'invoquer le viol, soit, de façon à compenser le déclassement subi par des dédommagements, d'entreprendre d'aléatoires recherches de paternité .Le plus souvent, les motivations ne résident pas dans une quelconque déclaration d'amour, mais dans la volonté de réparer l'honneur outragé et dans le désir d'arracher une promesse de mariage par besoin de nécessité. Mais les amours ancillaires, reposant sur la promiscuité et l'intimité du quotidien et qui s'établissent aussi bien entre domestiques et servantes qu'entre maîtres et domestiques, passent souvent à travers les mailles de l'investigation historique[70]. Au-delà des apparences d'un *droit de cuissage* que détiendraient les maîtres sur leurs servantes, elles présentent un double intérêt puisqu'elles dévoilent des rapports de subordination et qu'elles mettent en jeu l'honneur de familles par ailleurs considérées.

L'échantillon du bailliage de Witternheim-Boofzheim[71] témoigne de la diversité des situations et peut servir de test des comportements sexuels de la paysannerie. Apparaît en filigrane l'importance relative des fréquentations prénuptiales, régularisées par un mariage plus ou moins précipité, sans grande publicité, à la suite de conceptions prématurées[72]. L'augmentation constatée au XVIIIème siècle pour ces dernières va de pair avec le retard grandissant de l'âge au mariage, lui-même consécutif aux difficultés qu'éprouvent les jeunes gens à s'établir, donc à l'allongement de la période d'inhibition sexuelle précédant le mariage[73] : cette continence correspond à un véritable *purgatoire matrimonial* selon Jacques Dupâquier, même dans l'hypothèse d'une puberté tardive, à une *chaste stratégie* selon Emmanuel Le Roy Ladurie. Mais rien ne nous permet de conclure à la vertu de nos ancêtres et ou à quelque prétendu angélisme : l'ascèse serait-elle davantage proclamée que vécue ? Rappelons que la fréquence des relations sexuelles en dehors du mariage ne saurait être mesurée à la seule aune des conceptions irrégulières : inversement la chasteté ne se lit pas dans les statistiques. Quant à l'illégitimité, elle est d'avantage l'indice d'une attitude répressive que l'étalon d'un comportement sexuel. Ne faut-il pas, même compte tenu de l'ignorance des pratiques de la contraception, distinguer

68 ABR E 3260/270 : *Hurenbub, Hurenvogel* (Brumath 1774).

69 Ibid. : *solche mit allerhand liederliche Sachen als mit Kazen und alten Kühen... in die Muckerey versenkt.*

70 ABR 3 E 155/2 (Geudertheim, 16 septembre 1717 et 19 juillet 1722).

71 ABR 1 B 139-143 (1687-1782).

72 ABR 2 G 34/1 : *zu früh Kindbetterin* (Berstett 1746) ; *zweyen... paar Hurenvolk... copuliert worden* (Berstett, 4 et 21 février 1752).
ABR 3 E 155/2 : *obgleich in der Stille, jedoch öffentlich mit anziechung der Glocken und bey offen Thüre* (mariage Geudertheim, 1673, précédant l'accouchement d'un mois).

73 Voir *supra* pp. 420-424.

conceptions prénuptiales et relations préconjugales ? Or les indices de ces fréquentations nous échappent. La coutume du *fenestrage* est accueillie avec la même complicité[74] que le *Kiltgang* dans le Nord de la France[75]. De façon moins hypocrite que dans le maraîchinage vendéen ou l'albergement savoyard - coutume, parfaitement tolérée et réglementée d'attente et d'essai (quelle maîtrise de soi !) -, le fait de *faire l'amour* de cette façon n'implique pas forcément un engagement de chasteté de la part des deux jeunes gens qui couchent en tout bien et tout honneur. L'ordonnance du duc de Wurtemberg qui interdit cette pratique, en 1772[76], concerne-t-elle uniquement le pays de Montbéliard, alors que les visites nocturnes font partie des traditions suisses et allemandes ? En tout cas, l'attitude des autorités religieuses face aux pratiques préconjugales semble s'assouplir et on constate que certains seigneurs sont amenés à remplacer la traditionnelle *pénitence publique*[77], le couple fautif étant mis face à la communauté assemblée à l'église et la fille coiffée d'une couronne de paille tressée[78], par une *censure privée* en présence du seul pasteur[79], alors qu'à la fin du XVIIème siècle ces écarts de conduite étaient volontiers assimilés à des actes de prostitution caractérisée[80]. Avant de disparaître complètement en 1760, du moins dans le comté de Hanau, l'admonestation publique ou *Kirchenbusse* est supprimée dès 1736 lorsque le mariage subséquent se trouve assuré[81]. Et l'emprisonnement de longue durée est réduit, dès 1725, à quelques heures symboliques[82]... A Weitbruch où, depuis 1695, les deux conjoints sont condamnés à payer 20 livres chacun, la pénitence publique subsiste en 1736 mais l'amende disparaît[83]. Dans le bailliage de Cleebourg, dès 1703, la fille qui

74 G. Ch. SCHILDBERG, *th. cit.*, t. I, p. 193 : (die jugendlichen) *suchen an Stangen, Strickleitern und anderen Mitteln den Leuten in die Häusern* (zu) *steigen, in die Schlafkammern der Töchter und Mägde zu kommen* (pasteur de Preuschdorf, fin XVIIème siècle).
AMS VII 78/2 : registre d'amendes des bailliages ruraux, fin XVIIème siècle *(Leitersteigen)*.
AHR 3 B 3867 (Ungersheim 1723).
ABR 1 B 140 : *Leitersteigen bei nächtlicher Zeit* (Boofzheim 1729).
ABR E 2992 (Reitwiller, vers 1760).

75 R. MUCHEMBLED, *op. 3259*, p. 44.

76 J-L. FLANDRIN, *op. 1987*, p. 125.

77 *Kirchenbuss* (ABR E 375, bailliage de Cleebourg, 1703).

78 AM Turckheim BB 25 (1663-1667), 32 (1692-1700) et 45 (1756-1757) : les femmes réputées légères sont couronnées de paille et on répand de la paille sur le parcours du cortège nuptial.

79 L.A. KIEFER, *op. 1770*, pp. 15 ss. : l'auteur évoque, pour le pays de Hanau, le passage de la *öffentliche Kirchenbusse*, devant la communauté paroissiale, à la *stille Kirchenbuss*, en présence du conseil presbytéral.
ABR 3 E 404 : *in einem Strohkrantz zusammen gegeben worden* (fonds Süss, 1660).
H. GERST, *op. cit.*, p. 216 (1757).

80 Voir *supra* p. 351.
L. PFLEGER *art. 3541* p. 157 (exemple de Buhl et d'Uffholtz en 1672)
ABR 3 E 66/1 : *Hurerey* en 1719, *Unzucht* en 1720 (chronique paroissiale de Brumath).
ABR 3 E 155/2 : *hurischen Schläffsack* (B Geudertheim, 16 janvier 1673). Cependant, des exemples de pénitence publique sont signalés à Geudertheim en 1722, 1732 et 1736 (*ibid.*) ; on sévit encore à Berstett en 1762 contre une *Hurenaffäre* (ABR 2 G 34/1) et les ordonnances ecclésiastiques des Wurtemberg imposent, avec une remarquable constance, la censure aux *fornicateurs* (AN K 2358/1, 1757 et 1786).

81 M-N. DENIS, *art. 732*, p. 195.

82 G. Ch. SCHILDBERG, *th. cit.*, p. 37.

83 W. GUGGENBÜHL, *op. [414]*, pp. 76-77.

s'est laissée engrosser par un hussard ou le domestique qui a rendu la servante enceinte paient 5 livres, à peine davantage que pour une querelle ou un vol de cheval[84].

Mais, en aucune façon, quelle que soit la tolérance des autorités, de tels écarts de conduite ne constituent ni un indicateur de la déviance ou de la débauche, ni une preuve de libération sexuelle, mais l'indice d'une simple transgression, dans la mesure où tout interdit, y compris la précaution coupable du *coitus interruptus,* est intériorisé et appelle implicitement la culpabilisation et... la transgression[85]. La vieille institution des fiancailles, que l'Eglise cherche à limiter dans le temps, n'est-elle pas considérée comme un véritable prémariage, anticipant sur la vie conjugale ? Le rigorisme religieux institutionnalisé conduit à la christianisation des fiançailles assortie de nombreuses contraintes : interdiction de vivre ensemble avant le mariage, d'habiter sous le même toit... L'Eglise affirme ainsi la suprématie du mariage-sacrement sur le mariage-contrat. La valorisation de la virginité, qu'elle essaie d'imposer, ne va pas de soi, puisque la société reste fidèle aux formes ritualisées de fréquentation prénuptiale. La virginité est certes liée à l'honneur familial, mais la défloration souffre bien des accommodements si elle se trouve sanctionnée par le mariage.

Nous échappent cependant, sauf révélation fortuite, divers attouchements[86] ainsi que bon nombre de pratiques solitaires comme la masturbation ou la sodomie. Ces activités auto-érotiques sont, pour les candidats à l'amour, autant de comportements de substitution, adoptés, en guise de défoulement, dans l'attente de l'union hétérosexuelle. Mais elles peuvent trouver leur place dans l'état de mariage. Beaucoup de ces conduites contre nature sont d'une banalité telle qu'on ne les évoque même pas et l'infécondité qui les caractérise nous empêche de les dénombrer. Tel est le cas des attentats à la pudeur accompagnés ou non de pratiques de masturbation. Jouant un rôle essentiel dans l'initiation sexuelle, le valet de ferme paillard n'est pas pour autant le seul à déniaiser les enfants hors du contrôle parental[87]. Le *rite,* qui nous serions tentés d'assimiler à de *mauvaises manières*, a son importance : il vise à intégrer le jeune garçon dans la sphère sociale des adultes. Le contrôle de la sexualité passe aussi par une forme d'initiation. Les archives judiciaires montrent d'ailleurs que la pudeur et la gêne, sentiments étrangers aux paysans de l'époque, n'étouffent pas la franchise avec laquelle on parle des fonctions naturelles[88]. Pour

---

[84] ABR E 375.

[85] A. BURGUIERE, *art. 2004*.

[86] ABR E 2455 : *verbotene Unzucht... ihro under die Kleid gegriffen... im klein Stübel, in der Küchen, in der Grosstub, in der Stubkammer uffm boden* (le *Stubenwirt* de Marlenheim est accusé par la sorcière présumée de Traenheim qui trouve, de la sorte, l'occasion de se venger, *Malefizprotocoll*, 5 novembre 1659).

[87] AHR 1 B 140 : *hat unverschambterweis sein instrument aus den Hosen gezogen un vor den jungen Meidlen jedermann gezeigt* (Witternheim-Boofzheim, 1729).

[88] Mais les rôles ne doivent pas être inversés. Cf. le crime d'impudicité relevé à Guémar en 1665 : *Drei Knappen... in dem in der Stuben ein sechzig jährigen Mann in dem bett geschlaffen, haben... under einander beschlossen, sÿe wollen diessem alten die Deckhent abziehen und sehn wie er beschaffen, er seÿe Gewiss an seinem männlichen Wesen wohl beschaffen und begaabt, haben... den guten alten entblösset und ganz nackhent gemacht... zu fürchten der allmächtige Gott, möchte seinen Zorn noch ferner über uns ergehn lassen* (AHR E 1155, 29 novembre 1667).

s'initier aux mystères de la vie, l'enfant dispose, de toute façon, du spectacle de l'accouplement des animaux domestiques comme celui des ébats de ses parents dans la promiscuité de la chambre commune... Une grande familiarité s'établit ainsi avec les choses du sexe. Si ce genre d'expérimentation individuelle est toléré, la sexualité ne doit pas s'exhiber dans une société qui allie permissivité et légitimité[89] : elle bénéficie d'une certaine impunité tant qu'elle n'engendre pas le désordre social et tant qu'elle respecte les normes familiales. Ces aventures brèves et fugitives sont sans commune mesure avec les crimes de bestialité qui soulèvent la réprobation. Celui que connaît la communauté de Goxwiller en 1625 et qui conduit un vieillard de 72 ans à être brûlé vif restera longtemps gravé dans la mémoire collective[90]. Numériquement peu répandu, ce genre de sodomie[91] est surtout le fait de la domesticité masculine exposée, tout au long de l'année, à une cohabitation, avec le bétail[92]. Elle s'explique autant par l'occasion que par la tradition.

Quelques crimes de bestialité

Source	Date-lieu	Identité de l'accusé	Nature de la partenaire
ABR E 4325	Oberbronn 1658	?	Vache, truie
AHR 18 J 593	Ostheim 1664	Domestique de 17 ans	Pouliche, brebis, dinde
ABR 3 E 155/2	Geudertheim 1673	Adolescent	Jument
ABR E 4325	Uhrwiller	Adolescent	Cavale
AHR RP chronique paroissiale	Jebsheim 1687	Garçon 11-12 ans, fils du porcher	Brebis
AHR 1 E 44/21	Bartenheim 1704	?	Cavale
Ch. KLEIN, op. [429], t. II, p. 102	Reitwiller 1708	?	Jument
AHR 3 B 578	Sainte-Croix-en-Plaine 1714	Menuisier 40 ans	Génisse
AHR 18 J 593	Ostheim 1718	Fils de laboureur	Jument
G. Ch. SCHILDBERG, *op. cit.*, p. 194	Ingwiller 1739	Garçon 15-16 ans	Jument
AHR 3 B 3262	Oberdorf 1739	Valet de meunier	Pouliche
AHR 1 E 83/44	Hettenschlag 1747	Adolescent de Logelheim	Jument
ABR 1 B 71	Reichsfeld 1750	?	Chèvre
ABR C 396/397	Mertzwiller 1764	?	Jument

Si la pratique prête à rire et donne lieu à des sobriquets[93], l'acte lui-même, Yves Castan l'avait noté[94], ne soulève pas d'émotion excessive jusqu'au jour où les femmes s'en mêlent, épiant le délinquant, évoquant dans des descriptions moqueuses, enrichies de moult détail, les positions grotesques de ce dernier. Le rôle de la femme dénonciatrice est souvent tenu par la servante : c'est elle qui, à Ingersheim, surprend le coupable à la lueur de sa

89 Ibid. : *grosses ärgernis.*

90 ABR 3 E 163/5 (Annales de Goxwiller).

91 E. W. MONTER, *art. 2481.*

92 Voir *infra*p. 1594.

93 ABR 1 B 139-143 : *Märreblätzer, Geisenreiter* (Witternheim-Boofzheim, *passim*).

94 Y. CASTAN, *op. 2454.*, p. 148.

lanterne, un certain 18 février 1714, entre 9 et 10 heures du soir, alors que *la chemise luy sortoit de la culotte* et que *la génisse étoit tout a fait épouventée*[95]. C'est encore elle qui est mise en cause à Oberdorf, un 20 août 1739, pour ne pas avoir *voullu faire ce que ledit valet a voullu*, poussant involontairement ce dernier à la tentation coupable[96]. Et si ce pauvre homme a été brûlé vif, à Mittelschaeffolsheim en 1762, pour crime de sodomie, c'est bien parce qu'il a été dénoncé par une paysanne du village[97]. Le crime est signalé après bien des hésitations, car le châtiment est terrible : cet adolescent sodomite de Geudertheim est passé au glaive et les deux chevaux, reconnus coupables, sont brûlés ; cela ne s'était pas vu depuis cent ans[98] ! Cet autre d'Uhrwiller est étranglé à un poteau, la cavale coupée en pièces, les deux partenaires brûlés et leurs cendres dispersées. Au préalable, le délit aura coûté 300 livres d'amende au seigneur et 20 livres de réparation à la paroisse[99]. Aux yeux de l'Eglise, la zoophilie est en effet la pratique déviante contre nature par excellence, crime abominable contre Dieu et les hommes, quoique (contrairement à la sorcellerie) dénué de tout dommage public. Mais, trait de mentalité fréquent, le crime de bestialité semble servir d'exutoire à la frustration sexuelle d'adolescents ou de célibataires confrontés à la difficulté de se marier. Interrogé pourquoi il ne s'était pas marié *puisqu'il scait une si belle profession*, ce menuisier de Sainte-Croix répond que *les charges et impositions sont trop hautes*... [100].

Dans ces conditions, la chasteté des célibataires pourrait bien relever du mythe : peut-on imaginer, par suite d'un défi lancé à une économie bloquée, une période de dix à quinze ans de continence, entre la puberté et le mariage, sans activité sexuelle ? Ce serait là un véritable tour de force, un exploit d'ascèse collective et de *self control* individuel dont aucune civilisation ne peut se targuer[101]. Ne concluons donc pas trop vite à la vertu de nos grands-parents : ce serait confondre sexualité et procréation. La sublimation de la *libido* et son réinvestissement dans d'autres valeurs ne font pas partie du bagage mental des populations frustes ! Le mariage tardif est une chose : il peut répondre à des structures démo-économiques exigeantes en équilibre ; la chasteté préconjugale, qui est censée l'accompagner, en est une autre... Mais les comportements solitaires nous échappent davantage encore que les relations hétérosexuelles. D'autre part, un certain nombre d'incertitudes pèsent sur l'appréciation des délits sexuels. On soupçonne, entre autres, la sous-représentation des viols : en effet, ils ne sont repérables que s'ils sont accompagnés d'un recours en justice pour réparation de l'honneur outragé. Or il arrive souvent que la femme bafouée se taise, qu'elle cache sa honte, qu'elle ravale sa colère : il n'en faut pas davantage pour que le doute bénéficie aux suspects. Il devient d'ailleurs impossible de les démêler du lot des fréquentations avec consentement

---

95 AHR 3 B 578.

96 AHR 3 B 3262.

97 ABR 2 G 34/1 : *durch eine baurin verrathen* (chronique paroissiale de Berstett, 1762).

98 ABR 3 E 155/2 (chronique paroissiale de Geudertheim, 1673).

99 ABR E 4325 (1686).

100 *Ibid.*

101 P. CHAUNU, *op. cit.*, p. 327.

mutuel des deux partenaires ou résistance de façade de la jeune fille. Comme les pratiques précédemment évoquées, on pourrait y voir une soupape de sûreté pour ceux qui ne disposent pas d'autres moyens pour assouvir leur passion. Or s'ils bénéficient d'infiniment moins d'indulgence, c'est qu'ils sont conçus comme un affront à l'honneur familial, bien plus qu'une atteinte à l'intégrité physique d'une personne.

Mais on pardonnera plus facilement des écarts sexuels qu'un mariage de réparation viendra ultérieurement entériner - péché de jeunesse de bien des célibataires - que les liaisons adultérines constituant une atteinte à l'honneur conjugal et compromettant l'existence même du couple qui tire sa légitimité du seul mariage, l'état marital étant la norme imposée par l'Eglise et acceptée par tous. Tout comportement extra-conjugal encourt la réprobation sociale. Les veuves soupçonnées d'attirer des hommes chez elles[102] - par avidité sexuelle ou nécessité économique ? - se font particulièrement épier. La fidélité conjugale fait en effet l'objet d'une surveillance étroite[103], mais la justice éprouve quelque difficulté à sanctionner un acte dont l'essence est d'être secret et l'accusation repose souvent sur la présomption. En aucun cas, le désordre toléré, réglé, codifié, propre aux célibataires, ne doit se pérenniser : il faut que jeunesse se passe...

Quelques liaisons extra-conjugales
Handschuheim 1681-1733
ABR 3 E 180/1

Homme			Femme		
marié	**célibataire**	**non défini**	**mariée**	**célibataire**	**non défini**
-	1	-	1 (femme de l'aubergiste	-	-
-	-	1	-	(1 servante de Zurich)	-
-	-	1	-	-	1
-	1	-	1	-	1
-	-	1	-	1 (fille du maître d'école)	-
-	1 (fils de l'huilier)	-	-	-	1
-	1 (fils de laboureur)	-	-	1 (fille de tailleur)	-

La rareté des cas d'adultère[104], de bigamie[105] ou de concubinage dûment constatés[106] nous autorisent à avancer l'hypothèse d'un phénomène minoritaire par rapport à la sexualité licite du modèle conjugal. Mais cette rareté est sans commune mesure avec l'émoi que provoque ce type de comportement. A Wittelsheim[107], *on entend murmurer dans le village sur le commerce suspect* qui s'établit entre Henri Peter, 55 ans, et sa voisine, Anne-Marie Miesch, épouse légitime de Joseph Lieber, le maçon. Voilà trois ans que durent les relations d'adultère entre les deux. Henri approche sa voisine la première fois dans la grange où il *passoit par un trou qu'il avoit fait luy-même à travers la cloison des planches qui séparoit sa maison de celle de la dite Miescherine*. Tout commence par un échange de vin,

[102] ABR 3 E 168/10 : deux cas de conceptions irrégulières à Gries en 1753.

[103] ABR 3 E 311/3 : discipline ecclésiastique à l'égard d'un ménage désuni (Muttersholtz 1688).

[104] ABR 2 G 34/1 : *Den 30 Junie ist Michel Hämmerlin Burger zu Olwisheim als den Ehebruch ergriffen und Orgy andern Sünd hingerichtet worden* (Berstett 1668).
AHR E 1453 : *fleischliche Unzucht und Ehebruch* (Jebsheim 1688).

[105] AHR 18 J 593 (Ostheim 1773).

[106] AM Turckheim BB 25, p. 96 (1653).

[107] AHR 4 B 7 : acte d'accusation du 23 octobre 1723.

d'alcool, de jambon et se termine dans le lit de la femme, quatre années de suite, à raison de trois à sept fois par an, aux dires des inculpés. Mais les témoignages abondent sur d'autres rendez-vous galants tantôt sous un abri dans la vigne, tantôt dans le champ de seigle, sur les chaumes ou dans les broussailles. Aucun détail ne nous est épargné, pas même l'allusion très claire au *coïtus interruptus* [108]. Le mari trompé touche 200 livres pour s'abstenir, en contrepartie, d'engager une action en justice, mais l'affaire finit par s'ébruiter et l'importance qu'on lui accorde se mesure à l'émotion qu'elle soulève dans le village. Si la femme se trouve en première ligne, les jugements sur l'inculpée diffèrent : elle aurait agi *par faiblesse humaine... sollicitée par ledit Peter,* affirment les plus indulgents ; *sa vertu a passé depuis longtemps pour fort médiocre sur la chasteté* , rétorquent les plus malveillants. L'adultère n'est jamais assimilable à une simple fornication, puisqu'il remet en question une partie de l'ordre social dont la famille est la garante. Constatons néanmoins que, dans le comté de Hanau, les délits d'adultère, qui, dans la seconde moitié du XVIIème siècle encore, étaient punis de la peine de mort, sont passibles de 25 florins d'amende un siècle plus tard[109]. Cependant le meurtre de cette fille célibataire de Wingersheim par un bourgeois du lieu, qui l'a engrossée, donne la mesure de la réprobation sociale entourant toute relation extra-conjugale dont se rend coupable un homme marié puisque l'accusé encourt la peine de mort[110]. Il est vrai qu'il y a circonstance aggravante.

Qu'advient-il lorsque ces relations illicites débouchent sur une naissance non désirée ? A l'extrémité de l'échelle des crimes sexuels, l'abandon ou le meurtre d'enfants conduisent de la campagne à la ville - refuge les victimes d'un amour tragique[111]. L'infanticide et l'exposition, qui peut lui servir de substitut, constituent un phénomène largement majoritaire ; près de 70 % des délits sexuels dans les procédures criminelles de l'Intendance ; 62 % dans les cas des évocations au Conseil Souverain de Colmar. Et, pour une fois, la femme est en première ligne : véritable *technicienne du corps humain* [112], avec lequel elle entretient un rapport privilégié en tant que sage-femme ou en tant que mère, elle assume de grandes responsabilités. Beaucoup de ces infanticides nous échappent dans la mesure où ils s'effectuent clandestinement, la justice n'étant saisie qu'en cas de dénonciation ou de vengeance[113]. Voici qu'en 1735, à Ittlenheim, une certaine Anne *ayante conçû par moyens deshonetes et perduadée par mauvais vouloir et conseils, auroit caché et celié sa grossesse sans en rien*

[108] Ibid. : *ledit Peter auroit fait des facultations de la semence à la partie extérieure du vase de l'interrogée.*

[109] G. Ch. SCHILDBERG, *op. cit.*

[110] ABR 3 E 155/2 (chronique paroissiale de Geudertheim, 20 janvier 1724). Voir *supra* p. 1474.

[111] Le problème a été étudié par les historiens de la ville : J. DEPAUW pour Nantes (*art. 759*), A. LOTTIN pour Lille (*art. 2480*) J. SOLE pour Grenoble (*art. 2482a*), P. F. ALEIL pour Clermont (*art. 747*),E. SABLAYROLLES pour Strasbourg (*op. 2305*).

[112] R. MUCHEMBLED, *Revue du Nord*, 1981, p. 586.

[113] ABR 3 E 404 : *Hat Ottilia, eine Hur gebürtig zu... welche zu ... im verwichenen Jahr gedient, allhier in einem garten, unter einem Apfelbaum, ein Hurenkind... bekommen, welches sie auf ein Weitenbüschlen gelegt, als solches geschrien, etliche Weiber gehöret, dazu geloffen, so haben sie ein nackend Kind gefunden, sehr schwach und ganz kalt gewesen, die Hure aber nicht weit davon gestanden, geleugnet es sei nicht ihr, aber sie wolle davon laufen, haben die Weiber sie gefangen, mich alsbald holen lassen, das Kind zu taufen... Der Vater, den die Hure hat angeben, ist...* (fonds Süss, rapport d'un pasteur de l'Outre-Forêt, 1700).

déclarer et que le terme de la délivrance de son fruit étant advenû, elle s'en seroit délivrée occultement et auroit suffoqué et tout meurtri audit village d'Ittlenheim l'enfant dont elle est accouchée... qu'elle auroit mis le dit enfant auquel elle auroit cassé bras et jambes dans un sac et enterré en terre profane dans un marais près les vignes au ban d'Ittlenheim. On ajoute que *le crime... auroit scandalisé les garçons du dit village, qu'ils auroient voulû mettre le feû à la maison de ladite fille, si on ne les auroit pas empêché*[114]. La violence de la réaction est à la mesure de la barbarie du geste[115]. Mais, très souvent, ce que la conscience sociale récuse, c'est moins la mort du petit innocent, dont la mère prétend qu'il est *né sans vie*, que le double phénomène de l'illégitimité - le bâtard, ce hors-la-loi naturel qui échappe à la légitimité de l'alliance, c'est la honte - et celui du non-aveu qui, entourant tout accouchement clandestin, traduit la solitude des filles-mères. Rappelons à ce sujet que la législation[116], que nous venons d'évoquer, établit un lien étroit entre le défaut de déclaration de grossesse et la suspicion d'infanticide. En l'absence d'une déclaration auprès du curé ou des autorités judiciaires et en cas de mort de l'enfant du péché, on est en droit de conclure à l'homicide. Dans le comté de Horbourg, où les filles-mères sont soupçonnées d'emblée de vouloir *déposer les fruits de leur amour*, elles sont accueillies avec d'autant plus de méfiance qu'elles sont inconnues et n'arrivent pas à prendre leurs distances par rapport à unecertaine forme de mendicité : ces *filles de moyenne vertu*, ces *drolesses* risquent d'être *une source de charge et d'embarras pour la seigneurie*. Aussi exige-t-on d'elles une amende, non pas pour les frais d'accouchement ou le délit de recel de grossesse, mais pour le scandale public causé par *une vie débordée* qui est *amendable* : 10 couronnes, soit une trentaine de livres tournois[117] *Periculum in mora*... En attendant, le nourrisson est placé dans la Maison des Enfants Trouvés à Strasbourg et la mère trouve asile dans le presbytère... Source de revenus fiscaux, l'illégitimité pose problème, moins sur le plan démographique que sur le plan des représentations sociales, car elle brouille l'association traditionnelle entre le mariage et la procréation. En dépit de l'étroitesse des échantillons, on voit augmenter, dans la seconde moitié du XVIIIème siècle, la fréquence des expositions et des infanticides ainsi que la place qu'ils occupent dans l'ensemble des délits : pâle reflet de la réalité, dans la mesure où la dissimulation du délit ou de la grossesse peut être parfait.

	Abandons d'enfant	Infanticides	Total
1672-1729	-	1 (0,8 %)	0,8 %
1730-1759	2 (1,4 %)	3 (2,1 %)	3,5 %
1760-1789	4 (2,2 %)	3 (1,7 %)	3,9 %

(Source : AHR 3 B 1 - 10 012 et 1 B 585-959 : Appels au Conseil Souverain)

114 AMS XI 191/9 (1735).

115 AP Hurtigheim : *hatte ein uneheliches Kind welches sie mit dem Holzschuh todschlagen. Es wurde nicht untersucht, weil die Vorgesetzten sich nicht befeinden wollten* (chronique paroissiale du pasteur Schneider).

116 ISAMBERT, *op. [150]*, t. XIII, pp. 471-473, n° 369 (éd. de février 1556) et t. XXVII, p. 472, n° 1992 (8 septembre 1784).

117 AN K 2360 (Horbourg 1749, Muntzenheim 1749 et 1786).
AN K 2362/2 (Fortschwihr 1755).

L'abandon des enfants devient ainsi l'un des indices du surpeuplement des campagnes et des difficultés de survie qu'éprouvent certaines couches sociales. En dehors d'un contingent de femmes mariées, difficilement identifiables, les responsables de tels actes se recrutent dans le monde des servantes congédiées à l'annonce d'une grossesse, des filles à la recherche de travail, des inconnues poussées sur la route par la nécessité, enfin des veuves sans ressources dont la grossesse a pu être considérée un moment comme un dénouement à la pauvreté.

	Intendance (ABR C 396-398)			Conseil Souverain (AHR 3 B 1 - 10 012)			Intendance + Conseil souverain
	Infanticides	**Expositions**	**Total**	**Infanticides**	**Expositions**	**Total**	**SS**
Filles célibataires	2	3	5	-	1	1	6
Femmes (mariées ?)	3	5	8	1	2	3	11
Veuves	-	2	2	1	1	2	4
Domestiques	-	3	3	3	-	3	6
Etrangères	-	-	-	1	1	2	2
Inconnues	1	8	9	1	2	3	12
Total	**6**	**21**	**27**	**7**	**7**	**14**	**41**

Arrêtons nous un instant sur le cas tragique de Catherine Boeglin, que nous avons déjà rencontrée, parce qu'il nous semble être un condensé des infortunes que nous venons d'évoquer[118]. Native de Helfrantzkirch en Sundgau, âgée de trente ans à peine, mère de six enfants dont un seul a survécu, elle assume difficilement son veuvage après quatorze ans de mariage avec un journalier de Brinckheim. Elle va donc *d'endroit en endroit pour gagner sa vie tantôt en travaillant, tantôt en demandant l'aumône* et finit par se faire embaucher comme servante par le meunier de Wittelsheim. Or, fin avril 1765, elle tombe malencontreusement d'un pont en allant à la messe et accouche prématurément de deux enfants *dont l'un étoit pourry et l'autre encore en vie* : elle les jette l'un et l'autre dans la Thur du haut de sa fenêtre. Quant au père, elle ignore jusqu'à son nom : elle ne l'a plus revu... Elle a omis de déclarer sa grossesse au curé *parce qu'elle ne s'est jamais arrêtée longtemps en aucun endroit et qu'elle ne savait pas en quel endroit elle accoucherait.* Sous le feu croisé des accusations de la sage-femme et du chirurgien, menacée d'être *pendue et étranglée jusqu'à ce que mort s'en suive,* elle préfère reprendre la route et tout peut recommencer...

Même accidentelle[119], une fausse couche devient motif de suspicion[120]. Impitoyablement traquée, la femme qui *détruit son fruit* est l'objet d'une

[118] ABR 4 B 10 : procès-verbal du 18 septembre 1765.

[119] ABR 2 G 34/1 : *Hans Freyssen frau... hat unvorsichtiger weisse bey dem offenschlupfen ihrem kind im Mutterleib schaden gethan* (Berstett 1667).

[120] AEBP A 19b/3 (Herrlisheim 1736).
ABR 1 B 271 : *eine Kindmörderin gescholten, weillen sie kein lebenwendig Kindt gebären kan* (Niedernai 1755).

constante inquisition[121]. Voici qu'accouche à Ingersheim, en 1732, une fille de journalier du Brisgau qui, après avoir été chassée par ses parents, passe le Rhin à Brisach, rejoint une troupe de pauvres à Biesheim et, trois semaines durant, mendie son pain pour survivre. L'enfant auquel elle donne le jour est-il mort-né ou a-t-il été éliminé par désespoir ? Quoi qu'il en soit, la fille risque la peine de mort, châtiment réservé aux femmes qui *cellent leur grossesse et mettent au monde des enfants morts*[122]. En 1755, une veuve d'Issenheim est grosse *des oeuvres de son valet*. Or elle *aimerait mieux*, dit-elle, *avoir sept batards que d'épouser le dit valet*. Et voilà qu'elle tombe du *haut du grenier à foin dans la grange* et *sa grossesse est disparue*... Une fausse-couche, sans doute provoquée, qui ne manque pas de causer *un grand deshonneur à la famille*[123]. L'intéressée ne réussit pas à dissimuler sa grossesse comme cette fille d'Oberdorf qui affirme avoir *un crabeau dans le corps qu'elle avoit avalé en buvant à des sources*[124]. Ailleurs, on épie une jeune fille qui a *perdu ses fleurs* et qui, prise de vomissements et d'une *fièvre d'estomac*, allègue *avoir mangé du gâteau de cerise trop chaud*[125]...

Tous les enfants nés dans ces conditions difficiles ne partagent pas le sort de ces bébés retrouvés noyés dans un puits[126], étouffés sous une paillasse[127], découverts inanimés dans une porcherie[128] ou une *écurie à vache*[129], dévorés par les chiens ou les porcs[130]... Car beaucoup d'entre eux sont laissés sans soins, la nature se chargeant de se débarrasser d'une progéniture encombrante : la frontière est des plus incertaines entre la suppression des indésirables et l'infanticide semi-volontaire par sottise, par maladresse, par négligence. D'autres sont remis à la société[131], abandonnés en ville où ils ont le plus de chance de se faire recueillir, ce qui brouille du même coup les pistes qui pourraient mener à la reconstitution de leurs origines : au seuil d'une abbaye[132], près d'une chapelle[133] ou dans le confessionnal d'une église[134], le long d'une route[135], aux portes de la

---

121 AMH BB 90 (pp. 168-169) : *mit Trank vertrieben* (enfant trouvé mort sur le fumier, 1668).

122 AHR 3 B 130.

123 AHR 3 B 899.

124 AHR 3 B 1942 (1761).

125 AHR 3 B 5796 (Carspach 1758).

126 ABR C 398 (Landser 1755).

127 *Ibid.*, (bailliage de Rouffach, 1780).
Ch. KLEIN, *op. cit.*, t. II, p. 94 : une servante de Bouxwiller est exécutée au glaive, le 21 janvier 1692, pour avoir étouffé un enfant illégitime en se couchant dessus (d'après le *Pfarrbuch und Kirchenchronik).*

128 AHR 3 B 1263 (Ensisheim 1719).

129 AHR 3 B 1787 (Dietwiller 1785).

130 AHR 3 B 1047 : *ein Kindt in einem weissen düchlein eingewickelt gefunden, welches noch völlig gantz ausgenommen, der gantze Kopf und der halbe Hals wahr aufgefressen* (Ingersheim 1748).

131 E. SABLAYROLLES, *th. cit.*, pp. 458.

132 AHR 3 B 2833 (Marbach 1766).

133 ABR C 396 (bailliage de Villé-Marckolsheim, 1755).

134 ABR C 396 (Marmoutier 1753).

135 AHR 3 B 1192 (entre Colmar et Sainte-Croix-en-Plaine, 1765).

ville[136],plus rarement dans la cour d'une ferme[137] ou à proximité du four communal villageois[138]... Il y a toujours des bras charitables pour recueillir ces nourrissons promis à la mort : l'abandon d'enfant devient ainsi, paradoxalement, la solution la moins inhumaine qui puisse être adoptée en période d'extrême difficulté. Geste tout-à-fait délibéré : voici que le 22 octobre 1737 on découvre derrière le mur clôturant la propriété du Sieur Mathieu, avocat au Conseil Souverain de Colmar, un enfant *presque gelé de froid,* emmailloté, *avec un billet contenant le jour de sa naissance et ce qu'il fallait pour reconnaître à qui il appartient* : une manière pour la mère, une fille d'Oberhergheim, autrefois en service chez ledit Mathieu, de rappeler que le fils de son ancien patron lui avait promis le mariage en connaissance de cause... Et, ajoute-t-elle, elle aurait bien voulu porter l'enfant à Stephansfeld[139], *si elle avoit les moyens pour faire le voyage* [140]. A l'instar d'Anne-Marie Hanauer, bien des jeunes filles dépourvues de ressources recherchent le lien conjugal : une promesse de mariage suivie, si elle n'est pas respectée, d'un procès en gravidation, les autorise à faire pression sur le séducteur, à demander réparation au père présumé et à lui réclamer les frais de couches, d'entretien, d'apprentissage au bénéfice de l'enfant né ou à naître[141]. La pression sociale, la misère et le désespoir se conjuguent pour expliquer les abandons en série : 200 dans la seigneurie de Ribeaupierre dans la seule année 1789[142]...

Détecter le jour où est accompli le geste délibéré de l'abandon est assez révélateur : sur 22 cas d'exposition dont nous connaissons la date exacte, près de la moitié (41 %) se situent en début de saison froide (septembre-novembre), une deuxième moitié (45,5 %) se concentrant de mars à juin, au moment où les réserves alimentaires s'épuisent. Le rythme interannuel reproduit-il les mouvements du prix des grains[143] ? Ainsi l'abandon des enfants, après nous avoir éloigné de la campagne, puisqu'il trouve souvent ses prolongements en ville, nous ramène aux dures réalités de la vie quotidienne.

---

136 ABR C 396 (Rouffach 1753, porte de Bâle à Neuf-Brisach , 1762).
AHR RP de Sainte-Croix-en-Plaine, 6 juin 1765 (porte supérieure de Sélestat, 1769).

137 ABR C 396 (Westhouse-les-Marmoutier 1756).

138 *Ibid.* (Altorf 1756).

139 ABR D 262 : l'hospice des Enfants Trouvés accueille entre 24 et 64 enfants par an (1746-1774).

140 AHR 3 B 1028.

141 ABR E 2992 (Régence de Bouxwiller, vers 1760) :
- pension alimentaire : 24 livres pendant douze ans ;
- 150 livres de dommages et intérêts ;
- frais de procès.
ABR 1 B 156 (Gerstheim, sentence du 19 juin 1781) :
- *le nourrir et entretenir jusqu'à ce qu'il ait atteint l'âge de 15 ans et lui faire apprendre un métier convenable à pouvoir gagner sa vie :*
- frais de couches : 60 livres ;
- 1000 livres *tant pour la defloration que pour les dommages et intérêts, si mieux n'aime l'épouser.*

142 Ch. HOFFMANN, *op. 36*, t. II, pp. 148-149.

143 Pour étoffer les échantillons, il conviendrait de faire appel aux archives concernant la ville. Voir E. SABLAYROLLES, *th. cit*.

Conclusion

On ne peut donc comprendre les comportements sexuels qu'en les intégrant dans une culture modelée à la fois par la tradition et l'autorité. Le paysan du XVIIIème siècle n'est ni un primitif, ni une bête ; les relations conjugales ne sont pas uniquement génitales : au-delà du simple accouplement, elles obéissent à des considérations psychologiques et matérielles autant qu'aux injonctions du pouvoir. Au temps de la Réforme et dans un souci de moralisation, l'Eglise intensifie la lutte contre la cohabitation des fiancés, la pratique des jeux puérils, l'habitude des lits communs, la mixité des écoles... En dépit de leur fréquence relativement faible, les délits sexuels ne sont pas négligeables pour les élites sociales. Deux indices viennent le confirmer :

- Le fait que bon nombre de ces délits, par les conséquences qu'ils impliquent, soient jugés au criminel ou évoqués au Conseil Souverain, leur confère une certaine importance : ils revêtent, dans les instances supérieures, une représentativité de l'ordre de 10 %, tout-à-fait comparable aux proportions indiquées par Yves Castan dans le ressort du Parlement de Toulouse[144].
- L'exemplarité des peines situe ces infractions très au-dessus des *crimes* ordinaires.

Mais revêtent-ils la même importance pour la paysannerie ? Le fait qu'ils tiennent quelque place dans l'éventail des injures et des calomnies n'a pas grande signification. En réalité, la valorisation de la chasteté et de la pudeur est signe de distinction sociale et ne pénètre que très peu les mentalités villageoises : au point qu'il s'installe un dialogue de sourds entre le clergé et les fidèles. Les normes des élites, fondées sur un code imposé, n'ont rien à voir avec les normes populaires s'exprimant dans le comportement quotidien. Aux notions de péché et de honte, inculquées par les premières, le paysan répond par la notion, qui lui est bien familière, d'honneur : n'est en définitive condamnable que ce qui ternit la réputation du groupe familial, l'honneur étant une valeur collective autant qu'individuelle. Et la femme, si souvent écartée des responsabilités devant la loi, revêt un rôle primordial, non seulement dans la naissance et la propagation de la rumeur, mais par son attitude même face à l'adultère et à l'infanticide. Dans ces conditions, l'effort disciplinaire a-t-il porté ses fruits ? La propagande religieuse a-t-elle été suivie d'effet ? Même si ces interdits sont intériorisés, ils peuvent devenir l'objet d'un transfert sur des pratiques solitaires difficilement décelables, sans qu'on puisse conclure pour autant à une sexualité débridée. L'indulgence croissante des autorités civiles et religieuses est-elle capitulation ou indice d'un progrès dans la lutte contre les relations préconjugales ? On invoquera donc, pour expliquer la sexualité, tout un environnement : le modèle ascétique imposé par l'Eglise certes, avec, en filigrane, la peur du péché et la crainte de l'enfer ; mais aussi le code de morale sociale fondée sur le respect de l'ordre et la décence ; la maturité sexuelle tardive et la relative rareté des tentations... Ordre divin, ordre social, ordre familial.

[144] Y. CASTAN, *op. cit.*, pp. 534-535, annexe 1.

N'accordons pas aux délits contre les moeurs une importance qui excéderait la place effective qui leur revient dans la réalité quotidienne. Pas de trace d'immoralité collective ; de tels délits concernent toujours des défaillances individuelles.

b) Les crimes contre la religion

Pas davantage que les affaires de moeurs, ils n'occupent une place importante dans les délits ruraux. Faut-il attribuer cette sous-représentation au fléchissement des contraintes collectives ? au relâchement du contrôle de la justice sur la vie privée[145] allant de pair avec la sécularisation de ses préoccupations ? En tout cas, leur diminution au cours du XVIIIème siècle est manifeste et ils ne représentent guère plus de 1 % des affaires portées devant les tribunaux civils, six fois plus si l'on considère les appels au Conseil Souverain.

La palme revient à la non-sanctification du dimanche et des jours de fête[146], fréquemment dénoncée par le curé et à laquelle, il convient de le noter, les Juifs n'échappent pas[147]. On leur demande en effet de respecter un code religieux qui n'est pas le leur ! Au grand scandale de la communauté et *au mépris de la religion catholique* [148], on les voit organiser des enchères, abattre des bêtes, porter du grain au moulin, pressurer des raisins, faire des charrois, procéder à la lessive[149]... ou entraîner au péché leurs voisins chrétiens[150]. *Comme les oiseaux du ciel dévorent la bonne semence*, ils les attirent à la sortie de l'église pour parler affaires[151]. Quant aux Chrétiens eux-mêmes ils s'adonnent en général à des activités susceptibles d'échapper à la surveillance mesquine de leurs voisins : ils sont tentés de se promener le dimanche dans le ban, de cueillir fruits et raisins, de récolter des légumes[152], de ramasser du bois[153], voire de chasser[154], ce qui est, bien entendu, interdit. Mais faire brouter des boeufs le dimanche sur la place de l'église[155], mener une bête au pâturage le jour de la Fête-Dieu[156], courir après un porc, dans la rue, le jour du Seigneur[157], ferrer un cheval en pleine rue un lundi de

---

[145] Cf. leur forte fréquence lors de la période de la *reconstruction*. Voir *supra* pp. 346-348.

[146] L. CHÂTELLIER, *op. 3395*, pp. 298-299.

[147] Voir *supra* pp. 1389-1390. A titre d'exemple, ABR E 3643 : à Kutzenhausen, trois Juifs sont mis à l'amende en 1783, deux hommes pour avoir mené une vache à travers les rues du village un jour de Pentecôte et pour avoir jeté du fumier sur la rue un dimanche ; une femme pour avoir tricoté le dimanche.

[148] AHR 3 B 5423 (Froeningue 1782).

[149] AN K 2358/1 : ordonnances ecclésiastiques du duc de Wurtemberg, 1773 et 1783.

[150] AM Turckheim BB 41, p. 592 : Un Chrétien est condamné, en 1727, *pour avoir, par un excès de gourmandise, mangé de la viande dans une maison judaïque dans le saint temps de carême, ce qui est contraire à ses devoirs de Chrétien.*

[151] AMH AA 150/15-19 (bailliage de Haguenau, 1616).

[152] ABR 1 B 126 : *Bohnen abgebrochen* (Bolsenheim 1726).

[153] AHR E 1247 : *so währender procession wellen aus dem wald geführt* (Guémar 1763).

[154] AHR C 1598 : règlement de police de Niedermorschwihr (12 février 1790).

[155] ABR 1 B 141 (Wittemheim-Boofzheim, 1760).

[156] *Ibid.*, 1761.

[157] ABR 3 E 168/10 (Gries 1762).

Pentecôte[158], charrier du bois pendant la procession[159] sont des actes relevant de la provocation, même s'ils n'impliquent pas forcément déchristianisation. L'ouverture des cabarets et la coutume des danses pendant les offices, sévèrement condamnée par les autorités[160], ne sont pas le fait d'*esprits forts*, pas davantage que le succès que remportent les parties de jeux de quilles pendant le sermon[161]. Et gare aux jeunes gens qui se donnent rendez-vous, au moment des vêpres ou du catéchisme, dans les champs, à l'auberge ou dans les maisons[162] !

Occupations dominicales dénoncées par les autorités judiciaires

Source : ensemble des échantillons (voir p. 1480), sauf les appels au Conseil Souverain.

	Chrétiens	Juifs
Activités agro-pastorales		
Labours	1	-
Charrois	2	1
Moisson	1	-
Transport au moulin	2	1
Récolte de légumes	1	-
Récolte de fruits	3	-
Fenaison	2	-
Pâturage	7	-
Attelage de bêtes	1	2
Coupe et façonnage de bois	6	1
Ramassage de glands	2	-
Chasse	1	-
Pêche	4	-
Activités artisanales		
Embauche	1	1
Travail de tailleur, maçon, forgeron	3	1
Activités domestiques		
Cuisson du pain	1	1
Ecossage de fèves	-	1
Barattage du beurre	1	-
Encavement ou vente de vin	4	-
Séchage du chanvre	1	-
Séchage du tabac	1	-
Filage, couture, raccommodage	3	-
Lessive	-	5
Activités spécifiquement juives		
Construction de cabanes (fête des Tabernacles)	-	1
Utilisation de main-d'oeuvre chrétienne	-	1
	48	16

Au nombre des griefs relevés, le non-respect du jour du Seigneur intervient plus fréquemment que la mauvaise conduite à l'église qui n'est

158 ABR 1 B 142 (Witternheim-Boofzheim, 1771).

159 AHR E 1247 (Guémar 1763).

160 A. SCHAER, *art. 3467a*, p. 109 et 121 (AM Turckheim BB 1/9, 1667). AEBP A 19 b/6 (Turckheim 1760 et Ingersheim 1762).

161 AHR 1 E 83/44 (*Dorfordnung* Jebsheim, 1709).

162 AHR C 1598 (Niedermorschwihr, 12 février 1790).

pas uniquement l'affaire du curé[163]. Ce dernier *épingle* les absents au catéchisme et à la Sainte-Cène, les fauteurs de désordres pendant la distribution de l'eau bénite[164], les paroissiens qui, rompus de fatigue, s'endorment au cours d'un sermon ennuyeux[165], pénalise les bousculades d'enfants et les cas - rares, il est vrai - d'ébriété dont se rendent coupables les adultes qui assistent à l'office[166], dénonce les personnes qui, se trouvant sur le passage du Saint Sacrement, négligent de se lever ou de se découvrir[167]... Dans le très catholique Sundgau, l'imbrication du civil et du religieux est telle que des accusations inhabituelles font irruption dans les liasses judiciaires, en particulier celles de la non-observation du premier et du deuxième commandement[168]... La religion apparaît comme le rempart de l'ordre social.

Blasphèmes, actes de sacrilège et de profanation sont d'un autre ordre. Consciemment ou non, ils sentent la bravade et constituent un défi à la collectivité. Des actes scandaleux commis par une jeunesse inconsciente - l'enlèvement des arbres ornant l'autel le jour de la Fête-Dieu[169], la fornication dans un lieu sacré[170] - ne le cèdent qu'aux déclarations sacrilèges des Juifs selon lesquelles *le Christ ne serait qu'un faux prophète*, le crucifix *un bout de bois*, les instruments de la passion *un ouvrage de fou*, le baptême *une parodie* [171]... Lorsque ces propos sont partagés par les Chrétiens eux-mêmes, ils soulèvent l'indignation[172]. On se contente parfois d'appeler la damnation sur l'adversaire[173]. Les plus hardis s'en prennent à Dieu, nient la virginité de Marie, lancent des tirades sur la vanité de la religion :

---

[163] ABR 2 G 34/1 : *Denen Leuten beÿ denen hochzeit zu schauen... weil sie in die kirch geloffen wie schweine und ungeschiemend gekleÿdet in die Kirch auf die Vorbühn erschienen wie wegen sie den Stall misten wollten, und geplapert überlaut nach jedes belieben..; mit denen schandlichen worten herumgeschlagen.* (Berstett 1740).
ABR 2 G 340/11 : *zanken und einander in die Haar fallen* (Oberbronn 1780).
AHR C 1598 : *schwätzen, zancken, lachen... den Weibspersonen keine Kinder in dem Gottesdienst mit zu tragen, die den Gottesdienst stöhren* (Niedermorschwihr 1790).

[164] AEBP 19 b/9, 52 (Turckheim 1760).

[165] ABR 3 E 382/1 : *wegen des observierten schändlichen Schlaffens zwischen der predigt, ... das examen aus den Predigt so wohl mit den alten als mit den jungen soll vorgenommen werden, umb die Leute damit zu meherer auffmerksamkeit aufzumuntern* (Quatzenheim, 25 mai 1673).

[166] Voir *supra* p. 346, note 904 (bailliage de Kutzenhausen, 1669).
AHR 3 B 3404 : *Georges Kembs pour avoir eu l'impudence de pisser le 4 janvier pendant le rosaire au scandale des assistants* (Herrlisheim, 1749).
ABR 1 B 271 : *den 21. Mai letzhin gantz voller wein in die kirchenliche Lehr gekommen und zu grösster ärgerniss der gantzen Jugentschaft in seiner trunckenheit sich hat ergeben müssen...* (Niedernai 1758).
AHR E 1137 : *aus dem Wirtshaus besoffen in die Kirch gelauffen... zum allgemeinen ärgernis übergeben und seinem Nachbar Kleider besudelt...* (Heidolsheim 1768).

[167] AM Turckheim BB 41 (1731-1741).
ABR 1 B 398 (Witternheim-Boofzheim, 1773 et 1776).

[168] AHR 1 E 22/17, 1657 et 1717-1718.

[169] AHR 3 B 3404 : *Meyen vom Altar ausgerissen festo Corporis Christi* (Herrlisheim 1740).

[170] ABR C 396 (chapelle de Bitschwiller, 1763).

[171] AHR 3 B 2907 (Wittenheim 1748).
AHR 3 B 1452 (Herrlisheim 1773).

[172] ABR 1 B 143 : *er s.v. scheise in Gottesbarmherzigkeit und Creutz* (Witternheim-Boofzheim 1788, propos tenus par Henri Cron, le chirurgien).

[173] AHR 3 B 3368 : *Sie sey verdamt in alle Ewigkeit... Ihr Eingeweiht seye verdamt* (Herrlisheim 1687).

blasphèmes atroces, paroles impies, indécentes et scandaleuses... contre l'honneur de Dieu, notre seigneur Jésus-Christ, de la Sainte Vierge et des Saints et de la religion catholique dont se rendent coupables des laboureurs qui inspirent par ailleurs considération et respect[174]. Leurs auteurs encourent de lourdes peines s'échelonnant de l'amende au carcan et à la mutilation[175]. Et puis, on jure à tort et à travers[176] *au nom de Dieu*[177], *par le Saint Sacrement*[178], *par le tonnerre*[179]. N'attachons pas une importance excessive au contenu de ces *jurements* qui accompagnent presque inévitablement les altercations verbales ou les agressions physiques : ce journalier de Voegtlingshofen avoue en 1789 avoir lâché le *Sacre nom de Dieu* parce qu'il *en avoit entendu proféré par d'autres gens du lieu*[180]. Contrecarrée sans succès par l'intendant[181], cette habitude invétérée de *sacrementer* conduit à l'établissement d'un code des blasphèmes tel que le définissent par exemple les membres de la corporation des maçons et charpentiers du bailliage du Kochersberg en 1673[182] :

- Jurer par le sacrement coûte à son auteur 2 sols ;
- " 7 sacrements " " 4 sols ;
- " 100 sacrements " " 6 sols ;
- " 1000 sacrements " " 10 sols ;
- 100 000 sacrements " " 20 sols, en plus de la livraison symbolique d'un peu de cire à l'église paroissiale.

La fréquente référence au diable mérite attention : la *conjuration de Satan*[183] prouve en tout cas que la croyance au prince du Mal est loin d'avoir disparu[184] à une époque où le combat public contre Satan est officiellement

174 ABR C 396 (Offenheim 1755)). En ce qui concerne les blasphèmes contre la Vierge voir AHR 3 B 4849 : *la marillie ne pourroit leur aider plus qu'une fille du monde* (Ingersheim 1762).

175 DE BOUG, *Ord. Als.*, t. I, pp. 27-28 : Déclaration contre les blasphémateurs (30 juillet 1666). Jusqu'à la troisième récidive, les amendes seront proportionnées à la gravité du blasphème, doublées, triplées et quadruplées, versées aux hôpitaux, à l'église et aux dénonciateurs. A la cinquième tentative, c'est le carcan, dimanches et fêtes ; à la sixième tentative et aux suivantes, c'est la mise au pilori avec la lèvre supérieure, puis la lèvre inférieure, enfin la langue coupées...

176 *Übel geflucht und geschworen, erschröcklich sacramentiert, gottlose Worten, Gotteslästerung* (actes jud. XVIIIème siècle, *passim)*.
ABR E 5903 : *schwört durch Zorn oder bösser Gewohnheit beÿ dem Leichnam oder den Gliedern Gottes, bei seinem blut, schweiss, Lung, bei seinem Herzn (Dorfordnung* Vendenheim, 1720 et 1776).

177 AHR 3 B 128 : *Sacre nom de Dieu* (Voegtlingshofen 1789).

178 AHR 3 B 4623 (Ungersheim 1725).

179 AHR 1 E 22/17 : *Der Thonner solle darin schlagen* (Strueth, 1657, au moment de l'acquittement des impositions).
J. LEFFTZ, *art. [238]*, p. 20 :*Der Teufel soll mich holen ! Der Tonner soll mich erschlagen !* (souvenir de jeunesse H. Ernst, Imbsheim, 1787).
ABR 1 B 224 : *dass sie der Donner und das Blitz in den Erdboden hinunter erschliege* (Muttersholtz 1714)
AHR 3 B 338 (Issenheim 1715).
AHR 3 B 5006 : *das der Tonner in sein Haus schlagen solle* (Froeningue 1741).

180 AHR 3 B 121.

181 DE BOUG, *Ord. Als.*, t. I, p. 27 : interdiction des blasphèmes du nom de Dieu et de la Vierge (30 juillet 1666).

182 ABR G 1014 (16 novembre 1673). Voir *supra* p. 350.

183 ABR C 396 (Durrenbach 1771).

184 AHR 3 B 10 000 : *er Kläger habe ein Zeichen auf dem Rücken* (Froeningue 1661).

abandonné[185]. *J'ai servi le diable depuis trois ans*, déclare ce Juif de Hattstatt en 1711[186]... *Que le diable t'emporte*[187]... *Dieu et le démon étoient l'un comme l'autre et... tenoient ensemble comme les enfants avec les nids d'oiseaux... Que le diable baise son âme sur une noisette*[188]... Il arrive d'ailleurs qu'il y ait disproportion flagrante entre la solennité de l'invocation et la minceur de l'enjeu : *J'aimerais être tourmenté par 100 diables plutôt que de lui livrer un rézal de pois*[189]... De tels excès de langage appellent à leur tour la violence verbale et physique.

2) Violence verbale et physique : délits et relations humaines

Les paysans alsaciens du XVIIème et XVIIIème siècles ne découvrent pas la brutalité. La violence est un fait culturel. A tort ou à raison, il est devenu classique d'opposer la rustrerie proverbiale de la campagne à la civilité raffinée de la ville. A la constatation que fait tel réformateur strasbourgeois au XVIème siècle - *rustre comme un paysan du Kochersberg*[190], aurait-on dit à Strasbourg -, fait suite, à la fin du XVIIIème, une amorce d'explication pour le Sundgau : le manque de politesse des Sundgoviens, écrit Billing, serait imputable à leur isolement[191]. Mais ne jugeons pas les comportements de nos paysans à l'aune déformante des sensibilités du XXème siècle ou de celles des citadins de l'époque. Il faudra les replacer dans le contexte d'une civilisation et d'un système de valeurs propres à la campagne. Force est de constater cependant que cette campagne recèle un potentiel de violence impressionnant qu'il nous appartient à présent de reconstituer.

a) Les altercations verbales

Les *jurements* sont inséparables de la violence physique : il n'en va pas autrement que de nos jours où le trop célèbre *Gott verdam' mi* ouvre la voie à une volée d'injures : injures tellement *atroces* et *exécrables* que le procès-verbal préfère les taire[192], les faire précéder du traditionnel *salva venia*[193] ou les abréger au risque de les rendre inintelligibles pour le lecteur non averti[194]. En tentant d'en établir la nomenclature, approche parmi d'autres de l'âme populaire, nous nous sommes heurtés à un problème, parfois insoluble, de traduction ou de décryptage. Gardons-nous de renouveler l'erreur de certains greffiers du XVIIIème siècle qui traduisent

185 Voir *infra* pp. 1936-1940.

186 AHR 3 B 6670.

187 AHR 1 E 22/17 (Jettingen 1657)

188 AHR 3 B 48-49 (Ingersheim 1762).

189 *Ibid.* (Schwoben 1657).

190 Renseignement aimablement communiqué par Francis Rapp.

191 S. BILLING, *op. [195]*, p. XIII : *Aus Mangel des Reisens, des Lesens und des gesitterten Umgangs... noch sehr viel unfeines und rohes an sich* (1782).

192 AHR 3 B 3368 : ... *et alii, ...und andere so nicht zu beschreiben* (Herrlisheim 1687).

193 Abrégé *s. v.* : sauf votre respect.

194 AHR 3 B 3369 : *a.r. de b. de g. de fr. ded.* (Herrlisheim 1742). Un appel est lancé à quiconque, parmi nos lecteurs, pourrait nous aider à déchiffrer ce rébus !

dans leur propre langage, en les édulcorant, des expressions savoureusement populaires. L'utilisation de termes français, plus ou moins déformés - *scélérat, faussaire, Jean-foutre, canaille*[195], *cartouche*[196] - révèle parfois l'intrusion de la culture française dans un milieu germanique et trahit la contamination de deux cultures, celle (française) du greffier, celle (germanique) des parties en présence.

Jurer relève du défoulement. Mais, pour humilier l'adversaire, il n'y a rien de tel qu'une insulte bien appliquée, assortie d'épithètes appropriées. En dépit de la grande variété des injures proférées[197], c'est pourtant la banalisation qui caractérise la violence verbale. En effet, sur le plan quantitatif et qualitatif, les injures relevées n'ont guère de commune mesure avec celles que Raymond Matzen a collectées par enquête orale[198]. Bien plus : elles sont souvent d'une autre nature, ce qui laisse supposer que le capital venant du fond des âges est sans cesse renouvelé, élagué, enrichi. C'est ainsi que l'accusation de *fripon*, associée à celle de *voleur*, apparaît dans le tiers, voire la moitié des cas : les deux termes finissent par devenir inséparables dans la bouche de nos paysans. En revêtant les allures d'un pléonasme[199], ils vont jusqu'à perdre toute signification réelle[200]. Les expressions personnalisées et imagées sont infiniment plus rares : retenons celles de *chapeau de 15* que les habitants de Jebsheim se lancent à la tête[201] ou celle de *mangeur de charogne*[202], *mangeur de crottin*[203] qui s'échangent entre habitants de Herrlisheim. L'analogie avec le chien[204], ou une partie physiologique de ce dernier[205], témoigne du mépris que l'on porte à un animal domestique curieusement absent des inventaires après décès, alors que le cochon, apparemment plus vénéré parce que plus utile, semble échapper à des insinuations aussi dédaigneuses[206]. C'est bien plus tard que tout ce qui a trait au porc se chargera d'une connotation de saleté et deviendra générateur de mépris[207]. L'injure de *chien*[208] se trouve parfois renforcée par quelque particularité physique déplaisante[209].

195 ABR 1 B 344 (Blienschwiller 1752).

196 ABR 1 B 217 (Muttersholtz 1746 : *Cartusch*).

197 A titre d'exemple, voir le barême *supra* p. 1473.

198 R. MATZEN, *art. 2492.*

199 *Schelm und Dieb, Schelmendieb.*

200 Il en est de même de *Spitzbub* (ABR 8 E 114/5, Ebersheim 1750 et 3 E 168/10, Gries 1762).

201 AHR E 1470-1482, *passim* : 15 pouces (de tour) = grosse tête ? tête de lard ? tête de mule ?

202 AHR 3 B 3368 : *Keibenfresser* (Herrlisheim 1689).

203 AHR 3 B 454 (Herrlisheim 1735).

204 ABR 8 E 114/5 (Ebersheim 1750).

205 GLAK 75/1100 : *Hundsstück, -rücken, -leder, -fotz, -nas...* (bailliage de Kutzenhausen, 1669).

206 Sauf la truie, synonyme de pute : *Kintzheimer Mohr, Kintzheimer Fotz* (ABR 1 B 901, Sélestat 1768). De même : *Sauleder* (ABR 1 B 902, Sélestat 1769).

207 ABR U 1396 : *Cochonne... salope... elle fait du pain de cochon... son mari est le plus sale et le plus misérable de Dachstein* (Dachstein 1863). Renseignement aimablement fourni par Jean Vogt.

208 J. GRIMM y voit une déformation de *unten (hunten).*

209 *Grummer, dürrer Hund* ; *chien boîteux* (AHR 3 B 5854, Pulversheim. 1720). ABR G 6368 : *alter Hund* (Bergbieten 1687). De même ABR 1 B 71 : *einen alten Hund geheissen* (Andlau 1751).

Les injures en milieu rural (1650-1789) : essai de typologie (en %)

Echantillons :	Witternheim-Boofzheim	Jebsheim	Herrlisheim	Nambsheim	Froeningue	Sundgau divers	Appels au Conseil Souverain
(Nbre de cas)	(304)	(19)	(114)	(27)	(51)	(25)	(44)
Religion:							
- Luthérien	-	-	-	-	1,9	-	-
- Hérétique	4,9	5,2	7,9	7,4	13,7	-	-
Total	**4,9**	**5,2**	**7,9**	**7,4**	**15,6**	-	-
Accusation de sorcière :							
- Diable			0,9	-		-	-
- Sorcière	1,3	5,2	4,4	3,7	2	-	-
- Putain et sorcière	1,3	-	1,7		2	-	-
Total	**2,6**	**5,2**	**7**	**3,7**	**4**	-	-
Moeurs :							
- Putain	6,9	10,5	9,6	3,7	5,9	4	2,3
- Fils de pute, putassier, coureur de pute	1,6	-	4,4	3,7	1,9	-	13,6
- Femme adultère	0,7	-	-	-	2	-	-
- Femme de mauvaise vie ("Zupp", "Luder", "Huttel", "Fotz")		5,2	-	-	-	-	2,3
Total	**11,8**	**15,7**	**14**	**7,4**	**9,8**	**4**	**18,2**
Comportement répréhensible :							
- Assassin	0,6	-	1,7	-	3,9	4	-
- Voleur	8,9	5,2	13,1	18,5	17,6	12	6,8
- Menteur, trompeur ("Lügner", "Betrüger)	0,3	5,2	2,6	-	-	24	-
- Faussaire ("fausseur")	-	-	1,7	-	-	-	-
Total	**9,8**	**10,4**	**19,1**	**18,5**	**21,5**	**40**	**6,8**
Traits de caractère :							
- Flatteur			0,9	-	-	-	-
- Vantard ("Prachthans")	0,3	-	-	-	-	-	-
- Poltron ("Hosenscheisser")	-	-	-	-	-	-	-
- Procédurier ("Prozesskrämer")	-	-	0,9	-	-	-	-
- Rustre, veule, malotru ("grober Pflegel")	-	-	0,9	-	-	-	-
- Bête, brute ("Bestien")	1,9	-	-	-	-	-	-
- Scélérat ("Zelera")	-	-	0,9	-	-	-	-
- Dévergondé ("liederlicher, Tropf", "liederlicher Mann")	3,6	-	-	-	-	-	-
- Imbécile, simplet ("Dopel")	0,3	5,2	0,9	-	-	-	-
- Fou, dingue, cinglé ("Narr")	0,3	-	0,9	-	-	-	-
Total :	**6,4**	**5,2**	**5,4**	-	-	-	-
Analogie avec un animal :							
- chien ("grummer Hund", "dürrer Hund")	0,3	5,2	1,8	-	2	-	11,4
- partie physiologique du chien ("Hundsleder", "-rücken", "-stück", "-nas")	15,2	15,8	0,9	-	-	-	-
Total :	**15,5**	**21**	**2,7**	-	**2**	-	**11,4**

Echantillons :	Witternheim-Boofzheim	Jebsheim	Herrlisheim	Nambsheim	Froeningue	Sundgau divers	Appels au Conseil Souverain
Métiers méprisés :							
- Rémouleur ("Scherenschleifer")	-	-	-	-	-	4	-
- Ferblantier ("Spengler")	-	-	-	-	-	-	-
- Joueur de violon	-	-	-	3,7	-	-	2,3
- Garçon d'écurie ("Rossbub") ou de four ("Backofenbub")	-	-	-	-	2	-	2,3
Total :	**-**	**-**	**-**	**3,7**	**2**	**4**	**4,6**
Vagabondage :							
- Traînard ("Zottel", "Landzottel", "Allmendzottel")	0,7	-	0,9	-	-	-	-
- Chapardeur ("Bannmäuser")	0,3	-		-	-	-	-
- Gueux, va-nu-pieds	-	-	2,6	3,7	-	-	4,5
- Mendiant ("Bettelhund", "Bettelketzer")	0,6	-	0,9	-	-	-	-
- Etranger, intrus ("Hergeloffener","Pandour")	0,3	-					
Total :	**1,9**		**4,4**	**3,7**	**-**	**-**	**4,5**
Expressions imagées "Tête de crapeau", "chapeau de 15", "mangeur de charogne" ou de crottin" ("Keibenfresser", "Rosstreckfresser"), "Hosensackspringer"	**0,3**	10,6	**1,8**	-	-	-	**2,3**
Injures banalisées							
- Filoux, coquin ("Spitzbub", "Eulenspiegel")	5	-	3,5	-	-	4	6,8
- Fripon et voleur (Schelm und Dieb")	30,7	21,5	25,5	40,8	27,4	40	18,2
- Vaurien, misérable créature ("Nichtsnutziger, nichtsfertiger, leichtfertiger Mann", "nichtswertige Frau", "ehlendes Mensch", "Scheiskerl", "canaille", "Jean-foutre", "Lump", "Lumpenbub", "Lumpenvolk")	9,6	5,2	7,8	14,8	11,8	8	24,9
Total :	**45,3**	**26,7**	**36,8**	**55,6**	**39,2**	**52**	**49,9**
Divers	**1,5**	**-**	**0,9**	**-**	**5,9**	**-**	**2,3**

Sources : voir *supra* p. 1480.

Outre cette extrême banalisation, l'injure accuse un rapport direct avec tel ou tel délit que l'on reproche plus précisément à l'adversaire – assassinat, vol, mensonge, ivrognerie[210] –, plus qu'elle ne révèle les défauts de ce dernier : trait de caractère ou malformation physique. Nous relevons l'un ou l'autre prénom qui, pris dans un sens générique, devient injure nominative : tel *le Georges* qui désigne un individu sans caractère et sans personnalité. Les allusions aux moeurs occupent une place non négligeable. Dans ce répertoire, le terme de *putain*, accessoirement celui de *putassier* [211], prend une valeur exclamative[212]. La prostituée rurale est souvent associée à

[210] ABR 1 B 217 : *Bestien und Vollsäuferin* (Muttersholtz 1752).

[211] ABR 1 B 5 : *Hurenvogel* (Andlau, vers 1720).

[212] Voir *supra* pp. 1484-1485.

la gent soldatesque[213] ou replacée dans un milieu différent de son milieu d'origine[214]. Elle endosse parfois l'accusation de sorcière car, dans la mentalité populaire, ce sont les femmes de mauvaise vie qui sont suspectes d'entretenir le commerce avec le diable[215], sans que les hommes soient totalement à l'abri de ce genre d'accusation[216]. Ce qui rend toute classification difficile, c'est que la femme essuie souvent des insultes en chapelet, de nature fort différente[217]. En tout cas, l'accusation de sorcellerie comporte une connotation de vieillesse et de laideur.

La religion refait surface, en particulier à la fin du XVIIème siècle, dans les contrées catholiques, où Juifs et Luthériens sont couramment qualifiés d'*hérétiques* [218] – faut-il traduire par *mécréants* ou *païens* ?–, accusation qui n'épargne pas les coreligionnaires jugés trop libres dans leur pratique religieuse. Enfin l'exclusion qui frappe tous ceux qui, ne faisant pas partie de la communauté[219], sont obligés de courir la campagne pour survivre, se traduit dans la nomenclature des insultes proférées. Il est aussi déshonorant de se faire traiter de traînard, de vagabond, de mendiant, de chenapan[220], d'ivrogne[221] que d'être assimilé à des gens dont le métier invite au déplacement, promptement assimilé au vagabondage : le rémouleur, le ferblantier, le joueur de violon... En définitive, toutes les formes d'exclusion trouvent leur place dans la liste des insultes, car vouloir précipiter l'adversaire dans le monde des exclus est de bonne guerre. La palette s'enrichit d'une foule de sobriquets et de surnoms[222], sans même parler des quolibets collectifs attribués à tel ou tel village[223] et dont il est difficile de trouver trace dans les archives anciennes[224].

---

213 AHR 3 B 3368 : *Franzosenhur* (Herrlisheim 1685).
ABR 1 B 139-143 : *Husarenhur* (Witternheim-Boofzheim).
AHR 3 B 3404 : *P. à R. (putain à régiment*, Herrlisheim 1749). De même ABR 1 B 909 (Kintzheim 1783).
AHR 3 B 10000 : *Tragoner Hur* (Froeningue 1710).

214 AHR 3 B 3368 : *Pfaffen und Hurenkind* (Herrlisheim 1657).
Ibid. *: Allmendhur* (Herrlisheim 1686).
ABR 1 B 5 : *die grösste Hur im Land zwischen Basel und Strassburg* (Andlau 1716).
AHR 3 B 1331 : *putain de gens d'église et d'autres d'épée, putain de curé* (Herrlisheim 1723).
Ibid. *: Laquayen Hur* (Herrlisheim 1723).
ABR 1 B 271 : *Strassenzupp* (Niedernai 1760).
ABR 1 B 902 : *double putain, triple putain* (Sélestat 1769) et 105 : *double putain* (Baldenheim 1786).

215 APM T 1065 : *sorcière et vieille putain* (terres des Mazarin, 1673).
ABR 1 B 909 : *P. à R... qu'elle était une sorcière, que sa mère défunte en avait aussi été une* (Kintzheim 1783).

216 ABR 1 B 153 : *Hexenmeister ... Teufelskind* (Heiligenstein 1675).
ABR G 6365 : *Schelm, Dieb und Hexenmeister* (Saessolsheim 1682).

217 ABR G 6365 : *Hur-Hexenscheltung* (Saessolsheim 1682).
ABR 1 B 174 : *Hex, Hur und andere Scheltworte... eine Bestie und Hur gescholten* (Hipsheim 1736).

218 ABR 1 B 5 : *Ketzer* (Andlau, vers 1720).
ABR 1 B 901 : *welscher Ketzer* (Sélestat 1768).

219 A. SCHAER, *art. cit.*, p. 106 : *Mülhauserhund, Schweitzerkuh* (AM Turckheim BB 41, fin XVIIème siècle).
ABR 1 B 174 : *haben ihn einen Neger gescholten* (Hipsheim 1727).
ABR 1 B 71 : *einen Hergeloffenen gescholten* (Andlau 1751).
ABR 1 B 217 : *hergeloffener Schelm und Dieb* (Muttersholtz 1746).

220 AMH FF 203 *fol.* 70 : *schnabhan* (bailliage de Haguenau, 1700).

221 ABR G 6367 : *Podagrämischer Lump* (Molsheim 1686), c'est-à-dire *espèce d'ivrogne goutteux*.

222 A. SCHAER, *art. cit.*, p. 106 : *Löffelkrämer, Hühnerhäusliputzer*, (AM Turckheim BB 41, 1731-1741) ; *Allmendzottel* (Herrlisheim), *Heckenschlupfer* (bailliages ruraux de Strasbourg, AMS VII 78/31, 1662-1667).

223 R. MATZEN, *art. cit.*

224 H. LIENHART, *op. 2488.*

C'est à grand renfort de superlatifs et de locutions dépréciatives que l'on cherche à conférer davantage d'intensité à une injure estimée trop tendre. L'intensification recherchée est obtenue par l'adjonction, en préfixe, d'un terme particulièrement injurieux comme ceux de *Scheiss* (merde), de *Hund* (chien), de *Huren* (putain), de *Lump* (loque, gueux), de *Bettel*[225] (mendiant) ou de *Sacraments*[226]. L'utilisation d'épithètes péjoratives vise à renforcer l'effet que doit produire l'invective : celles de *misérable (ehlendes)* ou de *parjure (meineidiger)*, qui accompagnent *fripon et voleur*, reviennent le plus souvent. Pour maximaliser l'injure, on peut également l'accompagner de gestes provocateurs ou de mimiques indécentes – montrer son postérieur, cracher, tirer la langue – ou la commenter. Si la dispute se prolonge, le dialogue se fait plus explicite : *Je ne demande rien après toi*[227] *tu n'as rien à me commander, tu peux me...*[228], lance-t-on à l'adresse du prévôt qui n'en croit pas ses oreilles[229]. *Il ne vaut pas un sou*[230] ; *elle ne vaut pas une pincée de poudre*[231]. Et, comme si les mauvais instincts étaient héréditaires : *tu ne vaux pas plus que tes parents*[232]. *Et puis, cela ne te regarde pas*[233]. Dans le feu de l'altercation, les commentaires vont bon train : tel ce curé de Mommenheim qui déclare à la femme du *Schultheiss* que son mari devrait la battre sept fois tous les jours de la semaine et huit fois le dimanche pour qu'elle sache quand c'est dimanche[234] !

A mesure que le ton monte, les menaces fusent : *Je te tordrai le cou*[235] *; chien, il importe que je te coupe une chambe ou un bras*[236]. Et sur le ton de la bravade : *Vois-tu, si je voulois, je te battrois bien, mais je ne te veut rien faire*[237], le geste accompagnant la voix[238], si ce n'est l'arme qu'on brandit de façon provocatrice[239]. Il importe peu, finalement, que ces menaces soient mises à exécution : l'essentiel, c'est le code, le rituel qui font partie d'un système éthique reposant sur le culte de l'honneur. Car si l'injure ne porte pas toujours à conséquence, elle est susceptible d'entacher la

225 AHR 3 B 3404 : *Bettelwahr* (Herrlisheim 1735).

226 AHR 3 B 10 000 : *Tausendsacramentspfaff* (Froeningue 1707).

227 AHR 3 B 3368 : *Er frage nichts nach einem solchen Sacramentsschultzen* (Herrlisheim 1714) .

228 ABR 1 B 142 *Der Schultheis hat ihm nichts zu befehlen un er kan ihn s.v. im hinteren lecken* (Witternheim-Boofzheim, 1777).

229 Voir *supra* pp. 1296 ss.

230 AHR 3 B 3368 : *Er were nit ein heller wert* (Herrlisheim 1682).

231 ABR 1 B 140 : *Sie seie kein Schutz* (sic) *Pulver wert* (un gendre parlant de sa belle-mère, Witternheim-Boofzheim, 1733).

232 *Ibid*, 1728.

233 AHR 3 B 3365 : *Si la fille avoit un enfant du diable ou d'un chien cela ne le regardoit point* (Herrlisheim 1749).

234 AMH AA 150/15-19 (début XVIIème siècle).

235 AHR 3 B 5006 : *Er wolle ihm Hals und Bein brechen* (Froeningue 1742).

236 AHR 3 B 6668 (Hattstatt 1761).

237 AHR 3 B 4503, (Merxheim 1734).

238 AHR 3 B 4629 : *Lui a tenu le poing sous le nez... en claquant contre le visage du sieur Fellmann du pouce avec les doigts* (Heimsbrunn 1735).

239 ABR 8 E 114/5 : *habe sich gemelter Schaeffer in aller furie mit einer auf gepflantzter Bayonnette einer Flinthen... mit bedrohung den ersten... niederzuschiessen... mit allerhand injurien als Schelm, dieb, Ketzer, Hundt, nichtswärtige Spitzbuben...* (Ebersheim 1750).

renommée de l'adversaire. L'important, c'est aussi que la confrontation soit publique : l'injure perd beaucoup de son intérêt si elle est proférée en privé, tandis que la publicité et la qualité de l'offense aggravent le délit.

Enfin, couronnant le tout, un double avertissement : celui, très courant, du gibet[240] ou du feu[241] et celui du jugement dernier, ultime recours en désespoir de cause[242]... La tarification qui reflète théoriquement la gravité des cas, est cependant rarement appliquée dans toute sa rigueur.

Mais l'altercation verbale finit par dépasser les limites que lui impose la diffamation : on traite alors l'auteur de menteur, accusation qui est en soi un défi à l'honneur. En cas de calomnie, l'amende se trouve souvent doublée, passant de 2-3 livres tournois à 4-6 livres si les accusations ne sont pas fondées ou si elles sont imprudemment proférées dans un lieu public[243]. Un tel comportement demande rétractation[244] : la victime est alors ouvertement reconnue comme *un homme de bien* ou *une femme d'honneur*[245]. Les cas graves exigent réparation d'honneur en bonne et due forme : telle femme, accusée d'avoir voulu mettre fin à ses jours, réclame 300 livres de dommages et intérêts[246] ! Une calomnie d'adultère impose à son auteur de demander pardon, nue tête et à genoux[247] ; traiter une honorable femme de *putain* coûte à l'imprudent accusateur la somme de 500 livres[248] et l'épouse légitime qui est qualifiée de *putain de son dit mary* touche 300 livres[249]. Cette fille de Gerstheim qui, en 1777, accuse à tort un garçon de l'avoir engrossée *s'en repend, lui en demande pardon, le reconnaît pour un garçon de bien et d'honneur*, verse sans récriminer 600 livres de dommages et intérêts et promet de faire rayer son nom du registre

---

240 ABR 1 B 139 : *es seie schon ein mancher an Galgen gehenkt worden* (Witternheim-Boofzheim, 1721).
Ibid. *Nicht wehrt seye als das man sie an den höchsten Baum aufhenckhe...* (1733).
AHR 3 B 5006 : *Der Schaeffer seye nicht mehr währt als man ihnen an füss aufthenckhe* (Froeningue 1742).
ABR 8 E 114/ 5 : *samentlich an einen Galgen gehenckt werden* (Ebersheim 1750).
AHR 1 E 22/12 : *solle einen Galgen an seinen Hals verklagen* (Hirtzbach 1757).
ABR 1 B 142 : *schon lang den Galgen verdient* (Witternheim-Boofzheim, 1779).
ABR 1 B 143 : *Sie meritierten nicht mehr als der Schinder sie auf seinen Schlitten auf die Grub fuhre* (Witternheim-Boofzheim, 1780).

241 AMH FF 203 : *méchante femme qui méritoit le feü* (bailliage de Haguenau, 1700).

242 ABR 1 B 141 : *Wann er solle sterben und vor dem Gerichtsstuhl Gottes stehen, so sollen sie alle allda erschienen und dort wolle er mit ihnen abrechen.* (Witternheim-Boofzheim, 1756).
AHR 1 E 22/17 : *er wolle ihn aufs jungste Gericht laden* (Largitzen 1757).

243 AHR 3 B 10 000 : *Ehrenverletzliche Worth*, 50 livres. (Froeningue 1670) et *Ehrenangegriffen* (ibid. 1713).
AHR 3 B 5006 : *Widderuf* (Froeningue 1738, en pleine audience : *schelm und Heumann*, 300 livres).
L'occasion de telles diffamations est le plus souvent fournie par les vols : détournement de grains au moment du battage (AHR 3 B 3366, Herrlisheim 1729), vol de lard (AHR 3 B 5006 : *Speckdieb* à Froeningue, 1741), de gerbes (AHR 3 B Nambsheim, 1768), de choux (ABR 1 B 142, Witternheim-Boofzheim, 1768 et AHR 3 B 1452, Herrlisheim 1771), de maïs *(ibid.* 1771).

244 AHR 3 B 10 000 : *3 Gulden für Rebaration seiner Ehre* (Froeningue 1700).

245 AHR 3 B 470 : *femme d'honneur* (Herrlisheim 1768).
AHR 3 B 1452 : *ehrliches Weibsbild* (Herrlisheim 1771).

246 AHR 3 B Nambsheim 1768.

247 AHR 3 B 1331 (Herrlisheim 1717).

248 AHR 3 B 470 (Herrlisheim 1768).

249 *Ibid.*, Herrlisheim 1763.

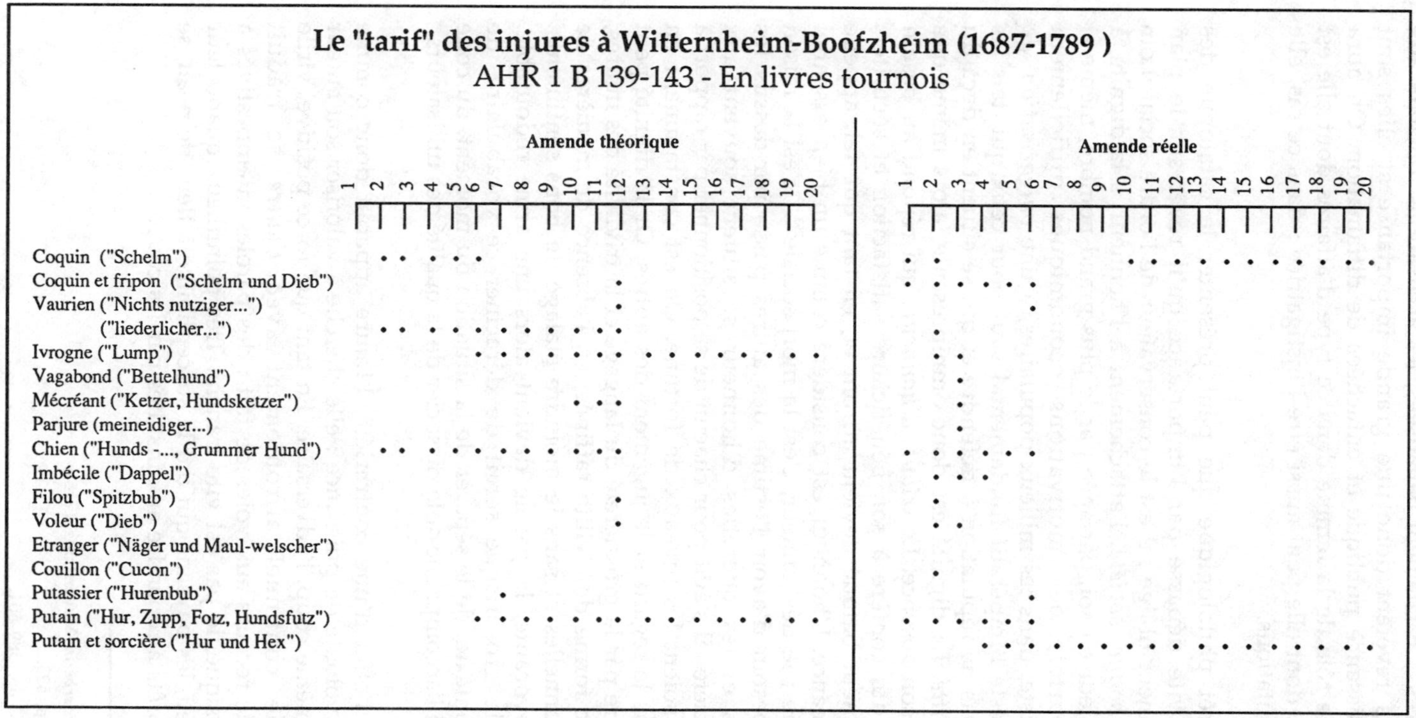

Le "tarif" des injures à Witternheim-Boofzheim (1687-1789)
AHR 1 B 139-143 - En livres tournois

paroissial[250]... Plus grave encore, l'accusation d'infanticide qui passe dans le répertoire des injures[251]. Facilement banalisées, les accusations touchant aux affaires de moeurs revêtent donc une grande importance si elles sont portées à la connaissance publique et entachées de diffamation. On aura saisi, au passage, le rôle de la femme dans ce type d'affaires dont elle est souvent la victime, dont elle peut aussi être l'instigatrice : dans ce cas, elle fait et défait les réputations.

Ainsi l'intérêt philologique que peut présenter le catalogue des injures se trouve vite dépassé par l'importance qu'il revêt sur le plan sociologique. L'honneur oblige ; il est le conservateur de l'ordre social. Loin d'être réservé à la *bonne société*, l'attachement à l'honneur, à la dignité, à l'estime est une valeur en soi, partagée par le plus grand nombre, même si elle dissimule parfois des motivations économiques difficilement décelables. On assiste, dans les milieux populaires, à une *vulgarisation de l'honneur* [252] qui reste l'impératif fondamental sauf pour ceux qui, tels les mendiants, n'ont pas de réputation à défendre et qui se situent en deçà du *seuil de respectabilité*. La dignité est donc omniprésente, alors même que l'égalité brille par son absence. Le *tribut d'honneur*, qui répond au besoin affectif de l'individu, confère à son bénéficiaire satisfaction et sécurité ; inversement, l'honneur bafoué devient affront et, en tant que tel, appelle réparation et vengeance. L'honneur est considéré comme un bien essentiel comparable à la vie ; le déshonneur, c'est la mort sociale[253] : c'est la raison pour laquelle le besoin d'avoir l'estime des autres passe par-dessus les frontières sociales et les querelles d'honneur se situent souvent aux charnières de la société : il s'agit pour chacun de se positionner par rapport à autrui, quels que soient les niveaux de fortune. On est constamment en représentation, sous le regard et le jugement des autres. Or la dignité peut fort bien se défendre par la grossièreté du langage et la trivialité des injures, en dehors de toute forme de civilité raffinée, en l'absence de manières de politesse conventionnelles et sans le moindre étalage de bons sentiments. Insinuante ou provocante, la parole devient alors une arme redoutable. Pour l'historien, le gros risque serait de déraciner ce vocabulaire, de l'extraire de son contexte, de le séparer de la situation du moment, du code gestuel et vocal qui l'accompagne, de le dissocier de la qualité des utilisateurs.

Autant que l'effet d'une contrariété, l'injure apparaît donc comme l'expression d'une volonté de puissance : elle cherche à valoriser son auteur et à déprécier, du même coup, l'adversaire. En tant que force positive, virile et valorisante, le continuel affrontement avec *l'autre* se traduit fréquemment par le recours aux voies de fait : des paroles intempestives à l'affrontement physique, le pas est vite franchi. Très pointilleux quand leur réputation est en jeu, les paysans qui ont la susceptibilité à fleur de peau, se tiennent toujours prêts à répondre aux insultes par les coups.

250 ABR 1 B 156.

251 ABR 1 B 124 : *Kindsverderberin* (Muttersholtz 1716).

252 Y. CASTAN, *op. 2454*, p. 523.

253 A. FARGE, *contrib. 1982* pp. 589-601.

b) Les agressions physiques

A la thèse, popularisée à la fin du XVIIIème et au début du XIXème siècle, de l'innocence champêtre contrastant avec la corruption urbaine, ne convient-il pas de substituer celle d'une campagne sauvage[254] ? Dans un monde difficile, on vit avec la violence à laquelle le village offre un terrain propice : la rudesse des moeurs, l'hostilité de la nature, l'isolement et l'absence de distractions, la sous-alimentation d'organismes sujets à toutes sortes d'impulsions, le besoin de se faire valoir se conjuguent pour expliquer une hypersensibilité qui rend l'affrontement inévitable. Malheureusement, la tension sociale, qui est à l'origine de l'agression, est passée sous silence dans la plupart des actes. Il y a, dans nos villages, des traditions d'inimitié, les enfants épousant les ressentiments de leurs parents sans vérifier le bien-fondé de leur origines. Il peut s'agir d'une vieille rancune, héritée de génération en génération, dont on a oublié les raisons profondes, mais qui, réactualisée, affleure soudain à l'occasion d'une querelle de bornes ou de parcours, d'une dispute au jeu, d'une concurrence matrimoniale : simples prétextes qui ne font que raviver une inimitié ancienne. A la violence tolérée, réglementée, institutionnalisée - telle qu'elle apparaît à travers les *batteries* entre villages voisins par exemple - s'ajoutent des gestes irrationnels, propres à des individus prompts à perdre toute maîtrise d'eux-mêmes. Subitement, le verrou de la résignation cède. A défaut de pouvoir saisir les raisons profondes et les enjeux réels de ces conflits, tentons d'en dégager les principales caractéristiques au niveau de leur déroulement. Revêtant le plus souvent des formes individuelles, l'affrontement est brutal et s'inscrit dans des espaces privilégiés.

Si l'on excepte les appels au Conseil Souverain, les voies de fait mettant aux prises plus de deux personnes représentent moins du quart des délits.

Violence individuelle ou violence collective (1650-1789)
(Sources : voir *supra* p. 1480)
Voies de fait mettant aux prises :

	2 personnes	**3**	**4** **Nb. (%)**	**5**	**6**	**7**	**Plus de 7 personnes**
Witternheim-Boofzheim 428 (100 %)	336 (78,5 %)	55 (12,9 %)	22(5,1 %)	8 (1,9 %)	5 (1,2 %	1(0,2 %)	1 (0,2 %)
Jebsheim 115 (100 %)	84 (73 %)	18 (15,6 %)	5 (4,4 %)	3 (2,6 %)	1 (0,9 %)	3 (2,6 %)	1 (0,9 %)
Herrlisheim 190 (100 %)	150 (78,9 %)	15 (7,9 %)	11 (5,8 %	10 (5,3 %)	3 (1,6 %)	-	1 (0,5 %)
Nambsheim 50 (100 %)	41 (82 %)	5 (10 %)	1 (2 %)	3 (6 %)	-	-	-
Froeningue 76 (100 %)	44 (57,9 %)	14 (18,4 %)	8 (10,5 %)	3 (4 %)	3 (4 %)	2 (2,6 %)	2 (2,6 %)
Appels au Conseil Souverain 125 (100 %)	61 (48,8 %)	27 (21,6 %)	16 (12,8 %)	8 (6,4 %)	5 (4 %)	-	8 (6,4 %)
Total 984 (100 %)	**716 (72,8 %)**	**134 (13,6 %)**	**63 (6,4 %)**	**35 (3,6 %)**	**17 (1,7 %)**	**6 (0,6 %)**	**13 (1,3 %)**

[254] AP Hurtigheim : *bei rohen thierischen Menschen... die wilde Natur...* (Hurtigheim, chronique du pasteur Schneider, XIXème siècle).
ABR 2 G 34/1 : *sehr rauhe Sitten von Berstett* (pasteur, 1765).

La violence est donc une violence au singulier. Elle se déroule, sous ses formes les plus banales - rixes au cabaret, querelles de rue -, dans un espace décentralisé, atomisé. Elle n'appelle ni préméditation, ni organisation. C'est tout-à-fait exceptionnellement qu'éclatent des querelles intéressant des groupes constitués : s'inscrivent dans ce cadre les *batteries* collectives, expéditions punitives ou réactions défensives entre villages voisins qui violent l'espace d'une communauté ou enfreignent les lois de leur propre milieu[255]. La tension sociale, qui est à l'origine de l'agression, est passée sous silence par la plupart des textes. Derrière les pierres qui volent, les coups qui pleuvent, les cris qui retentissent, nous n'avons pas pu saisir la complexité des motivations de ces groupements qui apparaissent aussi spontanés qu'agressifs, mais l'humeur belliqueuse de ces bandes de jeunes ne fait pas de doute[256]. Cette agressivité finit par être normalisée en pénétrant les habitudes (*les batteries n'ont pas coutume d'effrayer les jeunes gens* [257]). Elle ne se traduit pas moins par des effets spectaculaires. La bagarre qui éclate le 18 mars 1767 au cabaret de Pulversheim, opposant les jeunes de Lautenbach et ceux de Ruelisheim, s'achève par une mêlée d'une trentaine de personnes[258]. Mais faut-il y voir autre chose que le besoin de s'affirmer ? Le charivari, à la fois divertissement et mesure de défense, n'est guère perceptible en dehors des prescriptions officielles[259]. Quant aux *batteries,* elles sont loin d'être du seul fait des jeunes. Voici vingt-sept habitants de Houssen, suivis de leurs femmes et de leurs domestiques, qui, au mois de juillet 1782, viennent assaillir, à coup de faucilles, de couteaux et de *tricots,* une douzaine de laboureurs de Colmar qui ont osé *mettre en fourrière* les bestiaux que les premiers ont envoyés sur le pâturage du Ried : les autorités judiciaires font une solennelle mise en garde contre un *procédé aussy violent qui annonce une émeûte et attroupement prémédité*[260]. Au retour d'une corvée, associant plusieurs villages pour la construction d'un bâtiment seigneurial à Hirsingue, éclate une bagarre le 28 juin 1740 : les hommes de Hirsingue se vantent d'avoir *battu comme du vieux fer... et étrillé les Biselois qui avoient passez comme des mouches et des jeunes poulets* [261].

C'est cependant une population relativement jeune et à nette prédominance masculine qui se rend coupable de ce genre d'actes de violence :

---

[255] Voir *supra* pp. 135 ss.

[256] A titre d'exemple, la bagarre qui a opposé, en 1669, les jeunes de Turckheim, rentrant de la *Kilbe*, à ceux de Wintzenheim (AM Turckheim BB 27) et celle du 31 janvier 1727 qui oppose 15 à 18 garçons de Reguisheim à des jeunes d'Ungersheim et de Munwiller (AHR 3 B 4627).

[257] AHR 3 B 1015 : querelle occasionnée par 13 ou 14 garçons d'Ammerschwihr sur le chemin de Colmar à Ingersheim, au retour du tirage de la milice, le 31 mars 1733.

[258] AHR 3 B 3801.

[259] Arrêts Notables *Arrest du Conseil Souverain d'Alsace qui fait deffenses à toutes personnes d'insulter ceux des habitans qui recherchent en mariage des filles ou veuves ailleurs qu'aux lieux de leurs domiciles,* Colmar 21 août 1755.

Le fait que la prescription soit incluse dans la réglementation municipale d'Erstein (AC Erstein BB 1, XVIIIème siècle) plaide en faveur de son rappel ou de son application.

[260] AHR 3 B 848.

[261] AHR 3 B 2694.

Tranches d'âges	Nombre	%
15-19 ans	12	9,5
20-24 ans	45	35,7
25-29 ans	30	23,8
30-34 ans	17	13,5
35-39 ans	9	7,1
40-44 ans	5	4
45-49 ans	3	2,4
50 ans et plus	5	4
	126	100

Près de la moitié des délinquants ont donc, dans le cas des appels au Conseil Souverain, moins de 25 ans ; 10 % seulement dépassent les quarante ans. L'écrasante majorité des délits concerne les hommes (93,7 %) et parmi eux les garçons célibataires et les domestiques représentant une proportion non négligeable : respectivement 26,2 % et 9,5 %[262]. En attendant le mariage-établissement qui stabilise, c'est l'âge de l'agressivité et de l'irresponsabilité qui fournit les plus gros effectifs : la turbulence des jeunes s'en trouve tolérée. Elle est souvent doublée du besoin de se faire valoir auprès des filles. Quant à la participation des femmes, elle est sans doute moins réduite qu'il n'y paraît. Il est probable que les femmes interviennent indirectement : par les caquets et les rumeurs, elles colportent les nouvelles et dénoncent l'ennemi à abattre. En canalisant les passions, l'interlangage féminin, chargé d'une forte émotivité[263], précède et prépare l'action des hommes : mais nous voilà dans le domaine du non mesurable...

Dans le milieu d'interconnaissance que secrète le village, il est particulièrement délicat d'identifier les délinquants, les situations socio-professionnelles étant rarement indiquées. Nous avons été amené, de ce fait, à nous reporter aux appels au Conseil Souverain et aux procès-verbaux de la maréchaussée qui, portant essentiellement sur la deuxième moitié du siècle, révèlent le profil social de quelque 200 délinquants[264]. Les activités liées à la route et au commerce (soldats, marchands, voituriers, postillons) représentent près de 15 % des situations rencontrées. S'y ajoutent celles d'inconnus, de gens réputés vagabonds ou sans profession. Parmi les résidants, la forte représentativité des laboureurs, pourtant bien intégrés, (près du quart de l'ensemble) par rapport à celle des journaliers, ne manque pas de surprendre, d'autant qu'elle ne correspond guère aux distributions socio-professionnelles à la campagne : elle dévoile sans doute le caractère fortement criminogène des motivations proprement rurales[265]. Notons cependant que les deux tiers des actes de violence imputables aux laboureurs sont à mettre au compte de leurs enfants et surtout de leur domesticité. Fortement représentés du fait de leur intégration dans la vie de relations, les artisans se battent souvent par l'intermédiaire de leurs apprentis. Enfin les fonctions de garde forestier, garde-chasse et garde-vignes, sergent seigneurial

---

262 AHR 3 B 1-10 012 et 1 B 585-959, *passim*.

263 *O weh ! O weh ! O jesus !* AHR 18 J 583 (à l'occasion de l'assassinat d'une servante à Ostheim, 1665).

264 ABR C 396-398 ; AHR 1 B 585-959 et 3 B 1-10 012.

265 Voir *supra* p. 1526.

et procureur fiscal, valets dîmiers exposent leurs titulaires à l'agression ou les acculent à la défensive :

Situations socio-professionnelles du délinquant	Nombre	%
Soldats	22	10,9
Laboureurs (y compris garçons-laboureurs et domestiques)	48	23,8
Vignerons	6	3
Journaliers (et fils de journaliers)	15	7,4
Artisans (et apprentis)	52	25,7
Services	30	14,8
Commerce	10	5
Fonctions diverses	13	6,4
Inconnus ou sans profession	6	3
	202	100 %

Précisons cependant que ce tableau n'a qu'une valeur indicative : la conformité entre les cas recensés et l'échantillon socio-professionnel de base n'est nullement assurée.

C'est tout juste si l'on se supporte à l'intérieur du village, espace de contact et de sécurité où le territoire de chacun est restreint. Nous avons bien du mal à détecter les querelles de voisinage, règlements de comptes ou mésentente au sujet de la défense d'un droit ou d'un bien. Nous éprouvons plus de difficultés encore à pénétrer au coeur des rivalités familiales[266] : conflits dus au décalage des générations, à l'incompatibilité d'humeur entre gendres et beaux-parents, aux litiges horizontaux entre frères, beaux-frères, demi-frères... Le secret des familles occulte bien des irrégularités que la promiscuité rend inévitables et qui ne sont autre chose que l'expression d'un mode de sociabilité reposant sur un coude-à-coude permanent. Mais l'ennemi, c'est avant tout *l'autre*: celui qui vient du village limitrophe avec lequel la concurrence matrimoniale aggrave les tensions ; celui qui vient *d'ailleurs* et qui voit son cas aggravé par la non-appartenance à la communauté territoriale ; celui qui vient de *nulle part*, c'est-à-dire le marginal, l'inconnu qui suscite l'hostilité *a priori*. Dans une société ethnocentrique vivant dans un univers cloisonné, on refuse la différence et la xénophobie s'installe. Le déracinement est tare, anormalité. Il est générateur d'insécurité. Il serait fort intéressant de faire le décompte du nombre d'étrangers qui succombent aux agressions. Malheureusement, les origines géographiques des victimes ne sont pas mieux indiquées que leur situation professionnelle. L'étranger, c'est d'abord l'intrus du village voisin. Le 15 octobre 1719, des garçons de Flaxlanden s'en prennent au charron de Zillisheim et à son apprenti. Les coups qui partent et les menaces qui fusent à leur encontre semblent faire partie d'un rituel : *comme ils font à tous les étrangers* [267] ... L'étranger, c'est également celui qui vient d'au-delà des

[266] Voir *supra* pp. 1250 ss.

Rares sont les échos des querelles familiales, comme ceux qui nous viennent d'Oberbronn, en 1786, où le gendre et les beaux-parents s'accrochent à tout propos (parce que la soupe est trop chaude, pour avoir dit que le cheval ne mangeait plus...) : les violences *(mit einem Wickelstecken so man beÿ Pflug gebraucht... mit den Seilenstreng... wilt sie damit peitschen...)* alternent avec les menaces *(mit dem Turm gecholten)* et les insultes *(Lumpen Volck, diebsvolk, Hex, Schelm, Hungerleider...)*. Voir ABR E 4324 (5 juillet 1786).

[267] AHR 3 B 3855 (1719).

frontières : Jean-David Baumann, originaire de Remlingen en Souabe, après avoir travaillé à Prague, à Tübingen, à Zug et à Bâle, se retrouve en 1782 dans le Sundgau[268]. Pour *mieux se recommander au public,* il cache soigneusement ses origines souabes et se prétend natif de Suisse : vaut-il mieux être Suisse qu'Allemand ? En tout cas, ceux dont la langue et l'accent trahissent manifestement la provenance extérieure, sont suspects d'emblée.

Le relevé de 430 occurrences nous autorise à dégager une typologie des gestes de la violence.

Brutalité des affrontements : les gestes de la violence

	Witternheim Boofzheim	**Jebsheim**	**Herrlisheim**	**Nambsheim**	**Froeningue**	**Appels au Conseil souverain**	**Total**
Nb. de cas →	242	43	45	17	19	76	**442**
% ↕							
- Bousculé, coincé	2,9	2,3	8,9	-	5,3	1,3	**3,2**
- Assommé, jeté à terre	14,5	7	42,2	5,9	26,3	9,2	**15,8**
- Tiré par les cheveux	21,5	46,5	15,6	-	36,9	22,4	**23,3**
- Giflé	2,9	4,6	4,4	11,7	-	7,9	**2,3**
- Griffé	0,8	-	2,2	-	-	1,3	**2,9**
- Mordu	1,6	-	-	-	-	-	**0,9**
- Pris à la gorge	2,5	-	2,2	11,8	-	2,7	**2,5**
- Battu à coups de poing	2,1	-	6,7	5,9	-	11,8	**4,1**
- Maltraité à coups de pied	3,7	-	4,4	5,9	10,5	18,4	**6,1**
- Poursuivi à coups de pierre	5	-	-	23,5	10,5	18,4	**7,4**
- Immergé dans l'eau ou traîné dans la boue	0,8	7	2,2	-	-	5,3	**2,3**
- Coupé (avec un instrument tranchant)	-	-	2,2	-	-	-	**0,2**
- Battu au sang (sans autre précision)	41,7	32,6	9	35,3	10,5	1,3	**29**
	100 %	100 %	100 %	100 %	100 %	100 %	100 %

Certes, de nombreuses indications font défaut, d'autres laissent la voie libre à des interprétations diverses : *battre au sang,* peut ainsi recouvrir des comportements forts différents et occulter l'escalade des violences préliminaires, comme celle qui consiste à arracher à l'adversaire le chapeau (c'est la honte, car c'est le couvre-chef, chargé de signes et de messages, qui fait l'homme) ou tout autre effet vestimentaire[269], ou encore à le plonger dans la mare ou la fosse à purin[270] : gestes de défi qui déprécient l'image du *moi* dans le regard de *l'autre*. Gifler n'est pas pratique courante en milieu rural[271] ; griffer et mordre relèvent de la défense du sexe faible, les femmes agissant becs et ongles dehors. Par contre, le geste qui consiste à déséquilibrer son adversaire et à le jeter à terre pour l'humilier est affaire d'homme[272]. Les

268 AHR 3 B 4890 (bailliage d'Eschentzwiller, 1782).

269 ABR E 5909/3 : *Mandel oder Schleyer abzuge, einander rauffen oder schliegen : 30 schilling* (*Dorfordnung* Vendenheim, 1720 et 1776).

270 ABR 1 B 224 : *...in die Mistlach gelegt* (Muttersholtz 1728).

271 GLAK 75/1100 : *eine Maulschell geben* (Mattstall, 1er septembre 1669).

272 AHR 3 B 1207 : *il faut leur tomber sur le corps, les peloter* (Sainte-Croix-en-Plaine, 26 décembre 1788).

échanges de coups de poing et de coups de pied, ainsi que le jet de pierres[273], ne font que compléter la palette des violences dont on nous invite à juger par les résultats[274] plus qu'à travers le geste lui-même, sujet à contestation[275], ou la menace non suivie d'effet[276]. Quant aux parties du corps touchées, notre enquête, qui porte sur 163 occurrences, donne les résultats suivants :

	Witternheim-Boofzheim	**Herrlisheim**	**Nambsheim**	**Froeningue**	**Appels au Conseil Souverain**	**Total**
Nb. de cas →	58	11	13	8	73	163
Parties touchées (%)						
Face	**84,6**	**72,8**	**100**	**87,5**	**53,5**	**71,1**
- Tête, figure	62,2	-	69,2	37,5	41,2	47,8
- Nez	5,2	18,2	-	-	-	3,1
- Gorge	8,6	18,2	7,7	12,5	6,8	8,6
- Bouche	5,2	36,4	-	25	-	5,5
- Oeil	3,4	-	15,4	12,5	4,1	4,9
- Oreille	-	-	-	-	11,4	0,6
- Barbe	-	-	7,7	-	-	0,6
Membres	**10,3**	**9,1**	-	**12,5**	**24,6**	**15,9**
- Bras	5,2	9,1	-	-	9,6	6,7
- Mains	1,7	-	-	12,5	4,1	3,1
- Epaules	-	-	-	-	1,4	3,7
- Jambes, cuisses, fesses	1,7	-	-	-	6,8	0,6
- Genoux	-	-	-	-	2,7	1,2
- Pieds	1,7	-	-	-	-	0,6
Poitrine	**3,4**	**9,1**	-	-	**1,4**	**2,5**
ventre, estomac	-	-	-	-	6,8	3,1
Reins,flancs,hanches,côtes	-	9	-	-	8,2	4,3
Dos, colonne vertébrale	**1,7**	-	-	-	**5,5**	**3,1**
	100 %	100 %	100 %	100 %	100 %	100 %

Attaquer de dos est lâche : les combats se font par chocs frontaux. Il y a une symbolique de la tête. C'est la figure, à la fois apparente, provocatrice et vulnérable, qui devient la cible des coups dans les trois quarts des cas. On se frappe sur la tête, on se tire par les cheveux ou la barbe, on s'envoie des coups de poing dans la figure... Telle victime s'en tire avec le nez qui saigne, les lèvres fendues, un oeil poché, telle autre a subi des bourrades à l'estomac ou gît à terre, les viscères éclatées. Pour le reste, ce sont les membres, le dos, les flancs, les *parties*[277] qui subissent les assauts de l'agresseur.

---

[273] ABR E 5909/3 : *Stein werfen (Dorfordnung* Vendenheim, 1720 et 1776).

[274] AHR 3 B 574 : *les yeux lui sont sorties hors de la teste ; yeux aussÿ emphlé de la grosseur d'un point* (sic) ; *faustgross aus dem Kopf heraus gehen* (Issenheim 1715).

AHR 3 B 175 : *le sang lui coulloit comme un robinet* (querelle à Houssen, 1729).

AHR 3 B 946 : *la teste dont le sang couloit copieusement ; Kopfschmertzen und einem blödten Verstand* (Ingersheim 1735).

AHR 3 B 5870 : *Ein Leibschaden... der Bruch das ihme das gedärme heraus gefallen* (Hirtzbach 1735).

AHR 3 B 810 : *contusion au temple* (sic) *droite toute livide... la peau emportée de la largeur d'un petit écu... les yeux livides... une fissure dans le crâne...* (Voegtlingshofen 1755).

[275] ABR 3 B 5050 : *pris de vin... deux coups de mon batton de charpente sur la nic du col... dans la colère et de toutes mes forces* (Ruederbach 1716).

AHR E dépôt 30, JJ 101/1 (AC Guémar) : *mit einem bangel auf den Kopf geschlagen, dass ein loch hat geben, und das blut heraus geflossen ; ... mit einem messer in beÿte ärm löcher gestochen hat, das blut heraus geflossen...* (Jebsheim 1752).

AHR 3 B 810 : *les trois coups sonnoient si fort, comme si on avoit frappé sur un boeuf* (Voegtlingshofen 1755).

[276] AHR 3 B 949 : *... qu'il lui uniroit sa bosse avec la hache a longue tranche* (Ingersheim 1739).

[277] AHR 4 B 7 : Le procureur fiscal de Wittelsheim attaque un habitant de Sierentz qu'il *auroit... pris par les parties honteuses et l'auroit rossé et aussi tost l'auroit relevé de terre par les memes parties* (Sierentz 1724).

Sur les 257 cas qui ont pu être relevés, 105 concernent les tribunaux de simple police au niveau de la paroisse ou du bailliage ; les autres portent sur les appels au Conseil Souverain (mais ils affichent une frappante ressemblance avec les premiers : preuve supplémentaire que ce sont souvent les délits mineurs qui sont portés en appel) et sur les jugements des tribunaux de la maréchaussée qui recensent, au-delà des limites du village, les troubles éclatant sur la voie publique. Dans le ressort contrôlé par la maréchaussée, si l'on ne combat pas à main nue, on utilise l'arme à feu ou, plus fréquemment, l'épée qui n'est pas l'apanage des nobles. Au village, les instruments tranchants conservent leur importance, mais il s'agit essentiellement d'outils professionnels (hache, serpette[278], faucille, faux) que l'on retrouve d'ailleurs, comme instruments contondants, à côté des armes improvisées en bois (le manche de fourche, de faux, de pioche). Enfin on s'empare, pour se défendre comme pour agresser l'adversaire, de tout objet domestique qui tombe sous la main : du pot d'étain au chandelier en passant par le barreau de chaise... Ce sont plus rarement les pierres qu'ils suffit de ramasser pour *caillouter* l'adversaire[279]. L'arme par excellence, puisqu'elle intervient dans un conflit sur trois, reste le bâton, ferré ou non. On règle ses comptes à coup de gourdin ou de *tricot* plus qu'on ne joue du couteau ou de la serpette.

Ces armes improvisées n'apparaissent pas, bien entendu, dans les inventaires après décès qui n'accordent, par ailleurs, qu'une place très réduite aux armes à feu. Voilà de quoi pulvériser la légende qui veut qu'au moment de la Grande Peur de 1789, les paysans auraient été armés jusqu'aux dents...

[278] AHR 3 B 6313 et 6951 : *cet instrument devient une deffense a la mode étant journellement employé tant pour attaquer que pour se deffendre* (Herrlisheim 1741).

[279] AHR 3 B 3365 (Herrlisheim 1752).

Armes blanches, armes improvisées, armes à feu dans la campagne alsacienne (1650-1789)

1) Le témoignage des actes judiciaires

	Justices seigneuriales Witternheim-Boofzheim, Jebsheim Herrlisheim, Nambsheim, Froeningue (105 cas)	**Tribunaux de la maréchaussée** (30 cas)	**Appels au Conseil Souverain** (121 cas)	**Total** (256 cas)
Armes à feu (fusil, pistolet)	**0,9**	**30**	**7,5**	**7**
Instruments tranchants	**34,2**	**53,4**	**28,9**	**32,1**
- Sabre, épée	0,9	16,8	5	4,7
- Baïonnette	0,9	-	-	0,4
- Pique	5,7	-	-	2,3
- Couteau	13,4	30	7,4	12,4
- Hache	1,9	-	6,6	3,9
- Serpette	1,9	-	2,5	3,1
- Faucille	-	-	0,8	0,8
- Faux	-	-	0,8	0,4
- Crochet	0,9	-	-	0,4
- Fourche	2,9	-	0,8	1,6
- Houe- pioche	4,8	-	1,7	2,3
- Pointe de compas	-	3,3	-	0,4
- Fourche de poêle	0,9	-	-	0,4
- Divers	-	3,3	3,3	1,9
Instruments contondants	**54,4**	**16,6**	**61,9**	**52,9**
- Bâton, trique, gourdin	24,8	10	39,7	30
- Bûche, rondin	0,9	-	5,8	2,8
- Echalas	-	-	4,1	1,9
- Poignée de sabre	-	3,3	-	0,4
- Manche (de fourche, faux, fléau ou pioche)	-	-	4,1	1,9
- Pelle	3,8	-	0,8	1,9
- Fouet	1,9	-	1,7	1,6
- Marteau	-	-	0,8	0,4
- Quille	1,9	-	-	0,8
- Pot d'étain	3,8	-	1,7	2,3
- Verre, bouteille	8,7	-	0,8	3,5
- Chandelier	4,8	-	1,7	2,7
- Chaise, pied de chaise	3,8	3,3	1,7	2,3
- Poids d'horloge	-	-	-	0,4
Instrument à étrangler (corde, courroie, foulard)	**8,6**	-	**1,7**	**4,3**
Animaux domestiques (chiens)	**1,9**	-	-	**0,8**
	100 %	100 %	100 %	100 %

2) Le témoignage des inventaires après décès (armes à feu)

Les armes à feu d'après les inventaires après décès

	1650-1699 (1)	(2)	**1700-1729** (1)	(2)	**1730-1759** (1)	(2)	**1760-1789** (1)	(2)	**Ensemble 1650-1789** (1)	(2)
	(______			______)						
Rittershoffen			71	2,8 %	123	4,1 %	103	1,9 %	297	3 %
Schillersdorf			31	3,2 %	47	4,2 %	44	-	122	2,4 %
Reitwiller			21	-	34	2,9 %	26	3,8 %	81	2,5 %
Baldenheim			46	2,2 %	-	-	63	3,2 %	109	2,8 %
	(______			______)						
Ungersheim			42	4,8 %	-	-	53	11,3 %	95	8,4 %
	(______			______)						
Heiteren			50	6 %	55	10,8 %	60	6,7 %	165	7,9 %
	(______			______)						
Heimsbrunn			67	3 %	-	-	36	2,8 %	103	2,9 %
	(______			______)						
Heimersdorf			68	2,9 %	51	2 %	92	4,3 %	211	3,3 %

Sources : ABR et AHR, Not., inv. (voir l'état des sources)

(1) Nb. d'inventaires dépouillés

(2) % d'occurrences.

Entre l'agression et le crime, la marge est bien étroite car il n'est ni facile, ni souhaitable (au risque de perdre la face) d'arrêter l'engrenage de la violence. On relève davantage d'homicides simples que d'homicides avec préméditation : il s'agit de vaincre, non de tuer ; la violence n'est pas destructrice par nature, mais, si les mobiles criminels proprement dits (jalousie, cupidité) sont minoritaires, une rixe peut avoir des conséquences inéluctables et non voulues. La mort apparaît souvent comme le résultat d'une plaisanterie qui tourne mal, l'aboutissement d'un *crescendo* d'injures portant atteinte à l'honneur ou la conséquence d'un accident tout bête... Les homicides sont fréquemment des dérapages de relations sociales fondamentalement conflictuelles. S'y ajoute l'impuissance des chirurgiens et des médecins qui fait de l'agresseur un criminel. Voici qu'à Berstett un paysan égorge sa femme - geste délibéré ? - tandis qu'un valet de labour se casse la nuque - accident ? - au cours des opérations de battage : dans ce dernier cas, l'accident est si peu évident que le bourreau pend en effigie un autre valet de labour en fuite[280]. A Heiligenstein, une tentative d'empoisonnement éveille les soupçons[281]... Il s'agit de protéger la société contre les effets destructeurs de la violence. Aussi ces assassinats sont-ils souvent punis par la peine capitale, mais il est parfois possible de s'en racheter par une forte amende au profit de l'église, l'engagement contre les Turcs, ou un pélerinage expiatoire à Einsiedeln[282] : le droit germanique serait-il plus indulgent, dans ce domaine précis, que le droit romain ?

En définitive, la violence traduit la densité des relations humaines. Parmi les lieux privilégiés du crime, se détache nettement l'auberge, un des centres institutionnalisés de la sociabilité[283], véritable maison du peuple qui, sous l'effet du *vin de la colère* [284] et du jeu corrupteur[285], devient le lieu par excellence de l'oisiveté et de l'oubli, de la vantardise et de l'affrontement, des paris et des défis, ainsi que le point de départ du tapage nocturne sur la voie publique[286] : auberge et voie publique monopolisent à elles seules la moitié des agressions. Au coeur de l'institution, deux personnages occupent une place importante. Le cabaretier lui-même, auquel on interdit

---

280 ABR 2 G 34/1 (1749).

281 AMS VI 33/17 (1673).

282 *Notre-Dame Hermites*, cf. J. BONVALOT, *op. 2063*, p. 267.

283 N. CASTAN, *op. cit.*, pp. 199-201.

284 AHR 3 B 1278 (Meyenheim 1721).
ABR 3 E 180/1 : *Trunkenheit* (Handschuheim, octobre 1704). Malgré quelques indications dispersées, une causalité qui serait liée à l'alcoolisme est invérifiable, d'autant que l'abus du vin est parfois invoqué pour minimiser les responsabilités. D'après Y.M. BERCE (*art. 2447*), qui a travaillé sur 400 affaires du ressort des présidiaux d'Angoulême et de Lectoure, portant sur les années 1643-1644, l'ivrognerie est présente dans 8,1 % des cas.

285 Les jeux de hasard sont officiellement interdits : voir DE BOUG, *Ord. Als.* t. I, p. 189 (arrêt du Conseil d'Etat, 15 janvier 1691) et t. II, p. 699 (arrêt du Conseil d'Etat, 6 mai 1765).

286 AHR 3 B 470 : *carillon et dispute* à Herrlisheim (juillet 1765).

expressément de verser à boire après neuf heures du soir[287], est censé faire respecter les règles de police et peut devenir, le cas échéant, sinon un indicateur, du moins un précieux informateur. Le veilleur de nuit[288] multiplie, entre le mois de novembre et le mois de mai, les tournées à partir de 10 heures du soir[289] . L'auberge, école du crime et temple du diable, où jurons et blasphèmes précèdent souvent l'agression physique[290], constitue un réel obstacle à la sanctification du dimanche[291] et devient le lieu par excellence de la débauche et de la prodigalité : passage de soldats, hébergement de filles de mauvaise vie[292]... Les bals -carnaval, lundi de Pâques, Pentecôte- y dégénèrent souvent en querelles qui trouvent elles-mêmes leur prolongement dans les rues du village[293]. La fête, carillonnée ou non[294], associant le plus souvent le religieux (dédicace de l'église) et le profane *(Kilbe, Messtag)* peut devenir occasion de querelle. Officiellement instaurée, comme le carnaval, ou occasionnelle, comme la noce, elle est à l'origine de pulsions brutales ou d'empoignades spectaculaires. En l'absence de lieux publics - maison commune, pressoir, forge -, c'est dans la résidence du prévôt, espace semi-public, que se règlent les comptes, si ce n'est dans l'enceinte des fermes : la cour, la grange ou l'étable, la *Stub*... La rase campagne n'est pas réservée aux bandes de malfaiteurs qui détroussent les voyageurs. Elle devient le théâtre ordinaire du crime : on se retrouve couramment sur la grand'route ou sur le chemin rural. Le champ, la vigne, le pâturage ou le pré reflètent les enjeux économiques de la querelle : contestations de bornes, conflits de pâturage, vols ou dégradations de récoltes. Enfin certaines occasions se montrent particulièrement propices à l'affrontement : la corvée, la collecte des impôts, la mise aux enchères de la dîme, le lotissement des communaux. Lors de l'adjudication des terres qui se déroule au printemps 1774, les paysans de Lupstein cassent deux plateaux et un pied de table, un banc, vingt-six verres[295]...

---

[287] ABR E 375 : *le Uebersitzgeld* est perçu à la fois sur l'aubergiste et sur la clientèle qui s'attarde après le couvre-feu (comptes du bailliage de Cleebourg, 1703).
AHR 3 B 1331 : l'ordonnance seigneuriale concernant Herrlisheim (19 septembre 1717) impose la fermeture à 21 heures en hiver et 22 heures en été, sous peine de 6 livres d'amende par contrevenant et l'emprisonnement *(in den Thurm gesteckt)*.
ABR E 5909/3 : *Und die weil man bisshero allso Gottloss hat gelebt mit überflüssigem Essen und Trinckhen, mit Fluren und Schwören und grossen Gottesläsrerungen beÿ tag und auch beÿ nächtlichen weil, in Würtzhäusern geübt und getrieben, welches wider Gott und auch in unserer Ordnung verbotten ist, so setzen und ordnen wir die Wurmser als Bannherr und Oberherr des dorff Vendenheim dass hinführter kein Würth, der zu Vendenheim ist oder khommen wird, kein Zehrung, Wein oder brod soll geben biss die Glockh neun geschlagen, nach lauth unserer alten Ordnung, und welcher dass nit halt, der solt sambt seinen Gästen von der Oberkheit gestrafft werden nach Erkanntnuss dess Bannherren.*
Zum anderen, wann es sich zutragen wirdt, dass einer sich vollsaufft..., der soll um 5 Schilling gestrafft werden, welche in allmosenstock gelegt werden sollen... (*Dorfordnung* Vendenheim, 1720 et 1776).

[288] *Nachtwächter und Stundenrufer.*

[289] ABR 1 B 156 (Gerstheim 1777). Voir également Ch. SAUTER, *op.[457]*, p. 139.

[290] AEBP A 19b/6 (*passim*, XVIIIème siècle).
ABR 3 E 168/10 : *Schoppen Glas ins Gesicht* (Kurtzenhouse 1762).

[291] A. SCHAER, *art. cit.*, pp. 103-104 (AM Turckheim, règlement de 1667, et AEBP A 109/3, n° 12, Ingersheim, 1684 et 1780).

[292] H. GERST, *op. cit.*, pp. 178-179 (ABR B 376, Ingolsheim 1774).

[293] AHR C 1598 : *Händel, Unruh, Fluchen, Schwören, Schelten und streiten* (Niedermorschwihr 1790).

[294] Voir *infra* pp. 1965 ss.

[295] ABR 6 E 36, Not. Saverne II, inv. 192 (inventaire après décès du curé Steck, 5 avril 1774) : *Specification all das jenige was in der Ackerversteigerung gebrochen worden eine grosse Tischblatt ist zu 5 Stückern verbrochen... ein fuss abgebrochen... ein langer Lehenstuhl föllig verbrochen und vertretten.*

Endroits et circonstances criminogènes (1650-1789)

	Witternheim-Boofzheim	**Jebsheim**	**Herrlisheim**	**Nambsheim**	**Froeningue**	**Appel au Conseil Souverain**	**Total**
	(172 cas)	(54 cas)	(61 cas)	(15 cas)	(42 cas)	(61 cas)	(405 cas)
			Evalutation en %				
Auberge et auberge-jeu	**31,4**	**36,5**	**29,6**	**46,6**	**33,2**	**29,5**	**32,3**
- Danse	1,7	-	-	-	-	-	0,7
- Noce	-	-	-	-	2,4	-	0,5
- Fête (dédicace, "Kilb", "Messtag")	6,4	1,9	9,8	-	26,2	4,9	7,5
- Eglise, sortie de l'église	-	-	1,6	6,7	2,4	-	0,7
- Presbytère	-	-	-	-	4,8	-	0,5
- Pressoir, forge	0,6	-	1,6	-	-	-	0,5
- Maison du prévôt	4,1	3,8	1,6	-	-	-	2,5
- Maison commune	-	15,5	-	-	2,4	-	2
Voie publique (village)	**22,1**	**30,8**	**13,1**	**6,7**	**7,1**	**19,7**	**19,4**
chemin, rase campagne, route	**8,7**	**-**	**13,1**	**-**	**4,8**	**19,7**	**9,5**
- Champs et vignes	4,1	-	8,2	-	-	3,3	3,2
- Prés et pâturages	4,1	1,9	6,6	6,7	2,4	3,3	4
- Forêt	1,2	-	-	-	-	1,6	1
Cour ou maison particulière	**11**	**5,8**	**14,8**	**13,3**	**14,3**	**13,1**	**11,7**
- Bâtiments d'exploitation	1,7	-	-	-	-	1,6	1
- Collecte des impôts ou corvées	2,3	1,9	-	**13,3**	-	3,3	2,3
- Redoute, garde du Rhin, tirage de la milice	-	1,9	-	6,7	-	-	0,5
- Enchère de la dîme	0,6	-	-	-	-	-	0,2
	100 %	100 %	100 %	100 %	100 %	100 %	100 %

Sources : Voir l'état des sources et *supra* p. 1480.

Une étude portant sur 371 relevés[296] nous autorise à esquisser une évolution des choix, conscients ou non, des lieux de l'affrontement. Si l'auberge reste le lieu criminogène par excellence, le centre de gravité de la violence tend à se déplacer, au cours du XVIIIème siècle, de l'auberge et de la fête, avec ses manifestations bruyantes, aux lieux de résidence ou de travail quotidiens : recul d'un type de violence liée à une sociabilité de type festif au profit d'un autre type de violence de nature plus individualiste et à motivation plus économique ? La ferme, la collecte des impôts[297], sous toutes ses formes, affirment leur prépondérance :

	1650-1729 (196 cas)	**1730-1789** (175 cas)
Auberge-jeu	36,7 %	29,1 %
Fête	13,8 %	4,6 %
Village (voie et lieux publics)	24 %	21,1 %
Village (lieux privés)	11,2 %	14,9 %
Collecte d'impôts	1 %	4 %
Rase campagne	13,3 %	26,3 %

296 ABR 1 B 139-143 (Witternheim-Boofzheim, 1687-1784).
AHR E 1470-1482 (Jebsheim, 1704-1778)
AHR 3 B 10 000 et 5006-5426 (Froeningue, 1660-1788).
AHR 3 B 1-10 012 et 1 B 585-959 (appels au Conseil Souverain, 1672-1789).

297 Voir *supra* pp. 1320-1330.

Cette ventilation grossière (spatiale et chronologique) s'accompagne d'une concentration des agressions en fin de journée : c'est au crépuscule, *entre chien et loup*, que se nouent ou se dénouent nombre de conflits. L'heure du crime est-elle liée à l'accumulation de la fatigue, au changement de rythme qu'apportent les loisirs (ou l'absence de loisirs) en fin de journée, à l'angoisse que provoque l'approche de la nuit ? Royaume de la peur, la nuit est peuplée d'innombrables dangers imaginaires. Elle amplifie les bruits pour des gens hypersensibles qui ont l'oreille particulièrement exercée. Sur les 41 appels transmis au Conseil Souverain qui nous indiquent l'heure du délit, près de la moitié se déroulent après les 22 heures, la plupart dans l'obscurité[298]. Ces rixes vespérales se produisent au cabaret même ou sur la voie publique à la sortie du cabaret. Les querelles qui éclatent en rase campagne d'une part, dans les maisons des particuliers d'autre part, sont plus étalées au cours de la journée même si elles épousent les contraintes de l'horaire paysan : peu d'affaires le matin, un tiers entre midi et 18 heures, une concentration plus forte en fin de journée. De même, la répartition saisonnière fait apparaître, sur une centaine de cas recensés, le double maximum du printemps et de l'automne encadrant la période estivale monopolisée par les travaux agricoles. Mais, à l'inverse, le calendrier agricole peut générer toutes sortes d'agressions, comme le montre la distribution à Witternheim-Boofzheim où, entre 1770 et 1789, c'est au contraire l'été qui, la chaleur aidant, devient le temps fort de l'agression.

Conclusion

En définitive, les archives judiciaires témoignent de la persistance d'un type archaïque de délinquance qui a bien du mal à se déguiser ou à se sophistiquer en revêtant, comme en Normandie, des formes plus subtiles[299] : moins de violence statistiquement peut-être, mais une violence qualitativement toujours aussi brutale. Compte tenu de la rémanence de ces brutalités, nous ne pouvons que partiellement souscrire à la thèse du passage d'une criminalité de sang à une criminalité de fraude, dirigée contre la propriété et non plus contre les hommes, d'une criminalité de masse à une criminalité de franges et de marges[300]. *A fortiori*, nous ne mettrons pas au compte de cette hypothétique évolution l'effacement des révoltes traditionnelles, considéré comme un signe d'assagissement collectif et de modernité. Les mentalités profondes, faites de croyances et d'attitudes collectives, ne s'alignent pas d'emblée sur les valeurs instillées à petites doses ou diffusées par les élites et inculquées par l'Eglise. La moralisation de la société, l'avènement d'une *civilisation des moeurs*[301] par un dressage anti-violence, est-elle surtout le fait de la ville ? Par sa grossièreté verbale, par sa violence physique, le monde rural résiste face à ce que l'on pourrait considérer comme une conquête culturelle des élites et continue à produire sa propre régulation interne.

298 AHR 3 B 1 - 10 012 et 1 B 585-959.

299 B. BOUTELET, *contrib. cit.*

300 M. FOUCAULT, *op. cit.*, pp. 77-92.

301 N. ELIAS, *op. 1915.*

L'étude de la violence, forme quasi normale des relations sociales à la campagne, ne devrait pas se limiter à ses manifestations extérieures. Mais elle se voile d'une opacité telle que ses motivations profondes nous échappent bien souvent et, avec elles, la signification réelle de l'agressivité. Elle répond à la défense de la sécurité et de l'honneur. Elle peut être à la fois un *savoir-faire* toléré, ritualisé, voire officiellement reconnu, l'affirmation d'une personnalité, une forme de contestation de l'ordre social, un signe de marginalisation économique et psychologique... Les ethnologues l'ont montré[302], l'homme, dans son comportement, est avant tout acteur ; le mot *personne*, dans son sens premier, signifie *masque*. Notre paysan, dès lors qu'il est placé en présence d'autrui et qu'il agit sous le regard des autres, doit donner une certaine expression et laisser une certaine impression de lui-même. C'est, à partir du *territoire du moi*, imprégné du sens de l'honneur, la forme la plus élémentaire de la communication. A force de se faire une idée de soi-même et devouloir l'imposeraux autres, il adoptera par une sorte d'autoduperie, une seconde nature dans laquelle réalité et simulation se fondent. Les mimiques, verbales ou gestuelles, viendront servir le culte des apparences. De même, dans un souci de valorisation et d'idéalisation, il aura tendance à cacher tout ce qui est incompatible avec la représentation idéalisée qu'il veut donner de soi-même. Il y a donc, dans ces comportements, à la fois *dramatisation* - au sens premier du terme - et *mystification*. La violence est brutale, sans doute ; elle est symbolique surtout ; il s'agit de faire bonne figure et d'amener l'adversaire à perdre la face. Si ces débordements de violence n'entraînent guère l'ostracisme social que nous serions en droit d'attendre, c'est parce qu'aucune puissance coercitive n'est capable d'imposer la modération. Par suite de l'abdication de l'autorité établie, le *Faustrecht* est appelé à canaliser une violence qui correspond tout naturellement aux normes de l'agressivité de l'époque : on y découvre un mélange de sensations simples mais fortes, de cruauté et de haine, de défoulement et de plaisir, d'angoisse et de volonté de domination.

B) Se supporter et vivre ensemble

Nous avons eu l'occasion de relever que les rébellions caractérisées et les émotions populaires restent du domaine de l'exceptionnel[303]. Le relatif respect de l'autorité et des cadres institutionnels ne laisse la place qu'à une pugnacité occasionnelle, le plus souvent individuelle, qui oppose tout au plus entre eux des groupes sociaux aux intérêts divergents.

Manifestations spontanées, presque stéréotypées, d'une criminalité endémique, la délinquance rurale ne menace pas vraiment l'équilibre social en opposant, propriétaires et usagers, dominants et dominés, autochtones et étrangers. Essayons d'apprécier les tensions structurelles qui se font jour entre les groupes sociaux. Ces tensions seraient-elles d'autant plus violentes que les solidarités sont plus fortes ? La vie rurale se déroule essentiellement dans un cadre communautaire, garant, avec la famille, de la sécurité des hommes. Son organisation nécessite donc l'intervention d'une autorité

[302] E. GOFFMANN, *op. 2510*.

[303] Voir *supra* pp. 1303 ss.

supérieure assez forte pour imposer une réglementation qui soit acceptée et respectée par les villageois[304] : le respect de l'autorité - seigneuriale ou communale - rejoint ainsi le souci du bien commun.

L'agglomération villageoise est le milieu dans lequel se concrétisent rivalités et solidarités : sur près de 200 cas analysés, plus de la moitié se réfèrent à l'hébergement d'étrangers et de Juifs, près de 60 % si l'on y ajoute les cas de vagabondage et les contraventions aux déplacements autorisés. Suivent de très loin les problèmes de sécurité : la lutte contre l'incendie (un cas sur cinq), sans que l'on puisse faire la part entre la pyromanie[305] et la négligence, le tapage nocturne provoqué par les coureurs de nuit[306] - un cas sur huit - et l'utilisation d'armes prohibées. Viennent enfin les préoccupations d'hygiène (pollution des eaux par rouissage du chanvre, démolition de latrines, divagation de chiens[307] et de porcs dans les rues). Enfin la démolition d'un mur ou la condamnation d'une ouverture trahissent des conflits de voisinage.

1) Conflits agraires, conflits d'intérêts

Mais les véritables difficultés surgissent lorsqu'on franchit les limites de l'agglomération : le terroir est le lieu de bien des affrontements. Le non-respect des règles et usages communautaires confère une réelle originalité au milieu rural par rapport à celui de la ville : plus de la moitié des délits, imputables à la criminalité publique, s'effectuent dans ce contexte, sans que l'on parvienne à identifier la victime - commune, seigneur, particuliers - avec la précision que l'on souhaiterait. Le registre des amendes de Pfaffenheim[308] donne un aperçu des délits agraires les plus fréquents : on laisse divaguer dans le seigle ou l'orge, sur les navets, les choux, les prés et même entre les vignes, boeufs, chevaux, ânes et chèvres ; on fourrage dans les vignes et on y prélève du feuillage ; on ramasse des poires sauvages ; on s'aventure sur des sentiers interdits... Ce sont autant les conflits autour de la propriété collective que ceux qui menacent la propriété privée qui enregistrent les fortes fréquences : entre les deux, la frontière est mal définie et l'absence de clôtures n'est pas faite pour clarifier les situations. Le parcours du bétail et les abus de dépaissance qu'il engendre[309] sont incriminés dans un bon tiers des délits recensés : chevaux, boeufs, porcs et oies[310] dépassent tantôt les limites du territoire qui leur est imparti, tantôt les

---

304 Voir *supra*. pp. 1262-1264.

305 AHR E 282 : Les Bechtold, père et fils, de Fortschwihr sont accusés d'avoir mis le feu à la grange de Didier Stendel (18 mars 1751).

306 AHR 3 B 3368 : *auf der Gass geprüllt als wie die wölff und wild tier* (Herrlisheim 1687).

307 AC Mundolsheim : obligation d'attacher les chiens dans la journée à l'intérieur des fermes (*Policeÿ-Ordung* de la seigneurie de Mundolsheim et Mittelhausbergen, 1778, art. 20).

308 AHR 3 B Pfaffenheim (*Velteinungsregister* 1717 et 1719).

309 ABR 1 B 126 (Bolsenheim 1777)

310 AN K 2363/2 (duché de Wurtemberg, fin XVIIème siècle).

saisons de l'année qui sont fixées par l'usage[311]. On dénonce la dépaissance parasitaire sur les jeunes pousses qui montent dans les nouvelles coupes, sur les semis et les blés en herbe[312], sur les prairies mises en défens, sur les choutières seigneuriales ou les chènevières des particuliers. Le pâturage nocturne des chevaux semble plus difficile à surveiller[313] que la pâture hors saison[314]. Dans certains terroirs, le problème revêt une acuité particulière après 1760, du fait de la rareté croissante des pâturages et de la montée de l'individualisme agraire[315]. Ailleurs, la propriété collective ouverte à tous, avec droit de parcours et obligation réciproque de compascuité, se fait sans trop de difficultés[316] : s'achemine-t-on vers une solution quant à la nourriture du bétail[317] ?

Les délits forestiers revêtent, en proportion, une importance comparable à celle des querelles de parcours[318] : entre le tiers et la moitié des cas recensés portent sur l'émondage de chênes, l'ébranchage de saules, la coupe de perches ou d'échalas, l'enlèvement de liens dans les bois[319] ou d'osiers dans les îles, la confection de fagots d'épines[320]... Ils connaissent à la veille de la Révolution une recrudescence que les historiens s'accordent à relever[321] : plus que jamais, le bois c'est l'économie du pauvre. Pourtant, l'évolution des délits forestiers ne suit pas toujours celle de la pénurie croissante de bois[322], sans doute par suite d'une surveillance accrue des forêts seigneuriales ou communales. Comme la forêt ne se contente pas de fournir du bois (elle est une réserve de fruits sauvages : pommes, poires, cerises, noix), elle alimente de ce fait les vols généralement qualifiés de *champêtres*. Le ramassage illicite des glands[323] permet d'échapper à la réglementation draconienne de la glandée ou se fait, comme à Nambsheim, dans la perspective d'une revente. Enfin la forêt devient enjeu foncier, à la suite des continuelles anticipations sur le communal dont elle est l'objet. Pour prévenir les vols sur le communal, les autorités municipales se trouvent bien démunies : celles de Turckheim mettent, dès 1667, du bois de chauffage à la disposition des pauvres[324] et, entre 1731 et 1741, interdisent à la

---

311 AHR C 1598 : interdiction d'envoyer le bétail à la pâture avant la Saint-Michel et de fréquenter les vignes après l'Assomption (règlement de police de Niedermorschwihr, 1790).

312 AHR E 1356 (Balgau, 28 février 1706).

313 AHR 3 B Nambsheim (1747, 1756).

314 AHR 3 B 3015 : le meunier de Niederhergheim fait pâturer onze porcs dans les grains, le 20 juillet 1750, sous prétexte que *la moisson estoit faite et qu'il n'y avoit plus que des poids* (sic) (Herrlisheim 1750).

315 Herrlisheim (AHR 3 B 454-3404 *passim*).

316 Jebsheim, Nambsheim, Froeningue.

317 Voir *supra* pp. 797-833.

318 Voir l'exemple des forêts de l'abbaye d'Ebersmunster à partir de 1715 (ABR H 461-473).

319 *Bohnenstecken* et *Erndband* (Jebsheim, *passim*).

320 AHR 3 B 795 (Nambsheim, 3 février 1768).

321 Ch. HOFFMANN, *op. cit.*, t. I, pp. 662-665 et 704-727.
Ph. JEHIN, *mém. 1141* ; A. CORVOL, *art. 2502*.

322 Voir *supra* pp. 656-666.

323 AHR 18 J 593 (Ostheim 1735).

324 AM Turckheim BB 25.

jeunesse la garde du bétail pour lui épargner toute tentation[325]. Reste l'amende et sa finalité pédagogique. Le garde champêtre, le garde-vignes, le garde forestier ont beau sillonner le finage dans tous les sens : l'efficacité de la surveillance est sujette à caution. On prend d'ailleurs la précaution de les désarmer (ou presque) en autorisant le port de la lance et du pistolet, mais en leur interdisant l'usage du fusil[326].

En dehors des délits forestiers et des conflits de pâturage, les actes judiciaires portent assez rarement sur ce qu'il est convenu d'appeler les *servitudes collectives*[327]. Quelques exemples de *labours hors saison*[328], de plantation de maïs et de sarrasin dans la jachère[329], de conversions culturales non autorisées[330] alternent avec la défense d'ensemencer les terres en repos[331] - les préposés de Nambsheim font semblant de l'ignorer ! - et témoignent de la hantise de manquer de pâture plus que d'un réel blocage de la technique agricole. Le non-respect du calendrier des travaux, par anticipation sur l'ouverture officielle de la vendange ou de la moisson, ne pèse pas bien lourd dans l'ensemble des délits. Des plaintes réitérées affluent en 1788 au Bureau intermédiaire du district de Colmar selon lesquelles *les laboureurs combloient les fossés le long des routes en tournant leurs charrues dans les fossés et même sur les routes* [332]. Or c'est une *coustume estably en toutte la province que lorsque les grains sont cüeilly, l'ont* (sic) *peut passer avec les voitures sur cettes sortes de tournants ou anwender, sans quoy les voisins desdits tournants seroient obligés de porter les grains qu'ils ont cüeilly sur les terres voisines sur leurs dos... aussy bien que le fumier*[333]. Enfin l'interdiction de clore, intimée par les autorités seigneuriales, témoigne d'une forme de *privatisation* de l'espace exploité.

En effet, le conflit porte bien plus souvent sur la violation de la propriété privée : querelles de bornage[334], bris de clos, comblement de fossés, détournement de l'eau, contestation d'un droit de passage, dénonciation des dégâts causés par empiètement, glanage hors des normes imposées ou fourragement intempestif... *Fourrager* consiste, dans l'écrasante majorité des cas, à couper de l'herbe sur le pré d'autrui avant la récolte de foin ou de

---

325 AM Turckheim BB 25 et 41.

326 ABR 17 J 110 (pays de Hanau, 1737-1792)
AHR E 708/12 et 14, impr., comté de Ribeaupierre, 18 septembre 1766.

327 Arch. Corp. lab. Erstein : statuts de 1681.

328 AHR 3 B Nambsheim : terres communales (5 février 1766).

329 AHR 1 E 44/9 : *in seinem gebawenem Zwibelacker heublumen gesät* (Huningue 1704). De même AHR 3 B 5006-5427 (Froeningue 1720).

330 ABR 1 B 139-143: transformation de prés seigneuriaux en terres labourables (Witternheim-Boofzheim, 1752).

331 AHR 3 B 602 (Nambsheim, 28 novembre 1720) : *pour avoir planté du bled de turquie dans les terres qui reposent et par là empesché le paturage du troupeau seigneurial de moutons* (Nambsheim, 2 janvier 1737) et 1533 : *Samengewächs in das Brachfeld* (1754).

332 AHR C 1586 (9 août 1788).

333 AMH FF 204 (fermier de Biblisheim, le 29 décembre 1707).

334 A titre d'exemple, AMH FF 212, fol. 77 : arrachage de bornes (bailliage de Haguenau, 1er juillet 1723).
AC Mundolsheim : *Furchsteine im Feld eingraben und umgeschleift* (*Polyceÿ-Ordnung* Mundolsheim-Mittelhausbergen, 1778, art. 14).

regain, nouveau témoignage de la crise fourragère. Mais il s'agit parfois d'une opération complexe et sournoise, confiée aux femmes et aux domestiques, qui revient à couper des vesces, des épis sur pied ou *de l'herbe dans un champ de froment*[335]... Mal tolérées, même lorsque le préjudice est ridiculement mince, ces violations de la propriété, multiformes et répétées, cachent en fait une double réalité :

- Elles traduisent d'une part l'incertitude qui plane sur l'appropriation dans une région où la parcellisation multiplie les situations de voisinage et les occasions de conflit : on ne s'étonnera donc pas de ce que les troubles de possession soient plus nombreux à la fin du XVIIème et au début du XVIIIème siècles[336] qu'à la veille de la Révolution. Au lendemain des guerres, la propriété est si mal définie !
- Mais la persistance de tels troubles, tout au long du siècle, témoigne d'un attachement viscéral à la propriété, d'un sens de la possession légitimée par l'usage, qui s'accusent lorsque la terre se fait aussi rare que la pâture : l'affirmation de la propriété s'oppose alors aux tentatives d'usurpations répétées, en même temps que le réflexe individualiste devient réaction contre l'esprit communautaire[337]. Plus que jamais, les petits paysans, écartés de la propriété du sol, se tournent vers les droits collectifs. Plus que jamais, il faudra compter sur l'intégrité des communaux, condition de la survie, au moment où les laboureurs de quelque envergure essaient de restreindre les usages traditionnels[338] . Car la juridiction rurale ne cesse de se référer, non pas à de grands et savants principes, mais à des usages séculaires.

Ces affaires dissimulent des réactions humaines propres à assurer le respect et la crainte : affirmation de puissance, culte du défi, souci de vengeance... Elles révèlent les réalités conjoncturelles du XVIIIème siècle qui tiennent en deux mots : pénurie et individualisme. Contrastant avec le nombre croissant des hommes, la pénurie en terres, bois et pâtures se solde par un sentiment exacerbé de propriété ou de frustration.

Or cet individualisme grandissant ne tarde pas à se heurter aux limites que lui impose l'autorité officielle.

2) Les paysans et les autres

Au XVIIIème siècle, les conflits ont tendance à s'individualiser : ils opposent non seulement les paysans entre eux, mais les laboureurs aux meuniers, les pêcheurs et les mineurs aux travailleurs de la terre, les bouchers aux laboureurs... C'est que l'eau et le bois, en se dégageant progressivement du carcan *féodal* et en entrant dans le circuit *capitaliste*, deviennent des carrefours d'intérêts économiques majeurs.

[335] AHR 3 B 436 (Nambsheim, décembre 1738).

[336] Voir *supra* pp. 308-334.

[337] Voir *supra* pp. 596-926 et 1264-1283.

[338] Parmi les nombreux conflits à propos des communaux, voir celui d'Alteckendorf en 1726. Le procès, opposant laboureurs et journaliers, est payé sur les deniers communs (ABR E 2313/2).

a) Bouchers et meuniers, pêcheurs et tuiliers

Les conflits avec les maîtres de poste[339] et les meuniers traduisent des rapports de domination. Les bouchers jouent les trouble-fête. Tel boucher de Barr veut installer son propre berger à Bourgheim[340] ; tel autre fait savoir qu'il ne tient pas à mêler ses moutons au troupeau commun[341] ou se dérobe à la réglementation du pâturage qu'il considère comme sa propriété[342] ; tel autre enfin s'avise à vouloir construire une *vacherie* à la lisière de la forêt communale[343]... Réactions de boucher typiques ? Elles sont partagées par un certain nombre de notables ruraux, tels André Stippig, l'huilier et le Sieur Walter, maître de poste à Krafft qui cherchent à engraisser des boeufs pour leur propre compte : *ce bétail n'est d'aucune utilité pour l'agriculture ; c'est un procédé qui respire le vil gain d'un seul au préjudice de tous les autres* [344] ! Les meuniers également prétendent au troupeau à part[345].

Les meuniers aiment se présenter comme des victimes du système. Deux fois par an, moyennant une digue amovible en travers de la Zorn, les eaux de la rivière sont détournées vers un canal de dérivation permettant le flottage des grumes depuis les Vosges : le meunier de Geudertheim, réduit au chômage technique, proteste en 1776[346]. Sont violemment pris à partie, les riverains qui irriguent leurs prés[347]. Toujours est-il que les révoltes paysannes se tournent, fréquemment et *tumultueusement*, contre les meuniers[348] qui, à leur tour, reprochent aux paysans de ne pas curer la rivière et de laisser les joncs envahir les berges[349]. Face aux entreprises des

339 AHR C 1472 (Kembs, 1782).
M. HAERING, *art. 432* (Issenheim).

340 AMS VI 70/7 (1655).

341 AMC HH 21/8 (Colmar 1722).

342 Arch. Corp. lab. Erstein : règlements du 3 novembre 1664 et du 29 septembre 1741 (pâturage du *Zemb* entre la Saint-Michel et la Saint-Gall).
AMC HH 21/6 : *als wann der samtliche Weydgang ihr völliges eigenthumb wäre... ; als des gantzen Weydgangs eigener Meister zu sein* (Colmar 1730).

343 AC Erstein HH 21 (Erstein 1770).

344 Arch. Corp. lab. Erstein : requête au bailli, le 24 août 1782, et rappel des règlements de 1664, 1741 et 1749.

345 AHR E 1456 (Jebsheim, 1786-1787).

346 ABR E 1674/5 (1776/1777).

347 AHR 1 E 22/21 : la communauté de Jettingen s'oppose à la construction d'un moulin qui nécessiterait le détournement de la rivière (1717).

348 ABR 8 E 114/5 (Ebersheim 1767).
GLAK 75/694 : conflit entre le meunier de Beinheim (moulin sur la Sauer) et les paysans de Kauffenheim et Forstfeld : *On marqua et fixa au meunier la mesure et la hauteur de l'eau dont il auroit droit de jouir par le moyen d'un anneau de fer qu'on posa au haut d'un piquet de chene qu'on planta près du pont dudit moulin* (1723). Les paysans *ne suivants que leur passion vinrent en troupe et tumultueusement les 12 et 13 mai 1733 couper et hacher en pièces le seuil supérieur du vanage... L'eau estoit de cinq pouces au-dessous de l'anneau de fer susdit.* En juin 1738, les villageois de Kauffenheim reviennent avec des haches et une *tumultueuse fureur* jusque dans le moulin *commettre des violences que des troupes ennemies ne commettroient pas.* Les plaintes se poursuivent en 1758 et jusqu'en 1775...

349 ABR C 482 (Mertzwiller 1777).
ABR C 427 : suite aux inondations de la Moder à Pfaffenhoffen, Niedermodern et Uberach, Ulrich, le meunier d'Uberach, est passible d'une amende de... 881 livres en 1772.
ABR C 436 : inondations à Gunstett, Durrenbach, Walbourg, Surbourg (1744), à Soufflenheim (1776).

prévôts de Fessenheim, Kuttolsheim, Schnersheim, Wiwersheim et Offenheim, qui mettent la Souffel à sec pour pouvoir irriguer leurs prés, les meuniers font valoir le bien public en prenant hypocritement la défense des *pauvres habitants qui n'ont point de voitures* et *sont obligés d'aller faire moudre leurs grains à trois lieues* : une catastrophe *à cause de la grande quantité de personnes* qu'on est obligé de *nourrir pendant ce temps de moissons. S'il arrivoit quelque incendie dans les dits villages, il faudroit absolument les laisser totalement dévorer par les flammes, faute d'eau.* La requête, signée en 1749, est transmise à l'intendant, puis au Conseil Souverain. L'ordonnance de l'intendant de 1753, interdisant d'obstruer la Souffel, ne semble pas être respectée, puisqu'en 1759 on récidive : *au lieu de vannes et de barrages amovibles*, les habitants de Fessenheim construisent des *digues de terre, gazons, pierres et autres pareilles matières qu'ils laissent un temps considérable*. En 1761, les meneurs *n'ont eu que le tems de se sauver pour se soustraire aux coups dont ils se sont vû menacés par des paysans qui venoient fondre sur eux*. Ainsi les meuniers réussissent, en exploitant le conflit qui les oppose aux laboureurs, à élargir le fossé intravillageois entre gros et petits paysans : ces derniers deviennent provisoirement des alliés utiles. Quant aux laboureurs, on veut bien leur concéder un jour par semaine - du mercredi matin à 6 heures au jeudi à la même heure -, quatre fois au printemps et quatre fois en été. Or, irréductibles, ils continuent à utiliser *arbres et gazonnage* et, en 1763, les amendes pleuvent : 250 livres au total[350]. L'accaparement de l'eau, énergie de base, oppose, surtout en période de sécheresse, les meuniers de Scherwiller et de Châtenois – au nombre de sept ou de huit – aux laboureurs de Dambach et d'Ebersheim, villages situés à l'aval. Les premiers veillent jalousement à l'eau, de façon à réduire au minimum une période de chômage technique que les conditions météorologiques fixent à quatre mois par an. L'affaire se corse lorsqu'ils se mettent à agrandir ou à perfectionner leurs installations par la construction de digues, l'adjonction de tournants et de godets. Cela signifie, pour les laboureurs, soit l'inondation par excès d'eau, soit, au contraire, l'impossibilité d'irriguer par pénurie d'eau, ce qui les conduit à détourner frauduleusement le ruisseau[351]. Ce qui alimente les rancoeurs, c'est que le meunier n'a guère bonne réputation[352] : avide, malhonnête, il vole sur la farine ou sur le son ; complice du seigneur, il fait partie des exploiteurs, ce qui ne l'empêche d'être, à l'occasion, un emphytéote frondeur ; son moulin est le lieu de mauvaises rencontres, le rendez-vous des galants et des sorcières. D'ailleurs, du fait de son individualisme, d'autres conflits surgissent avec la communauté : à propos du troupeau à part auquel il prétend[353] ou des prélèvements dans la forêt sous prétexte de *raccommoder son moulin*[354]. Il arrive aussi que les meuniers s'entredéchirent au nom d'une concurrence de plus en plus féroce. En 1714, Jean-Jacques Wessinger construit, de sa propre autorité et

[350] AMO B 43 (moulin Oberkirch à Quatzenheim, 1763) ;
ABR C 404 / 24 et 54 (1773) et 439 / 55-75 (1753-1770).

[351] ABR C 444-445 (1773-1775) et C 184/32 (1784).

[352] Voir *supra* pp. 1103-1111.

[353] AHR E 1456 (Jebsheim, 1786-1787).

[354] AHR E 1457 (Jebsheim 1759).

sans la permission du seigneur, un nouveau moulin à Jettingen[355], de quoi susciter la jalousie de ses collègues de Jettingen et de Berentzwiller, *meuniers depuis 200 ans*, auxquels il cause un *dommage considérable*. A la même époque, Jacques Maistre obtient l'autorisation de construire un moulin à Raedersdorf, à condition de *ne pas aller chercher les grains à Sondersdorf*, fief de Nicolas Resweber, le meunier de Ligsdorf[356]. A Jebsheim, le meunier soupçonne les paysans d'attirer d'autres meuniers au village pour faire jouer la concurrence[357]. En Haute-Alsace, toute prise d'eau, théoriquement privilège seigneurial concédé moyennant redevance, fait intervenir trois partenaires dont les intérêts sont difficilement conciliables : le meunier, préoccupé de moudre, le paysan, soucieux d'irriguer et le particulier ou la communauté ayant pris à ferme le droit de pêche[358].

Les conflits d'intérêts qui opposent les pêcheurs aux paysans sont cependant moins violents. En rouissant leur chanvre, ces derniers sont accusés de polluer les rivières et de faire crever le poisson[359]. Or la pêche est *le seul moyen de subsistance* pour Illhaeusern. D'après un règlement de 1564, il est interdit aux pêcheurs d'utiliser certains filets ou nasses entre la Pentecôte et la Nativité *afin de laisser prendre de l'accroissement aux jeunes poissons*, sans quoi l'Ill serait *dépeuplée* et la localité *déserte*. On réglemente également l'utilisation des paniers à écrevisses et on interdit formellement de pêcher la nuit[360]. Les pêcheurs contreviennent à ces réglements et, de plus, considèrent les îles au milieu de la rivière comme leur propriété : ils attachent leurs paniers et filets aux haies et aux roseaux qui les colonisent. Or ces îles, en encombrant le lit de la rivière, sont génératrices d'inondations : les pêcheurs sont tenus de nettoyer la rivière et de laisser les îles, parfois indûment transformées en jardins, au pâturage du bétail[361].

Ailleurs ce sont les mineurs et les tuiliers qui sèment la discorde. Tel est le cas dans le comté de Ferrette, à Winkel, Bendorf et Kiffis, où l'on exploite le fer *dans les plus beaux prez, terres labourables et jardins*[362] : c'est autant de terre perdue pour la culture. Dans le nord de la province, à Zinswiller et à Jaegerthal, on n'apprécie guère que les bêtes pâturantes tombent dans des trous de quelques mètres de profondeur[363] que nécessite l'exploitation du fer : à Mietesheim, on remblaie, en signe de protestation, les minières en voie d'exploitation. Ailleurs, on exige des compensations pour l'endommagement des routes par les voitures chargées de minerai. On dénonce enfin le danger de pollution lorsqu'en 1694 de Dietrich veut

355 AHR 1 E 22/21.

356 AHR 1 E 15/1 (1709-1710).

357 AHR E 1456 : *hätten die meisten bauren aus missgunst fremde Müller ins Dorff gezogen und ihn um seinem Verdienst gebracht* (1778).

358 Fr. REDERSTORFF, *mém. 1729*.

359 ABR 1 B 188 (Sand 1724). Voir *supra* p. 772.

360 AHR 1 J 19/60, fonds Bruges (1754).

361 AMO B 56 (1738, 1741, 1755, 1771).

362 AHR 1 E 15/1 et 2 (1691 et 1753).

363 ABR E 2848 (litiges 1699-1700 et 1733). Voir N. OLSZAK, *art. 1727*.

installer une usine de vitriol qui infecte les pâturages[364] et le problème rebondit à Dauendorf en 1774[365]... Autre problème : l'extraction de *terre grasse* sur le communal de Horbourg et Wihr enlève les plus beaux pâturages[366].

b) Rivalités intra et intervillageoises

Mais les conflits éclatent aussi à l'intérieur même du monde paysan à l'homogénéité trompeuse. Entre les fermiers et les villageois, l'incompréhension est parfois totale, reflétant le divorce entre un comportement individualiste et une mentalité communautaire. Avant même que les bourgeois de Haguenau n'accèdent aux forêts, les troupeaux des censiers, installés sur les lisières, les ont déjà parcourues : les premiers se contenteront donc de récupérer *ce que les censiers n'ont point pu ou voulu prendre*. On oblige alors ces derniers à mêler leurs bêtes au troupeau commun[367]. Nous ne reviendrons plus sur l'opposition, parfois violente, des villageois aux Anabaptistes, non conformistes, installés en dehors de l'agglomération, considérés comme des accapareurs de parcours et des affameurs[368]. L'obstruction ou la révolte paysannes sont d'autant plus vigoureuses que le fermier est l'homme du seigneur : les attaques à coups de tricot, les menaces au fusil, les embuscades, l'enlèvement des récoltes, la destruction de plants d'arbres sont chose courante[369]. Conscients de leur spécificité, les maraîchers s'opposent aux laboureurs, quant à l'utilisation du fumier de la ville et à l'usage de la pâture[370]. Mais la paysannerie elle-même se trouve divisée tant au sujet de la répartition des impositions que sur le problème de l'utilisation des terres. Des contestations s'élèvent, au moment de l'établissement des rôles, entre *les habitans moindres et mauvais de la communauté contre les riches*[371] et l'on réclame *plus de justice entre riches et pauvres*. Les particuliers qui ont vendu leurs biens et vivent de leurs rentes sont protégés - *ils vivent tranquilles du revenu de leurs capitaux* -, alors que les pauvres sont surchargés d'impositions *sur l'industrie* et *vont toute l'année maroder la forrest*[372]. Parfois c'est la répartition inéquitable des corvées qui pose problème[373] : elle constitue, avec la question des communaux et celle de l'emploi, l'une des pommes de discorde entre

[364] Voir *supra* pp. 1058-1060

[365] ABR C 375 (Dauendorf, enquête du 16 février 1774).

[366] AHR 18 J 544 (1751, 1769, 1785).

[367] AMH BB 22/79 (arrêt du 14 janvier 1767) et 165/68 (mesure du 16 février 1778).

[368] Voir *supra* pp. 1378-1387 et J. VOGT, *art. 1229*, pp. 147-50 (*Haftelhof* et *Geisberg*, XVIème-XVIIIème siècle).

[369] ABR E 1593 : *aufrührische Köpfe, wilde Leute* (Hoerdt 1737).
AMH FF 257 (abbaye de Neubourg à Niederschaeffolsheim, 1756).

[370] AMH BB 134/158 (1750) et 144/101.
AHR E 1356 : *dass er sein Ochsen... in ihre Gardten in das Krauth lauffen lassen* (Balgau 1707).

[371] AHR C 1141 (Clavé, bailli d'Altkirch, 21 mai 1766).

[372] *Ibid.*

[373] AHR E dépôt 30 BB 1 (Guémar 1734).
AHR C 1586 (Wickerschwihr, 9 février 1789).

laboureurs et manouvriers[374]. Par-delà les nombreux délits qui ponctuent la vie au village, ces oppositions d'intérêts, sur lesquelles nous ne nous étendrons pas, compromettent la cohésion sociale sans jamais menacer la solidarité communautaire[375]. Car il n'existe pas de véritable front de lutte qui séparerait les uns des autres, mais une succession de querelles sourdes, patientes, obstinées.

Restent les conflits les plus durables, ceux qui opposent les communautés entre elles. C'est en 1694 Obernai qui, en vertu de son *bon plaisir*, détourne l'Ehn au grand dam des *pauvres habitans de Niederne, Meistratzheim et autres villages au-dessous*, privés de l'eau nécessaire pour faire tourner leurs moulins et *humecter leurs prés* : réédition d'une manoeuvre pratiquée en 1544. Les villages lésés - Niedernai, Meistratzheim, Krautergersheim et Blaesheim - demandent à ce que l'Erger ne soit utilisé, pour l'arrosement des prairies d'Obernai, *qu'un jour par sepmaine dans les grosses chaleurs.* Obernai fait valoir une *possession* de 155 ans et considère l'Ehn comme un *ruisseau privé* : faute de pouvoir l'utiliser - mais c'est là une vieille rengaine -, la ville se verrait contrainte de se défaire de la plus grande partie de ses chevaux et boeufs, ce qui la mettrait *non seulement dans l'impuissance de fournir les corvées au roy et autres fourages dans le besoin de sa majesté, mais aussi de ne cultiver que la moitié de leurs champs labourables qui demeureroient incultes ou en friche tant au grand préjudice du Roy et de ses trouppes... qu'à la ruine de toute la ville d'Obernem...* L'intendant va devoir trancher. Même problème entre Andlau et Stotzheim, la première, *communauté de la montagne*, située en amont, captant l'eau de l'Andlau tous les mardis et tous les samedis[376]. C'est aussi le conflit autour de la *petite Hollande*, que possède la ville de Neuf-Brisach mais qui fait partie du terroir de Volgelsheim dont les habitants envoient pâturer les chevaux[377]. Particulièrement fréquents à l'époque de la *reconstruction*, les conflits de pâturages entre communautés limitrophes[378] constituent le meilleur révélateur des tensions intervillageoises. Entre Wingersheim, Mittelhausen et Hohatzenheim, le procès au sujet du *Dreigemeindewald* dure de 1681 à 1789, avec des rebondissements successifs en 1681, 1687, 1717/1718, 1759, 1762/1763, 1789[379] ; Andolsheim et Widensohlen se disputent une forêt entre 1733 et 1770[380]... Entre Balgau et Nambsheim, ce sont les îles du Rhin qui constituent l'objet du litige au XVIIIème siècle. Le conflit s'envenime à la suite de l'intervention de d'Anthès, seigneur de Nambsheim, qui n'hésite pas à confisquer des boeufs et du fait des *changements annuels du Rhin* [381]... La violence peut être liée au vol. Or ce dernier, atteinte aux biens, ne bénéficie pas du même préjugé favorable que l'atteinte aux hommes.

---

374 Voir *supra* pp. 848-850 et 1268-1283.

375 Voir *supra* pp. 1260 ss .

376 AMO 118 (Obernai 1694-1699) et ABR 8 E 481/21 (Stotzheim 1774).

377 AHR E 26 (1770-1781).

378 Voir *supra* pp. 200 et 338 : exemples de Colmar (1662-1664) et de Kesseldorf-Schaffhouse (1724-1729).

379 ABR E 1712 et AMH JJ 298/15-85. Voir O. SEEMANN, *art. 3575.*

380 AHR 18 J 469 et 470.

381 AHR C 1490 (deuxième moitié duXVIIIème siècle).

C) Le vol, un révélateur des difficultés sociales

Si la violence reste une des composantes essentielles de la criminalité, gardons-nous de tomber dans la dichotomie systématique qui ferait du délit contre les hommes un phénomène rural et du délit contre les biens une particularité urbaine. En réalité, le vol est fort répandu dans la campagne alsacienne puisqu'il compte, dans nos échantillons, pour le tiers, voire la moitié des infractions recensées. L'Alsace, du fait de sa relative richesse, occuperait-elle une place privilégiée dans l'échiquier des régions françaises pour ce qui est des crimes contre la propriété qui fonde un droit légitime[382] ? La fréquence de l'accusation de voleur - *Dieb*[383] qui revient inlassablement dans la nomenclature des injures ou des calomnies, ne fait que corroborer une telle hypothèse.

Une suite de menus larcins, proches de la maraude, ponctue en effet la vie quotidienne des campagnes. Si l'atteinte à la propriété, sous tous ses aspects, est la forme de délinquance la plus fréquente, elle apparaît aussi comme la plus diversifiée. Le problème est donc celui de la répartition statistique rendue difficile :

- par les nombreuses qualifications attribuées à des délits de nature identique et leurs constantes imbrications avec d'autres infractions : vol et crime de sang ; vol et effraction ; vol et dégradation ; vol et délit forestier, braconage ou délit de pêche...
- par la complexité même du délit qui ressort de la nature des objets dérobés, la sentence ne faisant parfois que rappeler les détournements qui se sont succédés au cours des années[384].

1) La gravité du délit : le matériel et le mental

On attache d'autant plus d'importance au vol que, selon l'expression de Nicole Castan,*la sécurité des biens est l'enveloppe de la sécurité des*

---

[382] André Michel GUERRY DE CHAMPNEUF (*Essai sur la statistique morale de la France*, Paris 1833, p. 40) oppose le nord et le nord-est du pays, où les vols sont nombreux, au midi de la France où les actes de violence l'emportent. Pour faciliter l'étude comparative, on consultera les ouvrages suivants :

- Y. CASTAN, *op. cit.*, pp. 534-535, annexe 1 : 29 % en 1730 ; 28 % en 1760 ;
- N. CASTAN, *op. cit.*, p. 218 : l'agression contre la propriété couvre entre 60 et 70 % de la criminalité en 1789 (exemples de Nîmes, Bordeaux, Rouen, Dijon) ;
- P. DEYON, *op. cit.*, p. 71 : 20 à 30 % des délits contre la propriété (Parlement et justice de Lille, 1650-1720) ;
- Y.M. BERCE, *art. cit.*, pp. 39-40 : 15,9 % de la criminalité en Charente et en Gascogne (présidiaux d'Angoulême et de Lectoure, 1643 et 1644) ;

[383] Voir *supra* p. 1506.

[384] AHR 3 B 3588 : les vols successifs commis par un cordonnier de Rimbach sont énumérés dans son acte d'accusation en date du 29 janvier 1765 (une vache et une chèvre dérobée à des Juifs, un veau, un chien, deux ruches, des choux et des raves, un sac, un tonnelet, un pot de beurre, deux boisseaux de farine, une roue de charrette, une faux, une hache, une pioche, un collet de cheval et de boeuf, du bois en bûches et un fagot...).

AHR 3 B 3265 : un maréchal -ferrant de Carspach vole en 1776 une selle, une roue de charrue, une porte de fer (dérobée à la communauté pour se faire rembourses ses dettes !), un fer-à-cheval, des bandes de roues de chariot, du pain, du vin et du lard (au cabaret), des grains et du bois...

AHR 3 B 4891 : une fileuse de coton d'origine suisse dérobe, à Zimmersheim et à Dietwiller, une jupe d'étamine, un tablier, un bonnet, des mouchoirs, des souliers, des chemises, des écheveaux de fil, de la toile de chanvre, une nappe, une serviette, une bague en argent, un jambon, trois morceaux de lard et des cochonnades sèches (procès du 12 juillet 1783).

personnes [385]. Le larcin est moins jugé en fonction du dommage infligé à la victime qu'en fonction du danger qu'il représente pour le corps social : sauvegarder la propriété, c'est assurer l'ordre public, c'est protéger la société. Le montant des pénalités reflète donc le degré de gravité que l'on attribue au délit. Comme en témoigne l'échelle des amendes, il s'établit une gradation des peines, évaluée en fonction d'un certain nombre de circonstances : la nature et la valeur de l'objet volé, la qualité de la victime, le lieu et le moment où l'infraction est commise, enfin la manière dont l'acte est perpétré. Quoi de plus banal que le fait de voler ? Mais voler la nuit ou voler dans un verger enclos[386] constituent des circonstances aggravantes. Opérer au moment où la surveillance est suspendue - pendant la messe ou les vêpres, lors d'un enterrement - est inadmissible[387] . Voler un ciboire ou un ostensoir par effraction dans un lieu sacré, vider nuitamment le tronc d'une église à l'aide de fausses clefs, c'est accumuler les circonstances aggravantes : le délit tient alors autant du sacrilège que du vol et alors le vol réclame la mort[388]. En 1778, un habitant de Merxheim, après avoir forcé le tabernacle à l'église paroissiale, consommé les hosties, cherché à revendre le ciboire volé à des Juifs de Bollwiller, puis à un orfèvre de Guebwiller, s'expose à un châtiment exemplaire : corde au cou et torche de cire à la main, il demandera *pardon à Dieu, au Roi et à la justice*, à genoux, à la porte de l'église. Puis il aura le poing coupé avant d'être brûlé vif ; ses cendres seront dispersées au vent[389]. D'ailleurs l'effraction en elle-même appelle la mort, même si elle s'applique aux édifices publics ou aux maisons des particuliers : il suffit que la valeur de l'objet détourné le justifie[390]. Il en est de même en cas d'accumulation d'infractions sur la tête d'un même délinquant[391] : la récidive équivaut à de la provocation. Dans la meilleure des hypothèses, interviennent les châtiments corporels et symboliques, fréquemment réservés aux femmes : exposition sur la place publique avec, à la main, l'objet volé[392], fustigation au moyen de verges par *le maître des hautes oeuvres dans les carrefours et lieux accoutumés* [393], flétrissure au fer

---

385 N. CASTAN, *op. 2451*, p. 257.

386 ABR G 6463 (Régence de Saverne, 15 décembre 1784) : 3 ans de galères par jugement du Conseil Souverain.

387 Circonstances aggravantes pour cette femme accusée d'avoir volé du lard et des grains, pendant les vêpres, dans la maison et la grange d'un particulier de Herrlisheim (AHR 3 B 6246, janvier 1747) et pour ces deux délinquants qui forcent les armoires et les coffres pendant que les propriétaires sont à la messe (AHR 3 B 5810, comté de Montjoie, 1770).

388 A. SCHAER, *art. cit.*, p. 101, AM Turckheim BB 25 (1667-1671) ; GG 8 et 13 (1685 : peine de mort pour le délinquant et construction d'une chapelle expiatoire consacré au Saint-Sacrement) ; BB 30 (1685).

389 AHR 3 B 5696.

390 H. GERST, *op. cit.*, p. 95 : dans le duché de Deux-Ponts, les ordonnances de 1741 et de 1760 prévoient la peine de mort pour les vols dont la valeur dépasse les 5 florins, les galères à temps ou à pertétuité pour les vols dont la valeur est inférieure à 5 florins.

AHR 3 B 1302 : pendaison pour le domestique du prévôt de Herrlisheim qui, en 1760, enlève le offre de la communauté.

391 AHR 3 B 5588 : pendaison du cordonnier de Rimbach, 1765 (voir *supra* note 384).

AHR 3 B 5810 : pendaison d'un journalier de Ruederbach et d'un fils de laboureur de Heimersdorf coupables de vols répétés auprès de victimes différentes (12 gerbes, un poirier, une paire de souliers, une paire de *charretières*, un mouchoir, un lit, du foin, une faux, 36 écheveaux de fil, un pot d'étain, de l'argent, un couteau, un pistolet de poche).

392 AM Turckheim BB 36 (voleuse de navets, 1720).

393 AHR 3 B 6246 (seigneurie de Herrlisheim, janvier 1747).

rouge et marquage à *la lettre V sur l'épaule dextre*[394]. Pour mériter une peine aussi infamante, ce valet natif de Suisse n'a pourtant fait que voler, le 22 juillet 1786, *un mouchoir de coton rouge et blanc* baignant dans une cuve à lessive, mais le vol est commis au presbytère[395]. De même, dérober un objet abandonné à la foi publique - une récolte dans un champ, une pièce de bétail au pâturage, du linge sur un étendoir - est considéré comme une atteinte à l'honneur autant qu'à la propriété. Notre société rurale est trop peu différenciée pour donner lieu à de subtiles distinctions de peines selon la qualité du volé. Mais on a toujours intérêt à faire payer celui qui peut payer, quitte à mettre en prison celui qui est incapable de débourser le moindre sou[396] : deux poids, deux mesures ? Voler son maître, quand on se trouve dans la situation subordonnée de domestique, passe pour un crime de lèse-majesté. S'il est renvoyé, le coupable trouve difficilement une nouvelle embauche, car sa réputation le précède ; s'il est châtié, il essuie une peine exemplaire[397]. Enfin le fait d'être vagabond ne pardonne pas : en cas de vol, ce sont les galères assurées[398].

La plupart des vols s'accompagnant soit d'actes de violence, soit de violation de domicile, il est difficile de distinguer vol *simple* et vol *qualifié*, mais la distinction ressort, une fois encore, de la hiérarchie des peines : le vol assorti de violences expose théoriquement son auteur à la potence ou à la roue, plus fréquemment aux galères[399]. Par contre, les chapardeurs de grains, de fruits ou de légumes bénéficient d'une certaine clémence : ils sont néanmoins fouettés pour l'exemple, exposés au carcan avec écriteau[400] et, en cas de récidive, ils sont passibles de la maison de force[401] ou du bannissement[402]. Il est important de conférer à la peine un caractère spectaculaire et infamant : exposer le voleur de navets, une journée entière,

---

394 AHR 3 B 6575 : châtiment réservé à un journalier de Horbourg pour avoir volé 40 gerbes sur un champ de la banlieue de Colmar (août 1773).

AHR 3 B 6745 : de même pour un Juif de Heiteren pour avoir volé un saladier en étain (octobre 1757) : la sentence est complétée par une décision de bannissement pour trois ans.

395 AHR 3 B 2906 (Kingersheim 1786).

396 AN T 570/1 : *Les délinquants sont la pluspart gens pauvres insolvables, des fils de famille, des valets, des servantes, des femmes et autres personnes sur lesquels il n'y a point de recours* (seigneurie de Landser, 1746).

397 AHR 3 B 6212 : un garçon-charron vole un habit, des culottes, des chaussures avec boucles, une canne, une valise, deux vilbrequins, une lame de scie, un ciseau (Bollwiller, décembre 1754). Sentence : pendaison. Après appel la peine est commuée en galères perpétuelles.

398 AHR 4 B 10 (colporteur à Wittelsheim, 1774).

399 AHR 3 B 6317 : 15 ans de galères pour un vol de grains, d'argent, d'oies, de canards, de poules, de moutons, d'une chèvre, de sel... Peine commuée en bannissement à perpétuité (Feldkirch, septembre 1751).

AHR 3 B 6737 : 9 ans de galères pour un journalier d'Ungersheim accusé d'avoir dérobé du miel dans des ruches (janvier 1786).

400 A. SCHAER, *art. cit.*, AM Turckheim BB 34 (1712-1717), BB 43 (1749-1755), BB 55 (1764).

401 AHR 3 B 4891 (Zimmersheim et Dietwiller, 1783).

402 AHR 3 B 149 : bannissement pour un vol de grains sur un grenier (Sainte-Croix-en-Plaine).

AHR 3 B 3263 : bannissement de 9 ans hors de la seigneurie après avoir *été attaché deux heures par le col sur la place publique* pour un vol de farine au moulin d'Eschentzwiller (Zimmersheim 1712).

AHR 3 B 3329 : deux ans de galères avec marque pour vol de grains dans une auberge de Reguisheim (1772).

AHR 3 B 5785 ; bannissement d'un *Juif trafiquant* de Wittenheim coupable d'avoir volé du bois, des grains, un sac de paille hachée et une toile de treillis (janvier 1777).

AHR 3 B 6538 : bannissement pour 9 ans après fustigation et marquage au fer rouge d'un journalier de Heimsbrunn (janvier 1784).

sur la place publique, une botte de navets à la main[403] ; fouetter les voleurs de fruits à la *Bürgerstube*[404] ; faire battre de verges, par le maître d'école, les enfants voleurs de cerises[405]. Pour que l'acte n'échappe pas au contrôle social et soit soumis à la désapprobation d'autrui, il faut que le coupable soit exposé au regard de la communauté : dépourvu de son caractère ostentatoire, le châtiment perdrait une grande partie de son efficacité. Mais, le plus souvent, les auteurs de vols de campagne sont soumis à des amendes relativement légères[406] qui ne sont pas sans rappeler celles qu'on applique aux délits mineurs touchant les violences verbales ou physiques.

Il n'en reste pas moins que l'on pend pour de simples vols domestiques ! Les atteintes aux personnes ne soulèvent pas la même vindicte populaire que les atteintes aux biens qui, pourtant, n'ont pas toujours une valeur intrinsèque suffisante pour attiser les convoitises et justifier la cupidité qui se porte sur eux. Pour expliquer la disproportion qui sépare un préjudice relativement mince de l'énormité de la peine encourue, on peut affirmer bien entendu que le vol met en cause les fondements mêmes de la société. On peut également invoquer l'humiliation que constitue l'impression d'avoir été grugé ou ridiculisé. La propriété, de richesse économique, devient enjeu entre adversaires et sert d'assiette au rôle social de son détenteur. Dans l'échelle des valeurs, l'estime passerait-il avant la possession ? Ce qui frappe, ce sont les mesures d'élimination définitive ou temporaire : réaction d'une société qui se défend par la violence contre la violence. En l'absence d'une police efficace, c'est le caractère exemplaire et dissuasif de la peine que l'on recherche. En 1738, à Raedersheim, deux hommes, coupables d'avoir volé des effets, un chariot, un cheval et des gerbes - délit aggravé par une tentative d'évasion - doivent être pendus et étranglés. La femme qui les a accompagnés dans leur méfait sera battue, fustigée de verges, marquée sur l'épaule, puis bannie. Mais, auparavant, elle devra assister à l'exécution[407]...

La prévention semble être peu efficace : interdire aux jeunes la garde du bétail sur les pâturages[408], mettre du bois à la disposition de quelques pauvres[409] sont des mesures dérisoires, tant sont nombreuses les occasions et diverses les manières de voler.

2) De la nature des objets dérobés aux motivations du vol

Pour cerner la nature des objets volés, nous avons utilisé une méthode à la fois analytique et comparative. Voici tout d'abord, portant sur 446 vols commis en Alsace moyenne et supérieure entre 1650 et 1789[410], la distribution des infractions en fonction de l'objet dérobé :

---

403 AM Turckheim BB 36 (1720).
404 *Ibid.* BB 34 (1715).
405 *Ibid.* BB 43 (1749-1755).
406 AHR 1 E 44/9 : *gelbe Rüben ausgemacht* (2 livres, Huningue 1704).
407 AHR 3 B 4636 (juillet 1738).
408 AM Turckheim BB 41 (1731-1741).
409 *Ibid.* BB 25 (1665).
410 Witternheim-Boofzheim, Jebsheim, Herrlisheim, Nambsheim, Froeningue.

Ventilation des objets volés (1650-1789)

	Nb.	%
Denrées alimentaires et produits du sol	**250**	**56 %**
Céréales panifiables	**51**	**11,4 %**
- grains, gerbes	40	
- farine, son	4	
- pain, petits pains, pain d'épice	7	
Fruits	**96**	**21,5 %**
- sans indication	51	
- pommes	2	
- poires	8	
- cerises	3	
- raisins	12	
- noix	20	
Légumes	**50**	**11,3 %**
- sans indication	1	
- navets, raves	14	
- fèves	12	
- choux	8	
- pommes de terre	7	
- pois	4	
- oignons	2	
- citrouilles	1	
- salade	1	
Produits du sol divers	**23**	**5,2 %**
- chanvre	13	
- maïs	2	
- tabac	2	
- pavot	1	
- lin	1	
- divers	3	
Miel	**2**	**0,4 %**
Oeufs	**1**	**0,2 %**
Viande	**20**	**4,5 %**
- volaille	16	
- viande (sans précision)	1	
- lard	2	
- saucisse	1	
Sel	**2**	**0,4 %**
Boissons	**5**	**1,1 %**
- vin	4	
- eau-de-vie	1	
Textiles, habillement, lingerie	**15**	**3,4 %**
- toile	3	
- fil	1	
- vêtements (sans précision)	1	
- redingote	1	
- culotte	1	
- chemise	1	
- bas	2	
- foulard	1	
- chapeau	1	
- linge	1	
- nappe	1	
- sac	1	
Outillage domestique	**11**	**2,5 %**
- chaudron	2	
- pot	1	
- cuillère	1	
- couteau	1	
- clés	2	
- miroir	2	
- fusil	2	

Bijoux (bagues)	**2**		**0,4 %**
Espèces	**17**		**3,8 %**
Divers (livres de prières, pièces à conviction)	**3**		**0,7 %**
Vaisselle sacrée et argent (églises)	**4**		**0,9 %**
Outillage agricole	**13**		**2,9 %**
- charrette, chariot	2		
- roues	2		
- herse	1		
- houe, pioche	2		
- échelle	1		
- tonneaux	2		
- alambic	1		
- divers	2		
Matériaux	**37**		**8,3 %**
- bois (sans les délits forestiers)	26	(5,8 %)	
- échalas	3		
- planches	1		
- saules	1		
- joncs	1		
- pierres	1		
- ferraille	1		
- piquets de clôture	1		
- porte de jardin	1		
- chaîne	1		
Bétail	**7**		**1,6 %**
- chevaux	2		
- vache	1		
- moutons	3		
- chien	1		
Fumier	**2**		**0,4 %**
Fourrage	**85**		**19,1 %**
- herbe, foin, regain	72	(16,1 %)	
- paille	8		
- trèfle	3		
- divers	2		
Total	**446**		**100 %**

Sources : voir *supra* p. 1480.

On notera la répétition des vols alimentaires[411] à la campagne, qui portent à eux seuls sur la moitié des produits recensés. Aux *bleds* - gerbes qui disparaissent sur un champ ou dans une grange, poignées de grains enlevés au moulin ou sur un grenier -, s'ajoutent divers légumes (fèves, choux, oignons, pommes de terre) et de la viande (volaille, lard). Enfin les chapardages de fruits - pommes et poires sauvages, cerises et noix - jouent un rôle non négligeable dans les atteintes à la propriété[412], tout en se chargeant d'une signification plus large, celle de la violation de l'espace communautaire[413]. Dans le bailliage de Landser n'échapperont à l'amende que ceux qui s'arrangent avec le bangarde, de façon à ne pas figurer dans le rapport, ou avec le prévôt, pour ne pas être portés sur le registre qui est

[411] Voir A. FARGE, *op. 2500.*

[412] AHR C 1598 : *verbotten... in einem andern Eigenthum... zu grassen fuder zu machen oder holtz und glauben aufzuheben... das keiner dem andern auf seinem Eigenthum et was entfremden solle...* (Niedermorschwihr 1790).

[413] Voir *supra* pp.1314-1319 et 1526-1529.

présenté aux plaids annaux qui se se tiennent tous les trois ans[414] en présence du bailli. Le droit municipal de la ville de Colmar rappelle les peines encourues par les délinquants : *De ceux qui volent dans les campagnes du grain, des fruits, des raisins. Nous voulons que tous ceux, jeunes et vieux, hommes et femmes, qui, de jour ou de nuit auront volé à la campagne du grain, raisin, poires, pommes, oignons, racines, choux, jardinage, soient sans considération des personnes, mis la première fois dans les petites maisons, la seconde leur fera faire le saut dans l'eau et pour la troisième fois, ils seront appliqués au carcan et bannis de la ville.* Ignace Chauffour, le traducteur ajoute : *On condamne au bannissement et aux galères ceux qui sont accoutumés à faire de pareils vols, pour les premiers quand les bangardes attrapent quelqu'un et lui prennent le chapeau et l'habit et se font payer trois ou six batses à leur profit, quand ce sont des récidives on foure les patureaux en prison, ou dans le blochhuss à l'hopital ou on leur fait donner quelques coups de nerf de boeuf*[415]. Au-delà de la diversification de fait de l'alimentation paysanne[416], la nature de l'objet du vol indique donc, parfois crûment, l'état chronique des difficultés économiques de l'époque : on vole par nécessité, pour se nourrir ou pour survivre et le geste répond à une économie de substitution, vitale pour une partie croissante de la population. Aussi est-ce le terroir cultivé, les lieux d'exploitation, la maison, le potager et le moulin qui constituent le champ d'opération privilégié des délinquants. Viennent ensuite l'auberge, lieu de rencontre, les foyers où se concentrent les pouvoirs (château, église, presbytère) ou la richesse : la ville, avec ses maisons patriciennes, ses boutiques et ses marchés exerce une forte tentation sur la population flottante issue des campagnes. Voici ce que révèlent à ce sujet une centaine de cas portés à la connaissance du Conseil Souverain :

- En rase campagne (terroir : 12 ; pré, pâturage, forêt : 7)	19	(18,8 %)
- Route :	1	(1 %)
- Maisons particulières, cours, jardins : (dont vols domestiques : 7 = 6,9 %)	37	(36,6 %)
- Lieux d'exploitation (grange, grenier, cave, étable) :	9	(8,9 %)
- Lieux du pouvoir (église, presbytère, abbaye, château)	13	(12,9 %)
- Auberge :	7	(6,9 %)
- Ville (maisons particulières, boutiques, foire, marché) :	7	(6,9 %)
- Moulin :	5	(5 %)
- Divers :	3	(3 %)
	101	(100 %)

De la rase campagne à la route, des bâtiments d'exploitation aux résidences urbaines, les produits du sol perdent leur prépondérance. En juillet 1784, Frédéric Braun, postillon chez Schnoeringer, le maître de poste

414 AHR 1 E 44/16 (bailliage de Landser, mémoire s.d.).

415 BNUS Ms. 3655 : *Droit municipal de la ville de Colmar, traduit de l'allemand par Ignace Chauffour*, s.d. XVIIIème siècle.

416 Voir *infra* pp. 1691 ss.

de Gambsheim, se fait agresser sur la route d'Offendorf : on le retrouvera dans une rivière,le visage tuméfié et le corps meurtri. Ses quatre agresseurs lui auront dérobé une bourse de peau contenant 4 écus et trois pièces de 12 sols, une paire de *boutons de manche* d'argent, une paire de souliers, une veste. Ce crime crapuleux (car *ils étaient persuadés pour lors qu'il étoit mort)* leur vaut d'être condamnés à être enfermés aux prisons royales du Pont-Couvert, puis d'être *rompus vifs*, mais le jugement sera *exécuté par effigie en un tableau attaché à un poteau* [417]. La comparaison entre les actes judiciaires d'un bailliage seigneurial, celui de Witternheim-Boofzheim en l'occurrence, et les appels au Conseil Souverain de Colmar met en lumière le rôle joué par les éléments non alimentaires. Les deux sources intéressent la campagne, mais à des degrés divers. Le Conseil Souverain situe ses compétences au-dessus des délits proprement ruraux : on y discernera davantage de biens immobiliers (pièces d'habillement, outillage domestique ou agricole, espèces et bijoux) ; au niveau du bailliage par contre, apparaît clairement ce qui fait l'originalité du chapardage rural : c'est, en dehors du vol de denrées, le détournement de fourrage - herbe, foin, paille - et de bois qui illustre la double crise du XVIIIème siècle finissant, celle du pâturage et celle du combustible. L'échantillon de Witternheim-Boofzheim se trouve donc exagérément grossi, dans la mesure où il prend en compte nombre de vols qui pourraient être inclus dans les délits forestiers et les contestations de pâturage[418]. La forêt, nous indique-t-on dans le bailliage d'Altkirch, *attire quantité d'étrangers* qui y commettent des déprédations nocturnes ; dénués de tout bien, ils n'ont rien à perdre et ne craignent pas le châtiment[419] : il ne s'agit pas pour autant de dévastations systématiques, assorties d'un projet revendicatif, car la forêt, en tant que prolongement du terroir, est, comme l'affirme Andrée Corvol, *le miroir de la délinquance*, le lieu des infractions au quotidien et au singulier[420]. Mais la progression des délits forestiers peut traduire aussi bien le renforcement de la répression et de la verbalisation que la multiplication des pratiques délictuelles. L'appropriation du bois qui, dit-on, n'appartient à personne donc à tous puisque personne ne l'a planté, ne relève-t-elle pas du libre service ? Il n'est pas normal que l'on achète le bois, don de la Providence[421], produit destiné exclusivement à couvrir les besoins domestiques et non à la commercialisation : achète-t-on l'air et l'eau ? Il n'y a pas que le besoin qui guide les délinquants. Discret ou ostentatoire, banalisé ou réprimé, le vol de bois s'intègre parfaitement dans les mécanismes mentaux traditionnels.

La diversification croissante des objets volés ne concerne d'ailleurs pas de la même façon les deux milieux :

---

417 ANV [6] 1170.

418 Voir *infra* pp. 1314-1319 et 1526-1529.

419 AHR C 1093 (bailli Clavé à propos de Hirtzbach, 1760).

420 A. CORVOL, *op. 1117*, pp. 323-325.

421 A. CORVOL, *op. 1118*, p. 72.

	Witternheim-Boofzheim	Appels au Conseil Souverain
1700-1729	40 produits différents (129 affaires)	29 produits différents (37 affaires)
1730-1759	40 produits différents (184 affaires)	56 produits différents (76 affaires)
1760-1789	30 produits différents (223 affaires)	150 produits différents (201 affaires)

Limitée dans le cas du bailliage, elle se développe au niveau des appels au Conseil Souverain qui touchent une société à la fois plus mêlée et plus mobile, opérant sur la route, et non seulement dans les limites étroites du finage. En tout état de cause, il convient de replacer dans de justes proportions le vol de denrées alimentaires qui cède la priorité aux détournements de bois, d'effets vestimentaires et d'objets domestiques. L'évolution du début à la fin du XVIIIème siècle est significative : les denrées alimentaires gardent une importance constante dans le cadre de la seigneurie, mais les appels au Conseil Souverain leur accordent de moins en moins de place. Dans le premier cas, on notera l'augmentation des vols de bois et de matériaux ; dans le second, la place grandissante de l'outillage agricole, des ustensiles domestiques et du textile. Enfin, si le détournement de volailles reste le fait d'individus isolés, parfois de vagabonds, les vols de gros bétail (bovins et chevaux) diminuent - éprouve-t-on des difficultés à le nourrir ? - tandis que le détournement de fourrage, relativement peu fréquent, peut se confondre avec la pratique de la dépaissance abusive.

La répartition saisonnière des vols reflète certes les contraintes de l'autosubsistance, c'est-à-dire la nécessité de disposer de suffisamment de stocks entre deux récoltes successives : après une pointe principale de saison froide (maximum de janvier), un second maximum correspond à la période de la soudure et de la moisson (mai-juillet) et celle des récoltes d'automne (septembre-octobre). Toutes les explications sont possibles : aussi bien l'accumulation des denrées que la peur d'en manquer et l'angoisse devant l'hiver incertain. Mais une telle répartition, du reste relativement étalée en cours d'année, n'a rien de rigide et le vol d'effets peut revêtir une double signification à la fois économique et psychologique :

– C'est d'abord une revanche sur la société possédante. En effet l'appropriation de certains objets superflus - la montre, la tabatière, le briquet, le bouton en or - peut se faire par vengeance. Elle assure en tout cas l'accession à la parade et témoigne, de la part de son auteur, d'une volonté de paraître, de faire siennes les habitudes des victimes, d'entrer dans le rôle convoité du riche.

– Le contenu économique de ce type de délit le rapproche du vol de denrées alimentaires dicté par la nécessité : la paupérisation, les difficultés d'existence, suite à la poussée des prix ou à l'étranglement du marché du travail, l'incertitude du lendemain conduisent à subtiliser des objets qui ont la particularité de se prêter à la revente ou au troc dans une économie d'échange. Le point commun entre des objets aussi divers qu'une redingote, une paire de gants, un couvert en argent, un peigne, un vilbrequin, une peau de boeuf ou une lame à saigner les chevaux réside dans leur caractère de biens aisément négociables[422].

[422] AHR 3 B 6812 : *des boucles de cuivre qu'il a fait chauffer dans son poële* (vol domestique perpétré par un garçon-charron à Bollwiller, le 20 décembre 1754).

Nature des objets volés : Evolution au cours du XVIIIème siècle
Nb (%)

Bailliage de Witternheim-Boofzheim

	Bailliage de Witternheim-Boofzheim				Appels au Conseil Souverain			
	1700-1729	1730-1759	1760-1789	Total	1700-1729	1730-1759	1760-1789	Total
Denrées alimentaires et produits du sol	51 (39,5)	67 (36,4)	69 (31)	187 (34,9)	9 (24,4)	9 (11,8)	22 (10,9)	40 (12,7)
Textile, lingerie, habillement, literie	3 (2,3)	-	1 (0,4)	4 (0,7)	10 (27)	22 (28,9)	78 (38,8)	110 (35)
Mobilier	-	-	-	-	-	-	4 (2)	4 (1,3)
Outillage domestique	2 (1,6)	4 (2,2)	1 (0,4)	7 (1,3)	4 (10,8)	17 (22,4)	36 (17,9)	57 (18,2)
Espèces	3 (2,3)	6 (3,3)	1 (0,4)	10 (1,9)	3 (8,1)	4 (5,3)	10 (5)	17 (5,4)
Bijoux	-	-	-	-	-	1 (1,3)	4 (2)	5 (1,6)
Outillage agricole	4 (3,1)	2 (1,1)	2 (0,9)	8 (1,5)	3 (8,1)	10 (13,2)	30 (14,9)	43 (13,7)
Bois et matériaux divers	45 (34,9)	71 (38,6)	128 (57,5)	244 (45,5)	1 (2,7)	3 (3,9)	9 (4,5)	13 (4,1)
Bétail	4 (3,1)	3 (1,6)	1 (0,4)	8 (1,5)	6 (16,2)	8 (10,6)	4 (2)	18 (5,7)
Fumier	-	1 (0,5)	3 (1,3)	4 (0,7)	-	-	-	-
Fourrage	17 (13,2)	20 (10,9)	17 (7,7)	54 (10,1)	1 (2,7)	1 (1,3)	2 (1)	4 (1,3)
Divers	-	10 (5,4)	-	10 (1,9)	-	1 (1,3)	2 (1)	3 (1)
	129 (100)	184 (100)	223 (100)	536 (100)	37 (100)	76 (100)	201 (100)	314 (100)

Sources : Voir *supra* p. 1480.

Ainsi l'évolution de la conjoncture économique influe directement sur la nature du délit. Le vol de petite envergure est sans doute moins dicté par des facteurs pathologiques que par la détresse économique et la réaction anti-sociale qu'elle engendre. Est-il le fait de paresseux et de pervertis ou celui de désespérés tenaillés par le besoin ? Les informations ponctuelles rappelant la misère ne manquent pas : *c'étoit dans un temps de grande famine*[423] ; *se trouvant nécessiteux et pauvre*[424] ; *il n'avoit pas les moyens de subsister*[425] ; *les menaces du Juif l'ont conduit à cette nécessité extrême*[426]... Ce journalier invalide de Carspach entre dans une maison *pour chercher du pain pour ses enfants qui n'en avoient point depuis deux jours* et se trouve amené à couper un morceau de lard de deux livres et demi[427] : dans ce cas, ce sont successivement la nécessité et l'occasion qui font le larron.

	Intendance (ABR C 396-398)		Conseil Souverain (AHR 1 B 585-959 et 3 B 1-10 012)	
Vagabonds, étrangers, inconnus	10	(12,5 %)	17	(20 %)
Domestiques	6	(7,5 %)	18	(21,2 %)
Apprentis	8	(10 %)	1	(1,2 %)
Bergers			6	(7 %)
Journaliers	19	(23,8 %)	16	(18,8 %)
Laboureurs	6	(7,5 %)	3	(3,5 %)
Autres (artisans, marchands, divers)	31	(38,7 %)	24	(28,3 %)
	80	(100 %)	85	(100 %)

3) Les voleurs, autochtones ou étrangers ?

Aussi le vol est-il fréquemment lié au vagabondage[428]. Pour s'en convaincre, il suffit d'interroger les actes d'audience qui accordent une place importante aux étrangers qui, du fait que personne ne les connaît, ne bénéficient guère d'un préjugé favorable : bergers et pastoureaux qui changent constamment d'employeur[429] et qui se mêlent parfois aux voituriers auxquels ils proposent de soigner et de panser les chevaux[430] ; artisans à la recherche de travail[431] ; Juifs connaissant trop bien les intérieurs paysans pour ne pas être tentés de profiter de la situation[432], colporteurs qui *trafiquent toutes sortes de marchandises* - soufre, mercerie, rubans, dentelle –, séjournent dans les granges, accompagnent les joueurs de viole *tantôt dans un endroit, tantôt dans un autre*[433].... Témoin ce

[423] AHR 3 B 1008 : vol de moutons, poules, oies, froment, pain, beurre, fromage perpétré par deux femmes à Issenheim en 1717.

[424] AHR 3 B 6537 : journalier d'Ungersheim, voleur de miel (janvier 1786).

[425] AHR 3 B 1239 : une veuve de vigneron de Sigolsheim dépouille les épis de leurs grains et vole vingt gerbes sur un champ non dépouillé (Ingersheim 1760).

[426] AHR 3 B 6575 : vol commis par un journalier de Horbourg auprès d'un laboureur de Colmar (1773).

[427] AHR 3 B 2585 (Carspach 1773).

[428] Voir *supra.* pp. 1451 ss.

[429] AHR 3 B 168 : berger de 13-14 ans, natif d'Altkirch, fils d'un maçon silésien (Colmar 1789).
AHR 3 B 898 : berger âgé d'une vingtaine d'années, natif de Landau (Merxheim 1704).

[430] AHR 3 B 898 et 2906 (à Kingersheim 1786 - origine suisse).

[431] AHR 3 B 4632 : deux ans à Turin, six mois à Chambéry, 20 jours à Cologne, tombe malade à Mayence avant de rejoindre Strasbourg, puis Bâle ; s'arrête à l'hôpital de Rouffach, puis à la métairie de Pulversheim pour y *pernocter* (un cordonnier florentin, 1731).
AHR 3 B 6326 : un garçon boulanger de Schaffhouse en Suisse se retrouve sur la route de Pulversheim, fait la moisson et le battage à Houssen et à Ostheim (1741).

[432] ABR G 6458 : un Juif de Diebolsheim fracture un coffre dans la chambre à coucher d'un laboureur de Friesenheim (14 juin 1779).

[433] AHR 3 B 4887 (Eschentzwiller 1715).

chapelier , 18 ans, natif de Constance, et sa complice, une Suissesse marchande ambulante, dans la trentaine, qui, en 1774, se rendent coupables de plusieurs vols à Berrwiller et à Wittelsheim[434] : une culotte de peau, un drap de lit, deux taies, un lit de plumes, un traversin, un crochet de volet, quatre bandes de lard, trois pots d'étain, un boisseau de farine, trois livres de beurre fondu, deux miches de pain sont découverts par la maréchaussée sur la *charrette ambulante* au milieu de la *marchandise de poche, indienne et rubans* [435]... Quand, au hasard des pérégrinations, cette faune colorée s'avise à marquer un arrêt, c'est la tentation. Il suffit qu'il tombe entre les mains de ces errants un peu de jus de réglisse, un morceau d'amadou, une pipe à fumer, une bourse, une culotte de peau, un mouchoir. Mais ne nous y trompons pas : le vol est majoritairement le fait des autochtones. Plus de 85 % des affaires leur sont imputées par les archives de l'Intendance[436]. Même s'ils sont appréhendés en dehors du village, les quatre cinquièmes des délinquants sont des gens du cru, parfaitement intégrés dans le milieu rural : une proportion importante de journaliers et de domestiques ; une minorité de laboureurs. Ainsi le vol rural avec effraction, en dépit des déclarations des autorités, n'est pas le monopole, tant s'en faut, des étrangers ou des marginaux, ni même celui des misérables : c'est celui de ces deux jeunes gens, l'un de Châtenois, l'autre de Nordhouse qui, dans la nuit du 2 au 3 août 1785, tire d'un soupirail, au moyen d'un noeud coulant et après avoir cassé les carreaux à coups de serpette, de la vaisselle en étain, des effets vestimentaires (habit, gilet, jupon, chapeau, souliers, bas), un sac à grains[437].

	Nombre de cas	Nombre de personnes
Autochtones	282 (87,6 %)	359
Etrangers à la province	19 (5,9 %)	36
Inconnus	21 (6,5 %)	?
	322 (100 %)	

Selon la même source, les vols sont le fait d'individus isolés, la plupart de sexe masculin, la constitution de bandes organisées étant tout-à-fait exceptionnelle : comme le montre l'analyse des 320 affaires que nous dévoilent les archives de l'Intendance[438] :

		Nb. de personnes impliquées	1	2	3	4	5 et plus
Hommes	Nb.	205	164	25	10	5	1
	%	**100 %**	**80 %**	**12,2 %**	**4,9 %**	**2,4 %**	**0,5 %**
Femmes	Nb.	47	46	-	1	-	-
	%	**100 %**	**97,9 %**	-	**2,1 %**	-	-
Mixte (H+F)	Nb.	28	24	-	1	1	2
	%	**100 %**	**85,7 %**	-	**3,6 %**	**3,6 %**	**7,1 %**
Adultes + adolescents	Nb.	16	4	7	2	2	1
	%	**100 %**	**25 %**	**43,8 %**	**12,5 %**	**12,5 %**	**6,2 %**
Adolescents	Nb.	24	22	2	-	-	-
	%	**100 %**	**91,7 %**	**8,3 %**	-	-	-
		320	260	34	14	8	4
		100 %	**(81,3 %)**	**(10,6 %)**	**(4,4 %)**	**(2,5 %)**	**(1,2 %)**

434 AHR 4 J 10.

435 *Ibid.*

436 ABR C 396-398 (1753-1789).

437 ABR G 6464.

438 ABR C 396-398.

Un voleur sur cinq ou sur six est de sexe féminin. Même si elles ne prennent pas toujours l'initiative du vol, même si elles agissent de façon plus isolée et en compagnie de leurs satellites naturels, enfants et adolescents, les femmes sont moins absentes de ce genre d'opérations que de la criminalité de la violence[439] : leur tâche primordiale ne consiste-t-elle pas à nourrir leur progéniture ? Or le larcin, c'est la criminalité de la misère et les hommes savent fort bien jouer de la responsabilité atténuée des femmes. On constate également la faible participation des jeunes, en définitive plus violents que voleurs ; s'ils interviennent, c'est qu'ils sont encadrés par les adultes : dans ce cas de figure, le taux de complicité atteint 75 %, tandis que pour les hommes seuls, il tombe à 20 %, pour les femmes et les adolescents à moins de 10 %.

Les justices seigneuriales et bailliagères permettent en outre de préciser l'évolution qui se dessine entre 1650 et 1789 :

	Total	Hommes	Femmes	Mixtes	Adolescents	Adultes+adolescents
1650-1729	218	156	35	1	11	15
	100 %	(71,6 %)	(16 %)	(0,5 %)	(5 %)	(6,9 %)
1730-1759	215	157	30	3	20	5
	(100 %)	(73 %)	(14 %)	(1,4 %)	(9,3 %)	(2,3 %)
1760-1789	284	228	32	2	18	5
	(100 %)	(80,3 %)	(10,9 %)	(0,7 %)	(6,3 %)	(1,8 %)
Total	717	541	96	6	49	25
1650-1789	(100 %)	(75,5 %)	(13,4 %)	(0,8 %)	(6,8 %)	(3,5 %)

Nb. de personne impliquées			1	2	3	4	5 et plus
1650-1729	Hommes =	156	149	4	2	-	1
		(100 %)	(95,5 %)	(2,6 %)	(1,3 %)	-	(0,6 %)
	Femmes =	35	32	3	-	-	-
		(100 %)	(91,4 %)	(8,6 %)	-	-	-
1730-1759	Hommes =	157	142	9	2	1	3
		(100 %)	(90,5 %)	5,7 %)	(1,3 %)	(0,6 %)	(1,9 %)
	Femmes =	30	30	-	-	-	-
		(100 %)	(100 %)	-	-	-	-
1760-1789	Hommes =	228	188	22	8	3	7
		(100 %)	(82,5 %)	(9,6 %)	3,5 %)	(1,3 %)	(3,1 %)
	Femmes =	31	25	5	1	-	-
		(100 %)	(80,7 %)	(16,1 %)	(3,2 %)	-	-
Total	Hommes =	541	479	35	12	4	11
1650-1789		(100 %)	(88,5 %)	(6,5 %)	(2,2 %)	(0,7 %)	(2,1 %)
	Femmes =	96	87	8	1		-
		(100 %)	(90,6 %)	(8,3 %)	(1,1 %)		

Sources : Voir *supra* p. 1480 (Witternheim-Boofzheim, Jebsheim, Nambsheim, Herrlisheim, Froeningue)

La forte prédominance masculine ne permet pas d'affirmer que les crimes contre les biens sont l'affaire des femmes et les crimes contre les

[439] Voir *supra* pp. 1513-1524.

personnes celle des hommes[440]. En réalité, le taux de masculinité s'accuse, au cours du XVIIIème siècle, au détriment de la délinquance féminine, en même temps que se renforcent, de façon timide, chez les hommes, les actes collectifs au détriment des initiatives individuelles. La délinquance féminine, toujours minoritaire, puisqu'elle représente un délit sur six ou sept, revêt l'apparence d'actes isolés.

C'est que, d'un sexe à l'autre, la nature de l'objet convoité diffère. Il peut être intéressant de correler la nature des objets avec les qualités du voleur. Si la rareté des indications socio-professionnelles nous empêche de mener à bien cette entreprise, la double distinction étrangers/autochtones et adultes/adolescents est par contre révélatrice :

Voleurs et nature du vol

Nature du vol	Nb. de cas (%)	Evaluation en % Etrangers ou inconnus	Hommes	Femmes	Mixtes	Adolescents	Adultes et adolescents
Denrées alimentaires et produits du sol	37 (28,7 %)	5,4	73	8,1	-	8,1	5,4
Textile, lingerie, habillement, literie	29 (22,5 %)	3,4	31,1	34,5	-	17,2	13,8
Mobilier	2 (1,5 %)	50	-	50	-	-	
Outillage domestique	9 (7 %)	11,1	33,3	-	-	55,6	-
Espèces	4 (3,1 %)	-	50	25	-	-	25
Vases sacrés et troncs d'église	14 (11 %)	57,1	14,3	-	-	28,6	-
Outillage agricole	4 (3,1 %)	-	100	-	-	-	-
Bétail	17 (13,1 %)	-	76,4	11,8	-	5,9	5,9
Fourrage	2 (1,5 %)	50	-	-	50	-	-
Divers	3 (2,3 %)	-	33,4	-	-	33,3	33,3
Total	**129 (100 %)**	**10,8**	**51,9**	**13,2**	**0,8**	**14,8**	**8,5**

Source : ABR C 396-398 (Intendance).

Inconnus et étrangers pillent les églises, puis disparaissent. Les autochtones confèrent à leur vol une tonalité nettement économique : ce sont les hommes qui détournent les denrées alimentaires et les produits du sol, l'outillage agricole et le bois, des têtes de bétail ou quelques pièces de monnaie. Les femmes sont davantage attirées par les effets vestimentaires : si elles participent au détournement de bêtes, il ne s'agit que de brebis ou de volailles, tandis que l'homme enlève chevaux et bovins. Les jeunes enfin volent de préférence des ustensiles domestiques - de l'argenterie aux couverts et aux couteaux de poche - ou participent, accompagnant les adultes, au pillage des églises, au vol de bois ou d'effets vestimentaires. Les délinquants, quelle que soit leur qualité civile, jettent en définitive leur dévolu sur deux sortes de produits : ce qui est directement utilisable dans l'alimentation ou l'artisanat domestique et ce qui, négociable, procure de l'argent liquide.

[440] Ph. HENRY, *op. 2464*, pp. 657 et 665.

En dépit d'une moyenne d'âge relativement élevée (56,2 ans pour les hommes et 33,5 ans pour les femmes), la répartition par âges fait apparaître une nette prédominance, dans la délinquance acquisitive, des moins de 30-35 ans : des adolescents certes (volent-ils pour le compte de leurs parents ou de leur maître ?), mais aussi des hommes et des femmes dans la force de l'âge. Ces derniers, s'ils ont franchi le stade du mariage stabilisateur, n'échappent pas pour autant à l'insécurité ou à la dépendance économique que secrètent le manque de terre ou de travail, chronique ou épisodique. Compte tenu du petit nombre de cas spécifiés, la présence de quelques femmes quinquagénaires ou sexagénaires n'a guère de signification statistique. Mais il est probable que l'absence de ressources, consécutive au veuvage, pèse lourdement dans cette répartition.

Au-delà du pittoresque, le vol apparaît ainsi dans toute sa dimension : il est d'abord geste signifiant qui révèle les difficultés d'un groupe humain. Il est ensuite geste inversé par rapport aux normes communément admises par le pouvoir qui cherche, de ce fait, à l'isoler et à le cantonner dans l'anormalité : en fait le délinquant, qui inconsciemment refuse l'ordre social habituel, trouve ce geste d'autant plus normal qu'il fait partie de son système de défense. Nous retrouvons donc le choc d'une culture dominante, avec sa vision moraliste selon laquelle le voleur se complaît dans le vice, et une culture dominée qui ne partage pas ces valeurs. Le vol dans les campagnes connaît, au XVIIIème siècle, une évolution d'ordre quantitatif et qualitatif. La mutation économique ne s'accompagne guère d'une création sensible de richesses nouvelles : il est donc normal, en cette période de croissance démographique, que la courbe des vols se caractérise par son allure ascendante. De plus en plus menacée par ceux qui en sont exclus, la richesse acquise est sévèrement défendue par ceux qui en sont les bénéficiaires. On comprend, dans ces conditions, que progresse le nombre de délits et que s'accélère la cadence des accusations. De fait, la ventilation des types de délits donne lieu à une évolution significative : on vole de moins en moins de denrées alimentaires qui continuent cependant à enregistrer une confortable avance, davantage de pièces d'habillement, tandis que les détournements de bois prennent un inquiétant envol. Le vol témoignerait donc d'un certain nombre de goulots d'étranglement - en l'occurrence la raréfaction du bois -, tout en reflétant le passage à une économie plus monétarisée. Peu répandu - moins de 5 % des cas relevés - le vol d'argent ne porte que sur des sommes minimes, mais il progresse en cours de siècle, d'autant qu'il convient d'y ajouter, sur la route plus que dans le village même, les bourses et les mouchoirs volés : noué aux quatre coins, le mouchoir attire-t-il l'attention parce qu'il tient lieu de porte-monnaie pour les gens modestes ? Mais, en laissant entrevoir des possibilités de revente, le fait de voler le superflu plutôt que l'utile ne correspond pas forcément à une pratique éloignée des nécessités vitales. Par contre, les formes nouvelles que prend le vol, plus feutrées, comme la subtilisation d'un contrat ou d'une pièce à conviction, intéressent davantage la ville que la campagne qui garde sa spécificité[441]. Encore que l'affaire des *fausses quittances*[442] témoigne d'une forme de vol très élaborée...

[441] J. DE L'HERMINE, *op. [235]*, p. 112 : *un soldat, ne trouvant pas de monnaie s'étoit saisi de ses papiers quoi qu'ils fussent en allemand et qu'il n'y connaît rien* (Jettingen 1675).

[442] Voir *supra* pp. 1416-1418.

Conclusion : la criminalité reflet d'une époque et miroir d'une société

Liée aux relations de voisinage, la criminalité peut être secrétée par la misère matérielle et morale d'une population. Même si la fin du XVIIIème siècle porte les conflits à leur paroxysme, l'étude de la violence, sous toutes ses formes, s'inscrit dans la pérennité d'une agressivité ambiante. Les temps sont durs, certes, mais sont-ils plus durs que par le passé ? En réalité, l'existence devient plus précaire à la suite d'une double évolution : il y a pléthore d'hommes et pénurie de ressources ; il y a aggravation des écarts sociaux : à l'enrichissement de quelques uns répond l'appauvrissement d'un grand nombre de déracinés et de dépendants. La criminalité est donc autant l'étalon de l'estime et du profit que celui de la nécessité. La conjoncture matérielle s'inscrit dans la permanence des mentalités qui refusent tout bouleversement de l'ordre social. La violence obéit à un processus ritualisé, à des codes sociaux. On s'abstiendra avant tout de sortir de son *état*, de se prendre pour quelqu'un qu'on n'est pas, par vantardise ou ostentation. Par contre, une déchéance n'implique pas qu'on renonce à ce qu'on croit avoir toujours été. L'essentiel est de faire bonne figure. On veillera à régler son comportement, non pas sur des circonstances extérieures, mais sur son *rang*, à évaluer sa propre situation au sein du rapport de forces qu'impose la communauté. Et, en protégeant son *honneur*, on cherchera à déstabiliser l'autre, en portant atteinte à sa réputation. Un affront se règle par la violence ; l'agression appelle la riposte qui sera à son tour vengée. Dans une atmosphère faite de réciprocité et de règlements de comptes, il devient difficile de briser le jeu social et de sortir du cercle vicieux défi-riposte-vengeance. Une relecture de la violence conduit les ethnologues à la considérer non pas exclusivement comme négativité, génératrice de désordre, mais comme valeur positive fondatrice d'ordre[443].

Ainsi les formes individuelles de la criminalité, avec leur sens aigu de la dignité bafouée et leur penchant à la défense ombrageuse, l'emportent sur les mouvements collectifs, plus spontanés qu'organisés, davantage motivés par la nécessité que par un quelconque sentiment d'égalité, plus porté aux cris et aux éclats de voix qu'à l'action concrète. Une fois de plus, l'essentiel réside dans la dispersion, l'éclatement d'une société de plus en plus individualiste. Car les querelles d'honneur peuvent dissimuler des rivalités d'argent et de pouvoir. S'il y a une délinquance lucrative, il y a aussi des conditions dangereuses en relation directe avec une conduite conflictuelle : défense du patrimoine pour le laboureur, appât du gain pour le rentier, attrait du profit pour le meunier et l'aubergiste... Il ne nous est pas apparu, au XVIIIème siècle, un adoucissement des moeurs, mais un phénomène de banalisation et de ritualisation de la violence, véritable mécanisme de régulation d'une société.

Il est certes difficile de faire un partage de l'espace criminel. Il semblerait cependant qu'il se dégage une criminalité *rurale* qui revêt, à notre sens, trois caractères essentiels :

– Une certaine propension à la violence, verbale ou physique ; une criminalité qui vise davantage les hommes, plus directe et moins subtile

[443] Voir les travaux de M. MAFFESOLI, *op.* *2490* et *2491*.

que celle qui vise les biens. Le délit contre les biens apparaît d'abord comme un phénomène urbain : la ville offre plus de tentations que la campagne à une population appauvrie ou déracinée.

- Une certaine sensibilité au rythme des saisons, générateur tantôt d'oisiveté ou de pénurie, tantôt de suractivité et d'abondance ; la différence d'avec la ville se situe au niveau de l'objet du délit : les vols de bois, de fourrage, les chapardages de denrées alimentaires l'emportent sur les détournements d'effets vestimentaires, de pièces sonnantes et de bijoux.
- Une certaine limpidité que secrète la société d'interconnaissance où chacun connaît son adversaire, qu'il côtoie à l'église, à l'auberge, aux champs, dont il partage les habitudes, les enjeux, les mentalités et les espoirs.

Mais arrêtons là la comparaison, car le déracinement secrète des déplacements constants de la campagne à la ville et de la ville à la campagne.

On a voulu faire entrer la criminalité dans un schéma d'évolution quelque peu rigide : il y aurait, au XVIIIème siècle, atténuation de l'excès verbal et du geste brutal[444]. On passerait, à travers une discrète modernisation de la violence, d'une criminalité fondée sur la violence à une criminalité, plus feutrée et plus rusée, fondée sur le vol et ses dérivés. Une telle transformation, conséquence de la diffusion d'une civilisation urbaine[445], se vérifie à peine dans les campagnes alsaciennes fortement attachées aux permanences : brutalité des instincts, libération des pulsions... Comment les loups pourraient-ils se muer en renards ? En réalité, nos paysans sont à la fois loups et renards.

En définitive, le criminel, au sens large du terme, est le produit de son environnement familial, culturel, religieux : l'étude de la criminalité nous invite à une meilleure connaissance du cadre de vie.

[444] B. BOUTELET /P. CHAUNU, *art. 2450* (Normandie).

[445] P. DEYON, *op. cit.*, pp. 77-78.

QUATRIEME PARTIE

LES DECORS DU QUOTIDIEN

CHAPITRE I

LES EXIGENCES DU CORPS : SE PROTEGER, SE NOURRIR, SE SOIGNER

I. SE LOGER : LA MAISON PAYSANNE

Au gros *fermier* individualiste de l'Ile-de-France, au *paysan* de l'Ouest vivant dans sa ferme isolée, s'oppose le *villageois* des marges orientales du royaume. Ce n'est pas l'organisation agraire, de plus en plus individualiste, mais bien l'habitat groupé qui secrète promiscuité, surveillance mutuelle et sociabilité. Grâce à cette solide assise territoriale, pourvoyeuse de sécurité lorsque les autres structures protectrices s'affaiblissent, l'individualisme agraire ne débouchera pas sur la dislocation de la communauté rurale.

A) Diversité et complémentarité des approches

Entre les préoccupations du géographe et celles de l'architecte, l'historien du monde rural cherche sa propre voie. Le géographe est sensible à l'approche sitologique de l'habitat, le site accueillant l'agglomération et imposant sa forme au tissu villageois. Qu'ils occupent le fond d'une vallée, qu'ils s'accrochent au flanc d'un coteau, qu'ils s'étirent le long d'une lisière de forêt ou qu'ils colonisent le sommet d'une levée naturelle, les villages de la plaine d'Alsace se distinguent par leur forme ramassée : village-tas (*Haufendorf*) à peine altéré par les contraintes qu'imposent une route (village-rue ou *Straßendorf*) ou une lisière forestière entamée par les défrichements successifs (village-lisière ou *Waldhufendorf*)[1]. C'est le nord de la plaine d'Alsace, en bordure du *Bienwald*, qui offre l'image la plus achevée du village-lisière, avec son parcellaire bâti en arête de poisson qui n'est pas sans rappeler, toutes proportions gardées, le village de colonisation de l'Europe centrale. Les quelques exemples de dispersion secondaire qu'offrent la Hardt et l'Outre-Forêt, à la suite d'une ultime conquête sur l'espace forestier, ne modifient pas cette impression d'ensemble. Cet aspect compact, nos villages le doivent moins à la rareté des points d'eau ou à des impératifs de défense révolus qu'à des traditions communautaires solidement ancrées, elles-mêmes liées au désir d'économiser les terres de culture et d'observer les règles d'un assolement multiséculaire. Néanmoins les maisons sont rarement jointives : *les maisons ne se touchent point l'une l'autre, mais elles sont toutes séparées par un passage rempli de hauts arbres verts*[2]. Cette description, qui, sous la plume de L'Hermine, s'applique au Sundgau, donne l'impression d'un espace bâti très aéré, effectivement présent aux deux extrémités de la province et plus particulièrement sur ses confins méridionaux. Mais elle ne reflète guère la situation du reste de la plaine, où les maisons respectent l'alignement sur la rue et où le passage

---

[1] E. JUILLARD, *op. 140*, pp. 151-152.

[2] J. DE L'HERMINE, *op. [235]*, p. 68.

VUE CAVALIERE DU VILLAGE DE SCHILLERSDORF

entre la propriété bâtie et sa voisine se limite à une étroite venelle[3]. Impraticable - sauf pour les amoureux -, elle est destinée à recueillir les eaux usées rejetées par les éviers et tout ce qu'on veut bien lui confier : espace étroit mais suffisant pour assurer aux propriétaires respectifs un minimum d'autonomie. Cette disposition confère finalement au village alsacien un aspect plus desserré, si on le compare à celui que présente le village lorrain.

Quittant cette vision globale pour s'attacher à l'étude du bâti lui-même, l'architecte, en passant de l'analyse de l'habitat à celle de l'habitation, se sent irrésistiblement attiré par le cadre urbain. Or la ville dispose d'un type d'habitat spécifique : ordonnancement moins rigoureux qu'à la campagne par suite du lacis des ruelles ; pignon accolé à la maison voisine et donnant plus rarement sur la voie publique ; cours étroites, avec leur entrée côté rue, ne répondant pas à la même vocation fonctionnelle et sociale qu'à la campagne ; maisons plus hautes - deux à trois niveaux pour l'habitation et parfois autant pour les greniers - imposées par l'exiguïté du terrain disponible ; nombreuses lucarnes garnissant les combles et les séchoirs ; pierre et brique plus fréquemment utilisées... Il n'est pas question de considérer[4] l'habitation rurale comme une réplique plus ou moins servile ou plus ou moins adroite, voire comme une forme dégénérée des éléments architecturaux urbains. Ces derniers reflètent plus fidèlement les apports venus de l'extérieur et peuvent témoigner d'une certaine sensibilité au goût français. La maison rurale affiche une grande liberté par rapport aux styles officiels : on taille des motifs Renaissance sur les portails du Kochersberg jusqu'à la fin du XVIIIème siècle, tandis que le pays de Hanau reste fidèle aux portails néo-classiques. Au cours du XVIIIème siècle, les abattants se font plus amples, les poutrages plus abondants, les fenêtres plus larges sans que, pour autant, on puisse invoquer un style Louis XVI plutôt que Louis XV... L'architecture rurale acquiert une autonomie que lui confèrent des fonctions spécifiques et un système de valeurs original. Pour des raisons psychologiques autant qu'économiques, le paysan ne se laisse pas séduire par le modèle urbain et aristocratique. A la campagne, les constructions se caractérisent par une banalisation plus grande et une différenciation moindre, encore que les ethnologues s'érigent à juste titre contre le cliché d'un habitat uniforme qui servirait de modèle, voire de symbole, à la province tout entière, de la frontière suisse aux portes du Palatinat[5].

Mais l'historien, prisonnier de ses sources, ne saurait saisir les multiples nuances d'une région et d'une époque à l'autre, d'autant que les logis ruraux échappent pour la plupart à toute comptabilité. Les seuls bâtiments susceptibles d'être identifiés, décrits par les archives, évalués avec quelque précision sont :

---

[3] *Schlupf.*

[4] Comme l'ont fait jadis certains auteurs : R. FORRER, *op. 2566* et E. POLACZEK, *op. 3222*.
A. RIFF a été le premier à contester leurs affirmations (*Art populaire de France*, 1929).

[5] M-N. DENIS, *art. 2552*.
M-N. DENIS /M-C. GROSHENS, *op. 2554*.
M. RUCH, *op. 2633*, pp. 105-158.

- les censes abbatiales ou seigneuriales[6] ;
- les constructions occupées par les officiers seigneuriaux[7] ;
- enfin les maisons curiales grâce à l'impulsion décisive des intendants qui, épaulés au XVIIIème siècle par le corps des Ponts et Chaussées[8], suscitent enquêtes, plans-types et devis chiffrés[9]. Il en résulte un bâti nouveau, un bâti de maître, à valeur hautement symbolique, qui porte, par l'incitation volontariste de l'autorité comme par sa fonctionnalité, la marque du pouvoir politique et religieux. De ce fait, on mesurera la distance qui sépare la maison curiale catholique, au classicisme uniformisateur, du presbytère protestant, plus proche des traditions régionales.

Le point commun à ces bâtisses, qui accordent une place importante à la pierre et à l'iconographie, est d'obéir à des impératifs de symétrie, de prestige ou d'élégance : volume des toitures à quatre pans, ordonnancement des façades... Mais ni les unes ni les autres ne sont représentatives du type de construction en usage à la campagne où l'architecture, loin d'être l'apanage de la richesse ou du pouvoir, change de signification : elle devient tout à la fois respect de la tradition, symbole du foyer et indice de sa fixité. D'un côté, une architecture de prestige et de domination imposée, parfois stéréotypée ; de l'autre, un mode de construction plus spontané qui enregistre les acquis d'un groupe humain et les pesanteurs d'une tradition ? Cette opposition entre architecture *vernaculaire* et architecture *savante* n'a rien de systématique : les architectes royaux, chargés de la réalisation des bâtiments *publics*, prennent en compte les règles de l'architecture *privée* traditionnelle. Il n'en reste pas moins que la maison rurale se trouve imparfaitement intégrée dans un réseau d'économie monétaire et que l'appropriation individuelle ne laisse que peu de traces comptables. Comment lui conférer une valeur en argent dès lors qu'un certain nombre de matériaux sont fournis par le propriétaire lui-même et que l'artisan, rétribué à la tâche, tantôt en espèces tantôt en services, se fait aider par la main-d'oeuvre familiale[10] ? En réalité, Amos Rapoport l'a montré[11], ce qui caractérise la construction rurale, c'est qu'elle participe, en dehors de tout plan imposé de l'extérieur, à une architecture sans architecte[12]. Son propriétaire n'est ni simple bâtisseur, puisqu'il a recours à un artisanat spécialisé, ni simple consommateur pressé d'occuper le logis dès l'achèvement des travaux. Il est avant tout concepteur, et, en tant que tel, il

---

6 ABR 6 E 41/36 : cense de *Scheidhoff*, près de Kaltenhouse (1711).
ABR C 568/350 : ferme abbatiale de *Schnellenbühl* appartenant aux Jésuites de Sélestat (1760).
ABR G 1081/2 : ferme de *Biblenhof* appartenant à la fabrique de la cathédrale de Strasbourg (1774).

7 ABR C 213/20 : résidence du greffier d'Erstein, 1767.

8 Voir *supra* pp. 1152-1155.

9 AHR 1 G 55 (Spechbach-le-Bas 1784) et 57 (Niedersoultzbach 1766).
On consultera avec intérêt les travaux de L. ABEL, *art. 2528-2536.*

10 A titre indicatif, on trouvera des exemples de rétribution et de prix de matériaux dans C.A. HANAUER, *op.[106]*, t. II, pp. 416-425 et 435-437.

11 A. RAPOPORT, *op. 2616*, pp. 5-13.

12 ABR 8 E 481/18 : *Les supplians ne rapportent point de plan, les masson et charpentier n'étant point en etat d'en faire* (à propos de la grange communale de Stotzheim en 1743).

participe à l'élaboration d'un plan très approximatif, ce qui ne signifie nullement que la construction rurale ne se plie à aucune loi. Plutôt qu'à des contraintes naturelles, relativement légères dans la plaine en l'absence d'un relief important, l'environnement bâti obéit à un système culturel, c'est-à-dire à l'expression d'un ensemble de valeurs mises au point au fil des générations et d'une somme de besoins adaptés au mode de vie paysan. Très éloigné de la culture des élites urbaines, la tradition, fondée sur les relations entre l'homme, le milieu naturel et social, impose ses propres lois. C'est ce domaine, apparemment rebelle à la mesure, que redécouvrent les historiens à l'heure de l'informatique et de l'histoire quantitative[13]. En passant d'une architecture noble à une architecture populaire, de la demeure des riches au logis des humbles, il convient de replacer la maison dans son environnement humain, à la fois économique et psychologique.

Sans être prolixes, les sources autorisent une ébauche d'histoire sérielle : un grand nombre de terriers, en décrivant l'agglomération, indiquent les éléments constitutifs de chaque *Hof*, tandis que les archives seigneuriales livrent une partie de leur secret à l'occasion d'un incendie. Quant aux actes notariés, ils se hasardent à une estimation chiffrée et rappellent les règles de succession ou de cohabitation entre les générations en usage, sans jamais indiquer ni le nombre, ni la nature, ni la distribution des pièces. Enfin la documentation médicale[14] permet de cerner, de façon indirecte mais très concrète, les conditions de logement à la campagne. Outre la valeur de la maison, on cherchera donc à appréhender le degré de promiscuité, de salubrité, de sécurité de l'habitation rurale. Mais il est rare que l'agencement de la maison nous soit explicitement révélé. Ce brassage documentaire doit être complété par les témoignages qu'offre l'enquête orale et le travail sur le terrain effectué, à partir des maisons conservées, par des spécialistes sachant allier les qualités de l'historien et de l'architecte. La maison étant continuellement construite et reconstruite sur des modèles traditionnels, l'archéologie vient une fois de plus au secours du chercheur[15]. Plus que tout autre matériau documentaire, la demeure rurale ne témoigne-t-elle pas de la pérennité d'une civilisation ?

Il importe, à la lumière de ces sources, de se poser une double question : peut-on cerner l'ampleur de la *production* dans le domaine du bâtiment rural, sur le plan quantitatif et qualitatif ? Quelles sont par ailleurs les fonctions spécifiques de la maison à la campagne ?

---

[13] J. BARDET/P. CHAUNU et *alii*, *op. 2539*.
G. CABOURDIN et J. LANHER, *op. 2545*.

[14] Voir *infra* pp. 1761-1765.

[15] On rappellera à ce sujet l'intérêt que présente *l'Inventaire général des monuments et richesses artistiques de la France* qui fournit une méthode d'analyse et une base de travail indispensables, ainsi que l'activité de l'Association *Maisons paysannes d'Alsace* qui, dans le Sundgau, véritable conservatoire des types et des techniques de construction, établit le lien entre le présent et le passé grâce à la permanence des traditions. Voir M. GRODWOHL, *contrib. 2587*. Enfin l'enquête d'architecture rurale, engagée entre 1941 et 1943, a été reprise, dans une perspective scientifique, par Jean Cuisenier entre 1969 et 1972.

B) La production du bâtiment rural

1) Le problème de la datation : les grandes périodes d'activité constructrice

Le relevé systématique des millésimes apposés sur les maisons rurales permet d'établir des séries datées qui couvrent un champ chronologique bien jalonné. Sans doute est-il superflu de rappeler la corrélation existant entre l'histoire du bâtiment et celle de la population. Les périodes de flambée de la construction recoupent les phases d'essor démographique : la seconde moitié du XVIIIème siècle, qui enregistre un mouvement de construction soutenu, en offre la meilleure illustration[16]. A la densité des hommes répond la densité de l'espace bâti : des maisons nouvelles apparaissent dans les espaces demeurés libres ou à la périphérie de l'agglomération[17]. Voici l'exemple de Vendenheim : 119 maisons entre 1731 et 1743 dont 67 fermes et 52 maisonnettes qui s'élèvent presque toutes sur le communal ; 166 maisons entre 1744 et 1764[18]. La coupure de 1744 est sans doute trop nette pour refléter la réalité. Mais, même si les renseignements collectés par le personnel seigneurial ont été enregistrés avec retard, il apparaît une augmentation de près de 40% du nombre des bâtiments en l'espace de quelques décennies. Rappelons ici une observation faite à propos de l'essor démographique : les villages du Ried méridional semblent connaître, par rapport aux autres contrées de la plaine, un mouvement de construction plus tardif, mais qui s'avère être, par une sorte de rattrapage, plus vigoureux dans la seconde moitié du XVIIIème siècle[19]. Le bâtiment peut aussi servir de test d'une prospérité économique relative : bâtir une maison revient cher, même si, en vertu d'un *ancien usage*, la commune fournit gratuitement un chêne à quiconque se lance dans l'entreprise[20]. Inversement, la période de guerre et de crise de la seconde moitié du XVIIème siècle apparaît comme une morte-saison dans la production du bâtiment rural. Entre les deux phases ainsi définies, le coefficient multiplicateur du parc des constructions nouvelles se situe entre 4 et 5, sans que la progression revête une allure parfaitement linéaire.

Etablis à partir des éléments de datation recensés, les chronogrammes doivent cependant être maniés avec prudence pour trois raisons essentielles :

- L'absence de témoignages matériels n'exprime l'affaiblissement du zèle bâtisseur que pour les périodes les plus récentes. Les injures du temps n'ont-elles pas contribué à faire disparaître bon nombre de bâtiments qui témoignent par ailleurs d'une grande sensibilité aux accidents de la conjoncture ? Ainsi les témoins de l'habitat antérieur à la guerre de Trente Ans se font plus rares dans la plaine que dans le vignoble sous-vosgien :

16 Voir *supra* pp. 368-377.

17 Voir *supra* pp. 3-79 (exemple de Kuttolsheim).

18 ABR E 5909 : dénombrement de la noblesse de Basse-Alsace.

19 Th. FISCHER / M. GRODWOHL / M. RUCH, *contrib. 2565*, p. 301.

20 ABR 8 E 481/18 (Stotzheim 1739).

LES PERIODES DE CONSTRUCTION D'APRES LES MILLESIMES RELEVES
SUR LES MAISONS DANS LA PLAINE D'ERSTEIN
(1600 - 1789)

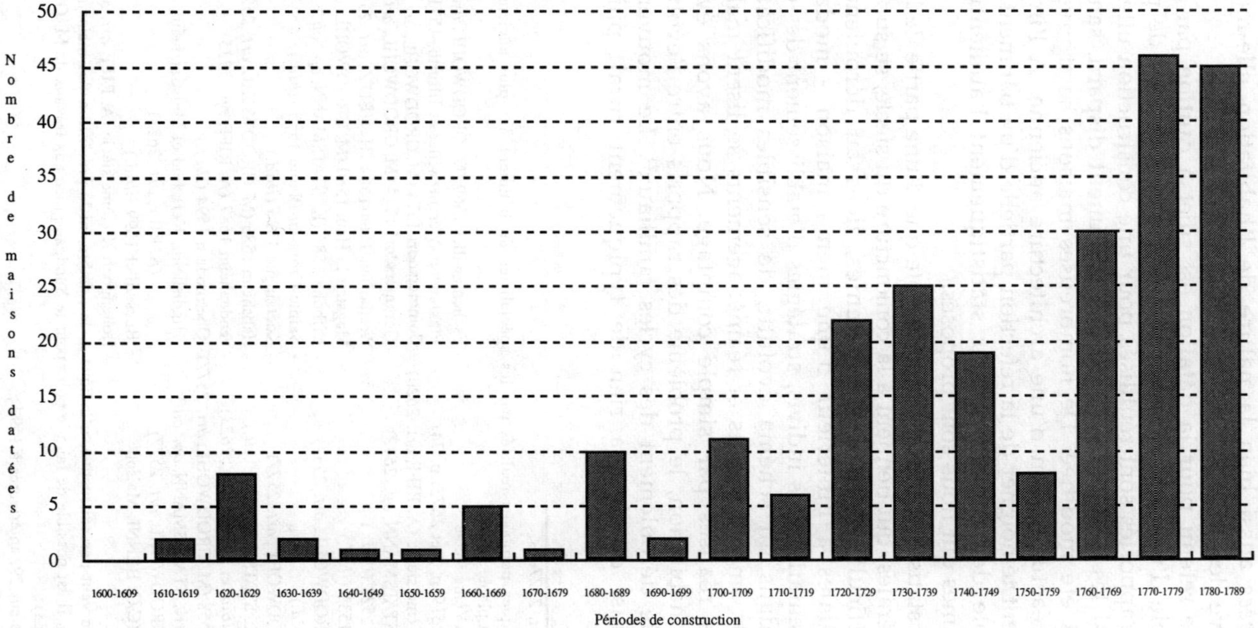

Source :
Chiffres fournis par l'Inventaire général des monuments et des richesses artistiques de la France, Commission régionale d'Alsace, département du Bas-Rhin, 1984 (244 millésimes recensés dans les cantons de Geispolsheim, d'Erstein et de Benfeld).

s'agit-il de constructions plus fragiles ou exposées au passage de troupes ? La densité relativement forte des maisons du XVIème siècle dans le Sundgau, par rapport aux autres contrées de la plaine, fait ressortir le rôle capital de la pierre comme matériau de construction[21]. Ont donc pu jouer en faveur des maisons *rescapées* aussi bien la nature de l'habitation elle-même que l'ampleur relative des destructions[22].

- Le critère retenu pour la datation est sujet à caution par suite du réemploi possible d'un certain nombre de pièces : tel linteau de porte, tel poteau cornier rapportés sont réutilisés pour une construction ultérieure et deviennent ainsi les derniers vestiges d'un bâtiment disparu, sans que la date initiale ait été modifiée. De nombreuses maisons se trouvent ainsi soumises à la réactualisation d'une architecture ancienne. A l'inverse, la date recensée peut témoigner de la réfection partielle d'un bâtiment. Il serait donc souhaitable de pouvoir vérifier statistiquement l'authenticité des séries de millésimes qui nous sont proposés.

- Enfin, les statistiques ne rendent compte que d'une partie de la réalité. Aux causes générales, qui tiennent à la conjoncture du siècle, se superposent des causes particulières, moins apparentes, liées au déroulement des destinées familiales à l'intérieur d'une même maison - modalités de partage, réglementation des indivis, stratégies d'établissement des enfants - et entraînant, dans un schéma évolutif, de sensibles modifications de l'espace bâti. Or aménagements et réaménagements se lisent mal sur les chronogrammes réalisés par simple comptage. Nous avons évoqué, à propos de la cohabitation, le problème des rapports entre l'évolution de l'habitation et le déroulement des cycles familiaux[23]. Le mouvement de construction ainsi décelé n'a rien de typiquement rural, puisque le

---

21 M. GRODWOHL, *art. 2577.*

22 Voici, d'après quelques pointages réalisés par les spécialistes du bâtiment, les plus anciennes maisons repérées dans la plaine rurale :

- Geispolsheim, fin XVème siècle (A. RIFF, *art. 2619*, p. 3 et *2675*, p. 74)
- Weyersheim, fin XVème siècle (A. RIFF, *art. 2620*)
- Kertzfeld 1527 (K. STATSMANN, *op. 2642*)
- Steinbrunn-le-Haut 1528 (*ibid.*)
- Oberkutzenhausen 1531 (*ibid.*)
- Benfeld 1531 (M. GRODWOHL, *art. 2582*)
- Ensisheim 1533 (*ibid.*)
- Lutter 1542 (M. GRODWOHL, *art. 2577*)
- Wolfersdorf 1551 (K. STATSMANN, *op. cit.*)
- Friesenheim 1556 (*ibid.* et A. RIFF, *op. 2623*)
- Obermorschwiller 1558 (M. GRODWOHL, *art. 2577*)
- Dangolsheim 1562 (K. STAATSMANN, *op. cit.*)
- Rixheim 1563 (M. GRODWOHL, *art. 2577*)
- Eckwersheim 1567 (C.G. BENNI, Maison d'Alsace 1979).
- Eschentzwiller 1569 (M. GRODWOHL, *art. 2577*)
- Flaxlanden, Werentzwiller et Illfurth, 1571 (*ibid.*)
- Gommersdorf 1574 (M. GRODWOHL, *art. 2582*)
- Gommersdorf 1574 (M. GRODWOHL, *art. 2579*)
- Westhoffen 1564-1584 (H. HEITZ, *art. 2592*)
- Magstatt-le-Haut 1580 (M. GRODWOHL, *art. 2577*)
- Uffholtz 1581 (K. STATSMANN, *op. cit.*)
- Sainte-Croix-en-Plaine 1585 (*ibid.*)
- Koetzingue 1585 (*ibid.*)
- Habsheim 1585 (M. GRODWOHL, *art. 2577*)
- Vendenheim 1587 (A. RIFF, *op. 3225*)
- Obermodern 1594 (*ibid.*)
- Hindisheim, Kertzfeld et Meistratzheim, 1596-1598 (A. RIFF, *art. 2621*)
- Bueswiller 1599 (*ibid.*)
- Hohengoeft XVIème siècle (A. RIFF, *art. 3228*)

Cette liste, qui ne se veut pas exhaustive, n'indique ni le nombre, ni la proportion des maisons d'avant la guerre de Trente Ans. Il est possible de faire le point pour le Sundgau grâce aux travaux de M. GRODWOHL (*contrib. 2587*, p. 283) :

- à Lutter : 9 maisons sur 29, antérieures à 1592 ;
- à Obermorschwiller, 10 maisons, sur une trentaine, antérieures à la guerre de Trente Ans ;
- à Wolfersdorf : 4 maisons datées de 1550-1551.

23 Voir *supra* pp. 1244-1250.

parallélisme avec la production de bâtiments urbains est très net[24]. La spécificité rurale réside sans doute dans l'appropriation quasi systématique de l'habitation.

2) Un réflexe fondamental : l'appropriation

La maison, c'est d'abord le *chez-soi* par opposition au *chez-les-autres*. Une constante se dégage de l'étude du bâtiment rural : à la campagne, la maison est individuelle, l'appropriation plus fréquente qu'en ville, la location exceptionnelle et onéreuse. L'avantage paraît appréciable, même s'il ne confère pas la gratuité complète, puisque l'institution seigneuriale - laïque ou ecclésiastique - perçoit fréquemment un cens recognitif non sur la maison elle-même, mais sur le fonds qui lui sert d'assise[25]. *Les maisons de ces habitants* - c'est le comte de Rosen qui s'exprime en 1770 à propos du village de Pulversheim - *leurs* (sic) *appartiennent en propre ; mais les fonds sur lesquels elles se trouvent situées et leurs dépendances appartiennent au seigneur ; de manière que si une maison tombe en ruine et que celui auquel elle appartient ne puisse ou ne veuille la rebatir, il peut disposer des matériaux et les seigneurs du terrain*[26]. Le versement de ce cens, qu'il soit seigneurial ou communal, n'enlève rien au droit de propriété lui-même : à Hoenheim, en 1759, moins du quart des emplacements bâtis le sont sur un lopin n'appartenant pas au propriétaire de la maison[27], alors que la totalité d'entre eux est grevée d'un cens au profit de la commune. De même, à Schwabwiller en 1747, 49 maisons sur 60, soit plus de 80%, sont considérées comme la propriété de leur occupant, tout en acquittant un cens. Parmi les 20% restants, on trouve la maison d'école et la bergerie qui appartiennent à la commune et quelques bâtiments appartenant à des propriétaires étrangers au village, tel le Chapitre de Surbourg, auxquels revient sans doute un loyer[28]. Car ne confondons pas cens et loyer. Ce dernier apparaît à Entzheim en 1785 dans 14 cas sur 72[29], ce qui constitue un record. Il s'en suit que la plupart des ruraux n'ont donc à subir, ni pour le terrain, ni pour la maison, le poids d'un loyer qui, faisant plus que doubler au cours du XVIIIème siècle, devient insupportable à de nombreux citadins[30]. La formule de la semi-collectivité, fréquente en ville et chez la population juive[31], est assez rare chez les ruraux. La corrélation entre maisons et familles atteint donc des valeurs proches de l'unité, à condition

---

24 B. PARENT, *art. 2611*.

25 AHR 18 J 479 : *qu'outre l'incommodité qu'il y a d'être en location, c'est que le nombre des habitants se multiplie tellement qu'il est difficile de trouver une maison à louer* (Appenwihr 1776).
AHR 18 J 700 (Sundhoffen 1755 et 1776) et 475 (Andolsheim 1772).

26 AHR 1 E 40/12.

27 ABR 8 E 203/2.

28 ABR 1 E 1/122.

29 ABR 8 E 123/2.

30 Voir D. ROCHE, *op. 3076*, pp. 109-111.
J-P. BARDET et *alii*, *op. 2539*.
Nous manquons de renseignements sur les loyers à la campagne. Cf. AP Hurtigheim (chronique du pasteur Schneider) : en 1785, un bourgeois du lieu construit trois *Doppelhäuschen* sur le terrain communal et les loue pour 80 livres tournois par an. Note du pasteur : *es war eine gute Speculation*.

31 Voir *supra* pp. 1387 ss.

d'inclure dans ces familles celles qui regroupent sous le même toit plusieurs générations[32]. Il arrive cependant que des familles non liées par la parenté habitent une même maison. A Illhaeusern, à la fin du XVIIIème siècle[33], 72 familles se partagent 66 habitations, ce qui suppose que 12 ménages (16,7%) vivent dans des *demi-maisons* (9,1% des habitations). Fréquente chez les Juifs[34], une telle situation se rencontre plus rarement dans les communautés chrétiennes.

Que ne ferait-on pas pour devenir ou demeurer propriétaire ? Voici à Muntzenheim Daniel et Jean Nussbaumer, père et fils, qualifiés en 1767 de *pauvres journaliers*[35]. A la suite d'un incendie, ils perdent leurs deux *maisons journalières* valant respectivement 600 et 700 livres. Pour les reconstruire, ils sont autorisés à quêter, y compris dans la partie du duché de Wurtemberg située outre-Rhin : ils ramassent de la sorte 150 et 200 livres et envisagent de rebâtir une maisonnette et une petite grange en 1771. L'année suivante, la situation désespérée de Jean Löscher d'Andolsheim[36] ne l'empêche pas de se porter candidat à la construction. On apprend qu'il possédait déjà *une maison propre qu'il a vendu vraisemblablement pour raison de dettes*, qu'*obligé d'employer constamment les fruits de ses soins et travaux pour payer les loyers exorbitans,* il se serait décidé à en construire une autre. Mais l'administration seigneuriale lui oppose un veto catégorique, car l'intéressé *n'est parvenu jusqu'ici que très rarement sans voye d'huissier au payement des droits seigneuriaux annuels..., le suppliant est un mauvais sujet*... Un tel acharnement procède du réflexe fondamental d'être *chez soi*, nécessité plus fréquemment ressentie à la campagne qu'en ville. Délimiter une place, c'est aussi, par le biais de la territorialisation de l'espace, assurer sa propre sécurité : la violation de domicile passe pour être un délit grave. L'idéal est alors de construire sans bourse délier : en 1763, cet habitant de Wolschheim se trouve quitte, après avoir donné 30 rézaux et 4 boisseaux de blé ainsi qu'une mesure et demie de vin à un charpentier de Wasselonne[37], ce qui équivaut environ à 170 livres tournois. Construire revient cher et le prix de la maison subit le tiers de diminution deux ou trois ans après sa construction[38]. L'autre solution consiste à attendre l'occasion propice pour acheter une maison : au milieu du XVIIIème siècle, une demi-maison revient à 120-130 livres ; la maison entière se vend à 200-400 livres[39] ; dès qu'elle prend une certaine importance ou qu'elle se trouve flanquée d'une grange, son prix grimpe à 600 livres ; le *Bauernhof* moyen vaut entre 1300 et 1500 livres[40], mais la dynamique des

---

32 Voir *supra* pp. 362-367.
J. DUPÂQUIER, *art. 2561*.

33 AHR E dépôt 30 CC 4.

34 Voir *supra* pp. 1387 ss.

35 AHR 18 J 580 (12 janvier 1767).

36 AHR 18 J 475 : rapports du receveur Rosé en date du 16 février et du 2 juin 1772.

37 A. RIFF, *op. 2663*.

38 AHR 18 J 545 (Horbourg 1773).

39 Voir *infra* pp. 1603-1605.

40 AMO B 43-44 (Quatzenheim, 1724 et 1746).
AHR E 1268-1269 (Hettenschlag 1768).

enchères, qui reflète l'importance de la demande, est susceptible de faire doubler les prix. Voici l'exemple d'une grosse ferme, celle de la veuve de Jean Bentz, ancien échevin de Jebsheim[41]. Elle est évaluée, en 1745, à 3900 livres. Seize amateurs se présentent et, parmi eux, un citadin (le Sieur Hugget) et les plus gros laboureurs du lieu (les Oberlin, les Heberlin, les Baltzinger, les Ritzenthaler, les Bentz). Au terme de 116 mises, la ferme est enlevée par Laurent Baltzinger - *pour et au nom de son frère Jean*, lui-même présent aux enchères -, moyennant la somme de 8432 livres, soit 116,2% au-dessus du prix de soumission ! En général c'est entre 3000 et 3500 livres qu'il faut débourser pour enlever une ferme d'envergure[42], tandis que le prix d'un moulin tourne autour de 10 000 livres[43].

L'individualisation du logis est-elle pour autant facteur de sédentarisation ? Rien ne permet de l'affirmer. Certes nous ne sommes plus à l'époque où des villages entiers se créent, grandissent, rétrécissent, meurent ou déménagent : les amples *Wüstungen*, désertions sans appel, appartiennent à un autre âge[44]. Mais jusqu'à la fin du XVIIème siècle, la réédition des catastrophes n'encourage guère les établissements durables et l'armature de la maison, bien juridiquement meuble, est susceptible de se démonter pour être rebâtie ailleurs, généralement au moment d'un mariage. Cette pratique trouve parfois sa raison d'être dans la cherté des acquisitions immobilières[45] et la morphologie même de la construction rurale.

3) La morphologie de la maison rurale : la tradition du bois

Pierre ou bois ? Matériau lourd ou léger ? dur ou tendre ? Jusque dans le Sundgau où la tradition de la pierre, interrompue par la guerre de Trente Ans, semble être une survivance du XVIème siècle et de la première moitié

---

41 AHR 4 E Not. Ribeauvillé, Jebsheim 35 (3 août 1745).

42 Th. FRITSCH, *mém. 1614*, pp. 51-53.

43 AHR E dépôt 30 CC 4/1-6 (Illhaeusern 1784/1789). Voir *supra* p. 1104.

44 W. ABEL, *op. 474*.

45 Voir *supra* pp. 169-172.
AHR E 1386 : ... *Ein grosser Stall... zu Heiteren erkaufft worden so abgebrochen und nach Balgau aufgeschlagen worden* (Heiteren 1713).
AP Hurtigheim : Jean-Michel Solandt achète une maison à Willgottheim pour la remonter à Quatzenheim en 1718 (chronique du pasteur Schneider, d'après les registres paroissiaux de Quatzenheim, M 1718).
AHR 18 J 466 : Jean-Jacques Schandelé, journalier d'Andolsheim ...*seroit entré en mariage en 1754 le 6 d'aoust et du depuis aïant ménagé et économisé honnêtement auroit les moïens de faire transporter de Holtzwÿhr ici une maison neuve actuellement acheté...* (1759).
AHR E 1272 : *Hans Jakob Gurtzler... hat gedachtes Haus auf seine Kosten auf den ietzigen platz transportirt und aufgebauen.* De même Jean Schweitzer et Béat Jecki : *worauf er sein altes haus transportirt* (à propos de concessions de terrains seigneuriaux pour la construction, Hettenschlag, rapport de Besserer du 18 juin 1757).
AHR C 1300 : Caspar Kungler achète une maison à Schlierbach *dans l'intention de la démolir et de la faire rebâtir sur une place et terrain vide dans l'enceinte du village d'Habsheim... n'ayant pas les moyens d'acheter une maison dans le dit lieu a cause de la rareté et de la chereté de ces sortes d'acquisitions...* (requête à l'intendant, 1772).
D'autres exemples, concernant les maisons curiales ont été citées par L. ABEL (AEB Q 83/3, *Dir. der Schaffneien*, Jettingen 1770).

du XVIIème[46], la pierre finit par s'effacer devant le bois au dernier siècle de l'Ancien Régime. *Un voyageur... qui traverseroit l'Alsace de Belfort à Landau...*, écrit Maugue, *s'imagineroit que la pierre y est extrêmement rare... Il n'est point de provinces où les carrières soient plus communes et plus belles puisque la chaine de montagnes qui couvre la Province au couchant n'est qu'une carrière d'une belle pierre tantost rougeâtre, tantost blanchâtre, d'un beau grain facile à tailler*[47]. Extrapolation manifeste : en effet, la maison traditionnelle d'Alsace n'est pas, comme dans les provinces méridionales, la lourde maison en pierre[48]. L'ensemble des structures porteuses sont en bois, aussi bien dans la plaine d'Alsace qu'en pays de Bade, en Bavière, en Suisse romande, en Europe centrale. Les raisons en sont connues. Il importe d'abord de bâtir une maison relativement légère sur un sol meuble, peu préparé à supporter les constructions lourdes propres aux vallées vosgiennes. La technique consistera donc à édifier une carcasse de bois à partir du matériau local[49]. Gardons-nous cependant d'établir un lien trop contraignant entre la maison et le milieu naturel fournissant à la fois le bois pour la constitution du colombage et la terre glaise pour le façonnage du torchis[50]. L'inadaptation aux conditions naturelles est parfois flagrante. Ainsi la campagne du Kochersberg, défrichée de longue date, ne consent à fournir que l'argile de ses glaisières communales. Quant au bois, indispensable à l'ossature de la construction, on se résigne à le faire venir depuis les communes forestières de la région de Wasselonne ou de Saverne[51], de préférence à la pierre : *tous les bâtiments ne sont que claÿonnage, n'étant pas possible de bâtir plus solidement... à raison du grand éloignement des carrières*[52]... Il en est de même dans le grand Ried condamné à faire venir ses pierres du val de Villé[53]. Par contre, c'est à proximité que le haut Sundgau, à l'instar du pays comtois, trouve le calcaire

---

46 A. GARDNER/M. GRODWOHL, *op. 2570*, p. 77.
M. GRODWOHL, *art. 2578*, p. 107.
M. GRODWOHL, *art. 2577*.
On notera l'interpénétration des modes de construction à travers l'exemple d'Obermorschwiller (*Maisons paysannes d'Alsace*, 12 mai 1978) : une maison en pan de bois du XVème siècle (pp. 13-16) ; une maison en pierre du XVIème siècle (pp. 17-20) ; une maison du XVIIIème siècle en pierre et pan de bois (pp. 21-24). Les deux matériaux sont souvent utilisés indépendamment et jumelés (M. GRODWOHL, *art. 2576*, pp. 62-64).

47 B. MAUGUE (début XVIIIème siècle), *op. [252]*, t. I, p. 224.

48 P. CHAUNU, *contrib. 2546*.

49 AMM C 69-73 : les moellons des carrières à une lieue et demie, la chaux de Wasselonne et de Brechlingen, les briques et tuiles des tuileries de Wasselonne, le sable de la Zorn (2 lieues), la pierre de taille du Kronthal, le chêne de la forêt de Marmoutier (4 lieues)... (fermes de l'abbaye de Graufthal à Woellenheim et Rohr, 1783).

50 AMS VI 461/3 : *Dietrichs Häuslein... die Wände mit Stecken und Leimen bekleidet...* (Lampertheim 1621).
ABR 6 E 7 Not Bouxwiller 411 : *Ladite maison consistant en un étage et demy, écuries et remises bâties de bois de charpente et clayonnage de terre grasse...* (inv. Hans Lemmel, Reitwiller 1752).
AHR 18 J 526 : *petite grange bâtie en bois..., les réglures faites de terre glaise...* (bergerie de Durrenentzen, 1770).
ASRM 177/1 : *habitations de bois dont les interstices sont remplis d'un mélange de paille et de terre glaise* (Staffelfelden, s.d., vers 1785).

51 AMS VI 174/3 et 251/2 (Ittenheim 1692 et 1726-1727) ; VI 202/7 et 9 (*ibid.*, bois de l'*Oedenwald* 1738-1747).

52 ABR G 1627/9 (abbé de Marbach à l'évêque de Bâle, Griesheim-sur-Souffel 1776).

53 A. PFLEGER, *art. 2612*, p. 25.

qu'il tire des contreforts du Jura[54]. Sans doute l'assimilation systématique maison rurale/maison de bois relève-t-elle de la légende ; mais la pierre apparaît fréquemment comme un matériau onéreux, difficilement transportable, réservé à l'usage des citadins, des habitants du Vignoble, des vallées vosgiennes, du plateau lorrain ou du Jura alsacien, avantagés par la proximité des carrières d'extraction ou les possibilités d'épierrement des coteaux.

Mais elle est surtout plus résistante, symbole de la pérennité du pouvoir politique et religieux : et cela bien avant l'installation du fonctionnariat français, à la fois très urbanisé et originaire de régions où l'utilisation de la pierre est courante. Le bois se conserve mal au contact du sol ; le confort thermo-hygrométrique qu'il procurerait est contesté par certains spécialistes[55]. Mais il revient en général moins cher. Si la pierre n'est pas forcément signal d'opulence, elle peut le devenir si elle occupe une place minoritaire parmi les matériaux de construction utilisés. Mais elle n'apparaît guère que dans l'église paroissiale, la maison curiale, la résidence des familles auxquelles sont attachées les charges officielles de prévôt et de receveur. Elle perce plus timidement, sous forme de moellons, dans le soubassement portant la sablière de la maison de la plaine ou dans le mur pare-feu séparant la cuisine de la *Stub*. Enfin, situant socialement celui qui l'emploie, elle se manifeste sous forme de pierre de taille appareillée ou sculptée en balustres dans les portails du pays de Hanau, à proximité des carrières qu'offrent les Basses-Vosges gréseuses : bref, chaque fois que l'emportent des considérations d'ordre psychologique (les apparences) ou matériel (la résistance au feu ou à l'humidité). Une construction entièrement faite en pierre est intransportable contrairement à la maison en pans de bois qui répond aux exigences de la mobilité paysanne dont elle garde le souvenir même lorsque la société rurale se sédentarise. Selon des études réalisées en Haute-Alsace, il y aurait, de la même façon, corrélation entre le mode de construction et le statut du fonds qui appartient originellement au seigneur[56]. En cas de vacance ou de conflit, il est important que le terrain puisse être repris par son propriétaire, tandis que la maison pourra être transférée sur un autre fonds : le caractère mobilier de l'habitation rurale se trouve ainsi expressément reconnu.

Or l'utilisation du bois a une incidence directe sur les modes de construction : de la technique archaïque des poteaux continus, montant d'un seul jet du sol au faîtage et dérivé de la confection des huttes[57], à celle, plus moderne et plus souple, des poteaux interrompus à la hauteur des sablières médianes séparant plusieurs niveaux superposés. Des *bois longs* aux *bois courts*, le principe qui finit par l'emporter repose sur l'autonomie

---

54 M. GRODWOHL, *art. 2584*: en fait, une carte (p. 49) montre que la maison en pierre existe surtout au sud entre Mulhouse et Altkirch et autour de Ferrette (il s'agit de la maison gothique du XVIème siècle), mais aussi à l'est (entre Ill et Thalbach).

55 H. BRESSIEUX, *art. 2543*.

56 L. ABEL, *op. [381]*, p. 191 (Dietwiller) et A. HIRSINGER, *op. [422]*, p. 196 (d'après AHR 1 E 40/12, Pulversheim 1724).

57 ABR E 5846 : il reste, dans le bailliage de Kutzenhausen, en 1715, l'un ou l'autre *Stützenhaus*, maison montée sur quatre poteaux d'angle et dont les côtés sont constitués d'entretoises et de planches (renseignement aimablement communiqué par M. Georges KLEIN).

de chaque niveau par rapport à celui qu'il surmonte et à celui qu'il supporte[58]. On rappellera le rôle primordial de ce grand spécialiste en structures et en assemblage de poutres qu'est le charpentier, à la fois concepteur, architecte, réalisateur de la maison, même s'il ne signe que rarement son oeuvre[59]. Issus d'une famille d'origine suisse, les Schini, installés dans le pays de Hanau dès la fin du XVIème siècle, laissent leur empreinte, dans un espace allant de l'Outre-Forêt au Kochersberg, jusqu'à l'aube du XIXème siècle : recherche de symétrie dans un poutrage à prédominance verticale, utilisation du double balcon à balustres, goût prononcé pour l'ornementation des poutres apparentes[60]. En Sundgau, dans un rayon d'une vingtaine de kilomètres, les Kueny jouent un rôle analogue[61]. Il s'agit donc de véritables techniciens du bois, autant menuisiers que charpentiers, rayonnant à plusieurs lieues à la ronde, diffusant des techniques de construction relativement standardisées. On leur doit les escaliers et les portes autant que les poutres constituant l'armature de la maison. Celui qui opère à Wolschheim en 1763 construit, dans un délai de trois mois, une maison à étage de 10 mètres sur 7 et demi : c'est du moins ce qui lui impose le contrat qu'il signe avec le propriétaire[62].

L'importance du charpentier, maître d'oeuvre de tous les travaux du bois, contraste avec la place relativement limitée du maçon, mis à contribution de façon plus ponctuelle : mur de refend de la cave qui, si elle existe, ne couvre en général qu'une partie de l'aire bâtie ; préparation des fondations et construction des murs de soubassement ; aménagement d'un escalier extérieur ; encadrement des portes et fenêtres ; conception du bloc-cuisinière et du mur pare-feu séparant le poêle de la cuisine, éventuellement du conduit de fumée ; pose du dallage ; enfin application de l'enduit à la chaux destiné à protéger le torchis. Ces tâches qui, pour être nombreuses et importantes, n'en sont pas moins discrètes, si on les compare à celles qu'effectue le charpentier. Cette différence se répercute sur le montant des gages, inférieurs pour l'homme de la pierre que pour l'homme du bois[63].

[58] M. RUCH, *op. 2626*, p. 42.
A. GARDNER/M. GRODWOHL, *op. cit.*, pp. 94-115.
M. GRODWOHL, *art. 2583*.

[59] Pour difficile qu'elle soit, l'identification du maître-charpentier a pu être réalisée par Maurice Ruch dans un certain nombre de cas : à Mittelhausen (maison datée de 1773 : *Dieses Hausz baut Lorentz Goll und Anna Kim Meister war Hans Jacob Engel 1773* (*op. 2629*, p. 134), à Berstett (Jean Ritter de Berstett), à Weyersheim (Martin Ohl de Hoerdt).
Voir M. RUCH, *art. 1645*. M. GRODWOHL, *art. 2586*,. D'autres indications nous sont fournies par A. RIFF, *art. 2623*: (Wasselonne : Jacques Frücht de Wolschheim, 1703) et *contrib. 2622*, p. 150 (*Jakob Schmitt, Zimmermeister,* poutrage à Berstett, s.d. et plaque de pierre apposée à la ferme d'Oberschaeffolsheim).

[60] G. KLEIN, *op.. 2599*, p. 23.
M. RUCH, *op. 2629*, pp. 58-59.

[61] A. GARDNER, *op. 1639*.

[62] A. RIFF, *art. 2623*.

[63] Moins qu'on ne serait porté à le croire cependant. Cf. le devis pour la grange du maître d'école de Stotzheim en 1743 (ABR 8 E 481/18) : sur 118 livres de gages, le charpentier en touche 70 (59,3%) et le maçon 48 (40,7%). La reconstruction de la ferme de *Scheidhoff* près de Kaltenhouse (corps de logis de 30 mètres sur 9 à deux étages, grange et *escurges*) revient, en gages de charpentier, à 315 livres sur 1711 (ABR 6 E 41/36) : marché de reconstruction passé, le 28 janvier 1711, entre Jean Calmet, ancien prévôt général de la maréchaussée, de Strasbourg et Jacques Bundloffler, maître-charpentier d'Olwisheim.

La maison, ainsi conçue, nécessite moins d'investissement que la construction en pierre. Le bois est présent de toute part : dans la charpente, l'ossature, les planchers, les revêtements de cloisons, l'escalier intérieur. C'est au plan qualitatif qu'il convient de l'apprécier, dans une province ou la forêt - de montagne ou de plaine - offre les essences les plus variées, des plus tendres aux plus dures. Le chêne présente bien des avantages : résistant aux intempéries et aux insectes parasites, il supporte en outre d'importantes déformations ; aussi est-il souvent utilisé pour les murs pignon et gouttereau ou encore les poteaux, les *seuils ou arbres de fondement*[64], c'est-à-dire les sablières basses, tandis que la charpente peut fort bien être confectionnée en bois de sapin[65] ou de hêtre[66]. Le chêne apparaît, sauf dans l'Outre-Forêt où il est employé jusque dans les maisonnettes les plus modestes[67], comme un indice de relative richesse. En tout état de cause, la tradition du bois semble résister aux mesures de plus en plus contraignantes prises par une administration soucieuse de préserver le capital forestier[68]. Car, malgré l'importance du taux de boisement, les facilités d'utilisation, larges au XVIIème siècle, se réduisent au siècle suivant : le code forestier de 1744 ne réserve-t-il pas l'emploi de la pierre à la matérialisation des limites et des clôtures ? Et, dans les années 1747-1749, l'intendant limite l'emploi de la pierre au rez-de-chaussée. Mais, en dépit de son apparence contraignante, cette réglementation ne s'accompagne pas d'une limitation des droits des communautés[69]. Associant la terre et le bois, le colombage - ce poutrage caractéristique dont les interstices sont remplis d'un treillis de palançons entrelacés et recouverts d'argile grasse, elle-même mêlée à de la paille hachée - est une réponse aux besoins de l'homme autant qu'aux possibilités et aux contraintes de la nature. Laissons la parole à L'Hermine pour qu'il nous décrive l'aspect du village d'Ottmarsheim dans le dernier tiers du XVIIème siècle : *Il faut se figurer une longue et large ruë, dont la charpente des maisons, qui est posée en croix, sautoirs, bandes et barres, est peinte ordinairement en brun, et les intervalles de ces pièces de bois sont remplis de briques ou du moins de terre enduite de blanc et tracé de rouge pour représenter la brique*[70]. Le couple torchis-colombage : compromis ou dérobade ? Dans une plaine largement défrichée, la maison de terre s'appuyant sur une armature de bois témoigne, en dépit des apparences, de la rareté relative... du bois. Aux impératifs de la géographie se mêlent étroitement la force d'une tradition tenace et, parfois, les contraintes de l'impécuniosité humaine. Car c'est l'homme qui, autant que la nature, imprime sa marque à la construction. Malgré les tentatives

---

64 ABR 6 E 41/36 (cense de *Scheidhoff*, près de Kaltenhouse, 1711).

65 ABR 8 E 481/18 (grange du maître d'école de Stotzheim, 1743) : *sapin du Hochwald selon l'usage.* AHR 1 E 22/18 (moulin seigneurial de Wittersdorf, 1710).

66 B. HUECKEL *art. 1137* : règlements 1469-1555 concernant l'Outre-Forêt.

67 GRODWOHL, *art. 2586.* De même dans le pays de Hanau où il alterne avec le sapin en 1672 (ABR E 1579).

68 A. CORVOL, *op. 1117.* Voir *supra* pp. 666 ss.

69 M. GRODWOHL, *art. 2582* (avec reproduction des règlements forestiers des bailliages de Belfort, Haut et Bas-Landser, Brunstatt, Eschentzwiller et Bollwiller).

70 J. DE L'HERMINE, *op. cit.*, p. 67.

d'uniformisation[71] entreprises sous la Révolution, pour des raisons d'agrément et de sécurité, la maison rurale alsacienne restera fidèle à elle-même.

C) Une triple fonction : abriter, conserver, paraître

La maison est à la fois cellule de vie, unité de production et signe d'inégalité sociale.

1) La maison-abri : l'organisation de l'espace de vie

La construction obéit, nous l'avons-vu, à deux préoccupations majeures : l'économie et la durée. Or le torchis est fragile : il nécessite crépi et enduit à la chaux ; les auvents venant barrer les pignons au-dessus des fenêtres le protègent des intempéries. Mais il a ses avantages. La plupart des spécialistes du bâtiment s'accordent pour lui reconnaître une capacité d'isolation thermique : plus facile à chauffer en hiver que la maison de pierre[72], la maison en bois reste néanmoins fraîche en été ; grâce à sa forte capacité calorique, le torchis absorbe la chaleur le jour pour la restituer la nuit. Dans une région aux hivers rudes et interminables, l'utilisation du torchis n'est donc pas fortuite, pas davantage que la rareté ou la dimension réduite des ouvertures contre lesquelles s'insurgent les correspondants de la Société royale de médecine[73]. Toute fenêtre équivaut à une perte de chaleur ; elle donne prise au froid et au vent ; sa confection pèse sur les prix, augmente les complications quand *rien ne tombe juste*...

a) Aire chaude et aire froide

Certes les éventuelles pertes de chaleur se trouvent compensées par l'adoption d'un système de chauffage efficace, mais dont les effets se font inégalement sentir[74]. Car ce qui distingue les pièces d'habitation, c'est leur destination première et leur situation dans la maison. D'un côté une salle à vocation universelle, la *Stub*, chauffée ou surchauffée ; de l'autre, des chambres (*Kammer*) à vocation spécifique où le chauffage ne s'avère pas indispensable puisque l'on ne s'y tient qu'occasionnellement. *Aire chaude* et *aire froide*[75] se répartissent de part et d'autre d'un carré d'entrée, espace de communication, par lequel on accède à l'escalier menant au palier de l'étage qui peut desservir une ou deux chambres à coucher (*obere Stub*, *Oberkammer*).

---

71 AN F10 339/1 : *Essai d'une nouvelle méthode de construire des habitations rurales dans tous les départements de la République avec le moyen de les rendre plus saines, plus commodes, plus agréables, plus solides et moins exposées au danger des incendies* (présenté au concours arrêté par le Comité du Salut Public, floréal an II).

72 ABR H 517 : *Der leimen mit welchem die Wändt ausgerichtet seindt halten die Kälte nit sehr wohl an* (maison curiale d'Ittlenheim, 1756).

73 Voir *infra* pp. 1761 ss.

74 On se reportera aux conclusions du colloque sur le chauffage domestique en Rhénanie (Strasbourg, octobre 1976, Direction des antiquités historiques).

75 A. GARDNER/M. GRODWOHL, *op. cit.*, pp. 64-67.
ABR G 4873, *fol.* 106 : première mention connue d'une *pièce fraîche pour l'été* (devis établi à la demande du Chapitre de Saint-Pierre-le-Jeune pour un projet de construction à Stutzheim, 27 mai 1498).

Or les *Kammer* n'ont apparemment aucune autonomie de chauffage : on y dort sans feu, à moins de bénéficier de la *climatisation* due au rayonnement du circuit de cheminée susceptible de traverser la pièce sur toute sa hauteur et parfois occupé par le fumoir à viande. Mais en dehors de ce cas précis, on est bien obligé de *transporter la chaleur* moyennant des pierres chauffe-lit ou des bassinoires, fort rares, au demeurant, dans les inventaires après décès. Par ailleurs, peu de pièces sont dotées de poêles mobiles, surtout dans les milieux populaires[76]. A défaut de mieux, une solution ingénieuse est adoptée dès la fin du XVIIème siècle dans telle ferme du Kochersberg : une ouverture aménagée dans le plafond de la *Stub* permet aux parents, installés à l'étage, de profiter de la chaleur du foyer unique[77].

Le moins qu'on puisse dire, c'est que le confort ne répond pas à la préoccupation première de nos paysans. Mais si la maison paysanne, mal chauffée dans l'ensemble, n'est pas douillette, c'est la position de la source de chaleur qui conditionne, dans une large mesure, son plan en trois travées. Au sortir de la travée médiane du rez-de-chaussée, trois portes donnent accès la première à la cuisine, située dans l'axe de la porte d'entrée, la seconde à la salle de séjour (*Gross Stub*) généralement sur la gauche de la porte d'entrée, la troisième à la *Klein Stub* qui, à la droite de cette même porte, est réservée aux usufruitiers bénéficiant du droit au logement : parents âgés ou collatéraux[78]. Distribution fort rationnelle. Arrêtons-nous un instant à la *Stub*, lieu géométrique de convergence de la vie familiale, qui répond à des vocations multiples, les unes occasionnelles - salle de séjour et de réception notamment lors des veillées -, les autres quotidiennes : salle-à-manger avec coin-repas et chambre à coucher à l'usage des parents et des enfants en bas âge. Elle est accompagnée ou non d'une alcôve, refuge d'une relative intimité, que nos sources ne mentionnent

[76] ABR 3 E 343/1 : un poêle est prévu dans la *Oberstub* du presbytère d'Oberhausbergen (1701).

AHR 1 E 22/18 : mention d'un *poel d'en bas* et d'un *poel d'en haut* dans le moulin seigneurial de Wittersdorf dès 1710.

ABR 6 E 27, Not. Muttersholtz, à propos d'une location : *Hauskammer zu einem Stübel mit einem Ofen zu rüsten* (inv. Baldenheim 18, 3 février 1722).

AEB Q 91/4 *Dir. der Schaffneien* : allusion à un poêle de la chambre à coucher, en dehors du poêle de la *Stub*, dans le presbytère de Kembs, en 1728 (renseignement fourni par L. ABEL, *art. 2530*, pp. 13-14).

ABR 6 E 27, Not. Muttersholtz : mention d'un poêle dans la *Hauskammer* (inv. Baldenheim 25, copie du CM du 7 avril 1760).

Ibid. : *die halben Stubencammer darzu und ein Stubenofen darin zu machen für sie ihr lebenlang zu bewohnen* (inv. Baldenheim 24, copie du CM du 15 avril 1760).

Ibid. : l'installation du poêle tombe à la charge du jeune couple (inv. Baldenheim 25, copie du CM du 20 mars 1782).

[77] ABR 6 E 22, Not Lingolsheim : *Die Eltern haben sich reserviert die Kammer über der Stube, die Tag ihres Lebens zu geniessen. Solle über der Stub offen mit Loch gemacht werden, damit die Wärme aus der Stub in die Kammer kommen könne* (CM Michel Martzloff de Quatzenheim / Brigitte Velten de Hurtigheim, inv. 8, novembre 1692).

[78] G. KLEIN, *op. 2599*, pp. 71-80 et *art. 2711*, pp. 63-68. Le plan est rarement précisé dans les inventaires après décès. Parmi les rares exemples, voici celui de la maison d'un pêcheur de Baldenheim en 1721 (ABR 6 E 27, Not. Muttersholtz, inv. 33) :

- Sous-sol : cave
- Rez-de-chaussée : entrée, cuisine, *Stube* et deux *Stubkammer*
- Etage : Grenier et *Kammer*.

presque jamais[79] et que nos musées ne conservent que rarement[80]. Est-ce à dire que son intégration dans la *Stub* se trouve parfaitement réalisée ou qu'au contraire sa spécialisation est encore peu achevée ? L'Hermine la repère pourtant dès le XVIIème siècle en l'associant à ces *vilains chauffoirs* que sont les *Stuben* et qui servent à tout : *les paysans y couchent, ils y mangent, ils y sèchent leur linge et ils y gardent du fruit, ce qui cause une puanteur détestable. Ajoutez à ceci une quantité importante de mouches et de puces*[81]... La documentation existante ne nous permet guère d'en savoir davantage sur l'agencement de la *Stub* : l'existence du *coin du bon Dieu* relève de la muséologie et nous renvoie à une époque plus récente[82]. Par ailleurs, est-elle lambrissée comme le suggère le terme allemand de *Zimmer* qui évoque les panneaux de bois fixés au mur ? Rien, en dehors des allusions de L'Hermine et de Brackenhoffer[83], ne nous autorise à l'affirmer.

Privatisation, spécialisation, hiérarchisation : tels sont les impératifs qui semblent présider à l'évolution de la maison au XVIIIème siècle :

- Une amorce de privatisation : certes, l'époque où chacun des membres de la cellule familiale pourra disposer d'une pièce qui lui sera propre n'est pas encore arrivée. Arrivera-t-elle un jour ? La privatisation, *retombée individualisée du bien-être aristocratique*[84], reste à la campagne le monopole d'une élite, le plus grand nombre substituant l'imaginaire à la réalité d'une impossible intimité[85].

- Une spécialisation incomplète : le logis se caractérise au contraire par la polyvalence des espaces et obéit au modèle de la pièce unique qui s'accommode, il est vrai, d'un fractionnement d'annexes juxtaposées et cloisonnées[86]. C'est dans les maisons les plus importantes qu'apparaissent progressivement ces *petits espaces*, appendices des pièces principales qui servent à la fois de débarras et de refuges de l'intimité : l'alcôve, la *Stubkammer*, le débarras ou la souillarde jouxtant la cuisine sont autant de recoins dont l'utilisation rationnelle ne débouche pas forcément sur une spécialisation poussée, signe de luxe ou d'aisance. En effet, l'opposition des deux pôles de la vie quotidienne - l'un diurne, social et utilitaire, situé au premier niveau ; l'autre nocturne, correspondant à l'étage - relève d'une conception très contemporaine de la maison tant urbaine que rurale. Cette alternance des espaces de vie s'efface devant la réalité d'un vivoir unique centré autour du foyer. Il n'en reste pas moins que la multiplication de ces annexes, sans être synonyme de privatisation et de spécialisation, révèle une sensibilité nouvelle dans l'organisation de l'environnement familial.

- La hiérarchisation des pièces apparaît, en revanche, beaucoup plus

[79] AHR 3 B 6832 : *un lit à la façon d'alcoffre* (Issenheim 1782).

[80] Musée alsacien, Strasbourg : *Stub* de Wintzenheim-Kochersberg, 1810.

[81] J. DE L'HERMINE, *op. cit.*, p. 190.

[82] Voir les travaux de Georges Klein.

[83] ABR 3 E 343/1 (presbytère d'Oberhausbergen, 1701).
J. DE L'HERMINE, *op. cit.*, p. 190 : *une salle boisée haut et bas.*
E. BRACKENHOFFER, *op. [197]*, p. 52 : France, *pas de lambris comme en Allemagne.*

[84] D. ROCHE, *op. 3076*, p. 117.

[85] Comparer avec A. PARDAILHE-GALABRUN, *op. 1993.*

[86] Ph. ARIES / G. DUBY, *op. 1980, contrib.* de Ph. ARIES et O. RANUM, pp. 13, 223-226.

La Stub

INTERIEURS PAYSANS

WINTZENHEIM - KOCHERSBERG 1810

Poêle, buffet, alcôve

L'alcôve

LA CUISINE FESSENHEIM-LE-BAS

Musée alsacien de Strasbourg

nettement, car elle reflète celle du groupe familial lui-même. La maison est conçue pour abriter trois générations : grands-parents, parents et enfants. Or la *Stub*, qualifiée parfois de *chambre de devant* (*Vorderstub*) compte bien davantage que les pièces situées à l'arrière ou à l'étage. Si elle bénéficie d'une véritable sacralisation, c'est qu'elle se confond avec la chambre nuptiale, abrite le maître de l'exploitation et son épouse. Le jour où le jeune couple s'installe à la ferme[87], la *Stub* est évacuée par les parents qui se trouvent refoulés soit au même niveau dans la *Klein Stub*, soit à l'étage dans l'une des *Kammer*, soit, plus rarement, à l'extérieur de la maison, dans un bâtiment spécifique prévu à cet effet. Cette plasticité que revêt l'organisation de l'espace intérieur reflète la capacité de solidarité et de hiérarchisation du milieu familial. Les autres pièces sont loin d'avoir le prestige de la *Stub*, comme si une double hiérarchie venait fractionner l'aire habitée : *Stub/Klein Stub* - *Stub/Kammer*, cette dernière étant une pièce attenante, plutôt petite, située à l'écart, moins directement accessible. La *Stub* n'a-t-elle pas quelque chose de plus que le *poêle* de la Lorraine voisine, que la *salle* picarde, tous deux occupés par intermittence ? C'est la continuité de son utilisation qui fait son originalité.

Or elle est inséparable de la cuisine, pièce beaucoup plus spécialisée cependant, parfois accompagnée d'un petit débarras ou *serre*, sorte de chambre à provisions[88]. La cuisine est seule à bénéficier du chauffage avec la *Stub* ; mais elle tranche avec elle par sa fonction même : la seconde donnant sur le devant de la maison apparaît comme le centre des relations sociales ; la première, donnant sur l'arrière, est le lieu des travaux ménagers. L'homme joue un grand rôle dans la seconde ; la première est le domaine de la femme. Munie d'un évier et d'un âtre, la cuisine, pièce relativement sombre aux odeurs mêlées, commande l'alimentation de plusieurs foyers : celui de la cuisinière, fourneau potager, sorte de *table à feu* maçonnée et surmontée d'une hotte[89] , permettant d'assurer la cuisson debout et non accroupi ; celui du poêle de la *Stub* qu'isole le mur pare-feu ; éventuellement celui du four à pain, construit en encorbellement qui, pour des impératifs d'espace et de sécurité, s'adosse à l'extérieur du bâtiment[90] : solution astucieuse d'homéothermie par l'utilisation multiple d'une même source de chaleur, amorce d'un chauffage central en somme. Chauffer la pièce de séjour attenante, cuire le pain, préparer les aliments pour les hommes et les bêtes à partir d'un endroit unique - soit simultanément (cuisine), soit séparément (cuisine/ *Stub*) - procèdent d'un système pratique et ingénieux et traduisent la double préoccupation d'économiser l'énergie et

[87] Voir *supra* pp. 1244-1250.

[88] ABR C 157/103 : maison de pâtre à Durningen (1777).
ABR 6 E 27, Not. Muttersholtz : *das Cämmerlein in der Küche* (inv. Baldenheim 24, 19 janvier 1775 et CM 15 avril 1760).

[89] B. MAUGUE, *op. cit.*, t. II, p. 1036 : *espèce de four élevé de terre de la hauteur d'un pied et soutenu par deux pieds par le devant et par la maçonnerie sur le derrière.*

[90] D'après une réglementation des Hanau-Lichtenberg (mandements de 1775 et de 1784), les fours à pain doivent être construits à l'écart des maisons auxquelles ils peuvent être accolés ou reliés par un conduit spécialement conçu à cet effet. La surveillance se fera de l'extérieur, l'alimentation de l'intérieur du bâtiment (ABR 17 J 105).

de pallier les éventuels risques d'incendie[91]. Mais la cuisine illustre également les limites de la différenciation de l'espace. Pièce de service à caractère purement fonctionnel, exclusivement réservée aux travaux ménagers - préparation des aliments, cuisson du pain, barattage de la crème -, elle ne semble pas occuper ici la place qu'elle tient dans les autres provinces françaises : on n'y séjourne guère, on n'y mange pas, on n'y reçoit pas. La cuisine est le royaume du feu.

b) Du feu domestiqué au feu ravageur : l'incendie, fléau et révélateur

Au centre de l'unique pièce chauffée, un poêle fixe alimenté depuis la cuisine, *fourneau souvent rouge*[92], transforme la *Stub* en *étuve* : étymologiquement les deux termes accusent-ils une étroite parenté ? L'Hermine, lors de son voyage en Haute-Alsace vers 1670, est visiblement séduit, comme le fut Montaigne un siècle auparavant, par *le grand fourneau de fonte ou de terre vernie... dont on ne voit point le feu quoiqu'on en sente la chaleur jusque dans les endroits les plus éloignés du fourneau*[93], et qui permet, en outre, de sécher aussi bien les fruits que le linge. Ce qui fait défaut, c'est la perception visuelle du feu, qui, en vieille France, participe à l'animation des veillées ; seul le craquement du bois témoigne de sa présence. Cependant de tels jugements s'inspirent également de préoccupations d'économie (la chaleur serait mieux répartie) et de sécurité (le poêle préserverait de l'incendie). Amené à faire la comparaison dans l'autre sens, puisqu'il s'agit d'un Alsacien visitant la vieille France, Elie Brackenhoffer écrit au milieu du XVIIème siècle : *Les cheminées sont incommodes, on est obligé d'apprêter la nourriture par terre et de toujours s'accroupir*[94]. Or, sensiblement à la même époque que Brackenhoffer et L'Hermine, le Bénédictin Dom Ruinart trouve les auberges alsaciennes *incommodes... parce que l'on n'y fait point de feu dans les cheminées ouvertes, mais simplement dans les fourneaux ou poëles. Leur chaleur ne parvient que lentement à sécher nos vêtements trempés de pluie*[95]. Les médecins du Roi, qui arrivent un siècle plus tard, semblent souscrire à la condamnation du poêle. Ils regrettent que *l'usage salutaire des cheminées* ne s'introduise que fort lentement, car *on est fermement persuadé qu'elles absorbent plus de bois que nos poels et qu'en outre on gèle de froid auprès des cheminées*[96]. Et de fustiger les préjugés paysans : dévoreuse de bois, dispensatrice de plus de fumée[97] que de chaleur, la cheminée est accusée de

---

91 M-N. DENIS, *art. 2553 et 2762*.

92 ASRM 168/3 (Kientzheim 1787) et 179/19 (Uberach 1781 et 1782).

93 J. DE L'HERMINE, *op. cit*, p. 189. Notons que les poêles de terre cuite et de fonte, plus courants dans les milieux populaires, et les poêles de faïence, souvent réservés aux couches aisées de la population tout en présentant des variantes dans leurs formes, répondent à une technique identique (colloque sur le chauffage domestique de Rhénanie, Strasbourg octobre 1976).

A défaut de descriptions détaillées, nous renvoyons le lecteur aux collections des musées régionaux. Un des plus anciens poêles en provenance de la campagne (Truchtersheim 1661) se trouve au Musée alsacien de Haguenau.

94 E. BRACKENHOFFER,*op. cit.*, pp. 11 et 53.

95 J. MATTER (éd. et trad.), *op. [251]*, p. 121.

96 ASRM 177/1 (Issenheim, le 27 février 1787).

97 Alors que certains reconnaissent qu'au contraire la cheminée absorbe la fumée : *Französisches Kamin... dass der Rauch alle Zeit wohl auszieht* (maison dîmière de Cernay, 1719, *cit.* par A. BEHRA, *op. [386]*, p. 47).

faire rôtir d'un côté et de faire geler de l'autre celui qui aurait le malheur de lui faire confiance. A l'inverse de la cheminée ouverte, qui serait une source de déperdition, le poêle fermé rayonnerait une chaleur égale. Dans ces conditions, l'artifice que constitue la banquette qui l'entoure (la *Kunscht* du Sundgau) et qui est chauffée par la fumée de l'âtre ne s'avère pas absolument indispensable[98]. Il est vrai que le poêle n'a pas que des avantages. Graffenauer opposera, au début du XIXème siècle le poêle de faïence des *habitans aisés,* qui retient la chaleur et la diffuse lentement, *de façon modérée et sans odeur,* au poêle de fonte *que l'on chauffe souvent avec excès* et qui présente *l'inconvénient de donner une chaleur inégale, souvent trop brusque, et de se refroidir si l'on n'entretient pas le feu continuellement*[99]... Tout en reconnaissant *qu'il seroit nécessaire d'en avoir en france pour les sales ou l'on mange,* ce mémoire anonyme de 1721 avoue que *les poeles... sont si chauds qu'on y peut durer quand on y est pas accoutumé*[100]. C'est pourtant le poêle de fonte, produit des fonderies de Zinswiller, qui connaît la faveur la plus ancienne et la plus durable puisque, en attendant son triomphe au XIXème siècle, il est mentionné dès le milieu du XVIIème. On lui préfère parfois le poêle en terre vernissée ou en céramique, plus abordable que celui en faïence, et qui présente, par rapport à la fonte, l'avantage de continuer, même éteint, à rayonner la chaleur[101]. Quel que soit le matériau utilisé, l'originalité de ce système de chauffage est double : véhiculer les fumées de combustion et l'air chaud ; répondre, surtout s'ils sont constitués de gradins, à des usages multiples : chauffer la salle de séjour, bien entendu, mais aussi faire sécher fruits et herbes et faire cailler le lait.

Selon les récits des voyageurs qui empruntent, à la fin du XVIIIème siècle, la route de Strasbourg à Paris, la cheminée française à feu ouvert apparaît à l'approche de Saverne, avant de s'imposer définitivement à partir de Phalsbourg[102]. *Les habitants du Nord,* explique Maugue, *ne connaissent encore les cheminées que pour leurs cuisines*[103], ce qui laisse sous-entendre qu'il considère la cheminée comme un progrès. On la rencontre également dans certains presbytères où l'incitation du pouvoir central pèse au XVIIIème siècle sur la conception et la réalisation du bâti[104]. La plaine d'Alsace se situe ainsi au contact de deux civilisations : l'une germanique - celle du poêle -, l'autre - celle de la cheminée - typiquement française. Le poêle, dit un dicton populaire, c'est aussi indispensable à la demeure que la maîtresse de maison.

---

98 A. RIFF, *art. 2723*, tiré à part 1943, p. 12 et fig. 10 (Koetzingue, fin XVIIIème siècle).

99 J-P. GRAFFENAUER, *op. cit*, p. 11.
AHR E 1589 : *ein viereckiger eisserner Offenkasten mit einem irtenen Kachelaufsatz* (ferme seigneuriale de Weckolsheim, 1761).

100 BM Avignon : Ms. 1861 (Mémoire sur la ville de Strasbourg, 1721).

101 J-P. MINNE, *art. 2766*.

102 J.F.K. GRIMM, *op. [213]*, t. I, p. 203 : *Man bedient sich der Kamine mehr als Oefen... und lebt ganz französisch.*

103 B. MAUGUE, *op. cit.*, t. II, p. 1036.

104 A titre d'exemple, la maison curiale de Kembs en 1728.
AEB Q 91 Dir. der Schaffneien: *französisches Vorcamin* (renseignements fournis par L. ABEL, *art. 2530*, p. 25).

Or le système de chauffage est fréquemment mis en cause lorsque éclate l'incendie[105], à tel point que les règlements seigneuriaux ont tendance à lui imputer la plus grande part de responsabilité : exagération manifeste, si l'on se réfère au calendrier des sinistres. Enfermant la flamme, le poêle est, à cet égard, moins dangereux que la cheminée. Sur une quarantaine de cas dont nous connaissons la date exacte, les plus fortes fréquences se situent en dehors de la période de chauffe (septembre), et les maxima secondaires en mai et janvier, le reste se répartissant également au cours de l'année. La ville (pour peu que les sources consultées nous autorisent à établir une fragile comparaison) affiche un net maximum de juin (rôle de la foudre, feu du ciel, aussi redoutable que le feu des hommes ?) et deux maxima secondaires en septembre et en décembre[106] :

Le calendrier des incendies (1660-1787)

Nb d'observations		Répartition saisonnière (%)											
Villages, bourgs et petites villes *	36= 100	J	F	M	A	M	J	J	A	S	O	N	D
		14,7	-	5,9	5,9	14,7	5,9	5,9	5,9	28,5	5,9	2,9	2,9
Colmar et Sélestat **	13=100	7,7	-	-	-	7,7	23,0	7,7	7,7	15,4	7,7	7,7	15,4

* Turckheim 1660, La Wantzenau 1668, Brumath 1694 et 1746, Hoerdt 1669, 1687 et 1763, Quatzenheim 1687, Bietlenheim 1700, Dorlisheim 1706, Kientzheim 1717, Gambsheim 1717, Sainte-Croix-en-Plaine 1718 et 1721, Offendorf 1719, Lupstein 1720, Erstein 1725, Illkirch 1730, Guémar 1731, Geudertheim 1731, Mommenheim 1733, Pfettisheim 1734 et 1763, Sindelsberg 1737, Altkirch 1759, Eckendorf 1760, Zutzendorf 1763, Herrlisheim en Haute-Alsace 1764, Ensisheim 1765, Molsheim 1766, Fulleren 1771, Reiningue 1776, Guewenheim 1779, Eschbach 1784, Hochstatt 1786, Suarce 1787, Cernay, s.d., XVIIIème siècle (archives seigneuriales et chroniques paroissiales, *passim*).

** A partir de la chronique de Dominique SCHMUTZ (*op. [242]*) complétée, pour Sélestat, par les travaux de Paul ADAM, *passim*.

N.B. Nous attirons l'attention du lecteur sur le caractère forcément aléatoire de ces résultats qui, portant sur une quarantaine d'incendies effectivement relevés, ne sont donnés qu'à titre indicatif.

Plus que la surchauffe des foyers, c'est l'accumulation dans la ferme de denrées inflammables - paille, foin, chanvre, gerbes de grains et tabac - qui peut créer le danger, de même que la présence d'un séchoir à garance[107] et la fâcheuse habitude qui consiste à sécher le chanvre à domicile, dans la *Stub*, à proximité immédiate du foyer[108] : ce n'est que peu à peu qu'on prend l'habitude de construire des installations collectives, dont la surveillance est d'ailleurs plus facile, à quelque distance des habitations.

---

105 M. BARTH, *op. 2760*.
AMM C 69-73 : cense de l'abbaye de Graufthal à Woellenheim (1783).

106 En marge de notre champ d'étude, on consultera avec intérêt H. GACHOT : "L'incendie de Belmont de 1810", in *Les Vosges* 1964, 4, pp. 8-9 et D. LERCH : "Les deux grands incendies de Belmont (1810-1852)" *SA* 63, 1977, pp. 59-63, J. WIMMER : *Grendelbruch*, éd. franç., Strasbourg 1975, pp. 227-230, enfin le numéro de *L'Essor* (mars 1988) consacré aux incendies autrefois.

107 ABR E 1628 (Brumath 1746).

108 ABR 1 B 162 (Gerstheim 1699) et 2 B 266 (Rhinau 1740).

L'analyse quantitative des dégâts causés par l'incendie qui ravage 22 exploitations à Hoerdt, le 23 mars 1687, donne les résultats suivants[109] :

		Chiffres absolus	% par rapport au nombre des cas relevés
Nb de familles sinistrées		22	100
Bâtiments			
	- maisons	15	68,2
	- granges	20	90,9
	- étables	6	27,3
	- hangars	5	22,8
	- pressoirs	1	4,5
Mobilier		5	22,8
Bétail		7	31,8
Réserves			
	- grains	12	54,5
	- légumes secs	1	4,5
	- foin et regain	13	59,1
	- paille	3	13,6
Sans précision		7	31,8

Il apparaît clairement que la grange constitue, dans l'exploitation agricole, un élément fragilisant et que les grains en gerbes ainsi que le foin et le regain qui, par fermentation, s'auto-allument, offrent au feu dévastateur un aliment de choix. Il en est de même du chanvre que l'on fait sécher sur les toits[110]. Contrairement aux inondations qui menacent la vie[111], c'est donc la perte des biens qui est la conséquence première de l'incendie : ce genre de catastrophe ruine les victimes, dont peu sont capables de reconstituer le capital perdu. Et si l'incendie n'opère pas, par lui-même, de sélection, il convient néanmoins de remarquer que ce sont souvent les plus humbles qui y perdent la totalité de leurs biens[112] : le feu est alors générateur de paupérisation et de vagabondage. A Hoerdt, comparée aux biens immobiliers, la valeur du bétail et des réserves représente en 1687 moins du quart du montant des dégâts[113] : 2080 contre 7060 livres tournois, 23% contre 77%. Mais nous sommes au mois de mars : les réserves s'amenuisent ; une bonne partie du bétail a pu être sauvée à temps ou séjourne déjà au pâturage. Ce sont donc essentiellement les porcs, porcelets et veaux qui succombent[114]. A Cronenbourg par contre, où l'incendie éclate le 7 septembre 1782, les grains représentent en valeur plus de 65% des dommages qui se chiffrent à la somme impressionnante de 40 000 livres tournois ! Quant aux 22 chefs de ménage de Hoerdt, ils auront perdu l'équivalent de 9140 livres de biens :

---

109 ABR E 1701/4.

110 AMS VI 258/2 : sur les 60 bâtiments qui flambent à Mommenheim, le 7 septembre 1733, 24 sont des granges garnies de foin, de regain et de gerbes. De même à Pfettisheim, le 11 janvier 1734, 140 rézaux de grains sont perdus dans l'incendie de la grange d'un particulier. *Ibid.* VI 123/5 : A Illkirch, la foudre tombe, le 19 septembre 1730, sur une grange pleine de gerbes. Cf. Herrlisheim en Haute-Alsace pour le séchage du chanvre sur les toits (AHR 3 B 3365, 1749).

111 Voir *supra* pp. 102-109.

112 ABR 1 G 2/46 : *die arme Leuth fast all ihr Vermögen und mobilien verlohren... Den mehre theil gar den bettelstab in die Handt nemben... gantz ruinierten armen Leuthen* (La Wantzenau, 23 mai 1668).

113 ABR E 1701/4 (23 mars 1687).

114 *Ibid.: Das Vieh alle Nacht... nach seinen Ställen mit betrübten augen sehen müssen...* (Hoerdt, 5 juin 1669).

Evaluation des pertes	Victimes (22 chefs de ménage) Nombre	%	Valeur moyenne des pertes Montant moyen	% par rapport à la moyenne (416 lt)
moins de 200 livres tournois	4	18,2	170	40,9
200 - 400	9	40,9	328	78,8
400 - 600	4	18,2	480	115,4
600 - 800	4	18,2	698	167,8
plus de 800	1	4,5	900	216,3

Nous échappe malheureusement l'importance relative de ces pertes par rapport à la valeur du patrimoine : elle pourrait bien être inversement proportionnelle à la richesse de l'exploitant. Est-il possible de maîtriser le risque ? Il est des circonstances sur lesquelles le seigneur, qui s'empresse de réglementer, n'a pas de prise : la foudre, ce feu terrifiant tombé du ciel, les mauvaises conditions d'engrangement, lors d'un été pourri, ou la simple négligence. Pour les démêler, l'enquête menée en 1786 dans le comté de Horbourg[115] nous servira de fil conducteur. Les unes tiennent à la structure même de la ferme. Le matériau de construction utilisé - ossature et charpente de bois, toit de chaume[116], planchers en hêtre - représente un réel danger. L'adoption progressive de la tuile[117] et l'emploi du dallage pour la cuisine[118] sont perçus comme des moyens de conjurer le danger d'incendie, mais les cloisons en maçonnerie ou en briques restent en grande partie le monopole de la ville[119]. Or l'agencement des bâtiments explique la propagation rapide du feu : dans tous les cas de figure - *Eindachhaus* ou *Mehrdachhaus*[120] -, l'habitation principale se prolonge par l'étable, elle-même attenante à la grange. Avec ses bâtiments accolés et construits en matériaux inflammables, la ferme alsacienne offre sans doute davantage de prise au feu que celle des autres régions françaises.

	Hoerdt mars 1687 ABR E 1701/4	Gambsheim septembre 1717 ABR G 1338
Nb d'exploitations ravagées par le feu	22 = 100%	37 = 100%
% de maisons seules	9,1	2,7
de maisons et de granges	27,3	-
de maisons et étables	-	10,8
de maisons-granges-étables	9,1	75,7
de parties de maisons-granges-étables	9,1	8,1
de maisons-granges-étables-hangars	4,5	-
de maisons-granges-hangars	9,1	-
de granges seules	27,3	-
de granges et étables	-	2,7
de granges et hangars	4,5	-

[115] AN K 2360.

[116] ABR E 1701/3 : *Flammen aus den Strohdächern* (Hoerdt, 25 mai 1763).

[117] Voir *infra* pp. 1587-1590.

[118] *En France, les maisons n'ont pas de plancher, mais sont dallées* : Elie Brackenhoffer (*op. cit.*, p. 115) s'en étonne au milieu du XVIIème siècle.

[119] G. KLEIN, *op. 2599*, pp. 24-25.

[120] Voir *infra* p. 1591.

Mais c'est l'aménagement intérieur qui suscite les préoccupations des autorités. L'agencement du niveau inférieur de la maison est conçu pour limiter les dégâts : dans le meilleur des cas, le sol de la cuisine est dallé[121] s'il n'est pas confectionné en terre battue, la cuisinière maçonnée, le four à pain édifié à l'extérieur, les foyers isolés du reste de l'habitation par un mur pare-feu. Mais c'est à l'étage que se concentrent tous les dangers, en raison du mode d'évacuation de la fumée. Dans le cas des *Rauchhäuser*, l'absence d'un conduit accroît les risques. Si la fumée brûlante n'a d'autre issue qu'une ouverture pratiquée dans le toit, elle encrasse et calcine les poutres[122], entretient les étincelles qui n'attendent que le prochain coup de vent pour embraser la toiture. A Durrenentzen, *la fumée et les étincelles du feu montoient par un grand trou percé dans le grenier et sortoient par une ouverture en haut de la maison couverte de paille*[123] ; à Fortschwihr, on découvre - exemple typique parmi bien d'autres - une cheminée qui *se perd dans le milieu du grenier ; la fumée du feu d'en bas se disperse ensuite dans ledit grenier et sort par les lucarnes ou trous faits dans la toiture de paille*[124]. Et ce n'est pas le fumoir installé directement sur le conduit, dépourvu de plancher et de plafond, permettant à la fumée d'être utilement récupérée pour la conservation du lard ou du jambon, qui empêche cette dernière de s'échapper librement dans les combles. Piètre consolation : la fumée, en encrassant le toit de chaume, lui conférerait une certaine consistance et contribuerait à sa longévité. Même si la maison est dotée d'un conduit de cheminée, son propriétaire prend le risque de vivre dangereusement. En dépit de la déclaration royale de 1695[125], sont incriminés les conduits de cheminée mal construits - certains sont confectionnés en planches[126]! -, mal situés, mal nettoyés au mépris de l'obligation faite aux habitants du comté de Horbourg de faire procéder à un ramonage tous les six mois sous peine d'une amende de 50 livres[127], voire tous les trois mois[128], une fois par an au moins dans d'autres seigneuries[129]. Les inspecteurs de cheminées ou *Caminschauer* n'arrêtent pas de dénoncer les anomalies que tentent de combattre les ordonnances seigneuriales[130]. Chez Ignace Maurer de Horbourg, le ramoneur ne peut plus entrer *sans danger dans la*

[121] AHR 1 E 22/48 (moulin seigneurial de Wittersdorf, 1710).

[122] M. GRODWOHL, *art. 2578*, pp. 109-111 : coupe commentée d'une maison située à Wahlbach et datée de 1668.
M. RUCH, *op. 2629*, pp. 45-47, 71, 75-76.

[123] Rapport du bailli, 27 décembre 1786.

[124] *Ibid.*, 30 décembre 1786. On rapprochera ces constatations de la situation observée au Japon : Cl. GAUDON : *Le Japon au XVIIIème siècle vu par un botaniste suédois*, 1966, pp. 241-242.

[125] G. CERISE, *op. 2761*, p. 29 : interdiction d'installer, dans le royaume de France, des conduits de cheminée jouxtant des cloisons ou pans de bois, poutres ou solives sous peine d'amende et, pour le maçon, sous peine de déchéance de la maîtrise.

[126] AN K 2360 (Fortschwihr 1786).

[127] *Ibid.* et Ch. HOFFMANN, *op. 36*, t. III, pp. 356-357 : première quinzaine d'avril et première quinzaine d'octobre pour les particuliers.

[128] *Ibid.*: tous les trois mois pour les aubergistes.
AHR E 41 (Riquewihr 1787-1788).

[129] AHR C 1505.

[130] AC Mundolsheim : *Dorf- und Policey- Ordnung der Herrschaft Mundolsheim und Mittelhausbergen*, 12 février 1778 (texte aimablement communiqué par Madame L. CHÂTELET-LANGE).

cheminée qui se trouve épaisse de trois à quatre pouces de suif (sic)[131]. Dans la maison de la sage-femme, la cheminée constitue une menace permanente pour le grenier du voisin que sépare *un vieux mur de planches... à moitié mangé de la fumée*[132]. Chez André Hanhard, deux grosses poutres du grenier, entièrement noircies, traversent le conduit qui doit évacuer la fumée[133]. Menacés par de lourdes amendes, huit propriétaires de Durrenentzen se hâtent d'ériger des cheminées en moins de dix jours, mais la maison de Mathis Gantzer en est encore dépourvue en 1786, *attendu qu'elle doit être partagée et l'on ne sçait à qui retombera la moitié ou se trouvera la cheminée à bâtir*[134].

Il y a, en tout cas, dans les comportements relevés, une part d'insouciance : certains habitants du comté de Horbourg ne déclarent-ils pas que leur maison est dépourvue de cheminée depuis plus d'un siècle sans qu'elle ait essuyé le moindre accident ? Pour d'autres, le ramonage revient trop cher. En effet, pour étayer l'argumentation, surgissent des raisons économiques - le ramonage coûte au XVIIIème siècle entre 50 et 100 deniers[135], au point d'inciter le seigneur à accorder la prise en charge par la communauté aux plus démunis[136] - et techniques : les maisons ne sont pas assez solidement construites pour pouvoir supporter la charge que représenterait une cheminée[137]...

Enfin sont mises en cause diverses circonstances qui tiennent autant aux usages invétérés qu'à la pure négligence : l'habitude que prennent peigneurs de chanvre[138], batteurs et valets de ferme de travailler de nuit et de fumer dans les granges, la *témérité de courir nuitamment les écuries avec une chandelle pour soigner les bestiaux*, l'utilisationde fourneaux munis de portes en bois, la *légèreté impardonnable* qui consiste à déposer - sans doute pour les besoins de la lessive - les *cendres chaudes et ordinairement mêlées de charbons vifs sur les greniers, de faire sécher contre les fours et fourneaux les chanvres et étoupes, de les battre et façonner à la chandelle, de faire du feu sur des foyers qui n'étoient pas à trois pieds du grenier chargé de paille* ou des *toitures couvertes de paille*[139]... En tout cas, lorsque le risque vient des hommes, c'est l'imprudence qui est à incriminer plus que la méchanceté, car les incendies criminels, commis par malveillance, sont relativement rares.

---

131 AN K 2360, décembre 1786. De même à Hatten où, en 1764, on extrait d'une cheminée huit paniers de suie (ABR 17 J 105).

132 *Ibid.*

133 *Ibid.*

134 *Ibid.*

135 C.A. HANAUER, *op. [106]*, t. I, pp. 594-595.
ABR 17 J 105 : *Man unser Armuth hätte zulassen wollen, nun aber mir solches aus keiner Bosheit unterlassen.* De même ABR J suppl. (1967), Alteckendorf 1760.

136 ABR 17 J 105 : *Hessen-Hanau-Lichtenbergische Feuerordnung*, Pirmasens 1784, art. 9.

137 Ibid. : *weilen die Last desselben das Haus nicht mehr erträgt... damit der Wind dasselbe nur nicht über Hauffen werfe* (Melsheim 1764).

138 ABR D 390/9 (Ried méridional, an XI).

139 AN K 2360 (28 septembre 1786).

L'incendie, après avoir été lié à une conjoncture de guerre[140], est à présent étroitement associé aux structures matérielles et mentales qui façonnent le monde rural : elles rendent compte de la rapide propagation du feu, aggravée par la pénurie d'eau, les effets de la sécheresse ou du vent. En 1669, quatre heures ont suffi à venir à bout de 45 bâtiments à Hoerdt[141] ; en 1719, 30 constructions sont réduites en cendres à Offendorf en l'espace d'une demi-heure[142]. A Gambsheim, l'incendie qui éclate le 8 septembre 1717, *jour de la maternité de Notre Dame,* donne lieu à une description apocalyptique[143] : tandis que 37 fermes et 104 bâtiments flambent avec leur contenu - *denrées, outils servant au labourage* -, que les arbres se dessèchent et que les murailles de pierre sont calcinées *par l'ardeur de la flamme,* 36 familles se retrouvent sans abri ; *une multitude d'hommes, femmes et enfans pleurants et réduits à n'avoir que le ciel pour couverture* n'ont réussi à sauver *que simplement les habits qu'ils portoient sur le corps pour se couvrir et leurs larmes pour nourriture.*

La réglementation en vigueur suggère les comportements en cas d'incendie : obliger les candidats à la bourgeoisie à fournir un seau en cuir[144] passe pour une habitude urbaine qui gagne peu à peu la campagne. Il en va de même de l'initiative qui consiste à s'en remettre à un personnel qui, à défaut d'être qualifié, se trouve responsabilisé : *Feuermeister* qui, sous la foi du serment, donnent leurs directives à des *Feuerläufer* élus par la communauté et qui, pour une demi-mesure de vin, sont censés parcourir une lieue et demie par incendie[145]. En cas de malheur, rien ne doit être laissé au hasard. A Rouffach, les ordonnances du Magistrat se répètent en 1693, 1751, 1763 : le meunier doit, au premier coup de tocsin, arrêter son moulin et diriger l'eau dans un canal de dérivation prévu à cet effet (*Feuergraben*) ; si le sinistre éclate la nuit, les habitants attacheront à leur maison une lanterne qui, en plus des onze torchères officiellement installées par la municipalité, est susceptible d'éclairer le travail des sauveteurs ; maçons, tailleurs de pierre et charpentiers se rendront sur les lieux avec haches et marteaux ; enfin chacun fournira un cuveau vide et ceux qui habitent à moins de cent pas du lieu de l'incendie sont tenus de remplir d'eau les baquets ainsi fournis. Dans le comté de Horbourg, le garde de nuit doit donner l'alarme puis faire des patrouilles pour prévenir les vols, bien que les maisons soient censées être fermées à clé, sous peine de 100 livres d'amende. Dans les rues éclairées pour l'occasion avec des lanternes, tout le monde accourt ; quelques hommes actionnent la pompe à feu ; les autres villageois, femmes et enfants compris, assurent le transport de l'eau, en

---

140 Voir *supra* p. 223.

141 ABR E 1701 3 et 4 (25 mai 1669).

142 ABR E 2273/4 (12 mai 1719).

143 ABR G 1338 (déclaration du 17 septembre 1717 et requête du 20 mai 1718) et G 2511 (comptes bailliagers). Voir R. JUNG, *art. 2765*.

144 I. HOEHE, *op. cit.*, pp. 115-129 : *lederne Feuerkübel* (règlement de Wiwersheim, 1769).
ABR 17 J 105, art. 14 ; 2 florins par bourgeois et 5 *Schilling* par manant (comté de Hanau-Lichtenberg 1784).
J-M. SCHMITT, *mém. 232*, p. 19 et AHR E dépôt 30 BB 1 (Guémar, 7 février 1731).

145 ABR C 1092. Voir G. HEITZ, *art. 2764*.

faisant la chaîne des seaux, opération rendue possible grâce à l'intervention des tonneliers qui mettent leurs cuves à la disposition du public et du forgeron qui surveille les puits ; les habitants des villages limitrophes, alertés par chevauchée, envoient à leur tour matériel et personnel[146]. Au XVIIIème siècle, la liste des agrès s'allonge, surtout dans les bourgs : tabliers de cuir, bottes et gants de pêcheur, seaux à incendie (1 par bourgeois, 1/2 par manant) ou calottes de fer, échelles, fallots, pelles à fallots, cordes munies d'anneaux de fer et de crochets[147], sans oublier la providentielle pompe à incendie. Apparue dès le XVIIème siècle dans les villes, elle se répand dans le plat pays au siècle suivant, surtout après 1750[148]. C'est qu'une pompe coûte entre 300 et 1100 livres tournois[149] ; elle doit être soigneusement entretenue et essayée deux fois par an[150] de façon à pouvoir être utilisée sans difficulté, au moment opportun, par les *Feuerreuther* ou *Feuerlauffer*[151]. Sa contenance ne dépasse pas les deux à trois hectolitres[152]. Si, dans la liste partielle des pompes à incendie, établie pour le XVIIIème siècle par Médard Barth à partir de données disparates[153], nous tentons de repérer les communes de la plaine proprement dite, à l'exclusion de celles des vallées vosgiennes et du Vignoble, nous constatons que plus de la moitié d'entre elles se dotent de ce type d'équipement dans la décennie précédant la Révolution. Dix ans plus tard, en 1798/1799, deux communes de Basse-Alsace sur trois se trouveront équipées d'une pompe à incendie[154]. Préconisées par l'administration seigneuriale à la fin du XVIIIème siècle[155], les précieuses *pompes à feu* auront réalisé leur percée... Leur diffusion ne suffit pas à conjurer la peur séculaire du feu qui se concrétise à travers de nombreux rites de protection[156].

Mais comment réagir contre un fléau perçu à la fois comme un drame individuel et une menace collective ? Les mesures curatives prennent le pas sur les règlements coercitifs ; ces derniers cessent en effet d'être observés une fois l'alerte passée, malgré la dissuasion que constituent les amendes infligées. Voici l'exemple de la Régence de Bouxwiller[157] : dans un cas seulement - celui de la confection des toits de chaume -, le montant des contraventions diminue entre 1740 et 1784 : preuve supplémentaire, sans doute, de la régression de ce type de couverture dans la seconde moitié du XVIIIème siècle .

146 AHR E 41 : règlement en cas d'incendie pour le comté de Horbourg et la seigneurie de Riquewihr, 21 articles, 1773.

147 *Ibid.* et AHR C 1504 : réglementation d'Altkirch consécutive à l'incendie du 11 mars 1759.

148 ABR 8 E 286/1 : *Feuerspritzmeister, Feuerspritzmänner* à Meistratzheim à partir de 1759.

149 AHR C 1504 (Haute-Alsace 1771, 1776 et 1787).

150 AHR E 41 (comté de Horbourg, 1773).

151 AC Mundolsheim : ordonnance de 1778 *cit.*

152 AHR E 41 (comté de Horbourg, 1773).

153 M. BARTH, *op. cit.*, pp. 57-59.

154 ABR 1 L 591-595 et M. BARTH, *op. cit.*, pp. 88-94.

155 St. A. 74/157 (Sandherr, Muntzenheim le 16 juin 1784).

156 Voir *infra* pp. 1924-1925.

157 ABR H 624/4 (1740) et 17 J 105 (1784).

Echelle des amendes infligées par l'administration du comté de Hanau Lichtensberg 1740-1784 (en lt.)
Sources : ABR H 624/4 (1740)
17 J 105 (1784)

	1740	1784
1. Confection de toits de chaume	25	20
2. Installation d'un four sans autorisation seigneuriale	20	20
3. Utilisation de pétards lors des noces et dans la nuit du Nouvel An	30	30
4. Visite des étables et granges "à feu ouvert"	15	15
5. Contravention à la défense de fumer dans les granges et étables	15	15
6. Négligence dans l'entretien de la cheminée	10	-
7. Comportement suspect au moment de l'incendie	-	20
8. Mise en branle, non fondée, de la cloche d'alarme	10-20	-
9. Encombrement de l'accès au puits	-	10
10. Refus de mettre une tine à eau à la disposition de la collectivité	-	10
11. Mauvais état de la pompe à incendie	3	-
12. Absence de réserves d'eau	3	-

Périodiquement, les règlements édictés par les comtes de Hanau - 1652, 1660, 1736 1737, 1740, 1784 -, tout en révélant l'obsession du feu, apportent de précieux renseignements. Entre 1740 et 1784, ils deviennent de plus en plus précis, de plus en plus complets : règles de construction et d'entretien des toitures, des cheminées, des fours, des plafonds et des planchers ; surveillance des comportements et répression de la négligence des hommes ; contrôle des produits inflammables ou pyrogènes ; entretien des agrès ; conseils quant à l'attitude à adopter en cas de sinistre. Déclarations creuses ? Principes non suivis d'effet ? Les Hanau surveillent au contraire de très près l'exécution de leurs règlements dont nous pouvons suivre l'application ou la non-application entre 1740 et 1784[158]. La comparaison des deux règlements à un demi-siècle d'intervalle illustre l'attention croissante accordée à la technique de la lutte contre l'incendie, dès lors qu'il devient impossible d'infléchir les structures matérielles et mentales :

La lutte contre l'incendie dans le comté de Hanau - Lichtenberg 1740 - 1784
Source : ABR H 624/4 (1740)
17 J 105 (1784)

	Nb. d'articles 1740 (25 art.)	Nb. d'articles 1784 (64 art.)
I. Règles de construction et d'entretien		
- Interdiction des toits de chaume et remplacement progressif du chaume par la tuile	2	2
- Obligation d'installer une cheminée (y compris dans les constructions anciennes)	1	1
- Règles de construction des cheminées (respecter la largeur ; éviter les renfoncements ; éviter les cheminées en bois ou l'incorporation d'éléments en bois dans la cheminée)	1	3
- Vérification du bon fonctionnement des cheminées par les ramoneurs et les visiteurs (signalement aux familles et aux prévôts d'éventuelles contrefaçons, pénalisation des négligences)	1	1
- Délai de ramonage (6 mois) ; nettoyage au balai, par les chefs de ménage, des endroits accessibles ; dénonciation des récalcitrants	1	1
- Règles de construction des fours (fours à pain extérieurs) et des poêles (murs pare-feu)	-	2
- Matériaux à utiliser pour les planchers des pièces chauffées (dalles), pour les chambres à fumer le lard (dalles et porte métallique)	-	2
- Précautions à prendre pour l'équipement des étables (plafonds en planches et non en barreaux ; calfeutrage des fenêtres prohibé)	-	1
- Autorisation spéciale pour les opérations à haut risque (forges, fours divers alambics)	2	2
Total	8 (32%)	15 (23,4%)

158 ABR 17 J 102-106.

II. Surveillance des comportements		
- Prudence dans le maniement du feu et de la lumière	-	1
- Interdiction de pénétrer dans la grange et à l'étable "à feu ouvert" ; utilisation de lanternes "fermées" ; obligation d'en posséder une ou plusieurs par ménage	2	2
- Interdiction de fumer dans les granges et étables (valets de labour, batteurs, chanvriers)	1	1
- Interdiction de sécher le chanvre à l'intérieur de l'agglomération	1	1
- Interdiction d'utiliser des pétards aux noces et la nuit du Nouvel An	1	1
Total	**5** (20%)	**6** (9,4%)
III. Surveillance des produits inflammables et pyrogènes		
- Interdiction d'engranger de la paille ou du foin insuffisamment secs	1	1
- Interdiction d'entasser de la farine ou du son humides	1	1
- Interdiction de stocker de la chaux vive	1	1
- Interdiction de déposer des cendres incandescentes ou des braises sur des planchers en bois	1	1
- Eloignement des foyers de toute matière inflammables (paille, foin, fagots, copeaux, vannure et résidus de battage, bottes de lin et de chanvre)	1	1
- Règles de stockage pour les bûchers, les meules de paille sèche, les tas de fumier dans la cour	1	2
- Obligation faite aux artisans de débarrasser leur atelier du bois durant la nuit	-	1
- Inspection des greniers : éloignement (de 6 pieds à partir de la cheminée) de tout produit inflammable	-	1
Total	**6** (24%)	**9** (14,1%)
IV. Evolution des agrès d'incendie		
- Obligation de se procurer un seau à incendie lors de l'admission comme bourgeois ou manant	-	1
- Acquisition d'une pompe à main conseillée à chaque chef de ménage	-	1
- Surveillance de l'alimentation en eau menacée par la sécheresse et le gel ; préparation de deux cuveaux par chef de ménage (cour et grenier) ; protection du puits contre le gel	1	1
- contrôle de l'état des cuves, des tonneaux et des échelles ; entretien et visite d'inspection trimestrielle de la pompe à incendie communale	2	7
Total	**3** (12%)	**10** (15,6%)
V. Attitude à adopter en cas d'incendie		
- Mesures de précaution (surveillance et déclaration entre voisins ; rôle des gardes de nuit)	2	2
- Recours à la cloche d'alarme	1	-
- Recommandations diverses : ne pas fermer la porte d'entrée à clé ; alerter les voisins et les sonneurs ; quitter le travail ; dégager les accès aux puits ; éclairer les voies de passage ; prévenir le vol ; entreposer le mobilier à la maison commune ; s'assurer de la disponibilité du meunier (contrôle de l'eau) et du chirurgien (soins aux éventuels blessés)		22
Total	**3** (12%)	**24** (37,5%)

Entre les deux dates, l'évolution se présente donc comme suit :

	1740	**1784**
I, II, III, IV, V	25 articles	64 articles (+156%)
I-	32%	23,4%
II	20%	9,4%
III	24%	14,1%
IV	12%	15,6%
V	12%	37,5%
	----	----
	100%	100%

Si l'on omet de prendre en considération l'attitude devant l'incendie lui-même - à peine ébauché en 1740 -, on retrouve une évolution qui va dans le même sens, quoique atténuée :

	1740	1784
I, II, III, IV, V	22 articles	40 articles (+82%)
I	36,4%	37,5%
II	22,7%	15,0%
III	27,3%	22,5%
IV	13,6%	25,0%
	100%	100%

On prête moins d'attention aux comportements et aux matériaux dangereux, beaucoup, par contre, aux agrès d'incendie. Grâce à la technique, les communautés ne seront plus désarmées devant le feu, en même temps qu'elles cherchent à se protéger contre l'eau[159].

Cette réglementation, assortie de menaces et de peines, est souvent le fait de la ville qui entraîne la campagne environnante, surtout si cette dernière participe au même complexe seigneurial[160]. Il n'est pas sans intérêt de constater, d'autre part, que les préfets du XIXème siècle reprendront presque mot à mot les recommandations prodiguées par le personnel seigneurial au siècle précédent[161]. A défaut de pouvoir lutter efficacement contre l'incendie, on cherche à en limiter les effets. En Alsace, se fait jour une ébauche d'assurance dès le milieu du XVIIIème siècle, mais elle semble circonscrite à la principauté des Nassau-Sarrewerden[162]. Ailleurs, le système institutionnalisé de la caisse de compensation, alimentée par des cotisations régulières, est précédé par l'appel occasionnel à la solidarité, la seigneurie servant de structure de base aux collectes organisées.

En 1669, les habitants de Hoerdt écument une cinquantaine de communes à la ronde[163], sans oublier Strasbourg. Cette quête, qui leur rapporte l'équivalent de 2265 livres tournois, intervient un an après que leurs voisins de La Wantzenau aient fait appel à la compassion des villages

---

159 Voir *supra* pp. 109-111.

160 Benfeld et Erstein 1642 (M. BARTH, *op.cit.*, p. 67) ; Dahlenheim 1673 (ABR G 1092) ; Bischwiller 1687, 1708, 1728 et 1731 (M. BARTH, *op.cit.*, p. 67) ; Wiwersheim 1769 (I. HOEHE, *op. [424]*, pp. 115-129) ; Dorlisheim 1778 (M. BARTH, *op.cit.*, p. 67) ; Neuwiller 1784 (M. BARTH, *op.cit.*, p. 67) ; comté de Hanau-Lichtenberg 1740 et 1784 (ABR H 624/4 et 17 J 105) ; Rouffach 1786 (M. BARTH, *op.cit.*, p. 67) ; Pfaffenhoffen 1787 (M. BARTH, *op.cit.*, p. 67) ; comté de Horbourg 1787 (AN K 2360) ; Lauterbourg 1789 (M. BARTH, *op.cit.*, p. 67).

161 J-L. VONAU, *th. 2768*, pp. 229-247.

162 J-L. VONAU, *th. cit.*, pp. 7-17.
AM Bouxwiller et St. A. Weilburg XII/12 : *Fürstliche Nassau-Saarbrücken Weilburgische Feuer-, Bau-, und Brand concurrent Ordnung von 1751*, Wetzlar 1751, 34 p. Texte analysé par R. BERGMANN : *Geschichte des Rheinischen Versicherungwesens*, Essen 1928, pp. 15 ss.

163 ABR E 1701/3 et 4.
Voir R. FRIEDEL, *op. [398]*, p. 84.
Ibid.: *die Steuern von Haus zu Haus.*

environnants[164] : seule l'appartenance à des seigneuries différentes - le comté de Hanau-Lichtenberg d'une part, l'évêché de Strasbourg de l'autre - évite que la charge ne pèse sur les mêmes têtes. Mais à force d'être sollicités, les paysans ne risquent-ils pas d'assimiler la collecte à un impôt comme un autre[165] ? Dans ce grand mouvement de solidarité, la ville vient au secours de la campagne : le septième des sommes affectées à la reconstruction de Hoerdt en 1687 provient des huit quêtes organisées à Strasbourg. Un siècle plus tard, la collecte en faveur des 31 sinistrés de Cronenbourg - elle rapporte plus de 85 000 livres - doit une partie de son succès aux Strasbourgeois, au cardinal de Rohan (6000 livres) et au Roi lui-même (40 000 livres)[166]. On ne sait si Sundhoffen profite en 1745 de la générosité de Colmar pour couvrir les dégâts estimés à 1164 livres[167]. La ville de Mulhouse semble avoir joué un rôle capital, puisqu'elle vient successivement au secours d'Ensisheim en 1765 (8000 livres), de Reiningue en 1776 (3422 livres), de Hochstatt en 1786 (1900 livres), de même que des villages sinistrés situés en Suisse ou dans l'Empire[168]. Mais Reiningue peut en même temps compter sur les dons en argent, grains et bois de la part des villages limitrophes, des abbayes de Munster, de Masevaux, d'Oelenberg et, à titre personnel, sur ceux du comte de Horbourg-Riquewihr et du comte de Saint-Germain à Paris. Ce grand élan de solidarité, qui bouscule les clivages sociaux, est à la mesure de l'ampleur de la catastrophe. Des exemptions d'impôts sont requises et consenties[169], de même qu'est confirmée pour la construction, l'attribution gratuite du bois tiré des forêts seigneuriales[170].

c) Le choix de la couverture : tuile ou chaume ?

Mais ne convient-il pas de prendre le mal à la racine ? L'incendie étant fréquemment alimenté par les toits de chaume, n'est-il pas urgent de les faire disparaître ? En réalité, le schéma classique du passage du chaume à la tuile, s'il n'est pas pris en flagrant délit d'inversion, connaît de nombreuses variantes. La plaine d'Alsace n'est-elle pas avant tout terre d'argile ? Plus que d'autres régions rhénanes telles que la Hollande, plus que les montagnes encadrantes - Vosges et Forêt-Noire -, elle reste fidèle à la tuile. Attestée par les découvertes archéologiques, la voici présente dès le XVème

[164] ABR 1 G 2/46 : autorisation demandée à l'Evêché le 23 mai 1662.

[165] Ibid. : *Brandsteuer* à la Wantzenau. La seule condition requise est l'établissement d'un *Brandsteuerbrief*, lettre de recommandation rédigée par le seigneur à l'intention des sujets de sa seigneurie, quel que soit leur domicile.
AMS VI 258/2 : *...durch milde beysteur gutherzige personen* (Marlenheim 1734).
AHR 17 J 12 : *Brandcollecte* à Sundhoffen, 1745 (*bey barmhertzigen und mitleydenden tragenden Christen um steuern und hilf... angehalten*).

[166] ABR 6 E 41, 1263/82 (1782).

[167] AHR 17 J 12.

[168] M. MIEG, *op. [255]*, t. I, pp. 319, 324 et 336.
M. BARTH, *op. cit.*, pp. 50-51.

[169] ABR G 1338 (Gambsheim 1717-1718).
M. MIEG, *op. cit.*, t. I, p. 324 et Ch. HOFFMANN, *op. cit.*, pp. 153-155 (Reiningue 1776-1779).
ABR 1 G 2/46 : six ans d'exemption demandés par La Wantzenau à l'évêque de Strasbourg (23 mai 1668).

[170] ABR G 615/5 : décision de l'abbé de Marmoutier à Sindelsberg.

siècle[171], en particulier dans le Sundgau et le comté de Hanau-Lichtenberg, où le chaume n'est interdit qu'entre 1740 et 1760[172]. Néanmoins trois constatations s'imposent :

- Dans le cadre de la plage chronologique retenue, on voit le chaume reculer au profit de la tuile de la fin du XVIIème à la fin du XVIIIème siècle. Dans les années 1670, la profession de *couvreur de paille* est encore fort répandue[173] et les sources font parfois état de véritables paillottes[174]. Le pasteur de Jebsheim nous raconte que, par manque de fourrage, on est contraint, en 1674, de nourrir le bétail avec la paille des toits[175]. Quelques décennies plus tard, au moment où les ordonnances du comte de Hanau-Lichtenberg prescrivent encore l'emploi du chaume[176], le processus de substitution s'engage : on ordonne aux habitants, sous peine d'amende, non seulement de faire couvrir les constructions nouvelles de tuiles[177], mais d'arracher le chaume des maisons anciennes[178]. Mais le passage s'opère progressivement, tantôt à l'initiative des autorités - Illkirch en 1725, Dorlisheim en 1738, Kutzenhausen en 1728[179] -, tantôt sur la requête des habitants eux-mêmes[180], à la suite d'un incendie particulièrement dévastateur.

- Si elle s'esquisse dans la première moitié du XVIIIème siècle, l'évolution en faveur de la tuile intéresse au premier chef la maison, tandis que les bâtiments d'exploitation, en particulier les écuries, restent longtemps

171 Pour le Sundgau, voir A GARDNER / M. GRODWOHL, *op. cit.*, p. 191.
Pour la plaine d'Erstein, voir R. FRIEDEL, *op. [399]*, p. 250 : *und soll das Hus mit Ziegeln decken* (renouvellement de bail d'un moulin de Sand, 27 février 1433).

172 ABR H 624/4 (1740) et 17 J 105 (1784 pour le comté de Hanau-Lichtenberg).
AN K 2360 : des toits de chaume sont encore signalés dans le comté de Horbourg (à Durrenentzen et à Fortschwihr) en 1785/1786.

173 AHR E 1381 (Heiteren 1673) et AM Altkirch 1671 (d'après J. PERRIN, *art. 392)*.
ABR C 398 : sont impliqués dans une rixe, à Grussenheim en 1774, deux couvreurs de paille, le père (44 ans) et son fils (19 ans).
AHR 4 E Not. Bollwiller, inv. Heimsbrunn 1779.

174 AHR 18 J 713 : *ein strowener Hütten* (Sundhoffen 1664).

175 AHR RP Jebsheim (chronique paroissiale) : *Stroh von den Dächern gefüttert.*

176 ABR E 2195 (1703 et 1728), même si, en 1672, les toits de chaume, du reste plus exposés aux ravages du feu, apparaissent minoritaires, puisque moins d'un bâtiment sur 10 l'adopte (ABR E 1579).

177 R. REUSS, *op. [508]*, t. II, p. 72, note 1 : règlement de 1678, émanant du comte de Rosen et interdisant le chaume sur les granges et les étables à Dossenheim-sur-Zinsel.

178 AC Erstein DD 88 : *Das Stroh davon wirdt abgenommen..., mit Ziegeln gedeckt und gar keine Strohdächer mehr gemacht werden sollen* (Grand Chapitre, 9 avril 1725).

179 ABR E 2195.

180 C. OBERREINER, *art. 2609* (Bourbach-le-Bas 1759).

fidèles à la couverture de chaume[181]. Néanmoins la disparition de cette dernière est fort inégale dans la plaine elle-même, y compris dans le Kochersberg à la réputation d'opulence[182]. Des toits de chaume subsistent au XIXème siècle, voire au XXème, dans le Sundgau belfortain[183] et les vallées vosgiennes[184].

- Enfin l'exemple de Furdenheim[185] montre que la coexistence de la tuile et du chaume fausse toute statistique qui se voudrait trop systématique. Parfois, en effet, le compromis s'impose :

Nb. d'habitations	**Type de couverture (%)**			
	Tuile	**Chaume**	**Mixte** (tuiles et chaume)	**Indéterminé**
Total (45)	64,5%	22,2%	4,4%	8,9%
Maisons dépourvues d'étage (9)	44,5%	33,3%	11,1%	11,1%
Maisons à demi-étage (4)	50,0%	25,0%	25,0%	-
Maisons à étage (32)	68,8%	18,7%	3,1%	9,4%

181 ABR E 1579 : surtout maisonnettes et étables (comté de Hanau 1672).
AHR 4 E Not. Bollwiller, inv. Ungersheim : pour les années 1678-1680, les comptes d'Oswald Meyer font allusion à un couvreur de paille (pour le pressoir et les porcheries) et à un couvreur de tuiles (*die Gebäu auszuflicken*).
AHR 4 E Not. Heiteren inv. 5 (étable couverte de chaume 1694 ; grange couverte de chaume 1694 ; maison à étage et étable nouvellement construite couverte de tuiles, 1699).
AHR E 1470 : la grange dîmière des Ribeaupierre à Jebsheim a encore un toit de chaume (1701).
AHR 3 B Nambsheim: le chaume est arraché du toit par malveillance et brûlé dans les champs (1704).
AHR 4 E Not. Heiteren inv. 6 (maisonnette, petite grange et étable,le tout couvert de chaume, 1706 ; maison à toit de chaume, 1707).
AHR 1 E 40/11 : en 1724, 2 maisons sur 19 sont couvertes de tuiles à Pulversheim, les 17 autres restant fidèles au chaume ou aux bardeaux (rapport du receveur Radius, 1724).
ABR 6 E 40 Not. Soultz-sous-Forêts II, inv. Rittershoffen 150 : maison couverte de paille (1735) ; porcherie *mit zieglen bedeckt* (1736).
ABR G 5438/4 : la maison curiale de Schnersheim est couverte de *thuilles* en 1728, tandis que celle de Dossenheim, à quelques lieues de la première, est *couverte de paille ainsi que la grange* en 1738 (GLAK 105/86).
ABR 6 E 7 Not. Bouxwiller, inv. Reitwiller 362 (enchères de la maison et des bâtiments d'exploitation, 1752) : *la ditte maison couvertte de tuilles et les dites écuries et remises couverttes de paille.*
AHR C 1118/94 : *vieilles chaumières à Balgau* (1754).
ABR 6 E 7, Not. Bouxwiller (inv. Reitwiller 362, 1763).
ABR 6 E 40, Not. Soultz-sous-Forêts II, inv Rittershoffen 156 (couverture de tuiles sur une maison ancienne, 1762) et 160 (couverture de tuiles sur une maison neuve, 1787).
AHR 4 E Not. Heiteren inv. 13 (maison de journalier à toit de chaume 1769).
AHR 18 J 526 : *petite grange bâtie en bois dont le toit étoit couvert de paille* (bergerie de Durrenentzen 1770).

182 AP Hurtigheim (chronique du pasteur Schneider) : *klein Wohnhaus mit Stroh bedeckt* (démolition en 1782) ; *das Haus war jedoch eine elende Hütte mit einer Scheune mit Stroh gedeckt* (fin XVIIIème siècle) à Hurtigheim ; *Strohhütte* à *Quatzenheim* (toit remplacé en 1751).

183 J-M. TUCHSCHERER / M. GRODWOHL, *art. 2650*, p. 17 : l'incendie qui se déclare à Gommersdorf en 1852 détruit huit granges couvertes de chaume.
AHR 1 M 20/1 : *Malheureusement cet usage vicieux est encore trop répandu dans quelques communes rurales du département* (le préfet du Haut-Rhin en 1821, *cit.* par J-L. VONAU, *th. cit.*, p. 231).
G. DESERT, *contrib. 2556*, p. 43 : carte de la répartition des toits de chaume en 1856 (moins de 10% dans le Bas-Rhin, de 10 à 20% dans le Haut-Rhin).

184 G. KLEIN, *op. 2599*, p. 31 : l'auteur signale l'existence de toits de chaume dans le Ban-de-la-Roche jusque vers 1930.

185 ABR 8 E 149/1 (1741).

On constatera qu'une importante proportion de maisonnettes sans étage ou à demi-étage, occupées le plus souvent par les journaliers, optent pour la couverture de chaume ou la solution mixte, les fermes de laboureurs adoptant plus facilement la tuile. Avantages et inconvénients de ces deux types de protection s'équilibrent. Le chaume a de remarquables qualités d'isolation thermique ? Mais il favorise le développement des parasites et des bactéries. Le chaume est bon marché ? Mais, au bout de vingt ou trente ans, il faut le remplacer : la tuile est plus durable. Si son prix élevé peut être dissuasif, si l'absence de murs porteurs suffisamment solides l'écartent au profit du chaume, ce sont par contre la meilleure résistance à l'incendie, un écoulement des eaux assuré et une bonne conservation des grains qui finissent par l'imposer.

Ainsi la maison traditionnelle répond à la somme des besoins élémentaires : s'abriter des intempéries, se chauffer au moindre prix, se loger de façon décente. Dans la réalité, elle est souvent démunie de sécurité, de confort et de salubrité. Mais elle est autre chose qu'une protection matérielle contre le froid et l'humidité et une protection juridique contre autrui. Le souci de *construire utile*, préoccupation dominante de la paysannerie, se retrouvera dans la disposition et l'utilisation des bâtiments d'exploitation.

2) La maison, instrument de production : dépendances et système d'exploitation

a) Déterminisme économique ou phénomène culturel

Outil adapté au travail agricole, conçu et aménagé par l'expérience des générations terriennes : c'est ainsi qu'Albert Demangeon définit la maison rurale[186]. Etroitement dépendants du mode de vie et de l'organisation du travail, ce sont les caractères morphologiques qui différencient les types de fermes du nord au sud de la plaine d'Alsace[187]. Le *Hof*, qui est essentiellement, mais non exclusivement, le domaine d'action de l'homme, fait partie, en Alsace, d'un appareil de production au même titre que la *domus* méditerranéenne et l'*oustal* des pays de langue d'oc. Unité de production autant qu'unité de résidence, il désigne un endroit clos englobant la maison d'habitation et les bâtiments d'exploitation auxquels est rattaché le noyau des terres cultivées à titre de bail, le tout focalisé sur un patronyme familial, synonyme de continuité. Admettons que la disposition des éléments constitutifs de la ferme ne doive rien au hasard. Comme la maison du Vignoble accorde une place importante à la cave, celle de la plaine s'agence en fonction du *Hof* situé au coeur d'un système de culture original. On y trouvera une grange capable de conserver une récolte plus ou moins abondante, des étables susceptibles d'abriter un bétail plus ou moins nombreux, des chartils pouvant contenir un matériel arant et roulant plus ou moins encombrant.

---

186 A. DEMANGEON, *art. 2549*, pp. 372-375.

187 On en trouvera une bonne synthèse dans l'*Encyclopédie d'Alsace*, art. "*architecture rurale*", Th. FISCHER/ M. GRODWOHL / M. RUCH, *art. 2565*.

Le plan qu'adopte la ferme de la plaine, c'est-à-dire l'articulation de l'habitat avec les bâtiments d'exploitation qui l'accompagnent, semble traduire cette réalité. Au XVIIIème siècle, son évolution obéit à deux tendances essentielles : la prédominance du plan en ordre dispersé ; l'unité de conception imposée par une tradition commune qui caractérise l'agencement des constructions, quels que soient l'importance de l'exploitation et le statut socio-professionnel de son propriétaire.

On assiste au recul du type monobloc à deux ou trois travées parallèles, regroupant l'ensemble des fonctions sous le même toit, au profit du type dissocié, attribuant un bâtiment spécifique à chaque fonction et donnant à la maison d'habitation une certaine autonomie par rapport aux bâtiments d'exploitation. En effet, même dans les exploitations les plus modestes, la maison-cour à toits multiples (*Mehrdachhaus*) l'emporte sur la maison-bloc à toit unique et à usage pluri-fonctionnel (*Eindachhaus*). Il serait tentant de cantonner cette dernière en Alsace bossue, c'est-à-dire sur le plateau lorrain et dans les vallées vosgiennes. Sa disposition est caractéristique : construction rectiligne, parallèle à la rue, couvrant d'un toit unique des éléments à destination différente. Or on la retrouve, dans la seconde moitié du XVIIIème siècle, de Rittershoffen[188] à Heimersdorf[189], en passant par le Kochersberg et le pays de Hanau[190]. Elle n'est pas non plus typique du Sundgau où elle annoncerait l'architecture franc-comtoise. Pourtant une coupe transversale à travers le Sundgau mettrait en lumière le rôle de la fonction économique dans la conception de la maison rurale : passage progressif de l'*Eindachhaus*, qui prédomine à l'ouest et au sud, contrées à vocation pastorale, au *Mehrdachhaus*, plus répandu au nord et à l'est qui consacrent davantage de place à la culture. Apparaissent progressivement les toits multiples et la disposition autour d'une cour, même si cette dernière reste ouverte. A l'ouest, ni cour, ni remise (faisant saillie, le toit de la grange y supplée), ni dissociation des espaces réservés aux hommes et aux bêtes : l'entrée se fait directement dans la cuisine qui n'est pas toujours précédée d'un corridor et qui communique avec l'étable, laquelle donne sur la grange. Gardons-nous de tomber dans l'excès qui consisterait à opposer des explications exclusivement fonctionnalistes aux thèses abusivement ethnocentristes rattachant la ferme tantôt au courant alémanique[191], tantôt aux influences françaises. La relative opposition des types maison-bloc et maison-cour semble en effet remonter à une époque fort ancienne si l'on en croit les travaux de Robert Specklin[192] et de Marc Grodwohl[193] qui, limités au Sundgau, insistent sur la permanence des plans de ferme[194] . A l'origine de cette continuité, les facteurs culturels - la *mémoire de l'espace* - ne

---

188 AHR 4 E Not Hirsingue.

189 AP Hurtigheim (chronique du pasteur Schneider) : à Hurtigheim, ce type de construction semble constituer l'exception entre 1650 et 1670.
ABR 6 E 7, Not. Bouxwiller, inv. Reitwiller 361 (1748) et 364 (1788) : *alles unter einem Dach.*

190 Où ce type prend souvent le nom de *Gehöfte.*

191 A. MEITZEN, *op. 2604.*

192 R. SPECKLIN, *art. 2639*, pp. 211-240.

193 M. GRODWOHL, *contrib. 2587*, p. 287.

194 .J-M. TUCHSCHERER / M. GRODWOHL, *art. cit*, p. 53.

l'emportent-ils pas sur un quelconque déterminisme économique ? Toute opposition systématique entre les deux types d'agencement, qui peuvent coexister dans la même agglomération, doit être rejetée et la thèse de l'antériorité de la ferme monobloc est sujette à caution, puisque le Sundgau continue à adopter cette dernière jusqu'au XIXème siècle[195], tout en multipliant les constructions en ordre dispersé, mieux adaptées à l'évolution économique de l'époque. Même en admettant qu'il puisse y avoir filiation entre les deux, le passage d'un type à l'autre se fait de façon progressive, l'adjonction d'une grange en retour d'angle - ou avec un léger décrochement de la ligne de faîtage[196] - pouvant assurer la transition. En réalité, le phénomène de transition joue davantage dans l'espace que dans le temps. Il est tout naturel qu'à l'ouest de la province apparaissent des types de construction apparentés à ceux qui caractérisent les régions voisines : la maison lorraine aux environs de Saverne ; la maison vigneronne de Bourgogne et la maison-bloc de type comtois dans le Sundgau.

b) Un plan fonctionnel : les éléments constitutifs de la ferme

Oublions un instant la maison du Sundgau avec sa cour latérale, rarement fermée, et son environnement de verdure. Pour ancienne qu'elle soit, elle ne constitue pas pour autant le modèle de la ferme alsacienne. Dans le reste de la plaine, cette dernière est composée, le plus souvent, de bâtiments distincts, jointifs ou non, groupés en ordre serré autour de la cour qui constitue le coeur de l'exploitation et l'espace de communication par excellence. Une telle disposition présente le double avantage de réduire les risques de propagation d'incendie[197] et d'autoriser une construction évolutive, échelonnée dans le temps, donc adaptée aux exigences nouvelles, comme en témoignent les millésimes apposés sur les dépendances.

Le plan traditionnel distribue invariablement une série de constructions autour d'un espace non bâti. Plusieurs bâtiments entourent, sur deux ou trois de ses côtés, une cour centrale, le quatrième côté, qui donne sur la rue, étant occupé par la clôture. Presque toujours perpendiculaire à la voie publique, à laquelle elle présente l'un de ses pignons, la maison d'habitation trouve sa réplique, de l'autre côté de la cour, dans le bâtiment d'exploitation le plus important. S'allongeant parallèlement à la maison, ce dernier abrite les étables, parfois la grange si elle se trouve sous le même toit[198], éventuellement la buanderie, la distillerie ou le pressoir. Un escalier donne accès à une galerie menant soit aux séchoirs, aux greniers à grain ou à foin, soit aux chambres des domestiques. Particulièrement commode, une

---

195 A. RIFF, *art. 2723*, p. 4.
AHR 4 E Not. Hirsingue : *Scheuer und Stall darangebauen... unter einem Dach* (Heimersdorf 1786).

196 AHR C 1140 : Jean-Adam Ditner de Guewenheim *disant que le 28 juin de l'année dernière 1779... il se manifesta un incendie dans ses écuries qui étoient sous le même toit de la maison* (supplique au bailli de Masevaux, 8 juin 1780).

197 AHR E 1589 : *Stallungs- und Scheunengebäud... Samt dem futtergang... so sich unter einem Tach befinden..., zwei Walmen, ein Thann, ein grosses Scheuertor und kleines Thürlein* (ferme seigneuriale de Weckolsheim, 1761).

198 M. SCHWARTZ, *art. 2638* (Sundgau).
ABR 6 E 41/36 (cense de Kaltenhouse, 1711 : *une entrée de la cuisine dans les escurges*).

UNE FERME DU KOCHERSBERG :
LA FERME GEIST A QUATZENHEIM
(XVIIème - XVIIIème)

Portail et façade

Maison d'habitation

Bâtiments d'exploitation

telle disposition permet de nourrir les bêtes directement grâce à des regards aménagés dans le plafond de l'étable.

Il serait cependant artificiel d'établir une distinction tranchée entre *espace d'habitation* et *espace d'exploitation* qui reviendrait à sous-estimer la cohabitation de l'homme et du bétail. Une telle cohabitation devient nécessité dans le cas de la *maison élémentaire* à toit unique précédemment évoquée, où la communication avec l'étable se fait à partir de la cuisine ou d'une chambre à provisions jouxtant la cuisine[199]. Dans la maison du pâtre de Durningen, c'est l'entrée de la maison qui assure la communication avec les étables[200] : la chaleur animale, qui profite à l'homme, est une bonne raison pour que le second s'accommode de cette proximité. Même dans les grandes fermes, la séparation des domaines - celui de l'homme et celui de l'animal - se trouve incomplètement réalisé : la chambre du valet de ferme n'est-elle pas, le plus souvent, située au-dessus des étables[201], ce qui renforce les liens d'intimité entre bêtes et gens[202] ? Cependant la séparation semble respectée selon un subtil processus de hiérarchisation qui rapproche de la maison habitée l'écurie à chevaux, en éloigne l'étable à vaches et, si elle existe, la porcherie.

Le fond de la cour est occupé par la grange surmontée du fenil. Ce bâtiment est fréquemment traversé par un passage-remise ou un hangar s'ouvrant sur le verger et permettant le déchargement des charrettes de foin et de paille. Donnant sur la rue, le quatrième côté enfin est fermé par un haut mur percé d'une porte cochère à deux vantaux et du portillon à l'usage des piétons. Ce plan classique peut connaître quelques variantes : la maison, quand elle s'allonge parallèlement à la rue, masquant les bâtiments d'exploitation, est traversée par un passage-porche surbâti qui débouche sur une cour profonde[203]. Cette disposition n'est nullement imposée, comme c'est le cas en ville, par l'étroitesse du terrain. On passe donc du plan en fer à cheval à rectangle ouvert au plan à rectangle fermé qui transforme la ferme en véritable forteresse. L'un et l'autre, obéissant à des nécessités économiques, révèlent l'état d'esprit de la grosse paysannerie : le maître, jaloux de son indépendance, se sent à l'aise derrière un mur élevé et peut, par ailleurs, surveiller d'un seul coup d'oeil son règne intérieur. La façade, la porte d'entrée, certaines fenêtres de la *Stub* ne donnent-elles pas, non sur la rue, mais sur la cour conçue comme une véritable *place publique domestique* ? Aux deux extrémités de la plaine, Outre-Forêt et Sundgau, la ferme, tout en s'ouvrant plus généreusement sur la rue, par l'absence de clôture ou le recours à une clôture basse genre palissade, adopte un dispositif identique à celui que connaît la plaine centrale. D'autre part, les fermes les plus petites reprennent ce plan en le reproduisant en modèle réduit. Chez les journaliers, l'exploitation se limite souvent à deux bâtiments : la maison d'habitation et la grange-étable qui s'articule, en retour d'équerre, perpendiculairement à la maison et occupe le fond de la cour. Le

199 ABR C 157/103 (1777).

200 *Auf dem Stall* (inv. après décès, *passim*).

201 Voir *supra*. pp. 1491-1492.

202 Il apparaît, semble-t-il, au XVIIIème siècle en pays du Kochersberg (M. RUCH, *art. 2631*, p. 21).

203 Nous avons privilégié les terriers de Basse-Alsace, ceux de Haute-Alsace, dispersés entre fonds différents, n'ayant pas fait l'objet d'une recension systématique.

troisième côté est constitué par l'exploitation voisine et la cour, de centrale, devient latérale : relativement exiguë, elle est à peine plus large que le chariot auquel elle livre passage. La différence réside donc davantage dans les proportions, les surfaces et les volumes que dans les principes et la conception du plan lui-même.

c) Permanence ou évolution

La maison ne modifie guère sa disposition et ses aspects fondamentaux. Pourtant son évolution, au XVIIIème siècle, témoigne d'une double mutation, démographique et économique. Non seulement de nouvelles constructions apparaissent, enregistrant assez fidèlement l'essor démographique, mais des bâtiments d'exploitation plus nombreux et plus diversifiés, utilisant la totalité de l'espace disponible, rendent compte de la densification du tissu villageois. L'évolution de l'espace bâti, que bon nombre de terriers permettent de retracer[204], entre la période de la *reconstruction* et la deuxième moitié du XVIIIème siècle, va, sauf exception, dans le sens d'une multiplication des parcelles, bâties ou non, à l'intérieur de l'agglomération. Cette densification, relativement faible dans la plaine d'Erstein, le Kochersberg et le pays de Hanau, s'accentue dans l'Outre-Forêt, où elle atteint des progressions de l'ordre de 50 à 100% entre la fin du XVIIème et le premier tiers du XVIIIème siècle, avant d'esquisser un fléchissement, signe de saturation, à partir de 1750.

Le tissu villageois au XVIIIème siècle : parcelles bâties (+) et non bâties (-)
Sources : terriers déposés aux ABR
Nb. (% par rapport à l'ensemble des parcelles)

	1650-1700		1700-1725		1725-1750		après 1750 et s.d. (XVIIIème s.)	
	+	-	+	-	+	-	+	-
Bourgheim	6 (22,2)	12 (77,8)			16 (94,1)	1 (5,9)		
Furdenheim					49 (96,1)	2 (3,9)		
Rumersheim	20 (76,9)	6 (23,1)	25 (89,3)	3 (10,7)				
Duntzenheim					44 (80,0)	11 (20,0)		
Schwindratzheim	51 (61,4)	32 (38,6)						
Gottesheim					39 (69,6)	17 (30,4)		
Geiswiller					15 (33,3)	30 (66,7)		
Printzheim					29 (61,7)	18 (38,3)		
Hattmatt							53 (65,4)	28 (34,6)
Ernolsheim/Saverne					99 (68,8)	45 (31,2)		
Riedheim					17 (32,7)	35 (67,3)		
Batzendorf	34 (82,9)	6 (17,1)	40 (80,0)	10 (20,0)				
Wintershouse	13 (38,2)	21 (61,8)	25 (54,3)	21 (45,7)				
Morschwiller	29 (63,0)	17 (37,0)	50 (83,3)	10 (16,7)				
Niedersoultzbach					22 (84,6)	4 (15,4)	33 (78,6)	9 (21,4)
Kindwiller			41 (52,6)	37 (47,4)				
Reimerswiller					30 (55,6)	24 (44,4)		
Kuhlendorf			18 (75,0)	6 (25,0)				
Leiterswiller			12 (54,5)	10 (45,5)				
Oberbetschdorf							18 (77,2)	22 (22,8)
Hatten					180 (64,5)	99 (35,5)		
Neuhaeusel					41 (89,1)	5 (10,9)		
Beinheim							141 (95,3)	7 (4,7)
Morsbronn					51 (91,1)	5 (8,9)		
Kutzenhausen (bailliage)			97 (74,1)	34 (25,9)	77 (86,5)	12 (13,5)		
Oberdorf-Spachbach			27 (87,1)	4 (12,9)				
Preuschdorf			88 (44,4)	130 (59,6)				
Lampertsloch			37 (66,1)	19 (33,9)				
Schoenenbourg	31 (70,4)	13 (29,6)					69 (75,0)	23 (25,0)

[204] Voir *supra* pp. 383-386.

Configuration de l'espace bâti aux XVIIème et XVIIIème siècles

% par rapport à l'ensemble des espacements recensés

Localité	Date	Nb. parcelles	Types de combinaisons: C, J, PV sans maison	M+/-CJ sans bâtim. d'expl.	FC	FI	Eléments constitutifs: M	Gr	E	H	Dédoublements: MM	GrGr	EE
Gingsheim	1663	24	41,7	50,0	4,2	4,2	58,3	4,2	8,3	-	-	-	-
Jetterswiller	1664	42	83,3	14,3	-	2,4	16,7	2,4	-	-	-	-	-
Oberhausbergen	1666	41	26,8	12,2	46,3	12,2	73,2	56,1	51,2	-	-	-	-
Schirrhein	1686	40	2,5	27,5	17,5	40,0	98,5	20,0	60,0	5	-	-	-
Dahlenheim	1687	111	35,1	12,6	39,6	9,0	64,9	43,2	46,8	-	-	-	-
Lampertsloch	1710	56	33,9	37,5	16,1	12,5	66,1	26,8	17,9	-	-	-	-
Niederkutzenhausen, Oberkutzenhausen, Hoelschloch, Feldbach, Merkwiller, Lobsann	1715	137	22,6	33,6	8,7	23,3	77,4	32,1	11,7	0,7	-	-	-
Preuschdorf	1719	218	59,7	21,1	3,2	16,0	40,3	18,3	3,7	0,5	0,9	-	-
Leiterswiller	1720	22	45,5	4,5	31,8	18,2	54,5	45,5	45,5	-	-	9,1	-
Kuhlendorf	1722	24	25,0	33,3	33,3	8,3	75,0	41,6	33,3	-	4,2	-	-
Kindwiller	1723	78	47,5	20,5	19,2	12,8	52,5	30,7	20,5	-	-	-	-
Oberdorf-Spachbach	1724	31	12,9	35,5	29,0	22,6	87,1	45,2	35,5	-	9,7	-	-
Schillersdorf	1725	103	56,3	6,8	28,1	5,8	43,7	33,0	28,1	1,0	-	-	-
Duntzenheim	1725	55	20,0	20,0	34,5	25,5	80,0	50,7	45,5	1,8	-	1,8	5,4
Printzheim	1728	47	38,3	14,9	32,9	14,9	61,7	17,0	40,4	19,1	2,1	-	4,3
Geiswiller	1730	45	66,7	-	20,0	13,3	33,3	26,7	28,9	2,2	-	-	-

Localité	Date	Nb parcelles	Types de combinaisons: C, J, PV sans maison	M+/-CJ sans bâtim. d'expl.	FC	FI	Eléments constitutifs: M	Gr	E	H	Dédoublements: MM	GrGr	EE
Riedheim	1730	52	67,3	-	26,9	5,8	32,7	26,9	32,7	9,6	-	1,9	1,9
Obermodern	1731	81	7,4	30,9	18,5	33,3	92,6	54,3	32,1	-	-	2,5	-
Neuhaeusel	1732	46	10,9	21,7	19,6	47,8	89,1	26,1	60,1	-	-	-	-
Morsbronn	1732	56	8,9	26,8	39,3	25,0	91,1	55,3	39,3	12,5	-	-	-
Ernolsheim/Saverne	1738	144	31,3	20,1	22,2	26,5	68,7	42,4	26,4	1,4	-	-	-
Hatten	1739	279	35,5	28,3	15,1	21,1	64,5	30,8	20,4	0,4	2,1	0,4	0,7
Furdenheim	1741	51	3,9	17,6	51,0	27,5	96,1	66,7	60,8	7,8	-	-	-
Schwabwiller	1747	74	18,9	6,7	4,1	55,4	81,1	58,1	8,1	-	1,7	-	-
Reimerswiller	1747/50	54	44,4	7,4	24,1	24,1	55,6	44,4	27,8	-	1,8	3,7	-
Oberbetschdorf	1750	101	22,8	17,8	24,8	34,6	77,2	48,5	35,6	-	6,9	-	-
Beinheim	1753	148	4,7	30,5	17,5	47,3	95,3	64,2	18,8	0,7	-	-	-
Entzheim	1785	81	12,3	14,8	30,9	39,5	87,7	66,7	32,1	-	1,2	1,2	2,5

C = cour
J = jardin
PV = place vide
] + éventuellement bâtiments d'exploitation sans maison

M = maison
Gr = grange
E = étable
H = hangar
FC = ferme complète (M+ Gr+ E)
FI = ferme incomplète (M + Gr ou E)

Sources : terriers (voir l'état des sources)

L'affectation des parcelles, telle qu'elle est révélée par les terriers, est riche d'enseignements. C'est la lenteur du processus de reconstruction[205] qui s'inscrit dans la physionomie du village (Rumersheim, Wintershouse). Mais l'indice le plus encourageant de la réoccupation semble résider dans le recul des espaces vides : terrains vagues, jardins et cours démunis de bâtiments d'exploitation couvrent le quart seulement des parcelles dans la première moitié du XVIIIème siècle. Le phénomène, plus ou moins marqué, ne peut être généralisé (Batzendorf, Schoenenbourg) puisque, dans un premier temps, la remise en culture des jardins se fait concurremment avec le relèvement des maisons. S'il se produit, il bénéficie moins aux maisons isolées, éventuellement entourées d'une cour ou d'un jardin, qu'aux fermes pourvues de bâtiments d'exploitation. Occupant un lot sur six, les premières ont tendance à stagner ; les secondes concernent un lot sur deux et accusent une nette progression. Disparaît donc peu à peu la maison isolée, non accompagnée de dépendances, vestige d'une époque troublée à présent révolue. Ainsi, à partir des années 1720, la ferme alsacienne achève d'adopter la physionomie qui sera la sienne au cours des siècles suivants, moyennant une lente diversification et une certaine standardisation des éléments qui la composent.

Présente en tout cas sur la moitié ou les trois quarts des parcelles, dès le premier tiers du XVIIIème siècle, la maison rurale s'accompagne la plupart du temps de dépendances. La grange, souvent démolie lors des guerres du siècle précédent[206], reste le complément indispensable de l'habitation, puisqu'on la rencontre dans la moitié des cas. Pourtant, faire bâtir une grange passe pour être onéreux[207], comme l'indique le devis estimatif concernant celle du maître d'école de Stotzheim en 1743:

- Main-d'oeuvre : gages	du charpentier :	70 livres	
	du maçon	48 livres	
		118 livres	(47,6%)
- Matériaux :	24 charretées de pierres :	12 livres	
	12 rézaux de chaux :	14 livres	8 sols
	1 foudre de "blanches" :	16 livres	
	"cloux" :	6 livres	
	1 cent et demi de lattes pour la toiture :	18 livres	
	4000 tuiles :	64 livres	
		130 livres	8 sols (52,4%)

sans compter 50 arbres, chênes et sapins, qui n'entrent pas dans l'estimation pour la simple raison qu'ils sont fournis par la commune. Une modeste grange de 50 pieds de long sur 28 de large coûterait donc plus de 300 livres[208]

[205] Th. FISCHER/M. GRODWOHL/M. RUCH, *art. cit.*, p. 302 : la plus ancienne grange datée du Ried méridional serait de 1681.

[206] ABR 63 J 15 :*La grandeur des granges se règle sur la quantité des champs* (Mémoire sur l'économie rurale du département du Bas-Rhin, L. HAMMER, 1807).

[207] ABR 8 E 481/18 : Stotzheim, devis du 5 mars 1743.

[208] A comparer avec ce que coûte la reconstruction de la ferme de l'abbaye de Graufthal à Woellenheim, après l'incendie de 1768 : 2569 livres (AMM C 69-73).

Evolution de l'espace bâti (1650-1750)

% par rapport à l'ensemble des emplacements recensés

Localité	Date	Nb de parcelles	Types de combinaisons				Eléments constitutifs				Dédoublements		
			C,J, PV (sans maison)	M+/-CJ (sans bâtiments d'exploit.)	FC	FI	M	Gr	E	H	MM	GrGr	EE
Bourgheim	1655	18	77,8	22,2	-	-	22,2	05,5	-	-	-	-	-
	1731	17 (-5,5%)	05,9	23,5	70,6	-	94,1	70,6	70,6	-	11,8	11,8	35,3
Rumersheim	1667	27	25,9	11,1	44,5	18,5	74,1	63,0	48,1	-	-	-	-
	1687	27	25,9	14,8	44,5	14,8	74,1	62,9	55,6	-	-	-	-
	1723	28 (+3,7%)	10,7	21,4	46,5	21,4	89,3	67,8	46,4	-	-	-	-
Gottesheim	1655	32	40,6	15,6	25,0	15,6	56,4	31,2	37,5	-	-	-	-
	1730	56 (+75%)	30,4	04,7	46,4	16,1	69,6	46,4	60,7	19,6	3,6	-	-
Huttendorf	1657	68	54,4	10,3	29,4	04,4	45,6	30,9	32,3	-	-	-	-
	1686	70 (+2,9%)	55,7	08,6	30,0	02,9	44,3	30,0	32,9	-	-	-	-
	1723	77 (+10,0%)	39,0	13,0	20,8	20,8	61,0	39,0	23,4	-	-	-	-
Batzendorf	1686	40	17,5	45,0	27,5	10,0	82,5	36,6	29,3	-	-	-	-
	1724	50 (+21,9%)	20,0	38,0	20,0	22,0	80,0	42,0	20,0	-	-	-	-
Wintershouse	1667	30	56,7	13,3	30,0	-	43,3	30,0	30,0	-	-	-	-
	1686	34	61,7	14,7	20,6	03,0	38,3	26,5	23,5	-	-	-	-
	1724	46 (+35,3%)	45,6	15,2	26,2	13,0	54,4	43,5	30,4	-	-	-	-
Morschwiller	1660	46	37,0	63,0			63,0	?	?	2,2	-	-	-
	1722	60 (+30,4%)	16,6	26,7	26,7	30,0	83,4	50,0	33,3	-	-	-	-
Niedersoultzbach	1731	26	15,4	15,4	50,0	19,2	84,6	50,0	69,2	-	3,8	-	-
	1753/56	42 (+61,5%)	21,4	11,9	54,8	11,9	78,6	54,8	66,7	12,4	12,4	-	-
Schoenenbourg	1699	44	29,5	20,5	22,7	27,3	70,5	50,0	25,0	-	6,8	4,5	-
	s.d. (XVIII°s.)	92 (+ 109,1%)	25,0	30,4	16,3	28,3	75,0	41,3	20,6	-	2,2	1,1	-
Merkwiller	1658	18	05,6	38,9	22,2	38,9	94,4	61,1	27,8	-	-	5,6	-
	1715	25 (+38,9%)	24,0	08,0	08,0	32,0	76,0	40,0	20,0	-	-	-	-
Hoelschloch	1658	10	10,0	30,0	10,0	50,0	90,0	70,0	20,0	-	-	-	-
	1715	13	23,1	23,1	23,1	38,8	76,9	53,8	23,1	-	-	-	-

C = cour
J = jardin
PV = places vides
| + évent. bâtiments d'exploitation sans maison

M = maison
Gr = grange
E = étable

H = Hangar
FC = fermes complètes (M + Gr + E)
FI = fermes incomplètes (M + Gr ou E)

Sources : terriers (voir l'état des sources)

tournois. L'étable apparaît moins souvent, sauf dans les contrées - pays de Hanau et certaines communes du Kochersberg ou de l'Outre-Forêt - optant pour une économie plus herbagère. On peut donc supposer l'existence, dans un grand nombre d'exploitations, de bâtiments mixtes jouant à la fois le rôle de grange et d'étable[209]. Il est possible que de telles constructions aient revêtu un caractère transitoire, à l'image des *Stützenscheuer* de l'Outre-Forêt[210]. Progressivement l'écart cesse de se creuser entre le nombre des granges et celui des étables : le rattrapage effectué par les secondes constitue l'un des indices les plus sûrs du déblocage de la technique agraire, le bétail revendiquant sur l'espace bâti une part importante au moment où il se taille une place dans le terroir cultivé. Restons prudents dans l'interprétation et ne concluons pas trop rapidement au passage d'un élevage de type communautaire à un élevage individuel qui ne saurait s'opérer à l'échelle d'une génération : les étables en effet ne sont pas occupées en permanence puisque les usages communautaires ne disparaissent pas, mais les exploitants pratiquant la stabulation en hiver se font plus nombreux. Le progrès réside surtout dans l'affectation de plus en plus spécialisée des étables[211]. A partir des années 1720/1730, l'apparition du hangar[212] exprime la même réalité. Si sa spécialisation reste sujette à caution, il s'ajoute le plus souvent au couple existant grange-étable et constitue un bâtiment intermédiaire entre la grange et la maison d'habitation. Sa place reste limitée : vers 1750, il est exceptionnel qu'il soit présent dans plus de 10% des fermes. Est-il destiné, comme de nos jours, à abriter un matériel plus abondant et plus encombrant ? Certaines précisions nous portent à croire qu'il s'agit souvent, plutôt que d'un véritable chartil, d'une remise aménagée à l'étage des dépendances servant à stocker bois et fourrage ou destinée à sécher le tabac[213].

Ces différents types de bâtiments sont en général uniques. Le développement de l'habitat par dédoublement des maisons, granges ou étables peut recouvrir deux significations très différentes : il peut exprimer l'enrichissement du propriétaire ou la diversification du système cultural ; il peut témoigner aussi d'une situation ancienne pendant laquelle la pénurie des hommes rendait nécessaire le remembrement des parcelles bâties ou le regroupement des bâtiments d'exploitation[214]. Dans ce cas, l'appropriation individuelle devient inéluctable le jour où[215] la pression

209 ABR 6 E 27, Not. Muttersholtz, inv. Baldenheim 18 (21 janvier 1724) : *Stall so in der Scheuren bestehet.*

210 ABR E 5846 (bailliage de Kutzenhausen, 1715).
Voir *supra* 1567-1568.

211 AHR E 1589 : *Der Schaafstall..., das Kleine Schweinstallungsgebäud,... der doppelte Viehstall auf einer seiten mit einem Rosschiff, auf der anderen Seiten mit einer Ochsen- und Kuh Krüpf...* (ferme seigneuriale de Weckolsheim, 1761).

212 Dans la ferme seigneuriale de Weckolsheim, on indique un *Schützenschopf* en 1743, et un *neuer Wagenschopf* en 1755 (AHR E 1348 et 1589).
Dans les fermes de l'abbaye de Graufthal, on distingue nettement la grange conçue pour *serrer les récoltes et fourrages* des *trois hangards servant à mettre à couvert les trains de labourage* (AMM C 69-73, Reitwiller et Rohr, 1784).

213 ABR 6 E 26, Not. Molsheim I, inv. Holtzheim 38, 19 août 1737.

214 Tel semble être le cas à Schoenenbourg et à Niedersoultzbach.

215 Voir *supra* pp. 383-386.

Les maisons d'habitation à Rittershoffen (1650 - 1789) évolution du type de construction

(ABR 6 E 40, Not. Soultz-sous-Forêts II, inv. Rittershoffen 147-160)

Périodes, Nb. de maisons (% sur l'ensemble des maisons existantes)	% sur l'ensemble des maisons anciennes: sans étage	à demi-étage	à étage	Périodes, Nb. de maisons (% sur l'ensemble des maisons existantes)	% sur l'ensemble des maisons nouvellement contruites: sans étage	à demi-étage	à étage
1650-1699 20 = 100%	100%	-	-	**1650-1699** - -	-	-	-
1700-1729 37 = 89,2%	91,9%	-	8,1%	**1700-1729** 4 = 10,8%	75,0%	-	25,0%
1730-1759 90 = 57,8%	37,8%	12,2%	50,0%	**1730-1759** 38 = 42,2%	57,9%	7,9%	34,2%
1760-1789 48 = 37,5%	45,8%	18,8%	35,4%	**1760-1789** 30 = 62,5%	63,3%	10,0%	26,7%

Evolution de l'espace bâti à Rittershoffen (1650 - 1789) : la situation au décès du chef d'exploitation

(ABR 6 E 40, Not. Soultz-sous-Forêts II, inv. Rittershoffen 147-160)

% par rapport à la même catégorie de constructions (Nb moyen de bâtiments de la même catégorie par famille)

Périodes	Nb. de cas étudiés	Maisons: Hérit.	Constr.	Achat	Granges: Hérit.	Constr.	Achat	Etables: Hérit.	Constr.	Achat	Porcheries: Hérit.	Constr.	Achat	Hangars: Hérit.	Constr.	Achat
1650-1699	15	100%	-	-	100%	-	-	100%	-	-	-	-	-	-	-	-
			(1,3)			(1,0)			(0,8)							
1700 -1729	33	87,8%	12,2%	-	83,3%	16,7%	-	83,3%	16,7%	-	-	-	-	-	-	-
			(1,2)			(0,6)			(0,5)							
1730-1759	95	71,3%	27,0%	1,7%	63,6%	36,4%	-	50,0%	50,0%	-	20,0%	80,0%	-	-	100%	-
			(1,3)			(0,8)			(0,4)			(0,1)			(négl.)	
1760-1789	70	58,0%	40,7%	1,3%	54,2%	44,1%	1,7%	45,4%	52,3%	2,3%	16,7%	83,3%	-	-	22,2%	77,8%
			(1,2)			(0,6)			(0,6)			(0,1)			(0,1)	

démographique fait sentir ses effets. On assiste alors à la fragmentation des biens immobiliers en *demi-cours* et *demi-granges* qui rend compte à son tour de la densité humaine croissante que supporte la campagne.

En dehors des espaces traditionnels consacrés à la conservation des récoltes, granges et greniers, les terriers mentionnent épisodiquement la cave. Celle-ci occupe rarement la totalité de la surface qui supporte la maison, de façon à assurer à l'habitation une certaine stabilité et la protéger contre d'éventuelles inondations. Elle se trouve tantôt installée sous la cuisine avec laquelle elle communique par une trappe, tantôt à l'extérieur du logis dans un petit bâtiment annexe prévu à cet effet. Indispensable en pays de vignoble, la cave se fait de plus en plus rare à mesure que l'on s'approche des *Rieds* où la nappe phréatique affleure quasiment au niveau du sol.

Pour suivre l'évolution du bâti dans le temps, nous avons interrogé les inventaires après décès, plus particulièrement ceux de Rittershoffen[216]. La fin du XVIIème siècle se caractérise par la relative fixité du tissu immobilier : pas de constructions nouvelles, les bâtiments se transmettant exclusivement par héritage. Au XVIIIème siècle, les acquisitions, par construction ou achat, se multiplient selon une progression linéaire et le mouvement s'accentue dans les dernières décennies du siècle : environ la moitié du potentiel immobilier aura été renouvelé et aux constructions traditionnelles - maisons d'habitation, granges, étables - s'ajoutent des éléments nouveaux tels que les porcheries et les hangars. Mais l'ensemble de la population ne profite pas de cette progression, puisque le nombre moyen de bâtiments par famille tend à baisser ou à plafonner du début à la fin du siècle et que les formules de propriété par indivis se multiplient : nouvel indice de la surcharge démographique.

Nous avons distingué les maisons anciennes qui, au moment du décès, entrent dans l'héritage et celles qui ont été nouvellement construites en cours d'union. On constate qu'à partir de la seconde moitié du XVIIIème siècle les rapports s'inversent : les deux tiers des bâtiments sont relativement récents, soit qu'ils remplacent des constructions anciennes livrées à la démolition, soit qu'ils viennent s'ajouter à celles déjà existantes. Le stock des maisons sans étage, qui, au moment de la reconstruction, détiennent l'exclusivité, connaît une chute importante au profit des maisons à étage, peut-être en raison d'une plus grande fragilité des premières ; cette chute est moins spectaculaire sur le plan des constructions nouvelles qui continuent à accorder une part importante aux maisons à un seul niveau. En même temps, la solution intermédiaire du demi-étage est censée répondre à la croissance démographique de la seconde moitié du siècle. Mais, dans les décennies précédant la Révolution, une maison sur deux est dépourvue d'étage et on continue à en construire de nouvelles[217]. Une maison sur trois seulement comporte un étage, mais on assiste à un ralentissement de ce type de construction : double phénomène que nous

[216] ABR 6 E 40, Not. Soultz-sous-Forêts II, inv. 147-160.

[217] Voir *infra* pp. 1611-1612.

serions tenté de mettre en rapport avec la prolétarisation croissante de la société rurale.

Conclusion

A la lumière des sources manuscrites, nous ne pouvons cerner qu'une partie des mutations enregistrées par la ferme au XVIIIème siècle. Or l'évolution économique exige de constantes adaptations qui, échappant à l'historien, ne peuvent être appréhendées qu'à la suite d'un patient travail sur le terrain. A titre d'exemple, évoquons ces portes cochères devenues trop basses pour des charrettes de plus en plus chargées et de plus en plus hautes : une évolution qui, au cours du XIXème siècle, se concrétisera par l'adoption du linteau horizontal et surélevé par rapport au traditionnel arc en plein cintre[218].

Les éléments constitutifs des fermes
% par rapport à l'ensemble des emplacements recensés

Localités		Nb. de parcelles bâties	Maisons isolées sans bâtiments d'exploitation	Maisons d'habitation avec grange	avec étable	avec grange et étable	divers
Bourgheim	1655	4	100,0	-	-	-	-
	1731	16	25,0	-	-	75,0	-
Furdenheim	1741	49	18,4	16,3	12,2	44,9	8,2
Rumersheim	1723	25	24,0	24,0	-	52,0	-
Duntzenheim	1725	44	25,0	20,4	11,4	43,2	-
Schwindratzheim	1660	51	15,7	13,7	6,0	62,7	1,9
Gottesheim	1730	39	10,3	5,1	18,0	38,4	28,2
Geiswiller	1730	15	-	13,3	26,7	60,0	-
Printzheim	1728	29	24,2	6,9	17,2	20,7	31,0
Hattmatt	1749/53	53	18,9	-	30,2	50,9	-
Ernolsheim/Sav.	1738	99	29,3	30,3	8,1	30,3	2,0
Riedheim	1730	17	-	-	17,6	52,9	29,5
Batzendorf	1686	33	51,5	12,1	3,0	33,4	-
	1724	40	47,5	27,5	-	25,0	-
Wintershouse	1724	25	28,0	24,0	-	48,0	-
Morschwiller	1722	50	32,0	28,0	8,0	32,0	-
Niedersoultzbach	1756	33	15,1	-	15,1	66,8	3,0
Kindwiller	1723	41	16,0	21,9	2,4	36,7	-
Reimerswiller	1747/50	30	13,3	36,7	6,7	43,3	-
Kuhlendorf	1722	18	44,4	11,2	-	44,4	-
Leiterswiller	1720	12	8,3	16,7	16,7	58,3	-
Oberbetschdorf	1750	78	23,1	30,8	14,1	32,0	-
Hatten	1739	180	43,9	24,5	8,3	22,8	0,5
Neuhaeusel	1732	41	24,5	7,3	46,3	21,9	-
Beinheim	1753	141	32,0	47,5	2,1	17,7	0,7
Morsbronn	1732	51	29,4	27,4	-	29,4	13,8
Kutzenhausen	1717	97	50,5	31,0	6,2	11,3	1,0
(bailliage)*	1748	77	31,2	40,2	-	28,6	-
Oberdorf-Spachbach	1724	27	40,7	18,5	3,7	37,1	-
Preuschdorf	1719	88	52,3	37,5	2,3	6,8	1,1
Lampertsloch	1710	37	56,7	16,2	2,7	24,4	-
Schoenenbourg	XVIII°s.	69	40,6	33,3	4,3	21,8	-

* Sans Oberkutzenhausen

Sources : (voir l'état des sources)

[218] M. H. HEITZ, *art. cit.*, p. 79.

Qu'ils relèvent d'exigences fonctionnelles ou qu'ils nous renvoient à une attitude psychologique, de nombreux indices traduisent l'individualisme du propriétaire. Et pourtant, en dépit de la tradition tenace des cours closes et opaques, la maison se définit d'abord par ses relations avec l'environnement à la fois spatial et social. Double symbole de cette ouverture : la *Stub* et le portail. Par sa situation à l'angle de la rue et de la cour, la *Stub* surveille les passages, contrôle les entrées et les sorties, se projetant ainsi au centre de la sociabilité tant familiale que villageoise. Les relations qu'elle symbolise s'établissent sur un double plan : celui de l'univers *domestique* concrétisé par la cour ; celui de l'univers *public* matérialisé par la rue. De même, le portail monumental qui donne accès à la ferme peut se refermer sur le secret de la richesse. Il peut également s'ouvrir sur le milieu, solidaire ou hostile, du village et assurer la transition entre communauté villageoise et milieu familial. Il est à la fois rupture et contact entre la famille et ce qui lui est étranger. Ainsi individualisme et méfiance ne débouchent pas sur une totale indifférence à l'égard de la vie communautaire.

3) La maison-façade : manières d'habiter et représentations sociales

La maison a-t-elle une âme ? Au-delà du froid mécanisme de la transmission d'un héritage, est-elle le centre de relations affectives ? Ou, au contraire, conformément au cliché de l'insensibilité familiale, la vraie vie se déroule-t-elle en dehors du milieu étroit et étouffant du foyer domestique, à l'église, à l'auberge, à la forge, au lavoir ? Il est difficile de répondre à cette question qui relève du secret familial. Car n'est perceptible que ce qui s'affiche sur les façades.

Avec perspicacité, Marc Grodwohl, analysant l'architecture rurale du Sundgau, situe à la fin du XVIIIème siècle le passage de la *maison-abri* à la *maison-façade*[219]. Aux yeux de l'historien, la situation apparaît plus complexe et plus nuancée : pour la majorité des villageois, le logis reste un abri ; une minorité d'entre eux font intervenir des préoccupations d'esthétique ou de prestige. L'inégalité à la campagne s'inscrit en effet dans l'organisation de l'espace bâti comme dans la manière d'habiter. Le bâti matérialise la diversité des conditions socio-économiques au sein de la communauté villageoise, tout en témoignant, par sa compacité même, d'une certaine cohésion sociale : l'indispensable solidarité ne saurait être unificatrice. D'un côté, une masure à pièce d'habitation unique et des bâtiments d'exploitation absents ou réduits à leur plus simple expression ; de l'autre, des édifices spacieux abritant des pièces multiples et des dépendances diversifiées. La localisation des uns et des autres n'est pas laissée au hasard. L'implantation des grosses fermes s'effectue au centre de l'agglomération, autour des lieux de la sociabilité villageoise - église, maison commune, lavoir - et à la portée des regards envieux ou admiratifs, tandis que les maisonnettes des petits paysans et des journaliers, à défaut de pouvoir s'encastrer entre deux fermes en profitant des espaces disponibles,

[219] M. GRODWOHL, *art. 2579*, p. 49.

se trouvent reléguées à la périphérie du village[220]. Chacun à sa place. Nous constaterons cependant que le phénomène de remplissage l'emporte sur le désir de créer, sur le pourtour de l'agglomération, un ghetto qui serait destiné aux plus démunis.

Mais qu'est-ce qui fait la maison du riche et celle du pauvre ? La dimension ou la hauteur ? La valeur ? Le choix du matériau ou la densité de la décoration ? En l'absence d'une description suffisamment précise de l'aire d'habitation, c'est l'évaluation proposée par le notaire qui peut servir de critère de différenciation et d'étalon pour apprécier la valeur sociale de la demeure.

Constatons d'abord que la maison ne nécessite pas beaucoup d'investissements. Si l'on en croit l'enquête de 1789[221], le logement absorbe en général, en Haute-Alsace, le dixième du montant des charges consacrées à l'alimentation, avec des nuances à la fois d'ordre géographique et social :

Part des dépenses consacrées au logement sur 100 livres de dépenses annuelles (en logement et nourriture)

	Propriétaires les + riches	Petits propriétaires	Artisans	Journaliers	Moyenne
Plaine (8 cas)	13,8	2,9	17,5	10,1	6,9
Vignoble (3 cas)	12,4	11,8	9,1	11,8	11,3
Vallée (3 cas)	8,1	6,5	4,9	4,9	7,5

Une nette différence oppose la vallée vosgienne au Vignoble et à la plaine qui consacrent des sommes plus conséquentes à l'entretien des bâtiments de ferme. Seules les différences de niveau social expliquent les moyennes relativement faibles (6,9%) relevées dans la Hardt.

Le cas de Bollwiller nous renseigne sur la valeur fiscale de la maison entre 1734 et 1742. L'exemple d'Illhaeusern, entre 1742/1743 et 1784/1789[222], indique le sens de l'évolution : c'est une période de forte construction, puisqu'on dénombre un tiers de maisons en plus (soit un vingtaine) entre les deux dates. C'est en même temps une période de forte différenciation sociale perceptible :

- dans l'étalement des valeurs immobilières : de nombreuses maisonnettes de faible valeur et quelques bâtisses importantes viennent compléter le tissu villageois ;
- dans la physionomie du bâti : 78% des maisons ne comportent pas d'étage et, parmi elles, toutes celles qui, en 1789, sont de construction récente.
- dans le régime d'appropriation : les maisons en indivis (6 au total, 12 demi-parts) apparaissent, mais restent l'exception.

Force est de constater cependant qu'aucune modification spectaculaire ne vient bouleverser la répartition des valeurs immobilières à Illhaeusern entre 1742/1743 et 1782/1789 :

220 AHR 1 M 17. Voir J-M. BOEHLER, *art. 81.*

221 AHR E dépôt 30 CC 4 1-6.

222 Voir *supra* p. 1019.

VALEUR FISCALE DES MAISONS

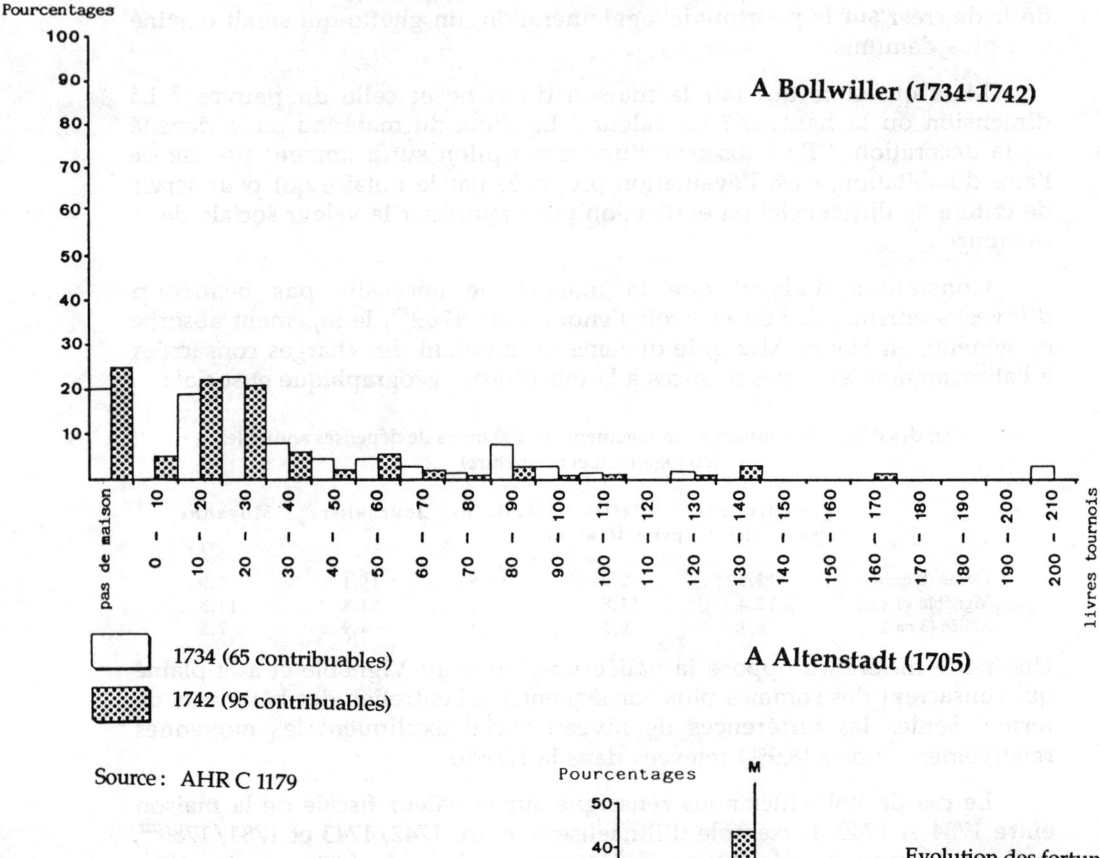

1734 (65 contribuables)

1742 (95 contribuables)

Source : AHR C 1179

A Altenstadt (1705)

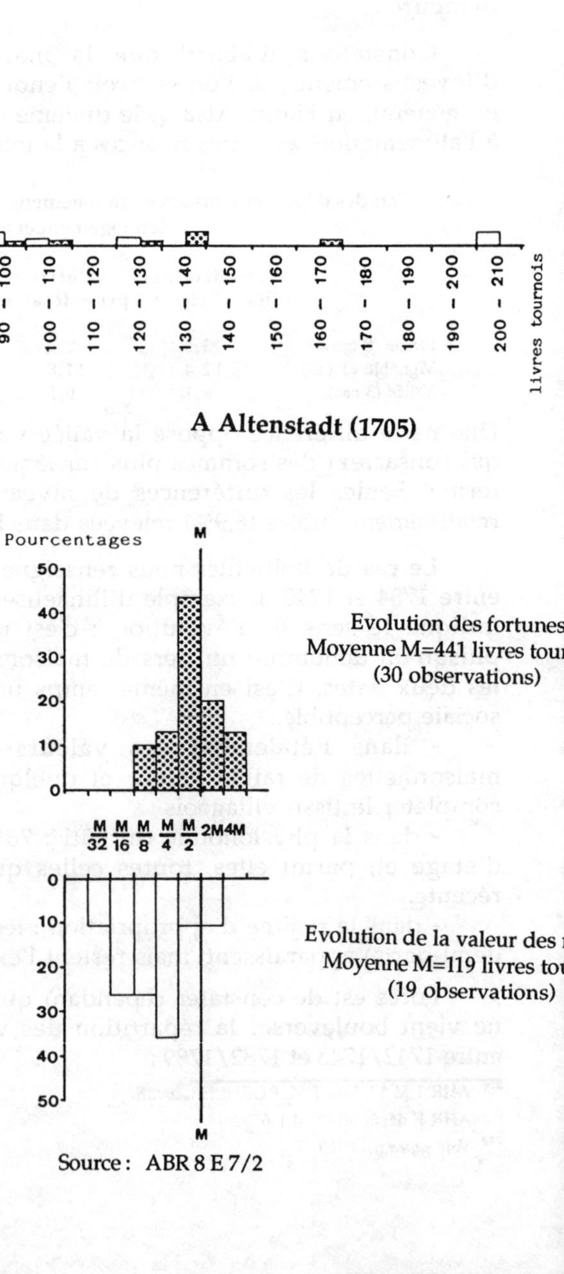

Source : ABR 8 E 7/2

Valeurs des maisons (lt.)	1742/1743 (%)	1784/1789 (%)
50 - 250	46,4	40
250 - 500	29,4	32,4
500 - 750	12,9	12,3
750 - 1000	3,6	7,6
1000 - 2000	5,2	4,6
plus de 2000	2,5	3,1
	100,0	100,0
	(67 observations)	65 (observations)

Près de la moitié des maisons valent moins de 250 livres et le glissement vers des valeurs supérieures, entre les deux périodes, est à peine perceptible.

Il n'est guère possible de connaître la situation socio-professionnelle des propriétaires, mais le registre des états de sections de Wintzenheim-Kochersberg suggère, en 1791/1792, une hiérarchisation des groupes sociaux à partir des valeurs devant servir de base à l'établissement de l'impôt[223] :

- laboureurs : 17-30 livres ;
- artisans : 12-27 livres ;
- journaliers : 6-13 livres ;
- Juifs 7-8 livres .

La valeur de la maison est d'ailleurs une notion très relative : si elle englobe l'instrument de production (bâtiments de la ferme ou du moulin), il est normal qu'elle soit élevée. De ce fait, nous avons essayé de comparer la valeur du patrimoine immobilier à celle du patrimoine foncier, en fonction du statut socio-professionnel des propriétaires :

Valeur du patrimoine immobilier par rapport au patrimoine foncier
(exemple de Heimsbrunn 1734 - AHR C 1179)

	Pas de patrimoine immobilier	Pas de patrimoine foncier	Plus de 1/2	1/2 à 1/3	1/3 à 1/4	1/4 à 1/5	1/5 à 1/6	1/6 à 1/7	Moins de 1/7
Fermier (1)	-	-	-	-	-	-	1	-	-
Laboureurs (31)	2	-	2	12	10	1	-	2	2
Journaliers (18)	2	1	6	7	2	-	-	-	-
Tisserands (5)	-	4	1	-	-	-	-	-	-
Tailleurs (3)	1	-	1	1	-	-	-	-	-
Savetiers (3)	1	-	2	-	-	-	-	-	-
Maçons (2)	2	-	-	-	-	-	-	-	-
Charpentiers (2)	-	-	2	-	-	-	-	-	-
Couvreur (1)	-	-	-	1	-	-	-	-	-
Charron (1)	-	-	-	-	1	-	-	-	-
Forgeron (1)	-	-	-	1	-	-	-	-	-
Tonneliers (2)	1	-	-	-	1	-	-	-	-
Aubergiste (1)	-	-	-	1	-	-	-	-	-
Meuniers (2)	-	-	1	-	-	-	-	1	-
Huilier (1)	-	-	-	1	-	-	-	-	-

N.B.: Ne sont pas inclus les veuves et célibataires, ni les manants dont la profession n'est pas indiquée.

[223] AC Wintzenheim-Kochersberg. Voir notre thèse de 3ème Cycle, p. 349.

Sauf pour le meunier, le fermier seigneurial et quelques laboureurs cossus, éventuellement quelques citadins, la valeur des terres tenues en propriété représente en moyenne deux à quatre fois celle de la maison. Mais, dans l'ensemble, la proportionnalité se trouve respectée entre la fortune immobilière et la fortune foncière.

	Pas de patrimoine immobilier	Pas de patrimoine foncier	Plus de 1/2	1/2 à 1/3	1/3 à 1/4	1/4 à 1/5	1/5 à 1/6	1/6 à 1/7	Moins de 1/7
Heimsbrunn 1734									
AHR C 1179									
Total (74)	9	5	15	24	14	1	1	3	2
% (100)	12,2	6,8	20,3	32,4	18,9	1,3	1,3	4,1	2,7
Schirrhein 1760									
AMH CC 53									
Total (112)	20	20	25	17	17	6	1	1	5
% (100)	17,8	17,8	22,3	15,2	15,2	5,4	0,9	0,9	4,5

En cas d'affermage, l'écart est beaucoup plus important comme le montre l'exemple, à la fois équilibré et étalé, des 70 propriétaires exploitants d'Entzheim[224] :

	Plus de 1/2	1/2 à 1/3	1/3 à 1/4	1/4 à 1/5	1/5 à 1/6	1/6 à 1/7	1/7 à 1/8	1/8 à 1/9	1/9 à 1/10	1/10 à 1/11	1/11 à 1/12	1/12 à 1/13	1/13 à 1/14	1/14 à 1/15	- de 1/15
Propr. seules															
Nb. (70)	14	11	15	8	6	9	3	2	-	1	-	-	-	1	-
% (100)	20	15,7	21,4	11,4	8,6	12,9	4,3	2,9	-	1,4	-	-	-	1,4	-
Ensemble du patrim. foncier (propr. +/- exploitat.)															
Nb. (70)	8	6	8	4	5	14	5	5	4	2	-	1	2	1	5
% (100)	11,4	8,6	11,4	5,8	7,1	20	7,1	7,1	5,8	2,9	-	1,4	2,9	1,4	7,1

Il apparaît donc clairement que les possibilités d'affermage permettent de rentabiliser le patrimoine immobilier[225].

a) Maisons de riches et maisons de pauvres : critères de différenciation

La valeur de la maison est étroitement dépendante de son extension horizontale, elle-même tributaire de la situation géographique qu'elle occupe dans la plaine d'Alsace. Les cours aux proportions généreuses, qui s'abritent derrière des murs imposants, se découvrent au regard chaque fois que s'ouvre l'imposant portail donnant sur la rue. La superficie de l'ensemble du *Hof* est donc fonction à la fois de la surface occupée par la cour et de la dimension des bâtiments d'exploitation, en définitive de l'importance des récoltes et du train de culture qu'ils sont appelés à abriter. Les grandes fermes sont ainsi trois à six fois plus étendues que les

224 ABR 8 E 123/2 (1785).

225 Voir *supra* pp. 584-585.

maisonnettes de journaliers flanquées d'une modeste grange-étable. Voici les renseignements que nous fournit l'analyse du terrier de Riedheim en pays de Hanau[226] :

Types de constructions	Nombre	Superficie moyenne (en ares)
Maisons + étables	3	11,0
Maisons + étables + granges	9	33,5
Maisons + étables + granges + hangars	5	60,0

Toujours dans le pays de Hanau, le terrier de Hattmatt permet d'opérer une ventilation plus précise entre les types de fermes[227] :

Superficie en ares

	Nb. cas	Moy.	Moins de 5	5-10	10-20	20-30	30-40	plus de 40
Maisons sans bâtiments d'exploitation	13 = 100%	4,8	53,8%	30,8%	15,4%	-	-	-
Fermes incomplètes (maisons+étables)	12 = 100%	7,9	16,7%	33,3%	50%	-	-	-
Fermes complètes (avec étable, grange, éventuellement hangar)	24 = 100%	13,9	-	20,8%	54,2%	20,8	-	4,2%
Ensemble	**49**	**9,8**	**18,4%**	**26,5%**	**42,8%**	**10,2%**	**-**	**2,1%**

Dix ares de superficie moyenne, c'est ce que nous trouvons également dans le Sundgau:

Surfaces occupées par l'emplacement des maisons à Emlingen
AHR C 1179 (1785-1787)

en ares	5 - 10	10 - 20	20 - 30	30 - 50	50 - 100	100 - 150
%	14,3	14,3	28,6	21,4	7,1	14,3

La surface occupée est étroitement tributaire du nombre de bâtiments. Ces derniers, moins nombreux dans les petites fermes, ont cependant tendance à s'entasser, à se chevaucher, si bien qu'une partie de la cour se trouve surbâtie. Dans le Vignoble de Basse-Alsace, on est même conduit à réviser l'échelle, tant l'entassement est considérable. Voici l'exemple de Flexbourg où, en 1749, les 92 fermes occupent en moyenne entre 6 et 7 ares, la majorité d'entre elles s'étendant sur moins de 10 ares[228] :

Superficie en ares

	moins de 2,5	2,5 - 5	5 - 7,5	7,5 - 10	10 - 12,5	12,5 - 15
92 emplacements = 100%	4,3%	23,9%	32,6%	-	30,5%	8,7%

On dispose donc finalement de peu d'espace, de moins en moins à mesure qu'on avance dans le XVIIIème siècle, et pas uniquement dans le Vignoble. Voici le cas de Hoenheim qui porte sur 88 emplacements et 8 hectares environ, soit une superficie moyenne de 9 ares[229] :

---

226 ABR 1 E 1/109 (1730).

227 ABR 1 E 1/52 (1749-1753).

228 ABR 8 E 138/2.

229 ABR 8 E 203/2 (1759).

	Moins de 2,5 ares	2,5-5	5-7,5	7,5-10	10-12,5	12,5-15	15-17,5	17,5-20	20 ares et plus
% du nb. des emplacements (88)	2,2	38,2	9,0	10,1	6,8	7,9	9,0	2,2	14,6
% de la superficie (8ha)	0,4	10,8	5,0	8,5	7,5	10,9	15,0	4,4	37,5

Un tiers des emplacements, mais moins de 11% de la superficie, sont occupés par des parcelles minuscules de moins de 5 ares. Par contre, le tiers de la superficie porte sur des lots égaux ou supérieurs à 20 ares : or ces lots appartiennent à une minorité de chefs de ménage (moins de 15% des emplacements). Les exemples du bailliage de Kutzenhausen, datant de la période de la *reconstruction*[230], et de Wintershouse, suggérant l'évolution entre 1667 et 1724, montrent que la place disponible ne cesse de se réduire :

Bailliage de Kutzenhausen, 1658
ABR E 5157

	moins de 10	10-20	20-30	30-40	40-50	50-75	ares
Merkwiller (18 emplacements)	11,1	38,9	22,2	16,7	5,5	5,5	
Hoelschloch (10 emplacements)	-	40,0	20,0	-	10,0	30,0	
Total	**7,1**	**39,3**	**21,5**	**10,7**	**7,1**	**14,3**	

Wintershouse : l'évolution du parcellaire bâti
ABR 8 E 540/1 - 3 (de 1667 à 1724)

Superficies moyennes (ares)	----->		**5-10**	**10-20**	**20-30**	**30-40**	**40-50**	**plus de 50**
Type de parcellaire		(Nb)						
Cours sans maison	**1667**	45,0 (4)	-	-	(2)	-	-	(2)
	1686	34,5 (4)	-	(1)	(2)	-	-	(1)
	1724	- (-)	-	-	-	-	-	-
Maisons seules	**1667**	- (-)	-	-	-	-	-	-
	1686	10 (1)	-	(1)	-	-	-	-
	1724	6 (4)	(4)	-	-	-	-	-
Maisons sans bâtiments d'exploitation	**1667**	27 (2)	(1)	-	-	-	(1)	-
	1686	27 (2)	(1)	-	-	-	(1)	-
	1724	39 (2)	-	-	-	(1)	(1)	-
Fermes incomplètes	**1667**	- (-)	-	-	-	-	-	-
	1686	18 (1)	-	(1)	-	-	-	-
	1724	14 (6)	(3)	(1)	(2)	-	-	-
Fermes complètes	**1667**	30 (9)	-	(1)	(6)	-	(1)	(1)
	1686	28,5 (8)	-	-	(7)	-	-	(1)
	1724	34 (13)	(1)	(4)	(2)	(3)	-	(3)
Total Nb	**1667**	(15)	(1)	(1)	(8)	-	(2)	(3)
%		**33,6**	**6,7**	**6,7**	**53,3**	-	**13,3**	**20**
Nb	**1686**	(16)	(1)	(3)	(9)	-	(1)	(2)
%		**28**	**6,3**	**18,7**	**56,2**	-	**6,3**	**12,5**
Nb	**1724**	(25)	(8)	(5)	(4)	(4)	(1)	(3)
%		**25**	**32**	**20**	**16**	**16**	**4**	**12**

[230] ABR E 2157 (1658).

Ce tableau enregistre les progrès de la *reconstruction*, mais cette dernière est assortie d'un morcellement considérable dont témoigne l'augmentation, surtout après 1686, des parcelles de moins de 20 ares. Il mériterait d'être nuancé par la prise en compte du statut socio-professionnel des propriétaires.

La description, même sommaire, de la maison est inséparable des habitudes seigneuriales qui président à la confection des terriers. Limités à la partie nord de la plaine, portant sur quelques dizaines de localités et un millier de constructions, les renseignements que nous avons pu recueillir nous conduisent à l'établissement de conclusions sommaires :

Types de maisons rurales d'après les terriers de la Basse-Alsace

Localité/date		Situation géogr.	Nb. de maisons	% Maisons sans étage	à 1/2 étage	à étage
Beinheim	1753	Ried Nord	140	61,4	7,2	31,4
Neuhaeusel	1732	"	41	85,4	9,7	4,9
Hatten	1739	Outre-Forêt	180	45,0	2,2	52,8
Schwabwiller	1739	"	61	36,1	14,7	49,2
Kuhlendorf	1722	"	18	55,6	-	44,4
Lampertsloch	1710	"	37	67,6	-	32,4
Leiterswiller	1720	"	12	58,3	-	41,7
Mitschdorf	1717	"	22	31,8	9,1	59,1
Morsbronn	1732	"	51	37,2	5,9	56,9
Oberdorf-Spachbach	1724	"	27	33,3	-	66,7
Oberbetschdorf	1750	"	78	39,7	34,6	25,7
Preuschdorf	1719	"	81	45,7	2,5	51,8
Reimerswiller	1747-1750	"	30	53,4	13,3	33,3
Rittershoffen	1723-1730	"	73	24,7	16,4	58,9
Bosselshausen	1726	Pays de Hanau	22	59,1	-	40,9
Geiswiller	1730	"	15	20,0	20,0	60,0
Kindwiller	1723	"	41	24,4	17,1	58,5
Niedersoultzbach	1731	"	22	45,5	9,1	45,4
"	1753	"	33	57,6	9,1	33,3
Printzheim	1738	"	30	40,0	10,0	50,0
Gottesheim	1730	"	39	66,7	-	33,3
Hattmatt	1733	"	43	58,1	9,3	32,6
"	1749-53	"	53	64,2	7,5	28,3
Furdenheim	1741	**Kochersberg**	45	20,0	8,9	71,1
Duntzenheim	1725	**Arrière-Kochersberg**	44	52,3	-	47,7

Sources : Terriers (voir l'état des sources).

Dans l'ensemble, les maisons sans étage, construites sur un seul niveau, l'emportent : elles sont plus fréquentes sur les bordures forestières et marécageuses de la plaine, région de Saverne et Ried Nord. L'Outre-Forêt assure la transition avec les plaines centrales, Kochersberg et pays de Hanau, où s'affirment les maisons à étage reproduisant des structures sociales plus différenciées. Dans les rares cas où l'évolution est perceptible (Niedersoultzbach, Hattmatt), on assiste à une augmentation des maisons sans étage et à une diminution relative des maisons pourvues d'un étage. Cette situation traduit bien la prolétarisation de la société rurale au XVIIIème constituée par la masse grandissante des petits paysans. La technique intermédiaire du demi-étage[231] semble apparaître plus timidement, intéressant moins de 10% des constructions rurales : elle

[231] Il s'agit d'une maison basse à combles mansardés, c'est-à-dire surmontée d'une toiture à deux pans brisés.

constitue une solution, relativement peu onéreuse, au problème de la suroccupation. A Beinheim, nous avons pu, pour 1753, isoler la catégorie, fort différenciée du reste, des artisans et la comparer à l'ensemble des chefs de ménage[232] :

	Maisons à étage	Maisons à demi-étage	Maisons sans étage
Ensemble des chefs de ménage 140 = 100%	44 (31,4%)	10 (7,2%)	86 (61,4%)
Groupe des artisans 31 = 100%	7 (22,6%)	3 (9,7%)	21 (67,7%)

La présence de maisons à étage apparaît donc comme un révélateur de la situation sociale : les fermes des paysans en sont plus fréquemment pourvues que les maisons des artisans qui se contentent d'un demi-étage ou, le plus souvent, d'un bâtiment à un seul niveau. Parmi eux, l'aubergiste, le boucher et le forgeron occupent néanmoins une situation privilégiée[233] . La multiplication des maisons à étage au XVIIIème siècle, tout en traduisant un certain *embourgeoisement* de la société rurale, reste donc le monopole des couches les plus favorisées de la société.

	Maisons à étage	**Maisons** à demi-étage	**Maisons** sans étage	**Bâtiments d'exploitation** Grange	**Bâtiments d'exploitation** Etable
Prévôt (à titre de comparaison)	••••			••••	••
Aubergiste	•			•	•
Boucher	•			•	
Boulanger	•			•	
Pêcheur			•		
"			•		
"			•		
"		•			
Charpentier			•	•	
"			•	•	
"			•		
Maçon			•	•	
Charron			•		
Forgeron	•			•	•
"		•		•	•
"	•			•	
Menuisier			•	•	
"			•		
Sellier			•	•	
Cordonnier	•				
"			•	•	
"			•		
"			•		
"			•		
"			•		
Tisserand		•		•	
"			•	•	
"			•	•	
"			•	•	
"			•	•	
Tailleur	•			•	
"		•		•	•
"			•		

[232] ABR 12 J 1713.

[233] Voir *supra* pp. 1092 ss.

Or une habitation exiguë risque d'être une maison malsaine : c'est du moins ce qu'affirment les correspondants de la Société royale de médecine à la fin du XVIIIème siècle[234]. Tout concourt en effet à rendre ces masures insalubres : l'étroitesse des pièces, le manque d'ouvertures, la forte densité de l'occupation. Malheureusement le degré d'entassement se mesure difficilement, les actes notariés permettant rarement de connaître le nombre exact des occupants. S'esquisse déjà l'idée, que le XIXème siècle fera sienne, selon laquelle de l'exiguïté naissent l'immoralité et la corruption des moeurs. Mais il ne nous a pas été donné de pouvoir vérifier l'existence d'une pathologie spécifique liée à l'habitat des humbles : dans quelle mesure les affirmations des moralistes ou des *hygiénistes* du corps et de l'âme sont-elles fondées ?

Le matériau utilisé par contre exprime imparfaitement les clivages sociaux. Même les maisons les plus cossues du Kochersberg sont faites en pans de bois et en torchis, la pierre constituant l'exception et caractérisant un type de construction original et comme étranger à la campagne. Nous avons constaté par ailleurs que la distribution des types de couverture reproduisait la différenciation sociale, la corrélation entre l'importance de la maison et le type de couverture a pu être vérifié dans le cas de Furdenheim en 1741.[235]

Une importante proportion de maisonnettes sans étage ou à demi-étage, occupées le plus souvent par des journaliers, optent pour le chaume, tandis que les fermes de laboureurs adoptent plus précocément et plus massivement la tuile. Mais toute schématisation systématique doit être rejetée.

Enfin, ce qui fait la différence entre la demeure du riche et celle du pauvre, c'est la marque de propriété qui s'exprime fréquemment dans la décoration de la première, tandis qu'elle est absente de la seconde.

b) La décoration : possession, orgueil, protection

Par la combinaison originale des pièces verticales, horizontales et obliques, le poutrage alsacien se différencie de celui qui est employé dans d'autres régions françaises (Normandie, Limousin) ou allemandes (Saxe, Bavière). L'appel à la triangulation confère à la maison une certaine résistance. En effet, les obliques servent à contrepenter la poussée des

[234] Voir *infra* pp. 1761 ss.

[235] Voir *supra* p. 1589, l'exemple de Furdenheim (ABR 8 E 149/1, 1741).

matériaux. Mais l'emploi du pan de bois apparent peut aussi s'expliquer par la recherche décorative de l'harmonie des formes et des volumes. Opérationnalité ou culture ? Il ne nous appartient pas de trancher entre les explications technocentristes et les théories de l'école symboliste germanique, qui ne s'excluent pas forcément l'une l'autre, ni de reconstituer les procédés de construction ou de décoration alimentés par les traditions locales[236]. Il est d'ailleurs délicat de distinguer ce qui a été conçu dans un but fonctionnel de ce qui a été réalisé à des fins décoratives. Contentons-nous de dégager les préoccupations de prestige qui s'affichent sur les façades de certaines maisons paysannes et dans lesquelles se mêlent intimement l'affirmation du droit de propriété, le souci du *paraître* et l'invocation de la protection divine. On a l'impression qu'au XVIIIème siècle le potentiel artistique s'accroît, en même temps que la fortune de l'élite paysanne. Ce sont moins les poutrages, savamment disposés mais rarement sculptés dans la plaine, que les pimpantes galeries extérieures à rangées de balustres qui constituent l'élément le plus voyant du décor. Le pays de Hanau se distingue, semble-t-il, par l'abondance, parfois la surabondance, de ces éléments. Balcons et galeries à but ornemental barrent aussi bien le pignon de la maison et la partie supérieure du portail que les façades donnant sur la cour. S'y ajoutent les encadrements de fenêtres, parfois sculptés, et les auvents, aussi décoratifs que fonctionnels, pour traduire chez les plus aisés et les plus extravertis, le bonheur et la vanité de posséder et d'extérioriser, non sans quelque ostentation, la réussite sociale du maître des lieux. On ne peut s'empêcher de penser à ces *maisons de distinction,... celles des habitants aisés et des hôtelleries* que L'Hermine décrit à la fin du XVIIème siècle, ce qui fait d'Ottmarsheim *un des plus beaux et des plus gros bourgs d'Alsace*, et qui se sont dotées, dit-il, de *balcons saillants en demi-cercles vitrés*[237]. L'Hermine ne s'y trompe pas : quels que soient les éléments décoratifs qu'il utilise, le sens de la coquetterie semble plus poussé chez le laboureur alsacien que chez le fermier de l'Ile-de-France.

De façon plus discrète que dans le Vignoble, sculptés dans le bois à la gouge ou gravés dans la pierre au poinçon, les initiales du couple fondateur - identification entre le lignage et le bien -, les éléments de datation, les figures symboliques, les versets bibliques et les emblèmes professionnels se partagent le décor du linteau de porte, du clausoir de l'arc qui surmonte le portillon, de la sablière d'étage et du poteau cornier[238]. Simple ornementation ou signification profonde ? Laissons aux spécialistes[239] le soin de décrypter les motifs géométriques, cosmiques, végétaux ou animaux, de les replacer dans leur contexte socio-professionnel, religieux ou politique,

---

[236] A. GARDNER/M. GRODWOHL, *op. cit.*, pp. 54 et 94-115.

[237] J. DE L'HERMINE, *op. cit.*, pp. 67-68.

[238] A. RIFF, *art. 2723*, p. 6 : l'auteur note, pour le Sundgau, le petit nombre d'inscriptions sur le poteau cornier (qui, par ailleurs, peut être décoré). Contrairement à la Basse-Alsace, le Sundgau préfère utiliser la sablière d'étage comme support de décoration.

A. RIFF, *art. 2676*, pp. 41-56 : précocité de la datation des linteaux de porte par rapport à celle des poteaux d'angle.

A. PFLEGER, *contrib. 2612*, p. 20.

Voir également M. RUCH, *op. 2629*, pp. 125-130.

[239] M. RUCH, *op. 2633*, pp. 57-96.

enfin de leur conférer des valeurs symboliques en vertu d'une véritable *grammaire ornementale.* Limitons-nous à une double constatation : qu'il apparaisse de façon isolée ou qu'il s'accompagne discrètement d'un millésime, le nom du propriétaire prend valeur non seulement de signature, mais d'affirmation d'un titre de propriété pérennisé par la succession des générations, de proclamation d'un droit, et, en définitive, de prise de conscience de la personnalité d'une famille. Par ailleurs, les inscriptions apposées sur les fermes nous renvoient fréquemment, non au lignage, mais au couple fondateur : c'est ainsi que la femme associe ses propres initiales à celles de son époux, car elle est un rouage indispensable de l'existence domestique comme de la transmission de la vie[240]. Gravées sur le linteau de la porte ou de la poutre d'angle, ces inscriptions personnalisées peuvent également être considérées comme un signe de moindre indigence, car une réglementation plus ou moins tacite tend à imposer un certain nombre de normes dans la décoration comme dans la construction. Qui oserait les enfreindre en bâtissant au-dessus de son niveau social ?

Or, du début à la fin de la période étudiée, on perçoit, parallèlement aux progrès que réalise l'alphabétisation[241], un enrichissement dans cette affirmation d'identité. *On trouve partout des gens curieux de faire mettre en gros caractères la date de l'année qu'il font bâtir une maison... ; mais nos Allemans l'y écrivent partout, ne fût-ce que sur une porte de jardin fermée de hayes.* L'Hermine a été frappé par cette pratique[242], certainement plus étendue que ne le laisse présager l'enquête d'Adolphe Riff[243].

Le millésime, fréquent dès le XVIIème siècle, s'accompagne parfois des initiales du propriétaire, le tout inclus dans un écusson à l'aspect sobre, occasionnellement surmonté d'une simple croix. Au siècle suivant, les initiales cèdent la place au nom du propriétaire ou du fondateur, qui s'étale en toutes lettres, tandis que la forme héraldique de l'écusson tend à disparaître et que l'ornementation - feuilles et fleurs stylisées, rosaces, coeurs, étoiles et svastikas - s'inscrit dans un cartouche plus ou moins ouvragé et parfois subdivisé en bandes horizontales. Enfin, remplaçant le Christogramme *IHS*, des inscriptions plus longues placent l'habitation sous la protection divine[244] .

Jusqu'en 1789, et bien au-delà, la langue usitée reste l'allemand caractérisé par ses formes archaïques - entre autres, l'accord grammatical en *in* pour les patronymes féminins -, ses contractions et déformations, son orthographe douteuse : permanence d'une expression populaire survivant à

---

[240] A. DUBAIL, *art. 2560.*
Voir l'exemple de Matzenheim : 1769 MKM - VBF (Mathias Kornmann - Ursule Boespflug) ; 1774 SI - MSH (Sigismund Jehl - Marguerite Schmeltz) ; 1785 IGH - AMS (Johann Georg Heim - Anne-Marie Simler). Inscriptions relevées par A. KIPP, *art. 2597*, p. 17.

[241] Voir *infra* pp. 1819 ss.

[242] J. DE L'HERMINE, *op. cit.*, p. 194.

[243] A. RIFF, *contrib. 2676* : les 150 types recensés se situent essentiellement au nord de Sélestat et leur fréquence augmente du XVIème au XIXème siècle. De telles constatations pourraient bien recouper d'autres réalités (état de la construction et de la conservation des bâtiments ruraux)

[244] Voir p. suivante.

LA DECORATION DE LA MAISON RURALE : MOTIFS GRAVES SUR LES POTEAUX CORNIERS ET CLEFS D'ARCS ESSAI DE TYPOLOGIE SOMMAIRE

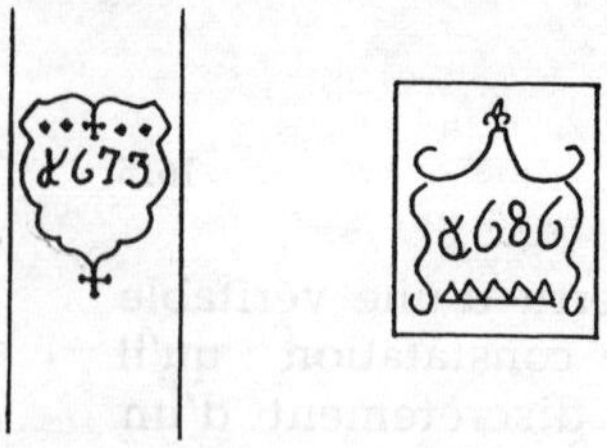

Millésime accompagné ou non d'un décor (écu héraldique, puis cartouche géométrique)

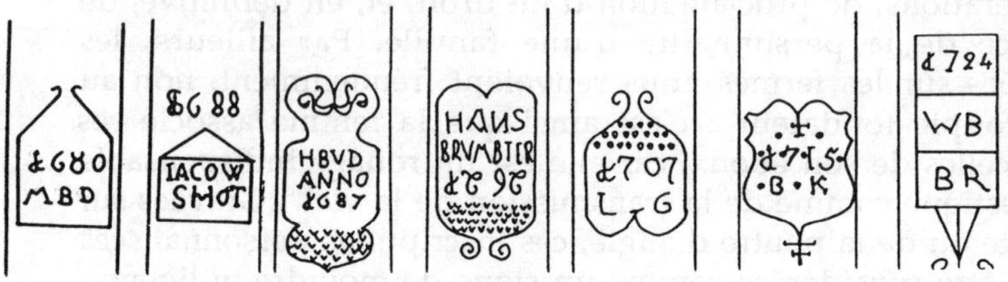

Millésime accompagné d'initiales puis de patronymes du couple fondateur

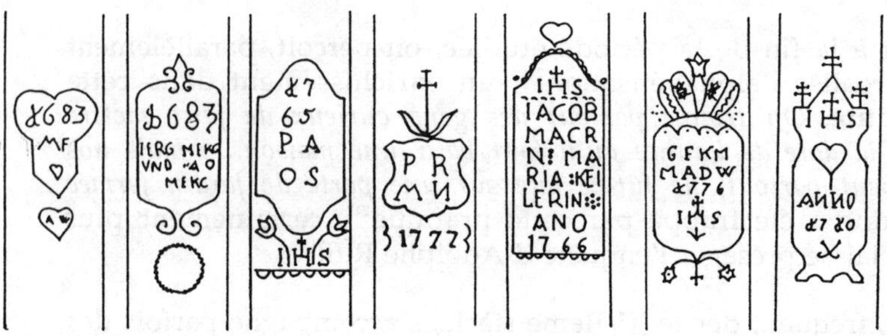

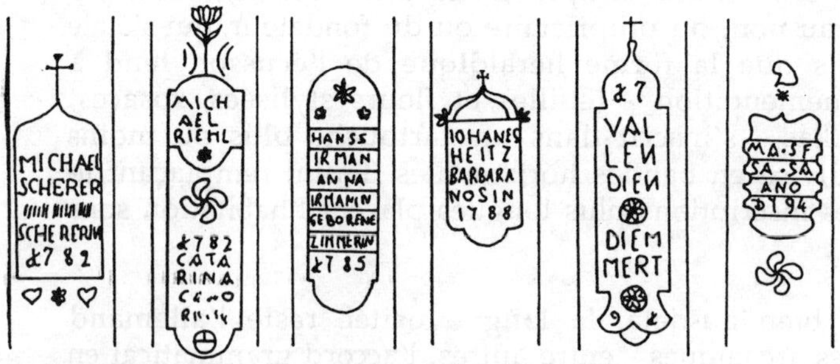

Millésime accompagné d'un motif puisé dans l'art populaire et religieux, à inspiration spirituelle, cosmique, florale ou politique

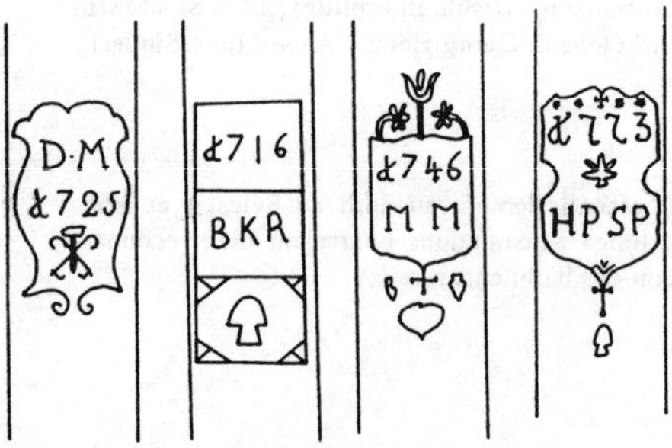

Sources : relevés sur maisons et travaux d'Adolphe Riff

Millésime accompagné d'un emblème professionnel

la francisation officielle de la province. Parmi les 460 inscriptions relevées par Auguste Kassel[245], dans un espace concernant la partie septentrionale de la campagne alsacienne, nous en avons sélectionné une cinquantaine dont la datation, qui les accompagne, est indiscutable :

Localisation	Nb	%
sur la maison (façade, plaque de bois ou de pierre, poutre, poteau cornier)	19	40,5
sur l'étable	11	23,4
sur la grange	9	19,1
sur passage-porche	8	17
	47	100%

Nature des formules utilisées	Nb	%
Identité des propr.-constr.	7	14,6
Voeux de santé pour les époux constucteurs	3	6,2
Vie de relations	6	12,5
Versets religieux	32	44,7
- extraits de psaumes, d'évangiles, de cantiques	(6)	(12,5)
- action de grâces pour la construction de la maison	(2)	(4,2)
- appel à la protection divine et formules de bénédiction	(17)	(35,4)
- préceptes de vie chrétienne	(7)	(14,6)
	48	100%

On en tirera deux conclusions : l'écrasante prédominance des invocations religieuses sur les formules profanes (2/3 contre 1/3) et la sacralisation de la maison elle-même ou de son seuil (plus de la moitié des inscriptions relevées).

Faut-il voir dans le *Hofzeichen*, signe distinctif de la ferme, une tentative de laïcisation de cette ornementation religieuse ? Alors que le Sundgau reste fidèle à l'ornementation religieuse, la Hardt lui substitue parfois un véritable culte de la maison, attribuant, dans la très longue durée, une existence propre à la lignée[246]. Sur les linteaux de portes, les puits, les pierres tombales, apparaissent des marques - croix à deux branches, Z barré, flèches - d'une grande simplicité, facilement et rapidement exécutables à la hache ou au ciseau, qui ne sont pas sans évoquer les armoiries des *coqs de village* stylisées à l'extrême. S'y ajoute le *quatre de chiffre* qui combine la croix, signe chrétien par excellence, le triangle équilatéral, symbole de la Trinité et le chiffre 4 qui, dans la Bible, exprime l'idée de plénitude[247]. Son origine et sa signification restent obscures : signe apotropaïque destiné à protéger la maison contre tout malheur[248] ? marque religieuse ? ou simple moyen de personnaliser une marque de propriété ? La correspondance avec

[245] A. KASSEL, *op. 2667 et* ann. 59.

[246] M. GRODWOHL, *art. 2666.*

[247] M. RUCH, *art. 2680.*
R. BISCH / G. MAISTRE, *art. 2664.*
Nous ne traiterons pas ici des tuiles décorées qui répondent à une finalité analogue. Voir à ce sujet : *Images du musée alsacien,* planches 150, 151 et 152a. A. RIFF (éd.), *op. 2689* ; G. KLEIN, *art. 2598 et 2669* ; M. GRODWOHL, *art. 2580* ; M. GRODWOHL / G. MACCHI, *art. 2588 ;* M. RUCH, *art. 3370, 3369 et 3632.*

[248] Voir *infra* pp. 1924 ss.

certains *Handzeichen*, marques apposées au bas des registres paroissiaux[249], confirmerait cette dernière hypothèse sans évacuer totalement l'interprétation magico-religieuse. Une différence importante sépare cependant le *Handzeichen* du *Hofzeichen* : le premier est à usage individuel ; le second, tout en revêtant une connotation plus lignagère, se transmet aux occupants successifs d'une maison quelle que soit la filiation : il est par excellence le signe distinctif de la *maison*, plus que de la *famille* et s'inscrit, de ce fait, dans une exceptionnelle longévité. Il correspond à un véritable code inter-familles de reconnaissance sociale.

La recherche décorative nous conduit au portail, seuil sacré de la ferme. C'est par le type de clôture, basse ou haute, que le paysan définit sa position sociale et sa relation au voisinage. La palissade à hauteur d'homme apparaît fréquemment dans l'Outre-Forêt, le Sundgau et le Ried. Elle coexiste, dans les pays de grande culture - plaine d'Erstein, Kochersberg, pays de Hanau - avec le mur aveugle percé par l'importante porte cochère en plein cintre et le portillon assurant le passage des piétons. La hauteur du portail serait-elle proportionnelle au degré d'aisance de l'occupant ? Dans certaines contrées caractérisées par des structures sociales différenciées, la typologie des portails autorise une première approche de la situation du propriétaire et reflète une ventilation assez grossière à l'intérieur de la pyramide sociale[250].

Ainsi les différences s'inscrivent sur le front des demeures paysannes dont la seule apparence permet de situer le propriétaire dans l'échelle sociale. Les vastes fermes, avec leurs entrées monumentales et leurs linteaux décorés, les opulentes façades des bâtiments à étage contrastent avec les maisons basses, les cours exiguës, les portails à hauteur d'homme. Au souci de la belle apparence s'ajoute la tentation d'afficher sa richesse. Eugen Weber[251] alléguait le souci de *ne pas paraître riche* pour prévenir à la fois les exigences du percepteur et la jalousie des voisins. Apparemment, rien de tel ici. N'en concluons pas que toutes les maisons participent à des préoccupations dans lesquelles l'esthétique le dispute au symbolisme. Pour les petits paysans, dont le budget est limité, l'essentiel n'est-il pas de bâtir au moindre coût ? Mais, dans l'ensemble, l'importance de l'image et du symbole nous renvoie à ce qui constitue l'essentiel de la *culture paysanne*[252].

---

249 Voir *infra*. pp. 1821-1824.

250 On se référera aux travaux de H. HEITZ (*art. 2593*) qui portent sur une quarantaine de communes de l'Arrière-Kochersberg fournissant quelques 500 dossiers d'analyse de portails. La répartition se fait approximativement de la façon suivante :
- portails bas : 1/3 des observations ;
- portails hauts (4 mètres en moyenne) : 2/3 des observations dont 45% concernent des passages-porches (*Durrichführ*).

Voir, du même auteur, *art. 2592* et *2595*.

251 E. WEBER, *op. 195*, p. 233.

252 Voir *infra* pp. 1911 ss.

Conclusion : la maison rurale au confluent des contraintes naturelles et des pesanteurs sociologiques

Spécialisation oblige : trop d'études analysent la maison rurale comme si elle évoluait indépendamment de son environnement naturel, historique, socio-économique. C'est oublier que l'architecture combine de façon subtile facteurs fonctionnels et socio-culturels. A l'historien, la maison apparaît au contraire comme située au carrefour de trois faisceaux d'influences :

- Celui des contraintes naturelles : la plaine d'Alsace, terre de limon et d'argile, laisse peu de place au bois, utilisé avec parcimonie, comme à la pierre, quasiment absente de la construction. La grande astuce consiste donc à gérer deux pénuries relatives.

- Celui des facteurs socio-économiques : l'intégration de la ferme obéit au développement d'un système de culture, tout en enregistrant les inégalités au sein de la communauté villageoise et la répartition des tâches comme des responsabilités dans la cellule familiale.

- Celui des incidences historiques et culturelles : les périodes de construction s'inscrivent fidèlement dans la trame de la conjoncture apaisée du XVIIIème siècle qui succède à la vague d'insécurité et de destruction de la période précédente. Mais, derrière le flux et le reflux du mouvement de construction, se profilent des traditions qui, pour être tenaces, n'en connaissent pas moins un enrichissement constant : le milieu des charpentiers, concepteurs et réalisateurs de la maison rurale, n'est-il pas renouvelé, au moment de la *reconstruction*, par un puissant courant migratoire en provenance des pays frontaliers[253] ? Sans tomber dans l'opposition systématique et abusive, qui relève du déterminisme ethnologique entre la *romanité* et la *germanité*[254], entre les influences franques et alémaniques, reconnaissons l'importance des facteurs socio-culturels par rapport à tout autre élément modifiant : ni déterminisme physique absolu, ni déterminisme fonctionnel contraignant[255]. Relativement réduite dans la plaine d'Alsace, la *criticality*, à savoir le degré de contrainte des forces physiques, impose un certain nombre de normes - toits à forte pente, bâtiments convenablement orientés[256], murs capables de retenir la chaleur - et le système agraire en usage influe à son tour sur le bâti villageois. Mais les réponses au cadre climatique et aux incitations économiques sont d'une extraordinaire souplesse : elles sont données en fonction de valeurs sociales et culturelles. Dans ce domaine également, la plaine d'Alsace se situe au contact de deux civilisations : elle constitue la partie occidentale du monde germanique et ses constructions trouveront, de ce fait, leur réplique de l'Allemagne rhénane et moyenne jusqu'aux plaines

[253] Voir *supra* pp. 271-301.

[254] A. DEMANGEON, *art. cit.* A. MEITZEN, *op. 161.*

[255] A. DEMANGEON, *art. cit.*

[256] L'orientation semble avoir joué un rôle secondaire si l'on en croit le mémoire de L. HAMMER : *Le cultivateur n'observe dans la construction de sa maison rustique aucune règle pour l'exposition, l'aspect ou la direction vers une certaine région du ciel ; il se règle uniquement sur la place. D'où il vient que dans bien des communes les maisons varient en position (Mémoire sur l'économie rurale du département du Bas-Rhin,* 1807, ABR 63 J 15).

de l'Europe centrale. Mais, parallèlement, la ferme dissociée ne rappelle-t-elle pas la maison-cour briarde, la ferme picarde et la *hofstede* flamande ? La maison rurale se situe ainsi au confluent des contraintes naturelles, des décisions humaines et des pesanteurs sociologiques.

D) Le décor du logis : mobilier et équipement domestique

Les meubles des cultivateurs sont en petit nombre, très simples et tous en bois. Des deux côtés du poêle sont cloués au mur des bancs de sapin ; dans le coin une petite armoire, un ou deux bancs amovibles avec ou sans dossier, une ou plusieurs chaises de bois et une table ; c'est ce qui fait l'ameublement du poêle. Dans les chambres, on trouve outre les lits, un banc et quelquefois encore une armoire ou un coffre de bois. C'est en ces termes que Louis Hammer, en 1807, décrit le mobilier de la *Stub*[257]. Quittons donc le charpentier, responsable du gros oeuvre, pour consulter le menuisier, spécialiste du mobilier. L'activité du second, pas plus que celle du premier, n'exclut la participation du propriétaire qui non seulement impose ses goûts, mais n'hésite pas à bricoler et à réparer le *menu bois*. Les meubles paysans ne sont-ils pas exécutés de façon primitive et rudimentaire, avec cette part de maladresse qui leur confère un brin de charme ?

1) La spécificité d'un mobilier rural et rhénan

L'étude du mobilier – que nous abordons dans une perspective plus ethno-historique que morphologique et artistique – nous projette au coeur de la vie rurale, car les meubles meublants, qui perdent toute signification pour l'historien s'ils sont détachés de leur contexte, s'ordonnent autour des trois activités fondamentales de l'existence : le repas, le sommeil, le travail. L'importance réelle de l'ameublement est donc sans commune mesure avec son estimation : de 1 à 2 % en valeur relative, si on la rapporte au montant global du patrimoine ; en valeur absolue, entre 5 et 10 livres tournois par famille dans la première moitié, entre 10 et 20 dans la seconde moitié du XVIIIème siècle. Une telle modestie s'explique par un faisceau de facteurs convergents. La totalité des pièces n'entre pas forcément dans la succession et, en cas de communauté réduite aux acquêts, le mobilier propre à l'un ou à l'autre des conjoints risque de nous échapper, comme nous échappe parfois celui qui est destiné à doter les enfants[258]. Par ailleurs, ne sont pas forcément inclus dans l'inventaire les éléments faisant partie intégrante de la maison : la banquette fixe qui court le long des murs, le banc de coin, voire le buffet d'angle et l'encoignure[259]. La boiserie de la *Stub* permet en effet d'encastrer une partie du mobilier qui, *immeuble* par destination, relève, de ce fait, de l'architecture intérieure sans faire partie des meubles meublants : on découvre très tôt, semble-t-il, le principe du mobilier intégré. Enfin, ne nous

---

[257] L. HAMMER, *mém. cit.*, 1807.

[258] A titre d'exemple, pour l'échantillon de Reitwiller (ABR 6 E 7, Not. Bouxwiller 359-364), le mobilier est indiqué dans 108 inventaires sur 133, donc dans 81 % des cas.

[259] Sauf mention spéciale : *tannernes Känsterlein in der Wand* (ABR 6 E 27 Not. Muttersholtz, inv. Baldenheim 24, 1773) ; *Stubenkänsterlein angenagelt* (AHR 4 E Not. Hirsingue, inv. Heimersdorf, 1748) ; *buffet triangulaire* (AHR 4 E Not. Heiteren 12, inv. 1761).

laissons pas abuser par la place du meuble dans le rituel de transport de la dot, à l'occasion duquel le souci d'étalage et de parade se donne libre cours. En réalité, la société rurale n'attache qu'une valeur relative au mobilier considéré comme un élément plus fonctionnel qu'esthétique ou décoratif : de quoi faire, à une époque plus récente, le bonheur des antiquaires. *Les meubles ne sont d'aucune valeur chez les gens de la campagne*, note l'administration des Mazarin en 1769[260]. Une telle affirmation se trouve corroborée par les mentions qu'on utilise pour qualifier à la fois son état – un vieux buffet, une mauvaise armoire – et la nature des essences employées pour le confectionner : la valeur du meuble n'est-elle pas davantage fonction du nombre de portes ou de battants, de la présence ou non de serrures et de ferrures, que de la qualité souvent médiocre du bois ?

Le prix moyen du mobilier : l'exemple de Baldenheim
(ABR 6 E 27, Not. Muttersholtz, 18, 24 et 25, 1702-1784)

Type de mobilier	Nombre de pièces	Prix moyen (en livres tournois)
Armoires	39	9
Châlits, coffres, buffets	83, 89, 73	2
Tables, bancs, chaises	29, 43, 61	1/2

La nature du bois conditionne, bien entendu, ces prix. Le *mémoire concernant la province d'Alsace* de 1701[261] ne mentionne que les forêts de la plaine : la Hardt, pourvoyeuse de bois de chauffage ; la forêt de Haguenau qui fournit du bois de charpente et de menuiserie et les îles du Rhin spécialisées dans la production de l'orme. Il s'agit là certes d'une vision réductrice de la réalité. En fait, le contraste apparaît entre la multiplicité des origines – forêts de plaine, forêts vosgiennes ou vergers familiaux – et la faible diversité des essences utilisées, au nombre desquelles le sapin affirme une incontestable prépondérance. Pour des raisons économiques sans doute : bois tendre, commode à façonner mais plus difficile à sculpter, il est, par son prix de revient modique, à la portée de toutes les bourses. C'est discrètement qu'il cède un peu de place à des essences plus dures et plus chères – le pin, le hêtre qui se travaille bien, le chêne, la loupe d'érable et le noyer qui, grâce à leur grain serré, donnent un beau poli tout en étant plus faciles à travailler –, avec, bien entendu, l'important correctif qu'apporte l'environnement spécifique à chaque contrée : sapins des forêts périphériques, chênes, hêtres, érables et noyers de la plaine elle-même l'emportent sur les fruitiers – exclusivement du poirier, à l'exclusion du merisier - issus du verger familial et qui revêtent une grande valeur à la fois vénale et affective. Selon la tradition rapportée par les ethnologues, la coutume veut que le paysan fasse abattre, pour sa fille en instance d'épousailles, le noyer ou le poirier de la propriété qui auraient été plantés, à cette intention, par les soins du grand-père, voire à l'occasion de la naissance de la grand-mère[262] ! Chaque génération de jeunes mettrait ainsi un point d'honneur à offrir un arbre fruitier à la deuxième ou troisième génération à venir.

260 APM T 971 (18 octobre 1769).
261 AN K 1142/4.
262 G. KLEIN, *op. 2712*, pp. 11, 13 et 23.

LES ESSENCES UTILISEES DANS LA CONFECTION DU MOBILIER RURAL

(VENTILATION GEOGRAPHIQUE ET CHRONOLOGIQUE)

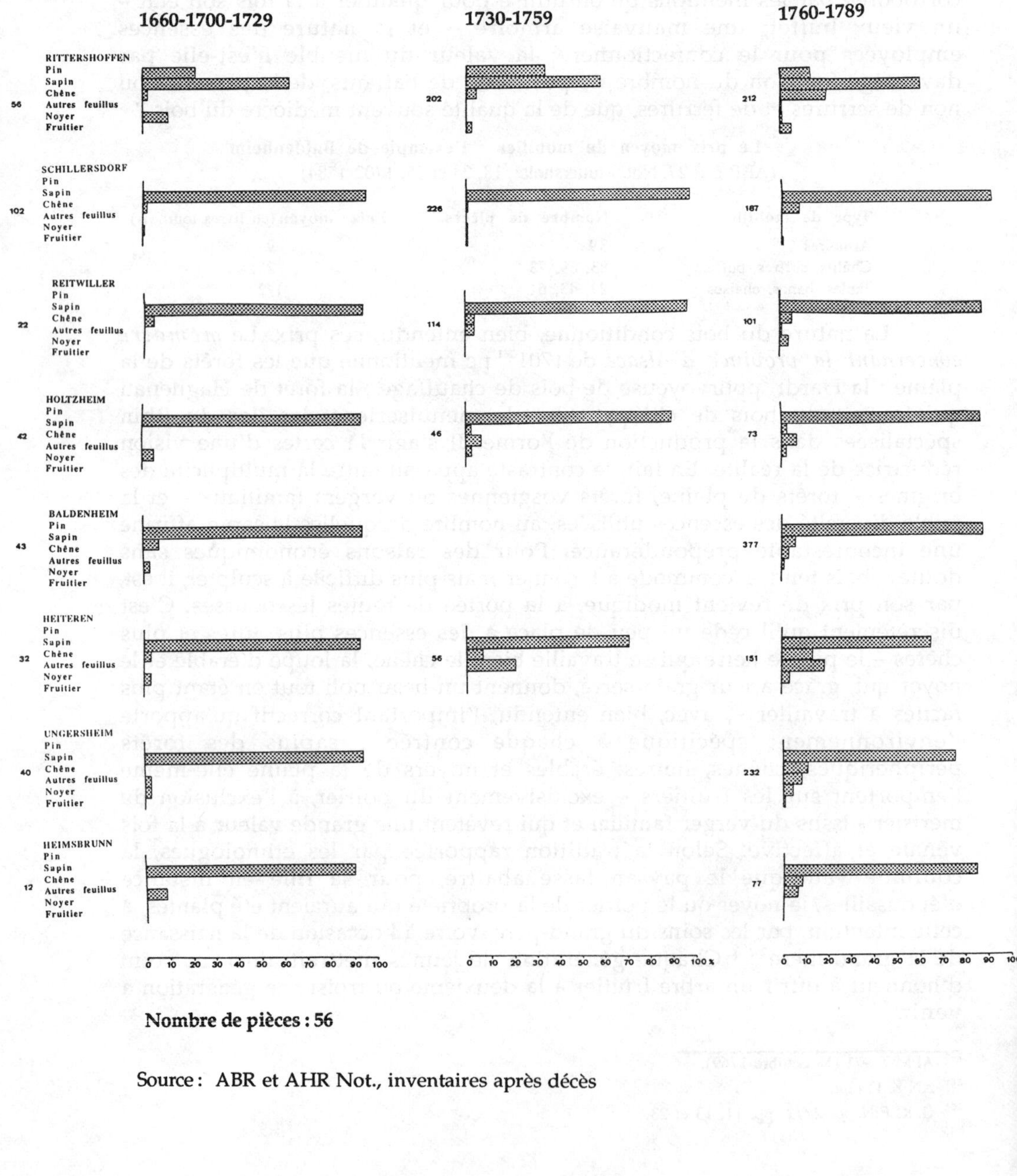

Nombre de pièces : 56

Source : ABR et AHR Not., inventaires après décès

Mais le sapin distance largement les bois *nobles*, sans que l'on juge nécessaire, semble-t-il, de le peindre pour cacher la mauvaise qualité ou les imperfections du bois. Peu de meubles peints en effet[263]. Pas davantage de meubles polychromes sous la forme décrite par Georges Klein - décors multicolores à motifs floraux ou géométriques[264] - dont on s'attendrait à retrouver les couleurs vives dans les intérieurs enfumés et obscurs. Cette constatation n'est pas sans poser problème, car affirmer que la vogue du mobilier polychrome à la campagne date du XIXème siècle serait se mettre en contradiction à la fois avec les conclusions des spécialistes qui, rattachant la polychromie aux traditions rurales d'Europe centrale, en font remonter la technique au Moyen Age, et les témoignages de nos musées eux-mêmes qui abritent quelques beaux spécimens du XVIIIème siècle[265]. Comment résoudre la contradiction ? Dans la perspective d'une promotion de l'identité régionale, les musées n'auraient ils retenu, de façon sélective, que les pièces rares ? Ou, au contraire, la pratique de la polychromie est-elle si répandue que les inventaires ne jugent pas nécessaire d'en faire mention ? ou encore si discrète qu'elle échappe aux contractants ? L'historien moderniste est, en tout cas, amené à démystifier la valeur excessive que l'ethnologue a tendance à accorder à la technique de la polychromie. L'intérêt du meuble polychrome nous paraît, en dehors de toute considération artistique, double. Il peut trahir un souci d'économie : le fait de peindre des motifs permet de cacher la mauvaise qualité du bois, en particulier du bois et sapin, et évite la confection, toujours plus onéreuse, d'un meuble neuf. La peinture sur bois est, en tout cas, plus économique que la sculpture : est-ce un moyen peu coûteux d'imiter le décor sculpté des meubles Renaissance ? D'autre part, dans le contexte de l'attribution de la dot à la jeune mariée, elle autorise la personnalisation du mobilier : initiales et millésimes en font foi. La technique répondrait à une coutume intermittente difficile à saisir. Si elle était clairement attestée, elle permettrait de rattacher la province aux traditions des pays alpins - Suisse, Bavière, Souabe, Tyrol, Vorarlberg - où la mode du mobilier polychrome va de pair avec celle des maisons peintes et des églises d'inspiration baroque : l'originalité de la polychromie alsacienne réside cependant dans une plus grande sobriété. Il en va de même de la marqueterie et de l'incrustation[266], assez fréquente à partir de 1770, quoi que plus rare à la campagne qu'en ville au XVIIIème siècle. C'est encore le sapin qui sert de bâti aux meubles marquetés : nouveau moyen de faire des économies, peut-être pour pouvoir financer les bois précieux destinés aux incrustations. Enfin s'esquisse la mode, précoce mais passagère, du traitement au vernis[267] appliqué à un mobilier de médiocre valeur mais auquel on confère, par le fait même, l'irremplaçable propriété de *briller*.

---

263 ABR 6 E 7, Not. Bouxwiller, inv. Reitwiller 361, 1750 : *gemalte Bettlad* (mention unique).

264 G. KLEIN, *op. cit.* et *op. 2599* , pp. 101-109.

265 Collection du Musée alsacien de Strasbourg ; armoire de Zutzendorf, 1723 ; armoire de l'Alsace moyenne, 1787.
Collection du Musée Unterlinden de Colmar : lit de Haute-Alsace, 1727.
Collection particulière D. JUNG : coffre de Hochfelden, 1727.
On consultera l'ouvrage de L. OLIVER, *op. 2720*, pp. 23-24, 66, 70.
Comme support théorique de l'étude du mobilier, nous disposons des guides et publications du Musée des Arts et Traditions populaires.

266 ABR 6 E 26 Not. Molsheim I, inv. Holtzheim 37, 1724 : *eingelegter Tisch.*

267 *Gefürnist.*

Meubles peints (1660-1789) : de rares mentions

(Reitwiller, Schillersdorf, Holtzheim, Baldenheim, Ungersheim)

Teintes (dont avec vernis)	Blanc	Jaune	Brun	Vert	Bleu
Coffres	2	2 (2)	6 (5)	-	-
Armoires	-	2 (2)	-	1	-
Buffet	-	-	-	-	-
Lits	2	2 (2)	-	1	-
	4	6 (6)	6 (5)	2	1

Meubles vernis (1660-1789) : une mode passagère

Nb (% par rapport au nb. de meubles du même type)

		1660-1700-1729	1730-1759	1760-1789
Rittershoffen				
	Coffres	1 (16,7 %)		-
	Lits	1 (2,3 %)		-
Reitwiller				
	Coffres	2 (12,5 %)	1 (2,8 %)	-
	Armoire	1 (unique)	1 (12,5 %)	-
	Buffet	1 (unique)		
	Lits	4 (33,3 %)	1 (3,1 %)	-
Holtzheim				
	Coffres	8 (9,6 %)	-	-
	Buffets	2 (13,3 %)	1 (5,9 %)	-
	Lits	6 (18,8 %)	1 (5 %)	-

Meubles composés (1660-1789) : la transition entre le bois "commun" et le bois "noble"

	Armoires	Tables	Lits	Divers
Rittershoffen	- mi-chêne mi-poirier	- sapin (1782) ou pin (1758) avec dessus de chêne - poirier avec dessus de chêne (1787)		
Schillersdorf			- sapin avec colonnes en chêne (1755 et 1756)	
Reitwiller		- sapin avec tiroirs de chêne (1780) - sapin avec dessus de chêne (1782)		
Baldenheim		- noyer avec dessus en chêne (1782) - noyer à pieds en chêne (1783)		
Ungersheim	- chêne et sapin		- sapin avec pieds en chêne (1774) - sapin avec colonnes en chêne (1788)	
Heiteren			- sapin et dessus de chêne (1761) - sapin et dessus de chêne (1768) - sapin et dessus de chêne (1768) - sapin et dessus de chêne (1771) - sapin et plateau d'érable (1772)	- siège d'enfant en sapin avec pieds en chêne (1768)

Sont traditionnellement confectionnés en pin ou plus fréquemment en sapin la quasi-totalité des coffres et des buffets. Par contre, la table, la chaise et l'armoire sont, dans de modestes proportions il est vrai, constituées de bois de chêne, de noyer ou de poirier. Malgré son importance grandissante, le chêne ne semble pas avoir connu en Alsace le succès qu'il enregistre dans d'autres régions françaises : il est à peine mieux représenté que le noyer dont les teintes chaudes, après polissage et lustrage, agrémentent les intérieurs paysans les plus cossus. On relèvera enfin la place restreinte du hêtre, traditionnellement employé pour des objets de petite dimension, boîtes ou coffrets, et les travaux de boissellerie en général. Au total, l'évolution se fait en faveur des essences autres que les résineux : très peu représentées avant 1730, elles intéressent entre 8 et 30 % des pièces de mobilier à la fin du siècle, la transition se faisant par l'intermédiaire des meubles à essences composites.

Les différences dans la nature des bois recouvrent des clivages sociaux. Aux plus pauvres, le bois blanc de pin ou de sapin ; aux plus riches, le chêne, le noyer, le fruitier : c'est qu'une belle armoire en noyer vaut, vers 1780, entre 15 et 30 livres !

Biens de consommation avant tout, ces meubles de petite qualité - tables bancales, chaises boîteuses, lits rafistolés - ne sont pas faits pour durer au-delà de quelques générations et nos musées conservent davantage de meubles urbains du XVIIIème siècle que de pièces provenant des couches populaires de la campagne. De l'avis autorisé de Françoise Levy-Coblentz, *les exemplaires de musée représentent un maigre butin arraché au passé par rapport aux relevés des notaires* [268]. Et lorsque les pièces du XIXème siècle, âge d'or du mobilier rural, viendront compléter ces collections clairsemées, il s'agira encore des éléments les plus robustes et les plus luxueux, ceux-là même qui auront su résister aux outrages du temps. Si l'on médite enfin sur la rareté des sources iconographiques et des descriptions littéraires, on jugera de l'importance du témoignage notarial sur ce qui constitue, à coup sûr, le cadre de vie des villageois.

Mais la précision rituelle avec laquelle les inventaires énumèrent les meubles meublants ne doit pas faire illusion. Le but de l'acte étant la conservation, il s'agit d'identifier les pièces sans pour autant les décrire. Le notaire se contente donc d'indiquer la structure et l'aspect extérieur du meuble, en s'abstenant d'en préciser les motifs décoratifs, l'ornementation et, *a fortiori*, le style. La standardisation des types, la répétitivité des modèles le conduisent à une attitude infiniment moins nuancée que celle qu'adopte son collègue en ville : les cas particuliers - telle pièce personnalisée qui se distingue des autres - ne s'en détachent que plus nettement. En dehors des bourgs et des villes, les indications laconiques fournies par les notaires posent donc le problème de l'existence même d'une décoration pour un mobilier qu'il convient de replacer dans son double contexte rural et rhénan. Il apparaît en effet que la campagne se montre moins sensible aux

[268] Fr. LEVY-COBLENTZ, *op. 2715*, t. I, p. 287.

Relevé des meubles en fonction des essences de bois employées (Evolution 1660-1789)

	Nb. total de mentions			% de meubles en pin			en sapin			en hêtre			en érable			en frêne			en chêne			en noyer			en poirier		
	I	II	III	I	II	III	I	II	III	I	II	III	I	II	III	I	II	III	I	II	III	I	II	III	I	II	III
Rittershoffen																											
Coffres	14	63	44	42,9	36,5	2,3	57,1	57,1	93,2	-	-	-	-	-	-	-	-	-	-	6,4	4,5	-	-	-	-	-	-
Armoires	4	13	19	25	46	5,5	50	46	73,5	-	-	-	-	-	-	-	-	-	25	8	15,5	-	-	-	-	-	5,5
Buffets	s.i.	s.i.	9	-	-	55,5	-	-	22,5	-	-	-	-	-	-	-	-	-	-	-	22	-	-	-	-	-	-
Tables	10	66	53	10	19,5	17	80	77,5	62	-	-	-	-	-	-	-	-	-	-	-	7,5	10	-	2	-	-	11,5
Chaises	8	12	41	-	33,5	2,5	37,5	16,5	14,5	-	-	2,5	-	-	-	-	-	-	-	41,5	72	62,5	-	-	-	8,5	9,5
Lits	20	43	35	25	49	26	75	51	68,5	-	-	-	-	-	-	-	-	-	-	-	5,5	-	-	-	-	-	-
Schillersdorf																											
Coffres	29	63	43	-	-	-	100	100	100	-	-	-	-	-	-	-	-	-	-	-	-	-	-	-	-	-	-
Armoires	12	24	32	-	-	-	100	100	93,5	-	-	-	-	-	-	-	-	-	-	-	6,5	-	-	-	-	-	-
Buffets	2	9	6	-	-	-	100	100	100	-	-	-	-	-	-	-	-	-	-	-	-	-	-	-	-	-	-
Tables	12	34	25	-	-	-	100	94	88	-	-	-	-	-	-	-	-	-	-	-	8	-	3	-	-	3	4
Bancs	8	24	11	-	-	-	100	100	100	-	-	-	-	-	-	-	-	-	-	-	-	-	-	-	-	-	-
Chaises	7	9	15	-	-	-	57,1	89	20	-	-	-	-	-	-	-	-	-	28,6	11	80	14,3	-	-	-	-	-
Lits	30	63	56	-	-	-	100	100	100	-	-	-	-	-	-	-	-	-	-	-	-	-	-	-	-	-	-
Reitwiller																											
Coffres	14	34	25	-	100	100	93	-	-	-	-	-	-	-	-	-	-	-	7	-	-	-	-	-	-	-	-
Armoires	s.i.	7	10	-	-	100	-	100	-	-	-	-	-	-	-	-	-	-	-	-	-	-	-	-	-	-	-
Buffets	s.i.	10	8	-	-	-	-	100	100	-	-	-	-	-	-	-	-	-	-	-	-	-	-	-	-	-	-
Tables	1	23	18	-	-	-	100	92	78,5	-	-	-	-	4	-	-	-	4,5	-	4	8,5	-	-	8,5	-	-	-
Chaises	s.i.	1	8	-	-	-	-	100	50	-	-	-	-	-	-	-	-	-	-	-	50	-	-	-	-	-	-
Lits	8	31	25	-	-	-	100	100	100	-	-	-	-	-	-	-	-	-	-	-	-	-	-	-	-	-	-
Holtzheim																											
Coffres	33	17	26	-	-	-	94	100	100	-	-	-	-	-	-	-	-	-	-	-	-	6	-	-	-	-	-
Armoires	s.i.	1	8	-	-	-	-	100	75	-	-	-	-	-	-	-	-	-	-	-	-	-	-	25	-	-	-
Buffets	3	7	12	-	-	-	100	100	91,5	-	-	-	-	-	-	-	-	-	-	-	8,5	-	-	-	-	-	-
Tables	1	s.i.	2	-	-	-	100	-	50	-	-	-	-	-	50	-	-	-	-	-	-	-	-	-	-	-	-
Chaises	s.i.	s.i.	s.i.	-	-	-	-	-	-	-	-	-	-	-	-	-	-	-	-	-	-	-	-	-	-	-	-
Lits	5	12	11	-	-	-	100	100	100	-	-	-	-	-	-	-	-	-	-	-	-	-	-	-	-	-	-

	Nb. total de mentions			% de meubles en pin			en sapin			en hêtre			en érable			en frêne			en chêne			en noyer			en poirier		
	I	II	III	I	II	III	I	II	III	I	II	III	I	II	III	I	II	III	I	II	III	I	II	III	I	II	III
Baldenheim																											
Coffres	n.r.	13	104	-	-	-	-	10	100	-	-	-	-	-	-	-	-	-	-	-	-	-	-	-	-	-	-
Armoires	n.r.	s.i.	48	-	-	-	-	-	100	-	-	-	-	-	-	-	-	-	-	-	-	-	-	-	-	-	-
Buffets	n.r.	4	47	-	-	-	-	100	100	-	-	-	-	-	-	-	-	-	-	-	-	-	-	-	-	-	-
Tables	n.r.	9	23	-	-	-	-	89	74	-	-	-	-	-	13	-	-	-	-	-	4,5	-	11	8,5	-	-	-
Bancs	n.r.	3	28	-	-	-	-	60	75	-	-	3,5	-	-	3,5	-	-	-	-	40	11	-	-	7	-	-	-
Chaises	n.r.	2	51	-	-	-	-	50	45	-	-	6	-	-	10	-	-	-	-	50	37	-	-	2	-	-	-
Lits	n.r.	10	77	-	-	-	-	100	100	-	-	-	-	-	-	-	-	-	-	-	-	-	-	-	-	-	-
Heiteren																											
Coffres	5	11	31	-	-	-	100	100	90,5	-	-	-	-	-	-	-	-	-	-	-	9,5	-	-	-	-	-	-
Armoires	5	9	31	-	-	-	80	100	87	-	-	-	-	-	-	20	-	-	-	-	6,5	-	-	6,5	-	-	-
Buffets	s.i.	2	10	-	-	-	-	100	100	-	-	-	-	-	-	-	-	-	-	-	-	-	-	-	-	-	-
Tables	15	20	28	-	-	-	93,5	75	53,5	-	-	-	-	2,5	14,6	-	-	-	-	-	21,3	6,5	-	10,6	-	-	-
Chaises	2	11	25	-	-	-	100	-	16	-	-	4	-	63,5	64	-	-	-	-	36,5	16	-	-	-	-	-	-
Lits	5	3	16	-	-	-	100	100	87,5	-	-	-	-	-	-	-	-	-	-	-	12,5	-	-	-	-	-	-
Ungersheim																											
Coffres	27	n.r.	51	-	-	-	96,5	-	96	-	-	-	3,5	-	-	-	-	4	-	-	-	-	-	-	-	-	-
Armoires	s.i.	n.r.	40	-	-	-	-	-	77,5	-	-	-	-	-	-	-	-	-	-	-	12,5	-	-	5	-	-	5
Buffets	s.i.	n.r.	20	-	-	-	-	-	100	-	-	-	-	-	-	-	-	-	-	-	-	-	-	-	-	-	-
Tables	7	n.r.	34	-	-	-	85,9	-	59	-	-	-	-	-	14,5	-	-	-	-	-	12	14,5	-	14,5	-	-	-
Bancs	s.i.	n.r.	11	-	-	-	-	-	63,5	-	-	-	-	-	9	-	-	-	-	-	27,5	-	-	-	-	-	-
Chaises	s.i.	n.r.	28	-	-	-	-	-	7	-	-	3,5	-	-	39,5	-	-	-	-	-	35,5	-	-	14,5	-	-	-
Lits	s.i.	n.r.	45	-	-	-	-	-	96	-	-	-	-	-	-	-	-	-	-	-	4	-	-	-	-	-	-
Heimsbrunn																											
Coffres	3	n.r.	23	-	-	-	100	-	100	-	-	-	-	-	-	-	-	-	-	-	-	-	-	-	-	-	-
Armoires	4	n.r.	9	-	-	-	75	-	78	-	-	-	-	-	-	-	-	-	25	-	22	-	-	-	-	-	-
Buffets	s.i.	n.r.	12	-	-	-	-	-	100	-	-	-	-	-	-	-	-	-	-	-	-	-	-	-	-	-	-
Tables	1	n.r.	3	-	-	-	100	-	67	-	-	-	-	-	33	-	-	-	-	-	-	-	-	-	-	-	-
Bancs	s.i.	n.r.	3	-	-	-	-	-	-	-	-	-	-	-	-	-	-	-	-	-	100	-	-	-	-	-	-
Chaises	s.i.	n.r.	5	-	-	-	-	-	-	-	-	60	-	-	20	-	-	-	-	-	20	-	-	-	-	-	-
Lits	4	n.r.	22	-	-	-	100	-	100	-	-	-	-	-	-	-	-	-	-	-	-	-	-	-	-	-	-

N.B. : Les bois composés ont été retenus en fonction de l'essence la plus chère

s.i. = sans indication d'essence (ou indication insuffisante)

n.r. = essences non relevées

Périodes : **I = 1660-1700-1729 II = 1730-1759 III = 1760-1789**

styles et aux *modes* que la ville et qu'elle adopte, avec un décalage sensible dans le temps, les modèles citadins. On soupçonne, dans ce domaine, une force d'inertie considérable, les maîtres transmettant à leurs apprentis des techniques de fabrication qu'ils ont eux-mêmes reçues de leurs ancêtres. Et puis, le bon sens populaire fera le reste, en accordant la préférence à la solidité du style Louis XIII ou Louis XIV sur la fragile beauté d'un Louis XV, en attendant les lignes droites et sobres du Louis XVI. Même s'il y a eu contamination à partir de la ville, elle se sera faite sans imitation servile, l'essentiel consistant à adapter les types urbains à l'usage quotidien.

Laissons donc aux historiens de l'art le soin de démêler - tâche passionnante - les multiples influences qui se sont exercées sur le mobilier alsacien : des apports rhénans et autrichiens qui perpétuent le style Renaissance et baroque au courant français qui, avec le mobilier Louis XIV et Régence, tend à *franciser*, assez tardivement d'ailleurs (après 1750), l'art du meuble[269]. Mais est-il possible de parler de *style* à la campagne, en dehors du cercle étroit de la bourgeoisie rurale ? Sans opposer systématiquement une Lorraine nourrie des traditions françaises à une Alsace rhénane où l'art du mobilier serait à la fois plus sévère, plus sobre et plus massif[270], rappelons que la province participe au domaine artistique du Rhin supérieur. Or, parmi les spécialistes du bois – charpentiers et menuisiers –, arrivent dans la seconde moitié du XVIIème siècle des Badois, des Suisses et des Tyroliens dont l'offre se trouve en parfaite harmonie avec la demande paysanne, alors que l'influence transvosgienne se fait sentir plus tardivement. La campagne alsacienne, qui partage avec le pays de Bade, le Wurtemberg, la Suisse et le Tyrol la rigueur et la longueur des hivers, assistera à un maximum de concentration dans la seule pièce chauffée qu'est la *Stub*[271] d'un mobilier avant tout fonctionnel. Ainsi les influences artistiques liées à une conjoncture politique ne jouent que si elles prennent appui sur un complexe psychologique favorable. L'art du mobilier rural n'est donc pas une création originale se régénérant à ses propres sources et évoluant en circuit fermé : il est le produit de l'interaction des influences extérieures – la robustesse germanique, le goût du décor des pays alpins – et, secondairement, l'élégance française avec les composantes culturelles de la région.

La fonction de ce mobilier rural ne se trouve pas toujours énoncée avec clarté dans la mesure où, contrairement aux usages de la ville, le notaire se dispense de replacer les meubles dans les pièces correspondantes : dans ces conditions, le *Känsterlein* est-il, en l'absence de toute autre précision, un *Küchenkänsterlein* ou un *Stubenkänsterlein* [272] ? Seuls les cas, assez rares, de mise sous scellés, permettent de dissiper l'équivoque. Voici quelques intérieurs de haute et de moyenne Alsace dont la répartition spatiale des meubles nous est connue :

[269] Fr. LEVY-COBLENTZ, *op. cit.* et A. MARTIN, *art. 2717.*

[270] Ch. G. STOSKOPF, *contrib. 2732,* pp. 302-303.

[271] Voir les travaux de M. LUTZ, pour la Suisse.

[272] ABR 6 E 27, Not. Muttersholtz, inv. Baldenheim 24, 1773 : *Küchenkänsterlein in der Stub* !

Répartition spatiale du mobilier à l'intérieur de la maison rurale

	Cuisine	"Stub"	"Oberstub"	"Niederstub"	"Andere Stub "	"Stubkammer"	"Untere Stubkammer"	"Obere Stubkammer"	"Haus-kammer"	Aire d'escalier "Obere", "untere" "Stegenkammer "		Grenier	Cave	Etable au-dessus	Etable à côté "Futterstall"
Baldenheim (inv. 1715)	-	Lit Buffet Table	-	-	-	Lit	-	-	Buffet			2 lits	-	Coffre Lit Lit d'enfant	Coffre (3 petits) Table 4 bancs
Baldenheim (inv. 1720)	Buffet	Coffre Lit	-	-	-		-	-	-			Coffre	-	Lit	-
Ungersheim (inv. 1786)	Buffet	-	Armoire sapin 3 armoires chêne Armoire poirier Buffet Table chêne	Table noyer Horloge Buffet	Buffet	2 lits 2 tables de nuit Chaise percée	Buffet 2 lits 2 tables de nuit Chaise percée	-		Coffre chêne 2 lits	Coffre chêne 5 lits	-	Double-buffet	-	2 lits

N.B. : N'ont pas pu être replacés : 5 coffres, 2 pétrins
Armoire en sapin
Armoire garde-manger
Fauteuil paillé, 2 fauteuils rembourrés de crin de cheval
7 chaises, 2 bancs.

Sources : ABR 6 E 27, Not. Muttersholtz, inv. Baldenheim 18.
AHR 4 E, Not. Bollwiller, inv. Ungersheim 5.

On constate que certains de ces meubles se trouvent entreposés soit dans les chambres de domestiques à proximité de l'écurie, soit au grenier. Comment en serait-il autrement, chaque génération apportant en ménage son propre lot au moment des noces ? Si le mobilier que nous livre les inventaires est difficile à replacer dans les intérieurs paysans, sa simple énumération fait apparaître à la fois une évolution chronologique et des nuances spatiales. C'est ce qui ressort de l'analyse des échantillons traités de façon diachronique et sélectionnés dans des *pays* aussi différents que l'Outre-Forêt, le pays de Hanau, le Kochersberg et la campagne strasbourgeoise, le Ried, la Hardt et le Sundgau.

2) Typo-chronologie de l'ameublement

Une chronologie de l'ameublement ne peut être que grossière, car la période d'utilisation reproduit la date de fabrication avec un décalage qu'il est difficile de mesurer, d'autant que la plupart des pièces se transmettent d'une génération à l'autre. L'analyse du mobilier rural nous autorise néanmoins à dégager les grandes lignes d'une évolution allant, au cours du XVIIIème siècle, dans le sens d'une différenciation croissante plus que d'une valorisation accrue.

Types de meubles : répartition géographique et chronologique

(Nb. d'observations) % de ménages possédant un exemplaire au moins de chaque type de meuble .

		1660-1700-1729		1730-1759		1760-1789		Ensemble de la période	
Coffres	Rittershoffen	(19)	84 %	(110)	83,5 %	(78)	63 %	(207)	81,5 %
	Schillersdorf	(31)	93,5 %	(45)	100 %	(40)	87,5 %	(116)	94 %
	Reitwiller	(31)	97 %	(45)	98 %	(34)	85,5 %	(110)	93,5 %
	Holtzheim	(41)	95 %	(23)	78 %	(31)	90,5 %	(95)	89,5 %
	Heiteren	(28)	89,5 %	(39)	95 %	(70)	93 %	(137)	92,5 %
	Heimersdorf	(34)	91 %	(26)	88,5 %	(56)	93 %	(116)	91,5 %
	Total	**(184)**	**92,5 %**	**(288)**	**90%**	**(309)**	**87,5%**	**(781)**	**89,5%**
Armoires	Rittershoffen	(19)	21 %	(110)	38 %	(78)	63 %	(207)	46 %
	Schillersdorf	(31)	71 %	(45)	58 %	(40)	67,5 %	(116)	64 %
	Reitwiller	(31)	13 %	(45)	29 %	(34)	35,5 %	(110)	26,5 %
	Holtzheim	(41)	-	(23)	4,5 %	(31)	22,5 %	(95)	8,5 %
	Heiteren	(28)	32 %	(39)	65 %	(70)	60 %	(137)	54,5 %
	Heimersdorf	(34)	-	(26)	15,5 %	(56)	57,5 %	(116)	29,5 %
	Total	**(184)**	**20,5%**	**(288)**	**38%**	**(309)**	**54%**	**(781)**	**30,5%**
Buffets	Rittershoffen	(19)	16 %	(110)	4,5 %	(78)	1,5 %	(207)	4,5 %
	Schillersdorf	(31)	22,5 %	(45)	44,5 %	(40)	27,5 %	(116)	33 %
	Reitwiller	(31)	35,5 %	(45)	42 %	(34)	67,5 %	(110)	48 %
	Holtzheim	(41)	33,5 %	(23)	72 %	(31)	84 %	(95)	54,5 %
	Heiteren	(28)	60,5 %	(39)	78,5 %	(70)	52 %	(137)	71,5 %
	Heimersdorf	(34)	56 %	(26)	82,5 %	(56)	55,5 %	(116)	58 %
	Total	**(184)**	**38%**	**(288)**	**36,5%**	**(309)**	**46%**	**(781)**	**40,5%**
Etagères	Rittershoffen	(19)	-	(110)	-	(78)	-	(207)	-
à	Schillersdorf	(31)	16 %	(45)	2 %	(40)	-	(116)	5 %
vaisselle	Reitwiller	(31)	-	(45)	9 %	(34)	26,5 %	(110)	12 %
	Holtzheim	(41)	2,5 %	(23)	-	(31)	-	(95)	-
	Heiteren	(28)	-	(39)	2,5 %	(70)	3 %	(137)	2 %
	Heimersdorf	(34)	-	(26)	-	(56)	-	(116)	-
	Total	**(184)**	**4,5%**	**(288)**	**2 %**	**(309**	**3,5%**	**(781)**	**3%**

Dressoirs	Rittershoffen	(19)	-	(110)	1 %	(78)	1,5 %	(207)	1 %
	Schillersdorf	(31)	3 %	(45)	-	(40)	-	(116)	3,5 %
	Reitwiller	(31)	-	(45)	-	(34)	-	(110)	1 %
	Holtzheim	(41)	2,5 %	(23)	-	(31)	3 %	(95)	2 %
	Heiteren	(28)	-	(39)	-	(70)	-	(137)	-
	Heimersdorf	(34)	-	(26)	-	(56)	-	(116)	-
	Total	**(184)**	**1 %**	**(288)**	**0,5 %**	**(309**	**0,5 %**	**(781)**	**1 %**
Tables	Rittershoffen	(19)	68,5 %	(110)	74,5 %	(78)	61,5 %	(207)	69 %
	Schillersdorf	(31)	48,5 %	(45)	64,5 %	(40)	70 %	(116)	62 %
	Reitwiller	(31)	45 %	(45)	55,5 %	(34)	59 %	(110)	53,5 %
	Holtzheim	(41)	9,5 %	(23)	17,5 %	(31)	16 %	(95)	13,5 %
	Heiteren	(28)	43 %	(39)	54 %	(70)	53 %	(137)	51 %
	Heimersdorf	(34)	17,5 %	(26)	15,5 %	(56)	16 %	(116)	16,5 %
	Total	**(184)**	**35 %**	**(288)**	**57,5 %**	**(309)**	**47,5 %**	**(781)**	**48 %**
Bancs	Rittershoffen	(19)	-	(110)	27,5 %	(78)	42,5 %	(207)	30,5 %
	Schillersdorf	(31)	48,5 %	(45)	66,5 %	(40)	67,5 %	(116)	62 %
	Reitwiller	(31)	9,5 %	(45)	22 %	(34)	23,5 %	(110)	18 %
	Holtzheim	(41)	-	(23)	-	(31)	13 %	(95)	4 %
	Heiteren	(28)	3,5 %	(39)	25,5 %	(70)	38,5 %	(137)	28 %
	Heimersdorf	(34)	3 %	(26)	19 %	(56)	57 %	(116)	32,5 %
	Total	**(184)**	**11 %**	**(288)**	**29,5 %**	**(309)**	**42,5 %**	**(781)**	**30 %**
Chaises	Rittershoffen	(19)	16	(110)	35,5 %	(78)	59	(207)	42,5
	Schillersdorf	(31)	22,5	(45)	40 %	(40)	57,5 %	(116)	41,5 %
	Reitwiller	(31)	-	(45)	22 %	(34)	41 %	(110)	22 %
	Holtzheim	(41)	2,5 %	(23)	13 %	(31)	38,5 %	(95)	17 %
	Heiteren	(28)	14,5 %	(39)	51 %	(70)	68,5 %	(137)	52,5 %
	Heimersdorf	(34)	9 %	(26)	42,5 %	(56)	69,5 %	(116)	45,5 %
	Total	**(184)**	**10 %**	**(288)**	**35 %**	**(309)**	**59 %**	**(781)**	**38,5 %**
Fauteuils	Rittershoffen	(19)	-	(110)	2,5 %	(78)	6,5 %	(207)	4 %
	Schillersdorf	(31)	3 %	(45)	-	(40)	2,5 %	(116)	1,5 %
	Reitwiller	(31)	-	(45)	-	(34)	-	(110)	-
	Holtzheim	(41)	-	(23)	13 %	(31)	3 %	(95)	3 %
	Heiteren	(28)	7 %	(39)	13 %	(70)	11,5 %	(137)	11 %
	Heimersdorf	(34)	-	(26)	-	(56)	7 %	(116)	3,5 %
	Total	**(184)**	**3 %**	**(288)**	**9 %**	**(309)**	**6 %**	**(781)**	**4 %**
Tabourets	Rittershoffen	(19)	5,5 %	(110)	2 %	(78)	2,5 %	(207)	2,5 %
	Schillersdorf	(31)	6,5 %	(45)	6,5 %	(40)	15 %	(116)	9,5 %
	Reitwiller	(31)	3 %	(45)	-	(34)	-	(110)	1 %
	Holtzheim	(41)	-	(23)	4,5 %	(31)	3 %	(95)	2 %
	Heiteren	(28)	3,5 %	(39)	2,5 %	(70)	20 %	(137)	5 %
	Heimersdorf	(34)	6 %	(26)	-	(56)	3,5 %	(116)	1,5 %
	Total	**(184)**	**4 %**	**(288)**	**2,5 %**	**(309)**	**8 %**	**(781)**	**4,5 %**
Lits	Rittershoffen	(19)	100 %	(110)	95 %	(78)	41 %	(207)	75 %
	Schillersdorf	(31)	87 %	(45)	100 %	(40)	90 %	(116)	93 %
	Reitwiller	(31)	87 %	(45)	78 %	(34)	73,5 %	(110)	79 %
	Holtzheim	(41)	53,5 %	(23)	65 %	(31)	58 %	(95)	47,5 %
	Heiteren	(28)	82 %	(39)	90 %	(70)	81,5 %	(137)	84 %
	Heimersdorf	(34)	79,5 %	(26)	73 %	(56)	91 %	(116)	83,5 %
	Total	**(184)**	**79 %**	**(288)**	**85 %**	**(309)**	**74 %**	**(781)**	**77,5 %**
Berceaux/ lits d'enfants	Rittershoffen	(19)	21 %	(110)	11 %	(78)	14 %	(207)	13 %
	Schillersdorf	(31)	19,5 %	(45)	22 %	(40)	27,5 %	(116)	23,5 %
	Reitwiller	(31)	-	(45)	2 %	(34)	12 %	(110)	3,5 %
	Holtzheim	(28)	5 %	(23)	4,5 %	(31)	23 %	(95)	3 %
	Heiteren	(28)	14,5 %	(39)	13 %	(70)	23 %	(137)	18 %
	Heimersdorf	(34)	6 %	(26)	23 %	(56)	16 %	(116)	14,5 %
		(184)	**10 %**	**(288)**	**12 %**	**(309)**	**16,5 %**	**(781)**	**13 %**

EVOLUTION DU TYPE DE MOBILIER (1660-1789
Pourcentage des ménages possédant un exemplaire au moins de chaque catégorie de meubles (78 observations)

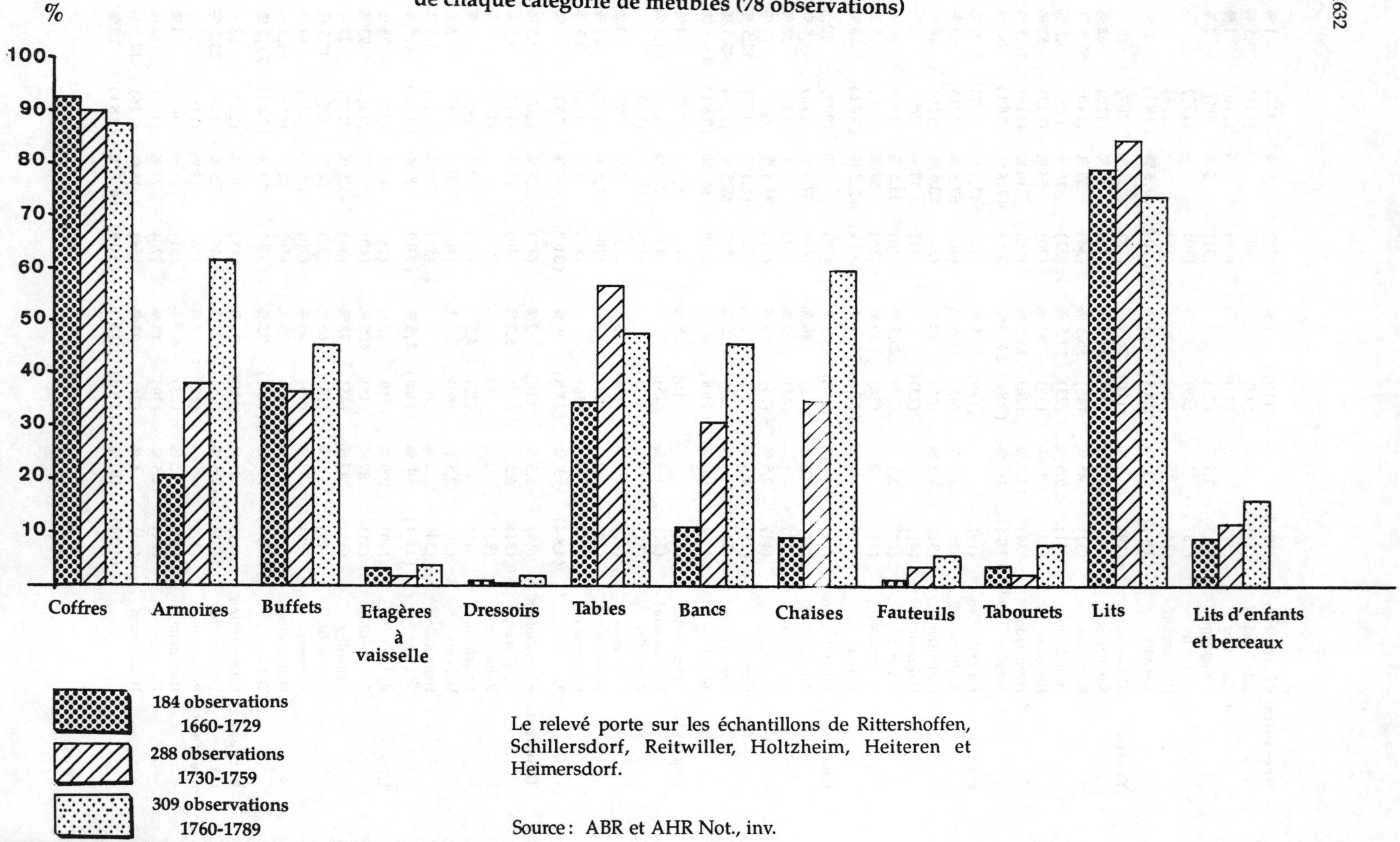

Le relevé porte sur les échantillons de Rittershoffen, Schillersdorf, Reitwiller, Holtzheim, Heiteren et Heimersdorf.

Source : ABR et AHR Not., inv.

De ces relevés, se dégagent trois constatations fondamentales :

a) Du coffre à l'armoire : entassement ou rangement ?

L'idée que nous nous faisons du coffre paysan est largement conditionnée par l'apport des études sur l'art populaire. A partir du XIXème siècle en effet, sa signification se précise puisque, meuble décoré, contenant le trousseau de la mariée, il devient le double symbole de l'apport dotal et de l'union conjugale. Or au XVIIIème siècle, le coffre revêt une grande banalité : omniprésent et représenté à de multiples exemplaires, il constitue la base même de l'ameublement paysan. Ne cherchons pas à la campagne ce meuble massif, ouvragé, sculpté ou marqueté qui fait la richesse des intérieurs citadins. On l'assimile fréquemment à une simple caisse[273] faite de planches plus ou moins bien équarries, grossièrement ajustées les unes aux autres, et dépourvues de toute décoration. Brackenhoffer oppose au milieu du XVIIème siècle la huche française au coffre d'Allemagne[274].

Presque exclusivement fabriqué en bois de sapin, le coffre apparaît en effet comme le meuble le plus courant[275] et répond à un double usage. Son utilisation semble liée, à l'origine, au climat d'insécurité qui pèse sur les campagnes. Susceptible d'accompagner le paysan dans ses déplacements, il joue un rôle important lors des refuges en ville au moment des guerres [276] et, en plein XVIIIème siècle, le *Reistrog* ou coffre de voyage, très proche de la malle, garni de bandes métalliques, invite toujours au dépaysement[277]. Lié à la mobilité des hommes, le coffre apparaît au départ, écrit très justement Daniel Roche, comme le *meuble des errants aisés*[278]. Mais, survivant à la sédentarisation, il finit par symboliser le foyer. En effet, grâce à sa maniabilité, le coffre de mariage, refuge de l'individualisme féminin, restera jusqu'au XIXème siècle le symbole de cette migration singulière qui conduit la mariée au foyer de son jeune époux. Meuble à tout faire – comment distinguer le coffre à linge de la huche à grains[279] ?-, il répond également à un genre de vie archaïque[280], puisqu'il sert à la fois et, parfois, simultanément :
- à empiler le linge et les habits ;
- à serrer les ballots de lin et de chanvre, les rouleaux de toile, les écheveaux et les bobines de fil ;
- à conserver les provisions, à ranger les sacs de farine et les jarres à lait pour les faire cailler et monter en crème sous l'effet de la chaleur ambiante ;
- à entreposer les papiers, actes notariés, quittances, titres de propriété.

---

273 *Kist* (ABR 6 E 40 Not. Soultz-sous-Forêts II, inv. Rittershoffen 147-160, *passim)*.

274 E. BRACKENHOFFER, *op. [197]*, pp.11 et 52.

275 L. SCHELY, *art. 2727*.

276 Voir *supra* pp. 183-194.

277 Disparition de la *Reiskist* à Schillersdorf à partir de 1730 (ABR 6 E 17 Not. Ingwiller, inv. 68-75, *passim)*.

278 D. ROCHE, *op. 3076*, p. 150.

279 Une affaire d'effraction (Hunspach, le 29 mars 1767) révèle qu'on a fouillé un coffre en bois dans lequel la femme conservait ses vêtements ainsi que de la viande fumée (H. GERST, *op. [403]*, p. 133. Source : ABR B 367).

280 G. CABOURDIN, *art. 2694*, p. 92.

C'est peu à peu qu'il acquiert sa spécialisation. Au *Kleidertrog*, coffre garde-robe, s'oppose le *Speistrog*, coffre garde-manger, mais ce dernier connaît une différenciation sensible[281] selon qu'il sert à entreposer le lait, la farine, le lard, le poisson, les légumes, le sel. Cette fonction de rangement, qu'il partage parfois avec l'armoire ou le buffet[282], n'est pas pour autant sa seule vocation.

Car le coffre, meuble à usages multiples pourrait bien faire fonction de table ou de siège, en l'absence de ces pièces dans les inventaires après décès. Ainsi s'expliquerait peut-être la relative rareté des tables au XVIIIème siècle : un ménage sur deux n'en possède pas et la pénurie s'accuse au sud de la plaine[283]. Aurait-on recours, en dehors des coffres, à de simples tréteaux, qui prennent un minimum de place et permettent, le moment voulu, de dresser la table à l'aide de plateaux mobiles ? Si les tables existent, elles affichent une telle monotonie que le notaire juge rarement nécessaire de les décrire. Les solides tables rectangulaires ou carrées, massives d'aspect, à pieds fixes, l'emportent sur les tables rondes ou ovales à pied unique, pliantes[284] ou à bascule, que l'on trouve dans les intérieurs de quelques privilégiés. De-ci de-là, une table à pieds torsadés tournés en balustres, ou à piètement divergent en forme de X[285] dont l'origine remonte, semble-t-il, à la tradition médiévale[286]. Quant aux tables spécialisées, mises à la mode par la société citadine, elles n'ont pas la même signification.

Mobilité, robustesse, fonctionnalité : le coffre semble avoir l'avenir devant lui. Et, de ce fait, il ne sera jamais totalement supplanté par un mobilier plus élaboré, ni relégué au rang de simple meuble d'appoint. Au XVIIIème siècle, il connaît néanmoins une double évolution. La multiplication des coffres à pieds, qui prolongent les montants[287], reflète la sédentarisation de la société rurale, à présent moins exposée aux déplacements par fait de guerre. Cela ne signifie nullement que le coffre soit condamné à disparaître : on y est bien trop attaché. Mais il semble perdre son monopole au profit de l'armoire et du buffet, eux-mêmes fixes, qui témoignent d'un niveau de vie plus élevé. La progressive substitution se solde, pour le coffre, par un changement de fonction (produits comestibles et vieilles affaires) et de localisation (pièces annexes, greniers, écuries). Il se trouverait donc relégué dans des fonctions et des locaux secondaires.

281 *Milchtrog* et *Milchkasten, Fleischtrog, Specktrog, Fischtrog, Gemüstrog, Saltztrog.*

282 AHR 4 E Not. Bollwiller, inv. Ungersheim 1-5, *passim : Milchkänsterlein, Gemüskasten, Muckenkänsterlein...*

AHR 4 E Not. Heiteren 5 - 14 : *Milchkänsterlein* (1721), *Fleischkänsterlein* (1762), *Speiskänsterlein* (1709), *Serviette-und Glaskänsterlein* (1741), *Getüchkasten* (1729), *Schweiskasten* (1755 et 1758), *Fruchtkästel* (1771).

283 La proportion s'élève à 70 % à Baldenheim, 83 % à Heimersdorf.

284 *Zusammengelegter Tisch.*

285 *Schragentisch.*

286 Fr. LEVY-COBLENTZ, *op. cit.*, t. II, p. 290.

287 *Fusstrog* (ABR 6 E 7, Not. Bouxwiller, inv. Reitwiller, 359-364, *passim*, et 6 E 26, Not. Molsheim I, inv. Holtzheim 36-39 (1679, 1681, 1703, 1724 et 1785).

Ibid. : *Trog mit Stollen* (23, 1681).

Mais il serait audacieux d'affirmer qu'un type de meuble cède la place à un autre : la diminution, toute relative, du nombre de coffres s'accompagne en fait d'une augmentation modérée du nombre de buffets et d'armoires. Entre les deux, les points communs ne manquent pas : ils répondent l'un et l'autre aux besoins de rangement, de conservation, de protection aussi. Car ce qui frappe, c'est l'omniprésence de la serrure. La clé, objet de toutes les attentions, signe du pouvoir du maître de la maison, peut générer des tensions. Fermer à clé ne constitue nullement une précaution superfétatoire pour qui prend conscience de la valeur du contenu - dépassant largement celle du contenant - et pour qui mesure les risques que font courir les nombreux vols domestiques. A Baldenheim, le prix du coffre varie du simple au double selon qu'il est muni ou non d'une serrure[288]. La différence entre le coffre et l'armoire réside moins dans le matériau utilisé que dans la forme qu'adoptent les deux types de meubles. Passage de l'horizontalité à la verticalité d'abord : on dresse un coffre debout pour pouvoir ouvrir la porte vers l'avant et non plus vers le haut ; on superpose deux coffres et la transition est faite avec l'armoire ou le buffet. Passage, très progressif, du bois ordinaire au bois noble ensuite : le sapin, fréquemment utilisé dans la fabrication du coffre comme dans celle du mobilier de cuisine, cède la place au hêtre, au chêne, à l'érable ou au noyer, plus courant dans la fabrication des armoires et du mobilier des pièces d'habitation. Enfin l'usage se modifie : rangement de la vaisselle et de l'argenterie de préférence à celui des denrées alimentaires, rangement du linge de table de préférence aux vêtements ? En réalité l'armoire à vêtements (*Kleiderkasten*) se répand, mais l'utilisation n'est pas la même que pour le coffre : ce dernier est parfaitement adapté au vêtement plié ; mais le chapeau de feutre et le bicorne, la jaquette et la redingote réclameront des meubles d'une autre nature. Elie Brackenhoffer se montre fort étonné, au milieu du XVIIème siècle, de trouver essentiellement des huches en vieille France, alors que ses origines alsaciennes l'avaient habitué à l'armoire[289] qui, en Alsace, est d'inspiration allemande avant de connaître l'influence française : réactions de citadin sans doute. Mais, même à la campagne, l'armoire n'attend pas la deuxième moitié du XVIIIème siècle pour s'imposer. Elle répond à une nécessité dictée autant par les modes vestimentaires que par des considérations de prestige. Ces dernières ne sont pas absentes : il devient courant de reléguer certains coffres dans des fonctions secondaires, au grenier ou dans une pièce annexe, tandis que buffet et armoire occupent une place de choix dans les pièces d'habitation, *Stub* et *Kammer*. Comparée au coffre, l'armoire devient donc le symbole d'un certain embourgeoisement, d'une relative aisance qui s'exprime par ailleurs dans la nature du bois utilisé, le nombre de battants et de tiroirs. Son prix dépasse toujours celui du coffre : on passe de quelques livres à une dizaine de livres tournois. Signe de considération sociale, elle apparaît d'abord dans les intérieurs de laboureurs alors que les journaliers, restés longtemps fidèles au coffre, finissent par adopter le modèle en sapin à un volet : le bas de gamme en quelque sorte. Elément longtemps étranger au monde rural, elle n'affirmera sa position

[288] ABR 6 E 27, Not. Muttersholtz, inv. Baldenheim 18, 1729 : de 2 1/2 à 5 livres tournois.

[289] E. BRACKENHOFFER, *op. cit.*, p. 52.

privilégiée qu'au XIXème siècle[290]. Pièce souvent unique, elle occupe, de préférence à la *Stub*, où elle est concurrencée par le buffet, la chambre des grands-parents (*Klein Stub*) ou les pièces annexes (*Kammer*) situées au rez-de-chaussée ou à l'étage. Elle n'a donc pas le prestige, semble-t-il, de l'armoire à linge lorraine. Ce qui la distingue du coffre fourre-tout, c'est, sous son double aspect d'armoire à linge et d'armoire-penderie, l'émergence de la fonction de rangement. A un mode de rangement traditionnel qui se caractérise par l'entassement, voire l'absence de tri, se substitue un système plus méthodique et plus rationnel.

Mais c'est le buffet qui pose problème. Est-il la transposition du buffet citadin à la française ? Rien n'est moins sûr. Le terme même de *buffet* n'apparaît dans les inventaires que tardivement[291]. Quant au vocable simplificateur de *Känsterlein,* que nous traduisons, à tort peut-être, par *buffet,* il peut recouvrir des réalités fort différentes. Sorte d'armoire à deux corps superposés *genre buffet* [292], ce meuble est largement représenté chez les classes populaires, qui l'installent dans la cuisine[293], tandis que les milieux bourgeois placent dans la *Stub* l'authentique buffet à deux corps, plus imposant et plus cossu[294].

Le "Känsterlein", modeste armoire de cuisine ou buffet de prestige ?
Nb. de pièces (% des ménages possédant ce type de meubles)

	Ensemble	Pièce d'habitation	Cuisine	Sans indication
Rittershoffen 1700-1789	9 (100)	4 (44,5)	3 (33,3)	2 (22,2)
Schillersdorf 1700-1789	38 (100)	13 (34,3)	14 (36,8)	11 (28,9)
Reitwiller 1660-1789	53 (100)	29 (54,7)	7 (13,2)	17 (32,1)
Holtzheim 1680-1789	26 (100)	2 (7,7)	10 (38,5)	14 (53,8)
Baldenheim 1700-1789	97 (100)	30 (30,9)	39 (40,2)	28 (28,9)
Heiteren 1690-1789	132 (100)	42 (31,8)	71 (53,8)	19 (14,4)
Ungersheim 1655-1789	76 (100)	21 (27,6)	52 (68,5)	3 (3,9)
Heimsbrunn 1670-1789	25 (100)	11 (44,0)	6 (24,0)	8 (32,0)
Heimersdorf 1670-1789	67 (100)	20 (29,9)	20 (29,9)	27 (40,2)

Seul point commun entre le *Küchen* – et le *Stubenkänsterlein :* ils sont l'un et l'autre liés à la table, au couvert, à l'alimentation. Mais il est possible que les meubles mixtes, moitié buffet moitié armoire, faisant à la fois rayonnage, penderie et garde-manger, soient répandus : peut-on parler d'armoires-buffets ?[295] On constate en tout cas que la cuisine profite, autant que les pièces d'habitation, de la promotion de l'armoire et du buffet qui ne font donc pas forcément figure de meubles de riches et ne constituent pas le

[290] M-N. DENIS, *art. 2700.*

[291] AHR 4 E Not. Bollwiller 5, inv. Ungersheim 5, 1786.
AHR 4 E Not. Bollwiller, inv. Heimsbrunn, 1789.
ABR 6 E 26 Not. Molsheim I, inv. Holtzheim 39, 1773.

[292] *Buffetartig, Buffetschrank* dans le Sundgau au XVIIIème siècle (A. RIFF, *art. 2723*, pp. 16 et 30). L'auteur conclut à des influences suisses.

[293] *Küchenkänsterlein, Küchenschrank.*

[294] ABR 6 E 26 Not. Molsheim I, inv. Holtzheim 38, 1753 : *mit Ober - und Unterflügel.*

[295] Nous n'avons jamais rencontré le terme d'*Olmer* utilisé par Georges KLEIN (*op. 2599*, p. 90) pour désigner ce genre de meuble.

nec plus ultra de l'ameublement : les essences utilisées dans leur fabrication en apportent une preuve supplémentaire. Aussi est-il difficile de tirer quelque conclusion que ce soit sur l'importance relative du buffet plus répandu, semble-t-il, dans le sud de la province et en Alsace moyenne que dans l'Outre-Forêt qui privilégie l'armoire.

Ce mobilier, caractérisé par la grande simplicité de sa conception, s'enrichit au XVIIIème siècle avec l'apparition de deux pièces qui assurent la transition entre le type rustique, avant tout fonctionnel, et le modèle d'apparat, de facture bourgeoise :

- Le dressoir[296], buffet à une ou à deux portes, présente la particularité d'être surmonté d'un vaisselier sur lequel on *dresse* en permanence plats et assiettes, poêles et chaudrons. Mais tandis que le dressoir en tant que présentoir et vitrine familiale, est réservé à la *Stub* des ménages aisés, le porte-vaisselle, simple étagère de peu de valeur, parfois associé au buffet[297], prend place dans la cuisine des plus humbles. Ainsi, le vaisselier, qui joue également le rôle d'égouttoir et dont la fonction est essentiellement ménagère, ne semble pas connaître la même fortune que dans les intérieurs lorrains : il répond davantage à des préoccupations utilitaires qu'à des prétentions ostentatoires. D'ailleurs, il se dégage complètement du buffet qu'il précède souvent dans la chronologie du mobilier, comme le dressoir médiéval précède le buffet[298]. Ainsi les sources notariales, iconographiques et muséologiques donnent la priorité absolue aux meubles contenants (coffres, armoires, buffets) sur les meubles supports (chaises, lits, vaisseliers).
- Nous terminerons ce rapide tour d'horizon par l'évocation, très rare, de la commode[299] qui se situe à la frontière du mobilier rural. Meuble de riche, confectionné dans un bois précieux - noyer ou fruitier - , elle constitue, avec ses tiroirs et sa couverture de marbre, la version paysanne d'un meuble bourgeois. Ce phénomène de mimétisme social descendant, qui se trouve renforcé par la diffusion des habitudes françaises, n'est pas pur plagiat, car les modèles urbains sont adaptés aux exigences de la population rurale[300], comme les modes françaises sont appelées à composer avec les genres de vie régionaux. La mode se répand, mais à pas mesurés. Les villageois adaptent à leurs besoins et à leurs goûts les modèles qu'ils empruntent à la ville.

C'est néanmoins à une réflexion sur la mutation des comportements que nous convie l'analyse de ce mobilier. Insensiblement, on passe d'une habitude d'entassement à une préoccupation de rangement. La modification de l'habillement n'y est pas étrangère. La spécialisation et la différenciation progressive des types de coffres met fin à la promiscuité entre produits de nature différente. Et au coffre qui permet d'embrasser le contenu d'un seul

---

296 *Tresurkänsterlein.*

297 ABR 6 E 27, Not. Muttersholtz, inv. Baldenheim 18, 1718 et 1730 : *Küchenkänsterlein mit Hafenschaft.* ABR 6 E 26, Not. Molsheim I, inv. Holtzheim 36, 1681 : *Känsterlein mit Hafenschaft.*

298 P. VERLET, *op. 2739*, p. 36.

299 ABR 6 E 26, Not. Molsheim I, inv. du curé 39, Holtzheim 1773.

300 G. KLEIN, *op. cit.* (1976), p. 85.

coup d'oeil mais qui oblige à fouiller, se substitue le buffet, l'armoire, la commode, à agencement plus ordonné. Mais l'utilisation de ce dernier meuble, composé de tiroirs superposés, est-elle aussi *commode* que son nom l'indique ? Le paysan a mis beaucoup de temps à s'en convaincre, car la commode est étrangère à la tradition paysanne. Elle illustre bien pourtant, en même temps que les progrès de la sédentarisation, le besoin croissant d'ordre, la nécessité d'opérer un tri dans des ménages où, de génération en génération, l'accumulation devient synonyme de fatras, pour peu que le mobilier enregistre une élévation du niveau de vie.

b) Du banc au siège : vers l'individualisation des meubles de repos diurne

Il est une autre tendance qui se dessine, à savoir le passage du banc, meuble de groupe, à la chaise, meuble individuel. Au départ de l'évolution, nous trouvons une nouvelle fois le coffre qui joue, semble-t-il, le rôle de siège avant que ne viennent le supplanter la chaise et le fauteuil. Quelle que soit la valeur que l'on puisse attribuer au célèbre *Repas de paysans* des frères Le Nain, les artistes ne représentent-ils pas les paysans du XVIIème siècle prenant leur repas sur un banc dissimulé sous une ample nappe ? Si la scène se déroulait en Alsace, le banc serait, à coup sûr, remplacé par le coffre : l'un et l'autre de ces meubles revêtent donc plusieurs fonctions. Nous n'avons pu cerner qu'exceptionnellement, à travers les descriptions des inventaires, la présence de bancs-coffres combinant le siège à dossier et le coffre, meuble typiquement rural selon Georges Klein[301]. Un tel modèle assurerait la transition avec le banc, sous-représenté dans les inventaires, si nous admettons que les bancs fixes, faisant partie intégrante de la structure même de la *Stub*, échappent à l'investigation notariale. L'inventaire des meubles n'en fait pas moins ressortir le glissement, lent mais sûr, du banc vers la chaise qui acquiert progressivement ses droits. Des termes voisins - *Langstuhl* pour le banc[302], *Lehenstuhl* pour la chaise - soulignent les analogies entre les deux pièces : avec ou sans dossier, la *chaise longue* n'est en fait qu'une chaise ordinaire dont le siège allongé permet à plusieurs personnes d'être confortablement assises. Quant à la multiplication des chaises, elle traduit certes les progrès de l'individualisme, mais elle exprime aussi une certaine autonomie par rapport au foyer : contrairement au banc fixe, qui recherche la proximité immédiate de la cheminée à la française, la chaise trouve sa place à quelque distance du poêle, source de chaleur plus efficace[303], en particulier autour de la table. Enfin, par le confort qu'elle procure, elle enregistre les commodités dans les façons de s'asseoir et de recevoir et se répand jusque dans les milieux modestes. Jamais décrite parce que d'une grande sobriété, sans doute très proche d'un tabouret à pieds divergents[304], elle se dote progressivement d'un dossier découpé dans une planche, tandis que le fauteuil, d'abord simple chaise à bras[305], se prépare une

---

301 G. KLEIN, *op. cit.*, p. 89.
AHR 4 E Not. Bollwiller, inv. Heimsbrunn, 1787 *(Banktrögel)*.

302 Ou encore *Lehenbank, lange Bank.*

303 Voir *supra* pp. 1575-1576.

304 R. HENNINGER, *art. 2705.*

305 *Sessel* ou *Armsessel.*

belle postérité. Pour l'instant, il ne se distingue que par la présence d'accotoirs. Bientôt, rembourré de crin de cheval, recouvert de cuir ou de tapisserie, il deviendra objet de confort et soulignera une position sociale dominante. Cette chaise améliorée peut alors être estimée à plusieurs dizaines de livres tournois. Une telle évolution ne fait que s'esquisser au XVIIIème siècle dans les couches les plus aisées de la paysannerie. C'est ce que suggère Maugue, quand il affirme que *les Alsaciens n'ont que des chaises de bois*, quand il met la quasi-absence des fauteuils, meubles de prestige, au même niveau que la rareté ou l'absence de tapisseries[306]. Même en admettant que le mobilier rural dérive de modèles citadins plus anciens, on constate que le paysan préfère les sièges solides, robustes, stables, car ils inspirent davantage confiance que les fauteuils de la ville qui sacrifient à l'esthétique et au confort.

c) Le lit, un révélateur du comportement social

Même si on y passe le tiers de son existence, le lit n'est pas un meuble de repos comme les autres : il est, avec le poêle, l'un des deux pôles de la vie familiale. Occupant une place de choix dans le trousseau de la mariée, personnalisé par un décor qui lui est propre et portant parfois les initiales des époux, le lit nuptial est appelé à remplacer, dans la *Stub* ou l'alcôve, le lit conjugal de la génération précédente. Il devient, de ce fait, le double symbole du transfert des pouvoirs et du relais des générations[307]. Or, présente dans les contrats de mariage, la couche nuptiale est inégalement répertoriée dans les inventaires après décès dans la mesure où, considérée comme bien personnel, elle échappe parfois à l'attention du notaire. Mais le fait qu'elle occupe la première place dans la hiérarchie des lits et qu'elle symbolise la prééminence du couple générateur lui confère une charge d'individualisation qu'on ne retrouve pas dans les autres lits placés dans la *Klein Stub* et les *Kammer*[308].

Au coeur de la vie et de la mort, il se trouve étroitement associé à la fois à la conception et à la naissance, à la maladie et à l'agonie qui pour tout être humain, riche ou pauvre, sont l'*alpha* et l'*oméga*. C'est dans le lit qu'on naît et qu'on meurt, qu'on aime et qu'on dort.

Le lit est le plus souvent isolé, exceptionnellement accompagné d'un mobilier de complément, table de nuit ou chaise percée. Son aspect ne semble pas très éloigné de celui que nous offrent les pièces de musée du XIXème et les descriptions du XVIIème siècle : couches *larges et brèves, lits trop courts*[309], si on les compare à ceux qui sont en usage outre-Vosges, nécessitant une position assise ou recroquevillée, supportés par des pieds

---

306 B. MAUGUE, *op. [252].*, t. I, p. 150. Même réflexion dans BM Avignon Ms. 1861 : *Mémoire sur la ville de Strasbourg* (1721).

307 M-N. DENIS, *art. 2701.*

308 ABR 6 E 27, Not. Muttersholtz, inv. Baldenheim 18, 1718 : la *Stubkammer* et la *zweite Stubkammer* contiennent chacune un lit et un coffre.

L. HAMMER, *op. cit.* : *Le lit du maître est placé ordinairement dans le poêle, tout au plus dans une alcôve. Les autres se trouvent dans les chambres, ou sous le toit, sur le grenier, dans les maisons à un étage. Les valets sont souvent couchés dans les écuries* (ABR 63 J 15).

309 B. MAUGUE, *op. cit.*, t. I, p. 150 : *Les bois de lict sont si courts que, si au lieu d'y estre comme assi on s'y on s'y veut coucher, les pieds sont arretés par la planche qui est au bas.*

élevés puisqu'il arrive que *l'on y monte par degrés* [310]. La simple paillasse qu'on se contentait autrefois de poser sur des planches ou à-même le sol s'encastre à présent dans un bois de lit[311] surélevé par rapport au sol. Au XVIIIème siècle en effet, se parachève l'évolution du lit, en même temps que s'affirme sa place dans l'ensemble du mobilier. Dans les classes supérieures de la société, il se dote d'un ciel porté par quatre colonnes, adaptation du lit à baldaquin, et d'épais rideaux de serge. Il devient ainsi signe de la recherche du bien-être, symbole du statut social, indice du niveau de vie de ses occupants. Ce qui fait la différence, c'est moins le châlit qui lui sert de cadre que la literie répertoriée à part[312] : paillasse ou matelas ? édredon ou couverture ? couverture fine ou grossière ? présence ou non d'un traversin, d'un oreiller de plumes ? rideaux de toile, de serge ou de chanvre ? Le confort nocturne s'acquiert par l'accumulation quantitative de la literie, la variété qualitative des accessoires et le retranchement qu'assure la clôture[313]. Le lit à colonnes se distingue nettement du lit ordinaire. A Schillersdorf, où il n'est guère mentionné avant 1750, il est difficile de savoir s'il est surmonté d'un ciel en bois ou si les quatre têtes de colonnes sont reliées par des tringles permettant la fixation de rideaux coulissants. Ce qui est certain par contre, c'est qu'il est réservé à l'élite du village : sur les sept mentions relevées, trois concernent des laboureurs, trois autres des maréchaux-ferrants dont l'un remplit les fonctions d'échevin. Ailleurs, il a été possible de distinguer les types de lits répertoriés par les inventaires :

Echantillons (nb. de mentions)		Types de lits (%) A tombeau	A colonnes et à ciel	Ordinaires (avec ou sans rideaux)	de sangle	de camp
Heiteren	**1691-1729**					
(47)		6,5	17	72,5	-	4
	1730-1759					
(61)		5	10	82	1,5	1,5
	1760-1789					
(140)		-	10,5	78	11,5	-
	Ensemble					
(248)	**1691-1789**	**2,4**	**11,7**	**77,8**	**6,9**	**1,2**
Baldenheim	**1700-1730**					
(85)		-	6	80	14	-
	1770-1789					
(127)		0,8	27,6	24,4	47,2	-
	Ensemble 1700-1730					
(212)	**et 1770-1789**	**0,5**	**18,9**	**46,7**	**33,9**	**-**

310 J. DE L'HERMINE, *op. cit.*, p. 191.

311 Le terme de *boîte de lit* serait plus conforme à la qualification de *Bettlad* donné par les inventaires après décès.

312 *Bettlad/Bett und Getüch.*

313 Not. inv. *passim.*

	Nb. de pièces recensées (Nb. de propriétaires) 1660-1700-1729	1730-1759	1760-1789
Stangenbettlad			
Schillersdorf	-	6 (4)	4 (4)
Himmelbettlad			
Rittershoffen	-	-	1 (1)
Reitwiller			1 (1)
Holtzheim	2 (1)	1 (1)	4 (4)
Ungersheim	8 (4)	?	10 (12)
Heimsbrunn	1 (1)	?	3 (3)
Heimersdorf	2 (1)	2 (2)	3 (2)

Par-delà la diversité des coutumes, on relèvera :

- la forte prédominance du lit ordinaire par rapport au lit à colonnes qui reste un luxe ;
- la lente pénétration du lit à tombeau, à dais incliné et tendu, qui, à partir de la ville, gagne les couches supérieures de la société rurale sacrifiant aux habitudes urbaines et peut-être françaises[314].
- la vogue du lit de sangle dans la seconde moitié du XVIIIème siècle, tandis que le lit de camp, en régression, semble rappeler une époque révolue.

Or les résultats, obtenus après décompte des lits conjugaux à Baldenheim entre 1770 et 1789[315], donnent la priorité au lit à ciel et à colonnes :

	Lits à colonnes	Lits ordinaires	Lits de sangle
Laboureurs	5	-	1
Maréchal-ferrant	1	-	-
Cordonnier	1	-	-
Tisserands	2	-	-
Maçon	-	-	1
Pêcheur	1	-	-
Journalier	-	1	-

Ainsi le lit à colonnes connaît une fortune relative à la fin du XVIIIème siècle. Adopté de préférence par les laboureurs et les artisans les mieux situés, il est empreint d'une certaine solennité et chargé de prestige. Le fait qu'il soit apparent, et non pas relégué dans une chambre à coucher inaccessible au visiteur, explique sans doute les soins dont il est l'objet. Mais, en dehors de la couche nuptiale, il n'arrive pas à détrôner les autres systèmes de couchage qui témoignent d'un goût accru pour un mobilier pratique, fonctionnel et bon marché : un moyen comme un autre pour répondre au double accroissement du nombre des hommes et du prix des meubles. Il nous paraît donc bien audacieux d'assimiler le lit alsacien au lit à ciel[316] ou au lit à rideaux. D'ailleurs, le lit à ciel et à colonnes n'appelle pas forcément une garniture de rideaux qui semble procéder d'une *mode française* [317]. Les rideaux se répandent au XVIIIème siècle, constitués de textiles épais ou grossiers - mi-lin, bombasin, toile de Cologne, serge, siamoise - avant d'être confectionnés en toile de coton... Mais *les rideaux de lit*, écrit Maugue, *n'ont que la moitié de l'ampleur nécessaire pour les entourés et ne sont point fermés du côté du dossier*[318].

Dès le XVIIIème siècle, on se met à imiter les lits urbains, plus modernes et plus fonctionnels, en supprimant les colonnes qui

---

[314] Fr. LEVY-COBLENTZ, *op. cit.*, t. II, pp. 368-369.

[315] ABR 6 E 27, Not. Muttersholtz, inv. Baldenheim 24, *passim*.

[316] E. POLACZEK, *op. 3222* , p. 31.

[317] Abbé Régnier-Desmarais in J. DE L'HERMINE, *op. cit.*, p. 191 : *Des rideaux ? Vous m'excuserez.*
Ces sortes de lits font gloire
de n'en être jamais parés.

Voir P. VERLET, *op. cit.*

[318] B. MAUGUE, *op. cit.*, t. I, p. 150.

caractérisent, semble-t-il, davantage la campagne que la ville. Dans les maisons paysannes, inégalement ou mal chauffées, le rideau protège certes du froid et des courants d'air ; mais il garantit surtout une parcelle d'intimité, pour peu que cette dernière obtienne droit de cité dans la vie quotidienne. Nous resterons prudent, en suggérant que la clôture des lits pourrait bien corriger partiellement l'absence d'intimité. Car le lit ne se contente pas d'être un meuble utilitaire, destiné à reconstituer les forces après une journée exténuante : il est chargé de symbolisme. Cadeau nuptial par excellence, il est l'ultime retranchement de l'intimité conjugale. Il est aussi enclave de sécurité face à l'angoisse que secrète la nuit. Or le rideau n'est indispensable que si le lit n'est pas *enfermé de menuiserie* [319], comme c'est le cas lorsque l'alcôve le sépare du reste de la *Stub* par des boiseries et des rideaux. Du lit demi-clos au lit clos, la transition est insensible. Quelle différence en effet entre *le lit à la façon d'alcoffre*[320] et *le lit fait en forme d'armoire*[321] ? Pourtant l'armoire-lit proprement dite, qui rappelle la situation bretonne, auvergnate, savoyarde ou suisse, sorte de placard à deux battants auquel on accède depuis la salle de séjour, n'apparaît que dans le sud de la province[322].

Mais cet apparent individualisme, qui tend vers l'isolement nocturne, ne vient pas à bout, au XVIIIème siècle, de la promiscuité du coucher. Certes l'affirmation selon laquelle les familles paysannes seraient entassées dans un lit unique, partageant généreusement les poux et les maladies, perd de sa crédibilité à mesure qu'on s'élève dans l'échelle sociale. Le lit unique supportant le poids de toute la famille relève plus souvent du mythe que de la réalité. Mais si le nombre de lits par foyer augmente au XVIIIème siècle, il s'en faut que tous les individus possèdent le leur à la fin de l'Ancien Régime : la situation semble même se détériorer à la veille de 1789. Mais, inversement, bien des lits non utilisés sont entreposés au grenier[323]. Un lit pour deux, pour trois, pour quatre ?[324] Le fait que l'on supplée aux déficiences de la chaleur ambiante par les bienfaits de la chaleur humaine que provoque l'enlacement des corps ne saurait nous surprendre. La promiscuité du coucher est, au même titre que la cohabitation, un indice de la cohésion familiale[325].

---

319 J. DE L'HERMINE, *op. cit.*, p. 191.

320 AHR 3 B 6832 (Issenheim 1782).

321 B. MAUGUE, *op. cit.* t. I, p. 150.

322 Ch. VOEGELE, *art. 2651*, p. 133.
ABR 6 E 27, Not. Muttersholtz, inv. Baldenheim 24, 1773 : *tannener Kasten vor ein Bettlad dienlich.*
AHR 4 E Not. Heiteren 8, inv. 1744 : *Kastenbettlad.*
AHR 4 E Not. Bollwiller, inv. Heimsbrunn, 1783 : *Bettkasten* et 1786 : *Ehebett in der Wand ohne Bettlad.*

323 ABR 6 E 27, Not. Muttersholtz, inv. Baldenheim 18, 1715 : *zwei Bettlad auf der Bühn.*

324 D. ROCHE, *art. 2725*. pp. 67-69.

325 Elle répond d'ailleurs à la norme sociale : à l'hôpital de Sélestat (AM Sélestat HOSP 14/9) les vieillards, hommes et femmes, ainsi que les grandes filles ou garçons couchent un à un. Par contre, *dans la foule d'aujourd'huy*, les jeunes sont à deux ou à trois par lit (1760).

Nb. de personnes par lit : l'exemple de Heiteren
(AHR 4 E Not. Heiteren, 5-14)

Périodes	Nb. d'observations	Nombre de personnes	de lits	Moyenne par lit
1676-1729	18	73	44	1,7
1730-1759	31	155	61	2,5
1760-1789	57	246	123	2
Total :	**106**	**474**	**228**	**2,1**

NB. Ont été inclus les lits des domestiques, même situés hors de de la maison. N'ont pas été pris en considération les lits d'enfants et les berceaux (21 au total).

S'il est habillé de rideaux pour garantir l'intimité et correctement équipé pour envelopper le sommeil, le lit devient un produit fort cher : du châlit à la couche complète, on passe à Schillersdorf de 4-6 à 20-30 livres tournois[326] : du simple au quintuple ou au sextuple. C'est la prolifération du *linge de lit* - couettes, draps et taies - qui matérialise la position sociale. Georges Jacques Howald transmet à sa veuve en 1780 un lit en sapin muni d'un rideau bleu en demi-lin qui vaut 15 livres[327] ; or la literie qui vient le compléter en vaut 30 : au total 45 livres tournois, la valeur de deux de ses vaches. Pour le lit nuptial, la différence est encore plus sensible : ce dernier vaut, en moyenne à Baldenheim, à la fin du XVIIIème siècle, entre 55 et 60 livres : c'est le prix d'un cheval ou celui d'un demi-*Acker* de labour[328]. Or la valeur du bois de lit se situe entre 5 et 20 % de l'évaluation totale. Il est vrai que la double protection - taie et housse - renchérit l'investissement[329].

Pour la description du lit, laissons encore une fois la parole à Hammer : *Les lits des cultivateurs sont ordinairement de plumes. Ils sont composés d'un lit de dessous assez mince, d'un ou deux oreillers ou coussins et d'un plumon ou couverture de lit de plumes, ordinairement pesante et faite de 12 à 15 livres de plumes. La couverture ou la chape est ordinairement de toile mêlée de laine et enduite intérieurement d'une colle d'huile de lin et de farine de seigle pour que les plumes ne passent point : les taies sont en toile. Dans le bois de lit de sapin, on met simplement de la paille ou une paillasse.* [330] La composition du lit - véritable échafaudage - obéit en effet à un certain nombre de normes :

– la paillasse[331], plus fréquente que le matelas , recouverte de toile de jute, qui constitue le support ;
– le dessous de lit[332], sorte d'édredon rempli de plumes souvent en toile de Brabant, qui donne un certain confort ;

[326] ABR 6 E 17, Not. Ingwiller, inv. Schillersdorf 68-75, *passim*.
ABR 6 E 40 Not. Soultz-sous-Forêts II, inv. Rittershoffen 147-160,1744 et 1746 : 20 livres tournois
1751 : 20 et 22 livres tournois
1783 : 30 livres tournois.

[327] ABR 6 E 40, Not. Soultz-sous-Forêts II, inv. Rittershoffen 159, 1780.

[328] ABR 6 E 27 Not. Muttersholtz,inv. Baldenheim 24, 1777, 1778, 1782, 1785 et 1788.

[329] Mêmes remarques faites en Lorraine par G. CABOURDIN, *contrib. 2695*, p. 153.

[330] L. HAMMER, *op. cit.* (ABR 63 J 15).

[331] *Strohsack.*

[332] *Unterbett.*

– la couette[333] habillée d'une housse en futaine de Cologne qui se présente sous la forme d'un damier de carreaux bleus et blancs[334], ancêtre du plumon[335], constitue le *lit de dessus* et remplace la couverture de laine à la française[336] ;
– un ou deux draps de lit *de dessous et de dessus*, de part et d'autre de la couette (il est fréquent qu'il n'y ait pas de drap ou un seul, celui de dessous) ;
- le traversin qui l'emporte sur l'oreiller[337].

Produit cher, ce type de lit n'est pas à la portée de tout le monde : le sommeil du pauvre est condamné à davantage de simplicité. Mais, même dépourvu de tout accessoire inutile et de toute volonté d'ostentation, le lit n'est pas négligeable, quant à sa valeur relative, dans les patrimoines modestes. Il est aussi l'ultime rempart de la misère : ce n'est que réduit à la dernière extrémité que l'on vend son lit qui est plus qu'un meuble, une partie du *territoire du moi*[338].

Ce lit *fait à l'allemande* intrigue au XVIIème siècle les voyageurs en visite dans la province nouvellement rattachée au Royaume. Si l'Anglais Thomas Coryat apprécie[339] *la chaude chaleur d'un édredon à l'allemande*, L'Hermine ne partage guère son avis : *Je ne pouvois plus dormir dans les lits d'Allemagne*, ronchonne-t-il lors de son passage dans la région d'Altkirch, *avec leurs assommantes couettes* qui ne valent pas les *couvertures de laine françaises ; on y dort entre deux lits de plumes où l'on fond en sueur. C'est à cause de cela, je m'imagine, que les Alemans couchent sans chemise puisqu'il faut tout dire*[340]. Un peu plus tard, un autre observateur précise qu'on couche *dans des lits forts courts et forts étroits entre deux lits de plumes, sans linceuls*[341]. Et le docteur Maugue d'ajouter : *Ils se mettent entre deux lits de plumes, le dos sur plusieurs grands oreillets* (sic) *qui les tiennent à demi assis et qui conservent une chaleur pourrissante*[342] Inversement, les voyageurs allemands ne manquent pas de critiquer outre-Vosges les lits français avec leurs couvertures trop légères et leur éternel traversin cylindrique qui vous casse la nuque[343]. Ainsi les habitudes de dormir relèvent d'une civilisation multiséculaire. Dis-moi comment tu couches, je te dirai qui tu es ? Montaigne déjà affirmait : *Vous*

---

333 *Deckbett*. Abbé Régnier-Desmarais *in* J. DE L'HERMINE, *op. cit.*, p. 191 : *c'est entre ces deux couëtes... qu'il faut tout vif s'ensevelir.*

334 Le *Kelsch* est le plus souvent un tissu de laine et de coton mêlé de lin.

335 Le terme de *Blummong* apparaît chez le curé de Holtzheim en 1773 (ABR 6 E 26 Not. Molsheim I, inv. 39).

336 AHR 4 E Not. Heiteren 12, 1762 : *couverte*.

337 *Schulterküssen* et *Kopfenküssen*.

338 Voir *supra* pp. 1504 ss.

339 A. KOSZUL, *art. [232]*.

340 J. DE l'HERMINE, *op.cit.*, p. 191.

341 BM Avignon Ms. 1861 : *mém. cit.*, p. 106 (1721).

342 B. MAUGUE, *op. cit.*, t. I, p. 149.

343 J. F. K. GRIMM, *op. [213]*, t. I, p. 269 : *Nichts unter dem Kopf das einen mit Federn ausgestopften Cylinder ähnlich sieht und wofür unsere Sprache kein Wort hat, weil man es zum Glück bey uns nicht kennt und endlich eine dünne Decke, unter der man niemalen erwärmen kann.*

faites malade un Aleman de le coucher sur un matelas comme un Italien sur la plume, et un françois sans rideau et sans feu [344]. L'Alsace, une nouvelle fois, se singularise par sa situation au contact de deux cultures : celle de la paillasse et du plumon ; celle du matelas et de la couverture. Au XVIIIème siècle, période de transition, apparaissent des situations intermédiaires associant les éléments des deux modes de couchage.

A la fin de l'Ancien Régime, le nombre de lits par ménage tend à augmenter, de même que celui des lits d'enfant et des berceaux, moins exceptionnels qu'on ne l'a prétendu, du moins en Alsace. Il importe cependant de distinguer le mobilier d'enfant spécifique de celui qui, occupé par l'adulte, est occasionnellement attribué à l'enfant. Bien des lits d'enfants ne sont en fait que des lits d'adulte de dimension réduite, dont l'armature est constituée de deux dossiers et de deux pans relativement élevés pour prévenir les chutes[345]. Il en va tout autrement des berceaux en auge ou à balancelle, placés à proximité de la couche conjugale et permettant à la mère de bercer son rejeton sans se lever[346]. Les enfants n'étant pas emmaillotés - ce qui fera la surprise de L'Hermine -, les parents *ne font que les serrer avec une large lisière, qui passe dans deux rangs de trois ou quatre chevilles atachées aux côtés du berceau* [347]. A en croire L'Hermine, l'enfant ne quitte pas ce berceau de la journée : *Les femmes de vilage les portent sur leurs têtes en allant aux champs, les posent à l'ombre d'un arbre pendant qu'elles travaillent, et leur donnent à teter de temps en temps sans les ôter de leurs petits berceaux* [348].

Dans les campagnes alsaciennes du XVIIIème siècle, le berceau est cependant relativement rare, mais une famille sur deux ou trois possède un lit d'enfant, proportion infiniment plus forte que celle que Daniel Roche décèle dans les milieux populaires parisiens[349]. La progression sensible au cours du siècle est-elle à mettre en rapport avec l'évolution des mentalités, avec la nouvelle attitude face à l'enfant davantage attendu, accueilli, entouré[350] ? En fait, il faut attendre la révolution pasteurienne, à la fin du XIXème siècle, pour que l'enfant gagne en valeur et en autonomie. Faut-il y voir, de façon plus prosaïque, l'application des règlements et ordonnances rendant le berceau obligatoire pour éviter l'étouffement des jeunes enfants serrés dans le lit de leurs parents ou de leurs frères et soeurs ? Mais le nombre de ménages possédant ce genre de meuble n'est pas indéfiniment extensible car le berceau, tout comme le lit d'enfant, étant d'un usage occasionnel, il est probable qu'il se transmette de famille en famille, au rythme des naissances. Nous n'avons trouvé que peu de mobilier d'enfant

---

344 M. de MONTAIGNE : *Journal de voyage en Italie par la Suisse et l'Allemagne, 1580-1581* in *Essais*, livre III, chapitre XIII.

345 Ibid : *Les petits enfans sont couchés, de même que les grandes personnes, entre deux coüetes.*

346 J. DE L'HERMINE, *op. cit.*, p. 192 : (Les mères) les *posent sur une table qui se dresse près de leurs lits pour être en main de bercer lorsqu'ils crient.*

347 *Ibid.*

348 *Ibid.*

349 D. ROCHE, *op. cit.*, p. 134 : berceaux et lits d'enfant dans 9,5 % des cas au XVIIIème siècle.

350 Ph. ARIES, *op. 2044.*

en dehors du lit ou du berceau. Les quelques observations que nous avons pu faire permettent de déceler une diversification en faveur des meubles de maintien : promenoir fixe ou roulant, chevalet pour les nourrissons, étui pour les jeunes enfants[351]. La conclusion qui s'impose, c'est que l'enfant se voit reconnaître un mobilier qui lui est propre : tuteur à roulettes, promenette ou *tintelin* avec un cadre en bois ou en osier...

Mobilier d'enfant

Type de mobilier : Nb (%)

Echantillons (Nb. d'observations)		Berceaux	Lits d'enfants	Chaises	Landaus	Meubles de maintien (promenoirs, chevalets, étuis)
Baldenheim	**1700-1730**					
37		4 (10,8 %)	4 (10,8 %)	2 (5,4 %)	2 (5,4 %)	-
	1770-1789					
61		18 (29,5 %)	13 (21,3 %)	1 (1,6 %)	-	1 (1,6 %)
Heiteren	**1691-1729**					
28		-	3 (10,7 %)	-	-	-
	1730-1759					
39		5 (12,8 %)	3 (7,7 %)	-	-	-
	1760-1789					
70		10 (14,3 %)	8 (11,4 %)	1 (1,4 %)	-	1 (1,4 %)
Heimersdorf	**1673-1729**					
34		-	2 (5,9 %)	-	-	-
	1730-1759					
26		1 (3,8 %)	5 (19,2 %)	-	-	-
	1760-1789					
56		2 (3,6 %)	5 (8,9 %)	1 (1,8 %)	3 (5,4 %)	1 (1,8 %)

3) Essai de bilan : associations de meubles et signification sociale

Evolution du type de mobilier (1660-1789) d'après les inventaires après décès (781 actes)

Nb. et % de ménages possédant tel type de meuble :

	1650-1729		**1730-1759**		**1760-1789**	
	Nb.	**%**	**Nb.**	**%**	**Nb.**	**%**
Coffres	170	**92,4**	259	**89,9**	270	**87,4**
Armoires	38	**20,6**	110	**38,2**	167	**61,8**
Buffets	70	**38,0**	105	**36,4**	142	**45,9**
Etagères à vaisselle	6	**3,3**	6	**2,1**	12	**3,9**
Dressoirs	2	**1,1**	1	**0,3**	6	**1,9**
Tables	64	**34,8**	165	**57,3**	147	**47,6**
Bancs	21	**11,4**	89	**30,9**	142	**45,9**
Chaises	18	**9,8**	101	**35,1**	182	**58,9**
Fauteuils	3	**1,6**	11	**3,8**	19	**6,1**
Tabourets	7	**3,8**	7	**2,4**	25	**8,1**
Lits	145	**78,8**	244	**84,7**	228	**73,8**
Lits d'enfants et berceaux	18	**9,8**	35	**12,2**	51	**16,5**
Total :	184		288		309	

Sources : ABR et AHR, Not. inv. (ensemble des échantillons).

351 Baldenheim : ABR 6 E 27 Not. Muttersholtz, inv. 18 et 24, *passim*.
Heiteren : AHR 4 E Not. Heiteren, 5-14, *passim*.
Heimersdorf : AHR 4 E Not. Hirsingue, *passim*.

LES MEUBLES MEUBLANTS DANS LES INTERIEURS VILLAGEOIS
(XVIIème - XVIIIème siècles)

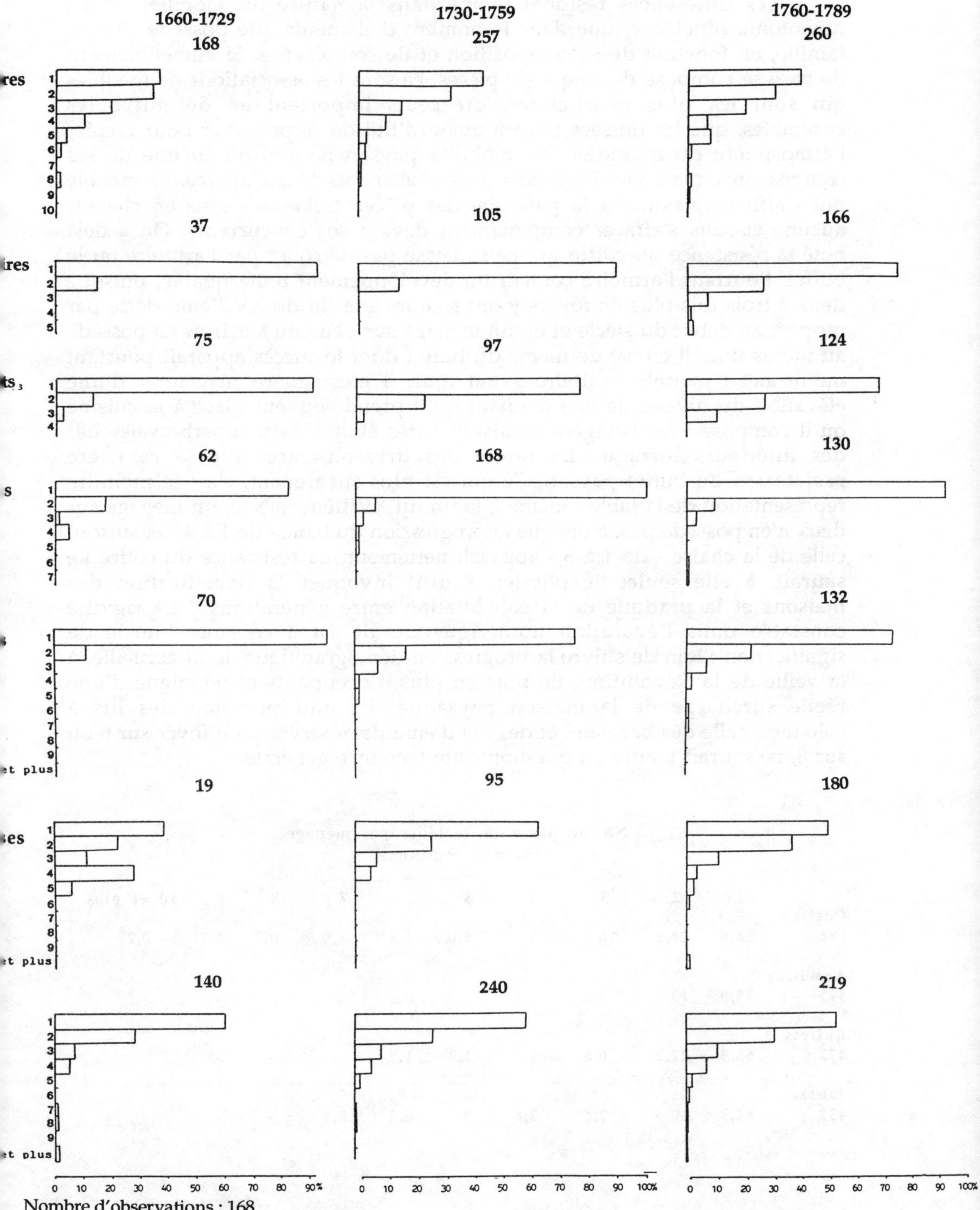

Nombre d'observations : 168

: Pourcentage de familles possédant de 1 à 10 (et plus) meubles de tel type

Sources : Inv. de Rittershoffen, Schillersdorf, Reitwiller, Holtzheim, Heiteren, Heimersdorf.

Les différences résident moins dans la nature du mobilier, d'une monotonie répétitive, que dans le nombre d'éléments que possède chaque famille, en fonction de sa composition et de son aisance. Si l'ameublement de base se compose de cinq à six pièces, ce sont les associations de meubles qui sont les plus instructives, car seuls importent en définitive les ensembles, que les musées tentent aujourd'hui de reconstituer pour recréer l'atmosphère du quotidien. Le mobilier paysan ne sacrifie aucune de ses composantes, mais s'enrichit sans cesse d'éléments plus élaborés. Le meuble qui s'affirme s'ajoute à la panoplie des pièces existantes sans en chasser aucune et sans s'effacer complètement devant ses concurrents. On a déjà noté la résistance du coffre qui ne se laisse pas détrôner par l'armoire ou le buffet. Pourtant l'armoire connaît un développement remarquable, puisque deux à trois fois plus de foyers y ont recours à la fin du XVIIIème siècle par rapport au début du siècle et qu'un ménage sur deux ou sur trois en possède au moins une. Il en est de même du buffet dont le succès apparaît pourtant moins net : meuble utilitaire avant tout, il n'est guère révélateur d'une élévation du niveau de vie, d'autant qu'il prend souvent place à la cuisine où il compose avec l'étagère à vaisselle, très éloignée du superbe vaisselier des intérieurs lorrains. La rareté des dressoirs accentue le caractère *prolétarien* du buffet paysan. Ce qui est plus surprenant, c'est la moindre représentation de la table : même à la fin du XVIIIème siècle, un ménage sur deux n'en possède pas, alors que la progression du banc - de 1 à 4 - et surtout celle de la chaise - de 1 à 6 - apparaît nettement. La résistance du coffre ne saurait, à elle seule, l'expliquer. Faut-il invoquer la densification des maisons et la pratique de la cohabitation entre générations ? La rigidité constatée dans l'évolution numérique du lit est à ce sujet lourde de signification : loin de suivre la progression démographique, le lit accueille, à la veille de la Révolution, de plus en plus d'occupants et témoigne d'une réelle surcharge de la maison paysanne. La multiplication des lits à colonnes, celle des berceaux et des lits d'enfants, réservés à un foyer sur 6 ou sur 8, ne saurait mettre en question cette tendance générale.

Nb. de pièces de mobilier par ménage
(% du nb. de ménages)

	1	2	3	4	5	6	7	8	9	10 et plus
Coffres 886	36,6	28,9	16,9	8,8	5,0	1,8	1,0	0,7	0,1	0,2
Armoires 395	75,9	17,2	4,3	1,3	1,0	0,3	-	-	-	-
Buffets 472	66,3	22,2	6,6	1,7	1,7	1,5	-	-	-	-
Tables 432	82,9	10,6	2,5	2,8	0,5	0,2	0,5	-	-	-

	1	2	3	4	5	6	7	8	9	10 et plus
Bancs										
316	71,5	18,7	6,3	1,9	0,7	0,3	0,3	-	-	
Sièges										
420	45,2	31,2	10,5	6,7	1,9	2,6	0,5	0,5	-	0,9
Lits										
785	50,8	26,6	11,8	6,6	2,2	0,5	0,5	0,4	0,1	0,5

Sources : ABR et AHR Not., inv. (échantillons de Rittershoffen, Schillersdorf, Reitwiller, Holtzheim, Baldenheim, Heiteren, Ungersheim, Heimsbrunn et Heimersdorf pour la période 1660-1700-1789).

N.b. Ce tableau est une récapitulation. Voir le détail, ann. 58.

Mais, dans l'ensemble, on observe une diminution des pièces uniques au profit des pièces multiples, certaines familles alignant, à la fin du XVIIIème siècle, une dizaine de coffres, de tables, de lits. Quelles familles ? Les plus aisées, sans nul doute. Néanmoins, sauf dans le cas du mobilier nuptial, le meuble n'est pas le meilleur indice pour discerner les clivages sociaux à la campagne : les hiérarchies se trouvent inscrites sur les façades des fermes, dans le contenu des écuries et dans certains aspects ostentatoires du vêtement plus que dans les intérieurs eux-mêmes. Trait de mentalité bien connu : jusqu'au XIXème siècle, le paysan a tendance à privilégier l'extérieur de la ferme à l'intérieur de la maison . Le tribunal révolutionnaire dénoncera ces *outrageantes fortunes,* indissociables de la belle apparence des fermes ! Cependant, la comparaison entre échantillons trahit des différences assez sensibles entre groupes sociaux et espaces géographiques. Rittershoffen, dans l'Outre-Forêt, se caractérise ainsi par un niveau de vie relativement médiocre par rapport à Schillersdorf, situé en pays de Hanau : essor de l'armoire, mais rare apparition du buffet et du dressoir ; diminution relative du nombre de lits et quasi-absence du lit à colonnes ; forte fréquence, jusque dans les dernières années du siècle, de la pièce unique, quel que soit le type de mobilier, les ménages qui possédent quatre à cinq exemplaires de chaque meuble se faisant plus rares. Il en est de même du Sundgau (Heimersdorf) où la table est rare et où le banc connaît une fortune exceptionnelle. Mais les régions réputées les plus prospères ne sont pas forcément celles qui manifestent les progrès les plus flagrants ni dans le domaine des essences utilisées, ni dans celui des modèles confectionnés : résistance, là aussi, du coffre ; progrès certes de l'armoire et du buffet, mais au profit du mobilier de cuisine autant qu'en faveur de l'ameublement des pièces d'habitation ; diminution du nombre de ménages possédant des pièces uniques - table ou lit-, mais apparition discrète et tardive du berceau. La priorité consiste moins à améliorer son cadre de vie qu'à investir dans l'outil de production, terre et bétail.

Le niveau modal du mobilier flotte donc entre un *seuil d'indigence* (une ou deux pièces, de préférence le coffre et le lit) et un *seuil d'opulence* qui se caractérise par la quantité et la qualité des pièces. En effet, les

MOBILIER ET CLIVAGES SOCIAUX : DIFFERENCES QUANTITATIVES ET QUALITATIVES. LE MOBILIER DE QUELQUES INTERIEURS RURAUX : L'EXEMPLE DE SCHILLERSDORF (1718-1782)

Situations socio-professionnelles (Montant de la fortune)	Armoires	Buffets	Lits	berceaux	Coffres	Tables	Bancs	Chaises	Tabourets
Thiébaut Veltin, journalier 1718 (318 livres tournois)	■		■		■				
Michel Schaeffer, journalier 1757 (416 livres tournois)			■		■		■		
Jean-Henri Luft, cordonnier 1733 (416 livres tournois)	□		■		□□□	■	□	□	
Jean-Henri Karcher, maître d'école 1757 (446 livres tournois)	■■		■■		■■■	■	□	□□□□	
Jacques Peter, Tisserand 1782 (770 livres tournois)	■		■	□	■			■ ✱	■
Nicolas Wolff, coupeur de paille 1762 (810 livres tournois)	□		■		■	■		✱ ✱	
Georges Veltin, charron 1733 (872 livres tournois	■	□ (1)	■■		□	■	□		
Jean-Jacques Beck le Vieux, forgeron 1751 (1360 livres tournois)		(1) □ □ (2)	■■■ □	□	□□□				
Jean-Jacques Beck le Jeune, forgeron 1756 (1566 livres tournois)	■■		□ (3) □	□	■■■	■	□	■	
Jean-Georges Metzger le Jeune, laboureur 1756 (1394 livres tournois)	■		■		■■■	□	■		□
Jean-Michel Kühm, laboureur 1768 (3202 livres tournois)	□		□□		□□	□□		□□□	
Nicolas Schweyer, laboureur-aubergiste 1778 (3802 livres tournois)	□ ■		■ □□	□ Lits d'enfants	■□□□	□□□	□	□□ Fauteuils	□

□ Pièce de mobilier (essence du bois non indiquée) ■ Pièce de mobilier (sapin) ✱ Pièce de mobilier (chêne)
(1) Cuisine - (2) Stub - (3) à colonnes

Source : ABR 6 E 17 Not. Ingwiller 68-75 (1701-1789)

différences sociales s'expriment à partir du moment où l'on quitte le domaine du mobilier de base pour accéder au niveau du mobilier d'apparat, à partir d'un double seuil, qualitatif et quantitatif :
- lorsque apparaît telle pièce de mobilier complémentaire - le fauteuil, la table de nuit, la commode -, cela traduit un luxe tout relatif qui ne s'accompagne pas vraiment de confort ;
- lorsqu'il y a dédoublement systématique d'un même type de meuble - deux armoires, deux buffets ou davantage -, cela traduit l'individualisation des biens conjugaux.

En fait, dans les deux cas de figure, ce sont les mêmes familles qui sont en général concernées : celles dont les fortunes dépassent les 3000 livres. Cette minorité, qui évolue vers davantage de commodités, possède un mobilier d'apparat, pâle reflet des meubles urbains. La ville peut du reste exercer une influence sur la quantité et la qualité du mobilier paysan. Que l'on compare le cas de Heiteren, à proximité de Colmar, et celui de Heimersdorf, au fin fond du Sundgau. Mais la constatation du repliement des villages sur eux-mêmes interdit toute généralisation : c'est ainsi que Holtzheim, situé à quelques lieues seulement de Strasbourg, connaît à peine la table et n'accorde à l'armoire qu'une place limitée.

Conclusion

Historiens et ethnologues allemands parlent volontiers de *meubles paysans*[352]. Dans quelle mesure y-a-t-il un mobilier rural spécifique ? Affirmer qu'il existe une *civilisation rurale* n'est pas prétendre que cette civilisation est en tout point originale et qu'elle évolue repliée sur elle-même. Inversement, l'adoption de modèles urbains ne signifie pas que le mobilier rural en soit une copie servile, mais implique au contraire une adaptation au milieu de vie de la campagne. Connaissant parfaitement les mentalités d'un milieu dont il fait partie, l'artisan rural fabriquera de préférence un meuble solide, massif, sobrement décoré. Enfin, la parenté qui se dessine entre le mobilier alsacien, souabe, badois, suisse et tyrolien n'est pas fortuite, car les longues périodes d'hiver expliquent à la fois la relative abondance des meubles qu'impose un séjour prolongé à l'intérieur de la maison et la rusticité d'un mobilier susceptible d'être réparé au cours de la morte-saison agricole.

Comment caractériser, en définitive, le mobilier propre à la campagne alsacienne du XVIIIème siècle ? Par sa grande simplicité, il n'occupe qu'une place secondaire dans l'évaluation des patrimoines et ne procure à ses usagers qu'un confort tout relatif. Par sa fonctionnalité – rangement et consommation – il abdique, sauf dans les milieux de la bourgeoisie rurale, toute recherche esthétique. Par son uniformité, il efface en partie les clivages sociaux et les particularismes locaux. Les meubles meublants constituent pourtant l'une des composantes majeures de l'horizon familier de la

---

[352] *Bauernmöbel* .

Mobilier et structure socio-professionnelle : l'exemple de Heiteren (1713-1784)

AHR 4 E Not. Heiteren

Identité	Fortune (lt)	Nb. de pièces de mobilier	Type de mobilier																				
			Coffres	Armoires	Buffets de cuisine	Buffets de Stub	indéterminé	Etagères à vaisselle	Tables	Bancs	Chaises	Tabourets	Fauteuils	Commodes	Lits ordinaires	à rideaux	à tombeau	de sangle	d'enfants	Bureaux	Pendules	Fontaines	Chaise percée
Curé (1741)	15 700	19	–	••	•	••	–	–	?	•••••	–	–	•••	•	–	?	–	–	–	–	–	–	–
Prévôt (1721)	8732	13	–	•	•	•	–	–	–	–	•	–	•	–	•••	–	•	–	–	–	–	–	–
Echevin (1755)	1000	7	•	••	•	–	–	–	–	–	•	–	–	–	••	–	–	–	–	–	–	–	–
Echevin (1757)	5600	23	••	•••	•	•		•	••	••	••	–	–	–	•••	•	–	•	–	•	–	–	–
Echevin (1784)	9290	19	•	••	–	–	•••	–	•	–	••	••	•	–	••	•	–	–	–	–	•	–	–
Laboureur (1765)	4500	12	••	•	•	•	•	–	•	–	••	–	–	–	••	–	–	–	–	•	–	–	–
Laboureur (1782)	9000	20	••••	•••••	–	–	••	–	–	•	•••	••	•	–	••	–	–	–	–	–	•	–	•
Journalier (1728)	360	3	•	–	•	•	–	–	–	–	–	–	–	–	–	–	–	–	–	–	–	–	–
Journalier (1761)	1150	10	••	–	•	–	–	–	•	–	••	–	–	–	••	–	--	–	•	•	–	–	–
Journalier (1769)	1740	9	•	•	•	•	–	–	•	•	•	–	–	–	•	–	–	–	–	•	–	–	–
Journalier (1775)	1420	14	•	•••	••	•	–	–	–	–	•••	–	–	–	•••	•	–	–	–	–	–	–	–
Maréchal (1758)	1550	9	••	•	•	•	–	–	•	–	–	–	–	–	••	–	–	–	–	–	–	•	–
Charron (1713)	2230	5	••	••	•	–	–	–	–	–	–	–	–	–	–	–	–	–	–	–	–	–	–
Cordonnier (1760)	1940	15	•	•••	•	•	–	•	–	•	••	–	–	–	•••	•	–	–	–	–	•	–	–
Tisserand (1782)	390	7	•	–	•	–	–	–	–	•	•••	–	–	–	–	–	–	–	–	–	•	–	–
Tisserand (1786)	800	7	•	–	•	–	–	–	–	•	•••	–	–	–	–	–	–	–	–	–	•	–	–
Tailleur (1759)	3190	16	••••	••	••	–	–	–	–	–	•••	–	–	–	••	••	–	–	–	–	–	–	–
Maçon (1747)	910	4	•	•	•	–	–	–	–	–	–	–	–	–	•	–	–	–	–	–	–	–	–
Maçon (1750)	1610	7	•	–	•	•	–	–	•	–	•	–	–	–	••	–	–	–	–	–	–	–	–

paysannerie et, si leur valeur réelle est peu significative en elle-même, ils sont le reflet des mentalités. Ils revêtent surtout une valeur symbolique : celle de la personnalité, de l'intimité que leur donne son propriétaire ; celle de la communauté familiale dont ils constituent le cadre de vie ; celle de la continuité des générations qui en assurent la transmission. Le mobilier n'est pas uniquement affaire d'utilité et de technique. Il exprime un mode et un niveau de vie, des comportements sociaux, une conception du monde. Cependant, derrière la pesanteur des traditions, s'introduisent subrepticement, pour la maison rurale comme pour le mobilier, des micro-changements, de menues rationalités telle que le besoin de rangement, au même titre que la séparation progressive des espaces.

4) L'outillage domestique

La question ne semble pas avoir suscité l'intérêt qu'elle mérite. Les économistes ont tendance à l'éluder, du fait de la part dérisoire que tient l'équipement domestique dans la valeur globale du patrimoine. Quant aux ethnologues, leur démarche va au-delà de l'aspect décoratif des ustensiles de ménage, appelés à fournir la parure du logis[353], et rejoint, de ce fait, celle des historiens : témoins sans importance sur le plan économique, ces objets ne sont-ils pas révélateurs d'un comportement psychologique et culturel et, replacés dans la durée, ne traduisent-ils pas la mutation de ce comportement ? Supports d'une civilisation matérielle, ils nous introduisent dans l'histoire des mentalités. Le repérage de leur présence ou le constat de leur absence, le simple relevé de leur apparition ou de leur disparition leur confèrent une dimension particulière, quelle que soit, par ailleurs, leur apparence décorative empreinte de naïveté, de spontanéité et de fraîcheur : la valeur d'usage qu'on leur attribue se double d'une signification sociale. Aux enquêtes sur le terrain et aux précieux répertoires du Musée des Arts et Traditions populaires, l'historien substitue l'austère dépouillement des inventaires après décès : démarche complémentaire de la précédente qui n'exclut pas quelques heureuses trouvailles qu'éclaire le démontage des maisons rurales[354]. L'avantage d'une telle opération est double : remonter dans le temps en-deçà du champ chronologique couvert par la muséologie ; établir des fréquences et des typologies à partir d'une quinzaine d'objets de base. C'est indirectement, en en suggérant les composantes, que l'inventaire débouche sur l'histoire des gestes de la vie quotidienne.

a) Le nombre : une diversification croissante

Soucieux d'insérer les objets domestiques dans l'espace et le temps, l'historien est avant tout sensible à l'extrême variété des pièces recensées, elle-même rendue plus complexe par les variantes de vocabulaire, et à leur diversification croissante du XVIIème à la fin du XVIIIème siècle : à

[353] Ph. de LAS CASES, *op. 2713*, t. II, pp. 23-41.
Fr. DEFLASSIEUX, *op. 2697*, pp. 113-147.

[354] M. GRODWOHL, *art. 2577* (Muespach, 1973).

Ungersheim, le nombre d'objets identifiés passe de 30 à 41[355] ; à Baldenheim, de 31 à 90[356]. Cette évolution, parallèle à celle des besoins, de plus en plus variés, de la population peut-elle être interprétée comme l'indice d'une élévation du niveau de vie ? On ne saurait l'affirmer *a priori*, sans avoir pris, au préalable, la double précaution de démêler le nécessaire de l'accessoire et d'analyser la nature du matériau ayant servi à la fabrication des objets domestiques.

a) L'aspect : la nature du matériau et son évolution

Au rang des métaux usuels, très peu de bronze, sauf pour quelques mortiers, davantage de laiton et de cuivre, beaucoup d'étain et de fer. Les éléments qui dictent le choix sont, au stade de la fabrication, la malléabilité et la ductibilité du matériau ; au niveau de leur utilisation, on demande aux métaux usuels d'être de bons conducteurs de chaleur, d'offrir de la résistance aux chocs comme à la corrosion de l'air et surtout d'avoir un prix de revient abordable. Contrairement à la fonte qui se comporte bien au feu, l'étain, le plus fusible des métaux, est mal approprié à tout usage qui le mettrait en contact direct avec une source de chaleur ; mais sa légèreté et son aspect le destinent à servir de contenant et d'unité de mesure. Le cuivre, par contre, est le meilleur conducteur de chaleur : il est réservé aux récipients destinés à recevoir des liquides chauds et à maintenir leur température : chaudrons - en particulier chaudrons de lessive -, bassines, alambics, casseroles. Pots, poëles et poëlons seront de préférence en fer, le plus dur des métaux et, avec le laiton, le plus abordable quant à son prix.

Pour nous faire une idée de la part relative que tiennent les types de matériaux dans la batterie de cuisine, nous avons tenté de relever la place qu'occupe chacun d'entre eux dans les intérieurs paysans. Les moyennes ne tiennent pas compte de la spécificité du matériau quant à l'usage qu'on en attend, ni du nombre d'objets recensés de même type : qu'y-a-t-il de commun entre la cuillère, fréquemment en étain, représentée en plusieurs exemplaires, et l'unique chaudron presque toujours en cuivre ? Se dégagent néanmoins quelques tendances essentielles[357].

La diversification des matériaux ne joue pas en faveur de l'étain qui conserve néanmoins sa primauté à la campagne comme en ville où sa place va jusqu'à limiter celle de la faïence[358]. Une telle avance repose sur la réputation d'un artisanat particulièrement florissant depuis le XIVème siècle dans l'ensemble de la Rhénanie. Au XVIIIème siècle, entre 20 et 50 % des articles ménagers sont confectionnés en étain : assiettes, cuillères, gobelets, pichets et brocs, salières, saladiers, fontaines d'intérieur, bénitiers, cuvettes à eau, bassines d'accouchement constituent la vaisselle d'usage, en étain uni, tandis qu'une orfèvrerie d'étain, aux formes recherchées et aux

[355] AHR 4 E Not. Bollwiller, inv. Ungersheim 1-5 (1655/1730 - 1760/1789).

[356] ABR 6 E 27, Not. Muttersholtz, inv. Baldenheim 18, 24 et 25 (1700/1730 - 1770/1789).

[357] Voir également *infra* pp. 1682-1688.

[358] A. RIFF, *contrib. 2756* et *op. 2757*, H. HAUG, *op. 2748* et *2749*.

décors élaborés reste le quasi-monopole de la ville[359]. On se limite à distinguer l'*étain anglais*, réservé aux grandes occasions, de l'étain ordinaire destiné à l'usage quotidien : le prix de ce dernier subit une chute beaucoup plus forte que cette du fer[360].

L'avance des campagnes d'Alsace centrale (Holtzheim, Baldenheim) par rapport aux extrémités septentrionales (Rittershoffen) ou méridionales de la plaine (Heimersdorf, Heimsbrunn) s'affirme nettement, en relation, sans doute, avec les possibilités de ravitaillement qu'offrent les petites villes et bourgs - Haguenau, Saverne, Obernai, Barr, Sélestat, Rouffach, Ribeauvillé, Riquewihr, Colmar, Thann - bien pourvues en potiers d'étain, ou l'activité des marchands ambulants qui essaiment dans le plat pays à partir de la ville.

Mais la fortune de l'étain manifeste, au cours du XVIIIème siècle, des signes d'essoufflement au profit d'un matériau soit moins cher, soit plus léger : le plomb, qui ne fait parfois qu'apparaître dans la seconde moitié du siècle ; le fer qui s'impose progressivement ou encore la tôle de fer. Si, conçu en termes de production et de techniques, le fer reste le parent pauvre de l'économie préindustrielle et *ne parvient pas à faire basculer de son côté la civilisation matérielle* de l'Europe[361], la multiplication des objets en fer est de bon augure quant à son utilisation : les cuillères, puis les fourchettes et les couteaux se font de plus en plus en fer, matériau réservé jusque là à la confection des pots et des poëles. Son succès est d'autant plus assuré que le prix du fer a tendance à diminuer au XVIIIème siècle[362]. Parfois passagère, la mode du fer blanc – étain du pauvre ? plastique de l'époque ? – s'impose partout de façon plus ou moins précoce. Si dans le sud de la plaine (Heiteren, Heimsbrunn, Heimersdorf), ce matériau n'apparaît que dans le deuxième tiers, voire la seconde moitié, du XVIIIème siècle, sa présence est signalée dès le début du siècle dans l'Alsace moyenne et septentrionale (Schillersdorf, Holtzheim, Baldenheim, Ungersheim). Apparaît alors le métier spécialisé de ferblantier[363]. Sont en fer blanc une partie des cuillères et des gobelets, des cuvettes et des lanternes ainsi que les passoires et les entonnoirs, les égouttoirs... Par contre, la moindre progression de l'étain ne s'accompagne guère, sauf cas exceptionnel, d'un progrès parallèle du cuivre ou du laiton dont les usages sont trop spécifiques pour pouvoir se substituer à ceux de l'étain. L'absence du laiton dans le Sundgau et le repli généralisé du cuivre ressortent de l'analyse des inventaires. D'ailleurs, note Graffenauer, le cuivre, s'il n'est pas bien étamé, présente des dangers d'intoxication[364]. C'est indiscutablement le fer qui bénéficie de cette évolution.

---

359 A. RIFF, *op. cit.*, pp. 39-45.

360 C. A. HANAUER, *op. [106]*, t. II, p. 584 (et non pas une forte augmentation, comme c'est le cas dans d'autres régions. Voir pour Meaux, M. BAULANT, *art. 1808*, p. 508).

361 F. BRAUDEL, *op. 13*, t. I, pp. 327-328.

362 C. A. HANAUER, *op. cit.*

363 M. KNITTEL, *op. [431]*, p. 187 (Geudertheim, deuxième moitié du XVIIIème siècle).

364 J-P. GRAFFENAUER, *op. cit.* p. 92.

En revanche, contrairement à la vannerie, omniprésente si l'on en croit le nombre de corbeilles et de paniers de toute sorte, le bois occupe une place fort réduite dans l'équipement domestique dont il n'est pourtant jamais complètement évincé. Ce qui illustre cependant la progressive victoire du fer sur le bois, c'est le remplacement irréversible, en matière de tonnellerie, du cerclage de bois par le cerclage de fer. Si le cas de Heimersdorf peut illustrer le passage de la *civilisation du bois* à la *civilisation du fer*, on redécouvre par contre les vertus du bois à Heimsbrunn et à Holtzheim, tandis qu'à Reitwiller il opère une percée remarquée à la fin du XVIIIème siècle. Sa part irait en croissant, si l'on s'avisait à y ajouter les tonnelets, baquets, cuves, barattes, tinettes à beurre ou à fromage qui occupent la cave.

Ce sont donc apparemment des normes de commodité qui commandent l'adoption de tel matériau, de préférence à tel autre, l'essentiel étant de confectionner des objets moins chers, plus légers, plus maniables. Or, parallèlement, on assiste au triomphe de la fragilité : la céramique, qui s'élève parfois au rang d'objet décoratif, réalise de nets progrès dans la seconde moitié du siècle, qu'il s'agisse de grès ou de terre vernissée. Son succès est tributaire à la fois de conditions naturelles et de facteurs historiques. La céramique est en effet susceptible d'apparaître partout où l'on dispose d'argile et de bois : vouloir limiter les lieux de production à Soufflenheim, pour la terre émaillée, et à Betschdorf, pour le grès vernissé, c'est oublier l'extraordinaire dispersion des ateliers de poterie. Ce que l'enquête administrative du 7 termidor an VII appelle faïence[365], c'est en fait de la céramique populaire. Cette enquête dénombre, dans le seul département du Bas-Rhin, une soixantaine d'ateliers ruraux, de Goersdorf et Woerth à Kertzfeld et Epfig, sans compter ceux des villes : au total, quelque 130 implantations dans une quarantaine de localités, dont le plus grand nombre s'effectue entre 1750 et 1800. La répartition géographique - essentiellement au nord et à l'est de la forêt de Haguenau et au pied des Vosges du nord - suggère l'influence de deux facteurs : la matière première (argile) et la source d'énergie susceptible d'alimenter les fours (bois) ; l'ancienneté des voies commerciales parcourant ces contrées[366]. Au nord de Strasbourg, le travail de l'argile alterne avec celui du grès ; au sud de la province, c'est la terre cuite qui semble l'emporter. Dans les deux cas, c'est peut-être la faible valeur de ces pièces et leur prix modique qui expliquent le peu d'importance qu'on attache à l'acquisition du vaisselier[367] : cette vaisselle mérite-t-elle qu'on l'expose dans la salle de séjour ? La modeste étagère, reléguée à la cuisine, suffit à assurer son rangement. Mais que cachent ce passage du métal à la terre et cette invasion des poteries ? La multiplication d'objets fragiles confirme la sédentarisation de la population ainsi que le progrès des techniques de conservation : cruches à eau, à huile, à vinaigre ou à eau-de-vie, pots au lait, récipients divers destinés à conserver le beurre ou la viande salée s'ajoutent aux traditionnelles assiettes et écuelles, sans oublier les moules à gâteaux et les pierres chauffe-lit. Ce matériel fragile

---

365 A. RIFF, *contrib. 2755*.

366 Moins bien étudiée, la Haute-Alsace participe, bien entendu, à ce développement (L.G. WERNER, *art. 1655*).

367 Voir *supra* p. 1637.

nécessite un renouvellement rapide : on casse plus que dans les générations précédentes et, malgré le faible prix de revient de ces pièces, on investit finalement davantage dans la vaisselle qu'au XVIIème siècle. Une brèche s'ouvre ainsi dans la tradition qui veut que la vaisselle se transmet de génération en génération. Avec la faïence et la porcelaine, l'aspect utilitaire qui s'attache aux céramiques populaires cède la place au goût de la parure, monopole de quelques privilégiés. La faïence n'apparaît guère au nord de Strasbourg, ni même à Holtzheim, si proche de la ville : les Hannong travaillent depuis 1720 pour une clientèle presque exclusivement citadine[368], tout comme à partir de 1776 les Rozé à Haguenau[369]. Si le sud de la plaine adopte la faïence, le nord ne tarde pas à s'ouvrir à la porcelaine, malgré les contraintes qui pèsent sur le marché du fait du privilège de la manufacture de Sèvres. Or, par rapport à la porcelaine, la faïence est un matériau relativement vulgaire. Mais, dans les deux cas, la percée s'effectue dans le dernier tiers du XVIIIème siècle et semble toucher, de façon fort timide d'ailleurs, les deux extrémités de la plaine. De même, c'est timidement et tardivement que le verre pénètre à la campagne, à partir des petits centres de production situés sur la lisière de la forêt ou en marge du massif vosgien. Il reste un luxe, comme semble l'indiquer la rareté des objets en verre relevés dans les inventaires : quelques carafes, l'une ou l'autre bouteille, des verres qui s'ajoutent, sans les remplacer, aux gobelets métalliques, des lanternes et des lampes à huile. Le verre n'est-il pas le matériau idéal ? Il ne prend pas le goût du contenu et n'en fait pas mystère : il est noble, pur, transparent.

En définitive, l'analyse des inventaires après décès fait apparaître, dans ce domaine, une double évolution : c'est d'abord le passage de la plurifonctionnalité d'un récipient à la spécificité des usages, à mesure que la palette des matériaux s'enrichit. C'est ensuite, signe de prolétarisation de la société rurale, l'adoption d'un matériau bon marché, tandis qu'une minorité se laisse tenter par la faïence, la porcelaine, le verre. Avoir des assiettes en faïence, des gobelets en verre, même des cuillères en étain (matériau longtemps réservé aux cruches et pichets) relève d'une certaine aisance. La diminution de la valeur moyenne de la batterie de cuisine, relevée par Daniel Roche pour Paris[370], ne signifie nullement une diminution du nombre des ustensiles domestiques, mais l'apparition de produits meilleur marché en fer, fer blanc, étain, céramique[371]. Cette prolétarisation semble plus marquée dans l'Outre-Forêt et le Sundgau que dans les contrées relativement favorisées de l'Alsace moyenne. Mais elle va de pair avec un changement de sensibilité. Nous assistons en effet au reclassement, voire au recul, des valeurs consacrées au profit de valeurs nouvelles, en fonction de tout un complexe de formation et de croyances. Un tel reclassement reflète la lente mutation des niveaux économiques et des genres de vie.

[368] H. HAUG *op. cit.*

[369] A. RIFF, *op. cit. et contrib. 2756.*

[370] D. ROCHE, *op. cit.*, p. 143.

[371] C. A. HANAUER *op. cit.*, t. II, pp. 579-587.

c) De l'essentiel à l'accessoire, de l'utile au futile

Globalement l'opulence peut se manifester par une quantité accrue d'objets, mais aussi par leur diversité grandissante. Posséder quelque chose que les autres n'ont pas pu acquérir, faute de moyens ou par manque d'intérêt, est un des facteurs de différenciation sociale. L'introduction de telle nouveauté, l'apparition, à partir des couches supérieures de la société rurale ou citadine, de tel élément d'un confort tout relatif permettent d'établir une véritable chronologie des adoptions successives : la description des couverts et l'approche de l'hygiène à la campagne[372] nous en fourniront bien des exemples. Contentons-nous d'apprécier la présence ou l'absence de quelques objets-repères dont l'apparition exceptionnelle et timide n'annonce que de loin la vulgarisation qui se produira au siècle suivant. Ni tentures, ni rideaux dans les maisons rurales, hormis ceux qui garnissent les lits[373]. Guère de pendules ni de miroirs, entre lesquels on pourrait découvrir quelque lien de parenté : affirmer, avec Jean Baudrillard, que *l'horloge est l'équivalent dans le temps du miroir dans l'espace* [374], c'est reconnaître la valeur de repère qu'offrent ces objets : repère par rapport à soi-même comme par rapport au temps qui s'écoule.

L'apparition de la pendule *(Wanduhr)*, en attendant celle de l'horloge, de facture sobre et massive, avec gaine ou casier *(Standuhr)*, constitue une petite révolution. La perception du temps qui passe se fait encore de façon intuitive et empirique, en fonction du lever du soleil, de sa position dans le ciel et de son coucher[375] ; seuls l'horloge du clocher et le son de l'Angélus contribuent à rythmer l'activité quotidienne. La pendule, c'est l'intrusion, dans l'univers de l'à-peu-près et du quotidien, du temps horaire : unité abstraite, invariable, multipliable et divisable, étrangère aux mentalités paysannes et imposée de l'extérieur.

Rassurante, la pendule capte le temps dans l'intimité d'un meuble, pour mieux le maîtriser et l'assimiler. Nous constatons, dans ce domaine, l'avance du sud de l'Alsace : serait-elle à mettre en rapport avec la proximité de la Franche-Comté ?

Echantillon	Moyenne	% du nombre d'inventaires		
	1650-1789	1650-1729	1730-1759	1760-1789
Ungersheim		-		1,9
Heiteren	5,5	4	3,6	8,3
Heimsbrunn		1,5		5,5
Heimersdorf	6,2	-	2	13

La diffusion du miroir, objet rarissime et quelque peu magique, s'effectue selon un mouvement descendant[376] : absent chez les petites gens, il

[372] Voir *infra* pp. 1682-1688 et 1765-1769.

[373] BM Avignon, Ms. 1861 : *Elles n'ont dans leurs maisons ni tapisserie, ny Rideaux aux fenêtres, ni sauffas, ni aucunes des choses les plus necessaires pour la commodité du ménage...* (Mémoire sur la ville de Strasbourg, 1721).

[374] J. BAUDRILLARD, *op. 2744*, p. 29.

[375] Voir *supra*. pp. 43-47.

[376] D. ROCHE, *contrib. 3264* : 65 à 71 % des ménages parisiens en possèdent une dès 1700.

apparaît timidement chez les *coqs de village* et chez certains artisans habitués à côtoyer les citadins. Or le miroir, qu'il soit individuel ou mural (dans ce cas, il est souvent encadré de bois poli ou doré), traduit l'affirmation d'une identité ; il est l'un des instruments de conquête et de valorisation d'une individualité ; il traduit, à travers le plaisir de se regarder, qui cache celui d'être regardé, un brin de coquetterie et l'importance qu'on attache au *paraître*. Il permet de mesurer, plus que tout autre objet, l'écart entre ceux qui se contentent du strict nécessaire et ceux qui sacrifient aux contraintes sociales ou mondaines, souvent bien éloignées de la morale chrétienne ! Car le miroir, objet de coquetterie et symbole de luxure, c'est un peu le diable...

La déficience de l'éclairage n'est plus à démontrer. Les intérieurs alsaciens se révèlent désespérément obscurs, même en plein jour, même par temps clair. Du fait de la généralisation du poêle, on ne peut même pas compter sur la lueur de l'âtre pour éclairer la pièce d'habitation, à plus forte raison les autres pièces. Mais qu'importe puisqu'on vit au rythme du soleil, qu'on se couche tôt, que la quasi-totalité de l'activité se déploie de jour et à l'extérieur de la maison. On songe cependant à s'affranchir de la lumière du soleil en hiver, quand la nuit tombe en fin d'après-midi, grâce à la complicité de moyens d'éclairage élémentaires : l'utilisation de bougeoirs, lanternes et lampes à huile, qui permettent de prolonger artificiellement la lumière solaire, ne peut-elle pas être considérée comme un défi lancé au temps coutumier et un moyen de tricher avec lui ? Ces moyens d'éclairage sont rares : ils intéressent, en moyenne, entre 1670 et 1789, un foyer sur quatre (Heimersdorf) ou sur six (Heimsbrunn, Reitwiller). Leur apparition est tardive : dès 1700 à Ungersheim ; guère avant 1730 à Heimsbrunn, Heiteren, Reitwiller, Rittershoffen ; par contre la progression est rapide, si bien qu'à la veille de la Révolution, la moitié, voire les deux tiers des maisons paysannes sont éclairées. La progression des foyers susceptibles de bénéficier d'un éclairage est très nette entre la fin du XVIIème ou le début du XVIIIème siècle et la veille de la Révolution :

Heimsbrunn	1,5 % – 16,7 %	Ungersheim	30,9 % – 60,4 %
Heimersdorf	11,8 % – 43,5 %	Baldenheim	34,8 % – 95,2 %
Heiteren	4 % – 70 %		

Mais ne nous y trompons pas : il n'est pas d'usage d'installer un luminaire par pièce, car la priorité va aux sources de lumière mobiles et transportables. Plus encore que la chaleur, la lumière est portative. Autant que l'ustensile lui-même, le crochet qui sert à le suspendre, et que l'inventaire indique souvent, a son importance. Le bougeoir est muni d'une anse et d'un plateau destiné à en faciliter le transport et à recueillir les coulées. Grâce à un dispositif de protection de la flamme, la lanterne présente l'avantage, appréciable en milieu rural, d'autoriser les déplacements à l'extérieur comme à l'intérieur de la maison : on appréciera la souplesse de la formule. Dans les deux cas, la mèche est emprisonnée dans une matière inflammable solide - résine, suif, cire -, alors que pour la lampe à huile, elle baigne dans un combustible liquide. Pour des raisons de sécurité, c'est la lanterne et la lampe à huile qui, sauf exception, semblent devoir l'emporter sur le bougeoir ou la chandelle :

Echantillons (Nb.d'inventaires)		% des inventaires mentionnant : Lanternes	Bougeoirs	Lampes à huile
Heimersdorf				
1674-1729	(68)	2,9	7,3	1,5
1730-1759	(51)	9,8	1,9	5,9
1760-1789	(92)	13	6,5	23,9
Ensemble	**(211)**	**9**	**5,7**	**12,3**
Heiteren				
1673-1729	(50)	2	2	-
1730-1759	(55)	32,7	16,4	21,8
1760-1789	(60)	13,3	25	21,7
Ensemble	**(165)**	**20**	**15,1**	**15,1**
Ungersheim				
1707-1729	(42)	4,8	14,3	21,4
1760-1789	(47)	25,5	48,9	25,5

N.B. Rares sont les chandeliers, inexistants les lustres qui éclairent certaines demeures urbaines...

Les changements enregistrés dans le dernier tiers du XVIIIème siècle vont de pair avec l'enrichissement d'une partie de la paysannerie qui facilite l'adoption d'éléments culturels empruntés à la bourgeoisie citadine. Le *luxe de la parure qui s'introduit jusque dans les campagnes et les chaumières* [377] est accusé d'alimenter l'endettement. Mais la force du mimétisme social est telle qu'il est difficile de répartir les fortunes paysannes de part et d'autre d'un double seuil, le seuil du nécessaire et le seuil de l'accessoire : il arrive que de toutes petites fortunes, pour accéder à une parcelle de prestige que ne leur assure pas la richesse économique, cèdent à l'appel de l'inutile. Les objets identifient davantage le comportement psychologique de leur propriétaire que leur niveau de fortune.

Parmi ce qui n'est pas absolument indispensable, nous avons retenu quelques postes significatifs : liquidités, argenterie, bijoux, miroirs et tentures, horloges et pendules. L'argent qui dort, sous forme d'écus, représente, nous l'avons vu[378], entre 2 et 6 % de la valeur moyenne des fortunes paysannes. Mais, en dépit des exceptions que représentent les échantillons de Heiteren et de Heimsbrunn, il est présent chez une famille sur trois ou quatre : simple fonds de garantie en cas de coup dur. Or le nombre d'inventaires faisant état de liquidités n'est pas toujours en augmentation du milieu du XVIIème à la fin du XVIIIème siècle, ce qui traduit bien, au-delà de l'enrichissement de quelques-uns, l'appauvrissement d'un nombre important de chefs de ménage. Tel est le cas à Rittershoffen, où l'on constate que les immigrants suisses, qui ne sont pas toujours parmi les plus fortunés, disposent d'un petit magot qu'ils ont rapporté de leur pays natal : les héritiers de tel Bernois déclarent, en 1715, l'équivalent de 538 livres tournois ; telle veuve aurait hérité de ses parents 800 livres qui lui ont servi à acheter des terres ; tel tailleur aurait utilisé 100

[377] AHR 2 E 71 : réponse au sous-préfet d'Altkirch (8 juillet 1806).

[378] Voir *supra* pp. 1014-1015.

En quête de l'accessoire : le témoignage des inventaires

	1650-1699 (1)	(2)	1700-1729 (1)	(2)	1730-1759 (1)	(2)	1760-1789 (1)	(2)	Ensemble 1650-1789 (1)	(2)
Les liquidités										
Rittershoffen			71	32,4 %	123	17 %	103	18,4 %	297	0,7 %
Schillersdorf			31	19,3 %	47	27,7 %	44	45,5 %	122	3,3 %
Reitwiller			21	47,6 %	34	26,5 %	26	23,1 %	81	2,5 %
Baldenheim			46	26,1 %			63	41,3 %	109	9,2 %
Ungersheim			42	28,6 %	55	3,6 %	53	28,3 %	95	6,3 %
Heiteren			50	8 %			60		165	5,5 %
Heimsbrunn			67	28,4 %			36	13,9 %	103	-
Heimersdorf			68	2,9 %	51	7,8 %	92	15,2 %	211	3,8 %
Les bijoux										
Rittershoffen			71	–	123	0,8 %	103	1 %	297	0,7 %
Schillersdorf			31	6,4 %	47	4,2 %	44	–	122	3,3 %
Reitwiller			21	–	34	5,9 %	26	–	81	2,5 %
Balenheim			46	–			63	9,5 %	109	9,2 %
Ungersheim			42	9,5 %	55	1,8 %	53	3,3 %	95	6,3 %
Heiteren			50	6 %			60	3,3 %	165	5,5 %
Heimsbrunn			67	–			36	–	103	-
Heimersdorf			68	2,9 %	51	7,9 %	92	2,2 %	211	3,8 %
L'argenterie										
Reitwiller			21	–	34	2,9 %	26	–	81	1,2 %
Baldenheim			46	2,2 %			63	–	109	0,9 %
Ungersheim			42	2,4 %			53	–	95	1,1 %
Heiteren			50	20 %	55	3,6 %	60	–	165	7,3 %
Heimsbrunn			67	6 %			36	–	103	3,9 %
Le miroir										
Ungersheim			42	–			53	3,8 %	95	2,1 %
Heiteren			50	2 %	55	3,6 %	60	1,7 %	165	2,4 %

Sources : ABR et AHR Not., inv. (voir l'état des sources)

(1) Nb. d'inventaires dépouillés

(2) % d'occurrences.

florins d'épargne pour financer son chef d'oeuvre ; tel charron du Frickthal fait état de 264 livres[379]. Tenant lieu de viatique au départ, ces liquidités témoignent d'un sens poussé de la prévoyance : elles ne sont pas, à proprement parler, un luxe.

Ce n'est pas le cas de l'argenterie, présente dans moins de 5 % des inventaires, ni des bijoux de facture relativement simple d'ailleurs – une croix en pendentif, une bague, un collier – qui apparaissent toujours dans moins de 10 %, souvent dans moins de 5 % des inventaires et qui manifestent une tendance à la régression relative. Plutôt que d'objets de luxe, il s'agit de bijoux de famille, objets-reliques ou petits cadeaux-souvenirs concrétisant par le geste le discours amoureux de celui qui donne et le plaisir de celui qui reçoit. Ils nécessiteraient une véritable *archéologie de l'intime*, mais le décryptage des choses du coeur échappe le plus souvent à l'historien.

Le caractère utilitaire des ustensiles (on rapprochera, à cet égard, l'outillage domestique de l'outillage professionnel) peut d'ailleurs être rehaussé par un aspect esthétique, symbolique, voire rituel. Mais jamais l'utilisateur ne dissocie le décoratif de l'utilitaire, le décor faisant partie intégrante de l'objet. En réalité, on n'attache d'importance qu'à des objets qu'on estime être utiles et auxquels on intègre le décor : décorés, le sac et le battoir, la poutre et la tuile faîtière, le verrou de tonneau, l'aune à tissu, le moule à gâteau ne sont pas bien éloignés de l'image sainte à laquelle on confère des vertus de protection. L'art populaire de la campagne n'a donc guère de rapport avec l'art décoratif des villes, caractérisé par le raffinement du décor ou la virtuosité technique de l'artiste et destiné à une clientèle fortunée ou cultivée. Resterait à reconstituer les sensations du toucher, car l'environnement tactile joue un rôle important dans la vie quotidienne. Mais l'enquête de l'historien a ses limites...

Conclusion

La civilisation matérielle à la campagne se traduit par un certain nombre de constantes. Elle porte la marque de la germanité - civilisation du poêle et de la couette - qui combine ses effets avec les influences françaises. Contrastant avec l'entassement qui caractérise nos intérieurs contemporains, le vide prédomine dans les maisons rurales du XVIIIème siècle : peu de bibelots, peu de bagatelles, malgré la tendance à la quête du futile et du superflu qui apparaît de-ci de-là.

L'essentiel continue à l'emporter très largement sur l'accessoire : symptômes d'une existence vouée au travail et à l'économie. Mais une évolution s'esquisse, avec une tendance à la commodité et à la fragilité des objets domestiques. Le luxe, tout relatif, est avant tout qualitatif : le *mobilier social* se caractérise par la nature, plus que le nombre des objets. Cependant le nombre peut être à son tour indice du niveau de vie : que l'on songe aux nappes non utilisées - jamais utilisées peut-être - qui s'entassent dans les coffres et les armoires et se transmettent d'une génération à l'autre[380] ou encore à la quantité de linge en vrac. Chez les Fritsch de

[379] ABR 6 E 40, Not. Soultz-sous-Forêts II, inv. Rittershoffen 148, 149 et 150 (1715, 1730-1735 et 1740).

[380] Pour ne pas porter le volume de ce travail au-delà du raisonnable, nous avons dû renoncer à une étude quantitative du linge d'intérieur (lit et table).

Zeinheim, sans même prendre en compte les pièces déjà apprêtées ni les fils et les écheveaux, ce sont 560 aunes de chanvre et 324 de lin, soit 530 mètres linéaires, qui font l'objet, au XVIIIème siècle, d'une accumulation économiquement absurde, mais à valeur ostentatoire indiscutable[381]. La dot de la jeune mariée ne se mesure-t-elle pas autant au nombre qu'à la qualité de ses apports ? Mais la propension à la frime se manifeste surtout dans l'habillement.

C) L'habillement, vêture ou parure ?

Constater que le vêtement ne cède pas à l'uniformité niveleuse, ni dans l'espace, ni dans le temps, ne signifie pas qu'il faille se laisser subjuguer par les clichés d'un folklorisme dénué de toute base scientifique : le vêtement est autre chose qu'une sorte de drapeau régional, signe distinctif d'une contrée aux valeurs esthétiques ou symboliques propres[382], qu'on exiberait à l'occasion de telle ou telle circonstance exceptionnelle. Nous tenterons donc de prendre nos distances par rapport à un habillement qui se limiterait au grand noeud alsacien et au traditionnel gilet rouge à boutons dorés. Au *costume* - terme très proche de celui de *coutume* - qui désigne la manière de se vêtir en fonction d'une appartenance à un groupe ethnique ou religieux[383] et qui atteint son apogée au XIXème siècle[384], nous préférons celui de *vêtement* qui désigne tout ce qui, quotidiennement, concourt à couvrir, à protéger et - ajoute l'*Encyclopédie* - à orner le corps.

1) Approche et signification du vêtement

Ainsi conçu, le vêtement échappe en grande partie aux collections des musées qui recensent les tissus rares constituant l'habillement des classes aisées. En effet, si les mites ne respectent rien, elles affichent, dans leur voracité séculaire, une préférence pour la laine, principale composante du vêtement populaire, par rapport aux soieries et aux cotonnades : sous peine de se trouver biaisée au départ, l'investigation conduit donc à interroger les archives.

a) L'apport des archives notariales et judiciaires

Quel type d'archives ? Il existe bien des sources réglementaires, qui, à l'initiative ecclésiastique et seigneuriale, cherchent à endiguer le flot du luxe et dictent les lois de la consommation vestimentaire : l'habillement occupe cependant une place très réduite dans les lois somptuaires, surtout à la

---

[381] Th. FRITSCH, *mém. 1614*.

[382] AHR 3 B 1124 : *veste de drap rouge à façon sundgoyenne* (1768).

[383] Rappelons, pour mémoire, que le noeud alsacien est de date récente (deuxième moitié du XIXème siècle) : la coiffe est plus petite chez les Protestantes, plus développée chez les Catholiques. Ces dernières adopteraient la jupe rouge à bordure verte ou gansée de velours noir, tandis que les premières se distingueraient par la jupe verte à bordure rouge ou ornée de rubans fleuris. En 1785, le témoignage de Jean-Louis Stoltz, frère du curé de Mertzwiller, indique par ailleurs, que les femmes catholiques portent des bas rouges et les protestantes des bas bleus (E. BECOURT, *art. [162]*, p. 30).

[384] M. DOERFLINGER, *art. 2777* et *contrib. 3257*.

campagne. Par contre, les inventaires après décès nous fournissent une banque de données matérielles et nous renseignent à la fois sur la possession et la consommation vestimentaires. Mais, outre les défauts inhérents à ce type de documentation - caractère ponctuel de l'observation, représentativité sociale discutable, fraude toujours possible[385] -, les actes notariés recèlent d'importantes lacunes. Passons sur l'imprécision des relevés qui ne fait que refléter l'insuffisance du rangement. En tant que bien personnel, le vêtement échappe fréquemment à la pratique des partages successoraux. En effet, les hardes n'entrent pas dans la communauté des biens et ne sont répertoriées que si les parts respectives des deux époux apparaissent dans l'acte. Or on ne juge pas toujours nécessaire d'indiquer les pièces d'habillement, soit qu'elles n'ont guère de valeur et sont transmises directement aux héritiers ou partagées entre eux *post mortem*, soit qu'elles accompagnent le défunt dans la tombe[386], soit enfin qu'elles sont distribuées entre ceux qui ont prodigué les ultimes soins ou assuré la garde du défunt pendant sa maladie[387]. Les sept échantillons retenus nous ont permis d'analyser 348 costumes, au nombre desquels l'emportent les garde-robes féminines :

Nombre de garde-robes reconstituées à partir des inventaires après décès

	Vêtement masculin	Vêtement féminin	Total
Heimsbrunn	7	7	14
Heimersdorf	24	27	51
Ungersheim	22	21	43
Baldenheim	13	30	43
Holtzheim	28	23	51
Rittershoffen	32	32	64
Reitwiller	37	47	82
Total	**163**	**185**	**348**

On soupçonne que, confectionnés aux moindres frais, les vêtements sont rarement renouvelés. Même en admettant que l'on puisse reconstituer fidèlement les garde-robes, les inventaires ne nous livrent pas les stratégies d'acquisition des vêtements qui, transmis dans la famille de génération en génération et de corps à corps, peuvent avoir une extraordinaire longévité : il en est ainsi du costume dominical qui ne s'use guère et qu'on se repasse, fut-il trop ample ou trop étroit pour le bénéficiaire. Il est donc impossible de connaître le temps d'emploi du vêtement, puisque même l'âge du défunt est loin de constituer un indice fiable. Pour un vêtement qui peut durer jusqu'à vingt ou trente ans, l'investissement est à la limite quasiment nul et, dans ces conditions, il y a de fortes chances pour que la dernière chemise, celle qui habillera la femme dans la tombe, soit déjà présente dans son

385 Voir *supra* pp. 975-990.

386 AHR 4 E Not. Hirsingue, inv. Heimersdorf, 4 mars 1771 (*das übrige dem Verstorbenen in das Grab angelegt worden*) et 28 juin 1779 (*Stifel in das Grab angelegt*).
AHR 4 E Not. Bollwiller, inv. Ungersheim 5, 25 mai 1789 (*das übrige ins Grab angelegt*) et 21 février 1788.

387 AHR 4 E Not. Bollwiller, inv. Ungersheim 5, 15 septembre 1786 (*für Lohn*).

trousseau de mariage. A la coutume qui consiste à s'habiller des dépouilles des autres, s'ajoute l'art de faire durer, par le recyclage des vêtements usés[388]. Ne reconnaît-on pas une bonne ménagère à son habileté à faire du neuf avec du vieux ? Mais la consommation est difficile à évaluer, d'autant que nous ne disposons guère de budgets populaires. Il est un signe qui ne trompe pas : l'habillement de l'enfant, à partir du moment où ce dernier ressemble à un petit homme, est une version de celui des adultes. Dans le meilleur des cas, l'enfant a droit à un vêtement miniaturisé – chemise, colerette, casaquin, tablier – à l'exception de la jaquette ou robe à corselet, seule pièce spécifique aux premiers âges de la vie. Souvent l'enfant porte le costume des grands qui, usé jusqu'à la corde, lui vient de ses parents[389]. Trop long, trop large pour lui, il nécessite, au passage, quelques réajustements. C'est l'utilisation de tissus solides et grossiers qui autorise la longévité du vêtement paysan, véritable investissement dans le temps, à défaut d'être un investissement en argent.

Les minutes judiciaires peuvent-elles compléter les renseignements fournis par le notaire ? Les procès-verbaux et les constats de la maréchaussée portent sur le signalement, en rase campagne ou sur le bord d'une route, de tel voyageur victime d'un accident, d'un assassinat ou d'un suicide. Parmi les cas portés devant le Conseil Souverain[390], 55 sont utilisables ; il y a invariablement quelques vagabonds, mais la plupart des levées de cadavres concernent des villageois du cru dont l'identification est facile et rapide. Nous saisissons donc, en les déshabillant avec la complicité de la maréchaussée, le seuil minimal de l'habillement paysan, puisque les victimes ne portent sur eux que le strict nécessaire. En dépit de l'étroitesse de l'échantillon, les résultats sont instructifs.

b) Importance et signification du vêtement

De cette documentation ressort l'importance que l'on accorde aux effets vestimentaires. Dans les inventaires après décès, ils ne représentent certes que 10% de la valeur du patrimoine[391], mais les proportions moyennes ont tendance à augmenter dans les couches inférieures de la société[392]. Ils apparaissent dans les contrats de mariage, sous forme soit d'attribution de la robe de mariée par les parents ou le fiancé, soit de garantie vestimentaire entrant dans la composition des pensions que le jeune couple est tenu de livrer aux parents âgés[393]. On les retrouve dans les gages des domestiques,

---

388 Voir les travaux de N. PELLEGRIN, en particulier, *art. 2789* et *2790*.

BMS Ms. 272 (chronique de Henri Ernst, 1787, éd. par J. LEFFTZ, *art. 238*, p. 219) : ... *Die Lappen, die meine Mutter meinen Kleidern aufsetzte... Unsere Mutter flickte unsere Kleider sehr selten, sie dachte : ihr könnt es selber thun...*

389 ABR 6 E 27, Not. Muttersholtz, inv. Baldenheim 21, 14 février 1726 : *zu bekleydung der vier kleinen Kinder* (il s'agit de l'habillement du père, Jacques Walter, le pêcheur).

ABR 6 E 26, Not. Molsheim I, inv. Holtzheim 38, 15 juin 1749 : *Schuh welche sie* (*die Wittib*) *seit hero zur bekleidung der Kinder verwand hat* (ces enfants ont respectivement 5 et 3 ans).

390 AHR 3 B 564-6199.

391 Voir *supra* pp. 1014-1016.

392 *Ibid.*

393 Voir *supra* pp. 1241 ss.

hommes ou femmes, et dans la nomenclature des vols[394]. Certes les vols vestimentaires qui touchent davantage la ville que la campagne, ne représentent que 3 à 4% de l'ensemble des vols dénoncés. Mais c'est la motivation qui est intéressante : il ne s'agit que rarement d'un vol de convoitise, commis par des marginaux ou des professionnels, avec préméditation, complicité, effraction ; il s'agit bien d'un acte perpétré par des voleurs d'occasion et des nécessiteux dont les intérêts rejoignent ceux d'une clientèle potentielle : en effet, une partie des effets volés est destinée au troc ou à la revente, opération lucrative compte tenu de l'augmentation, au XVIIIème siècle, de la consommation vestimentaire. Le vol est l'un des éléments de la redistribution et de la circulation des vêtements. Ces derniers tiendraient-ils lieu d'instrument monétaire ? Enfin les enquêtes policières attachent une importance capitale à l'habillement : par sa nature - neuf ou usé, misérable ou luxueux -, il révèle l'identité du délinquant. Le vêtement dévoile le statut social autant qu'il masque le corps.

L'absence de toute possession vestimentaire, indice d'extrême pauvreté, est suspecte et le fait de se faire enterrer avec son unique habit, c'est-à-dire son seul bien, provoque un sentiment de commisération. Lorsqu'un inconnu est dévisagé, sa respectabilité se lit à l'état et à la composition de son costume qui est scruté à son tour. Le vêtement se situe donc au coeur d'une problématique nuancée - celle de la richesse et de la pauvreté, du luxe et de la médiocrité, du nécessaire et du superflu - et révèle en définitive trois seuils : celui de la présence et de la diffusion de l'objet ; celui de la consommation matérielle et culturelle du vêtement et celui de l'accumulation. L'habillement revêt d'abord un caractère fonctionnel, puisque sa vocation première est de protéger contre les intempéries : on constatera qu'il n'existe pas, comme de nos jours, de tenue d'été. Mais, à cette fonction protectrice s'ajoute tout un lot de valeurs qui conduisent l'historien à lever un voile sur le champ immense du *troisième niveau* et l'introduisent dans le domaine du socio-culturel. Au nom d'une pudeur de bon aloi, inculquée par la Réforme, le vêtement cache les nudités populaires. Mais, dans une société où chacun tient sa place et son rang, il révèle le statut social et le niveau de vie de son propriétaire. Le fait d'être habillé selon son état est signe d'appartenance à un groupe social : *dis-moi comment tu t'habilles, je te dirai qui tu es*. Enfin, en extériorisant le goût pour l'ostentation, il devient parure et relève de l'histoire des apparences[395] : il est alors, sous des dehors de socialisation rituelle, reflet de données psychologiques profondes qui tiennent autant de l'imaginaire que du réel, du vouloir-être que de l'être. Plus on monte dans la hiérarchie sociale, moins le vêtement répond à ce genre de besoins et plus il traduit des aspirations sociales. De simple vêture, il devient signification, en vertu d'un double code vestimentaire, à la fois individuel et social, connu de tous et reposant sur un réel consensus. Il s'agit à la fois de se prouver à soi-même sa propre valeur, de se signaler à autrui et de se situer par rapport aux autres. Faire l'histoire du vêtement, c'est se référer à une double échelle de valeurs,

[394] Voir *supra* pp. 1044-1053 et 1538-1549.
[395] D. ROCHE, *op. 2793*, pp. 165-201.

matérielle et culturelle, à la consommation proprement dite et au *savoir-consommer.*

2) Le contenu des armoires : de quoi s'habiller de pied en cap

Le lexique vestimentaire que nous proposent les inventaires nous conduisent tout naturellement à distinguer garde-robe masculine et garde-robe féminine, la seconde représentant en valeur environ le double de la première. Les haillonneux sont rares, mais le vêtement usé semble jouer un grand rôle, si l'on en croit les mentions de pièces déchirées et rapiécées[396]. Outre les vertus médicales et magiques qu'on lui prête[397], le vieux linge présente un avantage matériel. Son utilisation, au même titre que l'art d'accommoder les restes dans le domaine alimentaire, procède du souci de faire des économies. L'entretien se fait au village même, par les soins du tailleur et du cordonnier ; la maintenance se fait au foyer : c'est l'affaire de la femme, en vertu de la séparation et de la hiérarchisation des tâches. La *féminitude* (odieux barbarisme inventé par les anthropologues) réside justement dans la démonstration du savoir-faire féminin - en particulier dans le maniement de l'aiguille - que la mère transmet tout naturellement à sa fille : compétences en ravaudage, en racommodage, voire en confection[398] qu'il n'est guère possible d'acquérir en dehors du milieu familial. Mais discrétion oblige : l'un des paradoxes des inventaires après décès, c'est qu'ils passent le plus souvent sous silence aiguilles à tricoter, crochets à repriser et ciseaux, alors qu'ils évoquent les rouets et les dévidoirs et suggèrent le résultat du travail féminin, à savoir les aunes de tissus qui s'empilent pour témoigner, de même que les vêtements prêts à l'emploi. Il est vrai que la cadence de la lessive à la cendre - généralement deux fois l'an - tend à conférer plus d'importance qu'elles ne méritent aux réserves vestimentaires et lingères. Par ailleurs, le fer à repasser cesse d'être un outil de travail réservé au tailleur pour entrer dans les moeurs. Le sud de l'Alsace, qui accuse une nette avance sur le reste de la plaine, accorde la préférence au fer à repasser *allemand*, simple pierre qu'on met à chauffer, sur le fer à repasser *français* muni d'un corps creux susceptible de recevoir de la braise. Ainsi, un instrument, apparemment d'importance négligeable, peut-il témoigner d'un changement d'attitude à l'égard du vêtement et concrétiser le contact entre deux civilisations.

% du nombre d'inventaires mentionnant le fer à repasser

Echantillon	Moyenne 1650-1789	1650-1729	1730-1759	1760-1789
Ungersheim	5,8	4,8		13,2
Heiteren	16,1	13,3	16,4	21,7
Heimsbrunn		-		1,2
Heimersdorf	6,1	-	2,0	13,0

396 N. PELLEGRIN, *art. 2790.*

397 Voir *infra* p. 1768.

398 AHR 3 B 2438 : Jean Sutter de Berentzwiller est surpris par le garde-chasse au moment où, fusil à la main, il pénètre dans la forêt pour y chercher, dit-il, des *peaux de levreaux pour sa femme* (24 avril 1779).

En guise d'entrée en matière dans l'étude des composantes vestimentaires, laissons la parole à L'Hermine qui, à la fin du XVIIème nous décrit, avec des yeux d'étranger, l'habillement des paysans du Sundgau : *...Les hommes ont un pourpoint à longues basques, les femmes portent un corset si court qu'il ne leur va qu'à la moitié du dos ; le devant n'en est ataché qu'à une agrafe sur le sein et laisse voir, en s'écartant en triangle, la pièce rouge et le lacet noir qui sont sur l'estomac. Leurs manches sont étroites et longues jusque sur le poignet. La juppe qui est de quelque grosse serge de couleur jaune ou verte est atachée au défaut du corset et ne descend que jusqu'à mi-jambe, de sorte qu'on voit des bas blancs et jaunes et des souliers à double semelle. Elles portent de même que les hommes de petites fraises courtes, cousuës autour de leurs gorgeretes, qui sont quarées et piquées d'un million d'arrière-points ; et leur tête est couverte d'un petit chapeau, ou plutôt d'un bonnet, qui n'est pourtant ni l'un ni l'autre ; car, il n'a point de bords et la tête n'entre point dedans... Les hommes de vilage portent des culotes de toille fort larges à la Suisse et des bas gris, une petite fraise cousue au colet de la chemise, un chapeau pointu à forme de pain de sucre*[399]... L'inconvénient, c'est que cette description concerne le costume du dimanche. Seule l'analyse des inventaires après décès permet de connaître l'habillement de tous les jours.

a) L'habillement masculin

Il s'organise autour de quatre à cinq pièces essentielles : la culotte, la chemise, le gilet, la veste et l'habit. La culotte *à la française*, en toile grossière ou en peau, connue en Alsace depuis le XVIème siècle, se ferme sous le genou par des jarretières ou des rubans. Elle est plus ou moins collante, plus ou moins longue. Y sont rattachées les guêtres (*Häckerstrimpf*), sorte de bas montants jusqu'aux genoux, mais qui, relativement rares, sont souvent remplacés par des bas ordinaires. La chemise, en toile de chanvre ou de lin, se ferme sur le devant par des agrafes, puis par des boutons, et se termine au niveau du cou par une fraise ou *colerette espagnole*. L'ensemble se trouve agrémenté par la cravate qui, tel le jabot à la française, est une bande de tissu froncé prenant place autour de l'encolure de la chemise. Le gilet, d'abord simple toile protégeant du froid[400], revêtira une importance grandissante avec le développement du culte des apparences. Il se porte le plus souvent ouvert, malgré sa garniture de boutons. Sa valeur varie en fonction du tissu dans lequel il est taillé (laine, ratine, drap, bombasin, flanelle, coton), du contraste de couleur qu'il offre aux yeux et de la rangée de boutons métalliques qui le garnissent (ils sont en étain avant d'être dorés). L'usage du sarrau ou de la blouse se développera au XIXème siècle : c'est la camisole, sorte de veste serrée à la taille, en coutil le plus souvent, qui s'impose ; elle a tendance à se raccourcir, pour devenir casaque (*Mutze, Wamst, Kittel*). Elle est moins répandue que le justaucorps ou l'habit (*Rock*) en drap, coutil ou treillis, qui est d'une grande simplicité. Avec le développement de ce surtaut ajusté, dérivé du costume militaire, la veste ou le gilet tendent à devenir

---

399 J. DE L'HERMINE, *op. cit.*, pp. 187-188.

400 *Brusttuch.*

des vêtements de dessous. Mais c'est le chapeau qui fait l'homme. Les couvre-chefs sont variés : le tricorne, le feutre noir à large bord ou, dans le Sundgau, le chapeau pointu en forme de pain de sucre[401] s'effacent, dans la vie quotidienne, devant le bonnet en laine ou en fourrure (*Haub*), plus simple et plus fonctionnel. Aux pieds, une paire de souliers ou de bottes, rarement des sabots[402], d'où l'étonnement de Brackenhoffer lors de son périple en vieille France[403].

L'habillement masculin reconstitué à l'occasion des levées de corps en Haute-Alsace (1706-1789)
49 observations (AHR 3 B 564-6199)

% de présence de l'ensemble des lots vestimentaires

Culotte	85,7	Ceinture	10,2
Habit / justaucorps	65,3	Gants	10,2
Veste	59,2	Cravate	8,2
Souliers	44,9	Sarrau	4,0
Bas	44,9	Redingote et capote	4,0
Chapeau	32,7	Bottes	4,0
Gilet	24,5	Jarretières	2,0
Chemise	24,5	Pantoufles	2,0
Guêtres	20,4	Mouchoir de nez	2,0
Col	12,2		

Tel est le vêtement du paysan : il se caractérise, dans l'ensemble, par la sobriété et la discrétion. C'est un habillement, dit Hammer, d'une *ancienne simplicité, peu magnifique et peu dispendieux*[404]. De ce fait, il tranche avec l'habillement féminin.

b) L'habillement féminin

Les paysannes sont générallement toutes fort laides. Soit à cause qu'elles travaillent comme les hommes, soit à cause de la bizarre manière dont elles se mettent. Leurs habits sont rouges ou noirs, leurs jupes relevées descend guères plus bas que les genoux... Assés mal chaussés, elles portent une chemise d'homme par dessus, une cotte qu'elle laisse fort large avec un lacet Rouge, un corcet très court, ...un grand colet à la Conseillere, pour toutes coiffures une espece de turban blanc avec des Rès vertes et Rouge en long au coté droit de l'oreille ; je vous laisse a penser si elles peuvent Etre jolies avec cela[405]. Quel crédit convient-il d'accorder à un jugement aussi dépréciatif ? Ce citadin, à défaut d'avoir su apprécier les filles de la campagne, aura au moins eu le mérite de nous laisser une précieuse description vestimentaire. Mais laissons la parole à Goethe, quand il fait la rencontre de Frédérique à Sessenheim : *portant une jupe blanche avec un volant, un corsage blanc ajusté et un tablier de taffetas noir, elle*

[401] J. DE L'HERMINE, *op.*, pp. 187-188.

[402] Ibid. *: On ne sait ce que c'est que sabots en ce pays-là.*

[403] E. BRACKENHOFFER, *op. cit.*, p. 184 : *Les gens du commun portent pour la plupart des chaussures de bois qu'ils appellent sabots dont une paire vaut 3 ou 4 sous.*

[404] L. HAMMER : *mém.* cit., 1807 (ABR 65 J 15).

[405] BM Avignon Ms. 1861 : *Mémoire sur la ville de Strasbourg* (1721), pp. 112-113.

tenait à la fois de la paysanne et de la citadine[406]. Rien ne nous prouve, en effet, que l'habillement de la fille du pasteur soit représentatif de celui des jeunes filles du village. Hammer dénonce, au début du XIXème siècle, la tendance au luxe qui se fait jour dans l'habillement féminin : *Malheur au cultivateur qui a beaucoup de filles. Une grande partie des moissons sont consommées par leurs habits et s'il ne veut pas faire les dépenses, il risque d'être volé par la femme et la fille... Heureux si le sexe se réduisait à son ancienne simplicité*[407] ! Le recours aux inventaires après décès s'impose pour savoir si cette *ancienne simplicité* a encore cours au XVIIIème siècle. Les éléments essentiels qui constituent le vêtement féminin sont la jupe et le jupon, le corsage et le devantier, la chemise, le casaquin et le tablier. Peu de robes, trop chères, pas très commodes. La jupe (*Kutt*)[408], en serge, en laine, en lin, en bombasin, en flanelle ou en coton, moulée autour de la taille, s'arrête à mi-mollets, ce qui la distingue de la robe des citadines qui descend jusqu'aux chevilles. Plus la jupe est courte, plus on est amené à attacher de l'importance aux bas et aux souliers qui sont pourtant plus rares qu'on pourrait s'y attendre. Elle se double d'un jupon (*Unterkutt*), sorte de cotillon de laine ou de flanelle, qui la dépasse d'une petite largeur et qui constitue d'ailleurs une partie visible de l'habillement : il n'est pas scandaleux de relever la jupe pour faciliter les mouvements ou de la rabattre sur la tête pour se protéger d'une averse. Apparaît alors le jupon qui fait l'objet de soins décoratifs : matelassé ou en cotonnade fleurie, bordé de flanelle ou garni de rubans, il est le symbole de la féminité. Un corps de robe, sorte de corselet rigide (*Leibel, Brust*), le plus souvent en bombasin rouge, maintient le buste, valorise les formes féminines, assure le port. Prend place, derrière le corsage, une pièce triangulaire décorée, brodée ou damassée, le plastron ou devantier (*Vorstecker, Brusttuch*) qui, tout en mettant le buste en valeur, recouvre une partie de la chemise dont il cache l'ouverture. Souple et sobre, le plastron évolue avec la condition sociale : il devient de plus en plus rigide et donne lieu, surtout dans le trousseau de la mariée, à une décoration aux motifs naïfs ou stylisés. La chemise est aussi importante que dans l'habillement masculin avec lequel elle a d'ailleurs des points communs : longue, agrafée ou lacée, elle met en valeur la taille et s'orne au niveau du cou d'une fraise étroite (*Flor*). Une veste courte, genre casaquin (*Wamst, Tschoben, Mutze*) tombant sur les hanches, complète l'ensemble. Enfin le tablier est, selon le cas, vêtement d'usage ou vêtement de luxe : par les coloris et les tissus utilisés - lin, étamine, coton, - il nous fait entrer dans le domaine de l'ornemental que souligne par ailleurs le recours à nombre de foulards, de fichus et de châles en pointe, plissés dans le cou ou croisés sur la poitrine et noués dans la nuque, de colerettes et de gorgerettes (*Nackmantel*) et autres mantelettes... Le bonnet souple et sans bords est préféré au chapeau, dont l'usage est plus courant en ville, ou à la coiffe de toile qui va de pair avec l'agencement des chevelures.

406 Cit. par J. DE PANGE, *op. [201]*, p. 123.

407 L. HAMMER, *mém. cit.*

408 Par opposition au *Rock*, encore que les deux termes finissent par être synonymes.

Exemples de garde-robes féminines : une élégance toute relative
(ABR 6 E 36, Not Saverne II, 190-202, inv. Willgottheim 1772-1788). Nb. de pièces

	Anne-Marie Klein épouse de Antoine Blaess, le laboureur 21/11/1780	Odile Neuhäusler épouse de Jacques Lux, le postillon 8/7/1772	Anne-Marie Resch épouse de Joseph Morin, le marchand 25/6/1788	Anne Wendling épouse de Jean Finck, chasseur seigneurial 3/12/1784
Robes	-	1	-	-
Jupes	6	1	-	10
Corsages	1	1	1	3
Devantiers	7	1	1	6
Jupons	2	-	-	1
Chemises	9	3	12	39
Casaquins	4	-	-	-
Mantelettes	-	1	1	-
Collerettes	4	-	-	15
Tabliers	3	2	2	13
Foulards et fichus	-	1	13	-
Coiffes et bonnets	2	12	2	5
Mouchoirs	-	-	3	-
Souliers (paires)	-	-	-	1
Pantoufles (paires)	-	-	-	1
Bas (paires)	-	-	3	-
Gants (paires)	-	2	-	-

Vêtement masculin et vêtement féminin ont des points communs : grossiers et lourds, ils sont avant tout serrés à la ceinture et relativement courts : c'est une nécessité pour des gens appelés à se déplacer beaucoup et à travailler de leurs mains. Le vêtement cherchera donc à assurer l'agilité du pied et la liberté du geste. La distance sociale porte plus rarement sur l'essentiel que sur l'accessoire qui correspond à un système spontané de différenciation : les gants ou les mitaines, brodés ou tricotés ; le manchon de fourrure ; des éléments de bijouterie que constituent le bouton, l'épingle, l'agrafe, la boucle, plus fréquents que les bijoux proprement dits. Il convient de relever la qualité des tissus - soie, mousseline, taffetas - et celle de la broderie dont bénéficient le plastron, le bonnet, le mouchoir de col ou de nez, pour apprécier la finesse de l'habillement féminin. Un brin de fourrure, un collier-ruban en velours, une petite croix en argent, des boucles de souliers : voilà qui distingue nos élégantes, car elles existent à la campagne. L'habillement masculin n'accède pas à un tel niveau de recherche. Chez l'homme, cette valorisation du décoratif n'est cependant pas inexistante : ce sont les boutons en corne noire, étain, cuivre jaune et, pour le curé de Ruelisheim, les *cailloux du Rhin montés en argent*[409] qui garnissent la culotte ou le gilet ainsi que les boucles de cravate ou de chaussures en laiton La véritable frontière entre l'habillement masculin et féminin passe moins par la nature du vêtement que par l'adjonction de ce *petit rien* qui, traduisant la coquetterie et l'élégance, fait la différence. Car, en définitive, la différenciation sexuelle est peu marquée puisque, adoptés de part et d'autre, le gilet et le corselet, la camisole et le casaquin, la chemise et la parure de cou enfin procèdent d'une même logique. Si on évite l'uniformisation d'un vêtement unisexe, c'est grâce au décor qui personnalise les effets vestimentaires. Encore convient-il de préciser que seul le visible fait l'objet de broderies : on brode le devantier et l'encolure de la chemise dans le même esprit qu'on brode la taie d'oreiller ou le cache-essuie-mains.

[409] AHR 3 B 2731 (1789).

Habitants d'Egelshaïm
près Strasbourg.

Eine Bündgaierin.

(Chronica de Jean Staedel, XVIIème siècle, t 1, BNUS Ms 5464)

C) La lente évolution du vêtement rural

1) La diversification des pièces d'habillement

En réalité, le costume paysan évolue peu : toujours en retard sur la mode, manifestation de la frivolité citadine, il donne le sentiment de l'appartenance à un monde stable, quasi immobile. Certes, on n'échappe pas totalement à la mode : elle vient de la ville, laboratoire des changements, et ne préserve que les contrées isolées. Au début du XIXème siècle, *on suit en général les nouvelles modes de Paris,* écrit Graffenauer[410], après que ces dernières aient transité par Strasbourg ou Colmar. Le Sundgau, en particulier, du fait de la proximité de la Bourgogne, subit l'influence française qui, dans le carrefour alsacien, n'est pas la seule à s'exercer sur les habitudes vestimentaires : L'Hermine découvre, dans ce même Sundgau, à la fin du XVIIème siècle, chez l'homme, habillé *à la française,* une culotte de toile très large ***à la suisse*** ; quant à la femme, elle aurait plutôt tendance à s'habiller *à l'allemande*[411]. Cent cinquante ans plus tard, Hammer rapproche le costume des paysannes de la région de Strasbourg *de celui de la Suisse ou de la Souabe.* En clair, ni Louis XIV en 1685, ni Saint-Just ou Le Bas, représentants en mission en 1793, ne sont parvenus à faire abandonner aux Alsaciens, citadins et ruraux, les *modes allemandes.* Que l'interdiction de l'intendant de La Grange tombe le jour même de sa promulgation ressort de cette réflexion de son successeur Le Pelletier de La Houssaye en 1701 : *Les femmes ont un à deux habits à l'allemande dont on ne voit point la fin, les modes ne changeant pas... Les nouveautez troubles* (sic) *ces peuples et ils sont grands amateurs de leurs usages bons ou mauvais*[412]. L'évolution n'est donc pas à chercher dans l'adoption de modes nouvelles. Elle s'inscrit dans un complexe de petits changements qui constituent l'assise d'une révolution silencieuse, mais fondamentale : triomphe du multiple sur le rare, du diversifié sur l'uniforme, de l'accessoire sur l'essentiel, de l'éphémère sur le durable. Avec l'émergence des valeurs vestimentaires modernes - quantité et commodité -, elle réside d'abord, à mesure que l'on s'élève dans l'échelle sociale, dans l'accumulation : en même temps que les pièces se font plus nombreuses, la valeur des garde-robes augmente et l'écart entre l'habillement féminin et l'habillement masculin se creuse, ce qui reflète bien la tendance féminine au renouvellement. On trouvera toujours de pauvres hères qui n'ont qu'une chemise à se mettre sur le dos, mais la multiplication des effets est la règle. Avoir un nombre conséquent de chemises répond à la fois à la nécessité (du fait des intervalles entre deux lessives) et à la recherche ostentatoire.

La *révolution vestimentaire* se caractérise par la diversification des pièces, des qualités, des coloris. Parmi les éléments qui s'ajoutent à l'habillement de base, rien de fondamental, mais une dérive vers l'accessoire, comme le montrent les combinaisons dominantes. A cet égard, on peut être surpris de ne trouver dans les garde-robes ni jupons de lingerie, ni caleçons, ni culottes, ni soutiens-gorge qui constituent les dessous contemporains. Le linge de corps, tel que nous l'entendons aujourd'hui,

---

410 J-P. GRAFFENAUER, *op. cit.*, p. 70.

411 J. DE L'HERMINE, *op. cit.*, pp. 187-188. L. HAMMER, ABR 63 J 15 (1807)

412 BN Ms. NAF 20 000 et AN K 1142/4 : *Mémoire concernant la province d'Alsace*, 1701.

c'est-à-dire comme une seconde peau qui entretient avec le corps des rapports privilégiés, est pratiquement absent des inventaires ruraux. Il n'entrera dans les habitudes qu'au XIXème siècle, ce *grand siècle du linge*[413], et encore : la campagne mettra cent ans à combler son retard sur la ville. Et pourtant, le linge existe, mais son statut est ambigu. Il revêt l'aspect d'éléments en partie ou totalement visibles, situés à la frontière des dessus et des dessous : le jupon, porté à même le corps, la chemise sexuellement indifférenciée, en constituent les archétypes. Pour qui veut tenir son rang et donner une certaine image de lui-même, avoir du *beau linge* est sans doute plus important à l'époque où les dessous s'affichent que le jour où ils seront cachés, puisque tous les soins se portent sur ce qui se révèle au regard. La longue et ample chemise que les hommes enfouissent dans leur culotte et que les femmes laissent tomber sous leur jupon, fait fonction de linge de corps. Si nous n'avons relevé que quelques rares allusions à la spécialisation nocturne des chemises, c'est qu'on se couche avec les vêtements de jour ou alors que la chemise fait fonction de chemise de nuit, à moins qu'on se couche tout nu. Bien plus que la chemise de nuit qui, en cherchant à masquer la nudité, introduit la notion de pudeur, la robe de chambre, objet de prestige, se trouve investie d'une fonction mondaine.

Tests de présence en % de l'ensemble de la garde-robe

Habillemt masc.	**1660-1729**	**1730-1759**	**1760-1789**	**Ensemble**
Nb. de garde-robes masculines	44	49	86	179
%				
Habit	56,8	83,7	73,2	72,1
Culotte	50,0	67,3	70,9	64,8
Chemise	72,7	100,0	77,9	82,7
Fraise	4,5	20,4	4,6	8,4
Gilet	9,1	38,7	52,3	38,0
Veste	29,5	69,3	79,1	64,3
Manteau	18,2	6,1	8,1	10,0
Capuchon	-	-	1,2	0,6
Tablier	2,3	-	9,3	5,0
Couvre-chef	31,8	71,4	65,1	58,7
Souliers	15,9	16,3	36,0	25,7
Bas	36,4	49,0	60,6	51,4
Guêtres	-	4,1	7,0	4,5
Bottes	2,3	4,1	2,3	2,8
Pantoufles	-	2,0	2,3	1,7
Gants	11,4	2,0	5,8	6,1
Foulard	4,5	2,0	2,3	2,8
Cravate	4,5	-	1,2	1,7
Col	2,3	-	1,2	1,1
Manches	2,3	-	-	0,6
Jarretières	-	-	1,2	0,6
Mouchoir	2,3	6,1	4,6	4,5
Caleçon	-	-	1,2	0,6
Robe de chambre	2,3	2,0	1,2	1,7
Bonnet de nuit	2,3	-	1,2	1,1
Bretelles	2,3	-	-	0,6
Ceinture	-	-	-	-

413 A. CORBIN, *art. 2775*.

1660-1729	1730-1759	1760-1789	Ensemble	Habillement fém.
52	49	89	190	Nb. de garde-robes féminines
65,4	73,5	52,8	61,6	Robe(*)
11,5	30,6	47,2	33,2	Jupe(**)
44,2	40,8	59,6	50,5	Jupon(***)
76,9	83,7	84,3	82,1	Chemise
36,6	40,8	33,7	36,3	Fraise-colerette
44,2	53,0	62,9	56,3	Corsage
7,7	6,1	10,1	8,4	Devantier
76,9	69,3	92,2	82,1	Veste,casaquin
-	-	-	-	Manteau
-	-	1,1	0,5	Capuchon
11,5	4,1	3,3	5,8	Mantelette
69,2	77,6	83,1	77,9	Tablier
34,6	59,2	73,0	58,9	Bonnet, coiffe
30,8	51,0	42,7	41,6	Bas
5,8	14,3	29,2	18,9	Souliers
-	-	1,1	0,5	Galoches
1,9	4,1	13,5	7,9	Pantoufles
23,1	32,6	4,5	16,8	Chaussons
-	4,1	20,2	10,5	Gants
11,5	24,5	17,9	17,9	Manches, manchettes
50,0	44,9	23,6	36,3	Fourrures
-	4,1	3,4	2,6	Manchon
-	-	2,2	1,0	Robe de chambre
13,5	10,2	12,3	12,1	Mouchoir
13,5	8,2	-	5,8	Ceinture

Sources : ABR et AHR Not, inv. Heimsbrunn, Heimersdorf, Ungersheim, Baldenheim, Holtzheim, Reitwiller, Rittershoffen (voir l'état des sources).
* *Rock* ** *Kutt* *** *Unterkutt* Expressions qui peuvent prêter à confusion

Pour ce qui est de l'habillement masculin, les inventaires attribuent - outre la traditionnelle trilogie habit/culotte/chemise - une veste et un gilet, des souliers et des bas, un bonnet ou un chapeau à un nombre d'individus de plus en plus grand, ce qui traduit l'attrait du fonctionnel. Par contre, manteaux et gants qui relèvent déjà du domaine de l'accessoire, sont l'apanage d'une minorité, dont une infime partie adopte jarretières et caleçons, bonnet de nuit et robe de chambre, cravate et pantoufles... Les observations faites à partir des levées de corps se distinguent en ce qu'elles reflètent à la fois une misère relative (moins de gilets et de chemises) et les contraintes qu'impose le voyage (davantage de guêtres, de souliers, de gants, de cravates, de ceintures). Quant à l'habillement féminin, chemise et tablier sont, avec la robe et la jupe, les seuls éléments dont la fréquence est forte et constante. La prééminence apparente de la robe et la sous-représentation du jupon (10% seulement des femmes en portent) ne permettent pas de tirer des conclusions valables : peut-être s'agit-il simplement de confusions, dues à des différences de terminologie, entre *Rock* et *Kutt, Kutt* et *Unterkutt*, la mode de la robe touchant à peine la campagne. On notera cependant la sensible progression de la jupe et du jupon, ainsi que des foulards et fichus, des coiffes et des bonnets, la régression des mantelettes, chaussons et fourrures, l'apparition des châles, de la robe de chambre, du capuchon pour les plus évoluées des femmes. Notons enfin qu'une femme sur cinq à peine porte des souliers (contre un homme sur quatre) et la moitié seulement possède des corselets et des bas. Encore peu répandu, le mouchoir - de col ou de nez ?- apparaît comme un attribut féminin, de même que les manches amovibles, les gants et la ceinture, éléments plus décoratifs que fonctionnels. Nous retrouvons donc une constante, déjà relevée à propos de la répartition de la propriété et des fortunes, à savoir l'évolution à double sens qui caractérise la société rurale dans la seconde moitié du XVIIIème siècle : les plus modestes s'appauvrissent, se privant parfois du strict nécessaire ; les plus riches affichent, pendant ce temps, un luxe insolent en cédant à la nouveauté et au superflu.

2) L'enrichissement de la palette des tissus et des coloris

Parallèlement à la multiplication des pièces d'habillement, la gamme des textiles ne cesse de s'élargir. Aussi bien dans le linge de maison que dans l'habillement, on a tendance à s'habiller léger : constituent la base des effets vestimentaires les toiles grossières (*würken*), aux fibres courtes (le plus souvent de chanvre) et à texture serrée (coutil et treillis), ainsi que les peaux (maroquin ou peau de chèvre, par exemple). Par rapport à celle du chanvre, l'utilisation du lin (*bärtel*), apporte une note de légèreté et de souplesse. La toile de Cologne à destination domestique (*koelsch*), tissée en écossais avec des carreaux bleus et blancs, peut être constituée de chanvre ou de lin. Le traitement de la laine d'une part (serge ou *cronrassen*, flanelle, ratine, camelot), les mélanges à base de laine, de lin et de coton d'autre part (futaine ou *barchet*, demi-lin ou *halbleinen*, demi-laine ou *bombasin*) témoignent de cette évolution vers plus de douceur. En attendant le triomphe du pur coton et de ses dérivés, indiennes et mousselines, la soie apporte son concours à cette lente mutation : soie grossière (*gros de Tours*), soierie lyonnaise (*atlassen*), siamoise, taffetas (*damassen*)... En définitive, un peu moins de draps grossiers, de peaux et de lainages ; un peu plus de toiles manière de Hollande, d'Angleterre ou de France... La grande sensibilité, oculaire et tactile, qui gagne d'abord la société citadine, puis les couches supérieures de la paysannerie, n'est pas sans rappeler les habitudes de consommation qui caractérisent les milieux bourgeois et aristocratiques. La fonctionnalité, qui place le principal avantage des étoffes lourdes, solides, raides dans leur capacité à résister et à durer, n'est plus seule à dicter les choix : la fragilité, qui fait son apparition comme elle pénètre l'outillage domestique[414], semble affranchir la société de toute une série de besoins immédiats. Progressivement, pour peu que l'on quitte le monde familier des serges, toiles de chanvre et d'étoupe fabriquées par les tisserands locaux, le tissu a tendance à se faire plus douillet (calmande, ratine), plus souple (molleton), plus brillant (siamoise). Ce qu'on gagne en diversité et en élégance, on risque de le perdre en solidité. Un réflexe de riches ? Sans doute, mais la richesse est relative et il s'opère, surtout à la fin du XVIIIème siècle, un certain brouillage des codes vestimentaires : le postillon et le marchand, parce qu'ils sont en contact avec la ville, le chasseur seigneurial et certains domestiques, parce qu'ils fréquentent le *beau monde* ou qu'ils bénéficient de la pratique de la livrée, semblent mieux vêtus que leurs contemporains de niveau social comparable[415]. Il y a donc redistribution d'éléments monopolisés jusque là par la société dominante. Peu importe

[414] Voir *supra* pp. 1656-1657.

[415] J-M. BOEHLER, *art. 82*.

que les vêtements dont ils héritent soient quelque peu démodés. Il n'en reste pas moins qu'ils traduisent un luxe subversif de la hiérarchie sociale. Mimétisme ou osmose ? Insolence ou prétention ? Ces individus bénéficient d'une surcharge de valorisation sociale qui les propulse hors de leur statut d'origine. Le vêtement devient donc l'enjeu des luttes d'apparence, sans se calquer nécessairement sur les hiérarchies sociales : dès lors que le paraître ne reflète plus fidèlement l'être, la lecture devient plus difficile.

La tentation des superfétuités vestimentaires et des nouveaux matériaux s'accompagne d'un enrichissement des coloris : les teintes sombres - le noir, le gris, le brun -, couramment utilisées pour la culotte, la veste, le manteau, reculent devant des coloris plus gais - le blanc, le jaune, le rouge, le vert, le bleu -, et infirment l'idée d'un habillement triste et uniforme qui accompagne traditionnellement la vision misérabiliste de la société rurale. Le noir et le gris prendront-ils leur revanche au XIXème siècle ? Car la couleur est langage et symbole. Par un étrange paradoxe, l'Eglise, qui a tendance à condamner les couleurs trop voyantes, donne l'exemple en adoptant, dans le symbolisme liturgique, une véritable codification de couleurs. Le rouge, symbole de la vie et de l'amour, est celle de la jupe et, bientôt, du gilet. Le tablier ne sera jamais rouge, mais le plus souvent blanc, symbole de pureté et de joie (n'est-ce pas la couleur des rites de passage chrétiens ?). Le bleu, symbole de la transparence et de la fidélité, est adopté pour la culotte ; le vert, couleur de la nature, du renouveau, de l'espoir, pour la jupe et le corselet. La séduction de la couleur concerne donc moins la palette de fond que les petites pièces égayées par des tons vifs et des motifs gais. Enfin l'uni cède une petite place au bicolore, au rayé, au moiré... et c'est le coton, plus que la laine et le chanvre, qui bénéficie de cette évolution[416].

Conclusion

Permanence et sobriété de l'habillement traduisent la stabilité du monde rural traditionnel : culottes inusables, jupes épaisses, lourdes chaussures, bas tricotés sont avant tout faits pour durer. Or, au XVIIIème siècle, les pièces d'habillement se font plus diversifiées et plus colorées ; le souci de l'accessoire, du décoratif, de l'éphémère s'ajoute à celui du fonctionnel et le dispute à celui du durable. Derrière les permanences, sacralisées par la tradition, se profilent, lentement mais sûrement, les valeurs vestimentaires d'un monde moderne qui mettrait plus d'un siècle à s'épanouir. La débauche des tissus, l'apparition du linge de corps et des vêtements de nuit témoignent du désir de masquer le corps, ce qui nous éloigne des préoccupations populaires.

Mais, même en dehors du domaine de l'habillement, quiconque céderait aux vertiges de la nouveauté ou aux tentations de la modernité[417]

416 Elle mériterait une étude approfondie.
Voir M. BAULANT (*art. 1808*) et D. ROCHE (*op. 2793*).

417 R. MUCHEMBLED, *op. 3258*.

risquerait de se désolidariser d'un groupe, seul habilité à imposer ses goûts et ses valeurs. Et pourtant, une civilisation, fut-elle rurale, n'est jamais totalement immobile : par suite d'un irrésistible processus d'imitation, la ville, qui joue le rôle de vitrine, impose à la campagne des mutations qui, pour l'instant, peuvent paraître superficielles mais qui sont porteuses d'avenir. Une tendance à l'accumulation des pièces de même type ; davantage de commodité, mais aussi de fragilité ; un goût un peu plus prononcé pour ce qui se voit et qui brille... Mais cette modernité en gestation, tout en exerçant sur les humbles une aspiration vers le haut, reste l'apanage de quelques privilégiés. Coquetterie et intimité sont le fait, pour reprendre l'expression de Robert Muchembled, d'une *société d'aspiration* qui contraste avec la *société réelle* d'une paysannerie mal dégrossie. Indicateurs d'une différenciation grandissante, la valorisation du linge de corps et d'intérieur, l'ostentation vestimentaire, le triomphe de l'inutile et du futile - la pendule, le miroir mural, le pot de chambre, le parapluie, le mouchoir à moucher - témoignent d'une nouvelle vision du monde... Ces objets, retrouvés jusque dans les milieux modestes, témoignent-ils d'un besoin et d'un usage réels, ou d'une forme de snobisme, d'un goût pour la parade et la distinction ? On investit dans les apparences, pas dans la nourriture qui continue à relever des besoins fondamentaux.

III. SE NOURRIR : LA SATISFACTION DES BESOINS VITAUX

Fort éloignée du paradis gastronomique alsacien qu'affectionnent les touristes, l'alimentation apparaît comme une des composantes majeures de l'existence paysanne. Son évocation fait donc partie intégrante de l'histoire sociale. Historiens et ethnologues ont tenté de dégager son double visage. Elle procède à la fois de l'*avoir* et du *paraître,* confère force physique et puissance sociale, assure la survie et la communication. Pour la paysannerie, elle est affaire de goût sans doute, donc tributaire d'un système culturel responsable des comportements alimentaires. Elle est affaire de nécessité surtout, les habitudes de consommation subissant diverses contraintes, de nature pédologique et climatique, sans qu'on puisse invoquer la tyrannie absolue du terroir et du ciel.

C'est avec une profonde et légitime inquiétude que le paysan scrute le ciel : la saison des semailles sera-t-elle favorable ? Celle de la moisson sera-t-elle propice ? Et lorsque, entre ces deux moments majeurs de l'activité agraire, il voit l'horizon s'assombrir, les nuages s'amonceler, l'orage se déchaîner, la grêle détruire en quelques heures le travail de toute une année, l'angoisse de ne pas pouvoir satisfaire les besoins fondamentaux refait surface. La peur de manquer, aggravée par un nombre sans cesse croissant de bouches à nourrir, se traduit par un chapelet de lamentations tant à l'église qu'auprès du fisc. Quelques lueurs d'espoir au milieu de cette grisaille séculaire : le XVIIIème siècle prend ses distances par rapport aux grandes calamités apocalyptiques et la vie commence à enregistrer des victoires répétées sur la mort[418]. L'organisme serait-il plus résistant parce que

[418] Voir *supra* pp. 492-498.

mieux nourri, donc mieux armé, face aux défis de la maladie ? Par ailleurs, le lent et progressif déblocage de la technique agricole, qui se traduit moins par une augmentation des rendements que par une diversification de la production[419], pourrait être le point de départ d'une meilleure alimentation. Reste à savoir si de tels changements sont perceptibles en dehors de tranches chronologiques exceptionnellement épaisses qui dépasseraient le cadre de cette étude. Les traditions alimentaires s'inscrivant dans la longue, la très longue durée, est-il possible de les cerner ?

A) Les sources : la paysannerie oubliée ?

Sans faire entièrement défaut, mais sans constituer de *corpus* privilégié, les sources relatives à l'histoire de l'alimentation concernent le plus souvent les milieux non ruraux. Les règlements administratifs - octrois, lois somptuaires[420] - et les discours normatifs - livres de cuisine, littérature gastronomique[421] - sont le fait de la communauté religieuse ou de la ville et soulèvent le double problème de l'adéquation de la norme à la réalité et de la qualité d'échantillon des groupes sociaux représentés. Les documents économiques - les états des récoltes établis par les seigneurs ou les subdélégués, les registres de dîmes - posent trop de problèmes d'exploitation dans le domaine de la production pour être utilisés sans réserve dans celui de l'alimentation. Nous disposons donc d'une documentation relative à des milieux tantôt privilégiés, tantôt protégés, qui se situent en marge de la société rurale : les grands et leurs commensaux nous laissent, à travers des évaluations ponctuelles, l'impression d'une alimentation énergétiquement riche et qualitativement diversifiée. De tels festins, qui ne sont guère extrapolables aux réalités des campagnes, ont donc une signification limitée. Il arrive cependant que la paysannerie y soit conviée de façon exceptionnelle et, en quelque sorte, *par délégation* : des collations à des moments privilégiés, par exemple à l'occasion des adjudications de dîmes ou de l'examen des comptes de la communauté, ne sauraient refléter la réalité quotidienne, pas davantage d'ailleurs que les repas de fête qui accompagnent les noces ou les baptêmes. Pour des êtres en survie physiologique ou en manque calorique permanent, ces excès occasionnels, trop rares entorses à un régime hypocalorique, sont tout au plus de nature à compenser les privations ordinaires et la frugalité quotidienne. Les communautés - couvents, hôpitaux et collèges - peuvent, grâce à leurs comptabilités, nous donner une idée des habitudes alimentaires[422]. Mais les réserves, dont elles disposent, leur permettent de pratiquer une véritable politique de la consommation qui leur confère,

[419] Voir *supra* pp. 748 ss.

[420] Au niveau de la seigneurie ou de la communauté villageoise. Voir Ch. GERARD, *op. 2836*.

[421] B. BUCHINGER, *op. [343]* : suggestion de menus à l'intention des couvents de Bénédictins et de Cisterciens (*Kochbuch* 1671).

[422] Ch. WITTENMEYER, *mém. 3041*, pp. 58-84 (hôpital de Bouxwiller, fin XVIème siècle).
AM Sélestat HOSP 14/9 : hôpital de Sélestat, milieu XVIIIème siècle.
ABR D 160 et 169 : hôpital de Molsheim, 1767-1787.
C. A. HANAUER, *op. [106]*, t. II, pp. 303-310
W. FRIJHOFF et D. JULIA, *art. 2834*.

surtout en période de pénurie, un traitement de faveur. Par ailleurs, l'alimentation d'un malade est foncièrement différente de celle d'un bien portant. L'armée et la marine constituent enfin un milieu d'étude exceptionnel, à la fois par leur relative homogénéité et par l'organisation poussée de leur intendance, mais les rations *normatives* dont elles bénéficient les situent à cent lieues de la société paysanne. Le fait que soldats et marins soient issus de milieux populaires ne saurait justifier, à lui seul, l'extrapolation.

Et nos paysans ? Ils apparaissent comme les parents pauvres, si toutefois ils sont présents dans une documentation qui n'est faite ni par eux ni pour eux. Tandis que les étrangers ne relèvent que ce qui les étonne et qui tranche avec leurs propres habitudes alimentaires, les autochtones se gardent bien de faire étalage - par pudeur, par prudence, par habitude d' autoconsommation - des produits alimentaires. Les humbles ne laissent nulle trace de leur consommation sous la forme d'une comptabilité que ne réclament ni leur état socio-économique ni leur niveau culturel. Avec la rareté des livres de raison, monopole d'une frange privilégiée de la société rurale, tranche cependant la richesse des actes notariés qu'on utilisera avec prudence puisqu'ils nous invitent à raisonner en termes de stocks, donc de prévisions alimentaires.

Les inventaires après décès d'abord : l'état des disponibilités en vivres, de la cave au grenier, donne une idée des habitudes et des besoins alimentaires de la population concernée. Evaluation très approximative, il est vrai, qui doit être corrigée en fonction des variations saisonnières du stock alimentaire, tantôt épuisé, tantôt reconstitué, compte tenu de la date d'établissement de l'acte et, en dernier ressort, des opérations de battage et des possibilités de vente au marché. L'écart entre les rations disponibles et les rations effectives nous échappe. D'ailleurs, jauger le volume des réserves revient plus souvent à déterminer les possibilités de la production ou du stockage qu'à cerner le régime alimentaire lui-même. Par ailleurs, ce cliché instantané occulte la plupart des denrées périssables et celles qui sont consommées sans délai : produits du potager, de la basse-cour et de l'étable. Pas question, pour le notaire, d'indiquer le nombre d'oeufs pondus au jour le jour ; pas question non plus de mesurer la quantité de lait tiré du pis des brebis ou de la vache familiale. Se pose en effet le problème des limites de la conservation : seuls les légumes secs sont faciles à conserver et à stocker ; la dessication peut s'appliquer aux fruits, plus rarement à la pomme de terre ; la viande est couramment salée et fumée. On a vite fait le tour des denrées propres à une consommation différée. L'alimentation paysanne, reconstituée à partir des inventaires après décès, finit donc par ressembler à un puzzle dont certaines pièces auraient disparu. L'étude ainsi menée conduit à des ordres de grandeur, mais risque de déboucher sur une surestimation des grains par rapport aux produits non céréaliers, légumes, fruits, lait, oeufs.

La confrontation de ces renseignements avec ceux fournis par les contrats de mariage, qui indiquent la teneur des pensions alimentaires, est fort éclairante. Simple exemple parmi d'autres : voici qu'à Baldenheim, en

1784, l'héritier désigné s'engage à assurer à sa mère le logement et à lui fournir annuellement quatre rézaux de froment, deux de seigle, cinquante livres de viande de porc, deux sacs de pommes de terre, quatre mesures d'huile, quatre picotins de pois et deux d'orge mondée, le quart des fruits récoltés, enfin à entretenir à ses propres frais, une vache, deux moutons et quatre poules dont le produit est destiné à sa mère[423]. Situation ponctuelle sans doute, mais instructive, dans la mesure où elle se répète à de nombreux exemplaires. Certes, la pension réservée aux *vieux*, le jour où les *jeunes* assument la maîtrise de l'exploitation, n'est sans doute pas le meilleur critère pour jauger le régime alimentaire de la population. Elle est en effet la résultante d'un contrat, d'un rapport de forces, entre les *assistants* que sont les enfants et les *assistés* que sont les parents, si les deux générations ne vivent pas ensemble *à feu et à pot*. Par ailleurs, les rations indiquées ne peuvent pas être considérées comme des quantités normatives, puisqu'elles sont destinées à des personnes d'un certain âge dont les besoins énergétiques et caloriques sont inférieurs à ceux des adultes. Les portions allouées correspondent donc à une *ration de survie* plutôt qu'à une *pension de retraite*, puisque le bénéficiaire continue le plus souvent à travailler, au rythme qui est le sien, dans l'exploitation familiale. Mais en admettant qu'elles ne soient pas destinées à un *consommateur modal*, ces rations reflètent les habitudes alimentaires de l'époque et ne sont pas foncièrement différentes en qualité de celles qu'à l'inverse les jeunes touchent de leurs parents tant qu'ils n'ont pas pris la direction de l'exploitation.

En l'absence de toute trace de *menu* et de toute évocation de *plat complet* reposant sur la combinaison de divers nutriments, c'est de façon indirecte que nous appréhendons l'alimentation paysanne. Il convient pour cela de privilégier une approche micro-économique, au niveau des unités de taille restreinte que sont les exploitations familiales. Ces notations brèves et dispersées sont certes très éloignées des commodités statistiques, mais elles rendent peut-être de façon plus fidèle le vécu quotidien. Elles permettent en tout cas et de définir la notion de *minimum vital* et de cerner la part de l'autoconsommation qui, trop souvent, échappe à l'investigation. Or, à la campagne plus qu'ailleurs, la consommation est indissociable de la production.

B) Les modes de consommation : du collectif à l'individuel

La question primordiale du *que mange-t-on ?* se trouve subordonnée à l'interrogation préalable du *comment mange-t-on ?* En effet, toute la vérité ne réside pas dans la nature des mets ; le code alimentaire s'applique également à la façon de manger : *dis-moi comment tu manges, je te dirai qui tu es*. L'utilisation ou non de couverts, la présence ou non de linge de table sont autant de critères qui pourraient entrer dans l'étude comparative de l'alimentation paysanne et non paysanne, difficile à cerner dans une société relativement homogène comme la nôtre. Nous ne savons

[423] ABR 6 E 27, Not. Muttersholtz, inv. Baldenheim 25, 1784.

pratiquement rien sur le nombre et la distribution des repas au cours de la journée et leur ritualisation implicite[424] ; le mémoire de Hammer, composé au seuil du XIXème siècle[425], nous indique que la journée du paysan est coupée en séquences par trois repas en hiver et quatre en été : à 7-8 heures du matin (avec soupe, légumes, éventuellement viande) ; vers 11 heures-midi (repas froid, sauf à l'époque de la moisson) ; vers 16-17 heures (repas froid avec pain, fromage, beurre et raves) ; enfin à l'entrée de la nuit (soupe, salade, lait aigre)[426]. En revanche, la hiérarchie de l'équipement ménager suggère moins une différenciation sociale des utilisateurs que la spécificité des régimes alimentaires. Les ustensiles de table, mentionnés par les inventaires après décès, sont plus souvent collectifs qu'individuels. Autrement dit, manger avec les doigts ou boire au goulot ne relèvent pas du mythe mais de la réalité quotidienne. Et comme il est difficile de le faire proprement, un certain nombre d'accessoires deviennent indispensables : la serviette ou l'essuie-main, à défaut de la nappe ; le lave-main, exceptionnellement l'aiguière. On notera cependant la rareté du plat[427] et de la soupière, objets d'apparat plus que de service. Le repas est servi directement dans la marmite ou la poële sitôt retirée du feu[428]. Nous n'avons pas trouvé trace de tables à évidements en forme d'assiettes ou d'écuelles, fréquentes en Lorraine et en Franche-Comté[429]. L'Alsace participe à des usages d'une autre nature : en même temps que l'on puise dans la marmite collective et qu'on lampe le potage dans l'écuelle commune ou par l'intermédiaire d'une louche utilisée alternativement par plusieurs convives, on trempe ses lèvres dans le broc ou la cruche qui circulent autour de la table[430].

Récipients de table collectifs
Nb. de mentions (% par rapport à l'ensemble des inventaires)
Date de la première mention

	Soupière	Marmite	Plat	Poële à omelette	Saladier	Cruche	Carafe
Schillersdorf				6 (3,3%) ?			
Reitwiller	1 (0,8%) 1711			2 (1,5%) 1736			
Holtzheim				2 (1,1%) 1675	2 (1,1%) 1760		
Baldenheim	2 (1,9%) 1787	2 (1,9%) 1730	2 (1,9%) 1730	5 (4,8%) 1730		14 (13,5%) 1709	1 (0,9%) 1777
Ungersheim	3 (1,9%) 1714		1 (0,6%) 1774	4 (2,6%) 1729	3 (1,9%) 1760		

424 Les renseignements fournis par Ch. GERARD (*op. cit.*, pp. 55 ss.) doivent tout à la mémoire collective et ne remontent guère en-deçà du XIXème siècle.

425 ABR 63 J 15 (1807).

426 L'affirmation de L'Hermine (J. DE L'HERMINE, *op. cit.*, p. 184), selon laquelle *l'heure du repas est à dix heures très précises, parce que ce n'est pas la coutume d'y déjeuner, et parce que le souper est à six heures*, concerne-t-elle laville ?

427 ABR 6 E 27 Not. Muttersholtz, inv. Baldenheim 19, 1730 : *Fischblatt*.
AHR 4 E Not. Bollwiller, inv. Ungersheim 5, 1774 : plat en étain.

428 *Suppenkar* : ABR 6 E 7. Not. Bouxwiller, inv. Reitwiller 359 (fin XVIIème siècle).
AHR 4 E Not. Bollwiller, inv. Ungersheim 3 (1714) et 5 (1788 et 1789).
Eierkuchenpfann à Holtzheim dès 1675, Reitwiller, Schillersdorf.
Omelettepfann : AHR 4 E Bollwiller, inv. Ungersheim 1729.

429 M. BOULIN, *art. 2692*.

430 *Trinkkössel* ou *Trinkgeschirr*.

On imagine donc, à défaut de pouvoir la vérifier par les sources, une façon de manger très fruste : sur le pouce ou par tranchoir interposé. Cette planche de bois, ou éventuellement l'épaisse tranche de pain qui en fait office, reçoit les morceaux de la viande puisés dans le pot commun, mais également la sauce, peut-être la soupe[431]. Tranche de pain et planchette en bois ne sont autre chose que les supports individuels d'une manière de manger collective.

Le développement, lent mais irréversible, des ustensiles individuels - le fait d'avoir son assiette, sa cuillère, sa fourchette et son couteau - est lourd de signification. C'est moins par souci d'hygiène, notion très lente à pénétrer les mentalités, que par la prise de conscience d'un certain individualisme que s'effectue le changement. Chacun s'entoure de cloisons invisibles qui le séparent de son voisin : par le fait même, il s'établit une certaine distance, non seulement de convive à convive, mais entre le consommateur et la nourriture qu'il consomme[432] : des manières d'*honnêtes gens* sans doute qui, entre les élites et le peuple, établissent une ségrégation supplémentaire[433], mais qui finissent, du XVIIème au XVIIIème siècle, par être adoptées par ce même peuple par une sorte de contagion descendante.

Les couverts dans les inventaires après décès

Echantillons	**Période et nb. d'inventaires**	**analysés**	**% d'inventaires faisant mention de : assiettes**	**cuillères**	**fourchettes**	**couteaux**	**gobelets**	**verres**
Schillersdorf	I	31	3,2	3,2	-	-	?	
	II	47	2,1	2,1	-	-	?	
	III	44	15,9	36,4	-	-	?	
Hohatzenheim	I	16	12,5	6,2	-	-	-	
	II	31	16,1	32,2	-	-	-	
	III	29	13,8	17,2	-	-	-	
Gimbrett	I	28	-	10,5	-	-	3,6	
	II	39	17,9	30,8	-	-	2,6	
	III	58	22,4	29,3	-	-	1,7	
Reitwiller	I	21	14,3	80,9	-	-	-	
	II	34	23,5	44,1	-	-	2,9	
	III	26	53,8	76,9	-	-	3,8	
Holtzheim	I	88	3,4	25,0	-	-	1,1	
	II	37	13,5	32,4	-	2,7	-	2,7
	III	51	27,4	25,5	?	?	9,8	2,0
Baldenheim	I	46	34,8	47,8	-	-	4,3	
	III	63	66,7	54,0	9,5	7,9	1,6	
Heiteren	I	50	4,0	-	-	-	-	-
	II	55	10,9	21,8	18,2	1,8	-	7,3
	III	60	63,3	20,0	13,3	5,0	-	13,3
Ungersheim	I	42	47,6	33,3	2,4		2,4	-
	III	53	43,4	35,8	22,6	13,2	3,8	1,9
Heimsbrunn	I	22	40,9	13,6	-	-	?	?
	III	29	41,4	3,4	6,9	?	?	6,9
Heimersdorf	I	68	10,3	-		-	1,5	-
	II	51	13,7	3,9	1,9	-	-	1,9
	III	92	11,9	15,2	16,3	9,8	2,2	7,6

Sources : ABR et AHR, Not. inv. (voir l'état des sources)
I = 1660 (1700) - 1729
II = 1730 - 1759
III = 1760 - 1789

431 B. MAUGUE, *op. [252]*, t. I, p. 129 : *On se contente de les* (les herbes) *mettre sur le pain coupé lorsqu'on y verse le bouillon* (début XVIIIème siècle).

432 N. ELIAS, *op. 1915*.

433 J-L. FLANDRIN, *contrib. 2832*, pp. 267-274.

Nombre de pièces par ménage :

Echantillon	Période	Assiettes 1.	Assiettes 2.	Assiettes 3.	Cuillères 1.	Cuillères 2.	Cuillères 3.	Fourchettes 1.	Fourchettes 2.	Fourchettes 3.	Couteaux 1.	Couteaux 2.	Couteaux 3.
Reitwiller	I	3	6	3,0	17	199	11,7						
	II	8	84	10,5	15	224	14,9						
	III	14	224	16,0	20	291	14,5						
Baldenheim	I	16	162	10,1	22	217	9,9	-	-	-			
	III	42	654	15,6	34	517	15,2	6	98	16,3	5	54	10,8
Ungersheim	I	20	207	10,3	14	77	5,5	-	-	-	-	-	-
	III	23	268	11,6	19	132	6,9	12	99	8,2	7	43	6,1
Heiteren	I	2	16	8	-	-	-	-	-	-	-	-	-
	II	6	25	4,2	10	42	4,2	8	35	4,4	-	-	-
	III	36	178	4,9	10	49	4,9	7	48	6,8	3	8	2,7

1. Nb. de ménages
2. Nb. de pièces
3. Nb. de pièces par ménage

Echantillon	Période et nombre d'invent.		% d'inventaires faisant mention de : Ni assiettes ni cuillères	Assiettes seules	Assiettes+ cuillères	Cuillères seules
Schillersdorf	I	31	96,8	-	3,2	-
	II	47	95,8	2,1	-	2,1
	III	44	54,6	9,1	6,8	29,5
Hohatzenheim	I	16	81,3	12,5		6,2
	II	31	58,1	9,7	6,4	25,8
	III	29	82,8	-	13,8	3,4
Gimbrett	I	28	89,5	-	-	10,5
	II	39	66,5	2,5	15,5	15,5
	III	58	63,5	7,0	15,5	14,0
Heimsbrunn	I	22	54,6	31,8	9,1	4,5
	III	29	58,7	37,9	3,4	-

La percée de l'assiette peut surprendre. Elle est présente, à de rares exemplaires, dès la fin du XVIIème siècle et, au siècle suivant, un ménage sur quatre ou sur trois au plus (Reitwiller, Heiteren), un foyer sur huit au moins (Holtzheim, Heimersdorf) l'auront adoptée. La progression est sensible si l'on compare le nombre de ménages qui l'utilisent en 1789 par rapport à 1700 : ils sont quatre fois plus nombreux à Reitwiller, huit fois à Holtzheim, seize fois à Heiteren... Et si le nombre de pièces par famille ne suit pas la même évolution linéaire, c'est qu'on arrive à un seuil incompressible allant de pair avec une diffusion de plus en plus large dans les milieux modestes. Le passage du bois à l'étain n'est pas aussi systématique qu'on a voulu l'affirmer[434]. Une vieille tradition, que L'Hermine relève dans le Sundgau dès la seconde moitié du XVIIème siècle, semble en effet donner la priorité aux écuelles en bois : *de la vaisselle fort malpropre, des ronds de bois qui servent d'assietes... cela n'est guères*

[434] M. DOERFLINGER / G. KLEIN, *op. 3279*, t. II, p. 18.
Voir *supra* pp. 1654-1656.

ragoûtant[435]. Mais si la majorité des assiettes sont en étain au XVIIIème siècle, la diversification qui se dessine, à la fin de la période considérée, peut fort bien jouer en faveur du bois, présent à Reitwiller sous forme d'assiettes rondes ou carrées[436].

La cuillère apparaît plus tardivement encore. Longtemps, seules la cuillère à pot et à ragoût ainsi que la louche sont utilisées : les cas de Holtzheim et d'Ungersheim qui adoptent, dès la fin du XVIIème siècle, la cuillère individuelle, sont exceptionnels. A Reitwiller, il faudra attendre le début du XVIIIème siècle ; à Heiteren et à Heimersdorf, les années 1730 ; à Schillersdorf, la seconde moitié du siècle. En moyenne, un ménage sur vingt seulement l'utilise dans cette dernière localité[437], contre un sur deux à Reitwiller[438] un sur quatre à Holtzheim[439], un sur sept à Heiteren, un sur treize à Heimersdorf... *O pauvres paysans,* se serait exclamé Goethe, *s'il pleut de la bouillie, ils n'ont même pas de cuillères*[440] ! La progression au XVIIIème siècle est donc moins spectaculaire que celle de l'assiette, sauf à Schillersdorf qui semble découvrir brutalement l'avantage de la cuillère individuelle. La plupart de ces cuillères sont en étain, mais une diversification du matériau - plomb, fer, fer blanc, laiton - s'esquisse progressivement.

Par contraste avec la diffusion de l'assiette et de la cuillère individuelles, la rareté de la fourchette et du couteau n'apparaît que plus clairement. La fourchette est utilisée comme fourchette à rôt dont on se sert pour tirer les mets du plat ; elle est absente dans près de la moitié des localités étudiées en tant qu'ustensile individuel : ne fait-elle pas double emploi avec les doigts ? Si elle apparaît, c'est en général à partir de 1730, voire de 1760 et, en quelques décennies, elle tente de rattraper son retard : c'est en général un ménage sur dix qui possède des fourchettes au XVIIIème siècle. Si en dehors des couteaux à découper, le couteau ne laisse pas de trace dans les inventaires, du moins dans la première moitié du siècle, c'est qu'il n'est guère utilisé à table. Par contre, il constitue un outil de travail très personnalisé et l'attribut masculin par excellence : les levées de cadavres indiquent la fréquence du couteau de poche qui accompagne l'homme dans ses déplacements et joue un rôle non négligeable dans les rixes[441]. La ritualisation du couteau échappe au domaine alimentaire.

Moins de 5% des familles possèdent un ou plusieurs gobelets. Encore faut-il attendre les années 1725/1730 pour les voir apparaître dans les inventaires : en étain, puis en plomb, exceptionnellement en argent, ils n'enregistrent pratiquement pas de progression, mais se trouvent

435 J. DE L'HERMINE, *op. cit.*, p. 182.

436 ABR 6 E 7, Not. Bouxwiller, inv. 359-364, *passim.*

437 ABR 6 E 17, Not Ingwiller, inv. 68-75 18 mentions sur 377 inventaires.

438 ABR 6 E 7, Not. Bouxwiller, inv. 359-364 : 52 mentions sur 81 inventaires.

439 ABR 6 E 26, Not. Molsheim I, inv. 36-39 : 47 mentions sur 176 inventaires.

440 Cit. par M. TOUSSAINT-SAMAT, *op. 2884*, p. 144.

441 Voir *supra* pp. 1513-1524.

supplantés, dans les familles considérées, par les verres. Sur les 176 ménages de Holtzheim, deux seulement possèdent des verres avant 1789. Dans les deux cas, il s'agit du curé : il peut en aligner douze en 1748 ; en 1773, son successeur est l'heureux détenteur d'une bouteille et de six verres[442]...

Résumons-nous : entre 12 et 50% des ménages détiennent des assiettes et l'écart se creuse pour les cuillères (de 5 à 64%). Les proportions se stabilisent autour de 10% pour les fourchettes, de moins de 5% pour les gobelets et les verres. Se dégage parallèlement une différenciation dans l'espace qu'à défaut de pouvoir expliquer nous nous contentons de constater :

- La progression forte dans le pays de Hanau, moindre dans le Kochersberg et la campagne strasbourgeoise, témoigne d'une apparition plus ou moins précoce des outils de table individualisés.

- Le niveau relativement élevé de l'Alsace moyenne (Baldenheim, Heiteren, Ungersheim) s'accompagne au contraire d'une grande stabilité du début à la fin du siècle.

- Le retard des *bouts du monde*, Outre-Forêt et Sundgau, souffre bien des exceptions, comme le montre le cas de Heimsbrunn.

Trop de facteurs se conjuguent pour autoriser une explication unilatérale : l'évolution du niveau du vie, la proximité d'un centre urbain ou, au contraire, l'isolement relatif d'une contrée. Ce qui paraît certain par contre, c'est que la présence de couverts et l'individualisation des ustensiles ne sont nullement liées à l'importance des exploitations. C'est surtout en ville que se développe insensiblement, pour reprendre l'expression de Daniel Roche, un *savoir-consommer* à partir des manières des classes dominantes[443]. La mutation silencieuse qui réside dans la *sécession du moi* et l'isolement à table, les ustensiles jouant, comme l'indique Lévi-Strauss, le rôle d'*isolants*, ont-ils gagné les habitudes paysannes ? A la campagne, de telles attitudes restent le monopole d'une minorité : que l'on songe un instant ce qu'il a fallu de temps et de patience pour convaincre le paysan qu'il devait boire dans son propre verre et prendre les aliments en se servant d'une fourchette et non de ses doigts ! Que l'on imagine les sarcasmes auxquels s'exposeraient ceux qui, par leurs manières affectées, mais maladroites, se serviraient - au nom d'une certaine civilité - de fourchettes et prendraient le risque de laisser tomber la moitié de la nourriture entre le plat et la bouche ! L'individualisation des couverts suppose l'apprentissage de leur maniement et un certain contrôle de soi : elle ouvre la voie à un rituel et à une démonstration de sociabilité digne du *beau monde*. Si les permanences l'emportent sur les nouveautés, on relèvera cependant l'accroissement du nombre d'objets à usage déterminé, suivant qu'il s'agit de la préparation de la viande ou de la saucisse, des oeufs

---

442 ABR 6 E 26, Not. Molsheim I, inv. 38, 1748 et 39, 1773.

443 D. ROCHE, *art. 2874*.

ou du poisson, de la pâtisserie ou des pâtes[444]. De tels, objets, à finalité précise, sont suffisamment spécifiques et coûteux pour être relevés individuellement par le notaire et pour échapper à une évaluation globale. Mais les apparents progrès du *savoir-consommer* ne vont pas forcément de pair avec un *mieux-être alimentaire.*

C) Les produits consommés

1) Faire bombance : une occasion de se rattraper...

Occasionnellement, en quelque circonstance officielle, au terme des grands travaux agraires ou lors des cérémonies familiales, on est convié à de véritables festins qui, sous prétexte qu'ils laissent quelques traces dans les archives, ne doivent pas être considérés comme le reflet fidèle des repas quotidiens. Voici que le Chapitre de Saint-Pierre-le-Vieux embauche des vendangeurs à Neugartheim-Ittlenheim à la fin du XVIIIème siècle : *On assemble vers le déclin du jour marqué pour le repas, les vignerons, porte-hottes et vendangeuses au nombre de 24 année commune et de 30 dans les années abondantes, on forme de l'un ou de l'autre nombre trois tables dont deux pour les femmes, la troisième pour les hommes, chacune est servie avec un potage, un grand plat de légumes garni de boeuf et de mouton... On relève ces potages par trois fressures, celles-cy sont remplacées par trois gigots et trois salades, on y consomme au moins une mesure et demie de vin doux avec dix à douze pains de huit livres*[445] : pas moins de un à deux kilos de pain et de deux à trois litres de vin par personne lors du repas clôturant les vendanges .

L'opulence des plats est encore plus marquée à Jebsheim où, de 1713 à 1760, les Ribeaupierre convient, au moment de la rentrée des deniers royaux, de la prestation de la corvée ou des adjudications communales, les responsables de la communauté - prévôt, receveur, préposés à la collecte - à partager des agapes proprement princières[446]. Nous disposons ainsi d'une quarantaine de *menus* - déjeuners et dîners confondus - qui se tiennent une fois l'an, en général au mois de juin ou de juillet. Pas de repas sans viande, voire sans viandes. Au nombre des chairs consommées, la volaille apparaît dans la moitié, le boeuf et le veau[447] dans un quart, le mouton et l'agneau dans un cinquième des cas. La viande bouillie côtoie la viande rôtie, mais la désaffection à l'égard des salaisons se dessine nettement. Le grand oublié est le porc, timidement consommé sous forme de lard ou de cochon de lait. La suprématie de la volaille - oie, canards, poulets et pigeons rôtis, fricassé de

---

[444] ABR Not. 6 E 27, Not. Muttersholtz, inv. Baldenheim 18, 24 et 25 : *Eierkuchenpfann* (1730) ; *Eierkuchenschauffele* (1784) ; *Blech zum baken* (1785) ; *Kiechelspritz* (1773) ; *Bradwurstspritz* (1778) ; *Fischpfann* (1703) ; *Tischschäuflein* (1788), etc.
AHR 4 E Not. Bollwiller, inv. Ungersheim 1-5 : *Tartenpfann* (1728), *Amoulettepfann* (1729), *Pastetenblech* (1786) ; *Brodschüssel* (1777) ; *Wahlholtz* (1786) ; *Mandelbrett* (1786) ; *Sauerkrautgabel* (1764) ; *Ankenlöffel* (1729) ; *Ragoûtlöffel* (1786) ; *Knöpfelmesser* (1765) ; *Fischschauffel* (1786), etc.

[445] ABR E 5598 : *Instructions sur les opérations relatives à la vendange de Neugartheim,* s.d., après 1777.

[446] AHR E 1470-1473. Voir aussi Ch. GERARD, *op. cit.*, pp. 111-112 : un baptême dans la famille comtale en 1648 ; la visite du comte et de la comtesse de Hanau-Lichtenberg à Ribeauvillé, le 5 août 1704.

[447] Ibid.*: rôti de vos* (1723), *rognons de veau* (1735, 1739).

Les festins de Jebsheim (AHR E 1470-1473)

	Entrée	Pain	Pâtes	Bouillie	Orge	Soupe	Riz	Poulets rôtis	Fricassé de poule	Poule au riz ou à l'orge	Boeuf	Poitrine de veau	Rôti de veau	Ragoût de veau	Mouton	Agneau	Cochon de lait	Lard	Oie	Canard	Pigeons	Pois	Navets	Choux	Salade	Légumes divers	Artichauts	Raifort et radis	Oeufs et omelettes	Fromage	Beurre	Poisson	Ecrevisses	Beignets	Tarte	Cerises	Confiture	Vin
Juin 1713 (S)		•							•				•			•					•				•												•	•
Juin 1713 (S)		•			•			•	•			•	•			•			•		•				•												•	•
Juin 1723		•				•		•	•		•		•	•				•					•		•	•	•		•		•							
Juillet 1723		•		•		•											•			•			•		•	•	•		•		•						•	•
Juillet 1725 (D)		•				•					•														•			•		•			•			•		•
Juillet 1725 (S)		•			•			•	•		•						•		•			•			•											•		•
Octobre 1726		•				•		•			•																										•	•
Octobre 1726 (D)		•				•		•							•										•									•			•	•
Juin 1727 (D)		•				•					•				•									•								•						•
Juin 1727 (S)						•		•			•		•											•	•													•
Juin 1727 (D)		•				•		•	•				•																			•						•
Juin 1728	•	•			•	•										•				•				•	•												•	•
Juin 1728 (D)	•	•	•							•	•				•				•	•					•							•					•	
Juin 1730 (S)		•						•	•																•										•		•	•
Juin 1730 (D)		•				•		•			•														•												•	•
Juin 1730 (S)						•		•	•	•	•				•		•								•												•	
Juin 1730		•				•		•					•		•										•										•			•
Juin 1733		•				•		•	•		•				•									•	•												•	
Juin 1733 (S)		•					•	•	•	•					•					•					•												•	
Juin 1733 (D)		•				•			•		•				•						•		•		•												•	
Juillet 1734 (S)					•			•	•	•							•		•						•												•	
Juillet 1734 (D)						•			•		•				•							•		•	•												•	

Les festins de Jebsheim (suite) (AHR E 1470-1473)

	Entrée	Pain	Pâtes	Bouillie	Orge	Soupe	Riz	Poulets rôtis	Fricassé de poule	Poule au riz ou à l'orge	Boeuf	Poitrine de veau	Rôti de veau	Ragoût de veau	Mouton	Agneau	Cochon de lait	Lard	Oie	Canard	Pigeons	Pois	Navets	Choux	Salade	Légumes divers	Artichauts	Raifort et radis	Oeufs et omelettes	Fromage	Beurre	Poisson	Ecrevisses	Beignets	Tarte	Cerises	Confiture	Vin
Juillet 1735 (D)		•				•		•			•															•												
Juillet 1735 (S)		•					•	•	•		•		•		•										•												•	
Juillet 1735 (D)		•				•			•		•				•										•	•												
Juillet 1736		•						•							•							•			•				•								•	
Juillet 1736 (S)		•					•		•		•				•				•						•												•	•
Juillet 1737		•				•		•			•				•											•											•	
Juillet 1737 (S)		•							•			•			•										•												•	
Juillet 1737 (D)		•						•	•		•				•		•								•	•											•	•
Juin 1738 (D)		•			•	•			•		•		•		•		•								•												•	
Juin 1738 (S)		•							•	•					•																						•	•
Juin 1739						•						•										•			•													•
Juin 1739 (D)								•	•	•	•				•						•			•														
Juin 1739 (S)		•					•				•				•					•	•			•	•												•	•
Juillet 1746		•				•		•		•	•				•					•						•											•	•
Juillet 1758					•	•					•		•	•	•									•	•					•		•				•		

D = déjeuner ; S = Souper

Sur 37 repas Soupe = 22 (59,5%)

Légumes = 34 (91,9%) Sur les 34 cas : 13,0% non spécifiés
53,6% salade ; 14,8% choux
7,4% pois ; 5,6% navets
3,7% artichauts ; 1,9% radis + raifort

Céréales = 10 (27%) Sur les 10 cas : 60% orge
40% riz

Pain = 29 (78,4%)

Viande = 36 (97,3%) Sur les 36 cas : 48,5% volaille
27,6% viande de bovin
18,7% mouton-agneau
05,2% porc

Oeuf + omelette = 4 (10,8%)

Beurre + fromage = 4 (10,8%)

Desserts = 31 (83,8%) Sur les 31 cas : 80,6% confiture ; 9,7% cerises
6,5% tarte ; 3,2% beignets pommes

Vin = 20 (54%)

poulet, poule au pot - va de pair avec la consommation du bouillon de viande et du potage au riz ou à l'orge, de préférence à la bouillie et aux quenelles, entachées de vulgarité. Froment, seigle ou méteil ne sont présents que dans le pain qui accompagne presque toujours ces repas. Divers légumes, pas toujours identifiables, complètent l'alimentation . Mais les choux, les navets, les radis, les petits pois, exceptionnellement les artichauts comptent peu face à l'importance de la salade verte, présente dans quatre repas sur cinq : peu nourrissante, elle entre davantage, semble-t-il, dans l'alimentation des privilégiés que dans celle du peuple. On notera par contre l'absence de la pomme de terre, mais les informations s'arrêtent en 1760. On fait à peine appel au poisson (et aux écrevisses), aux oeufs (et à l'omelette), au fromage et au beurre, ce dernier accompagnant parfois la consommation des navets. Par contre, dans les trois quarts des cas, un dessert est servi aux convives : de la confiture, des cerises ou du raisin, de la tarte ou des beignets aux pommes. De tels repas, parfois précédés d'une *entrée*[448], par ailleurs copieusement arrosés de vin, coûtent cher :

- moins de 5 livres tournois	22,2% des cas
- de 5 à 10 livres	35,6% des cas
- de 10 à 15 livres	20% des cas
- plus de 15 livres	22,2% des cas,

soit entre une et deux livres par convive : la rémunération, pour un manouvrier, de plusieurs jours de travail ! Le souper, qui se déroule le soir dans l'euphorie de la tâche accomplie, est en général plus copieux et plus coûteux que le déjeuner. Quant au petit déjeuner, il n'est indiqué qu'exceptionnellement pour le personnel de service qui se contente d'une soupe au lait et de quelques oeufs. Nous ignorons, combien, parmi les habitants de Niedernai et de Meistratzheim, sont conviés au festin qu'organise à plusieurs reprises à l'auberge, en automne 1670, en pleine rébellion[449], l'évêque de Strasbourg. Mais ce que nous savons, c'est que le vin, blanc et rouge, y coule à flots, qu'on y consomme de la volaille et du gibier, des écrevisses et du poisson, des oranges et des citrons, qu'on commande au pâtissier d'Obernai du pain espagnol et du pain d'épices... Coût de l'opération : plus de 100 livres tournois par repas ! Mieux que cela : un repas, au moment de l'adjudication de la dîme revient à 300-400 livres à Reguisheim au début du XVIIIème siècle[450]. Or en 1682, un arrêt du Roi avait expressément interdit de *faire festins et banquets lors de l'enchère des dixmes et de la levée d'icelles*[451].

2) Le modèle alimentaire paysan : du pain, du vin, du cochon ?

Il va de soi que des banquets aussi riches en apports caloriques constituent l'exception. Sans doute les heureux bénéficiaires s'en souviendront-ils longtemps. Mais, en dehors de ce faste quantitatif et qualitatif qui caractérise les excentricités gastronomiques, comment

448 Ibid.: *Fohressen* (1728).

449 ABR G 714-715. Voir *supra* pp. 1309-1312.

450 AHR 1 G 61 (1709).

451 DE BOUG, *Ord. Als.*, t. I, p. 112 (12 juin 1682).

connaître l'ordinaire sans s'exposer à des risques d'incohérence ou de distorsion ? Les inventaires réservent, en fait, bien des surprises : des cochons à la porcherie et pas de lard dans les réserves ; inversement, des paniers garnis d'oeufs et une basse-cour vide ! Nous avons déjà évoqué le problème des denrées périssables. Les précisions sur les légumes, susceptibles d'équilibrer un régime alimentaire déficient, ne nous parviennent qu'incidemment, au détour d'un compte, et n'autorisent pas toujours la quantification : *tas* ou *fosses* de navets ; *corbeilles* ou *sacs* de pommes de terre ; *bottes* de haricots ; *cent* de choux... Additionner des unités de mesure aussi diverses qu'imprécises perd tout intérêt. D'ailleurs, l'utilisation systématique des restes par souci d'économie (le pain perdu, le fond du pot repris d'un jour à l'autre), l'art de les accommoder pour la famille, la domesticité, le bétail ou la basse-cour entraînent une sous-estimation des réserves réellement utilisées. Car le cycle ne tarde pas à se refermer : le porc nourri avec les sous-produits domestiques transformera à son tour les sons et les moûtures en protides, par jabots et intestins interposés, de quoi assurer le *recyclage* de la pomme de terre et des sous-produits laitiers. On se contentera donc d'utiliser la méthode des tests de présence, en privilégiant néanmoins l'analyse qualitative par rapport à l'étude quantitative : elle permet à la fois de déceler les nouveautés et d'établir des modèles alimentaires. Mais surgit aussitôt le problème de l'utilisation réelle de ces réserves :

- Sont-elles destinées à la nourriture des hommes ou des bêtes ? Tel est le cas de l'orge ou des fèves dont l'usage n'est pas toujours clairement défini.
- Sont-elles destinées à l'autoconsommation ou, en partie, à la commercialisation ? Les importantes réserves de froment du Kochersberg posent le problème.
- Sont-elles destinées à l'alimentation ou à l'usage domestique ? Les graines de lin et de chanvre peuvent être conservées pour être jetées en terre et préparer une nouvelle récolte, comme elles peuvent servir à la fabrication de l'huile : encore faudrait-il pouvoir distinguer les huiles alimentaires de celles qui sont utilisées pour l'éclairage domestique.

a) Nourriture de base et nourritures supplétives

L'éventail des produits consommés est plus fermé que celui des produits cultivés. Mais l'interdiction réitérée d'exporter des grains, en 1739, puis en 1748/1749, celle d'exporter les pommes de terre par chariot et autrement que par sacs et par paniers à la même époque[452], puis en 1771, rendent compte de l'importance de quelques produits de base. Au sein d'une variété toute relative, dégageons les associations alimentaires les plus courantes. Cadre ou carcan, l'association grains-vin-viande de porc s'impose partout jusqu'à limiter la gamme des produits consommables. La fort nourrissante châtaigne est moins répandue que dans le Massif central ; elle n'est pas absente pour autant des menus alsaciens, en particulier sur les marges occidentales de la plaine (de Wissembourg à Saverne et à Obernai), où elle constitue *la nourriture de beaucoup de pauvres*, tandis que le

[452] AHR C 1116 : ordonnance du 21 novembre 1748.

marron est utilisé *comme assaisonnement par les riches*[453]. On connaît l'importance du pain dans la vie quotidienne et les représentations sociales : *l'homme*, disait Moheau, est *un animal qui mange du pain*[454]. Les pensions alimentaires nous permettent de fixer les rations entre un demi et un kilo et demi de pain par adulte et par jour. Aliment de base, don de Dieu, il se situe au coeur des angoisses et des bénédictions et tout gaspillage, assimilé à une profanation, est sanctionné. Apparemment, on ne mange rien sans pain : ni viande, ni légumes, ni soupe. Mais prisonnier d'une tradition d'intolérance, bloqué dans ses habitudes alimentaires, rechignant devant toute nouveauté, le paysan refuse obstinément de manger le *pain des autres*. Plus de la moitié des inventaires trahissent la présence de grains dont les variétés dominantes reproduisent les conditions de production[455] autant que la géographie de la consommation. Froment et orge l'emportent presque partout, surtout dans le Kochersberg et le pays de Hanau ; l'épeautre avec *sa tunique... adhérente* et l'avoine prennent le relais dans l'Outre-Forêt et le Sundgau ; l'équilibre entre les quatre grains se trouve réalisé dans la partie moyenne de la plaine où la place de l'orge reste cependant prépondérante : elle peut se consommer *perlée* ou *mondée* après traitement. Ailleurs on assiste, en dépit de leur supériorité, à une sorte de tassement de l'orge et du froment entre le début et la fin du siècle. L'avoine consolide ses positions à Rittershoffen et à Schillersdorf, résiste à Heiteren et à Heimersdorf : elle est, semble-t-il, destinée en grande partie à l'alimentation de l'homme, ces régions n'accordant à l'élevage du cheval qu'une place relativement limitée. Le seigle apparaît dans une proportion située entre le quart et le tiers des ménages, plus fréquemment en tout cas que le méteil aussi peu représenté aux deux extrémités de la plaine que dans le Kochersberg où il enregistre, avec le seigle, un net recul[456]. La place du maïs enfin n'est pas négligeable : sauf exception (Schillersdorf), elle est inversement proportionnelle à celle que tiennent les cérales *nobles*, froment et orge (Rittershoffen, Baldenheim, Heiteren) ; en pays du Kochersberg et dans les environs immédiats de Strasbourg, sa disparition progressive dans les réserves accompagne le déclin de l'avoine comme celui du seigle et du méteil. Si l'orge a tendance à se maintenir ou à s'effacer, si le seigle ne cesse de décliner, est-ce le simple reflet des conditions de production ou l'indice d'une transformation des habitudes alimentaires ?

Pain noir ou pain blanc ? Ne connaissant pas la part destinée à la commercialisation, nous ne pouvons résoudre le problème de l'alimentation différentielle, tant géographiquement que socialement. Les céréales secondaires jouent-elles un rôle compensateur pour les uns et le rôle ordinaire d'aliment de base pour les autres ? Il serait tentant de dégager une hiérarchie sociale recouvrant la hiérarchie du pain : l'expérience n'est possible qu'à condition d'assumer des risques démesurés. Le clivage apparaît nettement entre le *pain bis, composé chez nous*, écrit de Turckheim en 1789,

[453] B. MAUGUE, *op. cit.*, t. II, p. 679.

[454] A. MOHEAU, *op. [354]*, p. 135.

[455] Voir *supra* pp. 711-726.

[456] F.R. SALTZMANN, *op. [269]*, p. 168 : *Niemand, auch nicht einmahl auf dem Lande ißt mehr Rocken- oder Kornbrot. Man baut nur noch soviel Rocken, als zu Abzahlung der Gilten nöthig ist* (1780).

de deux tiers de froment et d'un tiers de seigle et fabriqué à domicile par les fourniers ou *Hausfeurer*[457], et le pain blanc confectionné par les *boulangers français.* De nombreuses variantes viennent nuancer cette description qu'on ne saurait généraliser dans l'espace et le temps, compte tenu de la place de l'orge dans la composition du pain ordinaire[458]. Le fait que le pain d'orge soit lourd et indigeste, surtout si la pâte est mal pétrie, mal levée, mal cuite, ne change rien à l'usage. Un double critère préside donc à la qualité du pain : la couleur et la densité. Le pain de couleur sombre, rendu compact, pour raison d'économie, par une cuisson insuffisante, a mauvaise réputation auprès des *honnêtes gens* et n'encourt pas la faveur des voyageurs français qui lui préfèrent un pain blanc, fait avec de la farine de froment sans ajouts, bien levé et bien cuit[459]. On en déduit, un peu rapidement sans doute, une opposition tranchée entre un pain noir allemand et un pain blanc welche[460], comme si la ligne de démarcation passait entre l'Alsace et la vieille France[461]. Si le premier a tendance à disparaître du marché, les inventaires après décès suggèrent une extraordinaire résistance de sa part. Le second n'est pas une spécialité de la campagne : à Haguenau, le pain blanc, qualifié de *pain français,* cède la place au *demi-blanc* ou *bis-blanc,* puis au *pain bis* ou *pain de ménage* à mesure que l'on descend dans l'échelle sociale[462]. En fait, cette dichotomie rigide déforme une réalité fort complexe. A Heiteren, on distingue au moins sept ou huit farines différentes en fonction de leur utilisation[463]. Mais, pour des raisons de commodité, tenons-nous en à l'opposition pain blanc/pain noir. A chaque espèce sa particularité. Le pain blanc est plus digeste, mais l'élimination par blutage de l'enveloppe extérieure le prive d'une partie de ses matières nutritives. Dans quelle mesure, le producteur le réserve-t-il à la clientèle urbaine, sensible à la blancheur du pain qui se charge ainsi de prestige social, quitte à consommer du pain de seigle ou de méteil, plus foncé mais plus nourrissant ? Seul indice, le recul du seigle et du méteil au XVIIIème siècle, en particulier dans le Kochersberg, tendrait à prouver que la ligne de partage ne passe plus uniquement, à cette époque, entre la ville et la campagne, mais, à l'intérieur même de la société rurale, entre l'aisance et la pauvreté. Ailleurs, la résistance du seigle et des grains mêlés témoignerait de la présence d'une farine grossière moulue de façon rudimentaire : bluter le moins possible

457 AHR 2 E 70 : *Lettre de M. de Turckheim à M. Hell, le 10 mars 1789.*

458 ANG[7] 81 : dès 1700, l'armée utilise un pain composé d'un tiers de froment et de deux tiers d'orge qui est promis à une belle fortune puisqu'on le retrouve dans les campagnes un siècle plus tard.

L. HAMMER (1807) : *Composé de deux parties d'orge et d'une partie de froment. On aime à mêler de l'orge au pain, parce qu'il lève davantage qu'avec la farine de seigle* (ABR 63 J 15).

ABR 11 M 36 : *Il est de coutume dans ce canton, et cela se pratique partout qu'on prend 2/3 d'orge blanche et 1/3 de froment pour faire du pain de ménage* (rapport au préfet rédigé en 1810 par Kapp, maire de Fessenheim-le-Bas et porte-parole du canton de Truchtersheim).

J-P. GRAFFENAUER (1816) : *le pain de ménage est composé d'un tiers de froment, d'un tiers de seigle, d'un tiers d'orge et de seigle mêlés* (*op. [348],* pp. 91-92).

459 Ph. GILLET, *op. 2838,* pp. 91-92.

460 J-P. GRAFFENAUER (*ibid.*) : *pain à la française et à l'allemande.*

461 A. MAURIZIO, *op. 2859,* p. 573.

462 J-P. GRASSER, *art. 431,* p. 71 (AMH BB 22/15 et 150/40, 1766-1767).

463 AHR 4 E Not. Heiteren, *passim : Grobmehl, Schwartzmehl, Kochmehl, Knöpfelmehl, Griesmehl, Brodmehl, gutes Mehl, Weismehl, Simmelmehl.*

Voir aussi ABR 6 E 27, Not., Muttersholtz, inv. Baldenheim 24, 1777 : *Saumehl.*

revient en fait à s'assurer un volume plus intéressant, même si le taux d'extraction en farine est plus fort pour le froment (jusqu'à 70-80%) que pour le seigle et l'épeautre (60-70%). Par contre, plus la farine est blanche, plus le volume du son céréalier est important. On ne confondra pas cette opération avec celle du décorticage dont est l'objet l'épeautre. Si le sac de froment donne entre 20 et 30 miches de pain de 6 livres[464], le sac d'épeautre donne, à poids égal, une dizaine de miches seulement à raison de 33 kilos de pain pour l'épeautre et de 90 pour le froment pour 100 kilos de grains. Or l'opération du blutage se fait moins sous la responsabilité du meunier que sous la surveillance de la cellule domestique qui utilise vans et cribles avec plus ou moins de parcimonie : le pain noir est ainsi obtenu quasiment sans extraction de son. Souci d'une économie mal comprise, rétorquera Parmentier : indigeste, le pain noir présente par ailleurs l'inconvénient de *pousser au sang*. Mais il y a *méteil* et *méteil* : selon que la proportion de froment[465] ou de seigle l'emporte, on passe du *gros* au *petit méteil* et le pain de ménage obtenu sera plus ou moins noir[466].

L'importance du pain se mesure à trois réalités fondamentales : le recours à des formes diversifiées, dans la préparation des grains, ne compromet pas la tendance fondamentale à panifier tout ce qui est panifiable ; l'économie du pain conduit à la fois à des méthodes de récupération et à la recherche de diverses nourritures de substitution.

Le paysan alsacien est-il un mangeur de pain ou un consommateur de bouillie ? La panification est exigeante : elle suppose à la fois que la farine ait un pouvoir diastasique suffisant et qu'elle contienne assez de gluten pour permettre à la pâte de fermenter et de monter. La plupart des céréales rencontrées sont effectivement panifiables : la présence de fours dans la description de maisons et, à proximité immédiate, profitant de leur chaleur, de pétrins dans les inventaires après décès, atteste la confection périodique de pain paysan - une ou deux fois par semaine, si l'on se fie à la mémoire collective - dans les fermes les plus importantes[467]. Aux plus modestes, il reste le recours à la boulangerie communale, et le four devient indice de niveau social. La commune d'Ittenheim se plaint, en 1780, de ce que *toutes les maisons... cuisent leur pain dans leurs propres fours*, si bien que le boulanger communal - dont *le sort seroit celui d'un vanier, c'est-à-dire sans ressource* - ne trouve plus à s'occuper et que la commune ne trouve plus intérêt à affermer le four public[468]. Pourtant les pétrins sont relativement peu nombreux[469] et, sauf dans le Kochersberg et en moyenne Alsace, les réserves de farine panifiable sont elles-mêmes peu conséquentes.

---

464 AMH HH 6 (Strasbourg 1787) et F-R. SALTZMANN, *op. cit.*, p. 168 (1780).

465 Ses proportions peuvent atteindre les deux tiers, pas uniquement d'ailleurs en période de crise comme en 1770, où le seigle est rare (C. A. HANAUER, *op. cit.*, t. II, p. 137).

466 ABR 2 G 61/658 : *dass meine Fruchtbesoldung meistens in Korn besteht, welches wenn man ein gutes Stücklein Brot essen will, zum Theil in Weizen muss verwandelt werden, da man an jedem Fiertel ein Sester Verlust hat* (Consitoire de Bouxwiller, pasteur J-J. Goetz, 23 juillet 1740).

467 ABR 6 E 41/36 : *un four pour pouvoir cuire 4 à 5 boisseaux de pain à la fois* (cense de *Scheidhoff*, près de Kaltenhouse, 1711).

468 ABR C 167/4.

469 Ils sont moins nombreux en tous cas qu'en Lorraine selon G. CABOURDIN, *art. 2694*, p. 94. D'après l'auteur, chaque paysan, à quelques exceptions près, possède une maix ou pétrin.

Par ailleurs, la présence de millet, de sarrasin, de son, d'avoine, d'orge perlée, de petite épeautre suggère la préparation de bouillie ou *Brei* dans des proportions qui nous échappent. La bouillie précède en tout cas le bouillon. Car tout grain, qu'il soit mondé[470], écrasé ou concassé[471], toute farine quelle que soit sa texture - gruau ou semoule - peuvent entrer dans la composition de la bouillie. Supposant un investissement moins onéreux, exigeant une préparation moins soignée que la panification, sa confection est à la portée des plus pauvres : il suffit de concasser le grain dans l'un de ces rudimentaires mortiers, dont les inventaires se font l'écho, pour échapper au double monopole du moulin et du four banal. La cherté du combustible, qui pourrait expliquer les intervalles d'une ou plusieurs semaines entre deux fournées de pain, devient au XVIIIème siècle une raison supplémentaire pour que l'on accorde, dans certains milieux, la préférence à la bouillie, dans laquelle peuvent d'ailleurs entrer quantité de légumineuses, pois, lentilles et vesces[472]. Il en est de même de la soupe qui constitue avec le poisson et les légumes (choux et navets) l'essentiel de l'alimentation de carême des Chartreux de Molsheim vers 1700 : soupe aux pois, aux fèves ou aux lentilles, au riz, à l'orge ou à l'avoine[473]. Mais les indications sont trop ténues pour que nous puissions faire du consommateur rural un *bouilleux*. D'ailleurs les quolibets de village, transmis par la tradition orale, sont pleins de mépris à l'égard de ceux qui se nourrissent de soupes et de bouillon[474] ; mais ils sont difficiles à situer dans le temps. En tout cas, la supériorité numérique des cuillères sur les fourchettes ne suffit pas à conclure à la prédominance des aliments liquides sur les aliments solides. Sans vouloir opposer de façon artificielle les deux modes d'alimentation (le passage de la bouillie ou de la soupe au pain ne se fait-il pas tout simplement par expulsion progressive d'eau selon la technique de l'ébullition[475]?), nous retrouvons peut-être l'originalité de la campagne alsacienne située au carrefour de la civilisation du pain et de la civilisation de la bouillie. La première caractériserait l'Europe occidentale, la seconde l'Europe centrale et orientale[476]. Or l'attitude du paysan face à l'absence ou à la rareté du pain nous semble aussi intéressante que ses réactions devant sa présence. Curieusement, lorsque les textes parlent de pain, c'est soit pour signaler son manque, soit pour évoquer les produits qui le remplacent. Le *pain quotidien* prend donc valeur de symbole et finit par devenir une expression générique pouvant recouvrir une gamme étendue de préparations et d'aliments fort différents les uns des autres. La

---

470 BNUS Ms. 630, p. 244 : *Weisgerst deren... Man sich ebenfalls zu mahlen, biersiedlen und röllen bedienen kan, zu welchen auch erst vor einigen Jahren in unserm Landt gemachte Reisgerst sonsten auch der teutsche Reiss* (Chr. Haenlé, 1747).

AHR 2 E 71 : orge et épeautre mondées (correspondance de Hell en date du 17 février 1781).

471 BNUS Ms. 630, p. 293 : *gries vom weitzen von denen Menschen zu Speise gebraucht, deswegen sich viele tausend familien nur allein in unserem Unterelsass davon ernähren und sättigen müssen* (Chr. Haenlé, 1747).

472 Dans le Sundgau, la bouillie pourrait bien être constituée de ce mélange de légumes secs connus sous le nom de *Mues*.

473 ABR H 1340.

474 M. ALLHEILIG, *art. 1836*, pp. 116-117.

475 A. MAURIZIO, *op. cit.*, pp. 289 et 596.

476 *Ibid.*, *op.cit.*, pp. 365-367 : l'usage de l'orge perlée et de la bouillie de millet est connue de longue date par les Germains (d'après F.J. MONE, *Urgeschichte Badens*, t. I, p. 102).

consommation de grains est à l'origine d'un certain nombre de profits annexes ou différés. Comme en Autriche et en Pologne, le goût pour les tartes levées et les pâtisseries à la levure est révélé par l'outillage domestique[477]. Moules à *Kougelhopf* et à gâteaux servent peut-être tout simplement à réutiliser les chutes, comme la panade, soupe épaisse trempée de croûtons rassis, permet de récupérer le pain perdu. Il n'en est peut-être pas de même des beignets de Carnaval que les ménagères offrent aux gardes du Ried[478] ou au seigneur[479]. Mais L'Hermine, convive de passage, a sans doute tort de s'étonner de la *maigreur étrange* des jours maigres où l'on s'empifre de beignets et de boulettes de pâte[480] ! Seul pain de luxe, le pain d'épices est consommé au moment des fêtes ou sert de cadeau. Outre les farines, ce sont les semoules ou les gruaux, mais également la pomme de terre et la viande, qui entrent dans la composition de toutes sortes de pâtes, féculents, quenelles et autres boulettes, les *Knepfle*[481], parentes des *Knoe de l* bavarois[482].

Nous voilà bien éloignés, et pourtant si proches, du pain quotidien. Pendant ce temps, on continue à panifier à outrance tout ce qui s'y prête, par souci d'économie. Il arrive que le pain de seigle soit rendu plus compact par l'incorporation de maïs[483] ou tout autre légume[484]. En effet, pour les gens modestes, n'importe quoi a vocation de se faire farine : pois, fèves, lentilles, pommes de terre deviennent couramment des *farineux*[485]. Dans son mémoire sur l'agriculture, le bailli Hell rapporte que *le commun peuple dans les campagnes... mélange des pois aux grains* parce que *de tous les grains les pois sont les plus farineux*. Le pain ainsi obtenu est moins noir que celui qui est confectionné à partir des vesces, *plus ferme et plus levé* que le pain d'orge[486]. Au total, on obtient un pain de misère, donc un pain lourd qui, pour peu qu'il soit mal cuit, mal levé, mal conservé, prend un goût aigre ou moisi et crisse entre les dents, si la meule du moulin, usée à force d'être mise à contribution, y laisse quelques grains de sable.

477 ABR 6 E 26, Not Molsheim II, inv. Holtzheim, 39, 1773 : *Kugelhopfgeschirr*.
ABR 6 E 27, Not Muttersholtz, inv. Baldenheim 25, 1785 (*Blech zum backen*), 1773-1783 (*Kiechelspritz*), 1776 et 1783 (*Wahlholtz*).

478 AN K 2363/2 (Colmar 1681).

479 ABR 1 E 1/93 (Niedersoultzbach 1753).

480 J. DE L'HERMINE, *op. cit.*, pp. 181-182.

481 AHR 4 E Not. Heiteren 10, inv. 1755 : *Knöpfelmehl*.

482 J-P. GRAFFENAUER, *op. cit.*, p. 89.

483 BNUS Ms. 630, p. 293 : *ein schönes weisgelbes brod gebacken, welches aber dennoch nicht so gut als schön, und dabey wegen seiner schwehre hart zu verdauen ist* (Chr. Haenlé, 1747).

484 BNUS Ms 630, pp. 252 et 285 : pain de vesces (*in gersten mangel*) et de fèves (Chr Haenlé, 1747).
ABR C 391 : pain de pommes de terre ou de pommes de terre mélangées au maïs ou à l'orge (bailliage de Lauterbourg, 1771).
E. BECOURT, *art. [192]*, p. 29 : le village (il s'agit de Mertzwiller) *était habité... par une population fort pauvre... dont la pomme de terre, le pain de seigle, souvent mélangé avec de la farine de blé de Turquie, enfin quelques légumes secs constituaient presque la seule nourriture* (témoignage de Jean-Louis Stoltz, frère du curé de Mertzwiller, 1785).

485 ABR 8 E 517/14 : *On en mêlait avec de la farine pour faire du pain* (Wangen 1786-1788).
BNUS Ms. 630, p. 238 : *...Bey theuren Zeiten und von armen Leuthen... sogar Habern - und Ackerbohnenbrodt gebacken wird* (Chr. Haenlé, 1747).

486 AHR 2 E 70, s.d.

Adoptés parfois en dehors du contexte des crises frumentaires, bien des légumes peuvent être considérés comme des avatars du pain. Même la pomme de terre a du mal à échapper à la panification. Nous ne reviendrons pas sur les qualités de substitution alimentaire, à la place des grains[487], de ce *fruit qui remplace pour ainsi dire tous les autres*[488], mais sur ses capacités à produire de la farine. En effet, avant de la considérer comme ce *pain tout fait* dont parlent les baillis de Basse-Alsace vers 1770/1780[489], on cherche à en extraire une farine de remplacement. Le mangeur de pain qu'est le paysan alsacien n'a qu'une envie : celle de *panifier* la pomme de terre[490] avec ou sans ajout de farine. Les laboureurs, écrit le bailli Hell en 1773, font du pain en mêlant la pomme de terre avec de l'avoine et des vesces : il serait plus savoureux s'il comportait un tiers de froment[491]. Céréales et féculents, féculents et céréales : substituer la fécule de pomme de terre à la farine pour en faire du pain est, avec toutes les difficultés que cela comporte pour un fruit manquant de gluten, un signe d'ingéniosité. En 1771, peu de temps avant que Parmentier, très versé dans les problèmes de meunerie et de boulangerie, propose son mémoire à l'Académie de Besançon et que *l'Encyclopédie* s'en mêle[492], le bailli Hell lui-même en donne l'exemple en la faisant pétrir avec un peu d'eau et de son[493], mais l'usage s'en était déjà développé dans l'armée : la pomme de terre fournissait du *pain aux troupes* après avoir été *réduite par dessèchement* pour alléger le fardeau du pain[494]. C'est dire combien le tubercule est dénué de personnalité propre. La préoccupation met en lumière la valeur obsédante, voire exclusive, de la farine : la pomme de terre n'arrivera pas, avant longtemps, à détrôner les céréales et la plaine d'Alsace restera le pays du pain. Survivant à son adoption, la hantise des grains restera l'obsession dominante. On n'arrête pas de voler des sacs de grains, on vole rarement des sacs de pommes de terre. Il faut attendre le XIXème siècle pour que la soupe de pommes de terre, d'abord en usage dans l'armée[495], tienne la place traditionnellement réservée à la bouillie céréalière et qu'elle fasse du paysan un *ventre à patates*[496]. Alors la *nourriture de l'infortune* aura été promue au rang

---

487 Voir *supra* pp. 755-767.

488 AN 154 AP, fonds Sénozan (Hell, fin XVIIIème siècle).

489 ABR C 336 et 391 : rapports des baillis à l'intendant 1770-1780.

490 BNUS Ms. 630, p. 377 : *Man hat auch erst vor kurtzer Zeit in hiesigem Landt entdeckt, dass im fall der noth auch brodt daraus gebacken werden kan... zuvor abgesotten, geschälet..., zermahlt, zerstossen, und endlich mit anderm teig vermenget... werden müssen* (Chr. Haenlé, 1747).

491 AHR 2 E 70 (Hell au *Journal d'Agriculture* et à l'intendant, le 28 décembre 1773). Voir aussi AN F10 210 : discours à l'Assemblée et rapports sur les moyens de panifier la pomme de terre (1789 - an III) et L. HAMMER (ABR 63 J 15) qui fait allusion, en 1807, au pain de pommes de terre, mais *seulement dans les temps d'une grande disette de grains.*

492 A. A. de PARMENTIER : *Examen chimique de la pomme de terre* (Besançon 1773), réédité en 1781 sous le titre de : *Les pommes de terre considérées relativement à la santé et à l'économie*, Paris 1781.
Voir l'article *pomme de terre* dans l'*Encyclopédie*, t. XIII, p. 4 et supplément, t. IV, pp. 473-495. Quant à *l'Encyclopédie d'Alsace*, elle ignore superbement la pomme de terre !

493 AHR C 1507 (signalé par Ch. HOFFMANN, *op. 36.*, t. II, p. 321).

494 A. F. MASSON DE PEZAY, *op. [250]*, p. 151.

495 AHR 1 E 44/16 : recette de la *soupe de Vauban qui peut suppléer au pain pendant la disette de la farine* (impr., s.d.).
AHR 2 E 70 : *On les mêle avec le pain pour faire la soupe* (Hell, 25 août 1788).

496 Cl. THOUVENOT, *op. 2882*, p. 49.

d'*utilité publique* et, entre temps, le *pain raté* sera devenu légume à part entière. C'est l'époque où Graffenauer explique que les pommes de terre sont *la principale nourriture des pauvres.* Et d'ajouter : *les riches ne les dédaignent point. C'est aussi un excellent aliment pour les bestiaux*[497].

Historiens et agronomes tombent d'accord pour affirmer que la précieuse solanée est susceptible de nourrir à surface égale, au moins trois fois plus et jusqu'à cinq fois plus de monde que les grains[498]. A condition de faire oublier que sa qualité nutritive et son pouvoir calorique (moins de 90 calories par 100 grammes contre 300 à 250 pour le blé) sont bien inférieures à celles des grains[499] (ce qui conduit Michel Morineau au constat de non-lieu pour une révolution calorique supposée), la pomme de terre peut donc compenser, dans certaines contrées, la diminution globale des rations composées de céréales et exercer sur les plus démunis un réel pouvoir de séduction : *prétieuse denrée, les pommes de terre seront à l'ordinaire la ressource des habitans qui sont trop pauvres pour se nourrir de pain pendant l'année entière* et *l'usage des pommes de terre supplée au défaut de grains*[500]... L'estimation des secours apportés doit cependant être nuancée par le fait que les hommes doivent partager avec les bêtes ce *manger à cochons* au goût âcre et d'une digestion difficile.

Mais son avantage réside moins dans la valeur nutritive que dans la diversité du conditionnement de la pomme de terre[501] : on peut en effet l'accommoder de différentes façons, sans passer par le stade de la panification... On peut, à la manière des Lorrains, la faire cuire dans l'eau bouillante ou sous la cendre chaude[502] ou encore la consommer sous forme de *bouillon dans l'eau chaude, l'un des meilleurs aliments de la nature,* assure-t-on[503], *dans du lait, du vigneau et de l'eau ou avec de la viande*[504]. Le bailli Hell fait, en 1772, l'éloge du gruau, de la panade et des omelettes de pommes de terre[505]. Le gruau, c'est de la pomme de terre cuite au lait avec du beurre frais et du lard. En faisant roussir ce gruau et en le faisant mitonner pendant une heure dans un bouillon, il devient panade que *les habitants... mangent avec sensualité*[506]. En y ajoutant quelques oeufs, du sel, des oignons et des fines herbes, on obtient l'omelette, très nourrissante et peu coûteuse. On peut aussi la *coupper en tranches* et *la faire sécher au four après que le*

497 J-P. GRAFFENAUER, *op. cit.*, p. 91.

498 W. ABEL, *contrib. 74*, p. 520.
R. ENGELSING, *op. 25* et *art. 1553*.

499 M. MORINEAU, *art. 1357 art. 1217*, p. 350 .
Fr. W. HENNING (*op. 130*, p. 252) estime à 63 kilocalories le pouvoir nutritif d'un are planté de choux contre 20 si la même surface est ensemencée en grains et 7 si elle est plantée en pommes de terre.

500 ABR C 391 : état des récoltes 1772 et 1775.

501 ASRM 158/12 (hiver 1788-1789).

502 AHR C 1586 (Bureau du district de Colmar, 6 janvier 1789, p. 256).

503 D'après Chauffour l'Aîné, le 13 juillet 1780 (cité par Ch. HOFFMANN, *op. cit*, t. I, p. 320). Cf. le célèbre *riz économique* préconisé par Varenne de Béost (*La misère des pauvres*, Dijon 1772).

504 AHR C 1117 (bailli Hell 1786).

505 AHR 2 E 70 : lettre à l'intendant de Blair, 24 juillet 1772.

506 *Ibid.*

pain en a été tiré[507]. En tout état de cause, ces méthodes de préparation ont été lentes à se propager et les agronomes semblent se heurter à un mur d'incompréhension. *Le pauvre habitant de la campagne,* écrit le bailli Hell, *la cuit simplement à l'eau ou sous les cendres et la mange avec du sel, s'il peut en avoir... ; s'il a du lait, il la mange avec du lait*[508]. Face aux résistances et à l'obstination, on peut se demander si l'incidence des habitudes alimentaires n'a pas été plus contraignante que celle des pratiques culturales évoquées plus haut[509]. Non seulement, dit-on, la pomme de terre ne fournit pas de farine de bonne qualité, mais son goût est fade, comparé à celui du topinambour ou des légumes à saveur forte tels que le navet et le chou[510]. Elle permet certes d'épaissir le potage, mais elle ne ressemble à rien de connu, à aucun de ces légumes familiers à gousses - pois, fèves, haricots - utilisés à cet usage, d'autant qu'il ne vient probablement à personne l'idée de la peler : or, ni le contact de cette peau avec la langue, ni sa fadeur ou son goût âcre ne sont particulièrement ragoûtants.

A l'absence de délectation gustative, la pomme de terre associe des tares bien plus graves. L'*Encyclopédie* la qualifie de *venteuse* ce qui, sous l'angle de l'équilibre biologique, serait plutôt élogieux. Mais il est difficile d'extirper la croyance selon laquelle elle serait malsaine ou toxique et transmettrait la lèpre... Sa salubrité peut-elle être mise en doute ? Il n'est pas exclu qu'elle soit réellement à l'origine de troubles digestifs dans la mesure où, mal buttée ou mal conservée, elle se consomme souvent verte ou germée. Alors les méfaits d'un excès de solanine, dont la dose est d'ailleurs plus forte dans les variétés anciennes, pourraient justifier sa réputation de toxicité[511]. Par rapport aux grains, le principal inconvénient de la pomme de terre réside dans sa difficile conservation. Ne risque-t-elle pas de geler ou de pourrir en hiver, soit dans les caves, soit dans les *trous où les pauvres les enfouissent pour les garantir des gelées*[512] ? Qu'à celà ne tienne : les pommes de terre gelées sont habilement récupérées dans la région de Colmar grâce à une recette en provenance de Lorraine : *On prend un cuvier qu'on remplit d'eau la plus froide et qu'on transporte dans un endroit sans feu ; on y jette les fruits et les pommes de terre qu'on veut manger dans la journée, et on les y laisse trois quarts d'heure environ. L'action de l'eau sur ces fruits attire au-dehors toute la gelée et forme à l'entour une croute de glace que l'on casse ; alors on trouve le fruit aussi bon qu'auparavant... Il ne faut pas tarder de la mettre au feu,.. on ne peut guère se promettre de la conserver plus de 36 heures après l'opération*[513]. Cette méthode se démarque de celle

507 *Ibid.*

508 AHR 8 E 70 : Note sur l'utilité des pommes de terre (copie transmise à Parmentier, le 25 août 1788).

509 Voir *supra* pp. 755-766.

510 J-F. AUFSCHLAGER, *op. [189]*, t. II, pp. 198 ss. : les plus savoureuses sont celles des sols sablonneux de la montagne (1825).

511 H. LECLERC, *op. 1355*, p. 52.
A. DUBUC, *art. 1368* , (exemple de la Normandie).

512 AHR 2 E 70 (Hell, 28 décembre 1773).

513 AHR C 1586 (Bureau du district de Colmar, le 6 janvier 1789, pp. 255-256, signé Metzger).
Voir également AN F10 214 : *Adresse aux communes du Haut-Rhin sur la manière de tirer parti des pommes de terre gelées* (administration du département du Haut-Rhin, an III).

que le bailli Hell cherche à propager dans ses terres trois ans auparavant pour *tirer parti des pommes de terre gelées*[514] : il propose de les faire cuire pendant sept minutes dans l'eau, de les peler, puis de les réduire en farine. On peut aussi, dit-il, attendre qu'elles dégèlent avant de les faire sécher, de les râper et de les cuire. En 1772, déjà, il exhibe une poignée de pommes de terre que sa mère avait coupées en tranches et fait sécher au four en 1755[515] : il suffit de les faire cuire après les avoir trempées dans l'eau tiède additionnée de vinaigre, de sel, de beurre frais, d'oignons et de fines herbes : un délice. On peut donc les sécher crues sur des claies ou cuites, à l'eau dans une marmite ; les conserver, coupées en tranches ou pilées au mortier, avant d'en faire du gruau.

Du coup, les inconvénients dénoncés se transforment en avantages : la pomme de terre se conserve ; du fait de sa saveur peu prononcée, elle se marie à de nombreux aliments, ce qui permet de varier les combinaisons culinaires ; suivant le mode de cuisson adopté, elle possède le privilège de se métamorphoser et on n'imagine pas, au XVIIIème siècle, la variété des textures auxquelles elle sera capable de se prêter par la suite. On ne saurait affirmer pour autant, du moins pour le XVIIIème siècle, que la pomme de terre chasse des râgouts fèves, pois et lentilles[516], pas davantage que les navets qui, là où ils apparaissent, connaissent une progression parallèle à la sienne. Elle s'intègre en fait dans le complexe existant des légumes qui composent l'alimentation paysanne et peut libérer du coup des grains pour la vente[517].

Comme de nos jours, les légumes[518] sont utilisés de deux façons : les *racines* offrent la partie souterraine de la plante, les feuilles étant réservées à l'alimentation du bétail ; les *légumineuses* offrent au contraire la partie aérienne de la plante. Les secondes sont plus proches d'une économie de cueillette ; les premières supposent une sédentarisation poussée. Les légumineuses ont un pouvoir nutritif plus important que les racines et présentent en outre le double avantage d'occuper peu de place et de se prêter à une conservation longue. Les légumes secs se trouvent souvent associés aux grains. Comme eux, parfois avec eux, ils entrent dans la composition de la soupe, de la bouillie, voire du pain. Il leur arrive cependant d'avoir une existence propre : en période de pénurie céréalière, ils servent souvent de nourriture supplétive et, à l'instar de certaines céréales, se conservent mondées[519]. La très grande prépondérance des haricots et des fèves, présents dans un inventaire sur deux, trois ou quatre, semble aller de pair avec

---

[514] AHR C 1117 (1786).

[515] AHR 2 E 70 : lettre à l'intendant de Blair, le 24 juillet 1772.

[516] Cl. THOUVENOT, *op. cit.*, pp. 41 et 57.

[517] GLAK 75/656, IV : *von denen in beinheimer bemarckung neuausgestockten gütern 800 Viertel, welches fruchtquantum absonderlich den weizen, speltz und habern betreffend meistens an frembde verkaufet, dann die hiesige bürgerschafft ernähret sich von dem welschkorn, saubohnen, grundbieren, erbsen... und andere gewachsen, welches nach proportion gemeltem Fruchtquanto gemacht wird...* (seigneurie de Beinheim, le 20 août 1778).

[518] Voir *supra* pp. 768-769.

[519] Tel est le cas des pois (AHR 4 E Not. Heiteren XVIIIème siècle, *passim*).

l'importance des productions céréalières en partie consacrées d'ailleurs au bétail[520] : témoin, le Kochersberg où les pois leur cèdent de leur place, au cours du XVIIIème siècle. Aux extrémités septentrionales de la plaine (Rittershoffen, Schillersdorf) et dans ses parties méridionales (Ungersheim, Heiteren), l'équilibre tend à se rétablir en faveur des pois et des lentilles qui entrent dans la composition des mélanges légumiers du Sundgau ou *Mues.* A propos des petits pois qu'évoquent les sources archivistiques, Jean Vogt parle de kaléidoscope : il y en a des gros et des petits ; des blancs et des gris, des verts, des bleus, des noirs ; des ronds, des plats et des carrés[521] ! Et pourtant, affirme Maugue, *les petits pois n'ont pas en Alsace ni le parfum ni le parfum ni la délicatesse de ceux de France*[522] Les lentilles semblent constituer la nourriture populaire par excellence puisque, à l'intérieur des couvents, elles sont destinées en priorité à l'alimentation du personnel domestique[523]. L'analyse des inventaires après décès laisse l'impression à la fois de la diversification qualitative et de l'importance quantitative des légumes secs, quoique Graffenauer affirme, au début du XIXème siècle, qu'ils sont *en moindre quantité que dans d'autres départements de France*[524].

Les sources utilisées, de par leur nature même, peuvent laisser l'impression trompeuse d'une sous-consommation de légumes verts, *herbes* ou *racines,* le plus souvent cuits dans l'eau. Néanmoins, les réserves de racines - le navet et son homologue plus grossier, la rave - semblent plus fréquentes au nord de la Zorn et au sud de la Fecht que dans la partie moyenne de la plaine d'Alsace : les diverses variétés[525] plaident en faveur d'une importante consommation humaine, d'autant qu'elles sont faciles à conserver dans la saumure[526]. Les raves, en attendant l'hiver, *les Paysans les mangent crues après les avoir coupées comme des houpes et y avoir jetté le sel. Il faut avoir leurs estomacs pour les digérer et ne pas estre incommodé des vents qu'elles causent par les indigestions*[527] A Heimersdorf, le navet fait bon ménage avec le chou[528] dont la présence est attestée sous quatre formes : choux frais, choux cuits, choux séchés, choux hachés en saumure[529]. On pense, bien sûr, à ces têtes de choux de Blaesheim et de Krautergersheim qui

520 Voir *supra* pp. 724-725 et 821-824.

521 J. VOGT, *art. 1408.*
Voir aussi BNUS Ms. 630 (Chr. Haenlé, 1747).

522 B. MAUGUE, *op. cit.*, t. II, p. 734.

523 B. BUCHINGER, *op. cit. : Linsen seynd nichts nutz, man brauchts für Gesind zu Suppen oder kochts ihnen wie erbsen, zwiebel daran* (*Kochbuch*, 1671).

524 J-P. GRAFFENAUER, *op. cit.*, p. 38.

525 ABR et AHR Not., inv., *passim* : *Betterave* à Rittershoffen ; *weisse, gelbe, süsse Rüben* à Heimersdorf 1774-1778 ; *saure Rüben* à Ungersheim 1774.

526 AHR 4 E Not. Heiteren, inv. 13, 1769 : *eingemachte Rüben.*

527 B. MAUGUE, *op. cit.*, t. II, pp. 744-745.

528 AHR 4 E Not. Hirsingue, inv. 1774 *Sauerkraut und Rüben untereinander* (1774).

529 L'omniprésence du chou ressort non seulement de l'analyse des inventaires après décès, mais nombre de sources seigneuriales témoignent d'une forte dépression dans l'espace et les temps. A titre d'exemples :
AHR 18 J 587 (Ostheim 1705) ; 1 G 45 (Sainte-Croix-en Plaine 1750) ; 1 E 44/12 et 1 G 47 (Landser 1774-1775).
AMO DD 61 (Obernai 1773).
ABR 2 G 61/628 (Gottesheim 1779), etc.

font l'admiration des Strasbourgeois, parce qu'ils atteignent un poids de 30 à 60 livres[530]. Destination : la choucroute. Tandis que le chou pommé rouge et le chou frisé entrent plutôt dans la composition des salades, *ces sortes de gros choux pommés qu'ils font aigrir après les avoir fait hacher, ...donnent le Surgrout, principale nourriture des naturels du pays*[531], *leur mets le plus exquis et le plus fêté qui est de tous les bons repas et pour tous les jours de bonne cher... Le chou a ses jours marqués le dimanche et le jeudy, si on en manquoit ces jours la, on ne croiroit pas avoir diné... Si nous étions encore dans le temps qu'on établiroit des cultes et des ceremonies a des choses inanimees, les alsaciens fairoient une divinité du chou*[532] ! Arrêtons-nous un instant sur la consommation de ce qui passe pour être le plat provincial par excellence. Si la choucroute retient, dès le XVIIème siècle, l'attention des observateurs - point de repas correct sans choucroute, écrit L'Hermine -, elle le doit à la double originalité qui lui confèrent son aspect et sa préparation. Ces *choux confits durant trois ou quatre mois... qu'on fait cuire ensuite avec quelques morceaux de lard jaune* constituent un plat fort original : *les Allemans sont si friands de ce gargotage là qu'ils ne croyent pas avoir régallés, si les saurkroute y manquent*[533]. Avec le lard et la pomme de terre, la choucroute entre en effet dans la composition de ce plat unique qui ressemble davantage au *Eintopf* germanique qu'à la *potée* française. Le conditionnement de la choucroute n'est pas moins original et le Docteur Maugue en fait une description admirative : *après les avoir haché menu avec une machine, on les met au tonneau, on les assaisonne de sel et de baies de genévrier, de la coriandre, de l'aubépine, on les fait fermenter, ce qui leur donne l'aigreur et la puanteur qu'on en attend pour les manger*[534]. Si l'attention des voyageurs de la vieille France a été captée par ce légume, c'est qu'il fait l'objet d'un traitement à part : après être émincé, il baigne pour les besoins de la consommation dans des tonneaux de saumure. On n'avait jamais vu cela nulle part. Mais n'en tirons pas de conclusions quant à la consommation massive d'un plat tard venu, semble-t-il, dans l'alimentation paysanne et, dans un premier temps, spécifique aux régions à sols ingrats où la consommation de grains le cède à celle des légumes, Outre-Forêt, Hardt, Sundgau[535]. Les inventaires après décès mentionnent assez rarement la choucroute et c'est souvent de façon fortuite que nous saisissons sa présence[536]. Elle est, en fait, l'heureuse solution à une double préoccupation : celle de nourrir efficacement ; celle de conserver, par la salaison et la fermentation (six mois et davantage), en prévision d'un long

530 D'après J-F. AUFSCHLAGER, *op. cit.*, t. II, pp. 198 ss. (1825). Christian HAENLE (BNUS Ms. 630, p. 379) ne compte pas les choux de Blaesheim et de Meistratzheim parmi les plus grands. Ces derniers poussent dans les jardins strasbourgeois (*Weiskrauth... bekombt so grosse Köpfe als wie ein Korb*, 1747). Jusqu'à 100 livres d'après B. MAUGUE, *op. cit.*, t. II, pp. 739-741.

531 B. MAUGUE, *op. cit.*, t. I, pp. 128-129.

532 *Ibid.*, t. II, pp. 739-741.

533 J. DE L'HERMINE, *op. cit.*, p. 174.

534 B. MAUGUE, *op. cit.*, t. II, pp. 739-741.

535 On notera cependant l'abondance des choux et de la choucroute dans le régime alimentaire des pensionnaires du collège de Molsheim : 60 grammes par jour (W. FRIJHOFF et D. JULIA, *art. cit.*, p. 499, d'après ABR D 160-169, 1767-1787).

536 ABR 1 E 163/5 : *das Sauerkraut verwüstet... das obst alles gefressen* (méfaits de l'armée en 1652, d'après la chronique de Goxwiller).

hiver, un produit parfaitement adapté aux conditions naturelles et socio-économiques de la région. Mais c'est le XIXème siècle[537]qui va conférer à la choucroute l'importance que nous lui connaissons aujourd'hui, tout en constituant souvent le plat du dimanche. Christian Haenlé[538] n'y voit-il pas une délicatesse non seulement pour les paysans, mais pour les bourgeois et les princes ? L'importance des légumes verts ressort du calendrier hebdomadaire comparé, reconstitué à partir de deux témoignages à un siècle et demi d'intervalle[539] :

	B. MAUGUE (fin XVIIème/ début XVIIIème siècle)	Ch. GERARD (milieu XIXème siècle)
Lundi	"Schnitz"	Pommes de terre
Mardi	Navets	Choucroute
Mercredi	Fèves ou pois	Carottes, choux ou navets
Jeudi	Riz ou orge	Légumes secs, riz ou orge
Vendredi	Haricots	Farinages
Samedi	Lentilles	Navets
Dimanche	Choucroute	Choucroute

Les légumes ont une teneur en sucre non négligeable pour le métabolisme humain. Mais les apports glucidiques sont assurés par les fruits dont les variétés sont nombreuses : 83 sortes de poires au milieu du XVIIIème siècle, une trentaine de sortes de pommes, de prunes et de pêches, une dizaine de sortes de cerises et d'abricots[540]. Ce sont d'abord les fruits vulgaires, bien distincts des *fruits français* que produisent les vergers de Montclar à Kientzheim, d'Huxelles à Harthouse, de von Rosen à Bollwiller ; parmi eux, beaucoup de fruits sauvages, à savoir les diverses baies des bois et le produit des pommiers et poiriers n'appartenant à personne, donc à tout le monde[541], mais aussi les fruits cultivés de façon plus ou moins extensive - pommes, poires, quetsches, cerises - dont les inconvénients de l'ingestion prématurée, responsable de bien des dysenteries, se trouve compensés par les avantages d'une importante consommation hivernale : grâce à la dessication par quartiers[542] ou par fruits entiers, les sucres sont concentrés et mis en réserve, ce qui compense la diminution en valeur vitaminique. La seconde méthode est utilisée dans 43 à 44% des cas tant à Heimersdorf qu'à Baldenheim, l'emportant largement sur la première (entre 26 et 29% des cas). Heimersdorf marque une nette préférence pour la poire[543], Rittershoffen et Baldenheim pour la quetsche[544] : la pomme et la prune apparaissent plus rarement[545]. Mais les mélanges, fréquents, ne permettent

537 J-P. GRAFFENAUER, *op. cit.*, p. 90.

538 BNUS Ms. 630, p. 379 (Chr. Haenlé, 1747).

539 B. MAUGUE, *op. cit.*
Ch. GERARD, *op. cit.*

540 L. KEHREN, *art. 2848*, pp. 180-183.

541 AHR 4 E Not. Hirsingue, inv. Heimersdorf, *passim : Holtzäpfel, Holtzbieren.*

542 ABR et AHR Not., inv., *passim : Schnitz.*

543 Ibid.: *Bieren, Bierenschnitz, Holtzbieren.*

544 Ibid.: *Quetschen, dürre Quetschen.*

545 Ibid.: *Pflaumen* à Heiteren et Heimsbrunn.

pas toujours de connaître la réelle composition des *Schnitz*. Selon Maugue, ce sont *les poires séchées au four et cuites dans un pot avec de la graisse ou du lard*[546]. C'est surtout à partir du second tiers du XVIIIème siècle que la consommation de fruits s'installe dans les habitudes alimentaires[547], remplaçant parfois le pain[548] et accompagnant souvent le lard[549]. Lorsqu'Arthur Young en fait la découverte à Sélestat, il est très méfiant : *Le Schnitz est un plat de jambon et de poires cuites ; on dirait un mets pour le dîner du diable ; mais, en le goûtant, je fus surpris de le trouver mieux que passable*[550]. La progression des fruits dans les réserves traduit la difficulté croissante de se nourrir propre aux régions périphériques. Alors que le Kochersberg n'y prend goût qu'exceptionnellement, la conservation des fruits reprend ses droits au nord de la Zorn :

	1660-1699	1700-1729	1730-1759	1760-1789
Heimersdorf				
sur 76 occurrences		-	9,2%	90,8%
sur nb. d'inventaires		-	50,0%	55,8%
Baldenheim				
sur 34 occurrences		20,6	?	79,4%
sur nb. d'inventaires		12,9	?	37,5%
Schillersdorf				
sur 23 occurrences		26,1%	34,8%	39,1%
sur nb. d'inventaires		3,2%	10,6%	13,6%
Rittershoffen				
sur 66 occurrences	1,5%	1,5%	49,2%	47,8%
sur nb. d'inventaires	5,0%	3,2%	28,2%	38,3%

L'Hermine l'avait déjà constaté : c'est essentiellement en Haute-Alsace que le paysan consomme les fruits séchés, surtout, ajoute le bailli Hell, avant l'avènement de la pomme de terre : *Depuis qu'ils cultivent les pommes de terre, nos païsans ont beaucoup négligé les arbres fuitiers. Les pommes de terre remplacent avantageusement les fruits séchés qui servaient de nourriture aux pauvres pendant l'hiver*[551]. A la même époque, cruciale entre toutes, le subdélégué de Ferrette confirme que *les cerises... sont d'une grande ressource... Parce qu'elles ménagent le pain*[552] en période de soudure difficile, car on peut les consommer séchées. Et, en attendant la *révolution* de la betterave, le miel des ruches tient lieu, chez quelques privilégiés attirés par les *douceurs*, de sucre qui reste un produit de luxe.

Conserver la viande ne semble guère plus difficile. Elle est, dans la quasi-totalité des cas, une viande de porc, animal abattu pendant la saison

546 B. MAUGUE, *op. cit.*, t. I, p. 128.

547 Augmentation de la consommation de pommes au collège de Molsheim, entre 1767 et 1787, d'après W. FRIJHOF et D. JULIA, *art. cit.*, p. 499.

548 AHR L 675 : *weil fast alle Obstbäume verfroren seyn und deswegen allein durch brod sich ernehren müsste* (Ballersdorf, état des récoltes 17 août - 15 septembre 1791).

549 J-P. GRAFFENAUER, *op. cit*, p. 90.

550 A. YOUNG, *op. [285]*, t. I, p. 346 (22 juillet 1789).

551 AHR C 1119/18 (17 septembre 1771).

552 AHR C 1115 (1771).

Les fruits dans les inventaires après décès : réserves et modes de conservation

% d'inventaires mentionnant des fruits

		Variétés mentionnées						Modes de conservation (indications partielles)														
								Frais					Séchés					Coupés en quartiers et séchés ("Schnitz")				
		Fruits (sans autre indic.)	Pommes	Poires	Quetsches	Prunes	Cerises	Pommes	Poires	Quetsches	Prunes	Cerises	Pommes	Poires	Quetsches	Prunes	Cerises	Pommes	Poires	Quetsches	Prunes	Sans indication
Rittershoffen (66)	Nb.	29	6	13	18	-	-	6	13	-	-	-	-	-	18	-	-	-	-	-	-	2
	%	43,9	9,1	19,7	27,3	-	-															
Schillersdorf (23)	Nb.	10	2	7	4	-	-	2	5	-	-	-	-	2	-	-	-	-	-	-	-	5
	%	43,5	8,7	30,4	17,4																	
Baldenheim (34)	Nb.	14	4	3	12	1	-	2	2	2	1	-	-	1	9	-	-	2	1	-	-	12
	%	41,2	11,8	8,8	35,3	2,9	-															
Heimersdorf (76)	Nb.	18	13	40	4	-	1	4	15	3	-	1	1	18	1	-	-	8	7	-	-	18
	%	23,7	17,1	52,6	5,3	-	1,3															

Sources : ABR et AHR Not., inv. (voir l'état des sources).

froide, échaudé dans la traditionnelle cuve de bois, écartelé, puis coupé en quartiers... L'opération (la liturgie des cochonnailles) se situe le plus souvent en automne, pour assurer l'apport calorique indispensable en prévision de l'hiver, parfois aux environs de Carnaval, de façon à *faire profiter* la bête le plus longtemps possible. En retour, la générosité du cochon est sans limites[553] : lard, jambon, boyaux bajoues, estomac, sang, saindoux, pieds de porc et queue, *dans le cochon tout est bon* et rien n'est perdu, sauf le cri, un peu comme dans les abattoirs de Chicago qu'évoque, au XXème siècle, Georges Duhamel. Son faible prix l'atteste : le porc n'est pas particulièrement prisé tant qu'il est vivant, mais il devient intéressant une fois abattu, comme pourvoyeur de viande et de matières grasses, comme fournisseur de profits immédiats et de profits reportés. On apprécie une viande dont la forte teneur en graisse correspond aux goûts alimentaires de l'époque. Assurée par la saumure ou la fumée s'échappant de l'âtre à travers cheminée ou fumoir, la conservation de la viande porcine nous vaut la double évocation, dans les inventaires, des cuves regorgeant de cochonnailles et des poutres garnies de jambons ou de bandes de lard fumé : de quoi fournir en outre, au terme du sacrifice annuel, ces trésors alimentaires que sont les boudins et les saucisses de viande grossièrement hachée. *Les saucisses, les Alsaciens les aiment bien et... ils y mettent en quantité dans le Surgrout quand ils les ont faites sécher dans la fumée*[554]. De temps à autre, dans un inventaire sur cent, la saucisse à frire fait une timide apparition. Plus ou moins finement hachée, additionnée de sel et d'herbes, elle sert à agrémenter les festins et devient l'enjeu des paris à l'auberge. *On mange aussi des cochons de lait pendant l'année et on voit telles nopces où il y en a trente*[555]. Soupeser ces victuailles, n'est pas chose aisée, du fait de l'adoption d'unités de poids coutumières fort variables[556]. Mais si la viande de porc *faisait la principale nourriture des Alsaciens* au XVIIIème siècle[557], elle le doit à la pratique de l'élevage familial, peu coûteux grâce à la réutilisation des sous-produits de la culture et de l'élevage. *Cet animal,* écrivait Vauban dans son "*Traité de la cochonnerie*", *est d'une nourriture si aisée que chacun peut en élever, ny ayant point de paysan, si pauvre qu'il soit, qui ne puisse élever un cochon de son cru par an*[558]. En revanche, à l'achat, cette viande n'est pas meilleur marché que la viande de boeuf[559], ce qui explique sans doute la persistance de l'élevage porcin en ville. Cependant, la thèse traditionnelle, selon laquelle la plupart des familles paysannes ont les moyens d'élever un porc, a été mise en pièces par Jean-Jacques Hémardinquer. Il n'y a pas, il est vrai, d'alimentation plus éclectique que celle du porc, mais la réglementation de plus en plus restrictive de la glandée, comme l'absence de sous-produits du cheptel bovin, sont de nature

553 P. MANE, *art. 2858.*

554 B. MAUGUE, *op. cit.*, t. I, p. 129.

555 *Ibid.*, t. I, p. 320.

556 ABR 6 E 7, Not. Bouxwiller inv. Reitwiller 359-364, *passim*. Le poids de la *bande* de lard (*Seite Speck*) peut varier du simple au double : 10 livres (1739), 20 livres (1712).

557 B. MAUGUE, *op. cit.*, t. I, p. 129.

558 Cit. par J-J. HEMARDINQUER, *art. 1450,* p. 1745.

559 C. A. HANAUER, *op. cit.*, t. II, pp. 190-197.

très élevé au milieu du XVIIème siècle, la situation se renverse au siècle suivant, puisque jusqu'à la moitié des ménages n'en élèvent pas[560].

Présente dans une proportion située entre 15 et 50% des inventaires, la viande de porc donne l'avantage aux régions périphériques par rapport au noyau céréalier du Kochersberg qui se caractérise par des fréquences moindres et des progressions plus mesurées. En dehors de l'Outre-Forêt et du pays de Hanau, où sa place n'est pas négligeable, ce sont les intérieurs de l'Alsace moyenne et méridionale qui recèlent les plus grandes fréquences. Dans les régimes alimentaires où dominent le pain ou la bouillie, la viande de porc se cantonnerait-elle dans le rôle subordonné d'aliment de complément ? S'imposerait-elle au contraire dans des régimes plus diversifiés, moins placés sous l'emprise des céréales ? Si l'hypothèse devait se confirmer, une alimentation bien pourvue en viande de porc pourrait signifier un certain équilibre alimentaire. Sous des dénominations diverses[561], la viande de porc, prête à la consommation, se présente sous trois formes essentielles : fraîche, séchée et fumée. *La viande fraîche de cochon ou salée fait leur principale nourriture pendant toute l'année. Cependant la nourriture du porc frais n'est gueres convenable en été*[562]. *On cuit le porc frais ou salé ou fumé avec les légumes,* nous dit-on à Erstein en 1788[563].

% d'inventaires mentionnant :

Echantillons (Nb. d'occurrences)	Viande de porc	et lard (sans autre indication)	viande ou lard salés	séchés	fumés
Rittershoffen (52)	7,7	7,7	5,8	73,0	5,8
Schillersdorf (42)	11,9	16,7	7,1	61,9	2,4
Hohatzenheim-Reitwiller-Gimbrett (48)	23,4	25,6	2,1	23,4	25,5
Holtzheim (33)	35,3	23,6	2,9	35,3	2,9
Baldenheim (52)	23,1	38,4	7,7	7,7	23,1
Heiteren (108)	20,4	60,2	6,5	7,4	5,5
Heimersdorf (32)	6,3	78,1	-	15,6	-
Heimsbrunn (14)	14,3	78,6	-	7,1	-
Total (381)	70,0	152,0	19,0	105,0	35,0
%	18,4%	39,9%	5%	27,5%	9,2%

Sources : ABR et AHR Not., inv. (voir l'état des sources).

Malgré les imprécisions qui entourent et la nature des viandes consommées et leurs modes de conservation, deux constatations se dégagent de cette récapitulation portant sur environ 300 inventaires après décès :

---

560 Voir *supra* p. 955.

561 De la viande salée (*grün Schweinefleisch*), séchée (*dürres Schweinefleisch*), fumée (*geräuchtes Schweinefleisch*) : des bajoues (*Kinnbacken*) ; enfin du lard et du jambon sous trois dénominations différentes : *Hammen* (AHR 4 E Not. Heiteren, inv. 14 1782), *Schinken* (ABR 6 E 26 Not Molsheim I, inv. Holtzheim 38, 1707) et *jambon* (AHR Not. Bollwiller, inv. Heimsbrunn 29, 1783) ou *Chambung* (AHR 4 E Not. Heiteren inv. 5, 1689 et inv.14, 1782).

562 B. MAUGUE, *op. cit.*, t. I, pp. 103 et 129.

563 ASRM 179/8.

- la priorité écrasante du lard sur toute autre espèce de viande ;
- la prééminence de la technique de la dessication, qui ne s'applique pas uniquement aux fruits, sur celles de la salaison et de la fumaison dont on a tendance à exagérer l'importance[564], selon l'image familière du jambon ou du lard suspendus dans la cheminée ou le fumoir.

La connaissance des rythmes de consommation serait susceptible de nous éclairer sur la consommation de la viande à la campagne. Or ils nous échappent complètement. D'après Hammer, on mange deux à trois fois par semaine du porc fumé et on tue un ou deux cochons par an, ce qui représenterait par famille 250 à 300 livres de viande pour l'année[565]. En réalité un porc gras dépasse rarement, au XVIIIème siècle, en poids vif, les 120 livres et le quart de porc fumé se situe entre 15 et 30 livres[566]. Par ailleurs, le régime carné coûte trop cher pour constituer la règle quotidienne. Il n'y a que dans les hôpitaux, milieux protégés par excellence, qu'on sert trois à quatre plats de viande par semaine[567]. Servie aux *jours gras*, sévèrement réglementés par l'Eglise, la viande impose sa supériorité lors des jours de fête[568]. Nos sources nous laissent l'impression d'une relative rareté de la nourriture carnée : les rations moyennes, nous le verrons, ne dépassent guère les 50 grammes par habitant et par jour et la viande représente à peine 5% de l'apport calorique[569]. En tout cas, comme le constate le Docteur Maugue, *peu de bonne viande,... beaucoup de mauvaise*[570]. Pour le paysan, viande signifie porc. Il n'en est guère d'autre qui soit consommée à la campagne à l'exception de la volaille, issue de la basse-cour, d'un peu de gibier fourni par le braconnage. Mais la poule au pot et le pigeon rôti sont affaire d'élite. On ne saurait déduire une quelconque habitude alimentaire de la fourniture des agneaux de Pâques par les communautés du Sundgau. *Le veau, le mouton, la volaille ne sont pas ordinaires chez le peuple* (ils interviennent surtout en cas de maladie) et *le boeuf sert au potage*[571]. Sur les 300 inventaires retenus, la viande de bovin n'apparaît que 10 fois (soit dans 3% des cas) et jamais dans les contrées périphériques de l'Outre-Forêt et du

564 Muttersholtz, inv. Baldenheim 24, 1773 (*im Kamin*) et 1775 (*im Rauch*).

565 L. HAMMER (ABR 63 J 15, 1807).

566 AHR 4 E Not. Heiteren, inv. 5, 1690, 6, 1703 et 10, 1755.
AHR 4 E Not. Hirsingue, inv. Heimersdorf 1695.
AHR 4 E Not Bollwiller, inv. Ungersheim *passim*.
ABR 6 E 7, Not. Bouxwiller, inv. 171, Bosselshausen (1731).
ABR 6 E 36, Not. Saverne II, inv. 192 : *ein Schwein in der Mastung 130 Pfund* (curé Steck, Lupstein-Littenheim 1774).

567 AMC BB 46 (dimanche, mardi et jeudi en 1747).
AM Sélestat HOSP 30/14-36 (quatre fois, 1735-1789).
Voir P. ADAM, *op. 2295*, pp. 142-143.
AN F[15] 231 : dépôts de mendicité de Strasbourg (quatre fois en 1789).

568 Ch. GERARD, *op. cit.*, pp. 54-55 : trois fois par semaine dans le comté de Hanau-Lichtenberg à la fin du XVIIIème siècle, mais dans quel milieu social ?
Annuaire du Haut-Rhin, an XIII, p. 221 : viande et lard le dimanche.

569 Voir *infra* pp. 1728-1736 et W. ABEL, *op. 75*, p. 250 (28 kg/habitant/jour). S'appuyant sur les travaux de Jean-Claude TOUTAIN (1803-1844), Michel MORINEAU (*art. 1217*, p. 353) conclut à des rations de 3 kg par an, soit 7 à 8 grammes par personne et par jour !

570 B. MAUGUE, *op. cit.*, t. I, pp. 128-130.
AN T 570/1 (1746).

571 ASRM 179/8 : *Topographie médicale du bourg d'Erstein* par le Dr. Chardoillet (26 août 1788).

Sundgau : c'est tout juste si le boucher n'est pas un étranger à la campagne et on a voulu expliquer la rareté de la viande de boucherie par la tendance à la dépécoration qui caractérise l'époque moderne[572]. En réalité, les bovins, durement exploités pour la traction, se contentent de livrer un peu de lait et les troupeaux de boeufs qui traversent la province sont destinés en priorité à la consommation citadine, après avoir fait l'objet de juteuses spéculations[573]. On ne retrouve la viande bovine que sur la table des seigneurs[574] et des couvents[575] et sans doute sur celle des paysans le jour de la fête patronale.

Dans l'ensemble, les viandes consommées sont, à l'image du pain, de couleur foncée et de saveur atténuée. Les batteries de cuisine, qui font apparaître plus fréquemment la poële ou la marmite que le gril ou la rôtissoire, suggèrent la pratique préférentielle du rôti et du bouilli sur le grillé. La cuisson par immersion dans l'eau ou à l'étouffée l'emporte. Sur les tables aristocratiques, au contraire, les viandes blanches, tel le veau, s'imposent : on leur attribue des qualités de finesse et de tendresse. En même temps, les fortes saveurs du gibier exercent un incontestable pouvoir de séduction sur les convives de qualité[576]. Nous ne disposons que de quelques rares indices sur la consommation des volailles qui font pourtant figure de gibier des pauvres en ce temps de chasse réglementée. De préférence au poulet rôti, on a l'habitude de cuire la poule dans la soupe[577], surtout pour les malades, ce qui permet de prolonger la vie du volatile jusqu'au jour où il n'est plus d'aucune utilité pour la ponte. Sa consommation est plus répandue que celle du canard qui, sur sa carcasse, n'offre que peu de chair. Quant à l'oie, elle semble jouer un rôle important lors des fêtes sans accéder au niveau de la dinde, mets urbain et aristocratique, délice suprême mais fort rare chez nos paysans. Il s'établit donc, dans la consommation de la viande, une sorte de sélection, celle-là même qui sépare le monde distingué du vulgaire : au premier la volaille fine, le boeuf et le gibier (encore que la pratique fréquente du braconnage soit susceptible de menacer ce monopole) ; au second, le porc et la volaille ordinaire. Mais, dans le cadre de l'autoconsommation, la viande ne saurait être à elle seule l'aliment de référence, l'indice de l'accession à un niveau supérieur, le symbole de la puissance sociale.

Elle semble sous-consommée, malgré la fréquence du porc, véritable *poule au pot* des campagnes alsaciennes. Peut-on réellement s'offrir ne serait-ce qu'un morceau de lard une fois par semaine, ou doit-on se contenter de légumes graissés d'un peu de lard ? En effet, les graisses assurent la liaison entre l'aliment et le condiment. Au lard salé et fumé s'ajoute le lard fondu, qui, constituant les fonds de cuisine, assure l'apport lipidique à l'organisme. On le verse, bruni, sur les légumes, puis sur les

572 W. ABEL, *art. 2797*.

573 J. VOGT, *art. 1467-1475*.

574 Voir *supra* pp. 1688-1691.

575 ABR H 1161 : les comptes de l'abbaye de Walbourg font état de livraisons de viande de veau et de boeuf (1783-1784).

576 Ph. GILLET, *op. cit.*, p. 113.

577 ABR 6 E 7 Not. Bouxwiller, inv. Reitwiller 361 : *Huhn... zu einer gutten Supp.* (1735).

pommes de terre cuites à l'eau. La couenne de porc apportera son soutien aux bouillies de lentilles ou de pois. Le saindoux enfin est couramment utilisé pour graisser les légumes et, là encore, le parallèle entre l'alimentation réservée à la domesticité des couvents et celle destinée aux milieux populaires de la campagne s'impose[578]. Graisse plus que viande, ce lard, employé *en maigre*, traduit à la fois le souci d'économiser et l'habileté à contourner les interdits religieux frappant la chair des animaux en période de carême : on presse le lard pour en extraire le jus et on a la conscience tranquille. Enfin, il reste la ressource qui consiste à utiliser le beurre fondu[579], plus facile à conserver que le frais. Le beurre de cuisine l'emporte-t-il sur le beurre de table ? Sans aucun doute.

On a voulu faire de l'Alsace le domaine du beurre, aliment à part entière. Au *tout baigne dans l'huile*, expression usitée en vieille France, pourrait répondre ici le *tout flotte dans le beurre*. Il est vrai que le lait ne vaut que par le beurre : on le consomme avec parcimonie, dans la soupe ou la bouillie, rarement à l'état pur, semble-t-il, sauf en cas de maladie. On se hâte de l'écrémer, de le transformer en beurre ou en fromage. Mais la présence du beurre est difficile à cerner : en partie réservé à la vente, il semble bien répondre à une consommation de luxe[580]. C'est la ville qui est son domaine d'élection, tandis que la campagne opte fréquemment pour le saindoux. En réalité, fief des graisses animales fondues plutôt que du beurre proprement dit, qui se conserve mal et rancit vite, la plaine, surtout dans ses parties les plus riches - Kochersberg et pays de Hanau -, ne tourne pas le dos à l'huile. Le cas de l'Alsace bouleverse quelque peu la ligne de démarcation classique entre une Europe septentrionale qui serait celle du beurre et l'Europe méridionale exclusivement attachée à l'huile[581], distinction qui repose autant sur les contraintes naturelles que sur des prescriptions religieuses. Pratiquant l'élevage bovin et porcin, la première n'aurait recours à l'huile qu'en période d'abstinence, contrairement à la seconde qui l'utiliserait en permanence. Des oléophobes, les paysans alsaciens ? La diversité des huiles relevées témoigne des interférences constantes entre graisses animales et graisses végétales, sans que les secondes ne soient forcément sous-utilisées par rapport aux premières. Attestée par les inventaires, l'utilisation de l'huile de chanvre et de lin, de noix, de colza et de pavot rendrait peut-être compte, sinon d'un progrès des huiles végétales, du moins de leur diversification au cours du XVIIIème siècle, toute affirmation méritant d'être nuancée au demeurant à la lumière des situations locales. Le sac de pavot donne entre 30 et 40 litres d'huile, le sac de navette un peu moins[582] ; mais *plus grasse et par conséquent plus profitable*

[578] B. BUCHINGER, op. cit.: *Schweinenschmaltz braucht man mehren Theils für Gesind an Fleisch-Tägen, allerhand gemüsz damit anzumachen* (*Kochbuch* 1671).

[579] AHR et ABR Not., inv., *passim* : *gesottener Butter.*

[580] On le retrouve dans les hôpitaux (AM Sélestat HOSP 14, 30 et 58, 1703-1789) et les dépôts de mendicité (AN F15 231, Strasbourg 1789).

[581] J-L. FLANDRIN, *art. 2830*, p. 380 et 2831.

[582] C.A. HANAUER, *op. cit.*, t. II, pp. 371-372.

que la première[583], l'huile de navette semble plus prisée[584]. L'huile de noix, par contre, se corrompt vite et devient rance. Maugue estime que l'huile de noix était beaucoup plus répandue avant le désastreux hiver 1709, au cours duquel, *la sève enflée par la gelée a fait éclater les noyers*[585]. Resterait à savoir si c'est la table ou la lampe qui bénéficient de la progression des huiles. Car la graisse est également un moyen d'éclairage.

En dehors des viandes, graisses et boyauderies, les animaux domestiques fournissent leur lait. Tout concourt à minimiser la production laitière : la maigre nourriture des vaches, l'effort de traction qu'on leur demande. En réalité, seuls les baquets à traire, les pots et les cruches à lait permettent d'entrevoir, sans pouvoir l'évaluer pour autant, une production apparemment fort irrégulière. Louis Hammer fait allusion, en 1807, au lait aigri écumé en été et à la bouillie au lait[586] : l'un et l'autre connaîtront un grand succès au XIXème siècle. Babeurre et petit lait, semblent être les sous-produits appréciés des beurres et des fromages, mais leur consommation nous échappe. La présence de la baratte ne suffit pas à nous renseigner sur la nature des produits laitiers effectivement consommés sur place : fromage blanc égoutté, lait caillé ? Les réserves de fromage - moyen de prolonger et d'étaler dans le temps la consommation des laitages - sont rarissimes : quelques égouttoirs, quelques planchettes qui permettent aux fromages de mûrir, des barattes, des tines à beurre et à crême s'ajoutent au traditionnel garde-manger[587] dont les inventaires ne nous révèlent jamais le contenu. Quel fromage ? L'allusion à des fromages *domestiques* ou *paysans* séjournant sur des claies n'est pas très éclairante[588]. Rarement indiqués dans les successions, en partie destinés à la vente, les oeufs apparaissent cependant dans les pensions alimentaires. On devine par ailleurs les transformations dont ils sont l'objet grâce au relevé des poëles à frire les *tartes aux oeufs*, crêpes alsaciennes par excellence. Au total, rien ne nous permet d'attester, à plus forte raison de mesurer, le déficit en produits laitiers ou en oeufs, destinés autant à la vente, semble-t-il, qu'à la consommation familiale.

Quelle que soit l'origine de ces apports, on mange gras dans les campagnes alsaciennes, très gras, trop gras sans doute. Hormis les exigences biologiques, qui peuvent expliquer cette passion pour les graisses, la cuisine grasse peut avoir des fondements psychologiques. On l'oppose volontiers à la cuisine maigre du temps de carême et elle devient synonyme d'opulence. Seules les prescriptions de l'Eglise sont en effet susceptibles de limiter la consommation de nourritures carnées au profit du poisson. C'est un don provenant directement de la nature par opposition à la viande transitant par la domestication. Le monde des eaux prend en effet une

583 ABR 11 M 41 (1818).

584 BNUS Ms. 630, p. 325 (Chr. Haenlé, 1747).

585 B. MAUGUE, *op. cit.*, t. II, p. 677.

586 L. HAMMER (ABR 63 J 15).

587 *Muckenkänsterlein.*

588 AHR 4 E Not. Bollwiller, inv. Ungersheim 5, 1782 : *100 Hauskäs* et 1783 : *10 Haus- oder Baurenkäs.*

importance capitale : les étangs du Sundgau[589] ou d'ailleurs[590] et les nombreuses rivières, Bruche, Ill, Zorn, Moder, fournissent, à prix raisonnable, une gamme de poissons - brochets, saumons, truites, perches, carpes, tanches[591] - qu'un pêcheur strasbourgeois estime, au milieu du XVIIème siècle, à 45 espèces différentes[592], ce qui limite la consommation de poisson de mer sous forme de morue séchée[593]. Les débordements réguliers du Rhin apportent le poisson de glace ou *Eyssfisch*, très prisé dans le Sundgau[594]. S'y ajoutent les écrevisses qui, pêchées clandestinement si le contrôle seigneurial se relâche, se consomment frites ou bouillies et peuvent également entrer dans la composition des potages[595]. D'après un témoin de la fin du XVIIIème siècle, la Basse-Alsace consommerait 15% de viande en plus si elle ne pouvait pas compter sur un apport en poisson[596] qui, comparé à la viande, est relativement bon marché, même s'il double de prix entre 1730 et 1789. Cependant, les poissons et écrevisses, vendus par les meuniers du Sundgau, exploitant le droit de pêche seigneurial, reviennent parfois plus cher qu'au marché !

Pour arroser leur ordinaire, les paysans comptent sur le vin qu'ils produisent. A la fois nutriment, médicament et excitant, le vin occupe une place importante dans l'alimentation paysanne. C'est la *boisson presqu'ordinaire du pays*[597]. Les Alsaciens, affirmait déjà Montaigne, *ne boivent jamais d'eau*[598] et ils ont bien raison : les médecins ne dénoncent-ils pas les effets désastreux des eaux polluées sur la santé des habitants[599] ? Par ailleurs, le paysan alsacien est, au XVIIIème siècle, un buveur de vin, non de bière. Boire le jus de sa propre vigne relève autant de la nécessité que de la satisfaction personnelle. Le vin présente un double avantage : boisson hygiénique, comparée à l'eau douteuse des puits, il tient lieu de complément énergétique pour les travailleurs de force. Concéder une valeur de 10% du bilan calorique[600] paraît plausible et ne procède pas d'abstractions de diététiciens. Car loin de répondre à l'opposition formelle que nous avons tendance à établir entre le boire et le manger, la fonction nutritive des boissons fait partie du bagage mental de la population[601]. Le vin

[589] AHR 4 E Not Heiteren inv.14, 1789.

[590] ABR E 2570-2600 : l'abbaye de Biblisheim possède trois étangs (1693-1760) dont l'un contient, en 1693, entre 200 et 300 poissons, entre autres des saumons et des carpes.

[591] J-P. GRAFFENAUER, *op. cit.*, p. 87.

[592] Ch. GERARD, *op. cit.*, p. 58.

[593] J. DE L'HERMINE, *op. cit.*, p. 182.
B. MAUGUE, *op. cit.*, t. I, p. 128 : *Stockfisch... espèce de merluche, seul aliment qui se dispute à la choucroute.*

[594] AN T 570/1 (seigneurie de Landser, 1746).

[595] ABR 6 E 27 Not Muttersholtz, inv. Baldenheim 25, 1787 : *Krebsstöck.*

[596] J-L. FESQUET, *op. [204]*, p. 71.

[597] ASRM 174/13 (1779).

[598] Cit. par Ch.GERARD, *op. cit.*, p. 101.

[599] Voir *infra* pp. 1770-1772.

[600] F. SPOONER, *art. 2879*, p. 39.
M. AYMARD, *art. 2802.*

[601] Ph. GILLET, *op. cit.*, pp. 39-40.

a valeur, sinon de nutriment, du moins de compensateur calorique. Les médecins estiment de surcroît qu'ingurgité en quantité raisonnable, il est un aliment équilibrant et bienfaisant[602]. Les voyageurs français, habitués à boire pour se nourrir et en se nourrissant, seront étonnés de constater que la boisson devient, dans les pays germaniques, objet d'un rite social autonome qui se pratique, le plus souvent, en dehors des repas, et laisse la porte ouverte à bien des excès[603]. Montaigne n'a jamais pu se faire aux habitudes allemandes, car, pour les peuples latins, le vin est une composante de l'alimentation : *boire à la française, c'est boire à deux repas et modérément par crainte de sa santé*[604] ; *boire à l'allemande, c'est boire d'abondance,* dira L'Hermine[605], à toute occasion, pour se désaltérer, se procurer du plaisir[606]. Les curés eux-mêmes, nous confie l'intendant de la Grange, *aiment naturellement le vin et les compagnies, usage d'ailleurs parfaitement approuvé par le peuple*[607]. A Turckheim, au XVIIème siècle, après la procession de la Saint-Urbain, chaque enfant est gratifié par le Magistrat d'un verre de vin et d'un pain[608] et dans les terres du duc des Deux-Ponts, c'est en 1769 seulement qu'on interdit la distribution de vin ou de cidre aux écoliers qui sonnent les cloches lors des enterrements[609]... Les archives judiciaires ne sauraient infirmer leur manière de voir : si le concept d'alcoolisme fait défaut, la réputation d'ivrognerie est bien présente[610] : les dimanches et les jours de fête surtout, explique Hammer pour qui l'ivrognerie n'est pas, en Alsace, *un vice fort commun*[611], ce que le Docteur Maugue avait déjà relevé : *ils passent pour de grands buveurs sans l'estre, si ce n'est dans quelques festes où ils prennent outre mesure*[612].

Or si l'on analyse les réserves de vin, le contraste est frappant entre, d'une part, le nombre et la contenance théorique des fûts, et, d'autre part, la quantité de vin effectivement disponible : tonneaux à moitié vides qui attendent sans doute, compte tenu de l'irrégularité des vendanges de plaine, quelque année providentielle... Cette constatation sera, bien entendu, nuancée en fonction des variations saisonnières. Quoi qu'il en soit, jusque vers 1760, le vin est présent dans la plupart des caves, quelle que soit l'appartenance socio-professionnelle de son propriétaire ou l'importance de l'exploitation. Mais, dans le dernier tiers du XVIIIème siècle, la proportion des détenteurs de vin a tendance à baisser, en même temps que diminue l'absorption moyenne par famille, au lendemain d'une période de consommation relativement forte (1730-1760). Contre-coup de la hantise

---

602 Voir *infra* pp. 1774-1775.

603 Ph. GILLET, *op. cit.*, pp. 44-47.

604 M. de MONTAIGNE, *Essai*, livre II, chap. II et XVII.

605 J. DE L'HERMINE, *op. cit.*, voir pp. 178 et 183-184.

606 M. de MONTAIGNE, *Journal*, p. 92.

607 *Mémoires historiques* de la province d'Alsace (voir l'état des sources), pp. 137-138.

608 AM Turckheim CC 53.

609 D'après le *Protocoll-Buch* du 6 novembre 1769, cit par H. GERST, *op. [403]*, p. 119.

610 J-L. FLANDRIN, *art. 2829*, p. 68.

611 ABR 63 J 15 (1807).

612 B. MAUGUE, *op. cit.*, t. I, p. 130.

céréalière ? Effet d'une réduction délibérée des surfaces emplantées en vignes ? De la propagande gouvernementale en faveur des vins du *vrai et authentique vignoble*[613] ?

L e vin dans les caves de Reitwiller (1663-1789)
ABR 6 E 7, Not. Bouxwiller 359-364

Périodes (Nb. d'inventaires mentionnant des réserves de vin	% des réserves de vin par rapport an nombre des inventaires	Quantité moyenne de vin par famille (hl)
1663-1729 (19)	76,00	10,25
1730-1759 (24)	66,60	20,00
1760-1789 (25)	60,00	9,50

Il n'en reste pas moins que, si l'on compte cinq à six membres par famille, enfants compris, les Alsaciens disposent de 1,5 à 3 hectolitres par tête et par an[614], soit une consommation potentielle d'un demi à un litre de vin par jour, femme et enfants compris[615]. A Wihr-en-Plaine, un voiturier touche, en 1689, par journée de corvée, 75 centilitres de vin et deux miches de pain ; l'ouvrier doit se contenter de 40 centilitres et d'une miche de pain[616]. Cette forte consommation domestique réduit d'autant les possibilités de vente. Le tonnelet en bois cerclé de fer ou *Loejele*, qui accompagne le paysan aux champs, ne chôme pas : il n'a d'autre prétention que de rafraîchir le gosier et de pallier l'inévitable déshydratation que subit l'organisme sous l'effet de la chaleur. Compte tenu du prix élevé du vin, on a tout intérêt à le produire sur place[617]. C'est une des façons d'économiser de l'argent. En 1767, les Franciscaines de Haguenau consacrent annuellement pour 1000 livres tournois aux victuailles et pour 670 livres au vin, somme qui, si l'on admet une consommation modérée, est à la mesure de la cherté du produit[618].

La qualité de la boisson passe en effet au second plan. Le vin d'Alsace, rapporte L'Hermine, est *plus doux et plus agréable que fort... moins brûlant que celui de France*[619]. C'est un euphémisme, car la plaine produit surtout des vins huniques (*heunisch*) qui sont parmi les plus décriés qui soient et dont celui du Sundgau passe pour être *le plus petit, le plus mauvais de la province*[620]. Le fait qu'il s'agit de petits vins[621] - *les vins du Rhin sont peu*

---

613 Voir *supra* pp. 699-710.

614 AHR 4 E Not. Heiteren 14 (1779) et 11 (1759) : 1,5 hectolitres par tête pour une famille composée des parents et de leurs quatre filles.
J-P. GRAFFENAUER, *op. cit.*, p. 96 : 253 litres de vin par an, si l'on compte les plus de 10 ans.

615 Ce qui correspond aux chiffres connus par ailleurs. Voir J-C. TOUTAIN, *op. 1228*, pp. 115-117 et 122.

616 AHR E 2259 (5 janvier 1689).

617 Voir *supra* pp. 695-698.

618 ANQ¹ 970-971.

619 J. DE L'HERMINE, *op. cit.*, p. 183.

620 AHR 6 G 14 : celui de Lutterbach et de Morschwiller d'après le chapelain de l'église collégiale de Thann (fin XVIIème siècle).

621 APM T 1045 : *du petit vin qui se boit dans le pays* (Oltingue, 1667).
B. MAUGUE, *op. cit.*, t. I, p. 130 : *ils ne boivent que du petit vin verjuté*.

spiritueux[622] - explique sans doute que les *Allemands* se gardent bien de *baptiser* leurs vins comme les Français[623]. La pratique du frelatage est pourtant fréquente - *jus d'airelle, baies de sureau, bois de teinture*[624] - et celle du coupage n'est pas ignorée[625]. Les autres opérations, auxquelles ils ont recours, ne valent guère mieux. Avec cet art achevé d'accommoder les restes qui caractérise la cuisine alsacienne, le paysan, pour son usage domestique, se contente souvent de *piquette,* c'est-à-dire de vin de seconde ou de troisième pression, sans valeur marchande, mais d'une importance indéniable, puisque, affirme Maugue, la lie produit la moitié du vin consommé[626]. On rallonge donc le vin d'origine en chargeant le marc à grands seaux d'eau si l'on ne substitue pas tout simplement au produit de la vigne un infâme jus de poire ou de pomme[627]. Dans le Kochersberg, le Chapitre de Saint-Pierre-le-Vieux concède à chacun des vignerons qui a travaillé dans ses vignes *une pressée de vingt cinq hottes pour faire de la piquette,* mais *après la quatrième serre seulement*[628] ! La piquette vaut quatre fois moins cher que le vin rouge, deux fois moins cher que le vin blanc[629], mais elle répond tout-à-fait aux conditions de la consommation de l'époque. Cependant la qualité des vins d'Alsace n'est pas uniformément médiocre. Graffenauer oppose les vins rouges de Haute-Alsace, *moelleux et d'un goût délicat,* aux vins de Basse-Alsace *qui ont moins de corps, sont plus légers et contiennent plus d'acide*[630].

Mais ce vin se conserve mal : *jusqu'à trente années,* affirme L'Hermine à la fin du XVIIème siècle[631]. L'intendant de La Grange estime que les vins de Haute-Alsace *augmentent de bonté jusqu'à 12 ou 15 ans*[632]. Horrer affirme que ces vins ont le double avantage *d'être de garde et de se conserver pendant très longtemps et de s'améliorer par le transport*[633]. Graffenauer, au début du XIXème siècle, se montre plus nuancé : les vins *sont dans leur parfaite maturité au bout de deux ou trois ans et se consomment huit à dix ans sans dégénérer*[634]. Affirmations optimistes à l'excès ? En fait, le vin de la plaine, qui aigrit et *se casse* vite, ne se prête guère à la conservation

---

622 *Ibid., op. cit.*, t. II, pp. 700-709.

623 Ph. GILLET, *op. cit.*, p. 174.

624 Voir *supra* p. 705.
J-P. GRAFFENAUER, *op. cit.*, p. 95.

625 AHR E 281 (Flaxlanden 1753).
Chr. WOLFF, *op. 1441*, p. 92 (Riquewihr, XVIIIème siècle).

626 B. MAUGUE, *op. cit.*, t. II, p. 710.

627 Nous avons rarement trouvé, dans les inventaires dépouillés, trace de cidre (*Holtzapfelwein*, AHR Not. Hirsingue, inv. Heimersdorf, *passim*) ou de poiré (ABR 6 E 17 Not. Ingwiller, inv Schillersdorf 74, 1774 et AHR 4 E Not. Bollwiller, inv. Heimsbrunn, fin XVIIIème siècle, *passim*). La *poirée* est évoquée par L. HAMMER en 1807 (ABR 63 J 15).

628 ABR E 5598 : *Instructions sur les opérations relatives à la vendange de Neugartheim*, s.d., fin XVIIIème siècle.

629 Chr. WOLFF, *art. 1442*, p. 64 (Westhoffen 1742).

630 J-P. GRAFFENAUER, *op. cit.*, p. 93.

631 J. DE L'HERMINE, *op. cit.*, p. 183 (en 1697).

632 AN K 1236 : *Mémoires historiques de la province d'Alsace* (début XVIIIème siècle).

633 Ph. HORRER, *op. [223]*, p. 11.

634 J-P. GRAFFENAUER, *op. cit.*, p. 93.

prolongée en cave, les plus fortes fréquences se situant entre un et deux ans. Il est certes difficile de faire la part des choses : si la piquette du Kochersberg est fréquemment qualifiée par les notaires de *vin aigre*[635], il faut incriminer autant les conditions de conservation de ces vins, qui ne sont pas de bonne garde, que la qualité du produit lui-même. L'Hermine évoque d'ailleurs, pour y remédier, la pratique qui consiste à enfumer les tonneaux à l'aide d'un morceau d'étoffe soufré qu'on laisse se consumer à l'intérieur[636].

C'est la cherté qui décourage la consommation du vin[637] ou qui incite le paysan à en produire sur place. La bière, *boisson moins spiritueuse et plus nourrissante*[638], ne revient-elle pas meilleur marché ? Certes, mais elle se conserve mal - de 6 mois à un an - et, quoique fabriquée à partir de l'orge, parfois de l'avoine des campagnes, elle apparaît comme la boisson populaire de la ville et du cabaret. L'adjonction du houblon qui, dit Graffenauer au début du XIXème siècle, *se tire de l'étranger*, renforce ces caractéristiques. Vue du côté de la campagne, la bière n'est pas, comme l'affirme Maugue, *la boisson la plus ordinaire des Alsaciens*[639]. Breuvage épais et grossier à base de grains germés, elle serait boudée par les régions productrices de céréales ? Le paradoxe n'est qu'apparent : c'est en effet pour ménager les récoltes céréalières que le bailli Hell suggère en 1786 qu'on la brasse à partir de la pomme de terre[640]... et, en 1789, les vignerons de Riquewihr, touchés par la concurrence, protestent contre *la trop grande quantité de brasseries de bierre... qui se multiplient journellement, consomment une quantité de grains et de bois, font une grande perte au débit de vin*[641]. Mais si, à la fin du XVIIIème siècle, la bière finit par sortir de la situation subordonnée qui est la sienne, c'est essentiellement à la suite de la hausse du prix du vin : *Depuis la cherté du vin l'usage de boire de la bière a beaucoup gagné, les brasseries augmentent annuellement et les orges, au lieu de servir à nourrir les hommes, servent à les abreuver*[642]. Ce témoignage qu'apporte au début de l'Empire, le maire de Sélestat, ne fait que confirmer l'évolution en cours. Mais en Alsace, Bacchus ne se fait pas détrôner par Gambrinus. L'hypothèse séduisante, selon laquelle le vin serait la boisson promue par l'Eglise catholique et la bière le breuvage des pays protestants[643], attend toujours sa confirmation. Le seul élément que nous puissions verser au dossier, c'est qu'à la fin du XVIIème siècle les mentions de bière, que nous avons pu relever, concernent les bailliages ruraux de Strasbourg, à proximité immédiate du vignoble barrois[644] : mais est-ce l'influence du protestantisme

635 Mention fréquente de *saurer Wein* dans les inventaires du XVIIIème siècle.

636 J. DE L'HERMINE, *op. cit.*, pp. 181-182.

637 Annales des Franciscains de Thann, *op. [281]*, p. 48 : *attendu que dans tout le pays on ne trouvoit plus de vin, si ce n'est dans la ville* (on brasse donc de la bière pour les soldats et pour les habitants, 1643).

638 J-P. GRAFFENAUER, *op. cit.*, p. 96.

639 B. MAUGUE, *op. cit.*, t. II, p. 730.

640 AHR C 1117.

641 AHR E 24 : cahier de doléances du 22 mars 1789.

642 ABR 63 J 13, Arch.Société d'agriculture, comices.

643 B. HELL, *op. 2842*, p. 438.
ABR 3 E 163/5 : *ein halb fuder büre* (Goxwiller 1652).

644 AMS VI 75/10 (Gertwiller 1674).

ou celui de la ville qui a été déterminante ? En tout état de cause, ce n'est qu'au XIXème siècle, et dans les établissements publics, que la bière commence à concurrencer le vin, sans jamais le remplacer.

Nb. d'inventaires analysés (% d'inventaires faisant mention de vin et d'alcool)

	(1650) - 1700-1729	1730-1759	1760-1789
Schillersdorf			
Vin	31 (61,3%)	47 (42,5%)	44 (36,4%)
Alcool	-	-	44 (4,5%)
Reitwiller			
Vin	25 (76,0%)	36 (66,6%)	25 (60,0%)
Alcool	-	-	25 (8,0%)
Gimbrett			
Vin	19 (68,4%)	22 (81,8%)	26 (23,0%)
Alcool	-	22 (4,5%)	-
Hohatzenheim			
Vin	10 (30,0%)	10 (40,0%)	26 (23,0%)
Holtzheim			
Vin	56 (39,3%)	16 (18,8%)	17 (18,2%)
Ungersheim			
Vin	44 (40,9%)	?	48 (14,6%)
Alcool	-	-	48 (4,2%)
Heimersdorf			
Vin	14 (7,1%)	16 (12,5%)	52 (7,7%)
Alcool	-	16 (6,3%)	52 (7,7%)
Heimsbrunn			
Vin	15 (7,1%)		20 (6,7%)
Alcool	15 (6,7%)-		20 (15,0%)

Nous ne rencontrons qu'exceptionnellement et tardivement l'alcool dans les réserves des inventaires[645]. Et pourtant son odeur flotte au-dessus des villages et son usage semble se répandre dans la seconde moitié du XVIIIème siècle[646]. Hammer évoquera le *penchant pour les boissons fortes*[647] et Graffenauer dénoncera l'usage immodéré de l'eau-de-vie[648]. De tels abus, ajoute Maugue, n'ont pas la gravité qu'ils pourraient revêtir ailleurs, à cause de l'alimentation épaisse à laquelle sont accoutumés les Alsaciens[649]. En même temps qu'elle protège contre les maladies, cicatrise les plaies, facilite la digestion[650], la *goutte* garantit contre le froid et la fatigue au moment des grands travaux. Elle aide surtout le paysan à partir du bon pied le matin. Depuis 1697, il est interdit, sous peine de 3000 livres d'amende, de distiller des grains[651] : l'ordonnance de l'intendant de La Grange sera renouvelée par de Brou en 1735 et 1736, par de Blair en 1773... Dans le Sundgau, où l'on distille les cerises pour en faire une liqueur destinée à la vente[652], le bailli

645 La rareté de l'eau de vie est confirmée par J-P. GRAFFENAUER, *op. cit.*, pp. 98-99.

646 L. HAMMER (ABR 63 J 15) : *Presque chaque cultivateur prend de l'eau-de-vie le matin avant de sortir et en hiver lorsqu'il bat en grange* (1807).

647 ABR 63 J 15 (1807).

648 J-P. GRAFFENAUER, *op. cit.* (1816), p. 96.

649 B. MAUGUE, *op. cit.*, t. II, p. 675.

650 Voir *infra* p. 1776.

651 DE BOUG, *Ord. Als.*, t. I, pp. 250-251.

652 AHR C 1115 (subdélégué de Ferrette, 1771).

Hell propose en 1786 d'utiliser les pommes de terre gelées pour en tirer *une liqueur spiritueuse en les distilant*[653]. Or, l'intendant avait, quinze ans plus tôt, expressément interdit la fabrication de l'eau de vie à partir des pommes de terre. Entendons-nous : il s'agit des pommes de terres gelées[654], jugées trop précieuses pour la consommation. Il convient cependant de distinguer l'eau de vie pure de *l'eau de cerise*. Plus récente, la première, *Brandenwein*, est obtenue, par brûlage à partir de la distillation des fruits à noyau ou à pépins, de la lie ou du marc de raisin[655]. Vingt-quatre pots de vin donnent deux pots d'eau-de-vie. Quant à la cerise, il faut la piler avec les noyaux ce qui donne *un petit goust de noyau assez agréable*[656]. La seconde, beaucoup plus légère, est fabriquée à partir de merises ou petites cerises des bois qu'on laisse macérer dans du vin : à ne pas confondre, précise-t-on, avec *l'eau de vie spiritueuse, car on la boirait pour de l'eau, si elle n'avait pas l'odeur du fruit*[657].

Conclusion

En définitive, tout se passe comme si la sous-alimentation chronique était corrigée par la diversification des denrées alimentaires. Or cette diversification touche davantage les contrées réputées pauvres que celles qui ont une renommée d'opulence.

Nb. moyen de produits alimentaires repérés dans les inventaires après décès

	I	II	I+II	III	IV	1660-1700-1789
Rittershoffen	14	16	-	25	27	+ 69,0%
Schillersdorf	-	20	-	26	24	+ 20,0%
Hohatzenheim	-	11		10	17	+ 54,5%
Gimbrett	-	13		12	10	- 23,0%
Reitwiller	-	-	16	16	13	- 19,0%
Holtzheim	13	11	-	9	21	+ 91,0%
Baldenheim	-	26	-	-	48	+ 85,0%
Heiteren	18	15	-	33	33	+ 120,0%
Ungersheim	-	-	23	-	33	+ 44,0%
Heimsbrunn	-	-	18	-	22	+ 22,0%
Heimersdorf	14	18	-	19	26	+ 44,5%

Sources : ABR et AHR, Not., inv. (voir l'état des sources).
I = 1660-1699 - II = 1700-1729 - III = 1730-1759 - IV = 1760-1789

Terres traditionnellement céréalières, le Kochersberg et le Sundgau donnent une impression de rigidité dans les habitudes de consommation. L'Alsace moyenne et septentrionale, au contraire, supplée à une production de grains insuffisante par une gamme de denrées consommables non céréalières. Voilà, une nouvelle fois, de quoi redresser le cliché mettant en

653 AHR C 1117.

654 ABR C 648 (6 mars 1771).

655 AHR 4 E Not. Hirsingue, inv. Heimersdorf, 1754 et 1782, Not Bollwiller, inv. Ungersheim 1760 (*Brandwein*) et Not. Hirsingue, inv. Heimersdorf 1782 (*Drüsenbrandwein*).

656 B. MAUGUE, *op. cit.*, t. II, p. 675.

657 AHR 2 E 70 et AN 154 AP II et III, fonds Senozan.

lumière le contraste entre contrées favorisées et défavorisées. Si l'on pouvait se risquer à définir des rations alimentaires théoriques et modales - avec 70% de grains, 20% de légumes et 10% de produits d'élevage -, il faudrait pouvoir compter, pour une famille de 5 à 6 personnes, sur cinq hectares de terre, une ou deux vaches et quelques porcs. Beaucoup de villageois n'y parviennent pas et doivent se procurer un complément d'alimentation, par troc ou achat, après avoir loué leurs bras ou s'être adonnés à diverses activités complémentaires. C'est par contre une minorité d'entre eux qui bénéficie d'un luxe alimentaire, au demeurant tout relatif.

b) Des innovations venues du haut et l'établissement d'un code alimentaire

Nous avons insisté longuement sur les habitudes alimentaires paysannes, replacées dans leur quotidienneté, brièvement sur celles qui, lors d'occasions exceptionnelles, pénètrent la société rurale depuis l'extérieur. Les différences sont à la fois qualitatives et quantitatives. L'aliment apparaît comme un signe social, révélateur de la psychologie et de la cohésion d'un groupe : *dis-moi ce que tu manges, je te dirai qui tu es*[658]... Pénètre très timidement dans les villages l'habitude de consommer des produits jugés jusque-là superflus en dehors du domaine, très spécialisé, de la médecine et de la pharmacopée : le thé, le café, les épices.

Cette cuisine peut en effet se passer d'adjuvants et de condiments susceptibles de donner un supplément de goût aux aliments traditionnels : rarement des bulbes comme l'ail et l'oignon ; plus rarement encore des *herbes* et des *simples* - menthe, oseille, ciboulette, persil, fenouil, sauge, serpolet ou angélique -, davantage prisés pour leurs vertus curatives que pour leurs qualités gustatives. Il est d'ailleurs difficile de saisir leur utilisation puisqu'ils passent directement du potager sur la table. L'absence des épices se mesure à la rareté du poivrier sur la table paysanne : leur recul sur les tables aristocratiques, au profit des *herbes* indigènes[659], n'a pas forcément comme contrepartie leur prolifération dans les mets populaires. Le poivre est en effet moins prisé au XVIIIème siècle par la haute société, au moment où il cesse d'être un produit rare : question de snobisme. Il ne distingue plus, autant que par le passé, ceux qui s'emploient à cultiver la différence au sein de la société. Mais rien ne permet de conclure à sa vulgarisation en milieu rural. Il reste la garniture de l'alimentation pour ceux qui, dans les hautes sphères de la paysannerie, cherchent à simuler une supériorité toute relative. Alors que la salière s'affirme de façon précoce, la boîte aux épices, le moulin à poivre et le poivrier ne font leur apparition que dans la deuxième moitié du XVIIIème siècle. Mais a-t-on vraiment besoin d'épices du moment que les graisses fondues jouent le rôle de fonds de cuisine et de condiments ?

Que reste-t-il, une fois établi le constat de l'absence des épices et des aromates ? Les lardons et l'éternelle couenne de porc qui parfument les plats, le sel et le vinaigre, aussi nécessaires à la conservation qu'indispen-

---

658 *Man ist, was man ißt*, selon le proverbe allemand.

659 J-L. FLANDRIN, *contrib. 2832* pp. 274 et 305.

sables à l'organisme. Ce vinaigre n'est d'ailleurs pas toujours, comme le verjus, à base de raisin plus ou moins mûr ; il peut être fabriqué à partir de pommes sauvages ou de poires. L'évolution de la consommation de sel, *manne dont Dieu a gratifié le genre humain,* écrivait Vauban en 1707 dans son *Projet de dîme royale,* est sans commune mesure avec l'augmentation de la population si l'on en croit les chiffres du débit, exprimés en quintaux, que fournit la seigneurie de Horbourg[660] :

	1665-1666	1666-1667	1667-1668	1749-1750	1752	1753	1754
Horbourg	12	12 1/2	8	107	85	90	97
Sundhoffen	27	35	22	141	175	157	178
Wolfgantzen	6	4	4	?	49	46	49
Volgelsheim	0 1/2	1 1/2	3/4	?	87 1/2	84	90
Muntzenheim	16	24	24	137	127	107	102

D'après Hammer, un ménage composé de 8 personnes, consomme, avec l'aide de 6 à 8 bêtes à cornes[661], entre 400 et 600 livres de sel par an[662].

Pourtant, rares sont les inventaires qui signalent sa présence : S'agit-il d'un produit si courant qu'on omet de le citer ? si rare qu'il échappe aux relevés ? Est-il consommé au fur et à mesure de son achat ? partagé avant la rédaction de l'inventaire ? Les archives seigneuriales lèvent une partie du mystère. Vers 1750, le seigneur se plaint d'un plafonnement de la consommation : *le débit de sel va très lentement et il semble que le public mange sa soupe et son pain sans sel*[663]. Il s'avère en réalité, dans le comté de Horbourg, que l'appréhension d'une *disette de sel* conduise les habitants à en acheter *à bon marché et à crédit,* au mépris du monopole seigneurial, à un particulier, Jean Hanhart de Sundhoffen. Pour avoir osé en débiter à son propre compte, ce dernier est condamné à 1500 livres de dommages et intérêts et à 500 livres d'amende ! Certains habitants lui en auraient acheté entre 50 et 75 livres : de quoi être tranquilles pour deux ou trois ans[664]. Cet épisode, joint aux délits qui entourent le ravitaillement en sel, témoigne à la fois du caractère irremplaçable de cette denrée, capable de transformer une réserve périssable en alimentation durable, et de la hantise permanente d'une carence ou d'un prix exorbitant[665]. Le problème du sel est capital, car il contrarie ou rend possible les salaisons. La Révolution signifiera la baisse du prix du sel qui fait une entrée remarquée dans les cahiers de doléances. En attendant, la précieuse denrée fait l'objet d'une suite de trafics, de spéculations, de stratégies dont l'analyse dépasse le cadre de cette étude.

Même s'il se réduit à une décoction d'orge, de carotte et de chicorée *qui n'a du café que l'apparence,* le café reste un produit de luxe. Il est pourtant

660 AN K 2323/3.

661 De même les moutons*in seinem Futter und Saltz* (AHR E 1349), bail 1728, ferme des Ribeaupierre à Balgau

662 L. HAMMER (ABR 63 J 15, 1807).

663 AN K 2323/3 : lettre du receveur Gottekien au baron de Gemingen, gouverneur, le 26 mai 1750.

664 ABR 6 E 7, Not. Bouxwiller 9-49 : d'après les contrats de mariage de Reitwiller,la consommation par adulte et par an s'élèverait à un demi-boisseau, soit entre 15 et 25 livres.

665 Confirmé en 1807 par L. HAMMER (ABR 63 J 15).

en voie de devenir une *boisson usitée* à Strasbourg[666]. Et, ajoute Graffenauer, auquel nous empruntons cette affirmation, *personne ne peut s'en passer*. Rien de tel à la campagne, même pas dans les petites villes comme Sélestat - *le café après le dîner n'est pas en usage chez nous*[667] - où la cafetière n'apparaît que sur la table de quelques privilégiés. *Le café et le thé sont peu connus à la campagne, Ce n'est que lorsque les femmes vont au marché qu'elles y prennent une mauvaise boisson nommée café*[668]...Le thé semble le moins apprécié des nouveaux breuvages, jouant le rôle de médicament plus que de nutriment.

Selon toute vraisemblance, l'usage de consommer du tabac vient également de la ville. *On a d'abord pris le tabac par raison, ensuite par mode, aujourd'huy pour s'en être fait un besoin par la grande habitude, on le prend par nécessité, de mesme que du caffé ou des liqueurs, multiplication des besoins qui deviennent préjudiciables à la santé*[669]... L'argument suivant lequel il aurait des vertus curatives, agissant sur la digestion, empêchant la constipation, calmant les rages de dents, immunisant contre les congestions et les enflures[670] n'est qu'une amorce de réponse aux autorités urbaines qui interdisent depuis les années 1650 de *boire du tabac*[671], c'est-à-dire de fumer la pipe. Les réserves de tabac que recèlent les inventaires après décès reflètent autant les progrès de la production, suite à la demande des villes, qu'un développement de la consommation sur place[672]. Le nombre de paysans qui s'adonnent au plaisir de fumer ou de chiquer va cependant en augmentant : à mi-chemin entre l'aliment et la boisson, le tabac, à la fois remède et dopant, connaît au XVIIIème siècle quelque succès, moins marqué cependant qu'en Bretagne où, nous dit-on, *les femmes et les enfants font un usage très habituel de la pipe*[673]...

3) Tentative de bilan

a) Une question sans réponse : la part des dépenses alimentaires dans le budget paysan

Les hasards de la recherche nous ont conduit dans une famille de notables de Sierentz, dont un inventaire après décès[674] nous autorise à saisir l'ensemble des dépenses alimentaires effectuées en l'espace de quinze semaines, entre le 17 juillet et le 9 novembre 1770. Les achats ne portent

666 J-P. GRAFFENAUER, *op. cit.*, p. 99.

667 J-A. LORENTZ (1784). Voir *art. [352]*.

668 L. HAMMER, ABR 63 J 15, 1807.

669 B. MAUGUE, *op. cit.*, t. II, p. 758.

670 Voir *infra* p. 1776.

671 R. REUSS, *op. [508]*, t. I, p. 636, et C.A. HANAUER, *op. cit*, t. II, p. 599 : Strasbourg 1649 et 1651, Colmar 1659, Mulhouse 1649 et 1659.

672 Voir *supra* pp. 788-793.

673 BN Lf 9122 : *Suite des vérités d'un patriote alsacien pour servir de Réponse aux nouvelles réflexions sur le tabac des Députés et des Marchands de la ville de Strasbourg* (Paris 1791, impr., 10 p.).

674 AHR 4 E Not. Sierentz, inv. 1770.

Les dépenses alimentaires de Dame Bian, née Juncker entre le 17 juillet et le 9 novembre 1770

Source : AHR 4 E Not. Sierentz 5297 (inv. après décès 1770)

	Viande de boeuf, veau, mouton.	Poules	Pigeons	Poisson	Pain	Oeufs	Fromage	Légumes (1)	Fruits (2)	Sucre	Sel	Huile d'olive	Grenouilles	Café
Nb d'indications														
Total : 28	9	1	2	15	3	7	3	2	3	1	8	1	1	2
% = 100	32,1	3,6	7,1	53,6	10,7	25	10,7	7,1	10,7	3,6	28,6	3,6	3,6	7,1
Périodicité														
1 fois toutes les x semaines :	2	15	7	1	5	2	5	7	5	15	2	15	15	7
Evaluation en argent														
livres/sous (total 200/11)	134/12	?	1/14	17/2	?	?	?	?	?	?	14/8	?	?	?
%	67,1	?	0,8	8,5	?	?	?	?	?	?	7,2	?	?	?

(1) Sur les deux indications, l'une précise qu'il s'agit d'ail.
(2) Sur les 3 indications, l'une précise qu'il s'agit de citron.

jamais sur les épices, rarement sur le café. On notera cependant la surconsommation, par rapport aux familles paysannes, de poisson et de viande.

Mais les dépenses alimentaires ne représentent que 5 % des sommes répertoriées, les postes les plus importants étant constitués par les salaires des journaliers et des artisans (57,6 %), divers impôts et créances (24,4 %) et les frais de funérailles (6,6 %).

L'exemple de Dame Bian pourrait-il servir de contre-épreuve à la situation qui serait celle d'une majorité paysanne silencieuse ? Le cas des pays sous-développés ou en voie de développement qu'invoquent les sociologues, en contraste avec la situation des pays riches, nous autorisent à formuler une hypothèse de cette nature[675]. Voici Jean Thomas Xavier Seelig qui, *procurateur* du bailliage du Kochersberg, à Willgottheim, consacre 69,4 % de ses dépenses aux achats de denrées alimentaires, entre le 15 et le 30 mai 1775 : près de la moitié des sommes sont destinées à l'achat de grains ou de pain, le tiers au vin, le quart à la viande (avec une forte prédominance pour le porc), des sommes négligeables aux légumes, lait et oeufs, épices et ingrédients divers[676] :

Composition des dépenses alimentaires :

Pain et grains		Viande		Vin		Ingrédients		Légumes		Lait et oeufs
40,5 %		24,2 %		31,2 %		1,5 %		1,4 %		1,2 %
- blé	(91,1)	- porc	(70)	- du pays	(91,8)	- sel	(42,8)	- pois	(46,1)	sans autre
- orge mondée	(2,6)	- bovin	(23,9)	- de Bourgogne	(8,2)	- poivre	(42,8)	- lentilles	(46,1)	indication
- pain	(2,9)	- volaille	(6,1)	- vinaigre	(14,4)	- oignons	(7,8)			
	100 %		100 %		100 %		100 %		100 %	

Ensemble des dépenses alimentaires : 23 florins 6 *Pfennig* sur 34 florins, soit 69,4 %.

Si la répartition des dépenses reflète bien le régime alimentaire de la campagne, Seelig représente néanmoins un cas particulier, dans la mesure où il achète la totalité de ses biens de consommation, comme l'atteste ce fragment de comptabilité. Car c'est bien l'autoconsommation des denrées produites sur place qui, en faussant les calculs, nous empêche de résoudre le problème pour la paysannerie. A ce rythme, Seelig consacrerait près de 300 livres par an à son alimentation, ce qui le rangerait, à coup sûr, parmi les privilégiés de la campagne ! Nous avons vu que le journalier ne gagne pas autant et qu'il consacre annuellement jusqu'à 180 livres à l'achat de grains.[677] Quant au domestique, s'il devait manger à l'auberge, c'est entre 150 et 300 livres qu'il coûterait à son maître[678]. Il faut donc compter avec des dépenses alimentaires s'échelonnant entre 8 et 16 sous par personne et par jour, d'où l'importance des possibilités d'autosubsistance.Le souci primordial reste celui de la survie. Face aux besoins énergétiques, les apports nutritifs s'avèrent-ils suffisants ?

---

675 P. BAIROCH, *art. 1807*.

676 ABR 6 E 36, Not. Saverne II, inv. Willgottheim, 15-30 mai 1775.

677 Voir *supra* pp. 1033-1035.

678 ABR 8 E 343/9 (Lobstein, aubergiste à Oberhausbergen, 1759-1775).

b) Equivalences caloriques et bilan énergétique : essai d'évaluation

La double opération qui consisterait à évaluer les besoins énergétiques de la population rurale et à calculer, en regard, la valeur calorique des aliments consommés est des plus satisfaisantes pour l'esprit. Mais, entourée d'un halo d'incertitudes, elle est souvent vouée à l'échec. Une étude de l'alimentation paysanne ne saurait donc se parer de rigueur statistique avec une précision au milligramme près ! Tout système raisonné des habitudes alimentaires, reposant sur les notions très empiriques de *régime* et de *ration*, doit être utilisé avec prudence. Les nutritionnistes contemporains estiment qu'un homme normalement nourri devrait pouvoir disposer d'un apport de 2500 à 3000 calories par jour, l'individu de référence étant l'adulte mâle, âgé de 20 à 30 ans, jouissant d'une bonne santé et s'adonnant à une activité physique modérée[679]. Il serait sans doute mieux indiqué de prendre comme référence les 2300 calories nécessaires aux peuples des pays en voie de développement[680]. Mais, entre le XVIIIème et le XXème siècle, les normes peuvent avoir changé tout simplement parce que l'étalon de référence s'est modifié, en raison même de l'incidence d'un environnement quotidien différent : la médiocre protection contre le froid en particulier par suite des difficultés de chauffage, la fatigue occasionnée par les efforts musculaires exigés du fait des déplacements et des gestes, parfois pénibles, de la vie quotidienne tendent à élever le niveau des besoins caloriques d'hier par rapport à aujourd'hui. De combien ? Nous n'en savons rien. Faut-il pousser l'estimation jusqu'à 3500 calories pour un homme moyennement actif et 4000 pour un travailleur de force ? Quoi qu'il en soit, cette relation avec les conditions d'existence nous paraît capitale pour l'établissement de normes, même approximatives.

Par ailleurs, le calcul de la valeur calorique des divers aliments suppose des taux de conversion fiables. Or les chiffres varient au gré des informations et rien ne prouve que le pain ou la viande produisaient le même nombre de calories autrefois qu'aujourd'hui : leur valeur nutritive, qui dépend à la fois des conditions de production et des modalités de préparation, nous échappe en grande partie. Interviennent autant la qualité du grain récolté ou de la viande abattue que la longue cuisson qui peut transformer la valeur nutritive des aliments. Comme le constate Michel Morineau[681], les critères actuels élèvent sans doute de façon excessive les exigences du passé et vraisemblablement, les optima d'hier ne sont pas les optima d'aujourd'hui. Et si les déficiences qualitatives l'emportaient sur les insuffisances quantitatives à une époque étrangère aux préoccupations d'ordre diététique ? Le recours aux tables modernes[682] comporte donc des risques d'erreur conséquents, qui s'ajoutent à une autre source de gauchissement, déjà évoquée, à savoir le sous-enregistrement des produits frais, légumes verts, fruits et laitages.

---

679 J. TREMOLIERES, *op. 2885*.

680 P. BAIROCH, *art. cit.*, p. 149 (d'après les annuaires de la FAO en 1990).

681 M. MORINEAU, *art. 1811*.

682 L. RANDOIN/ P. LE GALLIC/J. CAUSERET, *op. 2873*.

Les renseignements fournis par 75 pensions alimentaires de Reitwiller
% de contrats faisant mention de :

Périodes	Nb. total d'inven-taires	Froment	Seigle	Orge	Farine	Pois	Lentilles	Fèves	Choux	Navets	Viande de porc	Viande de bovin	Lait/ crème	Beurre	Huile/ noix	Oeufs	Sel	Fruits	Vin
I	17	100	58,8	29,4	-	5,9	-	-	47	17,6	58,8	-	-	47	-	23,5	23,5	52,9	52,9
II	20	100	50	25	-	30	25	20	25	25	55	5	10	45	5	40	40	25	45
III	24	100	33,3	37,5	8,3	25	12,5	-	16,7	16,7	29,2	-	-	33,3	4,2	33,3	29,2	33,3	45,8
IV	14	64,3	7,1	21,4	-	7,1	7,1	-	14,3	14,3	21,4	-	-	35,7	7,1	28,6	21,4	21,4	21,4
Moyenne	**75**	**93,3 %**	**46,7 %**	**25,3 %**	**2,7 %**	**18,7 %**	**12 %**	**5,3 %**	**25,3 %**	**18,7 %**	**41,3 %**	**1,3 %**	**2,7 %**	**40 %**	**4 %**	**32 %**	**30,7 %**	**33,3 %**	**42,7 %**

Source : ABR 6 E 7, Not. Bouxwiller inv. Reitwiller 359-364, et CM 9-49 (1663-1759).
I = 1663-1699 ; II = 1700-1729 : III = 1730-1759 ; IV = 1760-1789.

Les 75 pensions alimentaires, livrés par les contrats de mariage de Reitwiller, entre 1664 et 1765, nous révèlent à la fois la composition de l'alimentation paysanne et le sens de son évolution en l'espace d'un siècle[683]. En dehors des dotations entre frères, qui n'ont pas de véritable signification, deux cas sont à envisager :

- celui des pensions alimentaires *complètes*, les parents ou le veuf survivant s'abstenant de partager les repas avec le couple nouvellement installé sur l'exploitation, ou, inversement, si ce sont les jeunes qui bénéficient des pensions : elles donnent l'image la plus fidèle possible du minimum vital annuel par foyer ;
- celui des pensions alimentaires *incomplètes*, les stocks alloués se complétant par les repas pris à la table commune : on constate, dans ce cas, un déficit en graisses et en viande et une surreprésentation des stocks céréaliers.

La quasi-totalité des contrats fait apparaître la présence de grains, avec une nette prédominance du froment (plus de 90 % des cas) sur le seigle et l'orge (respectivement 60 et 30 % des cas) : ce qui pourrait être l'expression d'une petite aisance. Selon leur nature, légumes secs et légumes verts ne sont guère signalés dans plus d'un contrat sur cinq, plus rarement que les fruits qui constituent l'un des compléments, discret mais essentiel, de l'alimentation populaire. Se détache également le stock des lipides - beurre et lard -, puisque la moitié des pensions comportent de la viande de porc. Quasiment absent des inventaires après décès, l'oeuf fait une entrée remarquée dans les pensions : un foyer sur trois en bénéficie. Notons enfin la présence du vin dans près de 43 % des cas analysés. Grain, viande de porc et légumes – ce n'est pas une surprise – constituent l'incontournable trilogie alimentaire des paysans du Kochersberg. Les résultats fournis par les inventaires se trouvent largement confirmés quant à la fréquence des différentes composantes de l'alimentation paysanne. Ils sont en dessous de la réalité pour ce qui est des rations elles-mêmes considérées comme des rations de survie : entre une et quatre livres de grains, 35 et 135 grammes de viande par jour, le tout complété par l'incorporation de divers légumes et fruits permettant d'élever le quotient de subsistance.

Il faut, nous dit-on à Beinheim en 1773, trois rézaux de grains par personne et par an, soit entre une livre et une livre et demie par jour[684], ce qui correspond, compte tenu des techniques rudimentaires de tamisage et de mouture en usage, à des rations de pain grossièrement équivalentes[685]. Or une livre au minimum, une livre et demie de pain bis le plus souvent, c'est ce que touchent, outre une soupe et des légumes cuits à l'eau, les pauvres reçus à l'hôpital de Colmar[686], de Sélestat[687] ou encore les *renfermés* d'Ensisheim[688].

---

[683] ABR 6 E 7 Not. Bouxwiller 359-364, inv. et CM 9-49, Reitwiller.

[684] GLAK 75/656.

[685] C. A. HANAUER, *op. cit.* t. II, pp. 132-139.

[686] AMC GG 224-225 (1713) et BB 46 (vers 1750) : 500-650 grammes.

[687] AM Sélestat HOSP 14/9 (1761) et 58 (1703-1778). Voir P. ADAM, *op. 2295*, pp. 142-143.

[688] AHR C 1233, et 1289 ((1774-1789).

Ce sont donc des rations-plancher[689] qui, si elles descendent en dessous d'une livre, posent le problème de la survie des habitants, sauf si l'appoint des ressources du potager assure la soudure. Ces normes sont deux à trois fois inférieures à celles que Pierre Goubert propose pour le Beauvaisis à la fin du XVIIème siècle[690] et qu'Abel Poitrineau avance pour l'Auvergne au XVIIIème[691]. Il est vrai qu'elles se trouvent largement dépassées dans le Kochersberg où elles approchent des valeurs moyennes de deux livres et peuvent atteindre le double pour les travailleurs de force[692]. Le problème se complique lors des années de crise, lorsque, le froment étant hors de prix, on est conduit à le remplacer par l'orge et le seigle dont le taux d'extraction en farine s'effondre et dont le prix s'envole à son tour. La diminution constante de la consommation des légumes, des fruits et de la viande[693] semble aller dans le sens d'un déséquilibre croissant en faveur des grains. Tout se passe comme si, pour un nombre grandissant de ménages, la carence en aliments carnés était compensée par un excédent de nourriture céréalière : moins de 50 grammes de viande par jour et par personne, c'est six fois moins que ce que consomment les pensionnaires de Molsheim[694] deux à quatre fois moins que ce qu'offrent les hôpitaux, sans même prendre en compte la qualité de la viande[695]. Or la vocation première de l'élevage bovin n'étant pas de nourrir l'homme, il ne s'agit donc pas de la traduction d'une mutation économique, en l'occurrence d'une dépécoration qui jouerait, en période de croissance démographique, au profit de l'extension des grains nourriciers[696]. Mais n'est-ce pas le signe d'une détérioration alimentaire ?

Une absente de marque : la pomme de terre, peu et tardivement représentée dans cette région, et qui pourrait bien apparaître comme le *légume des ventres creux*[697] et des régions déshéritées. Tel ne semble pas être le cas à Reitwiller où la progression des rations de grains, tout en s'affirmant au cours du XVIIIème siècle, trahit l'inégalité croissante devant les contraintes alimentaires[698] :

[689] Voir J-C. TOUTAIN (*op.cit.*, pp. 81-82) : les chiffres fournis par les auteurs du XVIIIème siècle se situent par individu et par an, entre 212 et 240 kilos pour le pain, 212 et 300 kilos pour le grain.
F. W. HENNING, *art. 1516*, p. 188 : 260-310 kilos par tête et et par an, étant bien entendu que la ration des enfants moitié moindre que celle des adultes.

[690] P. GOUBERT, *op. [560]*, p. 76 (entre deux et trois livres à 428 grammes en temps normal et entre une demi et une livre pendant les disettes).

[691] A. POITRINEAU, *op. [564]*, t. I, p. 102 (1300 grammes par jour).

[692] Voir *infra* pp. 1731-1732 (ABR 4 J 3) : disponibilités en grains par tête d'habitant en 1751.

[693] Relevée également par B. BENNASSAR et J. GOY entre la deuxième moitié du XVIème et le XIXème siècle (*art. 2804*, p. 426).

[694] W. FRIJHOFF/D. JULIA, *art. cit.*: plus de 300 grammes par jour.

[695] En moyenne entre 70 et 200 grammes par jour.
AM Sélestat HOSP 58 : 1 livre et demie par semaine *ad dies vitae* entre 1703 et 1778.
AM Saverne HOSP 53 : 1 livre par semaine pour les malades et 1 livre et demie pour les convalescents, au XVIIIème siècle, et c'est, le plus souvent du boeuf bouilli, du veau ou du mouton.
AMC GG 224-225 (1713) : 1/2-1 livre par semaine pour les malades ; 1 livre 1/2 pour les pauvres qui travaillent et jusqu'à 2-3 livres pour les pensionnaires.

[696] Cf. les trois stades de W. ABEL (*op. 2798) : Fleischstandard* (Moyen Age), *Getreidestandart* (début de l'époque moderne),*Kartoffelstandart* (époque du paupérisme).

[697] Cl. THOUVENOT, *op. cit.*, p. 49.

[698] ABR 6 E 7, Not. Bouxwiller, CM Reitwiller 9-49, 1686-1789.

Périodes	Nombre de contrats de mariage retenus	Ration moyenne	Ration journalière de pommes de terre (livres) moins de 1 livre	1-2	2-3	3-4	4-5	plus de 5
1686-1729	19	2,7	2	5	6	3	2	1
%			10,5	26,3	31,6	15,8	10,5	5,3
1730-1789	12	3,5	3	3	-	2	1	3
%			25	25	-	16,7	8,3	25

Mais l'extension de la pomme de terre est une chose, son pouvoir calorique en est une autre. Il ne nous a pas été possible de mesurer les rations annuelles que Michel Morineau situe entre 500 grammes et un kilo par habitant[699]. Mais, en dépit de sa forte productivité à l'unité de surface, son faible pouvoir calorique - de l'ordre de 0,5 calorie par gramme, six fois moins que le froment, quatre fois moins que la viande de porc, entre 5 et 10 % seulement de l'apport calorique total[700] - en fait un *Ersatz*, succédané d'une nourriture plus riche qui, occasionnellement, fait défaut. Quelle que soit l'importance agronomique de la pomme de terre, nous ne croyons pas à sa substitution aux grains, ni même au blocage définitif du secteur céréalier à la suite de son développement.

Les différences de niveau social jouent évidemment un rôle important. Rappelons que, d'après l'enquête de l'an IX[701], le journalier dépense, en 1789, pour son alimentation, en moyenne une livre tournois par jour, soit la quasi-totalité de son revenu, le petit propriétaire et l'artisan entre une livre et une livre et demie et le gros laboureur jusqu'à 3 livres tournois par jour. L'alimentation qu'on se procure ainsi varie à la fois en quantité et en qualité, mais ce ne sont pas forcément les plus riches qui consacrent, en parts relatives, la plus grande partie de leurs dépenses à la nourriture :

Part des dépenses consacrées à l'alimentation (sur 100 livres de dépenses annuelles en logement et nourriture)

	Propriétaires les plus riches	Petits propriétaires	Artisans	Journaliers	Moyenne
Plaine (8 cas)	86,2	97,1	82,5	89,9	93,1
Vignoble (3 cas)	87,6	88,2	90,9	88,2	88,7
Vallée (3 cas)	91,9	93,5	95,1	95,1	92,5

Par contre, c'est bien la plaine qui accorde la part la plus importante aux dépenses de cette nature. L'analyse différentielle du taux moyen de dépense journalière fait ressortir l'avantage des plus aisés, les écarts s'accentuant dans la plaine :

Dépenses journalières brutes (sur 100 sous)

	Propriétaires les plus riches	Petits propriétaires	Artisans	Journaliers
Plaine (8 cas)	100	67	56	45
Vignoble (3 cas)	100	53	71	53
Vallée (3 cas)	100	85	73	43

699 M. MORINEAU, *art. cit.*, pp. 1769-1771.

700 B. BENNASSAR et J. GOY, *art. cit.*, p. 425.

701 AHR 1 M 57. Voir *supra* pp. 1054-1055.

Une enquête réalisée en 1737 à Uttwiller, à l'occasion d'un refus d'acquitter le droit de banalité au meunier d'Ingwiller[702], indique, pour vingt-trois familles du village, la consommation hebdomadaire de grains. Malheureusement ne sont spécifiés ni le statut socio-professionnel du chef de ménage, ni le nombre d'individus composant ces familles. Nous en tirons cependant deux conclusions : l'unique personne vivant seule, une veuve en l'occurrence, consomme par jour entre 1,6 et 2,1 livres de grains compte tenu de la variabilité de l'unité de mesure en fonction de la nature des céréales (méteil). Par ailleurs la consommation familiale varie du simple au quintuple, d'une famille à l'autre[703], sans qu'il soit possible de démêler les différences quantitatives (nombre de membres) et qualitatives (niveau de vie). Les témoignages littéraires sont pourtant sans ambiguïté. Dans le bailliage de Lauterbourg, en 1771, *la moitié des habitants peuvent se nourrir de gros grains, trois huitièmes du grain mélangé de blé de Turquie, d'orge, de pommes de terre ; le huitième restant de pommes de terre simplement* [704]. Dans la campagne haguenovienne, la pauvreté des habitants se traduit par la consommation de pommes de terre et de fruits[705].

L'exemple de Willgottheim[706] nous permet d'affiner l'analyse, puisque l'indication des pensions s'accompagne de celle de l'appartenance socio-professionnelle des bénéficiaires. L'étroitesse de l'échantillon se trouve compensée par la normativité des rations allouées. Il est donc possible de mettre en lumière l'alimentation différentielle en fonction de quelques types sociaux. On constate qu'entre la nourriture du laboureur d'une part et celle du journalier ou de l'artisan d'autre part, la différence est davantage quantitative que qualitative. Le premier consomme au moins un kilogramme de grains par jour ; la livre de beurre lui tient entre deux et six semaines environ et les oeufs entrent dans son menu à raison de quatre à six par semaine. Le journalier, dont la basse-cour est plus modeste, ne pourra compter que sur un ou deux oeufs par semaine, devra se contenter d'une demi à une livre de grains par jour et consommera une livre de beurre toutes les cinq à dix semaines. C'est dans la consommation de viande et de lard que les différences sont les plus parlantes : 40 à 50 grammes par jour pour le laboureur ; deux fois moins pour le non-laboureur. Encore conviendrait-il de rapporter les chiffres de consommation annuelle au nombre effectif de jours *avec viande*, obtenu par une double soustraction : celle des jours *sans viande* - 125 à 145 ? - pour motifs religieux ; celle des jours *sans viande* pour raisons économiques. Le petit artisan et le journalier tentent-ils de rattraper leur retard par la consommation de légumes et de fruits séchés ?

---

702 ABR E 1941 (28 mai 1737).

703 De 3 1/2 / 4 1/2 à 16 1/2 / 21 1/2 livres de grains par semaine. Michel Morineau considère que la moyenne nationale en matière de consommation de pain (2 1/2 à 3 livres pour le père, 1 à 1 1/2 livre pour la mère et 1 livre par enfant) est raisonnable (M. MORINEAU, *art. 1811*, p. 215).

704 ABR C 391.

705 AMH FF 283/8 : ... *bleibt nichts als etwann ein wenig grundbieren und obst mit welchem sich die arme Inwohner vergnügen müssen* (Forstheim, Gunstett et Surbourg, procès-verbaux d'estimation des récoltes, 1772).

706 ABR 6 E 36, Not. Saverne II, CM 190-207 (1772-1789). Voir J-M. BOEHLER, *art. 82*.

La composition des pensions alimentaires (Willgottheim 1772-1789)

		Produits consommés										
Chefs de ménage		Froment	Orge blanche	Lard et viande de porc	Beurre	Oeufs	Légumes secs fèves, pois, lentilles	Légumes verts	Fruits	Sel	Pavot	Valeurs calorimétriques
Jean-Melchior Lorentz	1)	2160	-	100	52	300	90	-	-	à.d.	90	
1780, laboureur	2)	3	-					-	-			
(2 personnes)	3)	1450	-	67,1	34,9	20,5	60,4	-	-		60,4	
	4)	4350	-	134	262	31	91	-	-			4868
* André Fritsch,	1)	n.é	-	100	20	200	à.d.	-	-	à.d.	-	
1783, laboureur	2)	-	-					-	-		-	
(1 personne)	3)	-	-	134,2	26,8	27,4		-	-		-	
	4)	-	-	269	201	41		-	-		-	
Jean-Georges Voltz,	1)	720	720	50	18	100	90	-	-	30	-	
1785, laboureur	2)	1	1					-	-		-	
(2 personnes)	3)	483	483	33,6	12,1	6,8	60,4	-	-	20,1	-	
	4)	1449	1208	67	91	10	91	-	-		-	2916
Laurent Nonnenmacher,	1)	360	360	50	18	100	30	-	-	15	-	
1787, laboureur	2)	0,5	0,5					-	-		-	
(2 personnes)	3)	241,6	241,6	33,6	12,1	6,8	20,1	-	-	10,1	-	
	4)	725	604	67	91	10	30	-	-		-	1527
Florent Gangloff,	1)	1440	1440	100	50	300	-	-	1/4	-	-	
1789, laboureur	2)	2	2				-	-	-	-	-	
(2 personnes)	3)	966,6	966,6	67,1	33,6	20,5	-	-	-	-	-	
	4)	2900	2416	134	252	31	-	-	-	-	-	5733
Moyenne/laboureur	1)	1170	840	75	34,5	200	70	-	-	22,5	90	
	2)	0,8	0,6					-	-			
	3)	785,3	563,8	50,3	23,2	13,7	47	-	-	15,1	60,4	fourchette
	4)	2356	1409	100	174	21	71	-	-			3761-4131
%		57,1	34,1	2,4	4,2	0,5	1,7					100
* Jean Hugel,	1)	-	-	100	10	40	-	-	-	-		
1771, fils de tailleur	2)	-	-				-	-	-	-		
(1 personne)	3)	-	-	67,1	6,7	5,5	-	-	-	-		
	4)	-	-	134	50	8	-	-	-	-		
Joseph Vix,	1)	180	180	50	12	100	-	-	-	15		
1772, tisserand	2)	0,2	0,2				-	-	-			
(2 personnes)	3)	120,8	120,8	33,6	8	6,8	-	-	-	10,1		
	4)	363	302	67	60	10	-	-	-			802
Jean-Michel Stern,	1)	360	360	40	12	100	-	-	1/4	15		
1773, barbier	2)	0,5	0,5				-	-				
(2 personnes)	3)	241,6	241,6	26,8	8	6,8	-	-		10,1		
	4)	725	604	54	60	10	-	-				1453
Antoine Rhin,	1)	120	120	20	10	40	-	-	1/3	7,5		
1775 (épouse fille de	2)	0,3	0,3				-	-				
tailleur, 1 personne)	3)	161,1	161,1	26,8	13,4	5,5	-	-		10,1		
	4)	483	403	54	101	8	-	-				1049

La composition des pensions alimentaires (Willgottheim 1772-1789) (suite)

Chefs de ménage		Froment	Orge blanche	Lard et viande de porc	Beurre	Oeufs	Légumes secs fèves, pois, lentilles	Légumes verts	Fruits	Sel	Pavot	Valeurs calorimé-triques
Jean Marin,	1)	540	540	50	11	50	22,5	n.é.	-	7,5		
1776, marchand	2)	0,7	0,7						-			
(2 personnes)	3)	362,5	362,5	33,6	7,4	3,4	15,1		-	5		
	4)	1087	906	67	55	5	23		-			2143
Jean Finck,	1)	270	270	20	10	50	22,5	-	-	15		
1776, chasseur	2)	0,7	0,7					-	-			
(1 personne)	3)	362,5	365,5	26,8	13,4	6,8	30,2	-	-	20,1		
	4)	1087	906	54	101	10	45	-	-			2203
Joseph Marin,	1)	720	-	40	12	50	-	n.é.	1/3	7,5		
1781, marchand	2)	2	-									
(1 personne)	3)	966,6	-	53,7	16,1	6,8	-			10,1		
	4)	2900	-	107	121	10	-					3138
Joseph Heim, 1781,	1)	360	360	40	12	50	à.d.	à.d.	1/3	7,5		
(épouse fille de	2)	0,5	0,5									
marchand, 2	3)	241,6	241,6	26,8	8	6,8				5		
personnes)	4)	725	604	54	60	10						1453
Joseph Bornert,	1)	180	180	20	8	30	-	-	-	15		
1784, fils de	2)	0,5	0,5					-	-			
menuisier	3)	241,6	241,6	26,8	10,7	4,1	-	-	-	20,1		
(1 personne)	4)	725	604	54	81	6	-	-	-			1470
Michel	1)	270	270	25	8	40	22,5	n.é.	-	7,5		
Wandhammer,	2)	0,7	0,7						-			
1785, tonnelier,	3)	362,5	362,5	33,6	10,7	5,5	30,2		-	10,1		2194
(1 personne)	4)	1087	906	67	81	8	45		-			
	1)	333,3	285	33,9	10,5	56,7	22,5			10,8		
Moyenne /	2)	0,6	0,5									
non-laboureur	3)	309,8	255,1	31,5	9,8	5,4	22,6			10,1		fourchette
	4)	1020	654	64	80	9	38					1767-1865
%		54,7	35,1	3,4	4,3	0,5	2					100

Légende : 1) livres/foyer/an **ou** unités/foyer/an (oeufs) **ou** portion de la récolte annuelle/foyer (fruits)
2) livres/personne/jour
3) grammes/personne/jour
4) équivalences caloriques par personne et par jour

à.d. = à discrétion
n.é. = non évalué
* n'a pas été pris en compte dans les moyennes
Le poids de la livre a été estimé à 490 grammes

Source : ABR 6 E 36, Not. Saverne II, CM 190-207
D'après les indications fournies par L. RANDOIN/P. LE GALLIC/J. CAUSERET (*op. cit.*) ont été retenues les valeurs calorimétriques suivantes (calories par gramme) :
- grains = 2,5 - 3 (froment : 3, seigle : 2,5)
- légumes secs (pois, fèves, lentilles) : 1,5 - 3,4.
- oeufs = 1,5
- viande de porc = 2
- beurre = 7,5.

Pour les pois, lentilles et fèves, l'écart se réduit effectivement, mais, pour les légumes verts, – simple coïncidence ? –, les non-paysans sont seuls à en consommer. Quant aux fruits, l'absence d'évaluation chiffrée nous empêche de conclure, mais nous constatons qu'ils sont plus fréquemment présents dans les provisions des non-laboureurs. Enfin, denrée indispensable, le sel accuse des chiffres importants – 10 à 20 grammes par personne et par jour – et des écarts sensibles en faveur des laboureurs. De telles rations correspondent aux besoins quotidiens d'adultes soumis à de fortes déperditions par transpiration, en période de temps chaud et de travail intense.

En définitive, le journalier consomme, en valeur absolue, moins de grains, moins de viande, moins de beurre, moins d'oeufs que le laboureur. Mais le calcul des équivalences caloriques confère davantage de place, en valeur relative, aux produits non céréaliers dans son alimentation. Certes le bilan calorique des aliments consommés n'est pas mesurable avec précision[707] et il nous manque souvent les renseignements sur la consommation potentielle des légumes verts et des fruits, des graisses végétales, des produits laitiers ; enfin le complément énergétique que représente le vin nous échappe totalement.

Essai d'un bilan calorique et énergétique (partiel) :
L'exemple de Willgottheim (1772-1789).

Nature et quantité (grammes/adulte/jour) des aliments consommés		Substances énergétiques (en grammes) Protides	Lipides	Glucides	Valeur calorique
Grains					
Laboureurs	1349,1	155-161	18,9-24,3	903,9-944,4	3766 (91,2 %)
Non-laboureurs	564,9	56,5-67,8	7,9-10,2	378,5-395,5	1567 (88,8 %)
Viande					
Laboureurs	50,3	5-7,5	15,1-35,2	-	101 (2,4 %)
Non-laboureurs	31,5	3-4,7	9,5-22,1		63 (3,6 %)
Beurre					
Laboureurs	23,2	0,2	19,5	0,1	174 (4,2 %)
Non-laboureurs	9,8	0,08	8,2	0,05	74 (4,2 %)
Oeufs					
Laboureurs	13,7	1,8	2,3	0,05	21 (0,5 %)
Non laboureurs	5,4	0,7	0,5	0,02	8,1 (0,5 %)
Légumes secs					
Laboureurs	47	10,3-11,8	0,6-0,8	26,3-29,6	70 (1,7 %)
Non-laboureurs	22,6	5-5,7	0,3-0,4	12,7-14,2	34 (1,9 %)
Légumes verts, fruits produits laitiers et vin		inégalement indiqués, non pris en considération			

Sources: ABR 6 E 36, Not. Saverne II, CM 190-207 et L. RANDOIN / P. LE GALLIC / J. CAUSERET, *op. cit.*

Total :					
Laboureurs	1160,1-1238,5	173,3-182,3	56,4-82,1	930,4-974,1	4131
%		14,7-14,9	4,9-6,6	78,7-80,2	
Non-laboureurs	483-530,2	65,3-79	26,4-41,4	391,3-409,8	1746
%		13,5-14,9	5,5-7,8	77,3-81	
Besoins théoriques : %		**19,1**	**14,3**	**66,6**	

Rapport protides animaux/protides végétaux : 0,05 - 0,06

Rapport protides/glucides: 0,18-0,19

[707] Nous avons utilisé à cet effet les ouvrages de L. RANDOIN / P. LE GALLIC / J. CAUSERET, *op. cit.* et de Ch. CHATFIELD, *Table de composition des aliments*, Etudes de nutrition de la FAO n° 11, Revue 1954.

Compte tenu de ces réserves, les rations des laboureurs s'élèvent en moyenne à 3760 calories[708], plus du double de celle des non-laboureurs (1767 calories). Parmi ces derniers, seuls le marchand et le tonnelier accèdent à des niveaux comparables à ceux atteints par les laboureurs. Dans l'ensemble, ni opulence repue, ni pauvreté pathétique. Et surtout de telles rations nous paraissent quantitativement suffisantes, mais qualitativement déséquilibrées[709] : 90 % des calories sont d'origine céréalière (respectivement 1350 et 565 grammes de pain par jour pour les laboureurs et les non-laboureurs). Le pain, principal combustible de l'organisme, reste la source calorique essentielle et la moins chère, sans que pour autant il renferme tous les éléments nutritifs nécessaires[710]. Moins de 5 % des calories sont fournies par la viande de porc (50 et 31,5 grammes par jour), pas davantage par le beurre (23 et 10) et les graisses animales. Le manque d'éléments carnés se compense par un excès de nourriture végétale. Entre les deux groupes sociaux, la différence qualitative est par contre peu sensible : tout au plus, les non-laboureurs se distinguent-ils par un apport calorique plus important, mais en valeur relative seulement, en ce qui concerne la viande de porc et les légumes secs. En réalité, les différences de 30 à 40 % d'équivalent calorique sont courantes.

D'ailleurs les plus nourris ne sont pas forcément les mieux nourris. Le régime alimentaire de la paysannerie alsacienne témoigne d'une fragilité qui peut inspirer une légitime inquiétude. Dans l'ensemble, la campagne, par opposition à la ville, lieu privilégié de la consommation, nourrit mal sa population, en dépit et peut-être à cause du système d'autoconsommation et d'autarcie relative qui lui est propre. Cette alimentation est dénoncée en 1786 par le Docteur Keller, médecin de Haguenau et correspondant de la Société royale de médecine : les habitants de Grassendorf, écrit-il, consomment des choux, des navets et des pommes de terre blanches (noirâtres à l'intérieur) de mauvaise qualité, alors que les rouges, bien meilleures, apparaissent rarement sur la table ; elles sont cuites dans l'eau ; on en fait des *boulets* avec de la farine ; les haricots sont graissés avec du lard salé et rance ; le pain est insuffisamment fermenté et mal cuit[711]. En 1797, de Beer indique qu'en Haute-Alsace le paysan se contente de pommes de terre en robe des champs, avec un peu de lait caillé, le chou et la viande de porc étant réservés pour le dimanche[712].

Paradoxalement, quoi qu'en dise Louis Hammer en 1807[713], ce sont souvent les régions les plus plantureuses qui offrent à leurs habitants le type

---

[708] On comparera avec les chiffres donnés par W. FRIJHOFF et D. JULIA (*art. cit.*, p. 500) pour le collège de Molsheim entre 1777/1778 et 1786/1787 : 4554 calories. Il est vrai que ce bilan est celui d'une population jeune et relativement protégée.

[709] On comparera avec les résultats obtenus par M. MORINEAU, *art. 1811* et *1217*, pp. 340-344.

[710] Rappelons, à titre de comparaison, qu'aujourd'hui des rations quotidiennes de 150 grammes de pain ne fournissent que 15 % du total des calories (H. NEVEUX, *art. 2862*, pp. 350-360 et R. DELORT, *art. 2821*, p. 102).

[711] ASRM 179/19, n° 3 : rapport du 20 juillet 1786.

[712] DE BEER, *op. [193]*, p. 285.

[713] ABR 63 J 15 : *Le cultivateur aisé des cantons fertiles du département du Bas-Rhin vit et mange assez bien et celui des cantons moins fertiles vit médiocrement et même mal.*

d'alimentation le plus monotone et le plus fragile. L'alimentation repose, dans certaines contrées - le pays de Hanau et le Kochersberg en sont les meilleurs exemples - sur la prédominance des grains panifiables qui peuvent, par ailleurs, être facilement commercialisés. L'équilibre semble mieux réalisé dans les régions périphériques qui trouvent des solutions ingénieuses à la pénurie des grains : l'Outre-Forêt et le Sundgau sont plus disposés à utiliser des grains à bouillie, des légumes secs ou des mélanges de légumes secs, des racines et des pommes de terre, des fruits. Enfin, les régions de transition de l'Alsace moyenne nous paraissent les plus aptes à offrir une alimentation différenciée reposant sur les céréales, les productions légumières et fruitières, enfin les graisses animales et les produits de l'élevage[714]. Ce ne sont donc pas les secteurs économiquement les plus avancés qui sont capables de nourrir le plus de monde et d'offrir, en cas de crise blatière, une alimentation équilibrée. Dans le Kochersberg, dont la forte productivité céréalière est la préoccupation essentielle, ce sont les importantes disponibilités en grains par habitant, combinées aux faibles densités, qui constituent les principaux obstacles à un équilibre alimentaire. Inversement, une grande frugalité, particulièrement dans le domaine céréalier, peut trahir un régime alimentaire plus varié, les succédanés revêtant la physionomie de la pomme de terre, des fruits et de la viande de porc. Ne poussons pas le tableau à la schématisation. La diversité spatiale est trop grande pour qu'on puisse distinguer entre le régime d'une Alsace céréalière, quantitativement bien dotée, mais fragilisée par la tentation d'une monoculture des grains, et celui d'une Alsace des légumes et des fruits,quantitativement moins favorisée mais qualitativement plus équilibrée.

En tentant d'apprécier (le calculer avec précision serait illusoire) le bilan énergétique et vitaminique de cette alimentation, nous sommes amenés à reconnaître ses déséquilibres les plus flagrants. Aux carences lipidiques d'origine animale (faible consommation de viande, de graisses fondues et résiduelles), fait contrepoids la part des lipides d'origine végétale (crucifères et oléagineux). S'affirme le quasi-monopole des glucides tirés des grains, légumes et fruits, et des protéines d'origine végétale qui l'emportent nettement sur les disponibilités en protéines d'origine animale[715]. S'appuyant sur les seuils minima que révèle l'analyse des pays en voie de développement, les diététiciens ne manqueraient pas de relever les carences en vitamines et en sels minéraux que dissimulent nos documents chiffrés ou descriptifs[716]. Nous ne nous sentons pas la moindre compétence pour nous engager dans des calculs que l'état de nos sources rendrait d'ailleurs d'autant plus aléatoires que des aliments non mentionnés viennent compléter les rations saisissables. Il nous appartient cependant de dégager

[714] On aboutirait sans doute à des conclusions analogues en analysant le régime alimentaire du montagnard par rapport à celui du céréaliculteur du *pays coupé*. Voir A. POITRINEAU, *art. 2868*.

[715] Michel MORINEAU (*art. 1217*) estime à 12-13 % l'apport des protéines animales et végétales, 13-15 % celui deslipides, le reste étant fourni par les glucides.

[716] Cf. la comparaison entre la consommation alimentaire du Haut-Languedoc aux XVIIème et XVIIIème siècles et la consommation des années 1790 à partir des travaux de l'INSEE (J. VEDEL, *art. 2887*, pp. 484-488).

les aspects positifs et négatifs du bilan. Aliment de base, le pain assure plus de la moitié des calories et la viande moins de 5 %. Les légumes secs ne jouent qu'un rôle de complément : nourriture pauvre en apparence, la lentille recèle une grande richesse en fer et en phosphore ; au point de vue calorimétrique, elle équivaut à un poids égal de viande additionnée d'un poids égal de pain[717]. On connaît la valeur nutritive des autres légumineuses : de la fève au petit pois, véritable viande du pauvre que l'Eglise recommande en temps de Carême. Nourriture banale, le chou suri contient des ferments lactiques qui s'avèrent efficaces contre l'agression des agents microbiens. Par contre, le rapport calcium/phosphore se trouve déséquilibré, aux dépens du calcium, par l'insuffisante ingestion - en apparence du moins - des produits laitiers et la surconsommation des produits céréaliers : un tel déséquilibre peut s'avérer fatal pour la survie des enfants. Le risque d'avitaminose se trouve donc aggravé dans les contrées à vocation céréalière marquée, disposant d'un capital suffisant en vitamines B1 (grains et légumineuses), déficitaires en vitamines A, C et D (oeufs et produits laitiers, fruits et légumes frais). On ne s'étonnera donc pas de trouver des organismes au système osseux fragile et caractérisé par une faible résistance au froid, à l'effort, à l'infection[718].

c) De la quantité à la qualité alimentaire : le goût et le dégoût

Il est téméraire d'affirmer que l'accroissement démographique se traduit par une baisse généralisée du niveau alimentaire et la diminution de la part de chacun : en effet, malgré les permanences, ce sont l'adoption de nouvelles cultures et l'architecture de nouvelles combinaisons qui aident le paysan à tromper la faim. L'impression dominante est que les Alsaciens mangent beaucoup[719] mais fort mal. Or un régime alimentaire déficient aura de lourdes conséquences s'il se trouve aggravé, de façon chronique, par l'excès de travail et la succession de crises de sous-production. Même interrompue de loin en loin par des festins mémorables, la malnutrition endémique peut déboucher sur des famines meurtrières. Les tensions alimentaires s'inscrivent dans des crises de subsistances[720].

Mais quelle nourriture ? C'est tout le problème de la relativité des systèmes de valeurs alimentaires qui se pose, problème de civilisation en somme. On serait tenté de conclure à une sorte d'uniformisation interrégionale des mets, parmi lesquels la sempiternelle soupe de farine ou de légumes occuperait une place de choix jusqu'à faire figure de plat unique. Mais faisons bien la distinction entre un régionalisme *culinaire*, apparu récemment, et un régionalisme *alimentaire*, fort ancien. Si les voyageurs venus de l'extérieur de la province restent perplexes devant l'étrangeté des mets rencontrés et nous disent le goût (ou le dégoût) qu'ils leur inspirent, c'est bien qu'il y a différence. L'Alsace participe aux habitudes alimentaires

[717] H. LECLERC, *op. cit.* p. 20 : 3,4 contre 1,3 + 2,6.

[718] Voir *infra* pp. 1773-1779.

[719] B. MAUGUE, *op. cit.* t. I, p. 129.

[720] Voir *supra* pp. 464-480.

de cette zone de l'Europe centre-orientale, s'étendant de la Vistule au Rhin, et aux goûts germaniques excités par la farine, le gruau, le féculent. A une *physiologie alimentaire*, susceptible d'être enfermée dans des structures rationnelles, s'oppose une *psycho-sociologie de l'alimentation,* faite d'un certain nombre d'habitudes bien plus difficiles à appréhender ou à expliquer. Les choix alimentaires nouveaux reposent sur des analogies avec des nourritures déjà connues : la règle d'or impose au paysan de manger son propre pain et de bouder *le pain des autres*, d'éviter de consommer *ce qu'il ne connaît pas*... Le tapage fait autour des différentes manières de conditionner la pomme de terre[721] montre qu'on n'innove guère davantage dans la préparation culinaire et que les emprunts technologiques sont rares : en admettant qu'on finisse pas adopter un mets nouveau, on l'accommode à sa manière, en fonction de ses propres habitudes alimentaires. Mais, sans négliger le rôle des goûts, reconnaissons qu'une partie de l'explication réside dans l'autoproduction des denrées consommées : c'est entre autres, le cas des grains, de la viande de porc et du vin. Acquérir sur le marché des denrées alimentaires suppose une aisance monétaire qui n'est pas à la portée de la majorité de nos paysans.

En tout cas, les Alsaciens provoquent le dégoût des visiteurs d'outre-Vosges par des *mangeailles* qui, visiblement, ne conviennent pas aux délicats estomacs français ! *Les habitants de l'Alsace,* écrit Maugue, *ne sont pas friands de bonne chere ; leurs viandes sont mal appretées, leurs ragouts sans délicatesse, leur roti sec... S'ils mangent peu de bonne viande, en récompense, ils en mangent beaucoup de mauvaise*[722] *Quoi qu'ils mangent beaucoup,* écrit ce témoin anonyme de 1721, *c'est toujours très mal et avec mauvais goût, car ils font des ragouts à empoisonner le Diable, pleins de saffrans et des herbes aromatiques*[723]. Et de fustiger ces *choux salés qu'ils hachent et... dont l'odeur est insupportable*... Mais ces donneurs de leçons ne sont-ils pas un peu trop sûrs de la supériorité française ? De quel droit se permettent-ils de porter un jugement de valeur sur des habitudes qui ne sont pas les leurs ? Ils sont fous ces *Allemands* ! Fidèle à une tradition d'austérité et de solidité, le paysan préfère aux mets recherchés des aliments nourrissants, épaississants, *grossiers et visqueux*, difficiles à digérer précise le Docteur Maugue[724], qui calent l'estomac et ne coûtent pas cher. Dans le nord de la plaine, la base de l'alimentation se compose de porc, de pain de seigle et de maïs, de légumes secs[725]. S'y ajoute une viande grossière et grasse, en provenance du porc, qui affirme sa supériorité sur la viande plus fine de gibier ou celle de bovin. On *se garnit la panse* de légumes frustes comme la fève et la pomme de terre, de bouillies consistantes et, épisodiquement, d'un morceau de lard gras. *Se garnir la panse*, l'expression n'a rien d'excessif : que ce soit pour le maïs, le navet, la fève, la pomme de terre, nous avons été

[721] Voir *supra* pp. 1699-1700.

[722] B. MAUGUE, *op. cit.*, t. I, p. 129.

[723] BM Avignon Ms. 1861, pp. 106-107.

[724] B. MAUGUE, *op. cit.*, t. I, pp. 128-130.

[725] E. BONCOURT, *art. cit.*(Mertzwiller 1785)
AMH HH 3/1 : *Le seigle, le bled de Turquie et les pommes de terre servent à nourrir une bonne partie des ménagers et des artisans de la ville* (Haguenau 1728-1730).

frappé par le caractère d'interchangeabilité de l'alimentation humaine avec la nourriture du bétail. Au raffinement qui caractérise les tables des gens du monde, on préfère ici l'abondance. Ce qui reste, après le renoncement à toutes les *douceurs*, c'est l'essentiel, l'indispensable. Il s'établit une ségrégation de plus en plus nette entre les élites, aux manières raffinées, et les rustres dont les habitudes de consommation servent de repoussoir. Mais la ligne de démarcation entre les gloutons et les friands est-elle de nature exclusivement sociologique ? Dans cette alimentation, la fadeur est la note dominante : trop peu de viande, peu d'ail et d'oignon, rarement des épices. Incapables, pour des raisons psychologiques et économiques d'inventer le raffinement, les compagnes de nos paysans se contentent de *cuire* à défaut de pouvoir *cuisiner. Leurs repas ordinaires ou de ménage,* écrit L'Hermine, *sont mesquins et fort peu appétissans. Ils ne font guère cuire la viande à la marmite et on ne sait pas ce que c'est d'y mettre des herbes potagères ; mais ils en font un plat à part, de sorte que leur boüilly est toujours accompagnée d'une espèce d'entremets de choux ; aussi regardent-ils les productions de leurs jardins comme l'essentiel de leur subsistance*[726]. Mais il poursuit : *Le pain n'y est pas mauvais, car le pays produit toute sorte de bons bleds : il y croît entre autres une espèce qu'on ne voit point en France... Ceux qui parlent français lui donnent le nom d'épeautre.* Et ce qui séduit L'Hermine, c'est que *le bled fait un pain fort blanc.* Or la noirceur, la lourdeur, l'indigestibilité du pain noir n'est-elle pas considérée, à tort ou à raison, comme l'une des caractéristiques du régime alimentaire des *Allemands* ?

Conclusion

Au terme de cette étude, trop rapide à notre gré, nous prenons conscience de n'avoir fait qu'effleurer le domaine, encore peu sûr, des habitudes alimentaires. Il ne peut en être autrement, dès lors que l'on quitte la table des privilégiés et qu'on sort du cadre des collectivités. Cette modeste étude, à défaut de déboucher sur des résultats convaincants, nous aura permis de dégager les caractéristiques de l'alimentation paysanne : une nourriture apparemment copieuse et lourde, mais fade et qualitativement déséquilibrée ; un souci prononcé pour l'économie qui se manifeste par la récupération du vin de deuxième et de troisième pression, du pain perdu qu'on fait tremper dans la soupe ou qu'on utilise comme support de pâtisserie, des restes de viande qui entrent dans la composition des boulettes, du petit lait destiné à l'alimentation des hommes et des bêtes... A peine assiste-t-on, comme dans le domaine du mobilier et de l'habillement, à une lente diversification des aliments et à la rupture de la monotonie de l'alimentation de base traditionnelle. Aux solutions de la préparation des aliments, s'ajoutent celles de la conservation qui, étale dans le temps, prolonge les possibilités alimentaires en assurant une consommation différée : compte tenu de la longueur de la saison froide, l'importance des profits reportés ne le cède en rien à celle des profits immédiats. Aux excellents conservateurs que sont l'alcool, le vinaigre et le sel, le paysan associe les techniques de dessiccation par la chaleur. La chaleur elle-même

[726] J. DE L'HERMINE, *op. cit.*, p. 181.

est récupérée, après la cuisson du pain au four familial, pour sécher fruits ou pommes de terre et pour cuire toutes sortes de tartes. Mais, outre les besoins du corps, l'alimentation répond aux exigences de l'individu et de son psychisme comme à celles du milieu social et de ses normes. Analyser une production autarcique n'est pas suffisant pour qui cherche à percer les secrets de l'alimentation traditionnelle : l'historien reste tributaire des sciences biologiques et médicales.

III. SE SOIGNER : SANTE ET ENVIRONNEMENT

A) Malades et maladies

La maladie est, pour une large part, un phénomène de société. Vouloir la réduire à des facteurs purement physiologiques, à savoir la plus ou moins grande vulnérabilité de l'organisme aux attaques microbiennes, serait en méconnaître la dimension et la complexité. Une histoire de la maladie doit donc dépasser le cadre des savantes théories médicales. Il faut, au contraire, se pencher sur les structures économiques et sociales qui constituent son environnement, sur les croyances religieuses et les attitudes mentales que suscitent les espoirs de secours et les techniques de guérison élaborées au fil des générations. Le recours à une savante épidémiologie doit céder le pas à l'exploration de l'épaisseur sociale de la maladie. Elle est rendue possible grâce aux méthodes conjuguées de la démographie et de l'anthropologie historique et nous introduit dans l'histoire culturelle des campagnes. En Alsace, le terrain d'étude n'est pas vierge : historiens et médecins le fouillent depuis plusieurs décennies[727] , en privilégiant, il est vrai, la ville, plus généreuse en informations, ne serait-ce qu'en raison d'une organisation plus poussée de l'assistance médicale.

1) La maladie : une identification délicate

La maladie ne donne que rarement lieu à des confidences : elle ne se raconte pas ; on ne prononce pas son nom. La documentation est donc indirecte, hétérogène et dispersée. Trois types de sources, fort imparfaites au demeurant, s'offrent au chercheur soucieux d'approcher le problème de la santé à la campagne. Dans les actes de sépulture des registres paroissiaux, les pasteurs, plus fréquemment que les curés, se risquent parfois à avancer la cause présumée du décès de leurs paroissiens. De telles indications ne sont pas dénuées d'intérêt pour peu qu'elles revêtent un caractère systématique[728]. En désignant les maladies susceptibles d'avoir entraîné la mort, elles renvoient une image partielle de la morbidité, compte tenu des connaissances rudimentaires du déclarant ou du pasteur lui-même qui reposent sur le savoir populaire et l'expérience ancestrale[729]. Nos

[727] G. LIVET et G. SCHAFF (dir.) *op. 2912*.

[728] ABR 3 E 213/8 et 9 (Hurtigheim 1720-1789) ; 3 E 180/2 et 3 (Handschuheim 1739-1780) ; 3 E 446/1 et 9 (Schillersdorf 1723-1789).

[729] ABR 2 G 34/1 : *Fluss in der Brust dieser fiel mit grosser Schmertzen in den Magen, machte da schnell einen kalten brandt und in 8 tagen war sie todt* (Berstett 1779 : il s'agit de la troisième épouse du pasteur).

informations sont donc étroitement dépendantes du témoignage des contemporains les plus profanes, de leur propre interprétation des symptômes de la maladie et ne permettent pas de calculer des taux de létalité, puisque nous ne connaissons pas le nombre de personnes atteintes de telle ou telle maladie.

Il est indispensable de les compléter par les procès-verbaux et les états des frais établis par les chirurgiens-barbiers et les médecins qui, parcourant les campagnes à l'occasion des épidémies, ne nous apportent pas pour autant les renseignements scientifiques que nous souhaiterions trouver[730] : en effet, par ses concepts, le langage médical crée une certaine distance avec le corps. Suite à l'initiative de Turgot, sous l'impulsion de Vicq d'Azyr et l'activité inlassable de ses correspondants provinciaux, la Société royale de médecine multiplie, à partir de 1776, les relevés noso-météorologiques ainsi que les mémoires et les topographies médicales[731]. Mais pas même les rapports des correspondants de la Société royale de médecine, rédigés entre 1776 et 1789 dans un esprit plus rationnel[732], ne nous autorisent à cerner avec exactitude la nature du mal dont souffrent nos paysans : c'est que coliques, infections, fièvres et coups de sang ne se laissent pas enfermer dans une terminologie médicale rigide et indiscutable. Jean-Pierre Peter n'a-t-il pas relevé, dans ces mêmes rapports, 420 termes médicaux dont 128 désignent autant de variétés de fièvres[733] ? Mais quelles affections recouvrent-elles ? Nos médecins les plus patentés y perdent leur latin et avouent leur impuissance à conférer un état civil aux maladies ainsi relevées : soit qu'un terme apparemment limpide exprime, entre hier et aujourd'hui, une réalité différente ; soit qu'un vocable englobant, mais désuet, recouvre des maladies diverses ; soit enfin qu'une dénomination obscure traduise le vague des connaissances médicales de l'époque. Comment, aux prises avec un langage dont nous avons perdu la clé, pourrions-nous découvrir la réalité quotidienne sous des termes tantôt pittoresques, tantôt pathétiques, mais, en tout état de cause, plus évocateurs que scientifiques ? Il se pose donc un double problème de décryptage et de traduction et, dans un domaine caractérisé par l'hétérogénéité, les certitudes médicales ne sont pas d'un grand secours. C'est avec une prudence toute particulière qu'il convient d'adopter la méthode régressive : le plus souvent, il faudra se résigner à laisser à la morbidité d'Ancien Régime sa spécificité et, parfois, son mystère. Qui donc nous dira un jour avec précision ce qu'est une fièvre maligne - *bösartiges Fieber* - ou une maladie lancinante - *schleichende Krankheit* - et d'autres affections mal caractérisées de ce genre ? La *phtisie*, cette fièvre lente et sournoise qui consume, amaigrit, exténue, est-elle une tuberculose pulmonaire ? Les affections ganglionnaires que sont les *scrofules*

[730] ABR C 399 (1782-1788).

[731] ASRM 177/1 (Soultz en Haute-Alsace, 27 février 1787) et 179/8 (Erstein, 26 août 1788).

[732] ABR C 399 : *Arrêts du Conseil d'Etat du Roi portant règlement sur les fonctions et les travaux de la Société Royale de Médecine relativement aux épidémies* (24 avril 1786). L'essentiel de nos renseignements provient des archives de l'Académie de médecine à Paris (rapports adressés par les médecins-correspondants, opérant entre Wissembourg et Mulhouse, à la Société royale de médecine). Une vue d'ensemble du problème a été donnée par J-P. DESAIVE, J-P. GOUBERT, E. LE ROY LADURIE et J-P. PETER, *op. 2900*.

[733] J-P. PETER, *art. 2953* et *2953a* .

Types de maladies mortelles d'après les actes de sépulture
Typologie sommaire par tranches d'âge

Sources : ABR 3 E 213/8 et 9 (Hurtigheim 1720-1789)
ABR 3 E 446/1 et 9 (Schillersdorf 1723-1789).

	Enfants 0-1 an	Enfants 1 - 4 ans	Enfants 5 - 14 ans	Totaux partiels	Adolescents 15 - 24 ans	Adultes 25 - 60 ans	Vieillards Plus de 60 ans	Totalité des défunts
Maladie de l'appareil digestif								
Hurtigheim	4 (7,5 %)	6 (15,5 %)	2 (9 %)	12 (10,5 %)	3 (12,5 %)	5 (9 %)	1 (2,5 %)	21 (9 %)
Schillersdorf	2 (7 %)	-	1 (14 %)	3 (5 %)	-	2 (7 %)	3 (9 %)	8 (6,5 %)
Affections des voies respiratoires								
Hurtigheim	12 (23 %)	3 (7,5 %)	6 (27 %)	21 (18,5 %)	4 (16,5 %)	9 (16 %)	17 (43,5 %)	51 (22 %)
Schillersdorf	8 (27,5 %)	2 (8,5 %)	2 (28,5 %)	12 (20 %)	1 (50 %)	13 (45 %)	13 (39,5 %)	39 (31,5 %)
Troubles de la circulation, des sens et du système nerveux								
Hurtigheim	25 (48 %)	14 (36 %)	5 (23 %)	44 (39 %)	5 (21 %)	11 (19 %)	13 (33,5 %)	73 (31,5 %)
Schillersdorf	14 (48,5 %)	7 (29 %)	1 (14,5 %)	22 (36,5 %)	-	2 (7 %)	6 (18%)	30 (24 %)
Eruptions, fièvres, consomptions								
Hurtigheim	11 (21,5 %)	16 (41 %)	9 (41 %)	36 (32 %)	12 (50 %)	32 (56 %)	8 (20,5 %)	88 (37,5 %)
Schillersdorf	5 (17 %)	15 (62,5 %)	3 (43 %)	23 (38,5 %)	1 (50 %)	12 (41 %)	11 (33,5 %)	47 (38 %)
Total :								
Hurtigheim	52 (100 %)	39 (100 %)	22 (100 %)	113 (100 %)	24 (100 %)	57 (100 %)	39 (100 %)	233 (100 %)
Schillersdorf	29 (100 %)	24 (100 %)	7 (100 %)	60 (100 %)	2 (100 %)	29 (100 %)	33 (100 %)	124 (100 %)

cachent-elles également une tuberculose ? Un *flux de sang* renvoie-t-il à la dysenterie ? Une *fièvre pourprée – Hitziges Fleckfieber* –[734] correspond-elle à la scarlatine, à la rougeole, au typhus ? Mais la dysentrie elle-même peut se conjuguer avec le typhus, *fièvre putride et vermineuse* comme la *fièvre ardente (Brand)* peut s'accompagner de gangrène et de phtisie ! Et sous *l'angine pestilentielle* ou *le mal de gorge gangréneux* pourrait bien se cacher la diphtérie. La maladie se définit tantôt en fonction de l'organe atteint - maux de poitrine, difficultés à respirer, mauvaise digestion, inflammation de l'intestin -, tantôt, et bien plus fréquemment, en fonction des symptômes observés qui, par leurs caractères et leur degré de gravité, sont les indicateurs essentiels du mal : pustules à l'aine ou aux aisselles ; toux et point de côté ; flux de ventre ; coliques bilieuses ; fièvres malignes, putrides ou intermittentes ; convulsions violentes ; vomissements de sang et crachats glaireux... Nous sommes loin des normes de notre médecine classificatrice, pour laquelle le principe et l'origine de la maladie comptent autant que l'organe atteint. C'est parce qu'elle est fondée presque exclusivement sur la symptomatologie externe que la nosologie, débouchant sur l'identification et la classification des maladies recensées, devient difficile. C'est dire la prudence qui doit entourer l'utilisation de toute statistique, l'interprétation de toute nomenclature. Pour contourner les ambiguïtés et conjurer la polysémie des mots, il convient certes d'alléger le lexique des maladies et de procéder à des regroupements. Néanmoins aucune classification ne nous paraît satisfaisante ; il est tout aussi artificiel de distinguer les endémies des épidémies, les maux individuels des fléaux collectifs que d'établir une frontière entre les maladies infectieuses et organiques. Le caractère scientifique de la maladie, tel que l'historien du XXème siècle cherche à le définir, est donc fréquemment voilé par les représentations collectives, précaires et irrationnelles, que s'en fait le paysan du XVIIIème.

Plus proches du savoir populaire, certains manuels de recettes offrent en effet une conception originale du mal intégrée dans la vision générale du monde. Derrière les signes occultes et les formules mystérieuses à dynamique incantatoire, ne retenons pour l'instant que le catalogue des maladies les plus couramment répandues ainsi que les traitements appropriés pour les combattre. Le fait que de tels grimoires soient difficiles à dater n'enlève rien à leur intérêt, car ils ne font souvent que refléter la permanence des mentalités[735].

Si l'on passe de l'analyse du contenu de la maladie à l'étude chiffrée de ses effets, on pourrait être tenté de privilégier les données des registres

---

[734] Chronique de François Joseph Wührlin (A. GASSER/J. LIBLIN, *art. [207]*, pp. 203-204, Hartmannswiller 1787).

[735] AP Dossenheim-Kochersberg : préceptes de médecine populaire du curé (s.d., fin XVIIIème siècle).
AHR 132 J 10 : livre de recettes culinaires et médicales des Berckheim (s.d., XVIIIème siècle).
H. GERST, *art. 3005* (Weiterswiller s.d., milieu XIXème siècle) et *op. [403]* (livret médical commencé en 1757 par Georges Ohleyer, Hunspach). L'auteur révèle également l'existence d'un grimoire à Baldenheim.
G. LESER, *art. 3014* (s.d. région de Mulhouse, XIXème-XXème siècle).
B. WEIGEL, *art. 3031* (AM Wissembourg, s.d., première moitié du XVIIIème siècle ?).

paroissiaux, source exhaustive quant au relevé du nombre des défunts de tout âge. Mais elles sont liées à la mort, stade ultime de la maladie auquel heureusement tous les malades n'ont pas la mauvaise fortune d'accéder. Il est parfois difficile par ailleurs de distinguer les victimes directes d'une épidémie de celles qui ont succombé à d'autres causes de mortalité. Si les registres de sépulture fournissent des indications maximales, les rapports des médecins donnent au contraire des chiffres minimaux en indiquant, dans la limite des paroisses secourues, le nombre de patients qu'ils ont été amenés à soigner et celui des décès dont ils ont eu connaissance. Quelles que soient les sources sélectionnées, il n'est guère possible, compte tenu d'un échantillonnage trop réduit, de soumettre les résultats à une exploitation informatique. Quelle que soit la classification adoptée – maladies infectieuses ou dégénératives, d'adultes ou d'enfants, permanentes ou épidémiques –, on est amené à privilégier l'analyse à dominante qualitative.

2) Maux d'adultes et maux d'enfants

Avant d'aborder les maux indissociables des grandes *fièvres*, penchons-nous un instant sur les maladies qui, ayant acquis une autonomie toute relative, s'inscrivent dans le cours normal de la vie. Elles sont certes difficiles à distinguer des poussées endémiques, avec leurs cycles d'immunité et de réapparition successives. Mais, en croisant leurs causes et leurs effets, nous avons néanmoins tenté de répartir celles que recensent les actes de sépulture en quatre rubriques[736] :

Essai de typologie des maladies mortelles relevées dans les registres de décès :

Maladies de l'appareil digestif	*Magenkrankheit, Magenruhr, Durchlaufen, Ruhr, Colic, Miserere, rote Ruhr, Blutsturtz, Blutfluss, Gelbsucht, Entzündung der Gedärm, Schwindsucht.*
Affections des voies respiratoires	*Keichhusten, Halsweh, Lungengeschwähr, Lungensucht, Lungenentzündung, Brustsucht, Brustfieber, Brustentzündung, Engbrüstigkeit, Engigkeit.*
Troubles de la circulation, des sens et du système nerveux	*Zückungen, Gichtern, Gliederlähmung, Dörrsucht, Steckfluss, Schlagfluss, Wassersucht.*
Eruptions, fièvres et consomptions type éruptions	*Sucht, Rotsucht, Barblen, Masern, roter Ausschlag, Flecken, Fleckfieber, Geschwust, Krebs.*
type fièvres	*Fieber, Faulfieber, Galenfieber, auszehrendes Fieber, hitziges Fieber, hitzige Krankheit, bösartiges Fieber, Brand, Friesel.*
type consomption	*Auszehrung, auszehrende Krankheit, langwierige Krankheit, schleichende Krankheit, Blödigkeit, langwierige Blödigkeit.*

Les maladies de l'appareil digestif, ou identifiées comme telles, dues pour la plupart à des intoxications d'origine alimentaire (dysenteries,

736 Classification quelque peu artificielle compte tenu de la complexité des raisons ayant entraîné la mort : *Geschwulst und Engbrüstigkeit, Brustsucht mit Engigkeit, rote Ruhr und Gichtern.* Elle rejoint celle proposée par J-P. GOUBERT pour la Bretagne (*art.* repris dans J-P. DESAIVE et *alii*, *op. cit.*, pp. 240-250).

LA MALADIE QUI TUE : MAUX D'ENFANTS ET MAUX D'ADULTES
D'APRES LES REGISTRES DE SEPULTURES HANDSCHUHEIM 1738 - 1787

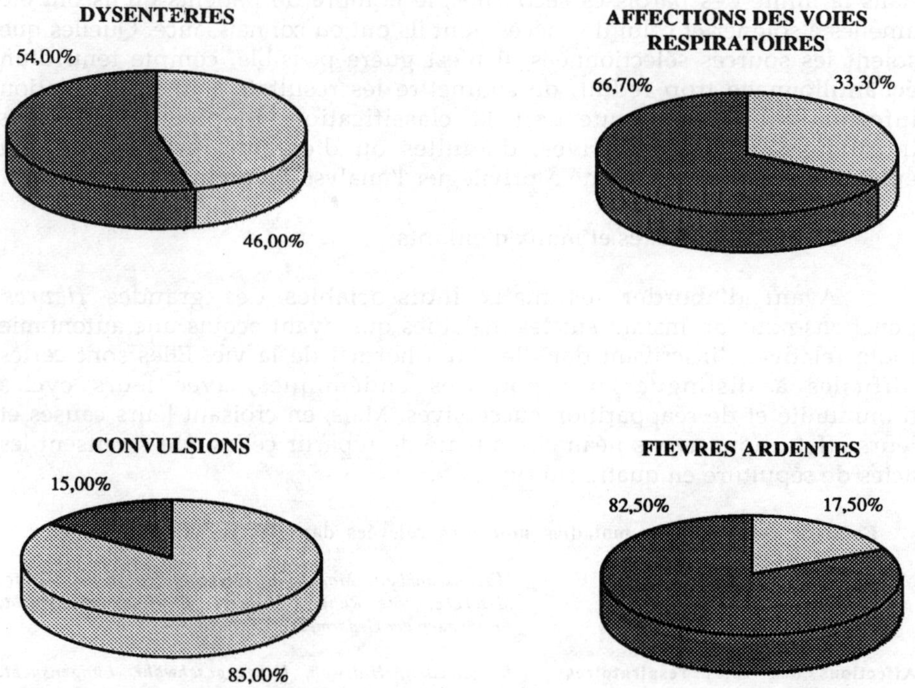

Source : ABR 3 E 180/3

coliques et indigestions) ou des déshydratations estivales, représentent moins de 10 % des affections mentionnées et touchent également toutes les classes d'âge, avec cependant une prédilection pour les enfants de moins de 14 ans. Ces derniers sont fréquemment exposés, par ailleurs, aux maladies de la circulation, des sens et du système nerveux : la fréquence des convulsions l'emporte de loin sur celle des méningites, embolies, hydropisies et affections rhumatismales réservées aux adultes. Les troubles des voies respiratoires touchent par contre davantage adultes et vieillards, sans épargner les nourrissons et enfants en bas âge (toux persistantes et coqueluches, suffocations, oppressions et fluxions de poitrine, angines, bronchites, pneumonies et pleurésies, phtisies pulmonaires et asthmes). Enfin les fièvres très diverses dans leurs manifestations, accompagnées ou non d'éruptions (grippe, rougeole, petite vérole, scarlatine, affections typhiques), constituent à tout âge un danger permanent ; une partie d'entre elles s'inscrit dans le cadre des grandes épidémies.

L'exemple de Quatzenheim[737] qui porte sur 276 cas, pour lesquels le pasteur indique, entre 1720 et 1774, les causes présumées de la mortalité qu'on peut correler avec l'âge des défunts, obéit à la répartition suivante :

- Nourrissons de moins de 1 an	:	19 % ;
- Enfants de 1 à 5 ans	:	29,5 % ;
- Enfants de 5 à 10 ans	:	10 %;
- Enfants et adolescents de 10 à 20 ans	:	4,5 % ;
- Adultes de 20 à 60 ans	:	22 % ;
- Vieillards de plus de 60 ans	:	15 % .

La morbidité s'inscrit dans une évolution cyclique modulée en fonction du cours de la vie. Jusqu'à l'âge de 15 ans (62 % des décès), la principale cause de mortalité réside dans les convulsions auxquelles s'ajoutent épisodiquement des cas de dysenterie et de variole. Puis ce sont les *fièvres* qui, prenant le relais, emportent la majeure partie de la population adulte, associée aux *maladies épuisantes* et aux *tumeurs*. A partir de 60 ans, leurs effets se conjuguent avec celles des affections respiratoires, tandis que la vieillesse apporte à la mort une explication simpliste et résignée.

Responsable de 15 à 30 % des décès d'enfants, la petite vérole qui couvre le corps de gales et de pustules, continue à exercer ses ravages surtout dans les premières années de la vie[738] avant les tentatives d'inoculation[739] et le recours, à partir de 1798, au vaccin de Jenner adopté avec quelque méfiance par les couches populaires[740]. Compte tenu d'une longue expérience, elle est aisément identifiée : alternance de frissons et de

737 ABR 3 E 382/10.

738 ASRM 149/21 (région de Strasbourg 1775) ; 172/1 (région de Molsheim 1775) ; 183/9 (Niederbronn 1776) ; 149/34 (Dorlisheim 1777) ; 166/7 (Mulhouse 1785).

739 *Ibid.* (Mulhouse 1785).
Dr. MARQUEZ, *art. 3017* (à propos d'une lettre concernant la vaccination de M. de Berckheim à M. le baron de Klinglin en 1777).

740 AES Enquête de l'an XII et M. BARTH, *art. 2998*.
Y.M. BERCE, *op. 2963* ; P. DARMON, *op. 2935*.

Age, maladie et mortalité : l'exemple de Quatzenheim (1720-1774)

Contingent (%) de chaque classe d'âge par type de maladie

Classe d'âge	(Nb. de décès)	Colique/dysenterie	Hémorragie	Jaunisse	Calculs	Inflamation du bas ventre	Point de côté	Toux	Maux de gorge	Oppressions de poitrine	Hydropisie	Apoplexie	Convulsions	Eruptions	Variole	Tumeurs	Cancer	Fièvres	Consomptions	Vieillesse-Dégénérescence	Mort subite	Accident	Couches
Moins de 1 an	(53)	4	2	-	-	-	-	4	-	7,5	-	5,5	71,5	-	5,5	-	-	-	-	-	-	-	-
1 - 4	(81)	10	1	1,5	-	-	-	1,5	-	6	-	1	43	-	20	-	-	5	10	-	-	1	-
5 - 9	(28)	18	-	-	-	-	-	-	3,5	-	-	-	50	-	7	3,5	-	7	11	-	-	-	-
10 - 14	(9)	11	-	-	-	-	-	-	-	-	-	11	45	-	-	11	-	11	11	-	-	-	-
Total partiel	**(171)**	**9,4**	**2,4**	**0,6**	-	-	-	**1,7**	**0,6**	**5,3**	-	**1,7**	**53**	-	**12,3**	**1,2**	-	**4,1**	**7,1**	-	-	**0,6**	-
15 - 19	(3)	67	-	-	-	-	-	-	-	-	-	-	-	-	-	-	-	-	33	-	-	-	-
20 - 24	(6)	16,5	16,5	-	-	-	-	-	-	-	16,5	-	16,5	-	-	-	-	34	-	-	-	-	-
25 - 29	(8)	12,5	12,5	-	12,5	-	-	-	-	12,5	-	-	-	-	-	-	-	25	12,5	-	-	-	12,5
30 - 34	(4)	-	-	-	-	-	-	-	-	33	33	-	-	-	-	-	-	34	-	-	-	-	-
35 - 39	(4)	-	-	-	-	-	-	-	-	-	-	-	-	25	-	-	-	75	-	-	-	-	-
40 - 44	(15)	-	-	6,5	-	6,5	13,5	-	-	6,5	13	-	-	6,5	-	-	-	41	6,5	-	-	-	-
45 - 49	(8)	-	-	-	-	-	-	-	-	12,5	12,5	-	-	-	-	-	-	12,5	62,5	-	-	-	-
50 - 54	(9)	-	-	-	-	11	-	-	--	11	11	-	-	-	-	34	-	11	22	-	-	-	-
55 - 59	(7)	-	-	-	-	-	-	-	-	14,5	14,5	-	-	-	-	-	-	27,5	14,5	14,5	14,5	-	-
60 - 64	(15)	-	-	-	-	-	-	-	-	33,5	-	-	-	-	-	13,5	6,5	20	6,5	20	-	-	-
65 - 69	(8)	12,5	-	-	-	-	-	-	-	-	-	-	-	-	-	-	-	-	2,5	50	12,5	-	-
70 - 74	(9)	-	-	-	-	-	-	-	-	22,5	-	-	-	-	-	11	-	22,5	-	33	-	11	-
75 - 79	(6)	-	-	-	-	-	-	-	-	50	-	-	-	-	-	-	-	-	-	33,5	16,5	-	-
80 - 84	(2)	-	-	-	-	-	-	-	-	-	-	-	-	-	-	-	-	-	-	100	-	-	-
plus de 85	(1)	100	-	-	-	-	-	-	-	-	-	-	-	-	-	-	-	-	-	-	-	-	-
Total partiel	**(105)**	**5,7**	**2**	**1**	**1**	**2**	**2**	-	-	**15,3**	**6,7**	-	**1**	**2**	-	**5,7**	**1**	**21,9**	**13,5**	**14,3**	**2,9**	**1**	**1**

N.B. Le tableau se lit dans le sens horizontal

Source : ABR 3 E382/1,5 et 8.

bouffées de chaleur ; irrégularité du pouls ; douleurs dans le dos et à la tête ; anxiétés et oppressions de poitrine ; soif inextingible et envie de vomir ; crachats jaunes, urines aqueuses ou rougeâtres ; ventre météorisé avec apparition, le troisième ou le quatrième jour, de pustules rouges purulentes. Maladie du printemps et de l'automne, elle se déclare dans la région de Niederbronn en mars puis en octobre 1776 et dure entre trois à sept semaines. Participant d'un régime *échauffant* analogue, la rougeole cède au contraire du terrain. Présente à Geudertheim en 1699[741], la voici qui exerce ses ravages dans les environs de Molsheim au printemps 1777[742] avec les symptômes qui lui sont propres - maux de tête et de gorge, accablement et toux sèche, forte fièvre et éruptions -, mais, dès 1784, on affirme qu'à Mulhouse elle a complètement disparu chez les enfants, tandis que le relais est pris par les *toux convulsives et coqueluches* [743] ainsi que par la scarlatine[744] : des alternances de frissons et de chaleurs, des maux de tête et de gorge, des toux et des oppressions de poitrine en sont les signes avant-coureurs. Si nous n'avons pas trouvé, par ailleurs, d'exemple explicite de typhoïde et de tuberculose, c'est que leur existence indéniable se camoufle sous un vocable épidémiologique difficile à percer. Une maladie *pestilentielle et putride* pourrait bien cacher la première, la *consomption (Auszehrung)* pourrait bien servir de prête-nom à la seconde.

On a l'impression que tout se coalise contre l'organisme fragile du nourrisson qui ne doit la vie qu'au hasard ou aux heureux résultats d'un sauvetage permanent: prématurité, malformations congénitales, infections puerpérales peuvent être le fait d'une mère rachitique ou d'une matrone inexpérimentée. Il y a le bain froid qui fait périr le nouveau né, le maillot qui est responsable d'une *mauvaise conformation de la poitrine* et de *convulsions mortelles par le refoulement du sang vers le cerveau* et qu'on remplace de préférence par un *corset à rubans qu'on lie par le devant*[745].

Méningite, oreillons, coqueluche, croup, variole, varicelle, rougeole ajoutent leurs méfaits à ceux des ascaris, parasites intestinaux, car la première enfance est le temps des vers, adversaires commodes auxquels on impute bien des maux, en particulier les toxicoses, toujours épuisantes, parfois mortelles. La plupart des maladies d'enfants sont en effet considérées comme *vermineuses,* car il arrive fréquemment qu'en cas de dysenterie comme de pleurésie les malades rendent des vers... Rappelons, avec le Docteur Maugue, que le sevrage est précoce en Alsace : autour de trois/quatre mois contre vingt et plus *en France.* Ces enfants auxquels *on ôte la mamelle pour les nourrir de bouillie* sont précocément soumis à l'intoxication alimentaire, car on ne ménage pas suffisamment la transition entre le lait maternel et l'alimentation des adultes[746]. Ces maladies n'ont pas

[741] ABR 3 E 155/2 : chronique paroissiale.

[742] ASRM 149/34 : rapport du 25 janvier 1778.

[743] ASRM 166/7 (Mulhouse, décembre 1784) ; 194/28 (Obernai, avril 1779).

[744] ASRM 183/9 (région de Niederbronn 1776) et 149/34 (région de Molsheim, 1777).

[745] J-P. GRAFFENAUER, *op. cit.*, pp. 65-66.

[746] B. MAUGUE, *op. cit.*, t. I, p. 130.

que des effets négatifs, puisqu'elles renforcent la résistance du corps et assurent une certaine immunisation. Tel semble être le raisonnement du jeune Henri Ernst d'Imbsheim qui va jusqu'à déplorer que la plupart des maladies épidémiques l'aient épargné durant son enfance, sauf la petite vérole et la rougeole qu'il a contractées respectivement à l'âge de 5 et de 7 ans[747].

Ayant échappé à l'impitoyable sélection naturelle, la moitié des enfants atteindront l'âge de vingt ans et les maladies d'adultes ne toucheront donc que ceux qui ont eu la chance de survivre aux maux de l'enfance. Un état de 1743, intéressant une partie de la Haute-Alsace et énumérant les hommes en âge de porter les armes, fixe à 15 % environ la proportion de ceux qui sont susceptibles d'être réformés pour raison de santé[748]. Dans les 224 cas pour lesquels les motifs de réforme sont indiqués, les infirmités peuvent être cernées avec plus ou moins de fiabilité et de précision :

Nombre :	224	**% de l'ensemble des infirmes :**
83	**Estropiés** : *rompus, tordus, boiteux, incommodés à une jambe ou à un bras (grum, nicht wohl zu Fuss, mit einem bösen Fuss).*	37 %
27	**Fièvres diverses** : dont la *fièvre chaude* et la *fièvre hectique* prolongée et accompagnée d'amaigrissement.	12 %
23	**Ulcères, abcès, fluxions** *(à la jambe, au col)*	10,5 %
20	**Maladifs et malingres** *(faiblesse, maladie continuelle, infirmes, incommodés partout, rachitiques, krenklich, ein schlimm Gesicht).*	9 %
22	**Mauvaise vue** (y compris les aveugles et les borgnes).	10 %
14	**Surdité.**	6 %
18	**Poitrinaires et asthmatiques.**	8 %
17	**Divers**	7,5 %
	. goutte (5)	
	. épilepsie *(maladie caduque)* (3)	
	. hernie (2)	
	. maux de tête (2)	
	. maux de reins (1)	
	. maux de ventre (1)	
	. maux de dos (1)	
	. hydropisie (1)	
	. débilité (1)	

Certes, la déclaration des infirmités est fonction des chances qu'a le conscrit de se faire réformer. Les informations concernent les parties visibles de l'organisme, sans qu'il soit possible de faire la part de la supercherie et des

[747] J. LEFFTZ, *art. [238]*, p. 218 : *Vielleicht wäre es auch besser gewesen, ich hätte gleiches Schicksal mit den andern Kindern gehabt, vielleicht wären dadurch frühe die Säfte meines Körpers mehr geläutert und gereinigt worden.*

[748] AHR C 1189 : *Estat des hommes mariés et garçons... qui sont en estat de porter les armes et de ceux qui ne le sont point à cause de leurs infirmités et maladies, depuis l'aage de seize ans jusqu'à cinquante* (bailliages de Bollwiller, Thann, Ferrette, Ensisheim et Sainte-Croix, 11-17 août 1743). Exemple de Thann : 129 conscrits sur 968, soit 13,32 %, sont réformés.

mutilations volontaires, ou renvoient à des maladies difficilement vérifiables, en l'absence de tout *certificat médical* : tel semble être le cas des nombreuses *fièvres, maladies continuelles, faiblesses* et *incommodités* diverses[749]. Sont quasiment absentes de ce catalogue les maladies de l'appareil digestif, dues à l'absorption d'aliments avariés par les chaleurs de l'été, de fruits verts et d'eaux douteuses. Sont mal représentées les phtisies pulmonaires qui se manifestent par des fièvres exténuantes *(auszehrendes Fieber)* et des toux épuisantes.

Les *pleuro-pneumonies* guettent de préférence les *hommes du moyen âge*, épargnant davantage les femmes : c'est que, disent les médecins, *la constitution molle et humide rend le sexe moins susceptible d'une maladie aussi aiguë et aussi éminemment inflammatoire* [750]. Cette relative protection du sexe faible est-elle réelle ? En tout cas elle n'apparaît pas dans le recensement des maladies pulmonaires qui sévissent à Quatzenheim et Hurtigheim :

Principales maladies mortelles chez les adultes (à partir de 20 ans)
Hurtigheim-Quatzenheim 1671-1784 (% des causes de mortalité)

Sources : ABR 3 E 213 et 382
AP Hurtigheim (chronique du pasteur Schneider, XIXème siècle)

	H	**F**	**Total**
Couches	-	18,4	-
Accident	15,2	2,6	9,5
Fièvres	37	26,3	32,1
Epuisement/dégénérescence	17,4	18,4	17,9
Maladies pulmonaires	15,2	15,8	15,5

Indissociable des brumes d'automne et des frimas d'hiver, la grippe ou affection catarrhale, cette maladie *à la mode*, venue d'ailleurs[751], qui *empoigne*, touche essentiellement les vieillards fragiles des bronches, se compliquant fréquemment de péripneumonies et de pleurésies[752]. Les victimes sont saisies de frissons, de douleurs à la poitrine, elles-mêmes suivies de toux sèches et de convulsions, puis de vomissements de *matières bilieuses et glaireuses.* Enfin les *rhumatismes opiniâtres et épidémiques*[753] et les fièvres rhumatismales guettent les habitants des contrées humides et malsaines. Les *rhumes épidémiques*, comme ceux qui touchent la population lors de l'hiver 1732-1733, se caractérisent par *des pesanteurs de tête, le larmoiement, l'écoulement du nez d'une lymphe, la*

---

749 E. LE ROY LADURIE : *Exploitation quantitative et cartographique des archives militaires françaises (1819-1826), op. [599]*, pp. 38-87.

750 ASRM 143/25 (Sélestat, janvier-avril 1777).

751 ABR 3 E 393/17 : *Die Krankheit woran er starb soll der Zeitung nach in St. Petersburg angefangen und sich aus einem Lande ins andere gezogen haben, bis sie zu uns und noch weiter nach Frankreich ja sogar aufs Meer gedrungen ist. Man nannte sie die Modekrankheit, die russische Krankheit, la grippe* (S Jacques Schwenk, Reitwiller 1er juillet 1782).

752 ASRM 172/1 (Molsheim, hiver 1775), 149/34 (Molsheim, janvier - février 1776), 143/25 (Sélestat 1777), 194/28 (Obernai, janvier - février 1778), 162/9 (Mulhouse 1784), 166/7 (Mulhouse, février 1785 et décembre 1789).

753 ASRM 194/28, (Obernai, mars-avril et juillet 1778).

toux, la difficile respiration, ou la respiration forcée, les frissons, le point de côté, le crachement de sang[754]. Relevons la rareté des maladies cardiaques et la sous-représentation des cancers[755], ces deux affections étant rarement identifiées en tant que telles par un savoir médical rudimentaire.

La maladie voit se nouer autour de la victime, sinon la solidarité villageoise, du moins l'assistance spontanée des voisins les plus proches : on est rarement seul dans la souffrance et dans la mort. Par contre, la mort horrible, c'est la mort subite et solitaire[756], hantise du Chrétien qui, n'ayant pas eu le temps de se préparer à la *bonne mort*, se voit privé du cérémonial le plus élémentaire. C'est cette mort accidentelle, parfois spectaculaire, qui fait irruption dans l'ordonnancement des travaux des champs ou qui se promène en toute liberté par la campagne. Quantitativement, elle tient dans la mortalité masculine et infantile une place aussi importante que l'accouchement pour la femme. C'est d'abord le coup de sang, l'apoplexie, *nerveuse* ou *sanguine*[757]. C'est ensuite l'issue d'un accident de la vie quotidienne : *aquis submersus, in incendia combustas, de arbore delapsus*[758]... L'accident apparaît comme le révélateur d'une double impuissance de l'être humain face à la nature déchaînée (le feu, la foudre, l'eau surtout) et devant les techniques mal maîtrisées (le cheval qui s'emballe, la charrette qui verse, l'arbre meurtrier, la maison qui s'effondre)... Y sont particulièrement exposés les hommes, constamment aux prises avec les forces de la nature, mais aussi les enfants, irrésistiblement attirés par le feu, la rivière, la fosse à purin, ce qui pose le problème de l'insuffisante surveillance des tout petits. C'est enfin la conséquence du meurtre qui fait partie de la vie quotidienne et auquel répond – sauvagement et hypocritement – le châtiment exemplaire[759]. Cette mort violente et subite revêt parfois l'aspect hideux et spectaculaire du suicide et étend son aura de honte, de culpabilité, de scandale[760], au-delà de celui qui, par *mélancolie, s'est homicidé soi-même*, à l'ensemble de sa famille. Compte tenu du mode de déplacement, la rencontre d'un cadavre est chose courante, du reste institutionnalisée par les procès-verbaux de levée de corps établis par la maréchaussée. Mais la curiosité qu'elle suscite et l'émotion qu'elle soulève montrent que la mort subite est loin d'être banalisée.

Resterait à replacer dans l'éventail des maladies d'adultes les cas de rage, inséparables de la peur du loup qui continue à attaquer les animaux domestiques et à agresser les hommes[761], les maladies mentales qui sont le

---

754 B. MAUGUE, *op. cit.*, t. I, p. 174.

755 AMH FF 203, fol. 39 : ... *affreusement défiguré par un cancer au visage* (14 mai 1700).

756 M. LEMIERE, *contrib. 2960.*

757 J-P. GRAFFENAUER, *op. cit.*, p. 181.
ABR et AHR, RP, *passim* : *Steckfluss, Schlagfluss.*

758 ABR et AHR, RP *passim.*

759 Voir *supra* pp. 1472-1476.

760 A titre d'exemple : *Bey Bilwisheim... im vald ein junges sauber gekleydts Weibsbild an seinen ausgezogen halstuch aufgehenckt todt gefunden* (ABR 2 G 34/1, Berstett 1748).

761 ABR C 399 : *Unterrichtet wie Personen welche von wütenden Thieren gebissen worden sind am sichersten geheilt werden können*, Strasbourg, imprimé 1779. Parmi les victimes, des Strasbourgeois et des habitants de Bettenhoffen, près de Gambsheim.

Au fil des chroniques paroissiales et judiciaires : cent accidents à la campagne entre 1668 et 1789

Nature de l'accident	Nb.	Etat civil Enfant	Jeune homme	Jeune fille	H	F	Indéterminé ou inconnu
Noyades (dans une rivière, un bras du Rhin, le canal du moulin, une mare, le puits, la fosse à purin)	**33**	3	5	1	16	4	4
Origines du décès non connue (attribué à l'apoplexie, à la suffocation, à la "rupture des vaisseaux des poumons ou "l'engorgement des vaisseaux du cerveau")	**18**	-	1	-	12	4	1
Accidents de cheval ou de voiture (tombé d'un chariot, écrasé sous un chariot renversé, terrassé par un cheval emballé)	**11**	1	5	1	4	-	-
Chutes	**9**						
- d'un arbre (4)		-	1	-	3	-	-
- d'une fenêtre, d'un échafaudage (2)		-	-	-	2	-	-
- diverses : dans l'entrée de la cave, en marchant sur un lacet (3)		-	-	1	1	1	-
Froid	**8**	-	-	-	6	2	-
Assassinat (dont 1 par empoisonnement)	**7**	-	-	-	5	1	1
Assommé après une dispute	**4**	1	-	-	3	-	-
Suicide caractérisé*	**3**	-	-	-	3	-	-
Eboulement ou chute dans une carrière	**3**	1	1	-	1	-	-
Faim	**1**	-	-	-	1	-	-
Boisson glacée par temps chaud	**1**	-	1	-	-	-	-
Tempête	**1**	-	-	-	1	-	-
Morsure du chien errant	**1**	-	-	1	-	-	-
	100	6	14	4	58	12	6

* exhaustivité non garantie (les allusions au "mal caduc", à la "défaillance d'esprit", à l'imbécilité, à la "folie", etc. brouillent la frontière entre le suicide et la mort naturelle).

Sources : - registres paroissiaux, S, Berrwiller (M. SIFFERT *op. 1949*, pp. 33-34)
- chroniques paroissiales de Geudertheim (ABR 3 E 155/2), de Berstett (ABR 2 G 34/1) et de Hurtigheim (chronique du pasteur Schneider)
- archives judiciaires, levées de cadavres dans la Hardt haut-rhinoise (AHR 3 B 110-6552, *passim*).

fait de *maniaques* en tout genre sur lesquels les saignées et les purges ne produisent plus aucun effet[762], ou de débiles qui sont à la charge de la famille[763] enfin les exemples assez rares de maladies vénériennes, considérées comme le mal par excellence de la ville corruptrice et de l'armée[764].

En s'inscrivant dans le cours de la vie, ces maladies répondent, comme la mort elle-même, au balancement des saisons :

Répartition saisonnière des décès (en % du total annuel)

	J	F	M	A	Mai	Jn	Jt	At	S	O	N	D
Handschuheim ABR 3 E 180/3 (1738-1787)	5,5	7	7	9	**12,5**	6,5	7	**11**	**11**	7	6,5	**10**
Schillersdorf ABR 3 E 446/1 et 9 (1723-1789)	9	**10,5**	**10,5**	**12**	9	6,5	4,5	7	6,5	7	7,5	**10**

La répartition saisonnière des décès obéit, on le sait, à un certain nombre de lois. Il se dessine un maximum de printemps, les mois de mars, avril et mai emportant le tiers des victimes de l'année. La pointe estivale (juillet-août) est sérieusement écrétée et, à Schillersdorf par exemple, elle intéresse davantage les vieillards que les enfants : aurait-on exagéré le rôle des carences alimentaires et, par voie de conséquence, la place des entéro-colites estivales ? Aurait-on sous-estimé les fièvres digestives d'automne ? L'effacement du maximum d'été se fait au profit d'un second maximum correspondant à la saison froide (décembre-février), néfaste pour les voies respiratoires. La répartition saisonnière des décès par âges nous conduit à des conclusions analogues : les mois d'été constituent la période creuse d'une mortalité qui s'accuse en début et en fin de période froide. Tout se passe donc comme si le paysan, accaparé par les travaux des champs, attendait l'hiver pour succomber à la maladie. Seules les deux extrémités de la pyramide des âges – nourrissons et vieillards – sont affectées par la mortalité des mois de juin, juillet et août ; la chaleur estivale, en favorisant la prolifération des microbes dans des conditions d'hygiène déplorables, ne passe donc pas nécessairement par l'intermédiaire de l'alimentation pour secréter la mort. En réalité, la plupart des maladies se répartissent assez régulièrement tout au long de l'année : tel est le cas des *fièvres* et des *convulsions* qui encadrent l'été de part et d'autre. Davantage que les affections des voies digestives occasionnant crampes d'estomac et

762 ASRM 194/28 (Obernai 1778).

763 AP Hurtigheim, chronique du pasteur Schneider :...*einen Sohn, der schwach von Verstand war, hinter dem Ofen auf Stroh lag* (fin XVIIIème siècle).

764 AMH FF 220, fol. 114 : d'après le registre d'audiences du grand bailliage de Haguenau, affirmer que quelqu'un a la vérole relève de la diffamation (affaire Mathieu Veltin, Bernolsheim 1735).
ASRM 142/27 : *Instruction sommaire sur le traitement de la maladie vénérienne dans les campagnes rédigé par ordre du gouvernement* (1er septembre 1786).
ASRM 132/45 : rapports du Docteur Spielmann, Strasbourg, 1781-1787.
ABR C 399/28 et 29 : *Mémoire sur le traitement du mal vénérien* par Renaudin (11 août 1772).
Voir à ce sujet E. SABLAYROLLES, *contrib. 3022.*

dysenteries, ce sont celles des voies respiratoires – maladies bronchiques et catarrheuses des vieillards – qui obéissent à un rythme saisonnier régulier, en se développant de préférence à la fin de l'hiver. Par contre, le printemps et le début de l'été constituent les périodes favorables aux maladies éruptives, rougeole et variole en tête. Ainsi, ni le froid de l'hiver ni la chaleur de l'été, pourtant excessifs l'un et l'autre dans ce milieu continental, ne sont de nature à affecter sensiblement la santé de la population rurale : l'humidité des saisons intermédiaires et les écarts thermiques d'une saison à l'autre sont davantage à craindre, semble-t-il, que l'excès des températures.

En sélectionnant à Schillersdorf vingt trois années au cours desquelles la mortalité excède la moyenne décennale[765], nous avons tenté de savoir si l'épidémie pouvait modifier l'équilibre saisonnier précédemment évoqué. Il apparaît que, dans l'ensemble, la contagion accentue et concentre les pointes saisonnières sans en modifier fondamentalement l'allure : serait-elle la simple aggravation des endémies existantes ?

J	F	M	A	Mai	Jn	Jt	At	S	O	N	D
7,5	7	**10,5**	**14,5**	7,5	7	4,5	9	7,5	7	**9**	**9**

Ce mouvement saisonnier n'a pas échappé à Maugue : les rhumatismes, hydropisies, fièvres quartes, dit-il, apparaissent en hiver ; les fièvres tierces, continues et malignes, au printemps ; l'été est la saison des fièvres intermittentes, en particulier lors des années humides comme celles de 1691, 1703, 1709, 1720[766]. Or, en Alsace, ajoute-t-il, *toutes les saisons de l'année dont déreglées : hivers trop longs, printemps froids et pluvieux, étés inconstants* [767]. D'un bout à l'autre de l'année, un mot revient, de façon obsédante, dans le vocabulaire médical : celui de *fièvre*...

3) De la peste aux "fièvres"

Les lois épidémiologiques jouent, naturellement, les régulateurs du jeu démographique[768]. Longtemps située en bonne place au nombre des grands fléaux épidémiques, la peste semble avoir définitivement disparu après les dernières alertes des années 1666 à 1670[769]. Après avoir passé de l'état endémique à l'état épidémique, elle est de plus en plus associée, à la fin du XVIIème siècle, au mouvement des troupes avant de migrer, au siècle suivant, vers l'Europe centrale et la côte baltique[770]. Cesserait-elle, à la suite de ce que Pierre Chaunu considère comme *l'une des plus grandes victoires de l'Europe classique*, d'être ce *mal qui répand la terreur* dénoncé par La Fontaine ?

---

765 1733-1735, 1738-1742, 1745, 1754, 1756, 1759, 1764-1765, 1767, 1772-1773, 1778-1779, 1782, 1785, 1787 et 1789.

766 B. MAUGUE, *op. cit.*, t. 164, 175 et 196.

767 *Ibid.* p. 199.

768 Voir *supra*.pp. 448 ss.

769 Voir *supra* pp. 236-239.

770 J-N. BIRABEN, *op. 2932*, t. I, pp. 109-119, 388 et 414-415.

Répartition saisonnière des décès par tranches d'âge : (l'exemple de Schillersdorf (1723-1789) - ABR 3 E 446/ 1 et 9.

Tranches d'âge		Nb. de cas	% du nb. de décès annuel par mois J	F	M	A	Mai	Jn	Jt	At	S	O	N	D
Moins de 1 an	(1)	98	7	7	11,5	8	7	10,5	9,5	7	7	7	10,5	8
	(2)	56	5,5	3,5	10,5	10,5	5,5	10,5	13	9	5,5	7	10,5	9
1-4 ans	(1)	81	8	6	10,5	16,5	11,5	4,5	6	7	4,5	10,5	4,5	10,5
	(2)	52	6	3,5	11,5	19	6	6	-	11,5	6	9,5	9,5	11,5
5-9 ans	(1)	21	5	-	5	24	4,5	-	-	24	4,5	4,5	9,5	19
	(2)	18	5,5	-	5,5	22,5	5,5	-	-	16,5	-	5,5	16,5	22,5
10-14 ans	(1)	17	6	6	11,5	-	6	6	-	6	23,5	17,5	-	11,5
	(2)	15	6,5	7	13,5	-	-	6,5	6,5	13,5	13,5	20	6,5	6,5
15-19 ans	(1)	6	-	-	17	-	16,5	-	-	16,5	50	-	-	-
	(2)	6	-	-	17	-	-	-	-	16,5	50	-	-	16,5
20-24 ans	(1)	9	11	-	22,5	-	22,5	-	11	-	11	-	11	11
	(2)	8	12,5	-	25	-	25	12,5	-	-	12,5	-	12,5	-
25-29 ans	(1)	8	-	12,5	12,5	-	25	12,5	-	-	-	12,5	12,5	12,5
	(2)	6	-	34	-	-	16,5	-	-	-	16,5	-	16,5	16,5
30-34 ans	(1)	8	-	25	-	37,5	25	-	-	-	12,5	-	-	-
	(2)	6	-	16,5	16,5	34	16,5	-	-	-	16,5	-	-	-
35-39 ans	(1)	4	25	25	-	-	25	-	-	-	-	25	-	-
	(2)	1	-	-	-	-	100 %	-	-	-	-	-	-	-
40-44 ans	(1)	9	11	11	22,5	22,5	11	-	-	-	-	11	11	-
	(2)	9	11	11	22,5	22,5	11	-	-	-	-	11	11	-
45-49 ans	(1)	15	14	26,5	6,5	6,5	6,5	-	-	-	6,5	6,5	13,5	13,5
	(2)	6	34	16,5	-	16,5	-	-	-	-	16,5	-	-	16,5
50-54 ans	(1)	14	7	21,5	14,5	14,5	7	14,5	7	-	7	-	-	7
	(2)	7	-	14,5	-	43	14,5	-	-	-	14	-	-	14
55-59 ans	(1)	22	-	23	4,5	18,5	4,5	13,5	4,5	-	9	-	9	13,5
	(2)	12	-	16,5	-	25	8,5	25	8,5	-	16,5	-	-	-
60-64 ans	(1)	22	4,5	9	9	4,5	13,5	4,5	-	18,5	4,5	9	4,5	18,5
	(2)	10	-	10	10	10	20	-	-	20	10	-	-	20
65-69 ans	(1)	25	20	8	12	8	-	8	-	4	4	8	12	16
	(2)	14	21	14,5	7	-	-	14,5	7	7	-	14,5	14,5	-
70-74 ans	(1)	20	15	10	15	30	-	10	5	5	-	-	10	-
	(2)	13	23,5	-	7,5	31	-	15,5	7,5	-	-	7,5	7,5	-
75-79 ans	(1)	25	16	16	12	4	16	-	-	12	-	4	-	20
	(2)	10	10	-	20	10	10	-	-	20	-	10	10	10
80-84 ans	(1)	8	12,5	37,5		-	-	-	-	-	12,5	-	12,5	12,5
	(2)	3	-	33	-	-	-	-	-	-	-	.	33,5	33,5
85-89 ans	(1)	9	22,5	11	11	11	11	22,5	11	-	-	-	11	-
	(2)	2	-	-	-	-	-	50	50	-	-	-	-	-

(1) Année moyenne

(2) épidémies (23 années-témoins)

Ultime soubresaut que la résurgence de la peste dans les campagnes d'Alsace à l'approche des années 1670 ? Si la panique s'empare des populations entre 1738 et 1740 c'est que, par suite d'un singulier retournement de situation, une contagion, qualifiée de *peste*, menace de se propager de l'Est vers l'Ouest : depuis le Banat de Temesvar, la Transylvanie et la Valachie jusqu'aux terres de l'électeur palatin et à ses bailliages alsaciens. La nouveauté consiste à agir sur les racines du mal et non plus uniquement sur les effets d'une calamité, qui aurait été envoyée par Dieu, par des mesures curatives. La structure médicale, au sens large du terme, précède les ravages de l'épidémie et la notion d'*ordre public* cède progressivement la place à celle de *bien public*. Aux autorités multiples des villes se substitue l'autorité centralisée de l'Etat qui prend appui sur l'action de l'intendant, du subdélégué, du curé. Les mesures thérapeutiques l'emportent sur la traditionnelle prophylaxie qui consistait à fuir les lieux de la contagion, à en exclure ceux qui en étaient atteints, avec les dangers que cela comporte pour la propagation de la maladie, ou à les isoler[771]. Interventions autoritaires, en aucune façon humanitaires. Au *contagionnisme* qui implique, par un réflexe assez égoïste, la crainte d'une transmission individuelle de la maladie, se substitue l'*aérisme* selon lequel c'est le milieu de vie qui est corrompu. Restent néanmoins les mesures de protection contre l'étranger qui est *a priori* suspect. Les réactions des autorités rappellent, à une échelle plus vaste, les mesures prises par les responsables des villes entre 1666 et 1670 : filtrage et mise en quarantaine des migrants[772] ; surveillance toute spéciale des Juifs, porteurs de *valises, pacquets d'hardes et de nippes* qu'on recommande de détruire[773] ; contrôle des passeports et des certificats de santé délivrés par les pays d'origine ; interruption des marchés du bétail en provenance de Hongrie[774]...

Mais s'agit-il d'une véritable *peste* ou d'une *maladie pestilentielle* ?[775] Il serait imprudent de déduire de la fin des pestes la disparition des épidémies. Quelles que soient les incertitudes du savoir médical et les difficultés d'identification des maladies, les maladies infectieuses, essentiellement épidémiques, sont loin d'être vaincues : nul ne saurait affirmer s'il s'agit de fièvres dysentériques, de fièvres typhoïdes ou paratyphoïdes. Ce qui, par contre, est évident c'est que, même disparue, la

---

771 M. LUCENET, *op. 2949.*
Fr. HILDESHEIMER, *op. 2943.*
W. H. Mac NEILL, *op. 2950.*

772 H. FLEURENT, *art. 2936* : mesure prise par le Magistrat de Colmar en 1667/1668 (en particulier le transfert du marché à Ingersheim, Ostheim, Horbourg) et en 1738/1739. Pour Mulhouse (1720-1722) voir A. STOEBER, *art. 3027.*
AHR C 1140: *Pendant tout l'hyver, l'entrée du village pour les étrangers et la sortie pour les habitans du lieu sont interdits* (Wendling, notaire royal de Landser, à propos de Rantzwiller, 15 novembre 1786).

773 ABR C 399 : *Fremde Bettel Juden und herrenloses Gesindel... zurück zuwiesen... bei sich habenden Lumpen ihnen abgenommen und verbrennet... Kleyder, Hanf, Flachs, Woll, Federn, Better, Peltzwerck verbrennet....* (consignes données par le comte palatin, le 5 novembre 1738, face au danger d'épidémie qui menace le marquisat de Fort-Louis en novembre-décembre 1738).

774 Ibid. : *Précautions prises pour empêcher les maladies contagieuses qui se sont déclarées en Hongrie en 1738 et 1739 ne se communiquent point en Alsace.* Règlements envoyés aux subdélégués et baillis en 1739-1740 et qui prennent le relais des ordonnances royales du 6 janvier et du 18 mai 1739.

775 J-N. BIRABEN (*op. cit.*, t. I, annexe IV) ne la mentionne ni pour la France (p. 388), ni pour l'Europe centrale (p. 415), mais la localise en 1738 en Podolie ukrainienne (p. 426).

peste n'est pas pour autant exorcisée, puisqu'elle reste gravée à jamais dans la mémoire collective : dès que l'épidémie menace, le fantôme de la peste resurgit. Nombre de maladies épidémiques se rattachent à son souvenir, sans se confondre tout-à-fait avec elle, mais en entretenant de génération en génération une *peur historique* tenace[776]. Cette angoisse intériorisée refait surface pour peu que les victimes soient saisies de frissons, de douleurs à la poitrine, elles-mêmes accompagnées de toux sèches, convulsives, exténuantes et suivies de vomissements de *matières bilieuses et glaireuses*...

En effet, convulsions d'enfants, coliques spasmodiques, diarrhées bilieuses et hydropisies débiles se développent dans le sillage des grandes *fièvres* malignes ou *maladies populaires* qui, sous l'appellation générique de *peste*, revêtent elles-mêmes une étonnante diversité[777] : *Il eut fallu tracer presque autant de tableau* (sic) *qu'il y a eu d'individus malades,* répond en 1777 le correspondant de la Société royale de médecine de Sélestat au questionnaire qui lui est proposé... *Les maladies différoient entre elles non par leur nature, mais par des degrés et des nuances*[778]. Par leur rythme aussi : certaines sont *ordinaires et réglées*[779], chroniques et intermittentes, se déclarant à cadence régulière : tierces et quartes[780], catarrhales[781], rhumatismales, nerveuses[782]... Elles revêtent l'aspect des endémies propres aux contrées insalubres, où la frontière entre santé et maladie est difficile à tracer[783]. Elles intéressent au premier chef la campagne sans doute, nous dit-on, *parce que la constitution du citadin est plus molle et plus relachée* [784] et se répandent pendant la mauvaise saison, de l'automne au printemps. Quant aux véritables *épidémies,* accidentelles et *aigües*[785], *chaudes, pestilentes, putrides, bilieuses, vermineuses, dysentériques,* elles frappent tant en été[786] qu'en hiver[787]. La dysentrie menace, écrit Graffenauer en 1816,

776 ABR C 399 : Des mesures sont prises par le comte palatin en 1709, 1713-1714, 1721-1722 avant celles de 1738.
A. St. 74/153 : *prétendue peste ou maladie épidémique dont le bruit s'étoit répandu en Suisse et en Alsace* (conseiller Sandherr, duché de Wurtemberg, Colmar 31 décembre 1777).
ASRM 149/34 et 172/1 (Molsheim, hiver 1775-1776) ; 143/25 (Sélestat 1777) ; 162/9 (Mulhouse 1784) ; 166/7 (Mulhouse, février et décembre 1785).

777 *Bösartiges Fieber, hitziges Fieber, grassierende Krankheit, faulendes Gallenfieber, gallisches Fieber, hitziges Gallenfieber.* Pour la chronologie des poussées épidémiques, voir *supra* pp. 466-475. Retenons les pointes de 1712 et 1718 (rougeole ?), 1731-1735 (dysenterie), 1743, 1757-1761 (variole), 1764 (variole), 1766-1770 (dysenterie), 1771-1775, 1777-1780 (variole et dysenterie) , 1783-1786, 1788-1789. Voir *supra* pp. 471-480 .

778 ASRM 143/25 (région de Sélestat, 1777).

779 ASRM 177/1 (Staffelfelden, 27 février 1787).

780 ASRM 149/34 et 172/1 (région de Molsheim 1771) ; 162/9 et 166/7 (Mulhouse, juillet 1783 - mars 1784 et janvier 1785) ; 179/8 (Erstein, printemps 1783). S'agit-il du paludisme ?

781 ASRM 179/8 (Erstein, automne-hiver 1788-1789) ; 178/3 (Mietesheim, avril-juin 1786).

782 ASRM 166/7 (région de Mulhouse, septembre 1785).

783 Voir G. BOUCHARD, *op. 86*, p. 109.

784 ASRM 177/1 (Staffelfelden, 27 février 1787).

785 ASRM 118/105-107 : traité du Docteur Bruand, médecin à Besançon, 15 février 1780.

786 ASRM 172/1 (région de Molsheim 1773-1774 et 1775) ; 185/14 et AMS VI 387 (Mommenheim 1786).

787 ASRM 143/25 (région d'Obernai, octobre-décembre 1778 avec recrudescence en avril 1779) ; 120/9 (La Walck, février 1783) ; 179/19 (Mommenheim, décembre 1784 - mai 1785, Bossendorf, septembre-novembre 1786 et Grassendorf, janvier 1786) ; 179/9 et 120/9 (Bernolsheim, septembre 1788 - février 1789).

lorsque les pluies froides succèdent aux chaleurs[788]. Deux vagues d'épidémies peuvent ainsi être repérées dans le dernier tiers du XVIIIème siècle dans la campagne alsacienne. Celle de 1773 à 1779, par sa moindre intensité et son étalement dans le temps, ne revêt pas l'ampleur décrite par François Lebrun dans l'Ouest français[789]. Il s'agit sans doute davantage de la grippe, à extension européenne, que de la dysentrie proprement dite qui en prend le relais. Par contre, la pneumonie infectieuse des années 1783 à 1789 semble avoir eu des effets plus désastreux[790]. Avec ses pointes aiguës, ses phases chroniques, ses courtes pauses, la crise épidémique se caractérise par sa durée et ses rebondissements. Mais les épidémiologistes contemporains ne la cernent que très imparfaitement.

Principale différence avec les pestes du XVIIème siècle : alors que ces dernières avaient essaimé de la ville au plat pays[791] – chacune des cités touchées constituant un foyer de contagion pour les campagnes environnantes –, c'est à présent le plat pays qui semble être le *réservoir* de la maladie, autant, davantage peut-être que la ville. Se propageant de façon plus sporadique, l'épidémie donne l'illusion d'une endémie contre laquelle le village ne dispose pas de mesures de prophylaxie, utilisées jadis par la ville, pour parvenir à l' éradication décisive du mal. Mais, parallèlement, la maladie a changé de nature, si l'on se fie au relevé des symptômes. Quelles sont, à travers la pathologie décelable, ses manifestations ? Dans sa phase aiguë, elle peut durer entre trois et cinq semaines[792] et, toucher une localité par relais successifs, pendant quatre ou cinq mois d'affilée[793]. Le malade prend une apparence cadavérique ; il ne tient pas debout, a envie de dormir sans trouver le sommeil ; se plaint de souffrances vagues dans les membres *comme s'ils étoient brisés* et de douleurs sourdes à l'estomac. Sa respiration est *courte et fréquente* , son haleine fétide, d'une *puanteur insupportable*, sa langue chargée de *limons jaunâtres et glaireux* ou d'un *rouge foncé couleur de betterave.* Il transpire abondamment et aux frissons succèdent des accès de fièvre. Puis interviennent vomissements et diarrhées : les malades rendent *par le haut et par le bas* ou rejettent par le nez du sang ou *une matière sanieuse sanguinolente*[794] ; les urines sont tantôt laiteuses, tantôt rouges, noirâtres ou *couleur chocolat, chargées de sédiments glaireux,* les selles pleines de vers *de quatre à six pouces.* La gêne respiratoire s'accompagne d'une nervosité angoissée, de cauchemars nocturnes – *images de morts et de spectres* – , de délires et de convulsions diurnes : *tremblements dans les membres,* mouvements spasmodiques, paroles inintelligibles, fixité du regard. Les plus *phrétiques* sortent dans la

---

788 J-P. GRAFFENAUER, *op. [348]*, p. 169.

789 Fr. LEBRUN, *contrib. 2948* (en particulier, la carte p. 404) et *art. 860.*

790 Nombreux témoignages sur Rustenhart : AHR E 1361 (correspondance seigneuriale de décembre 1786) et St. A. München, *Rappolstein Akten* 332 et 643 (protocoles des Ribeaupierre, 1788).

791 Voir *supra* pp. 236-239.
A. STOEBER, *art. 3027* : mesures prises par Mulhouse en 1667 et 1720/1722.

792 ABR 18 J 108 : rapport du Docteur Wegelin pour Schwindratzheim, 8 novembre 1780.

793 *Ibid.* : mémoire du Docteur Winninger pour Offwiller, 18 juillet 1769.
AHR E 1361 et ASRM 168/3 : Le Docteur Blein soigne 70 malades à Rustenhart (1786-1787).

794 ASRM 168/3 (Rustenhart 1786).

rue, *se mordent les mains, mangent leur verre.* Enfin apparaissent des *taches pourprées ressemblant à des piqûres de puces.* De tels symptômes sont à rapprocher de ceux que décrit Wührlin pour Hartmannswiller en 1782[795]. Certains perdent leur cheveux, d'autres deviennent sourds ; d'autres enfin – surtout ceux qu'ont épargnés la fièvre et les éruptions – *restent longtemps imbéciles* [796]. Pour les plus infortunés – un sur deux ou sur trois avant l'intervention du *physicien* –, c'est la mort entre le quinzième et le vingtième jour ; pour les plus chanceux, la guérison au bout d'un mois, précédant une convalescence de plusieurs semaines :

"Maladie épidémique, putride et bilieuse" : les symptômes d'après les correspondants de la Société royale de médecine.

1er/2ème jour :
- lassitude spontanée, pesanteur du corps, prostration des forces, engourdissement des membres ;
- pesanteur de la tête, maux de tête, étourdissements ;
- douleurs sourdes au creux de l'estomac, oppression de poitrine ;
- alternance de frissons et de bouffées de chaleur, peau sèche et brûlante, sueurs abondantes, soif inextingible ;
- bouche amère, haleine fétide, langue sèche, dure, chargée ;
- perte d'appétit, nausées, hydrophobie.

3ème/4ème jour :
- forte fièvre :
- pustules buccales, maux de gorge, difficultés à avaler, angine persistante ;
- rougeur et bouffissure du visage ;
- vomissements et diarrhées ; rejet de glaires, de vers ; crachats de sang et de bile ;
- incontinence ; urines troubles ou colorées ;
- angoisse, nervosité à l'approche de la nuit ; délire et convulsions ;

5ème/6ème jour :
- pouls fréquent et inégal ;
- gêne respiratoire, douleurs au thorax, toux pénible ou hoquet ;
- météorisation du bas-ventre, point de côté ;
- convulsions et délire ;
- éruptions : apparition de taches pourprées sur le corps ;
- aggravation des diarrhées ;

A partir du 7ème jour :
- hémorragies nasales ;
- perte de cheveux ;
- surdité jusque vers le 11ème-14ème jour.

Certes l'épidémie *pestilentielle* n'a pas le faciès terrifiant de la peste ancienne. Le nombre des victimes en est moins important, même si une proportion se situant entre 10 et 60 % de la population est atteinte selon le moment auquel se fait le décompte. Mais sa virulence et sa rapide extension lui confèrent l'allure d'une catastrophe qui suscite l'inquiétude et l'intervention des autorités. L'exemple de Rustenhart[797] donne une idée de la résistance offerte par la maladie malgré le dévouement du *physicien* :

Novembre 1786	:	160 malades	14 morts (8,75 %)
17 décembre 1786	:	80 malades	
20 décembre 1786	:	89 malades	7 morts (8 %)
2 janvier 1787	:	105malades	

[795] A. GASSER/J. LIBLIN, *art. cit*, pp. 202-204 : *da man eine blauem fleckhen bekompt, so ist ereget, sie waren gantz Narrisch, sie singen alzeit furt, unt megen wohl Esen unt Trinckhen.*

[796] ABR 17 J 108 : *sind dabei so Simpel ohne Verstand* (Offwiller, rapport du Docteur Winninger, 18 juillet 1769).

[797] AHR E 1361, novembre 1786-mai 1787.

La politique d'assistance aux *pauvres malades* introduit certes quelque ambiguïté dans les chiffres avancés : les listes des patients fournies par les médecins ne sont complètes que si elles incluent l'ensemble des malades sans se limiter aux seuls indigents qui bénéficient d'un traitement gratuit. En réalité, nous ne saisissons que la partie visible et émergée de l'iceberg. Par ailleurs, si une partie des épidémies n'est pas indiquée, une autre renvoie à des endémies sous-jacentes. Pour Ingwiller, l'état dressé par le Docteur Wegelin porte sur 147 *pauvres malades* atteints par l'épidémie – une fièvre maligne, éruptive et bilieuse – entre janvier et juillet 1780[798]. La répartition par âges fait apparaître la double prédominance des enfants entre 1 et 15 ans (plus de 40 % des victimes) et des adultes entre 30 et 45 ans (27 % des victimes) :

Moins de 1 an	:	1	1-4 ans	:	20
5-9 ans	:	26	10-14 ans	:	17
15-19 ans	:	10	20-24 ans	:	7
25-29 ans	:	5	30-34 ans	:	17
35-39 ans	:	7	40-44 ans	:	16
45-49 ans	:	2	50-54 ans	:	13
55-59 ans	:	-	60-64 ans	:	4
Plus de 65 ans	:	2	plus de 65 ans	:	2

A titre de comparaison, la fièvre quarte touche au même moment 30 personnes dont plus de la moitié ont entre 35 et 40 ans, l'âge adulte étant davantage exposé que l'enfance. Le médecin parvient à les sauver tous malgré les rechutes de ceux qui *n'observoient pas le régime qu'on leur recommandoit*, tandis que 7,5 % des malades atteints par la fièvre bilieuse succombent - soit un sur 13 - en dépit des efforts déployés par le *physicien* ; à quelques exceptions près, les victimes sont des adultes âgés de 30 à 50 ans. Le caractère éminemment contagieux de cette épidémie ressort après repérage des liens de parenté entre les victimes : dans 30 % des cas, l'un des parents ou les deux entraînent dans la maladie un ou plusieurs de leurs enfants ou réciproquement :

	Nb. de cas observés	**Nb. d'enfants par famille touchés par l'épidémie**						
		0	**1**	**2**	**3**	**4**	**5**	**6**
Les deux parents	11 (15 %)	6	2	-	2	1	-	-
La mère	11 (15 %)	-	5	-	2	2	1	1
Le père	6 (8 %)	-	4	1	1	-	-	-
Total partiel			**11** (50 %)	**1** (4,5 %)	**5** (23 %)	**3** (13,5 %)	**1** (4,5 %)	**1** (4,5 %)
Enfants et adolescents jusqu'à l'âge de 20 ans	19 (26 %)		11	6	2	-	-	-
Total partiel cumulé :			**22** (53,5 %)	**7** (17 %)	**7** (17 %)	**3** (7,5 %)	**1** (2,5 %)	**1** (2,5%)
Collatéraux	2 (3 %)							
Adultes masculins	8 (11 %)							
Adultes féminins	16 (22 %)							
	73 (100 %)							

Le record est atteint par le maître d'école d'Ingwiller, seul valide au milieu

[798] ABR C 252/37.

de son épouse et de ses six enfants alités. La promiscuité porte donc une large part de responsabilité dans la contagion[799]. Il eût été souhaitable de pousser l'analyse plus loin, mais, par suite du caractère fragmentaire des sources, les modes de progression et les itinéraires de l'épidémie sont plus difficiles à cerner que le foyer même de la maladie.

B) Le contexte de la maladie : le milieu de vie en question

La principale originalité de ces flambées de mortalité, c'est qu'elles ne réagissent plus guère aux variations du prix des grains[800] et qu'elles se produisent hors d'un contexte exclusivement alimentaire. L'autonomie de l'histoire pathologique explique pourquoi les ventres pleins ne sont pas à l'abri d'une *fièvre*. Même si une famine peut créer des conditions éminemment favorables à l'éclosion de l'épidémie, l'absence de filiation directe entre les deux calamités exclut tout automatisme qui serait dicté par des aléas économiques. Il faut donc chercher ailleurs les origines des crises épidémiques du XVIIIème siècle finissant. Les enquêtes de la Société royale de médecine, qui conduisent les médecins au domicile de leurs patients où ils observent les conditions dans lesquelles ils vivent, se fondent sur la conception *aériste*, plus empirique que scientifique, selon laquelle l'air, élément extérieur à l'organisme, jouerait un rôle déterminant dans l'éclosion et la contagion épidémiques. Cette corrélation étroite entre le climat et l'infection, l'air et le mal repose sur un postulat fragile, faux sans doute, mais qui s'inscrit dans la logique d'une époque et s'avère être extraordinairement stimulant. Derrière le souci populationniste, économique, voire physiocratique - un paysan malade n'est-il pas un producteur défaillant ? -, l'enquête, par sa démarche même, présente à notre sens un double intérêt :

- En replaçant la maladie dans son contexte spatial et temporel, en observant le *terrain* d'éclosion, en proposant des éléments d'explication, elle participe à la rationalité des *Lumières* et éclaire, par contraste, les mentalités paysannes restées prisonnières de l'emprise de la fatalité et du surnaturel.
- Merveilleux essai d'ethno-médecine, le discours du *physicien*, loin d'apparaître comme un exposé aride et savant, élaboré dans le silence de son cabinet, a pour objet de reconstituer, en filigrane de la maladie elle-même, les circonstances dans lesquelles opère le praticien. En établissant des liens avec l'environnement physique, humain et social de l'épidémie, c'est la matrice sociale de la maladie qu'il reconstitue : il nous introduit au coeur même des conditions de vie - logement, alimentation, hygiène - et son témoignage devient une source irremplaçable pour qui veut étudier le cadre de vie villageois. Sur fond d'intervention thérapeutique, surgit l'état de la société rurale tout entière. Ces enquêtes nous autorisent à tenter à la fois l'écologie rétrospective du milieu de vie et la sociologie de la morbidité. Après avoir centralisé l'information sur les maladies et avant de proposer une organisation systématique des secours, les médecins correspondants de la Société royale cherchent en effet à bousculer les

[799] *Ibid.* Une femme de 50 ans atteinte parce qu'elle a eu *l'imprudence de coucher avec sa fille malade.*

[800] Voir *supra* pp. 471-480.

habitudes et à vaincre les préjugés. Or il est des facteurs sur lesquels l'homme n'a guère de prise : les conditions topographiques et météorologiques ne sont-elles pas des contraintes incontournables ?

1) De l'insalubrité à l'oisiveté

En privilégiant l'observation – ce qui rejoint les préoccupations du siècle –, les médecins du Roi ne remettent pas en cause les grilles de leur savoir. Mais il se dégage de leurs rapports quelques intuitions majeures qui traduisent une grande sensibilité aux rapports de l'homme avec son environnement et son rythme de vie : à défaut de progrès de la médecine, c'est à travers la tentative de spatialisation pathologique, l'émergence des notions de salubrité et de santé publique. En essayant de peser sur les structures socio-économiques et de remédier au sous-développement moral et matériel, ils engagent un processus de *démarrage sanitaire*[801]. Cet élan hygiéniste mènera au siècle suivant, à la révolution pasteurienne, même si la démonstration des médecins des *Lumières* peut prêter à sourire. L'air, explique le professeur strasbourgeois Hoffmann dans un traité de 1780, après avoir prélevé des *molécules morbifiques* sur les corps atteints, se fait *porteur des miasmes*, responsables des épidémies[802], qui jouent au XVIIIème siècle le rôle que tiendront les *germes* au siècle suivant. La littérature médico-physiologique[803] se montre sensible aux substances nocives auxquelles elle fournit les concepts : exhalaisons méphitiques, miasmes putrides, odeurs fétides... La perception du *malsain*, en particulier grâce à une vigilance olfactive accrue, est inséparable de celle du *contagieux* : le putride se communique tantôt par l'air, qui véhicule les agents morbifiques, tantôt par la terre, contaminée par les cadavres, les excréments et les crachats, tantôt par l'eau infectée par la nature ou le commerce des vivants avec la nature. On voit s'échapper des corps malades des émanations putrides devenues volatiles, et des molécules nauséabondes...

a) Pour le médecin, il convient avant tout de localiser l'insalubre. Or **les conditions d'habitation** découlent directement des contraintes naturelles. La plaine d'Alsace, écrit le Docteur Maugue, est *enfermée entre les montagnes qui ôtent aux vents la liberté de renouveller l'air.* Dans ce cul-de-sac, l'air, à peine renouvelé par les vents du nord, est donc *épais* et *pesant*. S'y ajoutent, pour aggraver la situation, *quantité de marais le long du Rhin et dans tous les lieux bas* et *quantité de forêts qui multiplient les vapeurs* ou favorisent la formation de nappes de brouillard[804]. Les correspondants de la Société royale de médecine opposent volontiers l'atmosphère humide d'une partie de la plaine d'Alsace[805] aux conditions plus salubres des vallées vosgiennes et du plateau lorrain exposé aux quatre vents[806].

801 J-P. GOUBERT, *art. 2940.*

802 ASRM 118/108.

803 J. GUILLERME, *art. 3049.*

804 B. MAUGUE, *op. cit.*, t. I, pp. 113-122.

805 ASRM 158/12, n=° 25 (Sélestat 1788-1789).

806 ASRM 177/1, n=° 12 (pays de Phalsbourg, s.d., fin XVIIIème siècle).

Voici quelques exemples permettant d'illustrer des propos aussi pessimistes. On incrimine *la propre assiette du village de Mietesheim... situé fort bas..., environné de toute part de petites montagnes,* blotti dans un terrain marécageux dont les eaux stagnantes dégagent de continuelles exhalaisons[807]. Uberach et Bernolsheim, pourtant bien proches, bénéficient par contre d'une *exposition saine* face au soleil et aux vents, car autant que la nature du sol, c'est le *renouvellement de l'air* qui importe[808]. Tandis que Marlenheim ne profite que des vents du sud, le nord étant *barré par la montagne* [809], les vents du nord et de l'ouest constituent à Erstein la meilleure garantie contre l'humidité constante entretenue par les inondations de l'Ill, le voisinage du Rhin et les nappes de brouillard malsaines[810]. Les vents et l'eau sont donc, chacun à sa manière, la meilleure et la pire des choses. La conception aériste de la maladie implique que la mort flotte dans l'atmosphère. Aussi les descriptions évocatrices des médecins se terminent-elles souvent par un hymne au vent purificateur. S'il se déchaîne, il déclenche la catastrophe ; s'il souffle avec modération, il renouvelle l'air[811]. *Les vents du Rhin,* qui se lèvent quatre ou cinq fois l'an, cèdent la place, le plus souvent aux vents d'ouest qui apportent un *air sain.* Quant à l'eau, rien de plus néfaste que la présence *d'eaux et de forêts*[812] ou *la transpiration d'une forêt touffue*[813]. C'est l'excès d'humidité qui, combinée avec des sols *gras et argileux* alors qu'en l'occurrence on les souhaiterait *secs, graveleux et pierreux*[814], est rendue responsable de la plupart des maladies. *L'Alsace qui est humide par elle-même et particulièrement les environs de Schelestat... doit se repentir plus qu'aucune autre province de l'intempérie humide*[815].

Or cet air épais, mal renouvelé, constamment humide et, par surcroît, menaçant par ce qu'il transporte, influe sur les *humeurs* et se traduit par un *sang grossier, épais, froid et mal travaillé*[816]. *J'attribue la nonchalance d'une partie des Alsaciens,* écrit Maugue, *à l'air qu'ils respirent*[817]. Vivant *dans un bain continuel et sous un ciel nébuleux,* respirant *un air mou,* ils auront le sang *plus visqueux et plus épais que celui des français,* ils seront de *tempérament phlegmatique, lents, froids, paresseux et d'une chair molasse,* surtout en Basse-Alsace et plus particulièrement à proximité immédiate du Rhin. L'air étant moins *subtil* à l'intérieur de la province et en Haute-

---

807 ASRM 168/3, n=° 140 (avril-juin 1786).

808 ASRM 179/19, n=° 2 (1779-1780) et 6 (1778-1789).
ABR 17 J 108 : *die faulen und schädlichen Feuchtigkeiten... und fast überall sumpflichten Erde... heilsame Winde vermöge seiner Lage nicht so gut* (rapport sur Offwiller, 18 juillet 1769).

809 ASRM 185/14 et AMS VI 387/11 (1786).

810 ASRM 179/8 (1786) *: Topographie médicale du bourg d'Erstein* (26 août 1788).

811 ASRM 179/8 (Erstein 1788) et 19 (Uberach et Bernolsheim, 1779-1789).

812 ASRM 177/1 (Pulversheim et Staffelfelden) : Remarques topographique sur les environs de Soultz en Haute-Alsace (27 février 1787).

813 ASRM 143/25 (Sélestat 1777).

814 *Ibid.*

815 ASRM 140/21, n=° 3 (Sélestat 1788-1790).

816 B. MAUGUE, *op. cit.*, t. I, pp. 128-130 et 152.

817 *Ibid.* t. I, p. 6.

Alsace, les habitants y seront *plus vifs et plus nerveux*[818]. Ajoutez-y *les variations des saisons* : la chaleur *qui met le sang en mouvement... et exalte la bile,... aigrit les liqueurs* ; le froid *qui épaissit les liqueurs, ralentit le mouvement des esprits*[819]. Maugue attribue le *sang visqueux* et les *embarras dans les viscères à l'air grossier* et les fréquentes apoplexies aux *variations des saisons*[820]. Aussi, ajoute-t-il, les hommes y sont-ils *vieux, ridés et caducs à l'âge de soixante dix ans, tandis que les femmes à quarantes paraissent décrépites*[821]. *On ne vieillit point dans le voisinage du Rhin... ; l'air épais abrège la vie de ceux qui habitent les bas-fonds humides.* Quel contraste avec les centenaires des montagnes de Suisse ![822] De telles allégations mériteraient d'être vérifiées à la lumière d'une analyse démographique fouillée : nos propres recherches n'ont pas fait apparaître des différences fondamentales dans la longévité des Alsaciens par rapport à leurs contemporains de *l'intérieur*[823]. Tandis que Maugue se réfère au *caractère des nations* de Tacite, les médecins des *Lumières* fondent leurs théories sur l'aérisme : c'est l'air alsacien qui serait responsable du *manque d'énergie du système nerveux et du cerveau, de la surcharge bilieuse, de l'excès de lymphe dans le sang,* sans parler du cortège traditionnel des rhumes, rhumatismes, pleurésies et fièvres catarrhales fréquentes en automne et en hiver[824].

C'est pour la salubrité des maisons que les inondations sont particulièrement redoutées. Lorsqu'au printemps 1784 l'Ill rompt, une fois de plus, ses digues entre Sundhoffen et Horbourg, les Wurtemberg multiplient les recommandations pour parer aux risques d'épidémie, après avoir consulté le *physicien* attitré de la seigneurie[825]. Les maisons *imbibées d'eau* doivent être séchées *au moyen de l'air circulant* et purifiées *deux fois par jour avec un feu clair et avec la vapeur du vinaigre.* Les boiseries des murs seront défaites et les planchers démontés pour que le bois puisse sécher *au soleil et à l'air libre. Il faut ensuite ôter jusqu'à quatre pouces de profondeur la terre ou le sable humide qui se trouve sous le plancher desdits poêles..., mettre en place du gravier ou du sable sec ou, ce qui vaudrait encore mieux, des tuileaux pilés.* Dans les pièces pavées, on nettoiera les *joints des carreaux* pour les *remplir ensuite de sable fin, sec et chaud.* Quant aux caves inondées, *il faut avoir soin d'en ôter la fange sur la profondeur d'un pied et la remplacer par du gravier ou du sable frais* ou encore des *scories de maréchaux.* Il convient d'ôter des murs l'*enduit visqueux* déposé par l'eau en *les frottant avec de fortes brosses et des torchons de paille..., en les raclant... avec la truelle* et en opérant un *lavage avec de l'eau de puits fraîche.* Les parois ne seront blanchies à la chaux vive

818 *Ibid.*, t. I, pp. 131-170.

819 *Ibid.*, t.I, p. 123.

820 *Ibid.*, t. I, pp. 123 et 172.

821 *Ibid.*, t. I., p. 123.

822 *Ibid.* t, I, p. 199.

823 Voir *supra* pp. 449-452.

824 ASRM 140/21, n=°3 (Sélestat 1788-1790).

825 A. St. 74/157 : imprimé émanant du Docteur Metzger, physicien du comté de Horbourg et de la seigneurie de Riquewihr (4, 9 et 28 avril 1784). De même, AN K 2360.

que le jour où, parfaitement sèches, elles cesseront de *suer.* On en éloignera *tous les meubles et bois de lit* ou, à défaut, on tendra *tous les soirs une toile contre le mur le long du lit.*

Mais les inondations revêtent heureusement un caractère épisodique[826]. En temps normal, c'est bien, aux yeux des médecins, l'absence de renouvellement d'air qui constitue le principal inconvénient de la maison alsacienne : chambres basses et surchauffées, fenêtres exiguës trop rarement entrouvertes... A Rustenhart, les habitants sont exposés aux influences *dangereuses et méphitiques des poëles étroits, reserrés, chauffés à l'excès, presque jamais aërés dans lesquels ils mangent, couchent, sont entassés pêle-mêle, sains et malades, ces derniers ensevelis dans des lits de plumes...*[827] Les familles sont *étroitement logées*[828], car il est fréquent que la *Stub* soit la seule pièce chauffée, les autres étant glaciales et humides, ce qui occasionne *des tumeurs aux articulations et aux genoux, des oedèmes aux pieds, des rhumatismes le long de la cuisse*[829]. Le médecin officiel de l'intendant incrimine la cherté du bois, suite au froid exceptionnel de l'hiver 1785-1786, quand il découvre aux environs de Landser des *poelles remplis de vingt à trente personnes,* les pauvres gens allant se chauffer chez ceux qui ont de quoi se procurer du combustible[830] ! Or l'entassement favorise l'accumulation des déchets et provoque des contagions massives. Par souci d'épargner le bois, on vit donc pendant *sept à huit mois dans de petites pièces basses et humides*[831] et *en hiver toute la famille se trouve réunie dans une seule chambre de la hauteur de 7 1/2 pieds encore accompagnée par quelques animaux comme poules, chats et chiens*[832]. Il n'est pas nécessaire que le *physicien* ait les facultés olfactives bien développées[833] pour dénoncer l'insupportable et définir des seuils de tolérance. Mais que pouvait-il bien faire, sinon essayer de convaincre ? Exiger que l'on ouvre les fenêtres plusieurs fois par jour, qu'on fasse brûler des grains de genièvre[834], qu'on *corrige* l'air corrompu *moyennant des vapeurs des meilleurs vinaigres que l'on fait évaporer sur le foyer*[835] ? demander que l'on remplace les paillasses pourries, que l'on change les draps et le linge[836], que l'on emporte *le plus souvent possible les excréments bien couverts hors des maisons en prenant la précaution de les arroser de vinaigre*[837] ? Ils s'offusquent de ce que, *par misère ou par oeconomie, les habitants stockent sous leur lit pommes de terre, navets et choux gelés pour les faire dégeler*[838]...

826 Voir *supra* pp. 102-109.

827 ASRM 168/3 (Dr. Blein, 17 décembre 1786).

828 ASRM 179/19, n=°2, (Uberach hiver 1779-1780).

829 ASRM 179/9, n=°6, (Bernolsheim, hiver 1788-1789).

830 AHR 2 E 70, 16 juin 1786.

831 ASRM 177/1 : *Remarques topographiques sur les environs de Soultz en Haute-Alsace*, 27 février 1787 (situation de 1785).

832 ASRM 179/19, n=°2 (Uberach, hiver 1779/1780).

833 Voir A. CORBIN, *op.* 3045.

834 ASRM 179/19, n=° 2 (Uberach, hiver 1779-1780).

835 ASRM 179/19 (Grassendorf, janvier 1786) ; 168/3, n=° 140 (Mietesheim, avril-juin 1786).

836 ASRM 120/9 (La Walck, février-juin 1783).

837 ASRM 179/19, n=° 5 (Bossendorf, septembre-novembre 1786).

838 ASRM 179/19 n=° 2 (Uberach, hiver 1779/1780).

L'air trop échauffé des chambres a poeles et pas assez renouvelé... contribue à dessécher le sang, l'épaissir et l'inflammer[839]. *La chaleur trop forte des poëles* est un *véritable poison pour les malades, surtout pour ceux qui ont la poitrine délicate*[840]. *Au lieu de s'accoutumer à l'exemple des français à supporter un froid sain on préfère de respirer l'air chaud et infecté d'un trou.* Lorsque le médecin pénètre dans cette pièce, transformée en chambre-à-coucher, *il croit tomber à la renverse par l'air chaud et étouffé qui le saisit*[841] et son premier réflexe consiste à faire ouvrir portes et fenêtres. En effet, les habitants *n'ouvrent jamais de fenêtre pour changer l'air*[842] : le *préjugé ordinaire* veut en effet qu'on *tienne bien close* l'unique petite fenêtre *d'un demi pied de large sur deux à trois pieds de haut, de peur que le mauvais air entre. On a beau leur prêcher que c'est le contraire..., le malade reste dans une atmosphère infectée par lui-même...* Le médecin, convaincu que l'air pur est le meilleur des antiseptiques, fait-il ouvrir ces fenêtres minuscules ? A peine a-t-il le dos tourné, qu'on *les referme, on les calfeutre si on pouvait*[843]. On ne peut rien contre la rigidité et l'archaïsme des comportements : attachement à une promiscuité, rassurante ; croyance aux vertus thérapeutiques de la sueur et de l'excrément, synonymes d'évacuation des humeurs malsaines ; accoutumance à la puanteur, aux odeurs naturelles et à l'air confiné et, sans doute, refus de toute injonction de la part de gens qui ne sont pas du pays et qui imposent fumigations, aspersions, antiseptiques, aération... La répulsion qu'inspirent la promiscuité aux médecins et la puanteur du peuple revêt une signification sociologique ; leur discours traduit une véritable inversion des systèmes de valeur et des comportements. La propreté de l'eau, de l'air, du corps, de l'environnement immédiat est associée à la distinction et aux convenances, notions étrangères aux mentalités paysannes.

b) L'hygiène au quotidien.

Il serait en effet excessif d'imputer au seul logement l'ensemble des risques, difficilement mesurables, qui pèsent sur la santé publique. Il faut quitter l'atmosphère moite de la chambre du malade pour se rendre compte que c'est l'ensemble de la vie quotidienne qui souffre d'un manque d'hygiène, notion contraire aux habitudes paysannes. Cracher, se moucher avec les doigts, boire à la même cruche, manger au pot commun ou à la même louche sont des gestes immémoriaux, codifiés par l'usage. Seraient-ils invisibles aux yeux de l'historien ? Pas tout-à-fait, puisque l'analyse de l'équipement domestique nous a permis de les reconstituer[844].

---

839 ASRM 168/3, n=° 81-82, (Kientzheim 1787).

840 ASRM 179/8 (Erstein 1786).

841 ASRM 149/34 : témoignage du Docteur Silberling, médecin à Molsheim en 1776, sur la situation rencontrée à Herxheim (Palatinat) en 1755.

842 ASMR 168/3, n=° 81 (Kientzheim 1787).

843 ASMR 179/8 (Erstein 1786). La taille des fenêtres (environ 60-90 centimètres sur 15) nous paraît excessivement réduite par rapport aux dimensions moyennes qu'indique Louis Hammer en 1807 (ABR 63 J 15) : 1 mètre de haut sur 80 centimètres de large.

844 Voir *supra* pp. 1653 ss.

Indices ténus d'une hygiène toute relative

	1650-1729		1730-1759		1760-1789		Total	1650-1789
	1.	2.	1.	2.	1.	2.	1.	2.
Baignoires								
Heimsbrunn	67	1,5			36	-	103	1,0
Ungersheim	42	-			53		98	-
Heiteren	50		55		60	-	165	-
Baldenheim	46				63	1,6- (pour enfant)	109	1,0
Lave-mains et fontaines d'intérieurs								
Heimsbrunn	67				36	-	103	-
Ungersheim	42	21,4			53	17	95	18,9`
Heiteren	50	2,0	55	3,6	60	-	165	1,8
Baldenheim	46	-			63	1,6	109	1,0
Bassines et cuvettes								
Heimsbrunn	67	4,5			36	25,0	103	11,6
Ungersheim	42	39,3			53	32,1	95	32,6
Heiteren	50	-	55	1,8	60	1,7	165	1,2
Baldenheim	46	-			63	14,3	109	8,2
Aiguières								
Heimsbrunn	67	-			36	-	103	-
Ungersheim	42	-			53	-	95	-
Heiteren	50	-	55	1,8	60	-	165	0,6
Baldenheim	46	-			63	6,3	109	3,7
Cuvettes d'accouchée								
Heimsbrunn	67	1,5			36	-	103	1,0
Ungersheim	42	4,8			53	3,8	95	4,2
Heiteren	50	-	55	-	60	-	165	-
Baldenheim	46	4,3			63	9,5	109	7,3
Rasoirs								
Heimsbrunn	67	-			36	-		
Ungersheim	42	2,4			53	-	95	1,05
Heiteren	50	-	55	-	60	-	165	-
Baldenheim	46	-			63	-	109	-
Chaises percées								
Heimsbrunn	67	-			36	-	103	-
Ungersheim	42	-			53	-	95	-
Heiteren	50	-	55	-	60	8,3	165	3,0
Baldenheim	46	-			63	-	109	-
Pots de chambre								
Heimsbrunn	67	1,5			36	-	103	1,0
Ungersheim	42	2,4			53	-	95	1,05
Heiteren	50	-	55	-	60	3,3	165	1,2
Baldenheim	46	-			63	-	109	-
Brosses								
Heimsbrunn	67	-			36	-	103	-
Ungersheim	42	-			53	1,9	95	1,05
Heiteren	50	-	55	1,8	60	3,3	165	1,8
Baldenheim	46	-			63	-	109	
Balais								
Heimsbrunn	67	-			36	-	103	-
Ungersheim	42	-			53	-	95	-
Heiteren	50	-	55	-	60	3,3	165	1,2
Baldenheim	46	-			63	-	109	-
Balayettes								
Heimsbrunn	67	-			36	2,8	103	1,0
Ungersheim	42	-		53	-	95	-	
Heiteren	50	-	55	1,8	60	-	165	4,2
Baldenheim	46	-			67	-	109	-

1. Nb. d'inventaires consultés
2. % d'occurrences

Sources: ABR et AHR Not., inv. après décès

L'approche des attitudes face à la propreté ou à la crasse - termes antinomiques qui traduisent des manières *bourgeoises* - permet-elle de rompre l'enveloppe opaque qui entoure *l'invisible quotidien* ? Se pencher sur l'hygiène est une démarche ingrate qui débouche presque toujours sur des constatations désabusées. Comment pourrait-il en être autrement à une époque où la morale chrétienne invite au refoulement du corps, à son repli dans la sphère de la honte et au rejet de toute pulsion d'auto-érotisme ? Meubles et objets qui servent de support à la propreté physique sont rares et difficiles à déceler. La baignoire ? Il existe bien, parmi les objets de tonnellerie, des cuves, ovales ou circulaires, susceptibles de remplir cette fonction, mais rien ne prouve que telle ait été leur véritable destination. Plaisir et raffinement pour la société mondaine, le bain demeure, pour les classes populaires, indécent : la pudeur prime sur l'hygiène. D'ailleurs, dans une culture qui privilégie ce qui est visible, il est inutile, puisqu'il concerne les parties dérobées du corps ! Avant la campagne hygiéniste du XIXème siècle, la malpropreté, synonyme d'odeur, de santé ou de force, fait partie des habitudes de vie, d'un système de valeurs, d'une *culture* : à trop vouloir se laver, on risque de ramollir le corps, de lui faire perdre une partie de sa vitalité et de sa puissance sexuelle[845]. La saleté, qui s'incruste et qui entre dans un certain nombre de dictons populaires[846], crée une sorte d'auto-immunisation. Mais il y a pire : l'eau est soupçonnée d'instiller la maladie à travers les pores de l'épiderme. Parmi les indices révélateurs d'une lente évolution des comportements que nous offrent les inventaires après décès, signalons la fontaine murale en étain, en cuivre ou en faïence, accessoire des demeures bourgeoises[847]. Ces fontaines, Brackenhoffer les oppose aux incommodes aiguières françaises *qui exigent chaque fois le concours de deux personnes, l'une qui verse, l'autre qui tient le bassin et la serviette* [848]. Elles apparaissent timidement dans les demeures rurales, accompagnées rarement de porte-serviettes, plus souvent d'essuie-mains, mais ne dépassent guère la sphère limitée des intérieurs cossus. Pour se débarbouiller, l'évier, à la cuisine, fait l'affaire : l'isolement ne s'impose pas pour la toilette, à supposer que l'habitude des ablutions ait réussi à triompher des préjugés. Pas de propreté sans eau sans doute, mais également pas d'eau sans nudité. Selon Georges Vigarello, la propreté est avant tout périphérique et externe : on se lave à la rigueur les mains et la face, parties visibles du corps, le reste étant dissimulé par les vêtements, plus rarement par du linge de corps dont la blancheur a la réputation de rendre propre. Un habillement propre peut donc cacher une couche de crasse protectrice, en vertu d'une tradition culturelle qui privilégie les apparences[849]. La propreté se fonde davantage sur des valeurs sociales que sur des préoccupations d'hygiène et l'apprentissage de l'ablution complète se fait très lentement. D'ailleurs, constate Moheau, l'homme de peine n'a guère besoin de bain puisque la sueur, suite à un travail intense, suffit à

845 A. CORBIN, *op. cit.*, pp. 42 et 86.

846 Dans le genre *Dreck macht fett*. Voir Fr. SARG, *op. 3023*, p. 41.

847 R. BIERY, *art. 3044*.

848 E. BRACKENHOFFER, *op. [197]*, p. 11.

849 G. VIGARELLO, *op. 3059*, pp. 49-57.

dégager les pores[850]. Par ailleurs, la lenteur constatée dans l'évolution de l'habillement qui, libérant le corps tout en favorisant la transpiration, entre dans la logique médicale des *Lumières*, témoigne des résistances rencontrées.

Bien souvent, nous le verrons[851], la transpiration est évoquée de façon positive, dans le cadre d'une thérapeutique évacuante ; elle n'est jamais perçue de manière négative sous l'angle de l'hygiène. A quoi bon se laver et se baigner, puisque la chemise retient la transpiration qui, elle-même, a des vertus curatives ? Les médecins s'offusquent, mais ils sont bien les seuls, de *la mauvaise coutume de dessécher les chemises de drap mouillées par la sueur devant le poel* : à Dangolsheim, *cinquante personnes auraient été atteintes* en 1772 *de fièvre putride communiquée par le linge sale mouillé de sueur et séché devant les poeles*[852]. Car on transpire beaucoup et on croit aux vertus de la sudation. Or c'est dans l'espace clos et surchauffé des lits que *naissent les mauvaises fièvres et les contagions. Par une mauvaise habitude, les paysans se couchent tous sur du plumon et se couvrent de pareils plumons très pesans qui les épuisent en suant..., retiennent la sueur qui s'y corrompt et infectent l'air qu'ils respirent* [853]. De plus, *ils etoient dans le prejugé populaire de penser que le linge sale convenoit mieux dans cette maladie que le frais, ils donnent des chemises a porter aux personnes saines, ce n'etoit que lorsqu'elles furent portées pendant une nuit par ceux-la et imbibées de leur transpiration insensible qu'on les donnoit aux malades* [854].

A quel rythme lave-t-on le linge ? Dans les grandes fermes, la buanderie autorise le lessivage : *battre la cendre*[855] consiste à libérer la soude qui agit comme détergent, tandis que le ruisseau ou le lavoir permettent le rinçage. Ce que nous ignorons, c'est la cadence de ces activités. L'accumulation des chemises et des draps, entre autres, suggère des opérations rares et de grande envergure, deux à quatre fois l'an peut-être. Paradoxalement, le nombre de lessives varie en proportion inverse de la situation sociale de la famille, puisque les petites gens, moins bien pourvues en linge, sont obligées de laver plus fréquemment. Enfin il manque souvent le support le plus élémentaire du séchage, à savoir la corde à linge : c'est que *les pauvres gens ne se servent pas de cordes, mais étendent leur linge sur des buissons* [856].

Ni rasoirs, ni peignes (en dehors de ceux qui sont destinés à retenir la chevelure des femmes distinguées). Le peigne est uniquement recensé dans

---

850 J-B. MOHEAU, *op. [354]*, p. 110.

851 Voir *infra* p. 1784.

852 ASRM 149/34, n=° 2.

853 ASRM 179/19 (Uberach hiver 1779/1780).

854 ASRM 149/34 : témoignage de 1776 du Docteur Silberling, médecin à Molsheim, sur la situation à Herxheim (Palatinat) en 1755. Témoignage confirmé pour Mommenheim (ASRM 179/19, n=° 3, hiver 1784-1785) : la chemise en question est portée, huit jours durant, par une personne en bonne santé.

855 AN K 2309/2 : l'Alsace importe, jusqu'en 1781, des cendres du comté de Montbéliard.

856 AHR 3 B 2851 (Ungersheim 1722).

les balles des colporteurs et chez quelques privilégiés[857] Quant au rasoir, il n'est pas un très bon indice, pas davantage que l'écuelle ou le plat à barbe, puisqu'il fait partie de l'arsenal du barbier, homme de l'art, dont la boutique peut tenir un rôle de sociabilité : mais à quel rythme intervient-il ? Le mouchoir existe, mais à quoi sert-il ? Tient-il lieu de bourse, de tour de cou ? On peut se moucher sans mouchoir, et on le fait couramment : technique rapidement acquise, qui relève d'ailleurs de la méthode évacuante (rejeter toute saleté, ne rien garder sur soi). La présence accidentelle des pots de chambre et des chaises percées fait entrer ces objets dans le domaine du superflu et non du nécessaire : les *commodités* ne sont pas perçues en tant que telles à la campagne. Au temps de la libre pissette, le paysan va tout naturellement sur le fumier[858] ou au champ auxquels on réserve les fonctions naturelles ; seul Monsieur le curé dispose d'un *secret* relégué au bout du presbytère, construit en surplomb sur le jardin[859] ... Installation éminemment pratique au demeurant, puisqu'elle évite les manipulations de pots et de chaises percées. On y ajoutera les latrines scolaires avec leurs mesures de police sexuelle[860]. Nous avons cherché à repérer quelques indices de l'hygiène quotidienne. Or nous constatons que la proportion des ustensiles retenus ne connaît pas toujours une progression linéaire de la fin du XVIIème à la fin du XVIIIème siècle.

Ainsi le souci de la propreté traduit une culture différente de la culture paysanne. Il faut être médecin du Roi pour établir une relation entre hygiène et santé. Mais, dans ce siècle qui célèbre la nature, le paysan n'est-il pas, par opposition au citadin, considéré comme le privilégié de la vie saine ? On saisit toute l'ambiguïté entre les représentations collectives et les réalités concrètes. La faible fréquence des objets relevés et leur nombre restreint peuvent revêtir deux significations qu'on aurait tort d'opposer : pour les uns, ils suggèrent l'absence des pratiques correspondantes ; pour les autres, ils traduisent le peu d'intérêt qu'y attachent les parties contractantes au moment de la rédaction de l'acte. Or l'absence de renseignements sur la propreté corporelle trouve son répondant dans la rareté des données concernant la propreté de l'environnement immédiat : un balai, une brosse sont des objets rarissimes.

Dans ses activités de tous les jours, le paysan rencontre de nombreux obstacles qui sont autant de menaces pour sa santé. Passons sur l'emplacement des fumiers, installés devant les maisons ou au milieu de la cour, et qui dégagent des exhalaisons malsaines, *attirant l'humidité de*

[857] J. LEFFTZ, *art. [238]*, p. 218 : *Ein Beweis von meiner natürlichen Liebe zur Reinlichkeit (ist)... dass ich mich sehr oft wusch, kämmte und kämmen liess, um den Kopf sauber zu halten, denn vor Leisen, Flöhen und dergleichen Ungeziefer war ich jehe ein geschworener Feind. Ich hatte auch nie Ausbruch von Grind auf dem Kopfe, welches doch beinahe bey allen Kindern zutrifft* (Henri Ernst, Imbsheim, 1787).

[858] L. HAMMER (ABR 63 J 15) : *Chez la plus grande partie des cultivateurs, les tas de fumier servent de latrine ; dans les maisons à deux étages il y a communément une latrine qui a son débouché dans une ruelle entre la grange et la maison ou dans le verger* (1807). Voir R.H. GUERRAND, *op. 3048*.

[859] Voir *supra* p. 1155.

[860] Voir *infra* p. 1877.
ABR C 213/2b : *conduit de bois de latrine à l'étage* (Erstein 1774).

l'air[861] ; passons sur la situation du cimetière, qui occupe le centre du bourg[862], et enfin, sur les activités des bouchers qui jettent le sang et les immondices sur le fumier et déversent l'eau de cuisson dans les rues[863]. Dans la région d'Erstein, la pratique du rouissage du chanvre, qui occupe une abondante main-d'oeuvre féminine, est cause d'affections arthritiques et rhumatismales, provoque *le dérèglement du flux menstruel* sans égard aux *incommodités péridiques* (sic) *du sexe*[864]. Le rouissage finit par *empoisonner les hommes et l'atmosphère qu'ils habitent* et, suite aux interdictions répétées de l'intendant et aux visites dissuasives de la maréchaussée, il s'exerce moins dans l'eau courante, appelée à se renouveler, que dans les mares stagnantes qui s'écoulent insidieusement dans l'Ill en faisant *périr les poissons*[865]. Par ailleurs, le routoir, tout en servant de réserve d'eau en cas d'incendie, peut, le cas échéant, se convertir en lavoir.

On ne saurait prétendre que l'eau est rare dans la vallée rhénane, mais elle est utilisée de façon très parcimonieuse et souillée de mille manières. Si elle revêt davantage des valeurs sacrées et purificatrices que des fonctions d'ablution, elle reste la boisson ordinaire des habitants[866]. Mais l'abus de consommation d'eau – au delà de 4 pots par personne et par jour – *dérange plus souvent la santé qu'elle ne la rétablit*[867], d'autant que le puits reste l'unique source d'approvisionnement : *il y a peu de lieux en Alsace où l'on boive d'autre eau que celle des puits*[868]. La séparation des lieux de production et de consommation nécessite la corvée de tous les jours. Dans la maison, trois installations attendent seaux et jarres remplis d'eau : la réserve que constitue le banc ou coffre à eau *(Wasserbänkel, Wassertrog)*, l'évier et, éventuellement, la fontaine murale. Toute l'attention finit donc par se concentrer sur le puits pourvoyeur d'eau : puits primitif à balancier,

---

861 ASRM 185/14 et AMS VI 387/11 (Marlenheim, 1786). A. St. 74/157 : *On doit éloigner des habitations et des écuries, autant qu'il sera possible, les tas et fosses à fumier comme étant les causes les plus prochaines des maladies à cause des exhalaisons qui en sortent et parce que les fumiers attirent l'humidité de l'air et la répandent dans les habitations* (rapport du Docteur Metzger, physicien des Wurtemberg, 28 avril 1784).

ABR 63 J 15 (L. HAMMER) : *Le fumier est presque généralement placé devant l'étable dans la cour, et généralement peu éloigné des fenêtres de la maison d'habitation... Le cultivateur ne s'inquiète pas des vapeurs putrides... Il dort... dans un air étouffé et rempli de vapeurs, et il se porte cependant bien, parce qu'il passe la plus grande partie de sa vie à l'air libre en travaillant* (1807).

862 ASRM 179/8 (Erstein 1786).

863 *Ibid.*

864 *Ibid.* (Erstein 1786 et topographie médicale *cit.*, 1788).

865 AHR C 1114 : *Ordonnances de l'Intendant portant défense de faire tremper et croupir dans les eaux courantes des chanvres en tiges* (imprimés 8 août 1725, 31 juillet 1745, 12 juillet 1780).

ASRM 179/8 (Erstein 1786).

BNUS Ms. 630 (Chr. Haenlé, 1747) pp. 339-347 : *dass durch den daher entstandenen grossen gestanck die fische crepieren sollen.*

866 ASRM 179/19, n=° 4 (Grassendorf 1786).

867 B. MAUGUE, *op. cit.*, t. II, p. 848.

868 *Ibid.*, t. II, p. 819.

actionné au moyen d'une perche faisant levier[869] - *Schwenkel* - ou *Schwankenbronnen* - surtout dans le Sundgau et l'Outre-Forêt ; le plus souvent puits à chaîne - *Radbrunnen* - avec manivelle ou poulie supportée par deux montants. Il faut une main experte pour ne pas faire décrocher le seau quand il tombe trop brutalement à la surface de l'eau. Ce puits est individuel ou mitoyen, privé ou public : dans ce cas, il se charge de signification sociale et devient l'un des points d'ancrage de la sociabilité villageoise. Tout dépend, bien sûr, de la profondeur à laquelle on trouve la nappe phréatique. Mais forer un puits revient cher et ceux qui ne bénéficient pas du labeur des générations précédentes sont contraints d'aller chercher leur eau au puits communal[870] : ils constituent en général l'écrasante majorité de la population. Les exemples dont nous faisons état nous sont fournis par les terriers du nord de la plaine :

Localité	**Date**	**Source (ABR)**	**Nb. de maisons**	**Nb. de puits individuels**	**mitoyens**	**% de maisons ayant accès à un point d'eau privé**	**devant utiliser un puits public**	**% de puits par rapport au nb. de maisons**
Merkwiller	1658	E 2157	16	2	-	12,5	87,5	12,5
Hoelschloch	1658	E 2157	10	1	-	10	90	10
	1715	E 5846						
Niederkutzenhausen	1715	E 5846	22	4	-	18,2	81,8	18,2
Oberkutzenhausen	1715	E 5846	26	6	-	23,1	76,9	23,1
Feldbach	1715	E 5846	17	3	-	17,6	82,4	17,6
Schwabwiller	1747	1 E 1/122	60	17	26	71,6	28,4	50

Est-il possible de déceler une évolution ? Les inventaires après décès de Rittershoffen[871] nous montrent que le puits se fait lentement, mais sûrement, une place dans le paysage villageois :

Périodes	**Nombre de : inventaires consultés**	**puits entiers** (dont nouvellement construits)	**parts de puits**	**% points d'eau utilisables** (sur le nb. total d'inventaires)
1664-1699	15	-	-	-
1700-1729	32	2	-	6,2
1730-1759	91	10 (2)	6	17,6
1760-1789	67	9 (2)	2	16,4

La légère régression en fin de siècle pourrait bien traduire la multiplication de petites maisons dont les propriétaires ne sont pas en mesure de se payer un puits.

869 J. DE L'HERMINE, *op. cit.*, pp. 67-68 : ***Il y a d'espace en espace des puits publics d'où l'on tire de l'eau avec une longue perche ferrée qui est posée à balance sur un poteau élevé.***

Celui de Sessenheim a été immortalisé par le jeune Goethe.

ABR E 5846 : *Schwenkelbronnen* à Oberkutzenhausen (1715).

870 *Ibid.* : *Allmendschöpferbronnen* (Hoelschloch 1715).

871 ABR 6 E 40, Not. Soultz-sous-Forêt II, inv. Rittershoffen 147-160.

La misère physiologique est, en grande partie, liée à la mauvaise qualité de l'eau. Mais le malheur, c'est qu'on n'en prend pas conscience. Si les médecins militaires dissuadent leurs troupes de consommer l'eau de puits des villages et des *mares qu'ils rencontrent*, parce qu'elle grouille de germes[872], les précautions prises par la population elle-même s'avèrent insuffisantes : *Le puits profond... mais ordinairement placé dans le voisinage du lieu destiné à recevoir le fumier... participe toujours des principes alkalins et putrides du fumier principalement dans les temps pluvieux où elle* (l'eau) *devient infecte au point qu'elle acquiert l'odeur et la saveur de ce dernier* [873]. Infectée par le bas, cette eau l'est également par le haut, puisqu'elle accueille autant les insectes morts que les algues, mousses et feuilles mortes.

L'eau des fontaines, qu'il arrive même aux bestiaux de refuser, est à peine potable : bourbeuse, verdâtre, épaisse, un peu amère, elle sert au trempage des cendres et des baquets de lessive et se trouve chargée d'une glue de moucherons et de vers aquatiques ; la précaution la plus élémentaire consisterait à la filtrer à travers un linge propre[874]. De façon révélatrice, un règlement de police de Niedermorschwihr, rédigé en 1790, interdit qu'on immerge, dans le puits communal, pour les laver, du linge, de la vaisselle, de la salade et du chou ou qu'on y trempe paille et branchages pour les faire gonfler[875]. Mais de là à consommer l'eau minérale de Soultzmatt ou de Wattwiller, il y a un pas que les villageois ne franchiront pas : la vogue des eaux minérales est pour plus tard...

c) Un secret de bonne santé : ne pas s'arrêter de travailler ?

L'humidité ambiante et l'absence de renouvellement de l'air ne suffisent pas à expliquer la répétition des fièvres estivales ou hivernales, imputables aux contrastes de température. Le froid en lui-même ne s'avère guère néfaste, mais l'organisme ne supporte pas, nous dit-on, les contrastes thermiques brutaux et accusés, ces *variations du chaud au froid*, cette alternance d'*hyvers tantôt vifs et longs, tantôt humides et pluvieux* avec les *chaleurs très grandes en été auxquelles succèdent en moins d'un couple d'heures un froid assès vif, quelquefois piquant* [876]. Du coup, la transpiration s'en trouve *forcée et ensuite arrêtée*[877]. On a coutume d'affirmer que les paysans s'échinent au travail, ce qui les exposerait à la fatigue, à la maladie et diminuerait leur espérance de vie. Or le travail n'est-il pas la solution

---

872 ASRM 126/9 : *Mémoire sur les maladies* par le Docteur Jacquinelle, chirurgien-major du régiment d'Agenois, 3 mars 1789.

873 ASRM 179/8 (Erstein 1786).

AHR 18 J 582 : *Et comme l'eau du Puits est tout a coté des écuries, est toujours trouble et si malsaine qu'on ne peut absolument pas s'en servir* (le pasteur de Muntzenheim, 1786).

AHR C 1286 : l'eau dont se sert le maître d'école d'Aspach-le-Haut est mauvaise parce que le puits a été installé près d'une écurie et d'un fumier (14 février 1786).

874 ASRM 179/19, n=° 4 (Grassendorf 1786).

875 AHR C 1598 (12 février 1790). De même ABR 2 G 73/A1 : règlement de police de Cleebourg (1776-1779).

876 ASRM 149/21 : réponse au questionnaire de 1775 par le Docteur Labrousse, ancien médecin des armées, adjoint à l'hôpital militaire de Strasbourg.

877 ASRM 185/14 et AMS VI 387/11 (Marlenheim 1786).

pour activer un *sang grossier, épais, froid et mal travaillé* [878] ? De l'avis des correspondants de la Société royale de médecine, il n'existe finalement qu'un seul remède vraiment efficace : remettre au travail des gens qui supportent mal l'oisiveté hivernale. Heureusement, nous dit-on à Marlenheim, *les travaux de campagne... les mettoient dans la nécessité de respirer un meilleur air*[879]. Rien de plus néfaste que ce repos forcé *ou s'étoient trouvé ces bonnes gens en cette saison, après s'être beaucoup échauffé le corps tant par les chaleurs de l'été que par l'excès du travail* [880]. A La Walck, *le retour du beau temps qui a permis à ces bons gens de reprendre les travaux de la campagne a enfin terminé cette maladie vers la fin du mois de juin 1783*[881]...Inversement, on incrimine *la suppression de transpiration brusquement arrêtée par les froids précoces et soutenus des mois d'octobre et novembre, et mise de nouveau en action par des temps humides*[882]. Les froids prolongés du printemps 1785 retardent les travaux des champs en même temps qu'ils épuisent les provisions d'hiver, grains, légumes et bois[883]. En définitive, sauf catastrophe *pestilentielle*, le paysan n'est malade qu'en hiver ! Il attend *avec plaisir la belle saison pour reprendre ses travaux*[884]. Autant que l'excès de travail qui affaiblit l'organisme par les dépenses physiologiques et énergétiques qu'il entraîne, c'est donc l'absence de travail ou son interruption brusque qui expliquent la maladie : le début de l'hiver et la fin du printemps sont des périodes de réadaptation particulièrement délicates.

2) Les pièges de la consommation

Si le paysan n'établit pas de lien entre santé et alimentation, c'est qu'il est victime d'un système dont la vulnérabilité est l'une des caractéristiques essentielles[885]. Le refus de tout gaspillage et l'habitude invétérée d'accommoder les restes, l'acharnement à reconstituer des réserves et la crainte de voir s'épuiser le stock, qui fonctionne comme une assurance-capitalisation pour le court terme, traduisent une insécurité alimentaire permanente et un équilibre fragile. Avoir de quoi passer l'hiver sans avoir à réduire les rations quotidiennes : telle est sa double préoccupation. Il absorbera donc des nourritures lourdes qui bourrent, qui calent l'estomac – car on ne peut pas travailler l'estomac creux – et à digestion lente comme le pain de seigle, la pomme de terre... Peu importent les préoccupations diététiques : c'est ce qui explique que les habitudes alimentaires du paysan soient figées et que les rations d'entretien, que reflètent les pensions alimentaires, soient immuables. L'étroit échantillonnage des produits tirés de l'environnement immédiat est à peine menacé par l'intrusion de

---

878 B. MAUGUE, *op. cit.*, t. I, pp. 128-130 et 150.

879 ASRM 185/14 et AMS VI 387/11 (janvier-juin 1786).

880 ASRM 179/19n, n=° 3 (Mommenheim, hiver 1784-1785).

881 ASRM 120/9.

882 ASRM 168/3 (Rustenhart, Docteur Blein, 17 décembre 1786).

883 ASRM 143/25 (Sélestat, janvier-mars 1785).

884 ASRM 179/9, n=° 6 (Bernolsheim, hiver 1788-1789).

885 A. POITRINEAU, *art. 2870.*

produits nouveaux[886]. C'est le médecin qui essaiera de persuader le paysan qu'il ne suffit pas de manger à satiété, pour prendre des forces, mais qu'au souci de la sécurité alimentaire doit s'ajouter celui de l'équilibre diététique, de façon à ménager la santé.

Médecins et intendants insistent sur l'origine alimentaire des maladies épidémiques : insuffisance quantitative, du fait de l'incapacité économique et technique à constituer des stocks ; insuffisance qualitative, du fait du déséquilibre biologique des nutriments. En réalité, l'alimentation est à la fois remède et poison. Elle doit répondre à un équilibre naturel entre le chaud et le froid, le sec et l'humide, qui sont les quatre éléments constitutifs de l'univers et nous renvoient à la théorie des humeurs. Avec la qualité de l'air, celle des aliments *influe,* dit-on, *sur les tempéraments, pour ne pas dire qu'elles les forment*[887]. *Les grossières nourritures, les aliments épaississants, gras et pateux, difficiles à digérer du fait de leur viscosité,* sont responsables, au même titre que *l'air grossier,* du *sang épais* des Alsaciens[888]. Il convient donc d'adapter l'alimentation aux fluctuations des saisons et aux tempéraments des consommateurs, chacun devant manger, pour rééquilibrer sa propre nature, ce qui corrige ses humeurs dominantes. Théorie que tout cela ? Certes, car la diététique n'est pas la préoccupation première des paysans. Mais, nous confie le Docteur Maugue, une nourriture uniforme et l'abstinence de vin rendent plus robustes les montagnards suisses[889]. Ce qui nous frappe, c'est qu'une même nourriture peut avoir, selon les circonstances de la consommation et les quantités ingérées, des effets favorables et nuisibles : les rhumatismes sont dus aux aigreurs des crudités et à la consommation de fruits à demi mûrs[890] et pourtant fruits et légumes sont indispensables à l'équilibre de l'organisme. La chair fournit un suc épais[891], mais le bouillon de viande, couramment prescrit après une blessure ou un traumatisme, a une valeur nutritive reconnue. Le Docteur Maugue dénonce d'ailleurs l'usage établi en Alsace de laisser aux malades la liberté de manger ce qu'ils désirent et les médecins de la Société royale ont beaucoup de mal à astreindre leurs patients à la diète[892].

Cette ambivalence est surtout sensible dans la consommation du vin. Le vin est la meilleure et la pire des choses. Ses vertus toniques et anxyolitiques le font entrer dans de nombreuses compositions médicamenteuses. Pour peu qu'il soit ingurgité en quantités raisonnables, ses qualités antiseptiques et sa valeur calorique sont universellement reconnues. Il est loin, affirme Maugue, d'être un poison : les vins d'Alsace *ne portent pas à la teste comme ceux de France,* grâce à leur *crudité,* leur *acidité dominante,* ils ne sont pas malsains et *n'abrègent pas la vie. Au*

---

886 Voir *supra* pp. 1691-1720.

887 B. MAUGUE, *op. cit.*, t. I, p. 6.

888 *Ibid.*, t. I, pp. 130 et 189-190.

889 *Ibid.*, t. I, p. 199.

890 *Ibid.*, *op. cit.*, t. I, pp. 170 et 190.

891 *Ibid.*, t. I, p. 129.

892 *Ibid.* et ASRM 179/19 n=°2 : rapport du Docteur Keller, Haguenau, sur l'épidémie d'Uberach (1780). Voir ann. 11.

contraire, après les avoir bus, les gens ont plus d'esprit[893] Le vin *est un des moyens de fortifier la santé et répare les forces épuisées par le travail ; pour les vieillards et tous les hommes d'une constitution faible et valétudinaire..., il remplace les médicaments* [894]. On offre aux pensionnaires de l'hôpital de Sélestat, au XVIIIème siècle, jusqu'à une demi livre de viande de boeuf et un pot, donc environ deux litres de vin par jour. Les inventaires après décès révèlent de fréquents achats de vin pendant la maladie du défunt. Une alimentation aussi riche, complétée par des légumes et du pain de froment, procède de la distinction entre un régime pour les bien portants, qui vise à entretenir la complexion propre à chaque individu, et un régime pour les malades et les convalescents, destiné à reconstituer les forces[895]. Dans tous les cas, le vin *étoit le meilleur et le plus sûr des remèdes,* affirme le médecin de Sélestat, *aussi en ai-je fait une panacée, un remède que j'ai fait entrer dans le traitement de toutes les maladies* [896]. On n'imagine pas le *physicien* devoir déployer une grande force de persuasion pour le recommander aux habitants. Le tout, c'est de ne pas en abuser. Tout excès est condamné, parce qu'il occasionne *des pesanteurs à la tête, des ébullitions de sang, la faiblesse de la mémoire, le tremblement des membres, l'hydropisie et l'apoplexie,* parce qu'il *fouette le sang et provoque des éruptions cutanées, des diarrhées et des convulsions,* surtout s'il est *falsifié*[897].Ceux qui *pendant l'hiver font farcir leurs viscères de vaisseaux de vin nouveau... résistent assez pendant le froid mais aux dégels, lorsque l'air ne resiste plus tant par son poids, le sang se développe, commence à fermenter et leur occasionne des fièvres continuës et inflammatoires auxquelles ils succombent assez souvent* [898]. Difficile à distinguer d'une ivresse occasionnelle, l'alcoolisme n'apparaît qu'au travers des accès de violence[899]. *Il semble que, pourvu qu'on boive, on pourra se passer de manger*[900]... Or, plus encore qu'en temps normal, c'est quand la maladie menace qu'on a tendance à se gorger d'alcool. A Obernai, le vin est rendu responsable de la gangrène - les taches observées sur le pénis des grands buveurs ne trompent pas[901] - tandis qu'à Mulhouse les vieillards *usés par le vin et les liqueurs spiritueuses* ont peu de chance d'échapper à la contagion[902]. Or, à mesure que le mal progresse, on cherche à saturer les malades de vin et de victuailles : grave erreur que les *physiciens* ne cessent de combattre[903]. L'eau-de-vie salvatrice est un véritable elixir de vie, remède

893 B. MAUGUE, *op. cit.*, t. II, pp. 700-709.

894 J-P. GRAFFENAUER, *op. cit.*, p. 94.

895 ABR 17 J 108 : *Fleischkranke* à Schwindratzheim (Docteur Wegelin, 12 janvier 1781).

896 ASRM 158/12 (Sélestat 1788). *Ibid.* 149/34 : *quelques cuillerées de bon vin blanc vieux avec du sucre* (Osthoffen, mai 1777) et 168/3, n=° 140 *le vin que je reconnais être le meilleur cordial* (Docteur Wegelin, Mietesheim, 12 août 1786).

897 J-P. GRAFFENAUER, *op. cit.*, p. 94.

898 ASRM 172/1 (Molsheim 1775).

899 ABR 3 E 180/1 et 2 (Handschuheim, avril 1681 et octobre 1704).

900 B. MAUGUE, *op. cit.*, t. I, p. 27.

901 ASRM 194/28 (Obernai, juin 1778).

902 ASRM 162/9 (Mulhouse, janvier 1789).

903 ABR 17 J 108 : *Die meisten geben ihren Kranken so viel Wein als sie trinken wollen und stopfen ihnen so lange sie noch etwas zu sich nehmen können, fast wider ihrem Willen Speisen zu, um ihre Kräften dadurch... zu unterhalten* (rapport du Docteur Winninger, Offwiller le 18 juillet 1769).

suprême : à mi-chemin entre les principes de l'éther, de l'eau et du feu, elle se situe dans une tradition à la fois alchimiste et symboliste. Elle occupe une place de choix dans la pharmacopée familiale, du fait de ses utilisations multiples : remède contre les maux provoqués par le froid et l'humidité (rhumatismes, refroidissements, angines, grippes), elle est également utilisée dans les affections cardiaques et les maux de tête ; elle favorise la digestion : *préservatif de l'apoplexie,* elle est *bienfaisante pour les personnes âgées qui mangent beaucoup*[904] ; sous forme de compresses ou de frictions, elle décongestionne les muscles ; sous forme d'applications localisées, elle désinfecte les plaies, abcès, brûlures et calme les maux de dents. A la fois somnifère, désinfectant, anxyolitique et revitalisant, le schnaps alsacien, c'est l'eau qui guérit et qui fortifie… Aussi l'utilise-t-on dès la plus tendre enfance. C'est une *bonne solution pour la poitrine, un calmant et somnifère le plus innocent,* capable de guérir les toux violentes et coqueluches des enfants auxquels elle *procure du sommeil dès leur naissance : on la prend un peu tiède chauffée au bain mari après avoir fait dissoudre du sucre candi* à raison d'une *cuillère à café pour les nouveaux nés, d'une demi à une tasse par jour pour les adultes* [905]. Le danger, là encore réside dans l'abus. Lorsque les pouvoirs publics interdisent la fabrication de toutes sortes d'eaux-de-vie autres que celles de vin, les préoccupations de santé publique ne sont pas absentes, car l'eau-de-vie, inconsidérément absorbée, *est d'un usage préjudiciable au corps humain*[906].

Le tabac, *mauvais pour les bronches, mais bon pour les coliques et les maux d'estomac*[907], devient à son tour médicament : il aurait des vertus curatives, agissant sur la digestion, empêchant la constipation, calmant les maux de dents, immunisant contre les congestions et les enflures[908]. On ne peut cependant le consommer sans tenir compte des tempéraments. Il convient mieux, écrit Maugue, aux tempéraments phlegmatiques et aux climats froids et humides : les Allemands et les Flamands bénéficient des uns et des autres[909].

Mais ce sont les carences du régime alimentaire lui-même qui, surtout en plaine[910], sont rendus responsables de malnutrition protéino-énergétique et d'avitaminoses, source d'affaiblissement et de maladie : consommation insuffisante de légumes frais, de laitages et d'oeufs ; mauvaise habitude qui consiste à appauvrir le lait en vitamines A par le procédé de l'écrémage ; manque d'iode... Les protéines d'origine céréalière

904 J-A. LORENTZ : *Mémoire médico-topographique de la ville de Sélestat...*, 1784 (voir *art. [352].*

905 AHR 2 E 70 (Hell, s.d., fin XVIIIème siècle).

906 DE BOUG, *Ord. Als.*, t. I, pp. 416-417 : déclaration royale du 24 janvier 1713.

907 B. MAUGUE, *op. cit.*, t. II, p. 757.

908 BNUS Ms. 630, p. 357 (Chr. Haenlé, 1747).
J-P. GRAFFENAUER, *op. cit*, p. 101 : *aide la digestion et procure des selles.*

909 B. MAUGUE, *op. cit.*, t. II, p. 759.

910 A. POITRINEAU, *op. cit.*, t. I. p. 331 : l'auteur relève le paradoxe de la misère physiologique de la plantureuse Limagne contrastant avec la vigueur et l'énergie des montagnards disposant d'une alimentation plus diversifiée et plus équilibrée.

n'assurent pas la croissance ; l'excédent en glucides peut provoquer des maladies pulmonaires ; la carence en vitamines C et D, dont la cuisson des légumes est en partie responsable, peut provoquer la chute des dents ou des déformations osseuses. Tout comme la taille, certaines affections - rachitisme, crétinisme, goître, carie dentaire, maladie des yeux - sont de bons indicateurs de l'état nutritionnel . Le manque d'iode est rendu responsable du fonctionnement insuffisant de la glande tyroïde, du goître et du crétinisme. Le rachitisme, lié à l'insuffisante calcification des os et des cartilages par carence de vitamines D, entraîne chez l'enfant un arrêt de croissance difficile à rattraper par la suite. La hernie, due à l'affaiblissement de la musculation intestinale, est inséparable des travaux pénibles de la campagne. La taie sur l'oeil et la carie dentaire sont respectivement imputables au déficit de vitamines A et D. Mais l'approche physio-pathologique de la population est-elle possible ? L'absence de statistiques et de sources qui ne soient pas liées à la mort ne permet pas une telle démarche avant le XIXème siècle[911].

Les signalements épars dont nous disposons - à l'occasion des procès-verbaux de justice ou du recrutement de la milice - sont dépourvus de tout esprit scientifique : tout au plus décèle-t-on les gens marqués par les séquelles indélébiles de la variole[912]. Dans l'ensemble, l'image que donnent les médecins à la fin du XVIIIème siècle est plutôt rassurante : les habitants d'Erstein sont *en général grands, bien faits, robustes, laborieux et se nourrissent bien... Le sexe a proportion n'est ni si beau ni si bien portant, on en attribue la cause aux travaux de la jeunesse..., mais aussi au peu de précaution qu'on prend pour le rouissage du chanvre*[913]...

Qu'en est-il en réalité ? Nos échantillons, suivant qu'il s'agit de cadavres, d'enfermés ou de miliciens prétendant à l'exemption, ne sont pas tout-à-fait comparables : l'éventail des âges est plus ouvert pour les deux premières catégories que pour la dernière. Nous avons donc essayé de ne retenir, si les âges sont connus, que la fraction adulte de la population. On constate, si l'on adopte la valeur du pied du Roi[914], que la taille modale des hommes se situe autour de 1,60 mètre [915], les individus dépassant le 1,70 mètre représentent moins de 20 %, le plus souvent moins de 10 % de la population adulte et, dans le bailliage de Bollwiller en 1775, 77 exemptés sur 109, soit plus de 70 %, le sont pour *défaut de taille* [916]. Un régime alimentaire trop riche en glucides et trop pauvre en protides et lipides d'origine

911 E. LE ROY LADURIE, *op. [599].*, pp. 88-115.
J-M. SELIG, *art. 2878 et th. 2878a.*

912 ABR C 396 : *visage marqué par la petite vérole* (1753-1787).

913 ASRM 179/8 : *Topographie médicale du bourg d'Erstein* par le Docteur Chardoillet (Wasselonne, 26 août 1788). On comparera avec les indications relevées par R. BEAUDRY (*art. 2803*, pp. 51-52) pour le Périgord dont les habitants sont *petits et mal conformés.*

914 C'est un maximum (0,32 m), le pied local n'atteignant nulle part plus de 0,30 m (voir *supra* pp. 54-55).

915 Chiffres comparables à ceux que relève Abel Poitrineau pour l'Auvergne : 1,66 m (A. POITRINEAU, *op. cit.*, t. I, p. 115).

916 AHR C 1187.

animale[917] ne favorise guère la robustesse. *La plupart des garçons sont encore trop faibles pour servir* : il est vrai que cette annotation du conseiller Sandherr, qui accompagne le recensement de 1743, vaut surtout pour *le vignoble où ils sont plus mous et moins faits à la fatigue que dans la plaine*[918]... Nul ne peut contester que les insuffisances nutritionnelles se répercutent sur l'organisme qui devient à son tour un véritable indicateur socio-économique.

Répartition des habitants par taille (%)

		Tailles									
	Nb. de cas	**Les petits**		**Les moyens**				**Les grands**			
	en pieds/pouces	moins de 4/9		4/9-5		5/1-5/4		5/5-5/8		plus de 5/8	
	en m/cm	moins de 1,50		1,50/1,60		1,60/1,70		1,70/1,80		plus de 1,80	
		H	F	H	F	H	F	H	F	H	F
AHR C 1186 Bailliage d'Ollwiller 1726 (tirage au sort pour la milice)	**30**	-		-		80		13,3		6,7	
AHR C 396 Basse-Alsace 1753-1787 (levées de corps par la maréchaussée)	**87**	3	20	32,9	65	56,6	15	7,5	-	-	-
AHR C 1564 Dépôt d'Ensisheim 1784-1785 (demandes d'élargissement)	**45**	9,1	58,3	42,4	41,7	45,5	-	3	-	-	-
AHR 1 E 44/12 Bailliage du Haut-Landser 1785-1789 (troupes provinciales)	**261**	-		4,6		88,9		6,5		-	

Si associé à l'eau douteuse et à la viande salée, le vin provoque *l'effervescence dans les estomacs affaiblis par le chaud de l'été* [919], le régime alimentaire est rarement mis en cause, comme si ce n'étaient ni le manque ni la mauvaise qualité de la nourriture, mais les conditions de vie déplorables, qui expliquent la santé déficiente des villageois. Pas assez de fruits[920] et de légumes cependant, au goût des médecins qui attribuent *à l'acide végétal la cause prophylactique de la putricité* [921], et des légumes de mauvaise qualité : à la suite des pluies abondantes, ils *ont acquis beaucoup de volume en conservant peu de saveur et peu de parties nutritives* [922]. Aux pois verts, exposés à l'attaque des insectes - *mylabres* ou *Wiebeln* -, on préfère les pois bleus considérés comme des *aliments plus salubres* [923]. Le

---

917 Voir *supra* pp. 1725-1736.

918 AHR C 1189 (12 août 1743).

919 ASRM 149/34 (Herxheim en Palatinat, 1755).

920 ASRM 194/28 (Obernai 1777).

921 ASRM 174/19 et 194/28.

922 ASRM 140/21, n=°3 (région de Sélestat, 1788-1789).

923 ASRM 174/13 (Balbronn 1779).

médecin dénonce également la consommation abusive des *pommes de terre blanches et pas bien murs* [924] : elles sont plus courantes et moins saines que les rouges, quoique ces dernières manquent de goût ; les *pauvres* en consomment durant trois mois sans les accompagner de pain, ce qui provoque *l'échauffement du sang*. Il vaut encore mieux se nourrir de grains, mais gare au seigle ergoté[925] responsable de bien des maladies *putrides* avant-même de donner lieu à l'ergotisme, moins répandu en Alsace que dans les pays à seigle comme la Sologne[926]. Au total, des *aliments grossiers et glutineux* [927] qui sont de nature à affaiblir la résistance de l'organisme. Voici par contre le régime alimentaire recommandé par le Docteur Metzger, *physicien* des Wurtemberg, pour prévenir, au printemps 1784, *les fièvres putrides, enflures, endurcissements des glandes, ulcères purulents et autres maladies dangereuses* [928] : *les habitans mangeront le matin de l'ail ou des oignons sur leur pain, ou ils boiront un verre de vin d'absinthe. Pour leur boisson ils feront une décoction de baies de genièvre qu'ils boiront, en y mêlant du vinaigre et du miel, à raison de trois cuillerées de vinaigre et de deux cuillerées de miel sur un pot d'eau.* Ils s'habilleront chaudement et mangeront principalement de la *Saurkraut*, des navets aigres et beaucoup de salade avec du bon vinaigre. Ils s'abstiendront surtout de boire de l'eau de vie et d'ingurgiter une quantité trop importante de vin. Pour reconstituer les forces déclinantes du patient sous-alimenté et mal nourri, nos médecins ne cessent de recommander bouillons de viande, composants épicés et jus de citron. Quant aux bestiaux, *dont dépend la fortune et la subsistance des gens de la campagne*, on leur donnera *tous les matins du sel et de l'ail*. A Schwindratzheim en 1781, une alimentation plus consistante ouvre la voie à une rapide convalescence. Les patients, pris en charge par le Docteur Wegelin, ont droit à la *ration des malades* : une portion de riz ou d'orge, du pain blanc et, sauf dans les cas graves, une livre de viande de veau[929]. Reste à savoir si les malades sont préparés, économiquement et psychologiquement, à suivre un tel régime. Le Docteur Maugue ne dénonce-t-il pas l'usage établi en Alsace de laisser aux malades *la liberté de manger ce qu'ils désirent*[930] ?

3) Le poids de la misère

Des conditions déplorables de logement, d'hygiène et d'alimentation préparent le terrain à l'éclosion et à la propagation de la maladie. Certes, la mauvaise saison garde toute son importance : *tout médecin qui a négligé*

924 ASRM 120/9 (La Walck 178).
ASRM 185/14 et AMS VI 387/11 (Marlenheim 1786).
ASRM 179/9, n=° 4 (Grassendorf 1786).

925 ABR 17 J 108 : *brandisches Korn* (rapport du 18 juillet 1769).
ASRM 149/34 et 172/1 (Molsheim et Traenheim 1773-1774) ; 118/105 (rapport du Docteur Bruand, 15 février 1780).

926 Appelé aussi *gangrène des Solognots* ou, sous des formes voisines, *mal des ardents, feu de Saint Antoine.* Voir à ce sujet Chr. POITOU, *art. 2954.* Le problème a beaucoup préoccupé la Société royale de médecine : Voir *Histoire et Mémoires de la Société Royale de Médecine*, 1776, t. I, pp. 345-346 et 417-430.

927 ASRM 179/19, n=° 4 (Grassendorf 1786).

928 A. St. 74/157, imprimé.

929 ABR 17 J 108 (curé de Schwindratzheim, le 30 avril 1781).

930 B. MAUGUE, *op. cit.*, t. I, p. 192.

de calculer les causes météorologiques a marché en aveugle et il doit avoir plus à guérir de ses erreurs qu'à se louer de ses succès[931] : force des conceptions aéristes. Mais *on chercheroit en vain dans la constitution de l'air le principe de la maladie* [932] et les variations de température ne sont pas des *causes suffisantes pour produire des épidémies* [933]. D'ailleurs il se produit un curieux phénomène d'accoutumance aux fièvres réglées, printanières ou automnales, *auxquelles résistent mieux ceux qui y sont nés* que *les nouveaux débarqués*[934]. En définitive, ce sont les conditions économiques qui imposent leur tyrannie : *surpeuplement, misère, malpropreté* dans la contrée d'Obernai[935], promiscuité dans celle de Sélestat[936] et à Kientzheim où l'on couche à deux ou à trois dans le même lit, pratique qui contribue à l'extension de la fièvre putride de 1787 : *On observera que la plupart des sujets que cette maladie afflige sont des pauvres misérables chargés de famille, épuisés par le travail, la mauvaise nourriture, les logemens bas et humides, point aérés ... Tout cela contribue a dessecher le sang, l'épaissir, l'inflammer*[937]. A l'inverse, *les laboureurs sont en général forts et vigoureux* ; avec les aubergistes, *ils portent l'aisance sur leurs corps et leurs figures, mais le peuple est très mal*[938]. Eclate l'épidémie : à Rustenhart, les témoignages concordent. *Une grande partie des habitants en sont attaqués, et ce qu'il y a de plus malheureux, c'est que ce sont les plus pauvres... Dénués de tout secours, couchés non pas seulement sur de la paille, mais sur des feuilles d'arbres qu'ils ont fait ramasser dans la forêt...* [939], parfois dans *des especes d'écuries, froides et humides..., à peine couverts de quelques vieux haillons*[940]. Le *physicien* découvre *dans la même maison jusqu'à quatre personnes malades couchées sur la paille, privées de tous les besoins de la vie* et il estime que c'est *la misère qui est la principale cause de cette maladie* [941]. Comme on nous le laisse entendre pour Rustenhart, l'épidémie est fille de la misère : il ne s'agit pas d'un appauvrissement passager, lié à une crise conjoncturelle, mais de la misère structurelle propre aux couches inférieures de la société et contre laquelle le médecin ne peut rien. Ce n'est pas tomber dans un excès de misérabilisme que d'affirmer que la misère est mortifère. Compte-tenu du petit nombre de cas relevés, il serait hasardeux de vouloir dresser un tableau social de la maladie ; mais l'inégalité devant la mort, en fonction de la situation sociale, est un fait que nous avons eu l'occasion de relever[942].

931 ASRM 158/12, n=° 25 (Sélestat 1788-1789).

932 ASRM 143/25 (Sélestat 1785).

933 ASRM 149/21 : réponse au questionnaire de 1775 par le Docteur Labrousse, ancien médecin des armées, adjoint à l'hôpital militaire de Strasbourg.

934 ASRM 177/1 (Staffelfelden, 27 février 1787).

935 ASRM 194/28 (janvier 1779).

936 ASRM 143/25, (printemps 1785).

937 ASRM 168/3, n=° 81 (Kientzheim 1787).

938 ASRM 177/1 : *Remarques topographiques sur les environs de la ville de Soultz en Haute-Alsace*, 27 février 1787 (concerne en particulier Raedersheim et Issenheim).

939 AHR E 1361 : rapport au seigneur du 29 novembre 1786.

940 ASRM 168/3 (Docteur. Blein, Rustenhart, 17 décembre 1786).

941 AHR E 1361 (29 novembre 1786).

942 Voir *supra* pp. 487-489.

En définitive – et Maugue nous le rappelle –, la maladie n'a jamais de cause unique. Le fait de travailler *pendant le plus fort de la chaleur* expose bien sûr aux coups de soleil et aux apoplexies. Mais cette même chaleur, combinée à la mauvaise nourriture – la viande qui *farcit* le corps d'humeurs superflues, les fruits verts qui *aigrissent la lymphe* – et à la consommation d'*eaux pernicieuses*, est d'autant plus néfaste à l'organisme que ce dernier se trouve affaibli au préalable par la fatigue, tandis que *les pluies froides arrêtent la transpiration et rendent compte de l'âcreté des humeurs*[943]. C'est cette unité des conditions de vie qui frappe les correspondants de la Société royale de médecine : quelles que soient les connaissances médicales de l'époque, la démarche mérite d'être saluée.

Mais comment réagissent nos médecins ? Suffit-il d'observer et de dénoncer ? Les remèdes traditionnels – curatifs, préventifs, diététiques –, distribués par les autorités pour circonscrire tel ou tel foyer pathogène, ont une fonction anesthésiante puisqu'ils cherchent à corriger les effets sans extirper les racines du mal. Aussi l'entreprise de la Société royale de médecine, pourtant sérieuse, bien documentée en statistiques, évaluations et enquêtes, sous-tendue par une foi inébranlable dans le progrès, est-elle vouée à l'échec. L'administration, qui accorde aux plus démunis le droit d'être soignés gratuitement, ne parvient-elle pas à imposer les *remèdes du Roi ?* Ou le personnel médical porte-t-il une part de responsabilité dans cet échec ?

C) L'art de guérir et la lutte contre la maladie

Comment se faire soigner du paludisme, de l'ergotisme, de la gangrène ? Très éloignés des tendances uniformisatrices de la médecine contemporaine, les mentalités du passé font intervenir simultanément des éléments naturels et surnaturels, des techniques officielles et parallèles. Le modèle normatif du médecin éclairé et nourri de science s'efface souvent devant la réalité du praticien obscur et sans formation. Voilà qui enlève à toute tentative de dénombrement du personnel médical - à supposer qu'il soit réalisable compte tenu du caractère fragmentaire des sources - une grande partie de son intérêt. Car l'estimation de la densité médicale n'a de sens qu'en cas de recours généralisé au médecin attitré, ce qui est loin d'être le cas au XVIIIème siècle. Nous assistons néanmoins à une étape décisive dans l'histoire de la médecine, à savoir aux débuts de l'intervention de l'Etat et de la médicalisation publique par une politique volontariste et cohérente. La santé devient l'affaire de l'Etat : l'appareil administratif, qui s'était déjà mis en branle à l'époque de la peste, intervient à présent à plus grande échelle et dans une perspective de continuité. La tendance va se préciser dans l'engagement du pouvoir en faveur de la vaccination anti-variolique et dans les travaux du Comité de salubrité de l'Assemblée Nationale en 1790-1791[944].

---

943 B. MAUGUE, *op. cit.* t. I, pp. 192 et 196-197.

944 AN F 15 226-228 et 2276. Voir J-P. GOUBERT, *art. 2976.*

1) Les "médecins du Roi" chez les "sauvages" : le choc de deux cultures

Apparu avant la médecine, le médecin est avant tout un citadin : *Hofphysicus* ou *Stadtphysicus*, il accourt de la cour princière ou de la ville voisine sur l'insistance de l'intendant ou du bailli seigneurial qui le font venir alors que l'épidémie est à son paroxysme[945] : Ehrmann et Oberlin de Strasbourg[946], Keller de Haguenau[947], Pétri, médecin aux bains de Niederbronn[948], Lambert de Soultz-sous-Forêts[949] et Wegelin dans le comté de Hanau[950], Silberling de Molsheim[951], Gozes de Sélestat[952] et Wanner d'Obernai[953], Gloxin de Colmar[954], Meyer de Mulhouse[955], Blein de Neuf-Brisach[956] et Busch de Ribeauvillé[957] parcourent les villages à la fin du XVIIIème siècle. Détenteurs d'une doctrine réputée intangible, trop souvent imbus de la supériorité de leur science, parfois prisonniers d'un savoir positif et d'un esprit de système, ils s'attachent à rétablir l'ordre naturel dans cette campagne profonde aux prises avec le désordre et l'animalité. A toute occasion, ils expriment l'horreur que leur inspirent la crasse, l'insouciance, les préjugés d'une population de *demi-sauvages*. Inversement, le médecin ne conquiert pas d'emblée la confiance des habitants[958] parce qu'il se comporte en étranger au microcosme de la campagne : juché sur son cheval, parlant l'allemand ou le français (rarement le dialecte), voulant tout savoir, questionnant les gens sur leurs habitudes de vie (en quoi cela le regarde-t-il ?), il subit le contre-coup de l'incompréhension : face-à-face souvent difficile, parfois conflictuel. C'est le choc de deux cultures, celle des *Lumières* et celle de l'ignorance.

Le *physicien* n'est-il pas fréquemment correspondant de la Société royale de médecine dont il applique les consignes et dont il partage les conceptions ? Fille des *Lumières*, fondée sur les primat de l'observation, de l'expérience et de la raison, cette dernière associe curieusement les options les plus modernes et les pratiques les plus traditionnelles. Refusant en partie la tradition et le dogme, la pratique médicale se veut empirique. La précision des mémoires, la volonté manifeste de confronter les expériences et de tout mesurer à l'aune des normes rationalistes, la rigueur que revêtent

945 A titre d'exemple, ABR G 1251 (bailliage de Benfeld, contrat du 20 janvier 1763).

946 ASRM 174/13 et 185/13.

947 ASRM 179/9 et 120/9.

948 ASRM 183/9.

949 ASRM 168/3, n=°96.

950 ASRM 168/3, n=° 140.

951 ASRM 149/34.

952 ASRM 158/12, n=°1.

953 ASRM 149/3.

954 AMC BB 51 (serment de 1739) et AHR C 1588 (25 mai 1790).

955 ASRM 162/9 et 166/7.

956 AHR E 1361 et ASRM 168/3.

957 AHR C 1114.

958 ABR 17 J 108 : *ihres Herrn Artztes sich wenig vertrauen ; verschiedene Verstorbene haten es blos ihrem eigenen Ungehorsam zu zuschreiben* (pasteur Rehfeld, Schwindratzheim 24 décembre 1780 et 20 janvier 1781).

les séries détaillées d'observations cliniques et météorologiques témoignent d'une démarche scientifique et d'un nouvel état d'esprit. Avant de remédier à la maladie elle-même, il importe d'en observer les symptômes, d'analyser le milieu dans lequel elle naît et se propage. Le combat pour l'hygiène précède la lutte contre le mal. Logez-vous décemment, nourrissez-vous sainement, faites-vous soigner ensuite : tel est l'appel que lancent les médecins des *Lumières* à la population des campagnes. Cette démarche qui repose sur la confiance optimiste dans le progrès humain, ne fait appel à aucune référence religieuse. Le fait de voir des phénomènes naturels là où, pour le paysan, existe un ordre surnaturel, l'idée même que l'homme est de taille à maîtriser la maladie qui, du fait-même, se trouve désacralisée, voire de faire reculer la mort, qui cesse d'être pure fatalité, constituent un progrès pour les uns, une source de scandale pour les autres : n'est-il pas prétentieux et sacrilège de vouloir intervenir sur le cours normal de la vie ? Prévenir la maladie, n'est-ce pas offenser Dieu qui l'a envoyée et provoquer son courroux ? Les mentalités ne sont pas prêtes à accepter ce qui est le droit fondamental à l'existence...

Mais gardons-nous de toute idéalisation des méthodes utilisées par les médecins du Roi. Leur diagnostic s'avère rapide, leurs observations superficielles[959]. C'est à peine si ces praticiens ont recours à la palpation du pouls et à l'inspection des urines qui sont censées révéler les affections dont souffre le malade. D'autre part, leur savoir repose sur ce que les médecins d'aujourd'hui considèrent comme trois mythes[960] :

- Il y a d'abord la croyance selon laquelle, en l'absence de toute exploration des mécanismes organiques, la maladie du corps (si elle ne se confond pas avec celle de l'âme, ce qui impliquerait la notion de péché) est considérée comme l'intruse qu'il faut déloger de l'organisme.
- L'absence de toute préoccupation physiologique se double de la théorie aériste, précédemment évoquée[961], le mauvais air transportant, de proche en proche, le poison volatile exhalé par les corps malades.
- Enfin la théorie de la rétention et du dérèglement des humeurs, commode pour classer les maladies et cataloguer les victimes[962], conduit à des traitements soit rafraîchissants, pour aider la nature, soit échauffants, pour réduire l'inflammation, soit évacuants, pour expulser les humeurs *peccantes,* donc altérées et nuisibles, reposant sur une médecine agissante plus qu'expectante. La thérapeutique proposée n'a donc rien de révolutionnaire : elle participe au contraire des bons vieux principes de la pratique évacuante – *purgare, saignare, clysterium donare* – dont on n'a pas oublié les leçons et qui se résume dans les recommandations faites par le Docteur Wegelin dans le pays de Hanau : *évacuer les matières bilieuses*

959 ASRM 149/34 (Herxheim , Palatinat, 1755).

960 Y.M. BERCE, *op. 2963.*

961 Voir *supra* p. 1760.

962 ASRM 172/1 : selon une réponse du Docteur Silberling de Molsheim à un questionnaire de 1775, le *tempérament* des habitants de la contrée est *sanguin billieux.*

et putrides par potions et poudres émétiques [963]. De la sorte, il s'agit d'expulser les humeurs corrompues, de tirer le venin du corps malade. Si efficacité thérapeutique il y a, cette dernière ne le doit pas aux grilles d'un savoir inédit. Il arrive au contraire que la médecine officielle rejoigne les préjugés populaires : on rappelle en 1775 qu'il est de coutume de donner du vin rouge aux enfants pour procurer l'éruption de la petite vérole et les médecins semblent souscrire à cette pratique[964].

A la même époque, le bailli Hell de Landser, après avoir eu connaissance d'un article du *Journal de Paris* en date du 13 mai 1785 sur l'utilité des *pompes à sein* destinées à soulager les nourrices, s'interroge de façon révélatrice sur les éventuelles applications de l'invention nouvelle. Un tel instrument ne pourrait-il pas servir à *pomper le sang de la matrice et des blessures, la sanie et le pus des ulcères* ? Ne pourrait-il pas remplacer *les ventouses..., les sangsues et les vésicatoires, pomper le sang extravasé des contusions et les férocités ou les humeurs qui causent les dépôts, les rhumatismes et les apoplexies, seconder l'effet de la saignée ou en tenir lieu, ranimer le jeu des poulmons des noyés, des asphyxiés et des étouffés,* sauver *les enfans qui paroissent morts ou qui sont suffoqués en venant au monde, extraire les matières visqueuses des bronches et de la trachée artère, happer le calcul de la vessie lors de la taille, extraire les corps étrangers des blessures* ?[965]. De tels propos, qui font assurément sourire nos éminents médecins, ne sont-ils pas révélateurs de la conception d'une médecine avant tout évacuante ? Les malades, écrit Maugue, sont *couverts de plumeaux dans des poëles chauffés* parce qu'ils croient aux vertus de la sudation[966] : les médecins aussi. On purge de toutes les façons possibles : par sudation, par lavement, par potion. Un grand nombre de purgatifs et de laxatifs sont utilisés dans les infusions, les décoctions, les lavements émollients de façon à faire rendre le malade *par les fondements, tant par le haut que par le bas* [967]. Maugue relève cependant *la fâcheuse disposition d'esprit contre la saignée* qu'affichent les Alsaciens : ils n'y ont recours qu'une ou deux fois par an, au printemps et en automne, quand *leurs vaisseaux trop remplis leur font craindre la rupture* [968]. La saignée, explique-t-il, est à la fois une mesure de prévention pour les bien portants et un remède, plus efficace que la purge, pour les malades. Elle lui semble d'autant plus indiquée pour les Alsaciens que *l'air épais qu'ils respirent* et *le petit vin acide et sans qualité qu'ils boivent ne forment pas un sang aussi spiritueux, aussi abondant en soufre, aussi pétillant et par conséquent aussi inflammable que celui des français qui vivent de sucs plus nourrissans et plus enflammans*[969]. Ce n'est qu'à l'extrême fin du XVIIIème siècle que le

963 ASRM 168/3, n=° 140, 12 août 1786. Voir également ABR 17 J 108 : *Laxier-Trank, Brech-Mixtur, temperirende Mixtur, Brech-Pulver, stärkende Tinctur* (remèdes proposés à Schwindratzheim, 1780-1781).

964 ASRM 172/1 : réponse de Jean Silberling, physicien de Molsheim, au questionnaire de Trudaine.

965 AHR 2 E 70/13 : *copie d'une lettre écrite aux Auteurs du Journal de Paris*, (Hell, Landser 26 mars 1786).

966 B. MAUGUE, *op. cit.*, t. I, p. 175.

967 ASRM 179/19, n=° 3 (Mommenheim 1784).

968 B. MAUGUE, *op. cit.*, t. I, p. 169, 180 et 187.

969 *Ibid.*, t. I, p. 188.

Les "remèdes du Roi" : thérapeutique préconisée par les correspondants alsaciens de la Société royale de médecine à la fin du XVIIIème siècle

Source : Archives de la Société royale de médecine 149-185

	Potions	Purges	Lavements	Saignées	Cataplasmes, emplâtres, compresses	Vésicatoires	Divers	Régime alimentaire
Fièvres	**Tisanes acidulées** (digestives, laxatives, émétiques, antiseptiques, toniques). Décoction d'orge avec racine de guimauve et jus de citron ; eau d'orge aiguisée avec les vins blancs du Rhin ; tisane de citron ; tisane à base d'orge, de réglisse et de racine de chiendent ; crème de tartre avec rhubarbe ; tamaris; manne ; coralline de Corse ; ipecacuana ; infusion de fleurs de camomille ou de pêche ; hydromel ; esprit de vitriol ou de soufre ; vinaigre et petit lait ; petit lait au vin ou à la moutarde. **Infusions pectorales** à base de véronique, fleurs de coquelicot, tilleul, sureau, fleurs de camomille et nitre.	modérément en début de maladie	Deux à trois fois par jour : décoction de graines de lin et de fleurs de camomille ; grains de gomme d'Arabie ; ipecacuana ; miel ; vinaigre ; petit lait.	les premiers jours (pied, bras, col) pour faire baisser la température.	compresses sur l'estomac (vin chaud) et cataplasmes émollients sur le point de côté.	aux bras et aux jambes (esprit de vitriol, décoction de quinquina, esprit de corne de cerf) ; cataplasme au lait chaud sur le côté douloureux.	Gargarismes	- Diète - Contre indications : les échauffants (lait, beurre, fromage, oeufs, alcools, bouillons de viande) - A recommander : bouillon à l'eau (riz, orge, laitue, oseille) ; crème d'orge rendue aigrelette par quelques gouttes de vinaigre ; pommes et poires cuites ; raisins ; pain bien cuit.
Rougeole	Tisane de fleurs de sureau (transpiration)	-	Une ou deux fois par jour.	-	Emplâtre au cou à base de blanc de baleine(émollient résolutif).	-	Gargarismes (décoction de fleurs de coquelicot, de mûres sauvages et de nitre).	- Bouillon de veau. - Pas de vin rouge.
Petite vérole	Boissons acidulées à base de colchique et de camphre ; eau de ris ; jus de citron ; sirop de pavot ; infusion de fleurs de sirop ; décoction d'orge et de racine de guimauve ; limonade.	conseillées	-	déconseillées		conseillés	Gargarismes et bains de pieds.	-

médecin met en garde contre l'abus des évacuants et des saignées qui, tout en décongestionnant, risquent de faire plus de mal que de bien en affaiblissant dangereusement l'organisme[970] : appliqués à des patients déjà affaiblis par la maladie, ne risquent-ils pas, au même titre que la diète si souvent préconisée, de hâter leur fin ? *Les saignées seront donc réservées aux* seuls pléthoriques atteints d'une forte fièvre et souffrant de maux de tête ou de douleurs aiguës à la poitrine[971]. Les physiciens suggèrent l'emploi des remèdes plus *positifs*, rafraîchissants, toniques et cordiaux, *apéritifs et digestifs*[972] : rhizome de rhubarbe, cet arbre de Chine aux vertus apéritives et laxatives, manne laxative coulant des frênes de Sicile et des cèdres du Liban... On notera, dans le traitement de la dysenterie, entre autres, le retour régulier de l'ipecacuana, racine vomitive d'origine brésilienne, qui semble être dotée d'un pouvoir quasi miraculeux, à condition d'être convenablement dosée. Il suffit d'ailleurs de se reporter à la nomenclature de *remèdes du Roi* qui, par dizaines de boîtes, sont expédiés entre 1746 et 1778 aux Intendances pour être distribués aux *pauvres malades de la campagne* soit par les *soeurs grises*, soit par *les curés ou autres personnes intelligentes*[973].

Tous ne sont pas à la portée des bourses populaires : c'est le cas de *l'écorce de china... ce divin antiseptique qui fait un bien infini* puisqu'il fait tomber la fièvre[974]. Outre le quinquina, l'orvietan, composé de plusieurs dizaines de substances associées à de la chair de vipère séchée et dont la plus importante est la thériaque, passe pour être une panacée. Mais la thériaque du pauvre, ce sont les *simples et empiriques*, pris sous forme de *gargarismes*, d'*infusions théiformes*, de *boissons acidules...*, moyens curatifs et préservatifs[975]. La palette en est très colorée : depuis les baies de genièvre, l'ail et le jus de citron – riche en vitamines C anti-infectieux[976] – jusqu'au petit lait destiné à entraver l'asthénie, sans oublier le vin et l'eau-de-vie, antitoxiques et bactéricides qui, consommés en petites quantités, sont considérés comme des médicaments[977]. Les médecins prescrivent donc des remèdes très naturels qu'on peut se procurer chez *les marchands de miel, de sucre et de vinaigre*[978]. Voici que l'abbaye de Walbourg est appelée à soigner, entre 1782 et 1784, avec l'aide du médecin et de l'apothicaire, une escouade de domestiques, hommes et femmes[979] :

[970] ASRM 158/12 (Sélestat 1788-1789).

[971] ASRM 168/3 (Docteur Blein, Rustenhart, 17 décembre 1786).

[972] ASRM 149/34 (Osthoffen 1777) et 191/28 (Obernai, hiver 1778-1779).

[973] ABR C 399/4 : circulaire de Vanolles (Paris, le 5 mars 1746) accompagnée de listes imprimées de remèdes. De même en 1778 : il s'agit, entre autres, de thériaque, de quinquina et de quintescence d'absinthe.

[974] ASRM 168/3, n° 140 (Docteur Wegelin, 12 août 1786).

[975] ASRM 168/3 (Docteur Blein, Rustenhart, 17 décembre 1786).

[976] ABR C 399 (Docteur Keller, La Walck, 1783).

[977] Voir *supra* pp. 1713-1719.
ASRM 158/12 (Sélestat 1788). *Ibid.* 149/34 : *quelques cuillerées de bon vin blanc vieux avec du sucre* (Osthoffen, mai 1777) et 168/3, n=° 140 : *le vin que je reconnais être le meilleur cordial* (Docteur Wegelin, Mietesheim, 12 août 1786).

[978] AHR E 1361 : *vinaigre, sucre, esprit de vitriol, tamarin, poudre de kinkina, poudre de crème de tartre, huile de lin, extrait de saturne, cloux parfumés, manne de sicile...* (Rustenhart 1786).

[979] ABR H 1161.

Types de soins	Nb. d'interventions
- Purges et lavements (*Laxier, vomedis, Gang)*	19
- Saignées	9
- Remèdes contre les maux de poitrine (*Pectoral, Brustsalb, Brusaft, Püllen zum Auflöckern)*	5
- Remèdes contre les maux d'estomac (*Magenpüllen)*	1
- Remède contre les maux de dents	1
- Remèdes divers *(Pulver, Püllen, Species, cremor tortori, Mixtur, Spiritus)*	14

L'identification des remèdes eux-mêmes est délicate ; elle le serait même pour des spécialistes. On relèvera néanmoins la prépondérance d'une thérapeutique d'évacuants ou émétiques[980] combinés avec les adoucissants ou émollients, le plus souvent à base de plantes[981], destinés à décongestionner les duretés, tumeurs, enflures et à corriger l'âcreté des humeurs...

Il convient de compléter l'utilisation des évacuants et des émollients par la pose de ventouses, *à titre préventif*, selon L'Hermine, *trois ou quatre fois par an*[982], et le recours au bain curatif. Le jour où l'eau devient synonyme de santé, conférant au corps de nouvelles énergies vitales, on assiste à un déplacement des valeurs traditionnelles. Mais ne nous y trompons pas : fort anciennes, il est vrai, les cures sont réservées à quelques privilégiés[983] et pour cause. C'est qu'une semaine de cure, revient, à Wattwiller, chambre comprise mais sans les repas, à 2 livres 10 sous, soit plus de 7 sous par jour. Autant dire que les pauvres en sont exclus, sauf ceux *qui voudront profiter d'un bain lorsque le baigneur sera sorti* et qui *donneront 1 sol et 4 deniers*[984]...

Mais combien de vies les prescriptions médicales sont-elles susceptibles de sauver ? On voit, à la fin du XVIIIème siècle, les médecins insister sur la relativité des remèdes qui doivent être adaptés à chaque maladie et à chaque stade de sa progression : les infusions de primevère, de petite marguerite et de violette, si utiles en cas de *fièvre éphémère,* perdent leur efficacité dans les cas de *fièvre putride et inflammatoire*[985].

980 Voir également ABR H 2063 : *Mémoire des médicaments fournis à MM. Les Chanoines de la Commanderie Saint-Jean* (1784 et 1785). On y découvre *des pilules savoureuses, des potions laxatives, des tintures stomatiques, des syrops capillaires, des syrops de fleurs de sureau, des ellectuaires febrifuges, des pilules hectiques, des cloux à parfum, du quinquina en poudre, des pilules de Kermès, etc.* On consultera les travaux des spécialistes, en particulier ceux de P. BACHOFFNER, *art. 2961*.

981 Le fenouil, stomatique et digestif ; le cerfeuil et le basilic dépuratifs et antispasmodiques ; la menthe, stomatique et antispasmodique ; le persil, diurétique et fébrifuge.

982 J. DE L'HERMINE, *op. cit.*, pp. 192.

983 AHR RP Jebsheim (chronique paroissiale) : le pasteur fait depuis des années une *Sauerbrunnenchur* à Soultzbach (1698).
AMS VII 280/25 : le maître d'école d'Ittenheim prend ses eaux à Baden-Baden en 1786.
J-L. HUCK, *art. 3008*, p. 100 : à Soultz-les-Bains, on dispense, à la fin du XVIIIème siècle, jusqu'à 150-200 bains par jour.

984 Cit. par Ch. GERARD, *op. 2836*, pp. 229-230 (d'après la *Taxe et règlement des bains de Wattwiller*, dans la seigneurie du prince-abbé de Murbach, le 13 juin 1720).

985 ASRM 139/34 (Scharrachbergheim, juillet 1777).

Ne soyons pas injustes envers ces *physiciens,* dont certains succombent à la tâche, sous prétexte que nous prétendons détenir les secrets de la science médicale. Les historiens ont tendance à insister sur l'inefficacité thérapeutique des remèdes proposés. Mais, affirme Jean-Pierre Peter, si la mort recule à la fin du XVIIIème siècle, il faut y reconnaître l'effet d'un patient travail entrepris par les médecins : *Avant leur arrivée, des morts en quantité. Ils viennent, rassurent, secourent. Ils imposent un minimum d'hygiène... Ils sustentent l'organisme, réhydratent les fiévreux... Il n'en faut pas plus pour faire tomber le nombre quotidien des décès de moitié, des trois quarts... Autant de vies épargnées... Je vois lutter avec succès contre la mort* [986]. Certes, les médecins freinent les épidémies à défaut de pouvoir les juguler ; les médications lénifiantes qu'ils préconisent ne sont pas de nature à extirper la racine du mal. Ils se heurtent, nous l'avons vu, à un seuil incompressible de 7 à 8 % de victimes concédées à la mort. En tenant compte des récidives de l'épidémie dès qu'ils ont le dos tourné, consentons leur au moins le mérite d'une semi-victoire et de circonstances atténuantes : la campagne ne dispose pas, comme la ville, d'une infrastructure hospitalière, si légère soit-elle, et les campagnards ne profitent guère des hôpitaux, en tant qu'institutions de santé[987].

La première vocation de l'hôpital, nous l'avons noté[988], c'est de répondre aux besoins de l'assistance, les soins eux-mêmes étant réservés en priorité aux pensionnaires de la ville. Le petit hôpital rural de Benfeld accorde ses *charités* aux paysans qui viennent *malades* et qui y trouvent... cinq lits : ambiguïté des fonctions relevant à la fois de l'assistance et de la santé qui font de l'hôpital davantage l'asile de la misère et le mouroir des pauvres qu'une installation à guérir. La distinction entre l'hôtel-Dieu réservé aux malades curables et l'hôpital général qui accueille les indigents est peu nette.

Sans avoir recours à l'hôpital, le *physicien* parvient souvent à limiter les ravages de l'épidémie, s'il ne se heurte pas à la barrière des préjugés. Il lui faut d'abord convaincre, et convaincre - exploit suprême ! - dans un langage incompréhensible, ceux qu'il veut sauver. Dialogue de sourds ! Faut-il rappeler l'opposition farouche, constamment relevée[989], à toute autopsie ? Inconcevables, les *ouvertures de cadavres* restent trop souvent le fait des villes et des hôpitaux[990] : *Les préjugés fonciers des habitans de nos environs ne permettent pas les ouvertures des cadavres,* nous dit-on à Molsheim, *tellement que nous sommes privés des observations fort*

---

[986] J-P. PETER, *art. cit.*, p. 33.

[987] Quelques indications dispersées, comme la mention de Sébastien Ludwig de Handschuheim, décédé à l'hôpital de Strasbourg le 6 août 1708 (ABR 3 E 180/1).

J-M. LE MINOR, *art. 2989*, p. 340 : l'hôpital de Barr accueille les malades, entre le XVIème et le XVIIIème siècle, dans un rayon de 15 kilomètres.

Rappelons que, par suite d'un décalage dans la terminologie, les léproseries existent toujours, mais accueillent toutes sortes de malades, sauf des lépreux, la lèpre ayant disparu dès le XVIème siècle. Jean Perrin signale cependant la présence d'une famille de lépreux dans le Sundgau en 1675 (J. PERRIN, *art. 392*, p. 117. Sources BMC Ms 958 et J. DE L'HERMINE, *op. cit.*, p. 166).

[988] Voir *supra* pp. 1421-1428.

[989] ASRM 149/34 (Herxheim 1755), 172/1 (Molsheim 1773 et 1775), 194/28 (Obernai 1778).

[990] ASRM 149/21 : réponse au questionnaire de 1775.

souvent très avantageuses pour le genre humain [991]. Ces préventions tombent quand il s'agit d'un inconnu trouvé sur la route ou dans un champ, victime d'un suicide, d'un accident ou d'un meurtre : on en profite pour procéder à l'autopsie[992]. En 1762, c'est à la suite de l'homicide d'un habitant de Durmenach que Dirringer d'Altkirch et Ginther de Ferrette, *praticiens couronnés en médecine,* procèdent à *l'ouverture du corps* de la victime, de façon à lire, à travers le déchirement de la rate et des viscères ou l'accumulation du *sang coagulé,* la nature des coups qui lui ont été portés[993]. La procédure n'est pas coutumière.

Mais il y a plus : ce ne sont pas les malades ou leurs familles qui font appel au médecin mais les autorités et, quand le *physicien* arrive, il est souvent trop tard : l'épidémie a exercé ses ravages et la situation est parfois devenue irréversible. Le fait de rendre les soins gratuits pour les plus démunis[994] n'est pas toujours suffisant pour vaincre les réticences, car bien des patients refusent de prendre les médicaments prescrits[995] ou de renoncer à leurs manières de vivre. Le Docteur Blein dénonce à Rustenhart *l'attachement des paysans à leurs poëles brulans, à leurs lits de plumes, à leur répugnance pour les vésiccatoires* [996]. Vaincre cette méfiance invétérée semble impossible. Et pourtant, branle-bas de combat dans ce même Rustenhart, fin 1786[997], lorsque l'épidémie fait rage : le curé avance l'avoine et la paille destinées à nourrir les chevaux qui doivent ramener le *physicien* de Neuf-Brisach ; le maître d'école fournit le bois pour chauffer la tisane quotidienne ainsi que l'orge qui entre dans sa composition ; un boucher de Neuf-Brisach procure pour 130 livres de viande, somme qui sera remboursée par l'intendant lui-même : *les secours de toute espèce administrés par les soins bien-faisans et les ordres de la sérénissime seigneurie de Ribeaupierre ainsi que ceux de Monsieur l'Intendant n'ont pas peu contribué à l'efficacité des moyens curatifs* [998]. L'impression qui se dégage, c'est que la réponse à la maladie ne réside plus dans la panique et la fuite, mais dans les soins et les secours. Le Docteur Blein se taille une forte popularité si l'on en juge par la consternation provoquée du fait de sa disparition prématurée, lorsqu'il est emporté par la maladie qu'il est venu soigner. Mais la belle solidarité qui se déploie en des circonstances aussi exceptionnelles ne permet pas de tirer la moindre conclusion quant aux rapports qui s'établissent entre le *physicien* et les paysans : ces derniers ne préfèrent-ils pas recourir au chirurgien-barbier ?

991 ASRM 172/1 (Molsheim 1775). On trouve néanmoins des témoignages d'autopsie notamment à Jebsheim dès 1661 (AHR, RP Jebsheim, chronique paroissiale) pour une Suissesse de 21 ans (*vor dem Kirchgang geschwängert... Man hat die person geöffnet undt ein Knäblein in ihr gefunden)* et à Marlenheim en 1786 (ASRM 185/14 et AMS VI 387/11).

992 AHR 3 B 110-6990, *passim.*

993 AHR 2 E 72.

994 A. St. 74/157 (Horbourg 1784).
ABR 17 J 108 (Schwindratzheim 1780-1781).

995 Ibid. : *...ihnen keine Artzneyen schicken, die sie doch nicht nehmen würden... mehrere Gläser voll die ungebraucht stehen geblieben sind* (rapport Rosenstiehl, Mietesheim, 12 octobre 1787).

996 ASRM 168/3 (17 décembre 1789).

997 AHR E 1361.

998 *Ibid.* : rapport du Docteur Blein, 17 décembre 1786.

2) Les familiers de la campagne : chirurgiens, matrones et empiriques

Dans l'ensemble, on ne consacre guère de sommes importantes à la santé. Une poignée d'inventaires après décès de Holtzheim nous ont permis de fixer les sommes dépensées, au cours de la maladie du défunt entre 0,2 et 1,6 % des dettes passives résiduelles, ce qui supporte la comparaison avec les frais de notaire d'une part, les dépenses de funérailles de l'autre[999]. La proportion augmente dès qu'intervient le médecin :

% du montant des dettes au moment du décès

	Frais d'inventaire	Frais de maladie chirurgien	médecin	total	Frais de funérailles (curé, maître d'école, fossoyeur, cercueil)
1729		0,6		0,6	
1737	2,1		1,6	1,6	4,1
1761					1,7
1765	1,1				0,6
1765	0,3				1,1
1765		0,2		0,2	

Une telle attitude fait partie intégrante de tout un complexe psychologique façonné par l'Eglise : la conception même de la maladie en tant qu'avertissement providentiel envoyé par Dieu, seul maître de la vie et de la mort, la conviction de la valeur salvatrice de la souffrance, inculquée dès le plus jeune âge, conduisent à une certaine indifférence à l'égard du corps. On se contente de le soigner, quand la maladie s'est installée, par des pratiques curatives : on néglige de l'entretenir par des moyens humains relevant de la médecine de précaution, des mesures préventives, préservatrices…

a) Le chirurgien-barbier

De nombreux villages ont au moins un chirurgien ; Sessenheim, dans la seconde moitié du XVIIIème siècle, en occupe deux, l'un catholique, l'autre protestant[1000]. Assistant du médecin, auxiliaire du *physicien* : telle est la fonction qu'officiellement on assigne au chirurgien[1001]. Il est un fait que le second peut être pour le premier d'un secours précieux, l'accompagnant au chevet des malades, assurant les visites en son absence, distribuant des médicaments[1002]. Mais les chirurgiens n'ont guère attendu l'arrivée des médecins pour intervenir ; ils outrepassent tout naturellement les limites de ce rôle d'acolyte et, comme semble le regretter le Docteur Busch de Ribeauvillé, *s'ingèrent à traiter les malades* [1003]. Tout va bien tant qu'ils se contentent de prescrire des bains à l'intérieur de leur *Badstube,* encore que l'établissement des bains d'Ensisheim soit fermé en 1765 par crainte de la

[999] ABR 6 E Not. Molsheim I, inv. 36-39, *passim.*

[1000] W. GUGGENBÜHL, *op. [413],* p. 119.

[1001] AHR C 1114 : Mémoire du Docteur Busch de Ribeauvillé au Bureau de Colmar, 25 février 1789.

[1002] ABR 17 J 108 (Schwindratzheim 1780 et Mietesheim 1787), C 399 (La Walck 1783).

[1003] AHR C 1114 (1789).

contagion[1004]. Or la *Badstube* d'Ensisheim existe dès 1681 et, d'après la mémoire collective, celle de Kuttolsheim serait fort ancienne. Mais c'est la gravité de la situation qui fournit au *physicien* l'occasion de lancer sa tirade sur l'incompétence du chirurgien, d'autant plus redouté qu'il a la confiance des habitants. Mais on a beau leur seriner que celui qui a traité l'épidémie de Marlenheim en 1786 y a lui-même succombé[1005] ; qu'un autre, à Mietesheim, est soupçonné d'avoir procuré en sous-main des remèdes inadaptés aux malades qui n'ont pas survécu au traitement[1006]. Le paysan préfère les remèdes bien connus, simples et bon marché que lui recommande le chirurgien, véritable médecin du peuple, à ceux que proposent le *physicien* ou l'apothicaire[1007]. D'ailleurs le prestige d'un savoir tout relatif n'est pas tout-à-fait étranger à la confiance qu'on accorde au chirurgien-barbier : à Holtzheim, au début du XVIIIème siècle, c'est le maître d'école qui en fait fonction[1008], peut-être pour pallier l'insuffisance de ses propres revenus[1009]. A Illfurth, Jean-Henri Schirlin est chirurgien-barbier ; son fils le remplace dans cette fonction, à sa mort, en 1758. Mais, né en 1766, son petit-fils sera maître d'école[1010]. De fait, cet antagonisme entre *physicien* et chirurgien revêt les aspects d'un conflit de compétences. Véritable artisan, doté d'un métier manuel, le chirurgien de campagne se démarque même de son confrère de la ville, intégré dans une communauté de métier et muni d'un bagage de connaissances théoriques minimum.

A la campagne, le chirurgien-barbier n'a pour tout bagage que son expérience et ne s'occupe en théorie - le terme de *Wundarzt* l'exprime clairement - que des blessures externes : remettre les os en place, réduire les bosses, guérir les fractures, panser les plaies ouvertes avec des onguents et des emplâtres sont autant d'actes qui sont du domaine de la *petite chirurgie*. L'intervention du chirurgien est la bienvenue lors des rixes et des accidents qui constituent la trame de la vie quotidienne à la campagne[1011], encore que

1004 H. REINHARDT, *art. [451]*, p. 60.

1005 ASRM 185/13.

1006 ASRM 168/3, n=° 140. Voir également ABR 17 J 108 : *sich lieber den ungeschickten Händen übergeben haben und von einem balbierer zum anderen gezogen* (rapport du pasteur Rehfeld, Schwindratzheim le 19 mars 1781).

1007 Ibid. : *... wie sie... in der Meinung stehen, dass alles was vom Apotheker komt viel kostbarer und nicht mehr nüze sein, als was ihr balbierer ihnen geben* (rapport Rosenstiehl, Mietesheim 12 octobre 1787).

1008 ABR 6 E 26, Not. Molsheim I, inv. 37 : *dem Schulmeister als Barbiererlohn.*

1009 Voir *supra* pp. 1164-1174.

1010 AHR RP Illfurth S 1758 et 1787, B 1766.

1011 APM T 1119 : *Il... arrive souventes foys que lorsqu'il se commettes des temps de malheur, assasines et batteries, que les supplians ont esté requis et nommés d'office de vostre justice a faire les visites des corps blessés et morts* (Mathias Ostertag, médecin, à propos des chirurgiens d'Altkirch et de Ferrette).
ASRM 181/5 (12 octobre 1785) : Chute de trois pieds de haut d'une petite fille de cinq ans sujette à des étourdissements et à des vomissements bilieux. Le chirurgien d'Ensisheim prescrit :
- des *fomentations froides de Schmucker* toutes les deux heures ;
- un lavement toutes les quatre heures ;
- des sangsües aux tempes ;
- des purges (*doucement mais copieusement* avec de la crème de tartre).

ABR 6 E 36, Not. Saverne II, inv. 215 : procès-verbal établi par Jean-Caspar Helfer, barbier de Dingsheim, qui sauve de la mort, *avec l'aide de Dieu*, trois domestiques de Wiwersheim, en piteux état, victimes d'une violente querelle (25 juin 1735). Helfer porte bien son nom...

le *physicien* soit tenu de l'*assister de ses opérations dans les cas où il n'aurait pas les connaissances suffisantes pour bien operer*[1012]. Au maniement du rasoir, il joint la dextérité dans l'utilisation de la lancette pour procéder à la traditionnelle saignée, la pose du clystère et des ventouses. Opérations de *petite chirurgie* qui ne nécessitent qu'un outillage sommaire : un ciseau, un trépan, une scie pour soigner les plaies et blessures ; une seringue pour poser les clystères ; un gobelet pour administrer les potions ; quelques ventouses, une lancette, un mortier pour la fabrication des médicaments, quelques cassettes en fer blanc pour en assurer la conservation. André Gangloff de Kuttolsheim a un *outillage d'apothicaire* fort limité à sa mort, en 1768 : 24 grands et 30 petits verres, 22 cassettes à médicaments dont le contenu n'est pas connu, 31 grosses et 41 petites boîtes, deux balances[1013]. Parcourant en 1681 les campagnes de Haute-Alsace, L'Hermine établit un parallèle saisissant entre le traitement des hommes et celui des bêtes et salue le courage stoïque des patients soignés par les chirurgiens : *On y saigne les hommes,* écrit-il, *de la manière dont les maréchaux saignent les chevaux en France ; c'est-à-dire que leurs lancettes sont faites en forme de flammettes, et que le chirurgien donne une chiquenaude dessus pour piquer la veine. Le clystère en Allemagne n'est pas dans une seringue, mais dans une vessie de porc, qui a un petit tuyau qu'on introduit dans l'endroit nécessaire, et alors l'opérateur presse de ses deux mains son vaisseau flexible et range ainsi le remède en sa place. J'ai déjà dit que la ventouse y étoit fort ordinaire, au lieu qu'elle ne se pratique en France que dans les maladies apoplectiques et pressantes. Pour les Allemands, qui regardent cette opération comme un remède et un préservatif excellent pour la santé, ils ne se font pas une affaire de souffrir au moins quatre fois l'année les ardeurs de la filasse embrasée dans des cornets de verre, et les taillades innombrables du rasoir dont on leur déchiquète les épaules*[1014].

Mais il y a plus grave : en l'absence du médecin, homme de la ville, le chirurgien est appelé à se mêler de pathologie interne, empiétant dangereusement sur le domaine du *physicien* dont il n'a ni les compétences, ni la formation. Passe encore qu'il opère une hernie ou qu'il extirpe un goître. Mais suturer un estomac ou tailler des calculs relèvent de la *grande chirurgie* et comportent des risques certains[1015]. A ce stade, l'insuffisance des connaissances ne se trouve guère compensée par l'habileté professionnelle que l'expérience pourrait conférer. De plus, le chirurgien fournit, de sa propre autorité, des médicaments aux pauvres[1016] et n'hésite

[1012] ABR G 1261 (bailliage de Benfeld, 20 janvier 1763).

[1013] ABR 6 E 16, Not. Haguenau, inv. Kuttolsheim 227 (1768).

[1014] J. DE L'HERMINE, *op. cit.*, p. 195.

[1015] ASRM 149/34, n=° 3 : accident survenu à Ernolsheim-sur-Bruche, en 1776, où un homme se blesse au ventre avec un couteau. Il est soigné par le chirurgien de Kolbsheim qui, constatant que *les intestins se sont échappés par la playe*, refuse la *réduction* qu'on lui demande de pratiquer et en réfère au *physicien* le plus proche.

Ibid. 166/8 : Meyer, maître de chirurgie de Sigolsheim, diagnostique *une pierre qui c'étoit aretée* (sic) *dans le passage de l'urine* à la suite d'un accouchement laborieux, et procède à l'exfoliation de la membrane interne de la vessie (Sigolsheim 1788).

[1016] AHR 1 E 44/6 (Hirsingue 1774).

pas à se faire accoucheur, *les chasse femmes* (sic) *ne venant pas à bout de leur travail* [1017]. A défaut de connaissances approfondies, le chirurgien dispose sans doute de matériel qui peut être utilisé en cas de complications. Mais son intervention est réglementée, si bien qu'il est difficile d'avancer l'idée de concurrence, d'intrusion dans l'espace féminin, de confiscation du rôle dévolu à la femme[1018]. Et voici qu'il s'attaque, de façon toujours aussi empirique, au traitement des *fièvres,* apparaissant, devant l'extension de l'épidémie, comme l'homme de la dernière chance, plus accessible que le médecin qui se fait attendre et coûte cher.

En fait, les méthodes thérapeutiques (si nous pouvons nous permettre cet anachronisme) ne semblent pas foncièrement différentes de celles que préconisent les médecins. Lorsqu'en 1785, le chirurgien de Wolfisheim vient soigner Rodolphe Lobstein d'Oberhausbergen, il indique les remèdes administrés : des pommades, des mixtures rafraîchissantes ou énergétiques, des potions pectorales et beaucoup de laxatifs. L'ensemble coûte, visites comprises, 12 livres et 6 sols[1019]. Par ailleurs, ces méthodes ne semblent pas avoir changé à un siècle d'intervalle, si l'on en croit le réquisitoire des *physiciens.* A Brumath, en 1759, les chirurgiens sont accusés d'utiliser des *médecines* inappropriées qu'ils composent eux-mêmes et d'abuser de la *laxatio* ; un postillon, après avoir été purgé *plus de dix fois entre le samedi et le dimanche soir,* passe de vie à trépas ; une autre patiente se voit *administrer une médecine* qui la purge *plus de vingt fois par le haut et par le bas* à tel point, dit-elle, *que j'ay crus que j'en mourerai... qu'en outre la ditte médecine m'a encore purgée et ce jusqu'au sang cinq jours après* [1020]. Tirer le mauvais sang pour que l'organisme le remplace par le bon : tel est le principe d'une opération menée avec démesure, car on s'imagine que le corps humain en contient des quantités énormes. De quoi craindre, avec le bailli Reichstetter, qu'en soignant les malades, les chirurgiens *les envoient dans l'autre monde* [1021] ! Nous avons, en tout cas, vu de nombreux chirurgiens assister impuissants à la mort de leurs proches : c'est le cas de Georges Frédéric Eyerich de Hurtigheim qui perd, entre 1765 et 1781, cinq enfants en bas âge sur neuf[1022]. C'est le cas en 1783 de Jacques Merkel de Berstett qui perd son fils suite à un violent délire[1023].

Les territoires respectifs du chirurgien et du *physicien* sont fort mal délimités comme le prouve ce règlement de 1699 émanant du comte de Hanau-Lichtenberg : le chirurgien s'y voit autorisé à *préparer et donner les breuvages vulnéraires et des décoctions pour dissoudre les mauvaises*

1017 ABR 17 J 109 : requête du chirurgien du château de Lichtenberg au prince de Hesse-Darmstadt, le 6 février 1770. Exemples d'interventions à Geudertheim qui se soldent, au début du XVIIIème siècle, par la mort de la mère ou de l'enfant (M. KNITTEL, *op. [431]*, pp. 228-229, d'après la chronique paroissiale).

1018 Y. KNIBIEHLER/C. FOUQUET, *op. 2054*, pp. 73-76.

1019 ABR 8 E 343/9 : *Laxier, Gang und Hitzwasser, kühlende Mixtur, herzstärkende Mixtur, Brustsaft, Salb zum schmieren* (juillet-août 1785).

1020 ABR E 2993 (Conseil Souverain d'Alsace, 12 avril 1759).

1021 Cit. par Ch. HOFFMANN, *op. 36*, t. II, p. 195, note 2 (Reichstetter 1788).

1022 ABR 3 E 213.

1023 ABR 2 G 34/1 (17 avril 1783).

humeurs et pour faire sortir les tumeurs et les ulceres... comme aussi de donner les poudres necessaires pour faire refermer et consolider d'autant plutot les fractures de jambes ou bien encore d'appliquer en cas de constipation des suppositoires et clystères ou lavements domestiques, mais pour d'autres médicaments intérieurs et des purgations non appartenantes à la chirurgie et pour d'autres médecines propres à donner l'effort au sang et à l'urine comme aussi des especes fortes et dangereuses minerales Paracelsiques quelles qu'elles puissent être et leur est deffendu aussi bien qu'aux baigneurs d'en donner sans ordre ou du moins sans le sceu et consentement d'un médecin expressément que de voir les urines à peine de six florins ou une plus grande somme selon la gravité du fait et des circonstances [1024]. Or un demi-siècle plus tard, un tel partage semble toujours aussi mal respecté : Arlen, chirurgien à Hoerdt, joue sur les ambiguïtés. Accusé d'*entreprises illicites,* il rétorque qu'il a *administré la médecine en cas de nécessité* et qu'il *regardoit les accouchements et ne s'en meloit que lorsqu'ils deviennent dangereux et que la sage-femme elle-même le requiert* [1025]. Dans ce combat, ce sont les médecins qui, avec l'appui des pouvoirs publics[1026], auront le dernier mot à la suite des véhémentes protestations du *corps médical* de Haute-Alsace[1027] : *Les chirurgiens,* affirment les physiciens de Haute-Alsace, *sont des observateurs peu scrupuleux d'une règle aussi sage et aussi prudente. Ils se mêlent la plupart de la médecine interne sans principe, le plus souvent en dépit du bon sens et au détriment de ceux qui se confient à leur savoir-faire.* La distinction n'est pas toujours clairement établie : c'est ainsi qu'à Landser Léonard Schweitzer se fait appeler alternativement, dans les années 1760, *chirurgus* et *Arzt*. Son fils Fridolin, bachelier, médecin à Besançon avant de devenir à son tour physicien du bailliage de Landser, acquiert par contre le titre de médecin[1028]. La division du travail semble suffisamment achevée à la fin de l'Ancien Régime dans la région de Saverne où nous connaissons les activités d'une vingtaine de chirurgiens : 72 % d'entre eux se penchent sur des *maladies chirurgicales,* c'est-à-dire des *plaies, fractures simples et luxations... à l'exception des cas graves* ; 17 % y ajoutent la pratique de la saignée, de la ventouse et du bain ; 11 % seulement se préoccupent des *dysenteries, fièvres intermittentes, fièvres bilieuses et malignes* [1029]. Les abus n'ont pas disparu pour autant puisqu'à l'inverse un mémoire de 1790 dénonce *la quantité prodigieuse de chirurgiens-barbiers qui pratiquent en même temps la médecine et qui ne connaissent pas une fibre du corps sur lequel ils portent des mains ignorantes et des fers meurtriers* et , ajoute le même témoignage, *la médecine, la chirurgie et l'art des accouchements sont devenus le fléau destructeur, la perte des campagnes* [1030]...

1024 ABR E 2993 (Bouxwiller 1699, copie et traduction du 29 mars 1757).

1025 *Ibid.* (procureur fiscal, 25 septembre 1756).

1026 ABR C 399 : ordonnances de l'intendant du 1er février 1755 et du 30 octobre 1759.

1027 *Ibid.* : requête des *physiciens* de Thann, Ensisheim, Soultz, Masevaux, Altkirch et Landser (*Observations et projets de règlement pour l'exercice de la médecine).*

1028 AHR RP Landser 1764 et 1770.

1029 ABR C 399 (19 octobre 1786).

1030 Ibid. : *Mémoires et observations sur les abus qui regnent dans toutes les parties de la médecine dans la cy-devant Province d'Alsace et moyens d'y remédier* (3 octobre 1790).

Si l'on s'en tient aux échos de la campagne de dénigrement, orchestrée par les médecins, les chirurgiens *estropient ou... tuent la pluspart des gens qui s'adressent à eux tant pour la chirurgie que pour la médecine.* Dans les petites villes – Obernai, Molsheim, Sélestat –, ils sont *presque tous médiocres,* du fait des facilités d'admission au sein des corporations et de l'épreuve ridicule et peu sélective qu'on leur fait subir, à savoir la composition d'une masse d'emplâtre de 120 livres[1031]. Mais l'examen, instauré en 1754, permet de tester une vingtaine de chirurgiens ruraux de Basse-Alsace. Les résultats, relevés pour 17 d'entre eux, ne s'avèrent pas catastrophiques.

A leur actif, une solide expérience acquise en ville, outre-Rhin, ou à l'armée, ce qui est un atout dans cette province-frontière. Les champs de bataille sont, pour eux, une école remarquable : ils y apprennent à opérer les blessés, à brûler les plaies au fer rouge ou là l'huile bouillante, à couper les membres gangrenés... A leur passif, le manque de connaissances théoriques, en anatomie notamment, ce qui les écarte des opérations importantes.

A l'origine du mal, l'insuffisante *médicalisation* du milieu rural, pour employer un terme quelque peu anachronique. N'est-ce pas en effet la densité des médecins et des chirurgiens, autant que l'impérialisme du savoir médical lui-même, qui pourrait expliquer les progrès enregistrés par l'état sanitaire des villages ? Or combien sont-ils ? Les sources utilisées jusque là nous l'indiquent très imparfaitement, la présence d'un médecin ou d'un chirurgien n'étant relevée qu'à l'occasion de la détérioration de telle situation locale. La relative densité du réseau des petites villes, la présence de l'armée dans une région-frontière, l'existence de petites cours princières comme celles des Hanau et des Ribeaupierre nous porteraient à accorder d'emblée à l'Alsace un préjugé favorable quant à *l'équipement médical,* d'autant que le niveau socio-économique et culturel peut contribuer à gonfler la clientèle potentielle des médecins. Or tel n'est pas l'écho qui nous parvient à travers les témoignages de l'époque : Le Docteur Busch, *physicien* du comté de Ribeaupierre, déplore en 1789 *la disette de secours* qui *fait périr les malheureux dans les campagnes et livre les familles à une juste douleur*[1032] et il ajoute que le manque de médecins est la première cause de *l'empire que le charlatanisme s'est acquis dans les campagnes.* En attendant la statistique médicale de l'an XI, l'enquête administrative lancée en 1786 par le Contrôle général à l'échelle nationale, sous l'égide de la Société royale de médecine, n'indique en fait que les praticiens diplômés engagés dans la médecine *officielle.* Nombre de chirurgiens, plus particulièrement à la campagne, lui échappent et l'Alsace ne fait pas partie des généralités *sondées* [1033]. Il n'est donc pas possible d'étendre les conclusions de Jean-Pierre Goubert pour le nord et l'est du pays : 4 à 5 praticiens pour 10 000 habitants, quatre fois plus de chirurgiens que de médecins et une médicalisation trois fois plus importante à la ville qu'à la

[1031] ABR C 400 (1754).

[1032] AHR C 1174 : Mémoire du 25 février 1789 au Bureau de Colmar, cit. par Ch. HOFFMANN, *op. cit.* , t. II, p. 194, note 2.

[1033] T. GELFAND, *art. 2971.*

Les résultats de l'examen subi par quelques chirurgiens de campagne (1754)

Source : ABR C 400

Nom, âge, lieu d'exercice	Apprentissage Durée (années)	Apprentissage Lieu	Expérience professionnelle acquise ailleurs (années)	Expérience professionnelle installation à son compte (années)	Activités Barbe	Activités Saignée	Activités Luxation, fracture	Activités Accouchement	Activités Connaissances d'anatomie, soin des maladies internes	Décision de la commission d'examen
Jean-Michel Schneider, 51 ans La Wantzenau	3	outre Rhin	7	25		+	+	-	-	Interdiction de se mêler des accouchements
Jacques Zeltz, 30 ans La Wantzenau	3	outre Rhin		12	+	+				Barbe et saignée
Jean Sieffert (âge non indiqué) La Wantzenau	3	La Wantzenau	2	6						Défense de pratiquer les opérations principales
Jean Hauss, 58 ans Weyersheim			23 (armée)	6		+	+		+	Maladies internes
Antoine Hild, 24 ans Weyersheim	3	chez son père	2 (armée) 1 (Strasbourg)	1						Interdiction d'opérer
Michel Thuringer, 38 ans Lampertheim	3	Strasbourg	7 (armée)	8					-	Défense de pratiquer les opérations principales
Jean-Georges Wanner, 63 ans Erstein				32						
Jean-Joseph Kieffer, 63 ans Erstein		Obernai	3 1/2 (armée)	24						
Louis Blandé, 40 ans Erstein		Suisse	12 (armée)	3						"On peut lui laisser faire la médecine en forme d'empirique comme elle se pratique dans presque tous les villages de la province"
Jean-Philippe et Conrad Wanner frères, Erstein										Uniquement la barbe. Doivent se faire instruire et se présenter à l'examen dans deux ans.
Louis Houlljung, 45 ans Ebersheim		Sélestat	2 (armée)	13						
Jean-Michel Jannus, 53 ans Geispolsheim	3	Strasbourg	2	27		+	+		-	
Thiébaut Westermann, 30 ans Molsheim		armée	6			+			-	Défense de pratiquer les grandes opérations
Jean-Jacques Stoffel, 23 ans Mutzig		chez son père	14 mois (Paris)						+ (a suivi des cours d'anatomie à Strasbourg)	Maladies internes
Jean-Adam Luchner, 33 ans Mutzig				9	+	+				Barbe et saignée
Philippe Baltzer, 29 ans Mutzig	3	chez son père			+	+				Barbe. Ne connaît rien à la saignée.

campagne[1034]. Toute statistique se trouve par ailleurs entachée d'incertitude par suite des difficultés rencontrées dans l'évaluation de la population, en l'absence de tout recensement, et de l'hétérogénéité même du personnel médical. Même si le chirurgien de campagne se mêle de médecine, il lui arrive néanmoins d'être rejeté de la statistique en tant qu'empirique ou charlatan. Comment distinguer, par ailleurs, la ville du plat pays quand on sait qu'ils vivent parfois en étroite symbiose ? Enfin, comment connaître le nombre total des patients, c'est-à-dire la *clientèle potentielle* du praticien, celle qui peut avoir recours à ses services ?

Entre le chirurgien et le médecin, la différenciation repose certes sur des critères scientifiques dans la mesure où, si le premier passe pour être un *homme de l'art* [1035], le second est volontiers considéré comme le détenteur du savoir : au médecin, le diagnostic et les soins *internes*, au chirurgien les pansements *externes* . Mais le recours à l'un ou à l'autre est dicté par les conditions socio-économiques. Il faut pouvoir disposer d'une certaine aisance et d'une certaine culture pour faire appel au *physicien*, ce qui est loin d'être à la portée de tous les paysans car au traitement de base que verse le seigneur ou la ville s'ajoute le prix de la consultation qui incombe au patient : entre une et trois livres par visite, en fonction de la distance parcourue[1036]. Inversement, il est extrêmement rare que le campagnard se fasse soigner en ville, même en dehors de l'hôpital[1037]. Trop cher le médecin. Le chirurgien est plus abordable. Non seulement, il est moins exigeant quant à ses honoraires[1038], mais, comme le maître d'école, il collectionne les activités : peu rémunérées si on les considère séparément, elles le font vivre si on additionne les revenus qu'elles procurent. Le perruquier n'existant qu'en ville, tailler les barbes permet en effet, à la campagne, de *remplir le vide des opérations de chirurgie* [1039] : il faut donc s'imaginer un même personnage, qualifié tour à tour de *Wundartzt*, de *Scherer* ou de *Bader*, qui, tenant boutique ouverte ou non, s'occupe tout à la fois à tailler la barbe et les

---

[1034] J-P. GOUBERT, *art. 2975* et *2978*.

[1035] AHR C 1586 (Guémar 1788).

ABR G 424 : à Saverne, le tarif des visites du *Medicus* au service de l'Evêché (entre 2 et 7 *Schilling* suivant qu'il y a ou non déplacement, 2 pour un conseil, 1 pour l'examen des urines, 1 à 2 pour l'établissement d'une ordonnance) se trouve doublé dans trois cas : si le patient est un étranger à la ville ; si le médecin est appelé après 9 heures du soir, et par temps de peste (1680-1700).

[1036] AHR 1 E 44/19a : Le Docteur Sohler de Landser touche un traitement annuel d'environ 600 livres tournois à la veille de la Révolution. Prix de la visite : 24 sols pour tout déplacement inférieur à une demi-lieue, 3 livres pour une intervention à une lieue et au-delà.

ABR G 1251 : Jean-Michel Kirschner, *médecin-physicien* dont l'activité s'étend sur les 23 communes du bailliage de Benfeld, touche, en 1763, 400 livres tournois en tant que médecin, 100 en tant que chirurgien et 120 pour tenir pharmacie ; au total, 720 livres auxquelles viennent s'ajouter la jouissance gratuite d'un logement (évaluée à 100 livres) et quatre cordes de bois (cit. par Ch. HOFFMANN, *op. cit.*, t. II, p. 194, note 2). Même source : 150-300 l. (Ferrette 1766 et Huningue 1780).

[1037] A. SÜSS, *art. 647*, p. 735 : un homme de Mietesheim est opéré à Strasbourg en 1751, par Jean-Frédéric Busch, chirurgien et médecin.

[1038] ABR E 4334 : le chirurgien des Hanau à la cour des Linange (Oberbronn) touche 9 florins par an, 4 mesures de vin et 4 rézaux de grains.

ABR H 1005 : le chirurgien de l'abbaye de Neubourg touche, en 1774, 48 livres tournois en numéraire, deux rézaux de froment et autant de seigle.

[1039] AHR C 1174 : réponse du bailli Lichtenberger à la requête du chirurgien de Wihr-au-Val, le 18 août 1775 (cit. par Ch. HOFFMANN, *op. cit.*, t. II, p. 196, note 2).

cheveux, à laver et à baigner, à soigner les plaies et les fractures, à arracher les dents. Du fait de cette polyvalence, le chirurgien est rarement un misérable. Les Ritter, à Geudertheim, ne deviennent-ils pas laboureurs et aubergistes[1040] ?

Dommage que nous ne puissions chiffrer la fortune d'André Gangfloff, décédé à Kuttolsheim en 1768, puisque toutes les composantes de cette fortune ne sont pas évaluées[1041]. Mais nous savons qu'il a réussi à s'approprier quatre maisons estimées respectivement à 500, 600, 700 et 1400 livres tournois. Celle qui est établie à proximité de la source sulfureuse abrite un local de bains aux plantes[1042]. Par ailleurs, il entretient deux juments et trois vaches pour mettre en valeur 29 parcelles de labour, 18 de vigne et 3 de pré, au total quelque 5 hectares. Ses liquidités s'élèvent à 3217 livres tournois, dont 2028 en louis d'or, ce qui lui permet de se porter prêteur d'argent auprès des particuliers et des communautés[1043]. Géographiquement et socialement parlant, le chirurgien-barbier reste l'homme de la campagne. S'il vient parfois de l'extérieur du village et s'établit après avoir suivi les armées en tant que *Feldscherer* [1044], il bénéficie d'une certaine cote de popularité, réalise sa progressive intégration tout en sauvegardant son originalité : les cas d'endogamie nous paraissent en effet trop fréquents pour être liés au seul hasard. La ville n'a donc pas encore réussi à imposer à la campagne son type de thérapeutique. Y parviendra-t-elle par le biais de la formation des sages-femmes ?

b) La sage-femme

Le chirurgien, en effet, se fait accoucheur quand l'occasion se présente et, moyennant 6 livres tournois par intervention[1045], le voilà qui empiète sur le terrain de la sage-femme. Mais son intervention reste l'exception à la campagne où l'accoucheur ne remplace pas l'accoucheuse, où le pouvoir masculin ne se substitue pas au pouvoir féminin. D'ailleurs la sage-femme reste-t-elle la légendaire matrone démunie de formation et la praticienne inculte ? Le mémoire de 1790[1046] critique *l'état vraiment déplorable de l'art des accouchements dont la pratique étoit abandonnée en grande partie à des chirurgiens ineptes* (sic) *et à des matrones dont la plupart n'avoient reçu aucune instruction.. choisies parmi les paysannes presque toujours à un âge trop avancé,* faisant de *la pratique la plus intéressante* l'opération *la plus meurtrière.* Une aussi lourde responsabilité incite les pouvoirs publics à se pencher sur le problème de la formation des sages-femmes[1047]. Longtemps elles acquièrent leur savoir au chevet des accouchées, en assistant une collègue plus âgée et plus expérimentée. La Faculté de médecine de Strasbourg précède celle de Paris (1728 et 1745) pour l'ouverture

---

1040 M. KNITTEL, *op. cit.*, p. 181.

1041 ABR 6 E 16, Not. Haguenau 227, CM Kuttolsheim 1731 et inv. 1768.

1042 Ibid. *: Badstub und Kritterkössel.*

1043 Voir également l'inventaire de son épouse en 1779 (ABR 6 E 16, Not. Haguenau, inv. 229).

1044 Ch. SAUTER, *art. 2995* (Sundgau, XVIIIème siècle).

1045 Ch. HOFFMANN, *op. cit.*, t. II, p. 196, note 2 : exemples de Ferrette en 1766 et Hirsingue en 1780.

1046 ABR C 399.

1047 J. GELIS, *art. 2973* et *op. 2974* ; (M. LAGET, *art. 2987* et *op. 2988.* ABR C 147/107 : rappel de la réglementation en vigueur concernant l'exercice de la médecine et le métier de sage femme (bilingue, Intendance 1769).

de cours particuliers[1048], mais elle concerne la ville plus que la campagne. L'instauration d'un examen que subit la matrone après un stage de quelques mois chez une sage-femme de la ville[1049], puis la création en 1779 d'un cours d'accouchement destiné à instruire les jeunes filles de la campagne à l'hôpital militaire[1050], enfin la publication d'un manuel[1051] sont de nature à changer les données du problème et portent leurs fruits à partir de 1786/1787 : car, dans une perspective populationniste (pour des raisons à la fois politiques et philosophiques, il faut sauver la vie de l'enfant et celle de la mère), c'est de l'intendant que viennent les initiatives. L'état des sages-femmes de Haute-Alsace, de novembre-décembre 1786, se veut rassurant : la totalité des trente-deux personnes contrôlées *font bien* leur travail[1052]. Lorsque Horrer fait son rapport à l'Assemblée provinciale, le 8 décembre 1787, et annonce la création d'une école d'accouchement, de façon à *prévenir les accidens occasionnés par l'impéripétie des chirurgiens*, les structures sont déjà en place[1053].

Par accouchement, la matrone touche la modeste somme de 10 à 40 sous selon les localités, gages qui peuvent s'accompagner d'une invitation au repas de baptême, de la livraison d'une miche de pain et de quelques gratifications facultatives[1054]. Parfois une dizaine de livres tirées des deniers patrimoniaux l'indemnisent des pertes subies lors de l'accouchement des mères insolvables. Enfin, elle se fait exempter d'une partie des impôts et participe aux droits d'affouage et de glandée *comme un autre bourgeois journalier*[1055]. On lui demande d'abord de délivrer les femmes en couches et de mettre les enfants au monde, opération qui se déroule au domicile de la parturiente si l'on en croit deux indices majeurs : d'une part la présence, relevée dans les inventaires après décès, des cuvettes d'accouchement ; d'autre part, celle des chaises obstétricales portatives, meubles communautaires qui, à l'instar de certains berceaux de baptême, sont achetés par la commune ou la paroisse et confiés à la garde de la matrone[1056].

On lui demande ensuite de *faire la servante et la laveuse* dans la

---

1048 J-P. LEFFTZ, *L'art des accouchements*, Strasbourg, 1985, pp. 51-67.

1049 AHR E 45 : elle est interrogée *sur le manuel des accouchements naturels, non naturels et laborieux* (Muntzenheim 1771).

1050 ABR C 395 : *Extrait des registres de l'école gratuite des sages-femmes* (1781).

1051 *Pour servir de livre élémentaire aux sage-femmes de la campagne* par le Docteur Jean Silberling, professeur d'accouchement de l'hôpital militaire de Strasbourg (AMC GG 5, cit. par Ch. DIDIER, *mém.*, p. 48).

1052 AHR 1 E 44/8 (bailliage du Haut-Landser et de Hirsingue, 19 novembre et 22 décembre 1786).

1053 *Procès-verbal des séances de l'Assemblée Provinciale d'Alsace*, p. 166.

1054 AHR 1 E 44/8 : 20 sous et une miche de pain. La sage-femme demande à la communauté de lui céder la jouissance d'un pré ou d'un champ (1786).

1055 Expression relevée à Hirsingue. AHR C 1114 : sages-femmes de Bollwiller, Feldkirch, Heimsbrunn (1785), Durlinsdorf, Folgensbourg, Hirsingue (1786) et Blotzheim (1787). ABR C 399 : listes de sages-femmes suivant les cours d'accouchement à l'hôpital militaire de Strasbourg. Voir également Ch. HOFFMANN, *op. cit.*, t. III, pp. 456.

1056 G. KLEIN, *art. 2985* et A. PFLEGER, *art. 3435*. Voir les collections du musée alsacien de Strasbourg et du musée de Bouxwiller : la chaise d'accouchée, provenant de la paroisse de Hurtigheim et entreposée au musée alsacien, date de 1837, mais les comptes paroissiaux d'Obermodern (AP, renseignement communiqué jadis par le pasteur W. Guggenbühl) signalent l'acquisition du meuble en question en 1777. AHR 3 B 454 : un Juif de Hattstatt procure à la communauté une chaise d'accouchement pour 12 livres et 12 sols (1739).

maison des accouchées durant les huit jours qui suivent la naissance[1057]. Mais, à la limite, ses compétences professionnelles passent au second plan et son rôle dépasse de loin la seule fonction d'accoucheuse. Si la matrone occupe l'une des premières places à l'église et aux processions[1058], c'est qu'elle dispose d'un capital de prestige. C'est elle qui, au moment d'un ondoiement d'urgence, est capable de marmonner, sans forcément les comprendre, en allemand ou en latin, les formules consacrées. Dépositaire du nouveau-né non encore baptisé, elle assume de ce fait une très lourde responsabilité et, avec le baptême qui fait entrer l'enfant dans la communauté des Chrétiens, son ministère s'apparente au sacerdoce : la sage-femme se situe ainsi au centre du dispositif de la Contre-Réforme[1059]. C'est encore elle qui déclare la naissance au curé ou au pasteur, qui surveille les éventuelles manoeuvres abortives, qui, en cas d'illégitimité, entreprend les premières recherches de paternité ou partage avec sa cliente les lourds secrets qui ne monteront que progressivement à la surface de l'opinion publique. Toute l'ambiguïté de la sage-femme vient de son rôle d'obstétricienne qui la place aux origines de la vie. Fée si tout se passe bien, elle peut faire figure de sorcière si l'accouchement tourne mal, et la voilà nantie de pouvoirs symboliques. Proche de Dieu qui donne la vie, elle peut devenir l'agent maléfique de Satan qui, avec sa prédilection pour le meurtre des nouveaux-nés, la pousse à l'avortement et à l'infanticide. Nous avons rencontré des sages-femmes qui se font guérisseuses[1060], d'autres qui sont accusées de sorcellerie[1061], d'autres enfin qui ont des velléités d'infanticide[1062]. Mais si la matrone se rend coupable du massacre de tel ou tel innocent, c'est plus souvent, nous semble-t-il, par ignorance ou maladresse que par volonté délibérée. Avant la révolution pasteurienne, l'infection menace constamment. Sans doute la matrone fait-elle usage de l'eau-de-vie, en particulier pour laver le nouveau-né. Mais les ongles sales et les mains souillées peuvent porter la mort au corps de la parturiente. En réalité, sa silhouette est inséparable de la fragilité de la vie humaine et son activité n'échappe pas au contrôle de la communauté, de l'Eglise et, plus récemment, à la surveillance de l'Etat : une triple garantie en somme. Le jour où les femmes du village procèdent à son élection[1063], elles prendront en considération sa bonne conduite et son savoir- faire : celle qui sera choisie par ses semblables sera de préférence une maîtresse femme, mère de famille experte, ayant bénéficié d'un savoir ancestral transmis de mère en fille et ayant elle-même mis des enfants au monde. Le veuvage ne constitue pas un obstacle ; il offre au contraire des garanties de disponibilité. Irréprochable, elle sera aussi un modèle de vertu et de moralité dont se porte garant le curé de la paroisse devant lequel elle est amenée à passer un examen. C'est pour pouvoir mieux la contrôler, que l'Eglise encourage l'institution. Forte de la confiance qu'on lui témoigne,

1057 AHR 1 E 44 (bailli Hell dans le bailliage de Hirsingue, s.d., fin XVIIIème siècle).

1058 *Ibid.*

1059 D'où les exigences d'orthodoxie religieuse que lui impose l'arrêt du Conseil Souverain en date du 26 février 1752.

1060 ABR G 6194 : *passe pour une femme qui se sert de superstitution* (sic) et se *mêle de guérir les malades* (Diebolsheim 1706, visite pastorale dans le Chapitre rural de Rhinau).

1061 AM Turckheim BB 23 et 25 : *Hexenhebamm* (XVIIème siècle).

1062 Voir *supra* p. 441.
ABR G 6194 : *à la pluralité des suffrages* (Eschau 1706, visite pastorale du Chapitre rural de Rhinau).

1063 ABR 2 G 551/3 (Wolfisheim, 15 novembre 1785).

elle bénéficie d'un climat psychologique favorable et devient la confidente de bien des femmes. Elle aura perdu, au passage, avec les progrès du contrôle exercé par l'autorité politique, une partie de son autonomie. Mais, à la campagne, la savante sage-femme, formée en ville, est loin d'éclipser totalement la *matrone* traditionnelle dont le succès repose sur le savoir-faire, la confiance et l'entr'aide féminine, en l'absence quasi totale de l'intervention masculine.

c) Les "empiriques"

Plusieurs parmi eux se laissoient tuer par les barbiers de village et les bourreaux qui leur vendoient le poison à bon marché[1064] : c'est en tonitruant contre les empiriques, leurs pratiques et leurs diagnostics fantaisistes, que les *physiciens* posent le problème de la *médecine parallèle* aux mains du bourreau, du... curé[1065], ou d'un quelconque réducteur d'hernies ambulant - *Stein - und Bruchschneider* - opérateur de circonstance qui sillonne le pays[1066]. Le problème n'est certes pas nouveau, puisque, depuis un siècle, le Roi comme le Conseil Souverain dénoncent les *empoisonneurs*[1067], englobant dans leur condamnation les apothicaires, vendeurs de poisons. Mais rien n'y fait, tant la pratique répond à un besoin.

Quasi illimitée, la faune des empiriques : *personnes ecclésiastiques et séculières, hommes ou femmes, artistes vétérinaires, bergers, maréchaux-ferrans, maîtres des hautes oeuvres, preneurs de taupes, empoisonneurs de rats ou souris, ou autres qui se melent de la medecine, qui tiennent, debitent ou administrent drogues soit pour les habitans soit pour les animaux* [1068]. Mêlant sa voix à bien d'autres, le Docteur Wenner d'Obernai s'élève contre *les médicastres, barbiers, charletans... dont cette province est inondée..., hommes téméraires qui par leurs mains meurtrières enlevent les sujets du Roi, ..., estropiés par les charletans, tués par centaines par des empiriques, les bourraux même et les maréchaux*[1069]. Certains viennent d'Allemagne, affirme-t-il, et exercent, avec la bénédiction du seigneur, *sans expérience et sans connaissance pratique... ; le seul nom d'épidémie leur est connû* [1070]. Avec le comte de Cagliostro, *ce fameux ignorant* dont les *gouttes célèbres... brûlent l'oesophage* [1071] et que l'évêque Guémenée lui-même aurait fait venir, nous passons de la campagne à la ville, des classes populaires aux classes aisées. Mais, comme le fait remarquer Wegelin au

---

1064 ABR C 252/37 : rapport du Docteur Wegelin, Bouxwiller le 13 décembre 1780.

1065 ABR 17 J 108 : *Es ist aber bisher noch keinem Menschen eingefallen sich bei einem ordentlichen Artzte Rath zu erholen... Die wenigen den es eingefallen ist Hilfe zu suchen, haben solche bei allen Arten von Afterärtzten, barbiereren, badern, hebamen, scharfrichtern und d. gl. gesucht,* (rapport du Docteur Winninger à Offwiller, 18 juillet 1769).

A. SÜSS, *art. cit.*, p. 736 : opération faite à Mietesheim en 1701 par un *Bruchschneider* de Masevaux.

1066 AHR RP Sierentz, 1711 (Karl Franz Heller).

J. PERRIN, *art.cit.*, p. 117 (d'après Arch. Univ. Fribourg-en-Brisgau III d 206, 1662-1672) et AHR, comptes hospitaliers, Saint Morand, n=° 15 (1662-1672).

1067 DE BOUG, *Ord. Als.*, t. I, pp. 112-115 *(Edit contre les Devins, Magiciens et Empoisonneurs,* juillet 1682) et p. 390 (Arrêt du Conseil Souverain *au sujet des Poisons,* 10 avril 1710).

1068 AHR 1 E 44/8 (Hell, vers 1785).

1069 ASRM 199/3, n=° 1 (Obernai, le 30 juin 1779).

1070 *Ibid.* Ainsi ce personnage qui, qualifié d'*Operator, Oculist, Stein - und Bruchartzt,* originaire de Kamm en Bavière, se fait examiner par la Faculté de médecine de Strasbourg.

1071 *Ibid.*

bailli de Rouffach, ce sont *les jours de marché et de foire* qui établissent le lien entre les deux milieux dont la différence est plus apparente que réelle. On y voit à l'oeuvre les charlatans : *perchés sur des tréteaux, associés à leur troupe de baladins et de farceurs, ils appellent en sonnant de la trompette le peuple crédule qui vient en foule acheter bien cher le poison qui le tue* [1072]. Et puis, ce sont les Juifs qui se font guérisseurs[1073].

Mais il est un personnage, plus proche des paysans et dont le rôle s'avère capital : le curé de campagne. C'est lui qui, en l'absence du *physicien*, dresse le rapport sur l'épidémie, signale les brutales pointes des décès, établit la liste des pauvres susceptibles d'être soignés gratuitement, accompagne le médecin auprès des malades[1074], surveille la marmite de viande destinée au bouillon des convalescents[1075], procède à la distribution des médicaments. Il arrive même qu'il assume les fonctions qui incombent au praticien : tel ce chapelain d'Altkirch qui *fait la médecine, chirurgie et pharmacie..., fait l'empyrique dans la campagne et la ville* ; le médecin-physicien d'Altkirch lui reproche d'aller voir *ses* malades *à son insçu et les instiquer* (sic) *à se servir de ses troques* (sic)[1076] et le cas est loin d'être unique[1077]. L'intendant interdit pourtant explicitement, en 1775 *aux Prestres de se mesler de ce qui concerne la médecine du corps et de distribuer, sous quelque prétexte que ce soit, des drogues et en particulier l'émétique et autres évacuans dont ils font un abus, qu'on peut taxer de criminel, puisqu'il nous est connu que des superpurgations, des pertes de sang, des fausses couches, des hémophysies ont été les tristes effets de ces remèdes donnés inconsidérément de leur part* [1078]. Rien n'y fait : curés et pasteurs s'imposent à la fois par leur culture et le pouvoir qu'ils exercent sur leurs ouailles.

On remarquera que l'intendant les mêle, dans la même condamnation, aux *coureurs, charlatans, vendeurs de drogues* et à tous ceux qui font *un négoce de certificats d'examens* pour dissimuler leur incompétence, *les bouchers, marchaux* (sic) *ferrants, les anabatistes et même les bourreaux*. Les remèdes drastiques et sudorifiques administrés par ces derniers sont-ils à base de graisse humaine et de poudre d'os ?[1079] Ce qui

[1072] *Ibid.* n° 6 Voir également A. WOLLBRETT, *art. 1870*, p. 39 : *... Artzt..., undt all diejenige so Ständt machen* (règlement de 1665 tiré des archives communales de Hochfelden et traduit en français en 1763 à l'intention du Conseil Souverain d'Alsace, ABR E 5886).

[1073] AMH FF 220, fol. 114 (Mathieu Veltin de Bernolsheim, 1735).

[1074] ABR 17 J 108 (pasteur de Schwindratzheim, 22 décembre 1780 - 21 mai 1781 ; pasteur de Mietesheim, 16 mai 1786).

[1075] ABR C 399 (Grendelbruch 1782).

[1076] AEB A 22/1, *Generalia* (plainte du Docteur Brauneisen), renseignement aimablement communiqué par M. Louis Abel.

[1077] Voir A. BEHRA, *op. [385]*, pp. 236-242 (1724 et 1749).

[1078] ABR C 399 : ordonnance du 1er février 1755.

[1079] ASRM 179/19, n=° 3 : le bourreau de Haguenau est consulté par les habitants de Mommenheim avant l'intervention du Docteur Keller (rapport du 20 juillet 1786).

AHR C 1114 : le bourreau de Rouffach est condamné à une peine de 1000 livres d'amende pour exercice illégal de la médecine, à laquelle s'ajoutent 600 livres de dommages et intérêts et la confiscation des drogues (1778).

H. GERST, *art. 3005* : p. 13. Ingrédients de certains remèdes de bourreau à Weiterswiller : une parcelle de la boîte crânienne d'un *pauvre pécheur*, la poudre provenant de la mouture de ses os ou la mousse prélevée sur les restes pourrissant sous le gibet.

AEBP A 19b/3 : bourreau préparant des remèdes (Herrlisheim en Haute-Alsace, 1736)

est certain, c'est que le maître des hautes oeuvres dispose des corps des condamnés qui lui sont confiés à des fins de prélèvements ou d'études anatomiques. On sait le caractère surnaturel que lui attribuent les mentalités d'autrefois : les onguents qu'il est amené à confectionner à partir de la graisse fondue et des os broyés des *pauvres pécheurs* seront chargés de pouvoir secrets et mystérieux. Le bourreau peut également se faire avorteur : lorsqu'elle tombe enceinte, Madeleine Keller de Carspach consulte le maître des hautes oeuvres de Mulhouse, le médecin d'Altkirch et des prêtres d'Offendorf (sic)[1080]. Quant à Barbe Wintzer de Dietwiller, *incommodée par la suppression de ses règles*, elle va chercher, auprès du bourreau, des *remèdes pour se faire passer sa prétendue incommodité* [1081]... Le Docteur Maugue décèle cependant, en Alsace, une certaine horreur pour les bourreaux et un net penchant pour les charlatans[1082].

La présence soupçonnée de quantité de guérisseurs et d'empiriques – car comment connaître leur importance numérique ? –, associant dans une para-légalité les fonctions de chirurgien, de chiropracteur, de médecin, d'apothicaire, de confesseur, de psychanaliste, et transmettant parfois à leur fils le don de guérir, révèle la carence des médecins et des chirurgiens à la campagne. Le corps médical officiel est unanime pour les dénoncer : il le fait souvent avec hargne et violence. Mais toute tentative d'enquête est vouée à l'échec. Celle que lance la Société royale de médecine auprès des subdélégués en 1786[1083] ne réussit pas mieux que l'enquête révolutionnaire de 1790 à établir la géographie du charlatanisme, à une époque où tout le monde se dit médecin et où la frontière entre les charlatans et les praticiens diplômés est des plus floues[1084]. D'ailleurs, en pourfendant les frères ennemis, qu'ils présentent comme des criminels potentiels, pour conserver ou séduire leur propre clientèle, ces derniers ne sont-ils pas charlatans à temps partiel ? Le charlatan, c'est toujours l'autre. En voulant s'assurer le monopole de la santé, ils adoptent, en toute bonne conscience, une attitude conquérante et dominante... Le charlatanisme est présenté comme le négatif de la médecine officielle. Il n'est pas sûr pour autant que les méthodes que les charlatans utilisent et les remèdes qu'ils préconisent soient très éloignés des prescriptions de la médecine officielle. Mais le seul fait qu'ils ne soient pas imposés par le haut, par une médecine savante, monopole d'une minorité qui s'affirme éclairée, suffit à les faire tomber dans le discrédit. Médecine savante et médecine populaire, expression de deux cultures, se détestent mais se rencontrent sur le plan de la pratique médicale[1085]. Point de convergence capitale : la théorie des humeurs qui commande une thérapeutique à base de simples et d'évacuants. Or la force principale de la seconde par rapport à la première réside dans la confiance qu'elle inspire aux paysans dont elle partage la langue et l'univers mental. Aussi convient-il de nuancer le cliché opposant les savants médecins aux ignorantes sages-femmes, aux chirurgiens-bourreaux, aux charlatans marchands d'illusions.

[1080] AHR 3 B 5796 (1758).

[1081] AHR 3 B 5787 (1783).

[1082] B. MAUGUE, *op. cit.*, t. I, p. 183.

[1083] AN F^{17} 2276/336.

[1084] J-P. GOUBERT, *art. 2977.*

[1085] J-P. GOUBERT, *art. cit. 2978 et 2979.*

Conclusion

En définitive, l'histoire de la santé à la campagne ne nous aura apporté que peu de renseignements sur la science médicale elle-même. Par strates successives, de la médecine savante à la médecine empirique et aux pratiques magico-religieuses, elle se caractérise apparemment par son incompétence thérapeutique et par son insuffisante efficacité face à une mort omniprésente. En un siècle et demi – c'est d'autant plus vrai à la campagne –, peu de progrès ont été enregistrés. Cependant la pratique médicale traditionnelle n'est pas dénuée d'intérêt : elle repose sur une expérience multiséculaire ; elle entretient la familiarité entre le corps et la nature ; elle réussit à inspirer confiance dans la mesure où, par la voie de l'oralité, le praticien sait écouter et parler…

D'autre part, malgré les possibilités limitées de la pratique médicale, on décèle chez les autorités municipales, provinciales et à travers l'activité fébrile entretenue par la Société royale de médecine, une attitude résolument combative et une volonté politique en matière de santé publique. Affirmer que la mort n'est pas inéluctable, qu'on peut en retarder l'échéance et que la maladie peut être vaincue constituent les prodromes de la science médicale du XIXème siècle. Car, après tout, pour que la mort recule, plutôt que de faire avancer les connaissances médicales, n'est-il pas plus urgent de chercher à améliorer les conditions d'alimentation et d'hygiène et d'avoir ainsi prise sur le niveau de vie des populations ? Les mesures matérielles précèdent les dispositions d'ordre scientifique. C'est à ce grand combat que participent les médecins du Roi. La partie est loin d'être gagnée. Pourtant la campagne ne ressemble à ce *désert médical* invoqué par les correspondants de la Société royale de médecine que si l'on réduit les soins du corps à la seule médecine officielle, ce qui reviendrait à mutiler la réalité.

3) A la frontière du surnaturel : la médecine populaire

Armés d'un complexe de supériorité et d'une attitude de conquérants, les médecins ne se lassent pas de dénoncer les chirurgiens et les empiriques, considérés comme des criminels potentiels qui opèrent dans l'illégalité et l'incompétence, des inconscients qui osent pratiquer, sans la moindre formation, des escrocs qui exploitent la crédulité populaire... Or ces mêmes médecins ne vont pas jusqu'à condamner les almanachs et les livrets de recettes médicales dont le contenu rejoint leurs propres convictions.

Ne perdons pas de vue que les soins sont payants : c'est une raison suffisante pour éviter ou ajourner l'intervention du spécialiste. Ce n'est qu'en désespoir de cause que l'on fait appel aux médecins, voire aux chirurgiens dont la présence est souvent liée à la mort[1086], comme celle de la matrone est associée à la naissance. Grâce à un arsenal de remèdes traditionnels, transmis de génération en génération, la population des campagnes manifeste une nette propension à l'automédication, en dehors de toute intervention d'un homme de l'art. La médecine domestique, dont certaines recettes sont soigneusement conservées, bénéficie d'un réel prestige et apporte quelque soulagement à une population imperméable à

[1086] Personnage ambigu d'après G. BOUCHARD (*op. 86*, p. 251) : le tabou du sang versé le rendrait suspect. Voir les travaux de M. BÉE, en particulier *art. 3381*.

toute science médicale abstraite, théorique et inductive. Les préceptes de médecine populaire apparaissent souvent au hasard des papiers d'un pasteur ou d'un curé[1087], au détour d'un grimoire à peine lisible[1088], entre les pages d'un livre de raison[1089] ou d'un livre de cuisine d'un seigneur local[1090]. Tandis que les Eschbach d'Ingersheim soignent les plaies avec de l'huile de noix, les points de côté avec des baies de genièvre, l'oppression de poitrine avec des fleurs de tilleul et du fenouil, le Sire de Berckheim utilise contre les maux de poitrine, dont souffrent ses enfants, un cataplasme composé de beurre frais, d'un jaune d'oeuf, de feuilles de safran arrosées de vin... La première information que nous donnent ces préceptes réside dans la nomenclature des affections (existantes ? préoccupantes ? susceptibles d'être traitées sans l'intervention d'un médicâtre ?). C'est ainsi qu'à Hunspach, dans les années 1750, 167 occurrences font apparaître la prédominance des hernies, des douleurs articulaires et des hémorragies, maux quotidiens avec lesquels il faut vivre et qu'on essaie de soigner tant bien que mal :

Types d'affections	Occurrences (%)
- Problèmes de circulation et hémorragies	13,2
- Hernies	12,6
- Blessures, fractures, gelures, douleurs articulaires, paralysie de membres	10,8
- Fièvres diverses	9,6
- Maladies de femmes	7,8
- Maux de tête	5,4
- Hydropisies	5,4
- Maladies intestinales (vers solitaires, jaunisse)	7,4
- Maladies de la peau (verrues, rougeurs, gale, cancer)	5,4
- Affections de la gorge, laryngites	4,7
- Dysenteries	3,5
- Maladies des yeux	3,5
- Points de côté	3,1
- Affections pulmonaires	2,4
- Goutte	2,4
- Maux de dents	1,2
- Epilepsies	1,2
- Goîtres	1,2
- Insomnies	0,6
- Consomptions	0,6
	100

En passant dans l'usage populaire, la médecine évacuative n'a rien perdu de ses droits : on retrouve pilules et poudres laxatives ou vomitives ; on a recours à la sudation ; on cherche à évacuer les *poisons* qui infectent l'organisme. Le clystère, *vessie de porc ayant un petit conduit à utiliser comme l'on sait* [1091], après avoir été l'instrument du spécialiste, devient objet domestique. Les grands ennemis du bien-être sont les vers et les lombrics : on vit dans un univers véreux ; l'homme est un être vermineux. Il n'est pas jusqu'à la médecine officielle qui ne participe à cette obsession des vers, ennemis sournois retranchés dans les cavités des viscères, et que

1087 ABR 2 G 551/2 (*Libellus receptorum*, Jean Mother, med., Wolfisheim 1686) ; AP Dossenheim-Kochersberg (s.d., fin XVIIIème siècle).

1088 Nous retenons ceux de Hunspach, 1757 (H. GERST, *op. [403]*, pp. 136-140) que le pasteur Gerst a bien voulu nous prêter, et de Wissembourg, s.d., première moitié XVIIIème siècle (B. WEIGEL, *art. 3031*).

1089 BMC Ms. 152 (famille Eschbach, Ingersheim, 1676-1757).

1090 AHR 132 J 10, s. d.

1091 Hunspach, *source cit.*, trad.(Voir H. GERST, *op. cit.*, pp. 136-140).

l'on rend responsables de toutes les maladies : convulsions, épilepsies, vomissements, coliques, consomptions et accès de goutte leur sont tour à tour imputés. Enfin on relèvera la part importante des médicaments à effets multiples, tels que le vin d'absinthe, les alcools et sirops, les pommades... De telles pratiques, sous leur candide naïveté, présentent l'appréciable avantage d'accorder la priorité à tout ce qui procède de la nature environnante dont le paysan adopte les remèdes et les rythmes.

Car l'apothicaire, au métier plus urbain que rural[1092], n'est pas l'unique conservateur des plantes ayant une utilité médicale. A la portée de tous, la phytothérapie n'est pas dénuée de pouvoirs surnaturels : nous y reviendrons. Mais les produits de la nature, en même temps qu'ils se chargent d'énergie cosmique, acquièrent, avec la complicité de la médecine officielle, une efficacité thérapeutique. Passons sur le miel aux vertus prophylactiques, sur le vin et l'alcool de fruits dont les propriétés antitoxiques et bactéricides se trouvent menacées par la tentation d'une consommation abusive[1093] : on les utilise en cas d'hydropisie, d'hémorragie interne, de blessure ou de gelure de membres...

Si c'est sans enthousiasme que nos paysans adoptent des remèdes qu'ils ne connaissent pas[1094], c'est qu'ils croient trouver dans la nature tout ce qu'il leur faut. On a recours, tout simplement, aux céréales et aux légumes de tous les jours : l'avoine qu'on fait macérer dans du vin aigre est un excellent médicament contre *les douleurs de côté* ; l'orge mondée, sous forme de cataplasme ou de bière, *ramollit les tumeurs* ; l'oignon préserve des maladies pulmonaires ; la gousse d'ail, qui a des vertus prophylactiques en cas de bronchite, est un irremplaçable vermifuge ; les choux frisés *corrigent les accidents de la limphe* et *font cracher dans les rhumes* ; comme les éminents membres de la Société royale de médecine, on voit dans la choucroute un mets sain, facile à digérer, aux vertus antiscorbutiques[1095] ; les raves entrent dans la composition, avec le sucre candi, de remèdes destinés à soigner la toux[1096] ; le lait de vache, qui *corrige l'âcreté des humeurs*, est un remède efficace contre la goutte[1097]. Sans vouloir nous aventurer dans une étude d'ethnobotanique, constatons que le paysan trouve dans la nature tous les ingrédients nécessaires à une bonne santé. Marjolaine et menthe sont tonifiants pour l'appareil digestif et la camomille a des effets sédatifs. Romarin, guimauve, fenouil, laurier, sauge, absinthe sont à la base de baumes, liqueurs, breuvages à usages multiples, censés prévenir ou guérir un grand nombre de maladies. Les tisanes et décoctions – à *l'eau de mille fleurs* ou *pissenlit de vaches*, à la racine de chiendent, aux fleurs de sureau, aux semences d'anis[1098] - passent pour des remèdes efficaces : anti-inflammatoires, antispasmodiques, diurétiques... A côté des quelques

---

1092 P. BACHOFFNER, *art 2961*.

1093 Voir *supra* pp. 1784-1786.

1094 Voir *supra* pp. 1782 ss. et 1804.

1095 ASRM 179/8 : *Topographie médicale* du *Bourg d'Erstein* par M. Chardoillet, médecin à Wasselonne, 26 août 1788. Voir aussi GRIMOD DE LA REYNIERE (*Almanach des gourmands*, 1804, pp. 49-50...) : aliment aussi sain qu'agréable. C'est même pour l'hiver une grande ressource soit comme entourage, soit comme matelas...

1096 B. MAUGUE, *op. cit.*, t. II, pp. 728-729, 742-744 et 757.

1097 *Ibid.*, t. I, p. 299.

1098 B. MAUGUE, *op. cit.*, t. I, pp. 167 et 299.

plantes exotiques, les simples, qui constituent la plus grande partie de cette pharmacopée domestique[1099], sont donc à portée de main. Laissons ce curé de campagne[1100] chanter les vertus de la merveilleuse liqueur de cassis : *Il est un antidote pour tout ce qu'on auroit avalé de mauvais. Si on avoit été piqué par un serpent, il faudroit prendre deux cuillerées de liqueur qui est la dose la plus forte, en frotter la partie affligée et ensuite y attacher un linge... Pour les différentes coliques, les maux et la dureté de la rate, on le prend s'il est nécessaire pendant quelque temps tous les jours et on s'en trouve soulagé. Il fortifie l'estomac, chasse les vents, guérit la migraine et les maux de tête. Les femmes qui sont dans les couches ou en danger de leur enfan en prendront de tems en tems, ne sentiront point de douleurs et les délivrances sont presque toujours heureux..., ceux qui en usent n'ont presque rien à craindre de l'apoplexie ni de la paralisie. Il est bon pour l'hydropisie. Il fait couler la gravelle et dissout les pierres, il guérit toutes les fièvres intermittentes et même les continues... Contre le scorbut et en gargarisant la bouche et l'avalant ensuite ; il fait sortir la petite vérole, rougeole...*

Guéris toi toi-même ou quelques remèdes de médecine populaire au XVIIIème siècle

Type d'affections		Composition des remèdes	Modes d'application
Dysenteries	(2)	terre et vin rouges ou vinaigre et poivre	infusion
Spasmes intestinaux, maladies digestives	(1)	lait frais, camomille, beurre, huile de lin, miel, 2 jaunes d'oeuf battus	lavement
Rétention d'urine	(2)	choux d'hiver (à cuire)	décoction
Angine, aphtes, maux de gorge, laryngite	(1)	miel ou crapaud vivant,	application
	(2)	écrevisse écrasée passée à travers un linge ou jus de mûres	
Rhume	(3)	mou de veau, une demi-tête de chou rouge, un navet, 3 oignons blancs, une carotte	bouillon
Phtisie	(2)	9 poux dans une soupe	ingestion
Hydropisie	(1)	guimauve, vin, camphre, racine de noisette, coquille d'oeuf,	ingestion (en poudre)
	(2)	dent de cheval réduite en poudre, poudre à fusil, 3 blancs d'oeufs.	cataplasme
	(3)	noyaux de cerise séchés et pilés, vin blanc (à faire infuser au soleil pendant une demi-journée).	infusion (3 petits verres par jour, aux repas)
Affections cardiaques	(2)	fleurs de myrrhe et sucre dans de l'eau	infusion
Congestion des seins	(1)	2 blancs d'oeufs, farine de seigle, vinaigre, farine et huile d'olive (à chauffer)	cataplasme "
Maux de tête	(1)	pétales de roses, romarin, lavande (cuits dans du vin)	décoction
Affection des yeux	(2) et (3)	chélidoine, verveine, sucre candi, oliban (faire fondre le tout au soleil)	application (faire couler dans l'oeil au moyen d'une plume)
Gale	(2)	alcool et beurre fondu	pommade

Sources (1) Hunspach, 1757 (H. GERST, *ms.* et *op. cit.*)
(2) Wissembourg (B. WEIGEL, *art. cit.*, s.d., première moitié XVIIIème siècle)
(3) Dossenheim-Kochersberg (s.d., fin XVIIIème siècle).

[1099] L. KEHREN, *art. 3355*
Voir également R. BOEGLIN, *op. 2964* et Th. KEITH, *op. 3012*.

[1100] AP Dossenheim-Kochersberg, *source cit.*

Le monde animal est donc appelé à la rescousse et ses produits complètent cette palette, en nous rapprochant un peu plus du surnaturel : le ver de terre, la limace rouge, la grenouille bouillie à l'eau, les testicules de verrat... Le lait de vache est excellent pour les goutteux, car il corrige *l'âcreté des humeurs*, au même titre que l'eau d'orge et les fruits crus[1101] ; la fiante de mulet, appliquée sous forme de compresses, est utilisée contre les pleurésies ; la seule odeur de la fiante de cochon arrête les saignements de nez[1102]. Enfin, les minéraux ne sont pas de reste : on connaît le succès que rencontrent les boules ferrugineuses des Chartreux de Molsheim[1103]. Le mystère qui entoure leur composition - tartrate de fer et de potasse et diverses substances résineuses ? - n'est pas étranger à leur succès et aux mérites qu'on leur prête : trempées dans un verre d'eau fraîche, à laquelle elles donnent une couleur ambrée, elles seraient excellentes pour stopper les dysenteries, guérir les obstructions du foie et de la rate, prévenir le venin des fièvres malignes, garantir contre les inflammations du gosier et de la langue, calmer les souffrances que procurent foulures et contusions. C'est le remède miracle !

Pour le reste, le corps se mettra au diapason des saisons. D'après les almanachs, le printemps et l'automne sont les moments appropriés à la saignée[1104], parce que les changements de saison sont propices aux coups de sang ; mais, pour évacuer le mauvais sang, il est souhaitable que le ciel soit clair et le baromètre au plus haut. La purge interviendra en février et en novembre ; les ventouses seront appliquées entre mars et mai, saison au cours de laquelle on recommande également les bains. En dehors de ces périodes critiques, pendant lesquelles le sang s'échauffe et se renouvelle[1105], ou au contraire se charge de substances nocives, le villageois est appelé à adopter une hygiène de vie élémentaire : éviter en été l'absorption de toute nourriture épicée et échauffante, l'excès des boissons alcoolisées et l'abus des ébats amoureux[1106].

La maladie, si elle est conçue comme une rupture entre l'homme et la nature, procéderait-elle d'un déséquilibre entre le microcosme et le macrocosme ? Il n'est pas exclu qu'à ce stade intervienne l'influence de la culture savante, transmise par les almanachs : sans cette intervention, le paysan n'attacherait sans doute pas sa santé aux étoiles et son rythme de travail aux mouvements de la lune[1107] ! L'astrologie est un peu l'intruse dans la médecine traditionnelle : le paysan voit mal le lien entre son corps, divisé pour les besoins de la cause en douze parties, et les signes du zodiaque. Le

---

1101 B. MAUGUE, *op. cit.*, t. I, p. 299.

1102 *Ibid.*, t. I, pp. 299 et 320.

1103 M. BOUVET, *art.2999* ; P. BACHOFFNER, *art. 2997* ; J-M. LE MINOR, *art. 3013*.

1104 AF Luttmann - Schwartzweber, Fessenheim-le-Bas, *Strassburger alter und neuer Schreibcalender* 1743 : *Durch Aderläss das böse Blut* (septembre).

1105 Ibid. : *Jetzt erhitzt und mehrt sich das Blut* (avril).

1106 Ibid. *Dess Weine und Weibs enthalt dich fast* (mars) ; *Meid Häring, Kraut und Venusspiel* (avril) ; *Und hüt dich auch vor dem purgiren, vor lassen und dem venusiren* (août).

1107 Voir *infra* p. 1906 et ann. 61.

Au fil des saisons : règles pour mener une vie saine

d'après le "Strassburger neuer und alter Schreibcalender", 1743

+ = conseillé, o = déconseillé

	Médicaments	Saignée	Purge	Ventouses	Bains	Activité sexuelle	Nourriture	Boisson	Vêtements
Janvier	o	au pouce			chauds	modérée	chaude, épicée	vin	
Février			+		chauds		chaude, épicée ni gibier, ni volaille		
Mars	+	o		+	+	o	sucrée	pas de vin	
Avril		+		+	+	o	modérée ni harengs, ni choux	modération	
Mai	+	+		+		+	épicée	vin eau + sauge absinthe et benoîte	
Juin	o	o			frais		non épicée cresson et salade	pas de boisson forte eau fraîche	
Juillet	o	o	o			o	non épicée salade, cresson, asperges oeufs, saucisse, huile, vinaigre	pas de vin fort bière	
Août	o	o	o		o	o	ni épicée, ni échauffante , fruits	vin rouge	
Septembre		+	+			+	gibier, volaille, fruits	vin	
Octobre		+					viande, volaille, poisson		
Novembre		o			o		chaude et épicée	bon vin , hydromel	chauds
Décembre						+	chaude	vin fort	chauds

citadin qu'est Daniel Martin n'est pas tendre pour les almanachs dans son "Parlement nouveau" : *A quoi servent ces menteurs ?... On y peut voir quand il fait bon... se faire saigner, se baigner es estuves, se faire ventouser, prendre médecine par potion, pilule, électuaire, codignat ou poudre, comme aussi sevrer les enfans...* Et de détailler les signes conventionnels utilisés : *une double croix et une simple pour la saignée, une ventouse pour le bain et la scarification (Schrepfen) une double tasse pour la potion, un cercle rouge à large bord pour les pilules ; une étoile à cinq rayons pour l'électuaire (Latwerg) et la marmelade (Kittenlatwerg) ; un cercle écartelé d'une croix pour la médecine en commun, et une tuterolle (Mamme) pour le sevrement. Il y a aussi un oeil pour montrer qu'il fait bon medeciner les yeux..., une main qui prend le pouce et le doigt indice, pour dire qu'il fait bon se rogner les ongles...* En réalité, le peuple se forge sa propre image de la maladie, à partir de sa conception du monde. Dès qu'on passe du savoir oral - difficile à appréhender - à une culture écrite - même dans sa forme fruste qu'est l'almanach -, cette culture populaire subit, au contact avec la culture des élites, un premier gauchissement. La culture écrite participe, en effet, d'un autre monde.

CHAPITRE II

NOURRITURES DE L'ESPRIT ET ELANS DU COEUR

I. LIRE ET ECRIRE A LA CAMPAGNE

Exhumée par Michel Fleury et Paul Valmary[1], la vaste enquête lancée par Maggiolo, voici plus d'un siècle, laissait à l'écart une Alsace alors intégrée dans l'Empire allemand. Mais le message n'a pas été oublié : nombreux sont les historiens qui continuent à traquer les signatures, dans l'espoir de reconstituer le puzzle de l'alphabétisation et en retenant la marque apposée au bas d'un registre de mariage comme l'indicateur privilégié de cette dernière.

A) Sources et méthode : sur les traces de Maggiolo

1) Trois types d'informations

Dans les registres paroissiaux, on retiendra de préférence, pour éviter les doubles-emplois, les actes de mariage qui nous renseignent sur la capacité de signer des deux conjoints. Les actes ne portant aucun émargement ou la signature du seul officiant doivent être impitoyablement écartés, qu'il s'agisse de simples copies - particulièrement nombreuses en début de période -, rédigées en l'absence des principaux intéressés, ou de lettres de dimission par lesquelles le curé envoie l'une de ses ouailles dans la paroisse de son futur conjoint. Il s'agit en définitive de ne prendre en considération que les paroissiens dont on a la certitude qu'ils sont en mesure de signer[2].

Par ailleurs, la méthode du simple comptage introduit un élément de distorsion dans les chiffres obtenus, dans la mesure où les remariages de

---

[1] M. FLEURY/P. VALMARY, *art. 3088*. Fr. FURET/J. OZOUF, *op. 3131*, t. I. pp. 13-68.

[2] L'absence d'une signature, surtout si elle se répète pour les deux conjoints, peut en effet signifier l'absence physique. Dans le cas inverse, seules certaines formules, telles que le traditionnel *declarante se nescire scribere* ou le *scribendi ignarus*, apposées par l'officiant, permettent de conclure à la présence du personnage en question. Il en est de même des autres formules utilisées : *des Schreibens unerfahren* (ABR 3 E 241/2, Bosselshausen 1717 et AHR 25 J 102, Sainte-Croix-en-Plaine, contrats 1717-1726, *passim*) ; *n'ont pas l'usage d'écrire* (AHR E 1272, Rustenhart 1715).

veufs ou de veuves risquent d'élever ou d'abaisser arbitrairement la proportion des signants : marge d'incertitude que seule la prise en compte des premiers mariages par reconstitution nominative des couples serait susceptible d'éliminer. Nous avons renoncé à cette opération[3], ne serait-ce que pour rendre les résultats comparables avec ceux obtenus, pour le reste de la France, par Maggiolo et son équipe. Du reste, le repérage du nombre de veufs et de veuves en instance de remariage ne permettrait pas toujours d'établir avec précision le coefficient d'incertitude[4] et la marge d'erreur se répartit de part et d'autre de la frontière séparant les signants des non signants. Les veufs ne seraient d'ailleurs pas les seuls absents de notre enquête : il faudrait leur adjoindre les adultes qui, par choix ou par nécessité, optent pour le célibat et se trouvent ainsi exclus de la recension. Conscients de ces imperfections, les historiens se sont mis à interroger les actes notariés dont l'utilisation n'est pas à l'abri de la critique. Qu'il s'agisse du contrat de vente, de l'acte de prêt, du contrat de mariage, du testament ou de l'inventaire après décès, le document notarié, en opérant une sélection sociale, devient, nous l'avons relevé, source déformante[5]. Les omissions par négligence semblent moins nombreuses que dans les registres paroissiaux, mais, puisque la signature s'impose pour donner à l'acte valeur d'authenticité, ne risque-t-elle pas d'être sollicitée avec insistance, pour ne pas dire extorquée ou imposée sous la contrainte ? C'est ainsi que la signature de l'épouse n'est exigée que si le notaire juge nécessaire de conférer un supplément de garantie à l'acte ; mais, si la femme mariée signe exceptionnellement, la veuve est bien obligée de s'y prêter. Aux effets de la contrainte juridique peuvent s'ajouter ceux de la pression sociale : quiconque est obligé d'avouer, devant notaire, qu'il ne sait pas signer ne passe pas inaperçu[6]. Reste une troisième voie, encore peu utilisée, parce que plus difficilement codifiable : le repérage des signatures peut s'effectuer lors d'une délibération du conseil de paroisse ou d'une assemblée de la communauté d'habitants. De la première à la seconde, la représentativité du document s'élargit, puisqu'elle ne se limite plus aux seuls échevins, mais intéresse l'ensemble des chefs de ménage venus signer une requête au seigneur, procéder au partage des communaux, à l'embauche d'un nouveau maître d'école ou à la rédaction d'un cahier de doléances, à l'exclusion cependant des non-bourgeois et des errants ainsi que des femmes si elles ne sont pas veuves.

2) Signature et mesure du savoir : les limites d'une méthode

Une fois l'échantillon défini, il resterait à tester la valeur d'une méthode qui repose sur un postulat discutable : celui de la synonymie entre la capacité de signer d'une part, la capacité de lire et d'écrire de l'autre. Or, répétons-le après bien d'autres, l'alphabétisation n'est qu'un piètre reflet de la *culture* et, replacée dans une civilisation de l'oral, la signature ne constitue sans doute pas le meilleur critère pour apprécier le niveau de la

[3] Voir J. HOUDAILLE, *art. 3135*.

[4] Voir *supra* pp.424-433.

[5] Voir *supra* pp. 975 ss.

[6] Sa marque est généralement entourée d'un rond et accompagnée de la mention : *a mis sa marque*.

Une source pour l'étude de l'alphabétisation : les délibérations des communautés d'habitants

Cote	Date	Localité	Nature du document	Nb. de chefs de ménage présents	Signatures	Initiales	Pictogrammes	Croix
ABR G 5797	1700	Altenstadt	Plainte contre le maître d'école	49 (100 %)	3 (6,1 %)	18 (38,8 %)	12 (24,5 %)	15 (30,6 %)
AHR 1 E 44/15	1701	Roggenhouse	Délibération	20 (100 %)	7 (7,5 %)	8 (40 %)	4 (20 %)	1 (5 %)
ABR G 5797	1719	Altenstadt et Schweighofen	Prorogation du service du maître décole	59 (100 %)	22 (37,3 %)	7 (11,9 %)	11 (18,6 %)	19 (32,2 %)
ABR 8 E 330/2	1724	Niederroedern Wintzenbach Oberlauterbach	Procès	74 (100 %)	34 (46 %)	14 (18,9 %)	18 (24,3 %)	8 (10,8 %)
ABR G 5828/4	1731	Salmbach	Contrat d'engagement du maître d'école	12 (100 %)	8 (66,7 %)	1 (8,3 %)	3 (25 %)	- -
AHR 1 E 22/10	1734	Hindlingen	Délibération	27 (100 %)	13 (48,2 %)	3 (11,1 %)	2 (7,4 %)	9 (33,3 %)
AHR 2 E 10	1737	Nambsheim	Requête des fermiers	32 (100 %)	21 (65,6 %)	2 (6,3 %)	- -	9 (28,1 %)
"	1765	"	"	31 (100 %)	19 (61,3 %)	2 (6,5 %)	- -	10 (32,2 %)
AHR E dépôt 30	1742	Illhaeusern	Délibération	17 (100 %)	8 (47 %)	5 (29,4 %)	2 (11,8 %)	2 (11,8 %)
"	1743	"	"	15 (100 %)	8 (53,3 %)	6 (40 %)	- -	1 (6,7 %)

Une source pour l'étude de l'alphabétisation : les délibérations des communautés d'habitants (suite)

Cote	Date	Localité	Nature du document	Nb. de chefs de ménage présents	Signatures	Initiales	Pictogrammes	Croix
AEBP A 19b 4	1747	Illhaeusern	Requête	35 (100 %)	18 (51,4 %)	7 (20 %)	3 (8,6 %)	7 (20 %)
AHR C 1286	1756	Reguisheim	Contrat d'engagement d'un maître d'école	73 (100 %)	56 (76,7 %)	- -	8 (11 %)	9 (12,3 %)
AHR E 466	1766	Sundhoffen	Election du maître d'école	87 (100 %)	78 (89,7 %)	3 (3,4 %)	2 (2,3 %)	4 (4,6 %)
AHR C 1295	1770	Dessenheim	Partage des communaux	117 (100 %)	92 (78,6 %)	- -	25 (21,4 %)	
ABR 6 E 36 II/190	1772	Jetterswiller	Mise en vente de biens-fonds	31 (100 %)	21 (77,4 %)	- -	2 (6,5 %)	5 (16,1 %)
AHR C 1286	1775	Issenheim	Contrat d'engagement d'un maître d'école	54 (100 %)	46 (85,2 %)	- -	- -	8 (14,8 %)
ABR C 161	1781	Gries-Kurtzenhouse	Election du maître d'école	49 (100 %)	39 (79,6 %)	2 (4,1 %)	- -	8 (16,3 %)
AN Q 1 971	1783	Reichshoffen	Délibération	97 (100 %)	74 (76,3 %)	1 (1 %)	5 (5,2 %)	17 (17,5 %)

culture populaire fondée sur le récit et sur l'image. Il en va de l'alphabétisation comme de l'architecture : les modèles urbains ne font qu'effleurer la campagne. L'expérience réalisée par Stone et Schofield en Angleterre, par Furet et Quéniart en France, perdrait-elle sa raison d'être dès lors qu'elle se trouve transposée de la ville à la campagne ? Voilà qui enlèverait à notre enquête une bonne partie de son intérêt. C'est en effet l'indicateur utilisé qui est sujet à caution : montrer qu'il sait signer à un moment solennel de la vie ne confère pas à son auteur, tant s'en faut, un brevet d'instruction. Certes, la démarche correspond au stade ultime d'un apprentissage qui se veut progressif : à l'école, du fait de la dissociation et de la gradation des apprentissages, l'exercice de la lecture précède toujours celui de l'écriture, niveau auquel seule une minorité d'élèves est en mesure d'accéder[7]. Mais n'allons pas jusqu'à confondre signature et écriture. La technique de la signature ne peut-elle pas s'atrophier par manque d'exercice[8] ou, au contraire, s'acquérir par mimétisme, par mémorisation visuelle, ou par habitude ? L'apparente alphabétisation deviendrait alors simple banalisation d'une technique acquise. La signature ne traduit pas forcément une maîtrise complète de l'écriture et l'on soupçonne que bien des mains inexpertes se font guider par le conjoint, le curé ou le notaire, habiles à manier la plume. Le critère, s'il était retenu sans discernement, pour mesurer le savoir, tendrait à surestimer le degré d'alphabétisation et deviendrait paradoxalement l'indicateur de la lecture courante plus que de l'écriture[9]. Et si l'on peut savoir lire sans avoir appris à écrire, ne peut-on pas, à la limite, savoir signer sans avoir appris à lire ?[10] Faut-il voir dans certaines marques, plus proches du dessin que de l'écrit, un stade élémentaire de l'alphabétisation à la frontière même de l'analphabétisme ? un niveau intermédiaire entre la maîtrise de l'écriture et la pratique de la lecture ? le *degré zéro* d'une culture écrite ? Nous voilà donc confrontés à bien des incertitudes : la signature est-elle le reflet d'une instruction plus élitiste que populaire, d'un modèle d'acculturation plus urbain que rural ? Encore faudrait-il qu'il existe une corrélation entre signature au mariage et alphabétisation complète, car les deux démarches peuvent fort bien être indépendantes l'une de l'autre : ne pas savoir signer n'est pas forcément un indice de non-alphabétisation. Serions-nous en présence d'un faux problème ? Nous ne le pensons pas car, l'histoire étant avant tout évolution, on ne peut rester insensible aux progrès réalisés par la technique de la signature à la fin du XVIIIème siècle jusque dans les coins les plus reculés de la campagne alsacienne. La comptabilisation des signatures fournit des ordres de grandeur à l'historien soucieux de se tenir à égale distance de l'hypercritique et de l'hypercrédulité.

---

7 Voir *infra* pp. 1870-1871.

8 Au terme d'une analyse approfondie des registres paroissiaux de Mittelbergheim, R. VOGEL (*mém. 1598*, p. 61) constate que certains paroissiens, qui apposent leur signature au moment de leur mariage ou du baptême de leur premier enfant, s'abstiennent de le faire par la suite.

9 Fr. FURET/W. SACHS, *art. 3133*, p. 716.

10 AHR 1 E 83/44 : *Der junge Fridolin... weil im schreiben und lesen nicht erfahren ist, sondern nur seinen nahmen schreiben kan... Jakob Schneider im schreiben und lesen besser erfahren als der junge Müller, sonst auf dem Hettenschlag niemand der schreiben kan* (à l'occasion du choix d'un *Stabhalter* à Hettenschlag, 26 août 1786).

Analyse différentielle de l'alphabétisation : une enquête dans une seigneurie alsacienne % de signants 1710-1789 dans le comté de Hanau-Lichtenberg

Paroisse	Localisation	Confession	Evolution 1710 - 1719 H	1710 - 1719 F	1750 - 1759 H	1750 - 1759 F	1780 - 1789 H	1780 - 1789 F
Bouxwiller	Pays de Hanau	protestant	92,7	45,5	75,7	47,1	92,9	72,1
		catholique	42,1	13,2	56,9	27,5	73,5	33,3
Ensemble échantillon (bourg)			**68,3**	**20,4**	**67,8**	**38,8**	**85,8**	**58,2**
Niederbetschdorf	Outre-Forêt	protestant	45,5	25,8	65,3	24,5	93,1	80,7
Schwindratzheim	Vallée de la Zorn	"	68,2	60,0	78,7	61,7	72,2	48,1
Neuwiller*	Région de Saverne	"	35,7	15,4	62,5	25,0	94,1	82,4
Allenwiller	Région de Wasselonne	"	78,6	71,4	80,0	33,3	93,3	86,7
Duntzenheim	Arrière-Kochersberg	"	66,7	66,7	83,7	51,2	90,0	77,5
Hurtigheim	Kochersberg	"	54,2	9,1	100,0	65,2	83,9	58,6
Ensemble échantillon protestant (6 paroisses rurales)			**51,3**	**30,5**	**69,1**	**39,2**	**79,9**	**57,0**
Kutzenhausen*	Outre-Forêt	catholique	32,0	16,0	25,7	11,4	75,0	23,1
Rohrwiller	Ried Nord	"	40,0	-	91,7	-	78,4	13,5
Neuwiller *	Région de Saverne	"	22,2	2,8	10,0	2,1	60,7	17,9
Durningen	Arrière-Kochersberg	"	41,2	-	64,5	12,9	67,9	39,3
Weitbruch*	Collines de Brumath	"	30,6	6,1	28,6	2,9	68,0	30,0
Hangenbieten*	Basse vallée de la Bruche	"	28,0	4,0	17,4	4,3	83,3	33,3
Ensemble échantillon catholique (6 paroisses rurales)			**33,6**	**6,6**	**45,7**	**8,5**	**75,3**	**32,4**

* paroisses biconfessionnelles

Nb. d'actes de mariage protestants	: ville	:	196 (H),	167 (F)
	campagne	:	615 (H),	614 (F)
catholiques	: ville	:	138 (H),	137 (F)
	campagne	:	479 (H),	473 (F)
total	: 2819	:	1428 (H),	1391 (F)

Sources : Chiffres fournis par S. FAERBER, mém. *3087*, pp. 83-158, à partir des registres paroissiaux (M). Voir l'état des sources .

LES PROGRES DE LA SIGNATURE DANS LE COMTE DE HANAU-LICHTENBERG

(1710-1789)

QUELQUES PROFILS CONTRASTES

Paroisses catholiques (hommes)

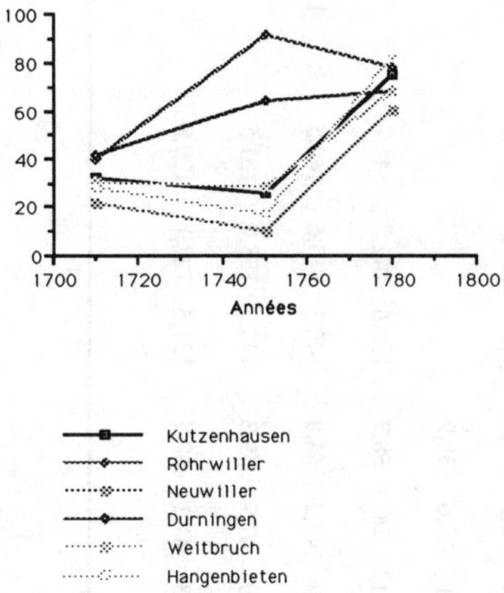

Paroisses catholiques (femmes)

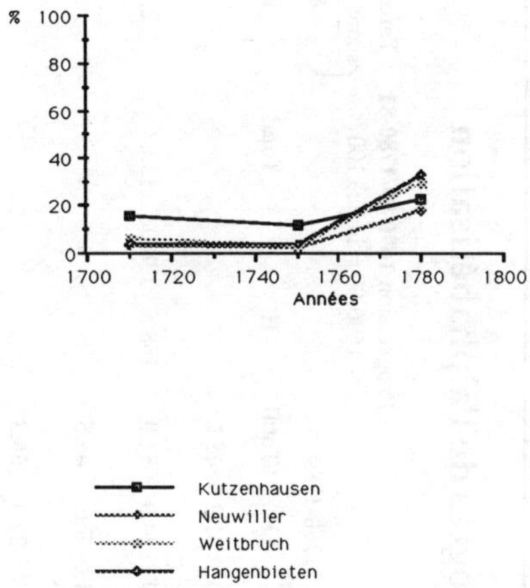

Paroisses protestantes (hommes)

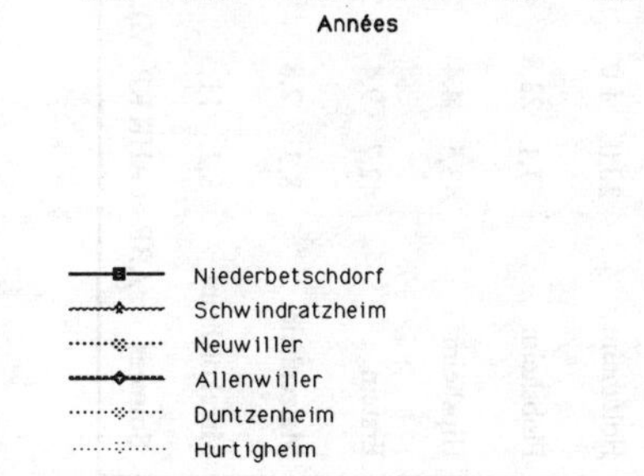

Paroisses protestantes (femmes)

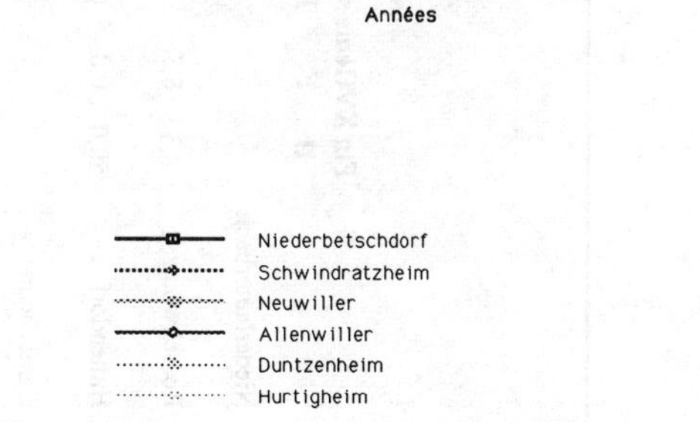

Sources : ABR, RP (M). Voir l'état des sources.

Distribution chronologique des progrès de l'alphabétisation

	Evolution par périodes trentenaires — Nb. de conjoints/100 signant leur acte de mariage — Fin XVIIème siècle			1700-1729			1730-1759			1760-1789			Progression 1690-99/1780-81 — 1690-99 = indice 100			Taux d'accroissement linéaire (score 1770-89 - score 1690-1709 / score 1690-1709)		
	H	F	Total	H	F	Total	H	F	Total	H	F	Total	H	F	Total	H	F	Total
Niederlauterbach							58,0	4,2	**31,1**	72,0	31,2	**45,2**						
Roeschwoog	8,3	8,3	**8,3**	24,6	3,6	**14,1**	44,0	12,3	**28,2**	68,9	34,9	**51,9**	168,5	138,0	153,3	2,4	7,7	3,4
Huttendorf	50,0	0,0	**25,0**	47,3	5,1	**26,3**	59,3	4,6	**32,0**	79,4	9,6	**44,5**						
Gambsheim				48,1	10,4	**29,3**	68,8	27,2	**48,0**	80,2	32,4	**56,3**						
Lampertheim	46,9	0,0	**23,4**	65,2	6,0	**37,8**				90,3	75	**82,7**						
Berstett	23,1	15,4	**19,2**	62,0	28,3	**45,1**	87,6	65,1	**76,3**	96,6	94,2	**82,5**	173,6	174,3	173,9	2,2	4,2	2,8
Pfettisheim	37,7	0,0	**17,9**	48,5	6,1	**27,3**	67,2	24,5	**46,2**	80,6	43,6	**62,1**						
Hurtigheim	25,0	8,3	**16,7**	70,9	18,2	**44,6**	89,5	55,7	**72,1**	82,7	60,5	**71,6**	161,7	151,7	156,7	1,2	5,8	2,2
Holtzheim	20,0	4,0	**12,0**	39,8	4,8	**22,3**	54,2	6,8	**30,5**	65,8	13,3	**39,6**	165,4	120,4	141,1	2,0	7,3	2,4
Plobsheim	57,1	23,8	**40,5**	46,8	13,7	**27,3**	52	13,7	**62,8**	72,1	35,6	**58,9**						
Hipsheim	43,5	4,4	**23,9**	53,2	13,9	**35,5**	66,7	23,2	**41,1**	89,3	28	**58,7**	150,6	142,7	146,7	1,1	3,3	1,4
Erstein	42,7	9,4	**26,1**	45,2	13,3	**29,2**	63,8	25,8	**44,8**	80,9	47,2	**64,0**	140,3	140,6	140,5	1,0	1,8	1,2
Matzenheim	8,3	2,8	**5,6**	45,3	13,9	**29,7**	44,4	21,4	**36,7**	71,0	47,7	**59,3**	143,2	138,0	131,5			
Marckolsheim	8,2	11,5	**9,8**	60,0	23,3	**41,7**	59,9	16,6	**38,2**	74,3	41,1	**57,7**	131,3	128,1	129,8			

Sources : ABR et AHR RP (M). Voir l'état des sources . H = Hommes F = Femmes

B. Les résultats : marques et signatures

Il s'agit, en interrogeant les registres, de dépasser le stade du constat de l'ignorance collective - confirmation des évidences de Maggiolo - pour accéder à celui de l'interprétation des comportements, variables dans l'espace, le temps et en fonction des composantes sociales de la population.

1) Etude quantitative : les progrès de la signature

En dépit d'un échantillon numériquement faible, la comparaison des tranches chronologiques trentenaires, au terme de la recension systématique des signatures, est fort éclairante. A la fin du XVIIème siècle, moins du quart des conjoints savent signer de leur nom, soit à peine un villageois sur quatre ; un siècle plus tard, ils sont plus de 60 % à pouvoir le faire, soit deux habitants sur trois : la proportion des signants aurait plus que doublé en cent ans. En réalité les taux moyens d'augmentation, si l'on compare les périodes 1690-1699 et 1780-1789, se situent entre 40 et 70 %. Ces résultats recoupent les conclusions de Maggiolo, si l'on veut bien se souvenir, pour rendre la comparaison possible, de deux aspects essentiels : le tracé de la ligne Saint Malo-Genève qui situe théoriquement l'Alsace dans la zone privilégiée de l'alphabétisation ; le caractère très rural de son enquête, compte tenu de la sous-représentation des villes. La plaine d'Alsace se placerait ainsi dans le peloton de tête des régions fortement alphabétisées et le recours à la langue populaire ne semble pas avoir constitué un frein à l'alphabétisation. Elle fait partie, non pas de l'Europe retardataire des périphéries, mais de l'Europe septentrionale culturellement avancée.

Mais il est un facteur qu'on ne peut occulter, à savoir le niveau relativement bas de l'alphabétisation constaté au départ de notre enquête : les guerres du XVIIème siècle s'accompagneraient-elles d'un tel retard ? La progression, globalement linéaire au cours du siècle, semble s'accélérer après 1730 : tel est le cas des villages de Roeschwoog et de Huttendorf ainsi que du bourg d'Erstein. Par contre, les paroisses qui ont connu un démarrage rapide dès le début du XVIIIème siècle (Berstett, Hurtigheim, Matzenheim) enregistrent tantôt un freinage dès les années 1750, tantôt un essoufflement, voire une régression à la veille de la Révolution : cette irrégularité reflète-t-elle les difficultés économiques ? Dans l'ensemble, l'essentiel des progrès s'effectue avant 1760, le dernier quart du XVIIIème siècle marquant un tassement dans l'alphabétisation des campagnes alsaciennes. Même en gommant les aspérités de la double crise des signatures, difficilement explicable,– au milieu et à la fin du XVIIIème siècle, il ne nous est pas possible d'invoquer, au sujet de l'alphabétisation des campagnes, un quelconque *take off* culturel[11].

2) Analyse qualitative : un essai de typologie

Est-il possible d'apprécier la qualité des émargements et de mesurer les divers degrés d'alphabétisation ? Entre le savant paraphe, garni de

[11] M. VOVELLE, *art. 3079.*

TYPOLOGIE DES SIGNATURES
(Pourcentage des conjoints signant de leur nom)

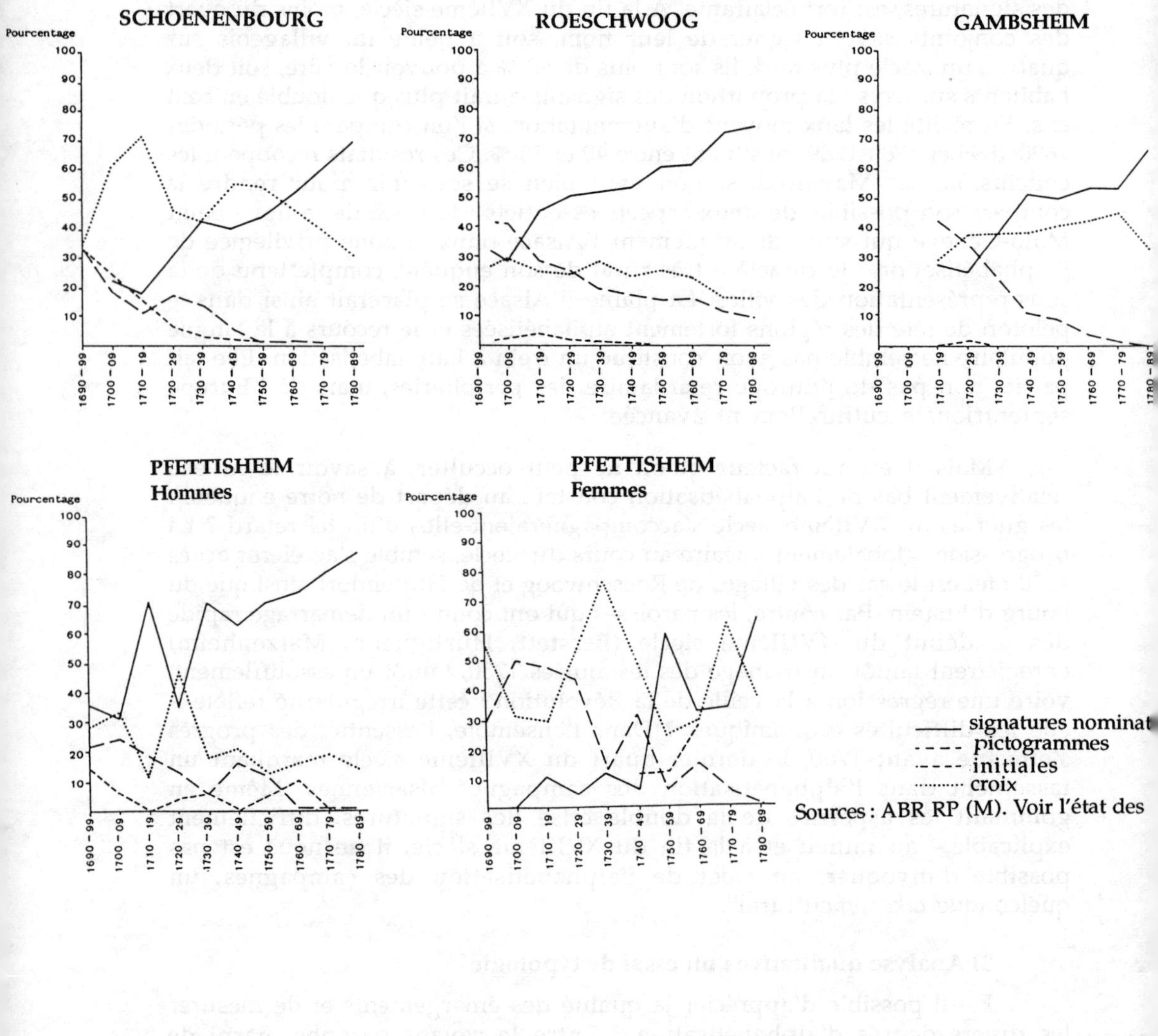

Sources : ABR RP (M). Voir l'état des

fioritures et enveloppé de fantaisie, monopole de quelque notable rural, et la signature maladroite, tracée d'une main calleuse et tremblante, de gens visiblement plus à l'aise dans le maniement de la pioche ou de la serpette que dans l'exercice de la plume, c'est l'abîme. Il n'est pas besoin, pour s'en convaincre, d'avoir recours à des prouesses graphologiques pour lesquelles nous ne nous sentons aucune compétence[12]. Il suffit d'observer ces signatures hésitantes ou laborieuses, dont certaines vont jusqu'à perforer le papier, tandis que d'autres s'achèvent dans une grosse tache d'encre. Or toutes les nuances trouvent leur place entre de tels extrêmes : signature de parade dont l'auteur, soucieux de se démarquer du vulgaire, tire quelque vanité ; signature appliquée qui, loin d'exprimer une pratique courante de l'écriture, vise à solenniser un moment exceptionnel ; signature informe qui trahit un contrôle de la main tout-à-fait insuffisant. S'y ajoutent toutes sortes de *marques* dont le relevé prouverait, s'il en était encore besoin, l'insuffisance de l'opposition simpliste, préconisée par Maggiolo, entre ceux qui savent et ceux qui ne savent pas émarger. Néanmoins entre les initiales, complètes ou incomplètes, les pictogrammes de toute sorte et les croix plus ou moins personnalisées, la distinction est moins tranchée qu'il n'y paraît. D'un stade à l'autre, point de frontière étanche. Voici Jean Gross, laboureur à Reguisheim, pris en flagrant délit d'user, au bas d'une créance juive, tantôt de son nom - car il *scavoit un peu écrire son nom* -, tantôt de sa marque. On lui interdit à l'avenir une telle pratique, car, dit-on, *c'est une fausseté que de faire pareille manoeuvre* susceptible de *tromper son créancier* [13].

C'est la croix qui constitue la plus courante et apparemment la plus banale des marques apposées. En réalité sa diversité est extrême : croix de Saint-André, croix latine, grecque, égyptienne ; croix tréflée ou potencée, croix de Lorraine ; croix individualisée inscrite dans un cercle ou dans un losange ; svastika enfin qui nous fait entrer dans le monde de l'image et du symbole... Quant aux pictogrammes, ils peuvent revêtir des formes et des significations variées. Certains d'entre eux constituent une marque de propriété comme en témoigne leur présence sur les pierres tombales, les sacs décorés, les poutres d'angle, le linteau d'une porte cochère, les montants d'un portillon. Sous l'appellation de *Hofzeichen,* ils servent à individualiser un lignage ou à différencier les branches d'une même famille[14]. Or ce sont ces mêmes *Hofzeichen,* signes distinctifs d'une ferme, qui sont parfois utilisés comme *Handzeichen* au bas des actes d'Etat civil[15]. Le graphisme technique, reflétant la situation professionnelle du signataire, s'impose fréquemment : la roue du meunier, l'équerre du charpentier, le fer à cheval du forgeron, la navette du tisserand, les ciseaux du tailleur. Quant au paysan, il prend l'habitude d'esquisser en quelques traits de plume la charrue, la herse, la houe, le râteau, la fourche, la faucille : outils familiers

[12] Voir l'intéressante technique préconisée pour les villes de l'Ouest français par J. QUENIART, *art. 3138-3139.*

[13] AHR 3 B 6330 : interrogatoire du 7 juillet 1738.

[14] Voir *supra* pp.1615-1618.

[15] E. UNGERER, *art. 3142.*
E. KARLESKIND, *art. 3136.*
AP Hurtigheim : dans son livre des familles (XIXème siècle), le pasteur Schneider les utilise pour individualiser les fermes du village.

CHOIX DES MARQUES TENANT LIEU DE SIGNATURES

1822

LA GRANDE VARIETE DES CROIX ET DE LEURS DERIVEES

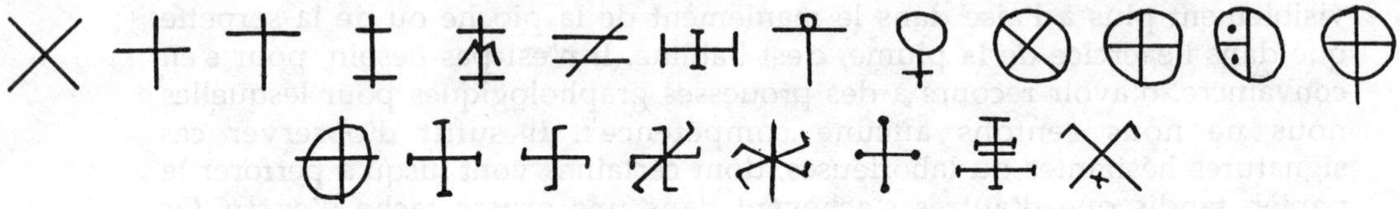

L'OUTILLAGE DE LABOUR

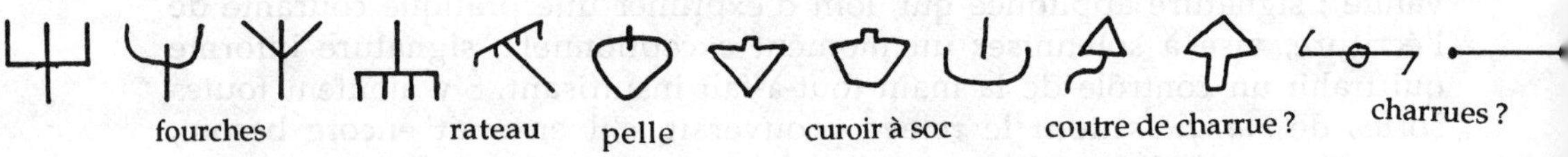

L'OUTILLAGE PROFESSIONNEL

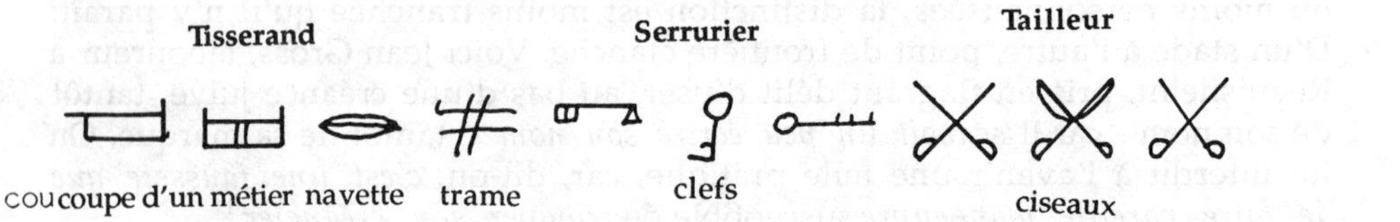

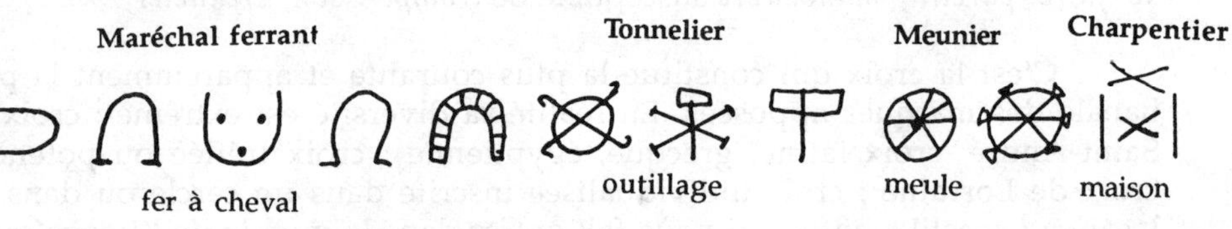

LES MOTIFS DECORATIFS DE L'ART POPULAIRE ET RELIGIEUX

LES FORMES GEOMETRIQUES OU STYLISEES

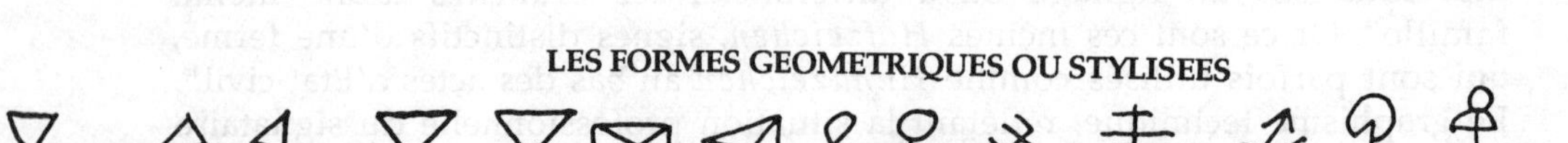

VRAIES ET FAUSSES INITIALES

HK	Hans Kieffer	AD	Jacob Dürr
IR	Jacob Rietsch	HE	Elias Höltzler
HAR	Hans Retel	AA	Joseph Schaeffer
PIF	Philip Jacob Foltz	MI	Johannes Jaeger
HVH	Hans Valentin Heidt	HI	Frédéric Lang

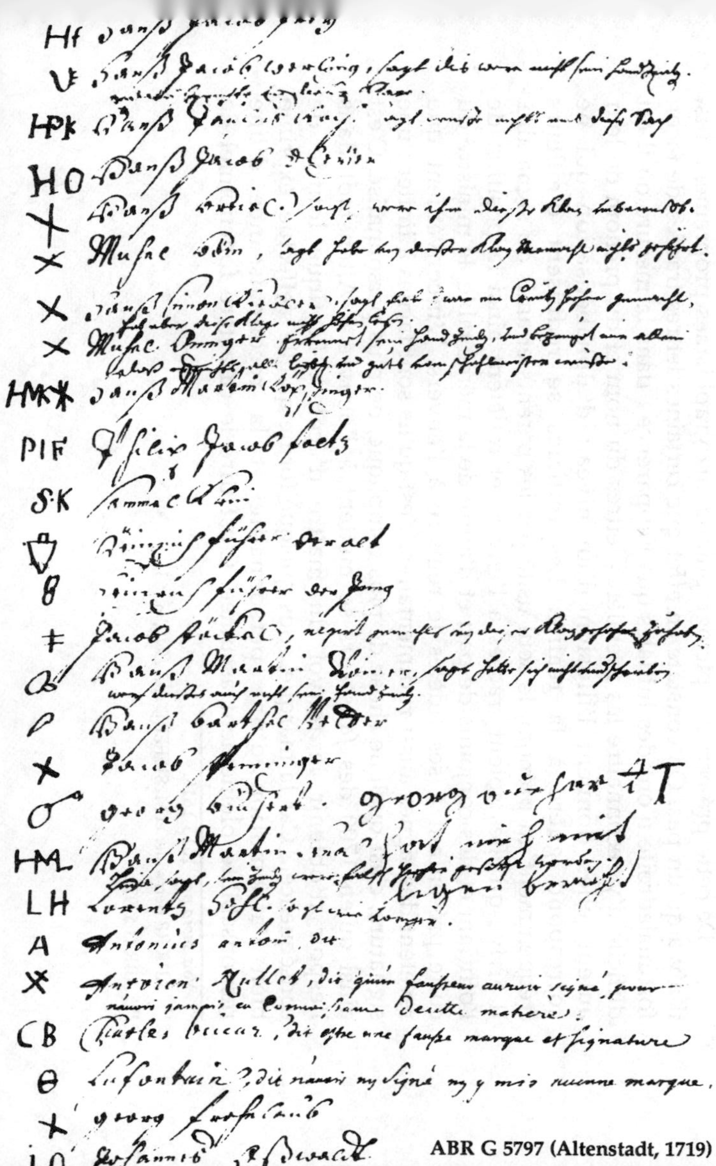

ABR G 5797 (Altenstadt, 1719)

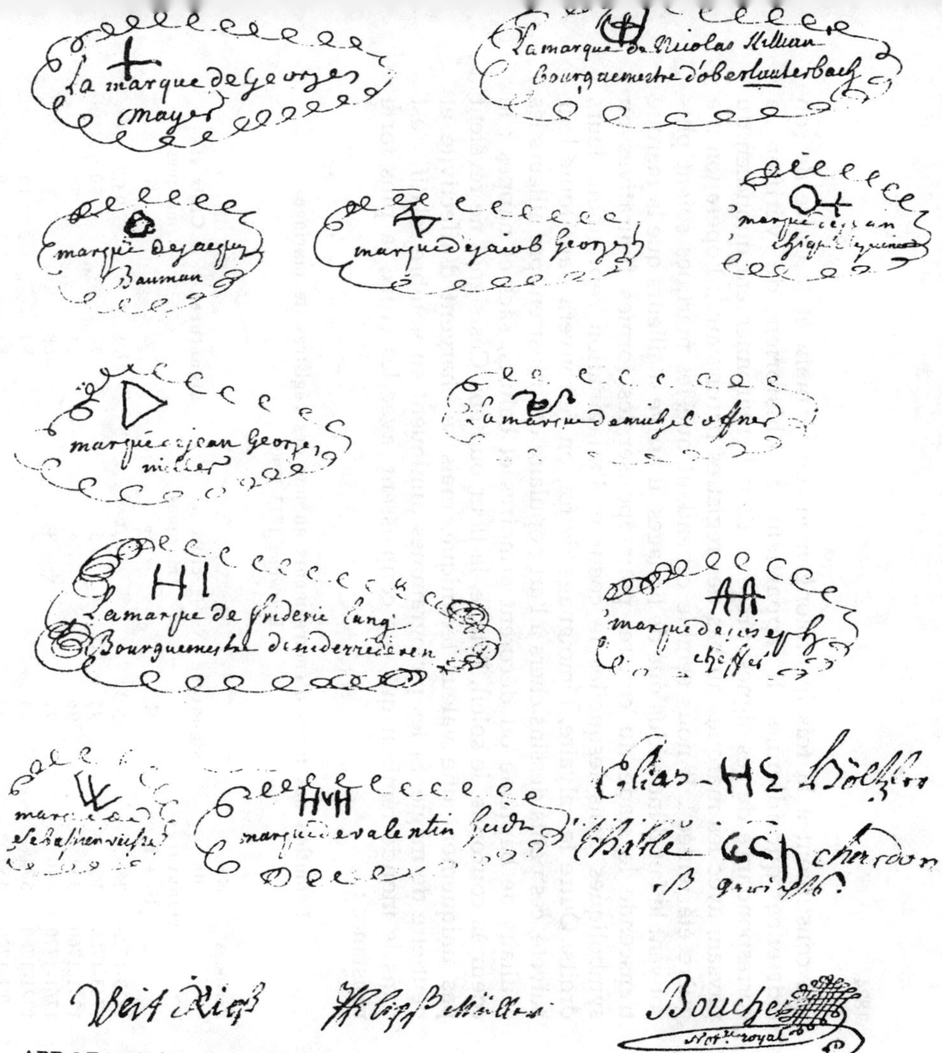

ABR 8 E 330/2 (Niederroedern, 1735)

EMARGEMENT DES PROCES-VERBAUX DE DELIBERATIONS DES COMMUNAUTES

qui constituent à la fois le prolongement de sa main et le cadre de son existence quotidienne. Il appartient à l'historien de vérifier la correspondance de ces signes, présents dans l'environnement quotidien du paysan, avec les marques au bas des registres paroissiaux : l'opération n'a guère été tentée[16]. Il nous semble cependant que les marques soient plus souvent le fait d'individus que de lignages. Il arrive d'ailleurs que la marque transcende le stade du concret pour épouser les formes figuratives ou symboliques dans lesquelles le coeur et l'imagination reprennent leurs droits. Outre le calvaire, témoignage de foi, on retrouvera dans toute leur naïveté, ces petits dessins chers à l'art populaire qui illustrent par ailleurs les souhaits de baptême ou décorent armoires et bahuts, sacs et nappes : le coeur, la couronne, le soleil, l'étoile, la fleur ou l'épi. Ces signes ne revêtent pas uniquement une valeur technique, mais se chargent d'affectivité et peut-être de magie. Si les pictogrammes diminuent en nombre relatif, c'est dans le monde féminin qu' ils connaissent, avec les croix, la plus forte résistance :

Evolution des types d'émargements au bas des registres de mariage
Berrwiller 1713-1790[17]

Périodes	Nb. de signatures H. + F	H signature %	H croix et marques %	F signatures %	F Croix et marques %
1713-1723	380	85,3	4,7	6,8	93,2
1743-1750	156	95	5	20	80
1751-1760	334	96	4	21	79
1761-1770	490	97	3	68	32
1771-1780	574	98	2	84	16
1781-1790	452	97	3	84	16

De cette pré-écriture pictographique aux graphismes proprement dits, il n'y a qu'un pas. On constate en effet que certaines lettres tracées de façon fort maladroite n'ont des initiales que l'apparence : dans la mesure où il est difficile d'y reconnaître les premières lettres du nom et du prénom de leur auteur, elles donnent l'illusion d'un niveau d'alphabétisation qui ne correspond guère à la réalité. Les initiales se réduisent d'ailleurs fréquemment au prénom, le seul usité par les parents et amis du signataire. Il arrive qu'elles soient tracées à l'envers et reflètent ainsi la position de l'officiant et des conjoints de part et d'autre de la même table, le ministre du culte présentant à ses fidèles le registre à l'envers. L'inconvénient que revêtent des signes aussi rudimentaires, c'est qu'ils sont faciles à imiter : une signature, c'est quelque chose de plus compliqué, de plus personnalisé. C'est ainsi qu'en 1700 des *fausseurs* se mettent à l'oeuvre à Altenstadt dans l'espoir d'obtenir le renvoi du maître d'école[18]. Pratique lourde de conséquence... Car la marque, sous quelque forme qu'elle s'effectue, exprime bien l'affirmation d'une personnalité et la reconnaissance d'une responsabilité pleinement assumée. C'est dire le caractère fonctionnel de

[16] Voir *supra* pp. 1615-1618.

[17] AHR RP Berrwiller et M. SIFFERT, *op. 1949*, p. 63.

[18] ABR G 5797.

tout émargement, destiné à donner valeur probatoire à l'acte sans refléter pour autant une pratique courante de l'écriture. Mais, dans le lent processus de conquête de la signature nominative au détriment de la marque, c'est bien le pictogramme qui cède du terrain, alors que la croix manifeste, jusqu'à la fin du XVIIIème siècle, une certaine résistance : passage progressif, pour des conjoints ne sachant pas écrire, des formes figuratives proches du dessin à des signes plus schématisés, plus standardisés, plus impersonnels aussi.

Ainsi la signature est reflet du statut social. Le fait de signer est de moins en moins affaire d'élite ; c'est dans la qualité de la signature que réside la différence. Les divers émargements reflètent bien des frontières : l'homme a une prédilection pour la signature nominative et les initiales. La croix et le pictogramme, par contre, sont davantage utilisés par les femmes, les Catholiques et les vagabonds...

3) Les frontières de l'alphabétisation

L'interprétation des données de Maggiolo par Michel Fleury et Paul Valmary avait fait apparaître, en dehors de l'inégale répartition géographique, trois types de distorsions fondamentales : sexuelle, sociale et confessionnelle. En 1765, un décret de l'évêque de Spire, applicable à une partie du nord de la province, établit les conditions requises pour obtenir la publication des bans de mariage : le futur saura lire et écrire, la future aura appris à filer et à tricoter[19] . Inégalité majeure devant l'alphabétisation que celle qui distingue les sexes : l'homme, et le plus souvent lui seul, n'est-il pas appelé à établir des contacts avec le marchand, le notaire, le receveur seigneurial ? Le dimorphisme sexuel se trouve non seulement confirmé, mais accusé dans la plaine d'Alsace : en général, ce sont moins de 10 % des femmes qui savent signer leur acte de mariage à la fin du XVIIème siècle ; à la veille de la Révolution, elles sont entre 30 et 40 % à pouvoir le faire. De telles proportions témoignent donc d'un niveau de départ plus bas et parfois d'une progression féminine plus rapide que celle décelée dans les moyennes nationales. Quant aux hommes, la proportion des signants, très variable à la fin du XVIIème siècle - entre 10 et 50 % – se situe à la veille de la Révolution dans une fourchette comprise entre 60 et 90 % : dynamisme apparemment plus fort que celui que nous suggèrent les résultats de Maggiolo pour les régions voisines, mais qui pourrait s'expliquer en partie par une base documentaire plus étroite. Même s'il a tendance à se réduire, l'écart entre alphabétisation masculine et alphabétisation féminine reste donc important du début à la fin du siècle. Pour 100 hommes apposant leur signature au bas de leur acte de mariage, la proportion des femmes sachant signer de leur nom s'établit à un quart environ au début, à un tiers au milieu, à la moitié en fin de siècle, proportions que la prise en compte des parrains et marraines aurait plutôt tendance à réduire.

[19] F.X. REMLING : Décret du 31 août 1765 in *op. 3439*, t. II, p. 683.

Emargement des parrains et marraines au bas des registres de baptême : l'exemple de Wittersheim-Gebolsheim[20]

	1710-1719 H	1710-1719 F	1740-1749 H	1740-1749 F	1780-1789 H	1780-1789 F
Nb. total	28	45	53	50	67	45
% signatures	64,2	-	75,5	14	92,5	35,6
initiales	7,2	5	5,6	22	-	6,6
pictogrammes	28,6	15	15,1	14	-	4,5
croix	-	80	3,8	50	7,5	53,4
	100	100	100	100	100	100

Une certaine tendance à *l'homogamie culturelle* se dessine cependant, plus marquée d'ailleurs dans les bourgs d'une certaine importance que dans les petites localités. Dans la plupart des couples, les conjoints semblent appartenir au même *niveau culturel*, soit qu'ils signent de leur nom, soit qu'ils émargent d'une croix ou d'un pictogramme. Dans un tiers des cas seulement, l'un des conjoints - généralement l'homme - impose sa supériorité. Loin d'être fortuite, cette identité de comportement cache sans doute des réalités socio-économiques ou confessionnelles sur lesquelles nous aurons l'occasion de revenir.

Niveaux d'alphabétisation et homogamie

	ss	so	os	oo
1685-1699				
Matzenheim	2,9 %	5,9 %	-	91,2 %
Erstein	10,4 %	32,8 %	-	56,8 %
1700-1729				
Matzenheim	12,8 %	32,6 %	1,2 %	53,5 %
Erstein	12,6 %	36,6 %	1,8 %	49 %
1730-1759				
Matzenheim	17,8 %	28,9 %	1,5 %	51,8 %
Erstein	25,4 %	40,6 %	0,3 %	33,7 %
1760-1789				
Matzenheim	24,2 %	28,7 %	0,6 %	46,5 %
Erstein	43,5 %	36,3 %	0,9 %	19,3 %
Moyenne 1685-1789				
Matzenheim	25,2 %	27,7 %	1 %	46,1 %
Erstein	25,3 %	35,3 %	0,9 %	38,5 %

ss : Epoux et épouse signent de leur nom.
so : Epoux signe de son nom, épouse ne signe pas.
os : Epoux ne signe pas, épouse signe de son nom.
oo : Aucun des conjoints ne signe de son nom.

Source : ABR RP (M). Voir l'état des sources.

L'exemple de Lipsheim[21] nous permet de dégager la fréquence des associations et son évolution de la fin du XVIIème à la fin du XVIIIème siècle :

[20] Chiffres fournis par J-J. RIEFFEL, *mém. 171*, pp. 306-309 (ABR 3 E 546/1 et 2).

[21] ABR 3 E 268/5 et 6 (1686-1792).

(Pourcentage des conjoints signant de leur nom)

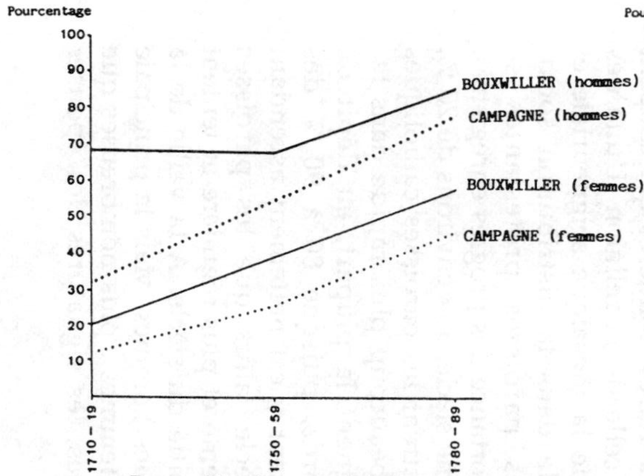

Bouxwiller (334 hommes, 304 femmes)
Campagne : 12 paroisses, 11 communes (1094 hommes, 1087 femmes)

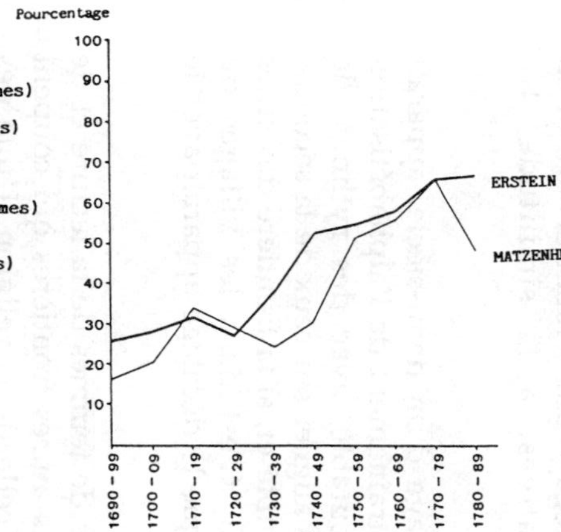

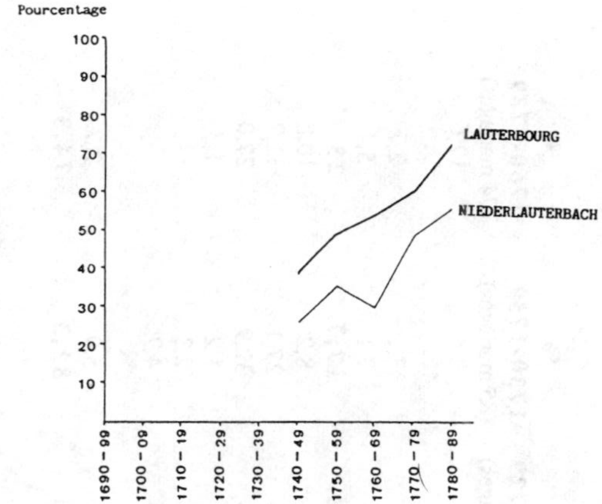

Le milieu économique

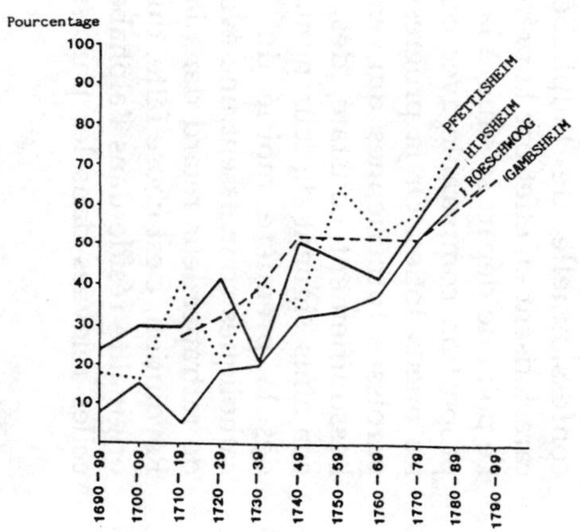

Pfettisheim, Kochersberg
Hipsheim, plaine d'Erstein
Roeschwoog et Gambsheim, Ried Nord.

L'appartenance confessionnelle

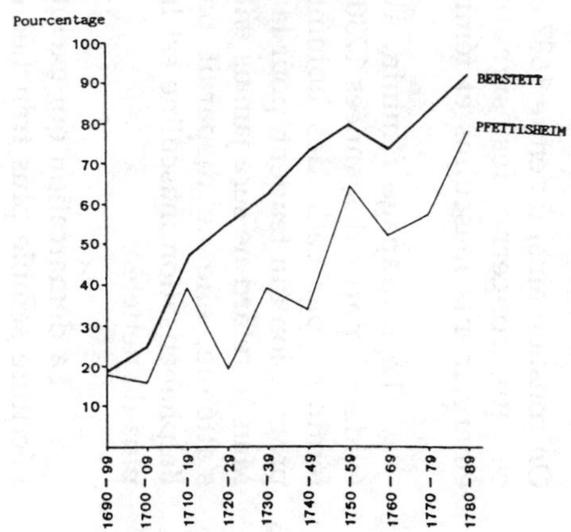

Bertett, protestant
Pfettisheim, catholique.

Source : ABR RP (M). Voir l'état des sources.

Type d'émargements		%	%	%
		1685-1729	**1730-1759**	**1760-1789**
H	**F**	(14 mariages)	(85 mariages)	(74 mariages)
Signature	Signature	-	3,5	17,6
Initiales	Initiales	7,1	-	-
Pictogramme	Pictogramme	7,1	7,1	2,7
Croix	Croix	-	7,1	5,4
Total		**14,2**	**17,7**	**25,7**
Signature	Initiales	-	8,2	10,8
Signature	Pictogramme	28,6	27,1	31,2
Signature	Croix	28,6	32,9	27,0
Initiales	Pictogramme	-	1,2	1,3
Pictogramme	Initiales	-	2,3	-
Pictogramme	Croix	14,4	4,7	-
Croix	Initiales	7,1	-	-
Croix	Pictogramme	7,1	5,9	2,7
Total		**85,8**	**82,3**	**74,3**

On constate ainsi qu'entre 1687 et 1787 il se dégage une tendance, surtout en ce qui concerne les signatures nominatives, à la similitude des émargements masculins et féminins.

Le rattrapage féminin, avec un décalage d'un demi-siècle, apparaît évident à partir des années 1730. L'effet d'entraînement de l'alphabétisation féminine par celle des hommes est indiscutable, avec des rythmes de progression qui tendent, pour la première, à s'aligner sur ceux de la seconde. Mais le retard ne sera jamais entièrement comblé et, si la frontière des sexes s'atténue, elle ne disparaît pas totalement. C'est dans les villages où l'alphabétisation masculine est la plus forte que le décalage apparaît avec le plus de netteté.

La démarcation qui exclut bon nombre de femmes de la lecture et de l'écriture semble plus tranchée que toutes les autres frontières qui coupent le champ de l'alphabétisation. Parmi elles, celle de la religion. L'une des originalités de la plaine d'Alsace, du fait de la mosaïque seigneuriale et religieuse qu'elle offre à l'historien, réside dans la distribution socio-confessionnelle de l'alphabétisation. Les paroisses protestantes se caractérisent en effet par la précocité et l'importance des progrès enregistrés. Le point de départ se situe, à la fin du XVIIème siècle, aux environs de 20 %, proportion comparable avec celle qu'enregistrent les paroisses catholiques les mieux loties. Or la progression s'avère beaucoup plus rapide dans les paroisses luthériennes qui, en 1789, atteignent la plupart, en dépit de l'essoufflement constaté, des chiffres records, puisque 80 à 90 % des conjoints signent de leur nom. Le mouvement y est nettement ascendant dès la première moitié du XVIIIème siècle, alors que les paroisses catholiques connaissent une évolution plus lente et plus régulière et tentent de rattraper leur retard dans la seconde moitié du siècle. A la veille de la Révolution, c'est chose faite, du moins pour les hommes. Mais la principale originalité réside dans l'alphabétisation des femmes : plus nombreuses que celles relevées dans les paroisses catholiques, les signatures des épouses luthériennes accusent un écart beaucoup moins sensible avec les signatures masculines et, depuis la fin du XVIIème siècle, cet écart ne fait que s'amenuiser. Il est particulièrement instructif d'analyser le comportement d'une communauté bi-confessionnelle telle que Plobsheim[22], même si la valeur de l'échantillon se trouve biaisée par la proportion plus importante de Luthériens que de Catholiques (2/3 contre 1/3). L'écart qui joue en faveur des Protestants y apparaît moins net que dans des paroisses homogènes sur le plan confessionnel, comme si la présence d'une minorité catholique pesait sur le niveau d'alphabétisation de l'ensemble de la population. Par ailleurs, l'avance protestante, qui se dessine dès la seconde moitié du XVIIème siècle, n'est guère durable : au siècle suivant, la différence tend à s'effacer devant l'uniformisation croissante des comportements. C'est ce que corrobore l'exemple de Mertzwiller entre 1720-1730 et 1760-1770[23] :

	1720-1730			1760-1770		
	C	P	T	C	P	T
Nb. total de conjoints						
H	20	9	29	42	38	80
F	14	7	21	12	15	27
H+F	34	16	50	54	53	107
% de signants						
H	40	66,7	48,3	69	100	75,9
F	14,3	57,1	28,6	5,3	73,3	24,5
H+F	29,4	62,5	40	38,7	85,2	50,5

C = Catholique P = Protestant T = Total

Ce n'est qu'au cours des deux décennies précédant la Révolution que le décrochage apparaît à l'avantage de la communauté protestante et que les deux courbes dessinent un écart en ciseaux. L'interprétation de ces différences ne va pas sans soulever des problèmes. L'avance protestante peut certes s'expliquer par la relative densité du tissu scolaire et cette familiarité avec la lecture de la Bible qui ne saurait s'accommoder, pour les femmes comme pour les hommes, d'un niveau d'alphabétisation médiocre : dans une *religion du livre,* la signature serait, comme nous l'avons évoqué précédemment, l'indicateur de la lecture courante plus que de l'écriture et témoignerait, grâce aux liens entre culture et religion, d'une supériorité protestante précoce, liée à la Réforme. En réalité, la Réforme est incapable de promouvoir, à elle seule, les progrès de l'alphabétisation, car elle peut fort bien s'appuyer sur la mémorisation de formules transmises par voie orale, par l'intermédiaire d'une étroite élite lisant à haute voix à l'intention de ceux qui ne savent pas lire, dont font partie le pasteur et le maître d'école, seuls interprètes autorisés de la parole de Dieu. Pour que l'analphabétisme recule, il faudrait que l'Eglise protestante réussisse à imposer la lecture personnelle de la Bible comme exigence universelle. Or la *première Réforme,* celle du XVIème siècle, n'a pas su et n'a pas voulu imposer la relation individuelle du fidèle avec la Bible ; la *seconde Réforme,* d'inspiration piétiste, transforme au contraire, à partir de la fin du XVIIème siècle, le statut de la Bible, devenue le livre pour tous après avoir été le livre

22 ABR 3 E 378/ 5, 6 et 13 (1679-1787).

23 Chiffres fournis par D. PETER, *art. 744*.

ALPHABETISATION ET CONFESSION
(Pourcentage des conjoints signant de leur nom)

ALPHABETISATION EN MILIEU CATHOLIQUE ET EN MILIEU PROTESTANT

L'exemple du Kochersberg : tendance générale (moyennes de 20 ans)

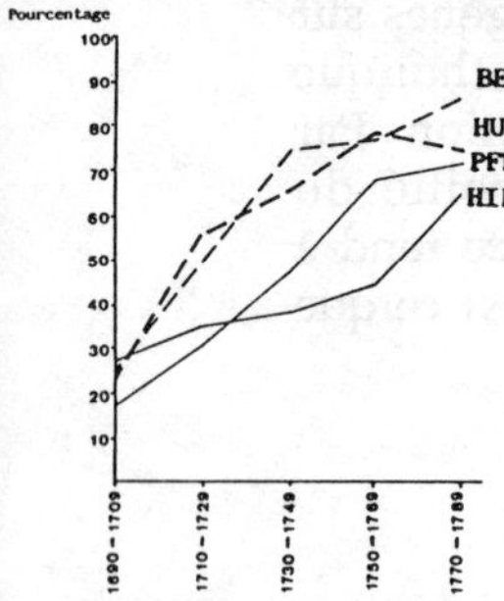

L'exemple du pays de Hanau

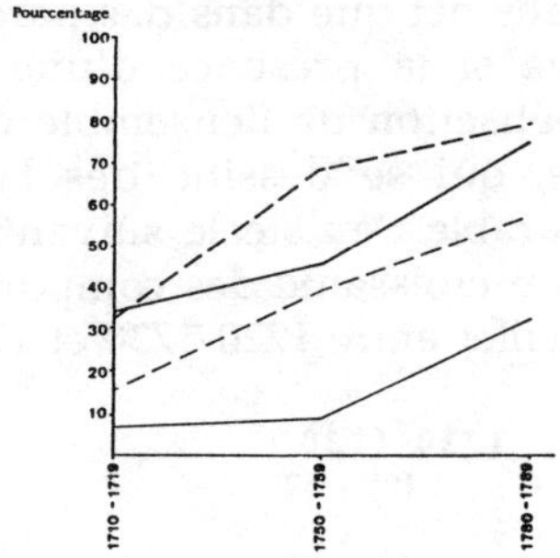

6 paroisses catholiques et
6 paroisses protestantes

ALPHABETISATION, SEXE ET RELIGION

L'exemple de Plobsheim, paroisse bi-confessionnelle

Ensemble des conjoints

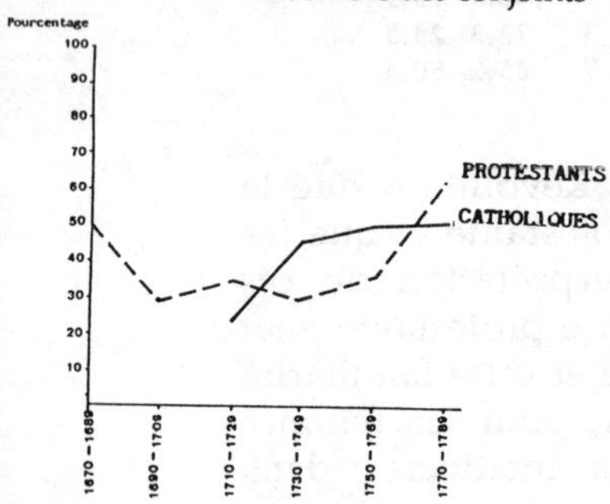

Hommes et femmes

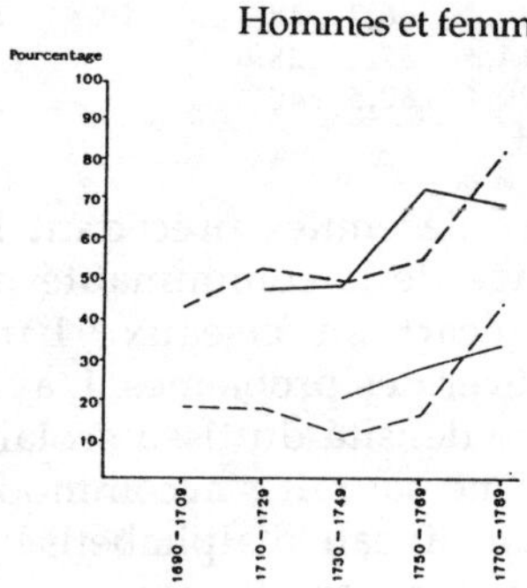

catholiques:
catholiques:
protestants:
protestants:

Au sein d'un même milieu géographique : le Kochersberg

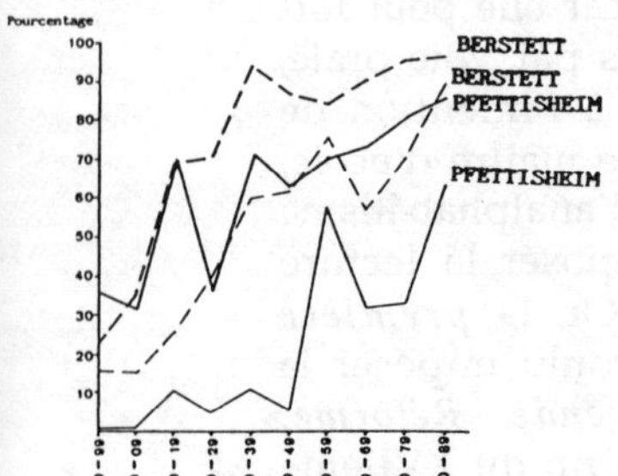

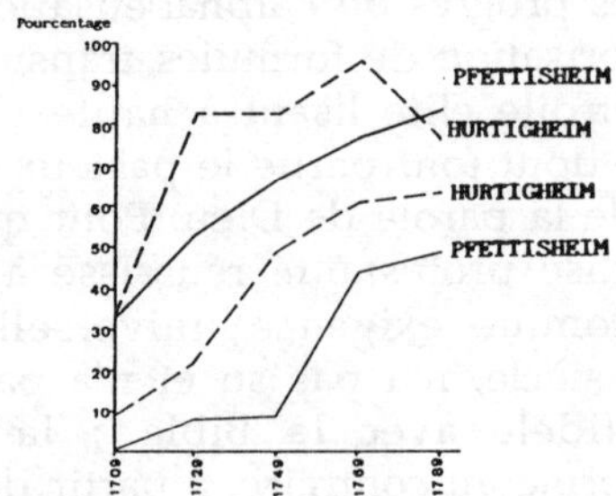

Dans deux milieux géographiques différ
Kochersberg et plaine d'Erstein

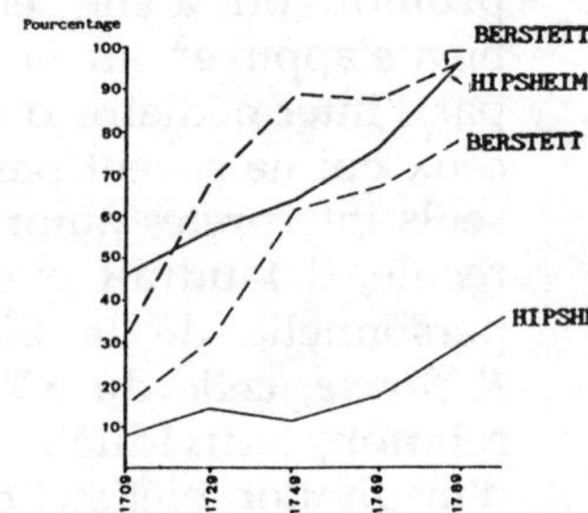

Hipsheim, plaine d'Erstein
Berstett, Kochersberg

Sources : ABR RP (M). Voir l'état des sources.

du pasteur[24]. Alors seulement deviennent possibles la lecture silencieuse et la réflexion solitaire[25]. Les campagnes rhénanes sont-elles parvenues à ce stade dès le XVIIIème siècle ?

Du reste, la comparaison entre paroisses catholiques et protestantes devrait pouvoir s'insérer dans l'étude de niveaux de richesse sensiblement équivalents, de façon à éliminer les distorsions de nature économique. Or, à l'intérieur d'un même milieu de vie, tel que celui du Kochersberg qui nous a servi de région-témoin, la structure socio-professionnelle peut différer entre Catholiques et Protestants. La différence observée au niveau de l'alphabétisation pourrait alors, conformément aux thèses pseudo-weberiennes, procéder davantage de facteurs économiques que de clivages purement confessionnels.

La diversité sur le plan socio-économique se reflète-t-elle dans le degré d'instruction ? Une étude approfondie des niveaux d'alphabétisation supposerait la parfaite connaissance des structures sociales de nos villages, condition rarement réalisée. Du fait de l'interconnaissance, très prononcée dans le monde clos et familier du village, curés et pasteurs ne jugent pas nécessaire de mentionner, avec la régularité que l'on souhaiterait, l'ensemble des professions et qualités des futurs conjoints, ni celles de leurs parents. Et, en admettant qu'elles soient indiquées, elles peuvent, en l'absence de toute reconstitution nominative des familles, devenir sources d'erreur : la répartition de la profession du père, à chacun des mariages de ses enfants, est susceptible d'introduire dans nos chiffres d'importantes distorsions. L'indication à Hipsheim (1690-1789) de la profession du père de l'époux – dans 200 cas environ –, plus rarement de celle des parents de l'épouse[26], permet néanmoins d'avancer quelques hypothèses. L'évolution divergente, dans le domaine de la signature, des différents groupes sociaux nous interdit de nous enfermer dans un schéma d'ensemble trop rigide. A la pointe de l'alphabétisation se situent les milieux privilégiés des maîtres d'école, des hommes de plume – greffiers et notaires –, et de tous ceux qui, tel le prévôt, détiennent une parcelle d'autorité. S'y ajoutent ceux qui, par leur profession, se trouvent en contact avec leur clientèle, et la nature de cette dernière n'est pas sans importance ; ils sont amenés à tenir une comptabilité, aussi rudimentaire soit-elle. A cet égard, les meuniers (mais non leurs épouses) battent les records, si l'on en croit l'échantillon de la moyenne Alsace fourni par Pierre Marie Maulbecker[27] :

	H		F	
	Nb. de cas	**% de signants**	**Nb. de cas**	**% de signants**
1680-1720	9	44,4	3	33,3
1720-1760	9	88,9	2	50
1760-1790	20	100	12	33,3
Total 1680-1790	**38**	**84,2**	**17**	**35,3**

[24] R. GAWTHROP / G. STRAUSS, *art. 3583*.

[25] BMS Ms. 272 (éd. par J. LEFFTZ, *art. [238]*, p. 249) : *die liebe, gute, vortrefliche Bibel, das herrliche Buch...* (autobiographe de Henri Ernst, Imsheim 1787).

[26] ABR 3 E 199/5

[27] P.M. MAULBECKER, *mém. 1606*, pp. 129-130 et annexe 14.

Suivent de près le receveur d'une institution, le marchand et l'aubergiste, le tailleur et le forgeron, parfois le cordonnier et le tisserand. L'aptitude à signer se fait plus rare et plus tardive chez le boulanger ou le pêcheur. Au bas de l'échelle, les journaliers ne signent de leur nom qu'à partir de 1750 et seulement dans un acte sur cinq, aggravant, de ce fait même, leur situation de dépendance à l'égard des laboureurs dont la signature est présente, du début à la fin du siècle, dans plus des trois quarts des cas. Cette situation se trouve largement confirmée lorsque la profession des parents de l'épouse est indiquée (20 % des cas) : notables, marchands et hommes de plume constituent les milieux les plus propices à l'alphabétisation, suivis par ceux des laboureurs et de la plupart des artisans. C'est ce que semble indiquer la situation comparée des villages de Lipsheim et de Holtzheim entre les années 1685/1690 et 1789. L'enquête, qui porte sur 588 conjoints, a pu être réalisée grâce à l'indication scrupuleuse des professions parentales. Nous avons essayé de procéder à deux types de regroupements, le premier visant à dégager les groupes d'activités et le second à éclairer l'évolution. La différenciation interne, propre à chaque groupe d'activité, tend à niveler les différences. Voici l'exemple de Lipsheim[28] où, sur une période relativement courte (1726-1741) mais de façon très fidèle, le curé indique la profession des parents des conjoints. Or, en dépit de l'étroitesse de l'échantillon, apparaît assez nettement la supériorité des autochtones sur les errants et des artisans sur les paysans dans la pratique de la signature :

		Total des conjoints (hommes)	Signatures nominatives	Initiales	Pictogrammes	Croix
Paysans	(1)	69	42	5	11	11
		100 %	60,9 %	7,3 %	15,9 %	15,9%
Artisans	(2)	31	24	1	2	4
		100 %	77,4 %	3,2 %	6,5 %	12,9 %
Vagabonds	(3)	4	-	-	1	3
		100 %			25 %	75 %

(1) N'ont pas été pris en considération les rares journaliers mentionnés dans les actes.
(2) Tailleurs, tisserands, cordonniers et forgerons.

Nous avons renouvelé l'opération pour Holtzheim[29] sur l'ensemble de la période (1686-1789) :

Milieu socio-professionnel			Signatures %	Initiales %	Pictogrammes %	Croix %	Sans émargement %
Terre	H	(98)	62,3	1	3,1	16,3	17,3
	F	(80)	15	15	10	57,5	17,5
Artisanat	H	(38)	63,1	2,7	2,7	13,1	18,4
	F	(42)	11,9	-	11,9	59,5	16,7
Services	H	(26)	38,5	-	11,5	34,6	15,4
	F	(18)	-	-	11,1	72,2	16,7

Ecartons d'emblée les vagabonds : les sources de la criminalité révèlent un monde relativement compact d'analphabètes[30]. Dans l'ensemble la capacité à signer est légèrement plus forte chez les artisans que chez les

[28] ABR 3 E 268/5 et 6.

[29] ABR 3 E 211/4-5.

[30] Voir *supra*, pp. 1463-1464.

Milieu socio-professionnel et alphabétisation

Milieu socio-professionnel	Nb.		% Signature		% Initiales		% Pictogrammes		% Croix		Absence d'émargements	
	H	F	H	F	H	F	H	F	H	F	H	F
Laboureurs												
L 134	72	62	79,1	6,5	2,8	17,7	11,1	37,1	4,2	35,5	2,8	3,2
H 136	73	63	69,8	14,3	1,4	-	1,4	8,2	12,3	61,9	15,1	15,6
Prévôts												
L 13	10	2	80	50	20	50	-	-	-	-	-	-
H 10	6	4	83,3	50	-	-	-	-	-	50	16,7	-
Forgerons												
L 15	7	8	100	-	-	-	-	50	-	50	-	-
H 15	4	11	100	27,3	-	-	-	9,1	-	27,3	-	36,3
Tisserands												
L 52	33	19	87,9	10,5	-	26,4	6,1	47,4	3	10,5	3	5,2
H 18	9	9	66,6	-	-	-	-	11,1	22,2	88,9	11,2	-
Tailleurs												
L 6	4	2	75	-	-	-	-	50	-	-	25	50
H 10	6	4	50	25	-	-	-	-	16,5	50	33,5	25
Maîtres d'école												
L 2	2	-	100	-	-	-	-	-	-	-	-	-
H 5	2	3	100	-	-	-	-	-	-	100	-	-
Vagabonds												
L 5	4	1	-	-	-	-	50	100	50	-	-	-
H 14	7	7	-	-	-	-	28,6	14,3	57,1	85,7	14,3	-

Sources : L = Lipsheim : ABR 3 E 268/5 et 6 (1685-1792)
H = Holtzheim : ABR 3 E 211/4-5 (1686-1789)

paysans, mais beaucoup plus faible chez les prestateurs de services : car à l'aubergiste, au meunier et au maître d'école, bien alphabétisés, s'ajoutent le vacher, le bouvier, le castreur, le garde-champêtre, le pêcheur, le batelier, dont la plupart ne savent pas signer. Davantage que les artisans, les paysans semblent avoir recours à des monogrammes qui leur sont propres : des initiales et des pictogrammes, mais aussi diverses croix, qui ne diffèrent guère de celles utilisées par les vagabonds. En réalité, ils constituent un groupe socio-culturel fort hétérogène, si l'on en croit l'exemple de Reichshoffen où, à la fin du XVIIIème siècle, le tiers seulement des *laboureurs à boeufs* sont capables de signer[31]. A Sainte-Croix-en-Plaine, c'est la nature même de l'opération, se trouvant à l'origine d'une collecte de signatures en 1751, qui opère une sélection : il s'agit en effet de la mise aux enchères du bien seigneurial appartenant à la Ville de Colmar[32]. Rien d'étonnant dans ces conditions, que les marques ou croix soient rares (13,8 % des émargements) et que 86,2 % des enchérisseurs, tous des paysans de quelque envergure, sachent signer. Il en est de même à Jetterswiller lorsqu'en 1772 les terres du strasbourgeois Jean-Georges Gerold sont mises aux enchères : 77,4 % des acquéreurs signent l'acte de leur nom ; 16,1 % apposent une croix de 6,5 % une marque quelconque qui ressemble parfois à une initiale maladroitement tracée[33]. Comme le montre l'exemple de Lipsheim, précédemment analysé, l'évolution au cours du XVIIIème siècle conforte l'avance des laboureurs et fait apparaître, sans doute parce qu'ils sont en contact avec la clientèle, l'accès des tisserands à l'usage de la signature :

Milieu socio-professionnel	% Signatures		% Initiales		% Pictogrammes		% Croix		% Sans émargement	
	H	F	H	F	H	F	H	F	H	F
1685-1729										
laboureurs (13 H, 7 F)	69,2	-	7,7	14,3	15,4	14,3	-	57,1	7,7	14,3
tisserands (1 H, 1 F)	-	-	-	-	-	-	-	-	(100)	(100)
1730-1759										
laboureurs (37 H, 34 F)	75,7	2,9	2,7	14,7	16,2	44,2	5,4	38,2	-	-
tisserands (1 H, 7 F)	-	28,6	-	28,6	(100)	28,6	-	14,2	-	-
1760-1789										
laboureurs (21 H, 20 F)	95,2	15	-	25	-	35	4,8	25	-	-
tisserands (32 H, 11 F)-	93,6	-	-	27,3	3,2	63,6	3,2	9,1	-	-

Mais le clivage entre laboureurs et journaliers recoupe parfois l'opposition juridique entre bourgeois et manants, les premiers bien enracinés dans la communauté, les seconds plus fraîchement installés. Lorsque les habitants de Dessenheim, en Haute-Alsace, se décident en 1770 à procéder au partage des communaux[34], la proportion des signants s'établit comme suit :

[31] ANQ[1] 971 (6 août 1781).

[32] AHR 25 J 125 (20 juin 1751).

[33] ABR 6 E 36 Not. Saverne II/190.

[34] AHR C 1295.

	Nombre de présents	Signent de leur nom	Apposent une croix ou une marque	Ne signent pas
Laboureurs	29	27 (93,1 %)	2 (6,9 %)	-
Journaliers	59	51 (86,4 %)	8 (13,6 %)	-
Veuves de bourgeois	12	6 (50 %)	4 (33,3 %)	2 (16,7 %)
Manants	16	7 (43,7 %)	9 (56,3 %)	-
Veuves de manants	6	1 (16,7 %)	2 (33,3 %)	3 (50 %)

Les renseignements fournis par les registres paroissiaux d'Erstein[35] combinent, comme bien d'autres, les qualités juridiques et les appartenances professionnelles des habitants. Or, sur 204 émargements relevés entre 1685 et 1781, le groupe des *cives-agricolae* l'emporte royalement : 80 % de signatures nominatives, 16 % de marques diverses (croix et pictogrammes) 4 % d'initiales. Par contre, la catégorie des pêcheurs et des journaliers voit la proportion des signants baisser, même si les époux sont qualifiés de *cives*. Enfin les *incolae* se contentent le plus souvent d'apposer leur marque. Est-ce à dire que la proportion des habitants venus de l'extérieur fait systématiquement baisser le niveau de l'alphabétisation au village ? C'est ce que semblent suggérer bien des monographies empreintes de vanité locale[36]. A titre de contre-épreuve, l'échantillon de Holtzheim, qui repose sur 669 origines connues[37],relativise cette impression sans pour autant l'infirmer :

	H	Nb. (%)	F	Nb. (%)
Signatures				
originaires du village	124	(50,5 %)	13	(5,7 %)
étrangers au village	36	(35,5 %)	12	(13,2 %)
Initiales				
originaires du village	7	(2,8 %)	1	(0,4 %)
étrangers au village	3	(2,9 %)		
Pictogrammes				
originaires du village	35	(14,2 %)	32	(14 %)
étrangers au village	10	(9,8 %)	14	(15,4 %)
Croix				
originaires du village	35	(14,2 %)	113	(49,8 %)
étrangers au village	29	(28,5 %)	39	(42,8 %)
Sans émargement				
originaire du village	45	(18,3 %)	71	(30 %)
étrangers au village	24	(23,3 %)	26	(28,6 %)

Que les vagabonds ne sachent pas signer, quoi de plus normal ? Il en va de même des immigrés accourus de l'étranger - Suisse et pays de Bade essentiellement -, souvent chassés de leur pays par une misère matérielle inséparable d'une indigence dans le domaine de l'alphabétisation. Mais la proportion des signants issus des villages limitrophes est assez comparable, voire supérieure pour les femmes, à ce qu'elle est pour les natifs de Holtzheim. La stratégie matrimoniale peut même contribuer à élever le niveau d'alphabétisation d'une commune.

35 ABR 3 E 129/15 et 16.

36 A. POSTINA, *op. [449]*, p. 267 : sur 152 hommes de Munchhausen (Ried Nord) entre 1740 et 1780, 47 - soit près de 31 % - ne savent pas émarger de leur nom. Or les autochtones sont 17 %, les étrangers 46 % à ne pas user de la signature. Parmi les femmes étrangères au village, plus de 93 % ne signent pas.

37 ABR 3 E 211/4 et 5.

La corrélation entre signature et alphabétisation devrait pouvoir s'éclairer par l'étude des bourgs, caractérisés par des structures professionnelles plus diversifiées. Nous avons tenté de le faire, de façon quantitative pour Erstein, Lauterbourg et Bouxwiller, de façon analytique pour Marckolsheim. La situation du bourg d'Erstein semble très voisine, sur le plan de l'alphabétisation, de celle des villages environnants (Matzenheim, Hipsheim). Il en va de même de Lauterbourg dont le niveau d'alphabétisation ne diffère pas fondamentalement de celui de Niederlauterbach, sauf en ce qui concerne le degré d'alphabétisation féminine. L'usage de la signature est certes plus marqué à Bouxwiller que dans les villages du comté, mais les courbes de progression sont, de part et d'autre, parallèles au XVIIIème siècle. Si Erstein nous apparaît comme un gros village, il n'en est pas de même de Marckolsheim, lieu d'étape et poste de douane. Y perce timidement une classe dominante, celle des fonctionnaires et des marchands, détenteurs d'une culture écrite. Occupant une situation intermédiaire, le monde de la terre, de la boutique et de l'échoppe est en voie d'alphabétisation. Les taux les plus faibles reviennent aux journaliers mais, avec des records de plus de 70 % au milieu du siècle, le retard sur les autres groupes sociaux semble moins accusé que dans les communes exclusivement agricoles : faut-il l'attribuer à la faiblesse de l'échantillon ou à un effet d'entraînement qui se ferait sentir à l'intérieur de la communauté ? La distorsion des résultats par sexes, constatée au sein d'une même catégorie socio-professionnelle, ne fait que reproduire le décalage entre alphabétisation masculine et féminine. Néanmoins l'écart s'accentue à mesure que l'on descend dans l'échelle sociale et l'on ne s'en étonnera pas : le journalier et l'artisan sont moins sensibles à la nécessité d'initier leur fille à la science de la signature que ne le sont les marchands et les officiers. Milieu social oblige.

Resterait à déterminer l'influence de la ville sur la campagne environnante. Très alphabétisante par les fonctions qui lui sont propres – administratives, judiciaires, commerciales –, la ville affirme sa suprématie sur le bourg ou la paroisse rurale[38]. Par les liens économiques qu'elle est amenée à tisser avec la campagne, elle pourrait exercer un rôle de *contamination culturelle* pour les habitants des villages environnants incités, par la nécessité des échanges, à acquérir quelques rudiments d'écriture. En fait, les communes périurbaines accusent souvent des taux d'alphabétisation inférieurs à la moyenne, par la migration en ville des éléments les plus alphabétisés. On saisit par là même la complexité des paramètres conditionnant l'alphabétisation rurale.

Tributaire de la misère économique, le *retard culturel* se situe donc à la fois au niveau des individus et au niveau des régions. Les contrées aux terres riches, intégrées dans une économie de marché, dominées par une élite de laboureurs (Kochersberg, plaine d'Erstein) accusent une avance

[38] A ce sujet, les résultats fournis par A-M. RICHARTH pour Saverne au XVIIIème siècle (*mém. 918*, pp. 46-47 et 53) ne sont guère concluants. Par contre, l'exemple de Molsheim illustre la chute brutale, dès la fin du XVIIème siècle, des non signants et la forte progression des signants au siècle suivant (ABR 3 E 300/1, 11-14, 1685-1792).

incontestable sur des régions plus pauvres, à structures sociales plus démocratiques, situées à l'écart de la ville et des voies de communication (Outre-Forêt, Ried). Il serait intéressant, par ailleurs, de comparer l'alphabétisation de la plaine avec celle du Vignoble : le contact avec une clientèle confère-t-il à ce dernier une quelconque supériorité[39] ? Ou les effets d'une possible commercialisation sont-ils neutralisés par ceux d'un émiettement des structures socio-économiques ?

Une enquête, réalisée en 1709, fait apparaître que, dans le bailliage de Haguenau, composé de milieux de vie contrastés, la capacité à signer est grossièrement proportionnelle à la capacité de constituer des réserves de froment :

Réserves de grains et alphabétisation masculine : l'exemple de 31 communes du bailliage de Haguenau en 1709

	Nb. de chefs de ménage masculins	Réserves en froment (sacs par chef de ménage)	Nature de l'émargement (% du nb. de chefs de ménage) signatures	initiales	pictogrammes	croix	néant
Outre-Forêt	89	1 1/2	30,5	8,9	30,6	30,3	-
Région de Haguenau	89	3 3/4	33,7	4,5	48,3	13,5	-
Pays de Hanau	155	5	51,6	5,2	25,8	14,8	2,6
Région de Brumath	94	5 1/2	52,1	4,2	39,4	3,2	-
Kochersberg	35	5	77,1	8,7	11,4	2,8	-
Moyenne	**464**	**4 3/4**	**46,3**	**5,6**	**32,7**	**14,3**	**1,1**

Source : AMH HH 7

Apparaissent deux groupes de villages, les uns plutôt pauvres et sous-alphabétisés, sur le pourtour de la forêt de Haguenau : les autres plutôt riches et fortement alphabétisés, sur les terres loessiques du pays de Hanau, des collines de Brumath et, surtout, du Kochersberg.

C'est en réalité la combinaison des facteurs géographiques, économiques et confessionnels qui donnent à chaque localité sa physionomie propre quant au taux d'alphabétisation. L'enquête de 1789/an IX permet ainsi de réaliser une coupe à travers les campagnes de Haute-Alsace[40]. On se contentera de relever le retard de la vallée vosgienne et la situation privilégiée des communes de la plaine, même celles qui se tiennent à l'écart de Colmar qui ne semble pas avoir créé autour d'elle un *climat culturel*.

% des hommes alphabétisés par rapport à l'ensemble de la population masculine

		situation géographique	confessionnelle
Fessenheim	82,3	plaine	catholique
Bilzheim	65,1	plaine	catholique
Horbourg	37,5	plaine (aux portes de Colmar)	protestant
Wintzenheim	31,5	vignoble (aux portes de Colmar)	catholique
Rumersheim	25,3	plaine	catholique
Wihr-au-Val	5,7	vallée	catholique
Wasserbourg	1,7	montagne	catholique

[39] J-M. KUPPEL, *mém. 619*, p. 88 : à Kaysersberg, entre 1780 et 1789, sur la base de 179 mariages, les hommes sont alphabétisés à 78,7 % et les femmes à 42,4 %.

[40] AHR 1 M 57 : *Enquête sur la situation des communes sous le rapport de la population, de l'agriculture, de l'industrie et du commerce en 1789 et en l'an IX.*

Résumons-nous. Quoique fragmentaires, les résultats obtenus pour la plaine d'Alsace confirment dans l'ensemble les chiffres avancés par Maggiolo pour le Nord-Est du pays. Nous relevons néanmoins une double originalité :

- le dynamisme apparemment plus marqué dans l'alphabétisation entre les années 1690 et la veille de la Révolution : il en résulte qu'au terme de notre enquête, c'est une minorité, et non la majorité, de la population qui se trouve rejetée hors de l'accès à un culture écrite ;
- l'extrême diversité des situations, les contrastes s'expliquant par l'interférence constante de facteurs variés d'ordre géographique, socio-économique et confessionnel. C'est en partie dans ce dernier facteur, apportant une raison supplémentaire de différence, que réside l'originalité alsacienne.

Au travers de l'étude des signatures, nous avons découvert le triple visage de l'alphabétisation. Elle est à la fois instrument d'éducation religieuse, outil économique et moyen de domination. Tributaire de l'organisation socio-économique de la campagne, elle repose, dans des milieux qui s'engagent timidement dans une économie de marché, sur la notion d'utilité. Mais, en même temps qu'elle renforce les anciens clivages, fondés sur la situation matérielle, elle en annonce de nouveaux, établis sur le prestige de la culture écrite. Dans sa forme la plus élaborée, elle reste à la fin du XVIIIème siècle l'apanage de privilégiés - agent seigneurial, collecteur d'impôts, bailleur de terres en tête - qui participent à la domination ou au contrôle du monde des analphabètes. L'évolution s'achèvera au siècle suivant, lorsque l'accès à l'alphabétisation viendra faciliter ou, au contraire, entraver la mobilité sociale, conférant une certaine rigidité à une hiérarchie dans laquelle le privilège de la culture sera en mesure d'épauler celui de la richesse. Mais, en attendant ce reclassement culturel et le triomphe de nouvelles valeurs dominantes, n'y-a-t-il pas un véritable hiatus entre une culture savante, fondée sur l'écrit et une culture populaire qui lui tourne le dos ? entre un milieu urbain qui incite à lire et à écrire et un milieu rural où le livre constitue l'exception ? Or l'école d'Ancien Régime ne semble guère capable d'effacer ces différences.

Conclusion : Alphabétisation et scolarisation

L'alphabétisation passe-t-elle toute entière par l'école ou une partie échappe-t-elle à l'institution scolaire ? Au regard de la situation contemporaine, nous serions tentés d'établir une corrélation entre l'implantation des écoles et le niveau de l'alphabétisation. A l'inverse, pour qui souhaiterait tester l'efficacité de l'école, il est tentant de chercher dans l'alphabétisation le prolongement de l'institution scolaire. Or ce lien, qui se fait de plus en plus étroit au XIXème siècle, semble plutôt lâche dans les sociétés rurales d'Ancien Régime. C'est au contraire la discordance qui éclate au grand jour entre une alphabétisation en progrès constants de la fin du XVIIème au début du XIXème siècle et une armature scolaire fort lâche. Inversement à Gries, pourtant dotée d'une école vieille de deux siècles, la moitié à peine des pères de famille sont capables de signer les requêtes qu'on leur soumet à la veille de la Révolution[41]. Ainsi, *l'alphabétisation n'est pas l'école et l'histoire de l'école ne suffit pas à épuiser celle de l'alphabétisation*[42]. Un lien trop étroit signifierait qu'il suffit d'une politique volontariste pour imposer la victoire des *Lumières* sur l'ignorance. Tel n'est pas le cas, puisque l'alphabétisation est le domaine des évolutions lentes et de l'inertie sociale. L'existence de moyens de s'instruire n'apparaît donc pas comme une incitation suffisante. Si l'école n'a pas l'efficacité que nous en attendons aujourd'hui, c'est que sa mission, qui est avant tout éducatrice, consiste à donner une formation morale et religieuse. Elle est un moyen de contrôle et de contrainte aux mains de l'Eglise, et accessoirement de l'Etat, pour assurer le triomphe de la religion et extirper l'hérésie. Si elle peut servir de support à l'alphabétisation, c'est que cette dernière atteint au préalable un seuil minimal et se réalise, par imprégnation progressive, grâce à l'interférence d'impulsions diverses venues de l'église, de la famille, du milieu social et professionnel. Moyen d'accéder à une culture écrite pour les groupes dominants de la société, l'institution scolaire n'a pas la même signification pour bon nombre de petites gens qui, de façon très autodidacte, cherchent en dehors d'elle le savoir nécessaire et suffisant dont ils ont besoin. Quitter le domaine de l'alphabétisation, avec ses implications économiques et sociales, pour tenter l'histoire institutionnelle de l'école, c'est donc passer, dans une certaine mesure, du stade de *l'instruction* à celui de la *formation*, du domaine social au domaine politique.

II. L'ECOLE AU VILLAGE

L'histoire de l'enseignement sous l'Ancien Régime n'a guère tenté jusqu'à ce jour les chercheurs alsaciens déconcertés, sans doute, par la dispersion des sources : archives seigneuriales et paroissiales, registres de l'Officialité et des institutions religieuses. Il faut en effet se contenter de l'image très partielle que nous renvoie le miroir brisé d'une documentation lacunaire. On déplorera en particulier l'inexistence des *pouillés scolaires* que Louis Maggiolo a pu exploiter pour une partie de la Lorraine voisine[43] et, à notre connaissance, l'absence de toute enquête générale semblable à celle menée en 1779 dans cette même province[44]. A mi-chemin entre l'érudition passionnée, parfois apologétique, des historiens du XIXème siècle et la précision statistique contemporaine, une telle étude présenterait pourtant un grand intérêt.

L'école, pour quoi faire ? En effet l'institution ne semble pas répondre, à la campagne, à une nécessité vitale. D'un côté une demande timorée, car l'activité scolaire, dont l'utilité semble mal perçue, apparaît trop souvent

[41] W. GUGGENBÜHL, *op. [412]*, p. 125.

[42] Fr. FURET/M. OZOUF, *art. 3132*, p. 488.

[43] L. MAGGIOLO, *op. 3101*.

[44] A. DE ROHAN-CHABOT, *op. 3109*, pp. 200-203 (AMM C 314).
De même en Champagne (voir D. JULIA, *contrib. 3094*).

comme la concurrente de l'activité agraire. De l'autre, une offre qualitativement insuffisante : les régents de campagne, auxiliaires des curés, n'ont pas la formation ni les ressources suffisantes qui leur permettraient d'accéder à une véritable indépendance. Dans ces conditions, l'école de campagne, qui a le mérite d'exister, reste un instrument d'éducation religieuse et morale, sans remplir efficacement la mission d'instruction populaire que nous lui reconnaissons aujourd'hui. En tant que reflet du primat et du dualisme religieux, elle continue, jusqu'à la fin du XVIIIème siècle, à porter la marque de ses origines.

A) La demande scolaire : une "école en miettes"

L'approche, à la fois institutionnelle et sociale, de l'école fait apparaître un enseignement embryonnaire, intermittent et d'audience limitée.

1) Le problème du tissu scolaire : précocité de l'offre et timidité de la demande

En l'absence d'un outil statistique systématique et d'un *corpus* spécifique, il n'est guère possible de reconstituer le tissu scolaire plus ou moins lâche qui enserre la campagne d'Alsace aux XVIIème et XVIIIème siècles. Un ultime espoir, face à la dispersion des renseignements, pourrait se fonder sur l'exploitation des visites pastorales effectuées dans les diocèses de Strasbourg, de Bâle et de Spire, lors de la période de la *reconstruction*.[45] Malheureusement, c'est avec une grande irrégularité et un laconisme désespérant que les curés mentionnent, dans leurs réponses, la présence d'un maître d'école-sacristain qui soit en mesure de réclamer sa rétribution. Force est donc de recourir à des indications disparates, éparpillées à travers les sources, dont se dégage néanmoins une première impression : celle d'une scolarisation relativement précoce dont les origines remontent largement en amont de la tranche chronologique que nous avons été amené à adopter. Du comté de Hanau-Lichtenberg[46] au Sundgau[47] on nous signale l'existence d'écoles rurales dès le début du XVIIème siècle, tandis que les visites prescrites par les Wurtemberg dans le comté de Horbourg remontent à 1630[48]. A mi-chemin entre la ville et la campagne, Turckheim se glorifie d'entretenir une *petite école* dès le XIIIème siècle et nous offre, en tout cas, des règlements scolaires bien structurés entre 1610 et 1621.[49] Sans pouvoir déboucher sur la chronologie et la géographie de la demande scolaire, ces indications rejoignent les affirmations des spécialistes qui, de la Franche-Comté à la Lorraine[50], attestent une avance du Nord-Est de la France où

[45] Voir *supra* pp. 27-28 et 340-348.

[46] J. ADAM, *op. 3415*, p. 112 (*Neuwe Schulordung* 1614).

[47] AHR E dépôt 32/1 (Dietwiller, 1618-1619). Voir L. LAPOINTE, *art. 1798*.

[48] AN K 2357/1.

[49] A. BILLICH, *op. 203* (AM Turckheim GG 33 et BB 17).

[50] A. DE ROHAN-CHABOT, *op. cit.* et L. BORNE, *op. 3085*, t. I, pp. 1-137 ; t. II, pp. 1-387 et 439-452.

l'implantation des écoles de campagne se serait effectuée dès la fin du XVIème siècle. La Réforme a incontestablement joué le rôle de stimulant, faisant de l'institution scolaire un véritable instrument de conversion : dès lors l'école sera confessionnelle ou ne sera pas[51].

Premières mentions d'une école
(liste non exhaustive)

	Bâtiment ou institution	Maître d'école
1560	Marlenheim	
1571		Brumath
1585	Bailliage du Kochersberg	
1589		Goxwiller (protestant)
1604		Maennolsheim, Gries
1606	Quatzenheim	
1612	Flaxlanden	
1617		Magstatt-le-Bas
1615/1620		Willgottheim
1618/1619	Dietwiller	
1618		Bischwiller
1622		Sundhoffen
1623		Issenheim
1627		Sessenheim
1628	Truchtersheim	Truchtersheim
1629	Wittelsheim	
1630	comté de Horbourg, Geudertheim	
1634	Pfaffenhoffen	
1654		Weitbruch
1655	Sundhoffen, Bischwihr	
1666	Niederbronn	
1672		Geudertheim
1672		Ballersdorf, Hochstatt, Illfurth
1681		Berstett
1685	Schnersheim	
1687		Goxwiller (catholique)
1691	Olwisheim	

Comme dans tout l'Empire, l'école est dépendante de l'Eglise, cette dernière se trouvant, dans les territoires protestants, aux mains du prince. Les témoignages sur le prosélytisme religieux abondent : une école luthérienne fermée sur ordre de l'intendant[52], une école catholique ouverte dans telle localité protestante[53] : autant de gestes révélateurs d'une volonté de conquête ou de reconquête religieuses sur l'*hérésie* [54]. Car il s'agit bien, pour les autorités catholiques animées par l'esprit tridentin, de combattre la Réforme avec les propres armes de celle-ci. Aussi le curé royal de Soultz-sous-Forêts s'émeut-il, en 1778, de ce que ses paroissiens, mécontents des services rendus par le maître catholique, s'avisent à envoyer leurs enfants chez le maître d'école luthérien[55] ! Cas plutôt rare, compte tenu du

51 DE BOUG, *Ord. Als.*, t. I, p. 200 : arrêt du 28 septembre 1681.

52 ABR G 5249 : *um den lutherischen Schulmeister abzuschaffen* (évêque, Marlenheim 1659).
R. REUSS, *op. [508]*, t. II, p. 371 (intervention de de La Grange à Marlenheim, le 8 mars 1685).
AHR E 468 (Wolfgantzen, 5 mai 1686).

53 R. REUSS, *op. cit.* t. II, p. 376, L.A. KIEFER, *op. 1770* , p. 280 (Balbronn 1687).

54 Voir également DE BOUG, *Ord. Als.* t. I, p. 608 : *Déclaration concernant les Religionnaires* (14 mai 1724), avec rappel des déclarations de 1681 et 1698.

55 J-C. STREICHER, *art. 3598*, pp. 85-86.

cloisonnement confessionnel propre à la province. Toute étude sur l'école en milieu luthérien doit tenir compte des liens très étroits entre l'Eglise et la *Obrigkeit*.

Mais un maître par paroisse, conformément aux décrets du Concile de Trente, et une maison d'école par village dès la fin du XVIème siècle correspondraient à une situation idéale à laquelle n'ont tenté d'accéder que quelques bailliages protestants, comme les comtés de Hanau-Lichtenberg et de Horbourg. C'est parfois le presbytère qui supplée à l'absence d'école[56], dans la mesure où le pasteur y accueille en hiver quelques rares enfants. Mais, dès 1730, 37 communautés du grand bailliage de Haguenau sur 44 disposent d'une école[57].

Les raisons de cette avance, toute relative, de l'Alsace sont probablement d'une grande complexité. Si l'offre des réformes, protestante et catholique, tombe, telle une semence, dans un terrain propice disposé à l'accueillir, on peut sans doute l'imputer à la vigueur des institutions collectives que sont les communautés rurales et la nécessité dans laquelle elles se trouvent de recruter des administrateurs pourvus d'un bagage intellectuel minimal. De façon plus concrète, l'habitat groupé favorise la scolarisation même si, dans certains villages du Kochersberg, la boue rend les chemins impraticables au point de contraindre les enfants, jusqu'à une époque relativement récente, à se servir d'échasses pour se rendre à l'école[58]. En l'absence d'un maître par commune et compte tenu d'une carte religieuse bigarrée, le réseau relativement serré des agglomérations autorise le regroupement des élèves dans l'une ou l'autre des paroisses[59]; mais le déplacement du maître, comme celui des élèves, est toujours considéré comme un pis-aller[60].

Néanmoins cette aptitude à la scolarisation doit être relativisée. D'une part, l'institution scolaire a quelque difficulté à passer de l'intention à la réalité, du fait des difficultés financières de certaines communautés. Par ailleurs, en admettant que l'école existe, elle ne répond pas aux besoins de la population rurale qui ne prend guère conscience de son utilité. Un rapport du bailli de Wasselonne à la Régence de Bouxwiller, daté du 25 avril 1694, dénonce le peu d'empressement des parents à y envoyer leurs enfants[61]. De façon symptomatique, c'est dans la petite ville de Turckheim, si fière de ses

[56] AN K 2357/1 : visite de Wolfgantzen (1630).

[57] ABR C 231.

[58] A. ERICHSON, *op. [393]*, p. 19.

[59] ABR G 1769 : école de Truchtersheim pour les enfants de Truchtersheim, Pfettisheim, Kleinfrankenheim, Dossenheim, Dingsheim, Griesheim et Offenheim (1628). Voir L. LAPOINTE, *art. 3099*.

ABR E 5800 : école de Cleebourg pour les enfants de Cleebourg, Rott, Oberhoffen et Steinseltz (1751).

[60] AHR 18 J 527 : de Durrenentzen à Muntzenheim (jusqu'à la construction de la maison d'école, 1750-1755).

AHR 3 E 241/2 : *ein Schulhaus, damit ihre Jugend überfeld zu gehen sich nicht möchte genothiget sehen, aufgerichtet ist* (Bosselshausen 1717-1719).

ABR C 187 : *si leurs enfants viennent en cette saison (hiver) à Soultz pour mandier, ils peuvent aussi fréquenter l'école* (à propos d'un différend entre Biblenheim et Soultz-les-Bains, *éloigné d'un demy petit quart de lieue*, en 1779).

[61] L. A. KIEFER, *op. cit.* (Balbronn 1694) et R. REUSS, *op. cit.* t. II, p. 373.

anciennes institutions scolaires, que le problème est relevé en 1686 par le curé Reyer, aussi sensible aux insuffisances de l'instruction publique qu'à l'indifférence des parents[62]. Si ces derniers s'entêtent, affirme-t-il, pour quelque raison que ce soit – *avarice, imprévoyance, aversion* –, à retenir leurs enfants chez eux, on sera obligé, *par manque de gens compétents*, de recruter *des représentants de l'autorité publique, échevins, prévôts, collecteurs d'impôts ne sachant ni lire ni écrire.* C'est en vain que de-ci de-là les curés *clament leur désaprobation du haut de la chaire* et les plaintes de celui de Turckheim ouvrent la voie à un concert de doléances. *Sub vario praetextu,* nous dit-on dans le Chapitre rural de Wissembourg, les enfants ne sont que rarement, pour ne pas dire du tout, envoyés à l'école et, s'ils font acte de présence lors de l'inspection du doyen, ils disparaissent dans la nature quelques jours plus tard . A la première occasion, l'école buissonnière reprend ses droits[63]. Curés et pasteurs - ceux du comté de Ribeaupierre en 1773 et ceux du comté de Horbourg en 1788 - incriminent à la fois la négligence et l'insouciance des parents et la misère des habitants[64], sans même invoquer, comme le fait le pasteur de Quatzenheim, le souci de réaliser des économies[65]. Les cahiers de doléances, intéressants dans la mesure où ils reflètent l'opinion des campagnes à la veille de la Révolution, accordent, dans leur discours dolosif ou revendicatif, une place fort réduite à l'école. La culture paysanne n'est-elle pas plus orale qu'écrite ? A quoi bon tant de savoir ? Les bienfaits de l'instruction ne sont que médiocrement appréciés par des gens simples pour qui l'apprentissage est un *savoir faire* ou un *voir faire* plus qu'un *savoir* tout court. La socialisation de l'enfant passe par sa participation directe au travail de l'adulte, c'est-à-dire par l'apprentissage empirique de la vie sociale à travers l'exemple. Si tel est le cas, l'instruction pourrait bien être réservée à ces quelques privilégiés, dont le curé Reyer se fait le porte-parole, détenteurs du pouvoir ou intégrés dans une économie de marché. Faire adopter à la paysannerie un modèle culturel urbain et élitiste paraît insensé à une époque où l'instruction est loin d'être cette clé permettant d'ouvrir toutes les portes. Tout se passe comme si l'école, institution conçue pour des privilégiés, se trouvait calquée sur un modèle très éloigné des préoccupations paysannes.

Autre fait révélateur : sur les bancs des écoles rurales, on trouve davantage de garçons que de filles alors que l'équilibre numérique des sexes tend à pencher en sens inverse. C'est que priment les préoccupations économiques : vu le contenu de l'enseignement, qui se veut pratique et utilitaire, il est souhaitable que ce soit l'homme qui ait quelques rudiments d'instruction. Par les contacts qu'ils seront amenés à établir avec le marchand, le notaire, le percepteur, les garçons éprouvent davantage le

62 AEBP A 19b/9 (1686), traduction.

63 ABR G 5849 (1771).

64 ABR 3 E 267/1 : *quanta negligentia ? quanta malitia ? quantave fuit refractandia ?* (Lingolsheim, école d'été, 1731).
Ch. HOFFMANN, *op. cit.*, t. II, pp. 62-63. Cf. Bischwihr : *sous prétexte des travaux de la Maison ou de l'Agriculture.*

65 ABR 3 E 382/1 : *geitzige und filtzige Eltern ohne Noth die Kinder zu Haus behalten, nur etliche Pfennig zu ersparen* (Quatzenheim, 7 novembre 1734).

besoin de savoir lire, écrire et calculer, les filles pouvant se contenter d'apprendre à filer : une séparation des tâches qui se prépare dès le plus jeune âge. Les inspections scolaires nous autorisent à cerner le nombre moyen d'élèves des deux sexes réellement présents :

Source	Période	Localité	Nombre total d'enfants scolarisés	Garçons	Filles
Basse vallée de la Bruche					
ABR 2 G 100/4	1699-1706	Dorlisheim	158	100 (63 %)	58 (36,7 %)
Hardt					
AHR E 1442	Année 1742	Jebsheim	120	74 (62 %)	46 (38 %)
Chr. PFISTER[66]	Année 1763	Ostheim	73	33 (45 %)	40 (55 %)
AHR E 466	Année 1770	Andolsheim	84	44 (52 %)	40 (48 %)
AHR E 466	Année 1781/82	Sundhoffen	131	63 (48 %)	68 (52 %)
Outre-Forêt					
ABR H 1155-1161	dernier trimestre 1774	Walbourg	31	18 (58 %)	13 (42 %)
	premier trimestre 1775		33	19 (58 %)	14 (42 %)
	dernier trimestre 1775 et 1er trimestre 1776		25	16 (64 %)	9 (46 %)
	dernier trimestre 1776 et 1er trimestre 1777		27	16 (59 %)	11 (41 %)
	dernier trimestre 1783 et 1er trimestre 1784		27	16 (59 %)	11 (41 %)
	dernier trimestre 1775	Durrenbach	34	20 (59 %)	14 (41 %)
	premier trimestre 1776		41	26 (63 %)	15 (37 %)
	dernier trimestre 1776		32	19 (59 %)	13 (41 %)
	premier trimestre 1777		40	19 (47,5 %)	21 (52,5 %)
	premier trimestre 1778		31	17 (55 %)	14 (45 %)
	dernier trimestre 1777 et 1er trimestre 1778	Hinterfeld	17	9 (53 %)	8 (47 %)
	dernier trimestre 1783 et 1er trimestre 1784		13	6 (46 %)	7 (54 %)
	Moyenne (12 observations)	**1774-1784**	**351**	**201 (57 %)**	**150 (43 %)**

Dans 80 % des cas, le nombre des garçons l'emporte sur celui des filles sans que, pour autant, la sous-scolarisation féminine, peu marquée du reste, puisse être érigée en règle générale[67]. L'enquête de 1789 accorde une légère majorité (50,4 %) aux garçons (1722) par rapport aux filles (1695) dans 54 communes de Haute-Alsace[68]. Mais on constate que, dans certains villages de la plaine (Bilzheim, Pulversheim, Rumersheim par exemple), le taux de scolarisation féminin l'emporte, peut-être parce que les garçons sont requis pour les travaux de l'exploitation familiale. Comment interpréter un taux de masculinité plus élevé dans le Vignoble et les vallées vosgiennes ? Par le fait que, dans le second cas, l'utilité de la scolarisation des garçons est mieux ressentie que dans la plaine ? Par le fait que Vignoble et vallée offrent moins d'occupations aux garçons scolarisables ? Pour les filles, des facteurs d'ordre économique ont pu jouer dans ce sens. Certes l'école ne sait pas initier aux travaux ménagers, mais la présence des petites filles à la maison est certainement moins indispensable que celle des garçons requis, dès leur plus jeune âge, pour les travaux des champs.

---

66 Chr. PFISTER, *art. 394*, p. 394.

67 ABR 1 B 1357 : enquête sur le maître d'école de Traenheim qui s'intéresse d'un peu trop près à ses petites élèves en 1693. Voir *infra* note 305, p. 1877.

68 AHR 1 M 57.

Par ailleurs, surtout dans les paroisses luthériennes, l'étroite surveillance seigneuriale et la pratique de la lecture biblique ont pu avoir un rôle incitatif sur la fréquentation scolaire pour les deux sexes, réduisant, du fait même, le dimorphisme sexuel constaté.

Ne perdons pas de vue que la fonction de la femme n'est pas seulement d'être reproductrice, mais éducatrice, c'est-à-dire de transmettre les valeurs morales et religieuses dont la plupart peuvent être acquises à l'école. Et, pour les garçons comme pour les filles, la finalité de l'école est la même : conduire à la confirmation ou à la première communion.

Car les réalités socio-économiques composent avec des réflexes psychologiques bien ancrés. La scolarisation des enfants est-elle compatible avec la tenue d'une exploitation ? Tel est le véritable problème. L'investissement scolaire apparaît moins comme un *investissement-argent* – nous aurons l'occasion d'y revenir – que comme un *investissement-temps* par suite de l'immobilisation d'une partie non négligeable de la main-d'oeuvre familiale et du manque à gagner qui en résulte. Certes, la répartition quotidienne des heures de classe laisse d'importantes plages disponibles pour les travaux champêtres. Dans le comté de Horbourg, on précise bien que les enfants doivent être libérés à l'heure[69], tandis qu'à Gertwiller les parents s'élèvent en 1663 contre un maître trop zélé qui retient les élèves après l'heure et empiète ainsi sur le temps consacré aux travaux champêtres[70]. Que penser, dans ces conditions, du souhait qu'exprime l'évêque de Bâle en 1784, selon lequel les écoliers devraient avoir *un devoir à remplir ou une leçon à apprendre au logis* [71] ? Voeu pieux, sans doute...

Les enfants se rendent à l'école aux aurores – entre 6 et 8 heures du matin –, sont libérés dès 9 heures en été ou 10 heures en hiver, pour reprendre les cours, selon les saisons, entre 11 heures/midi et 14/15, exceptionnellement 16 heures : soit un volume horaire de cinq heures par jour[72]. Au total, si l'on prend en considération les *Spieltage,* congés hebdomadaires couvrant les après-midi du mercredi[73] ou, plus souvent, du jeudi[74] et toujours du samedi, ainsi qu'un grand nombre de jours fériés[75], cet horaire hebdomadaire de 20 à 30 heures compose d'emblée avec les

69 AN K 2357/3 : projet de règlement scolaire fin XVIIIème siècle, art. 18.

70 R. REUSS, *op. cit.* t. II., p. 380 (inspection ecclésiastique dans les bailliages ruraux de Strasbourg).

71 AHR 1 G 8 (ord. impr., art. V).

72 La situation n'a guère évolué en 1807 d'après L. HAMMER (ABR 63 J 15) : de la Saint-Michel jusqu'à Pâques, deux fois pas jour, chaque fois 2 heures ; de Pâques à la Saint-Jean, une fois par jour pendant 2 heures : de cette date jusqu'en automne, il n'y a point d'école.

73 ABR G 5850, (Chapitre de Wissembourg, vers 1739).

74 ABR G 5850 (Salmbach vers 1739).
Th. WALTER, *op. 3123*, p. 31 : le *Vacantztag* couvre, à Rouffach en 1745, une demi-journée le mardi et une demi-journée le jeudi.
ABR 2 G 153/2 (Gerstheim 1778).
AN K 2357/3, art. 38 (comté de Horbourg fin XVIIIème siècle).

75 AHR 1 G 8 : *le Maître d'école ne donnera congé les jeudis que lorsqu'il n'y aura point de fête dans la semaine* (ord. épiscopale de Bâle, impr. 1784, art. III).

contraintes de l'économie rurale. Mais la notion, toute moderne, d'horaire hebdomadaire a-t-elle un sens à une époque où la scolarisation présente un caractère temporaire et discontinu en fonction d'impératifs saisonniers assez contraignants ?

A la campagne, plus qu'en ville, l'école, désertée pendant la belle saison[76], connaît quelque succès en hiver. De Pâques à la Toussaint, les enfants, considérés comme de véritables agents économiques, sont retenus aux champs : car, à la campagne, l'âge adulte commence à dix ans... Une des rares biographies, qui nous soient parvenues[77], nous indique que le petit Henri Ernst d'Imbsheim est requis, dans les années 1760, dès sa septième année, pour soigner les chevaux et les accompagner aux champs ou aux pâturages. Lors des temps forts que constituent la fenaison et la moisson, il doit se contenter de quatre à cinq heures de sommeil : l'école, heureusement dans ces conditions, ne fonctionne pas en été. Faire les foins, lier les gerbes, ratisser les chaumes, garder les bêtes, cueillir le raisin sont les tâches qui incombent aux enfants : elles sont incompatibles avec des horaires scolaires, même discontinus[78]. A Oberbronn, d'après une enquête de 1788[79], l'école abrite en été moins de la moitié des effectifs qu'on dénombre en hiver :

	Nb. d'élèves	
	Eté	**Hiver**
Ecole catholique	20 (40 %)	50
Ecole luthérienne	90 (45 %)	200
	110 (44 %)	250

Que l'on ne s'imagine pas pour autant que, sur la foi des rapports, cette décrue estivale se dessine toujours avec une parfaite netteté : l'inspection se déroulant aux mois de juillet-août, les maîtres ont tout intérêt à battre le rappel de leurs élèves qui seront donc plus nombreux qu'à l'accoutumée, ce qui fausse bien entendu toute statistique[80]. Par contre en hiver, réduite à l'oisiveté, la marmaille risque d'encombrer la maison paysanne, où seules une ou deux pièces sont chauffées. Faut-il s'étonner, dans ces conditions, que les parents préfèrent *placer* leurs enfants à l'école où ils bénéficient de la chaleur du fourneau commun ?

La période scolaire s'étend donc de la Saint-Michel ou de la Saint-Martin jusqu'à la Saint-Georges, sur une vingtaine de semaines

[76] AHR 1 G 8 : *l'abus pernicieux... de ne tenir classe que pendant l'hiver* (ord. épiscopale de Bâle. impr. 1784, art. III).

[77] BMS Ms 272, éd. par J. LEFFTZ, *art. cit.*,pp. 240 et 254.

[78] AN K 2357/1 (1630-1655) : *wird...von Georgi bis uff Martini kein Schul gehalten* (Muntzenheim-Durrenentzen) ; *so brauchen auch die Eltern ihre Kinder zu ihren eigenen Geschäften* (Volgelsheim-Algolsheim) ; *weil noch nit alle Kinder in die Schul... sondern auf dem feld gebraucht werden* (Sundhoffen).

ABR G 5828/2 : *Die Sommerschule von der Kantzel vielmahlen... verkündigt, auch eingeführt und eine Zeitlang gehalten worden, nachgehends aber bey angehender Feldarbeit die saumselige Eltern ihre Kinder zu Haus behalten* (curé de Salmbach, 1766).

[79] ABR 8 E 340/23.

[80] AN K 2357/1-3 (1769-1773) ; AHR 18 J 582 (1773, 1788) et 1 E 77/10 (1783).

consécutives : de quoi oublier en été ce qu'on a appris en hiver[81]. Elle se limite à deux trimestres, de la Saint-Martin à Noël et de Noël à l'Annonciation[82], si elle ne se réduit pas à quelques semaines[83] : la multiplication des petits congés et la prolifération des fêtes religieuses transforment en peau de chagrin une année scolaire réduite à trois, quatre ou cinq mois par an. Il existe d'ailleurs un lien entre la durée de la journée scolaire et les effectifs : si ces derniers deviennent trop importants, comme à Kurtzenhouse[84], on réduit à deux heures quotidiennes l'enseignement dispensé aux élèves, de façon à pouvoir opérer une rotation. Ou alors, comme à Ingwiller[85], on est amené à ouvrir l'école durant l'été, de façon à pouvoir accueillir alternativement des élèves de niveau différent.

Si la scolarité hivernale a la vie dure[86], c'est qu'il n'est pas facile de s'entendre sur un compromis permettant de concilier les contraintes économiques et les nécessités de l'instruction. C'est ainsi que dans le comté de Horbourg, à la fin du XVIIIème siècle, en dépit des efforts déployés par les autorités seigneuriales et paroissiales, il existe plus d'une localité où *il n'est pas possible d'introduire l'école d'été*[87]. Une chronique scolaire du pays de Hanau laisse même entendre que c'est pour permettre au maître de faire ses propres moissons qu'on accorde aux élèves trois semaines de congé d'été[88] ! Il arrive pourtant que le consensus s'effectue : on invite les tout petits, qui sont de toute façon inaptes aux travaux des champs, à venir se présenter

---

81 ABR 3 E 382/1 (Quatzenheim, 12 mai 1726).

AHR 1 G 8 : ordonnance épiscopale de Bâle, impr. 1784, art. II.

82 ABR H 1155-1161 (Walbourg 1774-1784).

83 AN K 2357/1 : *dass sie das gantze Jahr kaum zwölf Wochen in die Schul gehen* (Volgelsheim-Algolsheim 1630-1655).

GLAK 75/100 : *die Kinder wehren kaum sechs Wochen das ganze Jahr drein gangen und wenig gelernt* (Merkwiller-Kutzenhausen, 1er septembre 1669).

ABR H 174/10 : à Ebersmunster en 1674, le temps passé à l'école se réduit à un ou deux jours par semaine.

84 W. GUGGENBÜHL, *op. [412].*, pp. 121-124.

85 W. GUGGENBÜHL, *op. [411]*, pp. 206-213.

86 Dans la baronnie d'Altkirch, l'instruction seigneuriale de 1672 impose l'école à raison de 2 heures par jour, 9 mois par an et 3 ans, mais cette obligation ne semble pas concerner toutes les paroisses (J. PERRIN, *art. 392*, p. 119).

ABR 3 E 213/2 : à Hurtigheim, l'école d'hiver est seule à fonctionner en 1681 et en 1693, mais, dès 1698, on fait classe tout l'été.

ABR 3 E 382/1 : à Quatzenheim, c'est le 12 mai 1726, par proclamation en chaire, que l'école d'été est instituée ; elle connaît, selon le pasteur, un franc succès.

AEBP A 19b/4 : à Ingersheim, il n'y a toujours pas d'école d'été en 1762.

AHR E dépôt 30 GG 34 : une ordonnance du bailli de Guémar, en date du 4 janvier 1769, ordonne d'ouvrir l'école toute l'année et pas seulement en hiver.

BMS Ms. 272, pp. 9-44, éd. par J. LEFFTZ, *art. cit.*, p. 248 : à Imbsheim, vers 1765, l'école ne fonctionne qu'en hiver (autobiographie de Henri Ernst).

ABR C 187 : école d'été à Soultz-sous-Forêts (1770).

AC Goxwiller : *nicht bloss im Winter sondern auch im Sommer* (ordonnance scolaire du bailliage de Barr, 12 novembre 1783). En fait, l'ordonnance de 1739 prévoyait déjà des horaires d'été.

AHR C 1286 : en 1784, le maître d'école de Steinbrunn-le-Bas s'engage uniquement pour le semestre d'hiver, de la Saint-Martin à Pâques.

AHR 1 M 57 et ABR 63 J 15 : en 1789 (à Turckheim et Wintzenheim entre autres) et en 1807 (d'après Louis Hammer), l'école d'été n'est toujours pas officialisée.

87 AN K 2357/3.

88 ABR 3 E 241/2 : *dass der Schulmeister zur Erndezeit damit er seinen garben nachkommen könne, drey wochen derselben entlassen seÿen solle* (Bosselshausen, 1717-1719).

une ou deux fois par semaine, voire une ou deux heures par jour[89] ; quant aux plus grands, ils entretiendront leurs connaissances par une heure d'instruction placée le dimanche ou les jours de fête[90]. L'évêque de Bâle ordonne, en 1784, que les maîtres d'école fassent classe de la Toussaint à Pâques le matin comme l'après-midi et le reste de l'année le matin seulement[91]. Une ordonnance du comté de Hanau, datée de 1742, impose quatre heures de classe en hiver et deux en été et concède une réduction de moitié de l'écolage en période estivale[92]. A Buhl, en Basse-Alsace, les élèves fréquentent la classe, également entre Pâques et Noël, à raison de trois jours par semaine - au lieu de quatre ou cinq -, quittes à être dispensés lors des temps forts de l'activité agricole : semailles, fenaison, récoltes, vendanges[93].

Ce ne sont donc pas les vacances qui sont en cause mais bien les nécessités du calendrier agricole. En effet, non seulement les congés n'occupent pas l'ensemble de la période estivale, mais ils interrompent l'année scolaire moins souvent qu'on pourrait le croire : quelquefois pendant la semaine pascale, huit à quinze jours au moment de la moisson et des vendanges, les jours de foire annuelle, enfin les journées de grande chaleur où les cours se réduisent à une heure l'après-midi, entre 15 et 16 heures[94]. Mais plus que la vacance des classes, c'est l'interruption estivale qui compromet l'efficacité de l'enseignement.

Il existe bien une solution pour contourner le problème, mais c'est un pis-aller. En effet, les cours du soir - *Nachtschulen* –, ne semblent pas avoir connu le succès escompté[95] : comment des organismes chétifs, brisés par la fatigue de la journée, pourraient-ils s'astreindre aux exercices scolaires après la tombée de la nuit ? A Appenwihr, les enfants arrivent exténués à l'école l'après-midi[96]. Dans la seigneurie d'Oberbronn, en dépit de la généralisation des classes d'été, qui se fait timidement vers 1760[97], pour que les enfants *n'oublient pas en été ce qu'ils ont appris en hiver,* l'école n'est accessible que le matin entre 8 et 10 heures et, somme toute, elle est peu fréquentée. Mettre les rythmes scolaires en harmonie avec les habitudes de la vie rurale n'est donc pas une entreprise aisée. L'école, soucieuse de sa logique interne, supporte mal ces compromis et ces demi-mesures.

---

89 ABR 3 E 163/5 : *auch eine Sommerschuhl sonderlich mit den Kindern so mann so nöthig zur arbeit nicht brauchte, auff wenigst den tag 1 stund oder 2 wanns auch gleich der Kinder nicht viel wären solle gehalten werden* (chronique de Goxwiller, 1691).

90 *Ibid.*, art. 37.
Ch. HOFFMANN, *op. cit.* t. II, p. 9 : lundi, mardi et mercredi matin (Durrenentzen 1749).

91 AHR 1 G 8 (impr. 1784, art. III).

92 A. KASSEL, *art. 3096.*

93 ABR C 153 (1776).

94 J. ADAM, *op. cit.*, p. 113 *(Neuwe Schulordnung*, 1614).
AN K 2357/3 art. 38 (fin XVIIIème siècle).

95 BNUS Ms. 1190 (Ober - et Niederbronn 1762).
ABR 2 G 100/4 : 5 à 6 enfants sur 300 (Dorlisheim 1699-1706). Voir aussi R. REUSS, *op. cit.*, t. II, p. 386 et Ch. HOFFMANN, *op. cit.* t. II, p. 9, note 1 (Jebsheim 1765).

96 AHR E 466 (1755) et 1 E 70/10 (règlement du 6 mai 1761).

97 BNUS Ms. 1190 (1762).

2) La réaction des responsables : l'école obligatoire ?

Progressivement, pour conduire à l'application des règlements, se met en place un appareil persuasif ou répressif : en effet, les tentatives des autorités, visant à rendre la fréquentation de l'école obligatoire, ne manquent pas. Appuyées sur des considérations religieuses et morales plus qu'intellectuelles, elles n'arrivent cependant pas à endiguer le courant hostile à l'éducation populaire : bien des parents estiment en effet que, pour labourer la terre, il n'est pas besoin de savoir lire et écrire. Et ne craignent-ils pas, au fond, que leurs enfants deviennent plus intelligents qu'eux-mêmes ?

Les ordonnances royales se répètent en 1698, 1724 et 1726[98], ce qui semble être un aveu de non-application. La politique royale se trouve constamment relayée par l'initiative seigneuriale. Tant que l'âge scolaire n'est pas uniformément fixé par voie réglementaire, les enfants vont à l'école quand les parents jugent bon de les y envoyer. Imposer la scolarité de cinq[99], six[100] ou sept[101] jusqu'à treize ou quatorze[102] ans, astreindre les parents, qu'il y ait assiduité ou non, à un droit d'écolage[103], doublé en cas de désobéissance[104], auraient pu constituer l'ébauche d'une scolarité obligatoire. On peut même se demander, avec Emmanuel Le Roy Ladurie[105], dans quelle mesure une politique de coercition, en admettant qu'elle réussisse, n'exerçerait pas une influence bénéfique sur l'anthropologie paysanne : en prélevant un nombre élevé d'heures de la vie enfantine, qui autrement seraient consacrées à des travaux physiques, plus ou moins pénibles, l' école ne pourrait-elle pas améliorer la morphologie de la population jeune et, à terme, de la population tout entière ? Mais, aussi insistantes soient-elles, ces pieuses recommandations, même accompagnées de la sonnerie des cloches[106], se heurtent à une solide inertie et doivent être complétées par une action plus énergique. Dans le bailliage de Lauterbourg comme dans celui d'Oberbronn[107], les parents récalcitrants sont passibles d'une amende d'un florin par élève et, à Bischwiller, la princesse palatine de Deux-Ponts précise que la somme ainsi récoltée sera consacrée à des *usages pieux* [108]. Dans le

[98] ISAMBERT, *op. [150]*, t. XX, n=° 1661 : obligation des parents d'envoyer leurs enfants à l'école jusqu'à 14 ans (13 décembre 1698). *Ibid.* t. XXI,n=° 303, p. 263 : obligation d'installer des maîtres dans toutes les paroisses et fixation de leurs gages (14 mai 1724) ; DE BOUG , *Ord. Als.* t. II, p. 4 (6 juillet 1726).

[99] J. ADAM, *op. cit.*, p. 120 (*Hanauische Schulordnung* 1658).

[100] *Ibid.* p. 113 (*Neuwe Schulordnung*, 1614).

[101] AN K 2357/3, art. 11 (fin XVIIIème siècle) ; AHR E 462 ; Ch. HOFFMANN, *op. cit.*, t. II pp. 62-64 (comté de Ribeaupierre 1773) et BNUS Ms. 1190 : *Schulordnung... in denen sämtlichen Herrschaften Ober - und Niederbronn Schulen eingeführt und gehalten werden soll* (1762).

[102] ABR 3 E 241/2 : 2 *Schilling*, 6 *Pfennig* pour tous les parents (Bosselshausen 1719).

[103] *Schulgeld.* Cf. l'argumentation très *rurale* du curé de Turckheim en 1686 : le porcher ne perçoit-il pas une redevance de la part de tous les éleveurs, qu'ils envoient des bêtes au troupeau commun ou non ? (AEBP A 19b/43, 8 juin 1686).

[104] ABR E 281/116 (Lauterbourg s.d., vers 1735).

[105] E. LE ROY LADURIE, *contrib. 153*, t. II, p. 520.

[106] ABR 2 G 34/1 : *Läuten zur Schuhl,* (Berstett 1747).

[107] R. SCHWENGLER, *op. [466]*, p. 51 (ABR 8 E 281/116, vers 1735) et BNUS Ms. 1190 (1762).

[108] A. MULLER, *mém. 225*, ann. XI p. XXXVIII : ordonnance du 5 juillet 1735.

comté de Ribeaupierre, l'amende s'élève à 4 sols par semaine[109] et dans celui de Horbourg, c'est du haut de la chaire que les pasteurs sont appelés à stimuler le zèle défaillant des parents[110] : désormais il y aura des autorisations d'absence dûment motivées et les parents négligents seront suppléés dans leur tâche par les témoins de baptême des enfants. C'est dire que l'Eglise, à des fins d'acculturation religieuse, manifeste quelques vélléités en faveur de l'éducation populaire. Dans la mesure où l'obligation scolaire peut être à la fois un instrument d'encadrement moral et une arme de reconquête religieuse, la répétition des lettres pastorales et ordonnances de toute sorte n'a rien de surprenant. Pour les autorités religieuses qui, au niveau de la paroisse, prennent le relais des décisions épiscopales ou seigneuriales, user ses chausses sur les bancs de l'école ou ses genoux sur les bancs de l'église relève de la même intention. Mais rien n'y fait : ni les verges utilisées dans le comté de Hanau-Lichtenberg[111], ni l'appel nominatif systématique ou la publication de la liste des récalcitrants[112].

Dans la Hardt colmarienne, les visiteurs ecclésiastiques continuent, en juillet-août 1772, à stigmatiser la négligence des parents dans les mêmes termes que le faisait le curé de Turckheim un siècle auparavant[113]. N'a-t-on pas intérêt par ailleurs, pour des raisons de moralité et de discipline évidentes, de *débarrasser la rue* de ces galopins enclins à toutes les espiègleries[114], à la *fainéantise* et au *libertinage*[115] ? On assiste donc à un divorce fondamental entre les souhaits d'une Eglise, favorable à une école apte à inculquer une conduite chrétienne, et l'indifférence d'une paysannerie pour laquelle l'institution scolaire, à la fois contraignante et aliénante, entame le *capital-temps* et le *capital-argent* de la population et, de ce fait, correspond à la fois à un manque à gagner et à une sortie d'argent. En Alsace, pays d'habitat groupé, les distances et les difficultés des communications[116] importent moins que les blocages psychologiques et économiques.

Néanmoins, dans cette complicité entre l'Eglise et l'école, ce sont surtout les autorités protestantes qui militent en faveur de l'assiduité

---

109 Ch. HOFFMANN, *op. cit.* t. II, pp. 62-63.

110 AN K 2327, art. 11 et Ch. HOFFMANN, *op. cit.* t. II, p. 63 (1788).

111 J. ADAM, *op. cit.*, p. 114 : *nach Verdienst mit Ruthen ernstlich gestrafft (Neuwe Schulordnung* 1614, art. 12).

112 ABR E 4324 : *Lista derjenige so ihre Kinder oder Dienstknaben gar ohnfleissig entweder nur ein Viertel Jahr oder gar nicht dahin schicken* (Oberbronn 1686).
AHR 1 G 8 : les billets d'absence, centralisés par les curés, seront contrôlés à la fin de chaque mois par les autorités municipales qui pourront pénaliser, à raison de 6 deniers par absence ; les amendes ainsi recueillies serviront à acheter des modèles d'écriture, des images et des chapelets, distribués aux enfants méritants ; de son côté, le maître d'école devra tenir à jour une liste de présence (ordonnance épiscopale du diocèse de Bâle, impr. 1784, art. VII et VIII).

113 AN K 2327/3 : *Nachlässigkeit der Eltern... klagt, dass die Eltern die Kinder nicht fleissig zur Schule schicken* (fin XVIIIème siècle).

114 ABR H 174/44 : *... dass so noch die Kinder zu keiner Handarbeit gebrauchet werden, können nicht ohne Verlust... laufen Gass herrumber vagieren lassen* (Ebersmunster, fin XVIIème siècle).
ABR 8 E 281/116 (Lauterbourg vers 1735).

115 AN K 2195/3 (duché de Wurtemberg, 1786).

116 Comparer avec l'exemple breton (J. MEYER, *art. 3104)*.

scolaire. Ce sont elles également qui exercent le contrôle le plus rigoureux sur la manière dont doit être dispensée l'instruction, si l'on en croit les rapports d'inspection retrouvés. On retiendra les constantes préoccupations des autorités hanoviennes d'une part[117], wurtembergeoises de l'autre. Par la fonction catéchétique de l'école, par l'importance accordée à l'alphabétisation comme fondement de la lecture biblique, l'instruction est considérée par l'Eglise luthérienne comme un enjeu de taille. Mais, avant de conclure à une avance protestante, il faudrait, une fois encore, pouvoir reconstituer le tissu scolaire susceptible de reproduire le partage confessionnel. Dans quelle mesure l'Eglise catholique a-t-elle répondu au défi protestant[118] ? Quelle que soit l'issue de cette situation conflictuelle, l'école élémentaire fait partie intégrante d'une pastorale. L'Eglise, convaincue au fond que le savoir est sinon pernicieux du moins inutile pour le peuple, n'est favorable à l'école qu'en fonction de ses objectifs propres : l'acquisition tant d'une formation religieuse que d'une morale individuelle et sociale ; la nécessité d'une *éducation* conçue comme la voie du salut plus que d'une *instruction* qui serait considérée comme source de prétention et de réussite sociale. Mais l'éducation religieuse ne peut-elle pas s'acquérir à l'église ? Le volontarisme scolaire de la Réforme se heurte à la fois à l'incompréhension des parents, dont l'attachement à la foi ne triomphe pas toujours d'un tenace préjugé contre le savoir, et aux ressources limitées des communautés chargées d'entretenir l'école.

Conclusion. Un bilan provisoire : la banalisation de l'absentéisme

Le problème peut paraître insoluble avant l'institution officielle de l'école obligatoire. A défaut de pouvoir calculer des *taux de scolarisation*, démarche qui supposerait la connaissance exacte et de la population scolaire et de la population totale, peut-on tenter une approche de la scolarisation dans les villages de la plaine d'Alsace[119] ? En dépit de forts contrastes apparaissant d'une paroisse à l'autre, l'indice de scolarisation par rapport à l'ensemble de la population n'excède guère les 15 à 20 % :

	Nb. d'enfants scolarisés	Nb. approximatif d'habitants	% d'enfants scolarisés
Zehnacker	30 (1663)	80 (1669)	37,5
Schiltigheim	201 (1663)	945 (1685)	21,2
Salmbach	101 (1739)	535 (1746)	18,9
Eschbach	80 (1774)	400 (1760)	20,0
La Wantzenau	219 (1778)	1500 (1766)	14,6
Mackenheim	70 (1778/1780)	410 (1781)	17,1

Sources : AMS VI 75/5 (1663) : dénombrements
ABR G 5850 (1739), d'après M. SPISSER, *op. 725*.
ABR C 158-191 et J-P. KINTZ, (1774-1778) *op. cit.[48]*

117 G. Ch. SCHILDBERG, *th., 1784* t.I, pp. 79-95 et 178-187.

118 Voir, à titre d'exemple, l'ordonnance du prince-évêque de Bâle, 1784 (AHR 1 G 8, impr.).

119 ABR 2 G 100/4 : liste nominative, par ménage, des enfants de 6 à 14 ans scolarisés à Dorlisheim. Mais l'enquête portant sur plusieurs années (1649-1706), les ratures et répétitions rendent l'exploitation du document difficile.

Il se situe entre 7 et 20 enfants scolarisés pour 100 adultes en 1789[120]. Si l'on raisonne sur la seule population en âge d'être scolarisée, dans les limites fixées par la déclaration royale de 1724, à savoir entre 7 et 14 ans, c'est un enfant sur deux[121] qui est effectivement présent à l'école : car il faut tenir compte de l'absentéisme estival qui ne disparaîtra que le jour où l'école cessera d'être l'intruse dans le temps et les rythmes de travail des adultes. Au total, des écoles relativement nombreuses, mais peu fréquentées. En 1789, la situation ne semble pas s'être sensiblement améliorée[122] : l'enquête, qui porte sur 54 communes de Haute-Alsace compte 6864 enfants de 5 à 15 ans dont 3339 (soit 48,6 %) vont à l'école. Deux groupes de raisons expliquent pourquoi l'aventure de l'instruction peut être difficilement menée à son terme :

- un problème de mentalités : l'école est à la fois onéreuse, inutile sauf pour la catéchisation et néfaste pour le travail des champs ;
- un problème de moyens : autant qu'à l'incurie des parents, la situation est en effet imputable à la rareté des maîtres susceptibles, par leur présence et leur zèle, de donner une impulsion décisive à l'institution scolaire. Car tant vaut le maître, tant vaut l'école.

B) L'offre scolaire : éducation ou instruction ?

L'institution scolaire se situe donc sur un double plan : moyen, pour les privilégiés de l'ordre social, d'accéder à une acculturation écrite, elle devient, pour le plus grand nombre, un simple support de l'éducation religieuse que le maître doit inculquer.

1) Un maître sans formation ni ressources, acolyte du curé

S'il est difficile de cerner la demande scolaire est-il plus aisé d'en saisir l'offre ? Nous nous dispenserons de revenir sur les aspects sociaux de la profession de maître d'école qui, sans être *la profession de ceux qui n'en ont pas*[123], a du mal à acquérir une certaine autonomie, à faire vivre son homme et à secréter la considération[124]. Les soucis matériels ne risquent-ils pas de nuire à la qualité de son enseignement[125] ? Si néanmoins les candidatures ne manquent pas, on peut invoquer deux raisons :

- un certain attrait pour un métier qui rend les mains moins calleuses et moins sales que l'artisanat et le travail de la terre ;
- une accessibilité assurée par des exigences peu contraignantes.

Il existe sans doute de nombreux contrats d'engagement, mais beaucoup d'entre eux, établis sous seing privé, restent ensevelis dans les

---

[120] AHR 1 M 57.

[121] Voir *supra* pp. 449 ss.

[122] AHR 1 M 57 (statistique 1789/an IX). Voir J-M. BOEHLER, *art. 81*, p. 97.

[123] P. GIOLITTO, *op. 3091*, p. 60.

[124] Voir *supra* pp. 1164-1175.

[125] ABR 2 G 34/1 : *weil oft die Schulmeister sowohl als antere Leute mehr an leibliche arbeit als an Schularbeit denken* (Berstett 1740).
ABR G 6194 : *fait plutost le metié de tisserand que celui de maître d'école* (Eschau 1704, visite pastorale du Chapitre rural de Rhinau).

fonds d'archives. Avant de signer un tel document, le maître doit être élu par le corps des échevins[126] ou, plus fréquemment, bel exemple de démocratie directe, par *la communauté assemblée*, à la majorité simple des voix. L'élection à la pluralité des suffrages correspond, pour la communauté, à l'affirmation de sa propre personnalité : pourquoi l'ensemble des habitants n'auraient-ils pas voix au chapitre du moment qu'ils contribuent à la rétribution du maître ? La communauté peut donc bloquer la procédure, en refusant de payer le maître et de signer le contrat. C'est ainsi que Hoerdt doit se passer de régent entre 1784 et 1787[127]. Cette procédure d'élection est tolérée, mais non encouragée, par le pouvoir royal qui y voit une source de désordre et de zizanie[128] ou encore une tentation d'embaucher des régents au rabais[129]. La communauté d'habitants, pourtant placée sous tutelle du Roi, trouve ainsi une occasion de défendre son indépendance vis-à-vis du pouvoir royal[130]. Mais, tout compte fait, la communauté engage bien le vacher, le porcher et le taupier : n'est-il pas normal qu'il en soit de même du maître d'école dont le choix appartient à l'instance qui rétribue ? L'amalgame avec le restant du personnel communal est tel que le maître d'école se fait parfois engager, non en automne ou à la fin de l'année comme il est d'usage, mais en plein mois d'août à l'instar du berger de la communauté[131]. Par contre aucune élection ne saurait avoir lieu sans la proposition, parfois l'agrément, et finalement l'examen du desservant de la paroisse[132] : procédure qui se situe avant-même la ratification par l'Ordinaire ou le Consistoire[133] et la confirmation seigneuriale. L'ordonnance scolaire du prince-évêque de Bâle renforce cette allégeance en 1784, en plaçant l'Eglise au début et à la fin du processus de recrutement : les candidats produiront un certificat du curé *qui fasse conster de leur capacité et aptitude à remplir cette fonction* ; l'évêque choisira parmi les trois candidats présentés par la communauté[134]. Voici, à titre d'illustration, en quoi peut consister un examen, d'après celui que passe, en 1784, Antoine Edel, candidat au poste de maître d'école à Turckheim devant le Sieur Klem, curé de la paroisse[135] : *Je l'ai fait venir chez moi... Et suite de quoy, sachant d'avance que plusieurs sortes de questions lui seraient étrangères, lui ayant laissé tout temps de réflexion, je l'ay interrogé tout simplement sur les articles cy-après :*

---

126 DE BOUG, *Ord. Als*, t. I, p. 88 (31 mars 1680), p. 243 (1er avril 1695) et t. II, p. 779 (12 février 1768).

127 R. FRIEDEL, *op. [398]*, pp. 67-77.
AHR C 1286 : opposition du prévôt d'Issenheim à *un choix soumis au tumulte et au caprice de la masse ignorante* (1789).

128 DE BOUG, *Ord. Als*. t. II, pp. 148 (6 juillet 1736) et 779 (12 février 1768).

129 F. TOURNIER, *art. [280]*, pp. 85 et 159 (Suarce 1775 et 1782).
AHR E 465-466 : consultations des 22 mai 1782 et 7 janvier 1785 (Reichstetter et Chauffour l'Aîné) et procès-verbaux d'élection du comté de Horbourg (fin XVIIIème siècle).
AMH JJ 280/224-226 : procès-verbal d'élection d'Uhlwiller (1787).

130 Voir *supra* pp. 1284-1296.

131 AHR C 1286 (Ballersdorf 1774).

132 DE BOUG, *Ord. Als*., t. I, pp. 88 et 243 (31 mars 1680 et 4 avril 1695) ; t. II, p. 779 (12 février 1768).
ABR G 1835/2 (Stundwiller 1739).
AHR C 1286 (Ballersdorf 1774, où le curé prétend *nommer* le maître).

133 AN K 2357/3, art. 3 (comté de Horbourg fin XVIIIème siècle).

134 AHR 1 G 8, impr., art. V.

135 Texte cité par A. SCHAER, *art. 3467a*, pp. 212-213 (d'après AEBP A 19b/9 : rapport du curé à l'évêque).

1) *Qu'est-ce-que tout homme qui a atteint l'usage de raison doit nécessairement savoir et croire pour être sauvé ?*
Il a omis les mystères de l'Incarnation et la mort de Jésus-Christ.
2) *Qu'est-ce-que l'espérance chrétienne ? Sur quoi notre espérance est-elle fondée ?*
Il a bien répondu.
3) *Sommes nous obligés d'observer les commandements de l'Eglise et pourquoy y sommes-nous obligés ?*
Il n'a pas distingué la confession annuelle.
4) *Que doit faire un pécheur qui a omis un péché mortel, dans le tribunal de la pénitence, soit de propos délibéré, soit par négligence coupable ?*
N'a pas répondu qu'on est obligé de répéter la confession et de se corriger.
5) *Pourquoy dit-on que les péchés contre le Saint-Esprit ne peuvent se remettre que très difficilement ?*
Mal répondu.
... Quant à ses vies et moeurs : François Antoine Edel, natif de Rodern, âgé de 27 ans, est revenu ici, il y a à peu près six mois, au service du défunt maître d'école en qualité de proviseur, ... (avec) *son certificat qu'il a apporté d'une abbaye ou il faisait fonction d'organiste. Lorsque je luy ai demandé pourquoi il n'avait jamais fait sa dévotion qu'à la veille de son mariage, il m'a répondu qu'il n'avait jamais trouvé le temps. Il possède bien le plain-chant, les orgues médiocrement, lit le latin aussy bien qu'un homme sans étude peut le savoir ... Je n'ai véritablement pas approfondi mes questions, parce qu'une partie des plus simples embarrassaient le répondant.*

Ainsi l'examen porte à la fois sur les capacités, l'orthodoxie religieuse et les qualités morales du candidat. C'est encore le curé - ou le pasteur - qui préside à l'installation du maître en présence des préposés de la communauté. Voici qu'en janvier 1687 un nouveau maître est présenté à la jeunesse de Jebsheim. Après une invocation à l'Esprit Saint et une prière récitée par le pasteur, on lui remet les attributs de ses fonctions et les symboles de son autorité : un livre de cantiques, un catéchisme, un psautier, du papier et une plume, la verge ou le bâton, enfin le tablier[136] . De même, aucune démission ne peut intervenir sur pétition de la commune ou sur décision unilatérale du maître, si elle n'a pas obtenu au préalable l'aval des autorités religieuses[137]. Entre la communauté et le curé qui, tous deux, peuvent l'empêcher de gagner son pain, la situation du maître est bien inconfortable. S'il fait preuve de trop de personnalité, l'un et l'autre trouvent des arguments en faveur de son renvoi ; s'il cherche à plaire aux deux parties, il risque de perdre son prestige. Il tire au contraire sa force d'une éventuelle mésentente entre la communauté d'une part, le seigneur, le curé ou le Consistoire de l'autre. Or, les conflits entre les deux instances peuvent surgir dès sa nomination. Les habitants ont en effet tendance à confondre *élection* et *nomination* et il arrive même que, pour faire pièce aux autorités, les Luthériens appellent les Catholiques à participer à l'élection de leur propre maître[138].

[136] AHR RP Jebsheim (chronique paroissiale).
[137] AN K 2357/3. art. 10.
[138] AHR E 466 (Sundhoffen 1776), DE BOUG, *Ord. Als.* t. II, pp. 148 (conflit à Aspach-le-Haut, 1736) et 776-777 (conflit à Dannemarie, 1768).

Le *traité* souscrit porte sur une période relativement courte – en théorie un an[139] –, souvent renouvelable, parfois illimitée[140]. Dans le choix du maître, aucun document, parmi ceux que nous avons rencontrés, ne nous permet d'affirmer que la communauté retienne des arguments négatifs[141] : engagement au rabais du candidat le moins exigeant, compte tenu des difficultés financières des communes ? choix d'un gringalet qu'une faible constitution aurait écarté des pénibles travaux agricoles sans que son prestige auprès des paysans s'en trouvât rehaussé ? Mais que dissimulent les expressions vagues de *capacité suffisante*, de *très capable*, de *très qualifié* qui conditionnent le choix du maître ? Si les documents se font plus diserts, les critères avoués nous laissent perplexes, car, dans la lutte parfois épique, teintée par l'intérêt et l'animosité, qui oppose le seigneur et la communauté pour le recrutement d'un maître, ce sont rarement les connaissances qui sont déterminantes : plus d'un candidat, nous dit-on à Jebsheim en 1762, aurait besoin de *l'instruction qu'il doit donner aux autres* [142]. Démuni de formation, il ne peut guère offrir ce qui ne lui a pas été donné et la valeur de l'enseignement s'en ressent. Ce voyageur anglais ne cache pas sa surprise : *Dans une province de cette France qu'on veut faire passer pour éclairée,* écrit-il à son ami à la fin du XVIIIème siècle, *les enfants des protestants aussi bien que ces catholiques, à la campagne, en l'année 1790, je dis bien : dix sept cent quatre vingt dix, apprennent très rarement à écrire, à lire et à calculer. Oui, les maîtres d'école ne sont ici que de misérables paysans, ignorants et corrompus, ou des cochers, des palefreniers congédiés de quelque ville, ou quelque anciens décroteurs, ou quelques gueux de domestiques ; bref, on les compte ici parmi les hommes de la classe la plus abjecte* [143]. On serait tenté de qualifier ce témoignage d'excessif s'il n'était confirmé par quantité de sources dévoilant les motifs qui président au choix ou à la révocation du maître d'école.

Qu'exige-t-on en effet du candidat-maître ? Avant tout d'entretenir de bonnes relations avec le ministre du culte auquel il doit, comme collaborateur et subordonné, respect et obéissance[144]. A ce sujet, la fonction se trouve entourée d'une foule de recommandations : ne pas quitter le village sans l'autorisation du curé[145], ne pas manquer de respect à l'égard de sa

139 ABR G 5808 : de la Saint-Michel 1749 à la Saint-Michel 1750 (maître catholique d'Ingolsheim).
ABR G 1819/3 (Niederlauterbach 1764).
AHR C 1286 (Ballersdorf 1774).
ABR C 153 : de la Saint-Jean 1776 à la Saint-Jean 1777 (maître d'école luthérien de Buhl) ; de la Saint-Michel 1776 à janvier 1777 (maître d'école catholique de Buhl).

140 F. TOURNIER, *art. cit.*, p. 85 : pour 6 ans (Suarce 1775).
AHR C 1286 : *pour aussi longtemps qu'il se comporteroit bien* (Issenheim 1789).

141 Fr. LEBRUN/M. VENARD/J. QUENIART, *op. 3100*, t. II, pp. 400-401.
P. GIOLITTO, *op.cit.*, p. 59 et B. GROSPERRIN, *op. 3093*, pp. 29-50.

142 AHR E 1442 : requête de la communauté de Jebsheim au Sire de Berckheim (1762).
AP Hurtigheim (chronique du pasteur Schneider, XIXème siècle) : certains maîtres ne savent pas écrire à la fin du XVIIème siècle (1680 et 1691).

143 CH. HOFFMANN, *op. cit.*, t. II p. 53, traduction de *Reise eines Engländers durch ein Theil vom Elsass*, Stockholm 1798.

144 AN K 2357/3, art. 9 (fin XVIIIème siècle).

145 ABR G 5819 (Niederlauterbach 1764) et DE BOUG, *Ord. Als.* t. II, p. 4 (6 juillet 1726).

servante, ne pas faire signer de pétition contre lui, ne pas interrompre l'office[146] ni choisir des cantiques non officiellement autorisés par l'Eglise, sonner la cloche avec ponctualité[147]. Théoriquement maître et curé travaillent donc à l'unisson, mais force est de constater que les relations entre les deux personnages ne sont pas toujours harmonieuses. Quelques exemples serviront à illustrer les tensions entre le maître et les autorités. C'est, semble-t-il, le curé qui prend l'habitude de traiter le maître en inférieur. En 1653, le maître de Horbourg est accusé de paresse, d'excès de discipline à l'égard de ses élèves, d'irrespect envers le prévôt : *il n'a pas d'ordres à recevoir de ce dernier,* clame-t-il tout haut, *ses supérieurs sont à Riquewihr et à Montbéliard* ; de plus, les élèves ne savent pas écrire. Quant à la prière, il considère que c'est l'affaire des parents : lui-même donne le mauvais exemple en refusant de se découvrir à l'église *au nom de Jésus*[148] ... Mais c'est essentiellement la moralité des maîtres qui est mise en cause. Renvoyé, celui de Diebolsheim pour avoir, au début du XVIIIème siècle, *fait du mauvais ouvrage avec sa femme* et s'être rendu coupable d'ivrognerie[149]. Epinglé, celui de Schwindratzheim, qui, entre 1736 et 1747, ne respecte pas le dimanche, bat sa femme, fait le tour des tavernes dont il se fait jeter et où il a l'habitude de prendre son petit déjeûner... copieusement arrosé de schnaps[150]. Le pasteur d'Engwiller charge, dans les années 1730, un maître ivrogne, vicieux et bestial[151] et, à la même époque, le maître d'école catholique de Cleebourg le rend bien à son curé, un père augustin, qui, dit-il, ferme les yeux aussi bien sur l'habitude dominicale des jeux de quilles que sur la pratique des conceptions prénuptiales, tout en privant les agonisants de l'extrême onction[152]. Il serait facile de multiplier les exemples de ces relations conflictuelles dans lesquelles c'est parfois le maître qui fait figure d'accusateur[153]. Le régent de Neugartheim se fait congédier en 1782 pour avoir accumulé fautes et négligences : non seulement il refuse de sonner la cloche pour la convocation de l'assemblée communale, de réciter le chapelet et les litanies ; mais il se sert du cimetière pour planter choux et navets, y mène paître ses porcs ou ses oies, tandis que sa femme récupère le bois des tombes pour en faire du matériel de chauffage[154]. Malhonnête, paresseux, grossier, ignorant, frondeur : les rapports relèvent les mille et un défauts du maître. Mais, comme tous les documents de ce type, ces sources opèrent une sélection préalable parmi les régents.

---

146 *Im Stich lassen.*

147 AHR E 466 : *seinem H. Pfarrer auch im leuten an Sonn - und Feyertagen nit an die Hand gehet...* (Andolsheim 1653).

148 AHR E 466.

149 ABR G 6194.

150 G. SCHAEFFER, *op. [458]*, pp. 27-28.

151 ABR 3 E 122/1 : *Ertzlump, Sauff ... lasterhafter Mensch, der mehr einer bestien als einem Mensch und Christen... ähnlich gewesen... dessen falschen Zung mit Verleumdungen wider mich geschnitten, wie ein scharfes Schermesser.*

152 ABR E 580 (1728-1729).

153 Voir également AHR 18 J 582 (Muntzenheim 1788).

154 ABR C 175. Affaire analogue à Zeinheim, filiale de Willgottheim : ... *in coemeterio plantet herbas in hortis plantari solitas* (AM Sélestat, fonds Betbur 6, extrait de la visite du Chapitre, le 29 juillet 1728) et à Turckheim où le cimetière sert de lieu de séjour aux porcs du maître d'école (AEBP A 19b/9, 54-58, 1765).

Les maîtres contestataires, supportant mal ces rapports d'inférieur à supérieur, tel celui de Niederlauterbach en 1764[155], sont relativement rares, car ils s'exposent eux-mêmes à une inévitable révocation. Abstraction faite de quelques fortes têtes, le maître idéal répond à un nombre limité de critères : pouvoir donner de la voix[156], lire le latin *aussi bien qu'un homme sans étude peut le savoir* [157], tracer quelques belles rondes, prouver ses connaissances en catéchisme et beaucoup plus rarement en arithmétique, faire preuve de piété[158], de probité, d'austérité dans sa conduite[159] et d'exactitude dans sa tâche. Parfois quelques connaissances en horlogerie sont les bienvenues, car il faut entretenir l'horloge du clocher[160]. Educateur plus qu'instructeur, responsable de la formation morale et spirituelle de ses élèves, plus que de leur formation intellectuelle, le maître s'engage donc à avoir une conduite religieuse et morale exemplaire. C'est la plus belle leçon qu'il puisse donner à ses élèves[161] : *verbo et exemplo,* dit-on à Suarce en 1775[162]. En 1784, le prince-évêque de Bâle lui interdit expressément de *servir de ménétrier ou joueur d'instrument aux nôces et aux danses..., de se trouver à de pareils divertissements ainsi que dans les cabarets* [163].

La valeur pédagogique importe finalement assez peu comme le suggère, le 25 septembre 1790, le Conseil général d'Altkirch qui déplore que l'instruction de la jeunesse soit confiée *à des personnes absolument ineptes* (sic) *et peu instruites* et d'en rendre responsable la faiblesse des revenus communaux qui ne permettent pas de verser des salaires décents[164]. Avec une remarquable lucidité, le Bureau de Colmar esquisse la solution qui s'impose : *Commençons par former des maîtres d'école ! Que ce ne soit pas l'homme qui sait le mieux toucher les orgues et entamer le plain chant. Ce sera l'homme qui aura le plus de moeurs et les meilleurs principes de*

155 ABR G 5819/3 : *dem H. Pfarrer als seinen ersten vorgesetzten... zu gehorsam.*

156 *Er hat eine Stimme wie ein Schulmeister*, expression rapportée par M. SORGIUS, *op. 3115*, p. 3.
ABR 3 E 267/1 : *sub conditione dass weil er im gesang noch schwach, er sich bis zur güngsamen spection von... capablen cantoren solle instruiren lassen* (recrutement du maître d'école de Lingolsheim, 1736).
BMS Ms. 272 (chronique de Henri Ernst) : en 1774, à Imbsheim, c'est le *Kantor* qui remplace l'ancien maître d'école.

157 AHR RP Jebsheim (chronique paroissiale, 1697).

158 AHR C 1286 : *einem frommen Schulmeister* (Grussenheim 1775).

159 Ibid. : *Yvrognerie et peu d'exactitude dans ses devoirs ... propos dispectueux au seigneur ... cabale dans le lieu.*

160 A. POSTINA, *op.cit.* p. 267.

161 AHR 1 G 8 : *... sujet d'une conduite irréprochable, instruit à fond des vérités et des principes de notre sainte Religion, qui ait une belle main et qui sache suffisamment l'arithmétique ainsi que le plain-chant ; qui par conséquent soit en état d'instruire la jeunesse dans le Christianisme et les bonnes moeurs ; de lui apprendre à lire et à écrire ; de donner des leçons de plain-chant et d'arithmétique...* (ordonnance du prince-évêque de Bâle, impr. 1784, préambule).

162 F. TOURNIER, *art. cit.*, p. 82.

163 AHR 1 G 8, art. XV.

164 Ch. HOFFMANN, *op. cit.* t. II, pp. 53-54. Voir également J. LEFFTZ (éd.) *art. cit.*, pp. 221 et 247 *: Die schule war, wie die meisten, im ganzen schlecht. Ich ging etwa sieben Jahre (d.h. sieben Winter) darein und fünf davon waren hell verloren... Ein Dorfschulmeister, der kaum orthographisch schreiben kann, und wovon die meisten noch einen oder etliche grad dümmer oder noch verkehrter sind als die Bauern selbst...*(chronique de Henri Ernst, Imbsheim vers 1765).

morale joints aux plus grandes connaissances dans les parties organiques [165]. A quand la fin des maîtres d'école dont le seul talent est de *brailler au lutrin*[166] ? L'administration révolutionnaire et impériale héritera d'un redoutable problème.

Si son instruction désigne le curé à participer au choix du maître, son avis est surtout sollicité quant au contenu même de l'enseignement. Les ordonnances scolaires doivent être lues en chaire[167] et l'enseignement élémentaire reste le monopole de l'autorité ecclésiastique. Une fois établi dans ses fonctions, le maître se trouve soumis au contrôle du clergé qui est responsable de l'application de ces règlements. En dehors des grandes inspections, effectuées par le *Specialis* dans les paroisses luthériennes, par l'évêque ou son vicaire général dans les paroisses catholiques lors des visites pastorales, c'est le ministre local qui juge du comportement du maître et de la qualité de son enseignement[168], à raison d'une ou de deux visites par semaine[169]. Si l'augmentation du nombre des écoles à la fin du XVIIIème siècle imposera un rythme plus lent, de quinzaine en quinzaine, le contrôle n'en reste pas moins étroit. Les directives reçues en 1779 par le pasteur de Hunspach[170] sont particulièrement explicites quant à la surveillance qui s'exerce sur l'activité scolaire du maître :
- horaires et ponctualité ;
- état des listes d'absence et de présence avec présentation des motifs et repérage des fausses excuses ;
- respect de la progression des leçons prescrites pour chaque jour de la semaine ;
- contenu de l'enseignement : récitation de cantiques et de prières prononciation distincte, modèles d'écriture figurant sur les cahiers, entraînement au chant et au calcul... ;
- discipline exercée sans parti pris et sans esprit de vengeance, équilibre entre menaces et sanctions, répression de la paresse et de l'insolence.

S'instaure enfin la pratique de la visite semestrielle au cours de laquelle le pasteur, accompagné des autorités municipales, se fait lire le règlement scolaire qu'il publiera à son tour au prône le dimanche suivant[171].

Le maître est donc sous la coupe du curé, quoique son existence quotidienne se caractérise par la pluralité et la diversité des occupations. L'analyse des contrats d'embauche et des états de rémunération, pour peu qu'ils soient suffisamment nombreux, permet une approche éclairante de ses obligations et autorise l'établissement de typologies et de tableaux de fréquence[172]. Les tâches explicitement désignées peuvent être regroupées en

---

[165] *Ibid.*, p. 55.

[166] Sous-préfet de Barr, an IX, d'après F. L'HUILLIER, *op. [497]*, p. 610.

[167] G. Ch. SCHILDBERG, *th. cit.* t. I, p. 182.

[168] DE BOUG, *Ord. Als.* t. I, p. 243 (1695), t. II, pp. 4 (1726) et 779 (1768).
BNUS Ms. 1190 : *anhören wie der Schulmeister sich mit den Schulkindern verhält.*

[169] J. ADAM, *op. cit.* p. 113 *(Schulordnung 1614).*
H. GERST, *op. [403]*, p. 141 (1756).

[170] *Ibid.*, p. 142.

[171] AN K 2357/3, art. 42 (fin XVIIIème siècle).

[172] Modèle proposé par L. BORNE, *op. cit.* t. II, pp. 82-115, après dépouillement de 53 contrats (1712-1790).

deux types de fonctions : celles qui sont exercées au nom de la paroisse et celles qui sont requises pour le service de l'école[173]. Car elles sont bien distinctes, même si, selon l'expression de Rodolphe Reuss, l'école tient souvent lieu de *succursale de la sacristie.* La démarche consistant à ventiler ces services en plusieurs dizaines de rubriques impose néanmoins une double réserve :

- D'éventuels silences peuvent signifier que la tâche sous-entendue va de soi, moyennant quoi il devient inutile de la mentionner. Des indications vagues - *instruire la jeunesse* - ne permettent pas de faire la part entre l'apprentissage des *rudiments* et l'enseignement du catéchisme.
- Par ailleurs, la complexité de la carte religieuse constitue un obstacle supplémentaire dans la mesure où, dans une paroisse bi-confessionnelle, les deux maîtres sont tenus à des services tantôt communs, tantôt alternatifs[174], moyennant des rétributions différentes en fonction de l'importance et de la richesse de leur paroisses respectives : source de tensions au sein de la communauté responsable de leur entretien[175], les Protestants cherchant à se dérober à l'obligation qui leur est faite de participer à la rétribution du maître catholique et inversement...

Certes, le maître d'école, même s'il lui arrive de revêtir le surplis, n'est pas, comme en Hainaut ou en Provence, un *clerc cléricant*[176] (la nomination d'un ecclésiastique risquerait d'ailleurs de créer, pour le ministre du culte, une situation de concurrence). Mais il apparaît souvent comme le *fac totum* du curé. En assumant une sorte de sous-cléricature, il se contente de faire figure de *demi-curé*[177], sorte de double laïcisé du desservant, mais distinct de celui-ci, à la fois messager de l'église et animateur de la vie paroissiale. Véritable appariteur d'église, il est amené à faire l'annonce des nouvelles heureuses ou malheureuses qui rythment la vie de la paroisse. Il le fait d'abord par l'intermédiaire de la cloche, soit quotidiennement par l'Angélus, soit occasionnellement quand l'orage menace[178] ou lorsqu'une disparition endeuille la communauté paroissiale. Il lui arrive également d'annoncer les décès de maison en maison et d'inviter, moyennant pourboire, aux enterrements et aux mariages[179]. Une part non négligeable de ses revenus consiste dans les *gerbes de sonneur*

---

[173] AHR C 1286 : A Wolschwiller, en 1774, on prend bien conscience du *double employ de maître d'école et de marguillier.*
AHR 1 G 8 : *emploi de Maître d'école et de Marguillier dans les endroits où ces deux emplois sont réunis* (ordonnance du prince-évêque de Bâle, impr. 1784, art. I).

[174] ABR C 153 (Buhl 1776-1777) et C 185/59 (Schweighouse-sur-Moder, 1782).

[175] ABR E 90 (Keffenach-Birlenbach 1720)
ABR C 634 (Roppenheim 1760-1761) et C 185/59 (Schweighouse-sur-Moder 1782).

[176] R. CHARTIER/M. COMPERE/D. JULIA, *op. 3062*, p. 35

[177] ABR G 5850 (Niederlauterbach 1739).

[178] AHR 18 J 582 : *En tems de moisson quatre gerbes de froment de chaque étranger qui a des terres semées dans le territoire de Fortschwihr pour la peine qu'il a de sonner toutes les fois qu'il tonne et qu'il fait des éclairs* (Fortschwihr 1705).
L. EHRHARD, *art. 1793*, p. 46 : deux gerbes par laboureur et une demi par journalier pour le *leuthen gegen Wetter* (Fegersheim 1735).

[179] H. GERST, *op. cit.*, p. 143.

(Glockengarben) dans le nord de l'Alsace[180] ou de marguillier *(Kilbertgarben)* dans le sud de la province[181]. Dans la mesure où ces gerbes sont tantôt complétées, tantôt remplacées par une quantité de grains proportionnée aux facultés des paysans *(Kilbertsester*[182]) ou par une miche de pain *(Kilbertleib* ou *Kilbertbrod*[183]), le casuel peut être considéré comme le salaire spécifique du sonneur. Ce dernier est souvent seul à mettre en branle plusieurs cloches à la fois[184]. Malédiction à lui s'il ne sonne pas assez longtemps ou si, par malheur, le son des cloches ne parvient pas à dissiper les nuages de grêle ! Messager, le maître informe, rassemble. Mais il ne se contente pas de ce rôle d'intermédiaire. On le retrouve en toute occasion, comme animateur de la vie paroissiale, endossant parfois le surplis, accompagnant le nouveau-né sur les fonts baptismaux et le défunt à sa dernière demeure – *accidents ou casuels attachés à son office* [185] –, devenant le témoin privilégié aux mariages, allant jusqu'à suppléer le pasteur dans la fonction de catéchiste et d'officiant[186]. Mais le plus souvent ses occupations se limitent, en dehors de l'assistance qu'il doit au clerc, aux tâches matérielles et disciplinaires d'un sacristain ou d'un bedeau, rémunérées par la participation au casuel ou par un prélèvement sur les offrandes[187], plus rarement grâce à des fondations ou des portions de dîme[188]. On le voit, avant-même qu'il touche les orgues[189], aider le curé à revêtir les ornements[190], faire la quête et surveiller les troncs[191], entretenir la lampe du sanctuaire, astiquer les vases sacrés, laver et amidonner le linge d'église[192], cette dernière occupation pouvant être confiée à son épouse... Aussi est-il souhaitable d'édifier l'école à proximité immédiate de l'église, pour permettre au maître d'être disponible à tout moment, éventuellement d'accueillir les étrangers qui accourent à la

---

180 *Ibid.*
GLAK *Generalia, Ausland*, 75/686.
ABR C 231 (Hegeney 1771).
ABR C 153 (Buhl 1776-1777).

181 AHR C 1286 (1774) et Ch. HOFFMANN, *op. cit.*, t. II, p. 34.

182 AHR E 1442 (Jebsheim 1742).
AHR C 1286 : 1 boisseau par laboureur et 1/2 boisseau par journalier (Aspach-le-Haut, contrat du 1er octobre 1779).
Ibid . (Bollwiller, assemblée communale du 26 janvier 1785). Deux formules sont soumises à l'approbation des habitants :
- la rémunération en grains : 1 boisseau de méteil par charrue ; 1 picotin pour les paysans *moyens* ne possédant pas de charrue ; un litron pour les *pauvres gens*.
- Une gerbe par charrue ou par *Juchert* pour ceux qui n'ont pas de charrue.
C'est la dernière formule qui est retenue à une très forte majorité (33 voix contre 7).

183 *Ibid* : une demi-miche pour les veuves (Ballersdorf 1774) et une miche par ménage complet (Steinbrunn-le-Haut 1784). Voir également Ch. HOFFMANN, *op. cit.*, t. II, pp. 33-34.

184 AHR C 1286 (Ballersdorf 1774).

185 *Ibid.* (Reguisheim 1756).

186 Ch. HOFFMANN, *op. cit.* t. II, p. 19 (Algolsheim 1772 et Durrenentzen 1775).

187 *Ibid.*, t. II, pp. 34-35.

188 ABR G 1743/3 (Truchtersheim et environs 1623, dîme de l'abbaye de Neuwiller).

189 AM Turckheim GG 33 (1647-1736).

190 AEBP 109a/3 (Morschwiller-le-Bas 1684).

191 AM Turckheim GG 33 et BB 17, p. 103.

192 ABR 3 E 360/3 (Ohnenheim 1749).

confession ou à la communion[193]. Ces fonctions ecclésiales, officiellement reconnues[194], se trouvent néanmoins réglementées par l'intendant qui craint qu'elles éloignent le maître de ses préoccupations essentielles[195]. Mais en quoi consiste l'essentiel ? Telle est la véritable question.

Le maître d'école est sacristain avant d'être enseignant[196]. L'enseignement qu'il dispense, l'éducation chrétienne qu'il donne à la jeunesse lui valent une modeste rétribution qui le place sous la dépendance des parents[197] : le fagot ou la bûche que chaque élève est tenu d'apporter, durant la mauvaise saison, serviront à chauffer tant la salle de classe que le repas familial[198]. Mais ce bois est souvent de mauvaise qualité : à Hunspach, des rondins de poirier, qui ne *tiennent* guère et ne dégagent que peu de chaleur, constituent la contribution des plus pauvres[199] ; à Niederlauterbach, leur dimension ridicule – longueur d'une aune et épaisseur d'un bras – oblige les autorités en 1764 à doubler la contribution : désormais chaque élève en apportera deux par jour[200]. Il arrive que les enfants soient punis pour avoir osé présenter des bûches trop minces, ce qui, nous dit-on à Ballersdorf, *leur faisait passer l'envie d'apprendre*[201]. Aussi, au XVIIIème siècle, la contribution en nature se trouve-t-elle souvent complétée par l'attribution d'un lot de bois communal[202] ou convertie en une somme d'argent hebdomadaire, mensuelle ou trimestrielle. Mais c'est de mauvaise grâce, moyennant moult récrimination, que les parents se résignent à débourser la moindre somme, sans égard au *dur labeur* [203] d'un maître qui se trouve parfois contraint à encaisser lui-même les droits d'écolage de maison en maison, accompagné du sergent de bailliage[204] : tâche aussi ingrate que déshonorante qui transforme un salaire dû en une aumône consentie...

---

193 ABR G 5825/5 (Oberseebach, 28 avril 1759).

194 DE BOUG, *Ord. Als.* t. I, p. 607 (14 mai 1724, avec rappel de la déclaration du 13 décembre 1698, *art. 9)*, t. II, p. 4 (6 juillet 1726).

195 Ch. HOFFMANN, *op. cit.*, t. II, p. 18, note 4 (Reguisheim 1736).

196 ABR 3 E 360/3 : *ludimoderator, simul sacristans ; Kirchwart und Schulmeisterdienst* (Ohnenheim 1740).
AHR C 1286 : *Kirchwart une Schulmeister, Kilbert oder Schulmeister* (Ballersdorf, contrat du 22 novembre 1774).
Les chiffres avancés par différents auteurs (1 *Schilling* d'après Henri Ernst à Imbsheim, vers 1765, H. LEFFTZ, *art. cit.* ; 2 *Schilling* 6 *Pfennig* à Bosselshausen au XVIIIème siècle, d'après G. RUCH, *op. [456]*, p. 104 ; 2 *Schilling* à Schwindratzheim en 1782, d'après A. KASSEL, *art. 3096*, pp. 34-35) concernent le semestre d'hiver, donc la moitié de l'année.

197 Nous ne reviendrons pas ici sur le revenu global du maître d'école (voir *supra* pp. 1164-1174) pour lequel le *Hanauisches Kirchen - und Schuldiener Buch*, déposé au musée de Bouxwiller, révèle d'ailleurs, pour la fin du XVIIème et le début du XVIIIème siècles, des écarts considérables d'une localité à l'autre.

198 ABR G 5797 (Altenstadt 1767).

199 H. GERST, *op. cit.*, p. 143.

200 ABR G 5819/3. De même G 5767 : *zu geitzige Stücklein* (Altenstadt 1767).

201 AHR C 1286 (Ballersdorf, où l'on supprime l'obligation de la bûche en 1772) et Ch. HOFFMANN, *op. cit.* t. II, p. 32.

202 AHR C 1286 : une gobe de bourgeois (Ballersdorf 1774).
ABR G 5797 : *5 Schitten eichen von den Bürgern gefürt*, puis *2 Klafter* en provenance de la forêt seigneuriale (Altenstadt 1767).
H. GERST, *op. cit.*, p. 165 (Hunspach 1778).

203 AN K 2357/3, *art. 13 : saure Arbeit.*

204 R. SCHWENGLER, *op. cit.*, p. 51.

Néanmoins le versement en espèces se généralise, remplaçant tantôt la bûche tantôt la miche de pain que les enfants sont censés apporter[205].

Le maître touche entre 10 sols et 2 livres par élève et par an[206]. Cet écolage se trouve le plus souvent tarifé en fonction du niveau d'instruction atteint par l'élève qui, en passant du stade de la lecture à celui de l'écriture, voit la somme doublée, selon des barêmes différentiels :

Tarif de l'écolage (exprimé en "Schilling"/"Pfennig") dans la région de Haguenau[207]

		1er trimestre		2ème trimestre	
		(Saint Martin - Noël)		(Noël - Annonciation)	
		Lisants	**Ecrivants**	**Lisants**	**Ecrivants**
Durrenbach	1774/75	1/6	3	2	3
Walbourg	1775/76 et 1777/78	-/2	-/3	2	3
Durrenbach	1777/78	1	1/6	2	3
	1782/83	-/1	2/6	2 à 4	3 à 5
	1783/84	1	1/6		
Walbourg	1783/84			3	4

Ainsi apprendre à écrire peut revenir deux fois plus cher qu'apprendre à lire. Les Wurtemberg dénoncent cette pratique qu'ils considèrent comme un frein à l'apprentissage de l'écriture[208] : certains parents ne renonceraient-ils pas, pour des motifs économiques, à faire bénéficier leurs enfants de la technique de l'écrit ? Cleebourg, Rott, Oberhoffen et Steinseltz constituent en 1751 une paroisse catholique forte de 32 ménages, veuves comprises. Or 4 ménages sur 32 sont possessionnés, les autres gagnant leur pain grâce à diverses occupations de manouvriers[209]. Ils sont incapables d'entretenir un maître d'école à raison d'un boisseau de seigle par ménage et par an ! Exagération ? En réalité, il apparaît que la ponction qu'opère l'école sur les revenus des plus démunis n'excède pas 3 % du budget annuel de la famille[210]. Ce n'est qu'en période de cherté que les frais de scolarité se font lourds, en particulier pour les veuves, les tuteurs, les invalides et les familles chargées d'enfants en âge scolaire.[211]

Ce sont en tout cas des motifs économiques qui conduisent les autorités à assouplir le caractère contraignant de la contribution scolaire. Pour les familles pauvres, l'écolage est parfois pris en charge par la caisse des aumônes paroissiales[212] ou par la commune qui y affecte le loyer touché pour mise en location de l'immeuble scolaire[213]. Il en va de même pour la fourniture du matériel scolaire – encre, plume, livre, modèles d'écriture ou abécédaires – effectuée gratuitement par le Consistoire à l'intention des

205 AHR 1 E 35 (Wittelsheim 1684-1694).

206 ABR 8 E 340/23, art. 3 (Oberbronn 1788).

207 ABR H 1157-1161.

208 AN K 2357/3.

209 ABR E 5800 : *tagliche Handarbeit* (1751) ; *das liebe Brod mit dem sauren taglohn verdienen müssen* (1763).

210 M. MORINEAU, *art. 1811*. Voir également R. CHARTIER/M.COMPERE/D. JULIA, *op. cit.*, pp. 34-42.

211 ABR H 1157-1161 (Walbourg 1774-1784).

212 AN K 2357/3, art. 13 et 31.

213 ABR E 5814 (Altorf 1740).

enfants indigents[214]. Dans le bailliage du Haut-Landser, c'est le bailli en personne qui, vers 1775, dédommage le maître à la place des *pauvres enfans qui étaient hors d'état de païer les salaires des dits maîtres* [215]. Il en est de même dans la région de Haguenau où le seigneur se substitue, à la fin du XVIIIème siècle, aux parents défaillants[216]. Si dans le comté de Ribeaupierre le seigneur se montre contraignant en érigeant la pratique de l'écolage en *usage général,* il ne souhaite pas *que les pauvres enfans soient négligés pendant qu'on donneroit le soin aux riches :* pour eux, l'enseignement sera gratuit[217]. Pour parfaire cette oeuvre, il resterait à faire payer les habitants en fonction de leurs revenus..., tâche difficile, trop rarement menée à terme... Devant les difficultés soulevées par la perception de cette contribution, est-il possible de faire un pas de plus en instituant la gratuité ? Trop de raisons – à la fois économiques et psychologiques – s'y opposent : d'une part l'insuffisance des revenus des communes qui auraient été conduites à se substituer aux parents, car il faut bien, d'une manière ou d'une autre, rétribuer le maître ; d'autre part des blocages psychologiques tenaces : dans la mentalité paysanne, tout ce qui a quelque valeur se monnaye. Rendre l'école gratuite, en admettant que cela eût été possible, aurait sans doute contribué à dévaloriser encore davantage l'instruction et la fonction enseignante. Pourtant, dans les territoires des Wurtemberg, un premier pas vers la gratuité est franchi dans la seconde moitié du XVIIIème siècle, dans la mesure où, moyennant un système d'abonnement, ce sont les *fabriques* d'église qui versent annuellement de consistantes sommes tenant lieu d'écolage[218]. Et l'évêque de Bâle esquisse, en 1784, le modèle de la gratuité par imputation des charges à la communauté[219]. En effet, le seigneur lui-même ne contribue qu'exceptionnellement aux gages du maître. Parfois il octroie à ce dernier quelques arpents de terres caduques que la communauté s'engage à labourer et à semer, quelques sacs de grains représentant le fixe annuel et prélevés le plus souvent – et c'est significatif – sur ses revenus ecclésiastiques, enfin le bois de fagotage nécessaire : peu de choses car, rappellent les Wurtemberg, *c'est proprement aux communautés de salarier leurs maîtres d'école* [220] : de façon fort décentralisée, chaque village est appelé à faire vivre son propre maître. Il arrive d'ailleurs fréquemment que ce dernier joue le rôle d'écrivain public pour rendre service à ses concitoyens[221], qu'il offre ses compétences pour dessiner un tableau généalogique[222] ou pour décorer un souhait de baptême. Il est plus rare de le voir remplir des

[214] *Ibid.*, art. 19 et BNUS Ms. 1190.

[215] AHR 1 E 44/6.

[216] ABR H 1157-1161 (Walbourg, 1774-1784).

[217] AHR C 1286
Ch. HOFFMANN, *op. cit.* t. II, pp. 32-33 : exemple de Reguisheim (1756) et ordonnance seigneuriale du 20 avril 1773.

[218] Ch. HOFFMANN, *op. cit.* t. II, p. 31.

[219] AHR 1 G 8 : ordonnance du prince-évêque de Bâle, impr., art. III.

[220] AHR 18 J 527 (Durrenentzen, 1748-1754 et 1774).

[221] AHR 3 B registre d'amendes de Nambsheim : *zettel...von Balthasar Locherer Schulmeister geschrieben und mit einem Hans W unterzeichnet* (obligation à l'intention d'un Juif, 1728).

[222] ABR E 975 : *der Schulmeister und Maler zu Mutzenhausen vor ein Stammbaum zu machen...* (inventaire von Ichtratzheim, 1719, renseignement aimablement communiqué par Jean Vogt).

fonctions administratives pour le compte du seigneur : s'il se mêle de rédiger des contrats, le greffier seigneurial ne manque pas de dénoncer cette concurrence déloyale[223] et de rappeler vertement que la place du maître est à l'école. Or l'école, c'est l'affaire de la communauté et pas seulement des autorités religieuses.

Ayant installé le maître d'école, il apparaît en effet normal que la commune contribue à sa rémunération : attribution d'un logement avec dépendances, jouissance gratuite d'un champ ou d'un pré et participation aux biens communaux. Il arrive qu'elle lui verse des gages en espèces ou en nature moyennant un impôt spécial établi sur les revenus des habitants pour ménager les modestes fonds de la caisse communale. On comprend, dans ces conditions, que le salaire du maître varie, non seulement selon l'inégale richesse des communes, mais en fonction de la composition socio-économique des communautés et du degré d'aisance des habitants : la contribution du laboureur est généralement fixée au double de celle du journalier. Ainsi la plus grosse part des débours, incombe autant aux particuliers qu'à la communauté elle-même. Gardons-nous cependant d'établir une distinction systématique entre les revenus d'origine paroissiale, communale et privée. Car, en fixant la compétence globale, la commune prend en considération la diversité des ressources potentielles, sans réaliser que la qualité de l'enseignement dispensé peut être fonction d'une rémunération décente[224]. Le rôle déterminant de l'Eglise ne se traduit pas seulement par la nature des fonctions de l'enseignant, mais par le contenu de son enseignement.

2) Le contenu de l'enseignement : lire, écrire, compter ?

L'Eglise agit à travers l'école qui est avant tout éducatrice, dans toute la dimension chrétienne du terme. N'opposons pas, en effet, éducation chrétienne et enseignement, puisque la première mission de l'Eglise est justement d'enseigner. La complicité entre l'Eglise et l'école s'explique par le prosélytisme religieux. Le maître est appelé à transmettre *la pure doctrine contenue dans les écrits prophétiques et apostoliques, reprise dans la confession d'Augsbourg et la Formule de Concorde ; il craindra Dieu, mènera une vie irréprochable selon les vertus chrétiennes ; assistera le pasteur tous les dimanches dans l'examen des connaissances catéchétiques ; invitera les enfants à faire leur prière matin et soir, à table, au début et à la fin des classes* [225]. Cette ordonnance des Hanau-Lichtenberg donne, dès 1614, la tonalité d'un enseignement presque exclusivement centré sur les *vérités de la religion* et l'approfondissement de la foi : inculquer la crainte de Dieu et celle – ô combien salutaire – de l'enfer ; donner l'habitude de la piété et de la prière quotidienne, familiariser l'enfant avec les lectures bibliques et le détourner de l'immoralité traduisent la vocation christianisatrice de l'école[226] et représentent l'essentiel de la formation scolaire. L'école apparaît

[223] R. REUSS, *op. cit.* t. II, p. 372.

[224] Voir *supra* pp. 1164-1174.

[225] J. ADAM, *op. cit.* p. 113, *(Neuwe Schulordnung 1614*, art. 2 ; traduction proposée par G. C. SCHILDBERG, *op. cit.*, t. I, pp. 179-180).

[226] AN K 2357/3 : *die Jugend in denen Schulen mit aller Treue in der Forcht Gottes auferzogen, von bösen Sitten abgehalten* (projet d'un règlement fin XVIIIème siècle, comté de Horbourg).

ainsi comme le véritable noviciat du Christianisme et le complément de la famille. Cette prédominance du religieux et du moral s'exprime à travers nombre de réactions significatives. A Marmoutier en 1656, on dénonce les parents indifférents à ce que les enfants apprennent ou non le *Notre Père* à l'école[227] ; à la fin du XVIIIème siècle, les Wurtemberg s'insurgent contre ceux qui sont tentés de les envoyer dans des institutions *parallèles* qui échapperaient au contrôle de l'Eglise[228] ou dépendant d'autres seigneuries[229]. A côté de l'école paroissiale, seules sont autorisées les leçons privées dispensées par le maître ou le pasteur en dehors des heures de classe[230] et, bien entendu, la séance de catéchisme dominical à l'église, improprement appelée *Kinderlehre*, puisque les adultes y sont chaudement conviés[231]. La priorité absolue accordée à la matière religieuse ressort clairement à la fois des programmes d'étude et des bibliothèques scolaires.

Dans la seigneurie d'Oberbronn[232] comme dans le comté de Horbourg[233], on utilise un nombre réduit d'ouvrages : la Bible et les histoires bibliques, le Nouveau Testament, le psautier, le catéchisme encore appelé *guide (Wegweiser)* et quelques manuels élémentaires de spiritualité. Les *questionnaires* eux-mêmes portent sur des *vérités* religieuses, et le *livre de calcul* constitue le seul ouvrage profane. Henri Ernst, futur professeur au gymnase de Bouxwiller, exprime son agacement à l'égard des psaumes qu'on lui fait apprendre par coeur, lors de son séjour à l'école d'Imbsheim à partir de 1763, et que son absence de culture orientale rend aussi incompréhensibles que s'ils étaient écrits en russe[234] !

Voici la petite bibliothèque montée en 1764 pour les enfants indigents de Gumbrechtshoffen et d'Oberbronn sur l'initiative seigneuriale[235] :

	Titres	Nombre	d'exemplaires	
	Petite Bible de Strasbourg	8	6 %	
27,5 %	Nouveau Testament	12	9 %	16,5 %
	Histoires bibliques de Hübner	2	1,5 %	
	Psautiers	16	11 %	
	Catéchisme du Comté de Hanau	40	29,5 %	
27,5 %	Catéchisme de Colmar	2	1,5 %	32,5 %
	Catéchisme commenté	2	1,5 %	
	Questionnaires	24	18 %	
	Abécédaires	26	19 %	
	"Laitages spirituels" pour les tout petits ("Milchspeisen")	2	1,5 %	
	Tables de calcul	2	1,5 %	
	11 (100 %)	136	100 %	

227 ABR H 568/6.

228 AN K 2357/3, art. 1 : *Eltern, Vormünder oder Fremde die Kinder sorgfältig schicken, und keine Neben - oder Winckelschuhlen fürterhin gedulden werden* (comté de Horbourg, fin XVIIIème siècle).

229 *Ibid*., art. 41.

230 *Ibid*., art. 36.

231 GLAK 75/100 : *Die alte leute zu Kutzenhausen komen entweder gar nicht oder gar unfleissig zur Kinderlehre, da sie doch der information viel besser bedörfen als die Jung* (Ober - et Niederkutzenhausen, 1er septembre 1669).

232 BNUS Ms. 1190 (*Schulordnung* 1762).

233 AN K 2357/3, art. 19 et 32. Voir également Chr. PFISTER, *art. cit*., p. 397 (plans d'étude de 1649 et de 1753).

234 BMS Ms. 272 et J. LEFFTZ (éd.), *art. cit*., p. 247.

235 ABR E 4815 (référence aimablement communiquée par Daniel Peter).

A Schwindratzheim, en 1790, l'école dispose d'une Bible imagée, d'un livre de cantiques, du livre de calcul de Schweighäuser, d'un livre de nourritures spirituelles *Milchspeislein),* d'un guide *(Not - und Hülfsbüchlein)* dont le contenu est difficile à reconstituer[236]. C'est au total un investissement peu important si l'on admet qu'un psautier vaut 10[237] et le livre de calcul de Schweighäuser 12 sous[238].

L'analyse du contenu de l'enseignement traduit le même déséquilibre en faveur des matières religieuses[239], comme le montrent les exemples d'Oberbronn[240] et de Gerstheim[241] :

Le contenu de l'enseignement à travers quelques plans d'étude

1) **Oberbronn 1762** (BNUS Ms. 1190) : **une journée-type**

Matin	**1ère heure :**	**Prière du matin** ("Notre Père") et **cantique** (par exemple : "Herr Jesu, Gnadensonne")
	2ème heure :	**Apprentissage de l'alphabet** : épellation après affichage des lettres au tableau ("Abc Tafel") ; composition des mots : transcription des modèles dans le livre d'écriture ("Namenbuch"), le maître conduisant la main des élèves débutants.
		Audition des leçons apprises par coeur
		"Laitages spirituels" pour les tout petits ; **chant** et **prière** pour les autres.
Après-midi	**1ère heure :**	**Cantiques et prières**
		Ecriture, lecture, calcul
	2ème heure :	**Apprentissage de l'alphabet** et **lecture** (caractères imprimés et manuscrits)
	3ème heure :	**Répétition des leçons du matin**
		"Laitages spirituels" pour les tout-petits.

2) **Gerstheim 1778** (ABR 2 G 153/2 et 7) : le **programme hebdomadaire**

		Réglementation	Application
Lundi	**matin**	- Prière, cantique. - Epellation. - Transcription sur le livre d'écriture ("Schreibbuch") de modèles ("Vorschriftzeddel") - cantique, prière.	- Lecture et commentaire d'une histoire biblique. - catéchisme (petits, puis grands) - Eppellation (moyens).
	après-midi :	- Prière, cantique. - Lecture du catéchisme. - Ecriture (signature, quittance, histoire, lettre). - Cantique, prière.	- Eppellation (non-écrivants). - Ecriture (écrivants).
Mardi	**matin :**	- Prière, cantique. - Lecture d'un chapitre de la Bible ou du Nouveau Testament. - Examen de catéchisme. - Cantique, prière.	- Lecture : extrait du "Chemin du Paradis". - Catéchisme (petits puis grands). - Epellation (moyens).

[236] G. SCHAEFFER, *op. cit.*, p. 35.

[237] BMS Ms. 272, p. 45 (autobiographie de Henri Ernst, Imbsheim 1766).

[238] A. KASSEL, *art. cit.*, p. 34, Schwindratzheim 1785).

[239] AN K 2357/3, art. 25 (comté de Horbourg, fin XVIIIème siècle).

[240] BNUS Ms. 1190 (1762).

[241] ABR 2 G 153/2 et 7 (1778).

	après-midi :	- Prière, cantique. - Lecture du catéchisme. - Epellation par coeur. - Chant. - Prière, cantique.	- Epellation et écriture par coeur (" aus dem Kopf").
Mercredi	matin :	- Prière, cantique. - Epellation à partir du livre. - Calcul (unités de mesure, poids et monnaies). - Calcul à haute voix au tableau noir - Cantiques, prières.	- Examen sur le "Chemin du Paradis" (petits et grands). - Epellation (non écrivants).
	après midi :	- Prières, cantique. - Lecture du catéchisme. - Ecriture par coeur. (signature, quittance, histoire, etc.).	- Lecture. - Ecriture.
Jeudi	matin :	- Prière, cantique. - Lecture : révision. des lundi et mercredi après-midi. - Lecture d'un inventaire ou d'un manuscrit (à haute voix). - Cantique, prière.	- Lecture biblique. - Examen pour épelants et écrivants. - Catéchisme (petits, puis grands). - Epellation (moyens).
	après-midi :	/	/
Vendredi	matin :	- Cantique, prière. - Epellation à partir du livre. - Lecture de la confession d'Augsbourg. - Calcul (mesures, poids, monnaies). - Calcul au tableau (à haute voix). - Cantique, prière.	- Lecture du "Chemin du Paradis". - Catéchisme (petits, puis grands). - Epellation (moyens).
	après-midi :	- Prière, cantique. - Lecture du catéchisme. - Epellation (par coeur). - Enumération des livres de la Bible. - Proverbes bibliques. - Cantique, prière.	- Révisions.
Samedi	matin :	- Prière. - Révision des leçons de la semaine. - Préparation de l'évangile et de d'épître du dimanche. - Annonce du catéchisme du dimanche. - Cantique, prière.	- Examen sur les leçons de la semaine. - Répétition du catéchisme.
	après-midi :	/	/

Sans doute serait-il artificiel de chercher à isoler et à quantifier la part du religieux dans ces programmes - entre deux et trois heures par jour ? -, car non seulement chaque demi-journée débute et s'achève par des prières et des cantiques[242], mais la religion imprègne l'ensemble des activités scolaires et déborde sur le temps consacré au savoir profane. L'écriture ? Elle consiste souvent à recopier des prières, des sentences ou des fragments de

[242] AM Turckheim BB 17 (1667) : *Veni Sancte Spiritus* en début de classe ; *Pater, Ave, Credo* en fin de classe.

psaumes[243] . La lecture ? Elle porte sur des passages de l'Ancien et du Nouveau Testament, sauf à la veille et au lendemain des dimanches et fêtes où l'attention se trouve concentrée sur la préparation de l'épître et de l'évangile du lendemain ou sur la relecture et le commentaire du sermon de la veille : le tout sous le contrôle du pasteur[244]. Le mercredi et le samedi, les élèves se font interroger sur le catéchisme dont ils doivent connaître les versets par coeur. Enfin c'est par la lecture d'histoires bibliques que le maître éveille l'imagination des enfants et stimule leur esprit de curiosité. Et si le chant occupe une place primordiale, c'est encore dans une optique purement religieuse : les élèves ne sont-ils pas mis en garde contre les chansons profanes[245] ? Le constant va-et-vient entre l'église et l'école traduit l'imbrication des fonctions : *Es jour de Dimanche ou de fête le Maître d'école fera assembler les enfants dans sa classe, avant le service divin du matin ainsi qu'avant celui de l'après-midi. Il les conduira deux-à-deux au sermon, à la Messe, au Catéchisme et à vêpres ; et à l'issue des Offices, il les ramenera dans le même ordre de l'Eglise en classe, où il leur fera quelques questions sur le Sermon ou Catéchisme qu'ils auront entendu et leur en répétera la substance en abrégé. Aux jours ouvrables auxquels la présence du Maître-d'école est nécessaire à l'Eglise, il les y conduira aussi deux-à-deux, et de l'Eglise à l'école* [246] . Corollaire d'une formation pénétrée de religion : la présence d'écoles confessionnelles, catholiques et protestantes, nettement individualisées ou l'apprentissage doit déboucher sur la formation de Chrétiens, préparés à recevoir les sacrements[247]. Au moment de la confirmation, une attestation scolaire est réclamée par le pasteur et ce dernier retire couramment les élèves au maître, pour les préparer des semaines durant, à la Sainte Cène[248], si ce n'est le maître lui-même qui prépare les enfants à la confession et à la communion pendant le Carême[249].

Pour un observateur du XXème siècle, de tels programmes paraissent singulièrement étriqués. N'oublions pas cependant que l'éducation religieuse et morale passe obligatoirement par la technique de la lecture[250]. Par une heureuse combinaison entre formation religieuse et apprentissage des *rudiments*, l'alphabétisation devient le support de la catéchétique. Quelles que soient les distances qui apparaissent entre scolarisation et alphabétisation[251], il résulte de cette situation que nombre de nos paysans n'auraient sans doute jamais appris à lire, et peut-être à écrire, si l'Eglise

[243] A. KASSEL, *art. cit.* p. 34 : *la Bible, le psautier, le catéchisme et les sentences de Luther constituent la base de la lecture* (reconnaissance des lettres, épellation et de l'écriture à Ringendorf 1775).

[244] G. C. SCHILDBERG, *op. cit.*, t. I, p. 181 : *Hanauische Schulordnung* de 1658.

[245] AN K 2357/3, art. 33 et 34 : *vor weltlich üppigen liedern sollen sie beÿ aller Gelegenheit gewarnt und ihnen beÿgebracht werden, wie sie wohl zu dem Singen als auch zu dem beten, eine hertzliche Andacht erfordert werde.*

[246] AHR 1 G 8 : ordonnance épiscopale du diocèse de Bâle, impr. 1784, art. IX.

[247] AN K 2357/3, art. 39 (comté de Horbourg, fin XVIIIème siècle).

[248] AHR 18 J 582 (Muntzenheim 1788) et BNUS Ms. 1190 (Oberbronn 1762).

[249] AHR 1 G 8 : ordonnance épiscopale du diocèse de Bâle, impr. 1784, art. XII.

[250] *ABC pour les petits enfants selon l'instruction et l'ancien usage de l'Eglise catholique*, Strasbourg 1789. J-P. BEYEKERT : *Mélanges de littérature française*, Strasbourg, 1789.

[251] Voir *supra* pp. 1838-1839.

Résultats scolaires dans les écoles du comté de Horbourg

Source	Commune	Nombre d'élèves	Niveaux : Epellent	Déchiffrent l'alphabet	Ecrivent l'alphabet	Apprennent à lire	Lisent bien	Lecture + écriture	Ni lecture ni écriture
AHR 1 E 77/10	Appenwihr 10 mars 1753	Garçons : 10		5 (50 %)		5 (50 %)			
		Filles : 9		4 (44,5 %)		5 (55,5 %)			
		19		9 (47,5 %)		10 (52,5 %)			
AHR E 466	Durrenentzen 25 mars 1775	Garçons : 22		14 (63,5 %)		8 (36,5 %)			
		Filles : 10		5 (50 %)		5 (50 %)			
		32		19 (59,5 %)		13 (40,5 %)			
	Muntzenheim 25 mars 1775	Garçons : 17	5 (29 %)	2 (11,5 %)		2 (11,5 %)	8 (47 %)		
		Filles : 30	8 (26,5 %)	3 (10 %)		7 (23,5 %)	12 (40 %)		
		47	13 (27,5 %)	5 (10,5 %)		9 (19,5 %)	20 (42,5 %)		
AHR 18 J 582	Muntzenheim 10 mars 1788	Garçons : 17	3 (17,5 %)	5 (29,5 %)			9 (53 %)		
		Filles 11	2 (18 %)	4 (36,5 %)			5 (45,5 %)		
		28	5 (18 %)	9 (32 %)			14 (50 %)		
AHR E 466	Sundhoffen 1781-82								
	- 1er niveau	Garçons : 32	22 (69 %)	6 (19 %)	4 (12 %)				
		Filles : 29	1 (3,5 %)	1 (3,8 %)	-				27 (93 %)
		61	23 37,7 %	7 (11,5 %)	4 (6,6 %)				27 (44,3 %)
	- 2ème niveau	Garçons : 14			6 (43 %)			8 (57 %)	7 (47 %)
		Filles : 15			6 (20,7 %)		1 (6,7 %)	7 (47 %)	7 (24,1 %)
		29					1 (3,4 %)	15 (51,7 %)	
	- 3ème niveau	Garçons : 21						21 (100 %)	
		Filles : 24						24 (100 %)	
		45						45 (100 %)	

n'avait pas mis l'accent sur la formation religieuse. Le maître d'école se trouve confronté à une classe unique, en forme de pyramide des âges, que les règlements invitent à partager en niveaux[252] selon une méthode tantôt simultanée, tantôt alternative. Plusieurs groupes se situent ainsi dans le champ du regard magistral[253]. Une distinction se fait entre les élèves du premier niveau qui, appelés à articuler distinctement, apprennent l'alphabet[254] et, ceux du second niveau qui se perfectionnent dans la lecture à partir de quelques textes-repères[255] avant d'aborder la difficile épreuve de l'écriture[256]. Les tout premiers exercices consistent en effet à *nommer* les lettres de l'alphabet, à les combiner en syllabes, à les déchiffrer. Le parcours de la lettre au mot se fait dans un ordre immuable grâce à la lecture à haute voix et prépare la rencontre avec l'écrit. Il semble cependant que la lecture de la méthode globale soit pratiquée[257]. Nous reproduisons la situation que nous révèlent, dans le comté de Horbourg, les inspections scolaires effectuées dans la deuxième moitié du XVIIIème siècle.

On relèvera la rareté des enfants qui maîtrisent la technique de l'écrit à la sortie de l'école. Liée à une contribution scolaire plus élevée[258], la pratique de l'écriture, par dictée ou reproduction, non seulement ne présente aucun caractère obligatoire, mais est rarement menée de front avec celle de la lecture. Une des caractéristiques de la pédagogie de l'Ancien Régime réside dans la dissociation des apprentissages et leur caractère progressif. Voici qu'une circonstance fortuite, à savoir l'incapacité – réelle ou prétendue – de nombreux parents à payer l'écolage de leurs enfants, nous permet d'apporter un élément de comparaison pour deux paroisses catholiques de l'Outre-Forêt[259] :

[252] BNUS Ms. 1190 (Oberbronn 1762).
AN K 2357/3 art. 27 (comté de Horbourg, fin XVIIIème siècle).
ABR 2 G 153/7 (Gerstheim 1778).

[253] Cf. les cinq groupes de Ringendorf en 1775 : ceux qui lisent la Bible ; ceux qui lisent le psautier ; ceux qui épellent avec le catéchisme ; ceux qui épellent avec un abécédaire ; ceux qui apprennent l'alphabet (A. KASSEL, *art. cit.* p. 34.)

[254] *ABC Schüler, abc lernende und buchstabierende.*

[255] ABR 2 G 153/7 : *Lesende : die 6 Hauptstücke, das Fragbüchlein, Absolutions - und Lehrsprüche, Abendmahlbüchlein, die Symbola, Psalmenhaustafel, Kinderbibel* (Gerstheim, 1778).

[256] Ibid. : *Feder recht halten... Schreibbuch, vorschriftszeddel.*
BMS Ms. 272 / J. LEFFTZ (éd.), *art. cit.*, p. 248 : *Der Schulmeister selbst schrieb eine schöne, satte, deutliche Hand... schönschreiben... und orthographisch schreiben... die oben Zeile aus Fraktur, die zweite aus Kanzley, die anderen aus Kurrentschrift* (autobiographie de Henri Ernst, Imbsheim, vers 1765).
Th. WALTER, *op. cit.*, p. 31 : *Prinzipiehlen, Anfänger oder Abc Schützen, Lesende, Schreibende* (réglement scolaire de Rouffach, 1745).

[257] BNUS Ms. 272 (éd. par J. LEFFTZ, *art. cit.*, p. 247) : *Ehe ich anfing zu buchstabieren, konnte ich wirklich lesen* (autobiographie de Henri Ernst, Imbsheim 1787).
G. SCHAEFFER, *op. cit.*, p. 34 : d'après une inspection de 1735 à Schwindratzheim, les élèves savent lire, mais non épeler.

[258] ABR 3 E 267/1 : 6 *Pfennig* contre 4 pour ceux qui ne savent pas encore écrire (Lingolsheim 1653).

[259] ABR H 1155-1161.

Paroisse :	Année scolaire :	Nombre d'enfants apprenant à écrire :	
Walbourg	1774-1775	4/20	(20 %)
	1775-1776	3/25	(12 %)
	1776-1777	11/27	(41 %)
	1777-1778	4/17	(23,5 %)
	1783-1784	11/27	(41 %)
Durrenbach	1782 (1er trimestre)	7/27	(26 %)
	1783 (2ème trimestre)	7/28	(25 %)
	1784 (1er trimestre)	6/27	(22 %)
	1784 (2ème trimestre)	7/36	(19,5 %)
Moyenne 1774-1784	**(9 observations)**	**50/233**	**(21,5 %)**

Ainsi un enfant sur cinq apprend à écrire à l'école paroissiale, moitié moins que dans les paroisses luthériennes de Muntzenheim et de Sundhoffen, et la grande majorité des élèves se contentent de savoir lire. Non seulement les *écrivants-lisants* sont relativement rares à la campagne, mais le *Schönschreiben,* écriture *endimanchée,* proche de la calligraphie avec ses pleins et ses déliés, qu'ils apprennent, est plus proche de l'art que d'une véritable technique. Par ailleurs l'usage montrera qu'on est brouillé avec l'orthographe, mal fixée et fréquemment confondue avec l'écriture. Mais cette dernière ne fait pas exclusivement partie du domaine de la technique, ni de celui du geste : elle est une démarche lourde de signification sociale, puisqu'elle marque le passage d'une alphabétisation restreinte à une alphabétisation générale[260]. Tandis que la lecture est associée, essentiellement à partir du livre religieux, à la transmission d'un message, l'écriture, témoignage d'une opération plus abstraite et plus individuelle, élargit le champ des rapports sociaux. C'est dire que la culture traditionnelle, reposant sur la lecture, reste largement dominante.

L'école propose donc une formation que nous qualifierons, de façon fort anachronique, de *littéraire,* à base de lecture, de commentaire[261] et accessoirement d'écriture. L'apprentissage du catéchisme lui-même repose sur une prononciation correcte[262], une mémoire régulièrement exercée[263], la répétition permanente et quelque peu *mécanique* de jour en jour, d'heure en heure[264].

De fait, il n'existe ni tradition, ni formation ni organisation pédagogiques. Très directives, les méthodes d'enseignement, mûries par la pratique, tiennent à la fois d'une pédagogie de groupe faisant une large part à l'émulation et d'un mode individuel. Voici comment, à l'école protestante

260 Fr. FURET/M. OZOUF, *art. cit.*

261 Sans critique du texte : *Was versteht von solchen Dingen ein Dorfschulmeister der kaum orthographieren und schreiben kann ?* (BMS Ms. 272, pp. 20-21, biographie de Henri Ernst, situation à Imbsheim en 1766).

262 AN K 2357/3, art. 32 : *dass die Kinder die Wort deutlich unverstümelt und langsam daher sagen, und nichts auslassen oder andere Wort brauchen da offt ein widriger Verstand oder gar nichts heraus komt* (comté de Horbourg, fin XVIIIème siècle).

263 Ibid. *: perfect auswendig können und zwar deutlich und vernehmlich ohne gestrudelt.*

264 Ibid. *: repetiren als mater lectionis.*

de Goxwiller, le maître organise son temps vers 1750[265].

En matinée :
- prière ;
- première demi-heure consacrée aux lisants (l'un à haute voix ; les autres à voix basse) ;
- deuxième demi-heure consacrée aux épelants (à tour de rôle) ;
- troisième demi-heure consacrée aux enfants apprenant à connaître les lettres à l'aide d'un abécédaire ;
- quatrième demi-heure consacrée aux épelants ;
- chant final.

L'après-midi : catéchisme, lectures bibliques, préparation à la Cène ; quelques rudiments d'écriture et de calcul.

Dans ces classes rurales peu chargées, le maître a la possibilité de s'occuper de chaque enfant individuellement en faisant épeler un tel, réciter tel autre, faire copier à un troisième quelques lignes d'écriture... C'est un défilé continuel. Cette pédagogie au singulier n'a pas que des avantages, car elle implique des séquences d'inactivité plus ou moins longues pour les élèves qui attendent leur tour, ce qui justifie en partie le recours constant à la discipline. En tout cas, le minutage du temps, la division de la durée en segments font irruption dans l'enseignement : quel contraste avec la vie à la ferme ! Peut-on esquisser un bilan qualitatif du travail effectué ? Du fait de la rareté des sources, nous voilà convié une nouvelle fois à nous pencher sur l'exemple du comté de Horbourg, aussi exceptionnel soit-il[266] : la capacité à lire et à écrire y est jaugée au même titre que les connaissances en catéchisme.

	Lecture		Ecriture		Catéchisme	
	G	F	G	F	G	F
Appenwihr 1753						
Total des élèves	8	7	8	-	8	6
Appréciations						
Bien	1 (12,5 %)	-	-	-	-	-
Assez-bien	3 (37,5 %)	2 (28,6 %)	-	-	2 (25 %)	1 (16,7 %)
Moyen	2 (25 %)	1 (14,3 %)	1 (12,5 %)	-	2 (25 %)	1 (16,7 %)
Médiocre	1 (12,5 %)	-	-	-	-	-
Sans mention	1 (12,5 %)	4 (57,1 %)	7 (87,5 %)	-	4 (50 %)	4 (66,6 %)
Sundhoffen 1781/1782						
Total des élèves	55	31	29	30	49	32
Appréciations						
Bien	29 (53 %)	24 (77 %)	7 (24 %)	14 (47 %)	6 (12 %)	16 (50 %)
Passable	16 (29 %)	3 (10 %)	17 (59 %)	11 (37 %)	15 (31 %)	13 (41 %)
Médiocre	10 (18 %)	4 (13 %)	5 (17 %)	5 (16 %)	28 (57 %)	3 (9 %)

G = garçons F = filles

Si les filles sont moins nombreuses et plus lentes à accéder au stade de la lecture et de l'écriture, elles semblent néanmoins plus appliquées que les garçons...

[265] AC Goxwiller : *Die Haltung der Schulen betreffend.*

[266] AHR 1 E 77/10 (*visitation* à Appenwihr, 26 novembre 1753).
AHR E 466 : *Tabelle über die evangelische Schuljugend der Gemeind Sundhoffen, wie sie sich in der Schul befunden in dem Jahr 1781 vor Weinachten, und in dem Jahr 1782 nach Weinachten.*

A la sortie de l'école, l'adolescent possédera une honnête formation religieuse ; peut-être saura-t-il lire quelque passage de la Bible ou écrire son nom. Mais aura-t-il appris à calculer ? Il existe des tables[267] de calcul à l'usage des écoles[268] et, si les parents le souhaitent[269], l'enfant pourra se familiariser, à l'occasion, avec les chiffres arabes, romains[270] ou *allemands*[271]. L'évêque de Bâle impose aux maîtres, en 1784, l'enseignement *des quatre premières règles d'arithmétique, savoir la numérotation, l'addition, la soustraction et la multiplication,* mais seulement pour ceux *qui font paroître des dispositions pour apprendre cet art.* Pour ceux qui désirent *apprendre la division et la règle de trois avec les fractions,* le maître sera disponible hors des temps de classe[272]. Mais certains maîtres avouent ne connaître dans *l'art de calculer* que les *trois premières règles* [273] et la plupart d'entre eux ne s'y risquent guère[274]. Quant aux autres connaissances, elles ne sont pas du domaine de l'enseignement élémentaire[275]. Si le bagage à la sortie de l'école n'est pas bien lourd, répond-il au moins aux nécessités du milieu et de l'époque ? Sauf exception, l'acquisition des mécanismes élémentaires débouche sur des connaissances dépourvues de toute utilité pratique. A Gerstheim - cas suffisamment exceptionnel pour être relevé -, on associe aux rudiments de calcul quelques connaissances pratiques : étude des unités de mesure, de capacité et de poids ; connaissance des monnaies les plus courantes ; rédaction d'une lettre ou d'une quittance[276].

De même, l'ordonnance de l'évêque de Bâle qui, il est vrai, intéresse autant la ville que la campagne, spécifie qu'outre l'apprentissage de *l'orthographe - accens..., ponctuation..., prononciation* -, le maître est tenu *de donner une teinture de la façon d'écrire une lettre, de faire une cédule ou billet, de dresser un compte, une quittance* [277]. La jeunesse est-elle, pour autant, préparée à conduire par elle-même... son économie domestique[278] ?

Mais le villageois éprouve-t-il le besoin de savoir compter ? Nous avons déjà eu l'occasion[279] d'évoquer la rudimentaire comptabilité par planchettes désignée sous le nom de *taille* ou de *Kerbholtz*[280]. Rigoureusement identiques, celles que détiennent le forgeron et son client,

---

[267] ABR E 4815 (Gumbrechtshoffen-Oberbronn 1764).

[268] *Kurzes jedoch gründliches Rechenbüchlein,* Strasbourg 1671.

[269] AN K 2357/3, art. 35 (comté de Horbourg, fin XVIIIème siècle). Chr. PFISTER (*art. cit.*, p. 398) évoque le caractère facultatif de cet apprentissage dans le comté de Horbourg en 1753.

[270] BNUS Ms. 1190 (Oberbronn 1762).

[271] J. ADAM, *op. cit.*, p. 113 : *teutschen und lateinischen Zahlen (Neuwe Schulordnung* 1614).

[272] AHR 1 G 8 (ord. impr., art. III et XIV).

[273] AHR C1286 : *die Rechnungkunst nur die drey erste Reglen...* (Reguisheim 1756).

[274] AHR C 466 : *an das Rechnen wird gar nicht gedacht* (Muntzenheim, 25 mars 1775).

[275] C'est ainsi qu'à Eguisheim on aborde, en 1789, les premiers éléments du droit et de la musique (AHR 1 M 57).

[276] ABR 2 G 153/2 et 7 (Gerstheim 1778) : voir tableau *supra*, p. 1855-1856.

[277] AHR 1 G 8 (impr. 1784, art. IV).

[278] *Ibid.* (préambule).

[279] Voir *supra* p.68.

[280] La définition de K.R. KOLLNIG (*op. 1856.*, pp. 128 et 199) s'accompagne du rappel de l'expression populaire : *was er auf dem Kerbholtz hat* (ce qu'il a sur la conscience).

l'aubergiste et son fournisseur ou le berger et l'éleveur qui lui confie son cheptel[281] s'emboîtent parfaitement l'une dans l'autre et sont destinées à recevoir la marque, sous forme d'entailles, du nombre d'opérations effectuées ou de produits vendus[282]. Pour rendre toute falsification impossible, elles portent soit un numéro, soit les initiales ou la marque de la ferme permettant d'identifier le client débiteur : chaque fois qu'il fait ferrer un cheval, par exemple, ce dernier est invité à accoler sa planchette à celle que garde le forgeron et l'entaille s'effectue simultanément sur les deux planchettes jumelles qu'on assemble à la fin de l'année au moment où on fait les comptes. Ces entailles, du fait qu'elles comptabilisent le nombre d'opérations effectuées par un client habituel, dispensent les villageois de tenir une comptabilité écrite.

Risquons un bilan en 1789 : dans la quasi-totalité des 52 communes de la plaine de Haute-Alsace, qu'englobe l'enquête rétrospective de l'an IX[283], les enfants apprennent à lire et à écrire, le plus souvent d'ailleurs, précise-t-on, en allemand. Mais dans moins de 10 % des écoles, on enseigne le calcul ou l'arithmétique. Nous connaissons les résultats, à la sortie de l'école, pour 6870 adolescents, issus de 36 communes : 4,4 % seulement possèdent au-delà des rudiments, tandis que 95,6 % savent théoriquement lire et écrire. Mais, quelles que soient les carences, il ne saurait être question de jeter la pierre aux seuls maîtres. Des circonstances extérieures, sur lesquelles ils ont peu de prise, compromettent les efforts qu'ils peuvent entreprendre : l'absentéisme des enfants qui les incite à parer au plus pressé ; l'absence d'une autorité suffisamment forte et désintéressée qui soit susceptible de coordonner le contenu de l'enseignement - encore peu élaboré - avec les besoins - encore mal définis - de la population rurale. En définitive, tout est diversité et discordance dans l'enseignement élémentaire d'avant 1789 : diversité des moyens de rétribution, de la qualité, voire du contenu de l'enseignement dispensé ; discordance entre les intentions et la réalité.

3) Le contrôle des moeurs à la campagne

Inspections scolaires et réglementations seigneuriales deviennent l'occasion d'un irremplaçable éclairage sur les moeurs scolaires. Sur les dix-neuf enfants présents à l'école d'Appenwihr en 1753[284], deux seulement ont tendance à s'absenter fréquemment ; parmi les neuf lisants, à côté de quatre élèves *attentifs* et de trois *bons élèves*, un seul est qualifié de *moyen* et un autre de *mauvais* ; la plupart sont considérés comme calmes et appliqués, mais la conduite de cinq d'entre eux laisse à désirer : effrontés, têtus ou ignorants... On engage les élèves à avoir les yeux fixés sur leurs livres, en les dissuadant de *bavarder, dormir, grignoter, se battre, se bousculer, s'injurier, se retourner, courir dans la salle* [285]. Il n'est pas facile de policer ces petits rustres, condition indispensable pour assurer leur insertion dans la

[281] E. HAUG, *op. 1805*, pp. 70-71.

[282] AN T 570/1 : *graver sur sa taille la quantité de vin qu'il a mis en cave* (seigneurie de Landser, 1746).

[283] AHR 1 M 57.

[284] AHR 1 E 77/10.

[285] AN K 2357, art. 20 (comté de Horbourg, fin XVIIIème siècle. Traduction).

communauté chrétienne. Leur imposer le silence, les figer dans une attitude quasi hiératique, calquer leur comportement sur celui du maître ne suffisent pas toujours.

Ecervelés, récalcitrants et contestataires sont passibles de châtiments corporels, procédés didactiques par excellence, utilisés par un maître qui a le verbe haut et la main leste : car il faut dresser un être imparfait et extirper le mal qui, selon la vieille doctrine augustinienne, est lié à la nature, foncièrement mauvaise, de l'enfant[286]. Aussi le fouet à lanières de cuir fait-il partie de l'équipement des écoles du comté de Hanau de 1614 à 1790[287].

La violence, qui pénètre ainsi dans l'enceinte de l'école, parfois avec la complicité de la femme du maître ou des aînés parmi les élèves[288], est parfaitement assimilée par une civilisation dans laquelle la maîtrise du corps est une constante[289]. Or, de la Renaissance aux *Lumières,* les tentatives d'humanisation de l'école visent à approprier la punition à la faute, à l'âge et au sexe, par une codification du châtiment qui va jusqu'à indiquer quelles sont les parties du corps qui doivent être touchées, les autorités cherchant à contenir cette violence dans des limites raisonnables[290]. Il est déconseillé de frapper l'enfant à la tête ou sur les doigts, au risque de le renvoyer chez lui avec des blessures ouvertes et un visage tuméfié[291]. Il est déconseillé de le tirer par les cheveux, de lui pincer nez et oreilles, de lui infliger surnoms et injures[292]. Instrument pédoplégique par excellence, puisqu'il distribue gifles et calottes, la main du maître est cependant relayée par la verge ou le bâton, appliqués sur des mains bien ouvertes[293]. D'une grande efficacité, la bastonnade n'a rien de scandaleux[294].

---

286 BMS Ms. 272 (éd. J. LEFFTZ), *art. cit.*, p. 248 : *Der Schulmeister, ein Schwabe aus der Gegend von Konstanz, ein Strumpfstricker seines Handwerks, war ein ziemlich harter und barbarischer Mann. Er prügelte die Kinder, dass sie in die Stube br... und sch... da war Keine Liebe, sondern Furcht und Schrecken hauschten in der Stube* (autobiographie de Henri Ernst, Imbsheim, 1787).

287 J. ADAM, *op. cit.*, p. 112 *(Neuwe Schulordnung,* 1614) et G. SCHAEFFER, *op. cit.*, p. 35 (inventaire du mobilier de l'école de Schwindratzheim, le 28 novembre 1790).

288 A. KASSEL, *art. cit.*, p. 34.

289 M. FOUCAULT, *op. 2461.*

290 R. REUSS, *op. cit.*, t. II, p. 385 (plaintes à Zehnacker et Ostwald en 1663).
ABR G 5850 : *auf arth und manier... ernstlich mit Ruth zu züchten* (Chapitre de Wissembourg, vers 1739).
BNUS Ms. 1190 : *Das Kopf - und Döppelschlagen abgethan* (Oberbronn 1762).
AN K 2357/3, art. 22 (comté de Horbourg, fin XVIIIème siècle).

291 ABR 2 G 551 : *ins angesicht schlage, dass sie... blaue gesichter davon bekommen... mit schlägen behandle...* (Wolfisheim 1784).
J. ADAM, *op. cit.*, p. 113 : *die Kinder nicht viel auf die Köpf schlagen (Neuwe Schulordnung,* 1614).
Th. WALTER, *op. cit.*, p. 31 : *mit schlägen zu corrigieren, ruethen und gelindten Instrumenten... erlaubt. Doch soll man die Kinder niemals im gähen Zorn mit schlägen als strafen, auch mit der faust auf den rücken viel wenig auf den kopf herum schlagen* (règlement scolaire de Rouffach, 1745, art. 3).

292 J. ADAM, *op. cit.*, p. 120 *(Hanauische Schulordnung* 1658).
AN K 2357/3, art. 22 (comté de Horbourg, fin XVIIIème siècle).
ABR 2 G 551 (Wolfisheim, 1784).

293 J. ADAM, *op. cit.*, p. 113 : *die Ruth der Notdurft und Gebühr nach brauchen* (*Neuwe Schulordnung* 1614) et p. 120 *(Hanauische Schulordnung,* 1658).
AM Turckheim BB 40 (1706).
BNUS Ms. 1190 : *Die Ruthen oder Stecken aber auf die flache Hand gebraucht werden* (Oberbronn 1762).
AN K 2357/3, art. 22 (comté de Horbourg, fin XVIIIème siècle).

294 P. GIOLITTO, *op. cit.*, pp. 289-320.

Néanmoins à cette discipline, que l'on veut sévère mais sans excès, répondent des méthodes plus douces fondées, le plus souvent dans le cadre de la classe, sur la réprimande et la louange, l'émulation et l'encouragement. Voici d'abord l'exemple du règlement scolaire adopté à Rouffach en 1745[295] qui fait mention de deux châtiments particulièrement déshonorants : celui de devoir s'agenouiller par terre, la verge à la main, sous les admonestations du maître, et celui de se faire coiffer d'oreilles d'âne...

L'évêque de Bâle demande, en 1784, que le maître affecte *les places de l'écriture... selon le mérite*[296]. On distribue des cadeaux aux meilleurs élèves à Pâques, le traditionnel petit pain ou *Wecken* un jour par an fixé par le Consistoire[297], des images pieuses faisant fonction de *bons points*[298]. A Guémar, le jour de la Saint-Grégoire, patron des écoliers, le meilleur élève, décoré d'une médaille dorée fixée à un ruban de soie, est conduit en cortège dans le choeur de l'église où l'attend une place d'honneur[299].

Car le rôle éducateur du maître ne se limite pas à l'éducation religieuse, pas plus qu'il ne s'arrête à la porte de l'école : il englobe au contraire toute la vie de l'enfant. Derrière le *bourrage de crâne éthico-religieux*, relevé par Emmanuel Le Roy Ladurie[300], se profile la vocation stabilisatrice et moralisatrice de l'école d'Ancien Régime, soucieuse d'inculquer les valeurs d'ordre social, de civilité, de travail. A la sortie de l'école, les élèves éviteront de courir, de se battre et de pousser des cris. Ils salueront poliment les personnes âgées, s'abstiendront de rapporter ce qui s'est passé en classe pour ne pas alimenter les ragots, renonceront aux bains en été, aux glissades et aux batailles de boules de neige en hiver[301]. Ils s'abstiendront d'assister aux danses, de fréquenter les cabarets, *d'aller chanter, en quêtant de maison en maison, aux fêtes de Noël, du Nouvel-an, des Rois et autres semblables occasions et cela dans la vûe d'empêcher les courses nocturnes* [302], ou encore de lancer des pétards le jour du Nouvel An[303].

Enfin seront sévèrement réprimés les vices et les mauvaises habitudes qui apparaîtraient au grand jour dans la rue, à l'église ou en

295 Th. WALTER, *op. cit.*, p. 32 (art. 3).

296 AHR 1 G 8 : ordonnance épiscopale, impr., art. XIII.

297 BNUS Ms. 1190 (Oberbronn 1762).

298 A. SCHAER, *art. 3110*, p. 606 (Turckheim 1734-1735). Voir également *supra* p. 1850, note 112 (exemple du diocèse de Bâle, 1784).

299 AHR E 93/9 (1760).

300 E. LE ROY LADURIE, *contrib. 153*, t. II, p. 516.

301 AN K 2357/3, art. 23 (comté de Horbourg, fin XVIIIème siècle).
Th. WALTER, *op. cit.*, p. 31 : *schwören, luegen und undstendtige reden wie auch Winderszeit auf dem Eiss herumb zu schleifen, sommerszeit das Badten absonderlich auch verboten.* Cette recommandation est complétée par un ensemble de *Gassenregel* (réglement scolaire de Rouffach, 1745).

302 AHR 1 G 8 : ordonnance épiscopale du diocèse de Bâle, impr. 1794, art. XV.

303 ABR 3 E 550/2 (Morsbronn, fin XVIIème/début XVIIIème siècle).

famille[304]. A son rôle d'éducateur, le maître ajoute tout naturellement celui de censeur, exerçant une surveillance discrète, même les jours de congé. Encore faudrait-il que, sur ce plan, il donne le bon exemple[305] ! On ne sait ce que doit le taux, relativement faible, des conceptions prénuptiales et des naissances illégitimes à l'oeuvre patiente et austérisante du curé. Mais le maître a certainement sa part de responsabilité dans la répression sexuelle au village qui commence sur les bancs de l'école. Les classes rurales sont mixtes car les impératifs sexuels défendus par l'Eglise s'effacent devant les nécessités matérielles[306]. Il est donc impossible d'*asexuer l'école*[307]. A l'occasion de la reconstruction d'un bâtiment scolaire, apparaît néanmoins le souci de séparer les filles des garçons ; mais le dédoublement des salles poserait des problèmes d'argent et de personnel que peu de communes seraient capables de résoudre. On propose donc, comme à Niederhergheim en 1788, de *séparer la salle d'école afin que les garçons et les filles ne se trouvent pas réunis* : un mur coupant la pièce dans le sens longitudinal permet aux enfants des deux sexes de bénéficier d'un enseignement unique sans pour autant se côtoyer. Ainsi la stricte ségrégation des sexes relève d'une discipline rigoureuse[308], l'essentiel restant la *séparation des latrines*, peu onéreuse, puisqu'il *sera aisé de la faire par une simple planche* [309]... Préoccupation constante, qui se fera obsédante au siècle suivant. Enfin, pour compléter cette formation, un zeste d'éducation civique, puisque la jeunesse doit être en état de faire *avancer le bien de la Communauté et de remplir les devoirs des charges et des emplois, qui pourroient lui être confiées* [310]. Mission ambitieuse que celle de l'école d'antan. A la veille de la Révolution, percent cependant, à travers l'épaisse couche des permanences, quelques indices de transformation.

C) Vers le déblocage des "Lumières" ?

On l'a souvent répété. L'éducation populaire apparaît davantage comme un sous-produit de la Réforme que comme une manifestation des *Lumières* qui ne créent guère les conditions favorables au développement de l'instruction élémentaire : méfiance à l'égard d'une éducation religieuse ; hostilité à une instruction de masse susceptible de contrarier la stabilité

304 H. GERST, *op. cit.*, p. 142 (Hunspach 1779).
AHR 1 G 8 (ord. évêque de Bâle, impr. 1784, art. X et XI). Surveillance de la conduite à l'église (*s'il s'appercevoit... que l'un ou l'autre s'avisât de rire, de causer, de regarder de côté et d'autre)* et dans la vie de tous les jours (*si... quelques désordres scandaleux commençoient à se glisser parmi la jeunesse)* ; le maître d'école devra prendre l'avis du curé avant d'infliger le châtiment qui s'impose.

305 Scandale à Traenheim en 1693, où l'on accuse le maître d'école de gestes déplacés vis-à-vis de ses élèves filles : *lui prie* (sic) *la main et la portoit dans ses culottes pour lui manier ses parties honteuses et à mesme temps il touchait de sa main les parties de la déposante en la passant sous le tablier et la chemise* (ABR 1 B 1357).

306 Seules les villes, grandes ou petites, sont dotées de classes de garçons et de filles distinctes : à titre d'exemple, Altkirch en 1761-1762 (AHR C 1484).

307 P. GIOLITTO, *op. cit.*, p. 156.

308 AN K 2357/3, art. 21 (comté de Horbourg, fin XVIIIème siècle) et BNUS Ms. 1190 : *um Unordnung zu verhüten* (Oberbronn 1762).

309 AHR C 1484.

310 AHR 1 G 8 : ordonnance épiscopale du diocèse de Bâle, impr. 1784, préambule.

sociale et de diminuer le nombre de producteurs... Les classes dominantes préconiseront donc une instruction *nécessaire et suffisante*, tout en s'attachant à dévaluer le savoir populaire, inutile et dangereux. Mais ces idées ont-elles pénétré la campagne ? Rien n'est moins sûr, car on n'assiste pas à un *take off* culturel au village. Quoi qu'il en soit, nos écoles subissent à la fin du XVIIIème siècle la triple influence des nouveaux responsables, d'un cadre matériel renouvelé et d'une transformation progressive des mentalités.

1) De nouveaux responsables : le passage progressif de l'autorité ecclésiastique à l'autorité civile

De la fin du XVIIème siècle aux dernières années de l'Ancien Régime, s'esquisse une incontestable évolution : placé à l'origine sous l'étroite dépendance du pouvoir religieux, le recrutement des maîtres finit par passer sous la coupe du pouvoir civil. Dans les années 1650 à 1700, les liens entre l'Eglise et l'école se concrétisent dans le fait que certains maîtres sont des clercs ou des théologiens[311]. La communauté y trouve d'ailleurs son compte, dans la mesure où elle manque d'argent pour engager un régent laïque. Le prestige du maître n'en sort pas forcément grandi, surtout dans les paroisses luthériennes, où on lui attribue le nom de *Schuldiener* ou *Schulbediener* [312], termes qu'il serait audacieux de traduire par *valet d'école*, mais qui impliquent très clairement la notion de service. De fait, le maître n'est-il pas avant tout un *domestique* au service de la jeunesse, de la communauté[313], de la paroisse[314] de l'*Obrigkeit*, en un mot au service de l'autorité sous toutes ses formes ? S'il bénéficie de quelque considération, il le doit davantage à l'ascendant qu'il exerce sur les enfants, en tant que Chrétiens en devenir, et aux services qu'il rend qu'à ses aptitudes à maîtriser lecture, écriture et calcul. Il y aura de moins en moins de clercs enseignants au XVIIIème siècle. La progressive laïcisation de la fonction se traduit à la fois par une certaine professionnalisation, comme le prouve l'importance grandissante qu'on accorde aux *rudiments* par rapport au catéchisme, qui ne perd pas pour autant sa prééminence, et le rôle croissant des autorités civiles - municipalités et intendants - dans les procédures de recrutement. En attendant que la Révolution dénonce *le métier vilipendé de maître d'école ou plutôt de valet de presbytère* [315], et propose le vocable d'*instituteur*, mot chargé de latinité que la Convention inscrit dans la loi en décembre 1792, les termes de *Schuler* ou de *Lehrer* apparaissent dès la seconde moitié du XVIIIème siècle. La qualité de l'enseignement dispensé aura-t-elle gagné à ce transfert de compétences ?

---

[311] AHR E 469 (Horbourg 1653).
R. FRIEDEL, *op. [398]*, p. 69 (Hoerdt 1652).
M. KNITTEL, *op. [431]*, p. 178 (Geudertheim, milieu du XVIIème siècle).
H. GERST, *op. cit.*, p. 141 (Hunspach, début du XVIIIème siècle), etc.

[312] ABR 6 E 36, Not. Saverne II, inv. 147 (Lupstein 1729).
ABR 3 E 225/6 (M Ittenheim, 25 avril 1730).

[313] AHR C 1286 : *domestique de la communauté*, au même titre que le bangarde (Tagolsheim, fin XVIIIème siècle).

[314] ABR 6 E 36, Not. Saverne II, inv. 156 (Avenheim 1736) et 186 (Maennolsheim 1768) : *Kirchendiener.*

[315] AHR 10 J 1/19 (Conseil général de la préfecture du Haut-Rhin, 5 fructidor an VIII).

Nous avons déjà relevé le rôle croissant des communautés d'habitants dans le recrutement des maîtres. Il va de pair avec une progressive prise de conscience par l'Etat de ses responsabilités en matière d'instruction et d'éducation. Les délibérations des communautés, quand elles portent sur le choix du maître, ne cessent de se référer aux déclarations royales[316]. Si le Roi ne se désintéresse jamais de l'instruction élémentaire, c'est qu'il se laisse guider par sa farouche détermination à extirper l'*hérésie*. Et si, en Alsace, l'initiative est laissée aux responsables religieux, c'est encore du fait d'une complicité entre l'Etat et l'Eglise. Or voici que l'Etat prend en mains l'école en dehors de toute politique de circonstance, au moment où le combat contre l'hérésie perd de son acuité. Dans la seconde moitié du siècle, l'autorité de l'intendant sur les écoles devient prédominante, tout en continuant à prendre appui sur celle de l'évêque. Les effets de la centralisation politique rejoignent les impératifs de la reconquête religieuse. Sans doute cet intérêt de l'intendant pour l'école s'inscrit-il dans une politique de mainmise croissante sur les affaires communales, mais, dans ce contexte, l'école se trouve souvent projetée au premier plan : construction ou aménagement des bâtiments ; sanction apportée au choix du maître et à son éventuelle révocation ; arbitrage en cas de conflit à l'intérieur de la communauté... Patronage officiel en somme : car si l'Etat encourage l'institution scolaire, le financement des bâtiments et la rémunération du personnel restent à la charge des communes qui ne cherchent nullement à soustraire les problèmes scolaires au pouvoir ecclésiastique : qui oserait contester que l'instruction ne soit l'affaire de l'Eglise ? Mais l'Eglise elle-même ne va pas jusqu'à consentir des sacrifices financiers et laisse peser toute la charge sur les finances communales.

La langue utilisée à l'école constitue un indice de l'interférence constante des responsabilités. Tandis que les ordonnances scolaires hanoviennes[317] opposent les écoles *allemandes* à l'école *latine* réservée à la cité seigneuriale de Bouxwiller[318], les documents portant sur la Haute-Alsace distinguent les écoles *allemandes* de la campagne des écoles *françaises* qu'abritent les bourgs et les petites villes telles que Thann, Kaysersberg et Guebwiller[319]. Au village, l'enseignement élémentaire est en effet exclusivement dispensé en allemand : pas un mot de français prononcé en classe un siècle après le rattachement de l'Alsace à la France ; en 1789 encore, l'allemand est seul enseigné dans sept écoles rurales sur dix en Haute-Alsace[320] Ce n'est que dans la deuxième moitié du XVIIIème siècle que les autorités se préoccupent de trouver des maîtres qui soient aptes à enseigner dans les deux langues ou à confier l'enseignement de l'une et de l'autre à

[316] ISAMBERT, *op. [150]*, t. XX, p. 1661 : obligation scolaire jusqu'à l'âge de 14 ans (13 décembre 1698) et t. XXI, p. 303 : obligation d'établir des maîtres dans toutes les paroisses et établissement de leurs gages (14 mai 1724), *etc*.

[317] J. ADAM, *op. cit.*, pp. 114-120 (ordonnances scolaires de 1614 et 1658).

[318] De même Ensisheim (1775), tandis qu'à Reguisheim (1756) il est fait défense au maître *d'enseigner le latin pendant les heures de l'Ecole* (AHR C 1286).

[319] Ch. HOFFMANN, *op. cit.* t. II, p. 14.

[320] AHR 1 M 57.

des maîtres distincts[321]. Elles n'y parviennent que rarement et utilisent alors la possibilité d'adjoindre au maître en titre un *proviseur* issu de la jeune génération et davantage versé dans la langue française[322]. C'est que la population, sauf exception, ne voit guère l'intérêt d'un enseignement en français assimilé à une perte de temps. Tel est le cas en 1789 à Issenheim, village *composé de laboureurs et de journaliers,* pour qui la langue française n'a que peu d'attrait[323]. Or l'enseignement de la langue française se justifie par le fait qu'Issenheim est le siège d'un important relais de poste, entre Belfort et Strasbourg, qui voit passer bon nombre de voyageurs français. A quelques lieues de là, Turckheim envoie ses jeunes, dès 1660, dans le *Welschland* , pour qu'ils se familiarisent outre-Vosges avec une langue que leur terre natale ne peut pas leur apprendre. Seuls les villages abritant une minorité d'immigrés francophones font exception à la règle. A Altenstadt, le maître d'école ne connaît pas le français en 1700 et c'est bien normal[324]. Or, sous la pression des *Picards welches* [325], on réclame l'installation d'un maître d'école francophone : pourquoi les *enfants français* seraient-ils défavorisés par rapport aux *enfants allemands* ?[326] Mais il s'agit là de cas exceptionnels. Dans l'ensemble l'inadaptation flagrante d'une langue écrite, officielle et administrative, au langage parlé de tous les jours entrave, à la campagne, les progrès du français, langue du Roi et bientôt langue de la Nation.

2) Un nouveau cadre matériel : une maison pour l'école

De façon plus concrète, les préoccupations grandissantes de l'administration en matière scolaire se traduisent par l'agrandissement d'anciens et l'édification de nouveaux bâtiments. Les premières initiatives, jusque vers les années 1750, émanent des autorités religieuses qui, du nord au sud de l'Alsace, obtiennent l'accord seigneurial pour organiser des collectes dans le cadre du chapitre rural de Wissembourg, de l'évêché ou de la seigneurie[327]. C'est donc en partie des territoires de la rive droite du Rhin

[321] AHR C 1286. A propos du choix du nouveau maître d'école de Husseren : le candidat retenu a *l'avantage de posseder deux langues, et de les savoir écrire et parler aussi facilement l'une que l'autre* (Husseren, 12 février 1778).

Ibid. et Ch. HOFFMANN, *op. cit.*, t. II, pp. 13, 14 et 38 : Reguisheim 1756, Ensisheim 1775 *(les principes des langues latine, française et allemande)*, Sundhoffen 1783... Selon M. SORGIUS *(op. cit.*, p. 4), l'obligation de faire les leçons en français aurait été proclamée dans le comté de Ribeaupierre au XVIIIème siècle ; nous n'avons pas pu vérifier cette affirmation. Il existe par ailleurs des dictionnaires et traités à l'usage des maîtres : *Nouveau dictionnaire allemand-français et français- allemand à l'usage des deux nations* (Strasbourg 1762) ; Gottsched : *Le maître de la langue allemande* (Strasbourg 1782).

[322] Ch. HOFFMANN, *op. cit.*, t. II, p. 14 (Ballersdorf 1777).

[323] *Ibid.*, t, II, p. 16, note 1 *: In einem Dorf, wo nur Ackersleuth und Taglöhner sich befinden, die lateinisch und französich Sprach denselben unnötig, sondern allein Teutsch lesen, schreiben, rechnen und in der Christkatholische Religion unterwissen zu werden* (source : AHR E 1286).

[324] ABR G 5797 : *weilen er der französichen Sprach unerfahren...*

[325] Voir *supra* pp. 287-291.

[326] Ibid *: Welsche Kinder... Teutsche Kinder.*

[327] ABR 2 G 34/1 : nouvelle école d'Olwisheim (1700)

ABR G 5808/2 : collecte dans les 18 paroisses du chapitre rural de Wissembourg pour la construction de l'école de Keffenach (1747).

ABR G 5811 : collecte de trois mois dans l'évêché de Spire pour la construction de l'école d'Ingolsheim (1753).

AHR 18 J 527 : collecte en Suisse, dans le landgraviat et le duché de Wurtemberg pour la construction de l'école de Durrenentzen (1750-1752).

que proviennent les deniers, le seigneur se contentant de fournir gratuitement le bois de construction nécessaire. Jusqu'en 1754, le maître catholique de Cleebourg enseigne dans ses propres murs. Puis - situation transitoire - la commune parvient à acquérir une *maisonnette* moyennant une triple source de revenus : une contribution spéciale d'un montant de 300 à 400 florins, une modique somme puisée dans la caisse des pauvres et une quête organisée dans le diocèse[328].

L'initiative ecclésiastique et seigneuriale se trouve relayée, dans les années 1760/1770, par celle de la communauté, largement soutenue par l'intendant : requêtes, devis de travaux, procès-verbaux de visites et adjudications au rabais se multiplient[329].

Une telle initiative, reprise à la veille de la Révolution par la Commission intermédiaire, renoue certes avec les préoccupations très anciennes de l'Intendance : La Grange n'avait-il pas ordonné aux communes de mettre un logement décent à la disposition du maître ?[330] Or, dans la seconde moitié du XVIIIème siècle, ces logements, partiellement aménagés en salles de classe, passent pour être vétustes, délabrés, insalubres, quasiment inhabitables. Passons sur la paillote de Sand dans laquelle, en 1672, on entasse 18 à 40 enfants d'âge scolaire et une vingtaine d'adultes analphabètes[331]. A Muttersholtz, la maison d'école est en *si mauvais état qu'on ne peut plus l'habiter sans s'exposer à être enseveli sous ses ruines*[332] : cloisons pourries, planchers qui s'effondrent... Le maître hésite à déménager le buffet qui y est entreposé par crainte de la *chute du bâtiment tout entier* . Celui de Hartmannswiller, plutôt que d'occuper une bâtisse qui est *sur le point de s'écrouler*, est contraint de loger ailleurs[333]. La situation se trouve résumée dans la supplique des habitants d'Artzenheim au Bureau du district de Colmar le 16 mai 1788 : *Le poêle destiné à l'instruction des enfants et au logement est... bien bas et obscur* et ne peut *contenir que la moitié des enfants... au point que l'autre moitié est privée de l'instruction si nécessaire à la jeunesse..., le dit poêle est très malsain autant à cause du mauvais fourneau qui s'y trouve, qu'à cause de l'infection qu'y laissent les enfants par leurs ordures et leur malpropreté, sans parler du grenier,*

---

328 ABR E 5800.

329 La procédure est la suivante : après une requête motivée de la part de la communauté, l'intendant confie le projet à un commissaire - le plus souvent l'ingénieur principal des Ponts et Chaussées - chargé d'effectuer un constat des lieux en présence de maçons et de charpentiers experts et impartiaux qui ont préalablement prêté serment. Parallèlement, il engage avec les préposés de la communauté une concertation destinée à assurer le financement de l'opération en fonction du devis établi par les experts. l'affaire est ensuite traitée avec un entrepreneur de construction après adjudication au rabais : le nombre de mises témoigne de l'intérêt que portent à ces réalisations maçons et charpentiers de quelque envergure. Enfin une ordonnance de l'intendant autorise la commune à engager les travaux. C'est alors un inspecteur des bâtiments publics qui prend le relais pour établir le plan définitif et surveiller les travaux. Voir en particulier AHR C 1484, E 461-462, etc.

330 Voir l'exemple de Hoerdt (1661-1664) donné par R. FRIEDEL, *op. cit.*, p. 70.

331 G. Ch. SCHILDBERG, *th. cit.*, t. I, p. 253 et O. WILLARETH, *op. [485] : ein enges Strohhüttlein, mit einem einzigen Stüblein, nebst einem Kämmerlein für Weib, Kind und Gesinde.*

332 ABR C 174/96 (1779).

333 *Ibid.* (1777).

ecuries qui tombent en ruine... Avec une pointe d'ironie, la communauté de Niederhergheim ajoute : *Si la maison d'école s'écroule, comme la caducité absolue le fait craindre, du moins cette chûte n'écrasera que le quart d'une génération,* puisqu'elle ne peut contenir que 25 enfants sur 100 ![334] Belle consolation !...

On déplore de surcroît la polyvalence de l'école qui abrite à la fois la salle de classe et l'habitation du maître : ce dernier y trouve son avantage, dans la mesure où cette situation lui permet de pratiquer un second métier. Or aucune limite ne sépare le logement privé auquel peut prétendre le régent d'école du bâtiment public destiné à recevoir ses élèves. Car ce n'est pas l'école qui reçoit le maître, c'est le maître qui accueille l'école chez lui : *aucune chambre,* nous dit-on à Weitbruch en 1669, *dans laquelle il puisse serrer et conserver quelque chose ; dans le même poêle d'école, il est obligé de faire son ménage, d'y dormir et la femme d'y accoucher, c'est ce qui ne peut arriver sans causer un grand scandale aux jeunes-gens qui assistent à l'école*[335]. Au délabrement du bâtiment s'ajoute en effet l'exiguïté des *poêles d'école* qui conservent leur aspect originel de locaux de fortune[336]. Il aura fallu l'augmentation des effectifs scolaires pour décider les autorités à agir : à Erstein, où la salle de classe jouxte la *chambre du proviseur* et abrite une *chaudière pour faire la lessive,* les agrandissements réalisés permettront en 1774 *d'installer 80 à 100 élèves supplémentaires*[337]. Parallèlement, de minuscules villages s'empressent de demander un maître, le nombre croissant des enfants du lieu ne justifiant plus le déplacement dans la localité voisine[338].

Si les implantations nouvelles sont relativement rares[339], les travaux d'aménagement permettent, à la fin du XVIIIème siècle, de parer au plus pressé : dans une salle d'école, dont la surface moyenne se situait entre 50 et 60 mètres carrés, l'enfant disposait d'un demi mètre carré à peine ; dans les nouveaux locaux, il disposera en moyenne d'un mètre carré. Faut-il aménager le bâtiment existant ou en construire un nouveau ? Les délibérations des assemblées d'habitants traduisent bien des hésitations et reflètent la diversité des opinions au sein de la population villageoise. Les projets sont souvent incompatibles avec la fragilité financière des communes chargées de les réaliser : *Une maison pareille,* constatent le curé et les préposés de Niederhergheim en avril 1788, *semble devoir être beaucoup trop magnifique pour une maison d'école de village et il arriveroit que le maître d'école seroit mieux logé que ce qu'il y a d'habitans les plus aisés de l'endroit.* Et de proposer *une maison solidement bâtie à la manière des maisons de campagne* (qui) *rempliroit son objet et les mettroit à même de faire une épargne considérable au profit de la communauté*[340].

334 AHR C 1484 (1788).
335 ABR C 192 (le curé royal à l'intendant, 19 septembre 1769).
336 AHR C 1484 (Aspach-le-Bas 1771).
337 ABR C 213/26.
338 A titre d'exemple, ABR C 164 (Hoelschloch-Kutzenhausen 1780).
339 Création d'une école à Issenhausen en 1784 (G. RUCH, *op. [456]*, pp. 100-104).
340 AHR C 1484.

Une fois de plus, l'achat d'une maison particulière, même si elle nécessite quelques réparations, passe pour être la solution la moins coûteuse[341]. Si l'on arrive à faire l'économie d'un nouveau bâtiment, c'est tant mieux. Lorsque l'extension des installations existantes s'impose, la technique utilisée consiste à abattre une cloison de façon à empiéter - intérêt général oblige - sur le logement du maître ou la chambre du *proviseur* jouxtant la salle d'école[342]. Dans un deuxième temps, si l'ancien bâtiment est capable d'en supporter le poids, on le surbâtit, ce qui permet de consacrer tout l'étage au logement du maître tandis que le rez-de-chaussée est entièrement occupé par l'école et ses annexes[343]. Une telle méthode est également adoptée dans le cas des constructions nouvelles[344] dont le nombre l'emporte très nettement sur celui des réparations, aménagements et agrandissements. Un bâtiment neuf présente des avantages incontestables : sûr et spacieux, construit *selon les règles de l'art* [345], il permet d'entreposer les *sceaux* (sic) *et la pompe à feu* [346] et d'y installer *une chambre convenable pour les assemblées de la municipalité* [347], répondant ainsi aux préoccupations de l'époque. Il s'agit d'ailleurs bien plus souvent d'une reconstruction que d'une construction neuve, compte tenu de l'ancienneté de l'institution scolaire. Le cas de Haegen où, jusqu'en 1774, le maître enseigne dans sa propre maison, semble constituer l'exception en cette fin du XVIIIème siècle[348]. Il en est de même à Allenwiller où, moyennant un loyer de 12 florins par an, l'école se trouve installée jusqu'en 1761 dans la demeure du marguillier[349]. En cas de reconstruction, la nouvelle maison d'école est construite à proximité immédiate de l'ancienne, ce qui permet de procéder à la double récupération des matériaux de construction et du terrain d'origine transformé en jardin potager à l'usage du maître. En tout état de cause, pour éviter débours et perte de place, il convient de trouver un terrain vacant à l'intérieur de l'agglomération[350].

Reste à savoir si les communes ont les moyens d'engager de telles dépenses. L'émergence de certaines initiatives privées témoignerait du contraire. A Appenwihr, c'est le pasteur qui prend l'initiative d'acheter une maison à un particulier en 1761[351] ; il se fait rembourser sur les impôts communaux - *Beisteuer* et *Ackerzins* - pour pouvoir payer le maître et

---

341 AHR E 467 : prix = 1186 livres + 600 livres de réparations (Bischwihr 1784).

342 ABR C 156/4 (Dorlisheim 1770) et 160/5 (Geispolsheim 1774).

343 AHR RP Jebsheim (chronique paroissiale) : un étage est construit dès 1699 pour 300 florins (financement sur les ressources de la paroisse et recours aux corvées paysannes).
AHR C 1484 (Spechbach-le-Haut et Artzenheim, 1788).

344 Avec d'inévitables erreurs : *die Schulstube gegen den Nordwindt und das Secret gegen die kirche gestellt* (ABR 2 G 34/1, Berstett 1765).

345 AHR C 1484 : Sundhoffen (école luthérienne 1768/1769).

346 AHR C 1297.

347 AHR C 1484 (Urschenheim 1789-1790, Artzenheim 1788-1790).

348 ABR C 163/1.

349 ABR G 5408/18 (Chapitre de Neuwiller, 1761).

350 AHR C 1484 : *un terrain communal inculte... qui ne produit que des broussailles* (Aspach-le-Bas 1771 et Niederhergheim 1780).

351 AHR 1 E 77/10.

MAISONS D'ECOLE A LA CAMPAGNE AU XVIIIème SIECLE : PROJETS ET REALISATIONS

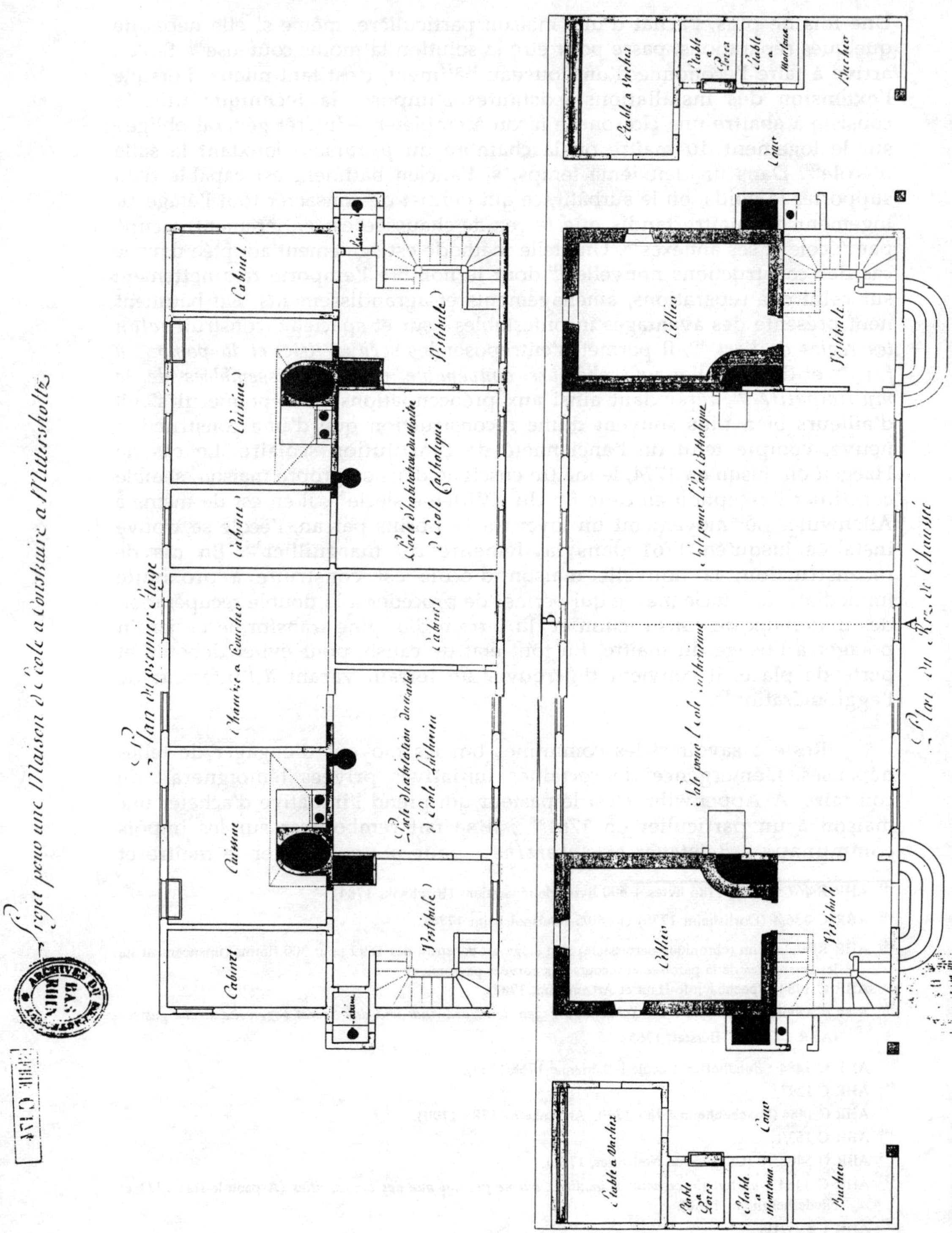

Muttersholtz 1779 (ABR C 174/96)

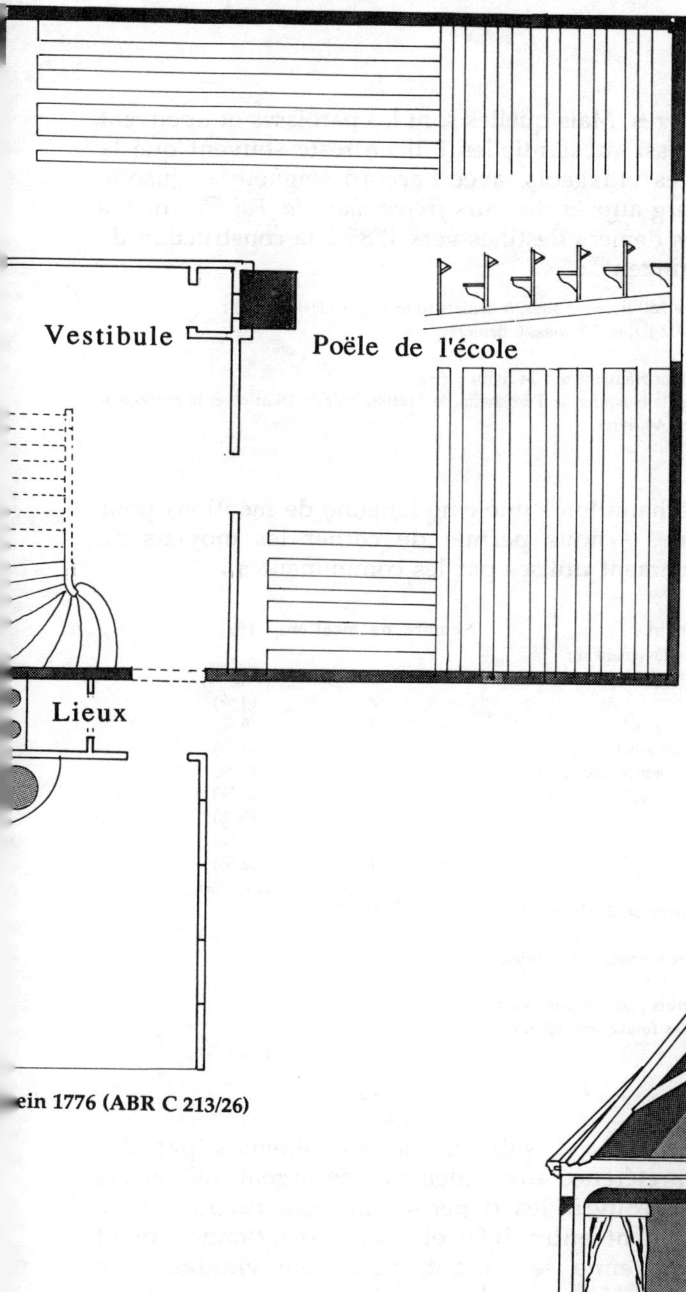

ein 1776 (ABR C 213/26)

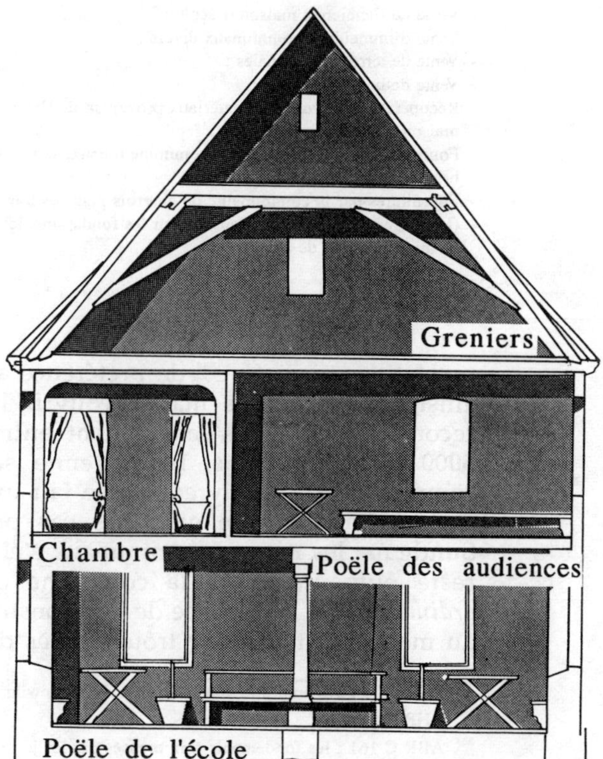

Holtzwihr 1769-1776 (AHR C 1484)

éponger une dette de 4000 livres. Mais quelles sont les paroisses qui peuvent compter sur des avances aussi substantielles ? Il ne reste souvent que la solution de laisser quêter les villageois, avec l'accord seigneurial, jusque dans le duché de Wurtemberg auprès de leurs *frères dans la Foi* [352]. Voici, à titre d'exemple, l'origine des deniers destinés vers 1785 à la construction de la maison d'école de Wolfgantzen[353] :

- Participation du seigneur : 192 livres + 260 livres, 2 sous, 6 deniers (domaine ecclésiastique) ;
- Collecte sur les terres seigneuriales : 902 livres, 17 sous, 6 deniers ;
- Collecte à Colmar : 320 livres, 5 sous ;
- Don d'un bourgeois de Colmar, le Docteur Haussmann : 24 livres ;
- Don de divers bourgeois de Strasbourg (le banquier de Turckheim, le *Stettmeister* de Dietrich et le professeur Fried pour le Chapitre Saint Thomas) : 144 livres.

Total : 1843 livres, 5 sous.

L'analyse d'un petit échantillon - une cinquantaine de mentions pour une vingtaine de communes - nous permet de cerner les moyens de financement les plus fréquemment utilisés par les communautés :

Modes de financement	**Nombre de mentions**	**(%)**
- Recours aux deniers patrimoniaux ou prélèvement sur l'épargne de la caisse communale :	5	(10,5 %)
- Avances de la fabrique de l'église :	2	(4 %)
- Prêts divers :	3	(6 %)
- Demande d'exemption de corvées ou d'impôts :	2	(4 %)
- Etablissement d'impôts communaux extraordinaires :	1	(2 %)
- Collectes :	1	(2 %)
- Vente de l'ancienne maison d'école :	3	(6 %)
- Vente d'immeubles communaux divers :	1	(2 %)
- Vente de terres communales :	3	(6 %)
- Vente de bois communal :	7	(14,5 %)
- Récupération ou vente de matériaux provenant de l'ancienne maison d'école :	7	(14,5 %)
- Fourniture de matériaux par la commune (chaux, sable, tuiles, briques, moellons, bois) :	4	(8 %)
- Fournitures par la communauté de charrois pour les transports (laboureurs) et de main-d'oeuvre pour les fondations, les travaux de maçonnerie et de charpente :	10	(20,5 %)
	49	

Ainsi la commune cherche à subvenir à ses dépenses par des prestations en nature[354] de préférence aux règlements en argent. Elle arrive ainsi, tant bien que mal, à couvrir les dépenses de construction et de reconstruction qui s'échelonnent entre 1000 et 4000, exceptionnellement 5000 livres tournois, la moyenne se situant, pour une vingtaine de communes, à 2700 livres. On se fait une idée des difficultés rencontrées à travers l'analyse de quelques cas précis. Voici Aspach-le-Bas dans le Sundgau : les revenus communaux s'élèvent à 330-340 livres par an et il ne reste plus un sou à la commune quand elle a satisfait aux *charges ordinaires.* Or la dépense de la reconstruction de l'école s'élève à 1200 livres au moins : il faut donc trouver près de 900 livres tournois. C'est la vente

[352] AHR 18 J 724 : imprimé du Consistoire de Riquewihr, 1783-1784.

[353] AHR E 466.

[354] ABR C 161 : les fondements sont creusés par les journaliers corvéables (Graffenstaden 1778).

d'un terrain communal qui lui permet finalement de résoudre le problème, mais est-il bien prudent d'engager ainsi le patrimoine foncier[355] ? La commune de Holtzwihr, qui ne dispose que de 150 livres en 1769, n'a pas encore réglé les frais de réfection des bancs d'église - 300 livres - lorsqu'elle doit faire face à la dépense occasionnée par la reconstruction de l'école. L'Intendance l'autorise à contracter un prêt de 1200 livres mais, comme elle ne trouve pas de créancier, elle décide de répercuter la dépense sur les habitants en répartissant la somme *au prorata de la portion dont chacun d'entre eux jouit dans la partie des terres communales attachées aux cours et aux maisons sous le titre de Gerechtigkeiten* : charge lourde, même si elle est proportionnée aux possibilités d'un chacun[356]... A Niederhergheim, la nouvelle maison d'école revient en 1788 à plus de 5000 livres. Or la communauté peut compter sur 1600 à 1700 livres provenant de la vente de l'ancien bâtiment et sur 100 louis d'or avancés par la paroisse. Il reste à trouver 1100 livres, sans compter le bois de chêne que la commune se voit dans l'obligation d'avancer en attendant l'issue du procès engagé contre le seigneur qui visiblement se désintéresse de la construction d'une maison d'école. Là encore, il ne reste qu'à *vendre des portions de terres communales à défricher* et à faire appel aux laboureurs qui rechignent quand on leur impose 240 charrois... La communauté d'Urschenheim enfin doit débourser plus de 4000 livres tournois pour la construction de son école en 1789[357] :

Dépenses :	**Recettes prévues :**
4185 livres	- Vente de l'ancienne maison d'école : 200 livres - Produit de la forêt : 400 livres - Emprunt à la fabrique de l'église remboursable sur le produit du partage des communaux : 2000 livres - Economies annuelles : 100 livres - Mise en vente de la forge communale : 1000 livres (sur proposition de la Commission intermédiaire)

Malgré toutes les astuces, il manque 600 livres, donc l'équivalent de six années d'économies... On comprend qu'en 1770 la communauté de Sundhouse - et ce n'est qu'un exemple parmi bien d'autres - veuille rentabiliser une construction, dont le coût s'élève à près de 3750 livres tournois, en installant au rez-de-chaussée le lieu d'assemblée de la bourgeoisie, une cave et un magasin à sel, la remise pour les agrès d'incendie[358] : l'école restera donc un local à tout faire. En dernier recours, c'est la forêt communale, pourtant d'un secours appréciable pour la population, ne serait-ce qu'en raison des possibilités de mise en culture qu'elle peut offrir, qui, à défaut d'autres ressources, est mise en coupe réglée[359]. La lourdeur des sacrifices consentis est à la mesure de l'importance de l'enjeu : l'école serait-elle en voie de devenir une priorité ? Une telle hypothèse témoignerait d'une véritable mutation des mentalités.

355 AHR C 1484 (1771).
356 *Ibid.* (1769).
357 *Ibid.*
358 ABR C 187. Voir *supra* p. 1885 (exemples d'Urschenheim et d'Artzenheim, 1788-1790).
359 ABR E 2373/2 (Offwiller, 1762-1763).

Les plans conservés[360] présentent les mêmes particularités : bâtiments de 45 à 50 pieds de long sur 25 à 30 de large et 14 à 16 pieds de haut ; constructions en moellons, couverture de tuiles. Comme en témoignent le nombre et la dimension des fenêtres, un effort spécial semble avoir été réalisé dans le domaine de l'éclairage, fort défectueux dans les réalisations antérieures. Par contre, aucune innovation n'est perceptible dans l'état du mobilier – un tableau noir et un tableau alphabétique, un poêle qui fume, des bancs boîteux disposés de façon plus ou moins anarchique, des tables mal adaptées à la taille des élèves — si ce n'est l'apparition de l'horloge[361] qui remplace le traditionnel sablier[362] : elle est destinée à inculquer aux élèves et au maître un minimum de ponctualité...

3) de nouveaux acteurs, un nouvel état d'esprit : maîtres et élèves à la fin du XVIIIème siècle

Comment se comportent les principaux protagonistes dans ce cadre matériel à peine renouvelé ? Dans les familles des régents eux-mêmes, en l'absence de toute formation spécifique, l'école n'est-elle pas la meilleure garantie pour la transmission du savoir ? C'est en effet le milieu familial qui constitue ce bouillon de culture dans lequel s'éveille la vocation des enfants du maître qui bénéficient ainsi d'une irremplaçable formation extra-scolaire. Il est vrai qu'ils partagent ainsi le privilège de ceux qui peuvent suivre les leçons particulières dispensées par le pasteur, là encore en marge de l'école[363]. Les études, menées de façon fort dispersée, font apparaître des *dynasties* de maîtres qui se consacrent, au sein de la même commune et, souvent, par essaimage dans les communes environnantes, à la formation de plusieurs générations de villageois. Se perd, du coup, la tradition du maître ambulant venu *d'ailleurs*. A Munchhausen, les quatre frères Bächt reprennent au XVIIIème siècle le métier de leur père, épousant d'ailleurs des filles ou des veuves de maîtres d'école et contrôlant les villages voisins : Kauffenheim, Rountzenheim, Ettendorf, Grassendorf, Kirrwiller[364]. A Kuttolsheim, les Schmitt *tiennent* le village de père en fils de 1710 à 1820[365]. Il en va de même des Gottsmann à Weitbruch[366] et des Muller à Hoerdt[367], qui exercent sans interruption les premiers de 1676 à 1774, les seconds de 1707 à 1788. Pas de dynastie à Geudertheim où, en revanche, le

---

360 Nous en avons sélectionné un certain nombre : AHR C 1484 (Holtzwihr, 1769-1776 et Wittelsheim 1773), ABR C 153/105 (Breuschwickersheim), 156/64 (Dorlisheim), 156/72 (Dingsheim), 160/5 (Geispolsheim), 162/63 (Gumbrechtshoffen), 193/76 (Wolschheim), 213/26 (Erstein), 678/34 (Kurtzenhouse), ABR E 1540 (Niedersoultzbach 1780).

361 ABR C 163 (Hangenbieten 1778).

362 Présent à Hoerdt dès 1673, d'après R. FRIEDEL, *op. cit.*, p. 70.

363 G. Ch. SCHILDBERG, *th. cit.*, t. I, p. 80 : Frédéric Kampmann, en poste à Reitwiller entre 1780 et 1809, voit ainsi défiler dans son presbytère 17 enfants issus de ses deux mariages ainsi que du premier mariage de sa seconde épouse.

364 A. POSTINA, *op. cit.*, p. 267.

365 J-M. BOEHLER, *th. 80*, doc. CLXIX (AC Kuttolsheim, délibération du conseil municipal en date du 5 juillet 1816). Or, Michel, le premier qui s'installe, est lui-même issu d'une famille de maîtres d'école : son père exerce à Marlenheim et son frère à Wingersheim (G. FRITSCH, *op. dactyl. 3089*).

366 W. GUGGENBÜHL, *op. 414*, p. 103.

367 R. FRIEDEL, *op. cit.*, p. 71.

Schuladjunctus, arrivé en 1775, épouse la fille du maître d'école en place, tandis que son père et ses frères enseignent à Hoerdt. A Uhlwiller, de 1680 à ... 1913, les Michel font appel, pour faire souche, à la double stratégie de l'hérédité et de l'endogamie[368]. Il en est de même des Zwilling dans le nord de l'Alsace. Issus d'une famille de tisserands, installés à Lampertsloch, Lembach, Keffenach, Niedersteinbach, Obersoultzbach[369], ils s'engagent dans la carrière de maître d'école au début du XVIIIème siècle. Jean-Michel, le père, est à la fois tisserand et maître. Trois de ses fils reprennent ses fonctions : Jean-Pierre (1749-1813) à Gottesheim, où il épouse la fille du maître d'école, Jean-Michel (1757- ?) à Obersoultzbach et Philippe Jacques (1761-1829) à Dossenheim. Jean-Pierre aura trois garçons qui seront maîtres à leur tour - Jean-Georges (1773-1847) à Bosselshausen, Jean-Michel (1773- ?) à Pfaffenhoffen, Jean-Henri (1779-1830) à Waltenheim – et deux filles dont l'une épousera... un maître ! A Sierentz, dans les années 1720, les Scherrer inaugurent une dynastie qui sera amenée à occuper les postes de Magstatt-le-Haut (1749), Luemschwiller et Hirtzbach (1789) et à déborder sur la Suisse[370]. A Flaxlanden, Obermorschwiller, Wittersdorf, Tagsdorf, les Halbeisen constituent des générations de régents...

La continuité quasi-dynastique de la fonction de maître d'école : quelques exemples

Les frères Bächt de Munchhausen (A. POSTINA, *op. cit.*, p. 267)

		Renseignements d'état civil	En fonctions à
	- Georges Michel	fils du maître d'école de Munchhausen, x Veuve de Léonard Granich, maître d'école à Kauffenheim (1757)	Kauffenheim Rountzenheim Ettendorf
	- Benoît	frère de ce dernier, x, fille du maître d'école de Kirrwiller , Antoine Meister	Kirrwiller
	- Jean-Chrysostome	frère de ce dernier	Bitschhoffen Grassendorf
	- Joseph (1765-1792)	frère de ce dernier	Munchhausen

Les Gottsmann à Weitbruch (W. GUGGENBÜHL *op. cit.*, p. 103).

	- Hans	maître d'école, 1676	Weitbruch 1676
	- Jean-Georges	fils de ce dernier	" 1681-1700
	- Jean-Christophe	fils de ce dernier	" 1701-1743
	- Jean-Tobie	fils de ce dernier	" 1743-1774
	- Marie	fille de ce dernier, x Jean-Frédéric Beck	" 1774-1784

Les Michel à Uhlwiller (Fr. LECHNER, *art. cit.)*

1ère génération	- Jean-Michel	1645-1720	Uhlwiller 1680 ? - 1720
2ème génération	- Jean-Jacques	l'aîné de ses fils (1684-1742)	Uhlwiller 1720 ? - 1735
	- Jean	fils de Jean-Michel	Ohlungen Uhlwiller
	- Jean-Georges	fils de Jean-Michel	Roeschwoog 1722-1732 Uhlwiller 1732-1742

368 Fr. LECHNER, *art.1799*, pp. 259-262.

369 Fr. STRICKER, *art. 1801*.

370 Renseignement aimablement communiqué par Louis Abel. Sources : AHR RP Sierentz, Not. Magstatt-le-Haut et AEB B 150/2.

3ème génération	- François Joseph	1745-1787, fils de Jean-Georges	Uhlwiller 1742-1787
	- Jean-Jacques	fils de Jean-Georges x fille du maître de Huttendorf	Huttendorf (assiste son beau-père)
			Morschwiller
	- Jean-Pierre	fils de Jean-Georges	Gundershoffen (vers 1747-1749)
	- Jean-Georges	fils de Jean-Georges	Niederschaeffolsheim
	- Marie-Anne	fille de Jean-Georges, x maître d'école de Forstheim	
4ème génération	- François Joseph	fils de François Joseph	Uhlwiller à partir de 1787

Maîtres de père en fils ? La coutume qui s'installe répond parfois à la nécessité : en effet, à mesure que la population scolaire augmente, l'enseignant prend l'habitude de se faire seconder par l'un de ses garçons qui, de ce fait, s'adjuge une option sur la succession. Une telle continuité ne saurait nous surprendre dans un milieu où, en dehors des familles de maîtres, ni les parents, ni même l'école ne sont capables de transmettre le savoir. Cet enracinement revêt toute sa signification sous le double éclairage temporel et spatial. Si, à la fin du XVIIème siècle, les maîtres de fortune connaissent une rotation très rapide, tout change quelques décennies plus tard. La durée des services, que bien souvent la mort seule vient interrompre, s'étend à présent sur des dizaines d'années pour atteindre, dans certains cas, le demi-siècle. L'ordonnance de Blair, qui interdit en 1774 aux préposés de destituer un maître d'école sans l'autorisation de l'intendant[371], ne saurait, à elle seule, expliquer une telle longévité, fréquemment imposée par les faits : pour peu qu'il donne satisfaction, le maître se voit contraint de travailler jusqu'à la limite de ses forces et, après son décès, sa veuve ne bénéficie pas, comme celle du pasteur dans certaines paroisses du nord de la province, de l'aide d'une quelconque *caisse de veuves*[372].

Tout d'abord, l'augmentation des effectifs scolaires pourrait justifier à elle seule l'engagement d'un sous-maître, indispensable en hiver, encore appelé proviseur (*Profiser*[373]) ou adjoint (*adjunctus*[374]). Chargé de seconder l'*ordinaire* vieillissant, il prend en charge les élèves les plus jeunes, s'occupe des tâches matérielles à l'église. Le maître, son supérieur hiérarchique et son conseiller pédagogique, intervient le plus souvent dans son recrutement et ses émoluments qui, proportionnés aux services rendus, constituent une charge supplémentaire pour les communautés. C'est pour lui qu'en 1763 la commune de Jebsheim est amenée à débourser quelque 250 livres. Même si l'entretien de son adjoint incombe théoriquement au maître, la commune en fait finalement les frais, dans la mesure où elle est amenée à augmenter les gages du maître[375]. Un second maître revient cher : il faut le loger, lui verser l'écolage et le casuel qui s'élèvent à la moitié de ce que touche le

371 AHR C 1285 (6 octobre 1774).

372 H. GERST, *op. cit.*, p. 143.

373 AN K 2357/3 (comté de Horbourg, fin XVIIIème siècle).
Ch. HOFFMANN, *op. cit.* t. II, p. 54 (Jebsheim dès 1734).
ABR C 164 (Hoerdt 1785) et 191 (La Wantzenau 1785).

374 AHR E 466 (Sundhoffen 1776).

375 ABR C 191 : 200 livres de plus à La Wantzenau en 1785.

régent ; l'allocation en grains est la même que celle du maître. Mais les services qu'on attend de lui justifient largement la dépense. En tant que *vicaire du pasteur*, il règle l'horloge, nettoie les linges et les vases sacrés et, en contrepartie, prend ses repas au presbytère. En tant que *sous-maître* , il s'occupe des élèves débutants, leur apprend l'alphabet et la prière[376].

Pour la nouvelle génération de maîtres, le savoir tend à devenir valorisant en soi dans la mesure où il permet d'accéder à des charges publiques. La fonction de sergent de la communauté n'a rien de bien reluisant[377], mais celle de marguillier[378] conduit notre homme, en vertu d'une conception très utilitaire des connaissances, à présider aux destinées de la communauté dont il tient parfois les registres[379]. De telles charges, qui préfigurent celles de secrétaire de mairie, n'ont rien de surprenant dans la mesure où le maître reste l'un des seuls du village à savoir écrire couramment. Elles annoncent néanmoins l'époque où, détaché de la tutelle ecclésiastique, l'instituteur représentera le contrepoids laïque du pouvoir clérical.

Enfin, plus difficilement saisissable, l'évolution des mentalités se traduit à la fin du XVIIIème siècle par des préoccupations nouvelles. Longtemps il n'y a guère de place à l'école pour les considérations d'hygiène : tout au plus demande-t-on au maître d'isoler les élèves malpropres ou atteints de la gale[380]. Or, dans le comté de Horbourg, le thème de la propreté fait irruption dans les règlements scolaires[381]. Parallèlement, les responsabilités des parents se trouvent renforcées, les relations avec les maîtres réglementées : concertation au sujet des punitions infligées[382] et de l'assiduité scolaire, surveillance à la maison des leçons données en classe, coordination quant à la formation spirituelle et morale de l'enfant[383] sont-elles du domaine des voeux pieux ? Par ailleurs, l'enseignement religieux, tout en conservant son prestige et sa prééminence, ne constitue plus l'unique formation requise : pour en faire de *vrais Chrétiens* mais aussi de *bons bourgeois*, il convient d'ajouter à la traditionnelle éducation religieuse une formation utilitaire[384] revendiquée, il est vrai, par les couches supérieures de la paysannerie. Le maître serait-il d'abord au service des enfants avant d'être au service du curé ? Ce serait une petite *révolution*, il est vrai encore très timide... Enfin, sur le plan pédagogique, l'appel à la

---

376 AHR E 466 (Sundhoffen 1776).

377 Ch. HOFFMANN, *op. cit.*, t. II, p. 51 : à Fortschwihr (1734 et 1750), Baltzenheim et Volgelsheim (1765). AP Hurtigheim : *Gemeindebott* 1757 (chronique du pasteur Schneider, XIXème siècle).

378 Ch. HOFFMANN, *op. cit.*, t. II, pp. 50-51 : Algolsheim 1769 et Durrenentzen 1782. AHR 18 J 532 : Fortschwihr 1788. M. KNITTEL, *op. cit.*, p. 178 : Antoine Jaeger, prévôt et maître d'école de Hohatzenheim en 1747.

379 ABR G 5819/3 (Niederlauterbach 1763).

380 Th. WALTER, *op. cit.* p. 31 (règlement scolaire de Rouffach, 1745, art. 5).

381 AN K 2357/3, art. 15 : *Die Eltern sollen ihre Kinder auch sauber halten, damit nicht der Schulmeister oder die Mitschüler einen Eckel an ihnen fassen, oder gar durch Unflätereyen oder Ungeziefer durch sie angesteckt werden* (fin XVIIIème siècle).

382 *Ibid.*, art. 14.

383 *Ibid.*, art. 14, 16 et 17.

384 *Ibid.*, art. 24.

mémoire doit être complété par le souci constant de saisir le contenu et la signification des mots[385], tandis que les matières non religieuses, en particulier le calcul, occupent une place plus importante dans l'enseignement...

Conclusion : La scolarisation, vecteur d'une culture ?

A quoi sert en définitive l'école ? Avant tout à moraliser les enfants et à les instruire dans les préceptes religieux. Cette vocation missionnaire s'explique par les liens étroits qui s'établissent d'emblée entre l'école et le clergé : c'est bien l'Eglise, et non l'Etat, qui est à l'origine de l'institution scolaire. Instruire la jeunesse, pour la préparer à la vie civile ou professionnelle, viendra après.

Or, avant même la rédaction des cahiers de doléances, on a pris conscience des lacunes et des défauts de l'enseignement élémentaire : rémunération insuffisante et situation aléatoire du maître ; niveau scolaire rudimentaire du fait de l'absence de formation et de la diversité des activités de l'enseignant autant que de la fréquentation irrégulière des enfants. Les insuffisances de l'école sont liées aux structures mentales de la paysannerie et aux impératifs économiques du moment. La Révolution cherchera à y remédier. Mais voici qu'apparaissent, dès avant 1789, les prémisses d'une école *nouvelle* qui annonce celle d'aujourd'hui : intérêt accru des pouvoirs publics pour une institution qui conquiert peu à peu son autonomie ; éducation d'hommes et de citoyens plus que de Chrétiens ; souci d'une réelle formation des maîtres. De *succursale de la sacristie*, l'école serait-elle en voie de devenir *temple du savoir* ? Bientôt l'institution scolaire sera le support d'une culture à dominante écrite.

Mais débarrassons-nous de nos préjugés et de nos réflexes d'hommes du XXème siècle et n'exigeons de l'école d'Ancien Régime que ce qui est conforme à sa vocation, à savoir la transmission des valeurs fondamentales. C'est en cela que consiste la *culture* paysanne.

III. UNE CULTURE PAYSANNE : QUELLE CULTURE ?

A) L'écrit et l'image, la parole et le geste

1) Le livre, objet rare à la campagne

Les historiens ont tendance à opposer, de façon réductrice et simplificatrice, *culture populaire* et *culture savante* : la première serait d'essence orale et gestuelle, la seconde s'appuierait sur l'écrit. Cette opposition ne se justifie que si l'on prend en compte, comme forme de lecture et par une assimilation abusive aux situations contemporaines, le recours individuel au livre[386] . Or, loin de se focaliser sur le livre, l'écrit

[385] *Ibid.*, art. 32 : *dass sie nicht nur die Wort sondern auch den Verstand fassen...*

[386] R. CHARTIER, *contrib. 3167.*

occupe une place importante dans la culture des analphabètes : épitaphes sur les pierres tombales, formules votives sur les calvaires, inscriptions sur la maison rurale[387] et les sacs de dots décorés au pochoir[388] qui témoignent du souci de sacraliser et de personnaliser, par l'écrit, l'environnement quotidien. D'autre part, le passage du *livre* au *lire* ne va pas de soi. Certes, tout semble militer en faveur d'une forte circulation du livre qui court la campagne au XVIIIème siècle : le prix modéré de certains ouvrages; les progrès de l'alphabétisation et de la scolarisation, même si, du fait de la relative diversification des itinéraires culturels, il est possible qu'on apprenne à lire ailleurs qu'à l'école. En fait, il peut y avoir inadéquation entre le niveau d'alphabétisation et la familiarité avec l'écrit[389]. L'apprentissage de la lecture, morcelé et gradué, concerne d'abord des intermédiaires culturels, liseurs d'histoires[390]. Ces virtuoses de la lecture transformeraient d'emblée une pratique individuelle en pratique collective, la lecture à haute voix éclipsant la lecture silencieuse : c'est, selon l'expression de Geneviève Bollème, le *papier qui parle*[391]. Cette façon de procéder enlèverait à l'oralité toute autonomie, en s'appuyant sur une acculturation de *l'entre deux*, au sein de laquelle le passage de l'écrit à l'oral serait constant : le mécanisme fonctionne dans le cas du sermon dominical, de la chanson populaire, du journal dont les informations sont transmises par le pasteur ou le curé[392] et, en sens inverse, du cahier de doléances qui assure le passage direct de la parole à l'écrit. Quant à la veillée, il semble qu'on ait beaucoup exagéré son rôle comme lieu d'une semi-alphabétisation : elle est évoquée comme une institution propice au travail, au jeu, au conte et à la chanson, aux caquets et aux confidences ; n'est jamais mentionnée, contrairement à l'attente des lettrés, la lecture à haute voix. L'Eglise, prompte à condamner la veillée, incrimine les dangers de la mixité, non ceux de la lecture dont l'existence peut donc être mise en doute.

Quoi qu'il en soit, le livre est écrit *pour* le peuple, jamais *par* le peuple : la littérature qui lui est destinée devient populaire ; elle ne l'est pas d'emblée. Voilà qui pose le problème de la réappropriation du message culturel diffusé par la culture savante et du rôle pédagogique des élites - Eglise et Etat - qui, en réglant et en contrôlant le flux de l'écrit, en imposant leurs propres normes, sont responsables d'une véritable sujétion culturelle et privent l'oralité de toute autonomie. C'est ainsi que les almanachs puisent dans un vieux fonds de culture savante pour l'adapter à une clientèle populaire, de façon à en assurer la lisibilité. De nombreux textes traversent ainsi les frontières sociales et traduisent de véritables

---

387 Voir *supra* pp. 1613-1618.

388 G. KLEIN, *op. 2599*, pp. 180-183 et *art. 2752* (Erstein 1773, Blaesheim 1774).

389 J. QUENIART, *art. 3139*.

390 R. WITTMANN, *art. 3189*.

391 G. BOLLEME / L. ANDRIES, *op. 3162*.

392 AHR RP Jebsheim (chronique paroissiale, fin XVIIème siècle).
ABR 6 E 27, Not. Muttersholtz, inv. Baldenheim 18, (pasteur Jacober, 17 août 1726).
ABR 6 E 26, Not. Molsheim I, inv. Holtzheim 38 (curé Schlosser, 1748).
ABR 2 G 34/1 : *in der Zeitung gelesen* (feu dans le ciel a Berlin, 1750, pasteur de Berstett).

croisements culturels[393] par transfert ou par échange, par assimilation ou par osmose : tel est le cas des livres religieux qui constituent parfois le socle de la culture populaire. La littérature devient le support et l'enjeu de la pastorale, le levier de la conversion, les modèles culturels étant fournis, moyennant transcription d'un modèle explicatif du monde, par la littérature savante. On n'invente rien, on transforme, on adapte, on mélange et on brasse des sources de nature différente. D'ailleurs culture populaire et culture savante ne sont pas antithétiques : la première ne trouve-t-elle pas, en puisant à la seconde, ses propres réponses à l'angoisse existentielle ?

Ces constatations confirment, somme toute, la médiocre circulation du livre à la campagne, liée au manque d'instruction, condition essentielle de la curiosité intellectuelle. Les *rudiments* acquis à l'école élémentaire ne prédisposent pas à la lecture courante. Ils doivent être complétés soit par un séjour chez l'oncle curé, qui joue le rôle de précepteur[394], soit par un passage prolongé au collège. Mais le collège est-il à la portée de tous ? Henri Ernst d'Imbsheim, dont les parents ne sont pas très fortunés, nous fait part des pressions qui s'exercent sur lui quand il s'apprête à rentrer au gymnase de Bouxwiller : les dépenses que nécessitent les études ne sont-elles pas prélevées, rétorquent ses frères et soeurs, sur l'héritage familial au profit d'un seul enfant ? Certains villageois, peu nombreux il est vrai, déconseillent à son père de *manger* ainsi son patrimoine[395].

Le recrutement rural au gymnase protestant de Strasbourg (1721-1789)

Nb total d'élèves recensés		685	1699	1529
Origines rurales	villages	15 (2,2%)	41 (2,4%)	44 (2,9%)
	bourgs	6 (0,9%)	12 (0,7%)	14 (0,9%)
	total	21 (3,1%)	53 (3,1%)	58 (3,8%)
Nb. localités d'origine				
	villages	10	26	22
	bourgs	3	4	4
	total	13	30	28

Source : listes établies par W. WESTPHAL, *op. [363], Matricula scholae Argentoratensis.*

Les Luthériens peuvent envoyer leur progéniture au gymnase de Strasbourg dont les portes s'ouvrent plus facilement aux enfants des citadins. Si, compte tenu de la réputation de l'établissement, on prend en considération les étrangers à la province, dont la plupart viennent du pays de Bade, les écoliers originaires de la campagne alsacienne représentent environ 2% des effectifs et cette proportion est relativement stable du début à la fin du XVIIIème siècle, 3% en incluant les petites villes et les bourgs

[393] R. CHARTIER, *op. 3164*.

[394] ABR 6 E 36, Not. Saverne II, inv. 192 : 13 mois à raison d'une heure par jour, en compagnie de deux autres enfants, pour la modique somme de 4 florins et 3 *Schilling* par enfant, alors qu'un précepteur demande jusqu'à 30 florins par an. But de l'opération : *dass er noch besser schreiben und lesen lehrnet* (Steck, curé de Lupstein, 1774).

[395] BMS Ms. 272, éd. J. LEFFTZ, *art. cit.* pp. 279-281.

(Wissembourg, Bischwiller, Wasselonne, Barr). En tenant compte du recrutement de part et d'autre du Rhin, c'est donc autour de 5 à 6% que se situe la part de la campagne dans la fréquentation du gymnase. Il arrive que les mêmes noms reviennent à l'intérieur d'un même village et que les familles fournissant des recrues pour le gymnase soient fréquemment celles du pasteur[396]. On notera enfin la forte concentration des origines à proximité immédiate de Strasbourg, entre 5 et 10 kilomètres de la ville. Les enfants catholiques ont la possibilité de fréquenter les collèges des Jésuites : celui de Sélestat abrite une centaine d'élèves en 1725, 200 environ en 1755[397], dont certains font dix à vingt kilomètres de marche quotidienne. Sierentz en Haute-Alsace, petite capitale seigneuriale, s'enorgueillit en 1775 de ce que *le laboureur le moins aisé fait élever ses enfants dans les collèges, aux couvents, en des pensions étrangères* ; en conséquence le bourg *fournit des sujets à tous les emplois. Le cabaretier... est oncle d'un substitut du procureur général au Conseil Souverain de Colmar*[398]. Mais, dans l'ensemble, les enfants de la campagne sont peu nombreux à recevoir une formation plus poussée que celle que peut leur offrir l'école paroissiale. Et, ceux qui y accèdent ne risquent-ils pas, à la sortie du collège, d'échapper à leur milieu d'origine en quittant la campagne ?

a) A peine un foyer sur dix...

Gageons que parmi les nombreux conjoints qui se targuent de savoir signer leur acte de mariage, beaucoup seraient embarrassés de lire le texte, pourtant bref, qu'ils viennent d'émarger : c'est dire l'inéquation entre l'aptitude à signer et la familiarité avec le livre. Pour cerner la place qu'occupe la lecture dans la société rurale du XVIIIème siècle, commençons par abdiquer tout préjugé et toute tendance à l'extrapolation, tant à partir des données de l'époque contemporaine qu'à partir de la situation privilégiée qu'offre le milieu urbain à l'époque moderne[399]. Le journal, qui témoigne d'une certaine familiarité avec l'écrit, constitue l'exception : à Holtzheim, seul le curé l'achète[400]. Quant au livre, malgré les progrès enregistrés au cours du siècle, il reste incontestablement un objet rare à la campagne : son achat se fait à contrecoeur[401], son utilisation est occasionnelle, son contenu peu diversifié[402]. Serait-il l'intrus d'une culture savante en milieu populaire ?

396 Exemple de Geudertheim 1672 et 1717 (M. KNITTEL, *op. cit.*, p. 210).

397 P. ADAM, *art. 3124*, p. 12.

398 Cit. par P. WIRTH, *D.E.S. 2217* (lettre du Sieur de Waldner à l'Intendance d'Alsace).

399 On peut établir la comparaison à partir des travaux suivants :
- pour Strasbourg les travaux de Louis CHÂTELLIER et de Philippe CLAUSS ;
- pour Spire, E. FRANÇOIS : *Livre, confession et société urbaine en Allemagne, l'exemple de Spire*, RHMC 1982, pp. 353-375 :
- pour Paris et les villes de l'Ouest français, R. CHARTIER et D. ROCHE : *Les pratiques urbaines de l'imprimé* in *Histoire de l'édition française* (H.J. MARTIN / R. CHARTIER éd.), t. II, pp. 402-429.

400 ABR 6 E 26 Not. Molsheim I, inv. 38 (6 février 1748).

401 BMS Ms. 272, pp. 46-47 : *Wenn der dumme Bauer einem Kind einen neuen Katechismus kauffen soll, so thut es ihm weher, als wenn er für irgend einem tollen Frevel um 10 Thaler gestraft wird, er fängt lieber um 5 Schilling oder 1 Gulden einen Prozess an, der ihn 100 Thaler kostet, als dass er ein armes Gesangbuch kauft* (autobiographie de Henri Ernst, Imbsheim, 1787).

402 R. SCHENDA, *op. 3183*.

Sur plus d'un millier d'inventaires analysés, nous avons découvert une centaine de *bibliothèques*, terme quelque peu prétentieux et inadapté, dans la mesure où beaucoup d'entre elles se réduisent à un exemplaire unique. En réalité, ces moyennes cachent une double diversité :

- Diversité géographique d'abord : les taux de fréquence fléchissent du centre de la plaine aux extrémités de celle-ci, les *bouts du monde*, Outre-Forêt et Sundgau (Rittershoffen au nord, Heimsbrunn et Heimersdorf au sud) accusant un net retard par rapport aux moyennes obtenues :

Echantillons		Nb. total de foyers	Nb. de foyers possédant des livres (%)
Rittershoffen	1660-1789	226	16 (7,1)
Schillersdorf	1701-1789	122	27 (22,1)
Gimbrett	1700-1789	124	18 (14,5)
Reitwiller	1663-1788	81	13 (16,0)
Holtzheim	1670-1789	136	9 (6,6)
Heiteren	1673-1789	165	21 (12,8)
Heimersdorf	1657-1789	151	3 (2,0)

Seule exception à cette règle, le cas de la paroisse de Holtzheim, pourtant située à proximité de Strasbourg. Les faibles fréquences observées traduisent-elles l'isolement relatif de ces contrées ou dissimulent-elles des inégalités sociales ? Selon toute apparence, la carte de la lecture vient se calquer sur la carte de la richesse économique. Aucun journalier parmi les douze propriétaires de livres à Gimbrett, entre 1700 et 1729, mais cinq échevins, quatre laboureurs, un tisserand et un maître tailleur, enfin le maître d'école luthérien[403]. Mais s'agit-il uniquement d'un problème économique ? Le livre, il est vrai, revient cher :

Localité	Date	Types de livres	Prix (lt./s)
Schillersdorf	1718	Bible de Francfort	4
Gimbrett	1741	Bible de Tübingen	4/10
	1754	Sermonaire domestique	4/10
	1756	Bible de Nuremberg	2/8
	1760	Sermonaire domestique	4
	1765	Bible de Nuremberg	2/10
Willgottheim	1772	Grammaire	2/10

Sans doute préfère-t-on consacrer les dépenses du ménage à l'indispensable : la lecture ne revêt pas de caractère vital. Avec les facteurs d'ordre économique interfèrent les réalités culturelles : à quoi servirait un livre si on ne sait pas lire ?

- Diversité confessionnelle aussi : l'avance des paroisses protestantes (elle va de pair avec celle, déjà relevée, de l'alphabétisation) ressort clairement de notre étude. Peu importe leur localisation géographique ; il suffit qu'elles soient solidement encadrées par le pouvoir religieux. Les cas de Schillersdorf, Reitwiller et Gimbrett, sous l'administration des Hanau-Lichtenberg, contrastent ainsi avec celui de Rittershoffen où le premier livre apparaît en 1740 seulement. Pourtant, certaines paroisses catholiques ne sont pas de reste, à condition d'être dotées, comme Heiteren, d'une

[403] Pour les actes notariés consultés, nous renvoyons à l'état des sources.

infrastructure administrative élaborée et de compter une bourgeoisie rurale éclairée à l'image de celle des bourgs.

	Mention du premier ouvrage	Nb. de foyers posséd. un ou plusieurs livres	Nb. de livres recensés	Nb. de livres par foyer posséd. des livres	Ventilation chronolog. par périodes I	II	III
Gimbrett 1700-1789	**1712**		28	1,6			
sur le nb. total des bibliothèques	(18)	14,5%			11%	39%	50%
sur l'ensemble des foyers	(28)				7%		
sur l'ensemble des foyers	(41)					17%	
sur l'ensemble des foyers	(55)						16,5%
Reitwiller 1660-1789	**1712**		18	1,4			
sur le nb. total des bibliothèques	(13)	16%					
sur l'ensemble des foyers	(21)				15,4%		
sur l'ensemble des foyers	(34)					61,5%	
sur l'ensemble des foyers	(26)						23,1%
Schillersdorf 1701-1789	**1702**		45	1,7			
sur le nb. total des bibliothèques	(27)	22,1%					
sur l'ensemble des foyers	(31)				19,3%		
sur l'ensemble des foyers	(47)					25,5%	
sur l'ensemble des foyers	(44)						20,5%
Rittershoffen 1660-1789	**1740**		37	2,3			
sur le nb. total des bibliothèques	(16)	7,1%					
sur l'ensemble des foyers	(123)				-		
sur l'ensemble des foyers	(103)					6,5%	
sur l'ensemble des foyers	(197)						7,8%

I = 1660/1700-1729 II = 1730-1759 III = 1760-1789.

En définitive, le livre apparaît dans moins d'un foyer sur dix, moyenne qui n'exclut pas une nette tendance à l'augmentation à partir des années 1730 :

% des ménages possédant des livres

	1660/1700-1729	1760/1770-1789
Baldenheim	8,7%	34,9%
Ungersheim	2,4%	17,0%
Heiteren	8,0%	18,3%

Mais, quels que soient les progrès réalisés, l'effort acculturant qui, au XVIIIème siècle, touche les élites sociales, n'a que peu de retombées sur le peuple lui-même. Passive plus qu'active, l'alphabétisation ne conduit pas forcément à la possession du livre ou à la pratique de l'écriture. Mais, pour expliquer que la campagne reste, non pas un désert culturel, mais un désert bibliographique, il ne suffit pas d'invoquer l'insuffisante consommation de livres. Les vecteurs de diffusion ne sont pas suffisamment incitatifs : accès aux bibliothèques scolaires ou presbytérales ; distribution d'ouvrages de piété dans le sillage des missions, enfin rôle du colportage dont on peut se demander s'il touche réellement la population rurale. Assimilé au vagabond, dont la hotte renferme entre autres des livres à bon marché, travaillant dans l'anonymat, le colporteur n'est pas facile à cerner. Voici le portrait que Daniel Martin nous en fait : *Mais proprement qu'est-ce qu'un colporteur ? C'est un mercerot, qui porte un panier pendu à son col, garni de rubans de soye, de fleuret ou de laine, lacets, aiguillettes, peignes, petits miroirs, estuis, aiguilles, agraphes et autres semblables chosettes de petit prix.* Et au milieu de tout celà, *çà et là des Almanachs, livres d'Abecé, la gazette ordinaire et extraordinaire, des légendes et petits romans de Melusine..., des quatre fils Aymond..., des Chansons Mondaines sales et villaines dictées par l'Esprit immonde, Vaudevilles..., chansons à boire*[404]...

b) Le contenu : du religieux et du pratique

- Quelques exceptions : les privilégiés de la lecture

Pour dégager le contenu des ouvrages recensés, commençons par analyser ceux que détiennent quelques privilégiés de la lecture : le contraste avec le commun des habitants n'en apparaîtra que plus clairement. Rappelons d'abord qu'une bibliothèque de quelque importance est rarement personnelle : elle s'alourdit du legs des générations antérieures et caractérise donc le milieu familial ou professionnel plus que l'individu isolé. Voici d'abord les bibliothèques des curés qui se sont succédés à Holtzheim[405] :

1734	29	44
1748	12	12
1773	5	6 + "quelques vieux livres"

On ne saurait déduire de cet exemple unique la baisse du niveau culturel du clergé, d'autant que ces lots reflètent le milieu familial propre à chacun des possesseurs. Mais sur les 29 titres recensés en 1734, la moitié sont rédigés en langue latine et l'autre moitié en langue vulgaire :

	Titres (%)	Volumes (%)
langue latine	16 (55,2%)	23 (52,3%)
langue allemande	11 (37,9%)	19 (43,2%)
langue française	2 (06,9%)	2 (04,5%)
	29 (100%)	44 (100%)

Les ouvrages en latin témoignent d'une forte professionnalisation : parmi eux, un pénitentiaire, plusieurs évangéliaires, des traités de théologie, un ouvrage de droit canon, un index de l'Ancien et du Nouveau Testament, un livre de dévotion mariale et six bréviaires. Par contre, sont imprimés en allemand quelques ouvrages historiques (*Des origines de l'Empire romain, La chronique strasbourgeoise*) et des manuels pratiques : du dictionnaire allemand-français à la *Clef pour le jeu de cartes pour le clergé*, en passant par plusieurs sermonaires (*Predigbuch, Phrasenbuch*), un recueil de contes (*Der Samsonischen Honigfladen*) concrétisant le lien entre culture savante et culture populaire. Le cas est loin d'être unique :

---

404 D. MARTIN, *op. [249]*, pp. 381-382.

405 ABR 6 E 26, Not. Molsheim I, inv. Holtzheim 38 et 39. Voir également *supra* pp. 1137 ss.

Quelques bibliothèques de curés

1) Leur importance

	Nombre de Titres	Nombre de Volumes
- Jean-Georges Ernste, Heiteren 1698 AHR 4 E Not. Heiteren, inv. 5	60	70
- Nicolas Denninger, Jetterswiller 1763 ABR 6 E 36, Not. Saverne II, inv. 182	16	23
- Antoine Hugel, Maennolsheim 1774 ABR 6 E 36, Not. Saverne II, inv. 192	63	70
- François Joseph Klein, Saessolsheim 1786 ABR 6 E 36, Not. Saverne II, inv. 204	50	186

2) Leur contenu

	Nombre d'ouvrages (titres) Ernste	Denninger	Klein
- Bible, Ecriture Sainte	1	4	4
- Bréviaire, livres de prières, de piété, de spiritualité	4	2	8
- Sermonnoires, livres de morale	5	4	10
- Catéchisme	1	1	4
- Pastorale	-	1	5
- Théologie dogmatique, exégèse, droit canon	6	1	6
- Liturgie	2	-	-
- Apologétique	-	-	2
- Hagiographie et histoire de l'Eglise	3	1	4
- Littérature profane (histoire, grammaire, dictionnaires, fables)	8	2	2
- Divers (non identifiés ou sans indication)	31	-	5
	60	16	50

Bréviaires, sermonnaires et livres de morale (*Monita ad parochos*), vies de saints, bibles et écritures saintes voisinent avec les ouvrages de théologie (*la Doctrine chrétienne*, (le *Concile de Trente, Théologie universelle, der Kern des Christentums*), de pastorale ou d'apologétique (*le missionnaire paroissial, der evangelische Kaufmann*) de spiritualité ou de piété (*Instructions de la vie dévote, Traité de la mort, la souffrance de Notre Seigneur Jésus-Christ, der seelig sterbende Christ, Méditations sur les vérités chrétiennes*)...

Ces ouvrages sortent-ils du presbytère pour alimenter les lectures populaires ? Aucun indice ne nous autorise à l'affirmer. La question est capitale. Aux trois bibliothèques des curés que nous présentons, nous voudrions ajouter celle du curé de Mertzwiller en 1785[406], visiblement gagné aux idées des *Lumières* et situé au contact de la civilisation française et de la civilisation germanique : *fables* de Lessing et de Gellert ; *la vie de Hirschfeld*, disciple de Rousseau ; *les droits bafoués de l'humanité ; les monuments les plus remarquables de Rome*... A ceux qu'imposent les nécessités de la pastorale, s'ajoutent, pour certains curés du XVIIIème siècle, des ouvrages qui témoignent d'une culture générale relativement étendue. Car il y a des curés cultivés comme il existe, quoi qu'on en dise, des pasteurs incultes[407].

Un deuxième exemple nous est fourni par la bibliothèque de Joseph Jérôme Bian, prévôt de Sierentz, décédé en 1769[408]. Elle comporte 11 titres et 44 volumes d'une valeur globale de 85 livres tournois. Sur 11 titres répertoriés, 7 sont d'essence religieuse : une Bible latine en 7 volumes, deux ouvrages de droit canon, deux traités de théologie, un *bréviaire* pour les Quatre Temps, une *Histoire du peuple élu dans l'Ancien Testament* en 10 volumes. S'y ajoutent trois manuels de droit civil et criminel et un traité de philosophie. Sauf pour la Bible et certains ouvrages de droit, le latin perd sa primauté au profit de l'allemand, tandis que le français n'est présent que dans l'*Histoire du peuple élu*. Bian se détache très nettement de l'ensemble des villageois par sa culture à base juridique autant que religieuse que requièrent sa formation de juriste et sa fonction d'administrateur.

Plus près du commun de la paysannerie, voici Anastase Ostermann (1711-1778), le bourgmestre de Nordheim[409]. L'exhaustivité du fonds, reconstitué directement à partir d'une bibliothèque familiale, n'est nullement garantie, car une recherche dans les sous-pentes et les coffres d'une ferme laisse trop de place au hasard et occulte les éventuelles pertes d'ouvrages. Mais la nature de ces ouvrages ne perd rien de sa signification : sur les 14 volumes retrouvés, qui datent du XVIIIème siècle, les deux tiers

406 E. BECOURT, *art. [192]*, pp. 27-28.

407 BMS Ms. 272, éd. par J. LEFFTZ, *art. cit.*, p. 255 : *Der Pfarrer meines Dorfes kante die Bibel dem Namen nach, gelesen hat er sie niemal... Andere Schriften waren ihm weniger bekannt als seine Bauern. Ein Korb voll Pflaumen oder Birnen, ein Viertels Zentner Fleisch war ihm lieber als alle schöne Bücher der gantzen Welt. Ihm lag die Seele im Magen...* (autobiographie de Henri Ernst, Imbsheim, 1787).

408 AHR 4 E, Not. Sierentz 5296.

409 Chr. FROMAGER-GANGLOFF, *D.E.S. [400]*, pp. 136-139 (archives familiales).

portent sur des sujets religieux, le tiers constituant une littérature profane digne d'intérêt. Parmi eux, un livre de calcul édité en 1736 à Iéna[410], à l'usage des enfants et ayant apparemment un but très pratique : y sont présentées les quatre opérations, suivies par les règles de trois et de cinq, les progressions arithmétiques et géométriques, les fractions et le calcul de la tare. Un livre de français, datant de la première moitié du XVIIIème siècle, laisse supposer que le lecteur est en relations avec la société française de Strasbourg (Nordheim fait partie des bailliages ruraux de la Ville), peut-être avec l'administration française, ce qui dépasse l'étroite sphère locale dans laquelle on pratique exclusivement l'allemand. Rédigé en allemand pour des personnes parlant l'allemand, l'ouvrage aborde la phonétique, la grammaire, propose un choix d'expressions françaises, un dictionnaire et des modèles de correspondance... Enfin, deux guides de voyages : l'un, imprimé en 1785 à Goettingen, vante les splendeurs de la Suisse ; le second, édité à Leyde en 1728, décrit le château de Versailles, ses jardins, le Trianon et Marly. Rêverie ou réalité ? Besoin d'évasion ? Dans quelle mesure, le goût pour les voyages s'est-il concrétisé ?

Le caractère profane se trouve accentué dans la bibliothèque d'Antoine Klein, le maître de poste de Stutzheim, qui se compose de 10 ouvrages et de 14 volumes, évalués à une dizaine de livres tournois en 1754[411] :

- un livre de grammaire français et allemand ;
- un dictionnaire allemand-latin ;
- *Les Principes généraux de la grammaire* ;
- un dictionnaire domestique français (3 tomes) ;
- *Les Eléments d'agriculture* (2 tomes) ;
- *Le parfait maréchal* ;
- *L'art de se connaître soi-même* ;
- *Eraste ou l'ami des Jeunes* ;
- *Traité de la charité qu'on doit avoir pour les morts* ;
- *Instructions sur les dispositions qu'on doit accorder aux sacrements de pénitence et d'Eucharistie.*

Rappelons la situation de ce relais de poste sur un grand axe de circulation (Strasbourg - Paris) qui implique des contacts potentiels avec une clientèle de langue française. Quoi qu'il en soit, après avoir fait connaissance avec les Ostermann et les Klein, qui oserait affirmer que l'élite paysanne est démunie de culture ?

- La prédominance des ouvrages uniques

Ces trois bibliothèques, comportant une ou plusieurs dizaines d'ouvrages, ne sauraient servir d'illustration aux modestes lots que trahissent les inventaires populaires. La première différence, la plus facile à cerner, réside dans le nombre de volumes qui se mesure à l'unité et non plus à la dizaine : l'écrasante majorité des foyers, qui daignent accorder une place, si minime soit-elle, au livre, se contentent d'un ou de deux spécimens . Lire signifie donc se référer à un petit nombre de livres, le plus souvent des ouvrages religieux, presque toujours les mêmes.

[410] *Gründliche Anweisung hauptsächlich zum Gebrauch der offentlichen schulen in den jenaïschen Vorstädten.*

[411] ABR 6 E 36, Not. Saverne II, inv. 211 (11 octobre 1753).

Echantillons (nb. de foyers)		% de foyers possédant (ouvrages) 1	2	3	4	5	6-10	+ de 10	indéterminé
Gimbrett (18)	1700-1789	58,8	23,5	11,8	5,9	-	-	-	-
Reitwiller (13)	1660-1789	69,2	23,1	7,7	-	-	-	-	-
Schillersdorf (27)	1701-1789	59,3	18,5	7,4	3,7	-	3,7	-	7,4
Rittershoffen (16)	1660-1789	62,5	-	6,2	12,5	18,8	-	-	-

Pas plus que l'école, à finalité morale et religieuse, la lecture ne veut et ne doit ouvrir les portes du savoir.

- Le primat du religieux : Catholiques et Protestants

A mesure que l'on passe de l'élite au peuple, le contenu religieux se renforce, les ouvrages profanes constituant l'exception : l'Eglise ne joue-t-elle pas le rôle d'incitatrice à la lecture ? Avec près de 70% d'ouvrages religieux, nous dépassons très largement les proportions indiquées par Jean Quéniart[412]. A travers trois types de livres religieux - l'instruction chrétienne, la dévotion et le récit merveilleux - se profilent moins la soif de connaissances que le besoin de protection et la quête d'un modèle.

A l'intérieur d'un lot d'ouvrages religieux, le clivage entre Catholiques et Protestants se dessine : les seconds non seulement sont plus nombreux à posséder des livres ou en détiennent davantage, mais ils n'ont pas les mêmes lectures que les premiers. La Bible tient, chez eux, une place de choix, puisqu'elle compte pour le tiers ou la moitié des ouvrages recensés, suivie par les sermonnaires et les livres de cantiques [413]. Les Luthériens affirment ainsi leur propre identité religieuse et culturelle, qui s'édifie sur la familiarité avec le texte biblique, la pratique du chant choral, la méditation solitaire du sermon. Seules la diversité des éditions (Bible de Strasbourg, de Tübingen ou de Nuremberg) ; livre de cantiques de (Marbourg, du pays de Hanau, de Salzbourg), le format (*Bibel, Handbibel*) et la variété des présentations (reliée de cuir, renforcée de peau) donnent une apparence de diversité à cette base monolithique.

Les Catholiques ne possèdent pas les mêmes ouvrages : le livre de prières tient une place plus importante ; le goût pour la dévotion l'emporte sur les impératifs de l'édification, en même temps que s'accuse la coloration doloriste d'une littérature qui fait une large place à la Passion du Christ[414], aux souffrances de la Vierge douloureuse, à la vie, toujours exemplaire, des

[412] J. QUENIART, *op. 3178*, p. 120 (35-40%).

[413] B. VOGLER, *contrib. 3560.*

[414] AHR 4 E Not. Hirsingue, inv. Heimersdorf 1695 : *Wahlfartbüchlein zum Leiden Christi.*

Livres catholiques et livres protestants : typologie

	Nombre d'ouvrages recensés	Types d'ouvrages (en %)										Total en %		
		Bible, Ancien + Nouveau Testament, évangéliaires	Sermonaires	Catéchismes	Livres de cantiques	Livres de prières	Ouvrages de piété, dévotion, spiritualité	Livres de pèlerinage	Vie et Passion du Christ	Vie des saints	Médecine	Ouvrages religieux	Ouvrages profanes	Ouvrages à contenu indéterminé
Gimbrett (prot.) 1700-1789	28	42,9	17,8	3,6	17,8	14,3	3,6	-	-	-	-	100,0	-	-
Reitwiller (prot.) 1660-1789	18	66,7	5,5	-	16,7	5,5	-	-	-	-	5,6	94,4	5,6	-
Schillersdorf (prot.) 1701-1789	45	73,4	2,2	2,2	11,1	11,1	-	-	-	-	-	100,0	-	-
Rittershoffen (prot.) 1660-1789	37	53,2	-	-	31,2	-	3,1	-	-	-	-	75,7	10,8	13,5
Holtzheim* (cath.) 1670-1789	6	-	-	-	-	16,7	-	-	83,3	-	-	100,0	-	-
Heimsbrunn (cath.) 1674-1789	9	-	-	-	-	44,2	33,3	11,1	-	11,1	-	100,0	-	-

* N'ont pas été prises en considération les trois bibliothèques de curés précédemment analysées.

saints[415]. Certains titres, fleuris et persuasifs, parlent d'eux-mêmes -*La dévotion du Jardin des âmes, La fontaine jaillissante, La contemplation de l'éternité*[416] - et trahissent, avec un mélange d'espérance et d'inquiétude, l'obsession du salut éternel, en insistant sur l'indignité foncière et la nature pécheresse de l'homme. Le seul point commun avec les bibliothèques protestantes réside dans la langue utilisée : tous les ouvrages sont imprimés en allemand, la langue populaire commune aux deux confessions. Deux attitudes, deux mentalités, deux cultures : l'une est inséparable de la louange de Dieu et de la méditation de la Parole ; l'autre, moins intellectuelle, plus sensible à l'image et à l'allégorie, plus inquiète aussi, attache davantage d'importance à la piété et à la dévotion.

Comparé au livre religieux, l'ouvrage profane tient une place fort réduite. Le livre d'usage peut témoigner d'un certain degré de culture et d'un éventail, même étroit, des centres d'intérêt, comme il peut procéder de la simple nécessité. Quoi de plus normal que le chirurgien de Rittershoffen soit en possession de quatre ouvrages médicaux[417] ? Encore faut-il qu'il ait un certain niveau intellectuel. Mais, en dehors des maisons de la bonne société, on n'attend du livre que quelques préceptes immédiatement applicables à la vie courante - en particulier des remèdes en cas de maladie des hommes et des bêtes -, la prédiction d'un avenir entouré de mystère et d'inquiétude, ou des possibilités d'évasion hors de la *vallée des larmes*... Le caractère utilitaire que revêt le livre en milieu rural se retrouve jusque dans la littérature religieuse, la religion étant elle-même très utilitaire : à quoi donc sert la *Clé du Paradis* sinon à s'assurer le salut éternel ? A moins d'arriver à cerner les centres de production et de diffusion, il est difficile d'identifier ce que les historiens appellent les *livres bleus*. Ce n'est pas faute d'en connaître les caractéristiques, dégagées par les travaux de Robert Mandrou, de Robert Muchembled et de Geneviève Bollème[418] : des auteurs anonymes ; un prix modeste (on les achète à la douzaine) ; le triple souci de plaire, d'être utile et de procurer l'évasion dans un monde mythique ou féerique, merveilleux et légendaire, plus harmonieux que l'univers quotidien ; une forte charge d'irrationnalité, d'émotivité et d'hypersensibilité. Y voisinent donc le technique, le religieux et l'imaginaire. Mais, à supposer que ces ouvrages n'échappent pas à la prisée du notaire, ils ne disent pas leur nom (en admettant qu'ils en aient un !) et ne font jamais l'objet d'une description autorisant leur identification. La réalité est peut-être dissimulée derrière les livres de piété dont certains ouvrent, par ailleurs, la voie à d'autres ouvrages.

c) Lire : comment et pourquoi ?

Le livre est-il le compagnon de l'intimité ou s'insère-t-il dans la sociabilité paroissiale ou familiale ? Aucun document ne permet de

[415] *Ibid.*, 1692 et 1695 : Sainte Gertrude.

[416] *Ibid.*

[417] ABR 6 E 40, Not. Soultz-sous-Forêts II, inv. Rittershoffen 156, 1762.

[418] R. MANDROU, *op. 3173* ;
R. MUCHEMBLED, *op. 3074* ;
G. BOLLEME, *op. 3160 -3162*.

trancher. Mais la pratique solitaire de la lecture, répandue en milieu citadin, suppose à la fois l'existence d'un espace soustrait à la communauté qui, surtout en hiver, fait défaut dans la maison rurale et la technique de l'intériorisation du texte déchiffré, au total, une forme de sociabilité spécifique qui est le fait d'une avant-garde culturelle. Cette technique est-elle maîtrisée dans les milieux ruraux ? Poussé par une irrésistible curiosité intellectuelle dès l'âge de dix ans, le jeune Henri Ernst d'Imbsheim *dévore* la Bible et les Evangiles, les livres de morale (*Nürnberger Handbuch*), de prières ou de spiritualité (*Arndts Gebetbuch Paradiesgärtlein genannt*) et de géographie (*Hübners Geographie*). Mais les enfants de son âge, recherchant l'isolement loin du jeu et de la danse, sont rares[419]. On imagine au mieux le lecteur obligé, par manque d'expérience et d'entraînement, d'oraliser le texte qu'il lit en faisant profiter son entourage de sa propre lecture. Cette technique renvoie aux modalités de l'apprentissage lui-même : à l'école, la lecture est collective et dirigée ; on écoute lire. Une telle pratique, lente, laborieuse, extériorisée, va à l'encontre de la privatisation de la lecture réservée à l'élite sociale : elle ne conduit pas forcément à l'institution de la veillée, au contenu mal connu, c'est-à-dire à la *lecture entendue*, effectuée par un intermédiaire culturel issu de l'élite villageoise et courroie de transmission du savoir. Nous estimons par ailleurs - supputations purement impressionnistes - que cette lecture par ouï-dire ne s'adresse pas aux analphabètes, mais à des ruraux quelque peu dégrossis, participant à un *niveau culturel médian*[420] et partageant une sorte de *semi-alphabétisation*. Il n'en reste pas moins que la plus grande partie de la prétendue culture populaire se transmet par ouï-dire et par voir faire.

Il serait du plus grand intérêt d'analyser, à partir des lieux de production, les almanachs et calendriers circulant à la campagne et que l'historien n'arrive à saisir, sur les lieux de consommation, qu'au détour d'une heureuse découverte. Parmi les plus connus, citons le *Simplicianischer Wundergeschichtscalender*, très centré sur les préoccupations rurales[421] et le *Hinkende Bot*, ce messager boîteux qui apporte, en dehors de quelques renseignements utiles, une pincée d'évasion et d'espoir. Découvert dans les archives familiales d'un laboureur du Kochersberg, utilisé par la famille Luttmann dans la seconde moitié du XVIIIème siècle[422], le *Strassburger Schreibcalender* nous semble présenter la facture-type de ce genre de publication. Chaque jour défile avec un maximum d'informations et à grand renfort de signes conventionnels :

[419] BMS Ms. 272, éd. J. LEFFTZ, *art. cit.*, pp. 249-251 : *unwiderstehelichen Trieb nach Ideen und Kenntnissen...*

[420] Voir l'exemple de la Bretagne (J-L. MARAIS, *art. 3176*).

[421] BNUS Ms. 5130 ... *Denen in den weiten und breiten Welt in sonderheit in Europa allenthalben befinden und continuirlich aufhaltenden Simplicissimus oder aller einfältigsten so wol Manns - als Weibspersonen, sowohl Hohen als Niedern, wie auch Bürgern und Bauern, reinen hertzgeliebten Brüdern und Schwestern und angenehmsten Freunden und Mitgenossen übergibt, in wolmeinender Einfart und Mitgenossen übergibt, in wolmeinender Einfart und Simplicität - Seine zum vierzehnden mal approbierte Calender-Arbeit mit wünschung einer von Gott gesegneten neuen Jahrs und aller erspriesslichen Seelen und Leiber Wolfahrt der wolbekannt aufrichtig Simplicius Simplicissimus auf das Jahr nach der Geburt Christi 1682* (exemplaire de 1682 avec ses *Wundergeschichten* et ses *Kurzweilige Schutzreden*).

[422] AF Schwartzweber-Luttmann, Fessenheim-le-Bas

jours fastes et néfastes, quartiers de lune, signes du zodiaque et fêtes des saints, prévisions météorologiques... Suivent l'état des possessions du Roi, le relevé des foires et marchés - Saverne, Rouffach, Soleure, Prague, Leipzig -, les règles de vie domestique et agraire qui évoluent au fil des mois ainsi que des préceptes de médecine populaire recommandant, au moment opportun, la saignée, la ventouse, le breuvage-miracle, la coupe des cheveux ou des ongles et les jeux de l'amour[423]... Calendrier d'abord, recueil pratique d'astrologie ensuite, manuel d'actualité enfin : destiné aux paysans, non réalisé par eux, l'almanach peut-il être considéré comme le fidèle témoin de la culture populaire ? Certes non. Comme tout *bon* livre, l'almanach est, jusque dans ses thèmes, imposé d'en haut. Il peut même être considéré comme une forme d'aliénation[424], dans la mesure où il devient obstacle à la prise de conscience des conditions sociales et substitut de l'action[425]. Mais il contribue à rompre l'isolement des campagnes sans étouffer, pour autant, la culture populaire qui se caractérise par la cohérence de sa vision du monde. Entre les deux s'établit une sorte de dialogue et, en définitive, les paysans peuvent se reconnaître dans ce ciel encombré de présages relié à l'univers familier de leurs corps et de leurs terres. Finalement l'almanach renvoie à une forme de représentation et d'aménagement du temps permettant au lecteur de se forger une conduite de vie et une sagesse pratique. L'infléchissement vers le réel et le quotidien, l'importance accordée à l'astrologie lui donnent un cachet païen et ne laissent que peu de place à la religion elle-même, alors que cette dernière joue un rôle capital dans la littérature populaire comme thérapeutique du malheur terrestre. Mais Dieu est-il absent pour autant ? Ce n'est pas faire oeuvre impie que de prévoir le temps ou d'intervenir dans le cours de la maladie, du moment que l'on reconnaît en Dieu le maître du temps, de la maladie, de la vie et de la mort... L'homme fait le calendrier, dit-on dans les campagnes d'Alsace, mais c'est Dieu qui fait le temps !

Néanmoins l'almanach se détache au sein de la littérature populaire. Ce n'est pas un manuel didactique : aux injonctions impératives, il préfère les recettes simples, les conseils innocents, les réflexions imagées. Ce n'est pas un conte, une histoire romancée qui transporte le lecteur dans un univers de rêve. L'amanach est un simple calendrier qu'on consulte plus qu'on ne le lit. Echo d'une expérience individuelle ou collective, venu du fond des siècles, il est trésor de sagesse populaire. C'est le *livre des gens qui lisent peu*[426] et qui vont à l'essentiel : la place des signes et des figures[427], faciles à comprendre et à interpréter, témoigne d'une sorte de semi-alphabétisation. Mais il est également conçu pour être utilisé par ceux qui

---

[423] L'*Aderlassmännlein* allégorique, entouré des 12 signes du zodiaque, indique quel est le meilleur endroit du corps à saigner, compte tenu de la saison.

[424] R. MANDROU, *op. 3173*, pp. 40, 99, 107, 121 163.
R. MUCHEMBLED, *op. 3074*, p. 358.

[425] G. BOLLEME, *op. 3160*, p.25.

[426] G. BOLLEME, *op. 3162*, p. 16.

[427] D. MARTIN, *op. cit.*, p. 202 : *une teste qui souffle predit grand vent ; une cruche renversée est signe de pluye, un chapeau penchant de costé veut dire qu'il fera chaud..., quelques traits tirés en quarré représentent la neige et un gant le froid et la gelée...* Voir *supra* pp. 1808-1810.

maîtrisent quelque peu la pratique de l'écrit. Entre les pages imprimées, des feuilles intercalaires reçoivent des annotations de tout genre, sorte de comptabilité nourrie de bon sens : décomptes avec des particuliers ; achat en ville de toile, de boutons, de poils de chameau ; vente de bétail, de grains, de vin ; mention du mariage du fils ou de la mort de l'aïeule ; intervention du maréchal-ferrant et dates des saillies. Cette documentation, difficilement utilisable sur le plan économique parce que trop émiettée, revêt une grande importance pour l'histoire des mentalités paysannes et la rareté des livres de raison conservés lui confère un rôle irremplaçable. C'est dans cette familiarité avec l'écriture, au mépris des règles les plus élémentaires de la ponctuation et de l'orthographe, que s'esquisse une certaine privatisation de la culture[428].

Le passage de la pratique de la lecture à celle de l'écriture, qui, contrairement à la première, laisse des traces, relève de l'exception. Or le pouvoir s'appuie en partie sur la plume : savoir écrire, sans se limiter à la signature, c'est savoir défendre ses droits contre ceux qui les menacent, c'est avoir le privilège de rédiger une supplique ou une requête destinée aux dirigeants. Le pas à franchir est important, car autonomes, les deux exercices sont séparés à l'école, et il y a un monde entre recevoir le texte d'autrui (lire) et produire soi-même le texte (écrire). Le peuple n'écrit que s'il est invité à le faire par les classes dirigeantes, détentrices du pouvoir, et il est rare qu'il tienne lui-même la plume au tribunal, chez le notaire, au conseil de paroisse, au moment de la rédaction des cahiers de doléances... L'apprentissage scripturaire repose en effet sur trois groupes de conditions, rarement réunies à la campagne : la maîtrise du geste que l'école réserve aux plus doués des élèves et qui doit se prolonger par une certaine accoutumance à l'écrit ; la confrontation avec la langue, bien éloignée du parler populaire ; enfin des contraintes matérielles telles que l'état des fournitures, l'aménagement d'un espace et d'un temps privés... Dans ces conditions, s'il n'est pas refusé, l'écrit est mal maîtrisé ; le livre qu'on écrit, d'essence biographique, devient le livre du vécu. En dehors de quelques livres de raison décousus, nous n'en avons trouvé que très peu : le prototype pourrait être la biographie de Henri Ernst, enfant d'Imbsheim, devenu prédicateur et professeur au gymnase de Bouxwiller[429]. Lorsqu'il prend la plume, en 1787, c'est avec une certaine distance par rapport à son enfance, puisqu'il est né en 1757, et en fonction de la trajectoire exceptionnelle qui a été la sienne.

En tout cas, si on écrit, on le fait en allemand et l'exercice s'accompagne du refus des règles élémentaires de la ponctuation et de l'orthographe. Alors que les voyageurs français ne font guère la différence entre le dialecte parlé et la langue écrite, l'un et l'autre qualifiés d'*allemands*, ce voyageur du Palatinat dénonce, au XVIIIème siècle, *l'allemand le plus lamentable qu'il n'ait jamais entendu*[430]. Se pose donc incontournablement le problème de la

[428] R. CHARTIER, *contrib. 3166*, pp. 113-161.

[429] BMS Ms. 272, texte reproduit par J. LEFFTZ, *art. cit.*

[430] V. PETERSEN, *op. [263]*, p. 181 : *Auch Vornehme sprechen so und der Pfaff auf der Kanzel predigt vom Herr Jesses Kreschtes* (F. Ch. Laukhard).

langue[431] qui, de tout temps, a contribué à singulariser l'Alsace : *Je me trouvois*, écrit L'Hermine, de passage dans le Sundgau à la fin du XVIIème siècle, *comme un homme tombé des nües ; je n'entendois point la langue du païs, peut-être par bonheur, puisque cela m'épargnoit le chagrin d'ouir les imprécations que ces allemans faisoient sans doute contre moi, lorsqu'ils me voïoient passer, car à mon arrivée, personne ne me regardoit de bon oeil*[432]. En effet, c'est le dialecte, rendu familier par l'habitude, qui assure la maîtrise de l'expérience quotidienne[433]. En dehors de l'obscène et du blasphème qu'il peut, à l'occasion, véhiculer[434], le langage naturel, inséparable de sa matrice rurale, révèle, dans sa naïveté, les travaux, les techniques, les préoccupations de tous les jours. Le paysan alsacien, il n'est pas trop téméraire de l'affirmer, non seulement parle le dialecte, mais pense en dialecte : le simple fait de passer d'un langage parlé à une langue reposant sur l'écrit est extrêmement difficile.

Quant à la transcription en français, elle relève de l'exploit, dans une province à forte empreinte germanique : les fautes d'orthographe et de construction à l'allemande donnent l'impression d'une mauvaise traduction d'un texte allemand. La graphie se fait de façon phonétique, dans la mesure où l'on transcrit les mots en fonction de la prononciation en usage dans la région. L'absence du trait pertinent de *sonorité* dans le système consonantique dialectal, la réduction presque systématique[435] des consonnes (occlusives, sifflantes et chuintantes) sourdes, [p], [t], [k], [s], [ʃ] et sonores [b], [d], [g], [z], présentes pourtant en français comme en allemand, à des *faibles sourdes*, troublent les esprits alsaciens quand il s'agit d'écrire. En effet, que choisir lorsque le système graphique impose une différenciation ? L'on opte inconsciemment pour une transcription *forte* pour les sifflantes et les chuintantes (*jupon* devient *chuppon*) alors que les occlusives sont ressenties et traduites comme des *faibles* (*pantoufles* : *Bandoflen*[436], les *Ponts Couverts* : *Bonngewehr*[437]). L'état des chefs de ménage, dressé pour le Sundgau en 1743[438], écorche les noms de métiers : le *charrong*, le *charpendié*, le *diserant*, le *cordonié*, le *bolange*... Les échantillons que nous proposons[439],

---

[431] P. LEVY, *op. 3151*, t. I.
F. BRUNOT, *op. 3144* et *art 3143*.
M. de CERTEAU / D. JULIA / J. REVEL, *op. 3146*.
E. PHILIPPS, *op. 3153*.

[432] J. DE L'HERMINE, *op. cit.*, pp. 120-121.

[433] Avec les nombreuses variantes que l'on connaît : *Nous sommes ici à Strasbourg à peu près au centre. Plus on remonte vers la Suisse,plus le langage allemand devient gras et grossier, plus on descend vers le Palatinat, plus le patois même s'épure et s'anoblit... C'est en vain qu'on se proposerait de déraciner le jargon populaire ; les savants l'apprendront plutôt que les paysans et les gens du métier ne sauront s'en défaire* (J.J. OBERLIN : *Essai sur le patois lorrain des environs du comté du Ban de la Roche, fief royal d'Alsace*, Strasbourg 1775).

[434] Voir *supra* pp. 1504-1512.

[435] Il existe également une série de d'occlusives fortes aspirées [pʰ], [tʰ], [kʰ] apparaissant rarement.
Nous remercions Mademoiselle Michèle Zix de ces précieuses indications en matière de linguistique.

[436] Voir *infra* pp. 1999-2000.

[437] J-J. RING, *art. 186*, p. 128.

[438] AHR C 1189.

[439] Voir *infra* ann. 62.

et qui émanent d'une bourgeoisie prétendument bilingue, laissent présager ce que peut être la situation dans les classes populaires ! Parfois on traduit purement et simplement, y compris les patronymes : les curés proposent des traductions latines (Weber à Niedernai s'appellera *Textor*, Gross à Sainte-Croix-en-Plaine, *Magnus*[440]) et l'administration française des traductions parfois fort approximatives (le procureur fiscal de Herrlisheim, Louis Goldkrug, répondra en 1724 au nom de *Pot d'Argent*[441] !).

En réalité ce genre de transcription, domaine réservé à quelque greffier, ne concerne guère le commun de la population qui ne pratique que l'allemand. Le français est le langage de tous ceux qui ont perfectionné leur éducation par l'étude et les voyages[442]. Le plus souvent, le maître d'école, ne sachant pas le français[443], est incapable de l'enseigner. C'est dans les bourgs qu'apparaît de-ci de-là une *école française,* la campagne restant le domaine des *teutsche Schulen*[444]. Rares sont les jeunes qui voyagent, ne serait-ce que dans la Lorraine francophone, pourtant si proche, pour y chercher du service et apprendre la langue française : sont dans ce cas les enfants Goepfert et Umdenstock de Guémar, mais ils sont d'honnête famille, de bonne éducation[445]. En général, les Alsaciens *n'apprennent point la langue, si bien qu'au lieu de nation française, on verra de véritables Allemands de coeur comme de langage,* écrit un témoin dans la seconde moitié du XVIIème siècle[446], ce qui est en contradiction flagrante avec les allégations de l'intendant de La Grange qui affirme, un peu à la légère en 1699, que la francisation de l'Alsace est une affaire de quelques décennies ! Le Roi, soucieux de recatholiser plus que de franciser, n'accorde d'ailleurs à la langue qu'une importance secondaire par rapport à la religion. L'assimilation ne se fera pas au prix d'une tyrannie linguistique. Colbert de Croissy ne se met-il pas à l'étude de l'allemand à son arrivée en Alsace en 1685[447], tout en souhaitant la francisation de la province ? Mais la langue allemande est celle du culte : elle est utilisée exclusivement dans les offices protestants et les sermons catholiques. Le clergé ne voit pas l'intérêt d'utiliser une langue que les fidèles ne comprennent pas ! Rappelons que la langue allemande joue un rôle capital dans l'immigration, en majorité de provenance germanique. L'arrêt du Conseil d'Etat du 30 janvier 1685, imposant l'emploi du français dans les actes officiels et pièces de procédure à caractère juridique, s'il n'est pas rapporté, est diversement interprété et fort

440 ABR et AHR, RP., *passim.*

441 AHR 3 B 1063.

442 J-P. GRAFFENAUER, *op. [348]*, p. 64.

443 Voir *supra* pp. 1879-1880.

444 F. BRUNOT, *art.cit.*, p. 592 : un enseignement en français en 1663 à Bouxwiller, en 1688 à Obernai, en 1686 à Ribeauvillé...
L.A. KIEFER, *op. 1770*, p. 82 : deux heures de français à Hattmatt, en 1663, grâce à la proximité de Bouxwiller.
Ch. KLEIN, *op. [429]*, p. 88 : les enfants catholiques doivent apprendre à lire et à écrire en allemand et en français dès 1685 à Bouxwiller.
J. BAUMANN, *op. 201*, p. 97 : un maître d'école français est engagé à Thann en 1740.

445 AHR E dépôt 30 FF 14/21 (4 janvier 1729).

446 Guillaume Sanson au duc de Mazarin-La Meilleraye, gouverneur d'Alsace (voir Ch. BENOIST, *op.*[128]).

447 P. LEVY, *op. cit.*, t. I, p. 286.

mal appliqué[448]. Dans une correspondance adressée à l'intendant de Lucé, le subdélégué de Haguenau est bien obligé de reconnaître, en 1761/1762, que ses administrés *écorchent un peu le français* et *n'ont pas la moindre littérature*[449]. La plupart des prévôts ne maîtrisent pas la langue française et l'ouvrage d'initiation au français que possède, à Nordheim, Anastase Ostermann, est écrit en allemand[450]. *Le principe de n'avoir que des jurés qui sachent les deux langues,* écrit en 1754 le receveur Flachsland, *me paraît d'autant plus étrange qu'il y a des villages où on trouve à peine un seul paysan qui sache les deux langues et d'autres où il n'y a aucun qui parle le français*[451]. Trouver à la veille de la Révolution un agent qui puisse porter à la connaissance de la population les communications officielles relève de la gageure : dans le comté de Ribeaupierre, le *Weibel* doit céder la place à l'huissier royal par ci, au maître d'école par là[452]. Les cahiers de doléances du printemps 1789 trouvent l'occasion de répondre à l'arrêt du Conseil Souverain, en date du 16 juillet 1786, qui exige que les actes judiciaires soient rédigés en français, un siècle après la tentative avortée de 1685. Encore faudrait-il distinguer la bonne connaissance du français de la capacité de s'exprimer plus ou moins maladroitement dans cette langue et celle de se faire comprendre tant bien que mal. Horrer n'est guère exigeant quand il définit la langue française en 1787 comme la *langue ordinaire de tout ce qui est au-dessus du petit peuple ; elle s'est introduite dans les villages au point que tout français peut s'y faire comprendre et qu'une partie des gens de la campagne la parle de manière au moins à se faire entendre*[453]. Maître Laukhard, professeur d'université allemand de passage à Strasbourg en 1785, se fait plus catégorique en affirmant que, dans les villages, presque personne ne comprend le moindre mot de français[454] ! Storch reconnaîtra en 1790 que le français n'est pas, en Alsace, la langue du commun[455]. L'estimation que donne André Ulrich dans son *Discours prononcé dans la séance allemande des Amis de la Constitution,* le 6 juillet 1790, et selon laquelle *il y a trois cent habitans de l'Alsace qui ignorent la langue française sur un seul qui la connoit,* doit vraisemblablement être revueà la baisse si on se limite à la seule population rurale[456]. Une telle situation, tout en posant le problème de l'intégration linguistique, peut constituer un frein à l'acculturation à l'écrit d'une paysannerie installée dans une province devenue française : la campagne alsacienne, qui ne cesse de bouder la langue du Roi, acceptera-t-elle d'adopter la langue de la Nation ?

---

448 DE BOUG, *Ord. Als.*, t. I, p. 145.

449 BNUS Ms. 848.

450 Voir *supra* pp.1900-2001.

451 Rapporté par Ch. HOFFMANN, *op. cit*, t. II, p. 14.

452 Ch. HOFFMANN, *op. cit.*, t. II, pp. 14 ss. et P. LEVY, *op. cit.*, t. I, p. 343.

453 Ph. HORRER, *op. [224]*, p. 153.

454 V. PETERSEN, *op. cit.*

455 H. STORCH, *op. [277]*, p. 379 : *Die französische Sprache ist ganz und gar nicht mehr die Sprache des gemeinen Mans* (région de Saverne).

456 P. LEVY, *op. cit.*, t. I, p. 345. L'auteur rappelle les proportions indiquées par Arthur Young pour Saverne : à la veille de la Révolution, *il n'y a pas une personne sur cent qui parle français.*

Conclusion

Instrument d'éducation et d'aliénation, l'écrit agit tel un levier qui casserait l'unité culturelle d'un monde rural évoluant dans une civilisation de l'oral. Les bibliothèques paysannes sont intéressantes par ce qu'elles ne contiennent pas : elles sont centrées sur le savoir-faire plus que sur le savoir, sur l'expérience plus que sur la didactique, sur le religieux plus que sur le profane. Mais si la culture écrite n'est pas totalement absente des campagnes, elle apparaît à la fois rudimentaire, conformiste - par son acceptation tacite de l'ordre social établi - et fort éloignée - est-il besoin de l'ajouter ?- des préoccupations de la civilisation des *Lumières*[457]. S'il arrive que la culture *savante* fasse irruption, de façon spectaculaire, dans la campagne, c'est par l'intermédiaire d'un personnage étranger au monde rural, tel ce Bernard Hippolyte Bert de Majan, commissaire épiscopal devenu, sous la pression des circonstances, curé de deux paroisses du Kochersberg et dont la bibliothèque personnelle ne compte pas moins de... 816 volumes, allant de la pastorale à l'arithmétique, de la grammaire à l'histoire[458]. Or la culture paysanne ne s'épanouit pas à l'ombre de la bibliothèque de Bert de Majan. Elle est d'une autre nature.

2) Le non écrit et le non dit

La pratique de la culture écrite est mêlée de communication imagée, orale et gestuelle. La place que tient l'imprimé dans les couches supérieures est donc occupée à la campagne par l'image et la parole. L'image est partout : présente à l'église (retables, vitraux, chemins de croix, ex-voto), dans la rue (calvaires, enseignes des auberges), plus rarement dans les intérieurs (tableaux[459], canivets), elle est davantage instrument d'éducation et de moralisation que moyen de divertissement. Porteuse d'un message, jamais innocente, elle est destinée à déclencher des réactions. L'importance de l'imagerie populaire témoigne d'un fort analphabétisme : car regarder les images, c'est une façon de s'instruire et de rêver... Rappelons la fragilité d'une grande partie de ces images - souhaits de baptême et images saintes - et leur facture religieuse qui les apparente aux divers signes de la piété populaire[460].

Quant à l'oralité, elle réside dans une foule de proverbes et de chansons exprimant la sagesse populaire : les dictons ont mieux résisté au temps, semble-t-il, que les airs fredonnés ou sifflés dans la rue ou aux champs, les complaintes mélancoliques, les chants populaires clamés à gorge déployée... Mais ce fonds oral pose à l'historien trois séries de problèmes : celui de son origine (est-il réellement populaire ?), celui de la conservation et celui de sa datation, difficile à établir.

---

457 J. VOSS, *contrib. 3078*.

458 AP Fessenheim-le-Bas. Voir notre thèse de **3ème Cycle** *cit*, p. 374.

459 Très rares dans les inventaires après décès : le tableau apparaît à Ungersheim après 1760 seulement (2 inventaires sur 53, soient 3,8%), à Heiteren (2 sur 60 = 3,3%), un seul à Baldenheim en 1782.

460 Voir *infra* pp. 1950-1952.
D. LERCH, *th. 3215*.

Le concept même de *culture populaire* nous conduit tout droit à l'anthropologie historique, une anthropologie culturelle qui s'appuie sur les données de la vie matérielle. Sans elle, l'histoire des sentiments serait la grande muette, les plus silencieux se recrutant d'ailleurs parmi les plus humbles, dont il n'est souvent possible d'entendre la voix qu'à travers les discours des privilégiés de la culture écrite. Contrairement à la culture savante, qui se profile à travers l'écrit, la culture paysanne se lit à travers les actes de tous les jours, révélant l'histoire des mentalités, *prisons de longue durée* selon Lucien Febvre qui dégage, du même coup, la force d'inertie des structures mentales. Elle réside dans une vision du monde[461] qui s'exprime en dehors de la pensée et de la formulation claires propres aux *idéologies*. Son approche nous appelle à fouiller les consciences, à sonder l'imaginaire, à dévoiler les ruses séculaires, à détecter le non dit pour découvrir, au-delà de l'anecdotique, le typique et, au-delà du particulier, le général. Si les bases de cette *psycho-histoire* ne s'imposent pas d'emblée, c'est que les représentations et les systèmes de valeurs se dissimulent moins derrière les mots qu'ils ne s'expriment au travers des gestes, des attitudes, des comportements ; ils ressortent du banal et de l'insignifiant. Le geste n'est pas seulement convention ou savoir technique (*regarde comment on fait*). Vecteur de transmission, il assure la continuité des comportements et revêt, tout comme le langage, une valeur symbolique. Bien des gestes échappent à l'historien : ceux de la vie quotidienne (manger au pot commun, se moucher avec les doigts, cracher, chiquer et priser) ; ceux qui, dans le travail de tous les jours, sont codifiés par l'usage et reposent sur un savoir technique répétitif et coutumier (battre les gerbes, sarcler les vignes, épandre le fumier). Mais les gestes relatifs à la sociabilité ou à la violence, à la religion ou à la magie relèvent d'un rituel et peuvent donner lieu à des témoignages : lever le poing, s'agenouiller devant le passage du viatique, tracer le signe de la croix sur une maison hantée (alors que nous échappe le même signe de croix tracé sur le pain quotidien)... C'est dire, dans une civilisation qui est *agie*, avant d'être *pensée*, l'importance de l'oral et du comportemental : elle ressort de la richesse descriptive des inventaires après décès, ce précieux catalogue permettant de replacer l'individu dans le contexte de centaines d'objets en apparence hétéroclites. Souvent condamnées par l'Eglise, pour ses contaminations païennes, et par les philosophes du siècle des *Lumières*, pour irrationalité, la culture populaire a été longtemps considérée comme une *sous-culture*, ignorée et méprisée. Or elle a sa propre cohésion et tout y devient langage : l'habitation, le mobilier, le vêtement, la coutume, la fête... On passe insensiblement d'une *Alltagsgeschichte* à une *Erfahrungsgeschichte*, pour reprendre l'expression de Jürgen Kocka, base de la culture populaire. La frontière s'efface entre les deux notions antithétiques de *culture populaire* et de *civilisation*[462], à condition de ne pas réduire la civilisation à l'urbanité et à la bienséance. Nous nous éloignons, par contre, d'une certaine forme de *Volkskunde*, d'une vision quelque peu idyllique des *arts et traditions populaires*, chers aux folkloristes[463].

[461] N. SCHINDLER, *contrib. 3265*.

[462] N. ELIAS, *op. 1915*, pp. 11-87.

[463] Les ethnologues utilisent couramment cette méthode. Voir les travaux d'A. STOEBER, *op. et art. 3307-3308 et 3373*, de J. LEFFTZ, *op. 3292* ; de Chr. LEFFTZ-SITTLER (éd.), *op. 3257*, t. V, (*contrib.* L. SITTLER) et de Fr. SARG, *op. 3303*.

Dans ces conditions, la culture populaire s'inscrit dans un faisceau de comportements que nous avons eu l'occasion de dégager tout au long de notre étude, dans une combinaison de pratiques, plus ou moins ritualisées, articulées sur les détails du quotidien. Nous rappellerons pour mémoire, dans le contexte de cette *archéo-civilisation*, l'attachement à la tradition que les novateurs qualifient souvent de routine et qui n'est, en fait, que prudence extrême ou démission devant l'inintelligibilité du monde. Pour mesurer et calculer, on se contente de l'*à-peu-près*[464] ; on ignore l'usage des instruments de mesure les plus simples et le recours aux étalons les plus indiscutables. Mais s'agit-il d'un problème technique ou d'un problème de mentalité ? Si on ne réussit pas à avoir une prise sur le réel, c'est sans doute faute de moyens - de *leviers qui permettraient d'en soulever un fragment* -, mais aussi faute de ne pas vouloir essayer : du coup, *le possible ne se distingue pas de l'impossible*[465], tout pose problème, tout devient énigme. Les seuls repères du paysan sont en effet les usages des ancêtres : ne pas les respecter, c'est se lancer dans une aventure aux conséquences désastreuses[466]. Il en découle une sorte de regret du passé, souvent idéalisé, de nostalgie de ce qui n'est plus, qui peut fort bien aller de pair avec un esprit pratique. On connaît sa terre ; elle est unique, parce qu'elle a été façonnée par le travail de plusieurs générations qui se transmettent invariablement les mêmes techniques. Ne pas vouloir bousculer l'ordre des choses ancien, comme le voudrait une attitude rationnelle, ce n'est pas, paradoxalement, refuser le progrès ! On continuera donc à travailler pour produire, et non pour vendre ; à posséder la terre sans chercher à la valoriser à tout prix. Les lenteurs d'une *révolution agricole* procèdent de cet état d'esprit. Les véritables valeurs, séculaires et cumulatives, résident dans le travail bien fait, le sens de l'économie et l'âpreté au gain.

Au sens aigu de la propriété s'ajoute le sentiment chatouilleux de l'honneur, autre richesse acquise qu'il convient de préserver : les actes judiciaires en portent témoignage. Ce sens de l'honneur est souvent inséparable d'un certain nombre de comportements bien typés :

- violence et grossièreté : les habitants, affirme Kirschleger, *n'ont encore pu se défaire de leur antique rusticité*[467] ;
- défense de la réserve territoriale du *moi* et tendance à exclure *l'autre* qui suscite immanquablement une réaction de défiance ;
- suffisance pour peu qu'on se sente supérieur, comme ces représentants de l'aristocratie rurale de Furdenheim[468], de Beinheim[469] qui n'ont que mépris pour les journaliers, ou encore de Hunspach[470].

---

464 Voir *supra* pp.68 et 1873-1874.

465 L. FEBVRE, *art. 3251*.

466 H. MENDRAS, *op. 163*.

467 Fr. KIRSCHLEGER, *op. [186]*, p. 229.

468 AMO B 30 : *weil sie bürger... nur über die Achsel ansehen... allein den meister spiehlen wollen* (Jean-Daniel Reisseisen, professeur de droit de Strasbourg et coseigneur de Furdenheim, 1772).

469 GLAK 75/656 : *Liederliche faule und ohnvermögende Leuthe... ohne Güter, muthwilligerweis durch trincken, spiehlen und müsigen verschwendet* (1778).

470 Cit. par J. VOGT, *art. 1019*: *eine gewisse beleidigende bäuerliche Suffisance zum Theil durch wirkliche Insolenz welche die charakteristik reicher Bauern gewöhnlich hevorleuchtet* (1770).

La culture est faite de codes et de rites, car, en avant de l'*être*, se profile le *paraître* dans une société où tout peut devenir prétexte à ostentation - la façade de la maison, le costume, la fête de famille - et dans laquelle le contrôle social se transforme facilement en pression sociale. La double censure des pouvoirs religieux et civil - du père de famille au curé et au maître d'école - traduit le souci constant de faire triompher le *bon ordre*, au prix de l'intrusion, que nous jugerions inadmissible de nos jours, de l'autorité publique dans la sphère privée.

Nous avons découvert, dans le comportement populaire une très grande réserve. Un paysan n'extériorise pas ses sentiments : parce que la pudeur le lui interdit et parce que ce n'est pas son langage, il ne parlera pas, par exemple, de sa femme bien-aimée, expression notariale stéréotypée... Cette domestication de l'affectif, qui se traduit par une faible propension à l'effusion des sentiments, n'est pas synonyme d'insensibilité. Une dernière constante se dégage du tempérament paysan : le campagnard n'est jamais content... Sans doute a-t-il rarement les raisons de l'être, tenaillé qu'il est par la peur...

B) La civilisation de la peur et la quête de la sécurité

La campagne renferme un inépuisable potentiel de panique. Inhérente à la nature, la peur est une composante essentielle de l'expérience humaine. Jean Delumeau rappelle qu'elle peut être à la fois génératrice d'inhibition et mobilisatrice d'énergie[471]. Le sentiment de la peur est, par ailleurs, inséparable d'un monde difficile sur lequel l'homme n'a que peu de prise : tout phénomène inexplicable devient manifestation du mal. Tout concourt à rendre la peur omniprésente : la précarité des conditions de vie, le bas niveau des connaissances, la propension au fatalisme, le faible contrôle de soi... Un reflux de la peur, qui s'inscrirait dans le courant optimiste du siècle des *Lumières* et qui irait de pair avec le recul de la maladie et de la violence, nous semble être un phénomène plus urbain que rural, plus élitiste que populaire. La peur surgit au contraire partout, de façon parfois diffuse, au niveau de la conscience collective et au plus profond de l'individu, à côté de lui et devant lui. Or ce sentiment de la peur est inlassablement inculqué par l'Eglise qui propose l'image l'image du Dieu terrible, Dieu du courroux et du châtiment, et agite la menace de la damnation.

1) Peur de quoi ? Peur de tout !

Si la société d'Ancien Régime se caractérise par une tendance hystéroïde prononcée, c'est que le monde, dans lequel elle évolue, est rempli de dangers réels ou imaginaires. Privé d'assurance temporelle, le peuple se met en quête de sécurité spirituelle, génératrice de confiance[472]. Dans l'indifférence d'une perspective à long terme et le souci de survivre dans l'immédiat, l'imprévoyance est tempérée par la peur de manquer. Quoi

---

[471] J. DELUMEAU/Y. LEQUIN, *op. 322.*

[472] A.E. IMHOF, *contrib. 2079.*

de plus normal dans un contexte de pénurie, de malnutrition chronique et de fréquente sous-alimentation, d'argent rare et dépensé à contrecoeur, où le seuil de survie se situe très bas ? On rappellera à ce sujet le rôle économique des périodes de jeûne et d'abstinence en milieu catholique - jusqu'à 150 jours de jeûne par an !-, dont la plus importante, celle du Carême, coïncide avec l'épuisement des réserves qu'on cherche à faire durer et l'appréhension de la proche soudure : l'Eglise s'adapterait-elle, plus ou moins consciemment, à la réalité d'une sobriété forcée ? De nombreux indices renvoient à cette peur de manquer. Une soudure mal assurée peut susciter l'affolement ; la menace d'épuisement des réserves forestières peut provoquer l'inquiétude... La sagesse populaire blâme toute consommation irréfléchie qui s'opérerait aux dépens de l'acquisition. Si l'on veut bien considérer les habitudes alimentaires d'une population comme l'un des aspects fondamentaux de sa culture, on invoquera la sacralisation du pain, l'art d'accommoder les restes (pain perdu, pâtisserie, vin rallongé), le souci d'économiser le combustible (système homéothermique du chauffage, cuisson du pain par grandes fournées suivie de celle des tartes). Procède du même état d'esprit le fait de vouloir faire durer le vêtement, de le transmettre d'une génération à l'autre, de le ravauder et de le rapiécer constamment...

Or la peur de manquer s'alimente souvent de la peur de l'autre : celui qu'on ne connaît pas, qui vit dans une sphère différente, qui menace la sécurité des personnes et des biens. C'est le manant qui cherche à se tailler une place dans une société bien établie ; c'est l'habitant du village voisin qu'on affuble d'un sobriquet peu élogieux[473] ; c'est le vagabond surtout, trop rapidement assimilé au criminel et au voleur ; c'est le Juif qui inspire la méfiance, et qui est tenu de respecter les fêtes des Chrétiens[474] ; c'est le réformé qu'on finit par enterrer *quand même*[475]...

Le phénomène d'exclusion, refus explicite de la différence, passe à travers la Chrétienté qui est loin de constituer un bloc homogène. Certes les discordes confessionnelles, sur lesquelles nous ne nous appesantirons pas[476], ne constituent le plus souvent que la partie visible de l'iceberg. Le temps fort des dissensions entre Catholiques et Protestants se situe dans les années 1680, à l'époque de la révocation de l'Edit de Nantes à laquelle l'Alsace échappe cependant du fait du statut particulier qui est le sien. A partir de 1683, les mariages mixtes sont prohibés[477] et lorsqu'en 1774 cette interdiction est levée[478], on précise que les enfants issus de tels mariages doivent être élevés dans la religion du Roi[479]. Or les Protestants qui, à Turckheim, contractent mariage avec une partenaire catholique ne sont pas pressés de se convertir, de peur, nous dit-on, de se voir privés de leurs biens de famille[480].

473 M. ALLHEILIG, *art. 1836*.

474 DE BOUG, *Ord. Als.*, t. I, pp. 188-189 (27 novembre 1690). Voir *supra* pp. 1387-1420.

475 ABR 3 E 155/2 : *mit Gesang und Klang* (Geudertheim 1767).

476 On consultera à ce sujet les nombreux travaux de Claude Muller qui portent sur l'Alsace du XIXème siècle.

477 DE BOUG, *Ord. Als.*, t. I, pp. 130-131 (déclaration d'août 1683).

478 *Ibid.*, t. II, pp. 873-874.

479 Voir également la réglementation des mariages mixtes dans le duché de Wurtemberg AN K 1142/14-30 (1763).

480 AEBP A 109/3 (curé Reyer, Turckheim 1680).

Par ailleurs il est interdit de baptiser un enfant en l'absence du pasteur, de façon à éviter la sage-femme catholique qui ne manquerait pas de faire du nouveau-né luthérien un Chrétien de confession romaine[481]. Les Protestants ne peuvent théoriquement pas obtenir le droit de bourgeoisie en terre catholique. Les portes de Guémar se ferment quand, en 1680, il est question d'accéder aux demandes d'entrée des Luthériens et des Calvinistes et s'entr'ouvrent pour une vingtaine de domestiques non catholiques dont on a besoin[482]. Le curé se plaint, quelques années plus tard, de ce que ces mêmes domestiques luthériens s'adonnent à des jeux bruyants non loin de l'église, pendant l'office[483]. Les écoles, nous l'avons vu, sont nettement séparées et l'évolution, au XVIIIème siècle, ne semble pas calmer les esprits. Dans la paroisse luthérienne de Jebsheim, trois bourgeois catholiques parviennent à s'installer et à acquérir maisons et biens-fonds. Or, en 1778/1779, les Luthériens *ont imaginé tous les moyens possibles de vexation pour les faire déguerpir* : on les voit démolir les murs d'une maison en construction, au moment où Chrisostome Utard, son propriétaire, s'apprête à poser la charpente ; on les voit mitrailler les vitres *par une grelle de pierres*[484]... Face à tant d'intolérance, deux solutions : l'abjuration-conversion ou le *simultaneum*[485] qui, introduit en 1683, pose à son tour des problèmes de cohabitation[486]. *Chien de luthérien* : c'est ainsi que se fait traiter, en 1787 encore, Jean de Turckheim, coseigneur de Duttlenheim[487]...

Les faits sont têtus : tout va mal entre Catholiques et Protestants. Et pourtant il convient d'apporter quelques nuances à la lumière d'une double observation : derrière les conflits confessionnels, se dissimulent parfois, l'affaire Hummel nous l'a montré[488], des intérêts économiques. La jalousie n'est pas absente de ces relations, si l'on veut bien admettre que *les Luthériens sont en général plus aisés que les Catholiques*[489], mais nous ne suivons pas Kirschleger lorsqu'il met ces différences au compte de la seule religion[490]. Mous verrons au contraire, de part et d'autre d'une frontière bien mouvante, les Protestants partager les rites catholiques. D'autre part, dans ce conflit multiséculaire, il est difficile de faire la part de responsabilité des autorités et celle des ressentiments des fidèles eux-mêmes. Si la cohabitation

[481] H. GERST, *op. cit.*, p. 116 : la question est développée en chaire en 1770, dans le duché de Deux-Ponts.

[482] AEBP A 109/3 : *mercenarii acatholici.*

[483] *Ibid.*

[484] AHR E 1456.

[485] L. CHÂTELLIER, *op. 3395*, pp. 295-326 et Cl. MULLER, *art. 3593a.*

[486] AHR 17 J 11 : affaire de Hunawihr (1753).
AHR 18 J 472 : violente altercation entre le curé royal d'Andolsheim et les Luthériens en 1723, avec saisie du choeur de l'église, coups et blessures, expulsion des ministres.

[487] ABR 6 E 41/209.

[488] Voir *supra* pp. 1366-1368.

[489] F. KIRSCHLEGER, *op. cit.*, p. 223.

[490] Ibid., p. 223 : *On croit que cela vient de ce que l'observation de leur religion leur coûte moins, qu'ils n'enrichissent pas leurs églises, qu'ils n'ont pas de fêtes à observer, que la crainte d'être un jour asservis par les catholiques les a rendus plus laborieux e plus prévoyants. D'ailleurs, ayant moins de mystères dans leur religion, il entre plus de morale que de théologie dans l'éducation, ce qui rend leurs idées plus nettes, leur conception plus facile, leur jugement plus sain...*
Voir *supra* pp. 1006-1009.

est pacifique, cela n'apparaît pas dans les sources qui ne relèvent que les situations conflictuelles. Bien plus : une grève de corvée d'affouage, s'étendant à l'ensemble de la région de Soultz, unit, en 1775, Catholiques et Protestants dans une opposition commune au curé royal[491].

Diversifiées, les formes d'exclusion sont étroitement liées à la peur. Exclure procède d'un double mécanisme mental : celui de garder jalousement ce que l'on a et celui de trouver un bouc émissaire aux malheurs qu'on endure. En effet, en admettant qu'il parvienne à conjurer la peur de manquer, le corps se trouve souvent agressé par les fléaux traditionnels que sont la maladie et la mort, la guerre et le cataclysme. Nous ne reviendrons plus sur la guerre, dont nous avons pu mesurer les effets angoissants sur les mentalités collectives, ni sur le déchaînement des éléments, grêles, tempêtes et inondations, manifestations évidentes de la colère de Dieu, irrité par les péchés des hommes[492]. Les désordres de la nature reflètent les dérèglements du comportement humain. Inscrites dans le plan divin de l'organisation de l'univers, les mauvaises récoltes d'origine climato-frumentaire[493], comme les catastrophes naturelles, sont le plus souvent attribuées à des forces maléfiques, mal définies et que l'Eglise s'empresse d'identifier à Satan soupçonné de coordonner les malheurs ; mais le diable n'agit qu'avec la permission du créateur[494] ! A l'endroit où deux villageois porteurs de faux, ont été abattus par la foudre, la communauté de Stutzheim fait ériger une croix en 1682 et le parler populaire désignera désormais le chemin qu'ils ont eu le malheur d'emprunter de la dénomination de *Hagelweg*[495]. La sorcière est souvent accusée de déchaîner la tempête et les orages, désignés sous le nom de *Wetter* : il lui suffit de soulever la marmite ou *Wetterhafen* et d'en retourner le contenu, une mixture composée de feuillage, poils de bête, choux, pierres, herbes, ossements, pommade et hosties consacrées[496]. Cette crainte diffuse du châtiment divin, qui a également valeur d'avertissement et d'invitation au repentir, trouve sa place jusque dans les chroniques des curés et les règlements municipaux[497]. Elle trouve sa contrepartie dans les

---

491 J-C. STREICHER, *art. 2227* (d'après AP Soultz-sous-Forêts et ABR 6 E 40, Not. Soultz-sous-Forêts II/12).

492 AHR 3 B 3368 : *durch beschehene Hagelwitterung bestrafft worden* (Herrlisheim 1701).

493 A. GASSER/J. LIBLIN, *art. [230]*, p. 207 : *Die drey unglückliche Jahr sein Straffen Gottes gewesen* (chronique de Jean-François Wührlin, Hartmannswiller 1783, 1784 et 1785).

494 J. GENY, *op. [208]*, t. I, p. 21. Voici ce qu'on nous dit à propos de la procession décidée pour le 25 juin 1709 de Rouffach à Notre-Dame de Schauenburg, suite à une inondation catastrophique : *Gott der Allmächtige die Sindige Welt zu straffen... eine Prozession in den Schauenburg zu der Muttergottes... um dieselbe zu bitten, dass sie wolle Bey ihrem lieben Sohn, unserer Heyland und Erlöser, erbitten um die nachlassung unß angetroheter straff und dan das Wetter sich Bessern möchte* (Source : AM Rouffach BB 80/99).

495 Renseignement aimablement communiqué par O. Seemann.

496 E. BAPST, *op. 3312*, p. 85.

497 ABR E 5909/2 (*Dorfordnung* de Vendenheim, retranscription de 1720 et de 1776) : *Demnach unss allmächtig, ewig, gnadig Gott nun eine lange Zeit mit vielerlei Zeichen an Sonn, und Mon, und Sturm am Himmel und auf Erden, an Menschen und Viehe unss zu guthem vorgebildet damit unss zuer buess zu ermahnen und dadurch unss zur warnung andeuten lassen, dass der Tag des Herren vor der thür seÿ, und besorgen wo wir unss nicht besseren, buess thun, und die Sünden abstehen, dass unss Gott der allmächtig mit einer grausamben Straff wirdt überfallen,... mit dem graussamen Wasser, welches uns Gott zu wahrnung hat geschickt... dass also mit grossem schaden ist abgegangen, gleichfalls auch von der grossen Theurung... unser sündhafftes leben zu besseren, von Sünden abzustehen und zu Gott bekehren...*

célébrations d'actions de grâces[498] qui ne font que confirmer les annotations relevées dans les chroniques viticoles[499] dans lesquelles voisinent le profane et le sacré, les préoccupations d'une bonne récolte et la glorification de Dieu.

Quant à la maladie, elle n'est jamais considérée comme *naturelle.* Elle est associée au péché dans une pédagogie dont Jean Delumeau a démonté la dialectique et le mécanisme. Provoquée par les moeurs dissolues des humains, elle est envoyée par un Dieu qui se venge : épidémies dévorantes, inexplicables, incontrôlables, qui débouchent souvent sur la mort. Omniprésente, à la fois dans le discours religieux et dans la réalité quotidienne, la mort n'est pas apprivoisée. Précédant les demandes de messes *post mortem*, les formules testamentaires[500] témoignent tout au plus d'une grande fatalité et d'un aveu d'impuissance face à l'inéluctable. La prévention de la maladie et de la mort n'est pas du ressort de l'homme ; l'inoculation se heurte à l'hostilité de la population... On a certes peur de la maladie, au point de ne pas oser dire son nom. Mais cette peur se déplace rapidement de la maladie elle-même, que l'on cherche à fuir, à la contagion qu'il faut à tout prix éviter : peur de la malignité de l'air, peur du voisinage des pestiférés...

Pendant ce temps les puissances de la mort rôdent, surtout la nuit, une nuit diabolisée, domaine privilégié de l'angoisse, et que l'imagination peuple de tous les dangers. C'est la nuit qu'opèrent le loup, bête infernale, *ennemi commun*, dit La Fontaine, *des hommes et des animaux*, et la sorcière, créature du Malin ; c'est la nuit aussi que reviennent les fantômes. Le jour appartient à Dieu et aux vivants, la nuit au diable et aux morts. En réalité la croyance aux revenants témoigne d'une sorte d'unité entre la communauté céleste et la communauté terrestre, la société des morts étant conçue comme le prolongement de celle des vivants, dans cet oekoumène où les espèces vivantes réagissent les unes sur les autres. Le revenant n'est pas ce pur esprit, séparé d'avec son corps, comme l'explique l'Eglise, mais tout simplement l'ancêtre retournant un certain temps, avec corps et âme, sur le lieu de son existence. Si cette apparition est angoissante, c'est que le défunt, n'ayant pas bénéficié d'une mort naturelle, erre à la recherche du repos éternel. Tel est le cas de cette mère d'Obersteinbach, poussée dans la mort, en 1688, par son propre fils. Elle reviendra hanter le criminel durant sept ans : s'agit-il de sept ans de purgatoire ? Ou des sept ans que la défunte aurait encore dû vivre[501] ?

---

498 Voir *infra* p. 1924, note 525.

499 M. BOESCH, *op. 1417*, pp. 54-57 (chroniques diverses de Haute-Alsace, trad.) :
- 1660 : *Les vendanges ont été bonnes cette année, car il y eu du vin en abondance et, Dieu soit loué, il était bon.*
- 1666 : *Dieu nous a particulièrement bénis cette année, car nous avons une vendange abondante.*
- 1668 : *Dieu merci, une année bénie.*
- 1672 : *Dieu merci, une bonne, belle et abondante vendange, un vin excellent.*
- 1678 : *Cette année, il y eut une bonne moisson,une bonne vendange et du bon vin. Dieu soit loué.*
- 1780 : *Le mois précédent, chacun croyait que les raisins... devaient périr de sécheresse et cependant, sans qu'il ait plu, les raisins se sont miraculeusement développés.*

500 *Selig in Gott entschlafen* (ABR et AHR, Not. testaments, *passim*).

501 ABR 3 E 263/1 : *Geist oder Gespenst sehen lassen.*

Peur également de l'avenir : demain est objet de crainte, non d'espérance. On est donc à l'affût du moindre signe dans lequel on voit la main de Dieu et auquel on confère valeur de prophétie, sans en percevoir clairement la signification : l'éclipse du soleil[502] ; le tremblement de terre[503] ; l'apparition de la comète de Halley[504]. C'est à travers les signes du ciel que s'effectuent la lecture de la colère de Dieu et le passage du prodige au présage[505]. Prévoir par voie astrologique, analogique ou empirique, nécessité dans un monde d'insécurité, confère à l'homme une dimension cosmique. Mais seule une culture savante est capable de déchiffrer les phénomènes célestes et de comprendre les liens entre le cycle lunaire et le cycle de la vie. C'est de façon fort empirique que la culture populaire aborde l'astre mystérieux qu'est la lune qui préside à tout ce qui croît et décroît...

Or cette angoisse devant l'avenir s'inscrit dans le court terme, sans déboucher sur la peur eschatologique de la fin du monde répandue par l'Eglise et selon laquelle, les temps approchant de leur terme, le Tout-Puissant viendrait faire justice... Le paysan est davantage préoccupé de ses fins dernières que de la fin du monde[506]. Quand il lui arrive de l'invoquer, c'est par analogie avec le caractère effroyable de telle ou telle catastrophe[507]. Mais l'angoisse s'inscrit dans tout un contexte : la civilisation occidentale, à forte imprégnation augustinienne, insiste sur la culpabilité de l'homme, comme la civilisation orientale est centrée sur la tranquillité de l'âme. A l'origine de cette surculpabilisation, on trouve la doctrine et la pastorale du péché originel inlassablement répétées par l'Eglise, qui majorent l'importance de la faute par rapport au pardon (ce qui est au demeurant parfaitement antiévangélique), sans que la rédemption ne parvienne à

---

502 L. KUENY éd., *art. [234]* (1er avril 1764).

503 J. VOGT, *op. 327* ;
AHR RP Jebsheim 1680, 1682 (chronique paroissiale) ; AMC Ms. 152 : *was es bedeuten solle, wird uns die Zeit lernen* (livre de famille Eschbach, Ingersheim, tremblement de terre du 29 juillet 1728).

504 A. FUCHS (art. 3348, p. 100) rappelle le poème de Jean-Georges Wegelin, pasteur de Reitwiller, Ringendorf et Neuwiller de 1672 à 1686 : ... *Gottes Ruthen*
Rach-Schwerdter seind Cometen
Viel Kriege wann sie bluten :
Die bleichen Sterbens-Nöthen
Nie bringen sie viel Glück
Wer zweifelt, denkt zurück

J-M. LE MINOR, *art. 3358*.
ABR 3 E 168/2 (Weitbruch 1680 et 1682).
BNUS Ms. 1713 : *was solchen bedeüten würde ist dem allermächtigsten Gott bekandt, und der würde uns solches künftige Zeit zeigen, gott wendte alles zum besten* (livre de la famille Eschbach, Ingersheim, 6 janvier 1744).
J. SEE / J-B. JUNG (éd.), *op. [274]* (chronique de Dominique Schmutz, 1769).
A. GASSER / J. LIBLIN, *art. cit.*, p. 209 : *In diesem Jahr ist das gantz späth ein Cometh stern gewesen abends um 9 Uhr, ist er gewesen oben Witelsheim unt ist gewesen lang wie ein wissbaum, und hat gegen Frankreich wie ein bessen ; was es bedeitet, haben wir nachgehents erfahren* (chronique de Jean-François Wührlin, Hartmannswiller, 1787).
J-M. LE MINOR, *contrib. cit.* (1779).

505 J. DELUMEAU / Y. LEQUIN, *op. cit.*

506 La seule mention que nous ayons trouvée (*Dorfordnung* Vendenheim, voir *supra* p. 1917, note 497) émane des élites sociales.

507 L. HERBELIN, *art. 287 : un temps effroyable... par grands vents, tonnerre furieux qu'on pensoit avoir la fin du monde* (chronique J-G. Perdrix, 3 juillet 1665).

libérer l'homme de cette angoisse fondamentale[508]. Face à cette peur, la meilleure *police d'assurances*, c'est la confiance inébranlable en Dieu. Avec résignation et espérance, on s'adresse, en toute occasion, à la volonté tutélaire de la divinité dont procède tout bien et tout mal : en cas de guerre et de paix[509] ; en cas de mauvaise récolte[510] ou de catastrophe[511] ; en cas de maladie[512] ou d'accident[513] ; en guise d'entrée en matière ou de conclusion à tout acte public[514]. La rédaction du testament peut être considérée, dans ce contexte, comme une véritable pratique de dévotion : l'invocation de Dieu ou de la Trinité et les fondations de messes ou legs pieux, par lesquels on s'assure, le plus longtemps possible, la prière des survivants moyennant un sacrifice financier approprié aux possibilités de chacun des testateurs, en portent témoignage.

2) En quête de sécurité

Mais comment conjurer concrètement cette peur polymorphe ? Ne cédons pas au dolorisme systématique. Une longue accoutumance confère aux villageois une extraordinaire capacité de résistance à l'adversité ; par ailleurs, la compensation éphémère des défoulements collectifs leur apporte un peu de consolation ; enfin on répond d'abord à l'angoisse en définissant, chronologiquement et spatialement, des repères de sécurité.

---

508 J. DELUMEAU, *op. 3498.*

509 Voir *supra* p. 347.
AHR 132 J 20 : *langwierige Strafen... Gott des Friedens* (Kunheim 1650).
ABR 6 E 7, Not. Bouxwiller, inv. Reitwiller 359 : *wann Gott der allmächtige mit Kriegsfahren straffen solte* (1699).

510 ABR 2 G 34/2 : *als wann Gott... der nicht über 2 Viertel früchten im gantzen Bann übrig gelassen hätte* (chronique de Berstett, 1694).
ABR 6 E 7, Not. Bouxwiller, inv. Hohatzenheim 286 : *ein Acker ein Zweitel Weizen, ein Acker ein Zweitel Korn in Gotteshand...* (1715).
J. SEE / J-B. JUNG (éd.), trad J. LIBLIN, *art. cit. : On n'a cessé de faire des prières publiques. Que Dieu nous accorde une bonne récolte* (chronique de Dominique Schmutz, 1770).

511 ABR 3 E 217/22 : *Gott will... noch ferner uns umb unsere Sünden... straffen* (incendie Illkirch-Graffenstaden, 21 octobre 1678).
AN K 2324 : *aus Versäugnis und Strafe Gottes ein so grosses Hagelwetter beÿ ihnen gewesen* (grêle dans le comté de Horbourg, 6 juin 1720).
ABR C 534 : *que les anciennes neiges dans les montagnes se sont fondues par la pluie continuelle joint à la punition du seigneur* (inondation Kembs, 5 août 1759).
ABR 3 E 562/2 : *der liebe Gott behüte und künftig... denen Unglück und Schaden. Amen* (incendie Zutzendorf, 11 décembre 1763).

512 AP Hurtigheim, chronique du pasteur Schneider : *Lahm und geschwollen, ein Beispiel göttlicher Gerechtigkeit* (fin XVIIème siècle).
Voir A. STOEBER, *op. 3026.*

513 ABR 3 E 155/2 : *der Gott sondbar seine Schutzhand hat sehen lassen* (Geudertheim, 7 janvier 1700 : il s'agit d'un père passant avec la roue de son chariot sur le corps de son fils, qui avait fait une chute sur le verglas et s'en tire indemne).

514 ABR 3 E 123/1 : *Gott lasse sie alle fromb und gross werden* (à l'occasion de la distribution d'argent aux enfants, Entzheim, Nouvel An 1659).
AHR 25 J 102 : *Omnia ad majorem dei gloriam*
Ich wage, Gott verwags
(page de garde du *Kontract-Protokoll Buch*, Sainte-Croix-en-Plaine 1717-1726).
ABR 8 E 343/7 : *Fürcht Gott und halt sein Gebott,*
Thue niemand Unrecht, als dan
bist du ein frommer Knecht (en tête du *Schatzungsbuch* d'Oberhausbergen, 1758).
ABR 6 E 7, Not. Bouxwiller, inv. et CM Reitwiller 364 : *Ende damit ihre Eheberedung wider in dem nahmen Gottes worin eine solche auch angefangen worden* (1774).

a) Espaces et rythmes de sécurité

Les aires de sécurité, c'est l'espace domestique, investi d'un rôle de protection[515] ; c'est l'église, lieu de prière, de rencontre et d'information ; c'est le cimetière, lieu d'asile et de sociabilité et c'est la communauté elle-même, niche sociale par excellence, avec ses points de rencontre que sont la place du village, la forge et le lavoir, la veillée.

Ce coude à coude permanent obéit au rythme rassurant des saisons. Certes le calendrier lunaire ou solaire n'est pas de conception populaire. Il n'empêche que la paysannerie y adapte son propre rythme, à la fois météorologique et agraire[516], liturgique et biologique. La consommation du *temps flottant et dormant*, qu'évoque Lucien Febvre[517], est récupérée à des fins liturgiques. Cependant le calendrier est une unité non de durée mais de rythme, en tant que système se reproduisant périodiquement. Il s'agit moins du temps *quantitatif*, mesurable et divisible, cherchant à enserrer l'invisible sacré, que d'un temps *qualificatif*, vécu, dramatisé. Rien n'est moins populaire que de compter en mois solaires, introduction savante du système zodiacal dans un calendrier procédant par périodes de quarante jours. La notion des *Quatre-Temps*, qui s'impose jusque dans le calendrier fiscal, est par contre capitale : l'année est divisée invariablement en quatre cycles et huit séquences de quarante jours environ, ce qui correspond chaque fois à une lunaison et demie, le tout jalonné de fêtes religieuses. Pâques se situe environ quarante jours après la Chandeleur, la Saint-Martin quarante jours avant Noël... Le calendrier agro-liturgique commence en fait à Pâques, car il s'édifie toute une symbolique de la la germination du blé, dont le grain meurt avant de se développer au sein de la terre : y-a-t-il meilleure illustration du concept de résurrection ? Le cycle de Pâques recouvre le printemps, jaillissement de la vie pour les hommes et les plantes, période de la renaissance végétale comme de la fécondité humaine, le maximum des conceptions se situant entre avril et juin. Le point culminant de ce cycle est constitué, au mois de mai, par les Rogations et l'Ascension, jours pendant lesquels on implore la bénédiction divine, avec un mélange d'angoisse et de confiance, sur les fruits, herbes et fleurs[518], tandis que les prières publiques montent vers le ciel en cas d'irruption du mauvais temps. C'est un exemple typique de cérémonies préchrétiennes reprises à son compte par l'Eglise. Il n'en va pas de même de la très païenne coutume de mai dans laquelle toute référence religieuse fait défaut. Cette coutume galante veut que les amoureux *plantent le mai*, arbre orné de rubans, devant la fenêtre de leur bien-aimée ou que les jeunes gens du village honorent collectivement les jeunes filles en âge de se marier. A l'autre extrémité de l'année, à partir de l'équinoxe d'automne, et plus précisément à partir de la Saint-Michel, s'achève le cycle des récoltes, couronné par l'importante date de la Saint-Martin, qui marque la fin des travaux des champs et le renouvellement des baux pour les terres libérées de leurs récoltes. La rupture du rythme agraire s'accompagne d'une modification du

---

515 Voir *supra* p. 1612 et *infra* ann. 61.

516 Voir *supra* pp. 1808-1810 et 1906.

517 L. FEBVRE, *art. 3346*.

518 A. PFLEGER, *art. 3365, 3533, 3535*.

LES REGULARITES DU CALENDRIER AGRO-LITURGIQUE

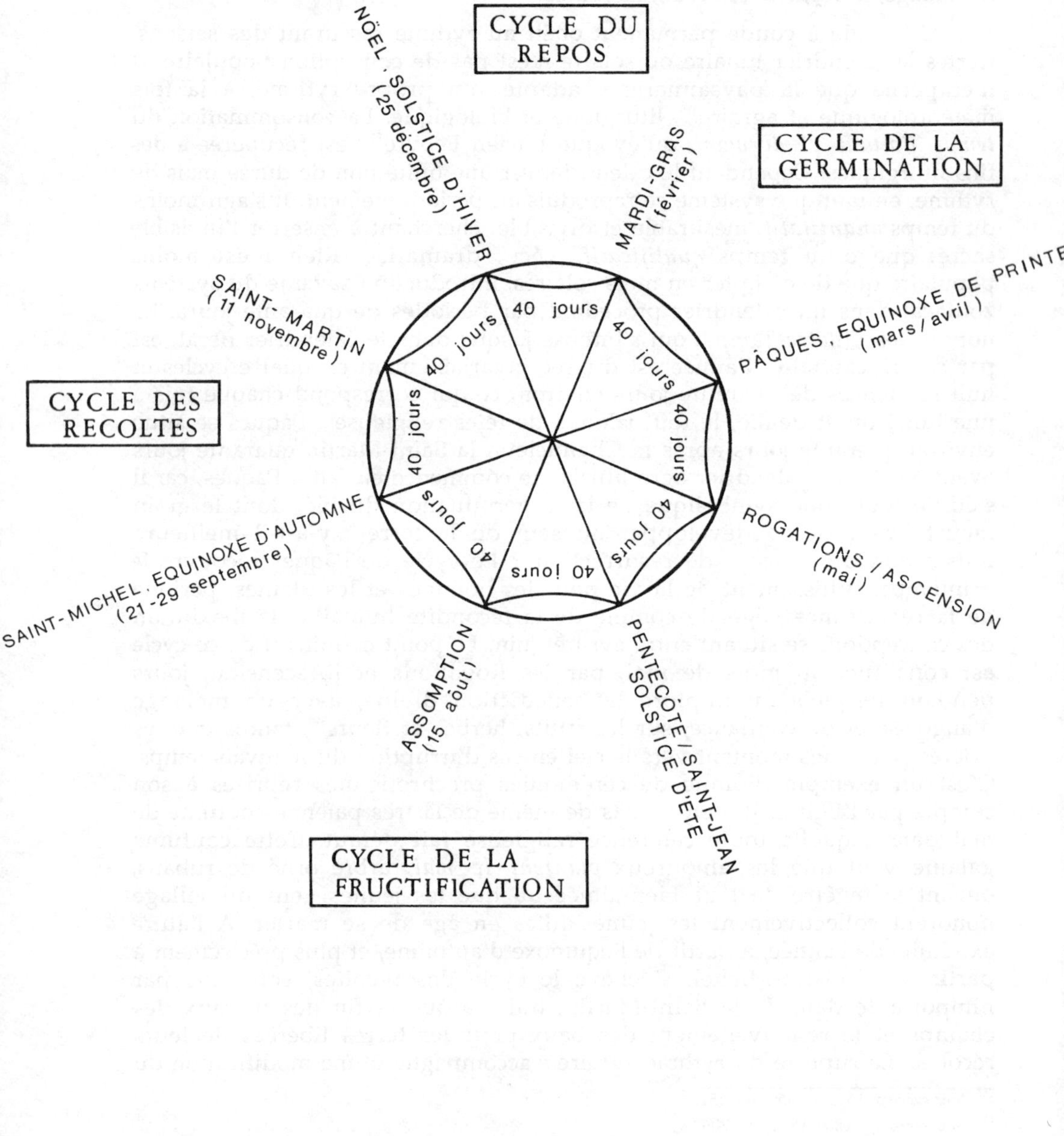

rythme biologique, tandis que la mort de la nature invite les fidèles à réfléchir sur leur propre mort. Enfin le cycle de Noël, commençant au solstice d'hiver par les douze jours de la *petite année* qui ont valeur d'oracle pour les douze mois à venir, est interrompu, autour du Mardi gras, par les fêtes du réveil de la nature : au moment de la dernière nouvelle lune d'hiver et à l'approche de l'équinoxe de printemps, c'est le sacre du renouveau. La Chandeleur semble investie d'un grand pouvoir symbolique : elle marque la fin de la période hivernale et l'amorce du cycle de la fécondité. Ainsi, l'existence de l'homme s'inscrit dans un ordre naturel qui se renouvelle tous les ans.

Revêt une importance particulière le rituel du feu sacré, printanier ou estival, chargé de mystère et de symbolisme : autour de carnaval, à l'équinoxe de printemps, le lancer des disques enflammés (*Schieweschlaawe*) ; le Samedi Saint, la *crémation de l'éternel Juif* ; enfin le feu de la Saint-Jean, au solstice d'été. Se demander si ces coutumes sont d'origine chrétienne ou païenne, c'est poser un faux problème, car, repris par le Christianisme, les éléments païens sont combinés avec les éléments chrétiens et parfois transformés par eux. La période pascale est particulièrement propice à l'assimilation de coutumes printanières pré-chrétiennes. Par un curieux amalgame, la figure maléfique de Judas se confond avec celle du Juif, témoin privilégié de la passion du Christ et qui, depuis lors, s'obstine dans l'erreur[519]. Mais, ce qu'on retiendra de ces coutumes liées à l'éveil de la nature, c'est leur double symbolisme de renouveau et de purification. Le feu de la Saint-Jean correspondrait à une coutume fréquente en Allemagne méridionale et en Suisse alémanique, cédant la place, au nord et au sud de cette zone, de même qu'outre-Vosges, aux feux de carnaval-carême. Ces derniers seraient plus fréquents dans les plaines de l'Alsace centrale (de Haguenau au Sundgau en passant par Saverne et Colmar) et se trouveraient supplantés sur les bordures de la province (montagnes et *Rieds*) par les feux de l'été[520].

L'eau, lustrale ou festive, occupe une place d'importance comparable. Ce n'est plus l'eau inquiétante des inondations, ni l'eau souillée des puits, dont l'usage est restreint dans la vie de tous les jours, parce qu'on perçoit mal le lien entre la propreté et l'hygiène et que la décence empêche les ablutions intimes. A Pâques comme au baptême, c'est l'eau qui purifie et qui, symboliquement, marque le passage du sale au propre, de la mort à la vie : c'est l'eau des rites de passage qui s'intègrent dans le traditionnel rythme saisonnier. C'est ensuite l'eau qui guérit : *la balnéothérapie*, pratiquée de Wattwiller à Morsbronn et à Niederbronn, en passant par Soultz-les-Bains, Kuttolsheim et Avenheim[521], n'a pas que des propriétés curatives. Le terme de *balnéothérapie* relève de l'anachronisme car, outre leur teneur en soufre, calcium ou cuivre, ces eaux se chargent de vertus surnaturelles. De son contact avec l'eau, le croyant sortira purifié, régénéré, doté d'une puissance nouvelle. L'attestent les coutumes qui consistent à se

---

519 A. BONCOURT / Fr. RAPHAEL, *art. 3276*.

520 Chr. BLOCK, *D.E.S. 3275*, (avec bibliographie).

521 On en trouvera la liste exhaustive dans S. BILLING, *op. [195]*.
Voir également L. PFLEGER, *art. 3545* et *3547*.

plonger dans l'eau à la Saint Jean-Baptiste ou à abreuver le bétail le matin de Noël[522]. A l'intérieur de ces grandes plages, le paysan vit au rythme des petites séquences que sont les semaines, c'est-à-dire d'un dimanche, jour sacré par excellence, à l'autre. Le repos dominical fait de l'année un défilé de semaines. Le dimanche appartient à Dieu. Le vendredi, jour de la mort du Christ, est néfaste à toute entreprise ; il est cependant recommandé de semer le lin, qui rappelle la tunique du Christ, le jour du Vendredi Saint[523]. Le mardi, par contre, est souvent choisi comme jour de mariage[524] ...

b) Rites sécurisants

Pietis et aciepietis... Au-delà de l'angoisse, la prière exprime la confiance dans la divinité et l'assurance d'être entendue par elle. La religion populaire revêt donc un caractère utilitaire : sa fonction est de rassurer les hommes et de fléchir Dieu, d'implorer la guérison des vivants et la conservation des biens. Aussi les prières publiques jalonnent-elles la trame saisonnière, tant en milieu protestant, où elles prennent le double aspect de repentance et d'action de grâces[525] qu'en terre catholique[526], où elles sont codifiées jusque dans la terminologie utilisée[527].

Mais il importe surtout de contraindre la puissance divine par des procédés techniques, quasi magiques. Ces bénédictions, propitiatoires ou expiatoires, ont tendance à se multiplier au XVIIIème siècle[528], mettant en branle la puissance de l'Eglise et faisant appel à toute la symbolique chrétienne. L'eau bénite, si elle sanctifie le nouveau-né lors du baptême et le cadavre le jour des funérailles, vise à protéger les maisons[529] et les récoltes[530],

---

522 L. PFLEGER, *art. 3546*.

523 BNUS Ms. 630 (Chr. Haenlé, 1747, p. 329).

524 ABR 3 E 217/3 : la communauté d'Illkirch demande à ce que l'on substitue le mardi au lundi, *gleich wie es an anderen orten daherumb gebräuchlich* (1684).

525 ABR 2 G 34/1 : *Ernd- und Herbstfeierung, grosser Dank- und Busstag* (le 22 novembre). *Bettstund* instaurée à Berstett, le 27 septembre 1666 : *und soll also fort gehalten werden, ausgenommen wann es gegen den Frühling geht und manns auf dem Veld viel zu arbeiten hatt,... dan bis auf Michaelis am Sontag nach der Predigt soll... gehalten werden...*

Ibid.: Dankpredigt, à Olwisheim en 1679, *wegen des Friedens gehalten...*

526 ABR G 6312, fol. 81 : mandement de l'évêque de Strasbourg, du 9 août 1665, ordonnant des prières publiques pour obtenir le beau temps.

527 *O Seigneur, que la terre soit féconde, qu'elle donne d'abondantes récoltes, que les arbres portent des fruits, les vignes des raisin. Ecarte de nous le gel, la tempête et la peste* (BGSS : *Agenda ecclesiae Argentinensis*, Molsheim 1670, pp. 615-316).

528 Voir *supra* pp. 1148-1149.

529 ABR 3 E 217/3 : *Ach trotsser Gott, wieter jenoch ferner uns umb unserer Sünde willen straffen, so bitte mir dich hertzlich schone dise beede häuser* (Illkirch, s.d.).

530 ABR 1 G 49 : des *gerbes d'évangile* sont distribuées au curé *pour dire journellement l'évangile de Saint-Jean pendant toute l'esté en bénissant la tempeste selon la coutume de tout le voisinage* (Lutter 1770).

On rappellera les traditionnelles bénédictions de bouquets à l'Assomption et du vin cuit à la Saint-Jean d'hiver :

AHR RP Guémar 9 (*Gottesdienst Ordnung* 1760) avec la formule : *Bibe amorem Sancti Joannis apostoli in nomine Patris...*

AC Dietwiller (comptes de fabrique 1643, 1671 et 1768), renseignement aimablement communiqué par Louis Abel.

mais aussi les puits, les abreuvoirs, les ruchers[531], les croix rurales[532]... Du symbolique à l'utilitaire : il n'y a rien que l'on ne mette sous la protection du ciel[533], les champs[534], les bêtes, les maisons. Les principaux saints protecteurs du bétail sont Blaise, Morand et Fridolin (surtout dans le Sundgau), Wendelin et Florent (plus particulièrement en Basse-Alsace) et bien d'autres : au total, une trentaine qui ont traversé, avec plus ou moins de bonheur, l'épaisseur des siècles[535]. Quant aux maisons, les bénédictions occasionnelles[536] sont renforcées par des signes de protection durable : le verset religieux sur la façade[537], la tuile de protection sur le toit, le billet de Sainte Agathe sur les portes. On ne confondra pas la tuile protectrice avec la tuile datée, commémorant la construction de la maison ou avec la tuile de fin de journée permettant au tuilier de procéder à une comptabilité rudimentaire. Unique, la tuile de protection prend place côté rue sur la partie droite du pignon. Les figures qui y sont gravées - croix, monogramme (IHS) ou symbole du Christ (poisson), triangle de la Trinité, monogramme de la Vierge, figures géométriques (étoiles à cinq branches), symboles de vie (soleil irradiant, coq, arbre de vie) - n'ont pas de but décoratif, puisqu'elles sont cachées au regard. Mais, en vertu d'un symbolisme pagano-chrétien, elles doivent assurer à la maison une double protection contre les éléments (foudre, tempête) et les forces occultes maléfiques[538]. Certaines plantes jouent un rôle analogue : la joubarbe (*Dachwurzel*), plante magique, sans racines, qui, s'accrochant aux toits et tapissant les murs, protégerait contre la foudre ; le glaïeul commun, véritable talisman qui refuserait l'accès de la maison aux mauvais esprits[539]. La coutume des billets de Sainte Agathe est attestée dès le XVIIème siècle : *Ces bons allemans,* écrit L'Hermine en 1681, *ont encore une autre superstition qui consiste à attacher à toutes les portes de leur maison un écriteau qui contient les paroles latines de cette sorte :*

MENTEM + SANCTAM SPON + TANEAM
HONOREM + DEO ET PATRIAE + LIBERATIONEM
SANCTA AGATHA VIRGO ET MARTYR

---

531 AEBP A 19a/1 (Suarce 1771).

532 ABR 3 E 360/2 : *ut cruces noviter constructas et infra fines Parochiae suae erigendas* (autorisation de bénir les croix rurales, Ohnenheim 1739).

533 Voir G. KLEIN, *op. 3356.*

534 Voir *infra* pp. 1926 ss.

535 Voir les fréquentes bénédictions du bétail dans A. PFLEGER (*art. 3535*) et J. BRAUNER (*art. 3488*) selon les rituels diocésains (*Rituale Basiliense* 1665, 1700, 1739 ; *Rituale Argentinense* 1742 ; *Rituale Spirense* 1748) :
- *Benedictio stabuli equorum, bovum, aliquorumque jumentorum ;*
- *Benedictio Animalium et Jumentorum contra pestes;*
- *Benedictio salis et aquae pro pabulo animalium ;*
- *Benedictio Animalium morbis contagiosis laborantium ;*
- *Benedictio comendendorum ab animalibus quae morbo contagioso laborant*, etc.

536 AEBP A 109/3 (Turckheim, 3 octobre 1703).

537 Voir *supra* p. 1617 et *infra* ann. 59.

538 A. JACOBY, *op. 3287 et 3288.*
G. KLEIN, *contrib. 2598*, pp. 161-170, *art. 2668* et *op. 2599*, pp. 63-64.
M. RUCH, *art. 3369* et *art. 2632.*

539 E. KAPP, *art. 3352* (découverte dans la poutre d'une charpente de Balbronn d'une tunique de glaïeul commun vers 1960).

Ces bonnes gens croyent que ces billets ont une vertu contre les incendies[540]. Peu importe que le billet devienne image : tout est dans la formule de conjuration. Sainte Agathe, qui aurait sauvé Catane des laves de l'Etna, protégera donc la maison contre le feu. Par extension, on la considère comme efficace dans la protection des bêtes contre la maladie et l'ensorcellement[541]. Sainte Agathe serait-elle plus efficace que les Rois mages, dont on inscrit les initiales (CMB) sur les linteaux du Sundgau ?

On retrouve ce rite protecteur dans le besoin de processionner. La *civilisation de la procession*, qu'évoque Jean Delumeau[542], suppose la sacralisation de l'espace agraire et la conviction de l'omniprésence de Dieu qui ne se laisse pas enfermer dans les murs d'un sanctuaire. Louis Châtellier[543] montre que la géographie processionnelle obéit à un certain nombre de règles et d'habitudes fort anciennes, parfois archaïques : procession autour de l'église, au cimetière, autour du terroir[544], dans la paroisse voisine qui ne tarde pas à rendre la politesse[545]... Sur le parcours, chapelles et croix votives contribuent à sacraliser l'espace. Les sentiments d'angoisse collective et de solidarité se mêlent au goût du festif et au déploiement de l'apparat. En même temps, dans l'exaltation d'un moment exceptionnel, la procession confère à chacun des participants un rôle de dignité fort enviable : les fidèles se laissent volontiers hiérarchiser par une Eglise par nature très hiérarchisante. Or bon nombre de processions, loin d'être imposées par le pouvoir religieux, émanent de la volonté des croyants eux-mêmes. Dans leur désir de classer, d'ordonner, de hiérarchiser, de ritualiser les processions, les autorités ecclésiastiques heurtent parfois les sensibilités paysannes : en 1689, elles échouent dans leur tentative d'abolir, à Turckheim, la procession du Saint Sacrement qui a lieu chaque dimanche après la messe, pour obtenir le beau temps[546]. Non datée, cette supplique des préposés de Heiteren au vicaire général du diocèse de Bâle est d'une parfaite limpidité : *ils auroient été grellé pendant plusieurs années et pour apaiser*

---

540 J. DE L'HERMINE, *op. cit.* pp. 165-166.

541 AHR RP Guémar : *schedae sanctae Agathae* (Guémar, vers 1760).
J. JOACHIM, *contrib. 3203*.
M. DOERFLINGER, *art. 3344*.

542 J. DELUMEAU, *op. 3499*, p. 90.

543 L. CHÂTELLIER, *op. 3395*, pp. 133-138.

544 *Circum bannum* (ABR 3 E 96/1, Dingsheim 1690, et 1 G 215, Bettenhoffen 1683) ; *circa bannum* (AHR RP Flaxlanden, début XVIIIème siècle) ; *per bannum* (A. ADAM, *op. 1833*, pp. 106-110, Jetterswiller, le lundi de Pâques).
AC Voegtlingshofen : *die gewohnliche prozession un den gewohnlichen Umkreiss des Bahns... ein hohes Amt abgesungen werden solte... dass der allmächtige güthige Gott uns und das ganze Land wollte behütten und bewahren und blitz hagel und gewitter von sucht prandheit über leut und Vieh von Pest krieg hunger und theurung Frith und Einigkeit in Christlichen Catholischen Glauben und Gott der allmächtige den Fürsten und potentaten, fryth und einigkeit verleihen wollte, absonderlich in diesen betrübten Zeiten in welchen wir uns den heutigen tagen befinden..., mit einem Amt, procession, vesper, sambter Burgerschafft feyerlich zu halten damit Gott durch unsere wahre fürbitt uns gnätig sein uns in unserem gebett erhören wollte... zur andenkung gemelte betrübte Zeiten (Bannfeiertag).*
Voir également, pour le Sundgau, A. ZAESSINGER, *art. 3376*, pp. 120-121.

545 De Jetterswiller à Reinacker et à Reutenbourg (à la Saint-Marc), à Romanswiller et Allenwiller (aux Rogations) ; de Dingsheim à Wiwersheim ; de Bettenhoffen à La Wantzenau ; de Flaxlanden à Burnhaupt (à la Saint-Marc), à Landser, Zillisheim et Brunstatt (aux Rogations), à Altkirch (le 3 juin).

546 AEBP A 109/3 : *antiquo mori valde inhaeret plebs.*

la colère du très haut ils auroient promits (sic) *il y a 18 ou 20 ans d'aller en procession trois fois avant la moisson pour obtenir une heureuse récolte et trois fois après la moisson pour rendre grâce à Dieu pour la ditte récolte et que depuis l'institution de ces processions ils n'auroient plus été grellé*[547]. N'obtenant pas l'autorisation de faire ces processions, ils demandent que leur soient substituées des prières publiques deux dimanches avant et deux dimanches après la moisson *avec exposition du Saint Ciboire et indulgences*[548].

Au bout du compte, il risque d'y avoir inflation de processions, propitiatoires ou expiatoires[549], comme il y a pléthore de bénédictions[550]. Or les seules processions prescrites par l'Eglise, qui ne doivent pas donner lieu au casuel et au cours desquelles sont proclamés les quatre évangiles, sont celles de la Saint-Marc, le 25 avril, des Rogations, trois jours avant le jeudi de l'Ascension, de la Fête-Dieu et de l'Assomption[551], avec quelques variantes cependant :

	Nb.	Saint-Marc	Rogations	Ascension	Fête-Dieu	Assomption	Divers
Turckheim XVIIIème siècle AEBP A 109	4	•	•		•	•	
Altenstadt 1747 ABR G 5796	3	•	•	•			
Lochwiller XVIIIème siècle AM Sélestat, fonds Betbur 5	4	•	•				2 autour du ban

Outre le succès que connaît la Saint-Marc, on relèvera la forte concentration des processions en mai-juin, période de l'année où les risques sont démultipliés : celles des *Hagelfierti*, le vendredi après l'Ascension[552], clot la série et revêt une signification tout-à-fait exceptionnelle.

S'y ajoutent cependant nombre de processions *extraordinaires* qui ne sont pas *de précepte* : des *processions sauvages* en somme, de nature circumambulatoire, qui répondent à une forte demande et dans lesquelles on perçoit une certaine complicité entre le clergé local et les paroissiens dont nous avons déjà relevé les liens d'ordre sacramentel et culturel[553]. C'est bien timidement que, de-ci de-là, les curés opposent aux biens immédiats les richesses de l'au-delà. On dénombre trois processions annuelles à

547 AEBP A 21/3.

548 *Ibid.*

549 *Bittprozession, Bussprozession.*

550 Voir *supra* pp. 1140-1141.

551 *Agenda* 1670, pp. 246-328 ; Rituel de 1742 ; ABR H 923/1 : journal du curé de Haegen (1697-1703).

552 AHR RP Flaxlanden 1 : *feria sexta post ascensionem... ist der Hagelfeuer* (début XVIIIème siècle). Arch. corp.lab. Erstein (compte 1761/1762).

553 Voir *supra* pp. 1148-1149.

Niederlauterbach vers 1740[554], six à Jetterswiller[555], autant à Flaxlanden au début du XVIIIème siècle[556], mais on s'empresse d'en ajouter deux autres[557], huit dans la paroisse de Lupstein-Littenheim[558], dix si l'on comptabilise chacun des trois jours de procession des Rogations. A Turckheim, on processionne en 1708 pour que la pluie s'arrête de tomber et en 1717 pour que la pluie tombe[559] ! *Il y a même des villages que vont jusqu'à deux et trois fois en procession à l'entour de leur ban pour avoir esté si souvent grêlés... Ils savent que la conservation de leurs biens temporels sont entre les mains de Dieu... Ils forcent la* bienveillance divine *en jetant le reste de leur biens dans les champs, même s'ils sont sujets à tant d'accidents à la pluie, à la sécheresse,... et d'autres fléaux que Dieu nous envoye tant pour punir les méchants que pour éprouver la patience des bons*[560]...

Dans la panoplie des interventions humaines pour conjurer la peur et obtenir la bienveillance divine, le pèlerinage, manifestation spécifique de la piété baroque, occupe une place de choix, comme en témoigne le nombre impressionnant des lieux de pèlerinage en Alsace : plus de 300 ont été dénombrés par Louis Châtellier[561] dans les limites de l'actuel diocèse de Strasbourg entre 1750 et 1950[562]. La plupart obtiennent l'aval de l'Eglise, certains d'entre eux revêtent une forme *an-ecclésiale,* pour reprendre l'expression d'Albert Dupront[563].

Une hiérarchie des pèlerinages ferait intervenir des éléments fort divers : leur histoire, leur environnement, leur succès, leur officialisation par l'autorité ecclésiastique... Au risque de schématiser, contentons-nous de les répartir en trois groupes :

- Les pèlerinages lointains, comme Einsiedeln, qui se situent à plusieurs journées de marche : les pèlerins alsaciens y rencontrent d'autres *marcheurs de Dieu* venus de l'Europe rhénane et septentrionale.
- Les grands sanctuaires de proximité, mais dont le rayonnement s'exerce sur l'ensemble de la province et au-delà : Thierenbach, Dusenbach et Trois-Epis en Haute-Alsace ; Neunkirch dans la vallée de l'Ill ; le mont

554 ABR G 5850 : à l'octave pascale, à la Saint-Georges et à la Pentecôte.

555 A. ADAM, *art. cit.*, pp. 106-110 : Saint-Marc, Vendredi Saint (*in die lancae et clavorum*), lundi de Pâques (*in resurrectionis lunae*), Rogations, Ascension, Fête-Dieu.

556 AHR RP Flaxlanden 1 : Saint-Marc, les trois jours des Rogations, l'Ascension et le 3 juin.

557 *Ibid.:* Fête-Dieu et Assomption.

558 ABR 3 E 275/1 (1684-1685) : *sic volent rustici ; ut dicunt rustici sed ego non credo* (lundi de Pâques, Saint-Marc, deuxième et troisième dimanche après Pâques, Rogations, samedi après la Pentecôte, Fête-Dieu).

559 AM Turckheim BB 14.

560 AM Sélestat, fonds Betbur 4 : *Réflexions en forme de mémoire concernant les processions réglées dans le nouveau rituel du diocèse de Strasbourg,* p. 365 (20 avril 1743).

561 L. CHÂTELLIER, *op. cit.*, pp. 192-205 et *art. 3491*, p. 89.

562 Les travaux sur les pèlerinages sont nombreux : pèlerinages en général (Ch. WINTERER, *op. 3564* et J. LEVY, *op. 3523*) ; Vierge (M. Th. de BUSSIERE, *op. 3495* ; J. LEVY, *op. 3522* et *op. 3525*) ; la Sainte-Croix (J. LEVY, *op. 3522a*) ; divers pèlerinages locaux tel que Thierenbach (A. GASSER, *art. 3509* ; P. STINTZI , *op. 3444* ; J. CHRISTEN, *op. 3493*) ; Neunkirch (P. ADAM, *op. 3477*) ; le mont Sainte-Odile (M. BARTH, *op. 3480* et *3481*) ; Reinacker (R. METZGER, *op. 3529*) ; Hohatzenheim (A. BONCOURT, *op. 3487*) ; Marienthal (A. M. BURG, *op. 3493*).

563 A. DUPRONT, *art. 3502*, p. 247.

Sainte-Odile ; Oberhaslach dans une petite vallée du piémont vosgien ; Hohatzenheim en Kochersberg, Marienthal en lisière de la Forêt Sainte ; Weiler dans l'Outre-Forêt. Plus de 6000 confessions sont entendues annuellement et 9000 communions distribuées à Neunkirch dans les années 1720. A la même époque, plus de 10 000 communion sont distribuées annuellement au Mont Sainte-Odile[564], plus de 20 000 à Marienthal où l'on constate un doublement entre 1730 (12 000) et 1763 (21 200)[565]. Pour apprécier à sa juste valeur ce succès croissant, on mesurera le chemin parcouru depuis l'époque de la *reconstruction* : 635 communions en 1653, 1850 en 1661, 6977 en 1721 à Marienthal[566]. Ces pèlerinages doivent beaucoup à l'activité des Jésuites de Marienthal[567] et à ceux de Molsheim[568] qui desservent les sanctuaires de Neunkirch, d'Altbronn, de Wiwersheim, puis de Laubenheim à partir de 1735.

- Le semis dense des sanctuaires locaux, églises des champs, à dominante plus nettement thérapique - on en dénombre plus de soixante dans la partie alsacienne du diocèse de Strasbourg au XVIIIème siècle - et dont le Kochersberg, étendu à l'Arrière-Kochersberg, constitue l'exemple typique, puisque, en plein XXème siècle, on y compte encore 24 lieux de pèlerinage pour 57 localités[569]. Certes on y invoque les saints pour trouver un conjoint (Hohengoeft), mais surtout pour obtenir la guérison du bétail (Saint-Gall, Otterswiller, Hohengoeft, Rumersheim), des enfants (Marmoutier, Avenheim) et des adultes : la tête et les yeux, la gorge, les dents et la peau, les membres et les nerfs, l'estomac et les intestins ont chacun leur saint guérisseur spécialisé. Saint Quirin est invoqué à Haegen contre les maux de jambes, rhumatismes et paralysies ainsi que contre l'exzéma et les scrofules[570]. Il est parfois associé à Saint Wendelin, le patron du bétail (Dingsheim, Wiwersheim Stutzheim, Rumersheim, Willgottheim, Hohengoeft, Otterswiller), imploré également en pays de Bade et en Suisse. Saint Ulrich est consulté à Avenheim, en cas de consomption, amaigrissement chronique devant lequel démissionnent les médecins de l'époque. De curieuses associations s'établissent entre la spécialité thérapeutique du saint thaumaturge, l'étymologie de son nom, ou encore tel épisode de son parcours terrestre ou les circonstances de sa mort. Wolfgang protégerait le troupeau contre les loups[571]. Augustin est invoqué à Crastatt contre les maladies des yeux[572] ; Valentin renvoie à l'épilepsie[573]

---

564 M. BARTH, *op. cit.*, t. I, pp. 301 et 307.
565 A.M. BURG, *op. cit.*, pp. 128 et 175.
566 G. GROMER, *op. cit.*, pp. 252 et 271.
567 A. M. BURG, *op. 3489.*
568 M. BARTH, *art. 3446.*
569 F. ZUBER, *contrib. 3566.*
C. OTTMANN, *mém. 3530 et art. 3531.*
G. LUDWIG, *th. 3016.*
570 ABR H 923 : journal du curé de Haegen, le père Weiler (1696-1708).
J. RIEDINGER, *op. 3552.*
571 A. PFLEGER, *art. 3535*, pp. 399-400 (Wolf = loup).
572 *Auge* = oeil.
573 *Fallende Krankheit.*

Sébastien, qui est mort percé de flèches[574], reste le saint antipesteux par excellence. On relèvera, dans ce culte, l'importance du symbolisme : la flèche est à la fois l'attribut du saint, l'instrument de son supplice et, par extension, le symbole de l'immunité, enfin le signe de la maladie, en raison du caractère soudain et imprévisible du fléau. Au XVIIème siècle, 20 autels, églises ou chapelles sont érigées en son honneur, en particulier, après l'épidémie des années 1660[575], sans compter les nombreuses confréries qui lui sont consacrées ; au XVIIIème siècle, 19 autels et 15 églises lui sont vouées. En Alsace, il est plus populaire que Saint Roch dont le culte est davantage répandu en pays roman[576]. Ainsi, c'est au prix d'approximations, voire de déformations, que le langage et l'image viennent consolider une dévotion accompagnée, par ailleurs, de pratiques qui plongent leurs racines dans un terreau pagano-chrétien : l'offrande de la poule noire (Saint Valentin à Hurtigheim), le rite du corps immergé dans la fontaine du saint au pouvoir régénérateur (Saint Ulrich à Avenheim), le rite du balai (Sainte Marguerite à Himmolsheim, la Trinité à Pfettisheim, Saint Laurent à Gougenheim, Saints Arbogast et Erasme à Rohr, Saints Côme et Damien à Zeinheim) : faut-il voir dans le balai un instrument de nettoyage du corps et de l'âme, souillés par la maladie, ou l'outil par excellence de la sorcière qui, par antithèse, servirait à chasser les mauvais esprits[577] ?

Des communautés entières, croix et bannières en tête, se rendent à Marienthal[578] ou sur la montagne sacrée[579]. On accourt à Marienthal depuis la Lorraine, la Suisse, le pays de Bade, le Palatinat, la Westphalie, ce qui pose le problème des étapes assurant l'hébergement aux pèlerins[580] : deux auberges, à Mommenheim et à Gundershoffen, sur la route de Lorraine ; la grange de Dalhunden sur la route du pays de Bade ; l'étable de Marienthal louée par un cabaretier et qui s'avère trop petite, puisque de nombreux pèlerins doivent passer la nuit à la belle étoile ou coucher sur la dure dans l'église même[581].

Plusieurs dizaines de saints intercesseurs, dont certains jouissent de plus de crédit que d'autres - leur popularité est fonction de leur efficacité

[574] M-M. ANTONY-SCHMITT, *op. 3478*.

L. PFLEGER, *art. 3544* : l'autel Renaissance de Dambach date de 1692, la chapelle de Wattwiller de 1724 et, tout au long du XVIIIème siècle, des confréries sont fondées (Balschwiller, Burnhaupt-le-Haut, Pfastatt) et des *Pestkreuzer* sont érigées.

Saint Sébastien connaît un grand succès en pays du Kochersberg (Crastatt, Hohengoeft, Lochwiller, Knoersheim, Wolschheim, Kleingoeft, Gougenheim, Willgottheim, Schnersheim, Truchtersheim, Kuttolsheim...).

[575] M-M. ANTONY-SCHMITT, *op. cit*, pp. 76-90.

[576] L. PFLEGER, *art. 3544*.

[577] A. PFLEGER, *art. 3534*.

[578] Chronique des Jésuites de Haguenau (G. GROMER, *op. [214]*).

L. CHÂTELLIER, *op. cit.* p. 194.

[579] AMS VI 51/19 (1665) et ABR G 6312, fol. 187 (1667) : mention du traditionnel pèlerinage au mont Sainte-Odile, les lundis de Pâques et de Pentecôte, des paroisses de Zellwiller, Stotzheim, Heiligenstein et Gertwiller.

M. BARTH, *op. 3481*, t. I, pp. 308-310.

[580] A.M. BURG, *op. cit.*, p. 129.

[581] AMH JJ 78, *fol.* 67-76, 238-243 (1716,1743, 1757).

réelle ou supposée - sont invoqués en toute occasion[582]. C'est d'abord la Vierge aux Sept Douleurs ou au grand manteau, protectrice des humains souffrants contre les châtiments dont les menace un Dieu courroucé ; c'est ensuite le groupe stable, connu dans toute l'Allemagne du sud[583], des Quatorze Saints auxiliaires ou apotropéens[584] , avocats célestes, généralistes aux dons multiples ; ce sont enfin les saints spécialisés, mais dont la spécialisation peut changer en fonction des cultes locaux. La mobilisation de ce panthéon offre des garanties multirisques contre la maladie, la stérilité, pour la pluie et le beau temps, la santé du bétail, la bonne mort. Mais, en contrepartie de leur protection, les saints sollicités exigent leur dû aux termes d'un contrat tacite et selon un rituel soigneusement agencé : il importe en effet d'éviter tout manquement à leur égard, car leur irrascibilité est aussi redoutable que leur pouvoir. Les saints thérapeutes sont appelés à la rescousse quand aucun médicament ne sert plus à rien[585]. Mais la liste n'est jamais complètement arrêtée : la dévotion envers un saint ne dure qu'aussi longtemps qu'elle s'avère efficace, faute de quoi le bénéficiaire peut déchoir et tomber dans l'oubli.

Refuge de la sensibilité populaire, le pèlerinage devient donc l'expression d'un recours massif aux saints auxquels la population paysanne est profondément attachée. En témoigne le choix des prénoms de baptême, lié à des modes sans doute, mais également à la vénération du patron de la paroisse ou à la dévotion de tel saint particulièrement réputé[586]. Or, dans le souci d'épurer la religion, l'Eglise protestante prend ses distances vis-à-vis du culte des saints, dignes d'imitation sans doute, mais qui ne sauraient être priés. Mais la justification par la foi est-elle en mesure d'évacuer l'angoisse humaine, moyennant une sorte de transfert des sacralités traditionnelles aux recueils de cantiques et aux lectures bibliques ? C'est dans cet esprit que les autorités luthériennes de Kolbsheim réduisent le nombre de fêtes à une dizaine par an[587], auxquelles s'ajoutent les traditionnelles prières publiques. Mais les Protestants ne dédaignent pas les pèlerinages. Que les pèlerins catholiques ne se gênent pas pour traverser les villages luthériens, dans la mesure où certains lieux de pèlerinage ne sont pas accessibles autrement ou sont situés en territoire protestant[588], pourrait passer pour une provocation,

---

582 J. BILLING, *op. 3486.*

583 G. SCHREIBER, *op. 3554.*

584 J. LEVY, *art. 3524* et L. PFLEGER, *art. 3542.*

585 AC Dietwiller, *Gemeindebuch* 1713-1715 : *da keine Medizin helfen wolle* (renseignement aimablement communiqué par Louis Abel).

586 Voir les travaux en cours de Bernard Vogler et de ses étudiants à l'institut d'histoire d'Alsace de l'Université de Strasbourg.

587 ABR 3 E 246/2 (chronique de 1667-1683), pp. 163-164 : Saint-Marc l'évangéliste, Saint-Etienne, les Rois, la Conversion de Saint Paul, la Chandeleur, l'Annonciation, le Jeudi et le Vendredi Saints, le lundi de Pentecôte, Saints Philippe et Jacques, Saint Jean-Baptiste.

588 L. CHÂTELLIER, *op. cit.*, p. 201 : Notre-Dame-du-Chêne à Plobsheim, Saint-Léger à Reinhardsmunster, Notre-Dame-du-Chêne à Goersdorf.

ABR G 6312, *fol.* 187 : protestations du Magistrat de Strasbourg, le 12 mai 1666, contre les pèlerins catholiques du vignoble traversant Bernardswiller et Heiligenstein pour se rendre au mont Sainte-Odile.

G. GROMER, *op. cit.*, p. 245 : habitants de La Wantzenau et de Reichstett passant régulièrement par les villages luthériens pour rejoindre Marienthal.

si les Luthériens eux-mêmes ne se mêlaient aux Catholiques le jour de la Nativité de la Vierge à Marienthal, quand tous les autres recours sont épuisés[589], et ne figuraient pas parmi les miraculés[590], parfois au grand désespoir du pasteur[591]. A un quart de lieue de Dingsheim, on procède, en 1754, à la réfection de la chapelle dédiée à Saint Quirin et à Saint Wendelin : le pèlerinage, nous dit-on, est fréquenté par les habitants des environs, *mesme les luthériens attendu qu'ils y ont déjà très souvent trouvé du secours dans leurs différents besoins*[592]. A Gries et à Weitbruch, en 1702, ils font bénir les rameaux, allumer des cierges, sonner les cloches quand la foudre menace[593]. Ce n'est pas qu'ils reconnaissent, contrairement à ce qu'affirment les missionnaires jésuites, *l'utilité et la sainteté des cérémonies catholiques*. C'est tout simplement l'expression d'une immense demande de secours miraculeux et d'un profond besoin de sécurité. C'est aussi la preuve d'une certaine autonomie de la religion populaire, même protestante, face aux préceptes de l'Eglise officielle, et l'indice de l'archaïsme des rites : il semblerait que les villages protestants aient été de véritables conservatoires de la vieille Chrétienté, la Réforme n'étant pas parvenue à étouffer les pratiques fondamentales qui sont autre chose que des superstitions ridicules inventées par les papistes !

Quant à l'Eglise catholique, dans le souci de contrôler les pratiques religieuses et d'empêcher l'*idôlatrie,* elle s'engage, aux XVIIème et XVIIIème siècles, dans la voie des réductions massives opérées dans le panthéon traditionnel, tout en multipliant les livrets de pèlerinage et les dévotionnaires[594]. Or force est de constater qu'elle ne réussit guère mieux que dans le domaine des processions. La religion populaire a peur du vide : ce processus d'élimination, sans compensation pour des âmes inquiètes, conduit la population à réagir contre la suppression des dévotions ou des fêtes[595]. Car la vitalité du culte des saints s'exprime à travers ces dévotions, comme à travers les ex-voto, les dictons, la littérature hagiographique populaire. Supprimer un pèlerinage, c'est se priver d'un certain nombre de secours potentiels. La paroisse de Lauterbourg érige une chapelle en l'honneur de Saint Sébastien en 1666, au lendemain de l'épidémie de

---

589 G. GROMER, *op. cit.*, pp. 251-252.

590 L. CHÂTELLIER, *op. cit.*, pp. 199-200 (environ 10% à Marienthal à la fin du XVIIème siècle).

591 G. GROMER, *op. cit.*, p. 272 : le cas de cette jeune Luthérienne de Gries, guérie à Marienthal en 1661 de la paralysie des jambes, suscite la colère du pasteur qui dénonce cette pratique comme entachée de superstition et d'idolâtrie. Or le pasteur en question sera atteint du même mal pour avoir refusé de reconnaître le miracle !

592 AM Sélestat, fonds Betbur 4 (vicaire général sur les indications du curé Laurent Stalter 1754). Voir O. SEEMANN, *art. 3555*.

593 L. CHÂTELLIER, *op. cit.*, p. 292 (d'après Arch. SJ, Rome *Rhen, sup.*).

594 A. RIFF, *art. 3553*.
M. BARTH, *op. 3484*: le *Florentiusbüchlein* de 1726 est réédité à plusieurs reprises jusqu'en 1772.

595 F. TOURNIER, *art. [208]*: Les brefs du Pape du 2 mai 1772 et du 6 janvier 1773, suivis par le mandement épiscopal de l'évêque de Bâle du 22 mars 1773, conservent les fêtes des *principaux mystères de Notre Seigneur et de la Vierge,* la Toussaint, les lendemains de Pâques, de la Pentecôte et de Noël, la Saint-Louis, patron de la paroisse. Le mandement épiscopal du 17 mai 1786 transfère au dimanche suivant les fêtes des patrons de la paroisse qui tombent la semaine (Suarce).

peste[596]; le lieu de pèlerinage n'est pas abandonné lorsque la peste reflue, mais il s'adapte : lors de la sécheresse de 1780, les pèlerins viennent y implorer la Vierge. C'est de leur propre chef, *pour obtenir de Dieu le beau temps*, que les paroissiens de Mommenheim décident, en 1725, de fêter la Saint-Jacques par une journée de prières, passant outre à toutes les interdictions[597]. *Vox populi, vox Dei* ? A Flaxlanden, au début du XVIIIème siècle, les fêtes de Saint Henri et de Saint Sébastien, patrons de la paroisse, sont considérées comme *fêtes extraordinaires*[598].

Il serait déraisonnable de vouloir se séparer des saints dont on est en droit d'attendre des miracles. Ils sont en effet censés avoir provoqué le mal que le langage populaire désigne par le terme de *Weh*, qu'ils sont seuls à pouvoir guérir, par opposition à celui de *Krankheit* qui relève du médecin[599]. Pas moins de quarante maladies sont désignées par le nom du saint, malveillant et bienfaisant à la fois, puisqu'il donne et guérit successivement la maladie. L'intoxication ergotique, qui se manifeste par des convulsions extatiques, devient tantôt la *danse de Saint Vit* ou *de Saint Guy*[600], tantôt le *feu de Saint Antoine*[601]. Les écrouelles ou scrofules, altérations de la peau accompagnées de tuméfactions ganglionnaires suintantes, sont désignées par l'appellation de *mal de Saint Quirin*[602]. Mais, en dehors des spécialisations flagrantes, une classificaion des saints se heurte à la polysémie des cultes : un saint, sans qualification particulière dans telle contrée peut devenir, dans telle autre, le protecteur contre une maladie bien précise. Par ailleurs, si l'on en juge par les heureux résultats constatés à la suite des neuvaines ou des pèlerinages, les pouvoirs des saints, qui dépassent le cadre étroit de ces spécialisations, s'appliquent à la maladie en général, considérée tour à tour comme une fatalité inéluctable, un châtiment divin ou l'effet d'une possession diabolique. Plus extraordinaires sont les *sanctuaires à répit*[603] qui sont réputés rendre la vie aux morts-nés, victimes d'une sanction insoutenable, de façon à ce qu'ils puissent bénéficier du baptême pour sauver leur âme. Le scénario se décompose en trois temps : exposition du corps ; retour, temporaire ou définitif, à l'état de vie ; cérémonie du baptême. A Monswiller, où l'on signale quatre miracles dans la même année, un enfant ressuscite en 1681[604]. A deux reprises, en 1683, les moniales de la Trinité assistent, à Ensisheim, à la résurrection d'un enfant de Turckheim considéré comme mort-né, au moment de son baptême : les larmes qui perlent sur ses joues, la rougeur

596 ABR G 6317 (20 septembre 1725).

597 AHR RP Flaxlanden 1.
Voir également *infra* pp. 1965-1969.

598 G. GROMER, *op. cit.*, pp. 294-306 : le chroniqueur de la *Historia* des Jésuites de Haguenau insiste sur l'inefficacité de la consultation du médecin.

599 H. GEORGER-VOGT, *art. 3938.*

600 L. PFLEGER, *art. 3543.*

601 *S Kehre(l)sweh*, dont on a parfois oublié l'éthymologie exacte, Cf. P. SCHMITT/B. FOURNAISE, *art. 2958* et J-P. VIENNE, *mém. 3558.*

602 J. GELIS, *art. 3510.*

603 ABR G 6314 (22 mai et 19 juin 1681).

604 AM Turckheim GG 8, fol. 105-106 (relation du curé Reyer).

qui lui monte au visage, le coeur et l'artère temporale qui se mettent à battre, les membres qui s'animent en sont les signes irréfutables[605]...

En effet, *il se passe quelque chose* dans ces sanctuaires. Louis Châtellier a pu relever, à travers les archives des Jésuites de Sélestat[606], de Molsheim et de Haguenau[607], 143 récits de miracles pour la période 1685-1715, auxquels il convient d'ajouter les 118 miracles opérés à Marienthal entre 1651 et 1681[608] et la liste n'est sans doute pas exhaustive. On fait intervenir la Vierge en faveur des prisonniers et des victimes d'une fausse accusation, des fidèles tourmentés par les esprits, des accidentés et des femmes en cours d'accouchement, des estropiés et des malades : maux de tête, maladies mentales, dysenteries, hernies, paralysies... Rien ne résiste à Marie, l'omnipraticienne. Consignés dans les livres des miracles, les livrets de pèlerinage, les chroniques des maisons religieuses, ces faits miraculeux sont destinés à l'édification des fidèles et sont utilisés à des fins publicitaires, pour établir la réputation du pèlerinage. Les sources révèlent la véritable nature du miracle : il est obtenu, en guise de récompense, par un vrai croyant après rite (oraison, messe, communion) et voeu [609]. Pas de miracle sans rite ou sans voeu : ne pas respecter ce dernier, c'est retomber dans l'état de maladie[610] ; inversement, le voeu débouche sur le miracle-guérison ou le miracle-conversion[611]. Mais c'est surtout la prière insistante qui passe pour être le moyen infaillible pour obtenir, telles les recettes médicinales, le résultat recherché : réciter inlassablement les mêmes formules revient à *avaler des pensées comme des pilules qu'on laisse fondre et agir*[612]. Mais la volonté de spiritualiser la démarche, propre aux Jésuites, n'est pas toujours présente dans les sanctuaires ruraux où flotte un parfum de paganisme : la présence matérielle du corps, objet de bénédictions ou d'immersions (Saint Ulrich à Avenheim par exemple) semble y constituer l'essentiel. Quoi qu'il en soit, le miracle n'est jamais considéré comme un élément exceptionnel, qui se serait surimposé à la religion populaire. Compte tenu de l'interpénétration du naturel et du surnaturel, il prend place au coeur de la foi. C'est donc poser un faux problème que de chercher à savoir s'il relève du fait historique ou de vouloir distinguer les vrais des faux miracles : armés de réflexes rationalistes, nous sommes mauvais juges et notre approche se situe à un niveau qui n'est pas celui du paysan du XVIIIème siècle[613].

Rendre le sacré accessible : tel est le point commun entre la vénération des saints, la démarche pèlerine, la soif de miracles qui constituent un tout

605 AM Turckheim GG 8, fol. 105-106 (relation du curé Reyer).

606 J. GENY, *op. [208].*

607 G. GROMER, *op. cit.*

608 L. CHÂTELLIER, *op. cit.*, pp. 194-201.

609 G. GROMER, *op. cit.*, pp. 249-261 et 275-281.

610 G. GROMER, *op.cit.*, pp. 273 et 275 (Uhrwiller 1672).
A.M. BURG, *op. cit.*, p. 144 : un Picard, guéri à Marienthal, passe au calvinisme et retombe malade.

611 G. GROMER, *op. cit.*, p. 310 : un habitant de Geudertheim est guéri après avoir fait le voeu d'abjurer (1673).

612 G. BOLLEME, *op. 3161*, p. 215.

613 J. de VIGUERIE, *art. 3559.*

Rendre le sacré accessible : tel est le point commun entre la vénération des saints, la démarche pèlerine, la soif de miracles qui constituent un tout indissociable. S'y mêlent, pour les fidèles, le besoin mystique et l'expérience du sacré, la recherche de la guérison et la quête du secours auprès d'une force surnaturelle et secourable ou, tout simplement, dans le mystère de la rencontre avec le surnaturel, la recherche d'un signe porteur d'un message. Les autorités religieuses, soucieuses de canaliser le besoin sacral et l'élan désordonné vers le surnaturel, cherchent à spiritualiser les pèlerinages-recours et à les doubler de pèlerinages-mission, véritables remparts de catholicité conçus dans une stratégie de reconquête spirituelle. La dialectique entre l'institution ecclésiastique et le peuple chrétien ne conduit pas à l'éviction du surnaturel, mais à son assimilation. Le recours aux rites magiques en fournit une nouvelle illustration.

Entre ces pratiques religieuses plus ou moins officiellement reconnues, et les pratiques magiques, plus ou moins occultes, la frontière est loin d'être étanche. Où s'arrête le religieux, où commence l'idolâtrie ? Il est parfois difficile de le dire. Comment interpréter le diagnostic divinatoire de la *tireuse de Saints* qui, à Avenheim, dépose à la surface de la fontaine de Saint Ulrich les vêtements des pèlerins ou celle d'Oberhaslach qui, en 1669, jette une pièce de monnaie dans un baquet rempli d'eau[614] ? La technique consiste à énumérer tous les saints susceptibles d'intervenir et de retenir celui qui fait remonter la pièce ou qui fait couler le vêtement. *Quid* du port de l'*agnus Dei*, cette médaille, prise dans une petite pièce d'étoffe brodée, dans laquelle se mêlent la cire du cierge pascal et le saint chrême béni par le Pape, ou qui renferme une image, voire une relique, et à laquelle on reconnaît un pouvoir *préservatif* contre tout malheur ? *Quid* des conjurations d'animaux nuisibles, agents du diable, qu'on cherche à neutraliser par l'insistance répétitive des suppliques et la multiplication des signes de croix ? *Quid* des croix rurales dont l'érection procède de la foi d'un individu, d'une famille ou d'une communauté entière et sur lesquelles les marques d'usure trahissent l'affûtage - geste religieux ou magique ? - des serpettes et des faucilles[615] ? Objet sacré, la croix rurale établit un lien entre l'homme et Dieu, appelle la protection divine sur les champs et les voyageurs. Mais on lui confère, en même temps une puissance mystérieuse et redoutable et autour d'elle fleurissent les superstitions les plus folles. *Quid* de l'usage de la tuile protectrice portant à la fois des motifs religieux (coeur transpercé des clous de la Passion), païens (le soleil, l'arbre de vie) et divers signes cabalistiques[616] ? *Quid* de la coutume invétérée de sonner les cloches *contre brouillards, gelez, tonnerres et tempestes*[617] ? L'usage, considéré comme dangereux, est abrogé en 1773, ce qui n'empêche pas la communauté de Ballersdorf, l'année suivante, d'intimer à son maître d'école l'ordre de

614 L'étude des croix rurales a donné lieu à de nombreuses publications, en particulier en ce qui concerne le Kochersberg (A. WOLLBRETT, *art. 3578*; R. ENGEL, *art. 3570*; L. LAPOINTE, *art. 3572*) et le Sundgau (A. MUNCK, *art. 3574*).
Voir *supra* pp. 343 et 345.

615 Voir *supra* p. 1925.

616 AC Erstein BB 1 (21 avril 1693).

617 AHR C 1286 (30 août 1774).

cloche, qui porte souvent le nom d'un saint, c'est déchaîner la puissance divine contre les forces maléfiques de la nature, c'est rétablir le dialogue rompu entre la communauté chrétienne et le Dieu tout puissant[619]. La bénédiction de la cloche[620] donne plus de force encore à cette pratique, à laquelle s'ajoute peu à peu, sans l'exclure, celle qui consiste à tirer dans les nuages qui menacent de crever[621] : deux précautions valent mieux qu'une ! Malheureusement non datée, la *tablette du tonnerre,* qui circule à Minversheim de foyer en foyer, est suspendue bien en vue dans la *Stub,* pour rappeler à chaque chef de ménage son devoir de sonner le tocsin à tour de rôle,lorsque menace l'orage : or elle est ornée des effigies de la Vierge et de Saint Jérôme, accompagnées de Christogrammes (INRI, IHS) et d'initiales diverses[622].

Survivances et résurgences caractérisent ainsi une culture fortement marquée du sceau du Christianisme. Or le diable est omniprésent : *Démons, démons, ils sont partout. Ils hantent les jours et les nuits*[623]... C'est au moment même où nous engageons notre étude sur l'histoire sociale de la plaine d'Alsace que se referme le dossier de la sorcellerie[624]. Révolue l'époque des flambées de persécutions : les exemples les plus caractéristiques sont ceux d'Ensisheim dont le tribunal prononce 88 condamnations à mort entre 1551 et 1622[625] et du bailliage de Westhoffen-Balbronn, où les juges envoient au bûcher 17 malheureuses entre 1659 et 1663 : en effet, la dernière des 23 sorcières exécutées depuis 1620 à Balbronn l'est en 1659 et la communauté voisine de Westhoffen procède à l'incinération de trois sorcières en 1663[626]. Le *Blutbuch* de Molsheim énumère entre 1620 et 1630, trente villages touchés par les activités des sorcières[627], puis c'est le silence[628]... En 1658, la dernière sorcière est brûlée à Brumath ; elle est native de Weitbruch[629]. A Bergheim, l'un des hauts lieux de la sorcellerie alsacienne, le dernier bûcher s'éteint en 1683[630]. Le dernier procès de sorcellerie se joue à Jebsheim en 1687[631], tandis que la petite ville de Turckheim connaît des

---

619 *Agenda* du diocèse de Strasbourg 1670.
Ch. SAUTER, *op. [457]*, p. 257 : *Fulgure tempestas grando tonitrusque*
Ne nocebant nobis, da Deus omnipotens.
Sint bendicta Dei semper matrique Mariae
Virginis et nobis nomina propitio
(inscription gravée sur la *Mittelglock* de Wittelsheim).

620 *Rituale argentinense* 1742, pp. 300 ss.

621 Chr. WOLFF, *op. 1441*, p. 59.

622 A. KASSEL, *3353* (images du musée alsacien, n° 8).

623 L. FEBVRE, *art. 3320*, p. 13.

624 A. STOEBER, *op. 3338* et L. SÜSS, *art. 3341.*

625 H. REINHARDT, *art. 3332*, pp. 74-75.

626 ABR E 2445.

627 Y. BECK, *art. 3313.* L. SCHLAEFLI, *art. 3334a.*

628 Voir également R. REUSS, *op. 3333*, p. 194 : Thann brûle trois sorcières le 22 septembre 1720.

629 F.A. QUIRIN, *op. 3331.*
W. GUGGENBÜHL, *op. [414]*, p. 54.

630 AHR E 1048 et E. BAPST, *op. 3212*, pp. 85, 102, 148-149.

631 AHR E 1453 (16 août 1687).
Voir aussi L. SÜSS, *art. cit.*

assemblées de sorcières jusqu'en 1725[632] ; un dernier bûcher s'allume en 1715, mais il n'y a pas de commune mesure avec l'extermination des quatorze sorcières brûlées entre 1628 et 1630[633] : évolution progressive en réalité, puisque la justice prend l'habitude, dès la fin du XVIème siècle et au début du XVIIème, de ne plus recevoir les plaintes de victimes d'envoûtement et d'abandonner peu à peu le vocabulaire religieux. Après les décisions royales qui s'échelonnent entre 1670 et 1682, classant les faits de sorcellerie au rang des délits mineurs, crimes de droit commun, et qui interdisent les procès de sorcellerie, nous n'avons plus affaire qu'à des cas isolés qui ne débordent guère sur le XVIIIème siècle, alors que certaines régions d'Allemagne connaissent des résurgences jusqu'en... 1775[634]. Les décisions du Conseil Souverain atténuent considérablement les peines infligées aux sorcières. A Bergheim, Barbe Semler, condamnée à être brûlée vive, sera pendue en 1683, tandis que sa complice, Madeleine Baumeyer, condamnée à être étranglée jusqu'à ce que mort s'en suive, sera fouettée publiquement[635]. Ainsi la sorcière se trouve déculpabilisée, presque décriminalisée : elle n'est plus l'hérétique ; elle devient l'hystérique, folle de son corps et victime de son imagination. On ne trouvera plus, par la suite, de condamnation spectaculaire comme celle qui sera prononcée, en 1683 à Bergheim, contre Ursule Semler, et Madeleine Baumeyer : *Tout considéré, je requiers pour le Seigneur que les dites Semler et Baumeyer soient condamnées à faire amende honorable nues en chemises, la corde au col, tenant en leurs mains la torche de cire ardente du poids de deux livres au devant de la principale porte et entrée de l'église paroissiale de cette ville où elles seront menées et conduites par l'exécuteur de la haute justice dans un tombereau servant à enlever les immondices, ayant écriteaux devant et derrière elles avec le mot "sortilège" et là étant à genoux, déclarent que méchamment elles ont fait pact avec le diable et sont allées plusieurs fois au sabbat, dont elles demandent pardon à Dieu, au Roy et à la justice. Après quoi elles seront menées par le dit exécuteur dans le même tombereau à la place publique de cette ville pour y être attachées à un poteau avec une chaîne de fer et brûlées vives, leurs corps réduits en cendres et icelles jetées au vent, leurs biens confisqués à qui il appartiendra, sur eux préalablement prise la somme de cents livres d'amende envers le Roy*[636].

Après le grand siècle de la répression (1560-1660), la sorcellerie semble régresser en tant que réalité pratique. Mais si les poursuites cessent, la menace subsiste. La fin des procès ne signifie nullement, chez le peuple, l'évanouissement des mentalités liées au phénomène de la sorcellerie, bien enfouies dans l'imaginaire collectif, pas plus que, chez les érudits, le relâchement de la curiosité démoniaque. Le problème de la sorcellerie ne doit pas être abordé avec ironie et scepticisme, comme une activité magique inférieure, par opposition à la magie savante, mais de façon positive,

632 AM Turckheim BB 12, 22, 33-34 et FF 12.
Voir J. SEILLER in A. SCHERLEN, *op. 23*, pp. 230-236.

633 Ch. WINKLER, *art. 3342*.

634 H. AUBIN / W. ZORN, *op. 3*, p. 605.

635 AHR E 1048.

636 *Ibid.*

comme un phénomène culturel fondamental, et une expérience vécue. Comment, en effet, expliquer les malheurs de ce monde, si l'univers cesse d'être ce champ clos où s'affrontent les forces bienveillantes et malveillantes et si le monde n'est plus soumis à l'action des puissances maléfiques ? Inconcevable. Il faut donc cesser de focaliser l'attention sur le personnage de la sorcière pour replacer cette dernière, à travers une vision du monde dominée par le surnaturel, dans le milieu qui l'a produite[637]. Si l'intérêt pour la sorcière va *crescendo* jusque vers 1630, connaît un palier jusque dans les années 1670 pour décroître par la suite, c'est que le phénomène s'inscrit dans un monde en plein désarroi[638]. Désarroi religieux d'abord que l'époque de la Réforme, génératrice d'angoisse, a amplifié en diffusant l'image obsédante de Satan. Si les procès de sorcellerie touchent davantage la moyenne et la haute Alsace catholiques que les zones protestantes, n'est-ce pas parce que le Luthéranisme responsabilise l'homme qui agit avec la grâce invincible de Dieu ? Le clivage exprime-t-il les différences de perception du serf-arbitre et du libre-arbitre ? Désarroi économique aussi, non pas tant parce que la guerre et la crise conduisent à la paupérisation, mais parce que la pauvreté, terrain favorable pour Satan qui promet de l'argent, tend à dissocier les communautés rurales. La situation économique des sorcières de Bergheim n'est guère reluisante : Ursule Semler, ancienne blanchisseuse, travaillant occasionnellement dans les vignes, en est réduite à mendier son pain ; quant à Madeleine Baumeyer, elle cultive la vigne et *traffique la volaille* pour pouvoir subsister[639]. Satan ne va pas chercher ses victimes parmi les possédantes ; il profite au contraire d'une situation de crise individuelle que la guerre ou le veuvage sont susceptibles d'aggraver : si elle ne naît pas pauvre, la sorcière s'appauvrit sous l'effet de la conjoncture. La richesse, par contre, se trouve du côté des dénonciateurs et des juges qui appartiennent aux couches supérieures de la la société et qui s'inquiètent des méfaits de la sorcière, accusée de détruire le capital que représentent le cheptel et les récoltes[640]. Derrière les apparences dogmatiques de la lutte du Bien contre le Mal, se profilent peut-être la culpabilisation des nantis face aux démunis, mais, à coup sûr, les tensions de la communauté villageoise. Comme jadis la peste, la sorcellerie provoque la rupture du corps social. A la suite d'une sorte d'auto-accusation, la sorcière reconnaît d'ailleurs sa culpabilité et se désolidarise du groupe : le phénomène traduit-il la montée de l'individualisme et le déclin de la cohésion communautaire ? Sans doute. Mais, à trop insister sur le stéréotype de la vieille, laide et méchante paysanne jetant des sorts, on risque d'oublier que la sorcière, volontiers considérée comme une marginale, se trouve en fait intégrée dans la communauté et qu'elle remplit les fonctions de gardienne d'une culture archaïque. Désarroi psychologique et moral enfin : les sorcières de Bergheim ne savent pas signer de leur nom ; elles ont une notion fort imprécise de leur âge, du temps, de l'espace dans lequel elles vivent : elles se trouvent donc culturellement dominées. Mais elles sont surtout des délinquantes : ce

[637] De façon pertinente et anticipatrice, François Jacques Himly a, il y a près d'un demi-siècle, dégagé la problématique, très neuve pour l'époque, de la sorcellerie (F.J. HIMLY, *RA* 1947, p. 300).

[638] N. KLEINKNECHT-RINGELE, *mém. 3322*.

[639] AHR E 1048 (1683).

[640] ABR G 2755 : on parle de pluie de poison à Geispolsheim, 1596-1620. (dossier perdu ou volé ?).

n'est pas un hasard si la victime expiatoire idéale est la femme diabolisée, impressionnable et fragile, charnelle et tentatrice, symbole d'une sexualité qui doit être refoulée, responsable de la disparition du paradis terrestre, détentrice d'une médecine empirique communiquée par le diable. Le lien étroit entre féminité et sorcellerie apparaît en 1662, à Balbronn, dans l'élimination de Barbe Baumann, une Suissesse d'origine, qui aurait entraîné dans le péché d'adultère nombre d'hommes mariés[641]. On reproche à la sorcière tantôt l'infanticide (la sage-femme est particulièrement suspecte à une époque où l'accouchement peut être meurtrier), tantôt l'adultère (le diable prend l'apparence de l'amant), tantôt la sodomie ou la zoophilie[642]. La sorcellerie, c'est une sorte de dévoiement des fonctions amoureuses et maternelles de la femme : faut-il y voir une revanche féminine sur la toute-puissance de l'homme ? Ou au contraire une réaction phallocratique de l'homme face au rôle primordial de la femme dans la procréation ? Le rapport sexuel avec le diable fait entrer la femme en sorcellerie et, suite au coït diabolique, les orgies, qui jalonnent le Sabbat, permettent de libérer bien des fantasmes. Pour la sorcière, comme pour ceux qui la condamnent, le pathologique côtoie le normal...

Dans la lutte contre la sorcellerie, l'Eglise, par l'intermédiaire des théologiens et des juges démonologues, nourris de rationalisme, avait profité de la réceptivité du milieu paysan pour donner un visage - celui de Satan opposé à celui de Dieu - au Mal, antithèse du Bien : en vertu d'un tel manichéisme, la chasse aux sorcières devient une croisade contre le Mal ; le monde diabolique passe pour être le modèle inversé de celui que préconisent les élites qui s'appuient sur l'absolutisme et la loi. Or, différentes dans leur nature, les deux cultures, celle des élites et celle du peuple, se rejoignent quand il s'agit d'exterminer la sorcière, devenue un bouc émissaire bien commode, et de décharger les tensions qui se sont accumulées à l'intérieur de la communauté. La population rurale avait activement participé à la répression orchestrée par les élites, dont elle attendait le soulagement des souffrances. La relative persistance des ces pratiques peut être diversement interprétée. Par la dominante rurale, très prononcée de la plaine d'Alsace et le caractère forestier ou montagneux de ses bordures ? Par le rôle des oppositions sociales internes à la communauté villageoise, la chasse aux sorcières constituant un moyen de détourner les tensions ? Par la situation d'une province loin des *marges de la Chrétienté*[643] mais qui, grâce à ses particularismes et ses traditions d'indocilité, résisterait à l'action unificatrice et à la volonté de contrôle d'une Eglise maladroitement missionnaire ? La sorcellerie n'est pas seulement exutoire et dérivatif ; elle est aussi contestation de l'ordre imposé. Mais ne risque-t-on pas le vide, le jour où cessera de fonctionner le modèle démoniaque véhiculé par les élites ? Comment évacuer ce monde parallèle au monde réel dont les limites sont si aisément franchies, dans un sens ou dans l'autre, par le diable ou par la sorcière ? Subsiste alors, élément normal d'une vision du monde,

[641] Voir *supra* p.1484. ABR E 2517.

[642] AHR E 1047 : *unatürliche Vermischung* (Bergheim 1683).

[643] P. CHAUNU, *art. 3315a*, pp. 903-904. Voir aussi AHR E 1154 (Mussig, première moitié du XVIIème siècle) et AN K 3030-3032 (procès, comté de Horbourg 1555-1760).

même à l'époque des *Lumières*, la persécution par les esprits malins, génératrice d'une angoisse d'autant plus profonde qu'elle ne peut plus être libérée devant les juges avec sa charge d'émotivité et de mystère. C'est le maléfice sans Satan : la croyance au maléfice, dont la réalité n'est pas mise en doute, se trouve dissociée du mythe satanique, comme la diabolisation n'est plus liée au dévolu que l'on jette sur une victime mise au ban de la société. L'angoisse démoniaque resurgit à l'occasion des inculpations mineures comme des délits de parole, des sortilèges et des pratiques d'envoûtement, des croyances à la possession et au *mauvais oeil*, conjurés par le recours aux exorcismes et aux livres de magie[644]... La volonté diabolique reste bien présente même si, officiellement, la culture paysanne cesse d'être diabolisée par l'Eglise : l'*homo magus* résiste et survit[645]...

Constatons d'abord que l'attitude envers les saints thaumaturges, qui sont censés guérir les hommes, conserver les bêtes, protéger les récoltes, n'est pas très éloignée de l'image qu'on se fait de la sorcière. En effet, on attribue à chacun d'entre eux le pouvoir de provoquer une maladie déterminée, qui porte parfois son nom et qu'il sera seul à pouvoir guérir. Par ailleurs, la doctrine satanique stéréotypée, imprégnée de monothéisme, imposée du haut, est aisément transposée dans un univers diabolique qui se caractérise par la permanence et la pluralité des forces maléfiques. On retrouvera donc, sous des formes plus populaires, l'ennemi persévérant du genre humain, rendu responsable de tous les malheurs. C'est, en définitive, comme pour le saint, l'un des aspects de la croyance en l'au-delà et la nécessité d'établir un contact avec les puissances invisibles dont dépend le destin de l'homme.

Témoignent de cette mentalité à la fois la persistance de la dénonciation de *sorcière*[646], l'interprétation de certains gestes apparemment anodins (bâiller et éternuer, c'est livrer le passage au diable[647]) et toute une série de sortilèges qui supposent la croyance au diable[648] et trahissent un profond besoin de sécurité dans un monde où se profile l'ombre du mal. Rites et croyances permettent de se concilier les forces qui peuplent l'univers[649]. Nous rappellerons, parmi bien d'autres, celle du *nouement de l'aiguillette* qui consiste à nouer d'une certaine façon un lacet derrière son

---

[644] AEBP A 109/3 (1684) et 109a/3 (1705) : *libri prohibiti* dans le Chapitre rural *Ultra Colles Ottonis*.

[645] A. LAMBS, *op. 3357* et L. KEHREN, *art. 3355*.

[646] Voir *supra* p. 1508.
AHR 18 J 593 : à Ostheim, en 1665, on dénonce comme sorcière la femme de l'aubergiste *rendue coupable du meurtre de la servante*.
AMS *Diarium* Grand Chapitre (Avolsheim 1666).
AM Ammerschwihr FF 17 : le femme du boulanger d'Ingersheim, réputée sorcière, pénètre par la cheminée dans la maison du prévôt d'Ammerschwihr (1692).
AP Hurtigheim (chronique du pasteur Schneider) : *leidenschaftliche und böse Frau. Daman erzählte, dass der Teufel sie in einer feurigen Kutsche geholt hat* (à propos d'un remariage en 1750).
ABR 6 E 36/6, Not Saverne II : *Wann sie in die Kirch gehet mann gleich erkennt dass sie eine Hex seye* (Ottersthal, 25 juin 1778).

[647] A. JACOBY, *art. 3351*.

[648] AMS VI 103/6 : *Un père capucin auroit dit à luy qu'il couchoit toutes les nuicts avec le Diable* (mémoire du bailliage de Marlenheim, 9 février 1685).

[649] J. LEFFTZ, *art. 3361*.

dos, en prononçant des formules magiques. Ce lacet rappelle-t-il celui qui sert à attacher le haut de chausse au pourpoint ? Revêt-il un symbolisme sexuel, comme le fil et l'aiguille ? Pratiqué durant la cérémonie du mariage, le sortilège du noeud castrateur est réputé rendre l'homme impuissant et stérile, deux infirmités souvent confondues[650], comme si chaque noeud supprimait un enfant potentiel... L'impuissance masculine n'est-elle pas, avec la stérilité féminine, l'une des fatalités sexuelles les plus redoutées ?

On croit fermement aux lieux hantés, parmi lesquels le moulin, du fait de son isolement et de sa situation au milieu des esprits aquatiques, occupe une place privilégiée : la meunière, fréquemment accusée de sorcellerie, détient, pour déjouer les pièges du malin, nombre de recettes magiques[651]. Voici la curieuse histoire de la maison hantée de Rosheim, en 1747, en plein siècle des *Lumières*[652]. Elle serait *habitée par un spectre ou par un esprit lequel apparaissoit en forme de tache bleüe toutes les nuits entre le mur du jardin et... depuis un tems immémorial on assuroit qu'il y avoit un trésor caché au même endroit.* On essaie de localiser l'endroit au moyen d'une *baguette divinatoire.* Les investigations répétées ne donnent rien, mais les occupants de la maison persistent à affirmer qu'ils sont persécutés par les esprits et *la curiosité picqua tout Rosheim.* Représentant l'évêque de Strasbourg, le prévôt de Mutzig s'empare de l'affaire. Ce type de magie, *un verre à la main... un livre dans l'autre,* affirment les accusés, est uniquement destiné à conjurer l'esprit et à *se porter à la connaissance d'une chose occulte,* il est vrai *avec le signe de croix autrement que l'Eglise ne l'ordonne,* mais elle *ne tend pas à nuire à quelqu'un.* Où est le mal ? *Bellvessées* (sic), répondent les accusateurs ! *La tâche bleüe qui apparoissoit quelquefois contre une partie de la muraille provient de la lumière reflaichie* (sic) *de quelque maison voisine ; la verge... est incapable d'aucun effet naturel et... n'est qu'une invention qui tire son origine de la magie noire.* L'affaire, qui se termine par un non-lieu, n'en reflète pas moins le choc de deux cultures. On prendra à témoin cette réflexion émanant des élites : *C'est faire trop d'honneur à nôtre siècle que de le supposer assez vuide de criminels, pour que les tribunaux soient réduits à se faire de l'occupation par l'invention ou l'imagination de délits d'une espèce aussi nouvelle...*

Ancrée dans l'orthodoxie, l'attitude du clergé face aux superstitions est révélatrice des mentalités. Officiellement, dès les années 1660, les autorités religieuses, soucieuses de raviver et de canaliser les expressions de la foi populaire, partent en guerre contre les livres de prières qui ont pour vertu de se protéger contre la peste[653] et les pratiques superstitieuses

---

[650] AMS VI 75/5 : *die Kunst und wissenschaft den nessel zu verknipfen oder die manschaft zu schwächen, dass es auch die buben wissen, wie es zugehe und wie mans mache* (visite ecclésiastique effectuée par Elie Brackenhoffer à Ittenheim, 1663).

Voir L. EHRET, *art. 3317.*

[651] Fr. REDERSTORFF, *mém. 1729*, pp. 266-280.

[652] AHR 2 J 45 III/25 (collection Heitz, Conseil Souverain, jugement du 20 octobre 1747).

[653] ABR G 6312, *fol.* 22 : accusation de Jean-Georges Wanner, chirurgien et échevin de Benfeld, qui diffuse des *Pestgebetten* (9 septembre 1666).

vertu de se protéger contre la peste[653] et les pratiques superstitieuses susceptibles de guérir les maladies[654]. Suspect, le recours au divin ou au sorcier-rebouteux ; suspecte la flagellation lors de la procession du Vendredi Saint[655]. L'étiquette dépréciative de *superstition* s'applique à tout ce qui ne correspond pas rigoureusement à l'enseignement d'une Eglise soucieuse de contrôler et d'épurer la pratique religieuse. Or l'Eglise est la première bénéficiaire de la peur qui conduit droit à la repentance. Il s'opère donc une sorte de christianisation des superstitions populaires : cette même Eglise croit en l'origine surnaturelle de la maladie, à la fois châtiment divin et avertissement salutaire ; elle enseigne l'existence du diable et son intervention dans la vie des hommes. Comment pourrait-elle empêcher les fidèles de vouloir se concilier les forces surnaturelles par des exorcismes et des bénédictions ? Car, dans une conception magico-religieuse du surnaturel et dans un contexte d'utilitarisme, voire de matérialisme religieux, le recours au conjureur est parfaitement conciliable avec le culte des saints thérapeutes ! Pourquoi se priver du recours aux forces obscures dont on espère tirer de la puissance ? Paganisme christianisé ou christianisme paganisé ? Les survivances païennes des vieux cultes thérapiques et agraires sont-ils des obstacles à la christianisation ? En aucune façon, car le paysan n'a pas conscience de s'écarter du droit chemin en empruntant des gestes immémoriaux auxquels le temps a conféré une auréole de crédibilité. Le sacré revêt donc une signification ambiguë : la magie satanique est une forme, inversée sans doute, mais complémentaire, du recours à la divinité. Les sorts jetés, les gestes qui conjurent, les formules codées expriment une autre lecture du monde que celle que propose l'Eglise officielle qui s'emmêle parfois elle-même dans ses propres contradictions. Car, après avoir inventé Satan, elle est amenée à perfectionner les formules destinées à se protéger contre lui. Prenons à témoin les cérémonies de protection contre le mauvais temps[656] qui associent intimement formules magiques et rites religieux - prières et bénédictions -, avec l'aval des autorités épiscopales[657]. Comment l'Eglise peut-elle à la fois condamner les paroles incantatoires, accompagnées de gestes, et en faire elle-même usage ? Position ambiguë que celle du curé : par sa formation, plus janséniste que philosophique d'ailleurs, il apparaît comme l'émissaire d'une autre culture. Si un certain anticléricalisme a pu se développer, il ne se situe pas sur un plan doctrinal, mais sur le plan de l'institution : il ne fait que refléter l'hostilité à l'égard d'un homme proche du pouvoir, participant à ses prélèvements (dîme) et différent par sa culture. Mais, par ailleurs, le style de vie du curé est fort proche de celui du paysan : il se laisse assez facilement intégrer au jeu

---

653 ABR G 6813, *fol.* 217 et 360 : un femme de Marckolsheim et un habitant de Dahlenheim pratiquent un rituel compliqué en compagnie d'un Juif (10 juin 1671 et 4 mai 1672).

654 L. CHÂTELLIER, *op. cit.*, p. 250.
ABR G 6309-6343 (Officialité 1652-1785).
BNUS Ms. 1739 : *Mandatum contra flagellantes publicos in Processionibus* (9 mars 1701).

655 A. PFLEGER, *art. 3366* et L. EHRET, *art. 3345*.

656 *Rituale Basiliense* 1664, pp. 248-264 : *benedictio cum exorcismo contra tempestates.*
Agenda du diocèse de Strasbourg 1670 : l'Eglise bénit les champs pour *écarter la tempête, demander la pluie* ou *le beau temps* (pp. 254-258). Aux rites d'imploration s'ajoutent les rites d'actions de grâce (p. 270).

657 Voir *supra* pp. 1162-1163.

magiques. Plus d'une fois, la complicité aura raison de la distance que crée l'absolutisme religieux. Les prêches des réformateurs n'ont jamais réussi à évacuer le surnaturel : refoulez l'irrationnel, il revient au galop ! Il arrive même que le clergé rural se compromette en cédant aux superstitions. Tel est le cas d'Ignace Birlin, curé de Hohengoeft[659] dont le tribunal de l'Officialité dénonce *la conduite opposée à l'esprit de l'Eglise et les discours pleins d'illusion et de superstitions* et qui *deshonnoroit... la Religion et séduisit le peuple simple de la province...* Se faisant passer pour un *homme inspiré de Dieu et un saint en miracle*, ce curé exorciste attire les foules accourues *même de la Lorraine et de l'autre côté du Rhin. Saint François et Saint Antoine de Padoue lui apparaissoient fréquemment, lui découvroient certains prodiges qui devoient arriver dans la suite...; des personnes dignes de foy avoient veu les deux Saints à ses côtés pendant qu'il prescrivit*. Tantôt à Hohengoeft même, tantôt à Monswiller, il se met à distribuer des *pilules* et de l'eau *comme un remède miraculeux*, ainsi que *certaines images* que les pèlerins *devoient coler sur leur poitrine à nud*. Il chasse les démons et les possédés lui donnent le titre de *Saint*[660]. Il est difficile d'affirmer qu'interdictions et condamnations, qui se multiplient entre 1699 et 1710, arrivent à bout de cette activité illicite, car nous perdons la trace d'Ignace Birlin[661]...

Parallèlement prolifèrent les grimoires et ouvrages de magie divers contenant pêle-mêle prières et bénédictions, exorcismes et incantations - avec chiffres sacrés et syllabes à caractère cabalistique -, drogues mystérieuses et breuvages compliqués relevant du secret : le tout se faisant par transmission, de génération en génération, d'un outillage mental et gestuel capable de neutraliser l'inconnaissable et l'incontrôlable. Ces remèdes, on en est persuadé, sont efficaces parce qu'ils ont été consacrés par le temps et marqués du sceau vénérable de la tradition[662]. Utiliser le secret et l'alchimie, n'est-ce pas entrer dans le monde des suppôts de Satan ? Par leurs injonctions mystérieuses, leurs gestes incompréhensibles et leurs remèdes bizarres, bien des Esculapes rustiques, guérisseurs et rebouteux, franchissent la limite qui sépare le naturel du surnaturel. Or les livrets de médecine populaire mettent ces recettes à la portée de tout un chacun. Sur 342 ordonnances consignées par celui de Weiterswiller, 267 sont d'ordre occulte[663]. Elles tendent à guérir les maladies, à faire pousser les cheveux, à protéger la maison contre le feu, les sorcières et les voleurs, à chasser les mouches, les araignées et les puces, à rendre les souris inoffensives... Daté de 1757, celui de Hunspach, complété par quelques remèdes épars des années 1770/1780 égarés sur les dernières pages d'un terrier - au total plus de

---

659 ABR G 6320, 6322 et 6326 (1699-1710).

660 ABR G 6322, fol. 273-276 (tribunal de l'Officialité, 3 novembre 1710).

661 Rappelons que le rituel de 1742 donne des recommandations aux prêtres exorcistes, officialisant du fait même, une pratique répandue.

662 *Ist gut, hilft, probatum* (Hunspach, *passim*).

663 H. GERST, *art. 3005*. L'auteur de cet article a bien voulu mettre à notre disposition une copie du manuscrit original, datant de 1963. L'original lui-même n'est pas daté : même s'il remonte au milieu du XIXe siècle, comme semble l'indiquer sa forme stylistique et littéraire, il a probablement assimilé, par compilation, des recettes fort anciennes.

220 -, porte sur sa page de garde l'imploration de l'aide divine[664] pour la bonne réussite de l'opération[665], avant d'utiliser la formule trinitaire qui semble revêtir une efficacité particulière, l'invocation du Sang du Christ et des clous de la Passion... Or, simultanément, l'opérateur est appelé à recourir à des formules magiques. Enfin 83 remèdes, composés sans doute dans la première moitié du XVIIIème siècle dans la région de Wissembourg[666], utilisent les mêmes procédés pour soigner le bétail (47) ou les hommes (22) et s'adaptent, par ailleurs, aux circonstances les plus diverses : comment éteindre le feu sans eau, comment se défendre quand on est agressé, comment protéger son seuil, comment récupérer un objet volé, comment attiser la passion amoureuse, comment gagner au jeu, etc[667]. Se dégage de ces remèdes universels la conception de l'unicité de monde des vivants, dans lequel le règne végétal ou animal se met au service de l'homme qui participe ainsi pleinement à la vie de l'univers. Soigner la fièvre, la dysenterie et l'hémorragie par son antidote, le vin rouge, peut se comprendre. Mais comment expliquer que la gale se soigne avec de la graisse de porc[668] et pas n'importe lequel (il faut qu'il soit castré et de poil roux) ? La manière la plus sûre d'entrer en contact avec l'univers mystérieux, c'est de faire appel aux puissances chtoniennes qui l'habitent : c'est la poudre de grenouille ou le ver de terre séché qui entrent dans la composition d'un onguent destiné à guérir les plaies ouvertes[669]. Ce sont les écrevisses qui, écrasées et pulvérisées dans de l'eau puisée à la rivière, composent la potion d'un malade atteint de croup[670] : on compte sans doute sur l'écrevisse, dont la particularité est de se déplacer à reculons, pour extraire le poison avant que l'eau ne lave l'organisme du mal[671]. Lorsqu'on soigne la phtisie, c'est neuf - chiffre sacré ? - poux qu'il faut prélever sur la tête d'un homme bien portant. Contre les maux de dents, on utilise une fève percée d'un petit trou dans lequel on installe un pou, l'ensemble devant se porter au cou dans un petit sac de toile[672]. Pour remédier à une forte fièvre, il suffit de se limer les ongles et d'en donner le produit à manger sur du pain à un chien noir[673]. Un bourdon que l'on noie dans un verre d'eau et que l'on sert entre deux tranches de pain au bétail, doit guérir

[664] *Herr hilf lass wohlgelingen*
Dein Segen wo du bist
Hilft mir den Anfang machen...
Stehe mir in Mittel bei
Wann sich das Werk soll enden
So wollst du Hilfen senden
Damit es glücklich sey.

[665] H. GERST, *op. [403]*, pp. 136-140. Original aimablement prêté par l'auteur.

[666] B. WEIGEL, *art. 3031*.

[667] Voir également J. LEFFTZ, *art. 3361*.
A. PFLEGER, *art. 3262*, t. II, p. 255 (Baldenheim 1782, Oberrathsamhausen 1786) et W. TEICHMANN, *art. 3029* (Bischheim 1796).

[668] Hunspach 107.

[669] Hunspach 15.

[670] Hunspach 24.

[671] H. GERST, *op. cit.*, pp. 137-138.

[672] Weiterswiller, *art. cit.*, p. 32.

[673] Wissembourg 24.

les bêtes de la colique[674]. Pour voir la nuit - ce qui peut être fort utile en cas de cambriolage -, il est conseillé d'enduire les yeux avec du sang de chauve-souris[675]. Pour guérir la cataracte, il faut insuffler dans l'oeil malade de la poudre provenant de la décomposition d'un chat noir, cet animal mystérieux aux yeux prosphorescents[676]...

La nature est un inépuisable réservoir d'ingrédients précieux. La méthode la plus efficace, pour arrêter les ravages de la consomption chez l'enfant, est de lier en faisceau neuf espèces de bois différents, de trois pousses chacun, et de les attacher au corps de l'enfant malade[677]. Fleur de myrrhe, verveine, millepertuis, pervenche, chélidoine, bois de genièvre et feuilles de laurier, toutes plantes amies de l'homme, doivent être appliquées d'une certaine façon... Le noisetier préserve la maison de la foudre... L'importante hagionymie végétale[678], la bénédiction de plantes et de fleurs aux Rameaux, à la Trinité, à l'Assomption[679] et leurs vertus apotropaïques, universellement reconnues, plaident en faveur de la dimension surnaturelle de la phytotérapie[680] : importent autant la sélection des plantes fétiches que les procédés de cueillette et le choix du moment propice à la récolte des simples.

La relation très étroite qui s'établit entre l'au-delà et le monde terrestre ressort d'un certain nombre de recettes. On arrête les hémorragies avec du sang de dragon mélangé au sang humain tiré d'un cadavre, à de la mélisse et aux râclures provenant d'un crâne humain[681]. Si on les lave, le jour d'un enterrement, les verrues disparaîtront à l'image du cadavre qui se décompose dans la tombe[682]. Pour savoir si un malade a des chances de recouvrer la santé, il faut frotter ses gencives avec un morceau de pain qu'on jettera au chien : s'il le mange, le malade guérira ; sinon la mort est imminente et c'est l'odorat du chien qui fait foi[683].

Des formules magico-religieuses doivent accompagner le geste. le *mauvais ver*, responsable de certaines plaies ulcéreuses, ne résiste pas à la formule suivante, à condition que celle-ci soit scrupuleusement énoncée : *Ver ou vermisseau, que tu habites la moëlle ou l'os, notre Seigneur Jésus-Christ accorde ce bien : que tu te couches et ne reviennes plus jamais à la*

---

674 Wissembourg 21.
675 Weiterswiller, *art. cit.*, p. 33.
676 *Ibid.*
677 Hunspach 106.
678 *Johanniskraut, Himmelschlüssel, Dreifaltigkeitsblümlein.*
679 A. PFLEGER, *art. 3533 et 3536.*
680 E. KAPP, *art. cit.*
L. KEHREN, *art. 3010 et 3011.*
681 Hunspach 173.
682 H. GERST, *op. cit.*, p. 134 (traduction) : *A présent on sonne pour l'ensevelissement du défunt et moi, je lave mes verrues, de même que le mort se décompose dans la tombe, de même mes verrues disparaîtront...*
683 Weiterswiller, *art. cit.*, p. 34.
W. TEICHMANN, *art. cit.* : même procédé à Bischheim, mais le chien est parfois remplacé par la souris, les gencives par la plante des pieds et le pain par du lard.

vie. Au nom du père, du Fils et du Saint-Esprit[684]. L'hémorragie est arrêtée grâce à des formules magiques du genre : *Sang, sang, immobilise toi. Oublie ton flux et ton chemin*[685], ou encore par la force des lettres énigmatiques que voici : *JMIKIBIP + + UHSSV*
ASIPONNA + LADOM
MPERVOBISM
In Gottes nahmen amen + +[686].

Il arrive aussi que l'on écrive, avec son propre sang, une formule sur le front du patient. La dartre du cheval se soigne en portant sur trois papiers, trois matins de suite avant de lever du soleil (dont un vendredi), les trois mots suivants *SARA + PFAFFA + MANACHALA +*, avec les signes de croix correspondants[687]. Si la vache ne donne plus de lait - serait-elle victime de la sorcière ?-, on écrit sur parchemin *RABIA + VOSOCOA + TUNH + SALIA + SERER EOOLLU,* avant de glisser le document sous le seuil de l'étable[688], à moins de brûler trois poils de la bête prélevés sur la tête, trois dans la queue et trois autres sur le pelage[689]. La formule

S A T O R
A R E P O
T E N E T
O P E R A
R O T A S

utilisée tantôt contre le feu, tantôt contre l'ensorcellement du bétail[690], comporte le carré magique, le signe de la croix que forment les lettres du mot *Tenet* qui peut être lu dans les deux sens et, sans doute, les mots du *Pater Noster*... A Bischheim[691], la fièvre se soigne en appliquant pendant neuf jours sur la tête du malade un écriteau, que l'on jettera par la suite dans l'eau courante, portant les mots suivants : *Au nom de + + +*

+ *ARBULACUM* +	*ou*	*ABRAHANUM*
+ *ARBULACU*		*ABRAHANU*
ARBULAC		*ABRAHAN*
ARBULA		*ABRAHA*
ARBUL		*ABRAH*
ARBU		*ABRA*
ARB		*ABR*
AR		*AB*
+ *A* +		*A*

Plus ou moins christianisées, de telles formules nous éloignent quelque peu du bon sens paysan et trahissent l'influence d'une culture savante familiarisée avec l'écrit et le latin. On relèvera la hantise de l'ensorcellement contre lequel le grimoire de Weiterswiller prévoit treize

684 H. GERST, *op. cit.*, p. 137 (1770/1780, traduction).
685 *Ibid.*
686 Wissembourg 18.
687 Wissembourg 45.
688 *Ibid.* 48.
689 *Ibid.* 73.
690 Weiterswiller, *art. cit.*, p. 13 et Wissembourg 12 et 71.
691 W. TEICHMANN, *art. cit.*, p. 195.

moyens de protection... Beaucoup de ces formules sont empruntées, semble-t-il, au célèbre *Bouclier spirituel*, destiné à protéger du mauvais sort et à chasser les esprits maléfiques[692], mis à l'index en 1634, mais constamment réédité depuis lors. Toute l'astuce consiste à placer l'ouvrage sur l'autel et à le faire bénir à l'insu du curé, ce qui lui confère un supplément de puissance. Les prophéties et bénédictions - *Segensprechen, Wahrseigen* - constituent autant de garanties contre l'imprévisible[693]. On porte sur soi des talismans qui interdisent l'accès aux esprits malfaisants[694] : le plus souvent, il s'agit du mandragore, cette racine de solanacée dont la forme ressemble à un personnage humain (*diable familier* ou *Geldmännlein*[695]) et qui est vendue à des prix prohibitifs (600 livres pour un mandragore en provenance de Suisse ; 40 livres - une occasion unique - pour celui qui est proposé en 1719, à Sainte-Croix-en-Plaine, par un tuilier de Neuf-Brisach[696]) : d'où le recours à un certain nombre de succédanés tels que la racine de l'iris des marais ou de l'herbe aux sept chemises, à défaut de la thériaque[697], vendus par des individus peu recommandables en quête d'une clientèle crédule. Les cas de magie noire sont fréquents : c'est ainsi que Joseph Bleyer de Soppe-le-Haut parvient à dépister les voleurs de la chaudière à salpêtre, dérobée à Wittelsheim en 1728, par *le secret de Tamis*[698]. Ces précautions s'expliquent par l'obsession persistante de la sorcière et la hantise du sortilège. Si, à Surbourg, Barbe Serger est accusée d'avoir administré un *Breuvage maligne* à son frère qui en serait mort, c'est que médecins et chirurgiens n'arrivent pas à expliquer cette mort : il est *devenu perclu du côté gauche..., a commencé à seigner* (sic) *par la bouche et à languir ainsy en devenant sec comme du bois jusqu'à sa mort qui est arrivée environ six mois après*[699]...

---

692 *Das wahre geistliche Schild*, dont le titre exact est : *Das wahre geistliche Schild, so vor dreyhundert Jahren von dem heiligen Pabst Leo X bestätigt worden wider alle gefährlich böse Menschen sowohl als aller Hexerey und Teufelswerk entgegengesetzt ; darinnen sehr kräftige Seegen und Gebet, so theils von Gott offenbaret, theils von der Kirche und H. Vätern gemacht und approbiert worden. Nebst einem Anfang heiliger Segen, zum Gebrauch frommer Katholischer Christen, in allen gefahren, worin sowohl Menschen als Vieh oft gerathen gesichert zu seyn.*

Voir A. LAMBS, *op. cit.*, p. 72.

693 ABR E 4330 : *Policey-Ordnung* d'Oberbronn, 1668, 1687, 1702.

AHR 3 B 1393 : le terme de *Segensprecher*, qui désigne le suppôt du démon, est considéré comme une insulte à Weckolsheim en 1673.

H.M. MOSCHEROSCH, *art.* 3362 et J. LEFFTZ, *art. 3361*.

694 AHR 3 B 898 : en 1704, un berger de Merxheim est *interrogé s'il n'a pas quelque chose de diabolique sur lui.*

695 AMH FF 204, fol. 58 : *avoit un petit diable qui lui fournit de l'argent* (bailliage de Haguenau, 13 mars 1705).

696 AHR 3 B 1265.

697 E. KAPP, *art. 3009*, pp. 167-169.

698 Ch. SAUTER, *op. [457]*, p. 133.

699 AMH FF 222, fol. 21-23 (registre des audiences, 18 mars 1737).

AMH FF 227 : Christian Held, garçon maréchal-ferrant à Dossenheim-sur-Zinsel, est accusé de sortilège (vers 1740).

ABR 1 B 813 : *l'auroit appelée sorcière pour lui avoir ensorcelé un cheval, qu'elle enverra une charrette de bois lorsqu'il s'agira de le faire brûler* (Sélestat 1764).

c) Le culte de l'image pieuse

Si l'Eglise ratifie un certain nombre de gestes, elle cautionne également le recours aux signes, véhicules de la culture religieuse : de la vénération des reliques à celle de la statue du saint ; de la médaille au chapelet, de l'image sainte à l'ex-voto. Nous n'avons trouvé que peu de signes de dévotion dans les intérieurs paysans : de temps en temps un crucifix, un bénitier, une image, un bijou de facture très simple, mais chargé de symbolisme religieux, peu de choses en définitive. Agit-on par discrétion, par respect de l'objet sacré ?

L'objet religieux ou les indices ténus d'une culture religieuse : l'exemple des familles catholiques de Haute-Alsace

	Nb. d'objets analysés	% d'occurrences 1	2	3	4
Heimersdorf 1674-1789	211	3,0	-	1,0	0,9
Heimsbrunn 1674-1730 et 1770-1789	103	1,0		1,0	
Ungersheim 1686-1789	95	27,4	-	3,1	3,1
Heiteren 1673-1789	165	8,5	1,2	1,8	1,8

1 = Bénitiers 2 = Crucifix 3 = Chapelets 4 = *Agnus Dei*

A consulter les inventaires après décès, on n'a pas l'impression que Dieu préside à la vie domestique[700] et le *Herrgottswinkel*, cher aux ethnologues, ce coin du bon Dieu qui fait fonction d'autel familial, n'y apparaît guère. Si rien, ou presque rien n'évoque la religion, il ne faudrait pas conclure à l'indifférence de la population rurale et à la laïcisation des espaces privés ! Il est en tout cas difficile de cerner la piété domestique. Notre bonheur de chercheur a été porté à son comble le jour où nous avons découvert, enfoui dans nos propres archives familiales, un inventaire de 1762[701] mentionnant un nombre exceptionnellement important d'objets religieux : trois tableaux - Sainte Françoise, la Vierge douloureuse et l'*Ecce Homo*-, un crucifix en bois avec Christ en plâtre, une statue de la Vierge en plâtre, des images en papier de divers formats - 124 au total !-, des bouquets aux fleurs artificielles... Mais, très rapidement, nous avons dû nous rendre à l'évidence : ces objets sacrés ne sont pas destinés à la dévotion individuelle et quotidienne ; non évalués, ils n'entrent guère dans la propriété personnelle de la famille de la défunte qui se contente d'en assurer la garde et la conservation pour les exhiber le jour de la procession de la Fête-Dieu. En témoigne l'allusion à un reposoir en bois et en ivoire garni de bouquets, recouvert de nappes de chanvre avec franges, encadré de rideaux de chanvre avec dentelles, et littéralement tapissé d'images saintes... Remarquable exemple de la permanence des coutumes : à la fin du XXème siècle, la famille en question détient toujours l'équipement de l'un des quatre reposoirs de la Fête-Dieu qui, en attendant la cérémonie elle-même, se trouve relégué dans un grenier ou une remise de la ferme. Cette coutume renvoie donc à de tenaces pratiques de piété communautaire.

Messages de pèlerins analphabètes, établis à des fins de supplication ou d'action de grâces, les ex-voto affichent au contraire un caractère plus individualisé, encore qu'ils soient exposés dans un endroit public, souvent lieu de pèlerinage spécialisé. Quelle qu'en soit la valeur artistique, l'ex voto

[700] H. CETTY, *op. 1953*, p. 38.

[701] AF Boehler-Adam, Kuttolsheim (inv. Marie-Françoise Ohl, épouse de Jean Adam, 26 avril 1762).

est avant tout document, témoignage iconographique populaire ; mais il est aussi message, image codée[702]. Nous n'évoquerons ici que les images votives à l'exclusion de tout autre objet de même type. La vogue de l'ex-voto correspond à la fin du XVIIIème et au XIXème siècle, mais la pratique ne pénètre que progressivement dans les couches populaires à partir des dernières décennies du XVIIIème[703]. En effet les *corpus* étudiés, pour le pèlerinage de Saint Florent à Oberhaslach et le sanctuaire marial de Thierenbach[704] concernent, dans leur écrasante majorité, le XIXème siècle. On perce difficilement les silences des rares échantillons d'avant la Révolution : absence fréquente de la datation, du lieu d'origine et de l'identité du donateur ; absence courante d'une légende explicative susceptible de faciliter la compréhension... Car l'ex-voto est autre chose qu'une image naïve reflétant une religiosité folklorisée et empreinte de superstition. Situé au coeur de la religion populaire et de l'histoire des mentalités, il permet de dégager quelques tendances majeures :

- L'importance primordiale du phénomène votif est inséparable de son support, le pèlerinage. Gratulatoire ou propitiatoire, l'ex-voto est l'expression d'un pacte entre le donateur et le saint. Le second a une réputation de protecteur et de guérisseur : Saint Florent, invoqué en cas de stérilité et d'accident, apparaît surtout comme le dernier recours lors des maladies d'hommes et des bêtes. Le fidèle prend un engagement spirituel à l'égard du saint ou exprime sa reconnaissance à celui qui le préserve du malheur. Se mêlent donc des sentiments de reconnaissance, de ferveur, de confiance et d'abandon.

- Le lien très étroit qui relie le donateur au donataire exprime la croyance en l'intervention, par le miracle, de Dieu et des saints dans la vie de tous les jours. Une scénographie, assez riche, plus ou moins codifiée, parfois stéréotypée, divise l'espace pictural en deux ensembles : le lieu divin, dans le registre supérieur, la scène terrestre dans le registre inférieur ; d'un côté Dieu, la Vierge ou le saint, installés dans la clarté céleste, de l'autre, les personnages (individu, couple, famille, enfants) replacés dans la pénombre de la terre avec l'environnement qui leur est familier (paysage, habitat, mobilier, costume, outillage) et les circonstances ayant conduit à l'accident ou à la maladie (patient alité ou à l'agonie, femme en mal d'accouchement, enfant tombant dans un puits, adulte précipité sous les sabots d'un cheval ou gisant sous un chariot qui a versé : une somme des peines et des souffrances de l'humanité) ; entre les deux, une limite matérialisée par une couche de nuages ou une banderole. La séparation des deux espaces n'est pas totale : la convergence des regards, la complémentarité des gestes - supplication et bénédiction - symbolisent le lien, parfois matérialisé par un faisceau de rayons divergents, entre les deux mondes. Par la concrétisation du visible et la visualisation de l'invisible, l'ex-voto revêt donc à la fois une valeur documentaire et une dimension spirituelle. Par son caractère spontané et populaire, en marge de l'appareil ecclésial et de l'enseignement

---

702 K. SULZBERGER, *art. 3340*.

703 Fr. LOTZ, *art. 3219* et *op. 3218*, pp. 172-185.
D. LERCH, *art. 3213*. Les plus anciens sont ceux de Kientzheim (1667), des Trois-Epis (1672), de Marienthal (1680) et de Monswiller (1684).

704 F. GIRARDIN / G. HERBERICH / Fr. RAPHAEL, *art. 3193*.

doctrinal, mais non en opposition avec lui[705], il est dialogue et moyen d'expression, l'iconographie exprimant à son tour le langage et la gestualité populaires. Les personnages ne parlent pas, mais leurs attitudes parlent pour eux et une légende concrétise parfois la rencontre de la culture écrite et de la culture imagée. En toile de fond, les fantasmes engendrés par la peur quotidienne ou l'angoisse existentielle devant la mort. Enveloppant le tout, un halo de piété, d'action de grâces, d'espérance chrétienne...

En dehors des ex-voto, les peintures sous-verre exposées dans les musées[706] gagnent l'Alsace vers 1750 à partir de l'Europe centrale et des pays de l'arc alpin. Mais c'est de façon très précoce, depuis le foyer italien que s'effectue leur périple transeuropéen. A caractère religieux ou profane, à facture populaire ou savante, elles peuvent difficilement être replacées dans les intérieurs paysans du fait de la discrétion des sources[707].

La coutume des souhaits de baptême, à la fois plus précoce et plus populaire, correspond bien à l'aire germanique - le *Deutschtum* d'Adolf Jacoby[708] - à dominante luthérienne, ce qui n'exclut nullement les paroisses catholiques[709]. Mais la recension de quelque 2000 souhaits de baptême[710] incite à la prudence pour ce qui est de la présomption d'antériorité de l'Alsace par rapport à la Suisse, au pays de Bade et au Palatinat : tout au plus peut-on affirmer que les documents alsaciens ont un caractère propre, celui d'être décorés à la main, bien plus tôt que les *Patenbriefe* et *Patenzettel* allemands[711] ou autrichiens[712], les *Taufzedel* ou *Göttizedel* suisses[713]. La coutume remonte à la fin du XVIème, gagne la plaine d'Alsace à la fin du XVIIème siècle[714], se généralise après 1750 par extension, semble-t-il, des

[705] A. THUET, *op. [480]*, p. 72 : le curé de Bettendorf confectionne lui-même un ex-voto, lorsque la peste se propage parmi les bêtes (1763).

[706] En particulier le musée de l'imagerie populaire de Pfaffenhoffen.
Voir L. KIEFFER, *contrib. 3205*, *op. 3207* et *art. 3206*.

[707] Seuls quelques inventaires de curés font état de tableaux (*Maria in doloribus*, des Saints, le Pape) : ABR 6 E 36, Not. Saverne II, 192 et 204 (Maennolsheim 1774, Saessolsheim 1786).

[708] A. JACOBY, *art. 3201*, p. 203.

[709] A. KASSEL, *art. 3204*.
A. M. BURG, *art. 3191*.

[710] Hormis les collections privées, on rappellera les principales institutions publiques ou semi-publiques qui conservent des souhaits de baptême : Musée alsacien de Strasbourg, Archives municipales de Strasbourg (fonds Oberlin), Bibliothèque Nationale et Universitaire, Grand Séminaire de Strasbourg, Inventaire général des monuments et richesses artistiques de la France (surtout fonds Guggenbühl), musée de l'imagerie populaire de Pfaffenhoffen, musées de Niederbronn, Bouxwiller, Haguenau, Saverne, Riquewihr, Guebwiller, Thann, Mulhouse, etc. La coutume des souhaits de baptême a suscité une bibliographie difficilement maîtrisable en dehors d'une étude spécifique (une soixantaine d'articles entre 1895 et 1980). Nous renvoyons donc à D. LERCH, *art. 3211* (bibliographie exhaustive, pp. 133-135) et à Fr. LOTZ, *art. 3216, 3217* et *op. 3218*, pp. 49-66.

[711] C. PIESKE, *art. 3221*.

[712] G. SCHMIDT, *art. 3232*.

[713] G. RUBI, *art. 3230*.

[714] Bischheim 1691 et 1696, Hoenheim 1696, Blaesheim 1723 et 1741 (W. GUGGENBÜHL, *op. [408]*, p. 323), Furdenheim 1730 (F. GROSS, *Heimatstimme*, 1928), Westhoffen 1731, Lampertheim 1732, Schnersheim 1739, Langensoultzbach 1740, Pfaffenhoffen 1745, Herrlisheim 1745 (H. GERLINGER, *RCA* 1932, p. 9), Zeinheim 1758 (R. METZGER, *art. 1947*, pp. 51 ss.). Sauf indication spéciale, les renseignements sont fournis par Fr. LOTZ, *op. 3217*, pp. 15-17 et D. LERCH, *art.3213*.

petites villes et des bourgs aux villages[715]. Elle semble avoir touché essentiellement les paroisses de la Basse-Alsace[716], mais non exclusivement les paroisses protestantes, encore qu'il soit difficile de distinguer pratique et conservation. Contentons-nous, dans la perspective d'une étude des sensibilités religieuses, de relever les trois caractères essentiels de ce document qui tient à la fois du don, du voeu et du souhait. C'est le don qui s'impose d'emblée, puisque les inventaires après décès mentionnent, assez exceptionnellement il est vrai, la présence d'un *Goettelpfennig*, pièce offerte par la marraine ou le parrain à leur filleul et qui reste la propriété personnelle et exclusive du donataire. C'est progressivement que s'instaurent l'habitude d'y joindre un écrit, plié à cet effet pour lui servir d'enveloppe, et la coutume de le décorer avec des dessins naïfs, motifs floraux ou figures géométriques. Le texte, aux formules édifiantes à l'intention du donataire, propose deux sortes de discours : l'un, profane, souhaite au nouveau-né santé et bonheur tout au long de son parcours terrestre ; l'autre, religieux, rappelle que seule la vie éternelle donne un sens au passage dans la *vallée des larmes*... Avant la vogue des souhaits imprimés, à partir de quelques centres de production urbains, dès la fin du XVIIIème siècle, un échantillonnage de formules est proposé à cet effet[717] à un spécialiste de la calligraphie et du décor. La pratique qui consisterait à déposer ce genre de document dans le cercueil, de façon à ce qu'il serve au défunt de laissez-passer pour l'au-delà[718], explique-t-elle la rareté, voire l'absence des souhaits de baptême dans certaines régions, quelle qu'en soit la confession ? Emerge enfin assez tardivement la vocation de souvenir, préfigurant ce que seront, au XIXème siècle, surtout en milieu protestant, les souvenirs de confirmation, de mariage ou les souvenirs mortuaires.

N'exagérons pas pour autant le caractère populaire de ces souhaits de baptême : leur origine est à rechercher dans le stock idéologique de la culture savante - qui en fournit les formules en assurant, parfois, le relais notarial -, même si l'exécution et la diffusion sont d'essence populaire. En dépit des thèmes stéréotypés que propose l'imagerie, nous en mesurons toute la richesse : n'est-elle pas rencontre d'une pastorale concrète et simplificatrice avec les besoins spirituels d'une population profondément attachée à la foi ? La même impression se dégage de l'étude des canivets et images de piété diverses qui connaissent un rapide succès au XVIIIème siècle, en partie lié à l'essor des pèlerinages. L'image sacrée, qui nourrit la foi, ne se contente pas d'être, tels les retables, livres ouverts et répliques visualisées du catéchisme, un objet de contemplation, un instrument

[715] D. LERCH, *art. 3211, p.* 118 : pour 112 lettres de baptême, ville et campagne confondues, datées d'avant 1800, l'auteur indique la répartition chronologique suivante :
XVIème siècle : 0,9% ;
XVIIème siècle : 3,6% ;
première moitié du XVIIIème siècle : 11,6% ;
deuxième moitié du XVIIIème siècle : 83,9 %.

[716] M.J. BOPP l'a relevée dès 1933 (RA, p. 97).

[717] D. LERCH, *art. cit.*, p. 118 : 650 exemplaires et 220 textes différents recensés.
BNUS Ms. 1466 : *Liber manuductionem ad usum notariatus* (François Henri Dautel, notaire à Strasbourg, 1727-1781. Le corpus (cité par L. Ch. WILL, *art. 3234*) date de 1756.

[718] A. JACOBY (Weiterswiller) et Th. KNORR, *notice 3209*, p. 1.

pédagogique et le support d'un enseignement. Elle a des vertus symboliques et théophaniques.

3) Spontanéité et ambiguïté de la religion populaire

Approcher les sensibilités religieuses, c'est se mettre à l'écoute de la *voix populaire*. Cette religion populaire, constituée essentiellement de rites collectifs hérités du passé, apparaît singulièrement conservatrice, pour ne pas dire anachronique et résiduelle. A l'âge d'or du folklorisme, Arnold van Gennep s'est attaché à faire ressortir les archaïsmes de pratiques chrétiennes ayant subi la paganisation et cédé à la folklorisation[719]. La religion populaire ne débouche pas pour autant sur l'immobilisme des croyances et la passivité des croyants. En réalité, le *Christianisme folklorisé*, qu'évoque Jean Delumeau, est bien vivant, capable de s'enrichir grâce à de nouveaux greffons, capable surtout d'offrir de la résistance au discours d'une Eglise conquérante, détentrice du langage religieux. C'est la profondeur des racines qui explique les difficultés que rencontre l'Eglise à imposer le modèle des élites : combattre le polythéisme latent, épurer la liturgie, séparer le sacré du profane s'inscrivent dans un oeuvre séculaire qui est loin d'être achevée en 1789. A un Christianisme encadré et cléricalisé, répond un Christianisme spontané et populaire : la religion des pascalisants n'a pas complètement remplacé la religion des paganisants. Pour l'Eglise institutionnelle, bien des rites et des dévotions sont suspects de paganisme, mais l'existence même de ce synchrétisme pagano-chrétien ne tendrait-elle pas à prouver que le clergé répond mal aux besoins affectifs et aux angoisses spirituelles ? Mais à mesure que l'Eglise cherche à monopoliser le domaine du surnaturel, s'opère un retour en force aux comportements interdits : réaction spontanée et collective à la fois contre un langage conceptuel et doctrinal, difficilement compréhensible, et une pyramide de médiateurs savants appartenant à l'ordre établi, le tout conforté par la conviction de l'immanence du divin dans les activités humaines. Ce n'est pas dans la liturgie officielle, garante de l'orthodoxie, que les fidèles peuvent inscrire leur double démarche, propitiatoire et gratulatoire, que nous avons vu se développer à l'occasion des processions et des pèlerinages. A la fois familière, sensorielle et festive, quelque peu exubérante et indisciplinée, la religion populaire, qui cherche par tous les moyens à mobiliser les éléments du merveilleux, se satisfait mal de la gravité ecclésiastique. Le Christianisme populaire a besoin d'irrationnel et de mythique ; il véhicule une mythologie qui n'est pas réductible au dogme ou aux rites.

Faut-il pour autant établir une dichotomie rigoureuse entre une religion officielle abstraite et des croyances populaires bien enracinées ? Nous ne le croyons pas, car la première n'arrête pas de composer avec les secondes. Pour ne pas compromettre les résultats de la christianisation, il n'est pas possible de destructurer purement et simplement le tissu des pratiques populaires : ni la flagellation de la Semaine Sainte, ni le *tumulte*

---

719 A. VAN GENNEP, *op. 3299.*

de la résurrection[720], ni la liesse qui accompagne le pèlerinage. Il s'agit donc moins d'interdire que de confisquer. Inversement la semence de l'enseignement tridentin tombe dans un terrain favorable : le modèle doloriste et culpabilisateur rejoint la crainte de la damnation[721] ; la nécessité de se protéger des calamités, de la mort, de l'enfer explique le recours fréquent aux sacrements, passeports du paradis, aux saints, médiateurs célestes, aux pèlerinages éprouvés, éléments d'une religion utilitariste reposant sur le marchandage du donnant donnant et débouchant sur un *Sicherheitsgefühl* mal conceptualisé. La complicité entre le peuple chrétien et ses maîtres va jusqu'au recours, de part et d'autre, à la magie pour tenter d'apaiser un Dieu qui n'est pas toujours bénéfique et pour se concilier les forces maléfiques de la nature. *Tandis que le pouvoir royal, en interdisant les procès de sorcellerie, renvoyait Satan aux enfers, l'Eglise reconduisait ses saints au paradis...* Fort évocatrice, cette image de Pierre Deyon[722] procède d'une conception trop savante en regard de la religion réellement pratiquée. Encore faudrait-il que le peuple chrétien accepte de renoncer à Satan et aux saints. L'opposition n'est pas aussi tranchée, nous semble-t-il, entre la croyance et la théologie, le vécu et le doctrinal, entre la pratique du Christianisme traditionnel et la volonté de rénovation des élites, entre le discours des clercs et les gestes des fidèles, entre la religion des doctes et celle des humbles, même si ces derniers font preuve d'une certaine indiscipline. Il n'y a donc pas divorce entre, d'une part, une religion des élites, qui serait épurée de la gangue surnaturelle, des scories du paganisme et de la superstition, et, d'autre part, une religion populaire, émotive et grossière, désarmante de naïveté et de puérilité, qui aurait du mal à devenir adulte. La seconde est tout le contraire d'un appauvrissement religieux ou d'un affadissement spirituel. Ce qui assure la dynamique du phénomène religieux, c'est justement le jeu dialectique fondé sur des échanges entre l'enseignement de l'Eglise post-tridentine et les besoins spirituels de la population, par toutes sortes de formes d'assimilation et de contamination. La première cherche certes à discipliner la ferveur des masses, à canaliser le sacré en l'amputant de ses excroissances les plus anarchiques, à s'assurer le contrôle des forces vives de la foi. Mais l'Eglise, en dépit de son activisme et de son réformisme, n'exerce pas sur la religion populaire une influence anesthésiante. Bien au contraire, par une sorte d'officialisation du populaire, elle doit accepter des compromis avec les croyances fort peu orthodoxes telles que l'indivisibilité du corps et de l'âme et les vertus thérapiques des saints. Partout apparaît le mélange du sacré et du profane : le lieu du culte sert d'espace de rencontre, de communication et d'information ; la cloche, tout en rappelant à la prière, rythme la vie familiale et communautaire ; la fête est à la fois religieuse et profane... La culture chrétienne n'est pas monolithique : celle du théologien n'est pas forcément celle du curé de la paroisse ni, à plus forte raison, celle du peuple auquel il arrive de tirer parti de cette diversité avec la complicité du clergé

[720] AHR RP Flaxlanden 1 : *Resurrectionstumult* (début XVIIIème siècle).
AEBP A 19a/1 : *Augstehungsfeyer* dans le diocèse de Bâle, avec fracas de chaines et de castagnettes, et autres instruments (crécelles ?) symbolisant le déchaînement des puissances infernales.

[721] ABR 6 E 26, Not. Molsheim I, inv. Holtzheim 39 (1771) : *aus dieser betrübten und vergänglichen Welt.*

[722] P. DEYON, *op. 207*, p. 458.

de base. Religion *populaire*, faite de spontanéité et d'autonomie, présentant sa propre lecture du monde, attachée à l'immédiateté de l'intervention divine ? ou religion *popularisée* par une Eglise qui doit nuancer sa campagne d'acculturation par de constantes adaptations ? La religion populaire procède à la fois de la christianisation de pratiques païennes et, malgré les résistances de la hiérarchie catholique, de la paganisation d'une religion officielle et codifiée, le tout s'insérant dans une conception d'ensemble du monde, structurée, cohérente et logique. Elle ne peut être réduite ni a un ensemble de gestes et de superstitions, ni à une forme mineure et primitive de la foi. Les processions sont certes le baromètre d'un excès climatique ou des dégâts causés par les animaux nuisibles, mais exorciser les souris, c'est faire acte de foi ! Avoir recours au ciel contre la rouille menaçante également. Il ne s'agit en aucune façon de cette *religion de cabaret* dénoncée par Voltaire ! A l'ignorance, que met en exergue la philosophie des *Lumières*, elle-même ignorante de tout ce qui touche à l'âme populaire, nous serions tenté de substituer, une nouvelle fois, l'angoisse et le besoin de sécurité... En tout cas, ni le monolithisme de la religion officielle, ni même le choc de deux cultures ne résistent à l'analyse. S'affirme au contraire un large consensus entre la parole prêchée et la spiritualité vécue. Nombre de rites apotropaïques et cathartiques sont christianisés par des bénédictions, tandis que les usages hagiographiques s'appuient sur un solide équipement en saints de toute sorte.

Mais comment mesurer la foi ? Apparemment, rien de plus facile puisque la religion sacralise les grandes étapes de la vie et procure, pour le passage terrestre, une espérance salvatrice. *Omnes devoti catholici... Omnes boni catholici et erga Matrem Ecclesiam obedientes et devoti christiani*[723]... Les résultats de l'enquête de l'an XII, croisés avec les renseignements fournis par l'abbé Grandidier[724] nous autorisent à faire le point pour les 257 paroisses de la partie alsacienne du diocèse de Strasbourg :

	Chapelles	Croix	Fêtes	Processions	Confréries	Pèlerinages
Nombre	183	669	808	1834	118	61
Moyenne/paroisse	0,7	2,6	3,1	7,1	0,5	0,2
% du nb. de paroisses	71,2%				45,9%	23,7%

On peut certes, de cette façon, cerner la pratique religieuse dans ses manifestations extérieures : à commencer par la sanctification du dimanche, pierre de touche de la pastorale. Les automatismes de la pratique - entendre la messe, pascaliser et pèleriner - relèvent de la statistique établie par des observateurs extérieurs et s'inscrivant dans une tradition administrative. Mais lui accorder une confiance aveugle, n'est-ce pas confondre la foi avec le conformisme ? Marques d'adhésion, ces pratiques permettent d'identifier, parmi les croyants, les *observants* réguliers et les *conformistes saisonniers*[725]. Certes la coutume religieuse peut nourrir la foi et, sans la foi, la coutume risque de se vider de son contenu. Mais, au-delà des apparences et des

[723] AEBP A 109a/3 (visite pastorale de 1705 à Turckheim, Guémar et Holtzwihr).

[724] GLAK Fonds Grandidier *Zugang* 1907, n° 145.

[725] G. LE BRAS, *art. 3463*, p. 20.

Le calendrier liturgique de Guémar, paroisse catholique

Date: Mois	Date: Jour	Fête	Liturgie: Messe	Vêpres	Laudes	Sermon	Psaume	Oraison	Rosaire	Antienne	Litanie	Exposition Saint-Sacrement	Bénédiction	Procession	Divers
J	1	Nouvel-An				•									
	20	Saint-Sébastien	•			•									
	2ème dimanche après épiphanie	Saint Nom de Jésus				•									indulg. - pr confr. St-Sacr. (7ans+40 jours)
F	3	Saint Blaise											• (gorge)		
		Quinquagésime				•									indulg. pr confr. St-Sacr.
	le dimanche	Carême				•									
	le lundi	"					•	◊							
	le mardi							◊							
	le mercredi								◊	◊					
	le jeudi									◊	◊				
	le vendredi									◊					
	le damedi									◊					
M	12	Saint Grégoire	• (é)												
	25					•									
		"In albis"													
A	25					•					≈			communiants	
Mai	29		•	•										St. Marc	
		Mardi de la Pentecôte	•											(bénéd. champs)	
	Octave de la Fête-Dieu								◊	◊		•	• (a)		pèlerinage St. Maximin indulgence plénière
	Vendredi après l'octave de la Fête-Dieu	Fête du Sacré-Coeur		•	•			•							
At	25	Saint Louis	•			•	•	•							feux de joie, prières pr le Roi
S	8	Nativité de la Vierge				•									
O	2	St. Léger, patron de l'église	•	•										St. Sacrement	indulgence de 7 années
	10	St. Denis, patron second.	•												
	Dimanche après la Saint Luc			•										autour des remparts pour préservation des maladies	
N	1			•										au cimetière	
	2													au cimetière	
	3		• (é)												
	les dimanches de l'Avent		•		•	•			◊	◊					
D	24		•	•											
	27	Saint Jean l'Evangéliste											• (a)	St.Sacrement	indulgence plénière
Premiers dimanches du mois et fêtes de la Vierge				•		•									
Fêtes supprimées			•												
Samedis et veilles de fêtes									◊	◊			• (a)		
Aux féries des Quatre-Temps															

NB. Ne sont pas indiqués : Noël, Pâques, Pentecôte, la Fête-Dieu et les fêtes de la Vierge.

◊ = Vierge ; ≈ = Saints ; (a) = assistance ; (é) = Messe du Saint-Esprit pour les écoliers.

Source : AHR RP Guémar, 9 ("Gottesdienst Ordnung", 1760).

mécanismes de la pratique, il est plus difficile de sonder les coeurs et de mesurer la profondeur de la christianisation, car la psychologie des profondeurs et le subconscient collectif échappent à toutes les statistiques. En effet, suggérés par les documents, les indicateurs visibles d'une soumission grégaire ne donnent pas satisfaction : ni l'attachement aux dogmes fondamentaux proclamés au prône du dimanche, qui ne permettent pas d'affirmer la convergence entre les attitudes et le message évangélique, ni les pratiques traditionnelles, imposées par les rituels diocésains et soulignées par une stricte observance sacramentaire, qui peuvent être entachées de conformisme. Ces dernières procèdent alors d'une conception plus ou moins roublarde de l'obligation sacramentelle, d'un attachement à la matérialité des actes par souci d'*être en règle* avec Dieu et la société. Les fondations de messes peuvent-elles être considérées comme de pures manifestations de la ferveur et de la piété ? Même le calendrier des mariages et des conceptions et le choix des prénoms, qui répondent à un certain conformisme, ne sauraient constituer les indices fiables d'une christianisation profonde. Mais entre la réalité de la participation, contrainte sociale, et la qualité de cette participation, foi vécue, la différence n'est autre que celle qui sépare la pratique de la ferveur religieuse. Les fréquences n'ont pas les mêmes valeurs que de nos jours, car les convenances pèsent d'un poids très lourd : il ne s'agit donc pas de s'appesantir sur le nombre des non pascalisants qui reste infime au XVIIIème siècle. Un paganisant sincère ne vaut-il pas, somme toute, un pascalisant conformiste ? Ce n'est pas dans la pratique religieuse généralisée qu'on mesure l'adhésion à la religion. Certes, il n'y a pas opposition ni contradiction entre le rite officiel et le geste intime, entre la pratique imposée et la piété individuelle, pas davantage du côté protestant que du côté catholique. Il y a bien complémentarité et la religion, enseignée et vécue, forme un tout. Mais nos ruraux ont besoin d'autre chose que de gestes conventionnels ou d'images stéréotypées qu'offre la liturgie traditionnelle. Seules les exceptions à cette quasi-unanimité revêtent une signification : elles sont le fait de réfractaires sociaux autant que de dissidents religieux. Il est relativement facile à l'Eglise d'agiter à leur encontre la menace de la damnation éternelle pour les ramener dans le droit chemin ! L'analyse des attitudes permet tout au plus de dégager la prééminence d'une sensibilité collective sur les formes de piété individuelle. Il est vrai que la prière, individuelle ou collective, est la dévotion des gens qui ne savent pas lire. Mais quoique l'oraison particulière, qui suppose une intimité avec Dieu proche du mysticisme, ne laisse guère de trace dans les archives, les esprits frustes ne semblent pas enclins à la contemplation, démarche intériorisée propre aux élites. Ce n'est pas la lecture de la Bible ou d'un ouvrage de dévotion (d'ailleurs sont-ils réellement lus ?) ou quelque précepte relatif à la prière quotidienne ou occasionnelle, avec indulgence à la clé[726], qui permettent de conclure à

[726] E. WACKER, *art. 274*, p. 213 : *Am 9. Mai 1737 hat die Angst Christi ihren Anfang genommen zu leithen und soll ein jeder mag sein klein oder gross niederkneyen, er mag auf dem felt sein oder sonsten, wo er wüll und fünf Vater unser und fünf Ave Maria und der Glauben beten, so hat er Ablass seiner Sünden, zu ehren der Heiligen Wunden Christi* (Schlierbach).

BMC Ms. 152 : *Dein Morgengebäth vergisch du nicht weil es deinen nutzen ist, sobald als du verwach ist so bät* (livre de la famille Eschbach, Ingersheim, 1676-1757).

l'individualisation de la pratique religieuse, *révolution silencieuse* selon Robert Muchembled. Dans ce domaine, l'analyse des testaments pourrait être utile : l'insuffisance du taux de couverture et l'ambiguïté des critères ont été dissuasives. Restent, pour mesurer la profondeur de la christianisation l'approche du *vivre religieux* dans les comportements de tous les jours : la religion populaire est d'abord anthropologie.

Cette réalité complexe et fluide se reflète dans le succès des confréries, associations mi-religieuses, mi-profanes, que l'Eglise cherche à cléricaliser, et des missions populaires : les unes et les autres n'ont pas été totalement imposées par le sommet, ni entièrement créées par la base de la Chrétienté. Alliées et auxiliaires de l'Eglise dans la lutte contre l'hérésie et dans la pratique de la charité, ces ecclésioles affichent parfois une indifférence à son égard et font souvent passer le profane avant le religieux. Comme leur nom l'indique, au-delà d'une simple fonction de gestion à la manière des fabriques d'église, elles expriment un profond besoin de spiritualité et s'inscrivent dans les grandes dévotions christologiques traditionnelles. La partie alsacienne du diocèse de Strasbourg compte, en 1789, 118 confréries dont la moitié date du XVIIIème siècle[727] : confrérie du Christ agonisant[728], de la Bienheureuse Vierge Marie ou de la Vierge de Pitié et de la Consolation[729], du Saint Sacrement, du Sacré Coeur, des âmes du purgatoire[730], du Saint Rosaire[731], pour n'en évoquer que quelques unes d'entre elles. Par un certain nombre d'exercices collectifs - participation à des messes, assistance au salut du Saint-Sacrement, neuvaines -, on peut s'assurer la grâce d'une bonne mort. Si les indulgences qui y sont associées, conformément à une véritable *arithmétique du salut* selon Michel Vovelle, constituent une arme efficace aux mains de l'Eglise, l'attachement aux confréries répond néanmoins à un besoin profond de la population. La solidarité et la mutualité spirituelles se renforcent au moment des calamités. C'est ainsi que le tremblement de terre de 1682 dans la région de Sélestat précipite plus de 200 personnes dans la confrérie de la Bonne Mort[732]...

Il en va de même des missions assorties d'appel à la repentance, examen de conscience collectif, érection d'une croix[733], qui viennent rompre le train-train de la vie paroissiale. Aux mains, entre autres, des Jésuites de Molsheim[734], la pastorale missionnaire mobilise toutes les énergies de la paroisse, qui lui sert de cadre, et doit susciter un enthousiasme collectif : à la différence de la confrérie, qui constitue souvent un môle de résistance plus ou moins institutionnalisé à l'influence du curé, la mission prêchée tend à

---

727 L. CHÂTELLIER, *op. cit.*, pp. 186-192.

728 J. GROMER, *op. cit.*, pp. 259-261 (1653).

729 A. SCHAER, *art. 3467*, pp. 121-129 (Guémar 1735).

730 A. THUET, op. cit.: *zum Troste der Armen Seelen* (Bettendorf 1748).

731 M. BARTH, *art. 1763*, p. 278 (Dorlisheim 1772).

732 J. GENY, *op. [208].*, t. II, p. 121 (*Todesangstbruderschaft*).

733 F. TOURNIER, *art. cit.*, p. 161 : la mission préparatoire dans le diocèse de Bâle, au jubilé de l'année sainte, dure 23 jours, du 24 avril au 16 mai 1776. En voici le programme journalier : à 6 heures, une messe basse avec instruction religieuse ; à 10 heures une messe solennelle avec exposition du Saint Sacrement, suivie d'instruction religieuse ; à 17 heures, sermon.

734 M. BARTH, *art. 3446*.

C'est que l'Eglise cherche, en jouant sur le registre de la culpabilisation, à garder le pouvoir en s'assurant le double contrôle de la pratique religieuse et de la moralité publique. N'est-ce pas la solution de facilité que ce recours à une pédagogie de contrainte ou de contrôle et cette ritualisation des comportements ? Il est plus facile de surveiller et de réprimer que d'entretenir la foi ! Au nom d'une police chrétienne, d'un ordonnancement de la cité terrestre, d'un autoritarisme centralisateur, on impose un modèle de vie : surveillance de la continence préconjugale, ritualisation des relations et condamnation des déviances sexuelles ; méfiance affichée à l'égard des loisirs, activités inutiles et coupables ; censure des moeurs et affirmation d'un certain nombre de valeurs (le travail sanctifiant, la nécessité de la correction, la fixité des conditions, l'utilité de la hiérarchie). L'Eglise se fait la gardienne des moeurs[735] et n'hésite pas à mettre le bras séculier au service de la religion.

L'encadrement moral : observations du pasteur de Hurtigheim - Quatzenheim sur les paroissiens (XVIIème - XVIIIème siècles)

Source : AP Hurtigheim (chronique paroissiale, milieu XIXème siècle)

	Hommes Nb.	Femmes Nb.
Honnête, travailleur, calme, discret	9	-
De bonne réputation	5	-
Estimé, astucieux, vigoureux	5	-
Riche, chanceux	2	-
Pieux	1	-
Serviable	1	-
Bon gestionnaire	1	-
Total partiel	24	-
Débauché (e)	5	10
Méchant, violent, rustre	4	1
Prodigue, dépensier, sans énergie	3	-
Menteur, ivrogne, paresseux	2	-
Alcoolique	2	-
Insatisfait, pleurnichard, grognon	2	-
Mauvaise langue	2	-
Processif	1	-
Vantard	1	-
Renfermé	1	-
Misérable	1	-
Méchante sorcière	-	1
Effrontée	-	1
Total	48	13

N.B. Il va de soi que ces jugements de valeur ne concernent pas l'ensemble de la population, mais uniquement les adultes qui se font remarquer dans un sens ou dans l'autre.

[735] Voir *supra* pp. 1469-1476.

Imposer un comportement chrétien, telle est la préoccupation première[736]. Voyez le curé de Suarce qui se bat contre la fréquentation des cabarets[737]. Voyez ces familles d'Ernolsheim qui font gras le samedi des Rogations et qui se font dénoncer[738] ou ces jeunes mariés d'Epfig qui servent trop bien leurs invités la veille de la Saint-Laurent et qu'on condamne à faire venir à leurs frais un prédicateur, pour qu'il leur fasse un sermon sur le jeûne et l'abstinence, et à offrir une bannière à l'église : ne savent-ils donc pas, les uns et les autres, que la bonne chère est prohibée la veille des fêtes ? Ou encore ces fidèles de Dingsheim qui boivent et mangent avant d'aller communier et qui, trois dimanches de suite, seront tenus de faire amende honorable, à l'église, à genoux, un cierge à la main[739]. Enfin le curé de Kogenheim montre du doigt certains de ses paroissiens qui, au mépris des règles qu'impose la période du carême, consomment le soir, en guise de *petite collation, une douzaine d'oeufs et une grosse quantité de grenouilles*[740] !

Rappelons le caractère exceptionnel et épisodique des mentions de fiançailles, réduites à une simple bénédiction[741] et pour cause : afin d'éviter toute licence sexuelle préconjugale et pour rehausser l'éclat et le caractère sacré du mariage, l'Eglise cherche à réduire les fiançailles, théoriquement supprimées en tant que cérémonie religieuse par le concile de Trente, à une simple formalité reportée à la veille des noces. Statistiquement, les chiffres n'ont pas grande signification, mais cette pratique dévoile un trait important de la psychologie des responsables religieux qui assimilent le péché de la chair au péché tout court. Rappelons le refus de dissocier l'acte sexuel de la procréation, l'affirmation de l'irresponsabilité des hommes, qui va de pair avec leur ignorance dans le processus génératif, le préjugé contre l'illégimité qui conduit parfois les filles-mères aux solutions de désespoir que sont l'abandon et l'infanticide. Car l'Eglise est garante de la vertu, comme le montre le concours du *prix de vertu* décerné à Blotzheim, les 12 et 13 mars 1775[742]. En sont exclus d'office ceux qui se sont fait remarquer, eux ou leurs parents, par une conduite dépravée ou qui ont fait l'objet d'une condamnation : les ivrognes, les querelleurs, les joueurs, les *garçons ayant rôdé la nuit* ou s'étant *conduits immodestement à l'église pendant le service divin*, les filles qui auraient participé à des danses sans être accompagnées de leur mère ou n'ayant pas fréquenté le catéchisme. Il faut dix ans pour effacer ce genre de tare ! Le dimanche après l'Ascension, à l'issue de la grand-messe, le prévôt publie la liste de ceux et celles, parmi les

---

736 Voir *supra* pp. 1469-1476.

737 F. TOURNIER, *art. cit.*, p. 166 (1778).

738 L. CHÂTELLIER, *op. cit.*, pp. 131, 134 et 249 (ABR 1 G 215, 23 juin 1681).

739 *Ibid.*, p. 249 (ABR G 6320, 5 septembre 1702 et G 6318, 18 novembre 1694).

740 ABR 2 B 134 (15 avril 1750).

741 ABR 3 E 539/8 : 37 *sponsalia* sur 43 *matrimonalia* (86%) à Wingersheim (1743-1787).
ABR 3 E 183/4 : 29 sur 47 mariages (62%) à Hatten 1747-1752.
ABR 3 E 443/3 : 13 sur 51 (25,5%) à Scheibenhard 1763-1764, 1775, 1780 1786.

742 Ph. HORRER, *op. [223]*, t. I, pp. 409-422 : ***Délibérations de la communauté de Blotzheim pour l'établissement d'un prix à distribuer tous les trois ans au garçon et à la fille du lieu qui seront déclarés les plus vertueux.***

jeunes gens de 18 à 27 ans, qui peuvent prétendre au prix. Le suffrage se fait à deux degrés après les vêpres, dans la maison commune où se réunissent les trente femmes ou veuves *de bonne vie ou moeurs* ainsi que les bourgeois chefs de ménage. En dernier ressort, c'est le juge seigneurial qui choisit parmi les trois jeunes filles et les trois garçons proposés. La sélection se fera, précise-t-on, sans égard à la richesse, mais uniquement en fonction de la bonne conduite. Au contraire, on exhorte les électeurs à choisir la fille la plus pauvre, *celle qui sera la meilleure ouvrière, qui saura le mieux soigner les bestiaux, cultiver les jardins et les légumes, qui saura le mieux filer, tricoter, coudre, qui ne s'habillera que de toiles d'étoffes faites dans le ménage* : ce sont donc les *connaissances et les capacités dans l'économie rurale* qui seront décisives : sacralisation du travail[743]... Arrive le jour de la Pentecôte : l'élue, appelée la *comtesse de l'Au*, est accompagnée, depuis la maison de son père, par le nouveau *comte triennal*, les quatorze filles et les quinze garçons précédemment sélectionnés. L'ordre, dans la procession, se fait selon le *rang de la vertu* obtenu par les jeunes gens. A l'église, l'élue se fait couronner, reçoit une médaille et 200 livres tournois : elle figurera, après son mariage, au nombre des trente femmes vertueuses appelées à conférer à leur tour le *prix de vertu* : la boucle est bouclée. Une deuxième médaille est remise au garçon le plus vertueux. Et la cérémonie s'achève sur un *Te Deum* éclatant de joie...

Le contrôle s'exerce également dans le domaine de la pratique religieuse, surtout à l'époque du relâchement qui conduit à la *reconstruction* religieuse[744] : messe du dimanche obligatoire[745] ; communion pascale pour tous et billets de confession pour ceux qui iraient se confesser hors de la paroisse ; catéchisme imposé avec tenue d'un registre des contrevenants... Nous avons vu qu'à tout moment - fêtes, pèlerinages, processions - les autorités cherchent à contrôler et à endiguer une ferveur populaire exubérante et quelque peu anarchique. Le pouvoir de l'Eglise s'affirme surtout à l'occasion des visites pastorales, organismes de combat et instruments d'une réforme qui fixe la frontière entre l'orthodoxie et les pratiques populaires. Louis Châtellier dégage l'évolution, dans les préoccupations, de la mission à l'inspection[746]. Mais la résistance à la déchristianisation, même sous sa forme la plus élémentaire, à savoir le refus d'une religion aliénante, est forte à la campagne : il ne nous est pas apparu, au XVIIIème siècle, le moindre indice d'incroyance, monopole des esprits forts de la ville. *Nos campagnes...*, écrit Monseigneur Toussaint Duvernin le 26 janvier 1782, *sont peuplées de vrais croyants, qui vous servent dans la droiture de leurs coeurs...; c'est par eux et pour eux que notre Sainte Religion se maintiendra*[747]. Au total, peu d'irréligion militante, une minorité fervente et une majorité fidèle et conformiste.

[743] Voir *supra* pp. 880-884.
[744] Voir *supra* pp. 346-348.
[745] ABR G 1408 : décret de réforme de l'évêché de Strasbourg (1er février 1685).
[746] L. CHÂTELLIER, *op. cit.*, pp. 452-456.
[747] L. CHÂTELLIER, *op. cit.*, p. 482, note 1 (BGSS, coll. Mandements).

Conclusion

Ainsi la religion populaire se caractérise par une forte ritualisation et un ensemble de signes codifiés. Mais loin d'être abstraite et désincarnée, ou surimposée, elle entretient des relations étroites avec les faits sociaux : elle est un *phénomène social total*, selon la formule de Marcel Mauss, et assure un rôle d'intégration sociale. L'interpénétration de la vie et de la religion est telle que le fait religieux est un des principaux pourvoyeurs de matériau anthropologique : il suffit de faire l'inventaire des sacralités (valeurs sacrées, manifestations sacrales, objet sacral) pour atteindre, à travers ces signes, la vie individuelle et collective de la paysannerie[748]. Si on peut difficilement imaginer une société sans religion, dans les campagnes d'Alsace d'Ancien Régime, il est vain de vouloir chercher une religion sans expression sociale et psychologique. La religion populaire n'est intelligible que si l'on prend en compte les rapports qu'elle entretient avec le système culturel dans lequel elle s'insère : c'est dans la mesure où cette intégration se réalise que la religion fait partie d'une culture populaire.

C) Des réflexes innés : de l'évasion à la convivialité

Les paradis artificiels ne résident pas seulement dans l'alcool et le tabac, qui procurent des sensations fugitives de bien-être, encore moins dans l'usage des narcotiques et des plantes hallucinogènes[749]. Ce sont les pèlerinages et les pratiques magiques qui viennent satisfaire en partie le besoin d'évasion des populations rurales. La croyance au miracle renvoie au culte du héros, en l'occurrence du saint qui, ayant dépassé les limites de la condition humaine, est crédité d'un pouvoir surnaturel lui permettant de forcer la nature. A ces manifestations au contenu émotionnel, s'ajoutent les structures de la sociabilité - la confrérie, la fête, le pèlerinage - qui, plus ou moins laïcisées, échappent en grande partie aux normes de l'Eglise tridentine. Avec elles, nous descendons du ciel sur terre. Le jeu social veut que l'individu se fonde dans la famille, conservatrice d'un patrimoine et gardienne de valeurs, et dans une communauté qui impose des règles tacitement reconnues. Mais une partie de la vie paysanne se déroule à l'intérieur de cercles de solidarité intermédiaires, qui s'insèrent entre le noyau familial et la communauté villageoise. Dans des espaces ouverts (champ ou lavoir) ou clos (auberge et veillée), le seul passe-temps qui s'offre aux villageois, c'est la vie réfractée de l'autre dont la discrète surveillance, dans les contacts de tous les jours ou, plus longuement, le dimanche à la messe, se fait d'abord par le regard avant d'alimenter, par la parole, rumeurs et confidences. C'est par les commérages qu'on arbitre les conflits : le lavoir est un tribunal où les langues sont aussi alertes que les battoirs. Insinuante, provocante, la parole peut modifier le jeu social, briser le consensus communautaire, menacer la sécurité ou l'honneur des individus. Bien des conduites suspectes - un corps qui se transforme, un ventre qui enfle ou qui

[748] A. DUPRONT, *contrib. 3400*, pp. 106-109.
[749] P. CAMPORESI, *op. 2815*.

désenfle - sont ainsi dévoilées. On vit constamment sous le regard d'autrui : c'est dire l'importance de la pression sociale exercée par le voisinage. Mais le bruit public ne suffit pas à distraire : comment ne pas être attiré par la chaude convivialité de l'auberge et de la fête ? Les loisirs, imposés tant par l'oisiveté que par le goût de la fête, sont en effet une nécessité puisqu'ils couvrent, pour le domestique et le journalier par exemple, jusqu'à 20% du temps de l'année : ils sont avant tout un moyen de tromper l'ennui. D'autre part, les loisirs répondent à un besoin individuel et collectif : ils sont dispensateurs d'oubli, et permettent de s'échapper de la grisaille quotidienne, de canaliser les tensions potentielles pour les insérer dans des rites et des codes.

Or toute convivialité implique méfiance et exclusion. Rappelons que dans les fermes de quelque importance, une partie seulement des fenêtres sont perçées sur la rue, les autres donnant sur cette place domestique que constitue la tour close par un portail[750]. Seul un portillon cède le passage des voisins qui viennent se retrouver les soirs de veillée.

1) La veillée

En hiver, la veillée ouvre, pour peu de temps, l'espace domestique aux voisins : on se regroupe pour se tenir chaud, pour économiser la chandelle et le bois de chauffage, mais également pour passer le temps, rompre la solitude et répondre, inconsciemment peut-être, à l'angoisse qu'inspirent les longues nuits d'hiver. Lieu de rencontre des jeunes gens, la veillée joue un rôle important dans l'éducation sentimentale. Pour cette raison, elle n'est guère appréciée des curés, qui remplaceraient volontiers les bavardages par des cantiques et des prières, et se trouve toujours soumise au contrôle social des adultes. Pour l'Eglise, la distanciation est très nette entre la veillée familiale chaudement encouragée, dans la mesure où elle sert de cadre à la prière ou à la lecture pieuse, et les veillées à caractère multifamilial, lieux de perdition. En effet, dans les *Kunkelstuben, Meistuben* ou *Spinnstuben*[751], le maniement de la quenouille ou du rouet ne servirait le plus souvent que de prétexte à des entreprises moins avouables[752] et l'on chuchote que c'est l'après-veillée qui donne lieu à des débordements. La veillée nous semble avoir trop de fonctions sociales pour mériter une condamnation sans appel, qui doit être replacée dans le contexte du contrôle des moeurs propre à l'époque. On courtise les jeunes filles, soit. Mais on le fait aussi en été, en rase campagne, et en hiver devant la forge communale dans le cadre du

---

750 Voir *supra* pp. 1592-1595.

751 De quenouille (*Kunkel*), veiller (*meien*), filer (*spinnen*).

752 H. LIENHART, *art. 3293*.
AMH AA 150 (*Kunkelstuben* à Gunstett, 1616).
ABR E 4330 : l'interdiction des *Spinnstuben* à Oberbronn, le 15 novembre 1658, ne fait que renouveler celles de 1629 et de 1644.
ABR 3 E 163/5 : les *Kunkelstuben* sont interdites le dimanche (chronique de Goxwiller, 9 février 1661).
AMS VI 78/2 (*Kunkelstuben* dans le bailliage de Marlenheim-Wasselonne, fin XVIIème siècle).
ABR 3 E 277/1 : en 1720, les *Kunkelstuben* sont soumises à une sévère réglementation à Lingolsheim.
AC Mundolsheim : *in welchem burgerlicher Unfug getrieben wird* (1778)...
ABR E 5909/3 : Les *Kunkelstuben* sont interdites, le 11 janvier 1769, sous peine de 3 florins d'amende (*Dorfordnung* Vendenheim, 1720-1776).

Abendmarck[753]. N'est-ce pas une des rares occasions de rencontre en hiver, lorsque les fêtes n'offrent plus de possibilités ? Instrument d'intégration sociale, la veillée, même en l'absence de lecture, a un rôle didactique irremplaçable : elle permet la transmission de l'information et du savoir oral, et constitue peut-être une soupape de sûreté pour d'éventuelles explosions de violence...

2) Jeux et danses

L'auberge est, au village, une institution fondamentale : lieu privilégié d'un type de consommation et espace de rencontre, auditoire et lieu d'information, école de la violence où se déchargent les tensions accumulées, instrument de socialisation. C'est là que se lancent les défis, que se nouent les cabales, que s'étoffent les rumeurs, que tombent les réputations, que s'effectuent les réconciliations, que s'opèrent les tractations. Or boire, jouer, négocier sont d'autant plus mal vus par l'Eglise que l'office religieux subit la concurrence du cabaret. *Taberna contra tabernaculum* : les deux institutions se disputent la même clientèle et affichent les mêmes heures d'ouverture[754]. La taverne est le négatif de l'église. En 1752, le curé de Guémar se plaint auprès du bailli de ce que *la jeunesse de sa paroisse est négligeante à assister au catéchisme et autres instructions pastorales, faute d'estre contenue et astreinte par quelques amendes, que la mesme jeunesse ne considérant ny dimanches ny fêtes passe le temps des vespres, des nuites au cabaret à y commettre toute sortes d'extravagances, jouant à toute sorte de gros jeux, et particulièrement aux dez, ce qui non seulement cause la ruine, mais encore des rixes et des vaquarmes pendant la nuit dans les rües, et pardessus cela occasionne des vols.*[755]... Aussi ces repaires de la violence, de l'ivrognerie, de l'immoralité et du blasphème sont-ils souvent fermés d'office pendant le service[756], sauf pour les clients de passage qui sont censés y acheter leur vin. La condamnation de l'auberge se retrouve dans les procès-verbaux de l'Assemblée provinciale : *Les cabarets opèrent journellement la ruine des familles et des moeurs et sont la source ordinaire de tous les excès*[757]... Or l'auberge s'avère irremplaçable ; dans toute communauté de dix feux, il doit y avoir, précise une ordonnance de l'intendant du 7 février 1745, au moins un cabaret[758] ; le cabaretier est choisi à la pluralité des voix par l'assemblée des bourgeois[759] et, à défaut, le seigneur est prié d'en désigner un parmi les habitants les plus aisés, L'importance de

[753] ABR C 5909/3 : *Ein Abendmarck, dass ist eine Versammlung und Zusammenkunft, schon viele Jahre gehalten, allwo die junge unverheuratheten persohnen beeden geschlechts sich eingefunden... beÿ sommerszeit ausser dem Dorff und wintherzeit vor der gemeindt Schmitten alhier* (Dorfordnung Vendenheim, 1759).

[754] G. LE BRAS, *op. 3405*, t. I, p. 241 et t. II, p. 178.

[755] AHR E dépôt 30 BB 2.

[756] AM Turckheim BB 1 (règlement de 1665 et de 1667, art. 22, 23 et 33).
AEBP A 109/3 (Turckheim 1684).
AEBP A 19b/6 (Ingersheim 1780).

[757] ABR C 669.

[758] AHR E 159.

[759] *Ibid.* (Fortschwihr 1773).

l'auberge n'a pas son équivalent : la forge, que Lucien Febvre qualifie de *lavoir des hommes*, ne nous a pas livré ses secrets, pas davantage que le moulin : ce dernier tient-il, pour la diffusion des idées au niveau de la campagne, le rôle que tient la forge au sein du village ?

C'est en tout cas à l'auberge que s'organisent les jeux sur lesquels nous ne disposons que de renseignements épars. Les sources réglementaires évoquent, pour les condamner, *le Trictrac, de Pharaon, la Barbacole, la Bassette, le Lansquenet, le Pour ou contre, la Dupe, le Passe-Dix, le Quinze, le Trente, le Quarante*[760]. C'est que l'Etat moderne, comme l'Eglise, impose un code de comportement, s'adjugeant le double monopole de la fiscalité et de la violence, tout en assurant le contrôle des moeurs. Plaisir défendu que le jeu ? Le jeu n'est pas prohibé en tant que tel, mais ce sont les jeux de hasard, sans cesse pourchassés et toujours renaissants, qui sont interdits sous peine d'amendes très lourdes : 1000 livres pour les joueurs en 1765 et 3000 pour ceux qui *permettent de jouer,* en l'occurrence les aubergistes. Dans une société où Dieu est tout-puissant, croire en l'existence du hasard, c'est privilégier les interventions surnaturelles dans lesquelles Dieu serait absent. Comment accepter d'ailleurs une activité dont la rémunération est plus forte que celle que produit le travail ? Le jeu renverse les rôles, compromet l'ordre social et moral. Pratiquer le jeu, n'est-ce pas renier les vertus d'épargne auxquelles devrait être attaché tout un chacun[761] ? Est-ce à dire que les campagnes sont gagnées par la contagion du modèle des dominants dont les divertissements seraient stimulés par la soif du profit ? Le jeu est d'autant plus mal vu lorsqu'il se déroule pendant l'office ou par temps d'orage[762]. Malgré les interdictions, le paysan, *homo ludens* à sa manière, n'échappe pas à la tentation du jeu et à la passion ludique, Car le jeu relève d'une double nécessité : celle de se divertir et de tromper l'ennui dans un monde où, surtout le dimanche et les jours de fête, la monotonie est de règle ; celle de s'affirmer face à autrui par la victoire. Mais la gamme est beaucoup moins étendue que ne le laissent préjuger les règlements officiels. Au nombre de ceux qui sont le plus fréquemment pratiqués, nous trouvons le jeu de cartes avec enjeu d'argent[763] et le jeu de dés pour du vin[764] ou de la saucisse à frire ; en pays du Sundgau, on joue *au curé et au soudard*[765]. Sur la place publique ou devant l'église, on joue aux quilles[766]. La

[760] DE BOUG, *Ord. Als.*, t. I, p. 189 (arrêt du Conseil d'Etat du 15 janvier 1691, transmis par l'intendant de La Grange, le 30 décembre 1695) et t. II, pp. 699-700 (arrêt du Conseil d'Etat du 6 mai 1765).

[761] AHR 1 B 126 : *weilen sie an seinem Sonntag im Würtshaus um Geld mit Würflen gespiehlt* (Schaeffersheim 1736). Voir à ce sujet les travaux des médiévistes, en particulier ceux de Jean-Michel MEHL.

[762] A. SCHAER, *art. 3467a*, p. 84 (AM Turckheim BB 27 et 33, 1670-1715).

[763] AC Mundolsheim (*Dorf- und Policey- Ordnung der Herrschaft Mundolsheim und Mittelhausbergen*, renouvelée en 1778).

[764] ABR 1 B 126 : *mit würflen und umb Wein* (Bolsenheim 1753).
ABR E 5909/3 : les jeux de dés sont interdits à l'auberge (*Dorfordnung* Vendenheim 1720-1776).

[765] E. WACKER, *op. 274*, p. 39 : *Pfarrer- und Landknechtspiehl.*

[766] AM Turckheim BB 30 : procès-verbal du Magistrat du 24 juillet 1683.
AHR 1 E 83/44 : *Kögelplatz* (extrait de la *Dorfordnung* de Jebsheim, 1709).
AHR 3 B 3867 (Ungersheim 1723).
Chronique Wührlin,*op. [207] : Nous jouons aux quilles... pour du vin à deux sous le pot, les gens sont constamment ivres* (Hartmannswiller, 1769).

jeunesse est particulièrement surveillée : jeux équivoques comme le *jeu du bouc*, sorte de saute-mouton[767] ; jeux innocents comme le *Klätschen*[768]...

L'espace privé ne révèle guère de jouets (billes, poupées de chiffons, toupies et cerceaux ne sont guère présents dans les inventaires), ni jeux de société (pourtant la table de jeu apparaît épisodiquement), tandis que les instruments de musique sont très rares : la musique est-elle réservée au ménétrier du village ou au musicien de passage ? Par contre, la danse tout en étant couramment pratiquée, est soumise à autorisation seigneuriale, sauf si elle se déroule à l'intérieur des bâtiments privés. Elle ne doit avoir lieu ni au lendemain des catastrophes naturelles[769], ni dans des endroits éloignés des regards[770]. Elle fait l'objet d'une surveillance pointilleuse : on y voit un moyen de séduire par les effets de la prestance et de l'adresse. La *danse à l'allemande* revêt quelque particularité, si l'on en croit Brackenhoffer qui décrit les danses d'outre-Vosges. *Leur manière de danser diffère absolument de celle des Allemands : ils ne dansent que par paires isolées... On ne tourne pas en bande comme dans notre pays, mais on danse en allant et venant*[771]... Quoi qu'il en soit, la danse, dérivatif à l'ennui et à la sinistrose, revêt, par son caractère rituel, un aspect magique.

3) La fête

En dehors de l'atmosphère épaisse de l'auberge et de la chaleur douillette de la veillée, la fête apporte une autre occasion de se distraire. Faire la fête, c'est libérer une charge émotionnelle. Enracinée dans l'âme populaire, la fête, c'est d'abord une explosion de joie. Ce n'est pas seulement la discrétion des sources qui explique que l'histoire des bruits n'ait jamais été tentée. Car, malgré quelques irruptions épisodiques du tapage nocturne, qui ne manquent pas de susciter des plaintes et qui donnent lieu à la répression judiciaire, le village est le monde du silence : la sonnerie des cloches, le bruit des sabots d'un cheval, le crissement des roues d'une charrette, l'affûtage de la faux, le rythme des fléaux sur l'aire, le ronflement discret du rouet, le chant du coq, l'aboiement d'un chien ne suffisent pas à troubler cette quiétude. Seule la fête est capable de rompre la monotonie des sons de la vie quotidienne, en prélevant un peu de temps sur le travail répétitif *d'un soleil à l'autre*. Or le goût de la dramatisation, au sens premier du terme, conduit la paysannerie à multiplier les fêtes : fêtes de famille, du berceau à la tombe, qui sont autant de rites de passage ; fêtes calendaires, à jour fixe (la Vierge, les saints, le patron de la paroisse) ; fêtes cycliques saisonnières jalonnant le passage de l'hiver au printemps et du printemps à

---

767 AM Turckheim BB 41 : *Bockhauspiel* (1731-1741).

768 E. BECOURT, *art. [192]*, pp. 25-26 : à Mertzwiller, au mois de mai, à la sortie des vêpres, garçons et fillettes de 7 à 11 ans se mettent en cercle, sous le tilleul, en se donnant la main derrière le dos. L'un des enfants, sorti du rang, frappe la main de celui ou de celle qu'il affectionne le plus et qui devra le rattraper avant de faire quelques tours de danse au milieu du cercle (1777-1796).

769 AN T 570/1 : *les communautés affligées par la gresle ne dansent point aux dédicaces* (seigneurie de Landser, 1746/1747).

770 J. GENY, *op. cit*, t. II p. 200 : *heimliche Täntz sonderheit in Scheüren undt anderen dergleichen Schliefwinklen...* (AP Rouffach, *Kirchenordnung* 1670).

771 E. BRACKENHOFFER, *op. [197]*, p. 116.

l'été ; fêtes agraires liées aux travaux des champs[772]... Maugue qui affirme qu'*il n'y a point de feste qui ne soit solennisée par le divertissement,* a été frappé par la succession des fêtes des famille : *depuis les noces et les baptesmes... jusqu'aux funérailles et mesme aux anniversaires qu'a la campagne on assemble les parents et les amis pour se consoler des pertes qu'on a faites en noiant son chagrin dans le vin...* Caractérisé par *la profusion des viandes,* le festin qui suit les épousailles *est des plus amples qui se donnent pendant le cours de la vie, ce qui conduit les convives,* ajoute notre médecin, *à devoir délivrer les humeurs superflues soit par étuves, soit par ventouses...* En même temps, la danse *est pour ainsi dire le dernier divertissement que prend l'épouse*[773]. Or la fête revêt une grande signification sociale : moyen de tromper l'ennui, elle est aussi l'occasion de renforcer les liens et d'affirmer l'identité du groupe villageois, de redécouvrir la solidarité et la cohésion sociale ; elle libère surtout la charge émotionnelle consécutive à l'accumulation de tensions et d'angoisses ; elle symbolise enfin l'abondance au sortir d'une période de privation, justifiant des excès occasionnels après la pénurie habituelle. Elle répond donc à une série de besoins : besoin d'échanger, de se divertir, de s'affirmer, de s'empifrer... La cadence - une fête tous les six à sept semaines, en raison du rythme agro-bio-liturgique[774] - apparaît tout-à-fait raisonnable. En dépit des divertissements que procure la veillée, la période entre les Rois et Pâques ne serait-elle pas trop longue, si elle n'était coupée par l'explosion populaire de Carnaval qui retient l'attention des mythologues par son caractère excentrique et subversif[775] ? Mais Carnaval, qui marque la phase finale du cycle des veillées, ne fait qu'inaugurer le cycle, printanier et estival, des fêtes populaires.

Quelle fête ? En cette terre de convivialité, tout devient occasion de fête : une noce ou la naissance d'un enfant, bien-sûr, mais aussi un baptême de cloche, la reddition des comptes de la commune... Certaines de ces fêtes ne laissent que peu de traces hors des archives de la répression et des prescriptions somptuaires. C'est ainsi que nous savons qu'une noce paysanne dure deux ou trois jours[776] et coûte une ou plusieurs centaines de livres[777]. Les festivités publiques sont mieux connues que les célébrations privées. C'est cependant par le plus grand des hasards que nous prenons connaissance des coutumes de Noël - *Weihnachtsmeyen* à Turckheim[778], distribution des cadeaux dans le duché de Deux-Ponts[779] -, du Nouvel-An[780], de la Fête-Dieu grâce à la poudre mise à la disposition par la commune[781], de la Pentecôte[782].

[772] Cf. *L'oie de la moisson* à Sundhouse au XVIIIème siècle d'après les archives paroissiales. J. BERNARD, *op. [387]*, pp. 61, 67 et 72.

[773] B. MAUGUE, *op. [252]*, t. I, pp. 130, 138-139 et 154.

[774] Voir *supra* p. 1922.

[775] B. HELL, *art. 3286*.

[776] H. GERST, *op. cit.*, p. 119 : *Protocollbuch* du duché de Deux-Ponts, 6 novembre 1769.

[777] ABR 17 J 108 (Martin Muller, Schwindratzheim, 10 janvier 1782).

[778] A. BILLICH, *op. 203* (d'après les registres de délibérations de la communauté, 1597-1659).

[779] H. GERST, *op. cit.*, p. 120 : *Christkindergaben, Hanstrapp*.

[780] J. BERNARD, *op. cit.*, p. 74 : A Sundhouse (AP), les claquements de fouet remplacent nos pétards...

[781] J. GENY, *op. cit.*, t. II, p. 213 (AM Turckheim, 28 mai 1709).

[782] Ramassage des oeufs à Turckheim (AM Turckheim BB 1, 21 avril 1693) ; *Lundiboll* à Hurtigheim (E. ERICHSON, *art. 393*).

C'est autour de la vie religieuse que s'organise l'existence de la communauté rurale. Il est donc normal que ce soient les fêtes religieuses qui priment toute autre solennité. Entre les célébrations liées au thème de la fertilité - Pâques, fête de la germination ; Noël, fête de l'espoir -, s'inscrivent la Chandeleur qui marque le réveil de la nature et la Saint-Jean d'été, point culminant de l'année agraire[783]. Or, la fête, c'est provisoirement le monde à l'envers, l'exutoire des tensions accumulées,le temps des débauches alimentaires et des débordements sexuels. C'est le jour, dit Kirschleger, où *les filles et les femmes de la campagne... vont... partager avec les hommes leurs jouissances au cabaret, sans qu'on puisse trouver dans le pays cet usage ridicule*[784]. Elle peut même se muer en révolte. Mais l'Eglise, pourtant largement responsable de la multiplication des fêtes[785], veille : pour éviter le chaos, il faut contenir la fête dans des limites raisonnables. Le respect de l'ordre établi constitue la meilleure limite à la spontanéité et à la permissivité. L'Eglise cherche à contrôler le mouvement festif de deux façons :

- par la limitation du nombre de fêtes qui ne donnent pas lieu à des célébrations, mais qui alimentent les dévotion populaires : à Jetterswiller, au XVIIème siècle, où l'on invoque Symphorien, Pantaléon et Pétronille, on ne compte pas moins de 138 fêtes, soit un jour sur trois[786]. Une certaine latitude est laissée aux évêques qui peuvent interpréter la bulle *Universa* d'Urbain VIII limitant le nombre de fêtes à 34, puisqu'un édit de 1695 leur permet d'ordonner les fêtes qu'ils trouvent *à propos*. Les tentatives de l'Eglise pour en abolir un certain nombre relèvent du souci d'endiguer les dévotions populaires, préoccupations que nous avons déjà relevées à propos des bénédictions et des processions[787]. Elles sont plutôt mal acceptées par la population. Saint Valentin, pourtant invoqué de temps immémorial dans le Kochersberg, est absent de l'*Agenda* de 1670 et du rituel de 1742 émanant des autorités du diocèse de Strasbourg. Quant à Saint Quirin, il est admis en 1670, supprimé en 1742[788]. Lorsqu'en 1740 le curé de Turckheim veut abolir la Saint-Sébastien, en l'honneur d'un saint auquel on venait d'édifier une chapelle[789], c'est une levée de boucliers. A Hunawihr, la dévotion à Sainte Hune a la vie dure[790]. En 1773, l'évêque de Bâle décide de supprimer trois fêtes dans son diocèse - la Saint-Joseph, la Saint-Jean-Baptiste, la Saint-Jean-l'Evêque[791] -, *en un mot on supprime les pratiques religieuses d'autrefois !*

- par la christianisation des fêtes profanes, dans lesquelles l'Eglise dénonce la place démesurée que prend la fonction de divertissement, qui participe de l'effort de moralisation de la société.

---

783 Voir à propos des feux, *supra* p. 1923.

784 F. KIRSCHLEGER, *art. cit.*, p. 223.

785 Cf. les 15 *Halbfeiertage* du comté de Hanau-Lichtenberg d'après la *Kirchenordnung*. Voir *supra* p. 1471.

786 J. ADAM, *art. cit.*, pp. 106-110 (d'après les archives paroissiales).

787 Voir *supra* pp. 1924-1928.

788 C. OTTMANN, *mém. 3530*, pp. 416-417.

789 AM Turckheim BB 42.

790 AHR E 279 (Rosé, 14 juin 1760).

791 J. LIBLIN, *art. [242]* (chronique de Dominique Schmutz).

Certaines fêtes carillonnées deviennent en effet une occasion de débauche lorsqu'elles se prolongent aux portes de l'église ou lorsqu'elles donnent lieu à des rixes entre jeunes gens de villages voisins[792]. A l'origine, commémoration de la bénédiction de l'église paroissiale puis fête patronale, le jour anniversaire du Saint protecteur, *dédicace* ou *Kirchweihe,* devient progressivement *Kirwe, Kilbe* en Haute, *Messtag, Messti* en Basse-Alsace[793]. Ainsi, fête carillonnée, la *Dédicace de la paroisse cause autant de divertissement que de prière*[794]. Les réjouissances populaires risquent d'étouffer, pense-t-on, la dévotion religieuse. C'est ainsi qu'en 1763, l'Eglise obtient l'appui de l'intendant qui dénonce *fêtes et réjouissances publiques connues sous le nom de Dédicaces, Rübbe* (sic) *en allemand*[795] qui empêchent les gens de *sanctifier le jour du seigneur.* A deux reprises, le 6 mai 1765 et le 24 avril 1773, le Conseil Souverain interdit aux baillis, Magistrats et préposés de *permettre à l'avenir les fêtes et réjouissances sous le nom de Dédicace ou de Kilbe à d'autres fins que ceux* (sic) *fixés par les évêques du ressort, chacun dans son diocèse*[796]. Comme pour la condamnation des auberges, on retiendra la complicité du pouvoir religieux et du pouvoir civil. Or la fête villageoise a la vie dure. Elle se prolonge d'ailleurs le lundi pour se terminer le dimanche suivant et constitue une concurrence pour les manifestations religieuses. Interdit en 1773, le *Messti* de Hipsheim est remis en usage dès 1783[797]. La seule condition, c'est qu'aucun marché ne se tienne pendant la durée du service religieux, d'où le report de ce dernier en semaine, aux lundi et mardi 15 et 16 août. Voici comment un mémoire du duc de Deux-Ponts, daté de 1795, nous décrit la fête du village dans le comté de Ribeaupierre : *Külb, Kirchmess, Messtag sont consacrés à la bonne chere, à l'oubli des misères de la vie, aux visites des amis, à la danse. C'étoient des types incomplets des anciennes bacchanales et le diminutif des grandes foires... pour l'honneur du patron... Il n'y a point d'endroit, tel petit qu'il fut qui n'ait pas annuellement l'époque de réjouissances publiques. Une compagnie de jeunes gens du lieu se met à la tête des plaisirs de la fête. Elle engage des violonistes, qui après le service divin jouent dans une place publique, ou l'on danse moyennant une rétribution payée aux entrepreneurs. Des moutons, des boucs, des coqs, des bas, des vaisselles d'étain étoient d'ordinaire les gains proposés aux danseurs. Les quilles et les dez étoient les jeux d'adresse et de fortune. L'on s'évertuoit à inventer de nouveaux modes de divertissements. Des*

[792] Voir *supra* p. 1513.

[793] A. KASSEL, *op. 3354*. L'auteur mentionne le *Messti* de Hurtigheim (interdit dès 1685), de Minversheim (1736 et 1786), d'Uberach (1737), de Rumersheim (1769), de Hohatzenheim et de Mommenheim (1786).
AM Turckheim BB 27 (Turckheim 1669).
ABR 3 E.155/2 : le *Messti* de la Saint-Adelphe à Geudertheim est fixé au 20 septembre 1700.
E. WACKER, *op. cit.*, p. 213 (la Saint-Martin à Schlierbach, 1744).
ABR 2 G 73 A/1 : règlement de police du duché de Deux-Ponts (1776).
ABR 8 E 539/96 : règlement de la fête du village (Wingersheim 1710).

[794] AHR 2 J 45 III/25 : jugement à propos de la quête d'un trésor dans une maison hantée (Rosheim, 20 octobre 1747). Voir aussi la condamnation de Rippel, curé de Fessenheim-le-Bas (*op. [361]*).

[795] AHR 2 J/21, fonds Heitz, 24 avril 1773.

[796] ABR C 669.

[797] ABR E 1378 : arrêt du Conseil Souverain du 24 avril 1773, puis décision de remettre en usage le *Messti* de Hipsheim en 1783 et celui de Zellwiller en 1786.

marchands de faïence et des faiseurs de pains d'épices étaloient leurs marchandises. Le sort des dez décidoit d'une petite écüelle, d'une assiette faiance, ou d'un pain d'épices de six sols. L'on y vendoit aussi des objets dont les habitans pouvoient avoir besoin. Les enfans y trouvoient les instruments convenables à leur âge[798]...

Or au moment où les autorités religieuses tentent de limiter les festivités populaires, elles cherchent à faire respecter des fêtes officielles pour célébrer une bonne nouvelle dynastique, diplomatique ou militaire[799]. Car la fête civique est un instrument de pouvoir, un moyen d'éducation politique. Par un système d'information ritualisé, le mandement épiscopal est porté à la connaissance du public par le curé au prône du dimanche. Selon le cas, supplications, prières, *Te Deum* et feux de joie se succèdent : à l'occasion de la mort de l'Empereur Ferdinand III en 1657, lors du siège de Vienne par les Turcs en 1683, pour le retour de la paix en 1744 et pour la célébration du traité d'Aix-la-Chapelle en 1748, pour l'heureuse délivrance de la reine ou à l'occasion de la mort du Roi en 1774, du couronnement de Louis XVI en 1775, de la naissance du dauphin en 1781[800]... Enfin, à l'occasion de la réunion des Etats Généraux, l'évêque de Bâle invite les fidèles à participer à une exposition du Saint-Sacrement suivie d'une procession autour de l'église *pour la gloire et la conservation du Roi, de la Reine et de Monseigneur le Dauphin, de la Famille royale et de la prospérité de l'Etat*[801]. Un exemple illustre le faste que l'on met dans ces célébrations, celui des fêtes qui préparent, à Ensisheim, les festivités du couronnement royal, le 11 juillet 1775[802] : illumination, non seulement de la maison commune, mais du clocher au moyen de 476 lampions ; installation d'une banderole, également illuminée, portant l'inscription *Vive le Roi* au-dessus de la porte de la cité ; invitation lancée par le tambour à tous les habitants pour qu'ils disposent des bougies devant leurs fenêtres ; renforcement des patrouilles dans les rues du village... Le pouvoir profite donc du goût pour la fête, profondément ancré dans les mentalités populaires, avec plus ou moins de succès d'ailleurs. En effet, n'y a-t-il pas un contraste entre la publicité qu'on donne à de telles manifestations, qui laissent des traces dans les archives de la commune, et la discrétion qui entoure les réjouissances populaires ? Le peuple n'est-il pas frustré de *sa* fête, dans la mesure où il est admiratif sans doute, mais très passif ? Y-aurait-il, comme l'affirme Yves Marie Bercé, désaffection populaire à l'égard des fêtes politiques depuis la fin du règne de Louis XIV ? Nous débouchons, une fois encore, sur le choc de deux cultures, la contradiction entre la volonté des dominants et la spontanéité des manifestations populaires.

---

[798] AHR 19 J 126.

[799] F. N. LE ROY-DE-SAINTE-CROIX, *op. 3360.*

[800] M. BARTH, *art. 3416*, p. 298.
AM Turckheim BB 30 : toute danse est d'ailleurs interdite pendant la durée du siège de Vienne en 1683.

[801] AHR 1 G 7 (11 avril 1789).

[802] Texte reproduit par H. REINHARDT, *art. [451]* (d'après les archives communales).

Conclusion. La redécouverte de la culture populaire

Trop longtemps la culture du peuple de la campagne a été l'objet de dépréciation et de rejet. Vue par les élites instruites qui la tiennent à distance, elle se définit d'abord de façon négative, par ce qu'elle n'est pas : ni savante, ni rationnelle, ni même écrite. Lorsqu'elle empiète sur le domaine de l'écrit, elle subit l'influence de la culture savante, soucieuse d'imposer ses normes et ses modèles, désireuse de régenter et de réglementer. Lorsqu'au XXème siècle, cette culture populaire risque de perdre sa spécificité, par contamination avec la culture écrite, elle est sacralisée par les ethnologues qui, avec une pointe de nostalgie, y découvrent des trésors d'innocence, de charme et de naïveté. Longtemps objet de mépris, la culture populaire, débarrassée de toute suspicion de grossièreté, devient aujourd'hui objet d'envie : mais seul l'historien peut la ressusciter dans sa pureté originelle.

CONCLUSION GENERALE

Notre enquête touche à son terme. Elle s'inscrit dans une double perspective, géographique et chronologique, spatiale et temporelle. Les multiples interrogations qu'elle soulève convergent sur l'éclairage d'une *paysannerie* non institutionnalisée, avant l'avènement du corporatisme et du syndicalisme agricoles. *Une* paysannerie ? Abus de langage sans doute, schématisation excessive, puisqu'il s'agit*des* paysanneries contrastées qui occupent la plaine d'Alsace, voire d'agrégats de *paysans* qui n'ont de commun que leur état et leur mode d'existence. S'appuyant sur l'indispensable reconstitution du milieu physique – le climat qui périodiquement se détraque, l'inégale qualité du sol qui pèse sur la richesse économique –, notre démarche finit par privilégier l'homme dégagé du déterminisme dans lequel cherchait à l'enfermer l'ancienne géographie régionale. En réalité, la plénitude des phénomènes humains ne se satisfait pas davantage du déterminisme du droit et de la technique que de celui du milieu naturel.

Débarrassée des certitudes préalables, cette contribution à l'histoire rurale a fait une large part au localisme. Elle a débuté par un plaidoyer en faveur des études régionales ; elle s'achèvera sur la nécessaire intégration de la plaine d'Alsace dans un ensemble plus vaste, à la fois français et rhénan. Il s'agit en effet de restituer son unité à un espace que nous avons été amené à fractionner. Car la plaine d'Alsace apparaît d'abord comme une mosaïque. De même que *France se nomme diversité,* selon l'expression de Lucien Febvre, de même l'Alsace est une juxtaposition de milieux de vie dont la reconstitution, restée à l'état d'ébauche, s'avère singulièrement délicate. Toujours relatives, la richesse ou la pauvreté d'une région se mesurent-elles à la fertilité du sol ou à la multiplicité des activités potentielles ? Pierre Goubert l'avait relevé pour le Beauvaisis : la situation du Bray verdoyant du sud, dont la polyculture s'harmonise avec l'élevage, la cueillette, la chasse et le braconnage, est peut-être plus enviable que celle du plateau céréalier du nord qui, attaché à une production céréalière florissante, mais périodiquement menacée par les crises, paie la rançon d'une quasi-monoculture céréalière. De la même façon, nous serions tentés de réviser, pour l'époque préindustrielle, la prétendue avance du Kochersberg, grenier à blé et royaume du cheval. Région agricole à la légendaire prospérité, le Kochersberg connaît, dès le XVème/XVIème siècle, une *prérévolution agricole* qui lui permet de résoudre de façon précoce le problème des fourrages. Mais, favorable à une élite de producteurs-vendeurs, qui tablent sur l'emphytéose pour arrondir leurs possessions, le système l'est moins pour la petite et moyenne paysannerie : tandis que la polyculture, utilement complétée par une gamme d'activités annexes, pourrait lui apporter de réelles garanties, une spécialisation céréalière trop accusée ne joue pas en sa faveur. Certes, par la distribution du travail, le gros exploitant peut faire bénéficier toute une clientèle des retombées de la prospérité. Mais la terre est rare et sa répartition inégale ; les crises frappent durement une économie trop peu diversifiée ; la population est à la limite de son point d'équilibre.

Ces caractéristiques subsistent, quoique moins marquées, du pays de Hanau à la plaine d'Erstein et jusqu'au Sundgau, régions anciennement occupées et dominées par une aristocratie paysanne. Les contrées périphériques, *Harts* et *Rieds*, apparaissent plus neuves et mieux adaptées à l'existence d'une petite paysannerie : les installations y sont plus tardives, les défrichements restent possibles en plein XVIIIème siècle et, en dépit de conditions naturelles médiocres, le peuplement par immigration se poursuit jusqu'à l'aube de l'ère industrielle. Grâce à la polyvalence de leurs activités, grâce à un meilleur équilibre alimentaire par la consommation de fruits et de légumes divers, elles sont capables de nourrir davantage de monde, la surcharge démographique allant de pair avec une relative égalité des conditions ou, en tout cas, avec des structures sociales moins contrastées. En contrepartie, la réaction seigneuriale y est plus virulente dans la mesure où cette dernière rencontre peu de résistances de la part d'une paysannerie moins puissante et moins agressive. Il convient donc de rejeter l'opposition simpliste et manichéenne entre les riches terres à blé et les contrées déshéritées vivant d'activités multiples. Pour les mêmes raisons, une opposition tranchée entre Haute et Basse-Alsace ne se justifie pas, même si la première se caractérise globalement par des sols moins fertiles, des structures sociales moins contrastées, une fiscalité plus pesante.

Au clivage économique entre régions agricoles se superpose la différenciation socio-confessionnelle entre communautés catholiques et luthériennes. Sans être considérable - car il importe de nuancer les thèses de Max Weber -, l'avantage, à la fois dans le domaine de l'économie et sur le plan de la culture écrite, semble jouer en faveur de la minorité protestante, société globalement plus homogène que la communauté catholique qui présente souvent un profil plus contrasté, comptant en son sein une minorité de familles aisées et une masse de ménages modestes. Les Protestants sont un peu moins prolifiques, un peu plus à l'aise si l'on considère l'échelle moyenne des fortunes, un peu plus instruits que les Catholiques. Dans leurs activités quotidiennes, les uns et les autres se côtoient, partageant les mêmes occupations. La rupture se fait jour au niveau des alliances, l'homogamie confessionnelle étant une règle qui ne souffre guère d'exception. Sur le plan strictement confessionnel, les heurts sont fréquents : le temple et l'église se situent face à face et le feu de l'intolérance couve, prêt à se réveiller au moindre incident. Mais cela est une autre histoire...

En dépit de ses multiples variantes, cette campagne affirme son originalité par rapport à la ville. Le thème littéraire qui sous-tend toutes les pastorales (proche de la nature, la campagne serait synonyme d'innocence et de vertu par rapport à la ville corruptrice, foyer du luxe et du vice), cède un peu de place au discours philosophique et médical, selon lequel la ruralité engendrerait la crasse, la routine, l'ignorance, les préjugés. Dans l'un et l'autre cas, se dresse un obstacle psychologique entre deux mondes qui cultivent leurs différences : le citadin qui affiche *une indifférence grossière pour les choses rurales et champêtres,* qui est incapable de distinguer le chanvre du lin, le seigle du froment, qui ignore ce qu'est le regain, a été brocardé par La Bruyère. Une telle situation trahit une absence quasi totale de contacts, dont témoigne la rareté des échanges matrimoniaux à condition sociale comparable. Seul le marché et, pour les plus aisés des campagnards, la consultation du notaire royal sont des occasions de rencontre. Pour le reste, la ville attire occasionnellement les marginaux que rejette la campagne : filles-mères préoccupées de dissimuler leur grossesse ou leurs couches ; domestiques en quête d'emploi ; indigents à la recherche de travail et de secours. En effet, le travail peut être facteur d'attraction, comme la structure ou la conjoncture propres à l'économie préindustrielle peuvent devenir des motifs de répulsion. Est-ce à dire que, percée de portes, la ville se contente de jouer le rôle de refuge en temps de guerre et de misère ? Bien que l'immigration à courte distance soit difficilement quantifiable et que les éventuels retours au pays leur échappent, les historiens ont montré qu'aucune grande ville n'était capable de se développer à partir de son croît naturel : le dynamisme démographique de la campagne compenserait la léthargie des comportements urbains sur lesquels pèsent les contraintes de la ville-mouroir. Par ailleurs, la compénétration est rendue possible par l'identité ou la complémentarité des activités : le maraîcher qui travaille la terre, le saisonnier qui s'engage dans les moissons du plat pays en fournissent autant de preuves. Or, si les liens existent, ils s'établissent souvent sur des rapports de domination, la ville matérialisant les trois pouvoirs, politique, religieux, économique. Centre de décision, la ville exerce une domination économique reposant sur l'exploitation du monde rural. Elle s'impose par l'offensive de ses placements fonciers, même si les acquisitions de biens-fonds restent plus dispersées qu'ailleurs, tributaires des rythmes de la conjoncture et peu propices aux investissements productifs. La ville s'impose par le contrôle du flux monétaire, parfois à la faveur de l'endettement paysan, par le biais des acquisitions foncières et, dans une économie préindustrielle, par la distribution du travail à la campagne et la redistribution, en guise de ristourne, de la rente foncière prélevée sur la campagne. La ville, débouché des surplus agricoles, va jusqu'à imposer à son *Hinterland* ses habitudes de consommation et le choix des cultures, aussi bien nourricières que commerciales. Il n'en faut pas davantage pour qu'on dénonce la cité colonisatrice, parasite, vampire. Or notre étude contribue à relativiser ces rapports de domination limités à la fois par l'archaïsme des structures (insuffisance des communications, médiocrité des flux monétaires, difficultés d'adaptation à la demande urbaine) et par la résistance de la campagne. Certes la ténacité de l'emprise foncière citadine trouvera son couronnement dans l'achat des biens nationaux, mais, après la période faste de la *reconstruction*, les occasions se raréfient face à une paysannerie de plus en plus agressive : il s'agit alors, pour la bourgeoisie citadine, de profiter de la moindre circonstance favorable – faillites paysannes ou mise en vente de propriétés nobiliaires – pour consolider la position que lui dispute la paysannerie. Par ailleurs, à mesure qu'elle s'enrichit dans ses couches supérieures, la campagne affiche une relative autonomie financière dans la seconde moitié du XVIIIème siècle, puisque c'est dans son propre sein qu'elle puise, de plus en plus, ses ressources.

Le pivot de notre étude a été planté au XVIIIème siècle, époque des mutations et des engorgements. Mais il convient de relativiser l'importance des changements intervenus, dont l'ampleur est sans commune mesure avec ceux auxquels nous assistons depuis la seconde guerre mondiale. La lenteur de l'évolution, dont les contemporains avaient eux-mêmes conscience, a quelque chose de rassurant pour l'historien soucieux de dégager des états avant de discerner des évolutions. La période qui se déroule entre la *reconstruction* et la Révolution se place sous le signe de la pénurie : pénurie croissante de terres, de pâtures, de bois, de grains. Seule exception : l'abondance des hommes fait suite à sa raréfaction dans la deuxième moitié du XVIIème siècle.

Dans les finistères provinciaux que sont l'Outre-Forêt et le Sundgau, la frontière joue un rôle capital. Car notre évocation s'ouvre sur une guerre, ou, plus exactement sur des guerres en chapelet. A ces guerres - c'est là une des spécificités du monde rhénan -, la province participe directement, par la pénétration des armées. Ce n'est pas que les campagnes militaires soient particulièrement meurtrières, car elles n'occasionnent pas encore de pertes massives. Puisque la guerre s'entretient par ses propres moyens, les passages des troupes et les quartiers d'hiver ont des conséquences infiniment plus redoutables que les opérations militaires proprement dites auxquelles les autochtones ne participent pas toujours avec grand enthousiasme. *Les laboureurs*, écrit en 1743 tel administrateur du bailliage de Landser[1], se révèlent *peu propres au maniement des armes*, avant d'ajouter : *S'il s'agissoit de vuider une querelle à coup de poings et de tricots, je répondrois des Sundgoviens, ils rempliroient leur personnage à la perfection, si leur courage surtout estoit aiguisé d'une pointe de vin, mais les opposer à des soldats pour se battre contre eux avec des armes dont ils n'ont pas l'usage, ce seroit beaucoup hazarder, et mettre le poste qu'on leur confieroit au risque d'etre déserté, nous avons l'expérience de cela dans le dernier passage du Rhin des pandours a algolzheim près de Brisach, ou tous les paysans, gardes et travailleurs, ou du moins la plus grande partie ont pris la fuite*... Le problème est ailleurs : la campagne paie un lourd tribut à la guerre, perdant de 40 à 70 % de sa population, assistant, impuissante, à la destruction des villages et à l'abandon des terres. Pour la ville, relativement protégée, les pertes sont moins sensibles. C'est que tout le tissu économique et humain risque de se trouver désorganisé par suite d'un complexe d'adversités multiples : exactions et pillages, tendance à la décroissance démographique, stagnation de la production et des prix, alourdissement des charges et des dettes que la mauvaise conjoncture rend insupportables. Mais c'est surtout la *reconstruction* qui, à la suite de ces guerres, revêt une importance capitale pour l'économie agraire et la société rurale. L'ampleur des développements qui lui sont consacrés s'explique certes par l'absence de toute étude d'ensemble, en particulier sur les aspects fonciers de la *reconstruction*, qui a, trop souvent, fait l'objet d'indications disparates et anecdotiques, mais surtout par l'importance primordiale du phénomène pour la compréhension du XVIIIème siècle. Province-frontière,

[1] AHR C 1189 (12 août 1743).

l'Alsace continuera à connaître une parafiscalité de guerre en pleine paix. Sa population conservera ses habitudes de mobilité dont certaines pièces de mobilier et la maison rurale elle-même sont les indices. Bien davantage : la *reconstruction* ne fonde-t-elle pas les structures de la population, de la propriété et de la production, caractéristiques du dernier siècle de l'Ancien Régime ? Sur le plan démographique, la guerre, dont les effets se combinent avec ceux de la famine et de l'épidémie, résout momentanément le malaise issu de la surpopulation. Mais elle rend surtout compte des structures de croissance permettant de combler, en quelques décennies, les vides opérés par les accidents de la conjoncture. L'Alsace ne connaît pas, comme la région parisienne, la récession démographique des années 1680/1690. Au contraire, les fortes natalités et la jeunesse de la population assurent un dynamisme exceptionnel et, paradoxalement, les surmortalités les plus nombreuses se trouvent décalées dans la seconde moitié du XVIIIème siècle, époque de pléthore d'hommes et de relatif vieillissement. Ce dynamisme gagne provisoirement l'économie agraire saisie d'une fiévreuse activité, sans que la progression soit synonyme de prospérité économique. Si la nature a repris ses droits à l'homme défaillant, la guerre n'a pas tout détruit et l'on se hâte de reconstruire sur des bases existantes et des modèles anciens : la *reconstruction*, c'est la restauration de l'économie agraire dans le cadre d'une exploitation de la terre traditionnelle. Il s'agit bien souvent d'un simple rattrapage, plus que d'une croissance authentique, mais ce redémarrage est riche en conséquences pour la campagne qui prend ainsi sa revanche sur la ville. Or, avant même la prospérité conjoncturelle du XVIIIème siècle, certains groupes sociaux - noblesse et bourgeoisie - s'empressent de profiter de la situation en effectuant une importante ponction sur le revenu rural : la réaction seigneuriale, première formule, témoigne en définitive de la relative rapidité du relèvement.

Influent sur l'activité économique les structures politiques, affectées par cette période de bouleversements. La guerre de Trente Ans, en consacrant la victoire définitive des princes sur l'Empereur, renforce la puissance de la féodalité, distribue les rôles entre *Landesherr* et *Grundherr*, le premier détenant le pouvoir politique, le second le pouvoir économique : dans l'Empire germanique, seigneurie et féodalité se trouvent donc séparées. Si l'Alsace échappe à la structure fédérative d'un Empire divisé en *Staaten* et, exposé à la *Kleinstaaterei* territoriale, dans la mesure où les institutions de la monarchie administrative - Intendance et Conseil Souverain - recouvrent, sans les effacer, des entités territoriales aux structures juridiques variées, elle tombe théoriquement sous le coup de la centralisation française ; mais, avec les limites qu'impose le respect de la tradition, le Roi concède aux seigneurs alsaciens une certaine autonomie, en vertu du statut d'immédiateté qui fut le leur sous les Habsbourg. Pierre angulaire du système, le bailli, maintenu en place, reste l'agent du seigneur avant d'être celui du Roi.

Concrètement les exclusions lancées à l'encontre des Juifs et des Anabaptistes restent lettre morte, grâce à la protection des seigneurs qui agissent moins en fonction de motifs religieux que par intérêt économique. En matière de répression judiciaire, le droit germanique qu'adoptent les tribunaux seigneuriaux est-il plus indulgent que le droit romain dans la mesure où il autorise la réparation ? Le contrôle rigoureux des fréquentations prénuptiales connaît-il quelque atténuation dans l'aire culturelle germanique ? Ou la relative libéralisation des moeurs trouve-t-elle sa compensation dans une pression sociale plus forte ? Quoi qu'il en soit, la conception uniformatrice d'un Etat moderne a bien du mal à s'imposer, en même temps que se profile la place grandissante de la communauté que l'autorité publique laisse vacante. Cependant, la souveraineté, selon l'interprétation donnée par la France aux traités de Westphalie, appartient exclusivement au Roi et les seigneurs perdent théoriquement tous les droits découlant de cette souveraineté. En vertu d'un dualisme fondamental, on cherche donc à distinguer les pays d'*ancienne domination* où le Roi, conscient de ses droits, se présente comme l'héritier des Habsbourg, et les pays *de nouvelle domination* où la persistance de l'immédiateté, conçue comme une forme d'autonomie, est un obstacle à la souveraineté royale. Ainsi s'effectue le passage progressif de la mosaïque impériale, à la fois politique et religieuse, à la province française. Avec un mélange de concession et de mainmise, le Roi s'assure la réalité du pouvoir, laissant aux seigneurs alsaciens les attributions liées à la supériorité territoriale. Et si ces derniers continuent à exercer des droits de chasse, de pêche et de transmigration, c'est en vertu de la concession expresse d'un pouvoir régalien. Mais, contrastant avec la proximité du *Landesherr* en milieu rhénan, l'éloignement du Roi a d'importantes conséquences : le souverain, malgré l'immense activité économique de l'intendant au niveau de la province (que l'on songe aux routes et aux forêts), n'est pas en mesure de donner une impulsion aussi forte que le *Landesherr* aux transformations agraires du XVIIIème siècle. La liberté d'action du seigneur s'en trouve confortée, mais son autorité ne tarde pas à être contestée par une communauté de plus en plus virulente qui cherche à s'émanciper de l'autorité seigneuriale avec la complicité... du Roi ! Dans le rapport de forces triangulaire paysan/seigneur/Roi, le souverain a tendance à défendre les communautés contre le seigneur. L'Alsace reste, tout au long du XVIIIème siècle, le pays de la petite féodalité et de la forte tradition communautaire.

Grand tournant de l'Histoire, le XVIIème siècle aura donc fondé les structures du siècle suivant, politiques, démographiques, économiques et sociales. Il ne prépare pas pour autant ce florilège de *révolutions* - démographique, agricole, culturelle - que nous font miroiter les historiens ruralistes traditionnels, prisonniers de leurs mythes. Les articulations chronologiques du XVIIIème siècle ne sont pas faciles à discerner pour quiconque se refuse à débiter à coups de cognée la trame historique. Sans doute la grande coupure se place-t-elle vers 1720/1730 : c'est la fin de la *reconstruction*, le rétablissement des biens et des hommes, des cadres traditionnels ; c'est aussi l'accumulation d'un stock démographique doué d'un formidable dynamisme, tant par son volume que par sa structure par âges, et prometteur pour l'avenir. A partir de 1730, le véritable XVIIIème siècle commence : en définitive, il est une période de paix. La guerre de Succession de Pologne, tout en faisant de la province une base d'opérations, lui épargne l'invasion ; il en va de même de la guerre de Sept Ans, entre 1756 et 1763. Seule la guerre de Succession d'Autriche coïncide, en août 1744, avec la traversée du Rhin par les Impériaux : l'épisode sera de courte durée. Le XVIIIème siècle est donc la période des équilibres retrouvés, équilibres fragiles qui débouchent sur une triple impasse : l'impasse foncière, liée à la fin des défrichements les plus rentables, en l'absence d'une véritable réserve de terres ; l'impasse technique qui explique la rigidité de la production et de la productivité et qui trahit l'inélasticité de la capacité nutritive du sol ; l'impasse des structures sociales et mentales, conduisant à des comportements qui accordent une grande place au respect de la hiérarchie et au fatalisme. Ces impasses conduisent, à partir des années 1770, à un véritable goulot d'étranglement, dont le vagabondage, l'émigration, la contestation ne sont que les indices les plus patents. La population continue à augmenter malgré les difficultés économiques, l'allure chaotique de la croissance, la ponction opérée par les effets d'une poussée spéculative qui se dissimule sous la réaction seigneuriale... Or, du fait des stocks précédemment accumulés, la baisse de la fécondité et l'augmentation de l'âge au mariage s'avèrent insuffisantes pour entraver la disparité entre population et subsistances, aggravée par l'accentuation des écarts sociaux.

Les structures démographiques ont pu être reconstituées grâce à la multiplication d'échantillons dont l'étroitesse ne répond pas toujours aux exigences de la méthode des sondages. Leur analyse nous a laissé l'impression d'un fouillis de situations locales, d'un agrégat de molécules spatiales contrastées, ayant chacune son comportement spécifique, au point qu'il est difficile, derrière les cent visages de la croissance, de découvrir un tempérament démographique alsacien : pas de modèle unique, monolithique, mais la diversité et l'interpénétration, dans l'espace et le temps, de plusieurs types de croissance dont il convient à présent de dégager les données fondamentales. Y aurait-il, malgré tout, une unité de comportement, essentiellement territoriale, recouvrant les réalités sous-provinciales et microrégionales, indissociable des contraintes naturelles et des facteurs de civilisation ? L'Alsace, comme la Normandie, ne représente qu'elle-même. Elle participe néanmoins, avec les autres régions françaises, à ce qu'il est convenu d'appeler, depuis Adolphe Landry, la *révolution démographique* - ou à ce que, plus prudemment Jean-Claude Chesnais qualifie de *transition démographique : révolution de la mort* ou *révolution de la vie ?*

En assurant de forts excédents, le décalage entre les deux phénomènes aurait pu être lourd de conséquences mais, si la fécondité reste forte au moment où la mortalité commence à fléchir, le phénomène apparaît de façon peu sensible, la situation *prétransitionnelle* du XVIIIème siècle finissant se caractérisant par la quasi-simultanéité d'un essoufflement de la fécondité et d'une timide baisse de la mortalité. On l'expliquera d'ailleurs moins par un nouvel outillage technique que par un changement d'attitude devant l'existence. Mais n'anticipons pas : la vie, qui reste le champ où s'affrontent des forces incontrôlées, n'est pas encore le terrain d'intervention de l'homme. Une vie débordante continue cependant à l'emporter sur une mort foisonnante : il en résulte de fortes densités que renforcent les structures d'un habitat groupé et le doublement, voire le triplement, du nombre des hommes en l'espace d'un siècle et demi. Certes, une telle croissance est en partie factice, car elle revient à combler les vides laissés par la conjoncture du XVIIème siècle qui a fait tomber la population à un niveau très bas. Par une sorte de réaction instinctive, les hommes cherchent à faire nombre et à réoccuper le terrain abandonné. La jeunesse de cette population explique la résistance à la baisse de la fécondité. Mais la croissance s'explique moins par une fécondité débridée au niveau des couples que par la multiplication du nombre de procréateurs, elle-même liée à l'extraordinaire rajeunissement de la population au lendemain des crises, au moment même où l'immigration se tarit. Les familles sont certes nombreuses, mais le sont-elles plus qu'ailleurs ? Après la poussée du milieu du XVIIème siècle, la fécondité, malgré la stabilisation des intervalles entre les naissances, connaît un répit avant d'esquisser un relèvement à la veille de la Révolution. La limitation des naissances semble peu répandue, occasionnelle, insuffisamment efficace. Et surtout, mal maîtrisée, la mort vient fréquemment amputer ces générations pléthoriques, provoquant dans cette démographie de prodigalité, un gaspillage de vies humaines. La lutte contre la mort profite davantage, semble-t-il, aux enfants et aux adultes qu'aux nouveaux nés et aux vieillards. Mais, malgré le retour offensif de la mort après 1760, malgré les coups de butoir répétés des crises, plus nombreuses que dans la deuxième moitié du XVIIème siècle, l'équilibre de la population n'est jamais compromis : la natalité ne cesse de conforter son avance sur la mortalité dont les effets ne parviennent pas à *casser* la croissance démographique. Apanage des sociétés modernes, le vieillissement, retardé par l'arrivée à l'âge adulte des générations pléthoriques, se fait moins rapidement, plus tardivement, à mesure que s'effacent, dans la pyramide des âges, les encoches déficitaires des classes creuses du XVIIème siècle. Des signes de saturation interviennent dans les années 1750/1760, comme en témoignent la réaction de défense que constitue le contrôle des entrées par les autorités villageoises et la tentation de l'émigration. Mais c'est bien le XVIIème siècle qui accumule les réserves démographiques, tandis que le XVIIIème tend à les gaspiller. Modèle archaïque ou modèle évolué ? La plaine d'Alsace n'est pas la Sologne, *terre maudite* où la mort effectue de véritables hécatombes. Elle n'est pas non plus la Normandie, *miroir de modernité,* avec sa faible croissance et son comportement pré-malthusien, bien moins encore le Bas-Quercy caractérisé par la faiblesse de sa fécondité et de sa mortalité infantilo-juvénile. Se rapprocherait-elle davantage de la Bretagne où les fortes fécondités sont épongées par des vagues de mortalité ? Mais, tandis que la Bretagne perd des hommes, l'Alsace en gagne : son comportement démographique se caractérise par un dynamisme sans équivalent, à notre connaissance, dans la France d'Ancien Régime. Il s'agit cependant d'une démographie qui vit amplement sur ses acquis : elle doit son dynamisme au phénomène de reprise-récupération au moment de la *reconstruction*, par accumulation de naissances plus que par suite d'un recul de la mort ou d'une quelconque modification des structures démographiques. Il faudra du temps pour que cette reprise-récupération se transforme en essor démographique.

Laissons aux historiens démographes le soin d'approfondir la question : le fait démographique ne nous intéresse que s'il s'insère dans un réseau de facteurs économiques et culturels. Car multiplier les hommes revient à multiplier les problèmes. L'originalité de la campagne par rapport à la ville apparaît clairement : la première se caractérise par son dynamisme démographique ; la seconde, qui reste un mouroir, est plus précocément touchée par la baisse de la fécondité et ne réussit à maintenir son équilibre que grâce à l'apport migratoire. Laboratoire de la biconfessionnalité, la campagne elle-même laisse-t-elle transparaître un comportement luthérien qui serait différent du comportement catholique ? Parmi les indices ténus, que nous avons pu collecter, rappelons, avec toute la prudence qui s'impose, la tendance à la baisse des chiffres de la mortinatalité et de la fécondité, ainsi que la relative faiblesse des effectifs des descendances finales, dans les communautés luthériennes. Si différenciation socio-confessionnelle il y a, elle jouerait donc en faveur de ces dernières. Mais, en dehors de toute appartenance confessionnelle, le problème est de savoir si le paysan alsacien est capable de réguler son comportement démographique en fonction des contraintes que lui impose son environnement. En période de concurrence accrue, la raréfaction de la terre, la difficile recherche d'un emploi, l'inégalité des chances qu'offrent les coutumes successorales expliquent en partie le mariage tardif. Mais l'emprise sur la fécondité s'arrête là : comment l'intervention d'une contraception, consciente et volontariste, en période de pénurie, pourrait-elle s'accorder avec l'essor démographique du XVIIIème siècle ? N'avons-nous pas décelé une forte croissance dans les régions déjà surpeuplées et une croissance moindre dans les contrées moins peuplées ? Divorce flagrant entre la fécondité des hommes et la production de la terre ! Et, même lorsque les récoltes déficitaires cessent d'avoir une influence décisive sur la mortalité, ce sont les terres à blé qui se caractérisent par la plus grande vulnérabilité aux crises : l'insuffisante diversification des productions pèse apparemment plus lourd que le volume des subsistances. Le clivage apparaîtrait-il à l'intérieur des sociétés rurales ? Les journaliers se marient généralement plus tard, réduisant de ce fait la durée utile des unions, en même temps que s'allongent les intervalles intergénésiques moyens : il en résulte des familles moins chargées que dans le milieu des laboureurs. Ces derniers se marient souvent plus jeunes, surtout si l'établissement à la ferme leur est assuré, ont davantage d'enfants, ne serait-ce qu'en raison de l'allongement de la durée utile des unions et de la brièveté des intervalles intergénésiques moyens, compensée, il est vrai, par une stérilité féminine plus précoce. Mais le nombre d'enfants par famille résulte des effets combinés de la fécondité et de la mortalité. En dehors des périodes de crise, s'établit une certaine égalité des chances pour les enfants des laboureurs et ceux des journaliers, même si les seconds meurent un peu plus jeunes que les premiers. C'est au-delà de 20 ans que la différenciation s'accuse : les laboureurs vivent en moyenne dix ans de plus que les journaliers. Ce ne sont cependant pas les ressources naturelles qui conditionnent l'essor démographique. Par contre, la croissance démographique peut conduire à l'intensification de l'économie agraire, à la fois par une demande accrue de produits et une offre plus importante de travail. Or l'existence de procréateurs, à la fois plus nombreux et plus prolifiques, ne semble pas avoir de conséquences économiques positives : trop de monde à la campagne, des terres morcelées à l'extrême, une polyculture de subsistance traditionnelle... Le dynamisme du profil démographique ne se double pas d'un dynamisme de l'activité économique.

Après la forte croissance de la fin du XVIIème siècle, la population rurale maintient le cap au XVIIIème. Malgré l'encombrement qui marque la fin du siècle et la présomption d'un début de limitation des naissances, la progression continue sur sa lancée jusqu'à la Révolution. Même s'il est difficile d'établir un lien entre le niveau de la population et celui des subsistances, l'économie, avant d'être stimulée par une pression démographique croissante, fournit à la population les conditions de son développement : la montée des prix - légèrement plus forte qu'en vieille France - et des profits s'inscrit dans une période de paix, de progrès de l'administration provinciale et d'affirmation de l'intervention royale. Mais, – transposition abusive –, pour un agronome du XXème siècle, le constat s'avère décevant : en l'absence d'une révolution technique, l'Alsace se caractériserait par une agriculture presque immobile, essentiellement céréalière et quasi autarcique, qui tente, tant bien que mal, de répondre aux besoins élémentaires de la population rurale,mais aussi de la clientèle citadine et militaire. Tant bien que mal : car, en l'absence d'une politique prévisionniste avant la seconde moitié du XVIIIème siècle, tout s'exporte et tout s'importe : songeons au bois qui est enlevé par les Hollandais et aux blés dont il faut périodiquement interdire la sortie. Quoi qu'il en soit, la production agricole repose le plus souvent sur le besoin (il faut à la fois nourrir et occuper une population de plus en plus nombreuse), plus rarement sur l'accumulation et le profit, d'autant que l'argent frais qu'elle procure est rapidement englouti dans le gouffre d'un endettement endémique. Eternel conflit entre la rentabilité et le besoin. Du fait de l'absence de grandes fermes, comme celles de l'Ile-de-France, on accorde une importance de premier plan aux cultures qui s'accommodent de propriétés minuscules, susceptibles d'employer une abondante main-d'oeuvre familiale : supériorité des facteurs humains, qui réclament un investissement en travail considérable, sur les facteurs techniques et économiques ; par contre, ni souci prononcé de productivité, ni technicité poussée.

Or un type d'agriculture, dont les performances se mesurent au nombre des hommes et non pas aux prouesses techniques, se solde par des surfaces disponibles par tête d'habitant extrêmement réduites. Les rendements obtenus doivent tout au gaspillage des forces productives. Face aux inventaires, de plus en plus nombreux à la fin du XVIIIème siècle à réduire les ustensiles de labour à un modeste outillage à main, se dissipe le mythe de la charrue omniprésente. Jamais, avant la seconde moitié du XIXème siècle, le progrès technique, même assorti d'un faible coefficient de capital, n'a suppléé les méthodes traditionnelles consommatrices de travail humain. Michel Hau met en lumière, à l'aube de l'ère industrielle, l'apparent paradoxe d'une croissance agricole sans modernisation des structures qui caractérise le modèle alsacien[2], en attendant qu'une seconde révolution agricole, celle des engrais au XIXème et de la mécanisation au XXème siècle, fasse du paysan un agriculteur : *dernier combat de la société industrielle, écrit Henri Mendras[3], contre le dernier carré de la civilisation traditionnelle*. Pour l'instant, nous sommes en présence d'une agriculture de la lenteur qui gaspille (mais en a-t-elle conscience ?) le temps et la main-d'oeuvre : c'est moins dans l'outillage que dans l'absence d'outillage, moins dans l'outillage tracté que dans l'outillage manuel, qu'il convient de rechercher les raisons qui permettent à la campagne alsacienne d'absorber le flux démographique et de répondre à la demande croissante de travail dans la seconde moitié du XVIIIème siècle. Aussi la grande exploitation, nous l'avons noté pour le labour comme pour la vigne, n'est-elle pas bien rentable puisqu'elle doit faire face à des charges très lourdes en main-d'oeuvre et en fumure, sans pour autant enregistrer des rendements supérieurs à ceux qu'obtient la petite exploitation intensive. Dans ces conditions, il ne semble pas que les amis de François Quesnay aient pu pénétrer au village : la thèse de la *non-révolution agricole*, défendue par les quantitativistes - Slicher van Bath et Michel Morineau -, quoique quelque peu égratignée par les qualitivistes - André Armengaud[4] et Pierre Chaunu[5] -, nous semble être applicable au modèle alsacien. Même en faisant la part d'un verbalisme trompeur (il ne saurait être question ni de changement brusque, ni de bouleversement, mais d'un ensemble de connaissances acquises de façon empirique et cumulative), il faudrait que la *révolution agricole*, pour qu'elle soit efficace, vienne de l'intérieur de la société rurale, moyennant une double adaptation au cadre naturel et aux structures mentales. Les stimulations venues de l'extérieur s'avèrent insuffisantes pour rendre compte d'une augmentation de la productivité et d'un dégel des techniques traditionnelles. Certes la plaine d'Alsace se situe au confluent des théories physiocratiques françaises, fondées sur l'ordre naturel, la liberté et le profit, et du caméralisme allemand avec son sens pratique et expérimental, sur cet axe rhénan qui pourrait la faire bénéficier des expériences suisses et hollandaises et, à travers la Hollande, laboratoire de toutes les innovations, l'exposer à la contagion des idées venues d'Angleterre. Mais si l'Alsace semble avoir moins profité de tels apports que les Etats allemands et certains cantons suisses, c'est que font défaut les stimulants, tant psychologiques que matériels, susceptibles d'entraîner des transformations en profondeur.

2 M. HAU, *art.120*, pp. 65-66.
3 H. MENDRAS, *op. 163*, p. 25.
4 A. ARMENGAUD, *art. 1190*.
5 P. CHAUNU, *op. [576]*, p. 75.

La pression démographique ? Certes, mais, jusque vers 1750/1760, une partie de la croissance sert à éponger le déficit accumulé au siècle précédent. Et l'essor démographique, très précoce, ne peut être considéré ni comme une cause ni comme une conséquence de la *révolution agricole.* La concentration de la propriété et de l'exploitation ? Rares en Alsace, les grandes fermes ne deviendront guère le fer de lance d'une *révolution agricole* comme l'auraient souhaité les physiocrates : ni les domaines seigneuriaux, englués dans une politique d'exploitation traditionnelle et se contentant de tirer le maximum de profit de l'évolution de la conjoncture ; ni les fermes anabaptistes, spécialisées dans l'élevage et repliées dans un farouche isolationnisme. Gênantes pour le développement de la propriété paysanne, elles ne sont pas un réel stimulant pour le progrès de l'agriculture. La rareté de ces grandes fermes et l'absence de fermiers généraux expliqueraient pourquoi les progrès agricoles profiteraient moins qu'ailleurs aux non-producteurs, rentiers du sol. La quasi-absence de *réserves* seigneuriales de type français ou de *réunions de fermes*, la rareté de domaines qui, dans le cadre de la *Grundherrschaft,* gagnent l'ouest de l'Allemagne, conduisent à l'émiettement du sol, dans une province ou une exploitation de quelques dizaines d'hectares est considérée comme une entreprise énorme. *A fortiori* est-il hors de question de comparer les initiatives agraires en milieu rhénan à l'activité des *landlords* anglais, engagés dans le double processus de la concentration foncière et de la mise en valeur des communaux que réclament les *enclosures.* Or, attachés à la *grande agriculture,* synonyme pour eux de grande exploitation, les physiocrates affichent un mépris ostentatoire pour la *petite agriculture* dont les structures ne sont pourtant pas incompatibles, l'expérience de la Flandre le prouve, avec l'intensification culturale : intensification *à la flamande* (nous dirions aujourd'hui *à la chinoise*) qui repose sur le nombre des hommes et non sur un niveau technique élevé. Ce jardinage répond à une nécessité : le manque d'espace se conjugue, plus qu'ailleurs, avec l'augmentation de la population rurale (entre 100 et 200 % en l'espace d'un siècle) qui a pour effet de stimuler la demande et de procurer des bras.

Contrastant avec les initiatives de quelques personnages éclairés, la réaction du paysan consiste à refuser toute modification du système agraire. La discordance semble totale entre l'univers mental de la paysannerie, où le bon sens le dispute à l'attachement à la tradition et à la nécessité, et le corps doctrinal uniformisateur que cherche à imposer la bourgeoisie éclairée : résistance des contraintes séculaires et des habitudes anciennes face à l'individualisme triomphant des élites. A quelques exceptions près, le paysan opte pour la pérennité des modèles anciens, soigneusement reconstitués, nous l'avons vu, après les guerres du XVIIème siècle. L'agriculture reste donc le domaine des évolutions lentes : recul progressif de la jachère, utilisation plus intensive des communaux, enrichissement de la palette culturale, intérêt croissant porté aux fourrages. Prenons nos distances par rapport aux simplifications de l'histoire agraire qui associe volontiers le constat de la disparition des contraintes de culture à la notion de *révolution agricole.* Loin de relever du miracle, la révolution agricole est, à l'échelle des siècles, une révolution silencieuse, lente et souterraine, à l'image de la germination des blés. Il restera à accomplir les trois quarts du chemin au terme de ces patients efforts et tâtonnements. Encore faut-il préciser que ce sont souvent les plus mauvaises terres, siliceuses, marécageuses, arides, qui bénéficient de l'adoption de la pomme de terre, du peuplier d'Italie ou du mûrier ! On pourrait imaginer que l'impulsion politique vienne suppléer à l'absence d'initiatives individuelles. Le caméralisme allemand va en effet de pair avec le renforcement d'un pouvoir absolu, centralisé, interventionniste, dans le cadre de l'état territorial moderne où le *Landesherr*, plus que le *Grundherr*, donne l'impulsion décisive, non sans arrière-pensée politique. On ne retrouve pas ce facteur dynamisant en Alsace où l'Etat, soucieux de soigner sa popularité, sacrifie trop souvent à la vogue d'une agromanie affectée ou d'une agronomie de salon. Regroupant les élites et encouragée par le pouvoir, la Société d'agriculture, apparue en 1799 seulement, n'accuse-t-elle pas, avec ses homologues de part et d'autre du Rhin, un retard de près d'un demi-siècle ? La plaine d'Alsace continuera à pratiquer un véritable *artisanat de la culture* fondé sur des productions rémunératrices telles que le chanvre et la garance, qui produisent de l'argent frais et absorbent de la main-d'oeuvre. L'extension de la vigne en plaine n'est pas un phénomène particulier à la région, mais la pression démographique et le manque de terres cultivables lui confèrent quelque acuité.

Or la timidité des progrès agricoles ne trouve pas sa contrepartie dans le développement de l'industrie à la campagne qui est le simple prolongement de l'activité agricole. L'agriculture fournit la matière première grâce aux cultures spéciales (en particulier le chanvre et la garance), la main-d'oeuvre qui est d'autant meilleur marché que la pression démographique est plus forte, enfin le temps libre de la morte-saison hivernale. L'activité para-industrielle témoigne en effet d'une association très étroite avec l'agriculture – la polyindustrie allant de pair avec la polyculture – et, au contraire, d'une certaine indépendance par rapport à la ville. Pour se procurer un peu d'argent, le paysan se fait lui-même fabricant de produits semi-finis : il n'échappe pas entièrement à la commercialisation, monopole du citadin, mais, au stade de la finition, la campagne passe le relais à la ville. La division du travail est peu achevée et on ne trouve qu'exceptionnellement, dans les campagnes d'Alsace, le travail à domicile par sous-traitance, caractéristique de la protoindustrialisation, pour le compte d'un marchand-fabricant. Le rôle de la ville dans la structuration de l'espace rural est moins fondamental qu'en Bourgogne, Picardie et Normandie, qu'en Suisse et aux Pays-Bas. Le *Kaufsystem* l'emporte sur le *Verlagssystem* et la priorité appartient à l'artisanat indépendant, fondé sur la polyactivité, centré sur la satisfaction des besoins élémentaires de la société ou de l'économie. La plaine d'Alsace ne mérite certes pas une description trop agraire : le fil et la toile, le métier, le rouet et l'aiguille y occupent une place importante. Mais l'industrie rurale elle-même ne joue qu'un rôle d'appoint et ne peut prétendre absorber le trop-plein démographique de la campagne.

C'est donc la possession de la terre qui reste le facteur déterminant. Rappelons que les guerres du XVIIème siècle n'ont pas conduit, comme ce fut le cas dans la région parisienne, à l'élimination progressive des producteurs indépendants au profit des fermiers-laboureurs[6]. La paysannerie ne se trouve pas évincée et le divorce n'est pas consommé entre la possession de la terre et la propriété du sol. Au contraire, il s'établit un équilibre entre réaction seigneuriale, offensive bourgeoise et appropriation paysanne. La crise du XVIIème siècle conditionne l'importance de la propriété paysanne en fonction de l'ampleur des abandons, de la plus ou moins grande générosité des seigneurs et de l'attitude, plus ou moins combative, des citadins. Le paysan s'accroche à la terre et, au XVIIIème siècle, la propriété paysanne se fait conquérante. Si nous osions transposer le terme aux classes populaires, nous dirions volontiers que l'Alsace est le domaine de l'*alleu*. Les paysans s'octroient entre 30 et 60 % du sol. La part des nobles, qui oscille entre 2 et 30 %, et celle de la bourgeoisie (entre 5 et 10 %) sont loin d'atteindre la moyenne nationale (20-25 % dans le premier cas, 25-30 % dans le second). Seule l'Eglise, avec le quart ou le tiers du sol alsacien, partage avec la paysannerie la plus grosse part de la propriété foncière. La propriété bourgeoise et privilégiée semble contenue par l'appropriation paysanne : pas de procédé d'éviction des ruraux par les non ruraux, *matadors* ou fermiers à grosses bottes, étrangers au village, qui seraient responsables d'une expropriation massive. Aux domaines-blocs, aux impressionnantes unités foncières, s'oppose la structure des petites unités paysannes. D'ailleurs, à l'acquisition par achat ou par héritage, s'ajoute la tendance à l'usurpation de la propriété non paysanne, moyennant des baux indéfiniment reconductibles et des fermages légers, figés, symboliques. Certes cette forme hybride dans la possession du sol, qui tend à brouiller la frontière entre le domaine *direct* et le domaine *utile*, entre les droits de propriété et les droits d'usage, n'est pas particulier à la plaine d'Alsace. On la retrouve dans les régions françaises marginales de l'Ouest et du Centre, du Sud-Est et du midi méditerranéen, où les coutumes locales ont été contaminées par le droit romain : c'est la *métairie perpétuelle* ou le *colonage perpétuel* du Limousin et de la Marche, c'est la *quevaise* bretonne, c'est l'*albergement* savoyard, autant de formules qui assurent la transformation de censives de droit en tenures héréditaires. Mais le système germanique est infiniment plus favorable au paysan que celui qui est en usage en France. En Alsace, la guerre en porte sa part de responsabilité : ne vaut-il pas mieux s'assurer, au lendemain des guerres, un fermier au rabais que pas de fermier du tout ? Compte tenu de la rareté de l'homme et de l'argent, le seigneur se montre à la fois tout-puissant et généreux. C'est donc sur le plan de l'exploitation que se livre la bataille contre le seigneur-propriétaire encouragé par la conjoncture du XVIIIème siècle à tirer le maximum de ses terres : il est tenté par les baux courts et résiliables à volonté, car la pression démographique, qui suscite une forte demande, aiguise la concurrence. Le paysan par contre cherche à perpétuer la propriété déguisée qu'est l'emphytéose, héritage des temps difficiles du

[6] J. JACQUART, *art. 1604*.

XVIIème siècle : autrefois généreusement octroyée par le propriétaire, l'emphytéose est à présent réclamée comme un dû par l'exploitant. Du heurt de ces deux individualismes – celui du seigneur-propriétaire et celui du paysan-exploitant – sort, bien souvent, la victoire de la paysannerie : sous la peau du tenancier perce la figure du paysan propriétaire. A défaut de pouvoir le devenir en droit, il l'est en fait et la possession *affective* tend à se confondre avec la propriété *effective*. Par rapport aux régions françaises, on relèvera, en milieu rhénan, le moindre poids de la propriété seigneuriale et bourgeoise, la moindre concentration de la terre aux mains des privilégiés, le moindre développement de l'exploitation directe qui caractérise les réserves seigneuriales françaises : en un mot, la rareté du *Volleigentum* chez les rentiers du sol. Les principes du droit public français – *nulle terre sans seigneur* – s'effacent devant ceux du droit germanique - *nul seigneur sans titre* -, principes peu confortables pour les groupes non paysans de la société rurale, mais auxquels veille le *Landesherr*, seigneur territorial. Par rapport au paysan beauvaisin, le paysan alsacien est gagnant. Le premier voit en effet lui échapper une grande partie des terres - *une des plus sûres origines de la médiocrité* d'après Pierre Goubert[7] - au profit des groupes non paysans de la société rurale et s'effectuer une concentration des biens-fonds à son détriment. En Alsace, l'insuffisante concentration des terres et la fragmentation de la propriété foncière peuvent rendre compte des difficultés qu'éprouve la paysannerie à s'engager dans une *révolution agricole* au sens physiocratique du terme.

Mais appropriation paysanne n'est pas synonyme d'égalitarisme. Dans cette combinaison du faire-valoir direct et indirect, ce sont bien les grosses exploitations paysannes qui monopolisent la plus grande part des possibilités d'affermage, préparant la mainmise sur la terre au moment de la vente des biens nationaux. Dans ces conditions, la Révolution ne saurait revêtir la forme d'une diabolique surprise. Par-delà la persistance des repères essentiels, la continuité des paysages agraires et des techniques de production, elle ne règle pas le problème de la répartition de la propriété et ne fait pas systématiquement du paysan alsacien un propriétaire, bien que l'appropriation individuelle soit considérée par la Constituante comme la condition de tout progrès. Il convient en effet de replacer le partage des biens communaux et l'acquisition des biens nationaux dans un contexte historique plus large que la décennie révolutionnaire. La recherche de la maîtrise de la terre, avec la remontée à la surface de souvenirs tenaces et de pratiques anciennes, s'inscrit dans une remarquable continuité : elle s'exerce à la fois aux dépens du *collectif* et du *seigneurial*. Resurgit le vieux problème des biens *caducs* qui, non réclamés au lendemain des guerres du XVIIème siècle, auraient dû théoriquement retourner à la masse seigneuriale. Ceux qui, au fil des ans, ont échappé à l'appropriation paysanne suscitent les convoitises des ruraux au moment de la Révolution : tantôt ils sont assimilés aux biens nationaux, tantôt ils sont déclarés partageables d'office. L'acquisition des biens nationaux – un révélateur plus qu'un bouleversement, un phénomène plus quantitatif que qualitatif –

7 P. GOUBERT, *op. cit.*, pp. 181-182.

couronne la lente et progressive conquête de la terre entreprise depuis des siècles par la bourgeoisie citadine qui y trouve l'occasion de réaliser de *juteuses* opérations. Certes la paysannerie n'est pas écartée de l'entreprise. S'ils acquièrent une part légèrement inférieure en surface à celle que s'octroient les citadins, les paysans affirment leur supériorité par le nombre des acquéreurs et opèrent, en dernière instance, le parachèvement de la mainmise sur le sol. Aux 30 à 60 % de la superficie des terroirs qu'ils possédaient avant la Révolution, ils ajoutent 10 à 15 % des terres autrefois privilégiées. Mais ne nous abusons pas sur l'identité des acquéreurs ruraux : peu de journaliers et de petits paysans, dont certains doivent se contenter de la portion congrue, alors que se lancent dans l'aventure les laboureurs angoissés à l'idée de perdre *leur* terre, la plupart d'entre eux étant les anciens fermiers, possesseurs de fait des biens mis en vente. La Révolution redonne ainsi vigueur à des réflexes emphytéotiques séculaires. En attendant que, par le jeu des redistributions et des cessions de seconde main, le nombre des bénéficiaires augmente, ce sont bien les *coqs de village* qui se taillent la part du lion, ceux-là même qui, par la vertu des enchères, ont réussi à mettre la main sur les biens communaux !

Quand il s'agit de transmettre cette terre, les prescriptions du droit romain composent avec les coutumes locales : la *Realteilung* est un compromis entre l'égalitarisme de la France du nord et l'inégalité successorale du sud, entre les droits de l'individu et les revendications du lignage. Elle résulte de la combinaison de situations intermédiaires entre l'exclusion des enfants préalablement dotés, à l'exception de celui qui s'engage à vivre avec ses parents dans une cohabitation provisoire, et le mariage-établissement de tous les enfants traités à égalité. C'est l'absence de propriété enracinante qui justifie cette dernière option au sein d'une paysannerie égalitaire, soucieuse de ne désavantager aucun de ses descendants. Par contre, la famille-souche, qui se fait et se défait au rythme des destinées des générations, revêt un caractère inégalitaire et autoritaire :le *système à maison* permet de sauvegarder le bien, patiemment acquis et soigneusement transmis au fil des générations grâce aux habitudes préciputaires – transmission intégrale et pratique d'ultimogéniture dans le choix de l'héritier – qui supposent une forte autorité paternelle. La communauté des biens, fondée sur l'égalité des héritiers et caractérisée par l'immobilisation du patrimoine jusqu'à la mort du survivant, reflète une forte cohésion familiale, fréquente dans la France du nord. Or cette influence française est contrebalancée, parfois au sein des mêmes communautés, par l'influence romano-germanique présente dans la communauté réduite aux acquêts : elle témoigne d'un certain individualisme, s'accompagne d'une inégalité entre héritiers, fréquente dans la France du sud comme dans l'Empire, et fonde l'affirmation au droit à l'héritage dès la mort du prémourant. La synthèse entre la *méridionalisation* , liée au droit romain, et la *germanisation* qu'imposent les coutumes locales fait de l'Alsace un ensemble d'acculturation juridique unique en Europe. Le Code civil, combinaison du droit écrit et du droit coutumier, sera d'autant plus facile à adopter qu'il viendra consacrer et officialiser le maintien de pratiques fort anciennes. L'idée que nos paysans se font de la possession et de la propriété révèle la psychologie sociale. Mais la société est un ensemble trop complexe et trop différencié pour qu'on puisse lui appliquer quelque dénominateur commun que ce soit.

Pour cerner la croissance, il faudrait pouvoir tenir compte de tous les paramètres dont certains échappent aux investigations. La production n'augmente, si l'on en croit la courbe des rentes et des dîmes, que dans des proportions de 20 à 30 % en valeur nominale. Ce qui valorise le produit brut et le porte à 50-60 % en valeur réelle, c'est la hausse du prix des grains qui ne dépasse pas en Alsace les 60 à 65 % entre 1730 et 1789 : chiffres étonnamment faibles, quand on les rapporte à l'importance de la demande (gonflée par les besoins de la ville et de l'armée) et à la poussée démographique de la campagne elle-même. Il en résulte que le revenu *per capita* n'augmente guère et que l'idéal physiocratique est inséparable d'une modulation sociale, les grands bénéficiaires étant ceux qui perçoivent leurs revenus en nature et peuvent vendre des quantités importantes. Mais l'Alsace n'arrive à nourrir sa population, en l'absence de gains de productivité spectaculaires, qu'au prix d'une intensification exemplaire grâce à la mobilisation d'une main-d'oeuvre nombreuse et active, disponible pour le suremploi. Du fait de ces contraintes, la rente foncière, *grande gagneuse* de la conjoncture selon Emmanuel Le Roy Ladurie, ne semble avoir connu le dynamisme relevé ailleurs que grâce à la poussée des prix et à un arsenal d'astuces (changement des espèces, recours aux enchères) susceptibles de consolider le produit net. Dans l'ensemble, la terre reste un placement (parfois le seul possible) avant d'être une source de profit. Mais les fermages se perçoivent le plus souvent en grains : au système de la *Geldpacht*, répandu en France, la coutume germanique préfère celui de la *Naturalpacht*, avec les avantages qu'il comporte, surtout pour le bailleur. Il est vrai que nos résultats s'appuient sur un nombre limité d'observations dans lesquelles la signification de la rente relève autant de paramètres sociaux (rapports de forces entre les intérêts contradictoires des propriétaires et des locataires) que de paramètres économiques (en tant qu'indice de l'activité agraire). Nous avons cru percevoir une valorisation économique de la seigneurie qui devient la matrice du capitalisme agraire. Mais la modeste extension territoriale des grands domaines, la rareté des rassembleurs de terres et l'absence de la réunion des fermes ne confèrent pas la même importante qu'ailleurs à de grandes exploitations qui, sous leur habillage seigneurial, s'engageraient dans la voie du profit capitaliste.

Dénoncé par les cahiers de doléances, le prélèvement fiscal (en progression de 140 à 160 % en valeur nominale du début à la fin du siècle) doit être rapporté à la croissance de la population : il n'enregistre en fait qu'une hausse de 40 à 50 % par feu. On ne saurait accepter l'existence du *trend de défiscalisation* qu'invoque Emmanuel Le Roy Ladurie que si l'on compare l'évolution de la seconde moitié du XVIIIème siècle avec celle de la *reconstruction* : la pression fiscale se fait d'autant moins lourde que la prospérité économique s'installe et que le Roi multiplie les efforts pour défendre les communautés contre un seigneur trop exigeant. Mais immédiatement surgissent les réserves : la réaction seigneuriale, même si elle n'est pas synonyme de reféodalisation et même si elle s'explique autant par la vigueur des communautés que par le renforcement de la seigneurie, intervient, sous des formes plus économiques que véritablement fiscales, dans la conjoncture de dépression économique prérévolutionnaire, aggravant le poids relatif de la fiscalité. Cependant la situation semble plus favorable qu'outre Rhin, si l'on en croit les conclusions d'Eberhard Weis[8] et de Roger Dufraisse[9]. Peut-on mettre la perte de 2 à 3 % qu'enregistre la population du Palatinat rhénan, du fait d'une forte émigration entre 1776 et 1786, sur le compte de la surfiscalisation ? Malgré l'apparent libéralisme fiscal, à mettre à l'actif de certains princes territoriaux qui, en vertu de leur droit de propriété éminente, font preuve de souplesse, les corvées restent lourdes à l'ouest de l'Elbe, le servage a du mal à disparaître, les dîmes inféodées restent très productives. Comparée au duché du Wurtemberg d'une part, à la Bourgogne de l'autre, la situation de l'Alsace, qui ne semble pas être un môle de hautes pressions seigneuriales, est plutôt enviable : même s'il s'alourdit du nord au sud de la plaine, le poids de la fiscalité seigneuriale se heurte aux limites que lui imposent les manoeuvres des paysans, familiarisés avec la fraude, et l'autorité du Roi qui, tout en acceptant la territorialisation des droits seigneuriaux, se fait le défenseur des communautés. Or les impôts royaux paraissent très lourds : c'est que, dans cette province-frontière, la surfiscalisation propre à la guerre, tend à déborder sur la période de paix, malgré les efforts des intendants qui visent à ne pas surcharger une province récemment rattachée au Royaume. La disparition du croquandage et des révoltes fiscales plus ou moins sauvages rendent les paysans disponibles pour des contestations plus feutrées, relevant de la désobéissance passive, de l'habileté et de la ruse, tendant à une juridictionnalisation des conflits dirigés davantage contre le privilège et l'inégalité sociale que contre le fisc lui-même. Des constatations analogues ont été faites à propos de l'Ile-de-France.

Sans sacrifier au misérabilisme, constatons que, dans ces conditions, la paupérisation est inévitable : paupérisation double, puisqu'elle touche à la fois la terre (fragmentation des terroirs, pulvérisation des sols, constitution de véritables *parvifundia*) et les salaires (supériorité de la demande sur l'offre). Les salaires nominaux augmentent de 30 % environ ; les salaires réels (en pouvoir d'achat céréalier) baissent de 15 à 20 % par suite de la cherté croissante de la vie. Une telle évolution secrète un prolétariat rural qui, tout en résistant aux assauts de la famine et de la mort, végète aux portes de la misère : *Un siècle chasse l'autre, la prolétarisation remplace le cimetière*, affirme Emmanuel Le Roy Ladurie[10]. Or tout un faisceau de facteurs favorables contribue à atténuer les tensions sociales qui, en Bourgogne et en Haut-Languedoc, revêtent, à la même époque, un caractère dramatique : c'est d'abord la rareté des paysans totalement dépourvus de

[8] E. WEIS, *art. 1937*, p. 14.

[9] R. DUFRAISSE, *op. 23*, pp. 295-351.

[10] E. LE ROY LADURIE, *art. 152*, p. 25.

terres ; c'est ensuite le recours à une polyactivité à base artisanale, l'artisanat pouvant jouer un rôle rééquilibrant ou mener à la promotion sociale. Si nous sommes loin des *douces chertés* des physiocrates, qui procureraient un bien-être généralisé, force est de constater une augmentation moyenne des fortunes et une amélioration d'ensemble du mobilier. Mais la notion de croissance, qui dissimule bien des éléments disrupteurs, recouvre des contrastes. Il importe donc de revenir, au nom de la différenciation sociale, sur la légende de la croissance généralisée.

En définitive, la montée des prix et des profits génère-t-elle l'enrichissement ? Ou, au contraire, la multiplication des hommes contribue-t-elle à les paupériser et à les pousser aux frontières de la survie ? Bien des indices plaident en faveur de la seconde hypothèse : le morcellement des terres ; la place de plus en plus importante des bovins, au détriment des chevaux, de l'outillage à main au détriment de la charrue ; les multiples formes de l'endettement et de l'indigence... En réalité, l'étude des exploitations, des fortunes paysannes et de l'endettement font apparaître une société rurale de plus en plus gênée dans ses couches inférieures et de plus en plus privilégiée dans ses sphères supérieures : la parcellisation du sol, pour le plus grand nombre, n'exclut pas la concentration des terres au profit d'une poignée de gros paysans ; les cotes fiscales révèlent un écart de plus en plus important entre la masse des petits et la minorité des gros revenus. L'attestent à la fois l'analyse des fortunes et l'étude des patrimoines immobiliers. Les deux évolutions jouent simultanément : renforcément des grosses exploitations combinant propriété et tenure ; augmentation du nombre des micropropriétés aux mains de propriétaires parcellaires et menace de constitution, avec la poussée démographique, d'une paysannerie sans terres... Une partie de la population se trouve, en tout cas, dangereusement exposée à la pauvreté, sans que la limite soit bien nette entre la médiocrité, la gêne et l'indigence. A l'inverse, la consolidation de la bourgeoisie rurale rappelle la situation décrite en Bourgogne, en Flandre et en Ile-de-France. A la veille de la Révolution, le constat est sans ambiguïté : l'enrichissement des uns va de pair avec l'appauvrissement des autres et la différenciation sociale s'accuse, fondée sur le patrimoine, le pouvoir, accessoirement sur le savoir, générateurs d'estime sociale. Le traditionnel clivage laboureurs/ manouvriers ne rend pas compte de la complexité des situations, ne serait-ce qu'en raison de la place importante que tient le groupe intermédiaire, fort différencié, des artisans ruraux. Malgré l'aspiration croissante à l'égalité, que révèle le partage des biens communaux, c'est le triomphe de l'inégalité et la montée de l'individualisme : dans ce domaine, ni maintien d'une forte propriété matrimoniale comme en Bourgogne, ni partage égal en usage dans le droit germanique et dans la pratique des portions ménagères flamandes.

Face à cet individualisme conquérant, la communauté villageoise, fondée sur de solides traditions communautaires, recèle encore d'étonnantes ressources d'énergie : la présence de collectivités vivantes, responsables, agissantes, qu'on retrouve dans l'ensemble de l'espace germanique, apparente l'Alsace davantage au midi méditerranéen qu'au nord de la France. Quelle est en effet la place de l'Alsace rurale dans le schéma classique opposant la vigueur des communautés méditerranéennes aux structures légères des communautés du nord ? Même si les témoignages sur les assemblées d'habitants sont plus rares que dans le midi méditerranéen, les communautés fonctionnent bien en vertu d'un régime représentatif et affichent une grande liberté dans la gestion de leurs intérêts communs, refusant toute inféodation inconditionnelle au seigneur. L'ancien personnel seigneurial, *Schultheiss* en tête, se trouve phagocité par la communauté villageoise ; les agents seigneuriaux deviennent agents municipaux. Contrairement à la situation décrite en Bourgogne, en Artois et en Flandre, la tutelle seigneuriale sur l'assemblée des habitants se fait légère : effet d'une vigueur communautaire issue du droit romain ? résultat des efforts d'un Etat moderne qui table sur une certaine autonomie communale pour faire pièce au pouvoir seigneurial ? La communauté, pour être à la hauteur de sa tâche, doit relever un double défi :

- celui de la mainmise d'une autorité de tutelle : le contrôle vient de moins en moins de l'autorité seigneuriale, de plus en plus de l'intendant. Mais support utile et point d'ancrage de l'administration centrale, cellule de base d'un Etat centralisé qui a tendance à se territorialiser, la communauté n'est pas un simple outil aux mains de la monarchie ;
- celui des menaces qui pèsent sur sa cohésion interne et qui mènent à l'affrontement entre les démunis et les nantis : la communauté ne risque-t-elle pas de devenir un instrument aux mains de la bourgeoisie rurale ?

Certes la mainmise du pouvoir civil se renforce sur les communautés, les maîtres d'école, les sages-femmes et les médecins, mais l'indépendance de la communauté, conquise aux dépens du seigneur et confirmée par le Roi, ne donne pas lieu à un véritable transfert de compétences. La tradition germanique du droit communautaire supplante l'affirmation des droits étatiques. La communauté résistera aux menaces de désintégration malgré les écarts sociaux qui s'accusent en même temps que progresse l'individualisme : 1789 sera le signal de la révolution de la misère populaire et de la prospérité bourgeoise, s'inscrivant dans le droit fil des croissances contrastées du siècle.

Mais à trop insister sur les signes de changement qui marquent le XVIIIème siècle, l'historien ne court-il pas le risque de minimiser le poids des permanences de la civilisation rurale ? Le mental évolue indépendamment de l'économique et du social. *Prisons de longue durée*, les mentalités sont par excellence le domaine des évolutions lentes. La campagne, en effet, n'est pas seulement décor et foyer d'activité ; elle est système de valeurs. L'étude de la civilisation rurale nous a permis d'en dégager les constantes qui s'inscrivent dans l'écoulement lent et monotone du temps qui passe, un temps à peine mesuré. Puisque la finalité n'est pas le rendement, mais le plein-emploi, on est disposé à prendre, voire à perdre son temps. Par-dessus les siècles, une sorte de retour à un passé idéalisé par la mémoire collective explique l'attachement à la tradition et la méfiance invétérée face à toute nouveauté. On ne sacrifie jamais totalement ce qui porte le sceau du temps : l'armoire ne chasse pas le coffre ; la faux ne supplante pas la faucille. Les discours des agronomes, qui s'érigent contre la prétendue *routine*, ont autant de mal à s'imposer que les savantes recommandations des médecins des *Lumières*. Comme au bon vieux temps, on se garde de gaspiller quoi que ce soit en dehors du temps lui-même : le bas de laine, l'art d'accommoder les restes – graisses résiduelles, fonds de pots, pain perdu, sous-produit laitiers – et celui de rapiécer les vêtements usagés pour les faire durer témoignent de ce souci prononcé d'économie. On vit au diapason de la nature, si proche et si familière : l'écoulement de la vie s'adapte au déroulement des saisons et l'homme – influence de la culture savante librement assimilée ?– intègre son corps dans l'ordre cosmique. En témoigne le riche discours proverbial qui émaille les almanachs populaires. Mais la relation mythique entre l'homme et la nature est souvent teintée de négativité : le fait de vivre dangereusement (le risque ne fait-il pas partie du quotidien ?), l'accumulation de peurs multiples et de désirs informulés peuvent conduire à des explosions de violence mal contrôlées. Mais la violence elle-même est, selon l'expression de Michel Maffesoli[11], une valeur *réparatrice* et *fondatrice*. Elle n'exclut nullement une sociabilité capable de canaliser les tensions potentielles en les insérant dans des codes et des rituels, parfois fort éloignés des règlements officiels. Le contrôle social nécessite des structures d'encadrement à divers niveaux : une autorité paternelle forte au sein de la famille réduite, unité de base du comportement démographique et sociologique ; une surveillance mutuelle permanente, au sein de la paroisse, renforcée par l'habitat groupé et qui implique que chacun vive sous le regard de l'autre ; enfin le quadrillage imposé au quotidien par les autorités religieuses et seigneuriales. Car ce qui donne à l'individu une existence sociale, c'est son insertion dans un groupe, gage de solidarité, non d'égalité, puisqu'il reste profondément attaché aux hiérarchies. La peur conduit à une sensibilité religieuse riche de traditions chrétiennes et d'éléments préchrétiens, avec toutes les formes possibles d'assimilation et de contamination, que l'Eglise parvient à peine à canaliser... Le Christianisme agraire et paganisé de la Contre-Réforme peut aller de pair avec le bagage superficiel que procure une alphabétisation peu poussée... La campagne n'est pas le haut lieu de la culture écrite.

Ces spécificités et ces résistances à l'uniformisation témoignent-elles d'une identité culturelle ? De fait, c'est sans doute dans les comportements du quotidien que la paysannerie de la plaine d'Alsace affiche l'originalité la moins nette car, comme le dit l'adage populaire, *partout où il y a des hommes, cela sent l'humain* [12]. Mais au XVIIIème siècle, s'infiltrent des éléments novateurs. A la *modernité*, invoquée par Robert Muchembled, nous préférons l'expression de *révolution silencieuse* qui se traduit par la lente aspiration à davantage de lumière, de couleur, de chaleur, de confort, capable de brouiller quelque peu les traditionnels clivages sociaux. Priorité au visible – façades des maisons, manchettes et colerettes, étoffes

---

[11] M. MAFFESOLI / A. PESSIN, *op. 2491*.

[12] *Wo Menschen sind, do menschelt's*.

chatoyantes –, ce qui correspond bien à la mise en représentation, au traditionnel culte des apparences, à la stratégie d'illusion, au souci de la séduction sociale... Apparition du superflu à côté de l'utile, de l'agrément à côté de la nécessité... Progrès du multiple, du diversifié, du spécifique quant aux usages qu'on attribue au mobilier, aux objets domestiques, aux pièces d'habillement... Enfin, percée du fragile, de l'éphémère, du bon marché. Les manières de table, de plus en plus individualisées, le choix des aliments et du mobilier, de plus en plus variés, fournissent bien des illustrations à cette intrusion de la nouveauté dans l'empire de la tradition.

Ces menus changements méritent autant d'attention, nous semble-t-il, que les indices tronqués d'une prétendue libération sexuelle que fournit l'observation des relations hors mariage. Ne nous fions pas à l'idéologie répressive, qui imposerait une ascèse davantage proclamée que vécue : les interdits sont trop souvent répétés pour être fidèlement respectés ; la vertu et l'évangélisme de nos ancêtres pourraient bien relever du mythe. Mais à l'aube d'une évolution séculaire – passage d'une société non contraceptive à une société contraceptive –, il nous semble que la crainte de la stérilité l'emporte encore sur la peur d'une fécondité non souhaitée...

Ainsi perçue, la société rurale trouve-t-elle ses racines dans l'espace germanique ou dans l'espace français ? Apparemment l'analogie des conditions naturelles, de part et d'autre du Rhin, plaide en faveur de l'intégration de la campagne alsacienne dans l'espace germanique. Le thème a été exploité, il y a un demi-siècle à des fins de propagande. Des historiens, dont l'objectivité n'était pas la qualité première[13], n'ont pas hésité à appeler en renfort le *all in this country is German* d'Arthur Young pour appuyer leur argumentation. Rien de plus facile en effet que de faire le rapprochement entre les *Rieds* qui s'étalent des deux côtés du Rhin, d'établir un parallèle entre la Hardt haut-rhinoise et la *Rastatter Heide*, entre les limons du Kochersberg et ceux du Kraichgau, de voir dans le *Bienwald* la réplique de la forêt de Haguenau ! Qu'il existe un *type rhénan*, de nature structurale et climatique, nul ne peut le contester. La vallée rhénane bénéficie, sur toute sa largeur, d'une série de conditions analogues dont nous ne retiendrons que les plus apparentes : la continuité de la plaine limoneuse nord-européenne – encore que la couche de loess soit plus étendue et plus épaisse dans la plaine d'Alsace que dans le pays de Bade –, et l'effet d'encaissement, dont est responsable l'encadrement montagneux, jouent à la fois sur la nature des sols, par accumulation de sables et de graviers, et sur le climat, par atténuation de l'effet de continentalité. Mais rien de tout cela n'est déterminant. S'il y a unité rhénane, c'est bien d'une unité de civilisation qu'il s'agit : le milieu naturel est une chose, les faits de civilisation en sont une autre. Malgré les sollicitations de la nature, à savoir la disposition du relief et de l'hydrographie, le fossé rhénan aurait pu être un cul-de-sac, comme la Limagne, d'autant que le plateau du Sundgau vient buter contre les premiers chaînons du Jura. Or la circulation méridienne est aisée, un double passage prolongeant cet axe médian : le corridor bâlois qui

[13] Fr. METZ en constitue l'un des spécimens *(op. [541])*.

s'ouvre sur le plateau suisse et les cols alpins ; la Porte de Bourgogne qui relie le Rhin à la Saône et assure le passage vers la Méditerranée. En même temps, les cols vosgiens, en particulier le seuil de Saverne, débouchent sur le plateau lorrain et relient l'Alsace à la France *de l'intérieur*, bien que cette *province à l'instar de l'étranger effectif* soit maintenue hors des lignes de douane du Royaume. La structure du fossé tectonique, et son orientation nord-sud, est coupée, dans le sens transversal, par la route ouest-est, voie de pénétration des influences françaises : le fossé rhénan devient ainsi le pivot d'une grande Lotharingie, l'axe médian, à la fois commercial et culturel, de l'Europe moyenne et de la Chrétienté occidentale. C'est la route, jalonnée de relais de poste, qui assure cette rencontre entre germanité et latinité, l'Alsace étant le champ disputé entre influences germaniques et françaises. Lorsque la province, après avoir gravité des siècles durant dans l'orbite germanique, s'éveille, entre 1648 et 1681, à la souveraineté française, elle ne renie pas son héritage antérieur. Entre Orient et Occident, entre midi et septentrion, s'affrontent, sur cette terre ouverte aux quatre vents, les influences continentales, méditerranéennes, océaniques.

C'est certes dans le cadre architectural de la ville, dans lequel s'installent les instances politiques, au carrefour des circuits commerciaux et des courants de pensée, que se focalisent les influences venues de l'extérieur. La campagne, constituée d'une poussière d'isolats repliés sur eux-mêmes, serait-elle restée étrangère à de tels contacts et insensible à cette situation de carrefour ? De nombreux indices montrent qu'il n'en est rien. Et, tout d'abord, le brassage des populations. Nous avons vu affluer, aux plus belles heures de l'immigration, des hommes venus des horizons les plus divers : des Tyroliens et des Savoyards, des Badois et des Suisses, quelques Hollandais, Anglais et Irlandais. Ils apportent leurs habitudes, allant jusqu'à construire, tels ces artisans du Tyrol ou du Vorarlberg, maisons et clochers en Alsace. Ils sont considérés par les habitants du cru avec un mélange de curiosité et d'hostilité, mais nous ne savons pas grand chose sur leurs impressions lors du premier contact avec la province. Par contre, au XVIIIème siècle, des voyageurs de renom se font plus bavards : sélectionnons les réflexions d'un Français, d'un Allemand et d'un Anglais. *La terre que je foule à présent,* écrit le marquis de Pezay, quant il aborde l'Alsace, *province d'Allemagne, n'a rien de commun avec moi. Hier, j'étais citoyen, je suis étranger aujourd'hui... Idiome, costume, change, usages, moeurs, tout me dit que je suis expatrié... J'ai fait deux pas de plus, je suis au bout du monde*[14]. Un mémoire de 1720 affirme que *les habitans d'Alsace sont véritablement allemands* (et) *ne se servent que de la langue allemande,... font le commerce avec leurs anciens compatriotes plus qu'avec les français* et son auteur d'ajouter non sans exagération : *Si les habitans se trouvoient molestez, ils passeroient aussitôt de l'autre côté du Rhin*[15]. Goethe, à la suite de bien d'autres, évoque *le tendre attachement de l'Alsace pour sa constitution, ses moeurs, sa langue et son costume d'autrefois*[16]. Enfin, Arthur Young avoue que, dès la région savernoise, il se

[14] A.F. MASSON DE PEZAY, *op. [250]*.

[15] ANG[7] 82.

[16] Cit. par G. LIVET, *contrib. 1257*, p. 18.

sent *en pleine Allemagne - Alsace is Germany* ! -, car il venait d'*entrer dans une plaine habitée par un peuple entièrement distinct et différent de la France, avec des moeurs, un langage, des idées, des préjugés et des habitudes complètement différents* [17]. Et il conclut : *Du moment que vous sortez d'une ville, tout dans ce pays est allemand*[18]..*Terre qui est en France et non terre de France* : Voltaire, qui connaît la Haute-Alsace pour y avoir séjourné, résume, en 1754, l'impression que pouvait ressentir tout voyageur étranger. Ce dernier risque d'être dépaysé, comme l'écrit De Pezay, par la complexité du *change*. Carrefour monétaire, la campagne alsacienne continue, au XVIIIème siècle, à compter en florins ou *Gulden*, tandis que les menues transactions se font en *Schilling, Pfennig, Kreutzer, Batzen, Rappen,* comme elle continue à évaluer en *Acker* et en *Viertzel,* les paysans ne connaissant *ni l'arpent de Paris, ni le setier de Paris* [19]. L'interférence des deux langues aboutit à des métaphores que seule la phonétique permet d'expliquer : pour l'étranger de passage, le *Reichstaler* devient *rixddale* et, à l'inverse, pour l'autochtone, la piécette de 10 sols devient le *Bisel.* Nous l'avons noté : le maintien des liens linguistiques avec l'Empire confère à la province une spécificité certaine. *Les moeurs des habitants sont encore les mêmes qu'elles étaient lorsque la province a été cedée au Roy en 1648* : c'est l'intendant d'Angervilliers qui l'affirme dans les années 1720[20]. Y-aurait-il donc une telle résistance des usages locaux, malgré les efforts du Conseil Souverain, instrument officiel de l'intégration de l'Alsace dans la nation française ? *Chez les Allemands,* écrit à son tour le conseiller Goezmann en 1767[21], *les moeurs et les usages ont toujours eu plus de force que les lois d'ailleurs. L'Alsace est un pays de coutumes, d'usages et de statuts autant diversifiés que les juridictions mêmes. Et quoique le droit Romain y soit devenu le droit commun, on n'y a cependant recours que subsidiairement à la coutume, à l'usage et au statut lesquels ont force de loi.* Et sans doute le droit coutumier germanique s'impose-t-il dans les campagnes alsaciennes de préférence au droit français. Il arrive fréquemment que la loi heurte la coutume. Un exemple parmi d'autres : si l'autorité du père de famille relève du droit romain, une certaine affirmation de la personnalité de l'épouse se rattache probablement aux coutumes germaniques ; plus qu'ailleurs, la femme est la gardienne des traditions.

Nous avons eu l'occasion de suivre nos voyageurs à l'intérieur des villages avec leurs *maisons toutes bien bâties et propres* [22], semblables à celles de la rive droite du Rhin, dans lesquelles domine le bois par opposition à la pierre française. La maison-cour à bâtiments dissociés tranche nettement avec la maison-bloc familière aux ressortissants français. Comme dans le droit germanique, elle est considérée comme un bien mobilier. Alors que la façon de construire franque adopte le système unique

[17] A. YOUNG, *op. [285].*

[18] *Ibid.*, t. I, p. 346 (Sélestat, 22 juillet 1789).

[19] *Ibid*, t. II, p. 537.

[20] L. SPACH *art. [167]*, p. 151.

[21] H. WEISGERBER, *art. [175]*, pp. 153-154.

[22] J. F. K. GRIMM, *op. [213]*.

de chauffage, à partir d'une cheminée centrale, une des originalités de la maison alsacienne réside dans l'utilisation du poêle à combustion lente, en un ou plusieurs exemplaires. Le poêle n'a rien de commun avec la cheminée, à feu ouvert, de même que le *lit à l'allemande*, muni d'un lourd édredon, est fort éloigné du lit français avec ses couvertures de laine en usage outre-Vosges. Et que dire des *habits à l'allemande* qui, au début du XVIIIème siècle, impressionnent l'intendant Le Pelletier de la Houssaye et des *ragoûts allemands* découverts par ce voyageur anonyme de la fin du XVIIIème siècle[23] ? L'Hermine pousse très loin la perception de l'originalité d'une province où *on danse à l'allemande, on se régale à l'allemande, on boit à l'allemande, ce qui veut dire,* ajoute-t-il avec une pointe de malice, *qu'il fallait y boire d'importance* [24]. Les habitants se font tout naturellement qualifier d'*Allemands* par ces nouveaux venus ; de la même façon les émigrants alsaciens en Europe centrale seront considérés comme des *Allemands*. Davantage que la ville, plus cosmopolite et plus ouverte, la campagne apparaît donc comme un magnifique conservatoire des traditions germaniques. La vie en Alsace serait-elle davantage accordée au rythme européen qu'au rythme monarchique ? Il n'en fallait pas davantage aux partisans de la grande Allemagne pour conclure à l'existence d'une province jouant le rôle de *Westmark*[25]. En tout cas, ce qui peut paraître banalité aux yeux des visiteurs allemands pourrait bien faire figure d'exotisme pour les observateurs français. La solidité des communautés villageoises, l'organisation collective des finages et l'importance accordée aux communaux peuvent rappeler, à juste titre, la situation du pays de Bade, tandis que l'absence de grandes fermes, reposant sur le système du fermage ou du métayage, constitue une différence de plus avec l'espace français. La ferme française, respirant l'individualisme, avec ses imposants bâtiments et ses terres regroupées, fait une timide apparition autour de Colmar, peut-être grâce à l'influence des membres du Conseil Souverain, ainsi qu'entre Haguenau et Wissembourg où s'impose une élite, très francisée, de fonctionnaires seigneuriaux. Le fractionnement de la propriété rurale alsacienne surpend autant les observateurs français[26] que l'Anglais qu'est Arthur Young qui relève *la prolifération de petites propriétés dont,* dit-il, *nous n'avons pas idée en Angleterre*[27]. Aussi est-il difficile d'imposer une politique des clôtures à l'anglaise sans compromettre l'avenir de cette petite paysannerie à assise parcellaire. Grâce à la diversité des cultures pratiquées, la campagne alsacienne est *capable de produire en abondance toutes sortes de récoltes* et échapperait en partie, selon Arthur Young, au *complexe céréalier* caractérisant la campagne française[28]. Parmi les productions retenues, le chanvre blanc et la garance, cultures rhénanes plus que françaises, la pomme de terre, bien implantée en Allemagne avant de l'être en France, le maïs qui, par contre, se diffuse du sud vers le nord, en

23 H. WEISGERBER, *art. [174]*, pp. 444-445. F.C. HEITZ, *op. [222]*, p. 17.

24 J. DE L'HERMINE, *op. [235]*.

25 Fr. METZ, *op. cit.*

26 R. OBERLE, *op. [155]*, pp. 131 et 210 (intendant de La Grange, 1697).

27 A. YOUNG, *op. cit.*.

28 *Ibid.*

empruntant le sillon rhodano-rhénan, les prairies artificielles développées à partir du Palatinat et du pays de Bade... Quant aux *vignes d'Allemagne* , elles ne passent pas inaperçues, car elles se singularisent par la hauteur de leurs ceps[29]. Enfin n'oublions pas d'ajouter à ce tableau, outre l'élevage du mouton qui correspond à une habitude plus française qu'allemande, le déplacement des troupeaux de boeufs importés de Suisse, de l'Empire, de l'Europe centrale qui matérialisent la rocade reliant la vallée du Rhin supérieur au Haut-Danube.

En dépit des facteurs qui tendent à uniformiser les comportements humains, la paysannerie alsacienne participe donc à une civilisation originale : civilisation du pain et de la bouillie, du vin (couramment consommé en dehors des repas en vertu d'un rite de sociabilité germanique) et non de la bière, du poêle et non de la cheminée, de la couette et non de la couverture, de la paillasse et non du matelas... Terre de transition entre la civilisation du beurre et des graisses avec celle des huiles, l'Alsace se fait aussi l'entremetteuse de mets plus germaniques que français, tels que les nourrissants farinages, la choucroute, la bière. Le *Hof* rappelle la *hofstede* flamande plus que la ferme de l'Ile-de-France : le mobilier associe la robustesse germanique et l'élégance française. Un coup d'oeil sur la Lorraine voisine autorise d'ailleurs d'intéressantes comparaisons : huche française et coffre allemand, vaisselier lorrain et étagère allemande, armoire-penderie allemande et armoire à linge française... Les inventaires après décès trahissent la constante interférence des modes allemandes avec les habitudes françaises, faisant apparaître la réalité d'un métissage culturel. On ne confondra pas blé *(Weitzen)* et maïs *(Welschweitzen* ou *Welschkorn)* ; on distinguera fèves et fèves *(Ackerbohnen* et *Welschbohnen)*, navets et navets *(französiche Rüben)*, poule et dindes *(teutsche Hühner* et *welsche Hühner)*. On donnera la préférence au *râteau allemand* et au *fer à repasser allemand* ; on se procurera de la toile de Paris *(Parisertuch)*, du drap d'Elbeuf ou du *Grosdetour*. Qu'il nous soit permis de rappeler quelques dénominations françaises qui s'infiltrent progressivement dans les inventaires, surtout dans la seconde moitié du XVIIIème siècle, non sans subir, au passage, quelques déformations dans la bouche des paysans ou sous la plume des notaires :

- mobilier : buffet, commode, fauteuil *(Fauteuille)*, secrétaire, laquais, tabouret *(Tabourette)*, dressoir *(Tresur, Tresurkänsterlein)* ;
- nappage et literie : serviette, couverture *(Couverte)*, plumon *(Blummong)* ;
- batterie de cuisine et service de table : casserole *(Casseroll)* cruche *(Crüche)*, carafe, marmite *(Marmitte)*, poêle à omelette *(Omelettepfann)*, saladier *(Salatier)*, théière *(Théethier)*, cuillère à service *(Servicelöffel)*, faïence, porcelaine ;
- habillement : camisole *(Camisol)*, pèlerine, capuchon, jupon *(Juppon, Chuppon, Chuppong)*, jarretière *(Chartier)*, corset *(Courset, Coursette, Corsedel)*, pantoufles *(Pantoflen, Bandoflen)*, bottines *(Bottinen)*, grisette,

29 J. DE L'HERMINE, *op. cit.*, p. 42 ; F. MASSON DE PEZAY, *op. cit.*, pp. 118-122 ; A. HERTZOG, *op. 1426*, pp. 124-125 ; F.C. HEITZ, *op. cit.*, p. 18.

serge, indienne, mousseline, coton *(Cottonen)*, cravate ou foulard *(Grabatte)* ;

- objets divers : parapluie *(Barablue)*, baromètre, balayette, carabine *(Carapiner)*, fusil *(Pfisi)*, mousqueton, bouteilles *(Boutelien)*, tabatière, piécettes *(Piesslen)*, pistole, portrait...

S'agit-il du mot ou de la chose ? Simples emprunts linguistiques chez une génération de notaires ou de greffiers de plus en plus francisés ? Ou, au contraire, adoption d'objets nouveaux qui ont préalablement transité par la ville ? Puisque *les personnes de première qualité suivent toujours les modes de France*[30], la ville pourrait bien servir de relais dans la diffusion des influences françaises. Colmar, haut lieu de ces influences, diffuse les modes françaises dans le plat pays environnant, tandis que les campagnes du nord de la province semblent plus germanisées dans leurs habitudes quotidiennes.

Problématique soulevée par Georges Livet : l'Alsace aurait pu rester un pays de bordure, excentrique à la fois par rapport à l'Empire et au Royaume. Les administrateurs français n'en ont qu'une connaissance superficielle, souvent partiale et limitée à la société aisée qu'ils fréquentent. Aussi se contentent-ils de jugements à l'emporte-pièce : les Alsaciens se caractériseraient par leur bonne humeur empreinte de cordialité et de gaieté (ils *sont portés à la joye... et fort adonnés au vin*, selon Le Pelletier de La Houssaye), leur lourdeur et leur irrascibilité, leur manque de vivacité et leur lenteur au travail (*l'abondance du pays les rend paresseux et peu industrieux*, selon La Grange), *leurs ruses et leurs malignités voilées d'une stupidité apparente* selon le subdélégué de Haguenau[31]... Vision ethnographique globale, représentation collective d'un peuple qui suscite l'intérêt parce qu'il est différent, lieux communs et images rémanentes ? Or la fierté du provincial se concrétise dans l'attitude de la noblesse, consciente de son ancienneté et de sa pureté, peu disposée à se mélanger à celle de la France. Quant aux paysans, comment pourraient-ils connaître la France ? Pour avoir vu passer le Roi un jour solennel ? Pour avoir été conviés, sur ses ordres, à la réfection des routes royales ? Pour avoir eu l'occasion de présenter une requête à l'intendant ? Mais *l'écran seigneurial cache aux paysans la réalité de l'action royale*[32]. Somme toute, on est à huit jours de route de Versailles et il se dresse entre l'Alsace et la France deux obstacles plus insidieux que la frontière politique : la religion et la langue. En dépit de la tolérance de l'administration et du loyalisme des Protestants, la religion pratiquée n'est pas exclusivement, chose assez exceptionnelle, celle du Roi. Quant à la langue, il manque au pouvoir royal, outre une armature solide d'officiers royaux, les deux moyens modernes de diffusion pour réussir l'intégration : l'instruction primaire et le service militaire. Or s'avançant comme un coin dans l'aire linguistique allemande, l'Alsace fait figure de glacis, de *Zwischenland* dans lequel s'affrontent les cultures latine et

[30] J. DE L'HERMINE, *op. cit.*

[31] BNUS Ms 848 (XVIIIème siècle).

[32] G. LIVET, *art. cit.* p. 118.

germanique : ce que Goethe appelait *das elsässische Halbfrankreich*. Elle est carrefour, plus que creuset, car les divers apports se conjuguent plus qu'ils ne se fondent. Ces apports font de la société rurale alsacienne un chef-d'oeuvre d'équilibre et un foyer de tensions permanentes : de fortes traditions communautaires n'excluent pas la vigueur de l'individualisme ; le souci constant de l'égalité va de pair avec une inégalité de fait, tant dans les familles, entre héritiers favorisés et enfants exclus, qu'au sein du village, entre possesseurs et non-possesseurs d'attelage ; le respect de l'autorité - celle du Roi, celle du seigneur ou du prévôt, celle du curé et du père de famille - n'empêche pas les poussées, plus ou moins violentes, de la contestation sociale. Malgré les efforts de *francisation* qu'elle déploie, la Révolution ne parvient pas à remettre en cause cette *double culture*. Gageons que cette dernière constituera un atout pour la société rurale alsacienne dans l'Europe de demain.

UN SOUHAIT DE BAPTEME CATHOLIQUE

Kuttolsheim 1780 (coll. privée)

Table des matières

TABLE DES MATIERES

TOME II

CONSEIL
GÉNÉRAL

Réussir le Haut-Rhin

Impression et finition
Saint-Paul France S.A.
55000 Bar le Duc
Dépôt légal : novembre 1994
N° 9-94-1158